U0901170

上海证券交易所统计年鉴

SHANGHAI STOCK EXCHANGE STATISTICS ANNUAL

2020 卷

上海证券交易所 编

中国金融出版社

本书编委会

指标说明

1. 成交数量和成交金额两类指标均按交易的买方或卖方单向计算。

2. 交易数量和交易金额两类指标均按交易的买方和卖方双向计算。

3. 统计范围：在本所上市交易的各类证券，包括普通股、优先股、基金、债券、期权、回购等。

4. 统计内容：包括本所上市的各类证券的交易状况和参与者的交易状况，上市公司的股本结构及财务状况，会员情况及其交易状况等。

5. 统计日期：2019 年 1 月 1 日至 2019 年 12 月 31 日。

6. 数据类型：证券数目及会员数目、股本、市值、市盈率、股价、指数等为月底或年底的时点数，不具有可加性；交易金额、交易数量等为全年或某月的时期数字，具有可加性，由相应时期内各交易日的实际数字累加而成。

7. 误差：本年鉴数字采用截尾方式计算，个别数字采用四舍五入方式计算。由于舍入误差，分类数字之和未必等于总额数字。

8. 席位数：包括本所会员申请的席位及其他非会员申请的特别席位，如国债专用席位、B 股境外券商特别席位。

9. 成交笔数：由交易系统完成配对交易的记录数。

10. 发行数量，指在交易所上市证券的已发行总量。

11. 市价总值，指在交易所上市的证券在某一时点按市价与发行数量计算的总金额：

$$\sum(\text{市价}\times\text{发行数量})。$$

12. 流通数量，指在交易所上市证券的发行数量中可流通交易的数量。

13. 流通市值，指在交易所上市的证券在某一时点按市价与流通数量计算的总金额：

$$\sum(\text{市价}\times\text{流通数量})$$

14. 上年每股税后利润，指按上一年度年末股本计算，分配到每一股的净利润。

15. 到期年收益率：按人民银行发布的《银货政〔2001〕51 号》文件所提供的公式计算。

16. $\text{市净率}=\dfrac{\text{每股价格}}{\text{每股净资产}}$

17. $\text{市盈率}=\dfrac{\text{股票价格}}{\text{每股收益}}$

$$\text{平均市盈率}=\frac{\text{总市价}}{\text{总收益}}=\frac{\sum(\text{收盘价}\times\text{发行数量})}{\sum(\text{每股收益}\times\text{发行数量})}$$

18. $\text{年换手率}=\sum\text{日换手率}$

19. 回购价格为该品种年收益率。

特别说明 1：股东情况统计是依据投资者申请开设股票账户时填写的“上海证券中央登记结算公司记名证券名册登记表”上的身份证编号进行的。身份证号码是基本统计单位。目前的统计存在不可避免的误差，且以统计指标“其他”来表现的误差占据了相当的比例。主要原因：（1）因历史原因尚有部分股票账户缺乏身份证号码；（2）部分投资者未使用身份证而使用诸如军官证等特殊证件；（3）由于登记公司以前异地开户采用对异地登记会员先放空号由其代理开户再统一在一个时点汇总资料的方法，故每月统计时均有相当数量的空号出现。

特别说明 2：（1）股票除息时，上证指数不予修正，自然回落。（2）有些指标的绝对数是放大了计量单位的。(3) 本年鉴中走势图均为日线图，其标明的最高、最低与市场表现中最高、最低不同，是因为其最高、最低为收盘价，而市场表现中最高、最低为盘中价。(4) 未注明成交数量、发行数量单位的，单位为亿。

特别说明 3：投资者包括自然人投资者、一般法人及专业机构，其中专业机构包括券商自营、投资基金、社保基金、保险资金、资产管理及 QFII。数据说明：(1) 投资者盈亏数据根据对每个投资者账户每日的交易持股情况推算得出，不考虑过户费、佣金等交易费用的影响；(2) 统计样本为沪市无限售条件 A 股，股份指无限售条件的股份，对于有限售条件的股份，按照解除限售条件后的交易持股情况进行推算；(3) 考虑因素包括股票分红送配、增发、新股申购、股票非交易过户、限售股解禁、股权分置改革等。

特别说明 4：无备注单位的，一般均以人民币作为货币单位。

特别说明 5：会员及营业部成交合计不含权证。

特别说明 6：无备注单位的，股票以股作为数量单位，债券一般均以张作为数量单位，基金和权证以份作为数量单位。

目　录

CONTENTS

一、市场概况

二、股价指数

三、证券成交

四、上市公司

五、会员公司

六、投资者

七、大事记

一 市场概况

MARKET OVERVIEW

市场概况
Market Overview

	2019 年	2018 年	2017 年
交易天数（天）Number of Trading Days	244	243	244
上市公司总数（个）Number of Listed Companies	1572	1450	1396
新上市公司数（个）Number of New Listed Company	125	57	214
其中：科创板 Star	70	—	—
上市证券总数（个）Number of Listed Securities	17623	14069	12219
股票 Share	1615	1494	1440
主板 A Main Board A	1495	1443	1389
主板 B Main Board B	50	51	51
科创板 Star Market	70	—	—
优先股 Preferred	35	30	25
债券 Bond	15368	12089	10386
政府债 G-Bond	3982	3077	2450
公司债 C-Bond	11386	9012	7936
基金 Fund	308	233	202
封闭式 Closed-end Fund	0	1	1
ETF	169	110	87
LOF	115	98	87
交易型货币基金 Exchange-traded Money Market Fund	24	24	27
期权 Option	240	166	112
回购 Repo	57	57	54
发行数量（亿股）Issued Vol（100 M shares）			
股票 Share	40199.42	37708.96	35288.35
其中：科创板	241.69	—	—
优先股 Preferred Share	83.08	57.92	45.67
股票流通数量（亿股）Circulating Share（100 M shares）	35170.22	33497.24	31119.45
股票市价总值（亿元）Market Capitalization（100 M yuan）	355519.70	269515.01	331324.82
股票流通市值（亿元）Negotiable Capitalization（100 M yuan）	301254.52	232698.75	281365.67
集资总额（亿元）Capital Raised（100 M yuan）	7695.33	7338.96	7778.06
股票 Share	5145.33	6113.96	7578.06
其中：科创板	824.27	—	—
优先股 Preferred Share	2550.00	1225.00	200.00
解禁的存量限售股份（亿股）	13952.78	13814.61	12673.78
年度解禁限售股份（亿股）	1133.18	1747.92	1027.42
卖出的已解禁限售股份（亿股）	1015.26	589.01	580.57

市场概况
Market Overview

	2019年	2018年	2017年
成交金额（亿元）Trading Value（100 M yuan）	2834818.76	2646248.80	3063862.43
股票 Share	543844.01	403184.38	511242.79
主板 A Main Board A	530150.00	401575.27	507214.81
主板 B Main Board B	380.21	389.75	555.30
科创板 Star Market	13313.81	—	—
优先股 Preferred Share	390.67	157.11	138.91
债券 Bond	64086.85	51252.14	44431.20
政府债 G-Bond	2383.57	2552.16	2453.81
公司债 C-Bond	61703.28	48699.98	41977.39
基金 Fund	68589.58	71651.49	78169.76
封闭式 Closed-end Fund	72.19	86.56	111.92
ETF	26844.32	16586.78	10828.32
LOF	292.89	121.81	66992.81
交易型货币基金 Exchange-traded Money Market Fund	41380.19	54856.31	236.52
期权 Option	3388.78	1797.66	893.14
回购 Repo	2154518.86	2118206.02	2428986.63
沪股通交易金额（亿元人民币）	49913.66	26623.08	13146.22
港股通交易金额（亿元人民币）	13742.75	15214.51	14886.24
平均市盈率 P/E Ratio	14.55	12.49	18.16
主板 A Main Board A	14.28	12.50	18.15
主板 B Main Board B	9.03	10.60	22.48
科创板 Star Market	74.36	—	—
股价指数 Index			
上证综合指数 SSE Composite Index	3050.12	2493.90	3307.17
上证50指数 SSE 50 Index	3063.22	2293.10	2860.44
上证180指数 SSE 180 Index	8877.77	6808.80	8647.03
上证380指数 SSE 380 Index	4816.61	3858.01	5573.39
会员公司数（个）Members	117	117	116
营业部数（个）Sales Branches	11703	11468	10873
交易单元数（个）Seats Number	22399	20070	18226
投资者（万户）Investor（10K）	24398.47	29610.11	26295.98
A股总户数（万户）Investor of A-Share	23431.88	21279.91	19332.64
B股总户数（万户）Investor of B-Share	168.39	167.96	167.47
基金总户数（万户）Investor of Fund	798.20	8162.24	6795.87
信用交易开户数（万户）Credit Investor（10K）	44.44	469.00	452.11
WFE排名 WFE Rank			
总市值排名 Rank of Market Capitalization	4	4	4
总筹资额排名 Rank of Total Capital Raised	1	2	3
总成交金额排名 Rank of Total Trading Value	4	5	4

二 股价指数

SSE INDICES

上证综合指数历年数据
Data of SSE Composite Index, 1992—2019

年份 Year	开盘 Open	最高 high	日期 Date	最低 Low	日期 Date	收盘 Close
1992	293.74	1429.01	05/26	292.76	01/02	780.39
1993	802.14	1558.95	02/16	750.46	12/20	833.80
1994	837.70	1052.94	09/13	325.89	07/29	647.87
1995	637.72	926.41	05/22	524.43	02/07	555.29
1996	550.26	1258.69	12/11	512.83	01/19	917.02
1997	914.06	1510.18	05/12	870.18	02/20	1194.10
1998	1200.95	1422.98	06/04	1043.02	08/18	1146.70
1999	1144.89	1756.18	06/30	1047.83	05/17	1366.58
2000	1368.69	2125.72	11/23	1361.21	01/04	2073.48
2001	2077.08	2245.44	06/14	1514.86	10/22	1645.97
2002	1643.49	1748.89	06/25	1339.20	01/29	1357.65
2003	1347.43	1649.60	04/16	1307.40	11/13	1497.04
2004	1492.72	1783.01	04/07	1259.43	09/13	1266.50
2005	1260.78	1328.53	02/25	998.23	06/06	1161.06
2006	1163.88	2698.90	12/29	1161.91	01/04	2675.47
2007	2728.19	6124.04	10/16	2541.53	02/06	5261.56
2008	5265.00	5522.78	01/14	1664.93	10/28	1820.81
2009	1849.02	3478.01	08/04	1844.09	01/05	3277.14
2010	3289.75	3306.75	01/11	2319.74	07/02	2808.08
2011	2825.33	3067.46	04/18	2134.02	12/28	2199.42
2012	2212.00	2478.38	02/27	1949.46	12/04	2269.13
2013	2289.51	2444.80	02/18	1849.65	06/25	2115.98
2014	2112.13	3239.36	12/31	1974.38	03/12	3234.68
2015	3258.63	5178.19	06/12	2850.71	08/26	3539.18
2016	3536.59	3538.69	01/04	2638.30	01/27	3103.64
2017	3105.31	3450.50	11/14	3016.53	05/11	3307.17
2018	3314.03	3587.03	01/29	2449.20	10/19	2493.90
2019	2497.88	3288.45	04/08	2440.91	01/04	3050.12

上证综合指数 SSE Composite Index

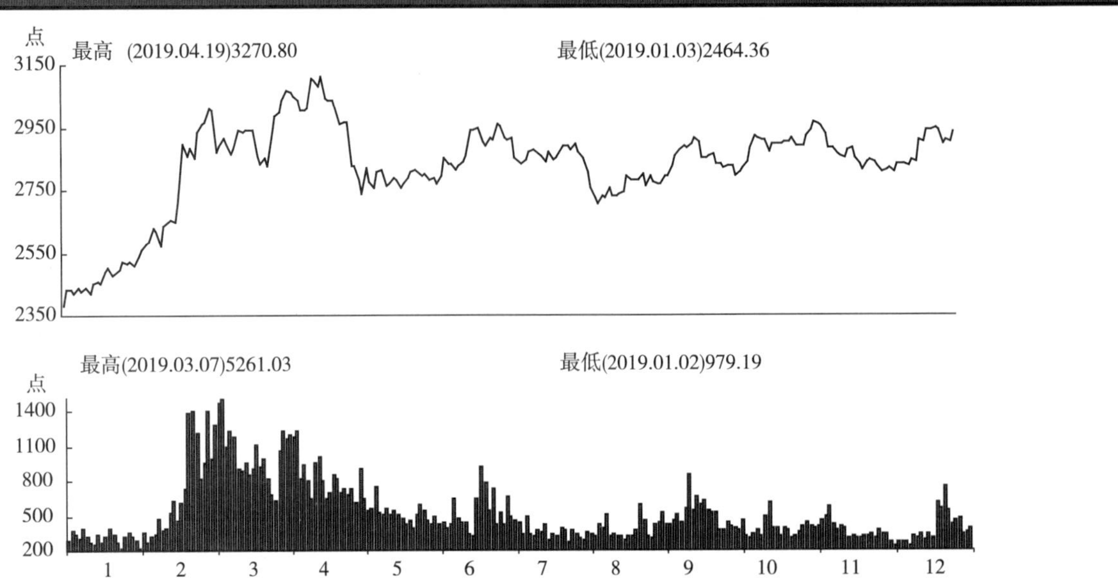

每日收盘指数 Daily Index

日期 Date	1 月 Jan	2 月 Feb	3 月 Mar	4 月 Apr	5 月 May	6 月 Jun	7 月 Jul	8 月 Aug	9 月 Sep	10 月 Oct	11 月 Nov	12 月 Dec
1	—	2618.23	2994.01	3170.36	—	—	3044.90	2908.77	—	—	2958.20	—
2	2465.29	—	—	3176.82	—	—	3043.94	2867.84	2924.11	—	—	2875.81
3	2464.36	—	—	3216.30	—	2890.08	3015.26	—	2930.15	—	—	2884.70
4	2514.87	—	3027.58	3246.57	—	2862.28	3005.25	—	2957.41	—	2975.49	2878.12
5	—	—	3054.25	—	—	2861.42	3011.06	2821.50	2985.87	—	2991.56	2899.47
6	—	—	3102.10	—	2906.46	2827.80	—	2777.56	2999.60	—	2978.60	2912.01
7	2533.09	—	3106.42	—	2926.39	—	—	2768.68	—	—	2978.71	—
8	2526.46	—	2969.86	3244.81	2893.76	—	2933.36	2794.55	—	2913.57	2964.19	—
9	2544.35	—	—	3239.66	2850.95	—	2928.23	2774.75	3024.74	2924.86	—	2914.48
10	2535.10	—	—	3241.93	2939.21	2852.13	2915.30	—	3021.20	2947.71	—	2917.32
11	2553.83	2653.90	3026.99	3189.96	—	2925.72	2917.76	—	3008.81	2973.66	2909.98	2924.42
12	—	2671.89	3060.31	3188.63	—	2909.38	2930.55	2814.99	3031.24	—	2914.82	2915.70
13	—	2721.07	3026.95	—	2903.71	2910.74	—	2797.26	—	—	2905.24	2967.68
14	2535.77	2719.70	2990.69	—	2883.61	2881.97	—	2808.92	—	3007.88	2909.87	—
15	2570.35	2682.39	3021.75	3177.79	2938.68	—	2942.19	2815.80	—	2991.05	2891.34	—
16	2570.42	—	—	3253.60	2955.71	—	2937.62	2823.82	3030.75	2978.71	—	2984.39
17	2559.64	—	—	3263.12	2882.30	2887.62	2931.69	—	2978.12	2977.33	—	3022.42
18	2596.01	2754.36	3096.42	3250.20	—	2890.16	2901.18	—	2985.66	2938.14	2909.20	3017.04
19	—	2755.65	3090.98	3270.80	—	2917.80	2924.20	2883.10	2999.28	—	2933.99	3017.07
19	—	2755.65	3090.98	3270.80	—	2917.80	2924.20	2883.10	2999.28	—	2933.99	3017.07
20	—	2761.22	3090.64	—	2870.61	2987.12	—	2880.00	3006.45	—	2911.05	3004.94
21	2610.51	2751.80	3101.46	—	2905.97	3001.98	—	2880.33	—	2939.62	2903.64	—
22	2579.70	2804.23	3104.15	3215.04	2891.71	—	2886.97	2883.44	—	2954.38	2885.29	—
23	2581.00	—	—	3198.59	2852.52	—	2899.95	2897.43	2977.08	2941.62	—	2962.75
24	2591.69	—	—	3201.61	2853.00	3008.15	2923.28	—	2985.34	2940.92	—	2982.68
25	2601.72	2961.28	3043.03	3123.83	—	2982.07	2937.36	—	2955.43	2954.93	2906.17	2981.88
26	—	2941.52	2997.10	3086.40	—	2976.28	2944.54	2863.57	2929.09	—	2907.06	3007.36
27	—	2953.82	3022.72	—	2892.38	2996.79	—	2902.19	2932.17	—	2903.20	3005.04
28	2596.98	2940.95	2994.94	—	2909.91	2978.88	—	2893.76	—	2980.05	2889.69	—
29	2594.25	—	3090.76	3062.50	2914.70	—	2941.01	2890.92	—	2954.18	2871.98	—
30	2575.58	—	—	3078.34	2905.81	—	2952.34	2886.24	2905.19	2939.32	—	3040.02
31	2584.57	—	—	—	2898.70	—	2932.51	—	—	2929.06	—	3050.12
最高 high	2630.32	2997.49	3129.94	H3288.45	2986.54	3012.83	3048.48	2927.34	3042.93	3026.38	3008.31	3051.68
最低 low	L2440.91	2590.55	2930.84	3050.03	2833.04	2822.19	2879.69	2733.92	2883.68	2891.54	2858.58	2857.32

分类指数数据及图表

Data and Chart of Sector Indices

上证 180 指数　SSE 180 Index

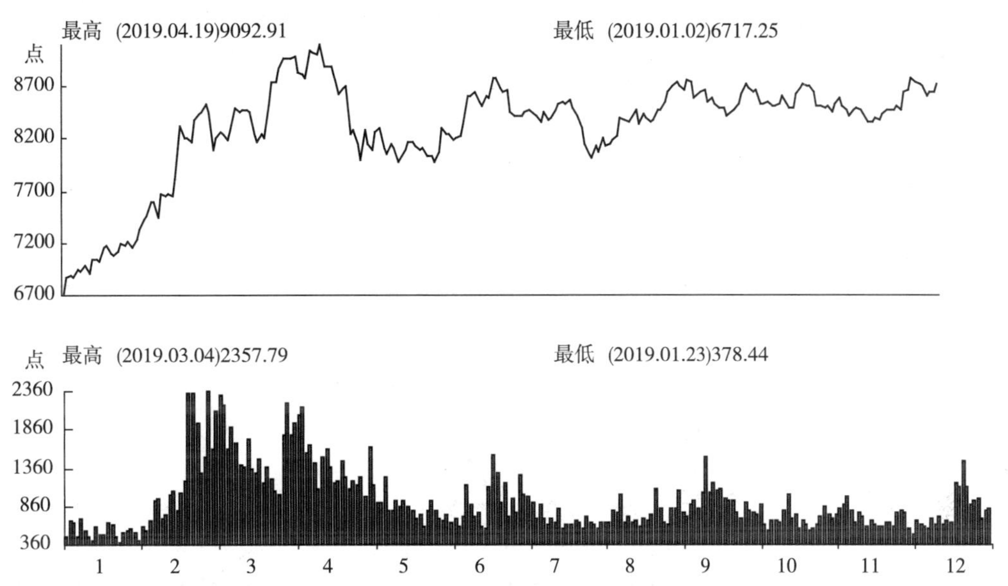

每日收盘指数 Daily Index

日期 Date	1 月 Jan	2 月 Feb	3 月 Mar	4 月 Apr	5 月 May	6 月 Jun	7 月 Jul	8 月 Aug	9 月 Sep	10 月 Oct	11 月 Nov	12 月 Dec
1	—	7319. 48	8367. 78	8734. 32	—	—	8780. 43	8420. 45	—	—	8615. 59	—
2	6717. 25	—	—	8739. 20	—	—	8771. 11	8298. 41	8467. 97	—	—	8364. 68
3	6726. 16	—	—	8864. 67	—	8106. 39	8686. 61	—	8466. 00	—	—	8391. 12
4	6875. 23	—	8427. 62	8957. 27	—	8038. 39	8640. 76	—	8542. 89	—	8673. 86	8368. 74
5	—	—	8444. 40	—	—	8035. 06	8662. 23	8140. 87	8641. 31	—	8727. 86	8428. 14
6	—	—	8527. 00	—	8240. 22	7978. 57	—	8049. 29	8698. 72	—	8700. 76	8472. 70
7	6898. 07	—	8448. 38	—	8283. 60	—	—	8022. 37	—	—	8704. 98	—
8	6875. 61	—	8095. 88	8959. 03	8154. 00	—	8455. 93	8127. 48	—	8459. 01	8651. 79	—
9	6940. 65	—	—	8960. 03	8000. 20	—	8423. 58	8067. 06	8730. 23	8476. 86	—	8465. 46
10	6925. 82	—	—	8984. 23	8282. 09	8073. 01	8406. 65	—	8702. 25	8531. 57	—	8476. 30
11	6980. 12	7418. 32	8212. 66	8824. 34	—	8300. 30	8411. 94	—	8665. 57	8625. 94	8508. 35	8503. 95
12	—	7456. 02	8270. 98	8807. 15	—	8246. 76	8454. 02	8198. 76	8766. 49	—	8518. 12	8475. 29
13	—	7600. 13	8235. 78	—	8139. 48	8242. 60	—	8125. 73	—	—	8498. 48	8647. 53
14	6918. 31	7595. 43	8190. 51	—	8086. 88	8186. 54	—	8155. 44	—	8716. 05	8504. 80	—
15	7051. 85	7451. 41	8276. 99	8784. 64	8257. 31	—	8475. 35	8183. 96	—	8689. 29	8456. 10	—
16	7052. 13	—	—	9037. 24	8300. 35	—	8437. 62	8218. 44	8728. 73	8651. 91	—	8661. 94
17	7019. 95	—	—	9029. 68	8102. 99	8201. 24	8422. 75	—	8579. 57	8659. 38	—	8769. 96
18	7148. 47	7667. 19	8499. 36	9004. 30	—	8228. 21	8359. 78	—	8620. 26	8520. 66	8526. 91	8743. 77
19	—	7659. 68	8456. 28	9092. 91	—	8332. 74	8450. 93	8387. 79	8634. 29	—	8590. 04	8724. 80
20	—	7680. 84	8468. 34	—	8047. 99	8603. 20	—	8377. 40	8655. 88	—	8508. 30	8705. 96
21	7184. 84	7659. 00	8467. 81	—	8138. 16	8609. 73	—	8364. 35	—	8530. 14	8469. 92	—
22	7091. 84	7834. 79	8450. 75	8887. 02	8102. 57	—	8385. 15	8388. 21	—	8554. 57	8405. 80	—
23	7085. 65	—	—	8886. 28	7985. 03	—	8403. 43	8471. 85	8555. 83	8501. 69	—	8602. 28
24	7127. 42	—	—	8895. 33	8010. 02	8634. 22	8470. 35	—	8583. 07	8500. 22	—	8652. 05
25	7186. 74	8315. 49	8244. 84	8724. 47	—	8541. 47	8530. 86	—	8527. 46	8534. 87	8479. 88	8638. 08
26	—	8199. 25	8160. 72	8617. 25	—	8515. 75	8555. 36	8341. 78	8491. 75	—	8485. 87	8717. 87
27	—	8213. 10	8251. 44	—	8093. 38	8600. 14	—	8433. 04	8495. 94	—	8463. 82	8723. 61
28	7178. 49	8173. 61	8213. 36	—	8168. 02	8579. 41	—	8387. 31	—	8598. 36	8429. 75	—
29	7207. 90	—	8533. 62	8673. 14	8164. 69	—	8537. 68	8359. 24	—	8537. 10	8352. 61	—
30	7162. 00	—	—	8702. 26	8123. 60	—	8573. 10	8380. 37	8409. 49	8497. 16	—	8859. 99
31	7241. 96	—	—	—	8092. 02	—	8496. 04	—	—	8494. 31	—	8877. 77
最高 high	7278. 53	8384. 00	8648. 86	H9119. 27	8449. 13	8658. 17	8797. 57	8504. 98	8785. 66	8789. 41	8792. 25	8882. 06
最低 low	L6661. 63	7247. 47	8070. 94	8605. 07	7922. 73	7965. 75	8313. 84	7930. 25	8367. 85	8393. 69	8310. 19	8303. 94

上证 50 指数　SSE 50 Index

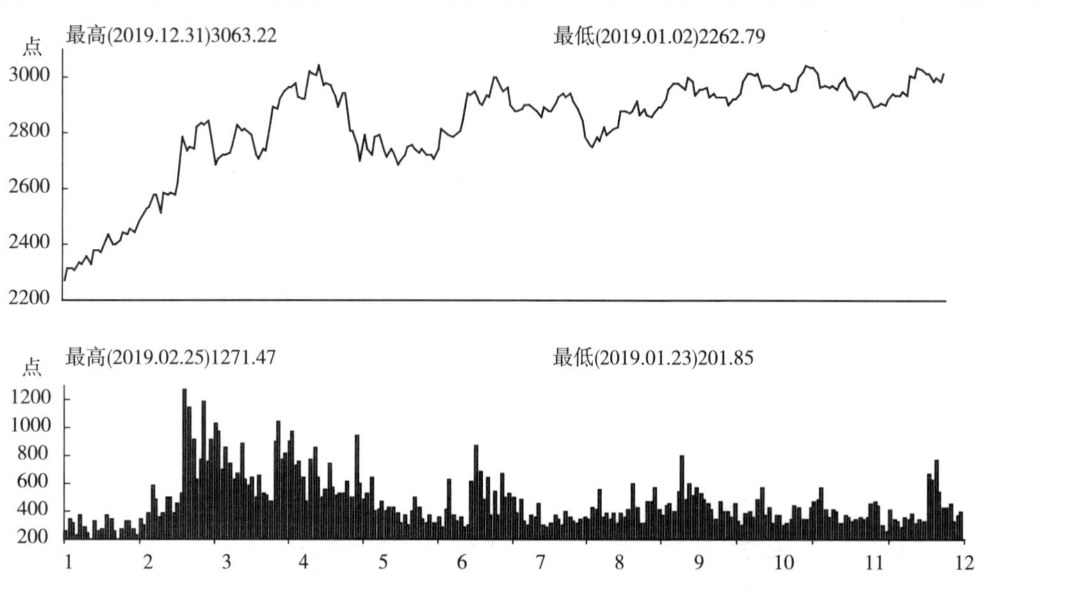

每日收盘指数 Daily Index

日期 Date	1月 Jan	2月 Feb	3月 Mar	4月 Apr	5月 May	6月 Jun	7月 Jul	8月 Aug	9月 Sep	10月 Oct	11月 Nov	12月 Dec
1	—	2499. 64	2819. 47	2892. 62	—	—	3002. 94	2887. 87	—	—	3002. 65	—
2	2262. 79	—	—	2888. 53	—	—	2999. 08	2843. 77	2894. 96	—	—	2899. 44
3	2269. 24	—	—	2920. 00	—	2743. 06	2964. 73	—	2892. 18	—	—	2909. 62
4	2314. 65	—	2832. 59	2951. 99	—	2721. 31	2953. 27	—	2919. 68	—	3022. 28	2901. 07
5	—	—	2828. 87	—	—	2719. 60	2961. 92	2786. 72	2955. 84	—	3039. 98	2921. 95
6	—	—	2840. 27	—	2805. 04	2706. 76	—	2760. 68	2981. 07	—	3032. 79	2939. 82
7	2314. 32	—	2789. 70	—	2806. 26	—	—	2747. 25	—	—	3033. 30	—
8	2305. 17	—	2685. 59	2962. 28	2758. 24	—	2897. 51	2786. 87	—	2922. 35	3012. 46	—
9	2332. 72	—	—	2967. 51	2698. 78	—	2881. 55	2772. 15	2981. 59	2922. 98	—	2933. 04
10	2331. 85	—	—	2979. 10	2793. 76	2743. 38	2878. 78	—	2969. 81	2940. 80	—	2936. 99
11	2354. 50	2527. 47	2708. 60	2928. 43	—	2812. 90	2887. 83	—	2957. 14	2983. 12	2965. 71	2949. 65
12	—	2533. 18	2719. 77	2920. 52	—	2796. 73	2902. 13	2824. 80	2999. 56	—	2971. 36	2938. 04
13	—	2580. 61	2723. 96	—	2741. 11	2794. 54	—	2792. 91	—	—	2967. 67	3006. 31
14	2331. 14	2576. 31	2729. 13	—	2724. 73	2785. 61	—	2804. 36	—	3013. 53	2968. 57	—
15	2378. 37	2517. 46	2755. 81	2924. 93	2783. 54	—	2902. 61	2814. 39	—	3015. 42	2954. 70	—
16	2381. 22	—	—	3023. 03	2791. 42	—	2884. 56	2824. 23	2982. 45	3004. 72	—	2999. 20
17	2371. 35	—	—	3017. 42	2735. 21	2793. 70	2875. 03	—	2937. 01	3011. 75	—	3033. 14
18	2417. 36	2582. 85	2825. 18	3004. 93	—	2806. 45	2859. 17	—	2954. 36	2963. 18	2980. 95	3025. 79
19	—	2579. 05	2806. 90	3042. 43	—	2842. 74	2895. 63	2877. 23	2956. 83	—	3000. 75	3017. 71
20	—	2588. 17	2812. 92	—	2715. 43	2942. 63	—	2875. 65	2963. 44	—	2968. 12	3012. 63
21	2432. 49	2577. 23	2802. 97	—	2739. 79	2938. 77	—	2869. 22	—	2968. 91	2949. 34	—
22	2401. 23	2623. 07	2795. 39	2970. 49	2725. 73	—	2881. 90	2878. 01	—	2973. 22	2922. 27	—
23	2397. 05	—	—	2978. 85	2685. 93	—	2881. 10	2917. 38	2930. 91	2954. 31	—	2984. 24
24	2411. 56	—	—	2974. 85	2702. 03	2949. 52	2906. 55	—	2940. 08	2959. 03	—	2996. 77
25	2441. 64	2787. 70	2718. 18	2928. 00	—	2910. 12	2931. 18	—	2928. 84	2967. 05	2951. 25	2986. 00
26	—	2733. 90	2706. 15	2892. 86	—	2903. 49	2939. 36	2863. 48	2927. 88	—	2946. 57	3011. 64
27	—	2750. 34	2741. 59	—	2722. 34	2937. 13	—	2887. 24	2929. 47	—	2944. 32	3017. 78
28	2437. 03	2743. 97	2733. 97	—	2748. 80	2930. 60	—	2867. 03	—	2981. 36	2930. 48	—
29	2455. 90	—	2838. 51	2939. 41	2755. 81	—	2930. 49	2855. 45	—	2968. 28	2894. 72	—
30	2440. 02	—	—	2945. 24	2742. 96	—	2944. 03	2872. 40	2897. 70	2952. 12	—	3062. 75
31	2483. 47	—	—	—	2728. 95	—	2912. 66	—	—	2954. 73	—	3063. 22
最高 high	2487. 10	2804. 16	2907. 82	3048. 82	2867. 60	2958. 23	3011. 91	2923. 93	3008. 67	3043. 45	H3065. 93	3065. 38
最低 low	L2249. 37	2479. 34	2670. 79	2860. 14	2667. 38	2701. 92	2850. 10	2718. 21	2866. 75	2896. 26	2879. 93	2876. 52

分类指数数据及图表

Data and Chart of Sector Indices

上证红利指数　SSE Dividend Index

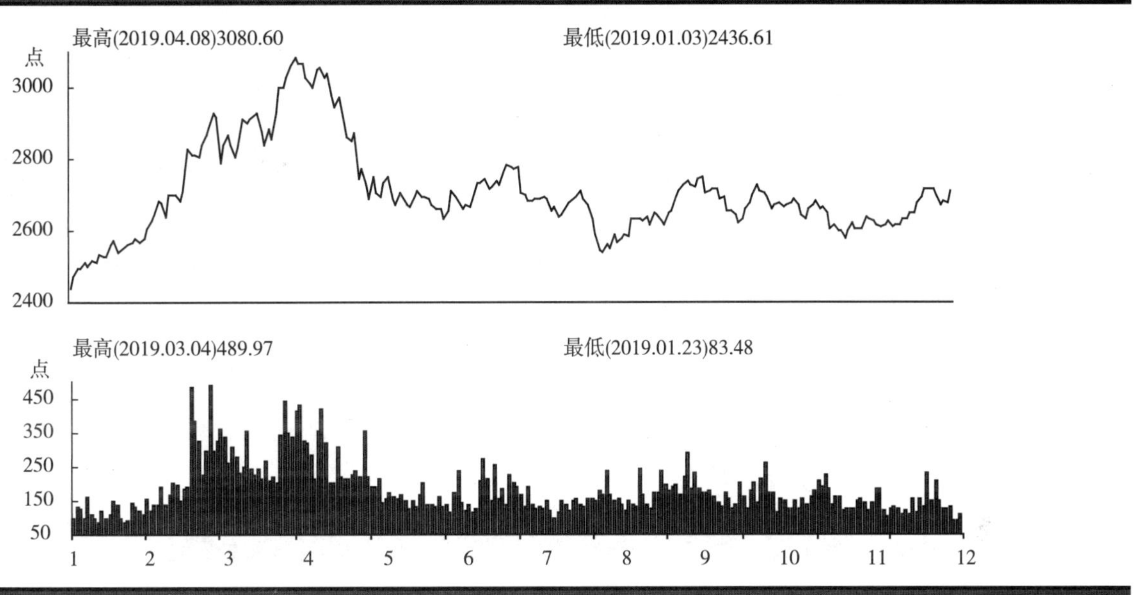

每日收盘指数 Daily Index

日期 Date	1月 Jan	2月 Feb	3月 Mar	4月 Apr	5月 May	6月 Jun	7月 Jul	8月 Aug	9月 Sep	10月 Oct	11月 Nov	12月 Dec
1	—	2606.29	2840.68	3001.47	—	—	2766.71	2670.10	—	—	2658.89	—
2	2438.48	—	—	2997.45	—	—	2781.13	2634.25	2648.10	—	—	2618.68
3	2436.61	—	—	3030.14	—	2673.74	2778.53	—	2655.23	—	—	2626.07
4	2470.11	—	2868.41	3061.87	—	2658.69	2774.73	—	2694.98	—	2669.51	2608.82
5	—	—	2889.29	—	—	2659.63	2778.70	2586.31	2710.29	—	2680.75	2618.63
6	—	—	2926.84	—	2743.46	2631.13	—	2544.72	2725.39	—	2663.65	2617.34
7	2492.68	—	2917.23	—	2774.66	—	—	2538.03	—	—	2665.17	—
8	2496.45	—	2789.37	3080.60	2729.09	—	2704.71	2561.78	—	2636.08	2652.43	—
9	2510.42	—	—	3068.27	2686.36	—	2701.05	2550.41	2739.52	2663.76	—	2636.05
10	2501.99	—	—	3064.15	2747.76	2656.27	2680.79	—	2725.69	2676.85	—	2633.39
11	2516.94	2630.49	2837.21	3030.08	—	2711.96	2682.02	—	2721.07	2700.91	2604.88	2652.15
12	—	2646.22	2865.65	3009.76	—	2695.53	2687.68	2590.73	2742.39	—	2613.90	2652.73
13	—	2680.98	2838.88	—	2708.31	2683.97	—	2568.43	—	—	2599.68	2679.25
14	2510.72	2679.09	2805.09	—	2694.45	2662.75	—	2575.58	—	2729.80	2598.03	—
15	2531.81	2637.29	2834.53	3002.21	2734.28	—	2690.85	2586.25	—	2711.79	2580.14	—
16	2529.66	—	—	3049.76	2750.76	—	2691.17	2580.67	2747.62	2705.26		2695.97
17	2526.76	—	—	3057.79	2688.08	2672.29	2686.95	—	2705.91	2691.85	—	2719.16
18	2561.27	2698.94	2912.05	3026.80	—	2669.30	2655.38	—	2710.90	2660.60	2597.85	2716.81
19	—	2698.02	2902.74	3039.21	—	2687.53	2666.15	2630.57	2716.58	—	2621.91	2716.92
20	—	2698.97	2910.59	—	2674.79	2730.80	—	2633.72	2717.11	—	2603.90	2702.58
21	2571.08	2680.60	2920.96	—	2705.91	2735.51	—	2633.23	—	2671.65	2606.10	—
22	2541.19	2709.72	2926.47	2973.18	2697.22	—	2638.96	2626.10	—	2676.53	2603.09	—
23	2547.18	—	—	2946.11	2672.63	—	2644.56	2636.14	2690.93	2669.21	—	2669.49
24	2553.45	—	—	2972.73	2667.36	2745.21	2665.88	—	2692.83	2673.02	—	2681.64
25	2563.30	2825.66	2877.40	2900.81	—	2717.62	2678.46	—	2656.67	2677.15	2638.90	2679.68
26	—	2813.16	2839.26	2862.15	—	2724.66	2689.52	2616.16	2657.15	—	2632.37	2713.03
27	—	2809.30	2882.21	—	2692.56	2740.80	—	2648.20	2644.75	—	2625.48	2709.20
28	2567.12	2807.54	2857.63	—	2709.28	2727.72	—	2642.74	—	2687.75	2615.39	—
29	2577.79	—	2926.18	2847.35	2697.16	—	2694.32	2628.15	—	2671.89	2611.54	—
30	2564.27	—	—	2874.01	2693.04	—	2710.31	2618.37	2619.87	2642.31	—	2738.53
31	2580.09	—	—	—	2687.27	—	2688.21	—	—	2630.79	—	2751.42
最高 high	2596.27	2858.64	2939.13	H3096.43	2811.23	2750.23	2793.24	2684.99	2754.57	2743.16	2697.38	2754.22
最低 low	L2415.69	2579.25	2785.85	2841.79	2649.65	2630.64	2631.91	2516.98	2617.71	2619.37	2571.80	2602.86

上证 A 股指数　SSE A Share Index

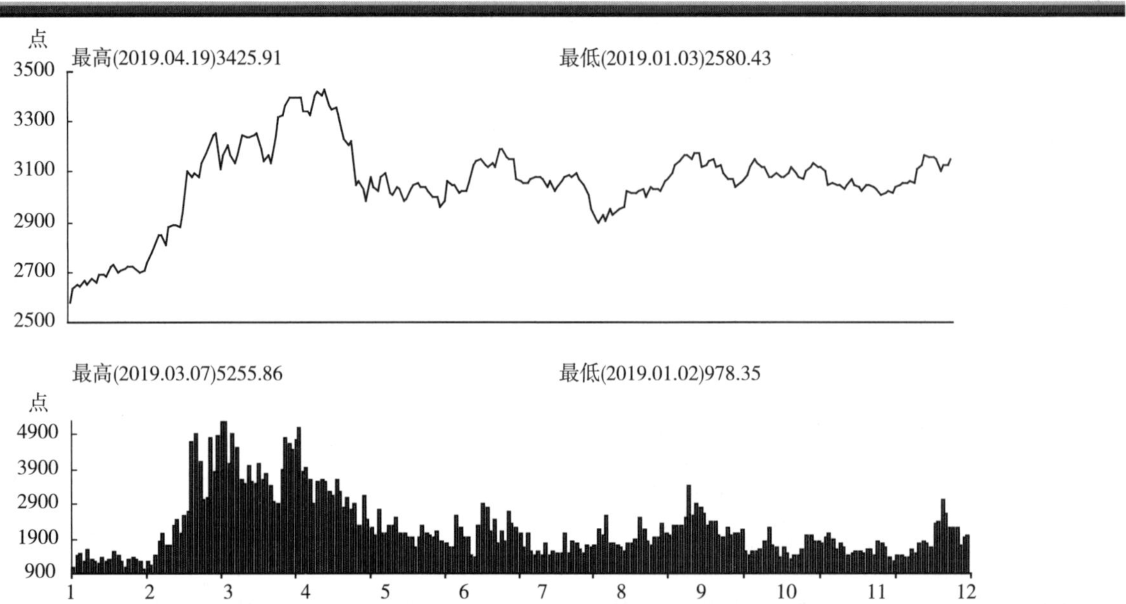

每日收盘指数 Daily Index

日期 Date	1 月 Jan	2 月 Feb	3 月 Mar	4 月 Apr	5 月 May	6 月 Jun	7 月 Jul	8 月 Aug	9 月 Sep	10 月 Oct	11 月 Nov	12 月 Dec
1	—	2741.84	3135.75	3320.60	—	—	3189.19	3046.91	—	—	3099.28	—
2	2581.37	—	—	3327.39	—	—	3188.17	3004.02	3063.38	—	—	3013.48
3	2580.43	—	—	3368.71	—	3027.11	3158.10	—	3069.70	—	—	3022.77
4	2633.35	—	3170.90	3400.51	—	2997.97	3147.60	—	3098.31	—	3117.40	3015.88
5	—	—	3198.78	—	—	2997.05	3153.80	2955.66	3128.09	—	3134.25	3038.19
6	—	—	3248.98	—	3043.97	2961.80	—	2909.62	3142.49	—	3120.67	3051.31
7	2652.40	—	3253.50	—	3064.83	—	—	2900.29	—	—	3120.76	—
8	2645.48	—	3110.39	3398.66	3030.65	—	3072.42	2927.38	—	3052.19	3105.52	—
9	2664.23	—	—	3393.29	2985.71	—	3067.00	2906.68	3168.78	3064.07	—	3053.87
10	2654.53	—	—	3395.70	3078.25	2987.32	3053.52	—	3165.08	3088.08	—	3056.85
11	2674.18	2779.22	3170.24	3341.22	—	3064.39	3056.08	—	3152.05	3115.31	3048.70	3064.32
12	—	2798.10	3205.20	3339.80	—	3047.27	3069.43	2948.86	3175.62	—	3053.80	3055.20
13	—	2849.66	3170.28	—	3041.07	3048.67	—	2930.32	—	—	3043.76	3109.70
14	2655.23	2848.21	3132.28	—	3020.00	3018.47	—	2942.53	—	3151.20	3048.64	—
15	2691.48	2809.06	3164.79	3328.42	3077.73	—	3081.60	2949.81	—	3133.55	3029.26	—
16	2691.58	—	—	3407.92	3095.61	—	3076.84	2958.19	3175.10	3120.59	—	3127.22
17	2680.26	—	—	3417.90	3018.68	3024.41	3070.62	—	3119.95	3119.23	—	3167.00
18	2718.43	2884.49	3243.16	3404.30	—	3027.08	3038.62	—	3127.84	3078.16	3048.03	3161.37
19	—	2885.84	3237.47	3425.91	—	3056.05	3062.77	3020.29	3142.12	—	3074.01	3161.37
20	—	2891.70	3237.13	—	3006.49	3128.76	—	3017.08	3149.62	—	3049.94	3148.59
21	2733.65	2881.80	3248.41	—	3043.53	3144.23	—	3017.42	—	3079.72	3042.18	—
22	2701.32	2936.77	3251.20	3367.46	3028.59	—	3023.75	3020.69	—	3095.17	3022.97	—
23	2702.69	—	—	3350.23	2987.54	—	3037.37	3035.38	3118.79	3081.80	—	3104.35
24	2713.94	—	—	3353.35	2988.10	3150.70	3061.83	—	3127.45	3081.06	—	3125.26
25	2724.50	3101.34	3187.10	3271.77	—	3123.34	3076.65	—	3096.08	3095.81	3044.86	3124.40
26	—	3080.62	3138.99	3232.46	—	3117.30	3084.19	2999.92	3068.50	—	3046.03	3151.13
27	—	3093.58	3165.88	—	3029.32	3138.80	—	3040.42	3071.70	—	3041.92	3148.70
28	2719.50	3080.11	3136.72	—	3047.74	3119.99	—	3031.59	—	3122.12	3027.80	—
29	2716.67	—	3237.20	3207.43	3052.74	—	3080.49	3028.60	—	3095.02	3009.43	—
30	2697.10	—	—	3224.02	3043.47	—	3092.39	3023.71	3043.35	3079.45	—	3185.38
31	2706.59	—	—	—	3036.03	—	3071.73	—	—	3068.72	—	3195.98
最高 high	2754.49	3139.35	3278.17	H3444.44	3127.80	3155.61	3192.95	3066.37	3187.87	3170.60	3151.85	3197.61
最低 low	L2555.84	2712.84	3069.48	3194.36	2967.11	2955.91	3016.08	2863.89	3021.03	3029.07	2995.40	2994.08

分类指数数据及图表

Data and Chart of Sector Indices

上证 B 股指数　SSE B Share Index

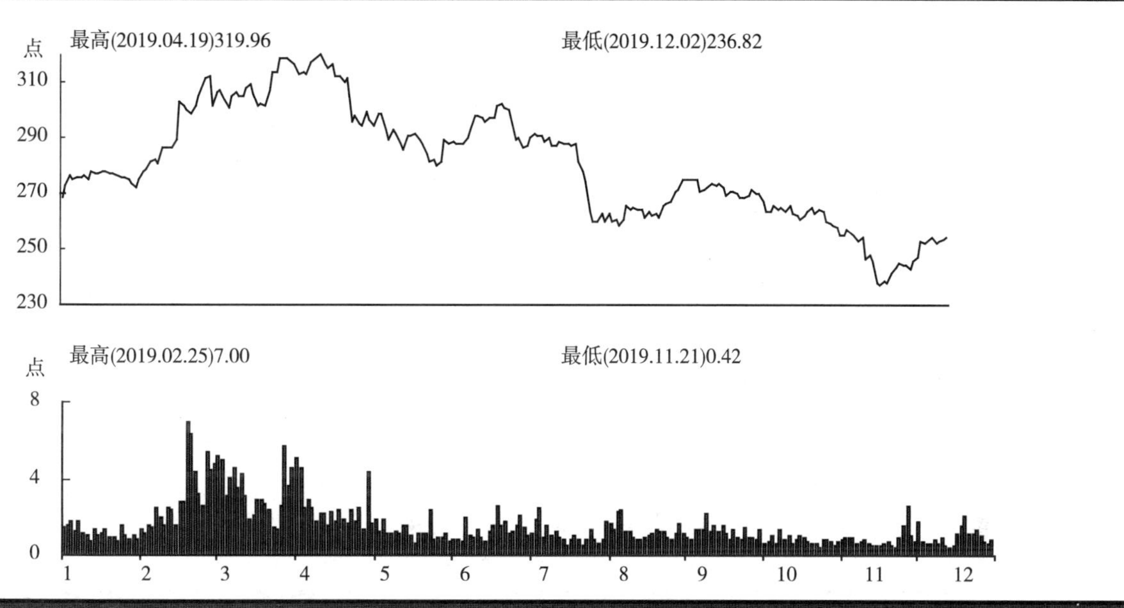

每日收盘指数 Daily Index

日期 Date	1月 Jan	2月 Feb	3月 Mar	4月 Apr	5月 May	6月 Jun	7月 Jul	8月 Aug	9月 Sep	10月 Oct	11月 Nov	12月 Dec
1	—	275.32	301.08	313.83	—	—	301.72	277.59	—	—	261.99	—
2	269.91	—	—	313.88	—	—	302.15	274.33	265.42	—	—	236.82
3	268.66	—	—	318.38	—	283.94	300.37	—	266.24	—	—	238.58
4	273.01	—	304.90	318.41	—	281.78	299.82	—	266.85	—	263.70	237.55
5	—	—	309.31	—	—	282.47	296.64	263.59	270.62	—	264.69	241.60
6	—	—	311.41	—	295.89	280.13	—	259.98	271.37	—	263.14	243.44
7	276.15	—	311.83	—	298.15	—	—	260.22	—	—	264.35	—
8	274.83	—	301.15	318.38	294.79	—	288.96	262.96	—	269.65	263.66	—
9	275.93	—	—	317.23	294.40	—	289.94	259.83	275.19	268.64	—	244.70
10	275.48	—	—	316.08	299.57	281.32	286.48	—	274.82	268.30	—	244.63
11	276.15	277.93	306.58	312.77	—	289.03	287.45	—	275.26	269.13	259.86	244.16
12	—	278.91	307.41	313.25	—	287.66	290.08	262.67	274.77	—	259.58	242.74
13	—	281.70	303.83	—	296.25	288.74	—	259.74	—	—	258.60	245.92
14	275.35	282.17	300.43	—	294.49	288.17	—	260.57	—	271.13	258.18	—
15	277.77	280.79	304.65	313.14	298.33	—	291.72	258.88	—	269.94	255.22	—
16	277.03	—	—	317.25	298.54		290.72	260.61	275.32	270.11	—	247.12
17	276.92	—	—	318.04	292.69	287.87	290.53	—	270.71	267.16	—	252.92
18	277.79	286.21	306.41	318.99	—	287.72	288.69	—	271.63	263.82	254.86	252.30
19	—	286.33	305.22	319.96	—	289.71	289.98	265.90	272.39	—	256.90	253.11
20	—	286.33	305.10	—	289.60	292.93	—	264.60	273.34	—	255.95	254.50
21	278.11	286.56	307.56	—	293.07	297.78	—	264.81	—	263.61	255.03	—
22	277.44	289.58	309.08	316.21	291.53	—	287.24	264.34	—	265.63	252.92	—
23	277.19	—	—	314.69	287.85	—	287.38	264.63	273.07	264.32	—	251.99
24	276.49	—	—	316.28	285.77	298.12	288.70	—	273.73	264.71	—	252.75
25	275.59	302.89	305.88	312.31	—	297.21	287.78	—	272.20	263.61	254.41	253.38
26	—	301.30	301.37	312.50	—	295.85	287.78	261.20	269.25	—	246.38	254.33
27	—	300.17	302.07	—	290.65	297.07	—	263.29	270.41	—	248.12	254.23
28	275.99	298.66	301.62	—	290.53	296.90	—	262.46	—	265.82	245.96	—
29	274.99	—	306.79	310.09	291.41	—	287.26	262.69	—	263.16	237.83	—
30	273.30	—	—	311.75	289.27	—	287.58	261.69	270.67	262.04	—	256.37
31	272.11	—	—	—	288.08	—	281.43	—	—	260.54	—	256.82
最高 high	278.74	305.79	313.12	H321.00	307.55	298.69	302.47	281.82	276.47	272.20	265.18	256.83
最低 low	266.47	271.90	298.27	308.41	284.96	279.94	281.43	255.59	261.66	260.54	L235.46	235.81

上证基金指数　SSE Fund Index

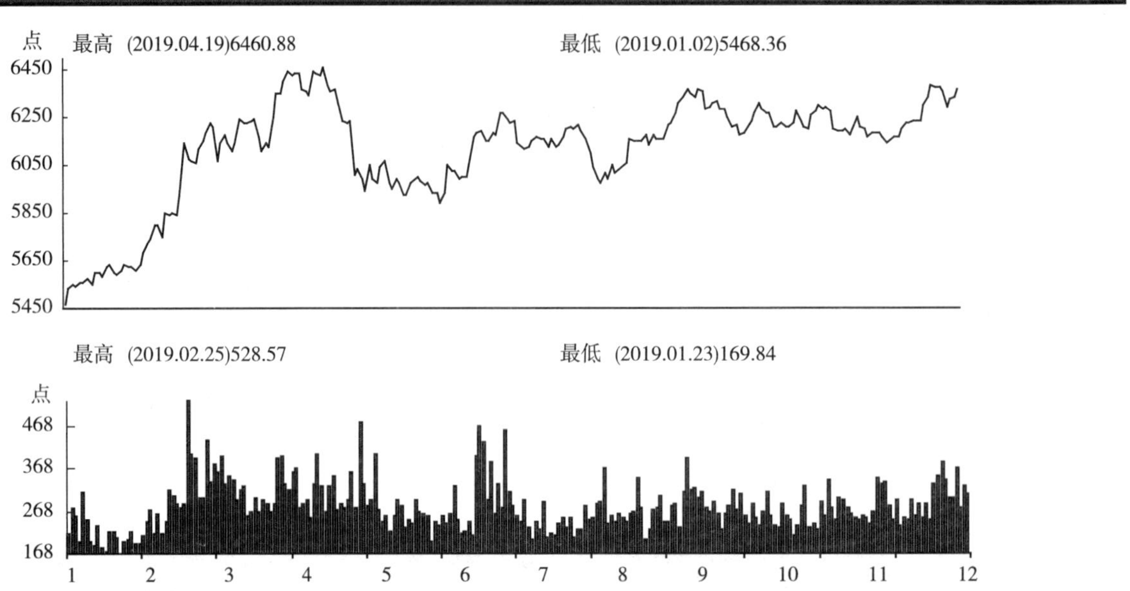

每日收盘指数 Daily Index

日期 Date	1 月 Jan	2 月 Feb	3 月 Mar	4 月 Apr	5 月 May	6 月 Jun	7 月 Jul	8 月 Aug	9 月 Sep	10 月 Oct	11 月 Nov	12 月 Dec
1	—	5679. 81	6117. 56	6347. 81	—	—	6267. 88	6157. 82	—	—	6256. 34	—
2	5468. 36	—	—	6346. 55	—	—	6265. 60	6102. 24	6215. 28	—	—	6155. 39
3	5470. 65	—	—	6399. 31	—	5970. 97	6237. 72	—	6224. 97	—	—	6169. 90
4	5530. 74	—	6151. 63	6439. 88	—	5937. 25	6223. 60	—	6269. 75	—	6275. 61	6167. 56
5	—	—	6186. 59	—	—	5934. 58	6237. 41	6043. 52	6308. 53	—	6301. 10	6201. 23
6	—	—	6226. 21	—	6007. 33	5894. 40	—	5989. 69	6332. 71	—	6279. 78	6224. 33
7	5546. 37	—	6207. 89	—	6034. 33	—	—	5975. 21	—	—	6288. 91	—
8	5542. 50	—	6070. 64	6420. 89	5990. 22	—	6139. 16	6015. 40	—	6183. 52	6272. 80	—
9	5558. 77	—	—	6429. 78	5938. 70	—	6128. 91	5989. 08	6367. 08	6198. 07	—	6223. 15
10	5557. 35	—	—	6432. 06	6052. 79	5933. 63	6120. 07	—	6350. 52	6229. 87	—	6230. 98
11	5573. 77	5722. 01	6137. 80	6368. 50	—	6047. 66	6126. 93	—	6335. 61	6266. 91	6195. 97	6234. 57
12	—	5741. 52	6175. 09	6358. 83	—	6022. 60	6149. 94	6045. 90	6370. 21	—	6195. 15	6229. 17
13	—	5803. 01	6141. 42	—	5995. 19	6022. 30	—	6016. 79	—	—	6190. 41	6300. 49
14	5553. 98	5803. 58	6104. 25	—	5973. 31	5993. 18	—	6031. 13	—	6304. 72	6198. 63	—
15	5595. 97	5753. 63	6144. 00	6339. 08	6043. 75	—	6170. 12	6042. 40	—	6279. 51	6175. 86	—
16	5597. 01	—	—	6437. 67	6063. 48	—	6160. 93	6058. 13	6358. 67	6265. 72	—	6331. 71
17	5584. 05	—	—	6435. 59	5974. 36	5996. 46	6155. 35	—	6282. 76	6267. 93	—	6386. 15
18	5622. 46	5847. 44	6239. 88	6421. 69	—	6001. 21	6122. 28	—	6291. 12	6211. 87	6202. 04	6378. 09
19	—	5843. 52	6224. 82	6460. 88	—	6058. 19	6161. 89	6156. 18	6310. 78	—	6247. 51	6374. 43
20	—	5851. 38	6224. 90	—	5948. 84	6163. 68	—	6146. 90	6315. 61	—	6211. 92	6354. 59
21	5634. 50	5844. 99	6234. 68	—	5992. 03	6185. 48	—	6146. 37	—	6210. 25	6197. 87	—
22	5599. 08	5923. 63	6241. 13	6384. 19	5977. 41	—	6122. 56	6151. 66	—	6228. 43	6163. 33	—
23	5595. 29	—	—	6360. 08	5924. 18	—	6135. 56	6171. 98	6281. 30	6204. 39	—	6288. 62
24	5612. 20	—	—	6370. 71	5924. 41	6188. 23	6169. 61	—	6287. 09	6205. 20	—	6322. 57
25	5629. 90	6139. 52	6167. 78	6277. 14	—	6151. 61	6197. 23	—	6250. 36	6228. 84	6181. 53	6331. 54
26	—	6077. 53	6111. 88	6233. 49	—	6145. 94	6206. 11	6131. 60	6206. 41	—	6183. 63	6364. 66
27	—	6067. 50	6142. 05	—	5975. 87	6187. 25	—	6179. 03	6214. 68	—	6181. 78	6351. 63
28	5625. 65	6057. 46	6121. 29	—	5986. 66	6176. 05	—	6161. 94	—	6270. 91	6170. 22	—
29	5626. 76	—	6248. 11	6222. 20	5996. 63	—	6198. 35	6155. 73	—	6236. 78	6145. 33	—
30	5609. 24	—	—	6234. 76	5981. 40	—	6216. 93	6155. 07	6172. 58	6207. 81	—	6409. 51
31	5629. 38	—	—	—	5970. 45	—	6192. 01	—	—	6198. 84	—	6425. 03
最高 high	5668. 94	6141. 04	6264. 17	H6482. 19	6143. 60	6206. 04	6273. 62	6208. 20	6377. 06	6333. 79	6329. 90	6427. 04
最低 low	L5454. 87	5637. 21	6048. 48	6203. 76	5896. 76	5893. 57	6089. 96	5935. 87	6153. 08	6157. 70	6124. 77	6132. 26

分类指数数据及图表

Data and Chart of Sector Indices

上证国债指数 SSE T-Bond Index

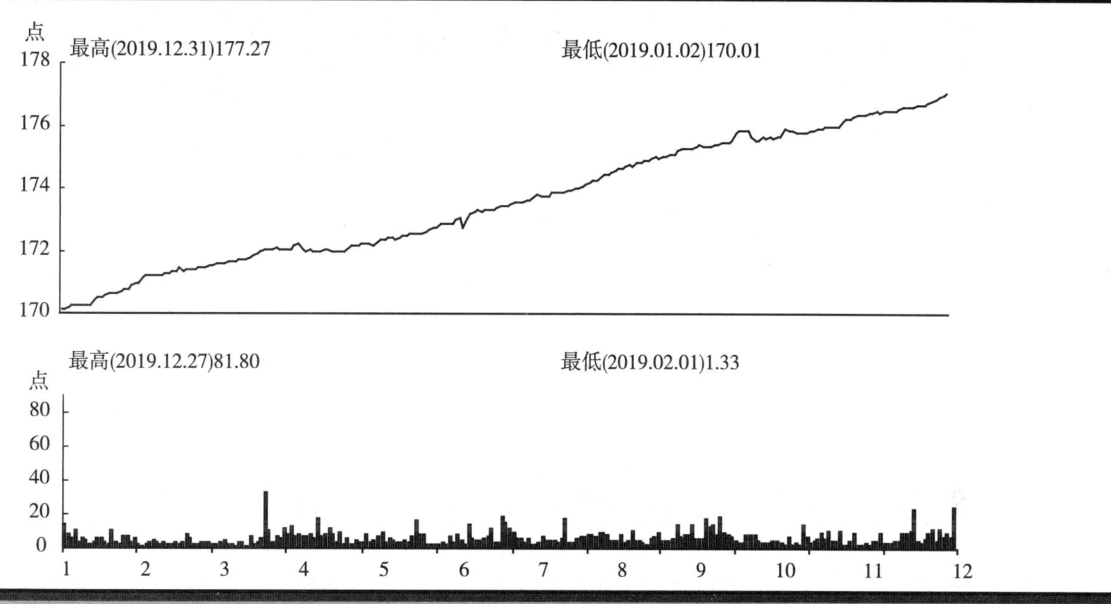

每日收盘指数 Daily Index

日期 Date	1月 Jan	2月 Feb	3月 Mar	4月 Apr	5月 May	6月 Jun	7月 Jul	8月 Aug	9月 Sep	10月 Oct	11月 Nov	12月 Dec
1	—	170.98	171.42	172.05	—	—	173.36	174.06	—	—	175.80	—
2	170.01	—	—	172.08	—	—	173.41	174.11	175.02	—	—	176.44
3	170.11	—	—	172.05	—	172.63	173.44	—	175.02	—	—	176.46
4	170.14	—	171.44	172.02	—	172.67	173.46	—	175.06	—	175.80	176.46
5	—	—	171.43	—	—	172.72	173.51	174.22	175.11	—	175.84	176.49
6	—	—	171.44	—	172.15	172.76	—	174.24	175.23	—	175.86	176.50
7	170.20	—	171.50	—	172.14	—	—	174.28	—	—	175.90	—
8	170.28	—	171.52	172.03	172.19	—	173.54	174.35	—	175.76	175.90	—
9	170.28	—	—	172.03	172.24	—	173.54	174.42	175.28	175.81	—	176.56
10	170.25	—	—	172.19	172.24	172.84	173.54	—	175.28	175.86	—	176.59
11	170.25	171.13	171.57	172.24	—	172.84	173.59	—	175.30	175.87	175.96	176.60
12	—	171.18	171.57	172.01	—	172.83	173.65	174.45	175.29	—	175.94	176.62
13	—	171.20	171.61	—	172.21	172.87	—	174.51	—	—	175.98	176.60
14	170.28	171.20	171.64	—	172.19	172.97	—	174.60	—	175.68	175.99	—
15	170.28	171.22	171.63	172.00	172.31	—	173.76	174.64	—	175.50	176.00	—
16	170.47	—	—	172.01	172.34	—	173.78	174.65	175.34	175.55	—	176.65
17	170.51	—	—	171.96	172.36	173.02	173.72	—	175.37	175.62	—	176.67
18	170.51	171.22	171.67	171.96	—	172.75	173.75	—	175.35	175.59	176.13	176.67
19	—	171.24	171.70	171.99	—	173.05	173.75	174.71	175.34	—	176.20	176.71
20	—	171.29	171.71	—	172.41	173.20	—	174.77	175.36	—	176.24	176.77
21	170.54	171.31	171.73	—	172.39	173.24	—	174.73	—	175.62	176.30	—
22	170.63	171.34	171.75	172.04	172.37	—	173.85	174.83	—	175.58	176.37	—
23	170.63	—	—	172.03	172.41	—	173.87	174.81	175.40	175.66	—	176.84
24	170.66	—	—	171.99	172.46	173.29	173.88	—	175.41	175.65	—	176.93
25	170.69	171.44	171.86	171.99	—	173.23	173.90	—	175.46	175.90	176.35	176.96
26	—	171.36	171.93	171.96	—	173.30	173.91	174.90	175.47	—	176.38	177.07
27	—	171.39	171.97	—	172.50	173.30	—	174.91	175.47	—	176.40	177.15
28	170.74	171.42	172.04	—	172.51	173.31	—	174.98	—	175.86	176.42	—
29	170.78	—	172.02	172.00	172.53	—	173.95	175.00	—	175.81	176.45	—
30	170.89	—	—	172.02	172.56	—	173.97	174.98	175.53	175.75	—	177.21
31	170.96	—	—	—	172.56	—	174.02	—	—	175.76	—	177.27
最高 high	170.97	171.46	172.16	172.33	172.58	173.34	174.02	175.02	175.53	175.95	176.45	H177.28
最低 low	L169.96	170.97	171.36	171.93	172.12	172.59	173.32	174.03	175.00	175.50	175.78	176.44

上证企业债指数 SSE C-Bond Index

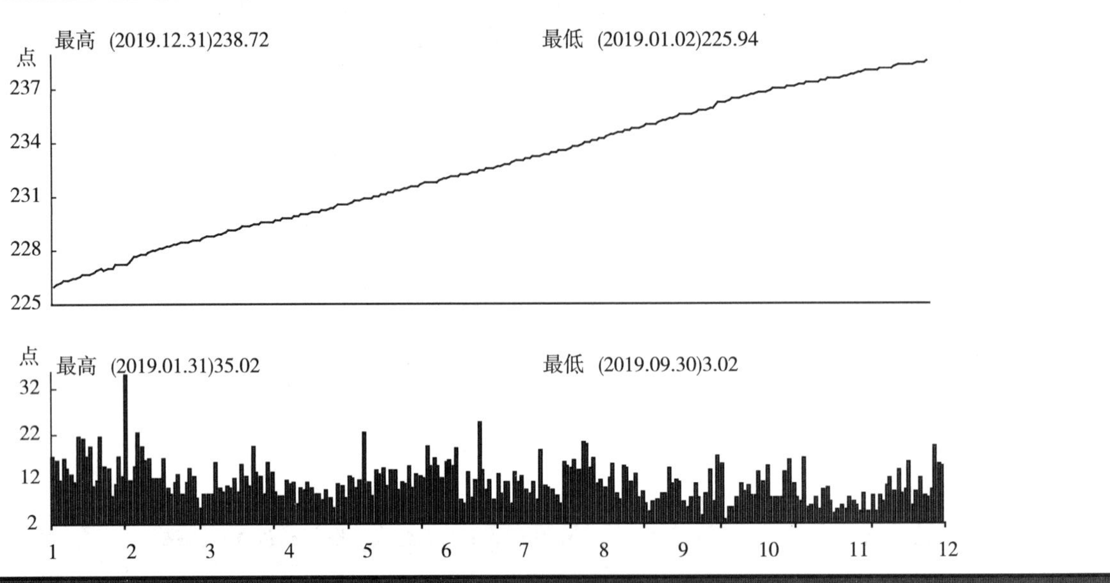

每日收盘指数 Daily Index

日期 Date	1月 Jan	2月 Feb	3月 Mar	4月 Apr	5月 May	6月 Jun	7月 Jul	8月 Aug	9月 Sep	10月 Oct	11月 Nov	12月 Dec
1	—	227.34	228.41	229.51	—	—	232.47	233.55	—	—	237.03	—
2	225.94	—	—	229.52	—	—	232.49	233.59	234.94	—	—	237.94
3	226.01	—	—	229.58	—	231.52	232.54	—	234.98	—	—	237.95
4	226.09	—	228.50	229.61	—	231.55	232.56	—	235.02	—	237.11	237.97
5	—	—	228.53	—	—	231.59	232.60	233.71	235.05	—	237.13	238.01
6	—	—	228.56	—	230.54	231.63	—	233.75	235.08	—	237.15	238.05
7	226.22	—	228.60	—	230.54	—	—	233.81	—	—	237.18	—
8	226.29	—	228.65	229.72	230.57	—	232.67	233.88	—	236.19	237.21	—
9	226.33	—	—	229.72	230.61	—	232.72	233.95	235.19	236.24	—	238.12
10	226.40	—	—	229.75	230.67	231.76	232.75	—	235.24	236.27	—	238.14
11	226.43	227.65	228.75	229.78	—	231.80	232.78	—	235.29	236.30	237.29	238.14
12	—	227.69	228.78	229.82	—	231.83	232.84	234.05	235.34	—	237.32	238.15
13	—	227.76	228.82	—	230.74	231.83	—	234.09	—	—	237.33	238.19
14	226.58	227.81	228.87	—	230.80	231.91	—	234.12	—	236.42	237.38	—
15	226.64	227.86	228.92	229.88	230.85	—	232.96	234.17	—	236.44	237.42	—
16	226.68	—	—	229.89	230.89	—	232.99	234.23	235.48	236.48	—	238.28
17	226.72	—	—	229.95	230.93	231.99	233.02	—	235.51	236.54	—	238.29
18	226.79	227.96	229.02	229.95	—	232.04	233.06	—	235.55	236.58	237.49	238.29
19	—	228.01	229.07	230.01	—	232.06	233.11	234.34	235.57	—	237.51	238.32
20	—	228.07	229.11	—	231.01	232.08	—	234.40	235.61	—	237.53	238.34
21	226.91	228.12	229.13	—	231.04	232.12	—	234.47	—	236.68	237.54	—
22	226.96	228.17	229.19	230.09	231.11	—	233.19	234.53	—	236.70	237.59	—
23	226.94	—	—	230.12	231.16	—	233.22	234.57	235.68	236.73	—	238.43
24	227.01	—	—	230.15	231.20	232.19	233.26	—	235.73	236.76	—	238.49
25	227.04	228.27	229.29	230.18	—	232.21	233.30	—	235.76	236.81	237.69	238.50
26	—	228.30	229.33	230.22	—	232.25	233.35	234.68	235.80	—	237.69	238.55
27	—	228.35	229.36	—	231.25	232.31	—	234.72	235.84	—	237.77	238.60
28	227.17	228.39	229.40	—	231.34	232.38	—	234.76	—	236.91	237.80	—
29	227.20	—	229.44	230.33	231.38	—	233.46	234.81	—	236.95	237.85	—
30	227.22	—	—	230.37	231.41	—	233.49	234.83	235.94	236.98	—	238.71
31	227.26	—	—	—	231.44	—	233.51	—	—	236.99	—	238.72
最高 high	227.26	228.40	229.44	230.39	231.45	232.39	233.52	234.85	235.95	237.01	237.86	H238.76
最低 low	L225.90	227.28	228.40	229.50	230.53	231.52	232.46	233.53	234.93	236.18	237.02	237.93

三 证券成交

SECURITIES TRADING

股票市场概貌
Share Market Overview

股票市场交易 Stock Market Data	2019 年	2018 年	增减（%） Change（%）
交易天数（天）Number of Trading Days	244	243	0. 41
上市股票数（只）Number of Stocks	1615	1494	8. 10
主板 A Main Board A	1495	1443	3. 60
主板 B Main Board B	50	51	-1. 96
科创板 Star Market	70	—	—
新上市股票数（只）Number of New listed Stocks	125	57	119. 30
主板 A Main Board A	55	57	-3. 51
科创板 Star Market	70	—	—
股票市价总值（亿元）Total Market Cap（100M yuan）	355519. 70	269515. 01	31. 91
主板 A Main Board A	346094. 57	268690. 84	28. 81
主板 B Main Board B	787. 49	824. 18	-4. 45
科创板 Star Market	8637. 64	—	—
股票非限售市值（亿元）Negotiable Cap（100M yuan）	301254. 52	232698. 75	29. 46
股票现货总成交金额（亿元）Total Trading Val（100M yuan）	543844. 01	401965. 02	35. 30
主板 A Main Board A	530150. 00	401575. 27	32. 02
主板 B Main Board B	380. 21	389. 75	-2. 45
科创板 Star Market	13313. 81	—	—
股票回购总成交金额（亿元）Total Trading Val（100M yuan）	770. 35	1219. 36	-36. 82
股票现货日均成交金额（亿元）Average Trading Val（100M yuan）	2228. 87	1654. 18	34. 74
主板 A Main Board A	2172. 75	1652. 57	31. 48
主板 B Main Board B	1. 56	1. 60	-2. 50
科创板 Star Market	119. 94	—	—
股票回购日均成交金额（亿元）Average Trading Val（100M yuan）	3. 16	5. 02	-37. 05
股票现货总成交量（亿股）Total Trading Vol（100M shares）	53792. 15	37234. 65	44. 47
主板 A Main Board A	53421. 08	37173. 54	43. 71
主板 B Main Board B	65. 65	61. 12	7. 41
科创板 Star Market	305. 42	—	—
股票现货总成交笔数（百万笔）Total Number of Trades（M）	3234. 96	2243. 27	44. 21
主板 A Main Board A	3194. 56	2239. 33	42. 66
主板 B Main Board B	3. 90	3. 94	-1. 02
科创板 Star Market	36. 50	—	—
大宗交易成交 Bulk Trading			
总成交金额（亿元）Total Trading Val（100M yuan）	1729. 99	1593. 95	8. 53
总成交量（亿股）Total Trading Vol（100M）	197. 68	154. 37	28. 06
总成交笔数（笔）Number of Trades	5341. 00	4531. 00	17. 88
股票平均价格（元）Average Price	10. 11	10. 80	-6. 39
主板 A Main Board A	9. 92	10. 80	-8. 15
主板 B Main Board B	5. 79	6. 38	-9. 25
科创板 Star Market	43. 59	—	—
股票换手率 Turnover Rate	157. 59	115. 19	36. 81
主板 A Main Board A	157. 26	115. 57	36. 07
主板 B Main Board B	40. 90	38. 82	5. 36
科创板 Star Market	1224. 96	—	—
股票市盈率 P/E	14. 55	12. 49	16. 49
主板 A Main Board A	14. 28	12. 50	14. 24
主板 B Main Board B	9. 03	10. 60	-14. 81
科创板 Star Market	74. 36	—	—

主板 A 股每日成交（亿元/亿股） 股票
Main Board A Share Trading（100 M Yuan/100 M Shares） Share

日期 Date	1月 Jan		2月 Feb		3月 Mar		4月 Apr		5月 May		6月 Jun	
	金额 Value	数量 Vol	金额 Value	数量 Vol	金额 Value	数量 Vol	金额 Value	数量 Vol	金额 Value	数量 Vol	金额 Value	数量 Vol
1	—	—	1114.25	131.77	3081.54	346.26	4804.05	466.61	—	—	—	—
2	978.35	110.87	—	—	—	—	4623.65	446.58	—	—	—	—
3	1082.31	124.85	—	—	—	—	4425.15	430.26	—	—	2084.65	216.58
4	1396.41	169.09	—	—	4804.64	524.98	4751.55	468.78	—	—	1816.60	188.76
5	—	—	—	—	3832.64	424.00	—	—	—	—	1765.64	183.34
6	—	—	—	—	4866.99	555.53	—	—	3141.26	326.53	1648.40	176.99
7	1453.75	176.97	—	—	5255.86	583.34	—	—	2454.24	253.09	—	—
8	1234.37	158.16	—	—	5253.85	576.98	5060.74	503.85	2187.77	231.32	—	—
9	1608.97	191.71	—	—	—	—	3802.99	364.01	1976.54	199.95	—	—
10	1326.58	159.68	—	—	—	—	3956.64	379.95	2742.21	282.23	1639.95	167.52
11	1224.07	149.33	1410.93	161.06	4048.09	426.38	3611.51	352.90	—	—	2561.28	261.27
12	—	—	1814.50	223.94	4874.39	511.04	2892.69	290.02	—	—	2231.61	240.34
13	—	—	2070.28	243.45	4510.62	452.70	—	—	2031.90	214.68	1923.94	213.30
14	1162.22	144.75	1701.66	196.68	3565.37	373.24	—	—	2017.06	210.29	1944.24	215.68
15	1377.47	161.02	1702.97	196.22	3464.58	342.92	3557.00	348.69	2265.46	230.86	—	—
16	1271.01	149.30	—	—	—	—	3602.08	357.82	2264.17	248.49	—	—
17	1275.39	162.32	—	—	—	—	3544.96	357.49	2478.11	266.16	1433.85	154.22
18	1513.70	190.82	2257.13	261.04	3987.37	397.95	3237.63	325.64	—	—	1376.64	148.79
19	—	—	2470.78	287.70	3531.52	350.72	3155.15	315.45	—	—	2263.25	231.22
20	—	—	2059.89	246.40	3493.67	358.32	—	—	2015.03	209.86	2890.38	291.48
21	1400.08	163.40	2547.94	299.32	4041.54	414.18	—	—	2028.96	211.42	2770.75	287.19
22	1230.22	152.60	2645.15	301.02	3568.50	364.88	3595.54	353.61	1937.49	200.16	—	—
23	1053.24	131.66	—	—	—	—	3249.73	328.16	1927.75	197.17	—	—
24	1315.37	153.92	—	—	—	—	2791.06	275.18	1628.22	167.28	2112.90	210.42
25	1354.19	159.34	4676.83	528.73	3754.23	380.41	3090.21	325.63	—	—	2447.40	244.01
26	—	—	4921.56	564.52	3415.45	353.75	2752.04	281.22	—	—	1728.84	174.76
27	—	—	4124.64	474.93	2953.03	291.65	—	—	1947.78	197.38	2095.11	197.32
28	1274.01	146.85	2986.69	349.78	2896.07	288.09	—	—	2276.20	223.64	1837.95	181.47
29	1267.59	155.53	—	—	3865.31	374.72	2893.68	292.11	2031.20	199.33	—	—
30	1010.53	120.36	—	—	—	—	2259.14	222.51	1973.51	206.49	—	—
31	1261.83	154.49	—	—	—	—	—	—	1914.27	195.22	—	—
最高 high	1608.97	191.71	4921.56	564.52	H5255.86	H583.34	5060.74	503.85	3141.26	326.53	2890.38	291.48
最低 low	L978.35	L110.87	1114.25	131.77	2896.07	288.09	2259.14	222.51	1628.22	167.28	1376.64	148.79

主板 A 股每日成交（亿元/亿股） 股票
Main Board A Share Trading (100 M Yuan/100 M Shares) Share

日期 Date	7月 Jul		8月 Aug		9月 Sep		10月 Oct		11月 Nov		12月 Dec	
	金额 Value	数量 Vol	金额 Value	数量 Vol	金额 Value	数量 Vol	金额 Value	数量 Vol	金额 Value	数量 Vol	金额 Value	数量 Vol
1	2668.91	251.25	1420.33	135.84	—	—	—	—	1699.34	158.81	—	—
2	2306.83	215.40	1734.49	174.46	2199.25	201.96	—	—	—	—	1342.41	127.48
3	2200.45	212.88	—	—	2089.84	186.10	—	—	—	—	1298.19	122.54
4	2025.37	194.83	—	—	2397.51	223.27	—	—	1841.13	167.50	1301.76	124.54
5	1633.22	156.79	1626.89	159.66	3313.91	307.44	—	—	1941.03	178.81	1540.61	141.78
6	—	—	2128.64	221.34	2474.45	214.91	—	—	1724.35	162.75	1438.79	132.67
7	—	—	1512.34	151.85	—	—	—	—	1454.50	134.31	—	—
8	2056.02	211.47	1495.69	144.81	—	—	1457.18	124.28	1630.31	147.39	—	—
9	1545.11	145.29	1485.53	144.02	2799.95	243.90	1462.41	129.55	—	—	1652.57	158.74
10	1413.36	135.72	—	—	2681.23	239.20	1520.16	133.23	—	—	1638.09	165.69
11	1523.58	143.76	—	—	2568.29	228.60	1780.92	160.30	1567.20	155.42	1636.21	163.07
12	1428.99	137.70	1411.89	127.92	2174.49	196.05	—	—	1320.27	128.24	1568.58	149.67
13	—	—	1345.66	127.58	—	—	—	—	1395.50	127.89	2263.96	210.07
14	—	—	1543.71	140.89	—	—	2150.78	207.64	1435.76	127.33	—	—
15	1766.29	167.78	1558.40	149.86	—	—	1647.96	154.82	1437.65	133.36	—	—
16	1410.73	132.10	1689.50	145.88	2328.44	220.99	1607.59	148.76	—	—	2298.96	209.90
17	1523.35	149.84	—	—	2324.82	222.85	1311.24	121.46	—	—	2928.69	290.66
18	1492.95	150.20	—	—	1944.74	167.46	1554.70	149.20	1326.21	122.55	2447.14	240.50
19	1491.86	149.62	2294.94	211.85	1865.31	161.58	—	—	1481.86	134.05	2104.40	206.49
20	—	—	2003.21	191.02	2138.23	181.30	—	—	1514.81	137.01	2144.38	213.23
21	—	—	1664.96	157.01	—	—	1402.41	131.43	1315.38	121.35	—	—
22	1563.53	165.83	1587.03	147.65	—	—	1264.14	118.02	1727.19	156.57	—	—
23	1259.68	123.25	1790.44	156.91	1940.28	167.14	1313.65	122.17	—	—	2095.59	203.51
24	1562.93	149.04	—	—	1969.95	162.87	1351.21	125.67	—	—	1610.47	162.44
25	1463.36	138.69	—	—	1952.75	167.17	1534.74	135.25	1686.51	178.19	1818.41	177.59
26	1395.18	134.63	1815.89	168.80	2078.20	187.56	—	—	1610.90	168.65	1877.48	184.13
27	—	—	2220.39	206.27	1477.97	132.11	—	—	1329.07	133.11	2490.79	245.47
28	—	—	1925.25	181.55	—	—	1900.08	171.92	1172.05	118.67	—	—
29	1278.12	124.77	1864.44	176.66	—	—	1866.71	164.22	1352.43	121.14	—	—
30	1465.10	143.56	2155.71	192.19	1314.17	114.69	1723.58	156.67	—	—	2610.71	247.57
31	1403.95	136.34	—	—	—	—	1727.64	159.36	—	—	2201.43	216.09
最高 high	2668.91	251.25	2294.94	221.34	3313.91	307.44	2150.78	207.64	1941.03	178.81	2928.69	290.66
最低 low	1259.68	123.25	1345.66	127.58	1314.17	114.69	1264.14	118.02	1172.05	118.67	1298.19	122.54

科创板每日成交（亿元/亿股） 股票
Star Market Trading（100 M Yuan/100 M Shares） Share

日期 Date	1月 Jan		2月 Feb		3月 Mar		4月 Apr		5月 May		6月 Jun	
	金额 Value	数量 Vol	金额 Value	数量 Vol	金额 Value	数量 Vol	金额 Value	数量 Vol	金额 Value	数量 Vol	金额 Value	数量 Vol
1	—	—	—	—	—	—	—	—	—	—	—	—
2	—	—	—	—	—	—	—	—	—	—	—	—
3	—	—	—	—	—	—	—	—	—	—	—	—
4	—	—	—	—	—	—	—	—	—	—	—	—
5	—	—	—	—	—	—	—	—	—	—	—	—
6	—	—	—	—	—	—	—	—	—	—	—	—
7	—	—	—	—	—	—	—	—	—	—	—	—
8	—	—	—	—	—	—	—	—	—	—	—	—
9	—	—	—	—	—	—	—	—	—	—	—	—
10	—	—	—	—	—	—	—	—	—	—	—	—
11	—	—	—	—	—	—	—	—	—	—	—	—
12	—	—	—	—	—	—	—	—	—	—	—	—
13	—	—	—	—	—	—	—	—	—	—	—	—
14	—	—	—	—	—	—	—	—	—	—	—	—
15	—	—	—	—	—	—	—	—	—	—	—	—
16	—	—	—	—	—	—	—	—	—	—	—	—
17	—	—	—	—	—	—	—	—	—	—	—	—
18	—	—	—	—	—	—	—	—	—	—	—	—
19	—	—	—	—	—	—	—	—	—	—	—	—
20	—	—	—	—	—	—	—	—	—	—	—	—
21	—	—	—	—	—	—	—	—	—	—	—	—
22	—	—	—	—	—	—	—	—	—	—	—	—
23	—	—	—	—	—	—	—	—	—	—	—	—
24	—	—	—	—	—	—	—	—	—	—	—	—
25	—	—	—	—	—	—	—	—	—	—	—	—
26	—	—	—	—	—	—	—	—	—	—	—	—
27	—	—	—	—	—	—	—	—	—	—	—	—
28	—	—	—	—	—	—	—	—	—	—	—	—
29	—	—	—	—	—	—	—	—	—	—	—	—
30	—	—	—	—	—	—	—	—	—	—	—	—
31	—	—	—	—	—	—	—	—	—	—	—	—
最高 high	—	—	—	—	—	—	—	—	—	—	—	—
最低 low	—	—	—	—	—	—	—	—	—	—	—	—

科创板每日成交（亿元/亿股）
Star Market Trading（100 M Yuan/100 M Shares）

股票
Share

日期 Date	7月 Jul		8月 Aug		9月 Sep		10月 Oct		11月 Nov		12月 Dec	
	金额 Value	数量 Vol	金额 Value	数量 Vol	金额 Value	数量 Vol	金额 Value	数量 Vol	金额 Value	数量 Vol	金额 Value	数量 Vol
1	—	—	291.80	6.45	—	—	—	—	62.13	1.41	—	—
2	—	—	430.46	10.43	70.09	1.47	—	—	—	—	51.93	1.38
3	—	—	—	—	170.00	3.67	—	—	—	—	61.53	1.76
4	—	—	—	—	117.23	2.25	—	—	61.89	1.44	61.47	1.56
5	—	—	342.13	7.58	99.73	2.19	—	—	112.33	2.81	62.53	1.63
6	—	—	424.93	9.69	110.35	1.92	—	—	120.44	2.96	58.06	1.52
7	—	—	258.31	6.15	—	—	—	—	115.39	3.01	—	—
8	—	—	287.42	5.01	—	—	64.86	1.41	111.12	2.81	—	—
9	—	—	228.11	4.31	72.03	1.36	48.41	1.07	—	—	97.53	2.93
10	—	—	—	—	80.84	1.58	52.79	1.12	—	—	176.89	5.21
11	—	—	—	—	67.63	1.37	49.80	1.07	98.00	2.64	129.82	3.38
12	—	—	215.47	4.12	77.80	1.69	—	—	74.82	1.98	98.23	2.38
13	—	—	196.68	3.62	—	—	—	—	78.09	2.09	78.96	2.06
14	—	—	201.14	3.51	—	—	66.93	1.35	87.05	2.19	—	—
15	—	—	180.25	3.18	—	—	50.93	1.01	94.32	2.69	—	—
16	—	—	174.30	2.91	47.33	0.90	62.05	1.36	—	—	82.04	1.99
17	—	—	—	—	57.41	1.27	54.23	1.22	—	—	100.66	2.57
18	—	—	—	—	66.87	1.43	71.09	1.59	125.63	2.36	148.19	3.75
19	—	—	178.34	3.25	71.23	1.51	—		80.59	1.76	111.25	2.58
20	—	—	137.79	2.44	52.27	1.15	—	—	91.70	2.40	91.89	2.11
21	—	—	172.38	3.59	—	—	60.42	1.42	85.66	2.21	—	—
22	485.78	15.81	111.21	2.15	—	—	49.30	1.06	80.91	2.10	—	—
23	228.45	7.10	151.37	3.28	52.35	1.02	99.20	2.34	—	—	108.40	2.42
24	228.05	6.24	—	—	97.33	1.67	79.01	1.69	—	—	69.88	1.61
25	292.67	7.36	—	—	91.26	1.65	69.71	1.71	64.71	1.82	107.43	2.35
26	196.86	5.00	97.20	1.99	94.25	2.10	—	—	44.79	1.31	106.72	2.31
27	—	—	90.54	1.84	59.18	1.20	—	—	49.57	1.34	98.14	2.21
28	—	—	95.53	1.81	—	—	92.33	2.26	59.27	1.56	—	—
29	208.08	4.85	103.10	2.25	—	—	91.90	2.20	51.67	1.34	—	—
30	246.62	5.12	92.67	1.92	114.99	2.26	93.97	2.23	—	—	82.15	1.84
31	244.41	5.17	—	—	—	—	92.68	2.26	—	—	68.21	1.52
最高 high	H485.78	H15.81	430.46	10.43	170.00	3.67	99.20	2.34	125.63	3.01	176.89	5.21
最低 low	196.86	4.85	90.54	1.81	47.33	L0.90	48.41	1.01	L44.79	1.31	51.93	1.38

A股 股票
A Share Share

股票代码 Code	股票简称 Stock Name	市价总值 Tot_cap	无限售股市值 Nego_cap	发行股本 Issued Vol	流通股本 Negotiable Vol	上年收盘 Last Year Close	本年开盘 Open	本年最高 High	本年最低 Low
600000	浦发银行	363085.23	347643.56	29352.08	28103.76	9.80	9.74	13.33	9.58
600004	白云机场	36109.64	36109.64	2069.32	2069.32	10.05	10.05	23.69	9.53
600006	东风汽车	9160.00	9160.00	2000.00	2000.00	3.60	3.66	7.93	3.57
600007	中国国贸	17627.44	17627.44	1007.28	1007.28	12.80	12.82	18.35	12.80
600008	首创股份	18705.12	18705.12	5685.45	5685.45	3.43	3.49	4.43	3.15
600009	上海机场	151747.98	86111.27	1926.96	1093.48	50.76	50.60	88.90	46.20
600010	包钢股份	60172.24	41813.92	45585.03	31677.21	1.48	1.48	2.11	1.21
600011	华能国际	61367.22	61367.22	10997.71	10997.71	7.38	7.35	7.43	5.40
600012	皖通高速	6853.73	6853.73	1165.60	1165.60	6.03	6.03	7.36	5.33
600015	华夏银行	118020.01	98350.01	15387.22	12822.69	7.39	7.40	8.84	7.18
600016	民生银行	223766.00	223766.00	35462.12	35462.12	5.73	5.72	6.92	5.61
600017	日照港	8950.15	8950.15	3075.65	3075.65	2.76	2.77	3.91	2.69
600018	上港集团	133712.10	133712.10	23173.67	23173.67	5.18	5.16	9.20	5.05
600019	宝钢股份	127855.40	126860.24	22274.46	22101.09	6.50	6.46	8.00	5.22
600020	中原高速	9888.44	9888.44	2247.37	2247.37	3.67	3.67	7.24	3.43
600021	上海电力	21068.17	18895.33	2617.16	2347.25	8.10	8.18	9.95	6.91
600022	山东钢铁	15653.57	15653.57	10946.55	10946.55	1.57	1.57	2.15	1.31
600023	浙能电力	53858.73	53858.73	13600.69	13600.69	4.73	4.73	5.12	3.69
600025	华能水电	75960.00	37676.16	18000.00	8928.00	3.15	3.15	4.96	3.09
600026	中远海能	17455.89	17455.89	2736.03	2736.03	4.44	4.47	7.87	4.30
600027	华电国际	29894.88	25674.38	8145.74	6995.74	4.75	4.80	4.99	3.46
600028	中国石化	488300.21	488300.21	95557.77	95557.77	5.05	5.10	6.22	4.84
600029	南方航空	61753.19	58240.72	8600.72	8111.52	6.64	6.66	9.71	6.43
600030	中信证券	248916.09	248310.94	9838.58	9814.66	16.01	17.15	27.88	16.74
600031	三一重工	143608.56	143521.05	8422.79	8417.66	8.34	8.31	17.35	7.77
600033	福建高速	8425.31	8425.31	2744.40	2744.40	2.97	2.97	3.77	2.96
600035	楚天高速	5772.88	5201.34	1692.93	1525.32	2.95	2.95	4.36	2.91
600036	招商银行	775235.73	775235.73	20628.94	20628.94	25.20	25.15	38.55	24.38
600037	歌华有线	12539.92	12539.92	1391.78	1391.78	8.59	8.60	14.14	8.40
600038	中直股份	28123.93	28123.93	589.48	589.48	37.36	37.51	51.49	37.31
600039	四川路桥	12131.37	11615.76	3610.53	3457.07	3.28	3.31	4.32	3.16
600048	保利地产	193070.68	193070.68	11932.68	11932.68	11.79	11.74	16.46	11.23
600050	中国联通	182788.53	124847.95	31033.71	21196.60	5.17	5.17	7.57	5.06
600051	宁波联合	1865.28	1865.28	310.88	310.88	5.39	5.39	7.65	5.35
600052	浙江广厦	3923.05	3923.05	871.79	871.79	2.88	2.89	6.50	2.50
600053	九鼎投资	11024.94	11024.94	433.54	433.54	23.54	23.34	33.00	18.63
600054	黄山旅游	4706.96	4706.96	513.30	513.30	9.38	9.49	12.20	8.66
600055	万东医疗	5581.22	5581.22	540.82	540.82	8.68	8.68	14.55	8.43
600056	中国医药	13943.74	13938.81	1068.49	1068.11	12.57	12.57	17.17	11.87
600057	厦门象屿	8953.43	8953.43	2157.45	2157.45	4.18	4.20	5.72	3.91
600058	五矿发展	8596.72	8596.72	1071.91	1071.91	6.51	6.54	10.40	6.30
600059	古越龙山	6880.54	6880.54	808.52	808.52	6.60	6.63	10.19	6.47
600060	海信视像	14197.02	14197.02	1308.48	1308.48	8.68	8.72	12.90	7.31
600061	国投资本	63998.74	63191.82	4227.13	4173.83	8.99	9.01	16.66	8.70
600062	华润双鹤	13614.25	13614.25	1043.24	1043.24	12.09	12.08	15.18	10.66
600063	皖维高新	7549.51	7549.51	1925.89	1925.89	2.33	2.35	4.12	2.32
600064	南京高科	12050.58	12050.58	1235.96	1235.96	7.88	7.81	13.99	7.35
600066	宇通客车	31548.63	31548.63	2213.94	2213.94	11.85	11.88	16.67	11.42
600067	冠城大通	5938.60	5938.60	1492.11	1492.11	3.72	3.73	5.43	3.49
600068	葛洲坝	30759.91	30759.91	4604.78	4604.78	6.32	6.32	7.89	5.35

注：市价总值、无限售股市值、成交金额的单位为百万元，发行股本、流通股本、成交数量的单位为百万股，上年收盘、本年开盘、本年最高、本年最低的单位为元。

A 股
A Share

股票
Share

本年收盘 Close	涨跌（%） Change（%）	涨跌值 Change	市盈率 P/E	市净率 P/B	换手率（%） Turnover Rate（%）	成交数量 Trading Vol	成交金额 Trading Val
12. 37	30. 15	2. 57	6. 49	0. 77	33. 97	9547. 50	112155. 89
17. 45	75. 33	7. 40	31. 98	2. 31	197. 65	4089. 92	65177. 74
4. 58	29. 32	0. 98	16. 54	1. 28	281. 85	5636. 95	30276. 07
17. 50	39. 83	4. 70	22. 76	2. 55	40. 27	405. 63	6265. 99
3. 29	-1. 86	-0. 14	26. 00	1. 06	113. 38	5520. 70	20861. 16
78. 75	56. 36	27. 99	35. 86	5. 37	181. 58	1985. 51	142662. 30
1. 32	-10. 25	-0. 16	18. 10	1. 15	206. 93	65549. 91	109738. 35
5. 58	-23. 18	-1. 80	60. 88	1. 05	56. 38	5973. 78	38516. 75
5. 88	1. 46	-0. 15	8. 68	0. 97	88. 65	1033. 27	6480. 01
7. 67	6. 15	0. 28	5. 66	0. 54	49. 34	6326. 45	50156. 10
6. 31	16. 26	0. 58	5. 49	0. 66	61. 75	21899. 52	136528. 29
2. 91	6. 13	0. 15	13. 89	0. 80	162. 48	4997. 21	16144. 81
5. 77	13. 81	0. 59	13. 01	1. 77	44. 40	10288. 40	71515. 93
5. 74	-4. 81	-0. 76	5. 93	0. 72	54. 14	11964. 43	77818. 17
4. 40	22. 52	0. 73	12. 38	0. 89	431. 10	9688. 42	52108. 86
8. 05	3. 26	-0. 05	7. 61	1. 32	71. 83	1582. 60	13445. 18
1. 43	-8. 92	-0. 14	7. 43	0. 78	163. 16	17860. 03	31164. 48
3. 96	-12. 85	-0. 77	13. 35	0. 88	31. 23	4247. 44	18859. 29
4. 22	38. 85	1. 07	13. 09	1. 72	99. 32	8867. 04	36869. 93
6. 38	44. 13	1. 94	244. 73	0. 91	185. 99	5088. 84	32022. 17
3. 67	-21. 33	-1. 08	21. 35	0. 70	117. 84	8243. 66	33828. 55
5. 11	8. 61	0. 06	9. 81	0. 86	23. 99	22926. 43	125858. 90
7. 18	8. 86	0. 54	29. 53	1. 35	166. 63	12044. 27	91324. 54
25. 30	60. 48	9. 29	32. 65	2. 00	368. 09	36126. 44	828289. 52
17. 05	108. 48	8. 71	23. 48	4. 56	255. 15	20965. 55	270350. 65
3. 07	8. 09	0. 10	11. 49	0. 93	64. 48	1769. 62	5797. 02
3. 41	19. 36	0. 46	12. 99	0. 93	189. 29	2885. 01	10393. 32
37. 58	53. 14	12. 38	11. 76	1. 75	58. 90	12149. 84	414898. 37
9. 01	6. 69	0. 42	18. 06	0. 96	152. 28	2119. 38	22368. 63
47. 71	28. 50	10. 35	55. 11	3. 64	229. 87	1355. 05	61029. 80
3. 36	3. 89	0. 08	10. 35	0. 87	161. 98	5599. 70	20593. 76
16. 18	42. 87	4. 39	10. 21	1. 58	168. 30	19927. 70	276549. 88
5. 89	14. 86	0. 72	44. 79	1. 30	180. 41	38241. 51	241217. 52
6. 00	14. 04	0. 61	7. 51	0. 78	288. 79	897. 80	5709. 84
4. 50	60. 47	1. 62	33. 30	1. 60	460. 10	4011. 13	18988. 74
25. 43	11. 38	1. 89	38. 79	5. 09	288. 93	1252. 61	30853. 34
9. 17	-0. 89	-0. 21	11. 48	1. 64	160. 61	824. 43	8392. 43
10. 32	20. 11	1. 64	36. 40	2. 84	223. 20	1199. 11	13154. 59
13. 05	7. 16	0. 48	9. 03	1. 65	238. 37	2427. 27	34804. 53
4. 15	4. 87	-0. 03	8. 97	0. 74	114. 89	2478. 60	11520. 66
8. 02	23. 20	1. 51	—	1. 31	134. 54	1442. 10	12050. 16
8. 51	30. 36	1. 91	39. 99	1. 69	204. 87	1656. 39	14193. 99
10. 85	26. 27	2. 17	36. 18	1. 01	308. 71	4039. 46	39506. 11
15. 14	69. 33	6. 15	38. 11	1. 76	112. 83	4709. 19	62130. 19
13. 05	10. 29	0. 96	14. 06	1. 74	288. 60	2620. 65	34441. 60
3. 92	69. 46	1. 59	58. 03	1. 64	278. 53	5364. 11	17554. 15
9. 75	26. 58	1. 87	12. 57	1. 29	384. 39	4750. 86	50144. 75
14. 25	24. 80	2. 40	13. 71	1. 90	216. 47	4207. 12	59150. 92
3. 98	9. 34	0. 26	7. 82	0. 76	107. 39	1602. 42	7434. 00
6. 68	9. 10	0. 36	6. 60	0. 72	183. 58	8453. 62	55945. 52

A 股 A Share

股票 Share

股票代码 Code	股票简称 Stock Name	市价总值 Tot_cap	无限售股市值 Nego_cap	发行股本 Issued Vol	流通股本 Negotiable Vol	上年收盘 Last Year Close	本年开盘 Open	本年最高 High	本年最低 Low
600069	银鸽投资	4335.64	4335.64	1623.83	1623.83	2.91	2.91	4.25	2.02
600070	浙江富润	5036.78	4259.01	521.95	441.35	6.52	6.48	11.27	5.70
600071	凤凰光学	3226.84	2721.43	281.57	237.47	7.48	7.50	15.97	7.41
600072	中船科技	9851.02	9851.02	736.25	736.25	6.97	7.01	19.69	6.93
600073	上海梅林	7473.70	7473.70	937.73	937.73	7.45	7.49	11.62	6.89
600074	＊ST 保千	2535.40	1059.05	2437.89	1018.31	1.20	1.20	1.40	1.01
600075	新疆天业	4920.96	4920.96	972.52	972.52	4.52	4.55	8.15	4.36
600076	康欣新材	4540.42	4540.42	1034.26	1034.26	4.10	4.10	5.69	3.95
600077	宋都股份	4006.97	4006.97	1340.12	1340.12	2.58	2.57	4.03	2.30
600078	澄星股份	3418.88	3418.88	662.57	662.57	3.17	3.17	7.55	3.14
600079	人福医药	18288.55	17374.52	1353.70	1286.05	10.14	10.12	14.15	8.35
600080	金花股份	2250.82	1840.93	373.27	305.30	7.16	7.32	10.38	5.45
600081	东风科技	3627.89	3627.89	313.56	313.56	7.23	7.15	20.08	7.11
600082	海泰发展	2597.39	2549.84	646.12	634.29	4.49	4.49	6.15	3.56
600083	博信股份	4899.00	4856.26	230.00	227.99	18.00	17.70	22.92	11.05
600084	＊ST 中葡	2921.69	2921.69	1123.73	1123.73	2.94	2.95	4.08	2.08
600085	同仁堂	38648.03	38648.03	1371.47	1371.47	27.50	27.53	34.08	25.47
600086	东方金钰	3739.50	2927.46	1350.00	1056.85	4.61	4.61	7.22	2.28
600088	中视传媒	5293.47	5293.47	397.71	397.71	8.33	8.43	26.30	8.19
600089	特变电工	24700.18	24700.18	3714.31	3714.31	6.79	6.82	9.22	6.30
600090	同济堂	6017.79	6017.79	1439.66	1439.66	5.44	5.45	6.96	3.66
600091	ST 明科	1631.55	1631.55	437.41	437.41	3.80	3.80	5.03	3.36
600093	易见股份	15669.37	15669.37	1122.45	1122.45	7.58	7.58	20.81	7.37
600094	大名城	13318.14	13318.14	2276.60	2276.60	3.65	3.66	10.20	3.35
600095	哈高科	3547.61	3547.61	361.26	361.26	3.73	3.79	12.11	3.59
600096	云天化	7566.68	7003.31	1427.67	1321.38	5.01	4.99	8.32	4.85
600097	开创国际	2380.45	2235.58	240.94	226.27	10.29	10.29	13.70	9.01
600098	广州发展	17829.33	17829.33	2726.20	2726.20	5.66	5.71	7.06	5.41
600099	林海股份	1454.96	1454.96	219.12	219.12	5.67	5.68	10.26	5.28
600100	同方股份	25993.39	25993.39	2963.90	2963.90	9.73	10.43	14.14	7.88
600101	明星电力	2933.17	2933.17	421.43	421.43	6.65	6.65	9.95	6.06
600103	青山纸业	4773.04	4773.04	2305.82	2305.82	2.56	2.56	3.63	1.95
600104	上汽集团	278650.55	274356.87	11683.46	11503.43	26.67	26.38	30.30	22.49
600105	永鼎股份	5604.34	5572.24	1245.41	1238.27	3.86	3.89	7.35	3.52
600106	重庆路桥	3757.52	3757.52	1208.20	1208.20	3.03	3.04	4.75	2.80
600107	美尔雅	2451.60	2451.60	360.00	360.00	5.67	5.75	10.39	5.63
600108	亚盛集团	5665.52	5665.52	1946.92	1946.92	2.64	2.64	4.32	2.54
600109	国金证券	28126.54	28126.54	3024.36	3024.36	7.16	7.16	12.45	7.03
600110	诺德股份	5383.46	5383.46	1150.31	1150.31	4.06	4.06	6.09	3.73
600111	北方稀土	39382.44	39382.44	3633.07	3633.07	8.77	8.79	15.08	8.51
600112	ST 天成	1069.33	1069.33	509.20	509.20	3.86	3.89	5.89	1.72
600113	浙江东日	2949.96	2949.96	411.43	411.43	7.13	7.14	10.31	6.53
600114	东睦股份	5289.48	5235.19	616.49	610.16	6.27	6.28	10.26	5.70
600115	东方航空	65087.87	56987.30	11202.73	9808.49	4.75	4.76	8.24	4.62
600116	三峡水利	7536.91	7536.91	993.01	993.01	7.32	7.33	10.96	6.52
600117	西宁特钢	3731.07	3731.07	1045.12	1045.12	3.39	3.39	4.60	3.07
600118	中国卫星	25269.79	25269.79	1182.49	1182.49	17.32	17.44	28.15	17.07
600119	＊ST 长投	1672.26	1672.26	307.40	307.40	7.33	7.33	9.36	4.05
600120	浙江东方	13892.80	10567.90	1591.39	1210.53	12.56	12.69	19.45	7.86
600121	郑州煤电	2887.64	2887.64	1218.41	1218.41	2.90	2.90	4.24	2.13

注：市价总值、无限售股市值、成交金额的单位为百万元，发行股本、流通股本、成交数量的单位为百万股，上年收盘、本年开盘、本年最高、本年最低的单位为元。

A 股
A Share

股票
Share

本年收盘 Close	涨跌（%） Change（%）	涨跌值 Change	市盈率 P/E	市净率 P/B	换手率（%） Turnover Rate（%）	成交数量 Trading Vol	成交金额 Trading Val
2.67	-8.25	-0.24	—	2.15	392.03	6365.96	18974.31
9.65	49.44	3.13	23.23	2.13	560.45	2385.41	21428.12
11.46	53.21	3.98	—	7.75	295.18	700.98	7815.31
13.38	92.25	6.41	150.56	2.65	1048.75	6396.94	95805.04
7.97	8.13	0.52	24.42	1.96	564.67	5295.05	49446.72
1.04	-13.33	-0.16	—	—	158.42	16.13	19.28
5.06	14.12	0.54	9.97	1.03	315.41	27.72	162.80
4.39	7.59	0.29	9.71	1.21	315.47	32.63	152.32
2.99	17.13	0.41	9.74	0.97	170.51	22.85	70.01
5.16	63.19	1.99	176.83	2.02	963.94	63.87	334.76
13.51	33.23	3.37	—	1.69	255.88	32.91	377.62
6.03	-15.26	-1.13	58.73	1.27	763.06	23.30	171.82
11.57	62.09	4.34	24.70	2.81	693.19	21.74	270.52
4.02	-10.47	-0.47	177.17	1.53	386.32	24.49	117.78
21.30	18.33	3.30	—	412.54	430.24	9.81	162.12
2.60	-11.56	-0.34	—	1.34	308.89	34.71	106.55
28.18	5.44	0.68	34.07	4.17	107.72	14.77	427.20
2.77	-39.91	-1.84	—	2.51	1255.32	132.67	569.01
13.31	60.85	4.98	46.22	4.49	549.42	21.85	348.14
6.65	0.41	-0.14	12.06	0.76	158.31	58.80	448.45
4.18	-23.16	-1.26	11.38	0.99	313.26	31.74	159.55
3.73	-1.84	-0.07	401.08	1.81	92.44	4.04	16.27
13.96	84.17	6.38	19.25	2.21	635.28	71.31	1018.78
5.85	60.73	2.20	26.30	1.19	347.51	79.12	548.24
9.82	163.86	6.09	234.37	4.77	1953.16	70.56	538.30
5.30	5.79	0.29	61.64	1.73	222.98	29.43	184.25
9.88	-2.29	-0.41	16.96	1.45	168.92	3.82	43.22
6.54	17.41	0.88	25.43	1.09	36.31	9.90	62.13
6.64	17.11	0.97	549.67	3.07	424.53	9.30	70.31
8.77	-9.87	-0.96	—	1.63	210.12	62.28	625.49
6.96	36.89	0.31	28.82	1.31	293.64	10.43	81.59
2.07	5.05	-0.49	30.84	1.38	195.69	24.20	67.27
23.85	-5.93	-2.82	7.74	1.19	58.93	67.79	1740.91
4.50	20.54	0.64	28.96	2.02	584.72	72.40	361.95
3.11	14.96	0.08	16.71	1.06	240.72	27.08	97.78
6.81	20.11	1.14	284.94	1.31	740.75	26.67	200.13
2.91	10.23	0.27	66.87	1.19	403.63	78.58	274.87
9.30	30.46	2.14	27.83	1.44	302.81	91.58	897.83
4.68	15.27	0.62	55.38	2.52	670.19	77.09	369.57
10.84	24.05	2.07	67.46	4.27	418.19	151.93	1776.11
2.10	-45.60	-1.76	62.30	0.88	685.66	34.91	142.08
7.17	12.32	0.04	28.18	4.00	389.48	14.85	116.81
8.58	45.13	2.31	16.13	1.96	501.54	31.48	241.76
5.81	22.32	1.06	35.13	1.71	111.62	109.48	653.61
7.59	4.96	0.27	35.29	2.64	161.33	16.02	135.57
3.57	5.31	0.18	—	3.43	342.78	26.11	99.97
21.37	23.97	4.05	60.51	4.62	228.84	27.06	620.75
5.44	-25.78	-1.89	—	12.03	599.91	18.44	124.90
8.73	27.18	-3.83	19.74	1.51	265.74	20.31	290.62
2.37	-0.43	-0.53	18.94	0.85	195.50	20.97	66.94

A股 A Share

股票 Share

股票代码 Code	股票简称 Stock Name	市价总值 Tot_cap	无限售股市值 Nego_cap	发行股本 Issued Vol	流通股本 Negotiable Vol	上年收盘 Last Year Close	本年开盘 Open	本年最高 High	本年最低 Low
600122	宏图高科	3069.38	3069.38	1158.26	1158.26	3.63	3.60	5.48	2.50
600123	兰花科创	7334.21	7334.21	1142.40	1142.40	6.52	6.53	9.14	5.97
600125	铁龙物流	7807.02	7807.02	1305.52	1305.52	7.00	7.05	9.37	5.38
600126	杭钢股份	16514.45	16514.45	3377.19	3377.19	4.51	4.50	5.80	3.93
600127	金健米业	2573.55	2573.55	641.78	641.78	2.85	2.86	6.33	2.65
600128	弘业股份	1858.16	1858.16	246.77	246.77	7.92	7.99	11.88	6.16
600129	太极集团	6331.85	6184.04	556.89	543.89	8.35	8.36	13.80	7.81
600130	波导股份	2810.88	2810.88	768.00	768.00	3.53	3.55	5.16	3.16
600131	岷江水电	9991.76	8079.80	504.13	407.66	6.10	6.12	27.54	5.96
600132	重庆啤酒	25147.14	25147.14	483.97	483.97	30.73	30.68	58.60	27.91
600133	东湖高新	4040.38	3715.40	753.80	693.17	6.30	6.27	8.45	4.92
600135	乐凯胶片	3544.58	2651.97	498.53	372.99	5.63	5.63	10.80	5.45
600136	当代明诚	7190.81	5988.65	584.62	486.88	8.17	8.23	16.19	6.88
600137	浪莎股份	1514.65	1514.65	97.22	97.22	12.75	12.65	18.69	11.76
600138	中青旅	9120.38	9120.38	723.84	723.84	12.89	12.89	17.97	10.86
600139	西部资源	2323.24	2323.24	661.89	661.89	3.03	3.03	5.38	2.99
600141	兴发集团	10570.23	7336.29	1028.23	713.65	10.29	10.32	14.18	9.23
600143	金发科技	18735.97	18735.97	2573.62	2573.62	4.95	4.90	8.25	4.54
600145	＊ST新亿	2788.36	2788.36	1491.10	1491.10	1.87	0.00	0.00	0.00
600146	商赢环球	6344.60	6344.60	469.97	469.97	6.58	6.66	23.40	4.90
600148	长春一东	1887.83	1887.83	141.52	141.52	14.11	14.33	21.50	12.48
600149	ST坊展	2033.86	2033.86	380.16	380.16	4.77	4.80	8.23	4.72
600150	中国船舶	29987.84	29987.84	1378.12	1378.12	13.13	13.13	31.60	12.38
600151	航天机电	6798.36	6798.36	1434.25	1434.25	3.96	3.96	7.08	3.76
600152	维科技术	2845.42	2029.85	420.92	300.27	5.76	5.73	8.99	4.87
600153	建发股份	25488.45	25488.45	2835.20	2835.20	7.05	7.07	10.86	6.94
600155	华创阳安	24405.98	24405.98	1739.56	1739.56	7.53	7.53	19.29	7.01
600156	华升股份	1797.43	1797.43	402.11	402.11	4.09	4.12	8.93	3.88
600157	永泰能源	17768.89	17768.89	12425.80	12425.80	1.34	1.34	2.80	1.27
600158	中体产业	8462.67	6594.68	843.74	657.50	8.89	9.00	13.86	8.15
600159	大龙地产	2116.51	2116.51	830.00	830.00	2.41	2.42	3.49	2.31
600160	巨化股份	19984.81	19984.81	2745.17	2745.17	6.63	6.72	10.38	6.42
600161	天坛生物	29207.55	29207.55	1045.37	1045.37	21.25	21.28	30.45	17.41
600162	香江控股	7776.34	6824.78	3395.78	2980.25	2.18	2.18	3.09	2.02
600163	中闽能源	3458.15	3458.15	999.47	999.47	3.18	3.18	5.77	2.98
600165	新日恒力	2650.50	2650.50	684.88	684.88	4.87	4.95	7.00	3.59
600166	福田汽车	13742.15	13742.15	6575.19	6575.19	1.82	1.84	3.35	1.70
600167	联美控股	30111.65	30111.65	2288.12	2288.12	9.04	9.04	14.50	8.82
600168	武汉控股	4747.02	4747.02	709.57	709.57	5.75	5.77	8.22	5.73
600169	太原重工	5974.02	5974.02	2563.96	2563.96	2.23	2.23	3.33	2.17
600170	上海建工	31521.57	30043.66	8904.40	8486.91	3.03	3.04	4.17	3.01
600171	上海贝岭	11085.49	10612.47	703.84	673.81	9.34	9.31	17.55	9.02
600172	黄河旋风	4196.76	3453.25	1442.18	1186.68	3.05	3.07	5.26	2.68
600173	卧龙地产	3652.83	3645.98	701.12	699.80	3.77	3.78	5.74	3.65
600175	美都能源	6509.21	6509.21	3576.49	3576.49	2.20	2.18	4.94	1.66
600176	中国巨石	38175.14	38175.14	3502.31	3502.31	9.67	9.65	12.63	7.87
600177	雅戈尔	34947.76	34947.76	5014.03	5014.03	7.19	7.18	9.79	6.10
600178	东安动力	2217.98	2217.98	462.08	462.08	4.20	4.28	7.16	4.15
600179	ST安通	6512.97	2950.54	1486.98	673.64	6.65	6.63	9.91	2.41
600180	瑞茂通	7095.01	7095.01	1016.48	1016.48	7.05	7.05	12.16	6.48

注：市价总值、无限售股市值、成交金额的单位为百万元，发行股本、流通股本、成交数量的单位为百万股，上年收盘、本年开盘、本年最高、本年最低的单位为元。

A 股
A Share

股票
Share

本年收盘 Close	涨跌（%） Change（%）	涨跌值 Change	市盈率 P/E	市净率 P/B	换手率（%） Turnover Rate（%）	成交数量 Trading Vol	成交金额 Trading Val
2. 65	-27. 00	-0. 98	—	0. 50	600. 53	69. 56	258. 30
6. 42	2. 60	-0. 10	6. 79	0. 72	245. 23	28. 01	206. 07
5. 98	-13. 03	-1. 02	15. 37	1. 38	282. 26	36. 85	271. 05
4. 89	11. 52	0. 38	8. 52	0. 89	88. 27	20. 15	97. 71
4. 01	40. 70	1. 16	—	3. 67	964. 87	61. 92	297. 33
7. 53	-4. 92	-0. 39	—	1. 44	1317. 23	32. 50	283. 77
11. 37	37. 43	3. 02	90. 12	1. 92	183. 33	9. 90	110. 32
3. 66	3. 68	0. 13	84. 92	3. 21	702. 89	53. 98	221. 70
19. 82	226. 03	13. 72	97. 15	8. 20	874. 29	35. 64	652. 83
51. 96	72. 00	21. 23	62. 25	21. 96	154. 10	7. 46	307. 01
5. 36	-14. 65	-0. 94	11. 95	0. 98	446. 31	28. 20	185. 29
7. 11	26. 45	1. 48	240. 45	2. 10	586. 07	21. 86	182. 02
12. 30	50. 85	4. 13	40. 40	2. 15	445. 98	20. 94	237. 87
15. 58	23. 15	2. 83	51. 94	3. 03	253. 39	2. 46	38. 12
12. 60	-1. 17	-0. 29	15. 27	1. 49	375. 67	27. 19	375. 13
3. 51	15. 84	0. 48	795. 92	5. 41	683. 05	45. 21	175. 15
10. 28	1. 89	-0. 01	26. 28	1. 40	513. 14	36. 13	407. 30
7. 28	50. 05	2. 33	30. 02	1. 83	212. 56	53. 96	336. 00
1. 87	0. 00	0. 00	282. 90	4. 40	0. 00	0. 00	0. 00
13. 50	105. 17	6. 92	—	5. 37	1890. 96	42. 00	545. 79
13. 34	-5. 46	-0. 77	52. 73	4. 51	347. 71	4. 92	83. 06
5. 35	12. 16	0. 58	988. 91	9. 86	220. 59	8. 39	51. 58
21. 76	66. 64	8. 63	61. 30	1. 99	331. 09	45. 63	1024. 80
4. 74	19. 70	0. 78	176. 40	1. 14	381. 08	53. 45	287. 31
6. 76	17. 36	1. 00	52. 13	2. 04	881. 36	26. 28	177. 97
8. 99	34. 62	1. 94	5. 46	0. 92	135. 11	38. 31	340. 22
14. 03	86. 32	6. 50	163. 29	1. 64	756. 95	85. 89	1160. 22
4. 47	9. 29	0. 38	65. 10	2. 77	717. 97	28. 87	173. 94
1. 43	6. 72	0. 09	269. 81	0. 74	413. 55	513. 87	1012. 26
10. 03	13. 16	1. 14	100. 85	4. 99	554. 74	36. 47	395. 75
2. 55	7. 71	0. 14	23. 23	0. 92	153. 57	12. 75	36. 43
7. 28	12. 07	0. 65	9. 28	1. 59	235. 73	62. 92	495. 47
27. 94	58. 09	6. 69	57. 33	8. 66	172. 97	16. 73	426. 57
2. 29	8. 27	0. 11	15. 28	1. 53	151. 93	45. 24	114. 96
3. 46	8. 81	0. 28	26. 53	1. 86	192. 02	19. 19	80. 61
3. 87	-20. 53	-1. 00	281. 86	3. 04	657. 28	45. 02	221. 18
2. 09	14. 84	0. 27	—	0. 91	261. 06	173. 80	414. 48
13. 16	91. 69	4. 12	22. 87	4. 93	75. 19	9. 86	116. 60
6. 69	18. 37	0. 94	16. 96	0. 95	99. 09	7. 03	49. 42
2. 33	4. 48	0. 10	157. 43	1. 43	159. 42	40. 87	111. 47
3. 54	20. 86	0. 51	11. 34	1. 01	96. 52	81. 92	301. 07
15. 75	69. 12	6. 41	108. 64	4. 56	1184. 92	79. 84	1151. 35
2. 91	-4. 59	-0. 14	—	0. 92	538. 25	62. 07	240. 55
5. 21	41. 43	1. 44	6. 33	1. 58	188. 93	13. 24	62. 96
1. 82	-17. 27	-0. 38	—	0. 67	877. 11	236. 17	664. 61
10. 90	15. 36	1. 23	16. 08	2. 68	227. 20	79. 57	802. 88
6. 97	43. 49	-0. 22	9. 50	1. 24	93. 09	38. 99	300. 68
4. 80	14. 29	0. 60	398. 34	1. 19	339. 47	15. 69	85. 47
4. 38	-34. 14	-2. 27	13. 25	1. 92	472. 09	31. 80	183. 29
6. 98	-0. 39	-0. 07	14. 92	1. 24	81. 37	8. 27	70. 19

A股 A Share

股票 Share

股票代码 Code	股票简称 Stock Name	市价总值 Tot_cap	无限售股市值 Nego_cap	发行股本 Issued Vol	流通股本 Negotiable Vol	上年收盘 Last Year Close	本年开盘 Open	本年最高 High	本年最低 Low
600182	S佳通	5514.80	2757.40	340.00	170.00	14.79	14.78	22.27	14.45
600183	生益科技	47617.92	47617.92	2276.19	2276.19	10.06	10.00	29.98	9.65
600184	光电股份	5769.35	5769.35	508.76	508.76	9.77	9.77	14.47	9.35
600185	格力地产	9975.68	9975.68	2061.09	2061.09	4.05	4.06	6.18	3.90
600186	*ST莲花	2941.81	2941.81	1062.02	1062.02	1.89	1.91	2.94	1.22
600187	国中水务	4234.07	3726.40	1653.94	1455.62	2.47	2.49	4.06	2.45
600188	兖州煤业	31257.60	31257.60	2960.00	2960.00	8.78	8.83	12.75	8.36
600189	吉林森工	2724.12	1812.64	716.87	477.01	3.73	3.72	5.46	3.49
600190	锦州港	5445.22	5445.22	1779.48	1779.48	2.67	2.69	4.81	2.67
600191	华资实业	2521.65	2521.65	484.93	484.93	3.94	3.92	7.29	3.57
600192	长城电工	2270.58	2270.58	441.75	441.75	4.23	4.24	10.00	4.20
600193	ST创兴	1646.19	1646.19	425.37	425.37	3.14	3.30	4.60	2.97
600195	中牧股份	9729.81	9729.81	842.41	842.41	10.64	10.68	18.98	10.25
600196	复星医药	53491.48	53491.48	2010.96	2010.96	23.27	23.42	32.25	20.61
600197	伊力特	7069.27	7069.27	441.00	441.00	13.03	13.10	22.47	12.65
600198	大唐电信	9429.74	9412.06	882.11	880.45	6.75	6.75	19.29	6.55
600199	金种子酒	4098.07	3462.48	657.80	555.78	4.57	4.59	8.68	4.47
600200	江苏吴中	3832.65	3823.92	712.39	710.76	5.92	5.96	9.39	4.72
600201	生物股份	21083.22	21083.22	1126.24	1126.24	16.60	16.75	21.98	14.11
600202	哈空调	1870.70	1870.70	383.34	383.34	3.29	3.30	7.15	3.25
600203	福日电子	2921.26	2921.26	456.45	456.45	4.35	4.35	8.66	4.20
600206	有研新材	10329.51	10233.10	846.68	838.78	6.53	6.60	15.32	6.44
600207	安彩高科	4030.00	4030.00	862.96	862.96	4.34	4.34	7.48	3.76
600208	新湖中宝	32505.52	32501.09	8599.34	8598.17	2.90	2.90	5.13	2.76
600209	ST罗顿	1426.79	1426.79	439.01	439.01	3.88	3.95	6.22	2.39
600210	紫江企业	5718.10	5718.10	1516.74	1516.74	3.64	3.68	5.35	3.19
600211	西藏药业	5665.38	4576.75	177.10	143.07	29.51	29.52	44.30	28.00
600212	江泉实业	2113.31	2113.31	511.70	511.70	3.90	3.94	6.28	3.45
600213	亚星客车	1909.60	1909.60	220.00	220.00	6.00	6.00	15.04	5.76
600215	长春经开	3050.62	3050.62	465.03	465.03	6.74	6.74	9.59	6.28
600216	浙江医药	12884.46	12884.40	965.13	965.12	8.68	8.68	14.68	8.25
600217	中再资环	7109.94	6752.82	1388.66	1318.91	4.09	4.15	8.15	3.96
600218	全柴动力	4122.68	4122.68	368.76	368.76	4.50	4.52	24.47	4.43
600219	南山铝业	26769.08	21923.64	11950.48	9787.34	2.11	2.12	2.99	2.04
600220	江苏阳光	4066.02	4066.02	1783.34	1783.34	2.10	2.11	3.69	2.01
600221	海航控股	28435.45	28434.28	16436.67	16436.00	1.88	1.88	2.55	1.63
600222	太龙药业	2622.66	2606.65	573.89	570.38	3.40	3.39	7.39	3.25
600223	鲁商发展	8438.16	8438.16	1000.97	1000.97	3.08	3.07	8.43	2.94
600225	天津松江	2769.06	2761.33	935.49	932.88	3.42	3.46	5.55	2.60
600226	瀚叶股份	9855.33	6257.61	3138.64	1992.87	2.80	2.82	5.46	2.41
600227	圣济堂	4249.77	3208.23	1693.13	1278.18	2.76	2.77	4.49	2.05
600228	ST昌九	1510.66	1510.66	241.32	241.32	8.44	8.49	10.64	5.96
600229	城市传媒	4984.88	4984.88	702.10	702.10	6.72	6.77	9.62	6.43
600230	沧州大化	4254.55	4254.55	411.86	411.86	16.15	16.15	26.94	9.06
600231	凌钢股份	7648.19	7648.19	2771.08	2771.08	2.67	2.67	4.06	2.55
600232	金鹰股份	2341.49	2341.49	364.72	364.72	5.00	4.99	9.60	4.66
600233	圆通速递	35959.49	35868.77	2842.65	2835.48	10.00	10.07	14.88	9.66
600234	*ST山水	1824.04	1824.04	202.45	202.45	7.89	7.90	10.42	6.25
600235	民丰特纸	2037.54	2037.54	351.30	351.30	6.18	6.20	8.76	4.27
600236	桂冠电力	38544.83	38544.83	7882.38	7882.38	5.62	5.65	6.26	4.40

注：市价总值、无限售股市值、成交金额的单位为百万元，发行股本、流通股本、成交数量的单位为百万股，上年收盘、本年开盘、本年最高、本年最低的单位为元。

A 股 A Share

股票 Share

本年收盘 Close	涨跌（%） Change（%）	涨跌值 Change	市盈率 P/E	市净率 P/B	换手率（%） Turnover Rate（%）	成交数量 Trading Vol	成交金额 Trading Val
16.22	10.18	1.43	62.07	6.03	271.72	4.62	80.74
20.92	113.20	10.86	47.60	7.44	469.97	104.07	2065.68
11.34	16.38	1.57	99.55	2.48	166.14	8.44	99.98
4.84	19.51	0.79	19.46	1.22	91.05	18.76	92.74
2.77	46.56	0.88	—	—	400.53	42.54	88.06
2.56	3.64	0.09	407.00	1.24	322.09	46.88	148.82
10.56	40.37	1.78	6.56	0.85	172.40	51.03	530.92
3.80	1.88	0.07	64.89	0.92	202.79	9.32	40.26
3.06	15.29	0.39	25.33	0.98	117.95	20.99	76.34
5.20	31.98	1.26	—	1.38	563.86	27.34	154.43
5.14	21.71	0.91	196.18	1.18	817.90	36.13	246.20
3.87	23.25	0.73	57.38	7.71	215.29	9.16	33.60
11.55	54.38	0.91	23.41	2.44	439.50	32.89	456.67
26.60	15.74	3.33	25.18	2.44	271.02	52.08	1398.50
16.03	25.25	3.00	16.52	2.84	526.36	23.21	394.16
10.69	58.37	3.94	16.27	46.90	769.35	67.61	826.40
6.23	36.53	1.66	40.22	1.75	739.05	41.07	279.68
5.38	-9.12	-0.54	—	1.60	318.74	22.76	151.99
18.72	15.29	2.12	27.94	4.19	430.06	48.47	834.74
4.88	48.33	1.59	89.77	3.03	340.33	13.05	67.48
6.40	47.13	2.05	70.13	1.42	837.22	33.72	216.12
12.20	87.03	5.67	130.80	3.51	1222.22	102.52	1129.79
4.67	7.60	0.33	—	2.56	304.37	22.39	118.28
3.78	32.97	0.88	12.97	0.97	244.98	210.64	815.26
3.25	-15.98	-0.63	172.41	2.28	304.50	13.37	51.35
3.77	7.57	0.13	13.21	1.28	334.66	50.76	216.60
31.99	9.48	2.48	26.28	2.52	285.14	4.15	146.07
4.13	5.90	0.23	—	3.62	792.01	40.53	188.16
8.68	44.67	2.68	146.08	10.15	1312.91	28.88	288.86
6.56	-1.96	-0.18	31.22	1.21	188.74	8.78	69.17
13.35	56.04	4.67	35.34	1.68	578.13	55.40	643.97
5.12	25.18	1.03	22.49	5.02	274.17	36.16	223.07
11.18	148.44	6.68	103.89	2.13	2578.98	95.10	1261.20
2.24	8.49	0.13	18.62	0.70	162.10	158.65	382.72
2.28	9.85	0.18	29.90	1.86	221.37	39.48	108.75
1.73	-7.98	-0.15	—	0.54	110.71	181.96	376.24
4.57	34.41	1.17	—	1.89	423.67	24.08	121.49
8.43	177.53	5.35	52.07	3.46	426.75	42.72	243.77
2.96	-13.45	-0.46	—	2.24	388.92	36.28	133.05
3.14	12.89	0.34	69.55	2.27	882.92	175.95	652.41
2.51	-9.06	-0.25	21.35	0.87	315.43	39.39	131.42
6.26	-25.83	-2.18	188.50	24.68	131.72	3.18	24.98
7.10	8.61	0.38	14.32	1.95	138.90	9.75	75.60
10.33	-35.20	-5.82	4.29	1.19	574.79	23.67	400.38
2.76	4.62	0.09	6.39	1.03	123.33	34.18	110.53
6.42	30.53	1.42	92.20	2.06	381.64	13.92	94.04
12.65	28.05	2.65	18.89	3.13	166.31	16.61	207.94
9.01	14.20	1.12	—	33.74	70.02	1.42	11.52
5.80	-6.15	-0.38	203.29	1.58	1272.04	44.69	289.40
4.89	17.95	-0.73	16.16	2.74	25.92	17.44	93.60

A股 A Share

股票 Share

股票代码 Code	股票简称 Stock Name	市价总值 Tot_cap	无限售股市值 Nego_cap	发行股本 Issued Vol	流通股本 Negotiable Vol	上年收盘 Last Year Close	本年开盘 Open	本年最高 High	本年最低 Low
600237	铜峰电子	1986.58	1986.58	564.37	564.37	3.29	3.29	5.45	3.09
600238	ST椰岛	2653.34	2634.41	448.20	445.00	4.73	4.72	13.25	4.71
600239	云南城投	4640.44	4640.44	1605.69	1605.69	2.88	2.89	5.18	2.61
600240	退市华业	498.49	498.49	1424.25	1424.25	2.59	2.61	4.06	0.30
600241	时代万恒	1495.05	1277.96	294.30	251.57	5.74	5.76	8.56	4.50
600242	中昌数据	3593.95	3247.48	456.67	412.64	16.16	16.16	21.98	6.29
600243	青海华鼎	1926.55	1926.55	438.85	438.85	3.87	3.89	5.95	3.64
600246	万通地产	10804.09	10804.09	2054.01	2054.01	3.34	3.34	5.30	3.20
600247	ST成城	1231.38	1231.38	336.44	336.44	4.67	4.65	6.99	3.08
600248	延长化建	4038.99	2889.41	917.95	656.68	3.91	3.91	6.39	3.83
600249	两面针	2513.50	2513.50	550.00	550.00	3.62	3.63	5.61	3.54
600250	南纺股份	1915.45	1671.15	296.51	258.69	7.93	7.93	10.58	5.85
600251	冠农股份	4285.24	4285.24	784.84	784.84	4.94	4.94	7.50	4.66
600252	中恒集团	11328.85	11328.85	3475.11	3475.11	2.57	2.57	3.67	2.48
600255	梦舟股份	2760.57	2760.57	1769.59	1769.59	1.80	1.82	3.16	1.46
600256	广汇能源	22488.06	22299.81	6793.97	6737.10	3.76	3.78	4.69	3.16
600257	大湖股份	2078.94	2078.94	481.24	481.24	4.18	4.20	6.29	3.95
600258	首旅酒店	20356.97	20174.95	987.72	978.89	15.96	15.96	24.73	13.73
600259	广晟有色	10493.67	10493.67	301.80	301.80	22.36	22.39	48.64	19.68
600260	凯乐科技	13579.70	12877.89	1000.72	949.00	16.97	17.01	25.58	11.68
600261	阳光照明	6897.49	6897.49	1452.10	1452.10	3.41	3.41	4.92	3.08
600262	北方股份	3085.50	3085.50	170.00	170.00	17.35	17.25	25.24	15.75
600265	ST景谷	3137.27	3137.27	129.80	129.80	26.96	26.98	30.68	21.10
600266	城建发展	15231.63	15231.63	1880.45	1880.45	7.92	7.95	11.57	6.95
600267	海正药业	9568.42	9568.42	965.53	965.53	8.39	8.34	13.77	7.71
600268	国电南自	3573.66	3265.17	695.27	635.25	4.24	4.27	9.48	4.05
600269	赣粤高速	9645.23	9645.23	2335.41	2335.41	3.90	3.90	4.86	3.85
600271	航天信息	43154.53	42929.32	1862.52	1852.80	22.89	23.03	31.38	19.91
600272	开开实业	1240.43	1217.60	163.00	160.00	7.10	7.10	10.16	7.00
600273	嘉化能源	16118.22	15904.49	1432.73	1413.73	8.99	8.90	17.93	8.41
600275	ST昌鱼	1114.35	1114.35	508.84	508.84	2.76	2.81	4.60	1.91
600276	恒瑞医药	387084.70	385430.64	4422.81	4403.92	52.75	53.29	96.47	49.78
600277	亿利洁能	12489.57	12193.46	2738.94	2674.01	5.66	5.64	9.10	3.74
600278	东方创业	5540.98	5540.98	522.24	522.24	8.15	8.17	19.40	7.70
600279	重庆港九	5459.58	3187.61	1186.87	692.96	3.91	3.94	7.33	3.81
600280	中央商场	3192.37	3192.37	1148.33	1148.33	3.25	3.28	5.43	2.67
600281	太化股份	2119.34	2119.34	514.40	514.40	3.58	3.57	6.16	3.40
600282	南钢股份	15278.16	15278.16	4428.45	4428.45	3.42	3.43	4.55	2.92
600283	钱江水利	3692.34	3692.34	353.00	353.00	11.20	11.19	16.79	9.05
600284	浦东建设	6161.13	6161.13	970.26	970.26	4.96	4.97	9.39	4.92
600285	羚锐制药	5621.31	5621.31	567.81	567.81	7.52	7.49	11.11	7.03
600287	江苏舜天	2633.88	2633.88	436.80	436.80	4.85	4.85	8.68	4.82
600288	大恒科技	5119.30	5119.30	436.80	436.80	6.90	6.95	13.16	6.80
600289	*ST信通	2227.61	1997.71	631.05	565.92	2.50	2.63	3.89	2.10
600290	ST华仪	2158.13	2158.13	759.90	759.90	4.64	4.60	9.27	2.77
600291	西水股份	9826.65	9826.65	1093.06	1093.06	10.29	10.30	16.58	8.00
600292	远达环保	4427.23	4427.23	780.82	780.82	4.93	4.93	8.25	4.80
600293	三峡新材	3649.09	3649.09	1162.13	1162.13	3.91	3.91	5.75	2.96
600295	鄂尔多斯	9091.68	5520.24	1007.95	612.00	7.50	7.51	10.57	7.32
600297	广汇汽车	26601.53	26439.58	8159.98	8110.30	4.06	4.10	6.21	3.17

注：市价总值、无限售股市值、成交金额的单位为百万元，发行股本、流通股本、成交数量的单位为百万股，上年收盘、本年开盘、本年最高、本年最低的单位为元。

A 股 股票
A Share Share

本年收盘 Close	涨跌（%） Change（%）	涨跌值 Change	市盈率 P/E	市净率 P/B	换手率（%） Turnover Rate（%）	成交数量 Trading Vol	成交金额 Trading Val
3.52	6.99	0.23	208.41	1.60	550.63	31.08	129.10
5.92	25.16	1.19	65.49	3.32	136.00	6.05	50.05
2.89	3.15	0.01	9.44	0.82	374.17	60.08	214.03
0.35	-86.49	-2.24	—	2.18	807.81	115.05	244.97
5.08	-11.50	-0.66	—	1.19	205.46	5.17	31.48
7.87	-51.30	-8.29	29.61	1.71	1116.50	39.22	411.27
4.39	13.44	0.52	—	1.25	265.67	11.66	57.24
5.26	59.58	1.92	33.01	1.50	78.95	11.47	49.17
3.66	-21.63	-1.01	165.99	110.49	137.99	4.64	22.56
4.40	15.03	0.49	14.36	1.47	220.14	13.42	63.51
4.57	26.24	0.95	115.73	1.40	333.35	18.33	84.63
6.46	-18.54	-1.47	10.33	2.96	263.12	6.81	54.08
5.46	10.69	0.52	45.29	2.12	242.67	19.05	114.97
3.26	29.44	0.69	18.47	1.91	130.83	45.47	140.62
1.56	-13.33	-0.24	—	1.25	416.92	73.78	161.12
3.31	-9.47	-0.45	12.90	1.48	154.76	104.26	412.27
4.32	3.35	0.14	117.71	1.60	399.54	17.40	86.09
20.61	29.92	4.65	23.75	2.49	329.98	21.29	386.30
34.77	55.50	12.41	—	6.24	831.10	22.12	795.39
13.57	13.07	-3.40	15.01	2.45	736.15	55.38	956.20
4.75	45.23	1.34	17.94	1.94	326.58	47.42	192.02
18.15	5.65	0.80	27.00	2.68	137.72	2.34	48.47
24.17	-10.35	-2.79	517.89	87.73	36.59	0.47	12.59
8.10	25.78	0.18	12.38	0.65	180.87	30.68	275.09
9.91	18.12	1.52	—	1.55	366.18	35.36	362.79
5.14	22.04	0.90	68.45	1.54	740.68	47.05	306.37
4.13	8.31	0.23	8.25	0.65	113.00	26.39	116.22
23.17	3.15	0.28	26.67	3.88	233.67	43.27	1075.64
7.61	7.70	0.51	52.48	3.73	212.43	3.40	29.00
11.25	28.47	2.26	14.65	2.46	477.88	67.56	788.09
2.19	-20.65	-0.57	260.40	7.35	285.23	14.51	39.83
87.52	99.70	34.77	95.21	19.62	112.10	47.05	3368.98
4.56	-18.00	-1.10	16.21	0.84	278.07	74.36	414.21
10.61	31.15	2.46	36.53	1.51	519.41	27.13	348.40
4.60	19.22	0.69	40.18	1.51	359.14	24.89	136.19
2.78	-14.46	-0.47	—	2.21	281.86	32.37	133.87
4.12	15.08	0.54	—	4.85	398.25	20.49	97.71
3.45	8.68	0.03	3.81	0.99	194.72	86.16	318.30
10.46	-6.61	-0.74	63.68	2.04	239.24	8.45	101.89
6.35	30.59	1.39	13.60	1.05	460.81	44.71	327.43
9.90	34.07	2.38	23.11	2.70	361.91	20.28	184.85
6.03	25.81	1.18	30.83	1.44	410.29	17.92	120.75
11.72	70.00	4.82	101.09	3.29	493.16	21.54	230.53
3.53	41.20	1.03	—	—	237.92	13.46	39.29
2.84	-38.79	-1.80	—	0.53	1035.66	78.70	436.32
8.99	-12.46	-1.30	26.02	0.78	355.94	38.68	454.61
5.67	15.92	0.74	35.24	0.90	218.41	17.05	108.27
3.14	-19.69	-0.77	15.18	0.94	451.80	27.75	120.59
9.02	22.46	1.52	13.95	1.41	222.10	13.59	117.40
3.26	-19.51	-0.80	8.17	0.72	63.66	51.64	233.29

A 股 A Share

股票 Share

股票代码 Code	股票简称 Stock Name	市价总值 Tot_cap	无限售股市值 Nego_cap	发行股本 Issued Vol	流通股本 Negotiable Vol	上年收盘 Last Year Close	本年开盘 Open	本年最高 High	本年最低 Low
600298	安琪酵母	25274.56	25274.56	824.08	824.08	25.23	25.19	33.15	22.88
600299	安迪苏	29661.83	29661.83	2681.90	2681.90	11.48	11.40	15.80	9.72
600300	维维股份	4932.40	4932.40	1672.00	1672.00	2.82	2.82	4.40	2.73
600301	ST 南化	1617.82	1617.82	235.15	235.15	6.08	6.10	8.06	5.64
600302	标准股份	1743.89	1743.89	346.01	346.01	4.38	4.38	7.00	3.82
600303	曙光股份	2378.13	2378.13	675.60	675.60	3.91	3.90	5.88	2.98
600305	恒顺醋业	11949.28	11949.28	783.56	783.56	10.40	10.45	19.95	9.63
600306	商业城	1013.61	1009.72	178.14	177.46	6.36	6.42	8.56	5.38
600307	酒钢宏兴	12902.52	12902.52	6263.36	6263.36	1.91	1.91	2.63	1.79
600308	华泰股份	5359.11	5359.11	1167.56	1167.56	4.35	4.35	6.45	3.91
600309	万华化学	176359.57	79972.40	3139.75	1423.76	27.99	28.36	57.19	27.00
600310	桂东电力	3551.15	3551.15	827.78	827.78	3.60	3.63	6.19	3.57
600311	荣华实业	2256.38	2256.38	665.60	665.60	3.78	3.75	5.60	2.80
600312	平高电气	8765.71	8765.71	1356.92	1356.92	8.08	7.90	10.29	6.04
600313	农发种业	3051.80	2874.70	1082.20	1019.40	2.20	2.20	4.97	2.13
600315	上海家化	20768.43	20768.43	671.25	671.25	27.30	27.36	37.56	25.85
600316	洪都航空	9344.00	9344.00	717.11	717.11	9.89	9.97	19.10	9.87
600317	营口港	16506.11	16506.11	6472.98	6472.98	2.26	2.26	3.34	2.25
600318	新力金融	3593.55	3388.00	513.36	484.00	7.12	7.17	10.57	6.04
600319	ST 亚星	1461.20	1461.20	315.59	315.59	4.60	4.71	6.48	3.86
600320	振华重工	12058.85	12058.85	3322.00	3322.00	3.17	3.19	4.72	3.17
600321	ST 正源	3277.89	3277.89	1510.55	1510.55	1.77	1.77	3.40	1.66
600322	天房发展	3317.10	3317.10	1105.70	1105.70	3.25	3.24	4.80	2.86
600323	瀚蓝环境	13440.27	13440.27	766.26	766.26	14.03	14.03	19.25	13.55
600325	华发股份	16577.83	16502.62	2117.22	2107.61	6.20	6.24	10.60	6.03
600326	西藏天路	6343.27	6343.27	865.38	865.38	6.48	6.49	9.59	6.35
600327	大东方	3114.42	3114.42	884.78	884.78	4.12	4.14	5.56	3.29
600328	兰太实业	3618.14	3618.14	438.03	438.03	6.85	6.85	10.27	6.75
600329	中新药业	7884.58	7842.93	568.87	565.87	12.44	12.40	18.16	11.80
600330	天通股份	8012.39	8012.39	996.57	996.57	5.51	5.51	9.50	5.48
600331	宏达股份	5344.16	5344.16	2032.00	2032.00	2.02	2.04	4.45	1.83
600332	白云山	50063.78	50063.78	1405.89	1405.89	35.76	35.73	45.88	32.06
600333	长春燃气	3166.96	2754.02	609.03	529.62	5.59	5.59	6.49	4.86
600335	国机汽车	8449.88	5972.47	1456.88	1029.74	6.24	6.29	9.32	5.36
600336	澳柯玛	3508.41	3409.95	799.18	776.75	3.37	3.37	5.83	3.34
600337	美克家居	7845.14	7656.42	1770.91	1728.31	3.95	3.94	6.97	3.51
600338	西藏珠峰	11427.63	11427.63	914.21	914.21	19.43	19.63	39.50	9.36
600339	中油工程	18926.87	5261.89	5583.15	1552.18	3.63	3.67	5.25	3.11
600340	华夏幸福	86481.31	85503.70	3013.29	2979.22	25.45	25.58	35.20	24.65
600343	航天动力	5839.59	5839.59	638.21	638.21	7.60	7.66	12.58	7.61
600345	长江通信	4464.90	4464.90	198.00	198.00	22.24	22.21	44.42	19.70
600346	恒力石化	113188.72	74481.52	7039.10	4631.94	13.25	13.28	20.58	10.76
600348	阳泉煤业	13299.65	13299.65	2405.00	2405.00	5.04	5.05	6.79	4.96
600350	山东高速	23622.82	23622.82	4811.17	4811.17	4.56	4.51	5.28	4.24
600351	亚宝药业	4489.10	4489.10	770.00	770.00	5.63	5.63	9.14	5.43
600352	浙江龙盛	47075.71	47075.71	3253.33	3253.33	9.65	9.66	26.66	8.79
600353	旭光股份	3050.27	3050.27	543.72	543.72	3.99	3.99	7.03	3.96
600354	敦煌种业	2739.29	2739.29	527.80	527.80	3.65	3.69	8.61	3.52
600355	精伦电子	1678.02	1678.02	492.09	492.09	3.47	3.49	5.53	3.09
600356	恒丰纸业	2315.17	2315.17	298.73	298.73	5.49	5.49	11.11	5.39

注：市价总值、无限售股市值、成交金额的单位为百万元，发行股本、流通股本、成交数量的单位为百万股，上年收盘、本年开盘、本年最高、本年最低的单位为元。

A 股
A Share

股票
Share

本年收盘 Close	涨跌（%） Change（%）	涨跌值 Change	市盈率 P/E	市净率 P/B	换手率（%） Turnover Rate（%）	成交数量 Trading Vol	成交金额 Trading Val
30. 67	23. 05	5. 44	29. 50	5. 89	257. 75	21. 24	603. 51
11. 06	-1. 21	-0. 42	32. 03	2. 18	68. 39	18. 34	214. 89
2. 95	4. 61	0. 13	76. 21	1. 86	483. 52	80. 84	281. 72
6. 88	13. 16	0. 80	29. 89	5. 34	89. 93	2. 11	14. 58
5. 04	15. 07	0. 66	61. 46	1. 41	261. 28	9. 04	47. 42
3. 52	-9. 97	-0. 39	—	0. 83	512. 22	32. 36	147. 66
15. 25	47. 65	4. 85	39. 23	5. 87	587. 20	46. 01	657. 26
5. 69	-10. 53	-0. 67	—	46. 78	311. 19	5. 52	37. 12
2. 06	7. 85	0. 15	11. 81	1. 22	139. 15	87. 16	189. 64
4. 59	9. 77	0. 24	7. 45	0. 70	295. 43	34. 49	174. 57
56. 17	111. 20	28. 18	16. 62	5. 22	367. 43	55. 58	2342. 69
4. 29	19. 65	0. 69	51. 84	1. 89	293. 80	24. 32	121. 98
3. 39	-10. 32	-0. 39	—	3. 13	1278. 74	85. 11	354. 08
6. 46	-19. 42	-1. 62	30. 61	0. 98	229. 34	31. 12	253. 46
2. 82	28. 18	0. 62	96. 28	2. 15	987. 94	100. 71	355. 62
30. 94	14. 25	3. 64	38. 43	3. 57	168. 57	11. 32	357. 67
13. 03	31. 84	3. 14	62. 98	1. 92	509. 78	36. 56	540. 18
2. 55	15. 05	0. 29	16. 49	1. 42	45. 08	29. 18	81. 12
7. 00	-1. 69	-0. 12	67. 84	3. 46	468. 60	22. 68	185. 85
4. 63	0. 65	0. 03	470. 05	39. 74	574. 60	18. 13	95. 22
3. 63	16. 03	0. 46	43. 17	1. 26	74. 27	24. 67	96. 70
2. 17	22. 60	0. 40	90. 19	1. 22	110. 05	16. 62	38. 02
3. 00	-7. 69	-0. 25	24. 62	0. 73	258. 81	28. 62	104. 38
17. 54	26. 47	3. 51	15. 35	2. 30	177. 45	13. 60	228. 86
7. 83	32. 09	1. 63	7. 26	1. 11	322. 28	67. 87	541. 01
7. 33	14. 27	0. 85	14. 11	2. 08	575. 47	49. 80	387. 76
3. 52	7. 02	-0. 60	10. 57	1. 15	168. 83	13. 64	57. 91
8. 26	23. 26	1. 41	13. 52	1. 50	380. 59	16. 67	138. 82
13. 86	13. 13	1. 42	18. 97	2. 16	180. 17	10. 20	149. 13
8. 04	46. 86	2. 53	28. 26	2. 09	591. 15	58. 91	450. 89
2. 63	30. 20	0. 61	—	2. 41	455. 43	92. 54	292. 10
35. 61	0. 61	-0. 15	16. 82	2. 67	229. 85	26. 17	1000. 82
5. 20	-6. 98	-0. 39	—	1. 52	339. 84	18. 00	102. 61
5. 80	-4. 95	-0. 44	14. 21	1. 07	226. 35	23. 31	167. 90
4. 39	31. 14	1. 02	50. 19	1. 90	259. 56	19. 01	87. 44
4. 43	17. 07	0. 48	17. 39	1. 63	319. 40	55. 20	268. 74
12. 50	-9. 77	-6. 93	12. 69	5. 26	278. 74	22. 87	380. 99
3. 39	-5. 38	-0. 24	19. 82	0. 81	358. 70	55. 68	230. 33
28. 70	17. 20	3. 25	7. 36	1. 98	106. 84	31. 62	937. 24
9. 15	20. 94	1. 55	253. 60	2. 65	323. 27	20. 63	207. 07
22. 55	2. 65	0. 31	19. 22	2. 35	757. 34	15. 00	431. 88
16. 08	71. 70	2. 83	34. 07	4. 10	170. 13	40. 51	613. 79
5. 53	15. 15	0. 49	6. 75	0. 63	189. 21	45. 50	260. 05
4. 91	13. 07	0. 35	8. 02	0. 87	44. 81	21. 56	103. 05
5. 83	7. 94	0. 20	16. 42	1. 55	265. 79	20. 48	142. 00
14. 47	52. 23	4. 82	11. 45	2. 36	731. 25	237. 90	4090. 14
5. 61	42. 14	1. 62	54. 09	2. 97	380. 24	20. 67	114. 15
5. 19	42. 19	1. 54	—	3. 92	1493. 96	78. 85	472. 11
3. 41	-1. 73	-0. 06	152. 37	4. 64	962. 24	47. 35	198. 04
7. 75	42. 55	2. 26	34. 66	1. 10	410. 82	12. 27	104. 27

A股 股票
A Share Share

股票代码 Code	股票简称 Stock Name	市价总值 Tot_cap	无限售股市值 Nego_cap	发行股本 Issued Vol	流通股本 Negotiable Vol	上年收盘 Last Year Close	本年开盘 Open	本年最高 High	本年最低 Low
600358	国旅联合	2120.73	2120.73	504.94	504.94	3.52	3.52	5.85	3.35
600359	新农开发	2086.88	2086.88	381.51	381.51	4.25	4.23	10.28	3.71
600360	华微电子	6352.57	6293.90	963.97	955.07	5.14	5.14	7.98	5.07
600361	华联综超	2516.75	2516.75	665.81	665.81	3.39	3.41	5.36	3.34
600362	江西铜业	35133.94	35133.94	2075.25	2075.25	13.16	13.15	17.62	12.80
600363	联创光电	6780.76	6780.76	443.48	443.48	8.00	8.00	16.46	7.53
600365	通葡股份	1676.00	1676.00	400.00	400.00	3.63	3.64	7.29	3.48
600366	宁波韵升	6587.50	6587.50	989.11	989.11	5.01	4.90	11.34	4.75
600367	红星发展	2253.22	2201.47	298.05	291.20	7.16	7.17	9.87	6.76
600368	五洲交通	5087.86	5087.86	1125.63	1125.63	3.07	3.08	6.41	3.02
600369	西南证券	29298.12	29298.12	5645.11	5645.11	3.48	3.50	6.50	3.45
600370	三房巷	2431.59	2431.59	797.24	797.24	2.90	2.90	4.24	2.71
600371	万向德农	2745.73	2745.73	225.06	225.06	6.25	6.31	16.36	5.80
600372	中航电子	25055.59	25055.59	1759.52	1759.52	12.98	13.01	18.76	12.71
600373	中文传媒	18442.42	18442.42	1355.06	1355.06	13.01	13.12	18.60	11.42
600375	华菱星马	2600.87	2600.87	555.74	555.74	3.52	3.55	8.10	3.51
600376	首开股份	20559.14	20559.14	2579.57	2579.57	7.19	7.19	10.48	6.93
600377	宁沪高速	42812.69	42633.38	3815.75	3799.77	9.80	9.74	11.30	9.45
600378	昊华科技	17313.82	5738.80	896.62	297.19	8.88	9.01	19.66	8.62
600379	宝光股份	1898.66	1898.66	330.20	330.20	6.69	6.71	10.99	5.06
600380	健康元	20058.65	20058.65	1938.03	1938.03	6.67	6.68	10.76	6.28
600381	青海春天	3164.26	3164.26	587.06	587.06	5.74	5.79	8.68	5.04
600382	广东明珠	4242.04	4242.04	606.87	606.87	7.72	7.72	11.38	6.58
600383	金地集团	65461.46	65461.46	4514.58	4514.58	9.62	9.60	14.77	9.30
600385	*ST金泰	1158.20	1116.49	148.11	142.77	9.62	9.64	11.48	6.76
600386	北巴传媒	2999.81	2999.81	806.40	806.40	3.32	3.33	5.70	3.30
600387	海越能源	3915.73	3216.43	471.77	387.52	7.86	7.82	10.98	6.07
600388	龙净环保	10423.24	10423.24	1069.05	1069.05	10.15	10.14	13.55	9.10
600389	江山股份	6138.99	6138.99	297.00	297.00	16.84	16.86	27.77	15.97
600390	五矿资本	37154.02	5090.19	4498.07	616.25	6.96	6.94	12.36	6.86
600391	航发科技	4559.09	4559.09	330.13	330.13	10.93	10.94	19.90	10.91
600392	盛和资源	15919.37	13008.85	1755.17	1434.27	8.61	8.62	13.65	7.85
600393	粤泰股份	6847.87	2668.16	2536.25	988.21	2.12	2.14	5.18	2.03
600395	盘江股份	10112.37	10112.37	1655.05	1655.05	5.01	5.01	6.46	4.80
600396	*ST金山	2739.23	2739.23	1472.71	1472.71	1.93	1.93	2.98	1.64
600397	安源煤业	2791.69	2791.69	989.96	989.96	2.18	2.18	3.98	1.93
600398	海澜之家	33945.68	33945.68	4420.01	4420.01	8.48	8.49	10.38	7.42
600399	ST抚钢	6507.93	6507.93	1972.10	1972.10	2.50	2.63	4.81	2.41
600400	红豆股份	8511.74	8511.74	2533.26	2533.26	3.75	3.76	5.16	3.21
600401	退市海润	755.99	755.99	4724.94	4724.94	0.16	0.78	0.16	0.16
600403	大有能源	9802.33	9802.33	2390.81	2390.81	3.67	3.67	5.35	3.24
600405	动力源	2648.53	2616.99	559.94	553.28	4.09	4.15	6.80	4.00
600406	国电南瑞	97896.40	62161.16	4622.12	2934.90	18.53	18.54	25.17	16.88
600408	ST安泰	2396.18	2396.18	1006.80	1006.80	2.60	2.60	4.50	2.02
600409	三友化工	13046.69	12875.88	2064.35	2037.32	5.72	5.74	8.88	5.10
600410	华胜天成	11328.04	11328.04	1098.74	1098.74	5.86	5.95	14.40	5.46
600415	小商品城	21065.24	21065.24	5443.21	5443.21	3.49	3.49	5.18	3.48
600416	湘电股份	6753.26	6753.26	945.83	945.83	5.16	5.14	8.15	5.06
600418	江淮汽车	9504.43	9504.43	1893.31	1893.31	4.81	4.84	8.10	4.27
600419	天润乳业	2858.18	2858.18	207.11	207.11	13.76	13.78	18.34	13.11

注：市价总值、无限售股市值、成交金额的单位为百万元，发行股本、流通股本、成交数量的单位为百万股，上年收盘、本年开盘、本年最高、本年最低的单位为元。

A 股
A Share

股票
Share

本年收盘 Close	涨跌（%） Change（%）	涨跌值 Change	市盈率 P/E	市净率 P/B	换手率（%） Turnover Rate（%）	成交数量 Trading Vol	成交金额 Trading Val
4. 20	19. 32	0. 68	—	4. 68	271. 26	13. 57	59. 69
5. 47	28. 71	1. 22	—	4. 48	1280. 21	48. 84	318. 26
6. 59	44. 95	1. 45	59. 93	2. 83	907. 89	80. 39	510. 52
3. 78	13. 47	0. 39	30. 18	0. 93	253. 61	16. 89	71. 49
16. 93	30. 37	3. 77	23. 95	1. 18	225. 88	46. 88	719. 50
15. 29	91. 97	7. 29	29. 85	2. 77	731. 93	32. 46	392. 58
4. 19	15. 43	0. 56	399. 43	2. 42	635. 73	25. 43	127. 49
6. 66	34. 58	1. 65	73. 75	1. 49	913. 74	90. 38	707. 59
7. 56	6. 04	0. 40	19. 44	1. 77	286. 99	8. 36	69. 46
4. 52	50. 41	1. 45	12. 00	1. 42	602. 15	67. 78	327. 39
5. 19	50. 14	1. 71	129. 17	1. 58	237. 46	134. 05	683. 65
3. 05	5. 84	0. 15	45. 35	1. 86	146. 09	11. 65	39. 17
12. 20	98. 83	5. 95	52. 77	5. 76	1672. 47	37. 64	452. 62
14. 24	10. 07	1. 26	52. 27	3. 31	105. 22	18. 51	284. 08
13. 61	8. 79	0. 60	11. 39	1. 39	149. 16	20. 51	279. 83
4. 68	32. 95	1. 16	43. 72	0. 93	650. 43	36. 15	208. 23
7. 97	15. 84	0. 78	6. 49	0. 67	97. 92	25. 09	210. 60
11. 22	19. 52	1. 42	12. 92	2. 16	36. 77	13. 97	143. 26
19. 31	118. 40	10. 43	32. 99	3. 56	306. 98	9. 12	132. 63
5. 75	21. 31	-0. 94	49. 36	3. 65	236. 93	6. 14	46. 38
10. 35	58. 35	3. 68	28. 68	2. 08	205. 43	39. 81	356. 41
5. 39	-6. 10	-0. 35	46. 23	1. 33	169. 89	9. 97	63. 58
6. 99	18. 40	-0. 73	10. 93	0. 78	250. 69	9. 56	83. 26
14. 50	58. 12	4. 88	8. 08	1. 41	149. 90	67. 67	831. 05
7. 82	-18. 71	-1. 80	—	19. 41	163. 06	2. 33	22. 10
3. 72	15. 49	0. 40	29. 18	1. 69	305. 92	24. 67	111. 11
8. 30	6. 39	0. 44	12. 75	1. 51	564. 76	21. 80	190. 65
9. 75	-2. 62	-0. 40	13. 01	2. 06	164. 36	17. 57	204. 26
20. 67	25. 14	3. 83	15. 66	3. 37	211. 38	6. 28	130. 67
8. 26	45. 22	1. 30	16. 52	1. 14	621. 41	33. 10	310. 26
13. 81	26. 35	2. 88	—	3. 18	620. 87	20. 50	325. 71
9. 07	5. 60	0. 46	55. 58	3. 07	671. 73	96. 12	1048. 49
2. 70	27. 36	0. 58	23. 62	1. 16	1464. 97	144. 77	465. 39
6. 11	30. 65	1. 10	10. 70	1. 54	120. 57	19. 96	112. 14
1. 86	-3. 63	-0. 07	—	1. 39	166. 18	24. 47	52. 83
2. 82	29. 36	0. 64	43. 44	3. 26	393. 15	38. 92	107. 43
7. 68	-5. 43	-0. 80	9. 83	2. 62	54. 87	24. 46	214. 88
3. 30	32. 00	0. 80	2. 50	1. 56	104. 25	20. 56	71. 83
3. 36	-9. 21	-0. 39	41. 11	2. 14	75. 70	18. 95	74. 97
0. 16	-82. 76	0. 00	—	—	52. 11	24. 62	3. 71
4. 10	14. 06	0. 43	15. 05	1. 15	39. 94	9. 55	40. 17
4. 73	15. 65	0. 64	—	2. 47	430. 98	23. 85	124. 52
21. 18	16. 67	2. 65	23. 52	3. 52	164. 20	45. 41	928. 68
2. 38	-8. 46	-0. 22	2. 92	1. 61	250. 39	25. 21	77. 05
6. 32	14. 90	0. 60	8. 23	1. 18	267. 08	54. 41	351. 55
10. 31	75. 94	4. 45	—	2. 43	1389. 72	152. 69	1646. 01
3. 87	12. 49	0. 38	19. 46	1. 79	62. 42	33. 97	145. 29
7. 14	38. 37	1. 98	—	1. 49	292. 10	26. 13	174. 49
5. 02	4. 37	0. 21	—	0. 74	226. 90	42. 96	238. 28
13. 80	1. 55	0. 04	25. 03	3. 10	380. 41	7. 88	118. 57

A 股　　　　股票

A Share　　　　Share

股票代码 Code	股票简称 Stock Name	市价总值 Tot_cap	无限售股市值 Nego_cap	发行股本 Issued Vol	流通股本 Negotiable Vol	上年收盘 Last Year Close	本年开盘 Open	本年最高 High	本年最低 Low
600420	现代制药	9180. 82	5144. 67	1026. 94	575. 47	9. 14	9. 15	11. 71	8. 07
600421	＊ST 仰帆	1596. 10	1596. 10	195. 60	195. 60	7. 66	7. 65	17. 60	6. 58
600422	昆药集团	8164. 97	8154. 19	760. 95	759. 94	6. 18	6. 19	15. 50	5. 97
600423	ST 柳化	2659. 65	2659. 65	798. 70	798. 70	3. 82	3. 63	4. 95	2. 72
600425	青松建化	5432. 43	5432. 43	1378. 79	1378. 79	2. 93	2. 95	5. 77	2. 85
600426	华鲁恒升	32321. 73	32195. 95	1626. 66	1620. 33	12. 07	12. 06	20. 05	11. 12
600428	中远海特	8028. 47	8028. 47	2146. 65	2146. 65	3. 25	3. 26	4. 92	3. 24
600429	三元股份	8161. 69	4823. 25	1497. 56	885. 00	5. 49	5. 52	6. 67	4. 97
600433	冠豪高新	4208. 05	4208. 05	1271. 32	1271. 32	3. 61	3. 64	5. 24	3. 06
600435	北方导航	12391. 14	12391. 14	1489. 32	1489. 32	7. 41	7. 32	11. 80	7. 29
600436	片仔癀	66286. 46	66286. 46	603. 32	603. 32	86. 65	86. 60	124. 05	79. 21
600438	通威股份	50978. 34	50978. 34	3882. 58	3882. 58	8. 28	8. 30	16. 78	7. 77
600439	瑞贝卡	4063. 83	4063. 83	1131. 99	1131. 99	2. 65	2. 65	4. 13	2. 63
600444	国机通用	1544. 75	1544. 75	146. 42	146. 42	9. 55	9. 59	15. 30	9. 30
600446	金证股份	17707. 87	17559. 07	860. 44	853. 21	9. 50	9. 51	32. 32	9. 44
600448	华纺股份	2839. 44	2784. 51	524. 85	514. 70	4. 81	4. 76	8. 17	4. 65
600449	宁夏建材	5336. 50	5336. 50	478. 18	478. 18	7. 37	7. 50	11. 32	7. 26
600452	涪陵电力	5785. 92	5785. 92	313. 60	313. 60	15. 85	15. 66	27. 95	14. 60
600455	博通股份	2196. 02	2196. 02	62. 46	62. 46	21. 99	21. 88	41. 30	20. 03
600456	宝钛股份	10451. 15	10451. 15	430. 27	430. 27	15. 09	15. 10	29. 20	14. 62
600458	时代新材	5659. 73	5659. 73	802. 80	802. 80	6. 78	6. 80	13. 40	6. 42
600459	贵研铂业	6609. 39	6609. 39	437. 71	437. 71	11. 08	11. 14	24. 28	11. 02
600460	士兰微	20297. 59	20297. 59	1312. 06	1312. 06	8. 12	8. 14	20. 25	7. 97
600461	洪城水业	5624. 66	4713. 87	942. 15	789. 59	5. 50	5. 50	6. 79	5. 36
600462	＊ST 九有	875. 40	875. 40	533. 78	533. 78	3. 36	3. 36	3. 50	1. 02
600463	空港股份	2187. 00	2187. 00	300. 00	300. 00	7. 16	7. 58	12. 38	6. 31
600466	蓝光发展	22182. 73	22182. 73	3009. 87	3009. 87	5. 38	5. 36	8. 47	5. 08
600467	好当家	3623. 27	3623. 27	1460. 99	1460. 99	2. 40	2. 40	3. 33	2. 20
600468	百利电气	4151. 01	4151. 01	1121. 90	1121. 90	5. 35	5. 37	7. 38	3. 14
600469	风神股份	2767. 07	2767. 07	562. 41	562. 41	3. 53	3. 55	6. 80	3. 52
600470	六国化工	2232. 45	2232. 45	521. 60	521. 60	3. 75	3. 76	6. 52	3. 30
600475	华光股份	5588. 33	1403. 55	559. 39	140. 50	8. 20	8. 20	12. 55	8. 08
600476	湘邮科技	2353. 23	2353. 23	161. 07	161. 07	11. 87	11. 87	26. 97	11. 15
600477	杭萧钢构	6075. 26	6073. 13	2154. 35	2153. 59	3. 60	3. 62	5. 28	2. 42
600478	科力远	7274. 44	6466. 62	1653. 28	1469. 69	3. 90	3. 87	7. 81	3. 70
600479	千金药业	3670. 31	3670. 31	418. 51	418. 51	7. 76	7. 75	12. 36	7. 50
600480	凌云股份	4212. 33	4188. 13	548. 48	545. 33	7. 63	7. 66	13. 08	5. 89
600481	双良节能	5435. 95	5402. 49	1637. 34	1627. 26	3. 33	3. 36	5. 28	3. 14
600482	中国动力	33899. 92	17396. 57	1695. 00	869. 83	22. 27	21. 91	30. 00	19. 11
600483	福能股份	14276. 86	14276. 86	1551. 83	1551. 83	8. 50	8. 48	10. 61	7. 83
600485	＊ST 信威	8946. 65	5798. 70	2923. 74	1895. 00	14. 59	13. 86	13. 86	1. 05
600486	扬农化工	21268. 36	21268. 36	309. 90	309. 90	37. 66	37. 67	71. 87	35. 15
600487	亨通光电	30953. 95	30248. 91	1903. 69	1860. 33	17. 05	17. 20	23. 87	13. 99
600488	天药股份	4542. 25	4062. 57	1091. 89	976. 58	3. 73	3. 72	5. 52	3. 63
600489	中金黄金	29265. 64	29265. 64	3451. 14	3451. 14	8. 58	8. 50	10. 77	7. 63
600490	鹏欣资源	10303. 32	6934. 87	2215. 77	1491. 37	4. 55	4. 60	6. 74	4. 01
600491	龙元建设	11182. 53	11182. 53	1529. 76	1529. 76	6. 77	6. 76	9. 40	6. 00
600493	凤竹纺织	1523. 20	1523. 20	272. 00	272. 00	6. 26	6. 39	8. 59	5. 13
600495	晋西车轴	5074. 40	5074. 40	1208. 19	1208. 19	4. 11	4. 12	6. 17	4. 01
600496	精工钢构	5232. 19	4365. 19	1810. 45	1510. 45	2. 61	2. 64	3. 78	2. 53

注：市价总值、无限售股市值、成交金额的单位为百万元，发行股本、流通股本、成交数量的单位为百万股，上年收盘、本年开盘、本年最高、本年最低的单位为元。

A股
A Share

股票
Share

本年收盘 Close	涨跌（%） Change（%）	涨跌值 Change	市盈率 P/E	市净率 P/B	换手率（%） Turnover Rate（%）	成交数量 Trading Vol	成交金额 Trading Val
8.94	-1.09	-0.20	13.01	1.35	209.64	12.06	113.25
8.16	6.53	0.50	—	748.49	105.00	2.05	21.26
10.73	75.44	4.55	24.33	2.14	941.13	71.42	820.52
3.33	-12.83	-0.49	6.81	1.21	127.56	10.19	38.06
3.94	34.47	1.01	14.87	1.23	625.48	86.24	377.20
19.87	66.98	7.80	10.70	2.68	299.60	48.46	741.44
3.74	15.08	0.49	93.29	0.84	144.80	30.69	120.87
5.45	-0.04	-0.04	45.25	1.64	82.88	7.34	41.97
3.31	-7.60	-0.30	38.53	1.60	179.51	22.82	92.65
8.32	12.28	0.91	250.15	5.83	333.29	49.64	465.38
109.87	27.46	23.22	58.00	13.21	167.24	10.09	1061.73
13.13	60.26	4.85	25.25	3.46	288.51	88.22	1151.46
3.59	37.51	0.94	17.35	1.42	290.03	32.83	113.06
10.55	11.68	1.00	32.73	2.77	240.16	3.52	41.59
20.58	116.63	11.08	—	10.89	1199.73	102.35	2164.45
5.41	12.47	0.60	135.11	1.93	453.95	23.36	146.86
11.16	56.94	3.79	12.46	1.10	394.99	18.89	175.33
18.45	64.46	2.60	16.59	3.95	251.05	6.77	137.28
35.16	59.89	13.17	693.76	16.66	363.94	2.27	69.66
24.29	61.69	9.20	74.07	2.95	431.59	18.57	423.14
7.05	4.47	0.27	—	1.20	335.18	26.83	247.73
15.10	47.25	4.02	42.06	3.18	993.31	41.39	701.23
15.47	91.02	7.35	119.07	5.92	1267.00	166.10	2552.84
5.97	11.55	0.47	16.74	1.59	145.20	9.82	59.76
1.64	-51.19	-1.72	—	69.30	692.52	36.97	74.64
7.29	2.05	0.13	142.89	1.55	514.98	15.45	136.09
7.37	42.69	1.99	9.97	1.41	209.69	62.70	412.12
2.48	3.73	0.08	58.41	1.19	314.94	46.01	126.34
3.70	-4.44	-1.65	88.07	2.37	153.61	14.30	70.60
4.92	39.86	1.39	151.43	1.37	399.64	22.48	119.52
4.28	14.13	0.53	—	1.55	916.20	47.79	224.19
9.99	24.26	1.79	13.33	1.17	444.32	6.24	65.13
14.61	23.08	2.74	1439.41	10.16	1074.02	17.30	306.48
2.82	-3.72	-0.78	10.70	1.88	148.65	28.56	110.04
4.40	12.82	0.50	334.86	3.47	430.23	63.23	345.56
8.77	17.84	1.01	14.37	1.81	272.93	11.42	110.62
7.68	3.80	0.05	15.48	1.06	354.87	17.54	155.40
3.32	2.72	-0.01	21.59	2.42	115.79	18.79	76.37
20.00	-10.19	-2.27	25.16	1.31	126.14	11.14	268.34
9.20	11.07	0.70	13.59	1.22	62.49	9.63	86.33
3.06	-79.03	-11.53	—	1.25	304.92	57.78	93.37
68.63	85.18	30.97	23.75	4.60	243.90	7.56	403.75
16.26	-3.72	-0.79	12.23	2.49	484.48	90.13	1666.25
4.16	13.06	0.43	29.60	1.60	114.62	11.12	50.55
8.48	-0.96	-0.10	149.35	2.15	312.99	108.02	978.53
4.65	2.20	0.10	51.93	1.89	531.70	79.30	419.35
7.31	8.94	0.54	12.13	1.15	227.55	31.28	235.97
5.60	-9.96	-0.66	49.77	2.12	380.53	10.35	69.66
4.20	2.42	0.09	142.04	1.61	326.75	39.48	198.27
2.89	11.09	0.28	28.79	1.07	242.34	36.60	113.26

A股 A Share

股票 Share

股票代码 Code	股票简称 Stock Name	市价总值 Tot_cap	无限售股市值 Nego_cap	发行股本 Issued Vol	流通股本 Negotiable Vol	上年收盘 Last Year Close	本年开盘 Open	本年最高 High	本年最低 Low
600497	驰宏锌锗	22299.86	18877.35	5091.29	4309.90	4.10	4.12	6.07	3.97
600498	烽火通信	32143.53	30385.48	1170.98	1106.94	28.47	28.33	35.68	24.08
600499	科达洁能	6829.30	6111.64	1577.21	1411.46	4.04	3.68	6.25	3.68
600500	中化国际	14351.96	14351.96	2707.92	2707.92	6.84	6.84	9.20	4.80
600501	航天晨光	3290.22	3290.22	421.28	421.28	6.07	6.05	11.70	5.90
600502	安徽建工	6987.91	3697.56	1721.16	910.73	3.56	3.58	5.79	3.51
600503	华丽家族	5095.28	5095.28	1602.29	1602.29	3.05	3.09	5.89	2.91
600505	西昌电力	3477.97	3477.97	364.57	364.57	4.59	4.60	10.49	4.49
600506	香梨股份	1506.61	1506.61	147.71	147.71	9.96	9.96	15.38	9.40
600507	方大特钢	14564.57	13952.78	1447.77	1386.96	9.99	10.02	16.10	7.95
600508	上海能源	6786.32	6786.32	722.72	722.72	9.65	9.67	11.45	8.79
600509	天富能源	4168.12	3278.62	1151.42	905.70	3.57	3.58	6.73	3.42
600510	黑牡丹	7015.54	7015.54	1047.10	1047.10	6.06	6.06	7.55	5.30
600511	国药股份	20590.39	7576.89	754.50	277.64	23.25	23.26	30.94	20.71
600512	腾达建设	4492.92	4492.92	1598.90	1598.90	2.15	2.16	3.53	2.14
600513	联环药业	2244.34	2223.70	288.11	285.46	5.95	6.01	9.87	5.85
600515	海航基础	17427.86	7396.00	3907.59	1658.30	4.71	4.76	7.17	3.76
600516	方大炭素	33057.57	33057.57	2718.55	2718.55	16.71	16.75	31.08	9.98
600517	置信电气	11174.82	11174.82	1356.17	1356.17	3.18	3.22	12.46	3.16
600518	ST康美	18552.50	16444.78	4973.86	4408.79	9.21	8.29	12.45	2.57
600519	贵州茅台	1486082.00	1486082.00	1256.20	1256.20	590.01	609.98	1241.61	582.02
600520	文一科技	1712.63	1712.63	158.43	158.43	13.18	13.02	17.40	10.06
600521	华海药业	22824.12	21589.47	1322.37	1250.84	11.06	11.10	19.81	9.80
600522	中天科技	25448.47	25448.47	3066.08	3066.08	8.15	8.15	11.79	7.76
600523	贵航股份	5539.07	5535.41	404.31	404.04	9.52	9.45	17.05	9.06
600525	长园集团	7743.25	7743.25	1305.78	1305.78	4.38	4.34	8.20	4.00
600526	*ST菲达	2775.34	2775.34	547.40	547.40	4.42	4.43	6.42	3.43
600527	江南高纤	3016.15	2514.55	1443.13	1203.13	2.00	2.00	2.90	1.93
600528	中铁工业	25547.84	21134.11	2221.55	1837.75	10.50	10.48	14.53	9.80
600529	山东药玻	16444.91	16444.91	594.97	594.97	19.00	19.00	29.96	17.71
600530	交大昂立	3837.60	3837.60	780.00	780.00	4.42	4.47	7.48	4.01
600531	豫光金铅	5113.24	5113.24	1090.24	1090.24	3.49	3.50	6.42	3.43
600532	宏达矿业	1945.57	1945.57	516.07	516.07	3.94	4.00	7.31	3.20
600533	栖霞建设	3517.50	3517.50	1050.00	1050.00	2.94	2.95	4.33	2.94
600535	天士力	23325.31	23325.31	1512.67	1512.67	19.20	19.18	25.23	14.51
600536	中国软件	35455.21	35455.21	494.56	494.56	20.93	20.94	92.07	20.10
600537	亿晶光电	3658.48	3658.48	1176.36	1176.36	2.83	2.83	4.62	2.78
600538	国发股份	2349.87	2349.87	464.40	464.40	4.30	4.30	6.45	3.96
600539	ST狮头	1561.70	1561.70	230.00	230.00	6.38	6.45	8.67	5.93
600540	新赛股份	1846.02	1846.02	470.92	470.92	3.55	3.55	6.74	3.48
600543	莫高股份	1859.28	1859.28	321.12	321.12	6.53	6.53	9.20	5.38
600545	卓郎智能	11505.16	6824.67	1895.41	1124.33	7.40	7.40	8.99	5.87
600546	山煤国际	13837.54	13837.54	1982.46	1982.46	3.32	3.33	7.76	3.24
600547	山东黄金	84810.90	71649.71	2599.97	2196.50	30.25	30.06	52.00	28.37
600548	深高速	16482.61	16482.61	1433.27	1433.27	8.98	8.99	12.11	8.87
600549	厦门钨业	18334.84	18334.84	1406.05	1406.05	12.08	12.15	16.93	11.68
600550	保变电气	5671.91	4726.59	1841.53	1534.61	3.68	3.78	5.51	2.90
600551	时代出版	4147.77	4147.77	505.83	505.83	8.62	8.73	11.97	7.64
600552	凯盛科技	4491.64	4491.64	763.88	763.88	3.67	3.67	7.35	3.53
600555	海航创新	2248.79	2248.79	973.50	973.50	2.88	2.97	4.20	2.12

注：市价总值、无限售股市值、成交金额的单位为百万元，发行股本、流通股本、成交数量的单位为百万股，上年收盘、本年开盘、本年最高、本年最低的单位为元。

A 股 股票
A Share Share

本年收盘 Close	涨跌（%） Change（%）	涨跌值 Change	市盈率 P/E	市净率 P/B	换手率（%） Turnover Rate（%）	成交数量 Trading Vol	成交金额 Trading Val
4.38	8.47	0.28	35.80	1.55	173.34	74.71	370.52
27.45	-2.35	-1.02	38.09	3.21	430.09	47.51	1402.24
4.33	7.18	0.29	—	1.47	179.38	25.32	122.73
5.30	2.86	-1.54	15.75	1.28	130.59	30.10	202.62
7.81	28.67	1.74	—	1.61	536.83	22.62	200.94
4.06	17.83	0.50	8.74	0.77	363.84	33.14	153.50
3.18	4.26	0.13	257.07	1.35	473.64	75.89	311.98
9.54	109.28	4.95	55.18	3.12	311.12	11.34	86.93
10.20	2.41	0.24	332.79	5.35	426.92	6.31	74.50
10.06	14.74	0.07	4.98	2.26	350.46	47.41	545.67
9.39	0.09	-0.26	10.26	0.71	102.14	7.38	75.14
3.62	1.81	0.05	84.13	0.64	418.30	37.89	193.25
6.70	13.65	0.64	10.60	0.90	79.36	8.31	53.73
27.29	19.48	4.04	14.66	2.23	371.57	10.32	265.16
2.81	31.61	0.66	175.41	1.05	592.86	91.68	259.63
7.79	32.38	1.84	30.51	2.41	257.99	7.36	54.95
4.46	-5.31	-0.25	9.24	0.56	227.37	37.71	204.45
12.16	8.40	-4.55	5.91	2.62	600.15	126.84	2175.21
8.24	159.12	5.06	576.63	3.26	502.10	64.69	502.40
3.73	-59.27	-5.48	16.34	0.66	520.22	229.21	1627.33
1183.00	103.47	592.99	42.21	13.17	77.63	9.75	9180.66
10.81	-17.98	-2.37	339.51	3.87	343.93	5.45	73.35
17.26	56.06	6.20	212.30	5.61	338.05	41.92	648.60
8.30	2.98	0.15	12.00	1.32	366.65	112.42	1052.29
13.70	45.71	4.18	47.12	2.41	399.46	16.14	214.26
5.93	35.39	1.55	69.34	1.45	937.07	122.36	756.95
5.07	14.71	0.65	—	1.45	246.94	13.52	70.74
2.09	8.97	0.09	34.11	1.24	326.07	39.23	94.33
11.50	10.69	1.00	17.25	1.62	177.30	32.58	380.42
27.64	105.80	8.64	45.91	4.66	288.86	12.85	304.42
4.92	11.31	0.50	—	4.25	362.52	28.28	166.74
4.69	35.32	1.20	38.87	1.55	694.12	75.68	383.72
3.77	-4.31	-0.17	174.05	1.06	889.81	45.92	231.10
3.35	17.26	0.41	16.16	0.97	385.07	40.43	145.79
15.42	-18.21	-3.78	15.10	2.21	205.28	31.05	568.82
71.69	242.90	50.76	319.97	16.14	1388.24	68.66	3821.11
3.11	10.45	0.28	53.33	1.00	272.15	32.02	122.33
5.06	17.67	0.76	—	3.69	225.03	10.45	54.54
6.79	6.43	0.41	155.41	3.63	83.67	1.92	13.34
3.92	10.42	0.37	90.66	2.86	518.56	24.42	118.86
5.79	-11.33	-0.74	68.24	1.61	464.33	14.91	105.26
6.07	-16.35	-1.33	14.20	2.47	220.16	17.34	126.57
6.98	110.24	3.66	62.87	2.52	268.40	53.21	298.28
32.62	51.29	2.37	115.46	4.68	487.04	82.02	2890.04
11.50	37.27	2.52	7.29	1.44	77.03	11.04	111.54
13.04	9.17	0.96	36.74	2.53	278.95	39.22	560.04
3.08	-16.30	-0.60	—	7.20	139.44	21.40	92.48
8.20	-3.03	-0.42	12.58	0.90	96.17	4.86	45.78
5.88	60.22	2.21	104.27	1.87	711.57	54.36	306.45
2.31	-19.79	-0.57	—	2.18	400.56	38.99	119.25

A 股 A Share

股票 Share

股票代码 Code	股票简称 Stock Name	市价总值 Tot_cap	无限售股市值 Nego_cap	发行股本 Issued Vol	流通股本 Negotiable Vol	上年收盘 Last Year Close	本年开盘 Open	本年最高 High	本年最低 Low
600556	ST 慧球	4792. 80	4792. 80	394. 79	394. 79	6. 22	6. 40	12. 21	5. 67
600557	康缘药业	8739. 07	8474. 96	592. 88	574. 96	10. 28	10. 08	18. 66	9. 09
600558	大西洋	2926. 19	2926. 19	897. 60	897. 60	3. 16	3. 18	4. 75	2. 96
600559	老白干酒	10085. 51	9269. 49	897. 29	824. 69	12. 36	12. 45	20. 86	10. 84
600560	金自天正	1945. 72	1945. 72	223. 65	223. 65	8. 08	8. 00	11. 49	7. 63
600561	江西长运	1384. 45	1384. 45	237. 06	237. 06	5. 44	5. 43	8. 16	5. 16
600562	国睿科技	8924. 51	8924. 51	622. 35	622. 35	12. 87	12. 98	19. 96	12. 57
600563	法拉电子	11126. 25	11126. 25	225. 00	225. 00	42. 14	42. 11	51. 91	37. 58
600565	迪马股份	8720. 80	8480. 22	2435. 98	2368. 78	2. 60	2. 61	5. 38	2. 58
600566	济川药业	19704. 82	19704. 82	814. 92	814. 92	33. 53	33. 58	39. 08	21. 33
600567	山鹰纸业	17284. 36	17284. 36	4584. 71	4584. 71	3. 12	3. 11	4. 40	3. 00
600568	中珠医疗	3487. 52	2920. 87	1992. 87	1669. 07	2. 28	2. 30	3. 75	1. 53
600569	安阳钢铁	7324. 67	6103. 90	2872. 42	2393. 68	3. 03	3. 04	4. 10	2. 16
600570	恒生电子	62428. 60	62428. 60	803. 15	803. 15	51. 98	51. 75	105. 19	50. 00
600571	信雅达	4190. 14	4108. 49	439. 68	431. 11	6. 30	6. 31	13. 99	6. 26
600572	康恩贝	16404. 02	16362. 56	2667. 32	2660. 58	5. 93	5. 93	11. 28	5. 62
600573	惠泉啤酒	1660. 00	1660. 00	250. 00	250. 00	6. 29	6. 33	9. 98	6. 01
600575	淮河能源	9987. 69	9987. 69	3886. 26	3886. 26	2. 13	2. 13	3. 43	2. 06
600576	祥源文化	3028. 88	2571. 54	619. 40	525. 88	4. 20	4. 20	6. 27	3. 88
600577	精达股份	5245. 44	5245. 44	1921. 41	1921. 41	2. 97	2. 97	4. 15	2. 57
600578	京能电力	21049. 81	16645. 28	6746. 73	5335. 02	2. 93	2. 96	3. 55	2. 82
600579	克劳斯	5874. 59	2729. 48	883. 40	410. 45	8. 24	8. 34	12. 63	6. 21
600580	卧龙电驱	15543. 78	15513. 06	1293. 16	1290. 60	6. 30	6. 33	12. 50	6. 26
600581	八一钢铁	5457. 12	5457. 12	1532. 90	1532. 90	3. 56	3. 57	5. 54	2. 92
600582	天地科技	13202. 10	13202. 10	4138. 59	4138. 59	3. 42	3. 42	4. 50	2. 98
600583	海油工程	32629. 60	32629. 60	4421. 35	4421. 35	4. 90	4. 92	7. 45	4. 81
600584	长电科技	35231. 18	22769. 41	1602. 87	1035. 91	8. 24	8. 29	24. 65	8. 04
600585	海螺水泥	219183. 70	219183. 70	3999. 70	3999. 70	29. 28	29. 30	55. 32	27. 23
600586	金晶科技	4114. 86	4114. 86	1428. 77	1428. 77	2. 83	2. 83	3. 83	2. 69
600587	新华医疗	5803. 79	5761. 50	406. 43	403. 47	13. 06	12. 94	19. 98	11. 61
600588	用友网络	71110. 71	70791. 92	2503. 90	2492. 67	21. 30	21. 46	40. 38	20. 80
600589	广东榕泰	3829. 94	3829. 94	704. 03	704. 03	4. 08	4. 03	6. 97	3. 90
600590	泰豪科技	5041. 86	4913. 10	866. 30	844. 18	5. 39	5. 39	8. 69	5. 29
600592	龙溪股份	6189. 08	6189. 08	399. 55	399. 55	5. 36	5. 37	19. 20	5. 33
600593	大连圣亚	5597. 65	5597. 65	128. 80	128. 80	26. 49	26. 46	45. 60	25. 61
600594	益佰制药	3943. 80	3943. 80	791. 93	791. 93	5. 52	5. 52	8. 35	4. 55
600595	*ST 中孚	4314. 69	3831. 39	1961. 22	1741. 54	1. 94	1. 94	3. 50	1. 27
600596	新安股份	6940. 00	6837. 13	705. 28	694. 83	10. 69	10. 70	16. 81	8. 74
600597	光明乳业	15538. 75	15536. 39	1224. 49	1224. 30	8. 36	8. 40	12. 77	8. 13
600598	北大荒	17314. 60	17314. 60	1777. 68	1777. 68	8. 56	8. 59	12. 63	8. 06
600599	熊猫金控	1746. 32	1746. 32	166. 00	166. 00	10. 11	10. 17	18. 81	8. 58
600600	青岛啤酒	35491. 59	35491. 59	695. 91	695. 91	34. 86	34. 91	56. 40	32. 19
600601	方正科技	8033. 30	8033. 30	2194. 89	2194. 89	2. 52	2. 53	4. 44	2. 51
600602	云赛智联	8852. 26	8515. 75	1074. 30	1033. 46	4. 98	5. 03	11. 60	4. 93
600603	广汇物流	6211. 10	2526. 61	1254. 77	510. 43	4. 08	4. 14	6. 05	3. 82
600604	市北高新	12470. 05	12470. 05	1407. 45	1407. 45	7. 71	7. 77	20. 27	6. 23
600605	汇通能源	1639. 95	1639. 95	147. 34	147. 34	9. 73	10. 70	12. 78	9. 05
600606	绿地控股	84568. 67	84568. 67	12168. 15	12168. 15	6. 11	6. 13	8. 30	5. 98
600608	ST 沪科	1493. 03	1445. 41	328. 86	318. 37	4. 15	4. 16	5. 76	3. 90
600609	金杯汽车	4326. 96	4326. 96	1092. 67	1092. 67	3. 10	3. 13	5. 55	2. 98

注：市价总值、无限售股市值、成交金额的单位为百万元，发行股本、流通股本、成交数量的单位为百万股，上年收盘、本年开盘、本年最高、本年最低的单位为元。

A 股
A Share

股票
Share

本年收盘 Close	涨跌（%） Change（%）	涨跌值 Change	市盈率 P/E	市净率 P/B	换手率（%） Turnover Rate（%）	成交数量 Trading Vol	成交金额 Trading Val
12. 14	95. 18	5. 92	—	118. 43	270. 43	10. 68	86. 36
14. 74	44. 23	4. 46	20. 26	2. 32	209. 32	12. 19	177. 08
3. 26	3. 73	0. 10	47. 11	1. 52	211. 86	19. 02	71. 81
11. 24	19. 81	-1. 12	28. 79	3. 67	443. 17	32. 51	451. 80
8. 70	8. 02	0. 62	92. 62	2. 57	516. 17	11. 54	109. 80
5. 84	7. 84	0. 40	55. 04	0. 98	270. 87	6. 42	41. 69
14. 34	11. 57	1. 47	236. 09	5. 03	211. 42	12. 90	206. 16
49. 45	21. 06	7. 31	24. 62	4. 53	209. 35	4. 71	205. 75
3. 58	47. 81	0. 98	8. 58	1. 05	231. 13	54. 75	209. 72
24. 18	-25. 19	-9. 35	11. 67	3. 61	185. 42	15. 11	469. 47
3. 77	20. 83	0. 65	5. 39	1. 31	230. 43	105. 63	379. 67
1. 75	-23. 25	-0. 53	—	0. 86	815. 47	136. 11	335. 41
2. 55	-13. 09	-0. 48	3. 95	0. 88	227. 04	54. 35	173. 79
77. 73	95. 14	25. 75	96. 73	19. 62	610. 21	43. 81	3345. 51
9. 53	57. 24	3. 23	152. 46	3. 98	869. 86	37. 50	377. 62
6. 15	5. 91	0. 22	20. 41	2. 90	678. 63	180. 52	1457. 55
6. 64	5. 96	0. 35	89. 74	1. 47	218. 46	5. 46	41. 36
2. 57	20. 66	0. 44	24. 01	1. 15	192. 31	68. 30	193. 33
4. 89	16. 43	0. 69	212. 33	1. 62	272. 75	14. 34	71. 51
2. 73	-6. 87	-0. 24	11. 99	1. 65	218. 74	42. 05	137. 15
3. 12	9. 19	0. 19	23. 61	0. 92	31. 22	16. 66	53. 30
6. 65	-19. 30	-1. 59	30. 80	1. 04	222. 55	9. 14	85. 80
12. 02	94. 05	5. 72	24. 41	2. 57	254. 08	32. 67	305. 79
3. 56	0. 00	0. 00	7. 79	1. 35	508. 30	77. 92	323. 54
3. 19	-5. 41	-0. 23	13. 73	0. 84	114. 68	47. 46	172. 75
7. 38	51. 95	2. 48	409. 09	1. 43	89. 99	39. 79	237. 19
21. 98	166. 75	13. 74	—	2. 87	1311. 42	135. 85	2131. 36
54. 80	95. 25	25. 52	9. 74	2. 58	149. 70	59. 88	2383. 81
2. 88	3. 82	0. 05	52. 49	0. 97	196. 94	28. 31	91. 37
14. 28	9. 62	1. 22	254. 73	1. 76	359. 94	14. 52	234. 32
28. 40	74. 88	7. 10	116. 17	10. 82	246. 92	54. 77	1623. 81
5. 44	33. 90	1. 36	24. 92	1. 20	470. 77	31. 50	169. 86
5. 82	7. 98	0. 43	19. 23	1. 26	309. 07	25. 67	170. 98
15. 49	191. 51	10. 13	70. 53	3. 37	533. 37	21. 31	241. 77
43. 46	64. 06	16. 97	97. 09	11. 09	209. 11	2. 69	99. 77
4. 98	-9. 78	-0. 54	—	1. 13	360. 35	28. 54	170. 65
2. 20	13. 40	0. 26	—	1. 31	288. 76	50. 29	118. 92
9. 84	-3. 49	-0. 85	5. 63	1. 23	694. 66	47. 87	580. 05
12. 69	53. 28	4. 33	45. 47	2. 91	221. 08	27. 07	287. 88
9. 74	17. 92	1. 18	17. 73	2. 66	382. 50	68. 00	695. 33
10. 52	4. 06	0. 41	—	2. 60	912. 07	15. 14	197. 53
51. 00	47. 93	16. 14	48. 45	3. 83	238. 97	16. 63	780. 88
3. 66	45. 70	1. 14	145. 82	2. 49	250. 58	55. 00	199. 90
8. 24	66. 75	3. 26	41. 40	2. 82	269. 84	27. 89	232. 42
4. 95	29. 07	0. 87	11. 28	0. 97	322. 44	16. 32	82. 33
8. 86	15. 08	1. 15	69. 85	2. 72	1306. 05	175. 47	2093. 99
11. 13	14. 80	1. 40	92. 20	2. 36	271. 26	4. 00	44. 26
6. 95	18. 93	0. 84	7. 43	1. 21	76. 30	92. 84	660. 24
4. 54	9. 40	0. 39	—	26. 53	163. 08	5. 19	24. 33
3. 96	27. 74	0. 86	53. 58	12. 16	186. 82	20. 41	83. 64

A 股 股票
A Share Share

股票代码 Code	股票简称 Stock Name	市价总值 Tot_cap	无限售股市值 Nego_cap	发行股本 Issued Vol	流通股本 Negotiable Vol	上年收盘 Last Year Close	本年开盘 Open	本年最高 High	本年最低 Low
600610	*ST 毅达	2317.58	1224.37	710.91	375.57	1.72	1.81	4.77	1.69
600611	大众交通	6347.06	6347.06	1563.32	1563.32	3.99	4.01	5.55	3.86
600612	老凤祥	15097.59	15097.59	317.11	317.11	45.00	44.52	56.19	39.20
600613	神奇制药	3460.69	3460.69	479.32	479.32	4.91	4.92	11.01	4.70
600614	*ST 鹏起	2463.72	2463.72	1511.49	1511.49	3.59	3.85	8.87	0.81
600615	丰华股份	2150.95	2146.42	188.02	187.62	10.48	10.43	15.80	6.60
600616	金枫酒业	2598.83	2598.83	514.62	514.62	4.76	4.77	6.64	4.36
600617	国新能源	4650.34	4650.34	974.91	974.91	4.85	4.82	6.70	4.50
600618	氯碱化工	5541.32	5541.32	749.84	749.84	6.49	6.50	11.13	6.41
600619	海立股份	4942.83	4802.66	599.13	582.14	8.47	8.46	12.27	7.76
600620	天宸股份	4442.80	4442.80	686.68	686.68	5.40	5.45	11.23	5.16
600621	华鑫股份	16242.37	8194.68	1060.90	535.25	8.78	8.67	17.48	7.70
600622	光大嘉宝	5848.77	5848.77	1499.69	1499.69	5.67	5.66	10.40	3.57
600623	华谊集团	12383.61	12383.61	1862.20	1862.20	8.08	8.15	11.40	6.39
600624	复旦复华	6634.86	6634.86	684.71	684.71	6.05	6.02	16.09	4.97
600626	申达股份	5096.70	4832.78	852.29	808.16	4.94	4.95	9.46	4.67
600628	新世界	6093.57	6093.57	646.88	646.88	6.34	6.34	10.37	6.21
600629	华建集团	4641.79	3888.33	534.15	447.45	11.27	11.34	14.80	8.20
600630	龙头股份	3224.70	3224.70	424.86	424.86	6.91	6.96	11.27	6.24
600633	浙数文化	11912.60	11912.60	1301.92	1301.92	8.15	8.22	12.42	7.45
600634	*ST 富控	903.90	903.90	575.73	575.73	2.55	2.61	3.76	1.21
600635	大众公用	11876.27	11876.27	2418.79	2418.79	4.69	4.66	8.72	4.07
600636	三爱富	4540.88	4540.88	446.94	446.94	10.79	10.84	17.51	8.95
600637	东方明珠	31959.72	31959.72	3414.50	3414.50	10.24	10.28	13.65	8.54
600638	新黄浦	4727.25	4727.25	673.40	673.40	8.52	8.51	12.27	6.78
600639	浦东金桥	11478.20	11478.20	850.24	850.24	11.26	11.45	17.97	10.88
600640	号百控股	20536.91	15212.41	795.70	589.40	9.81	9.85	30.02	9.58
600641	万业企业	15155.78	15155.78	806.16	806.16	9.08	9.10	20.20	9.01
600642	申能股份	28538.94	26447.34	4912.04	4552.04	4.88	4.90	6.26	4.88
600643	爱建集团	15570.46	13766.96	1621.92	1434.06	8.49	8.51	13.96	8.08
600644	乐山电力	3009.66	3009.66	538.40	538.40	4.49	4.50	8.69	4.45
600645	中源协和	7922.73	6497.30	467.97	383.77	16.24	16.49	23.97	15.68
600647	同达创业	1899.31	1899.31	139.14	139.14	11.88	11.88	22.98	11.73
600648	外高桥	16237.33	16237.33	934.79	934.79	13.74	13.72	27.30	12.80
600649	城投控股	14469.17	13846.93	2529.58	2420.79	5.47	5.48	8.81	5.20
600650	锦江投资	3964.18	3964.18	390.56	390.56	9.45	9.45	14.45	9.22
600651	飞乐音响	4354.67	4354.67	985.22	985.22	3.23	3.23	7.54	2.57
600652	*ST 游久	1931.87	1931.87	832.70	832.70	4.47	4.42	5.76	1.68
600653	申华控股	3970.62	3970.62	1946.38	1946.38	1.89	1.89	3.05	1.83
600654	*ST 中安	2437.74	1434.58	1283.02	755.04	2.00	2.01	2.71	1.11
600655	豫园股份	30448.69	12567.51	3883.76	1603.00	7.40	7.40	10.44	7.21
600657	信达地产	11379.00	6081.80	2851.88	1524.26	3.93	3.93	5.90	3.56
600658	电子城	5906.13	5906.13	1118.59	1118.59	6.11	6.08	7.48	4.05
600660	福耀玻璃	48051.64	48051.64	2002.99	2002.99	22.78	22.78	27.88	20.63
600661	昂立教育	4920.04	4448.34	286.55	259.08	19.56	19.47	24.18	16.90
600662	强生控股	4782.26	4782.26	1053.36	1053.36	4.14	4.16	7.00	4.12
600663	陆家嘴	39631.06	39631.06	2933.46	2933.46	12.99	12.98	20.88	12.56
600664	哈药股份	9501.60	9501.36	2507.02	2506.96	3.95	3.96	6.80	3.47
600665	天地源	3197.25	3197.25	864.12	864.12	3.44	3.45	4.76	3.30
600666	*ST 瑞德	2700.12	1768.04	1227.33	803.66	3.03	3.04	6.13	1.17

注：市价总值、无限售股市值、成交金额的单位为百万元，发行股本、流通股本、成交数量的单位为百万股，上年收盘、本年开盘、本年最高、本年最低的单位为元。

A 股
A Share

股票
Share

本年收盘 Close	涨跌（%） Change（%）	涨跌值 Change	市盈率 P/E	市净率 P/B	换手率（%） Turnover Rate（%）	成交数量 Trading Vol	成交金额 Trading Val
3. 26	89. 53	1. 54	—	—	197. 93	7. 43	23. 24
4. 06	4. 59	0. 07	10. 89	1. 11	192. 59	30. 11	139. 96
47. 61	7. 93	2. 61	20. 68	4. 02	169. 81	5. 38	251. 36
7. 22	47. 05	2. 31	36. 35	1. 52	389. 49	18. 67	146. 89
1. 63	-54. 60	-1. 96	—	2. 63	777. 02	117. 45	563. 81
11. 44	9. 16	0. 96	230. 51	3. 59	504. 97	9. 47	95. 49
5. 05	6. 09	0. 29	—	1. 34	227. 72	11. 72	66. 79
4. 77	-1. 30	-0. 08	113. 11	1. 37	121. 99	11. 89	65. 96
7. 39	15. 57	0. 90	8. 12	2. 18	164. 39	12. 33	102. 80
8. 25	-0. 96	-0. 22	23. 44	1. 67	124. 55	7. 25	69. 06
6. 47	20. 31	1. 07	65. 67	1. 95	254. 17	17. 45	134. 84
15. 31	74. 51	6. 53	743. 56	2. 62	1460. 47	78. 17	1077. 83
3. 90	-8. 29	-1. 77	6. 64	0. 96	236. 64	30. 51	181. 79
6. 65	-14. 94	-1. 43	7. 75	0. 77	114. 10	21. 29	180. 17
9. 69	60. 52	3. 64	155. 06	5. 78	1519. 59	104. 05	1151. 60
5. 98	21. 94	1. 04	40. 71	1. 55	470. 33	33. 43	235. 93
9. 42	51. 20	3. 08	22. 33	1. 37	140. 16	7. 79	60. 88
8. 69	-6. 09	-2. 58	17. 61	1. 72	75. 06	3. 00	33. 98
7. 59	9. 84	0. 68	85. 60	1. 78	459. 69	19. 53	163. 04
9. 15	13. 25	1. 00	24. 90	1. 53	218. 72	28. 24	275. 83
1. 57	-38. 43	-0. 98	—	—	343. 73	19. 79	47. 04
4. 91	5. 92	0. 22	30. 30	1. 94	728. 55	176. 22	1110. 00
10. 16	-2. 73	-0. 63	8. 36	1. 48	254. 90	11. 39	142. 29
9. 36	-6. 13	-0. 88	15. 86	1. 13	104. 80	35. 78	396. 71
7. 02	-14. 78	-1. 50	8. 26	1. 03	139. 72	9. 41	87. 25
13. 50	22. 30	2. 24	15. 51	1. 71	106. 45	9. 05	134. 46
25. 81	165. 19	16. 00	78. 30	4. 59	463. 02	27. 29	432. 80
18. 80	110. 48	9. 72	15. 59	2. 45	227. 29	18. 32	239. 58
5. 81	23. 23	0. 93	15. 63	1. 10	58. 75	26. 74	152. 59
9. 60	14. 54	1. 11	13. 45	1. 62	287. 55	41. 24	436. 67
5. 59	24. 50	1. 10	37. 20	2. 22	174. 79	9. 41	58. 65
16. 93	4. 25	0. 69	133. 71	2. 86	358. 55	13. 76	265. 97
13. 65	14. 90	1. 77	—	7. 06	364. 70	5. 07	87. 11
17. 37	27. 81	3. 63	23. 75	1. 94	197. 40	18. 45	376. 49
5. 72	5. 50	0. 25	14. 07	0. 77	112. 26	27. 18	188. 41
10. 15	9. 65	0. 70	20. 96	1. 73	193. 17	7. 51	88. 20
4. 42	36. 84	1. 19	—	92. 14	567. 61	55. 92	255. 77
2. 32	-48. 10	-2. 15	—	2. 37	440. 52	36. 68	131. 29
2. 04	7. 94	0. 15	11. 64	1. 85	274. 50	49. 48	118. 55
1. 90	-5. 00	-0. 10	—	11. 36	330. 81	24. 98	47. 58
7. 84	9. 54	0. 44	10. 08	1. 06	160. 90	24. 10	204. 30
3. 99	4. 51	0. 06	5. 29	0. 57	137. 23	20. 92	93. 48
5. 28	-11. 28	-0. 83	14. 41	0. 90	128. 26	14. 35	80. 44
23. 99	8. 88	1. 21	14. 61	2. 98	148. 36	29. 72	693. 32
17. 17	-12. 22	-2. 39	—	3. 87	75. 62	1. 96	40. 61
4. 54	10. 52	0. 40	73. 87	1. 47	310. 01	32. 66	174. 85
13. 51	28. 40	0. 52	16. 27	3. 39	43. 09	11. 25	181. 45
3. 79	-4. 05	-0. 16	27. 45	1. 62	310. 09	77. 74	389. 69
3. 70	11. 57	0. 26	7. 61	0. 94	101. 60	8. 78	35. 28
2. 20	-27. 39	-0. 83	—	4. 00	1106. 78	88. 95	271. 35

A 股
A Share

股票
Share

股票代码 Code	股票简称 Stock Name	市价总值 Tot_cap	无限售股市值 Nego_cap	发行股本 Issued Vol	流通股本 Negotiable Vol	上年收盘 Last Year Close	本年开盘 Open	本年最高 High	本年最低 Low
600667	太极实业	17081.20	13716.69	2106.19	1691.33	5.11	5.12	8.86	5.01
600668	尖峰集团	5436.52	5436.52	344.08	344.08	11.80	11.81	16.27	11.11
600671	天目药业	1500.32	1499.60	121.78	121.72	16.00	16.01	27.92	11.40
600673	东阳光	30862.31	25179.40	3013.90	2458.93	7.28	7.21	10.53	7.01
600674	川投能源	43361.08	43361.08	4402.14	4402.14	8.67	8.67	10.25	8.25
600675	中华企业	28347.03	10418.19	6096.14	2240.47	5.58	5.55	6.95	4.28
600676	交运股份	4443.09	4443.09	1028.49	1028.49	4.31	4.34	6.55	4.08
600677	航天通信	4550.02	3957.35	521.79	453.82	9.47	9.49	20.89	6.41
600678	四川金顶	2725.61	2725.61	348.99	348.99	5.61	5.64	8.75	4.51
600679	上海凤凰	2845.59	2845.59	230.60	230.60	10.11	10.12	18.67	8.88
600681	百川能源	9810.63	9536.26	1442.74	1402.39	11.84	11.84	15.09	6.70
600682	南京新百	13609.40	10131.80	1346.13	1002.16	8.78	8.80	16.99	8.23
600683	京投发展	3355.72	3355.72	740.78	740.78	4.17	4.23	6.17	3.78
600684	珠江实业	3234.62	3234.62	853.46	853.46	4.35	4.35	5.63	3.39
600685	中船防务	12116.17	12116.17	821.44	821.44	9.56	9.56	21.51	9.27
600686	金龙汽车	4259.30	4259.30	606.74	606.74	6.85	6.89	12.04	6.49
600687	*ST 刚泰	2590.36	2590.36	1488.72	1488.72	4.15	4.17	5.57	1.50
600688	上海石化	28362.51	28362.51	7328.81	7328.81	4.99	5.00	5.86	3.70
600689	上海三毛	1491.60	1491.60	152.20	152.20	10.37	10.50	14.22	8.03
600690	海尔智家	123016.78	123016.78	6308.55	6308.55	13.85	13.94	19.98	13.15
600691	阳煤化工	4989.56	3688.42	2375.98	1756.39	2.44	2.44	3.99	1.92
600692	亚通股份	2247.77	1629.52	351.76	255.01	7.07	7.00	9.76	5.90
600693	东百集团	4697.74	4692.60	898.23	897.25	5.25	5.24	6.38	5.00
600694	大商股份	8044.95	8044.95	293.72	293.72	24.19	24.26	33.02	24.10
600695	绿庭投资	3213.92	3213.92	366.47	366.47	5.33	5.32	10.90	4.10
600696	ST 岩石	4301.28	4301.28	334.47	334.47	4.90	4.95	15.04	4.86
600697	欧亚集团	2823.81	2754.02	159.09	155.16	18.39	18.35	23.60	16.20
600698	*ST 天雁	2436.48	2153.72	834.41	737.58	4.15	4.17	4.90	2.39
600699	均胜电子	22147.01	22147.01	1237.26	1237.26	23.36	23.35	29.96	13.52
600701	*ST 工新	1862.52	1396.58	1034.74	775.88	2.30	2.28	3.13	1.55
600702	舍得酒业	10114.48	9888.87	337.04	329.52	22.82	23.02	35.00	21.20
600703	三安光电	74879.88	74879.88	4078.42	4078.42	11.31	11.31	20.40	8.97
600704	物产中大	26576.46	22610.08	5062.18	4306.68	4.58	4.60	6.55	4.48
600705	中航资本	43535.18	43535.18	8976.33	8976.33	4.24	4.26	7.12	4.16
600706	曲江文旅	1902.08	1885.12	215.41	213.49	10.17	10.30	15.00	8.14
600707	彩虹股份	15071.24	5409.46	3588.39	1287.97	4.13	4.12	7.24	3.47
600708	光明地产	7844.80	7832.98	2228.64	2225.28	3.49	3.50	6.72	3.18
600710	苏美达	7252.46	5567.92	1306.75	1003.23	3.69	3.70	8.88	3.66
600711	盛屯矿业	12209.50	8039.98	2308.03	1519.84	4.57	4.60	7.23	4.49
600712	南宁百货	5272.26	5211.44	544.66	538.37	3.66	3.67	11.30	3.47
600713	南京医药	4874.74	4199.95	1041.61	897.43	4.26	4.26	5.53	3.94
600714	金瑞矿业	1674.30	1674.30	288.18	288.18	5.76	5.73	8.20	5.16
600715	文投控股	6584.73	4558.91	1854.85	1284.20	4.50	4.55	6.03	3.12
600716	凤凰股份	3903.37	3903.37	936.06	936.06	3.20	3.21	6.35	3.16
600717	天津港	12621.06	12621.06	2009.72	2009.72	7.07	7.11	9.84	5.80
600718	东软集团	14100.90	14100.90	1242.37	1242.37	11.55	11.04	17.30	9.82
600719	大连热电	1869.25	1869.25	404.60	404.60	3.81	3.81	7.15	3.81
600720	祁连山	9742.44	9740.84	776.29	776.16	6.45	6.49	12.73	6.24
600721	*ST 百花	2562.47	1958.53	400.39	306.02	5.25	5.36	7.53	4.46
600722	金牛化工	3224.72	3224.72	680.32	680.32	4.56	4.61	8.50	4.40

注：市价总值、无限售股市值、成交金额的单位为百万元，发行股本、流通股本、成交数量的单位为百万股，上年收盘、本年开盘、本年最高、本年最低的单位为元。

A 股
A Share

股票
Share

本年收盘 Close	涨跌（%） Change（%）	涨跌值 Change	市盈率 P/E	市净率 P/B	换手率（%） Turnover Rate（%）	成交数量 Trading Vol	成交金额 Trading Val
8. 11	61. 91	3. 00	29. 81	2. 65	841. 00	104. 83	781. 86
15. 80	37. 10	4. 00	9. 24	1. 72	593. 34	20. 42	285. 00
12. 32	-23. 00	-3. 68	—	25. 77	913. 74	11. 12	174. 88
10. 24	41. 87	2. 96	28. 30	4. 54	178. 34	43. 85	374. 62
9. 85	17. 47	1. 18	12. 15	1. 75	58. 15	25. 60	239. 33
4. 65	2. 72	-0. 93	10. 93	2. 06	69. 81	14. 19	78. 42
4. 32	2. 24	0. 01	13. 62	0. 76	179. 21	17. 31	90. 12
8. 72	-7. 17	-0. 75	21. 68	1. 33	2133. 04	93. 33	1317. 23
7. 81	39. 22	2. 20	86. 02	39. 70	1099. 83	38. 38	250. 85
12. 34	22. 06	2. 23	245. 96	3. 71	376. 45	8. 68	119. 82
6. 80	-17. 22	-5. 04	9. 75	2. 19	206. 88	14. 50	142. 72
10. 11	15. 15	1. 33	—	1. 03	416. 24	41. 65	508. 05
4. 53	13. 39	0. 36	9. 38	1. 31	106. 85	7. 92	38. 68
3. 79	-12. 00	-0. 56	13. 18	1. 04	314. 44	26. 84	123. 59
14. 75	54. 29	5. 19	—	2. 14	338. 83	27. 83	453. 84
7. 02	2. 88	0. 17	26. 81	1. 13	302. 45	18. 35	157. 35
1. 74	-58. 07	-2. 41	—	0. 53	349. 09	51. 13	188. 59
3. 87	-18. 49	-1. 12	7. 94	1. 38	31. 88	23. 37	114. 85
9. 80	-5. 33	-0. 57	183. 28	4. 28	1109. 71	16. 89	189. 59
19. 50	44. 07	5. 65	17. 24	3. 26	145. 23	88. 74	1487. 07
2. 10	-13. 93	-0. 34	38. 75	0. 84	298. 37	52. 41	148. 69
6. 39	-9. 62	-0. 68	52. 24	3. 03	478. 68	12. 21	94. 74
5. 23	-0. 38	-0. 02	17. 93	2. 03	104. 12	9. 34	51. 07
27. 39	13. 23	3. 20	8. 14	1. 00	168. 33	4. 94	137. 95
8. 77	64. 54	3. 44	95. 92	9. 52	1541. 15	56. 48	388. 23
12. 86	162. 45	7. 96	223. 81	14. 53	177. 49	6. 01	49. 87
17. 75	-1. 44	-0. 64	10. 87	0. 91	147. 18	2. 28	43. 61
2. 92	-29. 64	-1. 23	—	6. 36	384. 02	28. 31	102. 60
17. 90	4. 94	-5. 46	16. 80	1. 78	240. 51	26. 83	528. 53
1. 80	-21. 74	-0. 50	—	—	401. 96	31. 19	77. 91
30. 01	32. 00	7. 19	29. 59	4. 02	796. 43	26. 36	748. 64
18. 36	65. 33	7. 05	26. 46	3. 52	628. 49	256. 32	3518. 53
5. 25	19. 86	0. 67	11. 09	1. 11	93. 17	40. 12	221. 37
4. 85	15. 33	0. 61	13. 75	1. 57	139. 16	124. 91	700. 09
8. 83	4. 59	-1. 34	25. 00	1. 86	288. 41	5. 41	62. 19
4. 20	1. 69	0. 07	246. 91	0. 74	309. 66	39. 88	209. 14
3. 52	4. 98	0. 03	5. 53	0. 62	245. 57	54. 65	270. 28
5. 55	53. 20	1. 86	15. 92	1. 64	851. 23	55. 36	326. 76
5. 29	16. 22	0. 72	29. 05	1. 63	796. 59	119. 68	681. 36
9. 68	164. 48	6. 02	—	5. 18	575. 26	30. 96	232. 23
4. 68	12. 31	0. 42	18. 44	1. 33	135. 45	12. 16	57. 07
5. 81	0. 87	0. 05	73. 64	2. 68	190. 25	5. 48	36. 03
3. 55	-21. 11	-0. 95	—	1. 04	231. 12	29. 68	129. 01
4. 17	33. 53	0. 97	6. 92	0. 82	266. 90	24. 46	112. 28
6. 28	8. 06	-0. 79	21. 02	0. 80	102. 39	18. 11	140. 01
11. 35	-1. 73	-0. 20	128. 06	1. 59	283. 03	35. 16	459. 70
4. 62	21. 26	0. 81	690. 58	2. 57	215. 82	8. 73	46. 46
12. 55	101. 69	6. 10	14. 88	1. 69	669. 63	51. 97	474. 69
6. 40	21. 90	1. 15	—	2. 80	333. 55	10. 18	61. 88
4. 74	3. 95	0. 18	55. 26	3. 31	503. 20	34. 23	207. 30

A 股 A Share

股票 Share

股票代码 Code	股票简称 Stock Name	市价总值 Tot_cap	无限售股市值 Nego_cap	发行股本 Issued Vol	流通股本 Negotiable Vol	上年收盘 Last Year Close	本年开盘 Open	本年最高 High	本年最低 Low
600723	首商股份	4029.45	4027.39	658.41	658.07	6.21	6.19	7.58	5.77
600724	宁波富达	5448.56	5447.43	1445.24	1444.94	3.31	3.31	4.53	3.25
600725	ST 云维	3216.75	3216.75	1232.47	1232.47	2.35	2.35	3.89	2.26
600726	*ST 华源	2716.38	2716.38	1534.68	1534.68	2.31	2.31	2.88	1.60
600727	鲁北化工	2488.50	2488.07	350.99	350.93	5.49	5.50	8.67	5.37
600728	佳都科技	15672.24	15356.33	1670.81	1637.14	6.89	6.82	13.63	6.49
600729	重庆百货	12134.87	12131.83	406.53	406.43	28.30	28.21	39.49	25.73
600730	中国高科	2909.81	2909.81	586.66	586.66	4.88	4.85	8.37	4.20
600731	湖南海利	2564.71	2358.44	355.22	326.65	4.22	4.28	7.76	4.22
600732	ST 爱旭	14254.83	3477.32	1829.89	446.38	4.52	4.56	9.22	4.51
600733	北汽蓝谷	20402.97	9848.24	3493.66	1686.34	7.96	8.01	12.21	5.02
600734	实达集团	4225.91	3525.32	622.37	519.19	6.28	6.28	13.11	6.18
600735	新华锦	2496.59	2496.59	375.99	375.99	5.16	5.23	9.95	4.81
600736	苏州高新	6712.04	6712.04	1151.29	1151.29	5.26	5.28	9.76	5.03
600737	中粮糖业	18094.66	17358.87	2138.85	2051.88	7.36	7.33	11.98	6.77
600738	兰州民百	3820.91	2033.44	773.46	411.63	5.70	5.56	11.26	4.52
600739	辽宁成大	23297.48	23297.48	1529.71	1529.71	10.46	10.58	15.89	9.86
600740	山西焦化	11309.72	4899.97	1516.05	656.83	8.01	8.05	11.10	6.30
600741	华域汽车	81939.30	81939.30	3152.72	3152.72	18.40	18.45	26.77	17.01
600742	一汽富维	6137.56	6137.56	507.66	507.66	9.98	9.87	15.80	9.84
600743	华远地产	5841.79	5841.79	2346.10	2346.10	2.42	2.44	3.41	2.14
600744	华银电力	4559.68	2118.74	1781.12	827.63	2.61	2.59	4.19	2.33
600745	闻泰科技	103973.12	58947.14	1124.03	637.27	21.13	21.45	110.00	17.71
600746	江苏索普	2209.30	2196.61	306.42	304.66	5.74	5.73	9.08	5.62
600747	退市大控	424.66	308.66	1464.33	1064.33	0.29	1.30	0.29	0.29
600748	上实发展	10956.70	10956.70	1844.56	1844.56	5.34	5.37	12.98	5.02
600749	西藏旅游	2151.63	2151.63	226.97	226.97	9.38	9.27	14.86	8.86
600750	江中药业	6578.25	6578.25	525.00	525.00	16.93	16.91	20.39	11.30
600751	海航科技	7539.44	7539.44	2573.19	2573.19	2.71	2.70	5.01	2.38
600753	东方银星	1991.68	1991.68	128.00	128.00	14.68	14.82	20.78	14.62
600754	锦江酒店	23023.60	23023.60	801.94	801.94	21.30	21.26	31.55	19.41
600755	厦门国贸	13579.52	13579.52	1850.07	1850.07	6.98	6.99	9.85	6.72
600756	浪潮软件	6702.36	6702.36	324.10	324.10	15.29	15.25	33.88	14.75
600757	长江传媒	7476.09	7475.14	1213.65	1213.50	6.52	6.55	8.27	5.77
600758	红阳能源	5737.56	3409.91	1322.02	785.69	3.25	3.26	8.69	3.18
600759	洲际油气	6269.92	6255.17	2263.51	2258.18	2.36	2.36	5.49	2.30
600760	中航沈飞	44252.30	12593.30	1400.39	398.52	27.71	27.68	38.22	27.19
600761	安徽合力	7201.96	7201.96	740.18	740.18	8.75	8.75	12.82	8.40
600763	通策医疗	32875.22	32875.22	320.64	320.64	47.47	47.12	118.30	44.52
600764	中国海防	17977.28	9356.67	631.67	328.77	23.84	23.84	36.73	22.75
600765	中航重机	9550.77	7958.97	933.60	778.00	7.44	7.48	12.19	7.44
600766	园城黄金	1670.49	1668.29	224.23	223.93	7.96	7.85	11.65	6.47
600767	ST 运盛	1626.62	1626.14	341.01	340.91	4.73	4.73	7.39	4.22
600768	宁波富邦	1638.40	1638.40	133.75	133.75	9.63	9.52	15.90	9.38
600769	祥龙电业	2081.12	2081.12	374.98	374.98	3.90	3.92	7.15	3.84
600770	综艺股份	7007.00	7007.00	1300.00	1300.00	4.71	4.71	8.12	4.63
600771	广誉远	8344.31	8344.31	492.00	492.00	28.87	27.70	37.58	13.92
600773	西藏城投	4754.03	4327.41	819.66	746.10	6.00	6.00	9.27	5.22
600774	汉商集团	2532.74	2530.62	226.95	226.76	14.17	13.99	15.50	9.81
600775	南京熊猫	6825.88	6825.88	671.84	671.84	8.11	8.11	19.03	6.89

注：市价总值、无限售股市值、成交金额的单位为百万元，发行股本、流通股本、成交数量的单位为百万股，上年收盘、本年开盘、本年最高、本年最低的单位为元。

A 股 A Share

股票
Share

本年收盘 Close	涨跌（%） Change（%）	涨跌值 Change	市盈率 P/E	市净率 P/B	换手率（%） Turnover Rate（%）	成交数量 Trading Vol	成交金额 Trading Val
6.12	0.99	-0.09	11.07	1.01	86.73	5.71	37.89
3.77	14.50	0.46	7.29	2.21	62.33	9.01	34.44
2.61	11.06	0.26	247.39	11.15	79.56	9.81	29.21
1.77	-23.38	-0.54	—	2.21	115.94	17.79	38.27
7.09	29.14	1.60	26.45	1.98	428.68	15.04	105.62
9.38	36.95	2.49	59.79	4.36	608.45	97.70	999.89
29.85	7.91	1.55	14.60	2.18	220.08	8.94	274.75
4.96	2.37	0.08	1584.66	1.47	402.74	23.63	142.90
7.22	71.09	3.00	49.80	2.40	408.33	13.34	87.53
7.79	72.35	3.27	891.30	30.57	275.17	12.28	84.61
5.84	-26.63	-2.12	131.50	1.25	969.82	50.30	419.57
6.79	8.12	0.51	—	1.62	1781.16	73.31	654.07
6.64	29.89	1.48	32.66	2.81	769.52	28.93	194.14
5.83	10.84	0.57	10.98	0.79	546.65	62.94	480.69
8.46	14.95	1.10	35.92	2.47	278.25	57.09	526.31
4.94	6.56	-0.76	2.41	1.26	720.23	30.29	226.78
15.23	45.60	4.77	30.58	1.15	241.51	36.94	512.59
7.46	-4.71	-0.55	7.38	1.22	697.27	45.80	412.20
25.99	48.13	7.59	10.21	1.81	105.63	33.21	752.64
12.09	27.66	2.11	12.41	1.27	209.36	10.63	129.05
2.49	7.73	0.07	7.79	0.75	104.09	24.42	67.62
2.56	-1.92	-0.05	77.58	1.50	355.50	29.42	97.28
92.50	337.77	71.37	1703.81	28.92	513.74	32.74	1859.92
7.21	25.61	1.47	616.77	4.70	362.88	11.06	78.05
0.29	-80.00	0.00	—	—	395.85	42.13	44.80
5.94	11.61	0.60	16.66	1.10	247.75	45.39	374.03
9.48	1.07	0.10	101.18	2.04	245.50	5.52	61.77
12.53	-5.45	-4.40	13.99	2.02	243.71	11.37	174.45
2.93	8.12	0.22	141.00	0.64	293.53	75.53	261.33
15.56	5.99	0.88	95.16	10.91	288.75	3.70	64.22
28.71	38.30	7.41	25.41	2.18	122.35	8.57	215.07
7.34	8.55	0.36	6.20	0.58	297.85	54.16	451.45
20.68	35.90	5.39	21.35	2.75	1338.36	43.38	1049.85
6.16	-3.41	-0.36	10.20	1.12	175.17	21.26	147.39
4.34	34.28	1.09	50.83	1.05	978.72	76.67	434.67
2.77	17.37	0.41	90.05	1.19	602.77	136.12	479.19
31.60	14.04	3.89	59.54	5.63	567.45	22.61	714.99
9.73	15.18	0.98	12.36	1.57	184.97	13.69	139.34
102.53	115.99	55.06	98.99	25.00	237.74	7.62	640.26
28.46	19.38	4.62	266.35	16.88	151.40	4.98	146.68
10.23	38.08	2.79	28.67	2.25	374.13	29.11	290.74
7.45	-6.41	-0.51	—	32.45	2053.16	45.98	415.44
4.77	0.85	0.04	79.70	5.68	147.88	5.04	27.84
12.25	27.21	2.62	—	15.56	446.20	5.97	70.71
5.55	42.31	1.65	408.69	40.24	234.16	8.78	49.22
5.39	14.44	0.68	130.32	2.03	389.32	50.61	324.29
16.96	-17.84	-11.91	22.30	3.65	379.83	13.94	310.73
5.80	-3.19	-0.20	45.62	1.44	266.70	19.83	140.69
11.16	-21.04	-3.01	129.44	4.24	77.97	1.77	22.13
10.16	26.17	2.05	57.33	2.68	1261.65	84.76	1047.54

A股　　　　股票
A Share　　　　Share

股票代码 Code	股票简称 Stock Name	市价总值 Tot_cap	无限售股市值 Nego_cap	发行股本 Issued Vol	流通股本 Negotiable Vol	上年收盘 Last Year Close	本年开盘 Open	本年最高 High	本年最低 Low
600776	东方通信	19913.48	19913.48	956.00	956.00	11.47	11.46	41.88	11.22
600777	新潮能源	14281.04	8507.60	6800.50	4051.24	1.91	1.91	3.20	1.86
600778	友好集团	1691.40	1689.90	311.49	311.21	4.52	4.48	7.70	4.36
600779	水井坊	25282.24	25269.71	488.55	488.30	31.67	31.83	60.37	28.33
600780	通宝能源	4035.69	4035.69	1146.50	1146.50	3.23	3.23	4.37	3.19
600781	ST辅仁	3643.79	2174.47	627.16	374.26	12.65	12.65	17.67	5.08
600782	新钢股份	16358.15	16358.15	3188.72	3188.72	5.09	5.09	7.28	4.22
600783	鲁信创投	11716.22	11716.22	744.36	744.36	15.68	15.68	30.50	12.52
600784	鲁银投资	2977.25	2977.25	568.18	568.18	5.06	5.10	6.81	4.44
600785	新华百货	3388.98	3388.98	225.63	225.63	16.35	16.39	19.47	13.46
600787	中储股份	11460.96	11460.96	2199.80	2199.80	5.00	5.00	8.09	4.85
600789	鲁抗医药	6346.46	6143.80	880.23	852.12	7.55	7.58	12.84	5.85
600790	轻纺城	4983.69	4983.69	1465.79	1465.79	3.65	3.67	4.70	3.24
600791	京能置业	1739.06	1736.88	452.88	452.31	3.64	3.65	5.46	3.29
600792	云煤能源	3474.63	3474.63	989.92	989.92	2.68	2.68	5.30	2.66
600793	宜宾纸业	2038.19	1698.49	126.36	105.30	14.79	14.97	23.35	13.66
600794	保税科技	4630.42	4630.42	1212.15	1212.15	2.59	2.61	6.45	2.58
600795	国电电力	45981.93	45981.93	19650.40	19650.40	2.56	2.55	2.98	2.18
600796	钱江生化	1633.60	1633.60	301.40	301.40	5.17	5.19	7.51	4.66
600797	浙大网新	10539.62	10309.65	1046.64	1023.80	7.21	7.27	12.57	6.98
600798	宁波海运	4295.26	3669.83	1206.53	1030.85	3.23	3.22	5.14	3.22
600800	天津磁卡	3386.44	3384.70	611.27	610.96	5.01	5.05	10.10	4.52
600801	华新水泥	35994.48	35994.48	1361.88	1361.88	16.72	16.94	31.50	15.23
600802	福建水泥	3375.76	3375.76	381.87	381.87	7.36	7.40	10.68	6.98
600803	新奥股份	13080.35	13080.35	1229.36	1229.36	9.94	10.00	13.31	8.53
600804	鹏博士	8766.25	8766.03	1432.39	1432.36	7.03	7.09	12.83	5.83
600805	悦达投资	4314.04	4310.90	850.89	850.28	4.60	4.62	7.92	4.59
600807	ST天业	3193.53	2841.14	884.63	787.02	3.78	3.97	6.37	3.19
600808	马钢股份	18321.00	18321.00	5967.75	5967.75	3.46	3.45	4.24	2.50
600809	山西汾酒	78176.09	77666.59	871.53	865.85	35.05	35.44	99.69	32.64
600810	神马股份	4536.47	4536.47	574.96	574.96	10.08	10.11	16.50	7.06
600811	东方集团	12480.98	12480.98	3714.58	3714.58	3.66	3.67	4.55	3.19
600812	华北制药	16047.12	16047.12	1630.80	1630.80	4.00	4.01	10.38	3.95
600814	杭州解百	3639.49	3639.49	715.03	715.03	5.08	5.07	6.57	4.69
600815	*ST厦工	5127.13	5127.13	1774.09	1774.09	2.99	3.05	4.21	2.47
600816	安信信托	24282.97	23373.45	5469.14	5264.29	4.37	4.37	9.60	3.78
600817	ST宏盛	1169.82	1131.79	160.91	155.68	7.02	7.06	11.20	6.61
600818	中路股份	2836.46	2836.46	237.96	237.96	10.60	10.76	19.35	9.26
600819	耀皮玻璃	3804.35	3804.35	747.42	747.42	4.09	4.09	6.19	3.90
600820	隧道股份	18990.34	18990.34	3144.10	3144.10	6.26	6.25	7.94	5.66
600821	津劝业	1910.67	1910.67	416.27	416.27	3.99	3.99	6.38	3.62
600822	上海物贸	4048.63	4048.63	396.15	396.15	8.63	8.63	15.32	8.15
600823	世茂股份	16880.26	16880.26	3751.17	3751.17	3.76	3.76	5.95	3.58
600824	益民集团	3625.85	3625.85	1054.03	1054.03	3.34	3.36	4.65	3.18
600825	新华传媒	5987.21	5987.21	1044.89	1044.89	4.90	4.86	8.20	4.09
600826	兰生股份	4791.12	4791.12	420.64	420.64	9.51	9.50	14.37	9.10
600827	百联股份	14407.96	14407.96	1604.45	1604.45	8.45	8.51	11.07	8.04
600828	茂业商业	8140.32	3079.12	1731.98	655.13	4.69	4.68	6.69	4.33
600829	人民同泰	3954.84	3954.84	579.89	579.89	5.83	5.83	10.07	5.48
600830	香溢融通	2503.32	2503.32	454.32	454.32	4.79	4.83	8.10	4.67

注：市价总值、无限售股市值、成交金额的单位为百万元，发行股本、流通股本、成交数量的单位为百万股，上年收盘、本年开盘、本年最高、本年最低的单位为元。

A 股
A Share

股票
Share

本年收盘 Close	涨跌（%） Change（%）	涨跌值 Change	市盈率 P/E	市净率 P/B	换手率（%） Turnover Rate（%）	成交数量 Trading Vol	成交金额 Trading Val
20. 83	82. 13	9. 36	205. 34	8. 51	1325. 40	126. 71	2971. 82
2. 10	9. 95	0. 19	23. 77	0. 96	401. 42	143. 47	336. 60
5. 43	20. 13	0. 91	45. 36	2. 25	341. 93	10. 64	60. 43
51. 75	67. 01	20. 08	43. 63	13. 62	238. 50	11. 65	526. 02
3. 52	8. 98	0. 29	18. 02	0. 79	86. 49	9. 92	36. 83
5. 81	-54. 07	-6. 84	4. 10	0. 67	731. 41	27. 16	237. 59
5. 13	4. 77	0. 04	2. 77	0. 86	297. 70	94. 93	522. 82
15. 74	0. 99	0. 06	62. 68	3. 23	654. 80	48. 74	957. 71
5. 24	3. 76	0. 18	47. 39	1. 98	175. 10	9. 95	55. 78
15. 02	-8. 13	-1. 33	24. 68	1. 59	49. 68	1. 12	18. 60
5. 21	4. 59	0. 21	23. 99	1. 04	117. 01	25. 74	152. 80
7. 21	24. 81	-0. 34	39. 32	2. 17	930. 39	63. 82	541. 79
3. 40	-2. 26	-0. 25	9. 70	0. 93	130. 46	19. 12	75. 39
3. 84	5. 99	0. 20	34. 54	1. 05	254. 59	11. 52	50. 22
3. 51	30. 97	0. 83	18. 13	1. 12	310. 57	30. 74	114. 79
16. 13	9. 06	1. 34	11. 68	6. 37	380. 53	4. 01	72. 11
3. 82	47. 74	1. 23	130. 42	2. 56	894. 92	107. 05	510. 93
2. 34	-7. 14	-0. 22	33. 58	0. 91	67. 15	131. 96	339. 20
5. 42	4. 84	0. 25	—	2. 83	328. 39	9. 90	57. 66
10. 07	40. 14	2. 86	59. 68	2. 35	911. 82	92. 89	950. 22
3. 56	12. 00	0. 33	18. 23	1. 25	302. 99	31. 23	125. 90
5. 54	10. 58	0. 53	46. 72	22. 13	673. 31	41. 14	289. 05
26. 43	131. 16	9. 71	10. 69	3. 32	441. 89	50. 99	1118. 86
8. 84	20. 54	1. 48	10. 00	3. 95	627. 85	23. 98	202. 64
10. 64	9. 37	0. 70	9. 90	1. 53	268. 50	33. 01	367. 98
6. 12	-12. 94	-0. 91	23. 03	1. 27	652. 04	93. 40	829. 04
5. 07	10. 22	0. 47	53. 08	0. 71	299. 59	25. 47	154. 18
3. 61	-4. 50	-0. 17	89. 00	2. 60	205. 76	16. 19	73. 34
3. 07	-2. 37	-0. 39	3. 98	0. 84	141. 80	84. 62	294. 11
89. 70	158. 65	54. 65	53. 30	12. 58	190. 83	16. 52	1039. 62
7. 89	5. 50	-2. 19	6. 98	1. 43	700. 31	32. 87	397. 04
3. 36	-8. 20	-0. 30	19. 03	0. 61	159. 66	55. 12	212. 28
9. 84	147. 74	5. 84	106. 52	2. 95	463. 25	75. 55	577. 89
5. 09	1. 46	0. 01	24. 41	1. 53	93. 48	6. 68	37. 06
2. 89	0. 06	-0. 10	—	—	177. 51	17. 15	58. 14
4. 44	1. 60	0. 07	—	2. 02	378. 36	177. 42	1078. 21
7. 27	3. 56	0. 25	234. 14	11. 52	139. 67	2. 17	17. 80
11. 92	13. 01	1. 32	755. 87	6. 03	288. 67	6. 87	91. 75
5. 09	25. 17	1. 00	52. 48	1. 54	134. 42	10. 05	50. 49
6. 04	-0. 61	-0. 22	9. 60	0. 93	111. 00	34. 90	234. 57
4. 59	15. 04	0. 60	—	7. 97	412. 23	17. 16	84. 05
10. 22	18. 42	1. 59	114. 99	8. 40	590. 17	23. 38	271. 79
4. 50	27. 11	0. 74	7. 02	0. 71	92. 43	34. 67	157. 69
3. 44	3. 89	0. 10	33. 11	1. 64	109. 68	11. 56	44. 99
5. 73	17. 17	0. 83	189. 11	2. 27	492. 24	51. 43	307. 80
11. 39	21. 64	1. 88	20. 93	1. 65	285. 28	12. 00	141. 93
8. 98	8. 38	0. 53	18. 37	0. 98	76. 90	12. 06	115. 14
4. 70	1. 87	0. 01	6. 76	1. 45	147. 73	9. 62	50. 43
6. 82	16. 98	0. 99	15. 34	2. 50	181. 07	10. 50	79. 87
5. 51	16. 15	0. 72	81. 40	1. 21	470. 51	21. 38	135. 00

A股 股票
A Share Share

股票代码 Code	股票简称 Stock Name	市价总值 Tot_cap	无限售股市值 Nego_cap	发行股本 Issued Vol	流通股本 Negotiable Vol	上年收盘 Last Year Close	本年开盘 Open	本年最高 High	本年最低 Low
600831	广电网络	6563.87	6563.87	708.84	708.84	6.77	6.82	14.10	6.41
600833	第一医药	2099.24	2099.24	223.09	223.09	9.13	9.17	13.07	8.56
600834	申通地铁	3446.70	3446.70	477.38	477.38	6.69	6.70	8.97	6.53
600835	上海机电	13363.78	13363.78	806.50	806.50	14.55	14.45	20.80	14.45
600836	界龙实业	3293.88	3293.88	662.75	662.75	3.77	3.78	6.78	3.50
600837	海通证券	125104.35	125104.35	8092.13	8092.13	8.80	8.80	16.64	8.65
600838	上海九百	2557.63	2557.63	400.88	400.88	6.01	6.01	8.66	5.87
600839	四川长虹	13433.27	13427.68	4616.24	4614.32	2.31	2.31	4.48	2.27
600841	上柴股份	3689.78	3689.78	521.89	521.89	6.58	6.58	10.76	6.45
600843	上工申贝	2342.73	2342.73	304.65	304.65	6.64	6.65	9.68	6.32
600844	丹化科技	4072.52	4072.52	822.73	822.73	3.16	3.17	5.92	2.84
600845	宝信软件	27732.41	27408.29	842.93	833.08	20.85	20.86	38.48	20.75
600846	同济科技	5816.53	5816.53	624.76	624.76	7.15	7.32	12.35	6.95
600847	万里股份	1707.62	1707.62	153.29	153.29	11.51	11.41	16.69	9.10
600848	上海临港	48975.35	19346.05	1994.92	788.03	20.68	20.37	38.81	19.60
600850	华东电脑	10815.52	10815.52	426.48	426.48	15.77	15.83	32.65	15.61
600851	海欣股份	5935.18	5935.18	738.21	738.21	6.94	6.88	9.44	6.20
600853	龙建股份	2662.99	2219.16	837.42	697.85	3.46	3.47	5.99	3.01
600854	春兰股份	1979.14	1979.14	519.46	519.46	3.48	3.48	5.25	3.44
600855	航天长峰	5402.57	4190.05	439.59	340.93	9.03	9.07	19.16	9.01
600856	ST中天	3430.30	3371.99	1366.65	1343.42	3.72	3.76	5.49	1.88
600857	宁波中百	2065.99	2065.99	224.32	224.32	8.31	8.31	11.05	8.07
600858	银座股份	2688.74	2675.72	520.07	517.55	4.94	4.94	6.19	4.56
600859	王府井	10859.74	7957.19	776.25	568.78	13.56	13.56	19.96	12.44
600860	京城股份	1932.00	1932.00	322.00	322.00	4.47	4.47	10.40	4.41
600861	北京城乡	2696.01	2696.01	316.80	316.80	6.95	6.95	10.35	6.50
600862	中航高科	15351.40	15351.40	1393.05	1393.05	5.60	5.61	12.41	5.58
600863	内蒙华电	15973.30	15973.30	5808.47	5808.47	2.31	2.32	3.44	2.30
600864	哈投股份	16769.40	16769.40	2080.57	2080.57	4.45	4.43	9.56	4.08
600865	百大集团	2370.31	2370.31	376.24	376.24	5.55	5.56	7.48	5.41
600866	星湖科技	3281.25	2865.55	739.02	645.39	3.14	3.14	6.97	3.06
600867	通化东宝	25729.95	25729.95	2033.99	2033.99	13.90	13.99	20.11	10.94
600868	梅雁吉祥	6548.61	6548.61	1898.15	1898.15	2.85	2.85	6.15	2.79
600869	智慧能源	10874.83	10874.83	2219.35	2219.35	4.85	4.79	6.39	4.39
600870	ST厦华	1559.14	1559.14	523.20	523.20	3.33	3.33	4.25	2.40
600871	石化油服	30666.80	27216.41	13569.38	12042.66	1.83	1.83	3.35	1.82
600872	中炬高新	31347.67	31347.67	796.64	796.64	29.46	29.50	48.10	26.61
600873	梅花生物	13814.09	13709.32	3104.29	3080.75	4.22	4.21	5.97	4.03
600874	创业环保	7817.17	7817.17	1087.23	1087.23	8.25	8.39	10.98	6.82
600875	东方电气	25279.88	18351.51	2750.80	1996.90	7.89	7.89	15.75	7.69
600876	洛阳玻璃	4877.66	4501.01	302.40	279.05	11.12	11.20	18.11	9.62
600877	*ST电能	4776.76	3993.11	822.16	687.28	4.76	4.89	8.12	4.27
600879	航天电子	16261.24	14457.84	2719.27	2417.70	5.41	5.44	7.77	5.40
600880	博瑞传播	4362.40	4361.19	1093.33	1093.03	3.71	3.72	5.31	3.23
600881	亚泰集团	10364.03	10282.59	3248.91	3223.38	3.31	3.32	4.35	2.90
600882	妙可蓝多	5968.43	5919.57	409.36	406.01	7.67	7.66	15.85	7.13
600883	博闻科技	1803.71	1803.71	236.09	236.09	6.07	6.13	8.44	5.86
600884	杉杉股份	15168.56	15168.56	1122.76	1122.76	12.92	12.94	17.00	9.61
600885	宏发股份	25657.04	25657.04	744.76	744.76	22.56	22.50	35.85	21.27
600886	国投电力	62295.69	62295.69	6786.02	6786.02	8.05	8.05	9.98	7.19

注：市价总值、无限售股市值、成交金额的单位为百万元，发行股本、流通股本、成交数量的单位为百万股，上年收盘、本年开盘、本年最高、本年最低的单位为元。

A 股
A Share

股票
Share

本年收盘 Close	涨跌（%） Change（%）	涨跌值 Change	市盈率 P/E	市净率 P/B	换手率（%） Turnover Rate（%）	成交数量 Trading Vol	成交金额 Trading Val
9. 26	36. 90	2. 49	62. 47	2. 06	1311. 81	83. 85	853. 58
9. 41	3. 71	0. 28	44. 49	3. 17	268. 43	5. 99	63. 05
7. 22	8. 21	0. 53	112. 48	2. 33	115. 67	5. 52	42. 73
16. 57	17. 13	2. 02	13. 36	1. 57	157. 78	12. 73	221. 99
4. 97	31. 83	1. 20	—	3. 78	420. 44	27. 86	136. 26
15. 46	77. 58	6. 66	34. 12	1. 51	290. 53	235. 10	3242. 08
6. 38	7. 30	0. 37	25. 94	2. 11	281. 97	11. 30	80. 79
2. 91	26. 92	0. 60	41. 56	1. 03	259. 96	119. 95	388. 64
7. 07	8. 11	0. 49	45. 91	1. 65	124. 56	6. 50	54. 84
7. 69	15. 81	1. 05	29. 96	1. 91	164. 46	5. 01	40. 78
4. 95	56. 65	1. 79	2450. 50	2. 37	350. 10	28. 80	131. 26
32. 90	107. 27	12. 05	56. 07	5. 67	228. 32	16. 62	528. 46
9. 31	32. 79	2. 16	19. 31	2. 54	870. 13	54. 36	508. 86
11. 14	-3. 21	-0. 37	—	2. 50	128. 44	1. 97	25. 02
24. 55	19. 13	3. 87	118. 55	7. 58	317. 74	25. 04	732. 76
25. 36	63. 48	9. 59	35. 74	4. 61	383. 17	16. 30	388. 22
8. 04	16. 33	1. 10	71. 75	2. 84	131. 28	9. 69	75. 15
3. 18	19. 89	-0. 28	18. 20	1. 72	396. 33	22. 78	95. 60
3. 81	11. 30	0. 33	48. 47	1. 00	199. 48	10. 36	43. 50
12. 29	36. 73	3. 26	71. 20	4. 57	714. 92	23. 92	326. 77
2. 51	-32. 53	-1. 21	—	0. 87	418. 79	56. 26	211. 74
9. 21	10. 83	0. 90	56. 41	10. 19	171. 64	3. 85	37. 41
5. 17	5. 33	0. 23	58. 11	0. 88	163. 16	8. 44	44. 47
13. 99	6. 32	0. 43	9. 04	1. 01	343. 22	14. 45	226. 68
6. 00	34. 23	1. 53	—	5. 42	590. 48	19. 01	139. 00
8. 51	23. 17	1. 56	66. 67	1. 15	165. 16	5. 23	43. 58
11. 02	99. 01	5. 42	50. 49	4. 04	302. 50	42. 14	400. 52
2. 75	22. 83	0. 44	20. 41	1. 22	89. 48	51. 97	152. 40
8. 06	81. 12	3. 61	—	1. 33	686. 16	117. 73	832. 96
6. 30	17. 18	0. 75	20. 36	1. 34	167. 76	6. 31	40. 77
4. 44	41. 40	1. 30	77. 61	3. 43	335. 26	21. 64	110. 44
12. 65	-7. 70	-1. 25	30. 68	5. 45	345. 30	68. 59	1049. 23
3. 45	21. 05	0. 60	299. 22	2. 86	595. 80	113. 09	458. 98
4. 90	1. 03	0. 05	71. 65	2. 24	222. 87	49. 43	253. 93
2. 98	-10. 51	-0. 35	342. 53	185. 98	149. 34	7. 81	25. 86
2. 26	23. 50	0. 43	302. 14	7. 42	57. 74	69. 53	177. 60
39. 35	34. 35	9. 89	51. 61	8. 70	236. 16	18. 81	708. 11
4. 45	13. 74	0. 23	13. 79	1. 52	166. 60	51. 25	247. 56
7. 19	-11. 71	-1. 06	20. 48	1. 76	229. 30	24. 93	220. 45
9. 19	17. 85	1. 30	25. 16	0. 99	306. 06	61. 12	690. 24
16. 13	45. 05	5. 01	569. 56	7. 16	470. 14	12. 87	167. 66
5. 81	22. 06	1. 05	—	—	221. 38	15. 22	90. 73
5. 98	10. 54	0. 57	35. 60	1. 37	307. 76	74. 29	483. 04
3. 99	7. 55	0. 28	—	1. 57	195. 65	21. 14	86. 86
3. 19	-3. 63	-0. 12	—	0. 72	105. 79	34. 10	122. 24
14. 58	90. 09	6. 91	560. 99	4. 90	160. 33	6. 50	79. 84
7. 64	26. 24	1. 57	167. 76	2. 75	225. 48	5. 32	37. 65
13. 51	5. 38	0. 59	13. 60	1. 42	324. 94	34. 20	454. 88
34. 45	54. 69	11. 89	36. 71	5. 79	134. 54	10. 02	267. 19
9. 18	17. 03	1. 13	14. 27	1. 65	87. 22	59. 19	501. 35

A股　　股票

A Share　　Share

股票代码 Code	股票简称 Stock Name	市价总值 Tot_cap	无限售股市值 Nego_cap	发行股本 Issued Vol	流通股本 Negotiable Vol	上年收盘 Last Year Close	本年开盘 Open	本年最高 High	本年最低 Low
600887	伊利股份	188621.96	182749.95	6096.38	5906.59	22.88	23.00	34.66	22.03
600888	新疆众和	4752.82	3857.78	1035.47	840.48	4.18	4.18	6.38	4.10
600889	南京化纤	1692.52	1561.76	366.35	338.04	4.60	4.60	6.55	4.02
600890	中房股份	3666.30	3666.30	579.19	579.19	8.27	8.20	8.55	4.58
600891	*ST 秋林	926.38	576.36	617.59	384.24	6.78	6.70	6.88	1.11
600892	大晟文化	3194.54	3085.45	559.46	540.36	8.55	8.65	8.85	4.51
600893	航发动力	48776.63	42226.71	2249.84	1947.73	21.72	21.71	28.40	19.15
600894	广日股份	6458.20	6458.20	859.95	859.95	5.45	5.45	9.89	5.26
600895	张江高科	23710.44	23710.44	1548.69	1548.69	14.95	15.06	27.57	13.58
600896	览海投资	3719.74	3719.74	869.10	869.10	3.77	3.86	7.29	3.80
600897	厦门空港	6653.08	6653.08	297.81	297.81	21.29	21.29	26.39	20.41
600898	国美通讯	1984.84	1984.84	252.52	252.52	8.06	8.08	10.45	6.66
600900	长江电力	404360.00	404360.00	22000.00	22000.00	15.88	15.79	19.65	15.12
600901	江苏租赁	18875.63	11505.24	2986.65	1820.45	5.91	5.91	8.48	5.51
600903	贵州燃气	16822.37	9336.87	1138.19	631.72	21.10	21.00	26.00	10.50
600908	无锡银行	10257.83	9417.47	1848.26	1696.84	5.24	5.27	7.28	5.19
600909	华安证券	26433.30	26433.30	3621.00	3621.00	4.72	4.73	8.06	4.65
600917	重庆燃气	11296.56	11296.56	1556.00	1556.00	7.12	7.12	9.63	6.25
600919	江苏银行	83582.04	82577.68	11544.48	11405.76	5.97	5.96	7.68	5.89
600926	杭州银行	46992.64	42925.44	5130.20	4686.18	7.40	7.41	9.54	7.30
600928	西安银行	34533.33	3453.33	4444.44	444.44	4.68	5.62	13.94	5.62
600929	湖南盐业	6020.45	2212.98	917.75	337.35	8.23	8.22	11.50	6.28
600933	爱柯迪	11953.60	3725.71	857.50	267.27	7.66	7.69	14.00	7.44
600936	广西广电	6416.74	6416.74	1671.03	1671.03	3.74	3.74	6.08	3.40
600939	重庆建工	8727.75	1970.06	1814.50	409.58	4.61	4.64	6.95	4.41
600958	东方证券	64200.36	61088.40	5966.58	5677.36	7.97	7.99	14.15	7.88
600959	江苏有线	19902.86	17738.79	5000.72	4456.98	4.12	4.14	6.24	3.78
600960	渤海汽车	3032.14	2276.42	950.52	713.61	3.52	3.53	5.92	2.93
600961	株冶集团	4383.18	4383.18	527.46	527.46	7.53	7.51	11.30	7.41
600962	国投中鲁	2144.88	2077.88	262.21	254.02	7.33	7.33	12.52	7.18
600963	岳阳林纸	6191.96	4621.20	1397.73	1043.16	4.01	4.04	8.17	3.87
600965	福成股份	5796.40	5796.40	818.70	818.70	9.99	10.10	13.51	6.72
600966	博汇纸业	7098.64	7098.64	1336.84	1336.84	3.14	3.14	5.31	2.82
600967	内蒙一机	17960.79	10210.10	1689.63	960.50	10.40	10.41	13.20	9.25
600968	海油发展	29783.76	5464.76	10165.10	1865.10	2.04	2.45	4.70	2.45
600969	郴电国际	2449.73	2449.73	370.05	370.05	5.93	5.93	9.60	5.73
600970	中材国际	12124.83	12107.27	1739.57	1737.05	5.47	5.51	9.10	5.39
600971	恒源煤电	7176.03	7176.03	1200.00	1200.00	5.63	5.64	9.08	4.88
600973	宝胜股份	4644.03	4644.03	1222.11	1222.11	3.62	3.63	5.28	3.49
600975	新五丰	5247.51	5247.51	652.68	652.68	3.38	3.38	16.50	3.37
600976	健民集团	2725.89	2724.12	153.40	153.30	14.28	14.28	20.68	13.80
600977	中国电影	28415.74	28415.74	1867.00	1867.00	14.32	14.35	21.82	12.70
600978	宜华生活	4404.12	4404.12	1482.87	1482.87	4.10	4.10	5.26	2.80
600979	广安爱众	3971.67	3971.67	947.89	947.89	4.00	4.00	5.54	3.80
600980	北矿科技	2182.25	2140.07	155.21	152.21	9.79	9.82	22.09	9.62
600981	汇鸿集团	8341.85	2718.77	2242.43	730.85	3.74	3.75	6.58	3.47
600982	宁波热电	3281.82	2255.73	1086.70	746.93	3.33	3.30	4.35	2.85
600983	惠而浦	3778.54	2626.70	766.44	532.80	5.26	5.27	7.98	4.74
600984	建设机械	8551.11	8120.57	827.79	786.12	5.07	5.06	10.99	4.98
600985	淮北矿业	21702.40	5521.95	2172.41	552.75	9.30	9.34	13.93	8.56

注：市价总值、无限售股市值、成交金额的单位为百万元，发行股本、流通股本、成交数量的单位为百万股，上年收盘、本年开盘、本年最高、本年最低的单位为元。

A 股
A Share

股票
Share

本年收盘 Close	涨跌（%） Change（%）	涨跌值 Change	市盈率 P/E	市净率 P/B	换手率（%） Turnover Rate（%）	成交数量 Trading Vol	成交金额 Trading Val
30.94	38.48	8.06	29.29	6.76	204.77	123.69	3605.69
4.59	11.34	0.41	26.20	1.33	321.84	26.87	138.94
4.62	0.63	0.02	272.73	1.12	246.11	7.97	42.55
6.33	-23.46	-1.94	—	14.56	148.50	8.60	56.36
1.50	-77.88	-5.28	—	—	727.94	27.97	101.49
5.71	-33.22	-2.84	—	3.79	429.83	23.12	139.40
21.68	0.42	-0.04	45.85	1.85	109.89	21.40	508.99
7.51	38.80	2.06	48.17	0.93	230.91	19.86	151.00
15.31	3.04	0.36	43.56	2.71	494.33	76.56	1516.63
4.28	13.53	0.51	32.51	2.10	140.18	11.54	59.30
22.34	10.45	1.05	13.16	1.85	134.56	4.01	92.45
7.86	-2.48	-0.20	—	26.07	371.98	9.39	81.17
18.38	20.26	2.50	17.88	2.84	28.52	49.14	860.12
6.32	10.27	0.41	15.09	1.71	338.01	44.25	297.93
14.78	-1.57	-6.32	97.97	7.25	661.14	36.94	625.14
5.55	9.30	0.31	9.36	0.95	312.72	30.65	181.95
7.30	56.13	2.58	47.73	2.11	301.90	85.20	568.49
7.26	3.14	0.14	32.49	2.87	87.32	13.59	101.73
7.24	27.27	1.27	6.40	0.68	128.33	93.75	662.19
9.16	27.53	1.76	8.68	0.82	248.78	56.73	488.24
7.77	69.22	3.09	14.62	1.73	1770.42	78.69	758.75
6.56	-19.80	-1.67	42.28	2.52	928.97	21.14	182.18
13.94	87.06	6.28	25.53	3.14	279.80	7.38	73.02
3.84	2.67	0.10	51.64	1.74	177.36	22.11	104.28
4.81	5.88	0.20	22.13	1.26	326.06	13.35	71.84
10.76	36.32	2.79	61.13	1.45	156.83	89.04	979.40
3.98	-1.20	-0.14	31.88	0.93	93.49	36.60	174.41
3.19	-9.14	-0.33	21.77	0.63	373.53	25.41	106.63
8.31	10.36	0.78	—	86.45	128.46	6.78	62.24
8.18	11.60	0.85	402.96	2.56	395.92	10.06	96.43
4.43	11.11	0.42	16.92	0.76	454.22	47.38	251.78
7.08	-28.11	-2.91	36.14	2.96	84.62	6.93	67.94
5.31	69.97	2.17	27.74	1.38	254.31	34.00	133.17
10.63	2.48	0.23	33.65	2.13	392.34	37.68	425.14
2.93	43.63	0.89	27.94	2.20	722.63	134.78	486.57
6.62	12.13	0.69	63.72	0.71	375.32	13.89	106.31
6.97	32.43	1.50	8.87	1.39	309.34	53.73	375.14
5.98	34.73	0.35	5.88	0.92	251.01	27.31	180.02
3.80	5.78	0.18	39.46	1.27	204.06	23.79	101.41
8.04	137.87	4.66	—	4.76	1191.61	77.77	823.45
17.77	25.97	3.49	33.56	2.39	269.74	4.14	71.50
15.22	8.39	0.90	19.01	2.54	412.00	30.23	485.21
2.97	-26.95	-1.13	11.39	0.53	375.67	55.71	227.88
4.19	7.17	0.19	15.78	1.07	118.81	9.34	44.01
14.06	43.91	4.27	64.42	3.78	1178.81	17.94	291.83
3.72	3.27	-0.02	6.94	1.56	403.43	29.48	139.97
3.02	-7.46	-0.31	21.25	1.29	145.72	10.88	38.89
4.93	-5.50	-0.33	14.43	0.92	164.79	8.78	54.56
10.33	103.75	5.26	55.79	2.54	259.77	20.42	164.27
9.99	12.26	0.69	6.11	1.28	308.92	9.97	108.23

A股
A Share

股票代码 Code	股票简称 Stock Name	市价总值 Tot_cap	无限售股市值 Nego_cap	发行股本 Issued Vol	流通股本 Negotiable Vol	上年收盘 Last Year Close	本年开盘 Open	本年最高 High	本年最低 Low
600986	科达股份	6572.95	6364.06	1325.19	1283.08	4.19	4.21	6.68	3.41
600987	航民股份	6841.58	5831.19	1080.82	921.20	8.18	8.25	12.77	5.85
600988	赤峰黄金	7822.50	7174.70	1555.17	1426.38	3.99	3.97	6.39	3.76
600989	宝丰能源	69740.25	6974.25	7333.36	733.36	11.12	13.34	17.50	8.74
600990	四创电子	7096.20	6094.18	159.18	136.70	34.29	34.35	62.58	33.50
600992	贵绳股份	1681.32	1681.32	245.09	245.09	6.92	7.00	10.24	6.34
600993	马应龙	7539.13	7526.07	431.05	430.31	13.42	13.42	19.62	12.70
600995	文山电力	3732.51	3732.51	478.53	478.53	6.61	6.61	9.78	6.50
600996	贵广网络	8466.01	8466.01	1051.68	1051.68	6.36	6.36	13.48	6.20
600997	开滦股份	8637.63	6716.44	1587.80	1234.64	5.67	5.64	7.36	4.99
600998	九州通	26568.95	23679.39	1877.66	1673.46	14.60	14.58	16.67	11.62
600999	招商证券	104600.66	104600.66	5719.01	5719.01	13.40	13.38	19.99	12.99
601000	唐山港	15407.41	15407.41	5925.93	5925.93	2.38	2.39	3.39	2.34
601001	大同煤业	7364.28	7364.28	1673.70	1673.70	4.27	4.30	6.01	4.07
601002	晋亿实业	4661.02	4661.02	792.69	792.69	5.35	5.36	8.69	5.31
601003	柳钢股份	14479.78	14479.78	2562.79	2562.79	6.57	6.57	8.91	4.62
601005	重庆钢铁	15503.88	15503.88	8380.48	8380.48	1.94	1.94	2.42	1.68
601006	大秦铁路	122056.36	122056.36	14866.79	14866.79	8.23	8.20	9.03	7.38
601007	金陵饭店	2781.00	2781.00	300.00	300.00	8.07	8.07	11.75	7.86
601008	连云港	4233.11	3928.88	1093.83	1015.22	3.06	3.06	7.77	3.04
601009	南京银行	74388.96	74388.96	8482.21	8482.21	6.46	6.47	9.43	6.35
601010	文峰股份	5654.88	5654.88	1848.00	1848.00	2.90	2.91	4.98	2.83
601011	宝泰隆	7265.32	7237.68	1610.93	1604.81	5.50	5.54	8.70	4.04
601012	隆基股份	93659.18	93548.26	3772.02	3767.55	17.44	17.44	30.27	16.91
601015	陕西黑猫	5215.33	4667.96	1629.79	1458.74	5.31	5.32	7.09	2.94
601016	节能风电	10014.90	10014.90	4155.56	4155.56	2.32	2.33	3.70	2.25
601018	宁波港	50056.82	48640.00	13172.85	12800.00	3.34	3.34	5.64	3.31
601019	山东出版	14503.96	2966.96	2086.90	426.90	7.82	7.87	9.77	6.53
601020	华钰矿业	4801.62	4773.72	525.92	522.86	8.46	8.47	12.98	8.03
601021	春秋航空	40235.18	40223.55	916.73	916.46	31.81	32.05	47.70	30.21
601028	玉龙股份	4001.26	4001.26	783.03	783.03	4.67	4.66	6.84	4.14
601038	一拖股份	4121.74	4121.74	593.91	593.91	4.86	4.92	12.18	3.94
601058	赛轮轮胎	12070.17	9286.97	2700.26	2077.62	2.23	2.24	4.75	2.23
601066	中信建投	194114.99	26277.01	6385.36	864.38	8.71	8.72	31.86	8.63
601068	中铝国际	14180.13	1639.32	2559.59	295.91	5.21	5.23	9.71	5.01
601069	西部黄金	9603.60	9603.60	636.00	636.00	14.87	14.80	18.85	12.53
601077	渝农商行	59252.55	7371.81	8843.66	1100.27	7.36	8.83	10.60	6.48
601086	国芳集团	3396.60	846.60	666.00	166.00	5.07	5.08	6.88	4.43
601088	中国神华	300961.44	300961.44	16491.04	16491.04	17.96	17.93	21.68	16.89
601098	中南传媒	21444.24	21444.24	1796.00	1796.00	12.50	12.52	14.23	11.21
601099	太平洋	25833.84	25833.84	6816.32	6816.32	2.49	2.49	5.07	2.42
601100	恒立液压	43879.50	43879.50	882.00	882.00	19.81	19.77	50.74	17.63
601101	昊华能源	5867.99	5867.99	1200.00	1200.00	6.01	6.05	7.98	4.76
601106	中国一重	19956.15	19025.58	6857.78	6538.00	2.67	2.67	4.45	2.66
601107	四川成渝	9105.14	9105.14	2162.74	2162.74	3.48	3.47	5.18	3.43
601108	财通证券	40699.26	27291.89	3589.00	2406.69	7.22	7.25	14.99	7.11
601111	中国国航	96533.06	91557.45	9962.13	9448.65	7.64	7.66	12.35	7.34
601113	ST华鼎	3903.87	3104.27	1141.48	907.68	8.11	8.17	11.26	3.03
601116	三江购物	7070.53	5302.90	547.68	410.76	10.77	10.77	18.38	10.38
601117	中国化学	31768.52	31768.52	4933.00	4933.00	5.36	5.38	7.22	5.28

注：市价总值、无限售股市值、成交金额的单位为百万元，发行股本、流通股本、成交数量的单位为百万股，上年收盘、本年开盘、本年最高、本年最低的单位为元。

A 股
A Share

股票
Share

本年收盘 Close	涨跌（%） Change（%）	涨跌值 Change	市盈率 P/E	市净率 P/B	换手率（%） Turnover Rate（%）	成交数量 Trading Vol	成交金额 Trading Val
4.96	18.67	0.77	25.00	1.07	835.20	106.91	531.13
6.33	15.25	-1.85	10.34	1.59	155.58	11.69	97.24
5.03	26.07	1.04	—	3.10	972.59	138.73	713.74
9.51	-12.12	-1.61	18.87	5.10	606.38	44.47	545.24
44.58	30.51	10.29	27.58	2.97	334.87	4.58	221.89
6.86	-0.51	-0.06	65.65	1.21	299.53	7.34	61.88
17.49	31.45	4.07	42.79	3.32	323.35	13.91	239.23
7.80	21.08	1.19	12.60	1.91	257.01	12.30	97.89
8.05	27.70	1.69	27.16	1.93	1104.92	33.14	318.05
5.44	-0.01	-0.23	6.34	0.82	232.60	28.72	179.98
14.15	-2.30	-0.45	19.82	1.44	104.56	17.46	243.04
18.29	38.68	4.89	27.69	1.52	93.71	48.94	836.78
2.60	12.02	0.22	9.57	0.98	156.36	87.29	249.21
4.40	3.04	0.13	11.16	1.34	191.87	32.11	152.99
5.88	9.91	0.53	26.22	1.81	427.51	33.89	236.76
5.65	-5.92	-0.92	3.14	1.38	146.00	37.42	249.30
1.85	-4.64	-0.09	9.23	0.89	67.40	56.48	116.63
8.21	5.54	-0.02	8.39	1.15	49.69	73.87	607.27
9.27	16.95	1.20	35.92	1.89	108.37	3.25	32.72
3.87	26.73	0.81	1205.61	1.33	602.20	61.14	316.61
8.77	42.09	2.31	6.72	0.96	163.13	138.37	1133.76
3.06	6.65	0.16	23.34	1.25	130.71	24.16	90.53
4.51	-18.00	-0.99	21.21	1.20	398.68	63.78	389.24
24.83	76.84	7.39	36.61	5.69	270.21	90.55	2234.55
3.20	-21.01	-2.11	16.03	0.91	191.82	24.68	117.56
2.41	5.81	0.09	19.44	1.44	147.20	61.17	171.89
3.80	15.97	0.46	17.36	1.31	53.47	68.44	297.91
6.95	-7.76	-0.87	9.77	1.50	288.31	12.31	100.06
9.13	8.89	0.67	21.38	2.41	452.63	17.53	180.92
43.89	38.64	12.08	26.77	3.02	103.09	9.36	383.46
5.11	9.42	0.44	182.89	1.95	176.48	13.82	74.23
6.94	42.80	2.08	—	1.71	704.09	41.82	295.92
4.47	103.81	2.24	18.07	1.91	324.36	69.97	251.15
30.40	252.64	21.69	75.29	4.89	2641.98	141.35	3138.85
5.54	6.83	0.33	53.63	1.61	2361.64	69.88	482.52
15.10	1.62	0.23	988.22	5.71	626.18	39.82	602.53
6.70	-8.97	-0.66	8.40	1.08	370.13	40.72	304.70
5.10	4.47	0.03	25.79	1.90	878.28	14.58	83.97
18.25	6.15	0.29	8.27	1.11	27.75	45.76	866.16
11.94	0.26	-0.56	17.32	1.59	80.25	14.41	181.84
3.79	52.21	1.30	—	2.51	695.03	460.24	1736.29
49.75	153.54	29.94	52.45	9.65	133.50	11.77	380.69
4.89	-16.04	-1.12	8.14	0.73	149.93	17.99	116.21
2.91	8.99	0.24	155.03	1.83	98.74	64.56	227.84
4.21	23.87	0.73	15.16	0.89	103.06	22.29	93.89
11.34	58.00	4.12	49.70	2.07	826.96	199.02	2194.42
9.69	28.23	2.05	19.18	1.51	121.25	114.57	1042.25
3.42	-57.40	-4.69	14.96	0.68	362.40	31.72	210.68
12.91	21.66	2.14	63.35	2.27	410.46	16.86	238.32
6.44	22.52	1.08	16.45	0.97	112.13	55.31	341.39

A 股 A Share

股票 Share

股票代码 Code	股票简称 Stock Name	市价总值 Tot_cap	无限售股市值 Nego_cap	发行股本 Issued Vol	流通股本 Negotiable Vol	上年收盘 Last Year Close	本年开盘 Open	本年最高 High	本年最低 Low
601118	海南橡胶	21054.78	21054.78	4279.43	4279.43	4.49	4.55	6.08	4.37
601126	四方股份	4504.97	4504.97	813.17	813.17	5.09	5.13	7.97	5.09
601127	小康股份	10715.37	10640.59	939.94	933.38	17.14	17.00	18.38	11.32
601128	常熟银行	24969.20	23459.04	2740.86	2575.09	6.14	6.14	9.23	5.98
601137	博威合金	7707.70	6919.34	684.52	614.51	6.82	6.83	12.99	6.75
601138	工业富联	362747.78	33595.13	19854.83	1838.81	11.59	11.66	19.70	11.22
601139	深圳燃气	22525.09	22438.49	2876.77	2865.71	5.37	5.37	8.88	5.30
601155	新城控股	87380.36	86978.87	2256.72	2246.36	23.69	23.88	46.84	22.99
601158	重庆水务	26880.00	26880.00	4800.00	4800.00	5.56	5.57	6.40	5.28
601162	天风证券	38124.80	17314.49	5180.00	2352.51	6.23	6.24	12.43	5.22
601163	三角轮胎	12240.00	12240.00	800.00	800.00	11.14	11.14	15.44	10.91
601166	兴业银行	411328.98	377236.27	20774.19	19052.34	14.94	14.95	20.66	14.66
601168	西部矿业	15775.46	15775.46	2383.00	2383.00	5.82	5.84	7.37	5.22
601169	北京银行	120092.15	103648.70	21142.98	18248.01	5.61	5.62	6.79	5.18
601177	杭齿前进	3748.56	3748.56	400.06	400.06	8.98	9.31	15.40	8.14
601179	中国西电	18658.21	18658.21	5125.88	5125.88	3.36	3.37	4.92	3.33
601186	中国铁建	116642.91	116642.91	11503.25	11503.25	10.87	10.89	12.52	8.83
601188	龙江交通	3987.11	3987.11	1315.88	1315.88	2.96	2.97	3.89	2.87
601198	东兴证券	36239.60	36239.60	2757.96	2757.96	9.56	9.55	15.61	9.35
601199	江南水务	3544.45	3544.45	935.21	935.21	3.56	3.58	4.71	3.26
601200	上海环境	10137.71	9701.74	913.31	874.03	13.27	13.24	16.95	9.89
601208	东材科技	3082.88	3082.88	626.60	626.60	3.70	3.71	6.20	3.63
601211	国泰君安	138973.08	138973.08	7516.12	7516.12	15.32	15.30	22.21	15.20
601212	白银有色	27249.57	7230.00	7404.77	1964.68	2.95	2.95	5.71	2.88
601216	君正集团	26410.99	26410.99	8438.02	8438.02	2.62	2.62	4.52	2.56
601218	吉鑫科技	2816.60	2775.70	991.76	977.36	2.27	2.27	4.10	2.26
601222	林洋能源	8542.28	8499.55	1757.67	1748.88	4.84	4.80	6.74	3.97
601225	陕西煤业	89900.00	89900.00	10000.00	10000.00	7.44	7.46	10.09	7.21
601226	华电重工	4897.20	4897.20	1155.00	1155.00	3.69	3.72	7.00	3.69
601228	广州港	23719.88	5527.38	6193.18	1443.18	3.96	3.98	5.42	3.66
601229	上海银行	134819.96	125854.31	14206.53	13261.78	11.19	11.10	13.08	8.74
601231	环旭电子	41843.01	41843.01	2175.92	2175.92	9.00	8.90	24.50	8.52
601233	桐昆股份	27700.44	27700.44	1847.93	1847.93	9.76	9.83	18.85	9.34
601236	红塔证券	60932.21	6104.28	3633.41	364.00	3.46	4.15	19.79	4.15
601238	广汽集团	83455.93	71125.94	7139.09	6084.34	10.29	10.29	15.00	10.14
601258	*ST 庞大	14318.12	14318.12	10227.23	10227.23	1.40	1.41	2.10	0.93
601288	农业银行	1178011.14	1085064.03	319244.21	294055.29	3.60	3.61	3.94	3.38
601298	青岛港	37043.56	3121.56	5392.08	454.38	4.61	5.53	11.40	5.53
601311	骆驼股份	8102.67	8102.67	863.82	863.82	8.83	8.80	17.68	8.05
601318	中国平安	925759.51	925759.51	10832.66	10832.66	56.10	56.04	92.50	54.94
601319	中国人保	269427.97	42515.89	35497.76	5601.57	5.38	5.39	12.89	5.24
601326	秦港股份	15176.61	5273.85	4757.56	1653.24	3.14	3.17	5.45	2.95
601328	交通银行	220982.36	220982.36	39250.86	39250.86	5.79	5.77	6.85	5.40
601330	绿色动力	8045.21	2717.57	756.84	255.65	12.45	12.46	17.90	9.49
601333	广深铁路	17295.85	17295.85	5652.24	5652.24	3.16	3.16	4.00	2.92
601336	新华保险	102499.34	102499.34	2085.44	2085.44	42.24	42.31	64.99	39.01
601339	百隆东方	5985.00	5985.00	1500.00	1500.00	5.53	5.52	6.25	3.70
601360	三六零	159022.94	9337.76	6764.06	397.18	20.37	20.40	29.59	16.95
601366	利群股份	4844.62	2674.41	860.50	475.03	6.48	6.50	8.29	5.34
601368	绿城水务	5156.56	4297.14	882.97	735.81	5.79	5.79	7.18	5.57

注：市价总值、无限售股市值、成交金额的单位为百万元，发行股本、流通股本、成交数量的单位为百万股，上年收盘、本年开盘、本年最高、本年最低的单位为元。

A 股 A Share

股票 Share

本年收盘 Close	涨跌（%） Change（%）	涨跌值 Change	市盈率 P/E	市净率 P/B	换手率（%） Turnover Rate（%）	成交数量 Trading Vol	成交金额 Trading Val
4. 92	9. 79	0. 43	92. 08	2. 15	156. 19	66. 31	340. 10
5. 54	12. 12	0. 45	20. 76	1. 13	143. 02	11. 63	73. 10
11. 40	-33. 06	-5. 74	100. 79	2. 05	173. 08	5. 74	83. 78
9. 11	52. 22	2. 97	16. 80	1. 95	503. 54	74. 03	589. 39
11. 26	66. 65	4. 44	22. 60	2. 20	274. 30	16. 04	162. 60
18. 27	59. 39	6. 68	21. 46	5. 02	999. 89	137. 68	2071. 34
7. 83	49. 69	2. 46	21. 85	2. 45	102. 90	29. 44	198. 55
38. 72	70. 47	15. 03	8. 33	2. 87	223. 83	50. 28	1585. 95
5. 60	5. 78	0. 04	18. 91	1. 90	18. 00	8. 64	50. 28
7. 36	18. 26	1. 13	125. 88	3. 09	2982. 44	198. 31	1673. 46
15. 30	39. 47	4. 16	25. 34	1. 31	295. 46	10. 81	145. 66
19. 80	37. 67	4. 86	6. 79	0. 88	100. 37	191. 23	3525. 54
6. 62	13. 75	0. 80	—	1. 80	223. 75	53. 32	330. 82
5. 68	6. 50	0. 07	6. 00	0. 62	65. 95	120. 34	706. 26
9. 37	4. 56	0. 39	258. 41	2. 29	216. 21	8. 65	97. 75
3. 64	9. 22	0. 28	32. 78	0. 95	55. 33	28. 36	113. 80
10. 14	-4. 76	-0. 73	7. 68	0. 81	146. 06	168. 02	1785. 63
3. 03	4. 58	0. 07	13. 21	0. 95	118. 99	15. 66	51. 94
13. 14	38. 76	3. 58	35. 95	1. 85	227. 18	62. 66	779. 18
3. 79	8. 31	0. 23	18. 19	1. 29	106. 16	9. 93	39. 96
11. 10	9. 33	-2. 17	17. 54	1. 71	301. 30	24. 92	323. 41
4. 92	33. 27	1. 22	95. 87	1. 31	410. 77	25. 74	134. 98
18. 49	22. 69	3. 17	24. 55	1. 33	122. 62	92. 16	1700. 17
3. 68	24. 75	0. 73	1051. 43	2. 82	514. 35	101. 05	439. 35
3. 13	19. 47	0. 51	11. 56	1. 61	151. 39	127. 74	462. 84
2. 84	25. 11	0. 57	—	1. 13	335. 93	33. 27	101. 38
4. 86	4. 26	0. 02	11. 23	0. 86	239. 38	41. 86	217. 57
8. 99	25. 24	1. 55	8. 18	1. 77	84. 63	84. 63	747. 76
4. 24	15. 17	0. 55	85. 85	1. 38	133. 44	15. 41	76. 21
3. 83	-2. 58	-0. 13	33. 00	1. 89	199. 54	28. 80	130. 98
9. 49	14. 51	-1. 70	7. 48	0. 84	115. 90	71. 39	762. 27
19. 23	116. 53	10. 23	35. 47	4. 45	204. 75	44. 55	654. 44
14. 99	54. 79	5. 23	13. 06	1. 72	370. 61	66. 90	899. 13
16. 77	384. 68	13. 31	157. 67	5. 39	2290. 55	83. 38	1290. 10
11. 69	17. 00	1. 40	10. 98	1. 56	53. 32	32. 43	384. 77
1. 40	2. 82	0. 00	—	2. 23	364. 52	238. 65	358. 70
3. 69	7. 27	0. 09	6. 37	0. 77	21. 02	618. 09	2259. 10
6. 87	55. 72	2. 26	12. 41	1. 65	1834. 38	83. 35	711. 05
9. 38	7. 72	0. 55	14. 48	1. 39	419. 96	35. 99	438. 97
85. 46	55. 85	29. 36	14. 55	2. 81	143. 94	155. 93	12493. 64
7. 59	41. 90	2. 21	24. 96	2. 20	1669. 52	191. 12	1604. 88
3. 19	3. 90	0. 05	22. 00	1. 28	203. 14	33. 58	134. 55
5. 63	2. 25	-0. 16	5. 68	0. 60	55. 18	216. 57	1296. 65
10. 63	-14. 07	-1. 82	45. 25	4. 33	2102. 90	38. 54	491. 40
3. 06	-1. 22	-0. 10	27. 64	0. 75	110. 72	62. 58	212. 85
49. 15	18. 12	6. 91	19. 35	2. 34	199. 38	41. 58	2096. 01
3. 99	-26. 45	-1. 54	13. 68	0. 77	105. 13	15. 77	73. 47
23. 51	15. 70	3. 14	44. 99	6. 63	604. 22	24. 00	558. 08
5. 63	-10. 36	-0. 85	23. 97	1. 06	263. 51	12. 52	84. 35
5. 84	2. 67	0. 05	18. 46	1. 59	71. 33	5. 25	33. 34

A股 A Share

股票 Share

股票代码 Code	股票简称 Stock Name	市价总值 Tot_cap	无限售股市值 Nego_cap	发行股本 Issued Vol	流通股本 Negotiable Vol	上年收盘 Last Year Close	本年开盘 Open	本年最高 High	本年最低 Low
601369	陕鼓动力	11160.90	10897.82	1678.33	1638.77	6.05	6.02	7.45	5.61
601375	中原证券	14331.06	9662.70	2673.71	1802.74	4.26	4.29	7.17	4.15
601377	兴业证券	47412.44	47412.44	6696.67	6696.67	4.64	4.54	8.14	4.39
601388	怡球资源	3909.02	3909.02	2025.40	2025.40	1.93	1.93	3.17	1.72
601390	中国中铁	120959.42	110703.25	20363.54	18636.91	6.99	7.00	7.88	5.45
601398	工商银行	1585319.81	1585319.81	269612.21	269612.21	5.29	5.30	6.08	5.15
601500	通用股份	5678.61	4732.24	872.29	726.92	6.59	6.50	9.19	5.73
601512	中新集团	20834.57	2083.47	1498.89	149.89	9.67	11.60	16.84	11.60
601515	东风股份	9007.20	9007.20	1334.40	1334.40	7.10	7.08	16.10	6.32
601518	吉林高速	3565.04	3202.85	1350.40	1213.20	2.58	2.59	3.45	2.49
601519	大智慧	15682.95	15682.95	1987.70	1987.70	3.34	3.34	13.78	3.25
601555	东吴证券	29970.00	29970.00	3000.00	3000.00	6.70	6.72	13.09	6.51
601558	ST锐电	6573.35	6573.35	6030.60	6030.60	1.11	1.15	1.65	0.97
601566	九牧王	6573.85	6573.85	574.64	574.64	13.25	13.18	14.86	10.82
601567	三星医疗	10260.61	10260.61	1386.57	1386.57	5.63	5.67	7.78	5.34
601577	长沙银行	31033.49	9027.67	3421.55	995.33	8.52	8.54	12.82	8.32
601579	会稽山	4257.40	4257.40	497.36	497.36	8.89	8.93	10.55	8.01
601588	北辰实业	8724.80	8724.80	2660.00	2660.00	2.71	2.71	4.43	2.65
601595	上海电影	5419.49	5419.49	373.50	373.50	12.23	12.19	21.60	12.03
601598	中国外运	22390.21	5757.97	5255.92	1351.64	5.24	5.30	7.69	3.97
601599	鹿港文化	2963.85	2963.85	892.72	892.72	3.12	3.11	4.24	2.62
601600	中国铝业	46298.62	38797.81	13078.71	10959.83	3.55	3.53	4.89	3.25
601601	中国太保	237888.73	237888.73	6286.70	6286.70	28.43	28.45	40.40	27.05
601606	长城军工	7923.06	3257.13	724.23	297.73	12.06	11.90	19.44	10.41
601607	上海医药	35325.82	35324.32	1923.02	1922.94	17.00	16.97	23.66	15.79
601608	中信重工	16142.64	16142.64	4339.42	4339.42	2.60	2.60	6.31	2.58
601611	中国核建	18716.25	18716.25	2625.00	2625.00	6.53	6.59	10.29	6.40
601615	明阳智能	16970.59	3393.57	1379.72	275.90	4.75	5.70	18.63	5.70
601616	广电电气	2853.50	2853.50	935.58	935.58	3.17	3.18	5.38	2.84
601618	中国中冶	49987.33	49987.33	17852.62	17852.62	3.11	3.10	3.92	2.56
601619	嘉泽新能	7923.06	1924.34	2074.10	503.75	4.65	4.56	6.40	3.72
601628	中国人寿	726116.49	726116.49	20823.53	20823.53	20.39	20.40	36.30	19.78
601633	长城汽车	53345.40	53345.40	6027.73	6027.73	5.60	5.62	11.12	5.50
601636	旗滨集团	14755.49	14585.74	2687.70	2656.78	3.80	3.81	5.51	3.26
601658	邮储银行	388790.91	17427.59	66346.57	2973.99	5.50	5.60	6.14	5.53
601666	平煤股份	9491.88	9491.88	2361.16	2361.16	3.52	3.52	4.82	3.47
601668	中国建筑	235903.04	231212.84	41975.63	41141.08	5.70	5.67	6.73	4.93
601669	中国电建	66397.81	48366.70	15299.04	11144.40	4.86	4.86	6.25	4.00
601677	明泰铝业	7105.74	6625.38	616.28	574.62	8.79	8.81	12.80	8.51
601678	滨化股份	7891.88	7891.88	1544.40	1544.40	4.22	4.30	8.73	4.15
601688	华泰证券	149432.94	149432.94	7357.60	7357.60	16.20	16.20	26.13	15.94
601689	拓普集团	18388.44	18274.16	1054.99	1048.43	14.78	14.78	23.60	9.07
601698	中国卫通	45280.00	4528.00	4000.00	400.00	2.72	3.26	15.99	3.26
601699	潞安环能	21717.63	21717.63	2991.41	2991.41	6.66	6.70	8.97	6.43
601700	风范股份	7320.68	7320.68	1133.23	1133.23	3.82	4.05	11.63	4.02
601717	郑煤机	9635.36	9595.82	1489.24	1483.13	5.53	5.52	7.70	5.32
601718	际华集团	14316.71	14316.71	4391.63	4391.63	3.35	3.36	5.47	3.07
601727	上海电气	60654.16	51213.41	12179.55	10283.82	4.94	4.94	7.39	4.60
601766	中国中车	173700.48	163632.32	24327.80	22917.69	9.02	8.98	10.04	6.72
601777	力帆股份	4046.37	3960.34	1313.76	1285.83	3.81	3.85	9.65	2.63

注：市价总值、无限售股市值、成交金额的单位为百万元，发行股本、流通股本、成交数量的单位为百万股，上年收盘、本年开盘、本年最高、本年最低的单位为元。

A 股 A Share

股票 Share

本年收盘 Close	涨跌（%） Change（%）	涨跌值 Change	市盈率 P/E	市净率 P/B	换手率（%） Turnover Rate（%）	成交数量 Trading Vol	成交金额 Trading Val
6. 65	13. 30	0. 60	31. 86	1. 80	77. 47	12. 70	83. 70
5. 36	26. 36	1. 10	315. 29	2. 08	460. 72	83. 06	456. 26
7. 08	53. 82	2. 44	350. 32	1. 46	256. 81	171. 97	1142. 72
1. 93	0. 50	0. 00	40. 08	1. 52	415. 60	84. 18	194. 63
5. 94	-13. 27	-1. 05	8. 49	0. 76	68. 74	128. 12	871. 17
5. 88	16. 05	0. 59	7. 04	0. 90	16. 54	445. 93	2529. 87
6. 51	-0. 09	-0. 08	38. 33	2. 13	245. 22	5. 06	36. 85
13. 90	43. 74	4. 23	21. 30	2. 73	165. 55	2. 48	37. 51
6. 75	18. 46	-0. 35	12. 04	2. 16	218. 81	26. 42	278. 53
2. 64	3. 07	0. 06	14. 63	1. 02	133. 57	16. 21	48. 26
7. 89	136. 23	4. 55	144. 80	10. 88	854. 19	169. 79	1452. 67
9. 99	50. 41	3. 29	83. 62	1. 49	376. 78	110. 07	1102. 43
1. 09	-1. 80	-0. 02	35. 60	4. 43	164. 07	94. 00	123. 21
11. 44	-7. 14	-1. 81	12. 32	1. 48	101. 74	5. 85	75. 56
7. 40	38. 41	1. 77	20. 19	1. 38	111. 79	15. 52	102. 88
9. 07	9. 59	0. 55	6. 93	1. 00	1141. 18	44. 16	439. 38
8. 56	-2. 46	-0. 33	23. 94	1. 35	118. 15	4. 88	45. 16
3. 28	24. 87	0. 57	9. 28	0. 73	192. 57	51. 22	184. 10
14. 51	20. 45	2. 28	23. 07	2. 34	449. 88	8. 16	132. 00
4. 26	-16. 42	-0. 98	11. 66	1. 36	794. 42	107. 38	569. 28
3. 32	7. 20	0. 20	52. 84	1. 16	340. 62	30. 41	106. 42
3. 54	-0. 28	-0. 01	69. 25	1. 15	151. 04	165. 54	659. 19
37. 84	36. 67	9. 41	19. 03	2. 29	90. 75	57. 05	2006. 17
10. 94	-9. 04	-1. 12	80. 85	3. 59	2546. 88	41. 72	632. 08
18. 37	10. 62	1. 37	13. 45	1. 34	175. 09	33. 67	641. 61
3. 72	43. 08	1. 12	152. 09	2. 26	203. 78	88. 43	412. 70
7. 13	10. 05	0. 60	19. 48	1. 86	246. 89	29. 57	242. 73
12. 30	160. 44	7. 55	39. 84	3. 81	2632. 37	72. 63	913. 08
3. 05	-2. 66	-0. 12	22. 90	1. 16	391. 73	36. 65	149. 59
2. 80	-7. 84	-0. 31	9. 11	0. 69	95. 07	169. 72	551. 26
3. 82	-17. 11	-0. 83	29. 42	2. 99	765. 68	38. 57	196. 08
34. 87	72. 04	14. 48	86. 49	3. 10	17. 43	36. 30	1060. 76
8. 85	63. 58	3. 25	15. 51	1. 54	81. 11	48. 89	409. 15
5. 49	55. 89	1. 69	12. 22	1. 95	266. 04	69. 94	296. 95
5. 86	6. 55	0. 36	9. 66	1. 06	155. 07	46. 12	261. 49
4. 02	14. 20	0. 50	13. 27	0. 74	186. 65	44. 07	182. 35
5. 62	1. 51	-0. 08	6. 17	0. 97	98. 35	404. 59	2392. 64
4. 34	-8. 91	-0. 52	8. 63	0. 77	65. 74	73. 26	376. 86
11. 53	33. 67	2. 74	14. 34	1. 20	147. 26	8. 46	90. 86
5. 11	23. 30	0. 89	11. 25	1. 29	456. 36	70. 48	465. 42
20. 31	27. 35	4. 11	36. 63	1. 78	310. 92	192. 42	3918. 28
17. 43	75. 47	2. 65	24. 41	2. 55	280. 78	18. 67	279. 81
11. 32	316. 18	8. 60	108. 26	4. 64	1824. 24	72. 97	878. 35
7. 26	12. 68	0. 60	8. 16	0. 91	168. 02	50. 26	392. 76
6. 46	73. 68	2. 64	234. 48	2. 57	936. 74	106. 15	769. 67
6. 47	19. 74	0. 94	13. 47	0. 98	359. 87	53. 37	332. 34
3. 26	-2. 42	-0. 09	—	0. 80	131. 56	57. 78	239. 48
4. 98	2. 05	0. 04	25. 02	1. 32	56. 27	56. 75	322. 93
7. 14	-19. 22	-1. 88	18. 13	1. 60	57. 15	130. 97	1110. 71
3. 08	-19. 16	-0. 73	16. 00	0. 54	843. 63	106. 83	502. 77

A 股
A Share

股票
Share

股票代码 Code	股票简称 Stock Name	市价总值 Tot_cap	无限售股市值 Nego_cap	发行股本 Issued Vol	流通股本 Negotiable Vol	上年收盘 Last Year Close	本年开盘 Open	本年最高 High	本年最低 Low
601788	光大证券	51177. 75	51177. 75	3906. 70	3906. 70	8. 77	8. 80	15. 41	8. 62
601789	宁波建工	3718. 86	3718. 86	976. 08	976. 08	3. 10	3. 11	5. 61	3. 06
601798	ST 蓝科	2201. 62	2201. 62	354. 53	354. 53	4. 92	4. 92	8. 32	4. 75
601799	星宇股份	26229. 22	26229. 22	276. 16	276. 16	47. 50	47. 00	95. 55	44. 20
601800	中国交建	107604. 68	107604. 68	11747. 24	11747. 24	11. 26	11. 26	14. 68	8. 26
601801	皖新传媒	10900. 84	10900. 84	1989. 20	1989. 20	6. 68	6. 75	8. 56	4. 99
601808	中海油服	56840. 99	56840. 99	2960. 47	2960. 47	8. 54	8. 54	19. 45	8. 15
601811	新华文轩	10445. 21	10445. 21	791. 90	791. 90	9. 31	9. 30	16. 99	9. 08
601818	光大银行	175564. 63	175564. 63	39810. 57	39810. 57	3. 70	3. 69	4. 74	3. 62
601828	美凯龙	32586. 26	4484. 28	2876. 10	395. 79	11. 04	11. 04	14. 40	10. 33
601838	成都银行	32763. 12	17180. 11	3612. 25	1894. 17	8. 05	8. 05	9. 89	7. 43
601857	中国石油	944005. 71	944005. 71	161922. 08	161922. 08	7. 21	7. 21	8. 02	5. 49
601858	中国科传	8663. 88	2087. 88	790. 50	190. 50	8. 74	8. 90	14. 67	8. 58
601860	紫金银行	20574. 20	2057. 42	3660. 89	366. 09	3. 14	3. 77	11. 80	3. 77
601865	福莱特	18195. 00	1819. 50	1500. 00	150. 00	2. 00	2. 88	18. 38	2. 88
601866	中远海发	20544. 20	20544. 20	7932. 13	7932. 13	2. 28	2. 29	3. 78	2. 25
601869	长飞光纤	13421. 35	3520. 12	406. 34	106. 57	39. 77	39. 86	54. 00	30. 78
601872	招商轮船	50110. 22	43773. 52	6066. 61	5299. 46	3. 69	3. 77	8. 34	3. 60
601877	正泰电器	57653. 23	57645. 82	2151. 24	2150. 96	24. 24	24. 23	29. 48	20. 18
601878	浙商证券	37100. 13	13450. 83	3333. 35	1208. 52	7. 26	7. 29	12. 83	7. 13
601880	大连港	15703. 71	15703. 71	7735. 82	7735. 82	1. 85	1. 86	2. 66	1. 81
601881	中国银河	74841. 24	14263. 24	6446. 27	1228. 53	6. 82	6. 87	14. 88	6. 70
601882	海天精工	3784. 50	3784. 50	522. 00	522. 00	7. 04	7. 04	10. 15	6. 75
601886	江河集团	8378. 40	8378. 40	1154. 05	1154. 05	7. 49	7. 79	10. 14	6. 96
601888	中国国旅	173672. 70	173672. 70	1952. 48	1952. 48	60. 20	60. 53	98. 27	53. 31
601890	亚星锚链	5487. 77	5487. 77	959. 40	959. 40	3. 52	3. 52	8. 78	3. 51
601898	中煤能源	45943. 04	45943. 04	9152. 00	9152. 00	4. 65	4. 66	5. 51	4. 20
601899	紫金矿业	90149. 07	88227. 91	19640. 32	19221. 77	3. 34	3. 29	4. 64	2. 93
601900	南方传媒	8295. 82	8236. 31	895. 88	889. 45	8. 42	8. 50	11. 04	8. 00
601901	方正证券	71372. 32	71372. 32	8232. 10	8232. 10	5. 31	5. 27	9. 03	5. 25
601908	京运通	5979. 05	5979. 05	1993. 02	1993. 02	3. 15	3. 14	4. 81	2. 78
601916	浙商银行	79896. 25	9882. 97	16714. 70	2067. 57	4. 94	4. 95	5. 58	4. 52
601918	新集能源	8393. 36	8393. 36	2590. 54	2590. 54	3. 01	2. 76	3. 82	2. 76
601919	中远海控	51007. 96	40240. 00	9678. 93	7635. 67	4. 04	4. 02	6. 58	4. 02
601928	凤凰传媒	19366. 69	19366. 69	2544. 90	2544. 90	7. 94	7. 92	9. 77	7. 09
601929	吉视传媒	6626. 56	6626. 56	3111. 06	3111. 06	2. 05	2. 06	3. 33	1. 95
601933	永辉超市	72161. 28	71390. 62	9570. 46	9468. 25	7. 87	7. 90	10. 65	7. 09
601939	建设银行	69362. 14	69362. 14	9593. 66	9593. 66	6. 37	6. 37	7. 85	6. 19
601949	中国出版	11536. 43	2538. 37	1822. 50	401. 01	4. 39	4. 38	8. 53	4. 20
601952	苏垦农发	9632. 22	2861. 03	1378. 00	409. 30	6. 63	6. 67	9. 11	6. 35
601958	金钼股份	25845. 10	25845. 10	3226. 60	3226. 60	5. 92	5. 93	8. 20	5. 88
601965	中国汽研	8030. 09	7958. 57	969. 82	961. 18	7. 08	7. 09	9. 90	6. 23
601966	玲珑轮胎	27516. 27	27516. 27	1200. 01	1200. 01	13. 65	13. 72	23. 27	13. 25
601968	宝钢包装	4225. 00	4225. 00	833. 33	833. 33	3. 99	4. 00	5. 81	3. 98
601969	海南矿业	11317. 83	11317. 83	1954. 72	1954. 72	4. 48	4. 55	6. 74	4. 10
601975	招商南油	14115. 75	5334. 93	5023. 40	1898. 55	4. 31	2. 81	5. 49	2. 04
601985	中国核电	77827. 15	77827. 15	15565. 43	15565. 43	5. 27	5. 28	6. 73	4. 69
601988	中国银行	777724. 75	777724. 75	210765. 51	210765. 51	3. 61	3. 62	4. 06	3. 49
601989	中国重工	119482. 67	95807. 67	22802. 04	18283. 91	4. 25	4. 25	7. 10	4. 23
601990	南京证券	42587. 81	26607. 36	3298. 82	2060. 99	8. 70	8. 64	16. 56	7. 05

注：市价总值、无限售股市值、成交金额的单位为百万元，发行股本、流通股本、成交数量的单位为百万股，上年收盘、本年开盘、本年最高、本年最低的单位为元。

A 股 A Share

股票 Share

本年收盘 Close	涨跌（%）Change（%）	涨跌值 Change	市盈率 P/E	市净率 P/B	换手率（%）Turnover Rate（%）	成交数量 Trading Vol	成交金额 Trading Val
13. 10	50. 69	4. 33	584. 56	1. 28	200. 21	78. 22	956. 13
3. 81	24. 90	0. 71	16. 94	1. 36	439. 08	42. 86	188. 95
6. 21	26. 22	1. 29	34. 98	1. 22	123. 37	4. 37	27. 42
94. 98	102. 80	47. 48	42. 96	6. 00	112. 05	3. 09	222. 80
9. 16	-17. 00	-2. 10	7. 53	0. 75	56. 66	66. 56	745. 19
5. 48	-15. 66	-1. 20	10. 03	1. 09	76. 38	15. 19	103. 92
19. 20	126. 50	10. 66	1293. 80	2. 65	73. 77	21. 84	261. 98
13. 19	45. 27	3. 88	17. 46	1. 92	632. 23	15. 06	195. 25
4. 41	24. 13	0. 71	6. 88	0. 72	62. 72	249. 69	1030. 36
11. 33	4. 87	0. 29	8. 98	0. 96	455. 11	17. 89	216. 21
9. 07	17. 35	1. 02	7. 05	1. 05	301. 51	48. 30	422. 56
5. 83	-17. 04	-1. 38	20. 29	0. 88	11. 00	178. 13	1230. 63
10. 96	26. 51	2. 22	20. 41	2. 45	966. 89	18. 42	215. 66
5. 62	81. 56	2. 48	16. 41	1. 67	3030. 90	110. 96	818. 10
12. 13	510. 77	10. 13	58. 07	6. 45	3028. 29	45. 42	567. 71
2. 59	14. 83	0. 31	21. 69	1. 67	79. 02	62. 68	181. 11
33. 03	-16. 35	-6. 74	16. 81	3. 06	1162. 10	9. 38	386. 85
8. 26	127. 06	4. 57	42. 94	2. 47	183. 74	94. 08	535. 97
26. 80	13. 41	2. 56	16. 05	2. 66	131. 98	23. 21	572. 37
11. 13	54. 53	3. 87	50. 34	2. 72	857. 97	103. 69	1037. 40
2. 03	10. 81	0. 18	50. 02	1. 43	101. 72	78. 69	175. 54
11. 61	71. 78	4. 79	40. 77	1. 78	1114. 00	136. 86	1549. 54
7. 25	3. 67	0. 21	37. 28	3. 06	423. 20	5. 57	46. 90
7. 26	0. 48	-0. 23	13. 77	1. 10	186. 83	21. 56	176. 91
88. 95	48. 72	28. 75	56. 12	10. 70	117. 25	22. 89	1777. 02
5. 72	62. 50	2. 20	—	1. 89	675. 87	64. 84	421. 00
5. 02	9. 81	0. 37	19. 38	0. 72	41. 64	38. 11	189. 07
4. 59	41. 37	1. 25	28. 45	2. 88	247. 13	423. 20	1517. 25
9. 26	12. 76	0. 84	12. 66	1. 52	98. 78	7. 60	70. 84
8. 67	64. 03	3. 36	107. 92	1. 89	135. 57	111. 60	815. 88
3. 00	-2. 60	-0. 15	13. 23	0. 87	191. 55	38. 18	141. 90
4. 78	-3. 24	-0. 16	8. 85	1. 01	248. 24	51. 33	245. 23
3. 24	8. 00	0. 23	32. 12	1. 58	193. 82	50. 21	166. 89
5. 27	30. 45	1. 23	52. 53	2. 82	75. 14	57. 37	289. 45
7. 61	-0. 51	-0. 33	14. 62	1. 45	91. 68	23. 33	190. 70
2. 13	4. 32	0. 08	21. 76	0. 93	196. 91	61. 26	162. 33
7. 54	-3. 19	-0. 33	48. 75	3. 73	127. 76	109. 08	967. 92
7. 23	18. 46	0. 86	7. 10	0. 91	225. 97	216. 79	1550. 52
6. 33	46. 89	1. 94	19. 18	1. 88	1108. 19	44. 44	286. 63
6. 99	8. 23	0. 36	15. 91	1. 72	1068. 84	43. 75	324. 61
8. 01	38. 06	2. 09	67. 77	1. 98	113. 43	36. 60	255. 33
8. 28	21. 03	1. 20	19. 91	1. 80	109. 33	10. 51	81. 37
22. 93	70. 91	9. 28	23. 29	2. 75	211. 13	13. 40	252. 71
5. 07	27. 89	1. 08	100. 86	2. 06	150. 02	12. 50	61. 20
5. 79	29. 24	1. 31	—	2. 73	116. 14	22. 70	126. 69
2. 81	-34. 80	-1. 50	39. 19	3. 75	1005. 72	190. 94	640. 91
5. 00	-3. 02	-0. 27	16. 43	1. 68	47. 06	73. 25	419. 51
3. 69	7. 19	0. 08	6. 03	0. 67	14. 30	301. 41	1125. 32
5. 24	23. 50	0. 99	177. 63	1. 42	152. 89	280. 73	1597. 68
12. 91	79. 85	4. 21	183. 75	4. 02	1978. 35	139. 14	1479. 41

A股
A Share

股票
Share

股票代码 Code	股票简称 Stock Name	市价总值 Tot_cap	无限售股市值 Nego_cap	发行股本 Issued Vol	流通股本 Negotiable Vol	上年收盘 Last Year Close	本年开盘 Open	本年最高 High	本年最低 Low
601991	大唐发电	30370.42	24486.18	12396.09	9994.36	3.15	3.15	3.68	2.36
601992	金隅集团	31104.49	31086.41	8339.01	8334.16	3.50	3.60	4.64	3.12
601996	丰林集团	3242.44	3044.31	1145.74	1075.73	2.83	2.85	3.99	2.66
601997	贵阳银行	30764.35	29347.67	3218.03	3069.84	10.68	10.70	15.07	7.90
601998	中信银行	210104.83	196854.94	34052.65	31905.18	5.45	5.45	7.24	5.28
601999	出版传媒	3283.45	3283.45	550.91	550.91	5.07	5.14	8.97	4.99
603000	人民网	21881.63	21881.63	1105.69	1105.69	7.30	7.36	34.60	7.30
603001	奥康国际	3608.82	3608.82	400.98	400.98	10.11	10.09	12.60	8.58
603002	宏昌电子	2617.39	2617.39	614.41	614.41	3.47	3.49	5.81	3.29
603003	龙宇燃油	3382.24	3382.24	416.53	416.53	6.73	6.61	10.84	6.61
603005	晶方科技	9044.78	9044.78	229.68	229.68	16.42	16.33	48.87	14.35
603006	联明股份	2101.86	2101.86	191.08	191.08	9.18	9.18	20.30	9.09
603007	花王股份	2315.83	2290.29	337.09	333.38	7.94	7.99	11.33	6.29
603008	喜临门	6050.90	5993.35	391.14	387.42	9.22	9.22	16.15	7.90
603009	北特科技	2229.40	2037.14	359.00	328.04	5.79	5.81	11.55	5.20
603010	万盛股份	3922.21	3892.00	346.79	344.12	14.05	14.01	19.07	10.22
603011	合锻智能	2278.97	2258.21	453.07	448.95	4.35	4.36	7.51	4.30
603012	创力集团	5678.12	5678.12	636.56	636.56	8.03	8.02	17.65	7.66
603013	亚普股份	7833.60	921.60	510.00	60.00	17.64	17.69	22.58	12.53
603015	弘讯科技	2601.29	2582.96	407.09	404.22	5.97	5.96	9.34	5.69
603016	新宏泰	2503.90	2503.90	148.16	148.16	16.70	16.66	25.66	12.95
603017	中衡设计	2894.21	2839.63	275.11	269.93	9.93	10.05	17.15	9.85
603018	中设集团	4778.39	4733.14	464.37	459.98	17.42	17.42	22.43	9.87
603019	中科曙光	31132.68	31132.68	900.31	900.31	35.88	35.88	68.28	30.20
603020	爱普股份	2630.40	2630.40	320.00	320.00	7.43	7.40	10.25	7.10
603021	山东华鹏	2652.37	2652.37	319.95	319.95	5.76	5.67	10.23	5.10
603022	新通联	2546.00	2546.00	200.00	200.00	6.80	6.86	18.37	6.70
603023	威帝股份	2147.67	2147.67	445.58	445.58	4.66	4.65	6.88	3.83
603025	大豪科技	8770.66	8673.35	926.15	915.88	11.15	11.21	13.23	7.63
603026	石大胜华	7097.85	7097.85	202.68	202.68	19.30	19.25	42.05	18.71
603027	千禾味业	9900.39	9771.98	465.68	459.64	15.38	15.39	26.50	15.03
603028	赛福天	2609.86	2609.86	220.80	220.80	7.29	7.29	12.76	6.90
603029	天鹅股份	1363.70	1363.70	93.34	93.34	13.22	13.30	17.88	12.31
603030	全筑股份	3105.49	3091.56	538.21	535.80	5.10	5.10	9.04	4.88
603031	安德利	2699.20	2699.20	112.00	112.00	11.89	11.89	24.36	10.57
603032	德新交运	3552.18	1740.66	160.01	78.41	28.78	28.80	46.39	20.51
603033	三维股份	5646.96	3297.67	304.42	177.77	18.88	18.88	27.41	16.15
603035	常熟汽饰	3640.00	2238.79	280.00	172.21	12.10	12.15	15.24	7.81
603036	如通股份	2206.61	2177.99	206.03	203.36	11.19	11.21	15.40	10.10
603037	凯众股份	2005.36	1181.85	105.82	62.37	17.90	17.86	22.78	15.85
603038	华立股份	1917.00	771.10	131.57	52.92	16.60	16.88	22.55	12.50
603039	泛微网络	8870.96	3553.00	151.64	60.74	72.30	72.99	111.04	52.54
603040	新坐标	2767.59	1122.01	79.48	32.22	26.55	26.35	37.08	22.53
603041	美思德	1737.09	803.02	100.64	46.53	14.17	14.20	21.01	13.10
603042	华脉科技	2074.00	1540.69	136.00	101.03	15.37	15.51	20.81	11.48
603043	广州酒家	12269.36	3811.65	404.00	125.51	27.08	27.07	36.46	25.80
603045	福达合金	2064.30	1423.99	137.62	94.93	28.70	28.86	39.33	13.85
603050	科林电气	1808.80	905.39	162.22	81.20	13.17	14.00	16.69	9.90
603053	成都燃气	17262.24	1726.24	888.89	88.89	10.45	12.54	22.80	12.54
603055	台华新材	5236.16	963.63	766.64	141.09	10.58	10.60	13.55	6.22

注：市价总值、无限售股市值、成交金额的单位为百万元，发行股本、流通股本、成交数量的单位为百万股，上年收盘、本年开盘、本年最高、本年最低的单位为元。

A股 A Share

股票 Share

本年收盘 Close	涨跌（%） Change（%）	涨跌值 Change	市盈率 P/E	市净率 P/B	换手率（%） Turnover Rate（%）	成交数量 Trading Vol	成交金额 Trading Val
2.45	-19.43	-0.70	36.72	0.90	30.01	29.99	92.87
3.73	8.00	0.23	12.22	0.69	124.67	103.91	395.56
2.83	1.86	0.00	23.39	1.23	169.52	16.63	53.29
9.56	29.32	-1.12	5.99	0.88	264.01	42.97	481.87
6.17	17.76	0.72	6.78	0.69	25.39	81.02	496.04
5.96	19.78	0.89	18.52	1.50	151.78	8.36	53.69
19.79	173.11	12.49	102.30	7.32	744.55	82.32	1833.04
9.00	-8.33	-1.11	26.35	0.91	78.38	3.14	32.81
4.26	24.00	0.79	52.34	2.36	427.85	26.20	112.63
8.12	20.65	1.39	53.24	0.85	282.63	11.77	99.42
39.38	140.64	22.96	127.17	4.80	950.11	17.98	474.41
11.00	19.83	1.82	20.79	2.04	667.32	7.56	101.45
6.87	-13.19	-1.07	23.17	2.16	291.41	6.39	56.17
15.47	67.79	6.25	—	2.65	475.13	15.98	192.16
6.21	8.10	0.42	39.70	1.29	473.33	15.33	110.48
11.31	13.73	-2.74	36.48	3.45	290.74	7.86	108.62
5.03	18.04	0.68	44.29	1.32	333.95	14.88	86.61
8.92	11.59	0.89	27.37	2.08	453.69	28.88	309.80
15.36	-10.83	-2.28	23.49	2.58	1705.08	10.23	174.84
6.39	8.89	0.42	44.23	2.15	163.09	6.57	48.00
16.90	3.71	0.20	40.87	3.03	721.72	6.04	110.99
10.52	8.38	0.59	17.21	1.64	454.83	12.28	168.76
10.29	-10.87	-7.13	12.06	1.93	235.08	9.50	134.81
34.58	35.26	-1.30	72.30	8.15	749.14	60.37	2498.72
8.22	12.15	0.79	23.88	1.32	253.43	8.11	68.70
8.29	44.42	2.53	134.32	1.97	218.27	6.94	52.09
12.73	88.35	5.93	81.31	4.12	487.66	9.75	119.40
4.82	26.58	0.16	32.96	3.30	316.31	13.40	70.51
9.47	-12.65	-1.68	23.73	4.82	97.32	8.91	87.59
35.02	84.37	15.72	34.56	4.39	772.58	15.66	518.38
21.26	95.26	5.88	41.25	7.58	520.56	17.49	374.30
11.82	62.46	4.53	154.33	3.73	355.11	6.57	66.95
14.61	11.30	1.39	90.31	1.89	380.94	2.07	30.91
5.77	13.49	0.67	11.92	1.70	249.45	13.34	90.22
24.10	102.69	12.21	460.72	4.47	626.81	4.73	76.22
22.20	-22.68	-6.58	13.71	5.19	2188.37	17.16	519.35
18.55	38.23	-0.33	68.93	4.75	273.93	1.90	39.08
13.00	11.74	0.90	10.70	1.45	528.00	9.09	101.29
10.71	-3.83	-0.48	56.47	2.20	915.48	4.86	61.13
18.95	10.17	1.05	15.79	2.41	291.29	1.80	34.59
14.57	24.91	-2.03	23.10	1.89	471.40	2.17	35.21
58.50	19.93	-13.80	77.48	12.25	286.40	1.53	106.39
34.82	33.00	8.27	26.98	4.08	590.00	1.88	56.64
17.26	22.83	3.09	42.55	2.36	498.86	2.32	38.85
15.25	-0.78	-0.12	—	2.65	1367.65	13.82	217.64
30.37	13.63	3.29	31.96	6.29	422.70	5.31	163.42
15.00	-26.51	-13.70	35.70	2.69	1991.05	10.50	231.11
11.15	-14.14	-2.02	20.78	1.73	1028.92	8.28	108.14
19.42	85.84	8.97	40.39	8.30	305.85	2.72	56.13
6.83	-8.02	-3.75	15.19	2.04	501.75	6.02	56.42

A 股 A Share

股票 Share

股票代码 Code	股票简称 Stock Name	市价总值 Tot_cap	无限售股市值 Nego_cap	发行股本 Issued Vol	流通股本 Negotiable Vol	上年收盘 Last Year Close	本年开盘 Open	本年最高 High	本年最低 Low
603056	德邦股份	10665.60	2418.19	960.00	217.66	16.55	16.55	22.17	10.60
603058	永吉股份	3109.53	1662.90	419.07	224.11	9.51	9.60	12.10	6.78
603059	倍加洁	2820.00	705.00	100.00	25.00	31.63	31.63	38.76	22.22
603060	国检集团	7478.24	7478.24	308.00	308.00	19.50	19.49	29.29	17.30
603063	禾望电气	4024.51	2384.50	430.89	255.30	6.31	6.33	12.54	6.10
603066	音飞储存	2309.40	2309.40	300.70	300.70	7.05	7.04	9.79	6.23
603067	振华股份	2613.07	2613.07	431.20	431.20	7.70	7.74	11.83	5.32
603068	博通集成	12493.93	3123.48	138.71	34.68	18.63	26.83	145.99	26.83
603069	海汽集团	3270.60	3270.60	316.00	316.00	6.58	6.62	10.78	5.95
603076	乐惠国际	1812.59	653.24	74.50	26.85	24.47	24.30	29.59	20.80
603077	和邦生物	13070.25	13070.25	8831.25	8831.25	1.62	1.62	2.34	1.42
603078	江化微	3732.46	2127.36	109.20	62.24	28.85	28.98	37.80	21.30
603079	圣达生物	4459.84	1453.89	112.00	36.51	16.14	16.56	44.25	14.79
603080	新疆火炬	2347.49	1447.23	141.50	87.24	20.84	20.82	26.29	15.35
603081	大丰实业	6553.36	1267.72	401.80	77.73	11.63	11.70	20.20	9.91
603083	剑桥科技	4830.99	3197.85	169.45	112.17	24.60	24.50	40.13	21.50
603085	天成自控	2374.45	2374.45	290.99	290.99	7.72	7.77	13.80	6.71
603086	先达股份	2797.76	1811.39	112.00	72.51	22.28	22.41	46.95	21.50
603088	宁波精达	1392.38	1392.38	156.80	156.80	11.34	11.20	16.67	7.91
603089	正裕工业	2210.26	651.76	154.67	45.61	16.30	16.68	24.96	11.86
603090	宏盛股份	1638.00	1638.00	100.00	100.00	12.98	12.98	22.48	12.00
603093	南华期货	15631.00	1886.50	580.00	70.00	4.84	6.97	33.86	6.97
603096	新经典	7482.53	3003.23	135.31	54.31	61.72	61.72	67.69	52.03
603098	森特股份	5318.53	5318.53	480.01	480.01	13.67	13.53	17.75	9.74
603099	长白山	2650.70	2650.70	266.67	266.67	8.77	8.79	13.79	8.30
603100	川仪股份	3507.60	3507.60	395.00	395.00	7.52	7.52	11.98	7.48
603101	汇嘉时代	3007.20	3007.20	336.00	336.00	15.92	15.87	16.76	5.40
603103	横店影视	11929.30	1395.70	634.20	74.20	22.30	22.33	27.14	12.91
603105	芯能科技	3575.00	2204.35	500.00	308.30	13.08	13.10	18.27	6.24
603106	恒银金融	3527.52	1492.90	400.40	169.46	10.30	10.43	15.69	8.04
603108	润达医疗	5760.57	5760.57	579.53	579.53	7.19	7.25	14.30	6.74
603109	N 神驰	3882.35	970.65	146.67	36.67	18.38	22.06	26.47	22.06
603110	东方材料	2355.79	889.99	143.73	54.30	10.58	10.50	20.54	9.85
603111	康尼机电	5244.49	4413.99	993.28	835.98	3.96	3.97	6.34	3.56
603113	金能科技	7293.39	3580.83	675.94	331.87	10.97	10.97	18.63	10.01
603115	海星股份	4295.20	1073.80	208.00	52.00	10.18	14.66	31.10	14.66
603116	红蜻蜓	3935.45	3935.45	576.20	576.20	6.97	6.96	9.89	6.40
603117	万林物流	2443.46	2405.95	643.02	633.14	3.54	3.53	6.35	3.40
603118	共进股份	8719.24	8719.24	775.73	775.73	6.30	6.31	16.22	6.30
603121	华培动力	4723.92	1180.98	216.00	54.00	11.79	16.98	40.06	15.02
603123	翠微股份	3579.91	3579.91	524.14	524.14	5.90	5.87	8.58	5.30
603126	中材节能	2991.45	2991.45	610.50	610.50	5.15	5.16	8.20	4.52
603127	昭衍新药	9347.24	4554.34	161.72	78.79	47.60	47.68	79.94	41.00
603128	华贸物流	6385.96	6385.96	1012.04	1012.04	5.32	5.33	11.28	5.16
603129	春风动力	5684.50	2774.80	134.39	65.60	15.98	15.82	43.00	15.13
603131	上海沪工	4442.10	977.90	317.97	70.00	15.39	15.58	31.00	12.59
603133	碳元科技	5247.14	2816.07	210.48	112.96	15.53	15.75	26.50	13.27
603136	天目湖	3087.92	771.98	116.00	29.00	29.33	29.60	42.17	18.72
603138	海量数据	3399.24	1083.57	210.61	67.14	18.63	18.64	27.17	13.90
603139	康惠制药	1719.93	923.51	99.88	53.63	15.43	15.58	19.75	14.31

注：市价总值、无限售股市值、成交金额的单位为百万元，发行股本、流通股本、成交数量的单位为百万股，上年收盘、本年开盘、本年最高、本年最低的单位为元。

A 股 A Share

股票 Share

本年收盘 Close	涨跌（%） Change（%）	涨跌值 Change	市盈率 P/E	市净率 P/B	换手率（%） Turnover Rate（%）	成交数量 Trading Vol	成交金额 Trading Val
11. 11	-31. 82	-5. 44	15. 23	2. 65	426. 08	8. 98	139. 73
7. 42	-21. 55	-2. 09	27. 87	3. 34	330. 86	7. 45	70. 57
28. 20	11. 85	-3. 43	29. 87	3. 24	1345. 68	2. 96	87. 85
24. 28	75. 99	4. 78	39. 12	6. 39	461. 05	4. 15	94. 39
9. 34	48. 16	3. 03	74. 91	1. 69	600. 37	15. 33	145. 61
7. 68	9. 82	0. 63	24. 94	2. 45	369. 72	10. 80	84. 65
6. 06	11. 68	-1. 64	17. 88	2. 11	482. 60	9. 40	73. 98
90. 07	384. 54	71. 44	100. 83	28. 76	2773. 30	9. 62	731. 11
10. 35	58. 72	3. 77	55. 55	2. 94	405. 36	9. 04	69. 90
24. 33	0. 07	-0. 14	46. 50	2. 30	720. 43	1. 93	48. 55
1. 48	-8. 64	-0. 14	36. 00	1. 19	182. 57	161. 23	292. 33
34. 18	54. 85	5. 33	93. 49	4. 85	1302. 65	7. 79	229. 19
39. 82	147. 83	23. 68	100. 12	5. 64	1055. 36	3. 85	117. 56
16. 59	-20. 39	-4. 25	25. 50	2. 29	929. 95	8. 08	159. 47
16. 31	41. 54	4. 68	28. 50	3. 83	2410. 56	18. 74	292. 33
28. 51	51. 52	3. 91	62. 92	4. 28	1957. 77	13. 72	393. 71
8. 16	6. 11	0. 44	64. 97	2. 38	1303. 36	22. 64	232. 58
24. 98	12. 12	2. 70	11. 14	2. 06	569. 41	4. 13	121. 35
8. 88	12. 03	-2. 46	34. 45	2. 67	316. 73	4. 14	47. 49
14. 29	28. 90	-2. 01	21. 94	2. 84	881. 87	3. 45	55. 76
16. 38	27. 02	3. 40	50. 21	3. 41	719. 36	3. 57	58. 88
26. 95	456. 82	22. 11	126. 17	7. 62	2143. 77	15. 01	405. 08
55. 30	-9. 44	-6. 42	31. 07	4. 29	200. 71	1. 08	64. 20
11. 08	-18. 22	-2. 59	24. 16	2. 87	1032. 76	7. 92	107. 55
9. 94	13. 70	1. 17	39. 19	2. 62	228. 36	6. 09	63. 07
8. 88	20. 64	1. 36	9. 07	1. 55	241. 40	6. 81	65. 89
8. 95	-21. 31	-6. 97	42. 86	2. 25	585. 40	8. 91	86. 94
18. 81	19. 34	-3. 49	37. 20	5. 45	1233. 20	7. 73	152. 14
7. 15	-44. 89	-5. 93	54. 03	2. 45	2138. 56	32. 02	337. 54
8. 81	11. 75	-1. 49	43. 99	2. 13	2139. 29	33. 41	377. 65
9. 94	39. 40	2. 75	21. 99	2. 30	359. 54	18. 38	188. 96
26. 47	44. 02	8. 09	27. 86	6. 39	1. 08	0. 00	0. 10
16. 39	57. 92	5. 81	71. 83	3. 72	1683. 66	9. 14	140. 44
5. 28	33. 33	1. 32	—	3. 08	270. 76	21. 56	110. 65
10. 79	1. 85	-0. 18	5. 74	1. 50	699. 34	23. 21	298. 76
20. 65	102. 85	10. 47	28. 74	5. 48	1437. 62	7. 48	187. 89
6. 83	0. 18	-0. 14	20. 07	1. 11	70. 95	4. 09	32. 34
3. 80	8. 69	0. 26	24. 86	1. 09	391. 51	24. 55	111. 69
11. 24	86. 96	4. 94	45. 32	1. 93	701. 96	54. 45	589. 28
21. 87	123. 82	10. 08	60. 21	8. 38	4221. 55	20. 88	552. 08
6. 83	18. 19	0. 93	20. 50	1. 14	133. 68	7. 01	46. 82
4. 90	-3. 63	-0. 25	23. 05	1. 79	226. 73	13. 84	86. 30
57. 80	70. 76	10. 20	86. 28	14. 35	610. 93	4. 44	261. 77
6. 31	20. 03	0. 99	19. 77	1. 63	697. 00	68. 76	585. 86
42. 30	168. 76	26. 32	47. 27	5. 89	760. 42	4. 98	137. 76
13. 97	27. 71	-1. 42	59. 84	4. 41	868. 86	5. 02	94. 66
24. 93	61. 40	9. 40	97. 54	5. 64	1450. 46	16. 24	308. 94
26. 62	34. 21	-2. 71	29. 92	3. 74	1114. 32	2. 89	75. 07
16. 14	21. 91	-2. 49	62. 77	7. 81	1789. 71	10. 17	195. 62
17. 22	12. 33	1. 79	30. 92	1. 82	352. 48	1. 89	32. 44

A股 A Share

股票 Share

股票代码 Code	股票简称 Stock Name	市价总值 Tot_cap	无限售股市值 Nego_cap	发行股本 Issued Vol	流通股本 Negotiable Vol	上年收盘 Last Year Close	本年开盘 Open	本年最高 High	本年最低 Low
603156	养元饮品	30614.40	18563.10	1054.58	639.45	41.58	41.71	60.97	27.01
603157	拉夏贝尔	1897.43	831.08	332.88	145.80	8.56	8.60	10.24	4.09
603158	腾龙股份	3350.04	3350.04	216.97	216.97	16.37	16.38	20.39	12.63
603159	上海亚虹	1619.80	1619.80	140.00	140.00	17.73	17.76	25.68	10.55
603160	汇顶科技	94017.57	92597.26	455.73	448.85	78.70	78.15	231.80	70.70
603161	科华控股	1814.24	943.84	133.40	69.40	15.67	15.72	17.97	12.42
603165	荣晟环保	3000.80	750.44	177.35	44.35	15.05	15.24	24.00	14.80
603166	福达股份	3529.88	3510.67	595.26	592.02	5.12	5.12	7.97	5.00
603167	渤海轮渡	5101.58	4973.92	472.81	460.97	8.76	8.78	11.80	8.43
603168	莎普爱思	2800.10	2756.70	322.59	317.59	6.85	6.91	11.61	5.76
603169	兰石重装	6140.77	6095.07	1051.50	1043.68	4.27	4.21	9.46	3.85
603177	德创环保	2048.28	626.15	202.00	61.75	9.19	9.26	16.18	8.60
603178	圣龙股份	2412.01	609.01	201.84	50.96	9.85	9.90	14.31	8.51
603179	新泉股份	4286.19	1814.39	227.63	96.36	16.13	16.09	21.47	11.47
603180	金牌厨柜	4488.68	1229.85	67.22	18.42	58.02	58.19	89.88	47.31
603181	皇马科技	4844.00	2397.78	280.00	138.60	14.23	14.34	25.60	13.13
603183	建研院	2030.81	1106.23	190.87	103.97	17.91	18.00	21.10	10.00
603185	上机数控	4445.28	1128.25	176.40	44.77	49.10	54.01	63.92	22.31
603186	华正新材	4936.00	2813.03	129.35	73.72	15.15	15.30	55.68	14.03
603187	海容冷链	3694.85	2742.01	113.20	84.01	46.70	47.15	53.98	27.28
603188	ST亚邦	3790.08	3790.08	576.00	576.00	7.36	7.38	11.90	5.50
603189	网达软件	3746.98	3746.98	220.80	220.80	11.15	11.10	20.26	9.32
603192	汇得科技	3016.53	754.13	106.67	26.67	28.93	29.03	36.77	25.20
603196	日播时尚	2450.40	667.73	240.00	65.40	12.44	13.00	13.09	7.52
603197	保隆科技	5236.44	3102.60	166.08	98.40	20.66	20.66	37.96	17.10
603198	迎驾贡酒	15936.00	15936.00	800.00	800.00	14.11	14.11	24.18	13.33
603199	九华旅游	2614.26	2614.26	110.68	110.68	19.00	19.00	26.80	17.54
603200	上海洗霸	1949.07	670.12	101.30	34.83	34.30	34.53	41.00	17.69
603203	快克股份	4359.40	4335.99	157.38	156.53	19.60	19.70	28.20	18.93
603208	江山欧派	4118.39	1570.39	80.82	30.82	26.61	26.60	58.85	25.43
603214	爱婴室	4296.68	2324.04	102.06	55.20	37.00	36.96	51.12	32.86
603217	元利科技	4487.36	1121.84	91.04	22.76	54.96	65.95	87.00	45.30
603218	日月股份	11036.08	2751.92	531.35	132.49	16.52	16.45	28.24	15.62
603220	中贝通信	7258.46	3989.52	337.76	185.65	21.68	21.78	42.50	18.50
603222	济民制药	17600.00	17600.00	320.00	320.00	13.58	13.58	55.00	13.45
603223	恒通股份	1780.93	1780.93	282.24	282.24	10.38	10.40	13.09	5.80
603225	新凤鸣	17284.65	2058.05	1399.57	166.64	18.75	18.90	22.85	11.05
603226	菲林格尔	2878.32	752.35	151.33	39.56	16.05	16.15	38.76	15.00
603227	雪峰科技	3062.96	3062.96	658.70	658.70	3.66	3.68	5.30	3.55
603228	景旺电子	26395.92	6193.29	602.37	141.33	49.99	49.50	69.59	34.30
603229	奥翔药业	3241.60	1093.63	160.00	53.98	11.44	11.67	23.33	10.56
603232	格尔软件	3942.42	2362.22	121.27	72.66	22.84	22.90	55.50	21.51
603233	大参林	27170.68	4357.47	520.01	83.40	39.86	40.00	62.20	37.61
603236	移远通信	13011.36	3253.57	89.18	22.30	43.93	52.72	195.58	52.72
603238	诺邦股份	2084.40	521.10	120.00	30.00	18.88	18.86	22.01	16.22
603239	浙江仙通	3034.77	3034.77	270.72	270.72	10.41	10.44	15.35	8.68
603256	宏和科技	12965.11	1296.81	877.80	87.80	4.43	5.32	25.20	5.32
603258	电魂网络	5722.33	5635.20	243.71	240.00	17.01	17.03	35.87	13.70
603259	药明康德	135201.78	92679.77	1467.67	1006.08	74.86	75.28	101.60	61.62
603260	合盛硅业	27642.86	10761.81	938.00	365.18	43.80	43.80	65.60	26.99

注：市价总值、无限售股市值、成交金额的单位为百万元，发行股本、流通股本、成交数量的单位为百万股，上年收盘、本年开盘、本年最高、本年最低的单位为元。

A 股 A Share

股票 Share

本年收盘 Close	涨跌（%） Change（%）	涨跌值 Change	市盈率 P/E	市净率 P/B	换手率（%） Turnover Rate（%）	成交数量 Trading Vol	成交金额 Trading Val
29.03	3.43	-12.55	10.79	2.56	159.52	6.72	253.69
5.70	-33.41	-2.86	—	0.91	1171.16	17.08	112.36
15.44	-4.87	-0.93	28.65	3.42	187.75	4.07	65.51
11.57	-7.98	-6.16	37.74	3.82	823.87	3.42	56.58
206.30	163.06	127.60	126.62	22.89	288.89	7.76	1245.44
13.60	-11.30	-2.07	17.35	1.46	433.49	2.96	43.67
16.92	15.41	1.87	14.43	2.43	1223.26	5.43	101.85
5.93	18.63	0.81	31.48	1.68	100.90	5.97	38.06
10.79	30.45	2.03	12.73	1.48	207.06	9.74	97.66
8.68	26.72	1.83	—	1.89	421.24	12.58	104.35
5.84	36.77	1.57	—	3.46	540.70	56.34	379.83
10.14	10.34	0.95	159.31	3.87	1427.28	8.81	102.63
11.95	22.08	2.10	63.26	2.86	1358.75	6.92	75.50
18.83	19.64	2.70	15.20	2.66	783.98	7.46	122.88
66.78	17.11	8.76	21.36	4.57	1254.50	2.31	150.63
17.30	72.97	3.07	24.59	3.37	545.61	6.53	113.84
10.64	-16.25	-7.27	31.44	2.91	943.07	8.63	117.12
25.20	-27.85	-23.90	22.14	2.88	2141.30	7.45	325.12
38.16	153.38	23.01	65.74	7.32	1740.23	12.83	420.65
32.64	-0.86	-14.06	26.52	2.86	2175.84	5.56	219.60
6.58	-10.60	-0.78	23.46	1.26	208.86	12.03	103.88
16.97	52.47	5.82	468.66	4.72	1428.69	16.95	277.93
28.28	-0.98	-0.65	26.13	2.70	1693.50	4.52	136.11
10.21	-16.99	-2.23	63.87	2.59	2059.73	13.47	131.53
31.53	54.62	10.87	33.81	5.42	937.10	9.22	244.91
19.92	47.36	5.81	20.47	3.67	205.16	16.41	308.86
23.62	25.27	4.62	28.39	2.38	171.36	1.90	43.17
19.24	-23.53	-15.06	24.34	2.61	636.34	1.92	54.84
27.70	43.21	8.10	27.75	5.01	260.13	1.67	39.21
50.96	95.17	24.35	26.97	3.75	849.77	2.62	103.00
42.10	14.87	5.10	35.81	4.85	894.00	3.42	139.31
49.29	-10.32	-5.67	18.58	5.06	815.02	1.85	107.50
20.77	65.67	4.25	39.34	3.72	480.85	5.70	117.47
21.49	-0.38	-0.19	49.73	4.80	3534.56	31.13	952.03
55.00	305.20	41.42	548.90	21.74	139.74	4.47	148.83
6.31	-14.50	-4.07	37.84	1.71	191.54	4.25	38.50
12.35	-6.97	-6.40	12.15	2.10	644.70	9.34	144.46
19.02	55.93	2.97	29.13	3.48	1783.08	6.43	142.29
4.65	28.06	0.99	59.16	2.59	340.81	22.45	97.61
43.82	24.39	-6.17	32.89	6.37	636.72	7.98	378.77
20.26	77.80	8.82	73.90	5.42	649.36	3.51	54.69
32.51	103.75	9.67	54.91	6.34	878.02	5.74	183.75
52.25	72.19	12.39	51.11	8.94	679.38	5.20	264.50
145.90	232.12	101.97	72.09	19.86	1304.64	2.91	422.64
17.37	-7.20	-1.51	37.72	2.53	844.04	2.53	47.48
11.21	11.15	0.80	24.79	3.09	811.07	7.48	80.12
14.77	235.32	10.34	76.36	12.08	2235.61	19.63	380.24
23.48	39.34	6.47	44.13	3.35	922.97	12.11	289.37
92.12	73.38	17.26	66.76	8.53	474.88	16.69	1398.93
29.47	-4.15	-14.33	9.85	3.48	214.58	6.47	272.54

A股 股票
A Share Share

股票代码 Code	股票简称 Stock Name	市价总值 Tot_cap	无限售股市值 Nego_cap	发行股本 Issued Vol	流通股本 Negotiable Vol	上年收盘 Last Year Close	本年开盘 Open	本年最高 High	本年最低 Low
603266	天龙股份	2286.38	563.99	198.64	49.00	13.81	13.95	25.60	10.24
603267	鸿远电子	8483.60	2121.16	165.34	41.34	20.24	29.15	65.99	29.15
603268	松发股份	1985.46	1985.46	124.17	124.17	16.45	16.41	22.99	14.70
603269	海鸥股份	1267.77	819.06	91.47	59.10	14.32	14.35	17.87	12.70
603277	银都股份	4404.15	1728.83	410.07	160.97	8.76	8.88	11.96	8.30
603278	大业股份	2792.00	1154.39	289.93	119.87	14.80	14.79	18.86	8.40
603279	景津环保	8544.75	865.08	400.04	40.50	13.56	19.53	34.30	19.53
603283	赛腾股份	5340.77	1281.79	170.90	41.02	17.74	17.78	37.17	14.56
603286	日盈电子	1373.10	713.26	88.08	45.75	14.36	14.35	17.80	12.63
603288	海天味业	290316.71	290316.71	2700.37	2700.37	68.80	68.19	116.58	63.85
603289	泰瑞机器	2467.90	1260.73	266.80	136.29	7.95	7.95	13.55	7.30
603297	永新光学	3794.70	1775.07	109.20	51.08	43.25	43.45	63.67	29.30
603298	杭叉集团	7970.84	7970.84	618.85	618.85	11.82	11.82	15.62	11.00
603299	苏盐井神	5360.30	3865.73	775.73	559.44	5.13	5.02	8.98	4.89
603300	华铁应急	5291.05	4950.92	680.08	636.36	4.80	4.85	11.87	4.18
603301	振德医疗	3045.00	1185.49	140.00	54.51	31.75	32.00	39.99	18.32
603303	得邦照明	5028.35	1242.51	487.72	120.52	11.85	12.20	16.30	8.32
603305	旭升股份	13600.43	2147.86	400.60	63.27	30.42	30.60	41.28	21.01
603306	华懋科技	4295.25	4246.08	310.57	307.02	14.25	14.23	20.02	11.84
603308	应流股份	7324.31	6510.65	487.96	433.75	8.02	8.04	15.15	8.02
603309	维力医疗	2932.00	2932.00	200.00	200.00	9.60	9.57	21.99	9.51
603311	金海环境	2347.80	2347.80	210.00	210.00	10.13	10.23	12.77	8.96
603313	梦百合	6802.83	6756.31	322.26	320.05	21.01	21.15	32.97	15.70
603315	福鞍股份	3730.37	2672.40	307.03	219.95	11.34	11.35	19.95	9.95
603316	诚邦股份	1888.47	976.16	203.28	105.08	7.74	7.76	11.30	6.80
603317	天味食品	18550.66	1855.27	413.16	41.32	13.46	16.15	61.46	16.15
603318	派思股份	4636.93	4636.93	402.16	402.16	12.46	12.44	33.50	10.90
603319	湘油泵	1877.74	1877.74	104.90	104.90	20.24	20.24	26.10	15.38
603320	迪贝电气	1684.00	547.30	100.00	32.50	18.17	18.14	27.43	15.53
603321	梅轮电梯	2529.68	956.66	307.00	116.10	7.08	6.85	9.83	6.22
603322	超讯通信	3263.44	3263.44	156.52	156.52	34.09	33.30	40.90	16.66
603323	苏农银行	9538.22	7205.96	1803.07	1362.19	6.11	6.11	9.02	4.93
603326	我乐家居	3468.18	988.02	225.94	64.37	11.20	11.20	16.08	10.18
603327	福蓉科技	11705.19	1488.69	401.00	51.00	8.45	10.14	37.15	10.14
603328	依顿电子	11299.96	11299.96	998.23	998.23	9.90	9.87	14.55	8.74
603329	上海雅仕	1820.28	891.94	132.00	64.68	15.88	15.88	28.70	12.98
603330	上海天洋	1653.29	668.17	109.20	44.13	20.14	20.14	25.49	12.68
603331	百达精工	2099.87	520.15	128.43	31.81	14.66	14.70	18.39	14.11
603332	苏州龙杰	3216.08	804.03	118.94	29.74	19.44	27.99	49.30	24.00
603333	尚纬股份	5318.63	5254.40	519.91	513.63	5.01	4.97	12.30	4.90
603335	迪生力	2076.50	986.37	428.14	203.37	6.08	6.03	7.62	4.51
603336	宏辉果蔬	3119.00	3119.00	225.36	225.36	15.55	15.60	24.28	12.52
603337	杰克股份	9347.11	2463.56	445.95	117.54	36.69	36.50	48.00	17.15
603338	浙江鼎力	24794.44	24794.44	346.78	346.78	56.32	56.32	85.45	44.00
603339	四方科技	2856.75	2835.15	210.67	209.08	14.95	14.82	19.44	12.70
603345	安井食品	13668.26	8131.81	230.07	136.88	36.80	37.00	66.66	33.83
603348	文灿股份	5354.80	1703.80	220.00	70.00	22.49	22.61	27.00	15.30
603351	威尔药业	3295.60	823.90	93.33	23.33	35.50	42.60	69.70	30.36
603355	莱克电气	9491.67	9491.67	401.00	401.00	21.50	21.70	28.69	18.88
603356	华菱精工	1709.42	1156.88	133.34	90.24	15.65	15.66	15.87	11.27

注：市价总值、无限售股市值、成交金额的单位为百万元，发行股本、流通股本、成交数量的单位为百万股，上年收盘、本年开盘、本年最高、本年最低的单位为元。

A 股
A Share

股票
Share

本年收盘 Close	涨跌（%） Change（%）	涨跌值 Change	市盈率 P/E	市净率 P/B	换手率（%） Turnover Rate（%）	成交数量 Trading Vol	成交金额 Trading Val
11.51	17.46	-2.30	34.04	2.69	2769.05	11.78	181.84
51.31	155.56	31.07	38.85	7.64	2137.40	8.84	443.29
15.99	-2.27	-0.46	52.77	3.19	265.79	3.30	59.84
13.86	-2.47	-0.46	38.20	1.95	601.01	2.81	42.59
10.74	25.20	1.98	17.73	2.51	270.70	4.24	42.53
9.63	-8.99	-5.17	13.60	1.83	453.88	4.75	62.72
21.36	61.43	7.80	34.95	4.25	1133.07	4.59	117.37
31.25	79.05	13.51	44.12	7.18	2947.79	12.01	295.18
15.59	9.15	1.23	62.17	3.16	653.24	2.99	46.35
107.51	58.01	38.71	66.51	20.92	32.25	8.71	836.12
9.25	18.39	1.30	24.54	2.57	654.24	8.89	93.99
34.75	5.60	-8.50	31.14	3.69	1743.25	4.43	189.66
12.88	11.44	1.06	14.58	2.07	345.45	5.97	78.39
6.91	35.86	1.78	37.00	2.41	522.43	29.23	213.48
7.78	126.82	2.98	—	3.58	486.83	23.77	183.20
21.75	-3.01	-10.00	23.39	2.71	921.98	3.44	92.61
10.31	5.91	-1.54	20.32	1.96	536.38	5.97	68.96
33.95	12.79	3.53	46.30	9.41	1453.96	9.20	269.59
13.83	0.44	-0.42	15.54	1.85	100.68	3.09	45.75
15.01	88.15	6.99	100.14	2.54	336.14	14.08	159.47
14.66	53.51	5.06	44.83	3.16	285.25	5.71	90.68
11.18	12.08	1.05	36.10	3.12	179.61	3.77	41.42
21.11	32.96	0.10	36.56	3.67	646.13	7.39	148.14
12.15	7.23	0.81	397.71	3.78	204.59	4.50	58.38
9.29	20.92	1.55	33.66	2.24	431.91	4.54	41.40
44.90	235.39	31.44	69.58	16.30	2067.56	8.54	353.59
11.53	-7.46	-0.93	1057.80	4.54	532.64	21.42	361.52
17.90	16.39	-2.34	19.34	2.50	306.64	2.05	40.21
16.84	-6.76	-1.33	39.32	2.72	1426.80	4.64	92.42
8.24	17.21	1.16	50.45	2.47	1020.40	11.85	98.70
20.85	-14.22	-13.24	131.36	6.68	1390.48	10.42	274.21
5.29	-3.24	-0.82	11.89	1.01	634.65	49.92	326.64
15.35	38.73	4.15	34.06	4.19	1056.39	6.80	84.30
29.19	245.44	20.74	73.47	17.11	3137.20	16.00	449.99
11.32	29.71	1.42	17.28	2.53	290.98	28.98	323.07
13.79	-11.96	-2.09	40.46	2.48	1493.77	9.66	184.02
15.14	6.44	-5.00	47.00	2.64	838.06	3.30	57.26
16.35	13.17	1.69	29.80	2.92	652.73	2.08	33.99
27.04	42.39	7.60	20.90	4.08	2077.26	6.18	214.21
10.23	104.85	5.22	91.74	3.76	224.56	11.47	105.88
4.85	3.92	-1.23	153.72	3.72	1334.31	25.49	147.58
13.84	16.27	-1.71	48.61	3.83	2741.78	23.38	411.37
20.96	-15.75	-15.73	20.58	3.75	334.07	3.29	92.50
71.50	78.74	15.18	51.60	9.53	140.46	4.28	272.01
13.56	-8.12	-1.39	15.68	1.74	409.05	4.19	67.47
59.41	62.70	22.61	50.58	6.67	363.22	4.67	215.66
24.34	9.86	1.85	42.76	2.62	1462.56	9.16	191.92
35.31	40.90	-0.19	29.47	5.36	1371.48	2.59	129.17
23.67	11.30	2.17	22.44	3.41	81.35	3.26	75.00
12.82	-16.91	-2.83	27.99	2.49	644.29	5.32	70.61

A股 A Share

股票 Share

股票代码 Code	股票简称 Stock Name	市价总值 Tot_cap	无限售股市值 Nego_cap	发行股本 Issued Vol	流通股本 Negotiable Vol	上年收盘 Last Year Close	本年开盘 Open	本年最高 High	本年最低 Low
603357	设计总院	4781.79	2336.94	454.54	222.14	19.95	20.07	22.16	9.87
603358	华达科技	4638.14	2036.61	313.60	137.70	10.75	10.75	15.98	10.36
603359	东珠生态	4776.41	2292.72	318.64	152.95	16.38	16.35	21.67	13.80
603360	百傲化学	6528.06	2741.97	186.68	78.41	12.36	12.32	38.59	11.50
603363	傲农生物	6877.82	2914.45	434.21	183.99	8.40	8.48	28.88	7.26
603365	水星家纺	4085.38	1357.11	266.67	88.58	14.93	14.82	20.58	14.08
603366	日出东方	4576.00	4576.00	800.00	800.00	4.17	4.17	5.72	3.50
603367	辰欣药业	7502.99	4761.10	453.35	287.68	15.18	15.17	19.65	12.72
603368	柳药股份	8715.23	8621.61	259.07	256.29	26.20	26.20	39.36	24.82
603369	今世缘	41047.24	41047.24	1254.50	1254.50	14.49	14.60	34.79	13.50
603377	东方时尚	10736.88	10736.88	588.00	588.00	14.60	14.40	25.58	13.21
603378	亚士创能	4347.94	1539.63	194.80	68.98	13.34	13.47	22.60	11.61
603379	三美股份	16286.71	2231.06	436.06	59.73	32.43	46.70	68.30	33.45
603380	易德龙	2672.00	799.84	160.00	47.89	15.40	15.33	18.88	13.60
603383	顶点软件	8769.92	4283.86	120.19	58.71	29.72	29.62	128.00	28.81
603385	惠达卫浴	4251.75	3035.50	369.40	263.73	8.01	8.07	11.83	7.91
603386	广东骏亚	3609.50	903.97	226.30	56.68	15.95	16.01	20.77	13.44
603387	基蛋生物	6001.76	2979.62	260.38	129.27	26.57	26.65	47.37	21.90
603388	元成股份	2340.77	990.90	288.63	122.18	10.04	10.26	14.00	6.49
603389	亚振家居	1534.47	1534.47	262.75	262.75	10.47	10.66	13.77	5.48
603390	通达电气	6590.61	1647.65	351.69	87.92	10.07	12.08	24.28	12.08
603393	新天然气	6224.96	6224.96	224.00	224.00	30.50	30.47	47.58	20.15
603396	金辰股份	2266.85	947.14	105.78	44.20	26.56	26.10	49.69	16.63
603398	邦宝益智	3011.25	3011.25	296.38	296.38	11.03	11.05	17.45	8.46
603399	吉翔股份	7381.13	6858.68	546.75	508.05	9.82	9.82	13.82	9.20
603416	信捷电气	3934.27	2553.38	140.56	91.22	20.18	20.58	32.98	19.98
603421	鼎信通讯	8127.34	8041.89	469.25	464.31	21.33	20.86	32.20	14.58
603429	集友股份	9394.01	4477.95	266.12	126.85	22.91	23.17	39.20	20.86
603444	吉比特	21456.13	12401.40	71.88	41.55	148.00	149.94	330.33	145.89
603456	九洲药业	11230.93	11198.11	805.66	803.31	6.36	6.36	14.44	6.15
603458	勘设股份	3548.65	2372.69	185.89	124.29	30.25	30.48	39.50	17.89
603466	风语筑	4323.75	1320.75	291.75	89.12	15.24	15.18	21.65	12.82
603477	振静股份	2894.40	1368.81	240.00	113.50	7.49	7.44	17.80	6.55
603486	科沃斯	11453.25	3645.07	564.48	179.65	46.03	46.01	63.55	18.52
603488	展鹏科技	1836.59	850.62	208.94	96.77	7.34	7.32	11.35	6.96
603489	八方股份	12328.80	3082.20	120.00	30.00	43.44	52.13	115.60	52.13
603496	恒为科技	4426.23	2385.55	202.67	109.23	24.35	24.35	39.97	16.60
603499	翔港科技	2253.09	564.88	141.70	35.53	19.96	20.06	37.60	13.22
603500	祥和实业	2194.42	626.98	176.40	50.40	10.43	10.37	15.21	10.25
603501	韦尔股份	123849.14	20152.78	863.66	140.54	29.39	29.52	162.99	27.62
603505	金石资源	4989.60	2329.20	240.00	112.03	12.30	12.32	22.69	12.12
603506	南都物业	2851.54	712.88	134.13	33.53	22.21	22.21	27.79	16.20
603507	振江股份	2879.05	1806.88	128.07	80.38	21.94	21.60	29.48	15.35
603508	思维列控	11524.64	9328.15	194.74	157.62	39.81	40.27	82.80	39.31
603515	欧普照明	21252.95	21188.16	756.06	753.76	27.87	27.59	41.14	25.07
603516	淳中科技	4975.37	3353.63	130.97	88.28	23.09	23.14	41.50	18.02
603517	绝味食品	28270.90	12254.16	608.63	263.81	33.11	32.81	52.66	29.98
603518	锦泓集团	1784.27	1756.46	252.37	248.44	14.10	14.19	18.65	6.39
603519	立霸股份	3109.38	3109.38	221.94	221.94	9.00	8.95	18.87	7.57
603520	司太立	7135.68	7135.68	167.90	167.90	26.38	26.03	46.99	20.63

注：市价总值、无限售股市值、成交金额的单位为百万元，发行股本、流通股本、成交数量的单位为百万股，上年收盘、本年开盘、本年最高、本年最低的单位为元。

A 股
A Share

股票
Share

本年收盘 Close	涨跌（%） Change（%）	涨跌值 Change	市盈率 P/E	市净率 P/B	换手率（%） Turnover Rate（%）	成交数量 Trading Vol	成交金额 Trading Val
10. 52	-24. 56	-9. 43	10. 95	2. 22	431. 23	7. 95	127. 66
14. 79	41. 09	4. 04	22. 53	1. 79	350. 74	4. 83	62. 90
14. 99	-7. 68	-1. 39	14. 66	1. 83	217. 32	3. 32	58. 15
34. 97	186. 50	22. 61	44. 96	8. 17	1002. 66	7. 86	218. 74
15. 84	88. 73	7. 44	228. 31	8. 45	1645. 59	30. 28	576. 94
15. 32	6. 66	0. 39	14. 33	1. 87	831. 42	7. 37	123. 58
5. 72	37. 17	1. 55	—	1. 50	336. 55	26. 92	122. 19
16. 55	10. 86	1. 37	14. 90	1. 81	367. 51	10. 57	171. 46
33. 64	30. 68	7. 44	16. 50	2. 27	234. 46	5. 95	198. 87
32. 72	128. 66	18. 23	35. 67	6. 73	205. 64	25. 80	685. 41
18. 26	26. 56	3. 66	48. 09	6. 14	209. 90	10. 64	189. 11
22. 32	68. 46	8. 98	74. 03	3. 31	1040. 03	7. 17	111. 88
37. 35	15. 17	4. 92	14. 70	6. 55	1094. 98	6. 54	283. 25
16. 70	10. 03	1. 30	26. 31	3. 50	885. 96	4. 24	68. 11
72. 97	147. 05	43. 25	73. 22	8. 46	1232. 63	7. 17	539. 83
11. 51	47. 45	3. 50	17. 80	1. 35	312. 62	8. 24	82. 17
15. 95	0. 90	0. 00	52. 32	5. 51	2446. 85	13. 87	240. 10
23. 05	22. 85	-3. 52	24. 04	4. 46	743. 33	8. 31	238. 70
8. 11	14. 12	-1. 93	17. 29	2. 59	486. 60	4. 96	46. 34
5. 84	-33. 11	-4. 63	—	1. 97	2131. 96	14. 35	138. 34
18. 74	86. 10	8. 67	38. 47	8. 64	925. 97	8. 14	164. 02
27. 79	31. 02	-2. 71	18. 61	2. 75	613. 16	9. 70	282. 20
21. 43	14. 20	-5. 13	26. 73	2. 55	1014. 57	3. 73	103. 35
10. 16	28. 94	-0. 87	71. 47	4. 46	431. 92	10. 65	130. 73
13. 50	37. 73	3. 68	38. 71	3. 11	475. 06	24. 14	280. 82
27. 99	39. 53	7. 81	26. 47	3. 71	585. 56	2. 10	57. 07
17. 32	-18. 26	-4. 01	39. 85	3. 13	2607. 89	18. 96	444. 59
35. 30	101. 49	12. 39	81. 40	15. 15	381. 54	4. 48	139. 53
298. 49	111. 12	150. 49	29. 68	7. 38	544. 29	2. 26	527. 13
13. 94	124. 60	7. 58	71. 47	4. 05	161. 98	12. 98	141. 62
19. 09	-6. 27	-11. 16	10. 06	1. 59	432. 09	4. 34	118. 33
14. 82	-2. 29	-0. 42	20. 50	3. 08	1298. 12	11. 50	192. 55
12. 06	62. 77	4. 57	49. 08	3. 48	1954. 82	22. 19	245. 50
20. 29	-37. 69	-25. 74	23. 61	4. 60	523. 75	5. 39	162. 81
8. 79	22. 67	1. 45	24. 82	2. 20	585. 06	5. 65	49. 28
102. 74	136. 51	59. 30	53. 06	26. 73	731. 29	2. 19	196. 27
21. 84	28. 40	-2. 51	42. 09	5. 89	837. 64	7. 89	190. 42
15. 90	12. 34	-4. 06	46. 87	4. 19	2002. 23	5. 94	134. 10
12. 44	21. 22	2. 01	26. 64	2. 60	1212. 30	6. 11	78. 61
143. 40	389. 56	114. 01	892. 23	75. 72	868. 14	12. 20	924. 99
20. 79	70. 63	8. 49	36. 25	5. 93	1150. 16	12. 89	239. 24
21. 26	25. 98	-0. 95	31. 06	4. 46	1483. 07	4. 48	96. 98
22. 48	3. 21	0. 54	47. 39	2. 05	358. 38	2. 88	62. 56
59. 18	49. 54	19. 37	61. 36	4. 32	387. 67	6. 15	363. 09
28. 11	2. 08	0. 24	23. 63	4. 90	275. 41	5. 27	159. 30
37. 99	66. 69	14. 90	58. 57	6. 58	978. 89	7. 55	226. 06
46. 45	98. 91	13. 34	44. 13	9. 35	413. 14	8. 60	357. 91
7. 07	-28. 63	-7. 03	6. 54	0. 74	187. 82	3. 89	43. 09
14. 01	60. 30	5. 01	34. 00	4. 36	213. 73	4. 74	65. 32
42. 50	127. 53	16. 12	76. 17	8. 01	375. 72	5. 09	169. 04

A股 A Share

股票 Share

股票代码 Code	股票简称 Stock Name	市价总值 Tot_cap	无限售股市值 Nego_cap	发行股本 Issued Vol	流通股本 Negotiable Vol	上年收盘 Last Year Close	本年开盘 Open	本年最高 High	本年最低 Low
603527	众源新材	2060.31	1272.04	174.16	107.53	10.37	10.42	13.97	9.61
603528	多伦科技	4313.04	4280.02	626.90	622.10	6.16	6.15	9.50	5.43
603530	神马电力	8092.90	810.10	400.04	40.04	5.94	8.55	34.33	8.55
603533	掌阅科技	6792.94	2763.79	401.00	163.15	17.78	17.78	25.20	13.01
603535	嘉诚国际	2725.25	1197.37	150.40	66.08	18.43	18.49	25.74	17.03
603536	惠发食品	3966.48	1422.60	168.00	60.25	8.25	8.25	23.61	7.59
603538	美诺华	3695.65	2258.62	149.68	91.48	19.69	19.69	27.29	17.51
603555	贵人鸟	3708.75	3708.75	628.60	628.60	5.77	5.81	8.58	3.30
603556	海兴电力	7993.54	7965.55	490.40	488.68	13.00	13.20	20.15	12.21
603557	起步股份	3921.96	1810.32	474.24	218.90	7.45	7.43	11.50	6.67
603558	健盛集团	4475.83	4130.56	416.36	384.24	10.85	10.83	11.95	7.92
603559	中通国脉	2549.54	2513.74	143.31	141.30	24.07	23.91	28.50	16.21
603566	普莱柯	6082.70	6082.70	321.50	321.50	11.81	11.71	25.30	11.33
603567	珍宝岛	10818.30	10818.30	849.16	849.16	11.98	12.00	14.74	11.15
603568	伟明环保	21602.53	21530.96	941.70	938.58	22.85	22.80	29.19	17.65
603569	长久物流	5838.06	5838.06	560.27	560.27	10.75	10.75	15.94	9.91
603577	汇金通	2184.66	1856.96	205.91	175.02	9.06	9.20	19.50	9.01
603578	三星新材	1792.79	651.05	89.55	32.52	18.79	18.79	24.87	17.50
603579	荣泰健康	4354.00	1599.16	140.00	51.42	28.36	28.44	42.71	23.88
603580	艾艾精工	1643.87	531.23	130.67	42.23	15.94	15.94	21.90	11.30
603583	捷昌驱动	7904.15	4699.81	177.50	105.54	39.28	39.03	77.80	28.81
603585	苏利股份	3783.60	3783.60	180.00	180.00	20.57	20.58	29.50	19.27
603586	金麒麟	3644.89	1690.21	203.74	94.48	12.66	12.70	19.55	12.42
603587	地素时尚	10177.38	2411.10	401.00	95.00	21.99	21.97	29.90	20.20
603588	高能环境	6403.15	6349.22	674.02	668.34	7.85	7.89	12.53	7.70
603589	口子窖	32946.00	32946.00	600.00	600.00	35.07	35.07	68.88	31.90
603590	康辰药业	5587.20	2911.20	160.00	83.37	32.10	31.90	43.85	28.98
603595	东尼电子	5526.20	1829.31	214.11	70.88	31.38	31.38	45.80	19.51
603596	伯特利	9192.62	3865.35	408.56	171.79	22.87	22.90	25.98	13.17
603598	引力传媒	4597.88	4550.99	270.62	267.86	8.93	8.89	16.99	7.00
603599	广信股份	6965.54	6965.54	464.68	464.68	10.50	10.49	22.12	10.24
603600	永艺股份	3715.24	3706.22	302.54	301.81	7.00	7.00	12.50	6.82
603601	再升科技	5376.54	5376.54	702.82	702.82	7.63	7.63	10.38	6.22
603602	纵横通信	3708.32	2197.52	156.80	92.92	27.59	27.51	45.00	17.42
603603	博天环境	3835.26	2155.74	417.78	234.83	14.80	15.28	21.82	8.47
603605	珀莱雅	17721.78	5467.18	201.27	62.09	44.07	44.32	95.78	42.54
603606	东方电缆	7182.07	7014.50	654.10	638.84	8.93	8.94	15.00	7.87
603607	京华激光	2806.54	1072.20	127.51	48.71	18.21	18.21	26.85	15.07
603608	天创时尚	4094.01	3004.57	431.40	316.60	11.06	11.10	11.46	5.70
603609	禾丰牧业	10910.86	9832.82	922.30	831.18	7.75	7.71	15.39	7.46
603610	麒盛科技	6903.28	1725.82	150.33	37.58	44.66	53.59	64.31	44.69
603611	诺力股份	4419.69	3775.59	267.54	228.55	12.28	12.28	20.77	12.07
603612	索通发展	4175.27	2216.10	336.99	178.86	11.64	11.64	17.37	9.50
603613	国联股份	10655.47	2664.34	140.82	35.21	15.13	18.16	79.73	18.16
603615	茶花股份	2309.59	706.70	244.66	74.86	8.53	8.40	12.50	8.30
603616	韩建河山	2417.29	2417.29	293.36	293.36	11.55	11.72	13.88	7.77
603617	君禾股份	2091.97	636.57	142.50	43.36	16.60	16.55	24.66	12.20
603618	杭电股份	3800.64	3800.64	691.03	691.03	5.22	5.25	8.65	4.84
603619	中曼石油	5576.00	1997.90	400.00	143.32	15.52	15.65	23.51	13.01
603626	科森科技	4290.39	1643.02	412.93	158.13	7.63	7.69	11.70	6.50

注：市价总值、无限售股市值、成交金额的单位为百万元，发行股本、流通股本、成交数量的单位为百万股，上年收盘、本年开盘、本年最高、本年最低的单位为元。

A 股 A Share

股票 Share

本年收盘 Close	涨跌（%） Change（%）	涨跌值 Change	市盈率 P/E	市净率 P/B	换手率（%） Turnover Rate（%）	成交数量 Trading Vol	成交金额 Trading Val
11. 83	16. 20	1. 46	22. 02	2. 37	485. 64	5. 22	59. 99
6. 88	12. 73	0. 72	31. 95	2. 93	466. 85	13. 86	105. 55
20. 23	240. 57	14. 29	66. 58	10. 91	2271. 19	9. 09	217. 17
16. 94	-4. 06	-0. 84	48. 76	6. 10	599. 37	9. 72	173. 55
18. 12	-1. 14	-0. 31	19. 82	1. 83	682. 99	4. 51	89. 70
23. 61	189. 19	15. 36	87. 25	6. 01	1418. 67	8. 55	99. 88
24. 69	26. 65	5. 00	38. 36	3. 09	998. 08	8. 99	200. 62
5. 90	2. 25	0. 13	—	2. 42	340. 83	21. 42	119. 89
16. 30	28. 93	3. 30	24. 23	1. 63	433. 41	8. 23	131. 52
8. 27	11. 51	0. 82	21. 70	2. 53	654. 54	14. 33	131. 91
10. 75	-0. 36	-0. 10	21. 68	1. 55	188. 42	6. 80	66. 85
17. 79	-26. 02	-6. 28	51. 74	2. 94	1465. 84	12. 31	274. 67
18. 92	64. 03	7. 11	44. 85	3. 72	226. 74	7. 29	123. 03
12. 74	7. 73	0. 76	23. 39	2. 18	33. 99	2. 89	36. 84
22. 94	37. 27	0. 09	29. 19	7. 02	92. 45	7. 78	173. 76
10. 42	-1. 86	-0. 33	14. 48	2. 22	354. 07	4. 02	49. 10
10. 61	17. 56	1. 55	68. 81	2. 47	1136. 47	8. 85	113. 36
20. 02	7. 67	1. 23	29. 85	3. 32	526. 67	1. 68	34. 29
31. 10	10. 86	2. 74	17. 47	2. 92	719. 57	3. 70	116. 09
12. 58	11. 26	-3. 36	45. 92	4. 17	646. 96	2. 14	35. 12
44. 53	67. 47	5. 25	31. 13	4. 99	1448. 02	6. 63	279. 83
21. 02	4. 87	0. 45	12. 12	2. 15	480. 90	2. 68	62. 43
17. 89	43. 20	5. 23	41. 26	1. 70	525. 29	5. 04	82. 57
25. 38	20. 27	3. 39	17. 73	3. 30	830. 77	5. 77	140. 85
9. 50	21. 64	1. 65	19. 73	2. 38	272. 71	18. 01	182. 80
54. 91	60. 60	19. 84	21. 50	5. 34	172. 76	10. 37	566. 66
34. 92	10. 21	2. 82	21. 17	2. 25	851. 47	4. 22	154. 52
25. 81	15. 46	-5. 57	47. 89	6. 28	671. 35	4. 29	125. 94
22. 50	-1. 27	-0. 37	38. 74	4. 82	1114. 30	8. 83	169. 00
16. 99	90. 26	8. 06	81. 19	8. 14	435. 93	11. 68	118. 87
14. 99	44. 50	4. 49	14. 85	1. 50	136. 47	6. 32	95. 01
12. 28	82. 76	5. 28	35. 75	3. 17	203. 52	5. 85	61. 69
7. 65	32. 54	0. 02	33. 82	4. 05	132. 02	8. 41	65. 71
23. 65	20. 27	-3. 94	83. 29	5. 49	2257. 74	18. 49	481. 10
9. 18	-37. 56	-5. 62	20. 74	2. 31	480. 28	11. 28	161. 49
88. 05	101. 19	43. 98	61. 71	10. 46	687. 09	4. 27	296. 11
10. 98	61. 33	2. 05	41. 89	4. 15	404. 92	23. 38	252. 54
22. 01	22. 57	3. 80	29. 30	3. 66	1363. 22	6. 64	140. 66
9. 49	-11. 42	-1. 57	16. 90	1. 90	414. 68	9. 18	79. 53
11. 83	54. 78	4. 08	19. 77	2. 83	355. 66	29. 56	368. 80
45. 92	2. 82	1. 26	23. 59	7. 52	548. 01	2. 06	98. 28
16. 52	38. 12	4. 24	23. 46	2. 57	204. 42	4. 64	78. 47
12. 39	7. 36	0. 75	20. 72	1. 71	786. 74	14. 07	179. 96
75. 67	400. 13	60. 54	113. 52	24. 39	1470. 23	5. 18	292. 94
9. 44	13. 15	0. 91	33. 77	1. 71	803. 31	6. 01	59. 93
8. 24	-28. 58	-3. 31	187. 36	3. 07	343. 72	10. 08	111. 14
14. 68	24. 96	-1. 92	30. 41	3. 99	1665. 19	6. 42	113. 06
5. 50	6. 12	0. 28	37. 75	1. 71	451. 03	31. 04	205. 04
13. 94	-10. 06	-1. 58	186. 07	2. 35	1152. 50	16. 52	288. 39
10. 39	40. 50	2. 76	34. 41	2. 30	925. 91	14. 64	134. 12

A 股 股票
A Share Share

股票代码 Code	股票简称 Stock Name	市价总值 Tot_cap	无限售股市值 Nego_cap	发行股本 Issued Vol	流通股本 Negotiable Vol	上年收盘 Last Year Close	本年开盘 Open	本年最高 High	本年最低 Low
603628	清源股份	2179. 45	706. 85	273. 80	88. 80	7. 25	7. 26	10. 20	7. 02
603629	利通电子	2767. 00	830. 10	100. 00	30. 00	38. 71	37. 00	55. 64	25. 20
603630	拉芳家化	3060. 72	1097. 46	226. 72	81. 29	13. 10	13. 29	20. 50	12. 20
603633	徕木股份	2088. 83	2088. 83	203. 39	203. 39	10. 02	10. 03	14. 95	7. 89
603636	南威软件	5965. 11	5944. 28	526. 49	524. 65	9. 60	9. 60	15. 30	8. 46
603637	镇海股份	2692. 02	673. 32	174. 13	43. 55	14. 78	14. 79	21. 01	13. 74
603638	艾迪精密	12579. 13	3831. 04	412. 97	125. 77	24. 21	24. 30	34. 76	18. 83
603639	海利尔	4225. 70	1363. 18	169. 64	54. 72	26. 54	26. 55	43. 80	23. 58
603648	畅联股份	3671. 92	2720. 94	368. 67	273. 19	10. 43	10. 46	15. 99	9. 38
603650	彤程新材	10207. 90	2289. 29	585. 99	131. 42	19. 83	19. 91	29. 10	15. 93
603655	朗博科技	2338. 36	750. 04	106. 00	34. 00	15. 60	15. 60	23. 20	12. 58
603656	泰禾光电	2230. 25	948. 70	148. 88	63. 33	13. 98	14. 05	20. 38	13. 85
603657	春光科技	2365. 44	705. 32	96. 00	28. 63	28. 84	28. 96	36. 60	22. 92
603658	安图生物	40479. 60	40479. 60	420. 00	420. 00	48. 89	49. 33	113. 04	45. 41
603659	璞泰来	37058. 88	16479. 09	435. 22	193. 53	47. 40	48. 00	88. 00	43. 23
603660	苏州科达	5541. 87	5435. 82	503. 81	494. 17	16. 67	16. 64	28. 15	9. 42
603661	恒林股份	4394. 00	1263. 28	100. 00	28. 75	29. 66	29. 71	46. 39	28. 35
603662	柯力传感	6565. 83	1641. 46	119. 40	29. 85	19. 83	28. 56	61. 48	28. 56
603663	三祥新材	2542. 09	2524. 09	189. 99	188. 65	17. 00	17. 04	22. 50	12. 33
603665	康隆达	2188. 00	815. 49	100. 00	37. 27	26. 30	26. 41	30. 01	20. 00
603666	亿嘉和	7011. 16	1999. 79	99. 03	28. 25	45. 80	46. 03	72. 40	40. 00
603667	五洲新春	2791. 70	2512. 80	292. 32	263. 12	7. 95	7. 98	11. 35	7. 40
603668	天马科技	2813. 65	1880. 64	340. 64	227. 68	7. 26	7. 30	14. 76	6. 54
603669	灵康药业	3740. 46	3740. 46	509. 60	509. 60	9. 90	9. 99	14. 12	6. 30
603676	卫信康	4488. 03	707. 27	423. 00	66. 66	11. 27	11. 50	14. 60	9. 39
603677	奇精机械	2418. 68	713. 13	193. 65	57. 10	13. 93	13. 89	17. 00	11. 00
603678	火炬电子	10384. 16	10384. 16	452. 67	452. 67	15. 77	15. 63	26. 14	14. 96
603679	华体科技	4205. 28	1667. 80	102. 07	40. 48	22. 58	22. 50	52. 00	21. 07
603680	今创集团	8234. 01	2565. 15	790. 97	246. 41	15. 79	15. 85	19. 88	9. 84
603681	永冠新材	4239. 76	1059. 94	166. 59	41. 65	10. 00	12. 00	42. 03	12. 00
603683	晶华新材	1720. 18	684. 95	126. 67	50. 44	13. 83	13. 85	19. 00	11. 98
603685	晨丰科技	2237. 56	760. 77	169. 00	57. 46	14. 31	14. 30	18. 65	10. 70
603686	龙马环卫	4538. 96	4538. 96	415. 66	415. 66	10. 86	10. 88	24. 20	10. 00
603687	大胜达	5944. 72	723. 50	410. 83	50. 00	7. 35	8. 82	24. 94	8. 82
603688	石英股份	6341. 18	6341. 18	337. 30	337. 30	11. 00	10. 90	19. 15	10. 38
603689	皖天然气	3746. 40	1866. 08	336. 00	167. 36	10. 58	10. 62	12. 73	10. 20
603690	至纯科技	8437. 83	3004. 02	258. 91	92. 18	15. 18	15. 18	35. 80	14. 01
603693	江苏新能	6291. 24	1964. 74	618. 00	193. 00	13. 79	13. 82	18. 20	9. 55
603696	安记食品	1982. 74	1982. 74	235. 20	235. 20	9. 68	9. 75	17. 80	8. 12
603697	有友食品	4138. 77	1080. 41	304. 55	79. 50	7. 87	11. 33	23. 18	11. 33
603698	航天工程	6737. 39	6737. 39	535. 99	535. 99	14. 33	14. 34	21. 95	11. 32
603699	纽威股份	10365. 00	10365. 00	750. 00	750. 00	11. 95	11. 95	14. 91	10. 50
603700	宁波水表	3600. 51	900. 24	156. 34	39. 09	16. 63	19. 96	39. 10	19. 51
603701	德宏股份	2610. 68	2573. 41	203. 96	201. 05	11. 40	11. 40	21. 90	9. 60
603703	盛洋科技	3498. 33	1659. 31	229. 70	108. 95	9. 08	9. 10	17. 79	8. 50
603706	东方环宇	3201. 60	1167. 38	160. 00	58. 34	26. 96	26. 68	31. 41	16. 82
603707	健友股份	29802. 31	15382. 13	718. 47	370. 83	18. 77	18. 97	44. 38	17. 77
603708	家家悦	14808. 46	14808. 46	608. 40	608. 40	20. 09	20. 11	30. 10	19. 81
603709	中源家居	2016. 00	504. 00	80. 00	20. 00	25. 00	25. 00	48. 49	23. 40
603711	香飘飘	10735. 36	1185. 22	419. 35	46. 30	21. 25	21. 03	38. 40	18. 21

注：市价总值、无限售股市值、成交金额的单位为百万元，发行股本、流通股本、成交数量的单位为百万股，上年收盘、本年开盘、本年最高、本年最低的单位为元。

A 股 A Share

股票 Share

本年收盘 Close	涨跌（%）Change（%）	涨跌值 Change	市盈率 P/E	市净率 P/B	换手率（%）Turnover Rate（%）	成交数量 Trading Vol	成交金额 Trading Val
7.96	10.08	0.71	87.64	2.29	667.50	5.93	50.19
27.67	-27.94	-11.04	29.93	2.92	3320.84	8.32	300.05
13.50	5.98	0.40	24.07	1.71	696.41	5.66	86.12
10.27	34.30	0.25	48.17	2.86	462.26	6.13	64.19
11.33	19.37	1.73	34.58	3.41	497.73	26.11	304.23
15.46	6.32	0.68	50.15	3.57	949.42	4.11	69.98
30.46	87.32	6.25	55.86	12.30	319.55	3.55	91.81
24.91	-5.07	-1.63	11.50	2.16	681.86	3.71	109.31
9.96	-3.30	-0.47	25.72	2.25	755.74	20.65	257.40
17.42	-10.65	-2.41	24.76	4.49	2013.07	14.03	308.10
22.06	42.20	6.46	77.41	4.86	1336.86	4.55	77.41
14.98	7.89	1.00	27.63	2.53	334.74	2.12	36.02
24.64	-12.10	-4.20	23.43	2.81	1602.86	4.02	117.25
96.38	99.58	47.49	71.95	20.99	184.44	3.33	254.96
85.15	81.05	37.75	62.36	12.74	229.96	4.44	256.61
11.00	-7.16	-5.67	17.21	3.20	463.74	13.86	227.51
43.94	49.41	14.28	25.70	1.94	707.43	2.03	74.59
54.99	177.31	35.16	46.63	6.39	1830.99	5.47	265.30
13.38	11.16	-3.62	34.27	4.79	853.76	6.50	102.92
21.88	-16.15	-4.42	26.18	2.19	464.45	1.73	42.02
70.80	55.87	25.00	38.10	7.12	1158.02	3.01	174.23
9.55	22.46	1.60	27.30	1.66	410.30	5.52	49.46
8.26	14.40	1.00	38.26	3.02	775.68	16.32	152.05
7.34	10.72	-2.56	20.47	2.71	106.32	4.68	44.31
10.61	-5.42	-0.66	61.11	5.00	1142.54	7.62	90.89
12.49	-8.87	-1.44	31.13	2.32	827.53	4.72	63.24
22.94	46.23	7.17	31.17	3.74	301.73	13.65	289.67
41.20	82.89	18.62	59.61	7.20	777.26	3.14	123.75
10.41	-13.21	-5.38	18.63	2.19	322.14	4.27	63.98
25.45	157.07	15.45	32.27	4.73	3280.26	13.66	378.57
13.58	-1.45	-0.25	74.90	2.17	1366.24	6.19	90.16
13.24	22.02	-1.07	21.41	2.31	666.87	3.37	48.27
10.92	42.35	0.06	19.21	1.96	748.22	23.49	361.87
14.47	96.87	7.12	42.06	5.86	2149.55	10.75	199.81
18.80	72.70	7.80	44.55	4.50	348.45	11.74	166.35
11.15	6.93	0.57	21.24	1.85	495.45	8.29	94.76
32.59	115.16	17.41	260.12	19.37	1388.73	12.80	296.20
10.18	-24.97	-3.61	19.99	1.41	1157.78	14.69	208.94
8.43	26.27	-1.25	50.22	3.07	409.76	8.59	93.91
13.59	74.61	5.72	23.23	4.70	1976.97	15.72	282.28
12.57	14.04	-1.76	29.71	2.53	120.91	5.77	86.24
13.82	21.93	1.87	37.82	3.79	64.56	4.84	60.12
23.03	41.32	6.40	26.24	7.05	1997.77	7.81	224.54
12.80	61.80	1.40	23.56	3.75	1176.79	20.55	279.94
15.23	67.73	6.15	—	8.00	686.41	7.48	95.06
20.01	-24.57	-6.95	34.10	2.89	2208.32	10.49	251.43
41.48	188.49	22.71	70.20	12.31	281.65	9.02	297.97
24.34	60.72	4.25	34.44	5.44	326.74	6.07	147.81
25.20	1.50	0.20	24.06	3.37	1475.34	2.95	87.61
25.60	21.49	4.35	34.11	4.85	1254.62	5.81	165.40

A股 A Share

股票 Share

股票代码 Code	股票简称 Stock Name	市价总值 Tot_cap	无限售股市值 Nego_cap	发行股本 Issued Vol	流通股本 Negotiable Vol	上年收盘 Last Year Close	本年开盘 Open	本年最高 High	本年最低 Low
603712	七一二	18666.96	8860.44	772.00	366.44	17.81	17.87	27.50	14.40
603713	密尔克卫	6106.58	2724.37	152.47	68.02	27.71	28.10	50.13	26.97
603716	塞力斯	3464.88	3229.72	205.14	191.22	19.03	19.21	30.86	15.48
603717	天域生态	2120.55	1070.64	241.80	122.08	9.29	9.40	12.78	7.86
603718	海利生物	8243.20	8243.20	644.00	644.00	12.66	12.65	17.25	10.84
603721	中广天择	3424.20	1621.23	130.00	61.55	14.30	14.50	30.06	13.28
603722	阿科力	2722.38	1278.92	86.70	40.73	21.43	21.45	34.52	18.28
603725	天安新材	1568.89	1005.14	205.35	131.56	11.16	11.25	13.85	6.71
603726	朗迪集团	2172.12	2172.12	185.65	185.65	18.66	18.66	22.10	10.01
603727	博迈科	4547.10	4547.10	234.15	234.15	12.34	12.36	21.12	11.58
603728	鸣志电器	4609.28	1947.42	416.00	175.76	12.65	12.43	15.56	10.14
603729	龙韵股份	1484.07	1484.07	93.34	93.34	15.44	15.65	31.00	13.00
603730	岱美股份	12101.96	2200.62	400.59	72.84	20.89	20.90	30.89	18.55
603733	仙鹤股份	8727.12	884.12	612.00	62.00	15.42	14.90	21.36	12.66
603737	三棵树	15031.59	14882.33	186.38	184.53	36.36	36.36	86.19	34.00
603738	泰晶科技	3271.98	3271.98	167.11	167.11	12.65	12.32	31.30	11.51
603739	蔚蓝生物	3951.74	987.94	154.67	38.67	10.19	14.67	42.76	14.67
603755	日辰股份	4793.61	1198.72	98.61	24.66	15.70	22.61	57.17	22.61
603757	大元泵业	2544.20	759.01	164.25	49.00	18.81	18.82	27.30	13.11
603758	秦安股份	2768.81	951.54	438.80	150.80	6.05	6.03	7.62	5.08
603766	隆鑫通用	7659.71	7659.71	2053.54	2053.54	4.09	4.10	5.75	3.15
603767	中马传动	2274.31	703.90	306.10	94.74	6.78	6.80	10.12	6.37
603768	常青股份	2225.64	765.06	204.00	70.13	10.70	10.75	14.80	10.22
603773	沃格光电	3186.92	2167.19	94.60	64.33	43.28	43.35	54.95	28.16
603776	永安行	3207.62	2052.20	187.58	120.01	19.74	19.73	32.51	15.71
603777	来伊份	3990.83	3961.31	339.07	336.56	9.63	9.70	17.95	9.57
603778	乾景园林	2135.00	2135.00	500.00	500.00	4.22	4.28	5.95	3.97
603779	ST威龙	1999.82	1835.76	332.75	305.45	13.25	13.25	16.57	4.96
603786	科博达	20865.22	2091.22	400.10	40.10	26.89	32.27	54.98	32.27
603787	新日股份	2821.32	980.41	204.00	70.89	9.66	9.67	25.52	8.58
603788	宁波高发	3689.50	3689.50	223.07	223.07	14.45	14.55	18.31	12.58
603789	星光农机	3723.20	3723.20	260.00	260.00	12.32	12.35	18.24	12.11
603790	雅运股份	3059.85	984.70	191.36	61.58	21.17	21.20	29.88	15.27
603797	联泰环保	3524.38	1004.38	313.28	89.28	12.04	12.04	18.70	9.00
603798	康普顿	2756.00	2756.00	200.00	200.00	10.11	10.16	14.35	9.08
603799	华友钴业	42488.87	42488.87	1078.67	1078.67	30.11	30.08	44.77	20.21
603800	道森股份	2739.36	2739.36	208.00	208.00	11.24	11.14	15.88	10.90
603801	志邦家居	5201.43	2668.07	223.33	114.56	24.01	24.06	42.98	16.75
603803	瑞斯康达	5431.62	2835.31	421.06	219.79	10.13	10.23	15.73	9.35
603806	福斯特	25398.36	25398.36	522.60	522.60	26.80	26.26	49.70	25.61
603808	歌力思	4944.60	4944.51	332.52	332.52	16.24	16.45	19.26	12.35
603809	豪能股份	1994.56	1097.78	209.07	115.07	14.86	14.75	19.67	8.53
603810	丰山集团	2490.98	1185.75	83.01	39.51	40.14	39.62	47.98	28.45
603811	诚意药业	3069.07	2065.14	119.28	80.26	16.23	16.24	30.44	15.16
603813	原尚股份	1700.75	897.23	89.70	47.32	18.50	18.65	23.20	16.05
603815	交建股份	8667.63	866.76	499.00	49.90	5.14	7.40	24.31	7.40
603816	顾家家居	27520.88	26744.76	601.81	584.84	45.00	45.30	62.76	27.35
603817	海峡环保	3033.00	1213.20	450.00	180.00	6.01	6.01	9.52	5.76
603818	曲美家居	4085.34	4047.24	488.68	484.12	6.70	6.70	9.71	6.35
603819	神力股份	2341.26	2332.85	168.31	167.71	16.15	16.23	19.70	12.14

注：市价总值、无限售股市值、成交金额的单位为百万元，发行股本、流通股本、成交数量的单位为百万股，上年收盘、本年开盘、本年最高、本年最低的单位为元。

A 股
A Share

股票
Share

本年收盘 Close	涨跌（%） Change（%）	涨跌值 Change	市盈率 P/E	市净率 P/B	换手率（%） Turnover Rate（%）	成交数量 Trading Vol	成交金额 Trading Val
24. 18	36. 08	6. 37	82. 99	8. 29	945. 09	26. 82	572. 92
40. 05	45. 04	12. 34	46. 21	4. 88	1145. 98	4. 97	180. 77
16. 89	-11. 25	-2. 14	36. 80	2. 28	684. 37	7. 29	145. 84
8. 77	-5. 60	-0. 52	23. 14	1. 57	865. 39	10. 56	104. 28
12. 80	1. 18	0. 14	387. 06	7. 81	183. 44	11. 81	161. 03
26. 34	140. 98	12. 04	125. 05	6. 37	1060. 08	5. 96	117. 56
31. 40	47. 64	9. 97	81. 45	5. 25	1397. 87	5. 69	146. 29
7. 64	-3. 15	-3. 52	32. 02	1. 92	404. 76	4. 59	43. 59
11. 70	-9. 61	-6. 96	19. 48	2. 46	876. 99	5. 04	79. 36
19. 42	57. 65	7. 08	635. 68	1. 89	551. 18	5. 68	94. 95
11. 08	-12. 12	-1. 57	27. 62	2. 50	347. 79	6. 11	79. 69
15. 90	2. 98	0. 46	64. 87	1. 70	518. 30	4. 84	91. 42
30. 21	47. 95	9. 32	21. 68	3. 65	305. 08	2. 33	60. 09
14. 26	-6. 91	-1. 16	29. 85	2. 70	1326. 49	8. 22	136. 34
80. 65	213. 64	44. 29	67. 56	11. 26	271. 27	2. 47	151. 13
19. 58	55. 79	6. 93	89. 99	5. 14	3048. 65	21. 33	422. 43
25. 55	152. 45	15. 36	47. 39	6. 94	3853. 23	14. 90	464. 47
48. 61	209. 62	32. 91	68. 67	24. 09	1054. 53	2. 60	122. 78
15. 49	17. 77	-3. 32	15. 19	2. 53	952. 48	4. 14	73. 39
6. 31	4. 30	0. 26	—	1. 18	470. 96	6. 81	42. 93
3. 73	-8. 80	-0. 36	8. 33	1. 20	165. 56	33. 88	147. 34
7. 43	11. 75	0. 65	40. 58	1. 61	760. 86	7. 21	56. 25
10. 91	3. 00	0. 21	28. 44	1. 31	548. 02	3. 84	47. 90
33. 69	-20. 49	-9. 59	20. 16	1. 96	1024. 27	4. 41	166. 05
17. 10	22. 17	-2. 64	26. 88	1. 93	830. 32	8. 28	181. 75
11. 77	23. 49	2. 14	394. 83	2. 15	1430. 20	16. 88	221. 93
4. 27	1. 18	0. 05	—	2. 13	281. 15	14. 06	68. 54
6. 01	-33. 81	-7. 24	38. 73	1. 42	240. 75	4. 32	47. 71
52. 15	93. 94	25. 26	43. 18	11. 06	534. 81	2. 14	98. 78
13. 83	46. 13	4. 17	31. 82	2. 99	1676. 04	11. 88	178. 10
16. 54	19. 41	2. 09	17. 15	1. 93	188. 46	4. 33	66. 66
14. 32	16. 23	2. 00	—	3. 61	266. 34	6. 92	97. 46
15. 99	-0. 61	-5. 18	23. 69	2. 92	2663. 54	11. 67	237. 27
11. 25	31. 82	-0. 79	47. 93	3. 29	2291. 38	16. 94	218. 14
13. 78	37. 83	3. 67	36. 33	3. 13	324. 58	4. 44	51. 25
39. 39	70. 71	9. 28	27. 81	5. 59	806. 06	76. 45	2312. 51
13. 17	21. 61	1. 93	30. 76	2. 73	300. 37	6. 25	81. 67
23. 29	39. 96	-0. 72	19. 06	2. 78	502. 11	4. 97	123. 94
12. 90	28. 50	2. 77	43. 40	2. 19	1048. 88	23. 05	296. 26
48. 60	83. 57	21. 80	33. 81	4. 57	70. 12	3. 66	138. 06
14. 87	-5. 31	-1. 37	13. 55	2. 12	216. 90	7. 18	110. 40
9. 54	-7. 20	-5. 32	12. 39	1. 29	436. 09	4. 39	55. 71
30. 01	-24. 24	-10. 13	17. 95	2. 25	1469. 01	3. 16	120. 50
25. 73	61. 22	9. 50	31. 67	4. 64	541. 04	4. 34	96. 76
18. 96	3. 56	0. 46	30. 58	2. 79	530. 78	2. 50	48. 45
17. 37	237. 94	12. 23	71. 56	11. 14	1636. 95	8. 17	164. 42
45. 73	45. 56	0. 73	27. 82	5. 88	463. 08	6. 23	255. 77
6. 74	12. 87	0. 73	26. 00	1. 99	561. 82	10. 11	77. 23
8. 36	24. 78	1. 66	—	3. 03	89. 68	4. 34	34. 33
13. 91	22. 68	-2. 24	48. 58	3. 00	611. 85	4. 39	67. 90

A 股 A Share

股票 Share

股票代码 Code	股票简称 Stock Name	市价总值 Tot_cap	无限售股市值 Nego_cap	发行股本 Issued Vol	流通股本 Negotiable Vol	上年收盘 Last Year Close	本年开盘 Open	本年最高 High	本年最低 Low
603822	嘉澳环保	2002.59	2002.59	73.36	73.36	23.29	23.03	38.28	21.78
603823	百合花	5962.50	1864.09	225.00	70.34	15.30	15.29	33.70	15.22
603825	华扬联众	4470.27	1834.09	231.02	94.79	13.87	13.99	20.03	10.81
603826	坤彩科技	7670.52	3105.21	468.00	189.46	13.95	13.85	18.88	13.05
603828	柯利达	2866.27	2836.36	553.33	547.56	7.60	7.68	12.20	5.06
603829	洛凯股份	1718.40	777.58	160.00	72.40	9.51	9.64	14.70	8.51
603833	欧派家居	49159.91	11066.61	420.17	94.59	79.72	79.75	131.60	74.40
603838	四通股份	2234.78	2234.78	266.68	266.68	9.43	9.45	11.15	7.64
603839	安正时尚	5263.95	1382.24	401.83	105.51	10.70	10.56	14.75	9.35
603843	正平股份	2620.82	2620.82	560.00	560.00	7.80	7.87	11.84	4.51
603848	好太太	5561.87	986.23	401.00	71.11	15.11	15.25	22.78	12.80
603855	华荣股份	3241.18	1973.08	331.07	201.54	7.88	7.88	10.30	7.80
603856	东宏股份	2653.89	946.29	256.41	91.43	12.59	12.69	13.90	9.54
603858	步长制药	23539.39	23539.39	1141.58	1141.58	25.28	25.30	33.60	18.41
603859	能科股份	3840.60	3490.08	139.15	126.45	17.59	17.80	31.13	17.08
603860	中公高科	1824.36	661.56	66.68	24.18	24.07	24.21	33.16	22.29
603861	白云电器	3945.35	3571.44	451.93	409.10	11.60	12.00	15.57	8.18
603863	松炀资源	3351.95	838.00	205.89	51.47	9.95	11.94	31.23	11.94
603866	桃李面包	27962.71	27962.71	658.88	658.88	45.16	45.08	59.29	34.53
603867	新化股份	3354.40	838.60	140.00	35.00	16.29	23.46	41.88	22.12
603868	飞科电器	16413.41	16413.41	435.60	435.60	38.18	38.58	48.79	34.42
603869	新智认知	6013.65	6013.65	504.50	504.50	15.04	15.02	23.87	10.81
603871	嘉友国际	4810.62	1202.66	156.80	39.20	34.55	34.55	56.99	26.80
603876	鼎胜新材	6819.80	3737.02	430.00	235.63	18.54	18.78	22.50	12.31
603877	太平鸟	7312.48	3061.54	478.88	200.49	18.79	18.72	23.31	13.41
603878	武进不锈	3277.63	3257.85	286.26	284.53	11.33	11.35	17.58	9.09
603879	永悦科技	2445.03	1368.99	200.41	112.21	9.74	9.80	15.50	6.82
603880	南卫股份	1975.61	963.60	169.00	82.43	11.87	11.91	14.92	8.85
603881	数据港	7991.76	4851.70	210.59	127.84	24.74	24.88	43.96	24.06
603882	金域医学	23452.85	14323.13	457.88	279.64	22.28	22.25	62.47	20.49
603883	老百姓	18370.92	17109.47	286.69	267.00	47.21	47.29	79.70	43.25
603885	吉祥航空	29492.16	26955.20	1966.14	1797.01	12.53	12.53	17.80	11.50
603886	元祖股份	4250.40	4250.40	240.00	240.00	17.50	17.75	27.79	16.05
603887	城地股份	6646.06	3503.45	268.31	141.44	14.02	13.97	26.62	13.41
603888	新华网	10951.52	10951.52	519.03	519.03	12.84	12.87	33.38	12.85
603889	新澳股份	2922.07	2922.07	511.75	511.75	8.68	8.65	11.43	5.40
603890	春秋电子	2893.28	1430.83	273.99	135.49	11.81	11.85	15.99	8.82
603895	天永智能	2498.81	757.58	108.08	32.77	26.00	26.28	31.99	20.23
603896	寿仙谷	4347.80	1874.85	143.87	62.04	26.47	26.47	52.65	25.86
603897	长城科技	3434.22	1069.10	178.40	55.54	22.79	23.01	28.00	17.05
603898	好莱客	5058.88	5058.88	309.60	309.60	15.33	15.33	22.50	13.91
603899	晨光文具	44840.80	44840.80	920.00	920.00	30.25	30.15	51.90	27.56
603900	莱绅通灵	3217.48	3217.48	340.47	340.47	11.91	11.88	17.30	8.73
603901	永创智能	4675.10	2376.86	439.39	223.39	6.60	6.59	11.21	6.45
603903	中持股份	2007.25	1440.74	144.61	103.80	20.05	20.84	26.90	12.28
603906	龙蟠科技	3189.54	1180.38	302.61	111.99	8.49	8.65	18.54	7.92
603908	牧高笛	1664.58	575.31	66.69	23.05	24.38	24.38	34.69	20.00
603909	合诚股份	1940.53	1918.06	143.32	141.66	25.70	25.52	31.93	12.00
603912	佳力图	2983.08	1499.96	216.95	109.09	13.36	13.32	19.61	11.80
603915	国茂股份	6847.98	1247.14	463.33	84.38	10.35	12.42	25.81	12.42

注：市价总值、无限售股市值、成交金额的单位为百万元，发行股本、流通股本、成交数量的单位为百万股，上年收盘、本年开盘、本年最高、本年最低的单位为元。

A 股
A Share

股票
Share

本年收盘 Close	涨跌（%） Change（%）	涨跌值 Change	市盈率 P/E	市净率 P/B	换手率（%） Turnover Rate（%）	成交数量 Trading Vol	成交金额 Trading Val
27.30	18.31	4.01	37.26	2.67	376.37	1.91	53.49
26.50	75.49	11.20	31.46	4.20	1292.83	9.09	191.64
19.35	42.36	5.48	34.83	3.33	1209.97	11.35	168.96
16.39	18.38	2.44	42.56	5.91	454.25	8.61	135.88
5.18	-11.18	-2.42	49.10	2.58	241.17	10.76	95.73
10.74	14.11	1.23	28.55	2.63	737.64	5.34	60.36
117.00	47.75	37.28	31.28	6.50	263.30	2.46	265.51
8.38	-10.66	-1.05	52.24	3.11	138.84	3.70	34.27
13.10	25.99	2.40	18.72	1.92	788.64	8.32	101.93
4.68	-15.61	-3.12	37.56	1.96	834.09	19.63	149.54
13.87	-6.74	-1.24	21.34	4.32	921.84	6.55	113.47
9.79	29.84	1.91	21.27	2.25	201.59	4.06	37.31
10.35	-16.33	-2.24	17.18	1.71	778.95	7.12	80.16
20.62	11.59	-4.66	12.47	1.71	404.60	20.16	497.11
27.60	57.22	10.01	75.73	5.41	1207.14	6.67	159.24
27.36	14.27	3.29	38.13	3.05	400.66	0.97	26.77
8.73	-23.89	-2.87	23.26	1.70	254.24	4.67	53.25
16.28	63.62	6.33	35.32	5.86	2125.60	10.94	240.27
42.44	34.04	-2.72	43.55	8.17	63.20	3.87	172.55
23.96	48.40	7.67	19.22	4.25	1746.66	6.11	190.25
37.68	2.79	-0.50	19.43	6.31	275.72	2.43	96.43
11.92	16.58	-3.12	15.92	1.52	184.37	6.39	99.15
30.68	25.84	-3.87	17.81	3.05	752.81	2.53	92.37
15.86	-13.91	-2.68	24.67	2.02	888.64	9.75	168.84
15.27	-14.05	-3.52	12.79	2.07	159.05	3.19	55.64
11.45	46.93	0.12	16.46	1.51	595.36	7.53	90.46
12.20	75.14	2.46	65.35	4.56	909.02	8.84	95.97
11.69	29.62	-0.18	50.33	3.55	707.38	5.37	58.93
37.95	53.68	13.21	55.94	7.97	725.10	9.27	328.40
51.22	130.55	28.94	100.52	12.31	311.30	8.71	368.47
64.08	36.89	16.87	42.23	6.03	161.69	4.32	270.78
15.00	19.71	2.47	23.92	3.13	124.01	22.28	302.10
17.71	3.76	0.21	17.59	3.14	473.70	5.77	118.59
24.77	77.26	10.75	92.07	7.72	370.82	3.80	76.35
21.10	66.53	8.26	38.41	3.86	1265.55	24.92	556.53
5.71	-11.68	-2.97	14.66	1.25	111.70	5.05	39.48
10.56	27.56	-1.25	26.64	2.05	1091.99	13.76	154.43
23.12	-10.86	-2.88	69.18	3.96	1582.19	5.13	127.44
30.22	14.92	3.75	40.39	4.42	662.64	4.07	151.37
19.25	-14.92	-3.54	18.99	2.04	845.11	4.17	93.10
16.34	8.94	1.01	13.23	2.19	141.97	3.67	64.14
48.74	62.46	18.49	55.58	13.15	98.53	9.06	363.62
9.45	-16.77	-2.46	15.35	1.34	800.51	7.10	91.97
10.64	62.21	4.04	63.02	3.62	498.62	9.85	83.86
13.88	-2.68	-6.17	21.67	2.49	631.53	5.62	100.85
10.54	50.26	2.05	38.98	2.55	1754.08	17.79	212.90
24.96	5.60	0.58	40.41	3.67	1194.51	2.75	73.86
13.54	-25.88	-12.16	28.58	2.76	1069.97	4.15	92.33
13.75	4.69	0.39	27.96	4.25	883.33	9.58	148.66
14.78	42.80	4.43	31.41	5.87	1279.24	10.79	203.97

A 股
A Share

股票
Share

股票代码 Code	股票简称 Stock Name	市价总值 Tot_cap	无限售股市值 Nego_cap	发行股本 Issued Vol	流通股本 Negotiable Vol	上年收盘 Last Year Close	本年开盘 Open	本年最高 High	本年最低 Low
603916	苏博特	5243.10	2212.33	310.61	131.06	11.18	11.67	17.35	11.07
603917	合力科技	1646.40	842.71	156.80	80.26	12.07	12.08	14.67	9.66
603918	金桥信息	2615.58	2590.82	233.33	231.12	11.85	11.88	16.50	9.82
603919	金徽酒	6910.44	6446.44	390.20	364.00	11.68	11.84	19.50	11.12
603920	世运电路	7820.62	2503.13	409.67	131.12	11.91	11.95	21.81	10.89
603922	金鸿顺	1971.20	492.80	128.00	32.00	15.71	15.92	27.54	14.11
603926	铁流股份	1916.35	1027.15	160.36	85.95	13.82	13.82	20.88	10.73
603927	中科软	28586.08	2858.61	424.00	42.40	16.18	19.42	108.79	19.42
603928	兴业股份	2483.71	2483.71	201.60	201.60	14.35	14.34	16.97	11.17
603929	亚翔集成	3251.61	3251.61	213.36	213.36	14.78	14.93	21.63	13.04
603933	睿能科技	3207.66	801.99	201.23	50.31	18.72	18.60	22.60	12.03
603936	博敏电子	5415.51	4383.09	315.04	254.98	14.22	14.25	28.34	11.13
603937	丽岛新材	2347.81	852.65	208.88	75.86	11.17	11.22	14.63	10.21
603938	三孚股份	3194.04	1080.23	150.17	50.79	18.92	18.96	26.55	16.05
603939	益丰药房	27744.71	26866.69	378.92	366.93	41.70	42.46	90.87	39.00
603955	大千生态	1810.73	1141.84	113.10	71.32	13.90	14.00	19.60	13.09
603956	威派格	7066.68	706.67	425.96	42.60	5.70	6.84	38.62	6.84
603958	哈森股份	1608.46	1608.46	217.36	217.36	7.92	7.92	10.26	6.79
603959	百利科技	4434.30	4434.30	439.04	439.04	14.77	14.77	26.00	7.87
603960	克来机电	5662.99	2170.05	175.76	67.35	27.78	27.67	43.07	23.88
603963	大理药业	1909.70	1121.95	169.00	99.29	11.76	11.77	20.47	9.52
603966	法兰泰克	2177.31	968.87	210.98	93.88	8.64	8.58	15.98	8.20
603967	中创物流	4266.67	1066.67	266.67	66.67	15.32	22.06	30.00	15.32
603968	醋化股份	3018.12	3018.12	204.48	204.48	12.64	12.86	18.92	12.36
603969	银龙股份	3591.07	3591.07	841.00	841.00	4.66	5.13	6.61	3.80
603970	中农立华	2474.88	1231.25	192.00	95.52	15.46	15.47	21.71	11.52
603976	正川股份	2636.93	667.95	151.20	38.30	16.30	16.40	33.92	13.83
603977	国泰集团	3212.03	2541.09	391.23	309.51	6.91	6.96	12.38	6.47
603978	深圳新星	4129.60	1964.70	160.00	76.12	18.85	18.85	40.69	16.40
603979	金诚信	5209.84	5209.84	583.41	583.41	7.49	7.50	10.79	7.25
603980	吉华集团	5775.00	2837.06	700.00	343.89	11.77	11.79	21.09	7.40
603982	泉峰汽车	3746.00	936.50	200.00	50.00	9.79	11.75	35.65	11.75
603983	丸美股份	24072.03	2461.23	401.00	41.00	20.54	29.58	75.57	29.58
603985	恒润股份	2271.36	1453.67	145.60	93.18	20.70	20.60	29.66	13.71
603986	兆易创新	65785.23	57997.43	321.08	283.07	62.32	62.49	218.64	57.55
603987	康德莱	3585.87	3585.87	441.61	441.61	6.42	6.46	9.13	5.85
603988	中电电机	2272.03	2272.03	235.20	235.20	10.01	10.01	13.95	8.41
603989	艾华集团	8509.85	8509.85	390.00	390.00	20.14	20.64	22.85	17.26
603990	麦迪科技	3902.18	3886.40	112.45	112.00	32.86	32.83	57.98	26.02
603991	至正股份	1279.02	704.91	74.53	41.08	18.18	18.18	24.49	16.00
603992	松霖科技	8068.32	824.92	401.01	41.00	13.54	19.50	28.92	19.32
603993	洛阳钼业	77022.77	77022.77	17665.77	17665.77	3.76	3.78	5.34	3.36
603995	甬金股份	6265.00	1566.32	230.67	57.67	22.52	27.02	35.67	26.67
603996	ST 中新	1509.75	1509.75	300.15	300.15	7.54	7.55	12.51	3.68
603997	继峰股份	8270.71	5109.41	1023.60	632.35	7.65	7.65	11.89	6.91
603998	方盛制药	3605.99	3529.13	434.46	425.20	4.67	4.68	15.07	4.50
603999	读者传媒	4227.84	4227.84	576.00	576.00	4.84	4.86	8.43	4.65
688001	华兴源创	17756.28	1678.10	401.00	37.90	24.26	55.40	78.58	30.00
688002	睿创微纳	16950.05	1993.22	445.00	52.33	20.00	59.10	75.25	30.00
688003	天准科技	5680.22	1304.67	193.60	44.47	25.50	55.80	72.50	23.79

注：市价总值、无限售股市值、成交金额的单位为百万元，发行股本、流通股本、成交数量的单位为百万股，上年收盘、本年开盘、本年最高、本年最低的单位为元。

A 股 A Share

股票 Share

本年收盘 Close	涨跌（%） Change（%）	涨跌值 Change	市盈率 P/E	市净率 P/B	换手率（%） Turnover Rate（%）	成交数量 Trading Vol	成交金额 Trading Val
16. 88	53. 83	5. 70	19. 54	2. 51	678. 34	8. 81	121. 33
10. 50	-12. 16	-1. 57	16. 84	1. 81	606. 10	4. 86	58. 11
11. 21	23. 78	-0. 64	51. 06	4. 57	403. 67	8. 72	107. 84
17. 71	53. 94	6. 03	26. 72	3. 46	293. 73	8. 61	135. 83
19. 09	65. 61	7. 18	34. 64	3. 27	1591. 56	20. 45	330. 85
15. 40	-1. 16	-0. 31	35. 05	1. 73	1334. 40	4. 27	79. 56
11. 95	14. 19	-1. 87	22. 98	1. 71	336. 90	2. 50	36. 17
67. 42	316. 69	51. 24	89. 18	24. 00	1306. 05	5. 54	465. 41
12. 32	-12. 72	-2. 03	16. 99	2. 00	684. 97	4. 41	62. 59
15. 24	4. 46	0. 46	20. 19	2. 96	944. 88	9. 14	157. 36
15. 94	21. 27	-2. 78	28. 25	3. 06	2358. 21	11. 03	179. 58
17. 19	70. 21	2. 97	43. 42	2. 38	916. 21	21. 23	400. 21
11. 24	1. 37	0. 07	20. 45	1. 78	1110. 49	8. 42	101. 72
21. 27	13. 38	2. 35	28. 25	3. 01	896. 28	4. 55	91. 52
73. 22	76. 49	31. 52	66. 63	6. 84	122. 92	4. 47	298. 17
16. 01	15. 18	2. 11	20. 09	1. 61	339. 70	2. 42	39. 30
16. 59	192. 58	10. 89	61. 18	8. 42	3272. 86	13. 94	310. 52
7. 40	-6. 57	-0. 52	—	1. 59	505. 52	4. 48	37. 61
10. 10	-3. 80	-4. 67	29. 55	4. 01	416. 68	10. 72	151. 77
32. 22	51. 21	4. 44	86. 92	11. 59	635. 72	3. 98	115. 99
11. 30	25. 66	-0. 46	178. 46	4. 11	863. 52	7. 54	103. 33
10. 32	20. 30	1. 68	33. 03	2. 47	842. 96	7. 88	89. 78
16. 00	6. 59	0. 68	22. 37	4. 84	1504. 39	10. 03	203. 60
14. 76	20. 59	2. 12	15. 02	2. 09	234. 68	4. 80	77. 08
4. 27	-6. 44	-0. 39	23. 87	2. 08	262. 47	22. 07	111. 90
12. 89	1. 32	-2. 57	21. 44	2. 86	815. 14	6. 86	111. 60
17. 44	7. 55	1. 14	31. 86	2. 67	2139. 01	8. 19	164. 36
8. 21	20. 37	1. 30	45. 67	1. 75	675. 41	12. 17	111. 14
25. 81	36. 92	6. 96	33. 01	2. 93	1180. 88	8. 99	248. 49
8. 93	20. 19	1. 44	17. 88	1. 29	143. 87	8. 39	73. 84
8. 25	1. 42	-3. 52	8. 22	1. 33	493. 95	13. 92	178. 15
18. 73	91. 32	8. 94	40. 88	4. 04	3226. 57	16. 13	364. 52
60. 03	192. 26	39. 49	57. 97	17. 50	1098. 03	4. 50	244. 46
15. 60	7. 47	-5. 10	18. 20	2. 06	384. 64	3. 05	59. 73
204. 89	229. 97	142. 57	162. 43	34. 68	713. 52	16. 88	2040. 21
8. 12	29. 19	1. 70	24. 38	2. 61	424. 88	11. 69	90. 39
9. 66	-0. 43	-0. 35	47. 11	3. 38	346. 48	8. 15	90. 64
21. 82	10. 09	1. 68	28. 49	4. 13	105. 63	4. 12	81. 61
34. 70	48. 61	1. 84	70. 34	8. 26	361. 01	2. 96	100. 36
17. 16	-4. 85	-1. 02	33. 65	2. 60	407. 65	1. 67	33. 19
20. 12	48. 60	6. 58	34. 16	7. 04	1103. 73	4. 53	108. 79
4. 36	19. 15	0. 60	20. 32	2. 30	164. 20	290. 07	1205. 44
27. 16	20. 60	4. 64	18. 92	4. 35	140. 64	0. 81	23. 88
5. 03	-33. 29	-2. 51	—	1. 08	452. 10	13. 57	108. 14
8. 08	9. 62	0. 43	27. 35	4. 42	123. 46	7. 79	68. 31
8. 30	78. 53	3. 63	49. 40	3. 42	906. 37	38. 54	334. 59
7. 34	52. 18	2. 50	99. 54	2. 52	459. 72	26. 48	166. 48
44. 28	82. 52	20. 02	72. 99	19. 48	1607. 96	6. 02	326. 51
38. 09	90. 45	18. 09	135. 42	16. 85	1357. 30	7. 22	363. 96
29. 34	15. 06	3. 84	60. 13	13. 55	1266. 56	5. 73	268. 40

A 股 股票
A Share Share

股票代码 Code	股票简称 Stock Name	市价总值 Tot_cap	无限售股市值 Nego_cap	发行股本 Issued Vol	流通股本 Negotiable Vol	上年收盘 Last Year Close	本年开盘 Open	本年最高 High	本年最低 Low
688005	容百科技	14748.12	1412.65	443.29	42.46	26.62	42.58	69.46	21.82
688006	杭可科技	15931.73	1486.94	401.00	37.43	27.43	49.00	80.18	30.30
688007	光峰科技	12508.06	1594.96	451.55	57.58	17.50	35.02	59.97	23.55
688008	澜起科技	80905.97	5373.70	1129.81	75.04	24.80	91.30	97.20	57.60
688009	中国通号	59657.44	9027.04	8621.02	1304.49	5.85	11.70	15.21	6.24
688010	福光股份	6413.58	1496.92	153.58	35.85	25.22	40.03	95.21	36.12
688011	新光光电	4197.00	966.02	100.00	23.02	38.09	60.00	104.50	36.63
688012	中微公司	49421.27	4613.66	534.86	49.93	29.01	109.80	125.00	60.08
688015	交控科技	5296.00	1099.62	160.00	33.22	16.18	40.80	71.17	24.00
688016	心脉医疗	10577.91	2214.22	71.98	15.07	46.23	142.00	219.03	101.00
688018	乐鑫科技	13421.60	3040.77	80.00	18.12	62.60	152.45	198.00	99.00
688019	安集科技	7014.55	1614.91	53.11	12.23	39.19	152.00	243.20	103.82
688020	方邦股份	7258.40	1669.88	80.00	18.40	53.88	106.00	141.95	74.74
688021	奥福环保	2806.17	674.29	77.28	18.57	26.17	30.00	40.76	27.50
688022	瀚川智能	4747.68	1101.77	108.00	25.06	25.79	67.60	101.01	33.53
688023	安恒信息	10370.37	2309.48	74.07	16.50	56.50	75.00	161.09	68.68
688025	杰普特	3893.34	895.31	92.37	21.24	43.86	56.10	68.90	37.70
688028	沃尔德	5089.60	1196.71	80.00	18.81	26.68	53.89	162.08	38.42
688029	南微医学	21414.40	5096.80	133.34	31.74	52.45	113.02	185.25	87.10
688030	山石网科	7441.43	1526.81	180.22	36.98	21.06	52.02	62.03	34.96
688033	天宜上佳	12124.88	1188.50	448.74	43.99	20.37	35.00	64.80	23.17
688036	传音控股	36504.00	3334.04	800.00	73.07	35.15	53.00	69.00	37.28
688037	芯源微	6156.36	1373.00	84.00	18.73	26.97	53.00	86.00	50.00
688039	当虹科技	6640.00	1592.63	80.00	19.19	50.48	88.12	100.70	69.30
688058	宝兰德	3966.40	935.19	40.00	9.43	79.30	99.00	118.95	79.35
688066	航天宏图	6357.16	1465.77	165.98	38.27	17.25	43.00	77.89	30.20
688068	热景生物	2918.87	678.14	62.20	14.45	29.46	88.00	92.66	41.01
688078	龙软科技	3615.33	867.83	70.75	16.98	21.59	49.80	51.80	45.00
688088	虹软科技	19183.50	1849.08	406.00	39.13	28.88	86.50	87.29	34.84
688089	嘉必优	4466.40	1025.73	120.00	27.56	23.90	44.80	50.76	36.61
688098	申联生物	6870.67	774.67	409.70	46.19	8.80	26.51	36.88	14.57
688099	晶晨股份	22196.37	2093.40	411.12	38.77	38.50	136.00	166.00	47.47
688101	三达膜	6667.58	1529.71	333.88	76.60	18.26	23.07	27.51	18.48
688108	赛诺医疗	6666.60	752.77	410.00	46.30	6.99	25.00	26.00	14.47
688111	金山办公	75557.90	11068.89	461.00	67.53	45.86	140.00	175.00	125.00
688116	天奈科技	7500.61	1788.17	231.86	55.28	16.00	46.05	56.00	24.14
688118	普元信息	3834.13	918.80	95.40	22.86	26.90	40.51	50.98	35.29
688122	西部超导	14857.63	1410.29	441.27	41.89	15.00	41.00	70.00	27.76
688123	聚辰股份	8661.95	2027.33	120.84	28.28	33.25	88.90	92.88	69.00
688128	中国电研	7895.84	895.22	404.50	45.86	18.79	23.20	27.89	18.25
688138	清溢光电	4527.60	1070.76	266.80	63.10	8.78	20.22	21.00	14.43
688139	海尔生物	9157.03	2120.46	317.07	73.42	15.53	30.00	42.75	23.87
688166	博瑞医药	13025.70	1239.49	410.00	39.01	12.71	27.77	33.70	26.22
688168	安博通	5272.05	1244.73	51.18	12.08	56.88	189.99	210.00	82.90
688188	柏楚电子	15722.00	3655.36	100.00	23.25	68.58	217.00	278.00	116.03
688196	卓越新能	4896.00	1170.85	120.00	28.70	42.93	47.00	55.00	36.66
688198	佰仁医疗	4046.40	874.13	96.00	20.74	23.68	31.00	45.50	31.00
688199	久日新材	6884.94	1604.23	111.23	25.92	66.68	74.01	74.99	56.70
688202	美迪西	3617.70	742.69	62.00	12.73	41.50	66.66	77.80	54.75
688218	江苏北人	3209.25	705.35	117.34	25.79	17.36	40.00	40.00	26.50

注：市价总值、无限售股市值、成交金额的单位为百万元，发行股本、流通股本、成交数量的单位为百万股，上年收盘、本年开盘、本年最高、本年最低的单位为元。

A 股 A Share

股票 Share

本年收盘 Close	涨跌（%） Change（%）	涨跌值 Change	市盈率 P/E	市净率 P/B	换手率（%） Turnover Rate（%）	成交数量 Trading Vol	成交金额 Trading Val
33. 27	24. 98	6. 65	69. 28	4. 71	1363. 07	5. 77	251. 42
39. 73	44. 84	12. 30	55. 66	17. 48	1385. 59	5. 26	276. 02
27. 70	58. 29	10. 20	70. 68	17. 47	1378. 30	8. 13	344. 56
71. 61	188. 75	46. 81	109. 80	22. 38	1026. 30	7. 85	578. 19
6. 92	18. 29	1. 07	21. 50	2. 53	785. 82	100. 96	1016. 73
41. 76	65. 58	16. 54	70. 18	8. 31	1875. 74	6. 74	451. 62
41. 97	10. 19	3. 88	57. 75	14. 08	1436. 40	3. 35	229. 66
92. 40	218. 51	63. 39	543. 88	23. 35	1267. 58	6. 30	509. 03
33. 10	104. 57	16. 92	79. 76	13. 27	1588. 38	5. 22	241. 13
146. 96	217. 89	100. 73	116. 69	48. 94	1179. 71	1. 81	276. 94
167. 77	168. 00	105. 17	142. 96	43. 12	1724. 06	3. 13	491. 53
132. 08	237. 02	92. 89	156. 01	20. 23	1380. 85	1. 67	266. 06
90. 73	68. 39	36. 85	61. 96	17. 50	1323. 16	2. 47	255. 85
36. 31	38. 75	10. 14	60. 01	8. 70	598. 07	1. 13	36. 37
43. 96	70. 45	18. 17	67. 58	25. 95	1714. 12	4. 36	273. 52
140. 00	147. 79	83. 50	134. 90	20. 46	523. 73	0. 87	94. 72
42. 15	-3. 90	-1. 71	41. 70	6. 59	453. 59	0. 97	44. 55
63. 62	138. 46	36. 94	76. 77	14. 73	2483. 26	4. 72	473. 41
160. 60	206. 20	108. 15	111. 13	36. 94	1139. 28	3. 61	501. 15
41. 29	96. 06	20. 23	107. 98	17. 87	1051. 67	3. 91	182. 47
27. 02	32. 65	6. 65	46. 08	9. 86	1287. 32	5. 74	245. 34
45. 63	29. 82	10. 48	55. 53	9. 32	595. 23	4. 35	199. 70
73. 29	171. 75	46. 32	202. 00	28. 00	490. 64	0. 91	61. 63
83. 00	64. 42	32. 52	103. 92	17. 33	364. 12	0. 68	56. 66
99. 16	25. 04	19. 86	77. 10	23. 60	679. 90	0. 65	61. 68
38. 30	122. 03	21. 05	99. 96	13. 28	1663. 85	6. 51	355. 01
46. 93	59. 30	17. 47	60. 63	13. 91	717. 93	1. 06	62. 52
51. 10	136. 68	29. 51	116. 07	22. 94	130. 47	0. 21	10. 41
47. 25	63. 61	18. 37	121. 76	18. 66	1515. 65	6. 10	377. 22
37. 22	55. 73	13. 32	46. 05	8. 48	252. 72	0. 68	29. 01
16. 77	90. 57	7. 97	78. 45	8. 26	667. 09	3. 13	63. 76
53. 99	40. 23	15. 49	78. 56	19. 79	934. 17	3. 61	328. 94
19. 97	9. 36	1. 71	36. 77	4. 69	404. 62	3. 10	65. 59
16. 26	132. 62	9. 27	74. 74	9. 51	619. 46	2. 90	52. 81
163. 90	257. 39	118. 04	243. 21	63. 66	221. 04	1. 49	212. 08
32. 35	102. 19	16. 35	110. 98	11. 77	783. 99	4. 31	146. 79
40. 19	49. 41	13. 29	79. 83	13. 79	715. 02	1. 62	68. 43
33. 67	124. 47	18. 67	110. 09	7. 71	1349. 09	5. 56	265. 46
71. 68	115. 58	38. 43	113. 80	26. 03	223. 45	0. 63	49. 95
19. 52	3. 89	0. 73	38. 16	7. 72	592. 68	2. 78	59. 46
16. 97	93. 28	8. 19	72. 26	8. 53	619. 59	3. 94	65. 00
28. 88	85. 96	13. 35	80. 35	8. 25	612. 89	4. 60	137. 39
31. 77	149. 96	19. 06	177. 94	16. 92	392. 22	1. 52	45. 12
103. 01	81. 10	46. 13	85. 66	20. 64	884. 24	1. 07	135. 91
157. 22	129. 25	88. 64	112. 88	54. 19	805. 75	1. 89	318. 54
40. 80	-4. 96	-2. 13	36. 62	7. 52	379. 45	1. 08	46. 11
42. 15	78. 00	18. 47	121. 15	20. 58	422. 59	0. 87	32. 97
61. 90	-7. 17	-4. 78	39. 14	8. 77	379. 01	0. 99	63. 41
58. 35	40. 60	16. 85	59. 53	10. 40	597. 64	0. 76	47. 49
27. 35	57. 55	9. 99	66. 36	9. 25	365. 76	0. 93	28. 13

A 股　　股票
A Share　　Share

股票代码 Code	股票简称 Stock Name	市价总值 Tot_cap	无限售股市值 Nego_cap	发行股本 Issued Vol	流通股本 Negotiable Vol	上年收盘 Last Year Close	本年开盘 Open	本年最高 High	本年最低 Low
688258	卓易信息	7492.18	1798.08	86.96	20.87	26.49	41.00	102.58	40.60
688268	华特气体	5262.00	1259.67	120.00	28.73	22.16	50.01	55.10	42.16
688288	鸿泉物联	3212.00	693.99	100.00	21.61	24.99	35.00	44.96	28.74
688299	长阳科技	4885.61	1168.25	282.57	67.57	13.71	18.45	23.50	15.34
688300	联瑞新材	3907.49	911.37	85.97	20.05	27.28	43.00	46.98	29.99
688310	迈得医疗	2421.89	580.91	83.60	20.05	24.79	31.80	32.45	26.81
688321	微芯生物	23001.00	2388.64	410.00	42.58	20.43	125.00	125.00	48.75
688333	铂力特	4416.80	1015.93	80.00	18.40	33.00	61.00	116.80	43.40
688357	建龙微纳	2744.72	658.14	57.82	13.86	43.28	44.00	50.39	39.90
688358	祥生医疗	4104.80	983.91	80.00	19.18	50.53	52.40	54.50	43.85
688363	华熙生物	40032.00	3868.94	480.00	46.39	47.79	78.00	103.88	78.00
688366	昊海生科	12396.49	1356.10	137.80	15.07	89.23	149.30	149.30	80.34
688368	晶丰明源	5450.37	1253.80	61.60	14.17	56.68	109.00	111.43	60.43
688369	致远互联	4523.91	1071.47	76.99	18.23	49.39	75.00	85.00	53.74
688388	嘉元科技	13083.74	3029.94	230.88	53.47	28.26	66.00	82.47	35.17
688389	普门科技	6932.52	579.51	422.20	35.29	9.10	22.00	23.00	15.00
688399	硕世生物	3394.10	799.51	58.62	13.81	46.78	52.33	62.98	48.00

注：市价总值、无限售股市值、成交金额的单位为百万元，发行股本、流通股本、成交数量的单位为百万股，上年收盘、本年开盘、本年最高、本年最低的单位为元。

A 股
A Share

股票
Share

本年收盘 Close	涨跌（%）Change（%）	涨跌值 Change	市盈率 P/E	市净率 P/B	换手率（%）Turnover Rate（%）	成交数量 Trading Vol	成交金额 Trading Val
86.16	225.25	59.67	145.26	25.46	500.34	1.04	75.89
43.85	97.88	21.69	77.56	9.51	184.32	0.52	25.24
32.12	28.53	7.13	56.23	12.80	785.01	1.69	56.70
17.29	26.11	3.58	54.97	7.98	725.73	4.88	92.34
45.45	66.61	18.17	66.95	12.23	608.21	1.21	44.28
28.97	16.86	4.18	43.24	9.56	442.50	0.88	25.27
56.10	174.60	35.67	738.06	48.23	1130.66	4.79	353.17
55.21	67.30	22.21	77.24	11.16	2083.15	3.88	293.03
47.47	9.68	4.19	58.31	12.74	408.31	0.56	25.50
51.31	1.54	0.78	43.18	19.62	366.52	0.70	33.58
83.40	74.51	35.61	94.45	23.31	374.66	1.75	154.59
89.96	0.82	0.73	38.59	4.43	417.05	0.66	65.02
88.48	56.10	31.80	67.01	21.58	704.18	1.00	78.83
58.76	18.97	9.37	61.99	14.67	583.62	1.07	69.41
56.67	100.53	28.41	74.16	18.60	1235.23	6.72	392.03
16.42	80.44	7.32	85.44	10.37	710.83	2.57	46.74
57.90	23.77	11.12	53.18	10.47	470.48	0.65	35.92

主板 A 股发行股本十大股票
Top 10 Main Board A Shares by Issued Vol

股票
Share

股票代码 Code	股票简称 Stock Name	公司名称 Company Name	发行股数 Issued Vol	占比（%）
601288	农业银行	中国农业银行股份有限公司	319244.21	8.02
601398	工商银行	中国工商银行股份有限公司	269612.21	6.78
601988	中国银行	中国银行股份有限公司	210765.51	5.30
601857	中国石油	中国石油天然气股份有限公司	161922.08	4.07
600028	中国石化	中国石油化工股份有限公司	95557.77	2.40
601658	邮储银行	中国邮政储蓄银行股份有限公司	66346.57	1.67
600010	包钢股份	内蒙古包钢钢联股份有限公司	45585.03	1.15
601668	中国建筑	中国建筑股份有限公司	41975.63	1.06
601818	光大银行	中国光大银行股份有限公司	39810.57	1.00
601328	交通银行	交通银行股份有限公司	39250.86	0.99
	总　计		1290070.46	32.42
	市场总计		3979501.49	100.00

主板 A 股流通股本十大股票
Top10 Main Board A Shares by Negotiable Vol

股票代码 Code	股票简称 Stock Name	公司名称 Company Name	流通股数 Negotiable Vol	占比（%）
601288	农业银行	中国农业银行股份有限公司	294055.29	8.41
601398	工商银行	中国工商银行股份有限公司	269612.21	7.71
601988	中国银行	中国银行股份有限公司	210765.51	6.03
601857	中国石油	中国石油天然气股份有限公司	161922.08	4.63
600028	中国石化	中国石油化工股份有限公司	95557.77	2.73
601668	中国建筑	中国建筑股份有限公司	41141.08	1.18
601818	光大银行	中国光大银行股份有限公司	39810.57	1.14
601328	交通银行	交通银行股份有限公司	39250.86	1.12
600016	民生银行	中国民生银行股份有限公司	35462.12	1.01
601998	中信银行	中信银行股份有限公司	31905.18	0.91
	总　计		1219482.68	34.87
	市场总计		3497159.07	100.00

注：股票排名中，发行股数、流通股数、成交股数单位为百万股，成交金额、市价总值、流通市值单位为百万元，收盘价格单位为元。

科创板股发行股本十大股票
Top 10 Star Market Shares by Issued Vol

股票
Share

股票代码 Code	股票简称 Stock Name	公司名称 Company Name	发行股数 Issued Vol	占比（%）
688009	中国通号	中国铁路通信信号股份有限公司	8621.02	35.67
688008	澜起科技	澜起科技股份有限公司	1129.81	4.68
688036	传音控股	深圳传音控股股份有限公司	800.00	3.31
688012	中微公司	中微半导体设备（上海）股份有限公司	534.86	2.21
688363	华熙生物	华熙生物科技股份有限公司	480.00	1.99
688111	金山办公	北京金山办公软件股份有限公司	461.00	1.91
688007	光峰科技	深圳光峰科技股份有限公司	451.55	1.87
688033	天宜上佳	北京天宜上佳高新材料股份有限公司	448.74	1.86
688002	睿创微纳	烟台睿创微纳技术股份有限公司	445.00	1.84
688005	容百科技	宁波容百新能源科技股份有限公司	443.29	1.83
	总　计		13815.27	57.16
	市场总计		24168.95	100.00

科创板股流通股本十大股票
Top 10 Star Market Shares by Negotiable Vol

股票代码 Code	股票简称 Stock Name	公司名称 Company Name	流通股数 Negotiable Vol	占比（%）
688009	中国通号	中国铁路通信信号股份有限公司	1304.49	36.33
688101	三达膜	三达膜环境技术股份有限公司	76.60	2.13
688008	澜起科技	澜起科技股份有限公司	75.04	2.09
688139	海尔生物	青岛海尔生物医疗股份有限公司	73.42	2.05
688036	传音控股	深圳传音控股股份有限公司	73.07	2.04
688299	长阳科技	宁波长阳科技股份有限公司	67.57	1.88
688111	金山办公	北京金山办公软件股份有限公司	67.53	1.88
688138	清溢光电	深圳清溢光电股份有限公司	63.10	1.76
688007	光峰科技	深圳光峰科技股份有限公司	57.58	1.60
688116	天奈科技	江苏天奈科技股份有限公司	55.28	1.54
	总　计		1913.67	53.29
	市场总计		3590.86	100.00

注：股票排名中，发行股数、流通股数、成交股数单位为百万股，成交金额、市价总值、流通市值单位为百万元，收盘价格单位为元。

主板 A 股市值十大股票
Top10 Main Board A Shares by Market Capitalization

股票
Share

股票代码 Code	股票简称 Stock Name	公司名称 Company Name	市价总值 Market Capitalization	占比（%）
601398	工商银行	中国工商银行股份有限公司	1585319.81	4.58
600519	贵州茅台	贵州茅台酒股份有限公司	1486082.00	4.29
601288	农业银行	中国农业银行股份有限公司	1178011.14	3.40
601857	中国石油	中国石油天然气股份有限公司	944005.71	2.73
601318	中国平安	中国平安保险（集团）股份有限公司	925759.51	2.68
601988	中国银行	中国银行股份有限公司	777724.75	2.25
600036	招商银行	招商银行股份有限公司	775235.73	2.24
601628	中国人寿	中国人寿保险股份有限公司	726116.49	2.10
600028	中国石化	中国石油化工股份有限公司	488300.21	1.41
601166	兴业银行	兴业银行股份有限公司	411328.98	1.19
	总　计		9297884.33	26.87
	市场总计		34609457.40	100.00

主板 A 股流通市值十大股票
Top 10 Main Board A Shares Negotiable Capitalization

股票代码 Code	股票简称 Stock Name	公司名称 Company Name	流通市值 Negotiable Capitalization	占比（%）
601398	工商银行	中国工商银行股份有限公司	1585319.81	5.30
600519	贵州茅台	贵州茅台酒股份有限公司	1486082.00	4.97
601288	农业银行	中国农业银行股份有限公司	1085064.03	3.63
601857	中国石油	中国石油天然气股份有限公司	944005.71	3.16
601318	中国平安	中国平安保险（集团）股份有限公司	925759.51	3.09
601988	中国银行	中国银行股份有限公司	777724.75	2.60
600036	招商银行	招商银行股份有限公司	775235.73	2.59
601628	中国人寿	中国人寿保险股份有限公司	726116.49	2.43
600028	中国石化	中国石油化工股份有限公司	488300.21	1.63
600900	长江电力	中国长江电力股份有限公司	404360.00	1.35
	总　计		9197968.25	30.74
	市场总计		29917899.15	100.00

注：股票排名中，发行股数、流通股数、成交股数单位为百万股，成交金额、市价总值、流通市值单位为百万元，收盘价格单位为元。

股票
Share

科创板股市值十大股票
Top 10 Star Market Shares by Market Capitalization

股票代码 Code	股票简称 Stock Name	公司名称 Company Name	市价总值 Market Capitalization	占比（%）
688008	澜起科技	澜起科技股份有限公司	80905.97	9.37
688111	金山办公	北京金山办公软件股份有限公司	75557.90	8.75
688009	中国通号	中国铁路通信信号股份有限公司	59657.44	6.91
688012	中微公司	中微半导体设备（上海）股份有限公司	49421.27	5.72
688363	华熙生物	华熙生物科技股份有限公司	40032.00	4.63
688036	传音控股	深圳传音控股股份有限公司	36504.00	4.23
688321	微芯生物	深圳微芯生物科技股份有限公司	23001.00	2.66
688099	晶晨股份	晶晨半导体（上海）股份有限公司	22196.37	2.57
688029	南微医学	南京微创医学科技股份有限公司	21414.40	2.48
688088	虹软科技	虹软科技股份有限公司	19183.50	2.22
	总　计		427873.86	49.54
	市场总计		863763.63	100.00

科创板股流通市值十大股票
Top 10 Star Market Shares by Negotiable Capitalization

股票代码 Code	股票简称 Stock Name	公司名称 Company Name	流通市值 Negotiable Capitalization	占比（%）
688111	金山办公	北京金山办公软件股份有限公司	11068.89	8.59
688009	中国通号	中国铁路通信信号股份有限公司	9027.04	7.01
688008	澜起科技	澜起科技股份有限公司	5373.70	4.17
688029	南微医学	南京微创医学科技股份有限公司	5096.80	3.96
688012	中微公司	中微半导体设备（上海）股份有限公司	4613.66	3.58
688363	华熙生物	华熙生物科技股份有限公司	3868.94	3.00
688188	柏楚电子	上海柏楚电子科技股份有限公司	3655.36	2.84
688036	传音控股	深圳传音控股股份有限公司	3334.04	2.59
688018	乐鑫科技	乐鑫信息科技（上海）股份有限公司	3040.77	2.36
688388	嘉元科技	广东嘉元科技股份有限公司	3029.94	2.35
	总　计		52109.12	40.46
	市场总计		128803.80	100.00

注：股票排名中，发行股数、流通股数、成交股数单位为百万股，成交金额、市价总值、流通市值单位为百万元，收盘价格单位为元。

主板 A 股成交金额十大股票 股票
Top 10 Most Active Main Board A Shares by Trading Value Share

股票代码 Code	股票简称 Stock Name	公司名称 Company Name	成交金额 Trading Value	占比重 （%）
601318	中国平安	中国平安保险（集团）股份有限公司	1249363. 87	2. 36
600519	贵州茅台	贵州茅台酒股份有限公司	918065. 98	1. 73
600030	中信证券	中信证券股份有限公司	828289. 52	1. 56
600036	招商银行	招商银行股份有限公司	414898. 37	0. 78
600352	浙江龙盛	浙江龙盛集团股份有限公司	409014. 38	0. 77
601688	华泰证券	华泰证券股份有限公司	391828. 08	0. 74
600536	中国软件	中国软件与技术服务股份有限公司	382111. 33	0. 72
600887	伊利股份	内蒙古伊利实业集团股份有限公司	360568. 63	0. 68
601166	兴业银行	兴业银行股份有限公司	352554. 31	0. 67
600703	三安光电	三安光电股份有限公司	351853. 22	0. 66
	总　计		5658547. 69	10. 67
	市场总计		53014999. 76	100. 00

主板 A 股成交股数十大股票
Top 10 Most Active Main Board A Shares by Trading Vol

股票代码 Code	股票简称 Stock Name	公司名称 Company Name	成交股数 Trading Vol	占比（%）
600010	包钢股份	内蒙古包钢钢联股份有限公司	65549. 91	1. 23
601288	农业银行	中国农业银行股份有限公司	61808. 90	1. 16
600157	永泰能源	永泰能源股份有限公司	51386. 61	0. 96
601099	太平洋	太平洋证券股份有限公司	46023. 81	0. 86
601398	工商银行	中国工商银行股份有限公司	44592. 90	0. 84
601899	紫金矿业	紫金矿业集团股份有限公司	42319. 69	0. 79
601668	中国建筑	中国建筑股份有限公司	40458. 63	0. 76
600050	中国联通	中国联合网络通信股份有限公司	38241. 51	0. 72
600030	中信证券	中信证券股份有限公司	36126. 44	0. 68
601988	中国银行	中国银行股份有限公司	30141. 15	0. 56
	总　计		456649. 54	8. 55
	市场总计		5342107. 80	100. 00

注：股票排名中，发行股数、流通股数、成交股数单位为百万股，成交金额、市价总值、流通市值单位为百万元，收盘价格单位为元。

科创板成交金额十大股票 股票
Top 10 Most Active Star Market Shares by Trading Value Share

股票代码 Code	股票简称 Stock Name	公司名称 Company Name	成交金额 Trading Value	占比重 (%)
688009	中国通号	中国铁路通信信号股份有限公司	101673.13	7.64
688008	澜起科技	澜起科技股份有限公司	57819.35	4.34
688012	中微公司	中微半导体设备（上海）股份有限公司	50902.68	3.82
688029	南微医学	南京微创医学科技股份有限公司	50115.22	3.76
688018	乐鑫科技	乐鑫信息科技（上海）股份有限公司	49152.79	3.69
688028	沃尔德	北京沃尔德金刚石工具股份有限公司	47340.74	3.56
688010	福光股份	福建福光股份有限公司	45161.87	3.39
688388	嘉元科技	广东嘉元科技股份有限公司	39202.79	2.94
688088	虹软科技	虹软科技股份有限公司	37722.38	2.83
688002	睿创微纳	烟台睿创微纳技术股份有限公司	36395.67	2.73
	总　计		515486.61	38.72
	市场总计		1331381.04	100.00

科创板成交股数十大股票
Top 10 Most Active Star Market Shares by Trading Vol

股票代码 Code	股票简称 Stock Name	公司名称 Company Name	成交股数 Trading Vol	占比（%）
688009	中国通号	中国铁路通信信号股份有限公司	10096.19	33.06
688007	光峰科技	深圳光峰科技股份有限公司	813.15	2.66
688008	澜起科技	澜起科技股份有限公司	784.81	2.57
688002	睿创微纳	烟台睿创微纳技术股份有限公司	721.57	2.36
688010	福光股份	福建福光股份有限公司	673.69	2.21
688388	嘉元科技	广东嘉元科技股份有限公司	671.96	2.20
688066	航天宏图	北京航天宏图信息技术股份有限公司	651.41	2.13
688012	中微公司	中微半导体设备（上海）股份有限公司	629.80	2.06
688088	虹软科技	虹软科技股份有限公司	609.75	2.00
688001	华兴源创	苏州华兴源创科技股份有限公司	602.30	1.97
	总　计		16254.63	53.22
	市场总计		30542.16	100.00

注：股票排名中，发行股数、流通股数、成交股数单位为百万股，成交金额、市价总值、流通市值单位为百万元，收盘价格单位为元。

主板 A 股十大涨幅股票 Top 10 Main Board A Shares by Percentage of Price Increased

股票 Share

股票代码 Code	股票简称 Stock Name	公司名称 Company Name	上年收盘 Last Year Close	本年收盘 Close	涨幅（%） Change（%）
601865	福莱特	福莱特玻璃集团股份有限公司	2. 00	12. 13	510. 77
603093	南华期货	南华期货股份有限公司	4. 84	26. 95	456. 82
603613	国联股份	北京国联视讯信息技术股份有限公司	15. 13	75. 67	400. 13
603501	韦尔股份	上海韦尔半导体股份有限公司	29. 39	143. 40	389. 56
601236	红塔证券	红塔证券股份有限公司	3. 46	16. 77	384. 68
603068	博通集成	博通集成电路（上海）股份有限公司	18. 63	90. 07	384. 54
600745	闻泰科技	闻泰科技股份有限公司	21. 13	92. 50	337. 77
603927	中科软	中科软科技股份有限公司	16. 18	67. 42	316. 69
601698	中国卫通	中国卫通集团股份有限公司	2. 72	11. 32	316. 18
603222	济民制药	浙江济民制药股份有限公司	13. 58	55. 00	305. 20

主板 A 股十大跌幅股票 Top 10 Main Board A shares by Percentage of Price Decreased

股票代码 Code	股票简称 Stock Name	公司名称 Company Name	上年收盘 Last Year Close	本年收盘 Close	跌幅（%） Change（%）
600240	退市华业	北京华业资本控股股份有限公司	2. 59	0. 35	-86. 49
600401	退市海润	海润光伏科技股份有限公司	0. 87	0. 15	-82. 76
600747	退市大控	大连大福控股股份有限公司	1. 30	0. 26	-80. 00
600485	*ST 信威	北京信威科技集团股份有限公司	14. 59	3. 06	-79. 03
600891	*ST 秋林	哈尔滨秋林集团股份有限公司	6. 78	1. 50	-77. 88
600518	ST 康美	康美药业股份有限公司	9. 21	3. 73	-59. 27
600687	*ST 刚泰	甘肃刚泰控股（集团）股份有限公司	4. 15	1. 74	-58. 07
601113	ST 华鼎	义乌华鼎锦纶股份有限公司	8. 11	3. 42	-57. 40
600614	*ST 鹏起	鹏起科技发展股份有限公司	3. 59	1. 63	-54. 60
600781	ST 辅仁	辅仁药业集团制药股份有限公司	12. 65	5. 81	-54. 07

注：股票排名中，发行股数、流通股数、成交股数单位为百万股，成交金额、市价总值、流通市值单位为百万元，收盘价格单位为元。

科创板股十大涨幅股票
Top 10 Star Market Shares by Percentage of Price Increased

股票代码 Code	股票简称 Stock Name	公司名称 Company Name	上年收盘 Last Year Close	本年收盘 Close	涨幅（%） Change（%）
688111	金山办公	北京金山办公软件股份有限公司	45.86	163.90	257.39
688019	安集科技	安集微电子科技（上海）股份有限公司	39.19	132.08	237.03
688258	卓易信息	江苏卓易信息科技股份有限公司	26.49	86.16	225.26
688012	中微公司	中微半导体设备（上海）股份有限公司	29.01	92.40	218.51
688016	心脉医疗	上海微创心脉医疗科技股份有限公司	46.23	146.96	217.89
688029	南微医学	南京微创医学科技股份有限公司	52.45	160.60	206.20
688008	澜起科技	澜起科技股份有限公司	24.80	71.61	188.75
688321	微芯生物	深圳微芯生物科技股份有限公司	20.43	56.10	174.60
688037	芯源微	沈阳芯源微电子设备股份有限公司	26.97	73.29	171.75
688018	乐鑫科技	乐鑫信息科技（上海）股份有限公司	62.60	167.77	168.00

科创板股十大跌幅股票
Top 10 Star Market Shares by Percentage of Price Decreased

股票代码 Code	股票简称 Stock Name	公司名称 Company Name	上年收盘 Last Year Close	本年收盘 Close	跌幅（%） Change（%）
688199	久日新材	天津久日新材料股份有限公司	66.68	61.90	-7.17
688196	卓越新能	龙岩卓越新能源股份有限公司	42.93	40.80	-4.96
688025	杰普特	深圳市杰普特光电股份有限公司	43.86	42.15	-3.90

注：股票排名中，发行股数、流通股数、成交股数单位为百万股，成交金额、市价总值、流通市值单位为百万元，收盘价格单位为元。

主板A股十大换手率股票 股票
Top 10 Main Board A Shares by Turnover Rate Share

股票代码 Code	股票简称 Stock Name	公司名称 Company Name	成交股数 Trading Vol	流通股数 Negotiable Vol	换手率（%） Turnover Rate（%）
603121	华培动力	上海华培动力科技股份有限公司	2088.08	54.00	4221.55
603739	蔚蓝生物	青岛蔚蓝生物股份有限公司	1489.93	38.67	3853.23
603220	中贝通信	中贝通信集团股份有限公司	3113.26	185.65	3534.56
603629	利通电子	江苏利通电子股份有限公司	831.97	30.00	3320.85
603681	永冠新材	上海永冠众诚新材料科技（集团）股份有限公司	1366.16	41.65	3280.26
603956	威派格	上海威派格智慧水务股份有限公司	1394.11	42.60	3272.86
603982	泉峰汽车	南京泉峰汽车精密技术股份有限公司	1613.28	50.00	3226.57
603327	福蓉科技	四川福蓉科技股份公司	1599.97	51.00	3137.20
603738	泰晶科技	泰晶科技股份有限公司	2133.06	167.11	3048.65
601860	紫金银行	江苏紫金农村商业银行股份有限公司	11095.78	366.09	3030.90

科创板十大换手率股票
Top 10 Star Market Shares by Turnover Rate

股票代码 Code	股票简称 Stock Name	公司名称 Company Name	成交股数 Trading Vol	流通股数 Negotiable Vol	换手率（%） Turnover Rate（%）
688028	沃尔德	北京沃尔德金刚石工具股份有限公司	471.54	18.81	2483.26
688333	铂力特	西安铂力特增材技术股份有限公司	388.10	18.40	2083.15
688010	福光股份	福建福光股份有限公司	673.69	35.85	1875.74
688018	乐鑫科技	乐鑫信息科技（上海）股份有限公司	313.37	18.12	1724.06
688022	瀚川智能	苏州瀚川智能科技股份有限公司	436.35	25.06	1714.12
688066	航天宏图	北京航天宏图信息技术股份有限公司	651.41	38.27	1663.85
688001	华兴源创	苏州华兴源创科技股份有限公司	602.30	37.90	1607.96
688015	交控科技	交控科技股份有限公司	522.48	33.22	1588.38
688088	虹软科技	虹软科技股份有限公司	609.75	39.13	1515.65
688011	新光光电	哈尔滨新光光电科技股份有限公司	334.69	23.02	1436.40

注：股票排名中，发行股数、流通股数、成交股数单位为百万股，成交金额、市价总值、流通市值单位为百万元，收盘价格单位为元。

主板 B 股十大换手率股票 Top 10 Main Board B Shares by Turnover Rate

股票 Share

股票代码 Code	股票简称 Stock Name	公司名称 Company Name	成交股数 Trading Vol	流通股数 Negotiable Vol	换手率（%） Turnover Rate（%）
900907	*ST 鹏起 B	鹏起科技发展股份有限公司	387.18	241.29	160.47
900941	东信 B 股	东方通信股份有限公司	365.93	300.00	121.98
900926	宝信 B	上海宝信软件股份有限公司	300.83	297.44	116.24
900902	市北 B 股	上海市北高新股份有限公司	532.67	465.85	114.34
900928	临港 B 股	上海临港控股股份有限公司	91.07	107.15	84.99
900904	神奇 B 股	上海神奇制药投资管理股份有限公司	41.48	54.75	75.76
900901	云赛 B 股	云赛智联股份有限公司	216.94	293.37	73.95
900921	丹科 B 股	丹化化工科技股份有限公司	138.57	193.79	71.50
900939	汇丽 B	上海汇丽建材股份有限公司	59.89	88.00	68.06
900927	物贸 B 股	上海物资贸易股份有限公司	67.64	99.83	67.76

注：股票排名中，发行股数、流通股数、成交股数单位为百万股，成交金额、市价总值、流通市值单位为百万元，收盘价格单位为元。

B 股每日成交（亿元/亿股） 股票
B Share Trading (100 M Yuan/100 M Shares) Share

日期 Date	1月 Jan		2月 Feb		3月 Mar		4月 Apr		5月 May		6月 Jun	
	金额 Value	数量 Vol	金额 Value	数量 Vol	金额 Value	数量 Vol	金额 Value	数量 Vol	金额 Value	数量 Vol	金额 Value	数量 Vol
1	—	—	1. 10	0. 23	2. 63	0. 50	5. 74	0. 82	—	—	—	—
2	0. 84	0. 19	—	—	—	—	3. 65	0. 56	—	—	—	—
3	1. 48	0. 31	—	—	—	—	4. 58	0. 67	—	—	1. 14	0. 18
4	1. 57	0. 36	—	—	5. 44	0. 95	5. 05	0. 78	—	—	0. 77	0. 14
5	—	—	—	—	4. 42	0. 83	—	—	—	—	0. 86	0. 18
6	—	—	—	—	4. 73	0. 85	—	—	4. 38	0. 67	0. 78	0. 15
7	1. 72	0. 40	—	—	5. 17	1. 02	—	—	1. 66	0. 26	—	—
8	1. 24	0. 31	—	—	4. 95	0. 97	4. 57	0. 73	1. 86	0. 27	—	—
9	1. 76	0. 39	—	—	—	—	2. 46	0. 42	1. 24	0. 19	—	—
10	1. 18	0. 28	—	—	—	—	2. 93	0. 45	1. 88	0. 31	0. 74	0. 12
11	1. 06	0. 32	1. 55	0. 29	3. 11	0. 60	2. 54	0. 38	—	—	2. 01	0. 32
12	—	—	1. 49	0. 30	4. 08	0. 75	1. 81	0. 29	—	—	1. 00	0. 16
13	—	—	2. 48	0. 43	4. 62	0. 79	—	—	1. 12	0. 17	0. 96	0. 16
14	0. 72	0. 14	1. 96	0. 39	3. 51	0. 68	—	—	1. 10	0. 17	1. 32	0. 17
15	1. 32	0. 25	1. 54	0. 29	4. 21	0. 78	2. 13	0. 31	1. 20	0. 17	—	—
16	1. 01	0. 22	—	—	—	—	2. 16	0. 30	1. 14	0. 15	—	—
17	1. 18	0. 26	—	—	—	—	1. 60	0. 25	1. 52	0. 23	0. 96	0. 17
18	1. 31	0. 25	2. 46	0. 47	3. 14	0. 53	2. 25	0. 29	—	—	0. 75	0. 15
19	—	—	2. 41	0. 48	1. 85	0. 34	1. 74	0. 24	—	—	1. 25	0. 19
20	—	—	1. 53	0. 32	2. 03	0. 42	—	—	1. 58	0. 24	1. 57	0. 24
21	0. 89	0. 18	2. 84	0. 59	2. 95	0. 60	—	—	1. 09	0. 17	2. 56	0. 36
22	0. 93	0. 21	2. 85	0. 57	2. 86	0. 51	2. 37	0. 35	0. 66	0. 12	—	—
23	0. 75	0. 16	—	—	—	—	1. 86	0. 35	1. 10	0. 19	—	—
24	1. 52	0. 26	—	—	—	—	1. 68	0. 28	1. 12	0. 17	1. 55	0. 20
25	1. 07	0. 21	7. 00	1. 35	2. 68	0. 50	2. 36	0. 41	—	—	1. 76	0. 23
26	—	—	6. 33	1. 33	2. 43	0. 51	1. 75	0. 31	—	—	1. 11	0. 17
27	—	—	4. 32	0. 91	1. 49	0. 34	—	—	1. 10	0. 16	1. 22	0. 17
28	0. 83	0. 15	3. 23	0. 69	1. 31	0. 27	—	—	2. 42	0. 38	1. 53	0. 21
29	1. 07	0. 24	—	—	2. 57	0. 48	2. 52	0. 43	0. 87	0. 15	—	—
30	0. 81	0. 18	—	—	—	—	1. 33	0. 21	0. 94	0. 15	—	—
31	1. 39	0. 35	—	—	—	—	—	—	0. 92	0. 14	—	—
最高 high	1. 76	0. 40	H7. 00	H1. 35	5. 44	1. 02	5. 74	0. 82	4. 38	0. 67	2. 56	0. 36
最低 low	0. 72	0. 14	1. 10	0. 23	1. 31	0. 27	1. 33	0. 21	0. 66	0. 12	0. 74	0. 12

B 股每日成交（亿元/亿股）　股票
B Share Trading (100 M Yuan/100 M Shares)　Share

日期 Date	7 月 Jul		8 月 Aug		9 月 Sep		10 月 Oct		11 月 Nov		12 月 Dec	
	金额 Value	数量 Vol	金额 Value	数量 Vol	金额 Value	数量 Vol	金额 Value	数量 Vol	金额 Value	数量 Vol	金额 Value	数量 Vol
1	2. 12	0. 32	1. 70	0. 22	—	—	—	—	0. 85	0. 15	—	—
2	1. 44	0. 22	1. 31	0. 21	1. 33	0. 18	—	—	—	—	0. 74	0. 15
3	1. 08	0. 17	—	—	1. 39	0. 17	—	—	—	—	0. 61	0. 12
4	1. 10	0. 14	—	—	1. 36	0. 19	—	—	0. 97	0. 15	0. 62	0. 12
5	1. 86	0. 19	2. 28	0. 33	2. 13	0. 34	—	—	0. 94	0. 15	0. 85	0. 17
6	—	—	2. 42	0. 39	1. 21	0. 21	—	—	0. 95	0. 18	0. 64	0. 12
7	—	—	1. 26	0. 20	—	—	—	—	0. 67	0. 10	—	—
8	2. 45	0. 33	1. 23	0. 19	—	—	1. 02	0. 14	0. 76	0. 12	—	—
9	0. 92	0. 14	0. 95	0. 15	1. 57	0. 28	0. 58	0. 09	—	—	0. 91	0. 17
10	1. 52	0. 18	—	—	1. 29	0. 22	1. 32	0. 16	—	—	0. 57	0. 11
11	1. 04	0. 15	—	—	1. 58	0. 26	0. 80	0. 12	0. 79	0. 14	0. 45	0. 11
12	1. 25	0. 19	0. 86	0. 13	1. 19	0. 17	—	—	0. 61	0. 11	0. 57	0. 10
13	—	—	0. 88	0. 13	—	—	—	—	0. 47	0. 09	1. 13	0. 20
14	—	—	0. 98	0. 14	—	—	1. 02	0. 16	0. 50	0. 09	—	—
15	0. 96	0. 14	1. 03	0. 16	—	—	0. 59	0. 08	0. 47	0. 10	—	—
16	0. 79	0. 12	1. 11	0. 17	0. 86	0. 15	0. 88	0. 15	—	—	1. 52	0. 29
17	0. 54	0. 09	—	—	1. 32	0. 22	1. 01	0. 13	—	—	2. 06	0. 42
18	0. 78	0. 11	—	—	0. 91	0. 16	0. 97	0. 15	0. 66	0. 12	1. 16	0. 25
19	1. 00	0. 12	1. 37	0. 22	0. 78	0. 12	—	—	0. 69	0. 12	1. 14	0. 21
20	—	—	1. 24	0. 18	1. 45	0. 22	—	—	0. 57	0. 10	1. 39	0. 29
21	—	—	1. 28	0. 20	—	—	0. 74	0. 13	0. 42	0. 08	—	—
22	0. 81	0. 14	0. 92	0. 16	—	—	0. 66	0. 11	0. 94	0. 15	—	—
23	0. 55	0. 08	0. 82	0. 14	0. 89	0. 14	0. 62	0. 09	—	—	1. 02	0. 19
24	0. 85	0. 12	—	—	0. 92	0. 15	0. 43	0. 08	—	—	0. 69	0. 15
25	1. 34	0. 17	—	—	0. 85	0. 15	0. 85	0. 11	1. 58	0. 21	0. 63	0. 15
26	0. 78	0. 11	1. 15	0. 18	1. 30	0. 21	—	—	2. 60	0. 42	0. 80	0. 16
27	—	—	1. 65	0. 26	0. 62	0. 10	—	—	1. 03	0. 17	0. 92	0. 19
28	—	—	1. 11	0. 17	—	—	0. 84	0. 13	0. 69	0. 12	—	—
29	0. 62	0. 09	0. 94	0. 16	—	—	0. 68	0. 10	1. 78	0. 34	—	—
30	0. 88	0. 15	0. 79	0. 13	0. 71	0. 11	0. 51	0. 09	—	—	1. 22	0. 22
31	1. 77	0. 25	—	—	—	—	0. 70	0. 13	—	—	1. 37	0. 21
最高 high	2. 45	0. 33	2. 42	0. 39	2. 13	0. 34	1. 32	0. 16	2. 60	0. 42	2. 06	0. 42
最低 low	0. 54	0. 08	0. 79	0. 13	0. 62	0. 10	0. 43	0. 08	L0. 42	L0. 08	0. 45	0. 10

B 股 B Share

股票 Share

股票代码 Code	股票简称 Stock Name	市价总值 Tot_cap	无限售股市值 Nego_cap	发行股本 Issued Vol	流通股本 Negotiable Vol	上年收盘 Last Year Close	本年开盘 Open	本年最高 High	本年最低 Low
900901	云赛 B 股	1250.53	1250.53	293.37	293.37	0.525	0.525	0.725	0.520
900902	市北 B 股	1250.04	1250.04	465.85	465.85	0.424	0.421	0.624	0.337
900903	大众 B 股	2456.62	2456.62	800.81	800.81	0.455	0.459	0.569	0.405
900904	神奇 B 股	310.67	310.67	54.75	54.75	0.805	0.808	1.119	0.734
900905	老凤祥 B	4708.81	4708.81	206.01	206.01	3.244	3.233	3.596	3.150
900906	*ST 毅达 B	442.90	442.90	360.36	360.36	0.119	0.125	0.218	0.110
900907	*ST 鹏起 B	168.61	168.61	241.29	241.29	0.391	0.400	0.558	0.067
900908	氯碱 B 股	1596.64	1596.64	406.56	406.56	0.618	0.623	0.772	0.496
900909	华谊 B 股	981.88	981.88	243.10	243.10	0.895	0.895	1.029	0.500
900910	海立 B 股	1346.34	1346.34	284.17	284.17	0.834	0.831	0.938	0.633
900911	金桥 B 股	1770.71	1770.71	272.18	272.18	1.115	1.110	1.344	0.858
900912	外高 B 股	1718.21	1718.21	200.56	200.56	1.225	1.231	1.646	1.120
900913	国新 B 股	284.53	284.53	109.75	109.75	0.543	0.540	0.615	0.300
900914	锦投 B 股	982.48	982.48	161.05	161.05	0.960	0.947	1.140	0.801
900915	中路 B 股	365.80	365.80	83.49	83.49	0.763	0.759	1.068	0.582
900916	凤凰 B 股	537.21	537.21	171.60	171.60	0.536	0.536	0.663	0.403
900917	海欣 B 股	1313.79	1313.79	468.85	468.85	0.437	0.438	0.522	0.364
900918	耀皮 B 股	693.11	693.11	187.50	187.50	0.500	0.500	0.587	0.384
900919	绿庭 B 股	898.36	898.36	344.66	344.66	0.378	0.375	0.490	0.305
900920	上柴 B 股	1067.37	1067.37	344.80	344.80	0.545	0.546	0.650	0.402
900921	丹科 B 股	411.68	411.68	193.79	193.79	0.300	0.303	0.394	0.252
900922	三毛 B 股	220.23	220.23	48.79	48.79	0.845	0.840	1.014	0.580
900923	百联 B 股	1062.45	1062.45	179.72	179.72	0.965	0.966	1.111	0.792
900924	上工 B 股	780.73	780.73	243.94	243.94	0.676	0.677	0.793	0.411
900925	机电 B 股	2240.86	2240.86	216.24	216.24	1.684	1.690	1.924	1.341
900926	宝信 B	3965.74	3965.74	297.44	297.44	1.700	1.710	2.410	1.665
900927	物贸 B 股	373.90	373.90	99.83	99.83	0.652	0.650	0.840	0.480
900928	临港 B 股	1093.13	1093.13	107.15	107.15	1.471	1.461	1.779	1.328
900929	锦旅 B 股	751.76	751.76	66.00	66.00	1.725	1.715	1.997	1.403
900932	陆家 B 股	7438.00	7438.00	1100.74	1100.74	1.275	1.287	1.550	0.901
900933	华新 B 股	10663.63	10663.63	734.72	734.72	1.705	1.706	3.038	1.583
900934	锦江 B 股	2061.40	2061.40	156.00	156.00	2.020	2.020	2.346	1.717
900936	鄂资 B 股	2562.18	2562.18	420.00	420.00	0.878	0.882	0.980	0.701
900937	*ST 华电 B	362.25	362.25	432.00	432.00	0.283	0.283	0.300	0.099
900938	海科 B	633.59	633.59	326.15	326.15	0.304	0.304	0.419	0.248
900939	汇丽 B	405.24	405.24	88.00	88.00	0.785	0.787	0.956	0.590
900940	大名城 B	536.01	536.01	198.72	198.72	0.430	0.422	0.566	0.367
900941	东信 B 股	1121.56	1121.56	300.00	300.00	0.554	0.550	0.795	0.433
900942	黄山 B 股	1351.40	1351.40	216.08	216.08	1.209	1.219	1.306	0.818
900943	开开 B 股	273.37	273.37	80.00	80.00	0.707	0.703	0.859	0.409
900945	海控 B 股	704.79	704.79	369.45	369.45	0.341	0.341	0.426	0.224
900946	*ST 天雁 B	295.73	295.73	230.00	230.00	0.300	0.297	0.342	0.168
900947	振华 B 股	4488.31	4488.31	1946.36	1946.36	0.335	0.339	0.419	0.302
900948	伊泰 B 股	7516.74	7516.74	1328.00	1328.00	1.182	1.179	1.275	0.686
900951	ST 大化 B	244.58	244.58	100.00	100.00	0.391	0.384	0.540	0.299
900952	锦港 B 股	479.54	479.54	222.81	222.81	0.337	0.337	0.420	0.282
900953	凯马 B	801.65	801.65	240.00	240.00	0.511	0.504	0.668	0.428
900955	海创 B 股	422.00	422.00	330.00	330.00	0.334	0.340	0.364	0.148
900956	东贝 B 股	1070.41	1070.41	115.00	115.00	1.161	1.162	1.460	0.937
900957	凌云 B 股	714.89	714.89	184.00	184.00	0.616	0.618	0.769	0.513

注：B 股价格单位为美元，市价总值、无限售股市值、成交金额单位为百万元，发行股本、流通股本、成交数量单位为百万股，上年收盘、本年开盘、本年收盘、本年最高、本年最低单位为元。

B 股 B Share

股票 Share

本年收盘 Close	涨跌（%） Change（%）	涨跌值 Change	市盈率 P/E	市净率 P/B	换手率（%） Turnover Rate	成交数量 Trading Vol	成交金额 Trading Val
0.610	17.93	0.085	21.09	1.44	73.95	216.94	932.02
0.384	-8.71	-0.040	20.84	0.81	114.34	532.67	1795.85
0.439	-0.16	-0.016	8.10	0.83	21.33	170.83	589.63
0.812	0.87	0.007	28.14	1.18	75.76	41.48	262.41
3.271	5.60	0.027	9.78	1.90	36.01	74.18	1742.23
0.179	50.42	0.060	—	—	54.78	197.42	216.78
0.100	-74.42	-0.291	—	1.11	160.47	387.18	817.90
0.562	-6.69	-0.056	4.25	1.14	42.31	172.01	785.29
0.578	-32.28	-0.317	4.63	0.46	33.39	81.17	471.13
0.678	-16.48	-0.156	13.26	0.94	21.01	59.72	338.61
0.931	-13.30	-0.184	7.36	0.81	29.34	79.85	647.31
1.226	2.31	0.001	11.54	0.94	40.73	81.69	796.67
0.371	-31.29	-0.172	60.52	0.73	45.44	49.87	177.47
0.873	-5.85	-0.087	12.41	1.02	22.32	35.95	250.86
0.627	-16.84	-0.136	273.80	2.18	67.72	56.54	322.20
0.448	-16.42	-0.088	61.45	0.93	45.64	78.32	297.02
0.401	-7.15	-0.036	24.63	0.97	24.07	112.87	354.47
0.529	6.66	0.029	37.54	1.10	26.30	49.32	168.72
0.373	-1.32	-0.005	28.09	2.79	49.67	171.19	473.89
0.443	-17.68	-0.102	19.80	0.71	22.17	76.45	302.77
0.304	1.33	0.004	1048.28	1.00	71.50	138.57	319.26
0.646	-23.37	-0.199	83.14	1.94	49.78	24.29	144.55
0.846	-9.99	-0.119	11.91	0.64	27.68	49.74	338.50
0.458	-32.25	-0.218	12.28	0.78	25.58	62.40	273.11
1.483	-8.41	-0.201	8.23	0.97	22.13	47.86	565.51
1.908	49.40	0.208	22.38	2.26	116.24	300.83	4093.37
0.536	-17.79	-0.116	41.52	3.03	67.76	67.64	324.99
1.460	0.38	-0.011	48.52	3.10	84.99	91.07	975.02
1.630	-3.46	-0.095	23.43	1.73	30.50	20.13	240.56
0.967	-4.15	-0.308	8.01	1.67	30.88	310.91	2677.60
2.077	81.39	0.372	5.78	1.80	66.83	418.44	6168.09
1.891	-2.15	-0.129	11.52	0.99	30.24	47.18	661.35
0.873	2.05	-0.005	9.29	0.94	15.44	64.83	376.66
0.120	-57.60	-0.163	—	1.03	40.89	176.64	237.96
0.278	-8.55	-0.026	92.05	0.42	64.69	211.00	489.81
0.659	16.05	-0.126	604.59	11.32	68.06	59.89	329.46
0.386	-9.64	-0.044	11.94	0.54	19.37	38.49	123.69
0.535	-1.68	-0.019	36.30	1.50	121.98	365.93	1521.98
0.895	-24.64	-0.314	7.71	1.10	32.54	71.10	556.67
0.489	-30.13	-0.218	23.21	1.65	32.49	25.99	124.46
0.273	-19.94	-0.068	—	0.59	11.96	44.19	106.49
0.184	-38.67	-0.116	—	2.76	67.54	155.34	271.45
0.330	0.41	-0.005	27.00	0.79	11.20	217.92	554.86
0.810	-26.58	-0.372	4.39	0.55	34.96	464.30	3341.48
0.350	-10.49	-0.041	—	12.46	32.19	32.19	91.21
0.308	-7.83	-0.029	17.55	0.68	28.88	64.35	164.77
0.478	-6.46	-0.033	—	2.80	31.35	75.23	274.85
0.183	-45.21	-0.151	—	1.19	19.52	64.42	129.06
1.332	18.06	0.171	19.57	1.71	46.55	53.53	470.86
0.556	-9.74	-0.060	48.22	2.96	40.52	74.56	329.81

十大发行股本B股股票
Top 10 B Shares by Issued Vol

股票代码 Code	股票简称 Stock Name	公司名称 Company Name	发行股数 Issued Vol	占比（%）
900947	振华B股	上海振华重工（集团）股份有限公司	1946.36	11.96
900948	伊泰B股	内蒙古伊泰煤炭股份有限公司	1328.00	8.16
900932	陆家B股	上海陆家嘴金融贸易区开发股份有限公司	1100.74	6.77
900903	大众B股	大众交通（集团）股份有限公司	800.81	4.92
900933	华新B股	华新水泥股份有限公司	734.72	4.52
900917	海欣B股	上海海欣集团股份有限公司	468.85	2.88
900902	市北B股	上海市北高新股份有限公司	465.85	2.86
900937	*ST华电B	华电能源股份有限公司	432.00	2.66
900936	鄂资B股	内蒙古鄂尔多斯资源股份有限公司	420.00	2.58
900908	氯碱B股	上海氯碱化工股份有限公司	406.56	2.50
	总　计		8103.88	49.80
	市场总计		16271.60	100.00

十大市价总值B股股票
Top 10 B Shares by Market Capitalization

股票代码 Code	股票简称 Stock Name	公司名称 Company Name	市价总值 Market Capitalization	占比（%）
900933	华新B股	华新水泥股份有限公司	10663.63	13.54
900948	伊泰B股	内蒙古伊泰煤炭股份有限公司	7516.74	9.55
900932	陆家B股	上海陆家嘴金融贸易区开发股份有限公司	7438.00	9.45
900905	老凤祥B	老凤祥股份有限公司	4708.81	5.98
900947	振华B股	上海振华重工（集团）股份有限公司	4488.31	5.70
900926	宝信B	上海宝信软件股份有限公司	3965.74	5.04
900936	鄂资B股	内蒙古鄂尔多斯资源股份有限公司	2562.18	3.25
900903	大众B股	大众交通（集团）股份有限公司	2456.62	3.12
900925	机电B股	上海机电股份有限公司	2240.86	2.85
900934	锦江B股	上海锦江国际酒店发展股份有限公司	2061.40	2.62
	总　计		48102.31	61.08
	市场总计		78749.47	100.00

注：股票排名中，发行股数、流通股数、成交股数单位为百万股，成交金额、市价总值、流通市值单位为百万元，收盘价格单位为元。

股票
Share

十大成交金额 B 股股票
Top 10 B Shares by Trading Value

股票代码 Code	股票简称 Stock Name	公司名称 Company Name	发行股数 Issued Vol	占比（%）
900933	华新 B 股	华新水泥股份有限公司	6168.09	16.22
900926	宝信 B	上海宝信软件股份有限公司	4093.37	10.77
900948	伊泰 B 股	内蒙古伊泰煤炭股份有限公司	3341.48	8.79
900932	陆家 B 股	上海陆家嘴金融贸易区开发股份有限公司	2677.60	7.04
900902	市北 B 股	上海市北高新股份有限公司	1795.85	4.72
900905	老凤祥 B	老凤祥股份有限公司	1742.23	4.58
900941	东信 B 股	东方通信股份有限公司	1521.98	4.00
900928	临港 B 股	上海临港控股股份有限公司	975.02	2.56
900901	云赛 B 股	云赛智联股份有限公司	932.02	2.45
900907	*ST 鹏起 B	鹏起科技发展股份有限公司	817.90	2.15
	总　计		24065.53	63.30
	市场总计		38020.67	100.00

十大成交股数 B 股股票
Top 10 B Shares by Trading Vol

股票代码 Code	股票简称 Stock Name	公司名称 Company Name	成交股数 Trading Vol	占比（%）
900902	市北 B 股	上海市北高新股份有限公司	532.67	8.11
900948	伊泰 B 股	内蒙古伊泰煤炭股份有限公司	464.30	7.07
900933	华新 B 股	华新水泥股份有限公司	418.44	6.37
900907	*ST 鹏起 B	鹏起科技发展股份有限公司	387.18	5.90
900941	东信 B 股	东方通信股份有限公司	365.93	5.57
900932	陆家 B 股	上海陆家嘴金融贸易区开发股份有限公司	310.91	4.74
900926	宝信 B	上海宝信软件股份有限公司	300.83	4.58
900947	振华 B 股	上海振华重工（集团）股份有限公司	217.92	3.32
900901	云赛 B 股	云赛智联股份有限公司	216.94	3.31
900938	海科 B	海航科技股份有限公司	211.00	3.21
	总　计		3426.12	52.19
	市场总计		6564.57	100.00

注：股票排名中，发行股数、流通股数、成交股数单位为百万股，成交金额、市价总值、流通市值单位为百万元，收盘价格单位为美元。

十大涨幅B股股票
Top 10 B Shares by Percentage of Price Increased

股票
Share

股票代码 Code	股票简称 Stock Name	公司名称 Company Name	上年收盘 Last Year Close	本年收盘 Close	涨幅（%） Change（%）
900933	华新B股	华新水泥股份有限公司	1.71	2.08	81.39
900926	宝信B	上海宝信软件股份有限公司	1.70	1.91	49.40
900956	东贝B股	黄石东贝电器股份有限公司	1.16	1.33	18.06
900901	云赛B股	云赛智联股份有限公司	0.53	0.61	17.93
900918	耀皮B股	上海耀皮玻璃集团股份有限公司	0.50	0.53	6.66
900905	老凤祥B	老凤祥股份有限公司	3.24	3.27	5.60
900912	外高B股	上海外高桥集团股份有限公司	1.23	1.23	2.31
900921	丹科B股	丹化化工科技股份有限公司	0.30	0.30	1.33
900904	神奇B股	上海神奇制药投资管理股份有限公司	0.81	0.81	0.87

十大跌幅B股股票
Top 10 B Shares by Percentage of Price Decreased

股票代码 Code	股票简称 Stock Name	公司名称 Company Name	上年收盘 Last Year Close	本年收盘 Close	跌幅（%） Change（%）
900907	*ST鹏起B	鹏起科技发展股份有限公司	0.39	0.10	-74.43
900937	*ST华电B	华电能源股份有限公司	0.28	0.12	-57.60
900955	海创B股	海航创新股份有限公司	0.33	0.18	-45.21
900946	*ST天雁B	湖南天雁机械股份有限公司	0.30	0.18	-38.67
900909	华谊B股	上海华谊集团股份有限公司	0.90	0.58	-32.28
900924	上工B股	上工申贝（集团）股份有限公司	0.68	0.46	-32.25
900913	国新B股	山西省国新能源股份有限公司	0.54	0.37	-31.29
900943	开开B股	上海开开实业股份有限公司	0.71	0.49	-30.13
900948	伊泰B股	内蒙古伊泰煤炭股份有限公司	1.18	0.81	-26.58
900942	黄山B股	黄山旅游发展股份有限公司	1.21	0.90	-24.64

注：股票排名中，发行股数、流通股数、成交股数单位为百万股，成交金额、市价总值、流通市值单位为百万元，收盘价格单位为美元。

年末主板 A 股股价分布
Main Board A Shares Price Distribution by 2019

股票
Share

股票价格（元）	0－10	10－20	20－30	30－50	50－100	≥100
股票数（只）	810	416	132	81	43	11
比例（%）	54. 25	27. 86	8. 84	5. 43	2. 88	0. 74

年末主板 A 股市价总值分布
Main Board A Shares Market Capitalization Distribution by 2019

市值（亿元）	≤5	5－10	10－50	50－100	100－500	500－1000	≥1000
股票数（只）	1	3	664	330	386	52	57
比例（%）	0. 07	0. 20	44. 47	22. 10	25. 85	3. 48	3. 82

年末主板 A 股市盈率分布
Main Board A Shares P/E Ratio Distribution by 2019

市盈率	0－10	10－30	30－50	50－100	≥100	其他
股票数（只）	133	572	267	224	160	137
比例（%）	8. 91	38. 31	17. 88	15. 00	10. 72	9. 18

年度主板 A 股换手率分布
Main Board A Shares Turnover Rate Distribution in 2019

单位（%）	0－100	100－200	200－300	300－500	500－1000	≥1000
股票数（只）	129	284	256	327	298	199
比例（%）	8. 64	19. 02	17. 15	21. 90	19. 96	13. 33

注：各类分布不含暂停上市的股票、剔除年内摘牌的股票。

年末科创板股票股价分布
Star Market Shares Price Distribution by 2019

股票价格（元）	0－10	10－20	20－30	30－50	50－100	≥100
股票数（只）	1	7	6	26	22	8
比例（%）	1.43	10.00	8.57	37.14	31.43	11.43

年末科创板股票市价总值分布
Star Market Shares Market Capitalization Distribution by 2019

市值（亿元）	≤5	5－10	10－50	50－100	100－500	500－1000	≥1000
股票数（只）	0	0	23	23	21	3	0
比例（%）	0	0	32.86	32.86	30.00	4.29	0

年末科创板股票市盈率分布
Star Market Shares P/E Ratio Distribution by 2019

市盈率	0－10	10－30	30－50	50－100	≥100	其他
股票数（只）	0	1	10	37	22	0
比例（%）	0	1.43	14.29	52.86	31.43	0

年度科创板换手率分布
Star Market Shares Turnover Rate Distribution in 2019

单位（%）	0－100	100－200	200－300	300－500	500－1000	≥1000
股票数（只）	0	2	3	15	24	26
比例（%）	0	2.86	4.29	21.43	34.29	37.14

注：各类分布不含暂停上市的股票，剔除年内摘牌股票。

股票分行业成交概况
Trading Overview of Shares by Sectorial-type

行业名称 Industry	股票数（只）Number of Listed Stocks	市价总值（亿元）Market Capitalization (100M yuan)	成交金额（亿元）Trading Value (100M yuan)	换手率（%）Turnover Rate (%)	市盈率（倍）P/E
农、林、牧、渔业	15	802. 75	4261. 90	457. 10	39. 33
采矿业	52	27044. 39	23518. 60	91. 26	14. 51
制造业	917	128710. 63	268667. 69	286. 58	23. 40
电力、热力、燃气及水生产和供应	66	13811. 89	12388. 13	101. 02	18. 78
建筑业	49	10126. 65	14845. 35	138. 70	8. 61
批发和零售业	102	8043. 11	17651. 45	241. 72	16. 32
交通运输、仓储和邮政业	75	14979. 08	19259. 58	141. 95	17. 67
住宿和餐饮业	4	482. 23	640. 71	185. 67	23. 88
信息传输、软件和信息技术服务业	82	13765. 56	40849. 02	390. 89	49. 08
金融业	73	115529. 32	97787. 05	71. 10	9. 71
房地产业	75	11494. 58	20902. 54	212. 35	10. 72
租赁和商务服务业	17	2964. 58	4863. 56	227. 72	24. 98
科学研究和技术服务业	22	2292. 67	3821. 13	303. 12	43. 29
水利、环境和公共设施管理业	19	1014. 83	2500. 12	330. 00	23. 77
教育	3	185. 67	267. 80	177. 85	60. 62
卫生和社会工作	3	600. 48	1068. 02	196. 03	88. 33
文化、体育和娱乐业	26	2411. 62	4438. 51	237. 10	17. 01
综合	15	1259. 66	6112. 87	494. 50	30. 51

科创板分行业成交概况
Trading Overview of Star Market Shares by Sectorial-type

行业名称 Industry	股票数（只）Number of Listed Stocks	市价总值（亿元）Market Capitalization (100M yuan)	成交金额（亿元）Trading Value (100M yuan)	换手率（%）Turnover Rate (%)	市盈率（倍）P/E
高端装备	14	1507. 79	4096. 71	955. 39	35. 43
节能环保	3	143. 70	148. 07	677. 43	39. 72
生物医药	16	1726. 23	1938. 17	1763. 49	90. 72
新材料	9	663. 85	1310. 89	1621. 37	71. 06
新能源	1	147. 48	251. 42	1363. 07	69. 28
新一代信息技术	25	4305. 49	5057. 48	1568. 98	117. 95
其他	2	143. 09	511. 08	2073. 48	47. 97

信用交易
Credit Trading

证券代码 Code	证券简称 Security Name	融资买入（百万元）	卖券还款（百万元）	融券卖出（百万元）	买券还券（百万元）	合计（百万元）
510010	治理 ETF	0. 00	0. 44	0. 00	0. 00	0. 44
510020	超大 ETF	0. 00	0. 01	0. 00	0. 00	0. 01
510030	价值 ETF	0. 00	0. 02	0. 00	0. 00	0. 02
510050	50ETF	37498. 63	14464. 82	15856. 38	7690. 43	75510. 26
510060	央企 ETF	0. 00	0. 05	0. 00	0. 00	0. 05
510090	责任 ETF	0. 00	0. 02	0. 00	0. 00	0. 02
510100	SZ50ETF	0. 00	0. 07	0. 00	0. 00	0. 07
510150	消费 ETF	0. 00	5. 13	0. 00	0. 00	5. 13
510160	小康 ETF	7. 72	1. 73	0. 00	0. 00	9. 45
510170	商品 ETF	0. 00	0. 01	0. 00	0. 00	0. 01
510180	180ETF	1084. 71	77. 73	94. 58	91. 01	1348. 03
510190	龙头 ETF	0. 00	0. 58	0. 00	0. 00	0. 58
510210	综指 ETF	0. 00	0. 20	0. 00	0. 00	0. 20
510220	中小 ETF	0. 00	0. 06	0. 00	0. 00	0. 06
510230	金融 ETF	155. 99	87. 66	0. 00	0. 00	243. 65
510260	新兴 ETF	0. 00	0. 01	0. 00	0. 00	0. 01
510270	国企 ETF	0. 00	0. 01	0. 00	0. 00	0. 01
510290	380ETF	0. 00	0. 05	0. 00	0. 00	0. 05
510300	300ETF	31240. 31	11166. 32	17215. 76	13840. 16	73462. 55
510310	HS300ETF	270. 76	110. 03	93. 91	9. 71	484. 41
510330	华夏 300	2164. 98	332. 40	1470. 74	339. 09	4307. 21
510350	工银 300	18. 46	0. 81	0. 00	0. 00	19. 27
510360	广发 300	0. 00	0. 63	0. 00	0. 00	0. 63
510390	平安 300	26. 08	14. 30	82. 08	59. 30	181. 76
510410	资源 ETF	0. 00	2. 10	0. 00	0. 00	2. 10
510500	500ETF	26759. 20	7168. 16	18103. 46	16716. 27	68747. 09
510510	广发 500	216. 95	140. 49	81. 72	21. 10	460. 26
510550	方正 500	0. 00	0. 01	0. 00	0. 00	0. 01
510560	国寿 500	0. 00	0. 04	0. 00	0. 00	0. 04
510580	ZZ500ETF	41. 80	21. 42	0. 00	0. 00	63. 22
510590	平安 500	22. 69	16. 49	163. 31	66. 00	268. 49
510600	沪 50ETF	0. 00	0. 18	0. 00	0. 00	0. 18
510630	消费行业	0. 00	0. 72	0. 00	0. 00	0. 72
510660	医药行业	0. 00	0. 32	0. 00	0. 00	0. 32
510710	上 50ETF	44. 86	14. 82	0. 00	0. 00	59. 68
510800	上证 50	0. 00	1. 54	0. 00	0. 00	1. 54
510810	上海国企	26. 41	9. 17	0. 00	0. 00	35. 58
510850	工银上 50	52. 69	9. 61	0. 00	0. 00	62. 30
510880	红利 ETF	300. 51	112. 93	0. 01	0. 01	413. 46
510900	H 股 ETF	49828. 27	33749. 25	0. 00	0. 00	83577. 52
511010	国债 ETF	0. 00	14. 90	0. 00	0. 00	14. 90
511220	城投 ETF	0. 00	1. 33	0. 00	0. 00	1. 33
511260	十年国债	0. 00	5. 32	0. 00	0. 00	5. 32
511600	货币 ETF	0. 00	2. 80	0. 00	0. 00	2. 80
511650	华夏快线	0. 00	0. 09	0. 00	0. 00	0. 09
511660	建信添益	0. 00	687. 03	0. 00	0. 00	687. 03
511670	华泰天金	0. 00	0. 31	0. 00	0. 00	0. 31
511690	交易货币	0. 00	78. 25	0. 00	0. 00	78. 25
511700	场内货币	0. 00	0. 25	0. 00	0. 00	0. 25
511800	易货币	0. 00	3. 58	0. 00	0. 00	3. 58

信用交易
Credit Trading

证券代码 Code	证券简称 Security Name	融资买入（百万元）	卖券还款（百万元）	融券卖出（百万元）	买券还券（百万元）	合计（百万元）
511810	理财金 H	0.00	148.40	0.00	0.00	148.40
511820	鹏华添利	0.00	0.95	0.00	0.00	0.95
511830	华泰货币	0.00	0.21	0.00	0.00	0.21
511850	财富宝 E	0.00	45.04	0.00	0.00	45.04
511860	博时货币	0.00	1.09	0.00	0.00	1.09
511880	XD 银华日	0.00	4518.39	0.00	0.00	4518.39
511900	富国货币	0.00	16.20	0.00	0.00	16.20
511970	国寿货币	0.00	0.01	0.00	0.00	0.01
511980	现金添富	0.00	4.93	0.00	0.00	4.93
511990	华宝添益	0.00	2758.59	0.00	0.00	2758.59
512000	券商 ETF	6063.77	2030.47	0.00	0.00	8094.24
512010	医药 ETF	488.72	187.49	0.00	0.00	676.21
512040	国信价值	45.74	13.38	0.00	0.00	59.12
512070	非银 ETF	158.30	80.99	0.00	0.00	239.29
512090	MSCI 易基	424.07	351.86	0.00	0.00	775.93
512100	1000ETF	0.00	8.15	0.00	0.00	8.15
512120	医药 50	0.00	0.29	0.00	0.00	0.29
512150	A50ETF	0.00	0.06	0.00	0.00	0.06
512160	MSCI 基金	62.13	28.29	0.00	0.00	90.42
512170	医疗 ETF	0.00	2.44	0.00	0.00	2.44
512180	建信 MSCI	81.34	43.41	0.00	0.00	124.75
512190	之江凤凰	0.00	0.10	0.00	0.00	0.10
512200	地产 ETF	0.00	1.86	0.00	0.00	1.86
512220	景顺 TMT	0.00	0.05	0.00	0.00	0.05
512260	500 低波	0.00	1.96	0.00	0.00	1.96
512270	300 低波	0.00	0.98	0.00	0.00	0.98
512280	景顺 MSCI	59.69	16.87	0.00	0.00	76.56
512290	生物医药	103.01	23.92	0.00	0.00	126.93
512300	500 医药	0.00	0.07	0.00	0.00	0.07
512310	500 工业	0.00	0.00	0.00	0.00	0.00
512330	500 信息	56.37	8.26	0.00	0.00	64.63
512340	500 原料	0.00	0.04	0.00	0.00	0.04
512360	MSCI 国际	0.00	0.01	0.00	0.00	0.01
512380	银华 MSCI	129.07	96.29	0.00	0.00	225.36
512400	有色 ETF	0.00	8.40	0.00	0.00	8.40
512480	半导体	0.00	7.13	0.00	0.00	7.13
512500	中证 500	1043.54	395.05	926.64	389.86	2755.09
512510	ETF500	47.20	31.39	0.04	0.00	78.63
512520	MSCIETF	115.57	53.18	0.00	0.00	168.75
512530	300 红利	3.26	2.20	0.00	0.00	5.46
512550	富时 A50	0.00	0.42	0.00	0.00	0.42
512560	中证军工	0.00	0.00	0.00	0.00	0.00
512570	中证证券	0.00	0.16	0.00	0.00	0.16
512580	环保 ETF	102.63	34.91	0.00	0.00	137.54
512590	高股息	0.00	0.02	0.00	0.00	0.02
512600	主要消费	0.00	0.01	0.00	0.00	0.01
512660	军工 ETF	1909.97	673.05	0.00	0.00	2583.02
512670	国防 ETF	0.00	0.21	0.00	0.00	0.21
512680	军工基金	0.00	0.47	0.00	0.00	0.47
512690	酒 ETF	0.00	6.07	0.00	0.00	6.07

证券代码 Code	证券简称 Security Name	融资买入（百万元）	卖券还款（百万元）	融券卖出（百万元）	买券还券（百万元）	合计（百万元）
512700	银行基金	0.00	0.05	0.00	0.00	0.05
512710	军工龙头	130.71	29.48	0.00	0.00	160.19
512720	计算机	0.00	5.83	0.00	0.00	5.83
512750	基本面 50	7.26	2.18	0.00	0.00	9.44
512760	半导体 50	1110.59	355.04	0.00	0.00	1465.63
512770	战略新兴	0.00	0.03	0.00	0.00	0.03
512780	京津冀基	0.00	0.31	0.00	0.00	0.31
512790	民企成长	0.00	0.01	0.00	0.00	0.01
512800	银行 ETF	1685.15	564.48	0.00	0.00	2249.63
512810	军工行业	0.00	0.07	0.00	0.00	0.07
512820	银行股基	0.00	0.00	0.00	0.00	0.00
512870	杭州湾区	0.00	0.08	0.00	0.00	0.08
512880	证券 ETF	14534.32	5388.52	0.00	0.00	19922.84
512890	红利 LV	0.00	0.26	0.00	0.00	0.26
512900	证券基金	62.65	24.74	0.00	0.00	87.39
512910	100ETF	0.00	0.83	0.00	0.00	0.83
512930	AIETF	0.00	0.24	0.00	0.00	0.24
512950	央企改革	16.03	3.95	0.00	0.00	19.98
512960	央调 ETF	22.30	0.84	0.00	0.00	23.14
512980	传媒 ETF	252.78	88.03	0.00	0.00	340.81
512990	MSCIA 股	21.87	13.81	0.00	0.00	35.68
513000	225ETF	0.00	0.20	0.00	0.00	0.20
513030	德国 30	641.51	384.32	0.00	0.00	1025.83
513050	中概互联	2526.17	1628.46	47.65	47.54	4249.82
513100	纳指 ETF	9886.96	5397.15	0.00	0.00	15284.11
513500	标普 500	12352.21	6493.04	0.00	0.00	18845.25
513520	日经 ETF	0.00	0.00	0.00	0.00	0.00
513600	恒指 ETF	0.00	0.02	0.00	0.00	0.02
513680	建信 H 股	0.00	0.01	0.00	0.00	0.01
513800	东证 ETF	0.00	0.00	0.00	0.00	0.00
513880	日经 225	0.00	2.74	0.00	0.00	2.74
515000	科技 ETF	2149.64	1009.28	0.00	0.00	3158.92
515010	华夏证券	0.00	0.16	0.00	0.00	0.16
515050	5GETF	0.00	21.20	0.00	0.00	21.20
515200	创新 100	0.00	0.00	0.00	0.00	0.00
515300	红利 300	11.02	0.55	0.00	0.00	11.57
515520	价值 100	0.00	0.06	0.00	0.00	0.06
515580	中证科技	0.00	0.90	0.00	0.00	0.90
515650	消费 50	0.00	0.28	0.00	0.00	0.28
515750	科技 50	0.00	0.77	0.00	0.00	0.77
515800	800ETF	0.00	0.36	0.00	0.00	0.36
515860	科技 100	0.00	0.94	0.00	0.00	0.94
515880	通信 ETF	341.27	77.27	0.00	0.00	418.54
518800	黄金基金	2300.70	1375.98	0.00	0.00	3676.68
518880	黄金 ETF	71821.43	20965.87	754.66	59.61	93601.57
600000	浦发银行	12594.09	5138.56	1092.86	507.58	19333.09
600004	白云机场	4572.72	1965.19	190.91	155.76	6884.58
600006	东风汽车	4753.40	1890.30	93.67	11.29	6748.66
600007	中国国贸	767.58	386.17	1.66	2.63	1158.04
600008	首创股份	2896.19	1177.64	51.81	14.26	4139.90

信用交易
Credit Trading

证券代码 Code	证券简称 Security Name	融资买入（百万元）	卖券还款（百万元）	融券卖出（百万元）	买券还券（百万元）	合计（百万元）
600009	上海机场	8805.07	2572.15	518.67	456.53	12352.42
600010	包钢股份	20711.36	6661.89	372.82	114.55	27860.62
600011	华能国际	3546.15	1216.35	229.06	175.60	5167.16
600012	皖通高速	898.70	403.78	1.68	1.62	1305.78
600015	华夏银行	10415.06	4863.38	264.84	97.02	15640.30
600016	民生银行	20483.02	9460.26	2030.48	503.37	32477.13
600017	日照港	2657.78	1132.87	29.99	18.21	3838.85
600018	上港集团	12558.20	3944.31	468.51	131.86	17102.88
600019	宝钢股份	8537.85	3234.18	452.78	319.58	12544.39
600020	中原高速	10741.25	4165.22	63.82	2.20	14972.49
600021	上海电力	1176.45	508.47	37.46	29.28	1751.66
600022	山东钢铁	5855.59	1873.63	896.66	573.72	9199.60
600023	浙能电力	2834.71	1148.50	32.21	17.36	4032.78
600025	华能水电	1990.68	668.00	4.19	2.36	2665.23
600026	中远海能	3494.06	1685.39	73.51	36.47	5289.43
600027	华电国际	3515.81	1226.62	71.05	43.04	4856.52
600028	中国石化	14029.87	6106.73	780.93	387.23	21304.76
600029	南方航空	10740.76	4674.82	467.61	273.38	16156.57
600030	中信证券	144259.61	59439.38	5002.42	3460.70	212162.11
600031	三一重工	26002.84	11142.21	859.93	621.56	38626.54
600033	福建高速	873.76	412.74	0.39	0.13	1287.02
600035	楚天高速	230.43	99.61	0.00	0.00	330.04
600036	招商银行	36520.28	15833.01	2939.39	2189.57	57482.25
600037	歌华有线	3826.70	1407.91	36.15	30.10	5300.86
600038	中直股份	8264.37	3175.75	141.50	100.23	11681.85
600039	四川路桥	3252.08	1311.03	102.32	12.36	4677.79
600048	保利地产	35090.31	15568.01	1024.86	736.58	52419.76
600050	中国联通	34792.64	13959.09	1069.45	447.43	50268.61
600051	宁波联合	0.00	18.10	0.00	0.00	18.10
600052	浙江广厦	0.00	45.59	0.00	0.00	45.59
600053	九鼎投资	528.16	242.19	11.52	7.79	789.66
600054	黄山旅游	0.00	54.29	0.00	0.00	54.29
600055	万东医疗	543.12	171.44	0.58	0.00	715.14
600056	中国医药	5846.51	2318.50	56.29	53.38	8274.68
600057	厦门象屿	275.58	128.77	0.17	0.00	404.52
600058	五矿发展	1773.73	692.54	61.22	47.54	2575.03
600059	古越龙山	2778.30	1140.65	7.52	4.97	3931.44
600060	海信视像	6970.39	2592.04	76.31	55.36	9694.10
600061	国投资本	11948.82	4962.08	204.80	58.42	17174.12
600062	华润双鹤	5265.34	2042.23	37.79	30.56	7375.92
600063	皖维高新	3223.47	1329.09	2.60	2.21	4557.37
600064	南京高科	10924.76	4772.70	70.67	4.61	15772.74
600066	宇通客车	5551.35	2337.57	225.20	136.87	8250.99
600067	冠城大通	1360.37	575.33	0.91	0.99	1937.60
600068	葛洲坝	8564.35	3829.79	106.41	65.14	12565.69
600069	银鸽投资	0.00	37.59	0.00	0.00	37.59
600070	浙江富润	0.00	72.67	0.00	0.00	72.67
600071	凤凰光学	0.00	19.06	0.00	0.00	19.06
600072	中船科技	3231.61	1506.66	2.58	0.12	4740.97
600073	上海梅林	9133.42	3616.62	81.31	54.28	12885.63

证券代码 Code	证券简称 Security Name	融资买入（百万元）	卖券还款（百万元）	融券卖出（百万元）	买券还券（百万元）	合计（百万元）
600074	*ST保千	0.00	0.10	0.00	0.00	0.10
600075	新疆天业	334.50	137.89	1.28	0.48	474.15
600076	康欣新材	523.42	159.23	0.16	0.00	682.81
600077	宋都股份	1484.83	639.95	0.25	0.24	2125.27
600078	澄星股份	5450.90	1951.55	0.21	0.15	7402.81
600079	人福医药	4824.56	1915.05	46.73	41.75	6828.09
600080	金花股份	0.00	37.60	0.00	0.00	37.60
600081	东风科技	1275.54	475.66	2.75	0.15	1754.10
600082	海泰发展	0.00	47.34	0.00	0.00	47.34
600083	博信股份	47.08	48.33	0.00	0.00	95.41
600084	*ST中葡	0.00	19.96	0.00	0.00	19.96
600085	同仁堂	4833.81	1724.53	89.67	65.01	6713.02
600086	东方金钰	3821.46	1695.18	0.29	0.04	5516.97
600088	中视传媒	6523.30	2220.92	22.86	11.93	8779.01
600089	特变电工	7379.63	3333.12	181.93	85.97	10980.65
600090	同济堂	542.89	181.46	0.00	0.00	724.35
600091	ST明科	0.00	0.85	0.00	0.00	0.85
600093	易见股份	9148.02	3787.10	11.46	0.06	12946.64
600094	大名城	6092.42	2613.73	261.09	103.78	9071.02
600095	哈高科	0.00	110.05	0.00	0.00	110.05
600096	云天化	3286.72	1308.05	3.71	1.66	4600.14
600097	开创国际	0.00	11.13	0.00	0.00	11.13
600098	广州发展	795.71	332.80	10.00	8.97	1147.48
600099	林海股份	0.00	12.00	0.00	0.00	12.00
600100	同方股份	12264.20	4030.95	218.36	99.71	16613.22
600101	明星电力	0.00	34.72	0.00	0.00	34.72
600103	青山纸业	0.00	20.48	0.00	0.00	20.48
600104	上汽集团	12045.89	6217.90	851.10	697.95	19812.84
600105	永鼎股份	1184.58	504.82	3.73	0.50	1693.63
600106	重庆路桥	0.00	38.12	0.00	0.00	38.12
600107	美尔雅	3659.94	1308.04	52.05	0.65	5020.68
600108	亚盛集团	5352.37	2243.54	60.60	35.32	7691.83
600109	国金证券	18913.64	7646.47	317.67	204.18	27081.96
600110	诺德股份	7747.92	2991.76	14.52	0.31	10754.51
600111	北方稀土	30869.43	12893.36	520.36	91.05	44374.20
600112	ST天成	0.00	34.20	0.00	0.00	34.20
600113	浙江东日	2682.36	1005.54	8.04	0.55	3696.49
600114	东睦股份	0.00	78.95	0.00	0.00	78.95
600115	东方航空	7027.83	2574.72	283.86	167.86	10054.27
600116	三峡水利	2270.40	892.54	16.23	10.93	3190.10
600117	西宁特钢	0.00	24.46	0.00	0.00	24.46
600118	中国卫星	10426.90	4132.33	352.34	96.50	15008.07
600119	*ST长投	1273.56	521.59	1.24	0.00	1796.39
600120	浙江东方	6425.74	2673.18	63.09	44.18	9206.19
600121	郑州煤电	0.00	23.38	0.00	0.00	23.38
600122	宏图高科	3521.08	1586.02	1.83	1.41	5110.34
600123	兰花科创	4384.07	2029.72	35.01	25.45	6474.25
600125	铁龙物流	4874.66	1941.86	41.73	28.79	6887.04
600126	杭钢股份	565.39	146.30	5.41	1.32	718.42
600127	金健米业	0.00	54.18	0.00	0.00	54.18

信用交易
Credit Trading

证券代码 Code	证券简称 Security Name	融资买入（百万元）	卖券还款（百万元）	融券卖出（百万元）	买券还券（百万元）	合计（百万元）
600128	弘业股份	0.00	63.83	0.00	0.00	63.83
600129	太极集团	416.13	174.42	2.51	0.70	593.76
600130	波导股份	421.12	169.89	2.42	0.61	594.04
600131	岷江水电	2659.18	1192.00	2.15	0.48	3853.81
600132	重庆啤酒	2734.71	1093.69	45.34	32.41	3906.15
600133	东湖高新	243.55	166.46	0.00	0.00	410.01
600135	乐凯胶片	4182.98	1592.78	14.07	13.39	5803.22
600136	当代明诚	1100.54	449.76	13.50	0.61	1564.41
600137	浪莎股份	0.00	5.34	0.00	0.00	5.34
600138	中青旅	5662.34	1996.13	93.43	84.19	7836.09
600139	西部资源	2091.32	1056.53	1.37	0.71	3149.93
600141	兴发集团	8768.26	3118.75	63.35	41.72	11992.08
600143	金发科技	5685.90	1810.32	75.03	47.64	7618.89
600146	商赢环球	6331.63	2987.88	0.44	0.16	9320.11
600148	长春一东	0.00	18.74	0.00	0.00	18.74
600149	ST 坊展	0.00	1.60	0.00	0.00	1.60
600150	中国船舶	824.74	643.74	15.41	4.19	1488.08
600151	航天机电	4967.24	1848.42	5.51	2.78	6823.95
600152	维科技术	0.00	27.30	0.00	0.00	27.30
600153	建发股份	3991.19	1912.11	100.49	73.33	6077.12
600155	华创阳安	22853.54	8282.55	1571.19	338.08	33045.36
600156	华升股份	0.00	34.09	0.00	0.00	34.09
600157	永泰能源	10577.83	4723.82	51.27	7.48	15360.40
600158	中体产业	7843.72	2972.07	150.70	33.46	10999.95
600159	大龙地产	0.00	9.02	0.00	0.00	9.02
600160	巨化股份	9538.01	3819.55	106.87	90.71	13555.14
600161	天坛生物	6357.22	2489.04	66.02	61.12	8973.40
600162	香江控股	1745.00	767.64	0.21	0.15	2513.00
600163	中闽能源	127.70	48.20	0.06	0.05	176.01
600165	新日恒力	0.00	35.04	0.00	0.00	35.04
600166	福田汽车	6134.15	2417.81	1205.92	510.44	10268.32
600167	联美控股	246.51	124.88	5.21	1.41	378.01
600168	武汉控股	898.55	412.41	6.71	6.44	1324.11
600169	太原重工	1949.43	729.37	18.82	12.55	2710.17
600170	上海建工	2679.21	1206.35	110.82	89.75	4086.13
600171	上海贝岭	23611.50	9419.04	480.46	88.68	33599.68
600172	黄河旋风	265.01	142.34	0.00	0.00	407.35
600173	卧龙地产	0.00	19.17	0.00	0.00	19.17
600175	美都能源	8732.68	3677.42	0.00	0.00	12410.10
600176	中国巨石	10069.89	4363.46	126.68	85.07	14645.10
600177	雅戈尔	4791.30	2340.18	117.16	99.98	7348.62
600178	东安动力	0.00	12.03	0.00	0.00	12.03
600179	ST 安通	0.00	22.78	0.00	0.00	22.78
600180	瑞茂通	155.20	61.20	0.00	0.00	216.40
600182	S 佳通	0.00	18.26	0.00	0.00	18.26
600183	生益科技	29831.12	10524.81	423.86	291.90	41071.69
600184	光电股份	348.86	162.12	0.16	0.00	511.14
600185	格力地产	1502.90	680.60	3.50	1.60	2188.60
600186	*ST 莲花	369.62	181.74	0.27	0.25	551.88
600187	国中水务	3046.64	1069.78	46.52	1.16	4164.10

证券代码 Code	证券简称 Security Name	融资买入 （百万元）	卖券还款 （百万元）	融券卖出 （百万元）	买券还券 （百万元）	合计 （百万元）
600188	兖州煤业	8155.72	3862.67	134.93	65.06	12218.38
600189	吉林森工	0.00	11.26	0.00	0.00	11.26
600190	锦州港	0.00	15.87	0.00	0.00	15.87
600191	华资实业	232.31	108.30	0.00	0.00	340.61
600192	长城电工	0.00	65.24	0.00	0.00	65.24
600193	ST 创兴	0.00	4.06	0.00	0.00	4.06
600195	中牧股份	0.00	123.76	0.00	0.00	123.76
600196	复星医药	22149.60	9002.21	373.04	276.90	31801.75
600197	伊力特	6209.12	2223.95	38.73	36.58	8508.38
600198	大唐电信	2251.88	930.28	2.23	0.00	3184.39
600199	金种子酒	4244.70	1530.21	14.52	11.22	5800.65
600200	江苏吴中	2421.92	934.17	6.69	3.61	3366.39
600201	生物股份	11278.65	4388.72	130.01	121.95	15919.33
600202	哈空调	0.00	6.50	0.00	0.00	6.50
600203	福日电子	0.00	31.76	0.00	0.00	31.76
600206	有研新材	22215.81	8588.39	288.65	41.25	31134.10
600207	安彩高科	0.00	30.59	0.00	0.00	30.59
600208	新湖中宝	13995.27	5123.69	187.60	54.17	19360.73
600209	ST 罗顿	0.00	3.59	0.00	0.00	3.59
600210	紫江企业	4849.68	1769.94	0.55	0.42	6620.59
600211	西藏药业	0.00	30.44	0.00	0.00	30.44
600212	江泉实业	0.00	29.98	0.00	0.00	29.98
600213	亚星客车	702.93	340.52	0.09	0.00	1043.54
600215	长春经开	0.00	25.38	0.00	0.00	25.38
600216	浙江医药	9166.34	3422.20	65.29	46.34	12700.17
600217	中再资环	431.31	135.20	0.70	0.00	567.21
600218	全柴动力	25298.63	9323.31	45.66	1.26	34668.86
600219	南山铝业	7153.30	2668.98	125.79	70.53	10018.60
600220	江苏阳光	1786.11	684.53	2.09	1.32	2474.05
600221	海航控股	6506.18	2505.36	400.44	227.34	9639.32
600222	太龙药业	2310.64	795.74	0.51	0.46	3107.35
600223	鲁商发展	3495.89	1571.37	4.83	0.28	5072.37
600225	天津松江	120.33	64.50	0.06	0.00	184.89
600226	瀚叶股份	2370.38	1071.00	4.39	1.29	3447.06
600227	圣济堂	0.00	48.30	0.00	0.00	48.30
600228	ST 昌九	0.00	0.04	0.00	0.00	0.04
600229	城市传媒	1662.55	608.22	3.59	3.22	2277.58
600230	沧州大化	8019.68	2829.92	43.61	27.20	10920.41
600231	凌钢股份	112.18	64.10	0.00	0.00	176.28
600232	金鹰股份	0.00	18.31	0.00	0.00	18.31
600233	圆通速递	667.17	288.12	7.75	3.96	967.00
600234	*ST 山水	0.00	0.32	0.00	0.00	0.32
600235	民丰特纸	0.00	53.11	0.00	0.00	53.11
600236	桂冠电力	1060.08	464.53	1.51	1.09	1527.21
600237	铜峰电子	3145.20	1253.01	16.74	16.61	4431.56
600238	ST 椰岛	0.00	12.88	0.00	0.00	12.88
600239	云南城投	4304.46	1527.89	1.10	0.68	5834.13
600240	退市华业	2313.95	1021.26	5.39	5.03	3345.63
600241	时代万恒	0.00	4.27	0.00	0.00	4.27
600242	中昌数据	0.00	79.85	0.00	0.00	79.85

信用交易
Credit Trading

证券代码 Code	证券简称 Security Name	融资买入 (百万元)	卖券还款 (百万元)	融券卖出 (百万元)	买券还券 (百万元)	合计 (百万元)
600243	青海华鼎	0.00	11.15	0.00	0.00	11.15
600246	万通地产	0.00	20.85	0.00	0.00	20.85
600247	ST 成城	0.00	0.01	0.00	0.00	0.01
600248	延长化建	0.00	12.79	0.00	0.00	12.79
600249	两面针	0.00	19.00	0.00	0.00	19.00
600250	南纺股份	0.00	13.27	0.00	0.00	13.27
600251	冠农股份	2371.21	982.82	1.90	0.30	3356.23
600252	中恒集团	2099.19	996.01	56.07	39.46	3190.73
600255	梦舟股份	0.00	64.20	0.00	0.00	64.20
600256	广汇能源	8342.27	3491.37	92.49	54.75	11980.88
600257	大湖股份	2191.95	827.62	0.14	0.12	3019.83
600258	首旅酒店	777.25	324.46	2.69	0.85	1105.25
600259	广晟有色	14349.38	5025.35	300.94	34.80	19710.47
600260	凯乐科技	19394.83	7713.14	167.78	150.24	27425.99
600261	阳光照明	2592.66	1070.56	10.18	10.08	3683.48
600262	北方股份	0.00	16.52	0.00	0.00	16.52
600266	城建发展	5682.82	2226.02	30.87	28.05	7967.76
600267	海正药业	5556.78	1974.39	55.11	46.08	7632.36
600268	国电南自	558.91	254.81	1.87	0.00	815.59
600269	赣粤高速	2039.28	818.87	0.34	0.48	2858.97
600271	航天信息	17264.68	6193.16	263.91	161.78	23883.53
600272	开开实业	0.00	6.78	0.00	0.00	6.78
600273	嘉化能源	14861.31	6304.60	18.79	13.33	21198.03
600275	ST 昌鱼	0.00	0.09	0.00	0.00	0.09
600276	恒瑞医药	24794.74	10276.46	1883.93	1689.67	38644.80
600277	亿利洁能	5763.59	2570.26	40.82	28.54	8403.21
600278	东方创业	1021.43	489.13	3.58	1.55	1515.69
600279	重庆港九	0.00	32.72	0.00	0.00	32.72
600280	中央商场	0.00	21.39	0.00	0.00	21.39
600281	太化股份	0.00	14.29	0.00	0.00	14.29
600282	南钢股份	4731.44	1580.69	45.75	39.14	6397.02
600283	钱江水利	0.00	35.80	0.00	0.00	35.80
600284	浦东建设	5366.13	2077.05	1.11	0.38	7444.67
600285	羚锐制药	2572.71	1061.46	11.53	6.92	3652.62
600287	江苏舜天	286.71	116.38	0.12	0.12	403.33
600288	大恒科技	4641.44	1882.62	7.83	4.73	6536.62
600289	＊ST 信通	0.00	5.97	0.00	0.00	5.97
600290	ST 华仪	300.12	157.22	0.00	0.00	457.34
600291	西水股份	1324.41	641.12	7.45	2.78	1975.76
600292	远达环保	2264.61	853.81	11.04	10.34	3139.80
600293	三峡新材	2478.14	984.12	0.03	0.02	3462.31
600295	鄂尔多斯	300.90	147.82	0.00	0.00	448.72
600297	广汇汽车	2807.94	1021.65	67.62	33.62	3930.83
600298	安琪酵母	6600.83	2929.89	106.04	94.42	9731.18
600299	安迪苏	676.38	272.89	3.02	1.33	953.62
600300	维维股份	6223.40	2462.66	27.61	14.67	8728.34
600301	ST 南化	0.00	0.02	0.00	0.00	0.02
600302	标准股份	0.00	7.50	0.00	0.00	7.50
600303	曙光股份	175.00	72.04	0.00	0.00	247.04
600305	恒顺醋业	0.00	283.27	0.00	0.00	283.27

证券代码 Code	证券简称 Security Name	融资买入 （百万元）	卖券还款 （百万元）	融券卖出 （百万元）	买券还券 （百万元）	合计 （百万元）
600306	商业城	0.00	4.07	0.00	0.00	4.07
600307	酒钢宏兴	3159.35	1190.15	43.62	36.00	4429.12
600308	华泰股份	351.12	196.38	0.00	0.00	547.50
600309	万华化学	35358.33	15243.60	1663.30	1411.17	53676.40
600310	桂东电力	1953.27	745.51	0.19	0.12	2699.09
600311	荣华实业	0.00	57.64	0.00	0.00	57.64
600312	平高电气	3496.43	1308.72	43.73	33.77	4882.65
600313	农发种业	0.00	82.53	0.00	0.00	82.53
600315	上海家化	5375.53	2355.21	168.75	142.15	8041.64
600316	洪都航空	9686.80	3557.76	157.45	93.28	13495.29
600317	营口港	75.14	44.08	0.30	0.12	119.64
600318	新力金融	3277.21	1271.61	8.24	1.51	4558.57
600319	ST亚星	0.00	11.29	0.00	0.00	11.29
600320	振华重工	1497.36	596.63	4.66	2.10	2100.75
600321	ST正源	0.00	15.19	0.00	0.00	15.19
600322	天房发展	242.93	94.91	0.00	0.00	337.84
600323	瀚蓝环境	3383.14	1368.82	29.04	28.13	4809.13
600325	华发股份	8744.79	4029.20	74.83	65.44	12914.26
600326	西藏天路	6874.95	2714.14	210.97	1.33	9801.39
600327	大东方	0.00	9.28	0.00	0.00	9.28
600328	兰太实业	517.73	247.52	0.16	0.00	765.41
600329	中新药业	2234.39	900.00	21.35	17.82	3173.56
600330	天通股份	9538.92	3876.85	8.82	6.56	13431.15
600331	宏达股份	3539.89	1428.45	11.80	7.39	4987.53
600332	白云山	16952.51	7539.90	232.03	164.55	24888.99
600333	长春燃气	1958.19	806.73	99.66	2.80	2867.38
600335	国机汽车	3266.81	1182.67	18.60	1.24	4469.32
600336	澳柯玛	1877.91	892.87	10.92	10.61	2792.31
600337	美克家居	5452.48	1910.51	21.76	19.61	7404.36
600338	西藏珠峰	0.00	73.71	0.00	0.00	73.71
600339	中油工程	692.16	245.76	2.37	0.25	940.54
600340	华夏幸福	11312.21	5193.68	433.50	313.45	17252.84
600343	航天动力	3338.72	1247.52	44.90	20.72	4651.86
600345	长江通信	936.54	438.78	0.71	0.33	1376.36
600346	恒力石化	2745.41	1026.56	18.71	13.25	3803.93
600348	阳泉煤业	4867.92	1969.32	60.63	42.90	6940.77
600350	山东高速	1318.24	643.28	6.21	3.36	1971.09
600351	亚宝药业	483.06	177.91	0.00	0.00	660.97
600352	浙江龙盛	83734.25	29592.34	468.81	147.88	113943.28
600353	旭光股份	0.00	33.09	0.00	0.00	33.09
600354	敦煌种业	6356.80	2477.00	52.73	0.02	8886.55
600355	精伦电子	0.00	32.38	0.00	0.00	32.38
600356	恒丰纸业	0.00	30.22	0.00	0.00	30.22
600358	国旅联合	0.00	22.51	0.00	0.00	22.51
600359	新农开发	0.00	49.12	0.00	0.00	49.12
600360	华微电子	2533.29	983.98	4.85	0.06	3522.18
600361	华联综超	0.00	25.09	0.00	0.00	25.09
600362	江西铜业	11731.57	5501.11	268.31	124.06	17625.05
600363	联创光电	7609.68	2831.32	39.39	25.74	10506.13
600365	通葡股份	0.00	21.59	0.00	0.00	21.59

信用交易
Credit Trading

证券代码 Code	证券简称 Security Name	融资买入（百万元）	卖券还款（百万元）	融券卖出（百万元）	买券还券（百万元）	合计（百万元）
600366	宁波韵升	12741. 69	5304. 13	132. 54	55. 33	18233. 69
600367	红星发展	0. 00	19. 14	0. 00	0. 00	19. 14
600368	五洲交通	539. 04	220. 97	0. 23	0. 00	760. 24
600369	西南证券	13056. 80	5353. 50	186. 21	60. 27	18656. 78
600370	三房巷	0. 00	8. 43	0. 00	0. 00	8. 43
600371	万向德农	0. 00	98. 85	0. 00	0. 00	98. 85
600372	中航电子	4527. 85	1672. 79	136. 36	66. 46	6403. 46
600373	中文传媒	3714. 25	1596. 21	73. 85	53. 85	5438. 16
600375	华菱星马	405. 21	138. 39	0. 21	0. 00	543. 81
600376	首开股份	2472. 89	1049. 82	33. 81	23. 74	3580. 26
600377	宁沪高速	765. 31	281. 03	39. 44	48. 87	1134. 65
600378	昊华科技	520. 41	271. 99	1. 20	0. 16	793. 76
600379	宝光股份	0. 00	7. 91	0. 00	0. 00	7. 91
600380	健康元	4364. 03	1666. 15	42. 99	40. 74	6113. 91
600381	青海春天	0. 00	15. 28	0. 00	0. 00	15. 28
600382	广东明珠	1833. 52	760. 59	22. 72	22. 29	2639. 12
600383	金地集团	9866. 89	3938. 34	303. 00	207. 23	14315. 46
600385	*ST 金泰	0. 00	5. 83	0. 00	0. 00	5. 83
600386	北巴传媒	2197. 23	852. 09	4. 71	0. 38	3054. 41
600387	海越能源	3841. 11	1609. 83	69. 27	4. 73	5524. 94
600388	龙净环保	2287. 95	983. 92	36. 20	31. 13	3339. 20
600389	江山股份	2612. 12	1003. 97	4. 41	4. 17	3624. 67
600390	五矿资本	1045. 42	442. 56	2. 64	1. 48	1492. 10
600391	航发科技	6159. 60	2267. 46	41. 04	2. 14	8470. 24
600392	盛和资源	22057. 96	7915. 95	351. 61	43. 94	30369. 46
600393	粤泰股份	0. 00	89. 87	0. 00	0. 00	89. 87
600395	盘江股份	1902. 17	879. 81	21. 13	17. 31	2820. 42
600396	*ST 金山	0. 00	8. 85	0. 00	0. 00	8. 85
600397	安源煤业	0. 00	29. 13	0. 00	0. 00	29. 13
600398	海澜之家	1675. 23	640. 50	41. 08	30. 11	2386. 92
600399	ST 抚钢	0. 00	2. 63	0. 00	0. 00	2. 63
600400	红豆股份	95. 33	38. 23	0. 00	0. 00	133. 56
600401	退市海润	0. 00	0. 49	0. 00	0. 00	0. 49
600403	大有能源	122. 97	56. 25	0. 00	0. 00	179. 22
600405	动力源	0. 00	16. 41	0. 00	0. 00	16. 41
600406	国电南瑞	9466. 87	4313. 38	271. 29	176. 88	14228. 42
600408	ST 安泰	0. 00	0. 54	0. 00	0. 00	0. 54
600409	三友化工	6186. 95	2341. 86	92. 35	75. 89	8697. 05
600410	华胜天成	26409. 89	9906. 24	403. 20	135. 83	36855. 16
600415	小商品城	1689. 22	635. 25	87. 29	61. 07	2472. 83
600416	湘电股份	3031. 93	1137. 19	4. 63	3. 36	4177. 11
600418	江淮汽车	3196. 50	1218. 47	100. 06	47. 47	4562. 50
600419	天润乳业	0. 00	33. 10	0. 00	0. 00	33. 10
600420	现代制药	0. 00	44. 64	0. 00	0. 00	44. 64
600421	*ST 仰帆	0. 00	0. 25	0. 00	0. 00	0. 25
600422	昆药集团	16191. 30	6197. 70	50. 96	33. 94	22473. 90
600423	ST 柳化	0. 00	0. 24	0. 00	0. 00	0. 24
600425	青松建化	778. 48	330. 39	0. 22	0. 14	1109. 23
600426	华鲁恒升	8504. 62	3915. 86	98. 96	89. 88	12609. 32
600428	中远海特	299. 10	131. 89	0. 57	0. 19	431. 75

证券代码 Code	证券简称 Security Name	融资买入（百万元）	卖券还款（百万元）	融券卖出（百万元）	买券还券（百万元）	合计（百万元）
600429	三元股份	0.00	11.76	0.00	0.00	11.76
600433	冠豪高新	2056.79	786.16	0.49	0.47	2843.91
600435	北方导航	7795.50	3108.21	241.23	50.06	11195.00
600436	片仔癀	12601.06	5072.42	292.16	223.97	18189.61
600438	通威股份	11490.49	4363.27	130.19	64.20	16048.15
600439	瑞贝卡	0.00	35.49	0.00	0.00	35.49
600444	国机通用	0.00	9.23	0.00	0.00	9.23
600446	金证股份	44323.39	16161.31	139.11	12.98	60636.79
600448	华纺股份	436.58	148.47	2.43	0.93	588.41
600449	宁夏建材	3573.05	1473.32	63.33	5.51	5115.21
600452	涪陵电力	608.04	272.73	0.36	0.35	881.48
600455	博通股份	0.00	17.89	0.00	0.00	17.89
600456	宝钛股份	8014.88	3165.68	28.80	28.63	11237.99
600458	时代新材	4096.43	1400.61	39.20	28.14	5564.38
600459	贵研铂业	14297.45	5580.17	18.99	10.74	19907.35
600460	士兰微	45369.13	16944.88	994.15	111.18	63419.34
600461	洪城水业	0.00	16.90	0.00	0.00	16.90
600462	*ST 九有	0.00	3.65	0.00	0.00	3.65
600463	空港股份	0.00	27.42	0.00	0.00	27.42
600466	蓝光发展	5443.19	2298.77	37.49	30.20	7809.65
600467	好当家	2160.31	747.01	0.31	0.28	2907.91
600468	百利电气	0.00	16.67	0.00	0.00	16.67
600469	风神股份	220.09	100.92	0.01	0.01	321.03
600470	六国化工	4553.19	1940.19	219.10	30.04	6742.52
600475	华光股份	0.00	17.78	0.00	0.00	17.78
600476	湘邮科技	0.00	51.52	0.00	0.00	51.52
600477	杭萧钢构	186.87	92.43	0.00	0.00	279.30
600478	科力远	5450.37	2224.17	70.95	31.72	7777.21
600479	千金药业	0.00	35.60	0.00	0.00	35.60
600480	凌云股份	636.92	248.67	1.24	0.02	886.85
600481	双良节能	1318.98	629.73	5.32	4.74	1958.77
600482	中国动力	3631.34	1491.63	98.34	39.79	5261.10
600483	福能股份	1209.08	412.21	13.28	12.70	1647.27
600485	*ST 信威	0.00	35.53	0.00	0.32	35.85
600486	扬农化工	3980.53	1585.89	63.50	49.07	5678.99
600487	亨通光电	30517.07	11415.81	286.88	134.06	42353.82
600488	天药股份	0.00	8.66	0.00	0.00	8.66
600489	中金黄金	17047.79	7348.33	314.14	108.06	24818.32
600490	鹏欣资源	8429.05	3321.84	191.80	15.97	11958.66
600491	龙元建设	3693.69	1482.56	16.27	16.08	5208.60
600493	凤竹纺织	0.00	12.27	0.00	0.00	12.27
600495	晋西车轴	3182.03	1090.69	49.71	0.51	4322.94
600496	精工钢构	0.00	37.54	0.00	0.00	37.54
600497	驰宏锌锗	5749.75	2363.67	92.64	18.33	8224.39
600498	烽火通信	22819.88	8509.06	258.52	159.80	31747.26
600499	科达洁能	1862.44	758.35	36.53	27.19	2684.51
600500	中化国际	3948.08	1576.12	24.54	22.64	5571.38
600501	航天晨光	378.25	224.34	0.00	0.00	602.59
600502	安徽建工	2951.86	1293.02	0.86	0.63	4246.37
600503	华丽家族	5715.96	2148.07	117.53	20.69	8002.25

信用交易
Credit Trading

证券代码 Code	证券简称 Security Name	融资买入（百万元）	卖券还款（百万元）	融券卖出（百万元）	买券还券（百万元）	合计（百万元）
600505	西昌电力	0.00	21.23	0.00	0.00	21.23
600506	香梨股份	0.00	74.76	0.00	0.00	74.76
600507	方大特钢	6540.48	2592.00	60.34	25.44	9218.26
600508	上海能源	211.42	109.48	0.00	0.00	320.90
600509	天富能源	3616.67	1510.59	1.51	0.62	5129.39
600510	黑牡丹	218.44	83.44	0.00	0.00	301.88
600511	国药股份	2341.31	818.27	67.28	61.99	3288.85
600512	腾达建设	654.43	315.77	0.00	0.00	970.20
600513	联环药业	0.00	17.43	0.00	0.00	17.43
600515	海航基础	4034.04	1705.46	6.24	1.04	5746.78
600516	方大炭素	39107.08	15926.31	736.58	124.20	55894.17
600517	置信电气	8367.55	3114.66	58.18	30.33	11570.72
600518	ST 康美	12467.66	6316.62	49.09	20.41	18853.78
600519	贵州茅台	119890.84	50333.84	2626.28	2351.25	175202.21
600520	文一科技	0.00	23.45	0.00	0.00	23.45
600521	华海药业	9315.54	3721.82	111.54	91.44	13240.34
600522	中天科技	18845.75	8073.07	206.93	134.70	27260.45
600523	贵航股份	4692.22	1747.25	27.56	12.73	6479.76
600525	长园集团	10768.37	4967.10	81.11	43.45	15860.03
600526	*ST 菲达	732.44	310.21	0.13	0.15	1042.93
600527	江南高纤	0.00	26.70	0.00	0.00	26.70
600528	中铁工业	6427.48	2636.77	132.11	48.95	9245.31
600529	山东药玻	1008.35	360.60	26.05	16.93	1411.93
600530	交大昂立	242.70	119.30	0.00	0.00	362.00
600531	豫光金铅	908.43	410.96	6.08	0.35	1325.82
600532	宏达矿业	199.76	102.68	3.14	0.00	305.58
600533	栖霞建设	333.93	160.31	0.14	0.00	494.38
600535	天士力	8164.31	3203.17	103.42	76.76	11547.66
600536	中国软件	69553.87	24126.37	1324.58	329.30	95334.12
600537	亿晶光电	2514.49	898.42	6.25	2.82	3421.98
600538	国发股份	0.00	10.61	0.00	0.00	10.61
600539	ST 狮头	0.00	0.07	0.00	0.00	0.07
600540	新赛股份	0.00	31.66	0.00	0.00	31.66
600543	莫高股份	2870.68	1034.86	4.82	4.71	3915.07
600545	卓郎智能	2200.74	838.39	13.28	9.47	3061.88
600546	山煤国际	0.00	133.07	0.00	0.00	133.07
600547	山东黄金	42187.13	19204.29	424.22	112.93	61928.57
600548	深高速	859.43	372.57	14.77	14.55	1261.32
600549	厦门钨业	9506.67	3507.44	282.87	69.79	13366.77
600550	保变电气	0.00	20.55	0.00	0.00	20.55
600551	时代出版	886.66	307.31	8.10	3.32	1205.39
600552	凯盛科技	1281.83	568.84	1.07	0.13	1851.87
600555	海航创新	0.00	24.95	0.00	0.00	24.95
600556	ST 慧球	0.00	0.98	0.00	0.00	0.98
600557	康缘药业	1655.94	693.17	35.67	33.90	2418.68
600558	大西洋	0.00	25.66	0.00	0.00	25.66
600559	老白干酒	5955.55	2635.97	31.37	27.92	8650.81
600560	金自天正	0.00	19.26	0.00	0.00	19.26
600561	江西长运	0.00	11.55	0.00	0.00	11.55
600562	国睿科技	746.80	321.28	0.16	0.02	1068.26

证券代码 Code	证券简称 Security Name	融资买入（百万元）	卖券还款（百万元）	融券卖出（百万元）	买券还券（百万元）	合计（百万元）
600563	法拉电子	1715.18	665.38	59.45	56.41	2496.42
600565	迪马股份	3188.28	1340.28	16.98	15.82	4561.36
600566	济川药业	5352.33	2009.12	58.26	39.54	7459.25
600567	山鹰纸业	1051.06	475.96	4.64	1.75	1533.41
600568	中珠医疗	6563.41	2773.25	0.33	0.23	9337.22
600569	安阳钢铁	423.48	209.06	1.21	0.00	633.75
600570	恒生电子	60963.22	24764.80	636.62	297.98	86662.62
600571	信雅达	1583.19	698.96	2.06	0.45	2284.66
600572	康恩贝	28578.25	11210.69	235.48	75.17	40099.59
600573	惠泉啤酒	0.00	6.47	0.00	0.00	6.47
600575	淮河能源	3242.89	1620.58	32.05	11.67	4907.19
600576	祥源文化	0.00	9.79	0.00	0.00	9.79
600577	精达股份	317.20	120.94	0.00	0.00	438.14
600578	京能电力	573.05	270.68	40.41	33.46	917.60
600579	克劳斯	0.00	18.03	0.00	0.00	18.03
600580	卧龙电驱	5415.97	1976.24	39.12	31.62	7462.95
600581	八一钢铁	628.66	320.85	11.35	0.30	961.16
600582	天地科技	2340.21	847.09	24.97	24.37	3236.64
600583	海油工程	2539.13	1299.40	104.48	52.12	3995.13
600584	长电科技	32080.21	12639.35	520.44	185.60	45425.60
600585	海螺水泥	26202.73	11334.71	726.11	557.45	38821.00
600586	金晶科技	0.00	41.26	0.00	0.00	41.26
600587	新华医疗	3732.88	1500.19	14.89	11.00	5258.96
600588	用友网络	25359.42	9628.92	946.30	548.69	36483.33
600589	广东榕泰	0.00	65.38	0.00	0.00	65.38
600590	泰豪科技	650.42	257.02	0.00	0.00	907.44
600592	龙溪股份	4948.69	2171.96	8.91	8.50	7138.06
600593	大连圣亚	0.00	107.51	0.00	0.00	107.51
600594	益佰制药	3264.79	1284.69	42.85	29.46	4621.79
600595	*ST 中孚	1035.57	410.13	0.01	0.01	1445.72
600596	新安股份	12186.04	4818.41	8.31	4.81	17017.57
600597	光明乳业	4443.52	1857.33	58.45	41.23	6400.53
600598	北大荒	12738.72	4980.97	121.48	40.07	17881.24
600599	熊猫金控	431.73	204.03	0.00	0.00	635.76
600600	青岛啤酒	6439.19	2960.55	139.51	126.03	9665.28
600601	方正科技	2761.38	1185.62	7.06	0.23	3954.29
600602	云赛智联	1083.14	535.67	1.50	0.87	1621.18
600603	广汇物流	0.00	41.98	0.00	0.00	41.98
600604	市北高新	32782.05	13388.01	50.51	0.72	46221.29
600605	汇通能源	0.00	8.70	0.00	0.00	8.70
600606	绿地控股	10812.39	4531.50	130.43	91.48	15565.80
600608	ST 沪科	0.00	0.15	0.00	0.00	0.15
600609	金杯汽车	1082.96	363.87	40.96	2.41	1490.20
600610	*ST 毅达	0.00	0.06	0.00	0.00	0.06
600611	大众交通	2317.69	929.98	21.50	18.85	3288.02
600612	老凤祥	1915.52	877.16	46.85	43.96	2883.49
600613	神奇制药	0.00	27.56	0.00	0.00	27.56
600614	*ST 鹏起	7323.50	3365.92	44.29	10.10	10743.81
600615	丰华股份	0.00	15.60	0.00	0.00	15.60
600616	金枫酒业	1330.59	485.01	0.86	1.23	1817.69

信用交易
Credit Trading

证券代码 Code	证券简称 Security Name	融资买入（百万元）	卖券还款（百万元）	融券卖出（百万元）	买券还券（百万元）	合计（百万元）
600617	国新能源	109.76	63.43	0.16	0.00	173.35
600618	氯碱化工	210.21	90.03	0.64	0.14	301.02
600619	海立股份	0.00	16.67	0.00	0.00	16.67
600620	天宸股份	2717.54	959.80	3.28	3.28	3683.90
600621	华鑫股份	4354.98	1812.20	4.08	0.54	6171.80
600622	光大嘉宝	625.25	194.34	0.13	0.13	819.85
600623	华谊集团	286.17	136.62	0.44	0.28	423.51
600624	复旦复华	17588.06	6628.58	68.12	0.61	24285.37
600626	申达股份	4395.03	1855.72	5.40	4.43	6260.58
600628	新世界	0.00	33.20	0.00	0.00	33.20
600629	华建集团	0.00	12.60	0.00	0.00	12.60
600630	龙头股份	0.00	48.38	0.00	0.00	48.38
600633	浙数文化	4744.84	1613.64	89.70	56.81	6504.99
600634	*ST 富控	0.00	0.63	0.00	0.00	0.63
600635	大众公用	20776.82	8547.69	145.17	103.24	29572.92
600636	三爱富	377.82	146.05	0.29	0.20	524.36
600637	东方明珠	8101.27	2561.70	98.41	64.60	10825.98
600638	新黄浦	0.00	30.23	0.00	0.00	30.23
600639	浦东金桥	2164.16	863.38	63.25	28.52	3119.31
600640	号百控股	8785.53	3029.40	551.28	182.27	12548.48
600641	万业企业	2064.74	849.43	2.82	1.83	2918.82
600642	申能股份	1634.22	694.94	57.36	52.43	2438.95
600643	爱建集团	7141.73	2791.23	79.42	62.03	10074.41
600644	乐山电力	0.00	22.18	0.00	0.00	22.18
600645	中源协和	5292.63	2095.70	30.29	27.40	7446.02
600647	同达创业	0.00	15.51	0.00	0.00	15.51
600648	外高桥	9182.67	4607.47	90.91	43.38	13924.43
600649	城投控股	4120.75	1175.64	117.48	57.98	5471.85
600650	锦江投资	0.00	33.20	0.00	0.00	33.20
600651	飞乐音响	2201.84	950.68	0.18	0.06	3152.76
600652	*ST 游久	1279.49	505.64	3.75	0.78	1789.66
600653	申华控股	1936.84	817.14	0.00	0.00	2753.98
600654	*ST 中安	0.00	3.98	0.00	0.00	3.98
600655	豫园股份	2477.50	920.76	26.46	22.15	3446.87
600657	信达地产	307.52	130.10	3.76	0.62	442.00
600658	电子城	0.00	21.24	0.00	0.00	21.24
600660	福耀玻璃	5029.52	2209.84	168.83	135.45	7543.64
600661	昂立教育	543.80	181.73	27.15	20.93	773.61
600662	强生控股	3351.98	1168.95	8.10	0.43	4529.46
600663	陆家嘴	2454.83	966.46	32.22	12.93	3466.44
600664	哈药股份	7963.21	3854.73	72.88	39.28	11930.10
600665	天地源	0.00	9.93	0.00	0.00	9.93
600666	*ST 瑞德	0.00	25.57	0.00	0.00	25.57
600667	太极实业	14810.28	6032.06	57.33	20.60	20920.27
600668	尖峰集团	6189.11	2401.48	6.72	6.90	8604.21
600671	天目药业	0.00	46.88	0.00	0.00	46.88
600673	东阳光	5673.97	2234.75	44.99	39.65	7993.36
600674	川投能源	2594.64	1169.75	76.97	67.59	3908.95
600675	中华企业	212.59	90.55	0.00	0.00	303.14
600676	交运股份	1940.15	689.17	15.63	1.46	2646.41

证券代码 Code	证券简称 Security Name	融资买入 （百万元）	卖券还款 （百万元）	融券卖出 （百万元）	买券还券 （百万元）	合计 （百万元）
600677	航天通信	23205.71	9647.60	208.00	6.27	33067.58
600678	四川金顶	0.00	71.11	0.00	0.00	71.11
600679	上海凤凰	0.00	19.53	0.00	0.00	19.53
600681	百川能源	334.54	150.10	0.76	0.62	486.02
600682	南京新百	0.00	757.44	0.00	0.00	757.44
600683	京投发展	0.00	7.91	0.00	0.00	7.91
600684	珠江实业	2823.71	1082.05	2.89	0.21	3908.86
600685	中船防务	0.00	127.58	0.00	0.00	127.58
600686	金龙汽车	3260.44	1046.17	3.59	2.81	4313.01
600687	*ST刚泰	0.00	20.80	0.00	0.00	20.80
600688	上海石化	1315.45	724.62	77.86	51.27	2169.20
600689	上海三毛	0.00	31.36	0.00	0.00	31.36
600690	海尔智家	11421.75	4802.38	691.65	491.37	17407.15
600691	阳煤化工	223.59	131.15	0.20	0.13	355.07
600692	亚通股份	2321.99	836.24	2.39	0.70	3161.32
600693	东百集团	0.00	15.45	0.00	0.00	15.45
600694	大商股份	2238.63	908.43	12.92	11.73	3171.71
600695	绿庭投资	1227.24	531.08	1.54	0.00	1759.86
600696	ST岩石	0.00	4.23	0.00	0.00	4.23
600697	欧亚集团	0.00	14.24	0.00	0.00	14.24
600698	*ST天雁	0.00	9.97	0.00	0.00	9.97
600699	均胜电子	8198.54	3100.73	40.59	26.33	11366.19
600701	*ST工新	0.00	2.86	0.00	0.00	2.86
600702	舍得酒业	13068.08	5249.07	211.01	63.88	18592.04
600703	三安光电	57551.44	22917.72	1072.59	468.74	82010.49
600704	物产中大	3141.31	1186.07	24.96	19.61	4371.95
600705	中航资本	13344.70	5536.67	291.97	107.27	19280.61
600706	曲江文旅	0.00	18.67	0.00	0.00	18.67
600707	彩虹股份	2991.40	1042.83	98.59	5.81	4138.63
600708	光明地产	532.26	239.95	0.27	0.10	772.58
600710	苏美达	919.85	355.75	1.20	0.07	1276.87
600711	盛屯矿业	14271.78	5562.95	138.80	5.15	19978.68
600712	南宁百货	0.00	37.93	0.00	0.00	37.93
600713	南京医药	0.00	15.67	0.00	0.00	15.67
600714	金瑞矿业	0.00	4.60	0.00	0.00	4.60
600715	文投控股	0.00	33.99	0.00	0.00	33.99
600716	凤凰股份	2362.97	924.88	1.00	0.00	3288.85
600717	天津港	2352.14	931.68	46.71	18.44	3348.97
600718	东软集团	9778.37	3608.14	179.10	145.90	13711.51
600719	大连热电	0.00	11.57	0.00	0.00	11.57
600720	祁连山	6743.47	2917.28	48.71	4.00	9713.46
600721	*ST百花	0.00	9.44	0.00	0.00	9.44
600722	金牛化工	3768.20	1545.50	101.20	0.52	5415.42
600723	首商股份	0.00	23.20	0.00	0.00	23.20
600724	宁波富达	0.00	7.69	0.00	0.00	7.69
600725	ST云维	0.00	0.10	0.00	0.00	0.10
600726	*ST华源	0.00	3.37	0.00	0.00	3.37
600727	鲁北化工	0.00	37.31	0.00	0.00	37.31
600728	佳都科技	19674.86	7336.71	122.38	23.93	27157.88
600729	重庆百货	3552.77	1370.32	47.98	46.87	5017.94

信用交易
Credit Trading

证券代码 Code	证券简称 Security Name	融资买入（百万元）	卖券还款（百万元）	融券卖出（百万元）	买券还券（百万元）	合计（百万元）
600730	中国高科	2318. 39	991. 27	0. 77	0. 00	3310. 43
600731	湖南海利	0. 00	17. 88	0. 00	0. 00	17. 88
600732	ST 爱旭	0. 00	0. 74	0. 00	0. 00	0. 74
600733	北汽蓝谷	886. 01	407. 74	28. 98	1. 31	1324. 04
600734	实达集团	0. 00	133. 51	0. 00	0. 00	133. 51
600735	新华锦	0. 00	47. 94	0. 00	0. 00	47. 94
600736	苏州高新	914. 34	554. 66	0. 24	0. 11	1469. 35
600737	中粮糖业	8529. 50	3192. 33	62. 95	41. 03	11825. 81
600738	兰州民百	0. 00	79. 85	0. 00	0. 00	79. 85
600739	辽宁成大	10999. 81	4233. 62	155. 73	109. 70	15498. 86
600740	山西焦化	8342. 41	3443. 69	105. 28	12. 51	11903. 89
600741	华域汽车	4470. 46	2582. 90	426. 50	316. 68	7796. 54
600742	一汽富维	2288. 76	960. 56	4. 21	2. 41	3255. 94
600743	华远地产	1178. 25	410. 86	5. 62	4. 68	1599. 41
600744	华银电力	1612. 17	596. 33	0. 12	0. 10	2208. 72
600745	闻泰科技	19090. 18	6415. 38	1172. 49	288. 98	26967. 03
600746	江苏索普	0. 00	10. 08	0. 00	0. 00	10. 08
600747	退市大控	0. 00	12. 37	0. 00	0. 00	12. 37
600748	上实发展	6601. 56	2212. 87	42. 81	34. 37	8891. 61
600749	西藏旅游	0. 00	9. 15	0. 00	0. 00	9. 15
600750	江中药业	2591. 99	1059. 97	5. 60	4. 94	3662. 50
600751	海航科技	3887. 79	1649. 41	11. 50	1. 04	5549. 74
600753	东方银星	0. 00	10. 28	0. 00	0. 00	10. 28
600754	锦江酒店	382. 02	196. 43	1. 90	0. 42	580. 77
600755	厦门国贸	9579. 23	3745. 32	57. 70	31. 93	13414. 18
600756	浪潮软件	21578. 77	8241. 15	411. 91	63. 20	30295. 03
600757	长江传媒	2917. 60	1043. 52	46. 14	44. 46	4051. 72
600758	红阳能源	0. 00	119. 27	0. 00	0. 00	119. 27
600759	洲际油气	8344. 45	3241. 72	61. 26	7. 08	11654. 51
600760	中航沈飞	4711. 34	1686. 47	21. 27	7. 46	6426. 54
600761	安徽合力	1921. 62	915. 21	15. 53	15. 42	2867. 78
600763	通策医疗	3447. 15	1123. 51	23. 52	22. 23	4616. 41
600764	中国海防	836. 42	215. 09	0. 06	0. 06	1051. 63
600765	中航重机	5660. 36	2098. 77	29. 70	28. 00	7816. 83
600766	园城黄金	452. 42	288. 96	0. 00	0. 00	741. 38
600767	ST 运盛	0. 00	0. 51	0. 00	0. 00	0. 51
600768	宁波富邦	0. 00	7. 59	0. 00	0. 00	7. 59
600769	祥龙电业	0. 00	6. 38	0. 00	0. 00	6. 38
600770	综艺股份	6659. 24	2687. 16	33. 84	24. 68	9404. 92
600771	广誉远	6332. 88	2383. 02	6. 53	5. 26	8727. 69
600773	西藏城投	3012. 25	1056. 56	124. 94	21. 54	4215. 29
600774	汉商集团	0. 00	4. 16	0. 00	0. 00	4. 16
600775	南京熊猫	16413. 58	6561. 72	52. 84	1. 09	23029. 23
600776	东方通信	36152. 33	13764. 88	251. 00	6. 86	50175. 07
600777	新潮能源	5705. 32	2327. 47	60. 38	32. 53	8125. 70
600778	友好集团	0. 00	11. 24	0. 00	0. 00	11. 24
600779	水井坊	843. 80	469. 68	18. 24	15. 25	1346. 97
600780	通宝能源	0. 00	9. 57	0. 00	0. 00	9. 57
600781	ST 辅仁	0. 00	60. 44	0. 00	0. 00	60. 44
600782	新钢股份	10354. 75	3688. 88	24. 69	14. 59	14082. 91

证券代码 Code	证券简称 Security Name	融资买入（百万元）	卖券还款（百万元）	融券卖出（百万元）	买券还券（百万元）	合计（百万元）
600783	鲁信创投	18267.49	7387.81	260.22	48.22	25963.74
600784	鲁银投资	0.00	13.96	0.00	0.00	13.96
600785	新华百货	0.00	5.90	0.00	0.00	5.90
600787	中储股份	2747.40	1047.53	37.32	33.62	3865.87
600789	鲁抗医药	9799.72	3841.99	259.51	2.22	13903.44
600790	轻纺城	1598.57	742.64	0.15	0.14	2341.50
600791	京能置业	0.00	13.75	0.00	0.00	13.75
600792	云煤能源	0.00	34.61	0.00	0.00	34.61
600793	宜宾纸业	0.00	22.35	0.00	0.00	22.35
600794	保税科技	0.00	85.01	0.00	0.00	85.01
600795	国电电力	4345.36	1822.03	587.74	339.20	7094.33
600796	钱江生化	0.00	15.61	0.00	0.00	15.61
600797	浙大网新	17554.02	6713.62	40.38	13.29	24321.31
600798	宁波海运	265.12	114.36	0.75	0.00	380.23
600800	天津磁卡	3469.21	1604.43	0.28	0.05	5073.97
600801	华新水泥	17606.46	7561.20	148.16	28.35	25344.17
600802	福建水泥	4214.54	1557.78	54.54	6.49	5833.35
600803	新奥股份	6738.04	2720.54	22.27	21.55	9502.40
600804	鹏博士	16065.87	6047.73	479.99	356.32	22949.91
600805	悦达投资	3224.05	1167.41	0.75	0.54	4392.75
600807	ST 天业	0.00	11.87	0.00	0.00	11.87
600808	马钢股份	3876.93	1751.46	97.25	78.84	5804.48
600809	山西汾酒	8275.80	3327.60	761.69	476.87	12841.96
600810	神马股份	542.34	286.98	0.98	0.02	830.32
600811	东方集团	4809.45	1840.70	5.00	3.83	6658.98
600812	华北制药	7623.17	2674.25	8.15	0.20	10305.77
600814	杭州解百	0.00	7.77	0.00	0.00	7.77
600815	*ST 厦工	0.00	21.53	0.00	0.00	21.53
600816	安信信托	18050.11	6966.15	184.99	34.74	25235.99
600817	ST 宏盛	0.00	0.01	0.00	0.00	0.01
600818	中路股份	0.00	21.13	0.00	0.00	21.13
600819	耀皮玻璃	0.00	17.83	0.00	0.00	17.83
600820	隧道股份	2770.19	1117.46	10.86	7.86	3906.37
600821	津劝业	0.00	13.15	0.00	0.00	13.15
600822	上海物贸	572.25	250.01	0.70	0.00	822.96
600823	世茂股份	2574.83	1339.40	31.90	25.35	3971.48
600824	益民集团	0.00	15.86	0.00	0.00	15.86
600825	新华传媒	6441.21	2577.06	90.52	6.31	9115.10
600826	兰生股份	3044.77	1065.26	7.62	7.59	4125.24
600827	百联股份	1610.11	660.06	50.64	45.24	2366.05
600828	茂业商业	0.00	21.46	0.00	0.00	21.46
600829	人民同泰	0.00	14.82	0.00	0.00	14.82
600830	香溢融通	3034.08	1402.90	0.50	0.35	4437.83
600831	广电网络	15765.72	6236.21	114.66	16.89	22133.48
600833	第一医药	0.00	21.96	0.00	0.00	21.96
600834	申通地铁	0.00	12.85	0.00	0.00	12.85
600835	上海机电	2405.89	1053.84	55.30	49.34	3564.37
600836	界龙实业	0.00	25.58	0.00	0.00	25.58
600837	海通证券	53194.45	21864.04	5622.61	3856.27	84537.37
600838	上海九百	1800.62	735.00	16.50	2.27	2554.39

信用交易
Credit Trading

证券代码 Code	证券简称 Security Name	融资买入（百万元）	卖券还款（百万元）	融券卖出（百万元）	买券还券（百万元）	合计（百万元）
600839	四川长虹	6584. 82	2975. 87	208. 07	106. 11	9874. 87
600841	上柴股份	0. 00	10. 26	0. 00	0. 00	10. 26
600843	上工申贝	0. 00	5. 88	0. 00	0. 00	5. 88
600844	丹化科技	0. 00	36. 26	0. 00	0. 00	36. 26
600845	宝信软件	1467. 36	583. 13	24. 40	17. 50	2092. 39
600846	同济科技	9992. 64	4023. 10	122. 20	1. 61	14139. 55
600847	万里股份	0. 00	3. 68	0. 00	0. 00	3. 68
600848	上海临港	1507. 06	712. 45	11. 87	3. 60	2234. 98
600850	华东电脑	2542. 99	983. 60	7. 66	0. 00	3534. 25
600851	海欣股份	1279. 23	569. 01	2. 67	1. 83	1852. 74
600853	龙建股份	0. 00	19. 54	0. 00	0. 00	19. 54
600854	春兰股份	0. 00	12. 03	0. 00	0. 00	12. 03
600855	航天长峰	6004. 59	2174. 99	79. 03	3. 76	8262. 37
600856	ST 中天	0. 00	77. 39	0. 00	0. 00	77. 39
600857	宁波中百	0. 00	10. 27	0. 00	0. 00	10. 27
600858	银座股份	0. 00	10. 54	0. 00	0. 00	10. 54
600859	王府井	2581. 24	1081. 61	66. 54	59. 52	3788. 91
600860	京城股份	0. 00	14. 19	0. 00	0. 00	14. 19
600861	北京城乡	0. 00	18. 44	0. 00	0. 00	18. 44
600862	中航高科	1617. 34	713. 64	5. 91	4. 74	2341. 63
600863	内蒙华电	1322. 93	470. 60	58. 88	37. 22	1889. 63
600864	哈投股份	3460. 61	1306. 76	2. 69	0. 01	4770. 07
600865	百大集团	0. 00	12. 13	0. 00	0. 00	12. 13
600866	星湖科技	0. 00	29. 49	0. 00	0. 00	29. 49
600867	通化东宝	14681. 50	4898. 88	270. 95	173. 09	20024. 42
600868	梅雁吉祥	5527. 43	2535. 31	119. 06	0. 58	8182. 38
600869	智慧能源	689. 09	268. 68	9. 23	1. 33	968. 33
600870	ST 厦华	0. 00	0. 26	0. 00	0. 00	0. 26
600871	石化油服	263. 88	79. 59	0. 16	0. 16	343. 79
600872	中炬高新	5763. 95	2293. 33	274. 31	261. 51	8593. 10
600873	梅花生物	3356. 70	1446. 43	24. 31	13. 28	4840. 72
600874	创业环保	4574. 33	1578. 74	175. 88	18. 74	6347. 69
600875	东方电气	12721. 41	5113. 31	132. 35	67. 32	18034. 39
600876	洛阳玻璃	0. 00	22. 93	0. 00	0. 00	22. 93
600877	*ST 电能	0. 00	5. 96	0. 00	0. 00	5. 96
600879	航天电子	8140. 34	3268. 91	69. 77	56. 23	11535. 25
600880	博瑞传播	1658. 54	694. 70	5. 06	4. 43	2362. 73
600881	亚泰集团	2348. 37	861. 72	16. 76	14. 98	3241. 83
600882	妙可蓝多	0. 00	10. 45	0. 00	0. 00	10. 45
600883	博闻科技	0. 00	6. 39	0. 00	0. 00	6. 39
600884	杉杉股份	7317. 69	2673. 25	68. 47	50. 49	10109. 90
600885	宏发股份	670. 60	252. 93	10. 61	8. 48	942. 62
600886	国投电力	4267. 70	1949. 32	488. 54	307. 69	7013. 25
600887	伊利股份	27190. 45	11279. 27	1610. 35	1309. 58	41389. 65
600888	新疆众和	244. 68	157. 87	0. 29	0. 20	403. 04
600889	南京化纤	0. 00	6. 22	0. 00	0. 00	6. 22
600890	中房股份	0. 00	13. 93	0. 00	0. 00	13. 93
600891	*ST 秋林	0. 00	12. 11	0. 00	0. 00	12. 11
600892	大晟文化	0. 00	186. 59	0. 00	0. 00	186. 59
600893	航发动力	8041. 01	3567. 19	168. 11	94. 65	11870. 96

信用交易
Credit Trading

证券代码 Code	证券简称 Security Name	融资买入（百万元）	卖券还款（百万元）	融券卖出（百万元）	买券还券（百万元）	合计（百万元）
600894	广日股份	2497.60	1099.88	1.46	0.88	3599.82
600895	张江高科	26665.94	10571.67	582.94	105.10	37925.65
600896	览海投资	0.00	5.32	0.00	0.00	5.32
600897	厦门空港	223.69	83.13	0.00	0.00	306.82
600898	国美通讯	0.00	23.61	0.00	0.00	23.61
600900	长江电力	5589.28	3137.91	490.59	342.61	9560.39
600901	江苏租赁	5143.71	1909.23	11.82	3.84	7068.60
600903	贵州燃气	3079.55	1251.87	129.20	31.86	4492.48
600908	无锡银行	0.00	81.41	0.00	0.00	81.41
600909	华安证券	2655.10	1071.30	86.79	12.94	3826.13
600917	重庆燃气	448.48	189.02	13.61	0.91	652.02
600919	江苏银行	8810.84	3668.89	167.40	67.97	12715.10
600926	杭州银行	8729.80	3528.81	71.08	29.00	12358.69
600928	西安银行	2279.83	1001.07	2.19	0.38	3283.47
600929	湖南盐业	354.40	131.89	0.00	0.00	486.29
600933	爱柯迪	0.00	13.00	0.00	0.00	13.00
600936	广西广电	106.75	48.61	0.63	0.31	156.30
600939	重庆建工	0.00	20.04	0.00	0.00	20.04
600958	东方证券	16763.47	6460.33	2174.66	1740.42	27138.88
600959	江苏有线	464.56	169.10	1.28	0.77	635.71
600960	渤海汽车	0.00	23.52	0.00	0.00	23.52
600961	株冶集团	0.00	10.37	0.00	0.00	10.37
600962	国投中鲁	0.00	20.17	0.00	0.00	20.17
600963	岳阳林纸	349.96	202.86	0.00	0.00	552.82
600965	福成股份	213.62	90.44	0.00	0.00	304.06
600966	博汇纸业	342.91	167.58	0.24	0.00	510.73
600967	内蒙一机	6074.82	2387.84	77.17	69.70	8609.53
600968	海油发展	658.13	299.19	0.63	0.19	958.14
600969	郴电国际	0.00	26.35	0.00	0.00	26.35
600970	中材国际	6583.25	2619.90	43.89	38.85	9285.89
600971	恒源煤电	2748.40	1181.81	14.83	13.82	3958.86
600973	宝胜股份	0.00	33.62	0.00	0.00	33.62
600975	新五丰	1013.31	530.20	1.32	0.92	1545.75
600976	健民集团	1637.40	580.41	2.43	2.56	2222.80
600977	中国电影	1743.90	667.20	11.54	5.35	2427.99
600978	宜华生活	4426.90	1920.48	33.35	33.24	6413.97
600979	广安爱众	0.00	16.31	0.00	0.00	16.31
600980	北矿科技	0.00	75.03	0.00	0.00	75.03
600981	汇鸿集团	0.00	43.40	0.00	0.00	43.40
600982	宁波热电	0.00	7.00	0.00	0.00	7.00
600983	惠而浦	0.00	11.95	0.00	0.00	11.95
600984	建设机械	0.00	45.45	0.00	0.00	45.45
600985	淮北矿业	0.00	51.16	0.00	0.00	51.16
600986	科达股份	3999.33	1620.28	5.81	0.00	5625.42
600987	航民股份	1369.15	577.32	0.71	0.76	1947.94
600988	赤峰黄金	0.00	273.74	0.00	0.00	273.74
600989	宝丰能源	0.00	180.70	0.00	0.00	180.70
600990	四创电子	880.91	288.95	0.24	0.00	1170.10
600992	贵绳股份	0.00	6.32	0.00	0.00	6.32
600993	马应龙	3507.66	1460.69	23.87	23.14	5015.36

信用交易
Credit Trading

证券代码 Code	证券简称 Security Name	融资买入（百万元）	卖券还款（百万元）	融券卖出（百万元）	买券还券（百万元）	合计（百万元）
600995	文山电力	0. 00	44. 87	0. 00	0. 00	44. 87
600996	贵广网络	770. 23	270. 25	8. 00	2. 11	1050. 59
600997	开滦股份	473. 56	235. 72	0. 00	0. 00	709. 28
600998	九州通	4002. 96	960. 43	32. 03	18. 31	5013. 73
600999	招商证券	10512. 18	4367. 13	431. 18	279. 54	15590. 03
601000	唐山港	3896. 81	1391. 99	45. 39	34. 85	5369. 04
601001	大同煤业	2798. 19	1098. 76	59. 76	41. 87	3998. 58
601002	晋亿实业	4291. 57	1614. 71	122. 03	3. 39	6031. 70
601003	柳钢股份	521. 23	259. 81	10. 96	1. 23	793. 23
601005	重庆钢铁	193. 81	70. 08	8. 02	6. 07	277. 98
601006	大秦铁路	5189. 28	2216. 05	300. 27	208. 64	7914. 24
601007	金陵饭店	0. 00	6. 27	0. 00	0. 00	6. 27
601008	连云港	357. 82	142. 79	1. 53	0. 00	502. 14
601009	南京银行	15395. 20	7272. 78	232. 14	144. 47	23044. 59
601010	文峰股份	102. 47	53. 79	0. 00	0. 00	156. 26
601011	宝泰隆	669. 12	362. 75	0. 35	0. 00	1032. 22
601012	隆基股份	23579. 55	9204. 11	418. 52	319. 06	33521. 24
601015	陕西黑猫	334. 52	139. 92	0. 49	0. 00	474. 93
601016	节能风电	277. 93	110. 92	0. 34	0. 09	389. 28
601018	宁波港	4058. 83	1416. 53	233. 92	54. 06	5763. 34
601019	山东出版	0. 00	32. 21	0. 00	0. 00	32. 21
601020	华钰矿业	416. 10	158. 47	0. 10	0. 09	574. 76
601021	春秋航空	4424. 31	1585. 34	78. 59	68. 74	6156. 98
601028	玉龙股份	0. 00	28. 76	0. 00	0. 00	28. 76
601038	一拖股份	4227. 40	1652. 91	15. 65	2. 66	5898. 62
601058	赛轮轮胎	651. 45	327. 50	0. 89	0. 86	980. 70
601066	中信建投	17862. 59	7833. 91	202. 06	37. 89	25936. 45
601068	中铝国际	0. 00	97. 19	0. 00	0. 00	97. 19
601069	西部黄金	2406. 27	1001. 48	1. 11	0. 00	3408. 86
601077	渝农商行	0. 00	119. 45	0. 00	0. 00	119. 45
601086	国芳集团	0. 00	8. 30	0. 00	0. 00	8. 30
601088	中国神华	8056. 27	3458. 92	275. 12	206. 85	11997. 16
601098	中南传媒	1836. 18	773. 44	75. 12	62. 32	2747. 06
601099	太平洋	32447. 23	13185. 19	38. 98	9. 65	45681. 05
601100	恒立液压	605. 15	341. 58	28. 97	21. 95	997. 65
601101	昊华能源	2952. 03	1189. 13	3. 42	3. 06	4147. 64
601106	中国一重	413. 76	241. 67	2. 14	1. 40	658. 97
601107	四川成渝	1626. 23	589. 33	1. 47	1. 16	2218. 19
601108	财通证券	50292. 90	17547. 36	2483. 83	436. 96	70761. 05
601111	中国国航	10970. 74	4498. 11	286. 32	170. 79	15925. 96
601113	ST 华鼎	189. 08	166. 39	0. 00	0. 00	355. 47
601116	三江购物	606. 25	233. 19	2. 46	0. 00	841. 90
601117	中国化学	5143. 80	2297. 61	56. 01	42. 94	7540. 36
601118	海南橡胶	7218. 19	2971. 39	42. 67	10. 67	10242. 92
601126	四方股份	1497. 43	582. 68	4. 68	2. 50	2087. 29
601127	小康股份	226. 88	47. 26	5. 41	1. 09	280. 64
601128	常熟银行	6037. 75	2319. 62	136. 81	71. 08	8565. 26
601137	博威合金	966. 44	307. 78	0. 38	0. 01	1274. 61
601138	工业富联	28424. 26	11302. 28	579. 81	220. 21	40526. 56
601139	深圳燃气	2551. 45	1103. 97	74. 57	1. 11	3731. 10

信用交易
Credit Trading

证券代码 Code	证券简称 Security Name	融资买入（百万元）	卖券还款（百万元）	融券卖出（百万元）	买券还券（百万元）	合计（百万元）
601155	新城控股	23646.86	8762.19	162.01	90.03	32661.09
601158	重庆水务	501.99	235.71	6.56	4.70	748.96
601162	天风证券	0.00	712.75	0.00	0.00	712.75
601163	三角轮胎	661.71	278.20	0.00	0.00	939.91
601166	兴业银行	48769.80	22916.01	1948.39	1087.24	74721.44
601168	西部矿业	5446.64	2424.52	81.53	37.87	7990.56
601169	北京银行	8956.95	3663.95	256.63	194.19	13071.72
601177	杭齿前进	0.00	39.48	0.00	0.00	39.48
601179	中国西电	1681.67	775.00	66.86	55.67	2579.20
601186	中国铁建	27596.82	10748.25	581.25	187.19	39113.51
601188	龙江交通	0.00	17.25	0.00	0.00	17.25
601198	东兴证券	15148.39	5826.40	219.10	62.36	21256.25
601199	江南水务	801.46	309.18	0.11	0.11	1110.86
601200	上海环境	0.00	121.55	0.00	0.00	121.55
601208	东材科技	0.00	25.78	0.00	0.00	25.78
601211	国泰君安	24489.81	10680.97	2187.80	1824.11	39182.69
601212	白银有色	802.16	382.96	10.64	1.37	1197.13
601216	君正集团	8812.03	3266.50	134.37	14.66	12227.56
601218	吉鑫科技	2180.35	757.34	0.12	0.11	2937.92
601222	林洋能源	537.45	216.95	0.14	0.11	754.65
601225	陕西煤业	11461.13	4975.64	132.07	69.43	16638.27
601226	华电重工	0.00	13.21	0.00	0.00	13.21
601228	广州港	157.02	89.73	2.64	0.00	249.39
601229	上海银行	8467.44	3689.36	139.63	95.61	12392.04
601231	环旭电子	7778.93	2827.64	161.55	77.94	10846.06
601233	桐昆股份	11955.11	4522.19	76.40	71.31	16625.01
601236	红塔证券	0.00	615.42	0.00	0.00	615.42
601238	广汽集团	3974.05	1446.68	151.58	83.40	5655.71
601258	*ST 庞大	2905.42	1432.86	46.86	36.51	4421.65
601288	农业银行	33664.67	17311.67	1829.02	857.98	53663.34
601298	青岛港	856.81	476.94	0.45	0.00	1334.20
601311	骆驼股份	7316.79	2917.30	61.72	44.29	10340.10
601318	中国平安	182129.50	85373.18	4994.53	3965.86	276463.07
601319	中国人保	4090.96	2010.70	20.91	8.24	6130.81
601326	秦港股份	118.99	47.20	0.29	0.14	166.62
601328	交通银行	17531.81	6620.30	1608.14	397.19	26157.44
601330	绿色动力	0.00	73.57	0.00	0.00	73.57
601333	广深铁路	2970.38	1231.83	51.67	37.87	4291.75
601336	新华保险	27768.31	10294.81	597.28	400.47	39060.87
601339	百隆东方	788.16	259.91	0.00	0.00	1048.07
601360	三六零	2861.87	1160.80	49.78	7.75	4080.20
601366	利群股份	0.00	37.20	0.00	0.00	37.20
601368	绿城水务	0.00	10.19	0.00	0.00	10.19
601369	陕鼓动力	1422.26	548.96	6.75	6.19	1984.16
601375	中原证券	1534.68	617.89	9.60	0.91	2163.08
601377	兴业证券	20895.55	7821.93	3112.77	485.37	32315.62
601388	怡球资源	3756.82	1696.64	13.62	12.34	5479.42
601390	中国中铁	11999.81	4386.05	367.59	122.51	16875.96
601398	工商银行	25476.72	8814.46	1033.41	484.18	35808.77
601500	通用股份	0.00	4.53	0.00	0.00	4.53

信用交易
Credit Trading

证券代码 Code	证券简称 Security Name	融资买入（百万元）	卖券还款（百万元）	融券卖出（百万元）	买券还券（百万元）	合计（百万元）
601512	中新集团	0.00	5.57	0.00	0.00	5.57
601515	东风股份	5842.02	2251.36	3.72	2.95	8100.05
601518	吉林高速	0.00	19.63	0.00	0.00	19.63
601519	大智慧	4416.74	2264.38	0.07	0.04	6681.23
601555	东吴证券	19502.42	8058.35	1028.50	433.23	29022.50
601558	ST 锐电	0.00	1.63	0.00	0.00	1.63
601566	九牧王	1029.74	376.04	8.44	8.39	1422.61
601567	三星医疗	572.91	225.40	0.52	0.36	799.19
601577	长沙银行	1453.53	670.51	2.64	0.55	2127.23
601579	会稽山	0.00	15.64	0.00	0.00	15.64
601588	北辰实业	3054.61	1134.78	59.23	19.32	4267.94
601595	上海电影	0.00	49.41	0.00	0.00	49.41
601598	中国外运	983.91	625.21	0.66	0.19	1609.97
601599	鹿港文化	0.00	43.08	0.00	0.00	43.08
601600	中国铝业	11146.94	4960.31	322.77	107.51	16537.53
601601	中国太保	19661.26	7690.01	1082.43	866.40	29300.10
601606	长城军工	872.09	424.55	3.53	0.00	1300.17
601607	上海医药	8500.32	3500.49	242.16	172.84	12415.81
601608	中信重工	6959.70	2621.27	290.26	58.17	9929.40
601611	中国核建	412.70	217.31	7.40	2.46	639.87
601615	明阳智能	1964.32	809.95	19.29	4.30	2797.86
601616	广电电气	0.00	42.92	0.00	0.00	42.92
601618	中国中冶	9777.04	3623.09	281.94	99.84	13781.91
601619	嘉泽新能	0.00	29.27	0.00	0.00	29.27
601628	中国人寿	10860.67	4675.96	480.11	337.73	16354.47
601633	长城汽车	3150.05	1511.75	132.89	82.49	4877.18
601636	旗滨集团	3207.50	1295.63	1.62	2.13	4506.88
601658	邮储银行	0.00	86.92	0.00	0.00	86.92
601666	平煤股份	3484.05	1322.94	1.17	1.33	4809.49
601668	中国建筑	32174.40	13748.93	909.75	442.42	47275.50
601669	中国电建	5668.68	2105.29	209.53	78.12	8061.62
601677	明泰铝业	0.00	40.09	0.00	0.00	40.09
601678	滨化股份	10047.28	3998.95	119.93	52.09	14218.25
601688	华泰证券	55075.11	21653.76	3861.95	2580.36	83171.18
601689	拓普集团	1440.63	537.05	19.00	4.89	2001.57
601698	中国卫通	0.00	149.78	0.00	0.00	149.78
601699	潞安环能	6293.50	2782.25	283.90	163.73	9523.38
601700	风范股份	1002.38	440.79	2.20	0.00	1445.37
601717	郑煤机	4965.35	2040.31	47.02	41.18	7093.86
601718	际华集团	4202.17	1466.53	24.97	12.48	5706.15
601727	上海电气	4941.00	1968.99	292.14	149.34	7351.47
601766	中国中车	13674.88	5183.78	485.63	286.16	19630.45
601777	力帆股份	8435.31	3317.72	42.10	16.51	11811.64
601788	光大证券	18040.04	7220.81	232.13	172.18	25665.16
601789	宁波建工	3667.95	1424.07	0.19	0.07	5092.28
601798	ST 蓝科	0.00	1.09	0.00	0.00	1.09
601799	星宇股份	226.29	79.52	4.63	2.17	312.61
601800	中国交建	10351.54	3797.76	268.66	76.96	14494.92
601801	皖新传媒	1754.43	596.36	19.94	18.70	2389.43
601808	中海油服	2381.49	995.50	104.33	62.59	3543.91

证券代码 Code	证券简称 Security Name	融资买入 （百万元）	卖券还款 （百万元）	融券卖出 （百万元）	买券还券 （百万元）	合计 （百万元）
601811	新华文轩	0.00	46.09	0.00	0.00	46.09
601818	光大银行	11848.44	6282.45	1974.03	1332.98	21437.90
601828	美凯龙	445.32	210.50	0.90	0.13	656.85
601838	成都银行	1568.46	701.84	3.44	1.47	2275.21
601857	中国石油	18182.46	7164.85	194.01	119.15	25660.47
601858	中国科传	583.77	247.59	3.06	0.00	834.42
601860	紫金银行	1325.82	631.53	8.93	1.23	1967.51
601865	福莱特	1640.59	624.46	13.59	0.86	2279.50
601866	中远海发	2556.27	853.81	68.41	38.52	3517.01
601869	长飞光纤	605.11	324.52	6.89	5.53	942.05
601872	招商轮船	7581.43	2817.71	176.82	44.34	10620.30
601877	正泰电器	4694.84	1813.06	116.18	83.31	6707.39
601878	浙商证券	5600.87	2281.85	158.38	8.47	8049.57
601880	大连港	2278.10	844.86	46.19	19.16	3188.31
601881	中国银河	33848.57	14215.89	362.50	51.54	48478.50
601882	海天精工	0.00	6.04	0.00	0.00	6.04
601886	江河集团	4607.32	2353.46	38.73	33.88	7033.39
601888	中国国旅	14103.09	5410.24	730.38	644.80	20888.51
601890	亚星锚链	637.90	310.65	3.98	0.29	952.82
601898	中煤能源	2822.07	1214.94	27.75	22.72	4087.48
601899	紫金矿业	21277.48	9441.16	778.50	268.81	31765.95
601900	南方传媒	204.81	74.63	0.63	0.62	280.69
601901	方正证券	12847.61	5403.07	1084.36	351.13	19686.17
601908	京运通	303.76	116.24	0.00	0.00	420.00
601916	浙商银行	0.00	185.33	0.00	0.00	185.33
601918	新集能源	854.28	358.07	3.77	1.70	1217.82
601919	中远海控	3528.60	1559.64	168.87	90.86	5347.97
601928	凤凰传媒	1842.18	767.10	75.67	62.88	2747.83
601929	吉视传媒	3122.03	1187.80	274.59	109.12	4693.54
601933	永辉超市	8763.67	3132.98	277.18	216.04	12389.87
601939	建设银行	14185.82	6522.95	532.13	327.53	21568.43
601949	中国出版	576.62	262.24	2.86	0.27	841.99
601952	苏垦农发	847.82	410.95	0.72	0.16	1259.65
601958	金钼股份	3784.80	1616.07	224.50	109.94	5735.31
601965	中国汽研	274.51	99.83	0.16	0.15	374.65
601966	玲珑轮胎	707.39	298.21	4.72	4.03	1014.35
601968	宝钢包装	0.00	12.90	0.00	0.00	12.90
601969	海南矿业	130.70	69.57	1.92	0.19	202.38
601975	招商南油	1075.37	461.13	2.19	0.10	1538.79
601985	中国核电	5823.10	2612.83	138.78	61.33	8636.04
601988	中国银行	16661.14	7260.07	1582.19	838.79	26342.19
601989	中国重工	28875.04	12051.76	1455.61	326.99	42709.40
601990	南京证券	12801.94	4421.68	52.54	27.84	17304.00
601991	大唐发电	1334.43	534.27	39.97	26.08	1934.75
601992	金隅集团	6669.76	2794.95	101.73	33.54	9599.98
601996	丰林集团	1089.64	423.96	5.31	4.87	1523.78
601997	贵阳银行	10097.53	4708.30	124.05	51.71	14981.59
601998	中信银行	6551.46	3002.25	250.75	153.53	9957.99
601999	出版传媒	1173.15	455.52	1.17	0.86	1630.70
603000	人民网	33480.66	11637.77	445.98	175.04	45739.45

信用交易
Credit Trading

证券代码 Code	证券简称 Security Name	融资买入 (百万元)	卖券还款 (百万元)	融券卖出 (百万元)	买券还券 (百万元)	合计 (百万元)
603001	奥康国际	632.83	247.37	2.64	2.25	885.09
603002	宏昌电子	0.00	28.40	0.00	0.00	28.40
603003	龙宇燃油	0.00	33.06	0.00	0.00	33.06
603005	晶方科技	4661.04	1477.36	4.07	1.44	6143.91
603006	联明股份	0.00	22.47	0.00	0.00	22.47
603007	花王股份	0.00	8.31	0.00	0.00	8.31
603008	喜临门	0.00	26.23	0.00	0.00	26.23
603009	北特科技	0.00	23.72	0.00	0.00	23.72
603010	万盛股份	0.00	21.04	0.00	0.00	21.04
603011	合锻智能	0.00	23.81	0.00	0.00	23.81
603012	创力集团	2127.00	1112.17	2.27	0.97	3242.41
603013	亚普股份	0.00	32.47	0.00	0.00	32.47
603015	弘讯科技	0.00	7.02	0.00	0.00	7.02
603016	新宏泰	0.00	17.69	0.00	0.00	17.69
603017	中衡设计	0.00	35.66	0.00	0.00	35.66
603018	中设集团	352.91	108.66	0.50	0.00	462.07
603019	中科曙光	11767.63	5520.62	70.06	29.72	17388.03
603020	爱普股份	0.00	17.20	0.00	0.00	17.20
603021	山东华鹏	0.00	14.70	0.00	0.00	14.70
603022	新通联	0.00	17.15	0.00	0.00	17.15
603023	威帝股份	0.00	14.71	0.00	0.00	14.71
603025	大豪科技	440.33	157.44	5.45	1.31	604.53
603026	石大胜华	3377.77	1104.24	1.98	0.25	4484.24
603027	千禾味业	0.00	166.41	0.00	0.00	166.41
603028	赛福天	0.00	7.03	0.00	0.00	7.03
603029	天鹅股份	0.00	1.99	0.00	0.00	1.99
603030	全筑股份	0.00	17.97	0.00	0.00	17.97
603031	安德利	0.00	13.20	0.00	0.00	13.20
603032	德新交运	808.82	341.44	0.90	0.00	1151.16
603033	三维股份	0.00	2.94	0.00	0.00	2.94
603035	常熟汽饰	0.00	26.67	0.00	0.00	26.67
603036	如通股份	0.00	8.13	0.00	0.00	8.13
603037	凯众股份	0.00	16.43	0.00	0.00	16.43
603038	华立股份	0.00	7.12	0.00	0.00	7.12
603039	泛微网络	0.00	14.29	0.00	0.00	14.29
603040	新坐标	0.00	17.03	0.00	0.00	17.03
603041	美思德	0.00	10.19	0.00	0.00	10.19
603042	华脉科技	923.96	322.26	0.00	0.00	1246.22
603043	广州酒家	0.00	48.22	0.00	0.00	48.22
603045	福达合金	752.58	271.88	0.96	0.42	1025.84
603050	科林电气	0.00	15.29	0.00	0.00	15.29
603053	成都燃气	0.00	13.80	0.00	0.00	13.80
603055	台华新材	0.00	10.84	0.00	0.00	10.84
603056	德邦股份	0.00	28.15	0.00	0.00	28.15
603058	永吉股份	0.00	11.89	0.00	0.00	11.89
603059	倍加洁	0.00	11.83	0.00	0.00	11.83
603060	国检集团	0.00	20.18	0.00	0.00	20.18
603063	禾望电气	0.00	19.94	0.00	0.00	19.94
603066	音飞储存	0.00	15.05	0.00	0.00	15.05
603067	振华股份	0.00	14.13	0.00	0.00	14.13

证券代码 Code	证券简称 Security Name	融资买入（百万元）	卖券还款（百万元）	融券卖出（百万元）	买券还券（百万元）	合计（百万元）
603068	博通集成	0.00	247.12	0.00	0.00	247.12
603069	海汽集团	0.00	17.50	0.00	0.00	17.50
603076	乐惠国际	0.00	6.09	0.00	0.00	6.09
603077	和邦生物	940.96	331.27	9.33	4.28	1285.84
603078	江化微	0.00	52.43	0.00	0.00	52.43
603079	圣达生物	0.00	26.79	0.00	0.00	26.79
603080	新疆火炬	0.00	26.83	0.00	0.00	26.83
603081	大丰实业	0.00	26.19	0.00	0.00	26.19
603083	剑桥科技	2015.95	667.29	3.26	0.54	2687.04
603085	天成自控	540.43	240.31	0.82	0.32	781.88
603086	先达股份	0.00	30.17	0.00	0.00	30.17
603088	宁波精达	0.00	12.65	0.00	0.00	12.65
603089	正裕工业	0.00	7.70	0.00	0.00	7.70
603090	宏盛股份	0.00	5.74	0.00	0.00	5.74
603093	南华期货	0.00	78.34	0.00	0.00	78.34
603096	新经典	0.00	9.28	0.00	0.00	9.28
603098	森特股份	0.00	7.57	0.00	0.00	7.57
603099	长白山	0.00	15.91	0.00	0.00	15.91
603100	川仪股份	0.00	13.64	0.00	0.00	13.64
603101	汇嘉时代	0.00	11.10	0.00	0.00	11.10
603103	横店影视	0.00	22.43	0.00	0.00	22.43
603105	芯能科技	0.00	49.06	0.00	0.00	49.06
603106	恒银金融	0.00	79.01	0.00	0.00	79.01
603108	润达医疗	580.80	208.33	0.35	0.20	789.68
603109	N 神驰	0.00	0.03	0.00	0.00	0.03
603110	东方材料	0.00	24.95	0.00	0.00	24.95
603111	康尼机电	0.00	21.37	0.00	0.00	21.37
603113	金能科技	695.97	377.49	0.02	0.02	1073.50
603115	海星股份	0.00	26.57	0.00	0.00	26.57
603116	红蜻蜓	0.00	8.91	0.00	0.00	8.91
603117	万林物流	0.00	21.33	0.00	0.00	21.33
603118	共进股份	3760.60	1454.98	15.73	2.42	5233.73
603121	华培动力	0.00	54.35	0.00	0.00	54.35
603123	翠微股份	0.00	8.91	0.00	0.00	8.91
603126	中材节能	0.00	16.26	0.00	0.00	16.26
603127	昭衍新药	1731.85	486.65	11.75	4.09	2234.34
603128	华贸物流	3026.52	1144.91	1.65	0.15	4173.23
603129	春风动力	0.00	36.58	0.00	0.00	36.58
603131	上海沪工	0.00	23.66	0.00	0.00	23.66
603133	碳元科技	0.00	62.80	0.00	0.00	62.80
603136	天目湖	0.00	12.75	0.00	0.00	12.75
603138	海量数据	0.00	42.93	0.00	0.00	42.93
603139	康惠制药	0.00	3.76	0.00	0.00	3.76
603156	养元饮品	932.50	380.48	3.24	2.82	1319.04
603157	拉夏贝尔	0.00	15.21	0.00	0.00	15.21
603158	腾龙股份	0.00	16.90	0.00	0.00	16.90
603159	上海亚虹	0.00	5.88	0.00	0.00	5.88
603160	汇顶科技	0.00	369.28	0.00	0.00	369.28
603161	科华控股	0.00	5.70	0.00	0.00	5.70
603165	荣晟环保	0.00	16.60	0.00	0.00	16.60

信用交易
Credit Trading

证券代码 Code	证券简称 Security Name	融资买入 (百万元)	卖券还款 (百万元)	融券卖出 (百万元)	买券还券 (百万元)	合计 (百万元)
603166	福达股份	0.00	8.04	0.00	0.00	8.04
603167	渤海轮渡	259.73	145.76	0.08	0.00	405.57
603168	莎普爱思	0.00	20.10	0.00	0.00	20.10
603169	兰石重装	4784.64	2011.99	52.79	8.50	6857.92
603177	德创环保	0.00	14.05	0.00	0.00	14.05
603178	圣龙股份	0.00	8.29	0.00	0.00	8.29
603179	新泉股份	0.00	31.09	0.00	0.00	31.09
603180	金牌厨柜	0.00	40.87	0.00	0.00	40.87
603181	皇马科技	0.00	25.01	0.00	0.00	25.01
603183	建研院	0.00	22.31	0.00	0.00	22.31
603185	上机数控	0.00	66.70	0.00	0.00	66.70
603186	华正新材	0.00	97.75	0.00	0.00	97.75
603187	海容冷链	0.00	41.90	0.00	0.00	41.90
603188	ST 亚邦	0.00	52.66	0.00	0.00	52.66
603189	网达软件	0.00	44.28	0.00	0.00	44.28
603192	汇得科技	0.00	26.18	0.00	0.00	26.18
603196	日播时尚	0.00	14.44	0.00	0.00	14.44
603197	保隆科技	0.00	58.41	0.00	0.00	58.41
603198	迎驾贡酒	1293.83	584.60	16.50	13.70	1908.63
603199	九华旅游	0.00	10.05	0.00	0.00	10.05
603200	上海洗霸	0.00	9.23	0.00	0.00	9.23
603203	快克股份	0.00	18.09	0.00	0.00	18.09
603208	江山欧派	0.00	19.39	0.00	0.00	19.39
603214	爱婴室	0.00	25.64	0.00	0.00	25.64
603217	元利科技	0.00	25.68	0.00	0.00	25.68
603218	日月股份	0.00	17.54	0.00	0.00	17.54
603220	中贝通信	1355.38	642.64	7.31	0.12	2005.45
603222	济民制药	0.00	9.39	0.00	0.00	9.39
603223	恒通股份	0.00	7.66	0.00	0.00	7.66
603225	新凤鸣	0.00	49.21	0.00	0.00	49.21
603226	菲林格尔	0.00	30.23	0.00	0.00	30.23
603227	雪峰科技	0.00	20.89	0.00	0.00	20.89
603228	景旺电子	1741.07	623.07	23.38	14.75	2402.27
603229	奥翔药业	0.00	14.56	0.00	0.00	14.56
603232	格尔软件	0.00	34.87	0.00	0.00	34.87
603233	大参林	613.09	245.72	51.88	16.13	926.82
603236	移远通信	0.00	100.30	0.00	0.00	100.30
603238	诺邦股份	0.00	3.88	0.00	0.00	3.88
603239	浙江仙通	0.00	10.17	0.00	0.00	10.17
603256	宏和科技	0.00	40.94	0.00	0.00	40.94
603258	电魂网络	0.00	60.56	0.00	0.00	60.56
603259	药明康德	7289.22	3104.73	50.25	40.85	10485.05
603260	合盛硅业	798.33	337.54	0.79	0.18	1136.84
603266	天龙股份	0.00	16.15	0.00	0.00	16.15
603267	鸿远电子	0.00	106.84	0.00	0.00	106.84
603268	松发股份	0.00	8.31	0.00	0.00	8.31
603269	海鸥股份	0.00	7.62	0.00	0.00	7.62
603277	银都股份	0.00	4.76	0.00	0.00	4.76
603278	大业股份	0.00	9.83	0.00	0.00	9.83
603279	景津环保	0.00	21.14	0.00	0.00	21.14

信用交易
Credit Trading

证券代码 Code	证券简称 Security Name	融资买入（百万元）	卖券还款（百万元）	融券卖出（百万元）	买券还券（百万元）	合计（百万元）
603283	赛腾股份	0.00	49.52	0.00	0.00	49.52
603286	日盈电子	0.00	4.11	0.00	0.00	4.11
603288	海天味业	1136.47	503.47	107.04	92.61	1839.59
603289	泰瑞机器	0.00	8.25	0.00	0.00	8.25
603297	永新光学	0.00	43.99	0.00	0.00	43.99
603298	杭叉集团	0.00	21.47	0.00	0.00	21.47
603299	苏盐井神	565.69	234.36	0.00	0.00	800.05
603300	华铁应急	0.00	19.60	0.00	0.00	19.60
603301	振德医疗	0.00	19.46	0.00	0.00	19.46
603303	得邦照明	0.00	13.50	0.00	0.00	13.50
603305	旭升股份	0.00	71.69	0.00	0.00	71.69
603306	华懋科技	0.00	11.38	0.00	0.00	11.38
603308	应流股份	0.00	52.75	0.00	0.00	52.75
603309	维力医疗	0.00	10.59	0.00	0.00	10.59
603311	金海环境	0.00	6.80	0.00	0.00	6.80
603313	梦百合	0.00	24.84	0.00	0.00	24.84
603315	福鞍股份	0.00	6.36	0.00	0.00	6.36
603316	诚邦股份	0.00	14.69	0.00	0.00	14.69
603317	天味食品	0.00	47.27	0.00	0.00	47.27
603318	派思股份	1506.38	514.45	0.00	0.00	2020.83
603319	湘油泵	0.00	5.91	0.00	0.00	5.91
603320	迪贝电气	0.00	12.90	0.00	0.00	12.90
603321	梅轮电梯	0.00	18.21	0.00	0.00	18.21
603322	超讯通信	0.00	57.13	0.00	0.00	57.13
603323	苏农银行	8540.96	2971.03	151.35	64.05	11727.39
603326	我乐家居	0.00	11.35	0.00	0.00	11.35
603327	福蓉科技	0.00	53.45	0.00	0.00	53.45
603328	依顿电子	1992.78	754.83	9.98	2.85	2760.44
603329	上海雅仕	496.33	195.91	1.07	0.00	693.31
603330	上海天洋	0.00	6.11	0.00	0.00	6.11
603331	百达精工	0.00	3.87	0.00	0.00	3.87
603332	苏州龙杰	0.00	22.63	0.00	0.00	22.63
603333	尚纬股份	0.00	33.11	0.00	0.00	33.11
603335	迪生力	0.00	25.24	0.00	0.00	25.24
603336	宏辉果蔬	0.00	65.50	0.00	0.00	65.50
603337	杰克股份	0.00	12.85	0.00	0.00	12.85
603338	浙江鼎力	468.33	218.86	2.27	1.28	690.74
603339	四方科技	0.00	11.43	0.00	0.00	11.43
603345	安井食品	532.33	214.96	1.27	0.46	749.02
603348	文灿股份	0.00	33.48	0.00	0.00	33.48
603351	威尔药业	0.00	19.54	0.00	0.00	19.54
603355	莱克电气	280.21	114.00	1.12	0.23	395.56
603356	华菱精工	0.00	10.94	0.00	0.00	10.94
603357	设计总院	0.00	38.55	0.00	0.00	38.55
603358	华达科技	0.00	24.04	0.00	0.00	24.04
603359	东珠生态	0.00	9.75	0.00	0.00	9.75
603360	百傲化学	0.00	55.21	0.00	0.00	55.21
603363	傲农生物	967.59	403.36	0.18	0.00	1371.13
603365	水星家纺	0.00	21.36	0.00	0.00	21.36
603366	日出东方	0.00	22.25	0.00	0.00	22.25

信用交易
Credit Trading

证券代码 Code	证券简称 Security Name	融资买入（百万元）	卖券还款（百万元）	融券卖出（百万元）	买券还券（百万元）	合计（百万元）
603367	辰欣药业	0.00	60.27	0.00	0.00	60.27
603368	柳药股份	552.33	155.91	1.33	1.35	710.92
603369	今世缘	4900.53	2046.13	195.04	179.34	7321.04
603377	东方时尚	806.14	419.75	15.04	8.14	1249.07
603378	亚士创能	0.00	51.99	0.00	0.00	51.99
603379	三美股份	881.54	336.53	1.07	0.00	1219.14
603380	易德龙	0.00	9.60	0.00	0.00	9.60
603383	顶点软件	0.00	312.42	0.00	0.00	312.42
603385	惠达卫浴	0.00	21.81	0.00	0.00	21.81
603386	广东骏亚	0.00	45.76	0.00	0.00	45.76
603387	基蛋生物	1042.60	354.22	0.25	0.25	1397.32
603388	元成股份	0.00	8.21	0.00	0.00	8.21
603389	亚振家居	0.00	13.98	0.00	0.00	13.98
603390	通达电气	0.00	22.97	0.00	0.00	22.97
603393	新天然气	0.00	134.97	0.00	0.00	134.97
603396	金辰股份	0.00	20.82	0.00	0.00	20.82
603398	邦宝益智	0.00	31.20	0.00	0.00	31.20
603399	吉翔股份	401.41	166.47	0.00	0.00	567.88
603416	信捷电气	0.00	12.68	0.00	0.00	12.68
603421	鼎信通讯	0.00	130.78	0.00	0.00	130.78
603429	集友股份	0.00	27.33	0.00	0.00	27.33
603444	吉比特	1749.16	748.85	14.26	10.11	2522.38
603456	九洲药业	961.75	300.95	0.62	0.29	1263.61
603458	勘设股份	0.00	38.42	0.00	0.00	38.42
603466	风语筑	0.00	49.93	0.00	0.00	49.93
603477	振静股份	0.00	75.22	0.00	0.00	75.22
603486	科沃斯	0.00	24.65	0.00	0.00	24.65
603488	展鹏科技	0.00	12.60	0.00	0.00	12.60
603489	八方股份	0.00	47.67	0.00	0.00	47.67
603496	恒为科技	0.00	46.52	0.00	0.00	46.52
603499	翔港科技	0.00	24.94	0.00	0.00	24.94
603500	祥和实业	0.00	21.64	0.00	0.00	21.64
603501	韦尔股份	0.00	220.84	0.00	0.00	220.84
603505	金石资源	955.07	466.13	0.27	0.25	1421.72
603506	南都物业	0.00	19.82	0.00	0.00	19.82
603507	振江股份	0.00	8.12	0.00	0.00	8.12
603508	思维列控	1155.30	468.41	3.18	2.19	1629.08
603515	欧普照明	392.82	169.43	3.85	3.26	569.36
603516	淳中科技	0.00	44.38	0.00	0.00	44.38
603517	绝味食品	859.45	336.30	226.88	136.97	1559.60
603518	锦泓集团	0.00	10.51	0.00	0.00	10.51
603519	立霸股份	0.00	14.28	0.00	0.00	14.28
603520	司太立	0.00	26.15	0.00	0.00	26.15
603527	众源新材	0.00	9.12	0.00	0.00	9.12
603528	多伦科技	0.00	20.72	0.00	0.00	20.72
603530	神马电力	0.00	17.81	0.00	0.00	17.81
603533	掌阅科技	0.00	36.39	0.00	0.00	36.39
603535	嘉诚国际	0.00	25.03	0.00	0.00	25.03
603536	惠发食品	0.00	12.53	0.00	0.00	12.53
603538	美诺华	0.00	46.81	0.00	0.00	46.81

信用交易
Credit Trading

证券代码 Code	证券简称 Security Name	融资买入 （百万元）	卖券还款 （百万元）	融券卖出 （百万元）	买券还券 （百万元）	合计 （百万元）
603555	贵人鸟	0.00	19.80	0.00	0.00	19.80
603556	海兴电力	0.00	37.16	0.00	0.00	37.16
603557	起步股份	0.00	64.73	0.00	0.00	64.73
603558	健盛集团	0.00	8.53	0.00	0.00	8.53
603559	中通国脉	653.57	262.28	1.27	0.37	917.49
603566	普莱柯	0.00	21.99	0.00	0.00	21.99
603567	珍宝岛	100.96	54.30	0.00	0.00	155.26
603568	伟明环保	619.08	228.70	30.07	20.59	898.44
603569	长久物流	0.00	11.40	0.00	0.00	11.40
603577	汇金通	0.00	17.17	0.00	0.00	17.17
603578	三星新材	0.00	4.39	0.00	0.00	4.39
603579	荣泰健康	0.00	31.80	0.00	0.00	31.80
603580	艾艾精工	0.00	7.72	0.00	0.00	7.72
603583	捷昌驱动	0.00	80.84	0.00	0.00	80.84
603585	苏利股份	0.00	13.71	0.00	0.00	13.71
603586	金麒麟	0.00	28.01	0.00	0.00	28.01
603587	地素时尚	0.00	30.98	0.00	0.00	30.98
603588	高能环境	504.55	180.31	0.00	0.00	684.86
603589	口子窖	1158.89	465.23	1.75	0.45	1626.32
603590	康辰药业	0.00	40.08	0.00	0.00	40.08
603595	东尼电子	0.00	50.01	0.00	0.00	50.01
603596	伯特利	0.00	32.45	0.00	0.00	32.45
603598	引力传媒	0.00	32.70	0.00	0.00	32.70
603599	广信股份	236.89	101.26	0.00	0.00	338.15
603600	永艺股份	0.00	6.41	0.00	0.00	6.41
603601	再升科技	195.20	86.47	0.00	0.00	281.67
603602	纵横通信	2679.60	1061.62	12.99	0.53	3754.74
603603	博天环境	0.00	23.93	0.00	0.00	23.93
603605	珀莱雅	1409.82	519.26	3.01	1.30	1933.39
603606	东方电缆	973.75	305.84	0.51	0.51	1280.61
603607	京华激光	0.00	29.52	0.00	0.00	29.52
603608	天创时尚	0.00	19.38	0.00	0.00	19.38
603609	禾丰牧业	835.97	339.28	4.84	1.80	1181.89
603610	麒盛科技	0.00	18.75	0.00	0.00	18.75
603611	诺力股份	0.00	17.18	0.00	0.00	17.18
603612	索通发展	0.00	42.10	0.00	0.00	42.10
603613	国联股份	0.00	58.63	0.00	0.00	58.63
603615	茶花股份	0.00	15.91	0.00	0.00	15.91
603616	韩建河山	0.00	23.87	0.00	0.00	23.87
603617	君禾股份	0.00	12.70	0.00	0.00	12.70
603618	杭电股份	288.09	120.91	0.00	0.00	409.00
603619	中曼石油	0.00	51.41	0.00	0.00	51.41
603626	科森科技	0.00	26.87	0.00	0.00	26.87
603628	清源股份	0.00	6.68	0.00	0.00	6.68
603629	利通电子	0.00	37.81	0.00	0.00	37.81
603630	拉芳家化	0.00	25.48	0.00	0.00	25.48
603633	徕木股份	0.00	13.24	0.00	0.00	13.24
603636	南威软件	1485.84	464.77	2.30	1.43	1954.34
603637	镇海股份	0.00	7.97	0.00	0.00	7.97
603638	艾迪精密	0.00	23.12	0.00	0.00	23.12

信用交易
Credit Trading

证券代码 Code	证券简称 Security Name	融资买入（百万元）	卖券还款（百万元）	融券卖出（百万元）	买券还券（百万元）	合计（百万元）
603639	海利尔	0. 00	35. 49	0. 00	0. 00	35. 49
603648	畅联股份	0. 00	53. 67	0. 00	0. 00	53. 67
603650	彤程新材	0. 00	67. 22	0. 00	0. 00	67. 22
603655	朗博科技	0. 00	5. 91	0. 00	0. 00	5. 91
603656	泰禾光电	0. 00	5. 58	0. 00	0. 00	5. 58
603657	春光科技	0. 00	16. 65	0. 00	0. 00	16. 65
603658	安图生物	544. 06	217. 19	38. 11	24. 48	823. 84
603659	璞泰来	1187. 12	346. 39	45. 67	23. 36	1602. 54
603660	苏州科达	986. 23	260. 57	0. 34	0. 27	1247. 41
603661	恒林股份	0. 00	16. 50	0. 00	0. 00	16. 50
603662	柯力传感	0. 00	48. 07	0. 00	0. 00	48. 07
603663	三祥新材	0. 00	18. 81	0. 00	0. 00	18. 81
603665	康隆达	0. 00	8. 88	0. 00	0. 00	8. 88
603666	亿嘉和	0. 00	34. 33	0. 00	0. 00	34. 33
603667	五洲新春	0. 00	8. 36	0. 00	0. 00	8. 36
603668	天马科技	0. 00	22. 22	0. 00	0. 00	22. 22
603669	灵康药业	0. 00	6. 81	0. 00	0. 00	6. 81
603676	卫信康	0. 00	16. 40	0. 00	0. 00	16. 40
603677	奇精机械	0. 00	6. 87	0. 00	0. 00	6. 87
603678	火炬电子	1490. 44	551. 34	0. 01	0. 01	2041. 80
603679	华体科技	0. 00	52. 73	0. 00	0. 00	52. 73
603680	今创集团	0. 00	11. 45	0. 00	0. 00	11. 45
603681	永冠新材	1617. 32	637. 94	6. 04	0. 02	2261. 32
603683	晶华新材	0. 00	14. 62	0. 00	0. 00	14. 62
603685	晨丰科技	0. 00	6. 79	0. 00	0. 00	6. 79
603686	龙马环卫	0. 00	78. 80	0. 00	0. 00	78. 80
603687	大胜达	0. 00	20. 19	0. 00	0. 00	20. 19
603688	石英股份	828. 39	295. 33	0. 02	0. 02	1123. 76
603689	皖天然气	0. 00	28. 05	0. 00	0. 00	28. 05
603690	至纯科技	0. 00	61. 58	0. 00	0. 00	61. 58
603693	江苏新能	0. 00	40. 11	0. 00	0. 00	40. 11
603696	安记食品	254. 23	107. 22	0. 50	0. 08	362. 03
603697	有友食品	0. 00	52. 91	0. 00	0. 00	52. 91
603698	航天工程	366. 57	141. 97	0. 14	0. 00	508. 68
603699	纽威股份	201. 15	61. 28	0. 00	0. 00	262. 43
603700	宁波水表	0. 00	25. 48	0. 00	0. 00	25. 48
603701	德宏股份	0. 00	45. 72	0. 00	0. 00	45. 72
603703	盛洋科技	0. 00	13. 35	0. 00	0. 00	13. 35
603706	东方环宇	0. 00	47. 32	0. 00	0. 00	47. 32
603707	健友股份	845. 10	350. 17	0. 33	0. 17	1195. 77
603708	家家悦	251. 98	111. 80	2. 41	0. 63	366. 82
603709	中源家居	0. 00	6. 69	0. 00	0. 00	6. 69
603711	香飘飘	0. 00	26. 83	0. 00	0. 00	26. 83
603712	七一二	1846. 35	708. 94	30. 15	15. 17	2600. 61
603713	密尔克卫	0. 00	22. 00	0. 00	0. 00	22. 00
603716	塞力斯	0. 00	35. 06	0. 00	0. 00	35. 06
603717	天域生态	0. 00	22. 62	0. 00	0. 00	22. 62
603718	海利生物	336. 93	134. 75	0. 20	0. 00	471. 88
603721	中广天择	0. 00	23. 43	0. 00	0. 00	23. 43
603722	阿科力	0. 00	29. 78	0. 00	0. 00	29. 78

信用交易
Credit Trading

证券代码 Code	证券简称 Security Name	融资买入（百万元）	卖券还款（百万元）	融券卖出（百万元）	买券还券（百万元）	合计（百万元）
603725	天安新材	0.00	5.47	0.00	0.00	5.47
603726	朗迪集团	0.00	10.09	0.00	0.00	10.09
603727	博迈科	0.00	18.21	0.00	0.00	18.21
603728	鸣志电器	0.00	19.84	0.00	0.00	19.84
603729	龙韵股份	0.00	19.84	0.00	0.00	19.84
603730	岱美股份	0.00	8.30	0.00	0.00	8.30
603733	仙鹤股份	0.00	28.45	0.00	0.00	28.45
603737	三棵树	434.30	154.40	8.09	6.03	602.82
603738	泰晶科技	0.00	74.29	0.00	0.00	74.29
603739	蔚蓝生物	0.00	73.90	0.00	0.00	73.90
603755	日辰股份	0.00	44.36	0.00	0.00	44.36
603757	大元泵业	0.00	28.23	0.00	0.00	28.23
603758	秦安股份	0.00	9.16	0.00	0.00	9.16
603766	隆鑫通用	2044.92	801.04	13.22	12.57	2871.75
603767	中马传动	0.00	10.20	0.00	0.00	10.20
603768	常青股份	0.00	9.37	0.00	0.00	9.37
603773	沃格光电	0.00	35.48	0.00	0.00	35.48
603776	永安行	1027.75	312.31	0.42	0.10	1340.58
603777	来伊份	0.00	41.42	0.00	0.00	41.42
603778	乾景园林	0.00	11.91	0.00	0.00	11.91
603779	ST 威龙	0.00	11.58	0.00	0.00	11.58
603786	科博达	0.00	16.62	0.00	0.00	16.62
603787	新日股份	0.00	46.93	0.00	0.00	46.93
603788	宁波高发	0.00	8.70	0.00	0.00	8.70
603789	星光农机	158.85	73.20	0.00	0.00	232.05
603790	雅运股份	0.00	43.43	0.00	0.00	43.43
603797	联泰环保	0.00	33.87	0.00	0.00	33.87
603798	康普顿	0.00	7.90	0.00	0.00	7.90
603799	华友钴业	13264.03	5543.99	508.99	63.32	19380.33
603800	道森股份	0.00	20.58	0.00	0.00	20.58
603801	志邦家居	0.00	17.30	0.00	0.00	17.30
603803	瑞斯康达	1043.26	354.61	1.06	0.31	1399.24
603806	福斯特	263.55	107.39	2.90	0.88	374.72
603808	歌力思	0.00	31.62	0.00	0.00	31.62
603809	豪能股份	0.00	10.53	0.00	0.00	10.53
603810	丰山集团	0.00	27.54	0.00	0.00	27.54
603811	诚意药业	0.00	29.99	0.00	0.00	29.99
603813	原尚股份	0.00	10.02	0.00	0.00	10.02
603815	交建股份	0.00	14.23	0.00	0.00	14.23
603816	顾家家居	588.11	233.09	14.39	11.69	847.28
603817	海峡环保	0.00	15.57	0.00	0.00	15.57
603818	曲美家居	0.00	2.67	0.00	0.00	2.67
603819	神力股份	0.00	16.45	0.00	0.00	16.45
603822	嘉澳环保	0.00	7.08	0.00	0.00	7.08
603823	百合花	0.00	44.78	0.00	0.00	44.78
603825	华扬联众	0.00	47.77	0.00	0.00	47.77
603826	坤彩科技	0.00	29.97	0.00	0.00	29.97
603828	柯利达	0.00	10.76	0.00	0.00	10.76
603829	洛凯股份	0.00	5.82	0.00	0.00	5.82
603833	欧派家居	324.83	96.36	7.16	4.70	433.05

信用交易
Credit Trading

证券代码 Code	证券简称 Security Name	融资买入（百万元）	卖券还款（百万元）	融券卖出（百万元）	买券还券（百万元）	合计（百万元）
603838	四通股份	0.00	4.82	0.00	0.00	4.82
603839	安正时尚	0.00	20.08	0.00	0.00	20.08
603843	正平股份	0.00	34.07	0.00	0.00	34.07
603848	好太太	0.00	13.19	0.00	0.00	13.19
603855	华荣股份	0.00	5.10	0.00	0.00	5.10
603856	东宏股份	0.00	9.63	0.00	0.00	9.63
603858	步长制药	8469.47	3566.61	63.76	41.80	12141.64
603859	能科股份	0.00	28.07	0.00	0.00	28.07
603860	中公高科	0.00	3.59	0.00	0.00	3.59
603861	白云电器	0.00	10.96	0.00	0.00	10.96
603863	松炀资源	0.00	23.60	0.00	0.00	23.60
603866	桃李面包	299.67	102.71	6.19	4.82	413.39
603867	新化股份	0.00	29.42	0.00	0.00	29.42
603868	飞科电器	238.97	128.48	0.85	0.44	368.74
603869	新智认知	0.00	26.38	0.00	0.00	26.38
603871	嘉友国际	0.00	19.12	0.00	0.00	19.12
603876	鼎胜新材	0.00	40.21	0.00	0.00	40.21
603877	太平鸟	0.00	6.51	0.00	0.00	6.51
603878	武进不锈	0.00	20.96	0.00	0.00	20.96
603879	永悦科技	0.00	29.76	0.00	0.00	29.76
603880	南卫股份	0.00	8.90	0.00	0.00	8.90
603881	数据港	1694.98	640.52	55.56	2.63	2393.69
603882	金域医学	1832.12	627.18	2.09	1.51	2462.90
603883	老百姓	490.68	151.29	7.47	5.24	654.68
603885	吉祥航空	713.78	358.42	15.26	11.85	1099.31
603886	元祖股份	0.00	26.61	0.00	0.00	26.61
603887	城地股份	0.00	17.34	0.00	0.00	17.34
603888	新华网	2232.65	891.54	56.92	30.43	3211.54
603889	新澳股份	0.00	7.33	0.00	0.00	7.33
603890	春秋电子	591.77	187.29	0.00	0.00	779.06
603895	天永智能	0.00	14.64	0.00	0.00	14.64
603896	寿仙谷	0.00	34.77	0.00	0.00	34.77
603897	长城科技	0.00	21.12	0.00	0.00	21.12
603898	好莱客	0.00	27.79	0.00	0.00	27.79
603899	晨光文具	510.61	238.21	4.36	3.30	756.48
603900	莱绅通灵	0.00	26.68	0.00	0.00	26.68
603901	永创智能	0.00	26.79	0.00	0.00	26.79
603903	中持股份	0.00	16.90	0.00	0.00	16.90
603906	龙蟠科技	0.00	44.03	0.00	0.00	44.03
603908	牧高笛	0.00	9.98	0.00	0.00	9.98
603909	合诚股份	0.00	10.52	0.00	0.00	10.52
603912	佳力图	0.00	20.74	0.00	0.00	20.74
603915	国茂股份	0.00	29.48	0.00	0.00	29.48
603916	苏博特	0.00	49.50	0.00	0.00	49.50
603917	合力科技	0.00	8.74	0.00	0.00	8.74
603918	金桥信息	0.00	25.70	0.00	0.00	25.70
603919	金徽酒	606.45	272.22	6.68	2.78	888.13
603920	世运电路	0.00	95.22	0.00	0.00	95.22
603922	金鸿顺	0.00	10.29	0.00	0.00	10.29
603926	铁流股份	0.00	4.56	0.00	0.00	4.56

证券代码 Code	证券简称 Security Name	融资买入（百万元）	卖券还款（百万元）	融券卖出（百万元）	买券还券（百万元）	合计（百万元）
603927	中科软	0.00	81.51	0.00	0.00	81.51
603928	兴业股份	0.00	9.65	0.00	0.00	9.65
603929	亚翔集成	0.00	44.01	0.00	0.00	44.01
603933	睿能科技	0.00	28.10	0.00	0.00	28.10
603936	博敏电子	3255.09	1266.47	0.82	0.05	4522.43
603937	丽岛新材	0.00	16.18	0.00	0.00	16.18
603938	三孚股份	0.00	20.76	0.00	0.00	20.76
603939	益丰药房	929.56	274.14	13.56	9.20	1226.46
603955	大千生态	0.00	6.57	0.00	0.00	6.57
603956	威派格	0.00	32.64	0.00	0.00	32.64
603958	哈森股份	0.00	6.85	0.00	0.00	6.85
603959	百利科技	496.68	186.52	0.11	0.00	683.31
603960	克来机电	0.00	24.68	0.00	0.00	24.68
603963	大理药业	0.00	17.34	0.00	0.00	17.34
603966	法兰泰克	0.00	15.42	0.00	0.00	15.42
603967	中创物流	0.00	26.77	0.00	0.00	26.77
603968	醋化股份	0.00	13.86	0.00	0.00	13.86
603969	银龙股份	0.00	29.19	0.00	0.00	29.19
603970	中农立华	0.00	30.64	0.00	0.00	30.64
603976	正川股份	0.00	39.43	0.00	0.00	39.43
603977	国泰集团	0.00	12.43	0.00	0.00	12.43
603978	深圳新星	0.00	50.49	0.00	0.00	50.49
603979	金诚信	0.00	24.12	0.00	0.00	24.12
603980	吉华集团	0.00	74.12	0.00	0.00	74.12
603982	泉峰汽车	0.00	39.54	0.00	0.00	39.54
603983	丸美股份	0.00	69.30	0.00	0.00	69.30
603985	恒润股份	0.00	14.40	0.00	0.00	14.40
603986	兆易创新	15415.52	5593.76	347.38	176.65	21533.31
603987	康德莱	0.00	22.52	0.00	0.00	22.52
603988	中电电机	0.00	28.86	0.00	0.00	28.86
603989	艾华集团	317.65	127.53	0.00	0.00	445.18
603990	麦迪科技	0.00	18.00	0.00	0.00	18.00
603991	至正股份	0.00	5.36	0.00	0.00	5.36
603992	松霖科技	0.00	10.51	0.00	0.00	10.51
603993	洛阳钼业	17452.36	7341.29	863.02	179.91	25836.58
603995	甬金股份	0.00	5.66	0.00	0.00	5.66
603996	ST中新	0.00	14.12	0.00	0.00	14.12
603997	继峰股份	0.00	7.72	0.00	0.00	7.72
603998	方盛制药	0.00	64.20	0.00	0.00	64.20
603999	读者传媒	0.00	29.32	0.00	0.00	29.32
688001	华兴源创	1614.00	507.18	597.67	298.30	3017.15
688002	睿创微纳	1741.23	611.46	800.27	283.26	3436.22
688003	天准科技	1367.52	489.02	450.83	195.62	2502.99
688005	容百科技	1319.11	449.25	521.89	91.90	2382.15
688006	杭可科技	1277.41	441.39	649.32	262.86	2630.98
688007	光峰科技	1537.25	558.36	514.48	179.35	2789.44
688008	澜起科技	3653.61	1329.61	1179.68	417.41	6580.31
688009	中国通号	6348.72	2326.01	3889.91	1080.06	13644.70
688010	福光股份	2050.36	848.57	212.07	70.71	3181.71
688011	新光光电	1122.41	344.51	330.28	161.95	1959.15

信用交易
Credit Trading

证券代码 Code	证券简称 Security Name	融资买入 (百万元)	卖券还款 (百万元)	融券卖出 (百万元)	买券还券 (百万元)	合计 (百万元)
688012	中微公司	3452.11	1291.96	737.67	321.01	5802.75
688015	交控科技	1004.72	335.19	90.80	63.68	1494.39
688016	心脉医疗	1625.37	610.37	942.07	355.85	3533.66
688018	乐鑫科技	3648.91	1294.84	671.09	266.11	5880.95
688019	安集科技	1227.21	435.04	598.15	282.30	2542.70
688020	方邦股份	1437.09	436.24	336.80	169.24	2379.37
688021	奥福环保	224.33	45.72	44.14	15.82	330.01
688022	瀚川智能	1332.40	550.05	749.50	452.59	3084.54
688023	安恒信息	541.53	203.91	365.74	162.92	1274.10
688025	杰普特	251.67	77.38	46.03	23.79	398.87
688028	沃尔德	2244.94	807.75	946.66	442.82	4442.17
688029	南微医学	4111.65	1141.13	574.31	218.00	6045.09
688030	山石网科	1220.58	421.55	133.62	47.64	1823.39
688033	天宜上佳	1147.69	438.77	455.88	214.66	2257.00
688036	传音控股	1332.94	446.44	224.56	92.22	2096.16
688037	芯源微	385.26	104.31	127.94	11.20	628.71
688039	当虹科技	489.59	85.23	286.54	119.33	980.69
688058	宝兰德	468.06	110.84	95.12	33.61	707.63
688066	航天宏图	1550.33	502.74	827.14	223.20	3103.41
688068	热景生物	384.04	128.35	84.54	38.99	635.92
688078	龙软科技	33.85	2.80	28.63	0.68	65.96
688088	虹软科技	2201.26	660.86	981.16	489.93	4333.21
688089	嘉必优	130.29	30.57	87.89	14.12	262.87
688098	申联生物	303.17	108.15	127.43	37.97	576.72
688099	晶晨股份	1625.98	659.34	676.31	224.48	3186.11
688101	三达膜	356.08	100.22	0.00	0.00	456.30
688108	赛诺医疗	271.92	99.81	97.08	30.53	499.34
688111	金山办公	1470.77	267.75	375.32	137.38	2251.22
688116	天奈科技	786.77	252.53	156.28	71.71	1267.29
688118	普元信息	683.49	172.96	63.32	38.94	958.71
688122	西部超导	1184.87	448.34	635.01	305.82	2574.04
688123	聚辰股份	340.92	38.64	51.68	2.10	433.34
688128	中国电研	337.66	103.11	83.99	31.97	556.73
688138	清溢光电	370.37	104.40	119.15	66.87	660.79
688139	海尔生物	895.65	281.53	210.39	69.38	1456.95
688166	博瑞医药	251.26	80.07	84.01	33.95	449.29
688168	安博通	794.04	231.02	184.25	84.53	1293.84
688188	柏楚电子	1665.28	525.80	632.72	199.27	3023.07
688196	卓越新能	275.70	94.70	81.25	19.86	471.51
688198	佰仁医疗	277.67	75.53	88.96	12.21	454.37
688199	久日新材	434.09	123.19	63.99	24.14	645.41
688202	美迪西	357.70	99.12	34.09	26.84	517.75
688218	江苏北人	150.68	31.20	57.98	8.13	247.99
688258	卓易信息	601.81	186.65	107.50	23.59	919.55
688268	华特气体	261.31	93.11	70.26	11.49	436.17
688288	鸿泉物联	378.61	117.79	94.10	57.95	648.45
688299	长阳科技	667.89	198.59	91.36	30.42	988.26
688300	联瑞新材	245.19	68.11	55.47	40.20	408.97
688310	迈得医疗	128.49	34.20	31.06	12.27	206.02
688321	微芯生物	1775.40	671.41	703.25	333.08	3483.14

证券代码 Code	证券简称 Security Name	融资买入 （百万元）	卖券还款 （百万元）	融券卖出 （百万元）	买券还券 （百万元）	合计 （百万元）
688333	铂力特	1446. 54	498. 19	513. 68	180. 25	2638. 66
688357	建龙微纳	188. 47	49. 26	28. 94	5. 54	272. 21
688358	祥生医疗	192. 98	47. 85	49. 21	19. 38	309. 42
688363	华熙生物	1208. 87	270. 27	222. 86	74. 79	1776. 79
688366	昊海生科	312. 63	113. 40	267. 61	112. 65	806. 29
688368	晶丰明源	442. 02	158. 35	44. 89	35. 16	680. 42
688369	致远互联	609. 92	175. 81	80. 56	39. 75	906. 04
688388	嘉元科技	2181. 83	789. 55	707. 95	341. 19	4020. 52
688389	普门科技	257. 02	62. 50	76. 03	31. 00	426. 55
688399	硕世生物	289. 76	76. 77	32. 84	11. 67	411. 04

基金市场概貌
Fund Market Overview

基金市场交易 Fund Market Data	2019 年	2018 年	增减（%） Change（%）
交易天数（天）Trading Days	244	243	0.41
上市基金数（只）No. of Funds	308	233	32.19
封闭式基金 Closed-end Fund	0	1	-100.00
ETFs	169	110	53.64
LOF	115	98	17.35
交易型货币基金 Exchange-traded Money Market Fund	24	24	0.00
新上市基金数（只）No. of New Funds	88.00	44.00	100.00
总成交金额（亿元）Total Trading Value（100 M yuan）	68589.58	71651.49	-4.27
封闭式基金 Closed-end Fund	72.19	86.56	-16.60
ETFs	26844.32	16586.78	61.84
LOF	292.89	121.81	140.45
交易型货币基金 Exchange-traded Money Market Fund	41380.19	54856.31	-24.57
日均成交金额（亿元）Average Trading Value（100 M yuan）	281.10	294.86	-4.67
封闭式基金 Closed-end Fund	0.30	0.36	-16.67
ETFs	110.02	68.26	61.18
LOF	1.20	0.50	140.00
交易型货币基金 Exchange-traded Money Market Fund	169.59	225.75	-24.88
总成交量（亿份）Total Trading Vol（100 M units）	14364.59	8897.98	61.44
封闭式基金 Closed-end Fund	72.61	87.57	-17.08
ETFs	13595.15	8135.48	67.11
LOF	285.28	130.55	118.52
交易型货币基金 Exchange-traded Money Market Fund	411.55	544.32	-24.39
日均成交量（百万份）Average Trading Vol（1 M units）	5887.13	3661.72	60.77
封闭式基金 Closed-end Fund	29.76	36.04	-17.43
ETFs	5571.78	3347.93	66.42
LOF	116.92	53.72	117.65
交易型货币基金 Exchange-traded Money Market Fund	168.67	224.00	-24.70
总成交笔数（万笔）Number of Trades（10000 times）	6310.84	4251.59	48.43
封闭式基金 Closed-end Fund	19.07	20.66	-7.70
ETFs	5057.40	2704.46	87.00
LOF	220.96	127.79	72.91
交易型货币基金 Exchange-traded Money Market Fund	1013.41	1398.66	-27.54
日均成交笔数（万笔）Average Transactions（10000 times）	25.86	17.50	47.77
封闭式基金 Closed-end Fund	0.08	0.09	-11.11
ETFs	20.73	11.13	86.25
LOF	0.91	0.53	71.70
交易型货币基金 Exchange-traded Money Market Fund	4.15	5.76	-27.95
大宗交易成交 Bulk Trading			
总成交金额（亿元）Total Trading Value（100 M yuan）	106.75	6.95	1435.97
总成交量（亿份）Total Trading Vol（100 M units）	59.48	4.85	1126.39
总成交笔数（笔）Number of Trades（times）	169.00	57.00	196.49

基金基本信息 基金
List of Funds Fund

基金代码 Code	基金简称 Fund Name	发行时间 Issue Date	上市日 Listing Date	基金管理人 Management Company	托管人 Trustee
501000	国金鑫新	2015.06.08	2015.07.14	国金基金管理有限公司	平安银行股份有限公司
501001	财通精选	2015.06.09	2015.09.25	财通基金管理有限公司	中国光大银行股份有限公司
501002	能源互联	2015.12.08	2016.02.01	长信基金管理有限责任公司	国泰君安证券股份有限公司
501005	精准医疗	2015.12.28	2016.03.21	汇添富基金管理股份有限公司	中国工商银行股份有限公司
501006	精准医 C	2015.12.28	2016.03.21	汇添富基金管理股份有限公司	中国工商银行股份有限公司
501007	互联医疗	2016.11.28	2017.02.20	汇添富基金管理股份有限公司	中国工商银行股份有限公司
501008	互联医 C	2016.11.28	2017.02.20	汇添富基金管理股份有限公司	中国工商银行股份有限公司
501009	生物科技	2016.11.28	2017.02.20	汇添富基金管理股份有限公司	中国建设银行股份有限公司
501010	生物科 C	2016.11.28	2017.02.20	汇添富基金管理股份有限公司	中国建设银行股份有限公司
501011	中药基金	2016.11.28	2017.02.20	汇添富基金管理股份有限公司	中国建设银行股份有限公司
501012	中药 C	2016.11.28	2017.02.20	汇添富基金管理股份有限公司	中国建设银行股份有限公司
501015	财通升级	2016.02.18	2016.06.06	财通基金管理有限公司	中国工商银行股份有限公司
501016	券商基金	2017.03.30	2017.05.19	国泰基金管理有限公司	中国建设银行股份有限公司
501017	国泰融丰	2016.05.03	2016.08.26	国泰基金管理有限公司	中国银行股份有限公司
501018	南方原油	2016.05.17	2016.06.28	南方基金管理股份有限公司	中国工商银行股份有限公司
501019	军工基金	2017.03.10	2017.04.21	国泰基金管理有限公司	中国建设银行股份有限公司
501021	香港中小	2016.05.23	2016.07.06	华宝基金管理有限公司	中国建设银行股份有限公司
501022	银华鑫盛	2016.08.24	2016.11.10	银华基金管理股份有限公司	中国工商银行股份有限公司
501023	港中小企	2016.08.29	2016.10.24	鹏华基金管理有限公司	中国银行股份有限公司
501025	香港银行	2016.10.10	2016.11.24	鹏华基金管理有限公司	中国建设银行股份有限公司
501026	财通福享	2016.08.15	2016.12.15	财通基金管理有限公司	中国农业银行股份有限公司
501027	国泰融信	2016.12.01	2017.06.01	国泰基金管理有限公司	中国银行股份有限公司
501028	财通福瑞	2016.10.17	2017.02.20	财通基金管理有限公司	中国工商银行股份有限公司
501029	红利基金	2016.12.01	2017.02.13	华宝基金管理有限公司	中国银行股份有限公司
501030	环境治理	2016.11.28	2017.02.20	汇添富基金管理股份有限公司	中国工商银行股份有限公司
501031	环境 C	2016.11.28	2017.02.20	汇添富基金管理股份有限公司	中国工商银行股份有限公司
501032	财通福盛	2016.12.19	2017.04.21	财通基金管理有限公司	中国工商银行股份有限公司
501035	创金睿选	2017.04.17	2017.09.18	创金合信基金管理有限公司	中国工商银行股份有限公司
501036	中证 500A	2017.07.26	2017.10.09	汇添富基金管理股份有限公司	招商证券股份有限公司
501037	中证 500C	2017.07.26	2017.10.09	汇添富基金管理股份有限公司	招商证券股份有限公司
501038	银华明择	2017.07.10	2017.11.24	银华基金管理股份有限公司	中国建设银行股份有限公司
501039	添富睿丰	2017.09.05	2018.03.08	汇添富基金管理股份有限公司	中国银行股份有限公司
501040	添富睿 C	2017.09.05	2018.01.12	汇添富基金管理股份有限公司	中国银行股份有限公司
501043	沪深 300A	2017.08.28	2017.10.09	汇添富基金管理股份有限公司	中国国际金融股份有限公司
501045	沪深 300C	2017.08.28	2017.10.09	汇添富基金管理股份有限公司	中国国际金融股份有限公司
501046	财通福鑫	2017.08.30	2017.12.01	财通基金管理有限公司	中国工商银行股份有限公司
501047	全指证券	2017.11.08	2018.01.18	汇添富基金管理股份有限公司	中信建投证券股份有限公司
501048	证券 C	2017.11.08	2018.01.18	汇添富基金管理股份有限公司	中信建投证券股份有限公司
501049	东证睿玺	2017.11.08	2018.06.01	上海东方证券资产管理有限公司	中国工商银行股份有限公司
501050	50AH	2016.09.19	2016.11.28	华夏基金管理有限公司	中国建设银行股份有限公司
501051	圆信汇利	2017.11.06	2018.01.31	圆信永丰基金管理有限公司	兴业证券股份有限公司
501053	东证目优	2017.12.12	2018.08.24	上海东方证券资产管理有限公司	招商银行股份有限公司
501054	东证睿泽	2018.01.23	2018.10.17	上海东方证券资产管理有限公司	招商银行股份有限公司
501057	新能源车	2018.05.07	2018.06.20	汇添富基金管理股份有限公司	中国工商银行股份有限公司
501058	新能车 C	2018.05.07	2018.06.20	汇添富基金管理股份有限公司	中国工商银行股份有限公司
501059	国企红利	2018.05.21	2018.07.26	西部利得基金管理有限公司	中国光大银行股份有限公司
501060	金选 300A	2018.07.23	2018.09.25	中金基金管理有限公司	中国建设银行股份有限公司
501061	金选 300C	2018.07.23	2018.09.25	中金基金管理有限公司	中国建设银行股份有限公司
501062	南方瑞合	2018.08.06	2018.12.05	南方基金管理股份有限公司	中国建设银行股份有限公司
501063	添富悦享	2019.01.07	2019.07.01	汇添富基金管理股份有限公司	中国建设银行股份有限公司

基金基本信息 基金
List of Funds Fund

基金代码 Code	基金简称 Fund Name	发行时间 Issue Date	上市日 Listing Date	基金管理人 Management Company	托管人 Trustee
501064	国泰价值	2018.12.10	2019.05.16	国泰基金管理有限公司	招商银行股份有限公司
501065	经典成长	2018.09.06	2019.05.08	汇添富基金管理股份有限公司	中国工商银行股份有限公司
501066	东证恒元	2018.10.23	2019.04.26	上海东方证券资产管理有限公司	中国建设银行股份有限公司
501067	富时 AH50	2018.11.01	2019.01.04	招商基金管理有限公司	中国银行股份有限公司
501068	AH50C	2018.11.01	2019.01.04	招商基金管理有限公司	中国银行股份有限公司
501069	质量基金	2018.11.26	2019.03.05	华宝基金管理有限公司	中国银行股份有限公司
501070	广发睿阳	2018.12.28	2019.07.31	广发基金管理有限公司	中国工商银行股份有限公司
501071	泓德丰泽	2019.02.25	2019.09.19	泓德基金管理有限公司	招商银行股份有限公司
501072	红利增强	2019.04.08	2019.07.02	国金基金管理有限公司	招商证券股份有限公司
501073	科创混合	2019.06.05	2019.12.20	华安基金管理有限公司	中国建设银行股份有限公司
501075	科创主题	2019.06.05	2019.09.12	万家基金管理有限公司	中国建设银行股份有限公司
501076	科创基金	2019.06.05	2019.12.09	鹏华基金管理有限公司	中国工商银行股份有限公司
501077	科创富国	2019.06.05	2019.10.28	富国基金管理有限公司	招商银行股份有限公司
501078	科创配置	2019.06.05	2019.11.18	广发基金管理有限公司	中国农业银行股份有限公司
501080	科创中金	2019.06.24	2019.12.25	中金基金管理有限公司	中国银行股份有限公司
501081	科创中欧	2019.06.24	2019.09.06	中欧基金管理有限公司	招商银行股份有限公司
501082	科创投资	2019.06.24	2019.12.26	博时基金管理有限公司	中国工商银行股份有限公司
501086	ESG 基金	2019.07.19	2019.09.12	华宝基金管理有限公司	中国工商银行股份有限公司
501089	消费增强	2019.10.08	2019.12.31	方正富邦基金管理有限公司	中国民生银行股份有限公司
501106	十年国开	2017.11.03	2017.12.13	广发基金管理有限公司	宁波银行股份有限公司
501186	华夏配售	2018.06.11	2019.03.29	华夏基金管理有限公司	中国工商银行股份有限公司
501188	添富配售	2018.06.11	2019.03.29	汇添富基金管理股份有限公司	中国工商银行股份有限公司
501189	嘉实配售	2018.06.11	2019.03.29	嘉实基金管理有限公司	中国银行股份有限公司
501300	美元债	2016.11.17	2017.02.16	海富通基金管理有限公司	中国银行股份有限公司
501301	香港大盘	2017.03.20	2017.05.08	华宝基金管理有限公司	招商证券股份有限公司
501302	恒生联接	2017.04.17	2017.08.15	南方基金管理股份有限公司	中国工商银行股份有限公司
501303	恒生中型	2017.08.07	2017.10.25	广发基金管理有限公司	中国银行股份有限公司
501305	港股高息	2017.11.06	2018.01.18	汇添富基金管理股份有限公司	中国工商银行股份有限公司
501306	港股高 C	2017.11.06	2018.01.18	汇添富基金管理股份有限公司	中国工商银行股份有限公司
501307	银河高股	2018.02.26	2018.04.25	银河基金管理有限公司	北京银行股份有限公司
501309	港股通	2018.08.22	2018.12.10	国泰基金管理有限公司	招商银行股份有限公司
501310	价值基金	2018.08.27	2018.11.22	华宝基金管理有限公司	中国建设银行股份有限公司
501311	新经济 HK	2018.11.28	2019.02.14	嘉实基金管理有限公司	中国银行股份有限公司
502000	500 等权	2015.03.30	2015.04.27	西部利得基金管理有限公司	兴业银行股份有限公司
502001	500 等权 A	2015.03.30	2015.04.27	西部利得基金管理有限公司	兴业银行股份有限公司
502002	500 等权 B	2015.03.30	2015.04.27	西部利得基金管理有限公司	兴业银行股份有限公司
502003	军工分级	2015.06.23	2015.07.15	易方达基金管理有限公司	中国建设银行股份有限公司
502004	军工 A	2015.06.23	2015.07.15	易方达基金管理有限公司	中国建设银行股份有限公司
502005	军工 B	2015.06.23	2015.07.15	易方达基金管理有限公司	中国建设银行股份有限公司
502006	国企改革	2015.06.08	2015.06.25	易方达基金管理有限公司	中国建设银行股份有限公司
502007	国企改 A	2015.06.08	2015.06.25	易方达基金管理有限公司	中国建设银行股份有限公司
502008	国企改 B	2015.06.08	2015.06.25	易方达基金管理有限公司	中国建设银行股份有限公司
502010	证券分级	2015.06.23	2015.07.15	易方达基金管理有限公司	中国建设银行股份有限公司
502011	证券 A	2015.06.23	2015.07.15	易方达基金管理有限公司	中国建设银行股份有限公司
502012	证券 B	2015.06.23	2015.07.15	易方达基金管理有限公司	中国建设银行股份有限公司
502013	一带一路	2015.05.12	2015.06.09	长盛基金管理有限公司	中国银行股份有限公司
502014	一带一 A	2015.05.12	2015.06.09	长盛基金管理有限公司	中国银行股份有限公司
502015	一带一 B	2015.05.12	2015.06.09	长盛基金管理有限公司	中国银行股份有限公司
502020	50 增强	2015.05.11	2015.06.05	国金基金管理有限公司	中国民生银行股份有限公司
502023	钢铁分级	2015.06.23	2015.08.24	鹏华基金管理有限公司	招商银行股份有限公司

基金基本信息
List of Funds

基金
Fund

基金代码 Code	基金简称 Fund Name	发行时间 Issue Date	上市日 Listing Date	基金管理人 Management Company	托管人 Trustee
502024	钢铁 A	2015.06.23	2015.08.24	鹏华基金管理有限公司	招商银行股份有限公司
502025	钢铁 B	2015.06.23	2015.08.24	鹏华基金管理有限公司	招商银行股份有限公司
502030	高铁分级	2015.06.15	2015.08.07	中海基金管理有限公司	招商证券股份有限公司
502031	高铁 A	2015.06.15	2015.08.07	中海基金管理有限公司	招商证券股份有限公司
502032	高铁 B	2015.06.15	2015.08.07	中海基金管理有限公司	招商证券股份有限公司
502036	互联金融	2015.06.15	2015.07.07	大成基金管理有限公司	中国工商银行股份有限公司
502037	网金 A	2015.06.15	2015.07.07	大成基金管理有限公司	中国工商银行股份有限公司
502038	网金 B	2015.06.15	2015.07.07	大成基金管理有限公司	中国工商银行股份有限公司
502040	上 50 分级	2015.06.29	2015.08.24	长盛基金管理有限公司	中国银行股份有限公司
502041	上 50A	2015.06.29	2015.08.24	长盛基金管理有限公司	中国银行股份有限公司
502042	上 50B	2015.06.29	2015.08.24	长盛基金管理有限公司	中国银行股份有限公司
502048	50 分级	2015.03.30	2015.04.27	易方达基金管理有限公司	交通银行股份有限公司
502049	上证 50A	2015.03.30	2015.04.27	易方达基金管理有限公司	交通银行股份有限公司
502050	上证 50B	2015.03.30	2015.04.27	易方达基金管理有限公司	交通银行股份有限公司
502053	券商分级	2015.07.13	2015.08.24	长盛基金管理有限公司	中国农业银行股份有限公司
502054	券商 A	2015.07.13	2015.08.24	长盛基金管理有限公司	中国农业银行股份有限公司
502055	券商 B	2015.07.13	2015.08.24	长盛基金管理有限公司	中国农业银行股份有限公司
502056	医疗分级	2015.07.01	2015.07.31	广发基金管理有限公司	北京银行股份有限公司
502057	医疗 A	2015.07.01	2015.07.31	广发基金管理有限公司	北京银行股份有限公司
502058	医疗 B	2015.07.01	2015.07.31	广发基金管理有限公司	北京银行股份有限公司
510010	治理 ETF	2009.09.18	2009.12.15	交银施罗德基金管理有限公司	中国农业银行股份有限公司
510020	超大 ETF	2009.12.23	2010.03.19	博时基金管理有限公司	中国建设银行股份有限公司
510030	价值 ETF	2010.04.14	2010.05.28	华宝基金管理有限公司	中国工商银行股份有限公司
510050	50ETF	2004.12.24	2005.02.23	华夏基金管理有限公司	中国工商银行股份有限公司
510060	央企 ETF	2009.08.20	2009.10.27	工银瑞信基金管理有限公司	招商银行股份有限公司
510070	民企 ETF	2010.07.27	2010.10.29	鹏华基金管理有限公司	中国工商银行股份有限公司
510090	责任 ETF	2010.05.19	2010.08.09	建信基金管理有限责任公司	中国工商银行股份有限公司
510100	SZ50ETF	2019.08.28	2019.10.09	易方达基金管理有限公司	招商银行股份有限公司
510110	周期 ETF	2010.09.08	2010.11.15	海富通基金管理有限公司	中国工商银行股份有限公司
510120	非周 ETF	2011.04.13	2011.06.08	海富通基金管理有限公司	中国工商银行股份有限公司
510130	中盘 ETF	2010.03.17	2010.06.23	易方达基金管理有限公司	中国工商银行股份有限公司
510150	消费 ETF	2010.11.30	2011.02.25	招商基金管理有限公司	中国工商银行股份有限公司
510160	小康 ETF	2010.08.18	2010.11.01	南方基金管理股份有限公司	中国工商银行股份有限公司
510170	商品 ETF	2010.11.17	2011.01.25	国联安基金管理有限公司	中国银行股份有限公司
510180	180ETF	2006.03.09	2006.05.18	华安基金管理有限公司	中国建设银行股份有限公司
510190	龙头 ETF	2010.11.10	2011.01.10	华安基金管理有限公司	中国工商银行股份有限公司
510210	综指 ETF	2011.01.20	2011.03.25	富国基金管理有限公司	中国工商银行股份有限公司
510220	中小 ETF	2011.01.14	2011.03.28	华泰柏瑞基金管理有限公司	中国银行股份有限公司
510230	金融 ETF	2011.03.23	2011.05.23	国泰基金管理有限公司	中国银行股份有限公司
510260	新兴 ETF	2011.03.28	2011.06.08	诺安基金管理有限公司	中国工商银行股份有限公司
510270	国企 ETF	2011.06.08	2011.08.18	中银基金管理有限公司	招商银行股份有限公司
510290	380ETF	2011.09.07	2011.11.08	南方基金管理股份有限公司	中国建设银行股份有限公司
510300	300ETF	2012.04.24	2012.05.28	华泰柏瑞基金管理有限公司	中国工商银行股份有限公司
510310	HS300ETF	2013.02.26	2013.03.25	易方达基金管理有限公司	中国建设银行股份有限公司
510330	华夏 300	2012.12.17	2013.01.16	华夏基金管理有限公司	中国工商银行股份有限公司
510350	工银 300	2019.05.08	2019.08.16	工银瑞信基金管理有限公司	中国农业银行股份有限公司
510360	广发 300	2015.08.05	2015.09.09	广发基金管理有限公司	中国工商银行股份有限公司
510380	国寿 300	2018.01.10	2018.02.07	国寿安保基金管理有限公司	中国农业银行股份有限公司
510390	平安 300	2017.12.13	2018.01.26	平安基金管理有限公司	中国工商银行股份有限公司
510410	资源 ETF	2012.03.28	2012.05.11	博时基金管理有限公司	中国建设银行股份有限公司

基金基本信息 基金
List of Funds Fund

基金代码 Code	基金简称 Fund Name	发行时间 Issue Date	上市日 Listing Date	基金管理人 Management Company	托管人 Trustee
510430	50 等权	2012. 08. 15	2012. 09. 24	银华基金管理有限公司	中国建设银行股份有限公司
510440	500 沪市	2012. 08. 15	2012. 10. 08	大成基金管理有限公司	中国银行股份有限公司
510500	500ETF	2013. 01. 29	2013. 03. 15	南方基金管理股份有限公司	中国农业银行股份有限公司
510510	广发 500	2013. 03. 27	2013. 05. 24	广发基金管理有限公司	中国工商银行股份有限公司
510550	方正 500	2018. 11. 21	2019. 01. 16	方正富邦基金管理有限公司	中国建设银行股份有限公司
510560	国寿 500	2015. 05. 20	2015. 07. 03	国寿安保基金管理有限公司	中国农业银行股份有限公司
510580	ZZ500ETF	2015. 08. 19	2015. 09. 14	易方达基金管理有限公司	中国工商银行股份有限公司
510590	平安 500	2018. 03. 14	2018. 05. 04	平安基金管理有限公司	平安银行股份有限公司
510600	沪 50ETF	2018. 08. 22	2018. 09. 20	申万菱信基金管理有限公司	中国工商银行股份有限公司
510630	消费行业	2013. 03. 20	2013. 05. 08	华夏基金管理有限公司	中国建设银行股份有限公司
510650	金融行业	2013. 03. 20	2013. 05. 08	华夏基金管理有限公司	中国建设银行股份有限公司
510660	医药行业	2013. 03. 20	2013. 05. 08	华夏基金管理有限公司	中国建设银行股份有限公司
510680	万家 50	2013. 10. 23	2013. 12. 02	万家基金管理有限公司	华夏银行股份有限公司
510710	上 50ETF	2015. 05. 19	2015. 06. 15	博时基金管理有限公司	招商银行股份有限公司
510800	上证 50	2017. 12. 13	2018. 01. 15	建信基金管理有限责任公司	中国银河证券股份有限公司
510810	上海国企	2016. 07. 20	2016. 08. 29	汇添富基金管理股份有限公司	中国工商银行股份有限公司
510850	工银上 50	2018. 11. 28	2019. 03. 06	工银瑞信基金管理有限公司	招商银行股份有限公司
510880	红利 ETF	2006. 11. 08	2007. 01. 18	华泰柏瑞基金管理有限公司	招商银行股份有限公司
510890	红利低波	2019. 04. 10	2019. 06. 24	兴业基金管理有限公司	中国工商银行股份有限公司
510900	H 股 ETF	2012. 08. 01	2012. 10. 22	易方达基金管理有限公司	交通银行股份有限公司
511010	国债 ETF	2013. 02. 25	2013. 03. 25	国泰基金管理有限公司	中国建设银行股份有限公司
511020	活跃国债	2018. 12. 12	2019. 02. 22	平安基金管理有限公司	平安银行股份有限公司
511030	公司债	2018. 12. 19	2019. 03. 22	平安基金管理有限公司	平安银行股份有限公司
511060	5 年地债	2019. 10. 29	2019. 12. 12	海富通基金管理有限公司	招商银行股份有限公司
511220	城投 ETF	2014. 11. 05	2014. 12. 16	海富通基金管理有限公司	中国银行股份有限公司
511230	周期债	2017. 01. 11	2017. 04. 21	海富通基金管理有限公司	交通银行股份有限公司
511260	十年国债	2017. 07. 26	2017. 08. 24	国泰基金管理有限公司	中国建设银行股份有限公司
511270	10 年地债	2018. 09. 25	2018. 11. 22	海富通基金管理有限公司	中国银行股份有限公司
511280	中期信用	2018. 04. 20	2018. 05. 31	华夏基金管理有限公司	中国建设银行股份有限公司
511290	国债十年	2018. 03. 14	2018. 04. 27	广发基金管理有限公司	中国工商银行股份有限公司
511310	十年债	2018. 03. 07	2018. 04. 26	富国基金管理有限公司	中国工商银行股份有限公司
511600	货币 ETF	—	2016. 09. 09	华安基金管理有限公司	中国银行股份有限公司
511620	货币基金	2017. 07. 26	2017. 09. 07	国泰基金管理有限公司	中国建设银行股份有限公司
511650	华夏快线	2016. 12. 19	2017. 01. 16	华夏基金管理有限公司	招商证券股份有限公司
511660	建信添益	2016. 08. 24	2016. 09. 21	建信基金管理有限责任公司	国泰君安证券股份有限公司
511670	华泰天金	2017. 08. 03	2017. 08. 28	华泰证券（上海）资产管理有限公司	中国建设银行股份有限公司
511690	交易货币	2016. 09. 20	2016. 10. 20	大成基金管理有限公司	中国银行股份有限公司
511700	场内货币	2016. 09. 12	2016. 10. 17	平安基金管理有限公司	国泰君安证券股份有限公司
511770	金鹰增益	2017. 03. 08	2017. 04. 10	金鹰基金管理有限公司	招商证券股份有限公司
511800	易货币	—	2014. 12. 08	易方达基金管理有限公司	中国银行股份有限公司
511810	理财金 H	2014. 11. 26	2015. 01. 05	南方基金管理股份有限公司	中国农业银行股份有限公司
511820	鹏华添利	2016. 01. 20	2016. 02. 22	鹏华基金管理有限公司	中国工商银行股份有限公司
511830	华泰货币	2015. 07. 02	2015. 08. 03	华泰柏瑞基金管理有限公司	中国建设银行股份有限公司
511850	财富宝 E	2016. 06. 20	2016. 07. 18	招商基金管理有限公司	中国建设银行股份有限公司
511860	博时货币	2014. 11. 17	2014. 12. 09	博时基金管理有限公司	中国建设银行股份有限公司
511880	银华日利	2013. 03. 22	2013. 04. 18	银华基金管理有限公司	中国建设银行股份有限公司
511900	富国货币	2015. 11. 13	2015. 12. 09	富国基金管理有限公司	中国银行股份有限公司
511910	融通货币	—	2016. 06. 20	融通基金管理有限公司	中国民生银行股份有限公司
511920	广发货币	—	2016. 03. 28	广发基金管理有限公司	中国工商银行股份有限公司
511930	中融日盈	2015. 11. 19	2015. 12. 15	中融基金管理有限公司	国泰君安证券股份有限公司

基金基本信息
List of Funds

基金代码 Code	基金简称 Fund Name	发行时间 Issue Date	上市日 Listing Date	基金管理人 Management Company	托管人 Trustee
511950	广发添利	2016.11.09	2016.12.19	广发基金管理有限公司	中国工商银行股份有限公司
511960	嘉实快线	—	2015.12.28	嘉实基金管理有限公司	上海浦东发展银行股份有限公司
511970	国寿货币	—	2016.07.04	国泰安保基金管理有限公司	中国工商银行股份有限公司
511980	现金添富	2015.10.14	2015.11.02	汇添富基金管理股份有限公司	中国工商银行股份有限公司
511990	华宝添益	2012.12.19	2013.01.28	华宝基金管理有限公司	中国建设银行股份有限公司
512000	券商 ETF	2016.08.18	2016.09.14	华宝基金管理有限公司	中国建设银行股份有限公司
512010	医药 ETF	2013.09.11	2013.10.28	易方达基金管理有限公司	中国建设银行股份有限公司
512040	国信价值	2018.10.29	2018.11.29	富国基金管理有限公司	中国建设银行股份有限公司
512070	非银 ETF	2014.06.18	2014.07.18	易方达基金管理有限公司	中国建设银行股份有限公司
512090	MSCI 易基	2018.05.08	2018.06.01	易方达基金管理有限公司	中国银行股份有限公司
512100	1000ETF	2016.09.21	2016.11.04	南方基金管理股份有限公司	招商银行股份有限公司
512120	中证医药	2013.11.26	2014.01.06	华安基金管理有限公司	中国建设银行股份有限公司
512150	A50ETF	2018.12.12	2019.01.21	汇安基金管理有限责任公司	中国工商银行股份有限公司
512160	MSCI 基金	2018.03.26	2018.04.27	南方基金管理股份有限公司	中国银行股份有限公司
512170	医疗 ETF	2019.05.09	2019.06.17	华宝基金管理有限公司	中国银行股份有限公司
512180	建信 MSCI	2018.04.11	2018.05.21	建信基金管理有限责任公司	中国国际金融股份有限公司
512190	之江凤凰	2019.07.24	2019.09.09	浙江浙商证券资产管理有限公司	中国银行股份有限公司
512200	房地产	2017.08.15	2017.09.25	南方基金管理股份有限公司	中国工商银行股份有限公司
512220	景顺 TMT	2014.07.09	2014.08.19	景顺长城基金管理有限公司	中国银行股份有限公司
512260	500 低波	2018.11.21	2019.01.11	华安基金管理有限公司	中国建设银行股份有限公司
512270	300 低波	2019.02.26	2019.03.29	华安基金管理有限公司	中国建设银行股份有限公司
512280	景顺 MSCI	2018.04.18	2018.05.25	景顺长城基金管理有限公司	中国农业银行股份有限公司
512290	生物医药	2019.04.10	2019.05.20	国泰基金管理有限公司	中国银行股份有限公司
512300	500 医药	2014.10.22	2014.12.18	南方基金管理股份有限公司	中国农业银行股份有限公司
512310	500 工业	2015.03.30	2015.05.08	南方基金管理股份有限公司	中国农业银行股份有限公司
512330	500 信息	2015.06.17	2015.07.20	南方基金管理股份有限公司	中国农业银行股份有限公司
512340	500 原料	2015.04.08	2015.05.15	南方基金管理股份有限公司	中国农业银行股份有限公司
512360	MSCI 国际	2018.06.06	2018.07.20	平安基金管理有限公司	中国工商银行股份有限公司
512380	银华 MSCI	2019.03.07	2019.04.30	银华基金管理股份有限公司	中国工商银行股份有限公司
512390	MSCI 低波	2018.05.30	2018.07.13	平安基金管理有限公司	平安银行股份有限公司
512400	有色金属	2017.07.24	2017.09.01	南方基金管理股份有限公司	中国工商银行股份有限公司
512480	半导体	2019.04.24	2019.06.12	国联安基金管理有限公司	国泰君安证券股份有限公司
512500	中证 500	2015.04.24	2015.05.29	华夏基金管理有限公司	中国建设银行股份有限公司
512510	ETF500	2015.05.04	2015.06.12	华泰柏瑞基金管理有限公司	中国银行股份有限公司
512520	MSCIETF	2018.04.18	2018.05.18	华泰柏瑞基金管理有限公司	中国建设银行股份有限公司
512530	300 红利	2019.08.14	2019.09.23	建信基金管理有限责任公司	中信证券股份有限公司
512550	富时 A50	2017.06.21	2017.08.07	嘉实基金管理有限公司	中国银行股份有限公司
512560	中证军工	2017.07.05	2017.07.28	易方达基金管理有限公司	招商银行股份有限公司
512570	中证证券	2017.07.19	2017.08.11	易方达基金管理有限公司	招商银行股份有限公司
512580	环保 ETF	2017.01.12	2017.02.28	广发基金管理有限公司	中国银行股份有限公司
512590	高股息	2019.01.21	2019.03.08	浦银安盛基金管理有限公司	交通银行股份有限公司
512600	主要消费	2014.06.04	2014.07.25	嘉实基金管理有限公司	中国银行股份有限公司
512610	医药卫生	2014.06.04	2014.07.25	嘉实基金管理有限公司	中国银行股份有限公司
512640	金融地产	2014.06.11	2014.07.25	嘉实基金管理有限公司	中国银行股份有限公司
512650	长三角	2019.07.17	2019.10.25	汇添富基金管理股份有限公司	上海浦东发展银行股份有限公司
512660	军工 ETF	2016.07.14	2016.08.08	国泰基金管理有限公司	中国建设银行股份有限公司
512670	国防 ETF	2019.06.26	2019.08.01	鹏华基金管理有限公司	中国建设银行股份有限公司
512680	军工基金	2016.08.18	2016.10.14	广发基金管理有限公司	中国工商银行股份有限公司
512690	酒 ETF	2019.03.27	2019.05.06	鹏华基金管理有限公司	中国建设银行股份有限公司
512700	银行基金	2017.06.16	2017.07.26	南方基金管理股份有限公司	中国工商银行股份有限公司

基金基本信息 基金
List of Funds Fund

基金代码 Code	基金简称 Fund Name	发行时间 Issue Date	上市日 Listing Date	基金管理人 Management Company	托管人 Trustee
512710	军工龙头	2019.07.09	2019.08.26	富国基金管理有限公司	中国建设银行股份有限公司
512720	计算机	2019.07.02	2019.08.16	国泰基金管理有限公司	中国农业银行股份有限公司
512750	基本面50	2019.05.15	2019.07.05	嘉实基金管理有限公司	中国工商银行股份有限公司
512760	半导体50	2019.05.08	2019.06.12	国泰基金管理有限公司	中国银行股份有限公司
512770	战略新兴	2018.07.04	2018.08.16	华夏基金管理有限公司	中国建设银行股份有限公司
512780	京津冀基	2018.04.09	2018.05.24	广发基金管理有限公司	中国工商银行股份有限公司
512790	民企成长	2019.07.17	2019.09.06	华安基金管理有限公司	海通证券股份有限公司
512800	银行ETF	2017.07.06	2017.08.03	华宝兴业基金管理有限公司	中国银行股份有限公司
512810	军工行业	2016.07.28	2016.08.22	华宝基金管理有限公司	中国建设银行股份有限公司
512820	银行股基	2018.10.12	2018.11.23	汇添富基金管理股份有限公司	招商银行股份有限公司
512850	北京50	2018.09.18	2018.11.09	中信建投基金管理有限公司	招商银行股份有限公司
512860	MSCI中国	2018.09.14	2018.10.26	华安基金管理有限公司	中国农业银行股份有限公司
512870	杭州湾区	2018.12.05	2019.02.22	南华基金管理有限公司	中国银行股份有限公司
512880	证券ETF	2016.07.14	2016.08.08	国泰基金管理有限公司	中国建设银行股份有限公司
512890	红利LV	2018.12.10	2019.01.18	华泰柏瑞基金管理有限公司	中国建设银行股份有限公司
512900	证券基金	2017.03.01	2017.03.31	南方基金管理股份有限公司	中国银行股份有限公司
512910	100ETF	2019.05.15	2019.07.01	广发基金管理有限公司	中国工商银行股份有限公司
512920	MSCI新华	2018.10.29	2018.12.07	新华基金管理股份有限公司	中国农业银行股份有限公司
512930	AIETF	2019.07.03	2019.08.23	平安基金管理有限公司	交通银行股份有限公司
512950	央企改革	2018.10.10	2019.01.18	华夏基金管理有限公司	中国农业银行股份有限公司
512960	央调ETF	2018.10.10	2019.01.18	博时基金管理有限公司	招商银行股份有限公司
512970	湾区ETF	2019.09.11	2019.11.11	平安基金管理有限公司	中国工商银行股份有限公司
512980	传媒ETF	2017.12.13	2018.01.19	广发基金管理有限公司	中国工商银行股份有限公司
512990	MSCIA股	2015.02.04	2015.03.25	华夏基金管理有限公司	中国银行股份有限公司
513000	225ETF	2019.06.03	2019.06.25	易方达基金管理有限公司	中国工商银行股份有限公司
513030	德国30	2014.07.14	2014.09.05	华安基金管理有限公司	招商银行股份有限公司
513050	中概互联	2016.12.23	2017.01.18	易方达基金管理有限公司	招商银行股份有限公司
513100	纳指ETF	2013.04.17	2013.05.15	国泰基金管理有限公司	中国建设银行股份有限公司
513500	标普500	2013.11.27	2014.01.15	博时基金管理有限公司	中国工商银行股份有限公司
513520	日经ETF	2019.06.03	2019.06.25	华夏基金管理有限公司	中国建设银行股份有限公司
513600	恒指ETF	2014.12.15	2015.01.26	南方基金管理股份有限公司	中国工商银行股份有限公司
513660	恒生通	2014.12.15	2015.01.26	华夏基金管理有限公司	中国农业银行股份有限公司
513680	建信H股	2018.12.05	2019.01.21	建信基金管理有限责任公司	兴业银行股份有限公司
513800	东证ETF	2019.06.03	2019.06.25	南方基金管理股份有限公司	中国工商银行股份有限公司
513880	日经225	2019.06.03	2019.06.25	华安基金管理有限公司	中国银行股份有限公司
513900	港股精选	2018.04.18	2018.05.25	华安基金管理有限公司	中国农业银行股份有限公司
515000	科技ETF	2019.07.11	2019.08.16	华宝基金管理有限公司	中国工商银行股份有限公司
515010	华夏证券	2019.09.05	2019.11.07	华夏基金管理有限公司	中国银行股份有限公司
515020	华夏银基	2019.10.16	2019.12.03	华夏基金管理有限公司	中国银行股份有限公司
515050	5GETF	2019.09.05	2019.10.16	华夏基金管理有限公司	中国银行股份有限公司
515070	AI智能	2019.11.29	2019.12.24	华夏基金管理有限公司	中国银行股份有限公司
515080	中证红利	2019.11.20	2019.12.27	招商基金管理有限公司	上海浦东发展银行股份有限公司
515180	100红利	2019.11.18	2019.12.20	易方达基金管理有限公司	中国银行股份有限公司
515200	创新100	2019.10.16	2019.11.15	申万菱信基金管理有限公司	中国农业银行股份有限公司
515300	红利300	2019.07.31	2019.09.19	嘉实基金管理有限公司	中国工商银行股份有限公司
515310	添富300	2019.11.26	2019.12.25	汇添富基金管理股份有限公司	招商银行股份有限公司
515330	天弘300	2019.11.27	2019.12.26	天弘基金管理有限公司	招商证券股份有限公司
515360	方正300	2019.09.16	2019.11.01	方正富邦基金管理有限公司	中国建设银行股份有限公司
515520	价值100	2019.09.16	2019.11.18	大成基金管理有限公司	中国农业银行股份有限公司
515550	中融500	2019.11.06	2019.12.25	中融基金管理有限公司	中国光大银行股份有限公司

基金基本信息
List of Funds

基金代码 Code	基金简称 Fund Name	发行时间 Issue Date	上市日 Listing Date	基金管理人 Management Company	托管人 Trustee
515580	中证科技	2019. 09. 19	2019. 10. 28	华泰柏瑞基金管理有限公司	中信证券股份有限公司
515600	央企创新	2019. 09. 10	2019. 12. 18	广发基金管理有限公司	中国工商银行股份有限公司
515650	消费 50	2019. 09. 25	2019. 11. 11	富国基金管理有限公司	中信证券股份有限公司
515660	沪深 300E	2019. 11. 15	2019. 12. 24	国联安基金管理有限公司	中国工商银行股份有限公司
515680	创新央企	2019. 09. 10	2019. 12. 18	嘉实基金管理有限公司	中国银行股份有限公司
515750	科技 50	2019. 11. 06	2019. 12. 06	富国基金管理有限公司	中信建投证券股份有限公司
515800	800ETF	2019. 09. 23	2019. 12. 16	汇添富基金管理股份有限公司	平安银行股份有限公司
515810	ZZ800ETF	2019. 09. 23	2019. 10. 25	易方达基金管理有限公司	中国建设银行股份有限公司
515860	科技 100	2019. 09. 18	2019. 10. 22	嘉实基金管理有限公司	中国银行股份有限公司
515880	通信 ETF	2019. 08. 07	2019. 09. 06	国泰基金管理有限公司	中国工商银行股份有限公司
515900	央创 ETF	2019. 09. 10	2019. 12. 18	博时基金管理有限公司	招商银行股份有限公司
518800	国泰黄金	2013. 07. 10	2013. 07. 29	国泰基金管理有限公司	中国工商银行股份有限公司
518880	黄金 ETF	2013. 07. 10	2013. 07. 29	华安基金管理有限公司	中国建设银行股份有限公司
502021	国金 50A	2015. 05. 11	2015. 06. 05	国金通用基金管理有限公司	中国民生银行股份有限公司
502022	国金 50B	2015. 05. 11	2015. 06. 05	国金通用基金管理有限公司	中国民生银行股份有限公司
505888	嘉实元和	—	2015. 03. 16	嘉实基金管理有限公司	中国工商银行股份有限公司
510280	成长 ETF	2011. 07. 27	2011. 10. 18	华宝基金管理有限公司	中国银行股份有限公司
510420	180EWETF	2012. 06. 04	2012. 07. 09	景顺长城基金管理有限公司	中国银行股份有限公司
510520	诺安 500	2014. 01. 22	2014. 03. 10	诺安基金管理有限公司	中国银行股份有限公司
510820	上海改革	2017. 11. 22	2019. 07. 09	汇添富基金管理股份有限公司	中国工商银行股份有限公司
512230	景顺医药	2014. 07. 09	2014. 08. 19	景顺长城基金管理有限公司	中国银行股份有限公司

封闭式基金每日成交（亿元/亿份） 基金
Closed-end Fund Trading (100 M Yuan/100 M Units) Fund

日期 Date	1月 Jan		2月 Feb		3月 Mar		4月 Apr		5月 May		6月 Jun	
	金额 Value	数量 Vol	金额 Value	数量 Vol	金额 Value	数量 Vol	金额 Value	数量 Vol	金额 Value	数量 Vol	金额 Value	数量 Vol
1	—	—	0.34	0.33	0.32	0.33	1.54	1.53	—	—	—	—
2	1.11	1.17	—	—	—	—	0.93	0.93	—	—	—	—
3	0.57	0.60	—	—	—	—	1.30	1.29	—	—	0.35	0.36
4	0.66	0.69	—	—	0.91	0.91	1.02	1.01	—	—	0.21	0.22
5	—	—	—	—	0.69	0.70	—	—	—	—	0.20	0.21
6	—	—	—	—	0.74	0.74	—	—	1.32	1.34	0.52	0.53
7	0.44	0.46	—	—	0.84	0.84	—	—	0.41	0.42	—	—
8	0.58	0.60	—	—	1.00	1.01	1.04	1.03	0.75	0.77	—	—
9	0.51	0.53	—	—	—	—	0.76	0.76	0.39	0.40	—	—
10	0.69	0.71	—	—	—	—	0.48	0.48	0.66	0.68	0.32	0.33
11	0.61	0.62	0.32	0.32	0.67	0.68	0.57	0.57	—	—	0.38	0.39
12	—	—	0.34	0.34	0.72	0.73	0.46	0.45	—	—	0.34	0.35
13	—	—	0.57	0.56	0.57	0.58	—	—	0.48	0.50	0.22	0.22
14	0.45	0.46	0.29	0.28	3.17	3.13	—	—	0.18	0.19	0.63	0.64
15	1.13	1.13	0.41	0.40	1.64	1.59	0.68	0.68	0.22	0.23	—	—
16	0.39	0.39	—	—	—	—	0.77	0.77	0.19	0.19	—	—
17	0.44	0.44	—	—	—	—	0.93	0.92	0.24	0.24	0.34	0.34
18	0.53	0.53	0.54	0.54	1.15	1.13	0.91	0.90	—	—	0.23	0.23
19	—	—	0.91	0.91	0.52	0.51	0.51	0.50	—	—	0.44	0.45
20	—	—	0.33	0.33	0.43	0.42	—	—	0.19	0.20	0.59	0.60
21	0.65	0.64	0.31	0.31	1.26	1.23	—	—	0.10	0.10	0.62	0.63
22	0.47	0.47	0.54	0.54	0.34	0.34	0.54	0.54	0.13	0.13	—	—
23	0.41	0.41	—	—	—	—	0.42	0.42	0.22	0.22	—	—
24	0.42	0.42	—	—	—	—	0.47	0.47	0.21	0.21	0.76	0.77
25	0.47	0.47	1.67	1.69	0.79	0.78	0.73	0.73	—	—	0.77	0.78
26	—	—	1.30	1.32	0.52	0.52	0.80	0.80	—	—	0.28	0.28
27	—	—	0.57	0.58	0.41	0.41	—	—	0.25	0.26	0.33	0.33
28	0.39	0.39	0.66	0.67	0.48	0.47	—	—	0.26	0.27	0.26	0.26
29	0.46	0.46	—	—	0.68	0.68	0.79	0.79	0.14	0.15	—	—
30	0.34	0.34	—	—	—	—	0.99	1.00	0.38	0.39	—	—
31	0.36	0.36	—	—	—	—	—	—	0.28	0.29	—	—
最高 high	1.13	1.17	1.67	1.69	H3.17	H3.13	1.54	1.53	1.32	1.34	0.77	0.78
最低 low	0.34	0.34	0.29	0.28	0.32	0.33	0.42	0.42	L0.10	L0.10	0.20	0.21

封闭式基金每日成交（亿元/亿份） 基金
Closed-end Fund Trading（100 M Yuan/100 M Units） Fund

日期 Date	7月 Jul		8月 Aug		9月 Sep		10月 Oct		11月 Nov		12月 Dec	
	金额 Value	数量 Vol	金额 Value	数量 Vol	金额 Value	数量 Vol	金额 Value	数量 Vol	金额 Value	数量 Vol	金额 Value	数量 Vol
1	0.55	0.55	—	—	—	—	—	—	—	—	—	—
2	0.81	0.82	—	—	—	—	—	—	—	—	—	—
3	0.38	0.38	—	—	—	—	—	—	—	—	—	—
4	—	—	—	—	—	—	—	—	—	—	—	—
5	—	—	—	—	—	—	—	—	—	—	—	—
6	—	—	—	—	—	—	—	—	—	—	—	—
7	—	—	—	—	—	—	—	—	—	—	—	—
8	—	—	—	—	—	—	—	—	—	—	—	—
9	—	—	—	—	—	—	—	—	—	—	—	—
10	—	—	—	—	—	—	—	—	—	—	—	—
11	—	—	—	—	—	—	—	—	—	—	—	—
12	—	—	—	—	—	—	—	—	—	—	—	—
13	—	—	—	—	—	—	—	—	—	—	—	—
14	—	—	—	—	—	—	—	—	—	—	—	—
15	—	—	—	—	—	—	—	—	—	—	—	—
16	—	—	—	—	—	—	—	—	—	—	—	—
17	—	—	—	—	—	—	—	—	—	—	—	—
18	—	—	—	—	—	—	—	—	—	—	—	—
19	—	—	—	—	—	—	—	—	—	—	—	—
20	—	—	—	—	—	—	—	—	—	—	—	—
21	—	—	—	—	—	—	—	—	—	—	—	—
22	—	—	—	—	—	—	—	—	—	—	—	—
23	—	—	—	—	—	—	—	—	—	—	—	—
24	—	—	—	—	—	—	—	—	—	—	—	—
25	—	—	—	—	—	—	—	—	—	—	—	—
26		—	—	—	—	—	—	—	—	—	—	—
27	—	—	—	—	—	—	—	—	—	—	—	—
28	—	—	—	—	—	—	—	—	—	—	—	—
29	—	—	—	—	—	—	—	—	—	—	—	—
30	—	—	—	—	—	—	—	—	—	—	—	—
31	—	—	—	—	—	—	—	—	—	—	—	—
最高 high	0.81	0.82	—	—	—	—	—	—	—	—	—	—
最低 low	—	—	—	—	—	—	—	—	—	—	—	—

ETF 每日成交（亿元/亿份） 基金
ETF Trading（100M Yuan/100 M Units） Fund

日期 Date	1月 Jan		2月 Feb		3月 Mar		4月 Apr		5月 May		6月 Jun	
	金额 Value	数量 Vol	金额 Value	数量 Vol	金额 Value	数量 Vol	金额 Value	数量 Vol	金额 Value	数量 Vol	金额 Value	数量 Vol
1	—	—	80.50	40.41	140.16	67.81	168.23	80.52	—	—	—	—
2	71.55	36.14	—	—	—	—	158.32	77.10	—	—	—	—
3	66.24	36.89	—	—	—	—	140.36	70.10	—	—	88.05	43.32
4	99.87	55.84	—	—	174.84	85.35	142.97	69.04	—	—	79.28	35.53
5	—	—	—	—	148.34	74.18	—	—	—	—	81.04	39.45
6	—	—	—	—	195.11	91.60	—	—	214.08	89.91	82.88	38.73
7	79.70	44.42	—	—	191.18	92.66	—	—	152.26	66.45	—	—
8	59.49	33.31	—	—	169.24	80.62	175.93	81.39	117.42	54.62	—	—
9	109.68	55.57	—	—	—	—	130.45	61.80	130.66	62.60	—	—
10	74.32	39.19	—	—	—	—	140.04	64.17	200.23	92.33	110.55	52.13
11	72.67	40.05	85.76	41.85	151.03	71.89	134.47	62.07	—	—	133.00	63.30
12	—	—	82.05	42.35	174.59	83.88	109.64	52.53	—	—	88.98	42.85
13	—	—	102.41	53.71	173.93	83.72	—	—	91.76	39.14	89.82	43.32
14	67.85	38.91	87.76	45.63	131.72	63.87	—	—	99.34	46.95	81.79	37.96
15	90.02	47.00	96.31	47.64	143.38	67.39	159.17	67.73	113.56	55.00	—	—
16	65.36	35.63	—	—	—	—	169.01	74.97	98.27	43.65	—	—
17	68.81	37.69	—	—	—	—	152.06	68.62	106.36	50.64	76.83	38.94
18	83.51	46.78	115.49	55.43	153.15	72.33	99.90	47.15	—	—	84.06	40.52
19	—	—	128.12	62.15	115.38	57.91	155.57	69.43	—	—	154.57	68.71
20	—	—	121.04	58.09	136.94	69.81	—	—	110.98	51.75	199.04	93.80
21	73.43	40.98	124.22	59.83	136.62	66.02	—	—	113.08	50.95	152.25	67.60
22	67.03	36.32	117.12	62.36	118.56	57.03	145.70	61.84	87.83	40.52	—	—
23	60.17	33.97	—	—	—	—	125.61	58.90	91.00	43.97	—	—
24	72.91	41.26	—	—	—	—	136.40	58.59	78.90	36.79	105.28	48.46
25	71.09	37.71	221.41	105.06	149.79	75.93	131.24	57.45	—	—	181.62	82.12
26	—	—	198.43	95.99	127.37	61.43	147.53	64.06	—	—	129.34	56.60
27	—	—	162.92	77.88	130.96	65.06	—	—	114.62	57.73	108.57	50.12
28	67.77	35.82	116.03	59.88	104.30	52.08	—	—	101.30	47.16	103.49	44.82
29	76.72	39.35	—	—	176.91	83.98	152.35	68.26	92.56	44.50	—	—
30	57.71	30.02	—	—	—	—	101.46	44.03	77.79	40.05	—	—
31	77.69	37.72	—	—	—	—	—	—	74.97	37.41	—	—
最高 high	109.68	55.84	H221.41	105.06	195.11	92.66	175.93	81.39	214.08	92.33	199.04	93.80
最低 low	L57.71	L30.02	80.50	40.41	104.30	52.08	99.90	44.03	74.97	36.79	76.83	35.53

ETF 每日成交（亿元/亿份）
ETF Trading（100 M Yuan/100 M Units）

基金
Fund

日期 Date	7月 Jul		8月 Aug		9月 Sep		10月 Oct		11月 Nov		12月 Dec	
	金额 Value	数量 Vol	金额 Value	数量 Vol	金额 Value	数量 Vol	金额 Value	数量 Vol	金额 Value	数量 Vol	金额 Value	数量 Vol
1	158.43	70.86	82.96	39.65	—	—	—	—	98.98	50.47	—	—
2	89.82	40.53	105.32	49.57	114.20	60.26	—	—	—	—	78.90	43.57
3	106.61	49.28	—	—	94.73	53.28	—	—	—	—	87.34	47.09
4	94.24	43.89	—	—	125.74	70.48	—	—	93.28	50.76	83.84	46.78
5	96.36	49.90	106.67	51.45	161.18	86.57	—	—	119.41	63.53	102.71	60.48
6	—	—	152.53	73.34	118.79	67.22	—	—	98.24	53.81	94.85	54.14
7	—	—	91.16	43.26	—	—	—	—	88.18	45.75	—	—
8	114.17	54.51	86.36	44.88	—	—	89.13	45.63	106.07	58.44	—	—
9	77.95	37.81	73.66	36.23	135.03	78.40	87.36	46.08	—	—	105.40	58.87
10	64.79	32.30	—	—	134.33	81.90	88.64	46.40	—	—	89.29	52.69
11	79.59	37.25	—	—	153.73	89.40	100.62	54.17	117.89	61.27	90.41	52.00
12	80.41	37.92	72.20	37.93	112.45	62.42	—	—	96.03	50.69	92.44	49.44
13	—	—	76.15	38.91	—	—	—	—	87.17	48.80	150.69	87.54
14	—	—	78.23	38.73	—	—	122.43	68.85	85.91	47.53	—	—
15	126.57	60.60	96.18	52.95	—	—	80.71	42.91	83.39	47.64	—	—
16	67.62	32.38	100.01	52.15	98.00	52.49	92.17	49.56	—	—	158.46	100.34
17	70.47	35.60	—	—	126.95	67.58	76.27	40.93	—	—	183.07	107.22
18	73.83	36.13	—	—	98.91	49.13	103.12	54.85	93.07	51.02	145.65	85.59
19	90.16	42.03	128.84	73.38	92.72	49.27	—	—	100.86	56.38	122.93	73.03
20	—	—	101.58	55.92	91.08	48.90	—	—	103.13	54.23	133.83	77.88
21	—	—	76.47	38.22	—	—	73.20	41.25	98.78	52.00	—	—
22	102.42	54.95	74.12	37.39	—	—	92.37	55.07	126.52	65.57	—	—
23	83.16	40.10	94.53	48.68	108.06	56.01	84.92	49.91	—	—	151.46	85.92
24	97.73	45.54	—	—	116.98	63.29	99.15	57.24	—	—	108.30	57.39
25	73.25	34.73	—	—	101.06	54.11	129.01	79.09	105.68	59.16	120.53	64.97
26	67.88	31.72	108.70	56.41	122.39	68.26	—	—	95.30	47.48	123.19	68.58
27	—	—	117.23	60.68	81.15	43.64	—	—	81.21	42.72	161.02	95.44
28	—	—	87.70	44.37	—	—	133.96	77.78	69.17	35.62	—	—
29	68.04	33.81	87.12	43.93	—	—	80.16	46.76	115.32	58.11	—	—
30	81.94	40.49	106.05	56.54	85.17	43.49	83.85	44.21	—	—	168.22	99.62
31	79.83	36.86	—	—	—	—	70.56	38.78	—	—	128.43	72.74
最高 high	158.43	70.86	152.53	73.38	161.18	89.40	133.96	79.09	126.52	65.57	183.07	H107.22
最低 low	64.79	31.72	72.20	36.23	81.15	43.49	70.56	38.78	69.17	35.62	78.90	43.57

货币型基金每日成交（亿元/亿份） 基金
Money Market Fund Trading（100M Yuan/100 M Units） Fund

日期 Date	1月 Jan		2月 Feb		3月 Mar		4月 Apr		5月 May		6月 Jun	
	金额 Value	数量 Vol	金额 Value	数量 Vol	金额 Value	数量 Vol	金额 Value	数量 Vol	金额 Value	数量 Vol	金额 Value	数量 Vol
1	—	—	163.33	1.63	157.59	1.57	225.93	2.25	—	—	—	—
2	201.66	2.02	—	—	—	—	168.53	1.68	—	—	—	—
3	148.68	1.49	—	—	—	—	174.51	1.74	—	—	153.50	1.53
4	174.89	1.75	—	—	258.60	2.58	215.71	2.15	—	—	155.20	1.55
5	—	—	—	—	187.76	1.87	—	—	—	—	173.01	1.72
6	—	—	—	—	180.79	1.80	—	—	259.56	2.59	154.80	1.54
7	177.67	1.77	—	—	166.98	1.67	—	—	178.26	1.78	—	—
8	137.60	1.37	—	—	226.91	2.26	189.12	1.89	160.55	1.60	—	—
9	204.01	2.04	—	—	—	—	141.46	1.41	160.79	1.60	—	—
10	172.32	1.72	—	—	—	—	142.88	1.42	202.32	2.02	149.23	1.49
11	122.88	1.23	183.86	1.84	179.27	1.79	156.53	1.56	—	—	192.13	1.91
12	—	—	130.11	1.30	172.63	1.72	139.98	1.39	—	—	157.43	1.57
13	—	—	158.62	1.58	167.91	1.68	—	—	176.82	1.76	125.36	1.25
14	120.56	1.20	128.15	1.28	157.73	1.57	—	—	141.46	1.41	135.41	1.35
15	144.10	1.44	146.53	1.46	170.51	1.70	171.50	1.71	143.01	1.42	—	—
16	117.77	1.18	—	—	—	—	229.00	2.28	120.62	1.20	—	—
17	103.53	1.03	—	—	—	—	171.87	1.71	149.06	1.48	167.19	1.66
18	136.92	1.37	199.36	1.99	171.60	1.71	165.10	1.65	—	—	124.54	1.24
19	—	—	172.91	1.73	142.19	1.42	169.19	1.69	—	—	241.12	2.40
20	—	—	164.78	1.65	130.53	1.30	—	—	182.63	1.82	269.33	2.68
21	143.30	1.43	150.57	1.50	161.61	1.61	—	—	165.81	1.65	278.18	2.77
22	138.49	1.38	165.03	1.65	146.75	1.46	200.27	2.00	137.35	1.37	—	—
23	109.03	1.09	—	—	—	—	143.32	1.43	157.26	1.57	—	—
24	123.31	1.23	—	—	—	—	148.28	1.48	159.52	1.59	187.76	1.87
25	130.55	1.30	303.91	3.04	141.99	1.42	142.86	1.42	—	—	202.84	2.02
26	—	—	199.83	2.00	157.08	1.57	145.11	1.45	—	—	132.04	1.31
27	—	—	226.92	2.27	134.90	1.35	—	—	180.12	1.79	222.08	2.21
28	153.38	1.53	180.31	1.80	182.36	1.82	—	—	165.32	1.65	171.26	1.70
29	115.60	1.15	—	—	211.74	2.11	207.22	2.06	166.94	1.66	—	—
30	132.03	1.32	—	—	—	—	172.27	1.72	177.53	1.77	—	—
31	131.87	1.32	—	—	—	—	—	—	120.99	1.20	—	—
最高 high	204.01	2.04	H303.91	H3.04	258.60	2.58	229.00	2.28	259.56	2.59	278.18	2.77
最低 low	L103.53	L1.03	128.15	1.28	130.53	1.30	139.98	1.39	120.62	1.20	124.54	1.24

货币型基金每日成交（亿元/亿份） 基金
Money Market Fund Trading（100M Yuan/100 M Units） Fund

日期 Date	7月 Jul		8月 Aug		9月 Sep		10月 Oct		11月 Nov		12月 Dec	
	金额 Value	数量 Vol	金额 Value	数量 Vol	金额 Value	数量 Vol	金额 Value	数量 Vol	金额 Value	数量 Vol	金额 Value	数量 Vol
1	299.79	2.99	167.02	1.66	—	—	—	—	188.22	1.87	—	—
2	224.15	2.23	179.08	1.78	169.28	1.68	—	—	—	—	153.23	1.52
3	172.06	1.71	—	—	131.68	1.31	—	—	—	—	165.77	1.64
4	161.01	1.60	—	—	187.42	1.86	—	—	164.31	1.63	162.19	1.60
5	145.19	1.44	183.84	1.83	227.92	2.26	—	—	219.42	2.18	191.69	1.90
6	—	—	214.97	2.13	197.01	1.96	—	—	174.99	1.73	162.88	1.61
7	—	—	148.17	1.47	—	—	—	—	157.78	1.56	—	—
8	180.42	1.79	168.98	1.68	—	—	195.57	1.94	191.74	1.90	—	—
9	151.24	1.50	170.16	1.69	186.98	1.86	163.35	1.62	—	—	179.95	1.78
10	136.01	1.35	—	—	162.16	1.61	144.37	1.43	—	—	161.72	1.60
11	162.32	1.61	—	—	160.67	1.59	163.33	1.62	172.82	1.71	194.78	1.93
12	143.01	1.42	188.49	1.87	160.86	1.60	—	—	177.96	1.77	156.28	1.55
13	—	—	177.96	1.77	—	—	—	—	171.51	1.70	180.79	1.79
14	—	—	164.42	1.63	—	—	188.94	1.87	165.92	1.65	—	—
15	160.45	1.60	165.40	1.64	—	—	174.74	1.73	163.07	1.62	—	—
16	135.79	1.35	165.16	1.64	169.39	1.68	139.41	1.38	—	—	191.21	1.89
17	141.67	1.41	—	—	162.76	1.62	150.10	1.49	—	—	197.72	1.96
18	133.55	1.33	—	—	160.64	1.59	180.37	1.79	161.04	1.60	193.62	1.92
19	147.44	1.47	217.25	2.16	129.61	1.29	—	—	149.79	1.48	174.35	1.73
20	—	—	173.06	1.72	168.03	1.67	—	—	135.21	1.34	164.76	1.63
21	—	—	126.02	1.25	—	—	182.02	1.80	167.63	1.66	—	—
22	148.52	1.47	147.15	1.46	—	—	156.76	1.55	217.07	2.15	—	—
23	144.76	1.44	176.18	1.75	172.95	1.72	125.27	1.24	—	—	218.00	2.16
24	155.75	1.55	—	—	200.09	1.99	132.86	1.32	—	—	164.47	1.63
25	132.93	1.32	—	—	167.09	1.66	152.94	1.52	225.52	2.24	203.89	2.01
26	153.97	1.53	165.58	1.64	187.11	1.86	—	—	240.91	2.39	186.59	1.85
27	—	—	184.64	1.83	174.53	1.73	—	—	200.44	1.98	226.61	2.24
28	—	—	153.02	1.52	—	—	194.26	1.93	176.87	1.75	—	—
29	155.91	1.55	154.92	1.54	—	—	148.00	1.46	177.36	1.76	—	—
30	196.59	1.95	172.98	1.72	151.22	1.50	154.23	1.53	—	—	218.32	2.16
31	166.11	1.65	—	—	—	—	154.97	1.53	—	—	149.01	1.49
最高 high	299.79	2.99	217.25	2.16	227.92	2.26	195.57	1.94	240.91	2.39	226.61	2.24
最低 low	132.93	1.32	126.02	1.25	129.61	1.29	125.27	1.24	135.21	1.34	149.01	1.49

LOF 每日成交（亿元/亿份） 基金
LOF Trading（100 M Yuan/100 M Units） Fund

日期 Date	1月 Jan		2月 Feb		3月 Mar		4月 Apr		5月 May		6月 Jun	
	金额 Value	数量 Vol	金额 Value	数量 Vol	金额 Value	数量 Vol	金额 Value	数量 Vol	金额 Value	数量 Vol	金额 Value	数量 Vol
1	—	—	0. 45	0. 53	1. 18	1. 16	2. 82	2. 71	—	—	—	—
2	0. 33	0. 41	—	—	—	—	2. 89	2. 73	—	—	—	—
3	0. 34	0. 41	—	—	—	—	2. 50	2. 35	—	—	0. 88	0. 88
4	0. 63	0. 77	—	—	2. 03	1. 94	2. 85	2. 67	—	—	0. 76	0. 75
5	—	—	—	—	1. 11	1. 08	—	—	—	—	0. 85	0. 84
6	—	—	—	—	1. 60	1. 52	—	—	2. 27	2. 24	0. 93	0. 94
7	0. 52	0. 64	—	—	1. 81	1. 66	—	—	1. 21	1. 19	—	—
8	0. 31	0. 39	—	—	1. 73	1. 65	2. 86	2. 64	0. 98	0. 99	—	—
9	0. 55	0. 68	—	—	—	—	2. 26	2. 11	1. 20	1. 19	—	—
10	0. 38	0. 47	—	—	—	—	2. 07	1. 93	1. 73	1. 72	1. 35	1. 36
11	0. 27	0. 33	0. 52	0. 61	1. 32	1. 30	2. 52	2. 34	—	—	1. 35	1. 36
12	—	—	0. 45	0. 52	1. 51	1. 47	1. 51	1. 40	—	—	0. 87	0. 85
13	—	—	0. 74	0. 84	1. 30	1. 26	—	—	1. 17	1. 11	1. 01	0. 99
14	0. 29	0. 35	0. 58	0. 66	1. 13	1. 11	—	—	0. 92	0. 89	0. 85	0. 84
15	0. 70	0. 82	0. 66	0. 75	1. 10	1. 10	1. 94	1. 79	1. 13	1. 10	—	—
16	0. 33	0. 39	—	—	—	—	2. 00	1. 87	0. 88	0. 86	—	—
17	0. 30	0. 36	—	—	—	—	1. 83	1. 70	1. 13	1. 10	1. 17	1. 15
18	0. 41	0. 51	1. 03	1. 13	1. 38	1. 35	1. 48	1. 39	—	—	0. 95	0. 93
19	—	—	0. 91	1. 02	1. 07	1. 05	2. 59	2. 39	—	—	2. 04	1. 98
20	—	—	0. 63	0. 70	0. 98	0. 95	—	—	1. 04	1. 03	1. 86	1. 81
21	0. 39	0. 47	0. 83	0. 90	1. 09	1. 03	—	—	1. 22	1. 19	1. 75	1. 67
22	0. 35	0. 42	0. 94	1. 01	0. 77	0. 74	2. 55	2. 28	1. 56	1. 53	—	—
23	0. 24	0. 28	—	—	—	—	1. 95	1. 69	1. 18	1. 19	—	—
24	0. 35	0. 42	—	—	—	—	1. 93	1. 66	0. 79	0. 79	1. 23	1. 18
25	0. 37	0. 45	1. 58	1. 64	1. 14	1. 13	2. 22	1. 71	—	—	1. 18	1. 15
26	—	—	1. 69	1. 67	0. 93	0. 94	1. 51	1. 43	—	—	0. 96	0. 93
27	—	—	1. 47	1. 41	0. 70	0. 70	—	—	1. 03	1. 04	1. 17	1. 12
28	0. 35	0. 42	1. 14	1. 11	0. 63	0. 63	—	—	1. 10	1. 08	0. 85	0. 83
29	0. 41	0. 49	—	—	5. 24	5. 12	1. 77	1. 70	0. 77	0. 77	—	—
30	0. 29	0. 35	—	—	—	—	1. 24	1. 18	0. 71	0. 71	—	—
31	0. 42	0. 51	—	—	—	—	—	—	0. 71	0. 70	—	—
最高 high	0. 70	0. 82	1. 69	1. 67	H5. 24	H5. 12	2. 89	2. 73	2. 27	2. 24	2. 04	1. 98
最低 low	L0. 24	L0. 28	0. 45	0. 52	0. 63	0. 63	1. 24	1. 18	0. 71	0. 70	0. 76	0. 75

LOF 每日成交（亿元/亿份）
LOF Trading（100 M Yuan/100 M Units）

基金
Fund

日期 Date	7月 Jul		8月 Aug		9月 Sep		10月 Oct		11月 Nov		12月 Dec	
	金额 Value	数量 Vol	金额 Value	数量 Vol	金额 Value	数量 Vol	金额 Value	数量 Vol	金额 Value	数量 Vol	金额 Value	数量 Vol
1	1. 59	1. 52	0. 94	0. 93	—	—	—	—	1. 36	1. 31	—	—
2	1. 24	1. 19	1. 20	1. 19	1. 33	1. 30	—	—	—	—	0. 82	0. 80
3	1. 04	1. 01	—	—	1. 20	1. 16	—	—	—	—	0. 75	0. 73
4	0. 86	0. 84	—	—	1. 37	1. 33	—	—	1. 70	1. 63	0. 58	0. 56
5	0. 67	0. 66	1. 07	1. 06	2. 27	2. 18	—	—	1. 36	1. 30	0. 83	0. 80
6	—	—	1. 70	1. 72	1. 15	1. 09	—	—	1. 67	1. 59	0. 75	0. 72
7	—	—	0. 80	0. 80	—	—	—	—	1. 44	1. 38	—	—
8	1. 00	0. 98	0. 81	0. 82	—	—	0. 88	0. 86	2. 19	2. 08	—	—
9	1. 05	1. 04	0. 80	0. 81	1. 47	1. 40	1. 13	1. 11	—	—	0. 91	0. 89
10	0. 94	0. 92	—	—	1. 29	1. 23	1. 05	1. 03	—	—	1. 15	1. 12
11	0. 80	0. 79	—	—	1. 46	1. 38	1. 31	1. 26	2. 03	1. 94	0. 84	0. 81
12	0. 79	0. 78	0. 78	0. 79	1. 56	1. 50	—	—	1. 95	1. 85	0. 75	0. 73
13	—	—	0. 83	0. 83	—	—	—	—	2. 27	2. 16	1. 46	1. 41
14	—	—	2. 09	2. 05	—	—	1. 17	1. 13	1. 95	1. 86	—	—
15	0. 99	0. 98	1. 33	1. 34	—	—	0. 71	0. 68	1. 17	1. 11	—	—
16	0. 89	0. 87	0. 94	0. 95	1. 40	1. 33	1. 08	1. 03	—	—	1. 46	1. 38
17	0. 66	0. 65	—	—	1. 51	1. 45	0. 63	0. 60	—	—	2. 33	2. 16
18	0. 67	0. 66	—	—	0. 80	0. 76	0. 90	0. 87	1. 43	1. 38	1. 54	1. 41
19	0. 99	0. 97	1. 22	1. 21	1. 19	1. 15	—	—	1. 24	1. 19	1. 22	1. 13
20	—	—	0. 99	0. 97	1. 14	1. 10	—	—	1. 20	1. 14	1. 31	1. 23
21	—	—	0. 72	0. 72	—	—	0. 94	0. 91	1. 49	1. 41	—	—
22	1. 35	1. 32	0. 84	0. 82	—	—	0. 69	0. 67	1. 15	1. 10	—	—
23	1. 05	1. 04	1. 56	1. 52	1. 19	1. 16	0. 57	0. 56	—	—	1. 38	1. 28
24	1. 09	1. 07	—	—	1. 22	1. 17	0. 66	0. 64	—	—	1. 05	1. 00
25	1. 16	1. 16	—	—	0. 94	0. 92	1. 01	0. 97	1. 76	1. 71	1. 22	1. 15
26	0. 88	0. 87	1. 18	1. 17	1. 06	1. 03	—	—	0. 79	0. 76	1. 45	1. 35
27	—	—	1. 19	1. 18	0. 91	0. 89	—	—	0. 78	0. 76	1. 81	1. 69
28	—	—	1. 65	1. 62	—	—	1. 38	1. 33	0. 53	0. 51	—	—
29	0. 96	0. 95	1. 39	1. 36	—	—	1. 32	1. 26	0. 70	0. 68	—	—
30	1. 08	1. 06	1. 50	1. 46	0. 86	0. 85	1. 13	1. 08	—	—	3. 21	3. 07
31	0. 75	0. 74	—	—	—	—	0. 96	0. 93	—	—	3. 09	2. 98
最高 high	1. 59	1. 52	2. 09	2. 05	2. 27	2. 18	1. 38	1. 33	2. 27	2. 16	3. 21	3. 07
最低 low	0. 66	0. 65	0. 72	0. 72	0. 80	0. 76	0. 57	0. 56	0. 53	0. 51	0. 58	0. 56

基金 Fund

基金代码 Code	基金简称 Fund Name	发行数量（百万份）Issued Vol (1M units)	市价总值（百万元）Market Capitalization (1M yuan)	上年收盘（元）Last Year Close (yuan)	本年开盘（元）Open (yuan)	本年最高（元）High (yuan)
501000	国金鑫新	1.17	1.21	0.94	0.97	1.18
501001	财通精选	45.60	51.66	0.92	0.95	1.14
501002	能源互联	2.21	1.72	0.60	0.60	0.79
501005	精准医疗	19.88	20.72	0.67	0.68	1.16
501006	精准医 C	1.52	1.52	1.00	0.00	0.00
501007	互联医疗	1.86	1.87	0.77	0.74	1.11
501008	互联医 C	1.10	1.11	0.74	0.74	1.09
501009	生物科技	4.74	6.41	0.86	0.90	1.50
501010	生物科 C	1.68	2.27	0.88	0.86	1.50
501011	中药基金	16.85	13.54	0.75	0.72	1.06
501012	中药 C	1.44	1.13	0.79	0.72	1.06
501015	财通升级	239.32	215.87	0.73	0.73	0.91
501016	券商基金	48.50	53.50	0.73	0.75	1.29
501017	国泰融丰	31.66	28.02	0.76	0.77	0.93
501018	南方原油	48.22	56.71	0.91	0.91	1.23
501019	军工基金	69.06	56.22	0.61	0.60	0.90
501021	香港中小	63.85	96.86	1.17	1.19	1.53
501022	银华鑫盛	33.10	37.27	0.76	0.80	1.13
501023	港中小企	5.84	6.38	1.03	1.06	1.17
501025	香港银行	9.43	10.37	1.03	1.05	1.16
501026	财通福享	104.61	95.09	0.69	0.68	0.91
501027	国泰融信	1.86	1.92	1.00	1.00	1.12
501028	财通福瑞	81.02	82.48	0.73	0.73	1.02
501029	红利基金	916.77	912.18	0.84	0.84	1.14
501030	环境治理	4.66	2.60	0.54	0.52	0.70
501031	环境 C	1.56	0.87	0.53	0.52	0.69
501032	财通福盛	3.16	2.40	0.67	0.65	0.83
501035	创金睿选	4.17	4.16	0.92	0.92	1.00
501036	中证 500A	22.89	19.45	0.71	0.68	0.98
501037	中证 500C	16.70	14.15	0.67	0.70	0.93
501038	银华明择	138.68	174.74	0.84	0.84	1.27
501039	添富睿丰	0.50	0.54	1.02	1.02	1.19
501040	添富睿 C	1.50	1.62	1.02	1.02	1.17
501043	沪深 300A	19.05	21.41	0.82	0.84	1.14
501045	沪深 300C	6.30	7.05	0.81	0.81	1.18
501046	财通福鑫	76.20	107.44	0.82	0.81	1.50
501047	全指证券	4.34	4.59	0.72	0.72	1.20
501048	证券 C	4.59	4.83	0.73	0.72	1.17
501049	东证睿玺	217.66	270.98	0.78	0.78	1.26
501050	50AH	332.11	454.66	1.06	1.06	1.37
501051	圆信汇利	37.00	43.58	0.80	0.77	1.25
501053	东证目优	6.54	6.90	0.93	0.93	1.07
501054	东证睿泽	1207.58	1375.43	0.75	0.75	1.14
501057	新能源车	34.76	35.70	0.79	0.76	1.05
501058	新能车 C	11.95	12.20	0.79	0.80	1.05
501059	国企红利	0.51	0.63	0.96	0.89	1.45
501060	金选 300A	4.34	5.59	0.93	0.92	1.29
501061	金选 300C	2.60	3.33	0.93	1.00	1.28
501062	南方瑞合	305.04	319.38	0.86	0.85	1.05
501063	添富悦享	93.84	96.18	1.02	0.95	1.11

基金 Fund

本年最低（元）Low	本年收盘（元）Close (yuan)	涨跌（%）Change（%）	成交数量（百万份）Trading Vol (1 M units)	成交金额（百万元）Trading Value (1 M yuan)	年初净值（元）Open Value (yuan)	年末净值（元）Close Value (yuan)
0. 89	1. 04	10. 63	5. 63	5. 54	0. 95	1. 02
0. 87	1. 13	23. 15	44. 43	46. 75	0. 92	1. 15
0. 59	0. 78	29. 35	0. 66	0. 47	0. 61	0. 69
0. 64	1. 04	55. 06	62. 22	54. 46	0. 65	1. 05
0. 00	1. 00	0. 00	0. 00	0. 00	0. 64	1. 03
0. 71	1. 01	31. 72	5. 97	5. 65	0. 73	1. 01
0. 72	1. 00	36. 09	5. 02	4. 67	0. 73	1. 00
0. 83	1. 35	56. 48	22. 95	26. 58	0. 84	1. 33
0. 81	1. 36	54. 33	4. 15	4. 83	0. 84	1. 33
0. 71	0. 80	7. 77	18. 84	15. 34	0. 72	0. 78
0. 70	0. 78	-0. 89	3. 51	2. 87	0. 71	0. 78
0. 72	0. 90	24. 24	161. 37	134. 71	0. 73	0. 91
0. 72	1. 10	50. 68	439. 33	461. 92	0. 74	1. 11
0. 76	0. 89	16. 14	22. 00	18. 35	0. 76	0. 89
0. 89	1. 18	29. 66	913. 18	981. 19	0. 88	1. 19
0. 60	0. 81	33. 66	152. 20	119. 19	0. 61	0. 82
1. 13	1. 52	29. 44	118. 57	162. 13	1. 15	1. 53
0. 72	1. 13	47. 96	87. 61	86. 14	0. 77	1. 13
0. 96	1. 09	6. 33	5. 07	5. 41	1. 00	1. 10
1. 00	1. 10	6. 80	7. 56	8. 13	1. 01	1. 10
0. 68	0. 91	32. 70	50. 15	41. 14	0. 69	0. 92
0. 88	1. 03	3. 32	1. 39	1. 39	1. 00	1. 05
0. 69	1. 02	39. 84	66. 74	59. 73	0. 72	1. 03
0. 82	1. 00	18. 17	2196. 22	2117. 59	0. 83	1. 00
0. 50	0. 56	4. 10	16. 26	9. 82	0. 52	0. 56
0. 51	0. 56	5. 67	6. 36	3. 90	0. 52	0. 56
0. 61	0. 76	13. 13	18. 14	13. 54	0. 73	0. 77
0. 90	1. 00	8. 01	4. 42	4. 19	0. 92	0. 97
0. 67	0. 85	20. 23	31. 21	25. 66	0. 66	0. 85
0. 66	0. 85	27. 18	23. 26	18. 78	0. 66	0. 85
0. 82	1. 26	49. 64	338. 44	368. 58	0. 86	1. 32
0. 94	1. 08	5. 99	11. 33	11. 74	1. 04	1. 10
0. 96	1. 08	6. 18	33. 83	35. 20	1. 03	1. 09
0. 80	1. 12	37. 41	95. 46	97. 97	0. 80	1. 13
0. 80	1. 12	37. 47	20. 68	21. 31	0. 80	1. 12
0. 81	1. 41	72. 16	370. 56	440. 48	0. 86	1. 47
0. 71	1. 06	47. 56	23. 64	24. 01	0. 72	1. 05
0. 72	1. 05	45. 10	22. 50	22. 71	0. 72	1. 06
0. 76	1. 25	59. 62	400. 29	397. 26	0. 78	1. 25
1. 04	1. 37	29. 76	527. 89	663. 38	1. 03	1. 38
0. 77	1. 18	47. 25	68. 75	71. 51	0. 78	1. 18
0. 91	1. 06	13. 44	9. 55	9. 79	1. 00	1. 07
0. 73	1. 14	52. 68	1913. 86	1773. 19	0. 80	1. 17
0. 74	1. 03	29. 35	66. 43	60. 87	0. 76	1. 03
0. 72	1. 02	29. 57	14. 68	13. 33	0. 76	1. 03
0. 89	1. 24	29. 27	1. 48	1. 70	0. 97	1. 28
0. 92	1. 29	37. 98	53. 71	57. 24	0. 92	1. 29
0. 92	1. 28	37. 53	46. 16	53. 25	0. 92	1. 28
0. 84	1. 05	22. 46	674. 93	635. 41	0. 95	1. 10
0. 91	1. 03	0. 59	87. 98	85. 43	1. 00	1. 08

基金代码 Code	基金简称 Fund Name	发行数量（百万份） Issued Vol（1M units）	市价总值（百万元） Market Capitalization（1M yuan）	上年收盘（元） Last Year Close（yuan）	本年开盘（元） Open（yuan）	本年最高（元） High（yuan）
501064	国泰价值	13.74	18.61	1.11	1.00	1.39
501065	经典成长	27.58	35.28	1.15	1.05	1.32
501066	东证恒元	36.94	56.14	1.23	1.16	1.53
501067	富时AH50	0.81	1.03	1.00	0.99	2.01
501068	AH50C	0.64	0.84	1.00	0.99	1.76
501069	质量基金	6.16	6.96	1.00	0.99	1.14
501070	广发睿阳	19.84	25.20	1.11	1.03	1.33
501071	泓德丰泽	60.28	71.20	1.15	1.12	1.20
501072	红利增强	3.70	3.72	1.00	1.00	1.05
501073	科创混合	330.29	313.77	1.03	0.93	0.95
501075	科创主题	146.97	149.03	1.08	1.00	1.02
501076	科创基金	291.23	285.99	1.07	0.96	1.00
501077	科创富国	200.39	223.43	1.06	0.99	1.12
501078	科创配置	320.64	323.21	1.08	0.98	1.03
501080	科创中金	231.86	241.37	1.13	1.02	1.05
501081	科创中欧	203.90	205.74	1.05	1.01	1.05
501082	科创投资	183.21	187.42	1.14	1.03	1.04
501086	ESG基金	12.49	13.40	1.01	1.00	1.07
501089	消费增强	55.98	57.66	1.00	1.01	1.03
501106	十年国开	0.22	0.25	1.11	1.08	1.18
501186	华夏配售	1560.05	1628.69	1.04	1.03	1.13
501188	添富配售	1698.69	1787.02	1.06	1.04	1.07
501189	嘉实配售	988.72	1025.30	1.03	1.02	1.10
501300	美元债	11.48	12.25	0.99	0.99	1.15
501301	香港大盘	12.52	15.40	1.06	1.06	1.26
501302	恒生联接	0.31	0.35	0.96	0.98	1.43
501303	恒生中型	14.67	13.62	0.79	0.79	0.97
501305	港股高息	17.72	17.88	0.89	0.84	1.01
501306	港股高C	2.79	2.68	0.92	0.83	1.00
501307	银河高股	5.57	5.58	0.90	0.88	1.24
501309	港股通	1.00	1.05	1.01	1.01	1.28
501310	价值基金	46.62	46.72	0.97	0.96	1.32
501311	新经济HK	0.67	0.75	1.00	1.00	1.53
502000	500等权	1.29	1.30	0.75	0.72	1.02
502001	500等权A	1.44	1.48	1.01	0.97	1.08
502002	500等权B	1.44	1.50	0.43	0.43	1.20
502003	军工分级	10.69	12.95	0.97	0.98	1.45
502004	军工A	21.33	21.48	0.96	0.96	1.09
502005	军工B	21.33	30.38	1.03	1.01	1.93
502006	国企改革	31.40	33.56	0.81	0.81	1.09
502007	国企改A	30.93	32.23	0.97	0.97	1.11
502008	国企改B	30.93	33.72	0.65	0.64	1.14
502010	证券分级	15.00	17.22	0.79	0.78	1.39
502011	证券A	123.86	124.48	0.97	0.97	1.01
502012	证券B	123.86	159.90	0.60	0.60	1.80
502013	一带一路	79.33	90.76	0.99	0.99	2.65
502014	一带一A	13.60	13.49	0.96	0.97	1.32
502015	一带一B	13.60	17.59	1.04	0.97	3.79
502020	50增强	14.87	15.60	0.79	0.78	1.11
502021	国金50A	9.09	9.35	1.01	0.93	1.03

基金 Fund

本年最低（元） Low	本年收盘（元） Close （yuan）	涨跌（%） Change（%）	成交数量（百万份） Trading Vol （1 M）	成交金额（百万元） Trading Value （1 M yuan）	年初净值（元） Open Value （yuan）	年末净值（元） Close Value （yuan）
0. 87	1. 36	22. 07	5. 96	7. 16	1. 00	1. 42
1. 01	1. 28	10. 93	26. 56	30. 26	1. 00	1. 30
1. 05	1. 52	23. 68	38. 28	47. 99	0. 98	1. 47
0. 99	1. 28	27. 37	5. 75	6. 90	1. 00	1. 29
0. 98	1. 32	31. 97	3. 00	3. 59	1. 00	1. 29
0. 94	1. 13	12. 67	38. 39	38. 59	1. 00	1. 13
0. 98	1. 27	14. 31	26. 55	30. 80	1. 00	1. 29
1. 04	1. 18	2. 70	91. 86	100. 45	1. 00	1. 26
0. 89	1. 01	0. 40	1. 53	1. 51	1. 00	1. 01
0. 92	0. 95	-7. 41	41. 25	38. 73	1. 00	1. 03
0. 91	1. 01	-5. 76	144. 72	139. 52	1. 00	1. 13
0. 96	0. 98	-8. 14	70. 40	68. 60	1. 00	1. 09
0. 94	1. 12	5. 59	225. 03	231. 82	1. 00	1. 22
0. 97	1. 01	-6. 32	149. 99	150. 07	1. 00	1. 13
1. 02	1. 04	-7. 71	27. 83	28. 69	1. 00	1. 15
0. 95	1. 01	-4. 09	127. 00	124. 85	1. 00	1. 11
1. 01	1. 02	-10. 50	31. 89	32. 79	1. 00	1. 14
0. 98	1. 07	6. 77	55. 18	55. 44	1. 00	1. 08
1. 00	1. 03	3. 00	5. 03	5. 06	1. 00	1. 00
1. 05	1. 15	3. 98	1. 20	1. 33	1. 11	1. 15
1. 00	1. 04	0. 29	3899. 23	4057. 94	1. 03	1. 09
1. 02	1. 05	-0. 47	4077. 83	4255. 65	1. 03	1. 09
0. 95	1. 04	0. 58	2897. 37	2979. 63	1. 02	1. 06
0. 97	1. 07	8. 11	98. 36	101. 65	1. 00	1. 08
1. 05	1. 23	15. 93	19. 44	22. 55	1. 04	1. 24
0. 96	1. 11	15. 50	1. 79	1. 98	0. 97	1. 12
0. 79	0. 93	18. 04	3. 99	3. 51	0. 79	0. 94
0. 76	1. 01	13. 37	17. 35	16. 22	0. 84	0. 99
0. 81	0. 96	4. 24	2. 02	1. 81	0. 84	0. 98
0. 87	1. 00	10. 96	0. 47	0. 47	0. 88	1. 02
0. 93	1. 05	4. 27	6. 32	6. 39	1. 02	1. 06
0. 92	1. 00	3. 83	167. 29	173. 99	0. 93	1. 01
0. 89	1. 12	11. 89	3. 66	3. 76	1. 00	1. 05
0. 70	1. 01	35. 29	2. 00	1. 72	0. 72	1. 01
0. 97	1. 03	1. 78	3. 56	3. 52	1. 00	1. 05
0. 39	1. 04	141. 44	0. 80	0. 69	0. 43	0. 97
0. 98	1. 21	24. 33	32. 69	40. 26	1. 00	1. 22
0. 90	1. 01	5. 45	22. 79	22. 42	1. 01	1. 02
1. 01	1. 42	37. 72	84. 72	125. 66	0. 98	1. 42
0. 80	1. 07	32. 14	32. 74	32. 25	0. 80	1. 07
0. 92	1. 04	7. 42	25. 94	25. 83	1. 02	1. 02
0. 62	1. 09	67. 69	22. 16	21. 22	0. 58	1. 12
0. 78	1. 15	46. 06	686. 68	768. 98	0. 78	1. 11
0. 97	1. 01	3. 82	635. 66	632. 08	1. 02	1. 02
0. 59	1. 29	114. 10	1444. 99	1737. 37	0. 55	1. 20
0. 97	1. 14	15. 79	382. 13	563. 60	0. 99	1. 15
0. 95	0. 99	3. 55	49. 03	50. 19	1. 01	1. 00
0. 97	1. 29	24. 93	44. 41	71. 47	0. 97	1. 30
0. 77	1. 05	32. 62	8. 84	8. 70	0. 79	1. 06
0. 91	1. 03	1. 88	2. 56	2. 53	1. 00	1. 00

基金 Fund

基金代码 Code	基金简称 Fund Name	发行数量（百万份）Issued Vol（1M units）	市价总值（百万元）Market Capitalization（1M yuan）	上年收盘（元）Last Year Close（yuan）	本年开盘（元）Open（yuan）	本年最高（元）High（yuan）
502022	国金50B	9.09	10.85	1.15	1.04	1.24
502023	钢铁分级	0.97	0.73	0.73	0.73	1.02
502024	钢铁A	2.40	2.38	0.98	0.98	1.02
502025	钢铁B	2.40	1.24	0.85	0.77	1.02
502030	高铁分级	0.34	0.24	0.70	0.00	0.00
502031	高铁A	0.74	0.70	0.94	0.00	0.00
502032	高铁B	0.74	0.85	1.14	0.00	0.00
502036	互联金融	5.27	4.83	0.65	0.65	1.17
502037	网金A	2.68	2.65	0.98	0.97	1.09
502038	网金B	2.68	2.36	0.95	1.04	1.19
502040	上50分级	0.66	0.89	0.94	0.99	1.43
502041	上50A	1.93	1.90	1.04	1.00	1.31
502042	上50B	1.93	3.09	1.01	1.10	1.65
502048	50分级	66.27	66.87	0.77	0.77	1.03
502049	上证50A	154.32	156.78	0.99	0.99	1.03
502050	上证50B	154.32	154.62	0.56	0.57	1.01
502053	券商分级	7.11	6.91	1.03	1.03	1.65
502054	券商A	15.81	15.67	0.96	0.96	1.05
502055	券商B	15.81	15.48	1.13	1.19	2.32
502056	医疗分级	2.21	2.67	0.83	0.83	1.39
502057	医疗A	1.68	1.52	0.97	0.96	1.20
502058	医疗B	1.68	2.67	0.74	0.72	1.65
505888	嘉实元和	10000.00	9670.00	0.94	0.94	1.04
510010	治理ETF	289.52	349.17	0.95	0.94	1.30
510020	超大ETF	65.45	201.19	2.37	2.37	3.08
510030	价值ETF	31.03	173.54	4.40	4.36	5.70
510050	50ETF	15109.87	46205.97	2.29	2.29	3.12
510060	央企ETF	73.96	140.97	1.64	1.60	2.00
510070	民企ETF	45.12	82.85	1.32	1.31	1.89
510090	责任ETF	52.08	99.84	1.39	1.41	1.99
510100	SZ50ETF	225.23	238.97	1.01	1.00	1.06
510110	周期ETF	9.32	37.43	3.00	3.00	4.35
510120	非周ETF	7.19	22.30	2.32	2.29	3.42
510130	中盘ETF	59.89	243.07	3.15	3.08	4.32
510150	消费ETF	29.93	165.37	3.87	3.89	5.58
510160	小康ETF	946.06	555.34	0.48	0.48	0.62
510170	商品ETF	67.73	120.29	1.50	1.50	1.98
510180	180ETF	5624.56	19944.68	2.77	2.77	3.69
510190	龙头ETF	26.15	90.90	2.73	2.75	3.69
510210	综指ETF	50.64	197.84	3.10	3.09	4.04
510220	中小ETF	19.23	81.30	3.15	3.11	4.70
510230	金融ETF	848.26	4873.26	4.70	4.71	6.35
510230	金融ETF	848.26	4873.26	4.70	4.71	6.35
510260	新兴ETF	13.98	14.79	0.90	0.93	1.21
510270	国企ETF	13.83	16.16	0.93	0.93	1.29
510280	成长ETF	4.75	7.34	1.54	0.00	0.00
510290	380ETF	140.45	209.83	1.14	1.14	1.60
510300	300ETF	9850.09	40345.96	3.06	3.07	4.13
510310	HS300ETF	4744.31	8606.17	1.30	1.31	1.82
510330	华夏300	7471.15	31154.69	3.01	3.02	4.17

基金 Fund

基金 Fund

本年最低（元） Low	本年收盘（元） Close （yuan）	涨跌（%） Change（%）	成交数量（百万份） Trading Vol （1 M）	成交金额（百万元） Trading Value （1 M yuan）	年初净值（元） Open Value （yuan）	年末净值（元） Close Value （yuan）
0. 73	1. 19	3. 47	1. 92	1. 90	0. 57	1. 00
0. 70	0. 75	2. 47	7. 14	5. 95	0. 71	0. 73
0. 89	0. 99	1. 33	11. 68	11. 59	1. 02	1. 02
0. 41	0. 52	-39. 44	14. 61	10. 32	0. 41	0. 44
0. 00	0. 70	0. 00	0. 00	0. 00	1. 07	1. 07
0. 00	0. 94	0. 00	0. 00	0. 00	1. 00	1. 00
0. 00	1. 14	0. 00	0. 00	0. 00	1. 13	1. 13
0. 64	0. 92	40. 80	24. 27	22. 05	0. 65	0. 88
0. 95	0. 99	1. 02	12. 87	12. 85	1. 00	1. 00
0. 55	0. 88	-7. 17	11. 68	9. 11	0. 30	0. 75
0. 96	1. 35	43. 22	2. 59	3. 12	0. 94	1. 33
0. 95	0. 99	-5. 00	2. 68	2. 77	1. 01	1. 00
0. 98	1. 61	59. 23	12. 65	15. 88	0. 88	1. 66
0. 77	1. 01	30. 36	209. 17	192. 55	0. 77	1. 01
0. 97	1. 02	2. 63	699. 82	700. 68	1. 04	1. 03
0. 54	1. 00	78. 29	2221. 49	1887. 61	0. 49	1. 00
0. 81	0. 97	-5. 45	41. 95	47. 11	1. 03	0. 90
0. 96	0. 99	3. 01	41. 61	41. 42	1. 01	1. 00
0. 78	0. 98	-13. 52	121. 71	141. 35	1. 05	0. 80
0. 80	1. 21	46. 79	9. 67	10. 39	0. 81	1. 20
0. 91	0. 91	-6. 89	3. 24	3. 29	1. 00	1. 00
0. 64	1. 59	115. 27	6. 29	6. 95	0. 62	1. 40
0. 94	0. 97	3. 20	7260. 70	7218. 52	—	—
0. 93	1. 21	27. 35	31. 15	36. 04	0. 96	1. 21
2. 33	3. 07	29. 70	46. 32	130. 74	2. 37	3. 06
4. 31	5. 59	27. 26	19. 27	100. 54	4. 40	5. 61
2. 25	3. 06	33. 77	173804. 47	490359. 60	2. 29	3. 06
1. 59	1. 91	16. 01	47. 79	87. 50	1. 62	1. 92
1. 26	1. 84	39. 51	52. 25	83. 26	1. 32	1. 83
1. 36	1. 92	37. 72	4. 04	7. 01	1. 40	1. 92
0. 99	1. 06	5. 57	1405. 86	1443. 20	1. 00	1. 06
2. 98	4. 02	33. 93	15. 67	59. 33	3. 01	3. 98
2. 29	3. 10	33. 51	1. 57	4. 60	2. 41	3. 11
3. 08	4. 06	28. 86	5. 01	18. 86	3. 14	4. 05
3. 67	5. 53	42. 69	206. 39	1035. 97	3. 88	5. 47
0. 47	0. 59	22. 55	145. 85	81. 21	0. 48	0. 58
1. 42	1. 78	18. 72	75. 35	119. 29	1. 42	1. 77
2. 71	3. 55	28. 11	5299. 87	17948. 72	2. 77	3. 54
2. 69	3. 48	27. 47	39. 90	132. 88	2. 76	3. 47
2. 94	3. 91	26. 07	528. 93	1925. 31	2. 98	3. 90
3. 10	4. 23	34. 09	18. 85	74. 86	3. 22	4. 23
4. 60	5. 75	22. 26	1174. 62	6747. 12	4. 70	5. 76
4. 60	5. 75	22. 26	1174. 62	6747. 12	4. 70	5. 76
0. 90	1. 06	17. 43	14. 60	15. 69	0. 92	1. 05
0. 89	1. 17	26. 27	24. 38	27. 51	0. 93	1. 18
0. 00	1. 54	0. 00	0. 00	0. 00	—	—
1. 12	1. 49	31. 05	142. 93	201. 12	1. 14	1. 49
3. 00	4. 10	33. 90	85164. 54	321201. 59	3. 07	4. 08
1. 28	1. 81	39. 32	10723. 01	17937. 63	1. 31	1. 81
2. 94	4. 17	38. 40	29091. 15	109819. 48	3. 02	4. 15

基金 Fund

基金代码 Code	基金简称 Fund Name	发行数量（百万份）Issued Vol（1M units）	市价总值（百万元）Market Capitalization（1M yuan）	上年收盘（元）Last Year Close（yuan）	本年开盘（元）Open（yuan）	本年最高（元）High（yuan）
510350	工银300	966.71	3940.33	3.69	3.69	4.08
510360	广发300	2862.23	3852.56	0.97	0.97	1.35
510380	国寿300	4728.80	4965.24	0.77	0.75	1.05
510390	平安300	1362.35	5772.28	3.05	3.06	4.24
510410	资源ETF	182.26	116.65	0.55	0.55	0.73
510420	180EWETF	34.46	38.93	1.13	0.00	0.00
510430	50等权	57.92	91.52	1.22	1.23	1.70
510440	500沪市	22.06	35.07	1.26	1.20	1.85
510500	500ETF	7802.67	44514.22	4.45	4.46	6.36
510510	广发500	3329.04	5006.87	1.18	1.18	1.79
510520	诺安500	7.09	8.79	1.19	1.11	1.47
510550	方正500	97.74	121.98	1.01	1.01	1.40
510560	国寿500	636.32	713.95	0.88	0.90	1.26
510580	ZZ500ETF	167.90	901.94	4.16	4.15	6.67
510590	平安500	453.59	2454.81	4.24	4.25	6.05
510600	沪50ETF	33.12	105.70	2.29	2.29	3.20
510630	消费行业	75.09	224.60	1.95	1.96	3.13
510650	金融行业	18.45	37.72	1.54	1.54	2.06
510660	医药行业	52.88	101.37	1.44	1.44	2.04
510680	万家50	64.32	164.67	2.06	1.95	2.78
510710	上50ETF	217.72	747.86	2.50	2.49	3.44
510800	上证50	246.58	279.86	0.81	0.81	1.14
510810	上海国企	12940.09	12073.11	0.77	0.76	1.05
510820	上海改革	4758.35	4154.04	0.88	0.88	0.91
510850	工银上50	1928.30	5973.87	2.81	2.81	3.11
510880	红利ETF	1058.68	3066.98	2.58	2.59	3.09
510890	红利低波	1302.56	1341.64	1.03	1.02	1.07
510900	H股ETF	8128.02	10338.84	1.09	1.10	1.28
511010	国债ETF	3.98	476.56	116.59	116.59	127.00
511020	活跃国债	11.20	1141.46	100.58	100.00	102.45
511030	公司债	51.09	5201.44	100.57	91.16	101.90
511060	5年地债	77.40	7778.87	100.55	100.40	100.65
511220	城投ETF	18.73	1807.88	94.83	94.50	97.96
511230	周期债	1.87	183.03	96.00	97.00	98.00
511260	十年国债	6.86	743.72	106.13	105.90	117.00
511270	10年地债	7.18	746.46	102.40	102.60	104.21
511280	中期信用	0.42	43.81	100.10	101.17	113.00
511290	国债十年	0.28	27.85	103.10	101.33	111.56
511310	十年债	0.31	31.72	105.90	104.00	107.49
511600	货币ETF	0.69	69.44	100.01	100.00	100.58
511620	货币基金	0.25	25.45	99.98	99.98	104.00
511650	华夏快线	1.23	123.27	100.01	100.01	105.00
511660	建信添益	106.23	10621.92	100.03	100.00	100.15
511670	华泰天金	1.46	146.42	100.02	100.02	100.39
511690	交易货币	21.08	2107.77	100.02	99.99	100.08
511700	场内货币	19.38	1937.66	100.03	100.00	100.09
511770	金鹰增益	0.16	16.08	100.01	99.98	103.68
511800	易货币	5.49	548.70	100.01	99.99	101.71
511810	理财金H	37.05	3704.62	100.02	100.00	100.10
511820	鹏华添利	2.81	280.49	100.01	99.99	100.10

基金 Fund

基金 Fund

本年最低（元）Low	本年收盘（元）Close (yuan)	涨跌（%）Change（%）	成交数量（百万份）Trading Vol (1 M)	成交金额（百万元）Trading Value (1 M yuan)	年初净值（元）Open Value (yuan)	年末净值（元）Close Value (yuan)
3. 68	4. 08	10. 43	3477. 48	13439. 84	3. 69	4. 06
0. 95	1. 35	38. 91	5832. 34	7119. 18	0. 97	1. 34
0. 75	1. 05	35. 66	190. 61	181. 86	0. 76	1. 05
2. 99	4. 24	38. 78	2183. 61	8325. 04	3. 06	4. 23
0. 55	0. 64	16. 15	883. 14	550. 84	0. 55	0. 64
0. 00	1. 13	0. 00	0. 00	0. 00	—	—
1. 23	1. 58	29. 93	5. 45	8. 11	1. 26	1. 59
1. 20	1. 59	26. 09	18. 72	29. 75	1. 26	1. 59
4. 36	5. 71	28. 17	59798. 12	322079. 74	4. 46	5. 68
1. 15	1. 50	27. 24	8157. 61	11808. 79	1. 18	1. 50
1. 11	1. 24	4. 20	3. 76	4. 94	1. 09	1. 27
0. 95	1. 25	23. 44	488. 33	555. 49	1. 01	1. 24
0. 90	1. 12	27. 07	12. 47	13. 37	0. 89	1. 12
4. 13	5. 37	29. 23	1315. 43	6619. 77	4. 18	5. 35
4. 16	5. 41	27. 58	1438. 86	7200. 44	4. 26	5. 39
2. 24	3. 19	39. 57	466. 48	1390. 33	2. 28	3. 20
1. 89	2. 99	53. 07	206. 78	569. 29	1. 96	3. 00
1. 51	2. 04	32. 73	39. 96	76. 71	1. 54	2. 06
1. 33	1. 92	32. 85	373. 27	642. 87	1. 44	1. 88
1. 90	2. 56	24. 57	2. 88	6. 86	1. 93	2. 60
2. 44	3. 44	37. 51	3146. 86	9669. 88	2. 49	3. 44
0. 79	1. 14	40. 99	1701. 55	1749. 55	0. 81	1. 14
0. 75	0. 93	21. 80	6455. 55	6195. 47	0. 77	0. 93
0. 86	0. 87	-0. 91	1. 76	1. 53	0. 88	0. 88
2. 50	3. 10	10. 17	14250. 73	41352. 52	2. 81	3. 10
2. 51	2. 90	12. 16	2406. 91	6702. 60	2. 58	2. 89
0. 96	1. 03	0. 39	1582. 23	1568. 59	1. 03	1. 03
1. 07	1. 27	16. 70	198683. 56	237539. 50	1. 09	1. 28
115. 71	119. 85	2. 79	218. 28	25590. 15	116. 31	119. 71
98. 75	101. 90	1. 32	0. 94	94. 79	100. 50	102. 04
90. 99	101. 81	1. 23	0. 73	73. 13	100. 59	102. 73
100. 08	100. 51	-0. 05	8. 07	810. 00	100. 68	100. 98
91. 56	96. 53	1. 80	11. 98	1148. 97	96. 36	97. 93
95. 00	98. 00	2. 08	0. 00	0. 12	102. 31	102. 98
104. 25	108. 47	2. 20	35. 29	3766. 48	105. 91	108. 60
98. 61	104. 00	1. 56	18. 74	1921. 99	103. 68	105. 83
93. 60	105. 00	4. 90	0. 15	15. 62	104. 36	108. 14
90. 70	101. 00	-2. 03	0. 26	26. 31	104. 48	105. 75
101. 00	101. 35	-4. 30	0. 03	2. 66	106. 42	109. 39
99. 51	99. 99	-0. 02	29. 99	2997. 94	100. 00	100. 00
99. 81	99. 99	0. 01	1. 90	190. 40	100. 00	100. 00
99. 20	100. 00	-0. 01	41. 84	4184. 06	100. 00	100. 00
99. 00	99. 99	-0. 04	2233. 39	223331. 90	100. 00	100. 00
99. 80	100. 00	-0. 02	32. 84	3284. 30	100. 00	100. 00
90. 00	99. 99	-0. 03	398. 28	39824. 25	100. 00	100. 00
99. 85	100. 01	-0. 02	18. 80	1880. 20	100. 00	100. 00
99. 00	99. 98	-0. 03	3. 26	326. 30	100. 00	100. 00
99. 89	100. 00	-0. 01	47. 44	4744. 57	100. 00	100. 00
99. 46	99. 99	-0. 03	2098. 33	209815. 81	100. 00	100. 00
99. 90	99. 99	-0. 02	8. 27	826. 93	100. 00	100. 00

基金
Fund

基金代码 Code	基金简称 Fund Name	发行数量（百万份）Issued Vol（1M units）	市价总值（百万元）Market Capitalization（1M yuan）	上年收盘（元）Last Year Close（yuan）	本年开盘（元）Open（yuan）	本年最高（元）High（yuan）
511830	华泰货币	1. 19	119. 11	100. 01	100. 00	101. 00
511850	财富宝 E	14. 58	1457. 72	100. 03	100. 01	100. 10
511860	博时货币	2. 96	296. 30	100. 01	100. 01	100. 60
511880	XD 银华日	436. 36	43679. 87	100. 10	100. 12	102. 59
511900	富国货币	3. 55	354. 89	100. 02	100. 00	107. 80
511910	融通货币	0. 08	7. 64	100. 01	100. 00	109. 49
511920	广发货币	0. 61	61. 04	100. 09	99. 98	109. 50
511930	中融日盈	2. 16	216. 43	100. 03	100. 00	107. 89
511950	广发添利	0. 11	11. 08	99. 99	100. 36	115. 12
511960	嘉实快线	0. 20	20. 06	100. 04	100. 00	102. 00
511970	国寿货币	0. 07	6. 96	100. 07	99. 98	103. 50
511980	现金添富	1. 18	118. 12	100. 02	99. 99	100. 19
511990	华宝添益	641. 38	64133. 68	100. 02	100. 00	100. 50
512000	券商 ETF	5731. 21	5679. 63	0. 68	0. 68	1. 13
512010	医药 ETF	686. 17	1301. 67	1. 33	1. 33	2. 02
512040	国信价值	475. 86	557. 71	0. 95	0. 96	1. 27
512070	非银 ETF	867. 16	2025. 69	1. 59	1. 63	2. 44
512090	MSCI 易基	445. 59	514. 66	0. 83	0. 83	1. 16
512100	1000ETF	278. 89	199. 13	0. 53	0. 53	0. 77
512120	医药 50	56. 75	88. 87	1. 19	1. 19	1. 65
512150	A50ETF	119. 07	158. 37	1. 00	0. 99	1. 33
512160	MSCI 基金	605. 78	705. 73	0. 83	0. 83	1. 17
512170	医疗 ETF	307. 94	388. 00	0. 99	0. 99	1. 38
512180	建信 MSCI	388. 05	431. 51	0. 81	0. 82	1. 11
512190	之江凤凰	286. 32	302. 92	1. 03	1. 03	1. 06
512200	地产 ETF	195. 38	179. 75	0. 71	0. 71	1. 09
512220	景顺 TMT	226. 47	319. 09	0. 95	0. 93	1. 46
512230	景顺医药	3. 47	4. 98	1. 44	0. 00	0. 00
512260	500 低波	215. 70	256. 90	1. 00	1. 00	1. 39
512270	300 低波	64. 38	64. 89	0. 97	0. 99	1. 07
512280	景顺 MSCI	326. 01	362. 84	0. 81	0. 81	1. 12
512290	生物医药	419. 82	502. 53	0. 98	0. 97	1. 25
512300	500 医药	30. 12	33. 94	0. 88	0. 88	1. 22
512310	500 工业	76. 89	37. 60	0. 41	0. 41	0. 57
512330	500 信息	803. 69	775. 56	0. 56	0. 56	1. 01
512340	500 原料	39. 23	30. 56	0. 63	0. 63	0. 97
512360	MSCI 国际	158. 34	186. 68	0. 84	0. 84	1. 18
512380	银华 MSCI	1353. 81	1413. 37	0. 97	0. 96	1. 05
512390	MSCI 低波	204. 68	225. 15	0. 83	0. 83	1. 10
512400	有色 ETF	616. 04	447. 24	0. 57	0. 57	0. 77
512480	半导体	516. 45	740. 59	1. 01	0. 99	1. 50
512500	中证 500	2106. 41	5584. 09	2. 08	2. 08	2. 96
512510	ETF500	612. 43	712. 87	0. 89	0. 89	1. 27
512520	MSCIETF	293. 06	337. 60	0. 82	0. 82	1. 16
512530	300 红利	341. 50	359. 26	1. 00	0. 99	1. 05
512550	富时 A50	111. 91	145. 14	0. 89	0. 89	1. 30
512560	中证军工	25. 56	20. 86	0. 71	0. 71	0. 97
512570	中证证券	29. 81	29. 63	0. 68	0. 67	1. 12
512580	环保 ETF	2335. 47	1835. 68	0. 65	0. 65	0. 87
512590	高股息	16. 50	17. 46	1. 01	0. 99	1. 11

基金 Fund

基金 Fund

本年最低（元）Low	本年收盘（元）Close（yuan）	涨跌（%）Change（%）	成交数量（百万份）Trading Vol（1 M）	成交金额（百万元）Trading Value（1 M yuan）	年初净值（元）Open Value（yuan）	年末净值（元）Close Value（yuan）
99. 90	99. 99	-0. 02	7. 76	776. 01	100. 00	100. 00
99. 88	99. 99	-0. 04	402. 52	40249. 65	100. 00	100. 00
99. 60	100. 00	-0. 01	12. 85	1285. 10	100. 00	100. 00
100. 04	100. 10	0. 00	15203. 74	1542999. 92	100. 13	100. 11
99. 40	99. 99	-0. 02	74. 39	7439. 12	100. 00	100. 00
91. 00	99. 91	-0. 11	0. 85	84. 92	100. 00	100. 00
91. 49	99. 98	-0. 11	1. 17	116. 95	100. 00	100. 00
98. 00	100. 00	-0. 03	0. 48	48. 28	100. 00	100. 00
99. 95	100. 05	0. 06	0. 04	4. 31	100. 00	100. 00
99. 80	99. 99	-0. 04	3. 22	322. 25	100. 00	100. 00
97. 00	99. 94	-0. 13	1. 33	133. 49	100. 00	100. 00
99. 51	99. 98	-0. 04	11. 59	1158. 72	100. 00	100. 00
99. 80	99. 99	-0. 03	20520. 68	2051993. 15	100. 00	100. 00
0. 68	0. 99	44. 88	65341. 02	60738. 83	0. 68	1. 00
1. 22	1. 90	42. 95	5553. 45	9425. 10	1. 33	1. 85
0. 92	1. 17	23. 37	3148. 79	3486. 43	0. 95	1. 17
1. 55	2. 34	46. 92	1242. 33	2746. 20	1. 58	2. 35
0. 81	1. 16	39. 49	16626. 55	16813. 98	0. 83	1. 15
0. 52	0. 71	34. 97	6056. 36	4007. 06	0. 53	0. 71
1. 09	1. 57	32. 04	314. 04	448. 58	1. 19	1. 54
0. 99	1. 33	33. 27	518. 25	579. 39	1. 00	1. 33
0. 81	1. 17	40. 36	10748. 85	11113. 77	0. 83	1. 16
0. 97	1. 26	27. 02	1807. 82	2199. 60	0. 99	1. 23
0. 80	1. 11	36. 78	10749. 03	10248. 89	0. 81	1. 11
0. 99	1. 06	2. 82	292. 25	302. 11	1. 03	1. 06
0. 70	0. 92	30. 31	909. 86	798. 16	0. 71	0. 91
0. 93	1. 41	48. 32	44. 12	56. 17	0. 94	1. 40
0. 00	1. 44	0. 00	0. 00	0. 00	—	—
0. 97	1. 19	18. 74	2550. 48	2959. 30	1. 00	1. 19
0. 93	1. 01	3. 81	628. 36	630. 48	0. 97	1. 01
0. 79	1. 11	37. 41	25061. 51	24576. 75	0. 81	1. 11
0. 89	1. 20	22. 27	5597. 80	6176. 61	0. 98	1. 17
0. 83	1. 13	28. 36	233. 46	247. 83	0. 88	1. 10
0. 41	0. 49	19. 85	166. 78	81. 28	0. 41	0. 49
0. 54	0. 97	73. 87	2327. 02	1981. 31	0. 55	0. 97
0. 63	0. 78	23. 06	86. 58	65. 94	0. 63	0. 77
0. 83	1. 18	39. 86	316. 87	321. 61	0. 85	1. 18
0. 88	1. 04	7. 19	12186. 89	11901. 09	0. 97	1. 04
0. 81	1. 10	32. 85	683. 47	588. 61	0. 83	1. 10
0. 55	0. 73	28. 04	4902. 56	3257. 27	0. 57	0. 72
0. 94	1. 43	42. 69	3537. 38	4386. 33	1. 00	1. 44
2. 03	2. 65	27. 51	18683. 45	46636. 07	2. 08	2. 64
0. 87	1. 16	31. 38	2701. 68	2935. 87	0. 89	1. 16
0. 80	1. 15	41. 35	2329. 00	2362. 92	0. 82	1. 15
0. 97	1. 05	4. 99	1079. 20	1082. 67	1. 00	1. 05
0. 88	1. 30	45. 89	559. 22	653. 39	0. 89	1. 30
0. 68	0. 82	14. 93	136. 42	116. 82	0. 68	0. 82
0. 66	0. 99	45. 75	186. 01	177. 52	0. 68	0. 99
0. 63	0. 79	20. 74	2911. 61	2183. 17	0. 65	0. 78
0. 93	1. 06	5. 27	705. 23	708. 68	1. 00	1. 05

基金 Fund

基金代码 Code	基金简称 Fund Name	发行数量（百万份） Issued Vol（1M units）	市价总值（百万元） Market Capitalization（1M yuan）	上年收盘（元） Last Year Close（yuan）	本年开盘（元） Open（yuan）	本年最高（元） High（yuan）
512600	主要消费	5.95	17.63	1.81	1.83	3.09
512610	医药卫生	9.64	14.38	1.20	1.20	1.60
512640	金融地产	27.24	57.12	1.54	1.52	2.20
512650	长三角	4684.94	4783.33	0.96	0.96	1.02
512660	军工ETF	3230.53	2448.74	0.62	0.62	0.89
512670	国防ETF	135.33	143.18	1.01	1.01	1.15
512680	军工基金	566.53	434.53	0.61	0.60	0.88
512690	酒ETF	152.13	181.64	1.01	0.94	1.20
512700	银行基金	280.21	347.46	0.92	0.92	1.26
512710	军工龙头	6044.33	6286.10	1.02	1.00	1.16
512720	计算机	408.45	469.72	0.98	0.97	1.28
512750	基本面50	758.45	805.48	1.05	1.04	1.06
512760	半导体50	1947.66	3028.61	1.03	1.01	1.63
512770	战略新兴	207.77	243.50	0.82	0.81	1.18
512780	京津冀基	85.09	65.52	0.69	0.69	0.95
512790	民企成长	11.98	12.70	1.02	1.02	1.06
512800	银行ETF	2578.88	2919.29	0.89	0.89	1.16
512810	军工行业	81.79	59.79	0.58	0.58	0.85
512820	银行股基	110.50	129.29	0.93	0.92	1.20
512850	北京50	23.53	26.61	0.92	0.92	1.24
512860	MSCI中国	27.63	36.11	0.97	0.96	1.33
512870	杭州湾区	38.41	49.43	1.03	1.03	1.33
512880	证券ETF	13423.29	13960.22	0.72	0.72	1.19
512890	红利LV	177.56	215.20	1.00	1.00	1.26
512900	证券基金	1993.91	2015.84	0.69	0.69	1.15
512910	100ETF	558.63	615.05	1.02	1.03	1.10
512920	MSCI新华	121.09	157.06	0.93	0.93	1.35
512930	AIETF	247.13	291.61	1.05	1.06	1.23
512950	央企改革	13096.55	13135.84	0.94	0.94	1.14
512960	央调ETF	13854.26	13854.26	0.93	0.94	1.15
512970	湾区ETF	4941.99	5085.31	1.00	0.99	1.04
512980	传媒ETF	1955.92	1633.20	0.66	0.65	0.95
512990	MSCIA股	437.52	549.08	0.89	0.89	1.26
513000	225ETF	100.41	111.56	1.00	0.99	1.17
513030	德国30	418.78	465.26	0.92	0.93	1.13
513050	中概互联	1004.43	1430.31	1.05	1.06	1.48
513100	纳指ETF	263.62	841.75	2.24	2.27	3.24
513500	标普500	700.82	1479.43	1.58	1.59	2.14
513520	日经ETF	54.89	60.98	1.00	0.99	1.13
513600	恒指ETF	39.83	107.78	2.42	2.49	2.91
513660	恒生通	387.00	1044.51	2.34	2.36	2.76
513680	建信H股	6.75	6.88	1.00	0.92	1.07
513800	东证ETF	50.73	56.77	1.00	0.99	1.20
513880	日经225	47.47	52.17	1.00	0.99	1.11
513900	港股100	40.98	41.96	0.89	0.89	1.07
515000	科技ETF	5701.29	7177.92	1.03	1.02	1.29
515010	华夏证券	411.77	438.95	0.96	0.96	1.08
515020	华夏银基	186.85	191.89	0.99	0.99	1.04
515050	5GETF	7699.07	7675.97	0.99	1.00	1.05
515070	AI智能	945.47	937.91	0.97	0.99	1.01

基金 Fund

基金 Fund

本年最低（元）Low	本年收盘（元）Close（yuan）	涨跌（%）Change（%）	成交数量（百万份）Trading Vol（1 M）	成交金额（百万元）Trading Value（1 M yuan）	年初净值（元）Open Value（yuan）	年末净值（元）Close Value（yuan）
1. 71	2. 96	63. 47	27. 24	75. 61	1. 81	2. 95
1. 09	1. 49	24. 44	18. 17	25. 39	1. 16	1. 46
1. 52	2. 10	36. 26	5. 01	9. 87	1. 55	2. 10
0. 94	1. 02	6. 13	2653. 70	2607. 94	0. 96	1. 01
0. 61	0. 76	23. 05	32202. 34	24834. 00	0. 62	0. 76
0. 93	1. 06	4. 75	2149. 13	2222. 04	1. 01	1. 06
0. 60	0. 77	26. 78	1589. 45	1211. 78	0. 61	0. 77
0. 90	1. 19	18. 69	3709. 70	3990. 64	1. 01	1. 19
0. 91	1. 24	34. 64	1060. 25	1214. 46	0. 92	1. 24
0. 97	1. 04	1. 86	11544. 25	11938. 33	1. 02	1. 04
0. 97	1. 15	17. 83	4930. 04	5491. 65	0. 98	1. 15
0. 98	1. 06	1. 63	5760. 93	5935. 56	1. 04	1. 06
0. 97	1. 56	51. 12	19366. 25	25912. 08	1. 03	1. 56
0. 78	1. 17	43. 63	237. 09	250. 18	0. 81	1. 17
0. 67	0. 77	12. 24	133. 81	106. 34	0. 69	0. 77
0. 94	1. 06	4. 02	284. 63	290. 92	1. 02	1. 06
0. 87	1. 13	26. 76	21104. 89	22550. 77	0. 89	1. 13
0. 58	0. 73	25. 60	527. 56	391. 24	0. 58	0. 73
0. 91	1. 17	25. 67	1382. 62	1506. 45	0. 93	1. 17
0. 90	1. 13	22. 93	254. 07	280. 94	0. 92	1. 13
0. 94	1. 31	35. 02	145. 13	171. 06	0. 97	1. 30
1. 02	1. 29	24. 95	982. 11	1124. 10	1. 03	1. 28
0. 71	1. 04	45. 05	157230. 51	153081. 48	0. 72	1. 04
1. 00	1. 21	21. 08	1394. 17	1497. 86	1. 00	1. 21
0. 68	1. 01	46. 95	4470. 24	4170. 00	0. 69	1. 02
0. 97	1. 10	8. 26	2906. 07	3038. 75	1. 02	1. 10
0. 92	1. 30	38. 87	189. 84	202. 77	0. 94	1. 29
1. 02	1. 18	11. 95	459. 50	526. 31	1. 05	1. 18
0. 93	1. 00	6. 82	6317. 99	6318. 47	0. 94	1. 00
0. 92	1. 00	7. 30	18178. 76	18250. 52	0. 93	1. 00
0. 94	1. 03	2. 90	1220. 23	1196. 25	1. 00	1. 03
0. 64	0. 84	27. 48	3977. 70	3098. 64	0. 66	0. 83
0. 87	1. 26	40. 70	3982. 37	4505. 37	0. 89	1. 25
0. 98	1. 11	11. 10	579. 14	589. 14	1. 00	1. 11
0. 92	1. 11	20. 63	1623. 10	1664. 38	0. 91	1. 12
1. 01	1. 42	35. 10	8835. 48	10967. 79	1. 07	1. 44
2. 18	3. 19	42. 35	7852. 34	21025. 68	2. 27	3. 19
1. 51	2. 11	33. 95	16476. 42	30227. 59	1. 60	2. 12
0. 98	1. 11	10. 77	522. 44	531. 69	1. 00	1. 11
2. 36	2. 71	12. 05	81. 99	213. 14	2. 40	2. 73
2. 29	2. 70	15. 19	105. 79	272. 74	2. 35	2. 72
0. 86	1. 02	1. 69	213. 28	211. 56	1. 00	1. 03
0. 97	1. 12	11. 79	247. 34	247. 67	1. 00	1. 12
0. 96	1. 10	10. 34	527. 74	529. 80	1. 00	1. 09
0. 88	1. 02	14. 67	168. 10	165. 46	0. 90	1. 03
1. 02	1. 26	22. 83	39578. 37	46527. 86	1. 02	1. 25
0. 91	1. 07	10. 93	387. 01	388. 48	0. 96	1. 07
0. 98	1. 03	3. 84	211. 87	213. 45	0. 99	1. 03
0. 93	1. 00	1. 01	15330. 49	15111. 24	0. 99	0. 99
0. 96	0. 99	2. 37	215. 72	214. 38	0. 97	0. 99

基金
Fund

基金代码 Code	基金简称 Fund Name	发行数量（百万份） Issued Vol（1M units）	市价总值（百万元） Market Capitalization（1M yuan）	上年收盘（元） Last Year Close（yuan）	本年开盘（元） Open（yuan）	本年最高（元） High（yuan）
515080	中证红利	206.15	218.52	1.04	1.04	1.06
515180	100 红利	881.64	897.51	1.01	1.00	1.02
515200	创新 100	542.94	572.26	1.01	1.01	1.06
515300	红利 300	301.68	315.85	1.01	1.01	1.05
515310	添富 300	122.11	124.68	1.00	0.99	1.02
515330	天弘 300	4148.71	4264.87	1.00	1.00	1.03
515360	方正 300	24.28	97.70	3.84	3.92	4.09
515520	价值 100	513.87	530.82	0.99	0.99	1.04
515550	中融 500	105.35	110.19	1.03	1.03	1.05
515580	中证科技	772.02	843.81	1.01	1.02	1.09
515600	央企创新	8723.98	8078.40	0.93	0.93	0.94
515650	消费 50	661.18	669.78	1.02	1.01	1.02
515660	沪深 300E	490.29	1999.42	3.95	3.95	4.40
515680	创新央企	13113.26	12247.79	0.94	0.94	0.95
515750	科技 50	1417.14	1505.00	1.02	1.02	1.08
515800	800ETF	4965.44	4980.33	0.97	0.97	1.00
515810	ZZ800ETF	401.91	399.90	0.94	0.93	1.00
515860	科技 100	734.88	794.40	0.99	1.00	1.09
515880	通信 ETF	1199.46	1283.42	1.03	1.05	1.14
515900	央创 ETF	16722.65	15685.84	0.94	0.94	1.00
518800	黄金基金	317.82	1066.29	2.81	2.81	3.54
518880	黄金 ETF	2078.14	7032.43	2.83	2.82	3.57

基金
Fund

基金
Fund

本年最低（元）Low	本年收盘（元）Close (yuan)	涨跌（%）Change（%）	成交数量（百万份）Trading Vol (1 M)	成交金额（百万元）Trading Value (1 M yuan)	年初净值（元）Open Value (yuan)	年末净值（元）Close Value (yuan)
1.04	1.06	1.53	205.30	214.44	1.04	1.06
0.99	1.02	1.29	476.52	477.55	1.00	1.01
0.97	1.05	4.25	850.41	865.59	1.01	1.05
0.98	1.05	3.46	918.53	933.70	1.01	1.04
0.99	1.02	2.30	188.87	189.32	1.00	1.02
1.00	1.03	2.49	292.94	295.57	1.00	1.02
3.58	4.02	4.68	50.89	196.54	3.84	4.02
0.98	1.03	4.34	1045.14	1047.05	0.99	1.03
1.02	1.05	1.45	184.29	190.11	1.03	1.04
1.00	1.09	8.33	2366.03	2449.53	1.01	1.09
0.90	0.93	-0.22	58.36	53.65	0.93	0.92
0.95	1.01	-0.88	788.41	782.46	1.02	1.02
3.67	4.08	3.16	0.93	3.70	3.95	4.06
0.91	0.93	-0.74	168.48	157.03	0.94	0.93
1.01	1.06	4.42	1821.69	1895.68	1.02	1.06
0.97	1.00	3.40	2095.23	2057.62	0.97	1.00
0.92	1.00	5.85	1366.86	1302.36	0.94	0.99
0.98	1.08	8.86	1961.30	2026.12	0.99	1.08
0.98	1.07	4.09	12109.65	12647.65	1.03	1.06
0.91	0.94	-0.42	36.74	34.54	0.94	0.94
2.73	3.36	19.61	9654.71	29365.67	2.80	3.33
2.75	3.38	19.75	87095.08	264667.88	2.82	3.36

期权市场概貌
Option Market Overview

期权市场交易 Option Market Data	2019 年	2018 年	增减（%） Change（%）
交易天数（天） No. of Trading Days	244	243	0.41
期权合约数 No. of Options	240	166	44.58
认购期权 Call Option	120	83	44.58
认沽期权 Put Option	120	83	44.58
总成交金额（万元） Total Trading Val（10 Thousand yuan）	33887833.92	17976637.05	88.51
认购期权 Call Option	20177981.70	9277541.42	117.49
认沽期权 Put Option	13709852.25	8699096.10	57.60
日均成交金额（万元） Average Trading Val（10 Thousand yuan）	138884.57	73977.93	87.74
认购期权 Call Option	82696.65	38179.18	116.60
认沽期权 Put Option	56187.92	35798.75	56.95
总成交量（万张） Total Trading Vol（10 Thousand lots）	62282.04	31621.12	96.96
认购期权 Call Option	34198.90	17111.33	99.86
认沽期权 Put Option	28083.15	14509.79	93.55
日均成交量（万张） Average Trading Vol（10 Thousand lots）	255.25	130.13	96.15
认购期权 Call Option	140.16	70.42	99.03
认沽期权 Put Option	115.09	59.71	92.75
总成交笔数（万笔） Total Number of Trades（10 Thousand times）	14316.93	7963.70	79.78
认购期权 Call Option	7893.14	4283.61	84.26
认沽期权 Put Option	6423.79	3680.09	74.56
日均成交笔数（万笔） Average Number of Trades（10 Thousand times）	58.68	32.77	79.07
认购期权 Call Option	32.35	17.63	83.49
认沽期权 Put Option	26.33	15.14	73.91

期权每日成交（万元/万张） 期权
Option Trading（10000 Yuan/10000 Lots） Option

日期 Date	1月 Jan		2月 Feb		3月 Mar		4月 Apr		5月 May		6月 Jun	
	金额 Value	数量 Vol	金额 Value	数量 Vol	金额 Value	数量 Vol	金额 Value	数量 Vol	金额 Value	数量 Vol	金额 Value	数量 Vol
1	—	—	73954. 41	144. 38	190428. 37	232. 45	205630. 86	243. 39	—	—	—	—
2	73799. 73	142. 82	—	—	—	—	115692. 14	158. 56	—	—	—	—
3	64220. 11	128. 66	—	—	—	—	153075. 93	195. 29	—	—	151754. 38	248. 15
4	108993. 55	207. 26	—	—	360108. 17	378. 97	228489. 16	276. 43	—	—	100819. 78	171. 27
5	—	—	—	—	173054. 28	197. 07	—	—	—	—	106598. 19	180. 41
6	—	—	—	—	216830. 69	236. 80	—	—	291084. 06	414. 31	106144. 01	183. 87
7	65508. 47	132. 92	—	—	233335. 17	257. 03	—	—	167505. 34	223. 16	—	—
8	38994. 41	87. 13	—	—	254658. 39	341. 17	231561. 82	287. 19	177973. 36	281. 58	—	—
9	92274. 63	208. 25	—	—	—	—	164914. 58	215. 73	224404. 29	280. 78	—	—
10	59558. 88	137. 52	—	—	—	—	176383. 50	238. 40	315433. 60	473. 36	123137. 78	225. 85
11	70591. 90	152. 84	79680. 02	166. 54	194503. 80	278. 76	227971. 78	311. 93	—	—	192383. 50	379. 05
12	—	—	66078. 07	134. 25	193606. 07	270. 76	161297. 71	248. 74	—	—	97723. 17	191. 69
13	—	—	122089. 32	250. 32	183129. 62	253. 78	—	—	143663. 91	245. 68	120459. 14	237. 31
14	44834. 72	113. 14	98734. 45	189. 02	151104. 31	206. 94	—	—	143267. 56	253. 89	97590. 03	197. 11
15	88543. 41	206. 11	106069. 59	230. 60	181001. 32	282. 41	237656. 33	356. 88	162402. 46	300. 13	—	—
16	51272. 29	128. 32	—	—	—	—	260126. 96	413. 37	106958. 89	202. 29	—	—
17	79856. 65	189. 01	—	—	—	—	203267. 28	311. 34	152853. 28	302. 90	105343. 90	222. 72
18	116022. 95	258. 47	96938. 64	213. 31	187715. 55	320. 37	143013. 04	211. 22	—	—	97597. 48	203. 96
19	—	—	139925. 61	287. 64	148895. 76	233. 27	258939. 31	374. 27	—	—	203852. 85	386. 75
20	—	—	98457. 12	192. 96	165015. 28	259. 08	—	—	174444. 28	326. 99	370067. 98	626. 67
21	98353. 30	216. 30	140822. 36	291. 31	139539. 99	216. 88	—	—	144512. 34	291. 55	188671. 09	334. 50
22	65578. 09	164. 78	140507. 80	296. 79	151186. 61	262. 70	262664. 11	405. 10	131443. 05	240. 09	—	—
23	62696. 48	144. 79	—	—	—	—	177771. 76	296. 82	138666. 16	225. 57	—	—
24	67589. 04	143. 10	—	—	—	—	209769. 69	325. 56	121984. 32	189. 03	141637. 94	252. 44
25	79656. 16	156. 22	382536. 36	531. 05	162802. 89	307. 50	175996. 00	219. 40	—	—	231733. 26	429. 79
26	—	—	332815. 38	417. 85	134361. 17	253. 31	189060. 70	245. 94	—	—	107273. 71	202. 89
27	—	—	224324. 43	320. 42	125163. 26	229. 85	—	—	166861. 01	262. 50	168805. 37	245. 70
28	80217. 22	159. 63	147956. 41	190. 12	107935. 63	160. 19	—	—	138100. 36	220. 01	127286. 10	183. 71
29	82879. 43	155. 06	—	—	213342. 63	296. 92	201957. 18	278. 23	136439. 93	221. 52	—	—
30	62551. 20	116. 74	—	—	—	—	140365. 27	185. 77	135734. 20	217. 63	—	—
31	82007. 05	153. 01	—	—	—	—	—	—	127439. 15	210. 62	—	—
最高 high	116022. 95	258. 47	H382536. 36	531. 05	360108. 17	378. 97	262664. 11	413. 37	315433. 60	473. 36	370067. 98	H626. 67
最低 low	L38994. 41	L87. 13	66078. 07	134. 25	107935. 63	160. 19	115692. 14	158. 56	106958. 89	189. 03	97590. 03	171. 27

期权每日成交（万元/万张）
Option Trading（10000 Yuan/10000 Lots）

期权
Option

日期 Date	7月 Jul		8月 Aug		9月 Sep		10月 Oct		11月 Nov		12月 Dec	
	金额 Value	数量 Vol	金额 Value	数量 Vol	金额 Value	数量 Vol	金额 Value	数量 Vol	金额 Value	数量 Vol	金额 Value	数量 Vol
1	231870.40	333.90	117207.65	225.41	—	—	—	—	160410.94	323.69	—	—
2	97503.86	151.66	131141.18	254.93	123268.89	237.07	—	—	—	—	90509.92	221.19
3	117448.92	188.71	—	—	72865.20	146.73	—	—	—	—	103246.48	253.32
4	114227.00	196.35	—	—	148522.79	288.08	—	—	104978.13	208.21	81061.18	195.26
5	101331.68	167.86	164867.11	319.04	270563.26	490.16	—	—	221933.02	430.70	116882.17	290.57
6	—	—	234338.04	393.81	138442.11	254.36	—	—	86757.49	167.32	86453.68	216.42
7	—	—	110105.39	218.97	—	—	—	—	129769.49	243.90	—	—
8	184775.23	348.10	125233.11	233.92	—	—	111725.96	254.04	143431.62	290.02	—	—
9	102224.14	212.57	101173.32	200.84	171859.57	300.97	95354.73	218.62	—	—	73359.23	186.75
10	90935.05	182.74	—	—	103913.63	189.74	89266.92	205.89	—	—	48120.50	130.89
11	139155.22	278.48	—	—	136305.04	249.74	167288.21	369.73	145111.46	330.83	79229.43	208.64
12	138393.33	268.12	113540.32	238.87	138245.89	269.58	—	—	112356.54	247.18	55092.61	151.01
13	—	—	80000.86	162.18	—	—	—	—	85792.33	184.41	188369.66	513.42
14	—	—	88837.52	216.28	—	—	192643.22	415.10	77040.44	160.55	—	—
15	186248.03	365.63	137863.69	307.55	—	—	84181.55	182.65	104103.11	231.72	—	—
16	89504.80	179.11	148535.13	329.10	115167.64	229.74	158805.98	332.98	—	—	117692.23	319.88
17	96589.37	202.34	—	—	150473.10	329.93	103020.65	209.66	—	—	249666.20	586.22
18	82716.84	195.76	—	—	113109.24	256.77	207073.37	422.50	113218.17	264.83	156999.20	352.06
19	141481.88	316.60	171594.89	400.98	104217.30	228.31	—	—	100538.99	241.07	119256.08	278.50
20	—	—	106191.12	242.66	99467.09	217.21	—	—	102899.52	256.61	135823.56	300.70
21	—	—	67418.37	165.21	—	—	120282.86	257.08	118622.97	316.73	—	—
22	143219.17	304.94	90365.84	212.81	—	—	137998.77	259.71	190689.94	478.62	—	—
23	90804.21	220.02	189526.12	417.09	136196.95	297.45	108678.38	242.38	—	—	191127.90	408.35
24	155655.56	305.27	—	—	131814.36	275.69	137544.92	252.79	—	—	96692.66	236.89
25	103930.92	177.71	—	—	106851.73	220.82	146092.82	262.04	121083.75	295.83	112169.68	271.86
26	78494.52	127.86	149283.85	341.57	105671.56	203.02	—	—	105810.19	272.42	126815.00	274.86
27	—	—	162618.16	363.56	87955.37	160.99	—	—	102777.54	253.72	236688.52	466.57
28	—	—	110510.58	244.00	—	—	117714.09	214.62	93860.10	214.36	—	—
29	67408.81	110.90	131518.71	237.89	—	—	69560.95	130.79	168177.19	376.40	—	—
30	101451.28	161.02	129175.08	227.66	114108.80	206.12	97693.44	195.32	—	—	248516.37	464.62
31	107226.56	176.98	—	—	—	—	73147.45	143.39	—	—	153697.18	294.33
最高 high	231870.40	365.63	234338.04	417.09	270563.26	490.16	207073.37	422.50	221933.02	478.62	249666.20	586.22
最低 low	67408.81	110.90	67418.37	162.18	72865.20	146.73	69560.95	130.79	77040.44	160.55	48120.50	130.89

债券市场概貌
Bond Market Overview

债券市场交易 Bond Market Data	2019 年	2018 年	增减（%） Change（%）
交易天数（天）Trading Days	244	243	0.41
上市债券数（只）No. of Bonds	15425	12146	27.00
政府债 G-Bonds	3982	3077	29.41
公司债 C-Bonds	11386	9012	26.34
债券回购 Repo	57	57	0.00
新上市债券数（只）No. of New Bonds	5789	3962	46.04
总成交金额（亿元）Total Trading Val（100M yuan）	2217835.36	2169458.16	2.23
政府债 G-Bonds	2383.57	2552.16	-6.61
公司债 C-Bonds	61703.28	48699.98	26.70
债券回购 Repo	2153748.51	2118206.02	1.68
日均成交金额（百万元）Average Turnover In Val（M yuan）	908948.92	892781.13	1.81
政府债 G-Bonds	976.87	1050.27	-6.99
公司债 C-Bonds	25288.23	20041.14	26.18
债券回购 Repo	882683.81	871689.72	1.26
总成交量（百万张）Total Trading Vol（M lots）	2217483.33	2170510.50	2.16
政府债 G-Bonds	2385.16	2583.27	-7.67
公司债 C-Bonds	61349.51	49721.20	23.39
债券回购 Repo	2153748.67	2118206.03	1.68
日均成交量（百万张）AverageTrading Vol（M lots）	9088.05	8932.14	1.75
政府债 G-Bonds	9.78	10.63	-8.00
公司债 C-Bonds	251.43	204.61	22.88
债券回购 Repo	8826.84	8716.90	1.26
总成交笔数（万笔）Total Transactions（10000 times）	17302.49	13822.70	25.17
政府债 G-Bonds	47.33	33.64	40.70
公司债 C-Bonds	2768.07	1313.07	110.81
债券回购 Repo	14487.09	12475.98	16.12
日均成交笔数（万笔）Average Transactions（10000 times）	70.91	56.88	24.67
政府债 G-Bonds	0.19	0.14	35.71
公司债 C-Bonds	11.34	5.40	110.00
债券回购 Repo	59.37	51.34	15.64
债券托管量（亿元）Amount of Bonds under Custody（100M yuan）	101369.92	83840.49	20.91
政府债 G-Bonds	10129.35	9044.84	11.99
公司债 C-Bonds	91240.57	74795.65	21.99
大宗交易成交 Bulk Trading			
总成交金额（亿元）Total Trading Val（100M yuan）	645.30	406.75	58.65
总成交量（百万张）Total Trading Vol（M lots）	667.70	427.95	56.02
总成交笔数（笔）Total Transactions	2509.00	1750.00	43.37

政府债现货每日成交（亿元/百万张） 债券
G-Bond Spot Trading (100 M Yuan/1M Lots) Bond

日期 Date	1月 Jan		2月 Feb		3月 Mar		4月 Apr		5月 May		6月 Jun	
	金额 Value	数量 Vol	金额 Value	数量 Vol	金额 Value	数量 Vol	金额 Value	数量 Vol	金额 Value	数量 Vol	金额 Value	数量 Vol
1	—	—	1.36	1.39	2.22	2.28	6.86	6.86	—	—	—	—
2	19.48	19.29	—	—	—	—	8.44	8.39	—	—	—	—
3	28.32	28.51	—	—	—	—	13.46	13.48	—	—	5.76	5.83
4	18.53	18.58	—	—	10.14	10.17	9.40	9.54	—	—	7.29	7.38
5	—	—	—	—	5.05	5.07	—	—	—	—	3.26	3.35
6	—	—	—	—	10.92	10.79	—	—	4.57	4.68	4.39	4.49
7	26.89	26.89	—	—	3.50	3.48	—	—	4.00	4.03	—	—
8	29.41	29.28	—	—	4.56	4.58	12.72	12.74	4.31	4.38	—	—
9	11.27	11.36	—	—	—	—	7.33	7.31	16.57	16.66	—	—
10	8.29	8.32	—	—	—	—	11.98	12.01	5.10	5.14	3.80	3.90
11	4.68	4.71	2.60	2.64	3.51	3.53	7.63	7.70	—	—	11.21	11.27
12	—	—	8.56	8.49	10.89	10.67	11.22	11.25	—	—	6.75	6.84
13	—	—	5.69	5.65	5.49	5.47	—	—	5.34	5.38	10.48	10.54
14	2.93	2.99	5.00	5.02	4.02	4.07	—	—	10.15	10.21	4.73	4.81
15	4.81	4.89	4.34	4.40	3.09	3.11	10.00	10.11	11.57	11.64	—	—
16	11.61	11.52	—	—	—	—	6.30	6.35	8.56	8.57	—	—
17	12.20	12.08	—	—	—	—	21.14	21.28	6.71	6.77	4.69	4.78
18	6.20	6.22	7.42	7.35	6.55	6.50	9.24	9.30	—	—	16.92	16.97
19	—	—	14.54	14.26	12.96	12.96	10.55	10.65	—	—	8.28	8.30
20	—	—	6.22	6.13	18.11	18.14	—	—	13.88	13.85	13.51	13.54
21	5.02	5.01	7.29	7.23	22.10	21.69	—	—	5.50	5.52	7.65	7.67
22	10.87	10.83	1.91	1.93	4.60	4.60	14.57	14.63	6.73	6.75	—	—
23	7.33	7.22	—	—	—	—	10.56	10.67	6.98	7.04	—	—
24	7.41	7.26	—	—	—	—	4.10	4.24	12.84	12.74	11.41	11.41
25	8.72	8.67	4.83	4.95	5.88	5.92	9.90	10.06	—	—	18.63	18.54
26	—	—	11.60	11.66	7.63	7.66	3.88	3.97	—	—	14.48	14.54
27	—	—	7.23	7.24	36.27	36.05	—	—	7.06	7.12	13.29	13.46
28	9.03	9.05	7.38	7.29	16.87	16.78	—	—	16.98	17.06	4.25	4.33
29	9.91	9.76	—	—	5.57	5.59	7.18	7.24	9.66	9.69	—	—
30	6.37	6.37	—	—	—	—	2.60	2.65	10.17	10.18	—	—
31	3.32	3.35	—	—	—	—	—	—	2.09	2.15	—	—
最高 high	29.41	29.28	14.54	14.26	36.27	36.05	21.14	21.28	16.98	17.06	18.63	18.54
最低 low	2.93	2.99	L1.36	L1.39	2.22	2.28	2.60	2.65	2.09	2.15	3.26	3.35

政府债现货每日成交（亿元/百万张）
G-Bond Spot Trading（100 M Yuan/1M Lots）

债券
Bond

日期 Date	7月 Jul		8月 Aug		9月 Sep		10月 Oct		11月 Nov		12月 Dec	
	金额 Value	数量 Vol	金额 Value	数量 Vol	金额 Value	数量 Vol	金额 Value	数量 Vol	金额 Value	数量 Vol	金额 Value	数量 Vol
1	23.54	23.73	11.28	11.19	—	—	—	—	3.82	3.92	—	—
2	19.65	19.90	9.12	9.16	6.42	6.41	—	—	—	—	4.59	4.64
3	21.78	21.66	—	—	8.05	8.04	—	—	—	—	7.61	7.68
4	10.72	10.84	—	—	16.23	16.27	—	—	4.77	4.90	11.81	11.82
5	10.01	10.18	7.54	7.56	7.59	7.61	—	—	6.98	7.22	6.66	6.73
6	—	—	10.66	10.65	8.95	8.97	—	—	9.71	9.78	18.63	18.72
7	—	—	11.22	11.20	—	—	—	—	7.19	7.27	—	—
8	6.84	6.88	14.72	14.68	—	—	2.97	3.04	13.73	13.80	—	—
9	4.43	4.42	6.54	6.55	10.42	10.36	9.11	9.13	—	—	14.11	13.91
10	6.08	6.03	—	—	14.65	14.55	10.87	10.86	—	—	15.84	15.87
11	2.79	2.82	—	—	17.52	17.38	8.72	8.71	16.30	16.19	25.77	25.67
12	3.99	3.98	7.41	7.47	13.97	13.89	—	—	8.99	9.02	9.04	8.98
13	—	—	5.74	5.78	—	—	—	—	16.48	16.53	10.29	10.29
14	—	—	12.92	12.90	—	—	5.34	5.31	13.70	13.74	—	—
15	5.07	5.05	5.30	5.32	—	—	4.38	4.48	3.66	3.71	—	—
16	8.47	8.19	8.10	8.07	15.52	15.53	6.49	6.56	—	—	6.87	6.87
17	6.06	6.02	—	—	21.20	21.24	3.12	3.18	—	—	13.96	13.93
18	7.16	7.14	—	—	15.00	15.03	4.11	4.16	18.32	18.47	16.27	16.26
19	6.10	6.06	11.18	11.16	15.28	15.32	—	—	12.98	13.03	8.45	8.45
20	—	—	4.84	4.82	10.03	9.97	—	—	7.76	7.78	17.32	17.32
21	—	—	4.88	4.89	—	—	5.30	5.36	9.22	9.23	—	—
22	3.77	3.77	11.27	11.27	—	—	3.51	3.56	7.50	7.54	—	—
23	6.38	6.40	2.20	2.19	18.87	18.86	3.40	3.45	—	—	8.96	9.01
24	19.17	19.29	—	—	9.76	9.67	7.49	7.56	—	—	14.50	14.50
25	4.49	4.54	—	—	10.91	11.00	1.80	1.84	8.23	8.21	13.65	13.58
26	3.78	3.88	6.92	6.93	8.14	8.22	—	—	15.79	15.75	27.36	27.13
27	—	—	9.46	9.48	4.46	4.55	—	—	12.13	12.10	82.02	79.63
28	—	—	12.11	12.18	—	—	3.85	4.00	12.57	12.63	—	—
29	6.12	6.14	7.35	7.40	—	—	2.45	2.49	3.11	3.18	—	—
30	6.86	6.87	9.79	9.81	2.99	3.04	15.50	15.62	—	—	11.07	11.11
31	6.72	6.77	—	—	—	—	7.15	7.20	—	—	6.69	6.63
最高 high	23.54	23.73	14.72	14.68	21.20	21.24	15.50	15.62	18.32	18.47	H82.02	H79.63
最低 low	2.79	2.82	2.20	2.19	2.99	3.04	1.80	1.84	3.11	3.18	4.59	4.64

公司债每日成交（亿元/百万张） 债券
C-Bond Trading (100 M Yuan/1M Lots) Bond

日期 Date	1月 Jan		2月 Feb		3月 Mar		4月 Apr		5月 May		6月 Jun	
	金额 Value	数量 Vol	金额 Value	数量 Vol	金额 Value	数量 Vol	金额 Value	数量 Vol	金额 Value	数量 Vol	金额 Value	数量 Vol
1	—	—	96.89	97.98	195.26	192.83	228.10	222.11	—	—	—	—
2	126.67	129.58	—	—	—	—	229.11	221.58	—	—	—	—
3	197.36	200.17	—	—	—	—	337.62	323.27	—	—	220.53	219.03
4	215.03	216.72	—	—	231.50	223.63	253.28	242.85	—	—	245.29	245.56
5	—	—	—	—	273.49	267.60	—	—	—	—	281.21	281.08
6	—	—	—	—	269.74	265.59	—	—	182.19	180.24	215.49	211.26
7	272.65	277.79	—	—	258.67	249.81	—	—	230.80	230.65	—	—
8	224.72	228.88	—	—	189.91	183.43	225.43	221.00	335.59	335.08	—	—
9	246.57	247.27	—	—	—	—	206.37	203.13	330.50	331.15	—	—
10	239.01	243.79	—	—	—	—	259.41	255.64	241.37	239.14	195.89	191.09
11	195.09	197.55	131.45	130.37	230.55	224.93	259.36	256.49	—	—	249.78	246.35
12	—	—	276.28	274.95	239.71	233.14	218.25	217.89	—	—	255.34	249.74
13	—	—	272.10	271.49	247.61	243.98	—	—	249.58	247.49	307.15	306.67
14	180.89	183.24	301.22	304.10	234.98	234.40	—	—	264.97	263.93	247.44	248.41
15	245.92	246.70	221.38	220.83	192.59	191.08	278.36	277.51	262.02	259.90	—	—
16	263.55	265.98	—	—	—	—	279.97	274.19	257.72	259.82	—	—
17	301.34	306.29	—	—	—	—	281.98	279.50	203.70	203.86	240.22	236.54
18	261.33	261.27	266.42	266.15	199.29	197.79	289.77	284.65	—	—	283.05	281.17
19	—	—	254.29	254.43	319.97	313.68	221.96	220.68	—	—	283.60	280.03
20	—	—	216.35	215.56	232.84	230.71	—	—	241.62	240.47	297.09	292.53
21	251.69	252.99	304.20	304.20	247.19	247.33	—	—	278.96	282.76	238.56	237.97
22	272.64	272.49	201.45	198.36	269.26	259.52	253.98	254.23	260.63	262.73	—	—
23	290.48	293.25	—	—	—	—	238.69	235.88	279.43	280.99	—	—
24	256.48	257.86	—	—	—	—	250.72	246.55	208.04	209.62	219.70	218.36
25	243.68	245.82	251.19	248.71	249.84	243.78	298.98	295.98	—	—	242.70	243.84
26	—	—	211.39	206.57	228.84	226.70	250.57	243.73	—	—	277.58	274.49
27	—	—	197.41	191.39	243.68	240.84	—	—	227.79	227.87	308.08	304.64
28	246.81	250.63	207.61	204.51	309.30	305.90	—	—	214.08	211.07	170.43	173.55
29	275.94	275.02	—	—	220.43	216.79	247.81	246.14	221.61	219.21	—	—
30	211.72	211.99	—	—	—	—	137.93	135.57	272.77	277.31	—	—
31	270.68	269.35	—	—	—	—	—	—	189.45	188.32	—	—
最高 high	301.34	306.29	304.20	304.20	319.97	313.68	337.62	323.27	335.59	335.08	308.08	306.67
最低 low	122.69	125.63	93.82	94.97	184.64	178.24	130.69	128.41	175.91	174.08	165.15	168.35

公司债每日成交（亿元/百万张）
C-Bond Trading（100 M Yuan/1M Lots）

债券 Bond

日期 Date	7月 Jul		8月 Aug		9月 Sep		10月 Oct		11月 Nov		12月 Dec	
	金额 Value	数量 Vol	金额 Value	数量 Vol	金额 Value	数量 Vol	金额 Value	数量 Vol	金额 Value	数量 Vol	金额 Value	数量 Vol
1	244.87	237.08	269.33	270.21	—	—	—	—	242.20	240.32	—	—
2	311.19	298.70	277.62	272.78	216.66	213.47	—	—	—	—	251.35	247.93
3	345.47	333.71	—	—	201.57	199.46	—	—	—	—	278.64	278.04
4	336.84	325.46	—	—	272.21	272.39	—	—	246.61	244.46	274.31	274.29
5	277.93	271.76	263.50	263.65	320.34	316.47	—	—	275.30	271.86	304.71	311.19
6	—	—	292.07	291.56	249.72	247.84	—	—	248.57	247.41	262.22	262.59
7	—	—	268.49	267.14	—	—	—	—	284.81	285.73	—	—
8	275.23	277.43	312.88	313.65	—	—	96.44	95.01	210.51	210.10	—	—
9	238.12	238.03	225.10	228.27	297.91	291.90	193.07	191.95	—	—	290.28	292.50
10	263.05	263.58	—	—	272.49	267.79	275.53	273.95	—	—	306.24	307.51
11	238.32	236.97	—	—	323.27	320.99	205.00	203.61	244.96	244.08	327.66	326.19
12	220.49	221.75	276.12	277.66	180.72	177.53	—	—	268.51	267.45	302.79	302.75
13	—	—	308.23	309.09	—	—	—	—	272.74	272.26	292.00	291.01
14	—	—	269.09	271.08	—	—	270.45	268.05	286.95	287.23	—	—
15	218.48	217.51	276.96	276.33	—	—	275.68	274.22	396.44	389.75	—	—
16	186.58	185.72	208.45	208.95	228.88	227.29	263.27	263.68	—	—	322.64	319.56
17	254.91	258.82	—	—	259.07	256.23	265.32	267.58	—	—	280.92	275.52
18	224.91	225.46	—	—	282.62	275.71	209.44	207.54	265.02	264.42	346.10	340.83
19	202.94	202.59	242.95	240.36	278.58	274.39	—	—	259.38	256.40	323.18	323.55
20	—	—	239.56	242.75	196.51	194.38	—	—	261.06	261.56	230.13	225.33
21	—	—	233.79	233.60	—	—	262.69	263.32	280.33	280.54	—	—
22	205.77	205.37	236.53	236.47	—	—	233.95	233.91	235.61	235.57	—	—
23	256.67	255.00	203.36	211.50	266.50	264.19	265.37	263.20	—	—	314.51	315.81
24	265.11	267.27	—	—	283.72	282.28	315.90	316.61	—	—	340.93	340.82
25	283.17	284.48	—	—	292.79	295.80	181.32	180.66	221.66	221.57	438.26	431.57
26	221.29	217.68	275.04	276.55	295.38	295.01	—	—	281.86	280.91	409.44	411.95
27	—	—	256.38	255.24	234.94	233.07	—	—	274.11	273.33	252.09	248.33
28	—	—	264.94	260.75	—	—	230.10	230.86	297.05	299.06	—	—
29	237.53	234.75	285.74	283.29	—	—	223.01	222.70	189.90	188.79	—	—
30	294.63	294.18	207.93	206.50	44.69	43.58	233.14	231.02	—	—	295.48	292.15
31	230.45	228.54	—	—	—	—	261.11	259.31	—	—	164.27	160.95
最高 high	345.47	333.71	312.88	313.65	323.27	320.99	315.90	316.61	396.44	389.75	H438.26	H431.57
最低 low	181.86	181.07	199.91	198.91	L43.21	L42.13	93.05	91.67	185.80	184.75	159.50	156.26

债券回购每日成交（亿/百万张）
Bond Repo Trading (100M /M Lots)

债券
Bond

日期 Date	1月 Jan		2月 Feb		3月 Mar		4月 Apr		5月 May		6月 Jun	
	金额 Value	数量 Vol	金额 Value	数量 Vol	金额 Value	数量 Vol	金额 Value	数量 Vol	金额 Value	数量 Vol	金额 Value	数量 Vol
1	—	—	7565.96	7565.96	8106.53	8106.53	9887.66	9887.66	—	—	—	—
2	12405.57	12405.57	—	—	—	—	8573.11	8573.11	—	—	—	—
3	10529.06	10529.06	—	—	—	—	8423.93	8423.93	—	—	11127.12	11127.12
4	9109.16	9109.16	—	—	9629.65	9629.65	8073.81	8073.81	—	—	10000.80	10000.80
5	—	—	—	—	8399.58	8399.58	—	—	—	—	9279.31	9279.31
6	—	—	—	—	8470.48	8470.48	—	—	11968.63	11968.63	8935.43	8935.43
7	8935.80	8935.80	—	—	8119.64	8119.64	—	—	9936.36	9936.36	—	—
8	7609.18	7609.18	—	—	7848.15	7848.15	9427.66	9427.66	8580.27	8580.27	—	—
9	9360.90	9360.90	—	—	—	—	8418.33	8418.33	7951.54	7951.54	—	—
10	8938.93	8938.93	—	—	—	—	8485.27	8485.27	7443.01	7443.01	10655.49	10655.49
11	8552.60	8552.60	13040.35	13040.35	9265.65	9265.65	8193.10	8193.10	—	—	9365.26	9365.26
12	—	—	9639.92	9639.92	8353.75	8353.75	7018.16	7018.16	—	—	9575.32	9575.32
13	—	—	9152.10	9152.10	8305.09	8305.09	—	—	9978.34	9978.34	8881.15	8881.15
14	8813.25	8813.25	8333.65	8333.65	8149.69	8149.69	—	—	9001.63	9001.63	8232.04	8232.04
15	8106.90	8106.90	7855.09	7855.09	8082.73	8082.73	9155.94	9155.94	8259.80	8259.80	—	—
16	9132.43	9132.43	—	—	—	—	8647.52	8647.52	8147.69	8147.69	—	—
17	8942.39	8942.39	—	—	—	—	8685.40	8685.40	7882.27	7882.27	9317.07	9317.07
18	8569.49	8569.49	10150.77	10150.77	9516.77	9516.77	8676.39	8676.39	—	—	7445.63	7445.63
19	—	—	8778.23	8778.23	8547.56	8547.56	7960.63	7960.63	—	—	7248.21	7248.21
20	—	—	8418.82	8418.82	8718.34	8718.34	—	—	9919.10	9919.10	6908.53	6908.53
21	8735.62	8735.62	8225.82	8225.82	8627.21	8627.21	—	—	9208.76	9208.76	6504.21	6504.21
22	8186.52	8186.52	7765.46	7765.46	8295.75	8295.75	9390.31	9390.31	8659.98	8659.98	—	—
23	8913.74	8913.74	—	—	—	—	8614.99	8614.99	8446.75	8446.75	—	—
24	8831.52	8831.52	—	—	—	—	8638.68	8638.68	8059.15	8059.15	8004.10	8004.10
25	8523.02	8523.02	9949.14	9949.14	9665.22	9665.22	8810.45	8810.45	—	—	7515.13	7515.13
26	—	—	9308.12	9308.12	8830.59	8830.59	8169.94	8169.94	—	—	7935.80	7935.80
27	—	—	9284.76	9284.76	9024.70	9024.70	—	—	10599.55	10599.55	8233.35	8233.35
28	8981.06	8981.06	8311.87	8311.87	9060.92	9060.92	—	—	10828.49	10828.49	8173.70	8173.70
29	8267.21	8267.21	—	—	8078.39	8078.39	9250.68	9250.68	10463.79	10463.79	—	—
30	8769.37	8769.37	—	—	—	—	7751.28	7751.28	10201.96	10201.96	—	—
31	8527.60	8527.60	—	—	—	—	—	—	9880.91	9880.91	—	—
最高 high	12405.57	12405.57	13040.35	13040.35	9665.22	9665.22	9887.66	9887.66	11968.63	11968.63	11127.12	11127.12
最低 low	7609.18	7609.18	7565.96	7565.96	7848.15	7848.15	7018.16	7018.16	7443.01	7443.01	L6504.21	L6504.21

债券回购每日成交（亿/百万张） 债券
Bond Repo Trading (100M /M Lots) Bond

日期 Date	7月 Jul		8月 Aug		9月 Sep		10月 Oct		11月 Nov		12月 Dec	
	金额 Value	数量 Vol	金额 Value	数量 Vol	金额 Value	数量 Vol	金额 Value	数量 Vol	金额 Value	数量 Vol	金额 Value	数量 Vol
1	10708.23	10708.23	8986.24	8986.24	—	—	—	—	8187.21	8187.21	—	—
2	9281.07	9281.07	8709.75	8709.75	9928.03	9928.03	—	—	—	—	9005.85	9005.85
3	8879.50	8879.50	—	—	9322.62	9322.62	—	—	—	—	9257.12	9257.12
4	8448.00	8448.00	—	—	9091.31	9091.31	—	—	8713.68	8713.68	8263.51	8263.51
5	7519.16	7519.16	10038.62	10038.62	8996.07	8996.10	—	—	9199.20	9199.20	8165.19	8165.19
6	—	—	9025.34	9025.34	8363.45	8363.45	—	—	8144.20	8144.20	7472.42	7472.42
7	—	—	8693.11	8693.11	—	—	—	—	8026.00	8026.00	—	—
8	9052.19	9052.19	8759.22	8759.22	—	—	14685.98	14685.98	7524.93	7524.93	—	—
9	8296.54	8296.54	8243.92	8243.92	9537.47	9537.47	10969.09	10969.09	—	—	8586.65	8586.65
10	8783.08	8783.08	—	—	8688.28	8688.28	9693.31	9693.31	—	—	9161.14	9161.14
11	9105.83	9105.83	—	—	8394.80	8394.80	8467.84	8467.84	8415.72	8415.72	8465.99	8465.99
12	8334.03	8334.03	9666.59	9666.59	8346.00	8346.00	—	—	8902.86	8902.86	8421.64	8421.64
13	—	—	9106.96	9106.96	—	—	—	—	8272.33	8272.33	7759.39	7759.39
14	—	—	8999.96	8999.96	—	—	8845.13	8845.13	8175.08	8175.08	—	—
15	9732.86	9732.86	8999.95	8999.95	—	—	9902.65	9902.65	8298.30	8298.30	—	—
16	8897.26	8897.26	8541.97	8541.97	10146.07	10146.07	8709.50	8709.50	—	—	8877.26	8877.26
17	9085.50	9085.50	—	—	8721.20	8721.20	8593.28	8593.28	—	—	9537.61	9537.61
18	9277.89	9277.96	—	—	8479.07	8479.07	7952.22	7952.22	9100.10	9100.10	8653.05	8653.05
19	8818.02	8818.02	9588.70	9588.70	8380.21	8380.21	—	—	9543.56	9543.56	7872.52	7872.52
20	—	—	9039.22	9039.22	7948.42	7948.42	—	—	8876.28	8876.28	7433.11	7433.11
21	—	—	8693.96	8693.96	—	—	8616.16	8616.16	8623.83	8623.83	—	—
22	10290.72	10290.72	8931.52	8931.52	—	—	9730.97	9730.97	7992.02	7992.02	—	—
23	9292.39	9292.39	8585.31	8585.31	9830.89	9830.89	8624.13	8624.13	—	—	8037.43	8037.43
24	9222.79	9222.79	—	—	9058.17	9058.17	8451.40	8451.45	—	—	8395.95	8395.95
25	9301.26	9301.26	—	—	8392.29	8392.29	8089.54	8089.54	8771.93	8771.93	8202.01	8202.01
26	8589.65	8589.65	9799.34	9799.34	8394.00	8394.00	—	—	8790.29	8790.29	8053.35	8053.35
27	—	—	9229.02	9229.02	6514.93	6514.93	—	—	8357.08	8357.08	7894.43	7894.43
28	—	—	8932.36	8932.36	—	—	8803.02	8803.02	8393.17	8393.17	—	—
29	10023.47	10023.47	9063.90	9063.90	—	—	9499.83	9499.83	7741.67	7741.67	—	—
30	8930.39	8930.39	8504.52	8504.52	6588.96	6588.96	8996.80	8996.80	—	—	8786.14	8786.14
31	8678.22	8678.22	—	—	—	—	8664.70	8664.70	—	—	9665.33	9665.33
最高 high	10708.23	10708.23	10038.62	10038.62	10146.07	10146.07	H14685.98	H14685.98	9543.56	9543.56	9665.33	9665.33
最低 low	7519.16	7519.16	8243.92	8243.92	6514.93	6514.93	7952.22	7952.22	7524.93	7524.93	7433.11	7433.11

债券信息 List of Bonds

债券简称（代码） Bond Name（Code）	发行量 （百万元） Issued Vol （M yuan）	到期日 Expiration Date	票面利率（%） Coupon Rate（%）	债券简称（代码） Bond Name（Code）	发行量 （百万元） Issued Vol （M yuan）	到期日 Expiration Date	票面利率（%） Coupon Rate（%）
21 国债(7)（010107）	23960.00	2021.07.31	4.2600	03 国债(3)（010303）	26000.00	2023.04.17	3.4000
05 国债(4)（010504）	33920.00	2025.05.15	4.1100	05 国债(12)（010512）	34410.00	2020.11.15	3.6500
06 国债(9)（010609）	31090.00	2026.06.26	3.7000	06 国债(19)（010619）	30000.00	2021.11.15	3.2700
07 国债 06（010706）	30000.00	2037.05.17	4.2700	07 国债 13（010713）	28000.00	2027.08.16	4.5200
国开 1302（018002）	4000.00	2019.01.03	5.8400	国开 1401（018003）	2500.00	2029.04.15	5.8500
国开 1701（018005）	6000.00	2019.04.06	3.7800	国开 1702（018006）	4000.00	2022.04.06	3.9100
国开 1801（018007）	4000.00	2020.08.01	3.4900	国开 1802（018008）	2500.00	2023.08.01	3.8700
国开 1803（018009）	1500.00	2038.08.01	4.5900	国开 1902（018010）	4000.00	2022.12.06	2.9000
进出 1911（018061）	3000.00	2020.09.02	2.3500	进出 1912（018062）	2000.00	2022.09.02	2.9200
农发 1901（018081）	5000.00	2020.05.13	2.6300	农发 1902（018082）	5000.00	2022.05.13	3.2800
10 国债 02（019002）	26000.00	2020.02.04	3.4300	10 国债 03（019003）	24000.00	2040.03.01	4.0800
10 国债 07（019007）	26000.00	2020.03.25	3.3600	10 国债 09（019009）	28000.00	2030.04.15	3.9600
10 国债 12（019012）	28000.00	2020.05.13	3.2500	10 国债 14（019014）	28000.00	2060.05.24	4.0300
10 国债 18（019018）	28000.00	2040.06.21	4.0300	10 国债 19（019019）	28010.00	2020.06.24	3.4100
10 国债 23（019023）	28000.00	2040.07.29	3.9600	10 国债 24（019024）	30440.00	2020.08.05	3.2800
10 国债 26（019026）	28000.00	2040.08.16	3.9600	10 国债 29（019029）	28000.00	2030.09.02	3.8200
10 国债 31（019031）	28260.00	2020.09.16	3.2900	10 国债 34（019034）	28000.00	2020.10.28	3.6700
10 国债 37（019037）	28000.00	2060.11.18	4.4000	10 国债 40（019040）	28000.00	2040.12.09	4.2300
10 国债 41（019041）	30780.00	2020.12.16	3.7700	11 国债 02（019102）	62060.00	2021.01.20	3.9400
11 国债 05（019105）	28000.00	2041.02.24	4.3100	11 国债 08（019108）	30000.00	2021.03.17	3.8300
11 国债 10（019110）	58000.00	2031.04.28	4.1500	11 国债 12（019112）	30000.00	2061.05.26	4.4800
11 国债 15（019115）	61930.00	2021.06.16	3.9900	11 国债 16（019116）	58000.00	2041.06.23	4.5000
11 国债 19（019119）	63050.00	2021.08.18	3.9300	11 国债 23（019123）	28000.00	2061.11.10	4.3300
11 国债 24（019124）	56050.00	2021.11.17	3.5700	12 国债 04（019204）	86000.00	2022.02.23	3.5100
12 国债 05（019205）	94670.00	2019.03.08	3.4100	12 国债 06（019206）	28000.00	2032.04.23	4.0300
12 国债 08（019208）	28000.00	2062.05.17	4.2500	12 国债 09（019209）	100220.00	2022.05.24	3.3600
12 国债 10（019210）	94350.00	2019.06.07	3.1400	12 国债 12（019212）	28000.00	2042.06.28	4.0700
12 国债 13（019213）	28000.00	2042.08.02	4.1200	12 国债 15（019215）	86140.00	2022.08.23	3.3900
12 国债 16（019216）	82820.00	2019.09.06	3.2500	12 国债 18（019218）	28000.00	2032.09.27	4.1000
12 国债 20（019220）	26000.00	2062.11.15	4.3500	12 国债 21（019221）	29010.00	2022.12.13	3.5500
13 国债 03（019303）	82000.00	2020.01.24	3.4200	13 国债 05（019305）	78790.00	2023.02.21	3.5200
13 国债 08（019308）	91720.00	2020.04.18	3.2900	13 国债 09（019309）	26000.00	2033.04.22	3.9900
13 国债 10（019310）	20000.00	2063.05.20	4.2400	13 国债 11（019311）	90000.00	2023.05.23	3.3800
13 国债 15（019315）	90150.00	2020.07.11	3.4600	13 国债 16（019316）	26000.00	2033.08.12	4.3200
13 国债 18（019318）	111880.00	2023.08.22	4.0800	13 国债 19（019319）	26000.00	2043.09.16	4.7600
13 国债 20（019320）	88890.00	2020.10.17	4.0700	13 国债 24（019324）	20000.00	2063.11.18	5.3100
13 国债 25（019325）	24000.00	2043.12.09	5.0500	14 国债 01（019401）	38000.00	2019.01.07	4.4700
14 国债 03（019403）	66000.00	2021.01.16	4.4400	14 国债 05（019405）	84970.00	2024.03.20	4.4200
14 国债 06（019406）	84080.00	2021.04.03	4.3300	14 国债 08（019408）	57000.00	2019.04.24	4.0400
14 国债 09（019409）	26000.00	2034.04.28	4.7700	14 国债 10（019410）	26000.00	2064.05.26	4.6700
14 国债 12（019412）	84010.00	2024.06.19	4.0000	14 国债 13（019413）	84030.00	2021.07.03	4.0200
14 国债 16（019416）	26000.00	2044.07.24	4.7600	14 国债 17（019417）	26000.00	2034.08.11	4.6300
14 国债 21（019421）	85790.00	2024.09.18	4.1300	14 国债 24（019424）	84180.00	2021.10.23	3.7000
14 国债 25（019425）	26000.00	2044.10.27	4.3000	14 国债 26（019426）	56040.00	2019.10.30	3.5300
14 国债 27（019427）	26000.00	2064.11.24	4.2400	14 国债 29（019429）	68240.00	2024.12.18	3.7700
15 国债 02（019502）	60000.00	2022.01.22	3.3600	15 国债 03（019503）	70410.00	2020.02.05	3.3100
15 国债 05（019505）	90320.00	2025.04.09	3.6400	15 国债 07（019507）	90120.00	2022.04.16	3.5400
15 国债 08（019508）	26000.00	2035.04.27	4.0900	15 国债 10（019510）	26000.00	2065.05.25	3.9900
15 国债 11（019511）	90120.00	2020.05.28	3.1000	15 国债 14（019514）	90040.00	2022.07.09	3.3000
15 国债 16（019516）	90000.00	2025.07.16	3.5100	15 国债 17（019517）	26000.00	2045.07.27	3.9400

债券信息
List of Bonds

债券简称（代码）Bond Name（Code）	发行量（百万元）Issued Vol（M yuan）	到期日 Expiration Date	票面利率（%）Coupon Rate（%）	债券简称（代码）Bond Name（Code）	发行量（百万元）Issued Vol（M yuan）	到期日 Expiration Date	票面利率（%）Coupon Rate（%）
15 国债 19（019519）	86100.00	2020.09.08	3.1400	15 国债 21（019521）	26000.00	2035.09.22	3.7400
15 国债 23（019523）	104000.00	2025.10.15	2.9900	15 国债 25（019525）	26000.00	2045.10.20	3.7400
15 国债 26（019526）	104010.00	2022.10.22	3.0500	15 国债 28（019528）	26000.00	2065.11.23	3.8900
16 国债 02（019530）	60000.00	2021.01.14	2.5300	16 国债 03（019531）	60000.00	2019.01.28	2.5500
16 国债 04（019532）	73150.00	2026.01.28	2.8500	16 国债 06（019534）	88820.00	2023.03.17	2.7500
16 国债 07（019535）	110600.00	2021.04.14	2.5800	16 国债 08（019536）	90060.00	2046.04.25	3.5200
16 国债 09（019537）	111940.00	2019.04.28	2.5500	16 国债 10（019538）	109120.00	2026.05.05	2.9000
16 国债 13（019541）	28410.00	2066.05.23	3.7000	16 国债 14（019542）	113470.00	2023.06.16	2.9500
16 国债 15（019543）	116080.00	2021.07.14	2.6500	16 国债 16（019544）	110970.00	2019.07.28	2.4300
16 国债 17（019545）	102310.00	2026.08.04	2.7400	16 国债 19（019547）	97670.00	2046.08.22	3.2700
16 国债 20（019548）	105300.00	2023.09.01	2.7500	16 国债 21（019549）	85240.00	2021.10.20	2.3900
16 国债 22（019550）	71570.00	2019.10.27	2.2900	16 国债 23（019551）	75990.00	2026.11.03	2.7000
16 国债 25（019553）	83040.00	2023.11.17	2.7900	16 国债 26（019554）	24200.00	2066.11.21	3.4800
17 国债 01（019555）	60000.00	2022.01.12	2.8800	17 国债 02（019556）	60000.00	2020.01.19	2.7700
17 国债 04（019558）	72000.00	2027.02.09	3.4000	17 国债 05（019559）	77400.00	2047.02.20	3.7700
17 国债 06（019560）	88000.00	2024.03.16	3.2000	17 国债 07（019561）	110000.00	2022.04.13	3.1300
17 国债 08（019562）	108200.00	2020.04.27	3.2300	17 国债 10（019564）	109380.00	2027.05.04	3.5200
17 国债 11（019565）	29150.00	2067.05.22	4.0800	17 国债 12（019566）	84580.00	2019.06.15	3.6200
17 国债 13（019567）	108660.00	2024.06.22	3.5700	17 国债 14（019568）	108610.00	2022.07.13	3.4700
17 国债 15（019569）	87120.00	2047.07.24	4.0500	17 国债 16（019570）	108280.00	2020.07.27	3.4600
17 国债 18（019572）	112170.00	2027.08.03	3.5900	17 国债 19（019573）	84000.00	2019.09.14	3.5000
17 特国 03（019574）	96400.00	2022.09.19	3.5900	17 国债 20（019575）	108950.00	2024.09.21	3.6900
17 国债 21（019576）	95210.00	2022.10.19	3.7300	17 国债 22（019577）	77710.00	2047.10.23	4.2800
17 国债 23（019578）	94120.00	2020.10.26	3.6000	17 国债 25（019580）	78280.00	2027.11.02	3.8200
17 国债 26（019581）	29370.00	2067.11.20	4.3700	17 国债 27（019582）	66220.00	2024.12.21	3.9000
18 国债 01（019583）	60000.00	2023.01.18	3.8100	18 国债 02（019584）	60000.00	2021.01.25	3.5600
18 国债 03（019585）	69000.00	2019.02.01	3.3800	18 国债 04（019586）	69000.00	2028.02.01	3.8500
18 国债 05（019587）	106590.00	2025.03.08	3.7700	18 国债 06（019588）	80200.00	2048.03.19	4.2200
18 国债 07（019589）	131310.00	2021.04.12	3.4200	18 国债 08（019590）	87590.00	2020.04.19	3.0600
18 国债 09（019591）	123150.00	2023.04.19	3.1700	18 国债 10（019592）	123060.00	2019.05.17	3.0200
18 国债 11（019593）	123020.00	2028.05.17	3.6900	18 国债 12（019594）	30520.00	2068.05.21	4.1300
18 国债 13（019595）	123010.00	2025.06.07	3.6100	18 国债 14（019596）	123350.00	2021.07.05	3.2400
18 国债 15（019597）	87060.00	2020.07.12	3.1400	18 国债 16（019598）	123240.00	2023.07.12	3.3000
18 国债 17（019599）	91050.00	2048.07.23	3.9700	18 国债 18（019600）	125050.00	2019.08.16	2.7900
18 国债 19（019601）	125050.00	2028.08.16	3.5400	18 国债 20（019602）	119170.00	2025.09.06	3.6000
18 国债 21（019603）	162050.00	2021.10.11	3.1700	18 国债 22（019604）	98120.00	2020.10.18	3.0000
18 国债 23（019605）	173360.00	2023.10.18	3.2900	18 国债 24（019606）	201110.00	2048.10.22	4.0800
18 国债 25（019607）	20640.00	2068.11.19	3.8200	18 国债 26（019608）	65160.00	2019.11.22	2.4100
18 国债 27（019609）	182590.00	2028.11.22	3.2500	18 国债 28（019610）	206800.00	2025.12.06	3.2200
19 国债 01（019611）	90000.00	2020.01.17	2.3100	19 国债 02（019612）	122270.00	2021.02.21	2.4400
19 国债 03（019613）	214070.00	2022.03.07	2.6900	19 国债 04（019614）	282490.00	2024.04.11	3.1900
19 国债 05（019615）	152750.00	2020.05.23	2.6500	19 国债 06（019616）	279090.00	2029.05.23	3.2900
19 国债 07（019617）	280160.00	2026.06.06	3.2500	19 国债 08（019618）	109300.00	2069.06.24	4.0000
19 国债 09（019619）	136820.00	2021.07.11	2.7400	19 国债 10（019620）	222660.00	2049.07.22	3.8600
19 国债 11（019621）	275950.00	2022.08.08	2.7500	19 国债 12（019622）	154210.00	2020.09.19	2.4600
19 国债 13（019623）	222340.00	2024.10.17	2.9400	19 国债 14（019624）	89340.00	2021.11.14	2.6900
19 国债 15（019625）	243000.00	2029.11.21	3.1300	19 国债 16（019626）	249220.00	2026.12.05	3.1200
08 国债 02（019802）	28000.00	2023.02.28	4.1600	08 国债 06（019806）	28000.00	2038.05.08	4.5000
08 国债 13（019813）	24000.00	2028.08.11	4.9400	08 国债 20（019820）	24000.00	2038.10.23	3.9100
08 国债 23（019823）	24000.00	2023.11.27	3.6200	09 国债 02（019902）	22000.00	2029.02.19	3.8600

债券信息
List of Bonds

债券
Bond

债券简称（代码） Bond Name（Code）	发行量 （百万元） Issued Vol （M yuan）	到期日 Expiration Date	票面利率（%） Coupon Rate（%）	债券简称（代码） Bond Name（Code）	发行量 （百万元） Issued Vol （M yuan）	到期日 Expiration Date	票面利率（%） Coupon Rate（%）
09国债03（019903）	26000.00	2019.03.12	3.0500	09国债05（019905）	22000.00	2039.04.09	4.0200
09国债07（019907）	27760.00	2019.05.07	3.0200	09国债11（019911）	28000.00	2024.06.11	3.6900
09国债12（019912）	28270.00	2019.06.18	3.0900	09国债16（019916）	28300.00	2019.07.23	3.4800
09国债20（019920）	26000.00	2029.08.27	4.0000	09国债23（019923）	26640.00	2019.09.17	3.4400
09国债25（019925）	24000.00	2039.10.15	4.1800	09国债27（019927）	27240.00	2019.11.05	3.6800
09国债30（019930）	20000.00	2059.11.30	4.3000	18贴债33（020250）	10000.00	2019.01.14	0.0000
18贴债38（020255）	10000.00	2019.02.11	0.0000	18贴债43（020260）	10000.00	2019.03.11	0.0000
18贴债46（020263）	15000.00	2019.01.14	0.0000	18贴债47（020264）	10000.00	2019.04.15	0.0000
18贴债48（020265）	15000.00	2019.01.21	0.0000	18贴债49（020266）	15000.00	2019.01.28	0.0000
18贴债50（020267）	15000.00	2019.02.04	0.0000	18贴债51（020268）	15050.00	2019.02.11	0.0000
18贴债52（020269）	10000.00	2019.05.13	0.0000	18贴债53（020270）	10000.00	2019.02.18	0.0000
18贴债54（020271）	10030.00	2019.02.25	0.0000	18贴债55（020272）	10010.00	2019.03.04	0.0000
18贴债56（020273）	20000.00	2019.03.11	0.0000	18贴债57（020274）	10030.00	2019.06.10	0.0000
18贴债58（020275）	20000.00	2019.03.18	0.0000	18贴债59（020276）	20000.00	2019.03.25	0.0000
18贴债60（020277）	15470.00	2019.04.03	0.0000	19贴债01（020278）	10000.00	2019.04.08	0.0000
19贴债02（020279）	10000.00	2019.07.08	0.0000	19贴债03（020280）	10000.00	2019.04.15	0.0000
19贴债04（020281）	10000.00	2019.04.22	0.0000	19贴债05（020282）	10000.00	2019.04.29	0.0000
19贴债06（020283）	10000.00	2019.05.20	0.0000	19贴债07（020284）	10000.00	2019.05.27	0.0000
19贴债08（020285）	10000.00	2019.06.03	0.0000	19贴债09（020286）	10000.00	2019.06.10	0.0000
19贴债10（020287）	10000.00	2019.09.09	0.0000	19贴债11（020288）	10000.00	2019.06.17	0.0000
19贴债12（020289）	10000.00	2019.06.24	0.0000	19贴债13（020290）	10000.00	2019.07.01	0.0000
19贴债14（020291）	10000.00	2019.07.15	0.0000	19贴债15（020292）	10000.00	2019.10.14	0.0000
19贴债16（020293）	10000.00	2019.07.22	0.0000	19贴债17（020294）	10000.00	2019.07.29	0.0000
19贴债18（020295）	10010.00	2019.08.12	0.0000	19贴债19（020296）	10030.00	2019.11.11	0.0000
19贴债20（020297）	10010.00	2019.08.19	0.0000	19贴债21（020298）	10010.00	2019.08.26	0.0000
19贴债22（020299）	10000.00	2019.09.02	0.0000	19贴债23（020300）	10040.00	2019.09.16	0.0000
19贴债24（020301）	10000.00	2019.12.16	0.0000	19贴债25（020302）	10090.00	2019.09.23	0.0000
19贴债26（020303）	10000.00	2019.09.30	0.0000	19贴债27（020304）	10110.00	2019.10.07	0.0000
19贴债28（020305）	10000.00	2019.10.14	0.0000	19贴债29（020306）	10010.00	2020.01.13	0.0000
19贴债30（020307）	10000.00	2019.10.21	0.0000	19贴债31（020308）	10100.00	2019.10.28	0.0000
19贴债32（020309）	10230.00	2019.11.04	0.0000	19贴债33（020310）	10100.00	2019.11.11	0.0000
19贴债34（020311）	10000.00	2020.02.10	0.0000	19贴债35（020312）	10060.00	2019.11.18	0.0000
19贴债36（020313）	10000.00	2019.11.25	0.0000	19贴债37（020314）	10100.00	2019.12.02	0.0000
19贴债38（020315）	10130.00	2019.12.09	0.0000	19贴债39（020316）	10010.00	2020.03.09	0.0000
19贴债40（020317）	10160.00	2019.12.23	0.0000	19贴债41（020318）	10030.00	2019.12.30	0.0000
19贴债42（020319）	15150.00	2020.01.13	0.0000	19贴债43（020320）	10000.00	2020.04.13	0.0000
19贴债44（020321）	15100.00	2020.01.20	0.0000	19贴债45（020322）	15010.00	2020.01.27	0.0000
19贴债46（020323）	15050.00	2020.02.03	0.0000	19贴债47（020324）	15000.00	2020.02.10	0.0000
19贴债48（020325）	10000.00	2020.05.11	0.0000	19贴债49（020326）	15150.00	2020.02.17	0.0000
19贴债50（020327）	15000.00	2020.02.24	0.0000	19贴债51（020328）	15000.00	2020.03.02	0.0000
19贴债52（020329）	15110.00	2020.03.09	0.0000	19贴债53（020330）	15000.00	2020.03.16	0.0000
19贴债54（020331）	10160.00	2020.06.15	0.0000	19贴债55（020332）	15120.00	2020.03.23	0.0000
格力转债（110030）	980.00	2019.12.25	2.0000	航信转债（110031）	2400.00	2021.06.12	1.6000
三一转债（110032）	4500.00	2019.03.26	1.5000	国贸转债（110033）	2800.00	2022.01.05	1.7000
九州转债（110034）	1500.00	2022.01.15	1.6000	济川转债（110038）	843.00	2022.11.13	0.8000
生益转债（110040）	1800.00	2019.08.01	0.5000	蒙电转债（110041）	1875.00	2023.12.22	1.0000
航电转债（110042）	2400.00	2023.12.25	1.0000	无锡转债（110043）	3000.00	2024.01.30	0.8000
广电转债（110044）	800.00	2024.06.27	1.0000	海澜转债（110045）	3000.00	2024.07.13	0.8000
圆通转债（110046）	3650.00	2024.11.20	0.8000	山鹰转债（110047）	2300.00	2024.11.21	0.6000
福能转债（110048）	2830.00	2024.12.07	0.6000	海尔转债（110049）	3007.49	2019.12.17	0.2000

债券信息
List of Bonds

债券简称（代码）Bond Name（Code）	发行量（百万元）Issued Vol（M yuan）	到期日 Expiration Date	票面利率（%）Coupon Rate（%）	债券简称（代码）Bond Name（Code）	发行量（百万元）Issued Vol（M yuan）	到期日 Expiration Date	票面利率（%）Coupon Rate（%）
佳都转债（110050）	875.00	2024.12.19	0.6000	中天转债（110051）	3965.00	2025.02.28	0.6000
贵广转债（110052）	1600.00	2025.03.05	0.8000	苏银转债（110053）	20000.00	2025.03.14	0.8000
通威转债（110054）	5000.00	2025.03.18	0.5000	伊力转债（110055）	876.00	2025.03.15	0.7000
亨通转债（110056）	1733.00	2025.03.19	0.5000	现代转债（110057）	1616.00	2025.04.01	0.5000
永鼎转债（110058）	980.00	2025.04.16	0.6000	浦发转债（110059）	50000.00	2025.10.28	0.2000
天路转债（110060）	1087.00	2025.10.28	0.4000	川投转债（110061）	4000.00	2025.11.11	0.2000
烽火转债（110062）	3088.00	2025.12.02	0.2000	电气转债（113008）	6000.00	2021.02.02	1.6000
广汽转债（113009）	4106.00	2022.01.22	1.5000	江南转债（113010）	760.00	2019.02.20	1.0000
光大转债（113011）	30000.00	2023.03.17	1.5000	骆驼转债（113012）	717.00	2023.03.24	1.3000
国君转债（113013）	7000.00	2023.07.07	1.5000	林洋转债（113014）	3000.00	2023.10.27	1.0000
隆基转债（113015）	2800.00	2019.09.04	0.5000	小康转债（113016）	1500.00	2023.11.06	1.0000
吉视转债（113017）	1560.00	2023.12.27	1.0000	常熟转债（113018）	3000.00	2019.05.23	0.5000
玲珑转债（113019）	2000.00	2023.03.01	1.0000	桐昆转债（113020）	3800.00	2024.11.19	0.5000
中信转债（113021）	40000.00	2025.03.04	0.8000	浙商转债（113022）	3500.00	2025.03.12	0.5000
核建转债（113024）	2996.00	2025.04.08	0.4000	明泰转债（113025）	1839.00	2025.04.10	0.6000
核能转债（113026）	7800.00	2025.04.15	0.5000	华钰转债（113027）	640.00	2025.06.14	0.6000
环境转债（113028）	2170.00	2025.06.18	0.5000	嘉澳转债（113502）	185.00	2023.11.10	1.0000
泰晶转债（113503）	215.00	2023.12.15	1.0000	艾华转债（113504）	691.00	2024.03.02	1.0000
杭电转债（113505）	780.00	2024.03.06	1.0000	鼎信转债（113506）	600.00	2019.05.08	0.5000
天马转债（113507）	305.00	2019.11.19	0.6000	新凤转债（113508）	2153.00	2024.04.26	1.0000
新泉转债（113509）	450.00	2024.06.04	1.0000	再升转债（113510）	114.00	2024.06.19	0.6000
千禾转债（113511）	356.00	2024.06.20	0.5000	景旺转债（113512）	978.00	2019.04.30	0.4000
安井转债（113513）	500.00	2024.07.12	0.3000	威帝转债（113514）	200.00	2023.07.20	1.0000
高能转债（113515）	840.00	2024.07.26	0.6000	苏农转债（113516）	2500.00	2024.08.02	1.0000
曙光转债（113517）	1120.00	2024.08.06	0.6000	顾家转债（113518）	1097.00	2024.09.12	0.6000
长久转债（113519）	700.00	2024.11.07	0.8000	百合转债（113520）	510.00	2024.11.08	0.7000
科森转债（113521）	610.00	2024.11.16	0.7000	旭升转债（113522）	420.00	2024.11.22	0.6000
伟明转债（113523）	670.00	2024.12.10	0.6000	奇精转债（113524）	330.00	2024.12.14	0.6000
台华转债（113525）	533.00	2024.12.17	0.6000	联泰转债（113526）	390.00	2025.01.23	0.5000
维格转债（113527）	746.00	2025.01.24	0.7000	长城转债（113528）	634.00	2025.03.01	0.8000
绝味转债（113529）	1000.00	2019.11.22	0.4000	大丰转债（113530）	630.00	2025.03.27	0.6000
百姓转债（113531）	327.00	2024.03.29	0.4000	海环转债（113532）	460.00	2025.04.02	0.6000
参林转债（113533）	1000.00	2025.04.03	0.3000	鼎胜转债（113534）	1254.00	2025.04.09	0.6000
大业转债（113535）	500.00	2024.05.09	0.6000	三星转债（113536）	192.00	2025.05.31	0.5000
文灿转债（113537）	800.00	2025.06.10	0.8000	安图转债（113538）	683.00	2025.06.28	0.3000
圣达转债（113539）	299.00	2025.07.03	0.6000	南威转债（113540）	660.00	2025.07.15	0.5000
荣晟转债（113541）	330.00	2025.07.23	0.7000	好客转债（113542）	630.00	2025.08.01	0.6000
欧派转债（113543）	1495.00	2025.08.16	0.4000	桃李转债（113544）	1000.00	2025.09.20	0.4000
金能转债（113545）	1500.00	2025.10.14	0.4000	迪贝转债（113546）	230.00	2025.10.23	0.5000
索发转债（113547）	945.00	2025.10.24	0.5000	石英转债（113548）	360.00	2025.10.28	0.4000
白电转债（113549）	880.00	2025.11.15	0.3000	常汽转债（113550）	992.00	2025.11.18	0.5000
福特转债（113551）	1100.00	2025.11.18	0.4000	克来转债（113552）	180.00	2025.12.02	0.5000
02 三峡债（120201）	5000.00	2022.09.20	4.7600	03 三峡债（120303）	3000.00	2033.08.01	4.8600
04 国电停（120486）	1556.00	2019.09.22	5.6000	04 南网(2)（120490）	2000.00	2019.09.17	5.6000
05 大唐债（120506）	3000.00	2020.04.29	5.2800	05 铁道债（120508）	5000.00	2020.07.29	4.8500
05 沪建(2)（120512）	1000.00	2020.07.27	5.1800	05 武城投（120527）	1000.00	2020.12.26	4.7000
05 宁煤债（120529）	1000.00	2020.09.16	4.9000	06 大唐债（120601）	2000.00	2026.02.16	4.2000
06 冀建投（120602）	1000.00	2026.03.28	4.1800	06 航天债（120603）	2000.00	2021.04.18	4.0000
06 三峡债（120605）	3000.00	2026.05.11	4.1500	水务暂停（120607）	1500.00	2021.06.29	4.2500
06 鲁高速（120608）	1000.00	2026.04.07	4.1000	06 赣投债（120609）	800.00	2021.09.11	4.3800

债券信息
List of Bonds

债券
Bond

债券简称（代码）Bond Name（Code）	发行量（百万元）Issued Vol（M yuan）	到期日 Expiration Date	票面利率（%）Coupon Rate（%）	债券简称（代码）Bond Name（Code）	发行量（百万元）Issued Vol（M yuan）	到期日 Expiration Date	票面利率（%）Coupon Rate（%）
07世博(2)（120702）	2000.00	2022.02.15	4.1500	09长电债（122015）	3500.00	2019.07.30	4.7800
09大唐债（122017）	3000.00	2019.08.17	5.0000	09中交G2（122019）	7900.00	2019.08.21	5.2000
10中铁G2（122046）	5000.00	2020.01.27	4.8800	10石化02（122052）	9000.00	2020.05.21	4.0500
10中铁G3（122054）	2500.00	2020.10.19	4.3400	10中铁G4（122055）	3500.00	2025.10.19	4.5000
10龙源02（122057）	2000.00	2020.12.10	5.0500	11西矿02（122062）	2000.00	2021.01.17	5.3000
11龙源02（122064）	1500.00	2021.01.21	5.0400	11大唐01（122066）	3000.00	2021.04.20	5.2500
11海航02（122071）	1440.00	2021.05.24	6.2000	11大连港（122072）	2350.00	2021.05.23	5.3000
11柳钢债（122075）	2000.00	2019.06.01	5.7000	11西钢债（122077）	1000.00	2019.06.15	6.7500
11凌钢债（122087）	1480.00	2019.08.01	6.5800	11中孚债（122093）	1500.00	2019.08.29	7.3000
11安钢02（122105）	800.00	2019.02.14	6.9000	11中化02（122124）	1200.00	2019.03.05	4.9900
11美兰债（122125）	800.00	2019.03.15	7.8000	11欧亚债（122127）	470.00	2019.03.21	7.0000
柳债暂停（122133）	510.00	2019.03.27	7.0000	11华微债（122134）	320.00	2019.04.10	8.0000
11桂东01（122138）	600.00	2019.04.16	6.3000	12亿利01（122143）	800.00	2020.04.23	7.3000
11桂东02（122145）	400.00	2019.06.20	5.3000	12华新02（122147）	1000.00	2019.05.17	5.6500
12石化02（122150）	7000.00	2022.06.01	4.9000	12国电02（122152）	1000.00	2019.06.15	4.7500
12广控01（122157）	2350.00	2019.06.25	4.7400	12西钢债（122158）	430.00	2020.07.16	6.5000
12亿利02（122159）	800.00	2020.07.19	6.4200	12兖煤02（122168）	4000.00	2022.07.23	4.9500
12中海02（122172）	1500.00	2022.08.03	5.0000	12中交02（122174）	2000.00	2022.08.09	5.0000
12中交03（122175）	4000.00	2027.08.09	5.1500	12中储债（122176）	1600.00	2019.08.13	5.3000
12科环03（122179）	2000.00	2022.08.20	5.1500	12山鹰债（122181）	800.00	2019.08.22	7.5000
12玻纤债（122187）	1200.00	2019.10.17	5.5600	12华新03（122188）	1100.00	2019.11.09	5.9000
12王府02（122190）	1100.00	2019.10.24	5.2000	12桂冠02（122192）	930.00	2022.10.24	5.1000
12中水01（122193）	2000.00	2019.10.29	5.0300	12中水02（122194）	3000.00	2022.10.29	5.2000
12中海03（122195）	1500.00	2019.10.29	5.0500	12中海04（122196）	1000.00	2022.10.29	5.1800
12开滦01（122201）	1500.00	2019.10.30	5.4000	12海螺02（122203）	3500.00	2022.11.07	5.1000
12中油02（122210）	2000.00	2022.11.22	4.9000	12中油03（122211）	2000.00	2027.11.22	5.0400
12松建化（122213）	2200.00	2019.12.05	8.9000	12国航01（122218）	5000.00	2023.01.18	5.1000
12重工02（122221）	600.00	2020.01.25	5.2000	12招商03（122234）	5500.00	2023.03.05	5.1500
13中油02（122240）	4000.00	2023.03.15	4.8800	12东航01（122241）	4800.00	2023.03.18	5.0500
12广汽02（122243）	3000.00	2023.03.20	5.0900	12大唐01（122244）	3000.00	2023.03.27	5.1000
13甬热电（122245）	300.00	2020.04.15	5.6000	13福新02（122248）	1000.00	2023.03.25	5.3000
13平煤债（122249）	4500.00	2023.04.17	5.0700	13和邦01（122250）	400.00	2020.04.22	5.8000
13南车02（122252）	1500.00	2023.04.22	5.0000	13赣粤01（122255）	1800.00	2023.04.19	5.1500
13云煤业（122258）	250.00	2020.12.03	8.8000	13中信02（122260）	12000.00	2023.06.07	5.0500
13华泰02（122262）	6000.00	2023.06.05	5.1000	12国航03（122269）	1500.00	2023.08.16	5.3000
12兖煤03（122271）	1950.00	2019.03.03	5.9200	12兖煤04（122272）	3050.00	2024.03.03	6.1500
13海通03（122282）	2390.00	2023.11.25	6.1800	13鲁金02（122284）	1300.00	2020.03.30	5.3000
13杉杉债（122285）	750.00	2019.03.07	7.5000	13国投01（122287）	1800.00	2019.03.21	5.8900
13兴业01（122292）	1500.00	2019.03.13	6.0000	13兴业02（122293）	1000.00	2021.03.13	6.3500
12鲁创投（122294）	400.00	2019.03.25	7.3500	13川投01（122295）	1700.00	2019.04.17	6.1200
13亚盛债（122298）	1200.00	2019.06.19	6.3500	13中原债（122299）	1500.00	2019.04.23	6.2000
13楚天01（122301）	600.00	2019.05.26	5.8800	13天房债（122302）	1200.00	2021.04.25	8.9000
14鲁高速（122305）	2000.00	2019.07.11	5.8400	13太极01（122306）	250.00	2019.06.09	6.2500
13杭齿债（122308）	400.00	2019.07.11	6.3000	13海通05（122312）	4550.00	2019.07.14	5.4500
13海通06（122313）	800.00	2024.07.14	5.8500	14东海债（122315）	1000.00	2019.07.31	5.5500
14赣粤01（122316）	500.00	2021.08.11	5.7400	14赣粤02（122317）	2300.00	2024.08.11	6.0900
14中炬01（122318）	500.00	2019.09.23	6.2000	14国贸01（122320）	500.00	2019.08.20	5.5000
14银河G2（122322）	1000.00	2020.02.04	4.8000	14凤凰债（122323）	750.00	2019.09.12	5.6500
13卧龙债（122327）	600.00	2019.09.23	9.0700	12开滦02（122328）	1500.00	2020.09.26	6.3000
14伊泰01（122329）	4500.00	2019.10.09	6.9900	13中企债（122330）	1550.00	2019.10.14	5.4700

债券信息 List of Bonds

债券 Bond

债券简称（代码） Bond Name（Code）	发行量（百万元） Issued Vol（M yuan）	到期日 Expiration Date	票面利率（%） Coupon Rate（%）	债券简称（代码） Bond Name（Code）	发行量（百万元） Issued Vol（M yuan）	到期日 Expiration Date	票面利率（%） Coupon Rate（%）
14 营口港（122331）	1000.00	2021.10.20	5.6000	14 亿利01（122332）	1000.00	2020.01.26	7.1000
14 嘉宝债（122333）	960.00	2019.10.23	5.5000	12 大唐02（122334）	3000.00	2024.11.03	5.0000
14 爱众01（122335）	300.00	2021.10.28	6.0000	13 牡丹01（122336）	850.00	2019.10.29	5.4000
13 魏桥02（122337）	3000.00	2019.11.07	5.5000	13 金桥债（122338）	1200.00	2022.11.17	5.0000
13 香江债（122339）	700.00	2019.12.10	8.4800	14 武控01（122340）	650.00	2019.11.05	4.9500
14 连云港（122341）	645.00	2020.03.20	6.2000	13 和邦02（122343）	400.00	2019.11.25	6.4000
13 尖峰02（122344）	300.00	2019.11.20	5.0900	14 贵人鸟（122346）	800.00	2099.12.31	7.0000
13 太极02（122347）	250.00	2019.12.03	5.2500	14 北辰01（122348）	1000.00	2020.01.20	5.6500
14 中炬02（122349）	400.00	2020.01.26	5.5000	14 盛屯债（122350）	450.00	2019.12.26	7.7000
14 北辰02（122351）	1500.00	2022.01.20	5.2000	12 广汽03（122352）	2000.00	2020.01.19	4.7000
14 东兴债（122353）	2000.00	2019.04.07	4.8900	15 康美债（122354）	2400.00	2022.01.27	6.3300
14 齐鲁债（122355）	3000.00	2020.01.29	5.2000	14 富贵鸟（122356）	800.00	2020.04.22	6.3000
15 际华03（122358）	2000.00	2022.09.15	4.1000	14 福田债（122361）	1000.00	2020.03.31	5.1000
14 上实01（122362）	1000.00	2020.03.23	5.6900	14 渝路01（122364）	450.00	2020.03.16	6.0700
14 昊华01（122365）	1500.00	2022.03.26	5.5000	14 财富债（122367）	800.00	2020.03.31	5.8300
14 渝路02（122368）	410.00	2020.04.27	5.8400	14 华远债（122370）	1400.00	2020.04.27	5.2400
14 亨通01（122371）	800.00	2020.06.23	6.2000	14 财通债（122372）	1500.00	2020.05.19	4.0000
15 舟港债（122373）	700.00	2020.05.22	4.4800	14 招商债（122374）	5500.00	2025.05.26	5.0800
15 首置01（122376）	3000.00	2020.05.27	4.5800	14 首开债（122377）	4000.00	2022.06.03	4.8000
13 楚天02（122378）	600.00	2020.06.08	4.5800	14 瀚华01（122380）	1500.00	2020.06.10	6.9000
14 安源债（122381）	1200.00	2020.11.20	7.0000	15 恒大01（122383）	5000.00	2020.06.19	6.8000
15 中信01（122384）	5500.00	2020.06.25	4.6000	15 中信02（122385）	2500.00	2025.06.25	5.1000
15 迪马债（122386）	2000.00	2019.03.08	7.4900	15 城乡01（122387）	300.00	2020.06.30	4.9800
15 龙湖01（122390）	2000.00	2020.07.07	4.6000	15 云能投（122391）	500.00	2020.07.06	4.4900
15 恒大02（122392）	6800.00	2019.07.08	6.3000	15 恒大03（122393）	8200.00	2022.07.08	6.9800
15 富力债（122395）	6500.00	2020.07.13	7.0000	15 时代债（122396）	2000.00	2020.07.10	7.5000
15 宜华01（122397）	1200.00	2020.07.16	6.8800	15 北巴债（122398）	700.00	2020.07.14	5.0000
15 远洋03（122401）	1500.00	2025.08.19	5.0000	15 城建01（122402）	5800.00	2022.07.20	4.4000
14 西南02（122404）	2000.00	2020.07.23	5.3700	15 宜华02（122405）	600.00	2020.07.23	6.8800
15 新湖债（122406）	3500.00	2020.07.23	7.2000	15 广证债（122407）	1000.00	2020.07.24	5.2500
15 龙湖02（122409）	2000.00	2020.07.27	5.5000	15 龙湖03（122410）	2000.00	2022.07.27	3.3000
14 招金债（122411）	950.00	2020.07.29	4.8000	15 昆药债（122412）	300.00	2019.10.08	4.2800
15 精工债（122413）	600.00	2020.07.29	5.2000	15 好民居（122416）	2000.00	2020.07.30	7.4500
15 东旭集（122417）	2000.00	2020.07.30	7.0000	15 盛和债（122418）	450.00	2019.02.27	4.7000
15 天房债（122421）	1000.00	2020.08.06	7.5000	15 梅花01（122422）	1500.00	2019.03.29	4.4700
15 五洋债（122423）	800.00	2099.12.31	7.7800	15 华业债（122424）	1500.00	2099.12.31	8.5000
15 际华01（122425）	2000.00	2020.08.07	4.6000	15 际华02（122426）	500.00	2022.08.07	3.9800
15 海正01（122427）	800.00	2020.08.13	5.7000	15 信投01（122428）	1800.00	2025.08.13	4.2000
15 海亮01（122429）	1500.00	2020.08.10	5.3900	15 闽高速（122431）	2000.00	2020.08.11	4.9000
15 融创01（122432）	2500.00	2020.08.14	6.8000	15 融创02（122433）	2500.00	2020.08.14	5.7000
15 清能债（122434）	1200.00	2020.08.18	7.5000	15 兴发债（122435）	600.00	2020.08.20	5.2000
15 远洋02（122436）	1500.00	2022.08.19	4.1500	15 远洋01（122437）	2000.00	2020.08.19	4.9000
15 红豆债（122439）	1000.00	2020.08.20	5.9900	15 龙光01（122440）	4000.00	2020.08.19	7.3000
15 赣长运（122441）	690.00	2020.08.24	7.3000	15 桂金债（122443）	4000.00	2023.08.21	5.0000
15 冠城债（122444）	2800.00	2020.08.26	7.6000	15 融创03（122445）	1000.00	2020.09.01	7.5000
15 万达01（122446）	5000.00	2020.08.27	6.8000	15 龙光02（122448）	1000.00	2019.08.27	5.3500
15 绿城01（122449）	3000.00	2020.08.27	5.3500	15 齐鲁债（122450）	2500.00	2020.08.28	4.5000
15 九鼎债（122451）	1000.00	2020.08.31	7.0300	15 杭实01（122452）	1500.00	2025.09.09	4.4800
15 五洋02（122454）	560.00	2020.09.11	7.8000	15 绿城02（122455）	2000.00	2020.09.16	4.9100
15 绿城03（122456）	2000.00	2022.09.16	5.1600	15 新金债（122457）	700.00	2022.09.16	4.4700

债券信息 List of Bonds

债券简称（代码） Bond Name（Code）	发行量（百万元） Issued Vol（M yuan）	到期日 Expiration Date	票面利率（%） Coupon Rate（%）	债券简称（代码） Bond Name（Code）	发行量（百万元） Issued Vol（M yuan）	到期日 Expiration Date	票面利率（%） Coupon Rate（%）
15 粤路建（122460）	1500.00	2030.12.11	4.2500	15 杭实 02（122461）	1000.00	2025.09.17	4.3600
15 花样年（122463）	2000.00	2020.09.16	7.9500	15 世茂 01（122464）	6000.00	2020.09.18	6.5000
15 广越 02（122466）	1500.00	2020.09.18	3.9700	15 万达 02（122467）	5000.00	2020.10.14	6.6000
15 矿 01 停（122468）	2000.00	2020.09.21	3.8800	15 矿 02 停（122469）	2000.00	2025.09.21	4.7500
15 泛海 03（122470）	1000.00	2021.09.21	8.6000	15 盛屯债（122472）	500.00	2020.09.24	7.0000
15 联发 02（122473）	1000.00	2020.09.24	4.2000	15 格房产（122474）	700.00	2020.09.24	6.5000
15 亿达 01（122475）	1000.00	2020.09.25	6.0000	PR 天瑞债（122476）	1000.00	2020.09.25	5.9500
15 月星 01（122477）	2000.00	2019.01.29	7.1000	14 粤运 01（122478）	400.00	2022.09.28	4.2000
15 南铝 01（122479）	500.00	2020.09.25	4.9700	15 南铝 02（122480）	1000.00	2020.09.25	5.0000
15 铁建 01（122481）	3000.00	2020.09.25	4.8000	15 金茂债（122482）	1000.00	2020.09.25	8.0000
15 新光 01（122483）	2000.00	2099.12.31	8.0000	15 龙源 01（122484）	3000.00	2020.09.28	4.2000
15 厦住宅（122485）	2000.00	2020.10.14	5.4000	15 旭辉 01（122486）	3495.00	2020.10.14	5.2000
15 金地 01（122488）	3000.00	2022.10.15	4.1800	15 三福 01（122490）	500.00	2020.10.19	7.5000
15 藏城投（122491）	900.00	2022.10.15	5.0000	15 新光 02（122492）	2000.00	2099.12.31	8.0000
14 国电 03（122493）	1500.00	2020.10.16	3.8700	15 华夏 05（122494）	4000.00	2022.10.22	5.1000
14 亨通 02（122495）	700.00	2020.10.21	5.4400	15 世茂 02（122496）	1400.00	2022.10.16	4.1500
15 远洋 04（122497）	2000.00	2021.10.19	5.1500	15 远洋 05（122498）	3000.00	2025.10.19	4.7600
PR 并龙城（122503）	2000.00	2019.01.30	6.5000	PR 通天诚（122504）	1000.00	2019.09.24	7.7500
PR 绍袍江（122505）	1000.00	2019.10.31	6.9000	PR 吴交投（122506）	1200.00	2020.10.31	6.8000
PR 玉交投（122507）	1000.00	2019.10.12	7.1500	12 伟星集（122513）	500.00	2019.10.23	6.3000
12 金融街（122514）	1900.00	2019.10.22	5.1800	PR 青州 01（122516）	800.00	2019.10.19	7.3500
12 保利集（122518）	1500.00	2019.10.25	5.0300	PR 锡经开（122519）	700.00	2019.11.01	6.9900
12 海亮 02（122524）	400.00	2019.10.19	6.7500	PR 永川惠（122526）	1200.00	2019.10.16	7.3300
PR 温国投（122527）	1400.00	2019.09.18	7.1800	琼港暂停（122528）	850.00	2019.10.18	6.8000
PR 太科园（122531）	1000.00	2019.09.17	7.6000	PR 平城投（122533）	900.00	2019.09.18	7.2000
PR 慈国控（122536）	800.00	2019.09.20	6.6000	PR 宁浦口（122540）	1200.00	2019.10.08	7.1000
PR 钦开投（122543）	900.00	2019.10.16	7.1000	PR 渝长开（122544）	800.00	2019.09.25	7.4500
PR 宁高新（122546）	900.00	2019.09.07	6.9400	PR 曲靖投（122547）	650.00	2019.09.06	7.2500
PR 邳润城（122549）	1000.00	2019.09.25	7.5500	PR 如东投（122551）	800.00	2019.09.24	7.4500
PR 新新业（122552）	660.00	2019.08.15	6.2000	PR 虞交通（122553）	1000.00	2019.09.11	6.7000
PR 定海债（122554）	1000.00	2020.08.31	7.2500	PR 常经投（122555）	1200.00	2019.09.12	7.1900
PR 株高科（122557）	1000.00	2019.09.10	7.5000	12 昆交 02（122559）	1300.00	2019.08.17	6.9500
PR 亳州债（122563）	1500.00	2019.09.04	7.6800	PR 椒江债（122564）	1000.00	2020.09.13	7.4600
PR 小清河（122567）	1800.00	2019.09.05	7.1500	PR 随州债（122568）	700.00	2019.08.22	7.5000
PR 津生态（122569）	1200.00	2019.08.14	6.7600	12 滇水投（122570）	1000.00	2019.08.27	6.8000
PR 兴国资（122571）	1400.00	2019.08.31	6.4800	PR 蓉投控（122572）	1600.00	2019.09.04	6.3000
PR 淮开控（122574）	1200.00	2019.09.06	7.2000	PR 苏相城（122577）	1800.00	2019.09.03	6.9500
12 长宁债（122578）	700.00	2019.08.16	6.0800	PR 津南城（122581）	1500.00	2019.06.18	6.9500
PR 松城开（122584）	1300.00	2019.08.29	7.3000	PR 新海连（122585）	1300.00	2020.08.27	7.0000
PR 益城投（122588）	1600.00	2019.08.24	7.3600	PR 鹤城投（122590）	1500.00	2022.06.21	7.0500
12 常交债（122591）	1500.00	2019.08.21	6.8000	PR 衡城投（122593）	1800.00	2019.08.13	7.0600
PR 荆门债（122598）	800.00	2022.07.09	6.8500	PR 渝地产（122607）	5000.00	2019.04.25	7.3500
PR 西永债（122608）	1600.00	2019.07.25	6.7600	PR 扬城控（122609）	1200.00	2019.07.26	6.3000
PR 乐清债（122610）	1500.00	2019.06.29	6.5000	PR 蓉经 02（122612）	1000.00	2019.07.17	6.5500
PR 渝缙债（122614）	1000.00	2019.06.18	6.7500	PR 百色债（122615）	800.00	2019.07.04	6.5000
PR 黔铁债（122616）	2000.00	2022.03.27	7.2000	PR 襄投债（122617）	1500.00	2019.01.12	8.1200
12 统众债（122618）	1500.00	2022.04.11	6.9500	PR 乌城投（122620）	900.00	2019.07.09	6.3500
PR 锦城债（122622）	1300.00	2019.06.13	7.0800	PR 海恒债（122626）	1200.00	2019.06.12	7.3000
PR 京建工（122627）	800.00	2019.07.05	5.9500	PR 平发债（122629）	1500.00	2019.05.08	7.8600
PR 惠投债（122630）	1800.00	2019.05.28	6.8000	PR 晋国电（122631）	2000.00	2022.05.24	5.8800

债券信息 List of Bonds

债券 Bond

债券简称（代码）Bond Name（Code）	发行量（百万元）Issued Vol（M yuan）	到期日 Expiration Date	票面利率（%）Coupon Rate（%）	债券简称（代码）Bond Name（Code）	发行量（百万元）Issued Vol（M yuan）	到期日 Expiration Date	票面利率（%）Coupon Rate（%）
PR 江阴债（122632）	900.00	2019.06.11	7.2000	PR 嘉经债（122633）	900.00	2019.06.14	6.7800
PR 连发债（122636）	900.00	2019.06.19	6.1000	PR 鑫城债（122637）	1200.00	2019.04.23	7.8800
PR 申华信（122638）	1000.00	2019.06.14	6.9500	PR 仪征债（122640）	800.00	2019.06.14	7.7800
12 海资债（122643）	1500.00	2019.05.22	8.5100	PR 苏园建（122645）	2000.00	2019.05.30	5.7900
PR 宣国投（122648）	1000.00	2019.03.20	7.9900	PR 长建投（122649）	1500.00	2019.04.06	8.3500
PR 广安投（122651）	800.00	2019.04.25	8.1800	12 昆钢控（122654）	2000.00	2020.04.26	5.7800
12 石油 06（122659）	10000.00	2022.04.12	4.5000	12 石油 07（122660）	10000.00	2022.04.12	4.7300
PR 科发债（122663）	1500.00	2019.05.15	7.1600	PR 镇交投（122665）	1800.00	2019.05.08	7.2900
12 国网 01（122666）	5000.00	2022.04.17	4.9900	12 国网 02（122667）	10000.00	2027.04.17	5.2600
12 凉国投（122668）	500.00	2019.04.23	7.5800	12 扬子江（122671）	500.00	2019.05.21	7.6500
PR 西城投（122672）	1300.00	2019.04.27	7.7000	PR 渝李渡（122673）	800.00	2019.03.23	8.4000
PR 滨江债（122676）	1200.00	2019.04.27	6.8500	PR 江宁债（122677）	1200.00	2019.04.28	7.2900
12 扬化工（122678）	1000.00	2019.04.25	7.7500	PR 河套债（122679）	1000.00	2022.03.31	8.5400
PR 合高新（122684）	1200.00	2019.03.22	7.9800	PR 吉城投（122685）	1600.00	2019.04.20	7.8000
12 白药债（122686）	1100.00	2019.03.30	5.6000	PR 金坛债（122687）	1000.00	2019.03.14	8.3000
PR 华通债（122688）	1000.00	2019.04.18	7.3000	PR 宿开发（122689）	900.00	2019.03.26	7.5000
12 三胞债（122690）	800.00	2099.12.31	8.2800	PR 武清债（122691）	800.00	2019.03.27	7.8000
12 漳路桥（122692）	1100.00	2019.03.01	8.2000	PR 兴荣债（122694）	800.00	2019.04.19	8.3500
PR 丹投债（122696）	1500.00	2019.03.06	8.1000	PR 双流 01（122698）	700.00	2019.03.16	8.4000
PR 双流 02（122699）	300.00	2019.03.16	8.4800	PR 来宾债（122700）	900.00	2019.03.14	8.3600
PR 余城建（122701）	1200.00	2019.03.29	7.5500	PR 江都债（122704）	800.00	2019.03.23	8.1000
PR 绵阳债（122709）	1200.00	2019.03.26	7.7000	12 郑新债（122711）	2000.00	2019.03.14	8.1000
12 中航债（122712）	1800.00	2019.03.12	5.4000	12 冀交通（122713）	1400.00	2022.03.27	6.0000
PR 海陵债（122714）	800.00	2019.03.21	8.5200	PR 蓉新城（122715）	1000.00	2019.03.19	8.3500
12 泉矿债（122717）	1500.00	2019.03.21	6.7000	12 渝南债（122718）	800.00	2019.03.23	8.4000
PR 辽国资（122721）	1000.00	2019.03.13	8.1700	PR 淮水利（122722）	1600.00	2019.03.08	8.2500
12 石油 05（122723）	20000.00	2022.03.15	4.8000	PR 攀国 02（122724）	1000.00	2022.03.13	8.1800
PR 柳东债（122726）	1000.00	2019.02.15	8.3000	PR 徐经开（122728）	1800.00	2019.03.07	8.2000
江泉暂停（122729）	800.00	2019.03.12	8.4000	PR 镇经开（122731）	1600.00	2019.03.01	8.1600
PR 九江债（122732）	2000.00	2019.02.23	8.4900	11 京资 02（122734）	6000.00	2021.12.26	5.4000
12 石油 03（122736）	10000.00	2019.02.22	4.5000	12 石油 04（122737）	10000.00	2027.02.22	5.0000
12 鲁高速（122742）	2000.00	2022.02.09	5.7200	12 方大 02（122746）	500.00	2019.02.22	8.2900
12 晋煤运（122747）	2500.00	2022.01.18	6.4000	12 石油 01（122748）	10000.00	2019.01.11	4.5400
12 石油 02（122749）	10000.00	2022.01.11	4.6900	PR 常经营（122750）	1200.00	2019.01.16	8.0000
PR 姜国资（122753）	700.00	2019.12.03	6.8500	12 甘农垦（122756）	800.00	2019.01.06	6.5000
PR 渝富债（122760）	2000.00	2019.09.04	6.5000	11 泛海 02（122765）	1000.00	2021.12.13	8.9000
PR 宜投债（122766）	1000.00	2019.11.17	8.1300	11 国网 01（122770）	10000.00	2021.12.08	5.1400
11 国网 02（122771）	5000.00	2026.12.08	5.2400	PR 滨投 02（122774）	2500.00	2021.11.23	6.1000
11 新光债（122776）	1600.00	2099.12.31	8.1000	11 建发债（122778）	1600.00	2019.10.28	7.3000
PR 株城债（122779）	1500.00	2021.11.10	8.3600	11 中兴新（122784）	1000.00	2019.10.28	6.5000
11 冀投 01（122796）	1000.00	2021.06.27	5.7500	11 冀投 02（122797）	1000.00	2024.06.27	5.8500
PR 滁建投（122803）	1000.00	2021.11.30	6.1700	11 宁交通（122813）	1500.00	2021.04.27	6.1000
11 兴泸债（122835）	1000.00	2021.03.01	6.3900	PR 临汾债（122840）	2000.00	2019.02.22	7.2300
11 横店债（122845）	1200.00	2021.01.27	6.3000	11 甬交投（122847）	1000.00	2021.02.10	6.3000
10 杭交投（122866）	1200.00	2020.10.19	5.1200	PR 石城建（122867）	1000.00	2021.03.09	6.5500
10 冀交通（122885）	2000.00	2025.09.28	4.9500	PR 凯迪债（122890）	1000.00	2099.12.31	6.1200
PR 攀国投（122898）	600.00	2020.07.29	5.4100	10 鄂国资（122912）	2800.00	2020.05.11	6.8800
10 太仓港（122917）	600.00	2020.01.21	7.1000	09 海航债（122927）	1300.00	2019.12.25	7.6000
09 南山 2（122934）	1000.00	2019.10.20	7.5000	09 咸城投（122940）	1750.00	2019.09.30	7.6000
10 镇城投（122941）	2000.00	2020.12.17	6.7600	09 常高新（122956）	1500.00	2019.06.04	6.2000

债券信息
List of Bonds

债券
Bond

债券简称（代码） Bond Name（Code）	发行量（百万元） Issued Vol（M yuan）	到期日 Expiration Date	票面利率（%） Coupon Rate（%）	债券简称（代码） Bond Name（Code）	发行量（百万元） Issued Vol（M yuan）	到期日 Expiration Date	票面利率（%） Coupon Rate（%）
09 武城投（122961）	1500.00	2019.05.25	5.7200	09 潍投债（122965）	700.00	2019.04.15	6.8800
09 豫投债（122969）	1500.00	2019.04.15	5.8500	09 济城建（122975）	1500.00	2019.03.26	4.7800
10 武高债（123006）	500.00	2020.05.24	6.2000	PR 梅州债（123011）	1000.00	2020.09.10	6.9500
PR 赣和济（123013）	1000.00	2019.09.04	8.0000	14 京投 02（123017）	4000.00	2020.08.11	4.9000
PR 阳纸业（123019）	500.00	2021.07.21	8.1900	PR 沿江债（123020）	700.00	2020.07.29	7.4800
14 东证债（123021）	6000.00	2019.08.26	6.0000	14 首创 01（123022）	2000.00	2020.11.03	4.9800
14 京投 01（123023）	1000.00	2019.11.18	5.5000	PR 穗热电（123024）	800.00	2024.11.18	6.3800
15 中电续（123026）	3000.00	2068.06.08	4.6000	14 首创 02（123027）	1000.00	2068.06.16	4.6000
15 津融债（123030）	1200.00	2022.04.23	5.9000	PR 温城 01（123031）	1000.00	2023.01.25	4.0500
16 穗铁 01（123032）	2600.00	2022.01.26	3.4200	16 神雾债（123034）	500.00	2099.12.31	7.9000
14 大东方（123036）	250.00	2025.08.28	6.2000	14 浙商次（123037）	400.00	2025.12.03	6.3000
16 宁水 01（123046）	550.00	2021.05.12	5.5000	18 昌控 01（123048）	800.00	2023.08.27	5.3500
15 华创 01（123052）	500.00	2020.06.25	6.0000	15 中金 Y1（123064）	1000.00	2020.05.29	5.7000
15 齐鲁 Y1（123073）	6000.00	2020.05.28	5.9500	15 首创 02（123079）	680.00	2019.04.29	4.0000
15 财通 02（123081）	1500.00	2019.04.29	6.0500	15 齐鲁 01（123094）	4000.00	2020.04.23	5.9000
15 国君 Y2（123213）	5000.00	2020.04.03	5.8000	15 湘财 02（123218）	580.00	2020.03.27	7.0000
15 财通 01（123223）	1000.00	2019.03.23	5.8500	14 新华债（123233）	4000.00	2019.11.19	5.6000
15 中信投（123238）	3000.00	2020.03.19	5.8000	15 湘财 01（123263）	500.00	2020.02.03	7.3000
15 中信建（123268）	2000.00	2020.01.19	6.0000	15 国君 Y1（123269）	5000.00	2020.01.22	6.0000
15 首创 01（123275）	900.00	2020.01.29	5.6000	14 泰康 02（123283）	3000.00	2020.01.08	5.6000
14 天安次（123284）	1300.00	2024.12.30	6.7000	14 财通 02（123306）	1000.00	2019.11.17	5.9500
14 财通 01（123322）	1000.00	2019.10.28	6.2500	14 泰康债（123372）	3000.00	2019.06.27	5.9000
14 太保债（123377）	4000.00	2019.03.07	5.9000	13 大都会（123378）	800.00	2019.05.08	8.0000
14 平安寿（123385）	8000.00	2019.03.05	5.9000	14 方正债（123401）	3000.00	2019.04.28	7.0000
12 申万债（123459）	6000.00	2019.07.29	5.2000	11 泰康 01（123493）	1000.00	2021.05.27	5.3900
11 泰康 02（123494）	1000.00	2021.06.01	5.3900	14 益优 05（123517）	100.00	2019.04.19	9.2000
14 益优 06（123518）	110.00	2019.04.19	9.5000	14 迁热 06（123525）	200.00	2019.12.26	9.0000
14 迁热 07（123526）	210.00	2020.12.26	9.0000	14 淮运 09（123539）	225.00	2019.02.01	7.2400
14 淮运 10（123540）	230.00	2019.08.01	7.2500	PR 交 04（123582）	300.00	2019.03.27	5.8000
PR 交 05（123583）	300.00	2020.03.27	6.2500	禾燃气 04（123590）	190.00	2019.03.20	6.5000
禾燃气 05（123591）	200.00	2020.03.20	6.7000	15 瑞热 05（123597）	126.00	2019.12.26	7.7000
15 瑞热 06（123598）	132.00	2020.12.26	7.1000	15 瑞热 07（123599）	139.00	2021.12.26	7.8000
海航 103（123607）	500.00	2019.01.23	7.2000	海航 104（123608）	500.00	2020.01.23	7.5500
PR 务 04（123613）	130.00	2019.03.26	6.1000	PR 水务 05（123614）	149.00	2020.03.26	6.9500
吉水务 06（123615）	170.00	2021.03.26	7.3000	吉水务 07（123616）	195.00	2022.03.26	7.3000
包高速 04（123628）	280.00	2019.04.15	7.1500	包高速 05（123629）	220.00	2019.11.15	7.4500
15 富水 08（123651）	42.00	2019.05.20	6.9000	15 富水 09（123652）	45.00	2019.11.20	7.0000
15 富水 10（123653）	45.00	2020.05.20	7.2000	HLNYYX05（123676）	90.00	2019.02.20	9.7000
PR 环球 A3（123707）	365.00	2020.05.28	5.5000	15 环球 B（123708）	182.00	2020.05.28	6.4300
PR 优先（123729）	1140.00	2019.03.31	5.3000	兴光 1 号 F（123758）	240.00	2019.02.11	5.5000
兴光 1 号 G（123759）	260.00	2019.08.11	5.6000	兴光 1 号 H（123760）	280.00	2020.02.11	5.7000
兴光 1 号 I（123761）	300.00	2020.08.11	5.8000	丰源 A07（123804）	41.00	2019.02.13	7.1000
丰源 A08（123805）	41.00	2019.08.13	7.3000	丰源 A09（123806）	41.00	2020.02.13	7.5000
丰源 A10（123807）	41.00	2020.08.13	7.7000	丰源 B（123808）	5.00	2020.08.13	10.0000
哈场路 05（123814）	198.00	2019.01.02	8.0000	哈场路 06（123815）	237.00	2019.01.02	8.5000
PRA03（123830）	327.00	2020.07.26	5.2000	连徐 A04（123831）	207.00	2021.07.26	5.2400
连徐 A05（123832）	240.00	2022.07.26	5.2400	15 鹤热 04（123843）	105.00	2019.09.02	8.0000
15 鹤热 05（123844）	110.00	2020.09.02	8.5000	世茂天 04（123871）	300.00	2019.08.12	6.8000
世茂天 05（123872）	320.00	2020.08.12	7.1000	PR 四 B（123898）	187.00	2019.11.26	6.3000
海航 202（123908）	800.00	2020.04.23	5.8000	海航 203（123909）	500.00	2020.06.23	6.1000

债券信息
List of Bonds

债券
Bond

债券简称（代码） Bond Name（Code）	发行量 （百万元） Issued Vol （M yuan）	到期日 Expiration Date	票面利率（%） Coupon Rate（%）	债券简称（代码） Bond Name（Code）	发行量 （百万元） Issued Vol （M yuan）	到期日 Expiration Date	票面利率（%） Coupon Rate（%）
PR 节能 04（123914）	147.00	2019.07.26	5.0700	15 节能 05（123915）	150.00	2020.07.26	5.0700
PR03（123923）	850.00	2019.09.30	6.8000	首航 04（123924）	800.00	2020.09.28	7.0000
高新热 04（123929）	235.00	2019.04.23	4.8000	高新热 05（123930）	280.00	2020.04.23	5.0000
高新热 06（123931）	315.00	2021.04.23	5.2000	高新热 07（123932）	325.00	2022.04.23	5.2000
15 濮热 03（123935）	95.00	2019.01.20	5.5500	15 濮热 04（123936）	105.00	2020.01.20	5.9800
15 濮热 05（123937）	120.00	2021.01.20	6.4500	15 濮热 06（123938）	130.00	2022.01.20	6.9000
PR1B（123941）	419.00	2019.02.28	6.9000	PR 奥租 B（123947）	72.00	2019.04.29	7.9000
协鑫 04（123974）	430.00	2019.06.01	6.5000	协鑫 05（123975）	470.00	2020.06.01	7.0000
15 庆热 04（123985）	370.00	2019.12.26	5.4000	15 庆热 05（123986）	420.00	2020.12.26	5.7000
15 庆热 06（123987）	470.00	2021.12.26	6.0000	15 庆热 07（123988）	510.00	2022.12.26	7.0000
PR 漯城投（124001）	1200.00	2019.10.30	6.9900	12 蒙高路（124002）	1500.00	2019.11.12	5.9000
PR 盐城南（124004）	1500.00	2019.10.26	6.9300	PR 昆创债（124005）	1800.00	2019.11.07	6.2800
PR 绍城投（124006）	1300.00	2019.11.09	6.4000	PR 渝惠农（124009）	1000.00	2019.09.06	7.3500
PR 高密 01（124012）	800.00	2019.11.15	6.7000	12 筑工投（124015）	1700.00	2019.11.19	6.5000
PR 潍东兴（124021）	1300.00	2019.11.20	6.8800	PR 韶金叶（124022）	1400.00	2019.10.18	7.3000
PR 滁城投（124023）	1500.00	2019.11.23	6.8100	12 青投资（124024）	600.00	2022.10.08	7.0800
PR 瑞国投（124027）	700.00	2019.11.26	6.9300	PR 玉城投（124029）	800.00	2019.11.26	6.8800
豫铁暂停（124031）	2800.00	2022.11.19	6.3800	PR 宜建投（124032）	1000.00	2019.11.08	6.8500
PR 苏城投（124033）	2000.00	2019.10.25	5.7900	PR 沭金源（124035）	1000.00	2019.12.03	6.5000
PR 张经开（124036）	1000.00	2019.11.16	6.9800	PR 渝江北（124037）	1800.00	2019.10.16	7.2000
12 远洲控（124038）	500.00	2019.12.04	7.4000	PR 渝江津（124039）	1300.00	2019.09.21	7.4600
PR 宿水务（124041）	800.00	2019.12.04	6.5500	12 鄂旅投（124042）	800.00	2019.10.29	6.8800
12 联想债（124044）	2300.00	2022.11.30	5.7000	PR 嘉经开（124045）	800.00	2019.12.03	7.0500
PR 黔宏升（124047）	1400.00	2019.11.22	6.9900	PR 昆产投（124052）	2000.00	2019.10.23	6.4600
12 营口港（124053）	2200.00	2020.11.13	5.6000	PR 株云龙（124054）	1000.00	2019.11.19	6.7800
PR 蓉高投（124055）	700.00	2019.11.20	6.2800	PR 启国投（124056）	1500.00	2022.11.20	7.3000
PR 汕城开（124057）	1300.00	2022.03.23	8.5700	PR 萍乡债（124058）	1200.00	2019.12.10	6.8900
PR 沛国资（124061）	1000.00	2019.12.06	7.2000	12 国网 03（124063）	5000.00	2019.11.20	4.8000
12 国网 04（124064）	5000.00	2022.11.20	5.0000	PR 津开 01（124065）	1850.00	2019.12.03	6.2000
PR 津开 02（124066）	450.00	2022.12.03	6.5000	PR 新城投（124070）	1500.00	2019.12.13	7.0800
12 曲公路（124072）	1400.00	2019.10.26	7.2300	PR 张公经（124074）	1200.00	2019.11.27	6.4300
PR 榕建工（124077）	500.00	2019.12.10	6.8000	PR 保国资（124079）	800.00	2019.04.04	7.3000
PR 苏海投（124080）	1000.00	2019.11.07	7.2000	PR 长先导（124081）	1800.00	2019.12.10	6.7000
PR 青国信（124082）	2000.00	2022.12.12	6.4000	12 沪临港（124084）	700.00	2019.12.10	6.0900
PR 沪金投（124085）	900.00	2019.12.21	6.6000	PR 诸建投（124086）	1600.00	2019.12.19	6.9200
PR 东台债（124088）	1500.00	2019.12.26	7.1000	PR 渝兴债（124091）	1200.00	2019.12.10	7.3000
PR 喀城投（124093）	800.00	2019.06.14	7.1800	12 甬交投（124094）	800.00	2022.12.21	6.4000
PR 淮城资（124096）	1500.00	2019.12.26	6.8700	PR 达投资（124098）	1000.00	2019.12.25	6.9900
12 滇祥航（124102）	700.00	2019.12.17	7.2900	PR 同创债（124103）	800.00	2020.01.09	7.0500
PR 吴经开（124108）	1500.00	2019.12.27	6.8800	PR 宁新开（124110）	700.00	2020.01.08	6.8000
PR 长城建（124111）	1000.00	2019.11.30	6.8000	13 豫盛润（124112）	1100.00	2019.01.10	7.3900
12 渝出版（124113）	400.00	2019.11.23	6.1800	PR 大丰债（124114）	1000.00	2019.12.13	7.0800
PR 渝北飞（124116）	1000.00	2019.12.25	7.1300	12 香兴中（124118）	700.00	2019.12.31	5.9500
PR 环太湖（124119）	1200.00	2019.11.28	6.7000	12 盘江债（124121）	800.00	2019.12.28	6.6300
PR 抚城投（124122）	1200.00	2020.01.16	6.7800	PR 南城投（124123）	1300.00	2020.02.20	6.1900
PR 双鸭山（124124）	1000.00	2019.01.04	6.5500	PR 温经开（124125）	1000.00	2020.01.15	6.4900
PR 柳城投（124126）	1500.00	2022.12.31	7.1800	13 陕东岭（124130）	700.00	2023.01.15	7.9800
PR 安国资（124131）	800.00	2020.01.10	6.9800	12 宁宝源（124133）	400.00	2019.11.19	7.2000
13 滇公投（124135）	2000.00	2019.01.11	6.0500	PR 太城投（124136）	1600.00	2020.01.11	6.7500
13 赣发投（124137）	1500.00	2020.01.18	6.6000	PR 长城投（124138）	1800.00	2019.04.24	6.9500

债券信息
List of Bonds

债券简称（代码）Bond Name（Code）	发行量（百万元）Issued Vol（M yuan）	到期日 Expiration Date	票面利率（%）Coupon Rate（%）	债券简称（代码）Bond Name（Code）	发行量（百万元）Issued Vol（M yuan）	到期日 Expiration Date	票面利率（%）Coupon Rate（%）
PR 通港闸（124139）	1200.00	2020.01.09	7.1500	PR 沧建投（124140）	1200.00	2020.01.23	6.7200
13 浙吉利（124141）	1200.00	2020.01.24	5.9000	PR 渝三峡（124142）	1000.00	2019.01.23	6.4000
PR 泰投资（124143）	1800.00	2020.01.25	6.7600	PR 蓉城投（124144）	2000.00	2020.01.14	6.1800
PR 蓉兴城（124145）	2000.00	2020.01.28	6.1700	13 海发控（124146）	2500.00	2020.01.24	6.1000
PR 甬东投（124147）	1500.00	2020.01.21	6.4500	PR 金灌债（124148）	1000.00	2019.01.28	6.4000
PR 镇水利（124149）	1400.00	2020.01.30	6.6000	13 宁禄口（124152）	1600.00	2023.01.29	5.1500
13 国网 01（124153）	10000.00	2020.01.23	4.7500	13 国网 02（124154）	10000.00	2028.01.23	5.1000
PR 涪国资（124156）	1700.00	2020.01.21	6.3900	PR 锡东城（124158）	1500.00	2020.01.28	6.6500
PR 绍城改（124159）	1200.00	2020.01.24	6.5000	13 瑞水泥（124161）	2000.00	2021.02.04	8.0000
PR 建城投（124164）	1000.00	2020.02.22	6.5000	PR 洪市政（124165）	1200.00	2020.02.25	5.8800
PR 江滨投（124166）	1200.00	2020.02.28	6.6000	PR 滇投债（124167）	1200.00	2020.02.01	6.5000
PR 绍中城（124168）	1500.00	2019.02.26	6.3000	13 华峰债（124169）	800.00	2020.02.26	6.8500
PR 厦杏林（124170）	500.00	2020.02.22	6.6000	PR 长投建（124171）	1300.00	2020.02.26	6.4600
PR 常城投（124172）	1500.00	2020.02.25	6.5000	13 陕有色（124173）	1500.00	2019.02.26	4.8800
PR 吉城债（124174）	1800.00	2020.02.26	6.3400	PR 湘高新（124175）	800.00	2020.01.15	6.9000
PR 武地铁（124176）	2000.00	2020.02.04	5.7000	PR 乌高新（124177）	1000.00	2020.03.05	6.1800
13 广越秀（124179）	2800.00	2020.02.28	5.2000	PR 綦东开（124180）	1200.00	2020.01.29	6.7500
PR 余开投（124181）	1000.00	2020.03.04	6.7500	PR 津广成（124183）	1500.00	2023.02.22	6.9700
13 京投债（124184）	2800.00	2023.03.11	5.0400	PR 海宁债（124185）	1500.00	2020.03.06	6.0800
PR 泰矿债（124187）	900.00	2020.03.12	5.8000	13 大旅游（124189）	800.00	2020.03.07	7.5000
PR 奉南城（124190）	650.00	2020.03.05	6.2500	PR 杭高新（124191）	500.00	2020.01.28	6.4500
PR 邗城建（124192）	1300.00	2020.03.12	6.2000	PR 滨海 02（124195）	3000.00	2020.03.13	5.1900
PR 泰交债（124199）	800.00	2020.03.11	6.1500	PR 南高速（124201）	1500.00	2020.01.28	6.6900
PR 津城投（124204）	8000.00	2023.02.26	5.7000	PR 余创债（124205）	1200.00	2020.03.18	6.5000
13 祥源债（124206）	600.00	2020.02.26	6.8500	13 西投债（124208）	700.00	2023.03.19	6.1800
PR 皋投债（124210）	1200.00	2020.02.01	6.7000	甘投暂停（124211）	800.00	2020.03.06	5.4000
PR 德清债（124213）	1000.00	2020.02.22	6.4000	PR 九国资（124215）	900.00	2020.03.07	6.6800
新查暂停（124216）	600.00	2019.12.13	7.5000	PR 西高新（124217）	1500.00	2019.02.26	5.7000
13 三福船（124218）	700.00	2019.03.27	6.9000	13 晋能交（124220）	1000.00	2020.03.08	6.4000
PR 武地产（124221）	1600.00	2019.03.22	5.9000	13 京粮食（124222）	700.00	2019.03.20	5.0500
PR 微山矿（124223）	850.00	2020.03.13	6.1500	PR 朝国资（124224）	1600.00	2020.03.27	5.2500
PR 宁国 01（124227）	3500.00	2020.03.06	5.4000	PR 宁国 02（124228）	3000.00	2023.03.06	5.6000
PR 晋公投（124229）	800.00	2020.03.18	6.5000	PR 蓉兴锦（124230）	800.00	2019.11.27	7.3000
PR 临海投（124231）	1200.00	2020.03.21	6.3000	PR 苏海发（124232）	1000.00	2023.03.29	4.6500
PR 鹏铁 01（124234）	5000.00	2023.03.25	5.4000	PR 清河投（124235）	700.00	2020.01.24	6.6800
PR 马经开（124236）	800.00	2019.12.20	7.1000	PR 鄞城投（124239）	600.00	2020.03.18	6.5000
PR 合工投（124240）	1000.00	2020.03.20	6.3000	PR 常高新（124243）	1600.00	2020.03.21	6.1800
PR 番交投（124244）	1100.00	2019.04.12	6.3000	PR 杭运河（124245）	1000.00	2020.04.02	6.0000
PR 溧城发（124246）	1200.00	2020.03.08	6.2000	13 绍交投（124247）	1500.00	2020.03.04	6.0000
PR 宿建投（124250）	1500.00	2020.04.17	6.4000	13 鲁信投（124251）	1000.00	2020.04.17	5.6000
13 邯交通（124252）	1000.00	2021.04.18	6.5000	PR 新乡投（124253）	900.00	2020.04.15	5.8500
PR 常熟发（124254）	1000.00	2020.04.19	5.8000	PR 浙新昌（124255）	1200.00	2020.04.24	6.6000
PR 海浆纸（124257）	1200.00	2020.04.15	6.1000	13 潞矿 01（124258）	3000.00	2023.04.25	5.1500
13 潞矿 02（124259）	1000.00	2023.04.25	5.1000	PR 遂发展（124260）	600.00	2020.04.25	6.6200
楚投暂停（124262）	2000.00	2020.03.29	6.6000	PR 临国资（124263）	500.00	2020.04.11	6.5800
PR 晋城投（124264）	1600.00	2020.04.26	6.3500	PR 红河路（124265）	500.00	2020.05.06	6.2700
PR 金坛投（124267）	1000.00	2020.04.26	6.3800	PR 渝南发（124268）	1800.00	2020.04.27	6.4300
PR 渝大足（124269）	1200.00	2020.04.26	6.7500	PR 渝万盛（124270）	1300.00	2020.04.17	6.3900
PR 金外滩（124271）	500.00	2020.04.24	6.3500	13 翔宇债（124273）	500.00	2020.02.27	7.8000
13 大丰港（124277）	800.00	2020.05.08	7.1800	PR 渝双桥（124278）	1000.00	2020.04.26	6.7500

债券信息
List of Bonds

债券简称（代码） Bond Name（Code）	发行量 （百万元） Issued Vol （M yuan）	到期日 Expiration Date	票面利率（%） Coupon Rate（%）	债券简称（代码） Bond Name（Code）	发行量 （百万元） Issued Vol （M yuan）	到期日 Expiration Date	票面利率（%） Coupon Rate（%）
PR 通经开（124280）	800.00	2020.05.17	5.8000	PR 石地产（124281）	2200.00	2020.05.15	5.6500
13 武新港（124283）	800.00	2020.04.18	5.8900	13 琼洋浦（124284）	800.00	2020.03.11	6.4000
13 同煤债（124285）	5400.00	2028.04.24	5.2000	13 海航债（124286）	1150.00	2020.04.15	7.1000
13 光谷联（124288）	600.00	2019.10.23	7.3500	PR 丽城投（124289）	1000.00	2020.05.23	6.0000
PR 长轨交（124290）	2500.00	2023.04.23	6.2000	PR 溧城建（124292）	1000.00	2020.05.29	5.8000
PR 农六师（124293）	500.00	2019.10.30	6.1000	PR 苏华靖（124294）	1200.00	2020.05.16	6.0000
盛江暂停（124296）	600.00	2020.05.31	6.7000	PR 桐乡投（124297）	1300.00	2020.05.16	6.1000
PR 临汾投（124298）	1500.00	2020.05.23	6.2000	PR 西经开（124299）	600.00	2020.06.04	5.9000
PR 日照债（124301）	800.00	2020.06.06	5.8000	12 桂交投（124302）	2000.00	2022.12.11	6.2000
PR 咸荣盛（124303）	1500.00	2020.06.05	5.8000	PR 合川投（124304）	1000.00	2020.06.17	6.1900
13 鄂三宁（124306）	500.00	2019.06.18	5.3400	PR 眉宏大（124308）	1600.00	2020.06.19	6.5600
13 弘燃气（124309）	700.00	2099.12.31	6.4900	PR 洪水利（124310）	1500.00	2020.06.21	6.2800
PR 弘湘资（124311）	1600.00	2020.06.19	6.2000	PR 景国资（124312）	1200.00	2020.06.25	6.5900
PR 苏家屯（124313）	1300.00	2020.06.20	6.4000	13 瓯交投（124315）	1000.00	2020.04.22	6.0500
PR 新郑投（124316）	1500.00	2019.06.28	6.5200	PR 华发债（124317）	800.00	2019.06.05	5.5000
PR 南城发（124322）	1200.00	2019.07.17	6.5000	PR 新天治（124323）	1500.00	2020.07.17	6.3000
PR 京生物（124325）	600.00	2020.07.23	6.3500	PR 郑建投（124326）	700.00	2020.07.17	5.9800
13 中电投（124327）	2000.00	2023.07.22	5.2000	PR 渝鸿业（124328）	800.00	2020.06.03	6.3000
13 龙工贸（124330）	800.00	2021.03.11	6.6800	PR 湘振湘（124332）	1800.00	2020.08.07	6.6000
PR 铜城建（124333）	1600.00	2020.08.08	6.6000	PR 博国资（124334）	900.00	2020.08.09	7.1800
PR 海国资（124335）	1600.00	2020.08.07	5.5000	PR 渝地债（124336）	1800.00	2020.08.22	6.3000
PR 铜建设（124337）	1500.00	2020.08.26	6.9800	PR 闽经开（124338）	1800.00	2020.08.06	6.7000
PR 渝城投（124339）	2200.00	2020.05.21	5.1200	PR 张保债（124340）	1100.00	2020.08.23	7.1000
PR 吐番资（124341）	800.00	2019.08.09	7.2000	PR 阳江债（124343）	1000.00	2020.09.09	6.8500
PR 沪南房（124344）	400.00	2019.09.09	6.7000	PR 京煤债（124345）	1400.00	2020.09.09	6.1400
PR 京谷财（124348）	600.00	2020.09.06	6.6000	PR 福东海（124349）	1000.00	2019.09.05	7.0900
13 晋煤运（124350）	2500.00	2023.01.28	5.5500	PR 平凉债（124352）	1000.00	2020.09.17	7.1000
PR 商洛 01（124353）	1000.00	2020.09.09	7.0500	PR 商洛 02（124354）	500.00	2019.09.09	6.7500
PR 珠汇华（124356）	1500.00	2020.09.17	7.1500	PR 成阿债（124360）	800.00	2020.09.12	7.1800
PR 京科城（124361）	1100.00	2019.09.22	6.2800	PR 钦滨海（124362）	900.00	2020.08.27	7.0000
PR 临尧都（124364）	1500.00	2020.09.27	6.9900	PR 昌润债（124365）	600.00	2019.07.09	6.8800
PR 锡城发（124367）	1500.00	2020.10.11	6.1000	PR 虞新区（124370）	1800.00	2020.10.11	6.9500
PR 北辰发（124371）	1300.00	2021.04.21	7.0000	PR 平天湖（124373）	1000.00	2020.10.23	7.4000
13 鄂供销（124375）	600.00	2019.10.10	6.1800	PR 渝物流（124376）	1500.00	2020.10.18	7.0800
PR 渝碚城（124377）	900.00	2020.10.16	7.3000	PR 湘九华（124378）	1800.00	2020.10.15	7.1500
PR 曹妃甸（124380）	2000.00	2020.10.15	7.5000	PR 雅发投（124384）	1500.00	2019.06.28	7.0000
PR 新沂债（124386）	1500.00	2020.10.15	7.3900	PR 湛基投（124387）	1200.00	2020.10.21	6.9300
PR 任城债（124388）	600.00	2020.10.18	7.3000	PR 资水务（124389）	1800.00	2020.10.21	7.4000
PR 葫岛 01（124390）	1400.00	2020.10.18	7.0500	PR 葫岛 02（124391）	400.00	2023.10.18	7.5000
PR 荆门投（124392）	1600.00	2020.10.17	7.0000	PR 永城投（124394）	1000.00	2020.10.23	7.3000
PR 堰城投（124395）	1600.00	2020.10.11	6.8800	PR 姜发展（124396）	800.00	2020.09.03	7.1000
PR 郫国投（124397）	1000.00	2020.10.15	7.2500	PR 株城发（124398）	2000.00	2020.10.16	6.9500
PR 渝双福（124400）	1200.00	2020.10.23	7.4900	13 冀广网（124401）	300.00	2021.10.23	6.7500
PR 丹投 01（124402）	800.00	2020.10.23	6.9000	PR 丹投 02（124403）	800.00	2019.10.23	6.8100
PR 怀化工（124404）	1200.00	2020.10.29	7.7000	PR 宝工债（124405）	1000.00	2020.10.17	7.1000
PR 荆经开（124406）	400.00	2020.12.09	8.2000	PR 泰州债（124407）	1800.00	2023.10.16	6.9200
PR 宛城投（124408）	1800.00	2020.10.24	7.0500	PR 宿城投（124409）	1000.00	2020.10.29	6.8800
13 国网 03（124410）	5000.00	2020.10.23	5.5000	13 国网 04（124411）	5000.00	2028.10.23	5.7300
PR 金利源（124412）	1000.00	2020.10.28	7.0000	PR 寿城投（124413）	480.00	2020.10.18	7.1000
13 鄂投 01（124415）	500.00	2023.10.28	5.9800	13 鄂投 02（124416）	2500.00	2028.10.28	6.1800

债券信息 债券
List of Bonds Bond

债券简称（代码） Bond Name（Code）	发行量（百万元） Issued Vol（M yuan）	到期日 Expiration Date	票面利率（%） Coupon Rate（%）	债券简称（代码） Bond Name（Code）	发行量（百万元） Issued Vol（M yuan）	到期日 Expiration Date	票面利率（%） Coupon Rate（%）
PR 江高新（124417）	950.00	2020.11.04	7.3900	13 永利债（124418）	500.00	2019.10.29	7.5000
PR 盐国资（124420）	1200.00	2020.09.04	7.0000	PR 海新区（124421）	1300.00	2020.11.04	6.9000
PR 崇明债（124422）	800.00	2019.11.06	7.1800	PR 宜环科（124423）	1000.00	2020.10.18	7.1000
PR 柳东城（124424）	1000.00	2020.10.29	7.4000	PR 澄港城（124426）	650.00	2020.11.07	7.1000
PR 临河债（124427）	1000.00	2019.01.29	7.9000	13 粤垦债（124428）	1300.00	2019.11.15	7.0000
PR 亭公投（124429）	1000.00	2020.11.15	7.9500	PR 襄建投（124432）	1500.00	2020.11.11	7.3000
PR 沪闵行（124433）	1600.00	2019.10.23	6.4800	PR 渝豪江（124434）	700.00	2020.11.22	7.9900
PR 冶城投（124438）	1000.00	2020.11.27	7.9500	PR 武威 01（124442）	500.00	2020.12.09	8.2000
PR 泰成兴（124445）	800.00	2020.12.12	8.3000	PR 即墨债（124446）	800.00	2019.12.17	8.1000
PR 大理 01（124448）	400.00	2020.12.11	8.3000	PR 常滨湖（124449）	1500.00	2020.12.12	8.0400
PR 濮建债（124451）	500.00	2020.12.11	8.0000	PR 府谷债（124452）	1200.00	2020.12.16	8.6900
PR 秦开 01（124453）	700.00	2020.12.17	8.0000	PR 武清 01（124454）	600.00	2020.12.17	8.0000
PR 越都债（124455）	1200.00	2020.12.12	8.2000	13 闽投债（124456）	1500.00	2021.04.09	5.3000
PR 镇投 01（124458）	1200.00	2020.12.18	7.9000	PR 随州 01（124459）	300.00	2020.12.20	8.5000
PR 忻州 01（124460）	600.00	2020.12.18	8.5000	PR 清远债（124461）	1000.00	2020.12.19	8.2000
PR 海财 01（124462）	300.00	2020.12.19	8.5600	PR 津住宅（124463）	700.00	2020.12.19	8.0000
PR 天易 01（124464）	500.00	2020.12.23	8.0000	PR 黄冈 01（124465）	1600.00	2020.12.25	8.6000
PR 锦州 01（124467）	1000.00	2020.12.27	8.5000	PR 丰城 01（124468）	500.00	2020.12.30	8.5000
PR 格尔木（124469）	1400.00	2020.12.30	8.7000	PR 赣开 01（124470）	500.00	2019.12.31	8.1500
PR 宁海 01（124471）	400.00	2021.01.02	8.0000	PR 海西州（124472）	1000.00	2021.01.02	8.6000
PR 滨高新（124477）	500.00	2021.01.10	8.6000	PR 仪城发（124478）	1000.00	2021.01.09	8.6000
PR 东台 01（124480）	600.00	2021.01.13	8.6500	PR 镇投 02（124481）	1000.00	2021.01.13	8.2000
14 京华远（124482）	1200.00	2019.01.16	8.5000	09 渝地产（124483）	2300.00	2019.03.03	6.4600
14 苏沿海（124485）	700.00	2021.01.15	7.0000	PR 锦开 01（124486）	200.00	2021.01.21	9.1000
PR 邵城债（124487）	1800.00	2021.01.17	8.5800	PR 吴兴南（124488）	1200.00	2021.01.16	8.7900
PR 首开 01（124490）	650.00	2021.01.15	7.1900	PR 皋开债（124491）	1000.00	2021.01.22	8.3000
PR 江夏投（124492）	800.00	2021.01.20	8.9900	PR 伊宁债（124493）	1500.00	2021.01.23	8.9000
PR 迁安 01（124494）	500.00	2021.01.23	8.8800	14 晟晏债（124495）	640.00	2019.02.01	8.9900
PR 丰城 02（124496）	800.00	2021.01.24	8.7000	PR 扬化工（124497）	800.00	2021.01.24	8.5800
14 金资 01（124498）	1000.00	2021.01.24	6.6600	PR 鹏铁 02（124500）	3000.00	2024.01.24	6.7500
PR 皋沿江（124501）	1300.00	2021.01.24	8.6000	PR 嘉市镇（124505）	900.00	2021.02.26	7.4500
PR 湘潭新（124509）	1200.00	2021.02.25	8.1600	PR 赣开 02（124510）	500.00	2020.02.19	7.4000
PR 赣开投（124511）	1000.00	2021.02.19	7.4300	云路暂停（124515）	350.00	2020.02.21	7.5800
PR 忻州 02（124518）	1000.00	2021.02.21	7.9000	PR 淮新 01（124519）	1000.00	2021.03.04	7.4500
PR14 太资（124520）	1200.00	2021.02.27	7.0000	PR 连普湾（124522）	2500.00	2021.02.20	7.0900
PR 毕开源（124525）	1300.00	2021.02.25	7.7800	14 甘公 01（124532）	2500.00	2020.02.27	7.0000
PR 酒经投（124533）	1600.00	2021.02.26	7.4000	PR 渝中债（124534）	800.00	2021.02.26	7.2500
PR 眉山资（124535）	1400.00	2021.02.26	7.8400	PR 莱开投（124536）	1300.00	2021.02.28	7.0800
PR 伊财通（124537）	1600.00	2021.02.28	7.6800	PR 汉车都（124540）	2000.00	2021.02.27	7.1800
PR 陆嘴 01（124542）	1600.00	2019.02.25	5.7900	PR 临港控（124543）	1200.00	2021.02.26	7.7500
PR 锦州 02（124544）	800.00	2021.02.25	8.3800	PR 双水 01（124545）	800.00	2020.02.26	7.4000
14 裕峰债（124548）	900.00	2021.02.28	7.0800	PR 新滨江（124549）	1000.00	2021.03.05	7.6000
PR 桃城投（124550）	1000.00	2021.02.24	8.1500	PR 长兴经（124551）	1300.00	2021.03.03	7.9900
PR 如金鑫（124552）	900.00	2021.03.03	8.0800	PR 余城集（124555）	1300.00	2021.03.03	7.0000
PR 余经开（124556）	1200.00	2021.03.03	7.4500	PR 天易 02（124557）	700.00	2021.03.03	7.1000
14 宏桥 01（124558）	1200.00	2021.03.03	8.6900	PR 冶城投（124559）	600.00	2021.03.03	7.3000
PR 大理 02（124560）	400.00	2021.03.04	7.9000	PR 苏汾湖（124561）	1200.00	2021.02.28	7.4900
PR 吉铁投（124563）	1000.00	2021.03.04	7.1800	PR 潭两型（124566）	1200.00	2021.04.23	7.8900
PR 扬开发（124567）	1000.00	2021.03.05	7.4000	14 株国投（124568）	800.00	2021.02.19	7.3900
PR 嘉经投（124569）	900.00	2021.03.05	7.8900	PR 首开 02（124570）	1000.00	2021.02.27	6.5000

债券信息
List of Bonds

债券
Bond

债券简称（代码） Bond Name（Code）	发行量（百万元） Issued Vol（M yuan）	到期日 Expiration Date	票面利率（%） Coupon Rate（%）	债券简称（代码） Bond Name（Code）	发行量（百万元） Issued Vol（M yuan）	到期日 Expiration Date	票面利率（%） Coupon Rate（%）
14 高新投（124571）	410.00	2021.03.12	8.5000	PR 遂川中（124572）	1000.00	2021.04.21	8.6900
PR 攀国01（124574）	600.00	2021.03.05	7.6000	PR 汕投资（124575）	1800.00	2024.03.04	7.9900
PR 甬广聚（124577）	1200.00	2021.03.06	7.7500	PR 青莱西（124578）	1000.00	2021.03.06	7.5000
PR 淮开发（124580）	1300.00	2021.03.10	7.3000	PR 黄冈02（124581）	400.00	2021.03.04	7.4500
PR 津房信（124583）	1000.00	2021.03.13	8.5900	14 天能01（124584）	400.00	2019.03.11	7.3100
14 南网债（124585）	5000.00	2024.03.19	5.9000	PR 陆嘴02（124586）	1000.00	2019.03.11	5.9800
PR 武清02（124590）	2000.00	2021.03.19	7.1800	PR 长土开（124591）	1800.00	2021.03.17	7.3600
PR 并国投（124592）	2000.00	2021.03.19	7.2000	PR 相城投（124593）	1500.00	2021.03.19	6.9500
PR 涪陵债（124595）	1200.00	2021.03.20	7.8900	14 长影债（124596）	600.00	2021.03.03	7.2000
14 海资01（124597）	800.00	2021.04.29	8.0000	PR 济城投（124598）	1600.00	2021.03.20	6.8000
PR 西保01（124599）	1000.00	2019.03.18	7.3100	14 国网01（124602）	5000.00	2019.03.13	5.6900
14 国网02（124603）	5000.00	2029.03.13	6.0000	PR 温高01（124605）	600.00	2021.03.21	7.9500
PR 菏泽债（124606）	700.00	2021.03.24	7.1400	PR 津环城（124607）	1800.00	2021.03.21	7.2000
PR 句容福（124608）	1200.00	2021.03.21	7.7000	PR 常德投（124609）	1700.00	2021.03.24	7.0000
14 云铁投（124610）	1400.00	2019.03.06	7.3000	PR 长星建（124613）	1200.00	2020.01.06	7.9000
14 桂农垦（124614）	700.00	2021.03.18	7.5000	PR 昆高新（124615）	1500.00	2021.03.26	7.1000
14 鄂交01（124616）	2480.00	2024.03.27	6.6800	14 鄂交02（124617）	3020.00	2024.03.27	6.8000
14 粤科债（124618）	1000.00	2019.04.08	3.8000	PR14 渝黔（124620）	1000.00	2021.03.21	8.0000
PR 宣国资（124621）	1500.00	2021.03.27	7.9500	PR 钦临海（124622）	900.00	2021.02.20	7.6800
PR 穗铁01（124623）	2000.00	2024.04.02	6.4500	PR 盛经01（124624）	800.00	2021.04.08	8.1900
PR 渝豪02（124626）	300.00	2021.03.06	8.0500	PR 青州债（124627）	600.00	2019.05.22	6.5000
PR 启东01（124628）	1000.00	2021.04.04	8.2000	PR 苏金灌（124629）	1000.00	2021.04.08	7.9000
PR 库城建（124630）	1200.00	2019.04.30	6.9900	PR 澧开发（124631）	790.00	2019.03.29	7.2400
PR 防城港（124636）	1600.00	2021.04.16	8.0900	PR 信阳债（124638）	1200.00	2021.04.15	7.5500
PR14 沭阳（124639）	1300.00	2021.04.14	7.3900	PR 江宁开（124641）	1000.00	2024.04.14	7.9400
PR 鸠建投（124642）	1300.00	2021.04.14	8.4900	14 冀高开（124643）	2000.00	2021.04.15	7.2200
PR 宁经开（124646）	1200.00	2019.11.08	8.2000	PR 娄底债（124647）	1800.00	2021.04.15	7.9500
PR14 润城（124649）	1300.00	2021.04.16	7.8800	PR 海财02（124650）	700.00	2021.04.16	8.1700
PR 遂河投（124653）	1200.00	2021.04.17	8.3600	PR 庆经投（124654）	800.00	2019.07.05	7.9800
PR 宁海02（124655）	1000.00	2021.04.16	7.9900	PR 张经投（124657）	1000.00	2021.04.17	7.8000
PR14 桂城（124658）	900.00	2021.04.14	7.5900	PR 平经开（124659）	700.00	2021.04.17	7.9900
PR 桐庐投（124660）	700.00	2021.04.18	8.0900	PR 赣四通（124661）	1200.00	2021.04.18	8.2000
14 京投债（124662）	5000.00	2029.04.16	3.9000	PR 秦开02（124664）	700.00	2021.04.18	8.4500
PR 余交通（124665）	1500.00	2021.04.18	7.1900	14 苏元禾（124667）	1000.00	2021.04.21	6.8500
14 滇公路（124668）	2500.00	2020.04.24	7.0000	PR 西保02（124669）	500.00	2019.04.18	7.3100
PR 蚌高新（124670）	600.00	2021.04.17	8.7000	PR 徐开发（124672）	1600.00	2021.04.21	7.3500
PR 火炬债（124673）	700.00	2021.04.21	7.4900	PR 崇川债（124675）	1100.00	2021.04.18	7.1500
PR 衢国资（124676）	1500.00	2021.04.21	7.2000	PR 乌城建（124677）	1000.00	2021.04.21	8.1900
PR 宁开控（124678）	500.00	2021.04.21	7.0900	PR 宜经开（124679）	1600.00	2021.04.18	7.6900
PR 徐高新（124681）	1300.00	2021.04.22	7.8600	PR 宝高新（124682）	400.00	2021.04.21	8.2500
PR 新城基（124684）	1800.00	2021.04.21	7.5000	PR 昌平债（124686）	2000.00	2021.04.22	6.7400
PR 南化债（124687）	1100.00	2021.04.21	8.2800	PR 潜城投（124688）	1500.00	2021.04.22	8.3800
PR 雨城投（124689）	1800.00	2021.04.18	7.1700	14 中电建（124690）	2000.00	2019.04.23	5.7000
PR 嘉公路（124692）	800.00	2021.04.23	6.8000	PR 新凯迪（124693）	900.00	2021.04.22	7.8000
PR 广元控（124695）	1000.00	2021.04.22	7.3000	PR 东台02（124696）	1200.00	2021.04.23	7.5800
PR 马城投（124697）	1500.00	2021.04.24	7.1400	PR 汇通债（124699）	800.00	2020.04.25	8.3000
PR 内江投（124700）	1800.00	2021.04.24	7.9900	PR 临开债（124701）	1000.00	2021.04.23	7.9000
PR 衡水投（124702）	1300.00	2021.04.23	7.4000	PR 蓉隆博（124703）	700.00	2021.04.24	8.1000
PR 武威02（124704）	800.00	2021.04.24	8.2000	PR 巴国资（124706）	500.00	2021.04.25	8.5000
PR 渝江01（124707）	2000.00	2021.04.25	6.7000	PR 安吉债（124709）	1400.00	2021.04.24	8.3000

债券信息 List of Bonds

债券 Bond

债券简称（代码）Bond Name（Code）	发行量（百万元）Issued Vol（M yuan）	到期日 Expiration Date	票面利率（%）Coupon Rate（%）	债券简称（代码）Bond Name（Code）	发行量（百万元）Issued Vol（M yuan）	到期日 Expiration Date	票面利率（%）Coupon Rate（%）
PR 兴展债（124710）	2600.00	2021.04.24	6.6600	PR 象山债（124711）	1800.00	2019.01.18	7.9500
PR 并经开（124712）	700.00	2021.04.24	7.4300	PR 黔铁投（124713）	1700.00	2024.04.23	7.5000
14 鲁国集（124714）	600.00	2020.04.25	7.5000	PR 宁国债（124716）	1300.00	2021.04.28	8.7000
PR 姜鑫源（124717）	1000.00	2020.04.23	8.5000	14 电投 01（124720）	2000.00	2029.04.24	6.1000
PR 青海创（124721）	1000.00	2021.04.25	6.8800	PR 启东 02（124723）	800.00	2021.04.28	7.9000
PR 富山居（124724）	1500.00	2021.04.28	7.7000	PR 曲开投（124725）	1500.00	2021.04.28	7.4800
PR 德高新（124726）	1200.00	2021.04.28	7.9000	PR 渝保税（124727）	1500.00	2021.04.24	7.5000
PR 长交 01（124730）	600.00	2021.04.30	7.8800	PR 渝高开（124732）	2300.00	2021.04.25	7.8000
PR 随州 02（124734）	1200.00	2021.04.30	8.4000	PR 合建投（124735）	4500.00	2024.04.29	7.2000
PR 柳龙投（124736）	1800.00	2024.04.30	8.2800	PR 虞交公（124737）	2300.00	2021.04.29	7.0000
PR 西塞山（124739）	1000.00	2021.04.29	7.8000	PR 青经开（124740）	500.00	2021.04.30	6.8700
PR 银城投（124743）	1800.00	2021.05.12	6.8800	PR 萧经开（124744）	1300.00	2021.05.13	6.9000
PR 贺城投（124746）	1000.00	2021.05.16	8.1600	PR 太仓港（124747）	1200.00	2021.04.28	7.4000
PR 铜示范（124748）	700.00	2021.05.13	7.3000	PR 宜春投（124750）	1600.00	2021.05.15	7.0900
PR 徐高铁（124751）	2400.00	2021.05.15	7.0900	14 海控 01（124753）	1200.00	2021.05.16	6.4800
PR 鄂城 01（124757）	800.00	2021.05.15	7.7600	PR 余城投（124760）	1500.00	2021.05.19	7.0900
14 深业团（124761）	2400.00	2021.05.21	3.9500	PR 萍昌盛（124762）	500.00	2021.05.22	8.1800
PR 昆交发（124763）	1800.00	2021.05.22	6.9500	PR 蔡家湖（124764）	1200.00	2021.05.21	7.5000
PR 醴陵投（124765）	700.00	2019.12.10	8.1000	PR 景洪投（124766）	1000.00	2021.05.23	8.0800
PR 云城投（124768）	700.00	2021.05.23	6.7700	PR 亳建投（124771）	1800.00	2021.05.23	6.8500
PR 当阳债（124772）	1200.00	2021.05.23	7.9900	PR 温高 02（124773）	1200.00	2021.05.30	7.3000
PR 新余东（124775）	1200.00	2021.05.27	8.4800	PR 绿地债（124776）	2000.00	2020.05.23	6.2400
PR 渝江 02（124781）	2000.00	2021.09.16	5.8800	PR 绍袍江（124783）	1000.00	2021.05.29	6.9800
PR 青宏源（124785）	1000.00	2021.05.29	7.5900	PR 苏海集（124786）	1300.00	2021.05.29	7.2800
PR 陶都债（124790）	1200.00	2021.05.28	7.6000	PR 孝城投（124791）	1600.00	2021.05.29	6.8900
PR 渝惠通（124795）	1800.00	2021.05.30	7.2800	PR 襄高投（124796）	600.00	2021.05.29	7.0000
14 十二师（124797）	800.00	2021.06.03	6.6800	PR 金城债（124800）	1200.00	2021.04.28	6.8800
PR 恩城投（124801）	1100.00	2021.06.03	7.5000	PR 津宁投（124803）	1500.00	2021.05.30	7.0000
PR 津南债（124804）	1800.00	2021.06.03	6.5000	PR 穗铁 02（124805）	3000.00	2024.06.03	6.0500
PR 渝园业（124806）	800.00	2021.06.03	8.4500	PR 金国发（124807）	600.00	2021.05.30	6.8500
PR 龙国投（124809）	2000.00	2021.05.30	6.9000	PR 一师鑫（124810）	1000.00	2019.11.29	6.8000
PR 长交 02（124812）	600.00	2021.06.16	6.7500	PR 井开债（124813）	800.00	2021.06.03	7.9900
14 郑投控（124814）	720.00	2021.07.18	5.0000	14 天瑞 02（124815）	1000.00	2024.06.25	8.5000
14 北国资（124817）	1600.00	2024.06.25	5.9000	PR 德源债（124818）	1000.00	2021.06.16	6.5000
PR 渝旅开（124819）	700.00	2021.06.19	7.1000	PR 济高债（124820）	800.00	2021.06.19	6.3800
PR 百色投（124821）	700.00	2021.06.20	7.2700	PR 合滨投（124822）	2000.00	2019.06.13	6.3500
14 金桥棚（124824）	700.00	2021.06.19	6.8800	PR 普国资（124827）	1700.00	2022.06.20	7.1800
PR 孝高 01（124829）	800.00	2021.06.23	7.4300	PR 崇建设（124831）	1000.00	2020.06.13	6.4000
PR 睢宁润（124832）	1200.00	2021.06.25	7.1000	PR 如东泰（124833）	1100.00	2021.06.20	6.9900
PR 渝南债（124835）	1500.00	2021.06.17	7.0500	PR 漳九龙（124840）	700.00	2021.06.20	6.4800
PR 神木债（124842）	1500.00	2021.06.23	7.2800	PR 宏河债（124843）	360.00	2021.06.23	8.5000
PR 晋开发（124845）	800.00	2021.06.27	7.0800	PR 瘦西湖（124846）	1000.00	2021.06.25	6.8000
PR 辽沿海（124849）	2200.00	2021.04.01	8.9000	PR 合川投（124850）	1600.00	2021.07.07	7.3000
PR 喀什深（124854）	1000.00	2020.07.07	7.0800	PR 淮城投（124855）	1800.00	2021.07.09	6.7900
PR 常房债（124856）	1100.00	2019.03.15	6.6400	PR 临桂新（124857）	1000.00	2021.06.13	6.9000
14 柳暂停（124859）	900.00	2021.07.03	6.9500	PR 汤建投（124860）	800.00	2021.06.30	6.8000
PR 台基投（124862）	1800.00	2019.10.31	6.5300	PR 兴城建（124864）	1200.00	2020.07.15	7.3600
PR 奎屯润（124865）	800.00	2020.07.10	7.1500	PR 南二建（124866）	750.00	2021.07.10	8.1000
14 冀融投（124868）	1500.00	2019.07.08	6.7600	PR 渝长寿（124869）	700.00	2021.07.15	7.2000
PR 嵊投控（124870）	1000.00	2021.07.17	7.6000	14 绿国资（124871）	600.00	2021.07.16	6.9000

债券信息
List of Bonds

债券
Bond

债券简称（代码） Bond Name（Code）	发行量 （百万元） Issued Vol （M yuan）	到期日 Expiration Date	票面利率（%） Coupon Rate（%）	债券简称（代码） Bond Name（Code）	发行量 （百万元） Issued Vol （M yuan）	到期日 Expiration Date	票面利率（%） Coupon Rate（%）
PR 杭拱墅（124872）	600.00	2021.07.21	6.9000	PR 盛经 02（124873）	700.00	2021.08.25	6.9500
PR 苏高新（124878）	1000.00	2021.07.22	6.2000	PR 淮新 02（124879）	600.00	2021.07.28	6.9500
PR 曲经开（124880）	1700.00	2021.07.21	7.4800	PR 江北嘴（124882）	1000.00	2021.07.21	6.5000
PR 西微债（124883）	1500.00	2021.07.25	6.5800	PR 双水 02（124884）	1000.00	2020.07.30	6.9200
PR 临城建（124885）	1000.00	2021.08.01	6.9400	PR 长农建（124886）	1100.00	2021.07.25	7.0000
PR 城南投（124887）	1600.00	2021.07.30	6.7000	PR 定国资（124889）	1200.00	2021.08.04	7.1300
14 甘电停（124890）	1000.00	2024.08.05	6.4000	PR 株高 01（124891）	1000.00	2021.08.11	6.9500
PR 株高 02（124892）	1000.00	2022.04.17	6.3800	14 海资 02（124894）	1000.00	2021.08.08	8.0000
14 北港债（124896）	900.00	2021.07.30	6.2900	PR 津广投（124897）	1500.00	2021.07.24	7.4500
津水暂停（124898）	1000.00	2021.07.28	6.6000	PR 虞城建（124901）	1800.00	2021.08.07	6.8000
14 陕交建（124902）	1300.00	2019.08.12	3.3500	PR 鹤投资（124903）	900.00	2021.08.01	7.8800
PR 连旅泰（124904）	1200.00	2019.01.03	7.0000	PR 迁安 02（124906）	500.00	2021.08.11	7.1900
PR 芜宜居（124907）	2300.00	2021.08.11	6.4500	PR 靖江港（124908）	800.00	2021.08.05	7.3000
14 超威债（124909）	600.00	2020.08.14	7.9800	PR 石景山（124910）	1000.00	2021.08.18	6.0800
PR 北辰债（124911）	1500.00	2021.08.20	6.8700	PR 锦城 02（124912）	1000.00	2021.08.18	6.4400
PR 绍交投（124913）	1500.00	2021.08.20	6.4000	PR 慈建投（124914）	1200.00	2021.08.18	6.1800
14 宏桥 02（124915）	1100.00	2021.08.21	7.4500	PR 新开元（124916）	1200.00	2021.08.12	7.4300
PR 沣西债（124917）	1200.00	2021.08.15	6.8500	PR 沪南汇（124918）	1500.00	2021.08.20	6.0400
PR 浏阳债（124921）	1500.00	2021.08.22	6.9800	PR 白沙投（124924）	1200.00	2021.08.22	6.8700
PR 金湖资（124925）	700.00	2021.08.25	7.7500	PR 阜宁债（124926）	1200.00	2021.08.15	7.1900
PR 九龙债（124928）	900.00	2021.08.19	6.6000	PR 巴南 01（124929）	500.00	2021.08.20	7.0000
PR 堰城债（124930）	1500.00	2021.08.20	6.5800	09 晋交投（124931）	2000.00	2019.08.05	5.8000
PR 揭城投（124933）	1600.00	2021.08.27	6.5500	14 冀建投（124935）	2000.00	2025.09.01	5.6900
PR 天门债（124936）	1000.00	2021.08.28	8.2000	PR 湖中兴（124937）	1100.00	2021.08.28	6.4800
PR 郴百福（124938）	1800.00	2021.08.28	6.5400	PR 蒙盛祥（124939）	700.00	2021.08.21	8.1800
PR 滁州债（124940）	1400.00	2021.08.22	6.4000	PR14 钦滨（124941）	1000.00	2021.07.07	6.9900
PR 南绿港（124942）	500.00	2021.06.27	7.3000	兰国暂停（124943）	700.00	2021.09.10	6.3200
PR 广建设（124944）	800.00	2021.08.26	8.3500	14 保利集（124946）	2800.00	2019.09.04	5.5000
PR 西港债（124947）	900.00	2021.09.23	7.9000	14 金资 02（124948）	1500.00	2021.09.05	5.5500
PR 随建投（124949）	1000.00	2021.09.02	7.1800	14 登电债（124950）	350.00	2020.09.01	6.6100
PR 马高新（124952）	1200.00	2021.09.09	6.8500	PR 锑都债（124956）	1200.00	2021.08.27	7.1800
PR 滨投债（124957）	800.00	2021.09.11	6.3900	PR 胶发展（124960）	1150.00	2021.09.18	6.3300
PR 苏望涛（124961）	1000.00	2020.09.15	6.8200	PR 武经开（124962）	800.00	2021.09.12	6.6500
14 京国资（124966）	4500.00	2029.09.16	3.7000	PR 盐东投（124968）	1200.00	2021.09.15	6.4800
PR 醴陵资（124969）	300.00	2019.12.10	7.1800	PR 杭地铁（124970）	5000.00	2024.09.17	5.9700
PR 安高债（124972）	900.00	2021.09.17	8.7800	PR 宣建债（124973）	900.00	2021.09.22	7.9500
PR 泸纳债（124974）	800.00	2021.09.11	7.1700	PR 溧经开（124975）	1200.00	2021.09.22	6.2700
PR 张掖债（124976）	1100.00	2021.09.22	6.9200	14 天瑞 03（124977）	1500.00	2021.10.16	8.0000
PR 陂城投（124979）	1200.00	2021.09.17	6.4300	PR 嘉峪关（124981）	1000.00	2021.09.23	7.8300
PR 孝高 02（124983）	800.00	2021.09.22	6.8700	PR 鄂城 02（124984）	700.00	2021.09.19	6.6800
PR 建开债（124986）	1300.00	2021.09.25	7.2900	14 闽投债（124988）	1500.00	2021.10.16	2.1000
14 三星 01（124989）	300.00	2019.10.09	9.0000	15 饶城投（125604）	2000.00	2020.12.30	5.9700
15 贵安债（125605）	5000.00	2020.12.30	7.9800	15 津港债（125608）	2000.00	2020.12.29	7.9000
15 驻投 01（125609）	1000.00	2020.12.31	7.5000	15 珠投 01（125610）	1600.00	2019.12.28	7.5000
15 碧园 01（125611）	1000.00	2020.12.29	6.3000	15 桂金 02（125613）	2000.00	2019.01.14	6.8000
15 宝龙 02（125615）	300.00	2019.04.12	7.3000	15 华资债（125616）	500.00	2099.12.31	7.4000
15 常鼎力（125618）	1000.00	2019.03.29	7.7000	15 碧海债（125623）	800.00	2020.12.23	7.8000
15 昆经开（125624）	1000.00	2020.12.25	6.0000	15 鄂铁 01（125627）	1000.00	2020.12.24	6.0000
15 柳东 02（125629）	1000.00	2020.12.24	5.9000	15 渝开 01（125634）	200.00	2019.01.08	6.0000
15 金坛 01（125635）	500.00	2020.12.18	8.5000	16 丹阳 01（125636）	400.00	2019.01.13	6.0000

债券信息 List of Bonds

债券简称（代码）Bond Name（Code）	发行量（百万元）Issued Vol（M yuan）	到期日 Expiration Date	票面利率（%）Coupon Rate（%）	债券简称（代码）Bond Name（Code）	发行量（百万元）Issued Vol（M yuan）	到期日 Expiration Date	票面利率（%）Coupon Rate（%）
15 吴江 01 （125639）	1000.00	2020.12.18	4.8000	15 柳东 01 （125641）	1000.00	2020.12.18	5.9000
15 新投 01 （125642）	1000.00	2020.12.03	8.8000	15 绿投 01 （125647）	1000.00	2020.12.01	7.8000
PR 绵科 01 （125655）	1000.00	2020.11.26	6.3000	PR 绵科 02 （125659）	1000.00	2020.11.27	6.3000
15 南城 01 （125660）	250.00	2020.12.17	9.7000	15 晋交 01 （125665）	1500.00	2020.12.11	6.2000
15 增碧 04 （125667）	4000.00	2019.12.07	6.5000	15 苏宁 01 （125668）	10000.00	2020.12.17	7.3000
16 智光 01 （125669）	900.00	2019.01.12	7.5000	15 中房 01 （125670）	1000.00	2020.12.09	6.8000
15 润弘投 （125673）	2000.00	2020.12.03	8.0000	15 邦信 02 （125675）	2230.00	2019.12.09	6.0700
15 中地 01 （125678）	4000.00	2020.12.09	4.8000	15 南通债 （125679）	1500.00	2020.12.16	5.5000
15 自高 01 （125681）	1000.00	2020.12.16	7.5000	15 浙五金 （125682）	800.00	2020.12.10	7.2000
15 启迪 01 （125683）	1000.00	2020.12.09	7.3000	15 望城 01 （125685）	1500.00	2020.12.10	7.5000
15 伊财 02 （125686）	1000.00	2020.12.10	6.0000	15 淮水 01 （125688）	800.00	2020.12.15	5.5000
15 白沙洲 （125691）	1500.00	2019.12.25	7.5000	15 遵桥梁 （125693）	2300.00	2020.12.14	6.5000
16 海陵 01 （125698）	1400.00	2021.03.18	7.8000	15 政通债 （125702）	1500.00	2020.11.26	7.5000
15 惠憬 01 （125703）	1000.00	2019.11.24	6.2500	15 惠憬 02 （125704）	1000.00	2020.11.24	7.1500
15 太湖 01 （125705）	500.00	2020.11.19	7.8000	15 漳龙债 （125707）	1000.00	2020.11.23	5.6000
15 潭九华 （125712）	2000.00	2020.11.19	7.5000	15 伊财 01 （125715）	1500.00	2020.11.18	6.0000
15 都兴市 （125719）	1000.00	2020.11.27	8.0000	15 中科债 （125720）	500.00	2020.11.10	5.6000
15 邦信 01 （125721）	770.00	2019.11.13	5.9000	15 汾湖 01 （125725）	1000.00	2020.11.16	6.7000
15 湘型债 （125728）	1200.00	2019.11.13	7.0000	15 永兴债 （125729）	800.00	2020.11.13	7.8000
15 国控债 （125733）	1000.00	2020.12.10	5.9000	15 威宁 01 （125735）	600.00	2019.05.30	6.0000
15 海资债 （125744）	1000.00	2020.11.09	5.5000	15 增碧 03 （125747）	4000.00	2019.11.09	6.5000
15 新业 01 （125749）	1000.00	2020.11.10	7.2000	15 株循环 （125753）	1200.00	2020.10.30	8.0500
15 都江堰 （125755）	2000.00	2020.10.30	8.3000	15 山钢 04 （125756）	1500.00	2020.11.02	6.7900
15 海河 01 （125758）	2000.00	2019.08.14	4.7900	15 城发 01 （125759）	1000.00	2019.10.27	6.0000
15 伊资 02 （125760）	1200.00	2020.10.28	8.1800	15 天风次 （125762）	2000.00	2020.10.28	5.5000
15 漳九龙 （125765）	2500.00	2020.10.27	5.8000	15 首股 01 （125766）	3000.00	2020.10.27	5.5000
15 坛国 01 （125773）	1000.00	2020.10.23	7.0500	15 天铝 01 （125776）	1500.00	2019.12.26	8.5000
15 银发债 （125780）	800.00	2020.10.19	6.3000	15 恒大 04 （125782）	17500.00	2020.10.16	8.0000
15 恒大 05 （125783）	2500.00	2020.10.16	7.8800	15 潞矿 02 （125785）	430.00	2020.10.15	6.5000
15 潞矿 01 （125786）	2570.00	2020.10.15	6.2000	15 首开 01 （125787）	2000.00	2020.10.12	5.6000
15 晋经 01 （125789）	800.00	2020.10.09	7.6000	15 绵投控 （125791）	2000.00	2021.10.13	7.4500
16 山煤 01 （125798）	300.00	2021.01.27	7.6000	15 华信 02 （125804）	1000.00	2020.09.24	6.7000
15 锡东科 （125808）	3000.00	2020.09.24	6.5000	15 宜城 01 （125813）	1000.00	2020.09.21	6.3000
15 扬化债 （125815）	1000.00	2020.09.21	8.5000	15 华信 01 （125821）	1000.00	2020.09.17	6.9000
15 常城 02 （125823）	1500.00	2020.09.16	6.8000	15 常城 01 （125824）	1500.00	2020.09.15	6.8000
15 中宝债 （125828）	5000.00	2019.09.14	7.3000	15 泰丰债 （125831）	1500.00	2019.11.04	7.5000
15 蒙高 01 （125833）	900.00	2020.09.10	7.5000	15 华夏 03 （125837）	1000.00	2019.09.09	6.0000
15 云城投 （125847）	2000.00	2020.09.01	5.8000	15 华夏 02 （125848）	1000.00	2019.08.31	6.0000
15 南华 01 （125854）	450.00	2021.08.28	5.8000	15 金禹 02 （125857）	500.00	2020.08.27	8.0000
15 广证 02 （125861）	800.00	2020.08.26	6.0400	15 焦作 02 （125864）	1000.00	2020.08.20	6.8000
15 鄂长投 （125868）	2000.00	2020.08.14	6.3000	15 伊资 01 （125870）	1000.00	2020.08.14	7.5000
15 无锡 01 （125874）	1000.00	2020.08.10	6.2000	15 焦作 01 （125875）	1000.00	2020.08.12	6.8000
15 城六局 （125877）	1050.00	2099.12.31	8.0000	15 金禹 01 （125879）	1000.00	2020.08.12	8.0000
15 天房发 （125885）	3000.00	2020.08.05	9.0000	15 普湾 02 （125909）	2000.00	2020.07.31	6.8500
15 伟驰 03 （125915）	500.00	2020.07.21	8.3000	15 华泰期 （125917）	600.00	2019.07.22	5.8000
15 宁化工 （125921）	800.00	2020.07.15	6.9000	15 湘财 04 （125926）	500.00	2020.07.16	7.0000
15 伟驰 02 （125927）	500.00	2020.07.14	8.3000	15 华福 Y1 （125929）	1200.00	2020.07.13	6.1000
15 伟驰 01 （125972）	500.00	2020.07.02	8.3000	15 恒泰续 （125975）	1500.00	2020.06.29	6.8000
14 永诚债 （125980）	900.00	2025.06.15	6.2000	15 东海债 （125991）	1000.00	2020.06.11	5.7000
14 电投 02 （127001）	3000.00	2029.09.17	5.7400	14 天能 02 （127002）	400.00	2020.09.29	8.0000

债券信息
List of Bonds

债券
Bond

债券简称（代码） Bond Name（Code）	发行量 （百万元） Issued Vol （M yuan）	到期日 Expiration Date	票面利率（%） Coupon Rate（%）	债券简称（代码） Bond Name（Code）	发行量 （百万元） Issued Vol （M yuan）	到期日 Expiration Date	票面利率（%） Coupon Rate（%）
PR 溧昆仑（127004）	1100. 00	2021. 10. 24	5. 9000	PR 乐清投（127005）	1000. 00	2021. 10. 20	5. 9900
PR 蓬莱债（127006）	1000. 00	2022. 10. 22	6. 9800	PR 潭万楼（127007）	2000. 00	2022. 01. 14	6. 9000
PR 海城投（127010）	1300. 00	2021. 10. 22	5. 5800	PR 乐山债（127013）	1200. 00	2021. 10. 22	5. 6800
PR 三门 01（127014）	400. 00	2021. 10. 29	6. 8500	PR 世园债（127015）	1200. 00	2021. 10. 21	6. 2000
14 忠旺债（127016）	1100. 00	2020. 10. 22	5. 4800	14 粤高债（127017）	2000. 00	2029. 10. 29	5. 4000
PR 新昌 01（127018）	600. 00	2021. 10. 30	5. 8800	PR 丹徒投（127019）	1500. 00	2021. 11. 03	5. 8900
PR 玉交 01（127020）	500. 00	2021. 11. 03	5. 6500	14 京天恒（127021）	1500. 00	2020. 10. 24	5. 4000
14 攀小微（127024）	600. 00	2019. 10. 30	6. 0000	PR 沪建债（127026）	2000. 00	2024. 11. 05	4. 8000
PR 晋城债（127027）	1400. 00	2021. 11. 11	4. 9900	PR 岳阳债（127029）	1300. 00	2021. 11. 03	5. 5000
PR 鹿城债（127030）	1200. 00	2021. 11. 03	5. 5800	PR 鹤建投（127031）	1600. 00	2021. 11. 11	5. 6000
PR 连交通（127032）	900. 00	2021. 11. 17	5. 4700	PR 即旅投（127033）	1000. 00	2021. 11. 17	5. 4700
PR 永嘉债（127034）	800. 00	2021. 11. 12	6. 5000	PR 双桥债（127037）	900. 00	2021. 11. 19	5. 9900
PR 吴经发（127038）	2000. 00	2021. 11. 19	5. 4900	14 西电债（127039）	500. 00	2019. 11. 26	5. 9600
PR 中山交（127041）	800. 00	2021. 11. 26	5. 2500	PR 来工投（127042）	1000. 00	2021. 11. 26	5. 9700
PR 黑重建（127043）	700. 00	2020. 11. 20	7. 0600	PR 河润业（127044）	900. 00	2021. 12. 03	6. 2000
PR 长兴债（127045）	1300. 00	2021. 12. 03	6. 0000	14 海控 02（127046）	1200. 00	2021. 12. 04	5. 6500
PR 江油债（127047）	1100. 00	2022. 09. 02	6. 5500	PR 浏经开（127048）	1300. 00	2021. 11. 27	5. 7000
PR 绍柯开（127049）	800. 00	2021. 12. 10	7. 0000	PR 松原债（127050）	1100. 00	2021. 12. 04	5. 7900
PR 滕建债（127051）	800. 00	2022. 06. 08	6. 0000	14 甘公 02（127052）	2500. 00	2021. 12. 01	5. 8500
15 天瑞 01（127053）	1500. 00	2021. 01. 15	8. 0000	15 黔物资（127054）	500. 00	2022. 01. 23	6. 0000
PR 邳恒润（127055）	1200. 00	2021. 12. 05	6. 4600	16 朝国资（127056）	1900. 00	2023. 03. 23	3. 2500
PR 牟中债（127057）	1000. 00	2021. 12. 11	7. 4800	PR 芜建债（127059）	1600. 00	2021. 12. 08	6. 6000
PR 博兴债（127062）	1000. 00	2021. 12. 22	8. 0000	PR 遵经债（127067）	600. 00	2023. 01. 22	4. 8700
PR 新昌 02（127068）	600. 00	2021. 12. 31	6. 9500	PR 准国投（127069）	1700. 00	2021. 12. 31	6. 5400
PR 泾河债（127072）	1000. 00	2022. 01. 05	6. 8900	15 铁暂停（127073）	1200. 00	2022. 01. 14	6. 0000
PR 铜大江（127074）	800. 00	2022. 01. 19	6. 5000	PR 鸡西资（127075）	1300. 00	2022. 01. 19	6. 8700
PR 宁城建（127076）	1300. 00	2022. 01. 20	6. 7000	PR 本溪债（127077）	900. 00	2022. 01. 22	6. 2400
PR 盘山债（127078）	600. 00	2019. 09. 10	7. 4800	PR 郴高投（127079）	1500. 00	2022. 01. 23	6. 4500
PR 达州 01（127080）	500. 00	2022. 01. 14	6. 5500	PR 望经开（127082）	1200. 00	2022. 01. 22	6. 5700
PR 宜创债（127083）	1000. 00	2022. 03. 23	6. 7000	PR 中区债（127084）	1500. 00	2022. 01. 29	6. 3900
14 抚微 02（127085）	400. 00	2019. 01. 28	7. 0800	PR 榕城 01（127087）	600. 00	2022. 01. 26	5. 4800
PR15 汇丰（127088）	1000. 00	2022. 01. 26	6. 6000	PR 新郑 01（127089）	700. 00	2019. 11. 04	6. 4000
PR 新郑 02（127090）	700. 00	2019. 11. 04	6. 6000	PR 梵净山（127091）	1500. 00	2022. 01. 28	6. 9500
PR 淀山湖（127092）	1300. 00	2021. 01. 30	5. 9500	15 铜发债（127093）	500. 00	2022. 01. 28	6. 9800
PR 盘经开（127094）	800. 00	2022. 01. 22	7. 2500	PR 湘九债（127095）	1500. 00	2022. 01. 21	6. 5900
PR 东方财（127096）	1600. 00	2022. 01. 29	5. 1900	PR 毕建投（127097）	1600. 00	2022. 01. 28	6. 5000
PR 营沿海（127098）	1500. 00	2022. 01. 26	6. 4500	15 天瑞 02（127099）	1000. 00	2021. 02. 06	8. 0000
PR 新交投（127100）	1300. 00	2022. 02. 06	6. 1400	PR 吉华投（127101）	800. 00	2022. 02. 09	7. 1800
15 襄矿债（127102）	800. 00	2022. 02. 11	8. 8000	PR 涪交旅（127104）	800. 00	2022. 02. 03	6. 6800
PR 咸荣投（127105）	1400. 00	2022. 02. 10	6. 2900	PR 黑债 01（127106）	900. 00	2020. 11. 19	7. 1000
PR 常天宁（127108）	1200. 00	2022. 02. 12	6. 4800	PR 天盈债（127109）	800. 00	2022. 03. 25	6. 7900
PR 兴城债（127110）	600. 00	2022. 03. 20	6. 0000	PR 黔南投（127111）	1800. 00	2022. 03. 09	6. 4300
PR 天诚 01（127112）	800. 00	2022. 03. 11	6. 5000	PR 乌国投（127113）	1000. 00	2019. 03. 14	6. 1700
PR 马建投（127115）	600. 00	2022. 03. 06	6. 4900	PR 淳新开（127116）	1100. 00	2022. 03. 11	6. 1000
PR 娄开债（127117）	1300. 00	2022. 03. 13	6. 3600	PR 丰城投（127118）	1000. 00	2022. 02. 10	6. 4900
PR 兴堰债（127119）	800. 00	2022. 03. 12	6. 1000	PR 巴南债（127120）	600. 00	2022. 03. 13	6. 1700
15 苏国信（127121）	2800. 00	2020. 03. 16	4. 9000	10 湘高速（127122）	2800. 00	2020. 04. 08	5. 5000
PR 阜新 02（127123）	800. 00	2022. 03. 18	6. 1800	14 中色 03（127124）	3000. 00	2025. 03. 20	5. 3000
PR 三门 02（127125）	300. 00	2022. 03. 18	6. 8000	PR 遂富源（127126）	900. 00	2022. 03. 17	6. 3900
PR 渭城债（127127）	600. 00	2022. 03. 11	6. 0900	PR 沈大东（127128）	700. 00	2022. 03. 20	6. 0500

债券信息
List of Bonds

债券
Bond

债券简称（代码） Bond Name（Code）	发行量 （百万元） Issued Vol （M yuan）	到期日 Expiration Date	票面利率（%） Coupon Rate（%）	债券简称（代码） Bond Name（Code）	发行量 （百万元） Issued Vol （M yuan）	到期日 Expiration Date	票面利率（%） Coupon Rate（%）
PR 苏通债（127129）	900.00	2022.03.18	6.2000	PR 尧都债（127130）	1200.00	2022.03.13	7.1900
PR 玉交 02（127131）	500.00	2022.03.20	6.1800	PR 梅山债（127132）	800.00	2022.03.23	6.2700
PR 泗洪债（127133）	1000.00	2022.03.16	6.1500	PR 广安债（127134）	1200.00	2022.03.24	6.3900
PR 阳高新（127135）	1600.00	2022.03.30	7.0000	15 西经微（127136）	500.00	2019.03.26	5.1500
PR 株今添（127137）	1600.00	2022.03.25	6.2500	PR 柯岩债（127138）	800.00	2022.03.24	6.2800
PR 邛崃债（127139）	800.00	2022.03.25	6.9800	15 文小微（127140）	700.00	2019.03.24	6.2800
PR 东南债（127141）	800.00	2022.03.26	6.5300	PR 怀经开（127142）	700.00	2022.03.26	6.8000
PR 新泰债（127143）	1000.00	2022.03.23	6.3500	15 黄河债（127144）	700.00	2021.03.27	8.0000
PR 长轨 01（127145）	3000.00	2025.04.03	5.9700	PR 汴新债（127146）	800.00	2022.03.23	6.3500
PR15 郫国（127147）	1400.00	2022.04.01	6.9500	PR 九江置（127148）	1200.00	2022.03.23	6.2000
15 粤路桥（127149）	2000.00	2030.05.21	5.1800	PR 包科教（127150）	600.00	2022.03.25	6.4800
PR 白工投（127151）	1000.00	2022.03.27	7.3000	PR 渝铜梁（127152）	1200.00	2022.04.08	6.5900
PR 吐国投（127153）	1200.00	2022.03.19	6.2000	PR 宜兴债（127155）	1100.00	2022.03.30	6.1600
15 联峰债（127156）	1000.00	2021.04.07	7.2000	PR 石城投（127157）	800.00	2022.05.04	6.1000
PR 东营资（127158）	800.00	2022.03.31	5.5700	PR 越投债（127159）	1100.00	2022.04.07	6.3800
PR 耒城投（127160）	700.00	2019.09.20	7.8000	PR 石国控（127161）	850.00	2022.04.09	5.7500
PR 湘铁投（127162）	1100.00	2025.04.30	6.0900	PR15 海门（127163）	1400.00	2022.04.03	6.2200
PR 庐江债（127164）	1000.00	2022.04.16	6.7000	PR 高国资（127165）	900.00	2022.04.14	6.6800
PR 洋口港（127166）	900.00	2022.04.10	6.2300	PR 阳江投（127167）	1100.00	2022.04.14	6.2400
PR 绍城建（127168）	1300.00	2022.04.17	5.7500	PR 鄂长江（127169）	450.00	2022.04.03	6.1500
PR 渝水债（127170）	1200.00	2022.06.24	7.7000	PR 乌经开（127171）	990.00	2022.04.13	6.4000
PR 滨中海（127172）	500.00	2022.04.13	6.6500	PR 津铁投（127173）	2400.00	2025.04.13	5.5800
PR 迁安投（127174）	1500.00	2022.04.22	6.2500	15 武铁 01（127175）	1800.00	2030.04.14	3.5500
PR 武铁 02（127176）	1500.00	2022.04.14	5.2500	PR 梅金叶（127177）	1000.00	2022.04.22	6.0200
15 华南城（127178）	1500.00	2019.04.15	8.0500	PR 兴泸债（127179）	1000.00	2025.04.23	6.4100
PR 郴新债（127180）	1050.00	2022.04.24	6.1500	PR 桂经投（127181）	1000.00	2022.04.22	5.6000
PR 阿信投（127182）	800.00	2022.04.20	6.4000	PR 淮城债（127183）	1200.00	2022.04.23	5.7000
PR 漳经发（127184）	600.00	2022.04.27	6.1700	PR 绍城债（127185）	500.00	2022.04.27	6.0900
PR 遵道桥（127186）	900.00	2023.04.27	6.1000	PR 宜城债（127187）	1600.00	2022.04.27	6.0100
PR 江新债（127188）	800.00	2022.04.22	6.0300	PR 渝悦投（127189）	1100.00	2022.04.29	6.0900
PR 大足债（127190）	700.00	2022.04.28	6.3000	PR 济高 02（127191）	800.00	2022.04.30	6.0900
PR 沪闵城（127192）	2000.00	2022.04.20	5.6300	PR 马花山（127193）	1000.00	2022.04.20	6.0700
PR 天诚 02（127194）	500.00	2022.04.30	6.4500	16 闽投 02（127195）	1000.00	2024.03.01	3.2000
PR 海海业（127196）	600.00	2022.04.29	6.8400	PR 瓯海债（127197）	1600.00	2022.04.23	6.4500
PR 绍城北（127198）	400.00	2022.04.30	6.1300	PR 津城债（127200）	1200.00	2022.04.27	5.7500
PR 丹开债（127201）	900.00	2022.04.24	6.4000	PR 呼伦债（127202）	700.00	2022.04.30	6.3100
15 兴泰债（127203）	1000.00	2022.04.29	5.6000	PR 巢城债（127205）	800.00	2022.04.30	6.5000
PR 沈经区（127206）	1200.00	2022.04.29	7.1700	15 呼小微（127207）	650.00	2019.04.30	3.7000
15 国网 01（127208）	8000.00	2022.04.09	4.9000	15 国网 02（127209）	2000.00	2030.04.09	4.9500
15 双鸭微（127210）	600.00	2019.04.30	7.4000	PR 黄山债（127211）	900.00	2022.05.06	5.9500
PR 黄城债（127212）	1500.00	2022.04.29	5.9900	PR 枝江 02（127213）	800.00	2023.03.28	4.3800
15 建发债（127214）	1000.00	2022.05.27	4.2800	PR 兴荣控（127215）	900.00	2023.03.31	4.8600
PR 蜀城投（127216）	500.00	2022.05.26	6.5800	PR 九城投（127219）	1400.00	2022.05.22	5.5000
PR 邯建投（127220）	1300.00	2022.05.27	5.4800	PR 赣城投（127221）	2000.00	2022.06.16	5.5000
PR 建湖债（127222）	1400.00	2022.06.01	6.3000	PR 大洼债（127223）	800.00	2022.06.12	6.2900
15 西微 01（127224）	400.00	2019.06.11	6.3500	PR 鹰高新（127225）	900.00	2022.07.31	6.7500
15 海基债（127226）	1500.00	2022.06.17	7.5000	PR 锡山债（127227）	800.00	2022.07.20	5.7800
PR 邗建债（127228）	1000.00	2022.06.15	5.8800	PR 潍高新（127229）	1000.00	2022.06.18	6.0500
PR 牡新区（127230）	600.00	2022.06.30	6.4800	15 冀广 01（127231）	300.00	2023.06.12	4.8000
PR 长轨 02（127232）	3000.00	2025.07.14	5.4000	16 余金控（127233）	300.00	2020.03.22	5.1800

债券信息
List of Bonds

债券
Bond

债券简称（代码） Bond Name（Code）	发行量 （百万元） Issued Vol （M yuan）	到期日 Expiration Date	票面利率（%） Coupon Rate（%）	债券简称（代码） Bond Name（Code）	发行量 （百万元） Issued Vol （M yuan）	到期日 Expiration Date	票面利率（%） Coupon Rate（%）
15 十师债（127234）	350.00	2022.04.24	3.1000	PR 椒江 01（127235）	1000.00	2022.07.06	6.1800
PR 吴江投（127236）	1200.00	2022.07.08	5.2500	PR 喀城建（127237）	700.00	2022.07.20	5.8000
PR 陕东岭（127238）	1000.00	2022.07.14	8.0000	15 洪轨 02（127240）	3600.00	2030.08.03	4.3000
PR 郑经开（127241）	1300.00	2022.07.31	5.4800	PR 当涂债（127242）	900.00	2022.08.10	5.3800
15 潍渤海（127243）	500.00	2023.08.05	7.5000	PR 中关村（127244）	1100.00	2022.08.12	4.2000
PR 荆高新（127245）	700.00	2022.08.11	5.4800	PR 徐新盛（127246）	2000.00	2022.08.12	5.1300
15 任城债（127247）	600.00	2019.11.09	5.3300	PR 京科债（127248）	1000.00	2022.08.13	4.2000
PR 丽水债（127249）	600.00	2022.08.13	5.6700	PR 闽漳龙（127250）	600.00	2022.08.07	4.9900
PR 丰县债（127251）	1000.00	2022.03.20	6.4800	PR 通途债（127252）	700.00	2022.06.19	6.0000
15 粤电 01（127253）	1500.00	2025.08.20	4.5400	PR 平湖债（127255）	1500.00	2022.08.25	4.9500
15 温铁 01（127256）	800.00	2020.08.27	7.0000	PR 博投债（127257）	800.00	2022.08.26	5.7700
15 温铁 02（127258）	700.00	2030.08.27	5.8000	PR 太科债（127259）	1400.00	2022.08.28	5.5400
15 开小微（127260）	700.00	2019.09.09	8.5000	PR 般阳债（127261）	500.00	2022.09.09	5.5000
PR 连江债（127262）	1000.00	2022.04.30	6.2900	PR15 沭阳（127263）	800.00	2022.09.11	5.4900
15 彬煤债（127264）	800.00	2022.07.30	8.0000	15 涪小微（127265）	700.00	2019.09.09	1.8000
15 桓台债（127266）	700.00	2019.09.21	6.8800	PR 邵武债（127267）	700.00	2022.09.11	5.8800
PR 汝州债（127268）	800.00	2021.09.16	6.3000	PR 武夷债（127269）	1500.00	2022.09.28	4.9600
15 乌高微（127271）	600.00	2019.08.24	5.1900	PR 高邮债（127272）	1000.00	2022.09.15	5.4800
PR 黑山债（127273）	400.00	2022.09.18	6.7900	PR 铜城投（127274）	1000.00	2022.09.18	5.2300
PR 一师债（127275）	500.00	2019.10.30	5.3500	15 昌小微（127276）	600.00	2019.09.22	7.0000
PR 津地铁（127278）	2500.00	2025.10.16	4.2700	PR 浏新城（127279）	1500.00	2022.10.23	4.4300
15 魏桥债（127280）	1000.00	2022.10.26	6.2600	PR 邳经发（127281）	1000.00	2022.10.29	5.0000
PR 贵路桥（127282）	1500.00	2022.10.28	4.1700	PR 大同建（127283）	2000.00	2022.10.22	4.4900
PR 桐建债（127284）	800.00	2022.11.09	5.4700	15 茂名港（127285）	600.00	2022.11.04	5.2400
PR 沛城投（127286）	900.00	2022.11.10	5.2000	PR 芜新投（127287）	1000.00	2022.11.04	4.8700
PR 通高新（127288）	1300.00	2022.10.19	5.0000	PR 河池债（127289）	700.00	2022.11.13	5.5800
PR 伊国投（127290）	500.00	2022.09.24	5.3700	PR 苍南债（127291）	800.00	2022.11.11	5.5800
15 国网 04（127293）	5000.00	2020.10.21	3.7900	PR 天心 01（127294）	800.00	2022.11.06	4.2000
PR 泰虹桥（127295）	600.00	2022.10.29	5.0300	15 云能源（127296）	1500.00	2025.11.17	4.8000
15 兴小微（127297）	500.00	2019.10.30	8.0000	PR 任丘债（127298）	700.00	2022.11.18	5.6800
15 国泰债（127300）	800.00	2022.09.09	5.5800	PR 武清投（127301）	1800.00	2022.11.17	4.1500
PR 桂城投（127302）	1600.00	2022.12.02	5.2300	PR 秦汉债（127303）	1400.00	2022.11.27	5.1500
PR 蒙金隆（127304）	600.00	2022.11.19	7.3000	16 穗港 03（127305）	500.00	2026.11.24	3.3800
15 伊小微（127306）	600.00	2019.11.23	5.5900	16 神木债（127307）	800.00	2020.03.16	4.4800
PR 巴中债（127308）	1300.00	2022.12.02	5.1300	PR 赣陶债（127309）	1000.00	2022.11.27	5.3800
PR 海城改（127310）	1150.00	2022.11.27	5.0800	PR 麒麟债（127311）	1000.00	2022.11.26	5.3700
15 海航债（127312）	3000.00	2022.11.27	5.9900	PR 东丽投（127313）	2500.00	2022.12.02	4.2800
PR 睢润企（127314）	1500.00	2022.11.20	5.4200	15 机场债（127315）	800.00	2022.12.03	6.8800
PR 洛城债（127316）	1000.00	2022.12.02	4.4700	PR 平崆旅（127317）	350.00	2022.11.30	6.8500
15 闽投专（127318）	800.00	2025.12.11	3.7000	PR 日建债（127319）	600.00	2022.12.07	3.9800
15 萍小微（127320）	700.00	2019.11.25	7.5000	15 湘产债（127321）	300.00	2022.12.08	4.9500
PR 义城投（127322）	1100.00	2022.12.07	4.3100	PR 海资债（127323）	1200.00	2022.12.14	4.6000
PR 达州 02（127324）	500.00	2022.11.27	5.1000	15 国网 06（127327）	2000.00	2020.11.11	3.7500
PR 长轨 03（127328）	2000.00	2025.12.21	4.1000	PR 马高投（127329）	850.00	2023.11.28	3.9000
PR 和济投（127330）	500.00	2022.12.17	5.0900	PR 威海投（127331）	1100.00	2022.12.17	4.8000
PR 凤城债（127332）	500.00	2022.12.17	5.7600	PR 榕城 02（127333）	600.00	2022.07.08	4.8900
15 锡创投（127334）	400.00	2022.12.21	4.3300	PR 昌乐债（127335）	900.00	2022.12.16	5.1800
15 寿小微（127336）	600.00	2019.12.07	7.5000	PR 潜城债（127337）	1700.00	2022.12.21	5.1900
PR 宜高投（127338）	2000.00	2022.12.15	4.8000	PR 金昌债（127339）	650.00	2022.12.21	6.7900
15 冀广 02（127340）	200.00	2023.12.14	4.2800	PR 正棚改（127341）	1800.00	2025.12.24	5.2800

债券信息 List of Bonds

债券 Bond

债券简称（代码） Bond Name（Code）	发行量（百万元） Issued Vol（M yuan）	到期日 Expiration Date	票面利率（%） Coupon Rate（%）	债券简称（代码） Bond Name（Code）	发行量（百万元） Issued Vol（M yuan）	到期日 Expiration Date	票面利率（%） Coupon Rate（%）
PR内双创（127342）	600.00	2022.12.25	5.0300	PR仁发债（127344）	1000.00	2022.12.22	6.4200
PR盐高新（127345）	1000.00	2022.12.14	3.9000	15七小微（127346）	790.00	2019.01.15	7.3400
15昆水务（127347）	700.00	2022.12.25	4.3500	PR响水债（127348）	1300.00	2022.12.24	4.9800
PR邵东债（127349）	1000.00	2023.01.11	6.5000	PR浙滨债（127350）	1800.00	2022.12.23	4.6500
PR黔畅达（127351）	2000.00	2022.12.21	5.7900	16恒投01（127352）	2300.00	2026.05.10	4.1000
PR渝缙云（127353）	1200.00	2022.12.31	4.5000	PR梅建投（127354）	1300.00	2022.12.30	5.0000
PR凯投01（127355）	1400.00	2022.12.17	5.2900	PR常德债（127356）	1900.00	2023.01.12	3.5900
PR永经投（127357）	1300.00	2023.01.14	3.5500	PR平阳债（127358）	1500.00	2023.01.08	4.9700
16穗金控（127359）	1000.00	2026.02.02	3.4800	PR兴义债（127360）	1000.00	2022.12.16	5.4000
PR老边01（127361）	800.00	2022.12.16	5.6300	16闽投01（127362）	1500.00	2024.01.15	3.2000
PR新沂投（127363）	1900.00	2023.01.19	4.3000	PR潼南债（127364）	2000.00	2022.12.31	4.9900
PR渝两江（127365）	2800.00	2021.01.13	3.1700	16红小微（127366）	1200.00	2020.01.14	6.5000
PR沪城建（127367）	2000.00	2023.01.06	3.5000	PR衡阳债（127368）	1400.00	2023.01.21	4.2800
16来宾债（127369）	800.00	2020.03.07	7.5000	16奥德01（127370）	500.00	2023.01.15	5.7700
PR普兰店（127371）	1500.00	2023.01.25	3.8000	PR大理债（127372）	500.00	2023.01.25	6.0100
PR枝江01（127373）	800.00	2023.01.11	4.7800	PR六盘水（127374）	2000.00	2023.01.20	3.7400
PR五家渠（127375）	1500.00	2019.12.24	3.6000	15西微02（127376）	400.00	2020.01.29	5.5000
PR黄冈债（127377）	2000.00	2023.01.18	4.0800	PR禹州债（127378）	1200.00	2023.01.19	4.6800
PR泗阳债（127379）	1200.00	2023.01.21	4.9400	PR阿勒泰（127380）	700.00	2023.01.22	4.8500
PR仪征发（127381）	700.00	2023.01.08	4.6300	16赣投债（127382）	1000.00	2026.01.11	3.7000
PR宁乡债（127383）	1500.00	2023.01.27	3.8700	PR开福01（127384）	600.00	2023.01.21	4.2000
PR兴资债（127385）	800.00	2023.01.18	5.9700	PR丹投资（127386）	1600.00	2023.01.25	3.9900
PR雨花债（127387）	1400.00	2023.01.28	3.8000	PR瓯专项（127388）	1700.00	2023.01.21	4.8300
PR芙蓉债（127390）	2500.00	2023.01.26	3.8800	PR瓦沿海（127391）	1500.00	2023.02.01	3.9800
PR平交投（127392）	1500.00	2023.01.29	3.9200	16合川债（127393）	500.00	2020.01.29	6.5000
16诸经债（127394）	800.00	2019.08.06	6.1700	PR吉城建（127395）	2150.00	2023.01.27	3.8000
16陕旅债（127396）	350.00	2023.03.01	4.5800	PR耒阳债（127397）	1200.00	2019.11.22	6.4000
PR威海债（127398）	1600.00	2023.03.02	3.3300	16鲁信债（127399）	600.00	2023.03.09	3.3600
16广晟01（127400）	2000.00	2031.03.11	3.7000	PR铜建专（127401）	1190.00	2023.03.14	4.1200
PR下城债（127402）	1400.00	2023.03.14	3.8000	PR老边02（127403）	1500.00	2023.03.11	4.9800
16唐金债（127404）	1600.00	2023.03.16	4.3500	PR盐都债（127405）	1300.00	2023.03.17	3.6700
16宏小微（127406）	900.00	2020.03.16	7.5000	PR汇盛债（127407）	1000.00	2024.03.15	4.4900
PR港经开（127408）	700.00	2023.03.22	3.9500	PR渝产债（127409）	2300.00	2023.03.21	3.3600
PR德投债（127410）	800.00	2023.03.21	5.9900	16滁小微（127411）	1000.00	2020.03.23	6.3000
PR鸠江债（127412）	1200.00	2023.03.21	3.9600	PR皋交投（127413）	1500.00	2023.03.23	3.7400
PR邕高01（127414）	500.00	2023.03.25	4.2800	PR三明交（127415）	1300.00	2023.03.29	3.6800
PR贾汪债（127416）	1600.00	2023.03.23	4.0000	PR启交通（127418）	1500.00	2023.03.18	4.0000
PR启国控（127419）	1500.00	2023.03.09	4.0000	PR渝开债（127420）	1500.00	2023.04.13	3.9500
16青小微（127421）	1000.00	2020.03.29	6.5000	16牡小微（127422）	600.00	2019.04.03	8.3000
PR惠开债（127424）	1600.00	2023.04.08	4.1600	16穗港01（127425）	500.00	2026.04.18	3.5700
PR两江01（127426）	2500.00	2021.04.19	3.6000	PR渤海01（127427）	3000.00	2023.04.18	3.8200
PR渤海02（127428）	600.00	2026.04.18	4.1000	G16京汽1（127429）	2500.00	2023.04.22	3.4500
PR淮资债（127430）	1200.00	2023.05.03	4.6300	PR16洛新（127431）	1500.00	2023.04.26	4.2800
PR太新01（127432）	1000.00	2023.05.03	4.4900	PR海发债（127433）	1060.00	2023.06.06	4.6700
16晋煤01（127434）	1000.00	2021.05.03	6.8000	PR磁湖01（127435）	1500.00	2023.06.08	4.5000
PR惠棚改（127436）	1000.00	2021.06.08	4.3800	PR扬城投（127437）	1000.00	2023.06.03	5.1500
PR望城建（127438）	2700.00	2023.07.13	3.7500	PR樟树债（127439）	900.00	2023.06.22	4.8000
PR惠投01（127440）	1000.00	2023.07.07	3.7500	PR苏筑富（127441）	1600.00	2023.07.20	4.4700
16广晟02（127442）	1400.00	2031.07.21	3.7500	PR湘潭01（127443）	1600.00	2023.08.04	3.6000
PR两江02（127445）	2000.00	2021.08.05	3.1000	16穗城02（127446）	1000.00	2026.07.22	3.3300

债券信息
List of Bonds

债券简称（代码）Bond Name（Code）	发行量（百万元）Issued Vol（M yuan）	到期日 Expiration Date	票面利率（%）Coupon Rate（%）	债券简称（代码）Bond Name（Code）	发行量（百万元）Issued Vol（M yuan）	到期日 Expiration Date	票面利率（%）Coupon Rate（%）
PR 宁地铁（127447）	2600.00	2023.08.29	3.2900	PR 天心 02（127448）	700.00	2023.08.08	3.4300
PR 太新 02（127449）	1000.00	2023.08.29	3.4700	PR16 晋城（127450）	3000.00	2023.08.24	3.3500
G17 龙湖 1（127451）	1600.00	2022.02.17	3.6600	PR 硚口债（127452）	1400.00	2023.08.29	3.4800
PR 建安 01（127453）	1600.00	2023.09.05	3.5000	PR 南管廊（127454）	1270.00	2026.09.12	3.5800
PR 广陵债（127455）	1500.00	2023.09.07	3.6200	16 穗港 02（127456）	500.00	2026.09.18	3.1900
PR 广饶债（127457）	2000.00	2023.09.08	3.6100	PR 济市中（127458）	900.00	2023.09.14	3.5200
16 广晟 03（127459）	1200.00	2031.11.10	3.6000	PR 建湖项（127460）	1000.00	2021.10.13	3.2800
G16 国网 1（127461）	5000.00	2019.10.20	2.8000	G16 国网 2（127462）	5000.00	2021.10.20	2.9900
PR 溧经技（127463）	1500.00	2023.11.09	3.4100	16 京投 01（127464）	3000.00	2019.11.18	2.4000
PR 德清投（127465）	870.00	2023.11.11	3.6000	G17 龙湖 2（127467）	1440.00	2024.02.17	4.6700
17 长经 01（127468）	1000.00	2024.03.03	4.7800	17 首房专（127469）	1180.00	2027.03.20	5.4900
G17 龙湖 3（127470）	1000.00	2024.03.07	4.7500	17 苏众安（127471）	1200.00	2024.03.24	5.6500
17 宿裕丰（127472）	1000.00	2024.04.21	5.5000	17 慈溪债（127473）	950.00	2024.04.07	4.9000
17 三明国（127474）	1000.00	2024.04.17	5.1000	17 宿开发（127475）	1200.00	2024.04.20	5.4000
17 众邦债（127476）	1500.00	2024.06.02	5.9500	17 邳润债（127477）	1700.00	2024.04.19	5.6500
17 新交投（127478）	1250.00	2024.04.24	5.3500	PR 瀚瑞 01（127479）	1600.00	2023.04.15	4.6300
17 陂城投（127480）	1730.00	2024.04.19	5.4800	G17 产建 1（127482）	900.00	2024.05.02	5.7500
17 宝城投（127483）	800.00	2024.04.18	5.0500	17 乌城投（127484）	2000.00	2021.04.26	3.0800
17 枞阳债（127485）	1000.00	2024.04.25	5.8500	17 威高新（127486）	1800.00	2024.04.28	5.3200
17 惠投债（127488）	1000.00	2024.04.10	4.8800	17 六交投（127489）	1400.00	2024.05.02	5.9800
17 延新投（127490）	1000.00	2024.04.21	5.6000	17 灌东债（127491）	660.00	2024.05.16	6.4200
17 盐国资（127492）	1500.00	2024.06.12	5.8000	17 郑通 01（127493）	400.00	2024.06.27	5.9800
17 高港债（127494）	1500.00	2024.06.22	5.5400	G17 京汽 1（127495）	2300.00	2024.07.04	4.7200
17 毕节 01（127496）	1230.00	2024.07.06	5.7800	17 永兴 01（127497）	700.00	2024.07.07	6.9300
17 秦投 01（127499）	800.00	2024.07.07	6.6800	17 青州 01（127500）	1000.00	2024.07.10	6.4000
17 望铜官（127501）	1200.00	2027.07.12	5.7300	17 宿迁 01（127502）	300.00	2024.07.11	5.3000
17 即旅债（127503）	1200.00	2024.07.10	5.3500	17 沛国资（127504）	1310.00	2024.07.19	5.9800
PR 榕经开（127505）	1000.00	2023.08.25	3.5300	17 扬开发（127506）	1100.00	2024.07.06	5.2800
17 永城投（127507）	1300.00	2024.07.13	5.3000	17 蚌经投（127508）	1160.00	2024.07.13	6.4500
16 邮发 02（127509）	600.00	2024.07.13	5.2600	17 诸城债（127510）	1500.00	2024.07.12	5.3700
17 崇川债（127511）	1500.00	2022.07.21	5.7000	17 民科债（127512）	1200.00	2024.07.18	6.4400
17 广国投（127513）	1400.00	2024.07.18	5.3700	17 白云 01（127514）	460.00	2024.07.17	6.4800
17 常鼎力（127515）	1700.00	2024.07.20	6.1000	17 诸资 01（127516）	1000.00	2024.06.28	5.3400
17 荆城投（127517）	1490.00	2024.07.20	5.6800	17 嵊投控（127518）	1700.00	2024.07.20	5.3500
17 桂城投（127519）	1400.00	2024.07.21	5.9800	17 伟驰 01（127520）	300.00	2024.07.24	6.1800
PR 邮发 01（127521）	1000.00	2023.09.02	3.6500	17 厦轨 01（127522）	1000.00	2026.07.20	1.5500
17 启创债（127523）	1200.00	2024.07.14	5.1600	17 诸资 02（127524）	1300.00	2024.07.18	5.2300
17 兴宁债（127525）	500.00	2024.07.24	5.9900	17 襄经债（127526）	800.00	2024.07.19	6.1000
17 攀投债（127527）	800.00	2024.07.24	7.3000	17 郴新天（127528）	1420.00	2024.07.26	6.0000
17 秦投 02（127529）	700.00	2024.07.25	6.9100	17 浠凤 01（127531）	1000.00	2024.07.28	6.5200
17 红投债（127532）	1000.00	2024.07.12	5.9000	17 惠华 02（127533）	900.00	2024.07.26	5.9600
17 衡滨江（127534）	1530.00	2024.07.27	5.4700	17 古蔺债（127535）	640.00	2024.07.24	5.9600
17 黔投 01（127536）	700.00	2024.07.28	6.7700	17 咸宁债（127537）	1350.00	2027.07.27	5.9900
17 雨山 01（127539）	500.00	2024.07.31	5.6200	G17 龙源 2（127540）	3000.00	2024.08.01	4.7800
17 新津 02（127541）	310.00	2024.08.03	6.2800	17 铜建 01（127542）	1000.00	2024.07.31	5.7700
17 张家界（127544）	1000.00	2027.07.24	6.4700	17 毕节 02（127545）	500.00	2024.08.03	5.5500
17 含浦债（127546）	700.00	2024.07.28	5.8000	17 宿新债（127547）	1200.00	2024.08.04	5.9800
17 安皖江（127548）	1000.00	2024.08.02	6.5000	17 泗阳债（127549）	1200.00	2024.07.31	7.4000
17 包头 01（127550）	1500.00	2024.07.27	5.2500	17 湖滨 01（127551）	700.00	2024.08.02	6.8500
17 黄岩 01（127552）	1000.00	2024.08.01	6.1000	17 金潼 01（127553）	1490.00	2024.08.01	6.5000

债券信息 List of Bonds

债券简称（代码） Bond Name（Code）	发行量（百万元） Issued Vol（M yuan）	到期日 Expiration Date	票面利率（%） Coupon Rate（%）	债券简称（代码） Bond Name（Code）	发行量（百万元） Issued Vol（M yuan）	到期日 Expiration Date	票面利率（%） Coupon Rate（%）
17 开投债（127554）	1500.00	2024.08.03	7.0800	17 柔刚 02（127555）	500.00	2024.08.02	6.8000
G17 靖新 1（127556）	970.00	2024.07.25	5.3700	17 广铁 01（127557）	3000.00	2027.08.09	4.8400
17 蒲城债（127558）	1000.00	2024.08.10	6.5700	17 粤海 01（127559）	1500.00	2027.08.07	4.7700
17 厦轨 02（127560）	1500.00	2026.08.08	1.6100	17 宁国债（127561）	1100.00	2024.08.07	7.1400
17 株湘江（127562）	1400.00	2024.08.09	6.4000	17 怀经开（127563）	1000.00	2024.08.07	5.7700
17 鄱阳债（127564）	1200.00	2024.08.08	6.5300	17 淮水利（127565）	1500.00	2024.08.11	5.2800
17 永兴 02（127566）	800.00	2024.08.14	6.5000	17 萍昌盛（127568）	880.00	2024.08.11	6.0000
17 宁高 02（127569）	600.00	2024.08.14	6.0800	G17 产建 2（127570）	900.00	2024.08.10	5.8800
17 淄创 01（127571）	600.00	2024.08.10	5.2800	17 包头 02（127572）	1500.00	2024.08.10	5.3100
17 秭归 01（127573）	600.00	2027.08.14	7.0800	17 宜城投（127574）	2500.00	2027.08.14	5.7700
17 铜建 02（127576）	1000.00	2024.08.16	5.8000	17 濮阳债（127577）	850.00	2024.08.17	5.1800
17 启城投（127578）	1300.00	2024.08.16	5.2500	17 毕信泰（127579）	1500.00	2024.11.01	7.8000
17 石桥 01（127580）	500.00	2019.10.18	7.5900	17 运通债（127581）	1700.00	2024.08.10	6.1300
17 渌湘投（127582）	1200.00	2024.08.16	7.0900	17 湘管廊（127584）	1000.00	2024.10.27	7.5000
17 宝开 01（127585）	600.00	2024.08.21	5.4500	17 遵经开（127586）	970.00	2024.08.17	7.4800
17 新东观（127587）	800.00	2024.09.05	7.7000	16 柯城 02（127588）	1100.00	2024.08.03	5.7400
G17 武铁 1（127589）	3000.00	2032.08.22	4.9900	17 威经开（127590）	810.00	2024.08.23	5.8000
17 吴国太（127591）	1500.00	2027.08.23	6.4000	17 资兴 02（127592）	1100.00	2024.08.09	6.1800
17 金洲投（127593）	1500.00	2024.08.24	6.6000	17 泾河债（127594）	800.00	2024.08.23	6.6700
17 兴蜀债（127595）	1300.00	2024.08.21	6.7800	17 湖滨 02（127596）	800.00	2024.08.25	6.9300
17 舜发债（127597）	700.00	2024.08.23	7.0000	17 平阳债（127598）	870.00	2027.08.24	6.9000
17 义乌专（127601）	1620.00	2024.08.18	5.4800	17 广鑫 01（127602）	600.00	2024.08.28	7.1800
17 开元 02（127603）	700.00	2024.08.29	7.2800	17 老河口（127604）	1040.00	2024.08.16	6.4900
18 百东 01（127606）	200.00	2025.06.29	7.9000	17 苏科债（127607）	1500.00	2024.08.30	5.7000
17 运城债（127608）	840.00	2024.08.29	6.3000	17 邵阳 01（127610）	1000.00	2024.09.01	5.9800
17 渝丰都（127611）	1200.00	2024.09.05	6.3800	17 彭山 01（127612）	880.00	2024.09.05	7.0000
17 淮南 01（127613）	1100.00	2024.09.04	5.7400	17 新经开（127614）	890.00	2024.09.27	6.6600
17 夷陵 01（127615）	500.00	2024.09.05	6.4500	G17 发展 1（127616）	2400.00	2022.09.06	4.9400
G17 汴投 1（127617）	1300.00	2027.09.08	6.1000	17 南陵债（127618）	1500.00	2024.09.06	6.2000
17 阜宁债（127620）	1000.00	2024.03.14	6.0000	17 新宇 01（127621）	700.00	2024.09.08	7.6000
17 吉首 02（127622）	900.00	2024.09.11	6.4500	17 桂金债（127623）	500.00	2024.09.08	6.5000
17 滨江债（127624）	1450.00	2024.09.13	6.4000	17 盈地债（127625）	1000.00	2024.11.07	7.0000
17 随专 02（127626）	490.00	2024.09.15	5.9700	17 安丘债（127627）	1000.00	2024.09.14	7.0000
17 城建 01（127628）	700.00	2024.11.06	5.9000	17 黄岩 02（127629）	650.00	2024.09.14	6.2200
17 当经债（127631）	600.00	2024.09.11	6.0000	17 怀城投（127632）	950.00	2024.08.28	5.8000
17 高建投（127633）	500.00	2024.09.18	5.9500	17 安顺债（127634）	1500.00	2024.09.15	7.3000
17 沅陵 01（127635）	500.00	2024.09.20	6.5000	17 淮安债（127636）	1500.00	2024.09.20	5.2200
17 蒙城债（127637）	800.00	2024.09.21	5.6000	17 武隆 01（127638）	800.00	2024.09.21	6.8000
17 柳龙投（127639）	500.00	2027.09.21	7.0000	G17 汇丰 1（127641）	2000.00	2024.09.21	5.7900
17 遵湘江（127643）	1100.00	2024.09.25	6.9900	17 新津债（127644）	580.00	2024.10.23	7.3000
17 雨山 02（127645）	500.00	2024.09.22	5.8500	17 资城 02（127646）	500.00	2024.09.26	6.3000
17 江北债（127648）	1000.00	2024.09.26	5.5900	17 句容 01（127649）	800.00	2024.09.18	6.8900
17 白云 02（127650）	740.00	2024.09.25	7.2800	17 邳经债（127651）	700.00	2024.09.19	6.6600
17 锡东债（127652）	1500.00	2024.09.14	5.7300	17 泸汇兴（127653）	1000.00	2024.10.19	6.2800
17 温高新（127654）	450.00	2024.09.18	5.9000	17 恒驰 01（127655）	500.00	2024.09.22	7.4500
17 食科债（127656）	1600.00	2024.09.28	5.7000	17 莒南 01（127657）	770.00	2024.09.26	7.5000
17 扬化工（127658）	400.00	2024.10.09	6.8000	17 绵宏达（127659）	800.00	2024.09.29	7.2000
17 武胜债（127660）	830.00	2024.11.03	7.0500	17 珲春 01（127664）	400.00	2024.09.29	8.4800
17 昆银桥（127666）	760.00	2024.10.18	5.5000	17 宝开 02（127667）	600.00	2024.10.17	5.4900
17 郑蒲 01（127669）	600.00	2024.10.13	6.0000	17 郑通 02（127670）	400.00	2024.10.18	5.8000

债券信息
List of Bonds

债券
Bond

债券简称（代码） Bond Name（Code）	发行量 （百万元） Issued Vol （M yuan）	到期日 Expiration Date	票面利率（%） Coupon Rate（%）	债券简称（代码） Bond Name（Code）	发行量 （百万元） Issued Vol （M yuan）	到期日 Expiration Date	票面利率（%） Coupon Rate（%）
17 秀洲债（127671）	1000.00	2024.09.25	5.6000	17 渝双福（127672）	760.00	2024.10.13	6.3700
17 播投 02（127673）	700.00	2024.10.24	7.8500	17 恒驰 02（127674）	1000.00	2024.10.27	7.4000
17 黄梅 02（127675）	200.00	2024.10.18	6.6800	17 隆发债（127676）	800.00	2024.10.31	7.0900
17 都江堰（127677）	600.00	2024.10.19	6.9000	17 含山债（127678）	900.00	2024.08.30	6.2000
17 黄梅 01（127679）	1000.00	2024.10.09	6.8000	17 南谯债（127680）	800.00	2024.10.23	5.9500
17 安交投（127681）	1400.00	2024.10.31	7.5000	17 淮产债（127682）	1500.00	2024.10.25	5.6900
17 润企债（127683）	840.00	2024.11.02	6.7800	17 哈密债（127685）	1360.00	2024.10.27	6.5500
G17 扬城 1（127686）	2000.00	2027.10.30	5.6900	17 芦溪债（127687）	1000.00	2024.10.27	6.8000
17 南漳 02（127688）	340.00	2024.10.25	6.5800	17 抚投债（127689）	930.00	2024.10.30	5.7000
G17 丹徒 1（127690）	1400.00	2024.11.06	5.9800	17 金坛 01（127691）	1000.00	2024.11.07	6.5000
17 寿县债（127692）	1000.00	2024.10.13	6.2000	17 成阿 01（127693）	900.00	2024.11.06	7.5000
17 临朐债（127694）	1000.00	2024.11.23	7.2000	17 乐行债（127695）	700.00	2024.11.01	6.0500
17 威中城（127696）	1000.00	2024.11.02	6.0500	17 句容 02（127697）	700.00	2024.11.06	6.8000
17 孝感债（127698）	1480.00	2027.11.10	6.3500	17 襄城债（127699）	1000.00	2024.11.10	7.4500
17 普定 01（127700）	1000.00	2024.11.13	7.7900	17 凤阳债（127701）	1000.00	2024.11.16	6.0000
17 六枝 01（127702）	700.00	2024.11.16	7.0000	17 汕尾债（127703）	1100.00	2024.11.09	5.6800
PR 石柱 01（127705）	700.00	2024.11.13	7.0000	17 云岩债（127706）	1500.00	2024.11.17	6.8000
17 天台债（127707）	700.00	2024.11.22	6.5000	17 钟停 01（127708）	1600.00	2027.11.22	6.4600
17 红果 01（127709）	500.00	2024.11.24	7.8000	17 乐清 01（127710）	900.00	2024.12.14	6.7900
17 青交 01（127713）	1100.00	2027.12.11	5.9000	17 定远 01（127714）	600.00	2024.12.06	5.8000
17 射阳债（127715）	1110.00	2024.11.27	7.8000	17 成阿 02（127716）	270.00	2024.11.29	7.5000
17 湖织债（127717）	1500.00	2024.11.23	7.5000	17 森特 01（127718）	500.00	2024.11.28	6.9000
17 临港 01（127719）	500.00	2024.12.01	7.0000	17 沅陵 02（127720）	500.00	2024.11.30	6.5000
17 太和债（127721）	1200.00	2024.08.07	5.8700	17 红安债（127722）	800.00	2024.12.04	7.5000
17 长物流（127723）	800.00	2025.11.30	6.5000	17 南高新（127724）	800.00	2024.12.06	6.0000
17 郎溪债（127725）	900.00	2024.12.11	6.1300	17 湖口债（127726）	900.00	2024.12.01	6.8000
17 石桥 02（127727）	600.00	2024.12.01	7.8200	17 金坛 02（127729）	1000.00	2024.12.21	7.1000
17 桃源 01（127733）	600.00	2024.12.08	7.0000	17 襄阳债（127734）	2190.00	2024.12.15	6.1000
17 射洪 01（127735）	500.00	2024.12.14	7.3000	17 桐建 01（127736）	400.00	2024.12.18	6.6000
17 鹤岗债（127737）	400.00	2024.12.18	6.9000	17 青交 02（127738）	780.00	2027.12.18	5.8900
17 西平 01（127739）	700.00	2024.12.26	7.5000	17 宿迁 02（127740）	400.00	2024.12.26	6.4400
17 嘉陵 01（127742）	500.00	2024.12.12	7.8000	17 融盛债（127743）	1000.00	2024.12.27	6.8500
17 武隆 02（127744）	400.00	2024.12.28	6.8000	17 凤建 01（127745）	500.00	2024.12.29	7.9000
18 潜山债（127746）	1000.00	2025.01.19	6.9800	18 营北 01（127747）	590.00	2025.01.25	7.9800
18 城建债（127748）	500.00	2025.02.01	6.5000	18 兴义 01（127749）	800.00	2025.01.31	7.9000
18 泾县债（127751）	950.00	2025.02.07	6.8000	18 红果债（127752）	350.00	2025.02.08	7.8000
18 吉水 01（127753）	660.00	2025.02.07	6.8000	18 渝中 01（127754）	700.00	2025.02.08	6.9000
18 秭归 01（127756）	200.00	2028.02.12	7.8000	18 铜梁债（127757）	1220.00	2025.02.11	6.8000
PR 肥西债（127758）	1500.00	2023.06.03	4.4500	18 嘉禾 01（127759）	400.00	2025.03.13	7.5000
18 京诚债（127760）	950.00	2025.02.07	7.0000	18 普定 01（127761）	400.00	2025.03.13	8.0000
18 郑蒲 01（127762）	600.00	2025.03.19	6.8000	18 淮南 01（127763）	700.00	2025.03.20	7.5000
G18 城南 1（127764）	1000.00	2025.03.19	6.0000	18 哈城投（127765）	1500.00	2025.03.19	6.0400
18 钱投债（127767）	4900.00	2025.03.19	5.6400	18 白云 01（127768）	600.00	2025.03.21	8.3000
18 粤海 01（127769）	1800.00	2028.03.20	5.4000	18 东宝债（127770）	500.00	2025.03.23	7.3000
18 邵赛 01（127771）	700.00	2025.03.26	7.2000	18 临邑 01（127772）	700.00	2025.03.21	7.7800
18 文停 01（127773）	1000.00	2028.05.02	7.7000	18 西发债（127774）	500.00	2025.04.04	6.2800
18 洋口 01（127775）	900.00	2025.04.03	7.3800	18 舟城 01（127776）	1000.00	2025.04.04	6.3300
18 新城 01（127777）	400.00	2025.03.23	7.6000	18 万盛 01（127778）	500.00	2025.03.27	7.5000
18 巢城投（127779）	1800.00	2025.05.03	5.6700	18 吉水 02（127780）	280.00	2025.04.10	7.5000
18 歙县债（127781）	500.00	2025.04.11	6.5000	G18 金控 1（127782）	1000.00	2025.03.21	5.8800

债券信息 List of Bonds

债券简称（代码） Bond Name（Code）	发行量（百万元） Issued Vol（M yuan）	到期日 Expiration Date	票面利率（%） Coupon Rate（%）	债券简称（代码） Bond Name（Code）	发行量（百万元） Issued Vol（M yuan）	到期日 Expiration Date	票面利率（%） Coupon Rate（%）
18芜新债（127783）	1200.00	2025.04.10	6.0000	18泸工债（127784）	1040.00	2025.04.12	7.2000
18榕城01（127785）	600.00	2028.03.22	5.6500	18伟驰01（127786）	450.00	2025.04.13	7.2000
18来安债（127787）	800.00	2025.04.18	6.5000	G18武铁1（127788）	2000.00	2033.04.11	5.2900
18陶都01（127789）	500.00	2025.04.13	5.9900	18温岭01（127791）	1200.00	2025.04.19	5.7300
G18龙源1（127792）	3000.00	2025.04.23	4.8300	18草堂债（127793）	500.00	2025.04.25	6.4900
18荣经开（127794）	1500.00	2025.04.24	5.7500	18秀湖债（127796）	1050.00	2025.04.16	6.8000
18庐江债（127797）	1300.00	2025.05.02	5.8900	G18嘉湘1（127798）	580.00	2025.04.19	6.4000
18韶高新（127799）	1000.00	2025.05.02	8.0000	18谷城01（127800）	400.00	2025.04.27	7.8800
18泗阳01（127801）	600.00	2025.04.27	7.5000	18芜湖01（127802）	300.00	2028.04.27	6.5000
18绵安01（127803）	300.00	2025.05.04	8.1000	18黔投01（127804）	630.00	2026.01.02	8.0000
18益阳01（127805）	850.00	2025.04.24	6.4300	G18安吉1（127806）	500.00	2025.05.02	7.2000
18于都债（127807）	1000.00	2025.05.03	7.5000	G18黄山1（127808）	850.00	2025.04.27	6.7400
18彭山01（127809）	500.00	2025.05.03	7.9800	G18广业1（127810）	900.00	2025.04.28	5.0800
18唐金债（127811）	1600.00	2025.05.16	7.6000	18万盛02（127812）	1000.00	2025.05.03	7.0900
18都江堰（127813）	300.00	2025.05.02	7.8000	18永修01（127814）	500.00	2025.05.02	7.5000
18泗县债（127815）	800.00	2025.04.16	6.5000	18弋阳01（127817）	700.00	2025.06.07	7.5000
18乳山债（127818）	560.00	2025.06.07	7.4000	18常德源（127819）	1600.00	2025.06.11	7.7000
18鄂交投（127820）	5000.00	2025.06.05	5.2900	18蓉园01（127822）	600.00	2025.06.13	8.0000
18城北01（127823）	1500.00	2025.06.06	6.9500	18产投01（127824）	2000.00	2025.06.15	6.9000
18嘉陵01（127825）	500.00	2025.05.23	7.9800	18定远01（127827）	600.00	2025.06.27	7.0000
18青平度（127828）	1800.00	2025.07.11	6.0500	18常鼎01（127829）	500.00	2025.10.19	7.5800
18珠江债（127830）	1020.00	2033.07.19	5.7000	18西高01（127831）	1000.00	2025.06.26	5.8700
18桐建01（127832）	800.00	2025.07.23	7.5000	18宿高01（127833）	600.00	2025.07.20	6.9700
18射洪01（127834）	320.00	2025.08.22	7.5000	18南溪01（127835）	600.00	2025.07.24	8.1000
18金交投（127836）	800.00	2025.08.10	7.3800	18京投02（127837）	500.00	2033.08.09	4.6500
18京投01（127838）	1500.00	2028.08.09	4.3000	G18树业（127839）	200.00	2022.08.14	7.5000
G18广业2（127840）	1000.00	2025.08.15	4.9800	18武义01（127841）	700.00	2025.08.10	8.0000
G18安吉2（127842）	500.00	2025.09.25	7.4900	18新宇01（127843）	1300.00	2025.08.16	8.0500
18东坡01（127844）	600.00	2025.08.16	8.0800	G18武铁2（127845）	2130.00	2025.08.21	5.0900
18洋口02（127846）	900.00	2025.08.17	7.6000	18浔开01（127847）	800.00	2025.08.21	7.8000
18厦轨01（127848）	1500.00	2027.08.24	4.4100	18宏鼎债（127849）	1200.00	2025.08.17	7.5000
18良渚债（127850）	1500.00	2025.08.23	6.3000	18永修02（127851）	900.00	2025.08.27	7.8000
18溧停车（127852）	1150.00	2025.07.31	5.4000	18孟投01（127853）	100.00	2025.09.03	8.0000
18尖山01（127854）	700.00	2025.09.10	6.9800	18南黄海（127855）	1000.00	2025.09.11	5.9800
18安发01（127856）	800.00	2025.09.11	8.8000	18桃源01（127857）	600.00	2025.09.06	8.2000
18当涂债（127858）	850.00	2025.09.06	7.4700	18华汽01（127859）	1500.00	2023.09.14	5.4000
18华汽02（127860）	500.00	2023.09.14	6.3000	18天易01（127861）	500.00	2025.09.17	7.5000
18兴义02（127862）	800.00	2025.11.21	8.0000	18苏交04（127863）	3500.00	2023.10.24	4.4300
18威蓝债（127864）	1000.00	2025.10.11	7.7000	18南康01（127865）	300.00	2025.09.27	8.0000
18舟蓬01（127866）	1000.00	2026.09.25	7.0000	18崇左债（127867）	1300.00	2025.09.26	8.5000
18西桃花（127868）	700.00	2025.09.28	7.5000	18桂东01（127870）	500.00	2025.10.11	7.9500
18沛经01（127871）	950.00	2025.10.24	6.2000	18宿高02（127872）	600.00	2025.10.17	6.4900
18章贡债（127873）	1400.00	2025.10.16	7.8000	18舟城02（127874）	900.00	2025.10.22	5.9400
18都新城（127875）	300.00	2025.10.11	7.8000	18乌铁01（127876）	120.00	2025.10.19	7.5000
18天易02（127877）	580.00	2025.10.24	8.0000	18即旅投（127878）	990.00	2025.10.15	6.2700
18城北02（127879）	1000.00	2025.10.26	7.0000	18南康02（127880）	230.00	2025.10.29	8.0000
18成金01（127881）	700.00	2025.10.23	5.9900	18射洪02（127882）	350.00	2025.10.22	7.6000
18水高科（127884）	1000.00	2025.10.26	7.5000	18乌兴01（127885）	300.00	2025.10.25	7.5000
18什邡债（127886）	600.00	2025.12.05	8.0000	18射洪03（127887）	330.00	2025.10.25	7.6000
18弥勒01（127888）	500.00	2025.10.25	8.0000	G18余旅（127889）	600.00	2025.10.31	5.5700

债券信息
List of Bonds

债券简称（代码） Bond Name（Code）	发行量 （百万元） Issued Vol （M yuan）	到期日 Expiration Date	票面利率（%） Coupon Rate（%）	债券简称（代码） Bond Name（Code）	发行量 （百万元） Issued Vol （M yuan）	到期日 Expiration Date	票面利率（%） Coupon Rate（%）
18 云阳 01（127890）	800.00	2025.10.26	7.5000	18 邮政债（127891）	2000.00	2023.10.23	4.0000
18 瓯专债（127892）	700.00	2025.11.05	7.8000	18 华汽 03（127893）	2000.00	2023.11.05	5.8000
18 弋阳 02（127894）	800.00	2025.11.05	7.9000	18 彭泽 01（127895）	500.00	2025.04.19	7.0000
18 凤建 01（127897）	1000.00	2025.11.07	5.4800	18 华通 01（127898）	300.00	2025.11.05	6.0800
18 漳城投（127899）	730.00	2025.10.31	5.7300	18 铁道 17（127900）	10000.00	2023.06.07	4.4600
18 铁道 18（127901）	10000.00	2038.06.07	4.7800	18 铁道 19（127902）	7000.00	2023.07.05	4.1800
18 铁道 20（127903）	13000.00	2038.07.05	4.6500	18 铁道 21（127904）	7000.00	2023.07.26	4.0900
18 铁道 22（127905）	13000.00	2038.07.26	4.6500	18 铁道 23（127906）	10000.00	2023.08.23	4.1500
18 铁道 24（127907）	10000.00	2028.08.23	4.5300	19 铁道 01（127908）	10000.00	2024.07.11	3.5000
19 铁道 02（127909）	5000.00	2039.07.11	4.0700	19 铁道 03（127910）	10000.00	2024.07.25	3.4500
19 铁道 04（127911）	5000.00	2039.07.25	4.1000	19 铁道 05（127912）	10000.00	2024.08.08	3.3400
19 铁道 06（127913）	5000.00	2039.08.08	4.0200	19 铁道 07（127914）	13000.00	2024.08.22	3.3500
19 铁道 08（127915）	7000.00	2039.08.22	3.9900	19 铁道 09（127916）	12000.00	2024.09.05	3.3700
19 铁道 10（127917）	8000.00	2039.09.05	4.0300	19 铁道 11（127918）	12000.00	2024.09.19	3.4100
19 铁道 12（127919）	8000.00	2039.09.19	4.0300	19 铁道 13（127920）	12000.00	2024.10.14	3.5000
19 铁道 14（127921）	8000.00	2039.10.14	4.0800	19 铁道 15（127922）	12000.00	2024.10.24	3.5300
19 铁道 16（127923）	8000.00	2039.10.24	4.1600	19 铁道 17（127924）	15000.00	2024.11.07	3.6000
19 铁道 18（127925）	5000.00	2039.11.07	4.1600	12 上海 02（130085）	4450.00	2019.08.24	3.3900
12 广东 02（130087）	4300.00	2019.09.07	3.4000	12 浙江 02（130091）	4350.00	2019.09.24	3.4700
12 深圳 02（130093）	1350.00	2019.10.15	3.4300	13 山东 02（130103）	5600.00	2020.08.26	4.0000
13 上海 02（130106）	5600.00	2020.09.09	4.0100	13 广东 02（130109）	6050.00	2020.09.17	4.1000
13 江苏 02（130111）	7650.00	2020.10.11	4.0000	13 浙江 02（130115）	5900.00	2020.10.28	4.1700
13 深圳 02（130117）	1800.00	2020.11.11	4.1800	14 地债 02（130119）	25800.00	2019.06.16	3.9900
14 广东 01（130120）	5920.00	2019.06.24	3.8400	14 广东 02（130121）	4440.00	2021.06.24	3.9700
14 广东 03（130122）	4440.00	2024.06.24	4.0500	14 地债 03（130123）	18300.00	2021.06.23	4.1000
14 地债 05（130125）	26100.00	2019.06.30	4.1200	14 山东 01（130126）	5480.00	2019.07.14	3.7500
14 山东 02（130127）	4110.00	2021.07.14	3.8800	14 山东 03（130128）	4110.00	2024.07.14	3.9300
14 地债 07（130130）	23400.00	2019.07.15	4.2800	14 地债 08（130131）	19800.00	2021.07.21	4.5000
14 江苏 01（130132）	6960.00	2019.07.25	4.0600	14 江苏 02（130133）	5220.00	2021.07.25	4.2100
14 江苏 03（130134）	5220.00	2024.07.25	4.2900	14 江西 01（130135）	5720.00	2019.08.06	4.0100
14 江西 02（130136）	4290.00	2021.08.06	4.1800	14 江西 03（130137）	4290.00	2024.08.06	4.2700
14 宁夏 01（130138）	2200.00	2019.08.12	3.9800	14 宁夏 02（130139）	1650.00	2021.08.12	4.1700
14 宁夏 03（130140）	1650.00	2024.08.12	4.2600	14 地债 10（130142）	24700.00	2019.08.18	4.1600
14 青岛 01（130143）	1000.00	2019.08.19	3.9600	14 青岛 02（130144）	750.00	2021.08.19	4.1800
14 青岛 03（130145）	750.00	2024.08.19	4.2500	14 浙江 01（130146）	5480.00	2019.08.20	3.9600
14 浙江 02（130147）	4110.00	2021.08.20	4.1700	14 浙江 03（130148）	4110.00	2024.08.20	4.2300
14 北京 01（130149）	4200.00	2019.08.22	4.0000	14 北京 02（130150）	3150.00	2021.08.22	4.1800
14 北京 03（130151）	3150.00	2024.08.22	4.2400	14 上海 01（130152）	5040.00	2019.09.12	4.0100
14 上海 02（130153）	3780.00	2021.09.12	4.2200	14 上海 03（130154）	3780.00	2024.09.12	4.3300
14 地债 12（130156）	16300.00	2019.09.16	4.1500	14 地债 13（130157）	20700.00	2021.09.25	4.1200
14 深圳 01（130158）	1680.00	2019.10.24	3.6300	14 深圳 02（130159）	1260.00	2021.10.24	3.7900
14 深圳 03（130160）	1260.00	2024.10.24	3.8100	15 江苏 02（130162）	15660.00	2020.05.19	3.1200
15 江苏 03（130163）	15660.00	2022.05.19	3.4100	15 江苏 04（130164）	10440.00	2025.05.19	3.4100
15 新疆 02（130166）	1770.00	2020.05.22	3.0700	15 新疆 03（130167）	1770.00	2022.05.22	3.3700
15 新疆 04（130168）	1180.00	2025.05.22	3.4100	15 湖北 02（130170）	6000.00	2020.05.28	3.1500
15 湖北 03（130171）	6000.00	2022.05.28	3.4000	15 湖北 04（130172）	6000.00	2025.05.28	3.4500
15 广西 02（130174）	6000.00	2020.05.29	3.1600	15 广西 03（130175）	6000.00	2022.05.29	3.4200
15 广西 04（130176）	4000.00	2025.05.29	3.4700	15 山东 02（130178）	10800.00	2020.06.01	3.2000
15 山东 03（130179）	10800.00	2022.06.01	3.4600	15 山东 04（130180）	7200.00	2025.06.01	3.4900
15 重庆 02（130182）	7900.00	2020.06.03	3.2600	15 重庆 03（130183）	8000.00	2022.06.03	3.5500

债券信息
List of Bonds

债券简称（代码） Bond Name（Code）	发行量 （百万元） Issued Vol （M yuan）	到期日 Expiration Date	票面利率（%） Coupon Rate（%）	债券简称（代码） Bond Name（Code）	发行量 （百万元） Issued Vol （M yuan）	到期日 Expiration Date	票面利率（%） Coupon Rate（%）
15重庆04（130184）	6600.00	2025.06.03	3.5700	15贵州02（130186）	10000.00	2020.06.05	3.3000
15贵州03（130187）	10000.00	2022.06.05	3.5800	15贵州04（130188）	6800.00	2025.06.05	3.6000
15安徽02（130190）	9300.00	2020.06.08	3.2900	15安徽03（130191）	9300.00	2022.06.08	3.5800
15安徽04（130192）	6300.00	2025.06.08	3.6100	15天津02（130194）	3900.00	2020.06.09	3.2800
15天津03（130195）	3900.00	2022.06.09	3.5600	15天津04（130196）	3900.00	2025.06.09	3.6000
15湖北06（130198）	10920.00	2020.06.10	3.2600	15湖北07（130199）	10920.00	2022.06.10	3.5400
15湖北08（130200）	10920.00	2025.06.10	3.6000	15浙江02（130202）	12000.00	2020.06.10	3.2600
15浙江03（130203）	12000.00	2022.06.10	3.5400	15浙江04（130204）	12000.00	2025.06.10	3.5900
15河北02（130206）	14100.00	2020.06.11	3.2500	15河北03（130207）	14100.00	2022.06.11	3.5300
15河北04（130208）	9400.00	2025.06.11	3.5800	15吉林02（130210）	6870.00	2020.06.12	3.2500
15吉林03（130211）	6870.00	2022.06.12	3.5200	15吉林04（130212）	6870.00	2025.06.12	3.5800
15山西02（130214）	4800.00	2020.06.15	3.2500	15山西03（130215）	4800.00	2022.06.15	3.5200
15山西04（130216）	4800.00	2025.06.15	3.5800	15河北Z2（130218）	480.00	2020.06.12	3.2500
15河北Z3（130219）	640.00	2022.06.12	3.5200	15广东02（130221）	9300.00	2020.06.15	3.2500
15广东03（130222）	9300.00	2022.06.15	3.5200	15广东04（130223）	9300.00	2025.06.15	3.5800
15江西02（130225）	12510.00	2020.06.16	3.2500	15江西03（130226）	12510.00	2022.06.16	3.5200
15江西04（130227）	12510.00	2025.06.16	3.5900	15宁夏02（130229）	2100.00	2020.06.16	3.2500
15宁夏03（130230）	2100.00	2022.06.16	3.5200	15宁夏04（130231）	2100.00	2025.06.16	3.5900
15新疆06（130233）	7530.00	2020.06.17	3.2600	15新疆07（130234）	7530.00	2022.06.17	3.5400
15新疆08（130235）	5020.00	2025.06.17	3.6100	15四川02（130237）	13500.00	2020.06.17	3.2600
15四川03（130238）	13500.00	2022.06.17	3.5400	15四川04（130239）	4500.00	2025.06.17	3.6200
15河南02（130241）	12700.00	2020.06.19	3.2700	15河南03（130242）	12700.00	2022.06.19	3.5500
15河南04（130243）	12700.00	2025.06.19	3.6300	15辽宁02（130245）	10900.00	2020.06.23	3.2600
15辽宁03（130246）	10900.00	2022.06.23	3.5400	15辽宁04（130247）	7300.00	2025.06.23	3.6200
15云南02（130249）	8000.00	2020.06.23	3.2600	15云南03（130250）	8000.00	2022.06.23	3.5400
15云南04（130251）	8000.00	2025.06.23	3.6200	15青岛02（130253）	840.00	2020.06.24	3.2400
15青岛03（130254）	840.00	2022.06.24	3.5300	15青岛04（130255）	840.00	2025.06.24	3.6100
15海南02（130257）	2430.00	2020.06.24	3.2400	15海南03（130258）	2430.00	2022.06.24	3.5300
15海南04（130259）	2430.00	2025.06.24	3.6100	15江苏Z1（130260）	4228.00	2020.06.26	3.2100
15江苏Z2（130261）	1680.00	2022.06.26	3.5200	15江苏Z3（130262）	2520.00	2025.06.26	3.5900
15陕西02（130264）	5300.00	2020.06.30	3.2000	15陕西03（130265）	5300.00	2022.06.30	3.5300
15陕西04（130266）	5300.00	2025.06.30	3.6000	15山东06（130268）	10700.00	2020.06.29	3.2000
15山东07（130269）	10700.00	2022.06.29	3.5200	15山东08（130270）	7100.00	2025.06.29	3.5900
15大连02（130272）	1900.00	2020.07.03	3.2100	15大连03（130273）	1900.00	2022.07.03	3.5400
15大连04（130274）	1260.00	2025.07.03	3.6000	15大连Z2（130276）	240.00	2020.07.03	3.2100
15大连Z3（130277）	240.00	2022.07.03	3.5400	15大连Z4（130278）	160.00	2025.07.03	3.6000
15贵州06（130280）	12000.00	2020.07.06	3.2000	15贵州07（130281）	12000.00	2022.07.06	3.5400
15贵州08（130282）	8000.00	2025.07.06	3.6100	15内蒙02（130284）	8800.00	2020.07.06	3.2000
15内蒙03（130285）	8800.00	2022.07.06	3.5400	15内蒙04（130286）	7400.00	2025.07.06	3.6100
15新疆Z2（130288）	990.00	2020.07.07	3.1900	15新疆Z3（130289）	990.00	2022.07.07	3.5400
15新疆Z4（130290）	660.00	2025.07.07	3.6000	15北京02（130292）	8400.00	2020.07.08	3.1700
15北京03（130293）	8400.00	2022.07.08	3.5200	15北京04（130294）	8400.00	2025.07.08	3.5800
15四川06（130296）	15000.00	2020.07.08	3.1800	15四川07（130297）	15000.00	2022.07.08	3.5300
15四川08（130298）	5000.00	2025.07.08	3.6000	15甘肃02（130300）	6000.00	2020.07.10	3.1400
15甘肃03（130301）	6000.00	2022.07.10	3.4800	15甘肃04（130302）	6000.00	2025.07.10	3.5100
15青海02（130304）	4000.00	2020.07.13	3.1300	15青海03（130305）	4000.00	2022.07.13	3.4600
15青海04（130306）	4500.00	2025.07.13	3.4700	15宁波02（130308）	4410.00	2020.07.13	3.1300
15宁波03（130309）	2990.00	2022.07.13	3.4600	15宁波04（130310）	4380.00	2025.07.13	3.4700
15宁波Z2（130312）	1500.00	2020.07.13	3.1300	15宁波Z3（130313）	1220.00	2022.07.13	3.4600
15宁波Z4（130314）	1690.00	2025.07.13	3.4700	15广东Z1（130315）	2750.00	2020.07.14	3.1200

债券信息
List of Bonds

债券
Bond

债券简称（代码） Bond Name（Code）	发行量（百万元） Issued Vol （M yuan）	到期日 Expiration Date	票面利率（%） Coupon Rate（%）	债券简称（代码） Bond Name（Code）	发行量（百万元） Issued Vol （M yuan）	到期日 Expiration Date	票面利率（%） Coupon Rate（%）
15 广东 Z2（130316）	1100.00	2022.07.14	3.4500	15 广东 Z3（130317）	1650.00	2025.07.14	3.4600
15 福建 02（130319）	3480.00	2020.07.15	3.1300	15 福建 03（130320）	3480.00	2022.07.15	3.4500
15 福建 04（130321）	3480.00	2025.07.15	3.4600	15 湖南 02（130323）	12600.00	2020.07.17	3.1400
15 湖南 03（130324）	12600.00	2022.07.17	3.4800	15 湖南 04（130325）	12600.00	2025.07.17	3.5000
15 湖北 10（130327）	6330.00	2020.07.20	3.1500	15 湖北 11（130328）	6330.00	2022.07.20	3.4900
15 湖北 12（130329）	6330.00	2025.07.20	3.5200	15 湖北 Z2（130331）	920.00	2020.07.20	3.1700
15 湖北 Z3（130332）	460.00	2022.07.20	3.5900	15 湖北 Z4（130333）	690.00	2025.07.20	3.6200
15 广西 06（130335）	8500.00	2020.07.20	3.1500	15 广西 07（130336）	8500.00	2022.07.20	3.4900
15 广西 08（130337）	5600.00	2025.07.20	3.5200	15 广西 Z1（130338）	650.00	2020.07.20	3.1500
15 广西 Z2（130339）	650.00	2022.07.20	3.4900	15 广东 06（130341）	7770.00	2020.07.22	3.1600
15 广东 07（130342）	7770.00	2022.07.22	3.4900	15 广东 08（130343）	7770.00	2025.07.22	3.5300
15 山东 Z1（130344）	9006.00	2020.07.27	3.1600	15 山东 Z2（130345）	3600.00	2022.07.27	3.4600
15 山东 Z3（130346）	5400.00	2025.07.27	3.5000	15 福建 Z1（130347）	8550.00	2020.07.27	3.1600
15 福建 Z2（130348）	8550.00	2025.07.27	3.5000	15 福建 06（130350）	2400.00	2020.07.27	3.1600
15 福建 07（130351）	2400.00	2022.07.27	3.4600	15 福建 08（130352）	2400.00	2025.07.27	3.5000
15 黑龙 02（130354）	5460.00	2020.07.28	3.1700	15 黑龙 03（130355）	2800.00	2022.07.28	3.4500
15 黑龙 04（130356）	5400.00	2025.07.28	3.5000	15 黑龙 Z1（130357）	1790.00	2020.07.28	3.1600
15 黑龙 Z2（130358）	680.00	2022.07.28	3.4500	15 黑龙 Z3（130359）	1100.00	2025.07.28	3.4900
15 云南 Z2（130361）	1300.00	2020.07.28	3.1600	15 云南 Z3（130362）	1300.00	2022.07.28	3.4500
15 云南 Z4（130363）	800.00	2025.07.28	3.4900	15 重庆 06（130365）	11600.00	2020.08.05	3.1900
15 重庆 07（130366）	11600.00	2022.08.05	3.4400	15 重庆 08（130367）	9700.00	2025.08.05	3.4700
15 重庆 Z1（130368）	1300.00	2020.08.05	3.1900	15 重庆 Z2（130369）	1200.00	2025.08.05	3.4700
15 新疆 10（130371）	1110.00	2020.08.07	3.1900	15 新疆 11（130372）	1110.00	2022.08.07	3.4500
15 新疆 12（130373）	740.00	2025.08.07	3.4700	15 新疆 Z6（130375）	360.00	2020.08.07	3.1900
15 新疆 Z7（130376）	360.00	2022.08.07	3.4500	15 新疆 Z8（130377）	240.00	2025.08.07	3.4700
15 上海 02（130379）	11610.00	2020.08.07	3.1900	15 上海 03（130380）	11610.00	2022.08.07	3.4500
15 上海 04（130381）	11610.00	2025.08.07	3.4700	15 上海 Z1（130382）	4700.00	2020.08.07	3.1900
15 上海 Z2（130383）	4700.00	2025.08.07	3.4700	15 辽宁 06（130385）	6800.00	2020.08.10	3.4800
15 辽宁 07（130386）	6800.00	2022.08.10	3.7500	15 辽宁 08（130387）	2472.00	2025.08.10	3.6700
15 辽宁 Z1（130388）	550.00	2020.08.10	3.4800	15 辽宁 Z2（130389）	400.00	2025.08.10	3.9900
15 青岛 06（130391）	240.00	2020.08.17	3.3300	15 青岛 07（130392）	240.00	2022.08.17	3.5700
15 青岛 08（130393）	240.00	2025.08.17	3.6000	15 青岛 Z1（130394）	350.00	2020.08.17	3.3300
15 青岛 Z2（130395）	140.00	2022.08.17	3.5700	15 青岛 Z3（130396）	210.00	2025.08.17	3.6000
15 天津 06（130398）	2300.00	2020.08.19	3.3600	15 天津 07（130399）	2300.00	2022.08.19	3.6000
15 天津 08（130400）	2300.00	2025.08.19	3.6200	15 天津 Z1（130401）	4541.00	2020.08.19	3.3600
15 天津 Z2（130402）	500.00	2022.08.19	3.6000	15 天津 Z3（130403）	3600.00	2025.08.19	3.6200
15 甘肃 06（130405）	2000.00	2020.08.21	3.3600	15 甘肃 07（130406）	2000.00	2022.08.21	3.6000
15 甘肃 08（130407）	2000.00	2025.08.21	3.6100	15 甘肃 Z1（130408）	4462.00	2020.08.21	3.3600
15 甘肃 Z2（130409）	4400.00	2025.08.21	3.6100	15 安徽 07（130412）	7500.00	2020.08.21	3.3600
15 安徽 08（130413）	7500.00	2022.08.21	3.6100	15 安徽 09（130414）	5000.00	2025.08.21	3.6100
15 安徽 Z1（130415）	4937.00	2020.08.21	3.3600	15 安徽 Z2（130416）	4900.00	2022.08.21	3.6000
15 厦门 02（130418）	940.00	2020.08.22	3.2600	15 厦门 03（130419）	940.00	2022.08.22	3.5100
15 厦门 04（130420）	630.00	2025.08.22	3.5100	15 厦门 Z1（130421）	707.00	2020.08.22	3.2600
15 厦门 Z2（130422）	690.00	2025.08.22	3.5100	15 青海 06（130424）	2600.00	2020.08.25	3.3600
15 青海 07（130425）	2600.00	2022.08.25	3.6100	15 青海 08（130426）	2600.00	2025.08.25	3.6100
15 青海 Z2（130428）	900.00	2020.08.25	3.3600	15 青海 Z3（130429）	800.00	2022.08.25	3.6100
15 青海 Z4（130430）	800.00	2025.08.25	3.6100	15 北京 Z2（130432）	3640.00	2020.08.26	3.3600
15 北京 Z3（130433）	1560.00	2022.08.26	3.6100	15 北京 Z4（130434）	2340.00	2025.08.26	3.6000
15 陕西 06（130436）	5280.00	2020.08.31	3.3600	15 陕西 07（130437）	5280.00	2022.08.31	3.6200
15 陕西 08（130438）	3530.00	2025.08.31	3.6000	15 陕西 Z2（130440）	3940.00	2020.08.31	3.3600

债券信息 List of Bonds

债券简称（代码）Bond Name（Code）	发行量（百万元）Issued Vol（M yuan）	到期日 Expiration Date	票面利率（%）Coupon Rate（%）	债券简称（代码）Bond Name（Code）	发行量（百万元）Issued Vol（M yuan）	到期日 Expiration Date	票面利率（%）Coupon Rate（%）
15陕西Z3（130441）	3940.00	2022.08.31	3.6200	15陕西Z4（130442）	2630.00	2025.08.31	3.6000
15陕西Z6（130444）	150.00	2020.08.31	3.3600	15陕西Z7（130445）	150.00	2022.08.31	3.6200
15陕西Z8（130446）	100.00	2025.08.31	3.6000	15河南06（130448）	7660.00	2020.09.01	3.2900
15河南07（130449）	7660.00	2022.09.01	3.5400	15河南08（130450）	5100.00	2025.09.01	3.5300
15河南Z2（130452）	4700.00	2020.09.01	3.2900	15河南Z3（130453）	4700.00	2022.09.01	3.5400
15河南Z4（130454）	3140.00	2025.09.01	3.5300	15内蒙06（130456）	12720.00	2020.09.09	3.3500
15内蒙07（130457）	12720.00	2022.09.09	3.5300	15内蒙08（130458）	12720.00	2025.09.09	3.5200
15内蒙Z2（130460）	4470.00	2020.09.09	3.3500	15内蒙Z3（130461）	2230.00	2022.09.09	3.5300
15内蒙Z4（130462）	3350.00	2025.09.09	3.5200	15宁夏06（130464）	1000.00	2020.09.09	3.3500
15宁夏07（130465）	1000.00	2022.09.09	3.5300	15宁夏08（130466）	1000.00	2025.09.09	3.5200
15江苏06（130468）	14190.00	2020.09.11	3.4700	15江苏07（130469）	14190.00	2022.09.11	3.6400
15江苏08（130470）	9460.00	2025.09.11	3.6300	15江苏Z5（130472）	9740.00	2020.09.11	3.4700
15江苏Z6（130473）	9740.00	2022.09.11	3.6400	15江苏Z7（130474）	6500.00	2025.09.11	3.6300
15山东10（130476）	20250.00	2020.09.15	3.4400	15山东11（130477）	20250.00	2022.09.15	3.6100
15山东12（130478）	6816.00	2025.09.15	3.6000	15山东Z5（130480）	2220.00	2020.09.15	3.4400
15山东Z6（130481）	2220.00	2022.09.15	3.6000	15山东Z7（130482）	777.00	2025.09.15	3.5900
15新疆14（130484）	5550.00	2020.09.16	3.3700	15新疆15（130485）	5550.00	2022.09.16	3.5500
15新疆16（130486）	3700.00	2025.09.16	3.4900	15新疆17（130488）	1740.00	2020.09.16	3.1800
15新疆18（130489）	1740.00	2022.09.16	3.4100	15新疆19（130490）	1160.00	2025.09.16	3.3400
15广西10（130492）	8800.00	2020.09.16	3.4300	15广西11（130493）	8800.00	2022.09.16	3.6000
15广西12（130494）	5900.00	2025.09.16	3.5900	15广西Z3（130495）	950.00	2020.09.16	3.4300
15广西Z4（130496）	950.00	2022.09.16	3.6000	15浙江06（130498）	6990.00	2020.09.18	3.2700
15浙江07（130499）	6990.00	2022.09.18	3.3800	15浙江08（130500）	6990.00	2025.09.18	3.4300
15浙江Z2（130502）	6540.00	2020.09.18	3.1700	15浙江Z3（130503）	4310.00	2022.09.18	3.3400
15浙江Z4（130504）	6540.00	2025.09.18	3.3300	15河北06（130506）	14000.00	2020.09.18	3.3700
15河北07（130507）	14000.00	2022.09.18	3.5400	15河北08（130508）	4945.00	2025.09.18	3.5300
15河北Z5（130510）	4774.00	2020.09.21	3.3700	15贵州10（130512）	15000.00	2020.09.21	3.4200
15贵州11（130513）	15000.00	2022.09.21	3.5800	15贵州12（130514）	10000.00	2025.09.21	3.5700
15云南06（130516）	5000.00	2020.09.22	3.3600	15云南07（130517）	5000.00	2022.09.22	3.5300
15云南08（130518）	5000.00	2025.09.22	3.5200	15云南Z6（130520）	4100.00	2020.09.22	3.3600
15云南Z7（130521）	4200.00	2022.09.22	3.5300	15云南Z8（130522）	4200.00	2025.09.22	3.5200
15福建10（130524）	2090.00	2020.09.23	3.4500	15福建11（130525）	2090.00	2022.09.23	3.6200
15福建12（130526）	2090.00	2025.09.23	3.6100	15福建Z3（130527）	7360.00	2020.09.23	3.4500
15福建Z4（130528）	7360.00	2025.09.23	3.6100	15青海10（130530）	800.00	2020.09.25	3.3500
15青海11（130531）	800.00	2022.09.25	3.5300	15青海12（130532）	800.00	2025.09.25	3.5200
15湖北14（130534）	2340.00	2020.10.10	3.0700	15湖北15（130535）	2340.00	2022.10.10	3.4500
15湖北16（130536）	2340.00	2025.10.10	3.4400	15湖北Z6（130538）	720.00	2020.10.10	3.0700
15湖北Z7（130539）	360.00	2022.10.10	3.2800	15湖北Z8（130540）	540.00	2025.10.10	3.3000
15四川10（130542）	8400.00	2020.10.10	3.3700	15四川11（130543）	8400.00	2022.10.10	3.5800
15四川12（130544）	2800.00	2025.10.10	3.5600	15广东10（130546）	5779.00	2020.10.12	3.1400
15广东11（130547）	5779.00	2022.10.12	3.3500	15广东12（130548）	5779.00	2025.10.12	3.3300
15广东Z4（130549）	7751.00	2020.10.12	3.1500	15广东Z5（130550）	3100.00	2022.10.12	3.3500
15广东Z6（130551）	4650.00	2025.10.12	3.3300	15海南06（130553）	1530.00	2020.10.14	3.2000
15海南07（130554）	1530.00	2022.10.14	3.4000	15海南08（130555）	1530.00	2025.10.14	3.3900
15海南Z1（130556）	1845.00	2020.10.14	3.2000	15海南Z2（130557）	700.00	2022.10.14	3.4000
15海南Z3（130558）	1050.00	2025.10.14	3.3900	15浙江10（130560）	3960.00	2020.10.16	3.0400
15浙江11（130561）	3960.00	2022.10.16	3.2300	15浙江12（130562）	3960.00	2025.10.16	3.3100
15浙江Z6（130564）	4310.00	2020.10.16	3.0400	15浙江Z7（130565）	2870.00	2022.10.16	3.2300
15浙江Z8（130566）	4310.00	2025.10.16	3.3100	15甘肃10（130568）	700.00	2020.10.21	3.1300
15甘肃11（130569）	770.00	2022.10.21	3.3200	15甘肃12（130570）	1000.00	2025.10.21	3.2900

债券信息
List of Bonds

债券
Bond

债券简称（代码） Bond Name（Code）	发行量（百万元） Issued Vol（M yuan）	到期日 Expiration Date	票面利率（%） Coupon Rate（%）	债券简称（代码） Bond Name（Code）	发行量（百万元） Issued Vol（M yuan）	到期日 Expiration Date	票面利率（%） Coupon Rate（%）
15 甘肃 Z3（130571）	1000.00	2020.10.21	3.1300	15 甘肃 Z4（130572）	1000.00	2025.10.21	3.2900
15 江西 06（130574）	13450.00	2020.10.21	3.1800	15 江西 07（130575）	13450.00	2022.10.21	3.3700
15 江西 08（130576）	13450.00	2025.10.21	3.3400	15 江西 Z2（130578）	750.00	2020.10.21	3.0700
15 江西 Z3（130579）	750.00	2022.10.21	3.2700	15 江西 Z4（130580）	750.00	2025.10.21	3.3400
15 江西 Z6（130582）	150.00	2020.10.21	3.0500	15 江西 Z7（130583）	150.00	2022.10.21	3.3600
15 江西 Z8（130584）	150.00	2025.10.21	3.3400	15 上海 05（130585）	500.00	2020.10.26	2.9300
15 上海 06（130586）	7860.00	2022.10.26	3.1000	15 上海 07（130587）	7860.00	2025.10.26	3.0800
15 上海 Z4（130589）	4750.00	2020.10.26	2.9300	15 上海 Z5（130590）	4750.00	2022.10.26	3.1000
15 上海 Z6（130591）	3150.00	2025.10.26	3.0800	15 四川 Z2（130593）	15300.00	2020.10.27	3.2100
15 四川 Z3（130594）	15300.00	2022.10.27	3.3800	15 四川 Z4（130595）	5342.00	2025.10.27	3.3700
15 福建 14（130597）	930.00	2020.10.28	3.0900	15 福建 15（130598）	930.00	2022.10.28	3.2600
15 福建 16（130599）	930.00	2025.10.28	3.2500	15 福建 Z5（130600）	330.00	2020.10.28	3.0900
15 福建 Z6（130601）	320.00	2025.10.28	3.2500	15 福建 Z7（130602）	180.00	2020.10.28	3.0900
15 福建 Z8（130603）	170.00	2025.10.28	3.2500	15 安徽 11（130605）	9540.00	2020.10.28	3.2400
15 安徽 12（130606）	6360.00	2022.10.28	3.3600	15 安徽 13（130607）	6437.00	2025.10.28	3.4500
15 安徽 Z3（130608）	9901.00	2020.10.28	3.1900	15 安徽 Z4（130609）	5200.00	2025.10.28	3.3900
15 宁夏 10（130611）	2500.00	2020.10.30	3.1500	15 宁夏 11（130612）	2500.00	2022.10.30	3.3700
15 宁夏 12（130613）	2010.00	2025.10.30	3.3700	15 宁夏 Z2（130615）	1500.00	2020.10.30	3.1500
15 宁夏 Z3（130616）	1500.00	2022.10.30	3.3700	15 宁夏 Z4（130617）	918.00	2025.10.30	3.3700
15 宁夏 Z5（130618）	200.00	2022.10.30	3.3700	15 宁夏 Z6（130619）	500.00	2025.10.30	3.3700
15 天津 10（130621）	1540.00	2020.10.30	3.1000	15 天津 11（130622）	1540.00	2022.10.30	3.2700
15 天津 12（130623）	1540.00	2025.10.30	3.2700	15 天津 Z4（130624）	831.00	2020.10.30	3.1000
15 天津 Z5（130625）	310.00	2022.10.30	3.2500	15 天津 Z6（130626）	370.00	2025.10.30	3.2700
15 广东 14（130628）	4750.00	2020.11.03	2.9600	15 广东 15（130629）	4750.00	2022.11.03	3.1200
15 广东 16（130630）	4750.00	2025.11.03	3.1200	15 山西 06（130632）	6621.00	2020.11.04	3.0700
15 山西 07（130633）	6621.00	2022.11.04	3.2300	15 山西 08（130634）	6621.00	2025.11.04	3.2300
15 山西 Z1（130635）	6998.00	2020.11.04	2.9700	15 山西 Z2（130636）	6748.00	2025.11.04	3.1800
15 河南 10（130638）	10200.00	2020.11.04	3.1700	15 河南 11（130639）	10200.00	2022.11.04	3.3300
15 河南 12（130640）	6800.00	2025.11.04	3.3300	15 河南 Z6（130642）	6300.00	2020.11.04	3.1700
15 河南 Z7（130643）	6300.00	2022.11.04	3.3300	15 河南 Z8（130644）	4200.00	2025.11.04	3.3300
15 贵州 Z2（130646）	15000.00	2020.11.06	3.1700	15 贵州 Z3（130647）	15000.00	2022.11.06	3.3200
15 贵州 Z4（130648）	10000.00	2025.11.06	3.3300	15 江苏 10（130650）	24360.00	2020.11.06	3.1100
15 江苏 11（130651）	24360.00	2022.11.06	3.2600	15 江苏 12（130652）	16240.00	2025.11.06	3.2300
15 江苏 Z9（130654）	10670.00	2020.11.06	3.0700	15 江苏 13（130655）	10670.00	2022.11.06	3.2200
15 江苏 14（130656）	7120.00	2025.11.06	3.1800	15 云南 10（130658）	10900.00	2020.11.09	3.1400
15 云南 11（130659）	10900.00	2022.11.09	3.2900	15 云南 12（130660）	10900.00	2025.11.09	3.2900
15 云南 13（130662）	6500.00	2020.11.09	3.1400	15 云南 14（130663）	6300.00	2022.11.09	3.2900
15 云南 15（130664）	6300.00	2025.11.09	3.2900	15 内蒙 10（130666）	5670.00	2020.11.10	3.3900
15 内蒙 11（130667）	5670.00	2022.11.10	3.5600	15 内蒙 12（130668）	5670.00	2025.11.10	3.5500
15 内蒙 Z6（130670）	2000.00	2020.11.10	3.3900	15 内蒙 Z7（130671）	1480.00	2022.11.10	3.5600
15 内蒙 Z8（130672）	1000.00	2025.11.10	3.5500	15 宁波 06（130674）	1530.00	2020.11.11	3.0800
15 宁波 07（130675）	1020.00	2022.11.11	3.2400	15 宁波 08（130676）	1530.00	2025.11.11	3.3300
15 宁波 Z6（130678）	1260.00	2020.11.11	3.0800	15 宁波 Z7（130679）	840.00	2022.11.11	3.2400
15 宁波 Z8（130680）	1260.00	2025.11.11	3.3300	15 厦门 06（130682）	270.00	2020.11.11	2.9800
15 厦门 07（130683）	270.00	2022.11.11	3.1400	15 厦门 08（130684）	180.00	2025.11.11	3.1300
15 厦门 Z3（130685）	1082.00	2020.11.11	2.9800	15 厦门 Z4（130686）	1080.00	2025.11.11	3.1300
15 陕西 10（130688）	4960.00	2020.11.13	3.3900	15 陕西 11（130689）	4960.00	2022.11.13	3.5700
15 陕西 12（130690）	1667.00	2025.11.13	3.5500	15 陕西 13（130692）	6620.00	2020.11.13	3.2400
15 陕西 14（130693）	6620.00	2022.11.13	3.4400	15 陕西 15（130694）	2231.00	2025.11.13	3.5400
15 黑龙 06（130696）	13000.00	2020.11.16	3.3400	15 黑龙 07（130697）	13000.00	2022.11.16	3.4800

债券信息
List of Bonds

债券简称（代码） Bond Name（Code）	发行量 （百万元） Issued Vol （M yuan）	到期日 Expiration Date	票面利率（%） Coupon Rate（%）	债券简称（代码） Bond Name（Code）	发行量 （百万元） Issued Vol （M yuan）	到期日 Expiration Date	票面利率（%） Coupon Rate（%）
15黑龙08（130698）	5214.00	2025.11.16	3.4700	15黑龙Z4（130699）	1500.00	2020.11.16	3.3200
15黑龙Z5（130700）	900.00	2022.11.16	3.4700	15大连06（130702）	1770.00	2020.11.18	3.2600
15大连07（130703）	1770.00	2022.11.18	3.4000	15大连08（130704）	1180.00	2025.11.18	3.3900
15大连Z6（130706）	1750.00	2020.11.18	3.2600	15大连Z7（130707）	1750.00	2022.11.18	3.4400
15大连Z8（130708）	1170.00	2025.11.18	3.4300	15吉林06（130710）	7320.00	2020.11.20	3.4400
15吉林07（130711）	7320.00	2022.11.20	3.4500	15吉林08（130712）	7320.00	2025.11.20	3.4500
15吉林Z1（130713）	5432.00	2020.11.20	3.3500	15吉林Z2（130714）	5430.00	2025.11.20	3.4500
15吉林Z3（130715）	1648.00	2020.11.20	3.3500	15吉林Z4（130716）	886.00	2025.11.20	3.5700
15北京06（130718）	2405.00	2020.11.20	3.1000	15北京07（130719）	2539.00	2022.11.20	3.2400
15北京08（130720）	1674.00	2025.11.20	3.2300	15北京Z6（130722）	6961.00	2020.11.20	3.1000
15北京Z7（130723）	6691.00	2022.11.20	3.2400	15北京Z8（130724）	5787.00	2025.11.20	3.2300
15北京Z9（130725）	203.00	2022.11.20	3.2400	15湖南06（130727）	13200.00	2020.11.23	3.1900
15湖南07（130728）	13200.00	2022.11.23	3.3500	15湖南08（130729）	13200.00	2025.11.23	3.3300
15上海09（130731）	5000.00	2020.11.25	3.1000	15山东14（130733）	840.00	2020.11.27	3.1900
15山东15（130734）	840.00	2022.11.27	3.3800	15山东16（130735）	840.00	2025.11.27	3.3400
15贵州14（130737）	3900.00	2020.11.27	3.2200	15贵州15（130738）	3900.00	2022.11.27	3.4100
15贵州16（130739）	2600.00	2025.11.27	3.4000	15贵州Z6（130741）	8500.00	2020.11.27	3.2500
15贵州Z7（130742）	8500.00	2022.11.27	3.4100	15贵州Z8（130743）	5600.00	2025.11.27	3.4700
15浙江14（130745）	7600.00	2020.11.30	3.0600	15浙江15（130746）	7600.00	2022.11.30	3.2400
15浙江16（130747）	7600.00	2025.11.30	3.2000	15青岛10（130749）	420.00	2020.12.04	3.1500
15青岛11（130750）	420.00	2022.12.04	3.3200	15青岛12（130751）	420.00	2025.12.04	3.3000
15福建18（130753）	4800.00	2020.12.04	3.1500	15福建19（130754）	4800.00	2022.12.04	3.3200
15福建20（130755）	4800.00	2025.12.04	3.3000	15福建Z9（130756）	12282.00	2020.12.04	3.1500
15福建21（130757）	12280.00	2025.12.04	3.3000	15内蒙14（130759）	1810.00	2020.12.07	3.2900
15内蒙15（130760）	1810.00	2022.12.07	3.4200	15内蒙16（130761）	1810.00	2025.12.07	3.4400
15内蒙Z9（130762）	1100.00	2020.12.07	3.1900	15内蒙17（130763）	1000.00	2022.12.07	3.3600
15辽宁10（130765）	21660.00	2020.12.09	3.1800	15辽宁11（130766）	21660.00	2022.12.09	3.3400
15辽宁12（130767）	7220.00	2025.12.09	3.3400	15甘肃14（130769）	1500.00	2020.12.11	3.1500
15甘肃15（130770）	1570.00	2022.12.11	3.3300	15甘肃16（130771）	1500.00	2025.12.11	3.3200
15山西10（130773）	1580.00	2020.12.16	2.8300	15山西11（130774）	1580.00	2022.12.16	3.0100
15山西12（130775）	1580.00	2025.12.16	3.0000	15贵州18（130777）	900.00	2020.12.24	2.9900
15贵州19（130778）	900.00	2022.12.24	3.1800	15贵州20（130779）	600.00	2025.12.24	3.2300
16湖北01（130780）	18000.00	2019.02.19	2.7500	16湖北02（130781）	18000.00	2021.02.19	2.9000
16湖北03（130782）	18000.00	2023.02.19	3.0700	16湖北04（130783）	6000.00	2026.02.19	3.0400
16广东01（130784）	22850.00	2021.02.24	2.9000	16广东02（130785）	9140.00	2023.02.24	3.0700
16广东03（130786）	13710.00	2026.02.24	3.0400	16广东04（130787）	4130.00	2019.03.02	2.7400
16广东05（130788）	12390.00	2021.03.02	2.8500	16广东06（130789）	12390.00	2023.03.02	3.0700
16广东07（130790）	12390.00	2026.03.02	3.0600	16浙江01（130791）	3000.00	2019.03.11	2.5700
16浙江02（130792）	9000.00	2021.03.11	2.7900	16浙江03（130793）	9000.00	2023.03.11	3.0700
16浙江04（130794）	9000.00	2026.03.11	3.2100	16山东01（130795）	6320.00	2019.03.11	2.6000
16山东02（130796）	9480.00	2021.03.11	2.7900	16山东03（130797）	9480.00	2023.03.11	3.0900
16山东04（130798）	6320.00	2026.03.11	3.1100	16山东05（130799）	5680.00	2019.03.11	2.5900
16山东06（130800）	8520.00	2021.03.11	2.7900	16山东07（130801）	8520.00	2023.03.11	3.0900
16山东08（130802）	5680.00	2026.03.11	3.1100	16内蒙01（130803）	6300.00	2019.03.14	2.7600
16内蒙02（130804）	18900.00	2021.03.14	2.9300	16内蒙03（130805）	18900.00	2023.03.14	3.1900
16内蒙04（130806）	18900.00	2026.03.14	3.2000	16江苏01（130807）	12180.00	2019.03.16	2.6400
16江苏02（130808）	18250.00	2021.03.16	2.7600	16江苏03（130809）	18250.00	2023.03.16	3.0500
16江苏04（130810）	12180.00	2026.03.16	3.0600	16江苏05（130811）	10550.00	2019.03.16	2.5800
16江苏06（130812）	15820.00	2021.03.16	2.7600	16江苏07（130813）	15820.00	2023.03.16	3.0500
16江苏08（130814）	10550.00	2026.03.16	3.0600	16重庆01（130815）	2600.00	2019.03.18	2.6400

债券信息
List of Bonds

债券简称（代码）Bond Name（Code）	发行量（百万元）Issued Vol（M yuan）	到期日 Expiration Date	票面利率（%）Coupon Rate（%）	债券简称（代码）Bond Name（Code）	发行量（百万元）Issued Vol（M yuan）	到期日 Expiration Date	票面利率（%）Coupon Rate（%）
16 重庆 02（130816）	5100.00	2021.03.18	2.7800	16 重庆 03（130817）	5100.00	2023.03.18	3.0400
16 重庆 04（130818）	4200.00	2026.03.18	3.0400	16 重庆 05（130819）	6500.00	2021.03.18	2.7800
16 重庆 06（130820）	6500.00	2023.03.18	3.0400	16 天津 01（130821）	864.00	2019.03.21	2.5200
16 天津 02（130822）	550.00	2021.03.21	2.7600	16 天津 03（130823）	4975.00	2021.03.21	2.7300
16 天津 04（130824）	2326.00	2023.03.21	2.9800	16 天津 05（130825）	2695.00	2026.03.21	3.0300
16 云南 01（130826）	3760.00	2023.03.22	3.0200	16 云南 02（130827）	3700.00	2026.03.22	3.0500
16 云南 03（130828）	6850.00	2023.03.22	3.0000	16 云南 04（130829）	7000.00	2026.03.22	3.0500
16 新疆 01（130830）	3730.00	2019.03.23	2.5200	16 新疆 02（130831）	5595.00	2021.03.23	2.7200
16 新疆 03（130832）	5595.00	2023.03.23	3.0000	16 新疆 04（130833）	3730.00	2026.03.23	3.0200
16 江西 01（130834）	2950.00	2019.03.25	2.4300	16 江西 02（130835）	8790.00	2021.03.25	2.7100
16 江西 03（130836）	8790.00	2023.03.25	3.0000	16 江西 04（130837）	8790.00	2026.03.25	3.0100
16 江西 05（130838）	2670.00	2019.03.25	2.5000	16 江西 06（130839）	2670.00	2021.03.25	2.7100
16 江西 07（130840）	2670.00	2023.03.25	3.0500	16 江西 08（130841）	2670.00	2026.03.25	3.0700
16 宁夏 01（130842）	2100.00	2019.03.25	2.5500	16 宁夏 02（130843）	2100.00	2021.03.25	2.7800
16 宁夏 03（130844）	2100.00	2023.03.25	3.0400	16 宁夏 04（130845）	700.00	2026.03.25	3.0500
16 广西 01（130846）	3000.00	2019.03.28	2.3900	16 广西 02（130847）	4200.00	2021.03.28	2.6500
16 广西 03（130848）	4200.00	2023.03.28	2.9600	16 广西 04（130849）	2900.00	2026.03.28	2.9900
16 广西 05（130850）	8500.00	2021.03.28	2.6100	16 广西 06（130851）	8500.00	2023.03.28	2.9300
16 四川 01（130852）	13800.00	2019.03.29	2.5300	16 四川 02（130853）	13800.00	2021.03.29	2.7500
16 四川 03（130854）	13800.00	2023.03.29	3.0400	16 四川 04（130855）	4562.00	2026.03.29	3.0800
16 辽宁 01（130856）	22700.00	2019.03.29	2.6300	16 辽宁 02（130857）	22700.00	2021.03.29	2.8500
16 辽宁 03（130858）	22700.00	2023.03.29	3.1400	16 辽宁 04（130859）	7800.00	2026.03.29	3.1800
16 安徽 01（130860）	2300.00	2019.04.01	2.4600	16 安徽 02（130861）	6200.00	2021.04.01	2.7100
16 安徽 03（130862）	6200.00	2023.04.01	3.0000	16 安徽 04（130863）	6200.00	2026.04.01	3.0400
16 青海 01（130864）	3600.00	2019.04.01	2.4600	16 青海 02（130865）	5200.00	2021.04.01	2.6600
16 青海 03（130866）	5200.00	2023.04.01	3.0000	16 青海 04（130867）	5850.00	2026.04.01	3.0400
16 广东 08（130868）	2870.00	2019.04.06	2.4600	16 广东 09（130869）	8610.00	2021.04.06	2.6700
16 广东 10（130870）	8610.00	2023.04.06	2.9800	16 广东 11（130871）	8610.00	2026.04.06	3.0300
16 广东 12（130872）	1500.00	2021.04.06	2.6400	16 广东 13（130873）	600.00	2023.04.06	2.9800
16 广东 14（130874）	900.00	2026.04.06	3.0300	16 广西 07（130875）	2000.00	2019.04.07	2.4900
16 广西 08（130876）	3000.00	2021.04.07	2.6800	16 广西 09（130877）	3000.00	2023.04.07	2.9900
16 广西 10（130878）	2000.00	2026.04.07	3.0700	16 新疆 05（130879）	4710.00	2019.04.08	2.4200
16 新疆 06（130880）	7060.00	2021.04.08	2.6200	16 新疆 07（130881）	7060.00	2023.04.08	2.9800
16 新疆 08（130882）	4700.00	2026.04.08	3.0800	16 新疆 09（130883）	1460.00	2019.04.08	2.3700
16 新疆 10（130884）	2180.00	2021.04.08	2.5800	16 新疆 11（130885）	2180.00	2023.04.08	2.9300
16 新疆 12（130886）	1450.00	2026.04.08	3.0500	16 贵州 01（130887）	10000.00	2019.04.08	2.5200
16 贵州 02（130888）	15000.00	2021.04.08	2.6900	16 贵州 03（130889）	15000.00	2023.04.08	3.0500
16 贵州 04（130890）	10000.00	2026.04.08	3.1400	16 贵州 05（130891）	6000.00	2019.04.08	2.5300
16 贵州 06（130892）	9000.00	2021.04.08	2.7200	16 贵州 07（130893）	9000.00	2023.04.08	3.0300
16 贵州 08（130894）	6000.00	2026.04.08	3.1500	16 黑龙 01（130895）	9240.00	2019.04.11	2.6200
16 黑龙 02（130896）	13860.00	2021.04.11	2.7700	16 黑龙 03（130897）	13860.00	2023.04.11	3.0900
16 黑龙 04（130898）	9240.00	2026.04.11	3.1800	16 黑龙 05（130899）	2600.00	2019.04.11	2.6300
16 黑龙 06（130900）	3900.00	2021.04.11	2.7700	16 黑龙 07（130901）	3900.00	2023.04.11	3.0900
16 黑龙 08（130902）	2600.00	2026.04.11	3.1800	16 湖南 01（130903）	10100.00	2023.04.12	2.9700
16 湖南 02（130904）	31000.00	2026.04.12	3.0600	16 河南 01（130905）	10000.00	2019.04.15	2.5900
16 河南 02（130906）	15000.00	2021.04.15	2.7300	16 河南 03（130907）	15000.00	2023.04.15	3.0600
16 河南 04（130908）	10000.00	2026.04.15	3.1600	16 河北 01（130909）	8000.00	2019.04.15	2.5400
16 河北 02（130910）	11900.00	2021.04.15	2.6800	16 河北 03（130911）	11900.00	2023.04.15	3.0000
16 河北 04（130912）	7900.00	2026.04.15	3.1000	16 河北 05（130913）	6100.00	2019.04.15	2.5400
16 河北 06（130914）	9100.00	2021.04.15	2.6800	16 河北 07（130915）	9100.00	2023.04.15	3.0600

债券信息 List of Bonds

债券 Bond

债券简称（代码） Bond Name（Code）	发行量（百万元） Issued Vol (M yuan)	到期日 Expiration Date	票面利率（%） Coupon Rate（%）	债券简称（代码） Bond Name（Code）	发行量（百万元） Issued Vol (M yuan)	到期日 Expiration Date	票面利率（%） Coupon Rate（%）
16 河北 08（130916）	6000.00	2026.04.15	3.1400	16 湖北 05（130917）	4500.00	2019.04.18	2.6100
16 湖北 06（130918）	4500.00	2021.04.18	2.7800	16 湖北 07（130919）	4500.00	2023.04.18	3.1000
16 湖北 08（130920）	1500.00	2026.04.18	3.2100	16 湖北 09（130921）	12500.00	2021.04.18	2.8200
16 湖北 10（130922）	12500.00	2023.04.18	3.0700	16 甘肃 01（130923）	4400.00	2019.04.18	2.6100
16 甘肃 02（130924）	10834.00	2021.04.18	2.7600	16 甘肃 03（130925）	9000.00	2023.04.18	3.0200
16 甘肃 04（130926）	7325.00	2021.04.18	2.7600	16 甘肃 05（130927）	1300.00	2023.04.18	3.0200
16 山西 01（130928）	2700.00	2019.04.20	2.4300	16 山西 02（130929）	8100.00	2021.04.20	2.6500
16 山西 03（130930）	8100.00	2023.04.20	2.9800	16 山西 04（130931）	8100.00	2026.04.20	3.1200
16 山东 09（130932）	13808.00	2019.04.27	2.6600	16 山东 10（130933）	20712.00	2021.04.27	2.9400
16 山东 11（130934）	20712.00	2023.04.27	3.1800	16 山东 12（130935）	13808.00	2026.04.27	3.1500
16 陕西 01（130936）	9290.00	2019.04.29	2.7100	16 陕西 02（130937）	9290.00	2021.04.29	2.9400
16 陕西 03（130938）	9290.00	2023.04.29	3.2300	16 陕西 04（130939）	3154.00	2026.04.29	3.2000
16 陕西 05（130940）	6590.00	2019.04.29	2.7300	16 陕西 06（130941）	6590.00	2021.04.29	2.9500
16 陕西 07（130942）	6590.00	2023.04.29	3.2300	16 陕西 08（130943）	2226.00	2026.04.29	3.2100
16 湖南 03（130944）	3933.18	2019.05.09	2.7700	16 湖南 04（130945）	48167.00	2021.05.09	2.9100
16 海南 01（130946）	2897.52	2019.05.13	2.7200	16 海南 02（130947）	2400.00	2021.05.13	2.9100
16 海南 03（130948）	3100.00	2026.05.13	3.1000	16 宁波 01（130949）	1810.00	2019.05.16	2.6100
16 宁波 02（130950）	2620.00	2021.05.16	2.7800	16 宁波 03（130951）	1920.00	2023.05.16	3.0200
16 宁波 04（130952）	2620.00	2026.05.16	3.0900	16 宁波 05（130953）	530.00	2019.05.16	2.5600
16 宁波 06（130954）	760.00	2021.05.16	2.7000	16 宁波 07（130955）	420.00	2023.05.16	2.9100
16 宁波 08（130956）	760.00	2026.05.16	2.9500	16 青岛 01（130957）	390.00	2019.05.17	2.7000
16 青岛 02（130958）	1170.00	2021.05.17	2.8700	16 青岛 03（130959）	1170.00	2023.05.17	3.1200
16 青岛 04（130960）	1170.00	2026.05.17	3.1500	16 青岛 05（130961）	1950.00	2021.05.17	2.8500
16 青岛 06（130962）	780.00	2023.05.17	3.1000	16 青岛 07（130963）	1170.00	2026.05.17	3.1400
16 四川 05（130964）	6000.00	2019.05.18	2.7600	16 四川 06（130965）	6000.00	2021.05.18	2.9800
16 四川 07（130966）	6000.00	2023.05.18	3.1600	16 四川 08（130967）	2000.00	2026.05.18	3.2100
16 四川 09（130968）	12000.00	2019.05.18	2.7900	16 四川 10（130969）	12000.00	2021.05.18	2.9800
16 四川 11（130970）	12000.00	2023.05.18	3.1800	16 四川 12（130971）	4000.00	2026.05.18	3.2100
16 宁夏 05（130972）	1400.00	2019.05.20	2.6400	16 宁夏 06（130973）	1400.00	2021.05.20	2.9000
16 宁夏 07（130974）	1400.00	2023.05.20	3.1800	16 宁夏 08（130975）	421.00	2026.05.20	3.2000
16 辽宁 05（130976）	6100.00	2019.05.25	2.8300	16 辽宁 06（130977）	6100.00	2021.05.25	3.0500
16 辽宁 07（130978）	6100.00	2023.05.25	3.3000	16 辽宁 08（130979）	2200.00	2026.05.25	3.3000
16 云南 05（130980）	23500.00	2021.05.27	2.9800	16 云南 06（130981）	25000.00	2023.05.27	3.2300
16 云南 07（130982）	5500.00	2021.05.27	2.9800	16 云南 08（130983）	4000.00	2023.05.27	3.2300
16 陕西 09（130984）	9060.00	2019.05.27	2.7400	16 陕西 10（130985）	9060.00	2021.05.27	2.9400
16 陕西 11（130986）	9060.00	2023.05.27	3.2000	16 陕西 12（130987）	3020.00	2026.05.27	3.2500
16 陕西 13（130988）	1020.00	2019.05.27	2.7300	16 陕西 14（130989）	1020.00	2021.05.27	2.9500
16 陕西 15（130990）	1020.00	2023.05.27	3.1800	16 陕西 16（130991）	340.00	2026.05.27	3.1900
16 陕西 17（130992）	150.00	2019.05.27	2.6900	16 陕西 18（130993）	150.00	2021.05.27	2.9000
16 陕西 19（130994）	150.00	2023.05.27	3.1300	16 陕西 20（130995）	50.00	2026.05.27	3.1000
16 青海 05（130996）	1100.00	2019.05.30	2.7000	16 青海 06（130997）	1950.00	2021.05.30	2.9000
16 青海 07（130998）	2000.00	2023.05.30	3.1800	16 青海 08（130999）	2050.00	2026.05.30	3.1800
巩燃 04（131035）	90.00	2019.10.27	7.5000	巩燃 05（131036）	100.00	2020.10.27	7.5000
巩燃 06（131037）	100.00	2021.10.27	7.5000	津桥 05（131075）	95.00	2019.11.26	4.8300
津桥 06（131076）	110.00	2020.11.26	5.5800	津桥 07（131077）	120.00	2021.11.26	5.6300
津桥 08（131078）	145.00	2022.11.26	5.8500	津桥 09（131079）	160.00	2023.11.26	5.9000
津桥 10（131080）	175.00	2024.11.26	5.9500	PR04（131100）	170.00	2019.11.18	5.0000
扬汽 05（131101）	200.00	2020.11.18	5.2000	PR 恒航 A（131116）	1531.00	2019.01.23	5.3000
恒浩航 B（131117）	969.00	2019.01.23	6.9000	渝西永 5（131122）	245.00	2019.12.30	4.9000
渝西永 6（131123）	140.00	2019.12.30	5.0000	余燃气 4（131128）	243.00	2019.12.30	6.0000

债券信息
List of Bonds

债券简称（代码）Bond Name（Code）	发行量（百万元）Issued Vol（M yuan）	到期日 Expiration Date	票面利率（%）Coupon Rate（%）	债券简称（代码）Bond Name（Code）	发行量（百万元）Issued Vol（M yuan）	到期日 Expiration Date	票面利率（%）Coupon Rate（%）
余燃气5（131129）	299.00	2020.12.30	6.0000	余燃气6（131130）	331.00	2021.12.30	6.3000
PR 五 B（131139）	365.00	2019.05.27	6.8000	哈热03（131142）	265.00	2019.01.15	5.2000
哈热04（131143）	285.00	2020.01.25	5.5000	哈热05（131144）	310.00	2021.01.25	5.7500
PR 昆西04（131156）	39.00	2019.12.10	5.3000	15 昆西05（131157）	39.00	2020.12.10	5.6000
PR 昆西中（131158）	20.00	2020.12.10	9.0000	PR 云 A（131188）	770.00	2034.01.26	6.2000
恒浩云 B（131189）	4930.00	2025.01.26	6.8000	恒浩云 C（131190）	100.00	2025.01.26	7.5000
并燃气13（131203）	50.00	2019.03.24	5.4000	并燃气14（131204）	50.00	2019.06.24	5.4000
并燃气15（131205）	51.00	2019.09.24	5.5000	并燃气16（131206）	56.00	2019.12.24	5.5500
并燃气17（131207）	55.00	2020.03.24	5.6000	并燃气18（131208）	60.00	2020.06.24	5.6000
并燃气19（131209）	60.00	2020.09.24	5.6000	并燃气20（131210）	60.00	2020.12.24	5.6500
并燃气次（131211）	40.00	2020.12.24	0.0000	PRA03（131220）	108.00	2019.07.26	3.9000
PR 碧桂1A（131242）	2800.00	2019.12.31	5.1000	PR 呼04（131246）	80.00	2019.12.08	5.5000
呼公交05（131247）	90.00	2020.12.08	5.7000	呼公交06（131248）	90.00	2021.12.08	5.8000
呼公交07（131249）	90.00	2022.12.08	5.8000	呼公交08（131250）	100.00	2023.12.08	5.8000
呼公交09（131251）	100.00	2024.12.08	5.8000	呼公交10（131252）	40.00	2025.06.08	5.8000
PR 常交04（131264）	23.00	2019.12.18	5.5000	常公交05（131265）	25.00	2020.12.18	5.6000
常公交06（131266）	27.00	2021.12.18	5.6000	常公交07（131267）	29.00	2022.12.18	5.6000
常公交08（131268）	31.00	2023.12.18	5.6000	常公交09（131269）	33.00	2024.12.18	5.6000
常公交10（131270）	24.00	2025.09.18	5.6000	东宇04（131275）	78.00	2019.12.09	7.2000
东宇05（131276）	80.00	2020.12.09	7.7000	PR3 优 C（131287）	46.00	2019.01.28	8.5000
PR 聚3次（131288）	51.00	2019.02.28	0.0000	高燃气4（131292）	105.00	2019.06.28	6.4000
高燃气5（131293）	125.00	2020.06.30	6.8000	PR 苏帕04（131298）	85.00	2019.09.25	4.4000
PR 苏帕05（131299）	95.00	2020.09.25	4.6000	苏帕河6（131300）	100.00	2021.09.25	4.8000
苏帕河7（131301）	105.00	2022.09.25	4.8000	苏帕河8（131302）	120.00	2023.09.25	4.8000
苏帕河9（131303）	80.00	2024.06.25	4.8000	启供水4（131314）	107.00	2019.12.31	5.0000
启供水5（131315）	128.00	2020.12.31	5.6000	启供水6（131316）	150.00	2021.12.31	5.8000
启供水7（131317）	175.00	2022.12.30	6.1500	武经开01（131326）	60.00	2019.01.13	6.4500
武经开02（131327）	73.00	2020.01.13	6.6500	武经开03（131328）	87.00	2021.01.13	6.9500
武经开04（131329）	100.00	2022.01.13	7.1500	PR2B（131371）	169.00	2019.04.20	5.5000
恒源03（131375）	97.00	2019.01.20	4.7000	恒源04（131376）	110.00	2020.01.20	4.7300
恒源05（131377）	118.00	2021.01.20	4.7500	PR 江海 B（131386）	180.00	2019.02.26	5.0000
迎宾馆07（131395）	35.00	2019.06.20	6.2000	迎宾馆08（131396）	40.00	2019.12.20	6.3000
迎宾馆09（131397）	40.00	2020.06.20	6.4000	迎宾馆10（131398）	40.00	2020.12.20	6.5000
苏恒泰03（131402）	120.00	2019.01.31	6.5000	PR 先锋 B（131411）	39.00	2019.03.30	7.5000
先锋 E（131412）	33.00	2019.04.01	0.0000	PR04（131444）	67.00	2019.12.24	5.5000
富阳05（131445）	75.00	2020.12.24	5.7500	PR1 优2（131448）	154.00	2020.01.23	4.8500
PR1 优3（131449）	48.00	2020.04.23	4.8800	PR 远东1B（131453）	171.00	2019.06.26	5.5000
16 广汇06（131472）	56.00	2019.03.10	5.5000	16 广汇07（131473）	80.00	2019.09.10	5.7000
16 广汇08（131474）	60.00	2020.03.10	6.1000	16 广汇09（131475）	85.00	2020.09.10	6.2000
16 广汇10（131476）	65.00	2021.03.10	6.3000	16 广汇11（131477）	91.00	2021.09.10	6.3000
16 广汇12（131478）	71.00	2022.03.10	6.3000	16 广汇13（131479）	97.00	2022.09.10	6.3000
16 广汇14（131480）	77.00	2023.03.10	6.3000	16 广汇次（131481）	50.00	2023.03.10	0.0000
PR 康1B（131514）	250.00	2019.12.23	5.3000	金林1A2（131517）	450.00	2019.12.24	5.9000
金林1A3（131518）	450.00	2020.12.23	6.1000	协电力04（131568）	380.00	2019.08.31	6.0000
协电力05（131569）	300.00	2020.08.31	6.4000	保利物03（131585）	220.00	2019.01.26	4.6000
保利物04（131586）	230.00	2020.01.26	4.8000	保利物05（131587）	240.00	2021.01.26	4.9000
保利物09（131588）	300.00	2025.01.26	5.0000	保利物10（131589）	200.00	2026.01.26	5.0000
上实次级（131591）	179.00	2021.05.24	0.0000	凯盛1优3（131594）	347.00	2019.03.21	5.3000
中2B1（131611）	25.00	2019.01.21	5.5000	PR 中2B2（131612）	50.00	2019.04.09	5.5000
PR 中2B3（131613）	50.00	2019.04.09	5.5000	PR 银河03（131618）	60.00	2019.04.24	5.0000

债券信息 List of Bonds

债券简称（代码）Bond Name（Code）	发行量（百万元）Issued Vol（M yuan）	到期日 Expiration Date	票面利率（%）Coupon Rate（%）	债券简称（代码）Bond Name（Code）	发行量（百万元）Issued Vol（M yuan）	到期日 Expiration Date	票面利率（%）Coupon Rate（%）
16银河04（131619）	70.00	2019.04.24	5.0000	16银河05（131620）	70.00	2019.04.24	5.5000
16银河06（131621）	70.00	2019.04.24	6.0000	16银河07（131622）	80.00	2019.04.24	6.0000
16银河08（131623）	80.00	2019.04.24	6.0000	16银河09（131624）	90.00	2019.04.24	6.0000
凯公03（131627）	80.00	2019.03.23	6.0000	凯公04（131628）	90.00	2020.03.23	6.3000
凯公05（131629）	90.00	2021.03.23	6.6000	建业03（131633）	175.00	2019.04.13	5.3000
建业04（131634）	185.00	2019.04.15	5.6000	建业05（131635）	195.00	2019.04.15	5.9000
顺泰1优6（131642）	52.00	2019.02.15	5.9800	PR上实A6（131660）	87.00	2019.05.22	5.0000
今典03（131663）	200.00	2019.01.21	8.5000	今典04（131664）	230.00	2020.01.20	8.5000
今典05（131665）	270.00	2021.01.19	8.5000	PR上实A7（131667）	35.00	2019.11.22	5.5500
上实A8（131668）	36.00	2020.05.22	5.5800	上实A9（131669）	35.00	2020.11.23	5.6000
上实A10（131670）	216.00	2021.05.24	5.9000	上实B（131671）	499.00	2021.05.24	7.1000
PR兴乾6（131673）	950.00	2019.12.26	4.3000	宇光二A3（131687）	106.00	2019.03.10	5.8000
宇光二A4（131688）	114.00	2020.03.10	6.3000	宇光二A5（131689）	104.00	2021.03.10	6.5000
世茂酒06（131696）	120.00	2019.04.19	5.4000	世茂酒07（131697）	140.00	2019.04.19	5.4000
世茂酒08（131698）	140.00	2019.04.19	5.4000	世茂酒09（131699）	160.00	2019.04.19	5.4000
世茂酒10（131700）	160.00	2019.04.19	5.4000	世茂酒11（131701）	190.00	2019.04.19	5.4000
世茂酒12（131702）	190.00	2019.04.19	5.4000	世茂酒13（131703）	220.00	2019.04.19	5.4000
世茂酒14（131704）	220.00	2019.04.19	5.4000	世茂酒15（131705）	250.00	2019.04.19	5.4000
世茂酒16（131706）	250.00	2019.04.19	5.4000	PR远东2A（131708）	2980.00	2019.02.26	4.0000
PR远东2B（131709）	323.00	2019.11.26	6.1000	PR兴乾5（131711）	760.00	2046.03.26	4.2800
秦动03（131714）	110.00	2019.03.16	5.2000	秦动04（131715）	120.00	2020.03.16	5.5000
秦动05（131716）	130.00	2021.03.16	6.2000	秦动06（131717）	130.00	2022.03.16	6.4000
秦动07（131718）	100.00	2023.03.16	6.8000	16中民05（131749）	103.00	2019.01.15	4.5000
16中民06（131750）	110.00	2019.07.15	4.7000	16中民07（131751）	114.00	2020.01.15	5.5000
16中民08（131752）	115.00	2020.07.15	5.5000	16中民09（131753）	129.00	2021.01.15	5.5000
16中民10（131754）	77.00	2021.07.15	5.5000	16中民次（131755）	50.00	2021.07.15	0.0000
融和F1A（131756）	236.00	2019.03.08	4.2000	融和F1B（131757）	158.00	2019.03.08	5.2000
融创物06（131764）	129.00	2019.04.26	5.7000	融创物07（131765）	99.00	2019.04.26	5.7000
融创物08（131766）	137.00	2019.04.26	5.7000	融创物09（131767）	106.00	2019.04.26	5.7000
融创物10（131768）	144.00	2019.04.26	5.7000	PR二B2（131776）	165.00	2019.03.29	7.2000
PR3B（131779）	174.00	2019.07.08	6.9800	PR斯B（131794）	64.00	2019.06.18	7.5000
16东莞1A（131798）	1200.00	2019.03.18	3.8000	16东莞1B（131799）	225.00	2019.03.18	4.2000
16东莞次（131800）	75.00	2019.03.18	0.0000	PR贰次（131816）	80.00	2019.01.18	0.0000
PR1C（131823）	54.00	2019.09.12	5.4000	镇交1D（131824）	62.00	2020.09.12	6.0100
镇交1E（131825）	70.00	2021.09.12	6.2100	镇交1F（131826）	80.00	2022.09.12	7.1000
镇交1G（131827）	92.00	2023.09.12	7.3300	镇交1H（131828）	101.00	2024.09.12	7.5500
PR海亮B（131831）	1166.00	2019.06.27	5.1000	16海亮次（131832）	207.00	2019.06.27	0.0000
PR航星A（131833）	680.00	2019.05.16	4.9000	航星B（131834）	620.00	2019.05.16	7.0000
PR平安1B（131837）	340.00	2019.08.26	6.8000	华供热03（131844）	80.00	2019.05.25	6.8000
华供热04（131845）	85.00	2020.05.25	7.8000	华供热05（131846）	90.00	2021.05.25	8.2000
PR远东3A（131848）	2901.00	2019.03.26	4.0000	PR远东3B（131849）	381.00	2019.12.26	6.0000
PR华新1C（131853）	268.00	2019.10.28	6.6000	16华凌3（131857）	240.00	2019.01.22	7.3000
16华凌4（131858）	250.00	2020.01.22	7.2000	16华凌5（131859）	260.00	2021.01.22	7.3000
16华凌6（131860）	260.00	2022.01.24	7.5000	武涉路3（131870）	90.00	2019.01.25	4.6500
武涉路4（131871）	100.00	2019.12.31	4.9000	PR源03（131875）	182.00	2019.07.26	4.2000
PR2A1（131880）	485.00	2019.05.23	5.3000	华中2B1（131882）	70.00	2019.05.23	6.0000
华中2B2（131883）	50.00	2019.05.23	6.5000	PR港1C（131916）	138.00	2019.06.13	6.0000
16幸福A3（131920）	460.00	2019.06.17	5.3000	16幸福A4（131921）	490.00	2020.06.15	7.0000
16幸福A5（131922）	530.00	2021.06.15	7.0000	PR贰B（131925）	318.00	2019.07.26	6.0000
漳长运04（131930）	50.00	2019.10.26	5.4000	漳长运05（131931）	55.00	2020.10.26	5.4200

债券信息
List of Bonds

债券简称（代码）Bond Name（Code）	发行量（百万元）Issued Vol（M yuan）	到期日 Expiration Date	票面利率（%）Coupon Rate（%）	债券简称（代码）Bond Name（Code）	发行量（百万元）Issued Vol（M yuan）	到期日 Expiration Date	票面利率（%）Coupon Rate（%）
漳长运 06（131932）	55.00	2021.10.26	5.4200	漳长运 07（131933）	50.00	2022.10.26	5.4200
漳长运次（131934）	20.00	2022.10.26	0.0000	铜供水 03（131940）	40.00	2019.05.03	5.5000
铜供水 04（131941）	45.00	2020.05.03	6.2000	铜供水 05（131942）	50.00	2021.05.03	6.9000
PR 中间（131952）	75.00	2019.06.15	7.0000	PR2B（131969）	110.00	2019.01.23	6.0000
PR2C（131970）	226.00	2019.06.14	6.5000	复地物 03（131983）	124.00	2019.04.26	4.7000
复地物 04（131984）	130.00	2019.04.26	5.0500	复地物 05（131985）	136.00	2019.04.26	5.0500
复地物 06（131986）	143.00	2019.04.26	5.0500	复地物 07（131987）	150.00	2019.04.26	5.0500
复地物 08（131988）	158.00	2019.04.26	5.0500	复地物 09（131989）	166.00	2019.04.26	5.0500
复地物 10（131990）	174.00	2019.04.26	5.2000	PR 风绿 C（131997）	250.00	2019.08.03	3.9000
G 金风绿 D（131998）	270.00	2020.08.03	4.2000	G 金风绿 E（131999）	285.00	2021.08.03	4.5000
15 国盛 EB（132004）	5000.00	2021.11.05	1.0000	15 国资 EB（132005）	2000.00	2020.12.08	1.7000
16 皖新 EB（132006）	2500.00	2021.06.23	1.0000	16 凤凰 EB（132007）	5000.00	2021.10.31	1.0000
17 山高 EB（132008）	2500.00	2022.04.24	1.7000	17 中油 EB（132009）	10000.00	2022.07.13	1.0000
17 桐昆 EB（132010）	1000.00	2019.06.11	1.0000	17 浙报 EB（132011）	2400.00	2022.08.17	1.0000
17 巨化 EB（132012）	2000.00	2020.09.04	1.0000	17 宝武 EB（132013）	15000.00	2020.11.24	1.0000
18 中化 EB（132014）	3500.00	2023.04.24	0.9000	18 中油 EB（132015）	20000.00	2023.02.01	1.4000
19 东创 EB（132016）	150.00	2022.03.26	1.5000	19 新钢 EB（132017）	2000.00	2022.04.18	0.5000
G 三峡 EB1（132018）	20000.00	2024.04.09	0.5000	19 蓝星 EB（132020）	4500.00	2024.10.18	1.0000
19 中电 EB（132021）	2100.00	2022.11.27	0.5000	16 太湖湾（135019）	1000.00	2019.03.16	7.4000
16 南城 02（135028）	300.00	2019.04.26	9.0000	16 兴长 01（135029）	1000.00	2021.04.06	7.0000
16 延旅债（135030）	400.00	2019.03.30	7.5000	16 石门 01（135032）	600.00	2019.03.29	8.0000
16 湄潭 01（135033）	300.00	2021.04.06	10.5000	15 黔南 01（135041）	1000.00	2020.12.30	8.8000
16 思润债（135044）	200.00	2019.01.19	8.7000	16 华远 01（135047）	1500.00	2019.01.12	5.1000
16 崇川 01（135050）	1000.00	2019.01.18	6.5000	16 道其债（135051）	200.00	2019.01.08	7.0000
16 首股 01（135052）	2000.00	2021.01.11	4.9000	16 龙光 01（135053）	2500.00	2019.01.13	6.8800
16 柳投 01（135055）	620.00	2019.11.26	7.5000	16 中燃 01（135056）	1000.00	2019.01.13	4.2000
16 华信 01（135057）	1500.00	2019.01.25	8.0000	16 渝大足（135061）	400.00	2019.01.14	7.1000
16 遵桥 01（135062）	700.00	2021.01.13	6.5000	16 富阳债（135063）	1000.00	2019.01.13	5.7000
16 蒙高 01（135065）	600.00	2019.01.25	7.5000	16 华诚 01（135066）	1000.00	2019.01.14	7.2000
16 中地 01（135067）	1000.00	2021.01.15	4.4000	16 世茂 01（135068）	4000.00	2021.01.18	6.9000
16 海旅 01（135069）	1000.00	2019.01.21	7.5000	16 海瀛 01（135070）	300.00	2019.01.15	6.5000
16 承控 01（135071）	1500.00	2021.01.29	7.5000	16 锡藕 01（135072）	1000.00	2021.01.22	7.1500
16 长兴岛（135075）	500.00	2019.01.15	7.2000	16 城发 01（135077）	500.00	2020.01.22	6.5000
16 中民投（135078）	3500.00	2019.01.20	4.6300	16 惠城铁（135081）	500.00	2019.03.19	5.9800
16 华夏 01（135082）	2800.00	2021.03.09	7.4000	16 申证 C1（135083）	10000.00	2019.03.25	3.6200
16 中铁 02（135084）	3000.00	2019.02.01	4.3000	16 先导 01（135085）	3000.00	2019.01.21	4.4900
16 柳东 01（135086）	1000.00	2021.01.25	5.9000	16 渝投 01（135087）	300.00	2019.01.27	5.3000
16 首集 01（135088）	2000.00	2019.01.26	3.7500	16 兴城 01（135089）	1000.00	2019.03.21	7.8000
16 近湖债（135090）	300.00	2019.01.22	9.0000	16 安顺债（135091）	500.00	2019.01.22	7.8000
16 沪腾达（135092）	800.00	2021.02.19	6.3000	16 新城 01（135093）	1850.00	2019.03.29	6.7000
16 渝投 02（135095）	700.00	2019.01.27	4.4900	16 锡惠开（135096）	1500.00	2019.02.02	5.4500
16 润新债（135097）	300.00	2021.01.13	8.0000	16 黔南 01（135098）	1000.00	2019.02.14	8.5000
16 郑地 01（135099）	500.00	2021.01.25	4.9300	16 来宾建（135200）	1000.00	2019.01.28	7.3000
16 海聚力（135201）	200.00	2019.01.27	9.7000	16 穗金 01（135203）	4000.00	2019.02.13	3.9400
16 渝开 01（135204）	400.00	2021.01.25	7.0000	16 鲁商债（135205）	2000.00	2019.02.02	6.0000
16 玉柴 01（135206）	500.00	2021.01.26	6.9000	16 道博债（135207）	200.00	2019.02.02	7.5000
16 远东二（135208）	2000.00	2021.01.26	5.1000	16 南城 01（135209）	100.00	2019.03.01	9.7000
16 渝物 01（135211）	1000.00	2021.01.27	7.2000	16 正润 01（135212）	400.00	2019.05.09	6.1000
16 永城投（135213）	1500.00	2021.01.27	7.3000	16 靖江债（135214）	1500.00	2019.01.26	6.8000
16 潍水 01（135215）	500.00	2019.01.29	5.0400	16 马经开（135216）	1500.00	2021.01.26	7.6000

债券信息
List of Bonds

债券简称（代码） Bond Name（Code）	发行量（百万元） Issued Vol（M yuan）	到期日 Expiration Date	票面利率（%） Coupon Rate（%）	债券简称（代码） Bond Name（Code）	发行量（百万元） Issued Vol（M yuan）	到期日 Expiration Date	票面利率（%） Coupon Rate（%）
16昱达债（135217）	800.00	2019.01.28	6.6000	16桂东01（135219）	1000.00	2021.02.04	6.3000
16珠投02（135220）	330.00	2020.01.28	7.5000	16智光02（135221）	300.00	2019.02.03	7.7000
16协信01（135222）	1000.00	2019.02.01	7.5000	16西矿02（135225）	150.00	2019.02.02	6.5000
16西矿03（135226）	500.00	2020.02.02	6.8000	16惠金债（135227）	150.00	2019.02.02	7.8000
16华业01（135229）	600.00	2019.03.04	7.0000	16丰经开（135230）	1000.00	2019.02.02	6.5000
16六安01（135231）	1000.00	2019.02.01	7.0000	16森工建（135232）	500.00	2019.02.03	7.2000
16凤机场（135233）	1000.00	2019.02.02	6.9000	16陕旅游（135234）	200.00	2019.06.14	5.4000
16龙垦02（135235）	1910.00	2019.02.02	4.0000	16蓟投债（135236）	1000.00	2019.02.03	7.2000
16方正01（135240）	3810.00	2021.02.18	6.5000	16方正C1（135241）	10000.00	2019.02.19	4.4300
16新奥01（135242）	1000.00	2019.02.23	4.2000	16锡山水（135243）	1500.00	2019.02.25	5.4500
16宁浦口（135244）	1500.00	2019.02.25	4.5000	16渝投03（135245）	2000.00	2019.03.01	4.3000
16吉华泰（135246）	500.00	2019.03.25	5.9800	16桂东02（135248）	1000.00	2021.03.01	5.7000
16爱山债（135249）	1000.00	2019.02.25	6.9000	16庞大01（135250）	600.00	2099.12.31	8.0000
16无锡01（135251）	500.00	2021.02.26	4.6800	16无锡02（135252）	1000.00	2021.02.26	4.5800
16财通Y1（135253）	500.00	2021.02.26	4.6000	16湘振湘（135254）	1500.00	2019.04.12	7.5000
16镇交01（135256）	1140.00	2019.02.26	7.5000	16金凤债（135257）	600.00	2019.02.26	7.0000
16永兴01（135258）	1000.00	2021.03.01	7.5000	16滨海01（135260）	6000.00	2021.03.21	4.0800
16碧园01（135261）	4000.00	2021.03.02	6.3000	16凉山01（135262）	800.00	2019.03.02	5.7800
16中企01（135263）	1443.00	2019.03.02	6.0000	16丹阳02（135264）	500.00	2019.03.01	6.0000
16淮交控（135265）	500.00	2019.03.01	4.7500	16华发01（135266）	500.00	2021.03.03	5.8000
16华发02（135267）	1500.00	2019.03.03	6.7000	16融创03（135268）	3500.00	2021.03.07	6.5000
16东兴01（135269）	600.00	2021.03.04	5.6000	16黔高01（135270）	2000.00	2021.03.09	4.1800
16渝隆债（135271）	2000.00	2019.03.07	4.3700	16道博02（135272）	200.00	2019.03.03	7.5000
16海瀛02（135273）	1900.00	2019.03.04	6.5000	16融信02（135274）	500.00	2019.03.21	7.5000
16华远02（135275）	1000.00	2019.03.08	4.5800	16钟山债（135277）	1000.00	2021.03.07	8.8000
16淮建投（135278）	2000.00	2019.03.08	7.0000	16新奥02（135279）	500.00	2019.03.14	4.0000
16城发02（135280）	500.00	2020.03.09	6.5000	16长湖01（135281）	900.00	2021.03.09	7.3000
16镇投01（135282）	600.00	2021.03.09	4.9900	16海河01（135283）	1500.00	2021.03.09	4.3800
16住宅01（135284）	500.00	2021.03.14	5.6000	16宜城01（135286）	1000.00	2021.03.10	4.9000
16盘城发（135289）	800.00	2021.03.23	9.0000	16鄂农01（135290）	200.00	2019.03.26	4.3000
16昆投01（135291）	1000.00	2021.03.14	5.6000	16方正02（135292）	4190.00	2021.03.11	6.5000
16宁新01（135293）	500.00	2019.02.01	4.4000	16国裕01（135294）	1000.00	2019.03.11	4.7000
16江东01（135295）	2000.00	2021.03.11	5.9500	16长投01（135296）	3000.00	2019.03.11	4.1800
16株湘01（135297）	1500.00	2021.03.15	5.5000	16柯桥01（135298）	1900.00	2021.03.15	4.8200
16惠水债（135300）	300.00	2019.03.10	9.5000	16太湖01（135301）	500.00	2021.03.15	7.2000
16华夏04（135302）	3000.00	2021.03.24	7.4000	16宁投债（135304）	500.00	2019.03.15	6.5000
16迈瑞01（135305）	2000.00	2023.03.14	5.3800	16川瑞债（135307）	600.00	2019.03.16	5.8000
16常熟01（135308）	1000.00	2021.03.17	5.0000	16贵安01（135309）	5000.00	2021.03.17	7.5000
16银期债（135310）	300.00	2019.03.15	4.3000	16常交01（135311）	1000.00	2021.03.22	7.3000
16蓉文旅（135312）	500.00	2021.03.17	4.9000	16华信02（135313）	1500.00	2021.03.21	7.9500
16雨投01（135314）	500.00	2019.04.01	4.3700	16洛投01（135316）	2000.00	2021.03.18	4.9000
16吴开债（135317）	2000.00	2019.03.21	4.6800	16京泰01（135318）	1000.00	2019.03.18	5.2400
16新控01（135319）	400.00	2099.12.31	8.0000	16中企02（135320）	1500.00	2019.03.18	4.9500
16绍兴债（135321）	1000.00	2019.03.23	4.5000	16田岭涧（135322）	500.00	2021.03.03	8.8000
16昆银桥（135323）	1000.00	2021.03.28	4.9500	16长投02（135324）	2000.00	2019.03.18	4.1500
16海航01（135325）	3500.00	2019.03.17	7.0000	16安吉01（135326）	1000.00	2019.03.24	5.3900
16普湾01（135327）	2000.00	2021.03.18	5.4000	16顺投债（135328）	1000.00	2020.03.23	7.4900
16华发03（135329）	1500.00	2021.03.21	5.7000	16华发04（135330）	1500.00	2019.03.21	6.7000
16岳阳01（135331）	2000.00	2021.03.21	4.4500	16海瀛03（135332）	800.00	2019.08.31	5.1800
16连工01（135333）	500.00	2019.04.15	7.2000	16柳龙01（135334）	800.00	2022.03.28	6.7000

债券信息
List of Bonds

债券
Bond

债券简称（代码） Bond Name（Code）	发行量 （百万元） Issued Vol （M yuan）	到期日 Expiration Date	票面利率（%） Coupon Rate（%）	债券简称（代码） Bond Name（Code）	发行量 （百万元） Issued Vol （M yuan）	到期日 Expiration Date	票面利率（%） Coupon Rate（%）
16 平证 01（135335）	1500.00	2019.03.23	3.5000	16 邢路 01（135337）	800.00	2019.05.20	6.8000
16 金坛 01（135338）	500.00	2021.03.23	6.9000	16 远东四（135339）	2000.00	2021.03.23	4.0000
16 宁海 01（135340）	1000.00	2019.03.24	6.4000	16 宝投 01（135341）	1000.00	2021.03.24	5.3200
16 同煤 01（135343）	3000.00	2021.11.21	6.8000	16 春华 01（135344）	1000.00	2019.03.28	5.7000
16 柳投 02（135345）	2380.00	2022.03.25	6.7000	16 凤凰 01（135346）	2000.00	2021.03.29	4.5900
16 普定 01（135347）	190.00	2019.03.24	9.5000	16 名城 01（135348）	500.00	2019.03.25	7.5000
16 刚泰 02（135349）	1000.00	2099.12.31	8.0000	16 新城 02（135350）	1150.00	2019.03.29	6.7000
16 住总 02（135351）	2000.00	2021.03.28	4.2000	16 武经 01（135353）	500.00	2021.05.24	5.6000
16 常文旅（135354）	400.00	2021.03.30	7.5000	16 碧园 02（135355）	4000.00	2020.03.29	4.5500
16 泰交债（135356）	2000.00	2021.03.30	4.8000	16 紫薇 01（135357）	1000.00	2019.03.31	7.1500
16 昆投 02（135359）	500.00	2021.04.01	5.6000	16 绵投 01（135360）	1000.00	2022.03.28	6.3000
16 绵投 02（135361）	1000.00	2022.03.29	6.3000	16 庞大 02（135362）	1400.00	2099.12.31	8.3000
16 川菜债（135364）	1000.00	2019.03.30	7.8000	16 普交 01（135365）	660.00	2019.03.31	6.5000
16 新芦淞（135367）	1000.00	2021.03.31	8.0000	16 海陵 02（135368）	600.00	2021.04.01	7.5000
16 望城 01（135369）	1500.00	2021.03.30	7.2000	16 先导 02（135370）	1500.00	2021.04.07	4.8500
16 自贡债（135371）	1000.00	2021.04.19	7.5000	16 汇通 01（135372）	500.00	2021.04.01	8.9500
16 大江债（135375）	800.00	2021.04.08	6.6900	16 苏科 01（135377）	1000.00	2019.06.27	4.6900
16 新港 01（135378）	500.00	2019.04.13	3.9500	16 五控 01（135379）	800.00	2019.05.23	4.6000
16 东港债（135380）	500.00	2019.07.17	6.0000	16 高科债（135381）	120.00	2019.03.28	6.3000
16 硕经发（135382）	500.00	2021.04.18	2.5000	16 首业 01（135383）	700.00	2019.04.18	6.1000
16 首业 02（135384）	2300.00	2021.04.18	4.5000	16 兖城投（135385）	1000.00	2019.04.14	7.6000
16 中交 01（135386）	2300.00	2021.04.14	4.5000	16 夷陵债（135387）	500.00	2019.04.13	5.2000
16 郑地 02（135388）	1000.00	2021.04.11	4.7300	16 濮阳 01（135389）	1500.00	2021.06.29	5.9000
16 新控 02（135390）	2000.00	2099.12.31	7.0000	16 华夏 05（135391）	2000.00	2021.04.18	7.2000
16 桐乡债（135393）	1500.00	2021.08.10	4.2000	16 靖新城（135394）	1000.00	2019.04.14	5.6000
16 景瑞 02（135395）	1000.00	2019.09.13	9.0000	16 迈瑞 02（135397）	2000.00	2023.04.18	5.2900
16 鑫域 01（135398）	600.00	2021.04.15	7.5000	16 亿利 01（135399）	500.00	2019.04.20	5.5000
16 华建债（135400）	800.00	2020.04.19	6.1700	16 盘水债（135401）	1000.00	2019.06.10	7.5000
16 金通 01（135402）	500.00	2019.04.21	8.5000	16 北辰 01（135403）	1500.00	2021.04.21	4.4800
16 禾嘉 01（135404）	500.00	2019.12.29	7.5700	16 华融 C1（135406）	1000.00	2020.04.21	4.1000
16 中铁 03（135407）	1500.00	2021.04.20	4.7500	16 融创 04（135408）	2700.00	2022.05.03	3.0000
16 宁建发（135410）	1000.00	2021.04.21	5.5000	PR 合华债（135412）	700.00	2021.04.21	7.8000
16 内投债（135413）	1000.00	2021.04.19	7.5000	16 滕建 01（135414）	2000.00	2021.04.20	7.5000
16 三盛 01（135415）	830.00	2019.04.19	8.0000	16 星城 01（135416）	2000.00	2021.04.22	6.5000
16 中原 01（135418）	2500.00	2019.04.22	4.2000	16 昆旅 01（135419）	500.00	2021.04.20	5.6000
16 南通债（135420）	1500.00	2021.04.27	4.8000	16 湘型 01（135421）	1200.00	2020.08.01	7.3800
16 姜交 01（135422）	100.00	2019.04.22	6.0000	16 化医 01（135423）	700.00	2019.04.25	5.2000
16 侨鑫 01（135424）	3000.00	2020.04.25	8.0000	16 金港债（135425）	570.00	2021.04.25	5.4000
16 协信 04（135426）	500.00	2019.04.21	7.5000	16 景洪 01（135427）	200.00	2019.05.08	8.5000
16 苏高水（135428）	500.00	2019.05.24	4.9900	16 晋能 01（135429）	2000.00	2019.11.11	5.9500
16 天房 03（135430）	700.00	2021.04.26	7.7000	16 湛交 01（135431）	800.00	2019.04.27	5.2000
16 三水 01（135432）	270.00	2021.04.26	5.4500	PR 汝水电（135433）	900.00	2021.04.27	7.0000
16 迪马 02（135436）	600.00	2019.01.25	7.6000	16 迪马 03（135437）	500.00	2019.01.25	7.6000
16 苏望涛（135439）	400.00	2021.04.28	7.5000	16 甬海 01（135440）	1500.00	2021.04.28	4.9900
16 眉控 01（135441）	600.00	2021.04.28	7.8500	16 海旅 02（135442）	1000.00	2019.04.28	8.0000
16 融信 03（135443）	550.00	2019.05.03	7.4000	16 南城 03（135444）	100.00	2019.05.27	9.0000
16 龙光 02（135446）	500.00	2020.05.16	6.9900	16 新控 03（135447）	1600.00	2099.12.31	7.0000
16 金建债（135448）	600.00	2021.04.13	7.3000	16 巴中 01（135450）	2000.00	2021.05.04	7.5000
16 黔投 01（135451）	600.00	2021.04.29	8.5000	16 盐国 02（135453）	1000.00	2021.04.29	7.0000
16 湛交 02（135454）	700.00	2019.04.28	5.2000	16 靖北辰（135455）	600.00	2021.04.29	8.0000

债券信息 List of Bonds

债券 Bond

债券简称（代码）Bond Name（Code）	发行量（百万元）Issued Vol（M yuan）	到期日 Expiration Date	票面利率（%）Coupon Rate（%）	债券简称（代码）Bond Name（Code）	发行量（百万元）Issued Vol（M yuan）	到期日 Expiration Date	票面利率（%）Coupon Rate（%）
16 红谷滩（135456）	1000.00	2021.05.05	6.0000	16 金建 02（135457）	400.00	2021.04.22	7.3000
16 玉皇债（135458）	500.00	2019.05.18	6.3000	16 盛泽 01（135459）	300.00	2021.05.04	5.5000
16 鑫业 01（135460）	1500.00	2019.08.15	8.2000	16 九州 01（135461）	400.00	2020.06.03	6.3000
16 金辉 04（135462）	600.00	2019.05.05	7.5000	16 华夏 06（135465）	4000.00	2021.05.12	7.2000
16 天风次（135466）	580.00	2019.05.13	4.9000	16 天恒 01（135467）	1500.00	2021.05.12	5.0000
16 富力 06（135468）	4600.00	2022.05.16	6.8000	16 肇庆 01（135471）	1500.00	2019.05.23	5.0000
16 云能 01（135472）	2000.00	2021.05.18	4.5500	16 循环债（135473）	2000.00	2021.05.13	8.0000
16 高投 01（135475）	1800.00	2021.05.16	4.5000	16 綦江债（135476）	1000.00	2021.05.19	7.3000
16 同益 01（135477）	550.00	2099.12.31	8.0000	16 中融 02（135478）	1000.00	2019.05.17	7.0000
16 淮经 01（135480）	800.00	2021.05.20	7.9000	16 常通 01（135482）	800.00	2021.05.25	5.0600
16 博融 01（135483）	360.00	2019.05.17	7.3000	16 海通 01（135484）	15000.00	2019.05.20	3.6000
16 海通 02（135485）	5000.00	2021.05.18	3.8000	16 住总 03（135486）	500.00	2021.05.20	4.2000
16 津劝业（135487）	300.00	2019.05.20	8.5000	16 滨海 02（135489）	2000.00	2021.05.27	4.3500
16 中科债（135490）	800.00	2019.05.30	5.2000	16 财通 01（135491）	1000.00	2019.05.23	4.0000
16 新港 02（135492）	1000.00	2019.05.25	4.3000	16 中铁建（135495）	1500.00	2021.05.25	4.7000
16 信地 03（135496）	3000.00	2019.05.26	6.7000	16 软件 01（135497）	500.00	2019.06.27	5.8000
16 梅州 01（135498）	1000.00	2021.05.27	6.0000	16 海安 01（135499）	700.00	2019.05.31	6.0000
14 昆高 01（135500）	1400.00	2020.01.20	6.8500	14 昆高 02（135501）	1100.00	2020.06.25	7.5000
16 广金 01（135503）	750.00	2019.04.17	6.0500	PR 邳经债（135504）	1000.00	2021.05.25	7.8000
16 株教 01（135506）	500.00	2021.05.30	7.2000	16 华夏 07（135507）	1000.00	2020.06.01	5.1900
16 富力 08（135508）	10400.00	2020.05.30	6.5000	16 大庆 01（135509）	500.00	2021.05.27	7.0000
16 郑地 03（135512）	1000.00	2021.05.30	5.2000	16 鑫隆 01（135513）	500.00	2021.06.17	8.0000
16 黔投 02（135514）	900.00	2021.05.30	8.5000	16 晋交 01（135515）	1000.00	2021.05.31	5.7000
16 苏新 01（135517）	1000.00	2019.06.06	4.2300	16 眉控 02（135518）	600.00	2021.05.30	7.4800
16 首业 03（135521）	2300.00	2019.06.01	5.7000	16 首业 04（135522）	1700.00	2021.06.01	4.4000
16 海兴 01（135523）	1000.00	2021.06.01	5.9500	16 湖州 01（135525）	2000.00	2021.06.02	4.8500
16 华远 03（135526）	1000.00	2019.06.02	5.5500	16 桂物 01（135527）	500.00	2019.06.07	7.7000
16 安庆 01（135528）	200.00	2021.06.06	6.1700	16 洛市政（135529）	100.00	2019.06.03	7.5000
16 淮新 01（135530）	1000.00	2019.06.01	5.1000	16 碧园 03（135531）	1000.00	2021.07.29	5.6000
16 华业 02（135532）	430.00	2099.12.31	8.5000	16 鲁宏 01（135533）	3000.00	2019.06.02	6.9500
16 康嘉 02（135535）	300.00	2019.06.15	6.5000	16 四面债（135536）	500.00	2021.06.08	7.3000
16 滁城投（135537）	800.00	2021.06.07	4.7500	16 方正 05（135539）	2200.00	2019.06.08	6.2500
16 先导 03（135540）	1500.00	2021.06.07	5.0000	16 任城债（135541）	1500.00	2021.06.07	7.0000
16 化医 02（135542）	1400.00	2019.06.24	6.0000	16 电建 02（135543）	1070.00	2019.06.08	5.8000
16 新奥 03（135545）	700.00	2019.06.07	4.0900	16 吴发 01（135546）	1000.00	2019.06.08	4.5000
16 黄浦 01（135547）	550.00	2019.07.23	5.8000	16 融创 05（135548）	2300.00	2022.06.13	7.0000
16 盐城 01（135549）	2000.00	2021.06.15	7.5000	16 滕建投（135550）	500.00	2019.06.13	5.4400
16 贵安 02（135551）	3000.00	2019.07.02	7.5000	16 常港 01（135552）	500.00	2021.07.15	7.0000
16 姜城 01（135553）	600.00	2021.06.17	6.8000	16 滇投 01（135554）	1500.00	2021.06.14	8.0000
16 洛投 02（135555）	2000.00	2019.06.26	4.2000	16 华夏 08（135557）	5200.00	2020.06.21	6.9500
16 财通 02（135558）	1000.00	2020.06.16	5.3000	16 滁同创（135559）	1000.00	2021.06.15	6.5000
16 金泰 01（135560）	500.00	2021.06.16	6.0000	16 鄂农 02（135561）	100.00	2019.04.22	5.8000
16 长沙 01（135562）	1500.00	2021.06.20	4.3500	16 双福 01（135563）	300.00	2021.06.17	5.7000
16 渝西债（135564）	1000.00	2019.06.29	4.3300	16 先导 04（135565）	2000.00	2020.06.16	6.5000
16 红塔 01（135566）	500.00	2021.07.06	8.5000	16 张公 01（135567）	3000.00	2021.06.20	4.8000
16 深业 01（135568）	2380.00	2019.06.17	7.5000	16 川铁 01（135569）	500.00	2019.06.30	6.0000
16 泰滨 01（135570）	700.00	2019.06.21	7.8000	16 来雁 01（135571）	1000.00	2019.07.04	5.1400
16 开乾 01（135572）	1000.00	2021.08.01	7.0000	16 珠实 01（135574）	720.00	2021.06.22	4.5000
16 蓉工 01（135575）	300.00	2019.06.30	5.3000	16 格地 01（135577）	3000.00	2021.06.23	7.0000
16 融信 04（135578）	1050.00	2019.06.27	7.5200	16 东洋 01（135579）	500.00	2019.02.15	4.8000

债券信息
List of Bonds

债券简称（代码）Bond Name（Code）	发行量（百万元）Issued Vol（M yuan）	到期日 Expiration Date	票面利率（%）Coupon Rate（%）	债券简称（代码）Bond Name（Code）	发行量（百万元）Issued Vol（M yuan）	到期日 Expiration Date	票面利率（%）Coupon Rate（%）
16 任兴债（135580）	1500.00	2021.06.23	7.0000	16 悦来债（135582）	2000.00	2021.06.24	4.9000
16 新发 01（135583）	300.00	2019.07.14	5.3000	16 迪马 04（135584）	300.00	2019.06.23	6.5000
16 合生 01（135585）	3100.00	2019.06.27	5.5000	16 甬海 02（135587）	1000.00	2021.06.24	4.6000
16 启迪 01（135588）	1000.00	2019.08.07	6.3000	16 安投 01（135589）	800.00	2021.06.23	7.0000
16 盛锦债（135590）	400.00	2021.06.28	7.2000	16 黔水 01（135591）	580.00	2019.08.08	8.5000
16 盐国 03（135592）	1000.00	2021.06.27	6.8000	16 九华 01（135593）	1200.00	2021.06.27	7.5000
16 宁城投（135594）	1000.00	2021.06.30	6.5000	16 常熟 02（135595）	500.00	2019.07.16	4.0000
16 淮水 02（135596）	600.00	2021.07.04	4.9900	16 崇川 02（135597）	500.00	2019.06.30	6.7800
16 国际 02（135598）	3000.00	2099.12.31	7.7000	16 无锡 04（135600）	500.00	2021.07.04	4.7500
16 国裕 02（135601）	1000.00	2019.06.29	5.1000	16 运和债（135602）	1500.00	2021.07.01	6.8000
16 金辉 05（135603）	1500.00	2019.07.05	7.4000	16 临港 01（135604）	2000.00	2019.07.22	5.0000
16 鲁水 01（135606）	1000.00	2021.07.07	5.3000	16 天房 01（135607）	870.00	2021.07.01	8.9000
16 天房 02（135608）	330.00	2022.07.01	8.9000	16 沙旅游（135609）	200.00	2019.06.30	6.0500
16 海宁 01（135610）	1000.00	2021.07.05	4.7000	16 牟中 01（135611）	600.00	2021.07.11	4.6800
16 渝物 02（135612）	500.00	2021.07.07	6.5000	16 内建 01（135614）	1000.00	2019.07.23	7.5000
16 江津 01（135615）	300.00	2019.07.12	4.3000	16 绿港 01（135616）	500.00	2019.07.12	7.9800
16 渝开 02（135617）	900.00	2021.07.11	6.7000	16 三盛 02（135618）	1000.00	2019.07.08	7.3000
16 武经 02（135620）	1500.00	2021.07.12	5.5000	16 安吉 02（135621）	1000.00	2019.07.18	5.7500
16 万通 05（135622）	500.00	2019.07.13	8.4000	16 鲁水 02（135624）	1000.00	2021.07.15	5.3000
16 长开 01（135627）	1500.00	2021.07.14	6.3000	16 常通 02（135629）	600.00	2021.07.18	4.6300
16 建房 01（135631）	1500.00	2021.07.19	4.6000	16 肇庆 02（135632）	1500.00	2019.08.01	4.6500
16 漳交通（135633）	500.00	2019.07.13	4.8000	16 黄浦 02（135635）	1100.00	2019.08.26	5.8000
16 首业 05（135636）	2000.00	2019.07.19	5.9000	16 首业 06（135637）	1000.00	2021.07.19	4.1000
16 大庆 02（135638）	1000.00	2021.07.18	7.5000	16 哈居 01（135640）	1500.00	2021.07.18	6.0000
16 滨江 01（135641）	1000.00	2019.07.31	4.5800	PR 淮交债（135642）	700.00	2021.07.21	4.4800
16 化医 03（135644）	1500.00	2019.07.20	6.0000	16 新港 03（135645）	500.00	2019.07.19	3.7600
16 卓越 02（135646）	1605.00	2019.07.22	7.3000	16 上虞 01（135647）	3000.00	2021.07.21	4.8800
16 临港 02（135648）	1000.00	2019.08.02	5.0000	16 鲁宏 02（135649）	3000.00	2021.07.15	6.8000
16 余姚 01（135650）	500.00	2021.07.19	6.4000	16 新发 02（135652）	500.00	2019.07.20	5.3000
16 豫资 01（135654）	1500.00	2019.08.23	3.9800	16 新航债（135655）	1000.00	2019.09.04	7.0000
16 昌投 01（135656）	1000.00	2019.08.12	4.9900	16 东兴 02（135657）	2000.00	2019.07.22	3.6800
16 合景 01（135658）	2000.00	2021.07.25	6.8500	16 雨投 02（135659）	500.00	2021.07.22	4.3500
16 迪马 05（135660）	530.00	2019.01.25	7.6000	16 迪马 06（135661）	70.00	2019.01.25	7.6000
16 上虞债（135663）	1000.00	2019.07.28	4.6300	16 方正 06（135668）	1500.00	2019.07.26	4.5000
16 方正 07（135669）	700.00	2019.08.28	5.5000	16 方正 08（135670）	600.00	2021.07.26	4.8000
16 长寿 01（135671）	500.00	2023.07.25	5.7800	16 碧海 01（135672）	700.00	2021.07.27	8.5000
16 生态 01（135673）	500.00	2021.07.28	7.6000	16 虹阳 01（135674）	1000.00	2019.12.17	8.5000
16 融信 05（135675）	2900.00	2019.08.01	7.5000	16 贵建设（135676）	1000.00	2019.07.27	5.0000
16 哈居 02（135677）	500.00	2019.09.30	7.4500	16 盛泽 02（135678）	1000.00	2021.07.28	5.4000
16 丰盛 01（135679）	1400.00	2099.12.31	8.0000	16 丰盛 02（135680）	600.00	2099.12.31	8.0000
16 联发 01（135681）	700.00	2019.07.28	3.8400	16 吐国资（135682）	1000.00	2019.08.09	5.1000
16 黔水 02（135683）	920.00	2021.07.29	8.5000	16 昆旅 02（135684）	500.00	2019.12.06	5.6000
16 中民 F2（135685）	5000.00	2099.12.31	7.5000	16 豫资 02（135686）	1500.00	2019.08.09	3.8000
16 绿建 01（135687）	1500.00	2021.07.28	5.2000	16 海动迁（135689）	1000.00	2019.08.27	4.7900
16 雅居 01（135690）	3000.00	2020.07.29	7.5000	16 东海债（135691）	1500.00	2021.07.28	3.9000
16 盛屯 01（135692）	500.00	2019.07.25	8.0000	16 合景 02（135693）	1300.00	2021.07.29	6.9500
16 天禾债（135694）	300.00	2019.08.09	5.7000	16 协信 07（135695）	720.00	2019.07.29	8.0000
16 世茂 02（135696）	540.00	2021.07.31	4.6000	16 高淳 01（135697）	1000.00	2019.08.15	4.8000
16 国联 C1（135699）	1500.00	2021.07.29	3.8900	16 秀山 01（135702）	500.00	2021.07.28	7.0000
16 仙居 01（135703）	400.00	2019.08.07	4.8000	16 大航 01（135704）	1000.00	2021.07.29	6.5000

债券信息
List of Bonds

债券
Bond

债券简称（代码）Bond Name（Code）	发行量（百万元）Issued Vol（M yuan）	到期日 Expiration Date	票面利率（%）Coupon Rate（%）	债券简称（代码）Bond Name（Code）	发行量（百万元）Issued Vol（M yuan）	到期日 Expiration Date	票面利率（%）Coupon Rate（%）
16美兰01（135705）	1400.00	2099.12.31	6.8000	16海航02（135706）	1500.00	2099.12.31	6.2000
16九华02（135707）	1900.00	2021.07.29	7.5000	16紫薇02（135708）	500.00	2019.07.29	6.3000
16住宅03（135709）	2000.00	2019.08.05	3.9700	16珠投05（135710）	2000.00	2020.07.29	8.5000
16津星01（135711）	1000.00	2019.07.29	5.4900	16海安债（135712）	250.00	2019.08.02	8.0000
16汽车园（135713）	300.00	2019.08.05	5.7000	16株教02（135714）	500.00	2021.08.08	7.2000
16蓝星01（135715）	2400.00	2019.08.08	4.2000	16清浦01（135716）	500.00	2021.08.09	7.2500
16宜城02（135717）	1000.00	2021.08.05	4.8000	16产投债（135718）	300.00	2019.11.14	9.0000
16贵安03（135719）	5000.00	2021.08.08	7.4000	16汾湖投（135721）	1000.00	2021.08.08	5.3500
16吴发02（135723）	1500.00	2019.08.09	4.0000	16首发01（135726）	1500.00	2021.08.10	4.5000
16信地04（135727）	3000.00	2019.08.12	6.9900	16华融C2（135728）	1000.00	2019.08.19	3.5000
16汇通02（135729）	500.00	2021.08.09	8.9500	16景陶01（135730）	1000.00	2021.08.12	6.9000
16东丽01（135731）	2000.00	2019.09.26	7.5000	16碧海02（135733）	300.00	2021.08.18	8.5000
16南城04（135734）	100.00	2021.08.11	9.5000	16海安02（135735）	800.00	2019.08.22	4.5000
16新城03（135736）	2000.00	2019.12.17	6.2000	16鑫鸿01（135737）	1000.00	2021.08.10	7.5000
16山钢01（135738）	3000.00	2019.08.15	7.0000	16彭水01（135741）	800.00	2019.08.26	6.6000
16江城02（135742）	1500.00	2021.08.16	4.7500	16化医04（135743）	400.00	2019.08.16	5.8000
16京投02（135744）	1000.00	2019.08.19	4.9800	16驻投01（135745）	1000.00	2019.11.04	3.9300
16三盛03（135746）	1420.00	2019.08.16	8.0000	16新发03（135747）	700.00	2019.08.18	4.6500
16富达债（135748）	750.00	2019.08.29	3.8500	16民生01（135749）	1480.00	2019.08.16	4.2000
16经开01（135750）	1000.00	2019.08.29	3.8000	16京融01（135751）	4000.00	2021.08.18	4.4800
16通泰01（135752）	600.00	2019.11.06	6.1000	16锡洲01（135756）	500.00	2099.12.31	7.9000
16鑫源01（135758）	2000.00	2019.08.18	6.5000	16复地F1（135759）	3000.00	2019.08.22	7.2000
16萍乡01（135760）	1000.00	2019.09.04	4.1400	16华安债（135761）	600.00	2019.09.17	8.5000
16五控02（135762）	1500.00	2021.08.23	5.8000	16文蓝01（135763）	1500.00	2019.09.03	6.5000
16柳龙02（135764）	700.00	2019.09.04	4.5500	16上虞02（135765）	500.00	2021.08.25	4.0500
16上虞03（135766）	1500.00	2021.08.25	4.7800	16余交01（135768）	1000.00	2021.08.25	4.2000
16滇投03（135770）	1500.00	2021.09.05	7.5000	16晋交02（135771）	2500.00	2019.09.05	3.0000
16淮经02（135772）	600.00	2021.09.09	4.7500	16丰经01（135773）	500.00	2019.10.11	7.8000
16联发02（135774）	800.00	2019.09.10	3.8500	16新会01（135776）	1000.00	2019.09.11	5.6000
16昌润01（135777）	400.00	2019.08.25	4.4000	16镇交02（135778）	630.00	2019.08.29	5.8000
16春华02（135779）	1000.00	2019.08.26	4.5000	16远东六（135780）	4000.00	2019.09.20	3.4600
16渝南01（135781）	800.00	2021.08.25	5.0000	16鲁公用（135782）	500.00	2021.08.24	6.3000
16永开01（135783）	1500.00	2021.08.29	7.3000	16张经01（135784）	500.00	2019.09.01	3.7800
16祥源01（135785）	500.00	2019.08.29	7.0000	16盛泽03（135786）	700.00	2021.08.31	5.4000
16沪证Y1（135787）	2000.00	2021.09.02	4.1000	16洞庭01（135788）	1000.00	2019.10.22	7.2000
16沪城开（135789）	1700.00	2022.08.30	3.9000	16姜交02（135790）	300.00	2019.08.30	4.7000
16天地一（135791）	1000.00	2019.08.30	6.2800	16漯河01（135792）	1000.00	2021.08.30	6.2000
16京开01（135793）	2000.00	2021.09.02	5.5000	16迈瑞03（135794）	1000.00	2023.09.05	4.5000
16碧园04（135796）	4170.00	2020.09.02	6.8000	16碧园05（135797）	5830.00	2023.09.02	5.6500
16铜旅01（135798）	1500.00	2021.09.01	7.5000	16川铁02（135799）	1500.00	2019.08.31	5.8500
16海河02（135800）	1500.00	2021.09.05	3.7700	16方洋01（135801）	1100.00	2021.09.02	4.6800
16亿利03（135802）	500.00	2019.09.02	7.0000	16金辉06（135803）	900.00	2019.09.05	7.3000
16兴长02（135804）	1000.00	2021.09.08	4.9000	16双福02（135806）	300.00	2019.09.16	5.3000
16政通01（135808）	1000.00	2021.09.05	6.3000	16潍东债（135810）	2000.00	2019.10.09	4.2500
16万林01（135811）	500.00	2021.09.08	4.7900	16首股02（135812）	3000.00	2021.09.05	3.5900
16镇城03（135813）	1500.00	2019.09.01	4.7900	16金交01（135814）	500.00	2021.09.02	5.2000
16名城03（135815）	3500.00	2019.08.16	8.0000	16建房02（135816）	1500.00	2019.09.09	3.8300
16南县债（135817）	500.00	2021.09.06	9.0000	16洪泽01（135818）	400.00	2019.12.30	5.8000
16绍城01（135819）	1000.00	2021.09.08	5.8000	16厦特01（135820）	2000.00	2021.09.09	5.3000
16瀚控01（135821）	2000.00	2019.09.02	5.5800	16九华03（135822）	900.00	2021.09.05	7.5000

债券信息 List of Bonds

债券 Bond

债券简称（代码） Bond Name（Code）	发行量（百万元） Issued Vol（M yuan）	到期日 Expiration Date	票面利率（%） Coupon Rate（%）	债券简称（代码） Bond Name（Code）	发行量（百万元） Issued Vol（M yuan）	到期日 Expiration Date	票面利率（%） Coupon Rate（%）
16 天房 04（135823）	2000.00	2021.09.08	7.7000	16 岳阳 02（135825）	1000.00	2021.09.05	3.9200
16 珠实 02（135826）	780.00	2019.09.20	5.1900	16 浏广宇（135827）	600.00	2019.09.06	6.3500
16 清浦 02（135828）	500.00	2021.09.13	5.3000	16 金投 01（135829）	600.00	2019.09.19	6.9900
16 通经 01（135831）	200.00	2021.09.08	4.5000	16 天宁 01（135832）	500.00	2021.09.13	4.9000
16 京融 02（135833）	4000.00	2019.09.09	3.6000	16 华发 05（135834）	2000.00	2021.09.12	4.7500
16 贵安 04（135835）	2000.00	2019.09.26	7.4000	16 六安 02（135836）	500.00	2021.09.09	7.4800
16 新城 04（135838）	500.00	2023.09.12	4.8000	16 承控 02（135839）	1500.00	2021.09.08	5.8000
16 新中泰（135840）	500.00	2021.09.30	5.6000	16 筑投 01（135841）	2800.00	2023.09.12	4.0000
16 旭辉 02（135842）	3500.00	2021.09.23	6.0000	16 旭辉 03（135843）	500.00	2021.09.23	5.5000
16 潞矿 02（135845）	1500.00	2021.09.09	5.2000	16 三水 02（135846）	1000.00	2021.09.12	4.7000
16 永兴 02（135847）	1000.00	2021.09.13	6.8000	16 邳州债（135848）	500.00	2021.09.09	6.8000
16 阳山 01（135849）	500.00	2019.09.08	4.9000	16 正源 03（135850）	2000.00	2099.12.31	8.8000
16 崇川 03（135852）	500.00	2019.09.19	6.5000	16 海西 01（135853）	500.00	2021.09.20	5.4000
G16 唐新 1（135854）	1000.00	2019.09.20	3.5000	16 诸资 01（135855）	2000.00	2021.09.13	4.4000
16 西南 C2（135856）	3000.00	2019.09.20	3.4900	16 眉山债（135857）	1000.00	2019.09.12	8.0000
16 南城 05（135859）	150.00	2021.09.14	10.0000	16 锡洲 02（135860）	1500.00	2099.12.31	7.4000
16 花园 02（135862）	1000.00	2021.09.29	8.5000	16 常高 01（135863）	1500.00	2021.09.20	4.0800
16 通泰 02（135866）	400.00	2021.09.20	7.0000	16 山钢 02（135867）	3000.00	2019.09.14	6.9800
16 佳源 04（135869）	500.00	2019.09.27	8.1500	16 湘财 01（135871）	500.00	2026.09.12	4.9200
16 大足债（135872）	800.00	2021.09.27	8.0000	16 高速 01（135873）	3000.00	2019.10.15	3.4500
16 兴业 02（135874）	3000.00	2021.09.26	3.6800	16 大庆 03（135875）	500.00	2021.09.20	7.3000
16 新港 04（135876）	500.00	2019.09.23	3.6700	16 新港 05（135877）	500.00	2021.09.23	3.9000
16 华创 01（135878）	800.00	2020.09.22	4.0000	16 世茂 04（135880）	3000.00	2019.09.21	6.9000
16 世茂 05（135881）	1200.00	2021.09.21	4.9000	16 雅居 02（135882）	1800.00	2021.10.11	6.9000
16 雅居 03（135883）	1200.00	2023.10.11	5.7000	16 威国资（135884）	300.00	2019.10.10	4.8000
16 市北 01（135885）	1000.00	2021.09.27	5.4000	16 白沙洲（135886）	1500.00	2019.10.09	7.0000
16 郑地 04（135887）	1500.00	2021.09.22	4.1900	16 二盛 04（135888）	750.00	2021.09.22	8.2000
16 国开次（135889）	5000.00	2021.09.26	3.5800	16 中铝 01（135890）	3215.00	2019.09.23	4.3000
16 鑫鸿 02（135894）	1000.00	2019.12.03	7.5000	16 联发 03（135895）	1500.00	2019.11.04	3.5500
16 阳澄 01（135896）	300.00	2019.09.23	4.2800	16 威海投（135897）	1500.00	2023.09.26	4.9500
16 中银 C1（135898）	2000.00	2019.09.26	3.3500	16 双鸭 01（135899）	800.00	2021.09.27	6.0000
15 浙国资（136000）	1600.00	2020.10.19	4.5800	15 福能债（136001）	500.00	2020.10.22	3.8800
15 赣粤 02（136002）	700.00	2022.10.23	3.8500	15 如意债（136003）	2000.00	2020.10.23	7.9000
14 武控 02（136004）	350.00	2021.06.24	3.6000	15 鲁星 01（136006）	1100.00	2020.10.23	7.8000
15 协鑫债（136008）	1000.00	2020.10.28	7.3000	15 中骏 01（136010）	2000.00	2020.10.28	7.6000
14 瀚华 02（136011）	900.00	2019.11.03	6.6000	15 梅花 02（136012）	1500.00	2019.10.30	4.2700
15 财达债（136013）	2500.00	2020.10.28	4.9500	15 福投债（136014）	3000.00	2023.11.02	3.8600
15 名城 01（136017）	1600.00	2020.11.04	7.8800	15 龙湖 04（136019）	2000.00	2022.11.02	4.0800
15 华安 02（136020）	500.00	2020.11.02	4.7000	15 新城 01（136021）	3000.00	2020.11.03	7.0000
15 东吴债（136022）	2500.00	2020.11.09	4.1500	15 沪城开（136024）	1800.00	2022.11.06	4.4700
15 三福 02（136027）	400.00	2020.11.09	7.5000	15 花园 01（136028）	2000.00	2020.11.10	7.2500
15 吉利 01（136030）	2000.00	2021.11.09	3.8800	15 常发投（136031）	1000.00	2020.11.11	4.3000
15 红美 01（136032）	5000.00	2020.11.10	5.9000	15 东旭 02（136033）	2000.00	2020.11.13	7.5000
15 沪国资（136034）	3000.00	2020.11.11	4.0000	15 远东一（136035）	2000.00	2020.11.11	4.8000
15 苏元禾（136036）	1000.00	2020.11.11	5.2700	15 旭辉 02（136037）	500.00	2020.11.11	5.9600
15 石化 02（136040）	4000.00	2020.11.19	3.7000	15 渝信 02（136042）	5300.00	2022.11.18	4.2600
15 华凌 01（136043）	1200.00	2020.11.23	8.0000	15 通运 01（136044）	500.00	2022.11.18	4.9000
15 复地 01（136045）	4000.00	2020.11.20	6.9500	15 中海 01（136046）	7000.00	2021.11.19	4.2000
15 国君 G2（136048）	1000.00	2022.11.19	3.8000	15 中海 02（136049）	1000.00	2022.11.19	3.8500
15 景德 01（136050）	500.00	2022.11.19	5.3000	15 矿 03 停（136051）	1500.00	2022.11.20	4.5000

债券信息
List of Bonds

债券简称（代码） Bond Name（Code）	发行量 （百万元） Issued Vol （M yuan）	到期日 Expiration Date	票面利率（%） Coupon Rate（%）	债券简称（代码） Bond Name（Code）	发行量 （百万元） Issued Vol （M yuan）	到期日 Expiration Date	票面利率（%） Coupon Rate（%）
15 矿 04 停（136052）	2500.00	2025.11.20	4.9000	15 南航 01（136053）	3000.00	2020.11.20	4.1500
15 华发 01（136057）	3000.00	2020.11.26	5.5000	15 宜集债（136058）	1000.00	2020.11.26	7.5000
15 东证债（136061）	12000.00	2020.11.26	3.9000	15 大连港（136062）	3000.00	2020.11.26	3.9400
15 中骏 02（136063）	1500.00	2020.12.08	7.6000	15 晋电 01（136065）	3000.00	2025.11.27	4.2900
15 西王 01（136066）	1000.00	2099.12.31	7.8000	15 洪市政（136067）	1000.00	2022.12.02	4.0700
15 哈投停（136068）	800.00	2020.12.09	4.0000	15 双欣债（136069）	1060.00	2020.12.04	7.8000
15 必康债（136070）	800.00	2019.04.04	6.6000	15 开元 01（136071）	1400.00	2020.12.03	4.2500
15 云能 02（136073）	3300.00	2020.12.11	4.1500	15 合作债（136074）	600.00	2020.12.03	7.5000
15 桂铁投（136075）	1000.00	2025.12.07	3.8000	15 瑞贝卡（136076）	560.00	2020.12.08	5.6800
15 禹洲 01（136078）	3000.00	2020.12.07	7.5000	15 中航债（136079）	5000.00	2020.12.07	3.7200
15 北汽 01（136080）	1500.00	2020.12.10	3.6000	15 广汇 01（136081）	520.00	2020.12.08	7.0000
15 浙交 01（136082）	1000.00	2020.12.11	3.6800	15 浙交 02（136083）	500.00	2025.12.11	4.0000
15 金源 01（136084）	5000.00	2019.03.18	4.8500	15 金茂投（136085）	2200.00	2020.12.09	3.9000
15 金源 02（136086）	1000.00	2019.03.18	5.4000	15 保利 01（136087）	3000.00	2020.12.11	3.4000
15 保利 02（136088）	2000.00	2022.12.11	3.6800	15 绿地 01（136089）	2000.00	2020.12.10	3.9000
15 绿地 02（136090）	8000.00	2020.12.10	6.8000	15 华集 01（136091）	500.00	2020.12.11	6.6000
15 连云港（136092）	660.00	2020.12.10	5.8000	15 华信债（136093）	3000.00	2099.12.31	4.9800
15 晋电 02（136094）	1000.00	2025.12.14	3.9900	15 锡交 01（136095）	1500.00	2020.12.16	3.8800
16 复星 01（136096）	4000.00	2021.01.21	5.5500	15 鲁高 01（136097）	1000.00	2020.12.17	3.6700
15 义市 01（136098）	1000.00	2020.12.16	3.9000	15 绍交 01（136099）	500.00	2020.12.15	3.9000
16 凯乐债（136100）	700.00	2019.01.21	6.8000	15 合景 01（136101）	2500.00	2021.12.17	7.0000
15 合景 02（136102）	800.00	2022.12.17	6.1500	15 滇路 01（136103）	2000.00	2020.12.15	4.9000
15 市北债（136104）	900.00	2020.12.21	4.3300	15 三友 01（136105）	500.00	2020.12.17	4.2000
15 三友 02（136106）	500.00	2022.12.17	5.3000	15 穗工债（136107）	550.00	2020.12.18	5.1000
14 粤运 02（136108）	380.00	2020.12.17	4.5000	15 康达债（136109）	900.00	2022.12.18	7.0000
14 昊华 02（136110）	1500.00	2023.01.22	5.8500	15 中环 01（136111）	600.00	2020.12.18	5.2000
15 华集 02（136112）	500.00	2020.12.21	6.7500	15 新燃 01（136113）	2500.00	2019.12.18	3.6800
15 花园 02（136114）	1000.00	2019.06.28	7.4700	15 广证 G2（136115）	1000.00	2020.12.21	4.6500
15 天富债（136116）	600.00	2020.12.21	4.3000	PR 苏伟驰（136117）	2000.00	2020.12.21	5.4000
15 融信 01（136118）	1200.00	2020.12.23	6.9000	15 国创 01（136119）	400.00	2020.12.23	8.0000
15 鲁能债（136120）	3000.00	2020.12.23	3.7600	15 南山 02（136121）	1000.00	2020.12.25	5.7000
15 中合 01（136123）	700.00	2022.12.25	3.6000	16 新奥债（136124）	1700.00	2021.02.25	6.2500
15 洛娃 01（136125）	1000.00	2099.12.31	5.8000	15 鑫苑 01（136126）	1000.00	2020.12.28	8.2000
15 中江 01（136127）	500.00	2020.12.25	4.4600	15 宇通 01（136128）	500.00	2019.01.11	3.3800
15 圣牧 01（136129）	1000.00	2020.12.28	6.4800	16 葛洲 01（136130）	3000.00	2021.01.19	3.1400
15 陕投债（136131）	500.00	2020.12.30	6.5000	15 邢钢债（136132）	300.00	2020.12.31	7.3000
16 国电 01（136133）	2000.00	2019.01.05	2.9800	16 番雅债（136134）	1600.00	2021.01.12	6.9500
16 联泰 01（136135）	1000.00	2022.01.06	7.0000	16 茂业 01（136136）	1100.00	2019.01.05	4.0000
16 茂业 02（136137）	1700.00	2021.01.05	7.5000	16 常高新（136138）	1000.00	2021.01.13	3.5800
16 国美 01（136139）	3000.00	2022.01.07	7.6000	16 富力 01（136140）	6000.00	2021.01.11	7.2000
16 邦信 01（136141）	1000.00	2022.07.01	4.5700	16 中铁 01（136142）	2800.00	2021.01.11	3.7000
16 万达 01（136143）	5000.00	2021.01.14	5.5000	16 远东一（136144）	1000.00	2021.01.13	4.0000
16 金辉 01（136145）	500.00	2021.01.13	7.3000	16 东兴债（136146）	2800.00	2021.01.13	3.0300
16 中粮 01（136147）	3000.00	2021.01.14	3.9500	16 宏桥 01（136148）	2000.00	2021.01.14	7.3000
16 宏桥 02（136149）	1000.00	2021.01.14	4.8800	16 桐昆 01（136150）	600.00	2019.01.15	3.9500
16 保利 01（136151）	2500.00	2021.01.15	4.0000	16 保利 02（136152）	2500.00	2023.01.15	3.1900
16 珠投 01（136153）	3900.00	2021.01.14	7.5000	16 西王 01（136154）	1000.00	2099.12.31	7.8000
16 电建 01（136155）	2000.00	2021.01.26	3.7000	16 同益债（136156）	1000.00	2099.12.31	7.4800
16 重水 01（136157）	500.00	2021.01.15	3.2700	16 融信 01（136158）	1300.00	2021.01.18	6.9000
16 沪国资（136159）	1000.00	2021.01.15	3.0000	16 东旭 01（136160）	1000.00	2021.01.18	7.5000

债券信息
List of Bonds

债券
Bond

债券简称（代码） Bond Name（Code）	发行量 （百万元） Issued Vol （M yuan）	到期日 Expiration Date	票面利率（%） Coupon Rate（%）	债券简称（代码） Bond Name（Code）	发行量 （百万元） Issued Vol （M yuan）	到期日 Expiration Date	票面利率（%） Coupon Rate（%）
16 渝交投（136161）	1000.00	2021.01.18	3.1000	16 中静 01（136162）	800.00	2022.01.19	7.8000
16 青国信（136163）	2500.00	2026.01.18	3.6000	16 中油 01（136164）	8800.00	2021.01.19	3.0300
16 中油 02（136165）	4700.00	2026.01.19	3.5000	16 广新 01（136166）	1000.00	2021.01.19	3.3300
16 华夏债（136167）	1500.00	2023.01.20	4.8800	16 建发 01（136168）	1500.00	2023.01.21	3.3000
16 狮桥债（136169）	450.00	2021.01.29	7.5000	16 景瑞 01（136170）	1500.00	2021.03.17	7.0000
16 华证 01（136171）	600.00	2021.01.21	4.5000	16 亿阳 01（136172）	209.00	2020.01.27	7.1000
16 龙源 01（136173）	3700.00	2021.01.21	3.2800	16 工艺 01（136174）	1000.00	2021.03.30	3.8000
16 搜候债（136175）	3000.00	2019.01.22	3.4500	16 绿地 01（136176）	9000.00	2021.01.21	6.8000
16 电气债（136177）	2500.00	2019.01.21	3.0000	16 兆泰 01（136178）	2000.00	2021.01.21	7.5000
16 绿地 02（136179）	1000.00	2021.01.21	3.8000	16 国汽 01（136180）	1000.00	2021.01.25	4.7000
16 万通 01（136181）	1460.00	2021.01.25	8.5000	16 玉皇 01（136182）	500.00	2019.01.22	7.8500
16 新华债（136183）	1700.00	2021.03.24	7.5000	16 上港 01（136184）	2500.00	2021.01.22	3.0000
16 国发 01（136185）	1250.00	2021.01.21	4.3000	16 苏新债（136186）	1000.00	2021.01.25	4.0000
16 景德 01（136187）	500.00	2023.01.25	4.5000	16 富力 03（136188）	3600.00	2021.01.22	7.0000
16 新业 01（136189）	600.00	2023.01.26	4.3800	16 正才 02（136190）	600.00	2019.01.22	6.4700
16 靖江港（136191）	600.00	2021.05.25	7.2000	16 信威 01（136192）	500.00	2021.01.25	7.5000
16 广越 01（136193）	2000.00	2023.01.27	3.3800	16 广越 02（136194）	1000.00	2026.01.27	3.7300
16 龙湖 01（136195）	2300.00	2021.01.25	4.5000	16 龙湖 02（136196）	1800.00	2024.01.25	3.6800
16 鑫苑 01（136197）	700.00	2021.01.27	8.2000	16 上药 01（136198）	2000.00	2019.01.26	2.9800
16 铁工 01（136199）	2050.00	2021.01.28	3.9000	16 铁工 02（136200）	2120.00	2026.01.28	3.8000
16 香江 01（136201）	1800.00	2019.07.12	6.5000	16 宏桥 03（136202）	1800.00	2021.01.27	7.0000
16 国创 01（136203）	250.00	2021.01.28	8.0000	16 丹港 01（136204）	2000.00	2021.01.27	5.5000
16 龙盛 01（136205）	890.00	2021.01.29	4.3500	16 龙盛 02（136206）	110.00	2021.01.29	4.1800
16 武金 01（136207）	1200.00	2021.03.29	3.5000	16 广新 02（136208）	1000.00	2021.01.29	3.7500
16 国美 02（136209）	300.00	2022.01.28	7.6000	16 力帆债（136210）	900.00	2019.04.18	7.5000
16 恒力 01（136211）	2000.00	2019.12.19	6.4800	16 中交债（136212）	500.00	2021.01.28	4.1800
16 晋建发（136213）	800.00	2021.01.29	7.5000	14 上实 02（136214）	1000.00	2021.03.11	3.2300
14 恒泰 05（136215）	1500.00	2019.01.29	3.4200	16 新有色（136217）	1300.00	2019.02.28	4.7600
16 华凌 01（136218）	800.00	2021.02.01	8.0000	16 中大债（136219）	3000.00	2019.03.18	3.3500
16 新投 01（136220）	600.00	2021.02.02	4.1900	16 天铝 01（136221）	860.00	2021.02.04	7.8000
16 疏浚 01（136222）	2000.00	2021.02.24	3.7000	16 卓越 01（136223）	2500.00	2021.02.25	6.6000
16 新业 02（136224）	200.00	2023.03.04	3.9800	16 月星 01（136225）	550.00	2019.03.11	6.5000
16 锡公 01（136226）	1200.00	2023.02.25	3.2800	16 住总 01（136227）	1500.00	2021.02.24	4.0500
16 国电 02（136228）	3000.00	2019.02.26	2.9200	16 珠投 03（136229）	3100.00	2021.02.24	7.8000
16 宏桥 05（136230）	1200.00	2021.02.24	6.7000	16 金茂 01（136231）	500.00	2021.04.01	6.9700
16 漳九龙（136232）	2500.00	2023.04.07	3.6000	16 保利 03（136233）	2000.00	2021.02.25	3.9800
16 保利 04（136234）	3000.00	2026.02.25	4.1900	16 晋然 01（136235）	500.00	2021.03.01	5.1500
16 复药 01（136236）	3000.00	2021.03.04	4.5000	16 纳通 01（136237）	200.00	2019.03.01	5.2800
16 兴发 01（136238）	400.00	2021.03.08	6.0000	16 国联 01（136239）	1000.00	2021.03.03	4.0000
16 北部湾（136240）	1500.00	2021.03.01	3.6000	16 中牧 01（136241）	1200.00	2019.04.16	3.1500
16 中车 G1（136242）	1000.00	2021.03.03	3.4000	16 中车 G2（136243）	1500.00	2026.03.03	3.2300
16 华夏 02（136244）	2000.00	2021.03.03	7.0000	16 海投 01（136245）	100.00	2019.04.19	3.7800
16 津投 01（136246）	2000.00	2026.03.01	3.3400	16 华综 01（136247）	2500.00	2021.03.11	4.4000
16 外运 01（136248）	2000.00	2021.03.02	3.2000	16 海怡 01（136249）	1500.00	2021.03.30	7.8000
16 瑞茂 01（136250）	700.00	2019.03.01	7.5000	16 信地 01（136251）	2500.00	2021.03.01	5.3000
16 亿阳 03（136252）	755.00	2021.03.02	7.1000	16 中油 03（136253）	12700.00	2021.03.03	3.1500
16 中油 04（136254）	2300.00	2026.03.03	3.7000	PR 泰阳债（136255）	700.00	2021.03.02	5.9700
16 南航 01（136256）	5000.00	2019.03.03	2.9700	16 新投 02（136257）	900.00	2021.03.03	3.7000
16 财通债（136258）	2500.00	2019.03.04	3.1500	16 龙湖 03（136259）	2500.00	2022.03.04	4.3500
16 龙湖 04（136260）	1500.00	2026.03.04	3.7500	16 长园 01（136261）	700.00	2019.03.04	5.6000

债券信息 List of Bonds

债券简称（代码） Bond Name（Code）	发行量（百万元） Issued Vol（M yuan）	到期日 Expiration Date	票面利率（%） Coupon Rate（%）	债券简称（代码） Bond Name（Code）	发行量（百万元） Issued Vol（M yuan）	到期日 Expiration Date	票面利率（%） Coupon Rate（%）
16 建元 01（136262）	1000.00	2021.03.07	4.5000	16 建元 02（136263）	500.00	2021.03.07	3.6200
16 隆基 01（136264）	1000.00	2021.03.07	5.8500	16 正奇 01（136265）	400.00	2019.03.04	5.7000
16 鑫苑 02（136266）	500.00	2021.03.14	8.2000	16 广越 03（136267）	1500.00	2023.03.09	3.2000
16 广越 04（136268）	1500.00	2026.03.09	3.8000	16 伊品债（136269）	380.00	2021.03.21	7.6000
16 南网 01（136270）	5000.00	2021.03.11	3.1400	16 天富 01（136271）	1000.00	2021.03.08	7.0000
16 国控 01（136272）	4000.00	2021.03.09	2.9200	16 亿达 01（136273）	2000.00	2021.03.09	10.0000
16 海亮 01（136274）	1300.00	2019.03.10	5.3000	16 海正债（136275）	1200.00	2021.03.16	5.9000
16 南山 01（136276）	2500.00	2021.03.14	5.5000	16 华地 01（136277）	800.00	2019.06.20	4.8700
16 紫江 01（136278）	600.00	2021.03.18	5.2500	16 渤水产（136279）	1000.00	2023.03.16	4.8500
16 北汽 01（136280）	1500.00	2021.03.17	3.1500	16 华综 02（136281）	1500.00	2021.03.11	3.5700
16 华峰 01（136282）	500.00	2021.03.14	4.9500	16 浙交 01（136283）	2000.00	2021.03.16	3.2000
16 浙交 02（136284）	1000.00	2026.03.16	3.8400	16 金隅 01（136285）	3200.00	2021.03.14	3.9000
16 金隅 02（136286）	1800.00	2023.03.14	3.5000	16 首开 01（136287）	750.00	2021.03.14	3.3000
16 建发 02（136288）	1500.00	2023.03.21	3.2000	16 珠江 01（136289）	500.00	2021.03.15	3.3200
16 航民 01（136290）	400.00	2019.04.29	4.2000	16 力帆 02（136291）	1100.00	2020.03.15	7.5000
16 中星 01（136292）	3700.00	2021.03.16	4.1000	16 兆泰 02（136293）	1000.00	2021.03.16	7.5000
16 信地 02（136294）	500.00	2021.03.15	5.1000	16 川电 01（136295）	1000.00	2021.03.23	3.3800
16 珠投 04（136296）	1000.00	2021.03.16	7.5000	16 两江 01（136297）	2000.00	2019.03.17	2.9500
16 青港 01（136298）	1500.00	2021.03.18	3.6800	16 翠微 01（136299）	550.00	2021.03.21	4.2000
16 联泰 02（136300）	1000.00	2022.03.18	7.0000	16 龙盛 03（136301）	3500.00	2021.03.17	4.1500
16 龙盛 04（136302）	500.00	2021.03.17	3.9300	16 世茂 G1（136303）	2000.00	2019.03.21	3.2900
16 紫金 01（136304）	3000.00	2021.03.18	2.9900	16 紫金 02（136305）	2000.00	2021.03.18	3.3700
16 复地 01（136306）	1000.00	2019.03.21	4.6000	16 协信 03（136307）	2000.00	2021.03.17	6.5000
16 皖经 01（136308）	500.00	2099.12.31	7.3000	16 云投 01（136309）	2000.00	2021.03.18	3.4000
16 当代 01（136310）	500.00	2019.07.18	7.0000	16 中化 01（136311）	3000.00	2021.03.21	3.1500
16 皖投 01（136312）	2000.00	2021.03.18	2.9600	16 西高科（136313）	2500.00	2023.03.21	3.9000
16 汇丰 01（136314）	500.00	2019.04.02	5.8000	16 远东三（136315）	2000.00	2021.03.22	4.0000
16 福能债（136316）	500.00	2021.03.23	3.2700	15 智慧 01（136317）	800.00	2021.04.05	4.8000
16 中油 05（136318）	9500.00	2021.03.24	3.0800	16 中油 06（136319）	2000.00	2026.03.24	3.6000
16 宇通 01（136320）	500.00	2019.04.02	3.0000	16 金泰债（136321）	1000.00	2019.03.23	3.7500
16 宇通 02（136322）	1000.00	2023.03.22	3.5000	16 越交 01（136323）	300.00	2021.03.21	4.1000
16 越交 02（136324）	700.00	2023.03.21	3.3800	16 金地 01（136325）	1300.00	2022.03.22	4.3500
16 金地 02（136326）	1700.00	2024.03.22	3.5000	16 特房 01（136327）	2100.00	2021.03.22	5.3000
16 忠旺 01（136328）	2500.00	2019.04.02	5.2500	16 国美 03（136329）	1700.00	2022.05.10	7.6000
16 扬城控（136330）	1500.00	2021.03.25	3.3500	16 金辉 02（136331）	1500.00	2021.03.23	7.3000
16 泰豪 01（136332）	500.00	2021.03.23	4.7500	16 银宝 01（136334）	1100.00	2021.03.25	5.8000
16 北汽集（136335）	1000.00	2023.03.28	3.6000	16 宏泰债（136336）	1000.00	2021.03.24	3.5400
16 乌房 01（136337）	1500.00	2021.03.25	6.1000	16 漳诏 01（136338）	500.00	2021.03.30	4.1000
16 滇路 01（136339）	2000.00	2021.03.25	4.7000	16 鲁星 01（136340）	1000.00	2019.05.16	8.0000
16 洋河 01（136341）	1000.00	2026.03.24	3.2400	16 浦集 01（136342）	2000.00	2023.03.25	3.1800
16 泸工债（136343）	1000.00	2021.03.25	5.3900	16 广电 01（136344）	2500.00	2021.03.25	3.4800
16 天建 01（136345）	600.00	2022.03.28	7.0000	16 天建 02（136346）	1600.00	2026.03.28	4.8000
16 永利债（136347）	1000.00	2021.03.28	7.2000	16 国机债（136348）	2000.00	2021.03.30	3.3900
16 华虹 01（136349）	500.00	2019.04.10	4.3000	16 海怡 02（136350）	1000.00	2019.03.30	7.6000
16 永泰 01（136351）	760.00	2019.05.06	7.5000	16 中天 01（136352）	900.00	2019.03.31	7.4000
16 象屿债（136353）	500.00	2023.04.12	3.8000	16 鲁商 01（136354）	1000.00	2023.04.08	3.6600
16 大华 01（136355）	500.00	2021.04.01	5.8000	16 宁远高（136356）	530.00	2021.04.12	8.0500
16 亚泰 01（136357）	1000.00	2021.04.05	6.0000	16 川电 02（136358）	1000.00	2021.04.11	3.4400
16 富力 04（136360）	1950.00	2022.04.07	6.7000	16 富力 05（136361）	950.00	2023.04.07	3.9500
16 珠管 01（136362）	1000.00	2019.06.14	7.5000	16 复星 02（136363）	1600.00	2021.04.14	4.9500

债券信息
List of Bonds

债券
Bond

债券简称（代码） Bond Name（Code）	发行量（百万元） Issued Vol（M yuan）	到期日 Expiration Date	票面利率（%） Coupon Rate（%）	债券简称（代码） Bond Name（Code）	发行量（百万元） Issued Vol（M yuan）	到期日 Expiration Date	票面利率（%） Coupon Rate（%）
16 十二师（136364）	800.00	2023.04.11	4.6600	16 桂铁债（136365）	1000.00	2026.04.11	3.5500
16 当代 02（136366）	800.00	2021.04.12	7.0000	16 国君 G1（136367）	5000.00	2019.04.12	2.9700
16 国君 G2（136368）	1000.00	2023.04.12	3.2500	16 山鹰债（136369）	1000.00	2019.04.24	5.8500
16 宁开控（136370）	1000.00	2021.04.12	4.1000	16 众品 01（136371）	500.00	2099.12.31	7.5000
16 光大 01（136372）	5000.00	2021.04.12	3.3000	16 建业 01（136374）	3000.00	2021.04.12	7.2000
16 恒健 01（136375）	1800.00	2021.04.12	3.2700	16 中希 01（136376）	1600.00	2019.04.13	7.2000
16 泰玻债（136377）	700.00	2021.09.06	4.4000	16 华泰 01（136378）	2000.00	2099.12.31	7.2000
16 精控 01（136379）	100.00	2019.08.26	8.0000	16 新湖 01（136380）	3500.00	2021.05.20	7.1000
16 津投 02（136382）	2000.00	2019.06.17	3.1000	16 南港 01（136383）	1000.00	2021.04.25	4.0600
16 三花 01（136384）	1000.00	2021.07.13	4.5000	16 九华债（136385）	400.00	2021.04.18	4.5000
16 财信债（136386）	2000.00	2021.04.19	4.2000	16 福投 01（136387）	1000.00	2024.04.25	3.6700
16 亿阳 04（136388）	1210.00	2021.04.21	7.1000	16 鲁商 02（136389）	1000.00	2021.04.22	7.3000
16 人福债（136390）	1000.00	2019.04.22	3.8300	16 圆融 01（136391）	1000.00	2019.05.25	3.2700
16 武金 02（136393）	800.00	2021.04.20	3.8900	16 武商贸（136394）	300.00	2019.07.26	5.5000
16 粤港 01（136396）	1200.00	2019.06.10	3.0500	16 北水 01（136397）	2000.00	2021.04.25	3.6000
16 华融德（136398）	1500.00	2021.04.27	4.8000	16 桂农 01（136399）	1000.00	2019.06.17	4.4000
16 金辉 03（136400）	1000.00	2021.04.25	7.3000	16 华润 01（136401）	5000.00	2023.06.13	3.4900
16 红星 01（136402）	1000.00	2021.04.28	6.1000	16 红星 02（136403）	1000.00	2023.04.28	5.3000
16 外高 01（136404）	750.00	2021.04.27	3.5000	14 亿利 02（136405）	1000.00	2021.04.26	7.3000
16 正才 03（136406）	784.00	2021.04.25	6.2000	16 正才 04（136407）	120.00	2019.04.25	5.8000
16 路桥 01（136408）	400.00	2019.04.26	3.5900	16 小商 01（136411）	800.00	2019.04.27	3.8000
16 房信 01（136412）	200.00	2021.08.23	7.9000	16 绵投债（136414）	910.00	2021.04.27	5.5000
16 华建 01（136415）	600.00	2021.04.27	4.8000	16 南山 03（136416）	2400.00	2021.05.26	4.8000
16 万达 02（136417）	8000.00	2021.05.06	4.9000	16 信威 02（136418）	500.00	2021.04.27	7.8000
16 国华 01（136419）	1500.00	2019.09.25	3.0000	16 中电 01（136420）	2000.00	2021.05.04	3.5000
16 春秋 01（136421）	2300.00	2021.06.02	3.8000	16 宝丰 01（136422）	1000.00	2019.07.24	6.2000
16 南翔 02（136424）	1500.00	2019.07.28	7.7000	16 苏农 01（136425）	310.00	2019.05.30	3.0500
16 葛洲 02（136427）	3000.00	2021.05.04	3.2700	16 福华 02（136429）	1100.00	2019.05.04	7.5000
16 浙五金（136430）	800.00	2021.05.06	6.0000	16 广安 01（136431）	400.00	2021.05.12	4.3000
16 协信 05（136432）	1260.00	2021.05.12	8.5000	16 晟晏债（136433）	1000.00	2021.05.19	7.9000
16 葛洲 03（136434）	4000.00	2021.05.13	3.4500	16 广汇 G1（136435）	1400.00	2019.05.18	7.3000
16 远洋 01（136436）	4000.00	2021.05.19	4.1500	16 信投 G1（136438）	3000.00	2019.05.20	3.1400
16 永泰 02（136439）	1390.00	2019.07.01	7.5000	16 渝开投（136440）	2000.00	2021.06.16	3.6300
15 智慧 02（136441）	500.00	2021.05.24	5.3300	16 国盛 01（136442）	1000.00	2021.05.24	5.0000
16 蓉金 01（136443）	1500.00	2021.05.25	4.0000	G16 嘉化 1（136445）	300.00	2019.06.04	4.7800
16 复星 03（136447）	4400.00	2021.05.26	4.9600	16 万达 03（136448）	5000.00	2021.05.24	4.8000
16 油服 01（136449）	2000.00	2019.05.27	3.1400	16 油服 02（136450）	3000.00	2026.05.27	4.1000
16 南航 02（136452）	5000.00	2021.05.25	3.7000	16 中工 01（136453）	900.00	2019.06.17	5.6500
16 吴交 01（136454）	300.00	2023.05.26	3.7500	16 银河 G1（136455）	4900.00	2019.06.01	3.1000
16 银河 G2（136456）	600.00	2021.06.01	3.3500	16 希望 01（136457）	700.00	2021.05.30	5.2000
16 圣牧 01（136458）	600.00	2019.06.18	4.7500	16 上港 02（136459）	3000.00	2021.06.02	3.0800
16 市政 01（136460）	500.00	2021.06.03	3.6500	16 东辰 01（136461）	700.00	2099.06.02	7.5000
16 漕河泾（136462）	900.00	2023.06.02	3.7600	16 香城建（136463）	600.00	2021.06.07	4.7500
16 路桥 02（136464）	300.00	2019.06.10	3.1400	16 国投 01（136465）	3000.00	2023.06.03	3.7900
16 长园 02（136466）	500.00	2019.06.06	6.9000	16 东南 01（136467）	1000.00	2099.06.06	7.0000
16 瑞茂 02（136468）	600.00	2019.06.13	8.0000	16 联通 01（136469）	7000.00	2019.06.07	3.0700
16 联通 02（136470）	1000.00	2021.06.07	3.4300	16 杨农债（136471）	600.00	2023.06.07	5.1800
16 青港 02（136472）	2000.00	2021.06.08	3.6800	16 中化债（136473）	2500.00	2021.06.06	3.6100
16 万达 04（136474）	3000.00	2021.06.13	4.7500	16 华宇 01（136475）	900.00	2021.06.08	6.5000
16 天海债（136476）	1000.00	2019.06.08	7.5000	16 北控 01（136477）	1000.00	2019.06.13	3.0300

债券信息 List of Bonds

债券 Bond

债券简称（代码） Bond Name（Code）	发行量（百万元） Issued Vol（M yuan）	到期日 Expiration Date	票面利率（%） Coupon Rate（%）	债券简称（代码） Bond Name（Code）	发行量（百万元） Issued Vol（M yuan）	到期日 Expiration Date	票面利率（%） Coupon Rate（%）
16北控02（136478）	1000.00	2026.06.13	3.9900	16华能01（136479）	3000.00	2021.06.13	3.4800
16华能02（136480）	1200.00	2026.06.13	3.9800	16华福G1（136482）	900.00	2021.06.14	3.6700
16光大02（136483）	2000.00	2021.06.07	3.4900	16协鑫01（136485）	500.00	2019.06.29	5.1000
16长城01（136486）	600.00	2099.12.31	7.5000	16月星02（136487）	450.00	2019.06.28	7.5000
16南港02（136488）	500.00	2021.06.17	3.6500	16正集01（136489）	1000.00	2019.06.13	3.8800
16红美01（136490）	1500.00	2021.07.13	5.4000	16红美02（136491）	1500.00	2023.07.13	5.2900
16禾嘉债（136492）	500.00	2019.06.14	6.9800	16成渝01（136493）	1000.00	2021.06.17	3.4800
16滇博01（136494）	300.00	2021.06.15	4.5000	16粤高01（136495）	2000.00	2031.06.16	4.1000
16西王02（136497）	1000.00	2099.12.31	7.8000	PR河西01（136498）	2000.00	2021.06.17	3.4700
16洪市政（136499）	1000.00	2023.06.20	3.5100	16兴泰债（136500）	1000.00	2019.06.22	3.3800
16天风01（136501）	2000.00	2021.06.20	4.1800	16穗控01（136502）	4000.00	2021.07.08	3.3200
16兴杭债（136503）	2000.00	2019.06.28	3.2800	16中关01（136504）	2000.00	2021.06.28	3.3800
16广汇G2（136505）	2570.00	2019.07.05	7.5000	16洛娃01（136506）	1000.00	2099.12.31	5.5300
16奥克斯（136507）	810.00	2021.06.28	7.5000	16广电02（136508）	1500.00	2021.07.06	3.3600
16三胞02（136509）	730.00	2099.12.31	6.6000	16华电01（136510）	4000.00	2019.07.04	2.9900
16云金01（136511）	900.00	2019.08.23	5.1800	16广安02（136512）	300.00	2023.07.01	3.7500
16电投03（136513）	5000.00	2019.07.06	2.8800	16远东五（136514）	2000.00	2021.07.06	3.5000
16疏浚02（136515）	3000.00	2021.07.05	3.8000	16疏浚03（136516）	1000.00	2021.07.05	3.3500
16云投02（136517）	1000.00	2021.07.04	3.6400	16鲁高01（136518）	2500.00	2021.07.06	3.3200
16陆嘴01（136519）	5000.00	2021.07.05	3.9500	16永泰03（136520）	1850.00	2019.08.19	7.5000
16鸿坤01（136521）	900.00	2021.07.08	6.5000	16首股债（136522）	1000.00	2021.07.07	3.3000
16广新03（136523）	1200.00	2021.07.07	3.5800	16联想01（136524）	1500.00	2021.07.06	3.3000
16联想02（136525）	2000.00	2026.07.06	4.6000	16亿阳05（136526）	326.00	2021.07.11	7.1000
16两江02（136527）	3000.00	2019.07.07	3.0000	16世茂G2（136528）	1500.00	2019.07.12	3.3800
16中车G3（136529）	1500.00	2021.07.07	3.6500	16深燃01（136530）	500.00	2021.07.11	2.9700
13牡丹02（136531）	850.00	2021.07.08	4.3000	16粤桥01（136532）	3000.00	2031.07.12	4.0000
G16能新1（136533）	1140.00	2021.07.11	3.9000	16晟晏02（136534）	200.00	2021.07.12	7.8000
16万达05（136535）	2000.00	2021.07.12	4.7000	16国汽02（136536）	1000.00	2021.07.12	3.9000
16GLP01（136537）	1000.00	2019.07.13	3.1200	16GLP02（136538）	500.00	2021.07.13	3.5800
16上港03（136539）	2500.00	2019.07.25	2.9500	16协信06（136540）	1000.00	2021.07.14	7.5000
16希望02（136541）	1000.00	2021.07.13	5.0000	16云工01（136542）	700.00	2021.07.27	3.9900
16龙湖05（136543）	700.00	2021.07.14	4.1000	16联通03（136544）	10000.00	2019.07.14	2.9500
16皖经02（136545）	3000.00	2099.12.31	7.3000	16龙湖06（136546）	3000.00	2023.07.14	3.6800
16正源01（136548）	2000.00	2021.07.15	8.0000	16紫金03（136549）	1800.00	2021.07.15	3.0500
16紫金04（136550）	1200.00	2021.07.15	3.4500	16融侨01（136551）	2000.00	2021.07.15	6.5000
16圆融02（136552）	1000.00	2021.07.13	3.3700	16联投01（136553）	2000.00	2023.07.14	3.5000
16中金01（136554）	3000.00	2021.07.18	3.5800	16中金02（136555）	1000.00	2023.07.18	3.2900
16鸿坤02（136556）	400.00	2021.07.18	6.5000	16国寿投（136557）	2000.00	2023.07.20	3.2400
16华电02（136558）	3000.00	2021.07.21	2.9500	16华电03（136559）	3000.00	2021.07.21	3.2500
16齐成01（136560）	440.00	2019.06.26	6.9800	16老百姓（136561）	800.00	2019.08.01	3.5300
16能建01（136562）	1000.00	2019.07.31	2.9400	16福投02（136563）	2000.00	2024.07.22	3.3000
16东旭02（136564）	3500.00	2021.07.25	7.8000	16福耀01（136566）	800.00	2019.07.22	3.0000
16凯华01（136567）	700.00	2021.07.22	5.3000	16张江01（136568）	2000.00	2021.07.26	3.6300
16海亮03（136569）	800.00	2021.07.22	6.5000	16中江债（136570）	300.00	2021.07.22	4.0000
16正源02（136571）	2000.00	2021.07.26	8.0000	16现牧停（136572）	250.00	2019.03.28	5.3000
16港投债（136573）	500.00	2021.08.08	5.0000	PR河西02（136574）	800.00	2021.07.22	3.2000
16光控01（136575）	1000.00	2021.07.22	3.8500	16光控02（136576）	3000.00	2021.07.22	3.2400
16鲁能01（136577）	4000.00	2021.07.26	3.7600	16小商02（136578）	700.00	2019.07.27	3.1000
16华泰02（136579）	1000.00	2099.12.31	7.2000	16万达06（136580）	2000.00	2021.07.27	4.7000
16外高02（136581）	1250.00	2021.07.27	3.6000	16国联02（136582）	1000.00	2021.07.28	3.0000

债券信息
List of Bonds

债券
Bond

债券简称（代码） Bond Name（Code）	发行量（百万元） Issued Vol（M yuan）	到期日 Expiration Date	票面利率（%） Coupon Rate（%）	债券简称（代码） Bond Name（Code）	发行量（百万元） Issued Vol（M yuan）	到期日 Expiration Date	票面利率（%） Coupon Rate（%）
16 北新集（136583）	700.00	2021.07.29	4.2500	16 铁牛债（136584）	2000.00	2019.07.29	6.9900
16 广汇 G3（136585）	1030.00	2019.08.03	6.5000	16 中合 01（136586）	800.00	2019.09.11	3.3900
16 水务 01（136587）	1800.00	2019.09.30	1.0000	16 水务 02（136588）	2200.00	2023.07.28	3.3300
16 融侨 02（136589）	2000.00	2021.07.29	6.8000	16 海伟 01（136590）	1000.00	2099.12.31	5.8900
16 西经发（136591）	750.00	2021.08.01	5.7500	16 鄂稻 01（136592）	1000.00	2021.08.04	6.9000
16 新华 01（136593）	1000.00	2021.07.29	4.3000	16 同仁堂（136594）	800.00	2021.07.31	4.3500
16 南港 03（136595）	500.00	2021.08.10	3.3000	16 南港 04（136596）	500.00	2023.08.10	3.5500
16 石大 01（136597）	620.00	2019.08.08	5.5000	16 首旅 01（136598）	500.00	2023.08.02	3.2000
16 首旅 02（136599）	1500.00	2026.08.02	3.3000	16 穗建 01（136600）	1000.00	2019.07.31	2.9500
16 穗建 02（136601）	2000.00	2021.07.31	3.7500	16 泰豪 02（136602）	500.00	2019.08.15	4.7500
16 义市 01（136603）	1000.00	2021.08.03	3.4000	16 兴发 02（136604）	400.00	2021.08.08	5.5000
G16 北控 1（136605）	700.00	2024.08.03	3.2500	16 信投 G2（136606）	1500.00	2019.08.09	2.9000
16 宁安 01（136607）	2800.00	2021.08.09	3.6500	16 广新 04（136608）	800.00	2021.08.08	3.3500
16 舟交 01（136609）	500.00	2021.08.09	3.3000	16 信威 03（136610）	1000.00	2021.08.08	7.5000
16 电投 04（136611）	4000.00	2021.08.11	3.5000	16 不动产（136612）	4000.00	2023.08.05	3.2800
16 西王 03（136613）	1000.00	2099.12.31	7.8000	16 碱业 01（136614）	600.00	2019.08.20	3.3500
16 碱业 02（136615）	600.00	2023.08.08	3.8000	16 上实 01（136616）	400.00	2019.08.22	3.4900
16 正集 02（136617）	1000.00	2019.11.22	3.4000	16 中静 02（136619）	900.00	2022.08.24	8.5000
16 锡交 01（136620）	1500.00	2021.08.12	3.2400	16 粤高 02（136621）	1000.00	2031.08.11	3.5700
16 国君 G3（136622）	5000.00	2019.08.12	2.9000	16 国君 G4（136623）	3000.00	2021.08.12	3.1400
16 融创 07（136624）	2800.00	2023.08.16	4.0000	G 节能 1 停（136625）	1000.00	2019.08.29	2.8900
G 节能 2 停（136626）	2000.00	2023.08.18	3.1300	16 精控 02（136627）	300.00	2019.08.27	6.5000
16 杭汽 01（136628）	500.00	2026.08.16	3.9500	16 兵装 01（136629）	1500.00	2021.08.16	3.3500
16 兵装 02（136630）	2000.00	2023.08.16	3.1000	16 南瑞 01（136631）	500.00	2019.08.16	2.8700
16 亚洲浆（136632）	1000.00	2021.08.24	8.3400	16 融创 06（136633）	1200.00	2021.08.16	6.5000
16 黔高速（136634）	2000.00	2023.08.15	3.4600	16 津投 03（136635）	2000.00	2026.08.17	3.5500
16 供销 01（136636）	1000.00	2019.08.16	2.9900	16 巨化 01（136637）	800.00	2019.08.17	3.4500
16 海资 01（136638）	1000.00	2023.08.16	3.4000	16 皖投 02（136639）	1000.00	2019.08.29	2.9200
16 海亮 04（136640）	750.00	2019.08.17	7.0000	16 海亮 05（136641）	950.00	2021.08.17	6.5000
16 国航 01（136642）	4000.00	2019.08.18	2.8400	16 华宇 02（136643）	2700.00	2021.08.18	6.5000
16 天地 01（136644）	1000.00	2019.08.23	4.6800	16 百隆 01（136645）	1600.00	2019.09.03	3.9000
16 中海 01（136646）	6000.00	2026.08.23	3.1000	16 华新 01（136647）	1200.00	2021.08.22	4.7900
16 佳源 01（136648）	1500.00	2021.08.23	7.5000	16 佳源 02（136649）	1000.00	2019.08.23	7.2000
16 普停 01（136650）	3000.00	2022.08.19	4.2000	16 普停 02（136651）	500.00	2026.08.19	3.3500
16 洪政 02（136652）	1000.00	2023.08.22	3.2300	16 清控 01（136653）	1000.00	2021.08.24	4.1000
16 外运 03（136654）	1500.00	2021.08.24	3.7000	14 银河 G3（136655）	1500.00	2019.08.23	2.8900
14 银河 G4（136656）	1000.00	2021.08.23	3.1400	16 天铝 03（136660）	1140.00	2021.08.23	7.9000
16 六建 01（136661）	600.00	2019.08.22	8.5000	16 友阿 01（136662）	1000.00	2021.08.24	7.2000
16 友阿 02（136663）	500.00	2021.08.24	5.7000	16 云工 02（136664）	800.00	2021.09.27	3.9700
16 鲁万通（136665）	640.00	2019.11.27	7.5000	16 外高 03（136666）	1000.00	2021.08.30	3.3800
16 海矿 01（136667）	106.00	2019.09.16	5.6500	16 重水 02（136668）	500.00	2021.08.25	3.9900
16 南山 04（136669）	900.00	2021.08.29	5.7000	16 南山 05（136670）	700.00	2021.08.29	4.5000
16 中车 01（136671）	2000.00	2021.08.30	3.4000	16 齐成 02（136673）	80.00	2019.06.26	6.9800
16 正才 05（136674）	1500.00	2021.09.05	6.2000	16 正才 06（136675）	996.00	2019.09.05	5.2800
16 天风 02（136676）	1300.00	2021.08.31	3.4800	16 名城 G1（136677）	1200.00	2019.09.12	7.8000
16 穗建 03（136678）	2500.00	2022.08.29	2.9700	16 穗建 04（136679）	500.00	2021.08.29	3.1900
16 川电 03（136680）	1000.00	2021.08.30	3.3500	16 晋交 03（136681）	1500.00	2019.12.30	3.0000
G16 三峡 1（136682）	3500.00	2019.08.30	2.9200	G16 三峡 2（136683）	2500.00	2026.08.30	3.3900
16 丰盛 03（136684）	2200.00	2099.12.31	7.9000	16 海投债（136685）	1600.00	2021.09.06	3.5900
16 环球 01（136686）	600.00	2021.09.06	4.0000	16 中泰 01（136687）	2000.00	2019.09.07	2.9500

债券信息
List of Bonds

债券
Bond

债券简称（代码）Bond Name（Code）	发行量（百万元）Issued Vol（M yuan）	到期日 Expiration Date	票面利率（%）Coupon Rate（%）	债券简称（代码）Bond Name（Code）	发行量（百万元）Issued Vol（M yuan）	到期日 Expiration Date	票面利率（%）Coupon Rate（%）
16 鸿商 01（136688）	1900.00	2021.09.05	6.3000	16 绿水 01（136689）	1000.00	2021.09.12	4.3000
16 恒安 01（136690）	1000.00	2021.09.08	3.3000	16 鲁能 02（136692）	1000.00	2023.09.07	3.3500
16 晋然 02（136693）	500.00	2021.09.08	5.0000	16 铁峰 01（136694）	1000.00	2021.09.09	4.8000
16 长城 02（136695）	600.00	2099.12.31	6.9800	16 路劲 01（136696）	1500.00	2021.09.12	4.5000
16 中天 02（136697）	190.00	2019.09.12	7.3000	16 申信 01（136698）	6000.00	2099.12.31	4.0800
16 皖经 03（136699）	1500.00	2099.12.31	5.6800	16 蓝光 01（136700）	3000.00	2021.09.14	7.4000
16 椒江债（136701）	2000.00	2021.09.21	4.2000	16 华润 02（136702）	3000.00	2019.09.19	2.9200
16 宁资 01（136703）	500.00	2023.09.13	3.5900	16 六建 02（136704）	400.00	2019.09.15	8.5000
16 协信 08（136705）	540.00	2021.09.27	6.5000	16 当代 03（136706）	700.00	2021.09.14	7.2500
16 邢钢 01（136707）	700.00	2021.09.19	7.5000	16 通运 01（136708）	300.00	2021.09.13	4.1000
16 粤桥 02（136709）	2000.00	2031.09.23	3.6900	16 福新 01（136710）	3000.00	2021.09.21	3.5000
16 国君 G5（136711）	3000.00	2019.09.23	2.9400	16 港务 01（136712）	1500.00	2023.09.23	3.1800
16 康恩贝（136713）	1100.00	2021.09.26	5.3700	G 节能 3 停（136714）	500.00	2023.09.26	3.1100
G 节能 4 停（136715）	1500.00	2026.09.26	3.5500	16 浙证债（136718）	1900.00	2021.09.23	3.4800
16 珠江 02（136719）	1500.00	2021.09.22	3.4400	16 西王 04（136720）	1000.00	2099.12.31	7.8000
16 石化 01（136721）	13000.00	2021.09.23	2.8300	16 石化 02（136722）	4300.00	2023.09.23	3.0200
16 石化 03（136723）	800.00	2026.09.23	3.3000	16 鲁公债（136724）	200.00	2021.09.22	3.9000
16 中材 01（136725）	3000.00	2021.09.27	3.0900	16 中材 02（136726）	2000.00	2023.09.27	3.4500
16 平海 01（136727）	700.00	2021.09.26	4.1500	16 忠旺 03（136728）	4000.00	2019.11.22	6.5000
16 九牧 01（136729）	200.00	2019.09.26	3.7000	G16 唐新 2（136730）	500.00	2021.09.27	3.1500
16 刚集 01（136731）	500.00	2099.12.31	6.8000	16 穗建 05（136732）	1500.00	2021.09.26	3.6000
16 穗建 06（136733）	500.00	2023.09.26	3.1500	16 大唐 01（136734）	4800.00	2022.09.28	2.9400
16 大唐 02（136735）	2200.00	2026.09.28	3.3800	16 鸿商 02（136736）	100.00	2019.10.22	4.0000
16 协鑫债（136737）	1000.00	2019.12.27	7.3000	16 通用 01（136738）	2500.00	2021.09.28	3.3000
16 通用 02（136739）	2500.00	2021.09.28	3.1700	渝钢暂停（136740）	600.00	2021.09.30	7.8000
16 重机债（136741）	800.00	2021.09.29	4.2800	16 众品 02（136742）	500.00	2099.12.31	7.5000
16 齐成 03（136743）	180.00	2019.06.26	6.5000	16 祥源债（136744）	600.00	2021.09.29	6.9900
16 南港 05（136745）	500.00	2021.10.17	3.1800	16 南港 06（136746）	500.00	2023.10.17	3.5500
16 南港 07（136747）	500.00	2026.10.17	3.7000	16 长峰 01（136748）	500.00	2019.11.26	3.6400
G16 博天（136749）	300.00	2021.10.12	7.5000	16 荣盛 01（136750）	600.00	2021.10.13	5.6000
16 佳源 06（136751）	620.00	2019.10.18	7.2000	16 佳源 07（136752）	380.00	2021.10.18	7.5000
16 大华 02（136753）	2000.00	2021.10.12	5.8000	16 兵装 03（136754）	1100.00	2019.10.29	3.2800
16 兵装 04（136755）	1400.00	2023.10.17	3.1400	16 兵装 05（136756）	1000.00	2026.10.17	3.3900
16 凯华 02（136757）	1000.00	2021.10.14	5.1000	16 凯华 03（136758）	400.00	2021.10.14	4.0900
16 三胞 05（136759）	770.00	2099.12.31	6.3000	16 中工 Y1（136760）	1208.00	2019.10.13	5.0000
16 长电 01（136762）	3000.00	2026.10.17	3.3500	16 张江 02（136763）	900.00	2021.10.24	3.3600
16 蓝光 02（136764）	1000.00	2021.10.18	7.6000	16 陕燃 01（136765）	700.00	2023.10.18	3.1400
16 油服 03（136766）	2100.00	2021.10.24	3.0800	16 油服 04（136767）	2900.00	2023.10.24	3.3500
16 苏海 01（136768）	600.00	2021.10.21	3.4600	16 欣捷 01（136769）	550.00	2019.10.18	7.5000
16 华资 01（136770）	1000.00	2021.10.20	2.9800	16 沪宁 01（136771）	1200.00	2023.10.20	3.1400
16 清控 02（136773）	4500.00	2021.10.25	3.1500	16 中船 01（136774）	1500.00	2021.10.18	2.9500
16 中船 02（136775）	5500.00	2023.10.18	3.1700	16 国航 02（136776）	4000.00	2021.10.20	3.0800
G16 唐新 3（136777）	500.00	2021.10.21	3.1000	16 融强债（136778）	1500.00	2021.11.03	6.5000
16 腾越 01（136779）	1000.00	2020.10.21	6.8000	16 腾越 02（136780）	2000.00	2023.10.21	3.9000
16 湘财 02（136781）	500.00	2019.10.24	3.0800	16 宁建材（136782）	500.00	2019.10.20	3.5000
16 金发 01（136783）	1000.00	2019.11.28	3.1000	16 华泰 03（136786）	2000.00	2099.12.31	6.1000
16 天目湖（136787）	1000.00	2021.10.24	5.2300	16 京运 01（136788）	1200.00	2019.11.06	7.3000
16 东航 01（136789）	1500.00	2026.10.24	3.0300	16 东航 02（136790）	1500.00	2026.10.24	3.3000
16 丰盛 04（136791）	800.00	2099.12.31	7.9000	16 中筑 01（136792）	1000.00	2021.11.07	7.8000
16 国投电（136793）	700.00	2021.10.27	3.1000	16 华阳 01（136794）	1498.00	2099.12.31	5.0000

债券信息 List of Bonds

债券 Bond

债券简称（代码）Bond Name（Code）	发行量（百万元）Issued Vol（M yuan）	到期日 Expiration Date	票面利率（%）Coupon Rate（%）	债券简称（代码）Bond Name（Code）	发行量（百万元）Issued Vol（M yuan）	到期日 Expiration Date	票面利率（%）Coupon Rate（%）
16 中航 01（136796）	2000.00	2019.10.25	2.8700	16 瀚蓝 01（136797）	1000.00	2021.10.26	4.1000
16 环球 02（136798）	500.00	2021.10.26	3.9500	16 中金 03（136799）	1100.00	2019.10.28	2.9500
16 中金 04（136800）	900.00	2023.10.27	3.1300	16 津创 01（136801）	700.00	2021.10.25	3.1300
16 中燃 G1（136802）	2000.00	2021.10.27	3.4000	16 南三 01（136803）	1000.00	2021.10.31	6.8000
16 越交 03（136804）	200.00	2021.10.26	3.6000	16 七师 01（136805）	1000.00	2021.10.27	6.5000
16 越交 04（136806）	800.00	2023.10.26	3.1800	16 方圆 01（136807）	1500.00	2099.12.31	6.5000
16 永达 01（136808）	2000.00	2019.11.13	3.9000	16 常城 01（136809）	600.00	2021.11.08	3.0300
16 福新 02（136810）	900.00	2021.11.02	3.0200	16 福新 03（136811）	1100.00	2023.11.02	3.1800
16 国泰 01（136812）	600.00	2019.11.21	6.0000	16 中电 02（136813）	3000.00	2021.11.07	3.2800
16 京运 02（136814）	1200.00	2019.12.11	7.3000	16 杭汽 02（136815）	1500.00	2019.12.02	1.1000
16 伟星 01（136816）	500.00	2021.11.07	6.5000	16 刚集 02（136817）	500.00	2099.12.31	7.5700
16 新华 02（136818）	400.00	2020.11.03	4.9000	16 川发 01（136819）	3000.00	2026.11.17	3.9000
16 纳通 02（136820）	500.00	2019.11.07	4.0000	16 中安消（136821）	1100.00	2099.12.31	4.4500
16 南山 06（136822）	700.00	2021.11.16	5.7000	16 南山 07（136823）	800.00	2021.11.16	4.2000
16 滇路 02（136824）	300.00	2021.11.10	4.2000	16 滇路 03（136825）	700.00	2021.11.10	3.6000
16 国网 01（136826）	5000.00	2019.11.14	2.9900	16 国网 02（136827）	5000.00	2021.11.14	3.1500
16 中信 G1（136830）	12500.00	2019.11.17	3.2600	16 中信 G2（136831）	2500.00	2021.11.17	3.3800
16 正大债（136832）	1000.00	2021.11.14	3.6900	G17 三峡 1（136833）	3500.00	2020.08.15	4.5600
16 紫金债（136835）	750.00	2021.11.16	3.9000	16 鲁信 01（136836）	1500.00	2026.11.25	3.7000
16 穗发 01（136837）	3000.00	2021.11.22	3.6300	16 国投控（136838）	500.00	2021.11.18	3.3200
16 港务 02（136839）	1000.00	2023.11.18	3.4200	16 华福 G2（136840）	900.00	2021.11.21	3.5300
16 银鹰 01（136842）	400.00	2021.11.23	8.5000	17 苏新 01（136843）	1000.00	2022.01.24	4.3800
16 环球 03（136845）	1100.00	2021.11.23	3.9500	16 深燃 02（136846）	500.00	2021.11.22	3.2400
16 玉皇 03（136847）	500.00	2021.11.21	6.0000	16 华能债（136849）	4000.00	2026.11.24	3.6500
16 宝丰 02（136850）	1000.00	2021.11.23	6.2000	16 华泰 G1（136851）	3500.00	2019.12.06	3.5700
16 华泰 G2（136852）	2500.00	2021.12.06	3.7800	16 洪业 02（136853）	1000.00	2099.12.31	6.4800
16 鲁再担（136854）	500.00	2019.12.05	3.6500	16 光控 03（136855）	2000.00	2022.11.23	3.7500
16 光控 04（136856）	2000.00	2023.11.23	3.3700	16 重汽 01（136857）	1560.00	2021.11.24	3.4500
16 鲁通 02（136859）	860.00	2021.11.29	7.9700	16 乌资 01（136860）	1000.00	2023.11.28	4.2800
16 恒健 02（136861）	3000.00	2021.11.25	3.4500	16 丹港 02（136863）	550.00	2021.11.25	8.5000
16 华虹 02（136864）	500.00	2019.12.12	4.6800	16 新燃 01（136865）	2500.00	2019.11.30	3.5500
16 汇丰 02（136866）	1000.00	2021.11.29	7.0000	16 开元 01（136868）	500.00	2019.11.29	6.0000
16 广核 01（136869）	2000.00	2026.12.08	3.8400	16 中关 02（136870）	1150.00	2021.12.07	3.8000
16 玉皇 04（136871）	500.00	2021.12.12	7.0000	16 豫投债（136872）	1500.00	2021.12.13	4.1800
16 华泰 G3（136873）	5000.00	2019.12.14	3.7900	16 华泰 G4（136874）	3000.00	2021.12.14	3.9700
16 华晨 01（136875）	2000.00	2099.12.31	6.0000	16 合盛 01（136877）	200.00	2021.12.14	5.5500
16 国电资（136879）	2000.00	2019.12.12	3.6400	16 恒信 01（136880）	250.00	2021.12.12	5.0000
17 甬开投（136881）	1000.00	2022.03.22	4.5000	16 科发 01（136882）	50.00	2021.12.21	7.0000
16 金工 01（136883）	500.00	2019.12.25	4.5000	16 联讯 01（136884）	1000.00	2019.12.13	4.1900
16 南翔 03（136886）	1800.00	2021.12.19	6.9000	17 沪资 01（136887）	300.00	2022.03.15	3.0000
17 中材 01（136888）	1500.00	2022.01.17	1.0000	17 华阳 01（136889）	402.00	2099.12.31	5.6000
17 北汽 01（136892）	800.00	2024.01.20	4.2900	17 泰达债（136893）	3000.00	2022.01.20	5.8000
17 黄河 01（136894）	200.00	2022.01.19	7.1000	17 中信 G1（136895）	10000.00	2020.02.17	4.2000
17 中信 G2（136896）	2000.00	2022.02.17	4.4000	17 绿原 01（136897）	500.00	2022.02.13	5.2900
17 蚌投 01（136898）	600.00	2022.02.17	5.4800	18 海航 Y5（136901）	1400.00	2021.11.27	7.3000
18 铁工 Y6（136902）	1600.00	2021.11.27	4.5500	18 铁工 Y7（136903）	1400.00	2023.11.27	4.8000
18 津保 Y1（136905）	650.00	2020.11.30	6.5500	18 建三 Y1（136907）	2000.00	2021.11.27	4.8000
18 航租 Y1（136910）	500.00	2021.11.22	5.5000	18 路建 Y1（136912）	1000.00	2021.11.28	5.1000
G18 京 Y3（136913）	2900.00	2021.11.23	4.4500	G18 京 Y4（136914）	2100.00	2023.11.23	4.7000
18 中大 Y1（136915）	2000.00	2021.11.26	5.2000	18 中公 Y2（136916）	1000.00	2021.11.22	4.6800

债券信息 List of Bonds

债券 Bond

债券简称（代码） Bond Name（Code）	发行量 （百万元） Issued Vol （M yuan）	到期日 Expiration Date	票面利率（%） Coupon Rate（%）	债券简称（代码） Bond Name（Code）	发行量 （百万元） Issued Vol （M yuan）	到期日 Expiration Date	票面利率（%） Coupon Rate（%）
18 蒙电 Y1（136917）	1500.00	2021.11.20	4.8900	18 蒙电 Y2（136918）	500.00	2023.11.20	5.1500
18 三峡 Y1（136919）	200.00	2021.11.22	6.5000	18 铁工 Y3（136921）	1200.00	2021.11.15	4.5900
18 铁工 Y4（136922）	1800.00	2023.11.15	4.9000	18 特变 Y3（136923）	530.00	2021.11.13	6.4000
18 铁工 Y1（136924）	2300.00	2021.11.06	4.6900	18 铁工 Y2（136925）	700.00	2023.11.06	4.9900
18 方程 Y1（136926）	2000.00	2021.11.14	5.0000	18 联投 Y1（136928）	1500.00	2021.11.22	5.4400
18 滇建 Y2（136931）	810.00	2021.11.21	7.0000	18 中化 Y5（136932）	2500.00	2020.11.12	4.5700
18 中化 Y6（136933）	2500.00	2021.11.12	4.6800	18 海航 Y4（136934）	800.00	2021.11.05	7.3500
G18XHY1（136935）	1000.00	2021.11.09	5.0000	18CHNG3Y（136936）	2800.00	2023.10.31	4.8800
18CHNG4Y（136937）	200.00	2028.10.31	5.3000	18CHNG1Y（136938）	1500.00	2023.10.25	4.8800
18CHNG2Y（136939）	500.00	2028.10.25	5.3000	18 青城 Y2（136942）	2000.00	2023.10.30	5.5000
18 大唐 Y5（136943）	500.00	2023.10.25	4.9800	18 大唐 Y4（136944）	2800.00	2021.10.25	4.7700
18 大唐 Y3（136945）	1500.00	2020.10.25	4.6400	18 海航 Y3（136946）	1500.00	2021.10.19	7.4500
18 建材 Y5（136947）	1000.00	2021.10.22	4.9000	18 建材 Y6（136948）	800.00	2023.10.22	5.2500
18 中化 Y3（136949）	1500.00	2020.10.19	4.6500	18 中化 Y4（136950）	1500.00	2021.10.19	4.7800
18 紫金 Y1（136951）	4500.00	2021.10.17	5.1700	18 中公 Y1（136952）	1000.00	2021.10.17	5.2000
18 风电 Y1（136953）	700.00	2021.10.15	4.9000	18 风电 Y2（136954）	300.00	2023.10.15	5.3000
18 沪建 Y3（136955）	1500.00	2023.10.10	5.4500	18 海航 Y2（136956）	800.00	2021.09.27	7.4500
18 大唐 Y1（136957）	4200.00	2021.09.21	5.0500	18 中交 Y1（136959）	1950.00	2021.10.19	4.9400
18 海航 Y1（136960）	500.00	2021.09.14	7.6000	18 中化 Y1（136961）	1800.00	2020.09.13	4.9000
18 中化 Y2（136962）	1200.00	2021.09.13	4.9600	G18 京 Y1（136963）	1000.00	2021.09.12	4.9100
18 新金 Y2（136965）	500.00	2021.10.23	6.8000	18 建集 Y2（136966）	1500.00	2021.10.23	5.3000
18 新际 Y5（136968）	1500.00	2021.10.23	5.0000	17 沪建 Y1（136970）	1000.00	2020.03.06	4.7800
17 中冶 Y3（136972）	2000.00	2020.03.13	4.9800	17 中工 Y1（136974）	500.00	2020.03.17	6.0000
17 苏建 01（136976）	600.00	2022.04.05	6.8000	17 中材 02（136977）	1500.00	2022.04.05	2.6000
17 迪信 01（136978）	600.00	2020.04.05	7.5000	17 鑫海 01（136979）	300.00	2022.04.11	7.0000
17 申证 01（136980）	7500.00	2022.02.17	4.4000	17 申证 02（136981）	500.00	2024.02.17	4.5000
17 金红 01（136982）	400.00	2019.02.22	6.0000	17 晋电 01（136983）	2390.00	2022.02.23	5.3000
17 银鹰 01（136984）	100.00	2022.12.27	7.0000	17 黄金债（136985）	700.00	2022.02.27	6.5500
17 中山 01（136986）	500.00	2020.02.28	4.8800	17 中冶 Y1（136987）	2700.00	2020.03.01	4.9900
17 锡投 Y1（136989）	1000.00	2022.03.15	5.2800	G16 北 Y1（136991）	2800.00	2021.09.13	3.6800
16 葛洲 Y3（136992）	2000.00	2019.08.03	3.1500	16 葛洲 Y4（136993）	3000.00	2021.08.03	3.4300
16 葛洲 Y1（136994）	2500.00	2019.07.21	3.2400	16 葛洲 Y2（136995）	2500.00	2021.07.21	3.4800
16 电投 Y1（136996）	4000.00	2021.06.29	3.6500	16 铁建 Y1（136997）	8000.00	2019.06.29	3.5300
16 金茂 Y1（136998）	2000.00	2019.06.15	3.7000	16 浙交 Y1（136999）	2000.00	2021.03.09	3.6000
16 美克 EB（137004）	380.00	2019.01.15	4.3000	16 三一 EB（137006）	5350.00	2019.03.20	3.6000
16 远 01EB（137008）	200.00	2019.07.29	1.0000	16 远 02EB（137009）	360.00	2019.07.29	4.0900
16 体 EB01（137012）	400.00	2099.12.31	6.1000	16 体 EB02（137013）	600.00	2099.12.31	8.0000
16 华易 EB（137014）	600.00	2019.09.23	3.0000	16 包集 EB（137015）	3350.00	2019.09.27	1.3000
三一 02EB（137017）	2000.00	2019.03.20	3.0000	华易 02EB（137018）	50.00	2019.10.18	3.0000
16 莱钢 EB（137019）	2278.00	2019.11.17	5.0000	华易 03EB（137020）	150.00	2019.10.18	3.0000
华易 04EB（137022）	200.00	2019.10.18	3.0000	17 塔城 EB（137025）	1000.00	2020.04.19	10.0000
17 豪园 EB（137026）	500.00	2020.04.19	4.0000	17 蛟龙 EB（137027）	495.00	2021.05.22	1.0000
17 新华 EB（137028）	1849.00	2020.05.22	7.0000	17 盛 EB01（137029）	300.00	2019.06.19	7.3000
17 华夏 EB（137030）	3000.00	2020.06.23	4.0000	17 盛 EB02（137031）	400.00	2020.08.01	7.0000
17 阳煤 EB（137032）	1000.00	2022.07.19	6.8000	17 华虹 EB（137033）	500.00	2019.09.11	1.0000
17 建发 EB（137034）	2000.00	2019.06.06	0.0000	17 华西 EB（137035）	1139.00	2021.08.04	0.1000
17 旗滨 EB（137037）	1000.00	2020.08.25	6.0000	17 中兵 EB（137038）	1000.00	2020.08.30	1.0000
17 顺 01EB（137039）	139.00	2020.08.25	4.5000	17 顺 02EB（137040）	225.00	2021.08.25	5.0000
17 百 EB01（137041）	596.00	2021.09.07	5.9000	17 湘电 EB（137042）	940.00	2020.09.13	1.0000
17 兖 02EB（137043）	3000.00	2020.09.25	2.7000	17 百 02EB（137044）	404.00	2021.09.26	5.9000

债券信息
List of Bonds

债券
Bond

债券简称（代码） Bond Name（Code）	发行量（百万元） Issued Vol（M yuan）	到期日 Expiration Date	票面利率（%） Coupon Rate（%）	债券简称（代码） Bond Name（Code）	发行量（百万元） Issued Vol（M yuan）	到期日 Expiration Date	票面利率（%） Coupon Rate（%）
17 百 03EB（137045）	200.00	2021.10.23	1.0000	17 中交 EB（137047）	16000.00	2020.11.10	1.0000
17 康 01EB（137048）	2000.00	2020.11.06	10.5000	17 版 01EB（137049）	650.00	2020.11.28	1.5000
17 康 02EB（137050）	3000.00	2020.11.29	10.5000	17 正集 EB（137051）	1500.00	2020.12.06	1.0000
17 云投 EB（137053）	500.00	2020.12.27	3.9000	17 郑瑞 EB（137055）	900.00	2020.12.29	1.0000
18 豫 01EB（137056）	849.00	2021.01.16	7.0000	18 伊力 EB（137057）	400.00	2021.01.22	0.5000
18 红豆 EB（137058）	1000.00	2021.01.25	6.0000	18 浙能 EB（137059）	7900.00	2021.01.25	1.0000
18 广 EB01（137060）	590.00	2021.02.08	6.0000	18 和安 EB（137061）	188.00	2024.02.02	0.5000
18 豫 02EB（137062）	151.00	2021.03.20	7.0000	18 兖 01EB（137063）	120.00	2021.04.04	3.0000
18 宇通 EB（137064）	3000.00	2019.12.27	0.5000	18 立业 EB（137065）	1000.00	2021.03.29	6.0000
18 大冷 EB（137067）	176.00	2021.07.30	1.3000	18 广 01EB（137069）	663.00	2021.10.22	3.0000
18 红星 EB（137070）	500.00	2022.10.30	7.5000	18 广 02EB（137071）	353.00	2021.12.19	3.0000
18 美克 EB（137072）	100.00	2021.12.26	8.5000	19 美克 EB（137073）	360.00	2022.01.29	8.5000
19 中 01EB（137074）	120.00	2022.01.30	6.6000	19 美 02EB（137075）	200.00	2022.02.28	8.5000
19 美 03EB（137076）	100.00	2022.02.28	5.0000	19 方钢 EB（137077）	2500.00	2022.04.29	2.0000
19 新华 EB（137078）	2844.00	2022.04.30	2.6000	19 红 01EB（137079）	4359.00	2024.05.14	3.2500
19 美 04EB（137080）	196.00	2022.05.10	8.5000	19 联众 EB（137081）	500.00	2022.06.11	1.0000
19 嘉 EB01（137082）	500.00	2022.06.11	3.0000	19 德华 EB（137083）	100.00	2021.07.03	7.0000
19 嘉 EB02（137085）	500.00	2022.07.23	3.0000	19 新控 EB（137087）	1762.00	2022.09.05	5.0500
19YG01EB（137088）	270.00	2022.09.06	0.5000	19 楚 EB01（137089）	500.00	2022.09.30	6.5000
19YG02EB（137090）	324.00	2022.09.30	0.5000	19 楚 EB02（137091）	497.00	2022.10.16	6.5000
19YG03EB（137092）	406.00	2022.10.31	0.5000	19 九 01EB（137093）	150.00	2022.11.15	2.0000
19 百业 EB（137094）	1000.00	2022.12.12	1.5000	19 安图 EB（137095）	1500.00	2022.12.24	0.5000
19 中 02EB（137097）	180.00	2022.12.24	7.5000	PR 襄经开（139001）	1100.00	2023.01.25	4.6200
PR 井发债（139002）	850.00	2023.01.27	4.8700	PR 高密债（139003）	1500.00	2023.01.26	4.6900
PR 浏产专（139004）	1100.00	2023.01.19	4.7200	PR 郴福城（139005）	1500.00	2023.01.22	4.7300
PR 上饶债（139006）	1180.00	2023.01.29	4.6500	PR 富春债（139007）	1500.00	2023.01.27	4.7600
PR 泸兴阳（139008）	1000.00	2023.01.28	4.8700	PR 万宝 01（139009）	500.00	2023.02.01	5.1300
PR 岳专项（139010）	2100.00	2026.01.27	4.8000	PR 观投 01（139011）	1500.00	2023.01.28	4.8700
PR 沣东债（139012）	2000.00	2023.01.08	4.6700	PR 娄锑都（139013）	770.00	2023.01.20	4.8300
PR 普湾债（139014）	2800.00	2023.02.01	4.5000	PR 新密财（139015）	880.00	2023.02.28	4.3500
PR 齐河债（139016）	1500.00	2023.03.07	5.1000	PR 四国资（139017）	1100.00	2023.01.14	4.5900
PR 嘉建投（139018）	500.00	2023.01.19	5.7000	PR 常鼎力（139019）	1080.00	2023.03.10	4.3000
PR 郴新天（139020）	800.00	2026.03.08	5.3800	PR 瑞安债（139021）	450.00	2023.01.27	4.5600
PR 观投 02（139022）	1000.00	2023.03.09	4.4800	PR 安开债（139023）	1000.00	2023.03.09	4.0900
16 新泰债（139024）	570.00	2020.03.10	6.5000	PR 恒澄债（139025）	1500.00	2023.03.01	4.4000
PR 盘资债（139026）	800.00	2019.09.10	5.3900	PR 建安债（139027）	1500.00	2023.03.08	4.3000
PR 龙旅发（139028）	1150.00	2023.03.16	4.3500	PR 荆城投（139029）	1600.00	2023.03.10	3.9700
PR 资水投（139030）	1900.00	2023.03.17	3.9700	PR 百福债（139031）	1490.00	2026.03.22	4.9600
PR 广元债（139032）	880.00	2023.03.10	4.4800	PR 永银都（139033）	880.00	2023.03.24	5.6000
PR 湘天易（139034）	1490.00	2023.03.17	4.2000	PR 阿克债（139035）	1100.00	2023.03.11	4.0900
PR 枣阳债（139036）	1500.00	2023.03.22	5.5000	PR 株循环（139037）	1400.00	2023.03.24	4.3800
16 亿利债（139039）	1000.00	2021.03.22	7.5000	PR 宝应债（139040）	1600.00	2023.03.24	4.5000
PR 眉宏投（139041）	2000.00	2023.03.28	4.1800	PR 靖城投（139042）	1500.00	2023.03.30	4.5500
PR 如皋债（139043）	1600.00	2023.03.24	3.9500	PR 苏新城（139044）	1100.00	2023.03.23	4.1800
PR 筑城 01（139045）	3000.00	2026.03.25	4.3700	PR 国融债（139046）	1000.00	2023.03.24	6.1600
PR 泰鑫债（139047）	1000.00	2023.03.23	4.0700	PR 白国资（139048）	1400.00	2023.03.29	3.9800
PR 璧山债（139049）	2300.00	2023.03.29	4.9300	PR 肥城资（139050）	880.00	2023.03.23	4.0400
16 冀建投（139052）	2000.00	2021.06.06	4.2500	16 奉化债（139053）	1000.00	2022.03.28	4.5800
PR 宿建债（139054）	1870.00	2023.03.24	3.8900	PR 玉鑫债（139055）	1300.00	2023.03.28	4.6500
PR 当鑫源（139056）	1100.00	2023.03.29	4.9700	PR 遵车债（139057）	1400.00	2026.04.07	5.9900

债券信息 List of Bonds

债券简称（代码） Bond Name（Code）	发行量（百万元） Issued Vol（M yuan）	到期日 Expiration Date	票面利率（%） Coupon Rate（%）	债券简称（代码） Bond Name（Code）	发行量（百万元） Issued Vol（M yuan）	到期日 Expiration Date	票面利率（%） Coupon Rate（%）
PR 仁怀债（139058）	1400.00	2023.04.14	5.1200	PR 文专项（139059）	880.00	2023.03.21	3.9700
PR 庐城投（139060）	1100.00	2023.03.30	4.5800	PR 开乾债（139061）	1000.00	2023.03.21	4.6400
PR 大冶 01（139062）	1200.00	2023.03.28	4.5000	PR 温港城（139063）	2000.00	2023.03.29	5.1900
PR 宣城债（139064）	2400.00	2023.04.07	4.1200	16 谷小微（139065）	1500.00	2020.03.31	4.5000
PR 钱城债（139066）	1800.00	2023.03.22	4.0000	16 邹城 01（139067）	700.00	2020.04.08	6.3000
PR 海开债（139068）	1000.00	2023.04.13	5.4500	PR 虞经开（139069）	1890.00	2023.04.11	4.7600
PR 遂开债（139070）	700.00	2023.04.08	4.8900	PR 安泰 01（139071）	880.00	2023.04.11	4.5800
PR 盱眙债（139072）	1200.00	2023.04.15	5.1000	PR 安泰 02（139073）	320.00	2023.04.11	5.1600
PR 纳兴债（139074）	680.00	2023.03.31	4.6800	PR 广安开（139075）	690.00	2023.04.14	5.1600
PR 龙铁债（139076）	800.00	2023.04.13	4.9800	PR 都梁债（139077）	1110.00	2023.04.13	5.5000
PR 药都债（139078）	800.00	2023.04.29	6.5000	PR 水城债（139079）	880.00	2023.05.03	6.1500
PR 宜居债（139080）	1500.00	2023.04.14	4.7800	PR16 昌兴（139081）	590.00	2023.04.11	5.2600
16 海集 01（139082）	2000.00	2022.04.14	9.2200	PR 秦城发（139083）	1200.00	2023.04.14	4.6900
PR 牟发投（139084）	880.00	2023.04.18	4.5900	PR 红日债（139085）	800.00	2023.04.20	5.0900
PR 扬中 01（139086）	950.00	2023.04.07	4.9800	PR 扬中 02（139087）	950.00	2023.04.07	4.9500
PR 内人和（139088）	700.00	2023.04.12	6.2000	PR 津广集（139089）	1100.00	2023.04.20	5.4000
PR 聊开债（139090）	1400.00	2023.04.13	5.2000	PR 渝迈瑞（139091）	2000.00	2023.04.21	4.9500
PR 长乐债（139092）	1000.00	2023.04.11	4.5000	PR 秀工投（139093）	800.00	2023.04.14	5.8500
16 遵小微（139094）	700.00	2020.04.22	2.6800	PR 仙桃债（139095）	900.00	2023.04.18	4.5900
PR 西湖债（139096）	1200.00	2023.04.25	4.3000	PR 温城 02（139097）	3000.00	2023.04.26	5.0000
PR 舒城债（139098）	1500.00	2023.04.29	5.5000	PR 金专债（139099）	1100.00	2023.04.25	5.9000
PR 阆名城（139100）	1000.00	2023.04.19	5.6000	PR 泰控债（139101）	600.00	2023.04.26	5.5000
PR 津宁河（139102）	1500.00	2023.04.22	5.5000	PR 瀚瑞 02（139103）	800.00	2023.08.31	5.0000
PR 溧水债（139104）	980.00	2023.04.28	4.9700	PR 怀化投（139105）	1400.00	2023.04.12	4.9600
PR 开元债（139106）	1400.00	2023.04.27	5.2900	PR 平城发（139108）	1370.00	2023.04.29	5.1300
16 广铁 01（139109）	4000.00	2026.04.28	3.9900	PR 芜交 01（139110）	1400.00	2023.04.28	4.5000
PR 渝宏安（139111）	1200.00	2023.05.03	5.7500	PR 新东港（139112）	800.00	2023.04.27	5.5300
PR 宜建债（139114）	1180.00	2023.04.27	5.4400	PR 襄建债（139115）	850.00	2023.04.28	5.1800
16 邯小微（139116）	500.00	2020.01.02	2.2600	PR 吉经开（139117）	800.00	2023.04.29	6.2000
PR 娄经债（139118）	1060.00	2023.03.30	4.8900	PR 堰管廊（139119）	1500.00	2026.01.11	4.8800
PR 海西债（139120）	1000.00	2023.05.12	4.3600	PR 全椒债（139121）	1000.00	2023.05.18	5.1000
PR 浏城建（139122）	2200.00	2023.05.24	4.4500	PR 湘城建（139123）	500.00	2023.05.18	5.8400
PR 惠交 01（139124）	1000.00	2023.05.17	4.1600	PR16 文登（139125）	1000.00	2023.05.26	4.8000
PR 莆高新（139126）	500.00	2022.05.03	5.9000	PR 龙建投（139128）	750.00	2023.05.27	5.4500
PR 宁债 01（139129）	500.00	2023.06.03	4.8900	18 云和债（139130）	940.00	2025.05.04	7.4900
PR 空港债（139131）	1300.00	2023.06.06	5.1000	PR 西发 01（139132）	1500.00	2023.06.06	4.2600
PR 磁湖 02（139133）	700.00	2023.06.08	4.9700	PR 曲经投（139134）	900.00	2023.06.01	5.7500
PR 姜堰债（139135）	1260.00	2023.06.02	5.1000	PR 萧县债（139136）	900.00	2023.06.22	4.8500
PR 江夏城（139137）	450.00	2023.06.03	4.8000	PR 盘改债（139138）	1500.00	2023.06.07	6.0000
16 首创 01（139139）	2500.00	2021.05.31	4.4000	PR 丰棚改（139140）	1300.00	2021.07.13	4.2300
16 蓉铁 01（139141）	1000.00	2021.06.17	4.2400	PR 栖霞债（139142）	1400.00	2023.06.24	4.1000
PR 宁科债（139143）	1100.00	2023.06.24	4.3700	16 鄂旅投（139144）	500.00	2023.06.16	4.2000
PR 汝城 01（139145）	700.00	2019.09.05	6.0000	16 旅顺债（139146）	770.00	2026.06.17	6.1900
PR 北固债（139147）	1400.00	2023.06.20	5.8000	PR 临川债（139148）	1500.00	2023.07.05	5.6800
PR 遵红城（139149）	1100.00	2023.06.27	5.0500	PR 汇华债（139150）	1500.00	2023.06.27	4.7000
PR 湘发展（139151）	1080.00	2019.11.20	4.8000	16 鄂交 01（139152）	1000.00	2021.07.04	4.0000
PR 东坡债（139153）	1100.00	2023.06.30	5.9000	16 洪轨 01（139154）	500.00	2019.06.29	5.2700
PR 金农债（139155）	800.00	2023.07.14	5.4900	PR 寒亭债（139156）	400.00	2026.07.13	5.0000
PR16 鑫城（139157）	1400.00	2023.07.15	4.1300	PR 南投债（139158）	1200.00	2023.07.11	4.2000
PR 洪泽债（139159）	1000.00	2023.07.18	4.3700	PR 江南债（139160）	500.00	2023.07.08	4.7600

债券信息 List of Bonds

债券 Bond

债券简称（代码） Bond Name（Code）	发行量（百万元） Issued Vol（M yuan）	到期日 Expiration Date	票面利率（%） Coupon Rate（%）	债券简称（代码） Bond Name（Code）	发行量（百万元） Issued Vol（M yuan）	到期日 Expiration Date	票面利率（%） Coupon Rate（%）
PR 柳东通（139161）	2000.00	2023.07.22	4.4500	PR 一带债（139162）	2600.00	2023.07.15	4.7000
PR 嘉湘 01（139163）	600.00	2023.07.20	4.1300	16 淮小微（139164）	1500.00	2020.07.20	6.3000
PR 汉建投（139165）	1200.00	2023.07.18	4.2500	PR 安城债（139166）	860.00	2023.07.18	5.9000
PR 镜停债（139167）	1200.00	2023.07.20	4.3700	PR 宜双 01（139168）	800.00	2023.07.21	3.7400
PR 安顺债（139169）	1100.00	2023.07.18	4.4800	PR 新天地（139170）	1000.00	2023.07.18	4.3700
PR 金湖债（139171）	1000.00	2022.07.26	4.0000	16 穗城 01（139172）	1500.00	2021.07.22	3.8100
PR 禹停车（139173）	1280.00	2026.08.11	3.8900	PR 马经 01（139174）	1490.00	2023.07.25	4.5300
PR 岳港 01（139175）	1200.00	2023.07.21	4.2400	PR 新路鑫（139177）	900.00	2023.07.29	6.4100
PR 东至债（139178）	1000.00	2023.06.20	4.8800	PR 双创债（139179）	1000.00	2026.07.25	5.0000
16 铜小微（139180）	700.00	2020.07.26	6.4100	16 南康债（139181）	1000.00	2020.08.04	7.6000
PR 镇新债（139182）	1160.00	2023.07.14	5.3100	PR 兴港债（139183）	1950.00	2026.07.20	4.2700
PR 古蔺债（139184）	1000.00	2023.08.04	4.1800	16 穗铁 02（139185）	2000.00	2022.07.25	3.6300
PR 湘潭 02（139186）	400.00	2023.08.04	3.9500	PR 营开 01（139187）	1500.00	2023.08.05	5.2000
PR16 荆高（139188）	1800.00	2023.07.28	4.1500	PR 万宝 02（139189）	1000.00	2023.08.01	4.4200
PR 海财债（139190）	1000.00	2023.08.10	5.3700	PR 合江债（139191）	1000.00	2023.08.11	5.0000
PR 新干债（139192）	1000.00	2023.08.03	5.4800	PR 赤壁债（139193）	1000.00	2023.08.10	4.3800
PR 章丘债（139194）	1500.00	2023.08.09	3.6900	PR 十经开（139195）	650.00	2023.08.05	3.9800
16 穗铁 03（139196）	2400.00	2022.08.16	3.4400	16 穗城 03（139197）	2500.00	2021.08.25	3.8100
PR 玉城 01（139198）	600.00	2023.05.03	5.1000	PR 公安债（139199）	650.00	2023.08.30	4.3000
PR 秦经开（139200）	250.00	2023.08.26	4.0700	PR 牡城 01（139201）	900.00	2023.06.08	6.4400
PR 金发债（139202）	1800.00	2023.08.22	4.6000	PR 内兴元（139203）	1000.00	2023.08.16	4.2800
PR 开福 02（139204）	1100.00	2023.08.22	3.7300	16 海集 02（139205）	1800.00	2022.08.23	5.7000
PR 宜兴投（139206）	800.00	2024.09.02	5.4900	PR 大冶 02（139207）	1000.00	2023.08.31	4.0500
PR 渝新梁（139208）	900.00	2023.08.26	4.7600	PR 湘环科（139209）	1500.00	2023.09.06	4.1700
16 足棚改（139210）	1200.00	2022.08.11	3.9700	PR 合川债（139211）	1200.00	2023.09.06	3.9500
PR 金沙债（139212）	1650.00	2023.09.05	6.0100	PR 马经 02（139213）	1400.00	2023.09.02	4.4300
PR 湘乡投（139214）	1500.00	2023.09.09	5.2800	PR 怀专项（139215）	2270.00	2023.08.31	4.1800
PR 建安 02（139216）	900.00	2023.09.05	3.8500	16 济专项（139217）	1000.00	2031.09.07	3.5500
16 兴小 01（139218）	500.00	2019.09.08	4.2500	16 库小微（139219）	900.00	2020.09.06	5.6000
PR 通港债（139220）	1500.00	2021.09.06	3.8000	16 黔开投（139221）	790.00	2023.09.08	4.4200
16 鲁经投（139222）	1800.00	2026.09.08	3.5400	PR 白城投（139223）	1200.00	2026.09.13	4.7500
PR 诸城建（139225）	1500.00	2023.08.26	3.8900	PR 瑞金债（139226）	1200.00	2023.09.06	4.1300
PR 文山债（139227）	1160.00	2023.09.13	4.5000	16 威临港（139228）	380.00	2019.10.24	6.0000
PR 柯城债（139229）	1000.00	2023.09.19	3.6400	PR 瀛洲债（139230）	800.00	2023.09.21	4.3300
PR 番禺 01（139231）	500.00	2026.09.08	4.5000	PR 青昌阳（139232）	1770.00	2023.09.12	3.7300
16 滨旅债（139233）	1000.00	2025.09.20	4.6800	PR 荆经开（139234）	770.00	2026.09.23	4.8700
PR 洪经债（139235）	770.00	2023.09.22	3.8300	PR 凯宏债（139236）	1400.00	2026.09.22	5.3000
PR 宁高 01（139237）	400.00	2023.09.23	3.6700	PR 芜交 02（139238）	1400.00	2023.09.23	3.5800
PR 嘉湘 02（139239）	600.00	2023.09.21	3.8700	PR 汝州投（139240）	2000.00	2023.09.26	4.4300
16 永专 01（139241）	500.00	2026.09.23	4.1900	PR 苏大行（139242）	1000.00	2023.09.22	5.1800
PR 株高孵（139243）	1130.00	2023.09.28	3.7800	16 温铁债（139244）	1030.00	2031.09.22	3.8500
16 宁投 01（139245）	700.00	2026.09.12	3.6800	PR 鹤山 01（139246）	300.00	2023.09.28	4.0800
PR 黔凯专（139247）	1100.00	2023.10.13	4.2000	PR 锦都债（139248）	1000.00	2023.10.13	3.6500
16 中瑞债（139249）	560.00	2023.09.29	6.5000	PR 大方债（139250）	550.00	2023.09.26	6.0000
PR 蕲春债（139251）	870.00	2023.10.18	4.9600	16 武铁 01（139252）	2000.00	2022.09.27	3.5000
PR 邕高 02（139253）	500.00	2023.10.20	3.8200	PR 新港债（139254）	1000.00	2023.10.20	3.4200
PR 大洼临（139255）	1470.00	2024.10.19	5.9900	16 鄂国资（139256）	1500.00	2031.10.21	5.5500
PR 玉城 02（139257）	570.00	2023.10.21	3.7200	PR 瓯新城（139258）	2000.00	2023.10.26	3.9800
PR 杭运（139259）	1000.00	2023.10.17	3.4000	PR 韶关债（139260）	1000.00	2024.10.25	3.6700
16 陕高 01（139261）	1000.00	2021.10.13	4.1800	16 邹城 02（139262）	480.00	2020.10.21	5.5000

债券信息 List of Bonds

债券简称（代码） Bond Name（Code）	发行量（百万元） Issued Vol（M yuan）	到期日 Expiration Date	票面利率（%） Coupon Rate（%）	债券简称（代码） Bond Name（Code）	发行量（百万元） Issued Vol（M yuan）	到期日 Expiration Date	票面利率（%） Coupon Rate（%）
PR 文蓝海（139263）	1500.00	2023.10.26	3.6400	16 柳东城（139264）	830.00	2020.10.24	6.2000
PR 恩施债（139265）	590.00	2023.11.01	3.8400	PR 益集01（139266）	1200.00	2023.10.13	4.9500
PR 宁债02（139267）	1000.00	2023.11.02	3.8800	PR 贵溪债（139268）	1800.00	2023.08.18	4.1800
16 荆管廊（139269）	1200.00	2026.08.19	4.3700	PR 岳港02（139270）	1200.00	2023.10.26	3.9400
16 桂金02（139272）	1500.00	2023.11.01	4.8000	PR 钟楼债（139273）	1500.00	2023.10.26	3.6400
PR 河国投（139274）	440.00	2023.11.04	4.3700	PR 淳安债（139275）	690.00	2023.11.04	3.8400
16 泉小微（139276）	700.00	2019.11.03	3.4400	PR 共青城（139277）	800.00	2023.03.25	5.8500
PR16 达州（139278）	700.00	2026.11.04	3.9900	PR 锡新城（139279）	2000.00	2023.11.09	3.9200
PR 徐高开（139280）	1130.00	2023.11.11	3.7800	PR 简州债（139281）	1000.00	2023.11.10	3.9300
PR 筑城02（139282）	3000.00	2026.11.14	4.0000	PR 牡城02（139283）	900.00	2023.10.27	5.3400
PR 分宜债（139284）	1450.00	2023.08.22	4.5400	PR 海创债（139286）	1500.00	2023.11.16	4.4700
PR 天城债（139287）	600.00	2023.11.15	3.9800	PR 京诚债（139288）	670.00	2023.08.29	4.3800
PR 东宝债（139289）	700.00	2023.07.22	4.4400	PR 水城投（139290）	1060.00	2023.11.22	4.9800
PR 昌吉债（139291）	800.00	2023.11.18	4.2400	PR 江城建（139292）	900.00	2023.11.11	3.4800
16 诸微债（139293）	700.00	2019.08.06	4.0000	PR 湘开债（139294）	1500.00	2022.11.25	5.3900
PR 乐平债（139295）	1800.00	2023.10.20	3.7000	PR 金潼01（139297）	1000.00	2023.11.16	4.4400
PR 金阳01（139298）	2000.00	2026.11.17	4.4600	PR 德溪01（139299）	550.00	2023.11.17	4.6000
PR 兴安债（139300）	1200.00	2022.12.21	6.1800	PR 中岳债（139301）	1200.00	2021.11.16	4.1000
PR 宁高02（139302）	400.00	2023.11.23	3.9200	PR 冠隆债（139303）	1000.00	2023.11.10	4.7000
PR 益集02（139304）	1200.00	2023.11.23	5.1600	PR 西秀债（139305）	1500.00	2023.11.22	4.7000
PR 临城开（139306）	1200.00	2023.11.22	3.8500	PR 七城建（139307）	900.00	2023.11.23	5.7500
16 宁投02（139308）	800.00	2026.11.28	3.8700	PR 富源债（139309）	1050.00	2023.12.02	5.3400
PR 韩城投（139310）	1000.00	2023.12.05	4.6900	PR 沾化债（139311）	700.00	2023.11.29	4.9300
PR 鹤山02（139312）	900.00	2023.12.07	5.0800	PR 德溪02（139313）	500.00	2023.12.05	5.1000
PR 邵开债（139315）	2000.00	2023.12.13	6.5800	PR 金鑫01（139316）	750.00	2023.07.26	4.5700
PR 金鑫02（139317）	750.00	2023.07.26	3.8000	16 首创02（139320）	1500.00	2021.11.09	3.7000
16 奥德02（139322）	500.00	2023.08.22	4.7000	PR 惠交02（139323）	2000.00	2023.12.27	4.9500
PR 衡东债（139324）	1200.00	2023.12.27	6.6000	17 嘉鱼01（139326）	300.00	2024.01.19	6.5000
17 肇东01（139329）	500.00	2024.01.20	6.5000	17 柔刚01（139330）	500.00	2024.01.24	5.6500
17 南漳01（139331）	300.00	2024.01.20	6.0000	PR 浏阳01（139332）	900.00	2023.01.19	4.3700
PR 浏经债（139333）	1100.00	2023.04.06	4.3900	16 汝城02（139334）	300.00	2019.09.05	5.6900
17 滇投债（139335）	1550.00	2024.07.24	5.7500	17 广水债（139336）	800.00	2024.03.01	6.1900
PR 綦江东（139337）	800.00	2023.09.05	4.0000	17 东乡债（139339）	1000.00	2024.03.20	6.2000
17 蚌埠01（139340）	2500.00	2024.04.13	5.8000	17 凤台债（139341）	1200.00	2024.03.13	5.6000
17 永专债（139342）	500.00	2027.04.05	6.3000	17 嘉鱼02（139343）	300.00	2024.03.23	5.7000
17 资兴01（139344）	300.00	2024.03.16	6.2000	17 开元债（139345）	1200.00	2024.11.29	7.2500
17 遂天泰（139346）	1000.00	2024.03.28	5.9800	17 博山债（139347）	800.00	2024.03.29	5.6300
17 随专01（139348）	400.00	2024.04.07	5.7000	16 达州02（139349）	600.00	2027.04.07	6.5000
17 鄂高投（139350）	400.00	2024.04.11	5.9000	17 鄂交Y1（139351）	1000.00	2022.04.13	5.4000
17 惠华01（139352）	500.00	2024.04.18	5.7800	17 邵东债（139353）	1400.00	2024.04.19	7.1000
17 应城债（139354）	1200.00	2024.04.14	6.5000	16 营开02（139355）	1000.00	2024.04.19	6.9800
17 黔南01（139356）	1000.00	2024.04.19	6.9900	17 营北01（139357）	400.00	2024.07.12	7.1900
17 资城01（139358）	800.00	2024.05.03	6.0000	17 襄投债（139359）	2500.00	2024.04.21	5.4000
17 醴陵债（139360）	1120.00	2024.04.21	6.5000	17 德投债（139361）	1200.00	2024.09.14	6.4600
G17 沣西1（139362）	1500.00	2024.08.23	7.1000	17 阳新债（139363）	1000.00	2024.04.26	6.5000
17 伍家债（139365）	500.00	2024.04.20	6.5000	17 松滋债（139366）	1000.00	2024.06.21	6.6000
17 监利债（139367）	900.00	2024.04.28	6.7800	17 石首债（139370）	860.00	2024.06.15	6.9800
17 长葛债（139371）	1330.00	2024.04.19	7.1000	G17 云绿1（139372）	550.00	2027.06.01	6.3000
17 西双创（139373）	350.00	2024.05.02	6.2000	17 简工债（139374）	1370.00	2024.04.24	6.0000
17 宜双01（139375）	800.00	2024.05.18	6.1000	17 嘉禾01（139376）	800.00	2024.05.25	6.5000

债券信息
List of Bonds

债券简称（代码） Bond Name（Code）	发行量 （百万元） Issued Vol （M yuan）	到期日 Expiration Date	票面利率（%） Coupon Rate（%）	债券简称（代码） Bond Name（Code）	发行量 （百万元） Issued Vol （M yuan）	到期日 Expiration Date	票面利率（%） Coupon Rate（%）
17 开元 01（139377）	700.00	2024.05.26	7.3000	17 咸双创（139378）	1000.00	2027.06.01	6.6000
17 鄂交 Y2（139380）	1500.00	2022.06.07	5.6500	17 襄高投（139381）	800.00	2024.06.12	6.2500
17 武铁 Y1（139382）	1500.00	2020.06.15	5.5500	17 鹤城投（139383）	2000.00	2024.06.19	6.9500
17 阿纺织（139384）	700.00	2024.06.21	7.5000	17 巴州债（139385）	1600.00	2024.06.19	6.0800
17 吉首 01（139386）	500.00	2024.06.21	6.5000	17 鄂交 Y3（139387）	1000.00	2022.06.16	5.6000
17 津国投（139388）	500.00	2024.07.05	6.4000	17 宁高 01（139390）	400.00	2024.06.26	5.6600
17 观投债（139391）	1600.00	2024.06.22	6.4900	17 科投债（139392）	910.00	2024.06.30	5.9900
17 黔南 02（139393）	1000.00	2024.07.06	6.9800	17 金鑫债（139394）	1000.00	2024.07.31	7.0800
17 市北 01（139395）	1500.00	2024.08.07	5.9800	17 湘东山（139396）	1150.00	2024.08.03	6.2000
17 宿马债（139397）	1000.00	2024.08.03	6.1000	17 蓉轨 Y1（139398）	2000.00	2022.08.10	5.6900
17 高科 01（139399）	1440.00	2027.09.14	5.6000	17 钟祥债（139400）	800.00	2024.09.01	6.5000
17 清浦债（139401）	1500.00	2024.09.29	6.7500	17 蒙自 01（139402）	600.00	2024.09.25	7.6500
17 西高 01（139403）	5000.00	2024.12.27	6.1200	18 陕高 Y1（139404）	500.00	2023.08.02	5.9700
18 首旅 01（139405）	2500.00	2027.08.20	4.6700	18 首旅 02（139406）	1500.00	2028.08.20	5.0000
18 上饶县（139407）	1500.00	2025.07.24	7.9500	18 瑞专 01（139408）	700.00	2028.09.12	6.4800
18 绵金债（139410）	850.00	2025.12.18	7.8700	HGY1 暂停（139411）	920.00	2022.12.21	5.8000
18 建德债（139413）	1000.00	2026.01.03	7.4300	19 首旅 01（139414）	1200.00	2028.02.28	3.9900
19 首旅 02（139415）	800.00	2029.02.28	4.3900	19 首创 Y1（139416）	1000.00	2022.12.17	3.9900
19 清镇债（139417）	1000.00	2026.03.18	7.5000	PR 兴开投（139418）	1390.00	2023.06.22	5.9000
G19QGY1（139419）	1000.00	2022.04.19	5.2000	19 凉农投（139420）	400.00	2027.04.26	8.0000
19 和县债（139421）	500.00	2026.04.26	7.2000	19 般阳债（139422）	800.00	2026.07.11	6.8000
19 蓉轨 Y1（139423）	1500.00	2022.07.23	4.3500	18 漯经开（139424）	410.00	2025.12.18	7.5000
G19HGY2（139425）	1580.00	2023.08.09	4.7200	19 蓉轨 Y2（139426）	1500.00	2022.09.24	4.1300
G19 商都 1（139427）	800.00	2026.10.28	7.8000	19 惠宁 01（139428）	570.00	2026.11.05	8.5000
19 陕投 Y1（139429）	1000.00	2022.11.15	4.8800	19 鄂交 Y1（139430）	2500.00	2024.12.03	4.4700
19 河钢 01（139431）	1500.00	2024.12.05	4.2800	G19QGY2（139432）	2000.00	2024.12.12	4.3900
19 陕煤 Y1（139433）	8000.00	2022.12.16	4.2800	G19 珠 Y1（139434）	600.00	2022.12.17	5.4800
19 桂铁 Y1（139435）	1000.00	2022.12.19	5.8900	19 陕投 Y2（139436）	1000.00	2022.12.24	4.4800
19 陕煤 Y2（139437）	7000.00	2022.12.25	4.2600	18 陕交 Y（139459）	668.00	2023.10.23	6.5000
19 桂铁 01（139460）	2000.00	2024.02.26	4.7800	16 青海 09（140000）	600.00	2019.05.30	2.7000
16 青海 10（140001）	610.00	2021.05.30	2.9000	16 青海 11（140002）	690.00	2023.05.30	3.1800
16 青海 12（140003）	500.00	2026.05.30	3.2400	16 内蒙 05（140004）	2474.71	2019.05.31	2.8600
16 内蒙 06（140005）	7421.00	2021.05.31	3.0500	16 内蒙 07（140006）	7421.00	2023.05.31	3.3100
16 内蒙 08（140007）	7421.00	2026.05.31	3.2900	16 河南 05（140008）	7600.00	2019.05.31	2.8100
16 河南 06（140009）	11400.00	2021.05.31	3.0300	16 河南 07（140010）	11400.00	2023.05.31	3.2600
16 河南 08（140011）	7600.00	2026.05.31	3.2400	16 河南 09（140012）	5260.00	2019.05.31	2.8100
16 河南 10（140013）	7890.00	2021.05.31	3.0300	16 河南 11（140014）	7890.00	2023.05.31	3.2600
16 河南 12（140015）	5260.00	2026.05.31	3.2400	16 天津 06（140016）	4928.00	2019.06.01	2.6700
16 天津 07（140017）	13480.00	2021.06.01	2.8600	16 天津 08（140018）	13761.00	2023.06.01	3.1000
16 天津 09（140019）	13760.00	2026.06.01	3.1300	16 天津 10（140020）	5835.00	2021.06.01	2.7500
16 天津 11（140021）	2120.00	2023.06.01	2.9700	16 天津 12（140022）	2028.00	2026.06.01	2.9500
16 河北 09（140023）	14500.00	2019.06.02	2.7600	16 河北 10（140024）	14500.00	2021.06.02	2.9400
16 河北 11（140025）	14500.00	2023.06.02	3.2300	16 河北 12（140026）	4958.00	2026.06.02	3.2100
16 河北 13（140027）	4300.00	2019.06.02	2.7400	16 河北 14（140028）	5942.00	2021.06.02	2.9000
16 河北 15（140029）	4300.00	2023.06.02	3.1800	16 贵州 09（140030）	8000.00	2019.06.03	2.8100
16 贵州 10（140031）	12000.00	2021.06.03	2.9900	16 贵州 11（140032）	12000.00	2023.06.03	3.1800
16 贵州 12（140033）	8000.00	2026.06.03	3.2700	16 湖北 11（140034）	7680.00	2019.06.06	2.8000
16 湖北 12（140035）	7680.00	2021.06.06	3.0100	16 湖北 13（140036）	7680.00	2023.06.06	3.2800
16 湖北 14（140037）	2560.00	2026.06.06	3.3400	16 湖北 15（140038）	15000.00	2021.06.06	3.0400
16 湖北 16（140039）	15000.00	2023.06.06	3.3000	16 山东 13（140040）	12996.00	2019.06.07	2.8300

债券信息
List of Bonds

债券简称（代码） Bond Name（Code）	发行量 （百万元） Issued Vol （M yuan）	到期日 Expiration Date	票面利率（%） Coupon Rate（%）	债券简称（代码） Bond Name（Code）	发行量 （百万元） Issued Vol （M yuan）	到期日 Expiration Date	票面利率（%） Coupon Rate（%）
16 山东 14（140041）	19493.00	2021.06.07	3.0300	16 山东 15（140042）	19493.00	2023.06.07	3.2600
16 山东 16（140043）	12996.00	2026.06.07	3.2700	16 山东 17（140044）	600.00	2019.06.07	2.8300
16 山东 18（140045）	900.00	2021.06.07	3.0300	16 山东 19（140046）	900.00	2023.06.07	3.2600
16 山东 20（140047）	600.00	2026.06.07	3.2700	16 甘肃 06（140048）	7700.00	2026.06.07	3.2700
16 重庆 07（140049）	2100.00	2019.06.08	2.8100	16 重庆 08（140050）	4000.00	2021.06.08	3.0000
16 重庆 09（140051）	4000.00	2023.06.08	3.1900	16 重庆 10（140052）	3600.00	2026.06.08	3.2700
16 重庆 11（140053）	6800.00	2019.06.08	2.7900	16 重庆 12（140054）	6700.00	2021.06.08	2.9600
16 重庆 13（140055）	6700.00	2023.06.08	3.1900	16 重庆 14（140056）	6700.00	2026.06.08	3.2300
16 广西 11（140057）	3600.00	2019.06.08	2.8100	16 广西 12（140058）	10000.00	2021.06.08	2.9600
16 广西 13（140059）	10000.00	2023.06.08	3.2400	16 广西 14（140060）	10000.00	2026.06.08	3.2800
16 广西 15（140061）	1600.00	2021.06.08	2.9600	16 广西 16（140062）	600.00	2023.06.08	3.2400
16 广西 17（140063）	1000.00	2026.06.08	3.2800	16 江苏 09（140064）	6770.00	2019.06.14	2.7100
16 江苏 10（140065）	10000.00	2021.06.14	2.9600	16 江苏 11（140066）	10000.00	2023.06.14	3.1900
16 江苏 12（140067）	6700.00	2026.06.14	3.2100	16 江苏 13（140068）	10900.00	2019.06.14	2.7100
16 江苏 14（140069）	16100.00	2021.06.14	2.8900	16 江苏 15（140070）	16100.00	2023.06.14	3.1500
16 江苏 16（140071）	10800.00	2026.06.14	3.1800	16 浙江 05（140072）	4220.00	2019.06.15	2.6500
16 浙江 06（140073）	12650.00	2021.06.15	2.8800	16 浙江 07（140074）	12650.00	2023.06.15	3.1000
16 浙江 08（140075）	12650.00	2026.06.15	3.2000	16 浙江 09（140076）	1950.00	2021.06.15	2.8000
16 浙江 10（140077）	1950.00	2026.06.15	3.0900	16 新疆 13（140078）	940.00	2019.06.16	2.6000
16 新疆 14（140079）	1410.00	2021.06.16	2.8000	16 新疆 15（140080）	1410.00	2023.06.16	2.9900
16 新疆 16（140081）	940.00	2026.06.16	3.0000	16 宁夏 09（140082）	2000.00	2019.06.17	2.7600
16 宁夏 10（140083）	2300.00	2021.06.17	3.0100	16 宁夏 11（140084）	2300.00	2023.06.17	3.2700
16 宁夏 12（140085）	1080.00	2026.06.17	3.2900	16 宁夏 13（140086）	600.00	2021.06.17	3.0100
16 宁夏 14（140087）	400.00	2023.06.17	3.2500	16 宁夏 15（140088）	300.00	2026.06.17	3.2800
16 广东 15（140089）	1524.00	2019.06.17	2.7600	16 广东 16（140090）	4540.00	2021.06.17	2.9800
16 广东 17（140091）	4540.00	2023.06.17	3.1700	16 广东 18（140092）	4540.00	2026.06.17	3.1700
16 广东 19（140093）	8905.00	2021.06.17	2.9500	16 广东 20（140094）	3550.00	2023.06.17	3.1700
16 广东 21（140095）	5330.00	2026.06.17	3.1700	16 福建 01（140096）	2838.71	2019.06.20	2.8000
16 福建 02（140097）	8470.00	2021.06.20	2.9900	16 福建 03（140098）	8470.00	2023.06.20	3.1700
16 福建 04（140099）	8470.00	2026.06.20	3.1700	16 福建 05（140100）	16004.00	2021.06.20	2.9900
16 福建 06（140101）	15990.00	2026.06.20	3.1700	16 四川 13（140102）	8200.00	2019.06.20	2.8000
16 四川 14（140103）	8200.00	2021.06.20	2.9900	16 四川 15（140104）	8200.00	2023.06.20	3.1800
16 四川 16（140105）	2910.00	2026.06.20	3.2700	16 四川 17（140106）	9200.00	2019.06.20	2.8000
16 四川 18（140107）	9200.00	2021.06.20	2.9900	16 四川 19（140108）	9200.00	2023.06.20	3.2300
16 四川 20（140109）	3300.00	2026.06.20	3.2600	16 吉林 01（140110）	2517.68	2019.06.21	2.8000
16 吉林 02（140111）	7549.00	2021.06.21	2.9800	16 吉林 03（140112）	7549.00	2023.06.21	3.1600
16 吉林 04（140113）	7549.00	2026.06.21	3.3000	16 吉林 05（140114）	1500.00	2021.06.21	2.9800
16 吉林 06（140115）	438.00	2023.06.21	3.2500	16 吉林 07（140116）	1062.00	2026.06.21	3.3000
16 江西 09（140117）	2140.00	2019.06.22	2.7000	16 江西 10（140118）	6350.00	2021.06.22	2.9000
16 江西 11（140119）	6350.00	2023.06.22	3.0700	16 江西 12（140120）	6350.00	2026.06.22	3.2100
16 江西 13（140121）	3950.00	2019.06.22	2.7000	16 江西 14（140122）	3920.00	2021.06.22	2.8300
16 江西 15（140123）	3920.00	2023.06.22	3.0500	16 江西 16（140124）	3920.00	2026.06.22	3.1800
16 湖南 05（140125）	30000.00	2019.06.24	2.7600	16 湖南 06（140126）	25600.00	2023.06.24	3.1500
16 内蒙 09（140127）	7545.00	2019.06.24	2.8900	16 内蒙 10（140128）	7545.00	2021.06.24	3.0600
16 内蒙 11（140129）	7545.00	2023.06.24	3.2600	16 内蒙 12（140130）	2515.00	2026.06.24	3.3000
16 内蒙 13（140131）	3414.00	2019.06.24	2.8900	16 内蒙 14（140132）	5188.00	2021.06.24	3.0600
16 内蒙 15（140133）	5164.00	2023.06.24	3.2600	16 内蒙 16（140134）	1134.00	2026.06.24	3.3000
16 山西 05（140135）	1360.00	2019.06.27	2.5900	16 山西 06（140136）	4000.00	2021.06.27	2.7700
16 山西 07（140137）	4000.00	2023.06.27	3.0200	16 山西 08（140138）	4000.00	2026.06.27	3.0800
16 山西 09（140139）	2900.00	2021.06.27	2.7600	16 山西 10（140140）	2900.00	2026.06.27	3.0600

债券信息
List of Bonds

债券简称（代码） Bond Name（Code）	发行量 （百万元） Issued Vol （M yuan）	到期日 Expiration Date	票面利率（%） Coupon Rate（%）	债券简称（代码） Bond Name（Code）	发行量 （百万元） Issued Vol （M yuan）	到期日 Expiration Date	票面利率（%） Coupon Rate（%）
16 河南 13（140141）	3739.14	2019.06.29	2.6100	16 河南 14（140142）	5609.00	2021.06.29	2.7800
16 河南 15（140143）	5609.00	2023.06.29	3.0800	16 河南 16（140144）	3739.00	2026.06.29	3.1000
16 河南 17（140145）	3838.20	2019.06.29	2.5800	16 河南 18（140146）	5757.00	2021.06.29	2.7300
16 河南 19（140147）	5757.00	2023.06.29	2.9000	16 河南 20（140148）	3838.00	2026.06.29	2.9200
16 安徽 05（140149）	13700.00	2019.07.01	2.7500	16 安徽 06（140150）	13700.00	2021.07.01	2.8500
16 安徽 07（140151）	13700.00	2023.07.01	3.0800	16 安徽 08（140152）	4770.00	2026.07.01	3.1000
16 安徽 09（140153）	22500.00	2021.07.01	2.8500	16 安徽 10（140154）	22500.00	2023.07.01	3.1000
16 北京 01（140155）	11349.52	2019.07.08	2.5400	16 北京 02（140156）	11488.00	2021.07.08	2.6700
16 青海 13（140157）	548.01	2019.07.11	2.6400	16 青海 14（140158）	759.00	2021.07.11	2.8100
16 青海 15（140159）	759.00	2023.07.11	2.9800	16 青海 16（140160）	549.00	2026.07.11	3.0300
16 辽宁 09（140161）	13800.00	2019.07.13	2.7300	16 辽宁 10（140162）	13800.00	2021.07.13	2.9500
16 辽宁 11（140163）	13800.00	2023.07.13	3.1200	16 辽宁 12（140164）	4600.00	2026.07.13	3.1100
16 新疆 17（140165）	3210.00	2019.07.13	2.5300	16 新疆 18（140166）	4810.00	2021.07.13	2.6600
16 新疆 19（140167）	4820.00	2023.07.13	2.8300	16 新疆 20（140168）	3210.00	2026.07.13	2.8200
16 新疆 21（140169）	300.00	2019.07.13	2.5300	16 新疆 22（140170）	450.00	2021.07.13	2.6600
16 新疆 23（140171）	450.00	2023.07.13	2.8300	16 新疆 24（140172）	300.00	2026.07.13	2.8200
16 广东 22（140173）	1726.00	2019.07.19	2.6800	16 广东 23（140174）	5140.00	2021.07.19	2.8600
16 广东 24（140175）	5140.00	2023.07.19	3.0100	16 广东 25（140176）	5140.00	2026.07.19	3.0200
16 广东 26（140177）	6374.00	2021.07.19	2.8300	16 广东 27（140178）	2550.00	2023.07.19	3.0100
16 广东 28（140179）	3820.00	2026.07.19	3.0200	16 贵州 13（140180）	4000.00	2019.07.20	2.7000
16 贵州 14（140181）	6000.00	2021.07.20	2.8400	16 贵州 15（140182）	6000.00	2023.07.20	2.9800
16 贵州 16（140183）	4000.00	2026.07.20	3.0700	16 贵州 17（140184）	8000.00	2019.07.20	2.6800
16 贵州 18（140185）	12000.00	2023.07.20	2.9600	16 上海 01（140186）	16260.00	2019.07.25	2.5200
16 上海 02（140187）	24390.00	2021.07.25	2.6500	16 上海 03（140188）	16260.00	2023.07.25	2.8100
16 上海 04（140189）	24390.00	2026.07.25	2.8100	16 黑龙 09（140190）	4659.32	2019.07.27	2.7400
16 黑龙 10（140191）	6800.00	2021.07.27	2.8600	16 黑龙 11（140192）	6800.00	2023.07.27	3.0900
16 黑龙 12（140193）	4500.00	2026.07.27	3.1000	16 黑龙 13（140194）	5595.00	2021.07.27	2.8900
16 黑龙 14（140195）	5500.00	2023.07.27	3.0800	16 江苏 17（140196）	12800.00	2019.08.01	2.5100
16 江苏 18（140197）	19000.00	2021.08.01	2.5900	16 江苏 19（140198）	19000.00	2023.08.01	2.8200
16 江苏 20（140199）	12700.00	2026.08.01	2.9000	16 江苏 21（140200）	7620.00	2019.08.01	2.4900
16 江苏 22（140201）	11300.00	2021.08.01	2.5900	16 江苏 23（140202）	11300.00	2023.08.01	2.7900
16 江苏 24（140203）	7500.00	2026.08.01	2.7900	16 吉林 08（140204）	1200.15	2019.08.01	2.5400
16 吉林 09（140205）	3596.00	2021.08.01	2.6900	16 吉林 10（140206）	3596.00	2023.08.01	2.8900
16 吉林 11（140207）	3596.00	2026.08.01	2.9900	16 吉林 12（140208）	1302.00	2021.08.01	2.6800
16 吉林 13（140209）	174.00	2023.08.01	2.8400	16 吉林 14（140210）	1128.00	2026.08.01	2.9900
16 陕西 21（140211）	5070.00	2019.08.03	2.4900	16 陕西 22（140212）	5070.00	2021.08.03	2.5900
16 陕西 23（140213）	5070.00	2023.08.03	2.8300	16 陕西 24（140214）	1740.00	2026.08.03	2.9400
16 北京 03（140215）	13819.00	2023.08.05	2.7900	16 北京 04（140216）	13516.00	2026.08.05	2.7900
16 四川 21（140217）	9000.00	2019.08.05	2.6100	16 四川 22（140218）	9000.00	2021.08.05	2.6900
16 四川 23（140219）	9000.00	2023.08.05	2.9300	16 四川 24（140220）	3000.00	2026.08.05	3.0300
16 四川 25（140221）	9000.00	2019.08.05	2.6100	16 四川 26（140222）	9000.00	2021.08.05	2.7300
16 四川 27（140223）	9000.00	2023.08.05	2.9300	16 四川 28（140224）	3000.00	2026.08.05	3.0700
16 云南 09（140225）	13880.00	2019.08.08	2.5400	16 云南 10（140226）	16300.00	2026.08.08	2.9600
16 云南 11（140227）	2310.00	2019.08.08	2.4600	16 云南 12（140228）	900.00	2021.08.08	2.5800
16 云南 13（140229）	900.00	2023.08.08	2.7700	16 云南 14（140230）	900.00	2026.08.08	2.9100
16 浙江 11（140231）	2714.70	2019.08.09	2.4400	16 浙江 12（140232）	8144.00	2021.08.09	2.5800
16 浙江 13（140233）	8144.00	2023.08.09	2.7700	16 浙江 14（140234）	8144.00	2026.08.09	2.7700
16 浙江 15（140235）	12570.66	2019.08.09	2.4400	16 浙江 16（140236）	18856.00	2021.08.09	2.5800
16 浙江 17（140237）	12571.00	2023.08.09	2.7700	16 浙江 18（140238）	18856.00	2026.08.09	2.7700
16 河北 16（140239）	4600.00	2019.08.10	2.4300	16 河北 17（140240）	4600.00	2021.08.10	2.5700

债券信息 List of Bonds

债券 Bond

债券简称（代码） Bond Name（Code）	发行量（百万元） Issued Vol （M yuan）	到期日 Expiration Date	票面利率（%） Coupon Rate（%）	债券简称（代码） Bond Name（Code）	发行量（百万元） Issued Vol （M yuan）	到期日 Expiration Date	票面利率（%） Coupon Rate（%）
16 河北 18（140241）	4600.00	2023.08.10	2.7600	16 河北 19（140242）	1551.00	2026.08.10	2.7600
16 河北 20（140243）	6398.00	2021.08.10	2.5700	16 山西 11（140244）	340.00	2019.08.12	2.4000
16 山西 12（140245）	1020.00	2021.08.12	2.5400	16 山西 13（140246）	1020.00	2023.08.12	2.7200
16 山西 14（140247）	1020.00	2026.08.12	2.7400	16 山西 15（140248）	4916.00	2021.08.12	2.5400
16 山西 16（140249）	4900.00	2026.08.12	2.7500	16 湖北 17（140250）	2925.00	2019.08.15	2.3900
16 湖北 18（140251）	2925.00	2021.08.15	2.6300	16 湖北 19（140252）	2925.00	2023.08.15	2.8000
16 湖北 20（140253）	975.00	2026.08.15	2.8700	16 上海 05（140254）	7740.00	2019.08.19	2.4100
16 上海 06（140255）	10740.00	2021.08.19	2.5300	16 上海 07（140256）	16110.00	2023.08.19	2.7200
16 上海 08（140257）	16110.00	2026.08.19	2.7500	16 湖南 07（140258）	30000.00	2019.08.23	2.4300
16 湖南 08（140259）	35000.00	2023.08.23	2.7800	16 福建 07（140260）	4383.23	2019.08.24	2.4300
16 福建 08（140261）	13090.00	2021.08.24	2.6000	16 福建 09（140262）	13090.00	2023.08.24	2.8300
16 福建 10（140263）	13090.00	2026.08.24	2.8700	16 福建 11（140264）	8718.00	2021.08.24	2.5600
16 福建 12（140265）	8700.00	2026.08.24	2.8000	16 海南 04（140266）	2858.00	2021.08.26	2.5800
16 海南 05（140267）	5100.00	2023.08.26	2.7700	16 海南 06（140268）	1200.00	2026.08.26	2.8000
16 贵州 19（140269）	4000.00	2019.09.02	2.4600	16 贵州 20（140270）	6000.00	2021.09.02	2.6600
16 贵州 21（140271）	6000.00	2023.09.02	2.8700	16 贵州 22（140272）	4000.00	2026.09.02	2.9200
16 贵州 23（140273）	12000.00	2021.09.02	2.6200	16 贵州 24（140274）	8000.00	2026.09.02	2.9900
16 山东 21（140275）	2934.00	2019.09.06	2.4500	16 山东 22（140276）	4402.00	2021.09.06	2.6000
16 山东 23（140277）	4402.00	2023.09.06	2.8800	16 山东 24（140278）	2934.00	2026.09.06	2.8900
16 宁夏 16（140279）	1814.39	2019.09.07	2.4200	16 宁夏 17（140280）	2200.00	2021.09.07	2.6400
16 宁夏 18（140281）	2200.00	2023.09.07	2.9100	16 宁夏 19（140282）	1200.00	2026.09.07	2.9200
16 甘肃 07（140283）	1050.00	2019.09.08	2.4200	16 甘肃 08（140284）	1000.00	2021.09.08	2.6400
16 甘肃 09（140285）	622.00	2023.09.08	2.8900	16 甘肃 10（140286）	166.00	2021.09.08	2.6400
16 北京 05（140287）	12144.40	2019.09.09	2.4700	16 北京 06（140288）	10054.00	2021.09.09	2.6200
16 北京 07（140289）	1361.00	2023.09.09	2.8400	16 北京 08（140290）	966.00	2026.09.09	2.8100
16 江西 17（140291）	940.00	2019.09.09	2.4200	16 江西 18（140292）	2818.00	2021.09.09	2.5700
16 江西 19（140293）	2818.00	2023.09.09	2.7900	16 江西 20（140294）	2818.00	2026.09.09	2.8600
16 江西 21（140295）	1789.00	2019.09.09	2.4200	16 江西 22（140296）	1789.00	2021.09.09	2.5700
16 江西 23（140297）	1789.00	2023.09.09	2.7900	16 江西 24（140298）	1789.00	2026.09.09	3.0000
16 广西 18（140299）	380.00	2019.09.12	2.4800	16 广西 19（140300）	1000.00	2021.09.12	2.6700
16 广西 20（140301）	1000.00	2023.09.12	2.8900	16 广西 21（140302）	1000.00	2026.09.12	2.9100
16 广西 22（140303）	11620.00	2021.09.12	2.6700	16 广西 23（140304）	4500.00	2023.09.12	2.8900
16 广西 24（140305）	6800.00	2026.09.12	2.9100	16 宁波 09（140306）	1740.00	2019.09.14	2.4300
16 宁波 10（140307）	2590.00	2021.09.14	2.5900	16 宁波 11（140308）	1740.00	2023.09.14	2.8300
16 宁波 12（140309）	2590.00	2026.09.14	2.8200	16 宁波 13（140310）	250.00	2019.09.14	2.4300
16 宁波 14（140311）	380.00	2021.09.14	2.5700	16 宁波 15（140312）	240.00	2023.09.14	2.7900
16 宁波 16（140313）	380.00	2026.09.14	2.7800	16 陕西 25（140314）	3260.00	2019.09.21	2.4500
16 陕西 26（140315）	3260.00	2021.09.21	2.5700	16 陕西 27（140316）	3260.00	2023.09.21	2.7700
16 陕西 28（140317）	1193.00	2026.09.21	2.7800	16 辽宁 13（140318）	6000.00	2019.09.21	2.5100
16 辽宁 14（140319）	6000.00	2021.09.21	2.7100	16 辽宁 15（140320）	6000.00	2023.09.21	2.8800
16 辽宁 16（140321）	1906.00	2026.09.21	2.9100	16 湖北 21（140322）	2115.00	2019.09.26	2.4300
16 湖北 22（140323）	2115.00	2021.09.26	2.5700	16 湖北 23（140324）	2115.00	2023.09.26	2.7600
16 湖北 24（140325）	705.00	2026.09.26	2.7700	16 湖北 25（140326）	2500.00	2021.09.26	2.6000
16 湖北 26（140327）	2500.00	2023.09.26	2.7600	16 河南 21（140328）	3124.45	2019.09.28	2.4200
16 河南 22（140329）	4650.00	2021.09.28	2.5600	16 河南 23（140330）	4650.00	2023.09.28	2.7500
16 河南 24（140331）	3100.00	2026.09.28	2.7400	16 河南 25（140332）	1852.18	2019.09.28	2.4200
16 河南 26（140333）	2760.00	2021.09.28	2.5600	16 河南 27（140334）	2760.00	2023.09.28	2.7500
16 河南 28（140335）	1840.00	2026.09.28	2.7400	16 新疆 25（140336）	890.00	2019.09.29	2.4600
16 新疆 26（140337）	1330.00	2021.09.29	2.6100	16 新疆 27（140338）	1330.00	2023.09.29	2.8700
16 新疆 28（140339）	880.00	2026.09.29	2.8500	16 新疆 29（140340）	980.00	2019.09.29	2.4600

债券信息
List of Bonds

债券
Bond

债券简称（代码）Bond Name（Code）	发行量（百万元）Issued Vol（M yuan）	到期日 Expiration Date	票面利率（%）Coupon Rate（%）	债券简称（代码）Bond Name（Code）	发行量（百万元）Issued Vol（M yuan）	到期日 Expiration Date	票面利率（%）Coupon Rate（%）
16 新疆 30（140341）	1470.00	2021.09.29	2.6100	16 新疆 31（140342）	1470.00	2023.09.29	2.8700
16 新疆 32（140343）	980.00	2026.09.29	2.8500	16 江苏 25（140344）	10450.00	2019.10.11	2.4000
16 江苏 26（140345）	15500.00	2021.10.11	2.5500	16 江苏 27（140346）	15500.00	2023.10.11	2.7300
16 江苏 28（140347）	10400.00	2026.10.11	2.7100	16 江苏 29（140348）	8250.00	2019.10.11	2.4000
16 江苏 30（140349）	12100.00	2021.10.11	2.5500	16 江苏 31（140350）	12100.00	2023.10.11	2.7300
16 江苏 32（140351）	8100.00	2026.10.11	2.7100	16 安徽 11（140352）	5124.94	2019.10.12	2.4000
16 安徽 12（140353）	5000.00	2021.10.12	2.5400	16 安徽 13（140354）	3600.00	2023.10.12	2.7200
16 安徽 14（140355）	3600.00	2026.10.12	2.7000	16 安徽 15（140356）	7769.00	2021.10.12	2.5400
16 安徽 16（140357）	7700.00	2023.10.12	2.7200	16 湖南 09（140358）	20000.00	2019.10.14	2.4000
16 湖南 10（140359）	20000.00	2021.10.14	2.5200	16 湖南 11（140360）	25000.00	2026.10.14	2.7900
16 青海 17（140361）	32.26	2019.10.17	2.4000	16 青海 18（140362）	57.00	2021.10.17	2.5200
16 青海 19（140363）	57.00	2023.10.17	2.7000	16 青海 20（140364）	57.00	2026.10.17	2.6900
16 青岛 08（140365）	40.00	2019.10.18	2.3900	16 青岛 09（140366）	120.00	2021.10.18	2.5100
16 青岛 10（140367）	120.00	2023.10.18	2.6900	16 青岛 11（140368）	120.00	2026.10.18	2.6900
16 青岛 12（140369）	1600.00	2021.10.18	2.5100	16 青岛 13（140370）	640.00	2023.10.18	2.6900
16 青岛 14（140371）	960.00	2026.10.18	2.6900	16 山东 25（140372）	4730.00	2019.10.19	2.4100
16 山东 26（140373）	7094.00	2021.10.19	2.5200	16 山东 27（140374）	7094.00	2023.10.19	2.7400
16 山东 28（140375）	4729.00	2026.10.19	2.7800	16 山东 29（140376）	3641.00	2019.10.19	2.4100
16 山东 30（140377）	5461.00	2021.10.19	2.5200	16 山东 31（140378）	5461.00	2023.10.19	2.7400
16 山东 32（140379）	3640.00	2026.10.19	2.7800	16 山东 33（140380）	270.00	2019.10.19	2.4100
16 山东 34（140381）	405.00	2021.10.19	2.5200	16 山东 35（140382）	405.00	2023.10.19	2.7400
16 山东 36（140383）	270.00	2026.10.19	2.7800	16 内蒙 17（140384）	4059.88	2019.10.21	2.4300
16 内蒙 18（140385）	12130.00	2021.10.21	2.5700	16 内蒙 19（140386）	12130.00	2023.10.21	2.8100
16 内蒙 20（140387）	12130.00	2026.10.21	2.8900	16 内蒙 21（140388）	950.00	2021.10.21	2.5700
16 内蒙 22（140389）	950.00	2026.10.21	2.8900	16 重庆 15（140390）	2830.00	2019.10.26	2.3100
16 重庆 16（140391）	4000.00	2021.10.26	2.4300	16 重庆 17（140392）	4000.00	2023.10.26	2.6300
16 重庆 18（140393）	2800.00	2026.10.26	2.6600	16 重庆 19（140394）	5920.00	2021.10.26	2.4300
16 重庆 20（140395）	5900.00	2026.10.26	2.6600	16 辽宁 17（140396）	4950.00	2019.10.26	2.3500
16 辽宁 18（140397）	4950.00	2021.10.26	2.4900	16 辽宁 19（140398）	4950.00	2023.10.26	2.7000
16 辽宁 20（140399）	1650.00	2026.10.26	2.7500	16 辽宁 21（140400）	1840.30	2019.10.26	2.3600
16 辽宁 22（140401）	1840.00	2021.10.26	2.5000	16 辽宁 23（140402）	1100.00	2023.10.26	2.7000
16 辽宁 24（140403）	295.00	2026.10.26	2.7600	16 四川 29（140404）	9100.00	2019.10.31	2.3700
16 四川 30（140405）	9100.00	2021.10.31	2.4800	16 四川 31（140406）	9100.00	2023.10.31	2.7000
16 四川 32（140407）	3324.00	2026.10.31	2.8700	16 四川 33（140408）	2400.00	2019.10.31	2.4200
16 四川 34（140409）	2400.00	2021.10.31	2.5700	16 四川 35（140410）	2400.00	2023.10.31	2.7000
16 四川 36（140411）	828.00	2026.10.31	3.0700	16 浙江 19（140412）	2042.21	2019.11.04	2.3500
16 浙江 20（140413）	6127.00	2021.11.04	2.4500	16 浙江 21（140414）	6127.00	2023.11.04	2.6800
16 浙江 22（140415）	6127.00	2026.11.04	2.7300	16 浙江 23（140416）	4355.58	2019.11.04	2.3500
16 浙江 24（140417）	6533.00	2021.11.04	2.4500	16 浙江 25（140418）	4356.00	2023.11.04	2.6800
16 浙江 26（140419）	6533.00	2026.11.04	2.7300	16 贵州 25（140420）	2400.00	2019.11.07	2.3500
16 贵州 26（140421）	3600.00	2021.11.07	2.4400	16 贵州 27（140422）	3600.00	2023.11.07	2.8000
16 贵州 28（140423）	2400.00	2026.11.07	2.8700	16 贵州 29（140424）	1600.00	2019.11.07	2.3500
16 贵州 30（140425）	2400.00	2021.11.07	2.4400	16 贵州 31（140426）	2400.00	2023.11.07	2.7100
16 贵州 32（140427）	1600.00	2026.11.07	2.8100	16 广西 25（140428）	700.00	2019.11.07	2.4000
16 广西 26（140429）	2000.00	2021.11.07	2.5200	16 广西 27（140430）	2000.00	2023.11.07	2.7700
16 广西 28（140431）	2000.00	2026.11.07	2.8800	16 广西 29（140432）	3000.00	2019.11.07	2.4000
16 广西 30（140433）	2000.00	2021.11.07	2.5200	16 广西 31（140434）	3000.00	2023.11.07	2.7700
16 广西 32（140435）	2000.00	2026.11.07	2.8800	16 广东 29（140436）	3837.00	2021.11.08	2.4500
16 广东 30（140437）	1550.00	2023.11.08	2.7000	16 广东 31（140438）	2310.00	2026.11.08	2.7400
16 山西 17（140439）	2275.40	2019.11.09	2.3500	16 山西 18（140440）	786.00	2021.11.09	2.4500

债券信息 List of Bonds

债券简称（代码） Bond Name（Code）	发行量（百万元） Issued Vol（M yuan）	到期日 Expiration Date	票面利率（%） Coupon Rate（%）	债券简称（代码） Bond Name（Code）	发行量（百万元） Issued Vol（M yuan）	到期日 Expiration Date	票面利率（%） Coupon Rate（%）
16山西19（140441）	2290.00	2023.11.09	2.7000	16山西20（140442）	2290.00	2026.11.09	2.7400
16山西21（140443）	2397.09	2019.11.09	2.3500	16山西22（140444）	2300.00	2023.11.09	2.7000
16厦门01（140445）	1924.99	2019.11.09	2.3500	16厦门02（140446）	2860.00	2021.11.09	2.4500
16厦门03（140447）	2860.00	2023.11.09	2.7000	16厦门04（140448）	1900.00	2026.11.09	2.7400
16厦门05（140449）	3290.00	2021.11.09	2.4500	16厦门06（140450）	3280.00	2026.11.09	2.7400
16湖南12（140451）	20000.00	2019.11.11	2.5000	16湖南13（140452）	15000.00	2026.11.11	2.9500
16湖南14（140453）	15000.00	2021.11.11	2.6800	16湖南15（140454）	20000.00	2023.11.11	2.9700
16陕西29（140455）	1800.00	2019.11.15	2.3700	16陕西30（140456）	1800.00	2021.11.15	2.4900
16陕西31（140457）	1800.00	2023.11.15	2.7500	16陕西32（140458）	780.00	2026.11.15	2.7800
16大连01（140459）	1560.50	2019.11.16	2.5000	16大连02（140460）	2341.00	2021.11.16	2.7300
16大连03（140461）	2341.00	2023.11.16	3.1100	16大连04（140462）	1561.00	2026.11.16	3.1400
16大连05（140463）	379.66	2019.11.16	2.6100	16大连06（140464）	569.00	2021.11.16	2.8000
16大连07（140465）	569.00	2023.11.16	3.1300	16大连08（140466）	380.00	2026.11.16	3.2000
16海南07（140467）	2000.00	2019.11.18	2.4200	16海南08（140468）	2679.00	2021.11.18	2.6100
16海南09（140469）	2000.00	2023.11.18	2.8900	16海南10（140470）	2600.00	2026.11.18	2.9800
16河北21（140471）	3600.00	2019.11.18	2.3800	16云南15（140472）	4530.00	2019.11.21	2.4500
16云南16（140473）	7800.00	2021.11.21	2.6800	16云南17（140474）	12700.00	2026.11.21	2.9600
16云南18（140475）	4580.00	2019.11.21	2.4500	16云南19（140476）	5000.00	2021.11.21	2.6800
16新疆33（140477）	1410.00	2019.11.23	2.4600	16新疆34（140478）	2120.00	2021.11.23	2.6700
16新疆35（140479）	2120.00	2023.11.23	2.9500	16新疆36（140480）	1410.00	2026.11.23	2.9800
16新疆37（140481）	930.00	2019.11.23	2.4600	16新疆38（140482）	1400.00	2021.11.23	2.6700
16新疆39（140483）	1400.00	2023.11.23	2.9500	16新疆40（140484）	920.00	2026.11.23	2.9800
16西藏01（140485）	340.00	2019.11.30	2.4800	16西藏02（140486）	348.00	2021.11.30	2.6500
16西藏03（140487）	283.00	2023.11.30	2.8400	16西藏04（140488）	305.00	2026.11.30	2.8600
16西藏05（140489）	300.00	2019.11.30	2.4800	16北京09（140490）	405.00	2026.12.01	2.9100
16北京10（140491）	3000.00	2019.12.01	2.5100	16北京11（140492）	1500.00	2021.12.01	2.6700
16北京12（140493）	1635.00	2026.12.01	2.9100	16吉林15（140494）	571.55	2019.12.02	2.7300
16天津13（140495）	4871.00	2019.12.02	2.6300	16天津14（140496）	3371.00	2026.12.02	3.0700
16天津15（140497）	6806.00	2019.12.02	2.7200	16天津16（140498）	6001.00	2021.12.02	2.8700
16天津17（140499）	2491.00	2023.12.02	2.9700	16天津18（140500）	5380.00	2026.12.02	3.1700
16江苏33（140501）	940.00	2019.12.05	2.5600	16江苏34（140502）	1390.00	2021.12.05	2.7100
16江苏35（140503）	1390.00	2023.12.05	2.8900	16江苏36（140504）	930.00	2026.12.05	2.9100
16江苏37（140505）	2250.00	2019.12.05	2.5600	16江苏38（140506）	3370.00	2021.12.05	2.7100
16江苏39（140507）	3370.00	2023.12.05	2.8900	16江苏40（140508）	2250.00	2026.12.05	2.9100
16内蒙23（140509）	1804.44	2019.12.07	2.7700	16内蒙24（140510）	5390.00	2021.12.07	3.0600
16内蒙25（140511）	5390.00	2023.12.07	3.2900	16内蒙26（140512）	5390.00	2026.12.07	3.4200
16内蒙27（140513）	1513.00	2021.12.07	3.0600	16内蒙28（140514）	1513.00	2026.12.07	3.4200
16广东32（140516）	302.68	2019.12.12	2.6600	16广东33（140517）	1437.00	2021.12.12	2.8500
16广东34（140518）	580.00	2023.12.12	3.0500	16广东35（140519）	860.00	2026.12.12	3.0600
16新疆41（140520）	620.00	2021.12.16	3.1000	16新疆42（140521）	610.00	2026.12.16	3.3400
17新疆01（140522）	5680.00	2020.03.02	3.0300	17新疆02（140523）	5670.00	2024.03.02	3.4000
17新疆03（140524）	2150.00	2020.03.02	3.1900	17新疆04（140525）	2150.00	2024.03.02	3.5400
17河北01（140526）	3800.00	2022.03.10	3.2000	17河北02（140527）	3800.00	2024.03.10	3.3500
17河北03（140528）	2400.00	2022.03.10	3.2000	17辽宁01（140529）	4170.00	2020.03.15	3.1300
17辽宁02（140530）	4170.00	2022.03.15	3.3000	17辽宁03（140531）	4170.00	2024.03.15	3.4800
17辽宁04（140532）	1390.00	2027.03.15	3.6500	17广西01（140533）	2400.00	2020.03.17	3.1200
17广西02（140534）	2200.00	2022.03.17	3.3300	17广西03（140535）	3300.00	2024.03.17	3.4700
17广西04（140536）	3300.00	2027.03.17	3.6400	17广西05（140537）	9500.00	2022.03.17	3.3300
17广西06（140538）	3800.00	2024.03.17	3.5100	17广西07（140539）	5700.00	2027.03.17	3.6900
17广西08（140540）	450.00	2022.03.17	3.3300	17广西09（140541）	450.00	2027.03.17	3.7000

债券信息 List of Bonds

债券简称（代码） Bond Name（Code）	发行量（百万元） Issued Vol（M yuan）	到期日 Expiration Date	票面利率（%） Coupon Rate（%）	债券简称（代码） Bond Name（Code）	发行量（百万元） Issued Vol（M yuan）	到期日 Expiration Date	票面利率（%） Coupon Rate（%）
17云南01（140542）	7700.00	2020.03.20	3.2400	17云南02（140543）	7720.00	2027.03.20	3.7900
17云南03（140544）	8800.00	2020.03.20	3.3600	17云南04（140545）	8840.00	2027.03.20	3.8700
17山西01（140546）	1800.00	2020.03.22	2.9200	17山西02（140547）	1800.00	2022.03.22	3.1100
17山西03（140548）	2400.00	2024.03.22	3.4000	17山西04（140549）	2500.00	2022.03.22	3.2500
17山西05（140550）	2500.00	2024.03.22	3.5800	17贵州01（140551）	7600.00	2020.03.24	3.1500
17贵州02（140552）	11400.00	2024.03.24	3.5100	17江西01（140553）	869.00	2020.03.24	2.9900
17江西02（140554）	2607.00	2022.03.24	3.3800	17江西03（140555）	2607.00	2024.03.24	3.6000
17江西04（140556）	2607.00	2027.03.24	3.6600	17江西05（140557）	1228.00	2020.03.24	3.1800
17江西06（140558）	1228.00	2022.03.24	3.4900	17江西07（140559）	1228.00	2024.03.24	3.6800
17江西08（140560）	1228.00	2027.03.24	3.7400	17山东01（140561）	13600.00	2022.04.01	3.2800
17山东02（140562）	13600.00	2024.04.01	3.6300	17江苏01（140563）	19010.00	2020.04.10	3.2700
17江苏02（140564）	19000.00	2024.04.10	3.6000	17江苏03（140565）	14770.00	2022.04.10	3.5000
17江苏04（140566）	14770.00	2027.04.10	3.7800	17重庆01（140567）	4000.00	2022.04.10	3.4600
17重庆02（140568）	6000.00	2024.04.10	3.6100	17重庆03（140569）	4000.00	2022.04.10	3.4000
17重庆04（140570）	14000.00	2024.04.10	3.6100	17河南01（140571）	9358.00	2020.04.14	3.3400
17河南02（140572）	9400.00	2024.04.14	3.6300	17河南03（140573）	6905.00	2020.04.14	3.3300
17河南04（140574）	6900.00	2024.04.14	3.6600	17四川01（140575）	4200.00	2020.04.14	3.3500
17四川02（140576）	4200.00	2022.04.14	3.5400	17四川03（140577）	4200.00	2024.04.14	3.7200
17四川04（140578）	1400.00	2027.04.14	3.8000	17四川05（140579）	4800.00	2020.04.14	3.4500
17四川06（140580）	4800.00	2022.04.14	3.5700	17四川07（140581）	4800.00	2024.04.14	3.7000
17四川08（140582）	1600.00	2027.04.14	3.8100	17浙江01（140583）	2857.00	2022.04.17	3.1300
17浙江02（140584）	2857.00	2024.04.17	3.5100	17浙江03（140585）	3809.00	2027.04.17	3.6700
17浙江04（140586）	8671.00	2022.04.17	3.1300	17浙江05（140587）	3468.00	2024.04.17	3.4100
17浙江06（140588）	5203.00	2027.04.17	3.6100	17青海01（140589）	985.00	2020.04.18	3.2800
17青海02（140590）	2205.00	2022.04.18	3.5000	17青海03（140591）	2205.00	2024.04.18	3.7400
17青海04（140592）	2205.00	2027.04.18	3.8300	17甘肃01（140593）	4000.00	2022.04.19	3.5700
17甘肃02（140594）	5000.00	2024.04.19	3.7700	17辽宁05（140595）	5877.00	2020.04.19	3.5300
17辽宁06（140596）	5877.00	2022.04.19	3.7600	17辽宁07（140597）	5877.00	2024.04.19	3.8100
17辽宁08（140598）	1959.00	2027.04.19	3.8300	17贵州03（140599）	8000.00	2020.04.24	3.5600
17贵州04（140600）	12000.00	2024.04.24	3.8900	17新疆05（140601）	620.00	2020.05.09	3.8000
17新疆06（140602）	610.00	2024.05.09	4.0500	17新疆07（140603）	560.00	2020.05.09	3.8000
17新疆08（140604）	570.00	2024.05.09	4.0500	17黑龙01（140605）	3450.00	2020.05.08	3.9300
17黑龙02（140606）	9600.00	2022.05.08	4.0800	17黑龙03（140607）	9600.00	2024.05.08	4.2300
17黑龙04（140608）	9600.00	2027.05.08	4.1700	17黑龙05（140609）	2000.00	2022.05.08	4.1600
17黑龙06（140610）	1131.00	2024.05.08	4.0500	17云南05（140611）	5710.00	2022.05.19	4.2000
17云南06（140612）	6000.00	2024.05.19	4.2800	17云南07（140613）	4550.00	2022.05.19	4.2000
17云南08（140614）	5000.00	2024.05.19	4.2600	17北京01（140615）	277.00	2022.05.10	3.4600
17北京02（140616）	4506.00	2022.05.10	3.4600	17陕西01（140617）	7000.00	2022.05.12	4.0800
17陕西02（140618）	7000.00	2024.05.12	4.2300	17陕西03（140619）	5000.00	2022.05.12	4.1300
17陕西04（140620）	5000.00	2024.05.12	4.2600	17青岛01（140621）	317.00	2020.05.16	3.9900
17青岛02（140622）	951.00	2022.05.16	4.0500	17青岛03（140623）	951.00	2024.05.16	4.1200
17青岛04（140624）	951.00	2027.05.16	4.1900	17青岛05（140625）	850.00	2022.05.16	4.0300
17青岛06（140626）	1380.00	2024.05.16	4.1000	17青岛07（140627）	2620.00	2027.05.16	4.1200
17宁波01（140628）	950.00	2020.05.17	3.7700	17宁波02（140629）	1420.00	2022.05.17	3.8900
17宁波03（140630）	950.00	2024.05.17	4.0300	17宁波04（140631）	1420.00	2027.05.17	4.1300
17宁波05（140632）	440.00	2020.05.17	3.8800	17宁波06（140633）	650.00	2022.05.17	3.8900
17宁波07（140634）	440.00	2024.05.17	4.0800	17宁波08（140635）	650.00	2027.05.17	4.1000
17广东01（140636）	440.00	2020.05.19	3.8300	17广东02（140637）	1320.00	2022.05.19	3.8500
17广东03（140638）	1320.00	2024.05.19	3.9600	17广东04（140639）	1320.00	2027.05.19	3.9300
17广东05（140640）	3300.00	2022.05.19	3.8500	17广东06（140641）	1320.00	2024.05.19	3.9600

债券信息 List of Bonds

债券简称（代码） Bond Name（Code）	发行量（百万元） Issued Vol（M yuan）	到期日 Expiration Date	票面利率（%） Coupon Rate（%）	债券简称（代码） Bond Name（Code）	发行量（百万元） Issued Vol（M yuan）	到期日 Expiration Date	票面利率（%） Coupon Rate（%）
17广东07（140642）	1980.00	2027.05.19	3.9300	17四川09（140643）	6600.00	2020.05.23	4.2900
17四川10（140644）	6600.00	2022.05.23	4.3500	17四川11（140645）	6600.00	2024.05.23	4.4400
17四川12（140646）	2200.00	2027.05.23	4.3400	17四川13（140647）	3000.00	2020.05.23	4.3800
17四川14（140648）	3000.00	2022.05.23	4.3900	17四川15（140649）	3000.00	2024.05.23	4.4400
17四川16（140650）	1000.00	2027.05.23	4.3400	17广西10（140651）	11000.00	2020.05.24	4.2900
17广西11（140652）	22000.00	2022.05.24	4.3200	17广西12（140653）	22000.00	2024.05.24	4.4100
17广西13（140654）	3200.00	2022.05.24	4.3200	17湖北01（140655）	4100.00	2022.05.26	4.2000
17湖北02（140656）	5900.00	2024.05.26	4.3900	17河南05（140657）	8497.00	2020.06.05	4.1200
17河南06（140658）	14200.00	2022.06.05	4.2000	17河南07（140659）	14200.00	2024.06.05	4.3100
17河南08（140660）	8600.00	2027.06.05	4.3200	17河南09（140661）	2542.00	2022.06.05	4.1800
17上海01（140662）	15460.00	2022.06.06	3.7500	17上海02（140663）	10000.00	2024.06.06	3.8600
17上海03（140664）	15460.00	2027.06.06	3.8300	17福建01（140665）	1096.00	2020.06.07	4.0000
17福建02（140666）	3210.00	2022.06.07	4.0500	17福建03（140667）	3210.00	2024.06.07	4.2100
17福建04（140668）	3210.00	2027.06.07	4.2200	17福建05（140669）	7383.00	2022.06.07	4.1900
17福建06（140670）	3690.00	2024.06.07	4.2000	17福建07（140671）	3690.00	2027.06.07	4.2500
17贵州05（140672）	6000.00	2022.06.09	4.1800	17贵州06（140673）	4000.00	2027.06.09	4.3200
17贵州07（140674）	6000.00	2022.06.09	4.1300	17贵州08（140675）	4000.00	2027.06.09	4.3000
17宁夏01（140676）	2880.00	2020.06.12	3.9900	17宁夏02（140677）	4200.00	2022.06.12	4.0900
17宁夏03（140678）	4200.00	2024.06.12	4.2300	17宁夏04（140679）	2900.00	2027.06.12	4.2800
17宁夏05（140680）	1424.00	2022.06.12	4.0800	17宁夏06（140681）	900.00	2024.06.12	4.2000
17河北08（140682）	4600.00	2024.06.13	4.0500	17河北09（140683）	12500.00	2022.06.13	4.0000
17河北10（140684）	15000.00	2024.06.13	4.0800	17河北11（140685）	7500.00	2027.06.13	4.0700
17陕西05（140686）	5000.00	2020.06.13	4.0000	17陕西06（140687）	7500.00	2022.06.13	4.0500
17陕西07（140688）	7500.00	2024.06.13	4.1000	17陕西08（140689）	5000.00	2027.06.13	4.1000
17陕西09（140690）	1000.00	2022.06.13	4.0000	17新疆09（140691）	11200.00	2022.06.14	4.0200
17新疆10（140692）	11220.00	2027.06.14	4.0900	17新疆11（140693）	1000.00	2022.06.14	4.0200
17海南01（140694）	1600.00	2020.06.16	3.9300	17海南02（140695）	3400.00	2024.06.16	4.0800
17海南03（140696）	2400.00	2027.06.16	4.0500	17山西06（140697）	3800.00	2022.06.19	3.7000
17山西07（140698）	7950.00	2024.06.19	4.0200	17山西08（140699）	18250.00	2022.06.19	3.9600
17山西09（140700）	2000.00	2024.06.19	4.0200	17甘肃03（140701）	11000.00	2020.06.16	3.9700
17甘肃04（140702）	6257.00	2022.06.16	3.9800	17甘肃05（140703）	3000.00	2020.06.16	3.9900
17甘肃06（140704）	4315.00	2024.06.16	4.0400	17青海05（140705）	3040.00	2020.06.20	4.0000
17青海06（140706）	3040.00	2022.06.20	4.0400	17青海07（140707）	2620.00	2024.06.20	4.1100
17湖南01（140708）	14200.00	2020.06.21	3.8900	17湖南02（140709）	20000.00	2022.06.21	3.9500
17安徽01（140710）	9080.00	2022.07.05	3.8500	17安徽02（140711）	10000.00	2024.07.05	4.0200
17安徽03（140712）	17900.00	2022.07.05	3.8800	17安徽04（140713）	17800.00	2024.07.05	3.9800
17山东07（140714）	2400.00	2022.07.06	3.8300	17山东08（140715）	1065.00	2022.07.06	3.8000
17江西09（140716）	1605.00	2020.07.10	3.8000	17江西10（140717）	4815.00	2022.07.10	3.9000
17江西11（140718）	4815.00	2024.07.10	4.0100	17江西12（140719）	4815.00	2027.07.10	4.1000
17江西13（140720）	5425.00	2020.07.10	3.8700	17江西14（140721）	5425.00	2022.07.10	3.9200
17江西15（140722）	5425.00	2024.07.10	4.0100	17江西16（140723）	5425.00	2027.07.10	4.0800
17北京03（140724）	2900.00	2020.07.11	3.5000	17北京04（140725）	8623.00	2022.07.11	3.6100
17北京05（140726）	8663.00	2024.07.11	3.8200	17北京06（140727）	9514.00	2027.07.11	3.8800
17广西14（140728）	6500.00	2027.07.11	4.0900	17广西15（140729）	3200.00	2022.07.11	3.9600
17广西16（140730）	9500.00	2024.07.11	4.0200	17广西17（140731）	800.00	2022.07.11	3.9600
17江苏05（140732）	14000.00	2022.07.12	3.8300	17江苏06（140733）	14000.00	2027.07.12	3.9300
17江苏07（140734）	14550.00	2020.07.12	3.8500	17江苏08（140735）	14550.00	2022.07.12	3.9000
17江苏09（140736）	14550.00	2024.07.12	3.9900	17江苏10（140737）	14550.00	2027.07.12	4.0400
17新疆12（140738）	9940.00	2022.07.12	3.8800	17新疆13（140739）	9930.00	2024.07.12	4.0000
17新疆14（140740）	2250.00	2022.07.12	3.9800	17新疆15（140741）	2250.00	2024.07.12	4.0000

债券信息
List of Bonds

债券简称（代码）Bond Name（Code）	发行量（百万元）Issued Vol（M yuan）	到期日 Expiration Date	票面利率（%）Coupon Rate（%）	债券简称（代码）Bond Name（Code）	发行量（百万元）Issued Vol（M yuan）	到期日 Expiration Date	票面利率（%）Coupon Rate（%）
17辽宁09（140742）	8720.00	2020.07.14	3.8100	17辽宁10（140743）	6540.00	2022.07.14	3.8300
17辽宁11（140744）	6540.00	2024.07.14	3.9500	17辽宁12（140745）	1271.00	2020.07.14	3.7800
17辽宁13（140746）	953.00	2022.07.14	3.7900	17辽宁14（140747）	953.00	2024.07.14	3.9000
17重庆05（140748）	9000.00	2022.07.17	3.8200	17重庆06（140749）	8000.00	2024.07.17	4.0000
17重庆07（140750）	3800.00	2027.07.17	4.0100	17重庆08（140751）	6800.00	2020.07.17	3.7400
17重庆09（140752）	6000.00	2024.07.17	3.9700	17重庆10（140753）	5400.00	2027.07.17	4.0100
17北京07（140754）	5650.00	2022.07.17	3.5700	17北京08（140755）	3980.00	2024.07.17	3.7500
17北京09（140756）	3170.00	2027.07.17	3.7800	17北京10（140757）	1000.00	2022.07.17	3.5500
17北京11（140758）	1310.00	2020.07.17	3.4900	17北京12（140759）	3050.00	2022.07.17	3.5400
17北京13（140760）	360.00	2022.07.17	3.5500	17北京14（140761）	3630.00	2022.07.17	3.5500
17北京15（140762）	650.00	2022.07.17	3.5500	17四川21（140763）	2900.00	2020.07.18	3.7800
17四川22（140764）	2900.00	2022.07.18	3.8600	17四川23（140765）	2900.00	2024.07.18	3.9800
17四川24（140766）	1150.00	2027.07.18	4.0000	17四川25（140767）	6200.00	2020.07.18	3.7800
17四川26（140768）	6200.00	2022.07.18	3.8500	17四川27（140769）	6200.00	2024.07.18	3.9600
17四川28（140770）	2300.00	2027.07.18	3.9800	17厦门01（140771）	180.00	2020.07.18	3.6700
17厦门02（140772）	540.00	2022.07.18	3.7100	17厦门03（140773）	540.00	2024.07.18	3.9000
17厦门04（140774）	540.00	2027.07.18	3.8800	17厦门05（140775）	4000.00	2022.07.18	3.8100
17厦门06（140776）	3900.00	2027.07.18	3.8800	17陕西10（140777）	10000.00	2020.07.19	3.7000
17陕西11（140778）	5470.00	2027.07.19	3.9000	17陕西12（140779）	1900.00	2022.07.19	3.8000
17广东08（140780）	2710.00	2020.07.13	3.6800	17广东09（140781）	8090.00	2022.07.13	3.7000
17广东10（140782）	8090.00	2024.07.13	3.9000	17广东11（140783）	8090.00	2027.07.13	3.8800
17广东12（140784）	19050.00	2022.07.13	3.7000	17广东13（140785）	7620.00	2024.07.13	3.9000
17广东14（140786）	11430.00	2027.07.13	3.8800	17吉林01（140787）	5000.00	2020.07.19	3.7600
17吉林02（140788）	14000.00	2022.07.19	3.8900	17吉林03（140789）	14000.00	2024.07.19	4.0000
17吉林04（140790）	5750.00	2027.07.19	3.9700	17吉林05（140791）	6573.00	2022.07.19	3.9500
17贵州09（140792）	12000.00	2022.07.21	3.8300	17贵州10（140793）	8000.00	2027.07.21	3.9900
17贵州11（140794）	6000.00	2022.07.21	3.8100	17贵州12（140795）	4000.00	2027.07.21	3.8800
17湖南03（140796）	24540.00	2024.07.21	3.9800	17湖南04（140797）	30000.00	2027.07.21	4.1400
17河北12（140798）	5000.00	2020.07.24	3.6500	17河北13（140799）	5000.00	2022.07.24	3.7200
17河北14（140800）	5000.00	2024.07.24	3.9200	17河北15（140801）	1351.00	2027.07.24	3.8800
17河北16（140802）	3800.00	2024.07.24	3.9000	17河北17（140803）	3745.00	2027.07.24	3.9300
17四川29（140804）	9000.00	2020.08.02	3.7600	17四川30（140805）	9000.00	2022.08.02	3.8700
17四川31（140806）	9000.00	2024.08.02	3.9800	17四川32（140807）	3000.00	2027.08.02	3.9800
17山东09（140808）	36200.00	2024.08.08	4.0000	17山东10（140809）	1500.00	2024.08.08	3.9700
17广东15（140810）	5220.00	2020.08.14	3.5700	17广东16（140811）	1590.00	2022.08.14	3.8100
17广东17（140812）	1590.00	2024.08.14	3.9900	17广东18（140813）	4306.00	2022.08.11	3.8000
17广东19（140814）	450.00	2022.08.11	3.8000	17广东20（140815）	667.00	2022.08.11	3.8000
17广东21（140816）	2464.00	2022.08.11	3.8000	17广东22（140817）	415.00	2022.08.11	3.8000
17广东23（140818）	437.00	2022.08.11	3.8000	17广东24（140819）	1553.00	2022.08.11	3.8000
17广东25（140820）	1030.00	2022.08.11	3.8000	17广东26（140821）	1356.00	2022.08.11	3.8000
17广东27（140822）	84.00	2022.08.11	3.8000	17广东28（140823）	2177.00	2022.08.11	3.8000
17广东29（140824）	167.00	2022.08.11	3.8000	17广东30（140825）	641.00	2022.08.11	3.8000
17广东31（140826）	634.00	2022.08.11	3.8000	17广东32（140827）	770.00	2022.08.11	3.8000
17广东33（140828）	369.00	2022.08.11	3.8000	17广东34（140829）	265.00	2022.08.11	3.8000
17广东35（140830）	642.00	2022.08.11	3.8000	17广东36（140831）	436.00	2022.08.11	3.8000
17广东37（140832）	137.00	2022.08.11	3.8000	17广东38（140833）	6300.00	2024.08.11	3.9900
17广东39（140834）	2400.00	2022.08.14	3.8100	17广东40（140835）	2400.00	2024.08.14	3.9900
17海南04（140836）	2000.00	2024.08.18	4.0200	17海南05（140837）	3000.00	2022.08.18	3.8600
17海南06（140838）	3000.00	2027.08.18	4.0900	17新疆16（140839）	4440.00	2027.08.28	4.0600
17新疆17（140840）	3410.00	2022.08.28	3.9000	17新疆18（140841）	770.00	2022.08.28	4.0000

债券信息 List of Bonds

债券 Bond

债券简称（代码）Bond Name（Code）	发行量（百万元）Issued Vol（M yuan）	到期日 Expiration Date	票面利率（%）Coupon Rate（%）	债券简称（代码）Bond Name（Code）	发行量（百万元）Issued Vol（M yuan）	到期日 Expiration Date	票面利率（%）Coupon Rate（%）
17 新疆 19（140842）	120.00	2022.08.28	4.1500	17 新疆 20（140843）	110.00	2022.08.28	4.1500
17 安徽 05（140844）	8715.00	2022.09.01	4.0000	17 安徽 06（140845）	8000.00	2024.09.01	4.0800
17 浙江 11（140846）	8040.00	2024.09.01	3.8600	17 浙江 12（140847）	30.00	2024.09.01	3.7100
17 浙江 13（140848）	480.00	2024.09.01	3.9600	17 浙江 14（140849）	250.00	2024.09.01	3.8600
17 浙江 15（140850）	280.00	2024.09.01	3.8600	17 浙江 16（140851）	20.00	2024.09.01	3.7100
17 浙江 17（140852）	1380.00	2022.09.01	3.7700	17 浙江 18（140853）	500.00	2022.09.01	3.6700
17 浙江 19（140854）	2020.00	2022.09.01	3.7700	17 浙江 20（140855）	13200.00	2027.09.01	3.9100
17 浙江 21（140856）	1400.00	2022.09.01	3.7700	17 浙江 22（140857）	530.00	2022.09.01	3.6700
17 浙江 23（140858）	3000.00	2022.09.01	3.6300	17 浙江 24（140859）	6700.00	2022.09.01	3.7700
17 浙江 25（140860）	830.00	2022.09.01	3.7700	17 浙江 26（140861）	2730.00	2022.09.01	3.7700
17 浙江 27（140862）	250.00	2022.09.01	3.7000	17 浙江 28（140863）	3560.00	2022.09.01	3.7700
17 山西 10（140864）	1583.00	2020.09.06	3.5800	17 山西 11（140865）	10000.00	2027.09.06	3.9300
17 山西 12（140866）	1100.00	2022.09.06	3.6200	17 山西 13（140867）	200.00	2022.09.06	3.7200
17 山西 14（140868）	60.00	2022.09.06	3.7700	17 山西 15（140869）	900.00	2022.09.06	3.6200
17 山西 16（140870）	100.00	2022.09.06	3.7700	17 山西 17（140871）	20.00	2022.09.06	3.6200
17 山西 18（140872）	3000.00	2027.09.06	4.1200	17 吉林 06（140873）	7754.00	2020.09.07	3.8300
17 吉林 07（140874）	562.00	2022.09.07	3.9200	17 吉林 08（140875）	108.00	2022.09.07	3.9200
17 吉林 09（140876）	330.00	2022.09.07	4.0000	17 贵州 13（140877）	8200.00	2020.09.08	3.8300
17 贵州 14（140878）	5700.00	2022.09.08	3.8800	17 贵州 15（140879）	12300.00	2024.09.08	4.0100
17 贵州 16（140880）	3800.00	2027.09.08	3.9500	17 江苏 11（140881）	1100.00	2022.09.18	3.8400
17 江苏 12（140882）	3000.00	2022.09.18	3.8800	17 江苏 13（140883）	5880.00	2022.09.18	3.9000
17 江苏 14（140884）	3800.00	2022.09.18	3.8900	17 江苏 15（140885）	3700.00	2022.09.18	3.8900
17 江苏 16（140886）	1000.00	2022.09.18	3.8900	17 江苏 17（140887）	1000.00	2022.09.18	3.9000
17 江苏 18（140888）	4200.00	2022.09.18	3.9000	17 江苏 19（140889）	2900.00	2022.09.18	3.9000
17 江苏 20（140890）	2700.00	2022.09.18	3.9900	17 江苏 21（140891）	3800.00	2020.09.18	3.8200
17 江苏 22（140892）	2800.00	2020.09.18	3.7000	17 江苏 23（140893）	1120.00	2020.09.18	3.7200
17 西藏 01（140894）	908.00	2020.09.19	3.6700	17 西藏 02（140895）	1117.00	2022.09.19	3.7500
17 西藏 03（140896）	755.00	2024.09.19	3.8800	17 西藏 04（140897）	1007.00	2027.09.19	3.8100
17 西藏 05（140898）	909.00	2022.09.19	3.7500	17 西藏 06（140899）	909.00	2027.09.19	3.8100
16 上海 09（140900）	6000.00	2019.11.14	2.4100	16 上海 10（140901）	6000.00	2021.11.14	2.5200
16 上海 11（140902）	9000.00	2023.11.14	2.8100	16 上海 12（140903）	9000.00	2026.11.14	2.8600
17 河北 04（140904）	5600.00	2020.05.10	3.5100	17 河北 05（140905）	5600.00	2022.05.10	3.6400
17 河北 06（140906）	5600.00	2024.05.10	3.7400	17 河北 07（140907）	2000.00	2027.05.10	3.7400
17 山东 03（140908）	18093.00	2020.05.22	4.0400	17 山东 04（140909）	10341.00	2022.05.22	4.2000
17 山东 05（140910）	10341.00	2024.05.22	4.2300	17 山东 06（140911）	17397.00	2022.05.22	4.2100
17 内蒙 01（140912）	7050.00	2020.05.23	4.4300	17 内蒙 02（140913）	7050.00	2022.05.23	4.4500
17 内蒙 03（140914）	7050.00	2024.05.23	4.5200	17 湖北 03（140915）	9000.00	2020.06.19	3.9400
17 湖北 04（140916）	8000.00	2024.06.19	4.0500	17 湖北 05（140917）	3000.00	2027.06.19	4.0500
17 湖北 06（140918）	6000.00	2020.06.19	3.9400	17 湖北 07（140919）	6100.00	2022.06.19	3.9600
17 湖北 08（140920）	6000.00	2024.06.19	4.0200	17 四川 17（140921）	12000.00	2020.06.09	4.0500
17 四川 18（140922）	12000.00	2022.06.09	4.1800	17 四川 19（140923）	12000.00	2024.06.09	4.2800
17 四川 20（140924）	4000.00	2027.06.09	4.2900	17 天津 01（140925）	3489.00	2020.06.21	3.8400
17 天津 02（140926）	3728.00	2022.06.21	3.7900	17 天津 03（140927）	3900.00	2024.06.21	3.8900
17 天津 04（140928）	3072.00	2027.06.21	3.9000	17 天津 05（140929）	6670.00	2024.06.21	3.9500
17 内蒙 04（140930）	10782.00	2020.07.07	3.9300	17 内蒙 05（140931）	10782.00	2022.07.07	3.9000
17 内蒙 06（140932）	10782.00	2024.07.07	4.0200	17 内蒙 07（140933）	3594.00	2027.07.07	3.9500
17 浙江 07（140936）	3300.00	2020.07.07	3.5000	17 浙江 08（140937）	8900.00	2022.07.07	3.6000
17 浙江 09（140938）	8900.00	2024.07.07	3.7100	17 浙江 10（140939）	8800.00	2027.07.07	3.8100
17 云南 09（140940）	14500.00	2022.07.10	3.9300	17 云南 10（140941）	14500.00	2024.07.10	4.0000
17 云南 11（140942）	10000.00	2027.07.10	4.1100	17 云南 12（140943）	500.00	2022.07.10	3.9300

债券信息 List of Bonds

债券 Bond

债券简称（代码） Bond Name（Code）	发行量（百万元） Issued Vol （M yuan）	到期日 Expiration Date	票面利率（%） Coupon Rate（%）	债券简称（代码） Bond Name（Code）	发行量（百万元） Issued Vol （M yuan）	到期日 Expiration Date	票面利率（%） Coupon Rate（%）
17 云南 13（140944）	500.00	2024.07.10	4.1100	17 河南 10（140945）	11000.00	2020.07.14	3.8600
17 河南 11（140946）	12400.00	2022.07.14	3.8900	17 河南 12（140947）	12400.00	2024.07.14	3.9800
17 河南 13（140948）	5000.00	2027.07.14	4.0200	17 福建 08（140949）	4610.00	2020.07.24	3.8100
17 福建 09（140950）	13790.00	2022.07.24	3.9300	17 福建 10（140951）	13790.00	2024.07.24	4.0100
17 福建 11（140952）	13790.00	2027.07.24	4.0800	17 福建 12（140953）	300.00	2022.07.24	3.9600
17 福建 13（140954）	650.00	2024.07.24	4.1200	17 福建 14（140955）	650.00	2027.07.24	4.0800
17 福建 15（140956）	1000.00	2022.07.24	4.0600	17 陕西 13（140957）	2910.00	2020.08.16	3.6800
17 陕西 14（140958）	2833.00	2027.08.16	4.0700	17 陕西 15（140959）	4000.00	2020.08.16	3.7600
17 陕西 16（140960）	3968.00	2027.08.16	4.1000	17 河北 18（140961）	3070.00	2022.08.07	3.9700
17 河北 19（140962）	230.00	2022.08.07	3.9500	17 河北 20（140963）	245.00	2022.08.07	3.9500
17 河北 21（140964）	635.00	2020.08.07	3.8200	17 湖北 09（140965）	1500.00	2020.08.14	3.7700
17 湖北 10（140966）	6000.00	2027.08.14	4.0700	17 湖北 11（140967）	5000.00	2020.08.14	3.8500
17 湖北 12（140968）	6700.00	2022.08.14	3.9900	17 湖北 13（140969）	3300.00	2024.08.14	4.0200
17 云南 14（140970）	5130.00	2020.08.11	3.7800	17 云南 15（140971）	6550.00	2022.08.11	3.9500
17 云南 16（140972）	6690.00	2024.08.11	3.9900	17 云南 17（140973）	8700.00	2027.08.11	4.1100
17 云南 18（140974）	2980.00	2022.08.11	3.9800	17 云南 19（140975）	2500.00	2024.08.11	4.0100
17 广西 18（140976）	4600.00	2020.08.18	3.8600	17 广西 19（140977）	2400.00	2022.08.18	3.9600
17 广西 20（140978）	2400.00	2024.08.18	4.0700	17 广西 21（140979）	2600.00	2020.08.18	3.8600
17 广西 22（140980）	7700.00	2024.08.18	4.1200	17 广西 23（140981）	7800.00	2027.08.18	4.1300
17 龙江 07（140982）	1956.00	2020.08.25	3.8900	17 龙江 08（140983）	5200.00	2022.08.25	3.9900
17 龙江 09（140984）	5200.00	2024.08.25	4.1000	17 龙江 10（140985）	5200.00	2027.08.25	4.1500
17 龙江 11（140986）	1500.00	2024.08.25	4.1400	17 天津 06（140987）	2000.00	2020.09.04	3.7800
17 天津 07（140988）	2856.00	2022.09.04	3.8700	17 天津 08（140989）	3527.00	2024.09.04	4.0100
17 天津 09（140990）	5000.00	2022.09.04	3.8700	17 天津 10（140991）	4900.00	2022.09.04	3.8700
17 天津 11（140992）	1500.00	2022.09.04	3.8700	17 天津 12（140993）	2100.00	2022.09.04	3.8700
17 天津 13（140994）	1400.00	2022.09.04	3.8700	17 天津 14（140995）	600.00	2022.09.04	4.0100
17 天津 15（140996）	1300.00	2022.09.04	3.8700	17 天津 16（140997）	100.00	2022.09.04	4.0200
17 天津 17（140998）	500.00	2022.09.04	3.9200	17 天津 18（140999）	800.00	2022.09.04	4.0200
海航 302（142023）	800.00	2020.09.23	5.1500	海航 303（142024）	500.00	2020.11.23	5.8000
海航 3 次（142025）	50.00	2020.11.23	0.0000	PR2B（142035）	150.00	2019.08.12	6.5000
PR 银泰 A（142037）	4000.00	2035.01.24	4.5000	银泰 B（142038）	3300.00	2035.01.24	5.8000
银泰 C（142039）	200.00	2035.01.24	7.0000	PRA（142050）	5000.00	2021.02.19	5.0000
兴银 B（142051）	2138.00	2021.03.24	6.2000	兴银次（142052）	794.00	2021.03.24	16.3000
PR 聚信 A3（142062）	200.00	2019.06.21	5.1000	PR 聚信 B（142063）	83.00	2019.12.23	6.8500
16 聚信次（142064）	117.00	2021.03.21	0.0000	PR 优先（142065）	4000.00	2019.09.16	3.3000
PR 天裕 A3（142074）	204.00	2019.04.03	6.6000	16 天裕 A4（142075）	220.00	2019.04.03	6.6000
16 天裕次（142076）	90.00	2019.04.03	0.0000	PR03（142079）	90.00	2019.04.12	4.8000
华汇 04（142080）	100.00	2019.04.12	5.2000	华汇 05（142081）	110.00	2019.04.12	5.6000
PR03（142084）	76.00	2019.08.30	4.8000	泰兴 04（142085）	85.00	2020.08.30	5.3000
泰兴 05（142086）	92.00	2021.08.30	5.8000	皖投 01 优（142094）	480.00	2019.07.10	4.0000
皖投 01 次（142095）	20.00	2019.07.10	0.0000	学费 04（142099）	140.00	2019.11.01	5.4000
学费 05（142100）	150.00	2020.11.01	5.9000	学费 06（142101）	160.00	2021.11.01	6.4000
宏达 07（142113）	40.00	2019.04.30	7.0000	宏达 08（142114）	46.00	2019.10.31	7.2000
宏达 09（142115）	48.00	2020.04.30	7.3000	宏达 10（142116）	54.00	2020.10.31	7.4000
青州优 03（142126）	31.00	2019.05.27	4.8000	青州优 04（142127）	33.00	2020.09.14	5.1000
青州优 05（142128）	36.00	2021.09.13	5.6000	青州优 06（142129）	38.00	2022.09.12	5.7000
青州优 07（142130）	41.00	2023.09.12	5.8000	PR 次（142131）	13.00	2023.09.12	0.0000
PR4A1（142132）	500.00	2019.02.26	4.6500	PRFH4B1（142134）	145.00	2019.06.28	6.8000
丰汇 4 次（142135）	150.00	2019.06.28	0.0000	PR 远东 4A（142151）	2570.00	2019.11.26	3.5000
PR 远东 4B（142152）	340.00	2020.08.26	5.5000	16 民商次（142163）	107.00	2019.06.11	0.0000

债券信息 List of Bonds

债券 Bond

债券简称（代码） Bond Name（Code）	发行量（百万元） Issued Vol（M yuan）	到期日 Expiration Date	票面利率（%） Coupon Rate（%）	债券简称（代码） Bond Name（Code）	发行量（百万元） Issued Vol（M yuan）	到期日 Expiration Date	票面利率（%） Coupon Rate（%）
PR 水 03（142166）	38.00	2019.07.18	4.6000	PR 水 04（142167）	40.00	2020.07.18	4.8000
如皋水 05（142168）	43.00	2021.07.18	5.0000	如皋水 06（142169）	45.00	2022.07.18	5.1000
如皋水 07（142170）	48.00	2023.07.18	5.1000	如皋水 08（142171）	51.00	2024.07.18	5.1000
PR 水次（142172）	17.00	2024.07.18	0.0000	广汇热 03（142175）	95.00	2019.05.19	5.5000
广汇热 04（142176）	100.00	2020.05.19	5.8000	广汇热 05（142177）	105.00	2021.05.19	6.1000
广汇次级（142178）	25.00	2021.05.19	0.0000	16 新热 03（142181）	71.00	2019.12.10	5.0000
16 新热 04（142182）	84.00	2020.12.10	6.9500	16 新热 05（142183）	98.00	2021.12.10	7.3000
16 新热 06（142184）	106.00	2022.12.10	7.5000	PR 青租 03（142188）	74.00	2019.01.25	4.1000
PR 青租 04（142189）	75.00	2020.01.25	4.3000	青租赁 05（142190）	72.00	2021.02.25	4.4000
南山二 11（142201）	30.00	2019.03.31	5.1000	南山二 12（142202）	34.00	2019.06.30	5.1000
南山二次（142203）	36.00	2019.06.30	0.0000	16 云水 03（142207）	78.00	2019.08.14	3.5000
16 云水 04（142208）	88.00	2020.08.14	5.5000	16 云水 05（142209）	98.00	2021.08.14	5.8000
16 云水 06（142210）	110.00	2022.08.14	6.0000	16 云水 07（142211）	121.00	2023.08.14	4.4000
16 云水 08（142212）	133.00	2024.08.14	4.6000	16 云水 09（142213）	146.00	2025.08.14	4.9900
16 云水次（142214）	100.00	2025.08.14	0.0000	PR1C（142218）	232.00	2019.06.25	7.1500
汇通 8C1（142230）	54.00	2019.03.18	7.0000	汇通 8C2（142231）	53.00	2019.03.18	7.0000
汇通 8C3（142232）	52.00	2019.03.18	7.0000	汇通 8C4（142233）	28.00	2019.03.18	7.0000
PR4A3（142249）	39.00	2019.02.25	4.9000	PR4A4（142250）	58.00	2019.02.25	5.3000
PR4B（142251）	60.00	2019.11.18	7.1500	PR4 次（142252）	32.00	2021.05.19	0.0000
PR 公交 3（142254）	185.00	2019.10.25	3.5100	G 锡公交 4（142255）	185.00	2020.10.25	3.7600
G 锡公交 5（142256）	180.00	2021.10.25	3.8800	G 锡公交 6（142257）	180.00	2022.10.25	3.8800
G 锡公交 7（142258）	190.00	2023.10.25	3.8800	G 锡公交 8（142259）	190.00	2024.10.25	3.8800
G 锡公交 9（142260）	200.00	2025.10.25	3.8800	G 锡交 10（142261）	210.00	2026.10.25	3.8800
PR 交次（142262）	100.00	2026.10.25	0.0000	朗诗 07（142268）	32.00	2019.06.30	5.5000
朗诗 08（142269）	58.00	2019.08.20	5.8000	朗诗 09（142270）	35.00	2019.08.20	6.0000
朗诗 10（142271）	60.00	2019.08.20	6.2000	朗诗次（142272）	21.00	2019.08.20	0.0000
美吉特 32（142280）	382.00	2019.06.26	6.5000	美吉特次（142281）	110.00	2019.06.26	0.0000
PR 郑 1A3（142284）	370.00	2021.09.26	4.2000	太盟 5A10（142294）	15.00	2019.02.26	5.4000
太盟 5 次（142295）	54.00	2019.02.26	0.0000	PR 一 A2（142297）	369.00	2019.01.28	3.5000
PR 一 B（142298）	100.00	2019.07.26	4.5000	PR 一次（142299）	62.00	2021.01.26	4.0000
PR 原 03（142308）	80.00	2019.09.30	5.0000	新东原 04（142309）	86.00	2019.09.30	5.2000
新东原 05（142310）	91.00	2019.09.30	6.2000	新东原次（142311）	40.00	2019.09.30	0.0000
PR 上 2B2（142321）	77.00	2019.02.28	5.1000	上实 2C1（142322）	118.00	2019.02.28	6.2000
PR 上 2C2（142323）	306.00	2019.08.28	6.4000	上实 2 次（142324）	101.00	2021.08.30	0.0000
融创 A（142328）	2280.00	2019.04.11	4.2800	融创次级（142329）	120.00	2019.04.11	0.0000
PR 海洋 B（142341）	100.00	2019.07.26	5.3000	16 海洋次（142342）	37.00	2019.07.26	0.0000
承影 19 次（142355）	498.00	2019.03.20	0.0000	PR1B2（142366）	87.00	2019.02.26	5.0000
国金 1B3（142367）	55.00	2019.02.26	5.0000	国金 1 次（142368）	265.00	2019.02.26	0.0000
16 亚泰 A3（142387）	155.00	2019.01.24	5.1000	16 亚泰 A4（142388）	162.00	2020.01.24	5.6000
16 亚泰 A5（142389）	170.00	2021.01.24	6.1000	16 亚泰 A6（142390）	175.00	2022.01.24	7.1000
16 亚泰次（142391）	50.00	2022.01.24	0.0000	PR 远东 5A（142392）	2950.00	2020.03.26	3.5000
16 远东 5B（142393）	367.00	2020.12.26	5.0000	16 远东 5C（142394）	199.00	2021.09.26	0.0000
PR 聚肆 A2（142400）	560.00	2019.03.21	3.9800	PR 聚肆 A3（142401）	185.00	2019.12.23	4.2000
PR 聚肆 B（142402）	70.00	2020.06.21	6.5000	聚肆次（142403）	130.00	2021.09.21	4.0000
PRA3（142431）	300.00	2019.04.22	4.3000	PRA4（142432）	100.00	2019.10.21	4.7000
PRB（142433）	50.00	2020.04.21	6.8000	君创次级（142434）	126.00	2021.01.21	0.0000
PR 平安 3A（142435）	1356.00	2019.03.13	3.6900	PR 平安 3B（142436）	215.00	2019.12.11	5.9000
16 裕东 01（142440）	161.00	2019.05.24	5.2000	16 裕东 02（142441）	208.00	2019.11.24	5.6000
16 裕东 03（142442）	172.00	2019.11.25	5.6000	16 裕东 04（142443）	219.00	2019.11.25	5.6000
16 裕东 05（142444）	184.00	2019.11.25	5.6000	16 裕东 06（142445）	233.00	2019.11.25	5.6000

债券信息
List of Bonds

债券简称（代码） Bond Name（Code）	发行量 （百万元） Issued Vol （M yuan）	到期日 Expiration Date	票面利率（%） Coupon Rate（%）	债券简称（代码） Bond Name（Code）	发行量 （百万元） Issued Vol （M yuan）	到期日 Expiration Date	票面利率（%） Coupon Rate（%）
16 裕东 07（142446）	199.00	2019.11.25	5.6000	16 裕东 08（142447）	249.00	2019.11.25	5.6000
16 裕东 09（142448）	216.00	2019.11.25	5.6000	16 裕东 10（142449）	266.00	2019.11.25	5.6000
宝龙 A03（142456）	500.00	2019.11.11	4.9000	宝龙 B01（142457）	250.00	2019.11.11	5.5000
宝龙次（142458）	100.00	2019.11.11	0.0000	PR3B（142462）	130.00	2019.01.15	6.8000
华科 3 次（142463）	47.00	2019.04.26	0.0000	16 恒信 A（142464）	1425.00	2019.09.20	3.7200
16 恒信次（142465）	75.00	2019.09.20	0.0000	PR03（142468）	65.00	2019.02.28	4.9700
PR04（142469）	83.00	2020.02.28	5.0000	德清 05（142470）	102.00	2021.03.01	5.2000
德清 06（142471）	124.00	2022.02.28	5.2500	德清 07（142472）	146.00	2023.02.28	5.3000
德清 1 次（142473）	31.00	2023.02.28	0.0000	PR 三胞 A（142474）	1575.00	2040.11.27	3.8000
16 三胞 B（142475）	1478.00	2020.11.27	6.9500	PR03（142478）	124.00	2019.10.26	5.5000
正商 04（142479）	132.00	2020.10.26	6.0000	正商 05（142480）	153.00	2021.09.26	6.5000
PR 次（142481）	60.00	2021.09.26	0.0000	PRA（142488）	5460.00	2019.11.25	5.2000
PRB（142489）	1540.00	2019.11.25	6.3000	金金次（142490）	800.00	2019.11.25	0.0000
PR 皖新 1A（142491）	360.00	2035.01.18	4.7000	16 皖新 1B（142492）	195.00	2035.01.18	5.4000
PR 平安 4A（142493）	1454.00	2019.05.14	4.7000	PR 平安 4B（142494）	86.00	2019.11.08	5.4000
PR 平安 4C（142495）	70.00	2020.05.12	6.5000	PR 金坤 1A（142497）	283.00	2019.10.24	5.2000
PR 金坤 1B（142498）	165.00	2019.11.24	7.2000	金坤 1 次（142499）	24.00	2019.11.24	0.0000
PR5B1（142512）	43.00	2019.01.08	6.5000	PR5B2（142513）	35.00	2019.04.08	6.5000
PR5B3（142514）	33.00	2019.06.14	6.7000	丰汇 5B4（142515）	35.00	2019.06.14	6.7000
丰汇 5 次（142516）	130.00	2019.06.14	0.0000	金科 01（142517）	1700.00	2019.12.02	4.7000
金科 02（142518）	100.00	2019.12.02	0.0000	PR3A5（142523）	200.00	2019.06.28	6.1000
PR3A6（142524）	54.00	2019.09.28	6.5000	PR 上实 3B（142525）	66.00	2019.12.28	7.0000
G 葛洲坝 3（142528）	150.00	2019.11.22	3.4500	G 葛洲坝 4（142529）	150.00	2020.11.22	3.5000
G 葛洲坝 5（142530）	160.00	2021.11.22	3.6000	G 葛洲坝 B（142531）	40.00	2021.11.22	0.0000
PR02（142535）	280.00	2019.03.26	5.2500	PR03（142536）	295.00	2020.03.26	5.4000
富龙 04（142537）	300.00	2021.03.26	6.0000	富龙 05（142538）	280.00	2022.03.26	6.1000
富龙 06（142539）	230.00	2023.03.26	6.2000	富龙 07（142540）	240.00	2024.09.26	6.3000
富龙次（142541）	100.00	2024.09.26	0.0000	PR 聚伍 A3（142544）	293.00	2020.03.21	5.5000
聚伍 B（142545）	70.00	2020.09.21	6.5000	聚伍次（142546）	112.00	2021.12.21	4.0000
PR 中百 A（142553）	450.00	2019.08.15	5.1000	16 中百 B（142554）	330.00	2019.08.15	6.0000
16 中百次（142555）	260.00	2019.08.15	0.0000	PR 远东 6A（142556）	3346.00	2020.09.26	5.2800
16 远东 6B（142557）	345.00	2021.03.26	6.5000	16 远东 6C（142558）	229.00	2021.12.26	0.0000
太盟 6C（142571）	35.00	2019.01.25	6.8000	太盟 6 次（142572）	57.00	2019.01.25	0.0000
PR 苏广 A（142602）	350.00	2019.12.26	5.2000	16 苏广 B（142603）	1100.00	2019.12.26	6.0000
16 苏广次（142604）	230.00	2019.12.26	0.0000	上实 3 次（142624）	124.00	2019.12.28	0.0000
汇通 9B（142640）	53.00	2019.03.25	6.3000	汇通 9 次（142641）	157.00	2019.03.25	10.0000
怀运 02（142643）	105.00	2019.02.24	6.3000	怀运 03（142644）	110.00	2020.02.24	6.6800
怀运 04（142645）	115.00	2021.02.24	6.7200	怀运 05（142646）	125.00	2022.02.24	6.7600
怀运 06（142647）	130.00	2023.02.24	7.0200	怀运 07（142648）	140.00	2024.02.24	7.0200
PR2 优 B（142658）	54.00	2019.03.20	5.5000	PR2 优 C（142659）	217.00	2019.04.04	6.5000
中港 2 次（142660）	39.00	2019.04.04	0.0000	PR1C（142669）	73.00	2019.07.23	4.5000
绍兴 1D（142670）	77.00	2020.07.23	4.8000	绍兴 1E（142671）	82.00	2021.07.23	5.4000
绍兴 1F（142672）	87.00	2022.07.25	5.5000	绍兴 1G（142673）	92.00	2023.07.24	5.5000
绍兴 1H（142674）	99.00	2024.07.23	5.5000	绍兴 1 次（142675）	34.00	2024.07.23	0.0000
PR02（142683）	100.00	2019.01.10	5.0000	PR03（142684）	115.00	2019.09.12	5.4000
魔方次级（142685）	35.00	2019.10.10	0.0000	龙矿 1C（142688）	220.00	2019.12.20	5.1000
龙矿 1D（142689）	250.00	2020.12.20	5.3000	龙矿 1E（142690）	260.00	2021.12.20	5.3500
华美 A3（142700）	500.00	2019.07.23	5.3500	华美次（142701）	75.00	2019.07.23	0.0000
PR2 优 3（142704）	210.00	2019.02.19	5.2000	PR2 优 B（142705）	88.00	2019.05.16	6.0000
PR2 次 C（142706）	50.00	2019.07.24	0.0000	PR 富通 B（142715）	32.00	2019.02.26	6.7000

债券信息 List of Bonds

债券 Bond

债券简称（代码） Bond Name（Code）	发行量（百万元） Issued Vol（M yuan）	到期日 Expiration Date	票面利率（%） Coupon Rate（%）	债券简称（代码） Bond Name（Code）	发行量（百万元） Issued Vol（M yuan）	到期日 Expiration Date	票面利率（%） Coupon Rate（%）
17 富通次（142716）	50.00	2019.02.26	0.0000	PR5B（142718）	46.00	2019.02.25	6.4000
PR5C（142719）	106.00	2019.05.31	6.8000	兴光 2 号 C（142724）	100.00	2019.01.24	4.1000
兴光 2 号 D（142725）	110.00	2019.07.24	4.1000	兴光 2 号 E（142726）	110.00	2020.01.24	4.1000
兴光 2 号 F（142727）	120.00	2020.07.24	4.5000	兴光 2 号 G（142728）	120.00	2021.01.24	4.5000
兴光 2 号 H（142729）	130.00	2021.07.24	4.5000	兴光 2 号 I（142730）	130.00	2022.01.24	4.8700
兴光 2 号 J（142731）	50.00	2022.01.24	0.0000	龙光优先（142732）	913.00	2019.10.25	5.6000
龙光次优（142733）	532.00	2020.01.31	6.0800	龙光次级（142734）	76.00	2020.01.31	0.0000
华中 5 次（142738）	152.00	2019.05.31	0.0000	PR 双塔 A（142739）	1130.00	2035.01.23	5.0000
双塔 B（142740）	1520.00	2035.01.23	6.5000	双塔 C（142741）	50.00	2035.01.23	7.0000
PR03（142755）	96.00	2019.12.31	6.5000	财信 04（142756）	99.00	2020.12.31	7.0000
财信 05（142757）	101.00	2021.12.31	7.1000	财信 06（142758）	103.00	2022.12.30	7.2000
财信次级（142759）	35.00	2022.12.30	0.0000	PR 聚 01A2（142761）	885.00	2019.09.18	5.1000
PR 聚 01A3（142762）	301.00	2020.09.16	5.5800	17 聚 01B（142763）	143.00	2021.03.16	6.5000
17 聚 01 次（142764）	176.00	2022.03.16	0.0000	诺斯 B5（142777）	62.00	2019.06.20	6.2000
诺斯次（142778）	34.00	2019.06.20	0.0000	凯恒优 A（142779）	1600.00	2027.01.20	4.6000
凯恒优 B（142780）	850.00	2027.01.20	5.2000	英才 03（142783）	105.00	2019.09.10	5.6000
英才 04（142784）	115.00	2019.09.10	5.8000	英才 05（142785）	125.00	2019.09.10	6.0000
PR 次级（142786）	270.00	2019.09.10	0.0000	凯恒次（142787）	555.00	2027.01.20	0.0000
17 九通 A2（142797）	80.00	2019.04.24	5.0000	17 九通 A3（142798）	102.00	2020.04.24	5.2000
17 九通 A4（142799）	128.00	2021.04.23	5.8000	17 九通 A5（142800）	143.00	2022.04.22	6.2000
17 九通 A6（142801）	159.00	2023.04.24	6.8000	17 九通次（142802）	36.00	2023.04.24	0.0000
武威 A2（142807）	105.00	2019.01.26	5.2000	武威 A3（142808）	110.00	2019.12.13	5.8000
武威 A4（142809）	119.00	2019.12.13	6.4000	武威 A5（142810）	125.00	2019.12.13	6.7000
武威 B2（142812）	28.00	2019.01.26	6.0000	武威 B3（142813）	31.00	2019.12.13	6.5000
武威 B4（142814）	34.00	2019.12.13	7.0000	武威 B5（142815）	37.00	2019.12.13	7.5000
武威次（142816）	25.00	2019.12.13	0.0000	PR 首创 02（142818）	18.00	2019.03.20	3.9800
PR 首创 03（142819）	20.00	2020.03.20	4.6000	17 首创 04（142820）	20.00	2021.03.20	4.6000
17 首创 05（142821）	22.00	2022.03.20	4.6000	17 首创 06（142822）	22.00	2023.03.20	4.6000
17 首创 07（142823）	24.00	2024.03.20	4.6000	17 首创 08（142824）	26.00	2025.03.20	4.6000
17 首创 09（142825）	26.00	2026.03.20	4.6000	17 首创 10（142826）	28.00	2027.03.20	4.6000
17 首创 11（142827）	28.00	2028.03.20	4.6000	17 首创 12（142828）	30.00	2029.03.20	4.6000
17 首创 13（142829）	32.00	2030.03.20	4.6000	17 首创 14（142830）	32.00	2031.03.20	4.6000
17 首创 15（142831）	36.00	2032.03.20	4.6000	17 首创 16（142832）	38.00	2033.03.20	4.6000
17 首创 17（142833）	40.00	2034.03.20	4.6000	17 首创 18（142834）	42.00	2035.03.20	4.6000
苏高速 02（142837）	300.00	2019.03.15	4.5000	苏高速 03（142838）	50.00	2020.03.15	4.6000
苏高速次（142839）	50.00	2020.03.15	0.0000	17 镇保 A2（142841）	400.00	2019.03.08	5.4900
17 镇保 A3（142842）	500.00	2020.03.08	6.2900	17 镇保次（142843）	110.00	2020.03.08	0.0000
17 上实 A4（142847）	320.00	2019.02.19	5.5000	17 上实 A5（142848）	720.00	2019.08.12	5.7000
17 上实 A6（142849）	410.00	2020.02.12	5.9000	17 上实 B（142850）	420.00	2020.02.12	7.2000
17 上实次（142851）	361.00	2022.02.14	0.0000	21 世纪 05（142859）	26.00	2019.02.21	6.0000
21 世纪 06（142860）	28.00	2019.08.21	6.2000	21 世纪 07（142861）	30.00	2020.02.21	6.4000
21 世纪 08（142862）	37.00	2020.08.21	6.5000	21 世纪 09（142863）	38.00	2021.02.21	6.5000
21 世纪 10（142864）	40.00	2021.08.21	6.5000	21 世纪次（142865）	15.00	2021.08.21	0.0000
PR 粤 2B（142873）	80.00	2019.06.21	6.0000	粤科 2 次（142874）	70.00	2019.07.03	0.0000
PRC（142877）	258.00	2019.11.26	6.5000	尉中次（142878）	165.00	2019.11.26	0.0000
枣优 A4（142882）	60.00	2019.03.21	5.9000	枣优 A5（142883）	60.00	2019.09.21	5.9500
枣优 A6（142884）	65.00	2020.03.21	5.8000	枣优 A7（142885）	65.00	2020.09.21	5.8500
枣优 A8（142886）	65.00	2021.03.21	6.3000	枣优 A9（142887）	65.00	2021.09.21	6.5000
枣优 A10（142888）	65.00	2022.03.21	6.3000	枣优 B（142889）	35.00	2022.03.21	8.0000
枣矿次（142890）	35.00	2022.03.21	0.0000	PRG 贵交 2（142892）	270.00	2019.03.29	5.2000

债券信息
List of Bonds

债券简称（代码）Bond Name（Code）	发行量（百万元）Issued Vol（M yuan）	到期日 Expiration Date	票面利率（%）Coupon Rate（%）	债券简称（代码）Bond Name（Code）	发行量（百万元）Issued Vol（M yuan）	到期日 Expiration Date	票面利率（%）Coupon Rate（%）
PRG 贵交 3（142893）	290.00	2020.03.29	5.5000	G 贵公交 4（142894）	310.00	2021.03.29	5.8000
G 贵公交 5（142895）	330.00	2022.03.29	6.0000	G 贵公交 6（142896）	330.00	2023.03.29	6.1900
PR 庆春 A（142897）	700.00	2031.03.13	4.0500	PR 庆春 B（142898）	400.00	2031.03.13	4.1500
17 庆春次（142899）	58.00	2031.03.13	0.0000	G 贵公交 7（142900）	350.00	2024.03.29	6.0000
G 贵公交 8（142901）	370.00	2025.03.29	6.0000	G 贵交次（142902）	150.00	2025.03.29	0.0000
东融 2 优（142904）	970.00	2019.04.20	4.8300	东融 2 次（142905）	30.00	2019.04.20	0.0000
PRC2（142909）	313.00	2019.02.19	4.8000	冀银次（142910）	153.00	2019.02.19	0.0000
PR 优 B（142912）	117.00	2019.03.27	6.7800	YX 次级（142913）	221.00	2019.03.27	0.0000
PR10A8（142924）	155.00	2019.03.25	5.6000	PR10A9（142925）	163.00	2019.06.25	5.8000
汇通 10B（142926）	52.00	2019.06.25	6.4000	汇通 10 次（142927）	220.00	2019.06.25	10.0000
PR7C（142936）	40.00	2019.03.25	6.8000	太盟 7 次（142937）	90.00	2019.03.25	0.0000
PR 优 A（142953）	4300.00	2035.02.28	4.9000	SKP 优 B（142954）	700.00	2035.02.28	5.5600
SKP 次（142955）	200.00	2035.02.28	0.0000	17 康富 A2（142957）	270.00	2019.03.21	5.4000
PR 康富 A3（142958）	678.00	2019.09.23	5.7000	PR 康富 B（142959）	495.00	2019.11.05	6.2000
17 康富次（142960）	82.00	2019.11.05	0.0000	新华 02（142971）	108.00	2019.04.27	5.8000
新华 03（142972）	121.00	2020.04.27	6.2500	新华 04（142973）	134.00	2021.04.27	6.2500
新华 05（142974）	72.00	2022.04.27	6.2500	PR01（142983）	180.00	2019.08.20	5.4000
PR02（142984）	200.00	2020.08.20	6.2000	天颐 03（142985）	220.00	2021.08.20	6.4000
天颐次级（142986）	50.00	2021.08.20	0.0000	17 中民 03（142993）	139.00	2019.02.09	6.4000
17 中民 04（142994）	149.00	2019.08.09	6.6000	17 中民 05（142995）	154.00	2020.02.09	6.6000
17 中民 06（142996）	165.00	2020.08.09	6.6000	17 中民 07（142997）	171.00	2021.02.09	6.7000
17 中民 08（142998）	180.00	2021.08.09	6.7000	17 中民 09（142999）	187.00	2022.02.09	6.7000
17 浦建 01（143001）	200.00	2020.02.28	4.4600	17 中核 01（143002）	1000.00	2022.04.26	2.6700
17 中核 02（143003）	1000.00	2027.04.26	4.9000	17 联邦 01（143004）	1100.00	2022.02.27	2.0000
17 长发 01（143005）	500.00	2022.03.03	5.0000	17 洛娃 01（143006）	1200.00	2099.12.31	6.4000
17 东旭 01（143007）	2500.00	2022.03.13	6.5500	17 东旭 02（143008）	500.00	2022.03.13	6.8000
17 宏泰债（143009）	1000.00	2020.03.02	4.6900	17 鲁资 01（143010）	2000.00	2022.03.08	3.0000
17 沪投 01（143011）	530.00	2022.03.06	4.4500	17 渝信 01（143012）	2500.00	2020.03.09	4.6800
17 渝信 02（143013）	2500.00	2024.03.09	5.0000	17 正奇 01（143014）	300.00	2019.11.20	7.2000
17 锡公 01（143015）	1100.00	2022.03.09	4.3800	17 智慧 01（143016）	460.00	2020.03.09	5.6800
17 华汽 01（143017）	2000.00	2022.03.10	6.3000	18 金地 07（143018）	1000.00	2023.07.18	5.0000
17 东莞债（143019）	1100.00	2022.03.08	4.6200	17 复药 01（143020）	1250.00	2022.03.14	3.4800
17 东吴债（143021）	2500.00	2022.03.13	4.7000	G17 协合 1（143022）	100.00	2019.12.17	7.1700
17 豫电 01（143023）	300.00	2020.03.15	4.8500	17 桂农 01（143024）	640.00	2020.03.13	5.5000
17 辽能 01（143025）	1500.00	2022.03.13	4.8000	18 中储 01（143026）	500.00	2023.07.19	5.7800
17 荣盛 01（143027）	900.00	2022.03.13	5.3000	18 沪资 02（143029）	800.00	2023.07.26	4.3200
17 金元债（143030）	450.00	2020.03.15	4.9900	17 华置债（143031）	1900.00	2022.03.13	2.1000
17 杭旅 01（143032）	500.00	2022.03.15	4.7500	17 保文 01（143033）	300.00	2020.03.15	4.8000
17 中保债（143034）	500.00	2022.03.17	3.5000	17 工投 01（143035）	100.00	2022.03.28	5.5000
17 国证债（143036）	2500.00	2020.03.14	4.3900	17 中科 01（143037）	500.00	2022.03.28	8.0000
17 海建 01（143038）	300.00	2019.04.18	4.8000	17 北方 01（143039）	2000.00	2022.03.20	5.0000
17 金钰债（143040）	750.00	2099.12.31	7.0000	17 维维 01（143041）	500.00	2020.03.23	8.0000
17 闽电 01（143042）	300.00	2022.03.24	5.0000	17 邮政 01（143043）	3000.00	2022.03.23	4.4800
17 晋电 05（143044）	1110.00	2022.03.22	5.2800	17 广晟 01（143045）	2500.00	2022.03.22	3.3000
18 富海 01（143046）	200.00	2019.12.27	7.0000	17 南传 01（143047）	900.00	2022.03.23	6.4700
17 兵器 01（143048）	2000.00	2022.04.12	4.2400	17 国地 01（143049）	100.00	2022.03.23	5.3000
17 海矿 01（143050）	200.00	2022.03.27	6.5000	17 长峰 01（143051）	1920.00	2022.03.24	5.9500
17 成龙 01（143052）	200.00	2022.04.10	7.6000	17 成龙 02（143053）	180.00	2020.04.10	7.5000
17 现牧停（143054）	800.00	2019.04.25	1.0000	17 南三 01（143055）	1000.00	2022.04.13	6.8000
17 力控债（143056）	457.00	2020.04.10	7.5000	17 富宇 01（143057）	300.00	2022.04.06	8.1000

债券信息 List of Bonds

债券 Bond

债券简称（代码） Bond Name（Code）	发行量（百万元） Issued Vol（M yuan）	到期日 Expiration Date	票面利率（%） Coupon Rate（%）	债券简称（代码） Bond Name（Code）	发行量（百万元） Issued Vol（M yuan）	到期日 Expiration Date	票面利率（%） Coupon Rate（%）
17中经债（143058）	1400.00	2022.04.11	5.1700	17大海01（143059）	500.00	2022.04.11	7.3000
17蚌投02（143060）	600.00	2022.04.12	5.2500	17正集01（143061）	1000.00	2020.04.11	4.9800
17首农01（143062）	1000.00	2022.04.11	2.9500	17三鼎01（143063）	344.00	2099.12.31	7.5000
17邮政02（143064）	4000.00	2022.04.13	4.3200	17海资01（143065）	1000.00	2024.04.12	5.0300
17桂铁01（143066）	500.00	2022.04.14	4.9600	17广晟02（143067）	1800.00	2022.04.12	3.1000
17新新01（143068）	500.00	2024.04.11	5.7900	17川投01（143069）	2000.00	2022.04.14	3.1000
17鲁高01（143070）	970.00	2020.04.18	4.3400	17鲁高02（143071）	530.00	2022.04.18	4.5800
17北汽集（143072）	1000.00	2020.04.17	4.3500	17桂交01（143073）	1500.00	2022.04.17	3.2800
18亦庄01（143074）	3000.00	2023.07.27	4.5800	17重汽01（143075）	1440.00	2022.04.17	3.1000
17兵装01（143076）	2000.00	2020.04.19	3.2000	17兵装02（143077）	2000.00	2022.04.19	2.9000
17神州01（143078）	300.00	2022.04.26	5.5000	17信投G1（143079）	4000.00	2020.04.20	4.4800
17津投01（143080）	1000.00	2022.04.24	3.0100	17长电01（143081）	2500.00	2020.07.11	4.5000
18陕燃01（143082）	500.00	2023.07.25	5.0000	17金诚01（143083）	200.00	2020.04.24	7.1500
17国电资（143084）	3000.00	2022.04.21	2.0000	17光明01（143085）	3000.00	2022.04.21	2.7000
17鲁资02（143086）	1000.00	2022.04.27	3.0000	17穗发01（143087）	3000.00	2022.04.26	3.2500
17南水01（143088）	1500.00	2022.04.25	2.0000	17南水02（143089）	200.00	2024.04.25	5.0000
17桂铁02（143090）	500.00	2020.04.24	5.0800	17华资01（143091）	1000.00	2022.06.14	2.9800
17广汇G1（143092）	1170.00	2020.07.11	7.5000	17瑞控01（143093）	200.00	2022.06.19	7.0000
18三友01（143094）	600.00	2023.07.25	5.3800	17金玛01（143095）	400.00	2099.12.31	7.5000
17宜交01（143096）	650.00	2022.04.24	5.5000	17华阳02（143097）	900.00	2099.12.31	5.7000
18川投01（143098）	2000.00	2023.07.27	4.3700	17连港01（143099）	1070.00	2022.04.27	4.8000
17晋交01（143100）	1500.00	2022.05.03	3.6000	17当代01（143101）	500.00	2022.05.02	6.8000
17南海01（143102）	600.00	2022.09.19	3.4000	17云投G1（143103）	2000.00	2022.04.28	5.5000
17陕能债（143104）	1600.00	2024.04.26	5.5000	17能投01（143105）	2200.00	2022.06.22	3.0000
17洋河01（143106）	500.00	2027.04.28	4.9500	17欣捷01（143107）	450.00	2022.05.16	7.5000
17翔业01（143108）	1000.00	2022.06.30	4.4900	18国证债（143109）	2500.00	2021.07.24	4.3500
G17龙源1（143110）	2000.00	2022.05.16	2.5000	17兵器03（143112）	1000.00	2027.05.16	5.0500
17亦庄01（143113）	300.00	2022.06.01	5.6000	17电投01（143114）	2670.00	2020.05.17	3.2000
17电投02（143115）	830.00	2022.05.17	2.9000	17信投G2（143116）	3000.00	2020.05.18	4.8800
17常熟01（143117）	700.00	2022.05.22	3.4000	17常熟02（143118）	222.00	2022.05.22	5.9700
17璞泰01（143119）	200.00	2020.05.18	5.3000	17电投03（143120）	2000.00	2020.05.22	3.2000
17电投04（143121）	500.00	2022.05.22	2.8500	皖交控01（143122）	500.00	2022.05.24	4.9500
皖交控02（143123）	500.00	2022.05.24	5.1000	17天图01（143124）	1000.00	2022.05.22	5.8000
17金隅01（143125）	3500.00	2022.05.19	3.2000	17金隅02（143126）	500.00	2024.05.19	5.3800
17天风01（143127）	1500.00	2022.06.26	2.9000	17兵装04（143129）	2000.00	2027.06.06	5.0400
G17华电1（143130）	2000.00	2022.06.09	2.0000	17中泰01（143131）	2000.00	2019.06.07	4.8800
17浦土01（143132）	1000.00	2022.06.12	2.3700	17兴泸01（143133）	1000.00	2022.06.07	3.2500
18双欣01（143134）	200.00	2021.08.07	7.8000	17东兴02（143135）	1500.00	2020.06.15	4.8000
17东兴03（143136）	900.00	2022.06.15	4.9900	18际华01（143137）	1000.00	2023.07.20	4.6000
17长园债（143139）	1000.00	2022.07.13	5.6700	17维维02（143140）	500.00	2019.08.08	8.0000
18金玛01（143141）	285.00	2099.12.31	7.5000	17武投01（143142）	2000.00	2024.06.15	4.9900
17鹏博债（143143）	1000.00	2022.06.16	6.0000	17祥鹏01（143144）	600.00	2022.06.20	8.9800
17皖盐债（143145）	770.00	2022.06.21	6.9000	17恒信01（143146）	1500.00	2020.06.21	4.9500
17特变01（143147）	200.00	2020.06.21	5.3000	17特变02（143148）	800.00	2022.06.21	6.0500
17广汇01（143149）	600.00	2022.06.22	7.7000	17金玛02（143150）	400.00	2099.12.31	7.5000
17国信一（143151）	750.00	2019.07.06	4.5000	17国信二（143152）	750.00	2020.07.06	4.5700
17圆融01（143153）	1000.00	2020.07.03	4.5300	17光证G1（143154）	3000.00	2020.07.04	4.5800
17光证G2（143155）	1500.00	2022.07.04	4.7000	17港务01（143156）	1000.00	2022.07.03	4.4800
17华融G1（143157）	1500.00	2020.07.04	4.9800	17银河G1（143158）	5000.00	2020.07.10	4.5500
17联想01（143159）	2500.00	2022.07.05	5.0500	17电投05（143160）	1100.00	2020.07.10	3.4000

债券信息
List of Bonds

债券简称（代码）Bond Name（Code）	发行量（百万元）Issued Vol（M yuan）	到期日 Expiration Date	票面利率（%）Coupon Rate（%）	债券简称（代码）Bond Name（Code）	发行量（百万元）Issued Vol（M yuan）	到期日 Expiration Date	票面利率（%）Coupon Rate（%）
17 电投 06（143161）	900.00	2022.07.10	2.3000	17 电投 07（143162）	1500.00	2020.07.12	3.4000
17 电投 08（143163）	500.00	2022.07.12	2.3000	17 建屋 01（143164）	100.00	2022.07.10	3.0000
17 世茂 G1（143165）	2500.00	2020.07.12	4.9500	17 光控 01（143166）	1000.00	2022.07.10	3.2000
17 光控 02（143167）	1500.00	2024.07.10	4.8000	17 南传 02（143168）	1020.00	2022.07.17	6.5000
17 兵装 05（143169）	2000.00	2022.07.13	2.8500	17 兵装 06（143170）	2000.00	2027.07.13	4.9000
17 杭旅 02（143171）	1500.00	2022.07.11	4.7100	17 沪宁 01（143172）	800.00	2024.07.25	5.0000
17 广药 01（143173）	1300.00	2019.07.24	3.0000	17 广药 02（143174）	1700.00	2022.07.14	2.3000
17 金地 01（143175）	3000.00	2022.07.13	4.8500	17 金地 02（143176）	1000.00	2024.07.13	5.0500
17 金红 02（143177）	400.00	2019.07.21	7.6900	17 杭金 01（143178）	300.00	2022.07.14	4.7900
17 杭金 02（143179）	700.00	2022.07.14	2.9900	G17 华电 2（143180）	1000.00	2022.07.20	2.0000
G17 华电 3（143181）	500.00	2027.07.20	4.6400	17 建材 01（143182）	3000.00	2022.07.17	2.5000
17 建材 02（143183）	1000.00	2024.07.17	4.8900	17 巨化 01（143184）	700.00	2020.07.17	5.1500
17 湘财 01（143185）	500.00	2020.09.25	5.4300	17 工贸债（143186）	600.00	2020.07.17	5.3000
17 洪政 01（143187）	1000.00	2022.07.27	4.5800	18 长电 01（143188）	2500.00	2021.07.26	4.1900
18 蓉产 01（143189）	1500.00	2023.08.22	5.2800	17 荣盛 02（143190）	1000.00	2020.07.21	5.5800
17 恒信 02（143191）	1000.00	2020.07.21	4.7000	17 邮政 03（143192）	3000.00	2022.07.24	4.4500
17 电投 09（143193）	1300.00	2020.07.24	3.4000	17 电投 10（143194）	700.00	2022.07.24	2.8000
18 格地 02（143195）	600.00	2023.07.27	3.5000	17 张江 01（143196）	1100.00	2022.07.25	3.1800
17 晋圣 01（143197）	1500.00	2022.07.24	5.8000	17 华鲁 01（143198）	1300.00	2020.07.24	4.9400
17 中煤 01（143199）	1000.00	2022.07.20	2.8500	17 产发 01（143200）	1000.00	2027.07.25	4.8500
17 南山 01（143201）	500.00	2022.07.25	5.5000	18 晶澳 01（143202）	100.00	2021.03.13	6.9000
17 电控 01（143203）	1380.00	2020.07.25	4.5000	17 平租 02（143204）	1600.00	2022.07.27	3.3500
17 福投 01（143205）	1000.00	2025.07.27	4.6900	17 圣泉 01（143206）	100.00	2020.08.01	7.0000
17 皖交 03（143207）	400.00	2022.07.31	4.5000	17 皖交 04（143208）	600.00	2022.07.31	4.7000
G17 光水 1（143209）	1000.00	2022.07.24	3.2800	17 合盛 01（143210）	420.00	2022.09.22	6.8000
17 花集 01（143211）	245.00	2019.08.08	7.5000	17 花集 02（143212）	137.00	2019.08.08	7.0000
17 豫高速（143213）	2000.00	2022.08.04	3.4000	17 晋然债（143214）	600.00	2022.08.02	3.5000
17 京资 01（143215）	4000.00	2022.08.01	1.5000	17 京资 02（143216）	1000.00	2022.08.01	4.6800
17 华药债（143217）	210.00	2021.07.28	6.5000	17 清控 01（143218）	2500.00	2022.08.08	4.9500
17 昌控 01（143219）	500.00	2022.07.31	5.0500	17 连云港（143220）	1000.00	2022.08.04	4.2000
17 海资 02（143221）	1000.00	2024.08.03	2.5000	17 圆融 02（143222）	1000.00	2022.08.03	2.9500
17 南水 03（143223）	1800.00	2022.08.03	2.0000	17 南水 04（143224）	200.00	2022.08.03	5.0000
17 津投 03（143225）	1500.00	2032.08.02	3.3000	18 格地 03（143226）	600.00	2023.07.27	5.5000
17 船重 01（143227）	2000.00	2022.08.07	4.5500	18 中煤 07（143228）	800.00	2023.07.26	4.4000
17 国君 G1（143229）	4700.00	2020.08.04	4.5700	17 国君 G2（143230）	600.00	2022.08.04	4.7000
17 海通 01（143231）	5000.00	2020.08.11	4.6300	17 海通 02（143232）	1000.00	2022.08.11	4.8000
17 东方债（143233）	4000.00	2027.08.03	4.9800	17 陕煤 01（143234）	1000.00	2020.08.10	4.7500
17 舟交 01（143235）	500.00	2022.08.08	5.3300	17 鲁信 01（143236）	1000.00	2024.08.04	4.7700
17 苏新 02（143237）	1000.00	2022.08.08	5.1000	17 普停 01（143238）	1000.00	2026.08.07	4.9900
17 电投 11（143239）	1070.00	2020.08.09	3.3000	17 电投 12（143240）	430.00	2022.08.09	2.9000
17 南山 02（143241）	500.00	2022.08.14	5.4900	17 首农 02（143242）	1000.00	2022.08.10	2.6000
17 光大 01（143243）	3800.00	2022.08.10	3.0000	17 光大 02（143244）	1200.00	2024.08.10	4.8000
17 电投 13（143245）	940.00	2020.08.11	3.3000	17 电投 14（143246）	560.00	2022.08.11	2.9200
17 浦土 02（143247）	500.00	2022.08.17	3.6400	18 杭金 03（143248）	700.00	2023.07.25	4.4100
G17 华电 4（143249）	1500.00	2022.08.18	2.0000	18 杭金 04（143250）	300.00	2023.07.25	4.7900
17 荣盛 03（143251）	1000.00	2020.08.15	5.5000	17 鄂资 01（143252）	1300.00	2022.08.16	4.3500
17 豫电 02（143253）	300.00	2020.08.24	5.2000	17 国联 01（143254）	1000.00	2020.08.24	5.0000
17 中油 01（143255）	2000.00	2020.08.18	4.3000	17 泰瑞 01（143256）	500.00	2022.08.21	6.5000
17 广电 01（143257）	2000.00	2022.08.23	4.9700	17 洋河 02（143258）	600.00	2026.08.21	3.7500
18 闽能 02（143259）	1000.00	2021.07.27	4.3000	17 国投 01（143260）	2000.00	2022.08.22	3.0000

债券信息 List of Bonds

债券 Bond

债券简称（代码） Bond Name（Code）	发行量（百万元） Issued Vol（M yuan）	到期日 Expiration Date	票面利率（%） Coupon Rate（%）	债券简称（代码） Bond Name（Code）	发行量（百万元） Issued Vol（M yuan）	到期日 Expiration Date	票面利率（%） Coupon Rate（%）
17百联01（143261）	1200.00	2022.08.28	2.7000	17平租04（143263）	2200.00	2022.08.23	3.7000
17港务02（143264）	1500.00	2022.08.25	4.6300	17泰达02（143265）	3000.00	2022.08.30	6.0000
17光大03（143266）	800.00	2022.08.23	3.0000	17光大04（143267）	1200.00	2024.08.23	4.7900
17远东四（143268）	500.00	2020.08.29	4.7500	17远东五（143269）	2500.00	2022.08.29	5.1900
17东港01（143270）	500.00	2022.08.25	5.6800	17南铝债（143271）	1500.00	2022.08.29	5.3700
17建发01（143272）	1000.00	2020.08.29	3.5000	17两江01（143273）	1350.00	2020.08.25	4.6900
17君华01（143274）	1200.00	2020.08.30	7.4500	17沪国01（143275）	1500.00	2022.09.05	4.9000
17川电01（143276）	1800.00	2022.09.07	5.5800	17瑞控03（143277）	720.00	2022.08.30	7.1000
17信债01（143278）	2000.00	2022.09.04	2.0000	17宁资债（143280）	500.00	2022.09.05	2.8000
18张江02（143281）	600.00	2023.07.30	4.2900	17平租05（143282）	600.00	2022.09.07	3.6200
17江海G1（143283）	1000.00	2020.09.07	5.3000	17鑫海02（143284）	200.00	2020.09.06	7.2000
G17风电1（143285）	300.00	2022.09.07	4.8300	17杭汽01（143286）	1000.00	2022.09.13	5.8800
17联投01（143287）	2000.00	2022.09.11	4.0800	17国联02（143288）	800.00	2019.09.14	4.9500
18鲁商01（143289）	100.00	2019.07.29	7.0000	17广汇02（143290）	400.00	2022.09.07	7.5000
17渝高01（143291）	1600.00	2022.09.14	4.9300	17津投05（143292）	1000.00	2032.09.14	3.9500
18川发02（143293）	2000.00	2025.08.06	4.5500	17银河G2（143294）	4000.00	2020.09.18	4.6900
17象屿01（143295）	1000.00	2022.09.19	5.1800	17富宇02（143296）	200.00	2022.09.18	7.7000
17大华01（143297）	600.00	2022.12.12	6.2000	17兵装07（143298）	1500.00	2022.09.18	4.7000
17兵装08（143299）	900.00	2024.09.18	4.8500	17兵装09（143300）	600.00	2027.09.18	5.0000
17海通03（143301）	5500.00	2027.09.22	4.9900	17中科02（143302）	500.00	2022.09.25	7.5000
17北方02（143303）	1600.00	2022.09.19	5.1200	17江铜01（143304）	500.00	2022.09.21	4.7400
17电建债（143305）	1000.00	2022.09.25	5.5800	17不动01（143306）	2000.00	2022.09.18	2.3800
17福投02（143307）	1000.00	2019.09.23	4.6600	17世茂G2（143308）	1000.00	2020.09.21	5.1500
18苏通01（143309）	2500.00	2023.04.18	4.8000	17建租01（143310）	1000.00	2020.09.22	5.4800
17义乌01（143311）	1900.00	2022.09.22	5.1000	17义乌02（143312）	200.00	2022.09.22	5.3000
17华药02（143313）	290.00	2021.09.25	6.2000	17居然01（143314）	790.00	2022.09.26	5.9800
17广汇G2（143315）	945.00	2020.10.11	7.6000	17三鼎02（143316）	427.00	2099.12.31	7.3000
18五资02（143317）	1000.00	2021.07.27	4.3900	17六建01（143318）	320.00	2019.09.27	7.5000
17农投01（143319）	600.00	2022.09.26	4.9500	17晋中01（143320）	800.00	2022.09.27	5.7000
17金玛03（143321）	315.00	2099.12.31	7.3000	17金玛04（143322）	300.00	2099.12.31	7.3000
17首创债（143323）	1000.00	2022.10.12	5.4200	17苏保债（143324）	500.00	2022.10.24	4.9500
17光证G3（143325）	4100.00	2020.10.16	4.8000	17光证G4（143326）	1600.00	2022.10.16	4.9000
17招商G1（143327）	4500.00	2019.10.13	4.7800	17中材03（143328）	500.00	2024.10.18	4.9900
G17三峡3（143329）	2000.00	2020.10.19	4.6800	18华数02（143330）	1200.00	2023.08.06	4.3300
17广汇03（143331）	480.00	2022.10.12	7.5000	17世茂G3（143332）	500.00	2020.10.18	5.1900
17江海G2（143333）	2000.00	2020.10.18	5.5000	17蓉工01（143334）	1000.00	2022.10.23	5.3000
17国元01（143335）	1000.00	2022.10.20	4.7800	17海通04（143336）	500.00	2020.10.25	4.7700
17国君G3（143337）	3700.00	2020.10.18	4.7800	17益佰01（143338）	500.00	2022.10.23	5.9000
17卓越01（143339）	1950.00	2022.10.20	6.4800	17老窖01（143340）	600.00	2022.11.13	4.9900
17南京01（143341）	1000.00	2022.10.24	4.8800	17招商G2（143342）	1060.00	2020.10.23	4.7800
17洪政02（143343）	1000.00	2022.10.24	4.8800	17红星01（143344）	2500.00	2022.11.07	5.7000
17红星02（143345）	1000.00	2024.11.07	6.5000	17科工01（143346）	1200.00	2022.11.01	4.8000
G17能源1（143347）	480.00	2022.10.23	5.7000	17五资01（143348）	800.00	2020.10.27	4.8000
17天图02（143349）	800.00	2022.10.24	6.0000	17科发债（143350）	1538.00	2022.10.31	7.5000
18翔业01（143352）	1000.00	2023.08.03	4.1800	17中车G1（143353）	1000.00	2022.10.24	4.8000
17中车G2（143354）	3000.00	2027.10.24	5.0000	17国控01（143355）	1000.00	2022.10.27	4.8000
17日照01（143356）	600.00	2022.10.25	5.0700	17工投02（143357）	400.00	2022.12.13	6.0000
17天风02（143358）	500.00	2022.10.25	5.2400	17华汇01（143359）	300.00	2020.10.27	5.6000
17川发01（143360）	4000.00	2024.10.25	5.0900	17中冶01（143361）	570.00	2022.10.25	4.9900
17三鼎03（143362）	735.00	2099.12.31	7.3000	18广汇G1（143363）	700.00	2021.08.08	7.3000

债券信息
List of Bonds

债券
Bond

债券简称（代码） Bond Name（Code）	发行量 （百万元） Issued Vol （M yuan）	到期日 Expiration Date	票面利率（%） Coupon Rate（%）	债券简称（代码） Bond Name（Code）	发行量 （百万元） Issued Vol （M yuan）	到期日 Expiration Date	票面利率（%） Coupon Rate（%）
17 北控 02（143364）	2000.00	2022.10.30	5.0000	17 九华旅（143365）	400.00	2022.10.26	5.6300
17 环能 01（143366）	6000.00	2022.10.27	5.3400	17 金证 01（143367）	350.00	2022.11.13	5.3900
17 招金 01（143368）	500.00	2022.11.01	5.1000	17 招商 G3（143369）	1000.00	2020.10.31	4.8500
17 联合 04（143370）	800.00	2020.10.31	7.0000	17 沪中环（143371）	300.00	2022.10.30	5.5000
18 核建 01（143372）	2000.00	2023.04.18	4.8000	18 核建 02（143373）	2000.00	2023.04.26	4.6700
17 红豆 01（143374）	1000.00	2022.10.31	6.5000	17 东辰 01（143375）	200.00	2020.10.31	7.3000
17 成龙 03（143376）	200.00	2022.11.13	7.6000	17 穗金控（143377）	1200.00	2022.10.31	5.2400
17 绍交 02（143378）	1000.00	2022.11.02	5.3900	17 合盛 02（143379）	180.00	2022.11.03	6.8000
17 华能 01（143380）	2300.00	2020.11.06	4.9900	18 宁安 02（143381）	1800.00	2023.08.08	4.1500
17 国联 03（143382）	500.00	2019.11.16	5.3000	17 颖泰 01（143383）	1200.00	2022.11.08	6.8000
17 富宇 03（143385）	100.00	2022.11.08	7.7000	18 粤控 01（143386）	1000.00	2023.08.08	3.9700
17 刚股 01（143387）	500.00	2099.12.31	7.2000	17 如意 01（143388）	300.00	2019.12.25	7.6000
17 永钢 01（143389）	300.00	2022.11.13	6.2800	17 永钢 02（143390）	300.00	2024.11.13	6.8000
17 金玛 05（143391）	300.00	2099.12.31	7.3000	18 招商 G6（143392）	3000.00	2021.08.08	3.9400
17 招金 02（143394）	350.00	2022.11.14	5.1000	17 汇鸿 01（143395）	1000.00	2022.11.13	5.6800
17 浙旅 01（143396）	400.00	2022.11.15	5.8800	18 闽电 01（143397）	500.00	2023.08.15	5.0000
17 中船 01（143398）	1100.00	2022.11.16	5.0000	17 中船 02（143399）	900.00	2024.11.16	5.2000
17 精工 01（143400）	385.00	2019.11.27	6.5000	17 开旅 01（143401）	450.00	2020.12.04	5.8000
17 远洋 01（143402）	1000.00	2022.11.21	5.2900	17 三福 01（143403）	100.00	2022.11.17	7.0000
17 三福 02（143404）	150.00	2022.11.17	7.1000	17 新大 01（143405）	1000.00	2022.11.17	7.0000
17 新大 02（143406）	1000.00	2024.11.17	7.5000	17 不动 02（143407）	500.00	2022.11.20	5.2700
18 招金 02（143408）	1300.00	2023.08.10	4.1900	17 万向 01（143409）	900.00	2022.12.06	5.8000
17 义乌 03（143410）	900.00	2022.11.21	5.6200	17 航租 01（143411）	500.00	2019.11.25	5.3000
17 星星 01（143412）	250.00	2020.11.23	7.5000	17 贵产 01（143413）	1130.00	2022.11.28	6.2000
17 兴泸 03（143414）	700.00	2022.11.24	5.9800	18 钢钒 02（143415）	1000.00	2023.08.10	5.4000
17 中信 G3（143416）	2400.00	2019.11.28	5.2500	17 中信 G4（143417）	2400.00	2020.11.28	5.3300
17 亚通 01（143418）	80.00	2022.12.19	7.5000	18 津投 05（143419）	1200.00	2021.07.30	4.8000
18 津投 06（143420）	800.00	2023.07.30	5.0500	18 新发 01（143421）	500.00	2023.02.01	6.3000
18 复药 01（143422）	1300.00	2023.08.13	5.1000	17 联讯 01（143423）	530.00	2020.11.28	6.6000
17 绍交 03（143424）	600.00	2022.12.01	4.1000	17 歌山 01（143425）	300.00	2019.12.23	7.3000
17 绍城投（143426）	100.00	2024.12.05	5.5000	17 红星 03（143427）	1000.00	2022.12.14	6.2000
17 三鼎 04（143429）	494.00	2099.12.31	7.2000	18 三峡 01（143430）	100.00	2023.03.21	5.7800
17 泰瑞 02（143431）	500.00	2022.12.28	7.0000	18 云工 01（143432）	1180.00	2021.09.03	7.5000
17 陕能 02（143433）	1060.00	2022.12.07	5.6500	17 陕能 03（143434）	1940.00	2024.12.07	6.0000
17 紫江 01（143435）	200.00	2022.12.19	6.6000	17 海科 01（143436）	250.00	2022.12.18	7.5000
17 新大 03（143437）	2000.00	2022.12.14	7.2000	17 乌资 01（143438）	1000.00	2024.12.18	6.4000
17 昌润 01（143439）	135.00	2020.01.09	3.0000	18 熊猫 01（143440）	310.00	2023.05.02	6.8000
17 贵安 01（143441）	2800.00	2024.12.19	6.8000	18 光水 01（143442）	400.00	2023.08.16	4.5800
17 中民 G1（143443）	4480.00	2020.12.26	7.0000	17 南传 03（143445）	500.00	2023.01.02	7.5000
18 复星 01（143446）	1200.00	2023.01.12	6.4800	18 力控 01（143447）	500.00	2021.01.15	7.5000
18 大华 01（143448）	1900.00	2023.03.15	6.4800	18 航租 01（143449）	1500.00	2021.01.18	5.5000
18 绿城 01（143450）	2000.00	2023.03.12	5.5000	18 市北 02（143451）	300.00	2023.08.09	4.5500
18 国都 G1（143452）	1000.00	2020.01.18	4.6000	18 吉高 01（143453）	1500.00	2023.01.22	6.1500
18 路桥 01（143454）	1000.00	2023.01.23	5.5900	18 红狮 01（143455）	300.00	2021.01.23	6.3400
18 新大 01（143456）	1000.00	2021.01.22	7.0000	18 新大 02（143457）	1000.00	2021.01.22	7.1000
18 成大 01（143458）	300.00	2023.01.26	6.3500	18 宝丰 01（143459）	900.00	2019.07.24	6.8000
18 招商 G1（143460）	1940.00	2021.02.05	5.3500	18 紫金 01（143461）	2000.00	2023.01.26	5.6000
18 东风 01（143462）	300.00	2021.01.31	5.4900	18 延长 01（143463）	6000.00	2023.03.30	5.2300
18 海通 04（143464）	3000.00	2021.08.06	3.9800	18 亦庄 02（143465）	2000.00	2023.08.17	4.4300
18 中银 01（143466）	1000.00	2020.01.31	5.2700	18 联想 01（143467）	1000.00	2023.01.31	6.0000

债券信息 List of Bonds

债券 Bond

债券简称（代码）Bond Name（Code）	发行量（百万元）Issued Vol（M yuan）	到期日 Expiration Date	票面利率（%）Coupon Rate（%）	债券简称（代码）Bond Name（Code）	发行量（百万元）Issued Vol（M yuan）	到期日 Expiration Date	票面利率（%）Coupon Rate（%）
18国联01（143468）	700.00	2020.02.06	5.6500	18建材09（143469）	900.00	2021.08.09	4.0300
18建材10（143470）	700.00	2023.08.09	4.2500	18新业01（143471）	300.00	2025.02.07	6.8000
18陕投01（143473）	780.00	2023.02.05	5.7400	18陕投02（143474）	720.00	2025.02.05	6.0500
18建材01（143475）	500.00	2021.02.08	5.5000	18台金01（143476）	500.00	2023.03.19	6.3000
18贵安01（143477）	7200.00	2025.04.26	7.6000	18皖投01（143478）	2000.00	2023.02.13	5.5000
18浦建01（143479）	400.00	2022.03.08	3.3500	18海通01（143480）	3000.00	2021.03.08	5.1500
18东辰01（143481）	300.00	2021.03.06	7.3000	18京资01（143482）	1500.00	2023.03.08	5.2800
18京资02（143483）	1000.00	2026.03.08	5.4000	18房信01（143484）	274.00	2023.03.08	8.0000
18房信02（143485）	285.00	2023.03.08	9.5000	18南水02（143486）	800.00	2021.08.16	4.3900
18帝泰01（143487）	100.00	2021.03.27	7.5000	18复星02（143488）	600.00	2023.03.12	6.8000
18渝高01（143489）	1600.00	2023.03.16	5.3600	18武商01（143490）	500.00	2021.03.12	5.0000
18银河G1（143492）	2500.00	2021.03.14	5.1500	18象屿01（143493）	1000.00	2023.03.15	5.5900
18香江01（143494）	910.00	2022.03.09	7.9000	18豫高01（143495）	1500.00	2023.03.20	5.6700
18沪资01（143496）	1000.00	2023.03.14	5.2800	18天风01（143497）	2420.00	2023.03.14	5.9500
18国信三（143498）	500.00	2021.08.17	4.2000	18深航02（143499）	500.00	2021.03.14	5.2700
18公用01（143500）	500.00	2023.03.13	5.5800	18南山03（143501）	1100.00	2021.08.17	5.8000
18铁建Y1（143502）	3000.00	2021.03.19	5.5600	18招金01（143503）	1750.00	2021.03.15	5.4500
18华能01（143504）	1500.00	2021.04.04	4.9000	18舟交01（143505）	1000.00	2021.03.19	6.0000
18建材02（143507）	2000.00	2021.03.16	5.3700	18榕投01（143508）	50.00	2026.03.15	5.5000
18宜华01（143509）	600.00	2021.03.15	6.8000	18龙湖01（143510）	3000.00	2023.03.21	5.6000
18南报01（143511）	200.00	2023.08.30	5.3800	18中信G1（143512）	1700.00	2021.03.20	5.1400
18国控01（143513）	1000.00	2023.03.20	5.8500	18璞泰来（143514）	100.00	2021.03.19	5.5000
18粤桥01（143515）	500.00	2033.08.16	4.9000	18当代01（143516）	500.00	2021.03.16	7.0000
18锦江01（143517）	500.00	2023.03.16	5.2500	G18临港1（143518）	650.00	2022.03.20	3.6000
G18临港2（143519）	350.00	2023.03.20	5.2800	18金地01（143520）	3000.00	2023.03.19	5.6800
18吉高02（143522）	3500.00	2023.03.21	6.0800	18宁安01（143523）	1000.00	2023.03.22	5.3600
18信通01（143524）	185.00	2021.03.20	6.9000	G18光水1（143525）	400.00	2023.08.16	4.6000
18老窖01（143526）	2400.00	2023.03.27	5.2000	18华药01（143527）	80.00	2023.03.22	5.7000
18国君G1（143528）	4300.00	2021.03.21	5.1500	18海通02（143529）	3000.00	2021.03.22	5.1400
18陕投03（143530）	870.00	2023.03.20	5.6500	18陕投04（143531）	430.00	2025.03.20	5.9800
18绍城01（143532）	700.00	2023.03.22	5.8700	18国投01（143533）	3000.00	2023.03.23	5.1700
18天风02（143534）	880.00	2023.03.27	5.8000	18荣和01（143535）	850.00	2023.03.28	7.5500
18复星03（143536）	1500.00	2021.08.20	3.0000	18五资01（143537）	1200.00	2019.04.29	3.2000
18陆债01（143538）	500.00	2023.03.26	5.0800	18凤祥01（143539）	330.00	2023.03.29	7.4000
18栖建01（143540）	1340.00	2023.04.02	6.3600	18南资01（143541）	1000.00	2023.04.18	5.3000
18钢钒01（143542）	1000.00	2023.04.12	6.1000	G18华综1（143544）	1000.00	2023.03.30	5.2700
18建材11（143545）	1300.00	2021.11.15	3.9900	18福日01（143546）	100.00	2021.04.09	6.9000
18旭辉03（143547）	2500.00	2021.08.09	2.8000	18海科01（143548）	400.00	2023.04.03	7.3000
18珠实01（143549）	1400.00	2023.04.02	6.9300	18华夏01（143550）	2475.00	2022.05.30	5.0000
18华夏02（143551）	525.00	2023.05.30	6.8000	18市政01（143552）	500.00	2028.04.03	5.1500
18市政02（143553）	700.00	2028.04.03	5.4000	18国信一（143554）	900.00	2020.04.16	4.7200
18国信二（143555）	600.00	2021.04.16	4.7900	18特变01（143556）	900.00	2021.04.04	4.3000
18特变02（143557）	100.00	2023.04.04	6.1500	18桂交01（143559）	2000.00	2021.04.09	5.2900
18豫高02（143560）	1300.00	2023.04.13	5.2100	18航集01（143561）	750.00	2021.04.13	4.7800
18川发01（143562）	3000.00	2025.06.05	5.1700	18张江01（143563）	1500.00	2023.04.12	4.8700
18京投03（143564）	3300.00	2023.04.12	4.7900	18京投04（143565）	1700.00	2028.04.12	5.0900
18不动01（143566）	1500.00	2021.04.11	5.0000	18住总01（143567）	1200.00	2023.04.11	5.3400
18建材12（143568）	600.00	2023.11.15	4.3500	18国控02（143569）	1000.00	2023.04.17	5.4000
18兵器01（143570）	5000.00	2023.04.17	4.7700	18南水01（143571）	2000.00	2021.04.17	4.8900
18南京01（143572）	800.00	2023.04.16	4.8600	18杭金01（143573）	1300.00	2023.04.13	4.9000

债券信息
List of Bonds

债券简称（代码）Bond Name（Code）	发行量（百万元）Issued Vol（M yuan）	到期日 Expiration Date	票面利率（%）Coupon Rate（%）	债券简称（代码）Bond Name（Code）	发行量（百万元）Issued Vol（M yuan）	到期日 Expiration Date	票面利率（%）Coupon Rate（%）
18 杭金 02（143574）	700.00	2023.04.13	5.1000	18 光证 G1（143575）	2700.00	2020.04.18	4.6800
18 光证 G2（143576）	3300.00	2021.04.18	4.7800	18 南山 01（143577）	1300.00	2021.04.19	5.3000
18 南山 02（143578）	700.00	2023.04.19	5.5000	18 军工债（143579）	400.00	2023.04.19	5.9100
18 穗发 01（143580）	2200.00	2023.04.19	4.8400	18 象屿 02（143581）	1000.00	2023.04.20	4.8000
18 中化 01（143582）	3000.00	2023.04.18	4.5900	18 龙湖 03（143583）	3000.00	2023.08.02	4.9600
18 电投 01（143584）	3000.00	2021.04.23	4.5000	18 深燃 01（143585）	1900.00	2023.04.18	4.8000
18 神州 01（143586）	730.00	2021.04.25	6.3000	18 航集 02（143587）	3200.00	2021.09.03	2.5000
18 沪国 01（143588）	1000.00	2023.04.23	4.9000	18 建材 03（143589）	800.00	2021.04.23	4.5900
18 建材 04（143590）	400.00	2023.04.23	4.7800	18 鲁金 02（143591）	1000.00	2023.04.24	4.9900
18 能建 01（143592）	3000.00	2023.04.23	4.6500	18 招金 03（143593）	700.00	2021.08.27	4.4700
18 华数 01（143594）	800.00	2023.04.23	4.7000	18 君华 01（143595）	1200.00	2021.05.04	7.0000
18 华胜 01（143596）	100.00	2023.04.23	8.0000	18 陕煤 01（143598）	2000.00	2021.04.27	4.8600
18 甬投 01（143599）	1000.00	2023.04.25	3.4800	18 阳集 01（143600）	1000.00	2021.08.24	7.5000
18 深航 04（143601）	800.00	2021.04.24	4.5500	18 雅砻 01（143602）	1000.00	2023.04.24	4.5000
18 同济 01（143603）	220.00	2021.04.25	7.8000	18 同济 02（143604）	200.00	2021.04.25	7.8000
18 扬城控（143605）	1500.00	2023.04.27	5.5000	18 鹏博债（143606）	1000.00	2023.04.25	7.0000
18 国君 G2（143607）	4300.00	2021.04.25	4.5500	18 威国 01（143608）	1000.00	2023.05.02	5.7000
18 津创 01（143609）	1100.00	2023.04.26	5.1700	18 新工 01（143610）	725.00	2023.04.30	4.9700
18 新工 02（143611）	275.00	2025.04.30	4.9700	18 绍城 02（143612）	700.00	2023.04.25	4.9900
18 市北 01（143613）	500.00	2023.04.23	5.0300	18 景国 01（143614）	200.00	2021.04.27	6.9200
18 远海 01（143615）	2000.00	2021.04.24	4.5000	18 浙能 01（143616）	3000.00	2023.04.26	4.8800
18 迈科 01（143617）	500.00	2021.04.26	7.5000	18 陕旅 01（143618）	600.00	2028.04.24	7.6600
18 歌山 01（143619）	250.00	2021.05.03	7.4000	18 国科 01（143620）	500.00	2024.04.27	4.7000
18 蓝星 02（143621）	800.00	2023.08.22	5.0000	18 东方 02（143622）	360.00	2019.05.15	7.2000
18 粤电 01（143623）	2000.00	2021.05.07	4.7200	18 中科 01（143624）	100.00	2021.05.03	5.9000
18 贵产 01（143625）	870.00	2023.05.03	6.6000	18 招商 G2（143626）	2000.00	2020.06.12	4.7800
18 招商 G3（143627）	1000.00	2021.06.12	4.7800	18 新业 03（143628）	700.00	2025.05.03	6.5700
18 中凯 01（143629）	1000.00	2023.06.11	5.4900	18 华谊 01（143630）	1000.00	2025.05.04	5.1000
18 南港 01（143631）	600.00	2023.09.03	5.7000	18 海通 03（143632）	3000.00	2021.05.10	4.7000
18 粤财 01（143633）	2000.00	2023.05.10	4.7500	18 中冶 01（143634）	870.00	2021.05.08	4.7800
18 中冶 02（143635）	220.00	2023.05.08	4.9800	18 国联 G1（143636）	1000.00	2023.05.09	4.8800
18 日照 01（143637）	600.00	2023.05.10	5.3800	18 中煤 01（143638）	1100.00	2023.05.09	4.8500
18 中煤 02（143639）	400.00	2025.05.09	5.0000	18 隧道 01（143640）	500.00	2021.05.14	4.8000
18 江海债（143641）	1000.00	2021.05.15	5.8000	18 国电 01（143642）	1800.00	2021.05.15	4.7400
18 联想 02（143643）	1600.00	2021.06.29	5.9900	18 复地 01（143644）	3000.00	2021.08.27	4.0000
18 电投 02（143645）	3000.00	2021.05.18	4.8400	18 中租一（143646）	1059.00	2021.09.21	7.5500
18 电投 03（143647）	3000.00	2021.05.21	4.8300	18 国投 02（143648）	2000.00	2023.05.16	4.7400
18 成龙 01（143649）	220.00	2023.05.22	7.5000	18 绿城 07（143650）	1650.00	2023.08.10	4.7300
18 北方 01（143651）	500.00	2021.09.12	4.1200	18 光证 G3（143652）	2800.00	2021.09.26	4.3000
18 元禾 01（143653）	700.00	2023.05.25	5.1800	18 泰富 01（143654）	1000.00	2021.05.31	4.9000
18 文投 01（143656）	1200.00	2023.05.25	5.1000	18 金地 03（143657）	1000.00	2021.05.28	5.2900
18 金地 04（143658）	2000.00	2023.05.28	5.3800	18 西地 01（143659）	300.00	2023.06.01	7.5000
18 泛海 G1（143661）	1000.00	2023.06.05	7.5500	18 国电 02（143662）	2500.00	2021.06.05	4.7200
18 苏城 01（143663）	1000.00	2023.06.01	4.8000	18 保集 01（143664）	450.00	2021.06.07	7.5000
18 兴泸 01（143665）	860.00	2025.06.07	6.0300	18 远洋 01（143666）	2000.00	2023.08.02	4.7000
18 农投 01（143667）	400.00	2023.06.06	5.3500	18 皖高速（143668）	1000.00	2023.06.07	5.6000
18 宁开控（143669）	1000.00	2023.06.11	6.3800	18 中煤 03（143670）	1700.00	2023.06.05	4.9000
18 恒安 01（143671）	3000.00	2021.08.01	3.0000	18 兴泸 02（143672）	140.00	2025.06.07	6.4000
18 伊泰 01（143673）	1500.00	2021.06.08	6.0000	18 临债 01（143674）	600.00	2022.06.12	2.4800
18 方停 12（143675）	1200.00	2023.08.31	6.0500	18 津投 02（143676）	400.00	2033.06.08	5.4700

债券信息 List of Bonds

债券 Bond

债券简称（代码）Bond Name（Code）	发行量（百万元）Issued Vol（M yuan）	到期日 Expiration Date	票面利率（%）Coupon Rate（%）	债券简称（代码）Bond Name（Code）	发行量（百万元）Issued Vol（M yuan）	到期日 Expiration Date	票面利率（%）Coupon Rate（%）
18 临债 02（143677）	600.00	2023.06.12	5.1700	18 新望 01（143678）	1800.00	2020.06.19	5.7900
18 龙湖 04（143679）	2000.00	2023.08.17	4.9800	18 西股 01（143680）	700.00	2023.06.08	6.5000
18 中银投（143681）	1000.00	2021.06.19	4.9000	18 中核 01（143682）	2000.00	2023.06.12	4.7800
18 铁牛 01（143683）	280.00	2023.06.15	7.2000	18 建材 05（143684）	2000.00	2021.06.14	4.9700
18 中证 G1（143685）	2400.00	2021.06.15	4.8000	18 中证 G2（143686）	600.00	2023.06.15	4.9000
18 建材 06（143687）	500.00	2023.06.14	5.1900	18 泛海 G2（143688）	1700.00	2023.06.14	7.8000
18 建投 01（143689）	1000.00	2023.06.19	4.9900	18 齐鲁 01（143690）	1500.00	2023.06.19	5.0000
18 桂交 02（143691）	1500.00	2023.06.19	5.3800	18 当代 02（143692）	1000.00	2023.06.20	7.5500
18 华夏 03（143693）	2000.00	2022.06.20	4.4000	18 金地 05（143694）	1000.00	2021.06.20	5.5800
18 金地 06（143695）	1000.00	2023.06.20	5.7000	18 盛屯 01（143696）	100.00	2023.06.25	7.5000
18 中民 G1（143697）	1000.00	2021.07.26	3.8500	18 华宇 05（143698）	2000.00	2023.06.27	6.9900
18 佛控 01（143699）	300.00	2021.07.06	4.7200	18 宁资 01（143700）	500.00	2021.07.09	4.7700
18 居然 01（143701）	300.00	2021.07.02	4.0500	18 闽能 01（143704）	1000.00	2021.07.13	4.6000
18 蓝星 01（143705）	1500.00	2023.07.04	5.2800	18 中煤 05（143706）	2200.00	2023.07.06	4.6900
18 中煤 06（143707）	800.00	2025.07.06	4.8900	18 中庚 G1（143708）	1000.00	2023.06.29	8.5000
18 诚通 01（143709）	3000.00	2021.07.10	4.6700	18 招商 G5（143712）	2500.00	2021.07.18	4.3800
18 实业 02（143714）	366.00	2021.07.30	6.5000	18 国电 03（143716）	2300.00	2021.07.10	4.4300
18 渝高 02（143719）	800.00	2023.07.17	4.6000	18 联泰 01（143720）	100.00	2019.07.16	7.0000
18 建材 07（143721）	1300.00	2021.07.16	4.6500	18 建材 08（143722）	1000.00	2023.07.16	4.8900
G18 风电 1（143723）	700.00	2023.07.18	4.9000	18 津投 03（143724）	1200.00	2021.07.17	5.0000
18 光明 01（143725）	3000.00	2021.07.16	4.4300	18 津投 04（143727）	1300.00	2023.07.17	5.2800
18 国科 02（143728）	1200.00	2023.07.18	4.5700	18 国科 03（143729）	800.00	2026.07.18	4.8000
18 康美 01（143730）	1500.00	2021.07.20	7.3000	18 金隅 01（143731）	1500.00	2023.07.12	4.7000
18 国君 G3（143732）	4700.00	2021.07.16	4.4400	18 国君 G4（143733）	300.00	2023.07.16	4.6400
18 金隅 02（143734）	1500.00	2025.07.12	5.0000	18 方停 09（143735）	2000.00	2023.07.19	6.2000
18 远海 02（143736）	2500.00	2021.07.23	4.4300	18 远海 03（143737）	1500.00	2023.07.23	4.6400
18 广开 01（143738）	1500.00	2023.07.23	4.9500	18 广开 02（143739）	3500.00	2023.07.23	4.7500
18 公用 03（143740）	510.00	2023.07.18	4.6500	18 江河 01（143741）	100.00	2021.07.19	7.2000
18 华资 01（143742）	1000.00	2023.07.23	4.4800	18 公用 04（143743）	680.00	2023.07.18	4.8900
G18 三峡 1（143744）	2500.00	2021.08.03	4.0000	G18 三峡 2（143745）	1000.00	2023.08.03	4.2000
18 光明 02（143746）	2000.00	2023.08.02	4.0900	18 粤财 02（143747）	2000.00	2023.08.20	4.2000
18 粤财 03（143748）	1000.00	2025.08.20	4.5000	18 云城 01（143749）	3780.00	2021.08.15	5.9000
18 云城 02（143750）	360.00	2023.08.15	6.2000	18 华综 01（143751）	2000.00	2023.08.17	4.6800
18 京投 05（143753）	2000.00	2023.08.20	4.2000	18 京投 06（143754）	500.00	2028.08.20	4.8000
18CHNG1A（143755）	1700.00	2028.08.17	4.8900	18CHNG1B（143756）	300.00	2028.08.17	4.8900
18CHNG1C（143757）	1000.00	2023.08.17	4.4800	18CHNG1D（143758）	1000.00	2020.02.17	3.0000
18 保文 01（143760）	400.00	2021.09.07	4.9200	18 电投 04（143761）	4000.00	2021.08.22	4.3800
18 招商 G8（143762）	1800.00	2021.09.07	4.2300	18 电投 05（143764）	3500.00	2021.08.30	4.3400
18 津投 07（143765）	1600.00	2020.10.12	4.5800	18 石化 01（143767）	5000.00	2019.09.19	2.5000
18 兵装 01（143769）	2000.00	2021.08.30	4.3000	18 诚通 03（143771）	3000.00	2021.09.14	4.5900
18 诚通 02（143772）	3500.00	2021.08.28	4.5000	18 北汽集（143774）	1000.00	2023.08.31	4.6900
18 红星 01（143777）	300.00	2021.10.23	6.5000	18 绿城 09（143779）	500.00	2023.09.04	4.9800
18 中燃 01（143781）	1500.00	2023.09.11	4.5000	18 国元债（143783）	500.00	2023.09.04	4.7000
18 湘财 01（143784）	300.00	2020.09.13	5.7700	18 湘财 02（143785）	700.00	2021.09.13	6.0000
18 京投 07（143787）	2200.00	2023.09.07	4.3000	18 京投 08（143788）	300.00	2028.09.07	4.9000
18 中车 G1（143789）	2500.00	2023.09.10	4.2900	18 电投 06（143791）	3500.00	2021.09.07	4.2900
18 深航 06（143793）	600.00	2021.09.07	4.3500	18 兵器 02（143794）	2000.00	2023.09.11	4.2700
18 华福 G1（143795）	1500.00	2021.09.11	4.5500	18 华能 03（143798）	5000.00	2028.09.10	5.0500
18 天目湖（143799）	1000.00	2023.09.27	6.7800	18 佛控 02（143800）	800.00	2023.09.14	4.4900
18 双欣 02（143801）	200.00	2021.09.19	7.8000	18 爱众 01（143802）	200.00	2023.09.17	6.2000

债券信息
List of Bonds

债券简称（代码） Bond Name（Code）	发行量（百万元） Issued Vol（M yuan）	到期日 Expiration Date	票面利率（%） Coupon Rate（%）	债券简称（代码） Bond Name（Code）	发行量（百万元） Issued Vol（M yuan）	到期日 Expiration Date	票面利率（%） Coupon Rate（%）
18 中铝 01（143804）	1100.00	2021.09.18	4.5500	18 中铝 02（143805）	900.00	2023.09.18	4.9900
18 纺织 01（143806）	500.00	2021.09.14	4.4500	18 电投 07（143807）	3500.00	2021.09.19	4.3400
18 华宝 01（143808）	2400.00	2021.09.17	4.6000	18 首置 01（143812）	2500.00	2023.09.14	4.8900
18 通用 01（143814）	2000.00	2023.09.20	4.4800	18 居然 02（143816）	310.00	2021.09.25	6.9000
18 广汇 G2（143817）	350.00	2021.09.20	7.2000	18 如意 01（143818）	1500.00	2023.09.18	7.9000
18 杭城 01（143820）	1760.00	2023.09.20	4.3700	18 旭辉 05（143821）	875.00	2022.09.19	6.3900
G18 绿园 1（143822）	1200.00	2023.09.19	4.7400	18 闽能 03（143823）	1000.00	2021.09.25	4.4200
18 国美 01（143824）	600.00	2024.12.21	7.8000	18 长电 02（143825）	3000.00	2021.09.27	3.2500
18 粤电 02（143826）	1000.00	2021.09.25	4.3000	18 中航集（143827）	3000.00	2021.09.21	4.3000
18 油气 01（143828）	800.00	2023.09.20	4.6800	18 恒信 01（143829）	800.00	2021.09.21	5.0500
18 保利 01（143831）	600.00	2021.10.08	4.2800	18 奥园 04（143835）	1500.00	2021.10.12	8.5000
18 建投 02（143836）	1000.00	2023.10.15	4.2200	18 永钢 01（143838）	600.00	2023.09.26	7.0000
18 晟晏 G1（143839）	600.00	2023.09.27	7.5000	18 雪松 01（143840）	400.00	2021.10.17	7.5000
18 香江 02（143841）	150.00	2022.09.27	7.9000	18 康美 04（143842）	2000.00	2023.10.09	6.8000
18 淄矿 01（143843）	300.00	2023.10.12	6.0000	18 南港 02（143844）	1200.00	2023.10.18	5.5000
18 航租 02（143846）	1000.00	2021.10.15	4.3400	18 方停 13（143847）	2000.00	2023.10.12	6.0500
18 兴杭 01（143848）	2000.00	2023.10.22	4.3500	S18 红狮 2（143849）	300.00	2021.10.31	5.5000
18 华宝 03（143850）	1100.00	2021.10.16	4.3000	18 华宝 04（143851）	500.00	2023.10.16	4.6000
18 中凯 02（143852）	1000.00	2023.10.18	4.6800	18 阳集 02（143853）	375.00	2021.10.16	7.5000
18 穗建 01（143854）	800.00	2021.10.22	4.2400	18 穗建 02（143855）	700.00	2023.10.22	4.2500
18 北汽 02（143856）	1000.00	2023.10.19	4.4800	18 鸿坤 01（143857）	100.00	2022.10.12	7.5000
18 甬投 02（143858）	1000.00	2023.10.18	4.2400	18 东港 01（143859）	500.00	2023.10.17	6.6000
18 南水 04（143860）	1500.00	2021.10.17	4.2600	18 保集 02（143862）	260.00	2021.12.10	7.5000
18 腾越 01（143863）	3000.00	2021.10.26	6.4000	18 渝信 01（143865）	1000.00	2021.10.23	5.5000
18 电投 08（143867）	2400.00	2021.10.22	4.1000	18 电投 09（143868）	1400.00	2023.10.22	4.4500
18 格力 01（143869）	500.00	2023.10.22	4.2400	18 蓉高 01（143871）	1200.00	2021.10.22	4.4800
18 实业 05（143874）	1000.00	2021.10.23	7.5000	18 宜华 02（143875）	700.00	2021.10.23	7.5000
G18 三峡 3（143876）	4000.00	2021.10.24	4.0800	18 浦土 01（143878）	800.00	2023.10.24	4.2400
18 中民 G2（143879）	1010.00	2021.10.22	7.5000	18 滇城 01（143880）	2180.00	2021.10.24	8.1000
18 恒信 03（143883）	400.00	2021.10.26	4.8500	18 复星 04（143885）	2000.00	2021.10.29	5.8000
18 津投 09（143886）	1000.00	2021.10.26	4.5200	18 津投 10（143887）	400.00	2023.10.26	5.0000
18 西地 02（143888）	1060.00	2023.11.23	7.5000	18 华证 01（143889）	1500.00	2021.10.30	4.4000
18 陆债 02（143890）	1000.00	2023.10.26	4.1500	18 疏浚 01（143891）	4000.00	2023.10.25	4.2500
18 风祥 02（143892）	500.00	2021.11.01	7.9000	18 洋河 01（143893）	500.00	2023.10.29	4.4900
18 洋河 02（143894）	500.00	2023.10.29	4.1700	18 新控 05（143896）	2160.00	2022.10.29	7.4300
18 兴杭 02（143897）	500.00	2023.11.01	4.2700	18 福晟 02（143899）	1000.00	2021.11.19	7.9000
17 招金 Y1（143900）	500.00	2022.04.21	5.4300	17 云续 Y1（143901）	1500.00	2020.05.03	5.9000
17 中冶 Y5（143902）	2000.00	2020.07.11	5.1000	18 能投 Y5（143903）	1400.00	2020.09.17	6.1400
17 远东 Y1（143904）	5000.00	2020.07.06	5.5000	17 首停 Y1（143905）	950.00	2020.07.10	4.9900
17 首停 Y2（143906）	550.00	2022.07.10	5.2000	17 中冶 Y7（143907）	1300.00	2020.07.28	5.1000
17 中航 Y1（143909）	1500.00	2020.07.31	5.0000	18 建五 Y3（143910）	300.00	2021.08.01	5.3700
17 首停 Y3（143911）	500.00	2020.08.07	4.9500	17 首停 Y4（143912）	1000.00	2022.08.07	5.2000
17 渝信 Y1（143913）	2580.00	2020.08.15	5.5800	17 渝信 Y2（143914）	800.00	2022.08.15	5.7800
17 电投 Y1（143915）	1500.00	2022.08.16	5.1000	17 兖煤 Y1（143916）	5000.00	2020.08.17	5.7000
17 紫金 Y1（143917）	500.00	2020.09.13	5.1700	17 华能 Y1（143918）	2500.00	2020.09.25	5.0500
17 华能 Y2（143919）	2500.00	2022.09.25	5.1700	17 云建 Y1（143920）	1120.00	2020.09.29	5.8800
18 阳煤 Y3（143921）	1350.00	2021.07.30	6.9000	17 锡投 Y2（143922）	1000.00	2022.10.13	5.5600
17 建材 Y1（143923）	3000.00	2020.10.16	5.1800	17 建材 Y2（143924）	1500.00	2022.10.16	5.3000
17 电投 Y2（143925）	1500.00	2022.10.16	5.1400	17 电投 Y3（143926）	1500.00	2022.10.18	5.1300
17 鲁高 Y1（143927）	2500.00	2020.10.20	5.2200	17 平租 Y1（143928）	4500.00	2020.10.26	5.4700

债券信息 List of Bonds

债券 Bond

债券简称（代码）Bond Name（Code）	发行量（百万元）Issued Vol（M yuan）	到期日 Expiration Date	票面利率（%）Coupon Rate（%）	债券简称（代码）Bond Name（Code）	发行量（百万元）Issued Vol（M yuan）	到期日 Expiration Date	票面利率（%）Coupon Rate（%）
17 建集 Y1（143929）	2000.00	2022.11.01	5.4000	17 中保 Y1（143930）	2000.00	2020.10.26	5.3000
17 中保 Y2（143931）	500.00	2022.10.26	5.4900	17 云建 Y3（143932）	1880.00	2020.11.01	5.9800
18 建集 Y1（143933）	1000.00	2021.08.07	5.1200	17 新际 Y1（143934）	1800.00	2020.11.07	5.2500
17 新际 Y2（143935）	200.00	2022.11.07	5.4000	17 福新 Y1（143936）	2000.00	2020.11.06	5.3000
17 鲁高 Y2（143938）	2500.00	2020.11.06	5.3000	17 中交 Y1（143939）	1500.00	2020.11.21	5.4500
17 建集 Y2（143940）	1000.00	2022.11.23	5.6900	18 新际 Y3（143941）	800.00	2021.07.23	5.1500
17 华信 Y1（143943）	1000.00	2099.12.31	7.8000	17 华信 Y2（143944）	3000.00	2099.12.31	7.8000
17 能投 Y1（143945）	1000.00	2020.12.26	6.2800	18 闽电 Y1（143946）	500.00	2021.09.26	6.5400
17 铁投 Y1（143947）	1700.00	2020.12.27	5.9500	18 航集 Y1（143948）	2000.00	2021.01.18	5.5000
18 航集 Y2（143950）	1000.00	2021.01.25	5.4900	18 中建 Y1（143951）	1000.00	2023.02.07	6.5500
G18 新 Y1（143952）	590.00	2021.03.13	5.9600	18 电力 Y1（143953）	500.00	2021.03.15	5.5000
18 能投 Y1（143954）	1000.00	2021.03.26	6.2700	18 供销 Y1（143955）	1000.00	2021.08.14	5.9900
18 鲁高 Y2（143956）	1500.00	2021.03.27	5.5700	18 鲁高 Y1（143957）	1500.00	2021.03.23	5.7000
18 京汽 Y1（143958）	2000.00	2021.03.23	5.6000	18 兖煤 Y1（143959）	5000.00	2021.03.26	6.0000
18 阳煤 Y1（143960）	1150.00	2021.04.02	7.0000	18 铁建 Y2（143961）	2000.00	2021.04.17	5.2300
18 能投 Y3（143962）	600.00	2021.04.23	6.0000	18 华电 Y3（143963）	1150.00	2021.08.15	4.8700
18 特变 Y1（143964）	1700.00	2021.04.17	6.3000	18 华电 Y4（143965）	850.00	2023.08.15	5.0500
18 新际 Y1（143966）	2700.00	2021.04.24	5.2000	18 新际 Y2（143967）	300.00	2023.04.24	5.2900
18 渝信 Y1（143968）	1620.00	2021.04.25	6.1000	18 新金 Y1（143969）	200.00	2021.04.25	6.1000
18 鲁商 Y1（143970）	640.00	2021.12.18	7.5000	18 鲁商 Y2（143971）	1000.00	2021.12.24	7.5000
18 厦贸 Y1（143972）	1000.00	2020.04.26	5.3000	18 电力 Y2（143973）	1500.00	2021.05.09	5.2300
18 铁投 Y1（143974）	700.00	2021.05.09	5.6000	18 兵装 Y1（143975）	2000.00	2021.05.15	5.2800
18 建五 Y1（143976）	700.00	2021.05.21	6.0000	18 沪建 Y1（143977）	2000.00	2021.08.20	5.1500
18 铁建 Y3（143978）	2000.00	2021.05.31	5.3000	18 阳煤 Y2（143979）	500.00	2021.06.01	7.0000
18 建材 Y1（143980）	900.00	2021.06.07	5.5000	18 建材 Y2（143981）	300.00	2023.06.07	5.7000
18 电投 Y1（143982）	2500.00	2023.06.06	5.5000	18 电投 Y2（143983）	1500.00	2023.06.12	5.5700
18 建二 Y1（143984）	2000.00	2021.06.26	6.2500	18 中关 Y1（143989）	4000.00	2021.07.13	5.7900
18 铁投 Y2（143990）	600.00	2020.07.17	5.4000	18 铁投 Y3（143991）	1200.00	2021.07.17	5.7900
18 华电 Y1（143992）	1500.00	2021.07.17	5.0000	18 华电 Y2（143993）	1500.00	2023.07.17	5.2000
18 电力 Y3（143994）	2000.00	2021.07.18	4.9800	18 福新 Y1（143995）	1500.00	2021.08.07	4.7000
18 福新 Y2（143996）	500.00	2023.08.07	5.0000	18 山招 Y2（143997）	400.00	2021.08.10	5.0300
18 建材 Y3（143998）	800.00	2021.08.13	4.7900	18 建材 Y4（143999）	500.00	2023.08.13	5.0000
16 太证 C1（145001）	1500.00	2021.09.28	4.0000	16 潞矿 04（145003）	880.00	2021.09.27	5.2000
16 驻投 02（145004）	1000.00	2019.12.23	6.2000	16 智光 03（145005）	2000.00	2021.10.13	7.5000
16 宁新 03（145006）	500.00	2019.10.14	4.0500	16 德邦 03（145007）	1250.00	2021.09.27	4.2000
16 九州 02（145008）	1100.00	2020.09.27	6.9900	16 仁怀 01（145010）	1500.00	2021.09.26	7.5000
16 江城 03（145011）	900.00	2019.10.22	1.0000	16 朗诗 01（145012）	500.00	2019.10.22	7.5000
16 朗诗 02（145013）	500.00	2019.10.22	6.7000	16 宜居 01（145014）	1500.00	2021.09.29	1.0000
16 上饶 01（145015）	1000.00	2021.09.28	4.7000	16 合景 03（145016）	2500.00	2023.10.14	5.6000
16 合景 04（145017）	2500.00	2023.10.14	5.7000	16 合景 05（145018）	3000.00	2023.10.14	5.8000
16 山金 01（145020）	2500.00	2021.09.27	3.7500	16 晋经 01（145021）	210.00	2019.10.10	7.2000
16 阜水债（145022）	300.00	2021.09.29	9.6000	16 正荣 01（145023）	2000.00	2019.10.10	7.2000
16 上饶 02（145027）	1000.00	2021.10.10	4.7000	16 慈溪 01（145028）	500.00	2021.10.13	4.3000
16 华泰 C1（145029）	5000.00	2019.10.14	3.3000	16 申证 C3（145031）	5000.00	2019.10.19	3.2800
16 锡城投（145032）	1500.00	2021.10.13	3.8900	16 中保 01（145033）	1500.00	2021.10.14	4.2000
16 天易 01（145034）	1500.00	2022.10.17	6.3700	16 余城建（145035）	1000.00	2021.10.13	4.2000
16 新泰 02（145036）	680.00	2021.10.24	5.6000	16 海兴 02（145037）	1000.00	2021.10.20	4.7000
16 山金 02（145038）	2500.00	2021.10.18	3.7000	16 青建投（145040）	3000.00	2024.10.19	3.6800
16 秋林 01（145041）	520.00	2099.12.31	8.5000	16 首股 03（145042）	1000.00	2021.10.27	3.5700
16 新城 05（145043）	2500.00	2019.12.17	8.5000	16 兴业 03（145044）	5000.00	2021.10.20	3.4800

债券信息
List of Bonds

债券简称（代码）Bond Name（Code）	发行量（百万元）Issued Vol（M yuan）	到期日 Expiration Date	票面利率（%）Coupon Rate（%）	债券简称（代码）Bond Name（Code）	发行量（百万元）Issued Vol（M yuan）	到期日 Expiration Date	票面利率（%）Coupon Rate（%）
16 长湖 02（145045）	600.00	2021.10.25	6.8000	16 嵊州 01（145046）	1500.00	2021.10.19	5.9900
16 新泰发（145047）	800.00	2021.10.18	7.3500	16 大庆 04（145051）	700.00	2021.10.24	7.3000
16 安投 02（145052）	750.00	2021.10.19	7.2000	16 湘财 03（145053）	500.00	2021.10.24	4.4800
16 黔西南（145054）	1500.00	2019.11.28	7.9800	16 商飞 01（145057）	3000.00	2026.10.20	3.6200
17 青城 01（145058）	1000.00	2022.10.31	5.3500	17 青城 02（145059）	2000.00	2025.10.31	5.6600
16 新师 01（145060）	1000.00	2019.12.25	4.4500	16 新光债（145062）	2000.00	2099.12.31	8.0000
16 苏新 02（145063）	1000.00	2019.10.31	3.6300	16 丰县 01（145064）	980.00	2019.11.05	5.0000
16 山钢 03（145065）	3000.00	2019.10.19	6.8800	16 泉丰 01（145066）	520.00	2021.10.19	8.0000
16 苏科 02（145067）	1000.00	2019.11.05	3.7600	16 柯桥 02（145068）	2500.00	2021.10.21	4.3300
16 同益 02（145069）	450.00	2099.12.31	8.0000	16 湖州 02（145070）	2000.00	2019.10.31	3.7600
16 光证 06（145072）	3000.00	2019.10.24	3.2000	16 常照明（145075）	300.00	2019.10.24	4.9000
16 中民 F3（145076）	5000.00	2099.12.31	7.5000	16 东泰 01（145077）	500.00	2021.12.02	4.5000
16 涪交旅（145078）	700.00	2021.10.25	6.5000	16 云济 01（145079）	500.00	2019.10.26	5.8000
16 广利债（145080）	700.00	2021.10.28	6.2000	16 新津 02（145081）	500.00	2019.11.06	7.5000
16 新泰 03（145082）	20.00	2021.10.24	5.0000	16 苏控 01（145083）	400.00	2021.10.24	5.3000
16 淮水 05（145084）	600.00	2021.10.27	3.9800	16 瑞通 02（145087）	1000.00	2019.10.28	6.5000
16 虞尚 01（145088）	200.00	2019.10.21	4.6000	16 津滨 01（145089）	1300.00	2019.12.04	4.6000
16 天府债（145091）	800.00	2019.10.28	8.0000	16 东丽 02（145092）	1000.00	2021.10.28	7.5000
16 津星 02（145093）	1000.00	2019.10.27	4.9800	16 江都 01（145094）	1100.00	2021.10.26	6.9000
16 驰宏 01（145095）	900.00	2019.10.28	4.9000	16 驰宏 02（145096）	100.00	2019.10.28	5.2000
16 长寿 02（145097）	1000.00	2023.10.27	5.1000	17 兴业 F2（145098）	2200.00	2019.11.06	5.2500
17 海亮 01（145099）	400.00	2020.11.01	7.2000	16 信集 01（145100）	500.00	2099.12.31	7.5000
16 绍交 01（145102）	1500.00	2021.10.31	3.7800	16 开乾 02（145104）	1400.00	2021.11.01	6.8000
16 株金科（145105）	500.00	2021.10.27	7.5000	16 汇川债（145106）	2000.00	2019.10.28	8.0000
16 潍水 02（145107）	500.00	2019.10.31	4.0000	16 成阿债（145108）	800.00	2021.10.26	7.2000
16 文旅 01（145109）	500.00	2021.11.04	5.2000	16 金东 01（145110）	700.00	2019.10.28	6.6000
16 方正 C2（145111）	3000.00	2019.10.28	3.8000	16 先导 05（145112）	2000.00	2021.10.28	3.8800
17 湘乡 01（145113）	500.00	2022.11.01	7.0000	17 湘乡 02（145114）	300.00	2020.11.01	6.7800
17 郴高 01（145115）	1100.00	2024.11.03	6.5000	16 盛州 01（145116）	800.00	2021.10.31	5.0400
16 中期 01（145117）	310.00	2019.11.04	6.5000	17 颐和 01（145118）	304.00	2099.12.31	8.0000
16 浙商 01（145119）	1000.00	2019.10.31	3.6300	16 景陶 02（145120）	1000.00	2021.11.04	6.9500
16 银控 01（145121）	440.00	2099.12.31	7.0000	16 银控 02（145122）	1560.00	2099.12.31	8.5000
16 望水投（145124）	1000.00	2019.11.15	6.9000	PR 博润 01（145125）	300.00	2021.11.02	6.5000
16 国融 C1（145126）	400.00	2020.10.31	5.2000	16 江东 02（145127）	1000.00	2021.11.01	4.1200
16 嵊州 02（145128）	1000.00	2021.11.04	5.8500	17 高创 03（145129）	600.00	2022.11.10	6.6400
16 榆神 02（145130）	900.00	2019.11.10	8.7000	16 吴发 03（145131）	1500.00	2019.11.07	3.6900
16 绿投 01（145133）	1500.00	2021.11.02	5.5800	16 普湾 02（145134）	1000.00	2020.01.09	6.5000
16 庞大 03（145135）	1000.00	2099.12.31	8.0000	17 太高 01（145136）	100.00	2022.10.31	5.8000
16 亿利 05（145137）	200.00	2019.11.08	7.0000	16 冀控 01（145138）	500.00	2019.12.19	7.5000
16 开滦 01（145139）	2200.00	2019.11.07	6.9500	16 秋林 02（145140）	480.00	2099.12.31	8.5000
16 余姚 03（145144）	1000.00	2021.11.14	4.7800	16 莱城发（145145）	1000.00	2019.11.08	7.5000
16 双鸭 02（145146）	200.00	2021.11.09	8.0000	16 大庆 05（145147）	600.00	2021.11.07	7.3000
16 国君 C3（145148）	3000.00	2019.11.11	3.3400	16 国君 C4（145149）	3000.00	2021.11.11	3.5500
16 茶开 01（145150）	800.00	2021.11.17	4.7000	16 信集 02（145151）	510.00	2099.12.31	7.5000
16 国都 01（145153）	1000.00	2020.11.11	3.7000	16 皖高债（145154）	1000.00	2021.11.14	6.8000
16 长兴 01（145155）	1000.00	2023.11.15	5.7000	16 建工 01（145156）	200.00	2019.11.15	4.0000
16 通经 02（145157）	1200.00	2019.11.27	3.7000	16 鲁星 02（145158）	500.00	2019.11.25	6.3000
16 东证次（145159）	4000.00	2021.11.14	3.4500	16 凯文 01（145160）	1000.00	2021.11.14	8.0000
16 居然 01（145162）	1000.00	2019.11.22	7.3000	16 月星 03（145163）	1200.00	2019.12.12	5.7000
16 郑建 01（145164）	800.00	2021.11.14	3.8900	16 姜城 02（145166）	600.00	2021.11.14	7.3000

债券信息
List of Bonds

债券简称（代码） Bond Name（Code）	发行量 （百万元） Issued Vol （M yuan）	到期日 Expiration Date	票面利率（%） Coupon Rate（%）	债券简称（代码） Bond Name（Code）	发行量 （百万元） Issued Vol （M yuan）	到期日 Expiration Date	票面利率（%） Coupon Rate（%）
16 盛屯 02（145167）	500.00	2019.11.14	8.0000	16 望铜官（145168）	1200.00	2019.12.02	7.0000
16 安庆 02（145169）	250.00	2021.11.15	6.8000	16 凉山 02（145171）	1200.00	2019.11.21	5.3800
16 美兰 02（145172）	1600.00	2099.12.31	5.6000	16 兴永 02（145173）	1200.00	2019.11.29	7.6000
16 德感 01（145174）	50.00	2021.11.16	7.0000	16 东控 02（145175）	400.00	2021.11.21	4.1000
16 海通 C1（145179）	4000.00	2019.11.17	3.3000	16 海通 C2（145180）	2000.00	2021.11.17	3.4000
16 姜交 03（145181）	200.00	2019.11.18	4.8000	16 驻投 03（145182）	1000.00	2021.11.18	6.6000
16 昆投 03（145183）	500.00	2021.11.21	5.2200	16 梅州 02（145184）	1000.00	2021.11.23	5.8000
17 东兴 F2（145185）	2000.00	2020.11.09	5.3900	16 东辰 03（145187）	600.00	2020.11.23	7.1000
16 扬广 01（145188）	600.00	2021.11.25	4.9500	17 东投 01（145189）	500.00	2020.11.03	7.0000
16 盘双债（145190）	500.00	2019.11.21	8.6000	16 中联 01（145191）	500.00	2021.12.06	8.0000
16 蓝星 02（145192）	2100.00	2019.11.24	4.3500	17 乌经建（145193）	900.00	2022.10.30	6.3800
16 江津 02（145194）	1000.00	2019.11.30	4.3700	16 中期 02（145196）	1690.00	2099.12.31	7.5000
16 马花山（145198）	1000.00	2021.11.23	5.2000	16 花竹 01（145199）	250.00	2019.08.20	8.0000
16 稻花香（145200）	1000.00	2021.11.24	7.1800	17 苏商 02（145201）	40.00	2022.11.15	5.9900
16 万林 02（145202）	1000.00	2021.12.06	4.9800	16 中银 C2（145203）	1500.00	2019.11.28	3.4000
16 铁牛 01（145204）	1500.00	2099.12.31	7.5000	16 星城 02（145205）	1000.00	2021.12.01	5.5000
16 千里 01（145206）	1200.00	2099.12.31	6.0000	16 双鸭 03（145207）	1000.00	2021.11.25	8.0000
16 宝龙 03（145208）	3000.00	2023.11.24	6.8000	17 华阳 04（145212）	213.00	2099.12.31	7.5000
16 清浦 03（145213）	500.00	2021.12.05	7.8000	16 长虹 01（145214）	1620.00	2019.11.29	6.5000
16 清源 01（145215）	230.00	2019.12.01	7.0000	17 凉山 01（145216）	1200.00	2020.11.08	6.9800
16 金花 02（145217）	410.00	2099.12.31	6.7000	17 恒泰 01（145218）	1500.00	2022.11.01	5.9000
16 信集 03（145219）	370.00	2099.12.31	6.8000	16 澄港 01（145220）	2000.00	2019.12.02	4.8000
16 浙商 02（145222）	1000.00	2021.11.30	4.4000	16 赣开 01（145224）	1000.00	2022.12.05	7.2000
16 清源 02（145225）	1000.00	2019.12.08	6.5000	16 居然 02（145226）	1000.00	2019.06.28	7.3000
16 南浔 01（145228）	1000.00	2019.12.13	5.2000	16 桂金债（145229）	2000.00	2021.12.07	6.7000
16 慈商 01（145230）	300.00	2021.12.09	4.7500	16 铸康债（145231）	500.00	2019.12.20	5.1000
16 新新能（145232）	350.00	2021.12.06	5.1000	17 港闸 01（145233）	1500.00	2022.04.06	5.5000
17 长隆 01（145234）	1100.00	2022.05.22	1.0000	16 洪业债（145235）	500.00	2099.12.31	7.2000
16 神华 01（145236）	300.00	2019.12.11	6.5000	17 民生 C1（145239）	500.00	2020.03.17	5.2000
17 漳九 01（145240）	3000.00	2022.07.10	5.7400	16 关岭 01（145241）	500.00	2019.11.19	9.8000
16 漯河 02（145242）	2000.00	2021.12.09	5.9500	16 中投 01（145243）	2200.00	2019.12.07	4.0000
16 新会 02（145244）	200.00	2021.12.16	4.8000	16 柯桥 03（145246）	500.00	2019.12.26	4.0000
16 东辰 04（145247）	500.00	2021.12.29	5.8000	16 生态 02（145248）	500.00	2021.12.15	7.8000
17 绍城 01（145249）	1000.00	2024.02.20	5.1800	16 中金 C2（145251）	3400.00	2021.12.15	4.6000
16 晋能 02（145253）	1160.00	2019.12.15	6.5000	16 悦达 02（145254）	500.00	2019.01.07	6.8000
16 中冶 Y1（145256）	1000.00	2019.12.14	5.5000	16 宏信 01（145257）	200.00	2019.08.02	5.2000
16 建旅 01（145258）	150.00	2019.12.20	8.5000	16 中金期（145259）	100.00	2024.12.16	5.0000
16 太证 C2（145260）	500.00	2019.12.26	5.2600	16 大航 02（145261）	500.00	2021.12.16	5.6500
16 苏商 02（145262）	230.00	2021.12.19	5.0000	16 西工投（145263）	500.00	2021.12.29	8.0000
17 剑江 01（145264）	700.00	2022.01.19	6.9900	16 渝园 01（145265）	1000.00	2021.12.23	8.0000
16 西秀 01（145266）	600.00	2021.12.20	8.0000	16 中金 05（145267）	2000.00	2019.12.26	4.5000
16 悦达 03（145268）	90.00	2019.01.07	6.8000	16 悦达 04（145269）	200.00	2019.12.20	6.8000
16 物流 01（145270）	300.00	2021.12.21	5.8000	16 平煤 01（145271）	1000.00	2019.10.28	7.0000
16 金申 01（145272）	500.00	2019.01.11	7.0000	17 枝金 03（145273）	330.00	2022.11.14	7.2000
16 大庆 06（145274）	1700.00	2021.12.23	7.3000	17 其亚 01（145276）	200.00	2019.02.12	8.6000
17 金港 02（145277）	1000.00	2022.11.08	5.8000	16 川投债（145278）	700.00	2020.01.10	7.0000
16 长虹 02（145279）	1380.00	2019.12.30	5.8000	16 巨洋债（145280）	600.00	2099.12.31	9.9000
16 近湖 02（145281）	300.00	2019.12.30	9.9000	16 晋电 01（145282）	1500.00	2020.01.10	5.9700
17 钟山 01（145285）	500.00	2022.01.12	7.0000	17 常交 01（145286）	1000.00	2022.01.13	6.5000
17 国裕 01（145289）	500.00	2020.01.10	5.2500	17 滁城 01（145290）	700.00	2022.01.12	4.9000

债券信息
List of Bonds

债券简称（代码）Bond Name（Code）	发行量（百万元）Issued Vol（M yuan）	到期日 Expiration Date	票面利率（%）Coupon Rate（%）	债券简称（代码）Bond Name（Code）	发行量（百万元）Issued Vol（M yuan）	到期日 Expiration Date	票面利率（%）Coupon Rate（%）
17 仁怀 01（145291）	1000.00	2022.01.10	7.5000	17 锡洲 01（145292）	1000.00	2099.12.31	7.3000
17 国裕 02（145293）	500.00	2020.01.13	5.2500	17 六安 01（145295）	500.00	2022.01.16	6.3600
17 西秀 01（145296）	550.00	2020.03.14	7.5000	17 宝材 01（145297）	10.00	2020.01.13	6.5000
17 双福债（145298）	500.00	2020.01.16	5.5000	17 金洲 01（145299）	700.00	2022.01.18	7.8000
17 中金 01（145300）	4000.00	2020.01.20	4.3500	17 高创 01（145303）	800.00	2023.01.24	6.5000
17 顾家 01（145304）	200.00	2019.01.18	5.0000	17 淮新 01（145305）	1000.00	2020.01.13	5.6000
17 张公 01（145306）	1000.00	2022.01.18	4.6000	17 乳山 01（145307）	800.00	2022.02.22	7.5000
17 安仁 01（145308）	500.00	2022.01.19	5.8000	17 首创 C1（145309）	1000.00	2020.01.19	4.8900
17 浙商 02（145311）	2000.00	2019.11.08	5.5000	17 沙旅 01（145312）	200.00	2019.07.12	5.2000
17 同煤 01（145313）	4700.00	2022.01.19	6.8000	17 银控 01（145314）	110.00	2099.12.31	8.5000
17 银控 02（145315）	630.00	2099.12.31	8.5000	17 安汉债（145316）	500.00	2022.01.24	6.4000
17 桂物 01（145317）	500.00	2020.01.23	7.0000	17 新奥 01（145318）	1500.00	2022.01.19	4.7300
17 昊华 02（145320）	300.00	2020.01.24	6.2000	17 华建 01（145322）	200.00	2020.01.23	6.5000
17 古蔺 01（145323）	500.00	2022.11.17	6.5000	17 广厦债（145324）	25.00	2019.01.23	7.1000
17 益交债（145325）	75.00	2022.01.24	6.8000	17 云济 01（145326）	500.00	2020.01.24	6.1000
17 三联 01（145327）	500.00	2019.07.18	8.2000	17 金杯 01（145328）	500.00	2020.01.24	6.5000
17 汾西 01（145329）	450.00	2020.01.23	7.2000	17 云投 01（145330）	500.00	2020.01.24	4.6000
17 昊华 04（145332）	500.00	2020.02.10	5.8500	17 苏商 01（145333）	200.00	2022.01.26	5.0000
17 南浔债（145334）	1000.00	2020.03.10	6.0000	17 镇投 01（145335）	900.00	2022.01.25	3.5000
17 光证 03（145336）	2000.00	2019.02.14	4.3000	17 光证 04（145337）	2000.00	2020.02.14	4.4500
17 远东一（145338）	4000.00	2022.02.14	4.4000	17 保集债（145339）	1000.00	2020.03.28	8.0000
17 招商 Y1（145340）	4000.00	2022.02.17	5.1800	17 云能 01（145341）	1330.00	2022.02.17	5.2000
17 信达 C1（145342）	3000.00	2020.02.23	4.9900	17 太水 01（145343）	500.00	2019.02.17	5.3800
17 海兴 01（145344）	600.00	2022.02.20	5.5000	17 长沙 01（145345）	800.00	2022.02.21	3.0000
17 通经 01（145347）	100.00	2022.02.16	3.8000	17 长兴 01（145348）	600.00	2024.03.14	6.5000
17 昊华 06（145350）	700.00	2020.02.23	5.6500	17 华泰 02（145352）	2000.00	2020.02.24	4.6500
17 兴业 C1（145353）	2500.00	2019.02.22	4.8000	17 虞尚 01（145354）	300.00	2020.02.20	4.8000
17 新会 01（145355）	300.00	2022.02.27	5.4900	17 银河 F1（145356）	2500.00	2019.02.27	4.6500
17 中投 01（145358）	1000.00	2020.02.23	4.8500	17 中投 02（145359）	1800.00	2022.02.23	5.0000
17 平证 03（145361）	1300.00	2020.02.22	4.6500	17 平证 04（145362）	1200.00	2022.02.22	4.9900
17 海陵 02（145364）	250.00	2019.04.08	7.5000	17 国君 C1（145365）	5000.00	2020.02.28	4.6000
17 黔江 01（145366）	2000.00	2022.03.02	7.6600	17 青天债（145367）	12.00	2019.02.27	6.5000
17 同煤 02（145368）	2300.00	2022.03.01	6.8000	17 金杯 02（145369）	1000.00	2020.02.25	5.7500
17 云投 02（145370）	600.00	2019.03.06	4.8700	17 招商 Y2（145371）	5000.00	2022.03.03	5.1500
17 鸿业 01（145373）	1050.00	2022.03.02	7.5000	PR 其亚 02（145374）	710.00	2019.03.22	8.6000
17 常城 01（145375）	1100.00	2024.03.03	5.7800	17 晋能 01（145376）	3840.00	2020.03.07	7.0000
17 鑫科 02（145377）	670.00	2020.10.31	7.5000	17 东泰 01（145378）	1700.00	2022.03.10	5.6000
17 常交通（145379）	600.00	2022.03.06	5.5500	17 物流 01（145380）	160.00	2022.03.21	6.2500
17 新沂 01（145381）	1350.00	2022.03.01	6.5000	17 余交 02（145383）	550.00	2022.03.15	5.5000
17 青山 01（145384）	220.00	2019.03.29	3.0000	17 青山 02（145385）	630.00	2020.03.07	7.0000
17 浙湖 01（145387）	720.00	2022.04.18	6.5000	17 晋电 02（145388）	3000.00	2020.03.10	6.0800
17 新奥 02（145391）	1000.00	2022.03.13	4.8900	17 星城 01（145392）	1000.00	2022.03.13	5.4900
17 润达 02（145393）	300.00	2020.11.09	6.7000	17 方洋 01（145394）	700.00	2022.03.10	6.0800
17 太证 C1（145395）	900.00	2020.03.15	5.5000	17 天富 01（145396）	2000.00	2020.03.23	6.7000
17 潍水 01（145398）	500.00	2020.03.14	5.4000	17 经贸 01（145399）	720.00	2022.03.10	5.0000
17 长寿 01（145400）	900.00	2022.03.13	7.3000	17 长寿 02（145401）	600.00	2024.03.13	6.1000
17 枝金 01（145402）	600.00	2022.04.25	5.6000	17 吴发 01（145403）	1000.00	2020.03.15	5.0000
17 鸿业 02（145404）	950.00	2022.03.16	7.5000	17 信达 C2（145405）	3000.00	2020.03.17	5.1200
17 长兴债（145406）	630.00	2022.03.21	5.2000	17 准国投（145407）	832.00	2022.11.09	8.6000
17 渝南债（145408）	700.00	2022.03.16	5.5000	17 东兴 01（145410）	3000.00	2020.03.20	5.0000

债券信息
List of Bonds

债券简称（代码） Bond Name（Code）	发行量（百万元） Issued Vol（M yuan）	到期日 Expiration Date	票面利率（%） Coupon Rate（%）	债券简称（代码） Bond Name（Code）	发行量（百万元） Issued Vol（M yuan）	到期日 Expiration Date	票面利率（%） Coupon Rate（%）
17海通C1（145411）	4500.00	2020.03.16	4.8000	17UCR01（145412）	1000.00	2020.03.20	5.5000
17泰佳鑫（145413）	750.00	2022.03.17	7.9000	17亿利01（145415）	2100.00	2020.03.21	6.5000
17兴业C2（145416）	4000.00	2020.03.21	5.0000	17宿惠01（145417）	1130.00	2022.03.20	7.0000
17融禾01（145418）	1000.00	2022.03.21	7.6000	17廊控01（145421）	560.00	2020.03.22	7.0000
17海兴02（145422）	400.00	2022.03.22	5.6900	17紫光01（145423）	3400.00	2022.03.20	5.5000
17苏宁01（145425）	3870.00	2022.03.20	7.3000	17晋能02（145427）	3000.00	2020.03.24	6.9000
17银河F3（145428）	1760.00	2019.03.23	4.9800	17银河F4（145429）	2500.00	2019.09.23	4.9800
17德感01（145430）	500.00	2022.03.22	7.3000	17赣开01（145431）	1500.00	2023.03.31	6.9800
17青山04（145433）	780.00	2019.04.18	3.0000	17丰经开（145434）	500.00	2022.03.23	8.2000
17瓦房01（145435）	300.00	2020.03.27	5.5000	17住保01（145436）	800.00	2022.05.03	5.4400
17绿洲02（145438）	500.00	2019.12.24	7.8000	17宝材02（145439）	300.00	2020.03.24	7.2000
17织里01（145440）	800.00	2022.03.24	7.2000	17云能02（145441）	1025.00	2022.04.05	4.6500
17盐城01（145442）	2000.00	2022.04.10	6.1000	17东怀01（145443）	170.00	2020.03.24	7.0000
17海宁01（145445）	1000.00	2022.05.24	3.2000	17长建债（145446）	870.00	2022.04.06	4.9000
17常城02（145447）	1610.00	2022.04.05	5.7000	17来雁01（145448）	1000.00	2022.03.31	6.8000
17安仁02（145449）	100.00	2022.03.30	5.8000	17廊控02（145450）	440.00	2020.04.06	7.0000
17云投03（145451）	940.00	2020.03.31	6.0000	17大宁01（145452）	600.00	2022.10.31	5.4800
PR麓置业（145453）	350.00	2020.04.12	5.6000	17晋电06（145454）	2500.00	2020.04.11	5.8700
17苏控01（145455）	600.00	2022.04.12	5.6900	17沣西债（145456）	1400.00	2020.04.13	5.6000
17汇盛01（145457）	500.00	2022.04.12	5.8000	17新能01（145458）	300.00	2020.08.03	8.0000
17鑫业01（145459）	1130.00	2020.04.07	8.2000	17祥云债（145460）	300.00	2020.05.04	7.5000
17城发01（145461）	700.00	2022.04.13	4.4000	17洛新01（145462）	1500.00	2022.04.10	3.8000
17德感02（145464）	450.00	2022.04.07	7.3000	17鄂宏泰（145465）	1000.00	2022.04.27	4.0000
17天风次（145466）	1000.00	2022.04.11	5.2000	17渝园债（145467）	500.00	2022.04.14	7.1000
17常城03（145468）	270.00	2024.04.13	3.6000	17长兴02（145469）	400.00	2024.04.12	6.2500
17常港01（145470）	300.00	2022.04.11	3.8000	17淮经01（145471）	600.00	2022.04.11	7.0500
17兴业C3（145472）	5000.00	2019.04.14	4.9000	17瓦房02（145473）	400.00	2020.04.13	7.5000
17天源债（145474）	300.00	2022.06.14	6.9000	17开乾01（145475）	1300.00	2022.04.20	6.0000
17谷财01（145476）	500.00	2022.04.18	1.0000	17海西01（145478）	800.00	2022.04.19	2.0000
17动力01（145481）	170.00	2020.04.20	5.7000	17太证C2（145483）	500.00	2020.04.25	5.5000
17瓦房03（145484）	300.00	2020.04.25	7.8000	17长开01（145485）	1500.00	2022.04.25	6.3000
17绿港01（145486）	500.00	2020.04.21	7.3000	17江海C1（145487）	2150.00	2020.04.24	5.3000
17天源01（145488）	400.00	2022.07.20	7.0000	17绍兴01（145489）	875.00	2022.04.27	6.0000
17长安01（145490）	1000.00	2019.02.27	7.2000	17连工01（145491）	300.00	2022.11.09	7.2000
17任丘01（145492）	1000.00	2022.04.20	6.4000	17高创02（145493）	600.00	2022.04.26	6.5000
17东吴01（145494）	4060.00	2020.04.26	5.2000	17东吴02（145495）	1650.00	2022.04.26	5.5000
17工控01（145496）	750.00	2022.06.08	6.5000	17银控03（145497）	250.00	2099.12.31	8.5000
17银控04（145498）	1010.00	2099.12.31	8.5000	17余经01（145499）	700.00	2022.04.25	5.4000
17聚信01（145500）	550.00	2019.06.06	7.8000	17泉丰01（145501）	480.00	2022.04.24	7.5000
17欧控01（145502）	600.00	2020.07.21	6.6000	17金洲02（145503）	800.00	2022.04.26	7.5000
17兴业C4（145504）	3000.00	2020.04.25	5.1500	17光证05（145506）	3000.00	2019.04.26	4.9500
17光证06（145507）	4000.00	2020.04.26	5.0000	17苏宁03（145508）	1160.00	2022.07.14	7.0000
17苏宁04（145509）	800.00	2022.07.14	7.3000	17文投01（145510）	200.00	2020.06.08	7.0000
17大装01（145511）	300.00	2022.11.13	6.3000	17长寿03（145512）	500.00	2022.04.28	7.3000
17东次01（145513）	1500.00	2020.04.26	4.9000	17东次02（145514）	1500.00	2022.04.26	5.1000
17华融C1（145515）	4530.00	2020.04.26	5.3000	17银河F5（145516）	4630.00	2019.04.28	4.9500
17银河F6（145517）	4720.00	2020.04.28	4.9900	17胥口01（145519）	200.00	2020.08.11	6.4000
17定城01（145520）	1690.00	2022.08.09	3.5000	17薛城01（145521）	500.00	2022.05.02	7.0000
G17首Y1（145523）	1000.00	2020.05.26	5.5000	17复地F1（145524）	3000.00	2020.05.02	6.5500
17常港02（145525）	200.00	2022.04.28	4.3000	17中区01（145526）	1500.00	2022.04.28	6.8000

债券信息
List of Bonds

债券简称（代码）Bond Name（Code）	发行量（百万元）Issued Vol（M yuan）	到期日 Expiration Date	票面利率（%）Coupon Rate（%）	债券简称（代码）Bond Name（Code）	发行量（百万元）Issued Vol（M yuan）	到期日 Expiration Date	票面利率（%）Coupon Rate（%）
17UCR02（145527）	500.00	2020.09.04	4.0000	17 金发债（145529）	530.00	2022.05.26	6.3000
17 南翔 01（145530）	570.00	2020.05.03	7.7000	17 钦临 01（145531）	500.00	2022.05.10	6.9900
17 云投 04（145532）	960.00	2022.08.29	6.0000	17 中金 02（145533）	1000.00	2020.05.08	4.9700
17 中金 03（145534）	1000.00	2022.05.08	5.1900	17 民生 C2（145535）	500.00	2020.07.14	5.9500
17 东莞 01（145536）	1150.00	2020.05.09	5.5000	17 华泰 03（145537）	4000.00	2019.05.15	5.0000
17 华泰 04（145538）	6000.00	2020.05.15	5.2500	17 政通 01（145539）	500.00	2022.06.08	6.7500
17 沪券 C3（145540）	2000.00	2019.11.13	5.5000	17 腾越 02（145541）	1200.00	2021.11.10	6.7000
17 大丰 01（145542）	300.00	2022.05.11	6.5000	17 国资 01（145543）	1000.00	2020.05.16	4.6000
17 沪券 C1（145544）	1400.00	2020.05.17	5.3000	17 招商 Y3（145545）	3700.00	2022.05.22	5.6500
17 冶园 01（145546）	200.00	2020.05.12	5.4000	17 新华 01（145548）	500.00	2020.05.19	7.5000
17 东吴 03（145550）	2740.00	2020.05.22	5.4000	17 东吴 04（145551）	1230.00	2022.05.22	5.6000
17 太证 C3（145552）	1100.00	2020.05.26	6.2000	17 东次 03（145553）	1500.00	2020.05.15	5.1500
17 东次 04（145554）	1500.00	2022.05.15	5.3500	17 余交 03（145555）	550.00	2022.05.25	6.5000
17 中金 C1（145556）	600.00	2022.05.22	5.3900	17 苏控 02（145557）	600.00	2022.05.19	6.2000
17 中信 C1（145558）	2000.00	2020.05.25	5.1000	17 中信 C2（145559）	2300.00	2022.05.25	5.3000
17 株高 01（145560）	780.00	2022.05.19	6.2000	17 渤海 C1（145561）	1500.00	2020.05.26	5.6500
17 红塔 01（145562）	500.00	2022.05.19	8.0000	17 方洋 02（145564）	200.00	2022.05.26	6.0000
17 钦临 02（145565）	800.00	2022.05.22	7.3000	17 兖矿 01（145566）	2000.00	2019.06.06	3.5000
17 兴阳 01（145567）	1000.00	2022.06.02	7.2000	17 刚泰 01（145568）	500.00	2099.12.31	7.9600
17 首创 C2（145571）	500.00	2020.07.21	5.6900	17 深业 01（145572）	400.00	2020.06.07	7.8000
17 富阳债（145573）	2000.00	2022.06.07	6.1000	17 中盐 01（145574）	1100.00	2022.06.09	3.9500
17 泰交 01（145575）	2000.00	2022.06.08	5.9900	17 东证 01（145576）	4000.00	2020.06.09	5.3000
17 东证 02（145577）	1000.00	2022.06.09	5.5000	17 高投 01（145578）	1000.00	2022.06.14	6.5000
17 招商 Y4（145579）	2300.00	2022.06.19	5.5800	17 华阔 01（145580）	500.00	2022.06.15	7.0000
17 沅江 01（145581）	300.00	2022.06.15	6.8000	17 余交 04（145582）	600.00	2022.06.20	6.5000
17 当涂 01（145583）	330.00	2022.06.20	6.7000	17 建房 01（145584）	1000.00	2022.06.23	5.7000
17 建房 02（145585）	2000.00	2019.06.24	5.5300	17 新郑 01（145586）	1000.00	2022.10.31	6.5000
17 政通 02（145587）	500.00	2022.06.26	6.9500	17 长隆 02（145588）	4000.00	2022.07.04	1.0000
17 枝金 02（145589）	570.00	2022.08.28	6.5000	17 亭湖 01（145590）	610.00	2022.07.14	7.5000
17 宁化 01（145591）	600.00	2020.06.21	5.8300	17 汇盛 02（145592）	240.00	2022.06.26	6.2800
17 金投 01（145593）	500.00	2021.06.27	6.7000	17 国泰 01（145594）	860.00	2019.06.24	6.8000
17 国泰 02（145595）	140.00	2019.07.11	6.5000	17 浙湖 02（145596）	180.00	2022.06.29	6.7000
17 精功债（145597）	500.00	2022.06.23	7.5000	17 金交 01（145598）	500.00	2022.06.29	6.8000
17 新华 02（145599）	300.00	2020.06.30	7.5000	17 永利 01（145600）	244.00	2019.01.18	7.5000
17 花竹 01（145601）	350.00	2020.06.30	8.6300	17 佳源 01（145602）	390.00	2019.08.16	8.1500
17 余交 05（145603）	300.00	2022.07.03	6.1000	17 萍乡 01（145604）	500.00	2022.07.05	6.4900
G7 云水 Y1（145605）	1200.00	2020.06.29	7.0000	17 佳源 02（145606）	1500.00	2020.07.06	8.5000
17 滨海 01（145607）	2000.00	2027.11.13	5.5900	17 雅居 01（145608）	3000.00	2020.07.12	6.6000
17 锡藕 01（145609）	940.00	2022.11.10	6.5000	17 天府 01（145610）	560.00	2022.07.06	7.8000
17 城发 02（145614）	1300.00	2022.07.12	4.5000	17 仙居 01（145615）	600.00	2020.07.10	4.7000
17 南翔 02（145616）	280.00	2020.07.07	7.5000	17 厦特 01（145617）	1500.00	2022.07.12	5.8500
17 厦特 02（145618）	500.00	2019.07.12	5.6300	17 乌高 01（145619）	600.00	2022.07.13	5.8000
17 华创 01（145621）	2000.00	2022.07.26	5.5000	17 沭阳 01（145622）	1037.00	2022.07.11	5.4000
17 太证 C4（145623）	2000.00	2020.07.18	6.0000	17 余杭 01（145624）	600.00	2022.07.18	4.1600
17 金隅 03（145625）	1250.00	2020.07.13	3.6000	17 信投 F1（145626）	5000.00	2020.07.18	4.7400
17 长隆 03（145627）	900.00	2022.07.13	1.0000	17 旭杰债（145628）	16.00	2020.07.11	7.0000
17 金隅 04（145629）	1750.00	2022.07.13	2.3000	17 宝投资（145632）	1000.00	2022.07.17	5.9000
17 扬教 01（145634）	600.00	2022.07.14	4.8000	17 株高 02（145635）	820.00	2022.07.13	6.5000
17 新中泰（145637）	1200.00	2022.07.17	6.5000	17 织里 02（145638）	700.00	2022.07.14	7.0000
17 平煤 01（145639）	1000.00	2022.07.20	7.0000	17 江海 C2（145640）	2260.00	2020.07.19	5.7000

债券信息 List of Bonds

债券简称（代码）Bond Name (Code)	发行量（百万元）Issued Vol (M yuan)	到期日 Expiration Date	票面利率（%）Coupon Rate (%)	债券简称（代码）Bond Name (Code)	发行量（百万元）Issued Vol (M yuan)	到期日 Expiration Date	票面利率（%）Coupon Rate (%)
17 家园 01（145641）	1600.00	2022.07.14	4.5000	17 中盐 02（145642）	1500.00	2022.07.18	4.3000
17 平租 01（145643）	2000.00	2022.07.20	3.7000	17 中原 01（145644）	1500.00	2020.07.26	5.1500
17 天目湖（145645）	500.00	2020.07.18	6.0000	17 金港 01（145646）	700.00	2022.07.17	3.0000
17 清浦 01（145647）	500.00	2022.07.19	7.4500	17 冶园 02（145648）	680.00	2020.07.20	6.5000
17 云港债（145649）	1000.00	2020.07.19	5.5800	17 中金 C2（145650）	1500.00	2022.07.24	4.9800
17 旋风 01（145651）	700.00	2019.07.31	7.8000	17 山金 Y1（145652）	2475.00	2020.07.19	5.8000
17 中投 F1（145653）	3000.00	2020.07.18	4.9500	17 中投 F2（145654）	1000.00	2022.07.18	5.1000
17 阳山 01（145657）	500.00	2020.07.19	6.4000	17 盛州 01（145658）	700.00	2019.07.26	8.5000
17 宁化 02（145659）	600.00	2020.07.20	5.5700	17 迈瑞 01（145660）	1100.00	2024.07.21	6.3800
17 宝工 01（145661）	800.00	2022.07.21	6.5000	G17 丰盛 1（145662）	2000.00	2099.12.31	7.9000
17 中原 02（145663）	1000.00	2020.11.17	5.4900	17 华泰 C2（145664）	5000.00	2020.07.27	4.9500
17 联合 01（145665）	200.00	2020.07.25	7.5000	17 宝庆 01（145666）	1250.00	2022.07.26	6.8000
17 康富 01（145667）	1000.00	2019.08.05	6.2000	17 中金 04（145668）	2000.00	2020.07.27	4.7800
17 信达 01（145670）	2500.00	2020.07.26	5.0500	17 鸿达 01（145671）	1010.00	2020.07.27	7.5000
17 天山 01（145672）	500.00	2022.07.24	6.6500	17 慈溪 01（145673）	1000.00	2022.07.27	3.5000
17 天宁 01（145674）	500.00	2022.07.28	3.8000	17 上虞 01（145676）	1000.00	2022.07.24	3.0000
17 剑江 02（145677）	200.00	2022.07.28	7.5000	17 兴阳 02（145678）	400.00	2022.07.25	7.2000
17 迈瑞 02（145679）	400.00	2024.09.01	6.3800	17 华福 C1（145681）	1200.00	2022.07.28	5.5000
17 福华 01（145682）	600.00	2020.07.28	8.2000	17 华融德（145683）	1500.00	2019.08.09	5.8000
17 东建 01（145684）	1500.00	2024.07.28	7.4800	17 江公 01（145685）	2000.00	2022.08.07	2.5000
17 昭投 01（145686）	765.00	2022.07.31	7.5000	17 金投 02（145687）	250.00	2019.08.13	6.5000
17 上虞 02（145688）	500.00	2022.07.28	3.0000	17 中金 C3（145689）	1500.00	2022.11.16	5.5000
17 铜旅 01（145690）	300.00	2022.08.03	7.4800	17 鄱阳 01（145691）	1000.00	2022.07.28	6.8000
17 冶园 03（145693）	620.00	2020.08.10	6.5000	17 巴中 02（145694）	640.00	2022.11.14	6.9000
17 水务 02（145695）	1300.00	2022.08.02	3.0000	17 金发 02（145697）	110.00	2022.09.27	6.5000
17 沪券 C2（145698）	600.00	2020.08.08	5.3000	17 长安 02（145699）	500.00	2019.08.29	7.5000
PR 实达债（145700）	600.00	2019.11.15	8.5000	17 联合 02（145702）	300.00	2020.08.10	6.7200
17 融和 01（145704）	2000.00	2020.08.09	4.0000	17 华信 01（145705）	1020.00	2022.11.20	6.2000
17 腾越 01（145706）	3800.00	2021.10.24	6.8000	17 九通 01（145707）	1000.00	2021.08.17	6.2000
17 常通 02（145708）	500.00	2022.11.15	6.0000	17 金堂 01（145709）	850.00	2022.08.10	7.5000
17 平证 07（145710）	3000.00	2019.08.09	4.8800	17 亭公 01（145711）	1260.00	2022.08.21	7.5000
17 山金 Y2（145712）	1525.00	2020.08.15	5.6000	17 玄武债（145713）	900.00	2022.08.11	5.8500
17 浦交 01（145714）	500.00	2022.08.11	5.8000	17 株湘 01（145715）	650.00	2022.08.14	6.8000
17 平租 03（145716）	1800.00	2022.08.21	4.0800	17 物流 03（145717）	437.00	2022.09.15	6.9000
17 九华 01（145718）	750.00	2022.08.16	6.8800	17 新港 01（145719）	1000.00	2020.08.14	5.3900
17 新港 02（145720）	500.00	2022.08.14	5.7000	17 绍交 01（145721）	1500.00	2022.08.22	5.4000
17 盛泽 01（145722）	500.00	2022.08.18	4.5000	17 物流 02（145723）	1450.00	2022.08.18	6.9000
17 华融 C2（145724）	1470.00	2020.08.16	5.0000	17 苏宁 05（145725）	1100.00	2022.08.21	7.0000
17 苏宁 06（145726）	600.00	2022.08.21	7.3000	17 文投 02（145727）	800.00	2020.09.15	7.5000
17 华靖 01（145728）	600.00	2022.08.23	6.2000	G17 启迪 1（145729）	350.00	2022.08.18	6.1000
17 华建 03（145730）	300.00	2020.11.13	6.5900	17 康富 02（145731）	2000.00	2019.08.30	5.0000
17 红日 02（145732）	440.00	2022.11.14	7.5000	17 常投 01（145733）	500.00	2022.08.18	5.8500
17 宁城 01（145734）	740.00	2022.08.18	6.3500	17 川菜债（145735）	500.00	2019.11.20	6.3000
17 延安 01（145736）	350.00	2027.10.12	7.0000	17 兴业 C7（145737）	2800.00	2019.08.24	5.1500
17 聚信 02（145738）	450.00	2019.10.11	6.9000	17 中冶 Y9（145739）	1500.00	2020.08.24	5.6800
17 钱城 01（145741）	1480.00	2020.08.24	4.8000	17 联合 03（145742）	500.00	2020.08.25	6.7200
17 瑞茂 01（145743）	950.00	2020.09.01	7.5000	17 潞安 01（145744）	2000.00	2022.08.29	5.0000
17 山能 01（145746）	800.00	2022.08.28	4.0000	17 如皋 01（145747）	740.00	2020.08.30	6.5000
17 工控 02（145748）	1250.00	2022.09.04	6.5000	17 华汽 03（145749）	2000.00	2020.08.29	5.3500
17 大成 01（145750）	250.00	2022.11.15	5.9800	17 白沙 01（145751）	600.00	2022.08.28	6.9000

债券信息
List of Bonds

债券简称（代码）Bond Name（Code）	发行量（百万元）Issued Vol（M yuan）	到期日 Expiration Date	票面利率（%）Coupon Rate（%）	债券简称（代码）Bond Name（Code）	发行量（百万元）Issued Vol（M yuan）	到期日 Expiration Date	票面利率（%）Coupon Rate（%）
17 复星 F1 （145756）	500.00	2019.09.16	3.8000	17 云工 01 （145757）	600.00	2020.09.01	6.0000
17 太仓 01 （145758）	200.00	2022.08.31	4.3000	17 中银 01 （145759）	1500.00	2020.09.04	4.9500
17 九通 03 （145760）	600.00	2022.10.27	6.6000	17 精功 02 （145761）	300.00	2099.12.31	7.3000
17 陶都 01 （145762）	300.00	2022.09.01	6.5000	17 巴中 01 （145763）	360.00	2022.08.31	7.0000
17 观城 01 （145764）	140.00	2022.11.17	6.7000	17 昭投 02 （145765）	735.00	2022.09.05	7.3000
17 朗诗 02 （145767）	600.00	2019.10.15	7.5000	17 中信 03 （145769）	2000.00	2019.09.12	4.9700
17 旋风 02 （145770）	400.00	2019.09.18	7.5000	17 中金 06 （145771）	2500.00	2020.11.21	5.4500
17 定城 03 （145773）	86.00	2022.09.05	3.5000	17 颐和 04 （145774）	760.00	2099.12.31	8.0000
17 薛城 02 （145776）	500.00	2022.09.07	7.0000	17 中泰 F1 （145777）	3000.00	2020.09.13	5.0000
17 油气 01 （145778）	1500.00	2019.09.19	2.5000	17 阿纺 02 （145780）	610.00	2019.09.26	7.8000
17 时代 01 （145782）	500.00	2020.09.08	7.2000	17 时代 02 （145783）	1100.00	2022.09.08	5.5000
17 国都 01 （145784）	1000.00	2020.09.12	5.7800	17 大同 01 （145786）	200.00	2020.09.07	6.3000
17 融德 02 （145787）	1500.00	2022.10.17	5.4000	G17 丰盛 2 （145788）	500.00	2099.12.31	7.9000
17 如皋 02 （145789）	170.00	2020.09.12	6.6000	17 西高地 （145791）	600.00	2022.09.08	6.8000
17 东广 01 （145792）	1500.00	2022.09.15	5.8000	17 平租 06 （145793）	1200.00	2022.09.13	5.4500
17 昌吉 01 （145794）	2000.00	2022.09.15	5.8000	17 惠基 01 （145795）	430.00	2022.09.18	6.5000
17 惠基 03 （145796）	370.00	2022.11.22	6.5000	17 当涂 02 （145797）	600.00	2022.09.15	6.7000
17 铁投 01 （145798）	1500.00	2022.09.13	7.5000	17 兴业 C8 （145799）	2000.00	2019.09.15	5.1000
17 国泰 03 （145800）	460.00	2019.11.04	6.8000	17 国泰 04 （145801）	540.00	2019.11.04	6.8000
17 维泰 01 （145803）	500.00	2020.12.19	7.0000	17 沅江 02 （145804）	200.00	2022.09.15	6.8000
17 西矿 01 （145805）	800.00	2020.09.20	6.4800	17 本钢 01 （145806）	1300.00	2020.11.27	6.0000
17 神华 01 （145808）	230.00	2020.09.26	7.5000	17 银产 01 （145809）	600.00	2022.11.21	6.1000
17 金凤 01 （145811）	500.00	2022.09.19	6.0000	17 方正 C1 （145812）	1900.00	2020.09.19	5.7000
17 崇川 01 （145813）	500.00	2022.09.20	4.6000	17 永利 02 （145814）	256.00	2019.04.10	7.5000
17 邹城 01 （145815）	410.00	2022.09.26	6.8000	17 兴业 F3 （145816）	1500.00	2020.11.22	5.4000
17 安吉 01 （145817）	1000.00	2022.09.20	6.7000	17 温投 01 （145818）	800.00	2022.11.20	6.0000
17 皋投债 （145819）	2000.00	2022.09.21	6.1500	G17 华昱 1 （145820）	800.00	2022.09.27	6.7000
17 宁高新 （145821）	1240.00	2022.09.28	5.5900	17 天源 02 （145822）	150.00	2022.09.22	7.0000
17 精功 03 （145823）	500.00	2099.12.31	7.3000	17 刚泰 02 （145824）	500.00	2099.12.31	7.8000
17 宝工 02 （145825）	500.00	2022.09.28	6.5000	17 鑫科 01 （145826）	330.00	2020.09.27	7.5000
17 中泰 F2 （145828）	3000.00	2019.11.21	5.4700	17 麒麟 01 （145829）	1000.00	2022.09.29	7.0000
17 仁水 01 （145830）	800.00	2022.09.26	5.8000	17 虞资 01 （145831）	3000.00	2022.09.29	5.8500
17 泰交 02 （145833）	1000.00	2022.09.27	5.6000	17 富通 01 （145834）	500.00	2020.10.09	6.3000
17 红日 01 （145836）	1070.00	2022.09.27	7.0800	17 彭统建 （145837）	830.00	2022.09.26	7.2000
17 华泰 06 （145839）	5000.00	2019.04.19	4.9800	17 洛新 03 （145840）	1500.00	2022.10.12	6.0000
17 精功 05 （145841）	150.00	2099.12.31	7.3000	17 方正 C2 （145842）	2220.00	2020.10.12	5.7000
17 湖州 01 （145843）	2000.00	2022.11.17	5.9800	17 晋路 01 （145844）	2000.00	2020.10.13	6.3000
17 港闸 02 （145845）	1000.00	2022.10.18	6.0000	17 国融 01 （145846）	300.00	2021.10.27	6.5000
17 剑江 03 （145847）	300.00	2022.11.20	7.8000	17 新源 01 （145848）	620.00	2022.11.17	6.8000
17 华阔 02 （145849）	750.00	2022.10.12	6.9000	18 安通 01 （145850）	100.00	2021.09.27	7.5000
18 安通 02 （145851）	240.00	2021.09.27	7.3500	17 兴业 F1 （145852）	3000.00	2019.10.23	5.1300
17 振浔 01 （145853）	500.00	2022.10.20	6.5700	17 中金 05 （145855）	2000.00	2020.10.20	5.1300
17 威凯 01 （145856）	700.00	2022.10.18	6.3000	17 鲁胜 01 （145857）	700.00	2022.10.16	7.2000
17 响水债 （145858）	1500.00	2022.10.18	7.0000	17 民生 C3 （145859）	500.00	2020.10.20	5.8000
17 华汽 05 （145860）	1000.00	2020.10.23	5.3000	17 台商债 （145861）	800.00	2022.10.18	6.5000
17 银河 F9 （145862）	4000.00	2019.10.20	5.0300	17 锡交 01 （145864）	1500.00	2022.10.25	5.3200
17 启迪 01 （145865）	1070.00	2022.10.19	6.4000	17 新港 03 （145866）	1200.00	2020.10.19	5.3800
17 康富 03 （145867）	2000.00	2019.11.01	6.0000	17 信投 F2 （145868）	3000.00	2020.10.24	5.0700
17 财富 01 （145869）	2000.00	2020.10.23	5.5800	17 常经 01 （145870）	1000.00	2022.10.25	5.5000
17 中信 C3 （145871）	800.00	2020.10.26	5.0500	17 中信 C4 （145872）	4900.00	2022.10.26	5.2500

债券信息 List of Bonds

债券 Bond

债券简称（代码）Bond Name（Code）	发行量（百万元）Issued Vol（M yuan）	到期日 Expiration Date	票面利率（%）Coupon Rate（%）	债券简称（代码）Bond Name（Code）	发行量（百万元）Issued Vol（M yuan）	到期日 Expiration Date	票面利率（%）Coupon Rate（%）
17 中信资（145873）	500.00	2022.11.22	5.8000	17 亭公 02（145874）	740.00	2022.10.25	7.5000
17 汇盛 03（145875）	460.00	2022.10.23	6.4900	17 惠基 02（145876）	360.00	2022.10.25	6.9900
17 绍兴 02（145877）	375.00	2022.10.25	6.1700	17 精功 04（145878）	300.00	2099.12.31	7.3000
17 方程 01（145880）	300.00	2020.10.30	5.0900	17 兴化债（145881）	1000.00	2022.10.23	7.8000
17 蒙中 01（145882）	700.00	2022.11.21	6.0000	17 中天 01（145883）	500.00	2022.11.24	7.5000
17 恒盛 02（145884）	500.00	2022.10.26	8.0000	17 阳煤 01（145885）	1000.00	2020.10.25	2.0000
17 阳煤 02（145886）	1000.00	2020.10.25	5.9200	17 河钢 01（145887）	3000.00	2019.11.06	3.1000
17 民生 03（145889）	500.00	2019.05.24	5.5000	17 平证 08（145890）	1000.00	2019.11.22	5.4800
17 濮阳 01（145892）	1500.00	2022.10.26	6.4000	17 申太 01（145893）	660.00	2022.11.20	7.2000
17 茅山湖（145894）	600.00	2022.11.22	6.3500	S17 长乐（145895）	300.00	2019.03.15	7.0000
17 淮交控（145896）	1500.00	2022.11.27	6.0000	17 盘江 01（145897）	1000.00	2020.11.23	7.5000
17 物流 04（145898）	653.00	2022.10.27	6.9000	17 招商 C1（145899）	2200.00	2019.11.27	5.4500
17 旭杰转（145900）	11.00	2023.10.16	6.5000	17 虞山 01（145902）	200.00	2022.12.05	6.0000
18 君实转（145951）	200.00	2019.07.08	10.3500	17 中民 10（146000）	197.00	2022.08.09	6.7000
17 中民 11（146001）	204.00	2023.02.09	6.7000	17 中民 12（146002）	195.00	2023.08.09	6.7000
17 中民次（146003）	20.00	2023.08.09	0.0000	PR 正奇 A2（146005）	156.00	2019.01.28	5.8500
PR 正奇 B（146006）	72.00	2019.04.29	6.4000	PR 正奇 C1（146007）	70.00	2019.07.29	6.5000
PR 正奇 C2（146008）	30.00	2019.10.28	6.8000	17 正奇次（146009）	76.00	2019.10.28	0.0000
PR17 远 1A（146016）	3060.00	2021.03.26	5.3000	17 远东 1B（146017）	291.00	2021.06.26	6.5000
17 远东次（146018）	209.00	2022.03.26	0.0000	PR 搜候优（146023）	3800.00	2037.03.24	4.6000
17 搜候次（146024）	10.00	2037.03.24	0.0000	常城投 A3（146027）	150.00	2019.12.20	5.5000
常城投 A4（146028）	280.00	2020.12.21	5.5000	常城投次（146029）	30.00	2020.12.21	0.0000
PR6A1（146030）	550.00	2019.04.26	5.3000	PR6A3（146032）	230.00	2019.06.28	6.8000
丰汇 6 次（146033）	143.00	2019.08.23	0.0000	PR 浙商 C（146038）	860.00	2019.01.25	6.5000
PR 浙商次（146039）	857.00	2019.06.26	6.5000	PR 租 A3（146042）	130.00	2019.09.26	5.6000
PR 租 A4（146043）	130.00	2020.09.26	5.8000	青城租 A5（146044）	70.00	2021.09.26	5.8000
青城租次（146045）	30.00	2021.09.26	0.0000	PR 诚 1A3（146051）	83.00	2019.12.26	6.1000
PR 诚 1 优 B（146052）	32.00	2020.06.26	6.5000	诚泰 1 次（146053）	61.00	2021.12.26	0.0000
PR17A（146056）	1377.00	2020.10.26	6.1000	君创 17B（146057）	111.00	2021.01.26	6.8500
君创 17 次（146058）	224.00	2022.01.26	0.0000	疏浚 1 优（146064）	1040.00	2020.11.09	4.8800
疏浚 1 次（146065）	111.00	2020.11.09	0.0000	PR 光股优（146069）	500.00	2019.12.03	5.1000
17 光股次（146070）	25.00	2019.12.03	0.0000	PR 优 3（146077）	310.00	2019.12.16	5.3000
中海次（146078）	200.00	2019.12.16	0.0000	17 七热 02（146083）	75.00	2019.01.28	6.5000
17 七热 03（146084）	79.00	2020.01.23	6.9000	17 七热 04（146085）	84.00	2021.01.26	7.0000
17 七热 05（146086）	91.00	2022.01.26	7.1000	17 七热次（146087）	20.00	2022.01.26	0.0000
17 亿燃 A4（146091）	130.00	2019.06.16	6.5000	17 亿燃 A5（146092）	120.00	2019.11.28	6.9000
17 亿燃 A6（146093）	150.00	2019.11.28	7.2000	八局优（146094）	2159.00	2019.12.20	5.0000
17 亿燃 B（146095）	50.00	2019.11.28	0.0000	八局次 A（146105）	30.00	2019.12.20	6.0000
八局次 B（146106）	210.00	2019.12.20	0.0000	乌经开 02（146116）	77.00	2019.06.06	5.7000
乌经开 03（146117）	81.00	2020.06.06	5.9000	乌经开 04（146118）	86.00	2021.06.06	6.1000
乌经开 05（146119）	87.00	2022.06.06	6.3000	乌经开 06（146120）	84.00	2023.06.06	6.9000
乌经开 07（146121）	82.00	2024.06.06	7.0000	乌经开次（146122）	50.00	2024.06.06	0.0000
不动产 03（146134）	83.00	2019.03.13	5.3000	不动产 04（146135）	65.00	2019.03.13	5.3500
PR 郑 2A2（146137）	170.00	2019.05.29	5.8000	PR 郑 2A3（146138）	987.00	2020.06.09	6.2000
PR 七 A9（146149）	1564.00	2020.02.20	5.3000	恒信七 B（146150）	410.00	2020.03.03	5.6000
恒信七次（146151）	522.00	2020.12.08	7.0000	PR 光胜 1A（146162）	5599.00	2019.07.04	4.0500
PR1B（146163）	2028.00	2019.12.18	5.4000	PR1 次（146164）	488.00	2021.03.26	0.0000
PR 一次（146168）	534.00	2019.09.19	0.0000	PR 优 A（146177）	460.00	2035.10.26	6.0400
华邦优 B（146178）	275.00	2035.10.26	6.0400	华邦次（146179）	30.00	2035.10.26	0.0000
PR 鑫安 A2（146184）	527.00	2019.01.04	4.2300	PR 鑫安 A3（146185）	865.00	2019.10.08	4.4000

债券信息
List of Bonds

债券简称（代码）Bond Name（Code）	发行量（百万元）Issued Vol（M yuan）	到期日 Expiration Date	票面利率（%）Coupon Rate（%）	债券简称（代码）Bond Name（Code）	发行量（百万元）Issued Vol（M yuan）	到期日 Expiration Date	票面利率（%）Coupon Rate（%）
PR 鑫安 A4（146186）	1655.00	2020.01.03	4.5000	17 鑫安 B（146187）	1504.00	2020.01.03	5.5000
17 鑫安次（146188）	827.00	2023.12.22	0.0000	PR 华景 A3（146191）	55.00	2019.10.30	5.4500
17 华景 A4（146192）	40.00	2019.10.30	5.5000	东融 3 优（146205）	970.00	2019.07.14	4.9500
东融 3 次（146206）	30.00	2019.07.14	0.0000	PR 优先（146207）	80.00	2020.06.06	6.0000
德华次级（146208）	20.00	2020.06.06	0.0000	PR 聚 02A2（146210）	790.00	2019.12.17	5.6900
PR 聚 02A3（146211）	290.00	2020.12.16	6.0000	17 聚 02B1（146212）	105.00	2021.03.16	6.8000
17 聚 02B2（146213）	30.00	2021.06.16	0.1000	17 聚 02 次（146214）	184.00	2022.03.16	0.0000
17 遵义 04（146218）	45.00	2019.06.26	5.2000	17 遵义 05（146219）	45.00	2019.12.26	5.4500
17 遵义 06（146220）	50.00	2020.06.26	5.5000	17 遵义 07（146221）	48.00	2020.12.26	5.5000
17 遵义 08（146222）	53.00	2021.06.26	5.5000	17 遵义 09（146223）	50.00	2021.12.26	5.5000
17 遵义 10（146224）	57.00	2022.06.26	5.5000	G 武铁 03（146227）	54.00	2019.01.18	4.8000
G 武铁 04（146228）	52.00	2019.07.18	4.8000	G 武铁 05（146229）	59.00	2020.01.18	4.8000
G 武铁 06（146230）	58.00	2020.07.18	4.8000	G 武铁 07（146231）	65.00	2021.01.18	4.8000
G 武铁 08（146232）	63.00	2021.07.18	4.8000	G 武铁 09（146233）	70.00	2022.01.18	4.8000
G 武铁 10（146234）	69.00	2022.07.18	5.2900	G 武铁 11（146235）	76.00	2023.01.18	5.2900
G 武铁 12（146236）	76.00	2023.07.18	5.2900	G 武铁 13（146237）	84.00	2024.01.18	5.2900
G 武铁 14（146238）	83.00	2024.07.18	5.2900	G 武铁 15（146239）	91.00	2025.01.18	5.2900
G 武铁 16（146240）	90.00	2025.07.18	5.2900	G 武铁 17（146241）	99.00	2026.01.18	5.2900
G 武铁 18（146242）	99.00	2026.07.18	5.2900	G 武铁 19（146243）	109.00	2027.01.18	5.2900
G 武铁 20（146244）	109.00	2027.07.18	5.2900	恒信 04 优（146248）	1568.00	2023.06.12	2.0000
恒信 04 次（146249）	83.00	2023.06.12	0.0000	PR01A2（146251）	122.00	2019.07.26	5.6000
PR01A3（146252）	115.00	2020.10.26	6.1000	国药 01B1（146253）	41.00	2021.01.26	6.7000
国药 01C1（146254）	26.00	2021.04.26	7.3000	国药 01 次（146255）	75.00	2021.04.26	0.0000
17 荣发 02（146263）	570.00	2019.05.26	6.1000	17 荣发 03（146264）	500.00	2020.05.26	6.4000
17 荣发次（146265）	90.00	2020.05.26	0.0000	PR 桥 02（146267）	90.00	2020.01.26	5.4200
鄂黄桥 03（146268）	110.00	2022.01.26	5.5000	鄂黄桥 04（146269）	248.00	2027.01.26	6.0000
鄂黄桥次（146270）	10.00	2027.01.26	0.0000	PRA1（146271）	323.00	2021.12.15	6.3000
PRA2（146272）	83.00	2021.12.15	6.5000	科高次（146273）	25.00	2021.12.15	0.0000
PR2A1（146279）	410.00	2019.04.22	6.2000	汇金 2A2（146280）	60.00	2019.04.22	6.5000
汇金 2A3（146281）	100.00	2019.05.21	6.8000	汇金 2 次（146282）	70.00	2019.05.21	0.0000
武夷优 01（146283）	400.00	2020.07.28	6.5000	武夷优 02（146284）	350.00	2021.07.28	7.0000
武夷优 03（146285）	250.00	2022.01.26	7.5000	武夷次级（146286）	50.00	2022.01.26	0.0000
东环 A3（146289）	28.00	2019.11.28	4.4550	东环 A4（146290）	28.00	2020.11.28	4.4550
东环 A5（146291）	28.00	2021.11.28	4.4550	东环 A6（146292）	88.00	2022.11.28	4.4550
东环 A7（146293）	89.00	2023.11.28	4.4550	东环 A8（146294）	89.00	2024.11.28	4.4550
东环 A9（146295）	90.00	2025.11.28	4.4550	东环 A10（146296）	91.00	2026.11.28	4.4550
东环 A11（146297）	92.00	2027.11.28	4.4550	东环 A12（146298）	93.00	2028.11.28	4.4550
东环 A13（146299）	94.00	2029.11.28	4.4550	东环 A14（146300）	95.00	2030.11.28	4.4550
东环 A15（146301）	96.00	2031.11.28	4.4550	东环次（146302）	471.00	2031.11.28	0.0000
17 临热 02（146307）	100.00	2019.01.23	6.0000	17 临热 03（146308）	130.00	2020.01.23	6.4000
17 临热 04（146309）	160.00	2021.01.25	6.6000	17 临热 05（146310）	180.00	2022.01.25	6.7000
17 临热 06（146311）	210.00	2023.01.30	6.8000	17 临热次（146312）	50.00	2023.01.30	0.0000
绿城优先（146313）	1500.00	2020.07.21	5.2900	绿城次级（146314）	100.00	2020.07.21	0.0000
PR 交 02（146319）	102.00	2019.08.26	5.6000	PR 黄交 03（146320）	108.00	2020.08.26	6.1700
黄公交 04（146321）	114.00	2021.08.26	6.4000	黄公交 05（146322）	118.00	2022.08.26	6.6000
黄公交 06（146323）	126.00	2023.08.26	6.6000	黄公交 07（146324）	135.00	2024.08.26	6.6000
黄公交次（146325）	40.00	2024.08.26	0.0000	PRG 桑德（146326）	768.00	2027.01.18	6.5000
G 桑德次（146327）	52.00	2027.01.18	0.0000	青兰路 02（146332）	208.00	2019.02.20	6.1000
青兰路 03（146333）	219.00	2020.02.20	6.3500	青兰路 04（146334）	231.00	2021.02.20	6.8000
青兰路 05（146335）	244.00	2022.02.20	6.9000	青兰路次（146336）	50.00	2022.02.20	0.0000

债券信息
List of Bonds

债券简称（代码） Bond Name（Code）	发行量（百万元） Issued Vol （M yuan）	到期日 Expiration Date	票面利率（%） Coupon Rate（%）	债券简称（代码） Bond Name（Code）	发行量（百万元） Issued Vol （M yuan）	到期日 Expiration Date	票面利率（%） Coupon Rate（%）
PR 京次 1（146339）	4.00	2019.01.17	10.0000	PR 京次 2（146340）	25.00	2019.02.21	0.0000
PR1B（146345）	700.00	2019.07.18	5.8000	PR1 次（146346）	617.00	2019.09.24	0.0000
PR3A9（146361）	180.00	2019.01.21	6.2500	PR3A10（146362）	200.00	2019.04.22	6.3000
PR3B1（146363）	200.00	2019.10.21	6.3500	PR3B2（146364）	140.00	2020.04.20	6.3500
海亮 3B3（146365）	95.00	2020.07.20	6.3500	海亮 3B4（146366）	105.00	2020.10.20	6.3500
海亮 3B5（146367）	44.00	2021.01.20	6.3500	海亮 3 次（146368）	146.00	2021.12.20	0.0000
PR 保利优（146372）	3500.00	2029.01.20	4.8800	PR 保利 A（146373）	810.00	2035.04.30	4.0000
保利优 B（146374）	810.00	2035.04.30	4.1000	保利次级（146375）	1.00	2035.04.30	0.0000
PR 远东 2A（146376）	2850.00	2021.01.26	5.5600	17 远东 2B（146377）	351.00	2021.10.26	6.9500
17 远东 2C（146378）	201.00	2022.07.26	0.0000	PR 自如优（146379）	450.00	2019.02.26	5.3900
PR 平安 1A（146380）	2385.00	2020.05.15	5.5000	17 平安 1B（146381）	330.00	2021.05.14	6.5000
南三优 06（146387）	90.00	2019.01.15	6.6000	PR 优过（146388）	113.00	2019.01.15	6.9000
PR 次优（146389）	87.00	2019.07.15	7.2000	南三次级（146390）	166.00	2019.07.15	0.0000
17 沣西 02（146393）	18.00	2019.01.28	6.0700	17 沣西 03（146394）	19.00	2020.02.03	6.2700
17 沣西 04（146395）	20.00	2021.01.26	6.5700	17 沣西 05（146396）	20.00	2022.01.26	6.8700
17 沣西次（146397）	5.00	2022.01.26	0.0000	PR 泰优 A（146398）	720.00	2019.08.04	6.5000
泰禾优 B（146399）	780.00	2019.08.04	7.0000	泰禾次（146400）	79.00	2019.08.04	0.0000
PR 一 A2（146407）	1110.00	2019.05.24	5.0000	PR 一 A3（146408）	1155.00	2019.10.09	5.1000
PR 一 B（146409）	334.00	2020.01.29	5.2000	君诚一次（146410）	664.00	2022.06.07	0.0000
创富 4A6（146416）	11.00	2019.01.24	6.5000	创富 4 次（146417）	28.00	2019.01.24	0.0000
PR 易鑫 A（146425）	1870.00	2019.06.03	5.5900	PR 易鑫 B（146426）	220.00	2019.12.02	6.9500
17 易鑫次（146427）	117.00	2019.12.02	0.0000	PR 海洋 A2（146438）	181.00	2019.03.26	5.6000
PR 海洋 B（146439）	100.00	2020.06.26	6.3500	17 海洋次（146440）	69.00	2022.06.26	0.0000
金坤 2 优 A（146441）	305.00	2020.08.18	6.5000	金坤 2 优 B（146442）	178.00	2020.08.18	7.5000
金坤 2 次（146443）	26.00	2020.08.18	0.0000	王晁 06（146449）	33.00	2019.03.06	6.3000
王晁 07（146450）	33.00	2019.06.06	6.5000	王晁 08（146451）	33.00	2019.09.06	6.7000
王晁 09（146452）	29.00	2019.12.06	6.8000	王晁 10（146453）	34.00	2020.03.06	6.9000
王晁 11（146454）	34.00	2020.06.06	7.0000	王晁 12（146455）	34.00	2020.09.06	7.1000
王晁次级（146456）	20.00	2020.09.06	0.0000	PR 阆燃 02（146479）	100.00	2019.10.30	5.6000
17 阆燃 03（146480）	100.00	2020.10.30	5.9000	17 阆燃 04（146481）	100.00	2021.10.30	6.4500
17 阆燃 05（146482）	100.00	2022.10.30	6.6000	17 阆燃次（146483）	25.00	2022.10.30	0.0000
金地优 2（146491）	35.00	2019.06.10	5.4000	金地优 3（146492）	44.00	2020.06.10	5.7400
金地优 4（146493）	45.00	2021.06.10	5.7400	金地优 5（146494）	55.00	2022.06.10	5.7400
金地优 6（146495）	57.00	2023.06.12	5.7400	金地优 7（146496）	69.00	2024.06.10	5.7400
金地优 8（146497）	72.00	2025.06.10	5.7400	金地次（146498）	20.00	2025.06.10	0.0000
PR 诚 2A2（146500）	148.00	2019.06.26	5.8500	PR 诚 2A3（146501）	115.00	2020.09.26	6.3000
诚泰 02B（146502）	38.00	2020.12.26	6.8000	诚泰 02 次（146503）	81.00	2022.03.26	0.0000
G 通水 02（146511）	28.00	2019.01.25	5.4000	G 通水 03（146512）	34.00	2019.01.25	5.8000
G 通水 04（146513）	38.00	2019.01.25	6.0000	G 通水 05（146514）	44.00	2019.01.25	6.3000
G 通水 06（146515）	50.00	2019.01.25	6.3000	G 通水 07（146516）	55.00	2019.01.25	6.3000
G 通水 08（146517）	62.00	2019.01.25	6.3000	G 通水 09（146518）	69.00	2019.01.25	6.3000
G 通水 10（146519）	76.00	2019.01.25	6.3000	G 通水次（146520）	30.00	2019.01.25	0.0000
PR 优 01（146521）	910.00	2020.09.01	5.7500	番雅优 02（146522）	147.00	2020.09.01	6.5600
番雅次级（146523）	55.00	2020.09.01	0.0000	PR1A2（146525）	285.00	2019.06.27	6.1000
PR1B（146526）	45.00	2019.09.27	6.5000	金石 1 次（146527）	155.00	2019.09.27	0.0000
PR5A2（146529）	86.00	2019.04.28	5.5000	PR 奥 5A4（146530）	114.00	2019.10.28	5.9000
PR 奥 5A3（146531）	63.00	2020.04.28	5.7000	奥租 5B（146532）	68.00	2021.04.28	6.5000
PR02（146537）	60.00	2019.10.13	5.7500	南汽 03（146538）	60.00	2020.10.13	5.7500
南汽 04（146539）	60.00	2021.10.13	5.7500	南汽 05（146540）	60.00	2022.10.13	5.7500
南汽次级（146541）	38.00	2022.10.13	0.0000	PR 百新 1A（146542）	340.00	2019.07.31	5.5000

债券信息 List of Bonds

债券简称（代码） Bond Name（Code）	发行量（百万元） Issued Vol（M yuan）	到期日 Expiration Date	票面利率（%） Coupon Rate（%）	债券简称（代码） Bond Name（Code）	发行量（百万元） Issued Vol（M yuan）	到期日 Expiration Date	票面利率（%） Coupon Rate（%）
PR 百新 1B（146543）	24.00	2019.10.31	7.0000	PR 百新 1C（146544）	36.00	2019.11.26	0.0000
17 水总 03（146547）	11.00	2019.03.15	7.5800	17 水总 04（146548）	35.00	2019.03.15	7.6500
17 水总次（146549）	35.00	2019.03.15	0.0000	PR 龙 1A（146550）	1350.00	2035.09.24	5.0000
美凯龙 1B（146551）	1050.00	2035.09.24	6.2000	17 红博 02（146582）	70.00	2019.09.30	6.4500
17 红博 03（146583）	80.00	2020.09.30	6.5500	17 红博 04（146584）	90.00	2021.09.30	6.6000
17 红博 05（146585）	100.00	2022.09.30	6.6000	17 红博 06（146586）	110.00	2023.09.30	6.7000
17 红博 07（146587）	120.00	2024.09.30	7.5000	17 红博 08（146588）	130.00	2025.09.30	7.5000
17 红博 09（146589）	140.00	2026.09.30	7.5000	17 红博次（146590）	50.00	2026.09.30	0.0000
PRB1（146596）	140.00	2019.01.28	6.0000	光谷 B2（146597）	30.00	2019.01.28	6.5000
PRC1（146598）	185.00	2020.07.28	7.0000	光谷 C2（146599）	15.00	2021.01.28	7.2000
光谷 D（146600）	181.00	2021.07.28	8.0000	光谷次级（146601）	100.00	2022.02.16	0.0000
上实 6A3（146604）	268.00	2019.01.30	6.0000	上实 6A4（146605）	360.00	2019.07.30	6.3000
上实 6A5（146606）	621.00	2020.01.30	6.5000	上实 6A6（146607）	390.00	2020.07.30	6.7000
上实 6B（146608）	393.00	2020.07.30	7.2000	上实 6 次（146609）	378.00	2020.07.30	0.0000
厦工院 03（146612）	100.00	2019.11.07	5.9500	厦工院 04（146613）	108.00	2020.11.07	6.7000
厦工院 05（146614）	116.00	2021.11.07	6.8000	厦工院 06（146615）	125.00	2022.11.07	6.9000
17 畅星 01（146616）	1368.00	2022.09.13	5.7000	17 畅星 02（146617）	432.00	2022.09.13	6.1000
17 畅星次（146618）	850.00	2022.09.13	0.0000	电投优（146619）	684.00	2020.07.02	4.7500
电投次（146620）	36.00	2020.07.02	0.0000	首开优先（146621）	2910.00	2020.09.28	5.3400
首开次级（146622）	90.00	2020.09.28	0.0000	顺丰 1A（146626）	382.00	2019.03.27	5.8000
顺丰 1B（146627）	23.00	2019.03.27	6.7000	顺丰 1 次（146628）	45.00	2019.03.27	0.0000
PRXM4 优 A（146634）	355.00	2019.01.11	5.5600	PRXM4 优 B（146635）	65.00	2019.02.19	6.0500
PRXM4 次 1（146636）	50.00	2019.03.12	7.0000	PR11A5（146641）	115.00	2019.01.27	5.6500
PR11A6（146642）	115.00	2019.04.27	5.7500	PR11A7（146643）	98.00	2019.07.27	5.8000
汇通 11A8（146644）	66.00	2019.07.29	6.2000	汇通 11B（146645）	176.00	2019.07.29	10.0000
PR 平安 2A（146659）	3099.00	2021.08.10	5.8000	17 平安 2B（146660）	107.00	2021.11.10	6.5000
17 平安 2C（146661）	203.00	2023.04.25	0.0000	PR 花 2B（146663）	85.00	2019.01.04	6.1800
PR17 三 A（146665）	2965.00	2021.04.26	5.4500	17 远东 3B（146666）	445.00	2022.04.26	6.9500
17 远东 3C（146667）	205.00	2022.10.26	0.0000	PR 华铁 1A（146692）	482.00	2019.03.28	6.3500
PR 华铁 1B（146693）	98.00	2019.04.29	7.3000	华铁 1C（146694）	40.00	2019.04.29	7.5000
华铁 1 次（146695）	142.00	2019.04.29	0.0000	华润 2 优 1（146696）	1638.00	2019.11.07	5.2000
华润 2 优 2（146697）	158.00	2019.11.07	5.7000	华润 2 次 1（146698）	138.00	2019.11.07	0.0000
华润 2 次 2（146699）	39.00	2019.11.07	0.0000	PR17A（146700）	2000.00	2035.11.03	5.7000
复地 17B（146701）	1200.00	2035.11.03	6.0000	复地 17C（146702）	170.00	2035.11.03	0.0000
PR01A6（146709）	1075.00	2019.03.25	5.1500	宁远 01 次（146710）	106.00	2019.03.25	0.0000
皖投 03 优（146711）	480.00	2020.11.08	6.0000	PR1A3（146717）	405.00	2019.04.10	5.4000
浙商 1B（146718）	137.00	2019.04.10	6.0000	PR1C（146719）	418.00	2019.09.03	0.0000
PR 易鑫 4A（146720）	1282.00	2019.11.04	5.5000	PR 易鑫 4B（146721）	153.00	2020.02.03	6.9000
17 易鑫 4C（146722）	90.00	2020.05.04	0.0000	海融 1 优（146744）	1900.00	2019.05.17	5.2000
海融 1 次（146745）	100.00	2019.05.17	0.0000	海融 2 优（146746）	4750.00	2019.07.16	5.6500
海融 2 次（146747）	250.00	2019.07.16	0.0000	PR 八 A6（146753）	193.00	2019.07.04	4.9000
PR 八 A7（146754）	154.00	2019.10.10	4.9000	恒信八 A8（146755）	104.00	2019.10.10	5.0000
PR 八 A9（146756）	623.00	2020.02.21	5.0000	恒信八 B（146757）	338.00	2020.02.21	5.0000
恒信八次（146758）	489.00	2020.03.23	7.0000	长虹优 A（146759）	581.00	2020.11.03	5.4400
长虹优 B（146760）	68.00	2020.11.03	5.5300	长虹优 C（146761）	352.00	2020.11.03	6.1600
长虹次级（146762）	53.00	2020.11.03	0.0000	PR17A3（146765）	126.00	2019.12.23	6.0000
天风 17B（146766）	55.00	2019.12.23	8.5000	天风 17 次（146767）	123.00	2020.01.21	0.0000
宁海 A3（146774）	313.00	2019.06.01	5.6600	宁海 A4（146775）	117.00	2019.12.01	5.7000
宁海 A5（146776）	59.00	2020.06.01	5.8000	宁海次级（146777）	70.00	2020.06.01	0.0000
PR 德银 3B（146779）	15.00	2019.03.26	5.6000	17 德银次（146780）	22.00	2019.03.26	0.0000

债券信息 List of Bonds

债券简称（代码）Bond Name（Code）	发行量（百万元）Issued Vol（M yuan）	到期日 Expiration Date	票面利率（%）Coupon Rate（%）	债券简称（代码）Bond Name（Code）	发行量（百万元）Issued Vol（M yuan）	到期日 Expiration Date	票面利率（%）Coupon Rate（%）
镜泊湖A2（146786）	27.00	2019.10.20	5.8000	镜泊湖A3（146787）	30.00	2020.10.20	7.0000
镜泊湖A4（146788）	33.00	2021.10.20	7.2000	镜泊湖A5（146789）	35.00	2022.10.20	7.2000
镜泊湖A6（146790）	40.00	2023.10.20	7.2000	镜泊湖A7（146791）	45.00	2024.10.20	7.2000
镜泊湖次（146792）	26.00	2024.10.20	0.0000	PR聚03A2（146794）	665.00	2020.03.17	6.0000
17聚03A3（146795）	357.00	2021.03.16	6.1800	17聚03B1（146796）	90.00	2021.06.16	7.0000
17聚03B2（146797）	40.00	2021.09.16	6.5000	17聚03次（146798）	218.00	2022.09.16	4.0000
仪师02（146804）	20.00	2019.03.20	5.7000	仪师03（146805）	21.00	2020.03.20	5.8000
仪师04（146806）	21.00	2021.03.20	6.5000	仪师05（146807）	23.00	2022.03.20	6.5000
仪师06（146808）	24.00	2023.03.20	6.5000	仪师07（146809）	25.00	2024.03.20	6.5000
仪师08（146810）	26.00	2025.03.20	6.5000	仪师09（146811）	28.00	2026.03.20	6.5000
仪师10（146812）	29.00	2027.03.20	6.5000	仪师11（146813）	31.00	2028.03.20	6.5000
仪师12（146814）	82.00	2029.03.20	6.5000	仪师次级（146815）	28.00	2029.03.20	0.0000
PRA2（146817）	1715.00	2019.07.17	5.5000	同享优B（146818）	318.00	2019.07.17	5.5100
同享优C（146819）	174.00	2019.07.17	5.5200	PR次级（146820）	319.00	2020.04.24	0.0000
海尔二优（146825）	1300.00	2019.11.15	5.5000	海尔二次（146826）	40.00	2019.11.15	0.0000
PR正保C（146829）	80.00	2019.03.12	7.5000	17正保次（146830）	20.00	2019.03.27	0.0000
PRXM5优A（146840）	426.00	2019.01.11	6.1200	PRXM5优B（146841）	78.00	2019.02.19	6.7000
PRXM5次1（146842）	60.00	2019.03.12	7.0000	PR中元次（146855）	125.00	2019.01.21	0.0000
PRA2（146857）	900.00	2019.01.28	5.8000	PRA3（146858）	150.00	2019.10.28	6.0000
PRA4（146859）	1470.00	2020.04.28	6.0000	17汇融B（146860）	660.00	2020.07.28	6.5000
17汇融C（146861）	330.00	2020.07.28	6.5000	17汇融次（146862）	640.00	2021.01.28	0.0000
17华夏A2（146870）	500.00	2019.06.30	6.2000	17华夏A3（146871）	500.00	2020.06.30	6.6000
17华夏A4（146872）	500.00	2021.06.30	6.6000	17华夏A5（146873）	500.00	2022.06.30	6.6000
17华夏A6（146874）	500.00	2023.06.30	6.6000	PRA（146875）	4075.00	2019.04.01	5.3000
PRB（146876）	870.00	2019.07.01	5.6000	PR次（146877）	1242.00	2021.04.10	0.0000
新湖优A（146878）	975.00	2020.11.29	6.5000	新湖优B（146879）	450.00	2020.11.29	6.9000
新湖次（146880）	75.00	2020.11.29	0.0000	PR优1（146881）	330.00	2019.07.26	5.5200
建房优2（146882）	390.00	2023.07.26	4.3000	建房优3（146883）	480.00	2026.07.26	4.3000
建房次级（146884）	50.00	2026.07.26	0.0000	17中投1A（146885）	1900.00	2020.11.21	5.4500
17中投次（146886）	100.00	2020.11.21	0.0000	PR2A2（146888）	2000.00	2019.04.03	4.6500
PR2A3（146889）	1089.00	2019.10.11	4.7500	PR2B（146890）	1497.00	2020.07.10	5.1000
鑫安2次（146891）	449.00	2020.10.12	0.0000	PR4A（146892）	453.00	2019.02.08	6.5000
PR华科4B（146893）	55.00	2019.02.28	7.0000	华科4次（146894）	120.00	2019.02.28	0.0000
PR1A（146895）	1600.00	2035.11.24	5.4500	泛海1B（146896）	730.00	2035.11.24	5.7800
泛海1次（146897）	70.00	2035.11.24	0.0000	中飞租02（146902）	18.60	2019.11.12	3.0000
中飞租03（146903）	20.43	2020.11.10	3.2800	中飞租04（146904）	23.74	2021.11.10	3.4800
中飞租05（146905）	24.11	2022.11.10	3.5800	中飞租06（146906）	27.45	2023.11.10	3.6000
中飞租07（146907）	22.50	2024.11.12	3.9000	中飞租08（146908）	17.47	2025.08.11	4.0000
17河北22（147000）	271.00	2022.09.25	3.9100	17河北23（147001）	420.00	2022.09.25	3.9800
17河北24（147002）	210.00	2022.09.25	3.9500	17河北25（147003）	160.00	2022.09.25	3.9800
17河北26（147004）	1014.00	2022.09.25	3.9500	17河北27（147005）	409.00	2022.09.25	3.9800
17河北28（147006）	500.00	2020.09.25	3.9000	17河北29（147007）	619.00	2020.09.25	3.7400
17河北30（147008）	1065.00	2022.09.25	3.9500	17河北31（147009）	1426.00	2022.09.25	3.9900
17河北32（147010）	136.00	2022.09.25	3.9900	17新疆21（147011）	12930.00	2027.09.25	4.0500
17江西17（147012）	1880.00	2022.10.11	3.7700	17江西18（147013）	1880.00	2024.10.11	3.9800
17江西19（147014）	715.00	2022.10.11	3.7700	17江西20（147015）	715.00	2024.10.11	3.9800
17青海08（147016）	813.00	2020.10.13	3.8700	17青海09（147017）	2033.00	2022.10.13	3.9300
17青海10（147018）	2439.00	2024.10.13	3.9900	17青海11（147019）	2845.00	2027.10.13	4.0300
17青海12（147020）	300.00	2020.10.13	3.8700	17青海13（147021）	300.00	2022.10.13	3.9500
17青海14（147022）	200.00	2024.10.13	3.9900	17青海15（147023）	300.00	2027.10.13	4.0500

债券信息
List of Bonds

债券简称（代码） Bond Name（Code）	发行量（百万元） Issued Vol（M yuan）	到期日 Expiration Date	票面利率（%） Coupon Rate（%）	债券简称（代码） Bond Name（Code）	发行量（百万元） Issued Vol（M yuan）	到期日 Expiration Date	票面利率（%） Coupon Rate（%）
17 青海 16（147024）	400.00	2022.10.13	3.9600	17 青海 17（147025）	500.00	2022.10.13	3.9600
17 青海 18（147026）	500.00	2022.10.13	3.9600	17 青海 19（147027）	200.00	2022.10.13	3.9900
17 青海 20（147028）	100.00	2022.10.13	3.9900	17 青海 21（147029）	100.00	2022.10.13	3.9900
17 青海 22（147030）	100.00	2022.10.13	3.9900	17 青海 23（147031）	100.00	2022.10.13	3.9900
17 湖北 14（147032）	5214.00	2022.10.16	3.9400	17 湖北 15（147033）	329.00	2022.10.16	4.0500
17 湖北 16（147034）	523.00	2022.10.16	3.9800	17 湖北 17（147035）	968.00	2022.10.16	3.9600
17 湖北 18（147036）	2205.00	2022.10.16	3.9500	17 湖北 19（147037）	725.00	2022.10.16	3.9400
17 湖北 20（147038）	997.00	2022.10.16	4.1900	17 湖北 21（147039）	1763.00	2022.10.16	3.9800
17 湖北 22（147040）	867.00	2022.10.16	3.9800	17 湖北 23（147041）	754.00	2022.10.16	4.0500
17 湖北 24（147042）	472.00	2022.10.16	4.0500	17 湖北 25（147043）	686.00	2022.10.16	4.2400
17 湖北 26（147044）	401.00	2022.10.16	4.2800	17 湖北 27（147045）	98.00	2022.10.16	4.3200
17 重庆 11（147046）	4460.00	2027.10.17	3.9600	17 重庆 12（147047）	5740.00	2020.10.17	3.7800
17 重庆 13（147048）	11500.00	2022.10.17	3.9500	17 重庆 14（147049）	800.00	2022.10.17	4.0000
17 重庆 15（147050）	200.00	2022.10.17	3.9600	17 甘肃 07（147051）	1700.00	2022.10.18	3.8500
17 甘肃 08（147052）	100.00	2022.10.18	3.9900	17 甘肃 09（147053）	100.00	2022.10.18	3.9900
17 甘肃 10（147054）	500.00	2022.10.18	3.8700	17 甘肃 11（147055）	500.00	2022.10.18	3.8700
17 甘肃 12（147056）	200.00	2022.10.18	3.9200	17 甘肃 13（147057）	200.00	2022.10.18	3.9300
17 甘肃 14（147058）	200.00	2022.10.18	3.8700	17 甘肃 15（147059）	300.00	2022.10.18	3.8500
17 甘肃 16（147060）	400.00	2022.10.18	3.8500	17 甘肃 17（147061）	200.00	2022.10.18	3.8600
17 甘肃 18（147062）	300.00	2022.10.18	3.8600	17 甘肃 19（147063）	300.00	2022.10.18	3.8600
17 甘肃 20（147064）	3000.00	2027.10.18	4.2600	17 甘肃 21（147065）	2800.00	2024.10.18	3.8000
17 四川 33（147066）	6000.00	2020.10.24	3.7700	17 四川 34（147067）	6000.00	2022.10.24	3.9400
17 四川 35（147068）	6000.00	2024.10.24	4.0600	17 四川 36（147069）	2000.00	2027.10.24	4.1300
17 河北 33（147070）	2000.00	2024.10.23	3.9000	17 河北 34（147071）	100.00	2024.10.23	3.9800
17 广西 24（147072）	5000.00	2027.10.25	4.1100	17 广西 25（147073）	1100.00	2020.10.25	3.9000
17 广西 26（147074）	4700.00	2020.10.25	3.8500	17 广西 27（147075）	2000.00	2024.10.25	4.0700
17 广西 28（147076）	4000.00	2027.10.25	4.0500	17 辽宁 15（147077）	7700.00	2020.10.27	3.8100
17 辽宁 16（147078）	10000.00	2022.10.27	3.9800	17 辽宁 17（147079）	7646.00	2024.10.27	4.0800
17 辽宁 18（147080）	2200.00	2020.10.27	3.8600	17 辽宁 19（147081）	2900.00	2022.10.27	3.9800
17 辽宁 20（147082）	2117.00	2024.10.27	4.0800	17 浙江 29（147083）	2403.00	2020.11.01	3.6600
17 浙江 30（147084）	1977.00	2022.11.01	3.8500	17 浙江 31（147085）	1977.00	2024.11.01	3.9100
17 浙江 32（147086）	7056.00	2022.11.01	3.8400	17 浙江 33（147087）	2883.00	2024.11.01	3.9400
17 浙江 34（147088）	4774.00	2027.11.01	3.9500	17 贵州 17（147089）	8000.00	2020.11.01	3.8600
17 贵州 18（147090）	2000.00	2024.11.01	4.1400	17 贵州 19（147091）	6000.00	2020.11.01	3.8600
17 贵州 20（147092）	9000.00	2022.11.01	4.0000	17 贵州 21（147093）	9000.00	2024.11.01	4.1400
17 贵州 22（147094）	6000.00	2027.11.01	4.1000	17 江苏 24（147095）	8620.00	2020.11.03	3.8400
17 江苏 25（147096）	8500.00	2022.11.03	3.9900	17 江苏 26（147097）	8500.00	2024.11.03	3.9900
17 江苏 27（147098）	8500.00	2027.11.03	4.0000	17 江苏 28（147099）	14810.00	2020.11.03	3.7900
17 江苏 29（147100）	14800.00	2024.11.03	4.0900	17 上海 04（147101）	5490.00	2020.11.06	3.7500
17 上海 05（147102）	8210.00	2022.11.06	3.9700	17 上海 06（147103）	5480.00	2024.11.06	4.0600
17 上海 07（147104）	8210.00	2027.11.06	4.0700	17 新疆 22（147105）	9140.00	2020.11.07	3.8400
17 新疆 23（147106）	2220.00	2024.11.07	4.2200	17 山东 28（147107）	7145.00	2020.11.08	3.7800
17 山东 29（147108）	1297.00	2022.11.08	4.0500	17 山东 30（147109）	1271.00	2024.11.08	4.1500
17 山东 31（147110）	4879.00	2022.11.08	4.0600	17 山东 32（147111）	6000.00	2024.11.08	4.2200
17 山东 33（147112）	450.00	2022.11.08	4.0500	17 宁夏 07（147113）	600.00	2022.11.08	3.8800
17 宁夏 08（147114）	600.00	2024.11.08	3.9200	17 宁夏 09（147115）	877.00	2027.11.08	3.8800
17 宁夏 10（147116）	216.00	2022.11.08	3.8800	17 宁夏 11（147117）	500.00	2027.11.08	3.8800
17 大连 01（147118）	1498.00	2020.11.10	3.8700	17 大连 02（147119）	2244.00	2022.11.10	4.0900
17 大连 03（147120）	2246.00	2024.11.10	4.1800	17 大连 04（147121）	1497.00	2027.11.10	4.1800
17 大连 05（147122）	107.00	2020.11.10	3.8900	17 大连 06（147123）	160.00	2022.11.10	4.0500

债券信息 List of Bonds

债券简称（代码）Bond Name（Code）	发行量（百万元）Issued Vol（M yuan）	到期日 Expiration Date	票面利率（%）Coupon Rate（%）	债券简称（代码）Bond Name（Code）	发行量（百万元）Issued Vol（M yuan）	到期日 Expiration Date	票面利率（%）Coupon Rate（%）
17 大连 07（147124）	160.00	2024.11.10	4.2200	17 大连 08（147125）	107.00	2027.11.10	4.3800
17 山西 19（147126）	5827.00	2020.11.13	3.6900	17 山西 20（147127）	700.00	2024.11.13	3.9200
17 山西 21（147128）	1000.00	2027.11.13	3.8800	17 山西 22（147129）	1615.00	2027.11.13	3.8800
17 山西 23（147130）	2600.00	2027.11.13	3.9100	17 山西 24（147131）	540.00	2022.11.13	3.9000
17 山西 25（147132）	80.00	2022.11.13	3.9000	17 广东 41（147133）	3580.00	2022.11.10	3.9900
17 广东 42（147134）	3580.00	2024.11.10	3.9900	17 河北 35（147135）	2290.00	2020.11.14	3.7000
17 河北 36（147136）	5000.00	2020.11.14	3.7000	17 河北 37（147137）	5360.00	2022.11.14	3.9000
17 海南 07（147138）	1900.00	2020.11.15	3.8400	17 海南 08（147139）	3518.00	2022.11.15	3.9600
17 海南 09（147140）	1500.00	2027.11.15	4.1400	17 海南 10（147141）	1887.00	2024.11.15	4.0200
17 海南 11（147142）	800.00	2022.11.15	4.1500	17 海南 12（147143）	800.00	2022.11.15	4.3000
17 海南 13（147144）	200.00	2022.11.15	4.2600	17 海南 14（147145）	300.00	2022.11.15	4.4900
17 海南 15（147146）	1000.00	2022.11.15	4.4900	17 海南 16（147147）	100.00	2022.11.15	4.3000
17 海南 17（147148）	100.00	2022.11.15	4.4900	17 海南 18（147149）	100.00	2022.11.15	4.4900
17 海南 19（147150）	100.00	2022.11.15	4.4900	17 海南 20（147151）	100.00	2022.11.15	4.4900
17 海南 21（147152）	100.00	2022.11.15	4.4900	17 海南 22（147153）	100.00	2022.11.15	4.4900
17 海南 23（147154）	200.00	2022.11.15	4.4900	17 福建 16（147155）	942.00	2020.11.17	3.9200
17 福建 17（147156）	2820.00	2022.11.17	4.0600	17 福建 18（147157）	2820.00	2024.11.17	4.2200
17 福建 19（147158）	2820.00	2027.11.17	4.3000	17 福建 20（147159）	6622.00	2022.11.17	4.1000
17 福建 21（147160）	3300.00	2024.11.17	4.2600	17 福建 22（147161）	3300.00	2027.11.17	4.3200
17 安徽 10（147162）	661.00	2022.11.20	4.0600	17 安徽 11（147163）	437.00	2022.11.20	4.2500
17 安徽 12（147164）	501.00	2022.11.20	4.2000	17 安徽 13（147165）	972.00	2022.11.20	4.2000
17 安徽 14（147166）	6109.00	2022.11.20	4.1300	17 安徽 15（147167）	298.00	2022.11.20	4.2000
17 安徽 16（147168）	1352.00	2022.11.20	4.1500	17 安徽 17（147169）	822.00	2020.11.20	4.2200
17 安徽 18（147170）	1569.00	2020.11.20	4.1900	17 安徽 19（147171）	98.00	2022.11.20	4.2000
17 安徽 20（147172）	395.00	2022.11.20	4.3500	17 安徽 21（147173）	588.00	2022.11.20	4.3900
17 安徽 22（147174）	207.00	2022.11.20	4.3000	17 四川 37（147175）	2200.00	2020.11.21	3.9900
17 四川 38（147176）	2200.00	2022.11.21	4.0800	17 四川 39（147177）	2200.00	2024.11.21	4.1700
17 四川 40（147178）	714.00	2027.11.21	4.2500	17 湖北 28（147179）	800.00	2022.11.27	4.0800
17 湖北 29（147180）	6000.00	2027.11.27	4.7100	17 湖北 30（147181）	1500.00	2022.11.27	3.9700
17 青海 24（147182）	880.00	2027.11.27	4.3000	17 青海 25（147183）	600.00	2022.11.27	4.2000
17 青海 26（147184）	1400.00	2024.11.27	4.4900	17 青海 27（147185）	2800.00	2027.11.27	4.7000
17 青海 28（147186）	200.00	2020.11.27	3.9700	17 青海 29（147187）	300.00	2022.11.27	4.0700
17 青海 30（147188）	300.00	2020.11.27	3.9300	17 青海 31（147189）	700.00	2022.11.27	4.0900
17 青海 32（147190）	33.00	2022.11.27	4.5900	17 吉林 10（147191）	1840.00	2027.12.01	4.2900
17 吉林 11（147192）	635.00	2022.12.01	4.0400	17 吉林 12（147193）	883.00	2027.12.01	4.5900
17 北京 16（147194）	3834.00	2020.12.01	3.7900	17 北京 17（147195）	117.00	2027.12.01	3.9600
17 北京 18（147196）	2500.00	2020.12.01	3.7900	17 北京 19（147197）	7620.00	2027.12.01	3.9600
17 陕西 17（147198）	580.00	2022.12.04	4.0300	17 陕西 18（147199）	120.00	2022.12.04	4.4400
17 陕西 19（147200）	40.00	2022.12.04	4.0300	17 陕西 20（147201）	40.00	2022.12.04	4.5900
17 陕西 21（147202）	30.00	2022.12.04	4.5000	17 陕西 22（147203）	70.00	2022.12.04	4.4400
17 陕西 23（147204）	120.00	2022.12.04	4.0300	17 天津 25（147205）	1240.00	2020.12.06	4.0200
17 天津 26（147206）	4750.00	2020.12.06	4.1800	17 天津 27（147207）	600.00	2022.12.06	4.3000
17 甘肃 22（147208）	770.00	2022.12.11	3.9500	17 甘肃 23（147209）	300.00	2024.12.11	4.1000
17 河南 38（147210）	1900.00	2024.12.12	4.1500	17 深圳 01（147211）	2000.00	2022.12.12	3.8200
17 内蒙 13（147212）	380.00	2022.12.18	4.4900	17 内蒙 14（147213）	170.00	2022.12.18	4.6800
17 内蒙 15（147214）	490.00	2022.12.18	4.5000	17 内蒙 16（147215）	240.00	2022.12.18	4.7500
17 内蒙 17（147216）	270.00	2022.12.18	4.6800	17 内蒙 18（147217）	500.00	2022.12.18	4.5000
17 内蒙 19（147218）	250.00	2022.12.18	4.7500	17 内蒙 20（147219）	230.00	2022.12.18	4.6800
17 内蒙 21（147220）	470.00	2022.12.18	4.5000	17 内蒙 22（147221）	200.00	2022.12.18	4.6700
17 内蒙 23（147222）	90.00	2022.12.18	4.7200	17 内蒙 24（147223）	60.00	2022.12.18	4.6400

债券信息
List of Bonds

债券简称（代码） Bond Name (Code)	发行量（百万元） Issued Vol (M yuan)	到期日 Expiration Date	票面利率（%） Coupon Rate (%)	债券简称（代码） Bond Name (Code)	发行量（百万元） Issued Vol (M yuan)	到期日 Expiration Date	票面利率（%） Coupon Rate (%)
17 内蒙 25（147224）	30.00	2022.12.18	4.2800	17 内蒙 26（147225）	120.00	2022.12.18	4.2000
17 云南 23（147226）	1000.00	2020.12.27	4.2400	18 新疆 01（147227）	1400.00	2021.02.28	3.6100
18 新疆 02（147228）	2460.00	2021.02.28	3.8000	18 广西 01（147229）	4840.00	2023.03.09	3.9700
18 广西 02（147230）	3120.00	2023.03.09	4.1000	18 广西 03（147231）	600.00	2023.03.09	4.1000
18 广西 04（147232）	1500.00	2025.03.09	4.1800	18 内蒙 01（147233）	1056.00	2021.03.14	3.9700
18 内蒙 02（147234）	3240.00	2023.03.14	4.1600	18 内蒙 03（147235）	3240.00	2025.03.14	4.2900
18 内蒙 04（147236）	3240.00	2028.03.14	4.3200	18 内蒙 05（147237）	1887.00	2023.03.14	4.1500
18 内蒙 06（147238）	1887.00	2028.03.14	4.3500	18 贵州 01（147239）	12000.00	2021.03.14	4.0300
18 贵州 02（147240）	18000.00	2025.03.14	4.3200	18 贵州 03（147241）	4400.00	2021.03.14	4.1400
18 贵州 04（147242）	6600.00	2025.03.14	4.3200	18 河北 01（147243）	2600.00	2021.03.16	3.6800
18 河北 02（147244）	2600.00	2023.03.16	3.9600	18 河北 03（147245）	2600.00	2025.03.16	3.9600
18 河北 04（147246）	1100.00	2028.03.16	4.2300	18 河北 05（147247）	2300.00	2023.03.16	3.8800
18 河北 06（147248）	2240.00	2028.03.16	4.2000	18 湖北 01（147249）	9574.70	2019.03.26	3.5000
18 湖北 02（147250）	2970.00	2021.03.26	3.8200	18 山东 01（147251）	13958.00	2023.04.04	4.0000
18 山东 02（147252）	5000.00	2028.04.04	4.0500	18 山东 03（147253）	5668.00	2021.04.04	3.7600
18 山东 04（147254）	5000.00	2025.04.04	4.1000	18 辽宁 01（147255）	4540.00	2021.04.04	3.8600
18 辽宁 02（147256）	4540.00	2023.04.04	4.0500	18 辽宁 03（147257）	4540.00	2025.04.04	4.0400
18 辽宁 04（147258）	1529.00	2028.04.04	4.0800	18 辽宁 05（147259）	3000.00	2023.04.04	4.0100
18 辽宁 06（147260）	2851.00	2025.04.04	4.0400	18 山西 01（147261）	3000.00	2021.04.10	3.5500
18 山西 02（147262）	5000.00	2023.04.10	3.6500	18 山西 03（147263）	5000.00	2025.04.10	3.9400
18 广东 01（147264）	3510.00	2023.04.11	3.8400	18 广东 02（147265）	2870.00	2023.04.11	3.8400
18 宁夏 01（147266）	2294.00	2028.04.13	3.7100	18 重庆 01（147267）	6270.00	2021.04.23	3.2800
18 重庆 02（147268）	8000.00	2025.04.23	3.6100	18 甘肃 01（147269）	6600.00	2023.04.24	3.3900
18 陕西 01（147270）	2493.00	2021.05.09	3.5200	18 陕西 02（147271）	2493.00	2023.05.09	3.5600
18 陕西 03（147272）	2493.00	2025.05.09	3.8500	18 陕西 04（147273）	831.00	2028.05.09	3.9500
18 陕西 05（147274）	4246.00	2021.05.09	3.7200	18 陕西 06（147275）	4246.00	2023.05.09	3.6100
18 陕西 07（147276）	4246.00	2025.05.09	4.0400	18 陕西 08（147277）	1415.00	2028.05.09	3.9400
18 新疆 03（147278）	5270.00	2023.05.14	3.4800	18 大连 01（147279）	6268.00	2021.05.16	3.7100
18 大连 02（147280）	5520.00	2025.05.16	4.0500	18 大连 03（147281）	256.00	2021.05.16	3.7100
18 大连 04（147282）	496.00	2025.05.16	4.1600	18 江苏 02（147283）	16780.00	2021.05.21	3.3800
18 江苏 03（147284）	16600.00	2025.05.21	3.8500	18 江苏 04（147285）	12510.00	2023.05.21	3.6100
18 江苏 05（147286）	12500.00	2028.05.21	3.9000	18 广西 05（147287）	6800.00	2021.05.18	3.6000
18 广西 06（147288）	5000.00	2021.05.18	3.6100	18 广西 07（147289）	5700.00	2023.05.18	3.7500
18 河北 07（147290）	8100.00	2021.05.28	3.6000	18 河北 08（147291）	8190.00	2023.05.28	3.6400
18 河北 09（147292）	790.00	2021.05.28	3.6500	18 贵州 05（147293）	4000.00	2021.05.28	3.7600
18 贵州 06（147294）	2500.00	2023.05.28	3.9400	18 贵州 07（147295）	2000.00	2025.05.28	4.1200
18 贵州 08（147296）	1500.00	2028.05.28	4.2300	18 贵州 09（147297）	5700.00	2021.05.28	3.9000
18 贵州 10（147298）	3300.00	2023.05.28	3.9700	18 贵州 11（147299）	2700.00	2025.05.28	4.1400
18 贵州 12（147300）	2300.00	2028.05.28	4.3000	18 安徽 01（147301）	10000.00	2021.06.01	3.8600
18 安徽 02（147302）	10135.00	2023.06.01	4.0000	18 安徽 03（147303）	10000.00	2025.06.01	4.1500
18 安徽 04（147304）	10000.00	2023.06.01	4.1600	18 安徽 05（147305）	7281.00	2025.06.01	4.2300
18 四川 04（147306）	10000.00	2023.06.04	3.7100	18 四川 05（147307）	11000.00	2025.06.04	4.0700
18 新疆 04（147308）	13600.00	2028.06.05	4.0900	18 新疆 05（147309）	820.00	2021.06.05	3.5600
18 广西 08（147310）	8849.00	2023.06.07	3.8500	18 重庆 03（147311）	6600.00	2023.06.11	3.6700
18 重庆 04（147312）	7000.00	2025.06.11	3.9300	18 重庆 05（147313）	9000.00	2021.06.11	3.5600
18 重庆 06（147314）	7100.00	2028.06.11	4.0000	18 陕西 09（147315）	6656.00	2021.06.12	3.7600
18 陕西 10（147316）	10000.00	2023.06.12	4.0000	18 陕西 11（147317）	10000.00	2025.06.12	4.1400
18 陕西 12（147318）	6600.00	2028.06.12	4.2000	18 广东 03（147319）	13190.00	2023.06.13	3.6600
18 广东 04（147320）	6430.00	2023.06.13	3.6800	18 湖北 03（147321）	11970.00	2023.06.19	3.7900
18 湖北 04（147322）	2175.00	2023.06.19	3.9400	18 山东 07（147323）	14526.00	2023.06.20	3.7600

债券信息
List of Bonds

债券
Bond

债券简称（代码）Bond Name（Code）	发行量（百万元）Issued Vol（M yuan）	到期日 Expiration Date	票面利率（%）Coupon Rate（%）	债券简称（代码）Bond Name（Code）	发行量（百万元）Issued Vol（M yuan）	到期日 Expiration Date	票面利率（%）Coupon Rate（%）
18 青海 01（147324）	2000.00	2021.06.22	4.0000	18 青海 02（147325）	4000.00	2023.06.22	4.1000
18 青海 03（147326）	4960.00	2025.06.22	4.2100	18 浙江 01（147327）	2900.00	2023.06.22	3.4700
18 浙江 02（147328）	30300.00	2028.06.22	3.8100	18 海南 01（147329）	1600.00	2021.06.25	3.6900
18 海南 02（147330）	3000.00	2023.06.25	3.8000	18 海南 03（147331）	3000.00	2025.06.25	4.0500
18 海南 04（147332）	3900.00	2028.06.25	4.1300	18 河北 10（147333）	17700.00	2023.06.25	4.0800
18 河北 11（147334）	17700.00	2028.06.25	4.2700	18 贵州 13（147335）	16437.00	2023.06.26	4.0900
18 贵州 14（147336）	5000.00	2021.06.26	4.0000	18 贵州 15（147337）	10000.00	2023.06.26	4.1300
18 新疆 06（147338）	15000.00	2028.07.06	4.1500	18 广东 05（147339）	20000.00	2025.07.10	3.6900
18 广东 06（147340）	10290.00	2028.07.10	3.7000	18 广东 07（147341）	3500.00	2021.07.10	3.3700
18 广东 08（147342）	7000.00	2025.07.10	3.6900	18 广东 09（147343）	6990.00	2028.07.10	3.7000
18 宁波 01（147344）	1870.00	2021.07.11	3.2700	18 宁波 02（147345）	2830.00	2023.07.11	3.3700
18 宁波 03（147346）	1880.00	2025.07.11	3.6500	18 宁波 04（147347）	2830.00	2028.07.11	3.7200
18 宁波 05（147348）	1480.00	2021.07.11	3.2700	18 宁波 06（147349）	2220.00	2023.07.11	3.3700
18 宁波 07（147350）	1490.00	2025.07.11	3.6500	18 宁波 08（147351）	2260.00	2028.07.11	3.7200
18 广东 10（147352）	1200.00	2023.07.10	3.5000	18 广东 11（147353）	1200.00	2023.07.10	3.5000
18 广东 12（147354）	1800.00	2023.07.10	3.5000	18 广东 13（147355）	1400.00	2023.07.10	3.5000
18 广东 14（147356）	1900.00	2023.07.10	3.5000	18 广东 15（147357）	500.00	2023.07.10	3.5000
18 广东 16（147358）	2910.00	2023.07.10	3.5000	18 广东 17（147359）	1900.00	2023.07.10	3.5000
18 广东 18（147360）	500.00	2023.07.10	3.5000	18 广东 19（147361）	7100.00	2028.07.10	3.7100
18 江苏 06（147362）	29400.00	2023.07.16	3.7000	18 江苏 07（147363）	22340.00	2028.07.16	3.9300
18 江苏 08（147364）	13560.00	2021.07.16	3.6000	18 浙江 03（147365）	15100.00	2028.07.17	3.6200
18 广西 09（147366）	31866.00	2023.07.19	3.8500	18 广西 10（147367）	1375.00	2025.07.19	4.0000
18 上海 01（147368）	6100.00	2021.07.20	3.2400	18 上海 02（147369）	6100.00	2023.07.20	3.3200
18 上海 03（147370）	9040.00	2025.07.20	3.5500	18 上海 04（147371）	9040.00	2028.07.20	3.5700
18 上海 05（147372）	2360.00	2023.07.20	3.3000	18 上海 06（147373）	1690.00	2025.07.20	3.4800
18 重庆 07（147374）	8000.00	2021.07.23	3.4300	18 重庆 08（147375）	6608.00	2028.07.23	3.7500
18 重庆 09（147376）	2862.00	2025.07.23	3.7200	18 甘肃 06（147377）	3500.00	2023.07.24	3.7400
18 甘肃 07（147378）	3270.00	2025.07.24	3.9000	18 甘肃 08（147379）	3142.00	2028.07.24	3.9500
18 四川 08（147380）	15000.00	2023.07.27	3.8400	18 新疆 07（147381）	14350.00	2023.07.27	3.8000
18 新疆 08（147382）	4010.00	2021.07.27	3.5900	18 新疆 09（147383）	2150.00	2025.07.27	4.0000
18 北京 01（147384）	9823.00	2021.08.01	3.1800	18 北京 02（147385）	3679.00	2023.08.01	3.3000
18 北京 03（147386）	6536.00	2025.08.01	3.5300	18 北京 04（147387）	9562.00	2028.08.01	3.6400
18 云南 12（147388）	6800.00	2023.08.13	3.4100	18 云南 13（147389）	4400.00	2025.08.13	3.8300
18 云南 14（147390）	2300.00	2023.08.13	3.7200	18 云南 15（147391）	1000.00	2023.08.13	3.7800
18 湖南 13（147392）	10000.00	2021.08.15	3.4800	18 湖南 14（147393）	12719.00	2025.08.15	4.0000
18 湖南 15（147394）	2000.00	2023.08.15	3.8000	18 厦门 01（147395）	1700.00	2023.08.15	3.6500
18 厦门 02（147396）	2500.00	2028.08.15	3.9400	18 厦门 03（147397）	1000.00	2020.08.15	2.8600
18 厦门 04（147398）	1400.00	2023.08.15	3.6500	18 厦门 05（147399）	2400.00	2028.08.15	3.9400
18 厦门 06（147400）	1000.00	2038.08.15	4.0800	18 新疆 10（147401）	4580.00	2028.08.17	3.9600
18 新疆 11（147402）	2400.00	2028.08.17	3.9700	18 新疆 12（147403）	5000.00	2028.08.17	4.2500
18 新疆 13（147404）	1000.00	2023.08.17	3.8000	18 新疆 14（147405）	6500.00	2023.08.17	3.8000
18 新疆 15（147406）	200.00	2023.08.17	3.9700	18 新疆 16（147407）	380.00	2023.08.17	3.9700
18 新疆 17（147408）	500.00	2023.08.17	3.9700	18 新疆 18（147409）	200.00	2023.08.17	3.9700
18 新疆 19（147410）	300.00	2023.08.17	3.9700	18 江苏 09（147411）	13700.00	2021.08.20	3.5800
18 江苏 10（147412）	30000.00	2025.08.20	3.9400	18 江苏 11（147413）	16000.00	2028.08.20	3.9800
18 海南 05（147414）	2761.00	2021.08.21	3.6100	18 海南 06（147415）	1900.00	2025.08.21	3.9500
18 海南 07（147416）	2300.00	2028.08.21	4.0000	18 海南 08（147417）	1463.00	2021.08.21	3.6900
18 海南 09（147418）	2000.00	2025.08.21	3.9500	18 广东 20（147419）	3706.00	2025.08.17	3.9300
18 广东 21（147420）	12924.00	2025.08.17	3.9300	18 广东 22（147421）	1000.00	2028.08.17	3.9600
18 广东 23（147422）	200.00	2023.08.17	3.7100	18 广东 24（147423）	800.00	2023.08.17	3.7100

债券信息
List of Bonds

债券
Bond

债券简称（代码） Bond Name（Code）	发行量（百万元） Issued Vol（M yuan）	到期日 Expiration Date	票面利率（%） Coupon Rate（%）	债券简称（代码） Bond Name（Code）	发行量（百万元） Issued Vol（M yuan）	到期日 Expiration Date	票面利率（%） Coupon Rate（%）
18 广东 25（147424）	100.00	2023.08.17	3.7100	18 广东 26（147425）	100.00	2023.08.17	3.7100
18 广东 27（147426）	200.00	2023.08.17	3.7100	18 广东 28（147427）	700.00	2023.08.17	3.7100
18 广东 29（147428）	4200.00	2023.08.17	3.7100	18 广东 30（147429）	500.00	2023.08.17	3.7100
18 广东 31（147430）	400.00	2023.08.17	3.7100	18 广东 32（147431）	200.00	2023.08.17	3.7100
18 广东 33（147432）	1700.00	2023.08.17	3.7100	18 广东 34（147433）	34190.00	2023.08.17	3.7100
18 龙江 11（147434）	10113.00	2025.08.22	4.0100	18 龙江 12（147435）	1200.00	2023.08.22	3.7600
18 龙江 13（147436）	300.00	2023.08.22	3.9600	18 龙江 14（147437）	9937.00	2023.08.22	3.7800
18 龙江 15（147438）	1193.00	2023.08.22	3.9000	18 龙江 16（147439）	1091.00	2023.08.22	3.9500
18 龙江 17（147440）	979.00	2023.08.22	4.0100	18 甘肃 09（147441）	1977.00	2021.08.27	3.7000
18 甘肃 10（147442）	5203.00	2023.08.27	3.8300	18 甘肃 11（147443）	3400.00	2025.08.27	3.9900
18 龙江 18（147444）	2000.00	2023.08.22	3.7900	18 广西 11（147445）	6845.00	2025.08.29	3.9900
18 广西 12（147446）	20200.00	2023.08.29	3.8300	18 广西 13（147447）	1300.00	2023.08.29	3.8700
18 广西 14（147448）	4800.00	2028.08.29	4.2500	18 新疆 20（147449）	2500.00	2023.08.29	3.8300
18 安徽 09（147450）	10121.00	2023.08.30	3.8200	18 安徽 10（147451）	2445.00	2025.08.30	3.9800
18 安徽 11（147452）	5358.00	2025.08.30	3.9800	18 青海 04（147453）	5450.00	2023.08.30	3.8200
18 青海 05（147454）	5500.00	2025.08.30	3.9800	18 青海 06（147455）	200.00	2028.08.30	4.1000
18 青海 07（147456）	700.00	2028.08.30	4.0200	18 青海 08（147457）	200.00	2023.08.30	3.8200
18 青海 09（147458）	500.00	2025.08.30	4.0800	18 湖北 08（147459）	1800.00	2023.09.03	3.8000
18 湖北 09（147460）	11387.00	2025.09.03	3.9800	18 湖北 10（147461）	9799.00	2028.09.03	4.0100
18 内蒙 21（147462）	1200.00	2028.09.05	4.0500	18 深圳 01（147463）	300.00	2020.09.12	3.4100
18 深圳 02（147464）	1000.00	2023.09.12	3.8300	18 浙江 12（147465）	14270.00	2023.09.13	3.8500
18 浙江 13（147466）	7600.00	2025.09.13	4.0400	18 北京 05（147467）	2100.00	2023.09.17	3.8900
18 北京 06（147468）	3700.00	2025.09.17	4.0600	18 北京 07（147469）	5000.00	2028.09.17	4.0500
18 北京 08（147470）	7000.00	2023.09.17	3.8900	18 北京 09（147471）	9200.00	2028.09.17	4.0500
18 四川 18（147472）	2772.00	2021.09.18	3.8000	18 四川 19（147473）	23083.00	2023.09.18	3.9000
18 四川 20（147474）	827.00	2023.09.18	3.9000	18 四川 21（147475）	2877.00	2025.09.18	4.0600
18 四川 22（147476）	670.00	2028.09.18	4.0500	18 四川 23（147477）	1500.00	2028.09.18	4.0500
18 四川 24（147478）	400.00	2028.09.18	4.0500	18 四川 25（147479）	400.00	2028.09.18	4.0500
18 四川 26（147480）	500.00	2025.09.18	4.0600	18 四川 27（147481）	904.00	2025.09.18	4.0600
18 四川 28（147482）	1068.00	2028.09.18	4.0500	18 四川 29（147483）	1350.00	2025.09.18	4.0600
18 河北 37（147484）	6500.00	2025.09.19	4.0600	18 河北 38（147485）	500.00	2023.09.19	3.9000
18 河北 39（147486）	18000.00	2023.09.19	3.9000	18 河北 40（147487）	17799.00	2025.09.19	4.0600
18 湖北 11（147488）	8216.00	2021.09.19	3.7900	18 湖北 12（147489）	29851.00	2023.09.19	3.9000
18 湖北 13（147490）	109.00	2025.09.19	4.0600	18 湖北 14（147491）	555.00	2028.09.19	4.0500
18 陕西 24（147492）	3115.00	2021.09.19	3.7900	18 陕西 25（147493）	8776.00	2023.09.19	3.9000
18 陕西 26（147494）	1672.00	2023.09.19	3.9000	18 陕西 27（147495）	2060.00	2025.09.19	4.0600
18 陕西 28（147496）	877.00	2028.09.19	4.0500	18 广西 15（147497）	4766.00	2025.09.20	4.0600
18 广西 16（147498）	2942.00	2025.09.20	4.0600	18 广西 17（147499）	733.00	2025.09.20	4.0600
18 河北 31（147501）	2257.00	2023.08.24	3.8200	18 河北 32（147502）	733.00	2023.08.24	3.8700
18 河北 33（147503）	2360.00	2025.08.24	3.9800	18 河北 34（147504）	1300.00	2028.08.24	4.1900
18 河北 35（147505）	3968.00	2025.08.24	3.9800	18 河北 36（147506）	3700.00	2028.08.24	4.0300
18 山西 11（147507）	3171.00	2025.09.11	4.0200	18 山西 12（147508）	3000.00	2028.09.11	4.0100
18 山西 13（147509）	1757.00	2023.09.11	3.8100	18 山西 14（147510）	4326.00	2028.09.11	4.0100
18 山西 15（147511）	400.00	2028.09.11	4.0100	18 山西 16（147512）	2900.00	2023.09.11	3.8100
18 山西 17（147513）	1500.00	2028.09.11	4.0100	18 内蒙 22（147514）	2460.00	2028.09.13	4.0400
18 内蒙 23（147515）	2705.00	2023.09.13	3.8500	18 天津 27（147518）	898.00	2021.09.07	3.7100
18 天津 28（147519）	898.00	2023.09.07	3.7800	18 天津 29（147520）	1000.00	2021.09.07	3.7100
18 天津 30（147521）	2200.00	2023.09.07	3.7800	18 山东 13（147523）	9161.00	2023.09.12	3.8300
18 山东 14（147524）	15993.00	2021.09.12	3.7600	18 山东 15（147525）	16266.00	2021.09.12	3.7600
18 山东 16（147526）	789.00	2021.09.12	3.7600	18 山东 17（147527）	1959.00	2021.09.12	3.7600

债券信息
List of Bonds

债券简称（代码） Bond Name（Code）	发行量（百万元） Issued Vol （M yuan）	到期日 Expiration Date	票面利率（%） Coupon Rate（%）	债券简称（代码） Bond Name（Code）	发行量（百万元） Issued Vol （M yuan）	到期日 Expiration Date	票面利率（%） Coupon Rate（%）
18 辽宁 15（147528）	8806.00	2021.09.14	3.7900	18 辽宁 16（147529）	823.00	2028.09.14	4.0500
18 宁波 09（147530）	600.00	2023.09.18	3.9000	18 宁波 10（147531）	600.00	2028.09.18	4.0500
18 宁波 11（147532）	600.00	2023.09.18	3.9000	18 宁波 12（147533）	700.00	2028.09.18	4.0500
18 宁波 13（147534）	700.00	2028.09.18	4.0500	18 宁波 14（147535）	2500.00	2023.09.18	3.9000
18 宁波 15（147536）	3300.00	2028.09.18	4.0500	18 甘肃 12（147537）	10200.00	2023.09.17	3.8900
18 甘肃 13（147538）	3300.00	2025.09.17	4.0600	18 江西 18（147539）	4300.00	2023.09.17	3.8900
18 江西 19（147540）	34800.00	2023.09.17	3.8900	18 宁夏 07（147541）	1395.00	2023.09.14	3.8700
18 宁夏 08（147542）	1300.00	2021.09.14	3.7800	18 宁夏 09（147543）	1300.00	2023.09.14	3.8700
18 宁夏 10（147544）	1300.00	2025.09.14	4.0500	18 宁夏 11（147545）	1900.00	2028.09.14	4.0500
18 宁夏 12（147546）	600.00	2023.09.14	3.8700	18 宁夏 13（147547）	700.00	2028.09.14	4.0500
18 上海 07（147548）	1600.00	2021.09.17	3.7900	18 上海 08（147549）	1600.00	2023.09.17	3.8900
18 上海 09（147550）	2360.00	2025.09.17	4.0600	18 上海 10（147551）	2370.00	2028.09.17	4.0500
18 上海 11（147552）	1830.00	2025.09.17	4.0600	18 上海 12（147553）	7370.00	2021.09.17	3.7900
18 上海 13（147554）	13730.00	2023.09.17	3.8900	18 上海 14（147555）	5400.00	2028.09.17	4.0500
18 贵州 22（147556）	1761.00	2025.09.17	4.0600	18 贵州 23（147557）	800.00	2023.09.17	3.8900
18 福建 14（147558）	19375.00	2023.09.21	3.8900	18 福建 15（147559）	6435.00	2023.09.21	3.8900
18 福建 16（147560）	2050.00	2033.09.21	4.3300	18 海南 10（147561）	700.00	2025.09.21	4.0600
18 海南 11（147562）	1500.00	2021.09.21	3.7600	18 海南 12（147563）	8600.00	2023.09.21	3.8900
18 河南 25（147564）	4963.00	2023.09.25	3.9000	18 河南 26（147565）	5662.00	2023.09.25	3.9000
18 河南 27（147566）	1537.00	2021.09.25	3.7600	18 河南 28（147567）	7551.00	2023.09.25	3.9000
18 河南 29（147568）	5200.00	2033.09.25	4.3300	18 河南 30（147569）	7461.00	2023.09.25	3.9000
18 河南 31（147570）	10872.00	2025.09.25	4.0600	18 云南 19（147571）	8650.00	2023.09.20	3.9000
18 云南 20（147572）	2770.00	2023.09.20	3.9000	18 云南 21（147573）	1900.00	2025.09.20	4.0600
18 云南 22（147574）	1530.00	2025.09.20	4.0600	18 云南 23（147575）	600.00	2025.09.20	4.0600
18 广东 35（147576）	3500.00	2021.09.21	3.7600	18 广东 36（147577）	3542.00	2023.09.21	3.8900
18 四川 30（147578）	14229.00	2025.09.27	4.0700	18 宁夏 14（147579）	1985.00	2021.10.10	3.6800
18 宁夏 15（147580）	2000.00	2025.10.10	4.0200	18 宁夏 16（147581）	1000.00	2028.10.10	4.0200
18 宁夏 17（147582）	1000.00	2023.10.10	3.8500	18 宁夏 18（147583）	1000.00	2025.10.10	4.0200
18 宁夏 19（147584）	1700.00	2028.10.10	4.0200	18 辽宁 17（147585）	21657.00	2021.10.17	3.6200
18 辽宁 18（147586）	4990.00	2028.10.17	4.0000	18 辽宁 19（147587）	200.00	2023.10.17	3.8200
18 辽宁 20（147588）	370.00	2023.10.17	3.8200	18 辽宁 21（147589）	30.00	2023.10.17	3.8200
18 辽宁 22（147590）	300.00	2028.10.17	4.0000	18 辽宁 23（147591）	174.00	2028.10.17	4.0000
18 重庆 13（147592）	5000.00	2028.10.22	3.9800	18 重庆 14（147593）	5000.00	2023.10.22	3.8000
18 四川 31（147595）	2695.00	2025.10.17	4.0000	18 四川 32（147596）	11998.00	2025.10.17	4.0000
18 吉林 09（147597）	7841.00	2023.10.25	3.7800	18 吉林 10（147598）	14613.00	2023.10.25	3.7800
18 吉林 11（147599）	500.00	2028.10.25	3.9700	18 吉林 04（147601）	4606.00	2023.08.08	3.7000
18 吉林 05（147602）	5000.00	2025.08.08	3.9400	18 吉林 06（147603）	5000.00	2028.08.08	3.9700
18 吉林 07（147604）	6036.00	2023.08.08	3.7700	18 吉林 08（147605）	224.00	2025.08.08	3.9600
18 山东 08（147607）	32591.00	2021.08.07	3.4300	18 山东 09（147608）	15728.00	2023.08.07	3.6700
18 浙江 04（147609）	6121.00	2023.08.22	3.7600	18 浙江 05（147610）	4707.00	2021.08.22	3.6300
18 浙江 06（147611）	5800.00	2028.08.22	4.0100	18 浙江 07（147612）	2000.00	2033.08.22	4.2900
18 陕西 19（147613）	4964.00	2023.08.16	3.7500	18 陕西 20（147614）	5093.00	2025.08.16	3.9900
18 陕西 21（147615）	1300.00	2025.08.16	4.1200	18 陕西 22（147616）	3569.00	2023.08.16	3.7900
18 陕西 23（147617）	3570.00	2025.08.16	4.0000	18 河南 04（147618）	9113.00	2023.08.10	3.3700
18 河南 05（147619）	6309.00	2023.08.10	3.6000	18 河南 06（147620）	864.00	2023.08.10	3.8000
18 河南 07（147621）	1265.00	2023.08.10	3.9400	18 河南 08（147622）	780.00	2023.08.10	3.7500
18 河南 09（147623）	1779.00	2023.08.10	3.9500	18 河南 10（147624）	239.00	2023.08.10	3.6600
18 河南 11（147625）	1223.00	2023.08.10	3.9700	18 河南 12（147626）	1424.00	2021.08.10	3.3300
18 河南 13（147627）	2018.00	2023.08.10	3.7500	18 河南 14（147628）	402.00	2023.08.10	3.6000
18 河南 15（147629）	1708.00	2023.08.10	3.9000	18 河南 16（147630）	164.00	2023.08.10	3.9500

债券信息
List of Bonds

债券
Bond

债券简称（代码） Bond Name（Code）	发行量（百万元） Issued Vol （M yuan）	到期日 Expiration Date	票面利率（%） Coupon Rate（%）	债券简称（代码） Bond Name（Code）	发行量（百万元） Issued Vol （M yuan）	到期日 Expiration Date	票面利率（%） Coupon Rate（%）
18 河南 17（147631）	1898.00	2023.08.10	3.8800	18 河南 18（147632）	304.00	2023.08.10	3.9000
18 河南 19（147633）	1497.00	2023.08.10	3.8500	18 河南 20（147634）	640.00	2023.08.10	3.9000
18 河南 21（147635）	753.00	2023.08.10	3.8000	18 河南 22（147636）	259.00	2023.08.10	3.6000
18 河南 23（147637）	2059.00	2023.08.10	3.9000	18 河南 24（147638）	197.00	2021.08.10	3.5400
18 天津 16（147639）	3729.00	2021.08.13	3.6000	18 天津 17（147640）	880.00	2021.08.13	3.5300
18 天津 18（147641）	5000.00	2023.08.13	3.8000	18 天津 19（147642）	6000.00	2023.08.13	3.9500
18 天津 20（147643）	300.00	2023.08.13	3.4800	18 天津 21（147644）	1700.00	2023.08.13	3.9500
18 天津 22（147645）	2200.00	2023.08.13	3.9500	18 天津 23（147646）	2500.00	2023.08.13	3.4300
18 天津 24（147647）	600.00	2023.08.13	3.8000	18 天津 25（147648）	1500.00	2023.08.13	3.4300
18 天津 26（147649）	2000.00	2023.08.13	3.4800	18 大连 09（147650）	2200.00	2023.09.12	3.8300
18 大连 10（147651）	2900.00	2025.09.12	4.0300	18 大连 11（147652）	410.00	2023.09.12	3.8300
18 大连 12（147653）	290.00	2025.09.12	4.0300	18 内蒙 14（147654）	2000.00	2019.08.23	3.3200
18 内蒙 15（147655）	8000.00	2020.08.23	3.6400	18 内蒙 16（147656）	8347.00	2021.08.23	3.7000
18 内蒙 17（147657）	11000.00	2025.08.23	4.0500	18 内蒙 18（147658）	11000.00	2028.08.23	4.1900
18 内蒙 19（147659）	10000.00	2038.08.23	4.4400	18 内蒙 20（147660）	2161.00	2023.08.23	3.7900
18 贵州 19（147661）	9151.00	2023.08.22	3.7600	18 贵州 20（147662）	7000.00	2028.08.22	4.1000
18 贵州 21（147663）	3314.00	2028.08.22	4.1100	18 四川 09（147664）	5139.00	2021.08.21	3.6600
18 四川 10（147665）	13600.00	2025.08.21	3.9500	18 四川 11（147666）	4902.00	2025.08.21	3.9500
18 四川 12（147667）	11700.00	2023.08.21	3.8000	18 四川 13（147668）	2000.00	2025.08.21	4.1000
18 四川 14（147669）	500.00	2028.08.21	4.2500	18 四川 15（147670）	500.00	2023.08.21	3.7500
18 四川 16（147671）	300.00	2028.08.21	4.1500	18 四川 17（147672）	1000.00	2025.08.21	4.1000
18 云南 16（147673）	8900.00	2021.08.23	3.6700	18 云南 17（147674）	1750.00	2023.08.23	3.7900
18 云南 18（147675）	4700.00	2023.08.23	3.7900	18 青岛 04（147676）	4595.00	2021.08.28	3.7100
18 青岛 05（147677）	2200.00	2023.08.28	3.8300	18 青岛 06（147678）	3300.00	2025.08.28	3.9900
18 青岛 07（147679）	840.00	2021.08.28	3.7100	18 浙江 08（147680）	6941.00	2021.09.03	3.7000
18 浙江 09（147681）	10410.00	2028.09.03	4.0100	18 浙江 10（147682）	11519.00	2028.09.03	4.0100
18 浙江 11（147683）	23130.00	2023.09.03	3.8000	18 重庆 10（147684）	11700.00	2023.08.27	3.8300
18 重庆 11（147685）	9000.00	2023.08.27	3.8300	18 重庆 12（147686）	9300.00	2023.08.27	3.8300
18 青海 10（147687）	600.00	2025.09.14	4.0500	18 青海 11（147688）	300.00	2025.09.14	4.0500
18 青海 12（147689）	1500.00	2025.09.14	4.0500	18 青海 13（147690）	200.00	2025.09.14	4.0500
18 青海 14（147691）	700.00	2025.09.14	4.0500	18 山东 10（147692）	4899.00	2021.09.03	3.7000
18 山东 11（147693）	39135.00	2023.09.03	3.8000	18 山东 12（147694）	2614.00	2021.09.03	3.7000
18 河北 26（147695）	14030.00	2021.08.24	3.7000	18 河北 27（147696）	10500.00	2025.08.24	3.9800
18 河北 28（147697）	10500.00	2028.08.24	4.0300	18 河北 29（147698）	1882.00	2023.08.24	3.8700
18 河北 30（147699）	2160.00	2023.08.24	3.9200	18 天津 09（147701）	700.00	2023.06.21	4.1000
18 天津 10（147702）	2300.00	2021.06.21	4.0900	18 天津 11（147703）	2100.00	2023.06.21	4.0000
18 天津 12（147704）	2300.00	2023.06.21	4.2000	18 天津 13（147705）	700.00	2021.06.21	3.5600
18 天津 14（147706）	1117.00	2021.06.21	4.1500	18 天津 15（147707）	885.00	2021.06.21	4.0800
18 甘肃 02（147708）	9125.00	2023.06.15	3.7900	18 甘肃 03（147709）	4587.00	2025.06.15	3.9000
18 甘肃 04（147710）	3000.00	2028.06.15	4.1800	18 甘肃 05（147711）	494.00	2023.06.15	4.0800
18 龙江 04（147712）	6749.00	2021.06.20	3.9900	18 龙江 05（147713）	6893.00	2023.06.20	4.0700
18 龙江 06（147714）	6000.00	2025.06.20	4.2100	18 龙江 07（147715）	5000.00	2028.06.20	4.2400
18 龙江 08（147716）	2038.00	2023.06.20	4.2400	18 湖南 09（147717）	10000.00	2023.06.19	4.0000
18 湖南 10（147718）	10000.00	2025.06.19	4.0800	18 辽宁 09（147719）	10203.00	2023.06.22	4.1500
18 辽宁 10（147720）	10441.00	2025.06.22	4.2300	18 青岛 01（147721）	4204.00	2023.06.26	3.6100
18 青岛 02（147722）	4200.00	2025.06.26	3.8300	18 青岛 03（147723）	2300.00	2023.06.26	3.7300
18 江西 09（147724）	3929.00	2021.07.04	3.6700	18 江西 10（147725）	11720.00	2023.07.04	3.9500
18 江西 11（147726）	11720.00	2025.07.04	4.0800	18 江西 12（147727）	11720.00	2028.07.04	4.1700
18 江西 13（147728）	2123.00	2021.07.04	3.8500	18 江西 14（147729）	1140.00	2023.07.04	3.9500
18 江西 15（147730）	2090.00	2025.07.04	4.1500	18 江西 16（147731）	2090.00	2028.07.04	4.2000

债券信息
List of Bonds

债券
Bond

债券简称（代码） Bond Name（Code）	发行量（百万元） Issued Vol（M yuan）	到期日 Expiration Date	票面利率（%） Coupon Rate（%）	债券简称（代码） Bond Name（Code）	发行量（百万元） Issued Vol（M yuan）	到期日 Expiration Date	票面利率（%） Coupon Rate（%）
18 内蒙 13（147732）	4432.00	2023.07.03	4.0800	18 山西 04（147733）	3983.00	2023.07.09	3.3300
18 山西 05（147734）	4000.00	2025.07.09	3.8900	18 山西 06（147735）	10000.00	2028.07.09	4.0400
18 山西 07（147736）	1117.00	2023.07.09	3.3300	18 山西 08（147737）	640.00	2023.07.09	3.3300
18 山西 09（147738）	1500.00	2025.07.09	3.9500	18 山西 10（147739）	2000.00	2028.07.09	4.0000
18 云南 08（147740）	6000.00	2021.07.09	3.5300	18 云南 09（147741）	11290.00	2023.07.09	3.9000
18 云南 10（147742）	11290.00	2025.07.09	4.0500	18 云南 11（147743）	6000.00	2028.07.09	4.1300
18 江西 17（147744）	950.00	2023.07.04	3.9800	18 四川 06（147745）	11800.00	2021.07.03	3.9300
18 四川 07（147746）	11700.00	2023.07.03	3.9900	18 宁夏 02（147747）	2580.00	2021.07.06	3.5000
18 宁夏 03（147748）	5000.00	2023.07.06	3.6000	18 宁夏 04（147749）	3800.00	2025.07.06	3.9500
18 宁夏 05（147750）	1300.00	2028.07.06	4.0900	18 宁夏 06（147751）	158.00	2023.07.06	4.0400
18 龙江 09（147752）	10594.00	2023.07.13	3.8500	18 龙江 10（147753）	8700.00	2025.07.13	4.1000
18 辽宁 11（147754）	5660.00	2021.07.18	3.7800	18 辽宁 12（147755）	810.00	2021.07.18	3.7500
18 辽宁 13（147756）	734.00	2023.07.18	3.5600	18 辽宁 14（147757）	182.00	2023.07.18	3.8600
18 大连 05（147758）	9303.00	2023.07.24	3.8200	18 大连 06（147759）	6465.00	2025.07.24	4.0000
18 大连 07（147760）	199.00	2023.07.24	3.9300	18 大连 08（147761）	772.00	2025.07.24	3.9800
18 陕西 13（147762）	5129.00	2021.07.18	3.6100	18 陕西 14（147763）	5110.00	2028.07.18	4.0900
18 陕西 15（147764）	3567.00	2021.07.18	3.7700	18 陕西 16（147765）	3570.00	2028.07.18	4.1300
18 陕西 17（147766）	4450.00	2023.07.18	3.9700	18 陕西 18（147767）	3550.00	2025.07.18	4.1200
18 福建 08（147769）	6340.00	2023.07.20	3.5400	18 福建 09（147770）	4750.00	2025.07.20	3.7800
18 福建 10（147771）	4750.00	2028.07.20	3.9500	18 福建 11（147772）	2849.00	2023.07.20	3.7500
18 福建 12（147773）	2120.00	2025.07.20	3.9800	18 福建 13（147774）	2120.00	2028.07.20	4.0500
18 湖南 11（147775）	4400.00	2021.07.13	3.6100	18 湖南 12（147776）	19640.00	2025.07.13	4.0500
18 安徽 06（147777）	7304.00	2023.07.23	3.7400	18 安徽 07（147778）	10000.00	2025.07.23	3.9000
18 安徽 08（147779）	9654.00	2023.07.23	3.8500	18 河北 12（147780）	2320.00	2023.07.25	3.9000
18 河北 13（147781）	1460.00	2023.07.25	3.9900	18 河北 14（147782）	1497.00	2023.07.25	4.0000
18 河北 15（147783）	1287.00	2023.07.25	4.0000	18 河北 16（147784）	840.00	2023.07.25	3.9500
18 河北 17（147785）	2090.00	2023.07.25	3.8500	18 河北 18（147786）	2460.00	2023.07.25	3.9900
18 河北 19（147787）	370.00	2023.07.25	3.9900	18 河北 20（147788）	1890.00	2023.07.25	4.0300
18 河北 21（147789）	699.00	2021.07.25	3.7700	18 河北 22（147790）	140.00	2023.07.25	3.9500
18 河北 23（147791）	300.00	2023.07.25	4.0000	18 河北 24（147792）	50.00	2023.07.25	3.9500
18 河北 25（147793）	178.00	2023.07.25	4.0100	18 湖北 05（147794）	17600.00	2020.08.01	3.4700
18 湖北 06（147795）	14600.00	2025.08.01	3.9000	18 湖北 07（147796）	7300.00	2028.08.01	3.9500
18 贵州 16（147797）	5978.00	2021.07.30	3.7200	18 贵州 17（147798）	6000.00	2028.07.30	4.1300
18 贵州 18（147799）	522.00	2028.07.30	4.1400	17 江西 34（147801）	402.00	2022.11.17	4.3300
17 龙江 12（147802）	3784.00	2020.11.16	3.8300	17 龙江 13（147803）	3358.00	2020.11.16	3.8900
17 龙江 14（147804）	2714.00	2022.11.16	4.0200	17 龙江 15（147805）	2000.00	2024.11.16	4.1200
17 龙江 16（147806）	286.00	2027.11.16	4.3500	17 龙江 17（147807）	90.00	2022.11.16	4.1200
17 龙江 18（147808）	20.00	2022.11.16	4.0600	17 龙江 19（147809）	338.00	2022.11.16	4.1200
17 龙江 20（147810）	150.00	2022.11.16	4.1500	17 龙江 21（147811）	402.00	2022.11.16	4.3000
17 四川 41（147812）	2800.00	2020.11.22	3.9600	17 四川 42（147813）	2800.00	2022.11.22	4.0800
17 四川 43（147814）	2800.00	2024.11.22	4.1800	17 四川 44（147815）	1168.00	2027.11.22	4.2800
17 四川 45（147816）	1000.00	2022.11.22	4.1500	17 四川 46（147817）	152.00	2022.11.22	4.3400
17 四川 47（147818）	40.00	2022.11.22	4.6600	17 四川 48（147819）	614.00	2022.11.22	4.2000
17 四川 49（147820）	50.00	2022.11.22	4.5200	17 四川 50（147821）	80.00	2022.11.22	4.3000
17 四川 51（147822）	43.00	2022.11.22	4.6600	17 四川 52（147823）	100.00	2022.11.22	4.3800
17 四川 53（147824）	73.00	2022.11.22	4.5000	17 四川 54（147825）	23.00	2022.11.22	4.4000
17 四川 55（147826）	83.00	2022.11.22	4.3800	17 四川 56（147827）	378.00	2022.11.22	4.3800
17 四川 57（147828）	50.00	2022.11.22	4.6000	17 湖南 07（147829）	15500.00	2020.11.30	4.2100
17 湖南 08（147830）	10000.00	2022.11.30	4.2500	17 湖南 09（147831）	5000.00	2024.11.30	4.3000
17 湖南 11（147833）	20000.00	2020.11.30	4.3500	17 湖南 12（147834）	13300.00	2022.11.30	4.3900

债券信息
List of Bonds

债券简称（代码）Bond Name（Code）	发行量（百万元）Issued Vol（M yuan）	到期日 Expiration Date	票面利率（%）Coupon Rate（%）	债券简称（代码）Bond Name（Code）	发行量（百万元）Issued Vol（M yuan）	到期日 Expiration Date	票面利率（%）Coupon Rate（%）
17 青岛 17（147835）	500.00	2022.12.12	3.8500	17 青岛 18（147836）	200.00	2024.12.12	3.9500
17 青岛 19（147837）	300.00	2027.12.12	3.9400	17 湖南 13（147838）	1000.00	2024.12.27	4.3000
18 江西 01（147839）	1307.00	2021.03.19	3.6800	18 江西 02（147840）	3922.00	2023.03.19	3.9700
18 江西 03（147841）	3922.00	2025.03.19	4.3400	18 江西 04（147842）	3922.00	2028.03.19	4.4100
18 江西 05（147843）	1839.00	2021.03.19	3.8300	18 江西 06（147844）	1839.00	2023.03.19	4.2600
18 江西 07（147845）	1839.00	2025.03.19	4.2900	18 江西 08（147846）	1839.00	2028.03.19	4.4100
18 云南 01（147847）	5100.00	2021.03.23	3.8900	18 云南 02（147848）	6600.00	2028.03.23	4.3700
18 云南 03（147849）	4650.00	2021.03.23	3.7900	18 四川 01（147850）	5400.00	2021.03.23	3.7300
18 四川 02（147851）	5300.00	2025.03.23	4.1000	18 四川 03（147852）	2800.00	2023.03.23	3.8400
18 江苏 01（147853）	7500.00	2023.04.12	3.6300	18 福建 01（147854）	1178.00	2021.04.20	3.3700
18 福建 02（147855）	3500.00	2023.04.20	3.5700	18 福建 03（147856）	3500.00	2025.04.20	3.7700
18 福建 04（147857）	3500.00	2028.04.20	3.8500	18 福建 05（147858）	4986.00	2023.04.20	3.6400
18 福建 06（147859）	2480.00	2025.04.20	3.8000	18 福建 07（147860）	2480.00	2028.04.20	3.9000
18 湖南 01（147861）	11000.00	2021.04.19	3.5300	18 湖南 02（147862）	17100.00	2023.04.19	3.6700
18 湖南 03（147863）	9000.00	2021.04.19	3.6600	18 辽宁 07（147864）	7080.00	2023.05.18	3.7000
18 辽宁 08（147865）	5760.00	2025.05.18	3.9500	18 山东 05（147866）	20332.00	2025.05.21	4.0100
18 山东 06（147867）	9722.00	2025.05.21	4.0900	18 内蒙 07（147868）	2183.00	2021.05.31	3.7700
18 内蒙 08（147869）	6528.00	2023.05.31	4.0800	18 内蒙 09（147870）	6528.00	2025.05.31	4.1500
18 内蒙 10（147871）	6528.00	2028.05.31	4.3000	18 内蒙 11（147872）	128.00	2023.05.31	4.0500
18 内蒙 12（147873）	128.00	2028.05.31	4.3200	18 湖南 04（147874）	18637.00	2023.05.22	3.7400
18 湖南 05（147875）	12300.00	2025.05.22	4.0400	18 湖南 06（147876）	3100.00	2028.05.22	4.1000
18 湖南 07（147877）	6000.00	2023.05.22	3.9800	18 湖南 08（147878）	2700.00	2025.05.22	4.0500
18 云南 04（147879）	6670.00	2023.05.23	3.8000	18 云南 05（147880）	6860.00	2028.05.23	4.2100
18 云南 06（147881）	3300.00	2021.05.23	3.4900	18 云南 07（147882）	7400.00	2025.05.23	4.1400
18 吉林 01（147883）	10107.00	2023.06.15	4.0800	18 吉林 02（147884）	10000.00	2025.06.15	4.2000
18 吉林 03（147885）	7000.00	2028.06.15	4.1000	18 龙江 01（147886）	5114.00	2021.05.30	3.8200
18 龙江 02（147887）	6000.00	2023.05.30	3.9500	18 龙江 03（147888）	6000.00	2025.05.30	4.0000
18 河南 01（147889）	14645.00	2021.06.12	3.7500	18 河南 02（147890）	14700.00	2023.06.12	3.9700
18 河南 03（147891）	14700.00	2025.06.12	4.0400	18 天津 01（147892）	4079.00	2020.06.21	3.8400
18 天津 02（147893）	3190.00	2023.06.21	3.9000	18 天津 03（147894）	3180.00	2023.06.21	4.1000
18 天津 04（147895）	3900.00	2025.06.21	4.2900	18 天津 05（147896）	1500.00	2023.06.21	3.8800
18 天津 06（147897）	300.00	2023.08.13	3.3400	18 天津 07（147898）	5400.00	2023.06.21	4.1300
18 天津 08（147899）	700.00	2023.06.21	4.2000	17 天津 19（147901）	1200.00	2020.09.04	3.7800
17 天津 20（147902）	800.00	2022.09.04	4.0100	17 天津 21（147903）	1200.00	2022.09.04	4.0100
17 天津 22（147904）	700.00	2020.09.04	3.8800	17 天津 23（147905）	1200.00	2022.09.04	4.1100
17 天津 24（147906）	2759.00	2024.09.04	4.1300	17 宁波 09（147907）	1840.00	2020.09.13	3.6000
17 宁波 10（147908）	2760.00	2022.09.13	3.7100	17 宁波 11（147909）	1940.00	2024.09.13	3.8500
17 宁波 12（147910）	2760.00	2027.09.13	3.9300	17 宁波 13（147911）	770.00	2022.09.13	3.6600
17 宁波 14（147912）	600.00	2027.09.13	3.8300	17 宁波 15（147913）	500.00	2022.09.13	3.6600
17 宁波 16（147914）	200.00	2022.09.13	3.6600	17 宁波 17（147915）	100.00	2022.09.13	3.6100
17 宁波 18（147916）	200.00	2022.09.13	3.6600	17 宁波 19（147917）	1000.00	2027.09.13	4.0800
17 湖南 05（147918）	16000.00	2022.09.11	3.9200	17 湖南 06（147919）	17000.00	2024.09.11	4.0600
17 山东 11（147920）	8441.00	2027.09.15	4.0500	17 山东 12（147921）	80.00	2022.09.15	3.9500
17 山东 13（147922）	380.00	2022.09.15	3.9500	17 山东 14（147923）	440.00	2022.09.15	3.9500
17 山东 15（147924）	480.00	2022.09.15	3.9500	17 山东 16（147925）	650.00	2022.09.15	3.9500
17 山东 17（147926）	710.00	2022.09.15	3.9700	17 山东 18（147927）	740.00	2022.09.15	3.9700
17 山东 19（147928）	750.00	2022.09.15	3.9600	17 山东 20（147929）	850.00	2022.09.15	3.9600
17 山东 21（147930）	1160.00	2022.09.15	3.9500	17 山东 22（147931）	1210.00	2022.09.15	3.9600
17 山东 23（147932）	1330.00	2022.09.15	3.9500	17 山东 24（147933）	1670.00	2022.09.15	3.9600
17 山东 25（147934）	1710.00	2022.09.15	3.9600	17 山东 26（147935）	2410.00	2022.09.15	3.9500

债券信息 List of Bonds

债券简称（代码）Bond Name（Code）	发行量（百万元）Issued Vol（M yuan）	到期日 Expiration Date	票面利率（%）Coupon Rate（%）	债券简称（代码）Bond Name（Code）	发行量（百万元）Issued Vol（M yuan）	到期日 Expiration Date	票面利率（%）Coupon Rate（%）
17 山东 27（147936）	3430.00	2022.09.15	3.9000	17 河南 14（147937）	5650.00	2022.09.20	3.7400
17 河南 15（147938）	5651.00	2027.09.20	4.0400	17 河南 16（147939）	760.00	2022.09.20	3.9100
17 河南 17（147940）	6688.00	2022.09.20	3.9100	17 河南 18（147941）	1040.00	2022.09.20	3.9500
17 河南 19（147942）	800.00	2022.09.20	3.9100	17 河南 20（147943）	21.00	2022.09.20	4.3200
17 河南 21（147944）	204.00	2022.09.20	3.9900	17 河南 22（147945）	421.00	2022.09.20	3.9500
17 河南 23（147946）	27.00	2022.09.20	4.3100	17 河南 24（147947）	408.00	2022.09.20	3.9500
17 河南 25（147948）	45.00	2022.09.20	4.2100	17 河南 26（147949）	282.00	2022.09.20	3.9800
17 河南 27（147950）	144.00	2022.09.20	4.0000	17 河南 28（147951）	989.00	2022.09.20	3.9100
17 河南 29（147952）	849.00	2022.09.20	3.9100	17 河南 30（147953）	669.00	2022.09.20	3.9100
17 河南 31（147954）	273.00	2022.09.20	3.9600	17 内蒙 08（147955）	3585.00	2022.10.24	3.9400
17 内蒙 09（147956）	5840.00	2024.10.24	4.0500	17 内蒙 10（147957）	12990.00	2027.10.24	4.0600
17 内蒙 11（147958）	3843.00	2022.10.24	3.9400	17 内蒙 12（147959）	3843.00	2027.10.24	4.0400
17 安徽 07（147960）	16918.00	2020.10.20	3.9100	17 安徽 08（147961）	5400.00	2022.10.20	3.9000
17 安徽 09（147962）	7000.00	2027.10.20	4.1500	17 云南 20（147963）	1070.00	2022.10.20	3.9100
17 云南 21（147964）	1050.00	2024.10.20	3.9500	17 云南 22（147965）	1000.00	2020.10.20	3.9000
17 青岛 08（147966）	240.00	2020.10.23	3.6900	17 青岛 09（147967）	720.00	2022.10.23	3.8000
17 青岛 10（147968）	720.00	2024.10.23	3.9000	17 青岛 11（147969）	720.00	2027.10.23	3.8600
17 青岛 12（147970）	3070.00	2022.10.23	3.8300	17 青岛 13（147971）	1048.00	2024.10.23	3.9300
17 青岛 14（147972）	1022.00	2027.10.23	3.9100	17 青岛 15（147973）	150.00	2022.10.23	4.0000
17 青岛 16（147974）	2000.00	2022.10.23	3.9300	17 河南 32（147975）	3467.00	2020.11.14	3.7000
17 河南 33（147976）	10300.00	2022.11.14	3.9000	17 河南 34（147977）	6500.00	2024.11.14	4.0400
17 河南 35（147978）	7500.00	2027.11.14	4.1300	17 河南 36（147979）	10781.00	2027.11.14	4.0800
17 河南 37（147980）	63.00	2022.11.14	4.1000	17 上海 08（147981）	5260.00	2020.11.13	3.6900
17 上海 09（147982）	790.00	2020.11.13	3.6900	17 上海 10（147983）	780.00	2020.11.13	3.6900
17 上海 11（147984）	1110.00	2020.11.13	3.6900	17 上海 12（147985）	1960.00	2020.11.13	3.6900
17 上海 13（147986）	100.00	2020.11.13	3.6900	17 江西 21（147987）	460.00	2020.11.17	3.8900
17 江西 22（147988）	1500.00	2020.11.17	3.8300	17 江西 23（147989）	1500.00	2027.11.17	4.0900
17 江西 24（147990）	3352.00	2022.11.17	4.0500	17 江西 25（147991）	1202.00	2022.11.17	4.0600
17 江西 26（147992）	249.00	2022.11.17	4.0600	17 江西 27（147993）	439.00	2022.11.17	4.3000
17 江西 28（147994）	222.00	2022.11.17	4.3000	17 江西 29（147995）	194.00	2022.11.17	4.4100
17 江西 30（147996）	1285.00	2022.11.17	4.3300	17 江西 31（147997）	871.00	2022.11.17	4.4100
17 江西 32（147998）	1117.00	2022.11.17	4.3200	17 江西 33（147999）	667.00	2022.11.17	4.4100
PR 业 02（149001）	79.00	2019.10.25	7.5000	泛物业 03（149002）	83.00	2020.10.25	8.0000
泛物业 04（149003）	88.00	2021.10.25	8.0000	泛物业 05（149004）	94.00	2022.10.25	8.0000
泛物业 06（149005）	100.00	2023.10.25	8.3000	泛物业 07（149006）	107.00	2024.10.25	8.5000
泛物业次（149007）	33.00	2024.10.25	0.0000	PR12A4（149019）	135.00	2019.01.27	6.6000
PR12A5（149020）	132.00	2019.04.27	6.7000	PR12A6（149021）	130.00	2019.07.27	6.8000
PR12A7（149022）	96.00	2019.10.27	7.0000	汇通 12B（149023）	182.00	2019.10.28	10.0000
PR 优 1（149024）	165.00	2019.07.25	6.2800	PR 优 2（149025）	135.00	2019.09.27	6.8000
PR 浙商 2A（149027）	3780.00	2019.04.15	5.8000	PR 浙商 2B（149028）	764.00	2020.04.15	5.8000
浙商 2 优 C（149029）	477.00	2020.04.15	5.9000	浙商 2 次（149030）	653.00	2022.04.15	0.0000
PR3B（149032）	4310.00	2019.09.05	5.0000	兴资 3 次（149033）	390.00	2019.09.05	0.0000
PRHJ 优 A（149034）	3890.00	2019.03.11	5.8000	PRHJ 优 B（149035）	400.00	2019.08.12	6.2000
PRHJ 次（149036）	660.00	2020.12.22	0.0000	PR 华 3A2（149038）	147.00	2019.03.21	6.2000
华鲁 3 次（149039）	78.00	2019.04.29	0.0000	国药 2 优 1（149040）	1132.00	2019.06.12	5.6500
国药 2 优 2（149041）	94.00	2019.06.12	6.1500	国药 2 次 1（149042）	54.00	2019.06.12	10.0000
国药 2 次 2（149043）	68.00	2019.06.12	0.0000	PR1A2（149045）	377.00	2019.10.30	6.1000
PR1A3（149046）	135.00	2020.04.30	6.2000	光租 1B（149047）	297.00	2022.01.30	6.5000
光租次级（149048）	67.00	2022.01.30	0.0000	建工 1 优（149049）	2820.00	2020.12.15	5.7000
建工 1 次（149050）	180.00	2020.12.15	0.0000	17 云城 A（149051）	1650.00	2036.02.14	6.1500

债券信息
List of Bonds

债券
Bond

债券简称（代码）Bond Name（Code）	发行量（百万元）Issued Vol（M yuan）	到期日 Expiration Date	票面利率（%）Coupon Rate（%）	债券简称（代码）Bond Name（Code）	发行量（百万元）Issued Vol（M yuan）	到期日 Expiration Date	票面利率（%）Coupon Rate（%）
17 云城 B（149052）	1800.00	2036.02.14	7.5000	17 云城 C（149053）	50.00	2036.02.14	7.6000
PR01A2（149055）	985.00	2019.10.15	5.8000	PR01A3（149056）	770.00	2020.04.10	6.0000
华邦 01A4（149057）	340.00	2020.10.15	6.2000	华邦 01A5（149058）	510.00	2021.04.10	6.2500
17 七局优（149059）	857.00	2020.12.25	5.8000	华邦 01B（149060）	330.00	2021.07.20	6.3000
华邦 01C（149061）	629.00	2022.03.10	0.0000	17 七局次（149062）	117.00	2020.12.25	0.0000
宝冶 17 优（149064）	1322.00	2020.12.15	5.5000	宝冶 17 次（149065）	147.00	2020.12.15	0.0000
PR 悦达 B（149070）	50.00	2019.03.25	7.0000	17 悦达次（149071）	49.00	2019.03.25	0.0000
18 局优 A（149079）	827.00	2020.12.16	6.2800	18 局优 B（149080）	87.00	2020.12.16	6.6000
18 局次 1（149081）	88.00	2020.12.16	6.8000	18 局次 2（149082）	31.00	2020.12.16	0.0000
PR 葛洲 C（149085）	132.00	2019.01.28	0.0000	借呗 49A1（149086）	1275.00	2019.03.21	6.1900
借呗 49A2（149087）	113.00	2019.03.21	6.3000	借呗 49B（149088）	113.00	2019.03.21	0.0000
花呗 55A2（149091）	39.00	2019.01.31	6.1500	18 智信 01（149092）	377.00	2019.01.25	5.6000
睿信 2 号（149093）	1071.00	2019.01.15	5.6100	铁建 002A（149106）	1889.00	2019.12.27	5.7000
铁建 002C（149107）	100.00	2019.12.27	0.0000	PR 德银 4A（149108）	185.00	2019.01.25	5.9000
PR 德银 4B（149109）	15.00	2019.04.25	6.1000	德银 4 次（149110）	22.00	2019.04.25	0.0000
PR 优 A（149114）	510.00	2035.12.22	4.8300	创置优 B（149115）	580.00	2035.12.22	4.8300
创置次级（149116）	10.00	2035.12.22	0.0000	佳源优 01（149117）	1110.00	2020.12.20	6.7300
佳源优 02（149118）	540.00	2020.12.20	7.5000	佳源次级（149119）	50.00	2020.12.20	0.0000
铁建 001A（149120）	1704.00	2020.01.20	5.7000	铁建 001C（149121）	90.00	2020.01.20	0.0000
海融 3 优（149122）	2850.00	2019.07.19	5.6000	海融 3 次（149123）	150.00	2019.07.19	0.0000
PR 优 A1（149124）	1468.00	2019.01.17	5.7580	PR 优 A2（149125）	587.00	2019.07.17	5.8000
国融优 A3（149126）	264.00	2019.07.17	5.8690	18 花 01A1（149127）	3540.00	2019.01.30	6.0000
18 花 01A2（149128）	120.00	2019.01.30	6.2000	18 花 01B（149129）	340.00	2019.01.30	0.0000
花呗 55A1（149130）	1151.00	2019.01.31	5.9700	花呗 55B（149131）	111.00	2019.01.31	0.0000
18 花 02A1（149132）	3540.00	2019.02.14	5.9400	18 花 02A2（149133）	120.00	2019.02.14	6.1900
18 花 02B（149134）	340.00	2019.02.14	0.0000	18 花 03A1（149135）	1505.00	2019.02.15	5.8800
18 花 03A2（149136）	51.00	2019.02.15	6.1800	18 花 03B（149137）	145.00	2019.02.15	0.0000
18 花 04A1（149138）	2655.00	2019.03.21	5.7900	18 花 04A2（149139）	90.00	2019.03.21	6.1300
18 花 04B（149140）	255.00	2019.03.21	0.0000	PR 优 B（149141）	264.00	2020.01.17	5.8700
国融优 C（149142）	176.00	2020.04.17	5.8800	国融次级（149143）	176.00	2020.04.17	5.0000
PR 一 A2（149145）	169.00	2019.01.21	6.5000	博格一次（149146）	25.00	2019.05.31	0.0000
PR 五 A（149148）	2540.00	2021.04.15	6.2400	平安五 B（149149）	125.00	2021.07.15	7.5000
平安五次（149150）	159.00	2023.01.15	0.0000	PR1 优 A（149153）	119.00	2019.06.24	6.3000
PR1 优 B（149154）	13.00	2019.09.23	7.0000	PR1 优 C（149155）	18.00	2019.12.23	7.2000
利拓 1 次（149156）	8.00	2019.12.23	0.0000	PR 优 1（149157）	31.00	2019.02.04	6.5000
PR 优 2（149158）	33.00	2020.02.04	7.0000	彩 1 优 3（149159）	36.00	2021.02.04	7.3000
彩 1 次（149160）	12.00	2021.02.04	0.0000	PRX6A2（149162）	130.00	2019.08.28	5.8700
AUX6A3（149163）	60.00	2020.08.28	6.0000	PRX6A4（149164）	415.00	2021.02.28	6.5000
AUX6 次（149165）	175.00	2023.08.28	0.0000	PR17 四 4A（149166）	3470.00	2021.07.26	6.1800
17 远东 4B（149167）	353.00	2022.01.26	6.5000	17 远东 4C（149168）	230.00	2022.07.26	0.0000
PR05A3（149171）	230.00	2019.05.20	6.2000	恒信 05 次（149172）	45.00	2019.08.20	0.0000
PR18 易 1A（149173）	1678.00	2019.11.08	6.0800	PR18 易 1B（149174）	210.00	2020.05.08	7.1000
18 易鑫 1C（149175）	119.00	2020.11.09	0.0000	山财大 02（149177）	53.00	2019.12.16	5.6000
山财大 03（149178）	55.00	2020.12.25	5.6000	山财大 04（149179）	58.00	2022.01.06	5.6000
山财大 05（149180）	61.00	2023.01.16	5.6000	山财大 06（149181）	65.00	2024.01.25	5.6000
山财大 07（149182）	68.00	2025.02.12	5.6000	山财大 08（149183）	72.00	2026.02.13	5.6000
山财大 09（149184）	76.00	2027.03.04	5.6000	山财大 10（149185）	79.00	2028.03.03	5.6000
山财大次（149186）	33.00	2028.03.03	0.0000	PRA（149187）	573.00	2036.01.27	6.7500
PRB（149188）	225.00	2036.01.27	7.5000	阳光次（149189）	42.00	2036.01.27	0.0000
借呗 48A1（149190）	850.00	2019.02.01	6.2000	借呗 48A2（149191）	75.00	2019.02.01	6.3000

债券信息
List of Bonds

债券简称（代码）Bond Name（Code）	发行量（百万元）Issued Vol（M yuan）	到期日 Expiration Date	票面利率（%）Coupon Rate（%）	债券简称（代码）Bond Name（Code）	发行量（百万元）Issued Vol（M yuan）	到期日 Expiration Date	票面利率（%）Coupon Rate（%）
借呗 48B（149192）	75.00	2019.02.01	0.0000	17 民通 02（149194）	200.00	2019.01.26	6.3000
17 民通 03（149195）	230.00	2020.01.26	7.0000	17 民通 04（149196）	240.00	2021.01.26	7.2000
17 民通 05（149197）	70.00	2022.01.26	7.4000	17 民通次（149198）	50.00	2022.01.26	0.0000
PRJC02A1（149199）	617.00	2019.07.21	6.5000	PRJC02A2（149200）	160.00	2020.04.21	6.6000
17JC02B（149201）	31.00	2020.07.21	6.7000	17JC02C（149202）	51.00	2021.01.21	6.8000
17JC02 次（149203）	82.00	2022.10.21	0.0000	PR1A（149210）	1179.00	2021.01.26	6.3000
国控 1B（149211）	174.00	2021.10.26	7.0000	保利 R1 优（149212）	1545.00	2036.03.13	5.5000
保利 R1 次（149213）	172.00	2036.03.13	0.0000	新建元 1A（149214）	1450.00	2023.02.08	5.8000
新建元 1B（149215）	600.00	2023.02.08	0.0000	华信 01A（149219）	972.00	2020.02.12	7.6000
华信 01B（149220）	52.00	2020.02.12	0.0000	国控 1 次（149221）	117.00	2026.04.27	0.0000
福田 01A（149222）	375.00	2020.12.21	6.1000	福田 01B（149223）	100.00	2020.12.21	6.4200
福田 01 次（149224）	26.00	2020.12.21	0.0000	PR 石榴 A（149225）	1288.00	2036.02.06	6.7000
石榴优 B（149226）	712.00	2036.02.06	7.0000	石榴次（149227）	100.00	2036.02.06	0.0000
PR 创富 5A（149231）	47.00	2019.03.20	6.9500	创富 5 次（149232）	33.00	2019.03.20	0.0000
18 中安优（149233）	550.00	2021.02.08	6.5000	18 中安次（149234）	92.00	2021.02.08	0.0000
PR 金腾优（149235）	1999.00	2038.02.09	5.8000	18 金腾次（149236）	1.00	2038.02.09	0.0000
PR 光明 1A（149237）	362.00	2039.02.14	5.9900	18 光明 B（149238）	498.00	2039.02.14	6.4800
18 光明 C（149239）	20.00	2039.02.14	6.9900	PR 青 3A2（149241）	210.00	2019.12.21	6.3000
PR 青 3A3（149242）	510.00	2020.12.21	6.5000	青城 3 次（149243）	50.00	2020.12.21	0.0000
18 花 05A1（149246）	2921.00	2019.03.26	5.7900	18 花 05A2（149247）	99.00	2019.03.26	6.0900
18 花 05B（149248）	281.00	2019.03.26	0.0000	PR 春 2 优（149249）	4750.00	2019.11.05	5.5000
春申 2 次（149250）	250.00	2019.11.05	0.0000	花呗 56A1（149251）	2655.00	2019.03.14	5.8500
花呗 56A2（149252）	90.00	2019.03.14	6.1500	花呗 56B（149253）	255.00	2019.03.14	0.0000
18 金辉 1A（149254）	800.00	2020.07.26	7.2000	18 金辉 1B（149255）	220.00	2020.07.26	8.2000
18 金辉 1C（149256）	180.00	2020.07.26	0.0000	PR 翌成 A2（149258）	65.00	2019.10.15	7.0000
18 翌成 A3（149259）	74.00	2020.10.15	7.2000	18 翌成 B1（149260）	70.00	2021.10.15	10.0000
18 翌成次（149261）	30.00	2021.10.15	0.0000	PR 垠 1A2（149263）	162.00	2019.06.21	6.1000
PR 垠 1A3（149264）	166.00	2019.12.23	6.4900	中垠 1A4（149265）	166.00	2021.09.21	6.6900
中垠 1 次（149266）	48.00	2022.06.21	0.0000	PR 自如 1A（149267）	203.00	2019.09.06	6.4700
PR 自如 1B（149268）	18.00	2019.10.16	6.7500	PR 自如中（149269）	16.00	2019.11.06	7.6000
PRA2（149271）	121.00	2019.02.23	5.5500	PRA3（149272）	131.00	2020.02.23	5.6500
松江 A4（149273）	140.00	2021.02.23	5.6500	松江 A5（149274）	152.00	2022.02.23	5.6500
松江 A6（149275）	160.00	2023.02.23	5.9000	松江 A7（149276）	170.00	2024.02.23	6.0000
松江 A8（149277）	183.00	2025.02.23	6.2000	松江 A9（149278）	195.00	2026.02.23	6.2000
松江 A10（149279）	90.00	2026.08.23	6.2500	松江次级（149280）	150.00	2027.02.23	0.0000
花呗 57A1（149281）	1062.00	2019.04.02	5.7400	花呗 57A2（149282）	36.00	2019.04.02	6.0900
花呗 57B（149283）	102.00	2019.04.02	0.0000	18 花呗 1A（149284）	885.00	2019.03.29	5.7800
18 花呗 1B（149285）	30.00	2019.03.29	6.1000	18 花呗 1C（149286）	85.00	2019.03.29	0.0000
PR 二 A2（149288）	175.00	2019.08.15	6.9000	PR 二 A3（149289）	170.00	2020.11.15	7.0000
博格二 B（149290）	55.00	2021.08.15	8.2000	博格二次（149291）	35.00	2022.08.15	0.0000
PR2 优（149292）	255.00	2019.07.18	6.3900	科高 2 次（149293）	13.00	2019.07.18	0.0000
PR02A2（149295）	1935.00	2019.04.12	5.8000	PR02A3（149296）	942.00	2019.10.18	6.0000
宁远 02B（149297）	678.00	2019.10.18	8.5000	宁远 02 次（149298）	565.00	2019.10.18	6.0000
PR 长安 A（149299）	700.00	2035.10.24	6.3000	18 长安 B（149300）	800.00	2035.10.24	6.5000
18 长安次（149301）	1.00	2038.03.24	0.0000	PRG 福 01（149302）	103.00	2020.03.15	5.1000
G 福新 02（149303）	108.00	2021.03.15	5.1000	G 福新 03（149304）	113.00	2022.03.15	5.1000
G 福新 04（149305）	119.00	2023.03.15	5.1000	G 福新 05（149306）	125.00	2024.03.15	5.1000
G 福新 06（149307）	57.00	2025.03.15	5.1000	G 福新 07（149308）	60.00	2026.03.15	5.1000
G 福新 08（149309）	64.00	2027.03.15	5.1000	G 福新 09（149310）	26.00	2028.03.15	5.1000
G 福新 10（149311）	28.00	2029.03.15	5.1000	G 福新 11（149312）	26.00	2030.03.15	5.1000

债券信息
List of Bonds

债券简称（代码）Bond Name（Code）	发行量（百万元）Issued Vol（M yuan）	到期日 Expiration Date	票面利率（%）Coupon Rate（%）	债券简称（代码）Bond Name（Code）	发行量（百万元）Issued Vol（M yuan）	到期日 Expiration Date	票面利率（%）Coupon Rate（%）
G 福新次（149313）	10.00	2030.03.15	0.0000	18 花呗 3B（149314）	30.00	2019.05.28	5.5000
花呗 58A1（149315）	885.00	2019.06.12	5.1800	花呗 58A2（149316）	30.00	2019.06.12	5.2600
花呗 58B（149317）	85.00	2019.06.12	0.0000	花呗 59A1（149318）	2478.00	2019.06.21	5.1800
花呗 59A2（149319）	84.00	2019.06.21	5.2500	花呗 59B（149320）	238.00	2019.06.21	0.0000
18 东莞 1A（149321）	1245.00	2021.03.30	6.0000	18 东莞 1B（149322）	180.00	2021.03.30	6.1000
18 东莞次（149323）	75.00	2021.03.30	0.0000	PR 聚 01A2（149325）	765.00	2020.09.16	6.9000
18 聚 01A3（149326）	378.00	2021.12.16	7.1500	18 聚 01B1（149327）	180.00	2022.06.17	7.6000
18 聚 01 次（149328）	97.00	2023.03.16	0.0000	沂水 02（149329）	160.00	2019.03.30	6.4000
沂水 03（149330）	123.00	2020.03.30	6.5000	沂水 04（149331）	135.00	2021.03.30	6.6000
沂水 05（149332）	178.00	2022.09.30	6.7500	PR01 优（149333）	1800.00	2020.01.15	5.4000
智慧 01 次（149334）	180.00	2020.11.30	0.0000	沂水次（149335）	37.00	2022.09.30	0.0000
PR18 易 2A（149336）	2218.00	2020.05.05	6.1800	18 易鑫 2B（149337）	280.00	2020.08.05	7.3800
18 易鑫 2C（149338）	157.00	2021.02.05	0.0000	PR 豫盛 A1（149339）	338.00	2019.04.10	5.8000
PR 豫盛 A2（149340）	587.00	2020.04.10	5.9000	18 豫盛 A3（149341）	1354.00	2021.04.12	6.2000
18 豫盛 B（149342）	240.00	2021.07.12	4.2000	18 豫盛次（149343）	481.00	2022.09.12	0.0000
PR 国 2A1（149344）	132.00	2019.03.21	5.8700	PR 国 2A2（149345）	124.00	2020.06.21	6.2000
PR 国 2A3（149346）	167.00	2020.12.21	6.6000	国药 2B（149347）	62.00	2021.09.21	7.8000
国药 2 次（149348）	80.00	2022.12.21	0.0000	PR 皖新 1A（149349）	355.00	2036.01.18	6.1000
18 皖新 1B（149350）	200.00	2036.01.18	6.5000	PR06A2（149352）	360.00	2019.09.20	5.4000
PR06A3（149353）	200.00	2020.12.18	6.1000	恒信 06 次（149354）	44.00	2020.12.18	0.0000
PRYD01A（149355）	2103.00	2021.06.26	6.2500	18YD01B（149356）	207.00	2022.03.26	7.5000
18YD01C（149357）	139.00	2023.03.26	0.0000	PR 康 3A2（149359）	276.00	2019.12.23	6.5000
康富 3A3（149360）	209.00	2020.12.21	6.6000	PR 康 3A4（149361）	285.00	2021.06.21	6.8000
康富 3B（149362）	177.00	2022.03.21	7.0000	康富 3 次 1（149363）	76.00	2022.06.21	7.5000
康富 3 次 2（149364）	144.00	2027.12.21	0.0000	财通 02（149366）	80.00	2019.01.17	5.9000
财通 03（149367）	94.00	2019.07.12	6.3000	财通 04（149368）	96.00	2020.01.17	6.5000
财通 05（149369）	100.00	2020.07.13	6.7000	财通 06（149370）	90.00	2021.01.15	6.9000
财通 07（149371）	105.00	2021.07.14	7.0000	财通 08（149372）	88.00	2022.01.17	4.7500
财通 09（149373）	86.00	2022.07.06	4.7500	财通 10（149374）	1.00	2022.10.13	4.7500
财通次级（149375）	47.00	2022.10.13	0.0000	金供链优（149376）	4950.00	2020.04.23	6.8000
金供链次（149377）	550.00	2020.04.23	0.0000	18 花 06A1（149380）	2655.00	2019.04.30	5.4300
18 花 06A2（149381）	90.00	2019.04.30	5.8900	18 花 06B（149382）	255.00	2019.04.30	0.0000
18 花 07A1（149383）	2655.00	2019.05.13	5.2400	18 花 07A2（149384）	90.00	2019.05.13	5.7000
18 花 07B（149385）	255.00	2019.05.13	0.0000	18 花 08A1（149386）	1770.00	2019.05.24	5.1800
18 花 08A2（149387）	60.00	2019.05.24	5.5000	18 花 08B（149388）	170.00	2019.05.24	0.0000
18 花 09A1（149389）	2670.00	2019.06.24	5.3700	18 花 09A2（149390）	120.00	2019.06.24	5.5500
18 花 09B（149391）	210.00	2019.06.24	0.0000	西南优先（149398）	1900.00	2020.04.16	6.1000
西南次（149399）	100.00	2020.04.16	0.0000	18 融侨 A（149404）	835.00	2020.04.18	6.8000
18 融侨 B（149405）	327.00	2020.04.18	7.5000	18 融侨次（149406）	87.00	2020.04.18	0.0000
PR 上雅优（149407）	4100.00	2036.01.21	5.8500	上雅次级（149408）	500.00	2036.01.21	0.0000
PR 平安 1A（149409）	267.00	2019.03.06	6.2800	PR18 平 1B（149410）	30.00	2019.05.31	7.4000
18 平安 1C（149411）	33.00	2019.05.31	0.0000	宁远 03A3（149419）	3767.00	2019.03.25	4.9400
宁远 03A4（149420）	900.00	2019.06.25	5.0300	PR03A5（149421）	150.00	2019.06.25	5.0500
宁远 03 次（149422）	67.00	2019.06.25	0.0000	PR1B（149424）	66.00	2019.06.23	7.0000
悦达 1 次（149425）	32.00	2019.12.18	0.0000	PR 远东 A1（149427）	1100.00	2019.02.26	5.2000
PR 远东 A2（149428）	2330.00	2021.05.26	6.2500	18 远东 B（149429）	400.00	2022.02.26	7.5000
18 远东次（149430）	223.00	2023.02.26	0.0000	PR 沣邦 1B（149432）	70.00	2019.02.25	8.0000
18 沣邦 1C（149433）	82.00	2019.02.25	0.0000	PR 信睿 A（149434）	6080.00	2020.07.15	5.5000
18 信睿 B（149435）	615.00	2020.07.15	5.6000	18 信睿次（149436）	1039.00	2020.08.15	0.0000
华发优 A（149437）	517.00	2020.06.25	6.5000	华发优 B（149438）	333.00	2020.09.25	7.0000

债券信息 List of Bonds

债券 Bond

债券简称（代码）Bond Name（Code）	发行量（百万元）Issued Vol（M yuan）	到期日 Expiration Date	票面利率（%）Coupon Rate（%）	债券简称（代码）Bond Name（Code）	发行量（百万元）Issued Vol（M yuan）	到期日 Expiration Date	票面利率（%）Coupon Rate（%）
PR日A03（149439）	1000.00	2019.04.18	4.9000	华发1次（149440）	100.00	2020.09.25	0.0000
融鑫3A1（149441）	283.00	2019.03.14	5.9000	融鑫3A2（149442）	170.00	2019.03.26	5.9500
PR春3优（149443）	6200.00	2019.11.18	5.1500	春申3次（149444）	337.00	2019.12.02	0.0000
蚂蚁01A1（149445）	91.00	2019.04.29	5.7500	蚂蚁01A2（149446）	8.00	2019.04.29	5.8000
蚂蚁01B（149447）	20.00	2019.04.29	0.0000	18花呗2A（149448）	2213.00	2019.05.09	5.3600
18花呗2B（149449）	75.00	2019.05.09	5.8800	18花呗2C（149450）	213.00	2019.05.09	0.0000
唯品花3A（149451）	390.00	2019.06.05	5.5900	PR花3B（149452）	85.00	2019.07.04	6.3000
PR岚桥A1（149456）	220.00	2034.06.28	6.5000	PR岚桥A2（149457）	380.00	2035.06.28	6.5000
PRX7A1（149459）	232.00	2019.05.28	5.4900	PRX7A2（149460）	141.00	2020.05.28	5.7400
AUX7A3（149461）	96.00	2021.02.28	6.7000	PRX7A4（149462）	330.00	2021.08.28	6.9000
AUX7B（149463）	51.00	2021.11.28	7.5000	AUX7次（149464）	130.00	2023.02.28	0.0000
PR富力1A（149465）	1360.00	2036.04.28	6.5000	18富力1B（149466）	1.00	2036.04.28	0.0000
PRG能02（149468）	184.00	2019.10.28	5.5000	G节能03（149469）	192.00	2020.10.26	5.6000
G节能04（149470）	209.00	2021.10.26	5.6000	G节能05（149471）	218.00	2022.10.26	5.8000
G节能次（149472）	47.00	2022.10.26	0.0000	PR8A2（149474）	92.00	2019.08.27	7.0000
PR8A3（149475）	52.00	2020.05.27	7.5000	太盟8B（149476）	30.00	2020.08.27	7.6000
太盟8次（149477）	29.00	2020.12.27	0.0000	PR03A1（149478）	147.00	2019.03.11	5.8000
PR03A2（149479）	112.00	2020.03.10	6.3000	PR03A3（149480）	271.00	2020.12.09	6.8000
诚泰03B（149481）	30.00	2021.03.09	6.9000	诚泰03C（149482）	20.00	2021.06.09	7.1500
诚泰03次（149483）	97.00	2023.03.09	0.0000	正荣优（149484）	2300.00	2021.04.10	7.3000
正荣次（149485）	121.00	2021.04.10	0.0000	PRZR2优A（149486）	234.00	2019.11.27	6.2900
PRZR2优B（149487）	21.00	2019.12.25	6.7500	18ZR2中A（149488）	18.00	2019.12.25	7.6000
PR宁铁01（149491）	60.00	2019.05.18	4.9000	PRG宁铁2（149492）	71.00	2020.05.18	4.9500
G宁铁03（149493）	83.00	2021.05.18	5.1300	G宁铁04（149494）	94.00	2022.05.18	5.1300
G宁铁05（149495）	108.00	2023.05.18	5.1300	G宁铁06（149496）	120.00	2024.05.18	5.1300
G宁铁07（149497）	140.00	2025.05.18	5.1300	G宁铁08（149498）	156.00	2026.05.18	5.1300
G宁铁09（149499）	174.00	2027.05.18	5.1300	G宁铁10（149500）	193.00	2028.05.18	5.1300
G宁铁次（149501）	1.00	2028.05.18	0.0000	PR百新2A（149502）	456.00	2020.03.31	6.5000
百新2B（149503）	35.00	2020.05.29	7.5000	百新2C（149504）	14.00	2020.06.30	10.0000
百新2次（149505）	27.00	2022.10.31	0.0000	借呗50A1（149506）	850.00	2019.05.29	5.7500
借呗50A2（149507）	75.00	2019.05.29	6.1000	借呗50B（149508）	75.00	2019.05.29	0.0000
高供水01（149509）	59.00	2019.01.17	6.7000	高供水02（149510）	49.00	2020.01.17	6.8000
高供水03（149511）	56.00	2021.01.19	7.1000	高供水04（149512）	62.00	2022.01.18	7.4000
高供水05（149513）	65.00	2023.01.17	7.7000	高供水06（149514）	69.00	2024.01.17	8.0000
高供水次（149515）	20.00	2024.01.17	0.0000	18花呗3A（149516）	885.00	2019.05.28	5.1000
18花呗3C（149517）	85.00	2019.05.28	0.0000	PRDZC优A（149518）	1430.00	2039.05.16	5.6000
18DZC优B（149519）	270.00	2039.05.16	5.8800	18DZC次（149520）	100.00	2039.05.16	0.0000
1如日A04（149521）	90.00	2019.04.18	5.0000	PR日A05（149522）	870.00	2019.07.18	5.1000
PR日A06（149523）	3751.00	2020.01.18	5.1500	1如日A07（149524）	1805.00	2020.04.18	5.1500
1如日A08（149525）	420.00	2020.07.18	5.2000	1如日A09（149526）	1122.00	2020.10.18	5.3500
1如日A10（149527）	1545.00	2021.01.18	5.4000	1如日次（149528）	578.00	2021.07.18	0.0000
18天房1B（149529）	560.00	2021.04.16	8.7000	18天房1C（149530）	140.00	2023.04.16	0.0000
华泰2号（149531）	950.00	2019.05.24	5.0000	华泰2次（149532）	50.00	2019.05.24	0.0000
PR租A1（149533）	715.00	2019.01.15	5.2100	PR租A2（149534）	985.00	2020.10.15	6.0500
远海租A3（149535）	160.00	2021.07.15	6.7000	远海租次（149536）	161.00	2022.07.15	0.0000
信证01次（149537）	75.00	2019.11.30	0.0000	信证01优（149538）	1425.00	2019.11.30	5.2000
PR3A2（149540）	158.00	2019.09.26	6.2000	PR3A3（149541）	195.00	2021.09.27	6.6000
国药3B（149542）	88.00	2022.03.28	7.8000	国药3次（149543）	101.00	2022.03.28	0.0000
18电投优（149545）	737.00	2020.12.31	5.2000	18电投次（149546）	39.00	2020.12.31	0.0000
璀璨1A（149548）	660.00	2019.05.16	5.6000	18荣发01（149549）	700.00	2019.01.27	6.5000

债券信息
List of Bonds

债券
Bond

债券简称（代码） Bond Name（Code）	发行量 （百万元） Issued Vol （M yuan）	到期日 Expiration Date	票面利率（%） Coupon Rate（%）	债券简称（代码） Bond Name（Code）	发行量 （百万元） Issued Vol （M yuan）	到期日 Expiration Date	票面利率（%） Coupon Rate（%）
18 荣发 02（149550）	600.00	2020.01.27	6.8000	18 荣发 03（149551）	600.00	2021.01.27	7.2000
18 荣发次（149552）	100.00	2021.01.27	0.0000	宁远 04A1（149553）	2450.00	2019.03.25	5.0000
宁远 04A2（149554）	2145.00	2019.06.25	5.0500	同煤联 01（149555）	280.00	2019.06.21	7.0000
宁远 04A3（149556）	2995.00	2019.09.25	5.1000	宁远 04A4（149557）	2530.00	2019.12.25	5.1500
PR04A5（149558）	198.00	2019.12.25	5.1500	宁远 04 次（149559）	11.00	2019.12.25	0.0000
18 新城 1A（149562）	1513.00	2021.05.20	7.5000	18 新城 1B（149563）	80.00	2021.05.20	0.0000
物资 1A1（149564）	500.00	2019.05.17	5.1300	18 天房 1A（149565）	700.00	2021.04.16	6.7000
18 中泰 1A（149566）	475.00	2019.11.14	4.0900	18 中泰 1C（149567）	25.00	2019.11.14	0.0000
PR 京蓝优（149568）	390.00	2026.07.05	7.5000	18 京蓝次（149569）	21.00	2026.07.05	0.0000
PR2A1（149570）	470.00	2019.04.15	5.7000	PR2A2（149571）	1864.00	2020.04.15	5.8000
豫盛 2A3（149572）	1594.00	2021.04.15	6.3000	PR03A1（149580）	626.00	2019.04.30	6.0000
天富 03A2（149581）	50.00	2019.04.30	8.5000	天富 03 次（149582）	34.00	2019.04.30	0.0000
豫盛 2B（149583）	381.00	2021.04.15	6.8000	豫盛 2 次（149584）	666.00	2021.05.15	0.0000
18 花 10A1（149585）	2670.00	2019.07.01	5.3300	18 花 10A2（149586）	120.00	2019.07.01	5.5500
18 花 10B（149587）	210.00	2019.07.01	0.0000	18 花 11A1（149588）	890.00	2019.07.29	5.0300
18 花 11A2（149589）	40.00	2019.07.29	5.5300	18 花 11B（149590）	70.00	2019.07.29	0.0000
18 花 12A1（149591）	2670.00	2020.09.28	4.9200	18 花 12A2（149592）	105.00	2020.09.28	5.3000
18 花 12B（149593）	225.00	2020.09.28	0.0000	PR13A1（149594）	483.00	2019.03.27	6.0000
PR13A2（149595）	378.00	2019.12.27	6.5000	PR13A3（149596）	243.00	2020.09.27	7.0000
汇通 13B（149597）	194.00	2021.04.27	0.0000	华鑫融 1A（149598）	656.00	2020.03.27	5.8000
华鑫融 1B（149599）	104.00	2020.03.27	6.1000	华鑫融次（149600）	40.00	2020.03.27	0.0000
PR07A1（149601）	620.00	2019.03.20	5.4900	PR07A2（149602）	530.00	2019.12.19	5.7000
PR07A3（149603）	275.00	2020.12.18	5.8400	恒信 07 次（149604）	75.00	2021.03.18	0.0000
18 花呗 4A（149605）	3098.00	2019.06.26	5.3500	18 花呗 4B（149606）	105.00	2019.06.26	5.5500
18 花呗 4C（149607）	298.00	2019.06.26	0.0000	PR 汇融 A1（149608）	380.00	2019.05.15	5.8000
PR18 汇 A2（149609）	770.00	2020.05.15	6.0000	18 汇融 A3（149610）	750.00	2021.02.15	6.4000
18 汇融 B（149611）	370.00	2021.05.15	6.5000	18 汇融 C（149612）	50.00	2021.08.15	6.5000
18 汇融次（149613）	420.00	2023.01.15	0.0000	借呗 51A1（149614）	850.00	2019.07.01	5.6800
借呗 51A2（149615）	75.00	2019.07.01	6.1000	借呗 51B（149616）	75.00	2019.07.01	0.0000
PR 亚中 02（149619）	120.00	2020.07.25	6.8000	18 亚中 03（149620）	125.00	2021.07.25	6.9000
18 亚中 04（149621）	145.00	2022.07.25	7.6000	18 亚中 05（149622）	150.00	2023.07.25	7.6000
PR 广租（149623）	760.00	2022.04.21	6.3000	18 亚中 06（149624）	165.00	2024.07.25	7.6000
广租次级（149625）	40.00	2025.10.21	0.0000	18 亚中 07（149626）	180.00	2025.07.25	7.6000
18 亚中次（149627）	50.00	2025.07.25	0.0000	18 领昱 1A（149628）	90.00	2021.06.21	5.9000
18 领昱 1B（149629）	60.00	2021.06.21	6.5000	18 领昱次（149630）	100.00	2021.06.21	0.0000
福碧 18 优（149631）	2330.00	2021.06.11	6.3000	福碧 18 次（149632）	123.00	2021.06.11	0.0000
PR 亚中 01（149633）	115.00	2019.07.25	6.7000	PR 通 3A（149634）	1050.00	2019.05.31	5.4000
九州通 3B（149635）	375.00	2019.05.31	6.2000	九州通次（149636）	75.00	2019.05.31	0.0000
花呗 60A1（149637）	1335.00	2020.07.08	5.6500	花呗 60A2（149638）	53.00	2020.07.08	5.8000
花呗 60B（149639）	113.00	2020.07.08	0.0000	PR 平租 3A（149640）	840.00	2019.04.30	5.8000
PR 平租 3B（149641）	50.00	2019.07.30	7.0000	18 平租 3C（149642）	50.00	2019.07.30	7.4000
18 平租次（149643）	60.00	2019.07.30	0.0000	一局优 A（149644）	336.00	2020.06.15	5.8000
一局优 B（149645）	160.00	2020.06.15	6.2000	一局次（149646）	74.00	2020.06.15	0.0000
铁建 003A（149647）	2003.00	2020.06.29	5.5000	铁建 003C（149648）	106.00	2020.06.29	0.0000
PR18 优（149649）	1350.00	2020.06.14	5.7000	首置 18 次（149650）	70.00	2020.06.14	0.0000
18 联储 A（149651）	385.00	2020.08.15	6.4000	18 联储 B（149652）	85.00	2020.08.15	6.5000
18 联储次（149653）	30.00	2020.08.15	0.0000	逸锟 01A（149654）	425.00	2019.11.29	7.0000
逸锟 01 次（149655）	10.00	2019.11.29	0.0000	PR 汇 01（149656）	5300.00	2039.07.29	6.5000
合生汇次（149657）	300.00	2039.07.29	0.0000	18 易鑫 3C（149658）	144.00	2021.06.07	0.0000
18 易鑫 3B（149659）	270.00	2020.09.07	7.8000	PR 易鑫 3A（149660）	1780.00	2020.06.05	6.5000

债券信息 List of Bonds

债券 Bond

债券简称（代码） Bond Name（Code）	发行量（百万元） Issued Vol（M yuan）	到期日 Expiration Date	票面利率（%） Coupon Rate（%）	债券简称（代码） Bond Name（Code）	发行量（百万元） Issued Vol（M yuan）	到期日 Expiration Date	票面利率（%） Coupon Rate（%）
PR 湖 01（149675）	150.00	2019.12.29	6.5000	青山湖 02（149676）	200.00	2020.12.29	6.7000
青山湖 03（149677）	200.00	2021.12.29	7.0000	青山湖 04（149678）	350.00	2022.12.29	7.0000
青山湖次（149679）	50.00	2022.12.29	0.0000	铁建 006A（149680）	3114.00	2020.08.31	4.6600
铁建 006C（149681）	164.00	2020.08.31	5.0000	18 光贰优（149682）	1900.00	2019.09.21	4.0900
18 光贰次（149683）	100.00	2019.09.21	0.0000	璀璨 2A（149684）	1120.00	2019.06.26	6.5000
18 前海 01（149685）	261.00	2019.01.25	7.5000	18 前海次（149686）	14.00	2019.01.25	0.0000
借呗 52A1（149687）	1275.00	2019.07.30	5.5500	借呗 52A2（149688）	113.00	2019.07.30	6.0000
借呗 52B（149689）	113.00	2019.07.30	0.0000	借呗 53A1（149690）	1700.00	2019.08.02	5.4000
借呗 53A2（149691）	150.00	2019.08.02	6.0000	借呗 53B（149692）	150.00	2019.08.02	0.0000
PR2A1（149693）	1184.00	2019.06.10	5.7300	PR2A2（149694）	474.00	2020.03.10	5.8000
国融 2A3（149695）	189.00	2020.03.10	5.8300	国融 2B（149696）	178.00	2020.03.10	6.0000
国融 2C（149697）	201.00	2020.09.10	6.1000	国融 2 次（149698）	142.00	2020.12.10	5.0000
建房尾 A（149699）	1600.00	2020.04.30	6.3000	建房尾 B（149700）	800.00	2020.04.30	6.6000
建房次（149701）	100.00	2020.04.30	0.0000	18 光大优（149702）	1900.00	2020.01.12	5.0000
18 光大次（149703）	100.00	2020.01.12	0.0000	PR 工诚 1A（149704）	5153.00	2020.12.30	4.4000
PR18 世茂（149705）	450.00	2038.03.31	5.6000	18 世茂次（149706）	50.00	2038.03.31	0.0000
PR01 优（149707）	188.00	2019.04.01	7.4000	1 车 01 次（149708）	13.00	2019.04.01	0.0000
18 工诚 1B（149709）	1453.00	2022.08.30	0.0000	邹热 01（149710）	29.00	2019.01.16	7.5000
PR 邹热 02（149711）	42.00	2020.01.16	7.5000	邹热 03（149712）	45.00	2021.01.18	7.5000
邹热 04（149713）	46.00	2022.01.17	7.5000	邹热 05（149714）	48.00	2023.01.16	7.5000
邹城次级（149715）	20.00	2023.01.16	0.0000	融鑫 4（149716）	205.00	2019.06.25	5.6500
兴泽 1 次（149717）	240.00	2019.06.04	0.0000	PR1 优（149718）	4560.00	2019.06.04	4.8000
PR 优 02（149719）	101.00	2020.03.20	5.3800	越物优 03（149720）	107.00	2021.03.20	5.3800
越物优 04（149721）	114.00	2022.03.20	5.5000	越物优 05（149722）	122.00	2023.03.20	5.5000
越物优 06（149723）	130.00	2024.03.20	5.5000	越物优 07（149724）	138.00	2025.03.20	5.5000
越物优 08（149725）	148.00	2026.03.20	5.5000	越物优 09（149726）	157.00	2027.03.20	5.5000
越物次级（149727）	39.00	2027.06.20	0.0000	PR 优 01（149728）	94.00	2019.03.20	4.9500
PR 平租 18（149729）	1637.00	2021.03.17	6.0900	平租 18 次（149730）	122.00	2022.12.19	0.0000
宁远 05A2（149732）	840.00	2019.06.25	4.6000	宁远 05A3（149733）	2510.00	2019.12.25	4.8900
宁远 05A4（149734）	1560.00	2020.06.25	5.0000	宁远 05A5（149735）	2710.00	2020.12.25	5.1500
宁远 05A6（149736）	800.00	2021.06.25	5.1500	PR05A7（149737）	218.00	2021.06.25	5.1500
宁远 05 次（149738）	11.00	2021.06.25	0.0000	金地 01A（149739）	207.00	2019.07.08	5.7000
金地 01 次（149740）	1.00	2019.07.08	0.0000	PR 亿家 A1（149741）	335.00	2019.04.15	5.8000
PR 亿家 A2（149742）	273.00	2020.04.15	5.8000	18 亿家 A3（149743）	285.00	2021.04.15	6.1000
18 亿家 A4（149744）	299.00	2022.04.15	6.0500	18 亿家 A5（149745）	318.00	2023.04.15	6.2000
18 亿家 A6（149746）	336.00	2024.04.15	6.2000	18 亿家 A7（149747）	358.00	2025.04.15	6.4000
18 亿家 A8（149748）	383.00	2026.04.15	6.4000	18 亿家 A9（149749）	413.00	2027.04.15	6.4000
18 亿家次（149750）	158.00	2027.04.15	0.0000	资源 1A（149751）	450.00	2019.03.28	6.8000
资源 1B（149752）	190.00	2020.03.28	7.0000	资源 1C（149753）	300.00	2021.03.28	8.0000
资源 1 次（149754）	50.00	2021.03.28	0.0000	津逸锟 1A（149755）	694.00	2019.11.15	7.0000
津逸锟 1C（149756）	37.00	2019.11.15	0.0000	G1 华光 01（149757）	79.00	2019.03.22	5.2000
G1 华光 02（149758）	84.00	2020.03.20	5.5000	G1 华光 03（149759）	88.00	2021.03.19	5.6000
PR2A（149760）	600.00	2019.11.23	6.5000	PR2B（149761）	77.00	2020.05.23	7.0000
悦达 2 次（149762）	74.00	2020.11.23	0.0000	G1 华光次（149763）	15.00	2021.03.19	0.0000
18 红企优（149764）	855.00	2020.12.26	7.5000	18 红企次（149765）	45.00	2021.07.26	0.0000
联保 1 优（149766）	506.00	2019.07.03	6.9500	联保 1 次（149767）	1.00	2019.07.03	0.0000
璀璨 3A（149768）	550.00	2019.08.10	6.5000	德盈 2 号 1（149769）	1940.00	2019.06.13	4.9000
PR18 泛 1A（149770）	1700.00	2036.11.17	6.2000	18 泛海 1B（149771）	935.00	2036.11.17	8.5000
18 泛海 1C（149772）	50.00	2036.11.17	0.0000	PR1A2（149777）	94.00	2019.04.15	4.8500
PR1B（149778）	160.00	2019.04.22	5.0500	融联 1 次（149779）	247.00	2019.04.22	6.1500

债券信息
List of Bonds

债券
Bond

债券简称（代码） Bond Name（Code）	发行量 （百万元） Issued Vol （M yuan）	到期日 Expiration Date	票面利率（%） Coupon Rate（%）	债券简称（代码） Bond Name（Code）	发行量 （百万元） Issued Vol （M yuan）	到期日 Expiration Date	票面利率（%） Coupon Rate（%）
PR 小米 01（149780）	285.00	2019.07.29	5.1000	PR 碧海 01（149781）	53.00	2019.08.10	6.5000
PR 碧海 02（149782）	56.00	2020.08.10	6.8000	18 碧海 03（149783）	60.00	2021.08.10	7.3000
18 碧海 04（149784）	63.00	2022.08.10	7.5000	18 碧海 05（149785）	68.00	2023.08.10	7.5000
18 碧海次（149786）	16.00	2023.08.10	0.0000	18 花呗 5A（149787）	890.00	2019.09.06	4.6500
18 花呗 5B（149788）	40.00	2019.09.06	5.5000	18 花呗 5C（149789）	70.00	2019.09.06	0.0000
18 海融 1A（149790）	475.00	2020.09.11	4.5500	18 海融 1B（149791）	25.00	2020.09.11	0.0000
PR 金融优（149792）	3000.00	2033.02.01	4.9600	18 金融次（149793）	30.00	2033.02.01	0.0000
金地 02A（149794）	403.00	2019.07.31	5.6000	金地 02 次（149795）	1.00	2019.07.31	0.0000
铁建 005A（149796）	1364.00	2020.02.19	4.8800	铁建 005C（149797）	72.00	2020.02.19	0.0000
PR1A（149798）	3600.00	2021.06.29	4.8000	致远 1B（149799）	1385.00	2023.05.18	0.0000
PRZR3 优 A（149800）	234.00	2020.08.13	5.8100	18ZR3 优 B（149801）	21.00	2020.08.13	6.6500
18ZR3 中 A（149802）	18.00	2020.08.13	7.5000	PR 永达 1A（149803）	680.00	2020.07.26	5.9500
18 永达次（149804）	121.00	2021.01.26	0.0000	借呗 54A1（149805）	3400.00	2019.09.03	5.1500
借呗 54A2（149806）	300.00	2019.09.03	5.7200	借呗 54B（149807）	300.00	2019.09.03	0.0000
借呗 55A1（149808）	1700.00	2019.09.06	5.0500	借呗 55A2（149809）	150.00	2019.09.06	5.7200
借呗 55B（149810）	150.00	2019.09.06	0.0000	借呗 56A1（149811）	1700.00	2019.09.11	4.8900
借呗 56A2（149812）	150.00	2019.09.11	5.8000	借呗 56B（149813）	150.00	2019.09.11	0.0000
借呗 57A1（149814）	2550.00	2019.09.27	4.6800	借呗 57A2（149815）	225.00	2019.09.27	5.1000
借呗 57B（149816）	225.00	2019.09.27	0.0000	昌西 01（149817）	107.00	2019.03.28	5.3000
PR 昌西 02（149818）	82.00	2020.03.28	5.4000	昌西 03（149819）	94.00	2021.03.28	5.6000
昌西 04（149820）	106.00	2022.03.28	5.9000	昌西 05（149821）	113.00	2023.03.28	6.3000
昌西 06（149822）	120.00	2024.03.28	6.5000	昌西 07（149823）	128.00	2025.03.28	6.5000
昌西 08（149824）	141.00	2026.03.28	6.5000	昌西 09（149825）	154.00	2027.03.28	6.5000
PR 大华 A（149827）	1280.00	2039.05.18	6.0000	18 大华 B（149828）	710.00	2039.05.18	6.5000
18 大华次（149829）	10.00	2039.05.18	0.0000	18 正商优（149830）	1430.00	2019.04.15	7.2000
18 正商次（149831）	170.00	2019.04.25	0.0000	PR08A1（149832）	350.00	2019.02.27	4.5000
PR08A2（149833）	260.00	2019.11.20	4.8500	PR08A3（149834）	370.00	2021.02.18	5.8300
恒信 08 次（149835）	70.00	2021.05.20	0.0000	PR 易鑫 4A（149836）	1972.00	2020.06.25	6.0000
18 易鑫 4B（149837）	293.00	2020.09.25	7.8000	18 易鑫 4C（149838）	166.00	2021.06.25	0.0000
PR 德远优（149839）	370.00	2021.07.29	5.4000	18 德远次（149840）	1.00	2021.07.29	0.0000
18 保置优（149841）	1438.00	2021.11.01	6.3500	18 保置次（149842）	76.00	2021.11.01	0.0000
PR 鑫宁 A1（149843）	1060.00	2019.04.26	4.2000	PR 鑫宁 A2（149844）	840.00	2020.04.26	4.6000
18 鑫宁 B（149845）	325.00	2020.04.26	6.0000	18 鑫宁次（149846）	624.00	2021.01.26	4.0000
PR 平租 4A（149847）	1253.00	2021.02.20	6.0000	18 平租 4B（149848）	90.00	2021.08.20	7.0000
18 平租 4C（149849）	75.00	2022.02.20	7.5000	18 次 4（149850）	91.00	2023.02.20	0.0000
PR 中铝 01（149851）	370.00	2019.07.26	4.6000	PR 中铝 02（149852）	530.00	2020.07.26	5.0000
中铝租 03（149853）	420.00	2021.10.26	5.3000	中铝租次（149854）	70.00	2022.04.26	0.0000
德盈 2 号 2（149855）	1937.00	2019.06.24	4.3000	宝联 1A（149856）	161.00	2019.08.16	7.5000
宝联 1 次（149857）	9.00	2019.08.16	0.0000	18 花 13A1（149858）	3560.00	2020.09.30	4.8800
18 花 13A2（149859）	140.00	2020.09.30	5.2000	18 花 13B（149860）	300.00	2020.09.30	0.0000
18 花 14A1（149861）	890.00	2019.10.23	4.3000	18 花 14A2（149862）	40.00	2019.10.23	4.8900
18 花 14B（149863）	70.00	2019.10.23	0.0000	18 花 15A1（149864）	890.00	2019.04.26	4.0800
18 花 15A2（149865）	40.00	2019.04.26	4.8000	18 花 15B（149866）	70.00	2019.04.26	0.0000
18 花 16A1（149867）	1780.00	2020.11.27	4.6000	18 花 16A2（149868）	70.00	2020.11.27	4.9500
18 花 16B（149869）	150.00	2020.11.27	0.0000	18 借 01A1（149873）	1700.00	2020.09.22	5.3500
18 借 01A2（149874）	150.00	2020.09.22	5.7500	18 借 01B（149875）	150.00	2020.09.22	0.0000
18 借 02A1（149876）	1700.00	2020.09.23	5.1900	18 借 02A2（149877）	150.00	2020.09.23	5.6500
18 借 02B（149878）	150.00	2020.09.23	0.0000	18 借 03A1（149879）	1700.00	2020.10.21	5.2000
18 借 03A2（149880）	150.00	2020.10.21	5.3900	18 借 03B（149881）	150.00	2020.10.21	0.0000
18 借 04A1（149882）	1700.00	2020.10.27	5.2500	18 借 04A2（149883）	150.00	2020.10.27	5.4500

债券信息 List of Bonds

债券 Bond

债券简称（代码） Bond Name（Code）	发行量（百万元） Issued Vol （M yuan）	到期日 Expiration Date	票面利率（%） Coupon Rate（%）	债券简称（代码） Bond Name（Code）	发行量（百万元） Issued Vol （M yuan）	到期日 Expiration Date	票面利率（%） Coupon Rate（%）
18 借 04B（149884）	150.00	2020.10.27	0.0000	18 借 05A1（149885）	1275.00	2020.11.25	5.0000
18 借 05A2（149886）	113.00	2020.11.25	5.1300	18 借 05B（149887）	113.00	2020.11.25	0.0000
PR 康达 01（149891）	48.00	2021.06.20	7.5000	G1 康达 02（149892）	48.00	2024.06.20	7.5000
G1 康达 03（149893）	60.00	2027.06.20	7.5000	G1 康达 04（149894）	78.00	2030.06.20	7.5000
G1 康达 05（149895）	96.00	2033.06.20	7.5000	G1 康达次（149896）	30.00	2033.06.20	0.0000
18 红星 1A（149897）	838.00	2021.08.30	7.5000	18 红星 1B（149898）	47.00	2021.08.30	0.0000
建设 1A（149902）	1003.00	2020.09.14	4.9500	建设 1B（149903）	183.00	2020.09.14	6.1000
建设 1 次（149904）	37.00	2020.09.14	0.0000	中交三 A（149905）	640.00	2021.02.26	5.7000
中交三 B（149906）	18.00	2021.02.26	6.2000	中交三 C（149907）	52.00	2021.02.26	6.6000
中交三次（149908）	165.00	2021.02.26	0.0000	花呗 62A1（149909）	1780.00	2020.09.30	4.9000
花呗 62A2（149910）	70.00	2020.09.30	5.2000	花呗 62B（149911）	150.00	2020.09.30	0.0000
花呗 61A1（149912）	3560.00	2020.09.23	4.9500	花呗 61A2（149913）	140.00	2020.09.23	5.4000
花呗 61B（149914）	300.00	2020.09.23	0.0000	福田 02A（149915）	375.00	2021.03.11	6.0000
福田 02B（149916）	51.00	2021.03.11	7.0000	福田 02 次（149917）	75.00	2021.08.12	0.0000
金地 03A（149918）	556.00	2019.08.23	5.0000	金地 03 次（149919）	1.00	2019.08.23	0.0000
18 花呗 6A（149920）	3560.00	2019.09.23	4.5400	18 花呗 6B（149921）	160.00	2019.09.23	5.3300
18 花呗 6C（149922）	280.00	2019.09.23	0.0000	时代 01 优（149931）	470.00	2019.09.02	7.5000
时代 01 次（149932）	30.00	2019.09.02	0.0000	18 建花 A（149933）	1780.00	2020.09.23	5.0000
18 建花 B（149934）	70.00	2020.09.23	5.5000	18 建花 C（149935）	150.00	2020.09.23	0.0000
18 借呗 1A（149936）	2550.00	2020.09.23	5.1000	18 借呗 1B（149937）	225.00	2020.09.23	5.4500
18 借呗 1C（149938）	225.00	2020.09.23	0.0000	18 借呗 2A（149939）	2550.00	2020.09.28	5.1900
18 借呗 2B（149940）	225.00	2020.09.28	5.3900	18 借呗 2C（149941）	225.00	2020.09.28	0.0000
PR 国美优（149942）	750.00	2033.09.03	6.2000	18 国美次（149943）	40.00	2033.09.03	0.0000
PR 鹭 01A1（149944）	1370.00	2020.01.17	5.1000	18 鹭 01A2（149945）	561.00	2020.04.17	5.2500
18 鹭 01A3（149946）	819.00	2020.07.17	5.3000	18 鹭 01B1（149947）	140.00	2020.07.17	5.5000
18 鹭 01C1（149948）	125.00	2021.04.17	5.6000	18 鹭 01 次（149949）	184.00	2021.07.17	0.0000
华润 3 优 1（149962）	1682.00	2020.09.21	4.8800	华润 3 优 2（149963）	182.00	2020.09.21	5.8000
华润 3 次 1（149964）	122.00	2020.09.21	0.0000	华润 3 次 2（149965）	41.00	2020.09.21	0.0000
18 悠唐 A（149966）	1615.00	2036.09.18	5.9000	PR 悠唐 B（149967）	985.00	2036.09.18	6.2000
18 悠唐次（149968）	1.00	2036.09.18	0.0000	璀璨 4A（149969）	680.00	2019.09.26	6.3000
PRX8A1（149970）	280.00	2019.07.28	6.0000	PRX8A2（149971）	230.00	2020.07.28	6.1000
AUX8A3（149972）	320.00	2022.01.28	6.5000	AUX8B（149973）	90.00	2022.07.28	7.8000
AUX8 次（149974）	106.00	2023.07.28	0.0000	联保 2 优（149975）	794.00	2019.09.04	6.9800
联保 2 次（149976）	1.00	2019.09.04	0.0000	PR 平安 6A（149977）	1970.00	2021.08.15	5.9800
18 平安 6B（149978）	100.00	2022.02.15	7.5000	18 平安 6C（149979）	176.00	2024.02.15	0.0000
PR18 京 4A（149980）	1900.00	2019.01.29	4.8800	PR18 京 4B（149981）	100.00	2019.02.26	0.0000
PR09 优（149982）	950.00	2019.08.20	5.0000	PR09 次（149983）	50.00	2019.11.07	0.0000
PR18 京 5A（149984）	950.00	2019.08.06	5.0600	PR18 京 5B（149985）	50.00	2019.08.20	0.0000
小米 01 次（149986）	15.00	2019.07.29	0.0000	18 铁置优（149987）	1096.00	2021.09.17	5.6000
18 铁置次（149988）	104.00	2021.09.17	0.0000	花呗 64A1（149990）	2225.00	2020.09.30	4.9000
花呗 64A2（149991）	88.00	2020.09.30	5.4500	花呗 64B（149992）	188.00	2020.09.30	0.0000
花呗 65A1（149993）	2225.00	2020.09.30	4.9500	花呗 65A2（149994）	88.00	2020.09.30	5.5000
花呗 65B（149995）	188.00	2020.09.30	0.0000	融鑫 5（149996）	220.00	2019.09.02	5.0500
18 建花 2A（149997）	2670.00	2020.09.30	4.9000	18 建花 2B（149998）	105.00	2020.09.30	5.2000
18 建花 2C（149999）	225.00	2020.09.30	0.0000	17 浙商 03（150001）	1500.00	2019.11.28	5.6800
17 华融 F1（150004）	2000.00	2020.11.28	5.8600	17 淮矿 01（150005）	2000.00	2020.11.24	6.1000
17 木渎 01（150008）	600.00	2020.11.27	6.3000	17 黄发 01（150009）	1000.00	2022.11.29	5.3000
17 滨江 01（150010）	200.00	2022.12.01	7.0000	17 黄发 02（150011）	500.00	2022.12.08	5.3000
17 公投 01（150012）	950.00	2022.12.01	6.8000	17 通高新（150013）	1100.00	2021.01.03	6.9600
17 乐米债（150014）	10.00	2020.12.15	6.5000	17 伟控 01（150016）	250.00	2022.11.30	6.2000

债券信息
List of Bonds

债券简称（代码）Bond Name（Code）	发行量（百万元）Issued Vol（M yuan）	到期日 Expiration Date	票面利率（%）Coupon Rate（%）	债券简称（代码）Bond Name（Code）	发行量（百万元）Issued Vol（M yuan）	到期日 Expiration Date	票面利率（%）Coupon Rate（%）
17 遵红债（150017）	250.00	2022.12.15	7.5000	17 方圆 01（150018）	1000.00	2020.12.06	8.0000
17 银河 11（150019）	4000.00	2019.12.06	5.5300	17 沧港 01（150020）	100.00	2022.12.04	7.2000
17 巨力债（150022）	300.00	2020.12.06	7.0000	17 方正 01（150024）	800.00	2020.12.12	6.2000
17 府谷 01（150027）	400.00	2020.12.07	7.0000	17 鲁水 01（150028）	1200.00	2022.12.06	5.9500
17 镇新债（150029）	900.00	2022.12.08	7.5000	17 振浔 02（150030）	260.00	2022.12.14	7.0000
17 苏宁 07（150031）	1040.00	2022.12.13	7.3000	17 江城 01（150034）	900.00	2022.12.12	5.9700
17 中信 04（150035）	1000.00	2019.12.15	5.5000	17 铜城 01（150039）	600.00	2020.12.19	6.5000
17 伟控 02（150040）	325.00	2022.12.15	6.7000	17 晋开 01（150041）	350.00	2020.12.18	6.5000
17 任兴 01（150043）	320.00	2022.12.13	7.5000	17 涪交 01（150044）	200.00	2022.12.15	7.0000
17 盛泽 02（150046）	550.00	2020.12.18	5.0000	17 永泰 01（150048）	300.00	2099.12.31	7.5000
17 博天 01（150049）	300.00	2022.12.19	6.5000	17 平投债（150050）	620.00	2022.12.28	5.0000
17 华置 F1（150051）	2220.00	2022.12.20	6.3400	17 金灌债（150052）	400.00	2022.12.21	7.5000
18 红河 01（150053）	500.00	2023.06.29	7.8000	17 红日 03（150054）	140.00	2022.12.18	7.5000
17 天物债（150055）	285.00	2099.12.31	6.8000	17 青投债（150056）	1000.00	2022.12.20	7.2000
17 嘉兴 01（150057）	500.00	2022.12.22	6.1000	17 西南 C1（150058）	1000.00	2020.12.21	6.2700
17 通滨海（150059）	2000.00	2022.12.20	6.9800	17 顾家 02（150062）	200.00	2020.12.26	7.3000
17 振浔 03（150064）	150.00	2022.12.22	7.0000	18 蓝天债（150066）	800.00	2019.12.18	7.8000
17 丰电债（150067）	30.00	2020.12.27	6.4200	17 亭湖 02（150069）	260.00	2022.12.26	7.8000
G17 启迪 2（150070）	550.00	2022.12.29	6.8000	18 渝旅 01（150073）	1300.00	2023.05.03	6.8000
17 连工 02（150074）	200.00	2022.12.29	7.2700	17 博雅 01（150075）	10.00	2019.01.14	6.0000
18 惠金债（150076）	800.00	2021.01.08	6.8000	18 桂交投（150077）	500.00	2021.01.05	6.5000
18 招商 C1（150078）	1640.00	2020.01.12	5.5600	18 寿光 01（150079）	300.00	2023.01.12	7.5000
18 金港债（150080）	300.00	2021.01.04	6.0000	18 润田 01（150082）	1000.00	2025.01.16	7.0000
18 漳九 01（150083）	1100.00	2023.01.16	6.4900	18 机电 01（150084）	1200.00	2021.01.16	5.5000
18 顾家 01（150086）	530.00	2021.01.17	7.3000	18 鲁胜 01（150088）	200.00	2023.01.18	7.5000
18 开滦 01（150089）	620.00	2021.01.12	7.5000	18 银河 F1（150090）	3500.00	2020.01.17	5.5500
18 银河 F2（150091）	1500.00	2021.01.17	5.6500	18 崇川 01（150092）	500.00	2019.08.15	4.0000
18 光证 01（150093）	2000.00	2019.01.18	5.4500	18 光证 02（150094）	2000.00	2020.01.18	5.5500
18 兴业 F1（150095）	4500.00	2021.01.22	5.7000	18 金灌 01（150096）	100.00	2023.01.12	7.5000
18 招商 C2（150097）	5150.00	2020.01.22	5.7000	18 溧水 01（150098）	1500.00	2023.01.17	6.5000
18 华友 01（150099）	100.00	2020.01.19	7.8000	18 台基 01（150100）	900.00	2023.01.19	6.4800
18 沪信 01（150101）	1000.00	2019.01.22	6.8000	18 滨海 01（150102）	1420.00	2028.01.22	6.2900
18 淮资 01（150103）	510.00	2023.03.23	7.9900	18 浙商 C1（150104）	2000.00	2019.01.29	5.9300
18 东吴 F1（150105）	4500.00	2021.01.29	5.7000	18 民生 F1（150106）	950.00	2020.01.25	6.2000
18 民生 F2（150107）	550.00	2021.01.25	6.5000	18 海门 01（150108）	600.00	2021.02.01	6.9000
18 方正 01（150109）	1090.00	2023.03.16	6.0000	18 方正 02（150110）	1730.00	2023.03.16	6.8000
18 中金 01（150111）	1000.00	2020.01.26	5.5800	18 中金 02（150112）	1000.00	2021.01.26	5.7000
18 桂金 01（150113）	500.00	2021.01.29	6.7000	18 方正 C1（150114）	640.00	2020.01.29	6.3000
18 昌吉 01（150117）	450.00	2023.07.23	7.5000	18 粤铁 01（150118）	620.00	2021.01.30	4.7000
18 阿尔特（150119）	60.00	2021.02.02	6.5000	18 公投 01（150120）	400.00	2023.01.30	7.3000
18 晋交 01（150121）	1620.00	2023.03.28	6.9900	18 龙控 01（150123）	2000.00	2022.02.01	5.4000
18 水产 01（150124）	300.00	2023.02.12	7.4000	18 创启 01（150125）	200.00	2021.01.30	6.8000
18 中泰 F1（150126）	2000.00	2021.02.06	5.8000	18 启迪 01（150127）	200.00	2023.02.01	6.9700
18 大丰 01（150128）	210.00	2019.02.01	6.9900	18 雨花 01（150129）	500.00	2023.02.02	7.0000
18 海门 02（150130）	400.00	2023.02.06	7.2000	18 东兴 01（150131）	1000.00	2021.02.05	4.2000
18 科投 01（150132）	800.00	2021.03.20	7.0700	18 连工 01（150133）	200.00	2023.02.02	7.2000
18 信投 D1（150134）	3000.00	2019.01.28	5.3400	18 汇通 01（150135）	500.00	2021.02.08	4.8000
18 临淄 01（150136）	750.00	2023.04.13	7.0000	18 江水 01（150137）	1000.00	2023.02.07	6.8000
18 融盛 01（150138）	50.00	2023.02.13	7.2000	18 融盛 02（150139）	1100.00	2023.02.13	7.5000
18 义乌 01（150140）	3000.00	2023.04.16	3.7000	18 川铁 01（150141）	2570.00	2023.02.08	6.2900

债券信息 List of Bonds

债券 Bond

债券简称（代码） Bond Name（Code）	发行量 （百万元） Issued Vol （M yuan）	到期日 Expiration Date	票面利率（%） Coupon Rate（%）	债券简称（代码） Bond Name（Code）	发行量 （百万元） Issued Vol （M yuan）	到期日 Expiration Date	票面利率（%） Coupon Rate（%）
18建租01（150142）	960.00	2020.02.09	6.7900	18德鑫泉（150143）	30.00	2021.02.09	5.8000
18镇交01（150144）	500.00	2020.03.02	8.0000	18明诚01（150145）	100.00	2021.02.06	8.5000
18银河F3（150146）	1200.00	2020.02.12	5.6000	18银河F4（150147）	1000.00	2021.02.12	5.7000
18华安01（150148）	300.00	2023.02.08	7.5000	18华融F1（150149）	2500.00	2021.02.08	5.9800
18德清01（150150）	250.00	2023.02.09	6.8000	18六合01（150152）	187.00	2023.05.02	6.8000
18云锡01（150153）	1240.00	2021.02.27	7.5000	18鸿达01（150154）	330.00	2021.02.13	7.5000
18大同01（150156）	100.00	2021.02.12	7.3000	18顾家03（150157）	270.00	2021.02.12	7.5000
18邦信02（150160）	1000.00	2023.03.09	5.8000	18广能01（150161）	300.00	2021.02.22	7.8000
18汇通02（150162）	650.00	2021.03.08	4.5000	18高投01（150163）	1000.00	2023.03.02	6.9000
18协信01（150164）	710.00	2021.03.09	7.5000	18旭辉01（150166）	800.00	2022.03.21	5.3000
18旭辉02（150167）	2700.00	2023.03.21	6.8000	18三盛01（150168）	400.00	2021.03.21	8.0000
18三盛02（150169）	1600.00	2021.03.21	8.2000	18九通01（150170）	1090.00	2023.03.12	6.9500
18涪交01（150171）	450.00	2023.03.07	6.8800	18美都01（150172）	44.00	2019.03.06	7.5000
18宝工01（150173）	200.00	2023.03.13	7.1500	18创启02（150174）	300.00	2021.03.14	6.7000
18华泰C1（150175）	1000.00	2020.03.15	5.6500	18山钢01（150176）	2000.00	2021.03.09	5.7000
18景德01（150178）	200.00	2023.03.16	6.9000	18招商F2（150180）	3000.00	2019.03.13	5.3000
18华发01（150181）	2500.00	2021.03.14	1.0000	18财通C1（150183）	3000.00	2020.03.19	5.8500
18华福D1（150184）	1000.00	2019.03.19	5.6500	18连金01（150185）	200.00	2021.04.19	7.0000
18大同02（150186）	100.00	2021.03.12	7.0000	18信投F1（150187）	4000.00	2020.03.15	5.4300
18明诚02（150188）	150.00	2021.03.15	7.5000	18光证D1（150189）	800.00	2019.03.19	5.2200
18同煤01（150191）	3000.00	2023.03.19	5.8000	18银产01（150193）	400.00	2023.03.20	6.5000
18云投01（150194）	500.00	2020.03.16	6.5000	18滨海02（150196）	2010.00	2028.04.13	5.9800
18建租02（150197）	500.00	2020.03.20	6.4400	18鲁钢01（150198）	1450.00	2021.03.19	4.8500
18大宁01（150199）	1200.00	2023.03.21	6.0000	18南州01（150202）	480.00	2023.04.02	7.3000
18首创C1（150203）	500.00	2021.03.20	6.5000	18鲁金01（150204）	1200.00	2023.03.27	5.9500
18联储D1（150205）	1000.00	2019.03.22	6.5000	18绿城03（150206）	500.00	2022.04.13	3.9000
18绿城04（150207）	2500.00	2023.04.13	5.9900	18中投01（150208）	1000.00	2021.03.23	5.9500
18柯建01（150209）	200.00	2023.03.26	5.3500	18柯建02（150210）	300.00	2023.03.26	7.0000
18龙控02（150211）	2000.00	2022.03.22	4.9000	18平投01（150212）	300.00	2023.04.03	4.0000
18富通01（150213）	350.00	2019.05.13	7.5000	18蓝光02（150215）	700.00	2021.03.29	7.5000
18蓝光03（150216）	550.00	2021.03.29	7.5000	18苏园01（150217）	290.00	2023.03.26	6.7200
18滁城01（150218）	1500.00	2023.04.02	6.4600	18中宝01（150219）	500.00	2022.03.23	7.6000
18漳九02（150220）	1400.00	2023.03.26	6.5000	18平证01（150221）	2840.00	2020.03.22	5.6000
18九通02（150222）	1400.00	2021.06.01	5.9000	18溧水02（150223）	570.00	2023.03.27	6.7000
18韩投01（150224）	1000.00	2019.11.21	8.0000	18淮矿01（150225）	2000.00	2021.04.03	6.0000
18川铁02（150226）	1000.00	2023.03.26	6.0000	18余杭01（150227）	140.00	2023.03.27	4.2500
18金凤01（150228）	940.00	2023.04.10	6.8000	G18华友1（150230）	620.00	2019.04.10	8.2400
18大成01（150231）	370.00	2023.03.30	6.8000	18相城01（150232）	800.00	2023.03.27	6.1800
18国金01（150233）	1500.00	2020.04.02	5.7500	18国金02（150234）	1500.00	2021.04.02	5.8500
18吴开01（150235）	600.00	2023.03.28	6.3500	18镇国01（150236）	714.00	2023.03.30	7.8000
18盐城01（150237）	700.00	2025.03.29	7.1000	18泰通债（150239）	350.00	2023.03.28	8.0000
18薛城01（150240）	210.00	2023.03.27	8.0000	18绍兴01（150241）	1400.00	2023.03.29	7.2000
18鲁胜02（150243）	200.00	2023.03.30	7.5000	18太仓01（150244）	200.00	2023.03.30	6.5000
18绵投01（150245）	1800.00	2023.03.30	6.9800	G18湖州1（150246）	500.00	2021.04.03	6.2800
18滨江01（150247）	900.00	2023.04.09	6.8000	18卓越01（150249）	300.00	2023.04.02	6.5000
18桂金02（150251）	500.00	2021.03.30	7.3000	18川铁03（150252）	1020.00	2023.04.02	5.9900
18凉山01（150253）	500.00	2021.03.30	7.1000	18海资01（150254）	1000.00	2023.04.04	6.0500
18云投03（150255）	2700.00	2020.04.03	6.5000	18鹏欣01（150256）	400.00	2023.04.10	7.5000
18连工02（150257）	250.00	2023.03.30	7.2000	18宜春01（150258）	300.00	2023.04.26	6.8000
18宜春02（150259）	700.00	2023.04.26	4.3500	18华宇02（150260）	300.00	2021.04.02	8.5000

债券信息
List of Bonds

债券简称（代码） Bond Name（Code）	发行量（百万元） Issued Vol（M yuan）	到期日 Expiration Date	票面利率（%） Coupon Rate（%）	债券简称（代码） Bond Name（Code）	发行量（百万元） Issued Vol（M yuan）	到期日 Expiration Date	票面利率（%） Coupon Rate（%）
18 余杭 02（150261）	230.00	2023.03.30	4.2500	18 方正 03（150262）	1030.00	2023.04.09	6.0000
18 雨花 02（150264）	500.00	2023.04.03	6.8800	18 新港 01（150265）	1300.00	2022.04.02	6.0000
18 振浔 01（150266）	50.00	2023.04.02	7.5000	S18 云电 1（150268）	650.00	2023.04.09	6.2000
18 东兴 02（150271）	1000.00	2021.04.04	5.9400	18 乳山 01（150272）	540.00	2023.04.09	7.7500
18 建租 03（150274）	1100.00	2020.04.11	6.0000	18 台基 02（150275）	1000.00	2023.04.10	6.5000
18 山钢 03（150276）	2000.00	2021.04.10	5.5800	18 首业 01（150278）	1000.00	2021.04.09	2.9500
18 首业 02（150279）	2000.00	2023.04.09	5.8400	18 融通 01（150280）	120.00	2023.04.04	7.0000
18 融通 02（150281）	230.00	2023.04.04	7.0000	18 中信 01（150283）	4800.00	2020.04.16	5.0500
18 建租 04（150284）	500.00	2021.04.11	6.4000	18 东兴 F1（150285）	3000.00	2021.04.12	5.3700
18 常新 01（150286）	600.00	2023.04.16	3.9000	18 常新 02（150287）	400.00	2023.04.16	6.5500
18 信投 F2（150288）	4000.00	2021.04.17	5.1200	18 东证 01（150289）	8000.00	2019.04.13	4.8300
18 海盐 01（150290）	1500.00	2023.04.16	6.7700	18 苏新 01（150291）	1100.00	2023.08.16	4.0000
18 新昌 01（150292）	700.00	2023.04.19	6.4500	18 安租 01（150293）	2260.00	2021.04.13	6.2900
18 长安 01（150295）	450.00	2021.04.19	7.5000	18 财通 C2（150296）	2500.00	2020.04.17	5.4000
18 苏交 01（150297）	1500.00	2020.04.25	2.9000	18 寿光 02（150299）	570.00	2022.04.17	7.0000
18 义乌 02（150300）	2000.00	2023.04.16	6.3000	18 招商 F6（150302）	3800.00	2019.05.04	4.7500
18 融和 01（150303）	700.00	2021.04.19	6.4000	18 桂金 03（150305）	1000.00	2021.04.26	7.3000
18 浙商 C2（150306）	2000.00	2020.04.23	5.3000	18 柯建 04（150307）	1000.00	2023.04.24	6.8900
18 柯建 03（150308）	500.00	2023.04.24	5.1000	18 银河 C1（150309）	800.00	2020.04.19	5.2000
18 蓝光 06（150312）	1110.00	2021.04.27	7.5000	18 金辉 01（150313）	1000.00	2021.04.23	7.5000
18 银河 C2（150314）	3200.00	2021.04.19	5.3000	18 中金 C1（150315）	1000.00	2023.04.20	5.3000
18 唐建 01（150316）	250.00	2019.04.30	6.0000	18 华融 C1（150317）	2500.00	2021.04.18	5.8000
18 金控 01（150318）	285.00	2023.04.26	7.3000	18 国联 02（150319）	1000.00	2020.04.25	5.6000
18 中金 03（150320）	500.00	2020.04.24	4.8000	18 中金 04（150321）	1000.00	2021.04.24	4.9400
18 海门 03（150322）	1150.00	2021.04.25	7.5000	18 中原 01（150323）	1500.00	2021.04.27	5.5800
18 方程 01（150324）	700.00	2021.04.26	5.5500	18 邦信 03（150325）	1200.00	2023.04.26	6.3000
18 邦信 04（150326）	300.00	2023.04.26	4.3400	18 民生 C1（150327）	1800.00	2021.04.24	6.8000
18 民生 C2（150328）	1200.00	2020.04.24	6.5000	18 甬展 01（150329）	500.00	2023.04.27	6.7000
18 天风 C1（150330）	900.00	2021.04.26	6.0000	18 薛城 02（150332）	790.00	2023.04.23	7.5000
18 任城 01（150333）	640.00	2023.04.27	7.7000	18 南湖 01（150337）	430.00	2023.04.24	7.5000
18 滨海 03（150338）	570.00	2028.04.26	5.8800	18 青城 01（150339）	950.00	2023.05.02	5.6500
18 青城 02（150340）	250.00	2023.05.02	6.0000	18 东兴 F2（150341）	1000.00	2019.04.26	4.8000
18 东兴 F3（150342）	1300.00	2021.04.26	5.1000	18 云港 01（150343）	1000.00	2023.04.26	6.2000
18 中泰 F2（150344）	2000.00	2021.04.26	5.1000	18 金堂 01（150345）	200.00	2023.04.25	7.8000
18 台基 03（150346）	1100.00	2022.04.27	3.9300	18 绵投 02（150347）	800.00	2023.04.26	6.9900
18 绍兴 03（150348）	970.00	2023.05.02	7.2000	18 绍兴 04（150349）	220.00	2023.05.02	7.0000
18 恒驰 01（150350）	500.00	2021.04.25	7.6000	18 恒驰 02（150351）	70.00	2021.04.25	8.0000
18 建租 05（150352）	440.00	2021.04.27	6.7600	18 宝工 02（150353）	500.00	2023.04.27	7.1500
18 泰投 01（150354）	790.00	2023.04.26	7.5000	18 万联 C1（150355）	500.00	2021.05.02	3.6000
18 九联 01（150356）	460.00	2023.04.27	7.5000	18 徐矿 01（150357）	1530.00	2021.04.26	1.0000
18 云锡 02（150359）	320.00	2021.05.24	7.5000	18 国厚 01（150360）	1000.00	2023.05.02	7.5000
18 公投 02（150364）	650.00	2023.08.21	5.3600	18 东投 01（150369）	500.00	2021.05.11	7.5000
18 海亮 01（150370）	200.00	2021.05.03	7.5000	18 延安 01（150372）	142.00	2028.05.03	8.2000
18 泰通 02（150373）	220.00	2023.05.08	7.0000	18 黔物 01（150374）	100.00	2021.06.19	7.8000
18 西南 C1（150375）	1900.00	2021.05.08	6.1000	18 长投 01（150378）	530.00	2023.05.09	8.0000
18 海金 01（150380）	200.00	2021.05.03	6.6000	18 杭租 01（150381）	600.00	2021.08.30	4.8000
18 光证 03（150382）	6000.00	2019.05.07	4.7900	18 中信 02（150384）	2500.00	2021.05.10	5.0900
18 格地 01（150385）	1020.00	2023.05.08	6.0000	18 华泰 C2（150386）	2800.00	2021.05.10	5.2000
18 兴业 F2（150388）	2000.00	2021.05.10	5.2000	18 信投 D2（150389）	2900.00	2019.04.24	4.7000
18 俊发 01（150390）	2000.00	2022.10.22	8.0000	18 绿城 05（150392）	1000.00	2022.05.25	3.9000

债券信息
List of Bonds

债券
Bond

债券简称（代码） Bond Name（Code）	发行量（百万元） Issued Vol （M yuan）	到期日 Expiration Date	票面利率（%） Coupon Rate（%）	债券简称（代码） Bond Name（Code）	发行量（百万元） Issued Vol （M yuan）	到期日 Expiration Date	票面利率（%） Coupon Rate（%）
18金辉02（150394）	1700.00	2021.09.28	7.4000	18安租03（150395）	1710.00	2023.05.14	6.0000
18人居债（150396）	1500.00	2021.05.14	7.5000	18上虞01（150397）	1000.00	2023.05.30	7.5000
18先导01（150398）	3300.00	2023.05.22	6.5000	18龙控03（150399）	1000.00	2022.05.21	3.5000
18中盐01（150402）	700.00	2023.05.18	6.0000	18雨花03（150403）	500.00	2023.05.17	6.9900
18平证03（150404）	1000.00	2021.05.17	5.3000	18平证04（150405）	2600.00	2019.05.21	4.8400
18天府01（150407）	640.00	2023.05.18	7.5000	18东莞D1（150408）	1000.00	2019.05.24	5.3800
18蓝光07（150409）	600.00	2021.05.29	7.9000	18国发01（150410）	1300.00	2023.05.21	5.6700
18包钢01（150411）	1506.00	2023.05.21	4.8000	18蓝光09（150413）	150.00	2021.05.29	7.5000
18招商F7（150414）	5900.00	2019.06.05	4.8400	18银河C3（150416）	5500.00	2020.05.24	5.3800
18连金02（150418）	750.00	2021.08.27	3.9000	18泛海F1（150420）	1000.00	2021.05.30	7.8000
18农发01（150421）	200.00	2021.05.24	3.8500	18金鑫01（150422）	600.00	2023.06.14	7.0000
18海伟01（150423）	160.00	2021.05.24	7.3000	18金城01（150424）	800.00	2023.05.28	6.1800
18金堂02（150425）	450.00	2023.05.24	7.8000	18科教01（150426）	500.00	2021.06.15	8.5000
18华宇03（150427）	1000.00	2021.05.29	7.9900	18方正05（150428）	3000.00	2023.05.25	6.8000
18常熟01（150430）	480.00	2023.05.28	6.5000	18锡交01（150431）	1500.00	2023.07.30	5.4700
18灵璧债（150432）	1000.00	2023.05.25	8.0000	18锡交02（150433）	1000.00	2023.08.17	5.3000
18融和02（150434）	300.00	2021.08.03	6.5000	18东兴03（150435）	1000.00	2020.05.25	5.9900
18东兴04（150436）	1000.00	2021.05.25	3.7000	18富力01（150437）	1000.00	2021.06.01	6.8000
18山钢05（150440）	1500.00	2021.06.01	5.1000	18张投01（150441）	530.00	2023.05.29	6.1700
18泰交01（150442）	950.00	2023.05.29	3.6000	18华泰D1（150443）	4600.00	2019.06.11	5.0000
18豫能01（150445）	3000.00	2023.05.29	7.4500	18华福C1（150446）	1000.00	2021.05.29	5.7500
18川铁04（150447）	560.00	2023.06.19	6.2900	18平证05（150448）	1500.00	2019.04.30	4.9000
18方正F1（150449）	2000.00	2020.05.29	6.0800	18财达C1（150450）	2000.00	2021.08.08	3.7000
18蒙中01（150451）	255.00	2023.06.01	6.5000	18同煤03（150452）	2000.00	2023.05.31	6.0000
18融侨01（150453）	1000.00	2021.06.05	7.5000	18昆租01（150454）	700.00	2025.08.23	5.5000
18射阳01（150455）	400.00	2023.06.05	7.5000	18招商F8（150456）	3000.00	2019.04.11	3.7800
18华创C1（150457）	800.00	2021.08.23	5.6000	18环球01（150460）	600.00	2023.06.13	3.7000
18即旅01（150461）	1000.00	2023.11.08	5.6200	18中泰D1（150462）	1600.00	2019.04.17	5.2000
18天山01（150464）	171.00	2023.06.05	6.9500	18九通03（150466）	910.00	2021.06.11	5.9000
18安租04（150467）	1000.00	2023.06.13	6.2000	18中银02（150468）	2500.00	2020.06.11	3.1000
18中证03（150470）	3000.00	2020.06.15	5.1000	18鲁金03（150472）	1400.00	2022.06.15	2.5000
18鲁金04（150473）	400.00	2023.06.15	5.9400	18常熟02（150474）	600.00	2023.06.14	6.5000
18富力04（150476）	500.00	2021.06.27	6.8000	18文控01（150477）	780.00	2023.06.14	7.2000
18渝南01（150478）	600.00	2023.06.22	7.4000	18汇川01（150480）	750.00	2023.06.14	8.0000
18华宇04（150481）	300.00	2021.06.19	8.5000	18德泰01（150482）	1000.00	2023.07.19	7.5000
18卓越04（150484）	1000.00	2023.07.09	6.3000	18东科01（150485）	100.00	2023.06.15	7.8000
18西谷债（150486）	5.00	2019.06.14	7.5000	18常经01（150487）	500.00	2023.06.20	6.3000
18名城01（150489）	300.00	2021.08.08	8.2000	18吴开02（150490）	240.00	2023.06.21	6.3000
18滇中01（150491）	750.00	2023.06.20	7.5000	18蓝光12（150495）	1890.00	2021.07.27	7.5000
18泛海F2（150496）	300.00	2021.06.20	7.8000	18方正07（150497）	2000.00	2023.06.21	6.8000
18大宁02（150499）	800.00	2023.06.28	6.3000	18新昌02（150500）	300.00	2023.09.27	8.0000
18中金05（150501）	1000.00	2020.06.28	5.2000	G18天成1（150502）	400.00	2021.06.22	2.3500
18晋交03（150503）	1140.00	2023.08.08	7.2000	18中金06（150504）	1000.00	2021.06.28	5.3000
18长安02（150505）	200.00	2021.06.25	8.0000	18通泰01（150508）	500.00	2023.07.03	7.4000
18安租06（150509）	1740.00	2021.09.14	6.0800	18鄂资02（150511）	500.00	2023.11.06	7.0000
18苏交03（150514）	600.00	2019.07.19	3.0000	18城发01（150515）	1000.00	2021.12.12	6.2800
18新源01（150516）	550.00	2023.06.29	7.4000	18申太01（150518）	100.00	2023.06.27	8.0000
18宝钛债（150519）	700.00	2023.07.27	6.8500	18中庚F1（150521）	400.00	2021.06.29	8.8000
18奥园01（150522）	1200.00	2021.07.24	5.0000	S18酉阳（150523）	600.00	2023.06.28	7.5000
G18华昱1（150527）	620.00	2023.07.18	7.5000	18中证04（150528）	4000.00	2020.07.09	4.8000

债券信息
List of Bonds

债券
Bond

债券简称（代码）Bond Name（Code）	发行量（百万元）Issued Vol（M yuan）	到期日 Expiration Date	票面利率（%）Coupon Rate（%）	债券简称（代码）Bond Name（Code）	发行量（百万元）Issued Vol（M yuan）	到期日 Expiration Date	票面利率（%）Coupon Rate（%）
18 华安 02（150530）	500.00	2023.07.04	7.5000	18 方正 F2（150531）	1540.00	2019.07.10	5.8000
18 方正 F3（150532）	1460.00	2020.07.10	6.1000	18 信投 F3（150533）	3500.00	2021.07.11	4.8600
18 广能 02（150534）	300.00	2021.09.25	7.9000	18 山能 01（150535）	750.00	2023.07.06	6.2000
18 山能 02（150536）	830.00	2021.07.06	2.9000	18 太高 01（150537）	650.00	2023.07.11	6.8000
18 常新 03（150538）	1000.00	2023.07.26	4.0000	18 首业 03（150540）	1500.00	2021.07.11	3.1000
18 首业 04（150541）	500.00	2023.07.11	5.9400	18 东次 01（150542）	6400.00	2020.07.12	5.1800
18 奥园 02（150545）	1200.00	2021.07.24	5.0000	18 安租 05（150546）	960.00	2021.07.16	2.0000
18 山能 04（150548）	1600.00	2021.07.20	3.2000	18 西能 01（150550）	200.00	2023.07.13	7.5000
18 岚桥 01（150551）	400.00	2019.07.18	7.5000	18 住宅 02（150553）	1000.00	2021.07.17	6.7900
18 丰盛 01（150554）	500.00	2099.12.31	7.5000	18 汝州 01（150556）	1500.00	2023.07.24	8.0000
18 国兴 01（150557）	1000.00	2023.08.02	6.7000	18 常通 01（150558）	1000.00	2021.08.01	6.7200
18 嘉兴 01（150559）	700.00	2021.07.27	2.0000	18 中租 01（150561）	1050.00	2021.07.20	1.9500
18 中租 02（150562）	620.00	2023.07.20	6.1900	18 信投 F4（150563）	2500.00	2021.07.24	4.8400
18 嘉善 01（150564）	1500.00	2023.07.24	6.2000	18 嘉善 02（150565）	500.00	2023.07.24	6.7000
18 腾冲 01（150566）	800.00	2023.09.07	7.5000	18 青城 03（150567）	1750.00	2023.07.26	5.6000
18 浩通 01（150570）	1210.00	2099.12.31	7.5000	18 温投 01（150572）	1200.00	2023.07.31	6.5900
18 保置 01（150574）	700.00	2021.08.13	5.2800	18 中租 03（150575）	1000.00	2020.07.30	4.3000
18 紫光 03（150576）	1000.00	2021.08.02	5.5000	18 如皋债（150577）	1000.00	2023.09.07	7.3000
18 鄂长 01（150578）	1000.00	2021.09.06	5.1000	18 常熟 03（150579）	420.00	2023.07.30	6.3500
18 国发 02（150580）	2700.00	2021.07.30	5.1000	18 蒙城 01（150581）	257.00	2023.07.27	7.3900
18 蒙中 02（150582）	545.00	2023.08.09	6.4000	18 包钢 02（150583）	3000.00	2023.07.27	4.9800
18 光证 05（150584）	1000.00	2020.07.30	4.5500	18 光证 06（150585）	4000.00	2021.07.30	4.6700
18 甬交 01（150586）	110.00	2023.08.02	7.3000	G18 青信 1（150587）	1450.00	2023.08.13	5.0000
18 长安 03（150588）	250.00	2021.08.06	8.0000	18 皖高债（150589）	500.00	2021.08.06	3.6000
18 苏高新（150590）	500.00	2023.08.01	5.3300	18 东兴 F4（150592）	3000.00	2021.08.06	4.8800
18 潞矿 02（150594）	2000.00	2023.08.07	4.9500	18 宁新 01（150595）	1000.00	2021.08.21	7.0300
18 晟晏 01（150597）	300.00	2021.08.06	8.5000	18 方正 10（150598）	2350.00	2023.08.09	6.6800
18 泛海 F3（150599）	1000.00	2021.08.08	7.8000	18 明诚 03（150600）	350.00	2021.08.15	8.5000
18 科教 02（150601）	1000.00	2021.08.09	8.5000	18 晋交 04（150604）	2591.00	2023.08.08	2.0000
18 郑地 01（150605）	500.00	2023.08.14	5.3500	18 沪券 D1（150606）	500.00	2019.08.17	4.2500
18 中租 04（150607）	1000.00	2021.08.14	2.5000	18 兴城 01（150608）	2000.00	2021.08.15	5.3900
18 阿地 01（150609）	640.00	2023.10.08	7.7000	18 富力 06（150611）	1200.00	2021.09.18	7.0000
18 富力 07（150612）	550.00	2022.09.18	7.7000	18 秦发 01（150613）	500.00	2023.11.15	6.6000
18 相城 02（150615）	450.00	2023.08.23	5.7000	18 岳阳 01（150616）	740.00	2023.08.28	7.2800
18 江公 01（150617）	1000.00	2023.08.16	6.2500	18 财通 C3（150618）	2500.00	2021.08.23	5.1900
18 绵投 03（150619）	400.00	2023.08.17	6.5000	18 新控 01（150620）	600.00	2021.08.20	6.0000
18 兴业 F3（150621）	5000.00	2021.08.20	4.7900	18 开滦 02（150623）	1380.00	2021.08.16	6.3000
18 名城 04（150625）	500.00	2019.11.06	8.3000	18 佳源 01（150626）	390.00	2019.09.25	8.0000
18 住宅 04（150628）	800.00	2021.08.21	6.1100	18 长安 04（150629）	510.00	2021.08.23	8.0000
18 环球 02（150630）	2000.00	2021.08.23	3.6000	18 盛泽 01（150631）	1000.00	2023.09.12	6.9000
18 时代 09（150632）	2200.00	2021.08.20	3.0000	18 先导 02（150634）	2700.00	2023.08.29	5.7500
18 电建 01（150635）	2000.00	2023.08.22	3.2000	18 禹洲 01（150636）	1000.00	2021.08.29	5.9800
18 中航 01（150639）	500.00	2021.08.23	2.5000	18 临矿 01（150641）	500.00	2021.08.22	3.2000
18 常通 02（150642）	500.00	2021.08.24	6.2500	18 江投 01（150643）	200.00	2023.08.23	8.1000
18 华安 C1（150644）	2000.00	2021.08.27	5.4000	18 射阳 02（150645）	980.00	2023.08.23	7.5000
G18 乌交 1（150646）	1500.00	2023.08.23	6.6000	18 川资 01（150647）	500.00	2021.08.24	4.2400
18 淮资 02（150649）	500.00	2023.08.23	7.9900	18 中金 C2（150650）	1500.00	2021.08.29	4.7000
18 岳阳 02（150652）	460.00	2023.08.28	7.5000	18 海信 01（150653）	1700.00	2021.08.29	3.5000
18 首股 01（150654）	3000.00	2023.08.29	5.7000	18 山钢 06（150655）	715.00	2021.08.28	4.7900
18 康欣 01（150656）	100.00	2023.09.20	8.0000	18 农垦 01（150657）	500.00	2023.09.21	6.3000

债券信息 List of Bonds

债券 Bond

债券简称（代码）Bond Name（Code）	发行量（百万元）Issued Vol（M yuan）	到期日 Expiration Date	票面利率（%）Coupon Rate（%）	债券简称（代码）Bond Name（Code）	发行量（百万元）Issued Vol（M yuan）	到期日 Expiration Date	票面利率（%）Coupon Rate（%）
18粤铁02（150658）	1070.00	2023.09.17	4.5000	G18安租1（150659）	508.00	2021.09.03	6.0800
18天物01（150660）	425.00	2099.12.31	7.0000	18包钢03（150661）	494.00	2023.09.21	4.8000
18振湘01（150663）	1000.00	2023.08.31	7.7000	18中投02（150664）	2000.00	2020.09.03	4.7200
18淮北02（150666）	700.00	2021.09.03	1.0000	18泸工01（150667）	900.00	2023.09.26	7.4000
18滇中02（150668）	1500.00	2023.09.27	7.5000	18德清02（150669）	450.00	2023.09.07	4.4000
18滇投01（150670）	1180.00	2021.08.31	7.8000	18绿城11（150674）	1000.00	2023.09.21	5.7000
18联发01（150675）	1000.00	2021.09.05	2.0000	18广汇01（150677）	500.00	2021.09.05	6.5000
18淮发01（150678）	600.00	2023.09.03	7.3000	18临淄02（150679）	1250.00	2023.09.12	6.5000
18甬交02（150680）	890.00	2023.09.13	7.3000	18柳控01（150681）	1000.00	2020.09.19	6.9000
18华夏04（150683）	1300.00	2021.09.10	6.6000	18通泰03（150684）	700.00	2023.09.14	7.6000
18中宝02（150685）	1800.00	2022.09.10	7.8000	18扬交产（150687）	500.00	2023.09.20	6.6000
18景德02（150688）	200.00	2021.09.13	7.0000	18山钢07（150689）	2500.00	2021.09.26	5.7800
18宁投01（150690）	600.00	2023.10.19	6.6000	18联储C1（150691）	1000.00	2020.09.21	6.6000
S18凉山2（150692）	300.00	2021.09.20	7.1000	18川港01（150694）	700.00	2021.09.19	5.3900
18富通02（150697）	150.00	2021.09.19	6.3000	18四联01（150699）	200.00	2023.09.13	7.0000
18新汶01（150700）	3000.00	2021.09.25	6.6600	G18天成2（150701）	600.00	2021.11.08	5.9000
18禹洲03（150702）	1200.00	2021.09.25	6.9800	18厦特02（150704）	550.00	2021.09.20	6.1400
18禹洲04（150705）	800.00	2021.09.25	7.8500	18融盛03（150707）	1200.00	2019.05.17	7.5000
18晟晏02（150708）	300.00	2021.09.18	8.5000	18环球03（150709）	500.00	2021.09.25	3.6000
18云锡03（150711）	560.00	2021.09.27	7.5000	18海信02（150712）	1100.00	2021.09.27	6.1700
18顺城01（150713）	300.00	2021.09.27	6.3500	18中投03（150714）	1000.00	2021.09.21	4.9900
18中租05（150715）	1000.00	2021.09.26	4.2800	18滨城01（150718）	560.00	2023.09.20	6.9700
18滨城02（150719）	200.00	2023.09.20	6.8000	18乌经建（150720）	1000.00	2021.09.26	6.9900
18京发01（150721）	2000.00	2021.09.21	5.5000	18木渎01（150723）	200.00	2021.10.25	7.0000
18新力02（150725）	313.00	2021.10.19	7.9000	18淮资03（150726）	990.00	2023.10.11	7.3000
18鑫业01（150727）	600.00	2020.09.20	8.5000	18安顺01（150728）	780.00	2023.09.26	8.0000
18沣东01（150729）	250.00	2023.11.09	7.2000	18南州02（150730）	320.00	2023.09.27	7.5000
18云化01（150731）	300.00	2021.09.28	7.4000	18中资01（150732）	1000.00	2021.09.25	6.1000
18景旅01（150733）	820.00	2023.09.21	6.0000	18江水02（150734）	2000.00	2023.11.22	5.9900
18生态01（150735）	1110.00	2021.10.11	7.8000	18天物02（150736）	1290.00	2099.12.31	7.3000
18鄂旅01（150737）	1000.00	2023.10.08	6.1000	18峨眉01（150738）	650.00	2023.10.19	8.0000
18粤铁03（150739）	610.00	2023.10.11	4.5000	18融强01（150740）	350.00	2021.10.12	7.9000
18金控02（150741）	950.00	2023.12.07	7.5000	18兴海01（150742）	500.00	2021.09.27	7.5000
18百矿01（150743）	500.00	2020.09.28	7.5000	G18川铁1（150744）	1000.00	2023.10.17	5.2000
18华远01（150745）	1500.00	2021.12.14	7.5000	18漳九03（150746）	1000.00	2021.10.26	5.6900
18国太01（150748）	500.00	2023.09.28	6.9000	18山煤Y1（150749）	1500.00	2021.09.29	7.9000
18招商F9（150750）	3000.00	2019.07.12	3.7900	18苏新02（150751）	400.00	2023.11.23	5.0900
18平投02（150752）	1080.00	2023.10.30	7.4200	18涪交03（150753）	1120.00	2021.10.30	7.5000
18时代11（150755）	1700.00	2021.10.17	8.4000	18红河02（150757）	700.00	2023.10.16	7.5000
18湘洞庭（150758）	700.00	2023.10.15	7.2000	18中银C1（150759）	2500.00	2021.10.19	4.6900
18中证C1（150760）	5000.00	2021.10.19	4.4800	18渝开01（150761）	400.00	2023.10.17	6.5000
18株国01（150762）	910.00	2023.10.31	7.5000	18兵国01（150765）	1000.00	2021.10.18	6.2900
18龙马01（150767）	650.00	2023.11.14	7.5000	18安租07（150768）	1740.00	2021.10.16	5.9500
18银河C6（150770）	5000.00	2021.10.25	4.4800	18革新债（150771）	10.00	2021.10.22	7.5000
18协信03（150772）	1400.00	2020.10.26	8.0000	18济高02（150773）	2000.00	2023.11.01	5.5000
18同煤06（150775）	4000.00	2021.10.26	5.3000	18首创C2（150776）	1000.00	2021.10.26	6.3000
18新津01（150777）	590.00	2023.10.25	7.5700	18通泰04（150778）	700.00	2023.10.25	7.5000
18金辉03（150779）	400.00	2021.11.05	7.5000	18海资02（150780）	1000.00	2023.10.31	5.3400
18潞安01（150781）	2000.00	2019.11.08	5.3900	18浙商C3（150782）	3600.00	2021.10.30	5.2800
18融和03（150783）	1000.00	2021.10.25	6.0000	18太水01（150784）	500.00	2021.10.26	6.4300

债券信息
List of Bonds

债券简称（代码）Bond Name（Code）	发行量（百万元）Issued Vol（M yuan）	到期日 Expiration Date	票面利率（%）Coupon Rate（%）	债券简称（代码）Bond Name（Code）	发行量（百万元）Issued Vol（M yuan）	到期日 Expiration Date	票面利率（%）Coupon Rate（%）
18 江公 02（150785）	1500.00	2023.10.25	6.3000	18 中航 03（150788）	1000.00	2021.10.25	5.3500
18 川资 03（150789）	500.00	2021.10.24	6.4000	18 南通 01（150791）	1500.00	2023.10.26	5.5000
18 华安 03（150793）	200.00	2023.10.25	8.5000	18 融信 01（150794）	2000.00	2021.11.28	7.0000
18 国惠 01（150796）	3000.00	2021.10.29	5.6800	18 黄交 01（150797）	1000.00	2023.11.01	7.5000
18 交实 01（150798）	800.00	2023.11.30	5.3000	18 豫控 01（150799）	500.00	2023.11.12	6.1500
18 晋能 01（150800）	1500.00	2021.10.31	6.2000	18 兴港 Y1（150801）	2000.00	2021.10.30	6.4000
18 鲁钢 02（150802）	2000.00	2021.10.29	5.3000	18 中证 05（150803）	1500.00	2019.04.18	3.5000
18 中证 06（150804）	1500.00	2019.07.27	3.7000	18 陕集 01（150805）	1800.00	2023.11.01	5.0500
18 海门 04（150806）	850.00	2023.11.08	6.7700	18 南开 01（150807）	700.00	2021.10.30	7.8000
18 国融 C1（150808）	400.00	2021.11.01	6.7000	18 水发 01（150810）	500.00	2023.11.01	6.2000
18 安租 08（150811）	590.00	2020.11.26	5.0000	18 有色 Y1（150812）	500.00	2021.12.26	5.5000
18 潍城投（150814）	2000.00	2023.10.29	6.4000	18 鸿坤 02（150815）	1400.00	2021.11.01	8.5000
18 中资 02（150816）	1000.00	2021.11.19	5.9700	18 浙浔 01（150818）	800.00	2025.12.11	7.4900
18 粤江 01（150819）	1500.00	2021.11.01	8.0000	18 汽车园（150820）	400.00	2023.10.31	7.5000
18 陕旅 02（150821）	500.00	2023.11.02	7.5000	18 皋投 02（150822）	1100.00	2023.11.19	7.3000
18 龙腾 01（150823）	40.00	2019.12.10	6.2000	18 融侨 02（150824）	2100.00	2021.11.06	7.5000
18 工投 01（150825）	1500.00	2021.11.12	8.5000	18 吉投 01（150826）	910.00	2021.11.12	7.5000
18 岚桥 02（150827）	350.00	2019.12.12	8.0000	18 海专项（150828）	800.00	2021.11.02	4.7000
18 中证 C2（150829）	4000.00	2021.11.07	4.4000	19 京源 01（150831）	10.00	2021.03.07	8.0000
18 信投 C1（150832）	5000.00	2021.11.07	4.3800	18 豫能 02（150833）	2000.00	2023.11.12	7.3900
18 康富 01（150834）	500.00	2021.11.12	6.0000	G18 平煤 2（150838）	970.00	2023.11.08	6.7000
18 国裕 01（150839）	1000.00	2021.11.14	6.0000	18 洞庭债（150840）	800.00	2023.11.08	7.2000
18 新控 02（150841）	1200.00	2021.11.07	8.5000	18 兴海 02（150843）	500.00	2021.11.08	7.3000
18 泸工 02（150844）	600.00	2023.11.08	7.5000	18 财信 01（150845）	4500.00	2023.11.12	4.9000
18 济轨 01（150846）	3000.00	2023.11.14	5.0000	18 牡丹 01（150847）	500.00	2020.11.13	5.6400
18 海怡 01（150848）	1380.00	2021.11.21	8.5000	18 湖州 01（150849）	2000.00	2023.11.13	5.3800
18 雨经发（150850）	500.00	2023.11.09	6.9000	18 中区 01（150851）	2000.00	2023.11.08	7.5000
18 嘉善 03（150852）	1000.00	2023.11.13	5.5000	G18 海兴 1（150853）	100.00	2023.11.09	7.1800
18 农化 01（150854）	1500.00	2021.11.13	4.5000	18 山煤 Y2（150856）	1500.00	2021.11.22	7.9000
18 方正 14（150857）	2000.00	2023.11.16	6.5000	18 六合 02（150858）	813.00	2023.11.23	6.8500
18 云锡 04（150860）	880.00	2021.11.26	7.9000	18 元年债（150861）	40.00	2021.11.15	7.3000
18 华控 01（150862）	1700.00	2021.11.29	8.5000	18 潭高 01（150863）	1200.00	2023.11.20	7.5000
18 东科 02（150864）	300.00	2023.11.15	7.2000	18 滨海 04（150865）	3200.00	2028.11.19	5.3900
18 滨海 05（150866）	800.00	2028.11.19	5.7000	18 任城 03（150867）	860.00	2023.11.19	7.3000
18 淮发 02（150868）	1900.00	2023.11.20	7.5000	18 海盐 02（150869）	500.00	2023.11.28	5.6000
18 南通 02（150870）	1500.00	2023.11.20	5.0000	18 江城 01（150872）	900.00	2023.11.21	5.0000
18 财达 C2（150873）	2000.00	2021.11.26	5.2400	18 湘轻盐（150874）	2000.00	2023.11.19	5.2000
18 丰县 01（150875）	600.00	2019.11.28	7.2000	18 科投 02（150876）	1700.00	2023.12.03	6.6500
18 民泰债（150877）	800.00	2023.11.21	7.5000	18 华创 02（150878）	700.00	2021.11.21	5.3000
18 渝南 02（150879）	600.00	2023.11.23	7.5000	18 建资 01（150880）	150.00	2023.11.30	8.0000
18 金科 01（150881）	3000.00	2020.11.26	4.3500	18 津金地（150882）	1390.00	2023.11.27	7.4000
18 鲁公 01（150883）	500.00	2021.11.26	6.7800	19 株金 01（150884）	1000.00	2024.04.01	7.5000
18 唐煤 01（150885）	500.00	2021.11.27	5.0000	18 唐煤 02（150886）	2500.00	2023.11.27	5.5000
18 合川 01（150887）	1100.00	2023.11.29	7.5000	18 华凌 01（150889）	800.00	2021.11.27	7.9900
18 滨城 04（150891）	800.00	2023.11.29	5.9700	18 金沙 01（150892）	1000.00	2023.11.26	8.5000
18 阿地 03（150893）	1000.00	2023.11.29	6.9800	18 昆发 01（150895）	600.00	2023.11.30	7.2000
18 晋能 02（150896）	1500.00	2021.12.03	5.7800	18 厦特 03（150897）	1220.00	2021.11.30	6.7900
18 航发 01（150898）	600.00	2021.11.30	5.5000	18 国太 02（150900）	600.00	2023.12.03	5.9500
18 科教 05（150901）	400.00	2019.12.31	8.5000	18SMGJY1（150902）	2000.00	2021.11.29	8.1000
18 株高 01（150905）	1000.00	2021.11.29	6.9500	18 兴阳 01（150906）	860.00	2023.12.05	7.8000

债券信息 List of Bonds

债券简称（代码） Bond Name（Code）	发行量（百万元） Issued Vol（M yuan）	到期日 Expiration Date	票面利率（%） Coupon Rate（%）	债券简称（代码） Bond Name（Code）	发行量（百万元） Issued Vol（M yuan）	到期日 Expiration Date	票面利率（%） Coupon Rate（%）
18 清源 01（150907）	500.00	2021.11.30	7.4500	18 宝龙 01（150908）	1000.00	2021.12.13	7.5000
18 六佳 01（150909）	500.00	2023.11.30	7.8000	18 泰交 02（150911）	1350.00	2023.12.11	5.5000
18 江北 01（150912）	750.00	2023.12.04	5.1000	18 潼南 01（150914）	1000.00	2023.12.06	7.5000
18 鲁钢 03（150915）	1550.00	2019.12.13	4.5000	18 交水 01（150916）	700.00	2023.12.03	5.0000
18 平神 01（150917）	500.00	2023.12.07	7.6000	18 文控 04（150919）	500.00	2023.11.30	6.8000
18 兴化 01（150920）	1000.00	2023.12.14	7.3000	18 龙控 06（150921）	1000.00	2022.12.07	7.0000
18 秋林 01（150922）	500.00	2099.12.31	8.0000	18 清源 02（150923）	9.00	2021.12.06	7.4500
18 清源 03（150924）	471.00	2021.12.06	7.5000	18 丰县 02（150925）	600.00	2019.12.18	7.2000
18 镇城 01（150926）	800.00	2021.12.04	7.5000	18 陕集 02（150927）	3200.00	2023.12.06	5.0000
18 金城 04（150928）	500.00	2023.12.03	5.0000	18 招 F10（150930）	2500.00	2021.12.05	4.1500
18 高科债（150931）	550.00	2021.12.17	8.1000	18 漳九 04（150932）	1000.00	2021.12.14	5.0000
18 丰经 01（150933）	1000.00	2023.12.07	7.5000	18 新津 02（150934）	210.00	2023.12.07	7.5000
G19 湖州 1（150935）	500.00	2022.01.18	4.8000	18 西秀 01（150936）	1340.00	2023.12.07	7.8000
S18 春蕾 1（150938）	60.00	2021.12.10	8.0000	18 文控 05（150939）	300.00	2023.12.06	7.0600
18 赣开 01（150940）	2500.00	2021.12.18	7.2000	18 华发 03（150941）	1500.00	2021.12.10	5.5000
18 光证 C1（150942）	3000.00	2021.12.13	4.3000	18 金泉债（150943）	10.00	2019.12.11	7.0000
18 永煤 Y1（150944）	2000.00	2021.12.19	7.4800	18 新力 03（150945）	276.00	2021.12.24	7.5000
18 长轨 01（150947）	700.00	2023.12.17	4.9500	18 醴渌 01（150948）	750.00	2023.12.13	7.8000
18 吉投 02（150949）	290.00	2023.12.13	7.5000	18 金科 02（150951）	2000.00	2020.12.13	4.3000
18 银河 C8（150953）	1500.00	2021.12.17	4.2800	18 新投 01（150954）	1200.00	2023.12.17	7.3000
18 仁寿债（151001）	1000.00	2021.12.06	7.5000	18 渭南 01（151005）	500.00	2021.12.17	7.2000
18 腾越 03（151006）	2100.00	2021.12.18	6.4000	18 萧县 01（151007）	500.00	2021.12.14	8.4000
18 萧县 02（151008）	500.00	2023.12.14	8.5000	18 中租 06（151009）	1330.00	2023.12.13	5.0800
19 邳经 01（151010）	1150.00	2026.04.26	7.8000	19 安东 01（151011）	300.00	2024.01.21	7.2000
18 唐煤 04（151013）	2000.00	2023.12.19	5.1800	18 百投债（151014）	900.00	2023.12.18	8.0000
18 宁郸 02（151015）	1000.00	2021.12.20	5.7000	18 浩通 02（151016）	169.00	2099.12.31	7.5000
18 常城 01（151017）	1000.00	2023.12.19	5.6700	18 渝物 01（151018）	1000.00	2023.12.19	7.5200
18 昆投 01（151019）	1300.00	2023.12.18	5.4800	S18 鄂旅 2（151020）	300.00	2023.12.28	5.2700
18 邢路 01（151023）	200.00	2020.01.02	7.9900	18 乳山 F1（151025）	1000.00	2023.12.18	8.0000
18 乳山 F2（151026）	130.00	2023.12.18	7.7500	18 融侨 03（151029）	1300.00	2021.12.20	7.5000
18 鲁纾 01（151030）	1000.00	2021.12.26	5.3800	18 株城 01（151031）	1000.00	2023.12.21	7.3200
18 阜阳 01（151032）	200.00	2023.12.27	7.5000	18 云克 01（151033）	50.00	2020.12.19	7.5000
18 延长 Y1（151034）	1000.00	2020.12.19	4.9000	18 海投 Y1（151036）	500.00	2021.12.19	7.1000
18 常投 01（151037）	300.00	2021.12.21	7.0000	S18 西 02（151038）	400.00	2023.12.28	7.5000
18 中资 03（151039）	1000.00	2021.12.24	5.9700	18 盐城 02（151041）	890.00	2023.12.25	7.2000
18 安顺 02（151044）	394.00	2023.12.27	8.0000	18 新投 02（151045）	700.00	2023.12.25	7.3000
18 水发 02（151050）	500.00	2023.12.26	5.1000	18 柳建 01（151051）	500.00	2020.12.28	7.3000
18 惠临 01（151052）	100.00	2023.12.27	7.2000	18 新投 03（151053）	600.00	2024.01.04	7.3000
19 清能 01（151054）	580.00	2022.01.15	7.0000	18 柳控 03（151055）	200.00	2022.01.04	6.5000
18 东丽 01（151057）	520.00	2023.12.27	7.4000	19 开扶贫（151058）	500.00	2024.03.25	7.5000
18 东吴 F2（151059）	1000.00	2021.12.29	4.6000	18 鑫业 02（151060）	600.00	2022.01.04	8.5000
18 冀资 01（151061）	500.00	2021.12.28	6.0000	18 吉保 01（151062）	480.00	2023.12.27	7.4000
18 能投 01（151063）	200.00	2022.12.27	6.9700	18 国瑞 C1（151064）	500.00	2022.01.03	4.8900
18 蓉纾 01（151066）	1500.00	2021.12.28	4.9700	18 粤江 02（151068）	1500.00	2023.12.28	8.0000
18 新投 04（151069）	500.00	2024.01.07	7.3000	18 桂建 Y1（151070）	800.00	2021.12.28	7.5000
19 清源 01（151072）	300.00	2022.01.03	7.5000	19 财通 C1（151073）	3000.00	2022.01.11	4.4000
19 澄港 01（151075）	1400.00	2024.01.09	6.8700	19 晋能 01（151076）	1500.00	2022.01.08	5.8800
19 瑞安 01（151077）	700.00	2024.01.11	4.9200	19 信投 C1（151078）	5500.00	2022.01.21	4.0000
19 桂金 01（151079）	1000.00	2022.01.14	7.3000	19 城发 01（151082）	500.00	2022.01.15	5.5000
19 城发 02（151083）	500.00	2024.01.15	5.9000	19 中铁 01（151084）	1500.00	2022.01.10	4.7300

债券信息
List of Bonds

债券简称（代码）Bond Name（Code）	发行量（百万元）Issued Vol（M yuan）	到期日 Expiration Date	票面利率（%）Coupon Rate（%）	债券简称（代码）Bond Name（Code）	发行量（百万元）Issued Vol（M yuan）	到期日 Expiration Date	票面利率（%）Coupon Rate（%）
19 华控 01（151085）	1000.00	2022.01.10	8.2000	19 华控 02（151086）	800.00	2022.01.10	8.7500
19 东资 01（151087）	2800.00	2024.04.22	5.2800	19 红塔债（151088）	500.00	2024.01.10	8.5000
19 建投 02（151090）	800.00	2024.01.18	4.8000	19 北仑 01（151091）	1500.00	2024.01.17	4.8800
19 金港 01（151092）	1000.00	2024.01.11	5.4000	19 中铁 02（151093）	1500.00	2024.01.10	4.9000
19 连工 01（151095）	230.00	2022.01.17	7.0000	19 兴港 Y1（151096）	3000.00	2022.01.17	6.2000
19 苏通 02（151098）	500.00	2024.01.14	6.2000	19 昆投 01（151099）	1000.00	2024.01.10	5.6000
19 厦特 01（151100）	1700.00	2022.01.16	6.1700	19 桃城 01（151101）	285.00	2024.01.18	8.0000
19 同煤 01（151102）	2000.00	2022.02.26	5.0500	19 大航 01（151103）	180.00	2022.01.14	7.5000
19 滨海 01（151104）	2000.00	2029.01.17	5.2500	19 国都 C1（151105）	700.00	2022.01.15	5.8000
19 信地 01（151106）	1500.00	2022.01.22	5.5000	19 青纾 01（151107）	1500.00	2024.01.14	4.7000
19 浩通 01（151108）	250.00	2099.12.31	7.3000	19 常城 01（151109）	1500.00	2026.01.16	5.5000
19 杭租 01（151112）	200.00	2022.01.18	5.0800	19 招商 F1（151113）	1500.00	2019.07.19	3.3800
19 招商 F2（151114）	3500.00	2019.10.14	3.4800	19 光证 01（151115）	3000.00	2022.01.22	3.8800
19 晋能 02（151116）	1500.00	2022.01.23	5.8500	19 大航 02（151117）	320.00	2024.01.17	7.5000
19 鲁华 01（151118）	700.00	2022.03.01	6.5000	19 太水 01（151119）	500.00	2022.01.22	5.3000
19 渝销 01（151120）	280.00	2022.01.18	7.5000	19 科学城（151121）	1100.00	2024.01.22	5.5000
19 华晨 02（151123）	1000.00	2022.01.22	6.5000	19 湖织 01（151124）	550.00	2022.01.21	7.9000
19 银宝 01（151125）	300.00	2022.02.01	6.5000	19 柳控 01（151127）	1670.00	2022.01.30	6.5000
19 滕投 01（151128）	1000.00	2024.05.31	7.1800	19 天地 01（151129）	300.00	2024.01.18	6.9500
19 中泰 C1（151130）	2000.00	2022.01.24	4.1400	19 中资 01（151131）	1000.00	2022.01.31	5.6800
19 财鑫 01（151132）	1000.00	2024.03.22	6.4300	19 时代 01（151133）	1100.00	2022.01.25	7.5000
19 江都 01（151135）	568.00	2024.01.23	7.2000	19 江都 02（151136）	442.00	2024.01.23	7.0000
19 华控 03（151137）	500.00	2022.01.24	8.2000	19 京房 01（151138）	1500.00	2022.01.24	5.1600
19HG01（151139）	2000.00	2022.01.30	4.7700	19 双龙 01（151140）	1110.00	2026.01.29	7.9800
19 遵经 01（151141）	800.00	2024.01.29	8.0000	19 滇度 01（151142）	1050.00	2024.01.25	7.0000
19 银河 C2（151144）	4000.00	2022.01.30	4.0500	19 酒投 01（151145）	800.00	2024.06.28	7.0000
19 融和 01（151146）	1000.00	2021.01.25	5.0400	19 吉保 01（151147）	100.00	2024.01.29	7.3900
19 绍城 Y1（151149）	300.00	2022.01.29	5.6800	19 浙金 01（151150）	900.00	2024.01.30	6.8000
19 醴渌 01（151151）	750.00	2024.01.31	7.8000	19 昆旅 01（151152）	800.00	2024.04.19	5.9500
19 国裕 01（151153）	2000.00	2022.02.20	5.9000	19 复地 F1（151154）	1440.00	2022.01.25	6.0000
19 惠临 01（151155）	300.00	2024.03.26	7.5000	19 平湖 01（151156）	1000.00	2024.02.27	4.6000
19 天门 01（151157）	1000.00	2024.01.28	8.0000	19 金海 01（151159）	1000.00	2022.01.30	7.2000
S19 春蕾 1（151162）	215.00	2022.01.28	8.0000	19 振湘 01（151163）	500.00	2024.01.29	7.5000
S19 阳煤 1（151165）	1000.00	2024.01.29	5.7900	19 青水 01（151166）	300.00	2022.01.30	7.0000
19 建湖 01（151167）	500.00	2022.01.29	8.0000	19 峨眉 01（151169）	500.00	2024.05.30	8.2000
19 云城 01（151170）	1260.00	2022.01.29	6.0000	19 华远 01（151171）	1500.00	2022.01.25	6.6500
19 贵安 01（151172）	1213.00	2022.03.12	7.5000	19 广湖 01（151173）	100.00	2022.03.21	7.0000
19 广湖 02（151174）	140.00	2024.03.21	7.4000	19 豫峡 01（151175）	540.00	2024.01.31	5.7000
19 天保 01（151177）	3040.00	2024.04.02	5.9600	S19 九龙 1（151178）	100.00	2026.06.28	8.0000
19 漳交 01（151179）	1000.00	2024.01.29	5.2800	19 长旅 01（151181）	200.00	2022.01.28	7.2000
19 柳建 01（151182）	400.00	2022.01.31	7.3000	19 宁海 01（151183）	1500.00	2024.01.31	7.5000
19 滨水 01（151184）	300.00	2024.01.31	7.5000	19 新航 02（151185）	1040.00	2022.07.09	7.0000
19 东集 01（151186）	500.00	2022.02.01	7.5000	19 电建债（151187）	1000.00	2024.01.30	5.1800
19 雨经发（151188）	190.00	2024.01.31	6.7000	19 大航 03（151189）	200.00	2022.02.01	7.5000
19 张公 01（151190）	1000.00	2022.02.15	4.6000	19 长安 01（151191）	670.00	2022.02.21	7.5000
19 望城 01（151192）	500.00	2024.03.06	7.5000	G19 青信 1（151193）	1050.00	2024.02.25	4.3800
19 建租 01（151194）	500.00	2022.02.22	5.5000	19 华发 01（151195）	750.00	2024.02.25	5.0000
19 华发 02（151196）	780.00	2022.02.25	4.8000	19 银河 C4（151198）	3400.00	2022.02.27	4.2000
19 吴开 01（151199）	1200.00	2024.02.25	4.4000	19 水发 Y1（151200）	1500.00	2022.02.22	6.9400
19 淮交 01（151201）	1000.00	2024.02.26	5.9500	19 海通 C1（151202）	3300.00	2022.02.28	4.0900

债券信息 List of Bonds

债券简称（代码） Bond Name（Code）	发行量（百万元） Issued Vol（M yuan）	到期日 Expiration Date	票面利率（%） Coupon Rate（%）	债券简称（代码） Bond Name（Code）	发行量（百万元） Issued Vol（M yuan）	到期日 Expiration Date	票面利率（%） Coupon Rate（%）
19 吉发 01（151203）	1450.00	2022.03.29	7.5000	19 江控 01（151204）	1500.00	2024.03.12	5.0400
19 方正 F1（151205）	2500.00	2022.02.27	4.7100	19 柳建 02（151206）	1100.00	2020.11.26	7.0000
19 国瑞 C2（151207）	1000.00	2022.03.05	4.3800	19 昆经 02（151208）	1000.00	2024.02.26	5.5900
19 恒信 01（151209）	500.00	2022.02.28	5.2000	19 中证 01（151210）	2700.00	2022.02.28	3.9000
19 高新 01（151211）	500.00	2024.03.05	6.0000	19 赣纾 01（151212）	1000.00	2022.03.07	4.4500
19 泛海 F1（151213）	550.00	2022.03.01	7.2000	19 鄂长 01（151214）	1000.00	2024.03.07	4.7700
19 江城 Y1（151215）	600.00	2022.02.28	6.9300	19 常新 01（151216）	1000.00	2024.03.08	6.8000
19 澄港 02（151217）	1100.00	2024.03.14	6.3500	19 临矿 01（151218）	1000.00	2022.03.06	5.3000
19 药租 01（151219）	600.00	2022.03.05	5.0000	19 联投 01（151220）	1000.00	2024.03.14	4.6800
19 方正 02（151221）	1500.00	2024.03.04	6.3000	19 皋投 01（151223）	1000.00	2024.03.07	5.2000
19 渝南 01（151224）	800.00	2024.03.06	7.5000	19 淮新 01（151225）	680.00	2024.03.01	7.4000
19 长投 01（151227）	3000.00	2024.03.04	7.2000	19 滨海 02（151228）	1000.00	2029.03.07	5.1000
19 中泰 C2（151229）	2000.00	2022.03.11	4.3000	19 舟城 01（151230）	1000.00	2024.03.08	4.5200
19 首发 01（151231）	6000.00	2031.03.05	4.2800	19 镇城 01（151232）	1500.00	2022.03.11	5.5000
19 中交 02（151233）	1400.00	2024.03.06	4.7900	19 翔宇 01（151234）	200.00	2022.03.08	7.5000
19 华晨 04（151236）	2000.00	2022.03.13	6.5000	G19 川铁 1（151237）	1500.00	2024.03.13	4.5900
19 鄂旅 01（151238）	700.00	2024.03.07	5.0500	19 滨海 03（151239）	550.00	2029.04.15	5.3000
19 民生 01（151240）	1200.00	2021.03.06	5.2000	19 冀控 01（151241）	700.00	2024.03.20	5.5700
19 银河 C5（151242）	3200.00	2021.03.11	4.1000	19 银河 C6（151243）	3400.00	2022.03.11	4.2500
19 金港 02（151244）	500.00	2024.03.07	5.0900	19 慈商 01（151245）	1000.00	2024.03.15	5.7000
19 郑建 01（151246）	1000.00	2024.03.26	4.6000	19 西秀 01（151247）	960.00	2024.03.07	7.5000
19 株城 01（151248）	200.00	2024.03.08	5.8000	19 株城 02（151249）	800.00	2024.03.08	6.8900
19 绵控 01（151252）	2000.00	2024.03.13	5.6900	19 京融 01（151253）	1800.00	2024.03.14	4.4000
19 龙腾 01（151254）	10.00	2020.03.07	6.2000	19 东吴 C1（151255）	2000.00	2022.03.18	4.2500
19 东莞 01（151256）	1000.00	2022.03.15	4.5000	19 长投 02（151257）	2000.00	2024.03.13	6.4900
19 宋都 01（151258）	800.00	2022.05.30	8.5000	19 鄂桥 01（151259）	500.00	2024.03.12	5.2800
19 江油 01（151260）	400.00	2024.03.15	7.5000	19 豫金 01（151261）	500.00	2022.03.19	6.4000
19 景旅 01（151262）	430.00	2024.03.13	7.3000	19 瑞安 02（151263）	1600.00	2024.03.13	4.8000
19 龙交 01（151264）	1200.00	2024.03.29	6.1000	19 莱钢 01（151265）	2500.00	2022.03.15	5.0000
19 吴开 02（151267）	800.00	2024.03.14	4.6900	19 中证 02（151268）	3000.00	2022.03.21	3.9800
19 信达 C1（151269）	1700.00	2022.03.18	4.5500	19 天投 01（151270）	1250.00	2022.03.27	4.5000
19 兴业 F1（151271）	3000.00	2022.03.20	4.1000	19 格地 01（151272）	400.00	2022.03.18	5.3000
19 联储 01（151273）	1000.00	2021.03.19	6.0000	19 滁城 01（151274）	1500.00	2024.03.22	4.9300
19 三盛 02（151276）	2150.00	2024.03.15	8.4000	19 平证 02（151277）	3500.00	2022.03.18	4.0500
19 东次 01（151278）	6000.00	2022.03.19	4.2000	19 余投 01（151279）	300.00	2024.03.20	5.9800
19 余投 02（151280）	200.00	2024.03.20	4.8200	19 天地 F1（151281）	2000.00	2022.03.22	7.9800
19 曹国 01（151283）	210.00	2024.03.15	6.5000	19 曹国 02（151284）	1020.00	2024.03.15	6.8000
19 桃城 02（151285）	1115.00	2024.04.01	7.8000	19 复地 F2（151286）	1000.00	2022.03.22	5.8800
G19 高能 1（151287）	600.00	2022.03.14	7.0000	19 俊发 01（151288）	2000.00	2023.03.13	8.0000
19 方正 F2（151290）	600.00	2022.03.21	4.6500	19 望城 02（151291）	850.00	2024.03.28	7.0000
19 中铁 03（151293）	300.00	2024.03.18	4.9000	19 昆投 03（151294）	1000.00	2024.03.15	5.6800
19 康富 01（151295）	1000.00	2022.03.20	6.5000	19 句福 01（151296）	500.00	2024.04.30	7.5000
19 东兴 F1（151297）	4000.00	2020.03.20	3.5400	19 华控 D1（151298）	1300.00	2020.04.01	7.8000
19 新汶 01（151299）	1800.00	2022.03.27	5.2000	19 银宝 02（151300）	900.00	2022.03.18	6.5000
G19 淮海 1（151301）	300.00	2022.03.22	6.5000	S19 延安 1（151302）	1000.00	2022.03.21	7.0000
19 泛海 F2（151303）	600.00	2019.11.01	7.2000	19 津金地（151304）	350.00	2024.03.21	7.4000
19 润弘 01（151306）	1100.00	2024.04.15	7.5000	19 华远 02（151307）	1000.00	2022.03.25	6.5000
19 张公 02（151308）	700.00	2022.03.20	4.7000	19 建湖 03（151309）	500.00	2022.03.25	8.0000
19 海投 01（151310）	500.00	2024.03.25	5.0000	19 金纾 01（151311）	1000.00	2024.03.22	4.8900
19 公用 01（151313）	1000.00	2024.03.26	5.2000	19 武政 01（151314）	200.00	2024.04.01	7.0000

债券信息
List of Bonds

债券
Bond

债券简称（代码） Bond Name（Code）	发行量（百万元） Issued Vol （M yuan）	到期日 Expiration Date	票面利率（%） Coupon Rate（%）	债券简称（代码） Bond Name（Code）	发行量（百万元） Issued Vol （M yuan）	到期日 Expiration Date	票面利率（%） Coupon Rate（%）
19 盐高新（151315）	400.00	2024.04.12	6.9900	19 渝开 01（151316）	1000.00	2024.04.02	5.7800
19 兰石债（151317）	500.00	2022.03.26	3.0000	19 绍城 01（151318）	800.00	2024.03.27	4.4000
19 吉铁 01（151319）	900.00	2024.03.19	7.0000	G19 南浔 1（151320）	500.00	2024.03.25	7.5000
19 华福 C1（151321）	1900.00	2022.03.26	4.7900	19 漯河 02（151323）	1000.00	2022.04.02	6.0000
19 启东 01（151324）	1000.00	2024.03.26	5.0000	19 石交 01（151325）	1000.00	2024.03.29	5.7500
19 国联 C1（151326）	800.00	2022.03.27	4.7400	19 苏水 01（151327）	1000.00	2024.03.26	5.3000
19 秦发 01（151328）	500.00	2024.03.25	5.8000	19 桂金 04（151329）	800.00	2022.03.28	6.7000
19 惠开 01（151330）	800.00	2022.03.29	5.8000	19 泰投 01（151331）	860.00	2024.03.27	7.2000
19 武经 01（151332）	400.00	2024.03.26	5.6000	19 相城 01（151333）	1000.00	2024.03.27	4.6000
19 中纾 01（151334）	1000.00	2022.03.27	5.3000	19 广元 01（151335）	1600.00	2024.04.03	7.5000
19 六合 01（151336）	1200.00	2024.03.22	6.0000	19 财通 C3（151337）	2000.00	2022.04.08	4.2500
19 空港 01（151338）	430.00	2022.03.28	7.5000	19 荆城 01（151339）	750.00	2024.03.28	6.1300
19 泛华 01（151340）	40.00	2022.03.25	6.5000	19 安吉 01（151342）	1000.00	2024.03.28	7.5000
G19 海兴 1（151343）	624.00	2024.03.25	6.2000	19 海门 01（151344）	1000.00	2020.03.27	4.7900
G19 新港 1（151345）	1200.00	2024.03.28	6.0000	19 咸金 01（151346）	500.00	2024.06.13	7.5000
19 高新 02（151347）	420.00	2022.05.22	6.5000	19 象山 01（151348）	900.00	2026.04.01	7.6000
19 北辰 01（151349）	800.00	2024.04.02	7.0000	19 融德 01（151350）	4700.00	2024.04.02	4.5000
19 融德 02（151351）	1300.00	2025.04.02	6.0000	19 嘉建 01（151353）	370.00	2024.04.29	6.2000
19 镇城 02（151354）	1000.00	2022.06.14	6.8000	19 株高 01（151355）	1130.00	2022.03.28	6.0000
19 华融 C1（151356）	2500.00	2022.04.02	4.8900	19 国惠 01（151358）	2000.00	2022.03.27	4.7700
19 永煤 01（151359）	500.00	2022.08.20	6.6500	19 绵控 02（151361）	1000.00	2024.04.02	5.5700
19 通泰 01（151362）	1110.00	2024.05.31	7.5000	19 阿地 01（151363）	860.00	2024.04.11	5.9900
19 鲁公债（151365）	500.00	2024.04.02	6.7000	19 新力 02（151366）	417.00	2022.04.22	7.5000
19 陕纾 01（151367）	2000.00	2022.03.28	4.5000	19 大同 01（151368）	100.00	2022.03.29	6.0000
19 闽电 F1（151369）	1000.00	2022.04.02	5.7000	19 航发 01（151370）	600.00	2022.04.12	5.0800
19 江都 03（151371）	990.00	2024.05.31	7.0000	19 徐庄 01（151372）	800.00	2024.04.12	6.0000
19 住宅 01（151373）	1000.00	2022.04.03	4.9000	19 高创 01（151374）	1000.00	2024.04.03	6.6000
19 京融 02（151375）	1200.00	2024.04.03	4.4000	19 余水务（151379）	1000.00	2024.04.03	4.6000
19 悦达 01（151380）	300.00	2022.04.09	7.4000	19 金海 02（151382）	900.00	2022.04.04	7.1800
19 遵投 01（151384）	1000.00	2024.04.11	7.3000	19 张公 03（151385）	800.00	2022.04.08	4.8800
19 渝经开（151386）	950.00	2022.04.09	7.0600	19 阿克苏（151387）	500.00	2024.04.09	7.5000
19 中环 01（151388）	2320.00	2024.04.11	5.1200	19 江北 01（151389）	250.00	2024.04.04	4.5000
19 湘纾 01（151390）	2000.00	2024.04.09	4.5000	19 甬象 01（151391）	1350.00	2024.04.04	7.5000
19 晋能 04（151393）	1500.00	2021.04.03	5.5700	19 京源 02（151394）	20.00	2021.04.04	8.0000
19 晋经 01（151395）	500.00	2024.04.17	6.4000	19 常新 D1（151396）	1000.00	2020.04.11	5.2000
19 江公 01（151398）	500.00	2024.04.08	4.6000	19 晋能 06（151400）	1100.00	2021.04.16	5.6700
19 天风 01（151401）	1200.00	2022.04.18	4.3000	19 首业 01（151402）	1500.00	2022.04.10	4.3000
19 首业 02（151403）	1000.00	2024.04.10	4.5800	19 兰交 01（151404）	400.00	2024.04.12	5.0000
19 兰交 02（151405）	600.00	2024.04.12	6.5000	S19 安租 1（151406）	500.00	2024.04.23	5.0000
19 中原 F1（151407）	1500.00	2020.04.16	3.8000	19 华晨 05（151408）	800.00	2022.04.18	6.5000
19 惠通债（151409）	472.00	2024.04.15	6.0000	19 首租 01（151410）	1500.00	2022.04.12	4.7800
19 招商 F3（151412）	1700.00	2021.04.10	3.8500	19 招商 F4（151413）	3600.00	2022.04.10	4.0000
19 飞企债（151414）	20.00	2022.04.16	6.5000	19 交水 01（151415）	1300.00	2024.04.16	4.8000
19 常熟 01（151416）	1200.00	2024.04.15	4.7100	19 蓝创 01（151417）	793.00	2024.04.19	7.2000
19 建资 01（151418）	350.00	2024.04.15	6.5000	19 北辰 F1（151419）	1200.00	2024.04.16	4.8000
19 东吴 F1（151420）	2000.00	2022.04.16	4.2000	19 阳安 01（151421）	800.00	2024.04.12	5.9000
19 潞安 01（151423）	2000.00	2024.04.25	5.5000	19 信投 C2（151427）	5000.00	2022.04.17	4.2000
19 鑫泰 01（151428）	1000.00	2022.04.17	7.1500	19 绿投债（151429）	1000.00	2022.04.17	5.9800
19 上虞 01（151430）	2000.00	2024.04.18	5.9800	19 宁资 01（151431）	500.00	2024.04.16	5.4900
19 济建 01（151432）	3000.00	2022.04.16	4.5000	19 郑地 01（151433）	500.00	2024.05.24	4.9700

债券信息 List of Bonds

债券 Bond

债券简称（代码） Bond Name（Code）	发行量（百万元） Issued Vol（M yuan）	到期日 Expiration Date	票面利率（%） Coupon Rate（%）	债券简称（代码） Bond Name（Code）	发行量（百万元） Issued Vol（M yuan）	到期日 Expiration Date	票面利率（%） Coupon Rate（%）
19 漳州 02 （151434）	500.00	2024.05.09	5.1400	19 郑建 02 （151435）	500.00	2024.04.19	4.6900
19 东兴 C1 （151436）	2000.00	2022.04.22	4.2000	19 丹高 01 （151437）	1000.00	2024.04.18	6.5000
19 东莞债 （151438）	2000.00	2022.04.19	4.9000	19 中投 01 （151439）	2000.00	2022.04.22	4.2200
19 中金 C1 （151440）	1500.00	2022.04.19	4.2000	19 平湖 02 （151442）	600.00	2024.04.24	4.9000
19 迈瑞 01 （151443）	2000.00	2024.04.25	6.2000	19 北仑 02 （151444）	500.00	2024.04.18	4.7000
19 冀交 01 （151445）	500.00	2022.04.23	4.5000	19 科城 02 （151446）	700.00	2024.04.25	5.5000
19 汾湖 01 （151447）	1240.00	2024.04.24	5.2800	19 济西 01 （151448）	2000.00	2024.04.25	4.5000
G19 长滨 1 （151449）	440.00	2024.05.08	7.0000	G19 鲁钢 1 （151450）	2000.00	2024.04.18	5.5000
19 天府 01 （151451）	500.00	2024.04.17	7.5000	19 淳建 01 （151452）	630.00	2024.04.17	6.0800
19 腾越 01 （151453）	2900.00	2021.04.26	4.3000	19 中证 C1 （151454）	2500.00	2022.04.23	4.2000
19 南浔 01 （151455）	1050.00	2024.04.24	7.5000	19 漯河 03 （151456）	2000.00	2022.06.06	5.8900
19 浙商 C1 （151458）	1000.00	2022.04.25	4.6000	19 平证 04 （151459）	2000.00	2022.04.23	4.2000
19 水发 01 （151460）	1000.00	2024.04.29	5.9500	19 吉铁 02 （151461）	800.00	2024.04.22	7.5000
19 锡滨 01 （151462）	400.00	2024.04.25	4.8900	19 济纾 01 （151463）	1000.00	2024.04.25	4.7600
19 中投 C1 （151464）	3000.00	2022.04.25	4.5000	19 鲁班 01 （151465）	1400.00	2022.05.17	7.3000
19 江旅 01 （151466）	900.00	2024.04.30	7.5000	19 天房 01 （151467）	750.00	2022.04.23	8.9000
19 建邺 01 （151468）	800.00	2022.05.08	5.1100	19 药租 02 （151469）	200.00	2022.04.23	5.1000
19 方正 C1 （151470）	1560.00	2021.04.24	4.8000	19 滨湖 01 （151471）	1500.00	2024.04.24	5.8000
19 澄港 03 （151472）	500.00	2024.04.26	6.5000	19 华靖 01 （151473）	200.00	2024.05.06	6.9000
19 海航 01 （151474）	3357.00	2022.04.29	7.0000	19 嵊州 01 （151475）	1000.00	2024.05.07	6.2700
19 宁海 02 （151477）	1000.00	2024.04.29	6.2800	19 巴中 01 （151478）	1500.00	2022.04.25	7.5000
19 联创 01 （151479）	400.00	2024.04.30	6.5000	19 兵国 01 （151480）	1000.00	2022.05.09	5.1800
19 豫峡 03 （151481）	1050.00	2024.04.26	5.9500	19 天宁 01 （151483）	500.00	2022.10.24	5.0000
19 晋能 08 （151485）	1070.00	2021.04.25	5.7700	19 崇川 01 （151486）	1000.00	2024.04.29	5.6100
19 城发 03 （151487）	1000.00	2022.05.06	5.7600	19 嘉高 01 （151489）	2000.00	2024.04.26	4.8800
19 山能 01 （151490）	1000.00	2022.04.24	4.7500	19 绵控 03 （151492）	500.00	2024.05.06	5.6500
19 盐高 02 （151494）	500.00	2024.05.07	6.6000	19 招商 F5 （151495）	2000.00	2021.04.25	4.0800
19 招商 F6 （151496）	4000.00	2022.04.25	4.2800	19 武纾 01 （151497）	3000.00	2024.05.21	5.4500
19 肇庆 01 （151498）	1500.00	2024.04.30	6.3000	19 长轨 01 （151499）	2300.00	2024.05.06	4.9000
19 上投 01 （151500）	2000.00	2031.04.29	5.2500	19 平神 01 （151501）	2000.00	2024.06.03	7.5000
19 潍滨 01 （151504）	400.00	2022.05.07	7.8000	19 西游发 （151505）	500.00	2024.04.29	6.3000
19 融海 01 （151506）	670.00	2026.05.23	7.3000	19 余投 03 （151507）	500.00	2024.04.26	5.9900
19 曹国 03 （151509）	650.00	2024.05.06	6.5000	19 曹国 04 （151510）	870.00	2024.05.06	6.8000
19 浙商 01 （151511）	800.00	2024.05.28	4.4700	19 浔交 01 （151512）	675.00	2024.05.15	7.0000
19 安租 02 （151513）	2000.00	2024.04.26	4.9800	19 淮新 03 （151514）	500.00	2024.04.25	6.7500
S19 兰考 1 （151515）	1000.00	2024.04.30	7.5000	19 沪唐 01 （151516）	500.00	2022.04.29	5.3800
19 桂东 01 （151517）	500.00	2024.04.25	6.9000	19 嘉善 01 （151518）	500.00	2026.04.30	4.9700
19 中证 03 （151519）	3000.00	2022.04.30	4.2800	19 惠开债 （151520）	1500.00	2024.04.29	5.9500
19 金海 03 （151521）	1100.00	2022.06.06	6.8800	19 民生 C1 （151523）	1060.00	2021.04.29	6.0000
19 康富 02 （151524）	800.00	2022.04.30	6.3000	G19 南浔 2 （151525）	500.00	2024.06.18	7.5000
19 盐投 01 （151526）	1000.00	2022.04.29	7.5000	19 黔江 01 （151527）	1000.00	2024.05.15	7.5000
19 青控 01 （151528）	2500.00	2022.05.07	4.8000	19 南资 01 （151529）	1000.00	2024.05.06	6.5000
19 开乾 01 （151530）	1400.00	2024.10.25	7.5000	19 冀交 02 （151531）	1000.00	2022.05.14	4.4500
19 扬经开 （151532）	320.00	2025.05.08	5.5000	19 瀚控 01 （151533）	1050.00	2023.08.16	6.9000
19 日港 01 （151534）	1000.00	2024.05.07	5.0700	19 滨城 01 （151537）	440.00	2024.05.14	5.2800
19 山能 03 （151538）	1000.00	2022.05.10	3.0000	19 山能 04 （151539）	2000.00	2022.05.10	4.7300
19 新航 01 （151541）	110.00	2022.05.10	7.5000	19 鄂桥 02 （151542）	500.00	2024.05.14	5.3400
19 桓台 02 （151543）	1000.00	2022.05.10	7.0000	19 首发 02 （151544）	4000.00	2031.05.15	4.2700
19 金纾 03 （151545）	3000.00	2024.05.15	4.9000	19 吉发 02 （151547）	100.00	2022.05.31	7.5000
19 长开 01 （151548）	400.00	2022.05.22	6.3000	19 长开 02 （151549）	1400.00	2024.05.22	6.5000

债券信息
List of Bonds

债券简称（代码） Bond Name（Code）	发行量（百万元） Issued Vol（M yuan）	到期日 Expiration Date	票面利率（%） Coupon Rate（%）	债券简称（代码） Bond Name（Code）	发行量（百万元） Issued Vol（M yuan）	到期日 Expiration Date	票面利率（%） Coupon Rate（%）
19 华安 C1（151550）	1000.00	2022.05.30	4.5000	19 城资 01（151551）	1000.00	2022.05.21	5.8000
19 信投 C3（151552）	4000.00	2022.05.15	4.1200	19 常新 D2（151553）	1000.00	2020.05.15	5.2000
19 昆产 01（151554）	2000.00	2024.05.24	6.4300	19 天保 02（151555）	1000.00	2022.05.16	5.8600
19 新泰 01（151557）	1000.00	2024.05.21	6.9900	19 津港 01（151559）	2700.00	2024.05.21	4.4500
19 津港 02（151560）	1200.00	2024.05.21	4.8500	19 沭东 01（151561）	1000.00	2024.05.21	7.5000
19 株高 02（151562）	370.00	2024.05.14	6.5000	G19 株国 1（151563）	280.00	2024.05.16	6.8000
19 遵红 01（151564）	360.00	2024.05.16	7.5000	19 云龙 01（151565）	800.00	2022.05.15	7.5000
19 维扬债（151566）	400.00	2022.05.20	6.5000	19 安顺 02（151568）	700.00	2024.05.21	7.5000
19 江海 C1（151569）	500.00	2022.05.22	5.0000	19 首股 01（151570）	2000.00	2024.05.22	4.3900
19 红腾 01（151571）	1300.00	2024.05.20	8.0000	19 信地 02（151572）	2700.00	2022.05.21	4.9800
19 合川 01（151573）	1310.00	2024.05.30	7.4000	19 义市 01（151574）	2000.00	2024.05.20	5.0000
19 安租 03（151575）	600.00	2022.05.31	4.6000	19 唐租 02（151576）	1000.00	2022.05.23	4.6500
19 永兴债（151577）	810.00	2024.05.22	7.0000	19 华泰 02（151579）	5000.00	2022.05.27	3.9400
19 晋路桥（151580）	1000.00	2024.06.05	5.5700	19 山钢 01（151582）	2000.00	2022.05.23	4.4300
19 龙实 01（151583）	650.00	2024.05.30	7.5000	G19 株国 2（151584）	1620.00	2024.05.23	5.7900
19 恒润 01（151585）	420.00	2022.05.24	6.4000	19 首业 04（151587）	3460.00	2024.05.27	4.3700
19 北科 01（151589）	900.00	2024.06.12	7.5000	19 云能 01（151590）	800.00	2023.05.27	6.7000
19 锡山 01（151591）	1310.00	2024.05.24	4.8500	19 海盐 01（151592）	500.00	2024.05.23	5.0000
19 郑地 02（151593）	500.00	2024.05.24	4.5700	19 中泰 C3（151594）	4000.00	2022.05.28	4.3000
19 华晨 06（151595）	1200.00	2022.06.03	6.5000	19 浦口 01（151596）	1500.00	2022.05.28	6.0000
19 靖投 01（151598）	800.00	2024.05.27	7.0000	19 招商 F8（151600）	4000.00	2021.05.29	3.7800
19 新蒲 01（151602）	200.00	2022.06.14	7.5000	19 瑞安 03（151603）	360.00	2024.05.29	4.8900
19 瑞安 04（151604）	340.00	2024.05.29	5.5000	19 方正 D1（151605）	1000.00	2020.05.31	6.2000
19 太和 01（151606）	1470.00	2024.05.31	8.0000	19 武经 03（151609）	1500.00	2024.05.29	5.5000
19 渝开 D1（151610）	1000.00	2020.05.29	5.1400	G19 绿洲 1（151611）	1500.00	2024.05.31	7.3000
19 郑控 01（151612）	1000.00	2024.05.29	5.4500	19 山水 01（151613）	500.00	2022.05.28	4.8700
19 甘农垦（151614）	500.00	2024.05.31	5.4900	19 舟普 01（151615）	1000.00	2024.06.05	6.0000
19 中证 C2（151616）	3000.00	2022.06.03	4.1000	19 新沂 01（151617）	1270.00	2024.05.31	7.5000
19 高投 01（151618）	2000.00	2022.05.28	4.7500	19 吉铁 03（151619）	400.00	2022.05.30	7.5000
19 内投 01（151620）	1000.00	2024.06.28	7.5000	19 融和 02（151621）	600.00	2024.06.05	4.7000
19 津港 03（151622）	100.00	2024.08.08	4.4500	19 濮阳 01（151623）	2000.00	2024.05.28	5.9500
19 苏新 01（151625）	1000.00	2024.05.30	4.3000	19 惠鑫 01（151626）	200.00	2024.05.28	6.6000
19 山水 02（151627）	700.00	2021.06.03	2.5000	19 丹阳债（151628）	500.00	2022.05.31	6.5000
19 天域 01（151629）	250.00	2022.06.12	8.0000	19 佳源 01（151630）	350.00	2022.06.04	8.0000
19 眉资 01（151632）	850.00	2024.06.06	7.0000	19 兴旅 01（151633）	1500.00	2022.06.03	7.5000
19 建湖 04（151636）	500.00	2022.06.03	8.0000	19 句茅 01（151637）	260.00	2022.05.31	7.8000
19 句茅 02（151638）	100.00	2022.05.31	7.5000	19 华靖 02（151639）	1300.00	2024.06.17	6.8000
19 连工 02（151640）	270.00	2022.06.04	6.5000	19 甘交 01（151641）	800.00	2024.06.04	4.8000
19 贵安 02（151643）	7767.00	2022.06.04	7.4000	19 盛泽 01（151644）	500.00	2024.06.06	5.5000
19 江城 Y2（151645）	300.00	2022.05.31	6.5000	19 安投 01（151646）	800.00	2027.05.31	8.0000
19 兴港 01（151648）	1500.00	2022.06.06	4.7900	19 玄武 01（151649）	500.00	2024.06.03	5.0000
19 山煤 01（151650）	1500.00	2022.06.10	7.8000	19 天保 03（151651）	600.00	2022.06.06	5.9900
19 惠临 02（151652）	450.00	2024.06.05	7.5000	19 昆投 04（151653）	1000.00	2024.06.04	5.2900
19 苏科 01（151654）	1000.00	2024.06.06	4.7000	19 皋投 02（151655）	700.00	2024.06.17	5.3800
19 荆城 02（151656）	500.00	2024.07.05	6.4500	19 城资 02（151657）	1000.00	2022.06.10	5.9000
19 青资 01（151658）	3000.00	2024.06.05	6.3000	19 滨江 01（151659）	500.00	2024.06.06	4.9900
19 中租 01（151661）	450.00	2022.06.24	4.5400	19 中企 01（151662）	3150.00	2024.06.05	4.3500
19 安城 01（151663）	500.00	2024.06.13	6.8000	19 华远 03（151664）	1000.00	2022.06.06	6.0000
19 遵旅 01（151665）	400.00	2029.06.06	7.9000	19 南浦 01（151666）	500.00	2024.06.14	4.7500
19 正荣 01（151667）	350.00	2022.06.14	6.8000	19 冶投 01（151668）	500.00	2024.11.12	7.4600

债券信息 List of Bonds

债券 Bond

债券简称（代码）Bond Name（Code）	发行量（百万元）Issued Vol（M yuan）	到期日 Expiration Date	票面利率（%）Coupon Rate（%）	债券简称（代码）Bond Name（Code）	发行量（百万元）Issued Vol（M yuan）	到期日 Expiration Date	票面利率（%）Coupon Rate（%）
19 城东 01（151669）	1000.00	2024.06.05	5.1000	19 江控 02（151670）	1500.00	2024.06.14	4.9800
19 沪唐 02（151671）	500.00	2022.06.11	5.0000	19 融侨 F1（151672）	1000.00	2022.06.05	7.0000
19 兴城 01（151673）	2000.00	2022.06.12	4.4500	19 靖城 01（151674）	400.00	2024.06.13	7.0000
19 海航 02（151675）	570.00	2022.06.06	6.5000	19 海门 02（151676）	1000.00	2020.06.12	4.7900
19 晋国 01（151677）	800.00	2022.09.26	7.5000	19 宏圣 01（151678）	500.00	2022.06.13	7.2000
19 金坛 01（151679）	1200.00	2022.06.12	7.0000	19 宜春 02（151681）	2000.00	2024.06.12	6.2500
19 迈瑞 02（151682）	1052.00	2024.07.22	6.1000	19 东次 02（151683）	4000.00	2022.06.14	4.2000
19 中证 04（151684）	1500.00	2022.06.14	4.0000	19 启东 02（151685）	500.00	2024.06.13	4.9500
19 南湖 01（151686）	800.00	2024.06.11	7.3000	19 建城 01（151687）	1000.00	2024.06.14	6.0000
19 软件 01（151688）	500.00	2022.06.13	5.7000	19HG02（151690）	3000.00	2022.06.19	4.7900
19 建投 04（151692）	600.00	2024.06.13	4.6900	19 川瑞债（151693）	600.00	2022.06.14	6.9800
19 眉山 01（151695）	970.00	2024.06.18	7.0000	19 张公 04（151696）	800.00	2022.06.14	4.6500
G19 鲁钢 2（151697）	1500.00	2024.08.15	5.2900	19 苏通 03（151698）	740.00	2024.07.10	5.8900
19 方正 D2（151699）	500.00	2020.07.23	6.1500	19 不动 01（151700）	1500.00	2022.06.17	4.4500
19 盛泽 02（151701）	500.00	2022.06.24	5.7500	19 龙投 01（151702）	300.00	2022.06.27	6.1000
19 寿光 01（151703）	750.00	2024.06.17	7.3000	19 慈建 02（151706）	1000.00	2024.08.01	4.8800
19 住宅 03（151708）	1100.00	2022.06.18	5.1600	19 交投 01（151709）	850.00	2024.06.25	4.7000
19 赤水 01（151710）	250.00	2022.06.24	7.5000	19 洛轴 01（151711）	200.00	2024.06.18	6.5000
19 药租 03（151712）	600.00	2022.09.02	5.2000	19 湘高 01（151713）	2000.00	2023.08.12	4.2000
19 恒澄 01（151714）	1000.00	2024.06.21	5.4200	19 遵旅 02（151715）	700.00	2029.10.22	8.0000
19 明宫 01（151716）	500.00	2022.06.14	7.5000	19 海航 03（151717）	1073.00	2024.06.21	6.0000
19 绍城 02（151718）	600.00	2024.06.19	4.5000	19 余杭 01（151719）	600.00	2024.06.19	4.8000
19 句容 02（151721）	315.00	2024.06.24	7.0000	19 吉发 03（151722）	687.00	2022.11.19	7.5000
19 安东 02（151723）	300.00	2022.06.28	7.1000	19 正润 01（151724）	500.00	2022.06.17	6.5000
19 常新 02（151725）	1000.00	2024.06.21	5.9900	19 建邺 02（151726）	1200.00	2022.06.21	4.9900
19 盐湖 01（151727）	250.00	2024.07.11	7.0000	19 嘉海 01（151728）	500.00	2024.06.21	5.8000
19 泸投 01（151729）	500.00	2024.06.28	7.5000	19 芜湖 01（151730）	2000.00	2026.06.19	4.9000
19 兖投 01（151731）	1240.00	2024.08.22	7.3000	19 吉铁 04（151732）	620.00	2022.06.24	7.5000
19 日港 02（151733）	1000.00	2024.07.17	5.0000	19 洛投 01（151734）	1400.00	2024.06.20	4.8500
19 洛投 02（151735）	600.00	2026.06.20	5.9500	19 虞资 01（151736）	1000.00	2024.06.21	4.9000
19 安租 05（151738）	500.00	2023.06.27	4.7500	G19 川铁 2（151739）	1700.00	2024.07.01	4.4700
19 余开 01（151741）	400.00	2029.06.24	4.9000	19 国金 C1（151742）	1000.00	2022.06.24	4.6000
19 通达 01（151743）	1500.00	2024.06.25	7.5000	19 绍兴 01（151744）	1000.00	2024.06.21	5.3000
19 洪政 F1（151745）	1000.00	2024.07.09	4.0800	19 洋口 01（151747）	1000.00	2022.08.09	7.5000
19 龙交 02（151748）	1800.00	2024.06.27	5.8500	19 首钢 01（151749）	2000.00	2025.06.24	4.5700
19 肇庆 02（151750）	1500.00	2024.07.05	6.0000	19 金瓯 01（151752）	1000.00	2022.06.25	5.0000
19 环城 02（151755）	2000.00	2024.09.27	6.1000	19 相城 02（151758）	1000.00	2024.06.27	4.6000
19 吉华 01（151759）	520.00	2022.06.26	8.0000	19 日通 01（151760）	800.00	2022.07.01	7.3000
19 双龙 02（151761）	1000.00	2026.06.27	7.9800	19 嵊州 02（151762）	1000.00	2024.07.17	6.4900
19 靖投 02（151763）	400.00	2024.06.27	7.0000	19 饶江 01（151764）	1500.00	2024.07.02	7.0000
19 珠实 01（151765）	650.00	2022.07.10	5.7000	19 宝龙 02（151766）	600.00	2022.07.15	7.4000
19 鼎力 01（151767）	1000.00	2024.07.05	7.4800	19 望城 04（151768）	500.00	2024.07.01	6.9000
19 宁桥 01（151769）	500.00	2022.07.03	6.0000	19 三盛 03（151770）	700.00	2022.07.01	8.2000
19 海科 01（151772）	350.00	2024.06.27	7.0000	19 联创 02（151773）	1100.00	2024.07.31	6.3000
19 天富 01（151774）	200.00	2022.07.05	6.5000	19 贵安 D1（151775）	550.00	2020.07.15	7.3000
19 苏新 02（151776）	1000.00	2024.07.04	4.2400	19 内建 01（151777）	800.00	2022.08.16	7.0000
S19 利发 1（151778）	100.00	2021.07.02	5.6000	S19 利发 3（151780）	485.00	2022.07.02	7.5000
19 武侯 01（151781）	1500.00	2024.07.09	5.3000	19 衢州 01（151782）	100.00	2022.06.28	6.3000
19 渝开 02（151783）	520.00	2022.06.28	6.5000	19 南安债（151784）	1000.00	2024.09.06	6.8000
19 义市 02（151785）	500.00	2024.07.11	4.8000	19 华创 01（151786）	600.00	2023.07.02	5.2000

债券信息
List of Bonds

债券
Bond

债券简称（代码）Bond Name（Code）	发行量（百万元）Issued Vol（M yuan）	到期日 Expiration Date	票面利率（%）Coupon Rate（%）	债券简称（代码）Bond Name（Code）	发行量（百万元）Issued Vol（M yuan）	到期日 Expiration Date	票面利率（%）Coupon Rate（%）
19 秦发 02（151788）	300.00	2024.07.03	5.5000	同煤 Y2（151790）	1000.00	2020.09.24	5.3800
19 海兴 01（151791）	500.00	2024.07.09	6.2000	19 义佛 01（151792）	1000.00	2022.07.04	6.0000
19 赤水 02（151793）	331.00	2022.07.04	7.5000	19 红企 01（151796）	800.00	2021.06.28	7.2000
19 东兴 F2（151797）	3000.00	2022.07.12	3.9800	19 珠投 02（151799）	500.00	2022.07.03	8.0000
19 江旅 02（151800）	1100.00	2024.07.16	7.2000	19 株国 03（151801）	1000.00	2024.07.05	5.7800
19 信达 C2（151802）	900.00	2022.07.15	4.6400	19 海宁 03（151803）	1000.00	2024.07.09	4.5000
19 常港 01（151805）	300.00	2022.08.01	7.0900	19 浙金 02（151806）	700.00	2024.07.12	6.2000
19 阜阳 01（151807）	400.00	2024.07.11	8.5000	19 峨眉 02（151808）	850.00	2024.07.15	8.2000
19 平湖 03（151809）	1400.00	2024.07.25	4.5700	19 盐高 03（151810）	530.00	2024.08.26	6.8000
19 首业 06（151812）	2130.00	2024.07.12	4.2600	19 曹国 06（151814）	1250.00	2024.07.11	6.6000
19 惠通 02（151815）	1028.00	2024.07.12	6.2000	19 建桥 01（151817）	1000.00	2024.09.04	7.4000
19 长滨 01（151818）	1000.00	2022.08.20	6.5000	G19 川铁 3（151819）	1800.00	2024.07.12	4.4500
19 上投 02（151820）	1000.00	2031.07.12	4.9900	19 不动 02（151822）	1500.00	2022.07.16	4.3500
19 绿港 01（151823）	500.00	2022.07.09	7.3000	G19 菱花 1（151824）	90.00	2022.07.12	6.5000
G19 菱花 2（151825）	10.00	2022.07.12	6.5000	19 兴城 02（151826）	1000.00	2022.07.15	4.3400
19 海盐 02（151827）	1000.00	2024.07.16	4.9000	19 海航 04（151828）	2209.00	2024.07.29	6.0000
19 新蒲 02（151829）	100.00	2022.07.12	7.5000	19 兴阳 01（151830）	540.00	2024.08.09	7.5000
19 中控 02（151831）	500.00	2022.07.23	6.2000	19 豫资 01（151832）	1500.00	2023.07.17	4.3800
19 双龙 03（151834）	540.00	2026.07.19	7.9800	G19 济轨 1（151836）	2000.00	2024.07.23	4.7900
19 包钢 01（151837）	1250.00	2022.07.26	6.3000	19 黔投 01（151839）	550.00	2022.07.26	7.8000
19 嘉海 02（151840）	500.00	2024.07.22	5.6500	19 天风 C1（151841）	750.00	2022.08.27	4.9900
19 惠控 01（151842）	800.00	2024.07.19	4.8300	19 滇度 02（151843）	600.00	2024.07.19	7.0000
19 潍东 01（151844）	1300.00	2024.07.22	5.5000	19 营海 01（151846）	500.00	2024.07.18	8.2000
19 建业 02（151848）	1500.00	2022.07.23	7.5000	19 安信 C5（151849）	3500.00	2022.07.22	4.0500
19 立根 01（151850）	500.00	2022.07.18	7.5000	19 绿建 01（151851）	1380.00	2024.10.24	6.3900
19 川菜 01（151852）	1000.00	2024.07.30	7.0000	19 株城 04（151854）	500.00	2024.08.02	6.8000
19 鲁金 01（151855）	500.00	2024.07.24	6.5000	19 相城 03（151856）	1000.00	2024.07.19	4.4800
19 首钢 02（151857）	3000.00	2024.07.22	4.1900	19 宁高 01（151858）	400.00	2024.08.06	6.6800
19 长轨 02（151859）	2000.00	2024.07.22	4.6800	19 句福 02（151860）	700.00	2024.09.03	7.0000
19 华金 C1（151861）	1000.00	2022.07.25	4.8800	19 黔水债（151862）	1000.00	2024.07.22	8.0000
19 正润 02（151863）	500.00	2022.08.27	6.4600	19 恒信 02（151864）	500.00	2022.07.24	4.8300
19 浙商 02（151865）	800.00	2024.07.23	4.3500	19 宝发投（151866）	450.00	2022.08.01	7.5000
19 滨城 02（151867）	1000.00	2024.07.19	5.0800	19 靖城 02（151868）	580.00	2024.08.29	7.2000
19 首证 C1（151869）	500.00	2022.07.24	6.0000	19 融侨 F2（151870）	770.00	2022.07.23	7.5000
19 路公 01（151871）	1000.00	2024.07.24	6.9900	19 湛交 01（151872）	1500.00	2022.07.23	5.0000
19 崇川 02（151873）	500.00	2024.07.29	5.1000	19 恒达 01（151874）	750.00	2024.09.27	6.3000
19 饶江 02（151875）	500.00	2024.08.01	7.0000	19 余投 05（151876）	500.00	2024.08.02	5.2800
19 豫资 03（151878）	1000.00	2022.07.23	4.6000	19 中租 02（151879）	400.00	2022.07.23	2.9000
19 中租 03（151880）	600.00	2024.07.23	4.7800	19 长开 03（151881）	936.00	2022.08.06	6.6000
19 信地 03（151883）	700.00	2022.07.26	4.9000	19 镇城 03（151884）	350.00	2022.07.24	6.5000
19 彭统建（151885）	1000.00	2024.08.07	7.2000	19 吴城 01（151886）	1000.00	2024.08.09	4.4800
19 昆产 02（151887）	1000.00	2024.08.29	6.3000	19 硕放 01（151889）	250.00	2024.08.01	5.6000
19 商城 01（151890）	650.00	2022.07.26	6.5000	19 贵文 01（151891）	400.00	2024.07.24	7.8000
19 交投 02（151892）	1000.00	2024.08.22	4.3800	19 同创 01（151893）	600.00	2024.07.30	6.5000
19 吴发 01（151894）	1000.00	2024.07.29	4.4700	19 滨水 02（151895）	200.00	2022.07.25	7.3000
19 虞交 01（151896）	1000.00	2024.07.30	4.8000	19 青控 03（151897）	500.00	2022.07.25	4.4000
19 锡工 01（151898）	500.00	2024.08.02	5.8000	19 惠投 01（151899）	1200.00	2024.07.26	5.0000
19 凯里 01（151900）	300.00	2022.07.25	8.0000	G19 安租 1（151901）	800.00	2023.07.29	4.5300
19 启东 D1（151902）	1000.00	2020.07.29	4.3500	19 云港 01（151903）	1000.00	2022.08.02	5.4000
19 苏通 04（151904）	730.00	2022.08.06	5.5000	19 舟交 01（151905）	800.00	2022.08.06	4.4400

债券信息 List of Bonds

债券 Bond

债券简称（代码）Bond Name（Code）	发行量（百万元）Issued Vol（M yuan）	到期日 Expiration Date	票面利率（%）Coupon Rate（%）	债券简称（代码）Bond Name（Code）	发行量（百万元）Issued Vol（M yuan）	到期日 Expiration Date	票面利率（%）Coupon Rate（%）
19 江城 01（151906）	750.00	2024.08.05	4.5600	19 江城 02（151907）	750.00	2024.08.05	5.4000
19 山钢 Y1（151908）	1000.00	2021.08.08	7.0000	19 姜交 01（151909）	500.00	2022.07.30	7.0000
19 豫峡 04（151910）	810.00	2024.09.05	5.4500	19 融和 03（151911）	1400.00	2024.08.05	4.6900
19 连城 01（151912）	800.00	2024.07.25	4.9900	19 桐城 01（151913）	1500.00	2022.07.30	4.4500
19 句容 03（151915）	700.00	2024.11.12	7.0000	19 瀛洲 01（151916）	310.00	2022.07.30	7.9900
19 德投 01（151917）	880.00	2027.10.23	7.5000	19 韩城 01（151918）	900.00	2024.11.14	8.5000
19 长旅 02（151919）	200.00	2022.07.30	7.5000	19 淮城 01（151920）	1000.00	2024.08.27	6.5000
19 淮交 02（151921）	1000.00	2024.07.31	5.5000	19 济纾 02（151922）	1000.00	2024.08.08	4.4000
19 清浦 01（151923）	500.00	2024.09.23	7.5000	G19 织里 1（151924）	700.00	2022.08.02	7.5000
19 景瑞 01（151925）	500.00	2024.08.07	7.0000	19 腾海 01（151926）	200.00	2022.08.01	6.9000
19 黔投 02（151927）	370.00	2022.08.08	7.8000	19 鑫泰 02（151928）	400.00	2022.08.02	7.2000
19 贵安 03（151929）	1020.00	2022.09.05	7.4000	19 株教 01（151930）	500.00	2022.08.01	3.0000
19 永投 01（151931）	1500.00	2024.08.12	5.9800	19 晋交 01（151932）	1500.00	2024.08.12	5.4500
G19 国太（151934）	570.00	2024.08.06	4.7800	19 安租 06（151935）	1400.00	2023.08.06	4.6000
19 兴港 02（151936）	2000.00	2022.08.08	4.5900	19 海投 Y1（151937）	1000.00	2022.08.05	6.5000
19 融禾 01（151938）	1500.00	2024.08.08	7.6000	19 漳龙 03（151940）	600.00	2024.08.09	4.7000
19 三盛 05（151942）	530.00	2022.08.09	8.2000	19 文蓝 01（151944）	2500.00	2024.08.14	6.4500
19 江津 01（151946）	1400.00	2024.08.08	5.4700	19 潍东 03（151947）	1500.00	2024.08.19	5.0000
19 昆发 01（151949）	400.00	2021.08.26	5.6000	19 虞资 03（151950）	1800.00	2024.08.14	4.5000
19 景旅 02（151952）	1000.00	2024.08.07	7.1500	19 镇城 04（151953）	450.00	2022.08.09	5.5000
19 苏铁 01（151954）	600.00	2022.08.12	4.4500	19 兰花 01（151955）	500.00	2024.08.26	6.7000
19 于控 01（151958）	1870.00	2022.08.14	6.5000	19 淮开 01（151959）	1300.00	2022.08.21	6.4000
19 济西 02（151961）	1500.00	2024.08.20	4.5000	19 新沂 02（151962）	540.00	2024.08.13	7.5000
19 浙浔 01（151963）	420.00	2026.08.19	7.0000	19 嘉高 02（151964）	1000.00	2024.08.12	4.2800
19 晋佳 01（151965）	1000.00	2024.08.08	5.8000	19 锡滨 02（151966）	400.00	2024.08.15	4.5600
19 东丽 01（151967）	1250.00	2024.08.13	7.9000	19 东丽 03（151969）	750.00	2024.08.13	7.5000
19 靖投 03（151970）	300.00	2024.08.19	7.2000	19 天门 02（151971）	500.00	2024.08.13	8.0000
19 宁城 01（151972）	1500.00	2024.08.15	5.8000	19 循环 01（151973）	800.00	2024.08.13	7.9900
19 宁东 01（151974）	1810.00	2024.08.09	4.7500	19 新会 01（151975）	2000.00	2024.08.16	6.0000
19 融盛 01（151976）	1200.00	2024.08.22	7.0000	19 黄发 01（151978）	1000.00	2024.08.19	4.8000
19 平煤 01（151979）	2000.00	2024.08.16	6.2000	19 浦现 01（151980）	600.00	2024.08.15	4.2800
19 遵桥 01（151981）	400.00	2024.08.16	7.3000	19 滨投 01（151982）	500.00	2024.08.21	7.5000
19 绍城 03（151983）	600.00	2024.08.19	4.1000	19 佳源 03（151984）	645.00	2022.08.19	8.0000
19 滁城 02（151985）	2000.00	2024.08.19	4.5000	19 滨投 02（151986）	365.00	2022.08.21	7.0000
19 先导 01（151988）	2500.00	2024.08.22	4.0000	19 大华 01（151990）	1500.00	2024.08.21	6.0000
19 余经 01（151991）	1500.00	2024.08.19	4.6000	19 华发 03（151992）	500.00	2024.08.19	4.6700
19 华发 04（151993）	500.00	2022.08.19	4.4500	19 安吉 02（151994）	1000.00	2024.08.21	7.0000
19 蒙水务（151995）	1500.00	2024.08.22	5.2000	19 张经 01（151996）	500.00	2022.08.21	4.3400
19 首钢 03（151997）	3000.00	2024.08.21	4.0500	G19 长滨 2（151998）	410.00	2024.08.29	6.5000
19 上饶 01（151999）	2100.00	2024.08.22	4.9500	18 温岭 02（152001）	1400.00	2025.11.12	5.4300
18 朔州 01（152002）	900.00	2025.10.23	7.5000	18 西工 01（152003）	700.00	2025.11.15	7.9000
18 尖山 02（152004）	700.00	2025.11.16	6.1500	18 安吉 01（152005）	300.00	2025.11.19	7.0000
18 海宁债（152006）	1380.00	2025.11.13	5.4700	18 绵安 02（152007）	500.00	2025.11.22	8.1000
18 孟投 02（152008）	100.00	2025.11.06	8.0000	18 赤壁债（152009）	500.00	2025.11.22	6.9500
18 梧州 01（152010）	500.00	2028.11.28	7.9500	18 京投 09（152011）	2000.00	2028.11.26	4.2500
18 京投 10（152012）	1000.00	2033.11.26	4.5700	18 泰兴黄（152013）	400.00	2025.11.15	8.5000
18 西苑 01（152014）	600.00	2025.11.15	7.5000	18 永安 01（152015）	900.00	2025.11.26	8.5000
18 水城债（152016）	1500.00	2025.11.27	8.0000	18 滨江债（152017）	950.00	2025.11.30	5.7700
18 振东 01（152018）	500.00	2025.11.26	7.5000	18 南溪 02（152019）	600.00	2025.11.28	8.1000
18 和济 01（152020）	600.00	2022.11.27	7.6000	18 易盛德（152021）	800.00	2028.11.28	5.2200

债券信息 List of Bonds

债券 Bond

债券简称（代码）Bond Name（Code）	发行量（百万元）Issued Vol（M yuan）	到期日 Expiration Date	票面利率（%）Coupon Rate（%）	债券简称（代码）Bond Name（Code）	发行量（百万元）Issued Vol（M yuan）	到期日 Expiration Date	票面利率（%）Coupon Rate（%）
18 邵赛 02（152022）	300.00	2025.11.28	8.0000	18 宁地铁（152023）	2600.00	2023.11.28	4.2200
18 铜管廊（152024）	1000.00	2028.11.29	8.0000	18 博望 01（152026）	500.00	2025.11.29	7.8000
18 桐产投（152027）	920.00	2025.11.29	7.8800	18 百东 02（152028）	200.00	2025.12.24	7.6000
18 信丰 01（152029）	500.00	2025.12.05	7.8000	18 振东 02（152030）	760.00	2025.12.06	7.5000
18 粤高 01（152031）	1000.00	2033.12.13	4.6500	18 毕节债（152032）	800.00	2025.12.03	8.0500
18 安发 02（152033）	700.00	2025.12.04	8.0000	18 锡惠债（152034）	950.00	2025.12.07	5.2700
18 合力 01（152035）	1000.00	2025.12.10	5.4900	18 大冶债（152036）	800.00	2025.12.03	7.2000
18 海发 01（152037）	900.00	2025.12.13	5.1800	18 柯岩债（152038）	1200.00	2025.12.04	5.8800
18 禅城 01（152039）	100.00	2026.12.19	5.2900	18 国盛 01（152040）	2500.00	2023.12.14	3.9600
18 蓉高投（152041）	1000.00	2023.12.13	4.2000	18 浙资 01（152042）	900.00	2023.12.13	4.1500
18 济西投（152043）	3300.00	2028.12.18	4.6300	18 嘉善债（152045）	800.00	2025.12.17	5.1900
18 通化 01（152046）	400.00	2025.12.18	8.0000	G18 先行（152047）	300.00	2025.12.20	5.3700
18 泗阳 02（152048）	400.00	2025.12.14	7.5000	18 利津 01（152049）	400.00	2025.12.20	7.5000
18 泰新债（152050）	600.00	2025.12.21	5.3400	18 榕城 02（152051）	800.00	2028.12.14	4.4000
18 吴中债（152053）	960.00	2025.12.25	5.2600	18 众鑫 01（152054）	950.00	2025.12.20	5.3800
18 朔州 02（152055）	900.00	2025.12.25	7.8000	18 大荔债（152056）	800.00	2025.12.25	8.0000
18 国新债（152057）	1100.00	2023.12.27	3.2000	18 珠管 01（152058）	100.00	2023.12.26	6.2000
18 长湖 01（152059）	600.00	2025.12.26	7.5000	18 泰华诚（152062）	400.00	2025.12.26	8.5000
18 南充债（152063）	1000.00	2028.12.21	6.9800	18 武义 02（152064）	800.00	2025.12.21	8.0000
18 湘高速（152065）	1500.00	2025.12.26	4.4800	19 乌经开（152066）	920.00	2026.03.15	5.3200
18 东坡 02（152067）	600.00	2026.01.03	8.0000	19 昆空港（152068）	1000.00	2026.01.28	7.5000
18 桂东 02（152069）	300.00	2025.12.25	7.9300	18 顺兴 01（152071）	600.00	2026.01.07	7.5000
19 百东 01（152072）	600.00	2026.01.08	7.5900	19 鑫鸿 01（152073）	670.00	2026.01.03	5.2800
19 景城债（152074）	1000.00	2026.01.08	7.4900	G19 广铁 1（152075）	3000.00	2024.01.18	3.9000
19 赤城投（152076）	1000.00	2026.01.18	8.5000	19 安方债（152077）	1200.00	2026.01.18	7.8000
G19 水投 1（152078）	1600.00	2029.01.24	4.0200	19 怀远债（152079）	800.00	2026.01.23	5.1700
19 常鼎 01（152081）	650.00	2026.01.22	6.9800	19 龙岭债（152083）	810.00	2026.01.23	7.6000
19 轩达 02（152084）	700.00	2026.01.24	7.5000	19 轩达 01（152085）	800.00	2026.01.23	7.5000
19 南康债（152086）	240.00	2026.01.23	8.0000	19 吴江 01（152087）	750.00	2029.01.24	5.3000
19 贾旅 01（152088）	800.00	2026.01.28	7.8800	19 潜江 01（152089）	800.00	2026.01.16	5.6700
19 新平 01（152090）	500.00	2026.01.24	7.7000	19 宜都债（152091）	400.00	2026.01.17	7.0000
19 监利债（152092）	800.00	2026.01.14	7.5000	19 栾川 01（152093）	400.00	2026.01.23	8.5000
19 上栗 01（152094）	300.00	2026.01.22	7.8000	19 麒麟债（152095）	570.00	2026.01.21	8.5000
19 西工 01（152096）	690.00	2026.01.29	8.0000	19 龙海 01（152097）	480.00	2026.01.28	7.3500
19 绵经 01（152098）	500.00	2026.03.15	8.2000	19 冶高 01（152099）	450.00	2026.01.30	6.9800
19 普陀 01（152100）	700.00	2027.01.25	6.6000	19 人洼债（152101）	760.00	2026.01.30	7.8000
19 宏河债（152102）	730.00	2026.01.29	7.5000	19 盘双 01（152103）	140.00	2026.01.29	8.5000
19 舟蓬 01（152104）	800.00	2027.01.30	7.5000	19 金霞债（152105）	800.00	2026.02.14	7.0000
19 海发 01（152106）	330.00	2026.02.15	7.3000	19 杨凌 01（152107）	300.00	2026.02.20	7.8000
19 西苑债（152108）	400.00	2026.01.29	7.8000	19 渝江 01（152110）	1600.00	2024.02.28	4.2800
19 弥勒 01（152111）	500.00	2026.02.27	7.6000	19 白云 01（152112）	500.00	2026.03.06	7.5000
19 祥云债（152113）	450.00	2026.03.04	7.0300	19 文停债（152114）	1000.00	2029.03.04	7.5000
19 息烽债（152115）	800.00	2026.03.14	8.0000	19 渝三峡（152116）	149.00	2026.03.01	7.8000
19 成兴 01（152117）	400.00	2026.03.05	7.8000	19 东台债（152118）	900.00	2026.03.08	5.3700
19 浔经债（152119）	380.00	2026.03.12	7.4000	19 简州债（152120）	600.00	2026.03.12	6.1700
19 瓯经投（152121）	1500.00	2026.03.11	5.4500	19 鄂科 01（152122）	2000.00	2034.03.08	4.7500
19 粤路建（152123）	2000.00	2034.03.25	4.6200	19 袁州债（152124）	850.00	2026.03.08	7.2000
19 榕城 01（152125）	600.00	2029.03.12	4.3800	19 钟停 01（152126）	400.00	2029.03.18	8.0000
19 桐乡 01（152127）	700.00	2026.03.14	5.3800	19 金乡 01（152128）	700.00	2026.03.20	7.5000
19 扬子 01（152129）	1500.00	2024.03.19	4.4700	19 长顺债（152130）	700.00	2026.03.19	8.5000

债券信息
List of Bonds

债券简称（代码） Bond Name（Code）	发行量（百万元） Issued Vol（M yuan）	到期日 Expiration Date	票面利率（%） Coupon Rate（%）	债券简称（代码） Bond Name（Code）	发行量（百万元） Issued Vol（M yuan）	到期日 Expiration Date	票面利率（%） Coupon Rate（%）
19 射阳 01（152131）	800.00	2026.03.14	5.3300	19 普洱 01（152132）	200.00	2026.03.14	7.5000
19 海城投（152133）	700.00	2029.03.21	5.5000	19 华汽 01（152134）	1100.00	2024.03.20	5.8000
19 梧州 01（152136）	450.00	2029.03.26	7.9000	19 梅山债（152138）	700.00	2026.03.21	8.0000
19 武管廊（152139）	1200.00	2026.03.21	7.1900	19 普陀 02（152140）	800.00	2027.03.21	6.3000
G19 云投 1（152141）	1000.00	2029.03.25	5.4900	19 凤建 01（152142）	400.00	2026.03.28	6.5800
19 兰陵债（152143）	1200.00	2026.03.28	7.4500	19 蒙自债（152144）	600.00	2026.03.25	8.0000
19 柯桥 01（152145）	1000.00	2034.03.25	4.3800	19 翠屏债（152146）	1000.00	2026.03.28	5.1700
19 夷陵 01（152147）	500.00	2026.03.28	7.5000	19 楚晟债（152148）	540.00	2026.03.27	7.5000
19 井冈债（152149）	700.00	2026.04.01	7.0000	19 安高债（152150）	730.00	2026.03.28	6.8500
19 淄创 01（152152）	560.00	2026.04.03	5.0300	19 冶高 02（152154）	950.00	2026.04.01	7.5000
19 定南债（152155）	550.00	2026.04.08	7.8000	19 海城发（152156）	1400.00	2026.04.02	5.2000
19 粤高 01（152157）	2000.00	2034.07.31	4.5900	19 孟津债（152158）	900.00	2026.04.11	7.0600
19 郯国资（152159）	500.00	2026.04.09	7.5000	19 成兴 02（152160）	400.00	2026.04.04	7.6000
19 木渎债（152161）	600.00	2024.04.16	4.9400	19 信丰 01（152162）	700.00	2026.04.16	7.8000
19 汉江债（152163）	2400.00	2026.04.10	5.3800	19 德清 01（152164）	700.00	2026.10.28	5.9900
19 渝中 01（152165）	700.00	2026.04.17	5.4300	19 射阳 02（152166）	700.00	2026.04.12	7.3900
19 同建债（152167）	1000.00	2026.08.19	5.0000	19 乐亭债（152168）	1000.00	2026.04.11	7.5000
19 费城 01（152169）	600.00	2026.04.12	7.5000	19 博望 01（152170）	280.00	2026.04.18	7.5000
19 君山 01（152171）	700.00	2026.04.23	7.9600	19 临潼债（152172）	800.00	2026.04.22	7.6900
19 川投 01（152173）	900.00	2029.04.26	4.5000	19 川投 02（152174）	1100.00	2024.04.26	4.4000
19 鱼台 01（152175）	1000.00	2026.04.10	7.5000	19 国盛 01（152176）	2750.00	2024.04.24	3.8000
19 阿勒泰（152177）	470.00	2029.04.24	6.9800	19 安吉债（152178）	400.00	2026.04.26	6.8000
19 锡西债（152179）	950.00	2026.04.25	5.2300	19 靖滨债（152180）	800.00	2029.06.10	5.2000
19 鄂科 02（152181）	1000.00	2034.04.25	5.0000	19 成兴 03（152182）	400.00	2026.04.24	7.6000
19 利投 01（152183）	600.00	2026.04.26	7.5000	19 渭投债（152185）	600.00	2026.04.28	7.5000
19 贾旅 02（152186）	700.00	2026.05.06	7.9800	19 武穴债（152187）	1080.00	2026.04.12	7.5000
19 济城 01（152188）	400.00	2026.05.06	7.3000	19 通源 01（152191）	400.00	2026.04.30	7.8000
19 蓉国投（152192）	1500.00	2026.05.06	6.0000	19 双鸭 01（152193）	360.00	2026.04.30	8.5000
19 旺通债（152194）	500.00	2026.05.06	7.5000	19 红日债（152195）	1490.00	2026.05.06	7.1900
19 鹰高新（152196）	630.00	2026.05.06	8.0000	19 福州 01（152197）	300.00	2029.05.08	4.7000
19 安岳 01（152198）	760.00	2026.05.06	7.5000	19 东财 01（152199）	500.00	2026.05.05	7.0000
19 东财 02（152200）	500.00	2026.05.05	7.3000	19 谷城 01（152201）	300.00	2026.04.26	7.0000
19 舟山债（152202）	600.00	2026.04.28	5.3400	19 启迪 01（152203）	500.00	2029.04.26	6.9000
19 长湖 01（152204）	570.00	2026.05.16	7.5000	19 锡藕 01（152205）	600.00	2026.05.15	5.0900
19 广鑫 01（152206）	400.00	2026.06.03	7.5000	19 桐乡 02（152207）	500.00	2026.05.24	5.1600
19 森特 01（152208）	800.00	2026.06.06	7.3000	G19HGY1（152209）	1000.00	2023.06.03	5.1600
19 宜春债（152210）	500.00	2026.06.10	6.9700	19 万年债（152211）	1000.00	2026.06.03	7.2000
19 伊川债（152212）	700.00	2026.06.12	6.1500	19 柯桥 02（152213）	2700.00	2034.06.17	4.6900
19 国兴 01（152214）	800.00	2026.06.14	5.0500	19 金东 01（152215）	930.00	2026.06.20	5.3700
G19 广铁 2（152216）	2000.00	2024.07.17	3.5800	G19 青州（152217）	1200.00	2027.06.17	7.6000
19 华汽 02（152218）	1000.00	2024.06.17	5.8000	19 杨凌 02（152219）	800.00	2026.06.19	7.8000
G19 城南 1（152221）	1000.00	2026.06.26	4.5400	19 邯建投（152222）	360.00	2026.07.04	5.4300
19 曲经开（152223）	500.00	2026.07.18	7.4000	19 宜高投（152226）	1000.00	2029.07.12	5.2300
19 海控 01（152227）	1300.00	2024.07.19	3.9000	19 广控 01（152228）	900.00	2024.07.12	4.3100
19 云建 01（152229）	2000.00	2024.07.18	5.0800	19 句容债（152230）	900.00	2026.07.23	4.9800
19 中豫 01（152231）	600.00	2024.07.18	3.8300	19 钟祥债（152232）	600.00	2026.07.05	7.5000
19 南网 05（152233）	2500.00	2025.07.25	3.5500	19 北仑 Q1（152234）	1000.00	2026.07.19	4.8900
19 龙海 02（152235）	220.00	2026.07.22	7.4700	19 柳东债（152236）	1500.00	2024.07.24	6.5000
19 亳城建（152237）	1400.00	2026.07.29	6.3000	19 金建 01（152238）	500.00	2026.07.24	6.8000
19 即墨债（152239）	1200.00	2026.08.05	4.8700	19 桂发 01（152240）	500.00	2026.07.31	7.5000

债券信息
List of Bonds

债券
Bond

债券简称（代码） Bond Name（Code）	发行量（百万元） Issued Vol （M yuan）	到期日 Expiration Date	票面利率（%） Coupon Rate（%）	债券简称（代码） Bond Name（Code）	发行量（百万元） Issued Vol （M yuan）	到期日 Expiration Date	票面利率（%） Coupon Rate（%）
19 秦投 01 （152241）	400.00	2026.07.31	8.0000	19 颍上债（152242）	850.00	2026.08.06	6.8000
19 兴蜀债（152243）	660.00	2026.07.29	6.1300	19 扬子 02 （152244）	2000.00	2024.08.12	3.9500
19 怀工 01 （152245）	500.00	2026.08.08	7.3000	19 金灌 01 （152246）	550.00	2026.08.12	4.7900
19 昌控 01 （152247）	600.00	2029.08.16	4.3800	19 东财 03 （152248）	1000.00	2026.08.13	7.0000
19 嵊城 01 （152249）	1000.00	2026.08.15	4.9000	19 平天湖（152250）	700.00	2026.08.13	7.5000
19 金凤凰（152251）	1000.00	2026.08.19	7.6000	19 南网 06 （152252）	2500.00	2025.08.23	3.4000
19 蓉兴 01 （152253）	1500.00	2024.08.20	3.9400	19 中电 01 （152254）	4000.00	2022.08.26	3.4800
19 浙资 01 （152255）	600.00	2024.08.20	3.8900	19 双鸭 02 （152256）	300.00	2026.08.26	8.5000
19 陕投 01 （152257）	1500.00	2024.08.28	3.7600	19 陕投 02 （152258）	1500.00	2026.08.28	4.7500
G19 长交 1 （152259）	1300.00	2026.08.27	6.0000	19 苏交 01 （152260）	2000.00	2024.08.29	3.7600
19 滨海债（152261）	750.00	2026.08.26	4.7300	19 国兴 02 （152262）	800.00	2026.08.29	4.6800
G19 承控 1 （152263）	840.00	2026.09.02	6.5000	19 桂建 01 （152264）	1000.00	2024.08.28	4.5000
G19 广铁 3 （152265）	2000.00	2024.09.03	3.4000	19 武夷债（152266）	530.00	2026.09.04	6.2300
19 嘉善债（152267）	700.00	2026.09.03	4.5000	19 旅投 01 （152268）	1500.00	2029.03.07	7.8000
19 咸宁债（152269）	1200.00	2026.06.13	6.4000	19 河投 01 （152270）	1000.00	2024.09.11	3.8500
19 齐交 01 （152271）	1000.00	2029.09.12	4.4600	19 龙游债（152272）	1440.00	2026.09.11	6.4700
19 临朐债（152273）	900.00	2026.09.16	7.3700	19 沪建 01 （152274）	900.00	2029.09.12	3.7000
19 沪建 02 （152275）	600.00	2024.09.12	3.3800	19 瑞丽债（152276）	1000.00	2026.09.20	8.0000
19 皋高债（152277）	940.00	2026.09.18	4.6000	19 皖投 02 （152278）	2000.00	2029.09.17	3.9100
19 桃源 01 （152279）	400.00	2026.09.11	7.5000	19 贵溪债（152280）	1040.00	2026.09.17	7.5000
19 通瑞 01 （152282）	500.00	2026.09.18	7.5000	19 六横 01 （152283）	600.00	2026.09.12	6.5000
19 大悟债（152284）	850.00	2026.09.20	7.5000	G19 黄石（152285）	650.00	2026.09.24	5.8000
19 西峡债（152286）	750.00	2026.09.23	6.8000	19 四面债（152287）	880.00	2026.09.24	7.2000
G19 宁铁 1 （152288）	2000.00	2024.09.19	3.9800	G19 萍昌（152289）	680.00	2026.09.26	6.7000
G19 武铁 1 （152290）	2000.00	2039.09.24	4.4900	19 吴江 02 （152291）	750.00	2029.09.25	5.0300
19 桃源 02 （152292）	400.00	2026.10.17	8.0000	19 银开债（152293）	700.00	2026.09.26	7.0000
19 中豫 02 （152294）	1500.00	2024.10.18	4.0400	19 长兴债（152295）	900.00	2026.09.25	5.9800
19 长子 01 （152296）	300.00	2026.10.18	7.5000	19 张建发（152297）	800.00	2026.10.15	4.4700
19 山高 01 （152298）	2000.00	2024.10.21	4.0000	19 绵经 02 （152299）	500.00	2026.09.29	8.0000
19 扬子 03 （152300）	1000.00	2024.10.21	3.6300	19 沪国际（152301）	2200.00	2024.10.23	3.3500
19 国资债（152302）	600.00	2026.10.21	5.9500	19 南网 07 （152303）	2500.00	2025.10.25	3.5900
19 易盛德（152304）	800.00	2029.10.24	4.9800	19 海资 01 （152305）	2000.00	2024.10.24	3.7000
19 嵊城 02 （152306）	800.00	2026.11.04	5.1800	19 金灌 02 （152307）	360.00	2026.10.25	7.0000
19 扬子 04 （152308）	2100.00	2024.10.29	4.1700	19 金建 02 （152309）	500.00	2026.10.23	6.5000
19 广建 01 （152310）	400.00	2026.10.30	7.5000	19 西投 01 （152311）	1500.00	2026.11.05	5.9500
19 梁平债（152312）	800.00	2026.10.31	7.2000	19 郑住投（152313）	700.00	2026.10.31	4.9300
19 沛经开（152315）	600.00	2026.11.04	7.5100	19 兴堰 01 （152316）	700.00	2026.11.01	7.5000
19 涪新债（152317）	700.00	2026.11.04	5.8700	19 天泰债（152318）	500.00	2024.11.01	6.8000
19 西咸 01 （152319）	500.00	2024.11.08	3.9700	19 西咸 02 （152320）	1500.00	2026.11.08	4.4700
19 众鑫 01 （152321）	550.00	2026.11.12	5.1500	19 蓉产 01 （152322）	1000.00	2026.11.14	4.2300
19 蓉产 02 （152323）	500.00	2024.11.14	3.8000	19 云建 02 （152324）	1000.00	2024.11.14	5.0000
19 绵安 01 （152325）	200.00	2026.11.25	7.9000	19 天水 01 （152326）	500.00	2026.11.15	6.4000
19 吉安债（152327）	800.00	2026.11.20	5.8000	19 永安 01 （152328）	900.00	2026.11.21	7.5000
19 含浦 01 （152329）	500.00	2026.11.15	6.0000	19 含浦 02 （152330）	500.00	2026.11.15	5.9300
19 齐交 02 （152331）	2000.00	2024.11.21	3.9400	19 乌铁 01 （152332）	730.00	2026.11.26	6.8900
19 南网 08 （152333）	2500.00	2025.11.25	3.5000	19 贵高科（152334）	1100.00	2026.11.25	8.0000
19 山高 02 （152335）	2000.00	2029.11.26	4.4200	19 安陆 01 （152336）	170.00	2026.11.28	7.8000
19 禅城 01 （152337）	200.00	2027.12.04	4.2000	19 国兴 03 （152338）	700.00	2026.12.02	4.7000
19 平原债（152339）	500.00	2026.12.03	6.5000	G19 水投 2 （152340）	1000.00	2029.12.06	3.9500
19 赣城投（152341）	1000.00	2026.12.04	5.2300	19 埇桥债（152342）	800.00	2026.12.06	4.8700

债券信息 债券
List of Bonds Bond

债券简称（代码）Bond Name（Code）	发行量（百万元）Issued Vol（M yuan）	到期日 Expiration Date	票面利率（%）Coupon Rate（%）	债券简称（代码）Bond Name（Code）	发行量（百万元）Issued Vol（M yuan）	到期日 Expiration Date	票面利率（%）Coupon Rate（%）
19 柯城债（152343）	1200.00	2026.12.03	5.9000	19 崇川债（152344）	680.00	2026.12.12	4.6600
19 天山债（152345）	270.00	2026.12.10	4.6600	19 新天地（152346）	800.00	2026.12.06	7.5000
19 天水 02（152347）	600.00	2026.12.06	5.8000	19 渝江 02（152348）	1500.00	2024.12.13	3.9300
19 国开投（152349）	1500.00	2029.12.11	4.3600	19 潜江 02（152350）	500.00	2026.12.16	4.7800
19 台循债（152351）	1200.00	2026.12.23	4.9500	19 双鸭 03（152353）	130.00	2026.12.16	8.5000
19 宁新城（152354）	350.00	2026.12.17	5.5000	G19 广铁 4（152355）	1500.00	2024.12.19	3.5300
G19 望城 1（152356）	360.00	2026.12.20	5.7000	G19 望城 2（152357）	280.00	2026.12.20	5.8000
19 天轨 01（152359）	1000.00	2024.12.19	4.1500	19 樊城 01（152360）	800.00	2026.12.18	6.4800
19 怀工 02（152361）	500.00	2026.12.20	7.3000	19 皖投 03（152362）	600.00	2024.12.19	4.0000
19 惠临债（152374）	700.00	2026.12.23	7.5000	18 红美 01（155001）	3000.00	2021.11.06	6.3000
18 都城 01（155003）	1000.00	2023.11.23	4.4800	18 平证 06（155004）	3000.00	2023.11.05	4.1000
18 金诚 01（155005）	120.00	2019.12.30	7.5000	18 上药 01（155006）	3000.00	2021.11.07	4.1000
18 宜华 03（155007）	500.00	2021.11.26	6.5000	18 远海 05（155009）	5000.00	2028.11.05	4.9000
18 龙湖 06（155010）	2000.00	2023.11.06	4.8000	18 广核 01（155012）	2000.00	2021.11.15	3.9600
18 中租二（155013）	1330.00	2021.11.15	7.5500	18 铁龙 01（155014）	750.00	2020.11.07	4.7000
18 电投 10（155015）	2200.00	2021.11.12	4.0300	18 电投 11（155016）	1500.00	2023.11.12	4.3400
18 鲁商 02（155017）	1400.00	2021.11.16	7.5000	18 邮政 01（155018）	2500.00	2023.11.13	3.9900
18 浙商 01（155019）	2000.00	2023.11.08	4.4800	18 实业 08（155022）	650.00	2021.11.14	7.5000
18 台纾 01（155024）	500.00	2023.11.15	5.7000	18 光大 01（155025）	3000.00	2021.11.09	4.0200
18 沪资 03（155026）	900.00	2023.11.19	4.0000	18 杭机 01（155027）	500.00	2023.11.15	4.0800
18 闽纾债（155028）	1000.00	2023.11.15	4.1000	18 青城 05（155029）	1500.00	2028.11.20	4.3800
18 三友 03（155030）	600.00	2023.11.19	4.7500	18 中铝 03（155032）	1400.00	2021.11.16	4.1900
18 中铝 04（155033）	1600.00	2023.11.16	4.5000	18 柳投控（155035）	2000.00	2021.11.21	5.7400
18 电投 12（155036）	1500.00	2021.11.20	3.9700	18 电投 13（155037）	2500.00	2023.11.20	4.2000
18 海通 05（155038）	3000.00	2021.11.22	3.8800	18 粤桥 02（155039）	1500.00	2033.11.20	4.7000
18 高新 01（155040）	900.00	2023.11.22	4.3300	18 远高 01（155041）	100.00	2020.11.22	7.5000
18 锦江 02（155042）	1000.00	2023.11.20	4.1800	18 复星 05（155043）	2200.00	2022.11.22	5.3000
18 元禾 02（155044）	500.00	2023.11.26	4.2400	18 豫园 01（155045）	2000.00	2023.11.26	4.9700
18 华泰 G1（155047）	3000.00	2021.11.26	3.8800	18 华泰 G2（155048）	1000.00	2023.11.26	4.1700
18 齐鲁 02（155049）	1500.00	2021.11.27	4.0500	18 中航 G1（155050）	500.00	2021.11.27	4.2500
18 迈科 02（155051）	500.00	2021.11.26	7.5000	18 南航 01（155052）	2000.00	2021.11.27	3.9200
G18 首股（155053）	2000.00	2023.11.27	4.2400	18 国药 01（155054）	3300.00	2021.11.28	3.9900
18 津投 11（155055）	800.00	2022.11.28	4.2800	18 津投 12（155056）	1200.00	2023.11.28	4.7000
G18 龙源 2（155057）	3000.00	2021.12.04	3.9600	18 京能 01（155058）	600.00	2021.12.11	3.9500
18 镇投 01（155059）	300.00	2021.12.05	7.9900	18 联想 03（155060）	1500.00	2023.12.03	4.7000
18 富力 08（155061）	4000.00	2022.12.04	6.5800	18 渝信 03（155063）	3000.00	2021.12.12	5.5000
18 三福 01（155065）	300.00	2023.11.30	7.5000	18 中储 02（155066）	1000.00	2023.12.03	5.0000
18 复药 02（155067）	500.00	2022.11.30	4.4700	18 复药 03（155068）	1000.00	2023.11.30	4.6800
18 保文 02（155069）	300.00	2021.12.05	4.7000	18 大众 01（155070）	800.00	2021.12.05	4.3300
18 首置 03（155071）	1500.00	2021.12.03	4.1600	18 首置 04（155072）	1000.00	2023.12.03	4.5000
18 悦达 01（155074）	530.00	2023.12.06	7.5000	18 宁农 01（155076）	340.00	2023.12.12	5.8000
18 东风 03（155077）	2000.00	2021.12.06	3.9600	18 东风 04（155078）	1000.00	2023.12.06	4.2100
18 新大 03（155079）	1500.00	2021.12.04	7.1000	18 汽车 G3（155080）	796.00	2021.12.20	7.2000
18 沱牌 01（155081）	100.00	2023.12.07	7.5000	18 时代 13（155082）	1100.00	2021.12.10	7.5000
18 时代 14（155083）	1900.00	2023.12.10	8.1000	18 紫光 04（155085）	5000.00	2023.12.10	5.2000
18 津投 13（155086）	500.00	2022.12.10	4.2400	18 津投 14（155087）	2000.00	2023.12.10	4.6800
18 粤控 02（155088）	1500.00	2023.12.11	3.9000	18 中泰 01（155089）	3000.00	2021.12.12	3.9500
18 福晟 03（155090）	1500.00	2021.12.17	7.9000	18 景国 02（155091）	1000.00	2021.12.14	6.2000
18 花样年（155092）	1000.00	2021.12.17	7.5000	18 万向 01（155093）	1500.00	2021.12.25	5.3300
18 皖投 02（155095）	1800.00	2023.12.17	4.0900	18 亨通 01（155097）	100.00	2019.12.30	4.9000

债券信息
List of Bonds

债券简称（代码） Bond Name (Code)	发行量（百万元） Issued Vol (M yuan)	到期日 Expiration Date	票面利率（%） Coupon Rate (%)	债券简称（代码） Bond Name (Code)	发行量（百万元） Issued Vol (M yuan)	到期日 Expiration Date	票面利率（%） Coupon Rate (%)
19 国管 01（155098）	3000.00	2024.01.14	3.8500	18 海纾困（155100）	5000.00	2023.12.17	4.1400
18 华夏 06（155102）	3000.00	2023.12.20	7.0000	18 华夏 07（155103）	4000.00	2025.12.20	8.3000
18 铁牛 02（155104）	1720.00	2023.12.24	7.2000	18 富力 10（155106）	7020.00	2023.01.03	7.0000
19 浦土 01（155108）	700.00	2024.01.09	3.8000	18 海亮 03（155111）	100.00	2019.12.30	7.0000
18 金光 01（155112）	1000.00	2021.12.24	7.2000	18 爱建 01（155113）	500.00	2021.12.25	5.4000
18 南山 05（155115）	500.00	2021.12.25	5.7000	18 新大陆（155116）	100.00	2021.12.19	6.3000
18 鸿坤 03（155117）	550.00	2022.12.18	7.5000	18 伊泰 02（155118）	2000.00	2021.12.18	5.0000
19 津住 01（155119）	70.00	2021.01.04	6.5000	18 新大 04（155120）	1000.00	2021.12.27	7.7000
18 海怡 02（155121）	650.00	2021.12.29	7.2000	19 中粮 01（155123）	1660.00	2025.01.09	3.9400
19 中粮 02（155124）	700.00	2026.01.09	4.1000	19 津投 01（155125）	1800.00	2023.01.11	3.9900
19 津投 02（155126）	700.00	2024.01.11	4.2600	19 铁工 01（155127）	2500.00	2022.01.17	3.6800
19 葛洲 01（155129）	1000.00	2024.01.09	3.8500	19 京投 01（155130）	3000.00	2022.01.14	3.5700
19 京投 02（155131）	3000.00	2024.01.14	3.8500	19 蓝星 01（155132）	1500.00	2022.01.10	4.0700
19 金隅 01（155133）	500.00	2024.01.09	3.7300	19 金隅 02（155134）	1500.00	2026.01.09	4.0700
19 闽电 01（155136）	1200.00	2022.01.15	5.5000	19 联想 01（155138）	2000.00	2022.01.15	4.5000
19 联想 02（155139）	1000.00	2024.01.15	5.3000	19 镇投 01（155140）	210.00	2022.01.16	7.7500
19 世茂 G1（155142）	2000.00	2022.01.15	4.6500	19 栖建 01（155143）	160.00	2024.07.12	5.4000
19 汽车 01（155144）	1000.00	2022.01.29	7.5000	19 阳集 01（155145）	400.00	2022.01.15	7.5000
19 无锡 01（155146）	650.00	2024.01.16	4.2500	19 无锡 02（155147）	350.00	2027.01.16	4.4800
19 南山 01（155148）	1000.00	2022.01.21	5.3000	19 临债 01（155150）	300.00	2023.01.17	3.7400
19 临债 02（155151）	500.00	2024.01.17	3.8500	19 红星 01（155152）	1000.00	2022.01.28	6.5000
19 渤海 01（155154）	2000.00	2022.01.21	3.9900	19 光水 01（155155）	700.00	2024.01.21	3.8900
19 绿城 01（155156）	500.00	2024.01.22	3.9800	19 新燃 01（155158）	500.00	2022.01.22	4.1900
19CHNE01（155159）	2000.00	2022.01.18	3.5500	19 渝物 01（155160）	500.00	2024.01.25	7.3600
19 津投 03（155161）	900.00	2025.01.24	4.0500	19 津投 04（155162）	1250.00	2029.01.24	4.9500
19 蓝光 01（155163）	1100.00	2022.03.19	7.5000	19 建材 01（155164）	500.00	2022.01.21	3.6600
19 建材 02（155165）	500.00	2024.01.21	3.8700	19 中铝 01（155166）	2000.00	2022.01.23	3.8000
19 航租 01（155167）	1000.00	2024.01.22	4.0200	19 口岸 01（155168）	150.00	2022.01.25	7.5000
19 紫光 01（155169）	600.00	2024.01.25	5.1100	19 正才 01（155171）	500.00	2022.03.29	6.9800
19 实业 01（155172）	984.00	2022.01.28	6.8000	19 东方 01（155175）	500.00	2022.01.29	7.1500
19 山招 01（155176）	1000.00	2024.02.01	4.3900	19 长电 01（155177）	3000.00	2022.02.19	3.4500
19 住总 01（155178）	900.00	2024.02.20	4.0700	G19 三峡 1（155180）	2500.00	2024.02.26	3.7300
G19 三峡 2（155181）	500.00	2029.02.26	4.4000	19CHNE02（155182）	3000.00	2022.02.27	3.5000
19 翔业 01（155183）	1000.00	2022.02.22	3.5800	19 南航 01（155185）	3000.00	2022.02.22	3.4500
19 蓝星 02（155186）	1200.00	2022.02.21	3.9700	19 金茂投（155188）	1800.00	2024.02.22	3.7200
19 龙湖 01（155189）	1700.00	2024.02.21	3.9900	19 龙湖 02（155190）	500.00	2026.02.21	4.7000
19 信债 01（155191）	3500.00	2022.02.25	3.5000	19 信债 02（155192）	1500.00	2024.02.25	3.8500
19 平证 01（155193）	2000.00	2024.02.27	3.7000	19 泰达 01（155194）	2800.00	2024.02.26	5.2000
19 国美 01（155195）	500.00	2025.02.27	7.8000	19 津投 05（155196）	1200.00	2025.02.28	4.0800
19 津投 06（155197）	1300.00	2029.02.28	4.9900	19 柳投控（155198）	1000.00	2022.03.04	5.4500
19 远海 02（155200）	1000.00	2029.03.08	4.5600	19 陆债 01（155201）	2800.00	2024.03.04	3.9500
19 渝高 01（155203）	800.00	2024.03.12	4.3600	19 华宇 01（155204）	400.00	2024.03.06	7.5000
19 福晟 01（155205）	1000.00	2022.03.18	7.8000	19 远高 01（155206）	100.00	2024.03.12	7.5000
19 新燃 02（155207）	1000.00	2022.03.08	4.2000	19 招商 G1（155208）	1500.00	2022.03.08	3.5900
19 广能 01（155209）	500.00	2021.03.19	6.8000	19 苏城 01（155210）	1000.00	2024.03.08	3.8000
19 建材 03（155211）	1000.00	2022.03.11	3.6500	19 苏垦 01（155213）	500.00	2022.03.12	3.9500
19 浙旅 01（155214）	400.00	2024.03.12	4.9500	19 北汽 01（155215）	1000.00	2024.03.13	4.2000
19 漳九 01（155216）	2000.00	2024.03.14	4.4000	19 洪政 G1（155217）	1000.00	2024.03.19	3.9000
19 中航 G1（155219）	900.00	2022.03.12	3.9300	19 兵装 01（155220）	2000.00	2021.03.18	2.9000
19 兵装 02（155221）	1500.00	2024.03.18	3.7000	19 兵装 03（155222）	1000.00	2024.05.06	3.9700

债券信息 List of Bonds

债券 Bond

债券简称（代码） Bond Name（Code）	发行量（百万元） Issued Vol（M yuan）	到期日 Expiration Date	票面利率（%） Coupon Rate（%）	债券简称（代码） Bond Name（Code）	发行量（百万元） Issued Vol（M yuan）	到期日 Expiration Date	票面利率（%） Coupon Rate（%）
19 葛洲 02（155223）	1500.00	2024.03.13	4.1000	19 佳总 03（155224）	900.00	2024.03.12	4.3500
19 中希 01（155228）	1600.00	2022.03.25	8.2000	19 阳煤 01（155229）	1500.00	2024.03.21	4.6800
19 台州 01（155230）	500.00	2024.03.19	4.3900	19 兴发 01（155231）	300.00	2022.03.15	6.5000
19 红星 03（155232）	1000.00	2022.03.26	6.5000	19 银宝 G1（155234）	300.00	2024.09.27	6.2000
19 特变 01（155235）	500.00	2024.03.14	5.5800	19 杭纾 01（155236）	800.00	2024.03.21	4.0300
19 中林 02（155239）	600.00	2024.03.18	6.9000	19 华泰 G1（155240）	7000.00	2022.03.19	3.6800
19 成龙 01（155242）	200.00	2024.03.29	7.6000	19 闽交 02（155244）	1000.00	2022.03.18	4.1000
19 风电 01（155245）	300.00	2022.03.19	3.7800	19 风电 02（155246）	700.00	2029.03.19	4.6000
19 京发 G1（155247）	1000.00	2024.03.14	3.9900	19 华润 01（155248）	3000.00	2022.03.18	3.6500
19 中信 02（155250）	2000.00	2029.03.19	4.5900	19 湖州 01（155251）	1400.00	2024.03.21	4.3800
19 中铁 04（155252）	2700.00	2024.03.15	4.2500	19 世茂 G2（155254）	1000.00	2022.03.19	4.6400
19 远洋 01（155255）	1700.00	2024.03.20	4.0600	19 远洋 02（155256）	1200.00	2026.03.20	4.5900
19 北方 01（155257）	1000.00	2024.03.21	3.6500	19 中原 01（155259）	2000.00	2022.03.26	3.9000
19 荣和 01（155260）	650.00	2024.03.27	7.6500	19 东风 01（155261）	2700.00	2022.03.21	3.7800
19 国科 01（155263）	700.00	2024.04.24	3.9900	19 阳集 02（155265）	500.00	2022.03.29	7.5000
19 建集 01（155266）	1500.00	2024.03.25	4.5700	19 新城 01（155268）	1100.00	2023.03.20	5.0500
19 新城 02（155269）	1000.00	2024.03.20	5.9000	G19 鲁金 1（155270）	1000.00	2022.03.22	3.8500
19 鲁创 01（155271）	500.00	2029.04.03	4.9000	19 五资 01（155272）	2000.00	2022.03.22	3.9400
19 华夏 01（155273）	1000.00	2024.03.25	5.5000	19 国新 01（155274）	2000.00	2024.03.22	3.8900
19 三友 01（155275）	600.00	2024.03.25	4.4300	19 川发 01（155277）	2000.00	2024.03.26	4.3000
19 川发 02（155278）	1000.00	2029.03.26	4.7500	19 紫光 02（155279）	2000.00	2022.03.25	4.9400
19 云投 01（155280）	860.00	2022.03.26	5.9700	19 起步 01（155281）	100.00	2022.04.01	5.8000
19 常高 01（155283）	500.00	2024.03.26	4.6500	19 唐租 01（155285）	1000.00	2024.03.25	4.5800
19 爱建 01（155286）	1500.00	2022.03.28	5.3400	19 平证 03（155287）	2700.00	2024.04.04	3.7500
19 成大 01（155288）	500.00	2022.04.08	5.1000	19 三峡 01（155289）	500.00	2024.04.04	4.6000
19 中保 01（155290）	2500.00	2024.04.02	3.8700	19 鑫苑 01（155291）	980.00	2024.04.01	8.4000
19 镇投 03（155292）	1000.00	2022.04.01	6.0000	19 云工 02（155294）	1060.00	2022.04.03	6.8000
19 光明 01（155295）	500.00	2024.04.09	3.8000	19 西南 01（155296）	2500.00	2022.04.02	3.8500
19 漳九 02（155297）	1000.00	2024.04.08	4.4700	19 建银 01（155298）	2000.00	2022.04.04	3.8700
19 兰石 01（155301）	500.00	2024.04.04	7.0000	19 特电 01（155302）	500.00	2022.04.08	4.2800
19 京客隆（155303）	400.00	2024.08.26	3.7700	19 禹洲 01（155304）	2000.00	2024.04.03	6.5000
19 禹洲 02（155305）	1500.00	2024.04.03	7.5000	19 伊泰 01（155306）	500.00	2024.04.04	4.9000
19 建材 05（155307）	500.00	2022.04.08	3.8000	19 新工 01（155309）	1000.00	2026.04.09	4.2800
19 汇鸿 01（155310）	1000.00	2024.04.04	5.2000	19 硅谷 01（155311）	50.00	2024.04.03	7.5000
19 节能 01（155312）	500.00	2022.04.10	4.1900	19 碧地 01（155313）	590.00	2024.04.02	5.0300
19 洋河 01（155314）	400.00	2024.04.15	4.4400	19 路桥 01（155315）	1000.00	2022.04.12	3.9700
19 海通 01（155316）	5000.00	2022.04.11	3.7500	19 浙投 01（155317）	50.00	2024.04.10	7.5000
19 铁投 01（155318）	1200.00	2024.04.10	3.9800	19 津投 07（155319）	760.00	2025.04.16	4.3500
19 津投 08（155320）	670.00	2029.04.16	5.3000	19 楚天 01（155321）	600.00	2024.04.15	4.3400
19 无锡 03（155322）	800.00	2024.04.15	4.3800	19 湘粮债（155324）	200.00	2024.04.24	5.9000
19 佛控 01（155325）	700.00	2024.04.17	4.5900	19 汇金 01（155326）	500.00	2022.04.18	4.2300
19 香江 01（155327）	100.00	2023.05.31	8.1000	19 首集 01（155328）	1000.00	2024.04.12	4.3200
19 国信一（155329）	2500.00	2022.04.15	3.8500	19 铁工 03（155331）	1300.00	2022.04.15	2.7000
19 铁工 04（155332）	2200.00	2022.04.15	3.7000	19 西股 01（155333）	1300.00	2024.04.11	5.8000
19 中旅 01（155334）	4000.00	2022.04.16	3.6800	19 沪国 01（155336）	900.00	2022.06.19	3.7800
19 舜通 01（155337）	800.00	2024.04.25	6.4000	19 中产 01（155339）	500.00	2022.04.18	4.6800
19 华宝 01（155340）	1300.00	2022.04.17	4.1500	19 建材 07（155342）	1200.00	2022.06.10	3.8000
19 鲁资 01（155344）	2000.00	2024.04.19	4.2800	19 安租 01（155346）	1200.00	2024.04.19	4.3000
19 口岸 02（155347）	100.00	2022.04.19	7.5000	19 京能 01（155348）	1500.00	2022.04.18	3.9000
19 中信 03（155349）	2000.00	2029.04.22	4.7100	19 国联 01（155350）	500.00	2024.04.23	4.5700

债券信息
List of Bonds

债券简称（代码）Bond Name（Code）	发行量（百万元）Issued Vol（M yuan）	到期日 Expiration Date	票面利率（%）Coupon Rate（%）	债券简称（代码）Bond Name（Code）	发行量（百万元）Issued Vol（M yuan）	到期日 Expiration Date	票面利率（%）Coupon Rate（%）
19 兴杭 01（155351）	2500.00	2024.04.24	4.3000	19 华电 01（155352）	3000.00	2022.04.29	3.9000
19 创控 01（155353）	1500.00	2022.05.10	4.0700	19 航控 02（155355）	2000.00	2022.04.25	3.9800
19 福晟 02（155356）	1000.00	2022.04.22	7.8000	19 华能 01（155357）	2300.00	2029.04.23	4.7000
19 华泰 G3（155358）	5000.00	2022.04.22	3.8000	19 杭机 01（155362）	1300.00	2024.04.23	3.9800
19 泸水 01（155363）	500.00	2024.04.26	5.9900	19 上实 01（155364）	890.00	2024.04.24	4.2800
19 浦集 01（155366）	2000.00	2022.04.24	4.0000	19 中林 03（155367）	1000.00	2024.04.29	6.8600
19 能投 01（155368）	2000.00	2022.04.26	4.6300	19 葛洲 03（155370）	1500.00	2024.04.24	3.9500
19 国君 G1（155371）	3000.00	2022.04.24	3.9000	19 津投 09（155373）	2100.00	2025.04.25	4.4400
19 津投 10（155374）	400.00	2029.04.25	4.8000	19 中天 01（155375）	1000.00	2022.04.24	6.5000
19 雅砻 01（155376）	1000.00	2024.04.25	3.9300	19 朝纾 01（155377）	1500.00	2024.04.26	4.1900
19 赣投 01（155378）	1000.00	2022.04.29	4.2000	19 西集 01（155380）	500.00	2099.12.31	8.2000
19 金光 01（155382）	2000.00	2022.04.25	7.0000	19 邮政 01（155383）	1700.00	2024.04.25	3.9000
19 紫竹 01（155384）	500.00	2024.05.13	5.4500	19 电控 01（155385）	620.00	2022.06.12	3.8100
19 晋中 01（155386）	400.00	2024.04.29	5.3000	19 深航 01（155388）	1000.00	2022.04.26	4.0000
19 南网 01（155389）	3500.00	2022.04.25	3.9500	19 绿原 01（155390）	420.00	2022.05.07	6.6000
19 世茂 G3（155391）	500.00	2022.05.22	4.1500	19 新际 01（155392）	2000.00	2022.05.23	3.8500
19 宏泰债（155394）	600.00	2024.05.06	5.0000	19 陆债 03（155395）	700.00	2024.05.13	3.8800
19 宜华 01（155396）	200.00	2022.04.29	7.0000	19 宜华 02（155397）	200.00	2021.04.29	8.5000
19 国租 01（155398）	200.00	2022.04.29	4.5800	19 鲁高 01（155399）	500.00	2034.05.08	4.8900
19 杭实 01（155400）	1500.00	2024.05.09	4.0900	19 齐鲁 01（155402）	2000.00	2024.06.04	3.9000
19 淮矿 01（155403）	1000.00	2022.04.29	4.8000	19 富力 01（155404）	1580.00	2023.05.09	5.6000
19 富力 02（155405）	400.00	2024.05.09	6.4800	19 恒大 01（155406）	15000.00	2023.05.06	6.2700
19 恒大 02（155407）	5000.00	2024.05.06	6.8000	19 无锡 05（155408）	200.00	2024.05.06	4.6000
19 光大债（155410）	1000.00	2022.05.14	5.0000	19 穗专 01（155411）	1500.00	2024.05.20	3.8300
19 宇通 01（155413）	500.00	2024.05.14	3.9300	19 粤港 01（155414）	1200.00	2022.05.16	3.7800
19 中银 01（155415）	3500.00	2022.05.17	3.7300	19 隧道 01（155416）	2500.00	2022.05.17	3.8000
19 南航 02（155417）	2000.00	2022.05.17	3.7200	19 泰富 01（155418）	1000.00	2022.05.20	3.9000
19 南网 02（155419）	1500.00	2022.05.17	3.7200	19 南网 03（155420）	800.00	2024.05.17	4.0500
19 津投 11（155421）	1500.00	2025.05.21	4.1000	19 津投 12（155422）	1000.00	2029.05.21	4.6400
19 国君 G3（155423）	2900.00	2022.05.17	3.7300	19 风电 03（155424）	600.00	2024.05.20	4.3500
19 风电 04（155425）	400.00	2029.05.20	4.7100	19 国投 01（155426）	2000.00	2022.05.20	3.7200
19 川桥 01（155427）	1500.00	2022.05.20	4.3400	19 金辉 01（155428）	2000.00	2023.05.23	7.5000
19 平证 05（155429）	2300.00	2024.05.27	3.7300	19 润药 01（155430）	1000.00	2022.05.24	3.7800
19 京投 03（155431）	3500.00	2022.05.27	3.7500	19 京投 04（155432）	500.00	2024.05.27	4.1500
19 中泰 01（155433）	900.00	2022.08.08	3.5700	19 苏城 02（155434）	1000.00	2024.05.27	3.8000
19 南网 04（155435）	4200.00	2024.05.30	4.1000	19 穗建 01（155436）	1950.00	2022.05.28	3.8500
19 穗建 02（155437）	550.00	2024.05.28	3.9300	19 远租 01（155438）	1000.00	2022.07.11	5.0000
19 中船 01（155439）	4000.00	2023.05.29	3.7000	19 中核 01（155441）	2600.00	2022.05.31	3.7500
19 中飞 01（155443）	1000.00	2022.06.10	5.2000	19 津投 13（155444）	2000.00	2023.06.03	4.1800
19 安租 04（155446）	800.00	2024.06.19	4.0300	19 义纾 01（155447）	500.00	2024.06.05	5.0000
19 融侨 01（155448）	2000.00	2024.06.03	6.5000	19 航控 04（155449）	3000.00	2022.06.10	3.8400
19 小商 01（155450）	800.00	2022.06.05	4.3000	19 泰达 02（155451）	1700.00	2024.06.10	5.1500
19 京电 01（155452）	1100.00	2022.06.10	3.7900	19 时代 04（155454）	500.00	2024.06.10	6.8000
19 南山 03（155456）	1000.00	2022.06.18	5.5000	19 国投电（155457）	1200.00	2029.06.12	4.5900
19 红美 02（155458）	2000.00	2023.06.10	5.3500	19 航控 05（155459）	1200.00	2022.07.19	3.7200
19 津投 15（155460）	1200.00	2023.06.18	4.3400	19 津投 16（155461）	600.00	2024.06.18	4.7500
19 中船 03（155462）	2000.00	2023.07.11	3.2000	19 环球 01（155463）	600.00	2024.06.19	4.2500
19 兴泰 01（155466）	1000.00	2022.06.14	4.1000	19 昆交 01（155467）	550.00	2024.06.14	5.4000
19 能源 01（155469）	1500.00	2022.06.20	3.7200	19 鲁星 01（155471）	319.00	2024.08.30	7.9000
19 华电 02（155472）	2100.00	2022.06.20	3.7000	19 华电 03（155473）	1900.00	2024.06.20	4.0500

债券信息 List of Bonds

债券简称（代码）Bond Name（Code）	发行量（百万元）Issued Vol（M yuan）	到期日 Expiration Date	票面利率（%）Coupon Rate（%）	债券简称（代码）Bond Name（Code）	发行量（百万元）Issued Vol（M yuan）	到期日 Expiration Date	票面利率（%）Coupon Rate（%）
19 沪国 02（155475）	600.00	2024.06.19	4.1000	19 阳集 03（155476）	339.00	2022.06.19	7.5000
19 联想 03（155477）	2000.00	2024.06.21	5.5000	19 联通 01（155478）	2000.00	2022.06.19	3.6700
G19 天成 1（155480）	500.00	2022.06.20	4.1500	19 光大 01（155481）	1200.00	2022.06.24	3.7000
19 光大 02（155482）	300.00	2024.06.24	4.0200	19 鲁高 Y1（155483）	1500.00	2022.06.21	4.2700
19 蓝光 02（155484）	1100.00	2022.07.23	7.5000	19 渝物 02（155485）	700.00	2024.06.26	6.4000
19 北控 01（155486）	1000.00	2022.06.24	3.6700	19 海宁 01（155487）	1000.00	2024.06.25	4.5900
19 芯鑫 01（155489）	1000.00	2021.07.22	3.9900	19 节能 02（155490）	500.00	2022.06.27	4.0700
19 中产 02（155491）	500.00	2024.06.27	4.4000	19 永钢 01（155492）	500.00	2024.07.31	6.5000
19 花样年（155493）	800.00	2022.07.05	8.2000	19 伊泰 02（155494）	1000.00	2024.07.02	4.7500
19 东方 02（155495）	800.00	2022.07.05	7.5000	19 美置 03（155496）	1700.00	2023.07.04	5.2000
19 兰石 02（155499）	200.00	2024.07.05	7.5000	19 融信 01（155500）	2850.00	2023.07.03	6.4500
19 融信 02（155501）	1150.00	2024.07.03	6.7800	19 鸿商 01（155502）	1000.00	2022.07.09	6.3500
19 西集 03（155503）	400.00	2099.12.31	8.0000	19 北汽 02（155504）	1000.00	2022.07.04	3.5600
19 北汽 03（155505）	2000.00	2024.07.04	3.9900	19 文投 01（155507）	1000.00	2022.07.22	4.5000
19 津投 17（155508）	1600.00	2023.07.10	4.1000	19 津投 18（155509）	900.00	2024.07.10	4.5500
19 恒健 01（155510）	6000.00	2024.08.07	3.8400	19 华润 02（155511）	1800.00	2022.08.16	3.4000
19 铁工 05（155512）	1900.00	2022.07.16	3.5900	19 铁工 06（155513）	1100.00	2024.07.16	3.9900
19 华能 02（155514）	1000.00	2022.07.09	3.5500	19 晋建发（155515）	700.00	2024.08.07	5.9800
19 北新 01（155516）	700.00	2024.07.18	3.7700	19 建房 01（155518）	1000.00	2026.07.09	4.2000
19 建房 02（155519）	1000.00	2025.07.09	3.8000	19 龙湖 03（155520）	500.00	2024.07.19	3.9000
19 龙湖 04（155521）	1500.00	2026.07.19	4.6700	19 国电 01（155522）	1000.00	2022.07.15	3.5400
19 榕建 01（155523）	300.00	2024.09.03	5.4800	19 中证 G1（155524）	2000.00	2022.09.10	3.3900
19 中证 G2（155525）	1000.00	2024.09.10	3.7800	19 青控 02（155526）	1000.00	2024.07.23	3.8200
19 京融 G1（155527）	1000.00	2024.07.18	3.7800	19 京融 G2（155528）	1000.00	2024.07.18	4.1700
19 中信 04（155529）	700.00	2029.07.17	4.4600	19 中信 05（155530）	1800.00	2034.07.17	4.6000
19 国联 02（155531）	1000.00	2022.07.19	3.7500	19 常高 03（155533）	1000.00	2024.07.16	4.5900
19 建银 03（155535）	2500.00	2022.07.25	3.6800	19 建银 04（155536）	500.00	2024.07.25	3.9800
19 邮政 02（155537）	2000.00	2022.07.16	3.5500	19 新工 02（155538）	800.00	2024.07.17	3.8300
19 西南 02（155539）	2500.00	2022.07.18	3.7700	19 津保 01（155540）	1200.00	2022.07.19	4.9000
19 环球 02（155541）	300.00	2024.08.21	3.9800	19 京发 G2（155542）	500.00	2024.07.17	3.7800
19 华电 04（155543）	3000.00	2022.07.17	3.5500	19 昆交 03（155546）	1000.00	2024.08.06	5.1800
19 电气 01（155548）	3000.00	2024.07.29	3.5500	19 财金 01（155549）	1000.00	2024.07.23	3.9500
19 皖投 01（155551）	2200.00	2024.07.23	3.7000	19 鲁能 01（155552）	1960.00	2024.07.18	3.8500
19 金证债（155554）	300.00	2024.07.26	4.8500	19 津投 19（155555）	1000.00	2023.07.24	4.1100
19 津投 20（155556）	1000.00	2024.07.24	4.6300	19 当代 01（155557）	880.00	2022.07.30	7.8000
19 伊泰 03（155558）	1000.00	2024.07.23	4.7000	19 渤海 02（155559）	2000.00	2022.08.01	3.8300
19 宏泰 02（155560）	400.00	2024.07.29	4.4000	19 国投 02（155561）	2000.00	2029.07.25	4.4800
19 北汽 05（155562）	1000.00	2022.08.01	3.5000	19 北汽 06（155563）	2000.00	2024.08.01	3.9400
19 中交 G1（155565）	3000.00	2024.07.26	3.5000	19 中交 G2（155566）	1000.00	2026.07.26	3.9700
19 湘投 01（155567）	900.00	2024.08.08	4.1200	19 碧地 02（155569）	2210.00	2023.08.01	5.1400
19 宁安 01（155570）	2800.00	2024.07.25	3.7800	19 中核 03（155571）	1200.00	2024.07.26	3.5500
19 不动 04（155573）	750.00	2026.07.26	4.4000	19 江河 01（155574）	100.00	2021.07.30	6.8000
19 兵装 05（155575）	2000.00	2022.12.02	3.5000	19 锡公 01（155576）	200.00	2024.08.05	4.0000
19 国科 03（155578）	900.00	2024.08.08	3.5400	19 国科 04（155579）	900.00	2027.08.08	3.9000
19 南方 01（155580）	500.00	2022.08.02	3.4000	19 南山 04（155583）	1000.00	2022.08.07	5.1000
19 国创 01（155584）	500.00	2024.08.08	3.8300	19 建材 09（155585）	2300.00	2029.08.05	4.5500
19 建房 03（155586）	500.00	2026.08.08	4.0900	19 建房 04（155587）	500.00	2025.08.08	3.7100
19 京融 G3（155588）	500.00	2024.08.12	3.5700	19 京融 G4（155589）	1500.00	2024.08.12	3.9800
19 无锡 07（155590）	500.00	2024.08.06	4.0800	19 蓝光 04（155592）	300.00	2022.08.06	7.0000
19 中铝 G3（155594）	2000.00	2029.08.09	4.5500	19 美置 04（155595）	1300.00	2024.08.05	5.7000

债券信息 List of Bonds

债券 Bond

债券简称（代码） Bond Name（Code）	发行量（百万元） Issued Vol（M yuan）	到期日 Expiration Date	票面利率（%） Coupon Rate（%）	债券简称（代码） Bond Name（Code）	发行量（百万元） Issued Vol（M yuan）	到期日 Expiration Date	票面利率（%） Coupon Rate（%）
19东吴债（155596）	3000.00	2022.08.12	3.6000	19民生G1（155597）	900.00	2022.11.19	5.0000
19景国01（155598）	800.00	2024.08.14	5.6500	19航集01（155599）	500.00	2022.08.13	3.4500
19联发01（155600）	1500.00	2024.08.13	3.7400	19联发02（155601）	1500.00	2024.08.13	4.1500
19焦煤01（155602）	500.00	2022.08.12	3.5100	19焦煤02（155603）	500.00	2024.08.12	3.9200
G19天成2（155604）	500.00	2022.08.09	3.7700	19中交G3（155605）	2000.00	2024.08.15	3.3500
19中交G4（155606）	2000.00	2029.08.15	4.3500	19华福G1（155607）	1770.00	2022.08.20	4.0000
19宇通02（155608）	1000.00	2024.08.13	3.8200	19津投21（155609）	1000.00	2022.08.27	3.9300
19国宏01（155611）	1000.00	2024.09.03	5.3500	19中车G1（155612）	1500.00	2024.08.14	3.4100
19中车G2（155613）	1000.00	2029.08.14	3.7500	19中信06（155614）	500.00	2029.08.14	4.3800
19中信07（155615）	2000.00	2039.08.14	4.5800	19恒健02（155616）	4000.00	2024.08.13	3.8100
19西集04（155617）	500.00	2099.12.31	8.0000	19东航01（155618）	3000.00	2024.08.20	3.6000
19航集02（155619）	1000.00	2022.08.20	3.3800	19津保02（155620）	1000.00	2022.08.23	4.7000
19大唐Y5（155621）	2000.00	2022.08.22	3.7300	19大唐Y6（155622）	3000.00	2024.08.22	4.0700
19川发03（155623）	1500.00	2024.08.19	3.8300	19川发04（155624）	1500.00	2026.08.19	4.2200
19都城01（155625）	810.00	2024.08.23	4.2700	19新际03（155626）	1000.00	2024.08.16	3.9000
19新际04（155627）	500.00	2029.08.16	4.5500	19建材11（155629）	800.00	2024.08.19	3.6900
19不动05（155631）	710.00	2024.08.21	3.7000	19不动06（155632）	940.00	2026.08.21	4.3000
19豫投01（155633）	1000.00	2024.08.20	3.7400	19云投G1（155634）	1200.00	2022.08.21	4.0900
19云投G2（155635）	800.00	2024.08.21	4.6600	19椒江01（155636）	2000.00	2024.08.23	4.5900
19宁德01（155637）	800.00	2024.08.22	4.5000	19包钢联（155638）	1680.00	2024.08.22	6.3800
19国管02（155639）	2000.00	2024.08.23	3.7000	19浦土02（155642）	1200.00	2024.08.22	3.5500
19航集03（155643）	700.00	2022.08.27	3.3800	19陕金01（155644）	700.00	2022.08.28	3.9800
19金茂02（155646）	2000.00	2024.08.28	3.6500	19沪开01（155647）	1150.00	2022.08.23	3.9500
19滇城01（155648）	320.00	2022.08.28	7.8000	19华集01（155651）	1000.00	2022.09.18	6.2000
19鸿商02（155652）	700.00	2022.08.27	6.5000	19杭旅01（155653）	1000.00	2022.09.02	3.5500
19天地一（155655）	1000.00	2022.08.27	7.5000	19保利01（155656）	3000.00	2022.08.29	3.3500
19保利02（155657）	500.00	2024.08.29	3.8000	19国集01（155658）	200.00	2022.08.30	7.0000
19华证01（155659）	600.00	2024.09.02	4.3000	19红狮01（155660）	500.00	2024.08.29	4.9000
19建房05（155661）	1000.00	2026.09.02	4.1800	19建房06（155662）	300.00	2025.09.02	3.7000
19国控01（155663）	4000.00	2022.09.05	3.5300	19鲁资03（155664）	1000.00	2024.09.09	3.5800
19鲁资04（155665）	1000.00	2024.09.09	3.9900	19阳股02（155666）	1500.00	2024.09.11	4.0000
19君创01（155667）	400.00	2022.09.06	5.3000	19南建01（155669）	500.00	2024.09.02	4.7400
19北汽08（155670）	1000.00	2022.09.06	3.4200	19北汽09（155671）	2000.00	2024.09.06	3.8000
19洪政G3（155673）	800.00	2026.09.03	3.9900	19长电02（155674）	2000.00	2024.09.04	3.8000
19国新02（155675）	2000.00	2029.09.10	4.3900	19当代F1（155676）	600.00	2024.09.03	7.3000
19中铝G4（155677）	1000.00	2022.09.05	3.5000	19兴发02（155679）	600.00	2022.09.10	6.2000
G19三峡3（155680）	500.00	2022.09.11	3.3800	G19三峡4（155681）	3000.00	2029.09.11	4.3000
19沱牌01（155682）	400.00	2024.09.06	7.5000	19云建G1（155683）	1500.00	2022.09.10	4.8500
G19鲁高1（155684）	1000.00	2022.09.12	3.5000	19新湖01（155685）	750.00	2023.09.06	7.5000
19奥园02（155688）	1500.00	2023.09.03	6.8000	19正荣02（155689）	1100.00	2023.09.18	7.1600
19朗诗01（155691）	600.00	2024.09.20	7.5000	19航控07（155692）	1600.00	2022.09.16	3.5800
19航控08（155693）	1000.00	2024.09.16	3.9600	19安租07（155694）	1600.00	2024.09.16	3.8400
19昆租01（155695）	1000.00	2026.09.10	4.8300	19昆租02（155696）	500.00	2026.09.10	6.4500
19路劲01（155697）	1500.00	2022.09.09	7.0000	19希望01（155699）	180.00	2022.09.10	4.8500
19杭城01（155701）	1110.00	2024.09.10	3.7000	G19科环（155702）	900.00	2024.09.16	3.9700
19昆交05（155703）	2450.00	2024.09.11	5.5000	19昆速01（155704）	350.00	2024.09.18	5.3700
19建材12（155706）	800.00	2022.09.16	3.4200	19建材14（155708）	700.00	2029.09.16	4.3800
19上汽01（155709）	3000.00	2022.09.19	3.4200	19汽车02（155710）	1000.00	2022.09.25	7.1000
19钢联03（155712）	3320.00	2024.09.20	5.9200	19CHNE03（155713）	5000.00	2022.09.18	3.5000
19建银05（155714）	1500.00	2022.09.19	3.5500	19建银06（155715）	500.00	2024.09.19	3.9500

债券信息 List of Bonds

债券简称（代码） Bond Name（Code）	发行量 （百万元） Issued Vol （M yuan）	到期日 Expiration Date	票面利率（%） Coupon Rate（%）	债券简称（代码） Bond Name（Code）	发行量 （百万元） Issued Vol （M yuan）	到期日 Expiration Date	票面利率（%） Coupon Rate（%）
19 西集 05（155716）	150.00	2099.12.31	8.0000	19 世茂 01（155719）	1000.00	2024.09.19	4.3000
19 通用 01（155721）	3300.00	2022.09.23	3.5700	19 台金 01（155723）	1000.00	2024.09.25	4.5700
19 泸水 02（155724）	200.00	2024.09.23	5.0000	19 上报 01（155725）	250.00	2024.09.23	4.1000
19 北方 03（155726）	2000.00	2022.10.14	3.4900	19 牡丹 01（155727）	1000.00	2024.09.24	5.1800
19 招金 01（155728）	1500.00	2022.09.20	3.5700	19 建工 01（155729）	1200.00	2024.09.24	3.9000
19 北新能（155731）	1500.00	2022.09.25	4.2000	19 绵投 01（155732）	1500.00	2024.09.26	4.4500
19 淄矿 01（155733）	1000.00	2024.09.24	3.8800	19 邮政 03（155734）	2000.00	2022.09.23	3.4200
19 国贸 01（155735）	500.00	2024.09.26	3.6500	19 嘉宝 01（155736）	880.00	2024.09.24	4.4600
19 爱众 01（155737）	400.00	2024.09.23	4.9800	19 朝纾 02（155738）	2000.00	2024.10.22	3.6800
19 远高 02（155739）	400.00	2024.09.26	7.0000	19 财信 01（155740）	1500.00	2024.09.23	3.7500
19 华兴 01（155741）	300.00	2022.09.24	3.9000	19 赣国资（155742）	800.00	2024.09.24	4.2800
19 保利 03（155743）	3500.00	2022.09.24	3.3300	19 沪众 01（155745）	800.00	2022.09.25	3.6000
19 云工 03（155746）	480.00	2022.09.25	6.0000	19HDGJ01（155747）	2000.00	2022.10.17	3.5800
19 恒力 01（155749）	1000.00	2022.09.27	6.3000	19 小商 02（155750）	700.00	2022.09.27	3.9900
19 正奇 01（155751）	600.00	2022.09.27	5.8000	19 南建 02（155753）	500.00	2024.09.27	4.8000
19 凯盛 01（155754）	200.00	2022.09.25	4.4200	19 唐新 01（155756）	1200.00	2022.09.26	3.5800
19 发展 01（155758）	500.00	2024.09.27	3.5500	19 穗建 04（155760）	1500.00	2024.09.27	3.6000
19 青城 G1（155761）	800.00	2027.10.14	3.9500	19 国发 01（155762）	1000.00	2024.10.17	3.6000
19 杉杉 01（155764）	1200.00	2024.10.16	7.5000	19 建发 01（155765）	1000.00	2021.10.15	3.5000
19 南山 05（155766）	500.00	2022.10.22	5.4000	19 青租 01（155767）	800.00	2022.10.30	4.9500
19 中财 01（155768）	3000.00	2024.10.16	3.5800	19 能源 03（155769）	1200.00	2022.10.16	3.6300
19 国君 G4（155771）	2500.00	2022.10.16	3.4800	19CHNE04（155772）	3000.00	2022.10.18	3.5000
19 津投 23（155773）	1720.00	2022.10.21	3.8800	19 津投 24（155774）	900.00	2024.10.21	4.3700
19 中地 01（155775）	300.00	2024.10.23	4.5500	19 东风 03（155776）	4000.00	2022.10.17	3.5800
19 联想 04（155778）	1600.00	2022.10.18	3.9000	19 陕金 02（155780）	1200.00	2023.10.28	3.9000
19 新燃 03（155781）	600.00	2022.11.12	3.9800	19 同方 01（155782）	500.00	2022.10.24	5.7000
19 义乌 01（155784）	1500.00	2024.10.28	4.3000	19 成大 02（155786）	700.00	2022.10.31	4.9600
19 天集 03（155787）	800.00	2021.12.03	6.0000	19 中航 G2（155788）	1000.00	2022.10.28	4.1900
19 赣投 03（155792）	1000.00	2024.10.28	4.0000	19 新能 02（155793）	500.00	2022.12.20	4.1500
19CHNE05（155794）	3000.00	2022.10.28	3.5500	19 港航 02（155796）	300.00	2024.11.04	4.9400
19 沪城 01（155797）	1500.00	2024.10.25	3.5500	19 宁投 01（155799）	400.00	2024.11.25	4.8000
19 华证 02（155800）	600.00	2024.10.30	4.5000	19 宝钛 01（155801）	900.00	2024.10.30	4.0000
19 宝钛 02（155802）	300.00	2024.10.30	4.4500	19 华创 03（155803）	1630.00	2023.10.30	4.6000
19 华创 04（155804）	370.00	2024.10.30	5.1900	19 天富债（155805）	900.00	2024.10.30	6.3000
19 青城 G2（155806）	1500.00	2027.10.31	4.2200	19 中华 01（155807）	500.00	2022.11.01	3.9700
19 中信 08（155808）	1000.00	2039.11.05	4.6500	19 油气 01（155809）	1500.00	2024.11.06	4.0000
19 贵安 G1（155810）	2500.00	2024.10.29	7.3000	19 伟驰 01（155811）	1000.00	2024.11.22	6.4900
19 国集 02（155812）	200.00	2022.11.01	6.6000	19 杉杉 02（155813）	800.00	2024.11.05	7.5000
19 兴业 G1（155814）	10500.00	2022.11.06	3.7800	19 紫金 01（155816）	1000.00	2024.11.01	3.8000
19 川发 05（155817）	500.00	2026.11.07	4.4000	19 川发 06（155818）	2000.00	2029.11.07	4.7500
19 昆速 03（155819）	1550.00	2024.11.04	5.5500	19 新际 05（155821）	1500.00	2024.11.22	4.0500
19 财金 02（155822）	1000.00	2024.11.05	3.4900	19 杭交 01（155826）	1300.00	2024.11.15	4.0000
19 国丰 01（155827）	1000.00	2022.11.07	3.7700	19 国丰 02（155828）	1000.00	2024.11.07	4.2600
19 雪松 01（155829）	1000.00	2022.12.20	7.5000	19 海通 02（155830）	4500.00	2022.11.15	3.5200
19 世茂 03（155831）	900.00	2024.11.11	4.3000	19 世茂 04（155832）	1000.00	2026.11.11	4.8000
19 中大 01（155833）	800.00	2022.11.11	3.8000	19 华电 06（155834）	1000.00	2021.11.12	3.3500
19 国联 03（155835）	800.00	2024.11.14	4.1000	19 张江 01（155836）	765.00	2024.11.11	3.6000
19 渝高股（155837）	1000.00	2024.11.11	3.7900	19 安信 G1（155838）	3000.00	2022.11.14	3.6100
19 镇投 05（155839）	1000.00	2022.11.25	6.3000	19 京投 05（155840）	2000.00	2022.11.13	3.6000
19 国投 03（155842）	1000.00	2024.11.13	3.5900	19 国投 04（155843）	2000.00	2029.11.13	4.5000

债券信息
List of Bonds

债券
Bond

债券简称（代码）Bond Name（Code）	发行量（百万元）Issued Vol（M yuan）	到期日 Expiration Date	票面利率（%）Coupon Rate（%）	债券简称（代码）Bond Name（Code）	发行量（百万元）Issued Vol（M yuan）	到期日 Expiration Date	票面利率（%）Coupon Rate（%）
19 柳投资（155844）	1200.00	2024.11.20	5.2000	19 京洁 01（155845）	1000.00	2022.11.13	3.6400
19 电建 Y1（155846）	4000.00	2022.11.15	3.9900	19 上汽 02（155847）	2000.00	2022.11.14	3.6000
19 延长 Y5（155848）	4000.00	2022.11.14	4.0300	19 滇建 Y1（155850）	600.00	2021.11.18	6.5000
19 润药 Y1（155852）	2000.00	2022.11.13	3.9400	19 交建 Y1（155853）	5000.00	2022.11.14	4.1000
19 铁建 Y3（155855）	3500.00	2022.11.18	4.0800	19 铁建 Y4（155856）	1500.00	2024.11.18	4.3900
19 首股 Y1（155857）	3000.00	2022.11.08	4.2000	19 通用 Y1（155859）	2500.00	2022.11.08	4.1000
19 中化 Y1（155862）	1500.00	2021.11.11	3.8000	19CHNG9Y（155864）	1500.00	2024.11.07	4.2900
19CHNG0Y（155865）	500.00	2029.11.07	4.6900	19 中工 Y1（155867）	1500.00	2022.10.31	5.2900
19 铁建 Y1（155868）	3500.00	2022.10.29	4.0300	19 铁建 Y2（155869）	500.00	2024.10.29	4.3000
19 信保 Y1（155870）	1000.00	2022.10.25	4.2400	19 延长 Y3（155871）	2500.00	2022.10.18	3.9100
19 延长 Y4（155872）	500.00	2024.10.18	4.2400	19 华电 Y3（155874）	1000.00	2022.09.27	3.8000
19 华电 Y4（155875）	2000.00	2024.09.27	4.2000	电投 Y25（155876）	500.00	2022.10.22	3.8000
电投 Y26（155877）	500.00	2024.10.22	4.2000	19 延长 Y1（155878）	2000.00	2022.09.27	3.8800
19 延长 Y2（155879）	1000.00	2024.09.27	4.2000	19 大唐 Y7（155881）	2700.00	2022.09.25	3.8100
19 大唐 Y8（155882）	2500.00	2024.09.25	4.2000	19 住总 Y1（155883）	800.00	2022.09.23	4.2000
19CHNG7Y（155884）	900.00	2024.09.11	4.1000	19CHNG8Y（155885）	1100.00	2029.09.11	4.6500
G19 京 Y1（155886）	2000.00	2022.09.11	3.8500	G19 京 Y2（155887）	2000.00	2024.09.11	4.1500
19 建集 Y1（155888）	1500.00	2022.09.09	4.2700	19 华电 Y1（155889）	1200.00	2022.09.05	3.8500
19 华电 Y2（155890）	1800.00	2024.09.05	4.1700	电投 Y23（155891）	1000.00	2022.09.02	3.8200
电投 Y24（155892）	1000.00	2024.09.02	4.1500	电投 Y21（155893）	1000.00	2022.08.23	3.7900
电投 Y22（155894）	1000.00	2024.08.23	4.1000	电投 Y19（155895）	600.00	2022.08.16	3.7500
电投 Y20（155896）	1400.00	2024.08.16	4.0700	19 象屿 Y2（155897）	1130.00	2022.08.19	4.9900
19 山招 Y3（155898）	500.00	2022.08.15	4.1200	19 北控 Y1（155899）	500.00	2022.08.06	3.8900
19 晋建 Y2（155901）	550.00	2022.08.05	4.9900	电投 Y17（155902）	1100.00	2022.07.30	3.9200
电投 Y18（155903）	900.00	2024.07.30	4.2400	电投 Y15（155904）	1300.00	2022.07.22	3.9600
电投 Y16（155905）	700.00	2024.07.22	4.2500	19 四局 Y1（155906）	1000.00	2022.11.27	4.6000
电投 Y13（155907）	1300.00	2022.07.12	3.9800	电投 Y14（155908）	700.00	2024.07.12	4.2800
19 路建 Y1（155910）	500.00	2022.07.15	4.0000	19 中交 Y1（155911）	1500.00	2022.07.10	4.4000
19 国泰 Y1（155912）	500.00	2022.07.03	6.9000	19 漳九 Y2（155913）	1500.00	2021.06.21	5.4500
19 远发 Y8（155914）	800.00	2022.06.17	4.4800	19 风电 Y1（155916）	1300.00	2022.06.14	4.2400
19 风电 Y2（155917）	700.00	2024.06.14	4.6900	19 核建 Y5（155918）	500.00	2024.06.13	4.6700
19 核建 Y3（155919）	1500.00	2022.06.13	4.2300	19 大唐 Y3（155920）	3500.00	2022.06.10	4.1800
19 大唐 Y4（155921）	1500.00	2024.06.10	4.5800	19CHNG5Y（155922）	1200.00	2024.06.05	4.5500
19CHNG6Y（155923）	800.00	2029.06.05	5.0300	19 特变 Y1（155924）	770.00	2022.05.28	6.3000
电投 Y11（155925）	1300.00	2022.05.27	4.2500	电投 Y12（155926）	700.00	2024.05.27	4.6000
19 远发 Y6（155927）	1700.00	2022.05.24	4.5100	19CHNG3Y（155929）	300.00	2024.05.20	4.5800
19CHNG4Y（155930）	1700.00	2029.05.20	5.1500	19 葛洲 Y1（155931）	5000.00	2022.05.20	4.3500
19 电投 Y9（155933）	1400.00	2022.05.16	4.3100	19 电投 Y0（155934）	600.00	2024.05.16	4.7000
19 电投 Y7（155935）	1500.00	2022.05.09	4.4200	19 电投 Y8（155936）	500.00	2024.05.09	4.7700
19 象屿 Y1（155937）	760.00	2022.05.06	6.2000	19 电投 Y5（155938）	1500.00	2022.04.23	4.4700
19 电投 Y6（155939）	500.00	2024.04.23	4.8400	19 山招 Y1（155940）	300.00	2022.03.25	4.7800
19 远发 Y3（155941）	1000.00	2022.04.25	4.6800	19 大唐 Y1（155943）	1900.00	2022.04.12	4.3900
19 大唐 Y2（155944）	900.00	2024.04.12	4.7800	19 桂建 Y1（155945）	500.00	2022.04.12	6.5000
19 漳九 Y1（155947）	1000.00	2021.03.28	5.6900	19 中航 Y5（155948）	2500.00	2022.03.26	4.3800
19CHNG1Y（155950）	2500.00	2024.03.13	4.6900	19 远发 Y1（155952）	1500.00	2022.03.13	4.4700
19 中航 Y3（155954）	4000.00	2022.03.12	4.5000	G19 新 Y1（155956）	910.00	2022.03.05	4.7000
19 电投 Y3（155957）	1400.00	2022.04.10	4.3800	19 电投 Y4（155958）	600.00	2024.04.10	4.7900
19 不动 Y2（155959）	1000.00	2022.02.22	4.7100	19 中航 Y1（155960）	2000.00	2022.01.25	4.2800
19 建材 Y1（155962）	1500.00	2022.01.23	4.2000	19 安租 Y1（155964）	1900.00	2022.01.22	4.9600
19 电投 Y1（155966）	1100.00	2022.01.16	4.2000	19 电投 Y2（155967）	900.00	2024.01.16	4.4700

债券信息 List of Bonds

债券简称（代码）Bond Name（Code）	发行量（百万元）Issued Vol（M yuan）	到期日 Expiration Date	票面利率（%）Coupon Rate（%）	债券简称（代码）Bond Name（Code）	发行量（百万元）Issued Vol（M yuan）	到期日 Expiration Date	票面利率（%）Coupon Rate（%）
19 中公 Y1（155969）	1000.00	2022.01.21	4.2000	19 核建 Y1（155970）	1500.00	2022.01.15	4.2500
19 核建 Y2（155971）	500.00	2024.01.15	4.4700	18 远发 Y1（155972）	1000.00	2021.12.17	4.6800
18 中电 Y1（155974）	6500.00	2021.12.27	4.9000	G18 八 Y1（155976）	220.00	2021.12.27	5.9900
18 环球 Y1（155977）	1660.00	2021.12.27	6.0000	18 化学 Y1（155979）	4500.00	2021.12.24	4.9000
18 云投 Y1（155981）	2000.00	2019.12.25	6.5000	18 铁 Y09（155982）	1200.00	2021.12.18	4.5500
18 铁 Y10（155983）	800.00	2023.12.18	4.7800	18 象屿 Y3（155984）	700.00	2021.12.24	6.2000
18 津保 Y3（155985）	1000.00	2021.12.18	6.7400	18 美达 Y1（155987）	500.00	2021.12.18	6.5000
18 铁投 Y4（155988）	800.00	2021.12.11	4.7000	18 阳煤 Y4（155989）	2000.00	2021.12.10	6.5000
18 漳九 Y1（155990）	500.00	2020.12.24	5.9900	18 中化 Y7（155992）	2500.00	2020.12.06	4.4500
18 中化 Y8（155993）	2500.00	2021.12.06	4.5500	18 鲁高 Y3（155994）	1000.00	2021.12.05	4.6000
18 青城 Y4（155996）	1000.00	2023.12.07	5.1700	18 建集 Y4（155997）	500.00	2021.12.04	5.0900
18 联投 Y3（155998）	1000.00	2021.12.07	5.3500	19 不动 Y1（155999）	1000.00	2022.01.09	4.8000
PR2A1（156000）	870.00	2019.07.17	4.8000	PR2A2（156001）	2380.00	2020.07.17	5.4000
同享 2B（156002）	273.00	2020.10.17	6.0000	同享 2C（156003）	156.00	2021.07.02	6.1000
同享 2 次（156004）	227.00	2021.07.02	0.0000	宁远 06A2（156006）	950.00	2019.06.25	4.0000
宁远 06A3（156007）	1610.00	2019.12.25	4.5000	宁远 06A4（156008）	1580.00	2020.06.25	4.5000
宁远 06A5（156009）	1890.00	2020.12.25	4.7000	宁远 06A6（156010）	1460.00	2021.06.25	4.8000
PR06A7（156011）	220.00	2021.06.25	4.8000	宁远 06 次（156012）	16.00	2021.06.25	0.0000
惠农 01A1（156013）	50.00	2019.03.26	4.5000	惠农 01A2（156014）	50.00	2019.06.26	4.6000
惠农 01A3（156015）	74.00	2019.10.28	4.8000	惠农 01B（156016）	10.00	2019.10.28	5.3000
惠农 01C（156017）	16.00	2019.10.28	0.0000	旭辉 01 优（156018）	413.00	2019.10.22	6.5000
旭辉 01 次（156019）	4.00	2019.10.22	0.0000	金桂 1 号（156020）	237.00	2019.09.13	4.5000
PR 上实 A1（156029）	777.00	2019.04.19	6.2000	PR 上实 A2（156030）	966.00	2020.07.20	6.7000
18 上实 A3（156031）	808.00	2021.04.19	6.8000	18 上实 B（156032）	252.00	2021.04.19	7.2000
18 上实次（156033）	347.00	2023.04.18	0.0000	PRA（156034）	650.00	2036.09.28	6.8000
联东 B（156035）	300.00	2036.09.28	7.0000	联东次（156036）	50.00	2036.09.28	0.0000
城开 01 优（156037）	988.00	2019.02.18	7.5000	城开 01 次（156038）	110.00	2019.02.18	0.0000
PR18GLP1（156039）	1500.00	2036.07.12	5.0000	18GLP1B（156040）	2.00	2036.07.12	0.0000
18 创富 A5（156045）	19.00	2019.01.25	6.1000	18 创富 A6（156046）	10.00	2019.02.25	6.3000
18 创富 A7（156047）	10.00	2019.03.25	6.5000	18 创富 B1（156048）	4.00	2019.04.25	6.5000
18 创富 B2（156049）	3.00	2019.04.25	6.5000	18 创富 B3（156050）	3.00	2019.04.25	6.5000
18 创富次（156051）	34.00	2019.04.25	0.0000	18 联想 A（156052）	132.00	2020.03.26	6.5000
18 联想次（156053）	18.00	2020.03.26	0.0000	PR2XM1A（156054）	800.00	2020.03.31	5.2800
18 小米 1B（156055）	80.00	2020.03.31	6.2900	18 小米 1C（156056）	40.00	2020.03.31	7.6000
18 小米 1D（156057）	30.00	2020.03.31	8.0000	18 小米 1E（156058）	50.00	2020.03.31	0.0000
18 花呗 7A（156059）	890.00	2019.10.23	4.3700	18 花呗 7B（156060）	40.00	2019.10.23	4.8500
18 花呗 7C（156061）	70.00	2019.10.23	0.0000	苏宁 01 优（156062）	133.00	2019.09.18	7.0000
苏宁 01 次（156063）	8.00	2019.09.18	0.0000	18 借呗 3A（156064）	1700.00	2020.10.28	5.2500
18 借呗 3B（156065）	150.00	2020.10.28	5.4500	18 借呗 3C（156066）	150.00	2020.10.28	0.0000
十六局优（156067）	917.00	2021.10.24	4.6000	十六局次（156068）	48.00	2021.10.24	5.0000
PR2A1（156069）	242.00	2020.04.25	6.3000	赣发 2A2（156070）	338.00	2021.10.25	6.5000
赣发 2B（156071）	157.00	2022.07.25	8.5000	赣发 2 次（156072）	63.00	2024.10.25	0.0000
PR 优 A（156073）	950.00	2020.11.26	7.0000	滇中优 B（156074）	240.00	2020.11.26	8.5000
滇中次（156075）	100.00	2020.11.26	0.0000	金地 04A（156076）	507.00	2019.09.20	4.9000
金地 04 次（156077）	1.00	2019.09.20	0.0000	借呗 58A1（156078）	3400.00	2020.11.04	5.2000
借呗 58A2（156079）	300.00	2020.11.04	5.4500	借呗 58B（156080）	300.00	2020.11.04	0.0000
18 建花 3A（156081）	2670.00	2019.04.25	4.2000	18 建花 3B（156082）	120.00	2019.04.25	4.8000
18 建花 3C（156083）	210.00	2019.04.25	0.0000	花呗 63A1（156084）	445.00	2019.04.30	4.0800
花呗 63A2（156085）	20.00	2019.04.30	4.8000	花呗 63B（156086）	35.00	2019.04.30	0.0000
花呗 66A1（156087）	1958.00	2019.04.30	4.0000	花呗 66A2（156088）	88.00	2019.04.30	4.8000

债券信息
List of Bonds

债券
Bond

债券简称（代码） Bond Name（Code）	发行量 （百万元） Issued Vol （M yuan）	到期日 Expiration Date	票面利率（%） Coupon Rate（%）	债券简称（代码） Bond Name（Code）	发行量 （百万元） Issued Vol （M yuan）	到期日 Expiration Date	票面利率（%） Coupon Rate（%）
花呗 66B（156089）	154.00	2019.04.30	0.0000	PR 六 A（156090）	3315.00	2019.07.23	5.1800
兴安六 B（156091）	528.00	2019.07.23	6.5000	PR 六次（156092）	961.00	2019.10.15	5.0000
PR10A1（156093）	750.00	2019.08.20	4.6600	PR10A2（156094）	450.00	2020.08.20	4.7300
恒信 10A3（156095）	170.00	2021.05.20	5.8000	恒信 10 次（156096）	75.00	2021.11.18	0.0000
18 十局优（156097）	1403.00	2021.09.06	5.1000	18 十局次（156098）	98.00	2021.09.06	0.0000
同煤联 02（156099）	467.00	2019.08.15	6.4800	PR 蚌交 01（156100）	45.00	2019.10.18	6.0000
蚌公交 02（156101）	50.00	2020.10.19	6.4000	蚌公交 03（156102）	55.00	2021.10.18	6.6000
蚌公交 04（156103）	60.00	2022.10.18	6.8000	蚌公交 05（156104）	65.00	2023.10.18	7.0600
蚌公交 06（156105）	70.00	2024.10.18	7.3000	蚌公交 07（156106）	75.00	2025.10.20	7.5000
蚌公交 08（156107）	80.00	2026.10.19	7.7000	蚌公交次（156108）	30.00	2026.10.19	0.0000
PR 金辉优（156109）	3000.00	2036.09.29	6.0000	PR 金辉次（156110）	200.00	2036.09.29	0.0000
长兴 01（156111）	26.00	2019.01.02	6.5000	长兴 02（156112）	33.00	2019.12.31	6.8000
长兴 03（156113）	41.00	2020.12.31	7.2000	长兴 04（156114）	46.00	2021.12.31	7.5000
长兴 05（156115）	50.00	2023.01.03	7.6000	长兴 06（156116）	53.00	2024.01.02	7.8000
长兴 07（156117）	56.00	2024.12.31	8.0000	长兴次（156118）	40.00	2024.12.31	0.0000
PR01 优（156119）	6280.00	2020.01.03	4.2000	建交 01 次（156120）	2038.00	2022.07.04	0.0000
PR 海洋 A2（156122）	99.00	2019.06.26	6.4000	PR 海洋 A3（156123）	116.00	2019.09.26	6.8000
PR 海洋 B（156124）	78.00	2022.06.27	7.0000	18 海洋次（156125）	62.00	2025.09.26	0.0000
国花 01A（156126）	1780.00	2019.05.08	3.9800	国花 01B（156127）	80.00	2019.05.08	4.8000
国花 01 次（156128）	140.00	2019.05.08	0.0000	18 信易 1（156129）	380.00	2019.10.17	5.2000
物产 1 优 A（156130）	613.00	2020.10.26	5.2000	物产 1 优 B（156131）	113.00	2020.10.26	6.3000
物产 1 次（156132）	80.00	2020.10.26	0.0000	PR01（156133）	38.00	2019.07.26	5.1000
平遥 02（156134）	46.00	2020.07.28	5.3000	平遥 03（156135）	53.00	2021.07.28	5.5000
平遥 04（156136）	60.00	2022.07.28	6.9000	平遥 05（156137）	66.00	2023.07.28	6.9000
平遥 06（156138）	74.00	2024.07.26	6.9000	平遥 07（156139）	80.00	2025.07.28	7.0000
平遥 08（156140）	88.00	2026.07.28	7.0000	平遥 09（156141）	94.00	2027.07.28	7.0000
平遥 10（156142）	101.00	2028.07.28	7.0000	平遥次级（156143）	40.00	2028.07.28	0.0000
PR 太盟 9A（156144）	395.00	2020.04.27	7.0000	太盟 9B（156145）	52.00	2020.07.27	8.5000
太盟 9 次（156146）	52.00	2021.04.27	0.0000	PR 京水优（156147）	600.00	2024.08.15	4.4000
京水次级（156148）	50.00	2024.08.15	0.0000	荣茂 01 优（156149）	188.00	2019.09.04	4.9500
荣茂 01 次（156150）	1.00	2019.09.04	0.0000	八局 1 优（156151）	2580.00	2021.07.23	4.9000
八局 1 次（156152）	220.00	2021.07.23	0.0000	PR18 平 GA（156153）	668.00	2021.04.30	5.3700
G18 平 1B（156154）	70.00	2021.10.31	7.5000	G18 平 1C（156155）	59.00	2023.10.31	0.0000
联保 3 优（156156）	691.00	2019.10.15	7.0000	联保 3 次（156157）	1.00	2019.10.15	0.0000
PR 中关 3A（156158）	489.00	2020.01.21	5.8000	中关 3B（156159）	142.00	2020.10.21	6.7000
中关 3 次（156160）	50.00	2020.10.21	0.0000	鑫盈 1 号（156161）	474.00	2019.11.01	4.4000
PR 海尔 1A（156162）	1060.00	2021.04.30	7.0000	18 海尔 1B（156163）	90.00	2022.01.28	7.9500
18 海尔次（156164）	67.00	2023.04.28	0.0000	东兴 1 优（156165）	950.00	2020.04.30	4.5000
东兴 1 次（156166）	50.00	2020.04.30	0.0000	18 信易 2（156167）	405.00	2019.11.07	5.2000
PR4A1（156168）	184.00	2019.06.26	5.8000	PR4A2（156169）	175.00	2019.12.26	6.4000
PR4A3（156170）	176.00	2022.06.27	6.5000	国药 4B（156171）	53.00	2022.09.26	7.5000
国药 4 次（156172）	112.00	2025.06.26	0.0000	国花 02A（156173）	3560.00	2020.11.24	4.7000
国花 02B（156174）	140.00	2020.11.24	5.1000	国花 02 次（156175）	300.00	2020.11.24	0.0000
金地 05A（156176）	594.00	2019.11.01	4.9000	金地 05 次（156177）	1.00	2019.11.01	0.0000
PR 二 A1（156178）	460.00	2019.07.26	4.9100	PR 二 A2（156179）	750.00	2021.10.26	5.8300
国控二 B（156180）	139.00	2022.04.26	7.5000	国控二次（156181）	130.00	2023.07.26	4.0000
PR 豫煤 01（156182）	90.00	2019.04.23	5.9000	PR 豫煤 02（156183）	95.00	2020.04.23	6.2500
豫煤气 03（156184）	99.00	2021.04.23	5.8000	豫煤气 04（156185）	105.00	2022.04.23	5.9000
豫煤气 05（156186）	111.00	2023.04.23	6.3000	豫煤气次（156187）	30.00	2023.04.23	0.0000
同煤联 03（156188）	513.00	2019.09.25	6.5000	借呗 59A1（156189）	2550.00	2020.11.18	5.0500

债券信息 List of Bonds

债券 Bond

债券简称（代码） Bond Name（Code）	发行量（百万元） Issued Vol （M yuan）	到期日 Expiration Date	票面利率（%） Coupon Rate（%）	债券简称（代码） Bond Name（Code）	发行量（百万元） Issued Vol （M yuan）	到期日 Expiration Date	票面利率（%） Coupon Rate（%）
借呗 59A2（156190）	225.00	2020.11.18	5.3900	借呗 59B（156191）	225.00	2020.11.18	0.0000
PR18 京 6A（156192）	1425.00	2019.03.19	4.7000	PR18 京 6B（156193）	75.00	2019.04.02	0.0000
18 花呗 8A（156194）	1780.00	2019.11.22	4.1700	18 花呗 8B（156195）	80.00	2019.11.22	4.7800
18 花呗 8C（156196）	140.00	2019.11.22	0.0000	18 七局优（156197）	857.00	2021.11.25	4.9500
18 七局次（156198）	96.00	2021.11.25	0.0000	PR 航租 A1（156199）	880.00	2019.10.31	4.7000
PR 航租 A2（156200）	920.00	2021.07.31	5.1000	18 航租 C（156201）	135.00	2023.07.31	0.0000
PR 金茂 A1（156202）	151.00	2019.07.15	4.8800	PR 金茂 A2（156203）	130.00	2020.07.15	4.9000
18 金茂 A3（156204）	138.00	2021.07.15	4.9000	18 金茂 A4（156205）	149.00	2022.07.15	4.9000
18 金茂 A5（156206）	158.00	2023.07.15	5.3000	18 金茂 A6（156207）	167.00	2024.07.15	5.5000
18 金茂 A7（156208）	178.00	2025.07.15	5.5000	18 金茂 A8（156209）	188.00	2026.07.15	5.5000
18 金茂 A9（156210）	201.00	2027.07.15	5.5000	18 金茂次（156211）	80.00	2027.07.15	0.0000
PR2XM2A（156212）	800.00	2020.05.29	5.1900	18 小米 2B（156213）	80.00	2020.05.29	6.3000
18 小米 2C（156214）	40.00	2020.05.29	7.7400	18 小米 2D（156215）	30.00	2020.05.29	8.0000
18 小米 2E（156216）	50.00	2020.05.29	0.0000	川新房优（156217）	1425.00	2021.11.02	5.7000
川新房次（156218）	75.00	2021.11.02	0.0000	PR 国赢 A1（156225）	830.00	2019.10.17	4.6000
PR 国赢 A2（156226）	2110.00	2020.10.17	5.4000	18 国赢 A3（156227）	250.00	2021.07.17	5.5000
18 国赢 B（156228）	250.00	2021.08.17	6.0000	18 国赢 C（156229）	160.00	2021.08.17	6.1000
18 国赢次（156230）	193.00	2021.08.17	0.0000	融元 4 号（156231）	760.00	2019.10.26	4.3000
国君 2A（156232）	475.00	2019.11.15	3.9000	国君 2B（156233）	25.00	2019.11.15	0.0000
18 二局 1A（156234）	1056.00	2021.11.16	4.7000	18 二局 1C（156235）	117.00	2021.11.16	0.0000
花呗 68A1（156236）	890.00	2020.11.27	4.5900	花呗 68A2（156237）	35.00	2020.11.27	4.9900
花呗 68B（156238）	75.00	2020.11.27	0.0000	花呗 69A1（156239）	3560.00	2019.01.30	3.6800
花呗 69A2（156240）	160.00	2019.01.30	4.4100	花呗 69B（156241）	280.00	2019.01.30	0.0000
18 裕源 01（156242）	260.00	2019.11.08	5.1500	18 光叁优（156243）	1900.00	2019.11.19	3.8900
18 光叁次（156244）	100.00	2019.11.19	0.0000	18 花呗 9A（156245）	3060.00	2019.01.31	3.7000
18 花呗 9B（156246）	102.00	2019.01.31	4.3000	18 花呗 9C（156247）	238.00	2019.01.31	0.0000
PR 租 01（156248）	30.00	2019.10.22	4.8000	武公租 02（156249）	21.00	2020.10.22	4.9000
武公租 03（156250）	24.00	2021.10.22	4.9900	武公租 04（156251）	26.00	2022.10.24	4.9900
武公租 05（156252）	29.00	2023.10.23	4.9900	武公租 06（156253）	32.00	2024.10.22	4.9900
武公租 07（156254）	34.00	2025.10.22	4.9900	武公租 08（156255）	38.00	2026.10.22	4.9900
武公租 09（156256）	42.00	2027.10.22	4.9900	武公租 10（156257）	45.00	2028.10.23	4.9900
武公租 11（156258）	50.00	2029.10.22	4.9900	武公租 12（156259）	54.00	2030.10.22	4.9900
武公租 13（156260）	58.00	2031.10.22	4.9900	武公租 14（156261）	63.00	2032.10.22	4.9900
武公租 15（156262）	69.00	2033.10.24	4.9900	武公租 16（156263）	75.00	2034.10.23	4.9900
武公租 17（156264）	82.00	2035.10.22	5.5000	武公租 18（156265）	89.00	2036.10.22	5.5000
武公租次（156266）	36.00	2036.10.22	0.0000	PR 日 A01（156267）	1100.00	2019.07.25	3.8000
PR 日 A02（156268）	3690.00	2020.10.25	4.3000	2 如日 A03（156269）	1800.00	2021.10.25	4.5500
2 如日次（156270）	133.00	2021.10.25	0.0000	道桥优 A（156271）	313.00	2021.07.12	6.5000
道桥优 B（156272）	678.00	2021.07.12	7.0000	道桥次级（156273）	52.00	2021.07.12	0.0000
18 浣水 01（156274）	94.00	2019.05.06	5.3000	18 浣水 02（156275）	101.00	2020.05.04	5.5000
18 浣水 03（156276）	107.00	2021.05.04	6.0000	18 浣水 04（156277）	114.00	2022.05.04	6.2000
18 浣水 05（156278）	122.00	2023.05.04	6.2000	18 浣水 06（156279）	130.00	2024.05.06	6.3000
18 浣水次（156280）	36.00	2024.05.06	0.0000	璀璨 5A（156281）	700.00	2019.11.22	6.3000
联中 01 优（156282）	462.00	2019.08.30	7.0000	联中 01 次（156283）	25.00	2019.08.30	0.0000
PRYDA1（156284）	295.00	2019.05.27	6.3000	PR 悦达 A2（156285）	116.00	2019.08.27	6.4000
PR 悦达 B（156286）	92.00	2020.05.27	7.0000	18 悦达次（156287）	43.00	2021.05.27	0.0000
宁远 07A1（156288）	3110.00	2019.03.25	3.5500	宁远 07A2（156289）	920.00	2019.06.25	3.8000
宁远 07A3（156290）	1790.00	2019.09.25	3.8500	宁远 07A4（156291）	2690.00	2020.06.25	4.2000
宁远 07A5（156292）	1160.00	2020.10.20	4.3000	PR07A6（156293）	250.00	2020.10.20	4.3500
宁远 07 次（156294）	11.00	2020.10.20	0.0000	东花 01A1（156295）	890.00	2020.12.02	4.6000

债券信息
List of Bonds

债券简称（代码）Bond Name（Code）	发行量（百万元）Issued Vol（M yuan）	到期日 Expiration Date	票面利率（%）Coupon Rate（%）	债券简称（代码）Bond Name（Code）	发行量（百万元）Issued Vol（M yuan）	到期日 Expiration Date	票面利率（%）Coupon Rate（%）
东花01A2（156296）	35.00	2020.12.02	4.9900	东花01B（156297）	75.00	2020.12.02	0.0000
东借01A1（156298）	425.00	2020.12.02	4.9700	东借01A2（156299）	38.00	2020.12.02	5.1300
东借01B（156300）	38.00	2020.12.02	0.0000	PR云交A（156301）	3000.00	2033.10.20	5.2000
18云交B（156302）	160.00	2033.10.20	0.0000	PR中大A（156303）	636.00	2019.08.28	5.1500
PR中大B（156304）	44.00	2019.09.27	6.4900	18中大次（156305）	149.00	2019.11.27	0.0000
PR远东3A（156306）	2030.00	2021.03.26	5.2000	18远东3B（156307）	327.00	2022.03.26	7.5000
18远东3C（156308）	144.00	2023.09.26	0.0000	PR君A1（156315）	450.00	2019.10.08	6.4000
PR君创A2（156316）	245.00	2021.01.05	6.8000	18君创B（156317）	42.00	2021.04.05	7.5000
18君创次（156318）	141.00	2023.01.05	0.0000	合生1A（156319）	565.00	2019.11.13	6.5000
合生1次（156320）	1.00	2019.11.13	0.0000	PR经发02（156322）	33.00	2019.12.31	6.2000
18经发03（156323）	36.00	2020.12.31	6.5000	18经发04（156324）	39.00	2021.12.31	7.5000
18经发05（156325）	41.00	2022.12.31	7.5000	18经发06（156326）	44.00	2023.12.31	7.5000
18经发07（156327）	47.00	2024.12.31	7.5000	18经发08（156328）	50.00	2025.12.31	7.5000
18经发09（156329）	53.00	2026.12.31	7.5000	18经发次（156330）	20.00	2026.12.31	0.0000
18环球A（156331）	2000.00	2036.12.24	6.5000	18环球B（156332）	1300.00	2036.12.24	7.5000
18环球C（156333）	200.00	2036.12.24	0.0000	18正荣优（156334）	1029.00	2020.11.30	7.2000
18正荣次（156335）	55.00	2020.11.30	0.0000	PR03A（156336）	750.00	2019.10.28	4.6000
PR03B（156337）	175.00	2020.04.26	5.4000	福田03次（156338）	75.00	2021.06.26	0.0000
PR01A1（156339）	415.00	2020.04.10	4.1000	铁保01A2（156340）	262.00	2021.01.12	4.2500
铁保01A3（156341）	220.00	2022.01.21	4.5500	铁保01次（156342）	1.00	2022.01.21	0.0000
G国电1优（156343）	1711.00	2021.09.30	5.0900	G国电1次（156344）	90.00	2021.09.30	0.0000
PR智慧A1（156345）	800.00	2019.10.21	3.9000	PR智慧A2（156346）	1018.00	2020.10.21	4.4000
18智慧B（156347）	182.00	2021.07.23	0.0000	PR八A1（156351）	380.00	2019.11.25	4.7000
PR八A2（156352）	300.00	2020.11.23	5.0000	平租八A3（156353）	230.00	2021.11.23	5.7000
平租八B（156354）	74.00	2022.05.24	7.0000	平租八C（156355）	30.00	2022.11.23	7.5000
平租八次（156356）	75.00	2023.11.23	0.0000	PR优A（156357）	525.00	2036.01.23	6.0000
瑞安优B（156358）	120.00	2036.01.23	6.5000	瑞安优C（156359）	120.00	2036.01.23	6.5000
瑞安次级（156360）	5.00	2036.01.23	0.0000	荣隽01优（156361）	460.00	2019.11.13	7.0000
荣隽01次（156362）	25.00	2019.11.13	0.0000	PRG康4A1（156363）	373.00	2019.09.23	5.9000
PRG康4A2（156364）	358.00	2020.09.21	6.5000	G康富4A3（156365）	239.00	2021.06.21	6.8000
PRG康4A4（156366）	384.00	2021.12.21	6.8000	G康富4B（156367）	243.00	2022.06.21	7.0000
G康富4C1（156368）	93.00	2022.12.21	7.5000	G康富4C2（156369）	166.00	2027.12.21	0.0000
PR诚泰A1（156370）	376.00	2019.08.13	6.0000	PR诚泰A2（156371）	370.00	2020.08.13	6.3000
诚泰2A3（156372）	266.00	2021.08.12	7.0000	诚泰2B（156373）	49.00	2021.11.11	7.2000
诚泰2C（156374）	50.00	2022.02.11	7.2000	诚泰2次（156375）	135.00	2023.05.11	0.0000
18信易3（156376）	779.00	2019.12.06	5.1000	PR14A1（156377）	711.00	2019.08.27	5.8000
PR14A2（156378）	520.00	2020.05.27	6.4000	汇通14A3（156379）	280.00	2020.11.27	6.8000
汇通14B1（156380）	145.00	2021.02.27	10.0000	汇通14B2（156381）	130.00	2021.05.27	10.0000
汇通14B3（156382）	53.00	2021.08.27	10.0000	汇通14B4（156383）	14.00	2023.01.27	10.0000
奥园1优（156384）	1120.00	2020.11.26	8.5000	奥园1次（156385）	140.00	2020.11.26	0.0000
PRG电建A（156386）	700.00	2020.06.07	4.1500	G18电建C（156387）	47.00	2020.06.07	6.0000
链科01优（156388）	120.00	2019.11.22	4.7000	链科01次（156389）	1.00	2019.11.22	0.0000
璀璨6A（156390）	375.00	2019.12.19	5.8000	金地06A（156391）	722.00	2019.11.29	4.7000
金地06次（156392）	1.00	2019.11.29	0.0000	PR新生1A（156393）	507.00	2020.10.30	5.8000
18新生1B（156394）	43.00	2021.01.29	7.5000	18新生1C（156395）	18.00	2021.02.26	10.0000
18新生1D（156396）	44.00	2021.02.26	0.0000	同煤联04（156397）	503.00	2019.10.24	6.4500
借呗61A1（156398）	1700.00	2020.12.16	4.8000	借呗61A2（156399）	150.00	2020.12.16	5.0000
借呗61B（156400）	150.00	2020.12.16	0.0000	PR18聚A1（156401）	570.00	2019.03.18	6.3000
PR18聚A2（156402）	355.00	2020.12.16	7.0000	18聚信A3（156403）	260.00	2021.12.16	7.1500
18聚信A4（156404）	30.00	2022.03.16	7.3000	18聚信B1（156405）	85.00	2022.09.16	7.8000

债券信息 List of Bonds

债券 Bond

债券简称（代码）Bond Name（Code）	发行量（百万元）Issued Vol（M yuan）	到期日 Expiration Date	票面利率（%）Coupon Rate（%）	债券简称（代码）Bond Name（Code）	发行量（百万元）Issued Vol（M yuan）	到期日 Expiration Date	票面利率（%）Coupon Rate（%）
18 聚信 B2（156406）	43.00	2022.09.16	8.2000	18 聚信次（156407）	85.00	2023.06.16	0.0000
18 借 06A1（156408）	1700.00	2020.12.23	4.7200	18 借 06A2（156409）	150.00	2020.12.23	4.9000
18 借 06B（156410）	150.00	2020.12.23	0.0000	18 远洋 A1（156411）	185.00	2019.12.04	4.7000
18 远洋 A2（156412）	125.00	2020.12.04	5.8000	18 远洋次（156413）	100.00	2020.12.04	0.0000
18 小米 3A（156414）	800.00	2020.06.30	5.1000	18 小米 3B（156415）	80.00	2020.06.30	5.7000
18 小米 3C（156416）	40.00	2020.06.30	7.7000	18 小米 3D（156417）	30.00	2020.06.30	8.0000
18 小米 3E（156418）	50.00	2020.06.30	0.0000	中原建优（156419）	589.00	2021.12.10	4.9800
中原建次（156420）	31.00	2021.12.10	0.0000	18 八局 1A（156421）	1132.00	2021.09.30	4.5000
18 八局 1B（156422）	126.00	2021.09.30	0.0000	海国 01 优（156423）	476.00	2019.12.05	5.3000
海国 01 次（156424）	5.00	2019.12.05	0.0000	PR 鼎益 3A（156425）	340.00	2019.05.10	7.5000
18 鼎益 3B（156426）	29.00	2019.05.10	7.5500	18 鼎益次（156427）	43.00	2019.05.10	0.0000
二十冶 01（156428）	1387.00	2021.10.27	4.8000	二十冶 02（156429）	73.00	2021.10.27	0.0000
18 电建优（156430）	2110.00	2021.12.13	4.5500	18 电建次（156431）	136.00	2021.12.13	0.0000
东借 02A1（156432）	1700.00	2020.12.23	4.8000	东借 02A2（156433）	150.00	2020.12.23	4.9900
东借 02B（156434）	150.00	2020.12.23	0.0000	华能 1 优（156435）	1800.00	2020.10.26	4.7000
华能 1 次（156436）	200.00	2021.09.24	0.0000	方保 1 优（156437）	165.00	2019.11.29	6.5000
方保 1 次（156438）	41.00	2019.11.29	0.0000	建工 2 优（156439）	2656.00	2021.12.10	4.5000
建工 2 次（156440）	184.00	2021.12.10	0.0000	金保 01 优（156441）	252.00	2019.09.26	7.0000
金保 01 次（156442）	8.00	2019.09.26	0.0000	电投 18 优（156443）	831.00	2021.09.30	4.7500
电投 18 次（156444）	44.00	2021.09.30	0.0000	18 裕源 02（156445）	518.00	2019.12.05	5.1000
津逸锟 2A（156446）	652.00	2019.11.20	7.5000	津逸锟 2C（156447）	35.00	2019.11.20	0.0000
PR18 度 1A（156448）	1374.00	2019.06.21	4.2500	18 度 01B（156449）	92.00	2019.06.21	4.7000
PR18 度 1C（156450）	83.00	2019.07.18	5.8500	PR18 度 1D（156451）	98.00	2019.09.20	6.5000
PR18 度 1E（156452）	90.00	2019.10.25	13.5000	18 度 01F（156453）	92.00	2019.10.25	0.0000
18 万融 01（156454）	123.00	2019.11.29	4.9000	世茂 02 优（156455）	450.00	2038.09.30	6.9900
世茂 02 次（156456）	50.00	2038.09.30	0.0000	远洋 R1A1（156457）	1602.00	2023.12.13	5.5000
远洋 R1A2（156458）	1281.00	2023.12.13	6.0000	远洋 R1 次（156459）	320.00	2023.12.13	0.0000
18 铁工 A1（156460）	800.00	2021.12.11	4.7300	18 铁工 A2（156461）	145.00	2021.12.11	4.8500
18 铁工次（156462）	80.00	2021.12.11	0.0000	18 八局优（156463）	1134.00	2021.09.23	4.7000
18 八局次（156464）	125.00	2021.09.23	0.0000	铁建 008A（156465）	1045.00	2020.12.14	4.4700
铁建 008C（156466）	55.00	2020.12.14	5.0000	PR 平 9A1（156467）	850.00	2019.11.15	4.8000
PR 平 9A2（156468）	750.00	2021.05.15	5.1900	18 平 9B（156469）	106.00	2021.11.15	7.5000
18 平 9C（156470）	147.00	2023.08.15	0.0000	PR 交 01（156471）	25.00	2019.12.21	6.0000
慈公交 02（156472）	28.00	2020.12.21	6.2000	慈公交 03（156473）	30.00	2021.12.21	6.3500
慈公交 04（156474）	32.00	2022.12.21	6.4000	慈公交 05（156475）	34.00	2023.12.21	6.4500
慈公交 06（156476）	36.00	2024.12.21	6.5000	慈公交 07（156477）	38.00	2025.12.21	6.5000
慈公交 08（156478）	40.00	2026.12.21	6.5000	慈公交 09（156479）	42.00	2027.12.21	6.5000
慈公交 10（156480）	45.00	2028.12.21	6.5000	慈公交 11（156481）	48.00	2029.12.21	6.5000
慈公交 12（156482）	50.00	2030.12.21	6.5000	慈公交次（156483）	35.00	2030.12.21	0.0000
18 华电优（156484）	974.00	2021.09.30	4.6500	18 华电次（156485）	51.00	2021.09.30	0.0000
PR 红美 A1（156486）	2289.00	2036.12.17	5.8000	18 红美 A2（156487）	211.00	2036.12.17	6.3000
18 红美次（156488）	100.00	2036.12.17	0.0000	PR 青城 A（156489）	840.00	2020.12.21	6.5000
青城优 B（156490）	69.00	2021.03.21	7.2000	青城次级（156491）	50.00	2021.03.21	0.0000
联保 4 优（156492）	761.00	2019.12.04	7.5000	联保 4 次（156493）	1.00	2019.12.04	0.0000
铁一 1 优（156494）	1367.00	2021.12.17	4.4800	铁一 1 次（156495）	103.00	2021.12.17	0.0000
PRSOHO 优（156496）	3500.00	2038.12.26	5.2000	18SOHO 次（156497）	10.00	2038.12.26	0.0000
18 武地优（156498）	403.00	2021.12.20	5.5000	18 武地次（156499）	22.00	2021.12.20	0.0000
联中 02 优（156501）	524.00	2019.11.27	7.0000	联中 02 次（156502）	28.00	2019.11.27	0.0000
PR18 平 7A（156503）	1076.00	2020.05.29	5.4000	18 平安 7B（156504）	99.00	2020.08.31	7.5000
18 平安 7C（156505）	136.00	2021.11.30	0.0000	PR 二三 1A（156506）	177.00	2019.06.20	6.0000

债券信息
List of Bonds

债券简称（代码）Bond Name（Code）	发行量（百万元）Issued Vol（M yuan）	到期日 Expiration Date	票面利率（%）Coupon Rate（%）	债券简称（代码）Bond Name（Code）	发行量（百万元）Issued Vol（M yuan）	到期日 Expiration Date	票面利率（%）Coupon Rate（%）
PR 二三 1B（156507）	90.00	2019.12.20	6.5000	二三 1 次（156508）	66.00	2019.12.20	0.0000
安装 1 优（156509）	1269.00	2021.12.19	4.4500	安装 1 次（156510）	140.00	2021.12.19	0.0000
PR4 优 A（156511）	449.00	2019.12.19	4.7800	中电 4 优 B（156512）	37.00	2019.12.19	5.5000
中电 4 次 A（156513）	8.00	2019.12.19	0.0000	中电 4 次 B（156514）	3.00	2019.12.19	0.0000
中电 4 次 C（156515）	16.00	2019.12.19	0.0000	中电 4 次 D（156516）	29.00	2019.12.19	0.0000
申七局 1A（156517）	1036.00	2021.11.15	5.1000	申七局 1S（156518）	115.00	2021.11.15	0.0000
18 二局 2A（156519）	863.00	2021.12.20	4.5000	18 二局 2C（156520）	95.00	2021.12.20	0.0000
PR 北辰 A（156521）	527.00	2036.11.30	5.2000	18 北辰 B（156522）	473.00	2036.11.30	6.2000
18 北辰 C（156523）	50.00	2036.11.30	0.0000	南建投优（156524）	722.00	2020.12.18	4.4900
南建投次（156525）	38.00	2020.12.18	0.0000	PR18 易 A1（156526）	1000.00	2019.07.25	5.0000
PR18 易 A2（156527）	700.00	2020.10.25	5.3000	18 易鑫 B（156528）	258.00	2021.04.25	8.0000
18 易鑫 C（156529）	145.00	2021.10.25	0.0000	18 西塘 01（156530）	54.00	2019.07.24	5.1000
18 西塘 02（156531）	53.00	2020.07.24	5.1000	18 西塘 03（156532）	72.00	2021.07.23	5.1000
18 西塘 04（156533）	92.00	2022.07.26	5.1000	18 西塘 05（156534）	112.00	2023.07.26	5.1000
18 西塘 06（156535）	132.00	2024.07.24	5.1000	18 西塘 07（156536）	151.00	2025.07.24	6.3000
18 西塘 08（156537）	163.00	2026.07.24	6.3000	18 西塘 09（156538）	181.00	2027.07.26	6.3000
18 西塘次（156539）	60.00	2027.07.26	0.0000	天士力优（156540）	1280.00	2021.08.20	6.0000
天士力次（156541）	220.00	2021.11.22	0.0000	开新 1 优（156542）	427.00	2019.12.18	5.5000
开新 1 次（156543）	23.00	2019.12.18	0.0000	中化 01（156544）	1121.00	2021.11.18	4.5000
PR11A1（156545）	800.00	2020.02.20	5.0000	恒信 11A2（156546）	150.00	2020.05.20	5.5000
恒信 11 次（156547）	50.00	2021.11.18	0.0000	18 铁五优（156548）	1360.00	2021.10.28	4.4000
18 铁五次（156549）	105.00	2021.10.28	0.0000	申一局 1A（156550）	868.00	2021.11.11	4.5000
申一局 1S（156551）	96.00	2021.11.11	0.0000	中交 001A（156552）	787.00	2021.12.21	4.4800
中交 001C（156553）	41.00	2021.12.21	0.0000	PRG 新 1 优（156554）	423.00	2021.12.25	4.5800
G 福新 1 次（156555）	22.00	2021.12.25	0.0000	奇艺优 A1（156556）	46.00	2019.12.25	5.0000
奇艺优 A2（156557）	400.00	2020.12.25	5.5000	奇艺次级（156558）	24.00	2020.12.25	0.0000
东建投优（156559）	1111.00	2021.12.24	4.5000	东建投次（156560）	59.00	2021.12.24	0.0000
PR 优（156561）	215.00	2028.01.28	7.5000	山钢次（156562）	25.00	2028.01.28	0.0000
辉玥 01 优（156563）	300.00	2019.12.19	7.5000	辉玥 01 次（156564）	16.00	2019.12.19	0.0000
中化 02（156565）	59.00	2021.11.18	0.0000	金地 07A（156572）	527.00	2019.12.20	4.4000
金地 07 次（156573）	1.00	2019.12.20	0.0000	PR 朗诗 01（156574）	35.00	2019.09.26	5.5000
PR 朗诗 02（156575）	42.00	2020.09.26	6.5000	朗诗优 03（156576）	45.00	2021.09.26	7.2000
朗诗优 04（156577）	99.00	2023.09.26	7.3000	朗诗优 05（156578）	250.00	2027.09.26	7.5000
朗诗次 01（156579）	25.00	2029.09.26	0.0000	中交 004A（156580）	881.00	2021.12.25	4.4800
中交 004C（156581）	46.00	2021.12.25	0.0000	鸿远 1 号（156582）	286.00	2019.09.13	4.2000
PR 中恒 A1（156583）	580.00	2019.07.22	4.7000	PR 中恒 A2（156584）	238.00	2019.10.29	5.0000
19 中恒 A3（156585）	32.00	2019.10.29	5.9000	19 中恒次（156586）	150.00	2019.11.27	0.0000
PR 优先（156587）	1000.00	2021.06.03	7.0000	乡投次级（156588）	50.00	2021.06.03	0.0000
PR19A（156589）	167.00	2020.09.29	6.5000	远大 19B（156590）	134.00	2020.09.29	7.5000
远大 19 次（156591）	33.00	2020.09.29	0.0000	世茂 18 优（156592）	170.00	2019.10.18	5.6000
世茂 18 次（156593）	30.00	2019.10.18	0.0000	PR 太保 1A（156594）	2750.00	2019.12.27	4.1900
18 太保 1B（156595）	220.00	2019.12.27	12.0000	18 太保 1C（156596）	30.00	2019.12.27	0.0000
PR01 优（156597）	867.00	2023.07.18	5.9000	云租 01 次（156598）	45.00	2023.07.18	0.0000
19 信易 01（156599）	1366.00	2020.01.13	4.7000	威新 01 优（156600）	223.00	2020.01.10	4.3000
PR 二局 01（156601）	653.00	2019.12.20	4.6800	二局 01 次（156602）	1.00	2019.12.20	0.0000
光明 A1（156603）	200.00	2019.10.26	5.5000	光明 A2（156604）	450.00	2021.10.26	6.5000
光明次（156605）	50.00	2021.10.26	0.0000	恒大 R1 优（156606）	1062.00	2036.12.29	7.5000
恒大 R1 次（156607）	118.00	2036.12.29	0.0000	18 南水优（156608）	893.00	2021.12.27	4.7000
18 南水次（156609）	99.00	2021.12.27	8.0000	九局优（156610）	1150.00	2021.12.20	4.5800
九局次（156611）	100.00	2021.12.20	0.0000	PR 金龙优（156612）	230.00	2019.12.27	5.5000

债券信息 List of Bonds

债券 Bond

债券简称（代码） Bond Name（Code）	发行量（百万元） Issued Vol（M yuan）	到期日 Expiration Date	票面利率（%） Coupon Rate（%）	债券简称（代码） Bond Name（Code）	发行量（百万元） Issued Vol（M yuan）	到期日 Expiration Date	票面利率（%） Coupon Rate（%）
PR金次1（156613）	40.00	2021.03.31	0.0000	金龙次2（156614）	14.00	2021.03.31	0.0000
威新01次（156615）	1.00	2020.01.10	0.0000	18八局A（156616）	1469.00	2020.12.24	4.5000
18八局B（156617）	111.00	2020.12.24	0.0000	PR奥9A1（156618）	210.00	2019.09.23	5.6500
PR奥9A2（156619）	170.00	2020.12.22	5.9500	奥克9A3（156620）	170.00	2021.12.22	6.0000
奥克9A4（156621）	68.00	2022.09.22	6.3000	奥克9B（156622）	32.00	2023.03.22	7.5000
奥克9次（156623）	52.00	2023.12.22	0.0000	PR中渝1（156624）	320.00	2036.12.17	7.3000
中渝优2（156625）	880.00	2036.12.17	7.5000	中渝次（156626）	10.00	2038.12.17	0.0000
能建北方（156627）	460.00	2020.12.28	4.6500	能建次级（156628）	46.00	2020.12.28	0.0000
联保5优（156629）	797.00	2020.01.07	7.5000	联保5次（156630）	1.00	2020.01.07	0.0000
南钢优先（156631）	104.00	2019.10.22	5.9000	南钢次优（156632）	67.00	2019.10.22	6.1000
南钢次级（156633）	9.00	2019.10.22	0.0000	金地08A（156634）	396.00	2020.01.10	4.0000
金地08次（156635）	1.00	2020.01.10	0.0000	19裕源03（156636）	805.00	2020.01.10	4.6500
璀璨7A（156637）	775.00	2020.01.25	5.0700	荣茂02优（156638）	634.00	2020.01.06	3.9000
荣茂02次（156639）	1.00	2020.01.06	0.0000	19佳美1A（156640）	500.00	2020.01.14	6.9000
19佳美1C（156641）	27.00	2020.01.14	0.0000	18云能01（156642）	73.00	2019.04.08	5.5000
PR云能02（156643）	78.00	2019.10.11	5.7000	18云能03（156644）	90.00	2020.04.07	6.1000
18云能04（156645）	38.00	2020.10.12	6.3000	18云能05（156646）	36.00	2021.04.06	6.5000
18云能06（156647）	2.00	2021.10.11	6.7000	18云能次（156648）	60.00	2022.01.06	0.0000
滨丽01（156649）	170.00	2020.01.25	6.5000	滨丽02（156650）	595.00	2021.01.25	7.0000
滨丽03（156651）	765.00	2022.01.25	7.5000	滨丽次（156652）	170.00	2022.01.25	0.0000
旭辉19优（156653）	1300.00	2022.01.15	7.4000	旭辉19次（156654）	70.00	2022.01.15	0.0000
PR国三A1（156655）	472.00	2019.10.26	4.0000	PR国三A2（156656）	646.00	2021.10.26	4.8300
国控三B（156657）	133.00	2022.07.26	7.5000	国控三次（156658）	123.00	2023.10.26	0.0000
沪地产1A（156659）	1710.00	2043.10.26	4.4800	沪地产1C（156660）	90.00	2043.10.26	0.0000
19德远优（156661）	822.00	2021.01.07	4.2000	19德远次（156662）	1.00	2021.01.07	0.0000
联保6优（156663）	821.00	2020.01.15	7.5000	联保6次（156664）	1.00	2020.01.15	0.0000
皖贷04优（156665）	480.00	2022.03.21	4.8700	财碧18优（156666）	1100.00	2021.05.15	6.3000
财碧18次（156667）	60.00	2021.05.15	0.0000	禹物优08（156668）	99.00	2027.01.30	7.9000
华能2优（156669）	1350.00	2020.12.11	4.5000	华能2次（156670）	150.00	2021.11.11	0.0000
合生2A（156671）	575.00	2020.01.21	7.8500	合生2次（156672）	1.00	2020.01.21	0.0000
ZJBL01A（156673）	296.00	2020.01.23	3.9900	威新02优（156674）	423.00	2020.01.17	3.9000
威新02次（156675）	1.00	2020.01.17	0.0000	金保02优（156676）	203.00	2019.09.26	6.8000
金保02次（156677）	7.00	2019.09.26	0.0000	链科02优（156678）	225.00	2020.01.17	3.8900
链科02次（156679）	1.00	2020.01.17	0.0000	PR二局02（156680）	479.00	2020.01.17	4.2500
二局02次（156681）	1.00	2020.01.17	0.0000	海门优A1（156682）	83.00	2020.01.24	5.3000
海门优A2（156683）	101.00	2021.01.24	5.5000	海门优A3（156684）	288.00	2022.01.24	5.9000
海门次（156685）	28.00	2022.01.24	0.0000	PR优A（156686）	170.00	2019.05.27	6.5000
PR优B（156687）	225.00	2021.05.26	7.0000	中财次级（156688）	26.00	2023.08.26	0.0000
PR普者黑（156689）	710.00	2028.09.18	6.9900	普者黑B（156690）	40.00	2028.09.18	0.0000
滨江优01（156691）	56.00	2019.07.23	4.0000	滨江优02（156692）	58.00	2020.01.23	4.0000
滨江优03（156693）	65.00	2020.07.23	4.5000	滨江优04（156694）	67.00	2021.01.24	4.6000
滨江优05（156695）	78.00	2021.07.25	4.8000	滨江优06（156696）	80.00	2022.01.23	4.9000
滨江优07（156697）	82.00	2022.07.24	4.9000	滨江优08（156698）	84.00	2023.01.23	4.9000
滨江优09（156699）	84.00	2023.07.23	4.9000	19信易02（156700）	769.00	2020.01.21	4.0000
滨江优10（156701）	86.00	2024.01.23	4.9000	滨江次级（156702）	20.00	2024.01.23	0.0000
PR18GLP2（156703）	1500.00	2037.01.12	4.4900	18GLP2B（156704）	2.00	2037.01.12	0.0000
时代优A（156705）	885.00	2021.01.17	7.2000	时代优B（156706）	330.00	2021.01.17	8.0000
时代次（156707）	130.00	2021.01.17	0.0000	PR金源A（156708）	1715.00	2037.01.25	5.4000
19金源B（156709）	1185.00	2037.01.25	5.7000	19金源次（156710）	100.00	2037.01.25	0.0000
吴中优01（156711）	47.00	2019.05.21	5.0000	吴中优02（156712）	64.00	2019.11.21	5.1000

债券信息
List of Bonds

债券
Bond

债券简称（代码）Bond Name（Code）	发行量（百万元）Issued Vol（M yuan）	到期日 Expiration Date	票面利率（%）Coupon Rate（%）	债券简称（代码）Bond Name（Code）	发行量（百万元）Issued Vol（M yuan）	到期日 Expiration Date	票面利率（%）Coupon Rate（%）
吴中优03（156713）	111.00	2020.05.21	5.3000	吴中优04（156714）	118.00	2020.11.20	5.4000
吴中优05（156715）	94.00	2021.05.21	5.6000	吴中优06（156716）	100.00	2021.11.22	5.7000
吴中次（156717）	29.00	2021.11.22	0.0000	中建材3A（156718）	512.00	2020.09.29	5.7000
中建材3B（156719）	110.00	2020.09.29	6.0000	中建材3C（156720）	152.00	2020.09.29	6.5000
中建3次（156721）	609.00	2020.09.29	0.0000	PRPA十A（156722）	1576.00	2021.08.13	4.6800
平安十B（156723）	107.00	2022.02.15	7.2000	平安十C（156724）	105.00	2022.05.16	7.3000
平安十次（156725）	135.00	2023.11.15	0.0000	金地09A（156726）	792.00	2020.01.23	3.7500
金地09次（156727）	1.00	2020.01.23	0.0000	启程01优（156728）	568.00	2020.01.15	5.1000
启程01次（156729）	1.00	2020.01.15	0.0000	联中03优（156730）	774.00	2020.01.21	7.6000
联中03次（156731）	41.00	2020.01.21	0.0000	泰豪01（156732）	638.00	2020.11.09	6.0000
泰豪02（156733）	146.00	2020.11.09	6.8000	泰豪次A（156734）	46.00	2020.11.09	7.0000
泰豪次B（156735）	82.00	2020.11.09	0.0000	PR18京7A（156736）	1425.00	2019.06.12	4.2000
PR京保7B（156737）	75.00	2019.06.28	0.0000	福晟1优A（156738）	610.00	2021.02.10	7.5000
福晟1优B（156739）	160.00	2021.02.10	7.6000	福晟1次（156740）	60.00	2021.02.10	0.0000
逸锟02A（156741）	574.00	2020.02.18	5.6800	逸锟02次（156742）	6.00	2020.02.18	0.0000
晋气优01（156743）	327.00	2019.06.15	5.5500	PR晋气02（156744）	308.00	2020.06.15	5.7000
晋气优03（156745）	315.00	2021.06.15	6.2000	晋气次（156746）	50.00	2021.06.15	0.0000
PR租01（156747）	1300.00	2020.05.20	4.5000	远海租02（156748）	560.00	2021.02.20	5.1000
远海租03（156749）	458.00	2022.08.20	5.6500	远海租C（156750）	137.00	2023.02.20	0.0000
金地10A（156751）	780.00	2020.01.17	3.7500	金地10次（156752）	1.00	2020.01.17	0.0000
开新2优（156753）	350.00	2020.01.23	5.1500	开新2次（156754）	20.00	2020.01.23	0.0000
19瑞融A（156755）	670.00	2022.01.30	7.0000	19瑞融B（156756）	140.00	2022.01.30	7.1000
19瑞融次（156757）	60.00	2022.01.30	0.0000	PR借条1A（156758）	249.00	2021.02.01	4.9500
借条1B（156759）	17.00	2021.02.01	6.5000	借条1C（156760）	11.00	2021.02.01	8.0000
借条1次（156761）	24.00	2021.02.01	0.0000	禹物优01（156762）	136.00	2020.01.30	7.4000
禹物优02（156763）	68.00	2021.01.30	7.9000	禹物优03（156764）	72.00	2022.01.30	7.9000
禹物优04（156765）	76.00	2023.01.30	7.9000	禹物优05（156766）	81.00	2024.01.30	7.9000
禹物优06（156767）	87.00	2025.01.30	7.9000	禹物优07（156768）	93.00	2026.01.30	7.9000
皖贷04次（156769）	20.00	2022.03.21	0.0000	禹物次级（156770）	68.00	2027.01.30	0.0000
19裕源04（156771）	977.00	2020.02.13	4.0000	PR国金A1（156772）	180.00	2019.12.20	4.4000
PR国金A2（156773）	180.00	2020.12.20	4.9000	国金A3（156774）	115.00	2021.12.20	5.5000
国金次（156775）	25.00	2023.12.20	0.0000	19中骏A（156776）	1115.00	2021.03.20	7.5000
19中骏B（156777）	285.00	2021.03.20	8.5000	19中骏次（156778）	95.00	2021.06.20	0.0000
PR12A1（156779）	600.00	2019.11.20	3.8300	PR12A2（156780）	560.00	2021.02.18	4.1800
恒信12A3（156781）	280.00	2021.11.18	5.0000	恒信12次（156782）	80.00	2022.02.18	0.0000
和信01优（156783）	129.00	2020.02.14	6.9500	和信01次（156784）	4.00	2020.02.14	0.0000
19信易03（156785）	366.00	2020.02.21	3.9900	璀璨8A（156786）	785.00	2020.02.28	4.9000
逸锟03A（156787）	820.00	2020.03.06	5.5800	逸锟03次（156788）	10.00	2020.03.06	0.0000
PR13A1（156789）	600.00	2020.01.20	4.0000	恒信13A2（156790）	200.00	2020.07.20	4.0500
恒信13A3（156791）	150.00	2020.10.20	4.7000	恒信13次（156792）	50.00	2022.01.20	0.0000
信泽01A1（156793）	970.00	2019.06.25	3.1000	信泽01A2（156794）	2870.00	2019.12.25	3.3000
信泽01A3（156795）	1510.00	2020.06.25	3.5500	信泽01A4（156796）	2570.00	2020.12.25	3.7300
信泽01A5（156797）	550.00	2021.06.25	3.9000	信泽01A6（156798）	1100.00	2021.10.25	3.9500
PR01A7（156799）	250.00	2021.10.25	3.9500	信泽01次（156800）	15.00	2021.10.25	0.0000
PR安吉1A（156801）	1676.00	2020.03.16	3.6000	19安吉1B（156802）	145.00	2020.06.15	4.1000
19安吉1C（156803）	77.00	2020.09.15	7.0500	19安吉1D（156804）	171.00	2021.03.15	0.0000
19中置01（156805）	144.00	2020.02.26	5.3000	19中置02（156806）	80.00	2021.02.26	5.4000
19中置03（156807）	70.00	2022.02.26	5.5000	19中置04（156808）	74.00	2023.02.26	5.9800
19中置05（156809）	76.00	2024.02.26	5.9800	19中置06（156810）	80.00	2025.02.26	5.9800
19中置07（156811）	79.00	2026.02.26	5.9800	19中置08（156812）	83.00	2027.02.26	5.9800

债券信息
List of Bonds

债券简称（代码） Bond Name（Code）	发行量 （百万元） Issued Vol （M yuan）	到期日 Expiration Date	票面利率（%） Coupon Rate（%）	债券简称（代码） Bond Name（Code）	发行量 （百万元） Issued Vol （M yuan）	到期日 Expiration Date	票面利率（%） Coupon Rate（%）
19 中置 09（156813）	89.00	2028.02.26	5.9800	19 中置次（156814）	30.00	2028.02.26	0.0000
PRG 西江 1（156815）	114.00	2020.02.27	4.0000	G 西江 E2（156816）	122.00	2021.02.27	4.7000
G 西江 E3（156817）	133.00	2022.02.27	5.0000	G 西江 E4（156818）	142.00	2023.02.27	5.5000
G 西江 E5（156819）	152.00	2023.11.30	5.8000	G 西江 E 次（156820）	37.00	2023.11.30	0.0000
PR1 优（156821）	950.00	2037.03.13	4.6000	平朗 1 次（156822）	118.00	2037.03.13	0.0000
19 中和 1A（156823）	430.00	2021.03.12	5.8000	19 中和 1C（156824）	70.00	2021.03.12	0.0000
PR19 度 1A（156825）	770.00	2019.11.20	3.6000	PR19 度 1B（156826）	50.00	2019.12.19	4.1000
PR19 度 1C（156827）	45.00	2020.02.20	4.7000	19 度 E1D（156828）	36.00	2020.03.19	6.5000
19 度 E1E（156829）	45.00	2020.05.21	13.5000	19 度 E1F（156830）	50.00	2022.05.19	0.0000
PR 太 10A1（156831）	160.00	2019.10.28	5.5000	PR 太 10A2（156832）	97.00	2020.07.27	6.0000
太盟 10B（156833）	34.00	2020.10.27	7.8000	太盟 10 次（156834）	36.00	2021.12.27	0.0000
PR 沛 2A1（156835）	330.00	2019.07.31	5.3000	PR 沣 2A2（156836）	220.00	2020.02.28	6.0000
沣邦 2B（156837）	53.00	2020.05.29	8.0000	沣邦 2C（156838）	97.00	2023.04.28	0.0000
时代 02 优（156839）	700.00	2020.03.04	7.5000	时代 02 次（156840）	40.00	2020.03.04	0.0000
逸锟 04A（156841）	310.00	2020.03.13	5.5800	逸锟 04 次（156842）	3.00	2020.03.13	0.0000
太保 01A（156843）	2290.00	2020.03.13	3.4500	太保 01B（156844）	185.00	2020.03.13	12.0000
太保 01C（156845）	25.00	2020.03.13	10.0000	PR 租 11A（156846）	1074.00	2020.04.30	4.2000
安租 11B（156847）	65.00	2020.04.30	4.5000	安租 11C（156848）	32.00	2020.07.30	6.9500
安租 11 次（156849）	115.00	2021.10.30	0.0000	PR 海 A（156850）	1700.00	2037.01.25	6.5000
爱琴海 B（156851）	400.00	2037.01.25	7.5000	爱琴海次（156852）	200.00	2037.01.25	0.0000
19 中泰 1A（156853）	950.00	2021.03.28	4.0500	19 中泰 1C（156854）	50.00	2021.03.28	0.0000
苏宁 02 优（156855）	342.00	2020.01.17	7.5000	苏宁 02 次（156856）	19.00	2020.01.17	0.0000
PR 光谷 2A（156857）	350.00	2019.09.25	6.0000	PR 光谷 2B（156858）	330.00	2020.12.25	6.5000
光谷 2A3（156859）	210.00	2021.06.25	6.5000	光谷 2B（156860）	220.00	2022.09.25	7.5000
光谷 2 次（156861）	127.00	2023.06.25	0.0000	威新 03 优（156862）	154.00	2020.02.28	3.7500
威新 03 次（156863）	1.00	2020.02.28	0.0000	19 绿城 A（156864）	1591.00	2037.01.26	5.1400
19 绿城 B（156865）	1.00	2037.01.26	0.0000	联保 7 优（156866）	744.00	2020.03.04	7.5000
联保 7 次（156867）	1.00	2020.03.04	0.0000	太保 19A（156868）	2250.00	2021.03.18	3.6700
太保 19B（156869）	175.00	2021.03.18	12.0000	太保 19 次（156870）	75.00	2021.03.18	0.0000
PR 租 11（156871）	770.00	2020.04.20	4.0000	远海租 12（156872）	592.00	2021.10.26	4.8000
远海租 13（156873）	100.00	2022.07.20	5.9000	远海租 1C（156874）	87.00	2026.10.26	0.0000
PR 日 A01（156875）	6502.00	2021.01.25	3.7300	3 如日 A02（156876）	500.00	2022.01.25	3.9500
3 如日次（156877）	300.00	2022.01.25	0.0000	PR 产优（156878）	940.00	2034.03.28	4.4800
不动产次（156879）	60.00	2034.03.28	0.0000	PR 中航 2A（156880）	448.00	2020.01.21	4.2000
18 中航 2B（156881）	300.00	2021.01.21	4.6000	18 中航 2C（156882）	186.00	2022.01.21	5.2000
18 中航次（156883）	66.00	2023.04.21	0.0000	嘉善水 01（156884）	26.00	2020.04.25	3.6500
嘉善水 02（156885）	30.00	2021.04.25	4.2000	嘉善水 03（156886）	32.00	2022.04.25	4.5500
嘉善水 04（156887）	34.00	2023.04.25	4.5500	嘉善水 05（156888）	36.00	2024.04.25	4.5500
嘉善水 06（156889）	38.00	2025.04.25	4.5500	嘉善水 07（156890）	40.00	2026.04.25	6.0000
嘉善水 08（156891）	42.00	2027.04.25	6.0000	嘉善水 09（156892）	44.00	2028.04.25	6.0000
嘉善水次（156893）	18.00	2028.04.25	0.0000	19 建工优（156894）	402.00	2021.01.20	4.3500
19 建工次（156895）	45.00	2021.01.20	0.0000	建五 01 优（156896）	355.00	2020.03.10	3.7000
建五 01 次（156897）	1.00	2020.03.10	0.0000	PR01 优（156898）	736.00	2020.12.14	3.8000
电气 01 次（156899）	64.00	2021.09.14	0.0000	菜鸟 19 优（156900）	670.00	2022.03.21	4.4500
菜鸟 19 次（156901）	400.00	2022.03.21	0.0000	PR 平 1A1（156902）	375.00	2020.03.20	4.1500
19 平 1A2（156903）	224.00	2020.12.21	4.3000	19 平 1A3（156904）	141.00	2021.09.20	4.4000
19 平 1B（156905）	37.00	2021.12.20	7.0000	19 平 1C（156906）	72.00	2022.09.19	7.5000
19 平 1 次（156907）	76.00	2024.03.20	0.0000	JZT4 优 A（156908）	700.00	2020.10.30	5.9000
JZT4 优 B（156909）	250.00	2020.10.30	6.3000	JZT4 次（156910）	50.00	2020.10.30	0.0000
19 佳美 2A（156911）	950.00	2020.03.13	6.3000	19 佳美 2C（156912）	50.00	2020.03.13	0.0000

债券信息 List of Bonds

债券 Bond

债券简称（代码）Bond Name（Code）	发行量（百万元）Issued Vol（M yuan）	到期日 Expiration Date	票面利率（%）Coupon Rate（%）	债券简称（代码）Bond Name（Code）	发行量（百万元）Issued Vol（M yuan）	到期日 Expiration Date	票面利率（%）Coupon Rate（%）
G 国中优 1（156913）	70.00	2019.09.27	4.0000	G 国中优 2（156914）	49.00	2020.09.27	4.5000
G 国中优 3（156915）	50.00	2021.09.27	6.3000	G 国中优 4（156916）	59.00	2022.09.27	5.0000
G 国中优 5（156917）	60.00	2023.09.27	6.9500	G 国中优 6（156918）	67.00	2024.09.27	5.5000
G 国中优 7（156919）	69.00	2025.09.27	7.0000	G 国中优 8（156920）	78.00	2026.09.27	5.8000
G 国中优 9（156921）	82.00	2027.09.27	7.1000	G 国中次（156922）	31.00	2027.09.27	0.0000
西安热 01（156923）	330.00	2020.01.25	3.7000	西安热 02（156924）	360.00	2021.01.25	4.1800
西安热 03（156925）	380.00	2022.01.25	4.4600	西安热 04（156926）	270.00	2023.01.25	4.7800
西安热 05（156927）	270.00	2024.01.25	4.8300	西安热 06（156928）	270.00	2025.01.25	4.9000
西安热次（156929）	120.00	2025.01.25	0.0000	PR 操 A1（156930）	310.00	2019.12.26	3.2000
G 曹操 A2（156931）	330.00	2020.12.25	3.9000	G 曹操 A3（156932）	260.00	2021.12.27	4.4000
G 曹操 C（156933）	100.00	2021.12.27	0.0000	人福优 A（156934）	678.00	2021.12.10	6.5000
人福优 B（156935）	81.00	2021.12.10	7.5000	人福次级（156936）	84.00	2021.12.10	0.0000
中天 01 优（156937）	401.00	2020.03.18	6.5000	海尔 03A（156938）	531.00	2021.03.26	5.3800
海尔 03B（156939）	16.00	2021.03.26	0.0000	花呗 70A1（156940）	1780.00	2021.04.07	3.8000
花呗 70A2（156941）	70.00	2021.04.07	4.1700	花呗 70B（156942）	150.00	2021.04.07	0.0000
金地 11A（156943）	206.00	2020.03.20	3.7500	金地 11 次（156944）	1.00	2020.03.20	0.0000
华发 R1 优（156945）	1391.00	2037.03.27	5.0000	华发 R1 次（156946）	157.00	2037.03.27	0.0000
PR 云城 A1（156947）	500.00	2021.03.19	4.9000	19 云城 A2（156948）	40.00	2021.06.21	5.9000
19 云城次（156949）	60.00	2027.03.19	0.0000	19 建花 4A（156950）	1780.00	2021.04.07	3.6900
19 建花 4B（156951）	70.00	2021.04.07	4.1300	19 建花 4C（156952）	150.00	2021.04.07	0.0000
PR19 京 1A（156953）	1425.00	2019.09.27	3.6800	19 京保 1B（156954）	75.00	2019.09.27	0.0000
PR19 京 2A（156955）	950.00	2019.09.27	3.7400	19 京保 2B（156956）	50.00	2019.09.27	0.0000
PR 水 01（156957）	67.00	2020.04.03	4.9800	苍南水 02（156958）	74.00	2021.04.03	5.3000
苍南水 03（156959）	82.00	2022.04.03	5.6800	苍南水 04（156960）	90.00	2023.04.03	6.6000
苍南水 05（156961）	95.00	2024.04.03	6.4500	苍南水 06（156962）	102.00	2025.04.03	6.1800
苍南水次（156963）	36.00	2025.04.03	0.0000	PR1A1（156964）	157.00	2019.11.27	3.6000
PR1A2（156965）	134.00	2020.08.27	3.8000	汇益 1A3（156966）	90.00	2021.02.27	4.2000
汇益 1 次（156967）	77.00	2022.12.27	0.0000	东花 02A1（156968）	1780.00	2021.04.08	3.6700
东花 02A2（156969）	70.00	2021.04.08	4.1300	东花 02B（156970）	150.00	2021.04.08	0.0000
PR19 远 A（156971）	2723.00	2021.01.26	5.0000	19 远优 B（156972）	360.00	2021.07.26	7.4000
19 远东次（156973）	185.00	2024.01.26	0.0000	遵运 01（156978）	51.00	2020.08.19	4.5000
遵运 02（156979）	51.00	2021.08.18	5.5000	遵运 03（156980）	54.00	2022.08.17	7.5000
遵运 04（156981）	57.00	2023.08.17	7.5000	遵运 05（156982）	58.00	2024.08.19	7.5000
遵运 06（156983）	65.00	2025.08.19	7.5000	遵运 07（156984）	68.00	2026.08.19	7.5000
遵运 08（156985）	74.00	2027.08.18	7.5000	遵运 09（156986）	79.00	2028.08.17	7.5000
遵运 10（156987）	82.00	2029.08.17	7.5000	遵运次级（156988）	34.00	2029.08.17	0.0000
中车保 1A（156989）	596.00	2020.07.10	3.5000	中车保 1C（156990）	31.00	2020.07.10	0.0000
19 泛海 1A（156991）	1300.00	2037.05.07	6.0000	19 泛海 1B（156992）	840.00	2037.05.07	7.5000
19 泛海 1C（156993）	50.00	2037.05.07	0.0000	PR19 二 A（156994）	950.00	2020.03.31	3.8000
19 远东 2B（156995）	547.00	2020.12.31	4.1000	19 远东 2C（156996）	555.00	2023.12.29	0.0000
19 云建优（156997）	981.00	2022.03.15	5.9800	19 云建次（156998）	66.00	2022.03.15	0.0000
梅溪湖优（156999）	1243.00	2037.01.31	4.8000	18 广西 18（157000）	1130.00	2025.09.20	4.0600
18 广西 19（157001）	295.00	2025.09.20	4.0600	18 湖南 16（157002）	7145.00	2023.09.21	3.8900
18 湖南 17（157003）	13530.00	2023.09.21	3.8900	18 湖南 18（157004）	6825.00	2023.09.21	3.8900
18 湖南 19（157005）	6500.00	2025.09.21	4.0600	18 江苏 12（157006）	5900.00	2021.09.25	3.7600
18 江苏 13（157007）	43600.00	2023.09.25	3.9000	18 江苏 14（157008）	2300.00	2025.09.25	4.0600
18 江苏 15（157009）	22220.00	2023.09.25	3.9000	18 新疆 21（157010）	890.00	2028.09.25	4.0600
18 新疆 22（157011）	10350.00	2028.09.25	4.0600	18 新疆 23（157012）	370.00	2028.09.25	4.3100
18 新疆 24（157013）	320.00	2028.09.25	4.3100	18 新疆 25（157014）	290.00	2028.09.25	4.3100
18 青岛 08（157015）	1300.00	2023.09.27	3.9000	18 青岛 09（157016）	1300.00	2025.09.27	4.0700

债券信息
List of Bonds

债券简称（代码）Bond Name（Code）	发行量（百万元）Issued Vol（M yuan）	到期日 Expiration Date	票面利率（%）Coupon Rate（%）	债券简称（代码）Bond Name（Code）	发行量（百万元）Issued Vol（M yuan）	到期日 Expiration Date	票面利率（%）Coupon Rate（%）
18 青岛 10（157017）	1400.00	2023.09.27	3.9000	18 内蒙 26（157018）	80.00	2021.09.27	3.7500
18 内蒙 27（157019）	2405.00	2023.09.27	3.9000	18 内蒙 28（157020）	550.00	2025.09.27	4.0700
18 内蒙 29（157021）	4083.00	2028.09.27	4.0700	18 内蒙 30（157022）	1340.00	2033.09.27	4.3400
18 安徽 12（157023）	1720.00	2021.09.28	3.7400	18 安徽 13（157024）	25607.00	2023.09.28	3.9000
18 安徽 14（157025）	45703.00	2023.09.28	3.9000	18 安徽 15（157026）	795.00	2025.09.28	4.0700
18 安徽 16（157027）	2000.00	2028.09.28	4.0700	18 福建 17（157028）	11025.00	2023.09.28	3.9000
18 福建 18（157029）	2465.00	2023.09.28	3.9000	18 福建 19（157030）	550.00	2033.09.28	4.3300
18 深圳 03（157031）	480.00	2028.09.28	4.0700	18 深圳 04（157032）	360.00	2033.09.28	4.3300
18 深圳 05（157033）	1000.00	2033.09.28	4.3300	18 深圳 06（157034）	500.00	2028.09.28	4.0700
18 深圳 07（157035）	1500.00	2033.09.28	4.3300	18 深圳 08（157036）	100.00	2028.09.28	4.0700
18 山西 18（157037）	1618.00	2023.10.08	3.8900	18 山西 19（157038）	2871.00	2028.10.08	4.0700
18 山西 20（157039）	800.00	2023.10.08	3.8900	18 湖北 15（157040）	450.00	2028.10.08	4.0700
18 湖北 16（157041）	500.00	2028.10.08	4.0700	18 湖北 17（157042）	1533.00	2028.10.08	4.0700
18 天津 31（157043）	2299.00	2038.10.12	4.3300	18 天津 32（157044）	1500.00	2025.10.12	4.0200
18 天津 33（157045）	800.00	2033.10.12	4.2900	18 天津 34（157046）	4000.00	2023.10.12	3.8500
18 云南 24（157047）	9060.00	2025.10.17	4.0000	18 云南 25（157048）	12060.00	2023.10.17	3.8200
18 青海 15（157049）	5020.00	2023.10.17	3.8200	18 青海 16（157050）	5240.00	2028.10.17	4.0000
18 湖南 20（157051）	6700.00	2028.10.18	3.9900	18 浙江 14（157052）	11304.00	2023.10.19	3.8100
18 浙江 15（157053）	7233.00	2023.10.19	3.8100	18 浙江 16（157054）	2800.00	2028.10.19	3.9800
18 新疆 26（157055）	4440.00	2021.10.19	3.6000	18 西藏 01（157056）	1000.00	2020.10.19	3.4500
18 西藏 02（157057）	1153.00	2021.10.19	3.6000	18 西藏 03（157058）	1312.00	2023.10.19	3.8100
18 西藏 04（157059）	760.00	2025.10.19	3.9800	18 西藏 05（157060）	594.00	2023.10.19	3.8100
18 西藏 06（157061）	679.00	2025.10.19	3.9800	18 内蒙 31（157062）	2460.00	2020.10.24	3.4400
18 内蒙 32（157063）	77.00	2028.10.24	3.9700	18 内蒙 33（157064）	452.00	2028.10.24	3.9700
18 山东 18（157065）	100.00	2028.10.25	3.9700	18 河南 32（157066）	7065.00	2025.10.29	3.9600
18 河南 33（157067）	3336.00	2021.10.29	3.6000	18 兵团 01（157068）	1600.00	2023.10.31	3.7500
18 兵团 02（157069）	2400.00	2028.10.31	3.9400	18 兵团 03（157070）	2000.00	2038.10.31	4.2500
18 广西 20（157071）	629.00	2028.10.31	3.9400	18 山西 21（157072）	4802.00	2021.11.01	3.5700
18 山西 22（157073）	295.00	2021.11.01	3.5700	18 山西 23（157074）	3630.00	2023.11.01	3.7400
18 山西 24（157075）	465.00	2023.11.01	3.7400	18 山西 25（157076）	417.00	2028.11.01	3.9300
18 天津 35（157077）	1500.00	2021.11.01	3.5700	18 天津 36（157078）	1700.00	2023.11.01	3.7400
18 北京 10（157079）	254.00	2021.11.01	3.5700	18 北京 11（157080）	1696.00	2023.11.01	3.7400
18 北京 12（157081）	1345.00	2028.11.01	3.9300	18 北京 13（157082）	608.00	2021.11.01	3.5700
18 北京 14（157083）	1503.00	2023.11.01	3.7400	18 北京 15（157084）	2481.00	2025.11.01	3.9300
18 四川 50（157085）	4000.00	2025.11.09	3.9100	18 大连 13（157086）	2438.00	2021.11.14	3.5100
18 大连 14（157087）	1447.00	2025.11.14	3.8800	18 湖南 21（157088）	10000.00	2038.11.15	4.1900
18 江西 20（157089）	327.00	2023.11.19	3.6100	18 湖北 18（157090）	470.00	2033.11.23	4.0300
18 内蒙 34（157091）	2639.00	2020.11.28	3.1100	18 内蒙 35（157092）	465.00	2028.11.28	3.7900
18 广东 37（157093）	200.00	2023.12.21	3.4500	18 广东 38（157094）	500.00	2023.12.21	3.4500
18 广东 39（157095）	7800.00	2025.12.21	3.6700	18 新疆 27（157096）	1500.00	2028.12.25	3.7400
18 新疆 28（157097）	500.00	2028.12.25	3.7400	18 青海 17（157098）	418.00	2021.12.25	3.3100
18 青海 18（157099）	9480.00	2028.12.25	3.7400	18 广西 21（157100）	790.00	2023.12.28	3.4600
18 广西 22（157101）	150.00	2023.12.28	3.4600	18 山东 19（157102）	130.00	2023.12.26	3.4500
18 山东 20（157103）	3726.00	2023.12.26	3.4500	18 浙江 17（157104）	1860.00	2023.12.28	3.4600
18 浙江 18（157105）	2200.00	2025.12.28	3.6500	18 天津 37（157106）	500.00	2025.12.28	3.6500
18 天津 38（157107）	1700.00	2023.12.28	3.4600	18 天津 39（157108）	300.00	2023.12.28	3.4600
18 龙江 20（157109）	1096.00	2024.01.02	3.4500	18 龙江 21（157110）	4.00	2024.01.02	3.4500
19 新疆 01（157111）	10000.00	2029.01.22	3.5000	19 河南 01（157112）	16500.00	2022.01.23	3.1300
19 河南 02（157113）	13900.00	2024.01.23	3.3300	19 河南 03（157114）	940.00	2022.01.23	3.1300
19 河南 04（157115）	11334.00	2024.01.23	3.3300	19 河南 05（157116）	211.00	2022.01.23	3.1300

债券信息
List of Bonds

债券简称（代码）Bond Name（Code）	发行量（百万元）Issued Vol（M yuan）	到期日 Expiration Date	票面利率（%）Coupon Rate（%）	债券简称（代码）Bond Name（Code）	发行量（百万元）Issued Vol（M yuan）	到期日 Expiration Date	票面利率（%）Coupon Rate（%）
19 河南 06（157117）	1139.00	2024.01.23	3.3300	19 河南 07（157118）	1300.00	2034.01.23	3.7900
19 兵团 01（157119）	1120.00	2024.01.24	3.3300	19 兵团 02（157120）	1680.00	2029.01.24	3.4900
19 兵团 03（157121）	200.00	2029.01.24	3.4900	19 兵团 04（157122）	1000.00	2029.01.24	3.4900
19 山东 01（157123）	10459.00	2029.01.25	3.5000	19 山东 02（157124）	3951.00	2024.01.25	3.3300
19 山东 03（157125）	1774.00	2022.01.25	3.1100	19 山东 04（157126）	7511.00	2029.01.25	3.5000
19 山东 05（157127）	823.00	2029.01.25	3.5000	19 河北 01（157128）	3000.00	2026.01.28	3.4700
19 河北 02（157129）	2315.00	2029.01.28	3.5100	19 湖北 01（157130）	17963.00	2029.01.30	3.3800
19 湖北 02（157131）	1800.00	2024.01.30	3.1900	19 安徽 01（157132）	15018.00	2026.01.31	3.3700
19 厦门 01（157133）	1200.00	2024.01.31	3.1900	19 厦门 02（157134）	200.00	2026.01.31	3.3200
19 厦门 03（157135）	1500.00	2029.01.31	3.3800	19 深圳 01（157136）	900.00	2021.01.31	2.8300
19 甘肃 01（157137）	5700.00	2026.01.31	3.3200	19 甘肃 02（157138）	2000.00	2029.01.31	3.3800
19 陕西 01（157139）	3500.00	2029.01.31	3.3800	19 江苏 01（157140）	19500.00	2029.02.01	3.3800
19 海南 01（157141）	4100.00	2024.02.01	3.1900	19 海南 02（157142）	4000.00	2029.02.01	3.3800
19 内蒙 01（157143）	10000.00	2024.02.01	3.1900	19 广西 01（157144）	5800.00	2026.02.01	3.3200
19 北京 01（157145）	2075.00	2022.02.01	2.9700	19 北京 02（157146）	2200.00	2024.02.01	3.1900
19 北京 03（157147）	6300.00	2026.02.01	3.3200	19 北京 04（157148）	2820.00	2029.02.01	3.3800
19 浙江 01（157149）	5200.00	2024.02.01	3.1900	19 浙江 02（157150）	18000.00	2029.02.01	3.3800
19 浙江 03（157151）	23100.00	2024.02.01	3.1900	19 广东 01（157152）	5760.00	2024.02.01	3.1900
19 广东 02（157153）	8640.00	2029.02.01	3.3800	19 广东 03（157154）	2600.00	2029.02.01	3.3800
19 广东 04（157155）	4650.00	2026.02.01	3.3200	19 广东 05（157156）	5350.00	2024.02.01	3.1900
19 广东 06（157157）	4000.00	2026.02.01	3.3200	19 广东 07（157158）	4000.00	2029.02.01	3.3800
19 广东 08（157159）	2960.00	2024.02.21	3.1400	19 广东 09（157160）	29530.00	2029.02.21	3.3400
19 广东 10（157161）	2000.00	2024.02.21	3.1400	19 广东 11（157162）	12368.00	2024.02.21	3.1400
19 广东 12（157163）	4778.00	2026.02.21	3.3000	19 广东 13（157164）	145.00	2029.02.21	3.3400
19 广东 14（157165）	2592.00	2024.02.21	3.1400	19 广东 15（157166）	196.00	2026.02.21	3.3000
19 广东 16（157167）	10286.00	2029.02.21	3.3400	19 广东 17（157168）	1400.00	2034.02.21	3.6500
19 广东 18（157169）	436.00	2039.02.21	3.6800	19 上海 01（157170）	20900.00	2029.02.22	3.3500
19 上海 02（157171）	15610.00	2024.02.22	3.1500	19 上海 03（157172）	1990.00	2029.02.22	3.3500
19 新疆 02（157173）	3990.00	2024.02.22	3.3000	19 新疆 03（157174）	5700.00	2029.02.22	3.5000
19 新疆 04（157175）	3200.00	2024.02.22	3.3000	19 新疆 05（157176）	1140.00	2029.02.22	3.5000
19 湖南 01（157177）	20000.00	2029.02.22	3.3500	19 山东 06（157178）	10600.00	2029.02.25	3.3600
19 山东 07（157179）	4873.00	2029.02.25	3.3600	19 山东 08（157180）	16915.00	2024.02.25	3.1600
19 山东 09（157181）	6973.00	2022.02.25	2.9300	19 山东 10（157182）	1000.00	2029.02.25	3.3600
19 山东 11（157183）	138.00	2024.02.25	3.1600	19 山东 12（157184）	668.00	2024.02.25	3.1600
19 四川 20（157185）	10000.00	2029.02.26	3.3800	19 四川 21（157186）	1634.00	2029.02.26	3.3800
19 四川 22（157187）	4988.00	2029.02.26	3.3800	19 四川 23（157188）	1282.00	2022.02.26	2.9400
19 四川 24（157189）	6964.00	2024.02.26	3.1600	19 四川 25（157190）	146.00	2024.02.26	3.1600
19 四川 26（157191）	262.00	2026.02.26	3.3200	19 四川 27（157192）	298.00	2029.02.26	3.3800
19 四川 28（157193）	30.00	2029.02.26	3.3800	19 四川 29（157194）	100.00	2026.02.26	3.3200
19 四川 30（157195）	1090.00	2029.02.26	3.3800	19 四川 31（157196）	50.00	2024.02.26	3.1600
19 四川 32（157197）	201.00	2029.02.26	3.3800	19 四川 33（157198）	61.00	2029.02.26	3.3800
19 四川 34（157199）	46.00	2024.02.26	3.1600	19 陕西 02（157200）	10200.00	2026.02.27	3.3400
19 陕西 03（157201）	10200.00	2029.02.27	3.3900	19 青海 01（157202）	5000.00	2029.02.27	3.3900
19 广西 02（157203）	10500.00	2026.02.27	3.3400	19 广西 03（157204）	5000.00	2026.02.27	3.3400
19 广西 04（157205）	4500.00	2024.02.27	3.1800	19 宁波 01（157206）	800.00	2029.02.28	3.4000
19 宁波 02（157207）	2000.00	2029.02.28	3.4000	19 内蒙 02（157208）	13600.00	2024.03.01	3.2300
19 天津 12（157209）	700.00	2022.03.08	3.0600	19 天津 13（157210）	700.00	2029.03.08	3.4500
19 内蒙 03（157211）	6279.00	2026.03.13	3.4300	19 新疆 06（157212）	10210.00	2029.03.15	3.4400
19 新疆 07（157213）	8020.00	2029.03.15	3.4400	19 新疆 08（157214）	4320.00	2029.03.15	3.4400
19 新疆 09（157215）	1440.00	2029.03.15	3.4400	19 新疆 10（157216）	1620.00	2026.03.15	3.4700

债券信息 List of Bonds

债券简称（代码）Bond Name（Code）	发行量（百万元）Issued Vol（M yuan）	到期日 Expiration Date	票面利率（%）Coupon Rate（%）	债券简称（代码）Bond Name（Code）	发行量（百万元）Issued Vol（M yuan）	到期日 Expiration Date	票面利率（%）Coupon Rate（%）
19 江苏 02（157217）	3070.00	2022.03.18	3.0700	19 江苏 03（157218）	29720.00	2024.03.18	3.3000
19 江苏 04（157219）	10540.00	2024.03.18	3.3000	19 江苏 05（157220）	3560.00	2024.03.18	3.3000
19 江苏 06（157221）	3740.00	2026.03.18	3.4200	19 江苏 07（157222）	31170.00	2029.03.18	3.3900
19 湖北 14（157223）	9393.00	2029.03.18	3.3900	19 龙江 01（157224）	22528.00	2029.03.18	3.3900
19 龙江 02（157225）	8000.00	2039.03.18	3.8600	19 天津 14（157226）	1497.00	2029.03.20	3.3900
19 天津 15（157227）	4500.00	2029.03.20	3.3900	19 天津 16（157228）	2100.00	2022.03.20	3.0600
19 天津 17（157229）	600.00	2024.03.20	3.3100	19 天津 18（157230）	730.00	2024.03.20	3.3100
19 龙江 03（157231）	2600.00	2029.03.18	3.3900	19 云南 07（157232）	740.00	2024.03.20	3.3100
19 云南 08（157233）	1280.00	2024.03.20	3.3100	19 贵州 02（157234）	700.00	2026.03.22	3.4200
19 宁波 03（157235）	840.00	2022.03.28	3.0400	19 宁波 04（157236）	1160.00	2024.03.25	3.3200
19 浙江 04（157237）	2200.00	2024.03.28	3.3200	19 河北 06（157238）	3193.00	2026.03.25	3.4200
19 河北 07（157239）	1370.00	2024.03.25	3.3200	19 河北 08（157240）	774.00	2024.03.25	3.3200
19 河北 09（157241）	413.00	2029.03.25	3.3900	19 河北 10（157242）	1692.00	2024.03.25	3.3200
19 宁夏 03（157243）	2062.00	2026.03.25	3.4300	19 宁夏 04（157244）	2100.00	2029.03.25	3.4400
19 宁夏 05（157245）	700.00	2024.03.25	3.3700	19 宁夏 06（157246）	962.00	2024.03.25	3.3700
19 宁夏 07（157247）	832.00	2029.03.25	3.4400	19 宁夏 08（157248）	48.00	2024.03.25	3.3700
19 宁夏 09（157249）	59.00	2029.03.25	3.4400	19 宁夏 10（157250）	484.00	2024.03.25	3.3700
19 宁夏 11（157251）	115.00	2024.03.25	3.3700	19 青岛 03（157252）	1300.00	2024.03.26	3.3100
19 青岛 04（157253）	1000.00	2026.03.26	3.4100	19 青岛 05（157254）	400.00	2029.03.26	3.3800
19 青岛 06（157255）	800.00	2026.03.26	3.4100	19 青岛 07（157256）	600.00	2026.03.26	3.4100
19 青岛 08（157257）	400.00	2026.03.26	3.4100	19 甘肃 04（157258）	2311.00	2029.03.26	3.3800
19 甘肃 06（157260）	3415.00	2026.03.26	3.4100	19 四川 35（157261）	11100.00	2026.03.26	3.4100
19 四川 36（157262）	13433.00	2026.03.26	3.4100	19 四川 37（157263）	5929.00	2024.03.29	3.3100
19 四川 38（157264）	349.00	2024.03.26	3.3100	19 四川 39（157265）	744.00	2026.03.26	3.4100
19 四川 40（157266）	100.00	2024.03.26	3.3100	19 四川 41（157267）	1241.00	2026.03.26	3.4100
19 四川 42（157268）	800.00	2029.03.26	3.3800	19 四川 43（157269）	2011.00	2026.03.26	3.4100
19 四川 44（157270）	378.00	2026.03.26	3.4100	19 四川 45（157271）	382.00	2029.03.26	3.3800
19 四川 46（157272）	280.00	2026.03.26	3.4100	19 四川 47（157273）	111.00	2029.03.26	3.3800
19 四川 48（157274）	150.00	2024.03.26	3.3100	19 四川 49（157275）	550.00	2026.03.26	3.4100
19 四川 50（157276）	832.00	2029.03.26	3.3800	19 四川 51（157277）	116.00	2026.03.26	3.4100
19 四川 52（157278）	195.00	2029.03.26	3.3800	19 四川 53（157279）	138.00	2026.03.26	3.4100
19 四川 54（157280）	45.00	2024.03.26	3.3100	19 四川 55（157281）	1157.00	2026.03.26	3.4100
19 四川 56（157282）	372.00	2029.03.26	3.3800	19 四川 57（157283）	269.00	2029.03.26	3.3800
19 四川 58（157284）	149.00	2029.03.26	3.3800	19 四川 59（157285）	54.00	2024.03.26	3.3100
19 福建 05（157286）	3942.00	2024.03.27	3.3000	19 福建 06（157287）	2972.00	2024.03.27	3.3000
19 福建 07（157288）	676.00	2026.03.27	3.4000	19 福建 08（157289）	300.00	2034.03.27	3.6600
19 福建 09（157290）	1720.00	2029.03.27	3.3700	19 福建 10（157291）	806.00	2029.03.27	3.3700
19 福建 11（157292）	634.00	2029.03.27	3.3700	19 吉林 01（157293）	8500.00	2026.03.27	3.4000
19 吉林 02（157294）	12000.00	2029.03.27	3.4700	19 陕西 04（157295）	1766.00	2022.03.28	3.0600
19 陕西 05（157296）	5500.00	2024.04.02	3.3300	19 陕西 06（157297）	4850.00	2026.03.28	3.4400
19 陕西 07（157298）	810.00	2029.03.28	3.4100	19 陕西 08（157299）	2374.00	2022.03.28	3.0600
19 陕西 09（157300）	200.00	2024.03.28	3.3300	19 山东 13（157301）	2612.00	2024.03.28	3.2800
19 山东 14（157302）	2369.00	2022.04.02	3.0100	19 山东 15（157303）	260.00	2029.03.28	3.3600
19 山东 16（157304）	550.00	2024.03.28	3.2800	19 山东 17（157305）	1142.00	2024.03.28	3.2800
19 山东 18（157306）	398.00	2024.03.28	3.2800	19 山东 19（157307）	412.00	2024.03.28	3.2800
19 山东 20（157308）	7762.00	2026.03.28	3.3900	19 广西 05（157309）	11037.00	2026.03.29	3.3700
19 广西 06（157310）	815.00	2026.03.29	3.3700	19 广西 07（157311）	985.00	2026.03.29	3.3700
19 广西 08（157312）	5500.00	2024.03.29	3.2700	19 广西 09（157313）	1330.00	2026.03.29	3.3700
19 广西 10（157314）	670.00	2026.03.29	3.3700	19 西藏 01（157315）	300.00	2024.03.29	3.2700
19 西藏 02（157316）	1000.00	2026.03.29	3.3700	19 西藏 03（157317）	700.00	2024.03.29	3.2700

债券信息
List of Bonds

债券
Bond

债券简称（代码）Bond Name（Code）	发行量（百万元）Issued Vol（M yuan）	到期日 Expiration Date	票面利率（%）Coupon Rate（%）	债券简称（代码）Bond Name（Code）	发行量（百万元）Issued Vol（M yuan）	到期日 Expiration Date	票面利率（%）Coupon Rate（%）
19 辽宁 03（157318）	6892.00	2029.03.29	3.4400	19 辽宁 04（157319）	9648.00	2029.03.29	3.4400
19 深圳 02（157320）	400.00	2022.03.29	3.0000	19 深圳 03（157321）	3000.00	2024.03.29	3.2700
19 深圳 04（157322）	1850.00	2029.03.29	3.3400	19 深圳 05（157323）	500.00	2029.03.29	3.3400
19 深圳 06（157324）	300.00	2026.03.29	3.3700	19 深圳 07（157325）	200.00	2024.03.29	3.2700
19 深圳 08（157326）	800.00	2026.03.29	3.3700	19 深圳 09（157327）	200.00	2026.03.29	3.3700
19 深圳 10（157328）	700.00	2034.03.29	3.6400	19 深圳 11（157329）	100.00	2026.03.29	3.3700
19 深圳 12（157330）	1500.00	2034.03.29	3.6400	19 深圳 13（157331）	350.00	2024.03.29	3.2700
19 深圳 14（157332）	2700.00	2026.03.29	3.3700	19 北京 05（157333）	2600.00	2024.04.04	3.2500
19 北京 06（157334）	3300.00	2024.04.01	3.2500	19 北京 07（157335）	2200.00	2024.04.04	3.2500
19 北京 08（157336）	2600.00	2026.04.01	3.3600	19 北京 09（157337）	5500.00	2029.04.01	3.3300
19 湖北 15（157338）	12552.00	2026.04.01	3.3600	19 湖北 16（157339）	19765.00	2029.04.01	3.4800
19 浙江 05（157340）	2900.00	2029.04.01	3.3300	19 浙江 06（157341）	14400.00	2026.04.01	3.3600
19 浙江 07（157342）	1000.00	2029.04.01	3.3300	19 浙江 08（157343）	15670.00	2029.04.01	3.3300
19 山西 12（157344）	1271.00	2022.04.12	3.1600	19 山西 13（157345）	2400.00	2026.04.12	3.5400
19 山西 14（157346）	2400.00	2029.04.12	3.5200	19 山西 15（157347）	148.00	2022.04.12	3.1600
19 山西 16（157348）	894.00	2024.04.12	3.4100	19 山西 17（157349）	997.00	2026.04.12	3.5400
19 山西 18（157350）	2076.00	2029.04.12	3.5200	19 山西 19（157351）	490.00	2022.04.12	3.1600
19 山西 20（157352）	3250.00	2024.04.12	3.4100	19 山西 21（157353）	720.00	2024.04.12	3.4100
19 山西 22（157354）	273.00	2026.04.12	3.5400	19 山西 23（157355）	671.00	2029.04.12	3.5200
19 甘肃 07（157356）	4400.00	2024.04.15	3.4300	19 龙江 04（157357）	12000.00	2029.04.16	3.7900
19 广东 19（157358）	3807.00	2024.04.26	3.4800	19 广东 20（157359）	3710.00	2029.04.26	3.6500
19 湖南 04（157360）	3933.00	2026.04.26	3.8000	19 湖南 05（157361）	7019.00	2024.04.26	3.4800
19 湖南 06（157362）	3849.00	2026.04.26	3.8100	19 湖南 07（157363）	988.00	2029.04.26	3.8900
19 河北 13（157364）	14460.00	2029.05.14	3.7300	19 青海 05（157365）	5860.00	2024.05.15	3.4000
19 青海 06（157366）	2200.00	2026.05.15	3.6600	19 青海 07（157367）	442.00	2024.05.15	3.4000
19 宁夏 12（157368）	493.00	2026.05.16	3.6300	19 宁夏 13（157369）	1390.00	2029.05.16	3.6300
19 福建 12（157370）	11294.00	2029.05.17	3.6300	19 青岛 09（157371）	1640.00	2026.05.21	3.5700
19 青岛 10（157372）	1240.00	2024.05.21	3.3900	19 青岛 11（157373）	1000.00	2026.05.21	3.5700
19 青岛 12（157374）	700.00	2026.05.21	3.5700	19 宁波 05（157375）	1752.00	2024.05.23	3.3900
19 宁波 06（157376）	1762.00	2029.05.23	3.5300	19 宁波 07（157377）	1232.00	2024.05.23	3.3900
19 宁波 08（157378）	1254.00	2029.05.23	3.5300	19 宁波 09（157379）	700.00	2029.05.23	3.5300
19 内蒙 12（157380）	4534.00	2022.05.24	3.2200	19 新疆 11（157381）	3100.00	2034.05.24	3.9800
19 新疆 12（157382）	17000.00	2034.05.24	4.0200	19 河南 14（157383）	11126.00	2026.05.27	3.5800
19 河南 15（157384）	3224.00	2026.05.27	3.5800	19 广西 11（157385）	19521.00	2029.05.29	3.7700
19 广西 12（157386）	15000.00	2029.05.29	3.7700	19 广东 21（157387）	2869.00	2024.05.30	3.3800
19 广东 22（157388）	2627.00	2026.05.30	3.6000	19 广东 23（157389）	8838.00	2024.05.30	3.3800
19 广东 24（157390）	2867.00	2026.05.30	3.6000	19 广东 25（157391）	455.00	2029.05.30	3.5700
19 广东 26（157392）	2052.00	2029.05.30	3.5700	19 广东 27（157393）	465.00	2039.05.30	3.9100
19 广东 28（157394）	1474.00	2029.05.30	3.5700	19 广东 29（157395）	600.00	2029.05.30	3.5700
19 广东 30（157396）	909.00	2034.05.30	3.8800	19 广东 31（157397）	310.00	2039.05.30	3.9100
19 广东 32（157398）	9473.00	2029.05.30	3.5700	19 广东 33（157399）	1261.00	2034.05.30	3.8800
19 广东 34（157400）	1094.00	2039.05.30	3.9100	19 湖北 17（157401）	14124.00	2026.06.03	3.5900
19 湖北 18（157402）	3124.00	2049.06.03	4.1900	19 四川 85（157403）	6489.00	2024.06.04	3.3600
19 四川 86（157404）	7000.00	2049.06.04	4.1900	19 四川 87（157405）	15391.00	2026.06.04	3.5800
19 四川 88（157406）	2904.00	2026.06.04	3.5800	19 四川 89（157407）	400.00	2024.06.04	3.3600
19 四川 90（157408）	232.00	2029.06.04	3.5500	19 四川 91（157409）	300.00	2039.06.04	3.9000
19 四川 92（157410）	50.00	2024.06.04	3.4600	19 四川 93（157411）	282.00	2026.06.04	3.5800
19 四川 94（157412）	365.00	2029.06.04	3.6500	19 四川 95（157413）	100.00	2039.06.04	3.9000
19 四川 96（157414）	147.00	2026.06.04	3.5800	19 北京 10（157415）	9835.00	2024.06.12	3.3100
19 北京 11（157416）	3531.00	2021.06.12	3.0400	19 北京 12（157417）	400.00	2024.06.12	3.3100

债券信息 债券
List of Bonds Bond

债券简称（代码） Bond Name（Code）	发行量（百万元） Issued Vol（M yuan）	到期日 Expiration Date	票面利率（%） Coupon Rate（%）	债券简称（代码） Bond Name（Code）	发行量（百万元） Issued Vol（M yuan）	到期日 Expiration Date	票面利率（%） Coupon Rate（%）
19北京13（157418）	353.00	2026.06.12	3.5200	19湖南08（157419）	30000.00	2026.06.12	3.5200
19大连05（157420）	667.00	2029.06.14	3.4800	19大连06（157421）	651.00	2029.06.14	3.4800
19海南08（157422）	3500.00	2022.06.14	3.2200	19海南09（157423）	2000.00	2029.06.14	3.4900
19海南10（157424）	800.00	2022.06.19	3.2200	19海南11（157425）	1050.00	2026.06.14	3.5300
19海南12（157426）	1500.00	2029.06.14	3.4900	19海南13（157427）	1500.00	2024.06.14	3.3300
19海南14（157428）	2000.00	2024.06.14	3.3300	19山西24（157429）	330.00	2022.06.14	3.2200
19山西25（157430）	4405.00	2024.06.14	3.3300	19山西26（157431）	6100.00	2026.06.14	3.5300
19山西27（157432）	113.00	2022.06.14	3.2200	19山西28（157433）	773.00	2024.06.14	3.3300
19山西29（157434）	169.00	2024.06.14	3.3300	19山西30（157435）	220.00	2026.06.14	3.5300
19山西31（157436）	1295.00	2029.06.14	3.4800	19山西32（157437）	700.00	2029.06.14	3.4900
19山西33（157438）	1169.00	2026.06.14	3.5300	19山西34（157439）	563.00	2029.06.14	3.4800
19上海04（157440）	3300.00	2022.06.18	3.2200	19上海05（157441）	300.00	2024.06.18	3.3400
19上海06（157442）	2530.00	2022.06.21	3.2200	19上海07（157443）	43260.00	2024.06.18	3.3400
19上海08（157444）	1500.00	2026.06.18	3.5300	19上海09（157445）	2310.00	2029.06.18	3.5000
19广东35（157446）	2410.00	2024.06.18	3.3400	19广东36（157447）	7100.00	2026.06.18	3.5300
19广东37（157448）	13222.00	2024.06.18	3.3400	19广东38（157449）	4871.00	2026.06.18	3.5300
19广东39（157450）	785.00	2029.06.18	3.5000	19广东40（157451）	2497.00	2029.06.18	3.5000
19广东41（157452）	186.00	2034.06.18	3.8000	19广东42（157453）	4079.00	2029.06.18	3.5000
19广东43（157454）	359.00	2034.06.18	3.8000	19广东44（157455）	673.00	2029.06.18	3.5000
19广东45（157456）	2762.00	2024.06.21	3.3400	19广东46（157457）	3378.00	2029.06.18	3.5000
19广东47（157458）	544.00	2034.06.18	3.8000	19广东48（157459）	421.00	2034.06.18	3.8000
19广东49（157460）	399.00	2039.06.18	3.8400	19广东50（157461）	12456.00	2029.06.18	3.5000
19广东51（157462）	1352.00	2034.06.18	3.8000	19广东52（157463）	3612.00	2039.06.18	3.8400
19深圳15（157464）	200.00	2024.06.18	3.3400	19深圳16（157465）	8000.00	2029.06.18	3.5000
19深圳17（157466）	6400.00	2029.06.18	3.5000	19深圳18（157467）	500.00	2024.06.18	3.3400
19深圳19（157468）	600.00	2026.06.18	3.5300	19深圳20（157469）	300.00	2024.06.18	3.3400
19内蒙13（157470）	10689.00	2039.06.19	3.8400	19内蒙14（157471）	3200.00	2039.06.19	3.8400
19广西13（157472）	7800.00	2029.06.20	3.5000	19广西14（157473）	400.00	2022.06.25	3.4300
19广西15（157474）	951.00	2049.06.20	4.1100	19广西16（157475）	2062.00	2049.06.20	4.1100
19广西17（157476）	585.00	2049.06.20	4.1100	19广西18（157477）	502.00	2049.06.20	4.1100
19广西19（157478）	6500.00	2049.06.20	4.1000	19福建13（157479）	6787.00	2049.06.21	4.1000
19福建14（157480）	7580.00	2034.06.21	3.7900	19福建15（157481）	3620.00	2034.06.21	3.7900
19陕西13（157482）	11060.00	2049.06.25	4.1000	19陕西14（157483）	9000.00	2034.06.25	3.8400
19陕西15（157484）	2142.00	2029.06.25	3.5400	19陕西16（157485）	600.00	2029.06.25	3.5800
19湖北19（157486）	6370.00	2024.06.25	3.3000	19湖北20（157487）	1467.00	2029.06.25	3.4800
19湖北21（157488）	1500.00	2034.06.25	3.8400	19云南09（157489）	11190.00	2049.06.25	4.1000
19湖南09（157490）	6437.00	2049.06.26	4.1100	19湖南10（157491）	5281.00	2024.06.26	3.3100
19湖南11（157492）	494.00	2024.06.26	3.3100	19湖南12（157493）	1656.00	2026.06.26	3.5100
19湖南13（157494）	113.00	2029.06.26	3.7200	19新疆13（157495）	3600.00	2034.06.28	3.8500
19新疆14（157496）	6800.00	2049.06.28	4.1700	19新疆15（157497）	4800.00	2039.06.28	3.8800
19新疆16（157498）	4190.00	2034.06.28	3.8500	19新疆17（157499）	3840.00	2024.06.28	3.3500
18吉林12（157500）	490.00	2023.10.25	3.7800	18吉林13（157501）	2110.00	2028.10.25	3.9700
18吉林14（157502）	407.00	2028.10.25	3.9700	18吉林15（157503）	480.00	2028.10.25	3.9700
18江苏16（157504）	3280.00	2023.10.25	3.7800	18龙江19（157505）	15634.00	2028.10.24	3.9700
18青岛11（157506）	1200.00	2023.10.29	3.7700	18青岛12（157507）	1000.00	2025.10.29	3.9600
18安徽17（157508）	1777.00	2023.10.31	3.7500	18安徽18（157509）	655.00	2023.10.31	3.7500
18四川33（157510）	209.00	2021.10.26	3.6000	18四川34（157511）	5182.00	2023.10.26	3.7700
18四川35（157512）	234.00	2023.10.26	3.7700	18四川36（157513）	653.00	2025.10.26	3.9600
18四川37（157514）	80.00	2028.10.26	3.9600	18四川38（157515）	40.00	2028.10.26	3.9600
18四川39（157516）	70.00	2025.10.26	3.9600	18四川40（157517）	20.00	2025.10.26	3.9600

债券信息
List of Bonds

债券简称（代码）Bond Name（Code）	发行量（百万元）Issued Vol（M yuan）	到期日 Expiration Date	票面利率（%）Coupon Rate（%）	债券简称（代码）Bond Name（Code）	发行量（百万元）Issued Vol（M yuan）	到期日 Expiration Date	票面利率（%）Coupon Rate（%）
18 四川 41（157518）	30.00	2023.10.26	3.7700	18 四川 42（157519）	1759.00	2028.10.26	3.9600
18 四川 43（157520）	119.00	2025.10.26	3.9600	18 四川 44（157521）	130.00	2025.10.26	3.9600
18 四川 45（157522）	536.00	2025.10.26	3.9600	18 四川 46（157523）	179.00	2023.10.26	3.7700
18 四川 47（157524）	273.00	2028.10.26	3.9600	18 四川 48（157525）	608.00	2028.10.26	3.9600
18 四川 49（157526）	227.00	2028.10.26	3.9600	18 贵州 24（157527）	10000.00	2021.10.29	3.6000
18 贵州 25（157528）	400.00	2023.10.29	3.7700	18 宁波 16（157529）	1183.00	2023.11.21	3.5600
18 宁波 17（157530）	1750.00	2028.11.21	3.8000	18 宁波 18（157531）	528.00	2023.11.21	3.5600
18 宁波 19（157532）	770.00	2028.11.21	3.8000	18 贵州 26（157533）	6509.00	2023.11.21	3.5600
18 贵州 27（157534）	5741.00	2025.11.21	3.7900	18 辽宁 24（157535）	3028.00	2028.11.30	3.7900
18 河北 41（157536）	6000.00	2023.12.20	3.4400	18 河北 42（157537）	9000.00	2028.12.20	3.7400
18 河北 43（157538）	3000.00	2028.12.20	3.7400	18 河北 44（157539）	10000.00	2038.12.20	4.0100
18 河北 45（157540）	2000.00	2048.12.20	4.2200	18 江西 21（157541）	662.00	2025.12.28	3.6500
18 江西 22（157542）	240.00	2025.12.28	3.6500	18 青岛 13（157543）	27.00	2023.12.28	3.4600
18 青岛 14（157544）	29.00	2023.12.28	3.4600	19 江西 01（157546）	2847.00	2022.01.30	2.9900
19 江西 02（157547）	6300.00	2024.01.30	3.1900	19 江西 03（157548）	6300.00	2026.01.30	3.3200
19 江西 04（157549）	6300.00	2029.01.30	3.3800	19 江西 05（157550）	2670.00	2022.01.30	2.9900
19 天津 01（157551）	1920.00	2021.01.28	2.9400	19 天津 02（157552）	1280.00	2024.01.28	3.3400
19 天津 03（157553）	1400.00	2039.01.28	3.8400	19 天津 04（157554）	6300.00	2024.01.28	3.3400
19 天津 05（157555）	400.00	2034.01.28	3.8100	19 天津 06（157556）	400.00	2024.01.28	3.3400
19 天津 07（157557）	1000.00	2029.01.28	3.5100	19 天津 08（157558）	500.00	2022.01.28	3.1200
19 天津 09（157559）	13200.00	2024.01.28	3.3400	19 天津 10（157560）	2700.00	2024.01.28	3.3400
19 天津 11（157561）	600.00	2024.01.28	3.3400	19 福建 01（157562）	4280.00	2024.01.25	3.3300
19 福建 02（157563）	3210.00	2026.01.25	3.4700	19 福建 03（157564）	3210.00	2029.01.25	3.5000
19 青岛 01（157565）	2200.00	2024.01.29	3.3400	19 青岛 02（157566）	3500.00	2026.01.29	3.4700
19 云南 01（157567）	2550.00	2022.01.29	3.1300	19 云南 02（157568）	7650.00	2024.01.29	3.3400
19 云南 03（157569）	7650.00	2026.01.29	3.4700	19 云南 04（157570）	7650.00	2029.01.29	3.5200
19 云南 05（157571）	15000.00	2024.01.29	3.3400	19 云南 06（157572）	4100.00	2026.01.29	3.4700
19 贵州 01（157573）	5100.00	2024.01.29	3.3400	19 四川 01（157574）	2000.00	2024.01.30	3.1900
19 四川 02（157575）	8000.00	2029.01.30	3.3800	19 四川 03（157576）	528.00	2022.01.30	2.9900
19 四川 04（157577）	4684.00	2024.01.30	3.1900	19 四川 05（157578）	475.00	2024.01.30	3.1900
19 四川 06（157579）	1680.00	2026.01.30	3.3200	19 四川 07（157580）	105.00	2029.01.30	3.3800
19 四川 08（157581）	300.00	2026.01.30	3.3200	19 四川 09（157582）	285.00	2029.01.30	3.3800
19 四川 10（157583）	446.00	2026.01.30	3.3200	19 四川 11（157584）	90.00	2026.01.30	3.3200
19 四川 12（157585）	115.00	2029.01.30	3.3800	19 四川 13（157586）	60.00	2029.01.30	3.3800
19 四川 14（157587）	400.00	2026.01.30	3.3200	19 四川 15（157588）	800.00	2029.01.30	3.3800
19 四川 16（157589）	300.00	2024.01.30	3.1900	19 四川 17（157590）	40.00	2026.01.30	3.3200
19 四川 18（157591）	300.00	2026.01.30	3.3200	19 四川 19（157592）	110.00	2029.01.30	3.3800
19 山西 01（157593）	2870.00	2024.02.22	3.1500	19 山西 02（157594）	4500.00	2026.02.22	3.3000
19 山西 03（157595）	4500.00	2029.02.22	3.3500	19 山西 04（157596）	131.00	2022.02.22	2.9200
19 山西 05（157597）	463.00	2024.02.22	3.1500	19 山西 06（157598）	230.00	2026.02.22	3.3000
19 山西 07（157599）	1147.00	2029.02.22	3.3500	19 山西 08（157600）	1444.00	2024.02.22	3.1500
19 山西 09（157601）	320.00	2022.02.22	2.9200	19 山西 10（157602）	290.00	2024.02.22	3.1500
19 山西 11（157603）	556.00	2029.02.22	3.3500	19 辽宁 01（157604）	24979.00	2029.02.25	3.3600
19 辽宁 02（157605）	900.00	2024.02.25	3.1600	19 湖北 03（157606）	4148.00	2024.03.01	3.2300
19 湖北 04（157607）	2916.00	2029.03.01	3.4100	19 湖北 05（157608）	5114.00	2024.03.01	3.2300
19 湖北 06（157609）	1000.00	2029.03.01	3.4100	19 湖北 07（157610）	2500.00	2029.03.01	3.4100
19 湖北 08（157611）	3668.00	2029.03.01	3.4100	19 湖北 09（157612）	2200.00	2034.03.01	3.6900
19 湖北 10（157613）	1127.00	2029.03.01	3.4100	19 湖北 11（157614）	2854.00	2026.03.01	3.3700
19 湖北 12（157615）	2317.00	2029.03.01	3.4100	19 湖北 13（157616）	6761.00	2024.03.01	3.2300
19 宁夏 01（157617）	4000.00	2024.03.01	3.2800	19 宁夏 02（157618）	4500.00	2029.03.01	3.4600

债券信息
List of Bonds

债券
Bond

债券简称（代码）Bond Name（Code）	发行量（百万元）Issued Vol（M yuan）	到期日 Expiration Date	票面利率（%）Coupon Rate（%）	债券简称（代码）Bond Name（Code）	发行量（百万元）Issued Vol（M yuan）	到期日 Expiration Date	票面利率（%）Coupon Rate（%）
19重庆01（157619）	2600.00	2024.02.27	3.1800	19重庆02（157620）	6000.00	2029.02.27	3.3900
19重庆03（157621）	7000.00	2049.02.27	3.9800	19重庆04（157622）	7800.00	2024.02.27	3.1800
19重庆05（157623）	2200.00	2026.02.27	3.3400	19甘肃03（157624）	8889.00	2029.02.28	3.4000
19福建04（157625）	17950.00	2024.03.15	3.2900	19河南08（157626）	19587.00	2026.03.14	3.4300
19河南09（157627）	1314.00	2024.03.14	3.3000	19河南10（157628）	756.00	2024.03.14	3.3000
19河南11（157629）	500.00	2024.03.14	3.3000	19河南12（157630）	300.00	2029.03.14	3.4100
19河南13（157631）	5000.00	2034.03.14	3.6900	19大连01（157632）	1800.00	2026.03.20	3.4200
19大连02（157633）	200.00	2026.03.20	3.4200	19厦门04（157634）	3500.00	2034.03.22	3.6800
19河北03（157635）	8860.00	2034.03.15	3.6800	19河北04（157636）	12314.00	2024.03.15	3.2900
19河北05（157637）	6554.00	2034.03.15	3.6800	19江西06（157638）	2126.00	2029.03.21	3.3900
19江西07（157639）	10181.00	2024.03.21	3.3200	19江西08（157640）	14019.00	2024.03.21	3.3200
19江西09（157641）	2000.00	2024.03.21	3.3200	19江西10（157642）	2008.00	2029.03.21	3.3900
19湖南02（157643）	10300.00	2029.03.22	3.3900	19湖南03（157644）	5000.00	2024.03.22	3.3200
19安徽02（157645）	40123.00	2024.04.01	3.3000	19安徽03（157646）	7020.00	2026.04.01	3.4100
19安徽04（157647）	4276.00	2029.04.01	3.3800	19青海02（157648）	10000.00	2029.03.28	3.4600
19青海03（157649）	3595.00	2024.03.28	3.2800	19青海04（157650）	600.00	2026.03.28	3.3900
19贵州03（157651）	10000.00	2024.04.02	3.2300	19贵州04（157652）	6000.00	2024.04.02	3.2300
19内蒙04（157653）	390.00	2022.04.10	3.0900	19内蒙05（157654）	660.00	2024.04.10	3.3400
19内蒙06（157655）	910.00	2026.04.10	3.6500	19内蒙07（157656）	2530.00	2029.04.10	3.6100
19内蒙08（157657）	510.00	2034.04.10	3.8800	19内蒙09（157658）	1290.00	2024.04.10	3.3400
19内蒙10（157659）	110.00	2029.04.10	3.7100	19内蒙11（157660）	2500.00	2029.04.10	3.7100
19江苏08（157661）	17270.00	2022.04.17	3.2000	19江苏09（157662）	17190.00	2029.04.17	3.5600
19河北11（157663）	4000.00	2026.04.10	3.5000	19河北12（157664）	22200.00	2039.04.10	3.9100
19吉林03（157665）	5909.00	2024.04.17	3.4600	19吉林04（157666）	560.00	2024.04.17	3.4600
19吉林05（157667）	970.00	2026.04.17	3.8000	19吉林06（157668）	3690.00	2029.04.17	3.8100
19吉林07（157669）	330.00	2029.04.17	3.8100	19吉林08（157670）	150.00	2029.04.17	3.8100
19陕西10（157671）	7380.00	2024.04.24	3.5800	19陕西11（157672）	14700.00	2026.04.24	3.8000
19陕西12（157673）	14800.00	2029.04.24	3.8800	19辽宁05（157674）	3282.00	2039.04.26	4.1900
19辽宁06（157675）	6099.00	2039.04.26	4.2400	19海南03（157676）	3996.00	2026.04.29	3.8100
19海南04（157677）	800.00	2024.04.29	3.4900	19海南05（157678）	900.00	2024.04.29	3.4900
19海南06（157679）	3600.00	2024.04.29	3.4900	19海南07（157680）	1586.00	2029.04.29	3.9000
19大连03（157681）	600.00	2024.04.30	3.4900	19大连04（157682）	1500.00	2022.04.30	3.2800
19龙江05（157683）	10415.00	2024.04.29	3.4900	19甘肃08（157684）	4553.00	2026.05.06	3.8400
19四川60（157685）	5841.00	2039.05.07	4.1000	19四川61（157686）	11000.00	2039.05.07	4.1100
19四川62（157687）	2816.00	2024.05.07	3.4600	19四川63（157688）	2831.00	2026.05.07	3.7600
19四川64（157689）	2986.00	2029.05.07	3.8900	19四川65（157690）	1000.00	2049.05.07	4.2200
19四川66（157691）	840.00	2029.05.07	3.8000	19四川67（157692）	125.00	2034.05.07	4.1800
19四川68（157693）	1129.00	2024.05.07	3.4600	19四川69（157694）	3871.00	2026.05.07	3.7200
19四川70（157695）	2370.00	2029.05.07	3.9000	19四川71（157696）	916.00	2026.05.07	3.7200
19四川72（157697）	1288.00	2029.05.07	3.9900	19四川73（157698）	813.00	2026.05.07	3.8000
19四川74（157699）	1600.00	2029.05.07	3.7500	19四川75（157700）	1829.00	2029.05.07	3.9900
19四川76（157701）	210.00	2026.05.07	3.7300	19四川77（157702）	1222.00	2029.05.07	3.9500
19四川78（157703）	260.00	2024.05.07	3.4600	19四川79（157704）	160.00	2026.05.07	3.7600
19四川80（157705）	1729.00	2029.05.07	3.8600	19四川81（157706）	200.00	2026.05.07	3.6800
19四川82（157707）	464.00	2029.05.07	3.9500	19四川83（157708）	1023.00	2026.05.07	3.7200
19四川84（157709）	619.00	2029.05.07	3.9000	19山东21（157710）	18238.00	2024.05.17	3.4000
19山东22（157711）	9230.00	2029.05.17	3.7800	19山东23（157712）	914.00	2026.05.17	3.5900
19天津19（157713）	6783.00	2022.05.13	3.2600	19天津20（157714）	2800.00	2024.05.13	3.4100
19天津21（157715）	2800.00	2024.05.13	3.4100	19天津22（157716）	1300.00	2024.05.13	3.4100
19天津23（157717）	500.00	2026.05.13	3.6400	19天津24（157718）	1100.00	2026.05.13	3.6400

债券信息
List of Bonds

债券简称（代码） Bond Name（Code）	发行量（百万元） Issued Vol（M yuan）	到期日 Expiration Date	票面利率（%） Coupon Rate（%）	债券简称（代码） Bond Name（Code）	发行量（百万元） Issued Vol（M yuan）	到期日 Expiration Date	票面利率（%） Coupon Rate（%）
19 辽宁 07（157719）	13791.00	2049.05.29	4.2800	19 龙江 06（157720）	10060.00	2049.05.31	4.1900
19 贵州 05（157721）	11432.00	2049.05.29	4.2000	19 吉林 09（157722）	11179.00	2029.06.12	3.4700
19 吉林 10（157723）	500.00	2024.06.12	3.3100	19 吉林 11（157724）	60.00	2029.06.12	3.4700
19 吉林 12（157725）	200.00	2029.06.12	3.4700	19 宁夏 14（157726）	2000.00	2029.06.13	3.4700
19 甘肃 09（157727）	5343.00	2026.06.05	3.5600	19 甘肃 10（157728）	8210.00	2049.06.05	4.1800
19 河北 14（157729）	10874.00	2024.06.10	3.3100	19 河北 15（157730）	6500.00	2049.06.10	4.1500
19 天津 25（157731）	500.00	2022.06.10	3.1900	19 天津 26（157732）	4000.00	2024.06.10	3.3100
19 天津 27（157733）	4400.00	2024.06.10	3.3100	19 天津 28（157734）	800.00	2022.06.10	3.1900
19 天津 29（157735）	1400.00	2024.06.10	3.3100	19 天津 30（157736）	400.00	2024.06.10	3.3100
19 天津 31（157737）	100.00	2026.06.10	3.5300	19 天津 32（157738）	3700.00	2029.06.10	3.4900
19 天津 33（157739）	200.00	2024.06.10	3.3100	19 天津 34（157740）	1000.00	2024.06.10	3.3100
19 重庆 06（157741）	4066.00	2022.06.13	3.2100	19 重庆 07（157742）	10600.00	2049.06.13	4.1100
19 重庆 08（157743）	10434.00	2029.06.13	3.4700	19 重庆 09（157744）	10000.00	2024.06.13	3.3200
19 重庆 10（157745）	9130.00	2024.06.13	3.3200	19 浙江 09（157746）	11250.00	2029.06.21	3.4800
19 浙江 10（157747）	15800.00	2039.06.21	3.8200	19 浙江 11（157748）	2250.00	2022.06.21	3.1900
19 浙江 12（157749）	12150.00	2024.06.21	3.3200	19 浙江 13（157750）	6900.00	2029.06.21	3.4800
19 浙江 14（157751）	10700.00	2034.06.21	3.7900	19 甘肃 11（157752）	6772.00	2026.06.12	3.5200
19 甘肃 12（157753）	6300.00	2029.06.12	3.4700	19 甘肃 13（157754）	5500.00	2039.06.12	3.8200
19 河南 16（157757）	6674.00	2024.06.17	3.3400	19 河南 17（157758）	13481.00	2049.06.17	4.1200
19 河南 18（157759）	26265.00	2024.06.17	3.3400	19 河南 19（157760）	5100.00	2034.06.17	3.8000
19 安徽 05（157761）	4398.00	2049.06.18	4.1100	19 安徽 06（157762）	13693.00	2026.06.18	3.6300
19 安徽 07（157763）	1224.00	2029.06.18	3.6000	19 江西 11（157764）	1327.00	2029.06.19	3.5000
19 江西 12（157765）	9716.00	2049.06.19	4.1100	19 江西 13（157766）	13437.00	2024.06.19	3.3400
19 江西 14（157767）	300.00	2049.06.19	4.1100	19 江西 15（157768）	208.00	2029.06.19	3.5000
19 江西 16（157769）	500.00	2029.06.19	3.5100	19 河北 16（157770）	439.00	2022.06.21	3.1900
19 河北 17（157771）	8549.00	2024.06.21	3.3200	19 河北 18（157772）	14853.00	2029.06.21	3.6300
19 河北 19（157773）	2546.00	2029.06.21	3.6300	19 龙江 07（157774）	10238.00	2049.06.25	4.1800
19 辽宁 08（157775）	3000.00	2049.06.25	4.1500	19 辽宁 09（157776）	126.00	2029.06.25	3.6800
19 山东 24（157777）	5351.00	2026.06.26	3.5100	19 山东 25（157778）	4151.00	2024.06.26	3.3100
19 山东 26（157779）	21865.00	2024.06.26	3.3100	19 山东 27（157780）	3148.00	2022.06.26	3.1700
19 山东 28（157781）	3128.00	2039.06.26	3.8300	19 山东 29（157782）	176.00	2029.06.26	3.6400
19 山东 30（157783）	1000.00	2024.06.26	3.3100	19 山东 31（157784）	1662.00	2029.06.26	3.4900
19 江苏 10（157785）	12700.00	2024.07.01	3.3100	19 江苏 11（157786）	5550.00	2022.07.01	3.1800
19 江苏 12（157787）	18990.00	2024.07.01	3.3100	19 江苏 13（157788）	17360.00	2024.07.01	3.3100
19 贵州 06（157789）	19569.00	2024.06.26	3.3100	19 贵州 07（157790）	5002.00	2029.06.26	3.5900
19 贵州 08（157791）	6465.00	2049.06.26	4.1100	19 宁夏 15（157792）	2438.00	2029.06.28	3.4900
19 厦门 05（157793）	6600.00	2024.07.17	3.2700	19 厦门 06（157794）	500.00	2024.07.17	3.2700
19 厦门 07（157795）	3000.00	2024.07.17	3.2700	19 青海 08（157796）	6998.00	2049.07.19	4.1200
19 青海 09（157797）	100.00	2026.07.19	3.4400	19 青海 10（157798）	650.00	2026.07.19	3.4400
19 青海 11（157799）	400.00	2029.07.19	3.4700	19 青海 12（157800）	320.00	2026.07.19	3.4400
19 青海 13（157801）	800.00	2029.07.19	3.4700	19 青海 14（157802）	3150.00	2026.07.19	3.4400
19 青海 15（157803）	1200.00	2026.07.19	3.4400	19 青海 16（157804）	850.00	2026.07.19	3.4400
19 青海 17（157805）	350.00	2026.07.19	3.4400	19 青海 18（157806）	250.00	2026.07.19	3.4400
19 青海 19（157807）	400.00	2026.07.19	3.4400	19 山西 35（157808）	1090.00	2029.07.23	3.4200
19 山西 36（157809）	1800.00	2039.07.23	3.7800	19 山西 37（157810）	150.00	2024.07.23	3.2700
19 山西 38（157811）	620.00	2029.07.23	3.4200	19 山西 39（157812）	150.00	2024.07.23	3.2700
19 山西 40（157813）	1313.00	2026.07.23	3.4400	19 山西 41（157814）	1326.00	2029.07.23	3.4200
19 山西 42（157815）	300.00	2034.07.23	3.7500	19 山西 43（157816）	300.00	2024.07.23	3.2700
19 山西 44（157817）	534.00	2026.07.23	3.4400	19 山西 45（157818）	2269.00	2029.07.23	3.4200
19 山西 46（157819）	325.00	2034.07.23	3.7500	19 陕西 17（157820）	11610.00	2026.07.25	3.4300

债券信息
List of Bonds

债券简称（代码） Bond Name（Code）	发行量（百万元） Issued Vol （M yuan）	到期日 Expiration Date	票面利率（%） Coupon Rate（%）	债券简称（代码） Bond Name（Code）	发行量（百万元） Issued Vol （M yuan）	到期日 Expiration Date	票面利率（%） Coupon Rate（%）
19 陕西 18（157821）	11600.00	2029.07.25	3.4100	19 陕西 19（157822）	2024.00	2024.07.25	3.2600
19 陕西 20（157823）	1250.00	2026.07.25	3.4300	19 陕西 21（157824）	750.00	2034.07.25	3.7400
19 陕西 22（157825）	2000.00	2034.07.25	3.7400	19 青岛 13（157826）	2300.00	2026.07.29	3.4200
19 青岛 14（157827）	500.00	2024.07.26	3.2500	19 青岛 15（157828）	1860.00	2026.07.26	3.4300
19 青岛 16（157829）	1000.00	2029.07.26	3.4100	19 青岛 17（157830）	1900.00	2024.07.26	3.2500
19 青岛 18（157831）	2300.00	2026.07.26	3.4300	19 青岛 19（157832）	1000.00	2029.07.26	3.4100
19 青岛 20（157833）	200.00	2026.07.26	3.4300	19 青岛 21（157834）	300.00	2026.07.29	3.4200
19 青岛 22（157835）	2050.00	2026.07.29	3.4200	19 青岛 23（157836）	200.00	2026.07.29	3.4200
19 青岛 24（157837）	150.00	2026.07.29	3.4200	19 青岛 25（157838）	50.00	2024.07.29	3.2500
19 青岛 26（157839）	150.00	2024.07.29	3.2500	19 吉林 13（157840）	1410.00	2024.07.25	3.2600
19 吉林 14（157841）	366.00	2024.07.25	3.2600	19 吉林 15（157842）	2362.00	2026.07.25	3.4300
19 吉林 16（157843）	3764.00	2029.07.25	3.4100	19 重庆 11（157844）	7000.00	2049.07.22	4.0700
19 重庆 12（157845）	3800.00	2049.07.22	4.0700	19 重庆 13（157846）	9000.00	2024.07.22	3.2700
19 重庆 14（157847）	5670.00	2024.07.22	3.2700	19 重庆 15（157848）	9400.00	2024.07.22	3.2700
19 宁夏 16（157849）	2898.00	2049.07.18	4.0800	19 宁夏 17（157850）	1164.00	2024.07.18	3.2700
19 宁夏 18（157851）	375.00	2026.07.18	3.4400	19 宁夏 19（157852）	575.00	2029.07.18	3.4300
19 宁夏 20（157853）	95.00	2024.07.18	3.2700	19 宁夏 21（157854）	238.00	2029.07.18	3.4300
19 宁夏 22（157855）	568.00	2029.07.18	3.4300	19 宁夏 23（157856）	598.00	2024.07.18	3.2700
19 宁夏 24（157857）	777.00	2026.07.18	3.4400	19 宁夏 25（157858）	939.00	2029.07.18	3.4300
19 辽宁 11（157859）	109.00	2024.07.24	3.2600	19 辽宁 12（157860）	2938.00	2029.07.24	3.4100
19 辽宁 13（157861）	4353.00	2034.07.24	3.7500	19 辽宁 14（157862）	274.00	2029.07.24	3.4100
19 内蒙 15（157863）	11160.00	2029.07.30	3.4100	19 内蒙 16（157864）	1240.00	2024.07.30	3.2500
19 内蒙 17（157865）	110.00	2029.07.30	3.4100	19 内蒙 18（157866）	180.00	2024.07.30	3.2500
19 内蒙 19（157867）	10700.00	2029.07.30	3.4100	19 内蒙 20（157868）	1140.00	2034.07.30	3.7500
19 内蒙 21（157869）	100.00	2026.07.30	3.4200	19 内蒙 22（157870）	1360.00	2029.07.30	3.4100
19 内蒙 23（157871）	60.00	2034.07.30	3.7500	19 云南 10（157872）	14377.00	2022.07.25	3.1400
19 云南 11（157873）	7270.00	2024.07.25	3.2600	19 云南 12（157874）	3124.00	2022.07.25	3.1400
19 云南 13（157875）	4000.00	2024.07.25	3.2600	19 云南 14（157876）	5200.00	2029.07.25	3.4100
19 云南 15（157877）	3000.00	2029.07.25	3.4100	19 福建 16（157878）	10964.00	2024.07.26	3.2500
19 福建 17（157879）	3120.00	2024.07.26	3.2500	19 福建 18（157880）	3189.00	2024.07.26	3.2500
19 福建 19（157881）	1535.00	2026.07.26	3.4300	19 福建 20（157882）	91.00	2024.07.26	3.2500
19 福建 21（157883）	1087.00	2029.07.26	3.4100	19 福建 22（157884）	800.00	2039.07.26	3.7800
19 福建 23（157885）	815.00	2029.07.26	3.4100	19 福建 24（157886）	927.00	2029.07.26	3.4100
19 福建 25（157887）	672.00	2029.07.26	3.4100	19 福建 26（157888）	1311.00	2029.07.26	3.4100
19 福建 27（157889）	2890.00	2029.07.26	3.4100	19 湖南 14（157890）	8198.00	2039.07.24	3.7800
19 湖南 15（157891）	4044.00	2026.07.24	3.4300	19 湖南 16（157892）	5998.00	2024.07.24	3.2600
19 湖南 17（157893）	1985.00	2024.07.24	3.2600	19 湖南 18（157894）	3225.00	2026.07.24	3.4300
19 湖南 19（157895）	5115.00	2029.07.24	3.4100	19 贵州 09（157896）	18820.00	2022.07.25	3.1400
19 贵州 10（157897）	6580.00	2049.07.25	4.0900	19 贵州 11（157898）	11297.00	2049.07.25	4.0900
19 山东 32（157899）	8206.00	2024.07.29	3.2500	19 山东 33（157900）	3431.00	2022.07.29	3.1400
19 山东 34（157901）	2700.00	2039.07.29	3.8300	19 山东 35（157902）	707.00	2039.07.29	3.8300
19 山东 36（157903）	450.00	2039.07.29	3.8300	19 山东 37（157904）	1484.00	2024.07.29	3.2500
19 山东 38（157905）	4181.00	2029.07.29	3.4100	19 山东 39（157906）	530.00	2024.07.29	3.2500
19 四川 97（157907）	8576.00	2049.07.29	4.0900	19 四川 98（157908）	7511.00	2049.07.29	4.0900
19 四川 99（157909）	239.00	2026.07.29	3.4200	19 川 100（157910）	686.00	2029.07.29	3.4100
19 川 101（157911）	700.00	2049.07.29	4.0900	19 川 102（157912）	1137.00	2026.07.29	3.4200
19 川 103（157913）	671.00	2029.07.29	3.4100	19 川 104（157914）	9797.00	2024.07.29	3.2500
19 川 105（157915）	1134.00	2024.07.29	3.2500	19 川 106（157916）	1977.00	2029.07.29	3.4100
19 川 107（157917）	300.00	2024.07.29	3.2500	19 川 108（157918）	670.00	2026.07.29	3.4200
19 川 109（157919）	3461.00	2029.07.29	3.4100	19 川 110（157920）	1131.00	2029.07.29	3.4100

债券信息
List of Bonds

债券简称（代码）Bond Name（Code）	发行量（百万元）Issued Vol（M yuan）	到期日 Expiration Date	票面利率（%）Coupon Rate（%）	债券简称（代码）Bond Name（Code）	发行量（百万元）Issued Vol（M yuan）	到期日 Expiration Date	票面利率（%）Coupon Rate（%）
19 川 111（157921）	82.00	2026.07.29	3.4200	19 川 112（157922）	283.00	2029.07.29	3.4600
19 川 113（157923）	400.00	2029.07.29	3.4100	19 川 114（157924）	1221.00	2029.07.29	3.4100
19 川 115（157925）	597.00	2024.07.29	3.2500	19 川 116（157926）	530.00	2029.07.29	3.4100
19 川 117（157927）	305.00	2029.07.29	3.4100	19 湖北 23（157928）	2854.00	2024.08.12	3.1800
19 湖北 24（157929）	5222.00	2024.08.12	3.1800	19 湖北 25（157930）	14406.00	2026.08.12	3.3400
19 湖北 26（157931）	1419.00	2029.08.12	3.3100	19 河南 20（157934）	7371.00	2049.08.23	3.8700
19 河南 21（157935）	1343.00	2029.08.23	3.2800	19 河南 22（157936）	4567.00	2022.08.23	3.0300
19 河南 23（157937）	9920.00	2024.08.23	3.1800	19 河南 24（157938）	3669.00	2024.08.23	3.1800
19 河南 25（157939）	723.00	2026.08.23	3.3100	19 河南 26（157940）	495.00	2029.08.23	3.2800
19 河南 27（157941）	1146.00	2029.08.23	3.2800	19 河南 28（157942）	1354.00	2026.08.23	3.3100
19 河南 29（157943）	3300.00	2029.08.23	3.2800	19 河南 30（157944）	1807.00	2029.08.23	3.2800
19 河南 31（157945）	5806.00	2034.08.23	3.5700	19 河南 32（157946）	1103.00	2024.08.23	3.1800
19 河南 33（157947）	452.00	2026.08.23	3.3100	19 宁夏 26（157948）	2200.00	2049.08.23	3.9000
19 宁夏 27（157949）	763.00	2024.08.23	3.1800	19 宁夏 28（157950）	159.00	2024.08.23	3.1800
19 宁夏 29（157951）	811.00	2024.08.23	3.1800	19 宁夏 30（157952）	600.00	2029.08.23	3.3000
19 吉林 17（157953）	5983.00	2029.08.30	3.3000	19 吉林 18（157954）	11911.00	2024.08.30	3.2100
19 吉林 19（157955）	760.00	2029.08.30	3.3000	19 吉林 20（157956）	340.00	2029.08.30	3.5500
19 吉林 21（157957）	200.00	2049.08.30	3.9100	19 吉林 22（157958）	154.00	2026.08.30	3.4300
19 吉林 23（157959）	215.00	2029.08.30	3.5500	19 吉林 24（157960）	100.00	2039.08.30	4.0100
19 云南 16（157961）	4090.00	2024.08.26	3.1900	19 云南 17（157962）	10710.00	2026.08.26	3.3200
19 云南 18（157963）	300.00	2026.08.26	3.3200	19 云南 19（157964）	1690.00	2026.08.26	3.3200
19 云南 20（157965）	2685.00	2026.08.26	3.3200	19 云南 21（157966）	1075.00	2026.08.26	3.3200
19 云南 22（157967）	950.00	2026.08.26	3.3200	19 云南 23（157968）	1100.00	2024.08.26	3.1900
19 青岛 27（157969）	4000.00	2024.08.29	3.2100	19 上海 10（157970）	21970.00	2024.08.21	3.1700
19 上海 11（157971）	2620.00	2024.08.21	3.1700	19 上海 12（157972）	10460.00	2029.08.21	3.2600
19 辽宁 17（157973）	7302.00	2029.08.23	3.2800	19 辽宁 18（157974）	9437.00	2039.08.23	3.6100
19 河北 24（157975）	929.00	2029.08.22	3.2700	19 河北 25（157976）	10052.00	2024.08.22	3.1700
19 河北 26（157977）	894.00	2024.08.22	3.1700	19 河北 27（157978）	1575.00	2024.08.22	3.1700
19 河北 28（157979）	2228.00	2024.08.22	3.1700	19 天津 48（157980）	3686.00	2024.08.23	3.1800
19 天津 49（157981）	1400.00	2024.08.23	3.1800	19 天津 50（157982）	1100.00	2034.08.23	3.5700
19 湖南 24（157983）	6100.00	2049.08.26	3.8800	19 湖南 25（157984）	6064.00	2039.08.26	3.6200
19 湖南 26（157985）	1037.00	2026.08.26	3.3200	19 湖南 27（157986）	5842.00	2029.08.26	3.2900
19 湖南 28（157987）	1266.00	2034.08.26	3.5800	19 湖南 29（157988）	9742.00	2049.08.26	3.8800
19 贵州 12（157989）	9165.00	2049.08.29	3.9100	19 贵州 13（157990）	4359.00	2049.08.29	3.9100
19 甘肃 15（157991）	2441.00	2026.08.29	3.3300	19 甘肃 16（157992）	1580.00	2039.08.29	3.6400
19 甘肃 17（157993）	940.00	2039.08.29	3.6400	19 甘肃 18（157994）	300.00	2026.08.29	3.3300
19 宁波 14（157995）	3395.00	2026.09.18	3.3400	19 宁波 15（157996）	867.00	2026.09.18	3.3400
19 内蒙 26（157997）	4056.00	2024.09.25	3.2400	19 内蒙 27（157998）	3860.00	2034.09.25	3.6500
19 内蒙 28（157999）	519.00	2029.09.25	3.3600	19 建七 01（159000）	627.00	2020.07.10	3.6000
梅溪湖次（159001）	2.00	2037.01.31	0.0000	PR 一优（159002）	480.00	2039.02.26	4.9000
人才一次（159003）	24.00	2039.02.26	0.0000	PR19 优（159004）	440.00	2020.04.20	5.5000
中和 19 次（159005）	60.00	2020.05.20	0.0000	PR 坊 A（159006）	345.00	2034.02.10	5.1000
虹桥坊 B（159007）	200.00	2034.02.10	5.8000	虹桥坊次（159008）	20.00	2034.02.10	0.0000
PR14A1（159009）	660.00	2019.12.19	3.6900	PR14A2（159010）	600.00	2021.03.18	3.8300
恒信 14A3（159011）	230.00	2021.09.20	4.4000	恒信 14 次（159012）	80.00	2022.03.18	0.0000
19 信易 04（159013）	418.00	2020.04.09	3.9400	逸锟 05A（159014）	443.00	2020.04.17	5.4600
逸锟 05 次（159015）	2.00	2020.04.17	0.0000	19 裕源 05（159016）	168.00	2020.04.03	3.9500
启程 02 优（159017）	208.00	2020.03.27	4.9000	启程 02 次（159018）	1.00	2020.03.27	0.0000
合生 3A（159019）	445.00	2020.03.26	6.5000	合生 3 次（159020）	1.00	2020.03.26	0.0000
PRBL02A（159021）	199.00	2020.04.10	3.6000	PR 海尔 A1（159022）	47.00	2020.02.05	5.0000

债券信息 List of Bonds

债券 Bond

债券简称（代码）Bond Name (Code)	发行量（百万元）Issued Vol (M yuan)	到期日 Expiration Date	票面利率（%）Coupon Rate (%)	债券简称（代码）Bond Name (Code)	发行量（百万元）Issued Vol (M yuan)	到期日 Expiration Date	票面利率（%）Coupon Rate (%)
19 海尔 A2（159023）	43.00	2021.02.05	5.9000	19 海尔 A3（159024）	41.00	2022.02.07	6.0000
19 海尔 A4（159025）	40.00	2023.02.06	6.0000	19 海尔 A5（159026）	42.00	2024.02.05	6.0000
19 海尔 A6（159027）	45.00	2025.02.05	6.0000	19 海尔 A7（159028）	48.00	2026.02.05	6.0000
19 海尔 A8（159029）	52.00	2027.02.05	6.0000	19 海尔 A9（159030）	56.00	2028.02.07	6.0000
19 海尔次（159031）	38.00	2028.02.07	0.0000	PR 利程 A1（159032）	384.00	2020.01.20	5.2000
利程 A2（159033）	244.00	2021.01.20	5.5000	利程 A3（159034）	195.00	2022.01.20	5.7000
利程 A4（159035）	68.00	2022.07.20	5.9000	利程次（159036）	47.00	2023.01.20	0.0000
19 建花 5A（159037）	2670.00	2021.04.28	3.6600	19 建花 5B（159038）	105.00	2021.04.28	4.1300
19 建花 5C（159039）	225.00	2021.04.28	0.0000	联保 8 优（159040）	537.00	2020.04.02	6.8300
联保 8 次（159041）	1.00	2020.04.02	0.0000	19 花 01A1（159042）	2670.00	2021.04.28	3.7500
19 花 01A2（159043）	105.00	2021.04.28	4.1000	19 花 01B（159044）	225.00	2021.04.28	0.0000
18 海融 2A（159045）	4750.00	2020.04.23	3.4000	18 海融 2B（159046）	250.00	2020.04.23	0.0000
青城 5A1（159047）	340.00	2019.06.27	6.1000	PR 青城 5A（159048）	330.00	2020.12.27	6.3000
青城 5A3（159049）	390.00	2022.03.27	6.5000	青城 5B（159050）	80.00	2022.06.27	7.2000
青城 5 次（159051）	60.00	2023.09.27	0.0000	光花 10A（159052）	2670.00	2021.05.06	3.9000
光花 10B（159053）	105.00	2021.05.06	4.2000	光花 10C（159054）	225.00	2021.05.06	0.0000
美团 1 优 A（159055）	430.00	2021.04.18	4.5900	美团 1 优 B（159056）	37.00	2021.04.18	5.3000
美团 1 次（159057）	33.00	2021.04.18	0.0000	东花 03A1（159058）	2670.00	2021.05.06	3.8000
东花 03A2（159059）	105.00	2021.05.06	4.1000	东花 03B（159060）	225.00	2021.05.06	0.0000
PR 平 2A1（159061）	1090.00	2019.12.25	4.0000	PR 平 2A2（159062）	1000.00	2021.06.25	4.7000
19 平 2B（159063）	140.00	2021.09.25	6.9000	19 平次（159064）	184.00	2023.09.25	0.0000
联中 04 优（159065）	374.00	2020.04.16	6.5000	联中 04 次（159066）	20.00	2020.04.16	0.0000
金保 03 优（159067）	316.00	2020.04.14	6.1900	金保 03 次（159068）	9.00	2020.04.14	0.0000
PR 脱贫 A2（159070）	830.00	2020.01.17	4.6000	19 脱贫 A3（159071）	358.00	2021.01.17	5.2000
19 脱贫 B（159072）	272.00	2021.01.17	7.0000	19 脱贫 C（159073）	130.00	2021.01.17	7.1000
19 脱贫次（159074）	590.00	2021.02.17	4.0000	PR 融和 A1（159075）	598.00	2021.10.21	4.4000
19 融和 A2（159076）	265.00	2023.10.21	5.8000	19 融和次（159077）	46.00	2026.12.31	0.0000
龙联 01A（159078）	277.00	2020.04.09	5.0700	龙联 01 次（159079）	1.00	2020.04.09	0.0000
19 建业 A（159080）	627.00	2021.04.26	6.8000	19 建业 B（159081）	227.00	2021.04.26	7.0000
19 建业次（159082）	57.00	2021.04.26	0.0000	PR19 聚 A1（159083）	340.00	2020.06.16	6.5000
19 聚 01A2（159084）	160.00	2020.12.16	6.8000	19 聚 01A3（159085）	130.00	2021.06.17	7.0000
19 聚 01A4（159086）	100.00	2021.12.16	7.2000	19 聚 01B1（159087）	55.00	2022.06.17	7.5000
19 聚 01B2（159088）	48.00	2022.09.19	7.8000	19 聚 01 次（159089）	44.00	2023.06.16	0.0000
逸锟优 04（159090）	900.00	2020.04.23	5.6000	逸锟次 04（159091）	1.00	2020.04.23	0.0000
19 中和 2A（159092）	430.00	2021.05.14	5.8000	19 中和 2C（159093）	70.00	2021.05.14	0.0000
PRG 漳交 1（159094）	36.00	2020.05.07	6.0000	G 漳公交 2（159095）	40.00	2021.05.07	6.1000
G 漳公交 3（159096）	42.00	2022.05.09	6.2000	G 漳公交 4（159097）	46.00	2023.05.08	6.7000
G 漳公交 5（159098）	49.00	2024.05.07	6.7000	G 漳公交 6（159099）	54.00	2025.05.07	6.7000
G 漳公交 7（159100）	58.00	2026.05.07	6.9000	G 漳公交 8（159101）	64.00	2027.05.07	6.9000
G 漳公交 9（159102）	70.00	2028.05.08	6.9000	G 漳交次（159103）	24.00	2028.05.08	0.0000
万隆热 01（159104）	50.00	2019.08.31	6.0000	万隆热 02（159105）	60.00	2020.08.31	6.2000
万隆热 03（159106）	65.00	2021.08.31	6.4000	万隆热 04（159107）	70.00	2022.08.31	6.6000
万隆热 05（159108）	75.00	2023.08.31	6.8000	万隆热次（159109）	20.00	2023.08.31	0.0000
PR 云泰 A（159110）	1750.00	2042.11.01	6.5000	云泰优 B（159111）	1500.00	2042.11.01	7.5000
云泰次 C（159112）	50.00	2042.11.01	8.0000	PR 融创 A（159113）	1290.00	2037.04.28	5.8000
19 融创 B（159114）	400.00	2037.04.28	6.3000	19 融创次（159115）	100.00	2037.04.28	0.0000
PR19 四 A（159116）	2623.00	2021.09.30	4.6000	19 远东 4B（159117）	110.00	2021.09.30	5.8000
19 远东 4C（159118）	200.00	2022.03.31	7.5000	19 远东 4D（159119）	171.00	2024.03.29	0.0000
同煤联 05（159120）	573.00	2020.04.01	5.2000	PR 海济 01（159121）	132.00	2020.02.26	5.0000
19 海济 02（159122）	130.00	2021.08.26	5.5000	19 海济 C（159123）	19.00	2022.02.26	0.0000

债券信息
List of Bonds

债券简称（代码）Bond Name（Code）	发行量（百万元）Issued Vol（M yuan）	到期日 Expiration Date	票面利率（%）Coupon Rate（%）	债券简称（代码）Bond Name（Code）	发行量（百万元）Issued Vol（M yuan）	到期日 Expiration Date	票面利率（%）Coupon Rate（%）
19 光明 A（159124）	320.00	2040.01.22	4.5000	19 光明 B（159125）	279.00	2040.01.22	5.0000
19 光明 C（159126）	1.00	2040.01.22	5.9900	PR 盈祥 A（159127）	2600.00	2037.04.30	4.4000
PR 盈祥 B（159128）	2400.00	2037.04.30	5.2500	19 盈祥 C（159129）	100.00	2037.04.30	0.0000
链科 03 优（159130）	100.00	2020.04.23	3.8000	链科 03 次（159131）	1.00	2020.04.23	0.0000
蚂蚁 02A1（159132）	152.00	2020.08.05	4.4500	蚂蚁 02A2（159133）	14.00	2020.08.05	5.0000
蚂蚁 02B（159134）	34.00	2020.08.05	0.0000	金地 12A（159135）	495.00	2020.04.24	3.8000
金地 12 次（159136）	1.00	2020.04.24	0.0000	PR 保二 1（159137）	133.00	2020.01.26	4.3000
保物二 2（159138）	121.00	2021.01.26	4.4000	保物二 3（159139）	115.00	2022.01.26	4.6000
保物二 4（159140）	115.00	2023.01.26	4.6000	保物二 5（159141）	120.00	2024.01.26	4.6000
保物二 6（159142）	127.00	2025.01.26	4.6000	保物二 7（159143）	135.00	2026.01.26	4.8000
保物二 8（159144）	143.00	2027.01.26	4.8000	保物二 9（159145）	151.00	2028.01.26	4.8000
保物二次（159146）	100.00	2028.01.26	0.0000	PR 瓜子 1A（159147）	134.00	2020.10.26	5.5000
19 瓜子 1B（159148）	17.00	2021.01.26	6.0000	19 瓜子 1C（159149）	17.00	2021.04.26	0.0000
PR 金控优（159150）	779.00	2021.10.26	4.6500	19 金控次（159151）	41.00	2022.07.26	0.0000
PR 泰山 A1（159152）	150.00	2020.05.25	5.0000	19 泰山 A2（159153）	40.00	2020.11.25	5.5000
19 泰山 B1（159154）	60.00	2020.11.25	6.0000	19 泰山 B2（159155）	30.00	2021.05.25	6.3000
19 泰山 B3（159156）	75.00	2022.02.25	6.5000	19 泰山次（159157）	33.00	2023.02.25	0.0000
19 海信优（159158）	2200.00	2037.04.28	4.6000	19 海信次（159159）	2.00	2037.04.28	0.0000
金港 01（159160）	220.00	2020.08.15	5.8000	金港 02（159161）	160.00	2021.02.15	6.3000
阳煤 01 优（159162）	179.00	2020.04.29	5.1300	19 金港次（159163）	95.00	2021.02.15	0.0000
PR 国新 1（159164）	400.00	2020.01.03	3.7000	PR 智慧 A1（159165）	1400.00	2020.05.15	3.4000
PR 智慧 A2（159166）	1045.00	2021.05.17	3.8000	19 智慧 A3（159167）	205.00	2021.11.12	4.1000
19 智慧次（159168）	279.00	2022.02.18	0.0000	PR 平一 A1（159169）	600.00	2020.02.26	3.8900
19 平一 A2（159170）	486.00	2020.11.26	4.0000	19 平一 B（159171）	105.00	2021.02.26	4.7800
19 平一 C（159172）	118.00	2021.08.26	5.0000	前海 01 优（159173）	116.00	2020.04.25	6.9000
前海 01 次（159174）	6.00	2020.04.25	0.0000	PR19 易 A（159175）	1300.00	2021.03.25	4.7000
19 易鑫 B（159176）	190.00	2021.06.25	6.8000	19 易鑫 C（159177）	104.00	2022.03.25	0.0000
19 裕源 06（159178）	269.00	2020.05.08	3.9500	19 信易 05（159179）	487.00	2020.05.13	3.9300
信泽 02A1（159180）	1390.00	2019.12.25	3.3300	信泽 02A2（159181）	2730.00	2020.06.25	3.6500
信泽 02A3（159182）	3400.00	2020.12.25	3.8000	信泽 02A4（159183）	560.00	2021.06.25	3.9500
信泽 02A5（159184）	1590.00	2021.12.25	4.1500	PR02A6（159185）	250.00	2021.12.25	4.1500
信泽 02 次（159186）	15.00	2022.01.25	0.0000	PR 二局 03（159187）	774.00	2020.05.08	3.6000
二局 03 次（159188）	1.00	2020.05.08	0.0000	18 海融 3A（159189）	4275.00	2020.05.15	3.3700
18 海融 3B（159190）	225.00	2020.05.15	0.0000	PRGLP1A（159191）	475.00	2020.09.22	4.3500
19GLP1B（159192）	25.00	2021.12.22	0.0000	小米 031A（159193）	830.00	2020.11.30	4.1500
小米 031B（159194）	60.00	2020.11.30	5.0000	小米 031C（159195）	30.00	2020.11.30	7.5000
小米 031D（159196）	80.00	2020.11.30	0.0000	19 中泰 2A（159197）	950.00	2021.09.09	3.7800
19 中泰 2C（159198）	50.00	2021.09.09	0.0000	19 龙光优（159199）	1180.00	2021.04.16	6.2000
19 龙光次（159200）	63.00	2021.04.16	0.0000	东花 04A1（159201）	1780.00	2021.05.24	3.9000
东花 04A2（159202）	70.00	2021.05.24	4.1900	东花 04B（159203）	150.00	2021.05.24	0.0000
联保 9 优（159204）	900.00	2020.05.07	7.0000	联保 9 次（159205）	1.00	2020.05.07	0.0000
PR 国 2A1（159206）	436.00	2020.05.26	3.8300	国控 2A2（159207）	305.00	2021.05.26	4.1600
国控 2A3（159208）	296.00	2022.08.26	5.0000	国控 2B（159209）	114.00	2023.02.26	6.5000
国控 2 次（159210）	113.00	2024.02.26	0.0000	19 京保 3A（159211）	1425.00	2020.05.22	4.1000
19 京保 3B（159212）	75.00	2020.05.22	0.0000	19 京保 4A（159213）	1425.00	2020.05.22	4.1500
19 京保 4B（159214）	75.00	2020.05.22	0.0000	19 建花 6A（159215）	1780.00	2021.05.24	3.9000
19 建花 6B（159216）	70.00	2021.05.24	4.1900	19 建花 6C（159217）	150.00	2021.05.24	0.0000
威新 04 优（159218）	138.00	2020.05.13	3.8900	威新 04 次（159219）	1.00	2020.05.13	0.0000
PR 鼎晟 01（159220）	48.00	2020.04.21	5.0000	鼎晟 02 优（159221）	48.00	2021.04.21	5.2000
鼎晟 03 优（159222）	53.00	2022.04.22	5.4000	鼎晟 04 优（159223）	56.00	2023.04.21	5.5000

债券信息 List of Bonds

债券简称（代码）Bond Name（Code）	发行量（百万元）Issued Vol（M yuan）	到期日 Expiration Date	票面利率（%）Coupon Rate（%）	债券简称（代码）Bond Name（Code）	发行量（百万元）Issued Vol（M yuan）	到期日 Expiration Date	票面利率（%）Coupon Rate（%）
鼎晟 05 优（159224）	62.00	2024.04.22	5.6000	鼎晟 06 优（159225）	66.00	2025.04.21	5.6000
鼎晟 07 优（159226）	73.00	2026.04.21	5.7000	鼎晟 08 优（159227）	79.00	2027.04.21	5.7000
鼎晟 09 优（159228）	85.00	2028.04.21	5.7000	鼎晟次级（159229）	30.00	2028.04.21	0.0000
荣茂 03 优（159230）	133.00	2020.04.29	3.7000	荣茂 03 次（159231）	1.00	2020.04.29	0.0000
龙联 02A（159232）	467.00	2020.05.15	4.8500	龙联 02 次（159233）	1.00	2020.05.15	0.0000
DXM1A（159234）	160.00	2021.10.27	4.0000	DXM1B（159235）	21.00	2021.10.27	5.8000
DXM1 次 1（159236）	10.00	2021.10.27	9.0000	DXM1 次 2（159237）	10.00	2021.10.27	0.0000
建五 02 优（159238）	874.00	2020.05.05	3.5800	建五 02 次（159239）	1.00	2020.05.05	0.0000
PR15A1（159240）	450.00	2020.01.20	4.0000	恒信 15A2（159241）	350.00	2020.10.20	4.1500
恒信 15A3（159242）	150.00	2021.01.20	4.3400	恒信 15 次（159243）	50.00	2022.04.20	0.0000
PR 平 4A1（159244）	730.00	2019.12.10	3.9200	PR 平 4A2（159245）	900.00	2021.12.10	4.3000
19 平 4B（159246）	159.00	2022.09.10	6.2900	19 平 4 次（159247）	155.00	2023.03.10	0.0000
PR19 京 5A（159248）	1425.00	2019.10.30	4.0000	PR19 京 5B（159249）	75.00	2019.11.21	0.0000
福链 1 优（159250）	287.00	2020.01.17	7.5000	福链 1 次（159251）	15.00	2020.01.17	0.0000
宝联 2A（159252）	177.00	2020.04.09	7.2000	宝联 2 次（159253）	10.00	2020.04.09	0.0000
PR 斯 01（159254）	500.00	2037.05.29	5.9500	奥克斯 02（159255）	400.00	2037.05.29	8.0000
奥克斯 C（159256）	50.00	2037.05.29	0.0000	PR5 优 A（159257）	183.00	2020.05.05	4.8000
中电 5 优 B（159258）	39.00	2020.05.05	6.5000	中电 5 次 A（159259）	4.00	2020.05.05	0.0000
中电 5 次 B（159260）	1.00	2020.05.05	0.0000	中电 5 次 C（159261）	8.00	2020.05.05	0.0000
中电 5 次 D（159262）	23.00	2020.05.05	0.0000	宁汽 01（159263）	35.00	2019.07.26	4.8000
宁汽 02（159264）	35.00	2020.02.04	5.0000	宁汽 03（159265）	35.00	2020.07.28	5.2000
宁汽 04（159266）	35.00	2021.01.26	5.4000	宁汽 05（159267）	35.00	2021.07.27	5.5000
宁汽 06（159268）	34.00	2022.01.26	5.5000	宁汽 07（159269）	35.00	2022.07.26	5.5000
宁汽 08（159270）	35.00	2023.01.26	5.5000	宁汽 09（159271）	36.00	2023.07.26	5.5000
宁汽 10（159272）	36.00	2024.01.26	5.5000	宁汽次级（159273）	40.00	2024.01.26	0.0000
泰通 01（159274）	14.00	2020.05.31	7.0000	泰通 02（159275）	17.00	2021.05.31	7.2000
泰通 03（159276）	21.00	2022.05.31	7.5000	泰通 04（159277）	24.00	2023.05.31	7.5000
泰通 05（159278）	27.00	2024.05.31	7.5000	泰通 06（159279）	31.00	2025.05.31	7.5000
泰通 07（159280）	33.00	2026.05.31	7.5000	泰通 08（159281）	36.00	2027.05.31	7.5000
泰通 09（159282）	38.00	2028.05.31	7.5000	泰通 10（159283）	41.00	2029.05.31	7.5000
泰通次级（159284）	15.00	2029.05.31	0.0000	PR 合生优（159285）	1950.00	2037.06.04	5.7000
19 合生次（159286）	50.00	2037.06.04	0.0000	PR 天富 A1（159287）	723.00	2020.04.30	5.9000
天富 04A2（159288）	46.00	2020.04.30	8.2000	天富 04 次（159289）	41.00	2020.04.30	0.0000
PR01A（159290）	300.00	2020.07.21	5.5000	台金 01B（159291）	107.00	2021.01.22	6.9000
台金 01 次（159292）	35.00	2021.10.28	0.0000	时代 03 优（159293）	1000.00	2020.05.28	6.3000
时代 03 次（159294）	1.00	2020.05.28	0.0000	19 国泰 A1（159297）	320.00	2019.08.20	5.0000
PR 国泰 A2（159298）	430.00	2020.02.20	5.5000	19 国泰 A3（159299）	177.00	2020.05.20	5.9000
19 国泰 B（159300）	317.00	2021.02.20	6.4000	19 国泰次（159301）	80.00	2021.05.20	0.0000
启程 03 优（159302）	319.00	2020.05.28	4.5000	启程 03 次（159303）	1.00	2020.05.28	0.0000
G1 首创优（159306）	95.00	2020.06.03	3.5900	G1 首创次（159307）	1.00	2020.06.03	0.0000
辉玥 02 优（159308）	300.00	2020.05.19	7.5000	辉玥 02 次（159309）	16.00	2020.05.19	0.0000
PRG 京投（159310）	2850.00	2037.02.26	3.9000	G 京投 1 次（159311）	150.00	2037.02.26	0.0000
信泽 03A1（159312）	1290.00	2019.09.25	3.2500	信泽 03A2（159313）	1260.00	2020.03.25	3.5500
信泽 03A3（159314）	3270.00	2020.09.25	3.6500	信泽 03A4（159315）	2590.00	2021.03.25	3.8000
信泽 03A5（159316）	1260.00	2021.09.25	3.9500	PR03A6（159317）	250.00	2021.09.25	3.9500
信泽 03 次（159318）	13.00	2022.01.25	0.0000	PR16 优（159319）	600.00	2020.05.21	4.0000
恒信 16 次（159320）	80.00	2022.05.19	0.0000	新鸥鹏 01（159321）	46.00	2019.07.15	6.0000
新鸥鹏 02（159322）	49.00	2020.07.15	7.0000	新鸥鹏 03（159323）	51.00	2021.07.15	9.8000
新鸥鹏 04（159324）	55.00	2022.07.15	9.8000	新鸥鹏 05（159325）	59.00	2023.07.15	9.8000
新鸥鹏次（159326）	40.00	2023.07.15	0.0000	PR19 华 A（159327）	151.00	2021.12.08	6.3000

债券信息 List of Bonds

债券 Bond

债券简称（代码）Bond Name（Code）	发行量（百万元）Issued Vol（M yuan）	到期日 Expiration Date	票面利率（%）Coupon Rate（%）	债券简称（代码）Bond Name（Code）	发行量（百万元）Issued Vol（M yuan）	到期日 Expiration Date	票面利率（%）Coupon Rate（%）
19 华科 B（159328）	21.00	2021.12.08	7.3000	19 华科次（159329）	124.00	2021.12.08	0.0000
19 裕源 07（159330）	430.00	2020.06.05	3.9900	恒信 16A2（159331）	540.00	2021.05.20	4.3000
恒信 16A3（159332）	300.00	2022.02.24	4.5000	鲁商 1A（159335）	340.00	2020.05.29	6.5000
鲁商 1 次（159336）	6.00	2020.05.29	0.0000	PR 建津 1A（159337）	747.00	2020.09.30	4.5000
建租津 1B（159338）	273.00	2021.09.30	5.5000	建租津 1C（159339）	54.00	2024.03.29	0.0000
19 花 02A1（159340）	2670.00	2021.06.24	4.0500	19 花 02A2（159341）	105.00	2021.06.24	4.2500
19 花 02B（159342）	225.00	2021.06.24	0.0000	光花 11A（159343）	1424.00	2021.06.24	4.1000
光花 11B（159344）	56.00	2021.06.24	4.2500	光花 11C（159345）	120.00	2021.06.24	0.0000
PR02 优（159346）	730.00	2021.07.13	3.9200	电气 02 次（159347）	81.00	2021.07.13	0.0000
PR1A（159348）	450.00	2020.12.28	5.5000	信远 1B（159349）	70.00	2021.06.28	6.5000
信远 1 次（159350）	180.00	2023.03.28	0.0000	19 问津 A1（159351）	340.00	2020.06.25	6.0000
19 问津 A2（159352）	300.00	2021.06.25	6.2000	19 问津 A3（159353）	300.00	2022.06.25	6.8000
19 问津 A4（159354）	300.00	2023.06.25	7.0000	19 问津 A5（159355）	300.00	2024.06.25	7.2000
19 问津 A6（159356）	300.00	2025.06.25	7.3000	19 问津次（159357）	260.00	2025.06.25	0.0000
花呗 71A1（159358）	2403.00	2021.06.24	4.1000	花呗 71A2（159359）	95.00	2021.06.24	4.2500
花呗 71B（159360）	203.00	2021.06.24	0.0000	东花 05A1（159361）	2670.00	2021.06.24	4.0900
东花 05A2（159362）	105.00	2021.06.24	4.2500	东花 05B（159363）	225.00	2021.06.24	0.0000
PR 优 A（159364）	790.00	2021.02.04	5.3000	高环优 B（159365）	180.00	2021.08.04	6.1000
高环次级（159366）	158.00	2022.11.04	0.0000	PR 二局 04（159367）	702.00	2020.06.12	3.8000
二局 04 次（159368）	1.00	2020.06.12	0.0000	19 吉水 01（159369）	27.00	2020.05.28	6.5000
19 吉水 02（159370）	30.00	2021.05.28	6.6000	19 吉水 03（159371）	33.00	2022.05.28	6.7000
19 吉水 04（159372）	36.00	2023.05.28	6.8000	19 吉水 05（159373）	39.00	2024.05.28	6.9000
19 吉水 06（159374）	41.00	2025.05.28	7.1000	19 吉水 07（159375）	45.00	2026.05.28	8.0000
19 吉水 08（159376）	48.00	2027.05.28	9.0000	19 吉水 09（159377）	51.00	2028.05.28	9.2000
吉水次级（159378）	20.00	2028.05.28	0.0000	仁恒 1 优（159379）	414.00	2020.05.28	4.5000
仁恒 1 次（159380）	1.00	2020.05.28	0.0000	联中 05 优（159381）	1118.00	2020.06.19	6.5000
联中 05 次（159382）	59.00	2020.06.19	0.0000	PR19 京 6A（159383）	950.00	2019.11.21	4.5000
PR19 京 6B（159384）	50.00	2019.11.28	0.0000	晋建投优（159385）	1006.00	2021.04.30	5.2000
晋建投次（159386）	53.00	2021.04.30	0.0000	璀璨 9A（159387）	670.00	2020.06.20	5.0000
19 建花 7A（159388）	890.00	2021.06.23	4.0500	19 建花 7B（159389）	35.00	2021.06.23	4.2000
19 建花 7C（159390）	75.00	2021.06.23	0.0000	锡东优 A（159391）	332.00	2040.06.28	4.9800
锡东优 B（159392）	168.00	2040.06.28	5.6000	锡东次级（159393）	50.00	2040.06.28	0.0000
合生 4A（159394）	497.00	2020.09.10	6.5000	合生 4 次（159395）	1.00	2020.09.10	0.0000
华湾区 01（159396）	579.00	2020.06.23	4.1000	PR 远东 5A（159397）	2730.00	2021.09.27	4.8000
19 远东 5B（159398）	280.00	2022.03.28	6.6800	19 远东 5C（159399）	177.00	2024.03.26	0.0000
苏宁 03 优（159400）	151.00	2020.06.12	7.5000	苏宁 03 次（159401）	9.00	2020.06.12	0.0000
PR 上实 A1（159402）	1260.00	2020.11.20	6.1000	19 上实 A2（159403）	685.00	2021.05.20	6.3000
19 上实 B（159404）	173.00	2021.08.20	7.0000	19 上实次（159405）	250.00	2021.08.20	0.0000
PR 务 01（159406）	94.00	2020.04.17	5.4500	盐水务 02（159407）	100.00	2021.04.19	6.0000
盐水务 03（159408）	108.00	2022.04.20	6.5000	盐水务 04（159409）	116.00	2023.04.19	6.7000
盐水务 05（159410）	124.00	2024.04.19	7.0000	盐水务 06（159411）	134.00	2025.04.17	7.0000
盐水务次（159412）	40.00	2025.04.17	0.0000	铁建 009A（159413）	2569.00	2021.01.21	3.9000
铁建 009C（159414）	135.00	2021.01.21	5.5000	荣隽 02 优（159415）	340.00	2020.05.29	6.5000
荣隽 02 次（159416）	18.00	2020.05.29	0.0000	联保 10 优（159417）	924.00	2020.06.10	7.2000
联保 10 次（159418）	1.00	2020.06.10	0.0000	同程 1A（159419）	310.00	2021.06.28	5.1000
同程 1B（159420）	62.00	2021.06.28	5.8000	同程 1 次（159421）	42.00	2021.06.28	0.0000
19 开投优（159422）	892.00	2021.06.27	4.3000	19 开投次（159423）	98.00	2021.06.27	0.0000
启程 04 优（159424）	307.00	2020.06.24	5.2000	启程 04 次（159425）	1.00	2020.06.24	0.0000
铁建 010A（159426）	2845.00	2021.06.25	4.0000	铁建 010C（159427）	150.00	2021.06.25	6.0000
PR 康 1A1（159428）	239.00	2020.06.19	4.5000	康高 1A2（159429）	200.00	2021.03.19	5.0000

债券信息 List of Bonds

债券 Bond

债券简称（代码）Bond Name（Code）	发行量（百万元）Issued Vol（M yuan）	到期日 Expiration Date	票面利率（%）Coupon Rate（%）	债券简称（代码）Bond Name（Code）	发行量（百万元）Issued Vol（M yuan）	到期日 Expiration Date	票面利率（%）Coupon Rate（%）
康高1A3（159430）	200.00	2022.03.21	5.5000	康高1次（159431）	41.00	2023.06.21	0.0000
黄岩优01（159432）	111.00	2019.12.24	5.5000	黄岩优02（159433）	115.00	2020.06.24	5.7000
黄岩优03（159434）	117.00	2020.12.24	5.9000	黄岩优04（159435）	121.00	2021.06.24	6.1000
黄岩优05（159436）	168.00	2021.12.24	6.3000	黄岩优06（159437）	174.00	2022.06.23	6.5000
黄岩次（159438）	115.00	2022.06.23	0.0000	贵产优A（159439）	184.00	2031.07.10	5.5000
贵产优B（159440）	61.00	2031.07.10	6.0000	贵产次（159441）	18.00	2031.07.10	0.0000
铁保02A1（159442）	334.00	2020.07.10	3.7000	铁保02A2（159443）	283.00	2021.04.12	3.9000
铁保02A3（159444）	43.00	2022.05.23	4.1600	19隆泰优（159445）	130.00	2021.03.20	9.0000
19隆泰次（159446）	70.00	2021.03.20	0.0000	19中铝1A（159447）	954.00	2020.07.27	3.7700
19中铝1B（159448）	50.00	2020.07.27	0.0000	PR借条2A（159449）	830.00	2021.07.19	4.9800
借条2B（159450）	55.00	2021.07.19	6.5000	借条2C（159451）	35.00	2021.07.19	7.5000
借条2次（159452）	80.00	2021.07.19	0.0000	PR柳东01（159453）	227.00	2020.06.28	7.0000
19柳东02（159454）	202.00	2021.06.28	7.0000	19柳东03（159455）	255.00	2022.06.28	7.0000
19柳东次（159456）	36.00	2022.06.28	0.0000	19昆交A1（159457）	175.00	2020.07.01	6.0000
19昆交A2（159458）	185.00	2021.07.01	6.3000	19昆交A3（159459）	190.00	2022.07.01	6.4000
19昆交A4（159460）	195.00	2023.07.01	6.5000	19昆交A5（159461）	205.00	2024.07.01	6.9000
19昆交次（159462）	50.00	2024.07.01	0.0000	PR万达优（159463）	2600.00	2037.01.23	6.0000
19万达次（159464）	100.00	2037.01.23	0.0000	PR01A（159465）	246.00	2020.08.18	4.9000
搜车01B（159466）	27.00	2020.08.18	10.5000	搜车01次（159467）	27.00	2020.08.18	0.0000
19鄂科优（159468）	1550.00	2040.07.09	4.9000	19鄂科次（159469）	80.00	2040.07.09	0.0000
十七01（159470）	1615.00	2022.06.21	4.2000	十七02（159471）	85.00	2022.06.21	0.0000
二十二01（159472）	1296.00	2022.06.21	4.2000	二十二02（159473）	68.00	2022.06.21	0.0000
19城投优（159474）	1014.00	2021.07.14	4.0900	19城投次（159475）	101.00	2021.07.14	0.0000
19融侨A（159476）	770.00	2021.07.15	7.0000	19融侨B（159477）	260.00	2021.07.15	7.2000
19融侨次（159478）	70.00	2021.07.15	0.0000	PR远东6A（159479）	3554.00	2021.11.26	4.8800
19远东6B（159480）	356.00	2022.02.26	6.7000	19远东6C（159481）	227.00	2024.05.26	0.0000
PR租21（159482）	580.00	2020.05.26	3.8000	远海租22（159483）	360.00	2021.05.26	4.0900
远海租2C（159484）	55.00	2022.02.26	0.0000	绿联1A1（159485）	501.00	2020.06.24	5.0000
绿联1次（159486）	1.00	2020.06.24	0.0000	19信易06（159487）	964.00	2020.07.10	3.9800
19金茂A（159488）	550.00	2037.07.16	4.4000	19金茂B（159489）	200.00	2037.07.16	4.9000
金茂权益（159490）	415.00	2037.07.16	0.0000	辉玥03优（159491）	305.00	2020.06.19	7.5000
辉玥03次（159492）	16.00	2020.06.19	0.0000	PR远古优（159493）	800.00	2028.07.12	4.6000
19远古次（159494）	43.00	2028.07.12	0.0000	PR19微1A（159495）	880.00	2020.09.30	4.4000
19小微1B（159496）	53.00	2020.09.30	4.6000	19小微1C（159497）	26.00	2020.12.30	5.9000
19微1次（159498）	94.00	2022.03.30	5.0000	时代04优（159499）	1040.00	2020.07.12	6.4000
时代04次（159500）	1.00	2020.07.12	0.0000	PR一A1（159501）	250.00	2019.12.27	3.8000
PR一A2（159502）	97.00	2020.01.17	3.8000	宜票一B（159503）	20.00	2020.01.17	4.2000
宜票一次（159504）	27.00	2020.01.17	0.0000	19裕源08（159507）	686.00	2020.07.08	3.9800
PR杭租优（159508）	660.00	2022.03.22	4.5000	19杭租次（159509）	35.00	2022.12.22	0.0000
龙联03A（159510）	878.00	2020.07.15	5.5000	龙联03次（159511）	1.00	2020.07.15	0.0000
G安运01（159512）	21.00	2020.07.18	4.2000	G安运02（159513）	20.00	2021.07.18	4.5000
G安运03（159514）	20.00	2022.07.18	4.8000	G安运04（159515）	20.00	2023.07.18	5.1000
G安运05（159516）	21.00	2024.07.18	5.5000	G安运06（159517）	22.00	2025.07.18	5.9000
G安运次（159518）	7.00	2025.07.18	0.0000	19新湖A1（159519）	124.00	2019.10.26	6.5000
19新湖A2（159520）	132.00	2020.10.26	6.8000	19新湖A3（159521）	141.00	2021.10.26	7.0000
PR一01（159522）	92.00	2020.07.27	4.3000	珠实一02（159523）	102.00	2021.07.26	4.5000
珠实一03（159524）	109.00	2022.07.25	5.0000	珠实一04（159525）	115.00	2023.07.25	5.0000
珠实一05（159526）	121.00	2024.07.25	5.0000	珠实一06（159527）	129.00	2025.07.25	5.0000
珠实一07（159528）	137.00	2026.07.27	5.3000	珠实一08（159529）	145.00	2027.07.26	5.3000
珠实一次（159530）	50.00	2027.07.26	0.0000	信泽04A1（159531）	1760.00	2019.12.25	2.9800

债券信息
List of Bonds

债券
Bond

债券简称（代码）Bond Name（Code）	发行量（百万元）Issued Vol（M yuan）	到期日 Expiration Date	票面利率（%）Coupon Rate（%）	债券简称（代码）Bond Name（Code）	发行量（百万元）Issued Vol（M yuan）	到期日 Expiration Date	票面利率（%）Coupon Rate（%）
信泽04A2（159532）	2910.00	2020.06.25	3.5000	信泽04A3（159533）	2940.00	2020.12.25	3.6000
信泽04A4（159534）	660.00	2021.06.25	3.7000	信泽04A5（159535）	1400.00	2021.12.25	3.9000
PR04A6（159536）	250.00	2021.12.25	3.9000	信泽04次（159537）	20.00	2022.03.09	0.0000
19新湖A4（159538）	150.00	2022.10.26	7.1000	19新湖A5（159539）	161.00	2023.10.26	7.2000
19新湖次（159540）	52.00	2023.10.26	0.0000	PR中航01（159541）	1080.00	2020.06.18	3.9000
19中航02（159542）	410.00	2021.06.18	4.4000	19中航03（159543）	190.00	2021.09.18	4.9000
19中航次（159544）	94.00	2022.06.18	0.0000	福链2优（159545）	269.00	2020.07.07	7.5000
福链2次（159546）	15.00	2020.07.07	0.0000	联保11优（159547）	778.00	2020.07.08	7.2000
联保11次（159548）	1.00	2020.07.08	0.0000	19海伦1A（159549）	227.00	2020.07.17	7.5000
19海伦1B（159550）	12.00	2020.07.17	0.0000	19建花8A（159551）	890.00	2021.08.24	3.6500
19建花8B（159552）	35.00	2021.08.24	4.0400	19建花8C（159553）	75.00	2021.08.24	0.0000
珠华发02（159554）	654.00	2020.07.22	4.3000	19绿城A1（159555）	723.00	2020.07.17	3.8500
19绿城B1（159556）	1.00	2020.07.17	0.0000	PR红美A（159557）	1700.00	2040.06.26	5.8000
19红美B（159558）	410.00	2040.06.26	7.0000	19红美次（159559）	150.00	2040.06.26	0.0000
19和信优（159560）	419.00	2020.07.24	4.4500	19和信次（159561）	1.00	2020.07.24	0.0000
19邵水01（159562）	67.00	2020.09.17	6.5000	19邵水02（159563）	75.00	2021.09.17	6.7000
19邵水03（159564）	85.00	2022.09.17	7.0000	19邵水04（159565）	96.00	2023.09.17	7.5000
19邵水05（159566）	107.00	2024.09.17	8.0000	19邵水次（159567）	30.00	2024.09.17	0.0000
兴创优A（159568）	400.00	2043.08.19	4.9000	兴创优B（159569）	450.00	2043.08.19	6.0000
兴创次级（159570）	50.00	2043.08.19	0.0000	19佳美3A（159571）	475.00	2020.07.28	6.0000
19佳美3C（159572）	25.00	2020.07.28	0.0000	PR银河01（159573）	418.00	2025.08.31	7.5000
19银河次（159574）	22.00	2025.08.31	0.0000	PR中车1A（159575）	750.00	2020.11.24	4.2000
19中车1B（159576）	200.00	2021.05.26	5.9500	19中车次（159577）	53.00	2022.05.26	0.0000
绿联2A1（159578）	644.00	2020.07.24	5.0000	绿联2次（159579）	1.00	2020.07.24	0.0000
PRYX2A1（159580）	780.00	2020.06.26	5.0000	19YX2A2（159581）	410.00	2021.09.26	5.3000
19YX2B（159582）	140.00	2021.12.26	6.9800	19YX2C（159583）	96.00	2022.06.26	0.0000
PR17A1（159584）	450.00	2020.04.20	3.9500	恒信17A2（159585）	350.00	2021.01.20	4.4000
恒信17A3（159586）	150.00	2021.04.20	4.8000	恒信17次（159587）	50.00	2022.07.20	0.0000
融信01优（159588）	1090.00	2021.07.26	7.2000	融信01次（159589）	57.00	2021.07.26	0.0000
联中06优（159590）	507.00	2020.07.24	6.5000	联中06次（159591）	27.00	2020.07.24	0.0000
荣茂04优（159592）	492.00	2020.07.06	3.7500	荣茂04次（159593）	1.00	2020.07.06	0.0000
同煤联06（159594）	189.00	2020.07.17	5.1000	春秋01优（159595）	404.00	2020.07.24	4.1500
PR寓01（159596）	120.00	2022.07.17	6.2000	朗诗寓02（159597）	86.00	2024.01.17	6.5000
朗诗寓03（159598）	110.00	2025.07.17	6.8000	朗诗寓次（159599）	35.00	2025.07.17	0.0000
PR02A（159600）	246.00	2020.09.24	4.9000	搜车02B（159601）	27.00	2020.09.24	9.5500
搜车02次（159602）	27.00	2020.09.24	0.0000	PR贵水A1（159603）	20.00	2020.07.30	4.8000
19贵水A2（159604）	24.00	2021.07.30	4.9000	19贵水A3（159605）	27.00	2022.07.30	5.0000
19贵水A4（159606）	31.00	2023.07.30	5.2000	19贵水A5（159607）	35.00	2024.07.30	5.3000
19贵水A6（159608）	39.00	2025.07.30	5.4000	19贵水A7（159609）	43.00	2026.07.30	5.5000
19贵水A8（159610）	47.00	2027.07.30	5.6000	19贵水A9（159611）	52.00	2028.07.30	5.7000
19贵水次（159612）	17.00	2028.07.30	0.0000	PR遵投A1（159615）	93.00	2020.07.23	7.0000
19遵投A2（159616）	102.00	2021.07.23	7.3000	19遵投A3（159617）	111.00	2022.07.25	7.5000
19遵投A4（159618）	122.00	2023.07.24	7.5000	19遵投A5（159619）	128.00	2024.07.23	7.5000
19遵投A6（159620）	126.00	2025.07.23	7.0000	19遵投A7（159621）	120.00	2026.07.23	7.0000
19遵投A8（159622）	98.00	2027.07.23	7.0000	19遵投C（159623）	50.00	2027.07.23	0.0000
阳煤02优（159624）	181.00	2020.07.30	4.9800	PR广租01（159625）	276.00	2020.03.17	3.6000
19广租02（159626）	309.00	2021.03.17	4.2000	19广租03（159627）	188.00	2022.03.17	4.5000
19广租次（159628）	41.00	2024.06.17	0.0000	G2武铁01（159629）	88.00	2020.08.02	3.4000
G2武铁02（159630）	94.00	2021.08.02	3.7000	G2武铁03（159631）	100.00	2022.08.02	3.9500
G2武铁04（159632）	102.00	2023.08.02	4.1400	G2武铁05（159633）	111.00	2024.08.02	4.3000

债券信息 List of Bonds

债券 Bond

债券简称（代码）Bond Name（Code）	发行量（百万元）Issued Vol（M yuan）	到期日 Expiration Date	票面利率（%）Coupon Rate（%）	债券简称（代码）Bond Name（Code）	发行量（百万元）Issued Vol（M yuan）	到期日 Expiration Date	票面利率（%）Coupon Rate（%）
G2 武铁 06（159634）	120.00	2025.08.02	4.3000	G2 武铁 07（159635）	130.00	2026.08.02	4.3000
G2 武铁 08（159636）	141.00	2027.08.02	4.3000	G2 武铁 09（159637）	151.00	2028.08.02	4.3000
G2 武铁 10（159638）	163.00	2029.08.02	4.3000	隆辉 01 优（159639）	93.00	2020.10.15	6.7000
隆辉 01 次（159640）	5.00	2020.10.15	0.0000	小米 032A（159641）	830.00	2021.02.26	4.2000
小米 032B（159642）	70.00	2021.02.26	5.5000	小米 032C（159643）	20.00	2021.02.26	7.5000
小米 032D（159644）	80.00	2021.02.26	0.0000	PR 灿谷优（159645）	435.00	2021.02.26	5.1500
19 灿谷次（159646）	121.00	2022.03.21	0.0000	19 凯晨 A1（159647）	7290.00	2037.05.25	4.1000
19 凯晨次（159649）	1.00	2037.05.25	0.0000	19 宝龙 A（159650）	650.00	2037.09.06	6.2000
19 宝龙 B（159651）	200.00	2037.09.06	6.8000	19 宝龙次（159652）	50.00	2037.09.06	0.0000
启程 05 优（159653）	371.00	2020.07.30	5.2000	启程 05 次（159654）	1.00	2020.07.30	0.0000
PR18A1（159655）	560.00	2020.06.26	4.2800	恒信 18A2（159656）	550.00	2021.06.26	4.4000
恒信 18A3（159657）	280.00	2022.03.26	4.4500	恒信 18 次（159658）	74.00	2022.06.26	0.0000
荣隽 03 优（159659）	330.00	2020.08.16	6.5000	荣隽 03 次（159660）	20.00	2020.08.16	0.0000
PR 平 7A1（159661）	650.00	2020.06.08	4.1000	19 平 7A2（159662）	650.00	2021.12.08	4.7500
19 平 7B（159663）	107.00	2022.06.08	6.5000	19 平 7 次（159664）	122.00	2024.03.08	0.0000
开新 3 优（159669）	427.00	2020.07.20	4.9500	开新 3 次（159670）	23.00	2020.07.20	0.0000
PR 平二 A1（159671）	750.00	2020.07.27	4.0000	19 平二 A2（159672）	550.00	2021.07.26	4.8000
19 平二 B（159673）	150.00	2021.10.26	5.1000	19 平二 C（159674）	162.00	2022.04.26	5.0000
PR 德银 5A（159675）	249.00	2020.07.25	4.9000	19 德银 5B（159676）	20.00	2020.10.25	4.9500
19 德银 5C（159677）	25.00	2020.10.25	5.1500	德银 5 次（159678）	30.00	2021.01.25	0.0000
PR 桂交 01（159679）	44.00	2020.05.20	6.4000	桂公交 02（159680）	40.00	2021.05.20	6.7000
桂公交 03（159681）	40.00	2022.05.20	6.8000	桂公交 04（159682）	51.00	2023.05.20	7.4000
桂公交 05（159683）	29.00	2024.05.20	7.4000	桂公交 06（159684）	31.00	2025.05.20	7.5000
桂公交 07（159685）	34.00	2026.05.20	7.5000	桂公交 08（159686）	37.00	2027.05.20	7.5000
桂公交 09（159687）	50.00	2028.05.20	7.5000	桂公交 10（159688）	60.00	2029.05.20	7.5000
桂公交次（159689）	100.00	2029.05.20	0.0000	璀璨 10A（159690）	1260.00	2020.08.26	5.2000
PR 贺交 1（159691）	7.00	2020.08.20	8.2000	G 贺交 02（159692）	8.00	2021.08.20	8.2000
G 贺交 03（159693）	8.00	2022.08.20	8.2000	G 贺交 04（159694）	9.00	2023.08.20	8.2000
G 贺交 05（159695）	11.00	2024.08.20	8.2000	G 贺交 06（159696）	12.00	2025.08.20	8.2000
G 贺交次（159697）	5.00	2025.08.20	0.0000	19 八局优（159698）	660.00	2022.08.16	4.1000
19 八局次（159699）	50.00	2022.08.16	0.0000	融信 01A（159700）	1078.00	2020.07.28	3.5000
信泽 05A1（159701）	2470.00	2019.12.25	2.9000	信泽 05A2（159702）	2660.00	2020.06.25	3.2000
信泽 05A3（159703）	1590.00	2020.12.25	3.4000	信泽 05A4（159704）	2060.00	2021.06.25	3.5000
信泽 05A5（159705）	950.00	2022.05.12	3.7000	PR 诚泰 A1（159706）	300.00	2020.07.16	5.5000
19 诚泰 A2（159707）	230.00	2022.01.19	6.2000	19 诚泰 B（159708）	55.00	2022.07.18	8.0000
19 诚泰次（159709）	69.00	2024.01.17	2.0000	PR05A6（159710）	250.00	2022.05.12	3.7000
信泽 05 次（159711）	16.00	2022.05.12	0.0000	东花 06A1（159712）	890.00	2021.08.25	3.6000
东花 06A2（159713）	35.00	2021.08.25	4.0400	东花 06B（159714）	75.00	2021.08.25	0.0000
PR 国控 A1（159715）	391.00	2020.05.26	3.9400	19 国控 A2（159716）	633.00	2022.05.26	4.9000
19 国控 B（159717）	130.00	2023.02.27	6.5000	19 国控次（159718）	107.00	2024.08.26	0.0000
PR 置 01（159719）	140.00	2020.04.20	4.0000	娄安置 02（159720）	150.00	2021.04.20	4.5000
娄安置 03（159721）	160.00	2022.04.20	4.8000	娄安置 04（159722）	170.00	2023.04.20	5.1900
娄安置 05（159723）	180.00	2024.04.20	5.1900	PR 置次（159724）	40.00	2024.04.20	0.0000
19 建材 1A（159725）	862.00	2022.06.22	4.2000	19 建材 1B（159726）	96.00	2022.06.22	0.0000
PR 国 5A1（159727）	200.00	2020.06.26	5.1000	国药 5A2（159728）	190.00	2021.06.28	6.0000
国药 5A3（159729）	136.00	2022.03.28	6.2000	国药 5B（159730）	51.00	2022.09.26	7.0000
国药 5 次 1（159731）	51.00	2022.12.26	0.0000	国药 5 次 2（159732）	55.00	2025.12.26	0.0000
农信 01 优（159733）	435.00	2021.11.10	5.8000	农信 01 次（159734）	65.00	2021.11.10	0.0000
珠华发 03（159735）	500.00	2020.08.21	4.0500	荣茂 05 优（159746）	188.00	2020.08.05	3.8000
荣茂 05 次（159747）	1.00	2020.08.05	0.0000	PR1A1（159748）	300.00	2020.09.26	3.7000

债券信息
List of Bonds

债券简称（代码）Bond Name（Code）	发行量（百万元）Issued Vol（M yuan）	到期日 Expiration Date	票面利率（%）Coupon Rate（%）	债券简称（代码）Bond Name（Code）	发行量（百万元）Issued Vol（M yuan）	到期日 Expiration Date	票面利率（%）Coupon Rate（%）
合惠1A2（159749）	400.00	2021.12.26	4.9800	合惠1A3（159750）	285.00	2022.08.26	4.9900
合惠1次（159751）	15.00	2022.08.26	8.0000	19首置优（159752）	1500.00	2021.08.30	4.2000
19首置次（159753）	50.00	2021.08.30	0.0000	PR平6A1（159754）	1000.00	2020.09.26	4.3000
19平6A2（159755）	710.00	2022.03.26	5.0000	19平6B（159756）	86.00	2022.06.26	6.5000
19平6次（159757）	138.00	2025.03.26	0.0000	龙控01优（159758）	780.00	2021.09.27	6.5000
龙控01次（159759）	42.00	2021.09.27	0.0000	万融1优（159760）	334.00	2020.08.10	3.6000
万融1次（159761）	1.00	2020.08.10	0.0000	苏宁04优（159762）	133.00	2020.08.27	7.5000
苏宁04次（159763）	8.00	2020.08.27	0.0000	建五03优（159764）	528.00	2020.08.27	3.6000
建五03次（159765）	1.00	2020.08.27	0.0000	平裕1优（159766）	123.00	2020.08.20	5.5000
19山钢优（159767）	320.00	2022.09.30	6.9000	19山钢次（159768）	20.00	2022.09.30	0.0000
红美01优（159769）	137.00	2020.03.06	5.5000	红美01次（159770）	1.00	2020.03.06	0.0000
岷水01（159771）	120.00	2020.10.25	4.0000	岷水02（159772）	140.00	2021.10.25	4.2000
岷水03（159773）	160.00	2022.10.25	4.6000	岷水04（159774）	185.00	2023.10.25	5.0000
岷水05（159775）	205.00	2024.10.25	5.0800	岷水06（159776）	225.00	2025.10.25	5.1000
岷水07（159777）	265.00	2026.10.25	5.5000	岷水08（159778）	300.00	2027.10.25	5.5000
岷水次（159779）	170.00	2027.10.25	0.0000	PR国贸01（159780）	45.00	2020.09.09	4.4000
国贸02（159781）	47.00	2021.09.09	4.5000	国贸03（159782）	53.00	2022.09.09	4.7000
国贸04（159783）	58.00	2023.09.09	4.8000	国贸05（159784）	62.00	2024.09.09	4.8000
国贸06（159785）	67.00	2025.09.09	4.8000	国贸07（159786）	71.00	2026.09.09	4.8000
国贸08（159787）	76.00	2027.09.09	4.8000	国贸09（159788）	81.00	2028.09.09	4.8000
国贸次（159789）	40.00	2028.09.09	0.0000	PR03优（159790）	896.00	2021.06.15	3.7500
电气03次（159791）	99.00	2021.06.15	0.0000	19海安01（159794）	93.00	2020.01.25	4.5000
19海安02（159795）	61.00	2021.01.25	4.4000	19海安03（159796）	67.00	2022.01.25	4.6500
19海安04（159797）	74.00	2023.01.25	5.2000	19海安05（159798）	82.00	2024.01.25	5.4000
19海安06（159799）	90.00	2025.01.25	6.2000	19海安次（159800）	36.00	2025.01.25	0.0000
19宁铁01（159801）	55.00	2020.09.12	3.3000	19宁铁02（159802）	59.00	2021.09.12	3.7000
19宁铁03（159803）	63.00	2022.09.12	3.9500	19宁铁04（159804）	68.00	2023.09.12	3.9800
19宁铁05（159805）	74.00	2024.09.12	3.9800	19宁铁06（159806）	79.00	2025.09.12	3.9800
19宁铁07（159807）	84.00	2026.09.12	3.9800	19宁铁08（159808）	90.00	2027.09.12	3.9800
19宁铁09（159809）	97.00	2028.09.12	3.9800	19宁铁10（159810）	103.00	2029.09.12	3.9800
19宁铁11（159811）	110.00	2030.09.12	3.9800	19宁铁12（159812）	118.00	2031.09.12	3.9800
启程06优（159813）	554.00	2020.09.08	5.4000	启程06次（159814）	1.00	2020.09.08	0.0000
PR电租优（159815）	922.00	2029.08.20	3.9400	19电租次（159816）	78.00	2029.08.20	0.0000
19电建优（159817）	3443.00	2022.09.12	3.8200	19电建次（159818）	182.00	2022.09.12	7.0000
武安01（159819）	48.00	2019.12.20	5.5000	武安02（159820）	54.00	2020.12.20	5.9000
武安03（159821）	59.00	2021.12.20	6.0000	武安04（159822）	66.00	2022.12.20	6.2500
武安05（159823）	73.00	2023.12.20	6.5000	武安次级（159824）	30.00	2023.12.20	0.0000
19融资A1（159825）	704.00	2022.07.21	4.3000	19融资A2（159826）	340.00	2024.07.21	4.6000
19融资次（159827）	55.00	2026.12.31	0.0000	19佳源A（159828）	273.00	2022.03.31	7.1000
19佳源B（159829）	117.00	2022.03.31	8.1000	19佳源C（159830）	44.00	2022.03.31	0.0000
联中07优（159831）	642.00	2020.09.10	6.8000	联中07次（159832）	34.00	2020.09.10	0.0000
沪杭甬优（159833）	900.00	2034.09.23	3.7000	沪杭甬次（159834）	1113.00	2034.09.23	0.0000
PR19微2A（159835）	831.00	2020.12.30	4.1500	19小微2B（159836）	50.00	2021.03.30	5.0000
19小微2C（159837）	30.00	2021.03.30	6.2000	19微2次（159838）	89.00	2022.06.30	5.0000
PR易03A1（159839）	944.00	2020.09.02	4.7300	易鑫03A2（159840）	880.00	2021.09.02	5.7000
易鑫03B（159841）	230.00	2021.12.02	7.5000	易鑫03次（159842）	151.00	2022.09.02	0.0000
华能3优（159843）	900.00	2021.07.30	3.9000	华能3次（159844）	100.00	2022.07.01	0.0000
19小米1A（159845）	436.00	2021.10.25	4.7000	19小米1B（159846）	29.00	2021.10.25	5.5000
19小米1C（159847）	35.00	2021.10.25	0.0000	19建花9A（159848）	1780.00	2021.09.22	3.5900
19建花9B（159849）	70.00	2021.09.22	3.8500	19建花9C（159850）	150.00	2021.09.22	0.0000

债券信息 List of Bonds

债券 Bond

债券简称（代码）Bond Name（Code）	发行量（百万元）Issued Vol（M yuan）	到期日 Expiration Date	票面利率（%）Coupon Rate（%）	债券简称（代码）Bond Name（Code）	发行量（百万元）Issued Vol（M yuan）	到期日 Expiration Date	票面利率（%）Coupon Rate（%）
国器 1 优 1（159851）	1479.00	2021.03.31	4.3800	国器 1 优 2（159852）	123.00	2021.03.31	5.4900
国器 1 次（159853）	158.00	2021.03.31	0.0000	PR 耀达 A1（159854）	100.00	2020.06.25	3.6400
19 耀达 A2（159855）	90.00	2021.06.25	4.2000	19 耀达 A3（159856）	95.00	2022.06.25	4.4000
19 耀达次（159857）	15.00	2022.06.25	0.0000	PR 长水 A1（159858）	176.00	2020.08.28	3.8000
19 长水 A2（159859）	216.00	2021.08.27	4.0400	19 长水 A3（159860）	232.00	2022.08.26	4.1300
19 长水 A4（159861）	249.00	2023.08.28	4.7000	19 长水 A5（159862）	268.00	2024.08.28	4.8000
19 长水 B（159863）	60.00	2024.08.28	0.0000	锦安 1A1（159864）	244.00	2020.08.28	4.8000
锦安 1A2（159865）	317.00	2020.08.28	4.7500	锦安 1A3（159866）	317.00	2020.08.28	5.5000
锦安 1A4（159867）	342.00	2020.08.28	5.5400	锦安 1 次（159868）	65.00	2020.11.27	0.0000
海尔 01 优（159869）	53.00	2020.04.17	4.1500	海尔 01 次（159870）	1.00	2020.04.17	0.0000
PR 国新 2（159871）	800.00	2022.06.24	3.6000	19 中安优（159872）	393.00	2022.11.10	4.3500
19 中安次（159873）	21.00	2022.11.21	0.0000	恒泰 R1 优（159877）	840.00	2024.09.27	4.3000
恒泰 R1 次（159878）	360.00	2024.09.27	0.0000	水八 01 优（159884）	491.00	2020.07.08	3.7000
水 11 优 01（159885）	89.00	2020.09.18	3.9000	水 11 次 01（159886）	1.00	2020.09.18	0.0000
领途 19 优（159887）	430.00	2020.09.21	5.4000	领途 19 次（159888）	5.00	2020.09.21	0.0000
东花 07A1（159889）	2670.00	2021.09.27	3.6000	东花 07A2（159890）	105.00	2021.09.27	3.8500
东花 07B（159891）	225.00	2021.09.27	0.0000	ZJBL03A（159892）	229.00	2020.09.18	3.6000
中天优 A（159893）	520.00	2021.04.06	6.8000	中天次（159894）	30.00	2021.04.06	0.0000
时代 05 优（159895）	499.00	2020.09.25	6.9000	时代 05 次（159896）	1.00	2020.09.25	0.0000
蒙高路 01（159902）	137.00	2020.11.27	4.2000	蒙高路 02（159903）	146.00	2021.11.27	4.8000
蒙高路 03（159904）	159.00	2022.11.27	5.4800	蒙高路 04（159905）	173.00	2023.11.27	5.4800
蒙高路 05（159906）	185.00	2024.11.27	5.4800	蒙高路次（159907）	100.00	2024.11.27	0.0000
申六局 1A（159908）	190.00	2020.09.11	4.3900	19 借 02A1（159909）	1720.00	2020.10.14	3.7500
19 借 02A2（159910）	150.00	2020.10.14	3.9500	19 借 02B（159911）	130.00	2020.10.14	0.0000
中花 01A1（159912）	2670.00	2021.09.24	3.6000	中花 01A2（159913）	105.00	2021.09.24	3.8500
中花 01B（159914）	225.00	2021.09.24	0.0000	19 借 01A1（159915）	860.00	2020.09.30	3.7800
19 借 01A2（159916）	75.00	2020.09.30	3.9000	19 借 01B（159917）	65.00	2020.09.30	0.0000
PR19 京 7A（159918）	950.00	2020.03.24	4.1900	19 京保 7B（159919）	50.00	2020.03.24	0.0000
中车保 2A（159920）	628.00	2021.01.08	3.5000	中车保 2C（159921）	33.00	2021.01.08	0.0000
如皋优（159924）	475.00	2021.10.11	6.8000	如皋次级（159925）	25.00	2021.10.11	0.0000
PR 青 6A1（159926）	580.00	2021.05.26	5.8000	青城 6A2（159927）	360.00	2022.02.26	6.3000
青城 6A3（159928）	249.00	2022.11.26	6.6000	青城 6 次（159929）	132.00	2024.05.26	0.0000
19 天域优（159930）	1995.00	2037.09.27	5.1900	19 天域次（159931）	5.00	2037.09.27	0.0000
宝联 3A（159936）	161.00	2020.09.23	7.5000	宝联 3 次（159937）	9.00	2020.09.23	0.0000
19 红星优（159938）	700.00	2040.07.30	6.8000	19 红星次（159939）	50.00	2040.07.30	0.0000
19 广州优（159940）	653.00	2022.09.26	3.9000	19 广州次（159941）	72.00	2022.09.26	0.0000
悦秀 1 优（159942）	128.00	2020.08.06	3.7500	相城优 01（159943）	150.00	2021.01.27	4.1000
相城优 02（159944）	200.00	2022.01.26	4.5000	相城优 03（159945）	220.00	2023.02.02	4.8000
相城优 04（159946）	290.00	2024.01.25	5.2000	相城优 05（159947）	240.00	2025.02.05	5.2000
相城次级（159948）	50.00	2025.02.05	0.0000	FSK1 优（159949）	190.00	2021.04.30	4.3000
FSK1 次（159950）	10.00	2021.11.01	0.0000	19 六局 1A（159951）	420.00	2020.09.28	4.4000
19 六局 1B（159952）	1.00	2020.09.28	0.0000	阳光寿 1A（159953）	2750.00	2021.11.12	3.8000
阳光寿 1B（159954）	250.00	2021.11.12	0.0000	白玉兰 A1（159955）	10500.00	2043.10.25	4.8000
白玉兰 A2（159956）	3200.00	2043.10.25	5.3000	白玉兰次（159957）	100.00	2043.10.25	0.0000
PR 平 8A1（159958）	580.00	2020.12.28	4.2000	19 平 8A2（159959）	335.00	2022.06.28	4.9500
19 平 8B（159960）	76.00	2022.12.28	6.5000	19 平 8 次（159961）	83.00	2024.06.28	0.0000
PR 君创 1（159962）	560.00	2020.08.27	6.0000	19 君创 A2（159963）	380.00	2021.11.27	6.5000
19 君创 B（159964）	60.00	2022.02.27	7.0000	19 君创 C（159965）	20.00	2022.05.27	7.5000
19 君创次（159966）	115.00	2024.02.27	0.0000	建花 10A（159967）	1800.00	2020.02.21	3.3000
建花 10B（159968）	60.00	2020.02.21	3.4500	建花 10C（159969）	140.00	2020.02.21	0.0000

债券信息
List of Bonds

债券简称（代码） Bond Name（Code）	发行量 （百万元） Issued Vol （M yuan）	到期日 Expiration Date	票面利率（%） Coupon Rate（%）	债券简称（代码） Bond Name（Code）	发行量 （百万元） Issued Vol （M yuan）	到期日 Expiration Date	票面利率（%） Coupon Rate（%）
19 中泰 3A（159970）	1425.00	2021.10.18	3.7400	19 中泰 3C（159971）	75.00	2021.10.18	0.0000
19 资本 1A（159972）	5252.00	2022.10.17	3.7500	19 资本 1C（159973）	336.00	2022.10.17	0.0000
弘花 01A（159974）	2700.00	2020.02.24	3.3000	弘花 01B（159975）	90.00	2020.02.24	3.4500
弘花 01 次（159976）	210.00	2020.02.24	0.0000	19 铭著 A1（159977）	430.00	2021.09.25	7.5000
19 铭著 A2（159978）	220.00	2021.09.25	8.5000	19 铭著次（159979）	130.00	2021.09.25	0.0000
PRG 顺泰 A（159980）	80.00	2022.01.28	4.9000	G 顺泰 B（159981）	36.00	2023.01.28	5.2000
G 顺泰次（159982）	21.00	2027.04.28	0.0000	19 京采 1A（159986）	464.00	2020.10.16	4.5000
19 京采 1B（159987）	23.00	2020.10.16	5.1800	19 京采 1C（159988）	61.00	2020.10.16	6.5000
19 京采 1D（159989）	97.00	2020.10.16	0.0000	19 苏新优（159990）	1150.00	2037.09.25	4.2000
19 苏新次（159991）	50.00	2037.09.25	0.0000	19 花 03A1（159992）	3600.00	2020.02.21	3.2000
19 花 03A2（159993）	120.00	2020.02.21	3.4500	19 花 03B（159994）	280.00	2020.02.21	0.0000
开新 4 优（159995）	410.00	2020.10.14	4.9500	开新 4 次（159996）	20.00	2020.10.14	0.0000
东花 08A1（159997）	890.00	2021.10.21	3.6000	东花 08A2（159998）	35.00	2021.10.21	3.8500
东花 08B（159999）	75.00	2021.10.21	0.0000	19 深圳 21（160000）	1000.00	2024.06.28	3.3000
19 深圳 22（160001）	600.00	2024.06.28	3.3000	19 北京 14（160002）	400.00	2024.07.01	3.3100
19 北京 15（160003）	4500.00	2029.07.01	3.4900	19 北京 16（160004）	510.00	2022.07.01	3.1800
19 北京 17（160005）	460.00	2022.07.01	3.1800	19 北京 18（160006）	490.00	2022.07.01	3.1800
19 北京 19（160007）	300.00	2022.07.01	3.1800	19 北京 20（160008）	6000.00	2022.07.01	3.1800
19 北京 21（160009）	7950.00	2024.07.01	3.3100	19 北京 22（160010）	1200.00	2022.07.01	3.1800
19 北京 23（160011）	3200.00	2022.07.01	3.1800	19 北京 24（160012）	500.00	2021.07.01	3.1100
19 北京 25（160013）	5410.00	2022.07.01	3.1800	19 北京 26（160014）	26240.00	2024.07.01	3.3100
19 北京 27（160015）	11200.00	2026.07.01	3.5200	19 北京 28（160016）	12940.00	2029.07.01	3.4900
19 江西 17（160017）	500.00	2029.07.05	3.4600	19 江西 18（160018）	7600.00	2024.07.05	3.2900
19 江西 19（160019）	7000.00	2029.07.05	3.4600	19 江西 20（160020）	2941.00	2024.07.05	3.2900
19 江西 21（160021）	800.00	2029.07.05	3.4600	19 江西 22（160022）	1000.00	2029.07.05	3.4600
19 江西 23（160023）	500.00	2029.07.05	3.4600	19 江西 24（160024）	400.00	2029.07.05	3.4600
19 江西 25（160025）	500.00	2024.07.05	3.2900	19 江西 26（160026）	5014.00	2024.07.05	3.2900
19 湖北 22（160027）	15068.00	2026.07.09	3.4600	19 天津 35（160028）	400.00	2029.07.10	3.4200
19 天津 36（160029）	800.00	2039.07.10	3.8100	19 天津 37（160030）	4900.00	2024.07.10	3.2600
19 天津 38（160031）	800.00	2039.07.10	3.8100	19 天津 39（160032）	3050.00	2024.07.10	3.2600
19 天津 40（160033）	500.00	2022.07.10	3.1400	19 深圳 23（160034）	300.00	2026.07.11	3.4400
19 辽宁 10（160035）	4216.00	2049.07.12	4.0500	19 江苏 14（160036）	19020.00	2026.07.17	3.4400
19 江苏 15（160037）	16750.00	2026.07.17	3.4400	19 宁波 10（160038）	400.00	2029.07.18	3.4200
19 宁波 11（160039）	5400.00	2029.07.18	3.4200	19 宁波 12（160040）	800.00	2024.07.18	3.2700
19 宁波 13（160041）	200.00	2029.07.18	3.4200	19 新疆 18（160042）	2560.00	2049.07.19	4.1200
19 新疆 19（160043）	1300.00	2039.07.19	3.8200	19 新疆 20（160044）	700.00	2039.07.19	3.8200
19 新疆 21（160045）	1870.00	2049.07.19	4.1200	19 甘肃 14（160046）	2605.00	2049.07.24	4.0900
19 甘肃 05（160047）	3366.00	2039.07.24	3.7800	19 河北 20（160048）	9485.00	2029.07.26	3.4100
19 河北 21（160049）	2318.00	2022.07.26	3.1400	19 河北 22（160050）	2598.00	2029.07.26	3.4100
19 河北 23（160051）	8285.00	2029.07.26	3.4100	19 安徽 08（160052）	6216.00	2029.08.01	3.4700
19 安徽 09（160053）	2842.00	2024.08.06	3.4100	19 安徽 10（160054）	2501.00	2026.08.01	3.4800
19 安徽 11（160055）	12457.00	2029.08.01	3.4700	19 浙江 15（160056）	17110.00	2024.08.01	3.2600
19 浙江 16（160057）	12690.00	2026.08.01	3.4300	19 浙江 17（160058）	11785.00	2029.08.01	3.4200
19 天津 41（160059）	100.00	2024.08.05	3.2600	19 天津 42（160060）	2220.00	2024.08.05	3.2600
19 天津 43（160061）	1100.00	2029.08.05	3.4200	19 天津 44（160062）	300.00	2029.08.05	3.4200
19 天津 45（160063）	300.00	2029.08.05	3.4200	19 天津 46（160064）	1000.00	2039.08.05	3.7900
19 天津 47（160065）	4000.00	2034.08.05	3.7500	19 北京 29（160066）	1600.00	2022.08.07	3.1300
19 北京 30（160067）	7719.00	2021.08.07	3.0000	19 北京 31（160068）	3153.00	2024.08.07	3.2200
19 辽宁 15（160069）	4923.00	2029.08.09	3.3300	19 辽宁 16（160070）	7748.00	2039.08.09	3.7000
19 湖南 20（160071）	5000.00	2026.08.12	3.3400	19 湖南 21（160072）	10000.00	2029.08.12	3.3100

债券信息
List of Bonds

债券简称（代码）Bond Name（Code）	发行量（百万元）Issued Vol（M yuan）	到期日 Expiration Date	票面利率（%）Coupon Rate（%）	债券简称（代码）Bond Name（Code）	发行量（百万元）Issued Vol（M yuan）	到期日 Expiration Date	票面利率（%）Coupon Rate（%）
19 湖南 22（160073）	10000.00	2034.08.12	3.6400	19 湖南 23（160074）	5000.00	2049.08.12	3.9800
19 江西 27（160075）	7118.00	2024.08.14	3.1700	19 江西 28（160076）	3553.00	2024.08.14	3.1700
19 内蒙 24（160077）	13087.00	2049.08.20	3.8900	19 内蒙 25（160078）	12802.00	2049.08.20	3.8900
19 海南 15（160079）	700.00	2022.08.21	3.0300	19 海南 16（160080）	700.00	2024.08.21	3.1700
19 海南 17（160081）	700.00	2026.08.21	3.3000	19 海南 18（160082）	800.00	2029.08.21	3.2600
19 海南 19（160083）	2930.00	2024.08.21	3.1700	19 海南 20（160084）	2420.00	2026.08.21	3.3000
19 海南 21（160085）	600.00	2029.08.21	3.2600	19 安徽 12（160086）	4874.00	2029.08.21	3.3100
19 安徽 13（160087）	23674.00	2024.08.21	3.2200	19 安徽 14（160088）	11934.00	2026.08.21	3.3500
19 安徽 15（160089）	755.00	2022.08.21	3.0300	19 安徽 16（160090）	11793.00	2024.08.21	3.2200
19 山西 47（160091）	455.00	2022.08.26	3.0300	19 山西 48（160092）	770.00	2034.08.26	3.5800
19 山西 49（160093）	315.00	2026.08.26	3.3200	19 山西 50（160094）	681.00	2029.08.26	3.2900
19 山西 51（160095）	141.00	2026.08.26	3.3200	19 山西 52（160096）	1580.00	2029.08.26	3.2900
19 山西 53（160097）	587.00	2034.08.26	3.5800	19 山东 40（160098）	9918.00	2029.08.28	3.3000
19 山东 41（160099）	11589.00	2026.08.28	3.3300	19 山东 42（160100）	2274.00	2049.08.28	3.9000
19 山东 43（160101）	2251.00	2039.08.28	3.6300	19 山东 44（160102）	450.00	2039.08.28	3.6300
19 山东 45（160103）	11713.00	2026.08.28	3.3300	19 山东 46（160104）	6000.00	2024.08.28	3.2000
19 山东 47（160105）	7742.00	2049.08.28	3.9000	19 山东 48（160106）	9160.00	2024.08.28	3.2000
19 陕西 23（160107）	1338.00	2022.08.28	3.0300	19 陕西 24（160108）	4246.00	2024.08.28	3.2000
19 陕西 25（160109）	5450.00	2034.08.28	3.6000	19 陕西 26（160110）	1000.00	2029.08.28	3.3000
19 西藏 04（160111）	2360.00	2021.08.29	2.9500	19 西藏 05（160112）	3317.00	2022.08.29	3.0300
19 西藏 06（160113）	2200.00	2024.08.29	3.2100	19 西藏 07（160114）	2223.00	2026.08.29	3.3300
19 西藏 08（160115）	700.00	2029.08.29	3.3100	19 湖北 27（160116）	5095.00	2024.08.30	3.2100
19 湖北 28（160117）	15786.00	2024.08.30	3.2100	19 江苏 16（160118）	4070.00	2024.09.02	3.2000
19 江苏 17（160119）	4750.00	2026.09.02	3.3300	19 江苏 18（160120）	33850.00	2029.09.02	3.3000
19 江苏 19（160121）	1430.00	2026.09.02	3.3300	19 龙江 08（160122）	1689.00	2024.09.02	3.2000
19 龙江 09（160123）	911.00	2039.09.02	3.6400	19 龙江 10（160124）	669.00	2024.09.02	3.2000
19 龙江 11（160125）	702.00	2034.09.02	3.6000	19 龙江 12（160126）	1002.00	2022.09.02	3.0200
19 龙江 13（160127）	4733.00	2024.09.02	3.2000	19 龙江 14（160128）	1500.00	2026.09.02	3.3300
19 龙江 15（160129）	400.00	2024.09.02	3.2000	19 龙江 16（160130）	60.00	2029.09.02	3.3000
19 龙江 17（160131）	1520.00	2049.09.02	3.9100	19 青海 20（160132）	1146.00	2029.09.04	3.3000
19 青海 21（160133）	500.00	2022.09.09	3.2300	19 青海 22（160134）	150.00	2026.09.04	3.3300
19 青海 23（160135）	50.00	2026.09.04	3.3300	19 青海 24（160136）	1156.00	2029.09.04	3.3000
19 新疆 22（160137）	510.00	2049.09.06	3.9800	19 新疆 23（160138）	790.00	2049.09.06	3.9800
19 兵团 05（160139）	1108.00	2026.09.11	3.3200	19 兵团 06（160140）	80.00	2026.09.11	3.3200
19 兵团 07（160141）	1300.00	2026.09.11	3.3200	19 兵团 08（160142）	150.00	2026.09.11	3.3200
19 天津 51（160143）	300.00	2024.09.16	3.1900	19 天津 52（160144）	1300.00	2029.09.16	3.2800
19 宁夏 31（160145）	1762.00	2049.09.18	3.9300	19 山西 54（160146）	1300.00	2024.09.20	3.2300
19 山西 55（160147）	1400.00	2034.09.20	3.6300	19 山西 56（160148）	203.00	2024.09.20	3.2300
19 山西 57（160149）	170.00	2024.09.20	3.2300	19 山西 58（160150）	350.00	2026.09.20	3.3700
19 山西 59（160151）	386.00	2029.09.20	3.3400	19 山西 60（160152）	1262.00	2024.09.20	3.2300
19 山西 61（160153）	1396.00	2026.09.20	3.3700	19 山西 62（160154）	4235.00	2029.09.20	3.3400
19 山西 63（160155）	2412.00	2034.09.20	3.6300	19 河北 38（160156）	5000.00	2024.09.23	3.2400
19 河北 39（160157）	10000.00	2029.09.23	3.3500	19 甘肃 19（160158）	319.00	2026.09.24	3.3800
19 甘肃 20（160159）	420.00	2039.09.24	3.6800	19 甘肃 21（160160）	260.00	2039.09.24	3.6800
19 甘肃 22（160161）	2000.00	2049.09.24	3.9400	19 云南 24（160162）	9868.00	2026.09.24	3.3800
19 云南 25（160163）	5952.00	2022.09.24	3.0000	19 云南 26（160164）	6800.00	2026.09.24	3.3800
19 湖北 29（160165）	603.00	2022.09.25	3.0000	19 湖北 30（160166）	3599.00	2024.09.25	3.2400
19 湖北 31（160167）	744.00	2026.09.25	3.3900	19 湖北 32（160168）	1500.00	2034.09.25	3.6500
19 湖北 33（160169）	238.00	2026.09.25	3.3900	19 湖北 34（160170）	500.00	2029.09.25	3.3600
19 湖北 35（160171）	135.00	2029.09.25	3.3600	19 湖北 36（160172）	3346.00	2029.09.25	3.3600

债券信息
List of Bonds

债券
Bond

债券简称（代码）Bond Name（Code）	发行量（百万元）Issued Vol（M yuan）	到期日 Expiration Date	票面利率（%）Coupon Rate（%）	债券简称（代码）Bond Name（Code）	发行量（百万元）Issued Vol（M yuan）	到期日 Expiration Date	票面利率（%）Coupon Rate（%）
19 湖北 37（160173）	2336.00	2034.09.25	3.6500	19 湖北 38（160174）	395.00	2024.09.25	3.2400
19 湖北 39（160175）	2805.00	2034.09.25	3.6500	19 重庆 16（160176）	2830.00	2049.09.26	3.9600
19 重庆 17（160177）	8000.00	2024.09.26	3.2400	19 重庆 18（160178）	500.00	2024.09.26	3.2400
19 重庆 19（160179）	5390.00	2029.09.26	3.3600	19 重庆 20（160180）	3910.00	2049.09.26	3.9600
19 河北 40（160181）	2965.00	2024.09.26	3.2400	19 河北 41（160182）	4000.00	2029.09.26	3.3600
19 河北 42（160183）	6000.00	2039.09.26	3.6900	19 河北 43（160184）	15000.00	2049.09.26	3.9600
19 内蒙 29（160185）	4024.00	2029.10.15	3.3800	19 青岛 28（160186）	1810.00	2029.10.16	3.4000
19 川 118（160187）	8344.00	2049.10.24	4.0700	19 川 119（160188）	2015.00	2049.10.24	4.0700
19 海南 22（160189）	3159.00	2049.10.25	4.0800	19 湖南 38（160190）	15000.00	2024.10.28	3.2700
19 湖南 39（160191）	8570.00	2034.10.28	3.7700	19 湖南 40（160192）	4306.00	2049.10.28	4.0900
19 北京 32（160193）	924.00	2022.11.05	3.1300	19 北京 33（160194）	1266.00	2029.11.05	3.5400
19 北京 34（160195）	470.00	2024.11.05	3.3300	19 云南 27（160196）	4476.00	2022.11.07	3.1500
19 云南 28（160197）	4369.00	2022.11.07	3.1500	19 新疆 24（160198）	1170.00	2039.11.15	3.9000
19 新疆 25（160199）	90.00	2029.11.15	3.6600	19 广西 20（160200）	1281.00	2049.11.21	4.0800
19 广西 21（160201）	2600.00	2049.11.21	4.0800	19 厦门 08（160202）	2700.00	2049.11.28	4.0300
19 吉林 33（160203）	571.00	2026.12.06	3.4100	19 江苏 20（160204）	15000.00	2029.12.09	3.4300
19 兵团 09（160205）	1666.00	2026.12.20	3.4100	19 兵团 10（160206）	1066.00	2026.12.20	3.4100
19 兵团 11（160207）	1927.00	2039.12.20	3.7800	19 兵团 12（160208）	16007.00	2049.12.20	4.0500
19 吉林 25（160500）	102.00	2024.09.27	3.2400	19 吉林 26（160501）	1098.00	2026.09.27	3.3800
19 吉林 27（160502）	161.00	2026.09.27	3.3800	19 吉林 28（160503）	198.00	2029.09.27	3.5100
19 吉林 29（160504）	1710.00	2024.09.27	3.2400	19 吉林 30（160505）	130.00	2029.09.27	3.5100
19 吉林 31（160506）	250.00	2049.09.27	4.0000	19 吉林 32（160507）	400.00	2029.09.27	3.3600
19 河北 29（160508）	2165.00	2022.09.19	3.0000	19 河北 30（160509）	2960.00	2024.09.19	3.2200
19 河北 31（160510）	3519.00	2029.09.19	3.3300	19 河北 32（160511）	2280.00	2024.09.19	3.2200
19 河北 33（160512）	420.00	2029.09.19	3.3300	19 河北 34（160513）	300.00	2029.09.19	3.3300
19 河北 35（160514）	300.00	2024.09.19	3.2200	19 河北 36（160515）	495.00	2034.09.19	3.6100
19 河北 37（160516）	3370.00	2034.09.19	3.6100	19 青海 25（160517）	300.00	2029.09.26	3.3600
19 青海 26（160518）	230.00	2029.09.26	3.3600	19 湖南 30（160519）	2271.00	2039.09.25	3.6900
19 湖南 31（160520）	1496.00	2029.09.25	3.3600	19 湖南 32（160521）	559.00	2034.09.25	3.6500
19 湖南 33（160522）	671.00	2029.09.25	3.3600	19 湖南 34（160523）	9921.00	2024.09.25	3.2400
19 湖南 35（160524）	11300.00	2039.09.25	3.6900	19 湖南 36（160525）	1449.00	2039.09.25	3.6900
19 湖南 37（160526）	16787.00	2049.09.25	3.9500	19 龙江 18（160527）	500.00	2049.09.27	3.9600
19 龙江 19（160528）	1000.00	2049.09.27	3.9600	19 贵州 14（160529）	7196.00	2039.09.27	3.6900
19 贵州 15（160530）	2757.00	2049.09.27	3.9600	19 浙江 18（160531）	14440.00	2049.10.22	4.0400
19 浙江 19（160532）	4280.00	2029.10.22	3.4200	19 大连 07（160533）	5584.00	2049.11.06	4.1500
19 大连 08（160534）	2474.00	2049.11.06	4.1500	19 贵州 16（160535）	3908.00	2026.10.30	3.4800
19 贵州 17（160536）	6283.00	2049.10.30	4.1100	19 天津 53（160537）	5401.00	2049.11.08	4.1300
19 天津 54（160538）	12203.00	2024.11.08	3.3200	19 宁夏 32（160539）	263.00	2024.11.08	3.3200
19 宁夏 33（160540）	518.00	2026.11.08	3.5100	19 内蒙 30（160541）	1751.00	2029.12.03	3.4200
19 杭湾 01（162001）	700.00	2024.08.22	4.9500	19 光证 02（162002）	3000.00	2022.08.22	3.7500
19 联投 02（162003）	3000.00	2024.11.04	4.9500	19 常新 03（162005）	1000.00	2024.09.09	5.8000
19 信投 Y1（162006）	5000.00	2024.08.27	4.4500	19 淮建 01（162007）	1000.00	2024.08.20	7.2000
19 株国 04（162008）	1000.00	2024.09.09	6.0000	19 财富 01（162009）	800.00	2022.09.03	4.2900
19 惠憬 01（162011）	370.00	2024.08.21	5.9800	19 昆城 01（162012）	500.00	2024.08.28	4.1000
19 郑建 03（162013）	500.00	2024.08.26	4.2400	19 江油 02（162014）	600.00	2024.08.23	7.6000
19 宜城 01（162015）	1000.00	2024.08.23	4.4300	19 余工 01（162016）	600.00	2024.08.27	5.2800
19 军融 01（162017）	1300.00	2024.09.03	4.8000	19 鹰潭债（162018）	600.00	2024.09.02	7.2000
19 崇川 03（162019）	1000.00	2024.08.27	4.7200	19 宋都 02（162020）	200.00	2022.08.29	8.5000
新交投 01（162021）	200.00	2022.08.28	3.8500	新交投 02（162022）	300.00	2022.08.28	7.1000
19HG03（162023）	3000.00	2022.09.04	4.2000	19 能投 03（162024）	1000.00	2022.08.26	4.9000

债券信息 List of Bonds

债券简称（代码） Bond Name（Code）	发行量（百万元） Issued Vol（M yuan）	到期日 Expiration Date	票面利率（%） Coupon Rate（%）	债券简称（代码） Bond Name（Code）	发行量（百万元） Issued Vol（M yuan）	到期日 Expiration Date	票面利率（%） Coupon Rate（%）
19 铜旅 01（162025）	1500.00	2024.08.27	7.8000	19 常城 03（162026）	1000.00	2024.08.23	4.3000
19 连城 02（162027）	600.00	2024.08.28	4.7500	19 海瀛 01（162029）	700.00	2022.08.26	7.5000
19 江海 C2（162030）	310.00	2022.08.27	5.5000	19 华控 04（162031）	2000.00	2022.08.29	7.8000
19 驻投 02（162034）	800.00	2024.08.28	6.5000	19 咸阳 01（162035）	1150.00	2024.08.29	6.9000
19 咸阳 02（162036）	1850.00	2024.08.29	6.7000	19 海保 01（162037）	500.00	2024.08.30	4.7300
19 蓝创 02（162038）	690.00	2024.08.30	7.2000	19 雅安 01（162039）	500.00	2022.08.27	7.0000
G19 高能 2（162040）	190.00	2022.08.23	5.3500	G19 高能 3（162041）	410.00	2022.08.23	5.5000
19 广宇 01（162042）	640.00	2024.08.27	7.5000	19 江北 03（162044）	500.00	2024.08.27	4.5000
19 绍改 01（162045）	1000.00	2024.09.03	5.9800	G19 天成 3（162046）	1000.00	2022.08.30	4.3700
19 沪宁债（162047）	500.00	2024.08.27	5.7000	19 泰通 01（162048）	385.00	2024.09.02	7.8000
19 慈东 01（162049）	1500.00	2024.09.03	5.0800	19 经开 01（162050）	1000.00	2024.08.30	4.3900
19 建投 05（162051）	600.00	2024.08.29	4.3000	19 融控 01（162052）	1300.00	2024.09.06	4.3000
19 华凌 01（162054）	1000.00	2024.08.30	7.8000	19 永煤 03（162055）	1200.00	2022.09.11	6.4800
19 明升 01（162057）	200.00	2022.09.12	7.5000	19 贵文 02（162058）	500.00	2024.08.27	7.8000
19 华创 02（162059）	510.00	2023.09.09	5.5000	19 甬海 01（162060）	1500.00	2022.09.04	4.1700
19 宁交 01（162061）	1000.00	2024.09.25	5.7500	19 惠建 01（162062）	480.00	2022.08.30	5.7000
19 淮新 04（162063）	1000.00	2024.09.03	6.0000	19 华宇 02（162065）	600.00	2022.09.10	8.5000
19 高创 02（162066）	1000.00	2024.09.03	6.1000	19 金港 03（162067）	500.00	2024.09.06	4.3700
19 首股 02（162068）	1680.00	2024.08.28	4.1400	19 市北 01（162069）	1000.00	2022.09.06	5.4500
19 舟城 02（162070）	1500.00	2024.09.04	4.4000	19 联储 02（162071）	700.00	2021.09.02	6.2000
19 山钢 02（162072）	1000.00	2024.09.05	5.2000	19 漳龙 04（162073）	400.00	2024.09.16	4.6000
19 滨湖 02（162074）	800.00	2024.09.10	5.5000	19 泸投 02（162075）	700.00	2024.09.11	7.5000
19 盐城 01（162076）	400.00	2022.09.04	5.9000	19 海兴 02（162078）	500.00	2024.09.06	6.2000
19 启东 D2（162080）	1000.00	2020.09.09	4.0800	19 嘉高 03（162081）	1000.00	2024.09.05	4.3000
19 滨江 02（162082）	450.00	2024.09.06	4.5500	19 城资 03（162083）	960.00	2022.09.06	6.1800
19 豫纾 01（162084）	800.00	2024.11.25	4.8700	19 望城 05（162085）	500.00	2024.09.20	6.3900
19 海瀛 02（162088）	800.00	2022.09.10	7.5000	19 兴永 01（162089）	510.00	2024.09.10	6.8000
19 中租 04（162090）	1000.00	2022.09.10	4.2300	19 大庆 01（162091）	1000.00	2022.09.09	6.9900
19 遵桥 02（162092）	2280.00	2024.09.12	7.3000	19 东莞 02（162093）	1000.00	2022.09.12	4.6000
19 锡山 02（162094）	690.00	2024.11.27	4.6500	19 惠玉 01（162096）	350.00	2024.09.05	6.8000
19 柳投 01（162097）	1000.00	2023.09.11	7.0000	19 安投 02（162099）	800.00	2027.09.11	8.0000
19 银桥 01（162100）	1000.00	2024.09.11	4.2000	19 国惠 02（162101）	2000.00	2022.09.09	4.1300
19 姜城 01（162102）	690.00	2024.09.18	7.3000	19 瀚控 02（162103）	1000.00	2023.09.27	5.0000
19 潍东 05（162104）	1200.00	2024.09.12	4.9000	19 西海 01（162106）	1800.00	2024.09.12	4.1800
19 莱钢 03（162108）	1100.00	2022.09.16	4.9900	19 鲁公 02（162109）	500.00	2024.09.10	6.0000
19 绍交 01（162110）	1050.00	2024.09.18	4.1000	19 柯建 01（162111）	2000.00	2024.09.11	5.5000
19 珠实 02（162112）	780.00	2022.11.06	5.5900	19 天风 02（162113）	1300.00	2022.09.11	4.4700
19 阳安 02（162114）	515.00	2024.09.09	5.9000	19 川纾 01（162115）	1000.00	2022.09.16	6.8900
19 不动 07（162116）	1100.00	2022.09.12	4.2800	19 申太 01（162117）	610.00	2024.09.16	7.0000
19 智光 01（162118）	667.00	2024.09.23	7.5000	19 北碚 01（162119）	1500.00	2024.10.25	7.0000
19 邯纾 01（162120）	1500.00	2024.10.17	5.4300	19 贵安 D2（162121）	1580.00	2020.09.19	7.3000
19 浙商 03（162122）	800.00	2024.09.16	4.2400	19 嵊南 01（162123）	760.00	2026.09.11	6.6000
19 冀控 02（162124）	1800.00	2024.09.19	6.9000	G19 天府 1（162125）	930.00	2024.09.24	7.5000
19 冀资 01（162127）	500.00	2022.09.11	5.9800	19 渝开 03（162128）	600.00	2024.09.20	5.2000
19 慈建 03（162129）	1200.00	2024.09.20	4.6500	19 广湖 04（162131）	540.00	2024.09.12	7.0000
19 河西 01（162132）	920.00	2024.09.12	4.0000	19 七师 01（162134）	500.00	2024.09.23	7.5000
19 高淳 01（162135）	1000.00	2024.09.12	5.8000	19 西南 C1（162136）	2640.00	2022.09.12	4.5000
19 余工 02（162137）	400.00	2024.09.20	5.3900	19 方洋 01（162138）	800.00	2024.11.19	6.3000
S19 石门 1（162139）	280.00	2024.09.20	8.5000	19 翠屏 01（162141）	780.00	2024.09.19	6.1000
19 嵊州 03（162142）	1000.00	2024.09.25	6.0500	19 昆投 05（162143）	700.00	2024.09.18	5.1700

债券信息
List of Bonds

债券简称（代码）Bond Name（Code）	发行量（百万元）Issued Vol（M yuan）	到期日 Expiration Date	票面利率（%）Coupon Rate（%）	债券简称（代码）Bond Name（Code）	发行量（百万元）Issued Vol（M yuan）	到期日 Expiration Date	票面利率（%）Coupon Rate（%）
19 吴发 02（162144）	1000.00	2024.09.23	4.2500	19 醴渌 02（162145）	500.00	2024.12.17	7.5000
19 吴城 02（162146）	500.00	2024.09.19	4.4500	19 恒澄 D1（162147）	1230.00	2020.09.16	4.7000
19 青城 01（162149）	2000.00	2024.09.18	4.0700	19 财投 01（162151）	800.00	2024.09.26	4.0400
19 湖城 01（162152）	2000.00	2024.09.20	4.2500	19 晋佳 02（162153）	500.00	2024.09.18	5.1600
19 柳龙 01（162155）	960.00	2024.11.08	6.7000	19 浔发 01（162157）	450.00	2024.09.18	7.0000
19 国都 C2（162158）	520.00	2022.09.23	5.8000	19 九鼎 01（162159）	334.00	2022.09.27	7.5000
19 沭东 02（162161）	400.00	2019.12.23	7.7000	19 驻投 04（162162）	1000.00	2024.09.23	6.5700
19 政通 01（162163）	750.00	2024.09.20	6.4600	19 宿城 01（162164）	200.00	2024.09.18	7.2900
19 仁怀 01（162165）	140.00	2024.09.18	7.5000	19 仁怀 02（162166）	560.00	2024.09.18	7.5000
19 国君 Y1（162167）	5000.00	2024.09.23	4.2000	19 城建 02（162169）	1500.00	2024.09.25	5.7000
19 九通 01（162170）	2000.00	2024.10.31	6.9000	19 崇川 04（162172）	500.00	2024.09.19	4.6900
19 高密 01（162173）	800.00	2024.09.26	6.7000	19 济产 01（162174）	1350.00	2024.09.24	5.3000
19 通经 01（162175）	500.00	2024.09.20	4.4500	19 西苑 01（162176）	400.00	2024.09.25	7.5000
19 融海 02（162177）	580.00	2026.09.20	7.2000	19 融海 03（162178）	750.00	2026.09.20	7.3000
19 淮开 03（162179）	500.00	2024.09.27	6.7500	S19 西江 1（162180）	360.00	2024.09.20	5.5000
19 兴港 03（162181）	700.00	2022.09.23	4.6000	19 首钢 04（162182）	3000.00	2024.09.23	4.1500
19 张投 01（162183）	1500.00	2024.10.21	4.2700	19 渝枢 01（162184）	1000.00	2024.09.19	5.2000
19 江公 Y1（162185）	1000.00	2022.09.25	6.0000	19 新宇 01（162186）	150.00	2024.09.23	8.5000
19 吐国 01（162187）	1000.00	2022.09.24	8.0000	19 绍城 04（162189）	800.00	2024.09.24	3.9500
19 新昌 01（162190）	1400.00	2024.09.23	6.5000	19 海城 01（162194）	1000.00	2024.09.25	4.3700
19 株城 06（162196）	500.00	2024.09.25	6.5500	19 海门 03（162197）	700.00	2020.10.30	4.4800
19 科城 03（162198）	200.00	2024.09.25	5.0000	19 滕房 01（162199）	500.00	2022.09.24	7.0000
19 温江投（162200）	1500.00	2024.09.20	7.0000	19 漳交 03（162201）	500.00	2024.09.26	4.7000
19 潍滨 02（162202）	700.00	2022.12.16	7.2000	19 即墨 01（162203）	1000.00	2024.09.24	5.1500
19 开源 D1（162204）	300.00	2020.06.21	3.8000	19 山煤 02（162205）	1500.00	2022.09.26	7.5000
19 中区 01（162206）	1000.00	2022.09.25	7.5000	19 虞尚 01（162207）	200.00	2022.09.18	5.4000
19 同创 02（162208）	900.00	2024.09.24	6.3000	19 恒润 02（162209）	980.00	2022.09.25	6.5000
G19 株湘 1（162210）	1500.00	2024.10.16	6.0000	19 相城 04（162211）	500.00	2024.09.25	4.1300
19 濮阳 03（162212）	1000.00	2024.09.24	6.3700	19 遵投 02（162213）	1100.00	2024.09.27	7.5000
19 宜兴 01（162215）	600.00	2024.09.25	5.7000	19 轻纺 01（162216）	300.00	2024.09.25	5.3000
19 轻纺 02（162217）	800.00	2022.09.25	4.5000	19 百投债（162218）	410.00	2022.09.20	8.0000
19 南浔 03（162220）	1220.00	2024.09.24	7.0000	19 秀宏 01（162221）	1000.00	2024.09.25	5.3900
19 天府 02（162222）	400.00	2024.09.30	7.8000	19 迈瑞 03（162223）	1000.00	2024.10.23	5.6000
19 有色 Y1（162224）	1000.00	2022.09.24	4.8900	19 永兴 02（162225）	690.00	2024.09.27	6.8000
19 云铁 01（162226）	500.00	2024.10.23	6.1000	19 杭城建（162227）	500.00	2024.09.23	3.8000
19 兰花 02（162228）	600.00	2024.10.08	6.7000	19 吴中 01（162229）	500.00	2024.10.25	5.5000
19 碧桂 02（162230）	1850.00	2023.09.26	6.8000	19 亭公 01（162231）	1000.00	2024.10.14	7.5000
19 乌经建（162232）	1000.00	2024.09.26	5.5000	19 嘉梅 01（162233）	400.00	2024.09.26	6.0000
19 浔城 01（162234）	800.00	2024.09.26	7.5000	19 陕煤 01（162235）	5000.00	2024.10.14	3.9800
19 三水 01（162236）	600.00	2024.10.15	4.6800	19 海江 01（162237）	500.00	2024.12.06	4.8000
19 桂金 05（162238）	600.00	2022.09.27	6.7000	19 遵红 02（162240）	240.00	2024.12.20	8.0000
19 兰交 03（162241）	300.00	2024.09.27	6.5000	19 袍工 01（162242）	800.00	2024.09.26	7.0000
19 景旅 03（162243）	1000.00	2024.09.26	7.0000	19 湘侨 01（162244）	1000.00	2022.09.26	6.8900
19 太湖 01（162246）	850.00	2024.09.27	6.5000	19 安租 08（162247）	2000.00	2022.09.27	4.8000
19 建工 Y1（162249）	485.00	2022.10.21	7.0000	19 东港 01（162250）	500.00	2024.09.27	5.5000
19 晋纾 01（162251）	1000.00	2024.11.27	5.5000	19 渝丰资（162253）	500.00	2024.10.14	7.5000
19 荆城 03（162254）	750.00	2024.09.27	6.1800	19 泰投 02（162255）	710.00	2024.10.23	6.5000
19 城乡 01（162256）	2000.00	2024.09.27	7.3800	19 城乡 02（162257）	500.00	2024.09.27	7.1800
19 千建 01（162259）	550.00	2026.10.11	6.0000	19 城发 05（162260）	1000.00	2024.10.21	5.4700
19 金辉 02（162261）	850.00	2022.10.14	7.5000	19 黔城 01（162262）	600.00	2024.10.15	6.3500

债券信息 债券
List of Bonds Bond

债券简称（代码） Bond Name（Code）	发行量（百万元） Issued Vol （M yuan）	到期日 Expiration Date	票面利率（%） Coupon Rate（%）	债券简称（代码） Bond Name（Code）	发行量（百万元） Issued Vol （M yuan）	到期日 Expiration Date	票面利率（%） Coupon Rate（%）
19 黔城 02（162263）	900.00	2024.10.15	8.0000	19 丰经 01（162264）	600.00	2022.10.29	7.0000
19 万盛 01（162265）	1500.00	2024.10.23	7.5000	19 即旅 01（162266）	600.00	2024.10.16	4.5000
19 循环 02（162267）	1200.00	2024.10.08	7.9900	19 榕交 01（162268）	300.00	2024.10.17	4.0000
19 苏科 02（162269）	1000.00	2024.10.17	4.3000	19 融控 03（162270）	1100.00	2024.10.23	4.2900
19 厦特 02（162271）	1280.00	2022.10.15	4.7800	19 海科 02（162272）	1650.00	2024.10.16	6.5000
19 中金 C3（162273）	1500.00	2024.10.14	4.0900	19 江海 C3（162274）	1060.00	2022.10.16	5.7000
19 安国投（162275）	1000.00	2024.10.18	6.7000	19 军融 02（162276）	700.00	2024.10.30	4.7000
19 瀚控 03（162277）	220.00	2023.10.11	6.8000	19 安城 02（162278）	500.00	2024.10.16	6.8000
19 天风 03（162279）	500.00	2022.10.18	4.3000	19 海交 01（162280）	800.00	2024.10.17	4.6500
19 浏新 01（162281）	810.00	2024.10.15	6.6000	19 惠控 02（162282）	800.00	2024.10.21	4.4800
19 常城 04（162283）	1000.00	2024.10.15	4.2000	G19XHY（162284）	1500.00	2022.10.22	4.8300
19 不动 08（162285）	500.00	2022.10.16	4.3500	19 交投 03（162286）	1150.00	2024.10.25	4.2000
G19 永荣（162287）	300.00	2022.10.16	7.3000	19 泰州 01（162288）	350.00	2022.10.18	7.5000
19 晋交 03（162289）	1500.00	2024.10.23	5.4300	19 阳澄 01（162291）	300.00	2024.11.04	5.4800
19 洋口 02（162292）	588.00	2022.12.23	7.0000	19 康富 04（162293）	500.00	2022.10.24	6.3000
19 肇庆 03（162294）	500.00	2024.10.25	5.2800	19 镇城 D1（162295）	1000.00	2020.10.18	5.9900
19 浦现 02（162296）	260.00	2024.10.18	4.0500	19 环球 03（162297）	1000.00	2024.10.25	4.5000
19 大庆 02（162298）	1000.00	2022.10.21	6.9500	19 金水 01（162300）	1000.00	2024.10.17	5.3800
19 硕放 02（162304）	350.00	2024.10.23	5.6000	19 日通 02（162305）	700.00	2022.10.22	7.0000
19 铜梁 01（162306）	1000.00	2024.10.18	7.1000	19 山钢 03（162307）	2000.00	2022.10.23	4.8000
19 渝隆 01（162310）	2500.00	2024.10.21	5.2000	19 川城 01（162311）	1000.00	2024.10.18	5.3000
19 百投 02（162312）	100.00	2022.10.16	8.0000	19 天投 02（162313）	1750.00	2024.10.28	4.0000
19 滨湖 03（162314）	700.00	2024.10.21	5.4500	19 舟普 02（162315）	1400.00	2024.11.06	5.3000
19 创鸿 01（162316）	500.00	2024.10.21	7.3000	19 淮高新（162317）	340.00	2024.11.25	7.5000
19 柳控 02（162318）	800.00	2024.10.25	5.5000	19 金投 01（162321）	1000.00	2024.11.04	4.9500
19 铜官 01（162322）	1250.00	2024.10.18	7.0000	19 中原 C1（162323）	1000.00	2022.10.30	4.9000
19 华泰 03（162324）	4000.00	2022.10.24	3.6800	19 泸工 01（162325）	1000.00	2022.11.28	7.0000
19 淮经 01（162327）	750.00	2024.12.06	7.0000	19 佳源 04（162328）	840.00	2021.09.20	8.0000
19 郑蒲 01（162329）	250.00	2024.10.21	7.5000	19 义佛 02（162330）	890.00	2024.10.31	6.5000
19 渝合 01（162331）	2000.00	2024.10.30	6.2000	19 星发 01（162332）	1000.00	2024.10.28	4.8000
19 南开 01（162333）	800.00	2022.11.20	7.3000	19 淮开 D1（162334）	940.00	2020.10.24	6.0000
19 衢资 01（162335）	1500.00	2024.10.24	4.2000	19 惠建 02（162336）	1020.00	2022.10.28	5.7000
19 澄港 04（162337）	3000.00	2024.10.24	6.2000	19 民泰 01（162338）	400.00	2024.11.26	7.2800
同煤 Y4（162340）	1000.00	2020.10.24	5.4000	19 望水 01（162341）	1000.00	2024.10.23	6.9900
19 江都 04（162344）	560.00	2022.10.23	7.4000	19 寿光 02（162346）	1250.00	2024.10.31	7.3000
19 新蒲 03（162347）	110.00	2022.10.24	7.5000	19 铸康债（162348）	520.00	2024.10.24	6.5000
19 金纾 05（162349）	1000.00	2024.10.22	4.6000	19 莱钢 04（162351）	400.00	2022.10.22	4.9700
19 铁十六（162352）	1000.00	2029.10.30	4.7300	19 威凯 01（162353）	375.00	2024.11.05	5.8000
19 东丽 04（162354）	845.00	2024.10.24	7.9000	19 津建 01（162358）	800.00	2024.11.12	8.0000
19 禹通 01（162359）	700.00	2024.10.28	6.5000	19 黔水 03（162361）	500.00	2024.10.28	8.0000
19 世纪 01（162362）	500.00	2024.11.08	7.5000	19 兴奉 01（162363）	800.00	2024.10.29	6.3500
19 云租 01（162364）	1000.00	2022.10.31	6.5000	19 通泰 02（162365）	890.00	2024.11.11	7.5000
19 淮新 06（162366）	500.00	2024.10.28	5.8000	19 诸资 01（162368）	1800.00	2024.10.29	4.6000
19 蔡家 01（162370）	1600.00	2024.10.25	7.0000	19 先行 01（162371）	1000.00	2022.11.12	5.1000
19 明升 02（162372）	200.00	2022.11.20	8.0000	19 眉控 01（162373）	1500.00	2024.12.03	6.8000
19 简阳 01（162374）	400.00	2024.11.08	6.5000	19 家园 01（162375）	500.00	2022.11.06	6.3400
19 瀚控 D1（162376）	460.00	2020.10.24	5.5000	19 海保 02（162377）	500.00	2024.10.30	4.7800
19 扬临港（162378）	500.00	2021.10.28	6.2000	19 淮建 02（162379）	1000.00	2024.10.25	7.2000
19 娄城 01（162380）	500.00	2026.11.04	4.3500	19 新郑 01（162381）	1200.00	2024.11.04	6.3800
19 绿舍 01（162382）	300.00	2024.10.28	7.0000	19 首证 C2（162383）	500.00	2022.10.30	4.7000

债券信息
List of Bonds

债券简称（代码）Bond Name（Code）	发行量（百万元）Issued Vol（M yuan）	到期日 Expiration Date	票面利率（%）Coupon Rate（%）	债券简称（代码）Bond Name（Code）	发行量（百万元）Issued Vol（M yuan）	到期日 Expiration Date	票面利率（%）Coupon Rate（%）
19 西旅 01（162384）	1000.00	2022.10.31	5.0000	19 进纾 01（162386）	700.00	2024.11.20	4.8900
19 安租 09（162387）	2000.00	2022.10.29	4.7000	19 陕煤 02（162388）	4000.00	2024.11.05	4.1500
19 瓯经 01（162389）	1500.00	2024.11.01	6.1000	19 黄投 01（162390）	800.00	2024.11.05	6.3000
19 金禹 01（162391）	290.00	2024.11.01	7.2000	19 筑城 01（162392）	3000.00	2024.11.06	5.8000
19 济建 02（162393）	3000.00	2022.11.08	4.2000	19 惠投 02（162394）	1070.00	2024.10.29	4.8000
19 新泰 03（162395）	400.00	2024.10.30	6.8000	19 清浦 02（162397）	500.00	2024.11.08	7.4900
19 遵投 03（162398）	800.00	2024.12.05	7.5000	19 开源 D2（162399）	400.00	2020.08.29	4.0000
19 大庆 04（162400）	1000.00	2024.11.04	7.5000	19 长发 01（162401）	3000.00	2022.10.30	4.7600
19 远东一（162402）	1000.00	2022.10.31	3.9900	19 长交 01（162403）	1000.00	2024.11.01	5.7000
19 绿产 D1（162407）	400.00	2020.11.26	4.9900	19 安龙 01（162408）	500.00	2022.11.13	7.5000
G19 德交 1（162409）	250.00	2029.11.14	6.5000	19 曹国 D1（162410）	2000.00	2020.11.06	5.6000
19 国都 C5（162412）	500.00	2022.11.04	6.3800	19 桂金 07（162413）	700.00	2020.11.19	6.5000
19 皖江 01（162414）	660.00	2024.11.05	7.5000	19 常城 05（162415）	1500.00	2024.11.04	4.3000
19 广旅发（162418）	2000.00	2024.10.30	5.9800	19 沪券 D1（162419）	2000.00	2020.05.04	3.7000
19 明宫 02（162420）	500.00	2022.10.31	7.4800	19 山钢 Y2（162421）	1000.00	2021.11.04	6.8400
19 靖城 03（162422）	550.00	2024.11.04	7.2000	19 中江 01（162423）	300.00	2024.11.04	5.7000
19 苏国 01（162424）	500.00	2024.11.06	4.1000	19 济西 03（162426）	1500.00	2024.11.20	4.4000
19 金坛 02（162428）	1000.00	2023.11.08	6.8000	19 柳投 03（162431）	800.00	2023.11.05	6.9900
19 慈商 02（162433）	700.00	2024.11.07	4.9800	19 长兴 02（162435）	1000.00	2024.11.06	6.5000
19 惠鑫 02（162436）	335.00	2024.10.31	6.6000	19 淳资 01（162437）	640.00	2024.11.04	5.8000
19 浙商 04（162440）	600.00	2024.11.21	4.3000	S19 石门 2（162442）	140.00	2024.12.12	8.2000
19 青纾 02（162443）	1500.00	2024.11.06	4.2500	19 天易 D1（162446）	330.00	2020.11.05	5.8000
G19 有轨 1（162447）	300.00	2026.11.08	4.8500	19 汾湖 02（162448）	760.00	2024.11.07	4.7900
19 鲁海洋（162449）	500.00	2022.11.19	4.5000	19 长开 05（162450）	554.00	2022.11.12	6.7000
19 长开 06（162451）	954.00	2024.11.12	7.0000	19 滕投 03（162452）	200.00	2024.11.12	7.2000
19 农投 01（162454）	1000.00	2024.11.06	7.2000	19 通经 02（162455）	1000.00	2024.11.07	4.3500
19 天宁 02（162456）	500.00	2022.11.20	5.1000	19 抚州 01（162457）	2100.00	2024.11.15	4.7000
19 日交 01（162459）	400.00	2024.11.14	7.0000	19 平金 01（162461）	3000.00	2024.11.07	4.3000
19 建邺 03（162462）	500.00	2024.11.07	4.6500	19 瀚宇 01（162463）	1000.00	2024.11.12	7.5000
19 绍兴 02（162464）	800.00	2024.11.08	4.2800	19 舟交 02（162465）	700.00	2022.11.11	4.3000
19 汇盛 01（162466）	920.00	2024.11.19	5.1000	19 华阔 01（162467）	735.00	2024.11.13	6.3500
19 大晟 01（162469）	1000.00	2024.11.07	7.1000	19 中金 C4（162470）	1500.00	2024.11.11	4.1200
19 豫铁 01（162471）	1500.00	2026.11.12	4.5000	19 中企 02（162472）	1520.00	2024.11.14	4.1700
19 姜城 02（162473）	250.00	2024.11.08	7.3000	19 韩城 02（162474）	310.00	2024.11.28	8.5000
19 世园 01（162475）	900.00	2026.11.12	5.3000	19 镇城 D2（162476）	600.00	2020.11.13	6.0500
19 虞纾 01（162477）	600.00	2024.11.13	4.5500	19 驻投 06（162480）	700.00	2024.11.12	6.7000
19 栖科 01（162481）	500.00	2022.12.12	4.5000	19 蓟州 01（162482）	500.00	2024.11.07	7.0000
19 成华债（162484）	1500.00	2026.11.08	4.9200	19 荆投 01（162485）	500.00	2024.12.11	7.8000
19 龙川 01（162487）	1300.00	2024.11.14	5.4900	19 青信 01（162488）	2500.00	2024.11.12	4.1900
19 康富 D1（162489）	500.00	2020.11.18	6.0000	19 运和 02（162491）	1500.00	2024.11.25	6.6800
19 萍乡 01（162492）	570.00	2024.11.11	6.5000	19 萍乡 02（162493）	430.00	2022.11.11	5.9500
19 万经 01（162494）	1000.00	2024.12.18	7.5000	19 豫水 01（162495）	500.00	2024.11.19	4.0000
19 昌兴 01（162496）	700.00	2024.11.13	7.6000	19 鲁金 02（162497）	500.00	2024.11.13	6.3800
19 阜宁债（162500）	600.00	2024.11.14	7.5000	19 嘉城 01（162501）	1000.00	2024.11.21	4.0000
19 镇旅 01（162502）	300.00	2020.11.15	6.8000	19 蓝光 07（162505）	400.00	2022.11.22	7.5000
19 首钢 05（162506）	3000.00	2023.11.14	4.1000	19 姚经 01（162507）	500.00	2024.11.14	5.2000
19 海交投（162508）	500.00	2024.11.25	4.7000	19 沿海 01（162509）	1300.00	2024.11.14	4.3000
19 富港 01（162511）	500.00	2024.11.21	6.9000	19 蓉投 01（162513）	1500.00	2024.11.18	4.0000
19 桂铁 F1（162514）	1000.00	2022.11.19	4.4500	19 天目 01（162515）	500.00	2022.11.15	6.0000
19 扬庆 01（162516）	500.00	2022.11.19	5.8900	19 海曙 01（162517）	1000.00	2024.11.18	4.0000

债券信息
List of Bonds

债券简称（代码）Bond Name（Code）	发行量（百万元）Issued Vol（M yuan）	到期日 Expiration Date	票面利率（%）Coupon Rate（%）	债券简称（代码）Bond Name（Code）	发行量（百万元）Issued Vol（M yuan）	到期日 Expiration Date	票面利率（%）Coupon Rate（%）
19 黔投 03（162518）	580.00	2022.11.18	7.8000	19 阳安 03（162519）	600.00	2024.11.18	5.7000
19 宁海 03（162520）	1000.00	2024.11.22	5.1000	19 淮开 04（162521）	1350.00	2024.11.14	6.7000
19 腾海 02（162523）	285.00	2022.11.15	7.6000	19 遵经 02（162525）	700.00	2024.11.26	8.0000
19 义建 01（162526）	1000.00	2022.11.21	4.8900	19 虞城 01（162527）	1000.00	2024.11.28	4.1800
19 盐交 01（162528）	1000.00	2024.12.09	4.9000	19 南京 C1（162530）	800.00	2022.11.19	4.3900
19 新蒲 05（162532）	210.00	2022.11.26	7.5000	19 遵旅 03（162533）	500.00	2029.11.25	8.0000
19 慎祥 01（162534）	750.00	2024.12.17	8.0000	19 瀚控 D2（162535）	285.00	2020.11.18	6.5000
19 环球 04（162536）	300.00	2024.12.02	4.5000	19 四面山（162537）	1000.00	2024.11.19	7.0000
19 泰投 03（162538）	200.00	2024.11.22	6.5000	19 兴资 01（162539）	500.00	2022.11.20	4.1000
19 兴资 02（162540）	500.00	2024.11.20	4.2500	19 华福 F1（162541）	2000.00	2024.11.25	4.1500
19 西经 01（162542）	630.00	2024.12.13	6.8000	19 金城 01（162543）	500.00	2024.11.20	4.2000
19 袍工 02（162544）	270.00	2024.11.20	7.0000	19 海盐 03（162545）	1000.00	2024.11.20	4.6000
19 渝南 02（162546）	500.00	2024.11.27	7.3000	19 哈纾 01（162547）	1000.00	2024.11.25	6.0900
19 遵桥 03（162548）	800.00	2024.12.19	7.3000	19 宁高 02（162549）	1200.00	2024.11.29	6.0000
19 九通 03（162550）	1000.00	2024.12.06	6.9800	19 泰顺 01（162552）	500.00	2024.12.05	5.9800
19 余杭 02（162553）	1000.00	2024.11.22	3.9000	19 吴发 03（162554）	1000.00	2024.11.25	4.1500
19 伊资 01（162555）	850.00	2024.11.25	7.4800	19 临经 01（162556）	500.00	2024.11.28	7.0000
19 青租 02（162557）	1500.00	2024.11.28	4.6800	19 太重 01（162558）	500.00	2024.11.28	6.5000
G19 盐交 1（162560）	500.00	2024.11.25	4.9500	19 锡南 01（162561）	1100.00	2024.12.10	4.3400
19 渝枢 02（162562）	310.00	2024.11.22	5.8000	19 渝枢 03（162563）	1240.00	2024.11.22	5.0000
19 远东二（162564）	3000.00	2022.12.04	4.2000	19 诸新 02（162566）	2000.00	2024.11.28	5.4300
19 邗江 01（162567）	1500.00	2024.11.22	4.7500	19 住保债（162568）	800.00	2022.11.22	4.2500
19 潞安 Y1（162569）	2000.00	2022.11.25	6.9500	19 中证 05（162570）	5000.00	2022.11.26	3.7500
19 西电 01（162571）	680.00	2024.11.20	5.0000	19 徐庄 02（162572）	800.00	2024.11.26	5.2000
19 家园 02（162573）	500.00	2022.11.22	6.3700	19 金水 02（162575）	2000.00	2024.11.25	5.0000
19 万州 01（162577）	500.00	2024.11.22	6.5000	19 柯岩 01（162578）	1850.00	2024.11.26	5.6000
19 华宇 03（162579）	300.00	2022.11.22	8.5000	19 滨投 03（162580）	135.00	2022.12.17	6.9800
19 铜示 01（162581）	500.00	2024.11.29	7.2000	19 铜示 02（162582）	500.00	2024.11.29	8.0000
19 绿洲 01（162583）	750.00	2024.12.16	6.6000	19 柳房 01（162584）	2000.00	2024.11.28	6.6000
19 浙证 01（162585）	2000.00	2024.11.25	3.8500	19 新能 03（162587）	360.00	2022.11.29	6.4000
G19 滁绿 1（162588）	500.00	2024.12.06	6.2000	19 滨江 D1（162589）	290.00	2020.11.25	4.5000
19 鹰投 01（162590）	850.00	2024.11.27	5.6500	19 江东 01（162591）	2000.00	2024.12.10	4.1000
19 兰扶 01（162592）	250.00	2024.11.27	7.5000	19 建工 Y2（162593）	500.00	2022.11.26	7.0000
19 曲水 01（162594）	400.00	2022.12.24	7.5000	19 惠基 01（162595）	500.00	2024.12.02	5.9500
19 海门 04（162598）	1300.00	2020.11.28	4.0800	19 铜山 01（162599）	600.00	2022.12.12	5.0000
19 山煤 Y1（162600）	1000.00	2022.12.04	7.4500	19 洛建 01（162601）	2000.00	2024.11.29	4.9000
G19 贵水 1（162602）	3200.00	2024.11.27	4.5900	19 瀛洲 02（162603）	260.00	2022.11.22	7.8000
G19 莱芜 1（162604）	500.00	2022.11.29	7.3000	19 长寿 D1（162605）	800.00	2020.11.26	5.8000
19 湖交 01（162607）	2000.00	2024.11.28	4.0400	19 宜城 F1（162608）	1100.00	2024.11.27	4.2000
19 农副 01（162609）	1000.00	2024.12.10	4.5000	19 龙投 02（162610）	500.00	2022.11.28	6.2700
19 洪泽 01（162611）	200.00	2024.11.29	6.8900	19 南平 01（162612）	800.00	2024.11.28	5.9800
19 温投债（162613）	420.00	2024.11.29	6.5000	19 宁开 01（162614）	850.00	2024.11.29	6.5000
19 渝开 D2（162615）	1000.00	2020.11.29	4.5000	19 兴城建（162616）	1000.00	2024.12.18	5.1500
19 公用 02（162617）	1000.00	2024.12.02	4.7000	19 晋佳 03（162619）	1000.00	2024.12.02	5.1000
19 海创 01（162620）	2000.00	2024.11.29	4.6000	19 常德 01（162621）	690.00	2024.12.05	4.7900
19 衡滨 01（162622）	640.00	2022.12.03	5.8800	19 株高 03（162623）	1000.00	2022.12.18	6.0000
19 百盐 01（162625）	340.00	2024.12.03	7.5000	19 阳山 01（162627）	200.00	2022.11.27	5.9000
19 阳山 02（162628）	300.00	2022.11.27	6.5000	19 锡工 02（162629）	1000.00	2024.12.17	5.4000
19 甬象 02（162630）	650.00	2024.11.29	7.2900	19 云龙 02（162632）	700.00	2022.11.29	7.5000
19 南安 02（162635）	1000.00	2024.12.03	6.4000	19 镇城 D3（162636）	500.00	2020.12.10	6.0000

债券信息
List of Bonds

债券
Bond

债券简称（代码）Bond Name（Code）	发行量（百万元）Issued Vol（M yuan）	到期日 Expiration Date	票面利率（%）Coupon Rate（%）	债券简称（代码）Bond Name（Code）	发行量（百万元）Issued Vol（M yuan）	到期日 Expiration Date	票面利率（%）Coupon Rate（%）
G19 衢交 1（162637）	500.00	2024.12.09	4.4800	19 华融 C3（162639）	1250.00	2022.12.03	5.0000
19 中德 01（162640）	600.00	2024.12.03	5.9000	19 筑铁 01（162642）	1000.00	2024.12.03	6.8000
19 黄桥 01（162644）	500.00	2022.12.02	4.2300	19 中金 C5（162645）	2000.00	2024.12.05	4.2000
19 豫资 04（162646）	500.00	2022.12.04	4.3700	19 平神 Y1（162647）	950.00	2022.12.06	7.2000
19 青信 02（162648）	500.00	2024.12.04	4.1400	19 天台 01（162649）	800.00	2024.12.10	5.9800
19 创投 01（162650）	640.00	2024.12.02	6.5000	19 金东债（162651）	1450.00	2024.12.12	5.9600
19 龙川 02（162653）	500.00	2024.12.06	6.5000	19 宿城 02（162654）	1000.00	2024.12.16	7.2800
19 高明 01（162655）	1290.00	2024.12.17	4.5000	19 昆高新（162656）	600.00	2024.12.06	4.0900
19 藏投 01（162657）	3000.00	2024.12.05	4.6900	19 联投 04（162658）	2000.00	2024.12.09	4.5000
19 虞经开（162659）	1500.00	2024.12.09	4.8000	19 新锦 01（162662）	1000.00	2024.12.06	4.9000
19 渝园业（162663）	1200.00	2024.12.12	7.8000	19 宁城 02（162664）	1000.00	2024.12.11	5.0500
19 世园 02（162665）	400.00	2026.12.09	5.3000	19 于控 02（162667）	1855.00	2022.12.11	7.5000
19 冀控 D1（162668）	860.00	2020.12.23	6.8000	19 新城债（162669）	800.00	2024.12.11	7.8000
19 药租 04（162671）	600.00	2022.12.17	5.0000	19 恒泰 01（162672）	300.00	2024.12.24	7.5000
19 仁怀 03（162674）	600.00	2024.12.20	7.5000	19 仁怀 04（162675）	500.00	2024.12.20	7.5000
19 长湖债（162676）	800.00	2024.12.09	6.4000	19 宁科创（162677）	1000.00	2024.12.09	5.3000
19 柯资 01（162678）	500.00	2022.12.11	4.7000	19 白沙洲（162679）	700.00	2024.12.10	8.0000
19 象港 01（162680）	2000.00	2024.12.09	5.8800	19 建开 01（162681）	200.00	2022.12.10	7.5000
19 苏铁 D1（162682）	600.00	2020.12.12	3.9000	19 传感 01（162683）	800.00	2024.12.09	4.4000
19 新安 01（162684）	300.00	2024.12.06	6.5000	19 南京 C2（162685）	900.00	2022.12.17	4.4500
19 六新 01（162686）	400.00	2024.12.09	5.6000	19 南投 01（162689）	1500.00	2024.12.13	5.8000
19 财达 C1（162690）	800.00	2022.12.13	5.3800	19 威中城（162692）	1700.00	2024.12.13	6.9900
19 柯建 02（162693）	2000.00	2024.12.10	4.9800	19 兰溪（162694）	1500.00	2024.12.11	6.8000
19 蓝光 08（162696）	300.00	2022.12.13	7.5000	19 柳城 01（162697）	1680.00	2024.12.17	6.5000
19 临淄 01（162698）	850.00	2024.12.12	6.6000	19 惠鑫 03（162699）	200.00	2024.12.17	5.9000
19 华通 01（162700）	1000.00	2024.12.09	4.4700	19 泸汇兴（162701）	200.00	2024.12.16	7.5000
19 西海 03（162705）	1500.00	2024.12.12	4.1500	19 余杭 03（162706）	1000.00	2024.12.12	3.9200
19 开封 01（162707）	200.00	2024.12.16	7.0000	19 鑫泰 03（162708）	700.00	2024.12.24	6.8000
19 长建 01（162711）	500.00	2024.12.18	5.6000	19 滨州 01（162714）	1220.00	2024.12.12	5.8000
19 雅安 02（162715）	500.00	2024.12.12	7.5000	19 盐建 01（162716）	1200.00	2024.12.17	5.1500
19 高控 01（162717）	1500.00	2024.12.16	4.4000	19 宜经 01（162719）	800.00	2024.12.19	5.4000
19 潍水 D1（162720）	920.00	2020.12.12	7.0000	19 新昌 02（162721）	700.00	2024.12.12	6.0800
19 天府 03（162722）	100.00	2024.12.12	7.5000	19 阿纺 01（162723）	312.00	2024.12.13	7.0000
19 航城 01（162724）	1000.00	2024.12.25	6.9800	19 苏海 01（162725）	200.00	2024.12.20	6.7800
19 石刻 01（162726）	400.00	2024.12.23	7.3000	19 信诚 02（162727）	500.00	2024.12.13	7.4800
19 滁城 03（162728）	500.00	2024.12.12	4.4800	19 吉发 04（162729）	1680.00	2022.12.16	7.5000
19 潼南 01（162730）	760.00	2024.12.18	7.5000	19 启东 03（162733）	1500.00	2024.12.19	4.6000
19 凯里 02（162735）	150.00	2022.12.13	8.0000	19 凯里 03（162736）	350.00	2022.12.13	8.0000
19 黄城债（162738）	900.00	2024.12.17	6.0000	19 建邺 D1（162739）	500.00	2020.12.17	3.8900
19 曹国 D2（162740）	1500.00	2020.12.23	5.7000	19 中资 02（162742）	500.00	2022.12.19	4.6000
19 惠投 03（162745）	730.00	2024.12.17	4.7000	19 广林 01（162746）	300.00	2024.12.16	6.5000
19 石交 02（162749）	1000.00	2024.12.13	4.8000	19 九江 01（162750）	1000.00	2024.12.18	5.0000
19 鹰投 02（162753）	650.00	2024.12.17	5.0000	19 大庆 05（162754）	1200.00	2022.12.17	6.9500
19 赣振 01（162755）	1000.00	2024.12.18	5.7800	19 赣振 02（162756）	1800.00	2023.12.18	5.3700
19 晋煤 01（162760）	1400.00	2022.12.19	4.3800	19 廊控 01（162761）	500.00	2022.12.20	7.5000
19 宁滨 01（162763）	1000.00	2024.12.24	4.1000	19 沿海 03（162765）	700.00	2024.12.20	4.3000
19 晋能 09（162766）	550.00	2022.12.18	5.5000	19 滇祥 01（162767）	990.00	2024.12.13	7.2000
19 嘉建 02（162769）	630.00	2024.12.19	5.5000	19 申太 02（162770）	100.00	2024.12.18	6.8000
19 通投 01（162773）	200.00	2024.12.23	7.3000	19 赣建 01（162775）	1500.00	2022.12.19	7.5000
19 泰通 02（162777）	421.00	2024.12.24	7.6000	19 贵电 01（162778）	1000.00	2024.12.18	7.5000

债券信息 List of Bonds

债券 Bond

债券简称（代码）Bond Name（Code）	发行量（百万元）Issued Vol（M yuan）	到期日 Expiration Date	票面利率（%）Coupon Rate（%）	债券简称（代码）Bond Name（Code）	发行量（百万元）Issued Vol（M yuan）	到期日 Expiration Date	票面利率（%）Coupon Rate（%）
19 桂物 01（162779）	500.00	2022.12.18	6.5000	19 浦保 01（162780）	400.00	2024.12.18	4.4000
19 通泰债（162781）	600.00	2024.12.20	7.0000	19 宁创 01（162784）	500.00	2024.12.23	4.7000
19 高密债（162785）	290.00	2024.12.20	7.0000	19 兴荣 01（162787）	1000.00	2024.12.19	7.0000
19 姜交 02（162788）	500.00	2022.12.23	7.5000	19 遵物 01（162790）	1000.00	2024.12.18	8.0000
G19 日照（162793）	500.00	2024.12.24	7.2000	19 茅山 01（162795）	200.00	2024.12.23	6.5000
19 深业 01（162797）	1510.00	2024.12.25	7.5000	19 泸交 01（162798）	600.00	2024.12.20	7.5000
19 百东投（162799）	250.00	2022.12.20	8.0000	S19 百东 1（162800）	200.00	2022.12.20	7.5000
19 天地 02（162803）	350.00	2024.12.24	5.5000	19 镇交 01（162804）	1000.00	2023.12.24	4.9300
19 新业 01（162805）	600.00	2024.12.23	6.1000	19 兴永 02（162808）	1080.00	2024.12.26	6.8000
19 新沂债（162809）	780.00	2024.12.23	7.6000	19 奥体 01（162810）	400.00	2024.12.23	4.3000
19 青财 01（162813）	1500.00	2024.12.24	4.5700	19 兴市 01（162815）	500.00	2024.12.24	7.5000
19 兖投 02（162820）	810.00	2024.12.24	7.5000	19 赣水 Y1（162822）	2000.00	2022.12.23	4.8400
19 浙纾 02（163003）	700.00	2024.11.19	3.7200	19 厦航 01（163004）	1500.00	2022.11.20	3.5800
19 北汽 11（163005）	2000.00	2022.11.15	3.5800	19 北汽 12（163006）	1000.00	2024.11.15	3.9500
19 宝龙 G1（163008）	1070.00	2024.11.20	7.2000	19 浦集 02（163010）	1500.00	2024.11.26	3.5600
19 浦集 03（163011）	1500.00	2029.11.26	4.3900	19 龙控 04（163012）	2000.00	2024.11.18	5.0900
19 平煤债（163013）	600.00	2024.11.20	4.6000	19 申资 01（163014）	1200.00	2022.11.27	3.8000
19 碧地 03（163015）	3000.00	2023.11.20	4.9800	19 贵安 G2（163016）	1550.00	2024.11.19	7.5000
19 新湖 03（163017）	920.00	2023.11.22	7.5000	19 中金 04（163019）	1500.00	2025.11.21	3.5200
19 上国投（163020）	800.00	2024.11.21	3.6500	19 君创 03（163021）	300.00	2022.11.21	5.5000
19 鸿坤 01（163023）	344.00	2023.11.22	7.5000	19 东方债（163024）	4900.00	2022.11.25	3.5000
19 花样 02（163025）	730.00	2022.11.29	7.8000	19 杭纾 03（163026）	800.00	2024.11.27	3.7700
19 漳九 03（163028）	1000.00	2025.12.09	3.9500	19 济金控（163029）	500.00	2024.11.27	4.4900
19 鲁高 02（163030）	2000.00	2024.12.02	3.9200	19 山金 01（163031）	1500.00	2024.11.26	3.9000
19 兖东 01（163033）	1000.00	2022.12.02	3.9900	19 津保 03（163034）	1500.00	2022.11.27	4.7800
19 伊利 01（163035）	1000.00	2022.11.27	3.3700	19 实业 03（163036）	1000.00	2022.12.09	7.5000
19 狮桥 01（163037）	200.00	2022.12.24	6.2000	19 豫园 01（163038）	600.00	2024.11.27	4.9500
19 当代 02（163039）	700.00	2024.11.28	7.5000	19 朗诗 02（163040）	600.00	2024.12.02	7.5000
19 文投 02（163041）	1000.00	2022.11.29	4.3000	19 国资 01（163042）	500.00	2024.12.03	3.9900
19 洛钼 01（163043）	1000.00	2022.11.28	4.2800	G19 华综 1（163044）	500.00	2024.12.04	4.1700
19 绿城 02（163045）	1000.00	2024.11.29	3.7800	19 绿城 03（163046）	500.00	2026.11.29	4.3400
19 金辉 03（163047）	1130.00	2023.11.29	7.5000	19 豫投 02（163050）	1200.00	2029.12.09	4.5400
19 油气 02（163051）	800.00	2022.12.04	3.5500	19 长电 03（163052）	2000.00	2022.12.06	3.4900
19 中泰 02（163053）	2000.00	2022.12.09	3.5600	19 兴投 01（163054）	1000.00	2022.12.05	3.9000
19 绿城 04（163055）	500.00	2021.12.11	3.6100	19 华租 01（163056）	1000.00	2022.12.11	3.8400
19 川发 07（163057）	500.00	2024.12.06	3.9000	19 川发 08（163058）	2000.00	2029.12.06	4.5700
19 常高 05（163059）	400.00	2024.12.10	4.0800	19 常高 06（163060）	600.00	2024.12.10	4.9800
19 温交 01（163061）	1000.00	2026.12.09	3.8700	19 青信 03（163063）	2500.00	2024.12.06	3.7000
19 津保 04（163065）	1000.00	2022.12.13	5.0000	19 淄矿 02（163066）	700.00	2022.12.13	3.8700
19 苏农 01（163067）	500.00	2024.12.16	4.0000	19 中航 04（163068）	1000.00	2021.12.12	3.1800
19 中航 05（163069）	2000.00	2022.12.12	3.4800	G19 唐环 1（163070）	600.00	2024.12.16	3.6500
19 津投 25（163071）	1000.00	2024.12.12	3.8700	19 津投 26（163072）	1000.00	2024.12.12	4.3700
19 津投 27（163073）	1000.00	2029.12.12	5.1000	19 同辐债（163074）	500.00	2022.12.16	3.8000
19 正奇 03（163075）	300.00	2022.12.20	6.5000	19 远东三（163077）	3000.00	2024.12.17	3.9800
19 云投 02（163082）	2000.00	2022.12.17	5.9000	19 齐鲁 Y1（163083）	1500.00	2024.12.19	4.2500
19 诚通 01（163085）	4500.00	2022.12.23	3.6000	19 航租 Y1（163945）	1500.00	2022.12.04	4.7000
19 工业 Y1（163947）	1460.00	2022.11.21	4.2500	G19 八 Y1（163949）	700.00	2022.12.12	5.2300
19 通用 Y3（163950）	500.00	2022.12.09	3.8500	19 晋建 Y4（163952）	2450.00	2022.11.28	5.3000
CHNG11Y（163953）	1400.00	2024.11.22	4.1500	CHNG12Y（163954）	600.00	2029.11.22	4.5800
19 锡公 Y1（163955）	500.00	2022.12.12	4.1300	19 电建 Y2（163956）	3000.00	2024.11.22	4.2000

债券信息
List of Bonds

债券
Bond

债券简称（代码）Bond Name（Code）	发行量（百万元）Issued Vol（M yuan）	到期日 Expiration Date	票面利率（%）Coupon Rate（%）	债券简称（代码）Bond Name（Code）	发行量（百万元）Issued Vol（M yuan）	到期日 Expiration Date	票面利率（%）Coupon Rate（%）
19 电建 Y3（163957）	3000.00	2022.11.29	3.9000	19 首股 Y3（163958）	2000.00	2022.12.05	4.0700
19 厦贸 Y1（163960）	600.00	2022.12.13	4.5000	19 阳煤 Y1（163962）	1000.00	2022.12.10	5.1700
中化债 Y1（163963）	1300.00	2021.12.16	3.8000	19 中化 Y3（163964）	2500.00	2021.12.16	3.6900
19 能建 Y1（163965）	3000.00	2022.12.13	3.9000	19 铁建 Y5（163969）	2000.00	2022.12.17	3.9000
19 铁建 Y6（163970）	1000.00	2024.12.17	4.2000	19 建集 Y2（163971）	2000.00	2022.12.17	4.1400
19 青控 Y1（163975）	1000.00	2022.12.24	5.5000	万安 1A1（165001）	300.00	2020.10.15	3.9000
万安 1A2（165002）	400.00	2021.10.15	4.6000	万安 1A3（165003）	285.00	2022.10.15	5.0000
万安 1 次（165004）	15.00	2023.01.15	0.0000	仁恒 2 优（165005）	400.00	2020.10.19	4.5000
仁恒 2 次（165006）	1.00	2020.10.19	0.0000	PR 安吉 2A（165007）	2446.00	2020.12.15	3.5000
19 安吉 2B（165008）	157.00	2021.03.15	4.0000	19 安吉 2C（165009）	137.00	2021.03.15	5.8000
19 安吉次（165010）	247.00	2021.12.15	0.0000	PR2A1（165011）	300.00	2020.10.26	3.7000
合惠 2A2（165012）	400.00	2022.02.26	4.3800	合惠 2A3（165013）	285.00	2022.09.26	4.7600
合惠 2 次（165014）	15.00	2022.09.26	8.0000	企发 01A（165015）	200.00	2020.10.15	5.0000
企发 01 次（165016）	2.00	2020.10.15	0.0000	海发优 A（165017）	1100.00	2037.07.31	5.1000
海发优 B（165018）	700.00	2037.07.31	6.5000	海发次（165019）	100.00	2037.07.31	0.0000
19 佳美 4A（165020）	475.00	2020.09.29	5.8000	19 佳美 4C（165021）	25.00	2020.09.29	0.0000
19 京保 8A（165022）	1425.00	2020.04.23	4.0500	19 京保 8B（165023）	75.00	2020.04.23	0.0000
19 京保 9A（165024）	950.00	2020.04.24	4.1000	19 京保 9B（165025）	50.00	2020.04.24	0.0000
19 京 10A（165026）	950.00	2020.04.24	4.0600	19 京 10B（165027）	50.00	2020.04.24	0.0000
PR19A1（165028）	430.00	2020.08.26	4.0500	恒信 19A2（165029）	400.00	2021.08.26	4.2000
恒信 19A3（165030）	120.00	2022.05.26	4.6000	恒信 19 次（165031）	50.00	2022.08.26	0.0000
建一 1 期（165032）	425.00	2020.10.31	3.5900	二局 05 优（165033）	189.00	2020.10.13	3.6000
二局 05 次（165034）	1.00	2020.10.13	0.0000	中花 02A1（165035）	2700.00	2020.02.24	3.3800
中花 02A2（165036）	90.00	2020.02.24	3.4500	中花 02B（165037）	210.00	2020.02.24	0.0000
19 花 04A1（165038）	1800.00	2020.02.24	3.3000	19 花 04A2（165039）	60.00	2020.02.24	3.4500
19 花 04B（165040）	140.00	2020.02.24	0.0000	联保 12 优（165041）	575.00	2020.09.16	7.5000
联保 12 次（165042）	1.00	2020.09.16	0.0000	花呗 72A1（165043）	2670.00	2020.02.21	3.3000
花呗 72A2（165044）	120.00	2020.02.21	3.4500	花呗 72B（165045）	210.00	2020.02.21	0.0000
花呗 73A1（165046）	1780.00	2020.02.25	3.3800	花呗 73A2（165047）	80.00	2020.02.25	3.6000
花呗 73B（165048）	140.00	2020.02.25	0.0000	碧强 01 优（165049）	960.00	2020.10.30	6.3000
碧强 01 次（165050）	51.00	2020.10.30	0.0000	PR1A1（165051）	329.00	2020.08.27	5.2000
爱建 1A2（165052）	223.00	2021.08.27	5.8000	爱建 1B（165053）	97.00	2022.05.27	6.7000
爱建 1 次（165054）	71.00	2024.05.27	0.0000	云能 19A1（165055）	230.00	2020.07.21	5.0000
云能 19A2（165056）	190.00	2021.04.21	6.1000	云能 19A3（165057）	180.00	2022.04.21	6.9000
云能 19 次（165058）	82.00	2024.03.21	0.0000	龙联 04A（165062）	499.00	2020.10.21	5.5000
龙联 04 次（165063）	1.00	2020.10.21	0.0000	PRG 虞优（165064）	800.00	2028.06.25	4.3500
G 上虞次（165065）	50.00	2028.06.25	0.0000	新建元 2A（165066）	1200.00	2024.10.28	4.2900
新建元 2B（165067）	600.00	2024.10.28	0.0000	成停车 01（165068）	61.00	2020.10.22	3.7000
成停车 02（165069）	67.00	2021.10.22	3.8500	成停车 03（165070）	75.00	2022.10.24	4.2500
成停车 04（165071）	83.00	2023.10.23	4.3000	成停车 05（165072）	91.00	2024.10.22	4.3000
成停车 06（165073）	99.00	2025.10.22	4.3000	成停车 07（165074）	106.00	2026.10.22	4.3000
成停车 08（165075）	115.00	2027.10.22	4.3000	成停车 09（165076）	123.00	2028.10.23	4.3000
成停车次（165077）	44.00	2028.10.23	0.0000	PR 中大 1A（165078）	617.00	2020.09.30	4.3000
中大 01B（165079）	55.00	2020.11.30	5.0000	中大 01 次（165080）	119.00	2022.06.29	0.0000
19 国风 1A（165091）	497.00	2020.10.23	3.7700	19 国风 1C（165092）	1.00	2020.10.23	0.0000
聚盈 01A（165093）	890.00	2020.11.24	3.9000	聚盈 01B（165094）	40.00	2020.11.24	4.2500
聚盈 01C（165095）	40.00	2020.11.24	6.1500	聚盈 01D（165096）	30.00	2021.10.22	0.0000
建融 01 优（165097）	475.00	2020.10.23	3.8000	建融 01 次（165098）	25.00	2020.10.23	0.0000
荣茂 06 优（165099）	495.00	2020.09.29	3.8000	荣茂 06 次（165100）	1.00	2020.09.29	0.0000
荣隽 04 优（165101）	107.00	2020.09.28	6.8000	荣隽 04 次（165102）	13.00	2020.09.28	0.0000

债券信息
List of Bonds

债券简称（代码） Bond Name（Code）	发行量（百万元） Issued Vol（M yuan）	到期日 Expiration Date	票面利率（%） Coupon Rate（%）	债券简称（代码） Bond Name（Code）	发行量（百万元） Issued Vol（M yuan）	到期日 Expiration Date	票面利率（%） Coupon Rate（%）
东花09A1（165103）	1780.00	2021.10.22	3.6500	东花09A2（165104）	70.00	2021.10.22	3.9800
东花09B（165105）	150.00	2021.10.22	0.0000	海垦01（165106）	90.00	2020.10.17	3.5000
海垦02（165107）	110.00	2021.10.17	3.7500	海垦03（165108）	110.00	2022.10.17	4.2000
海垦04（165109）	110.00	2023.10.17	4.2000	海垦05（165110）	100.00	2024.10.17	4.2000
海垦次级（165111）	30.00	2024.10.17	0.0000	PRYD8A1（165112）	1024.00	2020.12.28	4.0900
19YD8A2（165113）	711.00	2021.12.27	4.6000	19YD8B（165114）	175.00	2022.06.27	6.8900
19YD8C（165115）	108.00	2024.09.26	0.0000	苏天A1（165116）	98.00	2019.12.20	3.2000
苏天A2（165117）	110.00	2020.12.18	3.5000	苏天A3（165118）	123.00	2021.12.17	3.6500
苏天A4（165119）	137.00	2022.12.19	3.7000	苏天A5（165120）	152.00	2023.12.20	3.7000
苏天A6（165121）	168.00	2024.12.20	3.7000	苏天A7（165122）	186.00	2025.12.19	3.6500
苏天A8（165123）	204.00	2026.12.18	3.6500	苏天A9（165124）	225.00	2027.12.17	3.6500
苏天A10（165125）	247.00	2028.12.20	3.6500	苏天次（165126）	85.00	2028.12.20	0.0000
万安2A1（165127）	300.00	2020.10.30	3.8000	万安2A2（165128）	400.00	2021.10.30	4.5000
万安2A3（165129）	285.00	2022.10.30	4.8500	万安2次（165130）	15.00	2023.01.30	0.0000
19奥通优（165131）	900.00	2021.11.01	6.9000	19奥通次（165132）	100.00	2021.11.01	0.0000
融信02A（165133）	1096.00	2020.10.16	3.3500	渝学院01（165134）	27.00	2019.12.19	5.3000
渝学院02（165135）	32.00	2020.12.19	5.7000	渝学院03（165136）	36.00	2021.12.19	6.0000
渝学院04（165137）	42.00	2022.12.19	6.7000	渝学院05（165138）	47.00	2023.12.19	6.9000
渝学院06（165139）	54.00	2024.12.19	7.1000	渝学院次（165140）	12.00	2024.12.19	0.0000
19西北优（165141）	570.00	2022.10.31	3.8800	19西北次（165142）	30.00	2022.10.31	0.0000
联中08优（165143）	344.00	2020.10.29	6.3000	联中08次（165144）	19.00	2020.10.29	0.0000
小米033A（165145）	415.00	2021.05.31	4.2000	小米033B（165146）	35.00	2021.05.31	5.7500
小米033C（165147）	10.00	2021.05.31	7.5000	小米033D（165148）	40.00	2021.05.31	0.0000
19京诚1A（165149）	1425.00	2020.05.27	4.3000	19京诚1B（165150）	75.00	2020.05.27	0.0000
十九冶优（165151）	1444.00	2022.09.20	3.9800	十九冶次（165152）	76.00	2022.09.20	0.0000
铁建Y03A（165153）	1499.00	2020.11.08	3.6500	铁建Y03C（165154）	8.00	2020.11.08	0.0000
19建七02（165155）	353.00	2020.11.06	3.6000	新长宁A（165156）	1700.00	2037.07.31	4.0000
新长宁B（165157）	700.00	2037.07.31	4.4000	新长宁次（165158）	130.00	2037.07.31	0.0000
东借03A1（165162）	860.00	2020.11.25	3.7300	东借03A2（165163）	75.00	2020.11.25	4.1500
东借03B（165164）	65.00	2020.11.25	0.0000	华润4优A（165168）	1723.00	2020.11.06	3.5900
华润4优B（165169）	143.00	2020.11.06	4.7800	华润4次A（165170）	133.00	2020.11.06	0.0000
华润4次B（165171）	40.00	2020.11.06	0.0000	搜车03A（165174）	332.00	2020.12.01	5.8000
搜车03B（165175）	61.00	2020.12.29	6.8000	搜车03C（165176）	23.00	2020.12.29	8.5000
搜车03次（165177）	22.00	2020.12.29	0.0000	联发优01（165178）	136.00	2020.10.15	5.2000
联发优02（165179）	73.00	2021.10.15	5.2500	联发优03（165180）	78.00	2022.10.15	5.3000
联发优04（165181）	83.00	2023.10.15	5.3000	联发优05（165182）	89.00	2024.10.15	5.3000
联发优06（165183）	95.00	2025.10.15	5.3000	联发优07（165184）	101.00	2026.10.15	5.3000
联发优08（165185）	108.00	2027.10.15	5.3000	联发优09（165186）	145.00	2029.01.15	5.3000
19联发次（165187）	150.00	2029.01.15	0.0000	19金光A（165188）	6660.00	2043.11.29	4.8000
万安3A1（165189）	300.00	2020.11.15	3.8000	万安3A2（165190）	400.00	2021.11.15	4.5000
19海联A（165191）	390.00	2037.11.07	6.3000	19海联B（165192）	110.00	2037.11.07	7.2000
19海联次（165193）	27.00	2037.11.07	0.0000	万安3A3（165194）	285.00	2022.11.15	4.8700
万安3次（165195）	15.00	2023.02.15	0.0000	19金光B（165196）	2340.00	2043.11.29	5.3000
19金光次（165197）	10.00	2043.11.29	0.0000	19核建A（165198）	2450.00	2022.11.28	3.8000
19核建C（165199）	130.00	2022.11.28	0.0000	19汇通A1（165206）	585.00	2020.09.27	5.5000
19汇通A2（165207）	384.00	2021.09.27	6.5000	19汇通B（165208）	217.00	2021.09.27	0.0000
PR安吉3A（165209）	2288.00	2022.06.15	4.2700	19安吉3B（165210）	100.00	2022.09.15	4.7500
19安吉3C（165211）	154.00	2024.12.15	0.0000	水11优02（165212）	89.00	2020.11.06	3.8500
水11次02（165213）	1.00	2020.11.06	0.0000	19借03A1（165214）	1275.00	2021.12.01	4.2000
19借03A2（165215）	113.00	2021.12.01	4.4000	19借03B（165216）	113.00	2021.12.01	0.0000

债券信息
List of Bonds

债券简称（代码） Bond Name（Code）	发行量（百万元） Issued Vol（M yuan）	到期日 Expiration Date	票面利率（%） Coupon Rate（%）	债券简称（代码） Bond Name（Code）	发行量（百万元） Issued Vol（M yuan）	到期日 Expiration Date	票面利率（%） Coupon Rate（%）
19花05A1（165217）	1800.00	2020.01.22	3.3000	19花05A2（165218）	60.00	2020.01.22	3.7000
19花05B（165219）	140.00	2020.01.22	0.0000	苏高1901（165220）	95.00	2020.11.20	3.8000
苏高1902（165221）	100.00	2021.11.20	4.1000	苏高1903（165222）	105.00	2022.11.20	4.2000
苏高19次（165223）	15.00	2022.11.20	0.0000	链盈1优（165224）	49.00	2020.09.29	4.8000
链盈1次（165225）	3.00	2020.09.29	0.0000	19信易07（165226）	509.00	2020.11.19	4.3500
19京诚2A（165227）	950.00	2020.05.12	4.1000	19京诚2B（165228）	50.00	2020.05.12	0.0000
光借4A（165229）	860.00	2020.11.30	3.7400	光借4B（165230）	75.00	2020.11.30	4.1500
光借4C（165231）	65.00	2020.11.30	0.0000	聚盈02A（165236）	890.00	2020.12.23	4.1000
聚盈02B（165237）	40.00	2020.12.23	4.2000	聚盈02C（165238）	40.00	2020.12.23	6.2000
聚盈02D（165239）	30.00	2021.11.24	0.0000	建花11A（165243）	1780.00	2020.11.25	3.7000
建花11B（165244）	80.00	2020.11.25	3.8000	建花11C（165245）	140.00	2020.11.25	0.0000
19花06A1（165246）	2700.00	2020.01.22	3.5000	19花06A2（165247）	90.00	2020.01.22	3.8000
19花06B（165248）	210.00	2020.01.22	0.0000	19奇艺优（165249）	500.00	2021.11.01	5.1000
19奇艺次（165250）	27.00	2021.11.01	0.0000	PR远大2A（165251）	173.00	2021.07.26	6.5000
19远大2B（165252）	138.00	2021.07.26	7.5000	19远大次（165253）	35.00	2021.07.26	0.0000
19天启01（165254）	921.00	2020.11.13	4.3500	铁一2优（165257）	1156.00	2022.11.22	3.7400
铁一2次（165258）	74.00	2022.11.22	0.0000	华冶优（165259）	803.00	2022.08.18	3.9000
华冶次（165260）	43.00	2022.08.18	0.0000	铁建011A（165261）	3075.00	2021.07.27	3.6800
铁建011C（165262）	162.00	2021.07.27	0.0000	花呗74A1（165263）	1780.00	2020.11.23	3.7000
花呗74A2（165264）	80.00	2020.11.23	3.8500	花呗74B（165265）	140.00	2020.11.23	0.0000
航空优先（165266）	87.00	2022.05.30	6.8000	航空次级（165267）	13.00	2022.05.30	0.0000
天信1A（165268）	890.00	2020.12.23	4.1000	天信1B（165269）	40.00	2020.12.23	4.2000
天信1C（165270）	40.00	2020.12.23	6.2000	天信1次（165271）	30.00	2021.11.24	0.0000
中花03A1（165276）	1780.00	2020.11.25	3.6800	中花03A2（165277）	80.00	2020.11.25	3.8500
中花03B（165278）	140.00	2020.11.25	0.0000	19教投优（165279）	720.00	2024.11.27	4.2500
19教投次（165280）	300.00	2024.11.27	0.0000	PR3A1（165281）	300.00	2021.01.26	3.8800
合惠3A2（165282）	400.00	2022.05.26	4.3500	合惠3A3（165283）	285.00	2022.11.26	4.7800
合惠3次（165284）	15.00	2022.11.26	8.0000	米科191A（165285）	415.00	2021.07.30	4.6000
米科191B（165286）	35.00	2021.07.30	5.8000	米科191C（165287）	10.00	2021.07.30	7.5000
米科191D（165288）	40.00	2021.07.30	0.0000	聚盈03A（165292）	890.00	2020.12.23	4.0800
聚盈03B（165293）	40.00	2020.12.23	4.2000	聚盈03C（165294）	40.00	2020.12.23	6.2000
聚盈03D（165295）	30.00	2021.11.24	0.0000	小米034A（165296）	415.00	2021.05.31	4.2000
小米034B（165297）	35.00	2021.05.31	5.7500	小米034C（165298）	10.00	2021.05.31	7.5000
小米034D（165299）	40.00	2021.05.31	0.0000	19共进A1（165300）	453.00	2020.11.02	3.8000
19共进A2（165301）	236.00	2021.08.02	3.9500	19共进B（165302）	288.00	2022.10.31	5.9500
19共进次（165303）	51.00	2025.01.31	0.0000	19裕源09（165304）	327.00	2020.11.13	4.3500
19国金A1（165305）	560.00	2020.12.21	4.9800	19国金A2（165306）	420.00	2022.03.21	5.7500
19国金B1（165307）	62.00	2022.03.21	7.0000	19国金B2（165308）	70.00	2022.06.20	7.5000
19国金次（165309）	73.00	2024.03.20	0.0000	春源02（165313）	64.00	2020.12.15	6.5000
春源03（165314）	69.00	2021.12.15	7.0000	春源04（165315）	75.00	2022.12.15	7.5000
春源05（165316）	81.00	2023.12.15	7.5000	春源06（165317）	88.00	2024.12.16	7.5000
春源次（165318）	48.00	2024.12.16	0.0000	万安4A1（165319）	300.00	2020.11.29	3.8800
万安4A2（165320）	400.00	2021.11.29	4.4000	万安4A3（165321）	285.00	2022.11.29	4.8500
万安4次（165322）	15.00	2023.02.28	0.0000	晋建01（165323）	515.00	2020.11.25	5.1000
19海国优（165324）	2700.00	2037.12.12	4.5000	19海国次（165325）	1.00	2037.12.12	0.0000
19英才01（165326）	80.00	2020.09.28	5.4000	19英才02（165327）	90.00	2021.09.28	5.6000
19英才03（165328）	100.00	2022.09.28	5.6000	19英才04（165329）	110.00	2023.09.28	6.0000
19英才05（165330）	120.00	2024.09.28	6.0000	19英才次（165331）	140.00	2024.09.28	0.0000
信泽06A1（165334）	1460.00	2020.09.25	3.4000	信泽06A2（165335）	1910.00	2021.03.25	3.5000
信泽06A3（165336）	950.00	2021.09.25	3.6000	信泽06A4（165337）	2010.00	2022.03.25	3.7000

债券信息
List of Bonds

债券简称（代码） Bond Name（Code）	发行量（百万元） Issued Vol （M yuan）	到期日 Expiration Date	票面利率（%） Coupon Rate（%）	债券简称（代码） Bond Name（Code）	发行量（百万元） Issued Vol （M yuan）	到期日 Expiration Date	票面利率（%） Coupon Rate（%）
信泽06A5（165338）	2960.00	2022.09.25	3.8000	信泽06A6（165339）	390.00	2022.11.25	3.8000
信泽06A7（165340）	250.00	2022.11.25	3.8000	信泽06次（165341）	17.00	2022.11.25	0.0000
锦安2A1（165342）	297.00	2020.11.27	4.1400	锦安2A2（165343）	386.00	2020.11.27	4.1400
锦安2A3（165344）	386.00	2020.11.27	4.6500	锦安2A4（165345）	416.00	2020.11.27	4.9900
锦安2次（165346）	80.00	2021.02.26	0.0000	辉玥04优（165347）	300.00	2020.10.23	7.5000
辉玥04次（165348）	16.00	2020.10.23	0.0000	龙控02优（165351）	644.00	2021.12.06	5.5000
龙控02次（165352）	34.00	2021.12.06	0.0000	申六局2A（165353）	544.00	2020.11.26	4.3900
青城7A1（165354）	619.00	2021.08.26	5.8000	青城7A2（165355）	293.00	2022.08.26	6.4000
青城7A3（165356）	68.00	2022.11.26	6.7000	青城7次（165357）	135.00	2024.08.26	0.0000
中交007A（165358）	1460.00	2022.12.05	3.7300	中交007C（165359）	76.00	2022.12.05	0.0000
中航三01（165362）	1160.00	2020.11.25	4.0900	中航三02（165363）	790.00	2021.11.25	4.2000
中航三03（165364）	374.00	2022.08.25	5.5000	中航三次（165365）	153.00	2023.08.25	0.0000
19大众1A（165368）	276.00	2021.07.30	4.0000	19大众1B（165369）	15.00	2021.10.29	0.0000
19迈科A（165370）	2200.00	2038.01.23	5.5000	19迈科B（165371）	800.00	2038.01.23	7.0000
19迈科次（165372）	300.00	2038.01.23	0.0000	万融2优（165373）	337.00	2020.11.09	3.9000
万融2次（165374）	1.00	2020.11.09	0.0000	19中骏1A（165375）	680.00	2021.12.20	6.8000
19中骏1B（165376）	100.00	2021.12.20	7.2000	19中骏1C（165377）	50.00	2022.01.20	0.0000
碧强02优（165378）	933.00	2020.12.16	5.5000	碧强02次（165379）	50.00	2020.12.16	0.0000
19苏宁A1（165380）	1000.00	2037.11.09	6.5000	19苏宁B1（165381）	500.00	2037.11.09	7.5000
19苏宁C1（165382）	300.00	2037.11.09	7.9000	19苏宁次（165383）	100.00	2037.11.09	0.0000
19交通01（165384）	513.00	2022.11.18	3.9500	19交通02（165385）	27.00	2022.11.18	0.0000
ZJBL04A（165388）	138.00	2020.12.04	3.5800	19首约01（165424）	250.00	2020.12.12	3.5900
19首约02（165425）	280.00	2021.12.12	3.8000	19首约03（165426）	300.00	2022.12.12	4.1000
19首约04（165427）	330.00	2023.12.12	4.1300	19首约05（165428）	340.00	2024.12.12	4.1300
19首约次（165429）	80.00	2024.12.12	0.0000	19瑞碧优（165470）	820.00	2020.12.17	5.9000
19瑞碧次（165471）	180.00	2020.12.17	0.0000				

债券成交
Bond Trading

债券
Bond

债券简称（代码）Bond Name(Code)	本年收盘（元）Close（yuan）	成交数量（万张）Trading Vol（10000 lots）	成交金额（亿元）Trading Value（100M yuan）	债券简称（代码）Bond Name（Code）	本年收盘（元）Close（yuan）	成交数量（万张）Trading Vol（10000 lots）	成交金额（亿元）Trading Value（100M yuan）
21 国债(7)（010107）	102.750	19875.14	204.43	03 国债(3)（010303）	101.860	6225.43	63.00
05 国债(4)（010504）	105.090	5.64	0.06	05 国债(12)（010512）	101.700	19.51	0.20
06 国债(19)（010619）	100.970	3.09	0.03	07 国债 13（010713）	100.000	210.00	2.31
国开 1302（018002）	100.010	0.43	0.00	国开 1401（018003）	118.700	595.38	7.03
国开 1701（018005）	100.000	18729.06	187.57	国开 1702（018006）	102.550	21128.14	215.66
国开 1801（018007）	100.750	51709.42	520.76	国开 1802（018008）	102.860	14578.21	148.57
国开 1803（018009）	108.660	8166.73	87.87	国开 1902（018010）	100.100	3396.93	33.94
进出 1911（018061）	100.040	5783.55	57.67	进出 1912（018062）	100.000	2585.57	25.80
农发 1901（018081）	100.100	4495.04	44.91	农发 1902（018082）	100.900	4410.64	44.29
10 国债 12（019012）	100.490	1.74	0.02	10 国债 18（019018）	100.000	310.00	3.36
10 国债 24（019024）	100.000	130.00	1.31	10 国债 31（019031）	98.200	130.00	1.31
11 国债 05（019105）	106.700	20.00	0.21	11 国债 15（019115）	106.120	50.00	0.51
11 国债 16（019116）	105.270	90.00	1.04	11 国债 19（019119）	101.000	0.02	0.00
12 国债 04（019204）	101.200	21.32	0.22	12 国债 05（019205）	100.400	0.01	0.00
12 国债 10（019210）	101.680	300.00	3.01	12 国债 16（019216）	100.450	320.01	3.21
12 国债 18（019218）	106.300	1.18	0.01	12 国债 20（019220）	100.000	20.00	0.22
12 国债 21（019221）	100.320	4.00	0.04	13 国债 03（019303）	100.100	54.32	0.55
13 国债 05（019305）	99.700	50.00	0.51	13 国债 08（019308）	100.290	425.78	4.27
13 国债 11（019311）	102.090	67.46	0.69	13 国债 15（019315）	100.650	24.12	0.24
13 国债 18（019318）	104.190	2.61	0.03	13 国债 19（019319）	121.870	39.87	0.46
13 国债 20（019320）	101.750	31.06	0.32	14 国债 03（019403）	104.980	0.55	0.01
14 国债 05（019405）	103.000	130.00	1.38	14 国债 06（019406）	102.530	111.53	1.16
14 国债 08（019408）	103.110	10.00	0.10	14 国债 13（019413）	102.750	8.30	0.09
14 国债 16（019416）	100.000	10.00	0.11	14 国债 21（019421）	103.630	40.00	0.42
14 国债 24（019424）	102.560	57.80	0.59	14 国债 25（019425）	100.000	10.00	0.11
14 国债 26（019426）	100.410	0.00	0.00	14 国债 29（019429）	103.000	3.78	0.04
15 国债 02（019502）	102.060	87.91	0.89	15 国债 03（019503）	100.500	11.99	0.12
15 国债 05（019505）	103.060	4440.40	46.06	15 国债 07（019507）	101.450	0.00	0.00
15 国债 08（019508）	105.350	41.83	0.44	15 国债 10（019510）	104.550	9.64	0.10
15 国债 11（019511）	100.280	44.48	0.45	15 国债 14（019514）	101.250	1501.09	15.25
15 国债 16（019516）	101.840	3924.00	40.28	15 国债 17（019517）	103.750	99.42	1.01
15 国债 19（019519）	100.660	354.86	3.57	15 国债 21（019521）	102.800	40.99	0.41
15 国债 23（019523）	99.100	405.17	4.00	15 国债 26（019526）	100.880	248.08	2.50
15 国债 28（019528）	102.500	81.78	0.82	16 国债 02（019530）	99.620	240.00	2.39
16 国债 03（019531）	99.900	0.08	0.00	16 国债 04（019532）	98.980	41.10	0.40
16 国债 06（019534）	99.600	81.14	0.81	16 国债 07（019535）	100.060	223.45	2.23
16 国债 08（019536）	96.720	3830.42	36.70	16 国债 09（019537）	100.290	864.72	8.65
16 国债 10（019538）	98.770	764.45	7.45	16 国债 13（019541）	98.410	348.60	3.39
16 国债 14（019542）	100.150	2422.04	24.16	16 国债 15（019543）	100.220	32.42	0.32
16 国债 16（019544）	99.990	1032.21	10.32	16 国债 17（019545）	113.600	2029.60	19.66
16 国债 19（019547）	92.800	22045.26	203.07	16 国债 20（019548）	100.590	441.68	4.37
16 国债 21（019549）	99.430	603.10	5.99	16 国债 23（019551）	97.430	274.72	2.66
16 国债 25（019553）	99.810	320.00	3.17	16 国债 26（019554）	92.000	2.29	0.02
17 国债 01（019555）	100.410	0.00	0.00	17 国债 02（019556）	100.200	289.75	2.90
17 国债 04（019558）	100.280	260.00	2.65	17 国债 05（019559）	98.140	20.00	0.20
17 国债 06（019560）	101.230	205.21	2.07	17 国债 07（019561）	100.590	67.10	0.68
17 国债 08（019562）	100.500	782.22	7.88	17 国债 10（019564）	102.040	1.83	0.02
17 国债 12（019566）	100.100	1082.26	10.86	17 国债 13（019567）	102.590	3.52	0.04
17 国债 14（019568）	102.070	53.30	0.54	17 国债 15（019569）	105.590	308.22	3.22
17 国债 16（019570）	99.290	300.00	3.03	17 国债 18（019572）	102.490	9.30	0.10

债券成交 Bond Trading

债券 Bond

债券简称（代码） Bond Name(Code)	本年收盘（元） Close (yuan)	成交数量（万张） Trading Vol (10000 lots)	成交金额（亿元） Trading Value (100M yuan)	债券简称（代码） Bond Name (Code)	本年收盘（元） Close (yuan)	成交数量（万张） Trading Vol (10000 lots)	成交金额（亿元） Trading Value (100M yuan)
17 国债 19（019573）	100.300	350.00	3.50	17 国债 20（019575）	103.390	4.90	0.05
17 国债 23（019578）	100.000	680.00	6.89	17 国债 25（019580）	104.500	5.22	0.05
18 国债 01（019583）	102.500	2.83	0.03	18 国债 03（019585）	99.980	300.30	3.00
18 国债 04（019586）	104.660	5.62	0.06	18 国债 05（019587）	100.000	40.00	0.41
18 国债 08（019590）	100.000	640.00	6.42	18 国债 09（019591）	101.540	92.88	0.94
18 国债 10（019592）	100.000	135.92	1.36	18 国债 11（019593）	103.640	292.02	3.03
18 国债 14（019596）	100.000	500.00	5.05	18 国债 15（019597）	100.560	290.00	2.91
18 国债 16（019598）	101.910	313.32	3.18	18 国债 17（019599）	103.800	220.98	2.26
18 国债 18（019600）	100.100	114.09	1.14	18 国债 19（019601）	102.950	501.49	5.14
18 国债 20（019602）	100.000	40.00	0.41	18 国债 21（019603）	101.310	857.00	8.66
18 国债 22（019604）	100.330	370.10	3.72	18 国债 23（019605）	102.230	850.57	8.62
18 国债 24（019606）	105.980	320.00	3.37	18 国债 26（019608）	100.040	3123.99	31.25
18 国债 27（019609）	100.370	602.89	6.03	18 国债 28（019610）	100.390	1413.13	14.18
19 国债 01（019611）	100.070	38934.41	389.14	19 国债 02（019612）	99.920	360.60	3.59
19 国债 03（019613）	100.000	1584.18	15.78	19 国债 04（019614）	101.090	2998.29	30.29
19 国债 05（019615）	100.200	6084.20	60.87	19 国债 06（019616）	100.680	2026.85	20.43
19 国债 07（019617）	100.850	2343.40	23.55	19 国债 08（019618）	104.800	151.05	1.51
19 国债 09（019619）	100.000	110.00	1.10	19 国债 10（019620）	104.170	2250.00	22.83
19 国债 11（019621）	100.010	910.00	9.09	19 国债 12（019622）	100.000	1000.00	9.99
19 国债 13（019623）	100.150	819.51	8.18	19 国债 15（019625）	99.800	100.08	0.99
08 国债 13（019813）	100.000	40.00	0.46	18 贴债 47（020264）	98.870	0.01	0.00
18 贴债 50（020267）	99.400	9.00	0.09	18 贴债 55（020272）	99.420	10.00	0.10
18 贴债 57（020274）	98.780	255.26	2.52	18 贴债 59（020276）	99.330	300.00	2.98
19 贴债 03（020280）	99.680	120.82	1.20	19 贴债 05（020282）	99.450	300.00	2.98
19 贴债 09（020286）	99.530	90.00	0.90	19 贴债 14（020291）	99.480	1080.00	10.74
19 贴债 15（020292）	98.900	243.50	2.41	19 贴债 21（020298）	99.450	10.00	0.10
19 贴债 23（020300）	99.420	360.00	3.58	19 贴债 26（020303）	99.490	300.00	2.98
19 贴债 28（020305）	99.500	250.00	2.49	19 贴债 29（020306）	98.910	40.00	0.40
19 贴债 30（020307）	99.470	1500.00	14.92	19 贴债 32（020309）	99.440	500.00	4.97
19 贴债 33（020310）	99.430	500.00	4.97	19 贴债 36（020313）	99.420	500.00	4.97
19 贴债 37（020314）	99.410	530.00	5.27	19 贴债 38（020315）	99.420	10.00	0.10
19 贴债 39（020316）	98.790	100.00	0.99	19 贴债 40（020317）	99.450	20.00	0.20
19 贴债 41（020318）	99.520	1000.00	9.95	19 贴债 45（020322）	99.410	1000.00	9.94
19 贴债 47（020324）	99.390	300.00	2.98	19 贴债 48（020325）	98.740	400.00	3.95
19 贴债 52（020329）	99.420	500.00	4.97	格力转债（110030）	105.690	1496.73	15.89
航信转债（110031）	124.450	1976.59	22.03	三一转债（110032）	176.090	5731.41	82.48
国贸转债（110033）	115.900	1907.52	21.49	九州转债（110034）	108.650	1968.98	20.75
济川转债（110038）	107.430	1011.54	11.17	生益转债（110040）	167.560	5894.33	78.54
蒙电转债（110041）	117.560	3112.68	35.49	航电转债（110042）	119.360	3925.78	46.79
无锡转债（110043）	111.000	5352.19	56.84	广电转债（110044）	140.820	20418.83	338.57
海澜转债（110045）	101.730	3002.66	30.78	圆通转债（110046）	129.000	13837.81	164.55
山鹰转债（110047）	121.280	7049.51	79.16	福能转债（110048）	121.270	5343.10	61.34
海尔转债（110049）	132.020	17011.24	205.83	佳都转债（110050）	126.400	8660.95	111.04
中天转债（110051）	111.500	9702.44	105.21	贵广转债（110052）	117.440	10412.22	125.90
苏银转债（110053）	117.520	46459.74	505.53	通威转债（110054）	125.850	11709.57	138.29
伊力转债（110055）	114.200	2908.49	34.17	亨通转债（110056）	118.500	5844.77	60.90
现代转债（110057）	110.900	3189.95	33.89	永鼎转债（110058）	104.370	2933.26	29.08
浦发转债（110059）	109.270	34921.12	366.11	天路转债（110060）	118.740	1727.57	18.53
川投转债（110061）	121.750	2120.24	24.39	烽火转债（110062）	126.980	3135.78	38.65
电气转债（113008）	116.500	12017.89	143.60	广汽转债（113009）	117.210	3881.00	42.83

债券成交
Bond Trading

债券
Bond

债券简称（代码） Bond Name(Code)	本年收盘（元） Close (yuan)	成交数量（万张） Trading Vol (10000 lots)	成交金额（亿元） Trading Value (100M yuan)	债券简称（代码） Bond Name (Code)	本年收盘（元） Close (yuan)	成交数量（万张） Trading Vol (10000 lots)	成交金额（亿元） Trading Value (100M yuan)
江南转债（113010）	100.590	29.61	0.30	光大转债（113011）	125.300	50333.23	578.16
骆驼转债（113012）	105.950	5425.60	63.77	国君转债（113013）	124.850	19756.04	232.09
林洋转债（113014）	101.800	2931.53	29.70	隆基转债（113015）	154.190	9073.67	119.23
小康转债（113016）	99.500	819.84	8.39	吉视转债（113017）	100.270	3259.27	34.28
常熟转债（113018）	131.630	5807.02	78.32	玲珑转债（113019）	129.400	3181.13	36.94
桐昆转债（113020）	127.500	12431.33	147.53	中信转债（113021）	113.340	25181.20	269.78
浙商转债（113022）	119.350	10835.47	118.66	核建转债（113024）	106.500	6138.42	63.51
明泰转债（113025）	116.000	4131.50	42.21	核能转债（113026）	108.290	11782.43	123.31
华钰转债（113027）	107.900	2806.47	28.82	环境转债（113028）	121.580	3065.48	36.20
嘉澳转债（113502）	99.200	482.39	4.72	泰晶转债（113503）	126.190	28837.12	374.76
艾华转债（113504）	116.550	610.49	6.69	杭电转债（113505）	102.830	2481.48	26.11
鼎信转债（113506）	128.200	2137.10	26.52	天马转债（113507）	123.290	2862.82	39.66
新凤转债（113508）	109.030	3471.99	36.07	新泉转债（113509）	120.260	908.32	9.63
再升转债（113510）	109.680	284.06	2.94	千禾转债（113511）	122.440	2251.95	27.18
景旺转债（113512）	120.270	1433.75	17.93	安井转债（113513）	141.290	2147.19	26.49
威帝转债（113514）	109.510	3125.68	35.83	高能转债（113515）	117.200	2665.08	30.80
苏农转债（113516）	113.040	5518.49	66.17	曙光转债（113517）	118.970	5598.69	66.35
顾家转债（113518）	129.950	2177.55	24.63	长久转债（113519）	110.700	2022.62	22.91
百合转债（113520）	147.710	2507.80	31.41	科森转债（113521）	119.860	4009.65	44.45
旭升转债（113522）	124.450	1879.12	21.27	伟明转债（113523）	131.620	2017.14	24.00
奇精转债（113524）	103.750	1019.56	10.40	台华转债（113525）	108.500	1780.06	19.37
联泰转债（113526）	132.810	14479.62	214.18	维格转债（113527）	92.290	2955.44	30.67
长城转债（113528）	101.980	1496.84	15.96	绝味转债（113529）	158.520	5438.97	73.38
大丰转债（113530）	113.190	2078.52	21.67	百姓转债（113531）	124.510	1294.35	14.99
海环转债（113532）	106.480	3019.47	33.08	参林转债（113533）	145.330	5782.23	77.04
鼎胜转债（113534）	110.350	4426.65	46.17	大业转债（113535）	100.560	932.86	9.27
三星转债（113536）	109.910	673.90	7.02	文灿转债（113537）	123.920	2898.44	30.19
安图转债（113538）	147.790	3500.35	48.03	圣达转债（113539）	132.120	4040.84	47.15
南威转债（113540）	122.500	3228.33	37.19	荣晟转债（113541）	105.000	893.64	9.23
好客转债（113542）	113.190	1066.89	11.50	欧派转债（113543）	126.990	3727.64	45.34
桃李转债（113544）	118.320	1550.98	18.26	金能转债（113545）	114.000	2816.47	29.22
迪贝转债（113546）	104.070	468.75	4.67	索发转债（113547）	123.710	1896.92	20.18
石英转债（113548）	127.920	804.30	9.16	白电转债（113549）	108.910	1030.82	10.79
常汽转债（113550）	123.500	2239.95	25.68	福特转债（113551）	128.940	1311.94	15.69
克来转债（113552）	124.010	335.41	4.13	02 三峡债（120201）	103.450	777.79	8.03
03 三峡债（120303）	107.670	1510.35	15.85	04 国电停（120486）	101.550	80.57	0.82
04 南网(2)（120490）	100.400	225.68	2.27	05 大唐债（120506）	100.870	65.02	0.67
05 铁道债（120508）	101.000	77.43	0.79	05 沪建(2)（120512）	111.000	30.08	0.31
05 武城投（120527）	101.000	1.12	0.01	05 宁煤债（120529）	101.000	0.01	0.00
06 大唐债（120601）	101.900	14.01	0.14	06 冀建投（120602）	101.000	1.41	0.01
06 航天债（120603）	100.000	0.16	0.00	06 三峡债（120605）	102.100	489.23	4.90
06 鲁高速（120608）	99.500	0.02	0.00	06 赣投债（120609）	101.360	20.00	0.20
07 世博(2)（120702）	100.700	30.94	0.31	09 长电债（122015）	100.050	580.93	5.83
09 大唐债（122017）	100.270	73.45	0.74	09 中交 G2（122019）	99.970	4467.78	44.94
10 中铁 G2（122046）	100.200	1040.29	10.49	10 石化 02（122052）	100.360	4271.91	43.01
10 中铁 G3（122054）	100.600	690.04	6.97	10 中铁 G4（122055）	101.500	0.04	0.00
11 西矿 02（122062）	101.000	1412.32	14.09	11 龙源 02（122064）	102.150	11.98	0.12
11 大唐 01（122066）	102.400	1160.35	12.00	11 海航 02（122071）	93.020	3107.91	28.79
11 大连港（122072）	102.800	31.92	0.33	11 柳钢债（122075）	100.000	87.33	0.87
11 西钢债（122077）	99.810	9.67	0.10	11 凌钢债（122087）	99.960	5.49	0.05

债券成交 Bond Trading

债券 Bond

债券简称（代码） Bond Name(Code)	本年收盘（元） Close (yuan)	成交数量（万张） Trading Vol (10000 lots)	成交金额（亿元） Trading Value (100M yuan)	债券简称（代码） Bond Name (Code)	本年收盘（元） Close (yuan)	成交数量（万张） Trading Vol (10000 lots)	成交金额（亿元） Trading Value (100M yuan)
孚债暂停（122093）	84.980	356.69	2.79	11 安钢 02（122105）	99.990	4.88	0.05
11 中化 02（122124）	100.050	575.97	5.77	11 美兰债（122125）	99.900	44.63	0.44
11 欧亚债（122127）	99.900	37.91	0.38	11 华微债（122134）	99.980	123.76	1.22
11 桂东 01（122138）	100.000	143.18	1.42	12 亿利 01（122143）	90.410	283.89	2.36
11 桂东 02（122145）	99.980	23.34	0.23	12 华新 02（122147）	100.000	295.82	2.97
12 石化 02（122150）	103.780	208.47	2.16	12 国电 02（122152）	99.990	303.90	3.05
12 广控 01（122157）	99.990	699.81	7.02	12 西钢债（122158）	98.790	48.29	0.47
12 亿利 02（122159）	88.630	200.24	1.60	12 兖煤 02（122168）	101.100	380.03	3.92
12 中储债（122176）	100.090	401.10	4.03	12 科环 03（122179）	103.270	1570.00	16.20
12 山鹰债（122181）	99.940	426.41	4.28	12 玻纤债（122187）	100.100	961.45	9.69
12 华新 03（122188）	100.010	337.44	3.42	12 王府 02（122190）	99.990	977.71	9.84
12 桂冠 02（122192）	106.000	140.00	1.46	12 中水 01（122193）	100.300	0.14	0.00
12 中水 02（122194）	103.800	8.29	0.09	12 中海 03（122195）	100.050	494.73	5.00
12 开滦 01（122201）	100.010	559.92	5.65	12 海螺 02（122203）	104.050	1105.41	11.52
12 中油 02（122210）	103.870	103.50	1.08	12 松建化（122213）	99.990	763.22	7.62
12 国航 01（122218）	104.600	67.93	0.70	12 重工 02（122221）	100.320	62.15	0.63
12 招商 03（122234）	100.000	40.00	0.42	12 东航 01（122241）	103.470	0.01	0.00
12 广汽 02（122243）	102.500	39.99	0.42	12 大唐 01（122244）	105.310	1089.20	11.40
13 甬热电（122245）	101.350	52.66	0.54	13 福新 02（122248）	109.040	500.99	5.24
13 平煤债（122249）	99.880	1100.28	10.88	13 和邦 01（122250）	99.350	16.00	0.16
13 南车 02（122252）	100.000	160.00	1.67	13 赣粤 01（122255）	103.000	40.02	0.42
13 云煤业（122258）	105.990	0.02	0.00	13 中信 02（122260）	104.600	230.01	2.40
12 兖煤 03（122271）	99.950	221.89	2.22	13 海通 03（122282）	111.000	83.40	0.91
13 鲁金 02（122284）	101.150	549.91	5.57	13 杉杉债（122285）	100.000	2.83	0.03
13 国投 01（122287）	100.100	70.38	0.71	13 兴业 01（122292）	100.060	175.84	1.76
13 兴业 02（122293）	103.670	213.30	2.24	12 鲁创投（122294）	100.020	93.82	0.94
13 川投 01（122295）	99.990	401.77	4.03	13 亚盛债（122298）	100.000	327.52	3.28
13 中原债（122299）	99.950	426.70	4.28	13 楚天 01（122301）	110.000	126.56	1.27
13 天房债（122302）	96.500	214.06	2.05	14 鲁高速（122305）	100.000	1271.99	12.80
13 太极 01（122306）	100.000	60.68	0.61	13 杭齿债（122308）	100.450	106.60	1.07
13 海通 05（122312）	100.130	700.72	7.05	14 东海债（122315）	100.000	8.00	0.08
14 赣粤 01（122316）	103.730	407.50	4.25	14 赣粤 02（122317）	109.560	624.45	6.81
14 中炬 01（122318）	100.180	105.38	1.06	14 国贸 01（122320）	100.260	124.18	1.25
14 银河 G2（122322）	100.300	188.15	1.90	14 凤凰债（122323）	100.190	417.37	4.20
13 卧龙债（122327）	101.000	143.69	1.44	12 开滦 02（122328）	102.000	852.21	8.77
14 伊泰 01（122329）	100.000	2763.86	28.01	13 中企债（122330）	100.170	786.13	7.93
14 营口港（122331）	102.000	525.18	5.31	14 亿利 01（122332）	100.000	11.68	0.12
14 嘉宝债（122333）	100.120	362.82	3.65	12 大唐 02（122334）	105.420	91.00	0.95
14 爱众 01（122335）	102.640	85.59	0.86	13 牡丹 01（122336）	100.200	408.66	4.11
13 魏桥 02（122337）	99.700	169.38	1.70	13 金桥债（122338）	103.540	596.69	6.14
13 香江债（122339）	99.990	177.19	1.75	14 武控 01（122340）	100.000	468.73	4.71
14 连云港（122341）	101.170	449.98	4.56	13 和邦 02（122343）	99.990	82.75	0.82
13 尖峰 02（122344）	100.200	26.40	0.27	14 贵人鸟（122346）	49.500	584.86	2.80
13 太极 02（122347）	100.000	55.00	0.55	14 北辰 01（122348）	100.770	516.20	5.22
14 中炬 02（122349）	100.000	110.73	1.11	14 盛屯债（122350）	99.990	60.20	0.59
14 北辰 02（122351）	102.750	587.02	6.02	12 广汽 03（122352）	100.250	1134.67	11.43
14 东兴债（122353）	100.060	966.10	9.68	15 康美债（122354）	36.690	2749.42	16.80
14 齐鲁债（122355）	100.400	686.13	6.93	15 际华 03（122358）	100.980	2527.41	25.44
14 福田债（122361）	100.000	579.00	5.85	14 上实 01（122362）	100.600	611.46	6.23
14 渝路 01（122364）	100.820	32.01	0.32	14 昊华 01（122365）	102.750	197.41	2.03

债券成交 Bond Trading

债券 Bond

债券简称（代码）Bond Name(Code)	本年收盘（元）Close (yuan)	成交数量（万张）Trading Vol (10000 lots)	成交金额（亿元）Trading Value (100M yuan)	债券简称（代码）Bond Name (Code)	本年收盘（元）Close (yuan)	成交数量（万张）Trading Vol (10000 lots)	成交金额（亿元）Trading Value (100M yuan)
14 财富债（122367）	101.500	401.01	4.08	14 渝路 02（122368）	99.100	55.38	0.53
14 华远债（122370）	100.400	1828.64	18.40	14 亨通 01（122371）	100.000	531.23	5.31
14 财通债（122372）	100.190	268.50	2.70	15 舟港债（122373）	101.210	503.00	5.07
14 招商债（122374）	96.990	1857.54	19.50	15 首置 01（122376）	100.510	3044.17	30.74
14 首开债（122377）	101.800	3272.37	33.12	13 楚天 02（122378）	100.600	336.98	3.40
14 瀚华 01（122380）	97.980	1098.47	10.65	15 恒大 01（122383）	101.000	1184.02	11.99
15 中信 01（122384）	100.700	1824.86	18.49	15 中信 02（122385）	106.800	97.66	1.03
15 城乡 01（122387）	103.390	19.00	0.19	15 龙湖 01（122390）	100.600	1453.52	14.66
15 云能投（122391）	100.750	286.00	2.88	15 恒大 02（122392）	100.000	5786.74	58.09
15 恒大 03（122393）	99.990	6191.11	62.89	15 富力债（122395）	100.800	225.87	2.29
15 时代债（122396）	101.500	2742.12	27.79	15 宜华 01（122397）	42.580	716.08	3.91
15 远洋 03（122401）	98.700	490.37	5.00	15 城建 01（122402）	102.450	2497.79	25.35
14 西南 02（122404）	101.600	1737.04	17.71	15 宜华 02（122405）	41.980	438.60	2.30
15 新湖债（122406）	97.490	3021.23	29.64	15 广证债（122407）	101.810	1033.00	10.53
15 龙湖 02（122409）	101.700	304.10	3.10	15 龙湖 03（122410）	100.500	1802.04	18.05
14 招金债（122411）	101.160	931.70	9.44	15 好民居（122416）	100.550	1916.00	19.29
15 东旭集（122417）	99.990	98.72	0.86	15 华业债（122424）	80.000	437.77	3.68
15 际华 01（122425）	100.780	1892.67	19.14	15 际华 02（122426）	100.700	576.00	5.79
15 海正 01（122427）	99.800	162.43	1.63	15 信投 01（122428）	100.750	2868.00	28.95
15 海亮 01（122429）	99.200	0.00	0.00	15 闽高速（122431）	101.030	1005.77	10.21
15 融创 01（122432）	101.500	3998.74	40.66	15 融创 02（122433）	100.600	2534.16	25.24
15 兴发债（122435）	100.200	72.27	0.72	15 远洋 02（122436）	101.230	1251.00	12.59
15 远洋 01（122437）	101.400	1626.20	16.49	15 红豆债（122439）	91.990	519.04	4.91
15 龙光 01（122440）	102.300	5424.79	55.84	15 赣长运（122441）	99.690	18.00	0.18
15 桂金债（122443）	96.800	2442.98	23.72	15 冠城债（122444）	101.500	1101.44	11.16
15 融创 03（122445）	102.300	273.23	2.77	15 万达 01（122446）	101.310	5625.47	57.80
15 龙光 02（122448）	100.150	270.31	2.71	15 绿城 01（122449）	101.260	774.25	7.87
15 齐鲁债（122450）	100.950	2852.22	28.90	15 九鼎债（122451）	97.000	644.64	6.38
15 杭实 01（122452）	100.920	833.00	8.42	15 绿城 02（122455）	101.050	818.52	8.30
15 绿城 03（122456）	101.290	1016.24	10.32	15 新金债（122457）	100.380	247.69	2.44
15 杭实 02（122461）	100.850	722.50	7.30	15 花样年（122463）	99.200	3910.08	38.94
15 世茂 01（122464）	101.950	4871.64	50.04	15 广越 02（122466）	100.530	1798.60	18.11
15 万达 02（122467）	101.370	6894.03	70.76	15 五矿 01（122468）	100.500	326.18	3.28
15 五矿 02（122469）	101.950	286.03	2.90	15 泛海 03（122470）	100.000	0.86	0.01
15 盛屯债（122472）	91.000	0.00	0.00	15 联发 02（122473）	100.600	370.00	3.73
15 亿达 01（122475）	105.000	0.02	0.00	PR 天瑞债（122476）	50.000	493.02	4.67
14 粤运 01（122478）	101.200	231.01	2.33	15 南铝 01（122479）	98.200	200.66	2.02
15 南铝 02（122480）	97.200	209.24	2.09	15 铁建 01（122481）	101.190	3690.58	37.45
15 新光 01（122483）	60.000	0.26	0.00	15 龙源 01（122484）	100.760	2926.01	29.53
15 厦住宅（122485）	102.250	3108.46	31.67	15 旭辉 01（122486）	101.000	345.00	3.49
15 金地 01（122488）	100.700	2863.40	28.84	15 三福 01（122490）	99.900	45.00	0.45
15 藏城投（122491）	102.300	430.58	4.35	14 国电 03（122493）	100.530	2149.52	21.64
15 华夏 05（122494）	100.500	3146.56	31.42	14 亨通 02（122495）	100.000	78.00	0.80
15 世茂 02（122496）	100.180	752.68	7.54	15 远洋 04（122497）	102.800	1347.20	13.90
15 远洋 05（122498）	101.970	1521.00	15.48	PR 并龙城（122503）	20.200	40.10	0.08
PR 通天诚（122504）	20.000	8.82	0.02	PR 绍袍江（122505）	20.140	178.88	0.36
PR 吴交投（122506）	21.530	129.16	0.35	PR 玉交投（122507）	20.050	107.26	0.22
12 伟星集（122513）	99.950	127.22	1.24	12 金融街（122514）	100.020	1741.27	17.56
PR 青州 01（122516）	20.000	75.00	0.15	12 保利集（122518）	100.050	449.00	4.52
12 海亮 02（122524）	99.800	268.58	2.67	PR 温国投（122527）	21.200	39.00	0.08

债券成交 Bond Trading

债券 Bond

债券简称（代码） Bond Name(Code)	本年收盘（元） Close (yuan)	成交数量（万张） Trading Vol (10000 lots)	成交金额（亿元） Trading Value (100M yuan)	债券简称（代码） Bond Name（Code）	本年收盘（元） Close (yuan)	成交数量（万张） Trading Vol (10000 lots)	成交金额（亿元） Trading Value (100M yuan)
琼港暂停（122528）	40.550	36.00	0.15	PR 太科园（122531）	21.400	90.00	0.18
PR 平城投（122533）	20.020	70.03	0.14	PR 慈国控（122536）	20.200	70.00	0.14
PR 宁浦口（122540）	20.000	20.00	0.04	PR 钦开投（122543）	40.000	209.78	0.85
PR 渝长开（122544）	23.100	20.00	0.04	PR 曲靖投（122547）	22.000	60.00	0.12
PR 邳润城（122549）	20.000	42.75	0.09	PR 如东投（122551）	19.800	0.13	0.00
PR 虞交通（122553）	21.380	57.32	0.12	PR 定海债（122554）	26.650	20.00	0.08
PR 常经投（122555）	20.230	290.00	0.59	PR 株高科（122557）	20.100	184.98	0.37
12 昆交 02（122559）	105.400	60.00	0.61	PR 亳州债（122563）	20.200	20.01	0.04
PR 椒江债（122564）	26.000	181.31	0.75	PR 小清河（122567）	20.410	210.00	0.43
PR 随州债（122568）	16.610	91.57	0.19	PR 津生态（122569）	20.070	85.60	0.17
12 滇水投（122570）	100.800	0.10	0.00	PR 兴国资（122571）	20.050	166.03	0.34
12 蓉投控（122572）	100.080	26.90	0.27	PR 淮开控（122574）	20.240	60.00	0.12
12 长宁债（122578）	100.400	28.90	0.29	PR 津南城（122581）	20.000	6.00	0.01
PR 松城开（122584）	9.950	13.02	0.01	PR 新海连（122585）	29.900	156.02	0.63
PR 鹤城债（122590）	43.350	106.28	0.49	12 常交债（122591）	100.040	349.08	3.52
PR 衡城投（122593）	20.030	171.97	0.35	PR 荆门债（122598）	47.000	50.03	0.28
PR 渝地产（122607）	20.000	2270.81	4.58	PR 西永债（122608）	20.280	140.59	0.28
PR 扬城控（122609）	20.020	212.63	0.43	PR 乐清债（122610）	20.020	366.30	0.74
PR 蓉经 02（122612）	19.900	0.69	0.00	PR 渝缙债（122614）	19.700	80.00	0.16
PR 黔铁债（122616）	62.000	109.63	0.71	PR 乌城投（122620）	20.000	166.84	0.34
PR 海恒债（122626）	20.030	0.03	0.00	PR 京建工（122627）	20.020	33.58	0.07
PR 平发债（122629）	20.000	80.41	0.16	PR 惠投债（122630）	20.350	64.00	0.13
PR 晋国电（122631）	79.300	100.00	0.82	PR 江阴债（122632）	20.100	146.95	0.30
PR 嘉经债（122633）	23.500	60.02	0.12	PR 连发债（122636）	19.980	0.02	0.00
PR 鑫城债（122637）	19.990	0.01	0.00	PR 申华信（122638）	23.800	59.98	0.12
PR 仪征债（122640）	20.000	38.00	0.08	12 海资债（122643）	99.650	399.63	3.77
PR 苏园建（122645）	20.190	120.00	0.24	PR 宣国投（122648）	30.060	28.27	0.09
PR 长建投（122649）	19.900	49.12	0.10	PR 广安投（122651）	20.000	0.12	0.00
12 昆钢控（122654）	98.980	16.50	0.16	12 石油 06（122659）	102.350	709.50	7.27
12 石油 07（122660）	102.590	800.20	8.25	PR 科发债（122663）	20.000	2.29	0.00
PR 镇交投（122665）	19.980	10.59	0.02	12 国网 01（122666）	104.200	650.26	6.77
12 国网 02（122667）	110.690	538.04	5.80	12 凉国投（122668）	100.000	47.52	0.48
12 扬子江（122671）	104.500	90.00	0.91	PR 西城投（122672）	20.000	1.00	0.00
PR 江宁债（122677）	20.220	70.80	0.14	12 扬化工（122678）	100.000	44.28	0.44
PR 河套债（122679）	45.000	205.57	0.97	PR 吉城投（122685）	20.150	35.00	0.07
12 白药债（122686）	99.990	90.32	0.91	PR 金坛债（122687）	20.000	20.12	0.04
PR 华通债（122688）	20.200	30.80	0.06	12 三胞债（122690）	79.930	15.23	0.12
PR 武清债（122691）	20.080	2.50	0.01	PR 兴荣债（122694）	19.990	0.49	0.00
PR 丹投债（122696）	20.010	19.68	0.04	PR 双流 01（122698）	40.050	0.02	0.00
PR 余城建（122701）	20.000	5.76	0.01	PR 绵阳债（122709）	40.280	17.52	0.07
12 郑新债（122711）	100.250	16.01	0.16	12 中航债（122712）	100.260	541.68	5.43
PR 海陵债（122714）	19.960	0.40	0.00	PR 蓉新城（122715）	20.000	0.01	0.00
12 泉矿债（122717）	99.500	0.76	0.01	12 渝南债（122718）	101.060	2.00	0.02
12 石油 05（122723）	103.200	3614.99	37.35	PR 攀国 02（122724）	60.000	46.59	0.32
PR 柳东债（122726）	20.000	243.08	0.49	PR 镇经开（122731）	20.000	0.36	0.00
11 京资 02（122734）	101.700	780.00	8.14	12 石油 03（122736）	100.020	378.07	3.79
12 石油 04（122737）	107.400	38.17	0.40	12 鲁高速（122742）	104.820	773.30	8.13
12 方大 02（122746）	99.970	79.50	0.80	12 晋煤运（122747）	98.000	0.09	0.00
12 石油 01（122748）	100.030	86.50	0.87	12 石油 02（122749）	103.000	1169.16	12.02
PR 渝富债（122760）	20.020	735.24	1.49	11 泛海 02（122765）	59.700	576.67	3.79

债券成交
Bond Trading

债券
Bond

债券简称（代码）Bond Name(Code)	本年收盘（元）Close (yuan)	成交数量（万张）Trading Vol (10000 lots)	成交金额（亿元）Trading Value (100M yuan)	债券简称（代码）Bond Name（Code）	本年收盘（元）Close (yuan)	成交数量（万张）Trading Vol (10000 lots)	成交金额（亿元）Trading Value (100M yuan)
PR 宜投债（122766）	27.590	122.69	0.37	11 国网 01（122770）	103.380	1465.45	15.20
11 国网 02（122771）	107.920	89.50	0.97	PR 滨投 02（122774）	43.900	750.00	4.47
11 建发债（122778）	100.850	687.52	6.99	PR 株城债（122779）	43.750	328.61	1.98
11 中兴新（122784）	100.500	69.91	0.70	11 冀投 01（122796）	103.630	180.00	1.87
PR 滁建投（122803）	61.420	149.58	1.21	11 宁交通（122813）	102.750	42.15	0.43
11 兴泸债（122835）	103.300	313.67	3.27	PR 临汾债（122840）	50.140	60.14	0.30
11 横店债（122845）	102.750	409.35	4.22	11 甬交投（122847）	104.000	100.51	1.05
10 杭交投（122866）	101.000	654.64	6.68	PR 石城建（122867）	71.380	145.58	1.10
PR 凯迪债（122890）	29.010	64.88	0.26	PR 攀国投（122898）	19.300	38.09	0.15
10 鄂国资（122912）	100.800	209.10	2.11	10 太仓港（122917）	100.380	85.00	0.86
09 海航债（122927）	97.550	2186.46	21.53	09 南山 2（122934）	99.990	129.46	1.30
09 咸城投（122940）	100.000	568.75	5.77	10 镇城投（122941）	101.000	125.02	1.25
09 常高新（122956）	100.040	197.72	1.99	09 武城投（122961）	100.060	62.91	0.63
09 潍投债（122965）	100.400	80.84	0.81	09 豫投债（122969）	101.000	180.00	1.81
09 济城建（122975）	100.180	262.03	2.63	PR 梅州债（123011）	20.912	60.00	0.25
14 京投 02（123017）	100.802	230.00	2.32	PR 江沿债（123020）	25.369	40.00	0.10
14 首创 01（123022）	99.970	375.90	3.76	PR 穗热电（123024）	73.241	90.00	0.75
14 首创 02（123027）	97.500	25.00	0.24	PR 温城 01（123031）	79.670	170.00	1.35
H16 神雾（123034）	7.888	35.00	0.03	16 宁水 01（123046）	100.250	276.00	2.76
18 昌控 01（123048）	102.761	1120.00	11.47	15 中金 Y1（123064）	100.565	480.00	4.83
15 齐鲁 Y1（123073）	100.366	2013.00	20.30	15 财通 02（123081）	100.282	10.00	0.10
15 齐鲁 01（123094）	100.995	163.30	1.66	15 国君 Y2（123213）	100.357	1174.00	11.81
15 湘财 02（123218）	100.000	50.00	0.50	15 中信投（123238）	101.603	200.00	2.03
15 湘财 01（123263）	99.968	795.00	8.04	15 国君 Y1（123269）	100.087	500.00	5.01
15 首创 01（123275）	100.115	148.40	1.49	14 财通 02（123306）	100.794	490.00	4.92
14 财通 01（123322）	100.834	515.00	5.18	14 方正债（123401）	100.083	264.80	2.65
禾燃气 05（123591）	100.894	120.00	1.21	海航 104（123608）	101.105	89.00	0.90
15 环球 B（123708）	100.868	66.00	0.66	丰源 A09（123806）	100.013	18.00	0.18
丰源 A10（123807）	100.235	30.00	0.30	PRA03（123830）	41.420	60.00	0.33
15 鹤热 04（123843）	100.129	21.00	0.21	世茂天 05（123872）	100.940	310.00	3.10
PR 四 B（123898）	0.714	135.00	0.54	海航 202（123908）	100.000	850.00	8.48
海航 203（123909）	89.000	94.90	0.92	首航 04（123924）	99.743	600.00	6.03
高新热 05（123930）	100.816	50.00	0.50	PR 漯城投（124001）	20.100	66.88	0.14
12 蒙高路（124002）	101.300	129.00	1.30	PR 盐城南（124004）	20.150	132.74	0.27
PR 昆创债（124005）	20.090	141.43	0.29	PR 绍城投（124006）	20.200	120.75	0.24
PR 渝惠农（124009）	20.000	40.00	0.08	PR 高密 01（124012）	25.000	140.00	0.28
12 筑工投（124015）	99.900	251.80	2.49	PR 潍东兴（124021）	24.300	180.00	0.36
PR 韶金叶（124022）	20.140	355.00	0.72	PR 滁城投（124023）	20.160	130.50	0.26
12 青投资（124024）	87.990	0.64	0.01	PR 瑞国投（124027）	20.220	12.72	0.03
PR 玉城投（124029）	20.020	102.18	0.21	豫铁暂停（124031）	104.000	2.00	0.02
PR 宜建投（124032）	20.400	190.00	0.38	PR 苏城投（124033）	20.020	442.78	0.89
PR 沭金源（124035）	22.000	300.00	0.60	PR 张经开（124036）	20.180	123.42	0.25
PR 渝江北（124037）	20.150	99.24	0.20	12 远洲控（124038）	99.990	12.47	0.12
PR 宿水务（124041）	20.080	97.30	0.20	12 鄂旅投（124042）	100.550	85.00	0.86
12 联想债（124044）	101.470	2056.02	20.97	PR 嘉经开（124045）	24.430	80.00	0.16
PR 黔宏升（124047）	19.950	0.14	0.00	PR 昆产投（124052）	23.010	399.80	0.81
12 营口停（124053）	98.000	82.94	0.82	PR 株云龙（124054）	20.500	20.00	0.04
PR 启国投（124056）	47.800	46.29	0.28	PR 汕城开（124057）	47.250	61.18	0.30
PR 萍乡债（124058）	20.080	2.00	0.00	PR 沛国资（124061）	20.000	409.19	0.83
12 国网 03（124063）	100.020	1485.26	14.98	12 国网 04（124064）	104.810	396.02	4.12

债券成交 Bond Trading

债券 Bond

债券简称（代码） Bond Name(Code)	本年收盘（元） Close (yuan)	成交数量（万张） Trading Vol (10000 lots)	成交金额（亿元） Trading Value (100M yuan)	债券简称（代码） Bond Name (Code)	本年收盘（元） Close (yuan)	成交数量（万张） Trading Vol (10000 lots)	成交金额（亿元） Trading Value (100M yuan)
PR 津开 01（124065）	20.000	150.00	0.30	PR 津开 02（124066）	46.300	225.00	1.39
PR 新城投（124070）	20.190	5.51	0.01	12 曲公路（124072）	101.200	216.00	2.18
PR 张公经（124074）	20.160	140.00	0.28	PR 榕建工（124077）	40.600	0.61	0.00
PR 保国资（124079）	20.000	11.03	0.02	PR 苏海投（124080）	20.250	144.12	0.29
PR 长先导（124081）	20.200	652.95	1.33	PR 青国信（124082）	47.200	378.25	2.37
12 沪临港（124084）	100.600	58.37	0.59	PR 沪金投（124085）	20.180	138.86	0.28
PR 诸建投（124086）	20.330	239.98	0.49	PR 东台债（124088）	20.150	130.01	0.26
PR 喀城投（124093）	20.300	2.54	0.01	PR 淮城资（124096）	20.020	57.04	0.12
PR 达投资（124098）	20.010	74.81	0.15	PR 同创债（124103）	20.000	15.99	0.03
PR 吴经开（124108）	20.000	136.77	0.28	PR 宁新开（124110）	20.020	118.37	0.24
PR 长城建（124111）	20.000	20.00	0.04	13 豫盛润（124112）	99.400	146.86	1.45
12 渝出停（124113）	98.000	12.00	0.12	PR 大丰债（124114）	20.050	208.00	0.42
PR 渝北飞（124116）	20.300	90.00	0.18	PR 环太湖（124119）	20.170	164.39	0.33
12 盘江债（124121）	100.000	220.00	2.20	PR 抚城投（124122）	20.030	63.37	0.15
PR 南城投（124123）	20.110	191.23	0.42	PR 温经开（124125）	20.510	190.00	0.51
PR 柳城投（124126）	46.250	281.33	1.75	PR 安国资（124131）	20.070	60.00	0.12
12 宁宝源（124133）	99.950	5.50	0.05	13 滇公投（124135）	100.000	13.08	0.13
PR 太城投（124136）	20.250	112.15	0.23	13 赣发投（124137）	100.120	351.40	3.57
PR 长城投（124138）	20.120	12.65	0.03	PR 沧建投（124140）	20.300	120.44	0.24
13 浙吉利（124141）	100.130	601.26	6.10	PR 泰投资（124143）	19.900	253.26	0.63
PR 蓉城投（124144）	20.070	581.91	1.30	PR 蓉兴城（124145）	20.050	344.91	0.86
13 海发控（124146）	99.960	80.18	0.81	PR 甬东投（124147）	20.100	51.84	0.11
PR 镇水利（124149）	20.300	61.65	0.12	13 国网 01（124153）	100.200	954.40	9.62
PR 涪国资（124156）	20.000	40.01	0.08	PR 锡东城（124158）	20.000	191.89	0.39
PR 绍城改（124159）	20.300	94.51	0.19	13 瑞水泥（124161）	95.000	574.12	5.31
PR 建城投（124164）	21.500	259.98	0.52	PR 洪市政（124165）	20.700	234.24	0.68
PR 江滨投（124166）	20.250	47.36	0.10	PR 滇投债（124167）	20.160	42.00	0.09
PR 绍中城（124168）	25.100	2.00	0.01	13 华峰债（124169）	99.500	2.47	0.02
PR 长投建（124171）	20.000	191.22	0.43	PR 常城投（124172）	20.070	315.92	0.81
13 陕有色（124173）	100.100	100.00	1.00	PR 吉城债（124174）	20.000	278.01	0.56
PR 湘高新（124175）	20.000	167.03	0.33	PR 武地铁（124176）	20.350	1042.48	2.11
PR 乌高新（124177）	20.070	3.02	0.01	13 广越秀（124179）	100.880	470.00	4.74
PR 綦东开（124180）	20.000	200.00	0.40	PR 余开投（124181）	20.000	123.50	0.25
PR 津广成（124183）	56.650	0.02	0.00	13 京投债（124184）	103.650	140.00	1.45
PR 海宁债（124185）	20.350	2.15	0.00	PR 泰矿债（124187）	19.940	246.18	0.63
13 大旅游（124189）	100.000	150.00	1.50	PR 奉南城（124190）	20.100	21.95	0.05
PR 杭高新（124191）	20.250	20.00	0.04	PR 邗城建（124192）	20.440	81.00	0.16
PR 滨海 02（124195）	20.250	1232.24	2.48	PR 泰交债（124199）	20.330	150.00	0.31
PR 南高速（124201）	20.210	282.71	0.86	PR 津城投（124204）	61.740	619.41	3.83
PR 余创债（124205）	20.320	280.00	0.57	13 祥源债（124206）	99.600	436.33	4.02
PR 皋投债（124210）	20.810	90.00	0.18	PR 甘投债（124211）	40.200	530.00	3.25
PR 德清债（124213）	20.230	256.85	0.52	PR 九国资（124215）	20.150	108.05	0.43
13 晋能交（124220）	102.250	343.00	3.48	PR 武地产（124221）	25.140	30.00	0.08
PR 微山矿（124223）	39.630	522.72	2.23	PR 朝国资（124224）	20.430	80.00	0.32
PR 宁国 01（124227）	20.060	1221.24	2.47	PR 宁国 02（124228）	62.000	604.62	3.76
PR 晋公投（124229）	20.050	108.83	0.34	PR 蓉兴锦（124230）	25.400	48.00	0.10
PR 临海投（124231）	20.500	30.00	0.12	PR 苏海发（124232）	59.500	136.60	0.82
PR 鹏铁 01（124234）	61.600	119.42	0.75	PR 鄞城投（124239）	20.100	52.85	0.15
PR 合工投（124240）	21.120	258.00	0.84	PR 常高新（124243）	20.000	240.00	0.57
PR 番交投（124244）	25.120	20.00	0.05	PR 杭运河（124245）	20.200	113.79	0.36

债券成交
Bond Trading

债券
Bond

债券简称（代码） Bond Name(Code)	本年收盘（元） Close (yuan)	成交数量（万张） Trading Vol (10000 lots)	成交金额（亿元） Trading Value (100M yuan)	债券简称（代码） Bond Name (Code)	本年收盘（元） Close (yuan)	成交数量（万张） Trading Vol (10000 lots)	成交金额（亿元） Trading Value (100M yuan)
PR 溧城发（124246）	20. 100	218. 20	0. 84	13 绍交投（124247）	101. 500	61. 43	0. 62
13 鲁信投（124251）	100. 500	434. 29	4. 40	13 邯交通（124252）	103. 400	239. 47	2. 49
PR 新乡投（124253）	20. 120	101. 97	0. 39	PR 常熟发（124254）	20. 130	35. 00	0. 11
PR 浙新昌（124255）	22. 900	250. 00	0. 56	PR 海浆纸（124257）	37. 500	100. 00	0. 71
13 潞矿 01（124258）	100. 020	162. 00	1. 66	13 潞矿 02（124259）	100. 000	0. 00	0. 00
PR 遂发展（124260）	20. 200	49. 49	0. 11	PR 楚投停（124262）	19. 800	50. 00	0. 10
PR 临国资（124263）	20. 000	18. 20	0. 06	PR 晋城投（124264）	20. 200	20. 31	0. 04
PR 红河路（124265）	20. 080	65. 45	0. 23	PR 金坛投（124267）	20. 080	111. 50	0. 43
PR 渝南发（124268）	20. 270	120. 00	0. 24	PR 渝大足（124269）	20. 200	224. 23	0. 45
PR 渝万盛（124270）	20. 200	50. 02	0. 10	13 翔宇债（124273）	98. 090	0. 21	0. 00
13 大丰港（124277）	100. 000	352. 34	3. 53	PR 渝双桥（124278）	20. 100	7. 11	0. 03
PR 通经开（124280）	20. 250	118. 50	0. 28	PR 石地产（124281）	20. 130	343. 13	0. 93
13 武新港（124283）	100. 680	20. 86	0. 21	13 琼洋浦（124284）	101. 900	61. 56	0. 63
13 同煤债（124285）	95. 700	285. 40	2. 85	13 海航债（124286）	96. 500	51. 53	0. 50
13 光谷联（124288）	100. 500	4. 50	0. 05	PR 丽城投（124289）	20. 100	12. 52	0. 03
PR 长轨交（124290）	64. 020	40. 00	0. 25	PR 溧城建（124292）	20. 250	5. 20	0. 01
PR 苏华靖（124294）	20. 190	128. 25	0. 50	PR 桐乡投（124297）	20. 300	460. 00	1. 38
PR 临汾投（124298）	20. 190	581. 55	1. 40	PR 西经开（124299）	20. 000	47. 02	0. 12
PR 日照债（124301）	20. 150	6. 71	0. 02	12 桂交投（124302）	100. 380	70. 00	0. 74
PR 咸荣盛（124303）	20. 240	64. 34	0. 13	PR 合川投（124304）	20. 320	28. 02	0. 11
13 鄂三宁（124306）	97. 000	2. 41	0. 02	PR 眉宏大（124308）	20. 180	149. 79	0. 59
PR 洪水利（124310）	20. 450	7. 42	0. 02	PR 弘湘资（124311）	20. 000	287. 00	0. 88
PR 景国资（124312）	20. 400	14. 41	0. 04	PR 苏家屯（124313）	20. 390	63. 42	0. 24
13 瓯交投（124315）	101. 970	171. 26	1. 76	PR 华发债（124317）	25. 000	160. 00	0. 40
PR 南城发（124322）	25. 150	20. 02	0. 05	PR 新天治（124323）	20. 000	249. 19	0. 99
PR 京生物（124325）	20. 400	14. 20	0. 06	PR 郑建投（124326）	20. 380	30. 44	0. 12
13 中电投（124327）	110. 460	140. 00	1. 47	PR 渝鸿业（124328）	25. 000	30. 00	0. 12
PR 湘振湘（124332）	20. 110	204. 18	0. 69	PR 铜城建（124333）	20. 660	100. 00	0. 20
PR 博国资（124334）	19. 410	43. 06	0. 09	PR 海国资（124335）	20. 800	22. 38	0. 07
PR 渝地债（124336）	20. 650	1074. 97	3. 58	PR 铜建设（124337）	22. 500	200. 00	0. 81
PR 闽经开（124338）	20. 830	393. 45	1. 01	PR 渝城投（124339）	20. 250	22. 00	0. 08
PR 张保债（124340）	26. 040	110. 00	0. 35	PR 阳江债（124343）	20. 700	197. 11	0. 72
PR 沪南房（124344）	25. 050	10. 00	0. 03	PR 京煤债（124345）	20. 460	96. 21	0. 25
PR 京谷财（124348）	23. 680	110. 00	0. 31	PR 福东海（124349）	40. 000	100. 00	0. 40
13 晋煤运（124350）	99. 600	261. 22	2. 61	PR 平凉债（124352）	20. 300	72. 69	0. 18
PR 商洛 02（124354）	25. 050	0. 88	0. 00	PR 珠汇华（124356）	21. 150	123. 06	0. 51
PR 成阿债（124360）	19. 900	59. 86	0. 24	PR 京科城（124361）	25. 100	118. 47	0. 30
PR 钦滨海（124362）	20. 300	3. 99	0. 01	PR 临尧都（124364）	20. 000	73. 30	0. 29
PR 昌润债（124365）	46. 000	180. 00	0. 73	PR 锡城发（124367）	20. 370	176. 56	0. 64
PR 虞新区（124370）	20. 550	240. 37	0. 73	PR 北辰发（124371）	47. 150	320. 00	1. 31
PR 平天湖（124373）	19. 600	136. 13	0. 30	13 鄂供销（124375）	100. 000	12. 02	0. 12
PR 渝物流（124376）	20. 500	150. 90	0. 50	PR 渝碚城（124377）	21. 000	44. 40	0. 18
PR 湘九华（124378）	19. 840	1054. 14	3. 41	PR 曹妃甸（124380）	20. 230	1470. 88	5. 52
PR 雅发投（124384）	37. 000	60. 00	0. 25	PR 新沂债（124386）	20. 200	3. 00	0. 01
PR 湛基投（124387）	20. 550	65. 74	0. 27	PR 任城债（124388）	23. 400	200. 00	0. 82
PR 资水务（124389）	20. 630	161. 31	0. 33	PR 葫岛 01（124390）	20. 520	50. 00	0. 20
PR 葫岛 02（124391）	57. 710	2. 42	0. 02	PR 荆门投（124392）	18. 570	80. 00	0. 33
PR 永城投（124394）	22. 800	40. 00	0. 16	PR 堰城投（124395）	20. 680	70. 00	0. 29
PR 郫国投（124397）	18. 500	150. 00	0. 57	PR 株城发（124398）	20. 550	112. 79	0. 46
PR 渝双福（124400）	20. 000	227. 59	0. 93	PR 丹投 01（124402）	20. 150	211. 15	0. 84

债券成交 Bond Trading

债券 Bond

债券简称（代码） Bond Name(Code)	本年收盘（元） Close (yuan)	成交数量（万张） Trading Vol (10000 lots)	成交金额（亿元） Trading Value (100M yuan)	债券简称（代码） Bond Name (Code)	本年收盘（元） Close (yuan)	成交数量（万张） Trading Vol (10000 lots)	成交金额（亿元） Trading Value (100M yuan)
PR 丹投 02（124403）	25.110	315.99	0.80	PR 怀化工（124404）	20.200	0.63	0.00
PR 宝工债（124405）	19.700	0.01	0.00	PR 荆经开（124406）	21.800	25.01	0.10
PR 泰州债（124407）	63.500	488.44	3.57	PR 宛城投（124408）	20.500	191.14	0.41
PR 宿城投（124409）	20.480	98.37	0.40	13 国网 03（124410）	101.860	959.65	9.85
PR 金利源（124412）	18.910	86.13	0.32	13 鄂投 01（124415）	107.410	270.00	2.89
PR 江高新（124417）	20.890	41.68	0.17	13 永利债（124418）	99.980	127.17	1.17
PR 盐国资（124420）	20.700	116.94	0.48	PR 海新区（124421）	21.420	650.00	2.55
PR 崇明债（124422）	25.150	49.46	0.13	PR 宜环科（124423）	20.490	311.03	1.22
PR 柳东城（124424）	21.000	40.00	0.16	PR 澄港城（124426）	21.000	136.03	0.56
13 粤垦债（124428）	100.450	223.97	2.26	PR 亭公投（124429）	18.300	40.00	0.16
PR 襄建投（124432）	26.600	50.00	0.12	PR 沪闵行（124433）	20.100	402.96	0.81
PR 冶城投（124438）	20.650	306.04	1.19	PR 武威 01（124442）	22.530	80.00	0.32
PR 泰成兴（124445）	21.300	30.02	0.12	PR 即墨债（124446）	25.030	151.93	0.39
PR 大理 01（124448）	20.600	205.02	0.84	PR 常滨湖（124449）	20.000	757.52	3.09
PR 府谷债（124452）	23.000	251.59	1.01	PR 武清 01（124454）	20.760	4.00	0.02
PR 越都债（124455）	24.500	49.00	0.20	13 闽投债（124456）	102.300	662.76	6.82
PR 镇投 01（124458）	28.500	179.10	0.73	PR 清远债（124461）	20.600	82.00	0.34
PR 海财 01（124462）	29.000	4.01	0.02	PR 津住宅（124463）	19.550	156.87	0.57
PR 天易 01（124464）	22.720	162.00	0.68	PR 黄冈 01（124465）	21.220	342.55	1.22
PR 锦州 01（124467）	20.600	65.97	0.27	PR 丰城 01（124468）	20.900	60.87	0.25
PR 格尔木（124469）	20.300	0.01	0.00	PR 宁海 01（124471）	45.000	40.00	0.16
PR 海西州（124472）	40.000	10.90	0.04	PR 东台 01（124480）	40.400	3.59	0.01
PR 镇投 02（124481）	48.490	476.10	1.97	09 渝地产（124483）	100.230	13.00	0.13
14 苏沿海（124485）	121.990	145.30	1.56	PR 锦开 01（124486）	40.900	0.78	0.00
PR 邵城债（124487）	41.410	573.31	2.36	PR 吴兴南（124488）	40.800	9.40	0.04
PR 首开 01（124490）	40.000	80.00	0.33	PR 皋开债（124491）	49.000	124.65	0.53
PR 江夏投（124492）	47.920	0.02	0.00	PR 伊宁债（124493）	49.950	488.68	2.04
14 晟晏债（124495）	99.500	34.10	0.34	PR 丰城 02（124496）	41.650	222.00	0.94
14 金资 01（124498）	105.300	740.00	7.79	PR 鹏铁 02（124500）	74.250	4.60	0.03
PR 皋沿江（124501）	42.430	252.00	1.05	PR 嘉市镇（124505）	41.800	99.98	0.58
PR 湘潭新（124509）	48.990	300.00	1.20	PR 赣开 02（124510）	32.600	42.00	0.11
PR 赣开投（124511）	39.000	80.00	0.33	PR14 太资（124520）	40.700	75.37	0.31
PR 连普湾（124522）	38.990	1761.05	6.50	PR 毕开源（124525）	50.000	160.00	0.65
14 甘公 01（124532）	100.950	1788.42	18.29	PR 渝中债（124534）	40.800	27.98	0.12
PR 眉山资（124535）	40.880	298.30	1.24	PR 莱开投（124536）	41.400	509.00	2.23
PR 伊财通（124537）	41.070	288.00	1.19	PR 汉车都（124540）	40.960	206.00	0.90
PR 临港控（124543）	41.000	6.51	0.03	PR 锦州 02（124544）	45.000	0.05	0.00
PR 双水 01（124545）	25.340	7.66	0.02	14 裕峰债（124548）	105.300	130.70	1.36
PR 新滨江（124549）	41.000	30.00	0.12	PR 桃城投（124550）	41.800	1.00	0.01
PR 长兴经（124551）	50.000	290.00	1.57	PR 如金鑫（124552）	44.030	20.00	0.08
PR 余城集（124555）	40.850	127.05	0.54	PR 余经开（124556）	40.850	64.81	0.27
PR 天易 02（124557）	40.950	140.42	0.63	14 宏桥 01（124558）	99.810	398.14	4.19
PR 冶城投（124559）	43.530	150.00	0.62	PR 大理 02（124560）	40.000	120.00	0.49
PR 苏汾湖（124561）	40.300	244.49	1.01	PR 吉铁投（124563）	40.390	446.71	2.07
PR 潭两型（124566）	40.500	1.62	0.01	14 株国投（124568）	103.820	437.78	4.58
PR 首开 02（124570）	40.830	107.75	0.47	14 高新投（124571）	104.000	18.50	0.19
PR 遂川中（124572）	40.000	41.06	0.23	PR 汕投资（124575）	75.100	131.61	1.04
PR 甬广聚（124577）	46.300	140.00	0.87	PR 淮开发（124580）	47.840	520.00	2.87
PR 黄冈 02（124581）	40.710	45.26	0.19	PR 津房信（124583）	38.590	249.59	0.89
14 天能 01（124584）	99.700	0.01	0.00	14 南网债（124585）	108.800	107.50	1.18

债券成交
Bond Trading

债券
Bond

债券简称（代码） Bond Name(Code)	本年收盘（元） Close（yuan）	成交数量（万张） Trading Vol（10000 lots）	成交金额（亿元） Trading Value（100M yuan）	债券简称（代码） Bond Name（Code）	本年收盘（元） Close（yuan）	成交数量（万张） Trading Vol（10000 lots）	成交金额（亿元） Trading Value（100M yuan）
PR 陆嘴 02（124586）	39.990	1.40	0.01	PR 武清 02（124590）	40.890	108.50	0.46
PR 并国投（124592）	46.500	110.00	0.46	PR 相城投（124593）	42.600	330.00	1.90
PR 涪陵债（124595）	47.330	40.00	0.17	14 海资 01（124597）	100.000	264.90	2.62
PR 济城投（124598）	40.900	423.18	1.77	PR 西保 01（124599）	40.100	5.00	0.02
14 国网 01（124602）	100.250	20.08	0.20	PR 温高 01（124605）	40.040	129.73	0.55
PR 菏泽债（124606）	40.950	180.70	0.96	PR 津环城（124607）	40.350	0.30	0.00
PR 句容福（124608）	71.610	125.58	0.90	PR 常德投（124609）	41.400	1749.00	7.23
14 云铁投（124610）	101.040	11.00	0.11	PR 长星建（124613）	61.000	130.00	0.86
14 桂农垦（124614）	103.580	30.30	0.31	PR 昆高新（124615）	40.900	303.20	1.48
14 鄂交 01（124616）	109.700	564.70	6.22	14 粤科债（124618）	103.000	45.00	0.45
PR14 渝黔（124620）	41.700	27.86	0.11	PR 宣国资（124621）	46.000	200.00	1.08
PR 盛经 01（124624）	43.900	60.00	0.24	PR 青州债（124627）	9.950	0.97	0.00
PR 启东 01（124628）	41.000	8.71	0.04	PR 苏金灌（124629）	40.800	2.20	0.01
PR 澧开发（124631）	62.400	0.60	0.00	PR 防城港（124636）	42.000	285.20	1.58
PR 信阳债（124638）	46.300	241.00	1.08	PR14 沭阳（124639）	40.000	70.00	0.43
PR 江宁开（124641）	76.000	159.56	1.22	PR 鸠建投（124642）	40.000	170.00	0.78
14 冀高开（124643）	105.490	789.89	8.28	PR 宁经开（124646）	42.700	2.90	0.01
PR 娄底债（124647）	50.310	60.00	0.29	PR14 润城（124649）	48.800	19.96	0.12
PR 海财 02（124650）	40.700	37.09	0.15	PR 庆经投（124654）	5.120	19.22	0.01
PR 宁海 02（124655）	40.600	7.03	0.03	PR 张经投（124657）	48.990	156.82	0.68
PR14 桂城（124658）	43.000	140.00	0.58	PR 平经开（124659）	40.500	45.31	0.19
PR 桐庐投（124660）	40.980	562.00	2.47	PR 赣四通（124661）	40.980	205.29	0.85
14 京投债（124662）	100.400	247.59	2.48	PR 秦开 02（124664）	41.280	100.00	0.41
PR 余交通（124665）	41.850	140.00	0.58	14 苏元禾（124667）	105.310	372.00	3.91
14 滇公路（124668）	102.600	1498.07	15.36	PR 徐开发（124672）	40.900	127.23	0.61
PR 火炬债（124673）	44.880	80.00	0.37	PR 崇川债（124675）	45.400	140.00	0.77
PR 衢国资（124676）	43.420	70.02	0.29	PR 乌城建（124677）	10.600	59.75	0.07
PR 宁开控（124678）	49.000	39.98	0.17	PR 宜经开（124679）	50.190	269.00	1.23
PR 徐高新（124681）	51.500	90.00	0.37	PR 新城基（124684）	40.900	339.09	1.47
PR 昌平债（124686）	41.000	390.56	2.26	PR 南化债（124687）	51.200	46.15	0.19
PR 潜城投（124688）	41.000	136.43	0.78	PR 雨城投（124689）	44.000	120.02	0.50
14 中电建（124690）	100.000	295.90	2.96	PR 嘉公路（124692）	41.300	160.00	0.78
PR 新凯迪（124693）	41.350	0.00	0.00	PR 广元控（124695）	41.150	0.97	0.00
PR 马城投（124697）	40.850	303.10	1.50	PR 内江投（124700）	48.530	160.00	0.79
PR 衡水投（124702）	41.100	40.00	0.16	PR 蓉隆博（124703）	39.700	33.34	0.14
PR 武威 02（124704）	40.600	5.49	0.03	PR 巴国资（124706）	41.650	3.50	0.01
PR 渝江 01（124707）	42.720	907.64	5.09	PR 安吉债（124709）	44.570	0.02	0.00
PR 兴展债（124710）	40.800	193.55	1.10	PR 象山债（124711）	62.600	0.33	0.00
PR 并经停（124712）	40.000	6.00	0.02	PR 黔铁投（124713）	74.300	109.70	0.93
14 鲁国集（124714）	101.110	72.69	0.74	PR 宁国债（124716）	41.500	266.74	1.42
PR 姜鑫源（124717）	25.100	85.54	0.44	14 电投 01（124720）	100.000	10.00	0.11
PR 青海创（124721）	41.130	41.00	0.25	PR 启东 02（124723）	40.800	5.34	0.03
PR 富山居（124724）	49.000	84.80	0.35	PR 曲开投（124725）	42.550	160.00	0.99
PR 渝保税（124727）	41.700	170.04	1.02	PR 长交 01（124730）	50.300	120.00	0.50
PR 渝高开（124732）	50.800	10.00	0.06	PR 随州 02（124734）	41.910	14.00	0.06
PR 合建投（124735）	75.310	552.48	4.21	PR 柳龙投（124736）	69.800	65.09	0.52
PR 虞交公（124737）	47.000	180.00	0.75	PR 青经开（124740）	41.370	90.00	0.37
PR 银城投（124743）	40.800	86.87	0.47	PR 萧经开（124744）	41.100	9.65	0.05
PR 贺城投（124746）	41.320	347.71	1.52	PR 铜示范（124748）	47.180	20.00	0.10
PR 宜春投（124750）	43.470	200.00	0.91	PR 徐高铁（124751）	41.000	360.78	1.75

债券成交 Bond Trading

债券 Bond

债券简称（代码）Bond Name(Code)	本年收盘（元）Close (yuan)	成交数量（万张）Trading Vol (10000 lots)	成交金额（亿元）Trading Value (100M yuan)	债券简称（代码）Bond Name (Code)	本年收盘（元）Close (yuan)	成交数量（万张）Trading Vol (10000 lots)	成交金额（亿元）Trading Value (100M yuan)
14海控01（124753）	103.750	670.01	7.00	PR鄂城01（124757）	46.500	40.00	0.17
PR余城投（124760）	41.000	4.15	0.02	14深业团（124761）	100.750	4531.55	45.50
PR昆交发（124763）	45.450	140.00	0.75	PR蔡家湖（124764）	41.000	211.92	0.89
PR醴陵投（124765）	43.000	0.57	0.00	PR景洪投（124766）	39.000	0.06	0.00
PR云城投（124768）	40.500	229.69	0.97	PR亳建投（124771）	46.500	710.00	3.85
PR当阳债（124772）	40.000	2.30	0.01	PR温高02（124773）	40.000	27.50	0.12
PR新余东（124775）	47.000	216.10	1.32	PR绿地债（124776）	25.100	2321.09	9.99
PR渝江02（124781）	40.900	193.80	0.94	PR绍袍江（124783）	43.900	140.00	0.68
PR青宏源（124785）	47.500	96.00	0.51	PR苏海集（124786）	45.000	10.00	0.04
PR陶都债（124790）	43.500	210.00	1.05	PR孝城投（124791）	40.800	86.31	0.38
PR渝惠通（124795）	41.600	100.00	0.62	PR襄高投（124796）	43.380	140.00	0.86
14十二师（124797）	100.150	195.24	1.98	PR金城债（124800）	40.800	25.86	0.11
PR恩城投（124801）	47.540	30.00	0.12	PR津南债（124804）	40.600	1392.42	6.07
PR穗铁02（124805）	73.600	486.24	3.75	PR金国发（124807）	40.000	300.00	1.24
PR龙国投（124809）	46.000	100.00	0.41	PR一师鑫（124810）	50.600	38.25	0.26
PR长交02（124812）	40.900	3.00	0.02	PR井开债（124813）	40.870	60.00	0.25
14郑投控（124814）	103.520	210.00	2.10	14天瑞02（124815）	89.900	1061.51	9.66
14北国资（124817）	108.100	69.81	0.76	PR德源债（124818）	42.250	240.00	1.07
PR济高债（124820）	40.800	102.81	0.55	PR百色投（124821）	39.500	5.77	0.02
PR合滨投（124822）	40.300	150.00	0.60	14金桥棚（124824）	102.500	0.50	0.01
PR普国资（124827）	56.900	81.00	0.59	PR孝高01（124829）	52.720	200.18	1.00
PR崇建设（124831）	25.500	91.66	0.41	PR睢宁润（124832）	40.300	119.33	0.72
PR如东泰（124833）	45.900	300.00	1.53	PR渝南债（124835）	40.770	388.05	1.78
PR漳九龙（124840）	40.800	108.07	0.56	PR神木债（124842）	41.300	31.21	0.13
PR晋开发（124845）	41.000	67.01	0.29	PR合川投（124850）	41.000	41.00	0.26
PR喀什深（124854）	24.750	245.02	0.89	PR淮城投（124855）	41.650	150.00	0.62
14柳暂停（124859）	91.890	107.09	0.93	PR汤建投（124860）	46.800	60.00	0.37
PR台基投（124862）	41.200	73.15	0.45	PR兴城建（124864）	25.000	310.00	1.04
PR奎屯润（124865）	25.380	100.00	0.25	PR南二建（124866）	39.800	213.77	0.94
14冀融投（124868）	68.030	129.12	1.16	PR渝长寿（124869）	40.000	90.00	0.37
PR嵊投控（124870）	41.570	279.55	1.17	14绿国资（124871）	100.000	6.02	0.06
PR杭拱墅（124872）	40.400	20.00	0.12	PR盛经02（124873）	45.000	100.00	0.41
PR苏高新（124878）	41.000	139.57	0.81	PR淮新02（124879）	47.500	50.00	0.27
PR曲经开（124880）	40.500	190.00	0.77	PR江北嘴（124882）	41.000	165.06	0.89
PR西微债（124883）	42.330	271.00	1.22	PR双水02（124884）	25.500	50.94	0.26
PR临城建（124885）	48.500	140.00	0.87	PR长农建（124886）	38.000	510.00	2.33
PR城南投（124887）	40.700	136.09	0.82	PR定国资（124889）	41.400	228.02	0.95
14甘电投（124890）	108.050	260.00	2.77	PR株高01（124891）	41.180	20.00	0.08
14海资02（124894）	94.400	197.31	1.89	14北港债（124896）	103.890	265.50	2.75
PR津广投（124897）	49.000	30.00	0.18	PR虞城建（124901）	41.450	431.02	2.57
PR鹤投资（124903）	40.990	450.00	1.85	PR芜宜居（124907）	41.450	430.00	2.65
PR靖江港（124908）	48.680	20.00	0.12	14超威债（124909）	96.000	131.15	1.22
PR石景山（124910）	43.870	70.00	0.31	PR北辰债（124911）	47.000	60.00	0.37
PR锦城02（124912）	44.910	0.02	0.00	PR绍交投（124913）	45.260	20.00	0.08
PR慈建投（124914）	48.800	520.00	3.00	14宏桥02（124915）	101.000	357.41	3.59
PR新开元（124916）	41.000	252.70	1.29	PR沣西债（124917）	45.500	540.20	2.64
PR沪南汇（124918）	40.990	173.32	1.06	PR浏阳债（124921）	41.430	227.45	1.09
PR金湖资（124925）	41.330	62.00	0.38	PR阜宁债（124926）	41.150	148.95	0.83
PR九龙债（124928）	40.600	21.49	0.10	PR巴南01（124929）	41.100	84.00	0.39
09晋交投（124931）	99.300	122.00	1.23	PR揭城投（124933）	40.950	32.38	0.20

债券成交
Bond Trading

债券
Bond

债券简称（代码） Bond Name(Code)	本年收盘（元） Close (yuan)	成交数量（万张） Trading Vol (10000 lots)	成交金额（亿元） Trading Value (100M yuan)	债券简称（代码） Bond Name (Code)	本年收盘（元） Close (yuan)	成交数量（万张） Trading Vol (10000 lots)	成交金额（亿元） Trading Value (100M yuan)
14 冀建投（124935）	102.460	706.50	7.26	PR 湖中兴（124937）	42.380	260.00	1.49
PR 郴百福（124938）	40.250	310.00	1.28	PR 滁州债（124940）	41.400	205.37	1.27
PR 兰国停（124943）	34.900	117.80	0.67	PR 广建设（124944）	47.000	60.00	0.37
14 保利集（124946）	100.030	1748.15	17.61	PR 西港债（124947）	42.280	160.00	0.98
14 金资 02（124948）	103.000	507.63	5.27	PR 随建投（124949）	41.200	1.00	0.01
14 登电债（124950）	92.700	27.00	0.25	PR 马高新（124952）	43.000	160.00	0.99
PR 锑都债（124956）	40.000	280.02	1.15	PR 胶发展（124960）	41.560	159.91	0.99
PR 苏望涛（124961）	26.100	136.00	0.40	PR 武经开（124962）	40.200	359.76	1.83
14 京国资（124966）	99.800	748.43	7.54	PR 盐东投（124968）	40.300	101.08	0.61
PR 杭地铁（124970）	73.800	482.09	4.06	PR 宣建债（124973）	46.000	120.00	0.50
PR 泸纳债（124974）	40.000	120.00	0.73	PR 溧经开（124975）	41.290	335.00	1.86
PR 张掖债（124976）	40.900	81.00	0.48	14 天瑞 03（124977）	84.270	425.04	4.23
PR 陂城投（124979）	43.020	355.00	1.86	PR 嘉峪关（124981）	40.000	120.00	0.49
PR 孝高 02（124983）	46.690	48.00	0.24	PR 鄂城 02（124984）	41.000	2.52	0.01
PR 建开债（124986）	42.750	214.00	1.31	14 闽投债（124988）	97.500	342.00	3.38
14 三星 01（124989）	99.900	57.33	0.56	15 饶城投（125604）	101.870	3362.40	34.20
15 贵安债（125605）	101.202	743.43	7.52	15 津港债（125608）	99.475	1058.50	10.57
15 驻投 01（125609）	101.751	710.00	7.20	15 珠投 01（125610）	99.664	300.00	3.01
15 碧园 01（125611）	100.450	272.00	2.73	H15 华资（125616）	70.000	107.80	0.78
15 碧海债（125623）	100.000	2798.60	27.05	15 昆经开（125624）	101.166	80.00	0.81
15 鄂铁 01（125627）	101.201	710.00	7.22	15 柳东 02（125629）	100.000	1477.93	14.90
15 金坛 01（125635）	100.152	264.00	2.65	15 吴江 01（125639）	100.245	476.50	4.79
15 柳东 01（125641）	100.154	1510.00	15.16	15 新投 01（125642）	101.556	831.00	8.48
15 绿投 01（125647）	102.000	359.00	3.70	PR 绵科 01（125655）	49.446	705.00	6.93
PR 绵科 02（125659）	50.000	800.00	4.00	15 晋交 01（125665）	101.852	1775.00	18.05
15 增碧 04（125667）	100.460	510.00	5.14	15 苏宁 01（125668）	99.831	4443.50	44.47
15 中房 01（125670）	100.819	50.00	0.50	15 润弘投（125673）	98.585	3074.00	30.73
15 邦信 02（125675）	100.185	196.00	1.98	15 中地 01（125678）	100.356	1150.00	11.53
15 南通债（125679）	101.590	1746.00	17.74	15 自高 01（125681）	100.000	450.00	4.52
15 浙五金（125682）	100.555	290.00	2.91	15 望城 01（125685）	101.434	400.00	4.06
15 伊财 02（125686）	101.661	380.00	3.85	15 淮水 01（125688）	101.165	1400.00	14.17
15 白沙洲（125691）	99.558	246.00	2.45	15 遵桥梁（125693）	99.220	1615.00	16.11
16 海陵 01（125698）	100.000	1825.00	18.30	15 政通债（125702）	102.367	80.00	0.82
15 惠憬 02（125704）	101.940	260.00	2.65	15 太湖 01（125705）	100.936	381.21	3.84
15 漳龙债（125707）	101.203	1133.00	11.47	15 伊财 01（125715）	101.639	230.00	2.33
15 都兴市（125719）	100.000	1105.20	10.70	15 邦信 01（125721）	100.850	40.00	0.40
15 汾湖 01（125725）	102.026	640.00	6.54	15 湘型债（125728）	100.040	80.00	0.80
15 永兴债（125729）	101.369	1382.00	13.97	15 国控债（125733）	102.554	1090.00	11.12
15 增碧 03（125747）	100.060	1635.00	16.42	15 新业 01（125749）	101.839	2074.00	21.11
15 株循环（125753）	100.000	480.00	4.80	15 都江堰（125755）	70.000	1860.60	18.17
15 山钢 04（125756）	102.060	575.00	5.88	15 城发 01（125759）	100.258	565.00	5.68
15 伊资 02（125760）	101.366	737.50	7.51	15 天风次（125762）	100.981	1109.80	11.22
15 漳九龙（125765）	101.551	810.00	8.23	15 首股 01（125766）	101.675	174.00	1.77
15 坛国 01（125773）	100.174	2645.00	26.42	15 天铝 01（125776）	99.791	390.00	3.89
15 银发债（125780）	101.072	270.00	2.73	15 恒大 04（125782）	99.287	13388.93	134.78
15 恒大 05（125783）	99.790	940.00	9.59	15 潞矿 02（125785）	102.018	650.00	6.65
15 潞矿 01（125786）	101.857	1202.00	12.26	15 首开 01（125787）	101.421	2826.00	28.81
15 晋经 01（125789）	99.611	150.00	1.49	15 绵投控（125791）	104.834	1706.00	17.89
16 山煤 01（125798）	99.598	900.00	8.95	15 华信 02（125804）	100.553	870.00	8.71
15 锡东科（125808）	101.801	3789.70	38.72	15 宜城 01（125813）	101.669	510.00	5.20

债券成交 Bond Trading

债券简称（代码） Bond Name(Code)	本年收盘（元） Close (yuan)	成交数量（万张） Trading Vol (10000 lots)	成交金额（亿元） Trading Value (100M yuan)	债券简称（代码） Bond Name (Code)	本年收盘（元） Close (yuan)	成交数量（万张） Trading Vol (10000 lots)	成交金额（亿元） Trading Value (100M yuan)
15扬化债（125815）	101.000	1049.00	10.61	15华信01（125821）	100.000	812.40	8.17
15常城02（125823）	102.090	2348.00	24.11	15常城01（125824）	102.077	1685.40	17.29
15中宝债（125828）	99.980	1712.60	17.08	15泰丰债（125831）	99.882	356.00	3.55
15华夏03（125837）	100.000	244.00	2.43	15云城投（125847）	99.449	1476.30	14.76
15华夏02（125848）	100.000	266.00	2.65	15南华01（125854）	101.009	34.00	0.34
15金禹02（125857）	99.843	576.00	5.76	15广证02（125861）	101.334	350.00	3.54
15焦作02（125864）	101.450	1235.00	12.63	15鄂长投（125868）	101.530	2650.30	27.05
15伊资01（125870）	101.798	120.00	1.23	15焦作01（125875）	100.810	602.00	6.13
15金禹01（125879）	100.622	1260.00	12.63	15普湾02（125909）	90.000	399.60	3.63
15伟驰03（125915）	101.534	200.00	2.03	15宁化工（125921）	102.148	118.00	1.21
15湘财04（125926）	102.689	105.00	1.08	15伟驰02（125927）	100.886	200.00	2.02
15华福Y1（125929）	100.456	810.00	8.13	15伟驰01（125972）	100.500	720.00	7.24
15恒泰续（125975）	98.927	290.00	2.92	15东海债（125991）	100.566	240.00	2.41
14天能02（127002）	101.300	141.19	1.44	PR乐清投（127005）	40.850	181.00	0.99
PR蓬莱债（127006）	58.440	293.00	1.99	PR潭万楼（127007）	55.490	267.00	1.48
PR乐山债（127013）	45.600	140.00	0.86	PR三门01（127014）	40.000	80.00	0.49
PR世园债（127015）	41.460	300.00	1.74	14粤高债（127017）	104.300	122.01	1.31
PR新昌01（127018）	41.060	228.00	1.36	PR丹徒投（127019）	39.600	168.00	0.91
PR玉交01（127020）	44.500	6.00	0.04	14京天恒（127021）	101.500	263.00	2.68
14攀小微（127024）	99.900	90.00	0.89	PR沪建债（127026）	71.600	444.11	3.63
PR晋城债（127027）	40.500	190.99	1.07	PR岳阳债（127029）	39.630	60.00	0.36
PR即旅投（127033）	41.000	311.00	1.90	PR永嘉债（127034）	40.000	150.00	0.91
PR双桥债（127037）	46.250	20.00	0.12	PR吴经发（127038）	40.320	80.00	0.49
14西电债（127039）	100.000	220.00	2.21	PR来工投（127042）	40.000	66.00	0.40
PR长兴债（127045）	39.000	159.99	0.97	14海控02（127046）	103.000	35.00	0.36
PR江油债（127047）	59.460	5.00	0.04	PR绍柯开（127049）	40.000	30.00	0.19
PR松原债（127050）	39.860	259.00	1.54	PR滕建债（127051）	60.000	120.00	0.81
14甘公02（127052）	104.600	580.00	6.08	15天瑞01（127053）	95.000	472.97	4.50
16朝国资（127056）	99.700	2474.45	24.67	PR牟中债（127057）	46.200	96.00	0.59
PR芜建债（127059）	46.350	52.00	0.31	PR博兴债（127062）	42.410	336.00	2.09
PR新昌02（127068）	41.870	151.10	0.93	PR淮国投（127069）	42.100	830.00	5.17
PR泾河债（127072）	63.100	40.00	0.24	PR铁暂停（127073）	67.500	10.00	0.06
PR铜大江（127074）	68.000	20.80	0.13	PR鸡西资（127075）	60.000	261.52	1.58
PR宁城建（127076）	60.200	150.00	0.93	PR盘山债（127078）	60.000	70.00	0.43
PR郴高投（127079）	68.600	457.60	2.77	PR望经开（127082）	68.810	250.00	1.56
PR宜创债（127083）	60.610	204.00	1.46	PR中区债（127084）	64.440	160.00	1.11
PR15汇丰（127088）	60.000	70.00	0.42	PR梵净山（127091）	60.000	202.00	1.24
PR淀山湖（127092）	50.500	96.36	0.49	15铜发债（127093）	105.500	84.00	0.85
PR盘经开（127094）	60.760	126.95	0.77	PR湘九债（127095）	56.800	560.53	3.17
PR东方财（127096）	59.590	1313.98	8.14	15天瑞02（127099）	98.790	468.05	4.35
PR新交投（127100）	61.530	230.78	1.50	15襄矿债（127102）	84.500	204.86	1.94
PR咸荣投（127105）	65.000	120.00	0.74	PR兴城债（127110）	60.000	60.00	0.37
PR黔南投（127111）	55.550	402.23	2.43	PR娄开债（127117）	67.000	44.60	0.26
PR兴堰债（127119）	60.000	10.00	0.06	PR巴南债（127120）	61.400	100.00	0.61
15苏国信（127121）	100.380	1733.66	17.53	10湘高速（127122）	101.110	745.89	7.55
PR阜新02（127123）	62.800	52.00	0.31	PR三门02（127125）	60.000	120.00	0.73
PR渭城债（127127）	60.000	8.00	0.07	PR苏通债（127129）	60.000	360.00	2.82
PR尧都债（127130）	60.370	204.00	1.32	PR梅山债（127132）	68.290	30.00	0.19
PR泗洪债（127133）	60.000	10.00	0.06	PR广安债（127134）	64.000	35.00	0.21
PR阳高新（127135）	68.000	340.00	2.06	PR株今添（127137）	68.530	560.00	3.45

债券成交
Bond Trading

债券
Bond

债券简称（代码） Bond Name(Code)	本年收盘（元） Close (yuan)	成交数量（万张） Trading Vol (10000 lots)	成交金额（亿元） Trading Value (100M yuan)	债券简称（代码） Bond Name（Code）	本年收盘（元） Close (yuan)	成交数量（万张） Trading Vol (10000 lots)	成交金额（亿元） Trading Value (100M yuan)
PR 邛崃债（127139）	64.900	60.00	0.36	15 文小微（127140）	100.000	126.27	1.27
PR 东南债（127141）	67.320	340.00	2.56	PR 怀经开（127142）	60.000	168.00	1.01
PR 新泰债（127143）	60.750	100.00	0.62	PR 长轨 01（127145）	85.330	954.11	8.15
PR 汴新债（127146）	59.910	2.00	0.01	PR15 郫国（127147）	68.830	99.00	0.79
PR 九江置（127148）	60.360	14.00	0.11	15 粤路桥（127149）	100.000	70.00	0.76
PR 包科教（127150）	65.500	14.00	0.09	PR 白工投（127151）	65.000	300.00	1.86
PR 吐国投（127153）	61.500	34.00	0.21	PR 石城投（127157）	61.270	44.30	0.27
PR 东营资（127158）	61.580	844.99	5.40	PR 越投债（127159）	61.300	72.95	0.45
PR 石国控（127161）	67.200	340.00	2.11	PR 湘铁投（127162）	80.000	110.00	0.92
PR15 海门（127163）	62.200	849.50	6.08	PR 庐江债（127164）	60.000	90.00	0.73
PR 洋口港（127166）	67.500	624.00	4.16	PR 阳江投（127167）	60.000	240.00	1.89
PR 绍城建（127168）	68.000	106.00	0.66	PR 渝水债（127170）	63.630	334.00	2.56
PR 乌经开（127171）	60.000	100.00	0.62	PR 津铁投（127173）	84.350	220.62	1.84
PR 迁安投（127174）	66.900	213.00	1.53	15 武铁 01（127175）	101.200	646.08	6.53
PR 武铁 02（127176）	61.100	527.43	3.33	PR 梅金叶（127177）	65.320	20.00	0.16
PR 郴新债（127180）	58.750	5.53	0.03	PR 阿信投（127182）	60.000	290.00	2.33
PR 淮城债（127183）	61.790	183.00	1.35	PR 漳经发（127184）	60.000	10.00	0.06
PR 宜城债（127187）	60.000	80.00	0.49	PR 江新债（127188）	61.770	0.10	0.00
PR 济高 02（127191）	61.500	105.50	0.65	PR 沪闵城（127192）	60.790	121.00	0.75
PR 马花山（127193）	61.830	430.00	3.11	16 闽投 02（127195）	99.840	193.00	1.92
PR 绍城北（127198）	61.200	150.87	1.03	PR 津城债（127200）	61.700	75.00	0.60
PR 呼伦债（127202）	60.000	25.00	0.15	15 兴泰债（127203）	101.250	30.00	0.31
PR 巢城债（127205）	62.100	16.00	0.11	PR 沈经区（127206）	61.260	10.00	0.06
15 国网 01（127208）	103.300	1036.01	10.71	15 国网 02（127209）	100.520	336.92	3.40
PR 黄山债（127211）	60.650	24.00	0.16	PR 黄城债（127212）	60.000	170.00	1.05
15 建发债（127214）	101.420	715.01	7.21	PR 兴荣控（127215）	82.910	150.00	1.17
PR 蜀城投（127216）	59.300	135.00	0.91	PR 建湖债（127222）	62.860	50.00	0.30
PR 大洼债（127223）	62.500	154.15	1.00	PR 鹰高新（127225）	61.180	80.00	0.61
15 海基债（127226）	106.000	11.95	0.12	PR 锡山债（127227）	60.500	35.00	0.23
PR 邗建债（127228）	66.630	90.00	0.74	PR 潍高新（127229）	62.450	170.00	1.12
PR 牡新区（127230）	65.000	238.50	1.64	PR 长轨 02（127232）	80.000	160.00	1.43
PR 椒江 01（127235）	64.000	160.00	1.15	PR 吴江投（127236）	60.800	147.51	1.10
PR 喀城建（127237）	60.000	10.00	0.08	15 洪轨 02（127240）	101.400	298.00	3.02
PR 郑经开（127241）	60.000	150.00	1.23	PR 当涂债（127242）	63.000	624.00	4.87
15 潍渤海（127243）	100.000	60.00	0.61	PR 中关村（127244）	60.650	489.50	3.52
PR 徐新盛（127246）	64.460	220.00	1.80	15 任城债（127247）	101.180	70.00	0.70
PR 京科债（127248）	60.360	243.33	1.84	PR 丽水债（127249）	60.000	20.00	0.12
PR 通途债（127252）	68.200	20.00	0.12	15 粤电 01（127253）	102.000	272.00	2.76
PR 平湖债（127255）	64.210	840.00	5.94	15 温铁 01（127256）	105.800	170.00	1.70
PR 博投债（127257）	59.500	10.00	0.06	PR 太科债（127259）	64.650	172.00	1.23
PR 般阳债（127261）	60.000	40.00	0.33	PR15 沭阳（127263）	66.000	101.90	0.76
15 彬煤债（127264）	100.000	50.00	0.49	PR 汝州债（127268）	53.300	30.00	0.15
PR 武夷债（127269）	60.000	319.05	2.23	PR 黑山债（127273）	59.280	10.00	0.08
PR 铜城投（127274）	67.380	238.15	1.85	PR 津地铁（127278）	84.000	470.00	3.90
PR 浏新城（127279）	60.300	1370.10	9.58	15 魏桥债（127280）	91.400	10.43	0.10
PR 贵路桥（127282）	61.000	750.02	5.98	PR 大同建（127283）	60.500	793.30	6.32
PR 桐建债（127284）	60.000	160.00	1.28	15 茂名港（127285）	99.000	30.00	0.30
PR 沛城投（127286）	60.000	50.00	0.30	PR 芜新投（127287）	58.700	140.19	1.13
PR 通高新（127288）	61.450	540.00	4.21	PR 苍南债（127291）	68.000	120.00	0.96
15 国网 04（127293）	100.500	790.95	7.95	PR 天心 01（127294）	60.100	269.00	2.14

债券成交 Bond Trading

债券简称（代码）Bond Name(Code)	本年收盘（元）Close（yuan）	成交数量（万张）Trading Vol（10000 lots）	成交金额（亿元）Trading Value（100M yuan）	债券简称（代码）Bond Name（Code）	本年收盘（元）Close（yuan）	成交数量（万张）Trading Vol（10000 lots）	成交金额（亿元）Trading Value（100M yuan）
15 云能源（127296）	102. 600	199. 00	2. 02	PR 任丘债（127298）	58. 220	120. 00	0. 96
PR 武清投（127301）	59. 400	1084. 65	7. 92	PR 桂城投（127302）	54. 000	205. 20	1. 37
PR 秦汉债（127303）	60. 600	275. 00	2. 22	PR 蒙金隆（127304）	59. 500	4. 19	0. 03
16 穗港 03（127305）	100. 000	90. 00	0. 90	15 伊小微（127306）	100. 000	30. 00	0. 30
PR 巴中债（127308）	60. 000	180. 00	1. 42	PR 赣陶债（127309）	60. 000	250. 00	1. 99
PR 海城改（127310）	60. 880	751. 99	5. 95	15 海航债（127312）	69. 470	148. 14	1. 17
PR 东丽投（127313）	59. 050	2072. 65	15. 48	PR 平崆旅（127317）	55. 500	60. 73	0. 46
15 闽投专（127318）	100. 400	863. 80	8. 66	PR 日建债（127319）	59. 000	85. 65	0. 68
15 萍小微（127320）	100. 000	40. 00	0. 40	PR 义城投（127322）	60. 400	201. 01	1. 61
15 国网 06（127327）	100. 480	871. 50	8. 76	PR 长轨 03（127328）	80. 000	200. 00	1. 79
PR 马高投（127329）	79. 600	330. 00	3. 26	PR 榕城 02（127333）	60. 000	10. 00	0. 06
15 锡创投（127334）	99. 700	134. 00	1. 34	PR 昌乐债（127335）	62. 030	10. 00	0. 08
PR 潜城债（127337）	60. 000	120. 00	0. 94	PR 宜高投（127338）	60. 000	60. 00	0. 49
PR 金昌债（127339）	60. 000	240. 00	1. 84	PR 内双创（127342）	56. 360	40. 00	0. 32
PR 仁发债（127344）	60. 000	150. 00	1. 21	PR 盐高新（127345）	59. 300	366. 63	2. 92
15 昆水务（127347）	100. 000	20. 00	0. 20	PR 响水债（127348）	63. 200	23. 00	0. 17
PR 邵东债（127349）	79. 930	85. 00	0. 67	PR 浙滨债（127350）	60. 000	260. 00	2. 08
PR 黔畅达（127351）	64. 540	111. 00	0. 83	16 恒投 01（127352）	99. 390	780. 10	7. 77
PR 梅建投（127354）	60. 000	220. 00	1. 74	PR 常德债（127356）	78. 720	1015. 00	8. 18
PR 永经投（127357）	79. 320	1211. 00	9. 46	PR 平阳债（127358）	80. 000	110. 00	0. 85
16 穗金控（127359）	96. 370	600. 00	6. 00	PR 老边 01（127361）	60. 000	20. 00	0. 16
16 闽投 01（127362）	100. 050	437. 60	4. 36	PR 新沂投（127363）	80. 000	40. 00	0. 32
PR 潼南债（127364）	60. 000	60. 00	0. 47	PR 渝两江（127365）	69. 930	2913. 85	21. 84
16 红小微（127366）	98. 720	853. 17	7. 85	PR 沪城建（127367）	80. 050	26. 00	0. 21
PR 衡阳债（127368）	80. 000	140. 00	1. 10	16 来宾债（127369）	100. 000	605. 00	6. 07
PR 普兰店（127371）	77. 200	765. 59	5. 88	PR 大理债（127372）	79. 000	194. 00	1. 52
PR 枝江 01（127373）	80. 000	80. 00	0. 61	PR 六盘水（127374）	78. 700	1121. 59	9. 12
PR 五家渠（127375）	79. 780	1130. 20	9. 05	PR 黄冈债（127377）	79. 300	197. 38	1. 58
PR 泗阳债（127379）	78. 680	140. 00	1. 10	PR 阿勒泰（127380）	80. 700	3. 00	0. 02
16 赣投债（127382）	99. 900	440. 00	4. 40	PR 宁乡债（127383）	80. 000	1587. 00	12. 83
PR 开福 01（127384）	77. 250	151. 29	1. 19	PR 兴资债（127385）	79. 680	180. 00	1. 36
PR 丹投资（127386）	78. 900	454. 42	3. 60	PR 雨花债（127387）	79. 770	967. 90	7. 71
PR 芙蓉债（127390）	79. 730	1440. 00	11. 51	PR 瓦沿海（127391）	78. 280	660. 00	5. 19
PR 平交投（127392）	79. 400	516. 66	4. 13	16 合川债（127393）	100. 000	120. 00	1. 21
16 诸经债（127394）	100. 000	200. 00	2. 00	PR 吉城建（127395）	79. 900	1005. 03	8. 80
PR 威海债（127398）	78. 400	1180. 00	9. 24	16 鲁信债（127399）	99. 700	193. 00	1. 92
16 广晟 01（127400）	100. 750	1585. 00	15. 83	PR 下城债（127402）	80. 000	22. 00	0. 17
16 唐金债（127404）	94. 810	86. 00	0. 81	PR 盐都债（127405）	78. 560	830. 00	6. 86
PR 港经开（127408）	80. 000	20. 00	0. 20	PR 渝产债（127409）	79. 200	1438. 00	12. 03
PR 德投债（127410）	80. 000	50. 00	0. 39	16 滁小微（127411）	100. 000	122. 00	1. 22
PR 鸠江债（127412）	79. 800	45. 86	0. 36	PR 奉交投（127413）	78. 750	717. 06	5. 99
PR 邕高 01（127414）	75. 200	20. 00	0. 20	PR 三明交（127415）	79. 500	297. 99	2. 62
PR 贾汪债（127416）	78. 600	216. 12	1. 91	PR 启交通（127418）	81. 550	722. 66	5. 99
PR 启国控（127419）	79. 300	1893. 60	15. 78	PR 渝开债（127420）	79. 700	838. 73	7. 48
16 青小微（127421）	101. 330	2358. 00	23. 70	16 牡小微（127422）	98. 000	0. 23	0. 00
PR 惠开债（127424）	79. 830	2099. 95	18. 43	16 穗港 01（127425）	100. 400	326. 00	3. 27
PR 两江 01（127426）	70. 200	1375. 10	11. 54	PR 渤海 01（127427）	79. 690	300. 00	2. 72
G16 京汽 1（127429）	100. 060	1351. 00	13. 50	PR 淮资债（127430）	83. 050	829. 50	7. 20
PR16 洛新（127431）	80. 500	102. 50	1. 00	PR 太新 01（127432）	80. 500	483. 92	3. 97
PR 海发债（127433）	81. 510	839. 00	7. 91	16 晋煤 01（127434）	104. 800	898. 20	9. 41

债券成交
Bond Trading

债券
Bond

债券简称（代码） Bond Name(Code)	本年收盘（元） Close (yuan)	成交数量（万张） Trading Vol (10000 lots)	成交金额（亿元） Trading Value (100M yuan)	债券简称（代码） Bond Name (Code)	本年收盘（元） Close (yuan)	成交数量（万张） Trading Vol (10000 lots)	成交金额（亿元） Trading Value (100M yuan)
PR 磁湖 01 （127435）	83.000	1290.00	12.09	PR 惠棚改 （127436）	70.000	496.90	4.23
PR 扬城投 （127437）	81.380	1160.20	10.76	PR 望城建 （127438）	80.000	1530.00	14.22
PR 惠投 01 （127440）	79.990	70.00	0.56	PR 苏筑富 （127441）	76.300	40.00	0.31
16 广晟 02 （127442）	98.600	770.00	7.67	PR 湘潭 01 （127443）	77.000	215.41	1.82
PR 两江 02 （127445）	69.600	555.94	5.45	16 穗城 02 （127446）	100.000	50.00	0.50
PR 宁地铁 （127447）	79.010	1096.19	10.11	PR 天心 02 （127448）	74.600	330.00	3.04
PR 太新 02 （127449）	79.500	506.00	4.35	PR16 晋城 （127450）	79.300	1646.23	15.25
G17 龙湖 1 （127451）	100.420	790.50	7.94	PR 硚口债 （127452）	78.930	328.00	2.87
PR 建安 01 （127453）	77.300	601.55	5.40	PR 南管廊 （127454）	92.500	615.00	5.81
PR 广陵债 （127455）	75.020	213.71	1.73	16 穗港 02 （127456）	100.000	490.00	4.86
PR 广饶债 （127457）	80.000	112.00	0.98	PR 济市中 （127458）	77.970	70.01	0.68
16 广晟 03 （127459）	99.850	629.22	6.26	PR 建湖项 （127460）	71.000	580.00	5.67
G16 国网 1 （127461）	99.990	853.00	8.52	G16 国网 2 （127462）	99.100	1306.90	12.93
PR 溧经技 （127463）	80.000	440.00	4.31	16 京投 01 （127464）	99.900	3.00	0.03
PR 德清投 （127465）	79.040	280.00	2.55	G17 龙湖 2 （127467）	100.000	100.00	1.02
17 长经 01 （127468）	100.000	80.00	0.82	17 首房专 （127469）	103.480	72.42	0.75
G17 龙湖 3 （127470）	101.640	522.02	5.32	17 苏众安 （127471）	100.000	220.00	2.26
17 宿裕丰 （127472）	102.650	404.00	4.16	17 慈溪债 （127473）	102.500	133.55	1.36
17 三明国 （127474）	101.300	540.98	5.52	17 宿开发 （127475）	102.680	520.00	5.37
17 众邦债 （127476）	100.300	170.00	1.71	17 邳润债 （127477）	103.300	967.00	9.98
17 新交投 （127478）	102.570	244.00	2.50	PR 瀚瑞 01 （127479）	80.030	626.69	5.28
17 陂城投 （127480）	102.750	527.00	5.41	G17 产建 1 （127482）	101.500	120.00	1.21
17 宝城投 （127483）	101.000	21.96	0.23	17 乌城投 （127484）	101.100	1083.00	10.96
17 威高新 （127486）	101.800	85.61	0.88	17 惠投债 （127488）	102.400	222.98	2.28
17 六交投 （127489）	100.700	789.31	7.91	17 延新投 （127490）	99.850	302.74	3.10
17 灌东债 （127491）	99.300	184.00	1.86	17 盐国资 （127492）	103.700	165.05	1.73
17 高港债 （127494）	103.700	414.00	4.29	G17 京汽 1 （127495）	102.470	200.40	2.06
17 毕节 01 （127496）	100.560	44.89	0.46	17 望铜官 （127501）	103.500	500.00	5.14
17 宿迁 01 （127502）	101.800	7.00	0.07	17 沛国资 （127504）	100.000	248.00	2.47
PR 榕经开 （127505）	79.200	695.59	6.79	17 扬开发 （127506）	102.400	405.00	4.18
17 永城投 （127507）	99.000	186.35	1.88	16 邮发 02 （127509）	97.050	50.00	0.51
17 诸城债 （127510）	100.000	615.55	6.27	17 广国投 （127513）	103.300	334.00	3.45
17 诸资 01 （127516）	102.500	146.00	1.50	17 荆城投 （127517）	101.700	126.00	1.29
17 嵊投控 （127518）	102.670	774.62	7.95	PR 邮发 01 （127521）	80.000	140.00	1.33
17 厦轨 01 （127522）	101.000	147.10	1.49	17 启创债 （127523）	102.900	194.00	1.99
17 诸资 02 （127524）	101.300	51.80	0.53	17 兴宁债 （127525）	100.000	80.00	0.81
17 秦投 02 （127529）	100.000	35.00	0.33	17 浠凤 01 （127531）	101.400	30.01	0.30
17 红投债 （127532）	102.580	20.00	0.18	17 惠华 02 （127533）	102.301	12.00	0.12
17 衡滨江 （127534）	102.500	243.96	2.47	17 黔投 01 （127536）	100.000	8.00	0.08
17 雨山 01 （127539）	100.000	192.00	1.97	G17 龙源 2 （127540）	103.150	691.90	7.13
17 铜建 01 （127542）	100.000	70.00	0.71	17 泗阳债 （127549）	100.000	27.00	0.27
17 包头 01 （127550）	98.310	380.91	3.90	17 黄岩 01 （127552）	100.000	140.00	1.41
17 金潼 01 （127553）	100.000	130.00	1.29	G17 靖新 1 （127556）	103.530	519.00	5.34
17 广铁 01 （127557）	103.300	832.00	8.59	17 蒲城债 （127558）	100.000	90.00	0.90
17 粤海 01 （127559）	103.630	198.01	2.04	17 厦轨 02 （127560）	100.900	888.10	9.00
17 怀经开 （127563）	100.000	60.00	0.61	17 淮水利 （127565）	100.000	170.00	1.77
17 永兴 02 （127566）	100.000	60.00	0.57	17 宁高 02 （127569）	99.570	30.00	0.30
G17 产建 2 （127570）	97.900	240.00	2.45	17 淄创 01 （127571）	100.000	140.00	1.44
17 包头 02 （127572）	100.000	232.00	2.36	17 铜建 02 （127576）	100.000	130.00	1.31
17 濮阳债 （127577）	103.250	122.00	1.26	17 启城投 （127578）	102.750	610.03	6.25

债券成交 Bond Trading

债券简称（代码） Bond Name(Code)	本年收盘（元） Close (yuan)	成交数量（万张） Trading Vol (10000 lots)	成交金额（亿元） Trading Value (100M yuan)	债券简称（代码） Bond Name (Code)	本年收盘（元） Close (yuan)	成交数量（万张） Trading Vol (10000 lots)	成交金额（亿元） Trading Value (100M yuan)
17 毕信泰（127579）	100.000	200.00	1.92	17 运通债（127581）	100.000	230.00	2.30
17 宝开 01（127585）	102.950	468.68	4.86	17 新东观（127587）	100.000	197.03	1.81
16 柯城 02（127588）	100.000	40.00	0.41	17 威经开（127590）	100.000	20.00	0.20
17 泾河债（127594）	100.000	50.00	0.51	17 湖滨 02（127596）	100.000	194.00	1.93
17 义乌专（127601）	100.000	4.00	0.04	17 广鑫 01（127602）	100.000	10.00	0.10
17 开元 02（127603）	100.000	45.00	0.45	17 苏科债（127607）	100.000	110.00	1.13
17 邵阳 01（127610）	100.000	20.00	0.20	17 渝丰都（127611）	100.000	190.00	1.90
17 彭山 01（127612）	100.000	40.00	0.41	17 淮南 01（127613）	100.920	320.00	3.29
17 新经开（127614）	100.000	40.00	0.40	G17 发展 1（127616）	103.100	1239.80	12.83
17 阜宁债（127620）	100.900	106.00	1.07	17 新宇 01（127621）	100.000	50.00	0.48
17 盈地债（127625）	100.000	168.00	1.64	17 安丘债（127627）	99.200	313.23	3.11
17 黄岩 02（127629）	98.590	250.00	2.46	17 安顺债（127634）	100.000	40.00	0.40
17 淮安债（127636）	102.500	423.89	4.33	17 蒙城债（127637）	103.700	256.52	2.62
17 武隆 01（127638）	100.200	0.02	0.00	G17 汇丰 1（127641）	101.250	215.00	2.17
17 新津债（127644）	100.000	36.00	0.36	17 雨山 02（127645）	103.500	218.54	2.25
17 江北债（127648）	102.500	534.80	5.45	17 句容 01（127649）	100.000	24.00	0.24
17 白云 02（127650）	100.000	6.00	0.06	17 锡东债（127652）	100.000	60.00	0.61
17 泸汇兴（127653）	98.500	90.01	0.89	17 恒驰 01（127655）	100.000	80.00	0.79
17 食科债（127656）	102.030	330.00	3.39	17 莒南 01（127657）	100.750	540.90	5.24
17 武胜债（127660）	100.000	0.14	0.00	17 珲春 01（127664）	99.840	100.01	0.96
17 昆银桥（127666）	104.100	40.01	0.41	17 宝开 02（127667）	104.100	115.00	1.19
17 郑蒲 01（127669）	104.260	102.00	1.04	17 秀洲债（127671）	103.140	20.00	0.21
17 渝双福（127672）	100.000	70.00	0.71	17 播投 02（127673）	100.000	102.00	1.02
17 隆发债（127676）	100.000	15.00	0.15	17 都江堰（127677）	90.000	71.98	0.62
17 含山债（127678）	100.000	70.00	0.71	17 黄梅 01（127679）	100.000	30.00	0.30
17 安交投（127681）	100.000	244.00	2.27	17 淮产债（127682）	102.960	172.00	1.76
17 润企债（127683）	99.700	8.00	0.08	17 哈密债（127685）	100.000	90.00	0.91
G17 扬城 1（127686）	103.710	771.00	7.97	G17 丹徒 1（127690）	104.050	130.01	1.35
17 寿县债（127692）	100.000	200.00	1.98	17 威中城（127696）	100.000	60.00	0.62
17 普定 01（127700）	104.000	22.60	0.23	17 汕尾债（127703）	104.420	190.00	1.97
17 天台债（127707）	100.000	60.00	0.63	17 红果 01（127709）	96.770	20.00	0.19
17 成阿 02（127716）	100.000	90.00	0.92	17 湖织债（127717）	98.740	190.02	1.90
17 太和债（127721）	100.000	40.00	0.41	17 红安债（127722）	100.000	60.00	0.61
17 南高新（127724）	100.000	40.00	0.42	17 郎溪债（127725）	105.560	62.00	0.65
17 湖口债（127726）	100.000	60.00	0.61	17 金坛 02（127729）	100.000	15.00	0.15
17 桃源 01（127733）	100.000	10.00	0.10	17 襄阳债（127734）	100.000	60.00	0.63
17 宿迁 02（127740）	100.000	248.00	2.63	17 嘉陵 01（127742）	100.000	58.00	0.56
18 泾县债（127751）	100.000	100.00	1.01	18 渝中 01（127754）	100.000	60.00	0.64
PR 肥西债（127758）	80.600	70.00	0.56	18 普定 01（127761）	105.000	40.10	0.41
G18 城南 1（127764）	106.110	326.00	3.42	18 钱投债（127767）	104.370	485.30	5.08
18 白云 01（127768）	100.000	200.00	2.07	18 粤海 01（127769）	105.800	102.00	1.08
18 文停 01（127773）	100.000	20.00	0.20	18 舟城 01（127776）	100.000	3.00	0.03
18 万盛 01（127778）	102.000	149.00	1.53	18 巢城投（127779）	102.800	5.94	0.06
18 歙县债（127781）	105.040	25.00	0.26	G18 金控 1（127782）	100.000	80.00	0.84
18 芜新债（127783）	104.550	501.97	5.29	18 泸工债（127784）	100.000	315.00	3.16
18 榕城 01（127785）	105.350	230.10	2.42	18 来安债（127787）	104.880	0.00	0.00
G18 武铁 1（127788）	100.000	200.00	2.10	18 陶都 01（127789）	104.200	75.66	0.79
18 温岭 01（127791）	100.000	180.00	1.87	G18 龙源 1（127792）	103.410	1997.80	20.62
18 草堂债（127793）	103.860	350.00	3.65	18 荣经开（127794）	105.050	205.00	2.14
18 秀湖债（127796）	100.000	1020.00	10.24	18 庐江债（127797）	104.700	121.32	1.28

债券成交
Bond Trading

债券简称（代码）Bond Name(Code)	本年收盘（元）Close (yuan)	成交数量（万张）Trading Vol (10000 lots)	成交金额（亿元）Trading Value (100M yuan)	债券简称（代码）Bond Name（Code）	本年收盘（元）Close (yuan)	成交数量（万张）Trading Vol (10000 lots)	成交金额（亿元）Trading Value (100M yuan)
18 泗阳 01 （127801）	100.000	120.00	1.22	18 益阳 01 （127805）	100.000	696.00	7.28
G18 安吉 1 （127806）	104.900	7.00	0.07	G18 黄山 1 （127808）	100.000	248.00	2.61
18 彭山 01 （127809）	100.000	120.00	1.25	G18 广业 1 （127810）	100.000	320.00	3.30
18 唐金债 （127811）	100.000	90.00	0.95	18 万盛 02 （127812）	102.000	624.00	6.42
18 泗县债 （127815）	100.000	20.00	0.21	18 乳山债 （127818）	100.000	210.00	2.21
18 鄂交投 （127820）	104.630	292.40	3.05	18 蓉园 01 （127822）	100.000	274.00	2.73
18 城北 01 （127823）	111.000	54.98	0.58	18 产投 01 （127824）	105.880	40.00	0.43
18 青平度 （127828）	104.700	572.86	6.01	18 常鼎 01 （127829）	100.000	136.00	1.41
18 珠江债 （127830）	104.300	534.01	5.54	18 西高 01 （127831）	100.000	580.00	6.15
18 宿高 01 （127833）	100.000	60.00	0.63	18 金交投 （127836）	100.000	150.00	1.58
18 京投 02 （127837）	102.000	41.00	0.41	18 京投 01 （127838）	100.000	196.00	1.99
G18 广业 2 （127840）	103.950	0.00	0.00	18 武义 01 （127841）	100.000	451.00	4.61
G18 武铁 2 （127845）	103.980	369.53	3.88	18 洋口 02 （127846）	100.000	170.00	1.78
18 厦轨 01 （127848）	101.910	710.00	7.22	18 宏鼎债 （127849）	101.490	1735.00	17.51
18 良渚债 （127850）	100.000	210.00	2.20	18 永修 02 （127851）	102.870	982.00	9.85
18 溧停车 （127852）	103.770	230.00	2.39	18 尖山 01 （127854）	100.000	110.01	1.13
18 南黄海 （127855）	100.000	120.00	1.25	18 安发 01 （127856）	100.000	864.10	8.76
18 桃源 01 （127857）	100.000	66.00	0.67	18 华汽 01 （127859）	96.500	447.70	4.48
18 华汽 02 （127860）	92.900	130.49	1.32	18 天易 01 （127861）	100.000	50.00	0.50
18 兴义 02 （127862）	100.000	496.00	4.94	18 苏交 04 （127863）	103.400	572.02	5.82
18 威蓝债 （127864）	100.000	19.00	0.19	18 崇左债 （127867）	100.000	52.00	0.54
18 西桃花 （127868）	100.000	312.60	2.97	18 沛经 01 （127871）	100.000	150.00	1.58
18 舟城 02 （127874）	105.320	238.00	2.48	18 天易 02 （127877）	100.050	170.00	1.72
18 城北 02 （127879）	100.000	28.10	0.29	18 水高科 （127884）	100.000	1452.60	14.67
18 乌兴 01 （127885）	100.000	80.00	0.81	18 什邡债 （127886）	100.000	140.00	1.40
18 弥勒 01 （127888）	101.110	326.00	3.31	G18 余旅 （127889）	100.000	140.00	1.44
18 邮政债 （127891）	100.000	50.00	0.50	18 华汽 03 （127893）	99.400	388.35	3.92
18 凤建 01 （127897）	104.800	101.00	1.03	18 铁道 17 （127900）	103.010	1014.22	10.45
18 铁道 19 （127902）	102.000	925.00	9.45	18 铁道 20 （127903）	100.000	280.00	3.00
18 铁道 21 （127904）	101.560	280.00	2.85	18 铁道 22 （127905）	105.620	260.00	2.78
18 铁道 23 （127906）	102.000	1047.00	10.66	18 铁道 24 （127907）	104.870	30.00	0.32
19 铁道 01 （127908）	100.510	270.00	2.70	19 铁道 02 （127909）	100.000	710.00	7.10
19 铁道 03 （127910）	100.000	370.00	3.69	19 铁道 04 （127911）	100.000	30.00	0.30
19 铁道 05 （127912）	100.000	250.00	2.49	19 铁道 06 （127913）	100.000	380.00	3.77
19 铁道 07 （127914）	100.000	550.00	5.49	19 铁道 08 （127915）	100.000	640.00	6.36
19 铁道 10 （127917）	100.000	360.00	3.59	19 铁道 11 （127918）	100.000	50.00	0.50
19 铁道 12 （127919）	100.000	600.00	5.98	19 铁道 13 （127920）	100.000	370.00	3.69
19 铁道 14 （127921）	100.000	480.00	4.79	19 铁道 15 （127922）	100.000	520.00	5.18
19 铁道 16 （127923）	100.000	700.00	6.99	19 铁道 18 （127925）	100.000	200.00	2.00
15 江苏 04 （130164）	99.000	0.03	0.00	15 湖北 02 （130170）	100.250	210.00	2.11
15 湖北 03 （130171）	101.520	100.00	1.01	15 广西 03 （130175）	100.590	150.00	1.51
15 重庆 02 （130182）	100.000	10.00	0.10	15 安徽 03 （130191）	100.000	240.00	2.43
15 天津 02 （130194）	100.350	60.00	0.60	15 天津 03 （130195）	100.000	10.00	0.10
15 天津 04 （130196）	100.000	10.00	0.10	15 山西 03 （130215）	100.000	50.00	0.51
15 四川 04 （130239）	100.000	120.00	1.21	15 辽宁 02 （130245）	100.000	200.00	2.00
15 陕西 03 （130265）	103.090	140.00	1.42	15 山东 06 （130268）	100.700	30.00	0.30
15 内蒙 03 （130285）	100.000	100.00	1.01	15 宁波 04 （130310）	100.000	20.00	0.20
15 宁波 Z4 （130314）	100.000	20.00	0.20	15 福建 06 （130350）	100.480	50.00	0.50
15 黑龙 02 （130354）	100.590	20.00	0.20	15 新疆 10 （130371）	100.000	30.00	0.30
15 山东 10 （130476）	102.860	30.00	0.30	15 四川 10 （130542）	100.000	10.00	0.10

债券成交 Bond Trading

债券简称（代码） Bond Name(Code)	本年收盘（元） Close (yuan)	成交数量（万张） Trading Vol (10000 lots)	成交金额（亿元） Trading Value (100M yuan)	债券简称（代码） Bond Name（Code）	本年收盘（元） Close (yuan)	成交数量（万张） Trading Vol (10000 lots)	成交金额（亿元） Trading Value (100M yuan)
15 四川 11（130543）	100.000	80.00	0.81	15 甘肃 10（130568）	100.000	10.00	0.10
15 四川 Z4（130595）	99.200	61.53	0.61	15 福建 16（130599）	100.000	120.00	1.17
15 福建 Z7（130602）	99.750	100.00	1.00	15 安徽 13（130607）	101.600	215.15	2.14
15 广东 14（130628）	100.320	0.41	0.00	15 广东 15（130629）	100.000	100.00	1.00
15 广东 16（130630）	99.140	187.41	1.83	15 山西 06（130632）	99.460	100.00	1.00
15 河南 10（130638）	100.000	160.00	1.60	15 河南 Z6（130642）	99.900	10.00	0.10
15 河南 Z8（130644）	100.000	120.00	1.19	15 江苏 10（130650）	100.400	31.19	0.31
15 江苏 12（130652）	97.590	170.45	1.67	15 宁波 06（130674）	100.330	160.00	1.60
15 宁波 Z6（130678）	100.330	70.00	0.70	15 宁波 Z7（130679）	97.000	40.00	0.40
15 厦门 Z3（130685）	100.150	220.00	2.20	15 北京 06（130718）	100.000	200.00	2.00
15 北京 Z6（130722）	100.000	240.00	2.40	15 北京 Z7（130723）	100.000	50.00	0.50
15 北京 Z8（130724）	100.000	50.00	0.50	15 上海 09（130731）	100.510	40.00	0.40
15 贵州 Z6（130741）	100.520	70.00	0.70	15 贵州 Z8（130743）	99.000	61.39	0.61
15 浙江 14（130745）	97.670	220.00	2.20	15 浙江 16（130747）	97.500	28.15	0.28
15 福建 18（130753）	100.000	200.00	2.00	15 辽宁 10（130765）	99.890	1400.00	14.06
15 辽宁 11（130766）	100.000	600.00	5.99	15 山西 12（130775）	97.770	24.59	0.24
16 广东 01（130784）	99.890	130.00	1.30	16 广东 06（130789）	97.530	80.00	0.80
16 浙江 02（130792）	100.000	140.00	1.39	16 浙江 04（130794）	100.000	100.00	0.98
16 山东 03（130797）	100.000	50.00	0.50	16 山东 05（130799）	99.910	100.00	1.00
16 山东 07（130801）	100.000	50.00	0.50	16 内蒙 02（130804）	96.010	264.99	2.65
16 内蒙 04（130806）	98.300	55.87	0.55	16 江苏 01（130807）	99.970	0.97	0.01
16 江苏 02（130808）	100.150	600.00	5.99	16 江苏 04（130810）	96.460	100.00	0.97
16 江苏 07（130813）	100.000	300.00	2.98	16 重庆 01（130815）	99.950	0.01	0.00
16 重庆 02（130816）	100.000	70.00	0.70	16 云南 01（130826）	100.390	30.00	0.30
16 四川 02（130853）	100.000	200.00	1.99	16 辽宁 01（130856）	99.870	50.00	0.50
16 辽宁 03（130858）	100.000	110.00	1.10	16 辽宁 04（130859）	97.300	229.73	2.24
16 安徽 01（130860）	100.000	10.00	0.10	16 安徽 04（130863）	100.000	20.00	0.19
16 新疆 08（130882）	100.000	150.00	1.46	16 山西 01（130928）	100.000	120.00	1.20
16 山西 02（130929）	100.000	500.00	5.00	16 湖南 04（130945）	97.250	50.00	0.50
16 四川 06（130965）	97.900	40.00	0.40	16 四川 12（130971）	96.000	0.00	0.00
16 辽宁 05（130976）	98.120	350.00	3.50	16 辽宁 06（130977）	99.800	1.16	0.01
16 云南 05（130980）	98.780	390.00	3.90	16 云南 06（130981）	100.000	100.00	1.00
16 云南 08（130983）	100.000	160.00	1.59	16 陕西 09（130984）	98.960	50.00	0.50
巩燃 05（131036）	100.000	167.84	1.64	巩燃 06（131037）	100.000	173.21	1.67
津桥 06（131076）	100.000	110.00	1.10	津桥 07（131077）	99.985	120.00	1.20
津桥 08（131078）	99.984	145.00	1.45	津桥 09（131079）	99.984	160.00	1.60
津桥 10（131080）	99.984	175.00	1.75	余燃气 5（131129）	100.000	174.00	1.74
余燃气 6（131130）	100.000	171.00	1.71	PR 云 A（131188）	98.310	380.00	3.77
恒浩云 B（131189）	100.000	2100.00	20.99	恒浩云 C（131190）	99.934	100.00	1.00
PR 碧桂 1A（131242）	46.496	300.00	1.39	启供水 5（131315）	99.541	152.00	1.52
启供水 6（131316）	98.920	240.00	2.38	启供水 7（131317）	99.205	45.00	0.45
PR1 优 2（131448）	9.172	68.00	0.19	PR1 优 3（131449）	1.613	56.00	0.07
PR 远东 1B（131453）	28.000	50.00	0.35	金林 1A2（131517）	100.000	540.00	5.40
协电力 05（131569）	98.284	19.00	0.19	上实次级（131591）	100.000	179.20	1.79
凯公 04（131628）	100.633	29.00	0.29	凯公 05（131629）	100.646	20.00	0.20
上实 A10（131670）	100.999	70.00	0.71	PR 远东 2B（131709）	16.853	52.00	0.50
融创物 07（131765）	100.466	19.30	0.19	融创物 08（131766）	100.770	21.70	0.22
融创物 09（131767）	100.900	22.70	0.23	融创物 10（131768）	101.040	18.70	0.19
16 东莞 1A（131798）	99.993	480.00	4.80	镇交 1E（131825）	100.017	70.00	0.70
华供热 04（131845）	100.000	20.00	0.20	华供热 05（131846）	100.000	20.00	0.20

债券成交
Bond Trading

债券
Bond

债券简称（代码）Bond Name(Code)	本年收盘（元）Close（yuan）	成交数量（万张）Trading Vol（10000 lots）	成交金额（亿元）Trading Value（100M yuan）	债券简称（代码）Bond Name（Code）	本年收盘（元）Close（yuan）	成交数量（万张）Trading Vol（10000 lots）	成交金额（亿元）Trading Value（100M yuan）
PR 远东 3A（131848）	3.258	40.00	0.01	16 华凌 5（131859）	101.000	236.80	2.38
华中 2B1（131882）	100.000	210.00	2.11	华中 2B2（131883）	99.070	110.66	1.10
PR 港 1C（131916）	18.280	138.00	0.25	16 幸福 A4（131921）	100.000	1493.00	15.11
16 幸福 A5（131922）	99.800	1505.00	15.00	PR 贰 B（131925）	12.700	30.00	0.29
PR2C（131970）	0.510	443.10	2.44	复地物 03（131983）	100.039	123.50	1.24
复地物 04（131984）	100.028	129.50	1.30	复地物 05（131985）	100.028	136.00	1.36
复地物 06（131986）	100.042	143.00	1.43	复地物 07（131987）	100.042	150.00	1.50
复地物 08（131988）	100.028	158.00	1.58	复地物 09（131989）	100.028	166.00	1.66
复地物 10（131990）	100.043	174.00	1.74	15 国盛 EB（132004）	99.410	5277.94	52.13
15 国资 EB（132005）	121.100	3367.92	39.28	16 皖新 EB（132006）	106.900	2011.76	21.00
16 凤凰 EB（132007）	100.600	2998.96	29.59	17 山高 EB（132008）	101.900	1246.25	12.47
17 中油 EB（132009）	99.720	10065.56	100.66	17 桐昆 EB（132010）	100.900	214.00	2.54
17 浙报 EB（132011）	96.600	1520.80	14.33	17 巨化 EB（132012）	100.630	2130.15	21.40
17 宝武 EB（132013）	101.240	13634.75	137.65	18 中化 EB（132014）	105.010	2224.81	22.59
18 中油 EB（132015）	99.160	19425.84	192.52	19 东创 EB（132016）	107.000	217.28	2.16
19 新钢 EB（132017）	105.250	1766.62	17.69	G 三峡 EB1（132018）	111.270	28005.91	291.35
19 蓝星 EB（132020）	112.780	2830.63	29.94	19 中电 EB（132021）	120.920	1928.97	22.78
16 兴长 01（135029）	100.630	1482.70	14.91	16 石门 01（135032）	100.000	40.00	0.40
16 湄潭 01（135033）	99.916	480.00	4.80	15 黔南 01（135041）	94.500	42.00	0.42
16 思润债（135044）	99.950	10.00	0.10	16 崇川 01（135050）	99.984	10.00	0.10
16 首股 01（135052）	101.142	680.00	6.87	16 柳投 01（135055）	98.857	150.00	1.50
16 遵桥 01（135062）	99.732	340.00	3.40	16 中地 01（135067）	99.899	600.00	6.00
16 世茂 01（135068）	101.901	2670.00	27.17	16 承控 01（135071）	101.275	955.00	9.75
16 锡藕 01（135072）	101.574	670.00	6.72	16 城发 01（135077）	100.827	125.00	1.26
16 华夏 01（135082）	101.082	4534.00	45.40	16 申证 C1（135083）	100.925	1690.00	16.98
16 柳东 01（135086）	100.738	2511.59	25.17	16 新城 01（135093）	99.990	140.00	1.40
16 润新债（135097）	99.952	320.00	3.20	16 黔南 01（135098）	100.000	40.00	0.40
16 郑地 01（135099）	100.393	630.00	6.33	16 来宾建（135200）	99.999	144.00	1.44
16 渝开 01（135204）	100.367	15.00	0.15	16 鲁商债（135205）	99.979	260.00	2.60
16 玉柴 01（135206）	100.000	419.06	4.20	16 远东二（135208）	100.144	1040.00	10.41
16 正润 01（135212）	99.893	65.00	0.65	16 永城投（135213）	101.200	1120.00	11.23
16 潍水 01（135215）	99.980	15.00	0.15	16 马经开（135216）	101.474	385.00	3.89
16 协信 01（135222）	100.000	36.00	0.36	16 凤机场（135233）	93.500	65.00	0.63
16 陕旅游（135234）	99.881	60.00	0.60	16 龙垦 02（135235）	99.929	25.00	0.25
16 蓟投债（135236）	99.975	200.00	2.00	16 方正 01（135240）	32.000	857.20	8.08
16 方正 C1（135241）	100.014	350.00	3.50	16 锡山水（135243）	100.003	60.00	0.60
16 渝投 03（135245）	99.906	100.00	1.00	16 吉华泰（135246）	99.508	90.00	0.90
16 无锡 01（135251）	100.496	760.00	7.62	16 无锡 02（135252）	100.100	310.00	3.11
16 财通 Y1（135253）	98.179	500.00	4.91	16 湘振湘（135254）	99.850	12.00	0.12
16 永兴 01（135258）	101.173	1043.00	10.58	16 滨海 01（135260）	99.417	2850.00	28.17
16 碧园 01（135261）	101.083	10770.00	107.96	16 凉山 01（135262）	100.030	123.00	1.23
16 淮交控（135265）	99.974	120.00	1.20	16 华发 01（135266）	101.954	975.00	9.90
16 融创 03（135268）	100.146	6515.40	64.99	16 东兴 01（135269）	100.668	635.00	6.36
16 海瀛 02（135273）	99.852	74.00	0.74	16 华远 02（135275）	99.907	70.00	0.70
16 钟山债（135277）	99.958	20.00	0.20	16 淮建投（135278）	100.000	215.10	2.15
16 新奥 02（135279）	99.985	30.00	0.30	16 城发 02（135280）	101.087	130.00	1.31
16 长湖 01（135281）	102.000	670.00	6.80	16 镇投 01（135282）	100.673	1440.00	14.44
16 海河 01（135283）	99.826	480.00	4.80	16 住宅 01（135284）	101.110	862.20	8.72
16 宜城 01（135286）	100.078	554.00	5.55	16 盘城发（135289）	100.820	2259.00	22.66
16 昆投 01（135291）	100.670	1870.00	18.80	16 方正 02（135292）	61.000	1010.00	10.02

债券成交 Bond Trading

债券 Bond

债券简称（代码） Bond Name(Code)	本年收盘（元） Close (yuan)	成交数量（万张） Trading Vol (10000 lots)	成交金额（亿元） Trading Value (100M yuan)	债券简称（代码） Bond Name (Code)	本年收盘（元） Close (yuan)	成交数量（万张） Trading Vol (10000 lots)	成交金额（亿元） Trading Value (100M yuan)
16国裕01（135294）	99.996	40.00	0.40	16江东01（135295）	101.860	3859.00	39.19
16长投01（135296）	99.829	500.00	4.99	16株湘01（135297）	101.740	521.00	5.23
16柯桥01（135298）	100.704	3863.00	38.76	16太湖01（135301）	102.480	1586.00	15.90
16华夏04（135302）	100.944	3425.00	34.27	16迈瑞01（135305）	100.515	1110.00	11.13
16常熟01（135308）	100.257	810.00	8.13	16贵安01（135309）	100.289	348.00	3.55
16银期债（135310）	101.510	180.00	1.82	16常交01（135311）	99.600	940.00	9.37
16蓉文旅（135312）	100.498	150.00	1.50	16华信02（135313）	100.000	1005.00	10.05
16洛投01（135316）	100.930	2420.00	24.26	16吴开债（135317）	100.023	90.00	0.90
16京泰01（135318）	99.983	40.00	0.40	16中企02（135320）	100.015	80.00	0.80
16昆银桥（135323）	100.000	720.00	7.25	16长投02（135324）	99.943	520.00	5.20
16海航01（135325）	99.842	502.60	5.02	16安吉01（135326）	100.013	220.00	2.20
16顺投债（135328）	100.791	930.00	9.44	16华发03（135329）	102.202	2621.00	26.48
16华发04（135330）	100.026	200.00	2.00	16岳阳01（135331）	100.000	2625.00	26.10
16海瀛03（135332）	99.503	60.00	0.60	16连工01（135333）	100.000	200.00	2.01
16柳龙01（135334）	100.229	520.00	5.23	16平证01（135335）	99.994	200.00	2.00
16金坛01（135338）	100.400	610.00	6.10	16远东四（135339）	99.916	90.00	0.90
16宝投01（135341）	100.041	1720.00	17.23	16同煤01（135343）	101.680	958.00	9.78
16柳投02（135345）	100.000	3483.91	34.87	16凤凰01（135346）	100.018	105.00	1.05
16新城02（135350）	100.076	200.00	2.00	16住总02（135351）	99.799	390.00	3.89
16武经01（135353）	101.534	1100.00	11.05	16常文旅（135354）	100.690	1062.92	10.74
16泰交债（135356）	100.862	2230.00	22.33	16紫薇01（135357）	100.000	20.00	0.20
16昆投02（135359）	99.800	445.00	4.46	16绵投01（135360）	103.510	2510.00	25.67
16绵投02（135361）	103.599	1815.00	18.43	16普交01（135365）	99.976	175.00	1.75
16新芦淞（135367）	102.000	1609.50	16.27	16海陵02（135368）	100.398	1446.00	14.47
16望城01（135369）	101.400	1624.00	16.33	16先导02（135370）	101.128	1132.00	11.37
16自贡债（135371）	101.614	794.00	7.94	16汇通01（135372）	101.500	1019.00	10.28
16大江债（135375）	100.000	980.00	9.80	16苏科01（135377）	100.058	360.00	3.60
16五控01（135379）	100.157	200.00	2.00	16东港债（135380）	100.975	30.00	0.30
16高科债（135381）	100.886	24.00	0.24	16硕经发（135382）	100.391	693.00	6.94
16首业02（135384）	100.000	190.00	1.90	16中交01（135386）	100.626	1220.50	12.22
16夷陵债（135387）	99.874	50.00	0.50	16郑地02（135388）	100.939	857.00	8.62
16濮阳01（135389）	99.674	240.00	2.39	16华夏05（135391）	100.808	3474.00	34.74
16桐乡债（135393）	99.921	280.00	2.80	16靖新城（135394）	100.000	222.00	2.22
16景瑞02（135395）	100.000	523.20	5.23	16迈瑞02（135397）	100.313	1460.00	14.63
16鑫域01（135398）	102.198	535.00	5.38	16华建债（135400）	101.185	310.00	3.14
16盘水债（135401）	100.003	387.00	3.89	16北辰01（135403）	100.055	340.00	3.40
16中铁03（135407）	100.910	1610.00	16.19	16融创04（135408）	100.068	5194.00	51.70
16宁建发（135410）	102.317	500.00	5.07	16内投债（135413）	102.932	560.00	5.65
16滕建01（135414）	101.310	5459.70	54.09	16三盛01（135415）	100.000	33.30	0.33
16星城01（135416）	102.746	1696.00	17.24	16中原01（135418）	99.649	500.00	4.98
16南通债（135420）	101.173	480.00	4.82	16湘型01（135421）	100.997	313.20	3.00
16侨鑫01（135424）	100.977	2510.00	25.40	16金港债（135425）	101.690	280.00	2.82
16景洪01（135427）	99.774	140.00	1.40	16晋能01（135429）	100.058	758.00	7.63
16三水01（135432）	100.000	60.00	0.60	16苏望涛（135439）	100.200	120.00	1.20
16甬海01（135440）	101.325	2530.00	25.58	16眉控01（135441）	100.050	528.00	5.29
16融信03（135443）	100.014	17.00	0.17	16龙光02（135446）	100.999	400.00	4.04
16金建债（135448）	100.369	440.00	4.39	16巴中01（135450）	101.267	1000.00	10.07
16湛交02（135454）	100.010	120.00	1.20	16靖北辰（135455）	100.834	1534.20	15.44
16红谷滩（135456）	101.112	1573.00	15.79	16金建02（135457）	99.923	484.00	4.84
16盛泽01（135459）	100.601	85.80	0.86	16鑫业01（135460）	100.000	579.70	5.80

债券成交
Bond Trading

债券
Bond

债券简称（代码） Bond Name(Code)	本年收盘（元） Close (yuan)	成交数量（万张） Trading Vol (10000 lots)	成交金额（亿元） Trading Value (100M yuan)	债券简称（代码） Bond Name (Code)	本年收盘（元） Close (yuan)	成交数量（万张） Trading Vol (10000 lots)	成交金额（亿元） Trading Value (100M yuan)
16 九州 01 （135461）	100.034	308.00	3.01	16 华夏 06 （135465）	100.006	6880.10	68.76
16 天风次 （135466）	100.394	116.00	1.16	16 天恒 01 （135467）	100.535	2240.00	22.36
16 富力 06 （135468）	99.561	8011.00	80.27	16 肇庆 01 （135471）	99.860	160.00	1.60
16 云能 01 （135472）	100.199	340.00	3.40	16 循环债 （135473）	83.500	6108.27	57.76
16 高投 01 （135475）	100.544	150.00	1.51	16 綦江债 （135476）	100.015	100.00	1.00
H 同益 01 （135477）	51.600	11.40	0.06	16 中融 02 （135478）	96.800	86.00	0.83
16 淮经 01 （135480）	102.146	1203.00	12.00	16 常通 01 （135482）	100.875	360.00	3.61
16 海通 01 （135484）	100.018	3320.00	33.21	16 海通 02 （135485）	99.974	400.00	4.00
16 滨海 02 （135489）	99.379	300.00	2.98	16 中科债 （135490）	100.013	420.00	4.20
16 财通 01 （135491）	100.235	200.00	2.00	16 新港 02 （135492）	99.951	180.00	1.80
16 中铁建 （135495）	100.782	924.00	9.29	16 信地 03 （135496）	100.000	610.00	6.12
16 梅州 01 （135498）	102.206	690.00	6.98	16 海安 01 （135499）	99.600	258.50	2.58
14 昆高 01 （135500）	100.482	490.00	4.94	14 昆高 02 （135501）	101.760	170.00	1.73
PR 邳经债 （135504）	70.230	1403.00	13.15	16 华夏 07 （135507）	98.757	783.40	7.61
16 富力 08 （135508）	99.434	880.00	8.81	16 大庆 01 （135509）	100.000	563.00	5.65
16 郑地 03 （135512）	101.498	1191.00	12.07	16 鑫隆 01 （135513）	99.450	530.00	5.28
16 黔投 02 （135514）	97.950	150.00	1.48	16 晋交 01 （135515）	102.103	682.00	6.91
16 苏新 01 （135517）	100.072	120.00	1.20	16 眉控 02 （135518）	101.000	600.00	6.02
16 首业 03 （135521）	100.143	1490.00	14.96	16 首业 04 （135522）	100.724	1708.00	17.15
16 海兴 01 （135523）	100.630	620.00	6.22	16 湖州 01 （135525）	100.000	2924.50	29.29
16 华远 03 （135526）	99.973	290.00	2.90	16 桂物 01 （135527）	100.000	240.00	2.34
16 淮新 01 （135530）	100.000	150.00	1.50	16 碧园 03 （135531）	100.591	715.00	7.14
16 鲁宏 01 （135533）	100.087	210.00	2.11	16 康嘉 02 （135535）	99.960	198.00	1.98
16 滁城投 （135537）	100.000	150.00	1.50	16 方正 05 （135539）	100.086	30.00	0.30
16 先导 03 （135540）	100.492	780.00	7.84	16 任城债 （135541）	100.801	2248.00	22.62
16 化医 02 （135542）	99.851	149.00	1.49	16 电建 02 （135543）	100.268	20.00	0.20
16 新奥 03 （135545）	99.990	240.00	2.40	16 吴发 01 （135546）	100.050	76.00	0.76
16 融创 05 （135548）	100.270	3360.00	33.44	16 盐城 01 （135549）	98.837	2271.00	22.61
16 滕建投 （135550）	100.000	384.00	3.83	16 贵安 02 （135551）	100.004	271.50	2.70
16 常港 01 （135552）	99.997	60.00	0.60	16 姜城 01 （135553）	99.628	50.00	0.50
16 滇投 01 （135554）	99.871	100.00	1.00	16 洛投 02 （135555）	100.580	649.00	6.50
16 华夏 08 （135557）	100.218	2100.05	21.01	16 财通 02 （135558）	100.000	300.00	3.00
16 滁同创 （135559）	100.415	1946.40	19.52	16 长沙 01 （135562）	100.697	4178.00	41.82
16 先导 04 （135565）	101.285	1767.00	18.01	16 红塔 01 （135566）	99.930	140.00	1.40
16 张公 01 （135567）	101.228	3111.70	31.23	16 深业 01 （135568）	92.000	1713.40	17.12
16 川铁 01 （135569）	100.010	330.00	3.30	16 泰滨 01 （135570）	100.400	35.00	0.35
16 来雁 01 （135571）	100.016	606.00	6.04	16 开乾 01 （135572）	99.130	554.60	5.53
16 格地 01 （135577）	99.709	3408.00	34.12	16 任兴债 （135580）	100.480	2490.00	24.94
16 悦来债 （135582）	100.642	3860.00	38.61	16 新发 01 （135583）	99.825	60.00	0.60
16 甬海 02 （135587）	100.179	1410.00	14.13	16 启迪 01 （135588）	100.030	130.00	1.30
16 安投 01 （135589）	101.349	310.00	3.12	16 盐国 03 （135592）	100.375	220.00	2.21
16 九华 01 （135593）	98.683	868.00	8.58	16 宁城投 （135594）	102.321	1466.00	14.83
16 常熟 02 （135595）	100.018	180.00	1.80	16 淮水 02 （135596）	100.984	410.00	4.12
16 崇川 02 （135597）	101.364	50.00	0.51	16 无锡 04 （135600）	100.392	1325.00	13.28
16 运和债 （135602）	100.000	2629.00	26.35	16 金辉 05 （135603）	99.506	550.00	5.49
16 鲁水 01 （135606）	101.172	2088.00	20.96	16 天房 01 （135607）	100.000	303.60	3.02
16 天房 02 （135608）	86.900	18.00	0.16	16 海宁 01 （135610）	99.936	200.00	2.00
16 牟中 01 （135611）	99.827	80.00	0.80	16 渝物 02 （135612）	100.000	190.00	1.91
16 内建 01 （135614）	100.003	475.00	4.75	16 江津 01 （135615）	100.014	50.00	0.50
16 渝开 02 （135617）	100.002	360.00	3.60	16 三盛 02 （135618）	100.000	523.19	5.23

债券成交
Bond Trading

债券
Bond

债券简称（代码）Bond Name(Code)	本年收盘（元）Close (yuan)	成交数量（万张）Trading Vol (10000 lots)	成交金额（亿元）Trading Value (100M yuan)	债券简称（代码）Bond Name (Code)	本年收盘（元）Close (yuan)	成交数量（万张）Trading Vol (10000 lots)	成交金额（亿元）Trading Value (100M yuan)
16 武经 02（135620）	100. 561	3266. 00	32. 73	16 安吉 02（135621）	99. 961	905. 50	9. 05
16 鲁水 02（135624）	102. 002	1550. 00	15. 54	16 长开 01（135627）	100. 000	800. 00	8. 00
16 常通 02（135629）	100. 432	166. 70	1. 67	16 建房 01（135631）	100. 540	600. 00	6. 00
16 肇庆 02（135632）	100. 047	170. 00	1. 70	16 黄浦 02（135635）	97. 600	20. 00	0. 20
16 首业 05（135636）	100. 175	200. 00	2. 00	16 首业 06（135637）	100. 222	430. 00	4. 30
16 大庆 02（135638）	99. 770	608. 70	6. 11	16 哈居 01（135640）	97. 986	505. 00	4. 93
16 滨江 01（135641）	100. 018	220. 00	2. 20	PR 淮交债（135642）	69. 953	726. 00	5. 54
16 新港 03（135645）	99. 647	100. 00	1. 00	16 卓越 02（135646）	99. 922	120. 00	1. 20
16 上虞 01（135647）	101. 117	8866. 00	88. 82	16 鲁宏 02（135649）	100. 000	1179. 80	11. 84
16 余姚 01（135650）	102. 210	749. 00	7. 58	16 新发 02（135652）	100. 002	250. 00	2. 50
16 豫资 01（135654）	99. 978	80. 00	0. 80	16 新航债（135655）	99. 368	50. 00	0. 50
16 昌投 01（135656）	99. 688	190. 00	1. 90	16 东兴 02（135657）	99. 891	780. 00	7. 79
16 合景 01（135658）	100. 000	2752. 00	27. 48	16 雨投 02（135659）	99. 813	70. 00	0. 70
16 方正 06（135668）	99. 930	810. 00	8. 06	16 方正 07（135669）	99. 851	190. 00	1. 89
16 方正 08（135670）	96. 882	180. 00	1. 73	16 长寿 01（135671）	100. 351	297. 00	2. 96
16 碧海 01（135672）	102. 000	517. 50	4. 89	16 虹阳 01（135674）	100. 000	240. 00	2. 40
16 融信 05（135675）	100. 007	704. 50	7. 03	16 贵建设（135676）	100. 000	10. 00	0. 10
16 盛泽 02（135678）	100. 405	1250. 00	12. 52	16 联发 01（135681）	99. 969	130. 00	1. 30
16 吐国资（135682）	100. 100	65. 00	0. 65	16 黔水 02（135683）	101. 299	142. 00	1. 44
16 昆旅 02（135684）	99. 733	350. 00	3. 50	16 中民 F2（135685）	72. 360	15. 00	0. 12
16 豫资 02（135686）	99. 910	160. 00	1. 60	16 绿建 01（135687）	100. 000	200. 00	2. 00
16 海动迁（135689）	99. 693	30. 00	0. 30	16 雅居 01（135690）	100. 786	100. 00	1. 01
16 东海债（135691）	99. 588	400. 00	3. 97	16 盛屯 01（135692）	99. 700	9. 60	0. 10
16 合景 02（135693）	100. 000	1439. 00	14. 39	16 天禾债（135694）	99. 210	360. 00	3. 58
16 协信 07（135695）	100. 000	39. 60	0. 40	16 世茂 02（135696）	99. 325	1490. 00	14. 87
16 高淳 01（135697）	100. 003	290. 00	2. 90	16 国联 C1（135699）	99. 633	120. 00	1. 19
16 仙居 01（135703）	99. 999	595. 00	5. 95	16 大航 01（135704）	99. 627	2372. 00	23. 62
16 美兰 01（135705）	76. 080	227. 00	1. 63	16 海航 02（135706）	82. 500	299. 00	2. 51
16 九华 02（135707）	96. 792	1120. 00	11. 16	16 住宅 03（135709）	99. 946	460. 00	4. 60
16 津星 01（135711）	99. 939	152. 00	1. 52	16 汽车园（135713）	99. 988	60. 00	0. 60
16 株教 02（135714）	100. 000	260. 00	2. 60	16 蓝星 01（135715）	100. 007	1786. 00	17. 86
16 清浦 01（135716）	100. 370	556. 00	5. 50	16 产投债（135718）	99. 970	85. 00	0. 85
16 贵安 03（135719）	99. 624	1130. 00	11. 25	16 汾湖投（135721）	100. 710	1244. 00	12. 46
16 吴发 02（135723）	99. 962	700. 00	6. 99	16 首发 01（135726）	100. 836	3920. 00	39. 32
16 信地 04（135727）	100. 198	310. 00	3. 11	16 华融 C2（135728）	99. 977	170. 00	1. 70
16 汇通 02（135729）	101. 900	1146. 00	11. 47	16 景陶 01（135730）	99. 701	626. 00	6. 20
16 东丽 01（135731）	99. 643	364. 00	3. 59	16 碧海 02（135733）	82. 800	488. 00	4. 51
16 海安 02（135735）	99. 827	233. 50	2. 34	16 新城 03（135736）	99. 922	690. 00	6. 88
16 鑫鸿 01（135737）	100. 000	2848. 00	28. 26	16 山钢 01（135738）	100. 003	1234. 00	12. 41
16 江城 02（135742）	101. 171	1060. 00	10. 60	16 化医 04（135743）	99. 006	150. 00	1. 49
16 京投 02（135744）	100. 031	350. 00	3. 49	16 驻投 01（135745）	99. 415	90. 00	0. 90
16 三盛 03（135746）	100. 000	1120. 00	11. 20	16 新发 03（135747）	99. 873	250. 00	2. 50
16 民生 01（135749）	99. 877	870. 00	8. 67	16 经开 01（135750）	99. 978	350. 00	3. 49
16 京融 01（135751）	100. 306	1178. 00	11. 76	16 通泰 01（135752）	99. 605	364. 60	3. 63
16 鑫源 01（135758）	100. 000	472. 00	4. 71	16 复地 F1（135759）	100. 351	40. 00	0. 40
16 萍乡 01（135760）	99. 790	332. 00	3. 30	16 华安债（135761）	99. 600	480. 00	4. 77
16 五控 02（135762）	100. 000	1420. 00	14. 19	16 柳龙 02（135764）	99. 300	120. 00	1. 19
16 上虞 02（135765）	98. 237	180. 00	1. 77	16 上虞 03（135766）	100. 903	1020. 00	10. 21
16 余交 01（135768）	97. 814	200. 00	1. 95	16 滇投 03（135770）	99. 150	300. 00	3. 07
16 晋交 02（135771）	100. 080	2359. 00	23. 65	16 淮经 02（135772）	97. 165	219. 20	2. 10

债券成交
Bond Trading

债券
Bond

债券简称（代码） Bond Name(Code)	本年收盘（元） Close（yuan）	成交数量（万张） Trading Vol（10000 lots）	成交金额（亿元） Trading Value（100M yuan）	债券简称（代码） Bond Name（Code）	本年收盘（元） Close（yuan）	成交数量（万张） Trading Vol（10000 lots）	成交金额（亿元） Trading Value（100M yuan）
16 新会 01（135776）	98.930	270.00	2.69	16 昌润 01（135777）	99.830	50.00	0.50
16 镇交 02（135778）	101.100	20.00	0.20	16 渝南 01（135781）	97.800	180.00	1.74
16 鲁公用（135782）	99.539	10.00	0.10	16 永开 01（135783）	99.848	410.00	4.07
16 张经 01（135784）	99.926	150.00	1.50	16 盛泽 03（135786）	100.000	922.00	9.22
16 沪证 Y1（135787）	98.467	850.00	8.32	16 洞庭 01（135788）	99.807	475.00	4.73
16 沪城开（135789）	99.990	385.00	3.85	16 姜交 02（135790）	100.819	225.00	2.24
16 天地一（135791）	99.983	490.00	4.90	16 漯河 01（135792）	101.374	2210.00	22.27
16 京开 01（135793）	100.000	1959.20	19.59	16 迈瑞 03（135794）	100.040	1063.00	10.47
16 碧园 04（135796）	101.235	2614.00	26.52	16 碧园 05（135797）	100.496	3886.00	38.90
16 铜旅 01（135798）	100.500	1824.97	18.12	16 川铁 02（135799）	99.226	1620.00	16.13
16 海河 02（135800）	99.436	100.00	0.99	16 方洋 01（135801）	99.581	100.00	1.00
16 金辉 06（135803）	99.904	1172.00	11.64	16 兴长 02（135804）	99.059	2528.00	25.08
16 双福 02（135806）	99.323	52.00	0.52	16 政通 01（135808）	100.066	250.00	2.49
16 潍东债（135810）	99.981	481.34	4.80	16 首股 02（135812）	99.530	834.37	8.32
16 镇城 03（135813）	99.878	280.00	2.77	16 金交 01（135814）	97.651	530.00	5.11
16 名城 03（135815）	99.700	949.50	9.46	16 建房 02（135816）	99.972	660.00	6.59
16 南县债（135817）	99.982	461.00	4.61	16 洪泽 01（135818）	99.956	430.00	4.29
16 绍城 01（135819）	100.930	890.00	8.90	16 厦特 01（135820）	101.159	1660.00	16.64
16 瀚控 01（135821）	99.765	227.50	2.26	16 九华 03（135822）	100.000	799.80	7.95
16 岳阳 02（135825）	99.393	600.00	5.88	16 清浦 02（135828）	96.005	360.00	3.45
16 金投 01（135829）	99.666	985.00	9.82	16 通经 01（135831）	100.000	18.00	0.18
16 天宁 01（135832）	98.404	549.50	5.36	16 京融 02（135833）	99.965	1970.00	19.66
16 华发 05（135834）	100.954	2370.00	23.77	16 贵安 04（135835）	99.795	570.00	5.64
16 六安 02（135836）	100.276	347.00	3.47	16 新城 04（135838）	97.214	75.00	0.73
16 承控 02（135839）	99.667	750.00	7.48	16 新中泰（135840）	100.000	540.00	5.37
16 筑投 01（135841）	98.284	740.00	7.23	16 旭辉 02（135842）	100.945	6845.00	68.39
16 旭辉 03（135843）	100.189	619.00	6.17	16 潞矿 02（135845）	101.725	1414.00	14.26
16 三水 02（135846）	99.708	110.00	1.09	16 永兴 02（135847）	99.287	1210.00	12.04
16 邳州债（135848）	97.677	1011.40	10.08	16 阳山 01（135849）	99.774	100.00	1.00
16 正源 03（135850）	92.550	2073.79	20.29	16 崇川 03（135852）	100.121	170.00	1.70
16 海西 01（135853）	101.652	1940.00	19.51	G16 唐新 1（135854）	100.008	20.00	0.20
16 诸资 01（135855）	100.372	6853.00	68.49	16 西南 C2（135856）	99.984	572.00	5.72
16 眉山债（135857）	99.871	115.00	1.16	H16 锡 02（135860）	1.000	38.30	0.00
16 花园 02（135862）	90.000	10.00	0.09	16 常高 01（135863）	100.712	2292.00	22.69
16 通泰 02（135866）	99.000	1420.00	14.17	16 山钢 02（135867）	100.000	2586.00	26.10
16 佳源 04（135869）	100.000	200.50	2.00	16 湘财 01（135871）	100.007	792.00	7.89
16 大足债（135872）	102.000	265.00	2.63	16 高速 01（135873）	99.941	920.00	9.18
16 兴业 02（135874）	99.496	1670.00	16.58	16 大庆 03（135875）	100.000	580.00	5.79
16 新港 04（135876）	99.573	100.00	1.00	16 新港 05（135877）	88.935	100.00	0.89
16 华创 01（135878）	99.595	350.00	3.49	16 世茂 04（135880）	100.092	1766.00	17.74
16 世茂 05（135881）	99.907	1520.00	15.20	16 雅居 02（135882）	99.379	5392.00	53.50
16 雅居 03（135883）	98.355	350.00	3.40	16 市北 01（135885）	99.805	30.00	0.30
16 白沙洲（135886）	98.878	420.00	4.15	16 郑地 04（135887）	100.028	1952.00	19.29
16 三盛 04（135888）	100.000	44.00	0.44	16 国开次（135889）	99.281	700.00	6.93
16 中铝 01（135890）	100.083	300.00	3.00	16 鑫鸿 02（135894）	99.803	100.00	1.00
16 联发 03（135895）	99.477	60.00	0.60	16 威海投（135897）	82.714	160.00	1.49
16 中银 C1（135898）	98.991	50.00	0.50	15 浙国资（136000）	101.040	2025.40	20.51
15 福能债（136001）	100.360	349.49	3.52	15 赣粤 02（136002）	100.530	187.10	1.88
15 如意债（136003）	99.990	2949.04	29.19	14 武控 02（136004）	100.000	238.02	2.37
15 鲁星 01（136006）	98.500	336.82	3.34	15 协鑫债（136008）	89.990	994.96	9.76

债券成交 Bond Trading

债券 Bond

债券简称（代码） Bond Name(Code)	本年收盘（元） Close (yuan)	成交数量（万张） Trading Vol (10000 lots)	成交金额（亿元） Trading Value (100M yuan)	债券简称（代码） Bond Name（Code）	本年收盘（元） Close (yuan)	成交数量（万张） Trading Vol (10000 lots)	成交金额（亿元） Trading Value (100M yuan)
15 中骏 01（136010）	102.000	1235.50	12.64	14 瀚华 02（136011）	99.980	819.64	8.16
15 梅花 02（136012）	100.030	919.85	9.20	15 财达债（136013）	101.600	1680.10	17.07
15 福投债（136014）	100.460	2522.60	25.37	15 名城 01（136017）	105.000	1051.27	10.38
15 龙湖 04（136019）	100.530	1931.10	19.37	15 华安 02（136020）	101.400	272.00	2.75
15 新城 01（136021）	100.620	2403.62	23.85	15 东吴债（136022）	100.860	1147.10	11.58
15 沪城开（136024）	101.820	1159.49	11.72	15 三福 02（136027）	95.000	0.00	0.00
15 花园 01（136028）	95.000	101.70	0.78	15 常发投（136031）	100.960	1081.80	10.90
15 红美 01（136032）	101.130	122.00	1.23	15 东旭 02（136033）	99.980	327.26	2.68
15 沪国资（136034）	100.700	1276.91	12.87	15 远东一（136035）	101.500	1680.00	17.05
15 苏元禾（136036）	100.750	170.00	1.73	15 旭辉 02（136037）	102.000	567.80	5.80
15 石化 02（136040）	100.450	987.00	9.93	15 渝信 02（136042）	88.930	3404.94	30.01
15 华凌 01（136043）	92.000	86.37	0.86	15 通运 01（136044）	108.000	450.00	4.52
15 复地 01（136045）	103.000	3786.39	39.01	15 中海 01（136046）	101.370	309.90	3.15
15 国君 G2（136048）	96.070	290.00	2.92	15 中海 02（136049）	100.420	219.00	2.20
15 景德 01（136050）	99.850	361.00	3.65	15 五矿 03（136051）	101.900	313.77	3.20
15 五矿 04（136052）	101.400	73.00	0.75	15 南航 01（136053）	100.850	2149.00	21.71
15 华发 01（136057）	101.900	3903.61	39.89	15 宜集债（136058）	30.000	33.67	0.22
15 东证债（136061）	100.550	1447.05	14.58	15 大连停（136062）	99.500	2775.50	27.77
15 中骏 02（136063）	102.500	849.10	8.68	15 晋电 01（136065）	100.800	3135.75	31.54
15 西王 01（136066）	49.940	1147.10	9.42	15 洪市政（136067）	100.800	199.50	2.01
15 哈投 02（136068）	100.000	1074.50	10.67	15 双欣债（136069）	100.000	552.11	5.51
15 开元 01（136071）	100.070	1349.20	13.57	15 云能 02（136073）	100.100	1692.40	17.02
15 合作债（136074）	98.500	40.00	0.40	15 桂铁投（136075）	100.330	1.00	0.01
15 禹洲 01（136078）	102.600	2945.58	30.16	15 中航债（136079）	100.550	3647.15	36.64
15 北汽 01（136080）	100.200	951.70	9.52	15 浙交 01（136082）	100.590	906.00	9.09
15 浙交 02（136083）	98.000	0.08	0.00	15 金源 01（136084）	100.000	85.83	0.82
15 金茂投（136085）	100.000	100.00	1.00	15 金源 02（136086）	98.000	99.64	0.95
15 保利 01（136087）	100.140	492.47	4.91	15 保利 02（136088）	100.570	838.33	8.40
15 绿地 01（136089）	98.590	4315.38	42.74	15 绿地 02（136090）	100.950	7100.00	72.23
15 连云港（136092）	101.350	450.00	4.59	15 华信债（136093）	61.290	213.90	0.86
15 晋电 02（136094）	100.490	1163.02	11.66	15 锡交 01（136095）	100.500	1076.26	10.80
16 复星 01（136096）	102.950	2805.04	28.50	15 鲁高 01（136097）	100.410	1252.80	12.57
15 义市 01（136098）	100.200	943.01	9.43	15 绍交 01（136099）	100.510	233.00	2.34
16 凯乐债（136100）	99.950	36.61	0.37	15 合景 01（136101）	101.200	5731.71	57.33
15 合景 02（136102）	102.250	325.22	3.27	15 滇路 01（136103）	101.440	2348.00	23.80
15 市北债（136104）	101.050	866.90	8.75	15 三友 01（136105）	100.700	0.01	0.00
15 三友 02（136106）	104.180	394.63	4.06	15 穗工债（136107）	101.700	950.16	9.65
14 粤运 02（136108）	101.000	279.70	2.83	15 康达债（136109）	100.000	394.85	3.95
14 昊华 02（136110）	104.300	254.76	2.66	15 中环 01（136111）	98.070	230.00	2.34
15 花园 02（136114）	94.010	0.60	0.01	15 广证 G2（136115）	101.470	1493.63	15.14
15 天富债（136116）	98.070	672.02	6.54	PR 苏伟驰（136117）	59.660	1807.89	17.83
15 融信 01（136118）	100.800	1940.13	19.41	15 国创 01（136119）	99.000	1240.15	12.49
15 鲁能债（136120）	100.500	2357.51	23.62	15 南山 02（136121）	92.700	214.92	2.16
15 中合 01（136123）	95.050	210.31	2.01	16 新奥债（136124）	99.850	683.00	6.83
15 鑫苑 01（136126）	100.000	549.49	5.49	15 中江 01（136127）	98.400	505.50	4.98
16 葛洲 01（136130）	99.850	2026.63	20.18	15 邢钢债（136132）	95.500	207.33	1.90
16 番雅债（136134）	101.760	1492.13	15.16	16 联泰 01（136135）	99.300	270.87	2.70
16 茂业 01（136136）	99.980	0.43	0.00	16 茂业 02（136137）	99.500	2.28	0.02
16 常高新（136138）	100.250	1123.50	11.16	16 国美 01（136139）	88.770	5784.36	57.12
16 富力 01（136140）	100.300	7064.17	71.90	16 邦信 01（136141）	99.800	630.00	6.32

债券成交
Bond Trading

债券
Bond

债券简称（代码） Bond Name(Code)	本年收盘（元） Close (yuan)	成交数量（万张） Trading Vol (10000 lots)	成交金额（亿元） Trading Value (100M yuan)	债券简称（代码） Bond Name (Code)	本年收盘（元） Close (yuan)	成交数量（万张） Trading Vol (10000 lots)	成交金额（亿元） Trading Value (100M yuan)
16 中铁 01（136142）	100.250	3099.01	31.02	16 万达 01（136143）	100.800	8239.05	83.52
16 远东一（136144）	100.400	98.02	0.98	16 金辉 01（136145）	100.000	70.27	0.69
16 东兴债（136146）	99.780	289.41	2.88	16 中粮 01（136147）	100.700	1123.59	11.29
16 宏桥 01（136148）	99.690	2012.94	20.62	16 宏桥 02（136149）	98.000	929.24	9.18
16 桐昆 01（136150）	99.990	10.00	0.10	16 保利 01（136151）	100.800	2367.96	23.84
16 保利 02（136152）	99.830	1826.90	18.19	16 珠投 01（136153）	98.450	657.05	6.52
16 西王 01（136154）	97.380	2587.71	25.58	16 电建 01（136155）	100.000	1980.00	19.80
16 重水 01（136157）	97.260	400.00	3.98	16 融信 01（136158）	100.500	2953.45	29.48
16 沪国资（136159）	99.740	1055.01	10.49	16 东旭 01（136160）	99.820	477.62	4.77
16 渝交投（136161）	99.770	522.13	5.20	16 中静 01（136162）	99.500	548.79	5.33
16 青国信（136163）	99.590	466.50	4.62	16 中油 01（136164）	99.860	4460.21	44.42
16 中油 02（136165）	98.650	1659.88	16.18	16 广新 01（136166）	100.160	728.40	7.22
16 华夏债（136167）	100.100	2108.53	20.97	16 建发 01（136168）	99.600	1319.00	13.11
16 狮桥债（136169）	101.090	283.57	2.84	16 景瑞 01（136170）	100.000	1610.37	16.07
16 华证 01（136171）	100.700	591.37	5.97	16 龙源 01（136173）	100.100	1410.76	14.10
16 工艺 01（136174）	99.800	387.93	3.85	16 搜候债（136175）	99.970	429.42	4.29
16 绿地 01（136176）	100.990	11035.71	113.82	16 电气债（136177）	99.980	169.27	1.69
16 兆泰 01（136178）	101.620	756.84	7.64	16 绿地 02（136179）	99.110	578.41	5.67
16 国汽 01（136180）	101.000	1045.27	10.55	16 万通 01（136181）	92.000	1415.00	14.15
16 玉皇 01（136182）	99.950	5.01	0.05	16 新华债（136183）	99.990	2877.42	28.44
16 上港 01（136184）	99.550	126.10	1.25	16 国发 01（136185）	101.150	1650.00	16.67
16 苏新债（136186）	97.470	920.00	9.24	16 景德 01（136187）	100.420	729.00	7.29
16 富力 03（136188）	100.000	3150.85	31.90	16 新业 01（136189）	99.850	164.00	1.63
16 正才 02（136190）	100.000	193.65	1.94	16 靖江港（136191）	100.100	972.88	9.75
16 广越 01（136193）	98.900	2380.00	23.74	16 广越 02（136194）	100.900	630.01	6.20
16 龙湖 01（136195）	101.000	2845.70	28.69	16 龙湖 02（136196）	100.000	1445.39	14.42
16 鑫苑 01（136197）	100.000	687.41	6.87	16 上药 01（136198）	99.980	170.09	1.70
16 铁工 01（136199）	100.750	1760.00	17.72	16 铁工 02（136200）	89.930	79.05	0.78
16 香江 01（136201）	99.500	4.00	0.04	16 宏桥 03（136202）	99.940	1199.40	12.30
16 国创 01（136203）	98.500	331.56	3.28	16 龙盛 01（136205）	100.750	968.71	9.73
16 龙盛 02（136206）	100.600	141.00	1.41	16 武金 01（136207）	100.050	829.00	8.24
16 广新 02（136208）	100.520	425.41	4.25	16 国美 02（136209）	99.800	740.66	7.42
16 力帆债（136210）	100.000	1.24	0.01	16 恒力 01（136211）	100.050	1081.89	10.69
16 中交债（136212）	100.350	182.00	1.83	16 晋建发（136213）	101.700	238.50	2.41
14 上实 02（136214）	99.040	252.50	2.50	14 恒泰 05（136215）	100.000	50.00	0.50
16 华凌 01（136218）	99.110	240.35	2.42	16 中大债（136219）	99.960	571.80	5.73
16 新投 01（136220）	99.300	467.00	4.65	16 天铝 01（136221）	99.000	1586.90	15.88
16 疏浚 01（136222）	100.450	3111.10	31.18	16 卓越 01（136223）	100.360	4491.81	44.93
16 新业 02（136224）	99.000	170.50	1.69	16 月星 01（136225）	99.000	13.53	0.13
16 锡公 01（136226）	100.000	1538.00	15.30	16 住总 01（136227）	100.850	4122.40	41.36
16 国电 02（136228）	100.000	586.52	5.86	16 珠投 03（136229）	99.990	3710.23	36.99
16 宏桥 05（136230）	98.800	1463.23	14.88	16 漳九龙（136232）	100.000	2631.60	26.22
16 保利 03（136233）	100.750	3012.72	30.31	16 保利 04（136234）	100.300	352.30	3.48
16 晋然 01（136235）	101.500	346.15	3.52	16 复药 01（136236）	100.700	5092.58	51.29
16 兴发 01（136238）	100.500	72.40	0.72	16 国联 01（136239）	97.750	1940.00	19.49
16 北部湾（136240）	99.260	1413.79	14.00	16 中牧 01（136241）	99.950	164.00	1.64
16 中车 G1（136242）	99.900	892.10	8.92	16 中车 G2（136243）	100.110	1679.54	16.76
16 华夏 02（136244）	102.200	3127.89	31.71	16 海投 01（136245）	100.000	30.00	0.30
16 津投 01（136246）	98.760	3180.00	31.53	16 华综 01（136247）	101.200	5621.40	56.86
16 外运 01（136248）	99.800	1980.30	19.70	16 海怡 01（136249）	100.460	1477.42	14.80

债券成交 Bond Trading

债券 Bond

债券简称（代码） Bond Name(Code)	本年收盘（元） Close (yuan)	成交数量（万张） Trading Vol (10000 lots)	成交金额（亿元） Trading Value (100M yuan)	债券简称（代码） Bond Name（Code）	本年收盘（元） Close (yuan)	成交数量（万张） Trading Vol (10000 lots)	成交金额（亿元） Trading Value (100M yuan)
16 瑞茂 01（136250）	99.820	0.27	0.00	16 信地 01（136251）	101.760	2376.52	24.06
16 中油 03（136253）	100.100	12384.33	123.44	16 中油 04（136254）	98.000	451.88	4.45
PR 泰阳债（136255）	71.430	310.00	2.49	16 南航 01（136256）	99.970	588.75	5.89
16 新投 02（136257）	98.200	222.00	2.20	16 财通债（136258）	100.000	322.00	3.22
16 龙湖 03（136259）	101.060	1718.51	17.24	16 龙湖 04（136260）	100.600	1424.00	14.16
16 长园 01（136261）	99.950	2.45	0.02	16 建元 01（136262）	100.400	840.68	8.49
16 建元 02（136263）	96.150	200.03	1.99	16 隆基 01（136264）	101.600	882.66	8.95
16 正奇 01（136265）	99.800	3.00	0.03	16 鑫苑 02（136266）	100.500	683.52	6.86
16 广越 03（136267）	99.880	360.05	3.58	16 广越 04（136268）	99.100	1179.08	11.72
16 伊品债（136269）	100.000	407.30	4.06	16 南网 01（136270）	100.010	3807.68	37.98
16 天富 01（136271）	102.720	897.07	9.00	16 国控 01（136272）	98.780	1990.45	19.83
16 亿达 01（136273）	98.990	800.50	7.78	16 海亮 01（136274）	99.850	155.00	1.54
16 海正债（136275）	101.300	1764.31	17.74	16 南山 01（136276）	89.400	5909.93	59.08
16 华地 01（136277）	100.000	186.49	1.86	16 紫江 01（136278）	99.900	188.97	1.89
16 渤水产（136279）	96.000	1145.67	11.15	16 北汽 01（136280）	99.420	1806.00	17.92
16 华综 02（136281）	100.070	869.01	8.64	16 华峰 01（136282）	99.700	5.10	0.05
16 浙交 01（136283）	99.000	2964.19	29.50	16 浙交 02（136284）	98.610	255.00	2.51
16 金隅 01（136285）	100.450	5771.63	57.98	16 金隅 02（136286）	100.170	1271.70	12.71
16 首开 01（136287）	100.050	598.30	5.96	16 建发 02（136288）	100.650	1141.40	11.35
16 珠江 01（136289）	100.020	531.00	5.27	16 航民 01（136290）	99.500	36.07	0.36
16 力帆 02（136291）	87.000	130.10	1.13	16 中星 01（136292）	100.600	2044.40	20.53
16 兆泰 02（136293）	101.500	1014.00	10.20	16 信地 02（136294）	101.500	577.08	5.85
16 川电 01（136295）	99.500	290.00	2.88	16 珠投 04（136296）	99.400	966.49	9.66
16 两江 01（136297）	99.850	890.00	8.89	16 青港 01（136298）	100.450	2600.70	26.07
16 翠微 01（136299）	100.550	463.00	4.66	16 联泰 02（136300）	100.000	108.00	1.08
16 龙盛 03（136301）	100.550	3202.03	32.09	16 龙盛 04（136302）	100.310	587.20	5.87
16 世茂 G1（136303）	100.000	690.99	6.91	16 紫金 01（136304）	98.540	2010.75	20.05
16 紫金 02（136305）	100.000	1858.11	18.53	16 协信 03（136307）	96.100	13.18	0.13
16 皖经 01（136308）	100.000	609.29	5.93	16 云投 01（136309）	99.680	2161.99	21.35
16 当代 01（136310）	99.600	34.70	0.34	16 中化 01（136311）	100.700	2402.06	23.91
16 皖投 01（136312）	99.500	218.00	2.18	16 西高科（136313）	99.600	1538.78	15.19
16 汇丰 01（136314）	101.000	6.00	0.06	16 远东三（136315）	100.120	1891.07	18.96
16 福能债（136316）	100.010	430.00	4.30	15 智慧 01（136317）	96.900	393.34	3.49
16 中油 05（136318）	99.800	7196.56	71.62	16 中油 06（136319）	98.350	291.04	2.83
16 宇通 01（136320）	99.660	60.00	0.60	16 金泰债（136321）	99.700	150.00	1.50
16 宇通 02（136322）	98.990	734.00	7.32	16 越交 01（136323）	100.800	987.00	9.94
16 越交 02（136324）	99.850	823.00	8.19	16 金地 01（136325）	100.260	2310.00	23.30
16 金地 02（136326）	100.050	1761.20	17.59	16 特房 01（136327）	101.870	2630.59	26.75
16 忠旺 01（136328）	99.800	610.91	6.00	16 国美 03（136329）	99.790	1297.59	12.97
16 扬城控（136330）	99.500	786.29	7.80	16 金辉 02（136331）	100.230	4677.30	46.53
16 泰豪 01（136332）	99.120	59.76	0.59	16 银宝 01（136334）	99.960	3071.20	30.55
16 北汽集（136335）	100.800	389.25	3.87	16 宏泰债（136336）	99.100	339.30	3.37
16 乌房 01（136337）	102.450	744.31	7.55	16 漳诏 01（136338）	100.500	161.52	1.62
16 滇路 01（136339）	101.170	3331.49	33.64	16 鲁星 01（136340）	97.600	279.03	2.61
16 洋河 01（136341）	100.000	717.30	7.14	16 浦集 01（136342）	99.690	1135.40	11.30
16 泸工债（136343）	97.970	200.68	1.94	16 广电 01（136344）	99.850	1247.00	12.47
16 天建 01（136345）	101.220	1510.00	15.12	16 天建 02（136346）	97.000	513.99	4.87
16 永利债（136347）	98.000	1.07	0.01	16 国机债（136348）	100.200	1735.18	17.31
16 华虹 01（136349）	96.440	10.00	0.10	16 海怡 02（136350）	99.850	40.00	0.40
16 永泰 01（136351）	37.000	186.30	0.70	16 中天 01（136352）	99.970	17.00	0.17

债券成交
Bond Trading

债券
Bond

债券简称（代码） Bond Name(Code)	本年收盘（元） Close（yuan）	成交数量（万张） Trading Vol（10000 lots）	成交金额（亿元） Trading Value（100M yuan）	债券简称（代码） Bond Name（Code）	本年收盘（元） Close（yuan）	成交数量（万张） Trading Vol（10000 lots）	成交金额（亿元） Trading Value（100M yuan）
16 象屿债（136353）	99.700	253.01	2.52	16 鲁商 01（136354）	95.500	339.48	3.10
16 大华 01（136355）	101.420	616.20	6.22	16 宁远高（136356）	99.990	722.03	7.21
16 亚泰 01（136357）	100.135	802.00	8.01	16 川电 02（136358）	99.970	722.00	7.20
16 富力 04（136360）	98.750	2253.72	22.60	16 富力 05（136361）	96.570	1092.19	10.56
16 珠管 01（136362）	99.000	225.50	2.25	16 复星 02（136363）	101.180	2391.64	24.04
16 十二师（136364）	99.100	870.61	8.62	16 桂铁债（136365）	99.650	130.00	1.28
16 当代 02（136366）	100.000	2104.20	20.86	16 国君 G1（136367）	100.000	2573.00	25.81
16 国君 G2（136368）	100.050	1030.00	10.29	16 山鹰债（136369）	99.800	133.04	1.33
16 宁开控（136370）	100.350	2109.24	21.17	16 光大 01（136372）	100.040	2253.00	22.52
16 建业 01（136374）	100.990	3281.85	32.82	16 恒健 01（136375）	99.800	1526.65	15.23
16 中希 01（136376）	99.960	64.00	0.64	16 泰玻债（136377）	101.200	798.24	8.03
16 华泰 01（136378）	60.000	540.05	4.48	16 精控 01（136379）	100.000	8.61	0.09
16 新湖 01（136380）	99.900	3990.48	39.49	16 津投 02（136382）	99.970	634.68	6.34
16 南港 01（136383）	98.000	1001.11	9.92	16 三花 01（136384）	100.810	765.59	7.67
16 九华债（136385）	99.920	7.40	0.07	16 财信债（136386）	100.870	2082.00	20.91
16 福投 01（136387）	100.400	590.00	5.93	16 鲁商 02（136389）	96.500	127.04	1.13
16 人福债（136390）	99.800	203.83	2.02	16 圆融 01（136391）	100.000	215.00	2.15
16 武金 02（136393）	100.200	1067.74	10.71	16 粤港 01（136396）	99.600	605.00	6.05
16 北水 01（136397）	100.000	1121.76	11.22	16 华融德（136398）	100.200	1370.00	13.70
16 桂农 01（136399）	99.750	588.00	5.88	16 金辉 03（136400）	100.000	1407.15	14.04
16 华润 01（136401）	100.260	3109.10	31.04	16 红星 01（136402）	99.300	2438.84	24.36
16 红星 02（136403）	98.020	207.08	2.03	16 外高 01（136404）	100.000	11.10	0.11
14 亿利 02（136405）	108.000	924.07	9.19	16 正才 03（136406）	100.000	2304.16	23.06
16 正才 04（136407）	100.100	40.80	0.41	16 路桥 01（136408）	99.980	173.98	1.74
16 小商 01（136411）	99.970	283.00	2.83	16 房信 01（136412）	100.000	200.00	1.98
16 绵投债（136414）	102.670	692.00	7.10	16 华建 01（136415）	100.900	380.94	3.85
16 南山 03（136416）	87.000	903.63	9.03	16 万达 02（136417）	99.800	12955.82	130.34
16 中电 01（136420）	100.200	1280.00	12.79	16 春秋 01（136421）	101.000	559.50	5.59
16 宝丰 01（136422）	99.160	447.79	4.46	16 南翔 02（136424）	99.800	56.60	0.56
16 苏农 01（136425）	100.000	187.00	1.87	16 葛洲 02（136427）	99.990	1068.69	10.69
16 福华 02（136429）	100.000	18.60	0.19	16 浙五金（136430）	101.750	1146.10	11.47
16 广安 01（136431）	100.000	708.00	7.11	16 协信 05（136432）	100.000	135.19	1.34
16 晟晏债（136433）	100.950	2448.14	24.40	16 葛洲 03（136434）	100.150	4010.32	40.07
16 广汇 G1（136435）	99.980	149.88	1.50	16 远洋 01（136436）	100.780	6106.60	61.25
16 信投 G1（136438）	99.990	1894.00	18.95	16 永泰 02（136439）	36.000	569.83	3.63
16 渝开投（136440）	100.000	1188.12	11.87	15 智慧 02（136441）	100.000	477.42	4.27
16 国盛 01（136442）	99.800	730.30	7.36	16 蓉金 01（136443）	100.790	1390.00	13.94
G16 嘉化 1（136445）	99.880	60.63	0.61	16 复星 03（136447）	101.350	4709.89	47.30
16 万达 03（136448）	100.450	8550.27	85.93	16 油服 01（136449）	99.990	659.30	6.59
16 南航 02（136452）	100.450	2951.38	29.50	16 中工 01（136453）	99.960	305.03	3.06
16 吴交 01（136454）	100.000	343.01	3.43	16 银河 G1（136455）	99.940	1881.59	18.80
16 银河 G2（136456）	100.000	69.00	0.69	16 希望 01（136457）	100.150	785.90	7.90
16 圣牧停（136458）	98.700	313.64	3.02	16 上港 02（136459）	99.930	1396.12	13.95
16 市政 01（136460）	96.000	130.00	1.30	16 东辰 01（136461）	96.000	160.45	1.35
16 漕河泾（136462）	100.380	779.00	7.80	16 香城建（136463）	100.200	1104.55	11.12
16 路桥 02（136464）	99.870	80.10	0.80	16 国投 01（136465）	100.800	1842.65	18.43
16 长园 02（136466）	100.000	10.00	0.10	16 瑞茂 02（136468）	100.000	53.00	0.53
16 联通 01（136469）	99.980	1655.11	16.54	16 联通 02（136470）	98.150	180.00	1.80
16 杨农债（136471）	100.340	580.00	5.76	16 青港 02（136472）	100.000	974.90	9.76
16 中化债（136473）	100.180	1630.96	16.30	16 万达 04（136474）	100.200	3990.37	40.07

债券成交 Bond Trading

债券 Bond

债券简称（代码）Bond Name(Code)	本年收盘（元）Close (yuan)	成交数量（万张）Trading Vol (10000 lots)	成交金额（亿元）Trading Value (100M yuan)	债券简称（代码）Bond Name (Code)	本年收盘（元）Close (yuan)	成交数量（万张）Trading Vol (10000 lots)	成交金额（亿元）Trading Value (100M yuan)
16 华宇 01（136475）	99.830	158.00	1.57	16 北控 01（136477）	99.980	350.40	3.50
16 北控 02（136478）	100.300	77.50	0.78	16 华能 01（136479）	100.350	2071.71	20.71
16 华能 02（136480）	100.600	10.70	0.11	16 华福 G1（136482）	100.000	545.00	5.44
16 光大 02（136483）	100.060	984.00	9.85	16 协鑫 01（136485）	99.300	41.00	0.40
16 月星 02（136487）	99.990	264.41	2.58	16 南港 02（136488）	100.000	679.90	6.65
16 正集 01（136489）	99.900	180.20	1.80	16 红美 01（136490）	100.000	489.00	4.89
16 红美 02（136491）	99.600	877.50	8.74	16 成渝 01（136493）	100.000	720.57	7.19
16 滇博 01（136494）	99.800	80.00	0.80	16 粤高 01（136495）	100.000	0.01	0.00
16 西王 02（136497）	100.000	1780.70	17.02	PR 河西 01（136498）	70.000	1723.12	14.34
16 洪市政（136499）	100.170	1273.81	12.70	16 兴泰债（136500）	99.960	1080.00	10.79
16 天风 01（136501）	100.720	4854.61	48.78	16 穗控 01（136502）	99.630	5267.00	52.44
16 兴杭债（136503）	99.990	513.11	5.13	16 中关 01（136504）	99.930	2465.00	24.53
16 广汇 G2（136505）	99.990	69.08	0.69	16 广电 02（136508）	99.950	1863.00	18.58
16 三胞 02（136509）	92.590	13.10	0.03	16 华电 01（136510）	99.980	3385.35	33.83
16 云金 01（136511）	99.000	245.15	2.41	16 广安 02（136512）	100.450	357.00	3.56
16 电投 03（136513）	99.970	21.66	0.22	16 远东五（136514）	99.880	1318.00	13.16
16 疏浚 02（136515）	100.590	5855.01	58.63	16 疏浚 03（136516）	95.710	834.00	8.30
16 云投 02（136517）	100.000	795.50	7.86	16 鲁高 01（136518）	99.890	2211.30	22.00
16 陆嘴 01（136519）	101.000	7970.95	80.05	16 永泰 03（136520）	54.280	161.26	0.55
16 鸿坤 01（136521）	95.480	1569.94	15.30	16 首股债（136522）	99.280	771.00	7.67
16 广新 03（136523）	99.130	621.40	6.17	16 联想 01（136524）	97.840	2227.30	21.75
16 联想 02（136525）	98.500	877.00	8.26	16 两江 02（136527）	99.990	2506.00	25.03
16 世茂 G2（136528）	99.990	871.38	8.71	16 中车 G3（136529）	99.950	1874.07	18.74
16 深燃 01（136530）	99.300	192.81	1.93	13 牡丹 02（136531）	100.200	506.58	5.07
G16 能新 1（136533）	99.650	901.16	9.03	16 晟晏 02（136534）	99.990	178.40	1.78
16 万达 05（136535）	100.150	2767.08	27.74	16 国汽 02（136536）	99.730	920.00	9.19
16GLP01（136537）	99.950	603.70	6.03	16GLP02（136538）	99.570	440.00	4.36
16 上港 03（136539）	99.950	1415.07	14.14	16 协信 06（136540）	99.460	1815.49	16.79
16 希望 02（136541）	100.050	1314.00	13.15	16 云工 01（136542）	96.500	539.28	5.21
16 龙湖 05（136543）	100.730	600.00	6.02	16 联通 03（136544）	99.990	3534.59	35.31
16 皖经 02（136545）	70.010	1567.55	8.43	16 龙湖 06（136546）	100.060	1919.50	19.12
16 正源 01（136548）	43.890	905.63	6.14	16 紫金 03（136549）	99.900	1101.07	11.00
16 紫金 04（136550）	98.350	604.00	6.02	16 融侨 01（136551）	100.000	900.33	8.97
16 圆融 02（136552）	99.400	1686.00	16.74	16 联投 01（136553）	99.990	2254.80	22.41
16 中金 01（136554）	100.100	6236.40	62.43	16 中金 02（136555）	100.000	638.00	6.37
16 鸿坤 02（136556）	94.500	749.47	7.19	16 国寿投（136557）	99.460	1820.00	18.07
16 华电 02（136558）	99.960	2117.38	21.16	16 华电 03（136559）	99.750	1502.95	14.95
16 齐成 01（136560）	77.900	289.86	2.58	16 老百姓（136561）	99.900	309.06	3.08
16 能建 01（136562）	99.880	400.00	4.00	16 福投 02（136563）	99.760	1278.00	12.71
16 东旭 02（136564）	96.000	2750.01	23.20	16 福耀 01（136566）	99.920	441.23	4.41
16 凯华 01（136567）	100.600	955.69	9.55	16 张江 01（136568）	100.330	3092.70	30.95
16 海亮 03（136569）	100.000	1733.15	17.18	16 中江债（136570）	99.000	40.00	0.40
16 正源 02（136571）	96.000	511.68	4.20	16 港投债（136573）	99.100	311.09	3.10
PR 河西 02（136574）	69.480	165.40	1.17	16 光控 01（136575）	100.850	1663.75	16.68
16 光控 02（136576）	99.790	2774.01	27.55	16 鲁能 01（136577）	100.250	3131.64	31.34
16 小商 02（136578）	100.000	222.90	2.22	16 华泰 02（136579）	94.000	583.12	5.59
16 万达 06（136580）	100.250	3007.74	30.13	16 外高 02（136581）	99.980	1281.00	12.80
16 国联 02（136582）	99.500	1055.21	10.54	16 北新集（136583）	100.450	635.01	6.37
16 广汇 G3（136585）	99.900	220.42	2.16	16 中合 01（136586）	100.000	340.00	3.40
16 水务 01（136587）	99.920	948.50	9.47	16 水务 02（136588）	99.950	1727.30	17.18

债券成交 Bond Trading

债券 Bond

债券简称（代码）Bond Name(Code)	本年收盘（元）Close (yuan)	成交数量（万张）Trading Vol (10000 lots)	成交金额（亿元）Trading Value (100M yuan)	债券简称（代码）Bond Name (Code)	本年收盘（元）Close (yuan)	成交数量（万张）Trading Vol (10000 lots)	成交金额（亿元）Trading Value (100M yuan)
16 融侨 02 （136589）	100. 900	3456. 24	34. 48	16 海伟 01 （136590）	88. 500	560. 94	5. 05
16 西经发 （136591）	99. 400	684. 00	6. 84	16 鄂稻 01 （136592）	100. 000	2003. 70	19. 78
16 新华 01 （136593）	99. 900	985. 99	9. 88	16 同仁堂 （136594）	101. 450	1584. 61	15. 94
16 南港 03 （136595）	100. 000	209. 00	2. 03	16 南港 04 （136596）	94. 990	130. 73	1. 22
16 石大 01 （136597）	99. 600	412. 08	3. 94	16 首停 01 （136598）	97. 700	967. 10	9. 55
16 首停 02 （136599）	98. 600	1912. 34	18. 89	16 穗建 01 （136600）	99. 900	436. 60	4. 36
16 穗建 02 （136601）	101. 300	3594. 99	36. 02	16 泰豪 02 （136602）	99. 450	164. 09	1. 60
16 义市 01 （136603）	99. 300	646. 00	6. 37	16 兴发 02 （136604）	100. 000	124. 47	1. 25
G16 北控 1 （136605）	99. 600	786. 00	7. 80	16 信投 G2 （136606）	99. 910	1082. 60	10. 81
16 宁安 01 （136607）	100. 160	4860. 20	48. 60	16 广新 04 （136608）	99. 440	583. 00	5. 76
16 舟交 01 （136609）	99. 500	401. 00	3. 96	16 电投 04 （136611）	100. 230	4602. 77	46. 02
16 不动产 （136612）	99. 200	5942. 00	58. 89	16 西王 03 （136613）	96. 000	1935. 08	17. 76
16 碱业 01 （136614）	99. 900	134. 38	1. 34	16 碱业 02 （136615）	99. 770	773. 00	7. 66
16 正集 02 （136617）	99. 950	407. 50	4. 06	16 中静 02 （136619）	100. 000	140. 01	1. 38
16 锡交 01 （136620）	99. 650	1770. 00	17. 53	16 粤高 02 （136621）	92. 000	209. 05	1. 92
16 国君 G3 （136622）	99. 980	4774. 01	47. 65	16 国君 G4 （136623）	99. 780	2134. 50	21. 18
16 融创 07 （136624）	96. 800	1641. 24	15. 40	G16 节能 1 （136625）	98. 970	517. 00	5. 16
G16 节能 2 （136626）	99. 300	2100. 99	20. 78	16 精控 02 （136627）	100. 000	196. 45	1. 97
16 杭汽 01 （136628）	100. 000	260. 00	2. 58	16 兵装 01 （136629）	99. 940	710. 00	7. 09
16 兵装 02 （136630）	99. 260	787. 61	7. 79	16 南瑞 01 （136631）	99. 900	575. 00	5. 73
16 亚洲浆 （136632）	102. 000	636. 36	6. 33	16 融创 06 （136633）	100. 500	3211. 07	31. 92
16 黔高速 （136634）	99. 920	1378. 00	13. 70	16 津投 03 （136635）	105. 000	705. 00	6. 56
16 供销 01 （136636）	99. 990	755. 00	7. 54	16 巨化 01 （136637）	99. 900	281. 91	2. 82
16 海资 01 （136638）	98. 500	688. 98	6. 70	16 皖投 02 （136639）	100. 000	589. 00	5. 89
16 海亮 04 （136640）	99. 990	8. 00	0. 08	16 海亮 05 （136641）	100. 000	1276. 35	12. 68
16 国航 01 （136642）	100. 000	2882. 35	28. 78	16 华宇 02 （136643）	99. 690	1965. 22	19. 48
16 天地 01 （136644）	100. 450	383. 84	3. 84	16 百隆 01 （136645）	99. 910	241. 38	2. 40
16 中海 01 （136646）	99. 500	2570. 00	25. 53	16 华新 01 （136647）	102. 000	697. 43	7. 09
16 佳源 01 （136648）	102. 300	2055. 04	20. 52	16 佳源 02 （136649）	100. 000	406. 74	4. 07
16 普停 01 （136650）	99. 180	1087. 21	10. 79	16 普停 02 （136651）	95. 400	262. 00	2. 53
16 洪政 02 （136652）	99. 600	898. 05	8. 89	16 清控 01 （136653）	93. 200	889. 80	8. 84
16 外运 03 （136654）	100. 250	2058. 20	20. 62	14 银河 G3 （136655）	100. 000	1517. 01	15. 15
14 银河 G4 （136656）	100. 000	390. 00	3. 87	16 天铝 03 （136660）	99. 800	60. 00	0. 60
16 六建 01 （136661）	100. 190	236. 00	2. 36	16 友阿 01 （136662）	79. 000	282. 34	2. 80
16 友阿 02 （136663）	90. 000	122. 95	1. 17	16 云工 02 （136664）	97. 000	400. 00	3. 84
16 外高 03 （136666）	99. 850	870. 00	8. 69	16 海矿 01 （136667）	100. 000	30. 00	0. 30
16 重水 02 （136668）	100. 000	815. 00	8. 19	16 南山 04 （136669）	91. 000	650. 29	6. 48
16 南山 05 （136670）	88. 590	793. 63	7. 46	16 中车 01 （136671）	99. 900	2059. 85	20. 57
16 正才 05 （136674）	100. 000	2167. 82	21. 63	16 正才 06 （136675）	100. 300	859. 34	8. 62
16 天风 02 （136676）	99. 600	1222. 06	12. 16	16 名城 G1 （136677）	100. 000	187. 40	1. 86
16 穗建 03 （136678）	100. 700	5295. 80	53. 13	16 穗建 04 （136679）	99. 590	892. 00	8. 84
16 川电 03 （136680）	99. 010	678. 00	6. 71	16 晋交 03 （136681）	100. 100	1495. 13	14. 96
G16 三峡 1 （136682）	99. 980	1525. 10	15. 23	G16 三峡 2 （136683）	93. 420	1005. 00	9. 68
16 丰盛 03 （136684）	99. 840	1328. 00	6. 22	16 海投债 （136685）	98. 000	1589. 20	15. 69
16 环球 01 （136686）	100. 200	1243. 90	12. 45	16 中泰 01 （136687）	100. 000	1817. 16	18. 14
16 鸿商 01 （136688）	99. 860	778. 29	7. 75	16 绿水 01 （136689）	100. 700	913. 82	9. 18
16 恒安 01 （136690）	98. 000	870. 95	8. 50	16 鲁能 02 （136692）	98. 550	868. 00	8. 60
16 晋然 02 （136693）	100. 000	495. 00	4. 97	16 铁峰 01 （136694）	102. 050	645. 49	6. 54
16 路劲 01 （136696）	99. 750	1091. 00	10. 87	16 中天 02 （136697）	99. 990	170. 00	1. 70
16 申信 01 （136698）	60. 000	331. 29	1. 55	16 皖经 03 （136699）	95. 000	512. 90	4. 99

债券成交
Bond Trading

债券简称（代码） Bond Name(Code)	本年收盘 （元） Close (yuan)	成交数量 （万张） Trading Vol (10000 lots)	成交金额 （亿元） Trading Value (100M yuan)	债券简称（代码） Bond Name（Code）	本年收盘 （元） Close (yuan)	成交数量 （万张） Trading Vol (10000 lots)	成交金额 （亿元） Trading Value (100M yuan)
16蓝光01（136700）	99.400	4998.32	49.75	16椒江债（136701）	100.200	3806.00	38.10
16华润02（136702）	99.990	3992.86	39.87	16宁资01（136703）	99.200	287.00	2.82
16六建02（136704）	99.520	565.09	5.62	16协信08（136705）	104.000	457.00	4.42
16当代03（136706）	100.000	1556.23	15.47	16邢钢01（136707）	99.000	335.83	3.34
16通运01（136708）	99.500	3.00	0.03	16粤桥02（136709）	94.000	72.00	0.68
16福新01（136710）	100.200	4906.91	49.06	16国君G5（136711）	99.920	3141.60	31.37
16港务01（136712）	99.630	1199.99	11.91	16康恩贝（136713）	100.000	259.70	2.59
G16节能3（136714）	94.820	574.00	5.68	G16节能4（136715）	86.250	936.00	8.85
16浙证债（136718）	100.050	2496.80	24.96	16珠江02（136719）	100.000	1269.91	12.56
16西王04（136720）	96.550	700.27	6.80	16石化01（136721）	99.200	14107.70	140.90
16石化02（136722）	99.640	4016.85	39.66	16石化03（136723）	96.000	0.20	0.00
16鲁公债（136724）	96.100	278.00	2.73	16中材01（136725）	99.350	1662.42	16.61
16中材02（136726）	99.800	1393.18	13.86	16平海01（136727）	100.100	645.00	6.46
16忠旺03（136728）	100.000	2745.81	26.03	16九牧01（136729）	99.830	68.80	0.69
G16唐新2（136730）	99.400	160.00	1.59	16穗建05（136732）	100.280	2871.59	28.74
16穗建06（136733）	98.000	657.00	6.48	16大唐01（136734）	98.530	4677.00	46.65
16大唐02（136735）	92.640	458.00	4.33	16鸿商02（136736）	96.820	74.96	0.74
16协鑫债（136737）	98.500	365.28	3.35	16通用01（136738）	99.950	2429.95	24.27
16通用02（136739）	99.220	2720.51	26.97	16重机债（136741）	99.980	140.71	1.39
16祥源债（136744）	100.000	1164.24	11.00	16南港05（136745）	97.500	596.60	5.71
16南港06（136746）	100.000	60.00	0.56	16南港07（136747）	100.000	120.00	1.06
16长峰01（136748）	99.000	192.46	1.88	G16博天（136749）	97.400	187.19	1.84
16荣盛01（136750）	100.650	912.40	9.13	16佳源06（136751）	99.940	540.42	5.39
16佳源07（136752）	100.000	306.73	3.07	16大华02（136753）	101.580	2825.00	28.32
16兵装03（136754）	99.920	1058.10	10.56	16兵装04（136755）	99.600	1661.20	16.46
16兵装05（136756）	96.760	440.00	4.17	16凯华02（136757）	100.000	1094.16	10.93
16凯华03（136758）	98.000	285.10	2.77	16三胞05（136759）	99.500	125.73	0.81
16中工Y1（136760）	100.020	248.52	2.49	16长电01（136762）	96.140	489.23	4.65
16张江02（136763）	99.950	588.31	5.88	16蓝光02（136764）	99.750	1201.88	11.93
16陕燃01（136765）	98.000	236.81	2.33	16油服03（136766）	99.920	1520.54	15.20
16油服04（136767）	99.750	1659.81	16.47	16苏海01（136768）	97.000	176.70	1.69
16欣捷01（136769）	100.000	1085.45	10.85	16华资01（136770）	99.100	853.30	8.50
16沪宁01（136771）	98.200	213.42	2.10	16清控02（136773）	91.400	5767.63	56.04
16中船01（136774）	99.000	856.09	8.53	16中船02（136775）	99.000	2773.27	27.46
16国航02（136776）	99.650	3005.00	29.71	G16唐新3（136777）	98.700	417.00	4.13
16融强债（136778）	100.000	1858.28	18.61	16腾越01（136779）	101.750	178.63	1.82
16腾越02（136780）	97.900	1369.27	13.08	16湘财02（136781）	99.750	1122.00	11.19
16宁建材（136782）	99.950	101.01	1.01	16金发01（136783）	99.500	421.84	4.14
16华泰03（136786）	74.000	698.83	5.93	16天目湖（136787）	98.800	381.57	3.77
16京运01（136788）	98.200	246.60	2.39	16东航01（136789）	98.950	1471.80	14.56
16东航02（136790）	94.150	480.01	4.51	16中筑01（136792）	100.000	1815.30	17.83
16国投电（136793）	98.760	1065.10	10.52	16华阳01（136794）	100.000	20.00	0.03
16中航01（136796）	99.990	1905.04	19.02	16瀚蓝01（136797）	100.800	554.20	5.56
16环球02（136798）	100.000	1756.30	17.55	16中金03（136799）	99.900	891.50	8.90
16中金04（136800）	99.400	1401.30	13.90	16津创01（136801）	98.500	266.28	2.60
16中燃G1（136802）	100.000	1239.00	12.37	16南三01（136803）	99.950	2001.14	19.82
16越交03（136804）	100.000	310.00	3.09	16七师01（136805）	101.300	530.39	5.28
16越交04（136806）	99.130	640.00	6.35	16方圆01（136807）	99.990	1224.44	12.24
16永达01（136808）	99.600	618.41	6.08	16常城01（136809）	97.510	8.74	0.08
16福新02（136810）	99.900	589.00	5.89	16福新03（136811）	99.540	591.00	5.85

债券成交
Bond Trading

债券
Bond

债券简称（代码） Bond Name(Code)	本年收盘（元） Close (yuan)	成交数量（万张） Trading Vol (10000 lots)	成交金额（亿元） Trading Value (100M yuan)	债券简称（代码） Bond Name (Code)	本年收盘（元） Close (yuan)	成交数量（万张） Trading Vol (10000 lots)	成交金额（亿元） Trading Value (100M yuan)
16 国泰 01（136812）	99.800	142.77	1.42	16 中电 02（136813）	99.400	1935.01	19.19
16 京运 02（136814）	99.000	624.99	6.17	16 杭汽 02（136815）	100.110	1680.00	16.79
16 伟星 01（136816）	99.000	107.08	1.05	16 新华 02（136818）	101.000	159.30	1.61
16 川发 01（136819）	91.000	653.00	6.39	16 纳通 02（136820）	99.850	131.45	1.28
16 南山 06（136822）	99.840	509.80	5.05	16 南山 07（136823）	86.990	498.53	4.81
16 滇路 02（136824）	100.800	507.20	5.08	16 滇路 03（136825）	98.300	545.36	5.40
16 国网 01（136826）	100.000	3300.64	32.97	16 国网 02（136827）	99.000	2825.24	28.06
16 中信 G1（136830）	100.000	12347.75	123.52	16 中信 G2（136831）	99.670	1530.00	15.28
16 正大债（136832）	99.500	222.38	2.20	G17 三峡 1（136833）	100.920	3620.16	36.69
16 紫金债（136835）	100.300	791.50	7.92	16 鲁信 01（136836）	99.380	865.20	8.51
16 穗发 01（136837）	100.270	3981.00	39.83	16 国投控（136838）	99.640	270.00	2.69
16 港务 02（136839）	99.640	800.00	7.97	16 华福 G2（136840）	99.550	785.00	7.78
16 银鹰 01（136842）	100.390	148.67	1.49	17 苏新 01（136843）	101.000	912.29	9.24
16 环球 03（136845）	99.800	2625.10	26.26	16 深燃 02（136846）	99.970	464.13	4.64
16 玉皇 03（136847）	94.000	148.47	1.29	16 华能债（136849）	90.900	120.00	1.17
16 宝丰 02（136850）	100.090	826.78	8.26	16 华泰 G1（136851）	100.010	5125.19	51.36
16 华泰 G2（136852）	100.500	1480.00	14.88	16 鲁再担（136854）	99.710	343.04	3.35
16 光控 03（136855）	100.350	4540.00	45.43	16 光控 04（136856）	100.180	1153.55	11.52
16 重汽 01（136857）	100.000	1487.77	14.89	16 鲁通 02（136859）	33.950	33.36	0.11
16 乌资 01（136860）	99.500	675.00	6.73	16 恒健 02（136861）	100.100	1131.00	11.28
16 华虹 02（136864）	99.950	103.40	1.02	16 新燃 01（136865）	100.000	2132.36	21.34
16 汇丰 02（136866）	96.000	188.45	1.78	16 广核 01（136869）	99.500	400.00	3.98
16 中关 02（136870）	100.550	951.35	9.53	16 玉皇 04（136871）	90.000	133.42	1.12
16 豫投债（136872）	101.550	1057.60	10.71	16 华泰 G3（136873）	100.070	4557.10	45.70
16 华泰 G4（136874）	98.790	350.00	3.54	16 华晨 01（136875）	97.200	316.03	1.66
16 合盛 01（136877）	99.800	64.00	0.64	16 国电资（136879）	100.060	2953.73	29.59
16 恒信 01（136880）	99.700	157.58	1.47	17 甬开投（136881）	101.600	545.50	5.54
16 金工 01（136883）	99.670	438.05	4.15	16 联讯 01（136884）	100.000	682.00	6.81
16 南翔 03（136886）	100.000	2660.44	26.37	17 沪资 01（136887）	100.260	509.00	5.10
17 中材 01（136888）	100.000	1690.90	16.96	17 北汽 01（136892）	100.800	555.00	5.62
17 泰达债（136893）	99.750	3135.42	31.32	17 黄河 01（136894）	101.000	663.09	6.69
17 中信 G1（136895）	100.540	4244.00	42.70	17 中信 G2（136896）	100.000	120.00	1.23
17 绿原 01（136897）	99.910	382.00	3.82	17 蚌投 01（136898）	100.200	906.50	9.13
18 海航 Y5（136901）	103.500	1143.52	11.85	18 铁工 Y6（136902）	101.500	911.00	9.21
18 铁工 Y7（136903）	102.490	141.00	1.44	18 津保 Y1（136905）	101.250	1037.61	10.44
18 建三 Y1（136907）	100.000	916.00	9.15	18 航租 Y1（136910）	100.000	154.00	1.56
18 路建 Y1（136912）	101.490	1380.00	13.88	G18 京 Y3（136913）	101.300	3989.50	40.06
G18 京 Y4（136914）	100.000	610.00	6.16	18 中大 Y1（136915）	100.000	728.00	7.27
18 中公 Y2（136916）	100.000	905.00	9.10	18 蒙电 Y1（136917）	100.060	1140.00	11.48
18 蒙电 Y2（136918）	100.000	430.00	4.32	18 三峡 Y1（136919）	103.100	224.25	2.29
18 铁工 Y3（136921）	100.000	610.00	6.16	18 铁工 Y4（136922）	102.870	571.00	5.78
18 特变 Y3（136923）	100.000	328.00	3.31	18 铁工 Y1（136924）	101.920	335.00	3.40
18 铁工 Y2（136925）	100.800	120.00	1.24	18 方程 Y1（136926）	100.000	270.00	2.73
18 联投 Y1（136928）	102.800	2791.08	28.14	18 滇建 Y2（136931）	100.000	428.00	4.30
18 中化 Y5（136932）	100.750	3087.00	31.03	18 中化 Y6（136933）	101.100	711.00	7.22
18 海航 Y4（136934）	101.000	128.18	1.40	G18XHY1（136935）	102.000	30.60	0.31
18CHNG3Y（136936）	101.930	512.00	5.21	18CHNG4Y（136937）	105.000	3.00	0.03
18CHNG1Y（136938）	102.000	60.00	0.61	18CHNG2Y（136939）	105.000	2.10	0.02
18 青城 Y2（136942）	103.930	2126.00	21.79	18 大唐 Y5（136943）	103.220	220.00	2.26
18 大唐 Y4（136944）	101.780	2457.00	24.95	18 大唐 Y3（136945）	101.340	2320.00	23.40

债券成交 Bond Trading

债券 Bond

债券简称（代码）Bond Name(Code)	本年收盘（元）Close (yuan)	成交数量（万张）Trading Vol (10000 lots)	成交金额（亿元）Trading Value (100M yuan)	债券简称（代码）Bond Name (Code)	本年收盘（元）Close (yuan)	成交数量（万张）Trading Vol (10000 lots)	成交金额（亿元）Trading Value (100M yuan)
18海航Y3（136946）	101.500	573.26	6.21	18建材Y5（136947）	101.900	615.74	6.24
18建材Y6（136948）	101.000	180.00	1.83	18中化Y3（136949）	101.120	599.00	6.04
18中化Y4（136950）	100.000	200.00	2.02	18紫金Y1（136951）	102.500	1150.00	11.69
18中公Y1（136952）	100.000	320.00	3.23	18风电Y1（136953）	102.000	54.50	0.55
18风电Y2（136954）	100.000	90.00	0.93	18沪建Y3（136955）	103.300	340.20	3.52
18海航Y2（136956）	94.000	888.67	9.25	18大唐Y1（136957）	102.300	4392.00	44.84
18中交Y1（136959）	101.920	74.00	0.75	18海航Y1（136960）	95.000	503.56	5.00
18中化Y1（136961）	100.000	1146.00	11.56	18中化Y2（136962）	100.800	506.54	5.14
G18京Y1（136963）	100.000	150.00	1.52	18新金Y2（136965）	100.000	631.00	6.40
18建集Y2（136966）	100.000	700.00	7.11	18新际Y5（136968）	101.700	1894.30	19.19
17沪建Y1（136970）	100.500	180.00	1.81	17中冶Y3（136972）	100.200	1203.40	12.12
17中工Y1（136974）	100.370	271.00	2.73	17中材02（136977）	100.360	2404.40	24.25
17迪信01（136978）	100.000	579.49	5.80	17鑫海01（136979）	102.000	503.22	5.01
17申证01（136980）	102.000	1210.00	12.32	17金红01（136982）	99.950	16.24	0.16
17晋电01（136983）	102.550	949.88	9.74	17黄金债（136985）	97.990	557.81	5.47
17中山01（136986）	100.190	576.00	5.80	17中冶Y1（136987）	100.900	1747.10	17.59
17锡投Y1（136989）	100.000	358.00	3.65	G16北Y1（136991）	99.700	2049.51	20.27
16葛洲Y3（136992）	98.600	487.00	4.86	16葛洲Y4（136993）	98.600	3458.15	34.15
16葛洲Y1（136994）	100.700	798.50	7.97	16葛洲Y2（136995）	98.870	2305.80	22.80
16电投Y1（136996）	99.920	3508.29	34.97	16铁建Y1（136997）	99.960	2326.24	23.26
16金茂Y1（136998）	100.500	1790.00	17.88	16浙交Y1（136999）	98.000	1479.57	14.72
16三一EB（137006）	114.001	30.00	0.34	16远01EB（137008）	104.374	374.00	3.84
16远02EB（137009）	99.800	350.00	3.49	16华易EB（137014）	117.302	1200.00	13.64
16包集EB（137015）	109.992	1034.00	11.24	华易02EB（137018）	117.688	100.00	1.14
16莱钢EB（137019）	100.000	40.00	0.40	华易03EB（137020）	112.940	433.33	4.89
华易04EB（137022）	112.940	600.00	6.85	17塔城EB（137025）	101.484	79.12	0.80
17新华EB（137028）	100.000	22.00	0.23	17阳煤EB（137032）	100.492	1637.00	16.77
17华虹EB（137033）	80.100	97.00	0.89	17华西EB（137035）	101.848	60.00	0.61
17旗滨EB（137037）	100.795	258.00	2.59	17湘电EB（137042）	100.684	949.87	9.56
17兖02EB（137043）	100.000	253.45	2.55	17中交EB（137047）	100.300	630.28	6.37
17康01EB（137048）	100.000	150.00	1.50	17版01EB（137049）	100.000	110.00	1.11
17正集EB（137051）	100.000	150.00	1.51	17云投EB（137053）	102.427	75.00	0.78
17郑瑞EB（137055）	100.000	1300.00	13.00	18红豆EB（137058）	95.299	144.00	1.42
18浙能EB（137059）	100.000	359.60	3.63	18兖01EB（137063）	100.050	16.00	0.16
18宇通EB（137064）	98.501	519.00	5.22	18立业EB（137065）	102.440	5.00	0.05
18红星EB（137070）	100.043	122.00	1.20	18美克EB（137072）	100.000	50.00	0.50
19方钢EB（137077）	101.554	270.00	2.76	19九01EB（137093）	100.765	20.00	0.20
PR襄经开（139001）	79.391	130.00	1.03	PR浏产专（139004）	75.160	33.00	0.26
PR郴福城（139005）	79.790	128.00	1.14	PR上饶债（139006）	80.285	40.00	0.32
PR富春债（139007）	79.920	60.00	0.48	PR岳专项（139010）	92.930	210.00	1.94
PR沣东债（139012）	78.697	20.00	0.16	PR娄锑都（139013）	79.418	270.00	2.14
PR普湾债（139014）	75.508	20.00	0.15	PR新密财（139015）	79.372	365.00	3.00
PR齐河债（139016）	78.807	20.00	0.16	PR常鼎力（139019）	75.686	40.00	0.38
PR郴新天（139020）	81.669	90.10	0.74	16新泰债（139024）	100.594	195.00	1.96
PR恒澄债（139025）	79.068	90.00	0.77	PR盘资债（139026）	78.033	178.00	1.68
PR建安债（139027）	80.589	320.00	2.57	PR荆城投（139029）	80.600	112.00	0.89
PR百福债（139031）	86.247	240.20	1.89	PR广元债（139032）	76.976	204.00	1.57
PR湘天易（139034）	72.773	140.00	1.04	PR阿克债（139035）	79.334	190.00	1.51
PR枣阳债（139036）	77.723	240.00	2.35	16亿利债（139039）	95.423	706.80	7.03
PR宝应债（139040）	80.574	70.00	0.62	PR眉宏投（139041）	78.381	150.00	1.48

债券成交
Bond Trading

债券
Bond

债券简称（代码）Bond Name(Code)	本年收盘（元）Close（yuan）	成交数量（万张）Trading Vol（10000 lots）	成交金额（亿元）Trading Value（100M yuan）	债券简称（代码）Bond Name（Code）	本年收盘（元）Close（yuan）	成交数量（万张）Trading Vol（10000 lots）	成交金额（亿元）Trading Value（100M yuan）
PR 靖城投（139042）	77.805	200.00	1.96	PR 如皋债（139043）	80.230	228.00	2.09
PR 苏新城（139044）	79.284	20.00	0.16	PR 筑城 01（139045）	87.468	40.00	0.39
PR 国融债（139046）	79.716	221.00	1.76	PR 鑫泰债（139047）	79.865	246.00	2.16
PR 璧山债（139049）	79.039	160.00	1.58	16 奉化债（139053）	99.114	20.00	0.20
PR 宿建债（139054）	80.123	710.00	5.67	PR 当鑫源（139056）	78.493	50.00	0.49
PR 开乾债（139061）	76.000	60.00	0.54	PR 大冶 01（139062）	77.566	120.00	0.93
PR 温港城（139063）	78.423	600.00	5.89	PR 宣城债（139064）	80.150	60.00	0.48
PR 钱城债（139066）	80.340	190.00	1.52	16 邹城 01（139067）	100.747	20.00	0.20
PR 海开债（139068）	75.500	120.00	1.03	PR 盱眙债（139072）	77.350	70.00	0.65
PR 都梁债（139077）	73.239	30.00	0.22	PR 水城债（139079）	79.795	70.00	0.56
PR 宜居债（139080）	81.366	360.00	3.54	PR 秦城发（139083）	79.969	30.00	0.24
PR 红日债（139085）	75.933	20.00	0.15	PR 内人和（139088）	78.495	166.00	1.33
PR 津广集（139089）	77.339	50.00	0.49	16 遵小微（139094）	99.900	50.00	0.50
PR 西湖债（139096）	80.343	60.00	0.60	PR 温城 02（139097）	81.934	120.00	0.98
PR 舒城债（139098）	78.980	3.00	0.03	PR 金专债（139099）	79.642	140.00	1.25
PR 津宁河（139102）	78.203	20.00	0.20	PR 瀚瑞 02（139103）	75.622	90.00	0.86
PR 溧水债（139104）	80.806	100.00	0.92	PR 怀化投（139105）	78.746	160.00	1.25
PR 开元债（139106）	80.440	50.00	0.50	PR 平城发（139108）	80.712	10.00	0.10
16 广铁 01（139109）	100.344	60.00	0.60	PR 渝宏安（139111）	79.745	10.00	0.08
PR 新东港（139112）	79.756	50.00	0.49	PR 宜建债（139114）	78.832	50.00	0.46
PR 襄建债（139115）	79.346	96.00	0.95	PR 吉经开（139117）	78.290	37.00	0.29
PR 娄经债（139118）	64.454	10.00	0.09	PR 堰管廊（139119）	89.750	17.90	0.16
PR 全椒债（139121）	78.785	150.00	1.47	PR 莆高新（139126）	75.255	30.00	0.23
PR 空港债（139131）	77.752	50.00	0.49	PR 西发 01（139132）	80.277	144.00	1.17
PR 磁湖 02（139133）	80.585	290.00	2.33	PR 曲经投（139134）	77.158	30.00	0.29
PR 江夏城（139137）	80.725	60.00	0.48	PR 盘改债（139138）	67.008	20.00	0.13
16 蓉铁 01（139141）	100.456	100.00	1.00	PR 栖霞债（139142）	80.048	244.00	2.15
PR 宁科债（139143）	79.922	40.00	0.32	16 旅顺债（139146）	99.518	96.00	0.94
PR 北固债（139147）	77.659	160.00	1.45	PR 临川债（139148）	79.418	320.00	2.97
PR 湘发展（139151）	76.000	67.50	0.52	16 鄂交 01（139152）	99.870	50.00	0.50
PR 东坡债（139153）	78.399	80.00	0.79	16 洪轨 01（139154）	99.969	80.00	0.80
PR 金农债（139155）	77.210	340.00	2.95	PR16 鑫城（139157）	77.980	60.00	0.59
PR 南投债（139158）	78.638	170.00	1.57	PR 洪泽债（139159）	79.000	295.00	2.40
PR 柳东通（139161）	76.306	290.00	2.57	PR 一带债（139162）	80.397	660.00	5.76
16 淮小微（139164）	101.049	319.00	3.20	PR 安城债（139166）	78.204	100.00	0.91
PR 镜停债（139167）	77.228	30.00	0.29	PR 宜双 01（139168）	78.175	80.00	0.79
PR 安顺债（139169）	73.134	30.00	0.22	PR 金湖债（139171）	74.860	120.00	0.97
PR 岳港 01（139175）	77.317	60.00	0.46	PR 新路鑫（139177）	75.568	110.00	1.04
PR 双创债（139179）	77.200	69.40	0.37	16 铜小微（139180）	100.682	770.00	7.70
16 南康债（139181）	99.918	305.00	3.04	PR16 荆高（139188）	77.965	200.00	1.96
PR 万宝 02（139189）	78.097	5.00	0.04	PR 新干债（139192）	76.358	280.00	2.48
PR 赤壁债（139193）	77.992	170.00	1.53	PR 章丘债（139194）	78.086	20.00	0.20
16 穗铁 03（139196）	90.000	30.00	0.27	PR 公安债（139199）	78.591	30.00	0.25
PR 内兴元（139203）	66.446	10.00	0.09	PR 开福 02（139204）	77.535	110.00	1.07
16 海集 02（139205）	98.770	13.00	0.13	PR 大冶 02（139207）	76.867	20.00	0.19
PR 渝新梁（139208）	75.205	120.00	1.00	PR 湘环科（139209）	76.671	80.00	0.61
16 足棚改（139210）	98.066	520.00	5.02	PR 合川债（139211）	80.400	332.00	2.82
PR 金沙债（139212）	73.100	119.00	1.11	PR 怀专项（139215）	76.872	160.00	1.55
16 济专项（139217）	98.919	70.00	0.70	16 库小微（139219）	100.786	90.00	0.90
PR 通港债（139220）	70.056	96.00	0.96	16 鲁经投（139222）	99.450	12.00	0.12

债券成交 Bond Trading

债券 Bond

债券简称（代码） Bond Name(Code)	本年收盘（元） Close (yuan)	成交数量（万张） Trading Vol (10000 lots)	成交金额（亿元） Trading Value (100M yuan)	债券简称（代码） Bond Name (Code)	本年收盘（元） Close (yuan)	成交数量（万张） Trading Vol (10000 lots)	成交金额（亿元） Trading Value (100M yuan)
PR诸城建（139225）	79.074	20.00	0.16	PR瑞金债（139226）	75.880	10.00	0.10
PR文山债（139227）	77.753	20.00	0.16	PR柯城债（139229）	77.443	540.00	5.19
PR瀛洲债（139230）	76.142	40.00	0.30	PR青昌阳（139232）	77.568	80.00	0.78
PR洪经债（139235）	78.559	60.00	0.59	PR凯宏债（139236）	65.419	44.00	0.31
PR宁高01（139237）	79.000	2.00	0.02	PR芜交02（139238）	78.336	80.00	0.79
PR汝州债（139240）	65.680	50.00	0.43	16永专01（139241）	93.408	165.00	1.54
PR苏大行（139242）	76.085	33.00	0.32	PR株高孵（139243）	77.589	130.00	1.04
16宁投01（139245）	98.628	60.00	0.59	PR锦都债（139248）	74.350	35.00	0.33
16中瑞债（139249）	98.005	60.00	0.59	PR大方债（139250）	76.490	110.00	1.05
PR蕲春债（139251）	73.504	60.00	0.56	PR邕高02（139253）	74.449	90.00	0.86
PR新港债（139254）	77.240	40.00	0.39	PR大洼临（139255）	81.584	50.00	0.46
16鄂国资（139256）	100.244	60.00	0.60	PR瓯新城（139258）	77.860	136.00	1.32
PR杭运（139259）	78.922	115.00	1.13	PR韶关债（139260）	83.673	285.00	2.51
16邹城02（139262）	100.000	18.00	0.18	16柳东城（139264）	101.817	140.00	1.42
PR恩施债（139265）	77.059	130.00	1.09	PR益集01（139266）	75.381	60.00	0.57
PR宁债02（139267）	76.969	480.00	4.65	PR贵溪债（139268）	77.343	520.00	4.71
16荆管廊（139269）	96.600	55.80	0.53	PR岳港02（139270）	78.080	232.80	1.78
16桂金02（139272）	93.395	40.00	0.37	PR共青城（139277）	78.160	353.00	2.85
PR锡新城（139279）	78.010	530.00	5.16	PR徐高开（139280）	78.255	106.00	1.04
PR牡城02（139283）	73.578	6.00	0.06	PR分宜债（139284）	78.507	10.00	0.08
PR海创债（139286）	74.048	221.00	2.08	PR昌吉债（139291）	76.862	90.00	0.87
PR湘开债（139294）	60.342	10.00	0.06	PR乐平债（139295）	76.031	10.00	0.10
PR金潼01（139297）	72.124	40.00	0.37	PR金阳01（139298）	88.073	100.00	0.98
PR中岳债（139301）	58.871	40.00	0.39	PR宁高02（139302）	79.409	20.00	0.20
PR益集02（139304）	77.113	200.00	1.54	PR临城开（139306）	78.880	240.00	2.37
PR七城投（139307）	76.932	20.00	0.19	PR韩城投（139310）	75.410	60.00	0.57
PR沾化债（139311）	77.300	65.00	0.63	PR鹤山02（139312）	79.666	10.00	0.10
PR邵开债（139315）	77.650	110.00	1.05	16首创02（139320）	98.527	10.00	0.10
16奥德02（139322）	93.000	30.00	0.28	17南漳01（139331）	97.696	90.00	0.88
PR浏阳01（139332）	79.204	25.00	0.20	PR浏经债（139333）	79.533	250.00	1.98
17滇投债（139335）	102.724	380.00	3.86	17广水债（139336）	100.020	10.00	0.10
17蚌埠01（139340）	103.079	180.00	1.85	17永专债（139342）	100.000	40.00	0.40
17开元债（139345）	102.025	30.00	0.31	17博山债（139347）	100.925	60.00	0.61
17鄂高投（139350）	101.773	10.00	0.10	17襄投债（139359）	102.881	427.00	4.36
17醴陵债（139360）	99.311	40.00	0.40	G17沣西1（139362）	101.667	90.00	0.91
17西双创（139373）	100.212	6.00	0.06	17宜双01（139375）	102.777	80.00	0.82
17襄高投（139381）	103.900	360.00	3.70	17鹤城投（139383）	101.300	54.00	0.54
17阿纺织（139384）	98.700	710.00	7.01	17巴州债（139385）	103.362	177.00	1.83
17吉首01（139386）	99.130	28.00	0.27	17观投债（139391）	100.653	230.00	2.30
17黔南02（139393）	98.990	30.00	0.30	17市北01（139395）	102.219	60.00	0.61
17蓉轨Y1（139398）	103.003	50.00	0.52	17西高01（139403）	105.212	660.00	6.94
18上饶县（139407）	100.040	1261.10	12.48	18绵金债（139410）	103.011	90.00	0.93
G18HGY1（139411）	103.375	100.00	1.02	G19HGY2（139425）	100.769	520.00	5.18
19惠宁01（139428）	100.219	72.00	0.72	19陕投Y1（139429）	100.392	60.00	0.60
19陕煤Y1（139433）	100.000	200.00	2.00	19桂铁01（139460）	102.512	100.00	1.03
16内蒙06（140005）	99.300	80.00	0.80	16河南06（140009）	96.650	1500.00	15.00
16天津12（140022）	94.150	0.01	0.00	16湖北15（140038）	101.170	100.00	1.00
16山东14（140041）	97.010	100.00	1.00	16甘肃06（140048）	97.800	82.13	0.81
16广西12（140058）	100.000	200.00	2.00	16江苏10（140065）	100.120	340.00	3.40
16江苏16（140071）	100.000	450.00	4.36	16广东16（140090）	98.980	100.00	1.00

债券成交
Bond Trading

债券
Bond

债券简称（代码） Bond Name(Code)	本年收盘（元） Close (yuan)	成交数量（万张） Trading Vol (10000 lots)	成交金额（亿元） Trading Value (100M yuan)	债券简称（代码） Bond Name (Code)	本年收盘（元） Close (yuan)	成交数量（万张） Trading Vol (10000 lots)	成交金额（亿元） Trading Value (100M yuan)
16 广东 18 (140092)	97.200	253.13	2.46	16 福建 05 (140100)	100.000	50.00	0.50
16 四川 13 (140102)	100.000	50.00	0.50	16 四川 14 (140103)	99.000	50.00	0.50
16 吉林 02 (140111)	95.640	140.00	1.40	16 江西 10 (140118)	100.000	240.00	2.40
16 内蒙 10 (140128)	96.830	150.00	1.50	16 内蒙 13 (140131)	97.840	60.00	0.60
16 内蒙 16 (140134)	100.000	30.00	0.29	16 安徽 05 (140149)	98.760	100.00	1.00
16 安徽 09 (140153)	100.000	200.00	2.00	16 辽宁 09 (140161)	99.280	110.00	1.10
16 辽宁 10 (140162)	99.000	100.00	1.00	16 辽宁 11 (140163)	95.830	200.00	1.96
16 辽宁 12 (140164)	97.500	275.68	2.67	16 广东 22 (140173)	100.000	50.00	0.50
16 广东 23 (140174)	100.000	40.00	0.40	16 江苏 17 (140196)	100.000	450.00	4.50
16 江苏 18 (140197)	99.900	10.00	0.10	16 江苏 20 (140199)	100.000	400.00	3.83
16 北京 03 (140215)	100.000	150.00	1.47	16 北京 04 (140216)	100.000	1150.00	10.86
16 四川 23 (140219)	100.000	50.00	0.49	16 四川 24 (140220)	100.000	100.00	0.98
16 浙江 16 (140236)	100.000	640.00	6.38	16 浙江 18 (140238)	100.000	34.00	0.33
16 宁波 15 (140312)	100.000	40.00	0.39	16 陕西 25 (140314)	100.000	50.00	0.50
16 辽宁 13 (140318)	99.860	200.00	2.00	16 江苏 32 (140351)	94.550	55.91	0.53
16 山东 28 (140375)	96.200	71.88	0.68	16 山东 31 (140378)	100.000	570.00	5.62
16 重庆 17 (140392)	100.000	120.00	1.18	16 辽宁 17 (140396)	100.000	70.00	0.70
16 辽宁 21 (140400)	100.000	150.00	1.50	16 四川 35 (140410)	100.000	100.00	0.98
16 贵州 27 (140422)	100.000	360.00	3.55	16 广西 31 (140434)	100.000	300.00	2.96
16 厦门 03 (140447)	100.000	280.00	2.75	16 陕西 29 (140455)	100.000	50.00	0.50
16 河北 21 (140471)	100.000	50.00	0.50	16 新疆 35 (140479)	100.000	210.00	2.09
16 北京 12 (140493)	99.900	20.00	0.19	17 河北 01 (140526)	100.000	150.00	1.50
17 河北 03 (140528)	100.000	140.00	1.40	17 广西 02 (140534)	100.000	200.00	2.01
17 广西 05 (140537)	100.000	200.00	2.01	17 山西 04 (140549)	100.000	110.00	1.10
17 江苏 03 (140565)	100.000	400.00	4.04	17 四川 01 (140575)	100.000	20.00	0.20
17 四川 05 (140579)	100.000	20.00	0.20	17 宁波 02 (140629)	100.000	150.00	1.53
17 四川 09 (140643)	100.000	10.00	0.10	17 四川 13 (140647)	100.000	10.00	0.10
17 广西 12 (140653)	100.000	150.00	1.58	17 上海 01 (140662)	101.960	900.00	9.15
17 河北 10 (140684)	100.000	10.00	0.10	17 陕西 05 (140686)	100.000	50.00	0.51
17 新疆 10 (140692)	100.000	40.00	0.42	17 甘肃 03 (140701)	101.100	41.00	0.42
17 青海 05 (140705)	100.000	10.00	0.10	17 湖南 01 (140708)	100.000	30.00	0.30
17 山东 08 (140715)	100.000	40.00	0.41	17 北京 03 (140724)	100.000	80.00	0.81
17 江苏 07 (140734)	100.000	10.00	0.10	17 辽宁 11 (140744)	100.000	300.00	3.06
17 重庆 06 (140749)	102.620	10.00	0.10	17 北京 07 (140754)	100.000	60.00	0.61
17 北京 11 (140758)	100.000	60.00	0.60	17 北京 12 (140759)	100.000	30.00	0.30
17 北京 14 (140761)	100.000	40.00	0.41	17 北京 15 (140762)	100.000	10.00	0.10
17 四川 21 (140763)	100.000	10.00	0.10	17 厦门 03 (140773)	100.000	160.00	1.63
17 厦门 05 (140775)	100.000	500.00	5.10	17 广东 10 (140782)	102.100	10.00	0.10
17 广东 12 (140784)	101.860	600.00	6.10	17 吉林 01 (140787)	101.220	280.00	2.83
17 贵州 09 (140792)	100.000	20.00	0.20	17 湖南 04 (140797)	100.000	30.00	0.32
17 四川 31 (140806)	103.820	20.00	0.21	17 山东 09 (140808)	100.000	140.00	1.44
17 山东 10 (140809)	100.000	10.00	0.10	17 贵州 14 (140878)	100.000	100.00	1.02
17 贵州 15 (140879)	103.640	620.00	6.40	17 江苏 19 (140889)	100.000	70.00	0.72
17 江苏 20 (140890)	100.000	90.00	0.92	16 上海 11 (140902)	98.060	30.00	0.29
16 上海 12 (140903)	96.400	175.54	1.67	17 湖北 05 (140917)	100.000	40.00	0.42
17 四川 20 (140924)	100.000	90.00	0.95	17 内蒙 04 (140930)	100.500	200.51	2.04
17 内蒙 05 (140931)	100.000	250.00	2.56	17 浙江 07 (140936)	100.200	0.26	0.00
17 云南 09 (140940)	100.000	0.03	0.00	17 云南 11 (140942)	103.300	28.14	0.29
17 云南 13 (140944)	100.000	50.00	0.52	17 河南 10 (140945)	100.000	200.33	2.03
17 云南 14 (140970)	100.500	0.29	0.00	17 云南 15 (140971)	102.100	0.31	0.00

债券成交 Bond Trading

债券 Bond

债券简称（代码）Bond Name(Code)	本年收盘（元）Close (yuan)	成交数量（万张）Trading Vol (10000 lots)	成交金额（亿元）Trading Value (100M yuan)	债券简称（代码）Bond Name（Code）	本年收盘（元）Close (yuan)	成交数量（万张）Trading Vol (10000 lots)	成交金额（亿元）Trading Value (100M yuan)
17 广西 23（140981）	106. 150	127. 37	1. 32	17 天津 10（140991）	100. 000	250. 00	2. 56
海航 303（142024）	98. 100	12. 00	0. 12	PR 银泰 A（142037）	94. 640	4017. 80	38. 03
银泰 B（142038）	100. 000	3300. 00	33. 00	银泰 C（142039）	100. 000	200. 00	2. 00
兴银 B（142051）	99. 549	293. 00	2. 91	PR 聚信次（142064）	117. 980	44. 28	0. 48
PR 天裕 A3（142074）	50. 046	204. 00	1. 02	16 天裕 A4（142075）	100. 000	110. 00	1. 10
皖投 01 优（142094）	99. 713	75. 00	0. 75	学费 06（142101）	100. 000	56. 00	0. 55
PRFH4B1（142134）	65. 757	50. 00	0. 50	PR 远东 4B（142152）	76. 844	5. 00	0. 05
16 新热 04（142182）	101. 760	20. 00	0. 20	16 新热 05（142183）	99. 980	98. 00	0. 98
16 新热 06（142184）	99. 980	106. 00	1. 06	16 云水 04（142208）	100. 000	10. 00	0. 10
16 云水 05（142209）	100. 000	64. 00	0. 64	16 云水 06（142210）	100. 000	110. 00	1. 10
16 云水 08（142212）	99. 976	39. 00	0. 39	16 云水 09（142213）	94. 660	97. 00	0. 97
PR1C（142218）	64. 800	40. 00	0. 26	朗诗 08（142269）	99. 000	61. 00	0. 60
朗诗 09（142270）	98. 792	40. 00	0. 40	太盟 5A10（142294）	99. 982	30. 00	0. 30
新东原 05（142310）	96. 800	78. 00	0. 76	PR 上 2C2（142323）	89. 220	240. 00	2. 31
上实 2 次（142324）	100. 000	49. 80	0. 50	融创 A（142328）	96. 562	15. 00	0. 14
16 亚泰 A6（142390）	99. 472	45. 00	0. 45	PR 远东 5A（142392）	0. 232	123. 00	0. 21
16 远东 5B（142393）	99. 370	20. 00	0. 20	PR 聚肆 B（142402）	84. 080	20. 00	0. 20
聚肆次（142403）	115. 733	17. 14	0. 19	宝龙 A03（142456）	99. 920	10. 00	0. 10
宝龙 B01（142457）	99. 919	25. 00	0. 25	德清 07（142472）	96. 800	14. 00	0. 14
PR 皖新 1A（142491）	92. 944	120. 00	1. 12	PR 金坤 1A（142497）	11. 170	14. 00	0. 14
PR5B1（142512）	36. 130	43. 00	0. 16	PR5B2（142513）	21. 488	103. 50	0. 22
PR5B3（142514）	31. 320	99. 00	0. 78	丰汇 5B4（142515）	100. 000	79. 60	0. 80
PR3A5（142523）	40. 190	110. 00	0. 44	富龙 04（142537）	98. 703	170. 00	1. 69
富龙 05（142538）	100. 000	40. 00	0. 40	PR 中百 A（142553）	52. 103	450. 00	2. 34
16 中百 B（142554）	100. 000	330. 00	3. 30	16 中百次（142555）	100. 000	208. 00	2. 08
PR 远东 6A（142556）	15. 347	200. 00	0. 68	16 远东 6B（142557）	100. 068	262. 68	2. 62
上实 3 次（142624）	100. 000	124. 00	1. 24	PR2 优 C（142659）	87. 200	127. 00	1. 11
PR2 优 B（142705）	44. 927	2. 50	0. 02	PR5C（142719）	6. 907	295. 32	2. 43
龙光优先（142732）	99. 566	1140. 00	11. 37	龙光次优（142733）	99. 900	450. 00	4. 51
双塔 B（142740）	98. 167	38. 30	0. 38	财信 04（142756）	100. 000	99. 00	0. 99
财信 05（142757）	100. 000	101. 00	1. 01	财信 06（142758）	100. 000	103. 00	1. 03
17 聚 01B（142763）	99. 230	151. 00	1. 51	凯恒优 A（142779）	99. 988	335. 00	3. 35
17 首创 08（142824）	100. 397	16. 00	0. 16	17 首创 09（142825）	100. 038	20. 00	0. 20
17 首创 10（142826）	100. 038	56. 00	0. 56	17 首创 11（142827）	100. 038	56. 00	0. 56
17 首创 13（142829）	99. 995	19. 20	0. 19	17 首创 14（142830）	99. 995	19. 20	0. 19
17 首创 15（142831）	99. 849	46. 80	0. 47	17 首创 16（142832）	100. 119	76. 00	0. 76
17 首创 17（142833）	100. 038	58. 00	0. 58	17 首创 18（142834）	99. 995	29. 20	0. 29
17 上实次（142851）	100. 000	335. 80	3. 36	枣优 B（142889）	99. 079	35. 00	0. 35
东融 2 优（142904）	100. 076	80. 00	0. 80	PR7C（142936）	47. 330	10. 00	0. 05
17 浦建 01（143001）	100. 480	49. 70	0. 50	17 联邦 01（143004）	99. 900	397. 58	3. 98
17 东旭 01（143007）	45. 000	1444. 49	12. 95	17 东旭 02（143008）	100. 000	15. 00	0. 15
17 宏泰债（143009）	100. 500	868. 80	8. 74	17 鲁资 01（143010）	100. 200	1772. 20	17. 85
17 沪投 01（143011）	100. 000	80. 00	0. 81	17 渝信 01（143012）	97. 900	2835. 02	27. 46
17 渝信 02（143013）	76. 000	506. 12	4. 29	17 正奇 01（143014）	100. 000	58. 92	0. 59
17 锡公 01（143015）	101. 300	1094. 10	11. 09	17 智慧 01（143016）	88. 800	23. 16	0. 21
17 华汽 01（143017）	100. 000	2139. 03	21. 43	18 金地 07（143018）	102. 500	583. 20	5. 97
17 东莞债（143019）	101. 190	950. 58	9. 61	17 复药 01（143020）	100. 450	1430. 90	14. 36
17 东吴债（143021）	103. 500	640. 80	6. 55	17 豫电 01（143023）	99. 700	248. 50	2. 49
17 桂农 01（143024）	100. 500	686. 00	6. 88	17 辽能 01（143025）	101. 210	1000. 00	10. 10
18 中储 01（143026）	102. 000	180. 00	1. 84	17 荣盛 01（143027）	100. 180	665. 04	6. 69

债券成交 Bond Trading

债券 Bond

债券简称（代码）Bond Name(Code)	本年收盘（元）Close (yuan)	成交数量（万张）Trading Vol (10000 lots)	成交金额（亿元）Trading Value (100M yuan)	债券简称（代码）Bond Name (Code)	本年收盘（元）Close (yuan)	成交数量（万张）Trading Vol (10000 lots)	成交金额（亿元）Trading Value (100M yuan)
18 沪资 02（143029）	101.360	560.00	5.69	17 金元债（143030）	100.500	441.28	4.45
17 华置债（143031）	99.990	1828.08	18.37	17 杭旅 01（143032）	103.150	56.50	0.58
17 保文 01（143033）	100.000	170.00	1.71	17 中保债（143034）	100.300	812.00	8.18
17 工投 01（143035）	100.360	30.00	0.30	17 国证债（143036）	100.670	3388.00	34.13
17 海建 01（143038）	99.600	27.00	0.27	17 北方 01（143039）	102.080	1922.29	19.58
17 维维 01（143041）	100.000	200.00	2.01	17 闽电 01（143042）	100.200	579.60	5.82
17 邮政 01（143043）	100.850	3358.00	33.84	17 晋电 05（143044）	100.000	380.00	3.90
17 广晟 01（143045）	100.300	1769.01	17.81	17 南传 01（143047）	90.000	290.32	2.49
17 兵器 01（143048）	100.300	2251.50	22.66	17 国地 01（143049）	100.700	10.00	0.10
17 长峰 01（143051）	98.510	1605.37	15.90	17 成龙 02（143053）	99.470	42.40	0.42
17 现牧停（143054）	99.300	15.00	0.15	17 南三 01（143055）	100.000	912.08	9.11
17 力控债（143056）	96.000	88.14	0.84	17 富宇 01（143057）	102.000	12.97	0.13
17 中经债（143058）	100.400	941.00	9.53	17 蚌投 02（143060）	100.520	506.00	5.08
17 正集 01（143061）	100.600	1651.26	16.59	17 首农 01（143062）	100.440	759.80	7.68
17 三鼎 01（143063）	87.980	209.56	1.63	17 邮政 02（143064）	100.330	5793.30	58.37
17 海资 01（143065）	103.270	1128.00	11.61	17 桂铁 01（143066）	101.800	288.00	2.93
17 广晟 02（143067）	100.670	1752.42	17.64	17 新新能（143068）	99.800	438.84	4.36
17 川投 01（143069）	100.340	2055.30	20.69	17 鲁高 01（143070）	100.350	973.05	9.80
17 鲁高 02（143071）	100.000	100.00	1.03	17 北汽集（143072）	100.810	841.00	8.48
17 桂交 01（143073）	100.400	1154.90	11.63	18 亦庄 01（143074）	101.600	3088.59	31.42
17 重汽 01（143075）	100.940	916.01	9.28	17 兵装 01（143076）	99.900	947.93	9.49
17 兵装 02（143077）	100.350	1345.47	13.60	17 神州 01（143078）	98.750	87.03	0.83
17 信投 G1（143079）	100.320	2182.00	22.00	17 津投 01（143080）	100.400	1026.00	10.33
17 长电 01（143081）	100.770	3148.00	31.90	18 陕燃 01（143082）	101.620	410.50	4.18
17 国电资（143084）	100.450	2833.80	28.65	17 光明 01（143085）	100.530	2661.90	26.92
17 鲁资 02（143086）	100.750	546.00	5.53	17 穗发 01（143087）	100.600	2903.90	29.37
17 南水 01（143088）	100.640	908.50	9.22	17 南水 02（143089）	100.000	60.00	0.62
17 桂铁 02（143090）	100.930	771.06	7.79	17 华资 01（143091）	100.670	1165.40	11.80
17 广汇 G1（143092）	99.000	191.00	1.92	18 三友 01（143094）	100.000	70.00	0.72
17 金玛 01（143095）	100.130	80.00	0.24	17 宜交 01（143096）	100.000	305.00	3.06
18 川投 01（143098）	101.400	1776.51	18.00	17 连港 01（143099）	102.520	622.00	6.34
17 晋交 01（143100）	102.250	1351.00	13.76	17 当代 01（143101）	100.000	100.00	0.99
17 南海 01（143102）	99.500	60.00	0.61	17 云投 G1（143103）	100.350	2969.58	29.79
17 陕能债（143104）	103.910	579.00	6.06	17 能投 01（143105）	101.150	1239.98	12.55
17 洋河 01（143106）	100.000	190.00	1.97	17 欣捷 01（143107）	87.500	353.48	3.40
17 翔业 01（143108）	100.600	413.60	4.18	18 国证债（143109）	101.510	2161.46	21.90
G17 龙源 1（143110）	101.340	524.50	5.32	17 亦庄 01（143113）	104.570	49.00	0.51
17 电投 01（143114）	99.620	1811.87	18.18	17 电投 02（143115）	101.770	820.00	8.33
17 信投 G2（143116）	100.650	1680.00	17.02	17 常熟 01（143117）	101.200	74.00	0.74
PR 璞泰 01（143119）	66.670	200.00	2.01	17 电投 03（143120）	100.000	620.90	6.22
17 电投 04（143121）	100.680	327.93	3.32	皖交控 01（143122）	103.100	24.00	0.25
17 天图 01（143124）	99.500	518.58	5.21	17 金隅 01（143125）	101.500	1816.00	18.41
17 金隅 02（143126）	104.720	6.01	0.06	17 天风 01（143127）	102.040	790.00	8.00
G17 华电 1（143130）	99.070	369.00	3.73	17 中泰 01（143131）	100.050	950.04	9.54
17 浦土 01（143132）	101.400	420.20	4.26	17 兴泸 01（143133）	100.000	523.00	5.31
18 双欣 01（143134）	85.000	323.04	2.54	17 东兴 02（143135）	100.850	913.60	9.25
17 东兴 03（143136）	103.650	371.00	3.84	18 际华 01（143137）	101.600	596.00	6.06
17 长园债（143139）	99.000	847.30	8.41	17 维维 02（143140）	99.880	200.00	2.03
17 武投 01（143142）	100.000	648.00	6.65	17 鹏博债（143143）	60.460	1526.23	11.66
17 祥鹏 01（143144）	99.950	60.00	0.60	17 皖盐债（143145）	100.000	115.00	1.14

债券成交 Bond Trading

债券 Bond

债券简称（代码） Bond Name(Code)	本年收盘（元） Close (yuan)	成交数量（万张） Trading Vol (10000 lots)	成交金额（亿元） Trading Value (100M yuan)	债券简称（代码） Bond Name（Code）	本年收盘（元） Close (yuan)	成交数量（万张） Trading Vol (10000 lots)	成交金额（亿元） Trading Value (100M yuan)
17 恒信 01（143146）	100.850	1477.21	14.95	17 特变 01（143147）	100.370	190.40	1.91
17 特变 02（143148）	101.700	436.50	4.43	17 广汇 01（143149）	99.000	520.01	5.09
17 金玛 02（143150）	99.780	2.10	0.02	17 国信一（143151）	99.990	216.73	2.17
17 国信二（143152）	100.730	635.99	6.43	17 圆融 01（143153）	101.000	966.00	9.75
17 光证 G1（143154）	100.690	1822.98	18.43	17 光证 G2（143155）	102.810	990.50	10.21
17 港务 01（143156）	101.000	1018.00	10.28	17 华融 G1（143157）	101.400	2072.99	21.07
17 银河 G1（143158）	100.780	3473.80	35.15	17 联想 01（143159）	106.000	1519.55	15.32
17 电投 05（143160）	100.140	1017.36	10.20	17 电投 06（143161）	100.800	160.58	1.62
17 电投 07（143162）	100.100	2278.32	22.85	17 电投 08（143163）	100.700	339.80	3.44
17 世茂 G1（143165）	100.600	1697.49	17.18	17 光控 01（143166）	100.720	1884.00	19.08
17 光控 02（143167）	103.900	326.00	3.36	17 兵装 05（143169）	100.700	734.00	7.43
17 兵装 06（143170）	100.000	300.00	3.16	17 杭旅 02（143171）	102.700	822.10	8.37
17 沪宁 01（143172）	100.000	50.00	0.52	17 广药 01（143173）	99.750	600.00	6.02
17 广药 02（143174）	99.700	1080.00	10.93	17 金地 01（143175）	100.850	1750.02	17.71
17 金地 02（143176）	100.000	300.00	3.10	17 金红 02（143177）	99.950	170.29	1.65
17 杭金 01（143178）	101.500	224.00	2.30	17 杭金 02（143179）	99.700	439.00	4.44
G17 华电 2（143180）	101.100	430.00	4.35	G17 华电 3（143181）	97.480	160.00	1.64
17 建材 01（143182）	100.700	1538.20	15.55	17 建材 02（143183）	103.400	444.90	4.59
17 巨化 01（143184）	101.350	404.42	4.11	17 湘财 01（143185）	101.650	127.00	1.29
17 工贸债（143186）	100.990	218.80	2.19	17 洪政 01（143187）	100.850	563.04	5.70
18 长电 01（143188）	101.150	1517.50	15.35	18 蓉产 01（143189）	100.000	1080.00	11.14
17 荣盛 02（143190）	100.500	301.11	3.02	17 恒信 02（143191）	100.800	1105.54	11.17
17 邮政 03（143192）	101.000	2896.00	29.30	17 电投 09（143193）	100.220	766.00	7.68
17 电投 10（143194）	100.770	718.80	7.26	18 格地 02（143195）	101.650	1000.00	10.17
17 张江 01（143196）	101.200	1060.00	10.73	17 晋圣 01（143197）	102.300	4337.10	43.88
17 华鲁 01（143198）	100.800	985.90	9.97	17 中煤 01（143199）	100.750	994.10	10.06
17 产发 01（143200）	99.150	526.00	5.37	17 南山 01（143201）	97.990	720.13	7.13
17 电控 01（143203）	100.730	1595.50	16.13	17 平租 02（143204）	101.000	1247.98	12.61
17 福投 01（143205）	101.300	610.46	6.27	17 皖交 03（143207）	102.600	206.26	2.10
17 皖交 04（143208）	97.500	20.00	0.20	G17 光水 1（143209）	100.800	733.00	7.41
17 合盛 01（143210）	100.000	130.00	1.30	17 花集 01（143211）	100.410	30.00	0.30
17 豫高速（143213）	101.400	1751.94	17.77	17 晋然债（143214）	101.200	514.85	5.21
17 京资 01（143215）	101.400	4449.00	45.09	17 京资 02（143216）	100.000	358.00	3.69
17 华药债（143217）	99.800	100.80	1.01	17 清控 01（143218）	91.990	1919.54	18.58
17 昌控 01（143219）	101.580	468.00	4.79	17 连云港（143220）	100.800	632.20	6.39
17 海资 02（143221）	101.300	354.90	3.60	17 圆融 02（143222）	100.500	865.00	8.74
17 南水 03（143223）	100.940	734.70	7.45	17 南水 04（143224）	102.580	21.90	0.22
17 津投 03（143225）	101.020	1312.00	13.24	18 格地 03（143226）	102.350	445.80	4.58
17 船重 01（143227）	100.800	602.00	6.09	18 中煤 07（143228）	101.420	590.70	5.98
17 国君 G1（143229）	100.950	3015.23	30.56	17 国君 G2（143230）	103.270	429.95	4.44
17 海通 01（143231）	100.920	1712.01	17.35	17 海通 02（143232）	102.860	282.00	2.92
17 东方债（143233）	105.000	350.00	3.64	17 陕煤 01（143234）	100.920	814.61	8.26
17 舟交 01（143235）	103.600	402.50	4.16	17 鲁信 01（143236）	102.700	1.00	0.01
17 苏新 02（143237）	103.300	267.21	2.75	17 普停 01（143238）	99.800	453.47	4.49
17 电投 11（143239）	100.040	1768.09	17.72	17 电投 12（143240）	100.790	145.00	1.47
17 南山 02（143241）	97.500	219.75	2.19	17 首农 02（143242）	101.600	409.49	4.17
17 光大 01（143243）	101.390	2160.00	21.90	17 光大 02（143244）	100.000	150.00	1.55
17 电投 13（143245）	100.100	959.90	9.62	17 电投 14（143246）	101.270	475.00	4.80
17 浦土 02（143247）	100.000	30.00	0.30	18 杭金 03（143248）	100.000	120.00	1.22
G17 华电 4（143249）	101.700	432.00	4.37	18 杭金 04（143250）	103.250	120.00	1.23

债券成交 Bond Trading

债券 Bond

债券简称（代码）Bond Name(Code)	本年收盘（元）Close (yuan)	成交数量（万张）Trading Vol (10000 lots)	成交金额（亿元）Trading Value (100M yuan)	债券简称（代码）Bond Name（Code)	本年收盘（元）Close (yuan)	成交数量（万张）Trading Vol (10000 lots)	成交金额（亿元）Trading Value (100M yuan)
17 荣盛 03 （143251）	100. 310	1835. 00	18. 38	17 鄂资 01 （143252）	100. 050	266. 00	2. 62
17 豫电 02 （143253）	99. 970	312. 53	3. 14	17 国联 01 （143254）	99. 900	270. 00	2. 74
17 中油 01 （143255）	101. 280	980. 00	9. 91	17 泰瑞 01 （143256）	92. 000	287. 44	2. 69
17 广电 01 （143257）	103. 170	1044. 09	10. 81	17 洋河 02 （143258）	101. 390	303. 70	3. 08
18 闽能 02 （143259）	101. 450	664. 00	6. 71	17 国投 01 （143260）	100. 870	601. 60	6. 11
17 百联 01 （143261）	101. 060	530. 84	5. 39	17 平租 04 （143263）	101. 390	2230. 05	22. 61
17 港务 02 （143264）	101. 400	1295. 00	13. 11	17 泰达 02 （143265）	99. 300	2185. 96	21. 89
17 远东四 （143268）	100. 400	174. 26	1. 76	17 远东五 （143269）	103. 210	326. 00	3. 35
17 东港 01 （143270）	99. 700	177. 00	1. 78	17 南铝债 （143271）	98. 000	1257. 06	12. 66
17 建发 01 （143272）	100. 000	420. 00	4. 21	17 两江 01 （143273）	101. 600	1561. 00	15. 82
17 君华 01 （143274）	98. 000	795. 00	7. 87	17 沪国 01 （143275）	103. 700	372. 00	3. 84
17 川电 01 （143276）	105. 000	200. 00	2. 08	17 信债 01 （143278）	100. 960	1560. 00	15. 80
17 宁资债 （143280）	101. 300	160. 00	1. 62	18 张江 02 （143281）	101. 300	390. 01	3. 96
17 平租 05 （143282）	100. 900	372. 00	3. 77	17 江海 G1 （143283）	100. 950	430. 00	4. 36
17 鑫海 02 （143284）	102. 990	193. 99	1. 91	G17 风电 1 （143285）	100. 070	275. 00	2. 79
17 杭汽 01 （143286）	102. 000	375. 62	3. 83	17 联投 01 （143287）	101. 200	1363. 20	13. 82
17 国联 02 （143288）	100. 400	310. 00	3. 11	18 鲁商 01 （143289）	100. 000	45. 00	0. 45
17 广汇 02 （143290）	95. 000	57. 68	0. 52	17 渝高 01 （143291）	103. 260	909. 90	9. 39
17 津投 05 （143292）	101. 080	2376. 60	24. 01	18 川发 02 （143293）	102. 970	1548. 00	15. 73
17 银河 G2 （143294）	101. 060	2263. 50	23. 01	17 象屿 01 （143295）	101. 580	1149. 60	11. 68
17 富宇 02 （143296）	70. 000	92. 80	0. 71	17 大华 01 （143297）	100. 000	240. 00	2. 48
17 兵装 07 （143298）	101. 700	1616. 50	16. 43	17 兵装 08 （143299）	103. 850	453. 00	4. 69
17 兵装 09 （143300）	100. 000	100. 00	1. 06	17 海通 03 （143301）	103. 000	655. 00	6. 95
17 北方 02 （143303）	102. 400	216. 43	2. 22	17 江铜 01 （143304）	101. 700	193. 73	1. 96
17 电建债 （143305）	100. 000	210. 00	2. 19	17 不动 01 （143306）	101. 500	1754. 81	17. 80
17 福投 02 （143307）	100. 550	1000. 00	10. 05	17 世茂 G2 （143308）	101. 400	1249. 98	12. 66
18 苏通 01 （143309）	103. 600	1760. 00	18. 10	17 建租 01 （143310）	101. 800	409. 00	4. 16
17 义乌 01 （143311）	101. 500	1110. 01	11. 28	17 义乌 02 （143312）	100. 000	10. 00	0. 10
17 华药 02 （143313）	99. 400	77. 00	0. 77	17 居然 01 （143314）	100. 500	1147. 00	11. 49
17 广汇 G2 （143315）	99. 700	319. 65	3. 17	17 三鼎 02 （143316）	90. 000	252. 21	2. 14
18 五资 02 （143317）	101. 120	680. 05	6. 88	17 六建 01 （143318）	99. 080	0. 30	0. 00
17 农投 01 （143319）	100. 950	370. 00	3. 75	17 晋中 01 （143320）	99. 800	521. 56	5. 26
17 金玛 04 （143322）	96. 990	5. 20	0. 05	17 首创债 （143323）	100. 500	110. 00	1. 12
17 苏保债 （143324）	102. 020	200. 41	2. 04	17 光证 G3 （143325）	101. 700	1289. 70	13. 12
17 光证 G4 （143326）	101. 750	400. 00	4. 15	17 招商 G1 （143327）	100. 070	3277. 50	33. 00
17 中材 03 （143328）	98. 100	214. 00	2. 22	G17 三峡 3 （143329）	99. 140	450. 00	4. 58
18 华数 02 （143330）	101. 310	1130. 00	11. 46	17 广汇 03 （143331）	90. 000	161. 06	1. 41
17 世茂 G3 （143332）	100. 000	537. 50	5. 45	17 江海 G2 （143333）	99. 440	605. 00	6. 14
17 蓉工 01 （143334）	102. 130	277. 00	2. 82	17 国元 01 （143335）	98. 400	10. 00	0. 10
17 海通 04 （143336）	100. 000	200. 00	2. 04	17 国君 G3 （143337）	101. 500	2440. 00	24. 84
17 益佰 01 （143338）	100. 000	20. 00	0. 17	17 卓越 01 （143339）	99. 350	1380. 01	13. 72
17 老窖 01 （143340）	101. 200	497. 00	5. 06	17 南京 01 （143341）	104. 120	333. 59	3. 44
17 招商 G2 （143342）	100. 000	760. 00	7. 73	17 洪政 02 （143343）	101. 000	564. 00	5. 74
17 红星 01 （143344）	98. 000	963. 29	9. 50	17 红星 02 （143345）	86. 650	230. 04	2. 23
17 科工 01 （143346）	101. 500	150. 00	1. 52	G17 能源 1 （143347）	101. 600	290. 00	2. 95
17 五资 01 （143348）	101. 300	787. 86	8. 00	17 天图 02 （143349）	101. 250	415. 21	4. 18
17 科发债 （143350）	100. 000	1161. 90	11. 83	18 翔业 01 （143352）	100. 720	396. 10	4. 01
17 中车 G1 （143353）	98. 610	470. 00	4. 79	17 中车 G2 （143354）	104. 690	1214. 69	12. 59
17 国控 01 （143355）	103. 000	844. 00	8. 67	17 日照 01 （143356）	102. 500	200. 00	2. 04
17 工投 02 （143357）	100. 000	40. 00	0. 40	17 天风 02 （143358）	101. 400	594. 64	6. 07

债券成交 Bond Trading

债券简称（代码） Bond Name(Code)	本年收盘（元） Close (yuan)	成交数量（万张） Trading Vol (10000 lots)	成交金额（亿元） Trading Value (100M yuan)	债券简称（代码） Bond Name（Code）	本年收盘（元） Close (yuan)	成交数量（万张） Trading Vol (10000 lots)	成交金额（亿元） Trading Value (100M yuan)
17 华汇 01（143359）	99.200	70.00	0.71	17 川发 01（143360）	105.320	1520.01	15.86
17 中冶 01（143361）	100.000	80.00	0.83	17 三鼎 03（143362）	90.000	231.51	2.25
18 广汇 G1（143363）	100.000	563.45	5.70	17 北控 02（143364）	104.170	265.00	2.76
17 九华旅（143365）	101.350	72.90	0.73	17 环能 01（143366）	103.950	3956.66	40.73
17 金证 01（143367）	101.500	95.00	0.97	17 招金 01（143368）	100.800	69.00	0.70
17 招商 G3（143369）	100.000	420.00	4.28	17 沪中环（143371）	101.720	65.00	0.66
18 核建 01（143372）	102.030	1873.10	19.13	18 核建 02（143373）	101.700	2420.00	24.68
17 红豆 01（143374）	93.360	445.23	4.25	17 东辰 01（143375）	63.000	3.00	0.03
17 成龙 03（143376）	99.400	191.11	1.82	17 穗金控（143377）	104.400	263.00	2.75
17 绍交 02（143378）	101.000	190.00	1.94	17 合盛 02（143379）	100.000	28.00	0.28
17 华能 01（143380）	101.500	1404.00	14.36	18 宁安 02（143381）	101.270	1684.20	16.99
17 颖泰 01（143383）	99.190	436.44	4.20	17 富宇 03（143385）	99.900	10.00	0.09
18 粤控 01（143386）	101.000	740.82	7.45	17 如意 01（143388）	100.000	132.00	1.32
17 永钢 02（143390）	99.820	148.00	1.48	17 金玛 05（143391）	99.120	1.00	0.01
18 招商 G6（143392）	100.570	2773.00	27.96	17 招金 02（143394）	98.900	74.28	0.76
17 汇鸿 01（143395）	101.170	614.60	6.24	17 浙旅 01（143396）	102.100	89.00	0.91
18 闽电 01（143397）	102.180	965.88	9.70	17 中船 01（143398）	100.000	20.00	0.20
17 中船 02（143399）	105.130	440.00	4.61	17 开旅 01（143401）	100.000	100.00	1.00
17 远洋 01（143402）	101.750	410.22	4.19	17 三福 02（143404）	95.000	24.46	0.22
17 新大 01（143405）	100.000	5.60	0.05	17 新大 02（143406）	100.000	31.00	0.29
17 不动 02（143407）	100.000	30.00	0.31	18 招金 02（143408）	100.600	998.00	10.08
17 万向 01（143409）	100.000	165.00	1.68	17 义乌 03（143410）	101.000	525.00	5.39
17 航租 01（143411）	100.000	449.05	4.51	17 贵产 01（143413）	105.800	1040.00	11.06
17 兴泸 03（143414）	101.900	388.00	3.99	18 钢钒 02（143415）	101.700	1729.00	17.50
17 中信 G3（143416）	100.380	3890.00	39.23	17 中信 G4（143417）	100.000	890.00	9.14
17 亚通 01（143418）	100.000	97.14	0.94	18 津投 05（143419）	101.700	2423.00	24.63
18 津投 06（143420）	108.150	706.73	7.22	18 新发 01（143421）	103.600	76.00	0.79
18 复药 01（143422）	102.300	737.00	7.52	17 联讯 01（143423）	100.000	1130.00	11.48
17 绍交 03（143424）	100.000	475.00	4.77	17 歌山 01（143425）	98.000	66.92	0.65
17 红星 03（143427）	98.000	353.82	3.51	17 三鼎 04（143429）	80.000	110.71	1.07
18 三峡 01（143430）	100.000	117.00	1.20	17 泰瑞 02（143431）	90.000	55.21	0.52
18 云工 01（143432）	100.000	38.00	0.39	17 陕能 02（143433）	105.500	480.01	5.00
17 陕能 03（143434）	99.830	530.00	5.67	17 紫江 01（143435）	101.400	60.00	0.61
17 海科 01（143436）	89.990	109.00	1.06	17 新大 03（143437）	100.000	70.00	0.59
17 乌资 01（143438）	102.300	562.87	5.78	17 昌润 01（143439）	102.000	247.00	2.50
18 熊猫 01（143440）	100.000	181.00	1.84	17 贵安 01（143441）	99.200	1013.32	9.85
18 光水 01（143442）	101.920	160.00	1.62	17 中民 G1（143443）	36.650	294.26	1.61
18 复星 01（143446）	102.600	937.50	9.66	18 力控 01（143447）	92.000	114.66	0.99
18 大华 01（143448）	100.000	1260.00	12.88	18 航租 01（143449）	100.300	1005.25	10.16
18 绿城 01（143450）	102.920	1061.54	10.90	18 市北 02（143451）	101.870	214.00	2.17
18 国都 G1（143452）	100.000	2331.30	23.36	18 吉高 01（143453）	106.150	768.97	8.14
18 路桥 01（143454）	103.150	290.00	2.98	18 红狮 01（143455）	102.900	537.25	5.52
18 新大 01（143456）	100.000	2.00	0.02	18 成大 01（143458）	102.500	291.50	3.00
18 宝丰 01（143459）	100.000	250.00	2.50	18 招商 G1（143460）	102.300	527.00	5.43
18 紫金 01（143461）	102.460	584.00	6.01	18 东风 01（143462）	100.000	80.00	0.81
18 延长 01（143463）	102.490	3520.99	36.19	18 海通 04（143464）	101.000	2222.50	22.44
18 亦庄 02（143465）	101.860	576.00	5.85	18 中银 01（143466）	100.210	945.00	9.56
18 联想 01（143467）	103.190	569.81	5.88	18 国联 01（143468）	100.560	880.00	8.90
18 建材 09（143469）	100.000	540.00	5.45	18 建材 10（143470）	100.000	340.00	3.41
18 新业 01（143471）	104.700	352.46	3.64	18 陕投 01（143473）	101.120	100.00	1.04

债券成交 Bond Trading

债券 Bond

债券简称（代码）Bond Name(Code)	本年收盘（元）Close (yuan)	成交数量（万张）Trading Vol (10000 lots)	成交金额（亿元）Trading Value (100M yuan)	债券简称（代码）Bond Name (Code)	本年收盘（元）Close (yuan)	成交数量（万张）Trading Vol (10000 lots)	成交金额（亿元）Trading Value (100M yuan)
18 陕投 02（143474）	106.100	124.00	1.33	18 建材 01（143475）	103.260	248.00	2.56
18 台金 01（143476）	100.000	322.70	3.32	18 贵安 01（143477）	101.380	1590.00	15.93
18 皖投 01（143478）	103.210	790.00	8.14	18 浦建 01（143479）	100.000	130.00	1.32
18 海通 01（143480）	102.700	1290.00	13.24	18 东辰 01（143481）	108.940	44.04	0.43
18 京资 01（143482）	102.310	797.20	8.19	18 京资 02（143483）	105.880	710.00	7.44
18 南水 02（143486）	101.300	830.20	8.41	18 帝泰 01（143487）	100.000	87.28	0.86
18 复星 02（143488）	101.100	170.00	1.77	18 渝高 01（143489）	102.400	745.00	7.65
18 武商 01（143490）	100.000	356.00	3.59	18 银河 G1（143492）	102.700	1164.00	11.94
18 象屿 01（143493）	102.800	140.00	1.44	18 香江 01（143494）	100.000	338.00	3.37
18 豫高 01（143495）	101.700	370.00	3.81	18 沪资 01（143496）	102.600	585.51	6.03
18 天风 01（143497）	103.480	1174.00	12.15	18 国信三（143498）	101.460	180.00	1.82
18 深航 02（143499）	102.370	191.19	1.97	18 公用 01（143500）	103.320	210.00	2.16
18 南山 03（143501）	95.000	1802.26	17.97	18 铁建 Y1（143502）	103.200	340.00	3.47
18 招金 01（143503）	103.090	1243.79	12.80	18 华能 01（143504）	102.530	1610.00	16.51
18 舟交 01（143505）	102.900	766.00	7.92	18 建材 02（143507）	103.750	541.00	5.57
18 宜华 01（143509）	47.990	857.91	8.43	18 龙湖 01（143510）	102.500	1588.30	16.30
18 中信 G1（143512）	102.330	858.94	8.81	18 国控 01（143513）	106.310	289.70	3.05
18 粤桥 01（143515）	100.000	40.00	0.42	18 当代 01（143516）	100.000	969.60	9.66
18 锦江 01（143517）	102.330	36.80	0.38	G18 临港 1（143518）	100.610	475.00	4.81
G18 临港 2（143519）	102.320	135.10	1.39	18 金地 01（143520）	102.700	2064.50	21.27
18 吉高 02（143522）	106.210	2172.00	22.93	18 宁安 01（143523）	102.250	388.12	3.98
G18 光水 1（143525）	101.650	148.00	1.50	18 老窖 01（143526）	102.260	1890.52	19.44
18 华药 01（143527）	100.000	42.00	0.42	18 国君 G1（143528）	102.000	1861.00	19.11
18 海通 02（143529）	102.300	1975.00	20.32	18 陕投 03（143530）	100.490	465.00	4.85
18 陕投 04（143531）	106.800	139.70	1.48	18 绍城 01（143532）	102.800	281.00	2.91
18 国投 01（143533）	101.200	1564.80	16.09	18 天风 02（143534）	103.600	765.47	7.89
18 复星 03（143536）	101.600	658.00	6.68	18 五资 01（143537）	100.000	999.84	10.02
18 陆债 01（143538）	100.000	150.00	1.54	18 凤祥 01（143539）	99.000	118.45	1.13
18 栖建 01（143540）	102.670	1650.60	16.89	18 南资 01（143541）	101.100	470.00	4.79
18 钢钒 01（143542）	102.700	466.20	4.79	G18 华综 1（143544）	102.000	416.37	4.28
18 建材 11（143545）	100.600	1050.10	10.56	18 旭辉 03（143547）	100.000	2160.50	21.88
18 海科 01（143548）	88.000	239.61	2.22	18 珠实 01（143549）	100.000	670.00	6.74
18 华夏 01（143550）	97.450	3929.78	39.65	18 华夏 02（143551）	101.810	668.22	6.76
18 市政 01（143552）	100.000	100.00	1.02	18 市政 02（143553）	104.600	30.00	0.31
18 国信一（143554）	101.200	1512.00	15.30	18 国信二（143555）	101.400	160.00	1.63
18 特变 01（143556）	100.370	768.00	7.76	18 特变 02（143557）	100.000	20.00	0.20
18 桂交 01（143559）	103.000	870.00	8.91	18 豫高 02（143560）	100.000	510.00	5.22
18 航集 01（143561）	101.490	270.00	2.75	18 川发 01（143562）	104.890	2493.10	26.03
18 张江 01（143563）	102.650	1450.10	14.84	18 京投 03（143564）	101.740	1195.00	12.21
18 京投 04（143565）	100.670	100.00	1.04	18 不动 01（143566）	102.140	1640.00	16.77
18 住总 01（143567）	103.000	440.00	4.51	18 建材 12（143568）	102.190	830.00	8.38
18 国控 02（143569）	103.900	455.00	4.70	18 兵器 01（143570）	102.100	2826.00	28.89
18 南水 01（143571）	102.060	1800.00	18.41	18 南京 01（143572）	103.200	76.00	0.78
18 杭金 01（143573）	102.000	350.00	3.59	18 杭金 02（143574）	104.310	325.00	3.39
18 光证 G1（143575）	100.550	2574.00	26.01	18 光证 G2（143576）	101.850	2203.90	22.54
18 南山 01（143577）	98.600	1924.23	19.20	18 南山 02（143578）	88.990	817.18	8.18
18 军工债（143579）	100.000	98.00	1.00	18 穗发 01（143580）	101.900	1743.16	17.81
18 象屿 02（143581）	101.500	827.90	8.40	18 中化 01（143582）	101.940	3520.00	35.81
18 龙湖 03（143583）	102.040	2442.00	24.89	18 电投 01（143584）	101.610	4624.15	47.03
18 深燃 01（143585）	103.500	971.15	9.95	18 神州 01（143586）	98.800	1006.18	9.56

债券成交 Bond Trading

债券简称（代码） Bond Name(Code)	本年收盘（元） Close (yuan)	成交数量（万张） Trading Vol (10000 lots)	成交金额（亿元） Trading Value (100M yuan)	债券简称（代码） Bond Name (Code)	本年收盘（元） Close (yuan)	成交数量（万张） Trading Vol (10000 lots)	成交金额（亿元） Trading Value (100M yuan)
18 航集 02 （143587）	100. 050	2966. 00	29. 72	18 沪国 01 （143588）	104. 000	909. 84	9. 40
18 建材 03 （143589）	101. 950	800. 00	8. 14	18 建材 04 （143590）	103. 300	459. 50	4. 70
18 鲁金 02 （143591）	101. 700	463. 00	4. 73	18 能建 01 （143592）	101. 640	2280. 00	23. 20
18 招金 03 （143593）	101. 400	640. 10	6. 49	18 华数 01 （143594）	100. 000	804. 00	8. 18
18 君华 01 （143595）	88. 000	1502. 81	13. 83	18 陕煤 01 （143598）	102. 310	2221. 00	22. 72
18 甬投 01 （143599）	100. 500	521. 67	5. 27	18 阳集 01 （143600）	100. 000	667. 00	6. 74
18 深航 04 （143601）	102. 000	480. 00	4. 88	18 雅砻 01 （143602）	101. 840	200. 00	2. 04
18 同济 01 （143603）	100. 000	20. 00	0. 20	18 扬城控 （143605）	104. 200	1307. 92	13. 61
18 鹏博债 （143606）	69. 890	394. 08	2. 92	18 国君 G2 （143607）	101. 500	2523. 80	25. 69
18 威国 01 （143608）	102. 300	356. 15	3. 60	18 津创 01 （143609）	101. 870	425. 00	4. 33
18 新工 01 （143610）	101. 760	426. 50	4. 35	18 新工 02 （143611）	101. 760	213. 50	2. 18
18 绍城 02 （143612）	100. 000	90. 00	0. 91	18 市北 01 （143613）	102. 070	35. 00	0. 36
18 景国 01 （143614）	100. 000	170. 00	1. 76	18 远海 01 （143615）	101. 580	1256. 00	12. 75
18 浙能 01 （143616）	104. 000	1622. 48	16. 84	18 迈科 01 （143617）	100. 000	229. 00	2. 29
18 陕旅 01 （143618）	103. 804	218. 00	2. 28	18 歌山 01 （143619）	96. 300	387. 84	3. 81
18 国科 01 （143620）	101. 130	390. 00	3. 98	18 蓝星 02 （143621）	102. 690	120. 00	1. 23
18 东方 02 （143622）	100. 000	100. 13	1. 00	18 粤电 01 （143623）	101. 840	1220. 23	12. 44
18 中科 01 （143624）	100. 000	40. 00	0. 41	18 贵产 01 （143625）	108. 210	524. 00	5. 62
18 招商 G2 （143626）	101. 330	2808. 00	28. 47	18 招商 G3 （143627）	102. 820	780. 00	8. 00
18 新业 03 （143628）	102. 430	665. 00	6. 84	18 中凯 01 （143629）	102. 000	250. 00	2. 57
18 华谊 01 （143630）	103. 350	90. 00	0. 93	18 南港 01 （143631）	100. 000	221. 34	2. 18
18 海通 03 （143632）	102. 250	1600. 00	16. 37	18 粤财 01 （143633）	102. 060	845. 00	8. 65
18 中冶 01 （143634）	102. 080	487. 30	4. 96	18 中冶 02 （143635）	100. 800	50. 00	0. 52
18 国联 G1 （143636）	103. 700	512. 12	5. 26	18 日照 01 （143637）	102. 800	329. 80	3. 37
18 中煤 01 （143638）	101. 780	200. 00	2. 04	18 中煤 02 （143639）	102. 700	82. 50	0. 84
18 隧道 01 （143640）	101. 750	220. 50	2. 26	18 江海债 （143641）	100. 000	710. 00	7. 25
18 国电 01 （143642）	102. 270	420. 00	4. 30	18 联想 02 （143643）	102. 500	1449. 30	14. 87
18 复地 01 （143644）	101. 890	2453. 93	25. 13	18 电投 02 （143645）	102. 100	1641. 20	16. 82
18 中租一 （143646）	49. 490	807. 20	5. 93	18 电投 03 （143647）	101. 990	2550. 30	26. 10
18 国投 02 （143648）	100. 000	205. 00	2. 09	18 成龙 01 （143649）	100. 000	154. 50	1. 46
18 绿城 07 （143650）	101. 820	1838. 22	18. 69	18 北方 01 （143651）	100. 000	160. 00	1. 62
18 光证 G3 （143652）	101. 890	2195. 00	22. 33	18 元禾 01 （143653）	102. 200	148. 80	1. 52
18 泰富 01 （143654）	102. 500	407. 00	4. 16	18 文投 01 （143656）	100. 000	620. 00	6. 34
18 金地 03 （143657）	102. 100	502. 00	5. 10	18 金地 04 （143658）	100. 000	2000. 00	20. 62
18 西地 01 （143659）	100. 000	150. 00	1. 52	18 国电 02 （143662）	102. 310	1666. 00	17. 04
18 苏城 01 （143663）	101. 700	482. 90	4. 92	18 保集 01 （143664）	82. 800	214. 95	2. 06
18 兴泸 01 （143665）	103. 300	503. 00	5. 20	18 远洋 01 （143666）	101. 620	630. 00	6. 40
18 农投 01 （143667）	102. 310	120. 00	1. 23	18 皖高速 （143668）	103. 200	169. 34	1. 75
18 宁开控 （143669）	106. 950	1291. 20	13. 73	18 中煤 03 （143670）	102. 050	981. 00	10. 04
18 恒安 01 （143671）	100. 370	2771. 50	27. 76	18 伊泰 01 （143673）	103. 060	1643. 00	16. 94
18 临债 01 （143674）	101. 760	360. 10	3. 66	18 方正 12 （143675）	101. 000	599. 74	6. 07
18 津投 02 （143676）	103. 500	400. 00	4. 15	18 临债 02 （143677）	102. 840	504. 60	5. 19
18 新望 01 （143678）	101. 030	1235. 00	12. 57	18 龙湖 04 （143679）	102. 300	658. 00	6. 70
18 西股 01 （143680）	101. 670	200. 00	2. 04	18 中银投 （143681）	102. 430	659. 00	6. 74
18 中核 01 （143682）	101. 700	623. 00	6. 38	18 建材 05 （143684）	102. 250	1542. 00	15. 84
18 中证 G1 （143685）	102. 750	1840. 51	18. 86	18 中证 G2 （143686）	103. 120	560. 00	5. 81
18 建材 06 （143687）	104. 600	175. 10	1. 83	18 建投 01 （143689）	100. 800	280. 00	2. 87
18 齐鲁 01 （143690）	102. 000	1050. 00	10. 78	18 桂交 02 （143691）	103. 750	600. 00	6. 17
18 当代 02 （143692）	99. 530	574. 32	5. 73	18 华夏 03 （143693）	101. 000	3434. 39	34. 66
18 金地 05 （143694）	102. 500	981. 00	10. 02	18 金地 06 （143695）	104. 480	580. 00	6. 01

债券成交 Bond Trading

债券 Bond

债券简称（代码） Bond Name(Code)	本年收盘（元） Close（yuan）	成交数量（万张） Trading Vol（10000 lots）	成交金额（亿元） Trading Value（100M yuan）	债券简称（代码） Bond Name（Code）	本年收盘（元） Close（yuan）	成交数量（万张） Trading Vol（10000 lots）	成交金额（亿元） Trading Value（100M yuan）
18 盛屯 01（143696）	100.000	171.60	1.72	18 中民 G1（143697）	100.000	289.30	2.68
18 佛控 01（143699）	100.680	218.00	2.22	18 宁资 01（143700）	102.080	333.00	3.39
18 居然 01（143701）	100.000	554.00	5.63	18 闽能 01（143704）	102.240	1080.00	10.99
18 蓝星 01（143705）	103.050	606.00	6.23	18 中煤 05（143706）	101.500	2324.50	23.70
18 中煤 06（143707）	103.890	431.00	4.42	18 诚通 01（143709）	101.870	5269.95	53.75
18 招商 G5（143712）	101.420	4008.00	40.79	18 实业 02（143714）	97.490	215.77	2.01
18 国电 03（143716）	101.700	1370.00	13.95	18 渝高 02（143719）	101.810	928.00	9.45
18 建材 07（143721）	102.440	980.00	10.01	18 建材 08（143722）	104.010	356.00	3.67
G18 风电 1（143723）	102.300	540.00	5.50	18 津投 03（143724）	102.000	731.50	7.46
18 光明 01（143725）	101.650	4271.55	43.45	18 津投 04（143727）	103.940	423.00	4.35
18 国科 02（143728）	102.000	1134.20	11.53	18 国科 03（143729）	103.140	340.00	3.50
18 康美 01（143730）	90.000	249.00	1.01	18 金隅 01（143731）	101.700	1686.90	17.21
18 国君 G3（143732）	101.700	5160.00	52.53	18 国君 G4（143733）	103.700	230.00	2.37
18 金隅 02（143734）	103.900	740.00	7.62	18 方正 09（143735）	91.440	903.00	9.12
18 远海 02（143736）	101.920	2744.00	27.85	18 远海 03（143737）	103.000	2228.50	22.76
18 广开 01（143738）	104.190	120.15	1.25	18 广开 02（143739）	102.800	1530.10	15.62
18 公用 03（143740）	100.000	675.80	6.88	18 华资 01（143742）	101.900	591.00	6.01
18 公用 04（143743）	103.100	605.00	6.24	G18 三峡 1（143744）	100.910	1809.00	18.27
G18 三峡 2（143745）	101.600	515.00	5.23	18 光明 02（143746）	101.250	1662.00	16.81
18 粤财 02（143747）	101.100	850.00	8.61	18 粤财 03（143748）	101.270	900.00	9.16
18 云城 01（143749）	100.900	3307.00	33.21	18 云城 02（143750）	101.500	526.00	5.33
18 华综 01（143751）	102.820	1164.73	11.80	18 京投 05（143753）	101.500	355.00	3.59
18 京投 06（143754）	100.000	100.00	1.02	18CHNG1B（143756）	101.300	0.28	0.00
18CHNG1C（143757）	101.200	100.00	1.03	18CHNG1D（143758）	100.130	10.00	0.10
18 保文 01（143760）	100.000	80.00	0.81	18 电投 04（143761）	101.450	5274.18	53.64
18 招商 G8（143762）	101.290	1350.00	13.71	18 电投 05（143764）	101.700	3300.00	33.50
18 津投 07（143765）	100.900	1232.00	12.44	18 石化 01（143767）	100.020	2550.00	25.54
18 兵装 01（143769）	101.570	1149.40	11.68	18 诚通 03（143771）	101.790	1220.50	12.42
18 诚通 02（143772）	101.620	3830.70	38.93	18 北汽集（143774）	103.370	1190.00	12.25
18 红星 01（143777）	98.000	468.50	4.69	18 绿城 09（143779）	102.130	240.00	2.45
18 中燃 01（143781）	102.000	1650.00	16.78	18 国元债（143783）	103.250	105.00	1.08
18 湘财 02（143785）	100.000	180.00	1.88	18 京投 07（143787）	101.350	892.00	9.06
18 中车 G1（143789）	101.850	2930.00	29.77	18 电投 06（143791）	100.940	2580.00	26.18
18 深航 06（143793）	101.750	496.00	5.05	18 兵器 02（143794）	101.720	508.00	5.16
18 华福 G1（143795）	100.000	80.00	0.82	18 华能 03（143798）	105.200	707.67	7.44
18 天目湖（143799）	101.350	620.00	6.26	18 佛控 02（143800）	102.100	820.00	8.33
18 双欣 02（143801）	84.000	76.56	0.42	18 爱众 01（143802）	100.000	53.00	0.54
18 中铝 01（143804）	101.930	877.00	8.94	18 中铝 02（143805）	104.370	822.00	8.47
18 纺织 01（143806）	101.140	185.00	1.87	18 电投 07（143807）	101.630	6640.06	67.48
18 华宝 01（143808）	101.800	2391.70	24.37	18 首置 01（143812）	102.600	1073.60	11.00
18 通用 01（143814）	101.730	950.00	9.67	18 居然 02（143816）	100.000	160.00	1.62
18 广汇 G2（143817）	102.000	432.82	4.36	18 如意 01（143818）	62.000	2277.78	20.27
18 杭城 01（143820）	101.300	1381.39	14.02	18 旭辉 05（143821）	103.680	476.00	4.91
G18 绿园 1（143822）	101.500	584.44	5.94	18 闽能 03（143823）	101.620	805.00	8.17
18 国美 01（143824）	104.000	891.72	8.92	18 长电 02（143825）	100.170	6430.50	64.39
18 粤电 02（143826）	101.350	752.00	7.62	18 中航集（143827）	101.690	1499.90	15.24
18 油气 01（143828）	102.300	749.00	7.63	18 恒信 01（143829）	102.570	400.00	4.09
18 保利 01（143831）	101.730	250.00	2.53	18 奥园 04（143835）	101.790	4011.00	40.50
18 建投 02（143836）	101.340	230.00	2.33	18 永钢 01（143838）	101.330	156.00	1.59
18 晟晏 G1（143839）	100.000	1106.53	11.03	18 淄矿 01（143843）	101.760	60.00	0.61

债券成交 Bond Trading

债券 Bond

债券简称（代码） Bond Name(Code)	本年收盘（元） Close (yuan)	成交数量（万张） Trading Vol (10000 lots)	成交金额（亿元） Trading Value (100M yuan)	债券简称（代码） Bond Name (Code)	本年收盘（元） Close (yuan)	成交数量（万张） Trading Vol (10000 lots)	成交金额（亿元） Trading Value (100M yuan)
18南港02（143844）	100.310	790.00	8.03	18航租02（143846）	100.800	730.00	7.36
18方正13（143847）	100.420	870.00	8.73	18兴杭01（143848）	101.200	1888.00	19.14
S18红狮2（143849）	100.000	90.00	0.91	18华宝03（143850）	101.480	1281.00	12.95
18华宝04（143851）	102.910	330.00	3.35	18中凯02（143852）	101.600	283.50	2.88
18阳集02（143853）	100.000	1136.40	11.36	18穗建01（143854）	101.410	769.00	7.80
18穗建02（143855）	101.000	754.00	7.65	18北汽02（143856）	101.000	1670.00	17.01
18鸿坤01（143857）	98.990	78.61	0.77	18甬投02（143858）	101.210	687.70	6.96
18南水04（143860）	101.360	1477.04	14.95	18保集02（143862）	106.000	267.00	2.64
18腾越01（143863）	101.400	1930.52	19.47	18渝信01（143865）	80.700	936.02	8.09
18电投08（143867）	101.300	3062.00	30.98	18电投09（143868）	102.920	3055.00	31.09
18格力01（143869）	100.000	240.00	2.44	18蓉高01（143871）	101.850	850.00	8.63
18实业05（143874）	100.000	740.44	7.40	G18三峡3（143876）	100.700	3040.00	30.76
18浦土01（143878）	101.570	622.80	6.31	18滇城01（143880）	100.360	5040.00	50.41
18恒信03（143883）	102.300	270.00	2.75	18复星04（143885）	101.600	1489.50	15.17
18津投09（143886）	100.590	1040.00	10.50	18津投10（143887）	102.540	280.00	2.86
18西地02（143888）	100.000	220.00	2.22	18华证01（143889）	100.000	400.00	4.04
18陆债02（143890）	101.500	597.00	6.02	18疏浚01（143891）	101.300	3846.33	39.00
18凤祥02（143892）	99.980	892.17	8.20	18洋河01（143893）	100.000	370.00	3.78
18洋河02（143894）	101.850	753.00	7.62	18新控05（143896）	100.720	1512.36	14.51
18兴杭02（143897）	100.490	170.00	1.72	18福晟02（143899）	100.000	996.50	9.96
17招金Y1（143900）	101.000	241.00	2.44	17云续Y1（143901）	99.200	497.32	4.93
17中冶Y5（143902）	100.650	825.20	8.35	18能投Y5（143903）	100.910	1301.00	13.18
17远东Y1（143904）	100.900	2739.00	27.68	17首停Y1（143905）	100.000	590.00	5.95
17首停Y2（143906）	102.000	40.00	0.41	17中冶Y7（143907）	100.000	550.00	5.56
17中航Y1（143909）	100.660	1527.00	15.39	18建五Y3（143910）	100.000	20.00	0.20
17首停Y3（143911）	100.000	291.00	2.93	17首停Y4（143912）	101.650	580.00	5.90
17渝信Y1（143913）	90.750	621.31	5.34	17电投Y1（143915）	101.510	430.00	4.41
17兖煤Y1（143916）	101.200	3887.14	39.52	17紫金Y1（143917）	100.710	276.00	2.78
17华能Y1（143918）	101.050	2163.50	21.87	17华能Y2（143919）	101.760	800.70	8.17
17云建Y1（143920）	99.890	603.45	6.01	18阳煤Y3（143921）	102.900	818.75	8.45
17锡投Y2（143922）	103.200	288.10	2.96	17建材Y1（143923）	101.190	680.00	6.88
17建材Y2（143924）	100.000	412.00	4.20	17电投Y2（143925）	102.000	250.00	2.58
17鲁高Y1（143927）	101.130	1478.02	15.01	17平租Y1（143928）	101.300	3131.37	31.72
17建集Y1（143929）	101.500	462.00	4.72	17中保Y1（143930）	101.300	507.94	5.15
17中保Y2（143931）	103.300	62.00	0.64	17云建Y3（143932）	100.000	194.00	1.93
18建集Y1（143933）	100.750	1150.00	11.64	17新际Y1（143934）	101.750	470.00	4.77
17福新Y1（143936）	100.000	171.00	1.74	17鲁高Y2（143938）	100.000	310.00	3.15
17中交Y1（143939）	102.500	440.00	4.49	18新际Y3（143941）	102.000	41.00	0.42
17华信Y2（143944）	100.000	10.00	0.03	17能投Y1（143945）	101.470	710.00	7.21
18闽电Y1（143946）	101.020	180.00	1.81	17铁投Y1（143947）	104.300	1205.50	12.33
18航集Y1（143948）	100.000	20.00	0.20	18中建Y1（143951）	105.900	220.20	2.35
G18新Y1（143952）	102.110	90.00	0.91	18电力Y1（143953）	102.800	241.00	2.46
18能投Y1（143954）	101.700	120.10	1.22	18供销Y1（143955）	100.000	500.00	5.09
18鲁高Y2（143956）	102.400	873.00	8.93	18鲁高Y1（143957）	102.910	990.00	10.17
18京汽Y1（143958）	102.000	320.00	3.28	18兖煤Y1（143959）	102.870	3738.00	38.46
18阳煤Y1（143960）	103.220	525.19	5.42	18铁建Y2（143961）	101.300	920.00	9.39
18能投Y3（143962）	101.000	385.24	3.90	18华电Y3（143963）	100.000	300.00	3.05
18特变Y1（143964）	100.000	840.00	8.47	18华电Y4（143965）	100.000	80.00	0.82
18新际Y1（143966）	101.300	203.06	2.07	18新际Y2（143967）	101.700	147.00	1.51
18渝信Y1（143968）	85.050	57.73	0.50	18新金Y1（143969）	100.800	20.00	0.20

债券成交
Bond Trading

债券
Bond

债券简称（代码）Bond Name(Code)	本年收盘（元）Close (yuan)	成交数量（万张）Trading Vol (10000 lots)	成交金额（亿元）Trading Value (100M yuan)	债券简称（代码）Bond Name（Code）	本年收盘（元）Close (yuan)	成交数量（万张）Trading Vol (10000 lots)	成交金额（亿元）Trading Value (100M yuan)
18 鲁商 Y1（143970）	100.000	520.00	5.18	18 鲁商 Y2（143971）	100.000	1818.40	18.19
18 厦贸 Y1（143972）	100.680	812.00	8.16	18 电力 Y2（143973）	102.100	734.50	7.50
18 铁投 Y1（143974）	101.100	241.00	2.46	18 兵装 Y1（143975）	102.550	932.50	9.52
18 建五 Y1（143976）	100.000	280.00	2.87	18 沪建 Y1（143977）	101.500	490.00	4.94
18 铁建 Y3（143978）	102.300	839.00	8.55	18 阳煤 Y2（143979）	103.220	295.00	3.04
18 建材 Y1（143980）	102.990	1588.00	16.24	18 建材 Y2（143981）	109.500	35.15	0.37
18 电投 Y1（143982）	104.970	2343.61	24.31	18 电投 Y2（143983）	104.480	1195.59	12.40
18 建二 Y1（143984）	102.200	569.50	5.87	18 中关 Y1（143989）	102.210	1680.20	17.23
18 铁投 Y2（143990）	101.110	340.00	3.43	18 铁投 Y3（143991）	103.400	870.40	8.91
18 华电 Y1（143992）	100.820	825.00	8.39	18 华电 Y2（143993）	102.300	280.00	2.90
18 电力 Y3（143994）	102.140	861.00	8.77	18 福新 Y1（143995）	100.000	60.00	0.61
18 福新 Y2（143996）	100.000	60.00	0.61	18 山招 Y2（143997）	100.500	357.90	3.61
18 建材 Y3（143998）	100.000	545.00	5.51	18 建材 Y4（143999）	100.000	193.80	1.96
16 太证 C1（145001）	99.405	630.00	6.12	16 潞矿 04（145003）	101.666	822.00	8.31
16 驻投 02（145004）	99.813	770.00	7.66	16 智光 03（145005）	99.302	580.00	5.78
16 宁新 03（145006）	99.864	120.00	1.20	16 九州 02（145008）	100.000	400.00	4.00
16 仁怀 01（145010）	100.000	984.60	9.83	16 江城 03（145011）	99.930	210.00	2.10
16 宜居 01（145014）	99.589	50.00	0.50	16 上饶 01（145015）	100.113	1175.00	11.77
16 合景 03（145016）	99.931	1600.00	15.86	16 合景 04（145017）	96.993	230.00	2.22
16 合景 05（145018）	99.000	860.00	8.54	16 山金 01（145020）	99.635	1400.00	13.91
16 阜水债（145022）	101.147	100.00	1.01	16 正荣 01（145023）	99.292	490.00	4.88
16 上饶 02（145027）	100.467	1030.00	10.30	16 慈溪 01（145028）	99.986	560.00	5.60
16 华泰 C1（145029）	99.982	260.00	2.60	16 申证 C3（145031）	99.977	22.00	0.22
16 锡城投（145032）	99.259	1096.00	10.82	16 中保 01（145033）	100.184	1934.00	19.35
16 天易 01（145034）	99.368	107.50	1.06	16 余城建（145035）	100.000	1290.00	12.89
16 新泰 02（145036）	99.469	100.00	0.99	16 海兴 02（145037）	98.401	1080.00	10.44
16 山金 02（145038）	99.608	1000.00	9.89	16 青建投（145040）	99.509	2200.00	21.75
H16 秋 01（145041）	100.000	3.80	0.04	16 首股 03（145042）	99.436	1050.00	10.46
16 新城 05（145043）	98.000	1065.00	10.54	16 兴业 03（145044）	99.104	1820.00	17.97
16 长湖 02（145045）	100.000	969.40	9.63	16 嵊州 01（145046）	101.137	2230.00	22.33
16 新泰发（145047）	100.660	570.00	5.70	16 大庆 04（145051）	100.000	454.00	4.54
16 安投 02（145052）	99.449	1277.00	12.78	16 湘财 03（145053）	99.551	680.00	6.73
16 黔西南（145054）	99.334	346.00	3.43	16 商飞 01（145057）	98.668	520.00	5.04
17 青城 01（145058）	101.371	890.00	9.03	17 青城 02（145059）	104.445	460.00	4.76
16 新师 01（145060）	99.470	170.00	1.69	16 苏新 02（145063）	99.950	260.00	2.60
16 丰县 01（145064）	100.540	220.00	2.21	16 山钢 03（145065）	100.258	2414.00	24.35
16 泉丰 01（145066）	98.440	40.00	0.39	16 苏科 02（145067）	99.761	250.00	2.49
16 柯桥 02（145068）	99.892	8246.70	82.45	16 湖州 02（145070）	99.871	587.00	5.86
16 光证 06（145072）	99.816	40.00	0.40	16 常照明（145075）	99.587	210.00	2.08
16 中民 F3（145076）	100.000	11.80	0.12	16 东泰 01（145077）	99.940	50.00	0.50
16 涪交旅（145078）	99.949	920.00	9.20	16 云济 01（145079）	99.292	30.00	0.30
16 新津 02（145081）	99.732	310.00	3.06	16 新泰 03（145082）	99.706	36.00	0.36
16 苏控 01（145083）	100.147	140.00	1.40	16 淮水 05（145084）	99.321	430.00	4.24
16 津滨 01（145089）	97.940	260.00	2.57	16 天府债（145091）	99.972	667.00	6.67
16 东丽 02（145092）	100.171	1130.00	11.26	16 津星 02（145093）	99.045	260.00	2.60
16 江都 01（145094）	100.220	960.50	9.54	16 驰宏 02（145096）	100.065	30.00	0.30
16 长寿 02（145097）	99.312	1050.00	10.35	17 兴业 F2（145098）	100.205	100.00	1.00
17 海亮 01（145099）	99.000	11.50	0.11	16 绍交 01（145102）	99.145	916.00	8.98
16 开乾 02（145104）	99.581	781.50	7.77	16 潍水 02（145107）	100.078	100.00	1.00
16 文旅 01（145109）	97.602	306.00	3.01	16 金东 01（145110）	99.061	75.00	0.74

债券成交 Bond Trading

债券简称（代码） Bond Name(Code)	本年收盘（元） Close (yuan)	成交数量（万张） Trading Vol (10000 lots)	成交金额（亿元） Trading Value (100M yuan)	债券简称（代码） Bond Name（Code）	本年收盘（元） Close (yuan)	成交数量（万张） Trading Vol (10000 lots)	成交金额（亿元） Trading Value (100M yuan)
16方正C2（145111）	99.993	465.50	4.64	16先导05（145112）	99.665	1200.00	11.74
17湘乡01（145113）	100.159	180.00	1.81	17湘乡02（145114）	100.733	625.00	6.25
17郴高01（145115）	101.418	700.00	7.08	16盛州01（145116）	99.522	330.00	3.28
H17颐和1（145118）	99.548	136.25	1.33	16浙商01（145119）	99.850	480.00	4.79
16景陶02（145120）	99.887	1558.00	15.56	H16银控2（145122）	78.000	172.61	1.50
16望水投（145124）	99.919	120.00	1.20	16江东02（145127）	99.601	690.00	6.80
16嵊州02（145128）	100.950	1356.00	13.59	17高创03（145129）	101.169	420.00	4.26
16榆神02（145130）	99.172	400.00	4.01	16吴发03（145131）	99.964	270.00	2.69
16绿投01（145133）	99.734	486.00	4.83	16普湾02（145134）	95.051	230.00	2.26
H庞大03（145135）	29.709	114.26	0.48	16亿利05（145137）	100.000	152.00	1.52
16冀控01（145138）	99.510	60.20	0.60	16开滦01（145139）	100.247	964.50	9.70
16余姚03（145144）	99.559	596.20	5.94	16大庆05（145147）	99.613	801.00	7.99
16国君C3（145148）	99.944	290.00	2.89	16国君C4（145149）	99.188	400.00	3.97
16国都01（145153）	98.934	320.00	3.16	16皖高债（145154）	99.813	575.00	5.72
16长兴01（145155）	99.758	375.00	3.71	16通经02（145157）	99.884	610.00	6.09
16鲁星02（145158）	99.003	15.00	0.15	16东证次（145159）	98.998	110.00	1.09
16凯文01（145160）	99.797	290.00	2.89	16居然01（145162）	100.200	276.00	2.77
16郑建01（145164）	99.406	972.00	9.58	16姜城02（145166）	99.854	240.00	2.39
16望铜官（145168）	99.980	530.00	5.30	16安庆02（145169）	100.000	259.20	2.59
16凉山02（145171）	99.927	660.00	6.57	16美兰02（145172）	87.512	120.00	1.07
16德感01（145174）	98.607	20.00	0.20	16东控02（145175）	97.493	240.00	2.36
16海通C1（145179）	99.942	491.00	4.90	16驻投03（145182）	99.723	620.00	6.17
16昆投03（145183）	100.003	150.00	1.50	16梅州02（145184）	100.500	650.00	6.51
17东兴F2（145185）	101.703	268.00	2.72	16扬广01（145188）	99.573	110.00	1.09
17东投01（145189）	100.143	17.00	0.17	16中联01（145191）	100.000	620.00	6.21
16蓝星02（145192）	100.036	3168.00	31.70	17乌经建（145193）	100.501	390.00	3.93
16江津02（145194）	100.000	460.00	4.60	16中期02（145196）	99.790	830.30	8.17
16稻花香（145200）	100.000	736.00	7.07	16中银C2（145203）	99.968	100.00	1.00
16星城02（145205）	100.527	1199.70	12.01	16双鸭03（145207）	100.000	400.00	4.00
16宝龙03（145208）	100.000	1740.70	17.33	16清浦03（145213）	99.000	556.00	5.52
16长虹01（145214）	100.000	1000.00	9.97	17凉山01（145216）	100.572	1222.00	12.26
16金花02（145217）	32.180	269.46	2.21	17恒泰01（145218）	99.944	281.00	2.86
16澄港01（145220）	99.617	932.00	9.28	16浙商02（145222）	100.380	100.00	1.00
16赣开01（145224）	101.251	1100.00	11.01	16居然02（145226）	100.293	150.00	1.50
16南浔01（145228）	99.978	659.00	6.59	16桂金债（145229）	99.800	562.00	5.58
16慈商01（145230）	99.986	350.00	3.50	16铸康债（145231）	100.307	100.00	1.00
17港闸01（145233）	100.215	689.20	6.91	17长隆01（145234）	100.623	235.00	2.39
17漳九01（145240）	103.331	1498.00	15.37	16关岭01（145241）	99.774	1148.00	11.47
16漯河02（145242）	100.609	2358.00	23.62	16中投01（145243）	100.040	202.00	2.02
16柯桥03（145246）	100.123	300.00	3.01	17绍城01（145249）	102.308	920.00	9.39
16中金C2（145251）	101.399	240.00	2.44	16晋能02（145253）	100.282	1066.50	10.77
16中冶Y1（145256）	100.078	134.00	1.35	16建旅01（145258）	99.498	20.00	0.20
16太证C2（145260）	99.535	140.00	1.40	16大航02（145261）	99.505	1001.00	9.96
16西工投（145263）	100.000	275.00	2.74	17剑江01（145264）	99.791	427.00	4.27
16西秀01（145266）	100.000	150.00	1.50	16中金05（145267）	100.054	710.00	7.14
16物流01（145270）	100.000	49.90	0.50	17枝金03（145273）	101.051	204.00	2.06
16大庆06（145274）	100.000	1370.00	13.70	17金港02（145277）	100.999	150.00	1.53
16长虹02（145279）	100.000	651.00	6.51	16巨洋债（145280）	94.870	288.65	2.75
16近湖02（145281）	100.924	411.00	4.17	16晋电01（145282）	100.040	906.00	9.13
17常交01（145286）	99.852	40.00	0.40	17滁城01（145290）	101.005	810.00	8.14

债券成交 Bond Trading

债券 Bond

债券简称（代码） Bond Name(Code)	本年收盘（元） Close (yuan)	成交数量（万张） Trading Vol (10000 lots)	成交金额（亿元） Trading Value (100M yuan)	债券简称（代码） Bond Name (Code)	本年收盘（元） Close (yuan)	成交数量（万张） Trading Vol (10000 lots)	成交金额（亿元） Trading Value (100M yuan)
17 仁怀 01 （145291）	100.004	739.00	7.38	17 国裕 02 （145293）	100.000	150.00	1.50
17 六安 01 （145295）	99.963	573.00	5.71	17 西秀 01 （145296）	100.000	160.00	1.60
17 双福债 （145298）	100.000	500.00	5.00	17 中金 01 （145300）	100.328	580.00	5.82
17 高创 01 （145303）	100.208	581.40	5.81	17 淮新 01 （145305）	100.025	160.00	1.60
17 张公 01 （145306）	99.892	236.00	2.36	17 乳山 01 （145307）	99.901	870.00	8.69
17 首创 C1 （145309）	100.060	510.00	5.06	17 浙商 02 （145311）	100.187	565.00	5.70
17 同煤 01 （145313）	101.900	4546.00	46.32	H17 银控 1 （145314）	100.000	1.00	0.01
H17 银控 2 （145315）	98.026	258.74	2.35	17 桂物 01 （145317）	99.940	180.00	1.79
17 新奥 01 （145318）	100.650	1145.00	11.50	17 昊华 02 （145320）	100.590	94.00	0.95
17 华建 01 （145322）	100.103	150.00	1.50	17 益交债 （145325）	100.142	66.00	0.66
17 云济 01 （145326）	99.900	880.00	8.79	17 金杯 01 （145328）	90.500	57.00	0.53
17 汾西 01 （145329）	100.579	20.00	0.20	17 昊华 04 （145332）	100.384	297.00	2.99
17 南浔债 （145334）	100.120	630.00	6.31	17 镇投 01 （145335）	100.093	380.00	3.81
17 光证 04 （145337）	100.348	60.00	0.60	17 远东一 （145338）	100.157	1876.00	18.83
17 保集债 （145339）	100.000	790.00	7.82	17 招商 Y1 （145340）	102.241	1399.00	14.15
17 云能 01 （145341）	101.294	20.00	0.20	17 信达 C1 （145342）	100.383	80.00	0.81
17 长沙 01 （145345）	100.190	750.00	7.54	17 长兴 01 （145348）	100.264	145.00	1.45
17 昊华 06 （145350）	100.274	194.00	1.95	17 华泰 02 （145352）	100.317	120.00	1.21
17 新会 01 （145355）	99.977	40.00	0.40	17 中投 01 （145358）	100.247	370.00	3.72
17 中投 02 （145359）	101.771	280.00	2.85	17 平证 03 （145361）	100.351	465.00	4.68
17 国君 C1 （145365）	100.345	540.00	5.42	17 黔江 01 （145366）	100.000	550.00	5.51
17 同煤 02 （145368）	103.590	3023.00	30.75	17 金杯 02 （145369）	99.970	200.00	1.99
17 招商 Y2 （145371）	101.779	368.00	3.73	17 鸿业 01 （145373）	100.000	400.00	4.00
PR 其亚 02 （145374）	39.434	110.00	1.09	17 常城 01 （145375）	103.415	1320.00	13.51
17 晋能 01 （145376）	100.000	4221.90	42.75	17 鑫科 02 （145377）	79.200	852.58	7.82
17 东泰 01 （145378）	100.056	380.00	3.81	17 常交通 （145379）	100.000	326.00	3.28
17 物流 01 （145380）	100.162	105.00	1.05	17 新沂 01 （145381）	100.053	645.00	6.46
17 余交 02 （145383）	97.616	150.00	1.46	17 浙湖 01 （145387）	99.672	450.00	4.49
17 晋电 02 （145388）	100.310	2287.00	23.08	17 新奥 02 （145391）	101.028	862.00	8.69
17 星城 01 （145392）	102.007	390.00	3.94	17 润达 02 （145393）	99.998	60.00	0.60
17 方洋 01 （145394）	99.674	758.00	7.54	17 太证 C1 （145395）	100.209	740.00	7.43
17 天富 01 （145396）	100.035	417.00	4.17	17 潍水 01 （145398）	99.996	430.00	4.30
17 经贸 01 （145399）	100.509	438.00	4.45	17 长寿 01 （145400）	100.000	440.00	4.40
17 枝金 01 （145402）	99.872	92.00	0.92	17 吴发 01 （145403）	100.208	48.00	0.48
17 信达 C2 （145405）	100.000	500.00	5.00	17 长兴债 （145406）	99.565	120.00	1.19
17 渝南债 （145408）	100.000	200.00	2.00	17 东兴 01 （145410）	100.251	1780.00	17.86
17 海通 C1 （145411）	100.278	550.00	5.53	17 泰佳鑫 （145413）	101.995	617.00	6.27
17 兴业 C2 （145416）	100.458	2270.00	22.85	17 宿惠 01 （145417）	102.156	533.00	5.42
17 廊控 01 （145421）	100.020	475.00	4.75	17 紫光 01 （145423）	91.000	1579.00	14.80
17 苏宁 01 （145425）	99.730	522.50	5.23	17 晋能 02 （145427）	99.728	4492.00	45.59
17 银河 F4 （145429）	100.370	220.00	2.22	17 德感 01 （145430）	100.000	250.00	2.50
17 赣开 01 （145431）	100.008	460.00	4.60	17 丰经开 （145434）	99.759	205.00	2.04
17 瓦房 01 （145435）	100.000	358.20	3.58	17 佳保 01 （145436）	100.555	190.50	1.91
17 绿洲 02 （145438）	99.958	210.00	2.10	17 云能 02 （145441）	100.611	622.00	6.20
17 盐城 01 （145442）	99.818	1282.00	12.77	17 海宁 01 （145445）	100.803	820.00	8.29
17 长建债 （145446）	100.470	75.00	0.75	17 常城 02 （145447）	100.000	1028.00	10.46
17 来雁 01 （145448）	101.006	1665.00	16.82	17 廊控 02 （145450）	101.016	472.00	4.74
17 云投 03 （145451）	99.860	1025.60	10.26	17 大宁 01 （145452）	103.253	125.00	1.29
17 晋电 06 （145454）	100.455	432.00	4.36	17 苏控 01 （145455）	100.000	315.00	3.15
17 沣西债 （145456）	99.544	440.00	4.40	17 汇盛 01 （145457）	101.391	110.00	1.11

债券成交 Bond Trading

债券 Bond

债券简称（代码） Bond Name(Code)	本年收盘（元） Close (yuan)	成交数量（万张） Trading Vol (10000 lots)	成交金额（亿元） Trading Value (100M yuan)	债券简称（代码） Bond Name (Code)	本年收盘（元） Close (yuan)	成交数量（万张） Trading Vol (10000 lots)	成交金额（亿元） Trading Value (100M yuan)
17 鑫业 01 (145459)	100.000	5.00	0.05	17 祥云债 (145460)	100.000	760.00	7.45
17 城发 01 (145461)	100.335	426.00	4.27	17 洛新 01 (145462)	100.603	1200.00	12.09
17 德感 02 (145464)	100.000	160.00	1.60	17 鄂宏泰 (145465)	100.317	834.00	8.37
17 天风次 (145466)	101.281	50.00	0.51	17 渝园债 (145467)	100.000	250.00	2.50
17 常城 03 (145468)	100.623	250.00	2.52	17 淮经 01 (145471)	100.000	300.00	3.00
17 谷财 01 (145476)	100.792	210.00	2.11	17 海西 01 (145478)	100.465	210.00	2.11
17 太证 C2 (145483)	100.397	210.00	2.11	17 瓦房 03 (145484)	100.447	692.10	6.95
17 长开 01 (145485)	100.000	420.00	4.20	17 绿港 01 (145486)	100.920	1014.50	10.18
17 江海 C1 (145487)	100.641	3798.05	37.98	17 绍兴 01 (145489)	100.000	425.00	4.26
17 长安 01 (145490)	100.240	820.00	8.22	17 连工 01 (145491)	100.950	220.00	2.22
17 任丘 01 (145492)	99.797	590.00	5.89	17 高创 02 (145493)	100.455	690.00	6.94
17 东吴 01 (145494)	100.550	1537.90	15.51	17 东吴 02 (145495)	102.847	260.00	2.68
17 工控 01 (145496)	100.302	220.00	2.20	H17 银控 3 (145497)	59.999	35.40	0.21
H17 银控 4 (145498)	76.500	295.46	2.44	17 余经 01 (145499)	100.000	390.00	3.93
17 泉丰 01 (145501)	100.000	210.00	2.06	17 欧控 01 (145502)	100.538	379.50	3.80
17 金洲 02 (145503)	100.000	81.90	0.82	17 兴业 C4 (145504)	100.462	1749.00	17.66
17 光证 06 (145507)	100.519	450.00	4.55	17 苏宁 03 (145508)	100.988	200.00	2.02
17 大装 01 (145511)	101.650	170.00	1.73	17 长寿 03 (145512)	100.000	200.00	2.00
17 东次 01 (145513)	100.141	700.00	7.05	17 东次 02 (145514)	102.570	500.00	5.12
17 华融 C1 (145515)	100.320	1680.00	16.89	17 银河 F5 (145516)	100.256	130.00	1.30
17 银河 F6 (145517)	100.479	2438.00	24.65	17 定城 01 (145520)	100.828	1499.00	15.22
17 薛城 01 (145521)	99.690	711.00	7.07	G17 首 Y1 (145523)	100.896	150.00	1.51
17 复地 F1 (145524)	100.637	2428.50	24.49	17 常港 02 (145525)	100.295	150.00	1.50
17 中区 01 (145526)	101.380	940.00	9.48	17UCR02 (145527)	99.980	140.00	1.41
17 南翔 01 (145530)	100.000	65.00	0.65	17 钦临 01 (145531)	101.250	250.00	2.54
17 云投 04 (145532)	99.674	564.00	5.65	17 中金 02 (145533)	100.545	349.00	3.52
17 中金 03 (145534)	103.301	458.00	4.72	17 民生 C2 (145535)	100.261	74.00	0.74
17 东莞 01 (145536)	100.780	300.00	3.02	17 华泰 04 (145538)	100.683	1240.00	12.56
17 沪券 C3 (145540)	100.246	700.00	7.03	17 腾越 02 (145541)	100.581	1824.00	18.28
17 国资 01 (145543)	99.888	250.00	2.50	17 沪券 C1 (145544)	100.899	210.00	2.12
17 招商 Y3 (145545)	103.171	1107.00	11.25	17 东吴 03 (145550)	100.862	1030.00	10.38
17 东吴 04 (145551)	103.536	1160.00	12.01	17 太证 C3 (145552)	100.592	1016.90	10.28
17 东次 03 (145553)	100.738	550.00	5.56	17 东次 04 (145554)	103.035	180.00	1.85
17 余交 03 (145555)	101.723	13.80	0.14	17 中金 C1 (145556)	103.410	55.00	0.57
17 中信 C1 (145558)	100.615	1180.00	11.91	17 中信 C2 (145559)	103.097	480.00	4.95
17 红塔 01 (145562)	98.981	150.00	1.50	17 钦临 02 (145565)	103.587	417.36	4.31
17 兖矿 01 (145566)	100.086	339.00	3.41	17 首创 C2 (145571)	100.161	213.50	2.14
17 深业 01 (145572)	100.000	1462.41	14.60	17 富阳债 (145573)	103.506	360.00	3.66
17 中盐 01 (145574)	102.717	100.00	1.03	17 泰交 01 (145575)	103.434	766.00	7.80
17 东证 01 (145576)	101.345	600.00	6.08	17 东证 02 (145577)	103.662	350.00	3.63
17 招商 Y4 (145579)	103.166	250.00	2.54	17 华阔 01 (145580)	99.418	628.00	6.27
17 建房 01 (145584)	100.856	711.00	7.21	17 建房 02 (145585)	100.150	808.00	8.11
17 新郑 01 (145586)	101.970	443.00	4.51	17 政通 02 (145587)	100.986	540.00	5.50
17 长隆 02 (145588)	100.085	2543.60	25.73	17 亭湖 01 (145590)	100.090	432.00	4.31
17 宁化 01 (145591)	101.085	828.00	8.37	17 浙湖 02 (145596)	99.653	137.00	1.36
17 精功债 (145597)	82.517	90.10	0.75	17 金交 01 (145598)	100.039	60.00	0.60
17 花竹 01 (145601)	99.600	70.00	0.70	17 佳源 01 (145602)	99.230	97.50	0.97
17 萍乡 01 (145604)	100.300	700.00	6.98	G7 云水 Y1 (145605)	99.892	440.00	4.40
17 佳源 02 (145606)	100.000	1091.76	10.88	17 滨海 01 (145607)	100.791	570.00	5.75
17 雅居 01 (145608)	100.024	3286.40	32.88	17 天府 01 (145610)	99.676	495.00	4.90

债券成交 Bond Trading

债券 Bond

债券简称（代码） Bond Name(Code)	本年收盘（元） Close（yuan）	成交数量（万张） Trading Vol（10000 lots）	成交金额（亿元） Trading Value（100M yuan）	债券简称（代码） Bond Name（Code）	本年收盘（元） Close（yuan）	成交数量（万张） Trading Vol（10000 lots）	成交金额（亿元） Trading Value（100M yuan）
17 城发 02（145614）	100.740	767.50	7.74	17 仙居 01（145615）	100.019	330.00	3.30
17 南翔 02（145616）	99.000	321.00	3.20	17 厦特 01（145617）	102.455	1287.00	13.00
17 厦特 02（145618）	100.209	80.00	0.80	17 乌高 01（145619）	102.742	225.00	2.29
17 华创 01（145621）	102.400	950.00	9.71	17 沭阳 01（145622）	100.249	380.00	3.83
17 太证 C4（145623）	100.670	170.00	1.71	17 余杭 01（145624）	101.150	260.00	2.63
17 金隅 03（145625）	99.741	1477.00	14.79	17 信投 F1（145626）	100.625	1320.00	13.32
17 长隆 03（145627）	100.213	130.00	1.30	17 金隅 04（145629）	100.765	1235.00	12.51
17 宝投资（145632）	100.000	422.00	4.24	17 扬教 01（145634）	100.252	250.00	2.50
17 株高 02（145635）	100.000	160.00	1.60	17 新中泰（145637）	100.546	688.00	6.95
17 织里 02（145638）	99.444	581.00	5.80	17 平煤 01（145639）	100.772	780.00	7.96
17 江海 C2（145640）	100.195	1187.30	11.89	17 家园 01（145641）	99.986	595.00	5.95
17 中盐 02（145642）	100.600	110.00	1.11	17 平租 01（145643）	100.721	1137.00	11.46
17 中原 01（145644）	100.601	510.00	5.15	17 天目湖（145645）	100.199	30.00	0.30
17 金港 01（145646）	101.035	380.00	3.85	17 清浦 01（145647）	99.952	382.00	3.81
17 冶园 02（145648）	100.877	115.00	1.16	17 云港债（145649）	100.417	1084.00	10.88
17 山金 Y1（145652）	100.857	1664.48	16.81	17 中投 F1（145653）	100.796	122.00	1.23
17 阳山 01（145657）	100.017	50.00	0.50	17 宁化 02（145659）	100.880	691.50	6.96
17 宝工 01（145661）	100.213	158.00	1.59	17 中原 02（145663）	101.335	280.00	2.83
17 华泰 C2（145664）	100.977	1010.00	10.21	17 宝庆 01（145666）	99.989	735.20	7.33
17 康富 01（145667）	99.812	715.00	7.13	17 中金 04（145668）	100.808	460.00	4.64
17 信达 01（145670）	100.290	535.00	5.40	17 鸿达 01（145671）	100.000	100.00	1.00
17 慈溪 01（145673）	100.774	538.00	5.45	17 天宁 01（145674）	100.755	310.00	3.11
17 上虞 01（145676）	100.620	140.00	1.40	17 剑江 02（145677）	99.864	400.00	3.98
17 兴阳 02（145678）	99.928	470.00	4.69	17 华福 C1（145681）	101.973	360.00	3.63
17 福华 01（145682）	100.000	180.00	1.80	17 华融德（145683）	100.057	10.00	0.10
17 东建 01（145684）	99.595	1816.50	18.09	17 江公 01（145685）	101.616	1166.00	11.78
17 昭投 01（145686）	100.435	416.50	4.16	17 上虞 02（145688）	99.764	200.00	2.00
17 中金 C3（145689）	103.561	150.00	1.55	17 铜旅 01（145690）	100.018	340.00	3.41
17 鄱阳 01（145691）	99.584	330.00	3.30	17 冶园 03（145693）	101.203	140.00	1.42
17 巴中 02（145694）	100.570	867.00	8.72	17 水务 02（145695）	100.759	676.00	6.85
17 沪券 C2（145698）	100.707	360.00	3.63	17 长安 02（145699）	99.579	85.80	0.86
PR 实达债（145700）	36.000	120.00	1.01	17 融和 01（145704）	99.935	526.00	5.27
17 华信 01（145705）	100.000	210.00	2.09	17 腾越 01（145706）	100.378	4441.00	44.48
17 九通 01（145707）	100.723	1375.00	13.83	17 常通 02（145708）	104.271	225.00	2.32
17 亭公 01（145711）	99.692	421.00	4.20	17 山金 Y2（145712）	101.108	150.00	1.52
17 玄武债（145713）	103.150	250.00	2.54	17 浦交 01（145714）	101.173	330.00	3.34
17 株湘 01（145715）	99.956	874.00	8.74	17 平租 03（145716）	101.407	260.00	2.64
17 九华 01（145718）	97.490	150.00	1.46	17 新港 01（145719）	100.078	844.00	8.43
17 新港 02（145720）	102.531	34.00	0.35	17 绍交 01（145721）	101.035	778.00	7.86
17 盛泽 01（145722）	100.592	40.00	0.40	17 物流 02（145723）	100.000	688.74	6.87
17 华融 C2（145724）	100.652	510.00	5.14	17 苏宁 05（145725）	100.008	60.00	0.60
17 苏宁 06（145726）	100.363	230.00	2.31	17 文投 02（145727）	99.900	1172.10	11.77
17 华靖 01（145728）	101.028	370.00	3.74	G17 启迪 1（145729）	99.854	180.00	1.80
17 华建 03（145730）	100.000	62.00	0.62	17 红日 02（145732）	100.358	496.00	4.97
17 宁城 01（145734）	101.283	380.00	3.84	17 川菜债（145735）	88.511	0.40	0.00
17 兴业 C7（145737）	100.552	100.00	1.01	17 聚信 02（145738）	100.020	195.00	1.95
17 中冶 Y9（145739）	101.388	672.00	6.82	17 钱城 01（145741）	100.547	460.00	4.62
17 瑞茂 01（145743）	100.000	736.70	7.33	17 潞安 01（145744）	101.753	2229.00	22.79
17 山能 01（145746）	101.139	232.00	2.36	17 如皋 01（145747）	99.040	100.00	0.99
17 工控 02（145748）	100.668	2015.00	20.25	17 华汽 03（145749）	99.893	90.00	0.90

债券成交 Bond Trading

债券 Bond

债券简称（代码） Bond Name(Code)	本年收盘（元） Close (yuan)	成交数量（万张） Trading Vol (10000 lots)	成交金额（亿元） Trading Value (100M yuan)	债券简称（代码） Bond Name (Code)	本年收盘（元） Close (yuan)	成交数量（万张） Trading Vol (10000 lots)	成交金额（亿元） Trading Value (100M yuan)
17 白沙 01 （145751）	100. 000	378. 30	3. 78	17 复星 F1 （145756）	100. 177	250. 00	2. 51
17 云工 01 （145757）	99. 662	422. 00	4. 19	17 中银 01 （145759）	101. 211	150. 00	1. 52
17 九通 03 （145760）	99. 880	343. 60	3. 44	H 精功 02 （145761）	70. 000	7. 60	0. 06
17 巴中 01 （145763）	100. 640	110. 00	1. 10	17 观城 01 （145764）	100. 874	87. 00	0. 88
17 朗诗 02 （145767）	99. 996	120. 00	1. 20	17 中信 03 （145769）	100. 318	405. 00	4. 08
17 旋风 02 （145770）	99. 930	40. 00	0. 40	17 中金 06 （145771）	100. 000	80. 00	0. 80
H17 颐和 4 （145774）	100. 000	217. 00	2. 15	17 薛城 02 （145776）	99. 740	419. 26	4. 15
17 中泰 F1 （145777）	100. 931	412. 00	4. 14	17 油气 01 （145778）	101. 797	100. 00	1. 02
17 阿纺 02 （145780）	99. 852	196. 00	1. 96	17 时代 01 （145782）	100. 000	796. 00	7. 97
17 时代 02 （145783）	101. 040	1025. 00	10. 36	17 国都 01 （145784）	100. 348	740. 00	7. 46
17 融德 02 （145787）	99. 999	88. 00	0. 88	17 西高地 （145791）	100. 805	304. 80	3. 06
17 东广 01 （145792）	101. 418	50. 00	0. 51	17 平租 06 （145793）	101. 058	930. 00	9. 41
17 昌吉 01 （145794）	100. 503	1267. 00	12. 72	17 惠基 01 （145795）	101. 287	38. 10	0. 39
17 铁投 01 （145798）	99. 762	840. 00	8. 38	17 国泰 04 （145801）	100. 000	102. 00	1. 02
17 维泰 01 （145803）	100. 000	601. 00	6. 03	17 沅江 02 （145804）	98. 239	30. 00	0. 29
17 西矿 01 （145805）	99. 881	40. 00	0. 40	17 本钢 01 （145806）	100. 000	60. 00	0. 60
17 神华 01 （145808）	90. 070	205. 70	2. 00	17 银产 01 （145809）	103. 801	470. 00	4. 82
17 金凤 01 （145811）	100. 641	66. 27	0. 67	17 方正 C1 （145812）	100. 862	1594. 40	16. 12
17 邹城 01 （145815）	95. 200	429. 10	4. 22	17 兴业 F3 （145816）	102. 145	80. 00	0. 82
17 安吉 01 （145817）	100. 558	239. 07	2. 39	17 温投 01 （145818）	100. 000	80. 00	0. 80
17 皋投债 （145819）	101. 231	206. 00	2. 07	G17 华昱 1 （145820）	100. 180	1190. 00	11. 87
17 宁高新 （145821）	101. 802	361. 00	3. 67	17 鑫科 01 （145826）	90. 000	299. 00	2. 49
17 中泰 F2 （145828）	100. 715	251. 00	2. 53	17 麒麟 01 （145829）	97. 501	150. 00	1. 46
17 虞资 01 （145831）	101. 335	2640. 00	26. 68	17 泰交 02 （145833）	102. 323	450. 00	4. 53
17 红日 01 （145836）	97. 597	210. 00	2. 08	17 彭统建 （145837）	97. 000	91. 09	0. 88
17 洛新 03 （145840）	101. 524	2204. 40	22. 39	H 精功 05 （145841）	33. 670	15. 00	0. 05
17 方正 C2 （145842）	100. 000	2401. 40	24. 18	17 湖州 01 （145843）	101. 720	552. 90	5. 66
17 晋路 01 （145844）	101. 184	3517. 00	35. 46	17 港闸 02 （145845）	100. 000	40. 00	0. 40
17 国融 01 （145846）	100. 446	810. 00	8. 15	17 剑江 03 （145847）	101. 211	120. 00	1. 20
17 新源 01 （145848）	100. 000	130. 00	1. 30	17 华阔 02 （145849）	100. 000	200. 00	2. 00
18 安通 02 （145851）	98. 974	114. 00	1. 13	17 兴业 F1 （145852）	100. 561	310. 00	3. 13
17 振浔 01 （145853）	99. 977	378. 00	3. 78	17 中金 05 （145855）	100. 726	380. 00	3. 84
17 响水债 （145858）	100. 000	241. 50	2. 41	17 民生 C3 （145859）	100. 327	140. 00	1. 41
17 华汽 05 （145860）	99. 476	289. 00	2. 87	17 台商债 （145861）	101. 200	785. 00	7. 93
17 银河 F9 （145862）	100. 893	640. 00	6. 46	17 锡交 01 （145864）	102. 414	660. 00	6. 69
17 启迪 01 （145865）	103. 000	28. 00	0. 24	17 新港 03 （145866）	100. 140	1100. 00	11. 00
17 康富 03 （145867）	99. 773	300. 00	3. 00	17 信投 F2 （145868）	100. 729	582. 50	5. 90
17 财富 01 （145869）	101. 157	310. 00	3. 14	17 常经 01 （145870）	101. 298	40. 00	0. 40
17 中信 C3 （145871）	101. 296	370. 00	3. 75	17 中信资 （145873）	103. 413	150. 00	1. 55
17 亭公 02 （145874）	100. 492	300. 00	3. 03	17 汇盛 03 （145875）	103. 505	192. 00	1. 96
17 惠基 02 （145876）	101. 909	326. 60	3. 34	H 精功 04 （145878）	105. 540	283. 50	2. 77
17 方程 01 （145880）	100. 501	60. 00	0. 60	17 兴化债 （145881）	101. 264	205. 00	2. 06
17 蒙中 01 （145882）	100. 879	670. 00	6. 78	17 中天 01 （145883）	101. 887	472. 00	4. 76
17 恒盛 02 （145884）	100. 164	789. 00	7. 90	17 阳煤 01 （145885）	100. 193	775. 00	7. 79
17 阳煤 02 （145886）	101. 431	514. 00	5. 22	17 河钢 01 （145887）	100. 181	592. 00	5. 96
17 濮阳 01 （145892）	100. 794	670. 00	6. 72	17 申太 01 （145893）	100. 000	286. 00	2. 86
17 淮交控 （145896）	101. 904	654. 00	6. 62	17 盘江 01 （145897）	100. 623	1239. 10	12. 47
17 物流 04 （145898）	100. 000	90. 70	0. 91	17 招商 C1 （145899）	100. 224	320. 00	3. 23
17 旭杰转 （145900）	100. 000	0. 90	0. 01	PR17 远 1A （146016）	18. 191	200. 00	0. 72
17 远东 1B （146017）	100. 945	300. 00	3. 03	PR 租 A3 （146042）	24. 456	336. 00	1. 01

债券成交
Bond Trading

债券简称（代码）Bond Name(Code)	本年收盘（元）Close（yuan）	成交数量（万张）Trading Vol（10000 lots）	成交金额（亿元）Trading Value（100M yuan）	债券简称（代码）Bond Name（Code）	本年收盘（元）Close（yuan）	成交数量（万张）Trading Vol（10000 lots）	成交金额（亿元）Trading Value（100M yuan）
PR 租 A4（146043）	75.375	156.00	1.56	PR 诚 1A3（146051）	4.550	68.00	0.61
PR 诚 1 优 B（146052）	51.080	64.00	0.64	PR17A（146056）	17.460	532.50	1.53
17 亿燃 A5（146092）	100.000	120.00	1.20	17 亿燃 A6（146093）	99.855	60.00	0.60
乌经开 05（146119）	101.780	87.00	0.89	PR 优先（146207）	99.354	240.00	2.44
17 聚 02B1（146212）	100.241	105.00	1.05	17 聚 02B2（146213）	96.197	5.75	0.06
17 遵义 06（146220）	102.115	27.00	0.28	17 遵义 08（146222）	103.062	30.00	0.31
恒信 04 优（146248）	102.472	165.00	1.69	PR01A3（146252）	60.116	62.00	0.63
鄂黄桥 03（146268）	100.500	148.50	1.49	汇金 2A3（146281）	100.000	20.00	0.20
武夷优 01（146283）	100.778	50.00	0.50	武夷优 02（146284）	101.579	73.00	0.74
17 临热 05（146310）	100.000	150.00	1.50	17 临热 06（146311）	100.015	180.00	1.80
黄公交 05（146322）	100.000	141.60	1.42	PRG 桑德（146326）	90.374	90.20	0.82
青兰路 03（146333）	100.230	100.00	1.00	青兰路 05（146335）	100.490	53.70	0.54
17 远东 2B（146377）	100.250	120.00	1.20	PR 平安 1A（146380）	1.946	250.00	0.39
PR 易鑫 B（146426）	22.242	120.00	1.21	PR 优 01（146521）	83.326	120.00	1.20
番雅优 02（146522）	100.057	293.00	2.93	PR 百新 1B（146543）	17.710	11.80	0.06
美凯龙 1B（146551）	102.203	340.00	3.47	光谷 D（146600）	102.600	121.00	1.22
上实 6A6（146607）	100.263	44.00	0.45	上实 6B（146608）	100.800	11.00	0.11
上实 6 次（146609）	97.088	559.00	5.57	厦工院 05（146614）	100.000	116.00	1.16
17 畅星 01（146616）	102.278	100.00	1.02	PR 平安 2A（146659）	17.820	230.00	0.79
17 远东 3B（146666）	99.971	90.00	0.90	PR17A（146700）	99.468	200.00	2.00
PR01A6（146709）	94.450	50.00	0.47	17 聚 03B1（146796）	100.610	135.00	1.36
17 聚 03B2（146797）	100.000	5.70	0.06	仪师 04（146806）	101.000	42.00	0.42
PRA2（146817）	13.954	672.40	0.94	PRA4（146859）	100.461	1890.00	18.99
17 汇融次（146862）	100.000	640.00	6.40	新湖优 A（146878）	100.000	188.00	1.88
新湖优 B（146879）	100.000	177.00	1.77	17 辽宁 18（147080）	100.000	50.00	0.51
17 贵州 17（147089）	100.000	200.00	2.02	17 福建 22（147161）	100.000	130.00	1.35
17 安徽 17（147169）	98.000	0.10	0.00	17 湖北 29（147180）	109.100	89.74	0.98
17 北京 16（147194）	100.000	100.00	1.02	17 天津 25（147205）	100.000	50.00	0.51
18 广西 04（147232）	100.000	180.00	1.88	18 贵州 01（147239）	100.000	100.00	1.02
18 贵州 02（147240）	100.000	300.00	3.14	18 河北 01（147243）	100.000	50.00	0.51
18 山东 01（147251）	100.000	150.00	1.55	18 辽宁 05（147259）	100.000	50.00	0.52
18 山西 02（147262）	100.000	50.00	0.51	18 广东 02（147265）	100.000	60.00	0.61
18 河北 07（147290）	100.000	50.00	0.51	18 贵州 09（147297）	100.000	100.00	1.01
18 安徽 01（147301）	100.000	150.00	1.53	18 四川 04（147306）	100.000	210.00	2.14
18 浙江 02（147328）	102.500	284.53	2.91	18 海南 04（147332）	100.000	240.00	2.47
18 贵州 13（147335）	102.480	160.00	1.66	18 新疆 06（147338）	100.000	480.00	5.03
18 宁波 05（147348）	100.000	20.00	0.20	18 广西 09（147366）	102.690	229.00	2.33
18 上海 06（147373）	99.300	19.07	0.19	18 云南 14（147390）	100.000	60.00	0.62
18 湖南 13（147392）	100.000	100.00	1.01	18 湖南 14（147393）	100.000	100.00	1.04
18 江苏 09（147411）	100.000	450.00	4.56	18 海南 07（147416）	99.880	80.00	0.82
18 龙江 16（147439）	100.000	20.00	0.21	18 甘肃 09（147441）	100.000	20.00	0.20
18 广西 14（147448）	100.000	50.00	0.53	18 安徽 09（147450）	100.000	50.00	0.51
18 浙江 12（147465）	100.000	90.00	0.92	18 浙江 13（147466）	104.040	10.00	0.10
18 北京 05（147467）	100.000	30.00	0.31	18 北京 06（147468）	102.980	67.40	0.69
18 北京 07（147469）	100.000	160.00	1.65	18 北京 09（147471）	100.000	970.00	9.98
18 四川 18（147472）	100.000	43.00	0.44	18 四川 19（147473）	102.900	130.00	1.34
18 河北 37（147484）	102.800	89.08	0.91	18 河北 38（147485）	100.000	10.00	0.10
18 河北 39（147486）	99.900	180.00	1.85	18 河北 40（147487）	102.800	71.10	0.73
18 湖北 11（147488）	101.140	840.00	8.53	18 湖北 12（147489）	99.900	115.00	1.19
18 陕西 24（147492）	100.070	30.00	0.30	18 陕西 25（147493）	100.000	250.00	2.58

债券成交 Bond Trading

债券简称（代码）Bond Name(Code)	本年收盘（元）Close (yuan)	成交数量（万张）Trading Vol (10000 lots)	成交金额（亿元）Trading Value (100M yuan)	债券简称（代码）Bond Name (Code)	本年收盘（元）Close (yuan)	成交数量（万张）Trading Vol (10000 lots)	成交金额（亿元）Trading Value (100M yuan)
18山西14（147510）	103.000	160.57	1.68	18天津27（147518）	100.000	50.00	0.51
18天津29（147520）	100.000	30.00	0.30	18山东14（147524）	101.110	540.00	5.49
18山东15（147525）	101.110	543.00	5.53	18山东16（147526）	100.000	50.00	0.51
18山东17（147527）	100.000	230.00	2.34	18辽宁15（147528）	100.000	70.00	0.71
18宁波09（147530）	100.950	20.00	0.21	18宁波10（147531）	100.000	40.00	0.41
18宁波14（147535）	100.000	30.00	0.31	18江西19（147540）	99.900	110.00	1.13
18上海07（147548）	100.580	100.00	1.02	18上海08（147549）	103.310	10.00	0.10
18上海10（147551）	104.600	109.52	1.14	18上海11（147552）	100.000	40.00	0.42
18上海12（147553）	100.000	200.00	2.04	18上海13（147554）	100.000	644.00	6.64
18上海14（147555）	100.000	350.00	3.66	18福建16（147560）	100.000	130.00	1.38
18海南11（147562）	100.000	30.00	0.30	18河南25（147564）	100.000	40.00	0.41
18河南27（147566）	100.000	40.00	0.41	18广东35（147576）	100.500	20.00	0.20
18广东36（147577）	103.320	80.00	0.83	18四川30（147578）	100.000	120.00	1.25
18辽宁17（147585）	100.840	386.89	3.91	18辽宁18（147586）	100.000	10.00	0.10
18重庆13（147592）	103.800	82.75	0.86	18重庆14（147593）	100.000	460.00	4.71
18四川31（147595）	104.090	360.00	3.73	18四川32（147596）	100.000	410.00	4.17
18吉林05（147602）	100.000	100.00	1.02	18吉林08（147605）	102.200	20.25	0.21
18浙江04（147609）	100.000	180.00	1.85	18陕西21（147615）	102.500	20.00	0.20
18河南07（147621）	100.000	150.00	1.54	18河南11（147625）	100.000	50.00	0.52
18河南12（147626）	100.000	200.00	2.03	18河南15（147629）	100.000	220.00	2.26
18河南21（147635）	100.000	200.00	2.05	18天津16（147639）	100.000	300.00	3.04
18天津17（147640）	100.000	110.00	1.11	18天津19（147642）	100.000	180.00	1.86
18天津22（147645）	100.000	50.00	0.51	18内蒙16（147656）	100.000	210.00	2.13
18内蒙19（147659）	100.000	700.00	7.58	18贵州20（147662）	106.150	74.41	0.77
18青岛06（147678）	102.970	22.67	0.23	18浙江08（147680）	101.200	360.00	3.64
18浙江09（147681）	100.000	30.00	0.31	18浙江11（147683）	100.000	40.00	0.41
18山东10（147692）	101.200	190.00	1.93	18山东11（147693）	100.000	90.00	0.92
18山东12（147694）	100.000	20.00	0.20	18河北26（147695）	101.200	130.00	1.32
18天津10（147702）	100.000	330.00	3.38	18龙江08（147716）	103.920	20.05	0.21
18江西10（147725）	102.210	50.00	0.52	18江西12（147727）	104.000	194.95	2.03
18云南08（147740）	100.000	100.00	1.01	18云南09（147741）	100.000	50.00	0.51
18四川06（147745）	100.000	250.00	2.55	18四川07（147746）	103.550	50.01	0.52
18龙江10（147753）	100.000	115.22	1.19	18大连06（147759）	103.020	94.52	0.98
18陕西14（147763）	105.200	252.11	2.61	18陕西15（147764）	100.000	50.00	0.51
18陕西16（147765）	100.000	20.00	0.21	18陕西17（147766）	102.480	350.00	3.59
18福建10（147771）	103.850	113.65	1.18	18安徽06（147777）	102.000	117.00	1.19
18安徽08（147779）	101.610	300.00	3.07	18河北13（147781）	100.000	120.00	1.23
18河北14（147782）	100.000	50.00	0.51	18河北16（147784）	100.000	50.00	0.51
18河北20（147788）	100.000	90.00	0.93	17龙江16（147806）	100.000	26.00	0.28
17湖南11（147833）	100.000	220.00	2.25	18云南02（147848）	100.000	30.00	0.32
18福建01（147854）	100.000	100.00	1.01	18福建04（147857）	102.500	75.94	0.78
18辽宁07（147864）	100.000	30.00	0.30	18内蒙07（147868）	101.000	3.55	0.04
18云南04（147879）	101.940	77.00	0.78	18云南07（147882）	100.000	150.00	1.56
18河南01（147889）	100.000	100.00	1.02	18河南02（147890）	100.000	100.00	1.03
18天津01（147892）	100.000	200.00	2.02	18天津02（147893）	100.000	300.00	3.08
18天津03（147894）	100.000	590.00	6.11	17天津23（147905）	100.950	10.00	0.10
17宁波12（147910）	100.000	10.00	0.10	17宁波19（147917）	100.000	10.00	0.10
17山东24（147933）	99.980	50.00	0.51	17山东26（147935）	100.000	50.00	0.51
17河南14（147937）	100.000	200.00	2.04	17河南23（147946）	100.000	10.00	0.10
17内蒙08（147955）	102.210	6.85	0.07	PR优2（149025）	63.500	30.00	0.19

债券成交
Bond Trading

债券
Bond

债券简称（代码）Bond Name(Code)	本年收盘（元）Close（yuan）	成交数量（万张）Trading Vol（10000 lots）	成交金额（亿元）Trading Value（100M yuan）	债券简称（代码）Bond Name（Code）	本年收盘（元）Close（yuan）	成交数量（万张）Trading Vol（10000 lots）	成交金额（亿元）Trading Value（100M yuan）
光租 1B（149047）	100.250	146.56	1.47	17 云城 A（149051）	101.590	100.00	1.02
17 云城 B（149052）	100.000	134.60	1.35	PR01A2（149055）	3.756	273.00	0.80
借呗 49A1（149086）	100.408	280.00	2.81	借呗 49B（149088）	106.953	20.00	0.21
铁建 002A（149106）	100.544	105.00	1.06	佳源优 02（149118）	100.000	67.50	0.68
18 花 01A1（149127）	100.138	60.00	0.60	花呗 55A1（149130）	100.137	90.00	0.90
18 花 02A1（149132）	100.230	40.00	0.40	18 花 04A1（149138）	100.145	186.00	1.86
18 花 04B（149140）	106.953	20.80	0.22	PR 五 A（149148）	28.960	10.00	0.06
平安五 B（149149）	101.485	30.00	0.30	PR 优 02（149158）	52.850	20.00	0.20
彩 1 优 3（149159）	102.698	30.00	0.31	PR17 四 4A（149166）	34.717	20.00	0.10
PRJC02A2（149200）	50.860	140.37	1.40	17JC02C（149202）	99.758	60.00	0.60
PR1A（149210）	24.368	117.00	0.45	保利 R1 优（149212）	101.597	465.30	4.68
保利 R1 次（149213）	100.000	171.70	1.72	18 中安优（149233）	101.010	50.00	0.51
18 光明 B（149238）	102.916	48.00	0.49	PR 青 3A3（149242）	37.490	125.60	0.73
18 花 05A1（149246）	100.144	220.00	2.20	花呗 56A1（149251）	100.112	110.00	1.10
18 金辉 1A（149254）	100.000	796.80	7.88	松江 A7（149276）	105.124	100.00	1.05
花呗 57B（149283）	107.164	10.00	0.11	PR02A2（149295）	37.707	180.00	0.68
PR02A3（149296）	1.515	145.00	0.84	18 花呗 3B（149314）	100.154	60.00	0.60
花呗 59B（149320）	104.246	60.00	0.63	PR 聚 01A2（149325）	29.630	546.00	3.88
18 聚 01A3（149326）	101.399	48.00	0.49	18 聚 01B1（149327）	97.731	180.00	1.76
PR18 易 2A（149336）	12.030	122.00	0.37	18 易鑫 2B（149337）	101.090	50.00	0.51
PR 康 3A4（149361）	54.210	223.89	1.50	康富 3B（149362）	100.000	135.40	1.35
财通 07（149371）	100.001	156.00	1.56	金供链优（149376）	99.692	635.30	6.36
18 花 06A1（149380）	100.124	480.00	4.82	18 花 06A2（149381）	100.169	90.00	0.90
18 花 06B（149382）	104.464	20.00	0.21	18 花 07B（149385）	105.071	30.00	0.31
18 花 08A1（149386）	100.458	80.00	0.80	18 花 08B（149388）	106.176	32.00	0.34
18 花 09A2（149390）	100.208	240.00	2.41	18 花 09B（149391）	104.179	100.00	1.04
PR 平安 1A（149409）	10.440	60.00	0.06	PR18 平 1B（149410）	68.360	8.00	0.06
宁远 03A3（149419）	100.122	30.00	0.30	宁远 03A4（149420）	100.411	200.00	2.01
18 远东 B（149429）	100.000	190.00	1.92	PR 春 3 优（149443）	27.169	1930.00	19.12
蚂蚁 01A1（149445）	100.402	32.40	0.33	蚂蚁 01A2（149446）	100.003	16.80	0.17
18 花呗 2A（149448）	100.199	350.00	3.51	PR 花 3B（149452）	23.625	130.00	1.31
PRX7A4（149462）	60.190	4.39	0.03	诚泰 03B（149481）	99.039	10.00	0.10
诚泰 03C（149482）	100.000	42.00	0.42	正荣优（149484）	100.000	736.80	7.37
PRZR2 优 A（149486）	5.740	62.00	0.63	百新 2C（149504）	100.000	2.00	0.02
借呗 50A1（149506）	100.663	50.00	0.50	借呗 50B（149508）	107.983	17.25	0.19
高供水 01（149509）	100.028	12.00	0.12	高供水 02（149510）	99.200	31.00	0.31
18 荣发 02（149550）	100.000	50.00	0.50	18 荣发 03（149551）	100.000	160.00	1.60
宁远 04A1（149553）	100.027	665.00	6.66	同煤联 01（149555）	100.081	150.00	1.50
宁远 04A4（149557）	100.888	100.00	1.01	18 新城 1A（149562）	95.015	3009.72	29.56
PR 京蓝优（149568）	66.500	592.86	4.31	豫盛 2B（149583）	100.850	720.00	7.26
18 花 10A2（149586）	100.220	240.00	2.41	18 花 11A1（149588）	100.068	120.00	1.20
18 花 12A1（149591）	101.100	1080.00	10.91	18 花 12B（149593）	100.271	163.00	1.63
华鑫融 1A（149598）	101.552	110.00	1.12	18 花呗 4B（149606）	100.260	147.00	1.47
PR18 汇 A2（149609）	59.182	510.00	3.02	18 汇融 A3（149610）	102.350	520.00	5.33
18 汇融 B（149611）	101.905	600.00	6.11	18 汇融 C（149612）	102.902	7.50	0.08
18 汇融次（149613）	100.010	63.00	0.63	借呗 51A2（149615）	100.426	136.00	1.37
PR 亚中 02（149619）	70.480	66.00	0.61	18 亚中 03（149620）	101.000	39.50	0.40
18 亚中 04（149621）	99.460	43.50	0.43	18 亚中 05（149622）	100.000	172.00	1.72
18 亚中 06（149624）	100.000	228.00	2.28	18 领昱次（149630）	100.000	100.00	1.00
花呗 60A1（149637）	101.243	124.50	1.27	花呗 60B（149639）	101.911	7.00	0.07

债券成交 Bond Trading

债券简称（代码）Bond Name(Code)	本年收盘（元）Close (yuan)	成交数量（万张）Trading Vol (10000 lots)	成交金额（亿元）Trading Value (100M yuan)	债券简称（代码）Bond Name (Code)	本年收盘（元）Close (yuan)	成交数量（万张）Trading Vol (10000 lots)	成交金额（亿元）Trading Value (100M yuan)
PR平租3A（149640）	15.593	130.00	0.45	一局次（149646）	100.000	68.46	0.68
PR18优（149649）	61.730	14.70	0.13	18联储A（149651）	100.246	30.00	0.30
18联储B（149652）	100.400	242.00	2.43	逸锟01A（149654）	99.866	295.00	2.96
PR汇01（149656）	99.203	300.00	3.00	PR易鑫3A（149660）	11.460	138.00	0.78
PR湖01（149675）	50.332	60.00	0.60	青山湖02（149676）	101.825	80.00	0.81
青山湖03（149677）	103.676	173.00	1.78	青山湖04（149678）	100.500	50.00	0.50
璀璨2A（149684）	100.132	160.00	1.60	借呗52A1（149687）	100.168	420.00	4.22
借呗52A2（149688）	100.438	140.00	1.41	借呗53A1（149690）	100.215	883.00	8.87
PR2A1（149693）	82.160	300.00	2.46	PR2A2（149694）	49.922	198.66	1.17
18光大优（149702）	100.210	290.00	2.90	PR工诚1A（149704）	43.745	1112.65	8.61
PR01优（149707）	70.681	14.75	0.15	邹热03（149712）	100.509	25.00	0.25
邹热04（149713）	99.385	42.00	0.42	邹热05（149714）	99.661	48.00	0.48
宁远05A2（149732）	100.141	240.00	2.40	金地01A（149739）	100.250	70.00	0.70
PR亿家A2（149742）	50.994	20.00	0.17	资源1A（149751）	100.005	350.00	3.50
资源1C（149753）	100.000	60.00	0.60	津逸锟1A（149755）	99.660	318.11	3.13
18红企优（149764）	99.994	856.58	8.58	18花呗5A（149787）	100.203	230.00	2.31
18花呗5B（149788）	100.435	72.00	0.72	18花呗5C（149789）	105.984	91.60	0.96
PR金融优（149792）	103.750	170.00	1.76	金地02A（149794）	100.136	204.20	2.04
PR1A（149798）	61.510	1467.95	13.57	PRZR3优A（149800）	9.993	120.00	1.21
PR永达1A（149803）	18.590	100.00	0.68	借呗54A1（149805）	100.072	850.00	8.54
借呗54A2（149806）	100.414	240.00	2.41	借呗55A1（149808）	100.125	972.00	9.76
借呗55A2（149809）	100.530	70.00	0.70	借呗56A1（149811）	100.160	400.00	4.01
借呗56A2（149812）	100.581	100.00	1.01	借呗57A1（149814）	100.442	200.00	2.01
借呗57B（149816）	105.514	146.65	1.53	PR昌西02（149818）	56.820	16.00	0.16
昌西03（149819）	102.014	18.00	0.18	昌西04（149820）	103.466	21.00	0.22
昌西05（149821）	104.359	22.00	0.23	昌西06（149822）	104.999	24.00	0.25
昌西07（149823）	104.920	25.00	0.26	昌西08（149824）	104.727	28.00	0.29
昌西09（149825）	104.944	30.00	0.31	PR大华A（149827）	101.850	140.00	1.43
18大华B（149828）	102.387	10.00	0.10	PR08A3（149834）	72.573	150.00	1.51
PR易鑫4A（149836）	11.586	300.00	1.88	18易鑫4B（149837）	101.655	60.00	0.61
18保置优（149841）	102.500	860.00	8.77	PR平租4A（149847）	25.730	120.00	0.53
PR中铝02（149852）	77.513	130.00	1.24	宝联1A（149856）	100.000	24.00	0.24
18花13A1（149858）	101.100	1268.00	12.81	18花13A2（149859）	101.565	60.00	0.61
18花13B（149860）	100.616	180.00	1.81	18花16A1（149867）	100.868	480.00	4.86
18花16B（149869）	100.666	90.00	0.91	18借01A1（149873）	101.120	1060.00	10.72
18借01B（149875）	100.271	70.00	0.70	18借02A1（149876）	101.030	720.00	7.29
18借02B（149878）	104.044	75.00	0.78	18借03A1（149879）	101.301	280.00	2.84
18借03B（149881）	100.616	85.00	0.86	18借04A1（149882）	101.306	210.00	2.13
18借05A1（149885）	101.119	810.00	8.17	18借05B（149887）	100.271	68.00	0.68
18红星1A（149897）	100.000	1359.48	13.67	中交三次（149908）	100.000	121.00	1.21
花呗62A1（149909）	100.936	734.00	7.43	花呗62B（149911）	104.793	201.50	2.10
花呗61A1（149912）	100.950	1400.00	14.18	花呗61B（149914）	103.821	145.95	1.50
金地03A（149918）	100.211	30.00	0.30	18花呗6A（149920）	100.098	544.00	5.45
18花呗6B（149921）	100.360	120.00	1.20	18建花A（149933）	100.988	600.00	6.07
18建花C（149935）	106.014	153.00	1.59	18借呗1A（149936）	100.933	280.00	2.83
18借呗1C（149938）	101.332	100.00	1.01	18借呗2A（149939）	101.062	480.00	4.86
18借呗2C（149941）	100.666	168.75	1.70	PR鹭01A1（149944）	24.300	170.00	1.53
18鹭01A3（149946）	100.139	15.27	0.15	华润3优2（149963）	100.280	409.00	4.12
璀璨4A（149969）	100.149	130.00	1.30	PRX8A2（149971）	30.990	190.00	1.14
AUX8A3（149972）	100.000	60.00	0.60	PR平安6A（149977）	34.708	383.00	2.55

债券成交 Bond Trading

债券 Bond

债券简称（代码） Bond Name(Code)	本年收盘（元） Close (yuan)	成交数量（万张） Trading Vol (10000 lots)	成交金额（亿元） Trading Value (100M yuan)	债券简称（代码） Bond Name (Code)	本年收盘（元） Close (yuan)	成交数量（万张） Trading Vol (10000 lots)	成交金额（亿元） Trading Value (100M yuan)
PR09 优（149982）	15.820	50.00	0.17	PR18 京 5A（149984）	15.990	320.00	1.18
花呗 64A1（149990）	101.433	650.00	6.59	花呗 64B（149992）	104.773	280.63	2.91
花呗 65A1（149993）	101.504	388.00	3.94	花呗 65B（149995）	103.689	66.40	0.68
18 建花 2A（149997）	100.936	430.00	4.32	18 建花 2B（149998）	100.400	150.00	1.51
18 建花 2C（149999）	104.733	226.10	2.33	17 浙商 03（150001）	100.237	420.00	4.24
17 华融 F1（150004）	100.921	343.50	3.50	17 淮矿 01（150005）	102.011	707.00	7.23
17 黄发 01（150009）	101.847	870.00	8.80	17 黄发 02（150011）	101.908	630.00	6.37
17 公投 01（150012）	101.768	678.70	6.86	17 通高新（150013）	102.692	720.00	7.35
17 伟控 01（150016）	98.442	20.00	0.20	17 方圆 01（150018）	100.000	555.00	5.55
17 银河 11（150019）	100.802	190.00	1.93	17 方正 01（150024）	99.985	300.00	2.99
17 府谷 01（150027）	100.000	280.00	2.83	17 鲁水 01（150028）	101.429	916.00	9.30
17 镇新债（150029）	99.913	910.00	9.08	17 振浔 02（150030）	100.010	145.00	1.45
17 苏宁 07（150031）	99.973	707.00	7.08	17 江城 01（150034）	102.000	300.00	3.09
17 中信 04（150035）	100.207	100.00	1.00	17 铜城 01（150039）	100.000	250.00	2.51
17 任兴 01（150043）	101.244	145.00	1.46	17 永泰 01（150048）	2.953	80.00	0.14
17 平投债（150050）	100.800	555.00	5.58	17 华置 F1（150051）	100.940	1465.00	14.74
17 金灌债（150052）	99.100	170.00	1.71	18 红河 01（150053）	99.857	190.00	1.90
17 红日 03（150054）	100.459	90.00	0.90	17 青投债（150056）	93.500	630.00	6.13
17 西南 C1（150058）	101.559	583.20	5.94	17 通滨海（150059）	101.630	990.00	10.04
17 顾家 02（150062）	99.000	150.00	1.46	17 振浔 03（150064）	100.010	15.00	0.15
PR 蓝天债（150066）	50.000	287.20	2.86	G17 启迪 2（150070）	98.270	158.00	1.57
18 惠金债（150076）	100.360	150.00	1.51	18 桂交投（150077）	101.171	320.00	3.24
18 招商 C1（150078）	100.863	340.00	3.44	18 寿光 01（150079）	101.951	350.00	3.58
18 漳九 01（150083）	102.604	160.00	1.65	18 顾家 01（150086）	99.000	272.00	2.71
18 鲁胜 01（150088）	100.000	58.60	0.56	18 开滦 01（150089）	102.309	214.00	2.17
18 银河 F1（150090）	100.438	1460.00	14.81	18 银河 F2（150091）	102.981	80.00	0.82
18 崇川 01（150092）	101.138	201.00	2.02	18 光证 02（150094）	100.479	143.00	1.45
18 兴业 F1（150095）	101.741	296.00	3.03	18 招商 C2（150097）	100.359	660.00	6.66
18 溧水 01（150098）	102.218	460.00	4.67	18 华友 01（150099）	100.086	60.00	0.60
18 台基 01（150100）	102.502	170.00	1.75	18 滨海 01（150102）	101.601	660.00	6.81
18 淮资 01（150103）	100.525	475.00	4.78	18 浙商 C1（150104）	100.000	10.00	0.10
18 东吴 F1（150105）	102.331	76.00	0.78	18 民生 F1（150106）	100.128	831.00	8.33
18 民生 F2（150107）	102.009	103.00	1.05	18 海门 01（150108）	102.870	80.00	0.82
18 方正 01（150109）	20.828	360.00	2.58	18 方正 02（150110）	40.000	1244.50	12.18
18 中金 01（150111）	100.346	70.00	0.71	18 中金 02（150112）	102.864	170.00	1.75
18 桂金 01（150113）	100.026	100.00	1.00	18 方正 C1（150114）	100.410	230.00	2.33
18 昌吉 01（150117）	103.680	647.00	6.70	18 粤铁 01（150118）	100.452	40.00	0.40
18 阿尔特（150119）	100.710	10.00	0.10	18 公投 01（150120）	102.587	230.00	2.35
18 晋交 01（150121）	103.252	1251.00	12.90	18 龙控 01（150123）	100.261	2730.00	27.48
18 水产 01（150124）	98.600	299.90	3.00	18 中泰 F1（150126）	102.308	320.00	3.30
18 雨花 01（150129）	103.055	370.00	3.82	18 海门 02（150130）	103.295	170.00	1.75
18 东兴 01（150131）	100.220	451.00	4.54	18 科投 01（150132）	100.000	220.00	2.23
18 汇通 01（150135）	100.024	60.00	0.60	18 临淄 01（150136）	100.300	560.00	5.61
18 江水 01（150137）	104.929	410.00	4.26	18 融盛 02（150139）	101.470	959.00	9.63
18 义乌 01（150140）	100.643	2615.00	26.55	18 川铁 01（150141）	102.608	910.00	9.57
18 建租 01（150142）	100.010	640.00	6.47	18 镇交 01（150144）	100.267	709.00	7.09
18 明诚 01（150145）	100.830	100.00	1.01	18 银河 F3（150146）	100.457	282.00	2.86
18 银河 F4（150147）	102.181	213.00	2.19	18 华安 01（150148）	96.400	313.72	3.06
18 华融 F1（150149）	102.235	1129.00	11.58	18 德清 01（150150）	101.792	960.00	9.81
18 云锡 01（150153）	100.449	150.00	1.51	18 顾家 03（150157）	80.300	28.00	0.27

债券成交 Bond Trading

债券 Bond

债券简称（代码）Bond Name(Code)	本年收盘（元）Close (yuan)	成交数量（万张）Trading Vol (10000 lots)	成交金额（亿元）Trading Value (100M yuan)	债券简称（代码）Bond Name (Code)	本年收盘（元）Close (yuan)	成交数量（万张）Trading Vol (10000 lots)	成交金额（亿元）Trading Value (100M yuan)
18 邦信 02（150160）	99.997	940.00	9.50	18 汇通 02（150162）	100.136	45.00	0.45
18 高投 01（150163）	104.000	640.00	6.62	18 协信 01（150164）	100.000	381.27	3.56
18 旭辉 01（150166）	101.302	340.00	3.43	18 旭辉 02（150167）	101.635	400.00	4.07
18 三盛 01（150168）	100.000	700.00	7.01	18 三盛 02（150169）	100.000	1565.60	15.67
18 九通 01（150170）	100.215	455.00	4.56	18 华泰 C1（150175）	101.100	95.00	0.96
18 山钢 01（150176）	100.510	1232.00	12.48	18 华发 01（150181）	100.663	1832.00	18.57
18 财通 C1（150183）	101.551	300.00	3.05	18 连金 01（150185）	101.517	20.00	0.20
18 大同 02（150186）	100.800	74.00	0.75	18 信投 F1（150187）	100.422	882.00	8.90
18 明诚 02（150188）	100.850	194.13	1.95	18 同煤 01（150191）	100.462	5353.00	53.99
18 云投 01（150194）	101.144	40.00	0.40	18 滨海 02（150196）	101.602	1610.00	16.37
18 建租 02（150197）	100.483	210.00	2.13	18 鲁钢 01（150198）	100.414	1109.00	11.12
18 大宁 01（150199）	102.296	684.00	7.01	18 首创 C1（150203）	100.270	278.00	2.79
18 鲁金 01（150204）	103.720	100.00	1.04	18 联储 D1（150205）	100.070	80.00	0.80
18 绿城 03（150206）	100.488	300.00	3.03	18 绿城 04（150207）	102.411	1752.00	17.96
18 中投 01（150208）	102.761	930.00	9.61	18 柯建 01（150209）	100.000	40.00	0.40
18 柯建 02（150210）	102.778	555.00	5.65	18 龙控 02（150211）	100.421	746.50	7.52
18 平投 01（150212）	101.006	210.00	2.13	18 富通 01（150213）	100.000	49.00	0.49
18 蓝光 02（150215）	100.000	861.40	8.61	18 滁城 01（150218）	102.919	240.00	2.47
18 中宝 01（150219）	96.700	509.00	4.95	18 漳九 02（150220）	105.876	1270.00	13.07
18 平证 01（150221）	101.290	160.00	1.63	18 九通 02（150222）	100.389	2356.04	23.62
18 溧水 02（150223）	103.245	370.00	3.82	18 韩投 01（150224）	100.000	520.00	5.19
18 淮矿 01（150225）	102.533	704.00	7.20	18 川铁 02（150226）	104.602	340.00	3.56
18 金凤 01（150228）	102.042	38.50	0.39	18 相城 01（150232）	104.732	480.00	4.96
18 国金 01（150233）	101.296	290.00	2.94	18 国金 02（150234）	101.979	385.00	3.96
18 吴开 01（150235）	102.437	290.00	2.97	18 薛城 01（150240）	97.700	49.84	0.49
18 绍兴 01（150241）	102.770	420.00	4.33	18 鲁胜 02（150243）	100.000	74.40	0.74
18 绵投 01（150245）	103.090	2886.00	29.80	G18 湖州 1（150246）	102.620	227.00	2.33
18 滨江 01（150247）	102.320	910.00	9.39	18 卓越 01（150249）	100.338	40.00	0.40
18 桂金 02（150251）	100.529	464.00	4.65	18 川铁 03（150252）	102.508	140.00	1.45
18 凉山 01（150253）	100.581	104.00	1.04	18 海资 01（150254）	102.096	370.00	3.78
18 云投 03（150255）	100.471	2779.00	28.12	18 宜春 02（150259）	100.758	1040.00	10.53
18 方正 03（150262）	99.122	560.00	5.58	18 雨花 02（150264）	103.497	192.00	1.98
18 新港 01（150265）	101.459	130.00	1.31	S18 云电 1（150268）	100.594	603.00	6.04
18 东兴 02（150271）	102.460	492.00	5.05	18 乳山 01（150272）	100.000	469.00	4.70
18 建租 03（150274）	100.566	574.00	5.80	18 台基 02（150275）	102.778	984.00	10.14
18 山钢 03（150276）	100.900	1685.00	17.10	18 首业 01（150278）	100.586	280.00	2.83
18 首业 02（150279）	102.417	460.00	4.72	18 中信 01（150283）	101.493	360.00	3.65
18 建租 04（150284）	102.264	303.00	3.10	18 东兴 F1（150285）	101.300	60.00	0.61
18 常新 01（150286）	101.160	550.00	5.59	18 常新 02（150287）	103.214	120.00	1.24
18 信投 F2（150288）	101.787	1530.00	15.62	18 海盐 01（150290）	102.981	701.00	7.22
18 苏新 01（150291）	101.121	2298.00	23.37	18 新昌 01（150292）	100.273	720.00	7.24
18 安租 01（150293）	102.870	2046.00	21.04	18 长安 01（150295）	99.998	251.60	2.51
18 财通 C2（150296）	100.465	912.00	9.19	18 寿光 02（150299）	101.035	66.00	0.67
18 义乌 02（150300）	102.860	1590.00	16.39	18 融和 01（150303）	102.923	450.00	4.62
18 桂金 03（150305）	101.005	944.40	9.47	18 浙商 C2（150306）	100.801	630.00	6.36
18 柯建 04（150307）	102.529	560.00	5.65	18 银河 C1（150309）	100.489	230.00	2.32
18 蓝光 06（150312）	100.000	265.00	2.65	18 银河 C2（150314）	101.251	90.00	0.91
18 中金 C1（150315）	104.117	245.00	2.54	18 华融 C1（150317）	101.910	840.00	8.57
18 国联 02（150319）	100.008	180.00	1.81	18 海门 03（150322）	104.110	1461.00	15.08
18 方程 01（150324）	100.637	160.00	1.61	18 邦信 03（150325）	102.469	908.00	9.35

债券成交
Bond Trading

债券
Bond

债券简称（代码） Bond Name(Code)	本年收盘（元） Close (yuan)	成交数量（万张） Trading Vol (10000 lots)	成交金额（亿元） Trading Value (100M yuan)	债券简称（代码） Bond Name (Code)	本年收盘（元） Close (yuan)	成交数量（万张） Trading Vol (10000 lots)	成交金额（亿元） Trading Value (100M yuan)
18 邦信 04 (150326)	100.484	456.00	4.62	18 民生 C1 (150327)	100.950	783.00	7.98
18 民生 C2 (150328)	100.271	320.00	3.22	18 天风 C1 (150330)	101.973	243.40	2.48
18 薛城 02 (150332)	100.350	1572.00	15.68	18 任城 01 (150333)	102.801	400.00	3.99
18 南湖 01 (150337)	100.000	120.00	1.20	18 滨海 03 (150338)	101.370	395.00	4.02
18 青城 01 (150339)	102.329	240.00	2.46	18 青城 02 (150340)	104.202	40.00	0.42
18 东兴 F3 (150342)	101.661	90.00	0.91	18 云港 01 (150343)	102.099	490.00	4.99
18 中泰 F2 (150344)	101.982	346.00	3.53	18 台基 03 (150346)	100.666	530.00	5.38
18 绵投 02 (150347)	103.464	512.00	5.29	18 绍兴 03 (150348)	105.000	330.00	3.46
18 绍兴 04 (150349)	102.183	40.00	0.41	18 恒驰 01 (150350)	99.804	499.50	4.99
18 建租 05 (150352)	103.008	250.00	2.57	18 宝工 02 (150353)	100.000	394.50	3.91
18 泰投 01 (150354)	101.115	210.00	2.12	18 万联 C1 (150355)	100.372	159.40	1.59
18 九联 01 (150356)	99.140	330.00	3.28	18 徐矿 01 (150357)	100.901	2169.00	22.07
18 云锡 02 (150359)	101.055	10.00	0.10	18 公投 02 (150364)	101.250	922.00	9.31
18 黔物 01 (150374)	102.303	90.00	0.92	18 西南 C1 (150375)	101.722	2004.00	20.59
18 长投 01 (150378)	104.488	728.50	7.48	18 杭租 01 (150381)	101.374	220.00	2.22
18 光证 03 (150382)	100.019	190.00	1.90	18 中信 02 (150384)	102.044	161.00	1.64
18 格地 01 (150385)	100.695	70.00	0.70	18 华泰 C2 (150386)	101.446	1167.75	11.91
18 兴业 F2 (150388)	101.375	50.00	0.51	18 信投 D2 (150389)	100.092	110.00	1.10
18 俊发 01 (150390)	100.000	600.00	6.00	18 绿城 05 (150392)	100.836	348.00	3.53
18 金辉 02 (150394)	99.128	3073.00	30.59	18 安租 03 (150395)	102.500	670.00	6.86
18 人居债 (150396)	100.732	2950.00	29.82	18 上虞 01 (150397)	103.650	440.00	4.54
18 先导 01 (150398)	103.108	710.00	7.32	18 龙控 03 (150399)	101.155	605.00	6.13
18 中盐 01 (150402)	102.106	730.00	7.43	18 雨花 03 (150403)	103.315	60.00	0.62
18 平证 03 (150404)	103.079	600.00	6.18	18 天府 01 (150407)	100.500	210.00	2.12
18 东莞 D1 (150408)	100.000	50.00	0.50	18 国发 01 (150410)	102.452	65.00	0.67
18 包钢 01 (150411)	99.916	1146.00	11.46	18 蓝光 09 (150413)	99.981	30.00	0.30
18 银河 C3 (150416)	100.642	1370.00	13.85	18 连金 02 (150418)	100.790	394.00	3.96
18 泛海 F1 (150420)	97.000	400.00	3.93	18 金鑫 01 (150422)	101.000	330.00	3.30
18 海伟 01 (150423)	109.000	47.40	0.48	18 金城 01 (150424)	104.508	129.50	1.34
18 金堂 02 (150425)	101.350	447.00	4.47	18 方正 05 (150428)	99.430	1964.90	19.65
18 常熟 01 (150430)	103.512	540.00	5.59	18 锡交 01 (150431)	102.725	545.00	5.57
18 灵璧债 (150432)	94.500	576.00	5.71	18 融和 02 (150434)	103.395	405.00	4.15
18 东兴 03 (150435)	100.941	992.00	10.06	18 东兴 04 (150436)	100.843	374.00	3.79
18 富力 01 (150437)	99.139	2500.00	25.02	18 山钢 05 (150440)	101.902	1770.80	17.88
18 张投 01 (150441)	103.291	200.00	2.06	18 泰交 01 (150442)	101.047	300.00	3.04
18 华泰 D1 (150443)	100.166	880.00	8.81	18 豫能 01 (150445)	100.249	4300.00	43.02
18 川铁 04 (150447)	105.581	72.00	0.76	18 平证 05 (150448)	100.120	100.00	1.00
18 方正 F1 (150449)	100.000	1743.60	17.63	18 财达 C1 (150450)	100.070	499.60	5.01
18 蒙中 01 (150451)	101.692	7.00	0.07	18 同煤 03 (150452)	100.821	4872.00	49.56
18 融侨 01 (150453)	100.190	511.00	5.10	18 昆租 01 (150454)	102.316	1211.00	12.33
18 射阳 01 (150455)	100.000	597.50	5.98	18 环球 01 (150460)	101.270	180.00	1.82
18 即旅 01 (150461)	101.393	1358.00	13.72	18 中泰 D1 (150462)	100.004	280.00	2.80
18 天山 01 (150464)	99.880	47.50	0.48	18 九通 03 (150466)	100.290	402.13	4.02
18 安租 04 (150467)	102.950	385.00	3.96	18 中银 02 (150468)	101.730	200.00	2.02
18 中证 03 (150470)	100.799	1440.00	14.52	18 常熟 02 (150474)	103.096	500.00	5.16
18 富力 04 (150476)	99.058	720.00	7.19	18 文控 01 (150477)	103.915	200.00	2.06
18 汇川 01 (150480)	99.910	1355.40	13.24	18 华宇 04 (150481)	100.116	180.00	1.80
18 常经 01 (150487)	103.459	40.00	0.41	18 名城 01 (150489)	100.000	226.10	2.26
18 滇中 01 (150491)	102.488	1023.00	10.43	18 蓝光 12 (150495)	100.005	712.00	7.09
18 泛海 F2 (150496)	96.500	220.00	2.12	18 方正 07 (150497)	100.001	270.00	2.70

债券成交 Bond Trading

债券 Bond

债券简称（代码）Bond Name(Code)	本年收盘（元）Close (yuan)	成交数量（万张）Trading Vol (10000 lots)	成交金额（亿元）Trading Value (100M yuan)	债券简称（代码）Bond Name (Code)	本年收盘（元）Close (yuan)	成交数量（万张）Trading Vol (10000 lots)	成交金额（亿元）Trading Value (100M yuan)
18大宁02（150499）	105.098	107.00	1.12	18新昌02（150500）	101.632	534.00	5.38
18中金05（150501）	101.444	230.00	2.33	G18天成1（150502）	101.136	110.00	1.11
18晋交03（150503）	104.416	884.00	9.21	18中金06（150504）	102.360	210.00	2.15
18长安02（150505）	100.399	255.00	2.56	18通泰01（150508）	101.440	367.60	3.72
18安租06（150509）	103.273	2730.00	28.07	18苏交03（150514）	99.431	90.00	0.89
18城发01（150515）	101.886	3273.00	33.20	18新源01（150516）	100.000	100.00	1.00
18申太01（150518）	102.100	50.00	0.51	18宝钛债（150519）	103.335	485.00	4.98
18奥园01（150522）	100.590	2612.00	26.10	G18华昱1（150527）	100.000	80.00	0.80
18中证04（150528）	101.076	960.00	9.71	18华安02（150530）	93.200	1148.10	11.14
18方正F2（150531）	100.136	80.00	0.80	18方正F3（150532）	101.040	177.50	1.80
18信投F3（150533）	101.618	521.00	5.30	18山能01（150535）	103.162	250.00	2.56
18山能02（150536）	101.068	332.00	3.37	18常新03（150538）	101.820	530.00	5.43
18首业03（150540）	101.104	858.00	8.72	18首业04（150541）	102.946	300.00	3.09
18东次01（150542）	101.440	1000.00	10.14	18奥园02（150545）	99.545	3171.00	31.64
18安租05（150546）	101.140	1100.00	11.15	18山能04（150548）	101.163	832.00	8.44
18西能01（150550）	100.089	60.00	0.60	18住宅02（150553）	101.351	520.00	5.30
18汝州01（150556）	100.000	1569.60	15.84	18国兴01（150557）	102.498	230.00	2.35
18常通01（150558）	103.764	805.00	8.36	18嘉兴01（150559）	101.073	1100.00	11.15
18中租01（150561）	101.290	440.00	4.47	18信投F4（150563）	101.593	110.00	1.12
18嘉善01（150564）	102.292	1358.00	13.95	18嘉善02（150565）	105.768	150.00	1.59
18腾冲01（150566）	99.756	556.00	5.53	18青城03（150567）	102.679	1137.00	11.67
H18浩通1（150570）	80.000	1342.80	10.13	18温投01（150572）	102.607	1070.00	10.96
18保置01（150574）	101.229	51.00	0.52	18紫光03（150576）	101.175	310.00	3.15
18如皋债（150577）	104.556	120.00	1.25	18鄂长01（150578）	101.708	140.00	1.41
18常熟03（150579）	103.367	510.00	5.26	18国发02（150580）	101.862	40.00	0.41
18蒙中02（150582）	101.501	855.00	8.64	18包钢02（150583）	100.021	1126.00	11.28
18光证05（150584）	100.990	100.00	1.01	18光证06（150585）	101.392	500.00	5.07
G18青信1（150587）	101.545	664.00	6.71	18长安03（150588）	100.000	664.10	6.65
18皖高债（150589）	101.181	300.00	3.04	18苏高新（150590）	102.077	82.00	0.84
18东兴F4（150592）	101.484	210.00	2.13	18潞矿02（150594）	101.044	1020.00	10.35
18宁新01（150595）	102.630	270.00	2.76	18晟晏01（150597）	100.000	353.50	3.43
18明诚03（150600）	100.000	181.53	1.77	18晋交04（150604）	101.001	3676.60	37.51
18郑地01（150605）	102.023	190.00	1.92	18中租04（150607）	101.114	120.00	1.21
18兴城01（150608）	102.026	1876.50	19.06	18阿地01（150609）	101.487	515.00	5.23
18富力06（150611）	98.679	3513.00	34.94	18富力07（150612）	100.750	1060.00	10.68
18秦发01（150613）	103.871	325.00	3.32	18相城02（150615）	102.108	340.00	3.48
18岳阳01（150616）	104.434	449.00	4.65	18江公01（150617）	103.565	252.00	2.60
18财通C3（150618）	102.260	720.00	7.35	18绵投03（150619）	101.500	100.00	1.02
18新控01（150620）	99.177	582.60	5.76	18兴业F3（150621）	101.617	990.00	10.05
18开滦02（150623）	102.402	1677.70	16.91	18名城04（150625）	100.000	100.00	1.00
18佳源01（150626）	100.000	389.00	3.89	18住宅04（150628）	100.746	708.00	7.18
18长安04（150629）	100.000	2305.50	23.10	18环球02（150630）	101.264	2135.00	21.71
18时代09（150632）	101.320	1969.00	19.85	18先导02（150634）	102.700	1870.00	19.18
18电建01（150635）	101.362	2705.00	27.50	18禹洲01（150636）	100.646	1270.00	12.75
18中航01（150639）	101.302	100.00	1.01	18临矿01（150641）	101.095	170.00	1.73
18常通02（150642）	103.083	170.00	1.74	18江投01（150643）	99.360	1498.90	14.90
18华安C1（150644）	100.000	280.00	2.80	18射阳02（150645）	99.889	580.00	5.81
G18乌交1（150646）	102.985	605.00	6.15	18川资01（150647）	100.780	700.00	7.07
18淮资02（150649）	101.006	546.00	5.50	18岳阳02（150652）	107.636	120.00	1.29
18海信01（150653）	101.244	430.00	4.35	18首股01（150654）	102.950	1540.00	15.80

债券成交
Bond Trading

债券简称（代码） Bond Name(Code)	本年收盘（元） Close (yuan)	成交数量（万张） Trading Vol (10000 lots)	成交金额（亿元） Trading Value (100M yuan)	债券简称（代码） Bond Name (Code)	本年收盘（元） Close (yuan)	成交数量（万张） Trading Vol (10000 lots)	成交金额（亿元） Trading Value (100M yuan)
18 山钢 06（150655）	100.873	1004.80	10.14	18 粤铁 02（150658）	100.784	300.00	3.02
G18 安租 1（150659）	103.100	491.00	5.04	H18 天物 1（150660）	58.154	133.50	1.08
18 包钢 03（150661）	100.154	230.00	2.30	18 振湘 01（150663）	100.000	153.50	1.54
18 中投 02（150664）	101.008	70.00	0.71	18 淮北 02（150666）	100.181	270.00	2.71
18 滇中 02（150668）	102.458	146.00	1.50	18 德清 02（150669）	100.600	105.00	1.07
18 滇投 01（150670）	99.299	240.00	2.38	18 绿城 11（150674）	102.440	188.00	1.93
18 广汇 01（150677）	99.925	595.30	5.94	18 淮发 01（150678）	104.025	390.00	4.02
18 临淄 02（150679）	100.725	1270.00	12.79	18 柳控 01（150681）	101.425	1203.42	12.17
18 华夏 04（150683）	100.111	2588.77	25.86	18 通泰 03（150684）	101.251	955.00	9.63
18 中宝 02（150685）	96.619	1300.00	12.60	18 扬交产（150687）	104.238	400.00	4.14
18 景德 02（150688）	101.557	40.00	0.41	18 山钢 07（150689）	101.053	3306.00	33.37
18 宁投 01（150690）	105.185	263.05	2.68	18 联储 C1（150691）	99.960	600.00	5.99
S18 凉山 2（150692）	98.526	30.00	0.30	18 四联 01（150699）	100.005	6.00	0.06
18 新汶 01（150700）	102.178	1160.00	11.85	G18 天成 2（150701）	101.867	260.00	2.65
18 禹洲 03（150702）	100.975	1142.00	11.46	18 厦特 02（150704）	101.285	381.30	3.84
18 禹洲 04（150705）	101.593	1195.00	12.17	18 融盛 03（150707）	99.756	120.00	1.20
18 晟晏 02（150708）	98.000	569.02	5.67	18 环球 03（150709）	101.239	626.60	6.34
18 海信 02（150712）	100.000	630.00	6.30	18 中投 03（150714）	102.299	90.00	0.92
18 中租 05（150715）	100.121	615.00	6.16	18 滨城 02（150719）	101.946	200.00	2.04
18 乌经建（150720）	103.139	390.00	4.00	18 京发 01（150721）	101.125	395.00	3.98
18 新力 02（150725）	57.860	351.60	3.49	18 淮资 03（150726）	100.150	2416.00	24.15
18 鑫业 01（150727）	100.000	456.26	4.56	18 安顺 01（150728）	100.652	274.60	2.77
18 中资 01（150732）	101.163	897.20	9.06	18 景旅 01（150733）	101.100	1382.00	14.00
18 江水 02（150734）	102.095	1934.00	19.67	18 生态 01（150735）	101.349	385.00	3.90
H18 天物 2（150736）	50.100	1471.80	13.54	18 鄂旅 01（150737）	102.499	810.00	8.29
18 粤铁 03（150739）	100.450	630.00	6.32	18 百矿 01（150743）	100.842	756.33	7.63
G18 川铁 1（150744）	101.959	200.00	2.04	18 华远 01（150745）	101.502	2150.00	21.89
18 漳九 03（150746）	102.761	610.00	6.22	18 国太 01（150748）	103.458	200.00	2.06
18 招商 F9（150750）	100.064	100.00	1.00	18 苏新 02（150751）	101.706	380.00	3.83
18 平投 02（150752）	102.462	932.00	9.55	18 涪交 03（150753）	101.045	503.00	5.09
18 时代 11（150755）	101.632	2468.00	24.97	18 红河 02（150757）	100.000	1773.15	17.76
18 湘洞庭（150758）	101.075	604.00	6.06	18 中银 C1（150759）	101.226	150.00	1.52
18 中证 C1（150760）	101.097	450.00	4.56	18 渝开 01（150761）	102.923	112.00	1.13
18 兵国 01（150765）	101.548	260.00	2.64	18 安租 07（150768）	101.000	1607.00	16.33
18 银河 C6（150770）	100.000	508.90	5.12	18 协信 03（150772）	100.000	651.60	6.51
18 济高 02（150773）	102.318	975.00	9.85	18 同煤 06（150775）	100.413	3228.00	32.42
18 新津 01（150777）	101.180	401.00	4.05	18 通泰 04（150778）	100.677	579.00	5.84
18 金辉 03（150779）	99.570	721.50	7.14	18 海资 02（150780）	101.425	90.00	0.91
18 潞安 01（150781）	100.248	1053.00	10.57	18 浙商 C3（150782）	102.206	460.00	4.63
18 融和 03（150783）	102.157	449.00	4.57	18 太水 01（150784）	101.812	90.00	0.91
18 江公 02（150785）	104.027	715.00	7.41	18 中航 03（150788）	100.900	521.20	5.25
18 川资 03（150789）	101.119	1345.00	13.59	18 南通 01（150791）	102.627	760.00	7.72
18 融信 01（150794）	99.782	3735.00	37.19	18 国惠 01（150796）	101.352	3897.00	39.28
18 黄交 01（150797）	99.952	1186.00	11.88	18 交实 01（150798）	100.000	200.00	2.00
18 晋能 01（150800）	101.536	1186.00	12.02	18 兴港 Y1（150801）	100.349	1120.00	11.24
18 鲁钢 02（150802）	100.452	1950.00	19.58	18 陕集 01（150805）	101.826	1517.00	15.43
18 海门 04（150806）	103.919	240.00	2.45	18 南开 01（150807）	100.758	1060.00	10.70
18 国融 C1（150808）	101.299	1150.00	11.59	18 水发 01（150810）	102.728	305.00	3.13
18 安租 08（150811）	100.900	150.00	1.51	18 有色 Y1（150812）	99.129	340.00	3.38
18 潍城投（150814）	103.129	470.00	4.82	18 鸿坤 02（150815）	99.500	722.80	7.28

债券成交 Bond Trading

债券 Bond

债券简称（代码）Bond Name(Code)	本年收盘（元）Close (yuan)	成交数量（万张）Trading Vol (10000 lots)	成交金额（亿元）Trading Value (100M yuan)	债券简称（代码）Bond Name（Code）	本年收盘（元）Close (yuan)	成交数量（万张）Trading Vol (10000 lots)	成交金额（亿元）Trading Value (100M yuan)
18 中资 02（150816）	100. 907	155. 00	1. 57	18 浙浔 01（150818）	100. 000	100. 00	1. 00
18 陕旅 02（150821）	101. 480	81. 00	0. 82	18 皋投 02（150822）	103. 401	1033. 00	10. 75
18 融侨 02（150824）	99. 507	4012. 60	40. 03	18 工投 01（150825）	97. 000	2003. 00	20. 27
18 吉投 01（150826）	101. 016	797. 50	8. 08	18 海专项（150828）	100. 217	360. 00	3. 61
18 中证 C2（150829）	100. 818	70. 00	0. 71	18 信投 C1（150832）	101. 050	200. 00	2. 01
18 康富 01（150834）	101. 052	149. 30	1. 50	G18 平煤 2（150838）	101. 264	740. 00	7. 51
18 国裕 01（150839）	100. 000	200. 00	2. 02	18 洞庭债（150840）	100. 000	113. 00	1. 13
18 新控 02（150841）	96. 692	2085. 80	20. 48	18 财信 01（150845）	101. 108	410. 00	4. 12
18 济轨 01（150846）	101. 615	276. 00	2. 80	18 牡丹 01（150847）	100. 230	260. 00	2. 61
18 海怡 01（150848）	100. 302	460. 00	4. 61	18 湖州 01（150849）	102. 275	910. 00	9. 12
18 雨经发（150850）	101. 181	317. 00	3. 20	18 中区 01（150851）	106. 293	4411. 00	45. 52
18 嘉善 03（150852）	101. 403	480. 00	4. 87	G18 海兴 1（150853）	100. 608	198. 00	1. 99
18 农化 01（150854）	100. 052	510. 00	5. 10	18 山煤 Y2（150856）	100. 895	200. 00	2. 02
18 方正 14（150857）	100. 000	844. 00	8. 45	18 六合 02（150858）	101. 662	70. 00	0. 71
18 华控 01（150862）	99. 400	2760. 48	27. 57	18 潭高 01（150863）	101. 000	151. 90	1. 53
18 东科 02（150864）	98. 766	166. 00	1. 66	18 滨海 04（150865）	101. 434	7177. 00	72. 22
18 滨海 05（150866）	101. 482	790. 00	7. 99	18 任城 03（150867）	99. 613	1596. 50	15. 83
18 淮发 02（150868）	104. 095	1532. 80	15. 58	18 海盐 02（150869）	100. 298	230. 00	2. 31
18 南通 02（150870）	101. 838	558. 50	5. 65	18 江城 01（150872）	101. 767	850. 00	8. 55
18 财达 C2（150873）	101. 120	240. 00	2. 43	18 湘轻盐（150874）	100. 000	397. 15	4. 00
18 丰县 01（150875）	100. 620	1387. 00	13. 96	18 科投 02（150876）	101. 873	583. 40	5. 91
18 民泰债（150877）	99. 508	1519. 50	15. 20	18 华创 02（150878）	100. 868	730. 00	7. 41
18 渝南 02（150879）	101. 244	320. 00	3. 21	18 金科 01（150881）	100. 502	1590. 00	15. 95
18 鲁公 01（150883）	100. 823	260. 00	2. 63	19 株金 01（150884）	100. 000	1872. 95	18. 39
18 唐煤 01（150885）	100. 846	347. 00	3. 49	18 唐煤 02（150886）	102. 545	1706. 00	17. 35
18 滨城 04（150891）	102. 182	1348. 00	13. 65	18 金沙 01（150892）	100. 468	528. 00	5. 26
18 阿地 03（150893）	102. 115	530. 00	5. 36	18 昆发 01（150895）	99. 613	335. 50	3. 34
18 晋能 02（150896）	101. 293	2049. 50	20. 61	18 厦特 03（150897）	102. 438	1030. 00	10. 57
18 航发 01（150898）	100. 808	600. 00	6. 10	18 国太 02（150900）	101. 051	685. 00	6. 90
18SMGJY1（150902）	100. 000	600. 00	6. 00	18 兴阳 01（150906）	102. 505	490. 00	5. 00
18 清源 01（150907）	99. 990	340. 00	3. 40	18 宝龙 01（150908）	99. 900	1190. 00	11. 84
18 六住 01（150909）	100. 260	450. 00	4. 51	18 泰交 02（150911）	102. 454	895. 00	9. 07
18 江北 01（150912）	101. 324	70. 00	0. 71	18 潼南 01（150914）	100. 001	300. 00	3. 00
18 鲁钢 03（150915）	100. 131	1398. 50	14. 04	18 平神 01（150917）	99. 601	337. 00	3. 36
18 文控 04（150919）	101. 048	208. 80	2. 11	18 兴化 01（150920）	101. 315	950. 00	9. 49
18 龙控 06（150921）	101. 421	714. 00	7. 23	H18 秋 01（150922）	100. 000	500. 00	5. 00
18 清源 03（150924）	58. 130	865. 90	8. 45	18 丰县 02（150925）	100. 003	1200. 00	12. 03
18 镇城 01（150926）	101. 229	1641. 80	16. 40	18 陕集 02（150927）	102. 001	2720. 00	27. 62
18 金城 04（150928）	101. 306	240. 00	2. 42	18 招 F10（150930）	101. 272	550. 00	5. 51
18 高科债（150931）	100. 000	1524. 00	15. 24	18 漳九 04（150932）	101. 667	170. 00	1. 72
18 丰经 01（150933）	100. 000	1809. 00	18. 13	18 新津 02（150934）	101. 171	289. 00	2. 89
G19 湖州 1（150935）	100. 783	100. 00	1. 01	18 西秀 01（150936）	84. 100	2850. 60	28. 36
18 赣开 01（150940）	100. 284	3037. 34	30. 50	18 华发 03（150941）	101. 358	1620. 50	16. 44
18 光证 C1（150942）	100. 598	1218. 00	12. 20	18 永煤 Y1（150944）	100. 200	1520. 00	15. 20
18 新力 03（150945）	67. 500	311. 13	3. 10	18 醴渌 01（150948）	101. 253	586. 00	5. 91
18 吉投 02（150949）	102. 200	940. 40	9. 42	18 金科 02（150951）	101. 377	530. 00	5. 32
18 银河 C8（150953）	100. 418	550. 00	5. 50	18 新投 01（150954）	99. 993	2632. 80	26. 22
18 渭南 01（151005）	102. 485	290. 00	2. 95	18 腾越 03（151006）	99. 700	2486. 00	24. 90
18 萧县 01（151007）	99. 931	150. 00	1. 50	18 萧县 02（151008）	99. 930	250. 00	2. 50
18 中租 06（151009）	101. 723	410. 00	4. 17	19 邳经 01（151010）	100. 843	463. 20	4. 66

债券成交 Bond Trading

债券 Bond

债券简称（代码） Bond Name(Code)	本年收盘（元） Close (yuan)	成交数量（万张） Trading Vol (10000 lots)	成交金额（亿元） Trading Value (100M yuan)	债券简称（代码） Bond Name (Code)	本年收盘（元） Close (yuan)	成交数量（万张） Trading Vol (10000 lots)	成交金额（亿元） Trading Value (100M yuan)
19 安东 01 (151011)	100. 510	140. 00	1. 40	18 唐煤 04 (151013)	101. 620	415. 00	4. 20
18 百投债 (151014)	99. 957	1386. 90	13. 85	18 宁邺 02 (151015)	101. 952	1800. 00	18. 19
H18 浩通 2 (151016)	95. 794	88. 00	0. 88	18 常城 01 (151017)	103. 106	1317. 00	13. 43
18 渝物 01 (151018)	100. 001	510. 00	5. 10	18 昆投 01 (151019)	100. 110	340. 00	3. 40
S18 鄂旅 2 (151020)	101. 139	140. 00	1. 42	18 邢路 01 (151023)	103. 755	297. 96	3. 06
18 乳山 F1 (151025)	101. 199	1116. 00	11. 20	18 融侨 03 (151029)	99. 060	879. 00	8. 72
18 鲁纾 01 (151030)	101. 536	100. 00	1. 01	18 株城 01 (151031)	107. 211	2530. 00	25. 98
18 阜阳 01 (151032)	99. 315	90. 00	0. 89	18 延长 Y1 (151034)	100. 735	750. 00	7. 55
18 海投 Y1 (151036)	101. 266	833. 50	8. 33	18 常投 01 (151037)	100. 202	160. 00	1. 61
S18 西 02 (151038)	102. 465	758. 00	7. 61	18 中资 03 (151039)	101. 356	460. 00	4. 63
18 盐城 02 (151041)	100. 000	876. 00	8. 77	18 安顺 02 (151044)	100. 552	100. 00	1. 01
18 新投 02 (151045)	100. 050	942. 00	9. 39	18 水发 02 (151050)	100. 077	1822. 00	18. 26
18 柳建 01 (151051)	100. 000	667. 87	6. 74	18 惠临 01 (151052)	100. 003	200. 00	2. 00
18 新投 03 (151053)	100. 866	800. 00	8. 03	19 清能 01 (151054)	100. 574	378. 00	3. 79
18 东丽 01 (151057)	100. 454	807. 00	8. 08	18 东吴 F2 (151059)	101. 164	80. 00	0. 81
18 鑫业 02 (151060)	100. 000	125. 00	1. 25	18 冀资 01 (151061)	100. 739	260. 00	2. 61
18 吉保 01 (151062)	99. 996	210. 00	2. 10	18 能投 01 (151063)	100. 694	330. 00	3. 31
18 国瑞 C1 (151064)	100. 000	125. 00	1. 25	18 蓉纾 01 (151066)	100. 958	250. 00	2. 52
18 新投 04 (151069)	99. 990	1010. 00	10. 12	18 桂建 Y1 (151070)	101. 227	674. 00	6. 81
19 清源 01 (151072)	100. 000	637. 60	6. 38	19 财通 C1 (151073)	100. 488	900. 00	9. 04
19 澄港 01 (151075)	101. 815	653. 00	6. 58	19 晋能 01 (151076)	101. 458	2840. 00	28. 63
19 信投 C1 (151078)	100. 350	760. 00	7. 60	19 桂金 01 (151079)	100. 000	745. 00	7. 45
19 城发 01 (151082)	101. 197	1037. 00	10. 43	19 城发 02 (151083)	102. 242	1608. 00	16. 18
19 中铁 01 (151084)	100. 706	470. 00	4. 71	19 华控 01 (151085)	100. 500	1701. 09	16. 95
19 华控 02 (151086)	99. 690	1183. 97	11. 74	19 东资 01 (151087)	101. 077	821. 00	8. 26
19 红塔债 (151088)	100. 000	154. 10	1. 49	19 建投 02 (151090)	100. 832	130. 00	1. 30
19 北仑 01 (151091)	100. 234	310. 00	3. 10	19 金港 01 (151092)	101. 777	700. 00	7. 05
19 中铁 02 (151093)	101. 210	90. 00	0. 91	19 兴港 Y1 (151096)	100. 246	1410. 00	14. 12
19 苏通 02 (151098)	101. 400	140. 00	1. 42	19 昆投 01 (151099)	99. 904	2218. 00	22. 22
19 厦特 01 (151100)	102. 327	2270. 00	22. 96	19 桃城 01 (151101)	100. 000	83. 50	0. 84
19 同煤 01 (151102)	100. 091	2595. 00	25. 96	19 大航 01 (151103)	100. 000	777. 00	7. 74
19 滨海 01 (151104)	100. 783	868. 00	8. 71	19 国都 C1 (151105)	100. 000	180. 00	1. 82
19 信地 01 (151106)	101. 331	1154. 00	11. 65	19 青纾 01 (151107)	101. 330	570. 00	5. 73
H19 浩通 1 (151108)	100. 000	955. 00	9. 25	19 常城 01 (151109)	102. 664	1740. 00	17. 57
19 杭租 01 (151112)	100. 318	20. 00	0. 20	19 招商 F2 (151114)	99. 944	5. 00	0. 05
19 光证 01 (151115)	100. 385	930. 00	9. 31	19 晋能 02 (151116)	101. 578	2380. 00	23. 99
19 大航 02 (151117)	100. 000	1019. 50	10. 02	19 鲁华 01 (151118)	100. 438	355. 00	3. 55
19 太水 01 (151119)	100. 941	150. 00	1. 51	19 科学城 (151121)	100. 000	20. 00	0. 20
19 华晨 02 (151123)	100. 160	1131. 00	11. 29	19 湖织 01 (151124)	99. 900	962. 00	9. 61
19 银宝 01 (151125)	99. 952	65. 00	0. 65	19 柳控 01 (151127)	102. 177	3987. 00	40. 23
19 滕投 01 (151128)	100. 760	611. 00	6. 12	19 天地 01 (151129)	99. 930	279. 40	2. 79
19 中泰 C1 (151130)	100. 293	640. 00	6. 39	19 中资 01 (151131)	101. 249	420. 00	4. 23
19 财鑫 01 (151132)	98. 989	824. 90	8. 20	19 时代 01 (151133)	101. 136	630. 00	6. 30
19 江都 01 (151135)	98. 890	224. 00	2. 23	19 江都 02 (151136)	100. 467	512. 00	5. 13
19 华控 03 (151137)	100. 000	1062. 13	10. 60	19 京房 01 (151138)	99. 490	2040. 00	20. 38
19HG01 (151139)	102. 251	3011. 00	30. 48	19 双龙 01 (151140)	100. 244	407. 85	4. 08
19 遵经 01 (151141)	100. 030	615. 50	6. 14	19 滇度 01 (151142)	100. 758	200. 00	2. 01
19 银河 C2 (151144)	99. 949	420. 00	4. 19	19 酒投 01 (151145)	99. 750	250. 00	2. 49
19 融和 01 (151146)	101. 126	450. 00	4. 53	19 醴渌 01 (151151)	100. 427	671. 00	6. 72
19 国裕 01 (151153)	101. 568	352. 00	3. 56	19 复地 F1 (151154)	102. 122	2284. 00	22. 95

债券成交 Bond Trading

债券简称（代码） Bond Name(Code)	本年收盘（元） Close (yuan)	成交数量（万张） Trading Vol (10000 lots)	成交金额（亿元） Trading Value (100M yuan)	债券简称（代码） Bond Name（Code）	本年收盘（元） Close (yuan)	成交数量（万张） Trading Vol (10000 lots)	成交金额（亿元） Trading Value (100M yuan)
19 惠临 01 （151155）	102. 018	600. 40	6. 07	19 平湖 01 （151156）	100. 327	300. 00	3. 01
19 天门 01 （151157）	100. 100	1120. 00	11. 20	19 金海 01 （151159）	100. 628	150. 00	1. 51
19 振湘 01 （151163）	83. 793	679. 60	6. 70	S19 阳煤 1 （151165）	100. 942	1810. 00	18. 22
19 青水 01 （151166）	100. 500	260. 00	2. 60	19 建湖 01 （151167）	100. 204	210. 00	2. 10
19 峨眉 01 （151169）	99. 951	435. 00	4. 35	19 云城 01 （151170）	99. 970	812. 00	8. 10
19 华远 01 （151171）	101. 031	1710. 00	17. 22	19 贵安 01 （151172）	100. 000	3471. 40	34. 64
19 广湖 01 （151173）	100. 061	45. 00	0. 45	19 豫峡 01 （151175）	101. 155	440. 00	4. 41
19 天保 01 （151177）	101. 354	2587. 00	26. 08	S19 九龙 1 （151178）	100. 076	300. 00	3. 00
19 漳交 01 （151179）	101. 094	2330. 00	23. 33	19 宁海 01 （151183）	103. 115	2214. 00	22. 47
19 滨水 01 （151184）	99. 900	817. 70	7. 73	19 电建债 （151187）	101. 367	140. 00	1. 41
19 大航 03 （151189）	99. 850	184. 00	1. 85	19 张公 01 （151190）	100. 357	130. 00	1. 30
19 长安 01 （151191）	100. 000	2389. 00	23. 88	19 望城 01 （151192）	101. 000	520. 00	5. 24
G19 青信 1 （151193）	99. 816	9. 00	0. 09	19 建租 01 （151194）	100. 546	180. 00	1. 81
19 华发 01 （151195）	100. 433	3. 00	0. 03	19 华发 02 （151196）	100. 812	139. 00	1. 40
19 银河 C4 （151198）	100. 243	480. 00	4. 79	19 吴开 01 （151199）	99. 795	60. 00	0. 60
19 水发 Y1 （151200）	99. 945	985. 00	9. 84	19 吉发 01 （151203）	100. 000	2555. 00	25. 56
19 江控 01 （151204）	100. 201	2240. 00	22. 39	19 方正 F1 （151205）	98. 637	747. 00	7. 42
19 柳建 02 （151206）	100. 690	612. 07	6. 12	19 国瑞 C2 （151207）	100. 400	320. 00	3. 20
19 昆经 02 （151208）	101. 484	410. 00	4. 07	19 恒信 01 （151209）	100. 661	530. 00	5. 31
19 中证 01 （151210）	100. 257	570. 00	5. 69	19 高新 01 （151211）	98. 973	50. 00	0. 49
19 江城 Y1 （151215）	101. 346	890. 00	8. 90	19 常新 01 （151216）	102. 189	500. 00	5. 03
19 澄港 02 （151217）	100. 235	868. 07	8. 71	19 临矿 01 （151218）	100. 560	1123. 70	11. 26
19 药租 01 （151219）	100. 442	250. 00	2. 51	19 联投 01 （151220）	100. 000	170. 00	1. 70
19 方正 02 （151221）	42. 000	1665. 00	14. 78	19 渝南 01 （151224）	100. 310	1115. 00	10. 79
19 淮新 01 （151225）	101. 719	1760. 00	17. 97	19 长投 01 （151227）	103. 679	2321. 00	23. 39
19 滨海 02 （151228）	100. 370	1150. 00	11. 49	19 中泰 C2 （151229）	100. 556	110. 00	1. 11
19 舟城 01 （151230）	99. 722	460. 00	4. 53	19 首发 01 （151231）	100. 394	2030. 00	20. 36
19 镇城 01 （151232）	99. 058	635. 00	6. 21	19 中交 02 （151233）	101. 264	430. 00	4. 32
19 翔宇 01 （151234）	100. 000	100. 00	1. 00	19 华晨 04 （151236）	100. 100	3302. 00	33. 04
G19 川铁 1 （151237）	101. 503	890. 00	8. 98	19 鄂旅 01 （151238）	101. 102	1380. 00	13. 79
19 滨海 03 （151239）	100. 560	430. 00	4. 32	19 民生 01 （151240）	100. 800	774. 80	7. 79
19 冀控 01 （151241）	100. 727	360. 00	3. 61	19 银河 C5 （151242）	100. 326	720. 00	7. 20
19 银河 C6 （151243）	100. 346	50. 00	0. 50	19 慈商 01 （151245）	99. 200	592. 50	5. 92
19 郑建 01 （151246）	100. 378	140. 00	1. 41	19 西秀 01 （151247）	100. 340	2006. 10	20. 06
19 株城 02 （151249）	106. 003	1820. 00	18. 69	19 绵控 01 （151252）	102. 226	1421. 00	14. 37
19 京融 01 （151253）	99. 977	300. 00	3. 00	19 东吴 C1 （151255）	100. 471	170. 00	1. 70
19 东莞 01 （151256）	100. 092	260. 00	2. 60	19 长投 02 （151257）	101. 669	1350. 00	13. 63
19 宋都 01 （151258）	100. 000	976. 00	9. 76	19 鄂桥 01 （151259）	100. 501	820. 00	8. 20
19 江油 01 （151260）	102. 500	3003. 20	30. 05	19 豫金 01 （151261）	100. 201	540. 00	5. 42
19 景旅 01 （151262）	100. 716	912. 50	9. 17	19 瑞安 02 （151263）	99. 886	425. 00	4. 21
19 龙交 01 （151264）	101. 360	265. 00	2. 68	19 莱钢 01 （151265）	100. 071	3326. 00	33. 24
19 吴开 02 （151267）	100. 874	40. 00	0. 40	19 中证 02 （151268）	100. 424	470. 00	4. 68
19 信达 C1 （151269）	100. 069	410. 00	4. 10	19 天投 01 （151270）	100. 811	200. 00	2. 02
19 兴业 F1 （151271）	100. 296	620. 00	6. 18	19 格地 01 （151272）	100. 000	90. 00	0. 90
19 联储 01 （151273）	100. 000	1877. 80	18. 80	19 滁城 01 （151274）	100. 000	645. 00	6. 46
19 三盛 02 （151276）	100. 000	2020. 28	20. 03	19 平证 02 （151277）	100. 297	460. 00	4. 61
19 东次 01 （151278）	100. 391	1000. 00	9. 99	19 余投 01 （151279）	103. 131	60. 00	0. 62
19 余投 02 （151280）	100. 568	20. 00	0. 20	19 天地 F1 （151281）	100. 948	650. 00	6. 53
19 曹国 02 （151284）	100. 000	4085. 00	40. 68	19 桃城 02 （151285）	100. 000	1645. 94	16. 46
19 复地 F2 （151286）	100. 977	891. 00	8. 96	19 俊发 01 （151288）	94. 344	1300. 00	12. 67

债券成交
Bond Trading

债券简称（代码） Bond Name(Code)	本年收盘（元） Close (yuan)	成交数量（万张） Trading Vol (10000 lots)	成交金额（亿元） Trading Value (100M yuan)	债券简称（代码） Bond Name (Code)	本年收盘（元） Close (yuan)	成交数量（万张） Trading Vol (10000 lots)	成交金额（亿元） Trading Value (100M yuan)
19 方正 F2（151290）	98.455	650.00	6.51	19 望城 02（151291）	101.000	872.60	8.74
19 中铁 03（151293）	101.230	336.00	3.37	19 昆投 03（151294）	99.071	150.00	1.48
19 康富 01（151295）	100.000	542.75	5.43	19 句福 01（151296）	100.725	138.00	1.39
19 东兴 F1（151297）	99.907	970.00	9.69	19 华控 D1（151298）	99.950	2291.35	22.92
19 新汶 01（151299）	100.907	280.00	2.81	19 银宝 02（151300）	99.957	896.00	8.96
S19 延安 1（151302）	101.000	808.00	8.11	19 润弘 01（151306）	98.840	552.00	5.52
19 华远 02（151307）	101.190	962.00	9.69	19 张公 02（151308）	100.000	200.00	2.00
19 建湖 03（151309）	100.002	232.50	2.32	19 海投 01（151310）	100.200	500.00	5.01
19 金纾 01（151311）	100.647	503.00	5.06	19 公用 01（151313）	100.000	210.00	2.10
19 武政 01（151314）	99.966	80.00	0.80	19 盐高新（151315）	101.930	500.00	4.99
19 渝开 01（151316）	102.107	200.00	2.03	19 兰石债（151317）	100.308	1593.30	15.40
19 绍城 01（151318）	99.752	120.00	1.20	G19 南浔 1（151320）	100.361	295.00	2.95
19 华福 C1（151321）	100.608	250.00	2.51	19 漯河 02（151323）	101.287	660.00	6.65
19 启东 01（151324）	101.242	401.00	4.02	19 石交 01（151325）	101.978	710.00	7.18
19 国联 C1（151326）	100.664	70.00	0.70	19 秦发 01（151328）	101.568	340.00	3.42
19 桂金 04（151329）	100.000	182.00	1.80	19 惠开 01（151330）	100.536	250.00	2.50
19 泰投 01（151331）	100.408	560.00	5.59	19 武经 01（151332）	101.834	413.00	4.18
19 相城 01（151333）	100.853	350.00	3.50	19 中纾 01（151334）	100.334	715.00	7.18
19 广元 01（151335）	99.520	780.00	7.77	19 六合 01（151336）	100.000	660.00	6.63
19 财通 C3（151337）	100.448	90.00	0.90	19 空港 01（151338）	100.000	205.00	2.05
19 荆城 01（151339）	99.959	300.00	3.00	19 安吉 01（151342）	100.000	1312.50	12.92
G19 海兴 1（151343）	100.017	100.00	1.00	19 海门 01（151344）	100.105	490.00	4.90
G19 新港 1（151345）	100.714	170.00	1.70	19 咸金 01（151346）	100.000	300.00	3.00
19 高新 02（151347）	100.000	300.00	3.00	19 象山 01（151348）	100.150	710.00	7.11
19 北辰 01（151349）	99.474	170.00	1.70	19 融德 01（151350）	100.096	3047.30	30.50
19 融德 02（151351）	99.681	1172.00	11.68	19 镇城 02（151354）	100.308	870.00	8.62
19 株高 01（151355）	98.883	30.00	0.30	19 华融 C1（151356）	101.160	2785.00	28.00
19 国惠 01（151358）	100.840	848.00	8.50	19 永煤 01（151359）	101.662	100.00	1.01
19 绵控 02（151361）	101.934	1268.00	12.84	19 通泰 01（151362）	99.845	310.00	3.10
19 阿地 01（151363）	100.213	372.00	3.72	19 鲁公债（151365）	101.540	74.00	0.75
19 新力 02（151366）	99.230	243.92	2.43	19 陕纾 01（151367）	100.162	300.00	3.00
19 大同 01（151368）	100.000	43.50	0.44	19 闽电 F1（151369）	100.685	570.00	5.69
19 航发 01（151370）	100.012	540.00	5.43	19 江都 03（151371）	100.530	1682.00	16.81
19 住宅 01（151373）	100.866	240.00	2.42	19 高创 01（151374）	100.580	694.00	6.98
19 京融 02（151375）	99.774	110.00	1.10	19 余水务（151379）	100.298	110.00	1.10
19 悦达 01（151380）	100.020	130.00	1.30	19 金海 02（151382）	100.002	290.00	2.90
19 遵投 01（151384）	99.500	2694.90	25.87	19 张公 03（151385）	101.554	187.00	1.88
19 渝经开（151386）	100.394	370.00	3.73	19 阿克苏（151387）	100.526	125.00	1.25
19 甬象 01（151391）	100.698	1108.50	11.09	19 晋能 04（151393）	101.351	5041.30	50.58
19 晋经 01（151395）	102.405	30.00	0.30	19 常新 D1（151396）	100.806	1024.00	10.25
19 江公 01（151398）	100.000	180.00	1.79	19 晋能 06（151400）	101.432	3115.00	31.32
19 天风 01（151401）	100.000	100.00	1.00	19 首业 01（151402）	100.533	960.00	9.63
19 兰交 01（151404）	99.396	528.00	5.27	19 兰交 02（151405）	99.996	150.00	1.50
S19 安租 1（151406）	101.817	375.00	3.79	19 中原 F1（151407）	99.949	150.00	1.50
19 华晨 05（151408）	102.000	1369.60	13.69	19 惠通债（151409）	102.228	414.00	4.22
19 首租 01（151410）	100.513	140.00	1.41	19 招商 F3（151412）	100.567	100.00	1.01
19 招商 F4（151413）	99.977	370.00	3.71	19 常熟 01（151416）	100.000	300.00	3.00
19 蓝创 01（151417）	101.050	982.60	9.86	19 建资 01（151418）	98.915	140.00	1.39
19 北辰 F1（151419）	100.750	148.00	1.49	19 阳安 01（151421）	100.300	292.50	2.92
19 潞安 01（151423）	102.516	446.00	4.53	19 信投 C2（151427）	100.908	340.00	3.43

债券成交 Bond Trading

债券简称（代码）Bond Name(Code)	本年收盘（元）Close (yuan)	成交数量（万张）Trading Vol (10000 lots)	成交金额（亿元）Trading Value (100M yuan)	债券简称（代码）Bond Name（Code）	本年收盘（元）Close (yuan)	成交数量（万张）Trading Vol (10000 lots)	成交金额（亿元）Trading Value (100M yuan)
19 鑫泰 01（151428）	100.477	555.00	5.55	19 绿投债（151429）	100.520	215.00	2.17
19 上虞 01（151430）	101.092	790.00	7.91	19 宁资 01（151431）	100.180	60.00	0.60
19 郑地 01（151433）	100.632	120.00	1.20	19 漳州 02（151434）	100.183	350.00	3.50
19 郑建 02（151435）	100.000	100.00	1.00	19 东兴 C1（151436）	101.137	470.00	4.73
19 丹高 01（151437）	100.279	2044.10	19.20	19 东莞债（151438）	101.208	2310.00	23.35
19 中投 01（151439）	100.555	330.00	3.30	19 中金 C1（151440）	100.454	90.00	0.90
19 平湖 02（151442）	100.833	300.00	3.02	19 迈瑞 01（151443）	100.001	430.00	4.30
19 北仑 02（151444）	99.910	40.00	0.40	19 济西 01（151448）	100.820	610.00	6.13
G19 长滨 1（151449）	99.171	292.00	2.92	G19 鲁钢 1（151450）	99.971	5569.00	55.89
19 天府 01（151451）	99.867	1537.78	15.40	19 淳建 01（151452）	101.134	80.00	0.81
19 腾越 01（151453）	100.114	1450.00	14.49	19 中证 C1（151454）	100.401	230.00	2.30
19 南浔 01（151455）	101.056	688.00	6.93	19 漯河 03（151456）	101.035	1303.00	13.10
19 浙商 C1（151458）	100.394	255.00	2.57	19 平证 04（151459）	100.622	60.00	0.60
19 水发 01（151460）	102.097	920.00	9.40	19 吉铁 02（151461）	88.487	1131.15	11.28
19 济纾 01（151463）	100.921	280.00	2.81	19 中投 C1（151464）	101.042	940.00	9.46
19 鲁班 01（151465）	100.000	2500.30	25.03	19 江旅 01（151466）	97.267	730.00	7.16
19 建邺 01（151468）	100.670	377.00	3.77	19 方正 C1（151470）	100.445	210.00	2.10
19 滨湖 01（151471）	101.004	400.00	4.06	19 澄港 03（151472）	100.299	160.00	1.61
19 海航 01（151474）	99.804	500.00	4.99	19 嵊州 01（151475）	101.876	773.80	7.81
19 宁海 02（151477）	102.037	435.00	4.37	19 巴中 01（151478）	100.627	1755.40	17.58
19 联创 01（151479）	100.708	500.00	5.02	19 兵国 01（151480）	100.486	330.00	3.30
19 豫峡 03（151481）	101.827	200.00	2.03	19 天宁 01（151483）	98.880	160.00	1.59
19 晋能 08（151485）	101.568	1644.00	16.57	19 崇川 01（151486）	101.901	500.00	5.02
19 城发 03（151487）	101.770	800.00	8.07	19 嘉高 01（151489）	101.108	740.00	7.44
19 山能 01（151490）	101.037	1100.00	11.04	19 绵控 03（151492）	102.232	450.00	4.56
19 盐高 02（151494）	101.130	300.00	3.02	19 招商 F5（151495）	100.385	70.00	0.70
19 武纾 01（151497）	100.923	2010.00	20.09	19 肇庆 01（151498）	102.442	520.00	5.24
19 长轨 01（151499）	102.287	160.00	1.64	19 上投 01（151500）	101.102	300.00	3.02
19 平神 01（151501）	99.400	2596.80	25.90	19 潍滨 01（151504）	100.278	270.00	2.70
19 西游发（151505）	100.044	157.00	1.58	19 融海 01（151506）	100.001	190.00	1.90
19 余投 03（151507）	102.770	55.00	0.56	19 曹国 03（151509）	100.000	540.00	5.40
19 曹国 04（151510）	100.000	870.00	8.74	19 浙商 01（151511）	100.223	280.00	2.79
19 浔交 01（151512）	100.000	429.00	4.29	19 安租 02（151513）	101.560	320.00	3.24
19 沪唐 01（151516）	101.267	699.00	7.01	19 桂东 01（151517）	102.078	100.00	1.02
19 嘉善 01（151518）	100.000	10.00	0.10	19 中证 03（151519）	101.063	130.00	1.31
19 惠开债（151520）	102.035	230.00	2.31	19 金海 03（151521）	99.968	971.00	9.72
19 民生 C1（151523）	100.499	297.00	2.99	19 康富 02（151524）	100.000	420.00	4.20
G19 南浔 2（151525）	100.479	76.00	0.76	19 盐投 01（151526）	98.919	850.00	8.51
19 黔江 01（151527）	99.641	580.00	5.78	19 青控 01（151528）	101.067	840.00	8.48
19 南资 01（151529）	100.001	300.00	3.00	19 开乾 01（151530）	100.620	250.00	2.51
19 冀交 02（151531）	100.303	1030.00	10.32	19 瀚控 01（151533）	99.170	461.00	4.56
19 日港 01（151534）	100.200	166.00	1.66	19 滨城 01（151537）	100.386	33.00	0.33
19 山能 03（151538）	100.076	1010.00	10.11	19 山能 04（151539）	100.694	270.00	2.71
19 鄂桥 02（151542）	100.701	840.00	8.41	19 桓台 02（151543）	100.452	194.00	1.94
19 首发 02（151544）	100.678	800.00	8.05	19 金纾 03（151545）	100.847	1360.00	13.63
19 吉发 02（151547）	100.000	148.30	1.48	19 长开 01（151548）	100.330	80.00	0.80
19 长开 02（151549）	100.217	130.00	1.30	19 华安 C1（151550）	100.092	180.00	1.80
19 城资 01（151551）	100.593	520.00	5.20	19 信投 C3（151552）	100.578	240.00	2.41
19 常新 D2（151553）	99.000	1552.50	15.48	19 昆产 01（151554）	100.100	860.00	8.56
19 天保 02（151555）	100.312	410.00	4.10	19 新泰 01（151557）	98.680	250.00	2.47

债券成交
Bond Trading

债券
Bond

债券简称（代码） Bond Name(Code)	本年收盘（元） Close (yuan)	成交数量（万张） Trading Vol (10000 lots)	成交金额（亿元） Trading Value (100M yuan)	债券简称（代码） Bond Name (Code)	本年收盘（元） Close (yuan)	成交数量（万张） Trading Vol (10000 lots)	成交金额（亿元） Trading Value (100M yuan)
19 津港 01 (151559)	100. 615	270. 00	2. 70	19 津港 02 (151560)	100. 860	260. 00	2. 61
19 沭东 01 (151561)	100. 000	1472. 50	14. 65	G19 株国 1 (151563)	102. 497	519. 00	5. 24
19 云龙 01 (151565)	100. 641	434. 00	4. 36	19 维扬债 (151566)	100. 014	150. 00	1. 50
19 安顺 02 (151568)	100. 000	1750. 80	16. 87	19 江海 C1 (151569)	100. 000	139. 00	1. 39
19 首股 01 (151570)	100. 487	835. 00	8. 35	19 红腾 01 (151571)	100. 000	2180. 10	21. 81
19 信地 02 (151572)	100. 962	1380. 00	13. 87	19 合川 01 (151573)	100. 001	300. 00	3. 00
19 义市 01 (151574)	100. 462	2080. 00	21. 03	19 安租 03 (151575)	100. 556	720. 00	7. 22
19 唐租 02 (151576)	99. 689	620. 00	6. 17	19 永兴债 (151577)	99. 666	162. 12	1. 62
19 华泰 02 (151579)	100. 990	320. 00	3. 22	19 晋路桥 (151580)	99. 978	1725. 00	17. 27
19 山钢 01 (151582)	100. 859	1642. 00	16. 44	G19 株国 2 (151584)	100. 500	210. 00	2. 11
19 恒润 01 (151585)	100. 083	196. 00	1. 97	19 首业 04 (151587)	101. 114	1310. 00	13. 09
19 北科 01 (151589)	99. 508	390. 00	3. 90	19 云能 01 (151590)	99. 470	910. 00	9. 08
19 锡山 01 (151591)	100. 134	255. 40	2. 56	19 海盐 01 (151592)	100. 511	90. 00	0. 90
19 郑地 02 (151593)	100. 393	50. 00	0. 50	19 中泰 C3 (151594)	100. 583	220. 00	2. 21
19 华晨 06 (151595)	100. 000	2820. 00	28. 22	19 浦口 01 (151596)	101. 838	550. 00	5. 58
19 靖投 01 (151598)	100. 000	480. 00	4. 81	19 招商 F8 (151600)	99. 953	690. 00	6. 90
19 新蒲 01 (151602)	92. 000	316. 00	3. 14	19 瑞安 03 (151603)	99. 132	80. 00	0. 80
19 方正 D1 (151605)	100. 000	864. 89	8. 65	19 武经 03 (151609)	101. 757	750. 00	7. 54
19 渝开 D1 (151610)	100. 001	200. 00	2. 00	G19 绿洲 1 (151611)	99. 956	1101. 00	10. 99
19 郑控 01 (151612)	99. 616	150. 00	1. 49	19 山水 01 (151613)	100. 130	150. 00	1. 50
19 甘农垦 (151614)	100. 008	50. 00	0. 50	19 舟普 01 (151615)	101. 524	394. 00	3. 94
19 中证 C2 (151616)	100. 118	350. 00	3. 50	19 新沂 01 (151617)	101. 788	495. 00	5. 00
19 高投 01 (151618)	101. 285	950. 00	9. 58	19 吉铁 03 (151619)	100. 000	626. 00	6. 27
19 融和 02 (151621)	100. 200	300. 00	3. 01	19 濮阳 01 (151623)	99. 892	2400. 00	23. 98
19 苏新 01 (151625)	100. 307	200. 00	2. 01	19 惠鑫 01 (151626)	100. 000	5. 00	0. 05
19 山水 02 (151627)	99. 971	795. 00	7. 93	19 丹阳债 (151628)	99. 336	421. 00	4. 16
19 天域 01 (151629)	100. 000	30. 00	0. 30	19 眉资 01 (151632)	100. 000	259. 00	2. 62
19 兴旅 01 (151633)	99. 971	120. 00	1. 20	19 建湖 04 (151636)	99. 775	671. 00	6. 69
19 华靖 02 (151639)	102. 690	120. 00	1. 23	19 连工 02 (151640)	99. 871	130. 00	1. 30
19 甘交 01 (151641)	100. 031	250. 00	2. 50	19 贵安 02 (151643)	100. 000	10552. 25	104. 73
19 盛泽 01 (151644)	99. 479	8. 00	0. 08	19 江城 Y2 (151645)	100. 146	230. 00	2. 30
19 安投 01 (151646)	100. 000	1512. 22	14. 93	19 兴港 01 (151648)	101. 039	455. 00	4. 58
19 玄武 01 (151649)	99. 600	290. 00	2. 90	19 山煤 01 (151650)	100. 000	3371. 50	33. 65
19 天保 03 (151651)	100. 628	620. 00	6. 21	19 惠临 02 (151652)	101. 590	1440. 90	14. 37
19 昆投 04 (151653)	100. 033	30. 00	0. 30	19 苏科 01 (151654)	100. 744	915. 00	9. 16
19 皋投 02 (151655)	99. 896	150. 00	1. 50	19 荆城 02 (151656)	100. 214	100. 00	1. 00
19 城资 02 (151657)	100. 363	810. 00	8. 10	19 青资 01 (151658)	93. 830	1478. 50	14. 61
19 滨江 01 (151659)	101. 250	330. 00	3. 31	19 中租 01 (151661)	100. 665	30. 00	0. 30
19 中企 01 (151662)	100. 000	390. 00	3. 90	19 安城 01 (151663)	99. 256	50. 00	0. 50
19 华远 03 (151664)	101. 493	590. 00	5. 93	19 遵旅 01 (151665)	100. 000	671. 70	6. 40
19 南浦 01 (151666)	100. 000	150. 00	1. 50	19 正荣 01 (151667)	99. 832	480. 00	4. 77
19 冶投 01 (151668)	100. 000	10. 00	0. 10	19 城东 01 (151669)	100. 001	283. 00	2. 83
19 江控 02 (151670)	100. 680	290. 00	2. 90	19 沪唐 02 (151671)	99. 777	195. 00	1. 95
19 融侨 F1 (151672)	99. 905	600. 00	5. 99	19 兴城 01 (151673)	100. 152	40. 00	0. 40
19 靖城 01 (151674)	101. 479	386. 00	3. 87	19 海门 02 (151676)	100. 391	350. 00	3. 51
19 晋国 01 (151677)	99. 946	133. 00	1. 33	19 金坛 01 (151679)	101. 200	1755. 26	17. 53
19 宜春 02 (151681)	101. 150	1604. 00	16. 13	19 迈瑞 02 (151682)	101. 820	565. 00	5. 74
19 东次 02 (151683)	100. 360	280. 00	2. 81	19 启东 02 (151685)	100. 460	185. 00	1. 85
19 南湖 01 (151686)	101. 058	224. 00	2. 24	19 建城 01 (151687)	99. 710	294. 00	2. 92
19 软件 01 (151688)	101. 904	330. 00	3. 33	19HG02 (151690)	101. 546	786. 00	7. 98

债券成交 Bond Trading

债券 Bond

债券简称（代码） Bond Name(Code)	本年收盘（元） Close (yuan)	成交数量（万张） Trading Vol (10000 lots)	成交金额（亿元） Trading Value (100M yuan)	债券简称（代码） Bond Name (Code)	本年收盘（元） Close (yuan)	成交数量（万张） Trading Vol (10000 lots)	成交金额（亿元） Trading Value (100M yuan)
19建投04（151692）	100.381	140.00	1.40	19眉山01（151695）	100.000	500.00	5.02
19张公04（151696）	100.768	340.00	3.40	G19鲁钢2（151697）	100.412	2214.00	22.16
19苏通03（151698）	99.658	222.00	2.22	19方正D2（151699）	100.000	221.00	2.21
19不动01（151700）	100.000	140.00	1.40	19盛泽02（151701）	100.700	170.00	1.71
19龙投01（151702）	96.984	90.00	0.87	19寿光01（151703）	100.300	584.00	5.84
19慈建02（151706）	100.145	50.00	0.50	19住宅03（151708）	101.131	650.00	6.56
19交投01（151709）	100.000	250.00	2.50	19赤水01（151710）	100.000	397.00	3.95
19洛轴01（151711）	100.000	177.50	1.78	19药租03（151712）	100.000	115.00	1.15
19湘高01（151713）	100.253	300.00	3.01	19恒澄01（151714）	100.405	60.00	0.60
19遵旅02（151715）	99.972	270.00	2.70	19明宫01（151716）	99.800	300.00	3.00
19绍城02（151718）	100.004	120.00	1.20	19余杭01（151719）	101.176	20.00	0.20
19句容02（151721）	99.997	50.00	0.50	19吉发03（151722）	100.326	306.71	3.07
19安东02（151723）	99.959	45.00	0.45	19建邺02（151726）	100.090	1650.00	16.50
19嘉海01（151728）	100.002	60.00	0.60	19芜湖01（151730）	100.000	780.00	7.77
19兖投01（151731）	99.769	545.00	5.44	19吉铁04（151732）	100.000	118.00	1.18
19日港02（151733）	100.732	200.00	2.01	19洛投01（151734）	101.029	530.00	5.31
19安租05（151738）	100.900	265.00	2.66	G19川铁2（151739）	100.070	910.00	9.12
19余开01（151741）	100.000	20.00	0.20	19国金C1（151742）	99.955	363.00	3.63
19通达01（151743）	100.001	300.00	3.00	19绍兴01（151744）	100.555	80.00	0.80
19洪政F1（151745）	100.060	300.00	3.00	19洋口01（151747）	100.080	331.00	3.31
19龙交02（151748）	100.001	225.00	2.26	19首钢01（151749）	101.172	430.00	4.34
19肇庆02（151750）	101.265	800.00	8.02	19金瓯01（151752）	99.904	480.00	4.82
19环城02（151755）	100.686	800.00	8.02	19相城02（151758）	99.930	50.00	0.50
19吉华01（151759）	100.808	390.00	3.92	19日通01（151760）	100.000	350.00	3.50
19双龙02（151761）	100.240	100.00	1.00	19嵊州02（151762）	102.487	548.00	5.54
19靖投02（151763）	99.716	40.00	0.40	19饶江01（151764）	100.063	704.00	7.02
19珠实01（151765）	99.945	375.00	3.75	19宝龙02（151766）	98.437	250.00	2.47
19鼎力01（151767）	100.145	718.00	7.18	19望城04（151768）	100.100	120.00	1.20
19三盛03（151770）	100.000	1030.00	10.28	19海科01（151772）	100.000	100.00	1.00
19联创02（151773）	99.000	90.00	0.89	19天富01（151774）	98.997	138.00	1.38
19贵安D1（151775）	100.136	160.00	1.61	19苏新02（151776）	99.841	120.00	1.19
19内建01（151777）	101.373	306.00	3.07	S19利发3（151780）	100.000	20.00	0.20
19武侯01（151781）	100.251	1590.00	15.94	19衢州01（151782）	100.000	30.00	0.30
19南安债（151784）	99.469	250.00	2.50	19义市02（151785）	100.827	440.00	4.43
19华创01（151786）	100.776	1359.00	13.64	19秦发02（151788）	101.045	136.00	1.37
同煤Y2（151790）	100.000	220.00	2.20	19海兴01（151791）	100.000	360.00	3.60
19义佛01（151792）	100.973	445.00	4.46	19赤水02（151793）	100.000	290.00	2.89
19东兴F2（151797）	100.024	700.00	6.98	19珠投02（151799）	100.000	500.00	5.00
19江旅02（151800）	100.079	300.00	3.00	19株国03（151801）	100.597	800.00	8.04
19信达C2（151802）	100.000	260.00	2.60	19海宁03（151803）	99.950	420.00	4.20
19常港01（151805）	100.000	15.00	0.15	19浙金02（151806）	98.195	60.00	0.59
19阜阳01（151807）	101.619	480.00	4.87	19峨眉02（151808）	100.000	540.00	5.40
19盐高03（151810）	100.000	240.00	2.39	19首业06（151812）	100.476	1180.00	11.79
19曹国06（151814）	100.000	1370.00	13.70	19建桥01（151817）	100.000	220.00	2.20
G19川铁3（151819）	100.012	285.00	2.85	19上投02（151820）	101.499	90.00	0.91
19不动02（151822）	100.067	250.00	2.50	19绿港01（151823）	99.836	150.00	1.50
19兴城02（151826）	100.400	600.00	6.00	19海盐02（151827）	100.002	1090.00	10.95
19新蒲02（151829）	57.880	65.70	0.62	19兴阳01（151830）	100.865	40.00	0.40
19中控02（151831）	99.981	309.50	3.09	19豫资01（151832）	100.066	450.00	4.50
G19济轨1（151836）	100.205	90.00	0.90	19包钢01（151837）	99.909	1222.00	12.23

债券成交
Bond Trading

债券
Bond

债券简称（代码） Bond Name(Code)	本年收盘（元） Close (yuan)	成交数量（万张） Trading Vol (10000 lots)	成交金额（亿元） Trading Value (100M yuan)	债券简称（代码） Bond Name (Code)	本年收盘（元） Close (yuan)	成交数量（万张） Trading Vol (10000 lots)	成交金额（亿元） Trading Value (100M yuan)
19 嘉海 02 （151840）	99.823	20.00	0.20	19 天风 C1 （151841）	100.001	203.80	2.04
19 潍东 01 （151844）	101.593	20.00	0.20	19 建业 02 （151848）	99.860	320.00	3.20
19 安信 C5 （151849）	100.010	360.00	3.60	19 绿建 01 （151851）	102.000	434.00	4.34
19 株城 04 （151854）	105.425	280.00	2.89	19 鲁金 01 （151855）	99.857	429.00	4.30
19 相城 03 （151856）	100.194	300.00	3.00	19 首钢 02 （151857）	100.058	380.00	3.80
19 宁高 01 （151858）	99.472	70.00	0.70	19 长轨 02 （151859）	100.837	480.00	4.84
19 句福 02 （151860）	100.000	88.00	0.88	19 华金 C1 （151861）	100.440	130.00	1.31
19 正润 02 （151863）	100.000	50.00	0.50	19 恒信 02 （151864）	100.689	40.00	0.40
19 宝发投 （151866）	99.934	519.00	5.19	19 滨城 02 （151867）	99.953	198.00	1.97
19 靖城 02 （151868）	100.000	100.00	1.00	19 首证 C1 （151869）	100.643	670.00	6.70
19 融侨 F2 （151870）	100.883	392.00	3.89	19 路公 01 （151871）	104.620	342.00	3.43
19 湛交 01 （151872）	100.640	480.00	4.81	19 恒达 01 （151874）	100.455	261.00	2.62
19 饶江 02 （151875）	100.000	322.25	3.21	19 豫资 03 （151878）	100.795	260.00	2.60
19 中租 02 （151879）	100.241	355.00	3.56	19 中租 03 （151880）	100.496	90.00	0.90
19 长开 03 （151881）	100.001	246.00	2.46	19 信地 03 （151883）	100.623	300.00	3.01
19 镇城 03 （151884）	100.120	238.00	2.38	19 吴城 01 （151886）	100.000	300.00	3.00
19 昆产 02 （151887）	99.986	40.00	0.40	19 硕放 01 （151889）	100.000	30.00	0.30
19 贵文 01 （151891）	99.787	734.10	7.20	19 同创 01 （151893）	99.775	280.00	2.80
19 吴发 01 （151894）	100.300	700.00	6.99	19 滨水 02 （151895）	99.928	100.00	1.00
19 锡工 01 （151898）	99.702	8.00	0.08	19 惠投 01 （151899）	99.682	200.00	2.00
19 凯里 01 （151900）	99.970	60.00	0.60	G19 安租 1 （151901）	99.781	1450.00	14.60
19 启东 D1 （151902）	100.004	450.00	4.50	19 云港 01 （151903）	99.907	50.00	0.50
19 江城 01 （151906）	100.453	190.00	1.91	19 山钢 Y1 （151908）	100.100	270.00	2.71
19 姜交 01 （151909）	100.000	25.00	0.25	19 豫峡 04 （151910）	100.020	80.00	0.80
19 融和 03 （151911）	99.765	480.00	4.79	19 桐城 01 （151913）	100.081	650.00	6.48
19 瀛洲 01 （151916）	100.000	160.00	1.60	19 德投 01 （151917）	100.776	93.00	0.94
19 韩城 01 （151918）	100.000	10.00	0.10	19 长旅 02 （151919）	100.000	130.00	1.30
19 淮城 01 （151920）	99.462	88.00	0.88	19 淮交 02 （151921）	101.055	30.00	0.30
19 济纾 02 （151922）	100.000	320.00	3.20	19 清浦 01 （151923）	100.000	220.00	2.20
G19 织里 1 （151924）	100.456	388.00	3.89	19 腾海 01 （151926）	99.825	100.00	1.00
19 鑫泰 02 （151928）	100.501	85.00	0.85	19 贵安 03 （151929）	100.000	105.00	1.05
19 株教 01 （151930）	99.200	255.00	2.54	19 永投 01 （151931）	100.000	362.60	3.62
19 晋交 01 （151932）	101.503	340.00	3.45	19 安租 06 （151935）	99.850	1726.00	17.37
19 兴港 02 （151936）	100.610	160.00	1.61	19 海投 Y1 （151937）	100.000	30.00	0.30
19 漳龙 03 （151940）	99.490	73.50	0.73	19 文蓝 01 （151944）	100.107	750.00	7.53
19 潍东 03 （151947）	99.379	950.00	9.50	19 昆发 01 （151949）	100.015	200.00	2.00
19 虞资 03 （151950）	100.270	590.00	5.91	19 景旅 02 （151952）	100.700	520.00	5.21
19 镇城 04 （151953）	99.945	340.00	3.34	19 兰花 01 （151955）	100.003	166.00	1.66
19 淮开 01 （151959）	100.633	902.00	8.95	19 济西 02 （151961）	100.000	170.00	1.70
19 新沂 02 （151962）	101.911	610.00	6.13	19 嘉高 02 （151964）	100.182	340.00	3.40
19 晋佳 01 （151965）	101.112	180.00	1.82	19 东丽 01 （151967）	99.905	50.00	0.50
19 东丽 03 （151969）	99.888	487.50	4.87	19 靖投 03 （151970）	100.000	270.00	2.70
19 天门 02 （151971）	99.806	180.00	1.80	19 宁城 01 （151972）	101.000	210.00	2.10
19 循环 01 （151973）	99.940	868.00	8.67	19 宁东 01 （151974）	102.267	460.00	4.61
19 新会 01 （151975）	100.129	595.00	5.96	19 融盛 01 （151976）	100.484	114.00	1.14
19 黄发 01 （151978）	100.335	320.00	3.21	19 平煤 01 （151979）	100.830	655.00	6.58
19 浦现 01 （151980）	100.360	40.00	0.40	19 遵桥 01 （151981）	100.000	672.65	6.71
19 滨投 01 （151982）	100.000	50.00	0.50	19 佳源 03 （151984）	100.000	860.55	8.52
19 滨投 02 （151986）	98.986	447.00	4.43	19 大华 01 （151990）	99.189	70.00	0.70
19 华发 03 （151992）	101.864	1039.00	10.46	19 华发 04 （151993）	101.302	330.00	3.32

债券成交 Bond Trading

债券 Bond

债券简称（代码）Bond Name(Code)	本年收盘（元）Close (yuan)	成交数量（万张）Trading Vol (10000 lots)	成交金额（亿元）Trading Value (100M yuan)	债券简称（代码）Bond Name (Code)	本年收盘（元）Close (yuan)	成交数量（万张）Trading Vol (10000 lots)	成交金额（亿元）Trading Value (100M yuan)
19 安吉 02（151994）	100. 602	40. 00	0. 40	19 蒙水务（151995）	100. 812	366. 00	3. 67
19 首钢 03（151997）	100. 601	3795. 00	37. 92	G19 长滨 2（151998）	99. 640	14. 00	0. 14
19 上饶 01（151999）	101. 104	420. 00	4. 24	18 温岭 02（152001）	100. 000	100. 00	1. 03
18 朔州 01（152002）	100. 000	0. 00	0. 00	18 西工 01（152003）	101. 500	300. 00	2. 78
18 海宁债（152006）	100. 000	180. 00	1. 85	18 绵安 02（152007）	100. 000	344. 00	3. 49
18 赤壁债（152009）	100. 000	150. 00	1. 54	18 梧州 01（152010）	104. 680	1. 13	0. 01
18 京投 09（152011）	101. 800	2382. 00	24. 13	18 京投 10（152012）	100. 000	200. 00	2. 03
18 泰兴黄（152013）	100. 000	90. 00	0. 91	18 西苑 01（152014）	101. 300	84. 00	0. 85
18 永安 01（152015）	100. 000	267. 00	2. 72	18 水城债（152016）	100. 000	30. 00	0. 30
18 振东 01（152018）	100. 000	5. 37	0. 05	18 南溪 02（152019）	100. 000	576. 30	5. 83
18 和济 01（152020）	100. 000	10. 00	0. 10	18 易盛德（152021）	100. 000	250. 00	2. 52
18 宁地铁（152023）	100. 700	1261. 28	12. 69	18 铜管廊（152024）	100. 000	435. 50	4. 35
18 博望 01（152026）	100. 000	60. 00	0. 62	18 振东 02（152030）	100. 000	103. 00	1. 03
18 粤高 01（152031）	100. 000	125. 00	1. 27	18 安发 02（152033）	100. 000	388. 10	3. 82
18 锡惠债（152034）	102. 350	150. 11	1. 53	18 合力 01（152035）	99. 350	123. 20	1. 23
18 大冶债（152036）	100. 000	240. 00	2. 49	18 海发 01（152037）	101. 900	211. 05	2. 14
18 柯岩债（152038）	100. 000	20. 00	0. 20	18 国盛 01（152040）	100. 000	320. 00	3. 22
18 蓉高投（152041）	100. 000	585. 00	5. 88	18 浙资 01（152042）	100. 000	670. 00	6. 77
18 济西投（152043）	103. 740	1305. 15	13. 26	G18 先行（152047）	102. 450	240. 01	2. 44
18 泗阳 02（152048）	101. 880	32. 00	0. 32	18 泰新债（152050）	101. 200	155. 00	1. 59
18 榕城 02（152051）	100. 000	280. 00	2. 82	18 众鑫 01（152054）	102. 120	617. 00	6. 23
18 朔州 02（152055）	101. 500	70. 00	0. 72	18 珠管 01（152058）	102. 110	100. 00	1. 01
18 长湖 01（152059）	100. 000	460. 00	4. 60	18 南充债（152063）	100. 000	90. 00	0. 90
18 武义 02（152064）	100. 000	20. 00	0. 21	18 湘高速（152065）	102. 390	240. 00	2. 44
18 东坡 02（152067）	100. 000	378. 00	3. 78	19 百东 01（152072）	99. 670	868. 10	8. 75
19 鑫鸿 01（152073）	100. 000	100. 00	1. 01	G19 广铁 1（152075）	100. 000	780. 00	7. 79
19 安方债（152077）	100. 000	90. 00	0. 81	G19 水投 1（152078）	100. 690	875. 00	8. 69
19 怀远债（152079）	102. 000	183. 68	1. 85	19 常鼎 01（152081）	100. 000	350. 00	3. 54
19 龙岭债（152083）	100. 300	237. 00	2. 35	19 轩达 02（152084）	100. 000	120. 00	1. 20
19 贾旅 01（152088）	102. 540	240. 00	2. 43	19 潜江 01（152089）	103. 280	270. 02	2. 77
19 宜都债（152091）	100. 000	868. 20	8. 55	19 栾川 01（152093）	100. 000	160. 00	1. 61
19 上栗 01（152094）	100. 000	101. 00	1. 01	19 麒麟债（152095）	100. 000	1018. 60	10. 31
19 西工 01（152096）	100. 000	60. 00	0. 55	19 绵经 01（152098）	100. 000	15. 00	0. 15
19 大洼债（152101）	100. 000	3696. 00	36. 08	19 宏河债（152102）	100. 000	132. 00	1. 16
19 盘双 01（152103）	100. 000	475. 20	4. 76	19 舟蓬 01（152104）	100. 000	20. 00	0. 20
19 渝江 01（152110）	100. 900	554. 65	5. 62	19 弥勒 01（152111）	100. 000	265. 00	2. 65
19 息烽债（152115）	100. 000	391. 00	3. 87	19 东台债（152118）	101. 960	150. 00	1. 52
19 浔经债（152119）	100. 000	79. 00	0. 80	19 简州债（152120）	102. 430	200. 01	2. 03
19 瓯经投（152121）	100. 000	140. 00	1. 43	19 鄂科 01（152122）	100. 000	350. 00	3. 52
19 粤路建（152123）	100. 000	20. 00	0. 20	19 榕城 01（152125）	101. 300	632. 42	6. 35
19 钟停 01（152126）	100. 000	257. 00	2. 60	19 金乡 01（152128）	100. 000	421. 00	4. 22
19 扬子 01（152129）	100. 000	440. 00	4. 46	19 长顺债（152130）	100. 000	275. 00	2. 76
19 射阳 01（152131）	101. 790	100. 00	1. 00	19 普洱 01（152132）	100. 000	146. 00	1. 46
19 海城投（152133）	102. 150	300. 00	3. 02	19 华汽 01（152134）	98. 490	544. 27	5. 44
19 梧州 01（152136）	100. 000	150. 00	1. 50	G19 云投 1（152141）	100. 000	100. 00	1. 00
19 凤建 01（152142）	99. 800	2. 00	0. 02	19 兰陵债（152143）	100. 000	2057. 00	20. 57
19 蒙自债（152144）	100. 000	230. 00	2. 30	19 翠屏债（152146）	100. 000	260. 00	2. 61
19 淄创 01（152152）	102. 120	162. 00	1. 65	19 冶高 02（152154）	100. 000	371. 00	3. 70
19 海城发（152156）	100. 000	80. 00	0. 80	19 粤高 01（152157）	100. 000	160. 00	1. 61
19 木渎债（152161）	100. 000	120. 00	1. 23	19 汉江债（152163）	100. 000	200. 00	2. 01

债券成交 Bond Trading

债券 Bond

债券简称（代码） Bond Name(Code)	本年收盘（元） Close (yuan)	成交数量（万张） Trading Vol (10000 lots)	成交金额（亿元） Trading Value (100M yuan)	债券简称（代码） Bond Name（Code）	本年收盘（元） Close (yuan)	成交数量（万张） Trading Vol (10000 lots)	成交金额（亿元） Trading Value (100M yuan)
19 渝中 01 （152165）	100.000	850.00	8.64	19 同建债 （152167）	100.000	120.00	1.20
19 乐亭债 （152168）	100.000	259.80	2.43	19 费城 01 （152169）	100.000	1198.70	11.99
19 国盛 01 （152176）	100.700	206.50	2.08	19 锡西债 （152179）	102.630	180.00	1.84
19 靖滨债 （152180）	102.420	190.10	1.93	19 鄂科 02 （152181）	100.000	60.00	0.62
19 利投 01 （152183）	100.000	105.00	1.06	19 渭投债 （152185）	100.000	105.00	1.07
19 贾旅 02 （152186）	100.000	90.00	0.92	19 济城 01 （152188）	100.000	68.00	0.69
19 蓉国投 （152192）	100.000	60.00	0.62	19 红日债 （152195）	98.000	454.00	4.53
19 福州 01 （152197）	102.850	120.00	1.23	19 安岳 01 （152198）	100.000	380.00	3.55
19 谷城 01 （152201）	100.000	219.00	2.21	19 长湖 01 （152204）	100.000	373.00	3.77
19 锡藕 01 （152205）	100.000	300.00	3.01	19 桐乡 02 （152207）	100.000	90.00	0.89
19 森特 01 （152208）	100.000	144.00	1.45	G19HGY1 （152209）	102.342	360.00	3.66
19 宜春债 （152210）	100.000	380.00	3.83	19 万年债 （152211）	100.000	396.00	3.95
19 伊川债 （152212）	100.000	230.00	2.31	19 柯桥 02 （152213）	100.000	40.00	0.41
19 国兴 01 （152214）	100.480	20.00	0.20	19 金东 01 （152215）	102.000	105.01	1.05
G19 广铁 2 （152216）	101.200	220.01	2.20	G19 青州 （152217）	100.000	615.00	6.17
19 华汽 02 （152218）	100.000	413.03	4.13	G19 城南 1 （152221）	101.400	205.00	2.06
19 邯建投 （152222）	100.000	180.00	1.83	19 海控 01 （152227）	100.000	445.00	4.46
19 广控 01 （152228）	100.010	61.20	0.61	19 云建 01 （152229）	100.620	102.00	1.02
19 句容债 （152230）	100.400	292.00	2.93	19 南网 05 （152233）	100.330	422.00	4.23
19 柳东债 （152236）	100.000	150.00	1.50	19 亳城建 （152237）	100.000	150.00	1.52
19 秦投 01 （152241）	100.000	153.22	1.53	19 颍上债 （152242）	100.000	90.00	0.90
19 兴蜀债 （152243）	100.600	63.00	0.63	19 扬子 02 （152244）	99.000	1830.61	18.25
19 怀工 01 （152245）	100.000	130.00	1.30	19 金灌 01 （152246）	100.000	60.00	0.60
19 东财 03 （152248）	100.000	147.00	1.48	19 平天湖 （152250）	100.000	60.00	0.60
19 金凤凰 （152251）	100.000	649.00	6.50	19 南网 06 （152252）	99.790	60.00	0.60
19 蓉兴 01 （152253）	99.640	1540.00	15.24	19 中电 01 （152254）	100.000	60.00	0.60
19 浙资 01 （152255）	99.940	90.00	0.89	19 陕投 01 （152257）	100.120	116.00	1.16
19 陕投 02 （152258）	100.000	330.00	3.34	19 苏交 01 （152260）	100.000	330.00	3.28
19 桂建 01 （152264）	100.000	100.00	1.00	G19 广铁 3 （152265）	100.000	520.00	5.19
19 嘉善债 （152267）	99.770	150.00	1.50	19 河投 01 （152270）	100.000	260.00	2.60
19 齐交 01 （152271）	99.670	405.00	4.04	19 临朐债 （152273）	100.000	170.00	1.70
19 沪建 02 （152275）	100.000	90.00	0.89	19 瑞丽债 （152276）	100.000	150.00	1.50
19 皖投 02 （152278）	100.000	660.00	6.59	19 桃源 01 （152279）	100.000	130.00	1.30
19 通瑞 01 （152282）	100.000	4.00	0.04	19 西峡债 （152286）	100.000	50.00	0.50
G19 宁铁 1 （152288）	100.000	160.00	1.60	G19 武铁 1 （152290）	100.000	160.00	1.60
19 吴江 02 （152291）	100.000	70.00	0.70	19 桃源 02 （152292）	100.000	160.00	1.60
19 张建发 （152297）	100.000	65.00	0.65	19 山高 01 （152298）	101.700	605.00	6.06
19 绵经 02 （152299）	100.000	160.00	1.60	19 沪国际 （152301）	100.000	160.00	1.60
19 南网 07 （152303）	100.000	200.00	2.00	19 易盛德 （152304）	100.000	50.00	0.50
19 海资 01 （152305）	100.000	230.00	2.30	19 嵊城 02 （152306）	100.000	0.05	0.00
19 扬子 04 （152308）	100.000	82.00	0.82	19 梁平债 （152312）	100.000	100.00	1.00
19 兴堰 01 （152316）	100.000	270.00	2.71	19 天泰债 （152318）	100.000	30.00	0.30
19 西咸 01 （152319）	100.000	265.00	2.65	19 西咸 02 （152320）	100.000	1170.00	11.71
19 蓉产 01 （152322）	100.000	300.00	3.00	19 云建 02 （152324）	100.000	420.00	4.20
19 吉安债 （152327）	100.000	50.00	0.50	19 永安 01 （152328）	100.000	30.00	0.30
19 含浦 02 （152330）	100.000	80.00	0.80	19 齐交 02 （152331）	100.000	100.00	1.00
19 南网 08 （152333）	100.000	120.00	1.20	19 山高 02 （152335）	100.000	310.00	3.10
19 国兴 03 （152338）	100.000	20.00	0.20	19 赣城投 （152341）	100.000	150.00	1.50
19 新天地 （152346）	100.000	90.00	0.90	19 渝江 02 （152348）	100.000	180.00	1.80
19 国开投 （152349）	100.000	300.00	3.00	19 潜江 02 （152350）	100.000	100.00	1.00

债券成交 Bond Trading

债券简称（代码） Bond Name(Code)	本年收盘（元） Close (yuan)	成交数量（万张） Trading Vol (10000 lots)	成交金额（亿元） Trading Value (100M yuan)	债券简称（代码） Bond Name (Code)	本年收盘（元） Close (yuan)	成交数量（万张） Trading Vol (10000 lots)	成交金额（亿元） Trading Value (100M yuan)
G19 广铁 4（152355）	100.000	80.00	0.80	19 天轨 01（152359）	100.000	240.00	2.40
19 怀工 02（152361）	100.000	150.00	1.50	19 皖投 03（152362）	100.000	100.00	1.00
19 惠临债（152374）	100.000	82.00	0.82	18 红美 01（155001）	101.810	1890.00	19.19
18 都城 01（155003）	100.000	740.00	7.47	18 平证 06（155004）	101.300	4335.00	43.79
18 金诚 01（155005）	100.000	120.00	1.20	18 上药 01（155006）	100.990	2340.50	23.66
18 远海 05（155009）	104.210	430.00	4.44	18 龙湖 06（155010）	101.970	1637.00	16.65
18 广核 01（155012）	101.020	2670.00	27.03	18 中租二（155013）	100.000	241.56	2.41
18 铁龙 01（155014）	101.000	668.00	6.74	18 电投 10（155015）	101.050	3712.00	37.48
18 电投 11（155016）	101.000	3274.25	33.34	18 鲁商 02（155017）	100.000	1450.00	14.50
18 邮政 01（155018）	100.800	1112.00	11.22	18 浙商 01（155019）	101.550	1245.10	12.64
18 实业 08（155022）	100.000	470.10	4.70	18 台纾 01（155024）	102.300	264.00	2.71
18 光大 01（155025）	100.750	2400.00	24.20	18 沪资 03（155026）	100.950	1139.50	11.51
18 杭机 01（155027）	101.000	416.00	4.21	18 闽纾债（155028）	100.900	691.00	6.97
18 青城 05（155029）	101.350	2182.72	22.01	18 三友 03（155030）	101.860	241.00	2.44
18 中铝 03（155032）	100.900	1446.00	14.56	18 中铝 04（155033）	100.000	990.00	9.99
18 柳投控（155035）	102.300	1450.00	14.77	18 电投 12（155036）	101.070	2092.00	21.09
18 电投 13（155037）	101.950	4777.75	48.31	18 海通 05（155038）	100.410	2231.00	22.48
18 粤桥 02（155039）	103.000	818.00	8.45	18 高新 01（155040）	101.640	350.00	3.55
18 远高 01（155041）	98.990	281.87	2.82	18 锦江 02（155042）	102.500	616.00	6.21
18 复星 05（155043）	101.340	1144.00	11.56	18 元禾 02（155044）	100.000	130.00	1.31
18 豫园 01（155045）	100.800	1750.30	17.73	18 华泰 G1（155047）	100.500	2161.00	21.77
18 华泰 G2（155048）	100.000	1090.00	11.01	18 齐鲁 02（155049）	101.180	410.00	4.15
18 中航 G1（155050）	101.000	247.00	2.49	18 迈科 02（155051）	100.000	430.00	4.32
18 南航 01（155052）	100.000	100.00	1.01	G18 首股（155053）	101.830	3140.00	31.59
18 国药 01（155054）	101.320	3847.00	38.80	18 津投 11（155055）	101.100	755.00	7.57
18 津投 12（155056）	105.000	1270.00	12.82	G18 龙源 2（155057）	100.880	1455.50	14.70
18 京能 01（155058）	101.050	666.00	6.70	18 镇投 01（155059）	102.000	436.01	4.43
18 联想 03（155060）	100.600	903.20	9.04	18 富力 08（155061）	99.700	4584.30	46.13
18 渝信 03（155063）	79.800	1419.39	13.32	18 三福 01（155065）	100.000	115.00	1.15
18 中储 02（155066）	101.480	479.30	4.84	18 复药 02（155067）	100.880	70.00	0.71
18 复药 03（155068）	101.700	453.10	4.59	18 保文 02（155069）	100.000	120.00	1.21
18 大众 01（155070）	100.970	185.00	1.86	18 首置 03（155071）	101.270	950.00	9.59
18 首置 04（155072）	101.400	1280.00	12.96	18 悦达 01（155074）	100.000	1187.30	11.88
18 宁农 01（155076）	100.000	60.00	0.60	18 东风 03（155077）	100.700	400.00	4.03
18 东风 04（155078）	100.410	1035.00	10.39	18 新大 03（155079）	100.000	48.90	0.47
18 汽车 G3（155080）	105.000	787.16	7.86	18 时代 13（155082）	102.430	1088.00	11.01
18 时代 14（155083）	104.000	259.50	2.66	18 紫光 04（155085）	90.000	1348.16	13.36
18 津投 13（155086）	99.950	195.00	1.95	18 津投 14（155087）	100.870	1520.00	15.29
18 粤控 02（155088）	100.000	966.02	9.70	18 中泰 01（155089）	100.700	1850.00	18.62
18 福晟 03（155090）	99.640	2426.11	24.30	18 景国 02（155091）	100.000	1180.00	11.98
18 花样年（155092）	103.000	1432.58	14.17	18 万向 01（155093）	101.000	505.00	5.10
18 皖投 02（155095）	101.360	2380.00	24.06	18 亨通 01（155097）	100.000	10.00	0.10
19 国管 01（155098）	99.800	5188.10	51.71	18 海纾困（155100）	100.950	6200.85	62.69
18 华夏 06（155102）	102.100	869.15	8.84	18 华夏 07（155103）	100.000	2460.00	25.32
18 铁牛 02（155104）	100.000	1545.00	15.37	18 富力 10（155106）	100.060	10733.20	108.19
19 浦土 01（155108）	100.740	850.00	8.51	18 金光 01（155112）	100.000	255.40	2.54
18 爱建 01（155113）	100.200	458.36	4.59	18 南山 05（155115）	100.000	730.00	7.31
18 鸿坤 03（155117）	95.990	631.86	6.34	18 伊泰 02（155118）	101.700	2010.00	20.44
18 海怡 02（155121）	100.000	505.00	5.02	19 中粮 01（155123）	100.050	2490.00	24.94
19 中粮 02（155124）	100.500	1316.00	13.09	19 津投 01（155125）	100.500	4373.50	43.70

债券成交
Bond Trading

债券
Bond

债券简称（代码） Bond Name(Code)	本年收盘（元） Close (yuan)	成交数量（万张） Trading Vol (10000 lots)	成交金额（亿元） Trading Value (100M yuan)	债券简称（代码） Bond Name (Code)	本年收盘（元） Close (yuan)	成交数量（万张） Trading Vol (10000 lots)	成交金额（亿元） Trading Value (100M yuan)
19 津投 02 （155126）	100.000	1510.00	14.99	19 铁工 01 （155127）	100.500	3105.00	31.11
19 葛洲 01 （155129）	99.950	360.00	3.57	19 京投 01 （155130）	99.400	6070.00	60.67
19 京投 02 （155131）	99.600	4470.00	44.45	19 蓝星 01 （155132）	101.000	1200.97	12.04
19 金隅 01 （155133）	100.000	515.00	5.15	19 金隅 02 （155134）	100.250	1650.00	16.39
19 闽电 01 （155136）	100.800	1771.65	17.94	19 联想 01 （155138）	99.360	4646.40	46.33
19 联想 02 （155139）	100.000	1142.40	11.40	19 镇投 01 （155140）	100.000	247.90	2.53
19 世茂 G1 （155142）	100.800	1519.50	15.32	19 汽车 01 （155144）	100.000	60.00	0.60
19 无锡 01 （155146）	100.000	809.00	8.13	19 无锡 02 （155147）	100.000	150.00	1.50
19 南山 01 （155148）	98.000	1043.28	10.38	19 临债 01 （155150）	100.000	70.00	0.70
19 临债 02 （155151）	100.500	373.00	3.74	19 红星 01 （155152）	99.350	841.02	8.39
19 渤海 01 （155154）	100.630	2096.00	21.04	19 光水 01 （155155）	100.000	380.00	3.81
19 绿城 01 （155156）	100.000	850.00	8.49	19 新燃 01 （155158）	101.050	345.00	3.47
19CHNE01 （155159）	99.820	2580.00	25.80	19 渝物 01 （155160）	100.000	150.00	1.50
19 津投 03 （155161）	100.300	1894.00	18.94	19 津投 04 （155162）	100.000	530.00	5.25
19 蓝光 01 （155163）	100.000	1150.00	11.50	19 建材 01 （155164）	100.000	610.00	6.11
19 建材 02 （155165）	100.000	1360.00	13.45	19 中铝 01 （155166）	100.000	810.00	8.12
19 航租 01 （155167）	100.720	985.00	9.86	19 口岸 01 （155168）	100.000	170.00	1.70
19 紫光 01 （155169）	100.000	603.44	6.04	19 正才 01 （155171）	100.000	163.50	1.64
19 实业 01 （155172）	100.000	154.00	1.54	19 东方 01 （155175）	102.500	547.00	5.45
19 山招 01 （155176）	101.300	1458.00	14.69	19 长电 01 （155177）	100.100	1983.10	19.80
19 住总 01 （155178）	100.000	610.00	6.14	G19 三峡 1 （155180）	101.200	3160.01	31.48
G19 三峡 2 （155181）	100.000	640.00	6.43	19CHNE02 （155182）	100.160	3327.50	33.19
19 翔业 01 （155183）	100.000	490.00	4.89	19 南航 01 （155185）	100.000	1320.00	13.17
19 蓝星 02 （155186）	100.540	760.00	7.63	19 金茂投 （155188）	100.270	1900.00	18.96
19 龙湖 01 （155189）	99.680	2680.00	26.65	19 龙湖 02 （155190）	99.350	440.00	4.34
19 信债 01 （155191）	100.000	712.00	7.11	19 信债 02 （155192）	100.000	780.00	7.72
19 平证 01 （155193）	100.000	1105.00	11.08	19 泰达 01 （155194）	101.000	2281.00	22.93
19 国美 01 （155195）	104.000	709.72	7.11	19 津投 05 （155196）	100.520	2640.00	26.41
19 津投 06 （155197）	100.000	260.00	2.61	19 柳投控 （155198）	100.400	417.00	4.21
19 远海 02 （155200）	100.000	300.00	3.00	19 陆债 01 （155201）	101.250	4369.00	43.89
19 渝高 01 （155203）	100.000	1208.00	12.18	19 福晟 01 （155205）	103.000	1783.01	17.79
19 远高 01 （155206）	108.000	146.53	1.47	19 新燃 02 （155207）	100.000	470.00	4.74
19 招商 G1 （155208）	100.000	600.00	6.02	19 广能 01 （155209）	100.000	80.00	0.80
19 苏城 01 （155210）	100.790	515.00	5.17	19 建材 03 （155211）	100.300	3125.00	31.18
19 苏垦 01 （155213）	100.000	42.00	0.42	19 浙旅 01 （155214）	100.000	70.00	0.70
19 北汽 01 （155215）	102.500	840.00	8.39	19 漳九 01 （155216）	101.260	1680.00	16.93
19 洪政 G1 （155217）	100.000	2646.00	26.50	19 中航 G1 （155219）	100.420	1333.00	13.35
19 兵装 01 （155220）	100.130	1570.00	15.70	19 兵装 02 （155221）	100.000	750.00	7.49
19 兵装 03 （155222）	101.470	1080.00	10.87	19 葛洲 02 （155223）	100.350	822.25	8.28
19 住总 03 （155224）	100.000	640.00	6.45	19 中希 01 （155228）	100.000	1537.02	15.37
19 阳煤 01 （155229）	101.600	951.00	9.59	19 台州 01 （155230）	100.000	320.00	3.20
19 兴发 01 （155231）	101.350	91.60	0.92	19 红星 03 （155232）	100.000	1482.00	14.78
19 银宝 G1 （155234）	100.000	55.00	0.55	19 特变 01 （155235）	99.680	500.00	5.00
19 杭纾 01 （155236）	100.000	520.00	5.20	19 中林 02 （155239）	100.000	420.00	4.25
19 华泰 G1 （155240）	100.570	1690.00	16.96	19 成龙 01 （155242）	100.000	292.30	2.92
19 闽交 02 （155244）	100.800	720.00	7.22	19 风电 01 （155245）	100.570	328.00	3.28
19 风电 02 （155246）	100.000	100.00	1.00	19 京发 G1 （155247）	100.000	350.00	3.50
19 华润 01 （155248）	100.150	4910.00	49.03	19 中信 02 （155250）	100.000	1040.00	10.47
19 湖州 01 （155251）	101.000	1127.22	11.28	19 中铁 04 （155252）	100.750	2477.00	24.92
19 世茂 G2 （155254）	100.900	733.00	7.39	19 远洋 01 （155255）	100.850	3087.85	30.90

债券成交 Bond Trading

债券 Bond

债券简称（代码） Bond Name(Code)	本年收盘（元） Close (yuan)	成交数量（万张） Trading Vol (10000 lots)	成交金额（亿元） Trading Value (100M yuan)	债券简称（代码） Bond Name (Code)	本年收盘（元） Close (yuan)	成交数量（万张） Trading Vol (10000 lots)	成交金额（亿元） Trading Value (100M yuan)
19 远洋 02（155256）	101.340	1770.00	17.79	19 北方 01（155257）	100.100	880.00	8.81
19 中原 01（155259）	100.000	1740.00	17.40	19 东风 01（155261）	100.520	950.00	9.52
19 国科 01（155263）	100.000	450.00	4.50	19 建集 01（155266）	102.300	710.00	7.15
19 新城 01（155268）	98.500	572.27	5.51	19 新城 02（155269）	96.910	1045.73	9.90
G19 鲁金 1（155270）	100.000	1501.20	15.02	19 鲁创 01（155271）	100.000	210.00	2.09
19 五资 01（155272）	100.000	1000.00	10.06	19 华夏 01（155273）	100.500	458.50	4.59
19 国新 01（155274）	100.860	2790.00	28.03	19 三友 01（155275）	100.000	300.00	3.01
19 川发 01（155277）	101.590	1290.00	13.00	19 川发 02（155278）	100.000	320.00	3.25
19 紫光 02（155279）	88.000	1955.39	19.53	19 云投 01（155280）	100.670	1661.25	16.65
19 起步 01（155281）	100.000	10.00	0.10	19 常高 01（155283）	100.000	210.00	2.12
19 唐租 01（155285）	100.000	1160.00	11.66	19 爱建 01（155286）	100.000	399.40	3.99
19 平证 03（155287）	100.200	540.00	5.39	19 成大 01（155288）	100.000	450.00	4.56
19 三峡 01（155289）	101.070	442.35	4.45	19 中保 01（155290）	100.000	2830.00	28.42
19 鑫苑 01（155291）	100.000	2018.55	20.13	19 镇投 03（155292）	100.000	240.00	2.39
19 云工 02（155294）	100.000	141.00	1.42	19 光明 01（155295）	100.000	300.00	3.01
19 西南 01（155296）	100.580	2560.00	25.67	19 漳九 02（155297）	101.490	280.00	2.80
19 建银 01（155298）	100.530	920.00	9.21	19 兰石 01（155301）	100.000	769.00	7.70
19 特电 01（155302）	100.000	130.00	1.30	19 京客隆（155303）	100.000	110.00	1.10
19 禹洲 01（155304）	101.500	2135.00	21.56	19 禹洲 02（155305）	100.000	780.00	7.99
19 伊泰 01（155306）	100.000	700.00	6.94	19 建材 05（155307）	100.000	682.00	6.81
19 新工 01（155309）	100.000	190.00	1.91	19 汇鸿 01（155310）	100.000	370.00	3.75
19 碧地 01（155313）	100.000	185.00	1.85	19 洋河 01（155314）	100.000	548.00	5.59
19 路桥 01（155315）	100.000	360.00	3.61	19 海通 01（155316）	99.910	920.00	9.19
19 铁投 01（155318）	100.000	160.00	1.61	19 津投 07（155319）	101.190	1366.00	13.71
19 津投 08（155320）	100.000	105.00	1.08	19 楚天 01（155321）	100.390	190.00	1.91
19 无锡 03（155322）	100.000	290.00	2.91	19 湘粮债（155324）	100.000	40.00	0.40
19 佛控 01（155325）	103.080	74.00	0.75	19 汇金 01（155326）	100.200	290.00	2.90
19 首集 01（155328）	102.500	2071.00	20.76	19 国信一（155329）	100.280	600.00	6.00
19 铁工 03（155331）	100.210	740.00	7.41	19 铁工 04（155332）	100.000	700.00	7.03
19 西股 01（155333）	100.000	170.00	1.70	19 中旅 01（155334）	100.550	4559.00	45.66
19 沪国 01（155336）	100.650	650.00	6.54	19 舜通 01（155337）	103.780	250.00	2.55
19 中产 01（155339）	101.000	630.00	6.36	19 华宝 01（155340）	101.410	871.00	8.78
19 建材 07（155342）	100.730	934.00	9.39	19 鲁资 01（155344）	101.960	1081.00	10.95
19 安租 01（155346）	102.200	577.00	5.81	19 口岸 02（155347）	100.000	120.00	1.20
19 京能 01（155348）	100.000	50.00	0.50	19 中信 03（155349）	100.000	370.00	3.80
19 国联 01（155350）	101.700	113.00	1.14	19 兴杭 01（155351）	101.700	2693.00	27.20
19 华电 01（155352）	101.100	5960.20	59.95	19 创控 01（155353）	101.000	410.00	4.13
19 航控 02（155355）	100.800	1810.07	18.13	19 福晟 02（155356）	100.000	1000.00	10.00
19 华能 01（155357）	100.000	260.00	2.60	19 华泰 G3（155358）	100.260	1900.00	18.96
19 杭机 01（155362）	100.000	160.00	1.60	19 上实 01（155364）	100.000	350.00	3.52
19 浦集 01（155366）	101.200	1365.00	13.79	19 中林 03（155367）	100.000	1909.60	19.13
19 能投 01（155368）	102.100	2273.00	23.05	19 葛洲 03（155370）	100.000	230.00	2.31
19 国君 G1（155371）	101.100	700.00	7.06	19 津投 09（155373）	101.340	2849.60	28.70
19 津投 10（155374）	100.000	140.00	1.41	19 中天 01（155375）	100.000	600.00	6.00
19 雅砻 01（155376）	100.060	490.00	4.90	19 朝纾 01（155377）	101.730	1887.00	19.11
19 赣投 01（155378）	101.710	540.00	5.48	19 西集 01（155380）	100.000	742.08	7.06
19 金光 01（155382）	100.000	100.00	1.00	19 邮政 01（155383）	101.100	880.00	8.87
19 紫竹 01（155384）	100.000	280.00	2.81	19 电控 01（155385）	100.000	500.00	5.02
19 晋中 01（155386）	101.000	615.00	6.23	19 深航 01（155388）	100.280	580.00	5.83
19 南网 01（155389）	101.180	1666.20	16.82	19 绿原 01（155390）	100.000	180.00	1.82

债券成交
Bond Trading

债券
Bond

债券简称（代码） Bond Name(Code)	本年收盘（元） Close (yuan)	成交数量（万张） Trading Vol (10000 lots)	成交金额（亿元） Trading Value (100M yuan)	债券简称（代码） Bond Name (Code)	本年收盘（元） Close (yuan)	成交数量（万张） Trading Vol (10000 lots)	成交金额（亿元） Trading Value (100M yuan)
19 世茂 G3 (155391)	100.000	75.00	0.75	19 新际 01 (155392)	100.000	500.00	5.03
19 宏泰债 (155394)	100.000	200.00	2.02	19 陆债 03 (155395)	100.000	380.00	3.81
19 宜华 01 (155396)	54.000	350.39	3.44	19 国租 01 (155398)	101.200	120.00	1.21
19 鲁高 01 (155399)	100.000	50.00	0.50	19 杭实 01 (155400)	100.700	560.00	5.66
19 齐鲁 01 (155402)	100.570	502.00	5.05	19 淮矿 01 (155403)	101.100	742.00	7.45
19 富力 01 (155404)	98.180	409.10	4.06	19 富力 02 (155405)	100.000	30.00	0.30
19 恒大 01 (155406)	96.900	9363.31	93.65	19 恒大 02 (155407)	97.620	1794.63	17.96
19 无锡 05 (155408)	100.000	120.00	1.20	19 光大债 (155410)	100.000	290.00	2.91
19 穗专 01 (155411)	100.800	1290.00	12.93	19 宇通 01 (155413)	100.420	150.00	1.51
19 粤港 01 (155414)	100.420	450.00	4.51	19 中银 01 (155415)	100.650	650.00	6.54
19 隧道 01 (155416)	100.840	780.00	7.85	19 南航 02 (155417)	100.000	920.00	9.21
19 泰富 01 (155418)	100.000	1000.00	10.03	19 南网 02 (155419)	100.640	1610.00	16.15
19 南网 03 (155420)	101.000	1700.00	17.16	19 津投 11 (155421)	100.490	1850.00	18.53
19 津投 12 (155422)	100.000	120.00	1.22	19 国君 G3 (155423)	99.980	1810.00	18.14
19 风电 03 (155424)	101.150	701.00	7.05	19 风电 04 (155425)	100.000	320.00	3.21
19 国投 01 (155426)	100.520	1940.00	19.47	19 川桥 01 (155427)	101.120	1684.00	16.93
19 金辉 01 (155428)	100.000	2651.90	26.46	19 润药 01 (155430)	100.000	645.00	6.47
19 京投 03 (155431)	100.460	3818.00	38.27	19 京投 04 (155432)	100.000	390.00	3.92
19 中泰 01 (155433)	100.000	240.00	2.40	19 苏城 02 (155434)	100.790	500.00	5.03
19 南网 04 (155435)	101.620	2910.01	29.41	19 穗建 01 (155436)	100.600	2371.00	23.82
19 穗建 02 (155437)	101.100	480.00	4.83	19 远租 01 (155438)	100.000	189.00	1.90
19 中船 01 (155439)	100.280	3390.00	33.93	19 中核 01 (155441)	100.560	1990.00	20.00
19 中飞 01 (155443)	100.000	880.00	8.81	19 津投 13 (155444)	100.800	5610.00	56.21
19 义纾 01 (155447)	103.550	730.00	7.50	19 融侨 01 (155448)	99.600	603.51	6.00
19 航控 04 (155449)	100.320	2621.00	26.28	19 小商 01 (155450)	100.800	319.00	3.21
19 泰达 02 (155451)	100.500	480.00	4.82	19 京电 01 (155452)	100.620	800.00	8.04
19 南山 03 (155456)	99.520	690.00	6.87	19 国投电 (155457)	100.000	160.00	1.62
19 红美 02 (155458)	99.980	1521.30	15.19	19 航控 05 (155459)	100.000	660.00	6.61
19 津投 15 (155460)	101.000	1995.00	20.02	19 津投 16 (155461)	100.000	830.00	8.31
19 中船 03 (155462)	100.000	4780.00	47.67	19 环球 01 (155463)	100.000	780.00	7.82
19 兴泰 01 (155466)	100.000	150.00	1.50	19 昆交 01 (155467)	100.000	215.00	2.20
19 能源 01 (155469)	100.500	3885.75	38.89	19 鲁星 01 (155471)	100.000	116.00	1.16
19 华电 02 (155472)	100.380	1335.00	13.43	19 华电 03 (155473)	100.880	905.00	9.09
19 沪国 02 (155475)	100.000	200.00	2.01	19 阳集 03 (155476)	100.000	208.00	2.06
19 联想 03 (155477)	99.750	1230.00	12.20	19 联通 01 (155478)	100.440	2721.00	27.31
19 光大 01 (155481)	100.000	770.00	7.71	19 光大 02 (155482)	100.000	370.00	3.71
19 鲁高 Y1 (155483)	100.940	1160.00	11.65	19 蓝光 02 (155484)	100.000	1084.00	10.84
19 北控 01 (155486)	100.650	1770.00	17.73	19 海宁 01 (155487)	101.630	1120.01	11.33
19 芯鑫 01 (155489)	100.290	359.00	3.60	19 节能 02 (155490)	100.560	475.00	4.77
19 中产 02 (155491)	100.510	285.00	2.86	19 永钢 01 (155492)	100.280	100.00	1.00
19 花样年 (155493)	100.000	508.28	5.05	19 伊泰 02 (155494)	100.000	1340.00	13.22
19 东方 02 (155495)	100.000	0.68	0.01	19 美置 03 (155496)	100.300	1558.00	15.60
19 兰石 02 (155499)	100.000	247.80	2.48	19 融信 01 (155500)	100.000	1101.83	11.02
19 融信 02 (155501)	100.000	600.00	6.00	19 鸿商 01 (155502)	99.430	230.43	2.30
19 西集 03 (155503)	100.000	528.31	4.74	19 北汽 02 (155504)	100.000	1120.00	11.19
19 北汽 03 (155505)	100.900	5614.00	56.20	19 文投 01 (155507)	100.800	1070.36	10.76
19 津投 17 (155508)	100.000	3770.00	37.72	19 津投 18 (155509)	100.000	1125.00	11.28
19 恒健 01 (155510)	101.000	7837.00	78.16	19 华润 02 (155511)	99.800	1881.30	18.76
19 铁工 05 (155512)	101.300	720.01	7.22	19 铁工 06 (155513)	102.000	736.01	7.40
19 华能 02 (155514)	100.000	530.00	5.31	19 北新 01 (155516)	100.500	301.00	3.02

债券成交 Bond Trading

债券 Bond

债券简称（代码） Bond Name(Code)	本年收盘（元） Close (yuan)	成交数量（万张） Trading Vol (10000 lots)	成交金额（亿元） Trading Value (100M yuan)	债券简称（代码） Bond Name (Code)	本年收盘（元） Close (yuan)	成交数量（万张） Trading Vol (10000 lots)	成交金额（亿元） Trading Value (100M yuan)
19建房01（155518）	100.810	950.00	9.53	19建房02（155519）	100.000	630.00	6.31
19龙湖03（155520）	99.710	1020.00	10.16	19龙湖04（155521）	99.510	3560.00	35.51
19国电01（155522）	100.200	916.00	9.18	19榕建01（155523）	100.000	150.00	1.50
19中证G1（155524）	99.880	450.00	4.49	19中证G2（155525）	100.000	880.00	8.78
19青控02（155526）	100.190	400.00	4.01	19京融G1（155527）	100.000	120.00	1.20
19京融G2（155528）	100.000	300.00	3.01	19中信04（155529）	100.000	945.00	9.48
19中信05（155530）	100.000	1820.00	18.22	19国联02（155531）	100.550	40.50	0.41
19常高03（155533）	100.000	130.00	1.32	19建银03（155535）	100.800	1620.10	16.25
19建银04（155536）	100.000	240.00	2.40	19邮政02（155537）	100.110	480.00	4.81
19新工02（155538）	100.000	620.00	6.21	19西南02（155539）	100.700	1082.00	10.86
19津保01（155540）	100.000	590.00	5.92	19环球02（155541）	100.000	285.00	2.84
19京发G2（155542）	100.000	520.00	5.20	19华电04（155543）	101.080	2390.00	23.94
19昆交03（155546）	100.000	830.00	8.40	19电气01（155548）	100.900	4077.10	40.80
19财金01（155549）	100.600	1635.20	16.37	19皖投01（155551）	100.200	890.00	8.93
19鲁能01（155552）	100.000	1240.00	12.42	19金证债（155554）	100.000	90.00	0.90
19津投19（155555）	100.600	2440.00	24.43	19津投20（155556）	101.690	2320.00	23.27
19当代01（155557）	100.000	440.00	4.39	19伊泰03（155558）	100.000	1600.00	15.71
19渤海02（155559）	100.000	770.00	7.71	19国投02（155561）	107.000	1385.00	13.99
19北汽05（155562）	100.000	1970.00	19.69	19北汽06（155563）	100.000	5770.00	57.73
19中交G1（155565）	99.820	6560.00	65.58	19中交G2（155566）	100.000	668.00	6.70
19湘投01（155567）	99.680	240.00	2.40	19碧地02（155569）	100.510	771.80	7.72
19宁安01（155570）	100.950	2370.01	23.78	19中核03（155571）	100.460	1004.00	10.07
19不动04（155573）	100.950	361.00	3.62	19江河01（155574）	100.000	100.00	1.00
19兵装05（155575）	100.000	650.00	6.50	19锡公01（155576）	100.100	41.12	0.41
19国科03（155578）	100.000	470.00	4.70	19国科04（155579）	100.000	490.00	4.88
19南方01（155580）	100.000	50.00	0.50	19南山04（155583）	97.200	268.98	2.68
19国创01（155584）	100.050	220.00	2.20	19建材09（155585）	100.000	1860.00	18.70
19建房03（155586）	100.000	275.00	2.75	19建房04（155587）	100.000	170.00	1.70
19京融G3（155588）	100.000	185.00	1.85	19京融G4（155589）	100.100	969.50	9.68
19无锡07（155590）	100.000	230.00	2.31	19中铝G3（155594）	100.000	1670.00	16.70
19美置04（155595）	101.400	924.20	9.26	19东吴债（155596）	100.000	1550.00	15.50
19民生G1（155597）	100.000	715.00	7.14	19景国01（155598）	100.000	370.00	3.75
19航集01（155599）	100.000	200.00	2.00	19联发01（155600）	99.970	210.00	2.10
19联发02（155601）	100.000	150.00	1.50	19焦煤02（155603）	100.000	120.00	1.20
G19天成2（155604）	100.000	140.00	1.40	19中交G3（155605）	99.520	3320.00	33.07
19中交G4（155606）	100.000	1830.00	18.30	19华福G1（155607）	100.000	360.00	3.60
19宇通02（155608）	100.000	160.00	1.60	19津投21（155609）	100.190	2360.00	23.60
19国宏01（155611）	99.600	410.00	4.09	19中车G1（155612）	99.960	1370.00	13.69
19中车G2（155613）	99.840	1400.00	13.93	19中信06（155614）	100.000	995.00	9.97
19中信07（155615）	100.000	1020.00	10.20	19恒健02（155616）	99.590	5270.00	52.58
19西集04（155617）	99.000	465.66	3.99	19东航01（155618）	99.800	3347.00	33.11
19航集02（155619）	99.500	130.00	1.29	19津保02（155620）	100.150	570.00	5.70
19大唐Y5（155621）	100.000	2140.00	21.39	19大唐Y6（155622）	100.000	3740.00	37.25
19川发03（155623）	100.000	1030.00	10.27	19川发04（155624）	100.000	1950.00	19.50
19都城01（155625）	100.000	420.00	4.21	19新际03（155626）	100.000	835.00	8.30
19新际04（155627）	100.000	150.00	1.50	19建材11（155629）	99.190	2010.00	19.97
19不动05（155631）	100.000	574.00	5.72	19不动06（155632）	100.310	455.00	4.56
19豫投01（155633）	100.010	1144.00	11.40	19云投G1（155634）	100.000	1124.00	11.26
19云投G2（155635）	100.000	645.00	6.46	19椒江01（155636）	101.100	1551.00	15.58
19宁德01（155637）	100.000	366.50	3.67	19包钢联（155638）	101.820	829.10	8.31

债券成交 Bond Trading

债券 Bond

债券简称（代码） Bond Name(Code)	本年收盘（元） Close (yuan)	成交数量（万张） Trading Vol (10000 lots)	成交金额（亿元） Trading Value (100M yuan)	债券简称（代码） Bond Name (Code)	本年收盘（元） Close (yuan)	成交数量（万张） Trading Vol (10000 lots)	成交金额（亿元） Trading Value (100M yuan)
19 国管 02 （155639）	99.200	900.00	8.94	19 浦土 02 （155642）	100.000	380.00	3.80
19 陕金 01 （155644）	100.070	100.00	1.00	19 金茂 02 （155646）	100.000	555.00	5.55
19 沪开 01 （155647）	100.000	650.00	6.51	19 滇城 01 （155648）	99.840	158.00	1.58
19 华集 01 （155651）	100.000	940.00	9.39	19 鸿商 02 （155652）	100.000	620.00	6.17
19 杭旅 01 （155653）	99.440	330.00	3.29	19 保利 01 （155656）	99.600	1930.00	19.20
19 保利 02 （155657）	100.000	390.00	3.88	19 国集 01 （155658）	100.000	20.00	0.20
19 红狮 01 （155660）	100.700	70.01	0.70	19 建房 05 （155661）	99.710	980.00	9.78
19 建房 06 （155662）	100.000	30.00	0.30	19 国控 01 （155663）	100.000	540.00	5.38
19 鲁资 03 （155664）	100.000	430.00	4.30	19 鲁资 04 （155665）	100.150	520.00	5.20
19 阳股 02 （155666）	100.000	280.00	2.80	19 君创 01 （155667）	100.000	50.00	0.50
19 北汽 08 （155670）	100.000	1270.00	12.67	19 北汽 09 （155671）	100.000	4200.00	41.83
19 洪政 G3 （155673）	100.000	800.00	7.97	19 长电 02 （155674）	100.400	952.00	9.51
19 国新 02 （155675）	100.000	790.00	7.89	19 当代 F1 （155676）	99.300	705.00	7.00
19 中铝 G4 （155677）	99.710	890.00	8.89	19 兴发 02 （155679）	100.000	60.00	0.60
G19 三峡 3 （155680）	100.200	0.70	0.01	G19 三峡 4 （155681）	99.730	2560.00	25.57
19 云建 G1 （155683）	100.000	400.00	4.00	G19 鲁高 1 （155684）	100.000	550.00	5.49
19 新湖 01 （155685）	102.000	370.03	3.48	19 奥园 02 （155688）	100.000	710.00	7.10
19 正荣 02 （155689）	100.000	370.00	3.70	19 朗诗 01 （155691）	100.000	540.00	5.19
19 航控 07 （155692）	100.000	940.00	9.36	19 航控 08 （155693）	100.000	590.00	5.88
19 安租 07 （155694）	100.110	360.00	3.60	19 昆租 01 （155695）	100.000	480.00	4.81
19 昆租 02 （155696）	100.000	150.00	1.50	19 路劲 01 （155697）	100.000	1380.05	13.74
19 希望 01 （155699）	100.000	20.00	0.20	19 杭城 01 （155701）	99.950	1130.01	11.17
G19 科环 （155702）	100.000	110.00	1.10	19 昆交 05 （155703）	101.080	774.00	7.79
19 昆速 01 （155704）	100.000	90.00	0.90	19 建材 12 （155706）	100.000	1110.00	11.08
19 建材 14 （155708）	100.000	730.00	7.28	19 上汽 01 （155709）	99.710	2050.00	20.43
19 钢联 03 （155712）	100.500	923.60	9.25	19CHNE03 （155713）	100.020	5380.00	53.79
19 建银 05 （155714）	100.000	1000.00	10.00	19 建银 06 （155715）	101.250	690.00	6.90
19 西集 05 （155716）	100.000	192.85	1.89	19 世茂 01 （155719）	100.000	600.00	5.99
19 通用 01 （155721）	100.250	1135.00	11.34	19 台金 01 （155723）	100.000	200.00	2.01
19 泸水 02 （155724）	100.000	30.00	0.30	19 上报 01 （155725）	100.000	90.00	0.90
19 北方 03 （155726）	100.000	1870.00	18.65	19 牡丹 01 （155727）	100.000	20.00	0.20
19 招金 01 （155728）	100.000	673.00	6.72	19 建工 01 （155729）	100.000	40.00	0.40
19 北新能 （155731）	101.000	2730.10	27.28	19 绵投 01 （155732）	100.000	310.00	3.11
19 淄矿 01 （155733）	100.000	260.00	2.59	19 邮政 03 （155734）	100.000	1020.00	10.18
19 嘉宝 01 （155736）	100.000	20.00	0.20	19 朝纾 02 （155738）	100.300	810.10	8.11
19 远高 02 （155739）	100.000	35.00	0.35	19 财信 01 （155740）	100.000	240.00	2.38
19 华兴 01 （155741）	100.000	30.00	0.30	19 赣国资 （155742）	100.000	825.00	8.26
19 保利 03 （155743）	99.720	1660.00	16.54	19 沪众 01 （155745）	100.500	650.01	6.49
19HDGJ01 （155747）	100.000	1620.00	16.21	19 恒力 01 （155749）	100.300	230.10	2.30
19 小商 02 （155750）	100.000	270.00	2.70	19 正奇 01 （155751）	100.000	10.00	0.10
19 南建 02 （155753）	100.000	60.00	0.60	19 凯盛 01 （155754）	100.000	266.90	2.67
19 唐新 01 （155756）	100.000	1550.00	15.49	19 发展 01 （155758）	100.000	120.00	1.20
19 穗建 04 （155760）	99.800	1620.00	16.19	19 青城 G1 （155761）	100.000	20.00	0.20
19 杉杉 01 （155764）	100.000	710.00	7.10	19 建发 01 （155765）	99.660	260.00	2.59
19 南山 05 （155766）	100.000	300.00	3.00	19 青租 01 （155767）	100.000	290.00	2.90
19 中财 01 （155768）	100.000	250.00	2.50	19 能源 03 （155769）	100.000	800.00	8.00
19 国君 G4 （155771）	100.000	80.00	0.80	19CHNE04 （155772）	100.000	3290.00	32.87
19 津投 23 （155773）	100.000	2460.00	24.59	19 津投 24 （155774）	100.100	1191.00	11.89
19 中地 01 （155775）	100.000	50.00	0.50	19 东风 03 （155776）	100.240	1515.00	15.14
19 联想 04 （155778）	100.000	220.00	2.20	19 陕金 02 （155780）	100.000	180.00	1.80

债券成交 Bond Trading

债券 Bond

债券简称（代码） Bond Name(Code)	本年收盘（元） Close (yuan)	成交数量（万张） Trading Vol (10000 lots)	成交金额（亿元） Trading Value (100M yuan)	债券简称（代码） Bond Name (Code)	本年收盘（元） Close (yuan)	成交数量（万张） Trading Vol (10000 lots)	成交金额（亿元） Trading Value (100M yuan)
19新燃03（155781）	100.000	50.00	0.50	19同方01（155782）	100.000	350.00	3.50
19义乌01（155784）	100.000	1600.00	16.05	19成大02（155786）	100.000	270.00	2.71
19赣投03（155792）	100.000	120.00	1.20	19新能02（155793）	100.000	50.00	0.50
19CHNE05（155794）	99.570	1930.00	19.26	19港航02（155796）	101.000	0.07	0.00
19沪城01（155797）	100.230	260.00	2.60	19宁投01（155799）	99.900	120.00	1.20
19华证02（155800）	100.000	240.00	2.40	19宝钛01（155801）	100.000	132.90	1.32
19华创03（155803）	100.000	260.00	2.61	19华创04（155804）	100.000	30.00	0.30
19天富债（155805）	99.942	60.00	0.60	19青城G2（155806）	100.500	611.00	6.12
19中华01（155807）	100.000	60.00	0.60	19中信08（155808）	100.000	400.00	4.00
19油气01（155809）	100.000	320.00	3.20	19杉杉02（155813）	100.000	50.00	0.50
19兴业G1（155814）	100.000	1870.00	18.78	19紫金01（155816）	100.000	150.00	1.50
19川发05（155817）	100.000	40.00	0.40	19川发06（155818）	100.000	420.00	4.24
19新际05（155821）	100.000	1110.00	11.11	19财金02（155822）	100.000	845.00	8.41
19杭交01（155826）	100.000	300.00	3.00	19国丰01（155827）	100.000	20.00	0.20
19国丰02（155828）	101.010	500.20	5.01	19海通02（155830）	100.170	2620.00	26.21
19世茂03（155831）	100.000	300.00	3.00	19世茂04（155832）	100.000	320.00	3.13
19中大01（155833）	100.000	190.00	1.89	19华电06（155834）	99.970	330.00	3.30
19国联03（155835）	100.000	220.00	2.20	19张江01（155836）	100.370	205.00	2.04
19渝高股（155837）	100.000	370.00	3.70	19安信G1（155838）	100.000	80.00	0.80
19镇投05（155839）	100.000	80.00	0.81	19京投05（155840）	100.000	890.00	8.91
19国投03（155842）	100.000	200.00	2.00	19国投04（155843）	100.000	1570.00	15.77
19柳投资（155844）	100.000	540.00	5.47	19京洁01（155845）	100.000	100.00	1.00
19电建Y1（155846）	100.300	750.00	7.50	19上汽02（155847）	100.360	880.00	8.80
19延长Y5（155848）	100.360	4490.00	44.90	19润药Y1（155852）	100.000	170.00	1.70
19交建Y1（155853）	100.000	2560.00	25.62	19铁建Y3（155855）	100.000	1730.00	17.34
19铁建Y4（155856）	100.000	190.00	1.90	19首股Y1（155857）	100.000	630.00	6.30
19通用Y1（155859）	100.750	2082.00	20.88	19中化Y1（155862）	100.000	2295.00	22.90
19CHNG9Y（155864）	101.150	221.00	2.22	19CHNG0Y（155865）	101.000	0.01	0.00
19中工Y1（155867）	100.000	183.50	1.84	19铁建Y1（155868）	100.000	1080.00	10.79
19铁建Y2（155869）	100.000	760.00	7.58	19信保Y1（155870）	100.000	1240.00	12.35
19延长Y3（155871）	99.920	3175.00	31.67	19延长Y4（155872）	100.000	740.00	7.38
19华电Y4（155875）	100.400	921.00	9.22	电投Y25（155876）	100.000	190.00	1.90
电投Y26（155877）	100.000	280.00	2.80	19延长Y1（155878）	99.840	2720.00	27.16
19延长Y2（155879）	100.000	1972.00	19.61	19大唐Y7（155881）	100.220	3290.00	32.90
19大唐Y8（155882）	100.400	2310.00	23.09	19住总Y1（155883）	100.000	454.00	4.53
19CHNG7Y（155884）	100.000	248.00	2.48	19CHNG8Y（155885）	101.500	206.01	2.06
G19京Y1（155886）	100.000	1020.00	10.20	G19京Y2（155887）	100.500	1250.10	12.49
19建集Y1（155888）	100.000	804.00	8.06	19华电Y1（155889）	100.000	390.00	3.90
19华电Y2（155890）	100.000	1900.00	18.91	电投Y23（155891）	100.000	60.00	0.60
电投Y24（155892）	100.000	200.00	2.00	电投Y21（155893）	100.000	750.00	7.50
电投Y22（155894）	100.000	390.00	3.89	电投Y19（155895）	100.000	210.00	2.10
电投Y20（155896）	100.000	1519.00	15.10	19象屿Y2（155897）	100.700	100.10	1.00
19山招Y3（155898）	100.000	447.00	4.46	19北控Y1（155899）	100.000	187.00	1.87
19晋建Y2（155901）	100.000	45.00	0.45	电投Y17（155902）	100.000	190.00	1.90
电投Y18（155903）	100.000	1240.00	12.36	电投Y15（155904）	100.000	410.00	4.11
电投Y16（155905）	100.590	1150.00	11.47	电投Y13（155907）	100.000	350.00	3.51
电投Y14（155908）	100.000	530.00	5.31	19路建Y1（155910）	100.000	20.00	0.20
19中交Y1（155911）	100.000	1121.00	11.23	19国泰Y1（155912）	100.000	515.30	5.15
19漳九Y2（155913）	100.000	870.00	8.78	19远发Y8（155914）	101.200	710.00	7.15
19风电Y1（155916）	100.000	1020.00	10.23	19风电Y2（155917）	100.000	1030.00	10.38

债券成交
Bond Trading

债券简称（代码）Bond Name(Code)	本年收盘（元）Close（yuan）	成交数量（万张）Trading Vol（10000 lots）	成交金额（亿元）Trading Value（100M yuan）	债券简称（代码）Bond Name（Code）	本年收盘（元）Close（yuan）	成交数量（万张）Trading Vol（10000 lots）	成交金额（亿元）Trading Value（100M yuan）
19 核建 Y5（155918）	100.000	650.00	6.54	19 核建 Y3（155919）	100.000	350.00	3.50
19 大唐 Y3（155920）	100.900	5650.00	56.79	19 大唐 Y4（155921）	101.520	2525.10	25.40
19CHNG5Y（155922）	102.240	661.00	6.68	19CHNG6Y（155923）	103.400	81.00	0.83
19 特变 Y1（155924）	100.000	10.00	0.10	电投 Y11（155925）	100.860	240.00	2.42
电投 Y12（155926）	102.660	60.00	0.61	19 远发 Y6（155927）	100.000	1010.00	10.17
19CHNG3Y（155929）	100.000	495.00	4.98	19CHNG4Y（155930）	104.200	81.00	0.82
19 葛洲 Y1（155931）	101.360	6025.01	60.56	19 电投 Y9（155933）	101.300	341.00	3.44
19 电投 Y0（155934）	102.200	271.00	2.74	19 电投 Y7（155935）	100.800	1344.00	13.62
19 电投 Y8（155936）	101.600	260.10	2.61	19 象屿 Y1（155937）	100.000	100.00	1.00
19 电投 Y5（155938）	101.450	873.06	8.80	19 电投 Y6（155939）	100.000	96.00	0.97
19 山招 Y1（155940）	100.000	60.00	0.60	19 远发 Y3（155941）	100.000	770.00	7.72
19 大唐 Y1（155943）	101.650	3707.50	37.17	19 大唐 Y2（155944）	100.000	360.00	3.60
19 漳九 Y1（155947）	100.000	830.00	8.36	19 中航 Y5（155948）	100.000	180.00	1.81
19CHNG1Y（155950）	102.320	895.00	9.10	19 远发 Y1（155952）	100.000	1040.00	10.44
19 中航 Y3（155954）	100.000	2525.50	25.28	G19 新 Y1（155956）	100.500	1181.00	11.80
19 电投 Y3（155957）	101.740	812.00	8.19	19 电投 Y4（155958）	100.000	212.00	2.17
19 不动 Y2（155959）	100.500	1491.00	14.90	19 中航 Y1（155960）	100.700	711.00	7.12
19 建材 Y1（155962）	100.000	1799.00	17.94	19 安租 Y1（155964）	100.000	1935.00	19.42
19 电投 Y1（155966）	100.220	890.00	8.94	19 电投 Y2（155967）	100.000	830.00	8.41
19 中公 Y1（155969）	100.000	215.00	2.13	19 核建 Y1（155970）	100.000	555.00	5.56
19 核建 Y2（155971）	100.000	630.00	6.27	18 远发 Y1（155972）	100.000	1750.00	17.60
18 中电 Y1（155974）	102.750	4463.10	45.00	G18 八 Y1（155976）	100.000	220.00	2.21
18 环球 Y1（155977）	100.000	1675.00	16.82	18 化学 Y1（155979）	100.000	1254.00	12.62
18 云投 Y1（155981）	100.000	470.00	4.71	18 铁 Y09（155982）	101.640	2192.00	22.05
18 铁 Y10（155983）	100.000	160.00	1.64	18 象屿 Y3（155984）	100.000	282.00	2.84
18 津保 Y3（155985）	102.100	1758.80	17.76	18 美达 Y1（155987）	100.000	40.00	0.40
18 铁投 Y4（155988）	100.000	610.00	6.11	18 阳煤 Y4（155989）	103.560	1554.40	15.89
18 漳九 Y1（155990）	100.000	368.00	3.70	18 中化 Y7（155992）	100.750	4362.90	43.80
18 中化 Y8（155993）	101.200	2110.00	21.24	18 鲁高 Y3（155994）	100.000	573.00	5.78
18 青城 Y4（155996）	102.500	856.00	8.71	18 建集 Y4（155997）	101.500	374.85	3.78
18 联投 Y3（155998）	101.780	1310.00	13.25	19 不动 Y1（155999）	101.000	890.00	8.91
PR2A2（156001）	79.490	916.40	8.05	同享 2B（156002）	100.845	180.00	1.82
宁远 06A2（156006）	99.900	285.00	2.85	宁远 06A4（156008）	100.436	220.00	2.21
惠农 01B（156016）	100.103	30.00	0.30	旭辉 01 优（156018）	100.185	187.00	1.87
PR 上实 A1（156029）	25.741	160.00	0.41	18 上实 A3（156031）	99.219	338.00	3.37
18 上实 B（156032）	100.001	864.00	8.63	18 上实次（156033）	100.000	189.50	1.90
联东 B（156035）	100.000	100.00	1.00	城开 01 优（156037）	99.983	123.00	1.23
PR18GLP1（156039）	100.000	100.00	1.00	PR2XM1A（156054）	1.787	110.00	1.11
苏宁 01 优（156062）	99.994	65.00	0.65	18 借呗 3A（156064）	101.485	170.00	1.72
PR2A1（156069）	16.890	123.60	0.58	赣发 2A2（156070）	99.972	285.40	2.86
赣发 2B（156071）	102.486	161.00	1.63	PR 优 A（156073）	39.760	197.00	2.00
滇中优 B（156074）	102.363	189.20	1.90	金地 04A（156076）	100.220	175.00	1.76
借呗 58A1（156078）	101.193	350.00	3.54	借呗 58B（156080）	101.211	132.47	1.34
18 建花 3A（156081）	100.153	100.00	1.00	18 建花 3C（156083）	103.000	78.00	0.80
花呗 66A1（156087）	100.007	140.00	1.40	PR10A1（156093）	24.611	60.00	0.30
恒信 10A3（156095）	100.000	53.00	0.53	同煤联 02（156099）	100.008	120.00	1.20
PR 海洋 A3（156123）	53.100	36.00	0.36	国花 01A（156126）	99.986	15.00	0.15
国花 01B（156127）	100.045	120.00	1.20	国花 01 次（156128）	101.940	78.75	0.81
18 信易 1（156129）	100.393	60.00	0.60	平遥 02（156134）	100.452	46.00	0.46
PR 太盟 9A（156144）	14.930	150.00	0.56	联保 3 优（156156）	99.961	40.00	0.40

债券成交 Bond Trading

债券 Bond

债券简称（代码） Bond Name(Code)	本年收盘（元） Close (yuan)	成交数量（万张） Trading Vol (10000 lots)	成交金额（亿元） Trading Value (100M yuan)	债券简称（代码） Bond Name (Code)	本年收盘（元） Close (yuan)	成交数量（万张） Trading Vol (10000 lots)	成交金额（亿元） Trading Value (100M yuan)
PR 海尔 1A（156162）	42. 851	140. 00	1. 41	18 信易 2（156167）	100. 174	10. 00	0. 10
PR4A1（156168）	3. 750	10. 00	0. 10	PR4A2（156169）	58. 725	146. 60	1. 44
PR4A3（156170）	94. 530	133. 00	1. 33	国药 4B（156171）	100. 000	196. 00	1. 96
国花 02A（156173）	100. 956	600. 00	6. 08	国花 02B（156174）	100. 007	200. 00	2. 00
国花 02 次（156175）	102. 378	82. 80	0. 85	金地 05A（156176）	100. 143	10. 00	0. 10
PR 二 A2（156179）	81. 170	754. 50	7. 46	豫煤气 03（156184）	100. 598	180. 00	1. 81
同煤联 03（156188）	100. 178	295. 00	2. 96	借呗 59A1（156189）	101. 532	480. 00	4. 86
借呗 59A2（156190）	101. 303	60. 00	0. 61	借呗 59B（156191）	100. 321	27. 35	0. 27
PR18 京 6A（156192）	26. 737	30. 00	0. 30	18 花呗 8A（156194）	100. 267	60. 00	0. 60
18 花呗 8B（156195）	100. 119	75. 00	0. 75	18 花呗 8C（156196）	101. 096	7. 10	0. 07
18 七局优（156197）	101. 422	50. 00	0. 51	PR 航租 A1（156199）	17. 274	220. 00	0. 92
PR 航租 A2（156200）	96. 270	60. 00	0. 61	PR2XM2A（156212）	70. 327	200. 00	2. 02
PR 国赢 A2（156226）	98. 897	810. 60	8. 18	18 二局 1C（156235）	106. 826	117. 00	1. 22
花呗 68B（156238）	100. 701	27. 02	0. 27	18 裕源 01（156242）	100. 160	10. 00	0. 10
18 花呗 9C（156247）	100. 848	33. 50	0. 34	道桥优 A（156271）	99. 407	300. 00	2. 98
道桥优 B（156272）	93. 000	1249. 50	12. 50	18 浣水 04（156277）	100. 626	60. 00	0. 60
18 浣水 05（156278）	101. 081	128. 00	1. 29	18 浣水 06（156279）	101. 083	97. 00	0. 98
璀璨 5A（156281）	100. 100	190. 00	1. 91	联中 01 优（156282）	99. 330	49. 00	0. 49
PR 悦达 B（156286）	20. 592	92. 00	0. 92	宁远 07A1（156288）	99. 991	110. 00	1. 10
宁远 07A3（156290）	100. 009	225. 00	2. 25	宁远 07A4（156291）	100. 161	820. 00	8. 21
东借 01A1（156298）	101. 019	560. 00	5. 62	18 中大次（156305）	82. 001	23. 50	0. 20
PR 远东 3A（156306）	32. 954	222. 00	1. 63	18 远东 3B（156307）	100. 840	173. 70	1. 75
PR 君 A1（156315）	4. 010	470. 00	1. 55	PR 君创 A2（156316）	76. 780	295. 50	2. 79
18 君创 B（156317）	100. 010	104. 00	1. 04	18 经发 05（156325）	100. 000	34. 00	0. 34
18 经发 06（156326）	100. 000	44. 00	0. 44	18 经发 07（156327）	100. 000	47. 00	0. 47
18 经发 08（156328）	101. 257	50. 00	0. 51	18 经发 09（156329）	101. 117	53. 00	0. 54
18 环球 A（156331）	98. 620	300. 00	2. 96	18 环球 B（156332）	100. 000	938. 80	9. 49
18 正荣优（156334）	100. 028	1299. 00	13. 00	福田 03 次（156338）	107. 060	28. 20	0. 30
PR 八 A1（156351）	16. 164	130. 00	0. 89	平租八 C（156355）	100. 000	72. 00	0. 72
荣隽 01 优（156361）	100. 085	392. 00	3. 88	PRG 康 4A1（156363）	15. 018	169. 95	1. 34
PRG 康 4A2（156364）	65. 740	370. 00	3. 65	G 康富 4A3（156365）	100. 000	237. 00	2. 37
PRG 康 4A4（156366）	44. 190	354. 00	2. 33	G 康富 4B（156367）	100. 000	117. 00	1. 17
PR 诚泰 A2（156371）	58. 880	190. 00	1. 88	诚泰 2B（156373）	98. 850	45. 40	0. 45
诚泰 2C（156374）	100. 000	50. 00	0. 50	诚泰 2 次（156375）	100. 000	67. 50	0. 68
18 信易 3（156376）	100. 352	390. 00	3. 92	汇通 14A3（156379）	100. 385	110. 00	1. 10
奥园 1 优（156384）	100. 160	1007. 64	10. 02	链科 01 优（156388）	100. 402	20. 00	0. 20
璀璨 6A（156390）	100. 149	51. 00	0. 51	金地 06A（156391）	100. 197	464. 00	4. 66
18 新生 1C（156395）	103. 000	76. 80	0. 78	同煤联 04（156397）	100. 172	689. 00	6. 91
借呗 61A1（156398）	100. 982	250. 00	2. 53	借呗 61A2（156399）	100. 000	75. 00	0. 75
借呗 61B（156400）	100. 395	60. 00	0. 60	PR18 聚 A2（156402）	32. 759	100. 00	0. 33
18 聚信 B1（156405）	100. 000	85. 00	0. 85	18 聚信 B2（156406）	100. 000	5. 70	0. 06
18 借 06A1（156408）	101. 034	120. 00	1. 21	18 借 06A2（156409）	100. 000	100. 00	1. 00
18 借 06B（156410）	100. 321	206. 00	2. 06	18 远洋 A1（156411）	99. 980	3. 00	0. 03
18 远洋 A2（156412）	101. 408	76. 00	0. 77	18 小米 3A（156414）	100. 500	260. 00	2. 62
中原建优（156419）	100. 300	69. 00	0. 69	海国 01 优（156423）	100. 000	389. 00	3. 89
PR 鼎益 3A（156425）	38. 510	60. 00	0. 23	东借 02A1（156432）	100. 914	268. 00	2. 70
东借 02A2（156433）	100. 714	37. 70	0. 38	东借 02B（156434）	100. 321	62. 00	0. 62
方保 1 优（156437）	99. 630	320. 00	3. 19	金保 01 优（156441）	100. 452	20. 00	0. 20
18 裕源 02（156445）	100. 305	90. 00	0. 90	津逸锟 2A（156446）	99. 937	320. 00	3. 21
PR18 度 1A（156448）	1. 388	38. 00	0. 12	PR18 度 1D（156451）	2. 590	99. 00	0. 99

债券成交
Bond Trading

债券简称（代码）Bond Name(Code)	本年收盘（元）Close (yuan)	成交数量（万张）Trading Vol (10000 lots)	成交金额（亿元）Trading Value (100M yuan)	债券简称（代码）Bond Name（Code)	本年收盘（元）Close (yuan)	成交数量（万张）Trading Vol (10000 lots)	成交金额（亿元）Trading Value (100M yuan)
PR18 度 1E（156452）	37.040	180.00	1.80	18 万融 01（156454）	100.330	75.90	0.76
世茂 02 优（156455）	101.100	190.00	1.90	远洋 R1A2（156458）	100.800	330.60	3.32
PR 平 9A1（156467）	9.883	80.00	0.29	PR 交 01（156471）	52.085	37.50	0.20
慈公交 05（156475）	102.147	106.00	1.08	18 华电优（156484）	100.276	207.00	2.07
18 红美 A2（156487）	100.004	160.00	1.60	PR 青城 A（156489）	29.810	777.85	5.02
青城优 B（156490）	99.815	49.00	0.49	联保 4 优（156492）	99.884	10.00	0.10
18 武地优（156498）	100.220	41.00	0.41	联中 02 优（156501）	99.302	412.00	4.09
PR18 平 7A（156503）	13.227	539.00	3.20	二三 1 次（156508）	105.754	98.00	1.01
18 北辰 B（156522）	101.277	80.00	0.80	PR18 易 A1（156526）	30.793	880.00	8.82
PR18 易 A2（156527）	65.367	140.00	1.41	PR11A1（156545）	8.236	200.00	1.30
恒信 11A2（156546）	100.962	60.00	0.61	奇艺优 A1（156556）	100.123	23.00	0.23
东建投次（156560）	100.428	16.00	0.16	PR 优（156561）	89.880	197.00	1.80
辉玥 01 优（156563）	99.858	294.07	2.94	中化 02（156565）	100.000	9.00	0.09
朗诗优 05（156578）	100.000	174.20	1.74	中交 004C（156581）	107.198	78.00	0.84
PR 优先（156587）	80.000	208.00	2.08	PR19A（156589）	71.010	461.00	3.32
远大 19B（156590）	100.000	400.80	4.01	世茂 18 优（156592）	100.990	316.00	3.17
19 信易 01（156599）	100.066	580.00	5.82	威新 01 优（156600）	100.067	15.00	0.15
PR 二局 01（156601）	92.582	90.00	0.83	光明 A2（156604）	100.959	80.00	0.80
18 南水次（156609）	100.522	49.50	0.50	九局次（156611）	111.664	600.00	6.41
PR 中渝 1（156624）	96.540	26.00	0.26	中渝优 2（156625）	100.000	106.50	1.07
联保 5 优（156629）	99.870	172.00	1.72	金地 08A（156634）	100.105	54.00	0.54
19 裕源 03（156636）	100.234	70.00	0.70	璀璨 7A（156637）	99.960	462.00	4.62
19 佳美 1A（156640）	100.109	758.00	7.58	PR 云能 02（156643）	36.036	33.00	0.33
18 云能 03（156644）	100.358	39.00	0.39	18 云能 04（156645）	100.613	21.00	0.21
滨丽 02（156650）	100.000	100.00	1.00	旭辉 19 优（156653）	100.000	1166.00	11.61
PR 国三 A1（156655）	20.931	130.00	1.30	国控三 B（156657）	101.428	100.00	1.01
19 德远优（156661）	100.005	388.00	3.87	联保 6 优（156663）	100.010	258.00	2.58
财碧 18 优（156666）	100.000	1185.00	11.85	禹物优 08（156668）	99.963	62.00	0.62
合生 2A（156671）	100.000	205.60	2.05	金保 02 优（156676）	100.077	30.00	0.30
PR 二局 02（156680）	76.650	175.00	1.53	PR 普者黑（156689）	95.920	50.00	0.50
19 信易 02（156700）	100.064	133.00	1.33	时代优 A（156705）	100.050	833.00	8.33
中建材 3B（156719）	99.851	37.50	0.37	中建材 3C（156720）	99.950	45.00	0.45
PRPA 十 A（156722）	43.240	1539.00	12.11	平安十 B（156723）	100.000	127.00	1.27
平安十 C（156724）	100.000	278.50	2.79	启程 01 优（156728）	99.972	130.00	1.30
联中 03 优（156730）	100.093	426.00	4.26	泰豪 01（156732）	100.002	348.40	3.48
泰豪 02（156733）	100.002	61.92	0.62	PR18 京 7A（156736）	20.804	6.00	0.06
福晟 1 优 A（156738）	99.586	349.40	3.49	福晟 1 优 B（156739）	100.930	319.30	3.20
PR 租 01（156747）	23.010	260.00	1.21	远海租 02（156748）	100.000	460.00	4.60
开新 2 优（156753）	100.011	160.00	1.60	PR 借条 1A（156758）	97.540	20.00	0.20
禹物优 04（156765）	99.964	7.00	0.07	禹物优 07（156768）	99.963	38.00	0.38
19 裕源 04（156771）	100.014	286.00	2.86	国金 A3（156774）	100.000	103.00	1.03
19 中骏 A（156776）	100.402	829.00	8.29	19 中骏 B（156777）	100.091	265.00	2.64
恒信 12A3（156781）	100.439	210.00	2.11	和信 01 优（156783）	100.000	89.00	0.89
19 信易 03（156785）	100.042	90.00	0.90	璀璨 8A（156786）	100.078	260.00	2.60
逸锟 03A（156787）	97.120	520.00	5.11	PR13A1（156789）	14.725	29.00	0.12
恒信 13A2（156790）	100.000	45.00	0.45	恒信 13A3（156791）	100.000	83.00	0.83
信泽 01A2（156794）	99.997	130.00	1.30	19 安吉 1C（156803）	100.000	20.00	0.20
19 中和 1A（156823）	99.200	20.00	0.20	19 度 E1D（156828）	100.000	84.00	0.84
19 度 E1E（156829）	100.000	93.00	0.93	PR 太 10A1（156831）	2.140	40.00	0.40
太盟 10B（156833）	100.000	4.00	0.04	PR 沣 2A2（156836）	13.470	90.00	0.90

债券成交 Bond Trading

债券 Bond

债券简称（代码） Bond Name(Code)	本年收盘（元） Close (yuan)	成交数量（万张） Trading Vol (10000 lots)	成交金额（亿元） Trading Value (100M yuan)	债券简称（代码） Bond Name (Code)	本年收盘（元） Close (yuan)	成交数量（万张） Trading Vol (10000 lots)	成交金额（亿元） Trading Value (100M yuan)
沣邦2B（156837）	100.000	109.00	1.09	沣邦2C（156838）	100.000	62.00	0.62
时代02优（156839）	100.179	426.00	4.27	逸锟04A（156841）	97.247	251.90	2.33
PR租11A（156846）	13.510	212.00	1.34	安租11B（156847）	99.996	19.00	0.19
PR海A（156850）	99.700	840.00	8.38	爱琴海B（156851）	99.300	80.00	0.79
苏宁02优（156855）	99.986	333.19	3.33	PR光谷2A（156857）	3.830	108.00	0.79
PR光谷2B（156858）	58.280	286.30	2.61	19绿城A（156864）	100.000	300.00	3.00
联保7优（156866）	100.139	1009.00	10.10	远海租12（156872）	100.000	400.00	4.00
PR中航2A（156880）	11.423	80.00	0.32	18中航2B（156881）	100.150	50.00	0.50
建五01优（156896）	100.100	50.00	0.50	PR平1A1（156902）	21.913	100.00	0.41
19平1A2（156903）	100.000	60.00	0.60	19平1C（156906）	100.000	104.00	1.04
19佳美2A（156911）	99.740	300.00	2.99	G国中优5（156917）	100.229	175.00	1.75
G国中优6（156918）	100.008	106.00	1.06	G国中优7（156919）	100.000	20.00	0.20
G国中优8（156920）	100.008	94.00	0.94	G国中优9（156921）	100.490	71.00	0.71
人福优A（156934）	100.000	108.60	1.09	人福优B（156935）	98.719	33.00	0.33
海尔03A（156938）	100.179	441.00	4.41	花呗70A2（156941）	100.005	20.00	0.20
花呗70B（156942）	106.975	76.00	0.80	金地11A（156943）	100.000	20.00	0.20
华发R1优（156945）	100.000	440.00	4.40	19云城A2（156948）	100.005	30.00	0.30
19建花4A（156950）	100.000	150.00	1.50	19建花4C（156952）	102.392	45.00	0.46
PR19京2A（156955）	7.768	100.00	0.36	东花02B（156970）	104.450	82.00	0.84
PR19远A（156971）	57.485	438.00	3.47	遵运08（156985）	100.000	52.00	0.52
遵运09（156986）	100.000	148.00	1.48	18湖南19（157005）	100.000	80.00	0.83
18江苏12（157006）	100.000	160.00	1.62	18江苏13（157007）	100.000	10.00	0.10
18青岛10（157017）	100.000	30.00	0.31	18安徽13（157024）	100.000	20.00	0.21
18安徽14（157025）	100.000	300.00	3.09	18福建17（157028）	100.000	30.00	0.31
18山西19（157038）	100.000	30.00	0.32	18天津34（157046）	100.000	50.00	0.51
18青海15（157049）	101.750	10.00	0.10	18湖南20（157051）	103.670	0.01	0.00
18浙江14（157052）	100.000	652.00	6.70	18浙江16（157054）	100.000	20.00	0.21
18新疆26（157055）	100.000	60.00	0.61	18西藏02（157057）	100.000	40.00	0.41
18内蒙31（157062）	100.600	10.00	0.10	18山东18（157065）	100.000	10.00	0.10
18河南32（157066）	102.500	132.74	1.35	18兵团02（157069）	104.220	80.36	0.83
18广西20（157071）	100.000	25.00	0.26	18山西21（157072）	101.440	33.00	0.33
18山西24（157075）	100.000	5.00	0.05	18天津36（157078）	101.870	50.00	0.51
18北京11（157080）	100.000	100.00	1.02	18北京12（157081）	102.200	1.40	0.01
18北京15（157084）	100.000	10.00	0.10	18四川50（157085）	101.230	234.16	2.41
18大连13（157086）	100.000	380.00	3.83	18湖南21（157088）	100.000	252.00	2.65
18江西20（157089）	100.000	15.00	0.15	18内蒙34（157091）	100.280	140.00	1.40
18广东38（157094）	100.000	60.00	0.61	18广东39（157095）	100.490	233.01	2.36
18广西21（157100）	100.100	0.16	0.00	18山东20（157103）	100.000	50.00	0.51
18浙江17（157104）	100.000	100.00	1.01	18天津39（157108）	100.000	10.00	0.10
19河南01（157112）	100.000	210.00	2.10	19河南02（157113）	100.000	1150.00	11.59
19河南04（157115）	100.000	260.00	2.60	19山东01（157123）	100.000	180.00	1.78
19内蒙01（157143）	100.000	190.00	1.90	19北京02（157146）	100.000	60.00	0.60
19广东01（157152）	100.000	1540.00	15.27	19广东02（157153）	99.500	22.31	0.22
19广东08（157159）	100.000	50.00	0.49	19广东09（157160）	99.000	6.93	0.07
19新疆02（157173）	100.000	27.00	0.27	19新疆04（157175）	100.000	90.00	0.91
19内蒙02（157208）	100.000	300.00	3.01	19天津13（157210）	100.000	10.00	0.10
19天津14（157226）	100.000	10.00	0.10	19天津15（157227）	100.000	10.00	0.10
19天津17（157229）	100.000	10.00	0.10	19天津18（157230）	100.000	10.00	0.10
19云南08（157233）	100.000	150.00	1.50	19宁波03（157235）	100.000	100.00	1.00
19山东13（157301）	100.000	10.00	0.10	19山东14（157302）	100.000	20.00	0.20

债券成交
Bond Trading

债券
Bond

债券简称（代码）Bond Name(Code)	本年收盘（元）Close (yuan)	成交数量（万张）Trading Vol (10000 lots)	成交金额（亿元）Trading Value (100M yuan)	债券简称（代码）Bond Name (Code)	本年收盘（元）Close (yuan)	成交数量（万张）Trading Vol (10000 lots)	成交金额（亿元）Trading Value (100M yuan)
19 山东 17 (157305)	100.000	10.00	0.10	19 北京 07 (157335)	100.000	150.00	1.51
19 河北 13 (157364)	100.000	150.00	1.53	19 福建 12 (157370)	102.000	102.77	1.04
19 广西 12 (157386)	100.000	100.00	1.00	19 湖北 18 (157402)	100.000	80.00	0.82
19 北京 10 (157415)	100.000	10.00	0.10	19 北京 11 (157416)	100.000	150.00	1.50
19 上海 04 (157440)	100.000	10.00	0.10	19 上海 06 (157442)	100.000	30.00	0.30
19 上海 07 (157443)	100.000	670.00	6.71	19 广西 14 (157473)	100.000	20.00	0.20
18 江苏 16 (157504)	101.800	40.00	0.41	18 青岛 11 (157506)	100.000	30.00	0.31
18 安徽 17 (157508)	100.000	10.00	0.10	18 安徽 18 (157509)	100.000	20.00	0.20
18 四川 34 (157511)	100.000	10.00	0.10	18 四川 48 (157525)	100.000	80.00	0.83
18 贵州 24 (157527)	100.500	210.00	2.12	18 贵州 25 (157528)	100.000	20.00	0.20
18 宁波 16 (157529)	100.000	22.00	0.22	18 宁波 17 (157530)	102.460	172.14	1.75
18 贵州 27 (157534)	100.000	60.00	0.60	18 河北 41 (157536)	101.540	184.12	1.86
18 河北 42 (157537)	103.970	1030.21	10.46	18 河北 43 (157538)	100.000	120.00	1.22
18 河北 44 (157539)	100.000	60.00	0.62	19 江西 03 (157548)	100.000	40.00	0.40
19 天津 01 (157551)	100.000	293.00	2.93	19 天津 02 (157552)	100.000	310.00	3.10
19 天津 04 (157554)	100.000	200.00	1.99	19 天津 08 (157558)	100.000	30.00	0.30
19 天津 09 (157559)	100.000	588.00	5.89	19 福建 01 (157562)	100.000	340.00	3.41
19 福建 02 (157563)	100.000	80.00	0.80	19 福建 03 (157564)	100.000	80.00	0.80
19 青岛 01 (157565)	100.000	150.00	1.51	19 青岛 02 (157566)	100.000	90.00	0.91
19 云南 01 (157567)	100.000	10.00	0.10	19 云南 02 (157568)	100.000	1310.00	13.08
19 云南 03 (157569)	100.000	80.00	0.80	19 贵州 01 (157573)	100.000	80.00	0.79
19 四川 02 (157575)	100.000	40.00	0.40	19 宁夏 01 (157617)	100.000	10.00	0.10
19 安徽 02 (157645)	100.000	300.00	3.01	19 青海 02 (157648)	100.000	150.00	1.49
19 内蒙 04 (157653)	100.000	30.00	0.30	19 江苏 08 (157661)	100.000	50.00	0.50
19 陕西 12 (157673)	103.500	13.58	0.14	19 龙江 05 (157683)	100.000	10.00	0.10
19 四川 61 (157686)	100.000	100.00	1.00	19 四川 64 (157689)	100.000	150.00	1.50
19 四川 66 (157691)	100.000	30.00	0.30	19 四川 77 (157702)	100.000	200.00	2.00
19 四川 82 (157707)	100.000	130.00	1.30	19 四川 84 (157709)	100.000	100.00	1.00
19 山东 21 (157710)	100.000	200.00	2.01	19 山东 22 (157711)	104.400	16.49	0.17
19 河北 15 (157730)	100.000	30.00	0.30	19 天津 27 (157733)	100.000	30.00	0.30
19 天津 28 (157734)	100.000	50.00	0.50	19 重庆 06 (157741)	100.000	30.00	0.30
19 浙江 12 (157749)	101.070	1090.12	10.93	19 河南 16 (157757)	100.000	30.00	0.30
19 江西 12 (157765)	100.000	70.00	0.70	19 山东 26 (157779)	100.000	200.00	2.01
19 山东 27 (157780)	100.000	10.00	0.10	19 江苏 10 (157785)	101.030	108.00	1.08
19 江苏 13 (157788)	100.000	600.00	6.02	19 重庆 11 (157844)	100.000	120.00	1.20
19 云南 10 (157872)	100.000	70.00	0.70	19 云南 12 (157874)	100.000	270.00	2.70
19 贵州 09 (157896)	100.000	1030.00	10.32	19 山东 32 (157899)	100.000	220.00	2.21
19 山东 33 (157900)	100.000	151.00	1.51	19 河南 20 (157934)	100.000	160.00	1.60
19 吉林 18 (157954)	100.000	10.00	0.10	19 上海 10 (157970)	100.430	506.40	5.06
19 河北 28 (157979)	100.000	10.00	0.10	19 天津 48 (157980)	100.000	130.00	1.30
19 贵州 12 (157989)	100.000	60.00	0.58	PR19 优 (159004)	43.000	20.00	0.09
PR14A1 (159009)	25.243	180.00	1.80	19 信易 04 (159013)	99.743	100.00	1.00
逸锟 05A (159014)	98.303	213.00	2.12	19 裕源 05 (159016)	99.769	21.00	0.21
合生 3A (159019)	96.710	68.00	0.67	19 建花 5A (159037)	99.493	240.00	2.39
19 建花 5C (159039)	103.091	61.25	0.62	联保 8 优 (159040)	99.463	130.00	1.30
19 花 01B (159044)	101.850	150.00	1.51	PR 青城 5A (159048)	38.351	50.00	0.29
青城 5B (159050)	100.000	68.00	0.68	光花 10C (159054)	101.677	78.75	0.80
东花 03B (159060)	100.000	68.00	0.68	PR 平 2A2 (159062)	100.420	240.00	2.40
联中 04 优 (159065)	100.101	30.00	0.30	金保 03 优 (159067)	99.518	40.00	0.40
龙联 01A (159078)	99.923	93.00	0.93	19 建业 A (159080)	99.828	50.00	0.50

债券成交 Bond Trading

债券 Bond

债券简称（代码） Bond Name(Code)	本年收盘（元） Close (yuan)	成交数量（万张） Trading Vol (10000 lots)	成交金额（亿元） Trading Value (100M yuan)	债券简称（代码） Bond Name (Code)	本年收盘（元） Close (yuan)	成交数量（万张） Trading Vol (10000 lots)	成交金额（亿元） Trading Value (100M yuan)
PR19 聚 A1（159083）	45.450	94.00	0.83	逸锟优 04（159090）	98.290	510.00	4.93
19 中和 2A（159092）	99.306	60.00	0.60	PRG 漳交 1（159094）	50.000	10.00	0.10
G 漳公交 4（159097）	100.000	52.00	0.52	G 漳公交 5（159098）	100.000	56.00	0.56
G 漳公交 6（159099）	100.000	75.00	0.75	PR19 四 A（159116）	59.410	160.00	1.60
19 远东 4B（159117）	99.976	50.00	0.50	19 远东 4C（159118）	100.474	128.00	1.28
同煤联 05（159120）	100.070	82.50	0.82	PR 海济 01（159121）	10.280	14.00	0.11
19 光明 A（159124）	102.855	60.00	0.62	蚂蚁 02A1（159132）	99.931	100.00	1.00
蚂蚁 02A2（159133）	100.000	28.00	0.28	金地 12A（159135）	100.000	49.00	0.49
阳煤 01 优（159162）	100.120	86.00	0.86	19 平一 C（159172）	102.479	30.00	0.30
前海 01 优（159173）	100.000	31.00	0.31	PR19 易 A（159175）	44.381	380.00	3.80
19 裕源 06（159178）	100.069	20.00	0.20	19 信易 05（159179）	99.661	95.00	0.95
信泽 02A2（159181）	100.094	20.00	0.20	信泽 02A3（159182）	100.136	50.00	0.50
小米 031C（159195）	100.637	10.00	0.10	19 龙光优（159199）	100.685	120.00	1.20
东花 04B（159203）	100.449	17.00	0.17	联保 9 优（159204）	99.512	465.00	4.63
国控 2A3（159208）	100.752	441.00	4.42	19 京保 3B（159212）	156.896	213.75	3.33
19 京保 4A（159213）	100.012	150.00	1.50	19 京保 4B（159214）	159.343	91.59	1.41
19 建花 6C（159217）	100.449	27.50	0.28	荣茂 03 优（159230）	99.878	122.00	1.22
龙联 02A（159232）	100.006	70.00	0.70	DXM1B（159235）	100.000	5.00	0.05
DXM1 次 1（159236）	100.000	9.50	0.10	PR15A1（159240）	26.905	19.00	0.12
恒信 15A2（159241）	100.046	30.00	0.30	恒信 15A3（159242）	100.218	90.00	0.90
PR 平 4A2（159245）	98.251	160.00	1.60	PR19 京 5A（159248）	10.655	820.50	6.10
PR19 京 5B（159249）	117.821	71.25	0.89	福链 1 优（159250）	100.926	185.00	1.85
宝联 2A（159252）	100.000	541.60	5.41	奥克斯 02（159255）	100.000	200.00	2.00
中电 5 次 D（159262）	103.113	23.10	0.24	台金 01B（159291）	99.917	6.00	0.06
时代 03 优（159293）	100.006	463.00	4.62	19 国泰 A3（159299）	100.000	50.00	0.50
启程 03 优（159302）	99.366	40.00	0.40	辉玥 02 优（159308）	100.000	70.10	0.70
PRG 京投（159310）	97.754	200.00	2.00	新鸥鹏 02（159322）	100.000	55.20	0.55
PR19 华 A（159327）	3.480	43.42	0.18	恒信 16A2（159331）	99.952	290.00	2.89
恒信 16A3（159332）	100.000	27.00	0.27	鲁商 1A（159335）	100.000	282.00	2.82
19 花 02A1（159340）	100.000	460.00	4.60	19 花 02B（159342）	100.471	163.00	1.64
光花 11C（159345）	101.753	90.00	0.91	PR1A（159348）	19.244	50.00	0.50
19 问津 A3（159353）	96.652	900.00	8.87	19 问津 A4（159354）	101.089	670.00	6.72
花呗 71B（159360）	104.333	41.88	0.43	东花 05B（159363）	101.063	49.00	0.49
PR 二局 04（159367）	63.389	102.00	1.02	联中 05 优（159381）	100.000	874.00	8.74
PR19 京 6B（159384）	59.330	47.50	0.57	璀璨 9A（159387）	99.927	186.00	1.86
19 建花 7C（159390）	101.677	13.75	0.14	锡东优 B（159392）	100.000	150.00	1.50
合生 4A（159394）	99.242	335.60	3.34	华湾区 01（159396）	100.003	10.00	0.10
PR 远东 5A（159397）	60.931	360.00	3.60	19 远东 5C（159399）	100.000	177.00	1.77
PR 上实 A1（159402）	64.680	210.00	1.36	19 上实 A2（159403）	100.000	447.00	4.47
19 上实 B（159404）	100.000	73.00	0.72	19 上实次（159405）	100.000	131.00	1.31
铁建 009A（159413）	99.720	120.00	1.20	荣隽 02 优（159415）	99.000	77.00	0.77
联保 10 优（159417）	99.629	580.00	5.79	PR 康 1A1（159428）	34.301	158.00	1.58
康高 1A2（159429）	100.000	100.00	1.00	黄岩优 01（159432）	100.000	30.00	0.30
黄岩优 02（159433）	100.000	50.00	0.50	19 隆泰优（159445）	100.120	292.44	2.93
PR 借条 2A（159449）	98.749	240.00	2.40	19 昆交 A1（159457）	101.148	40.00	0.40
PR 万达优（159463）	99.553	292.00	2.92	PR 远东 6A（159479）	66.847	742.00	7.43
19 远东 6C（159481）	100.000	227.00	2.27	19 信易 06（159487）	100.018	284.60	2.84
辉玥 03 优（159491）	100.000	193.70	1.94	PR19 微 1A（159495）	35.740	127.00	1.27
19 小微 1B（159496）	100.000	10.00	0.10	19 小微 1C（159497）	100.000	16.00	0.16
19 微 1 次（159498）	100.000	18.00	0.18	时代 04 优（159499）	99.896	985.00	9.83

债券成交 Bond Trading

债券 Bond

债券简称（代码）Bond Name(Code)	本年收盘（元）Close（yuan）	成交数量（万张）Trading Vol（10000 lots）	成交金额（亿元）Trading Value（100M yuan）	债券简称（代码）Bond Name（Code）	本年收盘（元）Close（yuan）	成交数量（万张）Trading Vol（10000 lots）	成交金额（亿元）Trading Value（100M yuan）
PR—A1（159501）	14.057	129.80	1.30	PR—A2（159502）	64.930	45.60	0.45
宜票—B（159503）	100.000	61.00	0.61	19 裕源 08（159507）	99.726	138.00	1.38
龙联 03A（159510）	100.157	45.00	0.45	19 新湖 A2（159520）	100.000	76.00	0.76
19 新湖 A3（159521）	100.000	150.00	1.50	信泽 04A1（159531）	99.985	76.00	0.76
福链 2 优（159545）	100.000	71.00	0.71	联保 11 优（159547）	99.619	656.00	6.54
19 建花 8C（159553）	104.261	63.10	0.65	珠华发 02（159554）	100.028	614.00	6.14
19 绿城 A1（159555）	99.840	140.00	1.40	PR 红美 A（159557）	99.790	517.00	5.14
19 红美 B（159558）	100.000	90.00	0.90	19 和信优（159560）	100.000	72.00	0.72
19 邵水 01（159562）	100.000	67.00	0.67	19 邵水 02（159563）	99.282	30.00	0.30
19 佳美 3A（159571）	100.000	203.00	2.03	PR 银河 01（159573）	96.890	482.31	4.79
PRYX2A1（159580）	15.952	111.00	1.11	19YX2A2（159581）	100.317	870.00	8.67
19YX2B（159582）	100.000	70.00	0.70	恒信 17A3（159586）	100.215	90.00	0.90
融信 01 优（159588）	98.850	330.00	3.28	联中 06 优（159590）	99.949	317.00	3.17
同煤联 06（159594）	99.983	60.00	0.60	春秋 01 优（159595）	99.938	40.00	0.40
19 遵投 A3（159617）	100.005	100.00	1.00	阳煤 02 优（159624）	100.306	40.00	0.40
隆辉 01 优（159639）	99.210	58.00	0.58	小米 032B（159642）	100.002	80.00	0.80
19 宝龙 B（159651）	100.000	200.00	2.00	启程 05 优（159653）	99.805	134.00	1.34
荣隽 03 优（159659）	100.000	166.70	1.66	开新 3 优（159669）	99.801	90.00	0.90
19 平二 A2（159672）	100.099	360.00	3.60	19 平二 B（159673）	100.000	10.00	0.10
19 平二 C（159674）	100.000	20.00	0.20	PR 诚泰 A1（159706）	60.250	200.00	1.73
19 诚泰 A2（159707）	99.865	32.00	0.32	19 诚泰次（159709）	100.000	36.00	0.36
东花 06B（159714）	101.019	20.75	0.21	19 国控 A2（159716）	100.000	4.00	0.04
19 国控 B（159717）	100.002	48.00	0.48	娄安置 04（159722）	100.000	10.00	0.10
PR 国 5A1（159727）	9.860	30.00	0.30	国药 5A2（159728）	100.002	100.00	1.00
国药 5B（159730）	100.000	87.00	0.87	农信 01 优（159733）	99.600	155.00	1.54
珠华发 03（159735）	99.815	100.00	1.00	合惠 1A2（159749）	100.187	700.00	7.01
合惠 1A3（159750）	99.446	85.00	0.85	19 平 6A2（159755）	99.790	150.00	1.50
龙控 01 优（159758）	100.000	14.00	0.14	平裕 1 优（159766）	99.724	155.00	1.55
19 山钢优（159767）	99.387	80.00	0.80	红美 01 优（159769）	99.631	141.00	1.41
19 海安 01（159794）	100.000	46.50	0.47	19 海安 03（159796）	99.670	30.00	0.30
启程 06 优（159813）	99.978	40.00	0.40	19 融资 A1（159825）	99.976	60.00	0.60
联中 07 优（159831）	99.960	270.00	2.70	19 小微 2B（159836）	100.000	10.00	0.10
19 小微 2C（159837）	100.000	10.00	0.10	19 微 2 次（159838）	100.000	18.00	0.18
PR 易 03A1（159839）	54.937	90.00	0.90	易鑫 03A2（159840）	100.174	470.00	4.70
易鑫 03B（159841）	100.000	110.00	1.10	19 小米 1A（159845）	100.002	160.00	1.60
19 建花 9C（159850）	103.558	102.50	1.03	国器 1 次（159853）	102.350	40.00	0.41
19 长水 A4（159861）	100.000	73.00	0.73	19 长水 A5（159862）	100.000	78.00	0.78
锦安 1A3（159866）	99.930	47.20	0.47	锦安 1A4（159867）	100.014	100.00	1.00
水八 01 优（159884）	99.988	32.00	0.32	领途 19 优（159887）	100.000	216.00	2.16
东花 07A1（159889）	99.580	77.00	0.77	东花 07A2（159890）	99.803	126.00	1.26
时代 05 优（159895）	100.000	190.00	1.90	蒙高路 02（159903）	100.000	15.00	0.15
蒙高路 04（159905）	99.955	34.00	0.34	蒙高路 05（159906）	99.955	73.00	0.73
申六局 1A（159908）	100.000	2.00	0.02	19 借 02A1（159909）	99.989	200.00	2.00
中花 01B（159914）	100.614	168.00	1.69	19 借 01A1（159915）	100.026	120.00	1.20
19 借 01A2（159916）	100.002	150.00	1.50	PR19 京 7A（159918）	51.391	100.00	1.00
19 京保 7B（159919）	114.086	47.50	0.54	PR 青 6A1（159926）	61.870	100.00	0.89
青城 6A2（159927）	99.981	165.00	1.65	19 天域优（159930）	100.000	100.00	1.00
19 红星优（159938）	100.000	1.00	0.01	相城优 01（159943）	100.000	100.00	1.00
相城优 02（159944）	100.000	50.00	0.50	PR 君创 1（159962）	49.070	80.00	0.80
19 君创 A2（159963）	99.650	200.00	1.99	建花 10A（159967）	99.956	988.00	9.88

债券成交 Bond Trading

债券简称（代码） Bond Name(Code)	本年收盘（元） Close (yuan)	成交数量（万张） Trading Vol (10000 lots)	成交金额（亿元） Trading Value (100M yuan)	债券简称（代码） Bond Name (Code)	本年收盘（元） Close (yuan)	成交数量（万张） Trading Vol (10000 lots)	成交金额（亿元） Trading Value (100M yuan)
建花 10C（159969）	100.000	50.00	0.50	弘花 01A（159974）	99.957	154.00	1.54
弘花 01 次（159976）	100.307	40.00	0.40	19 铭著 A1（159977）	94.445	505.50	4.89
19 京采 1C（159988）	99.800	43.05	0.43	19 京采 1D（159989）	140.000	92.00	1.28
19 花 03A1（159992）	99.941	300.00	3.00	19 花 03B（159994）	100.000	150.00	1.50
开新 4 优（159995）	99.952	98.00	0.98	东花 08A2（159998）	99.719	14.50	0.14
东花 08B（159999）	100.680	28.25	0.28	19 江西 18（160018）	100.940	810.12	8.13
19 天津 37（160030）	100.000	70.00	0.70	19 河北 21（160049）	100.000	150.00	1.50
19 安徽 09（160053）	100.000	2.00	0.02	19 浙江 15（160056）	100.000	440.00	4.41
19 天津 42（160060）	100.000	90.00	0.90	19 江西 27（160075）	100.430	117.12	1.17
19 内蒙 24（160077）	100.000	600.00	5.99	19 海南 15（160079）	100.000	40.00	0.40
19 安徽 13（160087）	100.650	250.12	2.50	19 山东 48（160106）	100.000	130.00	1.30
19 江苏 18（160120）	98.300	5.57	0.05	19 天津 51（160143）	100.000	40.00	0.40
19 河北 38（160156）	100.000	140.00	1.40	19 云南 25（160163）	100.000	50.00	0.50
19 重庆 17（160177）	100.000	200.00	2.00	19 湖南 38（160190）	100.000	70.00	0.70
19 云南 27（160196）	100.000	180.00	1.81	19 云南 28（160197）	100.000	260.00	2.61
19 厦门 08（160202）	100.000	600.00	5.99	19 河北 29（160508）	100.000	30.00	0.30
19 湖南 34（160523）	100.000	300.00	2.98	19 天津 53（160537）	100.000	10.00	0.10
19 联投 02（162003）	101.120	1685.00	16.98	19 常新 03（162005）	101.069	585.00	5.86
19 淮建 01（162007）	100.000	414.28	4.15	19 株国 04（162008）	101.455	429.50	4.29
19 郑建 03（162013）	99.506	320.00	3.20	19 江油 02（162014）	100.000	50.00	0.50
19 宜城 01（162015）	99.944	150.00	1.50	19 余工 01（162016）	100.370	30.00	0.30
19 军融 01（162017）	100.274	320.00	3.20	19 鹰潭债（162018）	101.065	45.00	0.45
19 崇川 03（162019）	99.740	80.00	0.80	19 宋都 02（162020）	100.000	200.00	2.00
新交投 01（162021）	99.803	110.00	1.10	19HG03（162023）	100.351	850.00	8.50
19 能投 03（162024）	100.958	450.00	4.54	19 常城 03（162026）	100.000	110.00	1.10
19 连城 02（162027）	100.000	80.00	0.80	19 海瀛 01（162029）	100.006	310.00	3.10
19 江海 C2（162030）	100.002	400.00	4.00	19 华控 04（162031）	100.000	1548.00	15.45
19 驻投 02（162034）	100.009	580.00	5.80	19 咸阳 02（162036）	101.634	1980.00	19.92
19 海保 01（162037）	100.000	70.00	0.70	19 蓝创 02（162038）	100.000	311.00	3.11
19 雅安 01（162039）	100.000	155.00	1.55	G19 高能 2（162040）	100.000	35.00	0.35
19 广宇 01（162042）	98.856	240.00	2.38	19 绍改 01（162045）	100.006	607.00	6.11
G19 天成 3（162046）	99.149	124.50	1.23	19 沪宁债（162047）	99.454	8.00	0.08
19 慈东 01（162049）	99.672	100.00	1.00	19 经开 01（162050）	100.000	170.00	1.70
19 建投 05（162051）	100.000	180.00	1.80	19 融控 01（162052）	100.000	280.00	2.79
19 永煤 03（162055）	101.456	435.00	4.41	19 明升 01（162057）	99.915	69.00	0.69
19 贵文 02（162058）	97.873	597.10	5.84	19 华创 02（162059）	100.002	370.00	3.71
19 甬海 01（162060）	99.574	20.00	0.20	19 宁交 01（162061）	99.400	119.10	1.18
19 惠建 01（162062）	100.059	50.00	0.50	19 淮新 04（162063）	99.577	220.00	2.20
19 高创 02（162066）	100.205	320.00	3.20	19 金港 03（162067）	99.370	50.00	0.50
19 首股 02（162068）	100.102	230.00	2.30	19 市北 01（162069）	100.714	370.00	3.72
19 舟城 02（162070）	99.260	100.00	0.99	19 联储 02（162071）	100.000	480.00	4.80
19 山钢 02（162072）	99.981	290.00	2.90	19 漳龙 04（162073）	99.973	100.00	1.00
19 滨湖 02（162074）	99.996	39.00	0.39	19 盐城 01（162076）	100.034	177.00	1.77
19 海兴 02（162078）	99.540	210.00	2.11	19 启东 D2（162080）	99.825	140.00	1.40
19 嘉高 03（162081）	100.096	360.00	3.60	19 滨江 02（162082）	100.480	130.00	1.30
19 城资 03（162083）	100.000	10.00	0.10	19 豫纾 01（162084）	100.000	540.00	5.40
19 海瀛 02（162088）	99.997	810.00	8.10	19 中租 04（162090）	100.119	100.00	1.00
19 大庆 01（162091）	100.000	590.00	5.90	19 遵桥 02（162092）	100.000	390.00	3.90
19 东莞 02（162093）	101.422	360.00	3.62	19 惠玉 01（162096）	100.000	10.00	0.10
19 柳投 01（162097）	100.839	490.00	4.91	19 安投 02（162099）	100.000	250.00	2.50

债券成交
Bond Trading

债券
Bond

债券简称（代码）Bond Name(Code)	本年收盘（元）Close（yuan）	成交数量（万张）Trading Vol（10000 lots）	成交金额（亿元）Trading Value（100M yuan）	债券简称（代码）Bond Name（Code）	本年收盘（元）Close（yuan）	成交数量（万张）Trading Vol（10000 lots）	成交金额（亿元）Trading Value（100M yuan）
19 国惠 02（162101）	99.616	1710.00	17.04	19 姜城 01（162102）	100.953	82.00	0.82
19 瀚控 02（162103）	100.000	330.00	3.30	19 潍东 05（162104）	100.108	60.00	0.60
19 西海 01（162106）	100.000	100.00	1.00	19 莱钢 03（162108）	99.311	935.00	9.37
19 鲁公 02（162109）	100.000	140.00	1.40	19 柯建 01（162111）	100.000	523.10	5.25
19 珠实 02（162112）	100.338	45.00	0.45	19 天风 02（162113）	99.743	40.00	0.40
19 阳安 02（162114）	100.000	360.00	3.60	19 川纾 01（162115）	100.000	300.00	3.00
19 不动 07（162116）	99.632	322.00	3.21	19 邯纾 01（162120）	101.007	630.00	6.33
19 贵安 D2（162121）	100.019	399.00	3.99	19 浙商 03（162122）	99.447	380.00	3.79
19 嵊南 01（162123）	100.000	391.00	3.90	19 冀控 02（162124）	99.744	90.00	0.90
19 冀资 01（162127）	99.969	50.00	0.50	19 渝开 03（162128）	100.858	130.00	1.30
19 慈建 03（162129）	100.002	60.00	0.60	19 广湖 04（162131）	100.148	455.00	4.55
19 七师 01（162134）	101.063	270.00	2.71	19 高淳 01（162135）	100.000	200.00	2.00
19 西南 C1（162136）	99.851	1130.00	11.28	19 余工 02（162137）	99.957	160.00	1.60
19 翠屏 01（162141）	99.952	366.00	3.65	19 嵊州 03（162142）	100.002	237.00	2.37
19 昆投 05（162143）	100.000	170.00	1.70	19 吴发 02（162144）	100.000	150.00	1.50
19 恒澄 D1（162147）	99.808	302.74	3.02	19 青城 01（162149）	100.034	40.00	0.40
19 财投 01（162151）	99.597	120.00	1.20	19 湖城 01（162152）	100.072	140.00	1.40
19 晋佳 02（162153）	99.572	40.00	0.40	19 柳龙 01（162155）	101.397	570.00	5.73
19 国都 C2（162158）	100.000	150.00	1.50	19 九鼎 01（162159）	100.000	88.00	0.88
19 沭东 02（162161）	99.431	210.00	2.10	19 驻投 04（162162）	100.011	490.00	4.92
19 政通 01（162163）	100.000	140.00	1.40	19 宿城 01（162164）	100.000	80.00	0.80
19 仁怀 02（162166）	100.370	150.00	1.49	19 城建 02（162169）	100.181	745.00	7.50
19 九通 01（162170）	99.927	1030.00	10.30	19 崇川 04（162172）	99.630	60.00	0.60
19 高密 01（162173）	100.683	80.00	0.81	19 济产 01（162174）	98.659	90.00	0.90
19 通经 01（162175）	99.280	70.00	0.70	19 融海 03（162178）	100.000	200.00	2.00
19 淮开 03（162179）	99.963	305.00	3.06	S19 西江 1（162180）	99.732	119.00	1.19
19 兴港 03（162181）	100.110	324.00	3.25	19 首钢 04（162182）	100.206	3020.00	30.17
19 江公 Y1（162185）	100.000	9.00	0.09	19 新宇 01（162186）	100.016	270.00	2.70
19 吐国 01（162187）	101.573	570.00	5.74	19 新昌 01（162190）	100.000	260.00	2.60
19 株城 06（162196）	101.800	377.00	3.78	19 海门 03（162197）	100.249	100.00	1.00
19 科城 03（162198）	100.000	70.00	0.70	19 漳交 03（162201）	99.893	40.00	0.40
19 潍滨 02（162202）	100.000	291.00	2.91	19 即墨 01（162203）	100.109	100.00	1.00
19 开源 D1（162204）	99.660	150.00	1.50	19 山煤 02（162205）	100.000	1396.50	13.96
19 中区 01（162206）	100.000	40.00	0.40	19 同创 02（162208）	101.380	264.00	2.65
19 恒润 02（162209）	100.607	135.00	1.35	19 濮阳 03（162212）	100.866	850.00	8.56
19 轻纺 02（162217）	99.320	120.00	1.19	19 南浔 03（162220）	100.000	100.00	1.00
19 秀宏 01（162221）	100.201	130.00	1.30	19 迈瑞 03（162223）	100.500	176.00	1.76
19 有色 Y1（162224）	99.419	160.00	1.59	19 永兴 02（162225）	100.652	170.00	1.70
19 杭城建（162227）	98.820	14.70	0.15	19 兰花 02（162228）	100.000	191.00	1.91
19 吴中 01（162229）	100.000	20.00	0.20	19 碧桂 02（162230）	101.587	855.00	8.57
19 亭公 01（162231）	100.000	240.00	2.40	19 乌经建（162232）	100.353	310.00	3.11
19 嘉梅 01（162233）	100.000	80.00	0.80	19 浔城 01（162234）	100.000	200.00	2.00
19 陕煤 01（162235）	99.976	1630.00	16.27	19 三水 01（162236）	100.067	240.00	2.40
19 遵红 02（162240）	100.000	72.00	0.72	19 兰交 03（162241）	100.404	215.00	2.15
19 袍工 01（162242）	100.500	330.00	3.31	19 景旅 03（162243）	99.383	145.00	1.45
19 湘侨 01（162244）	100.000	1293.50	12.94	19 太湖 01（162246）	100.000	68.00	0.68
19 安租 08（162247）	101.518	446.00	4.50	19 东港 01（162250）	100.947	130.00	1.29
19 晋纾 01（162251）	100.015	60.00	0.60	19 渝丰资（162253）	100.001	50.00	0.50
19 荆城 03（162254）	100.000	20.00	0.20	19 泰投 02（162255）	99.623	170.00	1.70
19 城乡 01（162256）	100.003	300.00	3.00	19 城乡 02（162257）	100.000	535.00	5.35

债券成交
Bond Trading

债券简称（代码）Bond Name(Code)	本年收盘（元）Close (yuan)	成交数量（万张）Trading Vol (10000 lots)	成交金额（亿元）Trading Value (100M yuan)	债券简称（代码）Bond Name (Code)	本年收盘（元）Close (yuan)	成交数量（万张）Trading Vol (10000 lots)	成交金额（亿元）Trading Value (100M yuan)
19 城发 05（162260）	100.380	260.00	2.61	19 金辉 02（162261）	98.000	1139.94	11.29
19 丰经 01（162264）	100.133	55.00	0.55	19 万盛 01（162265）	100.001	1515.00	15.23
19 循环 02（162267）	99.500	1098.30	10.98	19 苏科 02（162269）	99.630	20.00	0.20
19 厦特 02（162271）	100.008	284.00	2.85	19 海科 02（162272）	99.190	98.00	0.98
19 江海 C3（162274）	100.000	400.00	4.00	19 安国投（162275）	100.300	290.00	2.90
19 军融 02（162276）	100.618	300.00	3.01	19 瀚控 03（162277）	99.117	170.00	1.69
19 安城 02（162278）	100.000	60.00	0.60	19 天风 03（162279）	99.504	90.00	0.90
19 海交 01（162280）	99.750	70.00	0.70	19 浏新 01（162281）	100.833	104.00	1.05
19 惠控 02（162282）	99.090	150.00	1.48	19 常城 04（162283）	100.000	50.00	0.50
19 交投 03（162286）	100.000	85.00	0.85	G19 永荣（162287）	99.969	90.00	0.90
19 阳澄 01（162291）	100.000	60.00	0.60	19 康富 04（162293）	100.000	300.00	3.00
19 肇庆 03（162294）	100.000	30.00	0.30	19 镇城 D1（162295）	99.616	595.00	5.93
19 浦现 02（162296）	98.647	60.00	0.59	19 环球 03（162297）	98.731	1610.00	16.08
19 大庆 02（162298）	100.393	469.00	4.69	19 金水 01（162300）	100.357	589.00	5.92
19 硕放 02（162304）	100.000	10.00	0.10	19 日通 02（162305）	100.000	230.00	2.30
19 铜梁 01（162306）	100.295	100.00	1.00	19 山钢 03（162307）	100.320	1140.00	11.41
19 渝隆 01（162310）	101.038	460.00	4.64	19 川城 01（162311）	100.398	510.00	5.11
19 天投 02（162313）	99.577	100.00	1.00	19 舟普 02（162315）	99.700	6.10	0.06
19 创鸿 01（162316）	100.005	720.00	7.18	19 淮高新（162317）	100.000	60.00	0.60
19 柳控 02（162318）	100.219	140.00	1.40	19 铜官 01（162322）	100.008	990.00	9.90
19 中原 C1（162323）	100.889	120.00	1.21	19 淮经 01（162327）	100.000	250.00	2.49
19 佳源 04（162328）	99.978	438.55	4.39	19 郑蒲 01（162329）	100.000	320.00	3.20
19 义佛 02（162330）	99.852	392.00	3.92	19 渝合 01（162331）	100.763	150.00	1.51
19 星发 01（162332）	100.000	50.00	0.50	19 淮开 D1（162334）	100.203	912.00	9.09
19 衢资 01（162335）	99.456	250.00	2.49	19 澄港 04（162337）	100.487	805.00	8.05
19 民泰 01（162338）	100.100	480.00	4.80	同煤 Y4（162340）	100.454	740.00	7.42
19 望水 01（162341）	99.167	240.00	2.38	19 江都 04（162344）	99.434	268.00	2.68
19 寿光 02（162346）	100.996	160.00	1.60	19 新蒲 03（162347）	100.000	30.00	0.30
19 铸康债（162348）	100.000	29.80	0.30	19 金纾 05（162349）	100.000	30.00	0.30
19 莱钢 04（162351）	100.325	160.00	1.60	19 铁十六（162352）	100.537	560.00	5.61
19 东丽 04（162354）	99.942	126.75	1.27	19 禹通 01（162359）	99.939	224.00	2.24
19 世纪 01（162362）	100.000	295.00	2.95	19 兴奉 01（162363）	100.000	264.00	2.64
19 云租 01（162364）	100.068	330.00	3.30	19 通泰 02（162365）	99.600	180.00	1.80
19 淮新 06（162366）	100.593	150.00	1.51	19 诸资 01（162368）	100.002	610.00	6.10
19 明升 02（162372）	100.000	50.00	0.50	19 眉控 01（162373）	101.181	390.00	3.93
19 简阳 01（162374）	100.001	410.00	4.09	19 家园 01（162375）	100.000	45.00	0.45
19 瀚控 D1（162376）	99.116	190.00	1.89	19 扬临港（162378）	99.280	95.00	0.95
19 淮建 02（162379）	99.500	3.10	0.03	19 娄城 01（162380）	100.000	27.00	0.27
19 新郑 01（162381）	100.000	35.00	0.35	19 首证 C2（162383）	100.233	720.00	7.20
19 西旅 01（162384）	100.342	129.00	1.29	19 进纾 01（162386）	100.352	195.00	1.96
19 安租 09（162387）	101.252	130.00	1.31	19 陕煤 02（162388）	100.327	1870.00	18.70
19 瓯经 01（162389）	100.000	470.00	4.70	19 黄投 01（162390）	100.000	90.00	0.90
19 金禹 01（162391）	100.700	40.00	0.40	19 筑城 01（162392）	100.633	340.00	3.41
19 济建 02（162393）	99.618	630.00	6.30	19 惠投 02（162394）	99.780	440.00	4.39
19 新泰 03（162395）	100.480	180.00	1.79	19 清浦 02（162397）	99.849	298.00	2.98
19 开源 D2（162399）	100.000	100.00	1.00	19 长发 01（162401）	99.870	160.00	1.60
19 远东一（162402）	99.957	200.00	2.00	19 曹国 D1（162410）	100.066	680.00	6.80
19 国都 C5（162412）	100.000	112.00	1.12	19 皖江 01（162414）	100.000	50.00	0.50
19 常城 05（162415）	100.000	650.00	6.50	19 广旅发（162418）	100.000	374.10	3.74
19 沪券 D1（162419）	100.084	80.00	0.80	19 明宫 02（162420）	100.000	155.00	1.55

债券成交
Bond Trading

债券
Bond

债券简称（代码） Bond Name(Code)	本年收盘（元） Close（yuan）	成交数量（万张） Trading Vol（10000 lots）	成交金额（亿元） Trading Value（100M yuan）	债券简称（代码） Bond Name（Code）	本年收盘（元） Close（yuan）	成交数量（万张） Trading Vol（10000 lots）	成交金额（亿元） Trading Value（100M yuan）
19 山钢 Y2（162421）	100.000	231.00	2.31	19 靖城 03（162422）	99.990	110.00	1.10
19 金坛 02（162428）	100.010	100.00	1.00	19 柳投 03（162431）	100.000	453.40	4.56
19 长兴 02（162435）	100.000	627.60	6.26	19 淳资 01（162437）	99.979	290.00	2.90
19 青纾 02（162443）	99.829	100.00	1.00	G19 有轨 1（162447）	100.559	35.00	0.35
19 鲁海洋（162449）	99.561	220.00	2.19	19 长开 05（162450）	100.671	60.00	0.60
19 滕投 03（162452）	100.000	20.00	0.20	19 农投 01（162454）	100.000	150.00	1.50
19 通经 02（162455）	99.340	50.00	0.50	19 天宁 02（162456）	98.940	50.00	0.49
19 抚州 01（162457）	100.000	50.00	0.50	19 日交 01（162459）	100.000	135.00	1.35
19 平金 01（162461）	100.309	150.00	1.50	19 建邺 03（162462）	100.000	50.00	0.50
19 舟交 02（162465）	100.000	137.00	1.37	19 汇盛 01（162466）	100.635	140.00	1.40
19 中企 02（162472）	99.221	45.00	0.45	19 姜城 02（162473）	100.000	80.00	0.80
19 世园 01（162475）	100.314	270.00	2.71	19 镇城 D2（162476）	99.753	580.00	5.75
19 虞纾 01（162477）	100.351	600.00	6.02	19 驻投 06（162480）	100.000	120.00	1.20
19 栖科 01（162481）	100.004	240.00	2.40	19 成华债（162484）	99.689	100.00	1.00
19 荆投 01（162485）	100.000	50.00	0.50	19 龙川 01（162487）	99.981	70.00	0.70
19 青信 01（162488）	99.467	500.00	4.97	19 康富 D1（162489）	99.982	345.00	3.45
19 运和 02（162491）	100.000	200.00	2.00	19 萍乡 01（162492）	100.846	170.00	1.71
19 萍乡 02（162493）	100.000	10.00	0.10	19 昌兴 01（162496）	100.583	255.23	2.57
19 鲁金 02（162497）	100.000	20.00	0.20	19 嘉城 01（162501）	99.722	100.00	1.00
19 首钢 05（162506）	100.192	2050.00	20.49	19 姚经 01（162507）	99.973	120.00	1.20
19 沿海 01（162509）	99.030	80.10	0.80	19 富港 01（162511）	100.000	100.00	1.00
19 蓉投 01（162513）	99.900	80.00	0.80	19 桂铁 F1（162514）	99.953	80.00	0.80
19 天目 01（162515）	99.995	410.00	4.10	19 扬庆 01（162516）	100.000	40.00	0.40
19 阳安 03（162519）	100.000	155.00	1.55	19 宁海 03（162520）	100.000	260.00	2.60
19 淮开 04（162521）	100.000	883.00	8.84	19 遵经 02（162525）	99.880	50.00	0.50
19 义建 01（162526）	100.000	100.00	1.00	19 盐交 01（162528）	100.000	100.00	1.00
19 新蒲 05（162532）	100.000	29.00	0.29	19 遵旅 03（162533）	100.300	251.30	2.48
19 瀚控 D2（162535）	99.923	160.00	1.60	19 环球 04（162536）	99.498	130.00	1.30
19 四面山（162537）	100.100	600.00	6.00	19 泰投 03（162538）	100.000	10.00	0.10
19 兴资 01（162539）	98.900	365.50	3.64	19 金城 01（162543）	98.959	70.00	0.69
19 袍工 02（162544）	100.000	15.00	0.15	19 海盐 03（162545）	99.904	150.00	1.50
19 渝南 02（162546）	100.000	20.00	0.20	19 哈纾 01（162547）	100.000	120.00	1.20
19 遵桥 03（162548）	100.000	590.00	5.88	19 宁高 02（162549）	100.000	20.00	0.20
19 九通 03（162550）	99.200	931.00	9.30	19 吴发 03（162554）	99.002	50.00	0.50
19 伊资 01（162555）	102.006	325.00	3.26	19 临经 01（162556）	100.000	190.00	1.90
19 青租 02（162557）	100.000	470.00	4.70	19 渝枢 03（162563）	99.740	200.00	1.99
19 远东二（162564）	99.707	345.00	3.45	19 诸新 02（162566）	100.000	175.00	1.75
19 邗江 01（162567）	99.720	290.00	2.90	19 潞安 Y1（162569）	100.000	100.00	1.00
19 中证 05（162570）	100.066	300.00	2.99	19 家园 02（162573）	100.000	20.00	0.20
19 金水 02（162575）	99.670	380.00	3.79	19 万州 01（162577）	99.984	245.00	2.45
19 柯岩 01（162578）	100.000	100.00	1.00	19 铜示 02（162582）	99.426	220.00	2.20
19 绿洲 01（162583）	100.000	70.00	0.70	19 柳房 01（162584）	100.000	315.67	3.16
19 浙证 01（162585）	99.321	280.00	2.78	G19 滁绿 1（162588）	100.000	120.00	1.20
19 鹰投 01（162590）	100.010	60.00	0.60	19 兰扶 01（162592）	100.000	135.00	1.35
19 曲水 01（162594）	100.000	10.00	0.10	19 惠基 01（162595）	101.735	30.00	0.31
19 海门 04（162598）	100.000	130.00	1.30	19 铜山 01（162599）	100.000	30.00	0.30
19 山煤 Y1（162600）	100.000	500.00	5.00	19 洛建 01（162601）	100.111	670.00	6.72
G19 贵水 1（162602）	99.743	270.00	2.69	19 瀛洲 02（162603）	99.960	30.00	0.30
19 长寿 D1（162605）	100.272	70.00	0.70	19 湖交 01（162607）	99.279	190.00	1.90
19 宜城 F1（162608）	99.404	300.00	2.98	19 龙投 02（162610）	99.923	170.00	1.70

债券成交 Bond Trading

债券 Bond

债券简称（代码） Bond Name(Code)	本年收盘（元） Close (yuan)	成交数量（万张） Trading Vol (10000 lots)	成交金额（亿元） Trading Value (100M yuan)	债券简称（代码） Bond Name (Code)	本年收盘（元） Close (yuan)	成交数量（万张） Trading Vol (10000 lots)	成交金额（亿元） Trading Value (100M yuan)
19洪泽01（162611）	100.000	62.00	0.62	19南平01（162612）	100.000	10.00	0.10
19温投债（162613）	100.000	68.00	0.68	19宁开01（162614）	100.000	108.00	1.08
19渝开D2（162615）	99.980	100.00	1.00	19公用02（162617）	100.000	127.00	1.27
19海创01（162620）	100.126	680.00	6.78	19衡滨01（162622）	100.000	130.00	1.30
19株高03（162623）	100.000	40.00	0.40	19百盐01（162625）	100.000	150.00	1.50
19阳山01（162627）	100.000	40.00	0.40	19阳山02（162628）	100.000	60.00	0.60
19甬象02（162630）	99.952	177.20	1.77	19云龙02（162632）	97.800	120.00	1.19
19南安02（162635）	100.000	40.00	0.40	19镇城D3（162636）	100.000	100.00	1.00
19中德01（162640）	100.055	50.00	0.50	19黄桥01（162644）	100.004	60.00	0.60
19豫资04（162646）	99.971	33.00	0.33	19平神Y1（162647）	100.000	200.00	2.00
19青信02（162648）	99.781	80.00	0.80	19天台01（162649）	100.000	120.00	1.20
19创投01（162650）	100.000	180.00	1.80	19金东债（162651）	100.000	100.00	1.00
19龙川02（162653）	100.000	150.00	1.50	19宿城02（162654）	100.000	100.00	1.00
19昆高新（162656）	98.387	30.00	0.30	19藏投01（162657）	99.998	70.00	0.70
19联投04（162658）	100.037	447.00	4.47	19虞经开（162659）	100.000	90.00	0.90
19世园02（162665）	100.188	120.00	1.20	19新城债（162669）	100.000	170.00	1.70
19药租04（162671）	100.000	20.00	0.20	19仁怀03（162674）	100.000	120.00	1.20
19仁怀04（162675）	99.951	90.00	0.90	19长湖债（162676）	99.900	53.00	0.53
19白沙洲（162679）	98.569	50.00	0.49	19象港01（162680）	100.000	30.00	0.30
19建开01（162681）	100.000	36.00	0.36	19新安01（162684）	100.000	320.00	3.20
19六新01（162686）	100.000	70.00	0.70	19南投01（162689）	100.000	298.00	2.98
19财达C1（162690）	100.000	70.00	0.70	19威中城（162692）	100.000	250.00	2.50
19柯建02（162693）	100.000	50.00	0.50	19临淄01（162698）	100.000	230.00	2.30
19惠鑫03（162699）	99.450	30.00	0.30	19开封01（162707）	100.000	32.00	0.32
19鑫泰03（162708）	100.000	100.00	1.00	19滨州01（162714）	100.038	160.00	1.60
19雅安02（162715）	98.120	150.00	1.47	19潍水D1（162720）	99.990	251.40	2.51
19天府03（162722）	100.000	50.00	0.50	19阿纺01（162723）	100.000	40.00	0.40
19苏海01（162725）	100.000	20.00	0.20	19石刻01（162726）	100.000	30.00	0.30
19信诚02（162727）	100.000	80.00	0.80	19吉发04（162729）	100.000	797.00	7.97
19启东03（162733）	100.000	60.00	0.60	19中资02（162742）	100.000	22.00	0.22
19鹰投02（162753）	100.000	50.00	0.50	19大庆05（162754）	100.000	100.00	1.00
19赣振01（162755）	100.000	100.00	1.00	19赣振02（162756）	100.000	15.00	0.15
19晋能09（162766）	100.000	20.00	0.20	19赣建01（162775）	100.000	175.00	1.75
19泰通02（162777）	100.000	67.00	0.67	19通泰债（162781）	100.000	155.00	1.55
19姜交02（162788）	99.089	50.00	0.50	19遵物01（162790）	100.000	218.00	2.18
19深业01（162797）	100.000	14.60	0.15	19新沂债（162809）	100.000	102.00	1.02
19兴市01（162815）	100.000	78.00	0.78	19兖投02（162820）	100.000	50.00	0.50
19赣水Y1（162822）	100.000	65.00	0.65	19浙纾02（163003）	100.000	40.00	0.40
19厦航01（163004）	100.000	200.00	2.00	19北汽11（163005）	100.000	3358.00	33.55
19北汽12（163006）	100.000	2120.00	21.19	19宝龙G1（163008）	100.000	1420.00	14.19
19浦集02（163010）	100.000	1000.00	10.00	19浦集03（163011）	100.000	1040.00	10.40
19龙控04（163012）	100.000	820.00	8.21	19平煤债（163013）	100.000	160.00	1.60
19申资01（163014）	100.000	300.00	3.01	19碧地03（163015）	100.000	622.00	6.22
19新湖03（163017）	100.000	111.00	1.09	19中金04（163019）	100.000	70.00	0.70
19上国投（163020）	100.000	20.00	0.20	19君创03（163021）	100.020	100.00	1.00
19鸿坤01（163023）	102.000	193.51	1.94	19东方债（163024）	100.000	560.00	5.60
19花样02（163025）	100.000	165.00	1.65	19杭纾03（163026）	100.490	110.09	1.10
19漳九03（163028）	100.000	150.00	1.50	19鲁高02（163030）	100.000	390.00	3.90
19山金01（163031）	100.000	130.00	1.30	19兖东01（163033）	100.000	80.00	0.80
19津保03（163034）	100.000	216.00	2.16	19实业03（163036）	100.000	540.00	5.40

债券成交
Bond Trading

债券
Bond

债券简称（代码）Bond Name(Code)	本年收盘（元）Close（yuan）	成交数量（万张）Trading Vol（10000 lots）	成交金额（亿元）Trading Value（100M yuan）	债券简称（代码）Bond Name（Code）	本年收盘（元）Close（yuan）	成交数量（万张）Trading Vol（10000 lots）	成交金额（亿元）Trading Value（100M yuan）
19 豫园 01（163038）	101.000	100.20	1.00	19 朗诗 02（163040）	100.000	420.00	4.06
19 文投 02（163041）	100.000	100.00	1.00	19 洛钼 01（163043）	100.000	140.00	1.40
G19 华综 1（163044）	100.000	100.00	1.00	19 绿城 02（163045）	100.000	310.00	3.10
19 绿城 03（163046）	100.000	120.00	1.20	19 金辉 03（163047）	100.000	391.80	3.91
19 豫投 02（163050）	100.010	1230.00	12.31	19 油气 02（163051）	100.000	340.00	3.40
19 长电 03（163052）	100.000	380.00	3.80	19 中泰 02（163053）	100.000	160.00	1.60
19 兴投 01（163054）	100.000	100.00	1.00	19 绿城 04（163055）	100.000	275.00	2.75
19 华租 01（163056）	100.000	190.00	1.90	19 川发 07（163057）	100.000	180.00	1.80
19 川发 08（163058）	100.000	1280.00	12.81	19 常高 05（163059）	100.000	410.00	4.10
19 常高 06（163060）	100.000	150.00	1.50	19 温交 01（163061）	100.000	100.00	1.00
19 青信 03（163063）	100.000	460.00	4.60	19 津保 04（163065）	100.000	176.00	1.76
19 苏农 01（163067）	100.000	30.00	0.30	19 中航 04（163068）	100.000	770.00	7.70
19 中航 05（163069）	100.130	2100.00	21.00	G19 唐环 1（163070）	100.000	210.00	2.10
19 津投 25（163071）	100.000	1240.00	12.39	19 津投 26（163072）	100.000	1040.00	10.39
19 津投 27（163073）	100.000	370.00	3.70	19 同辐债（163074）	100.000	50.00	0.50
19 远东三（163077）	100.000	440.00	4.40	19 云投 02（163082）	100.000	450.00	4.50
19 齐鲁 Y1（163083）	100.000	480.00	4.80	19 诚通 01（163085）	100.000	1070.00	10.70
19 航租 Y1（163945）	101.000	160.15	1.61	19 工业 Y1（163947）	100.000	512.00	5.11
19 通用 Y3（163950）	100.000	430.00	4.30	19 晋建 Y4（163952）	100.000	810.00	8.10
CHNG11Y（163953）	100.000	280.00	2.80	19 锡公 Y1（163955）	100.000	190.00	1.90
19 电建 Y2（163956）	100.110	1320.00	13.19	19 电建 Y3（163957）	100.000	660.00	6.60
19 首股 Y3（163958）	100.000	90.00	0.90	19 厦贸 Y1（163960）	100.000	180.00	1.80
19 阳煤 Y1（163962）	100.000	440.00	4.40	中化债 Y1（163963）	100.000	290.00	2.90
19 中化 Y3（163964）	100.000	1240.00	12.39	19 能建 Y1（163965）	100.000	190.00	1.90
19 铁建 Y5（163969）	100.000	370.00	3.70	19 铁建 Y6（163970）	100.000	385.00	3.85
19 建集 Y2（163971）	100.000	1180.00	11.79	19 青控 Y1（163975）	100.000	150.00	1.50
万安 1A1（165001）	100.000	130.00	1.30	万安 1A2（165002）	100.112	20.00	0.20
海发优 A（165017）	100.000	160.00	1.60	海发优 B（165018）	100.306	200.00	2.01
19 佳美 4A（165020）	99.847	144.00	1.44	19 京保 8B（165023）	118.114	71.25	0.84
19 京保 9A（165024）	100.075	44.00	0.44	19 京保 9B（165025）	118.190	56.50	0.67
19 京 10A（165026）	99.992	200.00	2.00	19 京 10B（165027）	118.000	47.50	0.56
恒信 19A3（165030）	99.560	45.00	0.45	中花 02B（165037）	100.274	126.00	1.26
19 花 04B（165040）	100.000	95.00	0.95	联保 12 优（165041）	100.000	338.00	3.37
花呗 72A1（165043）	99.955	400.00	4.00	花呗 73B（165048）	100.296	31.10	0.31
碧弘 01 优（165049）	100.000	130.00	1.30	爱建 1A2（165052）	99.389	56.00	0.56
云能 19A3（165057）	99.941	60.00	0.60	龙联 04A（165062）	99.993	45.00	0.45
PR 中大 A（165078）	69.788	125.00	0.99	聚盈 01A（165093）	99.975	482.00	4.81
聚盈 01B（165094）	100.000	32.00	0.32	荣隽 04 优（165101）	100.000	5.50	0.06
东花 09A2（165104）	99.951	29.00	0.29	东花 09B（165105）	100.603	42.50	0.43
万安 2A1（165127）	100.000	5.00	0.05	19 奥通优（165131）	100.000	1190.00	11.84
联中 08 优（165143）	99.979	20.00	0.20	19 京诚 1B（165150）	112.000	71.25	0.80
19 建七 02（165155）	99.992	13.20	0.13	华润 4 优 B（165169）	100.000	85.60	0.86
搜车 03C（165176）	98.960	10.40	0.10	万安 3A3（165194）	100.000	250.00	2.50
19 汇通 A1（165206）	100.000	366.00	3.66	19 汇通 A2（165207）	100.000	300.00	3.00
19 借 03B（165216）	100.307	70.00	0.70	19 花 05B（165219）	100.197	100.00	1.00
19 京诚 2A（165227）	100.032	250.00	2.50	19 京诚 2B（165228）	115.000	47.50	0.55
光借 4C（165231）	100.318	38.75	0.39	建花 11A（165243）	99.961	20.00	0.20
19 花 06B（165248）	100.373	53.00	0.53	19 远大 2B（165252）	100.000	48.00	0.48
19 天启 01（165254）	100.074	88.00	0.88	花呗 74B（165265）	100.318	45.00	0.45
天信 1A（165268）	100.087	230.00	2.30	米科 191A（165285）	100.000	114.00	1.14

债券成交 Bond Trading

债券简称（代码） Bond Name(Code)	本年收盘（元） Close (yuan)	成交数量（万张） Trading Vol (10000 lots)	成交金额（亿元） Trading Value (100M yuan)	债券简称（代码） Bond Name (Code)	本年收盘（元） Close (yuan)	成交数量（万张） Trading Vol (10000 lots)	成交金额（亿元） Trading Value (100M yuan)
米科 191D（165288）	155.000	6.00	0.09	19 裕源 09（165304）	99.808	40.00	0.40
19 国金 B1（165307）	100.000	62.00	0.62	19 国金 B2（165308）	100.000	162.40	1.62
春源 02（165313）	100.000	64.00	0.64	春源 06（165317）	99.138	20.00	0.20
锦安 2A1（165342）	100.000	20.00	0.20	锦安 2A2（165343）	100.000	30.00	0.30
锦安 2A4（165345）	100.000	20.00	0.20	辉玥 04 优（165347）	100.000	280.00	2.80
龙控 02 优（165351）	100.000	169.00	1.69	中航三 01（165362）	100.018	237.00	2.37
中航三 03（165364）	100.000	167.00	1.67	19 大众 1A（165368）	99.792	5.50	0.05
19 迈科 A（165370）	100.000	729.70	7.30	19 迈科 B（165371）	100.000	240.00	2.40
19 中骏 1A（165375）	100.000	20.00	0.20	碧强 02 优（165378）	100.000	10.00	0.10

大宗交易平台
Bulk Trading

大宗交易平台 Bulk Trading	2019 年	2018 年	增减（%） Change（%）
交易天数（天）No. of Trading Days	244	243	0.41
交易证券数（只）No. of Securities	1218	1115	9.24
股票 Shares	720	657	9.59
债券 Bonds	462	449	2.90
基金 Funds	36	9	300.00
总成交金额（亿元）Total Trading Val（100M yuan）	2482.04	2007.66	23.63
股票 Shares	1729.99	1593.95	8.53
债券 Bonds	645.30	406.75	58.65
基金 Funds	106.75	6.95	1435.97
日均成交金额（百万元）Average Trading Val（M yuan）	1017.23	826.20	23.12
股票 Shares	709.01	655.95	8.09
债券 Bonds	264.47	167.39	58.00
基金 Funds	43.75	2.86	1429.72
总成交量（亿张）Total Trading Vol（100M lots）	263.85	163.50	61.38
股票 Shares	197.68	154.37	28.06
债券 Bonds	6.68	4.28	56.07
基金 Funds	59.49	4.85	1126.60
日均成交量（百万元）Average Trading Vol（M yuan）	108.13	67.28	60.72
股票 Shares	81.02	63.53	27.53
债券 Bonds	2.74	1.76	55.68
基金 Funds	24.38	2.00	1119.00
总成交笔数（笔）Total Transactions（times）	8019	6338	26.52
股票 Shares	5341	4531	17.88
债券 Bonds	2509	1750	43.37
基金 Funds	169	57	196.49
日均成交笔数（笔）Average Transactions（times）	33	26	26.92
股票 Shares	22	19	15.79
债券 Bonds	10	7	42.86
基金 Funds	0	0	0.00

固定收益平台
Fixed-Incoming Trading System

固定收益平台交易 Trading of Fixed-Incoming Trading System	2019年	2018年	增减（%） Change（%）
交易天数（天） Trading Days	244	243	0.41
总成交金额（亿元） Total Trading Val（100M yuan）	81546.41	76433.72	6.69
政府债 G-Bonds	1173.35	1711.41	-31.44
公司债 C-Bonds	49421.47	41176.84	20.02
债券回购 Bond Repo	30951.59	33545.48	-7.73
日均成交金额（百万元） Average Turnover In Val（M yuan）	33420.66	31454.21	6.25
政府债 G-Bonds	480.88	704.28	-31.72
公司债 C-Bonds	20254.70	16945.20	19.53
债券回购 Bond Repo	12685.08	13804.72	-8.11
总成交量（百万张） Total Trading Vol（M lots）	82116.31	77519.13	5.93
政府债 G-Bonds	1163.20	1728.34	-32.70
公司债 C-Bonds	50001.52	42245.31	18.36
债券回购 Bond Repo	30951.59	33545.48	-7.73
日均成交量（百万张） Average Trading Vol（M lots）	336.54	319.01	5.50
政府债 G-Bonds	4.77	7.11	-32.91
公司债 C-Bonds	204.92	173.85	17.87
债券回购 Bond Repo	126.85	138.05	-8.11
总成交笔数（笔） Total Transactions	296191	237986	24.46
政府债 G-Bonds	2085	2662	-21.68
公司债 C-Bonds	193820	142694	35.83
债券回购 Bond Repo	100286	92630	8.27
日均成交笔数（笔） Average Transactions	1214	979	24.00
政府债 G-Bonds	9	11	-18.18
公司债 C-Bonds	794	587	35.26
债券回购 Bond Repo	411	381	7.87
交易商年末持有量（亿张） Holdings by traders，2019	124.42	93.31	33.34
政府债 G-Bonds	13.24	8.63	53.42
公司债 C-Bonds	111.18	84.68	31.29
债券回购 Bond Repo	0.00	0.00	0.00

固定收益平台券商持有
Hold of Brokers

固定收益平台
Fixed-Incoming Trading System

交易商名称 Investor Name	交易证券数（只） Number	交易量（万股） Trading Vol（10000 shares）	年末持有量（万股） Hold Vol（10000 shares）
长江证券	1751	200485	30040
光大证券	1722	108187	117530
广发证券	3340	732161	241992
国寿资产	578	9043	263290
国泰君安	3930	581911	330875
国信证券	1087	53417	88417
华泰证券	2154	230706	122976
南京证券	248	7472	7583
平安证券	1133	103982	47976
人保资产	571	5148	59697
申万宏源	2219	642348	126497
兴业证券	1664	217546	46227
银河证券	1581	65990	75261
招商证券	2068	338698	86180
中金公司	2483	382463	81551
中信建投	3532	438299	113507
中信证券	5228	919639	425896
中银国际	1671	133003	199174
中原证券	409	50445	4952

沪港通概况
Shanghai-Hong Kong Stock Connect

规模情况

板块	标的股票数量（只）	总市值（亿元）	流通市值（亿元）
沪股通	916	322529	282580
港股通	328	256990	256990

成交情况

板块	交易净额（亿元）	交易额（亿元）	占标的股总交易额比（%）	日均交易额（亿元）	日均交易额同比增长（%）
沪股通	1566	49914	6. 58	213	83. 48
港股通	1332	13743	5. 87	60	–12. 43

注：香港成交金额折算为人民币，汇率使用外管局港币兑人民币中间价。

额度使用情况

板块	日均使用额度（亿元）	日均额度使用率（%）
沪股通	10. 11	1. 94
港股通	10. 03	2. 39

注：2018 年 5 月 1 日起沪港通额度调整。

基金通申赎
Fund Expert Trading

基金通
Fund Expert

证券代码 Code	证券简称 Security Name	申购总量（万份） Buy Vol（10000 lots）	赎回总量（万份） Sell Vol（10000 lots）
519001	银华优选	85.75	172.55
519002	安信消费	205.11	2142.84
519003	海富收益	9.27	34.37
519005	海富股票	300.07	253.52
519007	海富回报	9.44	145.94
519008	添富优势	110.22	98.59
519011	海富精选	58.96	100.70
519013	海富优势	2.29	160.76
519015	海富贰号	0.00	6.15
519017	大成成长	113.34	522.62
519018	添富均衡	250.08	852.56
519019	大成景阳	125.93	685.33
519020	国泰金泰	20.73	714.05
519021	金鼎价值	16.71	203.05
519023	海富债券	0.17	3.05
519025	海富领先	0.00	2.56
519026	海富小盘	7.55	9.49
519027	海富周期	0.00	0.22
519028	华夏稳增	0.00	80.38
519029	华夏稳增	46.78	142.36
519030	海富稳固	2.04	0.00
519032	海富非周	0.60	0.52
519033	海富国策	0.00	1.83
519034	海富低碳	11.52	11.52
519035	富国天博	62.77	276.22
519039	长盛同德	4.05	238.41
519050	海富安颐	27.65	27.44
519056	海富内需	479.39	272.85
519060	海富纯 C	95.26	97.13
519061	海富纯 A	93.19	88.92
519062	海富对冲	244.21	107.39
519066	添富蓝筹	188.11	255.86
519068	添富焦点	124.53	270.59
519069	添富价值	397.77	347.71
519078	添富增收	222.28	212.87
519087	新华分红	28.90	99.28
519089	新华成长	10.74	26.73
519093	新华钻石	0.00	3.43
519095	新华行业	0.00	0.42
519097	新华市值	5.79	5.99
519099	新华主题	40.65	41.87
519100	长盛 100	109.86	132.25
519110	价值 A	40.79	54.95
519112	收益债 C	65.37	65.37
519113	浦银生活	26.72	51.21
519115	浦银红利	0.66	8.47
519116	浦银 300	4.07	3.01
519117	浦银 400	0.00	0.22
519118	幸福债 A	0.00	0.99
519120	新兴产业	1.00	1.77

基金通申赎
Fund Expert Trading

证券代码 Code	证券简称 Security Name	申购总量（万份） Buy Vol（10000 lots）	赎回总量（万份） Sell Vol（10000 lots）
519121	6月债A	0.00	0.58
519123	浦银添A	0.00	0.07
519125	消费A	0.00	1.00
519126	新经济	1.45	2.17
519127	盛世A	3.92	4.40
519129	月月盈C	0.00	8.79
519133	海富改革	3.87	2.02
519134	海富富祥	0.02	9.05
519137	海富瑞福	0.00	0.10
519150	新华消费	17.02	18.50
519152	新华纯A	317.50	212.71
519153	新华纯C	8751.23	8748.30
519156	新华配置	25.15	330.65
519158	新华趋势	1.10	3.66
519160	新华惠A	0.00	0.00
519162	新华增A	0.00	43.02
519163	新华增C	0.00	7.95
519167	新华精选	0.00	26.10
519170	浦银增长	39.18	736.55
519171	浦银医疗	22.47	23.40
519172	睿智A	0.11	0.70
519173	睿智C	3.16	15.41
519175	浦银崛起	0.40	0.40
519180	万家180	12.10	51.43
519181	万家和谐	5.56	56.31
519185	万家精选	59.07	67.31
519186	万家稳增	0.30	0.30
519188	万家恒A	0.00	0.01
519189	万家恒C	0.00	0.03
519190	万家双利	0.00	16.73
519191	万家新利	1.02	44.55
519193	万家成长	155.07	152.68
519195	万家品质	12.40	47.28
519196	万家蓝筹	0.70	63.45
519197	万家颐达	0.00	10.40
519198	万家颐和	0.01	0.01
519199	万家家享	0.10	0.00
519208	万家政A	0.00	0.01
519300	大成300A	88.97	190.36
519505	海富货A	12337.52	7566.15
519506	海富货B	31056.35	38149.07
519507	万家货B	0.00	0.00
519508	万家货A	3246.61	3349.53
519509	浦银货A	587.61	794.63
519510	浦银货B	80000.00	100603.97
519511	万家薪A	9.01	30.38
519512	万家薪B	0.00	0.00
519518	添富货币	2286.01	2827.78
519519	友邦增利	0.38	1.38
519566	日日盈A	94.55	89.52

基金通申赎
Fund Expert Trading

证券代码 Code	证券简称 Security Name	申购总量（万份） Buy Vol（10000 lots）	赎回总量（万份） Sell Vol（10000 lots）
519567	日日盈 B	0. 00	0. 00
519598	利息 B	0. 00	37702. 16
519599	利息 A	559. 24	58. 71
519606	国泰金鑫	117. 04	2363. 62
519613	银河尚 A	8. 81	214. 62
519614	银河尚 C	482. 88	459. 23
519616	银河信 A	0. 00	3. 08
519617	银河信 C	0. 14	5. 00
519619	银河荣 A	0. 00	2. 69
519620	银河荣 C	93. 57	113. 44
519626	银河盛 C	52. 59	22. 68
519630	银河睿 C	1309. 57	659. 57
519631	银河欣 A	1970. 05	1970. 05
519640	银河鸿 A	0. 00	1. 48
519642	银河智造	4. 02	9. 52
519644	银河智联	2. 09	2023. 88
519651	银河转型	6. 06	47. 40
519652	银河鑫 A	0. 00	0. 98
519653	银河鑫 C	692. 60	234. 69
519654	银河丰利	0. 00	1. 00
519655	银河服务	14. 06	4809. 68
519656	银河灵 A	1. 88	3. 32
519657	银河灵 C	0. 00	1. 07
519661	银河增 C	0. 00	4. 30
519662	银河回 A	0. 00	0. 00
519663	银河回 C	6. 97	6. 97
519664	美丽 A	17. 75	36. 43
519665	美丽 C	0. 00	23. 38
519666	银河银信	46. 43	48. 76
519668	银河成长	27. 58	39. 26
519669	银河领先	42. 86	33. 00
519670	银河行业	13. 18	150. 39
519671	300 价值	439. 73	170. 71
519672	银河蓝筹	29. 13	38. 91
519673	银河康乐	3. 73	72. 09
519674	银河创新	283. 02	82. 43
519675	银河泰利	0. 15	1. 78
519676	银河保本	23. 05	15. 45
519677	定投宝	116. 99	251. 70
519678	银河消费	2. 10	7. 55
519679	银河主题	1. 70	5. 56
519680	交银增利	0. 00	0. 69
519683	交银双利	0. 00	1. 46
519688	交银精选	471. 54	407. 62
519690	交银稳健	60. 45	164. 79
519692	交银成长	6. 42	23. 51
519698	交银先锋	28. 24	33. 00
519700	交银主题	11. 11	16. 48
519702	交银趋势	51. 94	33. 77
519704	交银制造	11. 60	33. 33

基金通申赎
Fund Expert Trading

证券代码 Code	证券简称 Security Name	申购总量（万份） Buy Vol（10000 lots）	赎回总量（万份） Sell Vol（10000 lots）
519706	交银价值	5.66	5.82
519712	交银核心	481.21	368.17
519714	交银消费	28.77	32.89
519718	交银纯债	14.55	1.82
519723	交银双轮	2.11	0.32
519727	交银30	1813.95	604.83
519733	交银强债	0.01	0.01
519908	兴华基金	192.49	3542.42
519909	安顺配置	137.68	3490.90
519915	富国消费	423.95	2154.83
519918	基金兴和	75.55	1949.50
519929	信息量化	0.10	0.04
519933	长信利发	55.61	49.83
519935	长信创新	0.05	19.46
519937	长信先锐	0.00	0.02
519942	CXLLZC	3.40	3.27
519949	CXLXA	1.08	0.94
519951	CXLTA	4.87	1.45
519956	睿进C	0.00	32.89
519957	睿进A	0.00	0.01
519959	长信多利	12.26	31.98
519961	利广A	2.02	3.58
519963	利盈A	0.00	0.00
519965	CXLHDCLA	1.73	22.00
519969	长信新利	128.66	108.10
519971	长信GGHL	2.29	9.59
519973	CX纯债A	0.00	0.00
519975	CXLH中小	69.73	94.82
519976	CX转债C	384.71	1134.63
519977	CX转债A	596.79	171.84
519979	CXNXA	0.81	36.51
519983	长信LHA	40.62	130.98
519985	CXCZYHA	81899.96	30.08
519987	长信恒利	0.00	4.18
519989	长信LFC	6.13	18.08
519991	CXSLA	11.20	18.34
519993	长信增利	12.97	21.86
519995	长信金利	257.02	332.94
519997	长信银利	10.34	19.04

历年上海市场股票市值占 GDP 比
Stock Market Capital and GDP

证券市场与国民经济
Stock Market and National Economy

年份 Year	国内生产总值（亿元）GDP（100 M yuan）	总市值（亿元）Market Cap（100 M yuan）	占比（%）Rate（%）	流通市值（亿元）Negotiable Capital（100 M yuan）	占比（%）Rate（%）
1990	18872. 9	12. 34	0. 07	—	—
1991	22005. 6	29. 43	0. 13	—	—
1992	27194. 5	558. 40	2. 05	—	—
1993	35673. 2	2206. 20	6. 18	423. 94	1. 19
1994	48637. 5	2600. 13	5. 35	586. 96	1. 21
1995	61339. 9	2525. 66	4. 12	587. 00	0. 96
1996	71813. 6	5477. 81	7. 63	1408. 75	1. 96
1997	79715. 0	9218. 06	11. 56	2513. 47	3. 15
1998	85195. 5	10625. 91	12. 47	2947. 44	3. 46
1999	90564. 4	14580. 47	16. 10	4249. 69	4. 69
2000	100280. 1	26930. 86	26. 86	8481. 33	8. 46
2001	110863. 1	27590. 56	24. 89	8382. 11	7. 56
2002	121717. 4	25363. 72	20. 84	7467. 30	6. 13
2003	137422. 0	29804. 92	21. 69	8201. 14	5. 97
2004	161840. 2	26014. 34	16. 07	7350. 88	4. 54
2005	187318. 9	23096. 13	12. 33	6754. 61	3. 61
2006	219438. 5	71612. 38	32. 63	16428. 33	7. 49
2007	270092. 3	269838. 87	99. 91	64532. 17	23. 89
2008	319244. 6	97251. 91	30. 46	32305. 91	10. 12
2009	348517. 7	184655. 23	52. 98	114805. 00	32. 94
2010	412119. 3	179007. 24	43. 44	142337. 44	34. 54
2011	487940. 2	148376. 22	30. 41	122851. 36	25. 18
2012	538580. 0	158698. 44	29. 47	134294. 45	24. 93
2013	592963. 2	151165. 27	25. 49	136526. 38	23. 02
2014	643563. 1	243974. 02	37. 91	220495. 87	34. 26
2015	688858. 2	295194. 20	42. 85	254127. 84	36. 89
2016	746395. 1	284607. 63	38. 13	240006. 24	32. 16
2017	832035. 9	331324. 82	39. 82	281365. 67	33. 82
2018	919281. 1	269515. 01	29. 32	232698. 75	25. 31
2019	990865. 1	355519. 70	35. 88	301254. 52	30. 40

注：GDP 数据来源于国家统计局。

历年股票印花税占财政收入比
Stamp-duty and State Revenue

年份 Year	股票印花税（亿元） Stamp duty （100 M yuan）	财政收入（亿元） State Revenue （100 M yuan）	占比（%） Rate（%）
1998	111.48	9875.95	1.13
1999	135.51	11444.08	1.18
2000	250.30	13395.23	1.87
2001	167.55	16386.04	1.02
2002	67.59	18903.64	0.36
2003	82.85	21715.25	0.38
2004	105.69	26396.47	0.40
2005	39.90	31649.29	0.13
2006	115.63	38760.20	0.30
2007	1347.72	51321.78	2.63
2008	524.24	61330.35	0.85
2009	346.51	68518.30	0.51
2010	304.32	83101.51	0.37
2011	237.56	103874.43	0.23
2012	164.05	117253.52	0.14
2013	229.61	129209.64	0.18
2014	375.15	140370.03	0.27
2015	1325.59	152269.23	0.87
2016	497.86	159604.97	0.31
2017	507.77	172592.77	0.29
2018	401.97	183359.84	0.22
2019	543.84	190382.23	0.29

注：财政收入数据来源于国家统计局。

四 上市公司

LISTING COMPANIES

上市公司地区、行业分布
Region and Industry Distribution

地区 Area	仅发 A 股 A Share	A（B）、H 股 A（B）&H Share	A、B 股 A&B Share	仅发 B 股 B Share	主板	科创板	合计 Total
上海	175	17	32	4	215	13	228
浙江	207	2	1	0	202	8	210
江苏	190	4	0	0	182	12	194
北京	126	33	0	0	147	12	159
广东	84	11	0	0	85	10	95
山东	74	6	0	0	76	4	80
福建	52	2	0	0	52	2	54
安徽	44	3	1	0	48	0	48
四川	40	3	0	0	43	0	43
湖北	39	1	1	1	41	1	42
辽宁	30	1	1	1	32	1	33
河南	26	5	0	0	30	1	31
湖南	29	0	1	0	30	0	30
新疆	29	0	0	0	29	0	29
重庆	27	2	0	0	29	0	29
天津	23	4	1	0	26	2	28
陕西	26	0	0	0	23	3	26
黑龙江	25	0	1	0	25	1	26
河北	20	2	0	0	22	0	22
山西	19	0	1	0	20	0	20
广西	17	0	0	0	17	0	17
吉林	17	0	0	0	17	0	17
江西	16	1	0	0	17	0	17
甘肃	16	0	0	0	16	0	16
内蒙	14	1	1	0	16	0	16
云南	14	0	0	0	14	0	14
贵州	14	0	0	0	14	0	14
海南	9	0	2	0	11	0	11
西藏	9	0	0	0	9	0	9
青海	8	0	0	0	8	0	8
宁夏	6	0	0	0	6	0	6
合计	1425	98	43	6	1502	70	1572

注：发行股票的单位为股。

2019 年市场筹融资
Capital Raised in 2019

证券类型	筹、融资方式		公司数（家）		筹资金额（亿元）	
			本年		本年	
			主板	科创板	主板	科创板
股票	首发	公开发行	53	70	1019.66	824.27
		超额配售	0	0	0.00	0.00
		首发小计	123		1843.93	
	再发	公开增发	2	0	83.00	0.00
		定向增发	191	0	2902.43	0.00
		配股	5	0	70.16	0.00
		转债转股	81	0	245.81	0.00
		优先股	5	—	2550.00	—
		再发小计	270		5851.40	
	股票合计		393		7695.33	
债券	公司债		2352		27667.48	
	资产支持证券		1905		7318.71	
	债券合计		4257		34986.49	

注：1. 筹资以上市日期为统计截止日期；单位：亿元；除注明外，金额均为人民币计。

2. 统计上市公司筹资家数时（股票、债券），在统计周期内分别不对同一家上市公司重复统计。

3. 再次发行包括增发（向公众增发、定向增发）、配股、可转债转股、优先股。债券包括公司债及资产支持证券；其中，公司债包括可转债、可分离债、证监会审批发行的公司纯债、私募债。

股票历年筹资
Capital Raised 1990—2019

年份 Year	主板 A 股（亿元） Main Board A-Shares（100M yuan）		主板 B 股（亿元） Main Board B-Shares（100M yuan）		科创板（亿元） Star Market（100M yuan）		总计（亿元） Total（100M yuan）
	首发（IPO）	再发（SPO）	首发（IPO）	再发（SPO）	首发（IPO）	再发（SPO）	
1990	10. 11	0. 00	0. 00	0. 00	—	—	10. 11
1991	0. 00	0. 24	0. 00	0. 00	—	—	0. 24
1992	10. 85	2. 53	37. 66	0. 00	—	—	51. 05
1993	57. 52	27. 40	22. 83	0. 50	—	—	107. 06
1994	98. 98	31. 29	34. 43	2. 26	—	—	166. 95
1995	24. 29	27. 76	6. 13	0. 00	—	—	58. 16
1996	130. 46	44. 95	15. 85	9. 64	—	—	205. 14
1997	278. 57	131. 00	47. 02	18. 28	—	—	474. 87
1998	230. 69	139. 24	9. 84	0. 19	—	—	379. 91
1999	291. 96	190. 86	1. 89	0. 33	—	—	486. 37
2000	591. 18	325. 13	0. 44	0. 00	—	—	919. 95
2001	534. 29	423. 20	0. 00	0. 00	—	—	957. 49
2002	516. 96	97. 55	0. 00	0. 00	—	—	614. 51
2003	453. 51	103. 90	0. 00	0. 43	—	—	560. 96
2004	237. 24	219. 66	0. 00	0. 00	—	—	456. 90
2005	28. 55	271. 22	0. 00	0. 00	—	—	299. 77
2006	1180. 23	534. 18	0. 00	0. 00	—	—	1714. 41
2007	4379. 92	2425. 89	0. 00	0. 00	—	—	6805. 81
2008	733. 54	1504. 62	0. 00	0. 00	—	—	2238. 16
2009	1251. 25	2091. 91	0. 00	0. 00	—	—	3343. 15
2010	1891. 51	3640. 62	0. 00	0. 00	—	—	5532. 14
2011	1014. 01	2185. 68	0. 00	0. 00	—	—	3199. 69
2012	333. 57	2556. 74	0. 00	0. 00	—	—	2890. 31
2013	0. 00	2515. 72	0. 00	0. 00	—	—	2515. 72
2014	311. 77	3650. 82	0. 00	0. 00	—	—	3962. 59
2015	1086. 90	7626. 06	0. 00	0. 00	—	—	8712. 96
2016	1017. 23	7039. 22	0. 00	0. 00	—	—	8056. 45
2017	1376. 55	6201. 50	0. 00	0. 00	—	—	7578. 06
2018	864. 93	5249. 03	0. 00	0. 00	—	—	6113. 96
2019	1019. 66	5851. 40	0. 00	0. 00	824. 27	0. 00	7695. 33

股票年度首次发行
IPOs in 2019

证券代码 Code	证券简称 Security Name	招股说明书刊登日 Prospectus Announced Date	所属行业 Industry	注册地 Area	发行数量（百万股） Issue Vol（M shares）	发行方式 Issue Method
600928	西安银行	2019. 02. 15	金融业	陕西	444. 444	按市值申购
600968	海油发展	2019. 06. 12	采矿业	北京	1865. 104	按市值申购
600989	宝丰能源	2019. 04. 26	制造业	宁夏	733. 360	按市值申购
601077	渝农商行	2019. 10. 10	金融业	重庆	1357. 000	按市值申购
601236	红塔证券	2019. 06. 20	金融业	云南	364. 000	按市值申购
601298	青岛港	2019. 01. 07	交通运输、仓储和邮政业	山东	454. 376	按市值申购
601512	中新集团	2019. 12. 09	综合	江苏	149. 890	按市值申购
601615	明阳智能	2019. 01. 09	制造业	广东	275. 900	按市值申购
601658	邮储银行	2019. 11. 26	金融业	北京	5947. 988	按市值申购
601698	中国卫通	2019. 06. 14	信息传输、软件和信息技术服务业	北京	400. 000	按市值申购
601865	福莱特	2019. 01. 25	制造业	浙江	150. 000	按市值申购
601916	浙商银行	2019. 11. 12	金融业	浙江	2550. 000	按市值申购
603053	成都燃气	2019. 11. 29	电力、热力、燃气及水生产和供应业	四川	88. 890	按市值申购
603068	博通集成	2019. 03. 29	制造业	上海	34. 678	按市值申购
603093	南华期货	2019. 08. 19	金融业	浙江	70. 000	按市值申购
603109	神驰机电	2019. 12. 16	制造业	重庆	36. 670	按市值申购
603115	海星股份	2019. 07. 29	制造业	江苏	52. 000	按市值申购
603217	元利科技	2019. 06. 06	制造业	山东	22. 760	按市值申购
603236	移远通信	2019. 07. 02	制造业	上海	22. 300	按市值申购
603256	宏和科技	2019. 07. 05	制造业	上海	87. 800	按市值申购
603267	鸿远电子	2019. 04. 26	制造业	北京	41. 340	按市值申购
603279	景津环保	2019. 07. 15	制造业	山东	40. 500	按市值申购
603317	天味食品	2019. 04. 01	制造业	四川	41. 320	按市值申购
603327	福蓉科技	2019. 05. 09	制造业	四川	51. 000	按市值申购
603332	苏州龙杰	2019. 01. 02	制造业	江苏	29. 735	按市值申购
603351	威尔药业	2019. 01. 14	制造业	江苏	16. 667	按市值申购
603379	三美股份	2019. 03. 19	制造业	浙江	59. 734	按市值申购
603390	通达电气	2019. 11. 11	制造业	广东	87. 922	按市值申购
603489	八方股份	2019. 10. 28	制造业	江苏	30. 000	按市值申购
603530	神马电力	2019. 07. 22	制造业	江苏	40. 044	按市值申购
603610	麒盛科技	2019. 10. 15	制造业	浙江	37. 583	按市值申购
603613	国联股份	2019. 07. 16	信息传输、软件和信息技术服务业	北京	35. 210	按市值申购
603662	柯力传感	2019. 07. 23	制造业	浙江	29. 850	按市值申购
603681	永冠新材	2019. 03. 12	制造业	上海	41. 648	按市值申购
603687	大胜达	2019. 07. 12	制造业	浙江	50. 000	按市值申购
603697	有友食品	2019. 04. 19	制造业	重庆	79. 500	按市值申购
603700	宁波水表	2019. 01. 08	制造业	浙江	39. 090	按市值申购
603739	蔚蓝生物	2018. 12. 28	制造业	山东	38. 667	按市值申购
603755	日辰股份	2019. 08. 13	制造业	山东	24. 660	按市值申购
603786	科博达	2019. 09. 23	制造业	上海	40. 100	按市值申购
603815	交建股份	2019. 09. 30	建筑业	安徽	49. 900	按市值申购
603863	松炀资源	2019. 06. 06	制造业	广东	51. 474	按市值申购
603867	新化股份	2019. 06. 13	制造业	浙江	35. 000	按市值申购
603915	国茂股份	2019. 05. 31	制造业	江苏	84. 380	按市值申购
603927	中科软	2019. 08. 26	信息传输、软件和信息技术服务业	北京	42. 400	按市值申购
603956	威派格	2019. 02. 01	制造业	上海	42. 596	按市值申购
603967	中创物流	2019. 04. 15	交通运输、仓储和邮政业	山东	66. 667	按市值申购
603982	泉峰汽车	2019. 05. 08	制造业	江苏	50. 000	按市值申购
603983	丸美股份	2019. 07. 12	制造业	广东	41. 000	按市值申购
603992	松霖科技	2019. 08. 12	制造业	福建	41. 000	按市值申购

注：发行数量是指同一股票不同发行方式的发行总量。

股票年度首次发行

IPOs in 2019

发行价（元） Issue Price	发行日期 Issue Date	中签率（%） Lot Rate（%）	筹资金额（百万元） Capital Raised（M yuan）	发行市盈率 Issue P/E	主承销商 Lead Underwriter
4.680	2019.02.19	0.2084	2080.000	10.28	中信证券股份有限公司
2.040	2019.06.14	0.6148	3804.813	22.93	中国国际金融股份有限公司
11.120	2019.04.30	0.2456	8154.963	22.07	中信证券股份有限公司
7.360	2019.10.14	0.3511	9987.520	9.26	中国国际金融股份有限公司
3.460	2019.06.24	0.1513	1259.440	35.56	东吴证券股份有限公司
4.610	2019.01.09	0.2203	2094.673	10.51	中信证券股份有限公司
9.670	2019.12.11	0.0883	1449.436	17.34	中信证券股份有限公司
4.750	2019.01.11	0.1504	1310.525	22.96	申万宏源证券承销保荐有限责任公司
5.500	2019.11.28	1.2591	32713.935	9.50	中国国际金融股份有限公司
2.720	2019.06.18	0.1670	1088.000	26.01	中信建投证券股份有限公司
2.000	2019.01.29	0.1020	300.000	9.56	广发证券股份有限公司
4.940	2019.11.14	0.6881	12597.000	9.39	中信证券股份有限公司
10.450	2019.12.03	0.0664	928.901	22.99	中信建投证券股份有限公司
18.630	2019.04.02	0.0305	646.058	22.99	中信证券股份有限公司
4.840	2019.08.21	0.0529	338.800	22.99	中信证券股份有限公司
18.380	2019.12.18	0.0351	673.995	22.21	华西证券股份有限公司
10.180	2019.07.31	0.0400	529.360	15.44	安信证券股份有限公司
54.960	2019.06.11	0.0268	1250.890	20.72	中泰证券股份有限公司
43.930	2019.07.04	0.0294	979.639	22.99	招商证券股份有限公司
4.430	2019.07.09	0.0604	388.954	22.96	海通证券股份有限公司
20.240	2019.04.30	0.0332	836.722	16.50	国泰君安证券股份有限公司
13.560	2019.07.17	0.0404	549.180	22.98	中国银河证券股份有限公司
13.460	2019.04.03	0.0380	556.167	22.99	东兴证券股份有限公司
8.450	2019.05.13	0.0427	430.950	22.55	光大证券股份有限公司
19.440	2019.01.04	0.0370	578.048	18.95	国信证券股份有限公司
35.500	2019.01.16	0.0183	591.668	22.99	中信建投证券股份有限公司
32.430	2019.03.21	0.0476	1937.166	13.06	长江证券承销保荐有限公司
10.070	2019.11.13	0.0563	885.373	22.99	中信证券股份有限公司
43.440	2019.10.30	0.0315	1303.200	22.99	申万宏源证券承销保荐有限责任公司
5.940	2019.07.24	0.0399	237.864	22.98	长江证券承销保荐有限公司
44.660	2019.10.17	0.0340	1678.466	22.99	招商证券股份有限公司
15.130	2019.07.18	0.0326	532.727	22.98	西部证券股份有限公司
19.830	2019.07.25	0.0317	591.928	22.98	国信证券股份有限公司
10.000	2019.03.14	0.0362	416.479	22.98	东兴证券股份有限公司
7.350	2019.07.16	0.0445	367.500	22.97	东兴证券股份有限公司
7.870	2019.04.23	0.0458	625.665	13.92	东北证券股份有限公司
16.630	2019.01.10	0.0406	650.067	22.98	国元证券股份有限公司
10.190	2019.01.03	0.0435	394.017	22.99	广发证券股份有限公司
15.700	2019.08.15	0.0312	387.162	22.98	广发证券股份有限公司
26.890	2019.09.25	0.0422	1078.289	22.99	中国国际金融股份有限公司
5.140	2019.10.09	0.0482	256.486	22.99	国元证券股份有限公司
9.950	2019.06.11	0.0384	512.166	22.69	英大证券有限责任公司
16.290	2019.06.17	0.0329	570.150	14.18	光大证券股份有限公司
10.350	2019.06.04	0.0602	873.333	22.98	国泰君安证券股份有限公司
16.180	2019.08.28	0.0432	686.032	21.54	中泰证券股份有限公司
5.700	2019.02.12	0.0493	242.798	22.97	中信建投证券股份有限公司
15.320	2019.04.17	0.0408	1021.334	22.24	中信证券股份有限公司
9.790	2019.05.10	0.0353	489.500	22.98	中国国际金融股份有限公司
20.540	2019.07.16	0.0416	842.140	22.99	中信证券股份有限公司
13.540	2019.08.14	0.0415	555.140	22.99	广发证券股份有限公司

股票年度首次发行
IPOs in 2019

证券代码 Code	证券简称 Security Name	招股说明书刊登日 Prospectus Announced Date	所属行业 Industry	注册地 Area	发行数量（百万股）Issue Vol（M shares）	发行方式 Issue Method
603995	甬金股份	2019. 12. 09	制造业	浙江	57. 670	按市值申购
688001	华兴源创	2019. 06. 25	制造业	江苏	40. 100	按市值申购
688002	睿创微纳	2019. 06. 28	制造业	山东	60. 000	按市值申购
688003	天准科技	2019. 06. 28	制造业	江苏	48. 400	按市值申购
688005	容百科技	2019. 07. 08	制造业	浙江	45. 000	按市值申购
688006	杭可科技	2019. 07. 01	制造业	浙江	41. 000	按市值申购
688007	光峰科技	2019. 07. 08	制造业	广东	68. 000	按市值申购
688008	澜起科技	2019. 07. 04	制造业	上海	112. 981	按市值申购
688009	中国通号	2019. 07. 08	制造业	北京	1800. 000	按市值申购
688010	福光股份	2019. 07. 08	制造业	福建	38. 800	按市值申购
688011	新光光电	2019. 07. 08	制造业	黑龙江	25. 000	按市值申购
688012	中微公司	2019. 07. 08	制造业	上海	53. 486	按市值申购
688015	交控科技	2019. 07. 10	制造业	北京	40. 000	按市值申购
688016	心脉医疗	2019. 07. 09	制造业	上海	18. 000	按市值申购
688018	乐鑫科技	2019. 07. 08	信息传输、软件和信息技术服务业	上海	20. 000	按市值申购
688019	安集科技	2019. 07. 09	制造业	上海	13. 277	按市值申购
688020	方邦股份	2019. 07. 10	制造业	广东	20. 000	按市值申购
688021	奥福环保	2019. 10. 23	制造业	山东	20. 000	按市值申购
688022	瀚川智能	2019. 07. 10	制造业	江苏	27. 000	按市值申购
688023	安恒信息	2019. 10. 23	信息传输、软件和信息技术服务业	浙江	18. 519	按市值申购
688025	杰普特	2019. 10. 18	制造业	广东	23. 092	按市值申购
688028	沃尔德	2019. 07. 10	制造业	北京	20. 000	按市值申购
688029	南微医学	2019. 07. 09	制造业	江苏	33. 340	按市值申购
688030	山石网科	2019. 09. 16	信息传输、软件和信息技术服务业	江苏	45. 056	按市值申购
688033	天宜上佳	2019. 07. 10	制造业	北京	47. 880	按市值申购
688036	传音控股	2019. 09. 17	制造业	广东	80. 000	按市值申购
688037	芯源微	2019. 12. 02	制造业	辽宁	21. 000	按市值申购
688039	当虹科技	2019. 11. 28	信息传输、软件和信息技术服务业	浙江	20. 000	按市值申购
688058	宝兰德	2019. 10. 21	信息传输、软件和信息技术服务业	北京	10. 000	按市值申购
688066	航天宏图	2019. 07. 10	信息传输、软件和信息技术服务业	北京	41. 500	按市值申购
688068	热景生物	2019. 09. 16	制造业	北京	15. 550	按市值申购
688078	龙软科技	2019. 12. 16	信息传输、软件和信息技术服务业	北京	17. 690	按市值申购
688081	兴图新科	2019. 12. 20	制造业	湖北	18. 400	按市值申购
688088	虹软科技	2019. 07. 09	信息传输、软件和信息技术服务业	浙江	46. 000	按市值申购
688089	嘉必优	2019. 12. 06	制造业	湖北	30. 000	按市值申购
688098	申联生物	2019. 10. 14	制造业	上海	50. 000	按市值申购
688099	晶晨股份	2019. 07. 25	信息传输、软件和信息技术服务业	上海	41. 120	按市值申购
688101	三达膜	2019. 11. 04	制造业	陕西	83. 470	按市值申购
688108	赛诺医疗	2019. 10. 16	制造业	天津	50. 000	按市值申购
688111	金山办公	2019. 11. 05	信息传输、软件和信息技术服务业	北京	101. 000	按市值申购
688116	天奈科技	2019. 09. 11	制造业	江苏	57. 965	按市值申购
688118	普元信息	2019. 11. 20	信息传输、软件和信息技术服务业	上海	23. 850	按市值申购
688122	西部超导	2019. 07. 09	制造业	陕西	44. 200	按市值申购
688123	聚辰股份	2019. 12. 10	制造业	上海	30. 210	按市值申购
688128	中国电器	2019. 10. 23	科学研究和技术服务业	广东	50. 000	按市值申购
688138	清溢光电	2019. 11. 07	制造业	广东	66. 800	按市值申购
688139	海尔生物	2019. 10. 14	制造业	山东	79. 268	按市值申购
688166	博瑞医药	2019. 10. 23	制造业	江苏	41. 000	按市值申购
688168	安博通	2019. 08. 26	信息传输、软件和信息技术服务业	北京	12. 795	按市值申购
688181	八亿时空	2019. 12. 23	制造业	北京	24. 118	按市值申购

注：发行数量是指同一股票不同发行方式的发行总量。

股票年度首次发行
IPOs in 2019

发行价（元）Issue Price	发行日期 Issue Date	中签率（%）Lot Rate（%）	筹资金额（百万元）Capital Raised（M yuan）	发行市盈率 Issue P/E	主承销商 Lead Underwriter
22.520	2019.12.11	0.0446	1298.728	16.24	华西证券股份有限公司
24.260	2019.06.27	0.0599	972.826	41.08	华泰联合证券有限责任公司
20.000	2019.07.02	0.0603	1200.000	79.09	中信证券股份有限公司
25.500	2019.07.02	0.0550	1234.200	57.48	海通证券股份有限公司
26.620	2019.07.10	0.0533	1197.900	58.21	中信证券股份有限公司
27.430	2019.07.03	0.0587	1124.630	39.80	国信证券股份有限公司
17.500	2019.07.10	0.0555	1190.000	47.89	华泰联合证券有限责任公司
24.800	2019.07.08	0.0613	2801.938	40.12	中信证券股份有限公司
5.850	2019.07.10	0.2254	10530.000	18.80	中国国际金融股份有限公司
25.220	2019.07.10	0.0502	978.536	49.39	兴业证券股份有限公司
38.090	2019.07.10	0.0472	952.250	58.32	中信建投证券股份有限公司
29.010	2019.07.10	0.0551	1551.635	170.75	海通证券股份有限公司
16.180	2019.07.12	0.0483	647.200	43.03	中国国际金融股份有限公司
46.230	2019.07.11	0.0486	832.140	39.75	国泰君安证券股份有限公司
62.600	2019.07.10	0.0472	1252.000	56.67	招商证券股份有限公司
39.190	2019.07.10	0.0464	520.329	48.26	申万宏源证券承销保荐有限责任公司
53.880	2019.07.12	0.0469	1077.600	38.51	华泰联合证券有限责任公司
26.170	2019.10.25	0.0416	523.400	46.62	安信证券股份有限公司
25.790	2019.07.12	0.0472	696.330	44.36	安信证券股份有限公司
56.500	2019.10.25	0.0420	1046.296	72.38	国泰君安证券股份有限公司
43.860	2019.10.22	0.0421	1012.821	49.02	中国国际金融股份有限公司
26.680	2019.07.12	0.0466	533.600	34.12	中信建投证券股份有限公司
52.450	2019.07.11	0.0481	1748.683	39.92	南京证券股份有限公司
21.060	2019.09.18	0.0462	948.879	55.08	中国国际金融股份有限公司
20.370	2019.07.12	0.0533	975.316	35.32	中信建投证券股份有限公司
35.150	2019.09.19	0.0542	2812.000	42.78	中信证券股份有限公司
26.970	2019.12.04	0.0460	566.370	112.70	国信证券股份有限公司
50.480	2019.12.02	0.0442	1009.600	65.85	中信证券股份有限公司
79.300	2019.10.23	0.0458	793.000	61.76	东兴证券股份有限公司
17.250	2019.07.12	0.0493	715.875	46.15	国信证券股份有限公司
29.460	2019.09.18	0.0450	458.103	48.85	中德证券有限责任公司
21.590	2019.12.18	0.0410	381.927	49.04	方正证券承销保荐有限责任公司
28.210	2019.12.24	0.0440	519.064	51.70	中泰证券股份有限公司
28.880	2019.07.11	0.0538	1328.480	74.41	华泰联合证券有限责任公司
23.900	2019.12.10	0.0456	717.000	43.12	国泰君安证券股份有限公司
8.800	2019.10.16	0.0485	440.000	43.87	国信证券股份有限公司
38.500	2019.07.29	0.0526	1583.120	58.42	国泰君安证券股份有限公司
18.260	2019.11.06	0.0520	1524.162	34.96	长江证券承销保荐有限公司
6.990	2019.10.18	0.0497	349.500	32.75	中信证券股份有限公司
45.860	2019.11.07	0.0534	4631.860	78.37	中国国际金融股份有限公司
16.000	2019.09.16	0.0475	927.432	57.07	民生证券股份有限公司
26.900	2019.11.22	0.0446	641.565	57.02	民生证券股份有限公司
15.000	2019.07.11	0.0552	663.000	67.80	中信建投证券股份有限公司
33.250	2019.12.12	0.0456	1004.498	52.79	中国国际金融股份有限公司
18.790	2019.10.25	0.0474	939.500	42.92	中信建投证券股份有限公司
8.780	2019.11.11	0.0501	586.504	42.01	广发证券股份有限公司
15.530	2019.10.16	0.0504	1231.031	89.05	国泰君安证券股份有限公司
12.710	2019.10.25	0.0480	521.110	72.46	民生证券股份有限公司
56.880	2019.08.28	0.0436	727.780	48.52	天风证券股份有限公司
43.980	2019.12.25	0.0431	1060.721	37.35	首创证券有限责任公司

股票年度首次发行 IPOs in 2019

证券代码 Code	证券简称 Security Name	招股说明书刊登日 Prospectus Announced Date	所属行业 Industry	注册地 Area	发行数量（百万股） Issue Vol（M shares）	发行方式 Issue Method
688188	柏楚电子	2019. 07. 25	信息传输、软件和信息技术服务业	上海	25. 000	按市值申购
688196	卓越新能	2019. 11. 07	制造业	福建	30. 000	按市值申购
688198	佰仁医疗	2019. 11. 25	制造业	北京	24. 000	按市值申购
688199	久日新材	2019. 10. 22	制造业	天津	27. 807	按市值申购
688202	美迪西	2019. 10. 23	科学研究和技术服务业	上海	15. 500	按市值申购
688218	江苏北人	2019. 11. 25	制造业	江苏	29. 340	按市值申购
688258	卓易信息	2019. 11. 22	信息传输、软件和信息技术服务业	江苏	21. 739	按市值申购
688268	华特气体	2019. 12. 13	制造业	广东	30. 000	按市值申购
688288	鸿泉物联	2019. 10. 23	制造业	浙江	25. 000	按市值申购
688299	长阳科技	2019. 10. 22	制造业	浙江	70. 642	按市值申购
688300	联瑞新材	2019. 11. 01	制造业	江苏	21. 493	按市值申购
688310	迈得医疗	2019. 11. 18	制造业	浙江	20. 900	按市值申购
688321	微芯生物	2019. 07. 29	制造业	广东	50. 000	按市值申购
688333	铂力特	2019. 07. 08	制造业	陕西	20. 000	按市值申购
688357	建龙微纳	2019. 11. 20	制造业	河南	14. 460	按市值申购
688358	祥生医疗	2019. 11. 19	制造业	江苏	20. 000	按市值申购
688363	华熙生物	2019. 10. 22	制造业	山东	49. 563	按市值申购
688366	昊海生科	2019. 10. 17	制造业	上海	17. 800	按市值申购
688368	晶丰明源	2019. 09. 23	信息传输、软件和信息技术服务业	上海	15. 400	按市值申购
688369	致远互联	2019. 10. 17	信息传输、软件和信息技术服务业	北京	19. 250	按市值申购
688388	嘉元科技	2019. 07. 10	制造业	广东	57. 800	按市值申购
688389	普门科技	2019. 10. 23	制造业	广东	43. 000	按市值申购
688399	硕世生物	2019. 11. 21	制造业	江苏	14. 660	按市值申购

注：发行数量是指同一股票不同发行方式的发行总量。

股票年度首次发行
IPOs in 2019

证券发行
Security Issue

发行价（元） Issue Price	发行日期 Issue Date	中签率（%） Lot Rate（%）	筹资金额（百万元） Capital Raised（M yuan）	发行市盈率 Issue P/E	主承销商 Lead Underwriter
68.580	2019.07.29	0.0452	1714.500	50.19	中信证券股份有限公司
42.930	2019.11.11	0.0451	1287.900	38.54	英大证券有限责任公司
23.680	2019.11.27	0.0436	568.320	47.33	国信证券股份有限公司
66.680	2019.10.24	0.0420	1854.157	42.16	招商证券股份有限公司
41.500	2019.10.25	0.0443	643.250	48.61	广发证券股份有限公司
17.360	2019.11.27	0.0464	509.342	44.67	东吴证券股份有限公司
26.490	2019.11.26	0.0444	575.871	54.25	中信建投证券股份有限公司
22.160	2019.12.17	0.0432	664.800	42.89	中信建投证券股份有限公司
24.990	2019.10.25	0.0429	624.750	46.26	东方花旗证券有限公司
13.710	2019.10.24	0.0486	968.505	48.72	华安证券股份有限公司
27.280	2019.11.05	0.0421	586.340	41.70	东莞证券股份有限公司
24.790	2019.11.20	0.0452	518.111	42.21	广发证券股份有限公司
20.430	2019.07.31	0.0509	1021.500	467.51	安信证券股份有限公司
33.000	2019.07.10	0.0544	660.000	68.40	中信建投证券股份有限公司
43.280	2019.11.22	0.0428	625.829	53.16	中天国富证券有限公司
50.530	2019.11.21	0.0435	1010.600	44.31	国金证券股份有限公司
47.790	2019.10.24	0.0485	2368.595	54.64	华泰联合证券有限责任公司
89.230	2019.10.21	0.0413	1588.294	42.20	瑞银证券有限责任公司
56.680	2019.09.25	0.0453	872.872	46.90	广发证券股份有限公司
49.390	2019.10.21	0.0447	950.758	59.99	中德证券有限责任公司
28.260	2019.07.12	0.0522	1633.428	37.41	东兴证券股份有限公司
9.100	2019.10.25	0.0480	391.300	74.65	国信证券股份有限公司
46.780	2019.11.25	0.0435	685.795	49.21	招商证券股份有限公司

股票年度再次发行 Secondary Offerings in 2019

证券代码 Code	证券简称 Security Name	所属行业 Industry	注册地 Area	发行数量（百万股） Issue Vol (M shares)	发行方式 Issue Method	发行价（元） Issue Price (yuan)	发行日期 Issue Date	筹资金额（百万元） Capital Raised (M yuan)
600015	华夏银行	金融业	北京	2564.537	定向募集	11.400	2019.01.08	29235.726
600019	宝钢股份	制造业	上海	9.567	定向募集	3.990	2019.01.17	38.171
600031	三一重工	制造业	北京	2.163	定向募集	5.450	2018.12.31	11.790
600031	三一重工	制造业	北京	10.065	定向募集	5.450	2019.03.19	54.854
600031	三一重工	制造业	北京	14.898	定向募集	7.530	2019.09.30	112.185
600031	三一重工	制造业	北京	31.506	定向募集	5.190	2019.09.30	163.516
600031	三一重工	制造业	北京	9.047	定向募集	7.530	2019.11.25	68.127
600048	保利地产	房地产业	广东	1.578	定向募集	7.510	2019.12.16	11.849
600048	保利地产	房地产业	广东	34.839	定向募集	7.510	2019.09.19	261.644
600048	保利地产	房地产业	广东	1.229	定向募集	7.510	2019.07.05	9.230
600050	中国联通	信息传输、软件和信息技术服务业	北京	13.156	定向募集	3.790	2019.03.05	49.861
600071	凤凰光学	制造业	江西	44.101	定向募集	9.070	2019.06.11	400.000
600096	云天化	制造业	云南	106.296	定向募集	2.620	2019.01.16	278.495
600113	浙江东日	租赁和商务服务业	浙江	92.831	配股	4.880	2019.03.14	453.016
600115	东方航空	交通运输、仓储和邮政业	上海	1394.246	定向募集	5.350	2019.08.30	7459.215
600122	宏图高科	批发和零售业	江苏	0.208	定向募集	4.030	2018.12.31	0.838
600133	东湖高新	建筑业	湖北	28.023	定向募集	8.465	2019.09.19	237.214
600135	乐凯胶片	制造业	河北	125.542	定向募集	5.170	2019.10.17	649.054
600136	当代明诚	文化、体育和娱乐业	湖北	97.436	定向募集	8.480	2019.12.18	826.261
600141	兴发集团	制造业	湖北	187.431	定向募集	9.510	2019.08.22	1782.471
600141	兴发集团	制造业	湖北	15.260	定向募集	5.790	2019.11.11	88.355
600141	兴发集团	制造业	湖北	98.361	定向募集	9.150	2019.12.10	900.000
600171	上海贝岭	制造业	上海	4.231	定向募集	4.845	2019.06.27	20.500
600199	金种子酒	制造业	安徽	102.022	定向募集	5.650	2019.04.04	576.423
600233	圆通速递	交通运输、仓储和邮政业	辽宁	4.718	定向募集	6.740	2019.07.08	31.799
600250	南纺股份	批发和零售业	江苏	37.817	定向募集	7.190	2019.12.25	271.904
600250	南纺股份	批发和零售业	江苏	14.085	定向募集	5.680	2019.12.31	80.000
600256	广汇能源	采矿业	新疆	56.872	定向募集	2.270	2019.01.07	129.099
600258	首旅酒店	住宿和餐饮业	北京	8.832	定向募集	8.630	2019.06.13	76.217
600276	恒瑞医药	制造业	江苏	3.785	定向募集	31.610	2019.01.25	119.641
600279	重庆港九	交通运输、仓储和邮政业	重庆	493.908	定向募集	3.760	2019.12.11	1857.093
600282	南钢股份	制造业	江苏	1.279	定向募集	3.350	2018.12.31	4.285
600282	南钢股份	制造业	江苏	0.490	定向募集	3.350	2019.03.31	1.642
600282	南钢股份	制造业	江苏	2.049	定向募集	3.350	2019.03.31	6.863
600282	南钢股份	制造业	江苏	2.282	定向募集	3.050	2019.06.30	6.961
600282	南钢股份	制造业	江苏	1.316	定向募集	3.050	2019.09.30	4.013
600295	鄂尔多斯	制造业	内蒙	328.380	定向募集	7.470	2019.04.09	2452.995
600295	鄂尔多斯	制造业	内蒙	67.568	定向募集	7.400	2019.11.28	500.000
600309	万华化学	制造业	山东	1715.990	定向募集	30.430	2019.02.12	52217.582
600318	新力金融	金融业	安徽	29.364	定向募集	6.860	2019.05.31	201.440
600335	国机汽车	批发和零售业	天津	427.139	定向募集	7.270	2019.04.16	3105.297
600340	华夏幸福	房地产业	河北	6.535	定向募集	13.770	2019.10.29	89.987
600340	华夏幸福	房地产业	河北	5.646	定向募集	26.260	2019.11.21	148.269
600360	华微电子	制造业	吉林	0.446	定向募集	3.980	2019.01.30	1.775
600360	华微电子	制造业	吉林	212.947	配股	3.900	2019.04.24	830.494
600378	天科股份	制造业	四川	539.993	定向募集	11.080	2018.12.26	5983.119
600378	昊华科技	制造业	四川	59.439	定向募集	11.890	2019.10.10	706.726
600387	海越能源	批发和零售业	浙江	1.500	定向募集	4.130	2019.04.22	6.195
600405	动力源	制造业	北京	6.668	定向募集	2.640	2019.07.05	17.602
600406	国电南瑞	信息传输、软件和信息技术服务业	江苏	38.451	定向募集	9.080	2019.03.06	349.135

股票年度再次发行

Secondary Offerings in 2019

证券代码 Code	证券简称 Security Name	所属行业 Industry	注册地 Area	发行数量（百万股）Issue Vol (M shares)	发行方式 Issue Method	发行价（元）Issue Price (yuan)	发行日期 Issue Date	筹资金额（百万元）Capital Raised (M yuan)
600426	华鲁恒升	制造业	山东	6.330	定向募集	8.640	2019.01.10	54.691
600446	金证股份	信息传输、软件和信息技术服务业	广东	7.230	定向募集	10.270	2019.09.25	74.252
600459	贵研铂业	制造业	云南	98.437	配股	10.380	2019.03.12	1021.775
600461	洪城水业	电力、热力、燃气及水生产和供应业	江西	152.560	定向募集	5.860	2019.11.14	894.000
600466	蓝光发展	房地产业	四川	25.760	定向募集	6.840	2019.09.30	176.198
600477	杭萧钢构	建筑业	浙江	5.530	定向募集	1.120	2019.09.26	6.193
600478	科力远	制造业	湖南	183.595	定向募集	4.470	2019.04.02	820.668
600480	凌云股份	制造业	河北	94.395	配股	8.740	2019.07.03	835.409
600481	双良节能	制造业	江苏	1.600	定向募集	1.800	2018.12.28	2.880
600490	鹏欣资源	制造业	上海	107.335	定向募集	5.590	2019.04.22	600.000
600498	烽火通信	制造业	湖北	2.990	定向募集	13.700	2019.09.25	40.963
600513	联环药业	制造业	江苏	2.649	定向募集	4.172	2019.07.18	11.052
600516	方大炭素	制造业	甘肃	28.219	定向募集	5.060	2019.08.07	142.800
600521	华海药业	制造业	浙江	71.532	定向募集	13.770	2019.09.10	985.000
600559	老白干酒	制造业	河北	24.209	定向募集	11.690	2019.02.13	283.000
600565	迪马股份	房地产业	重庆	69.200	定向募集	1.570	2019.04.23	108.644
600567	山鹰纸业	制造业	安徽	13.929	定向募集	2.772	2019.01.18	38.611
600569	安阳钢铁	制造业	河南	478.737	定向募集	3.380	2019.05.30	1618.131
600579	天华院	制造业	山东	487.455	定向募集	12.930	2019.04.23	6302.799
600588	用友网络	信息传输、软件和信息技术服务业	北京	1.928	定向募集	12.100	2018.12.25	23.333
600588	用友网络	信息传输、软件和信息技术服务业	北京	0.706	定向募集	6.110	2019.10.25	4.314
600588	用友网络	信息传输、软件和信息技术服务业	北京	17.363	定向募集	9.120	2019.11.21	158.350
600588	用友网络	信息传输、软件和信息技术服务业	北京	0.401	定向募集	21.480	2019.12.24	8.608
600603	广汇物流	综合	四川	3.122	定向募集	2.521	2019.05.29	7.871
600619	海立股份	制造业	上海	16.990	定向募集	4.590	2019.12.05	77.982
600629	华建集团	科学研究和技术服务业	上海	12.919	定向募集	5.860	2019.03.29	75.708
600642	申能股份	电力、热力、燃气及水生产和供应业	上海	360.000	定向募集	5.510	2019.06.25	1983.600
600645	中源协和	科学研究和技术服务业	天津	27.816	定向募集	16.070	2019.07.25	447.000
600655	豫园股份	批发和零售业	上海	3.018	定向募集	4.310	2019.12.04	13.008
600682	南京新百	批发和零售业	江苏	53.419	定向募集	9.360	2019.07.10	500.000
600691	阳煤化工	制造业	山西	619.195	定向募集	3.230	2018.12.28	2000.000
600698	*ST 天雁	制造业	湖南	92.593	定向募集	2.700	2019.11.01	250.000
600702	舍得酒业	制造业	四川	7.781	定向募集	10.510	2019.02.25	81.778
600704	物产中大	批发和零售业	浙江	755.500	定向募集	5.050	2019.11.11	3815.273
600711	盛屯矿业	采矿业	福建	306.581	定向募集	5.280	2019.04.29	1618.746
600711	盛屯矿业	采矿业	福建	170.711	定向募集	4.780	2019.06.27	816.000
600728	佳都科技	信息传输、软件和信息技术服务业	广东	25.550	定向募集	4.690	2019.11.19	119.830
600732	ST 新梅	房地产业	上海	1383.505	定向募集	3.880	2019.09.25	5368.000
600733	北汽蓝谷	制造业	北京	138.310	定向募集	7.700	2019.01.29	1064.989
600737	中粮糖业	制造业	新疆	86.972	定向募集	7.520	2019.04.09	654.030
600740	山西焦化	制造业	山西	83.879	定向募集	7.630	2019.01.24	640.000
600745	闻泰科技	制造业	湖北	83.367	定向募集	77.930	2019.12.18	6496.770
600745	闻泰科技	制造业	湖北	403.401	定向募集	24.680	2019.10.30	9955.927
600764	中国海防	制造业	北京	236.862	定向募集	25.080	2019.12.18	5940.496
600765	中航重机	制造业	贵州	155.601	定向募集	8.530	2019.12.18	1327.273
600779	水井坊	制造业	四川	0.242	定向募集	25.560	2019.08.30	6.191
600793	宜宾纸业	制造业	四川	21.060	定向募集	18.010	2019.05.09	379.291
600809	山西汾酒	制造业	山西	5.680	定向募集	19.280	2019.05.08	109.510
600848	上海临港	房地产业	上海	783.373	定向募集	20.560	2019.07.16	16106.150
600848	上海临港	房地产业	上海	198.776	定向募集	23.980	2019.12.02	4766.646

股票年度再次发行
Secondary Offerings in 2019

证券代码 Code	证券简称 Security Name	所属行业 Industry	注册地 Area	发行数量（百万股）Issue Vol (M shares)	发行方式 Issue Method	发行价（元）Issue Price (yuan)	发行日期 Issue Date	筹资金额（百万元）Capital Raised (M yuan)
600850	华东电脑	信息传输、软件和信息技术服务业	上海	0.671	定向募集	14.430	2018.12.28	9.682
600850	华东电脑	信息传输、软件和信息技术服务业	上海	1.690	定向募集	14.430	2019.03.29	24.389
600850	华东电脑	信息传输、软件和信息技术服务业	上海	0.532	定向募集	14.430	2019.06.30	7.683
600850	华东电脑	信息传输、软件和信息技术服务业	上海	0.246	定向募集	14.070	2019.09.30	3.461
600855	航天长峰	制造业	北京	87.688	定向募集	10.960	2019.12.24	961.058
600866	星湖科技	制造业	广东	55.553	定向募集	4.610	2019.02.15	256.100
600866	星湖科技	制造业	广东	38.073	定向募集	4.410	2019.04.25	167.900
600877	*ST嘉陵	制造业	重庆	134.880	定向募集	5.580	2019.07.03	752.628
600887	伊利股份	制造业	内蒙	18.529	定向募集	14.470	2019.04.24	268.111
600887	伊利股份	制造业	内蒙	0.469	定向募集	14.470	2019.05.29	6.783
600887	伊利股份	制造业	内蒙	152.200	定向募集	15.460	2019.11.21	2353.012
600888	新疆众和	制造业	新疆	172.360	定向募集	4.360	2019.07.05	751.491
600888	新疆众和	制造业	新疆	1.676	定向募集	4.300	2019.09.11	7.206
600933	爱柯迪	制造业	浙江	6.339	定向募集	5.770	2019.06.12	36.573
600933	爱柯迪	制造业	浙江	0.785	定向募集	5.770	2019.09.26	4.529
600959	江苏有线	信息传输、软件和信息技术服务业	江苏	70.258	定向募集	4.270	2019.06.25	300.000
600980	北矿科技	制造业	北京	3.000	定向募集	7.070	2019.01.17	21.210
600982	宁波热电	电力、热力、燃气及水生产和供应业	浙江	339.766	定向募集	3.354	2019.06.26	1139.574
600985	淮北矿业	采矿业	安徽	60.031	定向募集	8.610	2019.03.06	516.869
600986	科达股份	信息传输、软件和信息技术服务业	山东	2.203	定向募集	2.640	2019.06.27	5.817
600988	赤峰黄金	采矿业	内蒙	128.788	定向募集	3.960	2019.11.12	510.000
601008	连云港	交通运输、仓储和邮政业	江苏	78.611	定向募集	3.600	2019.11.19	283.000
601012	隆基股份	制造业	陕西	833.419	配股	4.650	2019.04.29	3875.400
601058	赛轮轮胎	制造业	山东	134.727	定向募集	2.040	2019.12.16	274.844
601113	华鼎股份	制造业	浙江	47.817	定向募集	7.090	2019.01.28	339.020
601137	博威合金	制造业	浙江	70.014	定向募集	7.070	2019.06.04	495.000
601138	工业富联	制造业	广东	149.183	定向募集	6.030	2019.05.10	899.576
601138	工业富联	制造业	广东	10.348	定向募集	5.901	2019.10.28	61.065
601155	新城控股	房地产业	江苏	10.369	定向募集	13.700	2019.12.24	142.055
601212	白银有色	制造业	甘肃	239.370	定向募集	6.150	2019.04.11	1472.123
601212	白银有色	制造业	甘肃	192.439	定向募集	3.690	2019.06.19	710.100
601218	吉鑫科技	制造业	江苏	14.400	定向募集	1.520	2019.10.15	21.888
601238	广汽集团	制造业	广东	1.578	定向募集	4.200	2019.06.30	6.626
601238	广汽集团	制造业	广东	1.180	定向募集	4.480	2019.05.31	5.288
601238	广汽集团	制造业	广东	1.227	定向募集	4.480	2019.01.31	5.498
601238	广汽集团	制造业	广东	1.324	定向募集	4.480	2018.12.31	5.933
601238	广汽集团	制造业	广东	1.225	定向募集	4.200	2019.07.31	5.143
601368	绿城水务	电力、热力、燃气及水生产和供应业	广西	147.162	定向募集	5.520	2019.07.23	812.335
601369	陕鼓动力	制造业	陕西	37.960	定向募集	3.450	2019.04.08	130.962
601369	陕鼓动力	制造业	陕西	1.600	定向募集	3.620	2019.10.24	5.792
601390	中国中铁	建筑业	北京	1726.628	定向募集	6.750	2019.09.19	11654.737
601500	通用股份	制造业	江苏	145.371	定向募集	6.450	2019.03.25	937.643
601600	中国铝业	制造业	北京	2118.875	定向募集	6.000	2019.02.25	12713.248
601619	嘉泽新能	电力、热力、燃气及水生产和供应业	宁夏	141.100	定向募集	3.430	2019.12.17	483.973
601668	中国建筑	建筑业	北京	599.910	定向募集	3.468	2019.01.18	2080.488
601677	明泰铝业	制造业	河南	39.711	定向募集	5.110	2019.07.23	202.923
601677	明泰铝业	制造业	河南	0.390	定向募集	5.140	2019.07.23	2.005
601677	明泰铝业	制造业	河南	1.560	定向募集	5.410	2019.10.28	8.440
601688	华泰证券	金融业	江苏	750.136	发行GDR	14.132	2019.06.14	10601.002
601688	华泰证券	金融业	江苏	750.136	超额配售	14.132	2019.06.27	1060.100

股票年度再次发行

Secondary Offerings in 2019

证券代码 Code	证券简称 Security Name	所属行业 Industry	注册地 Area	发行数量（百万股）Issue Vol（M shares）	发行方式 Issue Method	发行价（元）Issue Price（yuan）	发行日期 Issue Date	筹资金额（百万元）Capital Raised（M yuan）
601727	上海电气	制造业	上海	133.578	定向募集	3.030	2019.06.21	404.741
601899	紫金矿业	采矿业	福建	2346.041	网上、网下定价发行	3.410	2019.11.15	8000.000
601919	中远海控	交通运输、仓储和邮政业	天津	2043.255	定向募集	3.780	2019.01.24	7723.503
603017	中衡设计	科学研究和技术服务业	江苏	5.188	定向募集	4.902	2018.12.28	25.431
603025	大豪科技	制造业	北京	4.261	定向募集	4.640	2019.11.04	19.771
603033	三维股份	制造业	浙江	90.462	定向募集	16.250	2019.01.21	1470.000
603036	如通股份	制造业	江苏	2.673	定向募集	5.830	2019.11.11	15.584
603058	永吉股份	制造业	贵州	0.300	定向募集	6.410	2019.01.24	1.923
603063	禾望电气	制造业	广东	10.890	定向募集	3.490	2019.03.21	38.006
603083	剑桥科技	制造业	上海	2.035	定向募集	18.431	2019.12.03	37.505
603127	昭衍新药	科学研究和技术服务业	北京	0.342	定向募集	28.520	2019.06.04	9.755
603127	昭衍新药	科学研究和技术服务业	北京	0.405	定向募集	24.060	2019.10.14	9.744
603131	上海沪工	制造业	上海	21.034	定向募集	22.820	2018.12.26	480.000
603131	上海沪工	制造业	上海	6.090	定向募集	23.480	2019.04.23	143.000
603133	碳元科技	制造业	江苏	2.565	定向募集	8.000	2018.12.27	20.520
603160	汇顶科技	制造业	广东	0.770	定向募集	52.670	2019.06.20	40.556
603183	建研院	科学研究和技术服务业	江苏	15.837	定向募集	12.840	2019.12.09	203.351
603187	海容冷链	制造业	山东	1.200	定向募集	15.510	2019.08.07	18.612
603214	爱婴室	批发和零售业	上海	1.700	定向募集	19.650	2019.06.14	33.405
603214	爱婴室	批发和零售业	上海	0.374	定向募集	19.650	2019.10.28	7.349
603218	日月股份	制造业	浙江	1.948	定向募集	9.230	2019.07.17	17.980
603225	新凤鸣	制造业	浙江	8.050	定向募集	10.770	2019.01.10	86.699
603225	新凤鸣	制造业	浙江	208.333	定向募集	10.640	2019.12.04	2216.667
603258	电魂网络	信息传输、软件和信息技术服务业	浙江	3.711	定向募集	9.070	2019.07.05	33.659
603259	药明康德	科学研究和技术服务业	江苏	0.479	定向募集	32.440	2019.11.07	15.533
603266	天龙股份	制造业	浙江	1.888	定向募集	7.110	2019.03.19	13.421
603277	银都股份	制造业	浙江	9.165	定向募集	4.740	2018.12.27	43.442
603277	银都股份	制造业	浙江	0.105	定向募集	4.720	2019.12.09	0.496
603283	赛腾股份	制造业	江苏	7.273	定向募集	19.250	2019.07.26	140.000
603283	赛腾股份	制造业	江苏	1.106	定向募集	18.990	2019.12.02	21.000
603289	泰瑞机器	制造业	浙江	0.297	定向募集	5.200	2019.04.03	1.544
603299	井神股份	制造业	江苏	216.291	定向募集	10.180	2019.01.14	2201.841
603300	华铁应急	租赁和商务服务业	浙江	22.263	定向募集	5.700	2019.11.21	126.900
603308	应流股份	制造业	安徽	54.208	定向募集	11.360	2019.11.15	615.800
603313	梦百合	制造业	江苏	1.695	定向募集	9.550	2019.02.20	16.187
603315	福鞍股份	制造业	辽宁	87.075	定向募集	13.050	2019.08.07	1136.333
603326	我乐家居	制造业	江苏	1.940	定向募集	5.890	2019.09.10	11.427
603328	依顿电子	制造业	广东	0.133	定向募集	10.680	2019.03.31	1.422
603328	依顿电子	制造业	广东	0.626	定向募集	9.980	2019.09.30	6.250
603333	尚纬股份	制造业	四川	0.555	定向募集	2.950	2019.05.23	1.636
603337	杰克股份	制造业	浙江	1.680	定向募集	16.450	2018.12.28	27.636
603363	傲农生物	制造业	福建	10.057	定向募集	4.850	2019.03.01	48.776
603368	柳药股份	批发和零售业	广西	2.783	定向募集	14.440	2019.06.24	40.187
603386	广东骏亚	制造业	广东	4.343	定向募集	8.990	2019.07.25	39.045
603386	广东骏亚	制造业	广东	20.158	定向募集	17.770	2019.09.06	358.200
603429	集友股份	制造业	安徽	18.599	定向募集	21.560	2019.07.25	401.000
603458	勘设股份	科学研究和技术服务业	贵州	3.000	定向募集	9.790	2019.12.18	29.370
603486	科沃斯	制造业	江苏	4.338	定向募集	13.900	2019.10.23	60.293
603496	恒为科技	制造业	上海	0.668	定向募集	13.330	2019.03.07	8.906
603501	韦尔股份	制造业	上海	400.951	定向募集	33.700	2019.08.28	13512.064

股票年度再次发行

Secondary Offerings in 2019

证券发行

Security Issue

证券代码 Code	证券简称 Security Name	所属行业 Industry	注册地 Area	发行数量（百万股）Issue Vol (M shares)	发行方式 Issue Method	发行价（元）Issue Price (yuan)	发行日期 Issue Date	筹资金额（百万元）Capital Raised (M yuan)
603501	韦尔股份	制造业	上海	7.007	定向募集	57.680	2019.08.28	404.147
603508	思维列控	制造业	河南	30.774	定向募集	31.910	2019.01.04	982.000
603508	思维列控	制造业	河南	3.965	定向募集	21.860	2019.03.29	86.668
603508	思维列控	制造业	河南	2.377	定向募集	21.040	2019.06.18	50.005
603538	美诺华	制造业	浙江	0.626	定向募集	7.420	2019.08.30	4.645
603557	起步股份	制造业	浙江	4.260	定向募集	4.400	2019.01.24	18.744
603577	汇金通	制造业	山东	30.886	定向募集	10.140	2019.09.25	313.183
603583	捷昌驱动	制造业	浙江	1.615	定向募集	20.930	2019.04.15	33.802
603595	东尼电子	制造业	浙江	14.159	定向募集	22.600	2019.10.16	320.000
603596	伯特利	制造业	安徽	1.535	定向募集	7.290	2019.12.04	11.190
603603	博天环境	水利、环境和公共设施管理业	北京	10.565	定向募集	18.930	2019.07.29	200.000
603603	博天环境	水利、环境和公共设施管理业	北京	4.504	定向募集	13.100	2019.07.29	59.000
603603	博天环境	水利、环境和公共设施管理业	北京	1.145	定向募集	8.310	2019.08.16	9.515
603605	珀莱雅	制造业	浙江	0.266	定向募集	17.950	2018.12.27	4.776
603609	禾丰牧业	制造业	辽宁	14.575	定向募集	4.850	2019.01.09	70.689
603609	禾丰牧业	制造业	辽宁	76.553	定向募集	10.160	2019.04.24	777.778
603615	茶花股份	制造业	福建	4.660	定向募集	4.780	2019.05.20	22.275
603637	镇海股份	科学研究和技术服务业	浙江	0.130	定向募集	7.880	2019.05.10	1.024
603638	艾迪精密	制造业	山东	27.462	定向募集	25.490	2019.12.24	700.000
603639	海利尔	制造业	山东	0.269	定向募集	15.210	2019.05.22	4.091
603659	璞泰来	制造业	上海	0.556	定向募集	25.600	2019.11.28	14.241
603663	三祥新材	制造业	福建	0.041	定向募集	9.440	2019.03.28	0.387
603666	亿嘉和	制造业	江苏	0.782	定向募集	25.678	2019.09.06	20.080
603667	五洲新春	制造业	浙江	29.205	定向募集	15.870	2019.03.07	463.478
603679	华体科技	制造业	四川	0.885	定向募集	21.260	2019.07.29	18.815
603679	华体科技	制造业	四川	0.200	定向募集	21.260	2019.11.29	4.252
603690	至纯科技	制造业	上海	26.165	定向募集	16.510	2019.03.25	431.988
603690	至纯科技	制造业	上海	20.986	定向募集	20.490	2019.04.25	430.000
603690	至纯科技	制造业	上海	0.818	定向募集	9.260	2019.09.26	7.570
603707	健友股份	制造业	江苏	0.474	定向募集	12.640	2019.04.25	5.991
603716	塞力斯	批发和零售业	湖北	0.439	定向募集	8.350	2019.10.16	3.662
603716	塞力斯	批发和零售业	湖北	4.606	定向募集	8.300	2019.10.16	38.230
603767	中马传动	制造业	浙江	7.450	定向募集	3.740	2019.12.20	27.863
603777	来伊份	批发和零售业	上海	0.867	定向募集	6.100	2019.12.10	5.289
603801	志邦家居	制造业	安徽	1.290	定向募集	9.650	2019.12.12	12.449
603810	丰山集团	制造业	江苏	3.005	定向募集	16.760	2019.12.16	50.364
603813	原尚股份	交通运输、仓储和邮政业	广东	0.200	定向募集	9.520	2019.06.25	1.904
603825	华扬联众	信息传输、软件和信息技术服务业	北京	1.014	定向募集	6.640	2019.06.03	6.736
603859	能科股份	科学研究和技术服务业	北京	12.700	定向募集	16.850	2019.04.11	214.000
603859	能科股份	科学研究和技术服务业	北京	12.892	网上、网下定价发行	23.270	2019.11.25	299.997
603861	白云电器	制造业	广东	9.190	定向募集	6.005	2019.07.09	55.186
603883	老百姓	批发和零售业	湖南	1.611	定向募集	30.120	2019.04.24	48.526
603883	老百姓	批发和零售业	湖南	0.129	定向募集	37.880	2019.11.22	4.899
603885	吉祥航空	交通运输、仓储和邮政业	上海	169.131	定向募集	12.470	2019.09.02	2109.060
603887	城地股份	建筑业	上海	113.091	定向募集	17.250	2019.05.08	1950.818
603887	城地股份	建筑业	上海	11.020	定向募集	17.060	2019.11.07	188.000
603890	春秋电子	制造业	江苏	5.465	定向募集	4.960	2019.08.02	27.106
603896	寿仙谷	制造业	浙江	0.659	定向募集	16.940	2019.05.21	11.170
603912	佳力图	制造业	江苏	0.266	定向募集	6.060	2018.12.27	1.612
603912	佳力图	制造业	江苏	6.317	定向募集	6.840	2019.03.11	43.208

股票年度再次发行

证券发行

Secondary Offerings in 2019

Security Issue

证券代码 Code	证券简称 Security Name	所属行业 Industry	注册地 Area	发行数量（百万股）Issue Vol（M shares）	发行方式 Issue Method	发行价（元）Issue Price（yuan）	发行日期 Issue Date	筹资金额（百万元）Capital Raised（M yuan）
603916	苏博特	制造业	江苏	1.330	定向募集	6.020	2019.03.14	8.007
603918	金桥信息	信息传输、软件和信息技术服务业	上海	0.095	定向募集	9.530	2018.12.26	0.905
603919	金徽酒	制造业	甘肃	26.200	定向募集	14.000	2019.05.24	366.800
603920	世运电路	制造业	广东	0.562	定向募集	9.350	2019.10.11	5.257
603936	博敏电子	制造业	广东	9.570	定向募集	13.480	2019.01.07	129.000
603939	益丰药房	批发和零售业	湖南	2.117	定向募集	28.600	2019.07.03	60.532
603986	兆易创新	制造业	北京	0.250	定向募集	46.510	2019.03.27	11.628
603986	兆易创新	制造业	北京	22.688	定向募集	63.690	2019.06.28	1445.000
603986	兆易创新	制造业	北京	0.583	定向募集	103.045	2019.09.19	60.068
603986	兆易创新	制造业	北京	12.956	定向募集	75.470	2019.08.07	977.800
603997	继峰股份	制造业	浙江	384.190	定向募集	7.590	2019.12.10	2916.000
603998	方盛制药	制造业	湖南	8.060	定向募集	3.010	2019.01.21	24.261
603998	方盛制药	制造业	湖南	1.200	定向募集	3.140	2019.06.27	3.768

优先股年度首次发行

证券发行

Issuance of Pref in 2019

Security Issue

代码 Code	简称 Name	公司代码 Company Code	发行标志 Issue Flag	发行股息率 dividend	发行日期 Issue Date	发行价（元）Issue Price（yuan）	筹资金额（百万元）Capital Raised（M yuan）
360032	兴业优3	601166	首次非公开发行	4.90	2019－04－15	100.00	30000.00
360033	中行优3	601988	首次非公开发行	4.50	2019－07－04	100.00	73000.00
360034	光大优3	601818	首次非公开发行	4.80	2019－07－23	100.00	35000.00
360035	中行优4	601988	首次非公开发行	4.35	2019－09－04	100.00	27000.00
360036	工行优2	601398	首次非公开发行	4.20	2019－09－27	100.00	70000.00
360037	民生优1	600016	首次非公开发行	4.38	2019－10－24	100.00	20000.00

上市公司基本信息
Listed Companies in 2019

公司代码 Code	证券简称 Security Name	总股本 Total Vol	A股流通股 A-Share Negotiable	B股 B-Share	境外上市股份 H/D/S-Share	优先股 Pref Share	所属行业 Industry	注册地 Area
600000	浦发银行	29352.1	28103.8	0.0	0.0	300.0	金融业	上海
600004	白云机场	2069.3	2069.3	0.0	0.0	0.0	交通运输、仓储和邮政业	广东
600006	东风汽车	2000.0	2000.0	0.0	0.0	0.0	制造业	湖北
600007	中国国贸	1007.3	1007.3	0.0	0.0	0.0	房地产业	北京
600008	首创股份	5685.4	5685.4	0.0	0.0	0.0	电力、热力、燃气及水生产和供应业	北京
600009	上海机场	1927.0	1093.5	0.0	0.0	0.0	交通运输、仓储和邮政业	上海
600010	包钢股份	45585.0	31677.2	0.0	0.0	0.0	制造业	内蒙
600011	华能国际	15698.1	10997.7	0.0	4700.4	0.0	电力、热力、燃气及水生产和供应业	北京
600012	皖通高速	1658.6	1165.6	0.0	493.0	0.0	交通运输、仓储和邮政业	安徽
600015	华夏银行	15387.2	12822.7	0.0	0.0	200.0	金融业	北京
600016	民生银行	43782.4	35462.1	0.0	8320.3	200.0	金融业	北京
600017	日照港	3075.7	3075.7	0.0	0.0	0.0	交通运输、仓储和邮政业	山东
600018	上港集团	23173.7	23173.7	0.0	0.0	0.0	交通运输、仓储和邮政业	上海
600019	宝钢股份	22274.5	22101.1	0.0	0.0	0.0	制造业	上海
600020	中原高速	2247.4	2247.4	0.0	0.0	0.0	交通运输、仓储和邮政业	河南
600021	上海电力	2617.2	2347.2	0.0	0.0	0.0	电力、热力、燃气及水生产和供应业	上海
600022	山东钢铁	10946.5	10946.5	0.0	0.0	0.0	制造业	山东
600023	浙能电力	13600.7	13600.7	0.0	0.0	0.0	电力、热力、燃气及水生产和供应业	浙江
600025	华能水电	18000.0	8928.0	0.0	0.0	0.0	电力、热力、燃气及水生产和供应业	云南
600026	中远海能	4032.0	2736.0	0.0	1296.0	0.0	交通运输、仓储和邮政业	上海
600027	华电国际	9863.0	6995.7	0.0	1717.2	0.0	电力、热力、燃气及水生产和供应业	山东
600028	中国石化	121071.2	95557.8	0.0	25513.4	0.0	采矿业	北京
600029	南方航空	12267.2	8111.5	0.0	3666.4	0.0	交通运输、仓储和邮政业	广东
600030	中信证券	12116.9	9814.7	0.0	2278.3	0.0	金融业	广东
600031	三一重工	8422.8	8417.7	0.0	0.0	0.0	制造业	北京
600033	福建高速	2744.4	2744.4	0.0	0.0	0.0	交通运输、仓储和邮政业	福建
600035	楚天高速	1692.9	1525.3	0.0	0.0	0.0	交通运输、仓储和邮政业	湖北
600036	招商银行	25219.8	20628.9	0.0	4590.9	275.0	金融业	广东
600037	歌华有线	1391.8	1391.8	0.0	0.0	0.0	信息传输、软件和信息技术服务业	北京
600038	中直股份	589.5	589.5	0.0	0.0	0.0	制造业	黑龙江
600039	四川路桥	3610.5	3457.1	0.0	0.0	0.0	建筑业	四川
600048	保利地产	11932.7	11932.7	0.0	0.0	0.0	房地产业	广东
600050	中国联通	31033.7	21196.6	0.0	0.0	0.0	信息传输、软件和信息技术服务业	北京
600051	宁波联合	310.9	310.9	0.0	0.0	0.0	批发和零售业	浙江
600052	浙江广厦	871.8	871.8	0.0	0.0	0.0	房地产业	浙江
600053	九鼎投资	433.5	433.5	0.0	0.0	0.0	金融业	江西
600054	黄山旅游	729.4	513.3	216.1	0.0	0.0	水利、环境和公共设施管理业	安徽
600055	万东医疗	540.8	540.8	0.0	0.0	0.0	制造业	北京
600056	中国医药	1068.5	1068.1	0.0	0.0	0.0	制造业	北京
600057	厦门象屿	2157.5	2157.5	0.0	0.0	0.0	租赁和商务服务业	福建
600058	五矿发展	1071.9	1071.9	0.0	0.0	0.0	批发和零售业	北京
600059	古越龙山	808.5	808.5	0.0	0.0	0.0	制造业	浙江
600060	海信视像	1308.5	1308.5	0.0	0.0	0.0	制造业	山东
600061	国投资本	4227.1	4173.8	0.0	0.0	0.0	金融业	上海
600062	华润双鹤	1043.2	1043.2	0.0	0.0	0.0	制造业	北京
600063	皖维高新	1925.9	1925.9	0.0	0.0	0.0	制造业	安徽
600064	南京高科	1236.0	1236.0	0.0	0.0	0.0	房地产业	江苏
600066	宇通客车	2213.9	2213.9	0.0	0.0	0.0	制造业	河南
600067	冠城大通	1492.1	1492.1	0.0	0.0	0.0	房地产业	福建
600068	葛洲坝	4604.8	4604.8	0.0	0.0	0.0	建筑业	湖北

注：股本的单位为百万股。

上市公司基本信息
Listed Companies in 2019

公司代码 Code	证券简称 Security Name	总股本 Total Vol	A股流通股 A-Share Negotiable	B股 B-Share	境外上市股份 H/D/S-Share	优先股 Pref Share	所属行业 Industry	注册地 Area
600069	银鸽投资	1623.8	1623.8	0.0	0.0	0.0	制造业	河南
600070	浙江富润	521.9	441.3	0.0	0.0	0.0	信息传输、软件和信息技术服务业	浙江
600071	凤凰光学	281.6	237.5	0.0	0.0	0.0	制造业	江西
600072	中船科技	736.2	736.2	0.0	0.0	0.0	建筑业	上海
600073	上海梅林	937.7	937.7	0.0	0.0	0.0	制造业	上海
600074	*ST保千	2437.9	1018.3	0.0	0.0	0.0	制造业	江苏
600075	新疆天业	972.5	972.5	0.0	0.0	0.0	制造业	新疆
600076	康欣新材	1034.3	1034.3	0.0	0.0	0.0	制造业	山东
600077	宋都股份	1340.1	1340.1	0.0	0.0	0.0	房地产业	浙江
600078	澄星股份	662.6	662.6	0.0	0.0	0.0	制造业	江苏
600079	人福医药	1353.7	1286.0	0.0	0.0	0.0	制造业	湖北
600080	金花股份	373.3	305.3	0.0	0.0	0.0	制造业	陕西
600081	东风科技	313.6	313.6	0.0	0.0	0.0	制造业	上海
600082	海泰发展	646.1	634.3	0.0	0.0	0.0	房地产业	天津
600083	博信股份	230.0	228.0	0.0	0.0	0.0	批发和零售业	江苏
600084	*ST中葡	1123.7	1123.7	0.0	0.0	0.0	制造业	新疆
600085	同仁堂	1371.5	1371.5	0.0	0.0	0.0	制造业	北京
600086	东方金钰	1350.0	1056.8	0.0	0.0	0.0	制造业	湖北
600088	中视传媒	397.7	397.7	0.0	0.0	0.0	文化、体育和娱乐业	上海
600089	特变电工	3714.3	3714.3	0.0	0.0	0.0	制造业	新疆
600090	同济堂	1439.7	1439.7	0.0	0.0	0.0	批发和零售业	新疆
600091	ST明科	437.4	437.4	0.0	0.0	0.0	制造业	内蒙
600093	易见股份	1122.4	1122.4	0.0	0.0	0.0	租赁和商务服务业	四川
600094	大名城	2475.3	2276.6	198.7	0.0	0.0	房地产业	上海
600095	哈高科	361.3	361.3	0.0	0.0	0.0	制造业	黑龙江
600096	云天化	1427.7	1321.4	0.0	0.0	0.0	制造业	云南
600097	开创国际	240.9	226.3	0.0	0.0	0.0	农、林、牧、渔业	上海
600098	广州发展	2726.2	2726.2	0.0	0.0	0.0	电力、热力、燃气及水生产和供应业	广东
600099	林海股份	219.1	219.1	0.0	0.0	0.0	制造业	江苏
600100	同方股份	2963.9	2963.9	0.0	0.0	0.0	制造业	北京
600101	明星电力	421.4	421.4	0.0	0.0	0.0	电力、热力、燃气及水生产和供应业	四川
600103	青山纸业	2305.8	2305.8	0.0	0.0	0.0	制造业	福建
600104	上汽集团	11683.5	11503.4	0.0	0.0	0.0	制造业	上海
600105	永鼎股份	1245.4	1238.3	0.0	0.0	0.0	制造业	江苏
600106	重庆路桥	1208.2	1208.2	0.0	0.0	0.0	交通运输、仓储和邮政业	重庆
600107	美尔雅	360.0	360.0	0.0	0.0	0.0	制造业	湖北
600108	亚盛集团	1946.9	1946.9	0.0	0.0	0.0	农、林、牧、渔业	甘肃
600109	国金证券	3024.4	3024.4	0.0	0.0	0.0	金融业	四川
600110	诺德股份	1150.3	1150.3	0.0	0.0	0.0	制造业	吉林
600111	北方稀土	3633.1	3633.1	0.0	0.0	0.0	制造业	内蒙
600112	ST天成	509.2	509.2	0.0	0.0	0.0	制造业	贵州
600113	浙江东日	411.4	411.4	0.0	0.0	0.0	租赁和商务服务业	浙江
600114	东睦股份	616.5	610.2	0.0	0.0	0.0	制造业	浙江
600115	东方航空	16379.5	9808.5	0.0	5176.8	0.0	交通运输、仓储和邮政业	上海
600116	三峡水利	993.0	993.0	0.0	0.0	0.0	电力、热力、燃气及水生产和供应业	重庆
600117	西宁特钢	1045.1	1045.1	0.0	0.0	0.0	制造业	青海
600118	中国卫星	1182.5	1182.5	0.0	0.0	0.0	制造业	北京
600119	*ST长投	307.4	307.4	0.0	0.0	0.0	交通运输、仓储和邮政业	上海
600120	浙江东方	1591.4	1210.5	0.0	0.0	0.0	金融业	浙江
600121	郑州煤电	1218.4	1218.4	0.0	0.0	0.0	采矿业	河南

注：股本的单位为百万股。

上市公司基本信息
Listed Companies in 2019

公司代码 Code	证券简称 Security Name	总股本 Total Vol	A 股流通股 A-Share Negotiable	B 股 B-Share	境外上市股份 H/D/S-Share	优先股 Pref Share	所属行业 Industry	注册地 Area
600122	宏图高科	1158.3	1158.3	0.0	0.0	0.0	批发和零售业	江苏
600123	兰花科创	1142.4	1142.4	0.0	0.0	0.0	采矿业	山西
600125	铁龙物流	1305.5	1305.5	0.0	0.0	0.0	交通运输、仓储和邮政业	辽宁
600126	杭钢股份	3377.2	3377.2	0.0	0.0	0.0	制造业	浙江
600127	金健米业	641.8	641.8	0.0	0.0	0.0	制造业	湖南
600128	弘业股份	246.8	246.8	0.0	0.0	0.0	批发和零售业	江苏
600129	太极集团	556.9	543.9	0.0	0.0	0.0	制造业	重庆
600130	波导股份	768.0	768.0	0.0	0.0	0.0	制造业	浙江
600131	岷江水电	504.1	407.7	0.0	0.0	0.0	电力、热力、燃气及水生产和供应业	四川
600132	重庆啤酒	484.0	484.0	0.0	0.0	0.0	制造业	重庆
600133	东湖高新	753.8	693.2	0.0	0.0	0.0	建筑业	湖北
600135	乐凯胶片	498.5	373.0	0.0	0.0	0.0	制造业	河北
600136	当代明诚	584.6	486.9	0.0	0.0	0.0	文化、体育和娱乐业	湖北
600137	浪莎股份	97.2	97.2	0.0	0.0	0.0	制造业	四川
600138	中青旅	723.8	723.8	0.0	0.0	0.0	租赁和商务服务业	北京
600139	西部资源	661.9	661.9	0.0	0.0	0.0	制造业	四川
600141	兴发集团	1028.2	713.6	0.0	0.0	0.0	制造业	湖北
600143	金发科技	2573.6	2573.6	0.0	0.0	0.0	制造业	广东
600145	*ST 新亿	1491.1	1491.1	0.0	0.0	0.0	制造业	新疆
600146	商赢环球	470.0	470.0	0.0	0.0	0.0	制造业	宁夏
600148	长春一东	141.5	141.5	0.0	0.0	0.0	制造业	吉林
600149	ST 坊展	380.2	380.2	0.0	0.0	0.0	综合	河北
600150	中国船舶	1378.1	1378.1	0.0	0.0	0.0	制造业	上海
600151	航天机电	1434.3	1434.3	0.0	0.0	0.0	制造业	上海
600152	维科技术	420.9	300.3	0.0	0.0	0.0	制造业	浙江
600153	建发股份	2835.2	2835.2	0.0	0.0	0.0	批发和零售业	福建
600155	华创阳安	1739.6	1739.6	0.0	0.0	0.0	金融业	北京
600156	华升股份	402.1	402.1	0.0	0.0	0.0	制造业	湖南
600157	永泰能源	12425.8	12425.8	0.0	0.0	0.0	采矿业	山西
600158	中体产业	843.7	657.5	0.0	0.0	0.0	房地产业	天津
600159	大龙地产	830.0	830.0	0.0	0.0	0.0	房地产业	北京
600160	巨化股份	2745.2	2745.2	0.0	0.0	0.0	制造业	浙江
600161	天坛生物	1045.4	1045.4	0.0	0.0	0.0	制造业	北京
600162	香江控股	3395.8	2980.3	0.0	0.0	0.0	房地产业	广东
600163	中闽能源	999.5	999.5	0.0	0.0	0.0	电力、热力、燃气及水生产和供应业	福建
600165	新日恒力	684.9	684.9	0.0	0.0	0.0	制造业	宁夏
600166	福田汽车	6575.2	6575.2	0.0	0.0	0.0	制造业	北京
600167	联美控股	2288.1	2288.1	0.0	0.0	0.0	电力、热力、燃气及水生产和供应业	辽宁
600168	武汉控股	709.6	709.6	0.0	0.0	0.0	电力、热力、燃气及水生产和供应业	湖北
600169	太原重工	2564.0	2564.0	0.0	0.0	0.0	制造业	山西
600170	上海建工	8904.4	8486.9	0.0	0.0	0.0	建筑业	上海
600171	上海贝岭	703.8	673.8	0.0	0.0	0.0	制造业	上海
600172	黄河旋风	1442.2	1186.7	0.0	0.0	0.0	制造业	河南
600173	卧龙地产	701.1	699.8	0.0	0.0	0.0	房地产业	浙江
600175	美都能源	3576.5	3576.5	0.0	0.0	0.0	综合	浙江
600176	中国巨石	3502.3	3502.3	0.0	0.0	0.0	制造业	浙江
600177	雅戈尔	5014.0	5014.0	0.0	0.0	0.0	制造业	浙江
600178	东安动力	462.1	462.1	0.0	0.0	0.0	制造业	黑龙江
600179	ST 安通	1487.0	673.6	0.0	0.0	0.0	交通运输、仓储和邮政业	黑龙江
600180	瑞茂通	1016.5	1016.5	0.0	0.0	0.0	批发和零售业	山东

注：股本的单位为百万股。

上市公司基本信息
Listed Companies in 2019

公司代码 Code	证券简称 Security Name	总股本 Total Vol	A 股流通股 A-Share Negotiable	B 股 B-Share	境外上市股份 H/D/S-Share	优先股 Pref Share	所属行业 Industry	注册地 Area
600182	S 佳通	340.0	170.0	0.0	0.0	0.0	制造业	黑龙江
600183	生益科技	2276.2	2276.2	0.0	0.0	0.0	制造业	广东
600184	光电股份	508.8	508.8	0.0	0.0	0.0	制造业	湖北
600185	格力地产	2061.1	2061.1	0.0	0.0	0.0	房地产业	广东
600186	*ST 莲花	1062.0	1062.0	0.0	0.0	0.0	制造业	河南
600187	国中水务	1653.9	1455.6	0.0	0.0	0.0	电力、热力、燃气及水生产和供应业	黑龙江
600188	兖州煤业	4912.0	2960.0	0.0	1952.0	0.0	采矿业	山东
600189	吉林森工	716.9	477.0	0.0	0.0	0.0	制造业	吉林
600190	锦州港	2002.3	1779.5	222.8	0.0	0.0	交通运输、仓储和邮政业	辽宁
600191	华资实业	484.9	484.9	0.0	0.0	0.0	制造业	内蒙
600192	长城电工	441.7	441.7	0.0	0.0	0.0	制造业	甘肃
600193	ST 创兴	425.4	425.4	0.0	0.0	0.0	建筑业	上海
600195	中牧股份	842.4	842.4	0.0	0.0	0.0	制造业	北京
600196	复星医药	2562.9	2011.0	0.0	551.9	0.0	制造业	上海
600197	伊力特	441.0	441.0	0.0	0.0	0.0	制造业	新疆
600198	大唐电信	882.1	880.5	0.0	0.0	0.0	制造业	北京
600199	金种子酒	657.8	555.8	0.0	0.0	0.0	制造业	安徽
600200	江苏吴中	712.4	710.8	0.0	0.0	0.0	综合	江苏
600201	生物股份	1126.2	1126.2	0.0	0.0	0.0	制造业	内蒙
600202	哈空调	383.3	383.3	0.0	0.0	0.0	制造业	黑龙江
600203	福日电子	456.4	456.4	0.0	0.0	0.0	批发和零售业	福建
600206	有研新材	846.7	838.8	0.0	0.0	0.0	制造业	北京
600207	安彩高科	863.0	863.0	0.0	0.0	0.0	电力、热力、燃气及水生产和供应业	河南
600208	新湖中宝	8599.3	8598.2	0.0	0.0	0.0	房地产业	浙江
600209	ST 罗顿	439.0	439.0	0.0	0.0	0.0	建筑业	海南
600210	紫江企业	1516.7	1516.7	0.0	0.0	0.0	制造业	上海
600211	西藏药业	177.1	143.1	0.0	0.0	0.0	制造业	西藏
600212	江泉实业	511.7	511.7	0.0	0.0	0.0	综合	山东
600213	亚星客车	220.0	220.0	0.0	0.0	0.0	制造业	江苏
600215	长春经开	465.0	465.0	0.0	0.0	0.0	房地产业	吉林
600216	浙江医药	965.1	965.1	0.0	0.0	0.0	制造业	浙江
600217	中再资环	1388.7	1318.9	0.0	0.0	0.0	制造业	陕西
600218	全柴动力	368.8	368.8	0.0	0.0	0.0	制造业	安徽
600219	南山铝业	11950.5	9787.3	0.0	0.0	0.0	制造业	山东
600220	江苏阳光	1783.3	1783.3	0.0	0.0	0.0	制造业	江苏
600221	海航控股	16806.1	16436.0	369.4	0.0	0.0	交通运输、仓储和邮政业	海南
600222	太龙药业	573.9	570.4	0.0	0.0	0.0	制造业	河南
600223	鲁商发展	1001.0	1001.0	0.0	0.0	0.0	房地产业	山东
600225	天津松江	935.5	932.9	0.0	0.0	0.0	房地产业	天津
600226	瀚叶股份	3138.6	1992.9	0.0	0.0	0.0	制造业	浙江
600227	圣济堂	1693.1	1278.2	0.0	0.0	0.0	制造业	贵州
600228	ST 昌九	241.3	241.3	0.0	0.0	0.0	制造业	江西
600229	城市传媒	702.1	702.1	0.0	0.0	0.0	文化、体育和娱乐业	山东
600230	沧州大化	411.9	411.9	0.0	0.0	0.0	制造业	河北
600231	凌钢股份	2771.1	2771.1	0.0	0.0	0.0	制造业	辽宁
600232	金鹰股份	364.7	364.7	0.0	0.0	0.0	制造业	浙江
600233	圆通速递	2842.6	2835.5	0.0	0.0	0.0	交通运输、仓储和邮政业	辽宁
600234	*ST 山水	202.4	202.4	0.0	0.0	0.0	制造业	山西
600235	民丰特纸	351.3	351.3	0.0	0.0	0.0	制造业	浙江
600236	桂冠电力	7882.4	7882.4	0.0	0.0	0.0	电力、热力、燃气及水生产和供应业	广西

注：股本的单位为百万股。

上市公司基本信息
Listed Companies in 2019

公司代码 Code	证券简称 Security Name	总股本 Total Vol	A股流通股 A-Share Negotiable	B股 B-Share	境外上市股份 H/D/S-Share	优先股 Pref Share	所属行业 Industry	注册地 Area
600237	铜峰电子	564.4	564.4	0.0	0.0	0.0	制造业	安徽
600238	ST椰岛	448.2	445.0	0.0	0.0	0.0	制造业	海南
600239	云南城投	1605.7	1605.7	0.0	0.0	0.0	房地产业	云南
600240	退市华业	1424.3	1424.3	0.0	0.0	0.0	房地产业	北京
600241	时代万恒	294.3	251.6	0.0	0.0	0.0	批发和零售业	辽宁
600242	中昌数据	456.7	412.6	0.0	0.0	0.0	信息传输、软件和信息技术服务业	广东
600243	青海华鼎	438.9	438.9	0.0	0.0	0.0	制造业	青海
600246	万通地产	2054.0	2054.0	0.0	0.0	0.0	房地产业	北京
600247	ST成城	336.4	336.4	0.0	0.0	0.0	批发和零售业	吉林
600248	延长化建	918.0	656.7	0.0	0.0	0.0	建筑业	陕西
600249	两面针	550.0	550.0	0.0	0.0	0.0	制造业	广西
600250	南纺股份	296.5	258.7	0.0	0.0	0.0	批发和零售业	江苏
600251	冠农股份	784.8	784.8	0.0	0.0	0.0	制造业	新疆
600252	中恒集团	3475.1	3475.1	0.0	0.0	0.0	制造业	广西
600255	梦舟股份	1769.6	1769.6	0.0	0.0	0.0	制造业	安徽
600256	广汇能源	6794.0	6737.1	0.0	0.0	0.0	采矿业	新疆
600257	大湖股份	481.2	481.2	0.0	0.0	0.0	农、林、牧、渔业	湖南
600258	首旅酒店	987.7	978.9	0.0	0.0	0.0	住宿和餐饮业	北京
600259	广晟有色	301.8	301.8	0.0	0.0	0.0	采矿业	海南
600260	凯乐科技	1000.7	949.0	0.0	0.0	0.0	制造业	湖北
600261	阳光照明	1452.1	1452.1	0.0	0.0	0.0	制造业	浙江
600262	北方股份	170.0	170.0	0.0	0.0	0.0	制造业	内蒙
600265	ST景谷	129.8	129.8	0.0	0.0	0.0	农、林、牧、渔业	云南
600266	城建发展	1880.4	1880.4	0.0	0.0	0.0	房地产业	北京
600267	海正药业	965.5	965.5	0.0	0.0	0.0	制造业	浙江
600268	国电南自	695.3	635.2	0.0	0.0	0.0	制造业	江苏
600269	赣粤高速	2335.4	2335.4	0.0	0.0	0.0	交通运输、仓储和邮政业	江西
600271	航天信息	1862.5	1852.8	0.0	0.0	0.0	制造业	北京
600272	开开实业	243.0	160.0	80.0	0.0	0.0	批发和零售业	上海
600273	嘉化能源	1432.7	1413.7	0.0	0.0	0.0	制造业	浙江
600275	ST昌鱼	508.8	508.8	0.0	0.0	0.0	制造业	湖北
600276	恒瑞医药	4422.8	4403.9	0.0	0.0	0.0	制造业	江苏
600277	亿利洁能	2738.9	2674.0	0.0	0.0	0.0	制造业	内蒙
600278	东方创业	522.2	522.2	0.0	0.0	0.0	批发和零售业	上海
600279	重庆港九	1186.9	693.0	0.0	0.0	0.0	交通运输、仓储和邮政业	重庆
600280	中央商场	1148.3	1148.3	0.0	0.0	0.0	批发和零售业	江苏
600281	太化股份	514.4	514.4	0.0	0.0	0.0	制造业	山西
600282	南钢股份	4428.5	4428.5	0.0	0.0	0.0	制造业	江苏
600283	钱江水利	353.0	353.0	0.0	0.0	0.0	电力、热力、燃气及水生产和供应业	浙江
600284	浦东建设	970.3	970.3	0.0	0.0	0.0	建筑业	上海
600285	羚锐制药	567.8	567.8	0.0	0.0	0.0	制造业	河南
600287	江苏舜天	436.8	436.8	0.0	0.0	0.0	批发和零售业	江苏
600288	大恒科技	436.8	436.8	0.0	0.0	0.0	制造业	北京
600289	*ST信通	631.1	565.9	0.0	0.0	0.0	信息传输、软件和信息技术服务业	黑龙江
600290	ST华仪	759.9	759.9	0.0	0.0	0.0	制造业	浙江
600291	西水股份	1093.1	1093.1	0.0	0.0	0.0	金融业	内蒙
600292	远达环保	780.8	780.8	0.0	0.0	0.0	水利、环境和公共设施管理业	重庆
600293	三峡新材	1162.1	1162.1	0.0	0.0	0.0	批发和零售业	湖北
600295	鄂尔多斯	1427.9	612.0	420.0	0.0	0.0	制造业	内蒙
600297	广汇汽车	8160.0	8110.3	0.0	0.0	0.0	批发和零售业	辽宁

注：股本的单位为百万股。

上市公司基本信息
Listed Companies in 2019

公司代码 Code	证券简称 Security Name	总股本 Total Vol	A股流通股 A-Share Negotiable	B股 B-Share	境外上市股份 H/D/S-Share	优先股 Pref Share	所属行业 Industry	注册地 Area
600298	安琪酵母	824.1	824.1	0.0	0.0	0.0	制造业	湖北
600299	安迪苏	2681.9	2681.9	0.0	0.0	0.0	制造业	北京
600300	维维股份	1672.0	1672.0	0.0	0.0	0.0	制造业	江苏
600301	ST南化	235.1	235.1	0.0	0.0	0.0	制造业	广西
600302	标准股份	346.0	346.0	0.0	0.0	0.0	制造业	陕西
600303	曙光股份	675.6	675.6	0.0	0.0	0.0	制造业	辽宁
600305	恒顺醋业	783.6	783.6	0.0	0.0	0.0	制造业	江苏
600306	商业城	178.1	177.5	0.0	0.0	0.0	批发和零售业	辽宁
600307	酒钢宏兴	6263.4	6263.4	0.0	0.0	0.0	制造业	甘肃
600308	华泰股份	1167.6	1167.6	0.0	0.0	0.0	制造业	山东
600309	万华化学	3139.7	1423.8	0.0	0.0	0.0	制造业	山东
600310	桂东电力	827.8	827.8	0.0	0.0	0.0	电力、热力、燃气及水生产和供应业	广西
600311	荣华实业	665.6	665.6	0.0	0.0	0.0	采矿业	甘肃
600312	平高电气	1356.9	1356.9	0.0	0.0	0.0	制造业	河南
600313	农发种业	1082.2	1019.4	0.0	0.0	0.0	农、林、牧、渔业	北京
600315	上海家化	671.2	671.2	0.0	0.0	0.0	制造业	上海
600316	洪都航空	717.1	717.1	0.0	0.0	0.0	制造业	江西
600317	营口港	6473.0	6473.0	0.0	0.0	0.0	交通运输、仓储和邮政业	辽宁
600318	新力金融	513.4	484.0	0.0	0.0	0.0	金融业	安徽
600319	ST亚星	315.6	315.6	0.0	0.0	0.0	制造业	山东
600320	振华重工	5268.4	3322.0	1946.4	0.0	0.0	制造业	上海
600321	ST正源	1510.6	1510.6	0.0	0.0	0.0	制造业	四川
600322	天房发展	1105.7	1105.7	0.0	0.0	0.0	房地产业	天津
600323	瀚蓝环境	766.3	766.3	0.0	0.0	0.0	水利、环境和公共设施管理业	广东
600325	华发股份	2117.2	2107.6	0.0	0.0	0.0	房地产业	广东
600326	西藏天路	865.4	865.4	0.0	0.0	0.0	制造业	西藏
600327	大东方	884.8	884.8	0.0	0.0	0.0	批发和零售业	江苏
600328	兰太实业	438.0	438.0	0.0	0.0	0.0	制造业	内蒙
600329	中新药业	768.9	565.9	0.0	200.0	0.0	制造业	天津
600330	天通股份	996.6	996.6	0.0	0.0	0.0	制造业	浙江
600331	宏达股份	2032.0	2032.0	0.0	0.0	0.0	制造业	四川
600332	白云山	1625.8	1405.9	0.0	219.9	0.0	制造业	广东
600333	长春燃气	609.0	529.6	0.0	0.0	0.0	电力、热力、燃气及水生产和供应业	吉林
600335	国机汽车	1456.9	1029.7	0.0	0.0	0.0	批发和零售业	天津
600336	澳柯玛	799.2	776.8	0.0	0.0	0.0	制造业	山东
600337	美克家居	1770.9	1728.3	0.0	0.0	0.0	批发和零售业	新疆
600338	西藏珠峰	914.2	914.2	0.0	0.0	0.0	采矿业	西藏
600339	中油工程	5583.1	1552.2	0.0	0.0	0.0	采矿业	新疆
600340	华夏幸福	3013.3	2979.2	0.0	0.0	0.0	房地产业	河北
600343	航天动力	638.2	638.2	0.0	0.0	0.0	制造业	陕西
600345	长江通信	198.0	198.0	0.0	0.0	0.0	制造业	湖北
600346	恒力石化	7039.1	4631.9	0.0	0.0	0.0	制造业	辽宁
600348	阳泉煤业	2405.0	2405.0	0.0	0.0	0.0	采矿业	山西
600350	山东高速	4811.2	4811.2	0.0	0.0	0.0	交通运输、仓储和邮政业	山东
600351	亚宝药业	770.0	770.0	0.0	0.0	0.0	制造业	山西
600352	浙江龙盛	3253.3	3253.3	0.0	0.0	0.0	制造业	浙江
600353	旭光股份	543.7	543.7	0.0	0.0	0.0	制造业	四川
600354	敦煌种业	527.8	527.8	0.0	0.0	0.0	农、林、牧、渔业	甘肃
600355	精伦电子	492.1	492.1	0.0	0.0	0.0	制造业	湖北
600356	恒丰纸业	298.7	298.7	0.0	0.0	0.0	制造业	黑龙江

注：股本的单位为百万股。

上市公司基本信息
Listed Companies in 2019

公司代码 Code	证券简称 Security Name	总股本 Total Vol	A 股流通股 A-Share Negotiable	B 股 B-Share	境外上市股份 H/D/S-Share	优先股 Pref Share	所属行业 Industry	注册地 Area
600358	国旅联合	504.9	504.9	0.0	0.0	0.0	信息传输、软件和信息技术服务业	江苏
600359	新农开发	381.5	381.5	0.0	0.0	0.0	农、林、牧、渔业	新疆
600360	华微电子	964.0	955.1	0.0	0.0	0.0	制造业	吉林
600361	华联综超	665.8	665.8	0.0	0.0	0.0	批发和零售业	北京
600362	江西铜业	3462.7	2075.2	0.0	1387.5	0.0	制造业	江西
600363	联创光电	443.5	443.5	0.0	0.0	0.0	制造业	江西
600365	通葡股份	400.0	400.0	0.0	0.0	0.0	制造业	吉林
600366	宁波韵升	989.1	989.1	0.0	0.0	0.0	制造业	浙江
600367	红星发展	298.0	291.2	0.0	0.0	0.0	制造业	贵州
600368	五洲交通	1125.6	1125.6	0.0	0.0	0.0	交通运输、仓储和邮政业	广西
600369	西南证券	5645.1	5645.1	0.0	0.0	0.0	金融业	重庆
600370	三房巷	797.2	797.2	0.0	0.0	0.0	制造业	江苏
600371	万向德农	225.1	225.1	0.0	0.0	0.0	农、林、牧、渔业	黑龙江
600372	中航电子	1759.5	1759.5	0.0	0.0	0.0	制造业	北京
600373	中文传媒	1355.1	1355.1	0.0	0.0	0.0	文化、体育和娱乐业	江西
600375	华菱星马	555.7	555.7	0.0	0.0	0.0	制造业	安徽
600376	首开股份	2579.6	2579.6	0.0	0.0	0.0	房地产业	北京
600377	宁沪高速	5037.7	3799.8	0.0	1222.0	0.0	交通运输、仓储和邮政业	江苏
600378	昊华科技	896.6	297.2	0.0	0.0	0.0	制造业	四川
600379	宝光股份	330.2	330.2	0.0	0.0	0.0	制造业	陕西
600380	健康元	1938.0	1938.0	0.0	0.0	0.0	制造业	广东
600381	青海春天	587.1	587.1	0.0	0.0	0.0	制造业	青海
600382	广东明珠	606.9	606.9	0.0	0.0	0.0	批发和零售业	广东
600383	金地集团	4514.6	4514.6	0.0	0.0	0.0	房地产业	广东
600385	*ST 金泰	148.1	142.8	0.0	0.0	0.0	制造业	山东
600386	北巴传媒	806.4	806.4	0.0	0.0	0.0	批发和零售业	北京
600387	海越能源	471.8	387.5	0.0	0.0	0.0	批发和零售业	浙江
600388	龙净环保	1069.1	1069.1	0.0	0.0	0.0	制造业	福建
600389	江山股份	297.0	297.0	0.0	0.0	0.0	制造业	江苏
600390	五矿资本	4498.1	616.2	0.0	0.0	0.0	金融业	湖南
600391	航发科技	330.1	330.1	0.0	0.0	0.0	制造业	四川
600392	盛和资源	1755.2	1434.3	0.0	0.0	0.0	制造业	山西
600393	粤泰股份	2536.2	988.2	0.0	0.0	0.0	房地产业	广东
600395	盘江股份	1655.1	1655.1	0.0	0.0	0.0	采矿业	贵州
600396	*ST 金山	1472.7	1472.7	0.0	0.0	0.0	电力、热力、燃气及水生产和供应业	辽宁
600397	安源煤业	990.0	990.0	0.0	0.0	0.0	采矿业	江西
600398	海澜之家	4420.0	4420.0	0.0	0.0	0.0	制造业	江苏
600399	ST 抚钢	1972.1	1972.1	0.0	0.0	0.0	制造业	辽宁
600400	红豆股份	2533.3	2533.3	0.0	0.0	0.0	制造业	江苏
600401	退市海润	4724.9	4724.9	0.0	0.0	0.0	制造业	江苏
600403	大有能源	2390.8	2390.8	0.0	0.0	0.0	采矿业	河南
600405	动力源	559.9	553.3	0.0	0.0	0.0	制造业	北京
600406	国电南瑞	4622.1	2934.9	0.0	0.0	0.0	信息传输、软件和信息技术服务业	江苏
600408	ST 安泰	1006.8	1006.8	0.0	0.0	0.0	制造业	山西
600409	三友化工	2064.3	2037.3	0.0	0.0	0.0	制造业	河北
600410	华胜天成	1098.7	1098.7	0.0	0.0	0.0	信息传输、软件和信息技术服务业	北京
600415	小商品城	5443.2	5443.2	0.0	0.0	0.0	租赁和商务服务业	浙江
600416	湘电股份	945.8	945.8	0.0	0.0	0.0	制造业	湖南
600418	江淮汽车	1893.3	1893.3	0.0	0.0	0.0	制造业	安徽
600419	天润乳业	207.1	207.1	0.0	0.0	0.0	制造业	新疆

注：股本的单位为百万股。

上市公司基本信息
Listed Companies in 2019

公司代码 Code	证券简称 Security Name	总股本 Total Vol	A股流通股 A-Share Negotiable	B股 B-Share	境外上市股份 H/D/S-Share	优先股 Pref Share	所属行业 Industry	注册地 Area
600420	现代制药	1026.9	575.5	0.0	0.0	0.0	制造业	上海
600421	*ST仰帆	195.6	195.6	0.0	0.0	0.0	制造业	湖北
600422	昆药集团	760.9	759.9	0.0	0.0	0.0	制造业	云南
600423	ST柳化	798.7	798.7	0.0	0.0	0.0	制造业	广西
600425	青松建化	1378.8	1378.8	0.0	0.0	0.0	制造业	新疆
600426	华鲁恒升	1626.7	1620.3	0.0	0.0	0.0	制造业	山东
600428	中远海特	2146.7	2146.7	0.0	0.0	0.0	交通运输、仓储和邮政业	广东
600429	三元股份	1497.6	885.0	0.0	0.0	0.0	制造业	北京
600433	冠豪高新	1271.3	1271.3	0.0	0.0	0.0	制造业	广东
600435	北方导航	1489.3	1489.3	0.0	0.0	0.0	制造业	北京
600436	片仔癀	603.3	603.3	0.0	0.0	0.0	制造业	福建
600438	通威股份	3882.6	3882.6	0.0	0.0	0.0	制造业	四川
600439	瑞贝卡	1132.0	1132.0	0.0	0.0	0.0	制造业	河南
600444	国机通用	146.4	146.4	0.0	0.0	0.0	制造业	安徽
600446	金证股份	860.4	853.2	0.0	0.0	0.0	信息传输、软件和信息技术服务业	广东
600448	华纺股份	524.8	514.7	0.0	0.0	0.0	制造业	山东
600449	宁夏建材	478.2	478.2	0.0	0.0	0.0	制造业	宁夏
600452	涪陵电力	313.6	313.6	0.0	0.0	0.0	电力、热力、燃气及水生产和供应业	重庆
600455	博通股份	62.5	62.5	0.0	0.0	0.0	综合	陕西
600456	宝钛股份	430.3	430.3	0.0	0.0	0.0	制造业	陕西
600458	时代新材	802.8	802.8	0.0	0.0	0.0	制造业	湖南
600459	贵研铂业	437.7	437.7	0.0	0.0	0.0	制造业	云南
600460	士兰微	1312.1	1312.1	0.0	0.0	0.0	制造业	浙江
600461	洪城水业	942.2	789.6	0.0	0.0	0.0	电力、热力、燃气及水生产和供应业	江西
600462	*ST九有	533.8	533.8	0.0	0.0	0.0	租赁和商务服务业	广东
600463	空港股份	300.0	300.0	0.0	0.0	0.0	建筑业	北京
600466	蓝光发展	3009.9	3009.9	0.0	0.0	0.0	房地产业	四川
600467	好当家	1461.0	1461.0	0.0	0.0	0.0	农、林、牧、渔业	山东
600468	百利电气	1121.9	1121.9	0.0	0.0	0.0	制造业	天津
600469	风神股份	562.4	562.4	0.0	0.0	0.0	制造业	河南
600470	六国化工	521.6	521.6	0.0	0.0	0.0	制造业	安徽
600475	华光股份	559.4	140.5	0.0	0.0	0.0	制造业	江苏
600476	湘邮科技	161.1	161.1	0.0	0.0	0.0	信息传输、软件和信息技术服务业	湖南
600477	杭萧钢构	2154.3	2153.6	0.0	0.0	0.0	建筑业	浙江
600478	科力远	1653.3	1469.7	0.0	0.0	0.0	制造业	湖南
600479	千金药业	418.5	418.5	0.0	0.0	0.0	制造业	湖南
600480	凌云股份	548.5	545.3	0.0	0.0	0.0	制造业	河北
600481	双良节能	1637.3	1627.3	0.0	0.0	0.0	制造业	江苏
600482	中国动力	1695.0	869.8	0.0	0.0	0.0	制造业	河北
600483	福能股份	1551.8	1551.8	0.0	0.0	0.0	电力、热力、燃气及水生产和供应业	福建
600485	*ST信威	2923.7	1895.0	0.0	0.0	0.0	制造业	北京
600486	扬农化工	309.9	309.9	0.0	0.0	0.0	制造业	江苏
600487	亨通光电	1903.7	1860.3	0.0	0.0	0.0	制造业	江苏
600488	天药股份	1091.9	976.6	0.0	0.0	0.0	制造业	天津
600489	中金黄金	3451.1	3451.1	0.0	0.0	0.0	采矿业	北京
600490	鹏欣资源	2215.8	1491.4	0.0	0.0	0.0	制造业	上海
600491	龙元建设	1529.8	1529.8	0.0	0.0	0.0	建筑业	浙江
600493	凤竹纺织	272.0	272.0	0.0	0.0	0.0	制造业	福建
600495	晋西车轴	1208.2	1208.2	0.0	0.0	0.0	制造业	山西
600496	精工钢构	1810.4	1510.4	0.0	0.0	0.0	建筑业	安徽

注：股本的单位为百万股。

上市公司基本信息
Listed Companies in 2019

公司代码 Code	证券简称 Security Name	总股本 Total Vol	A股流通股 A-Share Negotiable	B股 B-Share	境外上市股份 H/D/S-Share	优先股 Pref Share	所属行业 Industry	注册地 Area
600497	驰宏锌锗	5091.3	4309.9	0.0	0.0	0.0	采矿业	云南
600498	烽火通信	1171.0	1106.9	0.0	0.0	0.0	制造业	湖北
600499	科达洁能	1577.2	1411.5	0.0	0.0	0.0	制造业	广东
600500	中化国际	2707.9	2707.9	0.0	0.0	0.0	制造业	上海
600501	航天晨光	421.3	421.3	0.0	0.0	0.0	制造业	江苏
600502	安徽建工	1721.2	910.7	0.0	0.0	0.0	建筑业	安徽
600503	华丽家族	1602.3	1602.3	0.0	0.0	0.0	房地产业	上海
600505	西昌电力	364.6	364.6	0.0	0.0	0.0	电力、热力、燃气及水生产和供应业	四川
600506	香梨股份	147.7	147.7	0.0	0.0	0.0	农、林、牧、渔业	新疆
600507	方大特钢	1447.8	1387.0	0.0	0.0	0.0	制造业	江西
600508	上海能源	722.7	722.7	0.0	0.0	0.0	采矿业	上海
600509	天富能源	1151.4	905.7	0.0	0.0	0.0	电力、热力、燃气及水生产和供应业	新疆
600510	黑牡丹	1047.1	1047.1	0.0	0.0	0.0	房地产业	江苏
600511	国药股份	754.5	277.6	0.0	0.0	0.0	批发和零售业	北京
600512	腾达建设	1598.9	1598.9	0.0	0.0	0.0	建筑业	浙江
600513	联环药业	288.1	285.5	0.0	0.0	0.0	制造业	江苏
600515	海航基础	3907.6	1658.3	0.0	0.0	0.0	房地产业	海南
600516	方大炭素	2718.6	2718.6	0.0	0.0	0.0	制造业	甘肃
600517	置信电气	1356.2	1356.2	0.0	0.0	0.0	制造业	上海
600518	ST康美	4973.9	4408.8	0.0	0.0	30.0	制造业	广东
600519	贵州茅台	1256.2	1256.2	0.0	0.0	0.0	制造业	贵州
600520	文一科技	158.4	158.4	0.0	0.0	0.0	制造业	安徽
600521	华海药业	1322.4	1250.8	0.0	0.0	0.0	制造业	浙江
600522	中天科技	3066.1	3066.1	0.0	0.0	0.0	制造业	江苏
600523	贵航股份	404.3	404.0	0.0	0.0	0.0	制造业	贵州
600525	长园集团	1305.8	1305.8	0.0	0.0	0.0	制造业	广东
600526	*ST菲达	547.4	547.4	0.0	0.0	0.0	制造业	浙江
600527	江南高纤	1443.1	1203.1	0.0	0.0	0.0	制造业	江苏
600528	中铁工业	2221.6	1837.7	0.0	0.0	0.0	制造业	四川
600529	山东药玻	595.0	595.0	0.0	0.0	0.0	制造业	山东
600530	交大昂立	780.0	780.0	0.0	0.0	0.0	制造业	上海
600531	豫光金铅	1090.2	1090.2	0.0	0.0	0.0	制造业	河南
600532	宏达矿业	516.1	516.1	0.0	0.0	0.0	采矿业	上海
600533	栖霞建设	1050.0	1050.0	0.0	0.0	0.0	房地产业	江苏
600535	天士力	1512.7	1512.7	0.0	0.0	0.0	制造业	天津
600536	中国软件	494.6	494.6	0.0	0.0	0.0	信息传输、软件和信息技术服务业	北京
600537	亿晶光电	1176.4	1176.4	0.0	0.0	0.0	制造业	浙江
600538	国发股份	464.4	464.4	0.0	0.0	0.0	批发和零售业	广西
600539	ST狮头	230.0	230.0	0.0	0.0	0.0	制造业	山西
600540	新赛股份	470.9	470.9	0.0	0.0	0.0	农、林、牧、渔业	新疆
600543	莫高股份	321.1	321.1	0.0	0.0	0.0	制造业	甘肃
600545	卓郎智能	1895.4	1124.3	0.0	0.0	0.0	制造业	新疆
600546	山煤国际	1982.5	1982.5	0.0	0.0	0.0	批发和零售业	山西
600547	山东黄金	3099.6	2196.5	0.0	499.6	0.0	采矿业	山东
600548	深高速	2180.8	1433.3	0.0	747.5	0.0	交通运输、仓储和邮政业	广东
600549	厦门钨业	1406.0	1406.0	0.0	0.0	0.0	制造业	福建
600550	保变电气	1841.5	1534.6	0.0	0.0	0.0	制造业	河北
600551	时代出版	505.8	505.8	0.0	0.0	0.0	文化、体育和娱乐业	安徽
600552	凯盛科技	763.9	763.9	0.0	0.0	0.0	制造业	安徽
600555	海航创新	1303.5	973.5	330.0	0.0	0.0	房地产业	海南

注：股本的单位为百万股。

上市公司基本信息

Listed Companies in 2019

公司代码 Code	证券简称 Security Name	总股本 Total Vol	A 股流通股 A-Share Negotiable	B 股 B-Share	境外上市股份 H/D/S-Share	优先股 Pref Share	所属行业 Industry	注册地 Area
600556	ST 慧球	394.8	394.8	0.0	0.0	0.0	信息传输、软件和信息技术服务业	广西
600557	康缘药业	592.9	575.0	0.0	0.0	0.0	制造业	江苏
600558	大西洋	897.6	897.6	0.0	0.0	0.0	制造业	四川
600559	老白干酒	897.3	824.7	0.0	0.0	0.0	制造业	河北
600560	金自天正	223.6	223.6	0.0	0.0	0.0	制造业	北京
600561	江西长运	237.1	237.1	0.0	0.0	0.0	交通运输、仓储和邮政业	江西
600562	国睿科技	622.4	622.4	0.0	0.0	0.0	制造业	江苏
600563	法拉电子	225.0	225.0	0.0	0.0	0.0	制造业	福建
600565	迪马股份	2436.0	2368.8	0.0	0.0	0.0	房地产业	重庆
600566	济川药业	814.9	814.9	0.0	0.0	0.0	制造业	湖北
600567	山鹰纸业	4584.7	4584.7	0.0	0.0	0.0	制造业	安徽
600568	中珠医疗	1992.9	1669.1	0.0	0.0	0.0	制造业	湖北
600569	安阳钢铁	2872.4	2393.7	0.0	0.0	0.0	制造业	河南
600570	恒生电子	803.1	803.1	0.0	0.0	0.0	信息传输、软件和信息技术服务业	浙江
600571	信雅达	439.7	431.1	0.0	0.0	0.0	信息传输、软件和信息技术服务业	浙江
600572	康恩贝	2667.3	2660.6	0.0	0.0	0.0	制造业	浙江
600573	惠泉啤酒	250.0	250.0	0.0	0.0	0.0	制造业	福建
600575	淮河能源	3886.3	3886.3	0.0	0.0	0.0	交通运输、仓储和邮政业	安徽
600576	祥源文化	619.4	525.9	0.0	0.0	0.0	文化、体育和娱乐业	浙江
600577	精达股份	1921.4	1921.4	0.0	0.0	0.0	制造业	安徽
600578	京能电力	6746.7	5335.0	0.0	0.0	0.0	电力、热力、燃气及水生产和供应业	北京
600579	克劳斯	883.4	410.4	0.0	0.0	0.0	制造业	山东
600580	卧龙电驱	1293.2	1290.6	0.0	0.0	0.0	制造业	浙江
600581	八一钢铁	1532.9	1532.9	0.0	0.0	0.0	制造业	新疆
600582	天地科技	4138.6	4138.6	0.0	0.0	0.0	制造业	北京
600583	海油工程	4421.4	4421.4	0.0	0.0	0.0	采矿业	天津
600584	长电科技	1602.9	1035.9	0.0	0.0	0.0	制造业	江苏
600585	海螺水泥	5299.3	3999.7	0.0	1299.6	0.0	制造业	安徽
600586	金晶科技	1428.8	1428.8	0.0	0.0	0.0	制造业	山东
600587	新华医疗	406.4	403.5	0.0	0.0	0.0	制造业	山东
600588	用友网络	2503.9	2492.7	0.0	0.0	0.0	信息传输、软件和信息技术服务业	北京
600589	广东榕泰	704.0	704.0	0.0	0.0	0.0	制造业	广东
600590	泰豪科技	866.3	844.2	0.0	0.0	0.0	制造业	江西
600592	龙溪股份	399.6	399.6	0.0	0.0	0.0	制造业	福建
600593	大连圣亚	128.8	128.8	0.0	0.0	0.0	水利、环境和公共设施管理业	辽宁
600594	益佰制药	791.9	791.9	0.0	0.0	0.0	制造业	贵州
600595	*ST 中孚	1961.2	1741.5	0.0	0.0	0.0	制造业	河南
600596	新安股份	705.3	694.8	0.0	0.0	0.0	制造业	浙江
600597	光明乳业	1224.5	1224.3	0.0	0.0	0.0	制造业	上海
600598	北大荒	1777.7	1777.7	0.0	0.0	0.0	农、林、牧、渔业	黑龙江
600599	熊猫金控	166.0	166.0	0.0	0.0	0.0	金融业	湖南
600600	青岛啤酒	1351.0	695.9	0.0	655.1	0.0	制造业	山东
600601	方正科技	2194.9	2194.9	0.0	0.0	0.0	制造业	上海
600602	云赛智联	1367.7	1033.5	293.4	0.0	0.0	信息传输、软件和信息技术服务业	上海
600603	广汇物流	1254.8	510.4	0.0	0.0	0.0	综合	四川
600604	市北高新	1873.3	1407.5	465.9	0.0	0.0	房地产业	上海
600605	汇通能源	147.3	147.3	0.0	0.0	0.0	批发和零售业	上海
600606	绿地控股	12168.2	12168.2	0.0	0.0	0.0	房地产业	上海
600608	ST 沪科	328.9	318.4	0.0	0.0	0.0	制造业	上海
600609	金杯汽车	1092.7	1092.7	0.0	0.0	0.0	制造业	辽宁

注：股本的单位为百万股。

上市公司基本信息
Listed Companies in 2019

公司代码 Code	证券简称 Security Name	总股本 Total Vol	A股流通股 A-Share Negotiable	B股 B-Share	境外上市股份 H/D/S-Share	优先股 Pref Share	所属行业 Industry	注册地 Area
600610	*ST毅达	1071.3	375.6	360.4	0.0	0.0	建筑业	上海
600611	大众交通	2364.1	1563.3	800.8	0.0	0.0	交通运输、仓储和邮政业	上海
600612	老凤祥	523.1	317.1	206.0	0.0	0.0	制造业	上海
600613	神奇制药	534.1	479.3	54.8	0.0	0.0	制造业	上海
600614	*ST鹏起	1752.8	1511.5	241.3	0.0	0.0	制造业	上海
600615	丰华股份	188.0	187.6	0.0	0.0	0.0	制造业	上海
600616	金枫酒业	514.6	514.6	0.0	0.0	0.0	制造业	上海
600617	国新能源	1084.7	974.9	109.7	0.0	0.0	电力、热力、燃气及水生产和供应业	山西
600618	氯碱化工	1156.4	749.8	406.6	0.0	0.0	制造业	上海
600619	海立股份	883.3	582.1	284.2	0.0	0.0	制造业	上海
600620	天宸股份	686.7	686.7	0.0	0.0	0.0	综合	上海
600621	华鑫股份	1060.9	535.3	0.0	0.0	0.0	金融业	上海
600622	光大嘉宝	1499.7	1499.7	0.0	0.0	0.0	房地产业	上海
600623	华谊集团	2105.3	1862.2	243.1	0.0	0.0	制造业	上海
600624	复旦复华	684.7	684.7	0.0	0.0	0.0	综合	上海
600626	申达股份	852.3	808.2	0.0	0.0	0.0	批发和零售业	上海
600628	新世界	646.9	646.9	0.0	0.0	0.0	批发和零售业	上海
600629	华建集团	534.2	447.4	0.0	0.0	0.0	科学研究和技术服务业	上海
600630	龙头股份	424.9	424.9	0.0	0.0	0.0	制造业	上海
600633	浙数文化	1301.9	1301.9	0.0	0.0	0.0	信息传输、软件和信息技术服务业	浙江
600634	*ST富控	575.7	575.7	0.0	0.0	0.0	信息传输、软件和信息技术服务业	上海
600635	大众公用	2952.4	2418.8	0.0	533.6	0.0	电力、热力、燃气及水生产和供应业	上海
600636	三爱富	446.9	446.9	0.0	0.0	0.0	制造业	上海
600637	东方明珠	3414.5	3414.5	0.0	0.0	0.0	信息传输、软件和信息技术服务业	上海
600638	新黄浦	673.4	673.4	0.0	0.0	0.0	房地产业	上海
600639	浦东金桥	1122.4	850.2	272.2	0.0	0.0	房地产业	上海
600640	号百控股	795.7	589.4	0.0	0.0	0.0	信息传输、软件和信息技术服务业	上海
600641	万业企业	806.2	806.2	0.0	0.0	0.0	房地产业	上海
600642	申能股份	4912.0	4552.0	0.0	0.0	0.0	电力、热力、燃气及水生产和供应业	上海
600643	爱建集团	1621.9	1434.1	0.0	0.0	0.0	金融业	上海
600644	乐山电力	538.4	538.4	0.0	0.0	0.0	电力、热力、燃气及水生产和供应业	四川
600645	中源协和	468.0	383.8	0.0	0.0	0.0	科学研究和技术服务业	天津
600647	同达创业	139.1	139.1	0.0	0.0	0.0	批发和零售业	上海
600648	外高桥	1135.3	934.8	200.6	0.0	0.0	批发和零售业	上海
600649	城投控股	2529.6	2420.8	0.0	0.0	0.0	房地产业	上海
600650	锦江投资	551.6	390.6	161.1	0.0	0.0	交通运输、仓储和邮政业	上海
600651	飞乐音响	985.2	985.2	0.0	0.0	0.0	制造业	上海
600652	*ST游久	832.7	832.7	0.0	0.0	0.0	信息传输、软件和信息技术服务业	上海
600653	申华控股	1946.4	1946.4	0.0	0.0	0.0	批发和零售业	上海
600654	*ST中安	1283.0	755.0	0.0	0.0	0.0	信息传输、软件和信息技术服务业	上海
600655	豫园股份	3883.8	1603.0	0.0	0.0	0.0	批发和零售业	上海
600657	信达地产	2851.9	1524.3	0.0	0.0	0.0	房地产业	北京
600658	电子城	1118.6	1118.6	0.0	0.0	0.0	房地产业	北京
600660	福耀玻璃	2508.6	2003.0	0.0	505.6	0.0	制造业	福建
600661	昂立教育	286.5	259.1	0.0	0.0	0.0	教育	上海
600662	强生控股	1053.4	1053.4	0.0	0.0	0.0	交通运输、仓储和邮政业	上海
600663	陆家嘴	4034.2	2933.5	1100.7	0.0	0.0	房地产业	上海
600664	哈药股份	2507.0	2507.0	0.0	0.0	0.0	制造业	黑龙江
600665	天地源	864.1	864.1	0.0	0.0	0.0	房地产业	陕西
600666	*ST瑞德	1227.3	803.7	0.0	0.0	0.0	制造业	重庆

注：股本的单位为百万股。

上市公司基本信息
Listed Companies in 2019

公司代码 Code	证券简称 Security Name	总股本 Total Vol	A 股流通股 A-Share Negotiable	B 股 B-Share	境外上市股份 H/D/S-Share	优先股 Pref Share	所属行业 Industry	注册地 Area
600667	太极实业	2106.2	1691.3	0.0	0.0	0.0	制造业	江苏
600668	尖峰集团	344.1	344.1	0.0	0.0	0.0	制造业	浙江
600671	天目药业	121.8	121.7	0.0	0.0	0.0	制造业	浙江
600673	东阳光	3013.9	2458.9	0.0	0.0	0.0	综合	广东
600674	川投能源	4402.1	4402.1	0.0	0.0	0.0	电力、热力、燃气及水生产和供应业	四川
600675	中华企业	6096.1	2240.5	0.0	0.0	0.0	房地产业	上海
600676	交运股份	1028.5	1028.5	0.0	0.0	0.0	交通运输、仓储和邮政业	上海
600677	航天通信	521.8	453.8	0.0	0.0	0.0	批发和零售业	浙江
600678	四川金顶	349.0	349.0	0.0	0.0	0.0	制造业	四川
600679	上海凤凰	402.2	230.6	171.6	0.0	0.0	制造业	上海
600680	*ST 上普	382.2	257.4	124.8	0.0	0.0	制造业	上海
600681	百川能源	1442.7	1402.4	0.0	0.0	0.0	电力、热力、燃气及水生产和供应业	湖北
600682	南京新百	1346.1	1002.2	0.0	0.0	0.0	批发和零售业	江苏
600683	京投发展	740.8	740.8	0.0	0.0	0.0	房地产业	浙江
600684	珠江实业	853.5	853.5	0.0	0.0	0.0	房地产业	广东
600685	中船防务	1413.5	821.4	0.0	592.1	0.0	制造业	广东
600686	金龙汽车	606.7	606.7	0.0	0.0	0.0	制造业	福建
600687	*ST 刚泰	1488.7	1488.7	0.0	0.0	0.0	制造业	甘肃
600688	上海石化	10823.8	7328.8	0.0	3495.0	0.0	制造业	上海
600689	上海三毛	201.0	152.2	48.8	0.0	0.0	制造业	上海
600690	海尔智家	6579.6	6308.6	0.0	271.0	0.0	制造业	山东
600691	阳煤化工	2376.0	1756.4	0.0	0.0	0.0	制造业	山西
600692	亚通股份	351.8	255.0	0.0	0.0	0.0	房地产业	上海
600693	东百集团	898.2	897.2	0.0	0.0	0.0	批发和零售业	福建
600694	大商股份	293.7	293.7	0.0	0.0	0.0	批发和零售业	辽宁
600695	绿庭投资	711.1	366.5	344.7	0.0	0.0	金融业	上海
600696	ST 岩石	334.5	334.5	0.0	0.0	0.0	房地产业	上海
600697	欧亚集团	159.1	155.2	0.0	0.0	0.0	批发和零售业	吉林
600698	*ST 天雁	1064.4	737.6	230.0	0.0	0.0	制造业	湖南
600699	均胜电子	1237.3	1237.3	0.0	0.0	0.0	制造业	浙江
600701	*ST 工新	1034.7	775.9	0.0	0.0	0.0	信息传输、软件和信息技术服务业	黑龙江
600702	舍得酒业	337.0	329.5	0.0	0.0	0.0	制造业	四川
600703	三安光电	4078.4	4078.4	0.0	0.0	0.0	制造业	湖北
600704	物产中大	5062.2	4306.7	0.0	0.0	0.0	批发和零售业	浙江
600705	中航资本	8976.3	8976.3	0.0	0.0	0.0	金融业	黑龙江
600706	曲江文旅	215.4	213.5	0.0	0.0	0.0	水利、环境和公共设施管理业	陕西
600707	彩虹股份	3588.4	1288.0	0.0	0.0	0.0	制造业	陕西
600708	光明地产	2228.6	2225.3	0.0	0.0	0.0	房地产业	上海
600710	苏美达	1306.7	1003.2	0.0	0.0	0.0	批发和零售业	江苏
600711	盛屯矿业	2308.0	1519.8	0.0	0.0	0.0	采矿业	福建
600712	南宁百货	544.7	538.4	0.0	0.0	0.0	批发和零售业	广西
600713	南京医药	1041.6	897.4	0.0	0.0	0.0	批发和零售业	江苏
600714	金瑞矿业	288.2	288.2	0.0	0.0	0.0	采矿业	青海
600715	文投控股	1854.9	1284.2	0.0	0.0	0.0	文化、体育和娱乐业	辽宁
600716	凤凰股份	936.1	936.1	0.0	0.0	0.0	房地产业	江苏
600717	天津港	2009.7	2009.7	0.0	0.0	0.0	交通运输、仓储和邮政业	天津
600718	东软集团	1242.4	1242.4	0.0	0.0	0.0	信息传输、软件和信息技术服务业	辽宁
600719	大连热电	404.6	404.6	0.0	0.0	0.0	电力、热力、燃气及水生产和供应业	辽宁
600720	祁连山	776.3	776.2	0.0	0.0	0.0	制造业	甘肃
600721	*ST 百花	400.4	306.0	0.0	0.0	0.0	科学研究和技术服务业	新疆

注：股本的单位为百万股。

上市公司基本信息
Listed Companies in 2019

公司代码 Code	证券简称 Security Name	总股本 Total Vol	A股流通股 A-Share Negotiable	B股 B-Share	境外上市股份 H/D/S-Share	优先股 Pref Share	所属行业 Industry	注册地 Area
600722	金牛化工	680.3	680.3	0.0	0.0	0.0	制造业	河北
600723	首商股份	658.4	658.1	0.0	0.0	0.0	批发和零售业	北京
600724	宁波富达	1445.2	1444.9	0.0	0.0	0.0	房地产业	浙江
600725	ST云维	1232.5	1232.5	0.0	0.0	0.0	制造业	云南
600726	*ST华源	1966.7	1534.7	432.0	0.0	0.0	电力、热力、燃气及水生产和供应业	黑龙江
600727	鲁北化工	351.0	350.9	0.0	0.0	0.0	制造业	山东
600728	佳都科技	1670.8	1637.1	0.0	0.0	0.0	信息传输、软件和信息技术服务业	广东
600729	重庆百货	406.5	406.4	0.0	0.0	0.0	批发和零售业	重庆
600730	中国高科	586.7	586.7	0.0	0.0	0.0	教育	北京
600731	湖南海利	355.2	326.7	0.0	0.0	0.0	制造业	湖南
600732	ST爱旭	1829.9	446.4	0.0	0.0	0.0	房地产业	上海
600733	北汽蓝谷	3493.7	1686.3	0.0	0.0	0.0	制造业	北京
600734	实达集团	622.4	519.2	0.0	0.0	0.0	制造业	福建
600735	新华锦	376.0	376.0	0.0	0.0	0.0	制造业	山东
600736	苏州高新	1151.3	1151.3	0.0	0.0	0.0	房地产业	江苏
600737	中粮糖业	2138.8	2051.9	0.0	0.0	0.0	制造业	新疆
600738	兰州民百	773.5	411.6	0.0	0.0	0.0	批发和零售业	甘肃
600739	辽宁成大	1529.7	1529.7	0.0	0.0	0.0	批发和零售业	辽宁
600740	山西焦化	1516.0	656.8	0.0	0.0	0.0	制造业	山西
600741	华域汽车	3152.7	3152.7	0.0	0.0	0.0	制造业	上海
600742	一汽富维	507.7	507.7	0.0	0.0	0.0	制造业	吉林
600743	华远地产	2346.1	2346.1	0.0	0.0	0.0	房地产业	北京
600744	华银电力	1781.1	827.6	0.0	0.0	0.0	电力、热力、燃气及水生产和供应业	湖南
600745	闻泰科技	1124.0	637.3	0.0	0.0	0.0	制造业	湖北
600746	江苏索普	306.4	304.7	0.0	0.0	0.0	制造业	江苏
600747	退市大控	1464.3	1064.3	0.0	0.0	0.0	批发和零售业	辽宁
600748	上实发展	1844.6	1844.6	0.0	0.0	0.0	房地产业	上海
600749	西藏旅游	227.0	227.0	0.0	0.0	0.0	水利、环境和公共设施管理业	西藏
600750	江中药业	525.0	525.0	0.0	0.0	0.0	制造业	江西
600751	海航科技	2899.3	2573.2	326.1	0.0	0.0	批发和零售业	天津
600753	东方银星	128.0	128.0	0.0	0.0	0.0	批发和零售业	河南
600754	锦江酒店	957.9	801.9	156.0	0.0	0.0	住宿和餐饮业	上海
600755	厦门国贸	1850.1	1850.1	0.0	0.0	0.0	批发和零售业	福建
600756	浪潮软件	324.1	324.1	0.0	0.0	0.0	信息传输、软件和信息技术服务业	山东
600757	长江传媒	1213.7	1213.5	0.0	0.0	0.0	文化、体育和娱乐业	湖北
600758	红阳能源	1322.0	785.7	0.0	0.0	0.0	采矿业	辽宁
600759	洲际油气	2263.5	2258.2	0.0	0.0	0.0	采矿业	海南
600760	中航沈飞	1400.4	398.5	0.0	0.0	0.0	制造业	山东
600761	安徽合力	740.2	740.2	0.0	0.0	0.0	制造业	安徽
600763	通策医疗	320.6	320.6	0.0	0.0	0.0	卫生和社会工作	浙江
600764	中国海防	631.7	328.8	0.0	0.0	0.0	制造业	北京
600765	中航重机	933.6	778.0	0.0	0.0	0.0	制造业	贵州
600766	园城黄金	224.2	223.9	0.0	0.0	0.0	采矿业	山东
600767	ST运盛	341.0	340.9	0.0	0.0	0.0	信息传输、软件和信息技术服务业	上海
600768	宁波富邦	133.7	133.7	0.0	0.0	0.0	制造业	浙江
600769	祥龙电业	375.0	375.0	0.0	0.0	0.0	建筑业	湖北
600770	综艺股份	1300.0	1300.0	0.0	0.0	0.0	综合	江苏
600771	广誉远	492.0	492.0	0.0	0.0	0.0	制造业	青海
600773	西藏城投	819.7	746.1	0.0	0.0	0.0	房地产业	西藏
600774	汉商集团	226.9	226.8	0.0	0.0	0.0	批发和零售业	湖北

注：股本的单位为百万股。

上市公司基本信息
Listed Companies in 2019

公司代码 Code	证券简称 Security Name	总股本 Total Vol	A 股流通股 A-Share Negotiable	B 股 B-Share	境外上市股份 H/D/S-Share	优先股 Pref Share	所属行业 Industry	注册地 Area
600775	南京熊猫	913.8	671.8	0.0	242.0	0.0	制造业	江苏
600776	东方通信	1256.0	956.0	300.0	0.0	0.0	制造业	浙江
600777	新潮能源	6800.5	4051.2	0.0	0.0	0.0	综合	山东
600778	友好集团	311.5	311.2	0.0	0.0	0.0	批发和零售业	新疆
600779	水井坊	488.5	488.3	0.0	0.0	0.0	制造业	四川
600780	通宝能源	1146.5	1146.5	0.0	0.0	0.0	电力、热力、燃气及水生产和供应业	山西
600781	ST 辅仁	627.2	374.3	0.0	0.0	0.0	制造业	河南
600782	新钢股份	3188.7	3188.7	0.0	0.0	0.0	制造业	江西
600783	鲁信创投	744.4	744.4	0.0	0.0	0.0	综合	山东
600784	鲁银投资	568.2	568.2	0.0	0.0	0.0	综合	山东
600785	新华百货	225.6	225.6	0.0	0.0	0.0	批发和零售业	宁夏
600787	中储股份	2199.8	2199.8	0.0	0.0	0.0	交通运输、仓储和邮政业	天津
600789	鲁抗医药	880.2	852.1	0.0	0.0	0.0	制造业	山东
600790	轻纺城	1465.8	1465.8	0.0	0.0	0.0	租赁和商务服务业	浙江
600791	京能置业	452.9	452.3	0.0	0.0	0.0	房地产业	北京
600792	云煤能源	989.9	989.9	0.0	0.0	0.0	制造业	云南
600793	宜宾纸业	126.4	105.3	0.0	0.0	0.0	制造业	四川
600794	保税科技	1212.2	1212.2	0.0	0.0	0.0	交通运输、仓储和邮政业	江苏
600795	国电电力	19650.4	19650.4	0.0	0.0	0.0	电力、热力、燃气及水生产和供应业	辽宁
600796	钱江生化	301.4	301.4	0.0	0.0	0.0	制造业	浙江
600797	浙大网新	1046.6	1023.8	0.0	0.0	0.0	信息传输、软件和信息技术服务业	浙江
600798	宁波海运	1206.5	1030.9	0.0	0.0	0.0	交通运输、仓储和邮政业	浙江
600800	天津磁卡	611.3	611.0	0.0	0.0	0.0	制造业	天津
600801	华新水泥	2096.6	1361.9	734.7	0.0	0.0	制造业	湖北
600802	福建水泥	381.9	381.9	0.0	0.0	0.0	制造业	福建
600803	新奥股份	1229.4	1229.4	0.0	0.0	0.0	制造业	河北
600804	鹏博士	1432.4	1432.4	0.0	0.0	0.0	信息传输、软件和信息技术服务业	四川
600805	悦达投资	850.9	850.3	0.0	0.0	0.0	综合	江苏
600807	ST 天业	884.6	787.0	0.0	0.0	0.0	房地产业	山东
600808	马钢股份	7700.7	5967.8	0.0	1732.9	0.0	制造业	安徽
600809	山西汾酒	871.5	865.8	0.0	0.0	0.0	制造业	山西
600810	神马股份	575.0	575.0	0.0	0.0	0.0	制造业	河南
600811	东方集团	3714.6	3714.6	0.0	0.0	0.0	批发和零售业	黑龙江
600812	华北制药	1630.8	1630.8	0.0	0.0	0.0	制造业	河北
600814	杭州解百	715.0	715.0	0.0	0.0	0.0	批发和零售业	浙江
600815	*ST 厦工	1774.1	1774.1	0.0	0.0	0.0	制造业	福建
600816	安信信托	5469.1	5264.3	0.0	0.0	0.0	金融业	上海
600817	ST 宏盛	160.9	155.7	0.0	0.0	0.0	房地产业	陕西
600818	中路股份	321.4	238.0	83.5	0.0	0.0	制造业	上海
600819	耀皮玻璃	934.9	747.4	187.5	0.0	0.0	制造业	上海
600820	隧道股份	3144.1	3144.1	0.0	0.0	0.0	建筑业	上海
600821	津劝业	416.3	416.3	0.0	0.0	0.0	批发和零售业	天津
600822	上海物贸	496.0	396.1	99.8	0.0	0.0	批发和零售业	上海
600823	世茂股份	3751.2	3751.2	0.0	0.0	0.0	房地产业	上海
600824	益民集团	1054.0	1054.0	0.0	0.0	0.0	批发和零售业	上海
600825	新华传媒	1044.9	1044.9	0.0	0.0	0.0	文化、体育和娱乐业	上海
600826	兰生股份	420.6	420.6	0.0	0.0	0.0	批发和零售业	上海
600827	百联股份	1784.2	1604.4	179.7	0.0	0.0	批发和零售业	上海
600828	茂业商业	1732.0	655.1	0.0	0.0	0.0	批发和零售业	四川
600829	人民同泰	579.9	579.9	0.0	0.0	0.0	批发和零售业	黑龙江

注：股本的单位为百万股。

上市公司基本信息
Listed Companies in 2019

公司代码 Code	证券简称 Security Name	总股本 Total Vol	A股流通股 A-Share Negotiable	B股 B-Share	境外上市股份 H/D/S-Share	优先股 Pref Share	所属行业 Industry	注册地 Area
600830	香溢融通	454.3	454.3	0.0	0.0	0.0	租赁和商务服务业	浙江
600831	广电网络	708.8	708.8	0.0	0.0	0.0	信息传输、软件和信息技术服务业	陕西
600833	第一医药	223.1	223.1	0.0	0.0	0.0	批发和零售业	上海
600834	申通地铁	477.4	477.4	0.0	0.0	0.0	交通运输、仓储和邮政业	上海
600835	上海机电	1022.7	806.5	216.2	0.0	0.0	制造业	上海
600836	界龙实业	662.8	662.8	0.0	0.0	0.0	制造业	上海
600837	海通证券	11501.7	8092.1	0.0	3409.6	0.0	金融业	上海
600838	上海九百	400.9	400.9	0.0	0.0	0.0	批发和零售业	上海
600839	四川长虹	4616.2	4614.3	0.0	0.0	0.0	制造业	四川
600841	上柴股份	866.7	521.9	344.8	0.0	0.0	制造业	上海
600843	上工申贝	548.6	304.6	243.9	0.0	0.0	制造业	上海
600844	丹化科技	1016.5	822.7	193.8	0.0	0.0	制造业	上海
600845	宝信软件	1140.4	833.1	297.4	0.0	0.0	信息传输、软件和信息技术服务业	上海
600846	同济科技	624.8	624.8	0.0	0.0	0.0	建筑业	上海
600847	万里股份	153.3	153.3	0.0	0.0	0.0	制造业	重庆
600848	上海临港	2102.1	788.0	107.1	0.0	0.0	房地产业	上海
600850	华东电脑	426.5	426.5	0.0	0.0	0.0	信息传输、软件和信息技术服务业	上海
600851	海欣股份	1207.1	738.2	468.9	0.0	0.0	制造业	上海
600853	龙建股份	837.4	697.8	0.0	0.0	0.0	建筑业	黑龙江
600854	春兰股份	519.5	519.5	0.0	0.0	0.0	制造业	江苏
600855	航天长峰	439.6	340.9	0.0	0.0	0.0	制造业	北京
600856	ST中天	1366.7	1343.4	0.0	0.0	0.0	电力、热力、燃气及水生产和供应业	吉林
600857	宁波中百	224.3	224.3	0.0	0.0	0.0	批发和零售业	浙江
600858	银座股份	520.1	517.5	0.0	0.0	0.0	批发和零售业	山东
600859	王府井	776.3	568.8	0.0	0.0	0.0	批发和零售业	北京
600860	京城股份	422.0	322.0	0.0	100.0	0.0	制造业	北京
600861	北京城乡	316.8	316.8	0.0	0.0	0.0	批发和零售业	北京
600862	中航高科	1393.0	1393.0	0.0	0.0	0.0	制造业	江苏
600863	内蒙华电	5808.5	5808.5	0.0	0.0	0.0	电力、热力、燃气及水生产和供应业	内蒙
600864	哈投股份	2080.6	2080.6	0.0	0.0	0.0	金融业	黑龙江
600865	百大集团	376.2	376.2	0.0	0.0	0.0	批发和零售业	浙江
600866	星湖科技	739.0	645.4	0.0	0.0	0.0	制造业	广东
600867	通化东宝	2034.0	2034.0	0.0	0.0	0.0	制造业	吉林
600868	梅雁吉祥	1898.1	1898.1	0.0	0.0	0.0	电力、热力、燃气及水生产和供应业	广东
600869	智慧能源	2219.4	2219.4	0.0	0.0	0.0	制造业	青海
600870	ST厦华	523.2	523.2	0.0	0.0	0.0	制造业	福建
600871	石化油服	18984.3	12042.7	0.0	5415.0	0.0	采矿业	北京
600872	中炬高新	796.6	796.6	0.0	0.0	0.0	制造业	广东
600873	梅花生物	3104.3	3080.7	0.0	0.0	0.0	制造业	西藏
600874	创业环保	1427.2	1087.2	0.0	340.0	0.0	电力、热力、燃气及水生产和供应业	天津
600875	东方电气	3090.8	1996.9	0.0	340.0	0.0	制造业	四川
600876	洛阳玻璃	552.4	279.0	0.0	250.0	0.0	制造业	河南
600877	*ST电能	822.2	687.3	0.0	0.0	0.0	制造业	重庆
600879	航天电子	2719.3	2417.7	0.0	0.0	0.0	制造业	湖北
600880	博瑞传播	1093.3	1093.0	0.0	0.0	0.0	文化、体育和娱乐业	四川
600881	亚泰集团	3248.9	3223.4	0.0	0.0	0.0	制造业	吉林
600882	妙可蓝多	409.4	406.0	0.0	0.0	0.0	制造业	上海
600883	博闻科技	236.1	236.1	0.0	0.0	0.0	制造业	云南
600884	杉杉股份	1122.8	1122.8	0.0	0.0	0.0	制造业	浙江
600885	宏发股份	744.8	744.8	0.0	0.0	0.0	制造业	湖北

注：股本的单位为百万股。

上市公司基本信息
Listed Companies in 2019

公司代码 Code	证券简称 Security Name	总股本 Total Vol	A 股流通股 A-Share Negotiable	B 股 B-Share	境外上市股份 H/D/S-Share	优先股 Pref Share	所属行业 Industry	注册地 Area
600886	国投电力	6786.0	6786.0	0.0	0.0	0.0	电力、热力、燃气及水生产和供应业	北京
600887	伊利股份	6096.4	5906.6	0.0	0.0	0.0	制造业	内蒙
600888	新疆众和	1035.5	840.5	0.0	0.0	0.0	制造业	新疆
600889	南京化纤	366.3	338.0	0.0	0.0	0.0	制造业	江苏
600890	中房股份	579.2	579.2	0.0	0.0	0.0	房地产业	北京
600891	* ST 秋林	617.6	384.2	0.0	0.0	0.0	制造业	黑龙江
600892	大晟文化	559.5	540.4	0.0	0.0	0.0	信息传输、软件和信息技术服务业	广东
600893	航发动力	2249.8	1947.7	0.0	0.0	0.0	制造业	陕西
600894	广日股份	859.9	859.9	0.0	0.0	0.0	制造业	广东
600895	张江高科	1548.7	1548.7	0.0	0.0	0.0	房地产业	上海
600896	览海投资	869.1	869.1	0.0	0.0	0.0	卫生和社会工作	海南
600897	厦门空港	297.8	297.8	0.0	0.0	0.0	交通运输、仓储和邮政业	福建
600898	国美通讯	252.5	252.5	0.0	0.0	0.0	制造业	山东
600900	长江电力	22000.0	22000.0	0.0	0.0	0.0	电力、热力、燃气及水生产和供应业	北京
600901	江苏租赁	2986.6	1820.4	0.0	0.0	0.0	金融业	江苏
600903	贵州燃气	1138.2	631.7	0.0	0.0	0.0	电力、热力、燃气及水生产和供应业	贵州
600908	无锡银行	1848.3	1696.8	0.0	0.0	0.0	金融业	江苏
600909	华安证券	3621.0	3621.0	0.0	0.0	0.0	金融业	安徽
600917	重庆燃气	1556.0	1556.0	0.0	0.0	0.0	电力、热力、燃气及水生产和供应业	重庆
600919	江苏银行	11544.5	11405.8	0.0	0.0	200.0	金融业	江苏
600926	杭州银行	5130.2	4686.2	0.0	0.0	100.0	金融业	浙江
600928	西安银行	4444.4	444.4	0.0	0.0	0.0	金融业	陕西
600929	湖南盐业	917.8	337.3	0.0	0.0	0.0	制造业	湖南
600933	爱柯迪	857.5	267.3	0.0	0.0	0.0	制造业	浙江
600936	广西广电	1671.0	1671.0	0.0	0.0	0.0	信息传输、软件和信息技术服务业	广西
600939	重庆建工	1814.5	409.6	0.0	0.0	0.0	建筑业	重庆
600958	东方证券	6993.7	5677.4	0.0	1027.1	0.0	金融业	上海
600959	江苏有线	5000.7	4457.0	0.0	0.0	0.0	信息传输、软件和信息技术服务业	江苏
600960	渤海汽车	950.5	713.6	0.0	0.0	0.0	制造业	山东
600961	株冶集团	527.5	527.5	0.0	0.0	0.0	制造业	湖南
600962	国投中鲁	262.2	254.0	0.0	0.0	0.0	制造业	北京
600963	岳阳林纸	1397.7	1043.2	0.0	0.0	0.0	制造业	湖南
600965	福成股份	818.7	818.7	0.0	0.0	0.0	农、林、牧、渔业	河北
600966	博汇纸业	1336.8	1336.8	0.0	0.0	0.0	制造业	山东
600967	内蒙一机	1689.6	960.5	0.0	0.0	0.0	制造业	内蒙
600968	海油发展	10165.1	1865.1	0.0	0.0	0.0	采矿业	北京
600969	郴电国际	370.1	370.1	0.0	0.0	0.0	电力、热力、燃气及水生产和供应业	湖南
600970	中材国际	1739.6	1737.1	0.0	0.0	0.0	建筑业	江苏
600971	恒源煤电	1200.0	1200.0	0.0	0.0	0.0	采矿业	安徽
600973	宝胜股份	1222.1	1222.1	0.0	0.0	0.0	制造业	江苏
600975	新五丰	652.7	652.7	0.0	0.0	0.0	农、林、牧、渔业	湖南
600976	健民集团	153.4	153.3	0.0	0.0	0.0	批发和零售业	湖北
600977	中国电影	1867.0	1867.0	0.0	0.0	0.0	文化、体育和娱乐业	北京
600978	宜华生活	1482.9	1482.9	0.0	0.0	0.0	制造业	广东
600979	广安爱众	947.9	947.9	0.0	0.0	0.0	电力、热力、燃气及水生产和供应业	四川
600980	北矿科技	155.2	152.2	0.0	0.0	0.0	制造业	北京
600981	汇鸿集团	2242.4	730.9	0.0	0.0	0.0	批发和零售业	江苏
600982	宁波热电	1086.7	746.9	0.0	0.0	0.0	电力、热力、燃气及水生产和供应业	浙江
600983	惠而浦	766.4	532.8	0.0	0.0	0.0	制造业	安徽
600984	建设机械	827.8	786.1	0.0	0.0	0.0	制造业	陕西

注：股本的单位为百万股。

上市公司基本信息

Listed Companies in 2019

公司代码 Code	证券简称 Security Name	总股本 Total Vol	A 股流通股 A-Share Negotiable	B 股 B-Share	境外上市股份 H/D/S-Share	优先股 Pref Share	所属行业 Industry	注册地 Area
600985	淮北矿业	2172.4	552.7	0.0	0.0	0.0	采矿业	安徽
600986	科达股份	1325.2	1283.1	0.0	0.0	0.0	信息传输、软件和信息技术服务业	山东
600987	航民股份	1080.8	921.2	0.0	0.0	0.0	制造业	浙江
600988	赤峰黄金	1555.2	1426.4	0.0	0.0	0.0	采矿业	内蒙
600989	宝丰能源	7333.4	733.4	0.0	0.0	0.0	制造业	宁夏
600990	四创电子	159.2	136.7	0.0	0.0	0.0	制造业	安徽
600992	贵绳股份	245.1	245.1	0.0	0.0	0.0	制造业	贵州
600993	马应龙	431.1	430.3	0.0	0.0	0.0	批发和零售业	湖北
600995	文山电力	478.5	478.5	0.0	0.0	0.0	电力、热力、燃气及水生产和供应业	云南
600996	贵广网络	1051.7	1051.7	0.0	0.0	0.0	信息传输、软件和信息技术服务业	贵州
600997	开滦股份	1587.8	1234.6	0.0	0.0	0.0	制造业	河北
600998	九州通	1877.7	1673.5	0.0	0.0	0.0	批发和零售业	湖北
600999	招商证券	6699.4	5719.0	0.0	980.4	0.0	金融业	广东
601000	唐山港	5925.9	5925.9	0.0	0.0	0.0	交通运输、仓储和邮政业	河北
601001	大同煤业	1673.7	1673.7	0.0	0.0	0.0	采矿业	山西
601002	晋亿实业	792.7	792.7	0.0	0.0	0.0	制造业	浙江
601003	柳钢股份	2562.8	2562.8	0.0	0.0	0.0	制造业	广西
601005	重庆钢铁	8918.6	8380.5	0.0	538.1	0.0	制造业	重庆
601006	大秦铁路	14866.8	14866.8	0.0	0.0	0.0	交通运输、仓储和邮政业	山西
601007	金陵饭店	300.0	300.0	0.0	0.0	0.0	住宿和餐饮业	江苏
601008	连云港	1093.8	1015.2	0.0	0.0	0.0	交通运输、仓储和邮政业	江苏
601009	南京银行	8482.2	8482.2	0.0	0.0	99.0	金融业	江苏
601010	文峰股份	1848.0	1848.0	0.0	0.0	0.0	批发和零售业	江苏
601011	宝泰隆	1610.9	1604.8	0.0	0.0	0.0	制造业	黑龙江
601012	隆基股份	3772.0	3767.5	0.0	0.0	0.0	制造业	陕西
601015	陕西黑猫	1629.8	1458.7	0.0	0.0	0.0	制造业	陕西
601016	节能风电	4155.6	4155.6	0.0	0.0	0.0	电力、热力、燃气及水生产和供应业	北京
601018	宁波港	13172.8	12800.0	0.0	0.0	0.0	交通运输、仓储和邮政业	浙江
601019	山东出版	2086.9	426.9	0.0	0.0	0.0	文化、体育和娱乐业	山东
601020	华钰矿业	525.9	522.9	0.0	0.0	0.0	采矿业	西藏
601021	春秋航空	916.7	916.5	0.0	0.0	0.0	交通运输、仓储和邮政业	上海
601028	玉龙股份	783.0	783.0	0.0	0.0	0.0	制造业	江苏
601038	一拖股份	985.9	593.9	0.0	391.9	0.0	制造业	河南
601058	赛轮轮胎	2700.3	2077.6	0.0	0.0	0.0	制造业	山东
601066	中信建投	7646.4	864.4	0.0	1261.0	0.0	金融业	北京
601068	中铝国际	2959.1	295.9	0.0	399.5	0.0	建筑业	北京
601069	西部黄金	636.0	636.0	0.0	0.0	0.0	采矿业	新疆
601077	渝农商行	11357.0	1100.3	0.0	2513.3	0.0	金融业	重庆
601086	国芳集团	666.0	166.0	0.0	0.0	0.0	批发和零售业	甘肃
601088	中国神华	19889.6	16491.0	0.0	3398.6	0.0	采矿业	北京
601098	中南传媒	1796.0	1796.0	0.0	0.0	0.0	文化、体育和娱乐业	湖南
601099	太平洋	6816.3	6816.3	0.0	0.0	0.0	金融业	云南
601100	恒立液压	882.0	882.0	0.0	0.0	0.0	制造业	江苏
601101	昊华能源	1200.0	1200.0	0.0	0.0	0.0	采矿业	北京
601106	中国一重	6857.8	6538.0	0.0	0.0	0.0	制造业	黑龙江
601107	四川成渝	3058.1	2162.7	0.0	895.3	0.0	交通运输、仓储和邮政业	四川
601108	财通证券	3589.0	2406.7	0.0	0.0	0.0	金融业	浙江
601111	中国国航	14524.8	9448.7	0.0	4562.7	0.0	交通运输、仓储和邮政业	北京
601113	ST 华鼎	1141.5	907.7	0.0	0.0	0.0	制造业	浙江
601116	三江购物	547.7	410.8	0.0	0.0	0.0	批发和零售业	浙江

注：股本的单位为百万股。

上市公司基本信息
Listed Companies in 2019

公司代码 Code	证券简称 Security Name	总股本 Total Vol	A股流通股 A-Share Negotiable	B股 B-Share	境外上市股份 H/D/S-Share	优先股 Pref Share	所属行业 Industry	注册地 Area
601117	中国化学	4933.0	4933.0	0.0	0.0	0.0	建筑业	北京
601118	海南橡胶	4279.4	4279.4	0.0	0.0	0.0	农、林、牧、渔业	海南
601126	四方股份	813.2	813.2	0.0	0.0	0.0	制造业	北京
601127	小康股份	939.9	933.4	0.0	0.0	0.0	制造业	重庆
601128	常熟银行	2740.9	2575.1	0.0	0.0	0.0	金融业	江苏
601137	博威合金	684.5	614.5	0.0	0.0	0.0	制造业	浙江
601138	工业富联	19854.8	1838.8	0.0	0.0	0.0	制造业	广东
601139	深圳燃气	2876.8	2865.7	0.0	0.0	0.0	电力、热力、燃气及水生产和供应业	广东
601155	新城控股	2256.7	2246.4	0.0	0.0	0.0	房地产业	江苏
601158	重庆水务	4800.0	4800.0	0.0	0.0	0.0	电力、热力、燃气及水生产和供应业	重庆
601162	天风证券	5180.0	2352.5	0.0	0.0	0.0	金融业	湖北
601163	三角轮胎	800.0	800.0	0.0	0.0	0.0	制造业	山东
601166	兴业银行	20774.2	19052.3	0.0	0.0	560.0	金融业	福建
601168	西部矿业	2383.0	2383.0	0.0	0.0	0.0	采矿业	青海
601169	北京银行	21143.0	18248.0	0.0	0.0	179.0	金融业	北京
601177	杭齿前进	400.1	400.1	0.0	0.0	0.0	制造业	浙江
601179	中国西电	5125.9	5125.9	0.0	0.0	0.0	制造业	陕西
601186	中国铁建	13579.5	11503.2	0.0	2076.3	0.0	建筑业	北京
601188	龙江交通	1315.9	1315.9	0.0	0.0	0.0	交通运输、仓储和邮政业	黑龙江
601198	东兴证券	2758.0	2758.0	0.0	0.0	0.0	金融业	北京
601199	江南水务	935.2	935.2	0.0	0.0	0.0	电力、热力、燃气及水生产和供应业	江苏
601200	上海环境	913.3	874.0	0.0	0.0	0.0	水利、环境和公共设施管理业	上海
601208	东材科技	626.6	626.6	0.0	0.0	0.0	制造业	四川
601211	国泰君安	8907.9	7516.1	0.0	1391.8	0.0	金融业	上海
601212	白银有色	7404.8	1964.7	0.0	0.0	0.0	制造业	甘肃
601216	君正集团	8438.0	8438.0	0.0	0.0	0.0	制造业	内蒙
601218	吉鑫科技	991.8	977.4	0.0	0.0	0.0	制造业	江苏
601222	林洋能源	1757.7	1748.9	0.0	0.0	0.0	制造业	江苏
601225	陕西煤业	10000.0	10000.0	0.0	0.0	0.0	采矿业	陕西
601226	华电重工	1155.0	1155.0	0.0	0.0	0.0	科学研究和技术服务业	北京
601228	广州港	6193.2	1443.2	0.0	0.0	0.0	交通运输、仓储和邮政业	广东
601229	上海银行	14206.5	13261.8	0.0	0.0	200.0	金融业	上海
601231	环旭电子	2175.9	2175.9	0.0	0.0	0.0	制造业	上海
601233	桐昆股份	1847.9	1847.9	0.0	0.0	0.0	制造业	浙江
601236	红塔证券	3633.4	364.0	0.0	0.0	0.0	金融业	云南
601238	广汽集团	10237.7	6084.3	0.0	3098.6	0.0	制造业	广东
601258	*ST庞大	10227.2	10227.2	0.0	0.0	0.0	批发和零售业	河北
601288	农业银行	349983.0	294055.3	0.0	30738.8	800.0	金融业	北京
601298	青岛港	6491.1	454.4	0.0	1099.0	0.0	交通运输、仓储和邮政业	山东
601311	骆驼股份	863.8	863.8	0.0	0.0	0.0	制造业	湖北
601318	中国平安	18280.2	10832.7	0.0	7447.6	0.0	金融业	广东
601319	中国人保	44224.0	5601.6	0.0	8726.2	0.0	金融业	北京
601326	秦港股份	5587.4	1653.2	0.0	829.9	0.0	交通运输、仓储和邮政业	河北
601328	交通银行	74262.7	39250.9	0.0	35011.9	450.0	金融业	上海
601330	绿色动力	1161.2	255.7	0.0	404.4	0.0	水利、环境和公共设施管理业	广东
601333	广深铁路	7083.5	5652.2	0.0	1431.3	0.0	交通运输、仓储和邮政业	广东
601336	新华保险	3119.5	2085.4	0.0	1034.1	0.0	金融业	北京
601339	百隆东方	1500.0	1500.0	0.0	0.0	0.0	制造业	浙江
601360	三六零	6764.1	397.2	0.0	0.0	0.0	信息传输、软件和信息技术服务业	江苏
601366	利群股份	860.5	475.0	0.0	0.0	0.0	批发和零售业	山东

注：股本的单位为百万股。

上市公司基本信息
Listed Companies in 2019

公司代码 Code	证券简称 Security Name	总股本 Total Vol	A股流通股 A-Share Negotiable	B股 B-Share	境外上市股份 H/D/S-Share	优先股 Pref Share	所属行业 Industry	注册地 Area
601368	绿城水务	883.0	735.8	0.0	0.0	0.0	电力、热力、燃气及水生产和供应业	广西
601369	陕鼓动力	1678.3	1638.8	0.0	0.0	0.0	制造业	陕西
601375	中原证券	3869.1	1802.7	0.0	1195.4	0.0	金融业	河南
601377	兴业证券	6696.7	6696.7	0.0	0.0	0.0	金融业	福建
601388	怡球资源	2025.4	2025.4	0.0	0.0	0.0	制造业	江苏
601390	中国中铁	24570.9	18636.9	0.0	4207.4	0.0	建筑业	北京
601398	工商银行	356406.3	269612.2	0.0	86794.0	1150.0	金融业	北京
601500	通用股份	872.3	726.9	0.0	0.0	0.0	制造业	江苏
601512	中新集团	1498.9	149.9	0.0	0.0	0.0	综合	江苏
601515	东风股份	1334.4	1334.4	0.0	0.0	0.0	制造业	广东
601518	吉林高速	1350.4	1213.2	0.0	0.0	0.0	交通运输、仓储和邮政业	吉林
601519	大智慧	1987.7	1987.7	0.0	0.0	0.0	信息传输、软件和信息技术服务业	上海
601555	东吴证券	3000.0	3000.0	0.0	0.0	0.0	金融业	江苏
601558	ST锐电	6030.6	6030.6	0.0	0.0	0.0	制造业	北京
601566	九牧王	574.6	574.6	0.0	0.0	0.0	制造业	福建
601567	三星医疗	1386.6	1386.6	0.0	0.0	0.0	制造业	浙江
601577	长沙银行	3421.6	995.3	0.0	0.0	0.0	金融业	湖南
601579	会稽山	497.4	497.4	0.0	0.0	0.0	制造业	浙江
601588	北辰实业	3367.0	2660.0	0.0	707.0	0.0	房地产业	北京
601595	上海电影	373.5	373.5	0.0	0.0	0.0	文化、体育和娱乐业	上海
601598	中国外运	7400.8	1351.6	0.0	2144.9	0.0	交通运输、仓储和邮政业	北京
601599	鹿港文化	892.7	892.7	0.0	0.0	0.0	制造业	江苏
601600	中国铝业	17022.7	10959.8	0.0	3944.0	0.0	制造业	北京
601601	中国太保	9062.0	6286.7	0.0	2775.3	0.0	金融业	上海
601606	长城军工	724.2	297.7	0.0	0.0	0.0	制造业	安徽
601607	上海医药	2842.1	1922.9	0.0	919.1	0.0	批发和零售业	上海
601608	中信重工	4339.4	4339.4	0.0	0.0	0.0	制造业	河南
601611	中国核建	2625.0	2625.0	0.0	0.0	0.0	建筑业	上海
601615	明阳智能	1379.7	275.9	0.0	0.0	0.0	制造业	广东
601616	广电电气	935.6	935.6	0.0	0.0	0.0	制造业	上海
601618	中国中冶	20723.6	17852.6	0.0	2871.0	0.0	建筑业	北京
601619	嘉泽新能	2074.1	503.8	0.0	0.0	0.0	电力、热力、燃气及水生产和供应业	宁夏
601628	中国人寿	28264.7	20823.5	0.0	7441.2	0.0	金融业	北京
601633	长城汽车	9127.3	6027.7	0.0	3099.5	0.0	制造业	河北
601636	旗滨集团	2687.7	2656.8	0.0	0.0	0.0	制造业	湖南
601658	邮储银行	86202.7	2974.0	0.0	19856.2	0.0	金融业	北京
601666	平煤股份	2361.2	2361.2	0.0	0.0	0.0	采矿业	河南
601668	中国建筑	41975.6	41141.1	0.0	0.0	150.0	建筑业	北京
601669	中国电建	15299.0	11144.4	0.0	0.0	20.0	建筑业	北京
601677	明泰铝业	616.3	574.6	0.0	0.0	0.0	制造业	河南
601678	滨化股份	1544.4	1544.4	0.0	0.0	0.0	制造业	山东
601688	华泰证券	9076.7	7357.6	0.0	1719.0	0.0	金融业	江苏
601689	拓普集团	1055.0	1048.4	0.0	0.0	0.0	制造业	浙江
601698	中国卫通	4000.0	400.0	0.0	0.0	0.0	信息传输、软件和信息技术服务业	北京
601699	潞安环能	2991.4	2991.4	0.0	0.0	0.0	采矿业	山西
601700	风范股份	1133.2	1133.2	0.0	0.0	0.0	制造业	江苏
601717	郑煤机	1732.5	1483.1	0.0	243.2	0.0	制造业	河南
601718	际华集团	4391.6	4391.6	0.0	0.0	0.0	制造业	北京
601727	上海电气	15152.5	10283.8	0.0	2972.9	0.0	制造业	上海
601766	中国中车	28698.9	22917.7	0.0	4371.1	0.0	制造业	北京

注：股本的单位为百万股。

上市公司基本信息
Listed Companies in 2019

公司代码 Code	证券简称 Security Name	总股本 Total Vol	A股流通股 A-Share Negotiable	B股 B-Share	境外上市股份 H/D/S-Share	优先股 Pref Share	所属行业 Industry	注册地 Area
601777	力帆股份	1313.8	1285.8	0.0	0.0	0.0	制造业	重庆
601788	光大证券	4610.8	3906.7	0.0	704.1	0.0	金融业	上海
601789	宁波建工	976.1	976.1	0.0	0.0	0.0	建筑业	浙江
601798	ST蓝科	354.5	354.5	0.0	0.0	0.0	制造业	甘肃
601799	星宇股份	276.2	276.2	0.0	0.0	0.0	制造业	江苏
601800	中国交建	16174.7	11747.2	0.0	4427.5	145.0	建筑业	北京
601801	皖新传媒	1989.2	1989.2	0.0	0.0	0.0	文化、体育和娱乐业	安徽
601808	中海油服	4771.6	2960.5	0.0	1811.1	0.0	采矿业	天津
601811	新华文轩	1233.8	791.9	0.0	441.9	0.0	文化、体育和娱乐业	四川
601818	光大银行	52489.3	39810.6	0.0	12678.7	650.0	金融业	北京
601828	美凯龙	3550.0	395.8	0.0	673.9	0.0	租赁和商务服务业	上海
601838	成都银行	3612.3	1894.2	0.0	0.0	0.0	金融业	四川
601857	中国石油	183021.0	161922.1	0.0	21098.9	0.0	采矿业	北京
601858	中国科传	790.5	190.5	0.0	0.0	0.0	文化、体育和娱乐业	北京
601860	紫金银行	3660.9	366.1	0.0	0.0	0.0	金融业	江苏
601865	福莱特	1950.0	150.0	0.0	450.0	0.0	制造业	浙江
601866	中远海发	11608.1	7932.1	0.0	3676.0	0.0	交通运输、仓储和邮政业	上海
601869	长飞光纤	757.9	106.6	0.0	351.6	0.0	制造业	湖北
601872	招商轮船	6066.6	5299.5	0.0	0.0	0.0	交通运输、仓储和邮政业	上海
601877	正泰电器	2151.2	2151.0	0.0	0.0	0.0	制造业	浙江
601878	浙商证券	3333.3	1208.5	0.0	0.0	0.0	金融业	浙江
601880	大连港	12894.5	7735.8	0.0	5158.7	0.0	交通运输、仓储和邮政业	辽宁
601881	中国银河	10137.3	1228.5	0.0	3691.0	0.0	金融业	北京
601882	海天精工	522.0	522.0	0.0	0.0	0.0	制造业	浙江
601886	江河集团	1154.1	1154.1	0.0	0.0	0.0	建筑业	北京
601888	中国国旅	1952.5	1952.5	0.0	0.0	0.0	租赁和商务服务业	北京
601890	亚星锚链	959.4	959.4	0.0	0.0	0.0	制造业	江苏
601898	中煤能源	13258.7	9152.0	0.0	4106.7	0.0	采矿业	北京
601899	紫金矿业	25377.3	19221.8	0.0	5736.9	0.0	采矿业	福建
601900	南方传媒	895.9	889.4	0.0	0.0	0.0	文化、体育和娱乐业	广东
601901	方正证券	8232.1	8232.1	0.0	0.0	0.0	金融业	湖南
601908	京运通	1993.0	1993.0	0.0	0.0	0.0	制造业	北京
601916	浙商银行	21268.7	2067.6	0.0	4554.0	0.0	金融业	浙江
601918	新集能源	2590.5	2590.5	0.0	0.0	0.0	采矿业	安徽
601919	中远海控	12259.5	7635.7	0.0	2580.6	0.0	交通运输、仓储和邮政业	天津
601928	凤凰传媒	2544.9	2544.9	0.0	0.0	0.0	文化、体育和娱乐业	江苏
601929	吉视传媒	3111.1	3111.1	0.0	0.0	0.0	信息传输、软件和信息技术服务业	吉林
601933	永辉超市	9570.5	9468.3	0.0	0.0	0.0	批发和零售业	福建
601939	建设银行	250011.0	9593.7	0.0	240417.3	600.0	金融业	北京
601949	中国出版	1822.5	401.0	0.0	0.0	0.0	文化、体育和娱乐业	北京
601952	苏垦农发	1378.0	409.3	0.0	0.0	0.0	制造业	江苏
601958	金钼股份	3226.6	3226.6	0.0	0.0	0.0	采矿业	陕西
601965	中国汽研	969.8	961.2	0.0	0.0	0.0	制造业	重庆
601966	玲珑轮胎	1200.0	1200.0	0.0	0.0	0.0	制造业	山东
601968	宝钢包装	833.3	833.3	0.0	0.0	0.0	制造业	上海
601969	海南矿业	1954.7	1954.7	0.0	0.0	0.0	采矿业	海南
601975	招商南油	5023.4	1898.6	0.0	0.0	0.0	交通运输、仓储和邮政业	江苏
601985	中国核电	15565.4	15565.4	0.0	0.0	0.0	电力、热力、燃气及水生产和供应业	北京
601988	中国银行	294387.8	210765.5	0.0	83622.3	1600.0	金融业	北京
601989	中国重工	22802.0	18283.9	0.0	0.0	0.0	制造业	北京

注：股本的单位为百万股。

上市公司基本信息
Listed Companies in 2019

公司代码 Code	证券简称 Security Name	总股本 Total Vol	A 股流通股 A-Share Negotiable	B 股 B-Share	境外上市股份 H/D/S-Share	优先股 Pref Share	所属行业 Industry	注册地 Area
601990	南京证券	3298.8	2061.0	0.0	0.0	0.0	金融业	江苏
601991	大唐发电	18506.7	9994.4	0.0	6110.6	0.0	电力、热力、燃气及水生产和供应业	北京
601992	金隅集团	10677.8	8334.2	0.0	2338.8	0.0	制造业	北京
601996	丰林集团	1145.7	1075.7	0.0	0.0	0.0	制造业	广西
601997	贵阳银行	3218.0	3069.8	0.0	0.0	50.0	金融业	贵州
601998	中信银行	48934.8	31905.2	0.0	14882.2	350.0	金融业	北京
601999	出版传媒	550.9	550.9	0.0	0.0	0.0	文化、体育和娱乐业	辽宁
603000	人民网	1105.7	1105.7	0.0	0.0	0.0	信息传输、软件和信息技术服务业	北京
603001	奥康国际	401.0	401.0	0.0	0.0	0.0	制造业	浙江
603002	宏昌电子	614.4	614.4	0.0	0.0	0.0	制造业	广东
603003	龙宇燃油	416.5	416.5	0.0	0.0	0.0	批发和零售业	上海
603005	晶方科技	229.7	229.7	0.0	0.0	0.0	制造业	江苏
603006	联明股份	191.1	191.1	0.0	0.0	0.0	制造业	上海
603007	花王股份	337.1	333.4	0.0	0.0	0.0	建筑业	江苏
603008	喜临门	391.1	387.4	0.0	0.0	0.0	制造业	浙江
603009	北特科技	359.0	328.0	0.0	0.0	0.0	制造业	上海
603010	万盛股份	346.8	344.1	0.0	0.0	0.0	制造业	浙江
603011	合锻智能	453.1	448.9	0.0	0.0	0.0	制造业	安徽
603012	创力集团	636.6	636.6	0.0	0.0	0.0	制造业	上海
603013	亚普股份	510.0	60.0	0.0	0.0	0.0	制造业	江苏
603015	弘讯科技	407.1	404.2	0.0	0.0	0.0	制造业	浙江
603016	新宏泰	148.2	148.2	0.0	0.0	0.0	制造业	江苏
603017	中衡设计	275.1	269.9	0.0	0.0	0.0	科学研究和技术服务业	江苏
603018	中设集团	464.4	460.0	0.0	0.0	0.0	科学研究和技术服务业	江苏
603019	中科曙光	900.3	900.3	0.0	0.0	0.0	制造业	天津
603020	爱普股份	320.0	320.0	0.0	0.0	0.0	制造业	上海
603021	山东华鹏	319.9	319.9	0.0	0.0	0.0	制造业	山东
603022	新通联	200.0	200.0	0.0	0.0	0.0	制造业	上海
603023	威帝股份	445.6	445.6	0.0	0.0	0.0	制造业	黑龙江
603025	大豪科技	926.2	915.9	0.0	0.0	0.0	制造业	北京
603026	石大胜华	202.7	202.7	0.0	0.0	0.0	制造业	山东
603027	千禾味业	465.7	459.6	0.0	0.0	0.0	制造业	四川
603028	赛福天	220.8	220.8	0.0	0.0	0.0	制造业	江苏
603029	天鹅股份	93.3	93.3	0.0	0.0	0.0	制造业	山东
603030	全筑股份	538.2	535.8	0.0	0.0	0.0	建筑业	上海
603031	安德利	112.0	112.0	0.0	0.0	0.0	批发和零售业	安徽
603032	德新交运	160.0	78.4	0.0	0.0	0.0	交通运输、仓储和邮政业	新疆
603033	三维股份	304.4	177.8	0.0	0.0	0.0	制造业	浙江
603035	常熟汽饰	280.0	172.2	0.0	0.0	0.0	制造业	江苏
603036	如通股份	206.0	203.4	0.0	0.0	0.0	制造业	江苏
603037	凯众股份	105.8	62.4	0.0	0.0	0.0	制造业	上海
603038	华立股份	131.6	52.9	0.0	0.0	0.0	制造业	广东
603039	泛微网络	151.6	60.7	0.0	0.0	0.0	信息传输、软件和信息技术服务业	上海
603040	新坐标	79.5	32.2	0.0	0.0	0.0	制造业	浙江
603041	美思德	100.6	46.5	0.0	0.0	0.0	制造业	江苏
603042	华脉科技	136.0	101.0	0.0	0.0	0.0	制造业	江苏
603043	广州酒家	404.0	125.5	0.0	0.0	0.0	制造业	广东
603045	福达合金	137.6	94.9	0.0	0.0	0.0	制造业	浙江
603050	科林电气	162.2	81.2	0.0	0.0	0.0	制造业	河北
603053	成都燃气	888.9	88.9	0.0	0.0	0.0	电力、热力、燃气及水生产和供应业	四川

注：股本的单位为百万股。

上市公司基本信息
Listed Companies in 2019

公司代码 Code	证券简称 Security Name	总股本 Total Vol	A 股流通股 A-Share Negotiable	B 股 B-Share	境外上市股份 H/D/S-Share	优先股 Pref Share	所属行业 Industry	注册地 Area
603055	台华新材	766.6	141.1	0.0	0.0	0.0	制造业	浙江
603056	德邦股份	960.0	217.7	0.0	0.0	0.0	交通运输、仓储和邮政业	上海
603058	永吉股份	419.1	224.1	0.0	0.0	0.0	制造业	贵州
603059	倍加洁	100.0	25.0	0.0	0.0	0.0	制造业	江苏
603060	国检集团	308.0	308.0	0.0	0.0	0.0	科学研究和技术服务业	北京
603063	禾望电气	430.9	255.3	0.0	0.0	0.0	制造业	广东
603066	音飞储存	300.7	300.7	0.0	0.0	0.0	交通运输、仓储和邮政业	江苏
603067	振华股份	431.2	431.2	0.0	0.0	0.0	制造业	湖北
603068	博通集成	138.7	34.7	0.0	0.0	0.0	制造业	上海
603069	海汽集团	316.0	316.0	0.0	0.0	0.0	交通运输、仓储和邮政业	海南
603076	乐惠国际	74.5	26.8	0.0	0.0	0.0	制造业	浙江
603077	和邦生物	8831.3	8831.3	0.0	0.0	0.0	制造业	四川
603078	江化微	109.2	62.2	0.0	0.0	0.0	制造业	江苏
603079	圣达生物	112.0	36.5	0.0	0.0	0.0	制造业	浙江
603080	新疆火炬	141.5	87.2	0.0	0.0	0.0	电力、热力、燃气及水生产和供应业	新疆
603081	大丰实业	401.8	77.7	0.0	0.0	0.0	制造业	浙江
603083	剑桥科技	169.4	112.2	0.0	0.0	0.0	制造业	上海
603085	天成自控	291.0	291.0	0.0	0.0	0.0	制造业	浙江
603086	先达股份	112.0	72.5	0.0	0.0	0.0	制造业	山东
603088	宁波精达	156.8	156.8	0.0	0.0	0.0	制造业	浙江
603089	正裕工业	154.7	45.6	0.0	0.0	0.0	制造业	浙江
603090	宏盛股份	100.0	100.0	0.0	0.0	0.0	制造业	江苏
603093	南华期货	580.0	70.0	0.0	0.0	0.0	金融业	浙江
603096	新经典	135.3	54.3	0.0	0.0	0.0	文化、体育和娱乐业	天津
603098	森特股份	480.0	480.0	0.0	0.0	0.0	建筑业	北京
603099	长白山	266.7	266.7	0.0	0.0	0.0	水利、环境和公共设施管理业	吉林
603100	川仪股份	395.0	395.0	0.0	0.0	0.0	制造业	重庆
603101	汇嘉时代	336.0	336.0	0.0	0.0	0.0	批发和零售业	新疆
603103	横店影视	634.2	74.2	0.0	0.0	0.0	文化、体育和娱乐业	浙江
603105	芯能科技	500.0	308.3	0.0	0.0	0.0	制造业	浙江
603106	恒银金融	400.4	169.5	0.0	0.0	0.0	制造业	天津
603108	润达医疗	579.5	579.5	0.0	0.0	0.0	批发和零售业	上海
603109	神驰机电	146.7	36.7	0.0	0.0	0.0	制造业	重庆
603110	东方材料	143.7	54.3	0.0	0.0	0.0	制造业	浙江
603111	康尼机电	993.3	836.0	0.0	0.0	0.0	制造业	江苏
603113	金能科技	675.9	331.9	0.0	0.0	0.0	制造业	山东
603115	海星股份	208.0	52.0	0.0	0.0	0.0	制造业	江苏
603116	红蜻蜓	576.2	576.2	0.0	0.0	0.0	制造业	浙江
603117	万林物流	643.0	633.1	0.0	0.0	0.0	租赁和商务服务业	江苏
603118	共进股份	775.7	775.7	0.0	0.0	0.0	制造业	广东
603121	华培动力	216.0	54.0	0.0	0.0	0.0	制造业	上海
603123	翠微股份	524.1	524.1	0.0	0.0	0.0	批发和零售业	北京
603126	中材节能	610.5	610.5	0.0	0.0	0.0	科学研究和技术服务业	天津
603127	昭衍新药	161.7	78.8	0.0	0.0	0.0	科学研究和技术服务业	北京
603128	华贸物流	1012.0	1012.0	0.0	0.0	0.0	交通运输、仓储和邮政业	上海
603129	春风动力	134.4	65.6	0.0	0.0	0.0	制造业	浙江
603131	上海沪工	318.0	70.0	0.0	0.0	0.0	制造业	上海
603133	碳元科技	210.5	113.0	0.0	0.0	0.0	制造业	江苏
603136	天目湖	116.0	29.0	0.0	0.0	0.0	水利、环境和公共设施管理业	江苏
603138	海量数据	210.6	67.1	0.0	0.0	0.0	信息传输、软件和信息技术服务业	北京

注：股本的单位为百万股。

上市公司基本信息
Listed Companies in 2019

公司代码 Code	证券简称 Security Name	总股本 Total Vol	A股流通股 A-Share Negotiable	B股 B-Share	境外上市股份 H/D/S-Share	优先股 Pref Share	所属行业 Industry	注册地 Area
603139	康惠制药	99.9	53.6	0.0	0.0	0.0	制造业	陕西
603156	养元饮品	1054.6	639.4	0.0	0.0	0.0	制造业	河北
603157	拉夏贝尔	547.7	145.8	0.0	214.8	0.0	制造业	上海
603158	腾龙股份	217.0	217.0	0.0	0.0	0.0	制造业	江苏
603159	上海亚虹	140.0	140.0	0.0	0.0	0.0	制造业	上海
603160	汇顶科技	455.7	448.8	0.0	0.0	0.0	制造业	广东
603161	科华控股	133.4	69.4	0.0	0.0	0.0	制造业	江苏
603165	荣晟环保	177.4	44.4	0.0	0.0	0.0	制造业	浙江
603166	福达股份	595.3	592.0	0.0	0.0	0.0	制造业	广西
603167	渤海轮渡	472.8	461.0	0.0	0.0	0.0	交通运输、仓储和邮政业	山东
603168	莎普爱思	322.6	317.6	0.0	0.0	0.0	制造业	浙江
603169	兰石重装	1051.5	1043.7	0.0	0.0	0.0	制造业	甘肃
603177	德创环保	202.0	61.8	0.0	0.0	0.0	水利、环境和公共设施管理业	浙江
603178	圣龙股份	201.8	51.0	0.0	0.0	0.0	制造业	浙江
603179	新泉股份	227.6	96.4	0.0	0.0	0.0	制造业	江苏
603180	金牌厨柜	67.2	18.4	0.0	0.0	0.0	制造业	福建
603181	皇马科技	280.0	138.6	0.0	0.0	0.0	制造业	浙江
603183	建研院	190.9	104.0	0.0	0.0	0.0	科学研究和技术服务业	江苏
603185	上机数控	176.4	44.8	0.0	0.0	0.0	制造业	江苏
603186	华正新材	129.4	73.7	0.0	0.0	0.0	制造业	浙江
603187	海容冷链	113.2	84.0	0.0	0.0	0.0	制造业	山东
603188	ST亚邦	576.0	576.0	0.0	0.0	0.0	制造业	江苏
603189	网达软件	220.8	220.8	0.0	0.0	0.0	信息传输、软件和信息技术服务业	上海
603192	汇得科技	106.7	26.7	0.0	0.0	0.0	制造业	上海
603196	日播时尚	240.0	65.4	0.0	0.0	0.0	制造业	上海
603197	保隆科技	166.1	98.4	0.0	0.0	0.0	制造业	上海
603198	迎驾贡酒	800.0	800.0	0.0	0.0	0.0	制造业	安徽
603199	九华旅游	110.7	110.7	0.0	0.0	0.0	水利、环境和公共设施管理业	安徽
603200	上海洗霸	101.3	34.8	0.0	0.0	0.0	水利、环境和公共设施管理业	上海
603203	快克股份	157.4	156.5	0.0	0.0	0.0	制造业	江苏
603208	江山欧派	80.8	30.8	0.0	0.0	0.0	制造业	浙江
603214	爱婴室	102.1	55.2	0.0	0.0	0.0	批发和零售业	上海
603217	元利科技	91.0	22.8	0.0	0.0	0.0	制造业	山东
603218	日月股份	531.3	132.5	0.0	0.0	0.0	制造业	浙江
603220	中贝通信	337.8	185.6	0.0	0.0	0.0	信息传输、软件和信息技术服务业	湖北
603222	济民制药	320.0	320.0	0.0	0.0	0.0	制造业	浙江
603223	恒通股份	282.2	282.2	0.0	0.0	0.0	交通运输、仓储和邮政业	山东
603225	新凤鸣	1399.6	166.6	0.0	0.0	0.0	制造业	浙江
603226	菲林格尔	151.3	39.6	0.0	0.0	0.0	制造业	上海
603227	雪峰科技	658.7	658.7	0.0	0.0	0.0	制造业	新疆
603228	景旺电子	602.4	141.3	0.0	0.0	0.0	制造业	广东
603229	奥翔药业	160.0	54.0	0.0	0.0	0.0	制造业	浙江
603232	格尔软件	121.3	72.7	0.0	0.0	0.0	信息传输、软件和信息技术服务业	上海
603233	大参林	520.0	83.4	0.0	0.0	0.0	批发和零售业	广东
603236	移远通信	89.2	22.3	0.0	0.0	0.0	制造业	上海
603238	诺邦股份	120.0	30.0	0.0	0.0	0.0	制造业	浙江
603239	浙江仙通	270.7	270.7	0.0	0.0	0.0	制造业	浙江
603256	宏和科技	877.8	87.8	0.0	0.0	0.0	制造业	上海
603258	电魂网络	243.7	240.0	0.0	0.0	0.0	信息传输、软件和信息技术服务业	浙江
603259	药明康德	1638.2	1006.1	0.0	170.5	0.0	科学研究和技术服务业	江苏

注：股本的单位为百万股。

上市公司基本信息
Listed Companies in 2019

公司代码 Code	证券简称 Security Name	总股本 Total Vol	A 股流通股 A-Share Negotiable	B 股 B-Share	境外上市股份 H/D/S-Share	优先股 Pref Share	所属行业 Industry	注册地 Area
603260	合盛硅业	938.0	365.2	0.0	0.0	0.0	制造业	浙江
603266	天龙股份	198.6	49.0	0.0	0.0	0.0	制造业	浙江
603267	鸿远电子	165.3	41.3	0.0	0.0	0.0	制造业	北京
603268	松发股份	124.2	124.2	0.0	0.0	0.0	制造业	广东
603269	海鸥股份	91.5	59.1	0.0	0.0	0.0	制造业	江苏
603277	银都股份	410.1	161.0	0.0	0.0	0.0	制造业	浙江
603278	大业股份	289.9	119.9	0.0	0.0	0.0	制造业	山东
603279	景津环保	400.0	40.5	0.0	0.0	0.0	制造业	山东
603283	赛腾股份	170.9	41.0	0.0	0.0	0.0	制造业	江苏
603286	日盈电子	88.1	45.8	0.0	0.0	0.0	制造业	江苏
603288	海天味业	2700.4	2700.4	0.0	0.0	0.0	制造业	广东
603289	泰瑞机器	266.8	136.3	0.0	0.0	0.0	制造业	浙江
603297	永新光学	109.2	51.1	0.0	0.0	0.0	制造业	浙江
603298	杭叉集团	618.9	618.9	0.0	0.0	0.0	制造业	浙江
603299	苏盐井神	775.7	559.4	0.0	0.0	0.0	制造业	江苏
603300	华铁应急	680.1	636.4	0.0	0.0	0.0	租赁和商务服务业	浙江
603301	振德医疗	140.0	54.5	0.0	0.0	0.0	制造业	浙江
603303	得邦照明	487.7	120.5	0.0	0.0	0.0	制造业	浙江
603305	旭升股份	400.6	63.3	0.0	0.0	0.0	制造业	浙江
603306	华懋科技	310.6	307.0	0.0	0.0	0.0	制造业	福建
603308	应流股份	488.0	433.8	0.0	0.0	0.0	制造业	安徽
603309	维力医疗	200.0	200.0	0.0	0.0	0.0	制造业	广东
603311	金海环境	210.0	210.0	0.0	0.0	0.0	制造业	浙江
603313	梦百合	322.3	320.1	0.0	0.0	0.0	制造业	江苏
603315	福鞍股份	307.0	220.0	0.0	0.0	0.0	制造业	辽宁
603316	诚邦股份	203.3	105.1	0.0	0.0	0.0	建筑业	浙江
603317	天味食品	413.2	41.3	0.0	0.0	0.0	制造业	四川
603318	派思股份	402.2	402.2	0.0	0.0	0.0	制造业	辽宁
603319	湘油泵	104.9	104.9	0.0	0.0	0.0	制造业	湖南
603320	迪贝电气	100.0	32.5	0.0	0.0	0.0	制造业	浙江
603321	梅轮电梯	307.0	116.1	0.0	0.0	0.0	制造业	浙江
603322	超讯通信	156.5	156.5	0.0	0.0	0.0	信息传输、软件和信息技术服务业	广东
603323	苏农银行	1803.1	1362.2	0.0	0.0	0.0	金融业	江苏
603326	我乐家居	225.9	64.4	0.0	0.0	0.0	制造业	江苏
603327	福蓉科技	401.0	51.0	0.0	0.0	0.0	制造业	四川
603328	依顿电子	998.2	998.2	0.0	0.0	0.0	制造业	广东
603329	上海雅仕	132.0	64.7	0.0	0.0	0.0	交通运输、仓储和邮政业	上海
603330	上海天洋	109.2	44.1	0.0	0.0	0.0	制造业	上海
603331	百达精工	128.4	31.8	0.0	0.0	0.0	制造业	浙江
603332	苏州龙杰	118.9	29.7	0.0	0.0	0.0	制造业	江苏
603333	尚纬股份	519.9	513.6	0.0	0.0	0.0	制造业	四川
603335	迪生力	428.1	203.4	0.0	0.0	0.0	制造业	广东
603336	宏辉果蔬	225.4	225.4	0.0	0.0	0.0	制造业	广东
603337	杰克股份	445.9	117.5	0.0	0.0	0.0	制造业	浙江
603338	浙江鼎力	346.8	346.8	0.0	0.0	0.0	制造业	浙江
603339	四方科技	210.7	209.1	0.0	0.0	0.0	制造业	江苏
603345	安井食品	230.1	136.9	0.0	0.0	0.0	制造业	福建
603348	文灿股份	220.0	70.0	0.0	0.0	0.0	制造业	广东
603351	威尔药业	93.3	23.3	0.0	0.0	0.0	制造业	江苏
603355	莱克电气	401.0	401.0	0.0	0.0	0.0	制造业	江苏

注：股本的单位为百万股。

上市公司基本信息
Listed Companies in 2019

公司代码 Code	证券简称 Security Name	总股本 Total Vol	A股流通股 A-Share Negotiable	B股 B-Share	境外上市股份 H/D/S-Share	优先股 Pref Share	所属行业 Industry	注册地 Area
603356	华菱精工	133.3	90.2	0.0	0.0	0.0	制造业	安徽
603357	设计总院	454.5	222.1	0.0	0.0	0.0	科学研究和技术服务业	安徽
603358	华达科技	313.6	137.7	0.0	0.0	0.0	制造业	江苏
603359	东珠生态	318.6	153.0	0.0	0.0	0.0	建筑业	江苏
603360	百傲化学	186.7	78.4	0.0	0.0	0.0	制造业	辽宁
603363	傲农生物	434.2	184.0	0.0	0.0	0.0	制造业	福建
603365	水星家纺	266.7	88.6	0.0	0.0	0.0	制造业	上海
603366	日出东方	800.0	800.0	0.0	0.0	0.0	制造业	江苏
603367	辰欣药业	453.4	287.7	0.0	0.0	0.0	制造业	山东
603368	柳药股份	259.1	256.3	0.0	0.0	0.0	批发和零售业	广西
603369	今世缘	1254.5	1254.5	0.0	0.0	0.0	制造业	江苏
603377	东方时尚	588.0	588.0	0.0	0.0	0.0	教育	北京
603378	亚士创能	194.8	69.0	0.0	0.0	0.0	制造业	上海
603379	三美股份	436.1	59.7	0.0	0.0	0.0	制造业	浙江
603380	易德龙	160.0	47.9	0.0	0.0	0.0	制造业	江苏
603383	顶点软件	120.2	58.7	0.0	0.0	0.0	信息传输、软件和信息技术服务业	福建
603385	惠达卫浴	369.4	263.7	0.0	0.0	0.0	制造业	河北
603386	广东骏亚	226.3	56.7	0.0	0.0	0.0	制造业	广东
603387	基蛋生物	260.4	129.3	0.0	0.0	0.0	制造业	江苏
603388	元成股份	288.6	122.2	0.0	0.0	0.0	建筑业	浙江
603389	亚振家居	262.8	262.8	0.0	0.0	0.0	制造业	江苏
603390	通达电气	351.7	87.9	0.0	0.0	0.0	制造业	广东
603393	新天然气	224.0	224.0	0.0	0.0	0.0	电力、热力、燃气及水生产和供应业	新疆
603396	金辰股份	105.8	44.2	0.0	0.0	0.0	制造业	辽宁
603398	邦宝益智	296.4	296.4	0.0	0.0	0.0	制造业	广东
603399	吉翔股份	546.8	508.1	0.0	0.0	0.0	制造业	辽宁
603416	信捷电气	140.6	91.2	0.0	0.0	0.0	制造业	江苏
603421	鼎信通讯	469.2	464.3	0.0	0.0	0.0	信息传输、软件和信息技术服务业	山东
603429	集友股份	266.1	126.9	0.0	0.0	0.0	制造业	安徽
603444	吉比特	71.9	41.5	0.0	0.0	0.0	信息传输、软件和信息技术服务业	福建
603456	九洲药业	805.7	803.3	0.0	0.0	0.0	制造业	浙江
603458	勘设股份	185.9	124.3	0.0	0.0	0.0	科学研究和技术服务业	贵州
603466	风语筑	291.8	89.1	0.0	0.0	0.0	文化、体育和娱乐业	上海
603477	振静股份	240.0	113.5	0.0	0.0	0.0	制造业	四川
603486	科沃斯	564.5	179.6	0.0	0.0	0.0	制造业	江苏
603488	展鹏科技	208.9	96.8	0.0	0.0	0.0	制造业	江苏
603489	八方股份	120.0	30.0	0.0	0.0	0.0	制造业	江苏
603496	恒为科技	202.7	109.2	0.0	0.0	0.0	制造业	上海
603499	翔港科技	141.7	35.5	0.0	0.0	0.0	制造业	上海
603500	祥和实业	176.4	50.4	0.0	0.0	0.0	制造业	浙江
603501	韦尔股份	863.7	140.5	0.0	0.0	0.0	制造业	上海
603505	金石资源	240.0	112.0	0.0	0.0	0.0	采矿业	浙江
603506	南都物业	134.1	33.5	0.0	0.0	0.0	房地产业	浙江
603507	振江股份	128.1	80.4	0.0	0.0	0.0	制造业	江苏
603508	思维列控	194.7	157.6	0.0	0.0	0.0	制造业	河南
603515	欧普照明	756.1	753.8	0.0	0.0	0.0	制造业	上海
603516	淳中科技	131.0	88.3	0.0	0.0	0.0	制造业	北京
603517	绝味食品	608.6	263.8	0.0	0.0	0.0	制造业	湖南
603518	锦泓集团	252.4	248.4	0.0	0.0	0.0	制造业	江苏
603519	立霸股份	221.9	221.9	0.0	0.0	0.0	制造业	江苏

注：股本的单位为百万股。

上市公司基本信息
Listed Companies in 2019

公司代码 Code	证券简称 Security Name	总股本 Total Vol	A 股流通股 A-Share Negotiable	B 股 B-Share	境外上市股份 H/D/S-Share	优先股 Pref Share	所属行业 Industry	注册地 Area
603520	司太立	167.9	167.9	0.0	0.0	0.0	制造业	浙江
603527	众源新材	174.2	107.5	0.0	0.0	0.0	制造业	安徽
603528	多伦科技	626.9	622.1	0.0	0.0	0.0	制造业	江苏
603530	神马电力	400.0	40.0	0.0	0.0	0.0	制造业	江苏
603533	掌阅科技	401.0	163.2	0.0	0.0	0.0	信息传输、软件和信息技术服务业	北京
603535	嘉诚国际	150.4	66.1	0.0	0.0	0.0	交通运输、仓储和邮政业	广东
603536	惠发食品	168.0	60.3	0.0	0.0	0.0	制造业	山东
603538	美诺华	149.7	91.5	0.0	0.0	0.0	制造业	浙江
603555	贵人鸟	628.6	628.6	0.0	0.0	0.0	制造业	福建
603556	海兴电力	490.4	488.7	0.0	0.0	0.0	制造业	浙江
603557	起步股份	474.2	218.9	0.0	0.0	0.0	制造业	浙江
603558	健盛集团	416.4	384.2	0.0	0.0	0.0	制造业	浙江
603559	中通国脉	143.3	141.3	0.0	0.0	0.0	信息传输、软件和信息技术服务业	吉林
603566	普莱柯	321.5	321.5	0.0	0.0	0.0	制造业	河南
603567	珍宝岛	849.2	849.2	0.0	0.0	0.0	制造业	黑龙江
603568	伟明环保	941.7	938.6	0.0	0.0	0.0	水利、环境和公共设施管理业	浙江
603569	长久物流	560.3	560.3	0.0	0.0	0.0	租赁和商务服务业	北京
603577	汇金通	205.9	175.0	0.0	0.0	0.0	制造业	山东
603578	三星新材	89.6	32.5	0.0	0.0	0.0	制造业	浙江
603579	荣泰健康	140.0	51.4	0.0	0.0	0.0	制造业	上海
603580	艾艾精工	130.7	42.2	0.0	0.0	0.0	制造业	上海
603583	捷昌驱动	177.5	105.5	0.0	0.0	0.0	制造业	浙江
603585	苏利股份	180.0	180.0	0.0	0.0	0.0	制造业	江苏
603586	金麒麟	203.7	94.5	0.0	0.0	0.0	制造业	山东
603587	地素时尚	401.0	95.0	0.0	0.0	0.0	制造业	上海
603588	高能环境	674.0	668.3	0.0	0.0	0.0	水利、环境和公共设施管理业	北京
603589	口子窖	600.0	600.0	0.0	0.0	0.0	制造业	安徽
603590	康辰药业	160.0	83.4	0.0	0.0	0.0	制造业	北京
603595	东尼电子	214.1	70.9	0.0	0.0	0.0	制造业	浙江
603596	伯特利	408.6	171.8	0.0	0.0	0.0	制造业	安徽
603598	引力传媒	270.6	267.9	0.0	0.0	0.0	租赁和商务服务业	北京
603599	广信股份	464.7	464.7	0.0	0.0	0.0	制造业	安徽
603600	永艺股份	302.5	301.8	0.0	0.0	0.0	制造业	浙江
603601	再升科技	702.8	702.8	0.0	0.0	0.0	制造业	重庆
603602	纵横通信	156.8	92.9	0.0	0.0	0.0	信息传输、软件和信息技术服务业	浙江
603603	博天环境	417.8	234.8	0.0	0.0	0.0	水利、环境和公共设施管理业	北京
603605	珀莱雅	201.3	62.1	0.0	0.0	0.0	制造业	浙江
603606	东方电缆	654.1	638.8	0.0	0.0	0.0	制造业	浙江
603607	京华激光	127.5	48.7	0.0	0.0	0.0	制造业	浙江
603608	天创时尚	431.4	316.6	0.0	0.0	0.0	制造业	广东
603609	禾丰牧业	922.3	831.2	0.0	0.0	0.0	制造业	辽宁
603610	麒盛科技	150.3	37.6	0.0	0.0	0.0	制造业	浙江
603611	诺力股份	267.5	228.5	0.0	0.0	0.0	制造业	浙江
603612	索通发展	337.0	178.9	0.0	0.0	0.0	制造业	山东
603613	国联股份	140.8	35.2	0.0	0.0	0.0	信息传输、软件和信息技术服务业	北京
603615	茶花股份	244.7	74.9	0.0	0.0	0.0	制造业	福建
603616	韩建河山	293.4	293.4	0.0	0.0	0.0	制造业	北京
603617	君禾股份	142.5	43.4	0.0	0.0	0.0	制造业	浙江
603618	杭电股份	691.0	691.0	0.0	0.0	0.0	制造业	浙江
603619	中曼石油	400.0	143.3	0.0	0.0	0.0	采矿业	上海

注：股本的单位为百万股。

上市公司基本信息
Listed Companies in 2019

公司代码 Code	证券简称 Security Name	总股本 Total Vol	A 股流通股 A-Share Negotiable	B 股 B-Share	境外上市股份 H/D/S-Share	优先股 Pref Share	所属行业 Industry	注册地 Area
603626	科森科技	412.9	158.1	0.0	0.0	0.0	制造业	江苏
603628	清源股份	273.8	88.8	0.0	0.0	0.0	制造业	福建
603629	利通电子	100.0	30.0	0.0	0.0	0.0	制造业	江苏
603630	拉芳家化	226.7	81.3	0.0	0.0	0.0	制造业	广东
603633	徕木股份	203.4	203.4	0.0	0.0	0.0	制造业	上海
603636	南威软件	526.5	524.6	0.0	0.0	0.0	信息传输、软件和信息技术服务业	福建
603637	镇海股份	174.1	43.6	0.0	0.0	0.0	科学研究和技术服务业	浙江
603638	艾迪精密	413.0	125.8	0.0	0.0	0.0	制造业	山东
603639	海利尔	169.6	54.7	0.0	0.0	0.0	制造业	山东
603648	畅联股份	368.7	273.2	0.0	0.0	0.0	租赁和商务服务业	上海
603650	彤程新材	586.0	131.4	0.0	0.0	0.0	制造业	上海
603655	朗博科技	106.0	34.0	0.0	0.0	0.0	制造业	江苏
603656	泰禾光电	148.9	63.3	0.0	0.0	0.0	制造业	安徽
603657	春光科技	96.0	28.6	0.0	0.0	0.0	制造业	浙江
603658	安图生物	420.0	420.0	0.0	0.0	0.0	制造业	河南
603659	璞泰来	435.2	193.5	0.0	0.0	0.0	制造业	上海
603660	苏州科达	503.8	494.2	0.0	0.0	0.0	制造业	江苏
603661	恒林股份	100.0	28.8	0.0	0.0	0.0	制造业	浙江
603662	柯力传感	119.4	29.9	0.0	0.0	0.0	制造业	浙江
603663	三祥新材	190.0	188.6	0.0	0.0	0.0	制造业	福建
603665	康隆达	100.0	37.3	0.0	0.0	0.0	制造业	浙江
603666	亿嘉和	99.0	28.2	0.0	0.0	0.0	制造业	江苏
603667	五洲新春	292.3	263.1	0.0	0.0	0.0	制造业	浙江
603668	天马科技	340.6	227.7	0.0	0.0	0.0	制造业	福建
603669	灵康药业	509.6	509.6	0.0	0.0	0.0	制造业	西藏
603676	卫信康	423.0	66.7	0.0	0.0	0.0	制造业	西藏
603677	奇精机械	193.6	57.1	0.0	0.0	0.0	制造业	浙江
603678	火炬电子	452.7	452.7	0.0	0.0	0.0	制造业	福建
603679	华体科技	102.1	40.5	0.0	0.0	0.0	制造业	四川
603680	今创集团	791.0	246.4	0.0	0.0	0.0	制造业	江苏
603681	永冠新材	166.6	41.6	0.0	0.0	0.0	制造业	上海
603683	晶华新材	126.7	50.4	0.0	0.0	0.0	制造业	上海
603685	晨丰科技	169.0	57.5	0.0	0.0	0.0	制造业	浙江
603686	龙马环卫	415.7	415.7	0.0	0.0	0.0	制造业	福建
603687	大胜达	410.8	50.0	0.0	0.0	0.0	制造业	浙江
603688	石英股份	337.3	337.3	0.0	0.0	0.0	制造业	江苏
603689	皖天然气	336.0	167.4	0.0	0.0	0.0	电力、热力、燃气及水生产和供应业	安徽
603690	至纯科技	258.9	92.2	0.0	0.0	0.0	制造业	上海
603693	江苏新能	618.0	193.0	0.0	0.0	0.0	电力、热力、燃气及水生产和供应业	江苏
603696	安记食品	235.2	235.2	0.0	0.0	0.0	制造业	福建
603697	有友食品	304.5	79.5	0.0	0.0	0.0	制造业	重庆
603698	航天工程	536.0	536.0	0.0	0.0	0.0	科学研究和技术服务业	北京
603699	纽威股份	750.0	750.0	0.0	0.0	0.0	制造业	江苏
603700	宁波水表	156.3	39.1	0.0	0.0	0.0	制造业	浙江
603701	德宏股份	204.0	201.0	0.0	0.0	0.0	制造业	浙江
603703	盛洋科技	229.7	109.0	0.0	0.0	0.0	制造业	浙江
603706	东方环宇	160.0	58.3	0.0	0.0	0.0	电力、热力、燃气及水生产和供应业	新疆
603707	健友股份	718.5	370.8	0.0	0.0	0.0	制造业	江苏
603708	家家悦	608.4	608.4	0.0	0.0	0.0	批发和零售业	山东
603709	中源家居	80.0	20.0	0.0	0.0	0.0	制造业	浙江

注：股本的单位为百万股。

上市公司基本信息
Listed Companies in 2019

公司代码 Code	证券简称 Security Name	总股本 Total Vol	A股流通股 A-Share Negotiable	B股 B-Share	境外上市股份 H/D/S-Share	优先股 Pref Share	所属行业 Industry	注册地 Area
603711	香飘飘	419.4	46.3	0.0	0.0	0.0	制造业	浙江
603712	七一二	772.0	366.4	0.0	0.0	0.0	制造业	天津
603713	密尔克卫	152.5	68.0	0.0	0.0	0.0	交通运输、仓储和邮政业	上海
603716	塞力斯	205.1	191.2	0.0	0.0	0.0	批发和零售业	湖北
603717	天域生态	241.8	122.1	0.0	0.0	0.0	建筑业	重庆
603718	海利生物	644.0	644.0	0.0	0.0	0.0	制造业	上海
603721	中广天择	130.0	61.5	0.0	0.0	0.0	文化、体育和娱乐业	湖南
603722	阿科力	86.7	40.7	0.0	0.0	0.0	制造业	江苏
603725	天安新材	205.4	131.6	0.0	0.0	0.0	制造业	广东
603726	朗迪集团	185.7	185.7	0.0	0.0	0.0	制造业	浙江
603727	博迈科	234.1	234.1	0.0	0.0	0.0	采矿业	天津
603728	鸣志电器	416.0	175.8	0.0	0.0	0.0	制造业	上海
603729	龙韵股份	93.3	93.3	0.0	0.0	0.0	租赁和商务服务业	上海
603730	岱美股份	400.6	72.8	0.0	0.0	0.0	制造业	上海
603733	仙鹤股份	612.0	62.0	0.0	0.0	0.0	制造业	浙江
603737	三棵树	186.4	184.5	0.0	0.0	0.0	制造业	福建
603738	泰晶科技	167.1	167.1	0.0	0.0	0.0	制造业	湖北
603739	蔚蓝生物	154.7	38.7	0.0	0.0	0.0	制造业	山东
603755	日辰股份	98.6	24.7	0.0	0.0	0.0	制造业	山东
603757	大元泵业	164.2	49.0	0.0	0.0	0.0	制造业	浙江
603758	秦安股份	438.8	150.8	0.0	0.0	0.0	制造业	重庆
603766	隆鑫通用	2053.5	2053.5	0.0	0.0	0.0	制造业	重庆
603767	中马传动	306.1	94.7	0.0	0.0	0.0	制造业	浙江
603768	常青股份	204.0	70.1	0.0	0.0	0.0	制造业	安徽
603773	沃格光电	94.6	64.3	0.0	0.0	0.0	制造业	江西
603776	永安行	187.6	120.0	0.0	0.0	0.0	科学研究和技术服务业	江苏
603777	来伊份	339.1	336.6	0.0	0.0	0.0	批发和零售业	上海
603778	乾景园林	500.0	500.0	0.0	0.0	0.0	建筑业	北京
603779	ST威龙	332.7	305.5	0.0	0.0	0.0	制造业	山东
603786	科博达	400.1	40.1	0.0	0.0	0.0	制造业	上海
603787	新日股份	204.0	70.9	0.0	0.0	0.0	制造业	江苏
603788	宁波高发	223.1	223.1	0.0	0.0	0.0	制造业	浙江
603789	星光农机	260.0	260.0	0.0	0.0	0.0	制造业	浙江
603790	雅运股份	191.4	61.6	0.0	0.0	0.0	制造业	上海
603797	联泰环保	313.3	89.3	0.0	0.0	0.0	水利、环境和公共设施管理业	广东
603798	康普顿	200.0	200.0	0.0	0.0	0.0	制造业	山东
603799	华友钴业	1078.7	1078.7	0.0	0.0	0.0	制造业	浙江
603800	道森股份	208.0	208.0	0.0	0.0	0.0	制造业	江苏
603801	志邦家居	223.3	114.6	0.0	0.0	0.0	制造业	安徽
603803	瑞斯康达	421.1	219.8	0.0	0.0	0.0	制造业	北京
603806	福斯特	522.6	522.6	0.0	0.0	0.0	制造业	浙江
603808	歌力思	332.5	332.5	0.0	0.0	0.0	制造业	广东
603809	豪能股份	209.1	115.1	0.0	0.0	0.0	制造业	四川
603810	丰山集团	83.0	39.5	0.0	0.0	0.0	制造业	江苏
603811	诚意药业	119.3	80.3	0.0	0.0	0.0	制造业	浙江
603813	原尚股份	89.7	47.3	0.0	0.0	0.0	交通运输、仓储和邮政业	广东
603815	交建股份	499.0	49.9	0.0	0.0	0.0	建筑业	安徽
603816	顾家家居	601.8	584.8	0.0	0.0	0.0	制造业	浙江
603817	海峡环保	450.0	180.0	0.0	0.0	0.0	电力、热力、燃气及水生产和供应业	福建
603818	曲美家居	488.7	484.1	0.0	0.0	0.0	制造业	北京

注：股本的单位为百万股。

上市公司基本信息
Listed Companies in 2019

公司代码 Code	证券简称 Security Name	总股本 Total Vol	A 股流通股 A-Share Negotiable	B 股 B-Share	境外上市股份 H/D/S-Share	优先股 Pref Share	所属行业 Industry	注册地 Area
603819	神力股份	168.3	167.7	0.0	0.0	0.0	制造业	江苏
603822	嘉澳环保	73.4	73.4	0.0	0.0	0.0	制造业	浙江
603823	百合花	225.0	70.3	0.0	0.0	0.0	制造业	浙江
603825	华扬联众	231.0	94.8	0.0	0.0	0.0	信息传输、软件和信息技术服务业	北京
603826	坤彩科技	468.0	189.5	0.0	0.0	0.0	制造业	福建
603828	柯利达	553.3	547.6	0.0	0.0	0.0	建筑业	江苏
603829	洛凯股份	160.0	72.4	0.0	0.0	0.0	制造业	江苏
603833	欧派家居	420.2	94.6	0.0	0.0	0.0	制造业	广东
603838	四通股份	266.7	266.7	0.0	0.0	0.0	制造业	广东
603839	安正时尚	401.8	105.5	0.0	0.0	0.0	制造业	浙江
603843	正平股份	560.0	560.0	0.0	0.0	0.0	建筑业	青海
603848	好太太	401.0	71.1	0.0	0.0	0.0	制造业	广东
603855	华荣股份	331.1	201.5	0.0	0.0	0.0	制造业	上海
603856	东宏股份	256.4	91.4	0.0	0.0	0.0	制造业	山东
603858	步长制药	1141.6	1141.6	0.0	0.0	0.0	制造业	山东
603859	能科股份	139.2	126.5	0.0	0.0	0.0	科学研究和技术服务业	北京
603860	中公高科	66.7	24.2	0.0	0.0	0.0	科学研究和技术服务业	北京
603861	白云电器	451.9	409.1	0.0	0.0	0.0	制造业	广东
603863	松炀资源	205.9	51.5	0.0	0.0	0.0	制造业	广东
603866	桃李面包	658.9	658.9	0.0	0.0	0.0	制造业	辽宁
603867	新化股份	140.0	35.0	0.0	0.0	0.0	制造业	浙江
603868	飞科电器	435.6	435.6	0.0	0.0	0.0	制造业	上海
603869	新智认知	504.5	504.5	0.0	0.0	0.0	信息传输、软件和信息技术服务业	广西
603871	嘉友国际	156.8	39.2	0.0	0.0	0.0	交通运输、仓储和邮政业	北京
603876	鼎胜新材	430.0	235.6	0.0	0.0	0.0	制造业	江苏
603877	太平鸟	478.9	200.5	0.0	0.0	0.0	制造业	浙江
603878	武进不锈	286.3	284.5	0.0	0.0	0.0	制造业	江苏
603879	永悦科技	200.4	112.2	0.0	0.0	0.0	制造业	福建
603880	南卫股份	169.0	82.4	0.0	0.0	0.0	制造业	江苏
603881	数据港	210.6	127.8	0.0	0.0	0.0	信息传输、软件和信息技术服务业	上海
603882	金域医学	457.9	279.6	0.0	0.0	0.0	卫生和社会工作	广东
603883	老百姓	286.7	267.0	0.0	0.0	0.0	批发和零售业	湖南
603885	吉祥航空	1966.1	1797.0	0.0	0.0	0.0	交通运输、仓储和邮政业	上海
603886	元祖股份	240.0	240.0	0.0	0.0	0.0	制造业	上海
603887	城地股份	268.3	141.4	0.0	0.0	0.0	建筑业	上海
603888	新华网	519.0	519.0	0.0	0.0	0.0	信息传输、软件和信息技术服务业	北京
603889	新澳股份	511.7	511.7	0.0	0.0	0.0	制造业	浙江
603890	春秋电子	274.0	135.5	0.0	0.0	0.0	制造业	江苏
603895	天永智能	108.1	32.8	0.0	0.0	0.0	制造业	上海
603896	寿仙谷	143.9	62.0	0.0	0.0	0.0	制造业	浙江
603897	长城科技	178.4	55.5	0.0	0.0	0.0	制造业	浙江
603898	好莱客	309.6	309.6	0.0	0.0	0.0	制造业	广东
603899	晨光文具	920.0	920.0	0.0	0.0	0.0	制造业	上海
603900	莱绅通灵	340.5	340.5	0.0	0.0	0.0	批发和零售业	江苏
603901	永创智能	439.4	223.4	0.0	0.0	0.0	制造业	浙江
603903	中持股份	144.6	103.8	0.0	0.0	0.0	水利、环境和公共设施管理业	北京
603906	龙蟠科技	302.6	112.0	0.0	0.0	0.0	制造业	江苏
603908	牧高笛	66.7	23.0	0.0	0.0	0.0	制造业	浙江
603909	合诚股份	143.3	141.7	0.0	0.0	0.0	科学研究和技术服务业	福建
603912	佳力图	217.0	109.1	0.0	0.0	0.0	制造业	江苏

注：股本的单位为百万股。

上市公司基本信息
Listed Companies in 2019

公司代码 Code	证券简称 Security Name	总股本 Total Vol	A 股流通股 A-Share Negotiable	B 股 B-Share	境外上市股份 H/D/S-Share	优先股 Pref Share	所属行业 Industry	注册地 Area
603915	国茂股份	463.3	84.4	0.0	0.0	0.0	制造业	江苏
603916	苏博特	310.6	131.1	0.0	0.0	0.0	制造业	江苏
603917	合力科技	156.8	80.3	0.0	0.0	0.0	制造业	浙江
603918	金桥信息	233.3	231.1	0.0	0.0	0.0	信息传输、软件和信息技术服务业	上海
603919	金徽酒	390.2	364.0	0.0	0.0	0.0	制造业	甘肃
603920	世运电路	409.7	131.1	0.0	0.0	0.0	制造业	广东
603922	金鸿顺	128.0	32.0	0.0	0.0	0.0	制造业	江苏
603926	铁流股份	160.4	86.0	0.0	0.0	0.0	制造业	浙江
603927	中科软	424.0	42.4	0.0	0.0	0.0	信息传输、软件和信息技术服务业	北京
603928	兴业股份	201.6	201.6	0.0	0.0	0.0	制造业	江苏
603929	亚翔集成	213.4	213.4	0.0	0.0	0.0	建筑业	江苏
603933	睿能科技	201.2	50.3	0.0	0.0	0.0	制造业	福建
603936	博敏电子	315.0	255.0	0.0	0.0	0.0	制造业	广东
603937	丽岛新材	208.9	75.9	0.0	0.0	0.0	制造业	江苏
603938	三孚股份	150.2	50.8	0.0	0.0	0.0	制造业	河北
603939	益丰药房	378.9	366.9	0.0	0.0	0.0	批发和零售业	湖南
603955	大千生态	113.1	71.3	0.0	0.0	0.0	建筑业	江苏
603956	威派格	426.0	42.6	0.0	0.0	0.0	制造业	上海
603958	哈森股份	217.4	217.4	0.0	0.0	0.0	制造业	江苏
603959	百利科技	439.0	439.0	0.0	0.0	0.0	科学研究和技术服务业	湖南
603960	克来机电	175.8	67.4	0.0	0.0	0.0	制造业	上海
603963	大理药业	169.0	99.3	0.0	0.0	0.0	制造业	云南
603966	法兰泰克	211.0	93.9	0.0	0.0	0.0	制造业	江苏
603967	中创物流	266.7	66.7	0.0	0.0	0.0	交通运输、仓储和邮政业	山东
603968	醋化股份	204.5	204.5	0.0	0.0	0.0	制造业	江苏
603969	银龙股份	841.0	841.0	0.0	0.0	0.0	制造业	天津
603970	中农立华	192.0	95.5	0.0	0.0	0.0	批发和零售业	北京
603976	正川股份	151.2	38.3	0.0	0.0	0.0	制造业	重庆
603977	国泰集团	391.2	309.5	0.0	0.0	0.0	制造业	江西
603978	深圳新星	160.0	76.1	0.0	0.0	0.0	制造业	广东
603979	金诚信	583.4	583.4	0.0	0.0	0.0	采矿业	北京
603980	吉华集团	700.0	343.9	0.0	0.0	0.0	制造业	浙江
603982	泉峰汽车	200.0	50.0	0.0	0.0	0.0	制造业	江苏
603983	丸美股份	401.0	41.0	0.0	0.0	0.0	制造业	广东
603985	恒润股份	145.6	93.2	0.0	0.0	0.0	制造业	江苏
603986	兆易创新	321.1	283.1	0.0	0.0	0.0	制造业	北京
603987	康德莱	441.6	441.6	0.0	0.0	0.0	制造业	上海
603988	中电电机	235.2	235.2	0.0	0.0	0.0	制造业	江苏
603989	艾华集团	390.0	390.0	0.0	0.0	0.0	制造业	湖南
603990	麦迪科技	112.5	112.0	0.0	0.0	0.0	信息传输、软件和信息技术服务业	江苏
603991	至正股份	74.5	41.1	0.0	0.0	0.0	制造业	上海
603992	松霖科技	401.0	41.0	0.0	0.0	0.0	制造业	福建
603993	洛阳钼业	21599.2	17665.8	0.0	3933.5	0.0	采矿业	河南
603995	甬金股份	230.7	57.7	0.0	0.0	0.0	制造业	浙江
603996	ST 中新	300.2	300.2	0.0	0.0	0.0	制造业	浙江
603997	继峰股份	1023.6	632.4	0.0	0.0	0.0	制造业	浙江
603998	方盛制药	434.5	425.2	0.0	0.0	0.0	制造业	湖南
603999	读者传媒	576.0	576.0	0.0	0.0	0.0	文化、体育和娱乐业	甘肃
688001	华兴源创	401.0	37.9	0.0	0.0	0.0	制造业	江苏
688002	睿创微纳	445.0	52.3	0.0	0.0	0.0	制造业	山东

注：股本的单位为百万股。

上市公司基本信息
Listed Companies in 2019

公司代码 Code	证券简称 Security Name	总股本 Total Vol	A 股流通股 A-Share Negotiable	B 股 B-Share	境外上市股份 H/D/S-Share	优先股 Pref Share	所属行业 Industry	注册地 Area
688003	天准科技	193.6	44.5	0.0	0.0	0.0	制造业	江苏
688005	容百科技	443.3	42.5	0.0	0.0	0.0	制造业	浙江
688006	杭可科技	401.0	37.4	0.0	0.0	0.0	制造业	浙江
688007	光峰科技	451.6	57.6	0.0	0.0	0.0	制造业	广东
688008	澜起科技	1129.8	75.0	0.0	0.0	0.0	制造业	上海
688009	中国通号	10589.8	1304.5	0.0	1968.8	0.0	制造业	北京
688010	福光股份	153.6	35.8	0.0	0.0	0.0	制造业	福建
688011	新光光电	100.0	23.0	0.0	0.0	0.0	制造业	黑龙江
688012	中微公司	534.9	49.9	0.0	0.0	0.0	制造业	上海
688015	交控科技	160.0	33.2	0.0	0.0	0.0	制造业	北京
688016	心脉医疗	72.0	15.1	0.0	0.0	0.0	制造业	上海
688018	乐鑫科技	80.0	18.1	0.0	0.0	0.0	信息传输、软件和信息技术服务业	上海
688019	安集科技	53.1	12.2	0.0	0.0	0.0	制造业	上海
688020	方邦股份	80.0	18.4	0.0	0.0	0.0	制造业	广东
688021	奥福环保	77.3	18.6	0.0	0.0	0.0	制造业	山东
688022	瀚川智能	108.0	25.1	0.0	0.0	0.0	制造业	江苏
688023	安恒信息	74.1	16.5	0.0	0.0	0.0	信息传输、软件和信息技术服务业	浙江
688025	杰普特	92.4	21.2	0.0	0.0	0.0	制造业	广东
688028	沃尔德	80.0	18.8	0.0	0.0	0.0	制造业	北京
688029	南微医学	133.3	31.7	0.0	0.0	0.0	制造业	江苏
688030	山石网科	180.2	37.0	0.0	0.0	0.0	信息传输、软件和信息技术服务业	江苏
688033	天宜上佳	448.7	44.0	0.0	0.0	0.0	制造业	北京
688036	传音控股	800.0	73.1	0.0	0.0	0.0	制造业	广东
688037	芯源微	84.0	18.7	0.0	0.0	0.0	制造业	辽宁
688039	当虹科技	80.0	19.2	0.0	0.0	0.0	信息传输、软件和信息技术服务业	浙江
688058	宝兰德	40.0	9.4	0.0	0.0	0.0	信息传输、软件和信息技术服务业	北京
688066	航天宏图	166.0	38.3	0.0	0.0	0.0	信息传输、软件和信息技术服务业	北京
688068	热景生物	62.2	14.5	0.0	0.0	0.0	制造业	北京
688078	龙软科技	70.8	17.0	0.0	0.0	0.0	信息传输、软件和信息技术服务业	北京
688088	虹软科技	406.0	39.1	0.0	0.0	0.0	信息传输、软件和信息技术服务业	浙江
688089	嘉必优	120.0	27.6	0.0	0.0	0.0	制造业	湖北
688098	申联生物	409.7	46.2	0.0	0.0	0.0	制造业	上海
688099	晶晨股份	411.1	38.8	0.0	0.0	0.0	信息传输、软件和信息技术服务业	上海
688101	三达膜	333.9	76.6	0.0	0.0	0.0	制造业	陕西
688108	赛诺医疗	410.0	46.3	0.0	0.0	0.0	制造业	天津
688111	金山办公	461.0	67.5	0.0	0.0	0.0	信息传输、软件和信息技术服务业	北京
688116	天奈科技	231.9	55.3	0.0	0.0	0.0	制造业	江苏
688118	普元信息	95.4	22.9	0.0	0.0	0.0	信息传输、软件和信息技术服务业	上海
688122	西部超导	441.3	41.9	0.0	0.0	0.0	制造业	陕西
688123	聚辰股份	120.8	28.3	0.0	0.0	0.0	制造业	上海
688128	中国电研	404.5	45.9	0.0	0.0	0.0	科学研究和技术服务业	广东
688138	清溢光电	266.8	63.1	0.0	0.0	0.0	制造业	广东
688139	海尔生物	317.1	73.4	0.0	0.0	0.0	制造业	山东
688166	博瑞医药	410.0	39.0	0.0	0.0	0.0	制造业	江苏
688168	安博通	51.2	12.1	0.0	0.0	0.0	信息传输、软件和信息技术服务业	北京
688188	柏楚电子	100.0	23.2	0.0	0.0	0.0	信息传输、软件和信息技术服务业	上海
688196	卓越新能	120.0	28.7	0.0	0.0	0.0	制造业	福建
688198	佰仁医疗	96.0	20.7	0.0	0.0	0.0	制造业	北京
688199	久日新材	111.2	25.9	0.0	0.0	0.0	制造业	天津
688202	美迪西	62.0	12.7	0.0	0.0	0.0	科学研究和技术服务业	上海

注：股本的单位为百万股。

上市公司基本信息
Listed Companies in 2019

公司代码 Code	证券简称 Security Name	总股本 Total Vol	A股流通股 A-Share Negotiable	B股 B-Share	境外上市股份 H/D/S-Share	优先股 Pref Share	所属行业 Industry	注册地 Area
688218	江苏北人	117.3	25.8	0.0	0.0	0.0	制造业	江苏
688258	卓易信息	87.0	20.9	0.0	0.0	0.0	信息传输、软件和信息技术服务业	江苏
688268	华特气体	120.0	28.7	0.0	0.0	0.0	制造业	广东
688288	鸿泉物联	100.0	21.6	0.0	0.0	0.0	制造业	浙江
688299	长阳科技	282.6	67.6	0.0	0.0	0.0	制造业	浙江
688300	联瑞新材	86.0	20.1	0.0	0.0	0.0	制造业	江苏
688310	迈得医疗	83.6	20.1	0.0	0.0	0.0	制造业	浙江
688321	微芯生物	410.0	42.6	0.0	0.0	0.0	制造业	广东
688333	铂力特	80.0	18.4	0.0	0.0	0.0	制造业	陕西
688357	建龙微纳	57.8	13.9	0.0	0.0	0.0	制造业	河南
688358	祥生医疗	80.0	19.2	0.0	0.0	0.0	制造业	江苏
688363	华熙生物	480.0	46.4	0.0	0.0	0.0	制造业	山东
688366	昊海生科	177.8	15.1	0.0	40.0	0.0	制造业	上海
688368	晶丰明源	61.6	14.2	0.0	0.0	0.0	信息传输、软件和信息技术服务业	上海
688369	致远互联	77.0	18.2	0.0	0.0	0.0	信息传输、软件和信息技术服务业	北京
688388	嘉元科技	230.9	53.5	0.0	0.0	0.0	制造业	广东
688389	普门科技	422.2	35.3	0.0	0.0	0.0	制造业	广东
688399	硕世生物	58.6	13.8	0.0	0.0	0.0	制造业	江苏
900929	锦旅B股	132.6	0.0	66.0	0.0	0.0	租赁和商务服务业	上海
900939	汇丽B	181.5	0.0	88.0	0.0	0.0	建筑业	上海
900948	伊泰B股	3254.0	0.0	1328.0	326.0	0.0	采矿业	内蒙
900951	ST大化B	275.0	0.0	100.0	0.0	0.0	制造业	辽宁
900953	凯马B	640.0	0.0	240.0	0.0	0.0	制造业	上海
900956	东贝B股	235.0	0.0	115.0	0.0	0.0	制造业	湖北
900957	凌云B股	349.0	0.0	184.0	0.0	0.0	房地产业	上海

注：股本的单位为百万股。

上市公司股份变动

Change of Shares Outstanding in 2019

股票代码 Code	股票简称 Stock Name	变动后总股本（百万股）Total Shares(M shares)	变动原因 Change Reason	变动日期 Change Date	股票代码 Code	股票简称 Stock Name	变动后总股本（百万股）Total Shares(M shares)	变动原因 Change Reason	变动日期 Change Date
600008	首创股份	5685.45	限售期满	2019.11.14	600011	华能国际	15698.09	限售期满	2019.10.15
600015	华夏银行	15387.22	增发上市	2019.01.14	600019	宝钢股份	22276.13	股份注销	2019.01.23
600019	宝钢股份	22276.13	增发上市	2019.01.23	600019	宝钢股份	22274.46	股份注销	2019.08.27
600021	上海电力	2617.16	限售期满	2019.08.26	600029	南方航空	12267.17	限售期满	2019.09.26
600031	三一重工	7800.71	增发上市	2019.01.07	600031	三一重工	7800.71	债转股	2019.01.07
600031	三一重工	8375.57	债转股	2019.03.22	600031	三一重工	8375.57	增发上市	2019.03.22
600031	三一重工	8375.09	股份注销	2019.05.20	600031	三一重工	8370.07	股份注销	2019.08.01
600031	三一重工	8370.07	限售期满	2019.09.06	600031	三一重工	8416.47	增发上市	2019.10.14
600031	三一重工	8416.47	增发上市	2019.10.14	600031	三一重工	8422.79	增发上市	2019.11.29
600031	三一重工	8422.79	股份注销	2019.11.29	600035	楚天高速	1728.09	限售期满	2019.02.22
600035	楚天高速	1692.93	股份注销	2019.08.28	600048	保利地产	11895.03	限售期满	2019.06.20
600048	保利地产	11896.26	增发上市	2019.07.15	600048	保利地产	11931.10	增发上市	2019.09.26
600048	保利地产	11932.68	增发上市	2019.12.23	600050	中国联通	31040.97	增发上市	2019.03.11
600050	中国联通	31033.71	股份注销	2019.09.06	600055	万东医疗	540.82	限售期满	2019.01.21
600056	中国医药	1068.49	限售期满	2019.10.14	600057	厦门象屿	2157.45	限售期满	2019.01.02
600062	华润双鹤	1043.24	限售期满	2019.06.03	600066	宇通客车	2213.94	限售期满	2019.10.24
600070	浙江富润	521.95	限售期满	2019.05.17	600071	凤凰光学	281.57	增发上市	2019.06.17
600072	中船科技	736.25	限售期满	2019.11.04	600075	新疆天业	972.52	限售期满	2019.06.03
600082	海泰发展	646.12	限售期满	2019.05.23	600082	海泰发展	646.12	限售期满	2019.09.26
600082	海泰发展	646.12	限售期满	2019.12.30	600089	特变电工	3714.41	股份注销	2019.07.26
600089	特变电工	3714.31	股份注销	2019.09.19	600090	同济堂	1439.66	限售期满	2019.05.20
600096	云天化	1321.38	限售期满	2019.01.14	600096	云天化	1427.67	增发上市	2019.01.21
600101	明星电力	421.43	送股	2019.07.22	600103	青山纸业	2305.82	送股	2019.06.04
600103	青山纸业	2305.82	限售期满	2019.09.30	600105	永鼎股份	1252.95	股份注销	2019.04.01
600105	永鼎股份	1245.61	股份注销	2019.06.28	600105	永鼎股份	1245.41	股份注销	2019.10.25
600106	重庆路桥	1208.20	送股	2019.06.17	600113	浙江东日	411.43	配股上市	2019.03.14
600114	东睦股份	645.55	限售期满	2019.06.21	600114	东睦股份	645.50	股份注销	2019.10.25
600114	东睦股份	616.49	股份注销	2019.11.22	600115	东方航空	16379.51	增发上市	2019.09.06
600115	东方航空	16379.51	其他股本变动	2019.09.06	600117	西宁特钢	1045.12	限售期满	2019.12.02
600120	浙江东方	1136.70	送股	2019.06.13	600120	浙江东方	1591.39	送股	2019.10.18
600121	郑州煤电	1218.41	送股	2019.07.23	600122	宏图高科	1158.26	增发上市	2019.01.07
600126	杭钢股份	3377.19	限售期满	2019.03.25	600126	杭钢股份	3377.19	限售期满	2019.06.17
600129	太极集团	556.89	限售期满	2019.01.18	600133	东湖高新	725.78	限售期满	2019.04.15
600133	东湖高新	753.80	增发上市	2019.09.27	600135	乐凯胶片	498.53	增发上市	2019.10.24
600136	当代明诚	487.18	限售期满	2019.01.29	600136	当代明诚	487.18	限售期满	2019.02.22
600136	当代明诚	487.18	限售期满	2019.05.08	600136	当代明诚	584.62	增发上市	2019.12.24
600141	兴发集团	727.18	限售期满	2019.02.15	600141	兴发集团	914.61	增发上市	2019.08.27
600141	兴发集团	929.87	增发上市	2019.11.14	600141	兴发集团	1028.23	增发上市	2019.12.17
600143	金发科技	2573.62	股份注销	2019.11.12	600143	金发科技	2573.62	限售期满	2019.12.23
600146	商赢环球	469.97	限售期满	2019.09.30	600151	航天机电	1434.25	限售期满	2019.07.24
600152	维科技术	440.93	限售期满	2019.07.09	600152	维科技术	422.29	股份注销	2019.10.10
600152	维科技术	420.92	股份注销	2019.10.25	600155	华创阳安	1739.56	限售期满	2019.12.27
600160	巨化股份	2745.17	限售期满	2019.09.20	600161	天坛生物	1045.37	送股	2019.06.17
600162	香江控股	3399.33	限售期满	2019.01.07	600162	香江控股	3399.33	限售期满	2019.04.25
600162	香江控股	3395.78	股份注销	2019.08.09	600166	福田汽车	6575.19	股份注销	2019.09.23
600167	联美控股	2288.12	送股	2019.05.30	600167	联美控股	2288.12	限售期满	2019.06.06
600171	上海贝岭	703.84	增发上市	2019.07.02	600172	黄河旋风	1451.41	股份注销	2019.01.30
600172	黄河旋风	1451.41	限售期满	2019.08.26	600172	黄河旋风	1442.18	股份注销	2019.12.18
600173	卧龙地产	701.63	股份注销	2019.01.30	600173	卧龙地产	701.12	股份注销	2019.04.01
600173	卧龙地产	701.12	限售期满	2019.05.24	600175	美都能源	3576.49	限售期满	2019.06.10

上市公司股份变动
Change of Shares Outstanding in 2019

股票代码 Code	股票简称 Stock Name	变动后总股本（百万股）Total Shares(M shares)	变动原因 Change Reason	变动日期 Change Date	股票代码 Code	股票简称 Stock Name	变动后总股本（百万股）Total Shares(M shares)	变动原因 Change Reason	变动日期 Change Date
600177	雅戈尔	5014.03	送股	2019.06.06	600183	生益科技	2117.49	债转股	2019.04.04
600183	生益科技	2177.02	债转股	2019.07.04	600183	生益科技	2276.19	债转股	2019.08.05
600184	光电股份	508.76	限售期满	2019.01.07	600185	格力地产	2060.12	债转股	2019.01.08
600185	格力地产	2060.18	债转股	2019.04.04	600185	格力地产	2060.22	债转股	2019.07.05
600185	格力地产	2060.23	债转股	2019.10.10	600185	格力地产	2061.09	债转股	2019.12.30
600189	吉林森工	716.87	限售期满	2019.03.18	600189	吉林森工	716.87	限售期满	2019.05.16
600195	中牧股份	842.41	送股	2019.07.17	600196	复星医药	2562.90	股份注销	2019.04.30
600196	复星医药	2562.90	限售期满	2019.11.08	600197	伊力特	441.00	债转股	2019.10.10
600198	大唐电信	882.11	限售期满	2019.05.13	600199	金种子酒	657.80	增发上市	2019.04.12
600200	江苏吴中	712.39	股份注销	2019.08.01	600201	生物股份	1159.66	股份注销	2019.02.20
600201	生物股份	1126.24	股份注销	2019.07.23	600203	福日电子	456.45	限售期满	2019.01.02
600203	福日电子	456.45	限售期满	2019.05.06	600203	福日电子	456.45	限售期满	2019.12.31
600206	有研新材	846.68	股份注销	2019.10.31	600207	安彩高科	862.96	限售期满	2019.07.22
600211	西藏药业	177.10	股份注销	2019.12.23	600216	浙江医药	965.13	股份注销	2019.10.22
600216	浙江医药	965.13	限售期满	2019.10.28	600216	浙江医药	965.13	限售期满	2019.11.22
600222	太龙药业	573.89	限售期满	2019.05.21	600225	天津松江	935.49	限售期满	2019.05.28
600227	圣济堂	1693.13	限售期满	2019.10.28	600233	圆通速递	2828.65	股份注销	2019.01.02
600233	圆通速递	2828.45	股份注销	2019.01.21	600233	圆通速递	2828.45	限售期满	2019.06.10
600233	圆通速递	2830.87	债转股	2019.07.04	600233	圆通速递	2836.27	债转股	2019.07.11
600233	圆通速递	2836.27	增发上市	2019.07.11	600233	圆通速递	2836.27	限售期满	2019.09.30
600233	圆通速递	2843.15	债转股	2019.10.11	600233	圆通速递	2842.65	股份注销	2019.11.12
600233	圆通速递	2842.65	限售期满	2019.11.21	600236	桂冠电力	7882.38	送股	2019.07.11
600242	中昌数据	456.67	限售期满	2019.07.19	600242	中昌数据	456.67	限售期满	2019.08.19
600242	中昌数据	456.67	限售期满	2019.12.27	600246	万通地产	2054.01	限售期满	2019.08.05
600248	延长化建	917.95	限售期满	2019.12.03	600250	南纺股份	296.51	增发上市	2019.12.31
600256	广汇能源	6793.97	增发上市	2019.01.11	600257	大湖股份	481.24	限售期满	2019.10.14
600258	首旅酒店	987.72	增发上市	2019.06.18	600258	首旅酒店	987.72	限售期满	2019.12.09
600259	广晟有色	301.80	限售期满	2019.11.01	600260	凯乐科技	714.80	限售期满	2019.04.23
600260	凯乐科技	1000.72	送股	2019.08.29	600260	凯乐科技	1000.72	限售期满	2019.11.13
600266	城建发展	1880.45	送股	2019.06.18	600271	航天信息	1862.51	债转股	2019.01.09
600271	航天信息	1862.51	限售期满	2019.03.11	600271	航天信息	1862.51	债转股	2019.04.09
600271	航天信息	1862.52	债转股	2019.07.08	600271	航天信息	1862.52	债转股	2019.10.11
600276	恒瑞医药	3682.08	限售期满	2019.01.22	600276	恒瑞医药	3685.86	增发上市	2019.01.31
600276	恒瑞医药	4423.03	送股	2019.03.29	600276	恒瑞医药	4422.81	股份注销	2019.05.31
600279	重庆港九	1186.87	增发上市	2019.12.17	600282	南钢股份	4422.32	增发上市	2019.01.07
600282	南钢股份	4424.37	增发上市	2019.04.04	600282	南钢股份	4427.14	增发上市	2019.07.03
600282	南钢股份	4427.14	增发上市	2019.07.03	600282	南钢股份	4428.45	增发上市	2019.10.10
600285	羚锐制药	586.45	限售期满	2019.05.06	600285	羚锐制药	567.81	股份注销	2019.10.09
600290	ST 华仪	759.90	限售期满	2019.01.02	600291	西水股份	1093.06	限售期满	2019.02.11
600293	三峡新材	1162.13	限售期满	2019.09.05	600295	鄂尔多斯	1360.38	增发上市	2019.04.15
600295	鄂尔多斯	1427.95	增发上市	2019.12.03	600297	广汇汽车	8183.62	股份注销	2019.01.23
600297	广汇汽车	8159.98	股份注销	2019.08.29	600303	曙光股份	675.60	限售期满	2019.08.23
600306	商业城	178.14	限售期满	2019.08.05	600309	万华化学	1423.76	股份注销	2019.02.13
600309	万华化学	3139.75	增发上市	2019.02.18	600318	新力金融	513.36	增发上市	2019.06.10
600325	华发股份	2117.65	股份注销	2019.04.23	600325	华发股份	2117.65	限售期满	2019.05.07
600325	华发股份	2117.22	股份注销	2019.12.12	600327	大东方	884.78	送股	2019.05.31
600332	白云山	1625.79	限售期满	2019.08.19	600335	国机汽车	1456.88	增发上市	2019.04.22
600336	澳柯玛	799.18	限售期满	2019.12.30	600337	美克家居	1770.91	股份注销	2019.05.23
600338	西藏珠峰	914.21	送股	2019.06.19	600340	华夏幸福	3002.59	股份注销	2019.03.13
600340	华夏幸福	3001.92	股份注销	2019.08.13	600340	华夏幸福	3001.92	限售期满	2019.09.20

上市公司股份变动
Change of Shares Outstanding in 2019

股票代码 Code	股票简称 Stock Name	变动后总股本（百万股）Total Shares(M shares)	变动原因 Change Reason	变动日期 Change Date	股票代码 Code	股票简称 Stock Name	变动后总股本（百万股）Total Shares(M shares)	变动原因 Change Reason	变动日期 Change Date
600340	华夏幸福	3001.52	股份注销	2019.10.22	600340	华夏幸福	3008.06	增发上市	2019.11.04
600340	华夏幸福	3013.70	增发上市	2019.11.28	600340	华夏幸福	3013.29	股份注销	2019.12.31
600346	恒力石化	5052.79	限售期满	2019.04.11	600346	恒力石化	5052.79	限售期满	2019.04.17
600346	恒力石化	7039.10	送股	2019.06.28	600351	亚宝药业	770.00	股份注销	2019.01.31
600358	国旅联合	504.94	限售期满	2019.01.24	600360	华微电子	750.88	股份注销	2019.01.16
600360	华微电子	750.88	限售期满	2019.01.22	600360	华微电子	751.32	增发上市	2019.02.12
600360	华微电子	964.27	配股上市	2019.04.24	600360	华微电子	963.97	股份注销	2019.12.04
600366	宁波韵升	1002.53	限售期满	2019.01.02	600366	宁波韵升	989.11	股份注销	2019.01.04
600372	中航电子	1759.18	债转股	2019.01.08	600372	中航电子	1759.43	债转股	2019.04.04
600372	中航电子	1759.52	债转股	2019.07.03	600372	中航电子	1759.52	债转股	2019.10.11
600373	中文传媒	1355.06	股份注销	2019.11.18	600376	首开股份	2579.57	限售期满	2019.06.28
600377	宁沪高速	5037.75	限售期满	2019.08.23	600378	昊华科技	837.19	增发上市	2019.01.04
600378	昊华科技	896.62	增发上市	2019.10.16	600379	宝光股份	330.20	送股	2019.07.19
600380	健康元	1938.03	限售期满	2019.02.19	600381	青海春天	587.06	股份注销	2019.01.08
600381	青海春天	587.06	限售期满	2019.01.22	600382	广东明珠	606.87	送股	2019.06.13
600382	广东明珠	606.87	限售期满	2019.11.21	600387	海越能源	473.58	增发上市	2019.04.26
600387	海越能源	471.78	股份注销	2019.09.09	600387	海越能源	471.78	限售期满	2019.10.14
600387	海越能源	471.77	股份注销	2019.12.10	600390	五矿资本	4498.07	送股	2019.09.27
600392	盛和资源	1755.17	限售期满	2019.02.25	600398	海澜之家	4492.79	债转股	2019.04.04
600398	海澜之家	4420.00	股份注销	2019.06.19	600398	海澜之家	4420.01	债转股	2019.07.03
600398	海澜之家	4420.01	债转股	2019.10.11	600400	红豆股份	2533.26	限售期满	2019.08.30
600405	动力源	553.28	股份注销	2019.02.12	600405	动力源	559.94	增发上市	2019.07.11
600406	国电南瑞	4622.12	增发上市	2019.03.11	600406	国电南瑞	4622.12	限售期满	2019.04.12
600410	华胜天成	1098.74	股份注销	2019.08.07	600416	湘电股份	945.83	限售期满	2019.09.20
600420	现代制药	1026.94	股份注销	2019.10.17	600422	昆药集团	762.39	限售期满	2019.05.09
600422	昆药集团	761.22	股份注销	2019.05.13	600422	昆药集团	760.95	股份注销	2019.12.11
600422	昆药集团	760.95	限售期满	2019.12.18	600426	华鲁恒升	1620.33	限售期满	2019.01.02
600426	华鲁恒升	1626.66	增发上市	2019.01.17	600426	华鲁恒升	1626.66	限售期满	2019.12.30
600428	中远海特	2146.65	限售期满	2019.02.11	600438	通威股份	3882.37	限售期满	2019.02.20
600438	通威股份	3882.58	债转股	2019.10.10	600438	通威股份	3882.58	限售期满	2019.10.15
600446	金证股份	853.21	限售期满	2019.01.07	600446	金证股份	860.44	增发上市	2019.09.30
600452	涪陵电力	313.60	送股	2019.06.20	600458	时代新材	802.80	限售期满	2019.01.15
600459	贵研铂业	437.71	配股上市	2019.03.12	600460	士兰微	1312.06	限售期满	2019.01.14
600461	洪城水业	789.59	限售期满	2019.05.14	600461	洪城水业	942.15	增发上市	2019.11.20
600463	空港股份	300.00	限售期满	2019.01.02	600466	蓝光发展	2984.11	限售期满	2019.01.22
600466	蓝光发展	3009.87	增发上市	2019.10.11	600468	百利电气	811.11	限售期满	2019.01.25
600468	百利电气	1121.90	送股	2019.07.01	600477	杭萧钢构	1790.68	限售期满	2019.01.03
600477	杭萧钢构	2148.82	送股	2019.06.12	600477	杭萧钢构	2154.35	增发上市	2019.10.10
600478	科力远	1653.28	增发上市	2019.04.09	600480	凌云股份	550.66	配股上市	2019.07.03
600480	凌云股份	548.48	股份注销	2019.10.31	600481	双良节能	1637.50	增发上市	2019.01.07
600481	双良节能	1637.40	股份注销	2019.02.22	600481	双良节能	1637.40	限售期满	2019.05.29
600481	双良节能	1637.34	股份注销	2019.10.29	600481	双良节能	1637.34	限售期满	2019.12.30
600482	中国动力	1695.00	股份注销	2019.07.16	600483	福能股份	1551.83	限售期满	2019.01.14
600483	福能股份	1551.83	债转股	2019.07.04	600483	福能股份	1551.83	债转股	2019.10.10
600485	*ST信威	2923.74	限售期满	2019.08.14	600487	亨通光电	1903.69	债转股	2019.10.11
600488	天药股份	1091.89	限售期满	2019.08.26	600490	鹏欣资源	2218.77	增发上市	2019.04.30
600490	鹏欣资源	2218.65	股份注销	2019.05.20	600490	鹏欣资源	2215.77	股份注销	2019.08.21
600491	龙元建设	1529.76	限售期满	2019.02.11	600491	龙元建设	1529.76	限售期满	2019.04.25
600498	烽火通信	1168.70	限售期满	2019.05.08	600498	烽火通信	1171.69	增发上市	2019.10.08
600498	烽火通信	1170.98	股份注销	2019.11.04	600500	中化国际	2707.92	送股	2019.07.09

上市公司股份变动
Change of Shares Outstanding in 2019

股票代码 Code	股票简称 Stock Name	变动后总股本（百万股）Total Shares(M shares)	变动原因 Change Reason	变动日期 Change Date	股票代码 Code	股票简称 Stock Name	变动后总股本（百万股）Total Shares(M shares)	变动原因 Change Reason	变动日期 Change Date
600507	方大特钢	1449.87	限售期满	2019.05.22	600507	方大特钢	1447.77	股份注销	2019.07.26
600511	国药股份	754.50	股份注销	2019.09.19	600512	腾达建设	1598.90	限售期满	2019.09.26
600513	联环药业	288.11	增发上市	2019.07.24	600516	方大炭素	1807.02	股份注销	2019.06.13
600516	方大炭素	2692.46	送股	2019.07.01	600516	方大炭素	2692.46	限售期满	2019.07.26
600516	方大炭素	2720.68	增发上市	2019.08.15	600516	方大炭素	2718.55	股份注销	2019.12.25
600517	置信电气	1356.17	限售期满	2019.06.24	600518	ST 康美	4973.86	限售期满	2019.04.15
600521	华海药业	1322.37	增发上市	2019.09.17	600521	华海药业	1322.37	限售期满	2019.10.17
600522	中天科技	3066.08	债转股	2019.10.11	600525	长园集团	1323.67	股份注销	2019.03.13
600525	长园集团	1305.78	股份注销	2019.12.10	600529	山东药玻	594.97	送股	2019.06.21
600529	山东药玻	594.97	限售期满	2019.12.20	600545	卓郎智能	1895.41	限售期满	2019.09.05
600547	山东黄金	3099.61	送股	2019.08.21	600547	山东黄金	3099.61	限售期满	2019.10.21
600549	厦门钨业	1406.05	股份注销	2019.10.15	600557	康缘药业	592.88	股份注销	2019.04.25
600559	老白干酒	690.22	增发上市	2019.02.19	600559	老白干酒	690.22	限售期满	2019.04.10
600559	老白干酒	897.29	送股	2019.06.10	600562	国睿科技	622.35	限售期满	2019.06.27
600565	迪马股份	2368.78	股份注销	2019.03.12	600565	迪马股份	2437.98	增发上市	2019.04.29
600565	迪马股份	2435.98	股份注销	2019.11.18	600566	济川药业	814.82	债转股	2019.01.07
600566	济川药业	814.91	债转股	2019.04.04	600566	济川药业	814.92	债转股	2019.07.05
600566	济川药业	814.92	债转股	2019.10.11	600567	山鹰纸业	4584.58	增发上市	2019.01.24
600567	山鹰纸业	4584.71	债转股	2019.07.03	600567	山鹰纸业	4584.71	债转股	2019.10.11
600569	安阳钢铁	2872.42	增发上市	2019.06.04	600570	恒生电子	803.15	送股	2019.05.16
600572	康恩贝	2667.32	限售期满	2019.01.10	600575	淮河能源	3886.26	限售期满	2019.04.22
600576	祥源文化	639.74	股份注销	2019.01.07	600576	祥源文化	619.40	股份注销	2019.01.29
600577	精达股份	1921.41	股份注销	2019.01.23	600579	克劳斯	898.09	增发上市	2019.05.10
600579	克劳斯	897.90	股份注销	2019.09.19	600579	克劳斯	883.40	股份注销	2019.12.11
600580	卧龙电驱	1293.41	限售期满	2019.01.21	600580	卧龙电驱	1293.16	股份注销	2019.02.11
600580	卧龙电驱	1293.16	限售期满	2019.05.27	600586	金晶科技	1428.77	股份注销	2019.05.24
600586	金晶科技	1428.77	限售期满	2019.06.03	600588	用友网络	1917.48	股份注销	2019.01.03
600588	用友网络	1917.48	增发上市	2019.01.03	600588	用友网络	2486.78	送股	2019.05.08
600588	用友网络	2486.13	股份注销	2019.05.16	600588	用友网络	2486.13	限售期满	2019.08.05
600588	用友网络	2486.13	股份注销	2019.09.11	600588	用友网络	2486.13	股份回购	2019.10.31
600588	用友网络	2486.13	增发上市	2019.10.31	600588	用友网络	2486.13	限售期满	2019.11.12
600588	用友网络	2503.50	增发上市	2019.11.28	600588	用友网络	2503.90	增发上市	2019.12.31
600589	广东榕泰	704.03	股份注销	2019.09.20	600589	广东榕泰	704.03	限售期满	2019.10.08
600590	泰豪科技	866.30	限售期满	2019.02.18	600590	泰豪科技	866.30	限售期满	2019.04.30
600590	泰豪科技	866.30	限售期满	2019.08.29	600590	泰豪科技	866.30	限售期满	2019.12.16
600596	新安股份	705.28	股份注销	2019.05.28	600596	新安股份	705.28	限售期满	2019.06.28
600603	广汇物流	1255.83	增发上市	2019.06.03	600603	广汇物流	1254.77	股份注销	2019.07.02
600603	广汇物流	1254.77	限售期满	2019.07.30	600604	市北高新	1873.30	限售期满	2019.08.29
600619	海立股份	883.30	增发上市	2019.12.11	600622	光大嘉宝	1153.60	限售期满	2019.02.11
600622	光大嘉宝	1499.69	送股	2019.06.19	600623	华谊集团	2105.30	股份注销	2019.03.28
600626	申达股份	852.29	限售期满	2019.12.30	600628	新世界	646.88	限售期满	2019.09.20
600629	华建集团	445.13	增发上市	2019.04.04	600629	华建集团	534.15	送股	2019.06.27
600633	浙数文化	1301.92	限售期满	2019.12.16	600636	三爱富	446.94	股份注销	2019.02.19
600637	东方明珠	3432.73	股份注销	2019.01.31	600637	东方明珠	3430.98	股份注销	2019.11.04
600637	东方明珠	3414.50	股份注销	2019.12.30	600642	申能股份	4912.04	增发上市	2019.07.01
600645	中源协和	467.98	增发上市	2019.07.30	600645	中源协和	467.97	股份注销	2019.11.07
600651	飞乐音响	987.24	股份注销	2019.07.12	600651	飞乐音响	985.22	股份注销	2019.07.29
600653	申华控股	1946.38	限售期满	2019.05.20	600655	豫园股份	3881.06	限售期满	2019.07.12
600655	豫园股份	3880.74	股份注销	2019.11.26	600655	豫园股份	3883.76	增发上市	2019.12.09
600655	豫园股份	3883.76	限售期满	2019.12.18	600663	陆家嘴	3850.74	送股	2019.05.31

上市公司股份变动
Change of Shares Outstanding in 2019

股票代码 Code	股票简称 Stock Name	变动后总股本（百万股）Total Shares(M shares)	变动原因 Change Reason	变动日期 Change Date	股票代码 Code	股票简称 Stock Name	变动后总股本（百万股）Total Shares(M shares)	变动原因 Change Reason	变动日期 Change Date
600664	哈药股份	2523.39	股份注销	2019.01.16	600664	哈药股份	2507.02	股份注销	2019.10.17
600667	太极实业	2106.19	限售期满	2019.11.18	600675	中华企业	6096.14	送股	2019.06.24
600676	交运股份	1028.49	限售期满	2019.11.11	600677	航天通信	521.79	限售期满	2019.04.17
600681	百川能源	1031.51	限售期满	2019.04.01	600681	百川能源	1442.74	送股	2019.04.26
600681	百川能源	1442.74	限售期满	2019.11.21	600682	南京新百	1292.71	限售期满	2019.02.11
600682	南京新百	1346.13	增发上市	2019.07.16	600682	南京新百	1346.13	限售期满	2019.08.09
600687	*ST 刚泰	1488.72	限售期满	2019.01.09	600690	海尔智家	6368.47	债转股	2019.07.04
600690	海尔智家	6368.47	债转股	2019.08.05	600690	海尔智家	6368.48	债转股	2019.09.04
600690	海尔智家	6368.48	债转股	2019.10.11	600690	海尔智家	6368.48	债转股	2019.11.07
600690	海尔智家	6414.90	债转股	2019.12.05	600690	海尔智家	6579.57	债转股	2019.12.19
600691	阳煤化工	2375.98	增发上市	2019.01.07	600696	ST 岩石	334.47	股份注销	2019.08.06
600698	*ST 天雁	1064.41	增发上市	2019.11.08	600698	*ST 天雁	1064.41	限售期满	2019.12.03
600699	均胜电子	1300.22	送股	2019.07.30	600699	均胜电子	1237.26	股份注销	2019.12.23
600702	舍得酒业	337.30	股份回购	2019.02.28	600702	舍得酒业	337.30	增发上市	2019.02.28
600702	舍得酒业	337.04	股份注销	2019.12.26	600704	物产中大	5062.18	增发上市	2019.11.14
600706	曲江文旅	215.41	送股	2019.07.09	600710	苏美达	1306.75	限售期满	2019.11.15
600711	盛屯矿业	2137.32	增发上市	2019.05.13	600711	盛屯矿业	2308.03	增发上市	2019.07.05
600711	盛屯矿业	2308.03	限售期满	2019.08.27	600712	南宁百货	544.66	限售期满	2019.07.09
600712	南宁百货	544.66	限售期满	2019.12.26	600716	凤凰股份	936.06	限售期满	2019.08.15
600717	天津港	2009.72	送股	2019.06.26	600721	*ST 百花	400.39	限售期满	2019.10.15
600728	佳都科技	1618.79	限售期满	2019.01.18	600728	佳都科技	1638.44	债转股	2019.07.05
600728	佳都科技	1637.74	股份注销	2019.08.01	600728	佳都科技	1637.74	限售期满	2019.08.28
600728	佳都科技	1645.17	债转股	2019.10.11	600728	佳都科技	1670.81	债转股	2019.11.25
600728	佳都科技	1670.81	增发上市	2019.11.25	600732	ST 爱旭	1829.89	增发上市	2019.09.30
600733	北汽蓝谷	3493.66	增发上市	2019.02.01	600733	北汽蓝谷	3493.66	限售期满	2019.08.21
600733	北汽蓝谷	3493.66	限售期满	2019.08.23	600734	实达集团	623.52	限售期满	2019.06.10
600734	实达集团	622.37	股份注销	2019.07.19	600734	实达集团	622.37	限售期满	2019.09.30
600737	中粮糖业	2138.85	增发上市	2019.04.15	600738	兰州民百	773.46	股份注销	2019.11.12
600740	山西焦化	1516.05	增发上市	2019.01.31	600741	华域汽车	3152.72	限售期满	2019.01.14
600745	闻泰科技	1040.67	增发上市	2019.11.05	600745	闻泰科技	1124.03	增发上市	2019.12.23
600748	上实发展	1844.56	限售期满	2019.01.22	600749	西藏旅游	226.97	限售期满	2019.03.06
600750	江中药业	525.00	送股	2019.06.13	600754	锦江酒店	957.94	限售期满	2019.08.05
600755	厦门国贸	1816.28	债转股	2019.04.04	600755	厦门国贸	1816.29	债转股	2019.07.04
600755	厦门国贸	1850.07	债转股	2019.11.18	600758	红阳能源	1322.02	股份注销	2019.01.11
600758	红阳能源	1322.02	限售期满	2019.01.24	600764	中国海防	631.67	增发上市	2019.12.24
600765	中航重机	933.60	增发上市	2019.12.24	600771	广誉远	493.60	送股	2019.05.31
600771	广誉远	492.00	股份注销	2019.06.13	600771	广誉远	492.00	限售期满	2019.12.23
600773	西藏城投	819.66	限售期满	2019.03.01	600777	新潮能源	6800.50	限售期满	2019.05.13
600778	友好集团	311.49	限售期满	2019.10.25	600779	水井坊	488.55	股份回购	2019.09.05
600779	水井坊	488.55	增发上市	2019.09.05	600781	ST 辅仁	627.16	限售期满	2019.01.11
600789	鲁抗医药	677.10	限售期满	2019.04.10	600789	鲁抗医药	880.23	送股	2019.06.20
600793	宜宾纸业	126.36	增发上市	2019.05.16	600794	保税科技	1212.15	限售期满	2019.08.19
600797	浙大网新	1046.64	股份注销	2019.08.19	600797	浙大网新	1046.64	限售期满	2019.09.12
600801	华新水泥	1886.68	送股	2019.06.04	600804	鹏博士	1432.39	股份注销	2019.08.09
600809	山西汾酒	871.53	增发上市	2019.05.15	600810	神马股份	574.96	送股	2019.07.19
600811	东方集团	3714.58	限售期满	2019.05.27	600815	*ST 厦工	1774.09	送股	2019.12.24
600816	安信信托	5469.14	限售期满	2019.12.27	600827	百联股份	1784.17	限售期满	2019.06.14
600828	茂业商业	1731.98	限售期满	2019.05.22	600831	广电网络	666.89	债转股	2019.03.11
600831	广电网络	693.60	债转股	2019.04.03	600831	广电网络	708.82	债转股	2019.07.04
600831	广电网络	708.82	限售期满	2019.09.02	600831	广电网络	708.84	债转股	2019.10.11

上市公司股份变动
Change of Shares Outstanding in 2019

股票代码 Code	股票简称 Stock Name	变动后总股本（百万股）Total Shares(M shares)	变动原因 Change Reason	变动日期 Change Date	股票代码 Code	股票简称 Stock Name	变动后总股本（百万股）Total Shares(M shares)	变动原因 Change Reason	变动日期 Change Date
600839	四川长虹	4616. 24	限售期满	2019. 06. 06	600845	宝信软件	1071. 86	送股	2019. 07. 01
600845	宝信软件	1140. 37	股份注销	2019. 12. 12	600848	上海临港	1903. 29	增发上市	2019. 07. 22
600848	上海临港	2102. 07	增发上市	2019. 12. 05	600850	华东电脑	424. 01	增发上市	2019. 01. 07
600850	华东电脑	425. 70	增发上市	2019. 04. 04	600850	华东电脑	426. 48	增发上市	2019. 10. 11
600850	华东电脑	426. 48	增发上市	2019. 10. 11	600853	龙建股份	837. 42	送股	2019. 07. 30
600855	航天长峰	352. 03	限售期满	2019. 05. 22	600855	航天长峰	351. 90	股份注销	2019. 11. 01
600855	航天长峰	439. 59	增发上市	2019. 12. 30	600859	王府井	776. 25	限售期满	2019. 01. 11
600859	王府井	776. 25	限售期满	2019. 09. 16	600863	内蒙华电	5807. 84	债转股	2019. 01. 04
600863	内蒙华电	5807. 87	债转股	2019. 04. 03	600863	内蒙华电	5808. 44	债转股	2019. 07. 04
600863	内蒙华电	5808. 47	债转股	2019. 10. 10	600864	哈投股份	2108. 51	限售期满	2019. 07. 29
600864	哈投股份	2080. 57	股份注销	2019. 08. 07	600866	星湖科技	700. 95	增发上市	2019. 02. 22
600866	星湖科技	739. 02	增发上市	2019. 05. 06	600867	通化东宝	2033. 99	限售期满	2019. 08. 05
600869	智慧能源	2219. 35	限售期满	2019. 01. 14	600873	梅花生物	3108. 18	限售期满	2019. 07. 18
600873	梅花生物	3104. 29	股份注销	2019. 08. 29	600876	洛阳玻璃	559. 80	限售期满	2019. 04. 19
600876	洛阳玻璃	552. 40	股份注销	2019. 12. 12	600877	* ST 电能	822. 16	增发上市	2019. 07. 09
600879	航天电子	2719. 27	限售期满	2019. 10. 21	600880	博瑞传播	1093. 33	限售期满	2019. 01. 15
600882	妙可蓝多	409. 76	限售期满	2019. 01. 31	600882	妙可蓝多	409. 52	股份注销	2019. 05. 06
600882	妙可蓝多	409. 52	限售期满	2019. 05. 31	600882	妙可蓝多	409. 36	股份注销	2019. 08. 14
600884	杉杉股份	1122. 76	限售期满	2019. 03. 01	600887	伊利股份	6078. 13	限售期满	2019. 01. 22
600887	伊利股份	6096. 66	增发上市	2019. 05. 07	600887	伊利股份	6097. 13	增发上市	2019. 06. 06
600887	伊利股份	6097. 13	增发上市	2019. 11. 27	600887	伊利股份	6097. 13	股份回购	2019. 11. 27
600887	伊利股份	6096. 38	股份注销	2019. 12. 30	600888	新疆众和	1034. 16	增发上市	2019. 07. 10
600888	新疆众和	1034. 16	限售期满	2019. 08. 19	600888	新疆众和	1035. 84	增发上市	2019. 09. 18
600888	新疆众和	1035. 47	股份注销	2019. 10. 17	600889	南京化纤	366. 35	限售期满	2019. 04. 10
600891	* ST 秋林	617. 59	限售期满	2019. 02. 26	600892	大晟文化	559. 46	限售期满	2019. 01. 07
600892	大晟文化	559. 46	限售期满	2019. 08. 01	600896	览海投资	869. 10	限售期满	2019. 03. 15
600900	长江电力	22000. 00	限售期满	2019. 04. 15	600900	长江电力	22000. 00	限售期满	2019. 04. 23
600901	江苏租赁	2986. 65	限售期满	2019. 03. 01	600903	贵州燃气	1138. 19	送股	2019. 05. 30
600908	无锡银行	1848. 20	债转股	2019. 01. 07	600908	无锡银行	1848. 23	债转股	2019. 04. 03
600908	无锡银行	1848. 26	债转股	2019. 07. 04	600908	无锡银行	1848. 26	债转股	2019. 07. 22
600908	无锡银行	1848. 26	限售期满	2019. 07. 23	600908	无锡银行	1848. 26	债转股	2019. 09. 20
600908	无锡银行	1848. 26	限售期满	2019. 09. 23	600909	华安证券	3621. 00	限售期满	2019. 12. 06
600919	江苏银行	11544. 45	限售期满	2019. 08. 02	600919	江苏银行	11544. 48	债转股	2019. 10. 14
600926	杭州银行	5130. 20	限售期满	2019. 01. 22	600926	杭州银行	5130. 20	限售期满	2019. 10. 28
600926	杭州银行	5130. 20	限售期满	2019. 11. 27	600926	杭州银行	5130. 20	限售期满	2019. 12. 31
600928	西安银行	4444. 44	A 股新上市	2019. 03. 01	600929	湖南盐业	917. 75	限售期满	2019. 03. 26
600933	爱柯迪	850. 38	限售期满	2019. 02. 22	600933	爱柯迪	856. 72	增发上市	2019. 06. 18
600933	爱柯迪	856. 72	限售期满	2019. 09. 18	600933	爱柯迪	857. 50	增发上市	2019. 10. 09
600933	爱柯迪	857. 50	限售期满	2019. 12. 09	600936	广西广电	1671. 03	限售期满	2019. 08. 23
600959	江苏有线	5000. 72	增发上市	2019. 07. 02	600959	江苏有线	5000. 72	限售期满	2019. 12. 12
600960	渤海汽车	950. 52	限售期满	2019. 12. 30	600968	海油发展	10165. 10	A 股新上市	2019. 06. 26
600971	恒源煤电	1200. 00	送股	2019. 05. 29	600973	宝胜股份	1222. 11	限售期满	2019. 01. 28
600977	中国电影	1867. 00	限售期满	2019. 08. 09	600979	广安爱众	947. 89	限售期满	2019. 05. 06
600980	北矿科技	155. 21	增发上市	2019. 01. 22	600982	宁波热电	1086. 70	增发上市	2019. 07. 04
600985	淮北矿业	2172. 41	增发上市	2019. 03. 13	600985	淮北矿业	2172. 41	限售期满	2019. 08. 20
600986	科达股份	1325. 57	限售期满	2019. 04. 29	600986	科达股份	1325. 57	股份回购	2019. 07. 02
600986	科达股份	1325. 57	增发上市	2019. 07. 02	600986	科达股份	1325. 19	股份注销	2019. 11. 25
600987	航民股份	1080. 82	送股	2019. 05. 20	600988	赤峰黄金	1555. 17	增发上市	2019. 11. 19
600989	宝丰能源	7333. 36	A 股新上市	2019. 05. 16	600993	马应龙	431. 05	限售期满	2019. 07. 12
600996	贵广网络	1051. 68	债转股	2019. 10. 10	600996	贵广网络	1051. 68	限售期满	2019. 12. 27

上市公司股份变动
Change of Shares Outstanding in 2019

股票代码 Code	股票简称 Stock Name	变动后总股本（百万股）Total Shares(M shares)	变动原因 Change Reason	变动日期 Change Date	股票代码 Code	股票简称 Stock Name	变动后总股本（百万股）Total Shares(M shares)	变动原因 Change Reason	变动日期 Change Date
600998	九州通	1877.66	限售期满	2019.05.16	600998	九州通	1877.66	债转股	2019.07.04
600999	招商证券	6699.41	限售期满	2019.05.27	601000	唐山港	5925.93	限售期满	2019.12.17
601008	连云港	1093.83	增发上市	2019.11.25	601011	宝泰隆	1610.93	股份注销	2019.10.11
601011	宝泰隆	1610.93	限售期满	2019.11.22	601012	隆基股份	2790.79	债转股	2019.01.07
601012	隆基股份	2790.80	债转股	2019.04.03	601012	隆基股份	3624.21	配股上市	2019.04.29
601012	隆基股份	3624.41	债转股	2019.07.03	601012	隆基股份	3623.84	股份注销	2019.07.19
601012	隆基股份	3772.51	债转股	2019.09.06	601012	隆基股份	3772.02	股份注销	2019.11.15
601012	隆基股份	3772.02	限售期满	2019.11.29	601015	陕西黑猫	1629.79	送股	2019.05.10
601020	华钰矿业	525.92	限售期满	2019.05.09	601021	春秋航空	916.90	限售期满	2019.02.12
601021	春秋航空	916.74	股份注销	2019.07.02	601021	春秋航空	916.73	股份注销	2019.12.30
601058	赛轮轮胎	2701.46	股份注销	2019.02.13	601058	赛轮轮胎	2700.26	股份注销	2019.08.01
601058	赛轮轮胎	2700.26	增发上市	2019.12.19	601058	赛轮轮胎	2700.26	股份回购	2019.12.19
601058	赛轮轮胎	2700.26	限售期满	2019.12.23	601066	中信建投	7646.39	限售期满	2019.06.20
601077	渝农商行	11357.00	A 股新上市	2019.10.29	601099	太平洋	6816.32	限售期满	2019.04.22
601113	ST 华鼎	1161.65	增发上市	2019.02.01	601113	ST 华鼎	1161.65	限售期满	2019.05.09
601113	ST 华鼎	1141.48	股份注销	2019.08.08	601118	海南橡胶	4279.43	限售期满	2019.02.12
601127	小康股份	945.15	债转股	2019.01.07	601127	小康股份	945.16	债转股	2019.04.04
601127	小康股份	944.86	股份注销	2019.04.08	601127	小康股份	941.38	股份注销	2019.06.03
601127	小康股份	941.38	债转股	2019.06.03	601127	小康股份	941.38	债转股	2019.06.14
601127	小康股份	941.38	限售期满	2019.06.17	601127	小康股份	941.38	债转股	2019.10.11
601127	小康股份	939.94	股份注销	2019.12.20	601128	常熟银行	2262.75	债转股	2019.01.04
601128	常熟银行	2452.86	债转股	2019.03.25	601128	常熟银行	2509.10	债转股	2019.04.03
601128	常熟银行	2740.86	债转股	2019.05.21	601128	常熟银行	2740.86	限售期满	2019.08.30
601128	常熟银行	2740.86	限售期满	2019.09.30	601137	博威合金	697.23	增发上市	2019.06.10
601137	博威合金	684.52	股份注销	2019.07.12	601137	博威合金	684.52	限售期满	2019.08.20
601138	工业富联	19844.48	增发上市	2019.05.16	601138	工业富联	19844.48	限售期满	2019.06.10
601138	工业富联	19854.83	增发上市	2019.10.31	601138	工业富联	19854.83	限售期满	2019.12.09
601139	深圳燃气	2877.09	股份注销	2019.01.07	601139	深圳燃气	2876.85	股份注销	2019.05.15
601139	深圳燃气	2876.85	限售期满	2019.08.29	601139	深圳燃气	2876.77	股份注销	2019.11.12
601155	新城控股	2256.72	限售期满	2019.12.16	601155	新城控股	2256.72	增发上市	2019.12.30
601155	新城控股	2256.72	股份回购	2019.12.30	601162	天风证券	5180.00	限售期满	2019.10.21
601163	三角轮胎	800.00	限售期满	2019.09.09	601199	江南水务	935.21	债转股	2019.02.18
601200	上海环境	913.31	送股	2019.05.07	601211	国泰君安	8713.94	债转股	2019.01.04
601211	国泰君安	8713.95	债转股	2019.04.04	601211	国泰君安	8907.95	其他股本变动	2019.04.19
601211	国泰君安	8907.95	债转股	2019.07.03	601211	国泰君安	8907.95	债转股	2019.10.11
601212	白银有色	7212.34	增发上市	2019.04.19	601212	白银有色	7404.77	增发上市	2019.06.25
601218	吉鑫科技	991.76	股份回购	2019.10.18	601218	吉鑫科技	991.76	增发上市	2019.10.18
601222	林洋能源	1765.41	债转股	2019.01.07	601222	林洋能源	1765.42	债转股	2019.04.04
601222	林洋能源	1764.97	股份注销	2019.04.12	601222	林洋能源	1764.97	债转股	2019.06.28
601222	林洋能源	1757.67	股份注销	2019.07.01	601222	林洋能源	1757.67	债转股	2019.10.10
601229	上海银行	14206.53	送股	2019.07.04	601229	上海银行	14206.53	限售期满	2019.11.18
601233	桐昆股份	1821.93	限售期满	2019.06.10	601233	桐昆股份	1824.83	债转股	2019.07.04
601233	桐昆股份	1847.93	债转股	2019.10.10	601236	红塔证券	3633.41	A 股新上市	2019.07.05
601238	广汽集团	10232.50	增发上市	2019.01.07	601238	广汽集团	10233.72	增发上市	2019.02.12
601238	广汽集团	10233.72	债转股	2019.05.09	601238	广汽集团	10234.91	增发上市	2019.06.06
601238	广汽集团	10236.48	增发上市	2019.07.05	601238	广汽集团	10237.71	增发上市	2019.08.06
601258	*ST 庞大	6538.48	股份注销	2019.10.17	601258	*ST 庞大	10227.23	送股	2019.12.31
601298	青岛港	6491.10	A 股新上市	2019.01.21	601311	骆驼股份	863.82	债转股	2019.04.04
601311	骆驼股份	863.82	债转股	2019.07.04	601319	中国人保	44223.99	限售期满	2019.11.18
601330	绿色动力	1161.20	限售期满	2019.06.11	601368	绿城水务	882.97	增发上市	2019.07.29

上市公司股份变动
Change of Shares Outstanding in 2019

股票代码 Code	股票简称 Stock Name	变动后总股本（百万股） Total Shares(M shares)	变动原因 Change Reason	变动日期 Change Date	股票代码 Code	股票简称 Stock Name	变动后总股本（百万股） Total Shares(M shares)	变动原因 Change Reason	变动日期 Change Date
601369	陕鼓动力	1676.73	增发上市	2019.04.11	601369	陕鼓动力	1678.33	增发上市	2019.10.29
601390	中国中铁	24570.93	增发上市	2019.09.26	601500	通用股份	872.29	增发上市	2019.03.29
601500	通用股份	872.29	限售期满	2019.09.19	601512	中新集团	1498.89	A股新上市	2019.12.20
601515	东风股份	1334.40	送股	2019.04.24	601555	东吴证券	3000.00	限售期满	2019.08.05
601558	ST锐电	6030.60	限售期满	2019.12.06	601567	三星医疗	1386.57	股份注销	2019.02.13
601577	长沙银行	3421.55	限售期满	2019.09.26	601579	会稽山	497.36	限售期满	2019.09.06
601595	上海电影	373.50	限售期满	2019.08.19	601598	中国外运	7400.80	A股新上市	2019.01.18
601600	中国铝业	17022.67	增发上市	2019.02.28	601606	长城军工	724.23	限售期满	2019.08.06
601611	中国核建	2625.00	限售期满	2019.06.13	601615	明阳智能	1379.72	A股新上市	2019.01.23
601619	嘉泽新能	2074.10	增发上市	2019.12.23	601636	旗滨集团	2688.36	限售期满	2019.01.11
601636	旗滨集团	2688.16	股份注销	2019.02.13	601636	旗滨集团	2688.16	限售期满	2019.05.27
601636	旗滨集团	2688.08	股份注销	2019.07.04	601636	旗滨集团	2688.08	限售期满	2019.09.12
601636	旗滨集团	2687.70	股份注销	2019.10.11	601658	邮储银行	86202.74	A股新上市	2019.12.10
601668	中国建筑	41985.17	增发上市	2019.01.24	601668	中国建筑	41985.17	股份回购	2019.01.24
601668	中国建筑	41985.17	限售期满	2019.02.14	601668	中国建筑	41981.27	股份注销	2019.03.29
601668	中国建筑	41975.63	股份注销	2019.11.19	601677	明泰铝业	629.98	增发上市	2019.07.26
601677	明泰铝业	629.98	增发上市	2019.07.26	601677	明泰铝业	614.72	股份注销	2019.09.27
601677	明泰铝业	616.28	增发上市	2019.10.31	601688	华泰证券	9001.64	增发上市	2019.06.20
601688	华泰证券	9076.65	行使超额配售选择权	2019.06.27	601688	华泰证券	9076.65	限售期满	2019.08.02
601689	拓普集团	727.58	限售期满	2019.03.19	601689	拓普集团	1054.99	送股	2019.07.11
601698	中国卫通	4000.00	A股新上市	2019.06.28	601727	上海电气	14725.19	债转股	2019.01.04
601727	上海电气	14725.54	债转股	2019.04.08	601727	上海电气	15152.39	增发上市	2019.06.27
601727	上海电气	15152.39	债转股	2019.06.27	601727	上海电气	15152.40	债转股	2019.07.08
601727	上海电气	15152.46	债转股	2019.10.11	601777	力帆股份	1313.76	限售期满	2019.11.05
601811	新华文轩	1233.84	限售期满	2019.08.08	601818	光大银行	52489.27	债转股	2019.01.08
601818	光大银行	52489.29	债转股	2019.04.08	601818	光大银行	52489.30	债转股	2019.07.05
601818	光大银行	52489.31	债转股	2019.10.11	601828	美凯龙	3550.00	限售期满	2019.01.17
601838	成都银行	3612.25	限售期满	2019.01.31	601838	成都银行	3612.25	限售期满	2019.04.30
601838	成都银行	3612.25	限售期满	2019.12.05	601838	成都银行	3612.25	限售期满	2019.12.31
601860	紫金银行	3660.89	A股新上市	2019.01.03	601865	福莱特	1950.00	A股新上市	2019.02.15
601866	中远海发	11608.13	股份回购	2019.06.10	601869	长飞光纤	757.91	限售期满	2019.08.01
601872	招商轮船	6066.61	限售期满	2019.07.24	601877	正泰电器	2151.24	股份注销	2019.01.15
601877	正泰电器	2151.24	限售期满	2019.06.28	601877	正泰电器	2151.24	限售期满	2019.07.24
601877	正泰电器	2151.24	限售期满	2019.12.30	601878	浙商证券	3333.35	债转股	2019.10.11
601882	海天精工	522.00	限售期满	2019.11.07	601899	紫金矿业	25377.26	增发上市	2019.11.29
601900	南方传媒	895.88	限售期满	2019.02.15	601908	京运通	1993.02	股份注销	2019.11.22
601916	浙商银行	21268.70	A股新上市	2019.11.26	601919	中远海控	12259.53	增发上市	2019.01.30
601929	吉视传媒	3110.91	债转股	2019.01.07	601929	吉视传媒	3111.03	债转股	2019.04.04
601929	吉视传媒	3111.05	债转股	2019.07.04	601929	吉视传媒	3111.06	债转股	2019.10.10
601933	永辉超市	9570.46	限售期满	2019.08.09	601933	永辉超市	9570.46	限售期满	2019.09.11
601933	永辉超市	9570.46	限售期满	2019.12.10	601965	中国汽研	969.98	股份注销	2019.05.29
601965	中国汽研	969.82	股份注销	2019.12.31	601966	玲珑轮胎	1200.00	债转股	2019.01.07
601966	玲珑轮胎	1200.01	债转股	2019.04.04	601966	玲珑轮胎	1200.01	债转股	2019.07.03
601966	玲珑轮胎	1200.01	限售期满	2019.07.08	601966	玲珑轮胎	1200.01	债转股	2019.10.10
601975	招商南油	5023.40	A股新上市	2019.01.08	601989	中国重工	22802.04	股份注销	2019.12.30
601990	南京证券	2749.02	限售期满	2019.06.13	601990	南京证券	2749.02	限售期满	2019.07.01
601990	南京证券	3298.82	送股	2019.07.31	601996	丰林集团	1146.34	股份注销	2019.02.13
601996	丰林集团	1146.34	限售期满	2019.04.17	601996	丰林集团	1145.74	股份注销	2019.07.19
601996	丰林集团	1145.74	限售期满	2019.09.12	601997	贵阳银行	3218.03	送股	2019.06.18
601997	贵阳银行	3218.03	限售期满	2019.08.16	601998	中信银行	48934.81	债转股	2019.10.11

上市公司股份变动
Change of Shares Outstanding in 2019

股票代码 Code	股票简称 Stock Name	变动后总股本（百万股）Total Shares(M shares)	变动原因 Change Reason	变动日期 Change Date	股票代码 Code	股票简称 Stock Name	变动后总股本（百万股）Total Shares(M shares)	变动原因 Change Reason	变动日期 Change Date
603002	宏昌电子	614.41	限售期满	2019.01.29	603002	宏昌电子	614.41	限售期满	2019.05.17
603005	晶方科技	229.68	股份注销	2019.07.19	603005	晶方科技	229.68	限售期满	2019.11.26
603006	联明股份	191.08	股份注销	2019.06.20	603006	联明股份	191.08	限售期满	2019.07.01
603007	花王股份	337.18	股份注销	2019.08.15	603007	花王股份	337.18	限售期满	2019.08.26
603007	花王股份	337.09	股份注销	2019.11.26	603008	喜临门	394.86	限售期满	2019.10.14
603008	喜临门	391.14	股份注销	2019.11.21	603009	北特科技	359.01	股份注销	2019.04.03
603009	北特科技	359.01	限售期满	2019.05.15	603009	北特科技	359.01	限售期满	2019.07.03
603009	北特科技	359.00	股份注销	2019.11.29	603010	万盛股份	354.30	送股	2019.05.29
603010	万盛股份	354.30	限售期满	2019.09.16	603010	万盛股份	346.79	股份注销	2019.10.30
603010	万盛股份	346.79	限售期满	2019.11.08	603010	万盛股份	346.79	限售期满	2019.12.09
603011	合锻智能	453.16	限售期满	2019.02.01	603011	合锻智能	453.07	股份注销	2019.05.30
603011	合锻智能	453.07	限售期满	2019.07.10	603015	弘讯科技	407.15	股份注销	2019.01.30
603015	弘讯科技	407.15	限售期满	2019.06.24	603015	弘讯科技	407.09	股份注销	2019.09.05
603016	新宏泰	148.16	限售期满	2019.07.01	603017	中衡设计	275.18	增发上市	2019.01.07
603017	中衡设计	275.18	股份回购	2019.01.07	603017	中衡设计	275.11	股份注销	2019.06.04
603018	中设集团	464.42	送股	2019.05.20	603018	中设集团	464.42	限售期满	2019.07.03
603018	中设集团	464.37	股份注销	2019.09.27	603019	中科曙光	643.05	债转股	2019.04.04
603019	中科曙光	643.07	债转股	2019.04.22	603019	中科曙光	900.29	送股	2019.04.24
603019	中科曙光	900.30	债转股	2019.07.04	603019	中科曙光	900.31	债转股	2019.10.11
603021	山东华鹏	319.95	限售期满	2019.07.01	603023	威帝股份	360.02	债转股	2019.04.04
603023	威帝股份	360.03	债转股	2019.06.12	603023	威帝股份	432.03	送股	2019.06.14
603023	威帝股份	432.03	债转股	2019.07.04	603023	威帝股份	445.58	债转股	2019.10.10
603025	大豪科技	921.89	限售期满	2019.03.28	603025	大豪科技	926.15	增发上市	2019.11.08
603027	千禾味业	326.20	债转股	2019.01.07	603027	千禾味业	326.16	股份注销	2019.01.16
603027	千禾味业	326.17	债转股	2019.03.06	603027	千禾味业	326.17	限售期满	2019.03.07
603027	千禾味业	326.17	债转股	2019.04.04	603027	千禾味业	326.17	债转股	2019.05.22
603027	千禾味业	456.63	送股	2019.05.24	603027	千禾味业	459.60	债转股	2019.07.05
603027	千禾味业	465.79	债转股	2019.10.11	603027	千禾味业	465.68	股份注销	2019.10.14
603028	赛福天	220.80	限售期满	2019.04.01	603029	天鹅股份	93.34	限售期满	2019.04.29
603030	全筑股份	538.28	股份注销	2019.01.11	603030	全筑股份	538.21	股份注销	2019.08.07
603030	全筑股份	538.21	限售期满	2019.08.21	603031	安德利	112.00	限售期满	2019.08.22
603033	三维股份	217.44	增发上市	2019.01.31	603033	三维股份	304.42	送股	2019.05.30
603033	三维股份	304.42	限售期满	2019.12.09	603036	如通股份	206.03	增发上市	2019.11.14
603036	如通股份	206.03	限售期满	2019.12.09	603037	凯众股份	105.82	股份注销	2019.08.26
603037	凯众股份	105.82	限售期满	2019.09.23	603038	华立股份	93.99	股份注销	2019.05.07
603038	华立股份	131.58	送股	2019.05.20	603038	华立股份	131.57	股份注销	2019.09.11
603038	华立股份	131.57	限售期满	2019.11.11	603039	泛微网络	102.51	股份注销	2019.03.07
603039	泛微网络	151.71	送股	2019.05.20	603039	泛微网络	151.64	股份注销	2019.10.25
603039	泛微网络	151.64	限售期满	2019.11.04	603040	新坐标	79.51	限售期满	2019.07.19
603040	新坐标	79.48	股份注销	2019.09.03	603040	新坐标	79.48	限售期满	2019.09.09
603041	美思德	100.64	股份注销	2019.08.16	603042	华脉科技	136.00	股份注销	2019.03.25
603045	福达合金	98.30	限售期满	2019.05.17	603045	福达合金	137.62	送股	2019.06.06
603050	科林电气	162.25	限售期满	2019.08.08	603050	科林电气	162.22	股份注销	2019.10.31
603053	成都燃气	888.89	A 股新上市	2019.12.17	603055	台华新材	766.64	送股	2019.06.12
603055	台华新材	766.64	债转股	2019.07.03	603055	台华新材	766.64	债转股	2019.10.11
603056	德邦股份	960.00	限售期满	2019.01.16	603058	永吉股份	423.81	增发上市	2019.01.29
603058	永吉股份	419.07	股份注销	2019.03.21	603058	永吉股份	419.07	限售期满	2019.04.17
603059	倍加洁	100.00	送股	2019.06.19	603060	国检集团	308.00	送股	2019.06.17
603060	国检集团	308.00	限售期满	2019.11.11	603063	禾望电气	430.89	增发上市	2019.03.26
603066	音飞储存	302.34	限售期满	2019.01.22	603066	音飞储存	300.70	股份注销	2019.09.20

上市公司股份变动
Change of Shares Outstanding in 2019

股票代码 Code	股票简称 Stock Name	变动后总股本（百万股）Total Shares(M shares)	变动原因 Change Reason	变动日期 Change Date	股票代码 Code	股票简称 Stock Name	变动后总股本（百万股）Total Shares(M shares)	变动原因 Change Reason	变动日期 Change Date
603067	振华股份	431.20	送股	2019.05.22	603067	振华股份	431.20	限售期满	2019.09.16
603068	博通集成	138.71	A股新上市	2019.04.15	603069	海汽集团	316.00	限售期满	2019.07.12
603078	江化微	109.20	送股	2019.05.16	603080	新疆火炬	141.50	限售期满	2019.01.03
603083	剑桥科技	128.78	限售期满	2019.03.29	603083	剑桥科技	167.41	送股	2019.08.23
603083	剑桥科技	167.41	限售期满	2019.11.06	603083	剑桥科技	169.45	增发上市	2019.12.10
603083	剑桥科技	169.45	限售期满	2019.12.16	603085	天成自控	290.99	限售期满	2019.07.01
603085	天成自控	290.99	限售期满	2019.09.25	603088	宁波精达	156.80	送股	2019.06.14
603089	正裕工业	154.67	送股	2019.05.27	603090	宏盛股份	100.00	限售期满	2019.09.02
603093	南华期货	580.00	A股新上市	2019.08.30	603096	新经典	135.31	限售期满	2019.08.13
603098	森特股份	480.01	限售期满	2019.12.16	603100	川仪股份	395.00	限售期满	2019.08.05
603101	汇嘉时代	240.00	限售期满	2019.05.06	603101	汇嘉时代	336.00	送股	2019.05.29
603103	横店影视	634.20	送股	2019.06.17	603105	芯能科技	500.00	限售期满	2019.07.09
603106	恒银金融	400.40	送股	2019.06.21	603108	润达医疗	579.53	限售期满	2019.11.18
603109	神驰机电	146.67	A股新上市	2019.12.31	603111	康尼机电	993.28	限售期满	2019.03.12
603115	海星股份	208.00	A股新上市	2019.08.09	603116	红蜻蜓	576.20	股份注销	2019.08.27
603117	万林物流	643.02	股份注销	2019.06.24	603117	万林物流	643.02	限售期满	2019.09.06
603118	共进股份	775.73	股份注销	2019.02.11	603121	华培动力	180.00	A股新上市	2019.01.11
603121	华培动力	216.00	送股	2019.06.26	603127	昭衍新药	160.99	送股	2019.04.11
603127	昭衍新药	160.99	限售期满	2019.04.29	603127	昭衍新药	161.33	增发上市	2019.06.11
603127	昭衍新药	161.74	增发上市	2019.10.18	603127	昭衍新药	161.72	股份注销	2019.11.13
603128	华贸物流	1012.04	限售期满	2019.04.02	603128	华贸物流	1012.04	限售期满	2019.07.16
603129	春风动力	134.58	股份注销	2019.05.22	603129	春风动力	134.39	股份注销	2019.05.29
603129	春风动力	134.39	限售期满	2019.07.15	603131	上海沪工	221.03	增发上市	2019.01.02
603131	上海沪工	227.12	增发上市	2019.04.29	603131	上海沪工	317.97	送股	2019.06.14
603133	碳元科技	210.57	增发上市	2019.01.04	603133	碳元科技	210.51	股份注销	2019.07.30
603133	碳元科技	210.48	股份注销	2019.10.25	603133	碳元科技	210.48	限售期满	2019.12.30
603136	天目湖	116.00	送股	2019.04.15	603138	海量数据	150.45	限售期满	2019.05.14
603138	海量数据	150.44	股份注销	2019.06.27	603138	海量数据	210.61	送股	2019.07.12
603138	海量数据	210.61	限售期满	2019.10.31	603156	养元饮品	753.27	限售期满	2019.02.12
603156	养元饮品	1054.58	送股	2019.05.10	603158	腾龙股份	216.97	股份注销	2019.06.27
603159	上海亚虹	140.00	送股	2019.06.24	603159	上海亚虹	140.00	限售期满	2019.08.12
603160	汇顶科技	456.01	股份注销	2019.05.24	603160	汇顶科技	456.78	增发上市	2019.06.24
603160	汇顶科技	455.99	股份注销	2019.07.16	603160	汇顶科技	455.99	限售期满	2019.08.02
603160	汇顶科技	455.73	限售期满	2019.10.17	603160	汇顶科技	455.73	股份注销	2019.10.17
603161	科华控股	133.40	限售期满	2019.01.09	603166	福达股份	595.26	股份注销	2019.08.05
603167	渤海轮渡	472.81	股份注销	2019.05.22	603168	莎普爱思	322.59	限售期满	2019.12.16
603169	兰石重装	1051.50	限售期满	2019.04.30	603178	圣龙股份	201.84	股份注销	2019.10.25
603179	新泉股份	227.72	债转股	2019.01.08	603179	新泉股份	227.73	债转股	2019.04.04
603179	新泉股份	227.66	股份注销	2019.06.18	603179	新泉股份	227.66	债转股	2019.07.04
603179	新泉股份	227.63	股份注销	2019.08.09	603179	新泉股份	227.63	债转股	2019.10.11
603179	新泉股份	227.63	限售期满	2019.11.15	603180	金牌厨柜	67.22	股份注销	2019.07.02
603181	皇马科技	280.00	送股	2019.05.31	603183	建研院	175.15	送股	2019.06.06
603183	建研院	175.15	限售期满	2019.06.24	603183	建研院	175.07	股份注销	2019.07.12
603183	建研院	175.03	股份注销	2019.10.25	603183	建研院	190.87	增发上市	2019.12.17
603185	上机数控	176.40	送股	2019.07.11	603185	上机数控	176.40	限售期满	2019.12.30
603186	华正新材	129.35	股份注销	2019.02.21	603187	海容冷链	112.00	送股	2019.05.21
603187	海容冷链	113.20	增发上市	2019.08.12	603187	海容冷链	113.20	限售期满	2019.11.29
603189	网达软件	220.80	限售期满	2019.09.16	603197	保隆科技	166.08	股份注销	2019.07.19
603200	上海洗霸	101.31	送股	2019.05.23	603200	上海洗霸	101.31	限售期满	2019.06.06
603200	上海洗霸	101.30	股份注销	2019.12.06	603203	快克股份	158.30	股份注销	2019.01.30

上市公司股份变动
Change of Shares Outstanding in 2019

股票代码 Code	股票简称 Stock Name	变动后总股本（百万股）Total Shares(M shares)	变动原因 Change Reason	变动日期 Change Date	股票代码 Code	股票简称 Stock Name	变动后总股本（百万股）Total Shares(M shares)	变动原因 Change Reason	变动日期 Change Date
603203	快克股份	157.39	股份注销	2019.05.17	603203	快克股份	157.38	股份注销	2019.07.18
603203	快克股份	157.38	股份注销	2019.10.30	603203	快克股份	157.38	限售期满	2019.11.08
603203	快克股份	157.38	限售期满	2019.12.27	603214	爱婴室	100.00	限售期满	2019.04.01
603214	爱婴室	101.70	增发上市	2019.06.20	603214	爱婴室	102.07	增发上市	2019.11.01
603214	爱婴室	102.06	股份注销	2019.11.08	603217	元利科技	91.04	A股新上市	2019.06.20
603218	日月股份	529.40	送股	2019.05.28	603218	日月股份	531.35	增发上市	2019.07.23
603218	日月股份	531.35	限售期满	2019.11.29	603220	中贝通信	337.76	限售期满	2019.11.15
603223	恒通股份	201.60	限售期满	2019.04.01	603223	恒通股份	282.24	送股	2019.06.14
603225	新凤鸣	842.81	债转股	2019.01.08	603225	新凤鸣	850.86	增发上市	2019.01.16
603225	新凤鸣	850.87	债转股	2019.03.27	603225	新凤鸣	1191.22	送股	2019.03.29
603225	新凤鸣	1191.23	债转股	2019.04.08	603225	新凤鸣	1191.23	债转股	2019.07.08
603225	新凤鸣	1191.23	债转股	2019.10.10	603225	新凤鸣	1399.57	债转股	2019.12.09
603225	新凤鸣	1399.57	增发上市	2019.12.09	603226	菲林格尔	116.48	股份注销	2019.02.01
603226	菲林格尔	151.42	送股	2019.05.10	603226	菲林格尔	151.36	股份注销	2019.08.20
603226	菲林格尔	151.33	股份注销	2019.10.17	603226	菲林格尔	151.33	限售期满	2019.10.25
603228	景旺电子	417.35	债转股	2019.04.04	603228	景旺电子	430.27	债转股	2019.04.26
603228	景旺电子	602.37	送股	2019.05.17	603228	景旺电子	602.37	限售期满	2019.11.07
603232	格尔软件	121.27	送股	2019.05.31	603233	大参林	520.01	送股	2019.05.31
603236	移远通信	89.18	A股新上市	2019.07.16	603239	浙江仙通	270.72	限售期满	2019.12.30
603256	宏和科技	877.80	A股新上市	2019.07.19	603258	电魂网络	240.00	股份注销	2019.05.07
603258	电魂网络	243.71	增发上市	2019.07.10	603258	电魂网络	243.71	限售期满	2019.10.28
603259	药明康德	1170.06	其他股本变动	2019.01.11	603259	药明康德	1170.06	限售期满	2019.05.08
603259	药明康德	1170.03	股份注销	2019.06.18	603259	药明康德	1638.04	送股	2019.07.03
603259	药明康德	1637.70	股份注销	2019.09.20	603259	药明康德	1638.18	增发上市	2019.11.13
603260	合盛硅业	938.00	送股	2019.07.12	603266	天龙股份	141.89	增发上市	2019.03.22
603266	天龙股份	198.64	送股	2019.05.30	603267	鸿远电子	165.34	A股新上市	2019.05.15
603268	松发股份	124.17	股份注销	2019.07.09	603269	海鸥股份	91.47	限售期满	2019.05.17
603277	银都股份	409.97	增发上市	2019.01.03	603277	银都股份	410.07	增发上市	2019.12.13
603277	银都股份	410.07	限售期满	2019.12.30	603278	大业股份	289.93	送股	2019.04.17
603279	景津环保	400.04	A股新上市	2019.07.29	603283	赛腾股份	162.76	限售期满	2019.05.16
603283	赛腾股份	170.04	增发上市	2019.08.01	603283	赛腾股份	169.80	股份注销	2019.09.30
603283	赛腾股份	170.90	增发上市	2019.12.06	603289	泰瑞机器	266.80	增发上市	2019.04.10
603289	泰瑞机器	266.80	限售期满	2019.10.14	603297	永新光学	109.20	送股	2019.06.06
603297	永新光学	109.20	限售期满	2019.09.10	603298	杭叉集团	618.85	限售期满	2019.12.27
603299	苏盐井神	559.44	限售期满	2019.01.02	603299	苏盐井神	775.73	增发上市	2019.01.18
603300	华铁应急	485.30	限售期满	2019.03.08	603300	华铁应急	469.87	股份注销	2019.07.24
603300	华铁应急	657.82	送股	2019.10.16	603300	华铁应急	680.08	增发上市	2019.11.26
603301	振德医疗	100.00	限售期满	2019.04.12	603301	振德医疗	140.00	送股	2019.05.27
603303	得邦照明	487.72	送股	2019.05.29	603305	旭升股份	400.60	债转股	2019.07.03
603305	旭升股份	400.60	债转股	2019.10.11	603306	华懋科技	310.57	股份注销	2019.06.28
603308	应流股份	433.75	限售期满	2019.06.27	603308	应流股份	487.96	增发上市	2019.11.21
603313	梦百合	241.70	增发上市	2019.02.26	603313	梦百合	245.53	债转股	2019.05.31
603313	梦百合	319.19	送股	2019.06.04	603313	梦百合	320.15	债转股	2019.07.08
603313	梦百合	322.26	债转股	2019.10.10	603313	梦百合	322.26	限售期满	2019.10.24
603313	梦百合	322.26	限售期满	2019.12.05	603315	福鞍股份	307.03	增发上市	2019.08.13
603317	天味食品	413.16	A股新上市	2019.04.16	603318	派思股份	402.16	股份注销	2019.11.08
603319	湘油泵	104.90	送股	2019.04.17	603319	湘油泵	104.90	限售期满	2019.12.02
603322	超讯通信	156.52	送股	2019.05.14	603322	超讯通信	156.52	限售期满	2019.07.29
603323	苏农银行	1630.26	债转股	2019.03.13	603323	苏农银行	1638.82	债转股	2019.04.04
603323	苏农银行	1639.15	债转股	2019.06.11	603323	苏农银行	1803.06	送股	2019.06.13

上市公司股份变动
Change of Shares Outstanding in 2019

股票代码 Code	股票简称 Stock Name	变动后总股本（百万股）Total Shares(M shares)	变动原因 Change Reason	变动日期 Change Date	股票代码 Code	股票简称 Stock Name	变动后总股本（百万股）Total Shares(M shares)	变动原因 Change Reason	变动日期 Change Date
603323	苏农银行	1803.06	债转股	2019.10.11	603323	苏农银行	1803.07	债转股	2019.11.28
603323	苏农银行	1803.07	限售期满	2019.11.29	603326	我乐家居	224.00	股份注销	2019.06.24
603326	我乐家居	225.94	增发上市	2019.09.17	603327	福蓉科技	401.00	A股新上市	2019.05.23
603328	依顿电子	997.58	股份注销	2019.01.25	603328	依顿电子	997.72	增发上市	2019.04.04
603328	依顿电子	997.72	限售期满	2019.06.21	603328	依顿电子	997.60	股份注销	2019.07.05
603328	依顿电子	998.23	增发上市	2019.10.10	603329	上海雅仕	132.00	限售期满	2019.01.02
603330	上海天洋	109.20	送股	2019.06.11	603331	百达精工	128.43	股份注销	2019.06.27
603332	苏州龙杰	118.94	A股新上市	2019.01.17	603333	尚纬股份	520.01	增发上市	2019.06.03
603333	尚纬股份	520.01	股份回购	2019.06.03	603333	尚纬股份	519.91	股份注销	2019.07.09
603333	尚纬股份	519.91	限售期满	2019.10.25	603335	迪生力	428.14	送股	2019.04.23
603336	宏辉果蔬	225.36	送股	2019.05.17	603336	宏辉果蔬	225.36	限售期满	2019.11.25
603337	杰克股份	307.55	增发上市	2019.01.04	603337	杰克股份	445.95	送股	2019.06.06
603338	浙江鼎力	346.78	送股	2019.05.23	603339	四方科技	210.74	限售期满	2019.04.17
603339	四方科技	210.74	限售期满	2019.04.26	603339	四方科技	210.74	限售期满	2019.05.20
603339	四方科技	210.67	股份注销	2019.06.19	603345	安井食品	216.04	债转股	2019.04.04
603345	安井食品	229.98	债转股	2019.07.04	603345	安井食品	230.07	债转股	2019.07.09
603348	文灿股份	220.00	限售期满	2019.04.26	603351	威尔药业	66.67	A股新上市	2019.01.30
603351	威尔药业	93.33	送股	2019.05.29	603356	华菱精工	133.34	限售期满	2019.01.25
603357	设计总院	454.54	送股	2019.05.21	603363	傲农生物	436.04	增发上市	2019.03.06
603363	傲农生物	434.21	股份注销	2019.07.02	603368	柳药股份	259.07	限售期满	2019.02.18
603368	柳药股份	259.07	股份回购	2019.06.27	603368	柳药股份	259.07	增发上市	2019.06.27
603377	东方时尚	588.00	限售期满	2019.02.14	603379	三美股份	436.06	A股新上市	2019.04.02
603383	顶点软件	120.19	股份注销	2019.08.13	603383	顶点软件	120.19	限售期满	2019.09.05
603386	广东骏亚	206.14	增发上市	2019.07.31	603386	广东骏亚	226.30	增发上市	2019.09.12
603387	基蛋生物	186.01	限售期满	2019.04.12	603387	基蛋生物	260.42	送股	2019.05.22
603387	基蛋生物	260.38	股份注销	2019.10.22	603388	元成股份	289.06	送股	2019.06.24
603388	元成股份	289.06	限售期满	2019.07.18	603388	元成股份	288.86	股份注销	2019.07.30
603388	元成股份	288.86	限售期满	2019.10.28	603388	元成股份	288.63	股份注销	2019.12.13
603389	亚振家居	262.75	送股	2019.06.05	603389	亚振家居	262.75	限售期满	2019.12.16
603390	通达电气	351.69	A股新上市	2019.11.25	603393	新天然气	224.00	送股	2019.06.03
603393	新天然气	224.00	限售期满	2019.09.12	603396	金辰股份	105.78	送股	2019.07.01
603398	邦宝益智	212.73	股份注销	2019.03.15	603398	邦宝益智	211.70	股份注销	2019.07.02
603398	邦宝益智	296.38	送股	2019.07.16	603416	信捷电气	140.56	限售期满	2019.12.23
603421	鼎信通讯	452.89	债转股	2019.01.04	603421	鼎信通讯	465.62	债转股	2019.04.04
603421	鼎信通讯	470.14	债转股	2019.05.07	603421	鼎信通讯	469.25	股份注销	2019.06.25
603421	鼎信通讯	469.25	限售期满	2019.07.26	603421	鼎信通讯	469.25	限售期满	2019.10.11
603429	集友股份	247.52	送股	2019.04.18	603429	集友股份	266.12	增发上市	2019.07.31
603444	吉比特	71.88	限售期满	2019.04.22	603456	九洲药业	805.66	股份注销	2019.10.18
603456	九洲药业	805.66	限售期满	2019.10.30	603458	勘设股份	182.89	送股	2019.06.24
603458	勘设股份	182.89	限售期满	2019.12.06	603458	勘设股份	185.89	增发上市	2019.12.25
603466	风语筑	291.95	限售期满	2019.05.17	603466	风语筑	291.75	股份注销	2019.08.02
603486	科沃斯	400.10	限售期满	2019.05.28	603486	科沃斯	560.14	送股	2019.06.13
603486	科沃斯	564.48	增发上市	2019.10.29	603488	展鹏科技	208.94	限售期满	2019.06.26
603489	八方股份	120.00	A股新上市	2019.11.11	603496	恒为科技	142.73	增发上市	2019.03.14
603496	恒为科技	142.73	限售期满	2019.05.16	603496	恒为科技	142.72	股份注销	2019.06.27
603496	恒为科技	202.67	送股	2019.07.12	603499	翔港科技	101.31	股份注销	2019.04.26
603499	翔港科技	101.31	限售期满	2019.05.13	603499	翔港科技	141.81	送股	2019.06.20
603499	翔港科技	141.70	股份注销	2019.11.15	603501	韦尔股份	455.81	限售期满	2019.01.03
603501	韦尔股份	455.70	股份注销	2019.01.16	603501	韦尔股份	863.66	增发上市	2019.09.03
603501	韦尔股份	863.66	增发上市	2019.09.03	603506	南都物业	134.13	送股	2019.07.02

上市公司股份变动
Change of Shares Outstanding in 2019

股票代码 Code	股票简称 Stock Name	变动后总股本（百万股）Total Shares(M shares)	变动原因 Change Reason	变动日期 Change Date	股票代码 Code	股票简称 Stock Name	变动后总股本（百万股）Total Shares(M shares)	变动原因 Change Reason	变动日期 Change Date
603507	振江股份	128.07	股份注销	2019.11.26	603508	思维列控	190.77	增发上市	2019.01.11
603508	思维列控	194.74	增发上市	2019.04.03	603508	思维列控	194.74	股份回购	2019.06.24
603508	思维列控	194.74	增发上市	2019.06.24	603515	欧普照明	756.06	股份注销	2019.05.14
603515	欧普照明	756.06	限售期满	2019.05.23	603515	欧普照明	756.06	限售期满	2019.08.19
603516	淳中科技	130.97	限售期满	2019.02.11	603517	绝味食品	574.00	送股	2019.06.04
603517	绝味食品	582.05	债转股	2019.10.11	603517	绝味食品	608.63	债转股	2019.11.26
603518	锦泓集团	180.55	限售期满	2019.03.06	603518	锦泓集团	180.55	限售期满	2019.03.13
603518	锦泓集团	180.27	股份注销	2019.04.11	603518	锦泓集团	252.37	送股	2019.05.31
603520	司太立	120.00	限售期满	2019.03.11	603520	司太立	167.90	送股	2019.06.26
603528	多伦科技	626.90	股份注销	2019.03.11	603528	多伦科技	626.90	限售期满	2019.05.06
603528	多伦科技	626.90	限售期满	2019.06.03	603530	神马电力	400.04	A 股新上市	2019.08.05
603533	掌阅科技	401.00	限售期满	2019.01.21	603538	美诺华	149.06	股份注销	2019.07.19
603538	美诺华	149.68	增发上市	2019.09.05	603538	美诺华	149.68	限售期满	2019.10.18
603556	海兴电力	494.46	股份注销	2019.02.13	603556	海兴电力	491.10	股份注销	2019.09.10
603556	海兴电力	491.10	限售期满	2019.11.11	603556	海兴电力	490.40	股份注销	2019.12.03
603557	起步股份	474.24	增发上市	2019.01.29	603558	健盛集团	416.36	限售期满	2019.03.25
603559	中通国脉	143.31	限售期满	2019.04.03	603559	中通国脉	143.31	限售期满	2019.05.09
603559	中通国脉	143.31	限售期满	2019.11.18	603559	中通国脉	143.31	限售期满	2019.12.02
603566	普莱柯	322.57	股份注销	2019.04.30	603566	普莱柯	321.50	股份注销	2019.08.05
603568	伟明环保	687.72	限售期满	2019.01.15	603568	伟明环保	687.72	限售期满	2019.04.15
603568	伟明环保	928.42	送股	2019.05.20	603568	伟明环保	936.75	债转股	2019.07.03
603568	伟明环保	941.73	债转股	2019.10.10	603568	伟明环保	941.70	股份注销	2019.12.26
603569	长久物流	560.27	债转股	2019.07.05	603569	长久物流	560.27	限售期满	2019.08.12
603569	长久物流	560.27	债转股	2019.10.14	603577	汇金通	205.91	增发上市	2019.09.30
603577	汇金通	205.91	限售期满	2019.12.23	603578	三星新材	89.55	限售期满	2019.12.30
603580	艾艾精工	130.67	送股	2019.07.25	603583	捷昌驱动	122.42	增发上市	2019.04.18
603583	捷昌驱动	177.50	送股	2019.05.29	603583	捷昌驱动	177.50	限售期满	2019.09.24
603585	苏利股份	180.00	限售期满	2019.12.16	603586	金麒麟	209.37	股份注销	2019.03.13
603586	金麒麟	203.74	股份注销	2019.05.08	603587	地素时尚	401.00	限售期满	2019.06.24
603588	高能环境	660.54	债转股	2019.04.04	603588	高能环境	674.47	债转股	2019.07.04
603588	高能环境	674.48	债转股	2019.07.15	603588	高能环境	674.01	股份注销	2019.07.16
603588	高能环境	674.02	债转股	2019.10.10	603590	康辰药业	160.00	限售期满	2019.08.27
603595	东尼电子	199.95	送股	2019.05.08	603595	东尼电子	214.11	增发上市	2019.10.21
603595	东尼电子	214.11	限售期满	2019.12.20	603596	伯特利	408.56	限售期满	2019.04.29
603596	伯特利	408.56	增发上市	2019.12.11	603596	伯特利	408.56	股份回购	2019.12.11
603599	广信股份	464.68	限售期满	2019.01.10	603600	永艺股份	302.69	限售期满	2019.04.22
603600	永艺股份	302.54	股份注销	2019.11.21	603600	永艺股份	302.54	限售期满	2019.11.27
603601	再升科技	540.62	债转股	2019.01.07	603601	再升科技	540.62	债转股	2019.04.08
603601	再升科技	540.63	债转股	2019.05.22	603601	再升科技	702.81	送股	2019.05.24
603601	再升科技	702.82	债转股	2019.07.04	603601	再升科技	702.82	债转股	2019.10.11
603602	纵横通信	156.80	送股	2019.05.17	603603	博天环境	416.64	增发上市	2019.08.07
603603	博天环境	416.64	增发上市	2019.08.07	603603	博天环境	417.78	增发上市	2019.08.21
603605	珀莱雅	201.36	增发上市	2019.01.03	603605	珀莱雅	201.29	股份注销	2019.07.02
603605	珀莱雅	201.27	股份注销	2019.12.12	603606	东方电缆	654.10	送股	2019.05.30
603608	天创时尚	431.40	限售期满	2019.03.14	603608	天创时尚	431.40	限售期满	2019.06.17
603609	禾丰牧业	845.75	增发上市	2019.01.14	603609	禾丰牧业	922.30	增发上市	2019.04.30
603610	麒盛科技	150.33	A 股新上市	2019.10.29	603611	诺力股份	267.68	限售期满	2019.08.09
603611	诺力股份	267.54	股份注销	2019.10.21	603612	索通发展	336.99	股份注销	2019.06.25
603613	国联股份	140.82	A 股新上市	2019.07.30	603615	茶花股份	244.66	增发上市	2019.05.24
603617	君禾股份	101.79	股份注销	2019.03.22	603617	君禾股份	142.50	送股	2019.05.31

上市公司股份变动
Change of Shares Outstanding in 2019

股票代码 Code	股票简称 Stock Name	变动后总股本（百万股） Total Shares(M shares)	变动原因 Change Reason	变动日期 Change Date	股票代码 Code	股票简称 Stock Name	变动后总股本（百万股） Total Shares(M shares)	变动原因 Change Reason	变动日期 Change Date
603617	君禾股份	142.50	限售期满	2019.06.19	603618	杭电股份	686.89	债转股	2019.01.07
603618	杭电股份	686.89	债转股	2019.04.03	603618	杭电股份	690.99	债转股	2019.07.04
603618	杭电股份	691.03	债转股	2019.10.11	603626	科森科技	412.99	股份注销	2019.05.20
603626	科森科技	413.01	债转股	2019.07.03	603626	科森科技	412.93	股份注销	2019.07.15
603626	科森科技	412.93	债转股	2019.10.10	603629	利通电子	100.00	限售期满	2019.12.24
603633	徕木股份	203.39	送股	2019.08.21	603633	徕木股份	203.39	限售期满	2019.11.18
603636	南威软件	526.49	股份注销	2019.12.27	603637	镇海股份	174.16	增发上市	2019.05.15
603637	镇海股份	174.13	股份注销	2019.06.06	603637	镇海股份	174.13	限售期满	2019.06.28
603638	艾迪精密	385.51	送股	2019.04.23	603638	艾迪精密	412.97	增发上市	2019.12.30
603639	海利尔	169.67	增发上市	2019.05.29	603639	海利尔	169.67	限售期满	2019.06.25
603639	海利尔	169.64	股份注销	2019.10.31	603650	彤程新材	585.99	限售期满	2019.06.27
603650	彤程新材	585.99	限售期满	2019.11.27	603655	朗博科技	106.00	限售期满	2019.01.02
603657	春光科技	96.00	限售期满	2019.07.30	603658	安图生物	420.00	限售期满	2019.09.02
603659	璞泰来	434.66	股份注销	2019.10.29	603659	璞泰来	435.22	增发上市	2019.12.03
603659	璞泰来	435.22	限售期满	2019.12.05	603660	苏州科达	359.92	股份注销	2019.05.28
603660	苏州科达	503.89	送股	2019.06.10	603660	苏州科达	503.81	股份注销	2019.08.13
603660	苏州科达	503.81	限售期满	2019.09.23	603660	苏州科达	503.81	限售期满	2019.12.02
603662	柯力传感	119.40	A 股新上市	2019.08.06	603663	三祥新材	135.75	增发上市	2019.04.02
603663	三祥新材	135.71	股份注销	2019.04.12	603663	三祥新材	135.71	限售期满	2019.04.17
603663	三祥新材	189.99	送股	2019.05.28	603663	三祥新材	189.99	限售期满	2019.08.01
603666	亿嘉和	98.25	限售期满	2019.06.20	603666	亿嘉和	99.03	增发上市	2019.09.12
603667	五洲新春	292.32	增发上市	2019.03.13	603667	五洲新春	292.32	限售期满	2019.10.25
603668	天马科技	299.77	债转股	2019.01.07	603668	天马科技	299.64	股份注销	2019.01.15
603668	天马科技	316.75	债转股	2019.04.03	603668	天马科技	330.42	债转股	2019.06.04
603668	天马科技	333.50	债转股	2019.07.03	603668	天马科技	333.50	限售期满	2019.07.25
603668	天马科技	334.06	债转股	2019.09.16	603668	天马科技	334.03	股份注销	2019.09.17
603668	天马科技	335.30	债转股	2019.10.11	603668	天马科技	340.64	债转股	2019.11.21
603669	灵康药业	509.60	送股	2019.06.10	603677	奇精机械	193.80	股份注销	2019.05.22
603677	奇精机械	193.80	债转股	2019.07.04	603677	奇精机械	193.80	债转股	2019.10.10
603677	奇精机械	193.65	股份注销	2019.11.29	603678	火炬电子	452.67	限售期满	2019.03.07
603679	华体科技	100.99	股份注销	2019.03.25	603679	华体科技	100.99	限售期满	2019.05.10
603679	华体科技	101.87	增发上市	2019.08.02	603679	华体科技	102.07	增发上市	2019.12.05
603680	今创集团	608.64	限售期满	2019.02.27	603680	今创集团	791.23	送股	2019.07.12
603680	今创集团	791.23	限售期满	2019.09.23	603680	今创集团	790.97	股份注销	2019.10.17
603681	永冠新材	166.59	A 股新上市	2019.03.26	603683	晶华新材	126.67	限售期满	2019.10.22
603685	晨丰科技	169.00	送股	2019.05.31	603686	龙马环卫	296.90	股份注销	2019.07.11
603686	龙马环卫	415.66	送股	2019.09.30	603687	大胜达	410.83	A 股新上市	2019.07.26
603688	石英股份	337.30	限售期满	2019.09.09	603690	至纯科技	237.11	增发上市	2019.04.01
603690	至纯科技	258.09	增发上市	2019.04.30	603690	至纯科技	258.91	增发上市	2019.10.11
603693	江苏新能	618.00	限售期满	2019.07.03	603696	安记食品	235.20	送股	2019.05.20
603697	有友食品	304.55	A 股新上市	2019.05.08	603698	航天工程	535.99	送股	2019.06.14
603700	宁波水表	156.34	A 股新上市	2019.01.22	603701	德宏股份	146.06	限售期满	2019.04.12
603701	德宏股份	146.06	限售期满	2019.05.06	603701	德宏股份	145.94	股份注销	2019.05.21
603701	德宏股份	204.31	送股	2019.06.06	603701	德宏股份	204.31	限售期满	2019.07.19
603701	德宏股份	203.96	股份注销	2019.09.19	603706	东方环宇	160.00	限售期满	2019.07.09
603707	健友股份	552.90	增发上市	2019.05.06	603707	健友股份	552.90	限售期满	2019.05.09
603707	健友股份	552.67	股份注销	2019.06.26	603707	健友股份	718.47	送股	2019.07.11
603708	家家悦	608.40	送股	2019.06.14	603708	家家悦	608.40	限售期满	2019.12.13
603712	七一二	772.00	限售期满	2019.02.26	603713	密尔克卫	152.47	限售期满	2019.07.15
603716	塞力斯	205.14	限售期满	2019.06.18	603716	塞力斯	205.14	增发上市	2019.10.23

上市公司股份变动

Change of Shares Outstanding in 2019

股票代码 Code	股票简称 Stock Name	变动后总股本（百万股）Total Shares(M shares)	变动原因 Change Reason	变动日期 Change Date	股票代码 Code	股票简称 Stock Name	变动后总股本（百万股）Total Shares(M shares)	变动原因 Change Reason	变动日期 Change Date
603716	塞力斯	205.14	增发上市	2019.10.23	603716	塞力斯	205.14	股份回购	2019.10.23
603716	塞力斯	205.14	限售期满	2019.10.31	603721	中广天择	130.00	送股	2019.06.10
603725	天安新材	205.35	送股	2019.05.31	603726	朗迪集团	132.61	限售期满	2019.04.22
603726	朗迪集团	185.65	送股	2019.06.21	603727	博迈科	234.15	限售期满	2019.11.22
603730	岱美股份	410.31	限售期满	2019.03.08	603730	岱美股份	400.59	股份注销	2019.06.04
603737	三棵树	133.13	限售期满	2019.06.03	603737	三棵树	186.38	送股	2019.06.19
603737	三棵树	186.38	限售期满	2019.11.07	603738	泰晶科技	158.73	债转股	2019.01.07
603738	泰晶科技	158.73	债转股	2019.04.04	603738	泰晶科技	162.66	债转股	2019.07.04
603738	泰晶科技	162.66	限售期满	2019.09.30	603738	泰晶科技	167.11	债转股	2019.10.10
603739	蔚蓝生物	154.67	A股新上市	2019.01.16	603755	日辰股份	98.61	A股新上市	2019.08.28
603757	大元泵业	164.25	送股	2019.05.20	603758	秦安股份	438.80	限售期满	2019.05.17
603766	隆鑫通用	2053.54	限售期满	2019.04.17	603767	中马传动	306.10	增发上市	2019.12.25
603773	沃格光电	94.60	限售期满	2019.04.18	603776	永安行	187.58	送股	2019.06.27
603777	来伊份	340.76	股份注销	2019.01.02	603777	来伊份	340.44	股份注销	2019.06.18
603777	来伊份	340.44	限售期满	2019.10.17	603777	来伊份	339.07	股份注销	2019.12.03
603777	来伊份	339.07	增发上市	2019.12.16	603777	来伊份	339.07	股份回购	2019.12.16
603778	乾景园林	500.00	限售期满	2019.01.02	603779	ST威龙	229.65	限售期满	2019.05.16
603779	ST威龙	332.75	送股	2019.10.15	603786	科博达	400.10	A股新上市	2019.10.15
603788	宁波高发	223.07	股份注销	2019.12.25	603790	雅运股份	191.36	送股	2019.05.30
603790	雅运股份	191.36	限售期满	2019.09.12	603797	联泰环保	298.68	送股	2019.05.31
603797	联泰环保	313.28	债转股	2019.10.11	603798	康普顿	200.00	限售期满	2019.04.08
603799	华友钴业	1078.67	送股	2019.06.13	603799	华友钴业	1078.67	限售期满	2019.12.23
603801	志邦家居	223.33	送股	2019.05.22	603801	志邦家居	223.33	增发上市	2019.12.19
603801	志邦家居	223.33	股份回购	2019.12.19	603808	歌力思	332.69	股份注销	2019.03.27
603808	歌力思	332.69	限售期满	2019.05.22	603808	歌力思	332.52	股份注销	2019.05.31
603809	豪能股份	209.07	送股	2019.05.28	603810	丰山集团	80.00	限售期满	2019.09.17
603810	丰山集团	83.01	增发上市	2019.12.20	603813	原尚股份	89.75	增发上市	2019.06.28
603813	原尚股份	89.75	限售期满	2019.08.02	603813	原尚股份	89.70	股份注销	2019.11.08
603815	交建股份	499.00	A股新上市	2019.10.21	603816	顾家家居	430.22	债转股	2019.04.04
603816	顾家家居	430.09	股份注销	2019.04.10	603816	顾家家居	430.09	限售期满	2019.05.07
603816	顾家家居	430.09	债转股	2019.05.31	603816	顾家家居	602.13	送股	2019.06.04
603816	顾家家居	602.13	债转股	2019.07.04	603816	顾家家居	601.81	股份注销	2019.09.30
603816	顾家家居	601.81	债转股	2019.10.10	603816	顾家家居	601.81	限售期满	2019.10.14
603816	顾家家居	601.81	限售期满	2019.11.19	603818	曲美家居	488.76	股份注销	2019.07.22
603818	曲美家居	488.68	股份注销	2019.12.26	603819	神力股份	120.80	股份注销	2019.02.14
603819	神力股份	168.43	送股	2019.06.14	603819	神力股份	168.31	股份注销	2019.10.11
603819	神力股份	168.31	限售期满	2019.11.25	603819	神力股份	168.31	限售期满	2019.12.25
603822	嘉澳环保	73.35	债转股	2019.01.08	603822	嘉澳环保	73.35	债转股	2019.04.11
603822	嘉澳环保	73.35	限售期满	2019.04.29	603822	嘉澳环保	73.35	债转股	2019.07.04
603822	嘉澳环保	73.36	债转股	2019.10.14	603825	华扬联众	230.06	股份注销	2019.04.24
603825	华扬联众	231.07	增发上市	2019.06.10	603825	华扬联众	231.02	股份注销	2019.07.03
603825	华扬联众	231.02	限售期满	2019.07.11	603828	柯利达	425.64	股份注销	2019.04.01
603828	柯利达	553.33	送股	2019.08.22	603833	欧派家居	420.19	股份注销	2019.01.28
603833	欧派家居	420.19	限售期满	2019.07.29	603833	欧派家居	420.17	股份注销	2019.10.28
603839	安正时尚	404.21	股份注销	2019.04.01	603839	安正时尚	402.14	股份注销	2019.07.04
603839	安正时尚	401.88	股份注销	2019.10.21	603839	安正时尚	401.83	股份注销	2019.12.06
603843	正平股份	560.00	送股	2019.07.15	603843	正平股份	560.00	限售期满	2019.09.06
603858	步长制药	1141.58	送股	2019.08.20	603858	步长制药	1141.58	限售期满	2019.11.20
603859	能科股份	126.26	增发上市	2019.04.16	603859	能科股份	126.26	限售期满	2019.10.21
603859	能科股份	139.15	增发上市	2019.12.10	603861	白云电器	442.74	限售期满	2019.03.22

上市公司股份变动
Change of Shares Outstanding in 2019

股票代码 Code	股票简称 Stock Name	变动后总股本（百万股） Total Shares(M shares)	变动原因 Change Reason	变动日期 Change Date	股票代码 Code	股票简称 Stock Name	变动后总股本（百万股） Total Shares(M shares)	变动原因 Change Reason	变动日期 Change Date
603861	白云电器	451.93	增发上市	2019.07.12	603863	松炀资源	205.89	A股新上市	2019.06.21
603866	桃李面包	658.88	送股	2019.04.26	603867	新化股份	140.00	A股新上市	2019.06.27
603868	飞科电器	435.60	限售期满	2019.04.18	603869	新智认知	348.81	限售期满	2019.06.18
603869	新智认知	504.50	送股	2019.07.12	603869	新智认知	504.50	限售期满	2019.09.30
603869	新智认知	504.50	限售期满	2019.10.28	603871	嘉友国际	156.80	送股	2019.06.06
603876	鼎胜新材	430.00	限售期满	2019.04.18	603877	太平鸟	478.88	股份注销	2019.11.21
603878	武进不锈	286.26	送股	2019.06.20	603878	武进不锈	286.26	限售期满	2019.07.11
603878	武进不锈	286.26	限售期满	2019.12.19	603879	永悦科技	200.41	送股	2019.06.10
603880	南卫股份	169.00	送股	2019.05.15	603883	老百姓	286.56	增发上市	2019.04.30
603883	老百姓	286.69	增发上市	2019.12.03	603883	老百姓	286.69	债转股	2019.12.03
603885	吉祥航空	1966.14	增发上市	2019.09.06	603886	元祖股份	240.00	限售期满	2019.12.30
603887	城地股份	257.29	增发上市	2019.05.16	603887	城地股份	257.29	限售期满	2019.09.24
603887	城地股份	257.29	限售期满	2019.10.24	603887	城地股份	268.31	增发上市	2019.11.13
603888	新华网	519.03	限售期满	2019.10.28	603889	新澳股份	511.75	送股	2019.06.13
603890	春秋电子	268.52	送股	2019.05.09	603890	春秋电子	273.99	增发上市	2019.08.08
603895	天永智能	108.08	限售期满	2019.01.22	603896	寿仙谷	143.22	股份注销	2019.05.14
603896	寿仙谷	143.88	增发上市	2019.05.27	603896	寿仙谷	143.87	股份注销	2019.06.05
603896	寿仙谷	143.87	限售期满	2019.06.25	603897	长城科技	178.40	限售期满	2019.04.12
603897	长城科技	178.40	债转股	2019.10.11	603898	好莱客	320.08	股份注销	2019.01.02
603898	好莱客	320.08	限售期满	2019.02.18	603898	好莱客	314.32	股份注销	2019.02.27
603898	好莱客	309.60	股份注销	2019.05.09	603900	莱绅通灵	340.47	限售期满	2019.11.25
603901	永创智能	439.39	限售期满	2019.09.03	603903	中持股份	103.30	股份注销	2019.01.04
603903	中持股份	103.30	限售期满	2019.01.17	603903	中持股份	144.61	送股	2019.07.01
603906	龙蟠科技	253.90	股份注销	2019.06.06	603906	龙蟠科技	304.68	送股	2019.06.21
603906	龙蟠科技	302.61	股份注销	2019.09.06	603909	合诚股份	102.50	限售期满	2019.06.28
603909	合诚股份	102.37	股份注销	2019.09.12	603909	合诚股份	143.32	送股	2019.10.08
603909	合诚股份	143.32	限售期满	2019.11.25	603912	佳力图	210.69	增发上市	2019.01.04
603912	佳力图	217.00	增发上市	2019.03.14	603912	佳力图	217.00	限售期满	2019.04.17
603912	佳力图	216.95	股份注销	2019.11.14	603915	国茂股份	463.33	A股新上市	2019.06.14
603916	苏博特	310.64	增发上市	2019.03.20	603916	苏博特	310.61	股份注销	2019.07.18
603916	苏博特	310.61	限售期满	2019.08.29	603918	金桥信息	179.52	增发上市	2019.01.02
603918	金桥信息	179.48	股份注销	2019.04.09	603918	金桥信息	179.48	限售期满	2019.05.23
603918	金桥信息	233.33	送股	2019.06.13	603918	金桥信息	233.33	限售期满	2019.08.09
603919	金徽酒	364.00	限售期满	2019.03.11	603919	金徽酒	390.20	增发上市	2019.05.30
603920	世运电路	409.11	股份注销	2019.09.05	603920	世运电路	409.67	增发上市	2019.10.16
603920	世运电路	409.67	限售期满	2019.12.13	603926	铁流股份	123.47	股份注销	2019.03.11
603926	铁流股份	123.47	限售期满	2019.05.13	603926	铁流股份	123.42	股份注销	2019.06.03
603926	铁流股份	160.45	送股	2019.06.19	603926	铁流股份	160.36	股份注销	2019.10.24
603927	中科软	424.00	A股新上市	2019.09.09	603928	兴业股份	201.60	限售期满	2019.12.12
603929	亚翔集成	213.36	限售期满	2019.12.31	603933	睿能科技	201.23	送股	2019.06.06
603936	博敏电子	225.03	增发上市	2019.01.10	603936	博敏电子	315.04	送股	2019.06.06
603936	博敏电子	315.04	限售期满	2019.08.09	603939	益丰药房	378.92	增发上市	2019.07.09
603939	益丰药房	378.92	限售期满	2019.11.13	603956	威派格	425.96	A股新上市	2019.02.22
603958	哈森股份	219.90	股份注销	2019.04.09	603958	哈森股份	219.90	限售期满	2019.07.01
603958	哈森股份	217.36	股份注销	2019.07.18	603959	百利科技	313.60	限售期满	2019.05.17
603959	百利科技	439.04	送股	2019.06.03	603960	克来机电	175.76	送股	2019.04.26
603963	大理药业	169.00	送股	2019.06.11	603966	法兰泰克	210.98	限售期满	2019.04.29
603967	中创物流	266.67	A股新上市	2019.04.29	603970	中农立华	192.00	送股	2019.06.19
603977	国泰集团	391.23	限售期满	2019.11.11	603979	金诚信	583.41	股份注销	2019.02.18
603980	吉华集团	700.00	送股	2019.06.14	603982	泉峰汽车	200.00	A股新上市	2019.05.22

上市公司股份变动
Change of Shares Outstanding in 2019

股票代码 Code	股票简称 Stock Name	变动后总股本（百万股）Total Shares(M shares)	变动原因 Change Reason	变动日期 Change Date	股票代码 Code	股票简称 Stock Name	变动后总股本（百万股）Total Shares(M shares)	变动原因 Change Reason	变动日期 Change Date
603983	丸美股份	401.00	A 股新上市	2019.07.25	603985	恒润股份	145.60	送股	2019.05.21
603986	兆易创新	284.89	增发上市	2019.04.02	603986	兆易创新	284.89	限售期满	2019.06.21
603986	兆易创新	307.58	增发上市	2019.07.04	603986	兆易创新	320.54	增发上市	2019.08.13
603986	兆易创新	320.54	限售期满	2019.08.19	603986	兆易创新	320.54	限售期满	2019.09.06
603986	兆易创新	321.12	增发上市	2019.09.26	603986	兆易创新	321.08	股份注销	2019.11.18
603987	康德莱	441.61	限售期满	2019.11.21	603989	艾华集团	390.00	债转股	2019.01.04
603989	艾华集团	390.00	债转股	2019.04.03	603989	艾华集团	390.00	债转股	2019.07.04
603990	麦迪科技	112.89	送股	2019.05.22	603990	麦迪科技	112.45	股份注销	2019.11.21
603990	麦迪科技	112.45	限售期满	2019.12.09	603992	松霖科技	401.01	A 股新上市	2019.08.26
603995	甬金股份	230.67	A 股新上市	2019.12.24	603997	继峰股份	639.41	股份注销	2019.02.26
603997	继峰股份	639.41	限售期满	2019.05.10	603997	继峰股份	639.41	限售期满	2019.12.12
603997	继峰股份	1023.60	增发上市	2019.12.13	603998	方盛制药	436.62	增发上市	2019.01.28
603998	方盛制药	437.82	增发上市	2019.07.03	603998	方盛制药	436.08	股份注销	2019.10.14
603998	方盛制药	434.46	股份注销	2019.12.09	688001	华兴源创	401.00	A 股新上市	2019.07.22
688002	睿创微纳	445.00	A 股新上市	2019.07.22	688003	天准科技	193.60	A 股新上市	2019.07.22
688005	容百科技	443.29	A 股新上市	2019.07.22	688006	杭可科技	401.00	A 股新上市	2019.07.22
688007	光峰科技	451.55	A 股新上市	2019.07.22	688008	澜起科技	1129.81	A 股新上市	2019.07.22
688009	中国通号	10589.82	A 股新上市	2019.07.22	688010	福光股份	153.58	A 股新上市	2019.07.22
688011	新光光电	100.00	A 股新上市	2019.07.22	688012	中微公司	534.86	A 股新上市	2019.07.22
688015	交控科技	160.00	A 股新上市	2019.07.22	688016	心脉医疗	71.98	A 股新上市	2019.07.22
688018	乐鑫科技	80.00	A 股新上市	2019.07.22	688019	安集科技	53.11	A 股新上市	2019.07.22
688020	方邦股份	80.00	A 股新上市	2019.07.22	688021	奥福环保	77.28	A 股新上市	2019.11.06
688022	瀚川智能	108.00	A 股新上市	2019.07.22	688023	安恒信息	74.07	A 股新上市	2019.11.05
688025	杰普特	92.37	A 股新上市	2019.10.31	688028	沃尔德	80.00	A 股新上市	2019.07.22
688029	南微医学	133.34	A 股新上市	2019.07.22	688030	山石网科	180.22	A 股新上市	2019.09.30
688033	天宜上佳	448.74	A 股新上市	2019.07.22	688036	传音控股	800.00	A 股新上市	2019.09.30
688037	芯源微	84.00	A 股新上市	2019.12.16	688039	当虹科技	80.00	A 股新上市	2019.12.11
688058	宝兰德	40.00	A 股新上市	2019.11.01	688066	航天宏图	165.98	A 股新上市	2019.07.22
688068	热景生物	62.20	A 股新上市	2019.09.30	688078	龙软科技	70.75	A 股新上市	2019.12.30
688088	虹软科技	406.00	A 股新上市	2019.07.22	688089	嘉必优	120.00	A 股新上市	2019.12.19
688098	申联生物	409.70	A 股新上市	2019.10.28	688099	晶晨股份	411.12	A 股新上市	2019.08.08
688101	三达膜	333.88	A 股新上市	2019.11.15	688108	赛诺医疗	410.00	A 股新上市	2019.10.30
688111	金山办公	461.00	A 股新上市	2019.11.18	688116	天奈科技	231.86	A 股新上市	2019.09.25
688118	普元信息	95.40	A 股新上市	2019.12.04	688122	西部超导	441.27	A 股新上市	2019.07.22
688123	聚辰股份	120.84	A 股新上市	2019.12.23	688128	中国电研	404.50	A 股新上市	2019.11.05
688138	清溢光电	266.80	A 股新上市	2019.11.20	688139	海尔生物	317.07	A 股新上市	2019.10.25
688166	博瑞医药	410.00	A 股新上市	2019.11.08	688168	安博通	51.18	A 股新上市	2019.09.06
688188	柏楚电子	100.00	A 股新上市	2019.08.08	688196	卓越新能	120.00	A 股新上市	2019.11.21
688198	佰仁医疗	96.00	A 股新上市	2019.12.09	688199	久日新材	111.23	A 股新上市	2019.11.05
688202	美迪西	62.00	A 股新上市	2019.11.05	688218	江苏北人	117.34	A 股新上市	2019.12.11
688258	卓易信息	86.96	A 股新上市	2019.12.09	688268	华特气体	120.00	A 股新上市	2019.12.26
688288	鸿泉物联	100.00	A 股新上市	2019.11.06	688299	长阳科技	282.57	A 股新上市	2019.11.06
688300	联瑞新材	85.97	A 股新上市	2019.11.15	688310	迈得医疗	83.60	A 股新上市	2019.12.03
688321	微芯生物	410.00	A 股新上市	2019.08.12	688333	铂力特	80.00	A 股新上市	2019.07.22
688357	建龙微纳	57.82	A 股新上市	2019.12.04	688358	祥生医疗	80.00	A 股新上市	2019.12.03
688363	华熙生物	480.00	A 股新上市	2019.11.06	688366	昊海生科	177.85	A 股新上市	2019.10.30
688368	晶丰明源	61.60	A 股新上市	2019.10.14	688369	致远互联	76.99	A 股新上市	2019.10.31
688388	嘉元科技	230.88	A 股新上市	2019.07.22	688389	普门科技	422.20	A 股新上市	2019.11.05
688399	硕世生物	58.62	A 股新上市	2019.12.05	900926	宝信 B 股	1140.50	送股	2019.07.04
900932	陆家 B 股	4034.20	送股	2019.06.05	900933	华新 B 股	2096.60	送股	2019.06.10

上市公司股份变动
Change of Shares Outstanding in 2019

股票代码 Code	股票简称 Stock Name	变动后总股本 （百万股） Total Shares(M shares)	变动原因 Change Reason	变动日期 Change Date	股票代码 Code	股票简称 Stock Name	变动后总股本 （百万股） Total Shares(M shares)	变动原因 Change Reason	变动日期 Change Date
900942	黄山 B 股	729. 38	股份注销	2019. 02. 14					

上市公司派发现金红利
Dividends in 2019

股票代码 Code	股票简称 Stock Name	发放日期 Date	每股红利（含税）（元）Dividend (Pre-Tax)	代发红利总额（百万元）Cash (M yuan)	股票代码 Code	股票简称 Stock Name	发放日期 Date	每股红利（含税）（元）Dividend (Pre-Tax)	代发红利总额（百万元）Cash (M yuan)
600000	浦发银行	2019.06.11	0.350	10273.23	600004	白云机场	2019.08.09	0.170	351.78
600006	东风汽车	2019.06.20	0.083	166.60	600007	中国国贸	2019.06.21	0.320	322.33
600008	首创股份	2019.05.23	0.080	454.84	600009	上海机场	2019.08.22	0.660	1271.79
600010	包钢股份	2019.07.12	0.007	319.10	600011	华能国际	2019.06.28	0.100	1099.77
600012	皖通高速	2019.07.16	0.250	291.40	600015	华夏银行	2019.07.11	0.174	2677.38
600016	民生银行	2019.07.05	0.345	12234.43	600017	日照港	2019.06.05	0.020	61.51
600018	上港集团	2019.06.28	0.154	3568.75	600019	宝钢股份	2019.05.31	0.500	11138.07
600020	中原高速	2019.07.12	0.109	244.96	600021	上海电力	2019.06.13	0.330	863.66
600023	浙能电力	2019.06.18	0.180	2448.12	600025	华能水电	2019.07.05	0.178	3204.00
600026	中远海能	2019.06.28	0.020	54.72	600027	华电国际	2019.07.30	0.066	537.62
600028	中国石化	2019.06.11	0.260	24845.02	600028	中国石化	2019.09.17	0.120	11466.93
600029	南方航空	2019.07.24	0.050	430.04	600030	中信证券	2019.08.02	0.350	3443.50
600031	三一重工	2019.07.17	0.260	2177.52	600033	福建高速	2019.06.28	0.150	411.66
600035	楚天高速	2019.06.18	0.110	190.09	600036	招商银行	2019.07.12	0.940	19391.21
600037	歌华有线	2019.06.21	0.180	250.52	600038	中直股份	2019.07.16	0.260	153.26
600039	四川路桥	2019.07.18	0.050	180.53	600048	保利地产	2019.05.28	0.500	5947.51
600050	中国联通	2019.06.27	0.053	1654.48	600051	宁波联合	2019.05.24	0.150	46.63
600052	浙江广厦	2019.07.12	0.077	67.13	600053	九鼎投资	2019.06.28	0.740	320.82
600054	黄山旅游	2019.06.26	0.132	67.76	600055	万东医疗	2019.06.19	0.100	54.08
600056	中国医药	2019.06.14	0.434	463.36	600057	厦门象屿	2019.06.04	0.120	258.89
600057	厦门象屿	2019.10.08	0.120	258.89	600059	古越龙山	2019.06.12	0.100	80.85
600060	海信电器	2019.07.11	0.090	117.76	600061	国投资本	2019.06.24	0.081	342.40
600062	华润双鹤	2019.07.19	0.279	291.06	600063	皖维高新	2019.05.27	0.025	48.15
600064	南京高科	2019.07.05	0.250	308.99	600066	宇通客车	2019.05.15	0.500	1106.97
600067	冠城大通	2019.06.04	0.100	149.21	600068	葛洲坝	2019.08.08	0.180	828.86
600070	浙江富润	2019.06.25	0.080	41.76	600072	中船科技	2019.06.28	0.020	14.72
600073	上海梅林	2019.06.06	0.100	93.77	600075	新疆天业	2019.06.03	0.100	97.25
600076	康欣新材	2019.08.05	0.020	20.69	600077	宋都股份	2019.06.21	0.031	41.54
600078	澄星股份	2019.06.05	0.010	6.63	600080	金花股份	2019.06.06	0.040	14.93
600081	东风科技	2019.06.19	0.142	44.53	600085	同仁堂	2019.07.29	0.260	356.58
600085	同仁堂	2019.12.09	0.500	685.74	600088	中视传媒	2019.07.01	0.087	34.60
600089	特变电工	2019.07.04	0.180	668.61	600094	大名城	2019.06.13	0.020	45.53
600095	哈高科	2019.04.30	0.013	4.70	600097	开创国际	2019.06.14	0.180	43.37
600098	广州发展	2019.06.27	0.100	272.62	600101	明星电力	2019.07.19	0.050	16.21
600104	上汽集团	2019.07.12	1.260	14721.16	600105	永鼎股份	2019.07.15	0.150	186.84
600106	重庆路桥	2019.06.14	0.067	73.59	600108	亚盛集团	2019.07.23	0.005	8.76
600109	国金证券	2019.06.03	0.040	120.97	600111	北方稀土	2019.06.18	0.050	181.65
600113	浙江东日	2019.05.23	0.040	16.46	600114	东睦股份	2019.06.06	0.400	258.22
600116	三峡水利	2019.06.18	0.100	99.30	600118	中国卫星	2019.05.16	0.110	130.07
600120	浙江东方	2019.06.12	0.100	87.44	600121	郑州煤电	2019.07.22	0.050	50.77
600123	兰花科创	2019.07.05	0.300	342.72	600125	铁龙物流	2019.06.21	0.120	156.66
600126	杭钢股份	2019.10.23	0.120	405.26	600129	太极集团	2019.06.27	0.100	55.69
600131	岷江水电	2019.06.14	0.050	25.21	600132	重庆啤酒	2019.06.28	0.800	387.18
600133	东湖高新	2019.06.14	0.025	18.14	600135	乐凯胶片	2019.06.20	0.012	4.48
600136	当代明诚	2019.08.23	0.023	11.21	600137	浪莎股份	2019.07.05	0.120	11.67
600138	中青旅	2019.06.14	0.140	101.34	600141	兴发集团	2019.06.17	0.200	145.44
600143	金发科技	2019.07.05	0.100	271.68	600150	中国船舶	2019.05.30	0.107	147.46
600153	建发股份	2019.06.25	0.500	1417.60	600158	中体产业	2019.05.15	0.030	25.31
600159	大龙地产	2019.06.20	0.050	41.50	600160	巨化股份	2019.05.31	0.150	411.77
600161	天坛生物	2019.06.14	0.050	43.56	600162	香江控股	2019.07.17	0.075	254.95

上市公司派发现金红利

Dividends in 2019

股票代码 Code	股票简称 Stock Name	发放日期 Date	每股红利（含税）（元） Dividend (Pre-Tax)	代发红利总额（百万元） Cash（M yuan）	股票代码 Code	股票简称 Stock Name	发放日期 Date	每股红利（含税）（元） Dividend (Pre-Tax)	代发红利总额（百万元） Cash（M yuan）
600167	联美控股	2019.05.29	0.150	264.01	600168	武汉控股	2019.07.10	0.119	84.44
600170	上海建工	2019.07.17	0.135	1202.09	600171	上海贝岭	2019.05.17	0.045	31.48
600173	卧龙地产	2019.06.13	0.100	70.11	600176	中国巨石	2019.05.24	0.225	788.02
600177	雅戈尔	2019.06.05	0.500	1790.72	600180	瑞茂通	2019.07.03	0.047	47.57
600182	S 佳通	2019.06.27	0.080	27.20	600183	生益科技	2019.06.06	0.350	741.12
600184	光电股份	2019.05.30	0.035	17.81	600188	兖州煤业	2019.06.11	0.540	1598.40
600188	兖州煤业	2019.11.19	1.000	2960.00	600190	锦州港	2019.06.18	0.020	35.59
600192	长城电工	2019.06.20	0.006	2.65	600195	中牧股份	2019.07.16	0.242	145.62
600196	复星医药	2019.08.02	0.320	643.51	600197	伊力特	2019.07.03	0.350	154.35
600199	金种子酒	2019.07.18	0.015	9.87	600201	生物股份	2019.07.09	0.350	405.88
600206	有研新材	2019.05.21	0.006	5.00	600208	新湖中宝	2019.07.12	0.059	507.36
600209	ST 罗顿	2019.07.16	0.006	2.50	600210	紫江企业	2019.07.17	0.150	227.51
600211	西藏药业	2019.04.19	0.370	66.46	600215	长春经开	2019.05.30	0.064	29.76
600216	浙江医药	2019.06.27	0.150	144.79	600219	南山铝业	2019.06.28	0.050	597.52
600220	江苏阳光	2019.06.14	0.030	53.50	600223	鲁商置业	2019.05.27	0.050	50.05
600226	瀚叶股份	2019.07.11	0.022	69.05	600229	城市传媒	2019.07.09	0.200	140.42
600230	沧州大化	2019.05.23	0.200	82.37	600231	凌钢股份	2019.05.21	0.044	121.93
600232	金鹰股份	2019.06.21	0.100	36.47	600233	圆通速递	2019.06.05	0.150	424.27
600235	民丰特纸	2019.06.06	0.005	1.76	600236	桂冠电力	2019.07.10	0.250	1515.84
600239	云南城投	2019.07.18	0.092	147.72	600246	万通地产	2019.07.24	0.048	98.59
600248	延长化建	2019.07.11	0.100	91.80	600251	冠农股份	2019.06.12	0.013	10.20
600252	中恒集团	2019.05.21	0.060	208.51	600256	广汇能源	2019.06.06	0.100	679.40
600258	首旅酒店	2019.06.28	0.110	108.65	600260	凯乐科技	2019.08.28	0.160	114.37
600261	阳光照明	2019.05.30	0.150	217.82	600262	北方股份	2019.07.11	0.210	35.70
600266	北京城建	2019.06.17	0.240	376.09	600268	国电南自	2019.06.12	0.040	27.81
600269	赣粤高速	2019.06.13	0.100	233.54	600271	航天信息	2019.06.21	0.440	819.51
600272	开开实业	2019.07.17	0.045	7.34	600273	嘉化能源	2019.10.16	0.165	236.40
600273	嘉化能源	2019.05.09	0.125	179.09	600276	恒瑞医药	2019.03.28	0.220	810.89
600277	亿利洁能	2019.08.27	0.085	232.81	600278	东方创业	2019.06.27	0.090	47.00
600279	重庆港九	2019.06.18	0.060	41.58	600282	南钢股份	2019.04.26	0.300	1327.31
600284	浦东建设	2019.04.26	0.150	145.54	600285	羚锐制药	2019.06.12	0.150	87.97
600287	江苏舜天	2019.06.28	0.080	34.94	600288	大恒科技	2019.07.19	0.012	5.24
600291	西水股份	2019.07.10	0.016	17.49	600292	远达环保	2019.06.21	0.050	39.04
600295	鄂尔多斯	2019.07.16	0.150	141.06	600297	广汇汽车	2019.07.11	0.015	122.75
600298	安琪酵母	2019.06.04	0.350	288.43	600299	安迪苏	2019.06.13	0.173	463.97
600299	安迪苏	2019.12.19	0.103	276.24	600305	恒顺醋业	2019.07.05	0.120	94.03
600308	华泰股份	2019.06.14	0.185	216.00	600309	万华化学	2019.05.27	2.000	6279.49
600310	桂东电力	2019.06.05	0.025	20.69	600312	平高电气	2019.07.19	0.064	86.84
600315	上海家化	2019.08.01	0.250	167.81	600316	洪都航空	2019.07.24	0.012	8.61
600317	营口港	2019.08.08	0.047	304.23	600320	振华重工	2019.07.16	0.050	166.10
600323	瀚蓝环境	2019.07.17	0.200	153.25	600325	华发股份	2019.11.07	0.200	423.53
600325	华发股份	2019.07.05	0.150	317.65	600326	西藏天路	2019.06.20	0.080	69.23
600327	大东方	2019.05.30	0.200	147.46	600328	兰太实业	2019.06.06	0.184	80.60
600329	中新药业	2019.07.15	0.220	125.15	600330	天通股份	2019.05.29	0.050	49.83
600332	白云山	2019.07.11	0.424	596.10	600335	国机汽车	2019.06.04	0.150	218.53
600336	澳柯玛	2019.06.21	0.030	23.98	600337	美克家居	2019.06.13	0.200	354.18
600338	西藏珠峰	2019.06.18	0.040	26.12	600339	中油工程	2019.07.25	0.052	290.32
600340	华夏幸福	2019.07.12	1.200	3603.11	600343	航天动力	2019.07.05	0.050	31.91
600345	长江通信	2019.07.26	0.360	71.28	600346	恒力股份	2019.06.27	0.300	1515.84
600348	阳泉煤业	2019.07.08	0.280	673.40	600350	山东高速	2019.08.15	0.221	1063.27

上市公司派发现金红利
Dividends in 2019

股票代码 Code	股票简称 Stock Name	发放日期 Date	每股红利（含税）（元）Dividend (Pre-Tax)	代发红利总额（百万元）Cash (M yuan)	股票代码 Code	股票简称 Stock Name	发放日期 Date	每股红利（含税）（元）Dividend (Pre-Tax)	代发红利总额（百万元）Cash (M yuan)
600351	亚宝药业	2019.06.11	0.250	192.50	600352	浙江龙盛	2019.06.06	0.250	813.33
600353	旭光股份	2019.05.23	0.060	32.62	600356	恒丰纸业	2019.07.10	0.068	20.31
600360	华微电子	2019.07.01	0.035	33.75	600361	华联综超	2019.07.09	0.070	46.61
600362	江西铜业	2019.07.26	0.200	415.05	600363	联创光电	2019.06.20	0.052	23.06
600366	宁波韵升	2019.07.15	0.100	98.91	600367	红星发展	2019.04.17	0.040	11.92
600368	五洲交通	2019.06.05	0.114	128.32	600369	西南证券	2019.08.08	0.030	169.35
600370	三房巷	2019.05.30	0.025	19.93	600371	万向德农	2019.07.11	0.200	45.01
600372	中航电子	2019.07.12	0.050	87.98	600373	中文传媒	2019.06.14	0.500	688.97
600376	首开股份	2019.07.08	0.400	1031.83	600377	宁沪高速	2019.07.12	0.460	1755.24
600378	昊华科技	2019.07.18	0.063	52.74	600379	宝光股份	2019.07.18	0.065	15.33
600380	健康元	2019.05.24	0.160	310.09	600382	广东明珠	2019.06.12	0.060	28.01
600383	金地集团	2019.07.19	0.600	2708.75	600386	北巴传媒	2019.08.16	0.110	88.70
600387	海越能源	2019.07.02	0.060	28.41	600388	龙净环保	2019.07.04	0.170	181.74
600389	江山股份	2019.06.13	0.400	118.80	600390	五矿资本	2019.09.26	0.181	678.46
600392	盛和资源	2019.06.20	0.030	52.66	600395	盘江股份	2019.07.29	0.400	662.02
600398	海澜之家	2019.05.15	0.380	1707.26	600400	红豆股份	2019.05.23	0.050	126.66
600403	大有能源	2019.08.02	0.082	196.05	600406	国电南瑞	2019.07.23	0.370	1710.18
600409	三友化工	2019.06.12	0.231	476.86	600415	小商品城	2019.06.26	0.060	326.59
600419	天润乳业	2019.06.06	0.166	34.38	600420	现代制药	2019.06.26	0.100	105.62
600422	昆药集团	2019.06.18	0.100	76.12	600426	华鲁恒升	2019.06.13	0.200	325.33
600429	三元股份	2019.07.30	0.037	55.41	600433	冠豪高新	2019.05.10	0.026	33.05
600436	片仔癀	2019.06.27	0.600	361.99	600438	通威股份	2019.05.23	0.160	621.18
600439	瑞贝卡	2019.07.12	0.050	56.60	600444	国机通用	2019.07.08	0.130	19.03
600449	宁夏建材	2019.05.31	0.300	143.45	600452	涪陵电力	2019.06.19	0.220	49.28
600456	宝钛股份	2019.06.13	0.100	43.03	600458	时代新材	2019.06.19	0.040	32.11
600459	贵研铂业	2019.06.27	0.180	78.79	600460	士兰微	2019.07.17	0.040	52.48
600461	洪城水业	2019.07.08	0.170	134.23	600463	空港股份	2019.06.26	0.016	4.80
600466	蓝光发展	2019.05.08	0.260	775.87	600467	好当家	2019.07.12	0.013	18.99
600469	风神股份	2019.07.26	0.020	11.25	600475	华光股份	2019.07.05	0.230	128.66
600477	杭萧钢构	2019.06.11	0.100	179.07	600479	千金药业	2019.06.20	0.400	167.40
600480	凌云股份	2019.09.30	0.200	110.13	600481	双良节能	2019.05.17	0.120	196.49
600483	福能股份	2019.07.29	0.210	325.88	600486	扬农化工	2019.07.15	0.870	269.61
600487	亨通光电	2019.06.11	0.150	285.55	600488	天药股份	2019.05.15	0.056	61.15
600489	中金黄金	2019.07.25	0.020	69.02	600491	龙元建设	2019.07.18	0.060	91.79
600493	凤竹纺织	2019.06.14	0.040	10.88	600495	晋西车轴	2019.06.06	0.012	14.50
600496	精工钢构	2019.07.15	0.013	23.54	600497	驰宏锌锗	2019.05.24	0.070	356.39
600498	烽火通信	2019.07.12	0.340	397.36	600500	中化国际	2019.07.08	0.150	312.45
600502	安徽水利	2019.06.11	0.150	258.17	600503	华丽家族	2019.06.27	0.005	8.01
600505	西昌电力	2019.06.27	0.052	18.96	600507	方大特钢	2019.05.08	1.700	2464.78
600508	上海能源	2019.06.21	0.280	202.36	600509	天富能源	2019.07.11	0.016	18.42
600510	黑牡丹	2019.07.05	0.195	204.18	600511	国药股份	2019.05.31	0.400	305.76
600512	腾达建设	2019.06.27	0.020	31.98	600513	联环药业	2019.06.18	0.078	22.27
600518	ST康美	2019.08.28	0.024	119.37	600519	贵州茅台	2019.06.28	14.539	18263.86
600522	中天科技	2019.07.16	0.100	306.61	600523	贵航股份	2019.05.24	0.150	60.65
600527	江南高纤	2019.05.21	0.100	144.31	600528	中铁工业	2019.08.20	0.115	255.48
600529	山东药玻	2019.06.20	0.300	127.49	600531	豫光金铅	2019.06.26	0.038	41.43
600533	栖霞建设	2019.07.26	0.100	105.00	600535	天士力	2019.06.13	0.300	453.80
600536	中国软件	2019.05.29	0.070	34.62	600537	亿晶光电	2019.06.27	0.020	23.53
600545	卓郎智能	2019.07.29	0.129	245.08	600547	山东黄金	2019.08.20	0.100	185.71
600548	深高速	2019.06.06	0.710	1017.62	600549	厦门钨业	2019.07.10	0.150	212.00

上市公司派发现金红利

Dividends in 2019

股票代码 Code	股票简称 Stock Name	发放日期 Date	每股红利（含税）（元）Dividend（Pre-Tax）	代发红利总额（百万元）Cash（M yuan）	股票代码 Code	股票简称 Stock Name	发放日期 Date	每股红利（含税）（元）Dividend（Pre-Tax）	代发红利总额（百万元）Cash（M yuan）
600551	时代出版	2019.06.25	0.190	96.11	600557	康缘药业	2019.06.20	0.080	47.43
600558	大西洋	2019.06.25	0.025	22.44	600559	老白干酒	2019.06.06	0.200	138.04
600560	金自天正	2019.05.31	0.029	6.49	600561	江西长运	2019.07.05	0.032	7.59
600562	国睿科技	2019.07.19	0.019	11.82	600563	法拉电子	2019.06.14	1.300	292.50
600565	迪马股份	2019.06.13	0.280	682.63	600566	济川药业	2019.06.03	1.230	1002.34
600569	安阳钢铁	2019.05.10	0.100	239.37	600570	恒生电子	2019.05.15	0.320	197.70
600571	信雅达	2019.05.31	0.370	162.68	600572	康恩贝	2019.06.26	0.150	400.10
600573	惠泉啤酒	2019.06.20	0.030	7.50	600577	精达股份	2019.06.12	0.040	76.86
600578	京能电力	2019.08.26	0.080	539.74	600580	卧龙电驱	2019.06.21	0.150	193.97
600582	天地科技	2019.06.26	0.050	206.93	600583	海油工程	2019.06.14	0.050	221.07
600585	海螺水泥	2019.06.19	1.690	6759.50	600586	金晶科技	2019.07.19	0.060	85.73
600587	新华医疗	2019.07.01	0.045	18.29	600588	用友网络	2019.05.07	0.250	479.37
600589	广东榕泰	2019.07.10	0.020	14.11	600592	龙溪股份	2019.06.21	0.100	39.96
600596	新安股份	2019.06.13	0.530	373.80	600597	光明乳业	2019.05.31	0.100	122.45
600598	北大荒	2019.05.22	0.400	711.07	600600	青岛啤酒	2019.08.05	0.480	334.04
600601	方正科技	2019.08.08	0.010	21.95	600602	云赛智联	2019.07.26	0.060	64.46
600603	广汇物流	2019.06.13	0.300	376.75	600604	市北高新	2019.05.16	0.025	35.19
600605	汇通能源	2019.06.27	0.040	5.89	600606	绿地控股	2019.07.10	0.300	3650.45
600611	大众交通	2019.07.23	0.120	187.60	600612	老凤祥	2019.08.14	1.100	348.82
600617	国新能源	2019.07.02	0.020	19.50	600618	氯碱化工	2019.07.08	0.120	89.98
600619	海立股份	2019.07.30	0.150	87.32	600620	天宸股份	2019.07.31	0.030	20.60
600621	华鑫股份	2019.06.14	0.007	7.43	600622	光大嘉宝	2019.06.18	0.160	184.58
600623	华谊集团	2019.06.20	0.260	484.17	600624	复旦复华	2019.08.23	0.025	17.12
600626	申达股份	2019.06.28	0.050	42.61	600628	新世界	2019.08.23	0.130	84.09
600629	华建集团	2019.06.26	0.180	80.12	600633	浙数文化	2019.06.04	0.080	104.15
600635	大众公用	2019.08.09	0.060	145.13	600636	三爱富	2019.06.28	0.370	165.37
600637	东方明珠	2019.07.18	0.270	926.84	600638	新黄浦	2019.08.27	0.255	171.72
600639	浦东金桥	2019.07.24	0.300	255.07	600640	号百控股	2019.07.16	0.100	79.57
600641	万业企业	2019.07.30	0.196	158.01	600642	申能股份	2019.06.05	0.200	910.41
600643	爱建集团	2019.06.14	0.120	194.63	600648	外高桥	2019.07.19	0.220	205.65
600649	城投控股	2019.08.14	0.050	126.48	600650	锦江投资	2019.07.03	0.250	97.64
600655	豫园股份	2019.07.22	0.270	1047.89	600657	信达地产	2019.06.20	0.120	342.23
600658	电子城	2019.06.05	0.137	153.25	600660	福耀玻璃	2019.05.29	0.750	1502.24
600662	强生控股	2019.07.31	0.040	42.13	600663	陆家嘴	2019.05.30	0.499	1219.83
600665	天地源	2019.06.21	0.146	126.16	600667	太极实业	2019.05.23	0.137	288.55
600668	尖峰集团	2019.07.18	0.300	103.23	600673	东阳光	2019.05.16	0.070	210.97
600674	川投能源	2019.07.22	0.300	1320.64	600675	中华企业	2019.06.21	0.180	914.42
600676	交运股份	2019.06.18	0.100	102.85	600677	航天通信	2019.08.23	0.120	62.62
600681	百川能源	2019.04.25	0.500	515.76	600683	京投发展	2019.05.28	0.200	148.16
600684	珠江实业	2019.07.18	0.036	30.72	600686	金龙汽车	2019.06.27	0.027	16.38
600688	上海石化	2019.07.18	0.250	1832.20	600689	上海三毛	2019.07.08	0.017	2.59
600690	海尔智家	2019.08.08	0.351	2140.21	600697	欧亚集团	2019.07.05	0.390	62.04
600702	舍得酒业	2019.08.15	0.103	34.74	600703	三安光电	2019.08.26	0.200	815.68
600704	物产中大	2019.05.30	0.250	1076.67	600705	中航资本	2019.12.18	0.036	323.15
600706	曲江文旅	2019.07.08	0.045	8.08	600708	光明地产	2019.06.19	0.200	445.73
600710	苏美达	2019.05.30	0.105	137.21	600711	盛屯矿业	2019.06.10	0.023	49.16
600713	南京医药	2019.07.05	0.100	104.16	600716	凤凰股份	2019.07.18	0.100	93.61
600717	天津港	2019.06.25	0.108	180.88	600719	大连热电	2019.06.05	0.005	2.02
600720	祁连山	2019.05.31	0.296	229.78	600723	首商股份	2019.06.14	0.170	111.93
600724	宁波富达	2019.05.23	0.020	28.90	600728	佳都科技	2019.05.21	0.057	92.27

上市公司派发现金红利

Dividends in 2019

股票代码 Code	股票简称 Stock Name	发放日期 Date	每股红利（含税）（元） Dividend (Pre-Tax)	代发红利总额（百万元） Cash（M yuan）	股票代码 Code	股票简称 Stock Name	发放日期 Date	每股红利（含税）（元） Dividend (Pre-Tax)	代发红利总额（百万元） Cash（M yuan）
600729	重庆百货	2019.06.11	0.650	264.24	600730	中国高科	2019.07.10	0.044	25.81
600735	新华锦	2019.05.28	0.061	22.94	600738	兰州民百	2019.03.08	1.600	1252.95
600738	兰州民百	2019.12.09	0.302	233.84	600740	山西焦化	2019.06.21	0.200	303.21
600741	华域汽车	2019.07.23	1.050	3310.36	600742	一汽富维	2019.06.21	0.600	304.59
600743	华远地产	2019.06.17	0.120	281.53	600748	上实发展	2019.07.26	0.030	55.34
600750	江中药业	2019.06.12	0.350	147.00	600754	锦江股份	2019.06.11	0.600	481.16
600755	厦门国贸	2019.07.10	0.270	490.40	600756	浪潮软件	2019.05.14	0.115	37.27
600757	长江传媒	2019.06.21	0.150	182.05	600758	红阳能源	2019.06.28	0.026	34.37
600761	安徽合力	2019.06.21	0.350	259.06	600765	中航重机	2019.05.17	0.043	33.45
600773	西藏城投	2019.06.20	0.015	12.29	600774	汉商集团	2019.06.18	0.030	6.81
600775	南京熊猫	2019.07.15	0.080	53.75	600776	东方通信	2019.07.18	0.060	57.36
600779	水井坊	2019.07.04	1.142	557.92	600782	新钢股份	2019.06.28	0.200	637.74
600783	鲁信创投	2019.07.16	0.100	74.44	600784	鲁银投资	2019.07.19	0.012	6.82
600787	中储股份	2019.06.13	0.023	50.60	600789	鲁抗医药	2019.06.19	0.040	27.08
600790	轻纺城	2019.05.27	0.180	263.84	600791	京能置业	2019.07.05	0.016	7.25
600794	保税科技	2019.05.20	0.012	14.55	600795	国电电力	2019.06.28	0.040	786.02
600797	浙大网新	2019.07.12	0.030	31.66	600798	宁波海运	2019.05.24	0.060	72.39
600801	华新水泥	2019.06.03	1.150	1118.69	600802	福建水泥	2019.07.12	0.033	12.60
600803	新奥股份	2019.08.06	0.210	258.16	600808	马钢股份	2019.07.12	0.310	1850.00
600809	山西汾酒	2019.08.21	0.750	653.65	600810	神马股份	2019.07.18	0.450	199.03
600812	华北制药	2019.06.12	0.030	48.92	600814	杭州解百	2019.08.14	0.065	46.48
600818	中路股份	2019.08.08	0.050	11.90	600819	耀皮玻璃	2019.06.28	0.030	22.42
600820	隧道股份	2019.06.20	0.190	597.38	600823	世茂股份	2019.07.11	0.260	975.30
600824	益民集团	2019.08.09	0.032	33.73	600825	新华传媒	2019.06.19	0.010	10.45
600826	兰生股份	2019.06.21	0.170	71.51	600827	百联股份	2019.08.01	0.180	288.80
600828	茂业商业	2019.04.23	0.100	173.20	600830	香溢融通	2019.06.13	0.060	27.26
600831	广电网络	2019.06.13	0.010	6.94	600833	第一医药	2019.08.22	0.065	14.50
600834	申通地铁	2019.07.19	0.020	9.55	600835	上海机电	2019.06.05	0.440	354.86
600837	海通证券	2019.07.26	0.150	1213.82	600838	上海九百	2019.08.23	0.074	29.67
600839	四川长虹	2019.08.08	0.022	101.56	600841	上柴股份	2019.07.03	0.047	24.53
600845	宝信软件	2019.06.28	0.382	247.73	600846	同济科技	2019.08.07	0.150	93.71
600848	上海临港	2019.05.16	0.120	121.53	600850	华东电脑	2019.06.28	0.360	153.25
600851	海欣股份	2019.07.29	0.035	25.84	600853	龙建股份	2019.07.29	0.020	12.88
600854	春兰股份	2019.08.09	0.060	31.17	600855	航天长峰	2019.06.20	0.065	22.88
600858	银座股份	2019.08.08	0.030	15.60	600859	王府井	2019.06.28	0.470	364.84
600861	北京城乡	2019.08.09	0.050	15.84	600862	中航高科	2019.08.02	0.110	153.24
600863	内蒙华电	2019.08.15	0.096	557.61	600865	百大集团	2019.05.09	0.200	75.25
600867	通化东宝	2019.05.23	0.200	406.80	600868	梅雁吉祥	2019.06.28	0.004	7.59
600872	中炬高新	2019.07.24	0.230	183.23	600873	梅花生物	2019.08.13	0.330	1025.70
600874	创业环保	2019.07.10	0.106	115.25	600875	东方电气	2019.08.26	0.110	302.59
600883	博闻科技	2019.06.06	0.020	4.72	600884	杉杉股份	2019.06.19	0.080	89.82
600885	宏发股份	2019.06.14	0.290	215.98	600886	国投电力	2019.07.30	0.225	1526.86
600887	伊利股份	2019.04.08	0.700	4254.69	600888	新疆众和	2019.05.17	0.070	60.33
600889	南京化纤	2019.07.04	0.010	3.66	600893	航发动力	2019.05.31	0.142	319.48
600894	广日股份	2019.06.10	0.050	43.00	600895	张江高科	2019.07.31	0.110	170.36
600897	厦门空港	2019.06.28	1.280	381.20	600900	长江电力	2019.07.18	0.680	14960.00
600901	江苏租赁	2019.06.24	0.200	597.33	600903	贵州燃气	2019.05.29	0.064	52.03
600908	无锡银行	2019.05.31	0.180	332.68	600909	华安证券	2019.06.14	0.060	217.26
600917	重庆燃气	2019.06.13	0.080	124.48	600919	江苏银行	2019.07.12	0.340	3925.11
600926	杭州银行	2019.07.04	0.250	1282.55	600928	西安银行	2019.06.26	0.160	711.11

上市公司派发现金红利
Dividends in 2019

股票代码 Code	股票简称 Stock Name	发放日期 Date	每股红利（含税）（元）Dividend（Pre-Tax）	代发红利总额（百万元）Cash（M yuan）	股票代码 Code	股票简称 Stock Name	发放日期 Date	每股红利（含税）（元）Dividend（Pre-Tax）	代发红利总额（百万元）Cash（M yuan）
600929	湖南盐业	2019.07.12	0.047	43.13	600933	爱柯迪	2019.05.17	0.230	195.59
600939	重庆建工	2019.07.15	0.066	119.76	600958	东方证券	2019.07.10	0.100	596.66
600959	江苏有线	2019.05.31	0.100	493.05	600960	渤海汽车	2019.07.10	0.015	14.26
600963	岳阳林纸	2019.05.20	0.027	37.74	600965	福成股份	2019.05.10	0.150	122.81
600966	博汇纸业	2019.07.16	0.017	22.73	600967	内蒙一机	2019.07.17	0.032	54.07
600969	郴电国际	2019.07.09	0.026	9.73	600970	中材国际	2019.06.13	0.265	460.99
600971	恒源煤电	2019.05.28	0.410	410.00	600973	宝胜股份	2019.06.14	0.029	35.44
600976	健民集团	2019.06.06	0.200	30.68	600977	中国电影	2019.07.26	0.281	524.63
600978	宜华生活	2019.07.30	0.027	40.04	600979	广安爱众	2019.07.17	0.100	94.79
600980	北矿科技	2019.07.31	0.030	4.66	600981	汇鸿集团	2019.07.11	0.165	370.00
600982	宁波热电	2019.06.24	0.066	49.30	600983	惠而浦	2019.07.08	0.050	38.32
600985	淮北矿业	2019.05.31	0.500	1086.21	600986	科达股份	2019.07.25	0.010	13.26
600987	航民股份	2019.05.17	0.280	208.71	600989	宝丰能源	2019.09.27	0.321	2353.35
600990	四创电子	2019.06.21	0.170	27.06	600992	贵绳股份	2019.06.21	0.030	7.35
600993	马应龙	2019.07.26	0.150	64.66	600995	文山电力	2019.06.19	0.200	95.71
600996	贵广网络	2019.07.16	0.090	93.83	600997	开滦股份	2019.06.20	0.260	412.83
600998	九州通	2019.06.26	0.100	187.77	600999	招商证券	2019.08.27	0.264	1509.82
601000	唐山港	2019.05.24	0.070	414.82	601003	柳钢股份	2019.05.30	0.600	1537.68
601006	大秦铁路	2019.06.27	0.480	7136.06	601007	金陵饭店	2019.07.25	0.200	60.00
601008	连云港	2019.05.31	0.010	10.15	601009	南京银行	2019.07.31	0.392	3325.03
601010	文峰股份	2019.05.30	0.040	73.92	601012	隆基股份	2019.06.10	0.100	362.42
601015	陕西黑猫	2019.05.09	0.050	62.68	601016	节能风电	2019.06.24	0.046	192.82
601018	宁波港	2019.05.29	0.093	1225.07	601019	山东出版	2019.06.13	0.290	605.20
601020	华钰矿业	2019.05.30	0.090	47.33	601021	春秋航空	2019.05.24	0.200	183.38
601058	赛轮轮胎	2019.05.31	0.050	135.07	601066	中信建投	2019.08.09	0.180	1149.37
601068	中铝国际	2019.07.15	0.031	79.35	601069	西部黄金	2019.06.06	0.010	6.36
601086	国芳集团	2019.06.21	0.100	66.60	601086	国芳集团	2019.10.24	0.100	66.60
601088	中国神华	2019.07.08	0.880	14512.11	601098	中南传媒	2019.06.20	0.610	1095.56
601100	恒立液压	2019.07.03	0.300	264.60	601101	昊华能源	2019.07.26	0.190	228.00
601107	四川成渝	2019.06.24	0.100	216.27	601108	财通证券	2019.07.16	0.070	251.23
601111	中国国航	2019.07.11	0.103	1028.89	601113	华鼎股份	2019.07.09	0.070	81.32
601116	三江购物	2019.06.03	0.200	109.54	601117	中国化学	2019.06.28	0.118	582.09
601118	海南橡胶	2019.06.26	0.011	47.07	601126	四方股份	2019.06.13	0.178	144.74
601127	小康股份	2019.06.14	0.080	75.31	601128	常熟银行	2019.06.05	0.180	493.35
601137	博威合金	2019.05.30	0.080	50.18	601138	工业富联	2019.06.20	0.129	2559.94
601139	深圳燃气	2019.06.20	0.150	431.53	601155	新城控股	2019.05.27	1.500	3385.09
601158	重庆水务	2019.06.06	0.280	1344.00	601162	天风证券	2019.06.18	0.007	36.26
601163	三角轮胎	2019.07.25	0.200	160.00	601166	兴业银行	2019.06.19	0.690	14334.19
601169	北京银行	2019.07.11	0.286	6046.89	601177	杭齿前进	2019.06.19	0.020	8.00
601179	中国西电	2019.07.01	0.034	174.28	601186	中国铁建	2019.07.25	0.210	2415.68
601188	龙江交通	2019.07.18	0.069	90.80	601198	东兴证券	2019.07.19	0.110	303.38
601199	江南水务	2019.06.24	0.070	65.46	601200	上海环境	2019.05.06	0.085	59.72
601208	东材科技	2019.07.11	0.015	9.40	601211	国泰君安	2019.08.12	0.275	2066.93
601222	林洋能源	2019.07.19	0.175	307.59	601225	陕西煤业	2019.07.11	0.330	3300.00
601226	华电重工	2019.07.31	0.015	17.33	601228	广州港	2019.06.27	0.035	216.76
601229	上海银行	2019.07.03	0.450	4917.64	601231	环旭电子	2019.05.27	0.164	356.85
601233	桐昆股份	2019.04.30	0.120	218.63	601238	广汽集团	2019.06.25	0.280	1998.16
601238	广汽集团	2019.09.24	0.050	356.95	601288	农业银行	2019.06.19	0.174	55516.57
601298	青岛港	2019.07.16	0.380	2047.37	601311	骆驼股份	2019.07.05	0.150	129.57
601318	中国平安	2019.05.23	1.100	11915.93	601318	中国平安	2019.09.04	0.750	8124.50

上市公司派发现金红利

Dividends in 2019

股票代码 Code	股票简称 Stock Name	发放日期 Date	每股红利（含税）（元） Dividend （Pre-Tax）	代发红利总额（百万元） Cash （M yuan）	股票代码 Code	股票简称 Stock Name	发放日期 Date	每股红利（含税）（元） Dividend （Pre-Tax）	代发红利总额（百万元） Cash （M yuan）
601319	中国人保	2019. 08. 20	0. 046	1622. 25	601326	秦港股份	2019. 07. 05	0. 077	366. 33
601328	交通银行	2019. 07. 09	0. 300	11775. 26	601330	绿色动力	2019. 06. 26	0. 100	75. 68
601333	广深铁路	2019. 08. 12	0. 060	339. 13	601336	新华保险	2019. 08. 09	0. 770	1605. 79
601339	百隆东方	2019. 05. 21	0. 088	132. 00	601360	三六零	2019. 07. 19	0. 053	358. 49
601366	利群股份	2019. 07. 08	0. 200	172. 10	601368	绿城水务	2019. 05. 24	0. 114	83. 88
601369	陕鼓动力	2019. 07. 03	0. 200	335. 35	601375	中原证券	2019. 12. 03	0. 020	53. 47
601377	兴业证券	2019. 08. 26	0. 050	334. 83	601388	怡球资源	2019. 06. 17	0. 010	20. 25
601390	中国中铁	2019. 07. 23	0. 128	2385. 52	601398	工商银行	2019. 07. 03	0. 251	67564. 82
601500	通用股份	2019. 06. 13	0. 080	69. 78	601515	东风股份	2019. 04. 23	0. 500	556. 00
601518	吉林高速	2019. 05. 30	0. 019	25. 66	601555	东吴证券	2019. 07. 05	0. 090	270. 00
601566	九牧王	2019. 06. 04	1. 000	574. 64	601567	三星医疗	2019. 06. 18	0. 300	415. 97
601577	长沙银行	2019. 07. 04	0. 280	958. 04	601579	会稽山	2019. 07. 22	0. 110	54. 71
601588	北辰实业	2019. 06. 27	0. 120	319. 20	601595	上海电影	2019. 07. 18	0. 230	85. 91
601598	中国外运	2019. 07. 19	0. 130	683. 27	601599	鹿港文化	2019. 08. 19	0. 022	19. 64
601601	中国太保	2019. 07. 23	1. 000	6286. 70	601606	长城军工	2019. 07. 09	0. 042	30. 42
601607	上海医药	2019. 07. 16	0. 410	788. 44	601608	中信重工	2019. 08. 20	0. 003	13. 45
601611	中国核建	2019. 07. 25	0. 056	147. 00	601615	明阳智能	2019. 07. 12	0. 058	80. 02
601616	广电电气	2019. 07. 12	0. 040	37. 42	601618	中国中冶	2019. 07. 19	0. 070	1249. 68
601619	嘉泽新能	2019. 05. 08	0. 044	85. 05	601628	中国人寿	2019. 06. 19	0. 160	3331. 76
601633	长城汽车	2019. 05. 31	0. 290	1748. 04	601636	旗滨集团	2019. 05. 24	0. 300	806. 45
601668	中国建筑	2019. 06. 14	0. 168	7052. 85	601669	中国电建	2019. 07. 24	0. 098	1496. 55
601677	明泰铝业	2019. 06. 17	0. 200	117. 98	601678	滨化股份	2019. 04. 19	0. 150	231. 66
601688	华泰证券	2019. 08. 16	0. 300	2207. 28	601689	拓普集团	2019. 07. 10	0. 412	299. 76
601699	潞安环能	2019. 06. 26	0. 268	801. 70	601700	风范股份	2019. 05. 31	0. 180	203. 98
601717	郑煤机	2019. 07. 08	0. 145	215. 94	601718	际华集团	2019. 08. 15	0. 010	43. 92
601727	上海电气	2019. 08. 08	0. 061	748. 55	601766	中国中车	2019. 08. 15	0. 150	3649. 17
601788	光大证券	2019. 07. 19	0. 100	390. 67	601789	宁波建工	2019. 06. 24	0. 070	68. 33
601799	星宇股份	2019. 05. 08	0. 990	273. 39	601800	中国交建	2019. 07. 05	0. 231	2710. 91
601801	皖新传媒	2019. 06. 27	0. 175	348. 11	601808	中海油服	2019. 06. 14	0. 070	207. 23
601811	新华文轩	2019. 06. 10	0. 300	237. 57	601818	光大银行	2019. 06. 26	0. 161	6409. 50
601828	美凯龙	2019. 06. 28	0. 270	776. 55	601838	成都银行	2019. 07. 19	0. 350	1264. 29
601857	中国石油	2019. 06. 28	0. 090	14572. 99	601857	中国石油	2019. 09. 24	0. 078	12573. 25
601858	中国科传	2019. 07. 19	0. 108	85. 37	601860	紫金银行	2019. 05. 31	0. 100	366. 09
601865	福莱特	2019. 07. 25	0. 045	67. 50	601865	福莱特	2019. 12. 23	0. 027	40. 50
601866	中远海发	2019. 07. 18	0. 033	261. 76	601869	长飞光纤	2019. 07. 26	0. 250	101. 58
601872	招商轮船	2019. 07. 17	0. 058	351. 86	601877	正泰电器	2019. 07. 11	0. 600	1290. 74
601878	浙商证券	2019. 06. 06	0. 070	233. 33	601880	大连港	2019. 07. 23	0. 019	146. 98
601881	中国银河	2019. 06. 10	0. 090	580. 16	601882	海天精工	2019. 04. 25	0. 060	31. 32
601886	江河集团	2019. 05. 16	0. 300	346. 22	601888	中国国旅	2019. 06. 24	0. 550	1073. 86
601898	中煤能源	2019. 07. 16	0. 078	713. 86	601899	紫金矿业	2019. 07. 11	0. 100	1729. 43
601900	南方传媒	2019. 08. 22	0. 220	197. 09	601901	方正证券	2019. 08. 09	0. 026	214. 03
601908	京运通	2019. 08. 16	0. 070	139. 67	601918	新集能源	2019. 07. 11	0. 010	25. 91
601928	凤凰传媒	2019. 07. 18	0. 300	763. 47	601929	吉视传媒	2019. 07. 04	0. 007	21. 78
601933	永辉超市	2019. 06. 24	0. 110	1052. 75	601939	建设银行	2019. 07. 10	0. 306	2935. 66
601949	中国出版	2019. 08. 14	0. 100	182. 25	601952	苏垦农发	2019. 05. 30	0. 200	275. 60
601958	金钼股份	2019. 07. 03	0. 100	322. 66	601958	金钼股份	2019. 10. 31	0. 040	129. 06
601965	中国汽研	2019. 07. 11	0. 250	242. 49	601966	玲珑轮胎	2019. 06. 25	0. 300	360. 00
601968	宝钢包装	2019. 07. 16	0. 026	21. 67	601985	中国核电	2019. 07. 19	0. 120	1867. 85
601988	中国银行	2019. 06. 03	0. 184	38780. 85	601989	中国重工	2019. 07. 18	0. 009	205. 92
601990	南京证券	2019. 07. 30	0. 100	274. 90	601991	大唐发电	2019. 08. 23	0. 100	1239. 61

上市公司派发现金红利

Dividends in 2019

股票代码 Code	股票简称 Stock Name	发放日期 Date	每股红利（含税）（元） Dividend (Pre-Tax)	代发红利总额（百万元） Cash（M yuan）	股票代码 Code	股票简称 Stock Name	发放日期 Date	每股红利（含税）（元） Dividend (Pre-Tax)	代发红利总额（百万元） Cash（M yuan）
601992	金隅集团	2019.07.04	0.055	458.65	601996	丰林集团	2019.05.16	0.060	68.78
601997	贵阳银行	2019.06.17	0.400	919.44	601998	中信银行	2019.07.22	0.230	7832.11
601999	出版传媒	2019.07.12	0.110	60.60	603000	人民网	2019.07.19	0.130	143.74
603001	奥康国际	2019.06.17	0.300	120.29	603002	宏昌电子	2019.06.04	0.041	25.19
603005	晶方科技	2019.04.15	0.070	16.39	603007	花王股份	2019.06.06	0.030	10.23
603009	北特科技	2019.06.19	0.047	16.87	603010	万盛股份	2019.05.28	0.150	37.96
603011	合锻智能	2019.06.28	0.110	49.84	603012	创力集团	2019.06.28	0.050	31.83
603013	亚普股份	2019.06.26	0.400	204.00	603015	弘讯科技	2019.06.12	0.120	48.86
603016	新宏泰	2019.07.15	0.372	55.12	603017	中衡设计	2019.07.17	0.300	82.53
603018	中设集团	2019.05.17	0.380	119.24	603019	中科曙光	2019.04.23	0.140	90.03
603020	爱普股份	2019.05.30	0.110	35.20	603021	山东华鹏	2019.07.19	0.020	6.40
603022	新通联	2019.06.14	0.047	9.40	603023	威帝股份	2019.06.13	0.100	36.00
603025	大豪科技	2019.05.09	0.300	276.57	603026	石大胜华	2019.05.17	0.600	121.61
603027	千禾味业	2019.05.23	0.221	72.08	603028	赛福天	2019.07.10	0.023	5.08
603029	天鹅股份	2019.06.12	0.100	9.33	603030	全筑股份	2019.06.24	0.020	10.77
603032	德新交运	2019.07.12	0.060	9.60	603033	三维股份	2019.05.29	0.130	28.27
603035	常熟汽饰	2019.07.18	0.375	105.00	603036	如通股份	2019.06.27	0.058	11.79
603037	凯众股份	2019.07.05	0.750	79.44	603038	华立股份	2019.05.17	0.320	30.08
603039	泛微网络	2019.05.17	0.150	15.38	603040	新坐标	2019.06.06	0.400	31.80
603041	美思德	2019.05.29	0.130	13.12	603043	广州酒家	2019.06.12	0.400	161.60
603045	福达合金	2019.06.05	0.120	11.80	603050	科林电气	2019.05.28	0.165	26.77
603055	台华新材	2019.06.11	0.200	109.52	603056	德邦股份	2019.06.28	0.219	210.24
603058	永吉股份	2019.06.14	0.050	20.95	603059	倍加洁	2019.06.18	0.110	8.80
603060	国检集团	2019.06.14	0.265	58.30	603063	禾望电气	2019.06.06	0.015	6.46
603066	音飞储存	2019.06.27	0.062	18.75	603067	振华股份	2019.05.21	0.120	36.96
603068	博通集成	2019.08.23	0.200	27.74	603069	海汽集团	2019.06.20	0.060	18.96
603076	乐惠国际	2019.06.27	0.160	11.92	603078	江化微	2019.05.15	0.150	12.60
603079	圣达生物	2019.05.23	0.120	13.44	603081	大丰实业	2019.06.14	0.120	48.22
603083	剑桥科技	2019.08.22	0.180	23.18	603085	天成自控	2019.07.15	0.040	11.64
603088	宁波精达	2019.06.13	0.320	35.84	603089	正裕工业	2019.05.24	0.300	32.00
603090	宏盛股份	2019.05.14	0.100	10.00	603096	新经典	2019.06.12	0.600	81.18
603098	森特股份	2019.07.26	0.100	48.00	603099	长白山	2019.05.07	0.026	6.93
603100	川仪股份	2019.05.23	0.200	79.00	603103	横店影视	2019.06.14	0.248	112.34
603105	芯能科技	2019.05.31	0.100	50.00	603106	恒银金融	2019.06.20	0.060	18.48
603108	润达医疗	2019.07.12	0.095	55.06	603110	东方材料	2019.06.19	0.280	40.25
603113	金能科技	2019.01.09	0.235	158.85	603113	金能科技	2019.12.30	0.148	100.04
603116	红蜻蜓	2019.06.26	0.180	105.36	603117	万林物流	2019.07.16	0.050	32.15
603118	共进股份	2019.04.29	0.520	403.38	603121	华培动力	2019.06.25	0.135	24.30
603123	翠微股份	2019.06.05	0.120	62.90	603126	中材节能	2019.06.18	0.070	42.74
603127	昭衍新药	2019.04.10	0.300	34.50	603128	华贸物流	2019.07.09	0.098	99.18
603129	春风动力	2019.06.28	0.328	44.03	603131	上海沪工	2019.06.13	0.100	22.71
603133	碳元科技	2019.06.13	0.077	16.21	603136	天目湖	2019.04.12	0.750	60.00
603138	海量数据	2019.07.11	0.110	16.55	603139	康惠制药	2019.07.24	0.113	11.29
603156	养元饮品	2019.05.09	3.000	2259.81	603158	腾龙股份	2019.06.12	0.140	30.60
603159	上海亚虹	2019.06.21	0.150	15.00	603160	汇顶科技	2019.07.04	0.500	228.39
603161	科华控股	2019.05.23	0.315	42.02	603165	荣晟环保	2019.04.29	0.470	83.36
603166	福达股份	2019.05.09	0.150	89.66	603167	渤海轮渡	2019.06.13	0.600	283.68
603178	圣龙股份	2019.07.17	0.060	12.19	603179	新泉股份	2019.04.12	0.500	113.86
603180	金牌厨柜	2019.06.14	1.000	67.50	603181	皇马科技	2019.05.30	0.300	60.00
603183	建研院	2019.06.05	0.105	13.14	603185	上机数控	2019.07.10	0.160	20.16

上市公司派发现金红利
Dividends in 2019

股票代码 Code	股票简称 Stock Name	发放日期 Date	每股红利（含税）（元）Dividend（Pre-Tax）	代发红利总额（百万元）Cash（M yuan）	股票代码 Code	股票简称 Stock Name	发放日期 Date	每股红利（含税）（元）Dividend（Pre-Tax）	代发红利总额（百万元）Cash（M yuan）
603186	华正新材	2019. 05. 09	0. 150	19. 40	603187	海容冷链	2019. 05. 20	0. 600	48. 00
603189	网达软件	2019. 06. 14	0. 030	6. 62	603192	汇得科技	2019. 06. 04	0. 350	37. 33
603196	日播时尚	2019. 06. 14	0. 100	24. 00	603197	保隆科技	2019. 07. 01	0. 250	41. 76
603198	迎驾贡酒	2019. 06. 06	0. 700	560. 00	603199	九华旅游	2019. 06. 28	0. 170	18. 82
603200	上海洗霸	2019. 05. 22	0. 330	24. 76	603203	快克股份	2019. 07. 05	0. 301	47. 31
603208	江山欧派	2019. 05. 23	0. 580	46. 87	603214	爱婴室	2019. 05. 16	0. 360	36. 00
603218	日月股份	2019. 05. 27	0. 300	122. 17	603220	贝通信	2019. 06. 05	0. 150	50. 66
603222	济民制药	2019. 07. 04	0. 021	6. 72	603223	恒通股份	2019. 06. 13	0. 047	9. 48
603225	新凤鸣	2019. 03. 28	0. 180	153. 16	603226	菲林格尔	2019. 05. 09	0. 300	34. 94
603227	雪峰科技	2019. 07. 19	0. 030	19. 76	603228	景旺电子	2019. 05. 16	0. 750	322. 70
603229	奥翔药业	2019. 06. 14	0. 055	8. 80	603232	格尔软件	2019. 05. 30	0. 280	23. 91
603233	大参林	2019. 05. 30	0. 600	240. 01	603238	诺邦股份	2019. 05. 31	0. 150	18. 00
603239	浙江仙通	2019. 05. 20	0. 300	81. 22	603256	宏和科技	2019. 10. 25	0. 100	87. 78
603258	电魂网络	2019. 05. 17	0. 170	40. 80	603259	药明康德	2019. 07. 02	0. 580	608. 00
603260	合盛硅业	2019. 07. 11	0. 820	549. 40	603266	天龙股份	2019. 05. 29	0. 100	14. 19
603267	鸿远电子	2019. 09. 26	0. 500	82. 67	603268	松发股份	2019. 06. 25	0. 095	11. 89
603269	海鸥股份	2019. 06. 04	0. 109	9. 97	603277	银都股份	2019. 07. 15	0. 200	81. 99
603278	大业股份	2019. 04. 16	0. 110	22. 88	603279	景津环保	2019. 09. 30	0. 600	240. 02
603283	赛腾股份	2019. 05. 29	0. 310	50. 46	603286	日盈电子	2019. 06. 11	0. 076	6. 69
603288	海天味业	2019. 05. 07	0. 980	2646. 36	603289	泰瑞机器	2019. 05. 24	0. 200	53. 36
603297	永新光学	2019. 06. 05	0. 500	42. 00	603298	杭叉集团	2019. 05. 31	0. 300	185. 66
603299	苏盐井神	2019. 06. 28	0. 060	46. 54	603301	振德医疗	2019. 05. 24	0. 350	35. 00
603303	得邦照明	2019. 05. 28	0. 213	86. 90	603305	旭升股份	2019. 05. 17	0. 260	104. 16
603306	华懋科技	2019. 06. 03	0. 500	156. 51	603308	应流股份	2019. 07. 17	0. 051	22. 12
603309	维力医疗	2019. 05. 30	0. 100	20. 00	603311	金海环境	2019. 06. 10	0. 150	31. 50
603313	梦百合	2019. 06. 03	0. 400	98. 21	603315	福鞍股份	2019. 06. 27	0. 015	3. 30
603316	诚邦股份	2019. 05. 23	0. 056	11. 38	603317	天味食品	2019. 06. 18	0. 200	82. 63
603319	湘油泵	2019. 04. 16	0. 370	29. 94	603320	迪贝电气	2019. 04. 22	0. 130	13. 00
603321	梅轮电梯	2019. 06. 11	0. 050	15. 35	603322	超讯通信	2019. 05. 13	0. 100	11. 20
603323	苏农银行	2019. 06. 12	0. 100	163. 91	603326	我乐家居	2019. 07. 05	0. 150	33. 60
603328	依顿电子	2019. 09. 25	0. 750	748. 20	603328	依顿电子	2019. 07. 19	0. 700	698. 32
603329	上海雅仕	2019. 06. 20	0. 250	33. 00	603330	上海天洋	2019. 06. 10	0. 226	17. 63
603331	百达精工	2019. 05. 29	0. 236	30. 50	603332	苏州龙杰	2019. 06. 04	0. 700	83. 26
603333	尚纬股份	2019. 07. 19	0. 034	17. 68	603335	迪生力	2019. 04. 22	0. 020	6. 59
603336	宏辉果蔬	2019. 05. 16	0. 120	20. 80	603337	杰克股份	2019. 06. 05	0. 520	159. 93
603338	浙江鼎力	2019. 05. 22	0. 350	86. 69	603339	四方科技	2019. 07. 04	0. 200	42. 13
603345	安井食品	2019. 06. 19	0. 376	81. 23	603348	文灿股份	2019. 05. 17	0. 300	66. 00
603351	威尔药业	2019. 05. 28	0. 600	40. 00	603355	莱克电气	2019. 06. 05	0. 220	88. 22
603356	华菱精工	2019. 06. 20	0. 180	24. 00	603357	设计总院	2019. 05. 20	0. 410	133. 12
603358	华达科技	2019. 06. 14	0. 300	94. 08	603359	东珠生态	2019. 06. 04	0. 150	47. 80
603360	百傲化学	2019. 08. 09	0. 390	72. 80	603363	傲农生物	2019. 07. 26	0. 025	10. 86
603365	水星家纺	2019. 11. 07	0. 200	53. 33	603365	水星家纺	2019. 06. 27	0. 500	133. 34
603367	辰欣药业	2019. 05. 23	0. 262	118. 78	603368	柳药股份	2019. 05. 28	0. 620	160. 63
603369	今世缘	2019. 05. 21	0. 330	413. 99	603377	东方时尚	2019. 06. 06	0. 200	117. 60
603378	亚士创能	2019. 07. 01	0. 092	17. 96	603380	易德龙	2019. 06. 21	0. 220	35. 20
603383	顶点软件	2019. 05. 16	0. 500	60. 11	603385	惠达卫浴	2019. 05. 31	0. 230	84. 96
603386	广东骏亚	2019. 06. 10	0. 140	28. 25	603387	基蛋生物	2019. 05. 21	0. 410	76. 27
603388	元成股份	2019. 06. 21	0. 100	20. 65	603393	新天然气	2019. 05. 31	1. 000	160. 00
603396	金辰股份	2019. 06. 28	0. 340	25. 69	603399	吉翔股份	2019. 07. 19	0. 020	10. 94
603416	信捷电气	2019. 07. 05	0. 150	21. 08	603421	鼎信通讯	2019. 07. 05	0. 131	61. 47

上市公司派发现金红利
Dividends in 2019

股票代码 Code	股票简称 Stock Name	发放日期 Date	每股红利（含税）（元）Dividend（Pre-Tax）	代发红利总额（百万元）Cash（M yuan）	股票代码 Code	股票简称 Stock Name	发放日期 Date	每股红利（含税）（元）Dividend（Pre-Tax）	代发红利总额（百万元）Cash（M yuan）
603429	集友股份	2019. 04. 17	0. 200	38. 08	603444	吉比特	2019. 05. 22	10. 000	718. 82
603456	九洲药业	2019. 05. 15	0. 200	161. 18	603458	勘设股份	2019. 06. 21	0. 840	105. 95
603466	风语筑	2019. 06. 04	0. 075	21. 90	603477	振静股份	2019. 07. 26	0. 080	19. 20
603486	科沃斯	2019. 06. 12	0. 400	160. 04	603488	展鹏科技	2019. 05. 28	0. 200	41. 79
603496	恒为科技	2019. 07. 11	0. 225	32. 11	603499	翔港科技	2019. 06. 19	0. 200	20. 26
603500	祥和实业	2019. 05. 30	0. 200	35. 28	603501	韦尔股份	2019. 07. 04	0. 180	82. 03
603505	金石资源	2019. 06. 19	0. 180	43. 20	603506	南都物业	2019. 07. 01	0. 300	30. 95
603507	振江股份	2019. 07. 11	0. 150	19. 21	603508	思维列控	2019. 07. 03	0. 386	75. 13
603515	欧普照明	2019. 06. 27	0. 400	302. 43	603516	淳中科技	2019. 05. 30	0. 300	39. 29
603517	绝味食品	2019. 06. 03	0. 610	250. 10	603518	维格娜丝	2019. 05. 30	0. 227	40. 92
603519	立霸股份	2019. 05. 30	0. 500	110. 97	603520	司太立	2019. 06. 25	0. 300	36. 00
603527	众源新材	2019. 05. 16	0. 200	34. 83	603528	多伦科技	2019. 05. 28	0. 066	41. 38
603533	掌阅科技	2019. 06. 03	0. 110	44. 11	603535	嘉诚国际	2019. 06. 20	0. 100	15. 04
603536	惠发股份	2019. 04. 26	0. 120	20. 16	603538	美诺华	2019. 08. 06	0. 200	29. 81
603556	海兴电力	2019. 06. 06	0. 400	197. 79	603557	起步股份	2019. 07. 05	0. 040	18. 97
603558	健盛集团	2019. 06. 13	0. 050	20. 82	603559	中通国脉	2019. 08. 20	0. 022	3. 15
603566	普莱柯	2019. 05. 28	0. 300	96. 77	603567	珍宝岛	2019. 06. 04	0. 164	139. 26
603568	伟明环保	2019. 05. 17	0. 330	226. 95	603569	长久物流	2019. 05. 27	0. 144	80. 64
603577	汇金通	2019. 05. 17	0. 055	9. 63	603578	三星新材	2019. 04. 30	0. 210	18. 81
603579	荣泰健康	2019. 06. 04	0. 300	42. 00	603580	艾艾精工	2019. 07. 24	0. 120	11. 20
603583	捷昌驱动	2019. 05. 28	1. 000	122. 42	603585	苏利股份	2019. 06. 05	0. 600	108. 00
603586	金麒麟	2019. 05. 30	0. 200	40. 75	603587	地素时尚	2019. 05. 29	1. 000	401. 00
603588	高能环境	2019. 05. 23	0. 050	33. 03	603589	口子窖	2019. 05. 29	1. 500	900. 00
603590	康辰药业	2019. 06. 03	0. 500	80. 00	603595	东尼电子	2019. 05. 07	0. 081	11. 57
603596	伯特利	2019. 05. 24	0. 060	24. 51	603599	广信股份	2019. 07. 04	0. 175	81. 34
603600	永艺股份	2019. 05. 28	0. 200	60. 54	603600	永艺股份	2019. 09. 26	0. 220	66. 59
603601	再升科技	2019. 05. 23	0. 150	81. 09	603602	纵横通信	2019. 05. 16	0. 060	6. 72
603603	博天环境	2019. 07. 15	0. 100	40. 16	603605	珀莱雅	2019. 05. 14	0. 430	86. 59
603606	东方电缆	2019. 05. 29	0. 105	52. 83	603607	京华激光	2019. 06. 27	0. 300	38. 25
603608	天创时尚	2019. 06. 11	0. 250	107. 85	603609	禾丰牧业	2019. 06. 13	0. 180	166. 01
603611	诺力股份	2019. 04. 30	0. 500	133. 84	603612	索通发展	2019. 07. 10	0. 090	30. 33
603615	茶花股份	2019. 05. 07	0. 200	48. 00	603616	韩建河山	2019. 08. 01	0. 013	3. 87
603617	君禾股份	2019. 05. 30	0. 210	21. 38	603618	杭电股份	2019. 06. 17	0. 050	34. 34
603619	中曼石油	2019. 08. 19	0. 023	9. 20	603626	科森科技	2019. 06. 13	0. 250	103. 25
603628	清源股份	2019. 07. 09	0. 020	5. 48	603629	利通电子	2019. 05. 31	0. 280	28. 00
603630	拉芳家化	2019. 06. 19	0. 400	90. 69	603633	徕木股份	2019. 08. 20	0. 084	13. 14
603636	南威软件	2019. 05. 17	0. 120	63. 20	603637	镇海股份	2019. 06. 20	0. 250	43. 53
603638	艾迪精密	2019. 04. 22	0. 200	52. 10	603639	海利尔	2019. 07. 04	0. 300	50. 90
603648	畅联股份	2019. 07. 23	0. 150	55. 30	603650	彤程新材	2019. 07. 09	0. 340	199. 24
603655	朗博科技	2019. 06. 20	0. 100	10. 60	603656	泰禾光电	2019. 05. 20	0. 110	16. 38
603657	春光科技	2019. 05. 10	0. 800	76. 80	603658	安图生物	2019. 05. 08	0. 800	336. 00
603659	璞泰来	2019. 04. 18	0. 420	182. 57	603660	苏州科达	2019. 06. 06	0. 100	35. 99
603661	恒林股份	2019. 06. 05	0. 280	28. 00	603663	三祥新材	2019. 05. 27	0. 150	20. 36
603665	康隆达	2019. 05. 07	0. 200	20. 00	603666	亿嘉和	2019. 06. 28	0. 462	45. 39
603667	五洲新春	2019. 06. 20	0. 160	46. 77	603668	天马科技	2019. 06. 26	0. 050	16. 52
603669	灵康药业	2019. 10. 10	0. 200	101. 92	603669	灵康药业	2019. 06. 06	0. 450	163. 80
603676	卫信康	2019. 05. 30	0. 055	23. 27	603677	奇精机械	2019. 05. 31	0. 200	38. 76
603678	火炬电子	2019. 06. 17	0. 100	45. 27	603679	华体科技	2019. 06. 21	0. 099	10. 00
603680	今创集团	2019. 07. 11	0. 200	121. 73	603681	永冠新材	2019. 06. 20	0. 240	39. 98
603683	晶华新材	2019. 07. 04	0. 050	6. 33	603685	晨丰科技	2019. 05. 30	0. 250	32. 50

上市公司派发现金红利
Dividends in 2019

股票代码 Code	股票简称 Stock Name	发放日期 Date	每股红利（含税）（元）Dividend (Pre-Tax)	代发红利总额（百万元）Cash (M yuan)	股票代码 Code	股票简称 Stock Name	发放日期 Date	每股红利（含税）（元）Dividend (Pre-Tax)	代发红利总额（百万元）Cash (M yuan)
603686	龙马环卫	2019.06.26	0.265	79.24	603688	石英股份	2019.05.23	0.130	43.85
603689	皖天然气	2019.06.20	0.160	53.76	603690	至纯科技	2019.06.24	0.038	9.81
603693	江苏新能	2019.06.27	0.200	123.60	603696	安记食品	2019.05.17	0.585	98.28
603697	有友食品	2019.09.25	0.180	54.82	603699	纽威股份	2019.07.05	0.670	502.50
603700	宁波水表	2019.05.28	0.500	78.17	603701	德宏股份	2019.06.05	0.500	72.97
603706	东方环宇	2019.06.21	0.350	56.00	603707	健友股份	2019.07.10	0.150	82.90
603708	家家悦	2019.06.13	0.560	262.08	603709	中源家居	2019.06.21	0.220	17.60
603711	香飘飘	2019.05.28	0.250	104.84	603712	七一二	2019.06.18	0.050	38.60
603713	密尔克卫	2019.05.27	0.130	19.82	603718	海利生物	2019.07.18	0.010	6.44
603721	中广天择	2019.06.06	0.130	13.00	603722	阿科力	2019.05.15	0.200	17.34
603725	天安新材	2019.05.30	0.120	17.60	603726	朗迪集团	2019.06.20	0.550	72.93
603727	博迈科	2019.06.28	0.030	7.02	603728	鸣志电器	2019.06.18	0.041	17.06
603730	岱美股份	2019.06.20	0.500	200.30	603733	仙鹤股份	2019.06.21	0.100	61.20
603737	三棵树	2019.06.18	0.510	67.90	603738	泰晶科技	2019.05.27	0.090	14.29
603739	蔚蓝生物	2019.05.29	0.200	30.93	603757	大元泵业	2019.05.17	0.450	52.79
603767	中马传动	2019.05.10	0.150	44.80	603768	常青股份	2019.07.08	0.120	24.48
603773	沃格光电	2019.07.04	0.680	64.32	603776	永安行	2019.06.26	0.270	36.29
603777	来伊份	2019.07.16	0.150	51.07	603779	威龙股份	2019.06.11	0.090	20.67
603787	新日股份	2019.06.05	0.250	51.00	603788	宁波高发	2019.06.20	0.600	138.06
603790	雅运股份	2019.05.29	0.300	44.16	603797	联泰环保	2019.05.30	0.104	22.19
603798	康普顿	2019.06.11	0.120	24.00	603799	华友钴业	2019.06.12	0.100	82.97
603800	道森股份	2019.05.22	0.500	104.00	603801	志邦家居	2019.05.21	0.860	137.60
603803	瑞斯康达	2019.06.28	0.120	50.53	603806	福斯特	2019.05.17	0.450	235.17
603808	歌力思	2019.07.02	0.525	174.57	603809	豪能股份	2019.05.27	0.500	74.67
603810	丰山集团	2019.06.25	0.525	42.00	603811	诚意药业	2019.05.24	0.300	35.78
603813	原尚股份	2019.05.21	0.187	16.75	603816	顾家家居	2019.06.03	1.000	430.09
603817	海峡环保	2019.07.17	0.052	23.40	603819	神力股份	2019.06.13	0.400	48.32
603822	嘉澳环保	2019.05.22	0.228	16.72	603823	百合花	2019.05.16	0.260	58.50
603825	华扬联众	2019.06.21	0.250	57.77	603826	坤彩科技	2019.04.26	0.120	56.16
603828	柯利达	2019.08.21	0.021	8.94	603829	洛凯股份	2019.07.12	0.113	18.08
603833	欧派家居	2019.06.14	0.750	315.14	603838	四通股份	2019.06.28	0.050	13.33
603839	安正时尚	2019.06.19	0.350	141.48	603843	正平股份	2019.07.12	0.030	12.00
603848	好太太	2019.06.20	0.250	100.25	603855	华荣股份	2019.05.30	0.200	66.21
603855	华荣股份	2019.12.03	0.200	66.21	603856	东宏股份	2019.05.10	0.181	46.41
603858	步长制药	2019.08.19	1.614	1430.55	603859	能科股份	2019.06.12	0.040	5.11
603860	中公高科	2019.05.21	0.144	9.57	603861	白云电器	2019.06.10	0.115	50.92
603866	桃李面包	2019.04.25	1.000	470.63	603867	新化股份	2019.09.27	0.250	35.00
603868	飞科电器	2019.05.07	1.500	653.40	603869	新智认知	2019.07.11	0.329	114.59
603871	嘉友国际	2019.06.05	0.500	56.00	603876	鼎胜新材	2019.07.15	0.100	43.00
603877	太平鸟	2019.05.31	1.000	480.76	603878	武进不锈	2019.06.19	0.600	122.68
603879	永悦科技	2019.06.06	0.070	10.08	603880	南卫股份	2019.05.14	0.160	20.80
603881	数据港	2019.04.29	0.070	14.74	603882	金域医学	2019.07.03	0.108	49.45
603883	老百姓	2019.07.22	0.500	143.28	603886	元祖股份	2019.06.27	0.660	158.40
603887	城地股份	2019.09.30	0.060	15.44	603888	新华网	2019.07.30	0.248	128.72
603889	新澳股份	2019.06.12	0.300	118.10	603890	春秋电子	2019.05.08	0.250	47.95
603895	天永智能	2019.06.25	0.060	6.48	603896	寿仙谷	2019.06.18	0.230	33.09
603897	长城科技	2019.06.04	0.150	26.76	603898	好莱客	2019.05.30	0.371	114.86
603899	晨光文具	2019.05.07	0.300	276.00	603900	莱绅通灵	2019.05.29	0.600	204.28
603901	永创智能	2019.07.09	0.055	24.17	603903	中持股份	2019.06.28	0.090	9.30
603906	龙蟠科技	2019.06.20	0.128	32.50	603908	牧高笛	2019.06.05	0.750	50.02

上市公司派发现金红利

Dividends in 2019

股票代码 Code	股票简称 Stock Name	发放日期 Date	每股红利（含税）（元） Dividend (Pre-Tax)	代发红利总额（百万元） Cash (M yuan)	股票代码 Code	股票简称 Stock Name	发放日期 Date	每股红利（含税）（元） Dividend (Pre-Tax)	代发红利总额（百万元） Cash (M yuan)
603909	合诚股份	2019. 06. 14	0. 135	13. 84	603912	佳力图	2019. 05. 14	0. 250	54. 25
603916	苏博特	2019. 05. 15	0. 240	74. 55	603917	合力科技	2019. 07. 18	0. 110	17. 25
603918	金桥信息	2019. 06. 12	0. 090	16. 15	603919	金徽酒	2019. 04. 19	0. 242	88. 09
603920	世运电路	2019. 06. 19	0. 440	180. 09	603922	金鸿顺	2019. 06. 06	0. 135	17. 28
603926	铁流股份	2019. 06. 18	0. 250	30. 86	603928	兴业股份	2019. 06. 03	0. 220	44. 35
603929	亚翔集成	2019. 06. 13	0. 250	53. 34	603933	睿能科技	2019. 06. 05	0. 300	43. 12
603936	博敏电子	2019. 06. 05	0. 100	22. 50	603937	丽岛新材	2019. 07. 09	0. 080	16. 71
603938	三孚股份	2019. 05. 17	0. 160	24. 03	603939	益丰药房	2019. 06. 06	0. 300	113. 04
603956	威派格	2019. 05. 28	0. 100	42. 60	603959	百利科技	2019. 05. 31	0. 096	30. 11
603960	克来机电	2019. 04. 25	0. 097	13. 11	603963	大理药业	2019. 06. 10	0. 077	10. 01
603966	法兰泰克	2019. 05. 31	0. 080	16. 88	603967	中创物流	2019. 09. 26	0. 375	100. 00
603968	醋化股份	2019. 06. 17	0. 500	102. 24	603969	银龙股份	2019. 05. 29	0. 100	84. 10
603970	中农立华	2019. 06. 18	0. 250	40. 00	603976	正川股份	2019. 06. 06	0. 080	12. 10
603977	国泰集团	2019. 05. 17	0. 100	39. 12	603979	金诚信	2019. 06. 20	0. 075	43. 76
603980	吉华集团	2019. 06. 13	0. 450	225. 00	603985	恒润股份	2019. 05. 20	0. 400	41. 60
603986	兆易创新	2019. 06. 03	0. 285	81. 19	603987	康德莱	2019. 05. 10	0. 150	66. 24
603988	中电电机	2019. 05. 22	0. 385	90. 55	603989	艾华集团	2019. 06. 20	0. 300	117. 00
603990	麦迪科技	2019. 05. 21	0. 210	16. 93	603991	至正股份	2019. 06. 20	0. 160	11. 93
603993	洛阳钼业	2019. 06. 28	0. 110	1943. 23	603997	继峰股份	2019. 05. 20	0. 312	199. 50
603998	方盛制药	2019. 06. 18	0. 030	13. 10	603999	读者传媒	2019. 06. 28	0. 023	13. 25
900901	云赛 B 股	2019. 07. 26	0. 060	17. 60	900902	市北 B 股	2019. 05. 16	0. 025	11. 65
900903	大众 B 股	2019. 07. 23	0. 120	96. 10	900905	老凤祥 B	2019. 08. 14	1. 100	226. 61
900908	氯碱 B 股	2019. 07. 08	0. 120	48. 79	900909	华谊 B 股	2019. 06. 20	0. 260	63. 21
900910	海立 B 股	2019. 07. 30	0. 150	42. 63	900911	金桥 B 股	2019. 07. 24	0. 300	81. 65
900912	外高 B 股	2019. 07. 19	0. 220	44. 12	900913	国新 B 股	2019. 07. 02	0. 020	2. 19
900914	锦投 B 股	2019. 07. 03	0. 250	40. 26	900915	中路 B 股	2019. 08. 08	0. 050	4. 17
900917	海欣 B 股	2019. 07. 29	0. 035	16. 41	900918	耀皮 B 股	2019. 06. 28	0. 030	5. 63
900920	上柴 B 股	2019. 07. 03	0. 047	16. 21	900922	三毛 B 股	2019. 07. 08	0. 017	0. 83
900923	百联 B 股	2019. 08. 01	0. 180	32. 35	900925	机电 B 股	2019. 06. 05	0. 440	95. 14
900926	宝信 B 股	2019. 06. 28	0. 382	87. 40	900928	临港 B 股	2019. 05. 16	0. 120	12. 86
900929	锦旅 B 股	2019. 07. 09	0. 240	31. 81	900932	陆家 B 股	2019. 05. 30	0. 499	457. 72
900933	华新 B 股	2019. 06. 03	1. 150	603. 52	900934	锦江 B 股	2019. 06. 11	0. 600	93. 60
900936	鄂资 B 股	2019. 07. 16	0. 150	63. 00	900940	大名城 B	2019. 06. 13	0. 020	3. 97
900941	东信 B 股	2019. 07. 18	0. 060	18. 00	900942	黄山 B 股	2019. 06. 26	0. 132	28. 52
900943	开开 B 股	2019. 07. 17	0. 045	3. 60	900947	振华 B 股	2019. 07. 16	0. 050	97. 32
900948	伊泰 B 股	2019. 06. 03	0. 500	1464. 00	900952	锦港 B 股	2019. 06. 18	0. 020	4. 46
900956	东贝 B 股	2019. 05. 13	0. 100	23. 50	900956	东贝 B 股	2019. 12. 04	0. 150	35. 25

上市公司送股
Bonus Shares in 2019

股票代码 Code	股票简称 Stock Name	股权登记日 Registration Date	除净日 Ex-Date	送股上市日 Bonus Share Listing	收盘价（元）Close Price (yuan)	除净价（元）Ex-Price (yuan)	送股比例 Bonus Share Ratio
600101	明星电力	2019.07.18	2019.07.19	2019.07.22	8.41	4.95	0.30
600103	青山纸业	2019.05.31	2019.06.03	2019.06.04	3.04	1.80	0.30
600106	重庆路桥	2019.06.13	2019.06.14	2019.06.17	3.64	2.96	0.10
600120	浙江东方	2019.06.11	2019.06.12	2019.06.13	17.43	10.25	0.30
600120	浙江东方	2019.10.16	2019.10.17	2019.10.18	12.02	6.14	0.40
600121	郑州煤电	2019.07.19	2019.07.22	2019.07.23	3.18	2.18	0.20
600161	天坛生物	2019.06.13	2019.06.14	2019.06.17	26.68	18.49	0.20
600167	联美控股	2019.05.28	2019.05.29	2019.05.30	12.22	7.14	0.30
600177	雅戈尔	2019.06.04	2019.06.05	2019.06.06	9.34	4.51	0.40
600195	中牧股份	2019.07.15	2019.07.16	2019.07.17	15.26	7.66	0.40
600236	桂冠电力	2019.07.09	2019.07.10	2019.07.11	6.10	3.46	0.30
600260	凯乐科技	2019.08.27	2019.08.28	2019.08.29	16.84	8.51	0.40
600266	城建发展	2019.06.14	2019.06.17	2019.06.18	9.90	6.71	0.20
600276	恒瑞医药	2019.03.27	2019.03.28	2019.03.29	74.36	51.48	0.20
600327	大东方	2019.05.29	2019.05.30	2019.05.31	4.86	3.23	0.20
600338	西藏珠峰	2019.06.17	2019.06.18	2019.06.19	25.89	13.19	0.40
600346	恒力石化	2019.06.26	2019.06.27	2019.06.28	16.85	8.51	0.40
600379	宝光股份	2019.07.17	2019.07.18	2019.07.19	8.44	4.27	0.40
600382	广东明珠	2019.06.11	2019.06.12	2019.06.13	10.71	6.30	0.30
600390	五矿资本	2019.09.25	2019.09.26	2019.09.27	9.30	6.33	0.20
600452	涪陵电力	2019.06.18	2019.06.19	2019.06.20	24.40	12.34	0.40
600468	百利电气	2019.06.27	2019.06.28	2019.07.01	6.19	3.20	0.40
600477	杭萧钢构	2019.06.10	2019.06.11	2019.06.12	3.97	2.69	0.20
600500	中化国际	2019.07.05	2019.07.08	2019.07.09	7.50	4.35	0.30
600516	方大炭素	2019.06.27	2019.06.28	2019.07.01	17.98	8.10	0.49
600529	山东药玻	2019.06.19	2019.06.20	2019.06.21	29.27	14.78	0.40
600547	山东黄金	2019.08.19	2019.08.20	2019.08.21	50.45	25.69	0.40
600559	老白干酒	2019.06.05	2019.06.06	2019.06.10	15.19	8.87	0.30
600570	恒生电子	2019.05.14	2019.05.15	2019.05.16	83.15	49.02	0.30
600588	用友网络	2019.05.06	2019.05.07	2019.05.08	28.41	16.66	0.30
600622	光大嘉宝	2019.06.17	2019.06.18	2019.06.19	6.48	3.74	0.30
600629	华建集团	2019.06.25	2019.06.26	2019.06.27	12.13	8.30	0.20
600663	陆家嘴	2019.05.29	2019.05.30	2019.05.31	17.84	12.04	0.20
600675	中华企业	2019.06.20	2019.06.21	2019.06.24	6.57	4.44	0.20
600681	百川能源	2019.04.24	2019.04.25	2019.04.26	13.78	6.83	0.40
600699	均胜电子	2019.07.26	2019.07.29	2019.07.30	21.83	11.39	0.40
600706	曲江文旅	2019.07.05	2019.07.08	2019.07.09	11.95	8.27	0.20
600717	天津港	2019.06.24	2019.06.25	2019.06.26	7.92	5.43	0.20
600750	江中药业	2019.06.11	2019.06.12	2019.06.13	16.25	10.18	0.25
600771	广誉远	2019.05.29	2019.05.30	2019.05.31	25.51	13.03	0.40
600789	鲁抗医药	2019.06.18	2019.06.19	2019.06.20	8.43	4.96	0.30
600801	华新水泥	2019.05.31	2019.06.03	2019.06.04	27.01	13.19	0.40
600810	神马股份	2019.07.17	2019.07.18	2019.07.19	12.71	7.25	0.30
600815	*ST厦工	2019.12.20	2019.12.23	2019.12.24	2.94	1.54	0.85
600845	宝信软件	2019.06.27	2019.06.28	2019.07.01	37.58	22.01	0.30
600853	龙建股份	2019.07.26	2019.07.29	2019.07.30	4.67	2.75	0.30
600903	贵州燃气	2019.05.28	2019.05.29	2019.05.30	18.45	9.38	0.40
600971	恒源煤电	2019.05.27	2019.05.28	2019.05.29	7.56	4.97	0.20
600987	航民股份	2019.05.16	2019.05.17	2019.05.20	10.50	4.86	0.45
601015	陕西黑猫	2019.05.08	2019.05.09	2019.05.10	5.61	3.29	0.30

上市公司送股
Bonus Shares in 2019

股票代码 Code	股票简称 Stock Name	股权登记日 Registration Date	除净日 Ex-Date	送股上市日 Bonus Share Listing	收盘价（元） Close Price (yuan)	除净价（元） Ex-Price (yuan)	送股比例 Bonus Share Ratio
601200	上海环境	2019. 04. 30	2019. 05. 06	2019. 05. 07	14. 77	8. 69	0. 30
601229	上海银行	2019. 07. 02	2019. 07. 03	2019. 07. 04	12. 26	6. 99	0. 30
601258	*ST 庞大	2019. 12. 27	2019. 12. 30	2019. 12. 31	1. 46	0. 91	0. 56
601515	东风股份	2019. 04. 22	2019. 04. 23	2019. 04. 24	13. 42	8. 98	0. 20
601689	拓普集团	2019. 07. 09	2019. 07. 10	2019. 07. 11	16. 01	7. 42	0. 45
601990	南京证券	2019. 07. 29	2019. 07. 30	2019. 07. 31	9. 89	6. 80	0. 20
601997	贵阳银行	2019. 06. 14	2019. 06. 17	2019. 06. 18	12. 93	6. 39	0. 40
603010	万盛股份	2019. 05. 27	2019. 05. 28	2019. 05. 29	17. 25	8. 72	0. 40
603018	中设集团	2019. 05. 16	2019. 05. 17	2019. 05. 20	19. 51	8. 74	0. 48
603019	中科曙光	2019. 04. 22	2019. 04. 23	2019. 04. 24	60. 15	30. 61	0. 40
603023	威帝股份	2019. 06. 12	2019. 06. 13	2019. 06. 14	5. 36	3. 65	0. 20
603027	千禾味业	2019. 05. 22	2019. 05. 23	2019. 05. 24	24. 96	12. 62	0. 40
603033	三维股份	2019. 05. 28	2019. 05. 29	2019. 05. 30	25. 24	12. 81	0. 40
603038	华立股份	2019. 05. 16	2019. 05. 17	2019. 05. 20	19. 98	10. 03	0. 40
603039	泛微网络	2019. 05. 16	2019. 05. 17	2019. 05. 20	98. 61	44. 95	0. 48
603045	福达合金	2019. 06. 04	2019. 06. 05	2019. 06. 06	26. 73	13. 58	0. 40
603055	台华新材	2019. 06. 10	2019. 06. 11	2019. 06. 12	11. 27	5. 65	0. 40
603059	倍加洁	2019. 06. 17	2019. 06. 18	2019. 06. 19	30. 01	19. 14	0. 25
603060	国检集团	2019. 06. 13	2019. 06. 14	2019. 06. 17	27. 83	14. 06	0. 40
603067	振华股份	2019. 05. 20	2019. 05. 21	2019. 05. 22	9. 11	4. 59	0. 40
603078	江化微	2019. 05. 14	2019. 05. 15	2019. 05. 16	28. 78	16. 94	0. 30
603083	剑桥科技	2019. 08. 21	2019. 08. 22	2019. 08. 23	32. 41	19. 07	0. 30
603088	宁波精达	2019. 06. 12	2019. 06. 13	2019. 06. 14	15. 05	7. 51	0. 40
603089	正裕工业	2019. 05. 23	2019. 05. 24	2019. 05. 27	21. 82	10. 23	0. 45
603101	汇嘉时代	2019. 05. 27	2019. 05. 28	2019. 05. 29	12. 57	6. 41	0. 40
603103	横店影视	2019. 06. 13	2019. 06. 14	2019. 06. 17	24. 32	12. 28	0. 40
603106	恒银金融	2019. 06. 19	2019. 06. 20	2019. 06. 21	12. 02	7. 08	0. 30
603121	华培动力	2019. 06. 24	2019. 06. 25	2019. 06. 26	23. 77	16. 42	0. 20
603127	昭衍新药	2019. 04. 09	2019. 04. 10	2019. 04. 11	68. 50	34. 79	0. 40
603131	上海沪工	2019. 06. 12	2019. 06. 13	2019. 06. 14	20. 26	10. 29	0. 40
603136	天目湖	2019. 04. 11	2019. 04. 12	2019. 04. 15	38. 52	17. 97	0. 45
603138	海量数据	2019. 07. 10	2019. 07. 11	2019. 07. 12	21. 01	10. 66	0. 40
603156	养元饮品	2019. 05. 08	2019. 05. 09	2019. 05. 10	54. 50	26. 28	0. 40
603159	上海亚虹	2019. 06. 20	2019. 06. 21	2019. 06. 24	21. 18	10. 73	0. 40
603181	皇马科技	2019. 05. 29	2019. 05. 30	2019. 05. 31	18. 98	9. 53	0. 40
603183	建研院	2019. 06. 04	2019. 06. 05	2019. 06. 06	15. 14	7. 67	0. 40
603185	上机数控	2019. 07. 09	2019. 07. 10	2019. 07. 11	39. 81	20. 23	0. 40
603187	海容冷链	2019. 05. 17	2019. 05. 20	2019. 05. 21	46. 37	23. 35	0. 40
603200	上海洗霸	2019. 05. 21	2019. 05. 22	2019. 05. 23	33. 55	18. 23	0. 35
603218	日月股份	2019. 05. 24	2019. 05. 27	2019. 05. 28	22. 73	13. 27	0. 30
603223	恒通股份	2019. 06. 12	2019. 06. 13	2019. 06. 14	10. 38	5. 27	0. 40
603225	新凤鸣	2019. 03. 27	2019. 03. 28	2019. 03. 29	20. 79	10. 51	0. 40
603226	菲林格尔	2019. 05. 08	2019. 05. 09	2019. 05. 10	25. 00	14. 62	0. 30
603228	景旺电子	2019. 05. 15	2019. 05. 16	2019. 05. 17	55. 77	28. 07	0. 40
603232	格尔软件	2019. 05. 29	2019. 05. 30	2019. 05. 31	35. 07	17. 25	0. 42
603233	大参林	2019. 05. 29	2019. 05. 30	2019. 05. 31	57. 56	33. 71	0. 30
603259	药明康德	2019. 07. 01	2019. 07. 02	2019. 07. 03	91. 10	46. 19	0. 40
603260	合盛硅业	2019. 07. 10	2019. 07. 11	2019. 07. 12	47. 54	23. 84	0. 40
603266	天龙股份	2019. 05. 28	2019. 05. 29	2019. 05. 30	15. 94	8. 08	0. 40
603278	大业股份	2019. 04. 15	2019. 04. 16	2019. 04. 17	18. 03	9. 21	0. 40

上市公司送股
Bonus Shares in 2019

股票代码 Code	股票简称 Stock Name	股权登记日 Registration Date	除净日 Ex-Date	送股上市日 Bonus Share Listing	收盘价（元）Close Price (yuan)	除净价（元）Ex-Price (yuan)	送股比例 Bonus Share Ratio
603297	永新光学	2019.06.04	2019.06.05	2019.06.06	45.50	26.63	0.30
603300	华铁应急	2019.10.14	2019.10.15	2019.10.16	9.88	5.04	0.40
603301	振德医疗	2019.05.23	2019.05.24	2019.05.27	31.56	15.92	0.40
603303	得邦照明	2019.05.27	2019.05.28	2019.05.29	11.43	7.83	0.20
603313	梦百合	2019.05.31	2019.06.03	2019.06.04	22.47	13.06	0.30
603319	湘油泵	2019.04.15	2019.04.16	2019.04.17	24.69	14.43	0.30
603322	超讯通信	2019.05.10	2019.05.13	2019.05.14	28.40	14.46	0.40
603323	苏农银行	2019.06.11	2019.06.12	2019.06.13	6.18	5.03	0.10
603330	上海天洋	2019.06.06	2019.06.10	2019.06.11	20.29	10.24	0.40
603335	迪生力	2019.04.19	2019.04.22	2019.04.23	7.23	4.27	0.30
603336	宏辉果蔬	2019.05.15	2019.05.16	2019.05.17	23.84	14.04	0.30
603337	杰克股份	2019.06.04	2019.06.05	2019.06.06	30.94	14.47	0.45
603338	浙江鼎力	2019.05.21	2019.05.22	2019.05.23	63.20	32.06	0.40
603351	威尔药业	2019.05.27	2019.05.28	2019.05.29	51.65	26.04	0.40
603357	设计总院	2019.05.17	2019.05.20	2019.05.21	19.00	9.49	0.40
603387	基蛋生物	2019.05.20	2019.05.21	2019.05.22	36.38	18.35	0.40
603388	元成股份	2019.06.20	2019.06.21	2019.06.24	11.74	5.94	0.40
603389	亚振家居	2019.06.03	2019.06.04	2019.06.05	9.57	6.65	0.20
603393	新天然气	2019.05.30	2019.05.31	2019.06.03	38.05	18.90	0.40
603396	金辰股份	2019.06.27	2019.06.28	2019.07.01	31.11	15.70	0.40
603398	邦宝益智	2019.07.12	2019.07.15	2019.07.16	15.30	7.81	0.40
603429	集友股份	2019.04.16	2019.04.17	2019.04.18	33.79	19.88	0.30
603458	勘设股份	2019.06.20	2019.06.21	2019.06.24	35.32	16.40	0.45
603486	科沃斯	2019.06.11	2019.06.12	2019.06.13	41.35	20.89	0.40
603496	恒为科技	2019.07.10	2019.07.11	2019.07.12	27.60	13.58	0.42
603499	翔港科技	2019.06.18	2019.06.19	2019.06.20	27.67	14.01	0.40
603506	南都物业	2019.06.28	2019.07.01	2019.07.02	24.36	14.24	0.30
603517	绝味食品	2019.05.31	2019.06.03	2019.06.04	48.59	24.48	0.40
603518	锦泓集团	2019.05.29	2019.05.30	2019.05.31	13.82	6.94	0.40
603520	司太立	2019.06.24	2019.06.25	2019.06.26	34.05	17.22	0.40
603568	伟明环保	2019.05.16	2019.05.17	2019.05.20	25.91	14.04	0.35
603580	艾艾精工	2019.07.23	2019.07.24	2019.07.25	18.27	9.26	0.40
603583	捷昌驱动	2019.05.27	2019.05.28	2019.05.29	54.26	25.33	0.45
603595	东尼电子	2019.05.06	2019.05.07	2019.05.08	32.44	16.51	0.40
603601	再升科技	2019.05.22	2019.05.23	2019.05.24	9.24	5.38	0.30
603602	纵横通信	2019.05.15	2019.05.16	2019.05.17	30.11	15.33	0.40
603606	东方电缆	2019.05.28	2019.05.29	2019.05.30	11.52	6.75	0.30
603617	君禾股份	2019.05.29	2019.05.30	2019.05.31	22.75	11.50	0.40
603633	徕木股份	2019.08.19	2019.08.20	2019.08.21	11.36	6.67	0.30
603638	艾迪精密	2019.04.19	2019.04.22	2019.04.23	33.99	15.43	0.48
603660	苏州科达	2019.06.05	2019.06.06	2019.06.10	19.95	10.13	0.40
603663	三祥新材	2019.05.24	2019.05.27	2019.05.28	17.64	8.92	0.40
603669	灵康药业	2019.06.05	2019.06.06	2019.06.10	11.37	5.57	0.40
603680	今创集团	2019.07.10	2019.07.11	2019.07.12	15.81	9.24	0.30
603685	晨丰科技	2019.05.29	2019.05.30	2019.05.31	17.50	10.21	0.30
603686	龙马环卫	2019.09.26	2019.09.27	2019.09.30	16.46	8.40	0.40
603696	安记食品	2019.05.16	2019.05.17	2019.05.20	17.08	8.41	0.40
603698	航天工程	2019.06.12	2019.06.13	2019.06.14	16.16	9.56	0.30
603701	德宏股份	2019.06.04	2019.06.05	2019.06.06	17.35	8.60	0.40
603707	健友股份	2019.07.09	2019.07.10	2019.07.11	35.39	20.85	0.30

上市公司送股
Bonus Shares in 2019

股票代码 Code	股票简称 Stock Name	股权登记日 Registration Date	除净日 Ex-Date	送股上市日 Bonus Share Listing	收盘价（元）Close Price (yuan)	除净价（元）Ex-Price (yuan)	送股比例 Bonus Share Ratio
603708	家家悦	2019.06.12	2019.06.13	2019.06.14	28.19	16.35	0.30
603721	中广天择	2019.06.05	2019.06.06	2019.06.10	20.20	11.88	0.30
603725	天安新材	2019.05.29	2019.05.30	2019.05.31	11.12	5.61	0.40
603726	朗迪集团	2019.06.19	2019.06.20	2019.06.21	18.90	9.36	0.40
603737	三棵树	2019.06.17	2019.06.18	2019.06.19	51.88	26.21	0.40
603757	大元泵业	2019.05.16	2019.05.17	2019.05.20	21.08	10.53	0.40
603776	永安行	2019.06.25	2019.06.26	2019.06.27	25.85	13.09	0.40
603779	ST 威龙	2019.10.11	2019.10.14	2019.10.15	12.64	6.01	0.45
603790	雅运股份	2019.05.28	2019.05.29	2019.05.30	24.37	14.25	0.30
603797	联泰环保	2019.05.29	2019.05.30	2019.05.31	13.60	6.89	0.40
603799	华友钴业	2019.06.11	2019.06.12	2019.06.13	28.03	16.52	0.30
603801	志邦家居	2019.05.20	2019.05.21	2019.05.22	28.67	14.19	0.40
603809	豪能股份	2019.05.24	2019.05.27	2019.05.28	15.90	7.86	0.40
603816	顾家家居	2019.05.31	2019.06.03	2019.06.04	44.39	22.14	0.40
603819	神力股份	2019.06.12	2019.06.13	2019.06.14	18.83	9.44	0.40
603828	柯利达	2019.08.20	2019.08.21	2019.08.22	8.64	5.10	0.30
603843	正平股份	2019.07.11	2019.07.12	2019.07.15	7.82	3.97	0.40
603858	步长制药	2019.08.16	2019.08.19	2019.08.20	27.06	15.22	0.30
603866	桃李面包	2019.04.24	2019.04.25	2019.04.26	54.50	27.29	0.40
603869	新智认知	2019.07.10	2019.07.11	2019.07.12	19.24	9.02	0.45
603871	嘉友国际	2019.06.04	2019.06.05	2019.06.06	41.38	20.86	0.40
603878	武进不锈	2019.06.18	2019.06.19	2019.06.20	16.08	7.90	0.40
603879	永悦科技	2019.06.05	2019.06.06	2019.06.10	11.41	5.83	0.40
603880	南卫股份	2019.05.13	2019.05.14	2019.05.15	12.78	7.47	0.30
603889	新澳股份	2019.06.11	2019.06.12	2019.06.13	9.60	5.50	0.30
603890	春秋电子	2019.05.07	2019.05.08	2019.05.09	13.41	6.71	0.40
603903	中持股份	2019.06.27	2019.06.28	2019.07.01	20.68	10.51	0.40
603906	龙蟠科技	2019.06.19	2019.06.20	2019.06.21	14.96	10.30	0.20
603909	合诚股份	2019.09.27	2019.09.30	2019.10.08	18.69	9.54	0.40
603918	金桥信息	2019.06.11	2019.06.12	2019.06.13	14.04	8.25	0.30
603926	铁流股份	2019.06.17	2019.06.18	2019.06.19	15.90	9.26	0.30
603933	睿能科技	2019.06.04	2019.06.05	2019.06.06	17.76	8.91	0.40
603936	博敏电子	2019.06.04	2019.06.05	2019.06.06	17.53	8.89	0.40
603959	百利科技	2019.05.30	2019.05.31	2019.06.03	19.40	9.85	0.40
603960	克来机电	2019.04.24	2019.04.25	2019.04.26	35.20	20.77	0.30
603963	大理药业	2019.06.06	2019.06.10	2019.06.11	12.62	7.42	0.30
603970	中农立华	2019.06.17	2019.06.18	2019.06.19	19.42	13.32	0.20
603980	吉华集团	2019.06.12	2019.06.13	2019.06.14	14.05	6.94	0.40
603985	恒润股份	2019.05.17	2019.05.20	2019.05.21	22.06	11.05	0.40
603990	麦迪科技	2019.05.20	2019.05.21	2019.05.22	39.53	20.06	0.40
900926	宝信 B 股	2019.07.02	2019.06.28	2019.07.04	1.88	1.80	0.30
900932	陆家 B 股	2019.06.03	2019.05.30	2019.06.05	1.15	1.16	0.20
900933	华新 B 股	2019.06.05	2019.06.03	2019.06.10	1.96	1.91	0.40

上市公司配股
Allotment in 2019

股票代码 Code	股票简称 Stock Name	股权登记日 Registration Date	除净日 Ex-Date	配股上市日 Right Issue Listing	收盘价（元） Close Price (yuan)	配股价（元） Right Issue Price (yuan)	除净价（元） Ex-Price (yuan)	配股比例 Right Issue Ratio
600113	浙江东日	2019.02.25	2019.03.06	2019.03.14	8.610	4.880	7.750	0.3000
600360	华微电子	2019.04.03	2019.04.15	2019.04.24	7.540	3.900	6.700	0.3000
600459	贵研铂业	2019.02.20	2019.03.01	2019.03.12	14.490	10.380	13.540	0.3000
600480	凌云股份	2019.06.11	2019.06.20	2019.07.03	8.850	8.740	8.820	0.3000
601012	隆基股份	2019.04.08	2019.04.17	2019.04.29	27.090	4.650	21.910	0.3000

五 会员公司

MEMBER COMPANIES

会员公司概貌

Member Companies Overview

会员公司 Member Companies	2019 年	2018 年	增减（%）Change（%）
会员公司数量（个）No. of Member Companies	117	117	0. 00
席位数量（个）No. of Seats	21975	20070	9. 49
A 股 A Share Seat	21788	19879	9. 60
B 股 B Share Seat	187	191	-2. 09
B 股证券商（个）B Share Brokers	101	101	0. 00
境内 Domestic	62	62	0. 00
境外 Overseas	39	39	0. 00
会员公司交易金额（亿元）Trading Val（100M yuan）	5669637. 52	5292497. 60	7. 13
股票 Share	1087688. 03	803930. 03	35. 30
主板 A 股 Main Board A	1060300. 00	803150. 54	32. 02
主板 B 股 Main Board B	760. 41	779. 50	-2. 45
科创板 Star Market	26627. 62	—	—
优先股 Preferred	781. 34	314. 23	148. 66
债券 Bond	128173. 70	102504. 28	25. 04
政府债 G-Bond	4767. 13	5104. 32	-6. 61
公司债 C-Bond	123406. 57	97399. 96	26. 70
基金 Fund	137179. 16	143302. 98	-4. 27
封闭式 Closed-end Fund	144. 37	173. 13	-16. 61
ETF	53688. 63	33173. 55	61. 84
LOF	585. 79	243. 62	140. 46
交易型货币基金 Exchange-traded Money Market Fund	82760. 37	109712. 62	-24. 57
期权 Option	6777. 57	3595. 33	88. 51
回购 Repo	4309037. 72	4238850. 82	1. 66

会员公司信息
List of Member Companies

会员公司 Company	地址 Address	法人代表 Representative	电话 Tel	传真 Fax	注册资本（百万元） Registed Capital
安信证券股份有限公司	深圳市福田区金田路4018号安联大厦35层	王连志	0755-82825568	82825566	3200.0
北京高华证券有限责任公司	北京市西城区金融大街7号北京英蓝国际金融中心十八层1801-1806,1826-1832室	章星	010-66273038	66273001	1072.0
渤海证券股份有限公司	天津市南开区宾水西道8号	安志勇	022-23839086	28451600	8037.2
财达证券股份有限公司	石家庄市桥西区自强路35号庄家金融大厦	翟建强	0311-66006222	66006200	2745.0
财富证券有限责任公司	长沙市芙蓉中路中路二段80号顺天国际财富中心26层	刘宛晨	0731-89955798	84403330	3965.0
财通证券股份有限公司	浙江省杭州市杭大路15号嘉华国际16、17层	陆建强	0571-87820011	87820011	3589.0
长城国瑞证券有限公司	厦门市莲前西路2号莲富大厦十七楼	王勇	010-68085907	2079228	3350.0
长城证券股份有限公司	深圳市福田区福田街道金田路2026号能源大厦南塔楼10-19层	曹宏	0755-83516806	83516244	3103.4
长江证券承销保荐有限公司	中国(上海)自由贸易试验区世纪大道1198号28层	王承军	021-61118880	61118973	100.0
长江证券股份有限公司	湖北省武汉市江汉区新华路特8号	李新华	027-65799888	85481900	5529.5
川财证券有限责任公司	中国(四川)自由贸易试验区成都市高新区交子大道177号中海国际中心B座17楼	孟建军	028-86583099	86583002	650.0
大通证券股份有限公司	大连市沙河口区会展路129号期货大厦38、39层	赵玺	0411-39673393	82826601	3300.0
大同证券有限责任公司	山西省太原市长治路111号山西世贸中心A座12、13层	董祥	0351-4192998	4192803	730.0
德邦证券股份有限公司	上海市福山路500号城建国际中心29楼	武晓春	021－68761616	68767880	3967.0
第一创业证券承销保荐有限责任公司	北京市西城区武定侯街6号卓著中心10层	王芳	010-63212001	66032671	400.0
第一创业证券股份有限公司	深圳市福田区福华一路115号投行大厦	刘学民	0755-23838686	25832833	3502.4
东北证券股份有限公司	长春市生态大街6666号	李福春	0431-85096886	85604083	2340.5
东方花旗证券有限公司	上海市黄浦区中山南路318号24层	马骥	021-63326178	63326175	800.0
东方证券股份有限公司	上海市中山南路119号、中山南路318号2号	潘鑫军	021-63325888	63327888	6993.7
东海证券股份有限公司	江苏常州延陵西路23号投资广场18、19号楼	陈耀庭	021-20333900	50585608	1670.0
东吴证券股份有限公司	苏州市工业园区星阳街5号	范力	0512-62938858	62938858	3000.0
东兴证券股份有限公司	北京市西城区金融大街5号新盛大厦B座12-15层	魏庆华	010-66555633	66555663	2004.0
东亚前海证券有限责任公司	深圳市福田区中心四路1号嘉里建设广场第一座第23层	田洪	0755-21376801	21376999	1500.0
东莞证券股份有限公司	广东省东莞市莞城区可园南路1号金源中心	陈照星	0769-22113878	22116999	1500.0
方正证券承销保荐有限责任公司	北京市朝阳区北四环中路27号盘古大观A座40-43层	陈琨	010-59355982	56437031	800.0
方正证券股份有限公司	长沙市天心区湘江中路二段36号华远华中心4、5号楼3701-3717	施华	010-57398299	57398299	8232.1
高盛高华证券有限责任公司	北京市西城区金融大街7号北京英蓝国际金融中心十八层1807-1819室	方风雷	010-65353288	65353300	800.0
光大证券股份有限公司	上海市静安区新闸路1508号	周健男	021-22169976	62151789	4610.8
广发证券股份有限公司	广州市天河区马场路26号广发证券大厦	孙树明	020-66336225	87553600	7621.1
广州证券股份有限公司	广州市天河区珠江西路5号广州国际金融中心主塔19层、20层	胡伏云	020-88836999	88836900	5360.5
国都证券股份有限公司	北京市东城区东直门南大街3号国华投资大厦9层、10层	王少华	010-84183399	84183311	5300.0
国海证券股份有限公司	广西桂林市辅星路1-3号	何春梅	0771-5896688	5530903	2310.4
国金证券股份有限公司	四川省成都市东城根上街95号	冉云	028-86690307	86690365	3024.4
国开证券股份有限公司	北京市西城区阜外大街29号	张宝荣	010-88300568	88300568	9500.0
国联证券股份有限公司	无锡市滨湖区太湖新城金融一街8号国联金融大厦7-9楼	姚志勇	0510-82833989	82833124	1902.4
国融证券股份有限公司	内蒙古自治区呼和浩特市武川县腾飞大道1号4楼	张智河	010-83991888	88086637	1782.5
国盛证券有限责任公司	南昌市红谷滩新区凤凰中大道1115号北京银行南昌分行营业大楼	徐丽峰	0791-86289667	86281441	4695.3
国泰君安证券股份有限公司	上海市静安区南京西路768号	杨德红	021-38676838	38670666	8713.9
国信证券股份有限公司	深圳市罗湖区红岭中路1012号国信证券大厦	何如	0755-82130639	82130570	8200.0
国元证券股份有限公司	合肥市梅山路18号国元证券	蔡咏	0551-62207888	62645709	3365.5
海通证券股份有限公司	上海市黄浦区广东路689号海通证券大厦	周杰	021-23219000	63411010	11501.7
恒泰长财证券有限责任公司	长春市长江路经济开发区长江路57号5层479段	张伟	010-56673839	56673839	200.0
恒泰证券股份有限公司	内蒙古自治区呼和浩特市新城区海拉尔东街满世尚都办公商业综合楼	庞介民	0471-4913858	4913858	2604.6
宏信证券有限责任公司	成都市人民南路二段十八号川信大厦10楼	吴玉明	028-86199160	86199079	500.0
红塔证券股份有限公司	昆明市北京路155号附1号红塔大厦7-11楼	李素明	0871-63577113	63577922	3633.4
华安证券股份有限公司	合肥市政务文化新区天鹅湖路198号	章宏韬	0551-65161601	65161600	3621.0
华宝证券有限责任公司	中国(上海)自由贸易试验区世纪大道100号57层	陈林	021-68778808	68778108	4000.0
华创证券有限责任公司	贵州省贵阳市中华北路216号华创大厦	陶永泽	0851-86856815	86856537	9225.9
华福证券有限责任公司	福州市五四路157号新天地大厦7-9层	黄金琳	0591-87855777	87841150	3300.0
华金证券股份有限公司	上海市浦东新区杨高南路759号30层	宋卫东	021-20655599	20655566	3450.0

会员公司信息
List of Member Companies

会员公司 Company	地址 Address	法人代表 Representative	电话 Tel	传真 Fax	注册资本（百万元）Registed Capital
爱建证券有限责任公司	上海市浦东新区世纪大道 1600 号 32 楼	祝健	021-68728958	68728958	1100.0
华林证券股份有限公司	深圳市福田区民田路 178 号华融大厦 6 楼	林立	0755-82707736	82707700	2700.0
华龙证券股份有限公司	甘肃省兰州市东岗西路 638 号	陈牧原	0931-8855909	8855909	6326.5
华融证券股份有限公司	北京市朝阳区朝阳门北大街 18 号 11-18 层	张海文	010-85556828	85556690	5840.7
华泰联合证券有限责任公司	深圳市福田区深南大道 4011 号香港中旅大厦 25 层	江禹	010-56839318	56839588	997.5
华泰证券股份有限公司	江苏省南京市江东中路 228 号	周易	025-83387066	83387337	8251.5
华西证券股份有限公司	四川省成都市高新区天府二街 198 号	杨炯洋	028-86150593	86150615	2625.0
华英证券有限责任公司	无锡市滨湖区金融一街 10 号无锡金融中心 5 层 03、04 及 05 部分	姚志勇	0510-82833989	85203300	800.0
华菁证券有限公司	上海市虹口区吴淞路 575 号 2501 室	刘威	021-60156768	60156733	3024.0
华鑫证券有限责任公司	深圳市福田区莲花街道福中社区深南大道 2008 号中国凤凰大厦 1 栋 20C-1 房	俞洋	0755-82083788	82083408	3270.0
汇丰前海证券有限责任公司	深圳市前海深港合作区前湾一路 63 号前海企业公馆 27 栋 A、B 单元	何善文	0755-88983188	88988080	1800.0
江海证券有限公司	黑龙江省哈尔滨市高新技术产业开发区创新三路 833 号 11 号楼江海证券	赵洪波	0451-51845001	82269290	6767.0
金通证券有限责任公司	浙江省杭州市滨江区东信大道 66 号 5 幢 D 座 A 区 3 层	李勇进	010-60836768	60836210	100.0
金元证券股份有限公司	深圳市深南大道 4001 号时代金融中心大厦 17 层	王作义	0755-83025618	83025511	3210.8
九州证券股份有限公司	北京市朝阳区安立路 30 号仰山公园东一门 2 号楼	魏先锋	010-57672002	57672020	3370.0
开源证券股份有限公司	西安市高新区锦业路 1 号都市之门 B 座 5 层	李刚	029-88365836	88365835	2754.7
联储证券有限责任公司	深圳市福田区福田街道岗厦社区深南大道南侧金地中心大厦 9 楼	吕春卫	021-80295666	61049870	2573.1
联讯证券股份有限公司	惠州市江北东江三路 55 号广播电视新闻中心西南面一楼大堂和三、四层	严亦斌	0752-2119388	2119369	3126.2
民生证券股份有限公司	北京市东城区建国门内大街 28 号民生金融中心 A 座 16—18 层	冯鹤年	010-85127766	85127766	9619.3
摩根大通证券（中国）有限公司	摩根大通	朴学谦	021-61066088	68901235	800.0
摩根士丹利华鑫证券有限责任公司	上海市浦东新区世纪大道 100 号上海环球金融中心 75 层	俞洋	021-20336008	20336040	1020.0
南京证券股份有限公司	江苏省南京市江东中路 389 号	步国旬	025-83366116	83367377	2749.0
平安证券股份有限公司	深圳市福田区福田街道益田路 5023 号平安金融中心 B 座第 22-25 层	何之江	0755-88675888	82400862	13800.0
瑞信方正证券有限责任公司	北京市西城区金融大街甲九号金融街中心南楼 15 层	高利	010-68584886	66538516	800.0
瑞银证券有限责任公司	北京市西城区金融大街 7 号英蓝国际金融中心 15 层	钱于军	021-38668866		1490.0
山西证券股份有限公司	太原市府西街 69 号山西国贸中心	侯巍	0351-8689699	8686918	2828.7
上海证券有限责任公司	上海市黄浦区四川中路 213 号 7 楼	李俊杰	021-53686888	53686100	2610.0
申港证券股份有限公司	上海浦东新区世纪大道 1589 号长泰国际金融大厦 16/22/23 楼	邵亚良	021-20639555	20639696	4315.0
申万宏源西部证券有限公司	新疆乌鲁木齐市高新区北京南路 358 号大成国际大厦 20 楼 2005 室	李琦	0991-2301633	2301927	4700.0
申万宏源证券承销保荐有限责任公司	新疆乌鲁木齐市高新区（新市区）北京南路 358 号大成国际大厦 20 楼 2004 室	薛军	010-88013606	88013607	1000.0
申万宏源证券有限公司	上海市徐汇区长乐路 989 号 45 层	杨玉成	010-33388058	54046088	47000.0
世纪证券有限责任公司	深圳市深南大道 7088 号招商银行大厦 40 层	李强	0755-83199599	83199502	1584.3
首创证券有限责任公司	北京市西城区德胜门外大街 115 号德胜尚城 E 座	毕劲松	010-59366166	59366298	650.0
太平洋证券股份有限公司	云南省昆明市北京路 926 号同德广场写字楼 31 楼	李长伟	0871-68885858	68898100	6816.3
天风证券股份有限公司	武汉市武昌区中南路 99 号武汉保利广场 37 楼	余磊	027-87618881	87618863	5180.0
万和证券股份有限公司	深圳市福田区深南大道 7028 号时代科技大厦 20 层西厅	冯周让	0755-82724057	25171762	2273.0
万联证券股份有限公司	广州市天河区珠江东路 11 号 18、19 楼全层	罗钦城	020-38286208	38286588	4680.0
网信证券有限责任公司	沈阳市沈河区热闹路 49 号	王媖	024-22939909	22958441	500.0
五矿证券有限公司	深圳市金田路 4028 号荣超经贸中心 A 座 47 层	黄海洲	0755-82545668	82545500	7291.7
西部证券股份有限公司	陕西省西安市新城区东新街 319 号 8 幢 10000 室	徐朝晖	029-87211098	87406259	3501.8
西藏东方财富证券股份有限公司	上海市徐汇区宛平南路 88 号金座 9-18 楼	徐伟琴	021-23586555	23586789	6600.0
西南证券股份有限公司	重庆市江北区桥北苑 8 号西南证券大厦	廖庆轩	023-67663772	63786001	564.5
湘财证券股份有限公司	中国湖南省长沙市天心区湘府中路 198 号新南城商务中心 A 栋 11 楼	孙永祥	021-68865322	68865938	3683.1
新时代证券股份有限公司	北京市海淀区北三环西路 99 号院 1 号楼 15 层 1501	叶顺德	010-83561085	83561085	2910.0
信达证券股份有限公司	北京市西城区闹市口大街 9 号院 1 号楼信达金融中心	肖林	010-63081018	63080918	2568.7
兴业证券股份有限公司	福建省福州市湖东路 268 号证券大厦	杨华辉	021-38565937	338565888	6696.7
野村东方国际证券有限公司	上海市黄浦区淮海中路 381 号中环广场 10 楼	孙冬青	021-66199128	66199220	2000.0
银泰证券有限责任公司	广东省深圳市福田区竹子林四路紫竹七道 18 号	黄冰	0755-83710058	83708126	1400.0
英大证券有限责任公司	深圳市福田区深南中路华能大厦三十、三十一层	郝京春	0755-83007066	83007040	2700.0

会员公司信息
List of Member Companies

会员公司 Company	地址 Address	法人代表 Representative	电话 Tel	传真 Fax	注册资本（百万元） Registed Capital
招商证券股份有限公司	广东省深圳市福田区福田街道福华一路 111 号	霍达	0755-83081199	82943100	6699.4
浙商证券股份有限公司	浙江省杭州市江干区五星路 201 号	吴承根	0571-87902963	87901370	3333.3
中德证券有限责任公司	北京市朝阳区建国路 81 号华贸中心德意志大厦 22 层	侯巍	010-59026668	59026670	1000.0
中国国际金融股份有限公司	中国北京建国门外大街 1 号国贸大厦 2 座 28 层	沈如军	01065051166	65058120	2306.7
中国银河证券股份有限公司	北京市西城区金融大街 35 号 2-6 层	陈共炎	—	66568532	10137.3
中国证券金融股份有限公司	北京市西城区丰盛胡同 28 号太平洋保险大厦 6 层	聂庆平	010-63211658	63211601	100000.0
中国中金财富证券有限公司	深圳市福田区益田路与福中路交界处荣超商务中心 A 栋第 18-21 层及第 04 层	高涛	0755-82026666	82026976	5000.0
中航证券有限公司	江西省南昌市红谷滩新区红谷中大道 1619 号南昌国际金融大厦 A 栋 41 层	王晓峰	010-59562677	59562677	3633.6
中山证券有限责任公司	深圳市南山区粤海街道蔚蓝海岸社区创业路 1777 号海信南方大厦 21 层、22 层	林炳城	0755-23982506	82940511	1700.0
中泰证券股份有限公司	山东省济南市市中区经七路 86 号	李玮	0531-68889988	68889889	6271.8
中天国富证券有限公司	贵州省贵阳市观山湖区长岭北路中天会展城 B 区金融商务区集中商业（北）	余维佳	0851-82214277	82238429	3280.2
中天证券股份有限公司	沈阳市和平区光荣街 23 甲	马功勋	024-23253627	23255606	1350.0
中信建投证券股份有限公司	北京市东城区朝内大街 188 号	王常青	010-85130505	65186399	7646.4
中信证券（山东）有限责任公司	青岛市市南区东海西路 28 号	姜晓林	0532-85022309	85022301	2500.0
中信证券股份有限公司	北京市朝阳区亮马桥路 48 号中信证券大厦（100026）深圳市福田区中心三路 8 号中信证券大厦（518048）	张佑君	010-60838936	60836031	11116.9
中银国际证券股份有限公司	上海市浦东新区银城中路 200 号中银大厦 39 楼	宁敏	010-66229096	66578955	2500.0
中邮证券有限责任公司	北京市东城区珠市口大街 17 号一层东侧	丁奇文	010-67017788-8001	—	2060.0
中原证券股份有限公司	河南省郑州市郑东新区商务外环路 10 号	菅明军	0371－65585698	65585118	3923.7

B 股券商

B Share Brokers

公司名称 Company	公司地址 Address
申万宏源证券有限公司	上海市徐汇区长乐路989号45层
海通证券股份有限公司	上海市黄浦区广东路689号海通证券大厦
华泰证券股份有限公司	江苏省南京市江东中路228号
国泰君安证券股份有限公司	上海市静安区南京西路768号
中国银河证券有限责任公司	北京市西城区金融大街35号国际企业大厦C座
广发证券股份有限公司	广州市天河区马场路26号广发证券大厦
中信证券股份有限公司	北京市朝阳区亮马桥路48号中信证券大厦(100026)深圳市福田区中心三路8号中信证券大厦(518048)
招商证券股份有限公司	广东省深圳市福田区福田街道福华一路111号
国信证券股份有限公司	深圳市罗湖区红岭中路1012号国信证券大厦
东方证券股份有限公司	上海市中山南路119号、中山南路318号2号
上海证券有限责任公司	上海市黄浦区四川中路213号7楼
中信建投证券股份有限公司	北京市东城区朝内大街188号
光大证券股份有限公司	上海市静安区新闸路1508号
中国中金财富证券有限公司	深圳市福田区益田路与福中路交界处荣超商务中心A栋第18－21层及第04层
方正证券股份有限公司	长沙市天心区湘江中路二段36号华远华中心4、5号楼3701－3717
中银国际证券股份有限公司	上海市浦东新区银城中路200号中银大厦39楼
长江证券股份有限公司	湖北省武汉市江汉区新华路特8号
中国国际金融股份有限公司	中国北京建国门外大街1号国贸大厦2座28层
华鑫证券有限责任公司	深圳市福田区莲花街道福中社区深南大道2008号中国凤凰大厦1栋20C－1房
湘财证券股份有限公司	中国湖南省长沙市天心区湘府中路198号新南城商务中心A栋11楼
中泰证券股份有限公司	山东省济南市市中区经七路86号
兴业证券股份有限公司	福建省福州市湖东路268号证券大厦
国元证券股份有限公司	合肥市梅山路18号国元证券
华安证券股份有限公司	合肥市政务文化新区天鹅湖路198号
渤海证券股份有限公司	天津市南开区宾水西道8号
东吴证券股份有限公司	苏州市工业园区星阳街5号
申万宏源西部证券有限公司	新疆乌鲁木齐市高新区北京南路358号大成国际大厦20楼2005室
平安证券股份有限公司	深圳市福田区福田街道益田路5023号平安金融中心B座第22－25层
里昂证券有限公司(Credit Lyonnais)	香港金钟道88号太古广场1期18楼
国联证券股份有限公司	无锡市滨湖区太湖新城金融一街8号国联金融大厦7－9楼
长城证券股份有限公司	深圳市福田区福田街道金田路2026号能源大厦南塔楼10－19层
中信证券(山东)有限责任公司	青岛市市南区东海西路28号
东北证券股份有限公司	长春市生态大街6666号
华西证券股份有限公司	四川省成都市高新区天府二街198号
南京证券股份有限公司	江苏省南京市江东中路389号
山西证券股份有限公司	太原市府西街69号山西国贸中心
恒泰证券股份有限公司	内蒙古自治区呼和浩特市新城区海拉尔东街满世尚都办公商业综合楼
西南证券股份有限公司	重庆市江北区桥北苑8号西南证券大厦
新鸿基投资服务有限公司(Sun Hung Kai)	香港铜锣湾希慎道33号利园一期28楼
方正证券承销保荐有限责任公司	北京市朝阳区北四环中路27号盘古大观A座40－43层
国海证券股份有限公司	广西桂林市辅星路1－3号
民生证券股份有限公司	北京市东城区建国门内大街28号民生金融中心A座16－18层
德邦证券股份有限公司	上海市福山路500号城建国际中心29楼
汇富金融服务有限公司	香港
西部证券股份有限公司	陕西省西安市新城区东新街319号8幢10000室
万联证券股份有限公司	广州市天河区珠江东路11号18、19楼全层
首创证券有限责任公司	北京市西城区德胜门外大街115号德胜尚城E座
广州证券股份有限公司	广州市天河区珠江西路5号广州国际金融中心主塔19层、20层
华林证券股份有限公司	深圳市福田区民田路178号华融大厦6楼
华龙证券股份有限公司	甘肃省兰州市东岗西路638号

B股券商
B Share Brokers

公司名称 Company	公司地址 Address
大通证券股份有限公司	大连市沙河口区会展路129号期货大厦38、39层
财富证券有限责任公司	长沙市芙蓉中路中路二段80号顺天国际财富中心26层
第一创业证券股份有限公司	深圳市福田区福华一路115号投行大厦
红塔证券股份有限公司	昆明市北京路155号附1号红塔大厦7－11楼
东莞证券股份有限公司	广东省东莞市莞城区可园南路1号金源中心
国盛证券有限责任公司	南昌市红谷滩新区凤凰中大道1115号北京银行南昌分行营业大楼
世纪证券有限责任公司	深圳市深南大道7088号招商银行大厦40层
华创证券有限责任公司	贵州省贵阳市中华北路216号华创大厦
英大证券有限责任公司	深圳市福田区深南中路华能大厦三十、三十一层
西藏东方财富证券股份有限公司	上海市徐汇区宛平南路88号金座9－18楼
华金证券股份有限公司	上海市浦东新区杨高南路759号30层
华宝证券有限责任公司	中国(上海)自由贸易试验区世纪大道100号57层
凯基证券亚洲有限公司	上海仙霞路317号2502室
大华继显(香港)有限公司	香港中环皇后大道中29号怡安华人行15楼
群益证券(香港)有限公司	上海浦东南路360号新上海国际大厦18楼
万和证券股份有限公司	深圳市福田区深南大道7028号时代科技大厦20层西厅
京华山一国际(香港)有限公司	香港中环大道中183号新纪元广场中远大厦36楼
华泰联合证券有限责任公司	深圳市福田区深南大道4011号香港中旅大厦25层

交易地区分布
Regional Distribution by Turnover Ranking

地区 Area	营业部（个） Number	排名 Rank	交易金额（百亿元）Trading Val（10B yuan）							
			总计 Total	股票 Stock	优先股 Preferred	政府债 G-Bond	公司债 C-Bond	基金 Fund	期权 Option	回购 Repo
上海	839	1	14583. 24	1605. 46	5. 08	11. 68	216. 00	314. 56	6. 68	12423. 74
广东	1569	2	10646. 78	1786. 41	0. 62	7. 41	235. 43	171. 50	8. 16	8437. 19
北京	585	3	7836. 74	822. 37	1. 77	13. 64	247. 53	213. 03	6. 63	6531. 74
江苏	1012	4	4563. 03	945. 43	0. 11	1. 87	50. 35	124. 75	7. 89	3432. 62
浙江	1088	5	2694. 09	1180. 00	0. 00	0. 49	36. 50	102. 03	2. 21	1372. 84
福建	541	6	2075. 07	500. 25	0. 10	1. 74	30. 07	77. 18	2. 18	1463. 52
四川	468	7	1695. 38	370. 43	0. 10	2. 14	21. 40	33. 06	0. 93	1267. 31
湖北	420	8	1532. 13	319. 93	0. 00	0. 83	41. 29	41. 35	0. 68	1128. 02
山东	658	9	1518. 25	392. 11	0. 03	0. 39	18. 41	57. 22	5. 49	1044. 60
黑龙江	184	10	729. 35	100. 48	0. 00	0. 34	16. 96	30. 16	4. 27	577. 14
江西	348	11	707. 97	181. 95	0. 00	0. 46	11. 24	13. 25	0. 43	500. 64
湖南	424	12	680. 85	235. 14	0. 00	0. 71	12. 40	42. 99	0. 97	388. 61
陕西	292	13	614. 97	147. 39	0. 00	1. 11	5. 11	11. 91	0. 51	448. 95
辽宁	388	14	590. 82	193. 33	0. 00	0. 35	6. 28	12. 07	0. 46	378. 33
安徽	346	15	512. 58	198. 52	0. 00	0. 30	6. 15	9. 16	0. 33	298. 10
山西	217	16	426. 39	82. 00	0. 00	1. 91	178. 74	5. 48	0. 21	158. 05
天津	183	17	418. 78	118. 13	0. 00	0. 13	5. 05	19. 89	0. 82	274. 76
河南	407	18	416. 34	217. 39	0. 00	0. 06	2. 80	22. 90	0. 53	172. 66
重庆	231	19	392. 25	139. 46	0. 00	0. 16	5. 49	11. 07	0. 36	235. 70
河北	280	20	379. 81	126. 88	0. 00	0. 04	2. 77	7. 59	0. 51	242. 03
广西	209	21	341. 94	96. 41	0. 00	0. 21	4. 20	10. 03	0. 29	230. 79
云南	176	22	310. 76	70. 12	0. 00	0. 24	16. 41	4. 31	1. 44	218. 20
西藏	26	23	282. 85	233. 00	0. 00	0. 04	2. 13	10. 52	0. 16	37. 01
吉林	160	24	247. 63	72. 41	0. 00	0. 18	7. 72	9. 87	0. 47	156. 99
内蒙	123	25	237. 49	37. 59	0. 00	0. 23	11. 57	2. 41	0. 20	185. 50
贵州	126	26	130. 15	28. 03	0. 00	0. 69	38. 20	5. 93	0. 03	57. 27
海南	80	27	119. 57	35. 99	0. 00	0. 22	1. 58	3. 53	0. 09	78. 16
新疆	123	28	95. 10	47. 93	0. 00	0. 01	0. 15	1. 23	0. 03	45. 74
甘肃	113	29	71. 06	33. 71	0. 00	0. 02	0. 53	0. 93	0. 06	35. 81
宁夏	56	30	62. 37	45. 73	0. 00	0. 00	0. 24	1. 05	0. 07	15. 26
青海	31	31	20. 23	6. 09	0. 00	0. 00	0. 45	0. 33	0. 02	13. 34

六 投资者

SHAREHOLDER

股票投资者历年开户累计
Shareholder's Accounts

投资者历年开户
Historical Data of Shareholder's Accounts

年份 Year	开户总数 Total Account			A 股开户总数 A Share Account		B 股开户总数 B Share Account		信用交易开户总数 Credit Account		
	总数 Total	自然人 Individual	机构 Institution	自然人 Individual	机构 Institution	自然人 Individual	机构 Institution	总数 Total	自然人 Individual	机构 Institution
1992	111.2	110.5	0.7	110.2	0.7	0.0	0.0	—	—	—
1993	423.5	421.9	1.6	421.1	1.4	0.8	0.2	—	—	—
1994	574.9	572.6	2.3	571.0	2.0	1.6	0.3	—	—	—
1995	685.2	682.3	2.9	680.0	2.5	2.3	0.4	—	—	—
1996	1207.9	1204.1	3.8	1200.0	3.3	4.1	0.5	—	—	—
1997	1713.3	1708.1	5.2	1702.2	4.6	5.9	0.6	—	—	—
1998	1999.4	1993.1	6.3	1986.1	5.6	7.1	0.7	—	—	—
1999	2281.1	2272.8	8.3	2264.7	7.6	8.1	0.8	—	—	—
2000	2957.8	2944.9	13.0	2931.2	12.1	13.7	0.8	—	—	—
2001	3419.8	3403.1	16.8	3311.1	15.9	92.0	0.9	—	—	—
2002	3556.0	3536.9	19.1	3441.4	18.1	95.5	1	—	—	—
2003	3632.1	3612.1	20.0	3515.1	19.0	97.1	1.0	—	—	—
2004	3703.1	3682.4	20.7	3584.2	19.5	98.2	1.1	—	—	—
2005	3747.9	3726.6	21.3	3628.0	20.1	98.6	1.2	—	—	—
2006	3901.5	3878.8	22.8	3778.5	21.4	100.3	1.3	—	—	—
2007	5817.0	5788.2	28.8	5645.9	27.3	142.4	1.5	—	—	—
2008	6542.6	6510.9	31.7	6365.4	30.1	145.5	1.6	—	—	—
2009	7405.4	7370.3	35.1	7221.6	33.4	148.6	1.7	—	—	—
2010	8154.2	8116.5	37.8	7965.5	36.0	151.0	1.8	2.1	2.1	0.0
2011	8705.0	8664.9	40.1	8512.7	38.1	152.2	2.0	17.4	17.3	0.0
2012	8996.4	8954.9	41.5	8802.1	39.5	152.8	2.1	49.4	49.2	0.2
2013	9253.4	9210.1	43.3	9056.5	41.2	153.6	2.2	132.6	132.2	0.3
2014	9737.5	9691.5	46.1	9536.9	43.8	154.5	2.3	292.2	291.7	0.5
2015	13751.3	13698.9	52.4	13536.3	50.0	162.6	2.4	394.0	393.2	0.6
2016	16994.8	16936.5	58.3	16772.5	55.9	164.1	2.5	421.5	420.5	0.6
2017	19500.1	19435.8	64.3	19270.9	61.8	165.0	2.5	452.1	450.7	0.7
2018	21447.9	21379.0	68.8	21213.7	66.2	165.4	2.6	469.0	467.3	1.7
2019	23600.3	23524.8	75.5	23359.0	72.9	165.8	2.6	506.6	504.3	2.2

注：开户单位为万户。

股票投资者历年新开户 New Shareholder's Accounts

年份 Year	开户总数 Total Account			A 股开户总数 A Share Account		B 股开户总数 B Share Account		信用交易开户总数 Credit Account		
	总数 Total	自然人 Individual	机构 Institution	自然人 Individual	机构 Institution	自然人 Individual	机构 Institution	总数 Total	自然人 Individual	机构 Institution
1992	100. 2	99. 5	0. 7	99. 5	0. 7	0. 0	0. 0	—	—	—
1993	312. 3	311. 4	0. 9	310. 6	0. 7	0. 8	0. 0	—	—	—
1994	151. 4	150. 7	0. 7	149. 9	0. 6	0. 7	0. 2	—	—	—
1995	110. 3	109. 8	0. 6	109. 0	0. 5	0. 8	0. 1	—	—	—
1996	522. 7	521. 8	0. 9	520. 0	0. 8	1. 8	0. 1	—	—	—
1997	502. 8	501. 4	2. 2	499. 6	2. 0	1. 8	0. 1	—	—	—
1998	286. 1	285. 1	1. 0	283. 9	1. 0	1. 2	0. 2	—	—	—
1999	281. 7	279. 7	2. 1	278. 6	2. 0	1. 0	0. 1	—	—	—
2000	676. 7	672. 1	4. 6	666. 5	4. 6	5. 6	0. 1	—	—	—
2001	462. 0	458. 2	3. 8	379. 9	3. 8	78. 3	0. 1	—	—	—
2002	136. 1	133. 8	2. 3	130. 4	2. 2	3. 5	0. 0	—	—	—
2003	76. 1	75. 2	0. 9	73. 6	0. 9	1. 6	0. 0	—	—	—
2004	71. 0	70. 3	0. 7	69. 1	0. 6	1. 2	0. 1	—	—	—
2005	44. 8	44. 2	0. 6	43. 8	0. 5	0. 4	0. 1	—	—	—
2006	153. 6	152. 1	1. 5	150. 5	1. 4	1. 6	0. 1	—	—	—
2007	1915. 5	1909. 5	6. 0	1867. 4	5. 9	42. 1	0. 1	—	—	—
2008	725. 6	722. 7	2. 9	719. 5	2. 8	3. 2	0. 1	—	—	—
2009	862. 8	859. 3	3. 4	856. 2	3. 4	3. 1	0. 1	—	—	—
2010	748. 9	746. 2	2. 7	743. 9	2. 6	2. 3	0. 1	2. 1	2. 1	0. 0
2011	550. 8	548. 5	2. 3	547. 2	2. 2	1. 3	0. 1	15. 5	15. 4	0. 0
2012	291. 4	290. 0	1. 4	289. 4	1. 3	0. 6	0. 1	32. 4	32. 3	0. 1
2013	257. 0	255. 3	1. 8	254. 4	1. 7	0. 8	0. 1	84. 9	84. 7	0. 2
2014	484. 1	481. 3	2. 8	480. 4	2. 6	0. 9	0. 1	163. 2	163. 0	0. 2
2015	4013. 8	4007. 5	6. 3	3999. 4	6. 2	8. 1	0. 1	107. 4	107. 1	0. 2
2016	3243. 5	3237. 6	6. 0	3236. 1	5. 9	1. 4	0. 1	32. 5	32. 2	0. 1
2017	2505. 3	2499. 3	6. 0	2498. 4	5. 9	0. 9	0. 1	35. 8	35. 3	0. 1
2018	1947. 8	1943. 2	4. 5	1942. 8	4. 5	0. 4	0. 1	21. 5	20. 9	0. 6
2019	2152. 4	2145. 7	6. 7	2145. 3	6. 6	0. 4	0. 1	44. 4	43. 6	0. 8

注：开户单位为万户。

年末各类投资者持股情况
Share Hold of Investors by 2019

	持股市值（亿元） Hold Value（100M yuan）	占比（%） Ratio（%）	持股账户数（万户） Hold Account （10 Thousand）	占比（%） Ratio（%）
自然人投资者	61856	20. 59	3856. 96	99. 76
其中：10 万元以下	3280	1. 09	2197. 98	56. 85
10 万～50 万元	9467	3. 15	1102. 65	28. 52
50 万～100 万元	6893	2. 29	288. 24	7. 46
100 万～300 万元	10202	3. 40	193. 00	4. 99
300 万～1000 万元	8824	2. 94	57. 70	1. 49
1000 万元以上	23189	7. 72	17. 38	0. 45
一般法人	182968	60. 89	4. 07	0. 11
沪股通	8374	2. 79	0. 00	0. 00
专业机构	47283	15. 74	5. 28	0. 14
其中：投资基金	12328	4. 10	0. 37	0. 01

投资者开户逐月信息
Monthly New Accounts in 2019

日期 Date	总数 Total	A 股 A Share	B 股 B Share	基金 Fund
2019. 01	264. 48	164. 04	0. 04	100. 41
2019. 02	255. 46	164. 95	0. 04	90. 47
2019. 03	500. 84	337. 96	0. 06	162. 82
2019. 04	368. 36	246. 08	0. 06	122. 21
2019. 05	207. 54	180. 59	0. 03	26. 91
2019. 06	172. 35	165. 36	0. 02	6. 97
2019. 07	174. 79	168. 27	0. 03	6. 49
2019. 08	158. 93	153. 27	0. 03	5. 64
2019. 09	159. 45	153. 68	0. 03	5. 74
2019. 10	130. 07	124. 86	0. 02	5. 18
2019. 11	144. 78	138. 79	0. 03	5. 97
2019. 12	160. 67	154. 12	0. 05	6. 50
2019 年合计	2697. 73	2151. 97	0. 43	545. 33
累计总户数	24398. 47	23431. 88	168. 39	798. 20

注：开户单位为万户。

年末分行业持股信息
Hold Distribution by 2019

行业代码 Industry Code	行业名称 Industry Name	自然人 Individual		专业机构 Institution		一般法人 Corporation	
		持股市值	比例（%）	持股市值	比例（%）	持股市值	比例（%）
A	农、林、牧、渔业	347.06	43.23	14.76	1.84	440.93	54.93
B	采矿业	2991.43	11.06	1862.89	6.89	22190.09	82.05
C	制造业	38657.76	30.03	16172.15	12.56	73914.87	57.41
D	电力、热力、燃气及水生产和供应业	2111.30	15.15	1549.19	11.12	10270.95	73.72
E	建筑业	2426.63	23.90	1186.20	11.68	6541.55	64.42
F	批发和零售业	2926.68	36.34	757.64	9.41	4370.11	54.26
G	交通运输、仓储和邮政业	2433.68	16.25	1544.82	10.31	11000.61	73.44
H	住宿和餐饮业	58.97	12.23	88.91	18.44	334.35	69.34
I	信息传输、软件和信息技术服务业	4761.00	34.20	1085.30	7.80	8075.60	58.01
J	金融业	11500.20	9.95	13433.31	11.63	90595.74	78.42
K	房地产业	2898.91	25.22	1265.93	11.01	7330.09	63.77
L	租赁和商务服务业	529.84	17.87	669.12	22.57	1765.61	59.56
M	科学研究和技术服务业	602.58	26.15	354.18	15.37	1347.84	58.48
N	水利、环境和公共设施管理业	417.69	41.01	59.01	5.79	541.81	53.20
P	教育	81.58	43.94	10.00	5.39	94.09	50.67
Q	卫生和社会工作	172.28	28.69	158.12	26.33	270.08	44.98
R	文化、体育和娱乐业	546.11	22.65	262.18	10.87	1603.33	66.48
S	综合	482.17	38.28	38.75	3.08	738.74	58.65

注：持股市值单位为亿元。

年末个股股东持股情况

Distribution of Shareholders by 2019

证券代码 Code	证券简称 Security Name	合计持股数 Total Hold	自然人 Individual		一般法人 Corporation		专业机构 Institution	
			持有股数	比例（%）	持有股数	比例（%）	持有股数	比例（%）
600000	浦发银行	2935208.04	215283.16	7.33	2450033.50	83.47	269891.38	9.19
600004	白云机场	206932.05	22653.27	10.95	129309.30	62.49	54969.48	26.56
600006	东风汽车	200000.00	67633.70	33.82	126480.62	63.24	5885.68	2.94
600007	中国国贸	100728.25	12202.61	12.11	82694.80	82.10	5830.84	5.79
600008	首创股份	568544.82	174152.28	30.63	353590.05	62.19	40802.49	7.18
600009	上海机场	192695.84	10822.40	5.62	118387.20	61.44	63486.25	32.95
600010	包钢股份	4558503.26	1240610.66	27.22	3060351.86	67.14	257540.74	5.65
600011	华能国际	1099770.99	59580.04	5.42	928117.89	84.39	112073.06	10.19
600012	皖通高速	116560.00	18532.12	15.90	94057.78	80.69	3970.09	3.41
600015	华夏银行	1538722.40	162321.84	10.55	1297975.07	84.35	78425.48	5.10
600016	民生银行	3546212.32	499734.09	14.09	2675949.75	75.46	370528.49	10.45
600017	日照港	307565.39	121008.25	39.34	176006.57	57.23	10550.56	3.43
600018	上港集团	2317367.47	135676.24	5.85	2060998.60	88.94	120692.62	5.21
600019	宝钢股份	2227446.04	285230.78	12.81	1350159.31	60.61	592055.95	26.58
600020	中原高速	224737.18	80812.13	35.96	138445.73	61.60	5479.32	2.44
600021	上海电力	261716.42	40602.84	15.51	197647.06	75.52	23466.52	8.97
600022	山东钢铁	1094654.96	482102.70	44.04	592511.45	54.13	20040.82	1.83
600023	浙能电力	1360069.00	142825.82	10.50	916621.94	67.40	300621.24	22.10
600025	华能水电	1800000.00	108452.83	6.03	1635723.88	90.87	55823.28	3.10
600026	中远海能	273603.29	62884.95	22.98	180294.46	65.90	30423.88	11.12
600027	华电国际	814574.31	94416.24	11.59	624850.46	76.71	95307.60	11.70
600028	中国石化	9555777.10	368452.93	3.86	8652338.12	90.55	534986.05	5.60
600029	南方航空	860072.31	110936.88	12.90	597691.92	69.49	151443.52	17.61
600030	中信证券	983858.07	357324.40	36.32	422766.96	42.97	203766.71	20.71
600031	三一重工	842624.62	162014.21	19.23	374405.41	44.43	306205.01	36.34
600033	福建高速	274440.00	118599.08	43.21	151355.94	55.15	4484.98	1.63
600035	楚天高速	169292.73	62447.79	36.89	106204.58	62.73	640.36	0.38
600036	招商银行	2062894.44	122791.32	5.95	1523595.98	73.86	416507.14	20.19
600037	歌华有线	139177.79	46252.17	33.23	78171.71	56.17	14753.92	10.60
600038	中直股份	58947.67	8342.86	14.15	36940.29	62.67	13664.52	23.18
600039	四川路桥	361052.55	136762.88	37.88	211357.96	58.54	12931.71	3.58
600048	保利地产	1193267.52	124338.74	10.42	737934.12	61.84	330994.66	27.74
600050	中国联通	3103370.57	584022.43	18.82	2326706.57	74.97	192641.57	6.21
600051	宁波联合	31088.00	20369.80	65.52	10308.78	33.16	409.42	1.32
600052	浙江广厦	87178.91	46862.32	53.75	40168.43	46.08	148.17	0.17
600053	九鼎投资	43354.08	10258.01	23.66	31940.47	73.67	1155.60	2.67
600054	黄山旅游	51330.00	18128.67	35.32	30937.24	60.27	2264.10	4.41
600055	万东医疗	54081.62	29619.12	54.77	22627.09	41.84	1835.41	3.39
600056	中国医药	106848.55	38094.23	35.65	64928.39	60.77	3825.93	3.58
600057	厦门象屿	215745.41	58305.92	27.03	150444.25	69.73	6995.25	3.24
600058	五矿发展	107191.07	31110.08	29.02	72212.20	67.37	3868.80	3.61
600059	古越龙山	80852.42	36041.60	44.58	39653.13	49.04	5157.69	6.38
600060	海信视像	130848.12	37177.31	28.41	67612.90	51.67	26057.92	19.91
600061	国投资本	422712.97	38612.93	9.13	356313.91	84.29	27786.13	6.57
600062	华润双鹤	104323.77	26310.16	25.22	68074.41	65.25	9939.20	9.53
600063	皖维高新	192589.47	99762.28	51.80	82115.69	42.64	10711.50	5.56
600064	南京高科	123595.69	61836.87	50.03	56116.65	45.40	5642.16	4.57
600066	宇通客车	221393.92	30447.59	13.75	119410.97	53.94	71535.36	32.31
600067	冠城大通	149211.07	95640.03	64.10	53299.25	35.72	271.79	0.18
600068	葛洲坝	460477.74	171213.92	37.18	220946.06	47.98	68317.77	14.84

注：合计持股数包含F类账户；单位为万股。

年末个股股东持股情况
Distribution of Shareholders by 2019

证券代码 Code	证券简称 Security Name	合计持股数 Total Hold	自然人 Individual		一般法人 Corporation		专业机构 Institution	
			持有股数	比例（%）	持有股数	比例（%）	持有股数	比例（%）
600069	银鸽投资	162383.38	78131.72	48.12	84110.47	51.80	141.19	0.09
600070	浙江富润	52194.61	30408.85	58.26	21585.53	41.36	200.23	0.38
600071	凤凰光学	28157.39	11751.31	41.73	15619.01	55.47	787.07	2.80
600072	中船科技	73624.99	41163.48	55.91	31938.44	43.38	523.07	0.71
600073	上海梅林	93772.95	45013.69	48.00	41386.59	44.13	7372.67	7.86
600074	*ST 保千	243788.60	181938.60	74.63	31280.36	12.83	30569.65	12.54
600075	新疆天业	97252.24	40206.81	41.34	56429.50	58.02	615.92	0.63
600076	康欣新材	103426.41	77131.13	74.58	25812.05	24.96	483.24	0.47
600077	宋都股份	134012.23	74732.26	55.77	58500.49	43.65	779.48	0.58
600078	澄星股份	66257.29	36097.55	54.48	29178.17	44.04	981.57	1.48
600079	人福医药	135370.43	36779.76	27.17	74356.14	54.93	24234.53	17.90
600080	金花股份	37327.03	21994.92	58.92	15123.53	40.52	208.58	0.56
600081	东风科技	31356.00	10725.77	34.21	20528.94	65.47	101.29	0.32
600082	海泰发展	64611.58	42844.83	66.31	21652.27	33.51	114.48	0.18
600083	博信股份	23000.00	13457.65	58.51	9484.17	41.24	58.18	0.25
600084	*ST 中葡	112372.68	56635.06	50.40	55688.83	49.56	48.80	0.04
600085	同仁堂	137147.03	20728.71	15.11	99522.02	72.57	16896.29	12.32
600086	东方金钰	135000.00	57120.40	42.31	69761.45	51.68	8118.15	6.01
600088	中视传媒	39770.64	13772.99	34.63	25662.77	64.53	334.88	0.84
600089	特变电工	371431.28	202997.51	54.65	139921.43	37.67	28512.34	7.68
600090	同济堂	143966.29	57610.81	40.02	85947.56	59.70	407.92	0.28
600091	ST 明科	43741.25	25480.51	58.25	18245.07	41.71	15.68	0.04
600093	易见股份	112244.75	31079.11	27.69	79627.96	70.94	1537.68	1.37
600094	大名城	227660.50	154800.30	68.00	58597.79	25.74	14262.42	6.26
600095	哈高科	36126.36	29663.39	82.11	6407.96	17.74	55.01	0.15
600096	云天化	142767.49	68394.43	47.91	73884.34	51.75	488.73	0.34
600097	开创国际	24093.66	9998.43	41.50	13704.63	56.88	390.60	1.62
600098	广州发展	272619.66	35452.39	13.00	230452.60	84.53	6714.67	2.46
600099	林海股份	21912.00	12026.38	54.88	9722.04	44.37	163.58	0.75
600100	同方股份	296389.90	152931.18	51.60	132806.99	44.81	10651.72	3.59
600101	明星电力	42143.27	25695.33	60.97	16045.50	38.07	402.44	0.95
600103	青山纸业	230581.78	153871.46	66.73	76061.06	32.99	649.26	0.28
600104	上汽集团	1168346.14	45173.06	3.87	975597.29	83.50	147575.79	12.63
600105	永鼎股份	124544.74	67416.11	54.13	55870.14	44.86	1258.48	1.01
600106	重庆路桥	120820.46	79632.93	65.91	39850.64	32.98	1336.89	1.11
600107	美尔雅	36000.00	26755.85	74.32	8547.96	23.74	696.19	1.93
600108	亚盛集团	194691.51	139384.42	71.59	50276.68	25.82	5030.41	2.58
600109	国金证券	302435.93	137262.74	45.39	136373.04	45.09	28800.15	9.52
600110	诺德股份	115031.21	102361.89	88.99	11328.64	9.85	1340.69	1.17
600111	北方稀土	363306.60	221494.43	60.97	128390.69	35.34	13421.48	3.69
600112	ST 天成	50920.48	41209.37	80.93	9675.73	19.00	35.38	0.07
600113	浙江东日	41143.12	20502.89	49.83	20517.45	49.87	122.78	0.30
600114	东睦股份	61649.00	37546.44	60.90	17665.02	28.65	6437.55	10.44
600115	东方航空	1120273.14	96868.52	8.65	913969.91	81.58	109434.71	9.77
600116	三峡水利	99300.55	32512.94	32.74	57379.67	57.78	9407.94	9.47
600117	西宁特钢	104511.83	51058.03	48.85	53191.14	50.89	262.65	0.25
600118	中国卫星	118248.91	46329.07	39.18	62374.64	52.75	9545.20	8.07
600119	*ST 长投	30740.00	18455.36	60.04	12219.87	39.75	64.77	0.21
600120	浙江东方	159138.63	49962.93	31.40	96104.01	60.39	13071.69	8.21
600121	郑州煤电	121841.20	42248.35	34.67	78305.96	64.27	1286.90	1.06

注：合计持股数包含 F 类账户；单位为万股。

年末个股股东持股情况
Distribution of Shareholders by 2019

证券代码 Code	证券简称 Security Name	合计持股数 Total Hold	自然人 Individual		一般法人 Corporation		专业机构 Institution	
			持有股数	比例（%）	持有股数	比例（%）	持有股数	比例（%）
600122	宏图高科	115825.84	68852.70	59.45	43842.83	37.85	3130.30	2.70
600123	兰花科创	114240.00	75161.89	65.79	37520.28	32.84	1557.82	1.36
600125	铁龙物流	130552.19	81388.23	62.34	42013.83	32.18	7150.12	5.48
600126	杭钢股份	337718.91	40370.83	11.95	288793.94	85.51	8554.14	2.53
600127	金健米业	64178.32	46817.84	72.95	16730.45	26.07	630.04	0.98
600128	弘业股份	24676.75	17202.77	69.71	7374.74	29.89	99.24	0.40
600129	太极集团	55689.07	27843.04	50.00	27245.80	48.92	600.24	1.08
600130	波导股份	76800.00	61261.28	79.77	14988.28	19.52	550.44	0.72
600131	岷江水电	110734.63	17653.93	15.94	88818.64	80.21	4262.06	3.85
600132	重庆啤酒	48397.12	2140.97	4.42	31992.17	66.10	14263.98	29.47
600133	东湖高新	75380.25	47077.92	62.45	28003.33	37.15	299.00	0.40
600135	乐凯胶片	49853.40	23443.94	47.03	25850.45	51.85	559.01	1.12
600136	当代明诚	58461.86	29184.55	49.92	24810.53	42.44	4466.79	7.64
600137	浪莎股份	9721.76	3420.96	35.19	6297.03	64.77	3.77	0.04
600138	中青旅	72384.00	31008.46	42.84	14081.45	19.45	27294.09	37.71
600139	西部资源	66189.05	43302.26	65.42	22381.12	33.81	505.68	0.76
600141	兴发集团	102823.27	38068.28	37.02	61238.37	59.56	3516.62	3.42
600143	金发科技	257362.23	186879.61	72.61	34480.62	13.40	36002.00	13.99
600145	*ST 新亿	149110.04	42226.60	28.32	106878.31	71.68	5.13	0.00
600146	商赢环球	46997.00	20777.12	44.21	24594.52	52.33	1625.36	3.46
600148	长春一东	14151.65	6239.72	44.09	7883.89	55.71	28.03	0.20
600149	ST 坊展	38016.00	24137.42	63.49	13835.86	36.39	42.72	0.11
600150	中国船舶	137811.76	45023.22	32.67	87424.17	63.44	5364.37	3.89
600151	航天机电	143425.23	81180.91	56.60	58846.72	41.03	3397.60	2.37
600152	维科技术	42092.01	25013.71	59.43	16994.96	40.38	83.35	0.20
600153	建发股份	283520.05	64213.16	22.65	172579.92	60.87	46726.98	16.48
600155	华创阳安	173955.66	34854.13	20.04	134457.59	77.29	4643.95	2.67
600156	华升股份	40211.07	23601.49	58.69	16512.92	41.07	96.66	0.24
600157	永泰能源	1242579.53	506404.50	40.75	700769.25	56.40	35405.78	2.85
600158	中体产业	84373.54	58087.16	68.85	24339.98	28.85	1946.40	2.31
600159	大龙地产	83000.32	41899.36	50.48	40274.21	48.52	826.75	1.00
600160	巨化股份	274516.61	91264.93	33.25	138165.78	50.33	45085.90	16.42
600161	天坛生物	104536.68	23651.27	22.62	66563.26	63.67	14322.15	13.70
600162	香江控股	339578.14	101560.35	29.91	231794.93	68.26	6222.86	1.83
600163	中闽能源	99946.52	39875.91	39.90	59875.03	59.91	195.58	0.20
600165	新日恒力	68488.38	44244.74	64.60	24213.66	35.35	29.98	0.04
600166	福田汽车	657519.20	315169.74	47.93	305103.18	46.40	37246.28	5.66
600167	联美控股	228811.95	22344.38	9.77	181420.29	79.29	25047.27	10.95
600168	武汉控股	70956.97	24275.02	34.21	46634.48	65.72	47.47	0.07
600169	太原重工	256395.50	149360.50	58.25	102928.38	40.14	4106.62	1.60
600170	上海建工	890439.77	222133.56	24.95	454431.83	51.03	213874.39	24.02
600171	上海贝岭	70384.07	44726.93	63.55	21924.38	31.15	3732.76	5.30
600172	黄河旋风	144218.45	100228.55	69.50	43349.96	30.06	639.93	0.44
600173	卧龙地产	70111.82	29881.88	42.62	39804.51	56.77	425.43	0.61
600175	美都能源	357648.88	259026.43	72.42	91207.77	25.50	7414.68	2.07
600176	中国巨石	350230.68	60044.85	17.14	197577.15	56.41	92608.68	26.44
600177	雅戈尔	501402.63	196967.00	39.28	251655.70	50.19	52779.93	10.53
600178	东安动力	46208.00	21868.15	47.33	24193.26	52.36	146.59	0.32
600179	ST 安通	148697.99	111846.33	75.22	36747.38	24.71	104.28	0.07
600180	瑞茂通	101647.75	21328.01	20.98	67484.77	66.39	12834.97	12.63

注：合计持股数包含 F 类账户；单位为万股。

年末个股股东持股情况
Distribution of Shareholders by 2019

证券代码 Code	证券简称 Security Name	合计持股数 Total Hold	自然人 Individual		一般法人 Corporation		专业机构 Institution	
			持有股数	比例（%）	持有股数	比例（%）	持有股数	比例（%）
600182	S 佳通	34000.00	16985.45	49.96	16971.23	49.92	43.32	0.13
600183	生益科技	227619.13	52111.80	22.89	137410.27	60.37	38097.06	16.74
600184	光电股份	50876.08	9646.91	18.96	33571.15	65.99	7658.02	15.05
600185	格力地产	206109.14	48955.25	23.75	152664.91	74.07	4488.98	2.18
600186	*ST 莲花	106202.43	89635.98	84.40	16438.40	15.48	128.05	0.12
600187	国中水务	165393.51	110683.74	66.92	53438.11	32.31	1271.66	0.77
600188	兖州煤业	296000.00	41816.37	14.13	199020.24	67.24	55163.38	18.64
600189	吉林森工	71687.49	39699.07	55.38	31943.00	44.56	45.42	0.06
600190	锦州港	177948.45	38707.95	21.75	138346.16	77.75	894.34	0.50
600191	华资实业	48493.20	21325.44	43.98	27021.79	55.72	145.96	0.30
600192	长城电工	44174.80	26742.50	60.54	17323.49	39.22	108.82	0.25
600193	ST 创兴	42537.30	27096.95	63.70	15389.80	36.18	50.55	0.12
600195	中牧股份	84240.80	24456.98	29.03	50172.00	59.56	9611.82	11.41
600196	复星医药	201095.80	53598.28	26.65	114255.30	56.82	33242.22	16.53
600197	伊力特	44100.32	18448.72	41.83	19759.17	44.81	5892.44	13.36
600198	大唐电信	88210.85	54538.41	61.83	32364.28	36.69	1308.16	1.48
600199	金种子酒	65779.68	37619.42	57.19	26893.73	40.88	1266.53	1.93
600200	江苏吴中	71238.88	53890.47	75.65	15586.15	21.88	1762.26	2.47
600201	生物股份	112624.02	46457.84	41.25	30438.10	27.03	35728.08	31.72
600202	哈空调	38334.07	24620.16	64.23	13651.71	35.61	62.19	0.16
600203	福日电子	45644.71	26172.84	57.34	19079.10	41.80	392.78	0.86
600206	有研新材	84668.13	48392.58	57.16	33378.83	39.42	2896.73	3.42
600207	安彩高科	86295.60	27812.64	32.23	58294.85	67.55	188.11	0.22
600208	新湖中宝	859934.35	364949.60	42.44	444908.94	51.74	50075.81	5.82
600209	ST 罗顿	43901.12	30806.94	70.17	13094.16	29.83	0.01	0.00
600210	紫江企业	151673.62	107275.89	70.73	40393.39	26.63	4004.33	2.64
600211	西藏药业	17709.85	6389.00	36.08	10605.69	59.89	715.15	4.04
600212	江泉实业	51169.72	43054.59	84.14	8094.02	15.82	21.11	0.04
600213	亚星客车	22000.00	10444.01	47.47	11497.75	52.26	58.23	0.26
600215	长春经开	46503.29	35294.67	75.90	11038.72	23.74	169.91	0.37
600216	浙江医药	96512.80	33681.42	34.90	46795.19	48.49	16036.19	16.62
600217	中再资环	138865.98	46409.04	33.42	85237.10	61.38	7219.83	5.20
600218	全柴动力	36875.50	23908.15	64.83	12900.23	34.98	67.11	0.18
600219	南山铝业	1195048.15	492767.08	41.23	595828.67	49.86	106452.40	8.91
600220	江苏阳光	178334.03	148357.38	83.19	29470.49	16.53	506.16	0.28
600221	海航控股	1643667.39	572666.01	34.84	997265.41	60.67	73735.97	4.49
600222	太龙药业	57388.63	46485.73	81.00	10368.35	18.07	534.55	0.93
600223	鲁商发展	100096.80	34803.76	34.77	65003.25	64.94	289.79	0.29
600225	天津松江	93549.26	46786.21	50.01	46398.83	49.60	364.22	0.39
600226	瀚叶股份	313864.01	291377.59	92.84	14837.56	4.73	7648.86	2.44
600227	圣济堂	169313.42	91457.46	54.02	77200.64	45.60	655.33	0.39
600228	ST 昌九	24132.00	17854.07	73.99	6259.90	25.94	18.03	0.07
600229	城市传媒	70209.60	24783.22	35.30	43825.66	62.42	1600.72	2.28
600230	沧州大化	41186.35	19806.93	48.09	21035.03	51.07	344.39	0.84
600231	凌钢股份	277108.27	69607.89	25.12	206666.67	74.58	833.71	0.30
600232	金鹰股份	36471.85	17265.53	47.34	19049.43	52.23	156.90	0.43
600233	圆通速递	284293.04	37497.65	13.19	233699.47	82.20	13095.92	4.61
600234	*ST 山水	20244.59	14965.57	73.92	5261.68	25.99	17.33	0.09
600235	民丰特纸	35130.00	22115.05	62.95	12827.66	36.51	187.29	0.53
600236	桂冠电力	788237.78	39643.72	5.03	726729.78	92.20	21864.29	2.77

注：合计持股数包含 F 类账户；单位为万股。

年末个股股东持股情况

Distribution of Shareholders by 2019

证券代码 Code	证券简称 Security Name	合计持股数 Total Hold	自然人 Individual		一般法人 Corporation		专业机构 Institution	
			持有股数	比例（%）	持有股数	比例（%）	持有股数	比例（%）
600237	铜峰电子	56436.96	45444.55	80.52	10717.36	18.99	275.04	0.49
600238	ST 椰岛	44820.00	22845.82	50.97	21872.62	48.80	101.56	0.23
600239	云南城投	160568.69	88191.05	54.92	71441.54	44.49	936.10	0.58
600240	退市华业	142425.36	88096.80	61.85	51572.62	36.21	2755.94	1.94
600241	时代万恒	29430.21	12163.10	41.33	17253.10	58.62	14.01	0.05
600242	中昌数据	45666.51	22587.80	49.46	22957.45	50.27	121.26	0.27
600243	青海华鼎	43885.00	18687.04	42.58	25151.69	57.31	46.27	0.11
600246	万通地产	205400.93	51705.24	25.17	152681.64	74.33	1014.05	0.49
600247	ST 成城	33644.16	30895.76	91.83	2748.19	8.17	0.21	0.00
600248	延长化建	91795.27	32540.35	35.45	58969.51	64.24	285.40	0.31
600249	两面针	55000.00	32181.26	58.51	22735.16	41.34	83.58	0.15
600250	南纺股份	31059.39	13410.34	43.18	17528.49	56.44	120.56	0.39
600251	冠农股份	78484.20	32017.93	40.80	43369.46	55.26	3096.81	3.95
600252	中恒集团	347510.71	187198.20	53.87	137605.41	39.60	22707.11	6.53
600255	梦舟股份	176959.36	152841.06	86.37	23077.50	13.04	1040.80	0.59
600256	广汇能源	679397.50	274937.17	40.47	326471.28	48.05	77989.05	11.48
600257	大湖股份	48123.72	35262.02	73.27	12650.82	26.29	210.88	0.44
600258	首旅酒店	98772.30	7615.23	7.71	63128.92	63.91	28028.14	28.38
600259	广晟有色	30180.23	13474.36	44.65	15898.97	52.68	806.90	2.67
600260	凯乐科技	100071.50	66315.15	66.27	24980.13	24.96	8776.22	8.77
600261	阳光照明	145210.29	58226.16	40.10	66202.51	45.59	20781.62	14.31
600262	北方股份	17000.00	6881.31	40.48	10010.97	58.89	107.73	0.63
600265	ST 景谷	12980.00	3916.20	30.17	9057.05	69.78	6.75	0.05
600266	城建发展	188044.80	85496.25	45.47	87712.55	46.64	14836.00	7.89
600267	海正药业	96553.18	47483.48	49.18	47478.96	49.17	1590.74	1.65
600268	国电南自	69526.52	29823.64	42.90	38975.42	56.06	727.45	1.05
600269	赣粤高速	233540.70	105298.50	45.09	124858.46	53.46	3383.73	1.45
600271	航天信息	186252.12	47499.92	25.50	114079.45	61.25	24672.76	13.25
600272	开开实业	16300.00	8570.70	52.58	7653.50	46.95	75.80	0.47
600273	嘉化能源	143273.05	59134.47	41.27	61437.55	42.88	22701.03	15.84
600275	ST 昌鱼	50883.72	34747.48	68.29	16086.45	31.61	49.78	0.10
600276	恒瑞医药	442281.42	38523.91	8.71	264344.15	59.77	139413.36	31.52
600277	亿利洁能	273894.01	94460.07	34.49	172615.36	63.02	6818.58	2.49
600278	东方创业	52224.17	16198.22	31.02	35463.00	67.91	562.96	1.08
600279	重庆港九	118686.63	39368.56	33.17	79083.01	66.63	235.06	0.20
600280	中央商场	114833.49	90563.44	78.87	20234.91	17.62	4035.13	3.51
600281	太化股份	51440.20	28352.56	55.12	23065.15	44.84	22.49	0.04
600282	南钢股份	442946.85	155421.76	35.09	224519.41	50.69	63005.68	14.22
600283	钱江水利	35299.58	10408.65	29.49	24857.47	70.42	33.46	0.09
600284	浦东建设	97025.60	58550.04	60.34	34347.48	35.40	4128.08	4.25
600285	羚锐制药	56780.90	23829.06	41.97	21645.08	38.12	11306.76	19.91
600287	江苏舜天	43679.61	21143.81	48.41	22373.37	51.22	162.43	0.37
600288	大恒科技	43680.00	42360.91	96.98	909.86	2.08	409.22	0.94
600289	*ST 信通	63105.21	38028.17	60.26	24024.50	38.07	1052.54	1.67
600290	ST 华仪	75990.35	41467.66	54.57	34283.23	45.12	239.46	0.32
600291	西水股份	109306.44	39542.54	36.18	67813.19	62.04	1950.71	1.78
600292	远达环保	78081.69	35159.74	45.03	41601.85	53.28	1320.10	1.69
600293	三峡新材	116213.20	63885.40	54.97	49182.30	42.32	3145.50	2.71
600295	鄂尔多斯	100794.71	15572.05	15.45	82769.47	82.12	2453.18	2.43
600297	广汇汽车	815997.94	93620.49	11.47	652782.71	80.00	69594.74	8.53

注：合计持股数包含 F 类账户；单位为万股。

年末个股股东持股情况

Distribution of Shareholders by 2019

证券代码 Code	证券简称 Security Name	合计持股数 Total Hold	自然人 Individual		一般法人 Corporation		专业机构 Institution	
			持有股数	比例（%）	持有股数	比例（%）	持有股数	比例（%）
600298	安琪酵母	82408.09	12016.75	14.58	44066.11	53.47	26325.24	31.94
600299	安迪苏	268190.13	22301.97	8.32	174576.93	65.09	71311.22	26.59
600300	维维股份	167200.00	88029.85	52.65	74637.37	44.64	4532.78	2.71
600301	ST 南化	23514.81	15057.07	64.03	8450.82	35.94	6.92	0.03
600302	标准股份	34600.98	18950.44	54.77	15614.08	45.13	36.46	0.11
600303	曙光股份	67560.42	47261.30	69.95	20109.38	29.77	189.74	0.28
600305	恒顺醋业	78355.94	26971.30	34.42	42541.93	54.29	8842.71	11.29
600306	商业城	17813.89	11886.47	66.73	5874.99	32.98	52.43	0.29
600307	酒钢宏兴	626335.74	249959.14	39.91	357696.69	57.11	18679.91	2.98
600308	华泰股份	116756.14	68233.09	58.44	45401.12	38.89	3121.93	2.67
600309	万华化学	313974.66	44987.47	14.33	199227.16	63.45	69760.03	22.22
600310	桂东电力	82777.50	38589.86	46.62	43294.64	52.30	893.00	1.08
600311	荣华实业	66560.00	54645.91	82.10	11660.92	17.52	253.16	0.38
600312	平高电气	135692.13	53354.52	39.32	72307.47	53.29	10030.15	7.39
600313	农发种业	108219.87	63753.90	58.91	44348.88	40.98	117.09	0.11
600315	上海家化	67124.85	19071.08	28.41	41337.34	61.58	6716.42	10.01
600316	洪都航空	71711.45	33654.14	46.93	36145.83	50.40	1911.48	2.67
600317	营口港	647298.30	101456.45	15.67	517838.06	80.00	28003.79	4.33
600318	新力金融	51336.44	28540.81	55.60	18765.90	36.55	4029.74	7.85
600319	ST 亚星	31559.40	18128.34	57.44	13396.33	42.45	34.74	0.11
600320	振华重工	332199.77	133724.19	40.25	181945.67	54.77	16529.91	4.98
600321	ST 正源	151055.00	77146.39	51.07	73883.94	48.91	24.67	0.02
600322	天房发展	110570.00	67815.49	61.33	41995.56	37.98	758.95	0.69
600323	瀚蓝环境	76626.40	17416.03	22.73	45119.10	58.88	14091.28	18.39
600325	华发股份	211721.96	98281.30	46.42	84397.94	39.86	29042.72	13.72
600326	西藏天路	86538.45	60556.15	69.98	25042.93	28.94	939.36	1.09
600327	大东方	88477.95	43773.65	49.47	42548.21	48.09	2156.10	2.44
600328	兰太实业	43803.11	28196.03	64.37	15272.47	34.87	334.61	0.76
600329	中新药业	56887.31	17902.23	31.47	37041.39	65.11	1943.68	3.42
600330	天通股份	99656.57	75471.31	75.73	22974.27	23.05	1210.99	1.22
600331	宏达股份	203200.00	95072.15	46.79	107520.47	52.91	607.37	0.30
600332	白云山	140589.09	24894.71	17.71	104786.94	74.53	10907.44	7.76
600333	长春燃气	60903.07	24896.82	40.88	35872.56	58.90	133.69	0.22
600335	国机汽车	145687.54	25390.25	17.43	112512.50	77.23	7784.78	5.34
600336	澳柯玛	79918.33	40847.47	51.11	38190.94	47.79	879.92	1.10
600337	美克家居	177091.27	49627.20	28.02	83872.43	47.36	43591.64	24.62
600338	西藏珠峰	91421.02	25105.96	27.46	62324.68	68.17	3990.37	4.36
600339	中油工程	558314.75	82181.66	14.72	450772.27	80.74	25360.81	4.54
600340	华夏幸福	301328.59	63511.29	21.08	178370.87	59.19	59446.43	19.73
600343	航天动力	63820.63	34730.41	54.42	28463.10	44.60	627.13	0.98
600345	长江通信	19800.00	9984.74	50.43	9669.27	48.83	145.99	0.74
600346	恒力石化	703909.98	128076.78	18.20	537089.04	76.30	38744.16	5.50
600348	阳泉煤业	240500.00	115401.66	47.98	97093.30	40.37	28005.03	11.64
600350	山东高速	481116.59	41350.79	8.59	368684.72	76.63	71081.07	14.77
600351	亚宝药业	77000.00	47185.19	61.28	29077.79	37.76	737.02	0.96
600352	浙江龙盛	325333.19	267877.60	82.34	25636.71	7.88	31818.88	9.78
600353	旭光股份	54372.00	28398.23	52.23	25874.99	47.59	98.77	0.18
600354	敦煌种业	52780.21	34952.04	66.22	17702.17	33.54	126.00	0.24
600355	精伦电子	49208.92	44618.72	90.67	3462.43	7.04	1127.77	2.29
600356	恒丰纸业	29873.14	16333.65	54.68	11510.94	38.53	2028.54	6.79

注：合计持股数包含 F 类账户；单位为万股。

年末个股股东持股情况

Distribution of Shareholders by 2019

证券代码 Code	证券简称 Security Name	合计持股数 Total Hold	自然人 Individual		一般法人 Corporation		专业机构 Institution	
			持有股数	比例（%）	持有股数	比例（%）	持有股数	比例（%）
600358	国旅联合	50493.67	26028.12	51.55	23694.56	46.93	770.98	1.53
600359	新农开发	38151.28	22434.93	58.81	15448.68	40.49	267.67	0.70
600360	华微电子	96397.13	70478.94	73.11	24030.96	24.93	1887.23	1.96
600361	华联综超	66580.79	27040.55	40.61	37053.54	55.65	2486.70	3.73
600362	江西铜业	207524.74	51322.24	24.73	129373.30	62.34	26829.20	12.93
600363	联创光电	44347.68	32564.22	73.43	11137.36	25.11	646.10	1.46
600365	通葡股份	40000.00	32216.29	80.54	7391.16	18.48	392.54	0.98
600366	宁波韵升	98911.37	59154.10	59.81	38248.60	38.67	1508.67	1.53
600367	红星发展	29804.50	18806.44	63.10	10865.19	36.45	132.88	0.45
600368	五洲交通	112563.21	54364.60	48.30	57169.73	50.79	1028.88	0.91
600369	西南证券	564510.91	160320.79	28.40	374089.16	66.27	30100.97	5.33
600370	三房巷	79724.42	35714.45	44.80	43995.50	55.18	14.47	0.02
600371	万向德农	22506.00	11404.53	50.67	11101.43	49.33	0.04	0.00
600372	中航电子	175952.29	27024.22	15.36	130958.67	74.43	17969.40	10.21
600373	中文传媒	135506.37	25587.40	18.88	87337.25	64.45	22581.73	16.66
600375	华菱星马	55574.06	43045.41	77.46	12004.27	21.60	524.38	0.94
600376	首开股份	257956.52	35950.05	13.94	195507.19	75.79	26499.28	10.27
600377	宁沪高速	381574.75	9183.16	2.41	349274.87	91.54	23116.72	6.06
600378	昊华科技	89662.47	8428.70	9.40	77796.42	86.77	3437.35	3.83
600379	宝光股份	33020.16	18427.17	55.81	14477.34	43.84	115.65	0.35
600380	健康元	193803.33	51590.57	26.62	101659.09	52.45	40553.68	20.93
600381	青海春天	58706.07	25426.09	43.31	30871.86	52.59	2408.12	4.10
600382	广东明珠	60687.22	31491.66	51.89	28836.86	47.52	358.70	0.59
600383	金地集团	451458.36	48596.42	10.76	319506.96	70.77	83354.98	18.46
600385	*ST金泰	14810.71	7205.16	48.65	7603.17	51.34	2.38	0.02
600386	北巴传媒	80640.00	34738.31	43.08	45059.01	55.88	842.67	1.04
600387	海越能源	47177.45	26190.41	55.51	19752.53	41.87	1234.51	2.62
600388	龙净环保	106905.00	55501.28	51.92	43752.76	40.93	7650.96	7.16
600389	江山股份	29700.00	11082.14	37.31	18489.68	62.25	128.18	0.43
600390	五矿资本	449806.55	38980.12	8.67	377174.95	83.85	33651.47	7.48
600391	航发科技	33012.94	20041.02	60.71	12513.26	37.90	458.65	1.39
600392	盛和资源	175516.71	99156.95	56.49	69272.92	39.47	7086.84	4.04
600393	粤泰股份	253624.79	79243.09	31.24	172306.39	67.94	2075.30	0.82
600395	盘江股份	165505.19	37392.50	22.59	121455.94	73.38	6656.75	4.02
600396	*ST金山	147270.68	54019.28	36.68	92685.95	62.94	565.46	0.38
600397	安源煤业	98995.99	58288.75	58.88	39916.21	40.32	791.03	0.80
600398	海澜之家	442001.25	33971.68	7.69	360595.89	81.58	47433.68	10.73
600399	ST抚钢	197210.00	78214.59	39.66	118713.46	60.20	281.95	0.14
600400	红豆股份	253325.69	53219.51	21.01	168626.05	66.56	31480.13	12.43
600403	大有能源	239081.24	19171.10	8.02	215371.23	90.08	4538.91	1.90
600405	动力源	55994.29	53919.27	96.29	1845.25	3.30	229.77	0.41
600406	国电南瑞	462211.51	47993.20	10.38	320944.02	69.44	93274.29	20.18
600408	ST安泰	100680.00	99791.44	99.12	705.10	0.70	183.46	0.18
600409	三友化工	206434.94	69620.19	33.73	120996.97	58.61	15817.79	7.66
600410	华胜天成	109874.34	92169.34	83.89	12786.74	11.64	4918.25	4.48
600415	小商品城	544321.42	146989.32	27.00	361257.98	66.37	36074.12	6.63
600416	湘电股份	94583.43	39830.54	42.11	27790.06	29.38	26962.83	28.51
600418	江淮汽车	189331.21	67715.66	35.77	114428.68	60.44	7186.88	3.80
600419	天润乳业	20711.44	10186.26	49.18	9663.78	46.66	861.40	4.16
600420	现代制药	102694.03	32572.81	31.72	67227.27	65.46	2893.95	2.82

注：合计持股数包含F类账户；单位为万股。

年末个股股东持股情况

Distribution of Shareholders by 2019

证券代码 Code	证券简称 Security Name	合计持股数 Total Hold	自然人 Individual		一般法人 Corporation		专业机构 Institution	
			持有股数	比例（%）	持有股数	比例（%）	持有股数	比例（%）
600421	*ST 仰帆	19560.00	9849.64	50.36	9704.53	49.61	5.83	0.03
600422	昆药集团	76094.78	40539.73	53.28	31843.68	41.85	3711.37	4.88
600423	ST 柳化	79869.50	35732.19	44.74	44126.82	55.25	10.50	0.01
600425	青松建化	137879.01	79498.99	57.66	57730.07	41.87	649.95	0.47
600426	华鲁恒升	162665.98	18129.73	11.15	78832.58	48.46	65703.66	40.39
600428	中远海特	214665.08	68734.80	32.02	142745.64	66.50	3184.64	1.48
600429	三元股份	149755.74	24264.41	16.20	122281.30	81.65	3210.04	2.14
600433	冠豪高新	127131.54	75487.58	59.38	48955.83	38.51	2688.14	2.11
600435	北方导航	148932.00	68085.64	45.72	61088.02	41.02	19758.34	13.27
600436	片仔癀	60331.72	15681.37	25.99	38743.39	64.22	5906.96	9.79
600438	通威股份	388259.46	47832.19	12.32	259239.45	66.77	81187.81	20.91
600439	瑞贝卡	113198.54	53112.43	46.92	47321.16	41.80	12764.96	11.28
600444	国机通用	14642.19	6273.24	42.84	8329.55	56.89	39.40	0.27
600446	金证股份	86044.05	76233.91	88.60	5998.10	6.97	3812.04	4.43
600448	华纺股份	52484.97	33683.65	64.18	18210.37	34.70	590.95	1.13
600449	宁夏建材	47818.10	21143.55	44.22	24933.74	52.14	1740.81	3.64
600452	涪陵电力	31360.00	10587.63	33.76	18604.01	59.32	2168.36	6.91
600455	博通股份	6245.80	4748.79	76.03	1488.98	23.84	8.03	0.13
600456	宝钛股份	43026.57	15228.61	35.39	26903.90	62.53	894.06	2.08
600458	时代新材	80279.82	35486.48	44.20	43511.61	54.20	1281.73	1.60
600459	贵研铂业	43770.80	24882.21	56.85	18161.35	41.49	727.24	1.66
600460	士兰微	131206.16	69747.16	53.16	56801.77	43.29	4657.23	3.55
600461	洪城水业	94215.34	30630.28	32.51	60876.25	64.61	2708.80	2.88
600462	*ST 九有	53378.00	41146.82	77.09	12130.86	22.73	100.32	0.19
600463	空港股份	30000.00	9591.82	31.97	20284.60	67.62	123.58	0.41
600466	蓝光发展	301251.60	104312.11	34.63	156761.37	52.04	40178.12	13.34
600467	好当家	146099.43	103230.27	70.66	42359.73	28.99	509.44	0.35
600468	百利电气	112189.50	38069.02	33.93	71855.29	64.05	2265.19	2.02
600469	风神股份	56241.32	24369.23	43.33	31478.94	55.97	393.15	0.70
600470	六国化工	52160.00	37891.12	72.64	14172.03	27.17	96.86	0.19
600475	华光股份	55939.22	13728.21	24.54	42124.57	75.30	86.44	0.15
600476	湘邮科技	16107.00	8791.27	54.58	7258.36	45.06	57.37	0.36
600477	杭萧钢构	215434.58	204032.74	94.71	7929.27	3.68	3472.56	1.61
600478	科力远	165328.14	96123.59	58.14	64413.05	38.96	4791.50	2.90
600479	千金药业	41850.71	21465.76	51.29	16987.29	40.59	3397.67	8.12
600480	凌云股份	54848.07	26173.09	47.72	27546.49	50.22	1128.49	2.06
600481	双良节能	163733.58	87730.02	53.58	69425.81	42.40	6577.75	4.02
600482	中国动力	169499.60	16603.41	9.80	141411.59	83.43	11484.59	6.78
600483	福能股份	155183.38	11922.64	7.68	133252.67	85.87	10008.07	6.45
600485	*ST 信威	292374.28	260232.14	89.01	26701.67	9.13	5440.47	1.86
600486	扬农化工	30989.89	2778.29	8.97	18668.06	60.24	9543.54	30.80
600487	亨通光电	190369.37	126715.97	66.56	55829.98	29.33	7823.42	4.11
600488	天药股份	109188.67	44446.22	40.71	61275.78	56.12	3466.68	3.17
600489	中金黄金	345113.72	131209.57	38.02	181600.01	52.62	32304.13	9.36
600490	鹏欣资源	221576.71	134136.65	60.54	86661.68	39.11	778.38	0.35
600491	龙元建设	152975.80	112798.22	73.74	34640.48	22.64	5537.09	3.62
600493	凤竹纺织	27200.00	24112.01	88.65	2862.41	10.52	225.58	0.83
600495	晋西车轴	120819.09	82294.78	68.11	38051.45	31.49	472.86	0.39
600496	精工钢构	181044.52	106693.33	58.93	70789.24	39.10	3561.95	1.97
600497	驰宏锌锗	509129.16	278146.46	54.63	206685.13	40.60	24297.57	4.77

注：合计持股数包含 F 类账户；单位为万股。

年末个股股东持股情况

Distribution of Shareholders by 2019

证券代码 Code	证券简称 Security Name	合计持股数 Total Hold	自然人 Individual		一般法人 Corporation		专业机构 Institution	
			持有股数	比例（%）	持有股数	比例（%）	持有股数	比例（%）
600498	烽火通信	117098. 46	39786. 84	33. 98	65280. 05	55. 75	12031. 57	10. 27
600499	科达洁能	157720. 57	126265. 06	80. 06	26564. 21	16. 84	4891. 31	3. 10
600500	中化国际	270791. 65	85924. 15	31. 73	166133. 40	61. 35	18734. 09	6. 92
600501	航天晨光	42128. 36	20305. 39	48. 20	21551. 76	51. 16	271. 21	0. 64
600502	安徽建工	172116. 03	81267. 29	47. 22	89259. 80	51. 86	1588. 93	0. 92
600503	华丽家族	160229. 00	136185. 43	84. 99	23114. 01	14. 43	929. 56	0. 58
600505	西昌电力	36456. 75	22575. 15	61. 92	13224. 52	36. 27	657. 08	1. 80
600506	香梨股份	14770. 69	10898. 25	73. 78	3621. 31	24. 52	251. 13	1. 70
600507	方大特钢	144777. 04	53066. 74	36. 65	45231. 35	31. 24	46478. 95	32. 10
600508	上海能源	72271. 80	25526. 49	35. 32	46269. 98	64. 02	475. 33	0. 66
600509	天富能源	115141. 50	47738. 26	41. 46	66446. 60	57. 71	956. 64	0. 83
600510	黑牡丹	104709. 50	32734. 86	31. 26	69557. 14	66. 43	2417. 51	2. 31
600511	国药股份	75450. 30	8244. 77	10. 93	53779. 51	71. 28	13426. 02	17. 79
600512	腾达建设	159890. 28	143375. 02	89. 67	15311. 81	9. 58	1203. 46	0. 75
600513	联环药业	28810. 54	16666. 82	57. 85	11839. 06	41. 09	304. 66	1. 06
600515	海航基础	390759. 25	53723. 72	13. 75	333638. 42	85. 38	3397. 11	0. 87
600516	方大炭素	271855. 03	150001. 07	55. 18	114384. 16	42. 08	7469. 80	2. 75
600517	置信电气	135616. 78	54808. 31	40. 41	77236. 33	56. 95	3572. 14	2. 63
600518	ST 康美	497386. 17	179485. 62	36. 09	258321. 34	51. 94	59579. 21	11. 98
600519	贵州茅台	125619. 78	12451. 37	9. 91	89776. 13	71. 47	23392. 28	18. 62
600520	文一科技	15843. 00	7851. 65	49. 56	7975. 22	50. 34	16. 13	0. 10
600521	华海药业	132237. 10	87460. 37	66. 14	23006. 14	17. 40	21770. 58	16. 46
600522	中天科技	306608. 22	171665. 47	55. 99	114215. 86	37. 25	20726. 89	6. 76
600523	贵航股份	40431. 13	17534. 52	43. 37	22194. 72	54. 90	701. 89	1. 74
600525	长园集团	130577. 52	87249. 27	66. 82	41942. 63	32. 12	1385. 62	1. 06
600526	* ST 菲达	54740. 47	30136. 18	55. 05	24408. 89	44. 59	195. 39	0. 36
600527	江南高纤	144313. 41	138461. 46	95. 94	4481. 13	3. 11	1370. 82	0. 95
600528	中铁工业	222155. 16	50443. 10	22. 71	154203. 45	69. 41	17508. 61	7. 88
600529	山东药玻	59496. 77	5381. 70	9. 05	24812. 72	41. 70	29302. 35	49. 25
600530	交大昂立	78000. 00	34577. 24	44. 33	42919. 39	55. 02	503. 37	0. 65
600531	豫光金铅	109024. 26	69637. 87	63. 87	36958. 80	33. 90	2427. 59	2. 23
600532	宏达矿业	51606. 57	33574. 28	65. 06	17675. 96	34. 25	356. 33	0. 69
600533	栖霞建设	105000. 00	53601. 26	51. 05	50934. 80	48. 51	463. 94	0. 44
600535	天士力	151266. 62	48556. 80	32. 10	89329. 43	59. 05	13380. 39	8. 85
600536	中国软件	49456. 28	17071. 01	34. 52	18088. 01	36. 57	14297. 26	28. 91
600537	亿晶光电	117635. 93	88849. 94	75. 53	27460. 90	23. 34	1325. 08	1. 13
600538	国发股份	46440. 12	41253. 58	88. 83	5173. 08	11. 14	13. 46	0. 03
600539	ST 狮头	23000. 00	11032. 63	47. 97	11964. 33	52. 02	3. 04	0. 01
600540	新赛股份	47092. 33	26527. 37	56. 33	20493. 15	43. 52	71. 81	0. 15
600543	莫高股份	32112. 00	20356. 03	63. 39	11555. 29	35. 98	200. 69	0. 62
600545	卓郎智能	189541. 30	51183. 75	27. 00	131578. 64	69. 42	6778. 91	3. 58
600546	山煤国际	198245. 61	80003. 83	40. 36	98311. 59	49. 59	19930. 20	10. 05
600547	山东黄金	259996. 63	63212. 69	24. 31	166869. 40	64. 18	29914. 54	11. 51
600548	深高速	143327. 03	8962. 76	6. 25	124365. 42	86. 77	9998. 85	6. 98
600549	厦门钨业	140604. 62	48314. 04	34. 36	83077. 02	59. 09	9213. 56	6. 55
600550	保变电气	184152. 85	61872. 25	33. 60	121624. 60	66. 05	656. 00	0. 36
600551	时代出版	50582. 53	13041. 63	25. 78	37144. 69	73. 43	396. 21	0. 78
600552	凯盛科技	76388. 40	52657. 13	68. 93	23093. 97	30. 23	637. 29	0. 83
600555	海航创新	97350. 00	67087. 53	68. 91	30106. 93	30. 93	155. 54	0. 16
600556	ST 慧球	168042. 03	33292. 23	19. 81	133865. 02	79. 66	884. 78	0. 53

注：合计持股数包含 F 类账户；单位为万股。

年末个股股东持股情况
Distribution of Shareholders by 2019

证券代码 Code	证券简称 Security Name	合计持股数 Total Hold	自然人 Individual		一般法人 Corporation		专业机构 Institution	
			持有股数	比例（%）	持有股数	比例（%）	持有股数	比例（%）
600557	康缘药业	59288.10	13277.02	22.39	34498.71	58.19	11512.38	19.42
600558	大西洋	89760.48	58871.69	65.59	30115.86	33.55	772.93	0.86
600559	老白干酒	89728.74	40776.69	45.44	43953.63	48.99	4998.43	5.57
600560	金自天正	22364.55	11859.43	53.03	10381.22	46.42	123.90	0.55
600561	江西长运	23706.40	15806.75	66.68	7816.73	32.97	82.92	0.35
600562	国睿科技	62235.07	24436.90	39.27	31617.02	50.80	6181.14	9.93
600563	法拉电子	22500.00	2322.00	10.32	12916.33	57.41	7261.68	32.27
600565	迪马股份	243597.63	112597.86	46.22	102028.45	41.88	28971.32	11.89
600566	济川药业	81492.22	19638.79	24.10	55421.14	68.01	6432.28	7.89
600567	山鹰纸业	458472.34	249834.18	54.49	172857.44	37.70	35780.72	7.80
600568	中珠医疗	199286.97	103350.89	51.86	75537.63	37.90	20398.45	10.24
600569	安阳钢铁	287242.14	93823.85	32.66	192676.14	67.08	742.15	0.26
600570	恒生电子	80314.67	37813.31	47.08	23357.64	29.08	19143.72	23.84
600571	信雅达	43967.92	32210.92	73.26	10897.01	24.78	859.99	1.96
600572	康恩贝	266732.02	150411.18	56.39	95720.02	35.89	20600.82	7.72
600573	惠泉啤酒	25000.00	11341.13	45.36	13469.77	53.88	189.11	0.76
600575	淮河能源	388626.11	133656.47	34.39	250452.05	64.45	4517.58	1.16
600576	祥源文化	61940.24	28413.06	45.87	33278.05	53.73	249.13	0.40
600577	精达股份	192140.52	121875.56	63.43	68037.42	35.41	2227.54	1.16
600578	京能电力	674673.45	69178.89	10.25	582530.69	86.34	22963.87	3.40
600579	克劳斯	88339.64	16948.51	19.19	71097.62	80.48	293.50	0.33
600580	卧龙电驱	130121.16	46794.85	35.96	70519.56	54.20	12806.74	9.84
600581	八一钢铁	153289.79	74053.80	48.31	78702.24	51.34	533.74	0.35
600582	天地科技	413858.89	102831.43	24.85	279892.22	67.63	31135.25	7.52
600583	海油工程	442135.48	69650.18	15.75	309767.24	70.06	62718.06	14.19
600584	长电科技	160287.46	48210.42	30.08	81750.91	51.00	30326.13	18.92
600585	海螺水泥	399970.26	34215.00	8.55	238111.42	59.53	127643.84	31.91
600586	金晶科技	142877.00	94354.92	66.04	47982.56	33.58	539.52	0.38
600587	新华医疗	40642.81	17167.44	42.24	22036.29	54.22	1439.07	3.54
600588	用友网络	250389.82	75523.21	30.16	148653.46	59.37	26213.15	10.47
600589	广东榕泰	70403.33	48070.28	68.28	22221.67	31.56	111.38	0.16
600590	泰豪科技	86629.88	47085.54	54.35	38699.45	44.67	844.88	0.98
600592	龙溪股份	39955.36	22399.77	56.06	17432.04	43.63	123.55	0.31
600593	大连圣亚	12880.00	6802.75	52.82	5987.36	46.49	89.88	0.70
600594	益佰制药	79192.74	69806.52	88.15	5505.94	6.95	3880.28	4.90
600595	*ST 中孚	196122.41	79718.27	40.65	89801.78	45.79	26602.35	13.56
600596	新安股份	70528.46	50532.35	71.65	18718.58	26.54	1277.53	1.81
600597	光明乳业	122448.75	27726.91	22.64	78480.36	64.09	16241.48	13.26
600598	北大荒	177767.99	55287.10	31.10	115068.69	64.73	7412.20	4.17
600599	熊猫金控	16600.00	9222.81	55.56	7331.54	44.17	45.65	0.27
600600	青岛啤酒	69591.36	5398.64	7.76	48881.76	70.24	15310.96	22.00
600601	方正科技	219489.12	206529.38	94.10	12244.12	5.58	715.62	0.33
600602	云赛智联	107430.30	56228.50	52.34	50500.87	47.01	700.93	0.65
600603	广汇物流	125476.68	34808.74	27.74	90559.17	72.17	108.77	0.09
600604	市北高新	140745.48	53473.54	37.99	84821.46	60.27	2450.48	1.74
600605	汇通能源	14734.46	6381.21	43.31	8333.30	56.56	19.96	0.14
600606	绿地控股	1216815.44	128521.39	10.56	963384.33	79.17	124909.71	10.27
600608	ST 沪科	32886.14	26378.39	80.21	6503.21	19.77	4.55	0.01
600609	金杯汽车	109266.71	66960.85	61.28	41842.21	38.29	463.66	0.42
600610	*ST 毅达	71091.46	32343.39	45.50	12656.36	17.80	26091.70	36.70

注：合计持股数包含 F 类账户；单位为万股。

年末个股股东持股情况
Distribution of Shareholders by 2019

证券代码 Code	证券简称 Security Name	合计持股数 Total Hold	自然人 Individual		一般法人 Corporation		专业机构 Institution	
			持有股数	比例（%）	持有股数	比例（%）	持有股数	比例（%）
600611	大众交通	156331.64	104620.09	66.92	50044.86	32.01	1666.69	1.07
600612	老凤祥	31710.96	2837.65	8.95	23465.66	74.00	5407.66	17.05
600613	神奇制药	47932.00	30463.12	63.55	17348.58	36.19	120.30	0.25
600614	*ST 鹏起	151148.77	101354.60	67.06	46313.16	30.64	3481.01	2.30
600615	丰华股份	18802.05	10617.37	56.47	8157.01	43.38	27.67	0.15
600616	金枫酒业	51461.92	29348.20	57.03	21620.94	42.01	492.79	0.96
600617	国新能源	97491.43	26009.22	26.68	69732.72	71.53	1749.49	1.79
600618	氯碱化工	74984.00	18860.23	25.15	55721.72	74.31	402.04	0.54
600619	海立股份	59913.06	21278.49	35.52	38210.53	63.78	424.05	0.71
600620	天宸股份	68667.71	26574.27	38.70	41949.10	61.09	144.34	0.21
600621	华鑫股份	106089.93	35020.31	33.01	69037.51	65.07	2032.10	1.92
600622	光大嘉宝	149968.54	50369.75	33.59	88406.19	58.95	11192.59	7.46
600623	华谊集团	186219.68	32463.25	17.43	144884.56	77.80	8871.87	4.76
600624	复旦复华	68471.20	46439.00	67.82	21829.17	31.88	203.03	0.30
600626	申达股份	85229.13	45865.80	53.81	38407.56	45.06	955.77	1.12
600628	新世界	64687.54	27143.41	41.96	34430.86	53.23	3113.27	4.81
600629	华建集团	53415.30	14954.33	28.00	38100.19	71.33	360.78	0.68
600630	龙头股份	42486.16	28861.61	67.93	13410.27	31.56	214.28	0.50
600633	浙数文化	130192.40	46899.01	36.02	58055.43	44.59	25237.95	19.39
600634	*ST 富控	57573.21	39419.30	68.47	18102.27	31.44	51.63	0.09
600635	大众公用	241879.17	172608.29	71.36	67793.62	28.03	1477.26	0.61
600636	三爱富	44693.69	25346.76	56.71	19286.75	43.15	60.19	0.13
600637	东方明珠	341450.02	102343.57	29.97	208060.18	60.93	31046.27	9.09
600638	新黄浦	67339.68	22997.89	34.15	44063.90	65.44	277.89	0.41
600639	浦东金桥	85023.67	15505.05	18.24	62414.92	73.41	7103.69	8.35
600640	号百控股	79569.59	15940.15	20.03	61118.87	76.81	2510.58	3.16
600641	万业企业	80615.87	31627.12	39.23	46187.55	57.29	2801.21	3.47
600642	申能股份	491203.83	108483.10	22.09	321109.45	65.37	61611.28	12.54
600643	爱建集团	162192.25	57449.56	35.42	89678.08	55.29	15064.60	9.29
600644	乐山电力	53840.07	18937.01	35.17	34502.37	64.08	400.68	0.74
600645	中源协和	46796.99	28854.53	61.66	15687.61	33.52	2254.85	4.82
600647	同达创业	13914.36	7196.97	51.72	6707.75	48.21	9.63	0.07
600648	外高桥	93479.16	24208.97	25.90	66409.60	71.04	2860.59	3.06
600649	城投控股	252957.56	92075.79	36.40	142650.70	56.39	18231.07	7.21
600650	锦江投资	39056.01	15208.79	38.94	22283.72	57.06	1563.50	4.00
600651	飞乐音响	98522.00	57048.73	57.90	37379.74	37.94	4093.53	4.15
600652	*ST 游久	83270.35	65566.83	78.74	17703.27	21.26	0.25	0.00
600653	申华控股	194638.03	140403.74	72.14	53333.09	27.40	901.21	0.46
600654	*ST 中安	128302.10	68820.58	53.64	58866.15	45.88	615.37	0.48
600655	豫园股份	388376.20	58875.94	15.16	316411.91	81.47	13088.35	3.37
600657	信达地产	285187.86	46427.15	16.28	231489.08	81.17	7271.63	2.55
600658	电子城	111858.50	28972.51	25.90	74552.24	66.65	8333.76	7.45
600660	福耀玻璃	200298.63	42733.21	21.33	96267.19	48.06	61298.23	30.60
600661	昂立教育	28654.88	12551.95	43.80	15682.39	54.73	420.55	1.47
600662	强生控股	105336.22	56307.75	53.46	48329.55	45.88	698.91	0.66
600663	陆家嘴	293346.14	26045.90	8.88	249143.51	84.93	18156.74	6.19
600664	哈药股份	250701.91	98924.65	39.46	141236.25	56.34	10541.01	4.20
600665	天地源	86412.25	33383.01	38.63	52402.92	60.64	626.33	0.72
600666	*ST 瑞德	122732.62	96588.44	78.70	25927.89	21.13	216.29	0.18
600667	太极实业	210619.02	73614.84	34.95	130228.19	61.83	6775.99	3.22

注：合计持股数包含F类账户；单位为万股。

年末个股股东持股情况

Distribution of Shareholders by 2019

证券代码 Code	证券简称 Security Name	合计持股数 Total Hold	自然人 Individual		一般法人 Corporation		专业机构 Institution	
			持有股数	比例（%）	持有股数	比例（%）	持有股数	比例（%）
600668	尖峰集团	34408.38	27605.17	80.23	6533.80	18.99	269.41	0.78
600671	天目药业	12177.89	6065.15	49.80	5909.09	48.52	203.65	1.67
600673	东阳光	301389.73	82950.65	27.52	193054.62	64.05	25384.45	8.42
600674	川投能源	440214.05	55662.31	12.64	334224.72	75.92	50327.01	11.43
600675	中华企业	609613.53	102517.59	16.82	489857.59	80.36	17238.34	2.83
600676	交运股份	102849.29	46766.96	45.47	55196.16	53.67	886.17	0.86
600677	航天通信	52179.17	40176.32	77.00	11879.58	22.77	123.26	0.24
600678	四川金顶	34899.00	27037.50	77.47	7843.47	22.47	18.03	0.05
600679	上海凤凰	23059.89	6836.13	29.65	16123.26	69.92	100.51	0.44
600681	百川能源	144274.03	67887.82	47.05	48601.59	33.69	27784.62	19.26
600682	南京新百	134613.22	44508.15	33.06	88980.84	66.10	1124.23	0.84
600683	京投发展	74077.76	35143.31	47.44	38557.39	52.05	377.06	0.51
600684	珠江实业	85346.07	54192.77	63.50	30693.34	35.96	459.96	0.54
600685	中船防务	82143.52	22777.27	27.73	54976.81	66.93	4389.44	5.34
600686	金龙汽车	60673.85	23011.83	37.93	36016.55	59.36	1645.47	2.71
600687	*ST 刚泰	148871.53	46097.71	30.96	102628.68	68.94	145.14	0.10
600688	上海石化	732881.35	68180.48	9.30	608317.66	83.00	56383.21	7.69
600689	上海三毛	15220.41	9791.79	64.33	5365.54	35.25	63.08	0.41
600690	海尔智家	630855.27	72250.91	11.45	322967.53	51.20	235636.83	37.35
600691	阳煤化工	237598.20	110879.03	46.67	124573.32	52.43	2145.85	0.90
600692	亚通股份	35176.41	23157.51	65.83	11760.28	33.43	258.62	0.74
600693	东百集团	89822.91	36601.92	40.75	51662.65	57.52	1558.35	1.73
600694	大商股份	29371.87	10119.28	34.45	16791.95	57.17	2460.64	8.38
600695	绿庭投资	36646.72	21173.69	57.78	15407.04	42.04	65.99	0.18
600696	ST 岩石	33446.94	14956.09	44.72	18486.12	55.27	4.73	0.01
600697	欧亚集团	15908.81	7739.32	48.65	7687.60	48.32	481.88	3.03
600698	*ST 天雁	83441.00	42588.57	51.04	40733.52	48.82	118.91	0.14
600699	均胜电子	123726.31	41143.27	33.25	70873.32	57.28	11709.72	9.46
600701	*ST 工新	103473.52	88505.80	85.53	14931.59	14.43	36.14	0.03
600702	舍得酒业	33703.70	19639.11	58.27	12425.37	36.87	1639.22	4.86
600703	三安光电	407842.49	102816.53	25.21	228585.86	56.05	76440.10	18.74
600704	物产中大	506218.20	119768.92	23.66	341346.49	67.43	45102.79	8.91
600705	中航资本	897632.58	246655.40	27.48	595403.37	66.33	55573.81	6.19
600706	曲江文旅	21541.16	9644.63	44.77	11842.48	54.98	54.05	0.25
600707	彩虹股份	358838.97	54372.96	15.15	300434.33	83.72	4031.68	1.12
600708	光明地产	222863.67	74934.78	33.62	136340.57	61.18	11588.33	5.20
600710	苏美达	130674.94	42889.18	32.82	85314.94	65.29	2470.82	1.89
600711	盛屯矿业	230803.42	152250.87	65.97	65283.14	28.29	13269.40	5.75
600712	南宁百货	54465.54	31033.65	56.98	23356.87	42.88	75.02	0.14
600713	南京医药	104161.12	46264.83	44.42	56841.81	54.57	1054.49	1.01
600714	金瑞矿业	28817.63	10398.51	36.08	18111.39	62.85	307.73	1.07
600715	文投控股	185485.35	58285.14	31.42	126794.33	68.36	405.88	0.22
600716	凤凰股份	93606.06	43120.30	46.07	50232.89	53.66	252.87	0.27
600717	天津港	200972.29	67421.29	33.55	127718.58	63.55	5832.42	2.90
600718	东软集团	124237.03	60990.56	49.09	54930.15	44.21	8316.32	6.69
600719	大连热电	40459.96	22931.58	56.68	17499.50	43.25	28.88	0.07
600720	祁连山	77629.03	29727.37	38.29	29391.92	37.86	18509.73	23.84
600721	*ST 百花	40038.64	23339.63	58.29	16676.52	41.65	22.48	0.06
600722	金牛化工	68031.97	29105.15	42.78	38663.91	56.83	262.91	0.39
600723	首商股份	65840.76	22948.45	34.85	39300.69	59.69	3591.62	5.46

注：合计持股数包含 F 类账户；单位为万股。

年末个股股东持股情况
Distribution of Shareholders by 2019

证券代码 Code	证券简称 Security Name	合计持股数 Total Hold	自然人 Individual		一般法人 Corporation		专业机构 Institution	
			持有股数	比例（%）	持有股数	比例（%）	持有股数	比例（%）
600724	宁波富达	144524.11	29838.13	20.65	114019.60	78.89	666.38	0.46
600725	ST 云维	123247.00	46143.72	37.44	76292.84	61.90	810.45	0.66
600726	*ST 华源	153467.52	62414.91	40.67	91038.55	59.32	14.05	0.01
600727	鲁北化工	35098.66	19524.72	55.63	15422.00	43.94	151.94	0.43
600728	佳都科技	167081.88	104500.53	62.54	56319.22	33.71	6262.14	3.75
600729	重庆百货	40652.85	9856.86	24.25	24650.90	60.64	6145.08	15.12
600730	中国高科	58665.60	50304.31	85.75	8202.96	13.98	158.33	0.27
600731	湖南海利	35522.27	17269.31	48.62	16824.91	47.36	1428.05	4.02
600732	ST 爱旭	182988.82	94792.53	51.80	83406.75	45.58	4789.54	2.62
600733	北汽蓝谷	349365.93	48442.12	13.87	292038.59	83.59	8885.22	2.54
600734	实达集团	62237.23	28847.32	46.35	33073.35	53.14	316.56	0.51
600735	新华锦	37599.23	18336.83	48.77	18946.86	50.39	315.54	0.84
600736	苏州高新	115129.29	55247.76	47.99	56005.64	48.65	3875.89	3.37
600737	中粮糖业	213884.82	69827.85	32.65	131376.05	61.42	12680.92	5.93
600738	兰州民百	77346.45	28361.52	36.67	48531.43	62.75	453.49	0.59
600739	辽宁成大	152970.98	62798.81	41.05	81212.79	53.09	8959.38	5.86
600740	山西焦化	151604.80	37355.24	24.64	111367.27	73.46	2882.29	1.90
600741	华域汽车	315272.40	16131.34	5.12	214252.28	67.96	84888.77	26.93
600742	一汽富维	50765.62	26696.22	52.59	21063.42	41.49	3005.98	5.92
600743	华远地产	234610.09	69336.49	29.55	161072.91	68.66	4200.69	1.79
600744	华银电力	178112.43	57855.60	32.48	119885.57	67.31	371.26	0.21
600745	闻泰科技	112403.37	23414.76	20.83	80068.85	71.23	8919.77	7.94
600746	江苏索普	30642.25	11017.61	35.96	19334.00	63.10	290.65	0.95
600748	上实发展	184456.29	44932.60	24.36	128515.11	69.67	11008.58	5.97
600749	西藏旅游	22696.55	8820.21	38.86	13851.62	61.03	24.72	0.11
600750	江中药业	52500.00	26211.42	49.93	24651.69	46.96	1636.89	3.12
600751	海航科技	257318.91	103961.72	40.40	146595.98	56.97	6761.21	2.63
600753	东方银星	12800.00	7456.96	58.26	5294.61	41.36	48.43	0.38
600754	锦江酒店	80193.64	4019.12	5.01	65463.53	81.63	10710.99	13.36
600755	厦门国贸	185007.05	106558.90	57.60	71925.22	38.88	6522.93	3.53
600756	浪潮软件	32409.88	24853.52	76.69	7228.39	22.30	327.96	1.01
600757	长江传媒	121365.03	36638.34	30.19	75627.31	62.31	9099.38	7.50
600758	红阳能源	132201.74	42304.02	32.00	89102.17	67.40	795.55	0.60
600759	洲际油气	226350.75	116617.76	51.52	98044.84	43.32	11688.15	5.16
600760	中航沈飞	140038.93	16834.87	12.02	110318.78	78.78	12885.28	9.20
600761	安徽合力	74018.08	24476.84	33.07	38502.03	52.02	11039.20	14.91
600763	通策医疗	32064.00	9126.38	28.46	13759.77	42.91	9177.85	28.62
600764	中国海防	63166.81	7930.39	12.55	53965.31	85.43	1271.12	2.01
600765	中航重机	93360.38	35567.09	38.10	52224.03	55.94	5569.27	5.97
600766	园城黄金	22422.68	21196.55	94.53	1040.58	4.64	185.55	0.83
600767	ST 运盛	34101.02	25599.78	75.07	8471.75	24.84	29.48	0.09
600768	宁波富邦	13374.72	7621.45	56.98	5670.46	42.40	82.81	0.62
600769	祥龙电业	37497.72	26044.40	69.46	11414.71	30.44	38.62	0.10
600770	综艺股份	130000.00	89410.70	68.78	36528.06	28.10	4061.24	3.12
600771	广誉远	49199.97	24518.22	49.83	21432.12	43.56	3249.63	6.60
600773	西藏城投	81966.07	36399.32	44.41	44840.52	54.71	726.24	0.89
600774	汉商集团	22694.80	9375.00	41.31	13258.50	58.42	61.30	0.27
600775	南京熊猫	67183.85	34512.21	51.37	30034.53	44.70	2637.12	3.93
600776	东方通信	95600.01	31746.35	33.21	57671.54	60.33	6182.11	6.47
600777	新潮能源	680049.58	233402.14	34.32	416187.12	61.20	30460.32	4.48

注：合计持股数包含 F 类账户；单位为万股。

年末个股股东持股情况
Distribution of Shareholders by 2019

证券代码 Code	证券简称 Security Name	合计持股数 Total Hold	自然人 Individual		一般法人 Corporation		专业机构 Institution	
			持有股数	比例（%）	持有股数	比例（%）	持有股数	比例（%）
600778	友好集团	31149.14	18220.38	58.49	12627.71	40.54	301.05	0.97
600779	水井坊	48854.57	6567.76	13.44	32921.12	67.39	9365.69	19.17
600780	通宝能源	114650.25	31989.05	27.90	79717.44	69.53	2943.76	2.57
600781	ST 辅仁	62715.75	17904.14	28.55	44686.95	71.25	124.67	0.20
600782	新钢股份	318872.27	88245.83	27.67	143663.49	45.05	86962.95	27.27
600783	鲁信创投	74435.93	21880.46	29.40	52406.83	70.41	148.64	0.20
600784	鲁银投资	56817.78	39455.88	69.44	17127.66	30.14	234.25	0.41
600785	新华百货	22563.13	7664.62	33.97	14863.54	65.88	34.97	0.15
600787	中储股份	219980.10	54738.22	24.88	144837.79	65.84	20404.09	9.28
600789	鲁抗医药	88022.97	58800.88	66.80	29032.39	32.98	189.70	0.22
600790	轻纺城	146579.09	72607.96	49.54	66247.94	45.20	7723.20	5.27
600791	京能置业	45288.00	24090.58	53.19	21124.44	46.64	72.98	0.16
600792	云煤能源	98992.36	37447.74	37.83	60503.02	61.12	1041.60	1.05
600793	宜宾纸业	12636.00	4617.84	36.55	7948.68	62.91	69.48	0.55
600794	保税科技	121215.22	74026.99	61.07	46211.93	38.12	976.30	0.81
600795	国电电力	1965039.78	633241.10	32.23	1127911.74	57.40	203886.94	10.38
600796	钱江生化	30140.21	19052.84	63.21	10763.36	35.71	324.01	1.08
600797	浙大网新	104663.56	80416.37	76.83	23695.22	22.64	551.97	0.53
600798	宁波海运	120653.42	55606.15	46.09	64768.09	53.68	279.17	0.23
600800	天津磁卡	61127.10	43244.02	70.74	17830.62	29.17	52.46	0.09
600801	华新水泥	136187.99	26865.93	19.73	86700.53	63.66	22621.53	16.61
600802	福建水泥	38187.37	22134.54	57.96	15863.03	41.54	189.80	0.50
600803	新奥股份	122935.58	45075.41	36.67	69623.10	56.63	8237.07	6.70
600804	鹏博士	143239.43	90535.29	63.21	40676.57	28.40	12027.57	8.40
600805	悦达投资	85089.45	41955.58	49.31	41097.71	48.30	2036.15	2.39
600807	ST 天业	88463.47	46211.87	52.24	42231.43	47.74	20.18	0.02
600808	马钢股份	596775.12	167541.06	28.07	396689.27	66.47	32544.80	5.45
600809	山西汾酒	87152.83	6011.87	6.90	65127.42	74.73	16013.53	18.37
600810	神马股份	57496.40	28653.71	49.84	28651.74	49.83	190.96	0.33
600811	东方集团	371457.61	171004.98	46.04	180978.56	48.72	19474.07	5.24
600812	华北制药	163080.47	46146.96	28.30	109177.39	66.95	7756.12	4.76
600814	杭州解百	71502.68	20626.35	28.85	49965.57	69.88	910.75	1.27
600815	*ST 厦工	177409.45	49106.16	27.68	127968.69	72.13	334.60	0.19
600816	安信信托	546913.79	236040.37	43.16	269064.05	49.20	41809.38	7.64
600817	ST 宏盛	16091.01	10053.02	62.48	6003.62	37.31	34.37	0.21
600818	中路股份	23795.79	14183.56	59.61	9447.53	39.70	164.70	0.69
600819	耀皮玻璃	74741.61	22774.67	30.47	51175.51	68.47	791.43	1.06
600820	隧道股份	314409.61	129782.48	41.28	155628.27	49.50	28998.86	9.22
600821	津劝业	41626.82	29231.95	70.22	12058.54	28.97	336.32	0.81
600822	上海物贸	39614.79	15149.74	38.24	24277.08	61.28	187.97	0.47
600823	世茂股份	375116.83	62636.23	16.70	283535.83	75.59	28944.77	7.72
600824	益民集团	105402.71	62341.52	59.15	42105.86	39.95	955.33	0.91
600825	新华传媒	104488.79	41509.14	39.73	59943.78	57.37	3035.86	2.91
600826	兰生股份	42064.23	17159.90	40.79	24271.71	57.70	632.61	1.50
600827	百联股份	160444.99	38196.61	23.81	108204.91	67.44	14043.47	8.75
600828	茂业商业	173198.25	19470.46	11.24	150462.85	86.87	3264.94	1.89
600829	人民同泰	57988.86	10922.95	18.84	46121.71	79.54	944.20	1.63
600830	香溢融通	45432.27	25660.11	56.48	19224.05	42.31	548.12	1.21
600831	广电网络	70884.58	38332.74	54.08	31323.43	44.19	1228.41	1.73
600833	第一医药	22308.63	10398.60	46.61	11805.85	52.92	104.19	0.47

注：合计持股数包含 F 类账户；单位为万股。

年末个股股东持股情况
Distribution of Shareholders by 2019

证券代码 Code	证券简称 Security Name	合计持股数 Total Hold	自然人 Individual		一般法人 Corporation		专业机构 Institution	
			持有股数	比例（%）	持有股数	比例（%）	持有股数	比例（%）
600834	申通地铁	47738.19	18019.66	37.75	29217.62	61.20	500.91	1.05
600835	上海机电	80650.43	16976.99	21.05	53272.84	66.05	10400.60	12.90
600836	界龙实业	66275.31	47875.98	72.24	18334.70	27.66	64.63	0.10
600837	海通证券	809213.12	199215.73	24.62	453308.97	56.02	156688.42	19.36
600838	上海九百	40088.20	27723.04	69.16	12144.84	30.30	220.32	0.55
600839	四川长虹	461624.42	303580.80	65.76	131658.70	28.52	26384.92	5.72
600841	上柴股份	52189.25	8795.26	16.85	43055.87	82.50	338.12	0.65
600843	上工申贝	30464.59	14282.46	46.88	15617.82	51.27	564.31	1.85
600844	丹化科技	82273.06	58437.75	71.03	23821.35	28.95	13.97	0.02
600845	宝信软件	84293.03	8307.73	9.86	60789.40	72.12	15195.90	18.03
600846	同济科技	62476.15	43780.55	70.08	16246.52	26.00	2449.08	3.92
600847	万里股份	15328.74	8516.84	55.56	6788.88	44.29	23.02	0.15
600848	上海临港	199492.69	18572.66	9.31	177905.22	89.18	3014.81	1.51
600850	华东电脑	42685.22	19296.43	45.21	21642.01	50.70	1746.77	4.09
600851	海欣股份	73820.61	28172.95	38.16	44623.85	60.45	1023.82	1.39
600853	龙建股份	83741.80	45329.86	54.13	38226.58	45.65	185.35	0.22
600854	春兰股份	51945.85	31520.21	60.68	20348.08	39.17	77.56	0.15
600855	航天长峰	43959.11	19946.93	45.38	23086.20	52.52	925.98	2.11
600856	ST 中天	136665.44	69239.53	50.66	67118.93	49.11	306.98	0.22
600857	宁波中百	22431.99	16588.74	73.95	5817.77	25.94	25.47	0.11
600858	银座股份	52006.66	17308.98	33.28	31668.33	60.89	3029.35	5.82
600859	王府井	77625.04	17104.94	22.04	55390.83	71.36	5129.27	6.61
600860	京城股份	32200.00	13664.12	42.44	18420.92	57.21	114.96	0.36
600861	北京城乡	31680.49	18986.93	59.93	12470.99	39.36	222.57	0.70
600862	中航高科	139304.91	30828.67	22.13	98319.12	70.58	10157.12	7.29
600863	内蒙华电	580849.28	168742.65	29.05	369897.73	63.68	42208.90	7.27
600864	哈投股份	208057.05	57642.08	27.70	147299.72	70.80	3115.25	1.50
600865	百大集团	37624.03	21265.62	56.52	16180.66	43.01	177.75	0.47
600866	星湖科技	73901.92	44501.32	60.22	25898.01	35.04	3502.58	4.74
600867	通化东宝	203398.85	72305.38	35.55	94066.32	46.25	37027.15	18.20
600868	梅雁吉祥	189814.87	165308.39	87.09	23885.21	12.58	621.27	0.33
600869	智慧能源	221935.27	95070.73	42.84	123943.93	55.85	2920.62	1.32
600870	ST 厦华	52319.97	34100.46	65.18	16052.71	30.68	2166.80	4.14
600871	石化油服	1356937.86	140043.44	10.32	1208642.98	89.07	8251.44	0.61
600872	中炬高新	79663.72	13558.77	17.02	37869.56	47.54	28235.39	35.44
600873	梅花生物	310428.96	254561.61	82.00	26369.65	8.49	29497.70	9.50
600874	创业环保	108722.84	32698.51	30.08	73944.81	68.01	2079.53	1.91
600875	东方电气	275080.34	75091.97	27.30	183106.26	66.56	16882.11	6.14
600876	洛阳玻璃	30239.65	9838.02	32.53	20149.02	66.63	252.61	0.84
600877	*ST 电能	82216.17	53125.81	64.62	29079.98	35.37	10.38	0.01
600879	航天电子	271927.13	139513.95	51.31	107415.95	39.50	24997.23	9.19
600880	博瑞传播	109333.21	60300.67	55.15	44634.81	40.82	4397.73	4.02
600881	亚泰集团	324891.36	127859.29	39.35	182938.49	56.31	14093.58	4.34
600882	妙可蓝多	40935.70	27139.26	66.30	8919.34	21.79	4877.10	11.91
600883	博闻科技	23608.80	11604.81	49.15	10514.63	44.54	1489.37	6.31
600884	杉杉股份	112276.50	35560.99	31.67	62326.84	55.51	14388.67	12.82
600885	宏发股份	74476.16	2771.60	3.72	39717.37	53.33	31987.19	42.95
600886	国投电力	678602.33	118487.55	17.46	457978.72	67.49	102136.06	15.05
600887	伊利股份	609637.89	158187.29	25.95	179465.25	29.44	271985.35	44.61
600888	新疆众和	103547.32	52918.95	51.11	50351.10	48.63	277.27	0.27

注：合计持股数包含F类账户；单位为万股。

年末个股股东持股情况
Distribution of Shareholders by 2019

证券代码 Code	证券简称 Security Name	合计持股数 Total Hold	自然人 Individual		一般法人 Corporation		专业机构 Institution	
			持有股数	比例（%）	持有股数	比例（%）	持有股数	比例（%）
600889	南京化纤	36634. 60	18083. 31	49. 36	18508. 35	50. 52	42. 94	0. 12
600890	中房股份	57919. 49	28706. 90	49. 56	23615. 94	40. 77	5596. 65	9. 66
600891	* ST 秋林	61758. 58	28429. 52	46. 03	33171. 66	53. 71	157. 40	0. 25
600892	大晟文化	55946. 42	44572. 91	79. 67	11267. 65	20. 14	105. 86	0. 19
600893	航发动力	224984. 45	42515. 95	18. 90	159911. 68	71. 08	22556. 82	10. 03
600894	广日股份	85994. 69	29485. 35	34. 29	54199. 33	63. 03	2310. 01	2. 69
600895	张江高科	154868. 96	58691. 23	37. 90	85530. 99	55. 23	10646. 73	6. 87
600896	览海投资	86909. 91	46506. 52	53. 51	40189. 96	46. 24	213. 42	0. 25
600897	厦门空港	29781. 00	6467. 31	21. 72	21806. 73	73. 22	1506. 96	5. 06
600898	国美通讯	25252. 38	19332. 23	76. 56	5665. 04	22. 43	255. 11	1. 01
600900	长江电力	2200000. 00	96873. 74	4. 40	1650662. 47	75. 03	452463. 79	20. 57
600901	江苏租赁	298665. 00	59865. 73	20. 04	229976. 74	77. 00	8822. 52	2. 95
600903	贵州燃气	113818. 50	20753. 25	18. 23	92446. 96	81. 22	618. 30	0. 54
600908	无锡银行	184825. 89	80976. 25	43. 81	94205. 50	50. 97	9644. 14	5. 22
600909	华安证券	362100. 00	99286. 13	27. 42	220995. 84	61. 03	41818. 04	11. 55
600917	重庆燃气	155600. 00	15427. 58	9. 91	139478. 56	89. 64	693. 86	0. 45
600919	江苏银行	1154450. 00	160652. 60	13. 92	799276. 36	69. 23	194521. 04	16. 85
600926	杭州银行	513020. 04	73388. 85	14. 31	407233. 20	79. 38	32397. 99	6. 32
600928	西安银行	444444. 44	60576. 31	13. 63	382412. 58	86. 04	1455. 56	0. 33
600929	湖南盐业	91775. 11	22405. 72	24. 41	69191. 30	75. 39	178. 10	0. 19
600933	爱柯迪	85750. 35	15727. 11	18. 34	63806. 36	74. 41	6216. 88	7. 25
600936	广西广电	167102. 62	35942. 13	21. 51	131022. 32	78. 41	138. 17	0. 08
600939	重庆建工	181450. 00	18787. 80	10. 35	159374. 06	87. 83	3288. 14	1. 81
600958	东方证券	596657. 58	112994. 27	18. 94	428267. 07	71. 78	55396. 24	9. 28
600959	江苏有线	500071. 77	101476. 07	20. 29	377308. 42	75. 45	21287. 28	4. 26
600960	渤海汽车	95051. 55	46014. 40	48. 41	48928. 13	51. 48	109. 01	0. 11
600961	株冶集团	52745. 79	26811. 90	50. 83	25232. 05	47. 84	701. 84	1. 33
600962	国投中鲁	26221. 00	12997. 25	49. 57	12898. 08	49. 19	325. 67	1. 24
600963	岳阳林纸	139773. 31	68737. 49	49. 18	69990. 07	50. 07	1045. 75	0. 75
600965	福成股份	81870. 10	39967. 54	48. 82	40051. 83	48. 92	1850. 73	2. 26
600966	博汇纸业	133684. 43	73724. 79	55. 15	59047. 82	44. 17	911. 82	0. 68
600967	内蒙一机	168963. 18	36255. 27	21. 46	102370. 22	60. 59	30337. 68	17. 96
600968	海油发展	1016510. 42	175995. 51	17. 31	834601. 05	82. 10	5913. 86	0. 58
600969	郴电国际	37005. 05	23403. 28	63. 24	13472. 34	36. 41	129. 43	0. 35
600970	中材国际	173957. 39	85145. 20	48. 95	76174. 28	43. 79	12637. 91	7. 26
600971	恒源煤电	120000. 49	53833. 15	44. 86	52789. 54	43. 99	13377. 79	11. 15
600973	宝胜股份	122211. 25	59415. 47	48. 62	61665. 13	50. 46	1130. 65	0. 93
600975	新五丰	65267. 56	33159. 45	50. 81	31195. 01	47. 80	913. 10	1. 40
600976	健民集团	15339. 86	7321. 88	47. 73	5739. 74	37. 42	2278. 25	14. 85
600977	中国电影	186700. 00	36686. 96	19. 65	133409. 49	71. 46	16603. 54	8. 89
600978	宜华生活	148287. 00	104201. 02	70. 27	37489. 86	25. 28	6596. 12	4. 45
600979	广安爱众	94789. 21	46663. 56	49. 23	47426. 84	50. 03	698. 81	0. 74
600980	北矿科技	15520. 99	9247. 31	59. 58	6225. 96	40. 11	47. 72	0. 31
600981	汇鸿集团	224243. 32	37222. 50	16. 60	162818. 62	72. 61	24202. 21	10. 79
600982	宁波热电	108669. 55	49554. 68	45. 60	59058. 09	54. 35	56. 78	0. 05
600983	惠而浦	76643. 90	16236. 23	21. 18	58628. 21	76. 49	1779. 46	2. 32
600984	建设机械	82779. 35	32399. 52	39. 14	37889. 79	45. 77	12490. 03	15. 09
600985	淮北矿业	217241. 22	9251. 32	4. 26	201628. 99	92. 81	6360. 91	2. 93
600986	科达股份	132519. 24	103833. 59	78. 35	26376. 10	19. 90	2309. 54	1. 74
600987	航民股份	108081. 88	26437. 83	24. 46	71012. 89	65. 70	10631. 16	9. 84

注：合计持股数包含 F 类账户；单位为万股。

年末个股股东持股情况
Distribution of Shareholders by 2019

证券代码 Code	证券简称 Security Name	合计持股数 Total Hold	自然人 Individual		一般法人 Corporation		专业机构 Institution	
			持有股数	比例（%）	持有股数	比例（%）	持有股数	比例（%）
600988	赤峰黄金	155516.94	142861.32	91.86	8383.17	5.39	4272.45	2.75
600989	宝丰能源	733336.00	131735.99	17.96	599658.96	81.77	1941.05	0.26
600990	四创电子	15917.91	4380.56	27.52	8603.68	54.05	2933.67	18.43
600992	贵绳股份	24509.00	18060.05	73.69	6400.58	26.12	48.37	0.20
600993	马应龙	43105.39	19205.88	44.56	18256.96	42.35	5642.54	13.09
600995	文山电力	47852.64	30823.51	64.41	16540.43	34.57	488.70	1.02
600996	贵广网络	105169.53	21768.38	20.70	80253.66	76.31	3147.49	2.99
600997	开滦股份	158779.99	45825.13	28.86	110250.86	69.44	2703.99	1.70
600998	九州通	187766.42	33831.13	18.02	128663.54	68.52	25271.74	13.46
600999	招商证券	571900.81	50817.12	8.89	465573.73	81.41	55509.97	9.71
601000	唐山港	592592.86	168716.72	28.47	401571.57	67.77	22304.57	3.76
601001	大同煤业	167370.00	59027.49	35.27	104197.09	62.26	4145.42	2.48
601002	晋亿实业	79269.00	43569.85	54.96	35117.76	44.30	581.39	0.73
601003	柳钢股份	256279.32	52212.22	20.37	192991.11	75.30	11075.99	4.32
601005	重庆钢铁	838047.51	148682.16	17.74	667112.72	79.60	22252.63	2.66
601006	大秦铁路	1486679.15	114697.78	7.72	1156628.17	77.80	215353.20	14.49
601007	金陵饭店	30000.00	11999.08	40.00	17581.31	58.60	419.61	1.40
601008	连云港	109382.62	50162.12	45.86	58943.87	53.89	276.63	0.25
601009	南京银行	848220.79	193589.62	22.82	521791.69	61.52	132839.48	15.66
601010	文峰股份	184800.00	111691.24	60.44	72047.31	38.99	1061.44	0.57
601011	宝泰隆	161093.46	110293.26	68.47	49780.67	30.90	1019.52	0.63
601012	隆基股份	377201.68	190805.25	50.58	80824.74	21.43	105571.69	27.99
601015	陕西黑猫	162978.95	67035.57	41.13	94592.39	58.04	1351.00	0.83
601016	节能风电	415556.00	134620.51	32.40	262339.74	63.13	18595.76	4.47
601018	宁波港	1317284.78	136145.74	10.34	1116006.52	84.72	65132.52	4.94
601019	山东出版	208690.00	24827.97	11.90	175948.15	84.31	7913.88	3.79
601020	华钰矿业	52591.68	15835.73	30.11	33503.26	63.70	3252.69	6.18
601021	春秋航空	91672.77	7178.07	7.83	70034.96	76.40	14459.75	15.77
601028	玉龙股份	78302.58	38056.43	48.60	39968.89	51.04	277.25	0.35
601038	一拖股份	59391.00	16931.62	28.51	42082.98	70.86	376.40	0.63
601058	赛轮轮胎	270026.07	132561.77	49.09	86420.14	32.00	51044.16	18.90
601066	中信建投	638536.15	37566.85	5.88	555766.78	87.04	45202.52	7.08
601068	中铝国际	255959.07	27668.44	10.81	226522.35	88.50	1768.28	0.69
601069	西部黄金	63600.00	19434.34	30.56	43082.74	67.74	1082.92	1.70
601077	渝农商行	884366.40	237608.93	26.87	632986.12	71.58	13771.34	1.56
601086	国芳集团	66600.00	66400.27	99.70	182.32	0.27	17.41	0.03
601088	中国神华	1649103.80	75573.73	4.58	1436828.75	87.13	136701.31	8.29
601098	中南传媒	179600.00	17133.85	9.54	122468.38	68.19	39997.78	22.27
601099	太平洋	681631.64	462253.31	67.82	162468.12	23.84	56910.21	8.35
601100	恒立液压	88200.00	2208.95	2.50	65717.60	74.51	20273.45	22.99
601101	昊华能源	119999.83	37487.96	31.24	81934.11	68.28	577.76	0.48
601106	中国一重	685778.29	220745.09	32.19	448963.90	65.47	16069.30	2.34
601107	四川成渝	216274.00	43227.61	19.99	170722.28	78.94	2324.11	1.07
601108	财通证券	358900.00	130556.61	36.38	208091.57	57.98	20251.82	5.64
601111	中国国航	996213.18	59098.81	5.93	830687.18	83.38	106427.20	10.68
601113	ST 华鼎	114148.11	47072.51	41.24	67063.52	58.75	12.08	0.01
601116	三江购物	54767.84	14799.82	27.02	37364.50	68.22	2603.52	4.75
601117	中国化学	493300.00	81595.29	16.54	246393.37	49.95	165311.34	33.51
601118	海南橡胶	427942.78	109131.34	25.50	312949.15	73.13	5862.29	1.37
601126	四方股份	81317.20	33139.28	40.75	44856.56	55.16	3321.36	4.08

注：合计持股数包含 F 类账户；单位为万股。

年末个股股东持股情况

Distribution of Shareholders by 2019

证券代码 Code	证券简称 Security Name	合计持股数 Total Hold	自然人 Individual		一般法人 Corporation		专业机构 Institution	
			持有股数	比例（%）	持有股数	比例（%）	持有股数	比例（%）
601127	小康股份	93994.54	21044.43	22.39	71230.34	75.78	1719.76	1.83
601128	常熟银行	274085.59	68950.56	25.16	111239.31	40.59	93895.73	34.26
601137	博威合金	68452.05	16937.63	24.74	51068.70	74.61	445.71	0.65
601138	工业富联	1985483.19	76086.32	3.83	1838619.63	92.60	70777.24	3.56
601139	深圳燃气	287676.75	23851.79	8.29	244835.97	85.11	18989.00	6.60
601155	新城控股	225672.42	51738.73	22.93	156757.33	69.46	17176.36	7.61
601158	重庆水务	480000.00	36170.95	7.54	429574.69	89.49	14254.36	2.97
601162	天风证券	518000.00	105923.53	20.45	407088.85	78.59	4987.62	0.96
601163	三角轮胎	80000.00	27169.17	33.96	51012.18	63.77	1818.65	2.27
601166	兴业银行	2077419.08	309789.57	14.91	1421941.91	68.45	345687.60	16.64
601168	西部矿业	238300.00	137718.67	57.79	90139.88	37.83	10441.46	4.38
601169	北京银行	2114298.43	338923.63	16.03	1490040.88	70.47	285333.92	13.50
601177	杭齿前进	40006.00	18495.64	46.23	21382.31	53.45	128.05	0.32
601179	中国西电	512588.24	100374.99	19.58	382850.53	74.69	29362.72	5.73
601186	中国铁建	1150324.55	180990.98	15.73	834727.82	72.56	134605.75	11.70
601188	龙江交通	131587.86	38987.86	29.63	90846.11	69.04	1753.89	1.33
601198	东兴证券	275796.07	60351.02	21.88	195706.56	70.96	19738.49	7.16
601199	江南水务	93521.03	32619.71	34.88	60456.70	64.65	444.63	0.48
601200	上海环境	91338.76	33591.59	36.78	53096.12	58.13	4651.05	5.09
601208	东材科技	62660.10	41467.26	66.18	19808.49	31.61	1384.34	2.21
601211	国泰君安	751612.10	111220.39	14.80	530793.32	70.62	109598.39	14.58
601212	白银有色	740477.45	98457.22	13.30	623642.15	84.22	18378.08	2.48
601216	君正集团	843801.74	579485.87	68.68	206605.90	24.49	57709.97	6.84
601218	吉鑫科技	99176.00	97285.15	98.09	1320.87	1.33	569.98	0.57
601222	林洋能源	175767.09	70385.92	40.04	90872.73	51.70	14508.44	8.25
601225	陕西煤业	1000000.00	91388.72	9.14	822233.32	82.22	86377.96	8.64
601226	华电重工	115500.00	36291.87	31.42	75573.77	65.43	3634.36	3.15
601228	广州港	619318.00	64819.37	10.47	543338.47	87.73	11160.17	1.80
601229	上海银行	1420652.87	204893.77	14.42	1104625.18	77.75	111133.92	7.82
601231	环旭电子	217908.80	22807.52	10.47	179421.06	82.34	15680.22	7.20
601233	桐昆股份	184793.08	53181.53	28.78	99866.73	54.04	31744.82	17.18
601236	红塔证券	363340.54	30770.76	8.47	328627.43	90.45	3942.35	1.09
601238	广汽集团	713908.72	34208.05	4.79	658284.28	92.21	21416.39	3.00
601258	*ST 庞大	1022722.51	632476.73	61.84	376584.34	36.82	13661.44	1.34
601288	农业银行	31924421.08	543453.41	1.70	29314322.55	91.82	2066645.13	6.47
601298	青岛港	539207.50	40625.61	7.53	494517.58	91.71	4064.31	0.75
601311	骆驼股份	86382.37	65185.47	75.46	17793.27	20.60	3403.63	3.94
601318	中国平安	1083266.45	259635.85	23.97	506919.00	46.80	316711.60	29.24
601319	中国人保	3549775.66	133774.80	3.77	3092498.99	87.12	323501.86	9.11
601326	秦港股份	475755.90	54308.49	11.42	411747.59	86.55	9699.82	2.04
601328	交通银行	3925086.40	384481.64	9.80	2783309.43	70.91	757295.32	19.29
601330	绿色动力	75684.02	17766.84	23.48	57551.06	76.04	366.11	0.48
601333	广深铁路	565223.70	215835.56	38.19	313740.17	55.51	35647.97	6.31
601336	新华保险	208543.93	26340.08	12.63	156494.54	75.04	25709.31	12.33
601339	百隆东方	150000.00	81672.17	54.45	66564.10	44.38	1763.72	1.18
601360	三六零	676405.52	129269.97	19.11	543360.64	80.33	3774.91	0.56
601366	利群股份	86050.05	48526.06	56.39	37430.38	43.50	93.60	0.11
601368	绿城水务	88297.31	24545.28	27.80	63638.75	72.07	113.28	0.13
601369	陕鼓动力	167833.02	42221.45	25.16	119937.48	71.46	5674.09	3.38
601375	中原证券	267370.57	78752.10	29.45	178292.04	66.68	10326.43	3.86

注：合计持股数包含 F 类账户；单位为万股。

年末个股股东持股情况
Distribution of Shareholders by 2019

证券代码 Code	证券简称 Security Name	合计持股数 Total Hold	自然人 Individual		一般法人 Corporation		专业机构 Institution	
			持有股数	比例（%）	持有股数	比例（%）	持有股数	比例（%）
601377	兴业证券	669667.17	216567.05	32.34	376409.10	56.21	76691.02	11.45
601388	怡球资源	202540.00	107652.79	53.15	93990.42	46.41	896.79	0.44
601390	中国中铁	2036353.93	314852.79	15.46	1557957.04	76.51	163544.10	8.03
601398	工商银行	26961221.25	351022.17	1.30	24525546.94	90.97	2084652.14	7.73
601500	通用股份	87229.01	19045.89	21.83	68122.80	78.10	60.31	0.07
601512	中新集团	149889.00	14882.58	9.93	134946.00	90.03	60.42	0.04
601515	东风股份	133440.00	42095.86	31.55	87764.43	65.77	3579.71	2.68
601518	吉林高速	135039.51	42142.12	31.21	92663.99	68.62	233.39	0.17
601519	大智慧	198770.00	162182.71	81.59	35708.49	17.96	878.80	0.44
601555	东吴证券	300000.00	94306.42	31.44	173536.21	57.85	32157.37	10.72
601558	ST锐电	603060.00	395359.00	65.56	206605.17	34.26	1095.83	0.18
601566	九牧王	57463.72	10672.51	18.57	42291.31	73.60	4499.89	7.83
601567	三星医疗	138656.91	66449.90	47.92	65605.82	47.32	6601.19	4.76
601577	长沙银行	342155.38	39144.01	11.44	298406.07	87.21	4605.29	1.35
601579	会稽山	49736.00	12741.99	25.62	36677.55	73.74	316.46	0.64
601588	北辰实业	266000.00	103839.34	39.04	155887.15	58.60	6273.51	2.36
601595	上海电影	37350.00	8387.86	22.46	27298.23	73.09	1663.91	4.45
601598	中国外运	525591.69	94830.40	18.04	418744.62	79.67	12016.67	2.29
601599	鹿港文化	89272.50	83230.68	93.23	5952.43	6.67	89.39	0.10
601600	中国铝业	1307870.70	385870.20	29.50	825180.06	63.09	96820.44	7.40
601601	中国太保	628670.00	24837.17	3.95	485245.05	77.19	118587.79	18.86
601606	长城军工	72422.84	17384.83	24.00	54255.38	74.91	782.63	1.08
601607	上海医药	192301.66	39933.43	20.77	118234.88	61.48	34133.35	17.75
601608	中信重工	433941.93	112845.85	26.00	309841.54	71.40	11254.54	2.59
601611	中国核建	262500.97	53664.36	20.44	197145.35	75.10	11691.26	4.45
601615	明阳智能	137972.24	19965.70	14.47	113542.47	82.29	4464.07	3.24
601616	广电电气	93557.50	71279.29	76.19	22023.05	23.54	255.16	0.27
601618	中国中冶	1785261.92	391126.91	21.91	1245501.04	69.77	148633.96	8.33
601619	嘉泽新能	207410.00	41967.50	20.23	164474.47	79.30	968.04	0.47
601628	中国人寿	2082353.00	23410.33	1.12	1957055.84	93.98	101886.83	4.89
601633	长城汽车	602772.90	30288.32	5.02	522897.19	86.75	49587.39	8.23
601636	旗滨集团	268770.29	118738.99	44.18	85723.62	31.89	64307.69	23.93
601658	邮储银行	6634657.12	115778.50	1.75	6290102.00	94.81	228776.62	3.45
601666	平煤股份	236116.50	86490.87	36.63	144115.90	61.04	5509.73	2.33
601668	中国建筑	4197562.97	753610.63	17.95	2915491.73	69.46	528460.61	12.59
601669	中国电建	1529903.50	203132.14	13.28	1209269.88	79.04	117501.49	7.68
601677	明泰铝业	61629.53	46211.07	74.98	10607.41	17.21	4811.05	7.81
601678	滨化股份	154440.00	119735.64	77.53	31311.51	20.27	3392.85	2.20
601688	华泰证券	735760.43	138349.18	18.80	421632.34	57.31	175778.92	23.89
601689	拓普集团	105498.77	10304.78	9.77	82453.87	78.16	12740.13	12.08
601698	中国卫通	400000.00	36375.29	9.09	360534.74	90.13	3089.97	0.77
601699	潞安环能	299140.92	89917.18	30.06	184059.33	61.53	25164.41	8.41
601700	风范股份	113323.20	112702.26	99.45	337.74	0.30	283.21	0.25
601717	郑煤机	148923.72	64708.21	43.45	69042.38	46.36	15173.13	10.19
601718	际华集团	439162.94	113143.36	25.76	297619.93	67.77	28399.65	6.47
601727	上海电气	1217955.04	186667.46	15.33	961302.82	78.93	69984.77	5.75
601766	中国中车	2432779.80	388789.74	15.98	1835558.96	75.45	208431.10	8.57
601777	力帆股份	131375.76	66039.96	50.27	62378.73	47.48	2957.07	2.25
601788	光大证券	390669.88	86205.93	22.07	270682.37	69.29	33781.58	8.65
601789	宁波建工	97608.00	53941.46	55.26	43117.43	44.17	549.12	0.56

注：合计持股数包含F类账户；单位为万股。

年末个股股东持股情况
Distribution of Shareholders by 2019

证券代码 Code	证券简称 Security Name	合计持股数 Total Hold	自然人 Individual		一般法人 Corporation		专业机构 Institution	
			持有股数	比例（%）	持有股数	比例（%）	持有股数	比例（%）
601798	ST 蓝科	35452.82	11612.18	32.75	23826.81	67.21	13.83	0.04
601799	星宇股份	27615.52	14553.69	52.70	5235.97	18.96	7825.86	28.34
601800	中国交建	1174723.54	88960.14	7.57	794054.42	67.60	291708.98	24.83
601801	皖新传媒	198920.47	27836.63	13.99	133398.62	67.06	37685.22	18.94
601808	中海油服	296046.80	16555.56	5.59	249816.64	84.38	29674.60	10.02
601811	新华文轩	79190.39	5482.57	6.92	70403.44	88.90	3304.38	4.17
601818	光大银行	3981058.76	214510.68	5.39	3283286.52	82.47	483261.56	12.14
601828	美凯龙	287610.40	30847.58	10.73	204090.28	70.96	52672.53	18.31
601838	成都银行	361225.13	47763.16	13.22	285799.82	79.12	27662.16	7.66
601857	中国石油	16192207.78	355503.36	2.20	15034331.72	92.85	802372.70	4.96
601858	中国科传	79050.00	12308.60	15.57	65071.21	82.32	1670.19	2.11
601860	紫金银行	366088.89	129033.31	35.25	235367.22	64.29	1688.36	0.46
601865	福莱特	150000.00	145188.13	96.79	1139.74	0.76	3672.13	2.45
601866	中远海发	793212.50	219036.19	27.61	534035.31	67.33	40140.99	5.06
601869	长飞光纤	40633.83	7181.01	17.67	32846.45	80.84	606.37	1.49
601872	招商轮船	606661.27	112907.08	18.61	450948.62	74.33	42805.56	7.06
601877	正泰电器	215123.99	30038.58	13.96	147882.38	68.74	37203.03	17.29
601878	浙商证券	333334.65	70539.25	21.16	253272.02	75.98	9523.38	2.86
601880	大连港	773582.00	200263.94	25.89	560985.45	72.52	12332.61	1.59
601881	中国银河	644627.41	66140.21	10.26	546216.23	84.73	32270.98	5.01
601882	海天精工	52200.00	8974.00	17.19	43184.58	82.73	41.41	0.08
601886	江河集团	115405.00	58882.88	51.02	55811.04	48.36	711.08	0.62
601888	中国国旅	195247.55	14070.81	7.21	119433.35	61.17	61743.40	31.62
601890	亚星锚链	95940.00	95658.06	99.71	112.24	0.12	169.70	0.18
601898	中煤能源	915200.04	85095.19	9.30	774904.71	84.67	55200.14	6.03
601899	紫金矿业	1964031.99	468871.04	23.87	986508.31	50.23	508652.64	25.90
601900	南方传媒	89587.66	14609.95	16.31	71714.46	80.05	3263.24	3.64
601901	方正证券	823210.14	252672.36	30.69	372607.82	45.26	197929.96	24.04
601908	京运通	199301.77	105962.84	53.17	87516.58	43.91	5822.34	2.92
601916	浙商银行	1671469.68	201674.65	12.07	1441342.11	86.23	28452.92	1.70
601918	新集能源	259054.18	139337.73	53.79	117158.34	45.23	2558.12	0.99
601919	中远海控	967892.92	143857.93	14.86	762055.33	78.73	61979.67	6.40
601928	凤凰传媒	254490.00	32151.79	12.63	128149.42	50.36	94188.79	37.01
601929	吉视传媒	311106.13	121106.56	38.93	182732.96	58.74	7266.61	2.34
601933	永辉超市	957046.21	389361.00	40.68	394882.23	41.26	172802.98	18.06
601939	建设银行	959365.76	214795.37	22.39	253825.71	26.46	490744.68	51.15
601949	中国出版	182250.00	28732.56	15.77	143911.63	78.96	9605.81	5.27
601952	苏垦农发	137800.00	36262.41	26.32	95549.50	69.34	5988.09	4.35
601958	金钼股份	322660.44	48995.90	15.18	249191.87	77.23	24472.67	7.58
601965	中国汽研	96981.72	19142.68	19.74	70638.08	72.84	7200.95	7.43
601966	玲珑轮胎	120001.40	9945.07	8.29	91592.98	76.33	18463.36	15.39
601968	宝钢包装	83333.33	29144.19	34.97	51196.40	61.44	2992.73	3.59
601969	海南矿业	195472.03	19209.81	9.83	169928.90	86.93	6333.32	3.24
601975	招商南油	502340.00	183690.28	36.57	313689.60	62.45	4960.13	0.99
601985	中国核电	1556544.68	279486.07	17.96	1174238.48	75.44	102820.13	6.61
601988	中国银行	21076551.48	545091.72	2.59	19412928.08	92.11	1118531.69	5.31
601989	中国重工	2280203.53	557787.61	24.46	1540967.09	67.58	181448.83	7.96
601990	南京证券	329882.34	76916.47	23.32	245027.87	74.28	7938.00	2.41
601991	大唐发电	1239608.91	127534.78	10.29	1069289.11	86.26	42785.02	3.45
601992	金隅集团	833900.63	201581.17	24.17	578418.68	69.36	53900.77	6.46

注：合计持股数包含 F 类账户；单位为万股。

年末个股股东持股情况
Distribution of Shareholders by 2019

证券代码 Code	证券简称 Security Name	合计持股数 Total Hold	自然人 Individual		一般法人 Corporation		专业机构 Institution	
			持有股数	比例（%）	持有股数	比例（%）	持有股数	比例（%）
601996	丰林集团	114573.68	48883.55	42.67	64632.15	56.41	1057.97	0.92
601997	贵阳银行	321802.87	95037.12	29.53	183679.97	57.08	43085.78	13.39
601998	中信银行	3405264.81	82546.01	2.42	3161459.24	92.84	161259.56	4.74
601999	出版传媒	55091.47	16079.04	29.19	38876.00	70.57	136.43	0.25
603000	人民网	110569.11	35129.47	31.77	71608.25	64.76	3831.38	3.47
603001	奥康国际	40098.00	23937.22	59.70	13153.22	32.80	3007.56	7.50
603002	宏昌电子	61441.17	35054.63	57.05	26236.91	42.70	149.63	0.24
603003	龙宇燃油	41653.24	22026.08	52.88	19281.75	46.29	345.42	0.83
603005	晶方科技	22967.95	8300.73	36.14	12316.87	53.63	2350.34	10.23
603006	联明股份	19107.82	7446.18	38.97	11644.12	60.94	17.52	0.09
603007	花王股份	33709.38	15995.36	47.45	17522.66	51.98	191.35	0.57
603008	喜临门	39113.78	14638.04	37.42	19513.43	49.89	4962.30	12.69
603009	北特科技	35900.22	34699.24	96.65	1158.11	3.23	42.87	0.12
603010	万盛股份	34679.13	22928.29	66.12	11175.95	32.23	574.89	1.66
603011	合锻智能	45307.48	33309.11	73.52	11937.73	26.35	60.63	0.13
603012	创力集团	63656.00	45223.23	71.04	13514.68	21.23	4918.09	7.73
603013	亚普股份	51000.00	5283.20	10.36	45577.04	89.37	139.77	0.27
603015	弘讯科技	40708.80	16306.54	40.06	24395.59	59.93	6.67	0.02
603016	新宏泰	14816.00	11689.81	78.90	3107.47	20.97	18.72	0.13
603017	中衡设计	27511.47	15431.38	56.09	11914.26	43.31	165.83	0.60
603018	中设集团	46437.26	38284.82	82.44	3897.37	8.39	4255.08	9.16
603019	中科曙光	90030.90	59694.56	66.30	24920.96	27.68	5415.38	6.02
603020	爱普股份	32000.00	27353.48	85.48	4301.11	13.44	345.41	1.08
603021	山东华鹏	31994.81	22430.95	70.11	9271.89	28.98	291.97	0.91
603022	新通联	20000.00	19033.44	95.17	934.62	4.67	31.94	0.16
603023	威帝股份	45333.52	45098.64	99.48	209.52	0.46	25.36	0.06
603025	大豪科技	92615.17	56458.58	60.96	34325.10	37.06	1831.50	1.98
603026	石大胜华	20268.00	11454.09	56.51	8283.42	40.87	530.49	2.62
603027	千禾味业	46585.07	40244.24	86.39	2408.85	5.17	3931.99	8.44
603028	赛福天	22080.00	8909.89	40.35	12972.70	58.75	197.41	0.89
603029	天鹅股份	9334.00	2764.68	29.62	6504.03	69.68	65.28	0.70
603030	全筑股份	53821.38	45670.31	84.86	5050.50	9.38	3100.58	5.76
603031	安德利	11200.00	9287.00	82.92	1857.02	16.58	55.97	0.50
603032	德新交运	16000.80	5523.46	34.52	10475.77	65.47	1.57	0.01
603033	三维股份	30441.81	29810.63	97.93	543.66	1.79	87.53	0.29
603035	常熟汽饰	28000.00	23818.45	85.07	3250.50	11.61	931.04	3.33
603036	如通股份	20603.30	19928.80	96.73	541.91	2.63	132.59	0.64
603037	凯众股份	10582.37	8115.64	76.69	1479.15	13.98	987.58	9.33
603038	华立股份	13157.16	12598.29	95.75	517.53	3.93	41.34	0.31
603039	泛微网络	15164.03	12673.26	83.57	1228.96	8.10	1261.81	8.32
603040	新坐标	7948.29	2216.65	27.89	5208.84	65.53	522.80	6.58
603041	美思德	10064.26	3613.43	35.90	6269.87	62.30	180.96	1.80
603042	华脉科技	13600.00	11684.67	85.92	1777.51	13.07	137.83	1.01
603043	广州酒家	40399.62	5924.69	14.67	29659.70	73.42	4815.23	11.92
603045	福达合金	13762.00	12194.95	88.61	1447.96	10.52	119.09	0.87
603050	科林电气	16222.45	14922.99	91.99	1201.22	7.40	98.24	0.61
603053	成都燃气	88889.00	16717.32	18.81	72151.51	81.17	20.18	0.02
603055	台华新材	76664.20	10018.32	13.07	66436.91	86.66	208.96	0.27
603056	德邦股份	96000.00	14452.52	15.05	78151.60	81.41	3395.87	3.54
603058	永吉股份	41907.44	9500.44	22.67	32357.21	77.21	49.78	0.12

注：合计持股数包含 F 类账户；单位为万股。

年末个股股东持股情况

Distribution of Shareholders by 2019

证券代码 Code	证券简称 Security Name	合计持股数 Total Hold	自然人 Individual		一般法人 Corporation		专业机构 Institution	
			持有股数	比例（%）	持有股数	比例（%）	持有股数	比例（%）
603059	倍加洁	10000.00	8572.75	85.73	1402.51	14.03	24.74	0.25
603060	国检集团	30800.00	3697.16	12.00	22970.46	74.58	4132.37	13.42
603063	禾望电气	43089.00	28743.43	66.71	12986.50	30.14	1359.06	3.15
603066	音飞储存	30070.29	12261.91	40.78	17772.43	59.10	35.94	0.12
603067	振华股份	43120.00	40709.50	94.41	2332.08	5.41	78.42	0.18
603068	博通集成	13871.35	3329.96	24.01	10323.04	74.42	218.35	1.57
603069	海汽集团	31600.00	8385.35	26.54	22951.93	72.63	262.72	0.83
603076	乐惠国际	7450.00	4673.64	62.73	2764.82	37.11	11.54	0.15
603077	和邦生物	883125.02	415713.66	47.07	433819.07	49.12	33592.29	3.80
603078	江化微	10920.00	8838.37	80.94	1972.68	18.06	108.95	1.00
603079	圣达生物	11200.00	3503.02	31.28	7254.81	64.78	442.16	3.95
603080	新疆火炬	14150.00	11413.99	80.66	2676.32	18.91	59.69	0.42
603081	大丰实业	40180.49	36361.27	90.49	3801.62	9.46	17.60	0.04
603083	剑桥科技	16944.89	6936.66	40.94	9275.66	54.74	732.58	4.32
603085	天成自控	29098.61	13038.48	44.81	16043.51	55.13	16.63	0.06
603086	先达股份	11200.00	10430.19	93.13	685.16	6.12	84.65	0.76
603088	宁波精达	15680.00	8375.09	53.41	7296.96	46.54	7.95	0.05
603089	正裕工业	15467.15	7535.96	48.72	7928.14	51.26	3.05	0.02
603090	宏盛股份	10000.00	9322.24	93.22	657.73	6.58	20.03	0.20
603093	南华期货	58000.00	6475.90	11.17	51291.67	88.43	232.42	0.40
603096	新经典	13530.80	8461.14	62.53	2109.74	15.59	2959.92	21.88
603098	森特股份	48001.20	29339.55	61.12	18502.67	38.55	158.98	0.33
603099	长白山	26667.00	7364.14	27.62	19245.34	72.17	57.52	0.22
603100	川仪股份	39500.00	14769.11	37.39	24273.12	61.45	457.77	1.16
603101	汇嘉时代	33600.00	31098.38	92.55	2483.24	7.39	18.37	0.05
603103	横店影视	63420.00	3338.09	5.26	56587.49	89.23	3494.42	5.51
603105	芯能科技	50000.00	34205.21	68.41	15146.33	30.29	648.45	1.30
603106	恒银金融	40040.00	21032.05	52.53	18929.69	47.28	78.26	0.20
603108	润达医疗	57953.41	40234.81	69.43	16744.10	28.89	974.50	1.68
603109	神驰机电	14667.00	9399.44	64.09	5066.50	34.54	201.06	1.37
603110	东方材料	14373.34	13117.33	91.26	1250.19	8.70	5.81	0.04
603111	康尼机电	99327.55	65033.51	65.47	32505.15	32.73	1788.88	1.80
603113	金能科技	67593.95	57460.41	85.01	9226.43	13.65	907.11	1.34
603115	海星股份	20800.00	5136.95	24.70	15646.24	75.22	16.81	0.08
603116	红蜻蜓	57620.08	30269.52	52.53	27251.41	47.29	99.15	0.17
603117	万林物流	64301.69	44598.38	69.36	19576.14	30.44	127.17	0.20
603118	共进股份	77573.33	72137.76	92.99	2452.43	3.16	2983.14	3.85
603121	华培动力	21600.00	9408.46	43.56	12139.30	56.20	52.24	0.24
603123	翠微股份	52414.42	17640.36	33.66	34701.85	66.21	72.21	0.14
603126	中材节能	61050.00	23106.69	37.85	37739.60	61.82	203.71	0.33
603127	昭衍新药	16171.69	14039.39	86.81	692.31	4.28	1439.99	8.90
603128	华贸物流	101203.84	46773.26	46.22	53370.54	52.74	1060.04	1.05
603129	春风动力	13438.54	3243.89	24.14	8106.36	60.32	2088.29	15.54
603131	上海沪工	31797.43	27925.55	87.82	3572.05	11.23	299.83	0.94
603133	碳元科技	21047.50	15483.31	73.56	4363.34	20.73	1200.85	5.71
603136	天目湖	11600.00	10465.06	90.22	539.90	4.65	595.04	5.13
603138	海量数据	21060.98	20652.74	98.06	350.10	1.66	58.15	0.28
603139	康惠制药	9988.00	3904.70	39.09	6022.16	60.29	61.14	0.61
603156	养元饮品	105457.80	81664.06	77.44	20351.34	19.30	3442.40	3.26
603157	拉夏贝尔	33288.18	24052.34	72.25	8573.50	25.76	662.35	1.99

注：合计持股数包含 F 类账户；单位为万股。

年末个股股东持股情况
Distribution of Shareholders by 2019

证券代码 Code	证券简称 Security Name	合计持股数 Total Hold	自然人 Individual		一般法人 Corporation		专业机构 Institution	
			持有股数	比例（%）	持有股数	比例（%）	持有股数	比例（%）
603158	腾龙股份	21697.12	10817.97	49.86	9911.24	45.68	967.91	4.46
603159	上海亚虹	14000.00	13731.72	98.08	185.94	1.33	82.33	0.59
603160	汇顶科技	45573.23	25663.33	56.31	12629.74	27.71	7280.16	15.97
603161	科华控股	13340.00	10963.95	82.19	2308.21	17.30	67.84	0.51
603165	荣晟环保	17735.20	17330.51	97.72	168.17	0.95	236.52	1.33
603166	福达股份	59525.87	24484.78	41.13	34939.60	58.70	101.50	0.17
603167	渤海轮渡	47280.66	30556.77	64.63	14917.39	31.55	1806.50	3.82
603168	莎普爱思	32259.25	23543.13	72.98	8464.33	26.24	251.79	0.78
603169	兰石重装	105150.25	31319.94	29.79	73616.89	70.01	213.42	0.20
603177	德创环保	20200.00	5009.54	24.80	15186.70	75.18	3.76	0.02
603178	圣龙股份	20184.18	5893.47	29.20	14269.16	70.69	21.55	0.11
603179	新泉股份	22762.65	10034.92	44.09	8625.50	37.89	4102.23	18.02
603180	金牌厨柜	6721.59	3427.74	51.00	3154.51	46.93	139.34	2.07
603181	皇马科技	28000.00	15169.53	54.18	10465.97	37.38	2364.50	8.44
603183	建研院	19086.53	18289.01	95.82	773.01	4.05	24.50	0.13
603185	上机数控	17640.00	16652.41	94.40	930.03	5.27	57.55	0.33
603186	华正新材	12935.00	4857.89	37.56	6431.53	49.72	1645.58	12.72
603187	海容冷链	11320.00	9822.16	86.77	1232.38	10.89	265.46	2.35
603188	ST 亚邦	57600.00	32674.11	56.73	23515.99	40.83	1409.91	2.45
603189	网达软件	22080.00	19640.74	88.95	2336.43	10.58	102.83	0.47
603192	汇得科技	10666.67	4889.17	45.84	5723.71	53.66	53.79	0.50
603196	日播时尚	24000.00	10896.93	45.40	13002.26	54.18	100.81	0.42
603197	保隆科技	16607.79	13075.30	78.73	1680.31	10.12	1852.19	11.15
603198	迎驾贡酒	80000.00	12797.21	16.00	64100.66	80.13	3102.14	3.88
603199	九华旅游	11068.00	3285.58	29.69	7518.97	67.93	263.45	2.38
603200	上海洗霸	10130.28	8938.34	88.23	1145.39	11.31	46.55	0.46
603203	快克股份	15737.91	5444.56	34.60	9864.18	62.68	429.17	2.73
603208	江山欧派	8081.61	6348.53	78.56	730.24	9.04	1002.84	12.41
603214	爱婴室	10205.90	6577.06	64.44	2752.59	26.97	876.25	8.59
603217	元利科技	9104.00	8448.10	92.80	654.97	7.19	0.93	0.01
603218	日月股份	53134.70	37892.33	71.31	12305.23	23.16	2937.15	5.53
603220	中贝通信	33776.00	28679.27	84.91	4899.22	14.51	197.51	0.58
603222	济民制药	32000.00	20937.59	65.43	10895.37	34.05	167.04	0.52
603223	恒通股份	28224.00	23743.89	84.13	4402.45	15.60	77.66	0.28
603225	新凤鸣	139956.78	74686.26	53.36	63621.92	45.46	1648.60	1.18
603226	菲林格尔	15133.11	3947.27	26.08	11158.22	73.73	27.61	0.18
603227	雪峰科技	65870.00	36094.61	54.80	29558.19	44.87	217.21	0.33
603228	景旺电子	60237.16	3215.84	5.34	51200.79	85.00	5820.53	9.66
603229	奥翔药业	16000.00	12458.34	77.86	2221.83	13.89	1319.83	8.25
603232	格尔软件	12126.80	7401.03	61.03	3501.66	28.88	1224.11	10.09
603233	大参林	53954.18	44198.65	81.92	3445.78	6.39	6309.75	11.69
603236	移远通信	8918.00	4653.19	52.18	3855.82	43.24	408.99	4.59
603238	诺邦股份	12000.00	3180.75	26.51	8740.00	72.83	79.25	0.66
603239	浙江仙通	27072.00	26183.15	96.72	636.23	2.35	252.62	0.93
603256	宏和科技	87780.00	8330.92	9.49	79223.48	90.25	225.60	0.26
603258	电魂网络	24418.10	24166.32	98.97	182.53	0.75	69.25	0.28
603259	药明康德	148061.30	11445.23	7.73	102352.89	69.13	34263.18	23.14
603260	合盛硅业	93800.00	19079.23	20.34	73203.66	78.04	1517.11	1.62
603266	天龙股份	19907.48	8908.11	44.75	10948.51	55.00	50.86	0.26
603267	鸿远电子	16534.00	15150.41	91.63	1346.86	8.15	36.73	0.22

注：合计持股数包含 F 类账户；单位为万股。

年末个股股东持股情况

Distribution of Shareholders by 2019

证券代码 Code	证券简称 Security Name	合计持股数 Total Hold	自然人 Individual		一般法人 Corporation		专业机构 Institution	
			持有股数	比例（%）	持有股数	比例（%）	持有股数	比例（%）
603268	松发股份	12416.88	8218.74	66.19	4176.06	33.63	22.09	0.18
603269	海鸥股份	9147.00	8413.87	91.99	689.04	7.53	44.09	0.48
603277	银都股份	41007.00	37201.19	90.72	3612.11	8.81	193.70	0.47
603278	大业股份	28992.91	25549.19	88.12	3430.40	11.83	13.33	0.05
603279	景津环保	40003.50	19359.15	48.39	20536.86	51.34	107.49	0.27
603283	赛腾股份	17609.04	15463.64	87.82	1449.88	8.23	695.52	3.95
603286	日盈电子	8807.60	7961.94	90.40	823.01	9.34	22.65	0.26
603288	海天味业	270036.93	80113.34	29.67	161892.02	59.95	28031.57	10.38
603289	泰瑞机器	26680.00	6524.75	24.46	19908.71	74.62	246.54	0.92
603297	永新光学	10920.00	2805.80	25.69	8067.15	73.88	47.05	0.43
603298	杭叉集团	61885.42	18431.94	29.78	41264.31	66.68	2189.17	3.54
603299	苏盐井神	77573.09	22481.67	28.98	54700.83	70.52	390.58	0.50
603300	华铁应急	68008.30	55143.09	81.08	12702.92	18.68	162.30	0.24
603301	振德医疗	14000.00	5623.57	40.17	8284.09	59.17	92.33	0.66
603303	得邦照明	48771.54	11389.09	23.35	37119.84	76.11	262.60	0.54
603305	旭升股份	40060.24	12977.58	32.40	26356.03	65.79	726.64	1.81
603306	华懋科技	31057.47	13906.52	44.78	16822.49	54.17	328.46	1.06
603308	应流股份	48796.21	19902.14	40.79	23250.29	47.65	5643.77	11.57
603309	维力医疗	20000.00	8922.94	44.61	10759.59	53.80	317.47	1.59
603311	金海环境	21000.00	8878.38	42.28	12103.36	57.64	18.26	0.09
603313	梦百合	33358.55	26230.13	78.63	3088.83	9.26	4039.59	12.11
603315	福鞍股份	30702.63	7188.91	23.41	23232.62	75.67	281.09	0.92
603316	诚邦股份	20328.00	18829.63	92.63	1438.41	7.08	59.97	0.29
603317	天味食品	41315.50	37626.06	91.07	2459.43	5.95	1230.01	2.98
603318	派思股份	40216.23	14611.00	36.33	25502.58	63.41	102.64	0.26
603319	湘油泵	10490.16	10029.82	95.61	443.24	4.23	17.10	0.16
603320	迪贝电气	10000.00	4312.15	43.12	5624.20	56.24	63.65	0.64
603321	梅轮电梯	30700.00	30265.99	98.59	303.50	0.99	130.50	0.43
603322	超讯通信	15652.00	14408.89	92.06	1238.38	7.91	4.73	0.03
603323	苏农银行	180306.52	97502.80	54.08	81834.42	45.39	969.30	0.54
603326	我乐家居	22594.00	19682.19	87.11	2739.46	12.12	172.34	0.76
603327	福蓉科技	40100.00	4914.47	12.26	35064.00	87.44	121.53	0.30
603328	依顿电子	99829.21	22634.37	22.67	70648.82	70.77	6546.02	6.56
603329	上海雅仕	13200.00	4356.36	33.00	8741.06	66.22	102.58	0.78
603330	上海天洋	10920.00	10381.00	95.06	527.18	4.83	11.82	0.11
603331	百达精工	12843.23	7781.32	60.59	5046.35	39.29	15.56	0.12
603332	苏州龙杰	11893.80	5709.15	48.00	6179.97	51.96	4.68	0.04
603333	尚纬股份	51990.50	48818.64	93.90	3134.15	6.03	37.71	0.07
603335	迪生力	42814.46	15061.93	35.18	27704.33	64.71	48.20	0.11
603336	宏辉果蔬	22536.15	22340.72	99.13	184.95	0.82	10.48	0.05
603337	杰克股份	44594.98	3253.68	7.30	35010.30	78.51	6331.00	14.20
603338	浙江鼎力	34677.54	19841.09	57.22	6558.67	18.91	8277.78	23.87
603339	四方科技	21067.49	20648.77	98.01	249.41	1.18	169.31	0.80
603345	安井食品	23006.66	5262.67	22.87	10670.72	46.38	7073.28	30.74
603348	文灿股份	22101.21	18487.88	83.65	3607.30	16.32	6.04	0.03
603351	威尔药业	9333.34	7763.21	83.18	1439.74	15.43	130.39	1.40
603355	莱克电气	40100.00	11071.31	27.61	27892.98	69.56	1135.72	2.83
603356	华菱精工	13334.00	12926.78	96.95	315.48	2.37	91.74	0.69
603357	设计总院	45454.27	21718.67	47.78	22395.21	49.27	1340.39	2.95
603358	华达科技	31360.00	29910.86	95.38	445.25	1.42	1003.90	3.20

注：合计持股数包含 F 类账户；单位为万股。

年末个股股东持股情况
Distribution of Shareholders by 2019

证券代码 Code	证券简称 Security Name	合计持股数 Total Hold	自然人 Individual		一般法人 Corporation		专业机构 Institution	
			持有股数	比例（%）	持有股数	比例（%）	持有股数	比例（%）
603359	东珠生态	31864.00	25395.00	79.70	5789.78	18.17	679.22	2.13
603360	百傲化学	18667.60	6089.77	32.62	11806.41	63.25	771.42	4.13
603363	傲农生物	43420.58	21289.37	49.03	21121.78	48.64	1009.43	2.32
603365	水星家纺	26667.00	14618.14	54.82	11716.46	43.94	332.41	1.25
603366	日出东方	80000.00	27931.64	34.91	50721.46	63.40	1346.90	1.68
603367	辰欣药业	45335.30	14106.34	31.12	30791.20	67.92	437.77	0.97
603368	柳药股份	25907.34	14502.13	55.98	6398.14	24.70	5007.07	19.33
603369	今世缘	125450.00	25716.06	20.50	77825.89	62.04	21908.04	17.46
603377	东方时尚	58800.00	19211.23	32.67	34551.36	58.76	5037.40	8.57
603378	亚士创能	19480.00	4482.08	23.01	12965.63	66.56	2032.29	10.43
603379	三美股份	43605.65	33883.60	77.70	9514.11	21.82	207.94	0.48
603380	易德龙	16000.00	14126.09	88.29	1682.04	10.51	191.87	1.20
603383	顶点软件	12018.52	8022.85	66.75	3939.10	32.78	56.58	0.47
603385	惠达卫浴	36939.64	19540.21	52.90	16398.73	44.39	1000.70	2.71
603386	广东骏亚	22630.08	7672.91	33.91	14867.62	65.70	89.55	0.40
603387	基蛋生物	26038.01	20727.21	79.60	4991.10	19.17	319.70	1.23
603388	元成股份	28862.75	24298.96	84.19	4558.64	15.79	5.15	0.02
603389	亚振家居	26275.20	7145.16	27.19	19056.50	72.53	73.54	0.28
603390	通达电气	35168.70	33663.88	95.72	1493.41	4.25	11.41	0.03
603393	新天然气	22400.00	21546.44	96.19	642.65	2.87	210.91	0.94
603396	金辰股份	10577.93	8644.42	81.72	1561.76	14.76	371.76	3.51
603398	邦宝益智	29638.28	13012.90	43.91	16609.11	56.04	16.27	0.05
603399	吉翔股份	54675.06	28594.40	52.30	25855.10	47.29	225.56	0.41
603416	信捷电气	14056.00	13379.32	95.19	156.39	1.11	520.28	3.70
603421	鼎信通讯	46924.59	46626.28	99.36	115.17	0.25	183.13	0.39
603429	集友股份	26611.93	22731.67	85.42	2792.49	10.49	1087.76	4.09
603444	吉比特	7188.22	4338.00	60.35	710.05	9.88	2140.18	29.77
603456	九洲药业	80566.24	29542.00	36.67	36166.72	44.89	14857.52	18.44
603458	勘设股份	18589.06	18056.31	97.13	325.95	1.75	206.80	1.11
603466	风语筑	29175.10	26523.78	90.91	2554.44	8.76	96.87	0.33
603477	振静股份	24000.00	11885.32	49.52	12089.66	50.37	25.02	0.10
603486	科沃斯	56447.76	5564.08	9.86	47866.44	84.80	3017.23	5.35
603488	展鹏科技	20894.10	18978.77	90.83	1871.08	8.96	44.24	0.21
603489	八方股份	12000.00	9257.97	77.15	1401.77	11.68	1340.27	11.17
603496	恒为科技	20266.64	16719.18	82.50	2364.69	11.67	1182.77	5.84
603499	翔港科技	14184.65	10684.77	75.33	3402.98	23.99	96.90	0.68
603500	祥和实业	17640.00	16775.85	95.10	840.06	4.76	24.09	0.14
603501	韦尔股份	86366.21	37068.50	42.92	40940.55	47.40	8357.16	9.68
603505	金石资源	24000.00	7752.49	32.30	14130.24	58.88	2117.27	8.82
603506	南都物业	13412.70	5858.21	43.68	7032.28	52.43	522.21	3.89
603507	振江股份	12807.14	6605.53	51.58	5371.60	41.94	830.01	6.48
603508	思维列控	19473.88	17602.02	90.39	1769.17	9.08	102.68	0.53
603515	欧普照明	75606.38	32067.55	42.41	36496.58	48.27	7042.24	9.31
603516	淳中科技	13096.54	10411.34	79.50	1260.03	9.62	1425.17	10.88
603517	绝味食品	60863.07	3745.18	6.15	39561.51	65.00	17556.39	28.85
603518	锦泓集团	25238.08	21816.85	86.44	3243.48	12.85	177.75	0.70
603519	立霸股份	22193.99	17347.63	78.16	4473.84	20.16	372.52	1.68
603520	司太立	16789.84	9665.49	57.57	3290.71	19.60	3833.64	22.83
603527	众源新材	17416.00	16343.39	93.84	1048.75	6.02	23.87	0.14
603528	多伦科技	62689.50	19904.76	31.75	42449.90	67.71	334.83	0.53

注：合计持股数包含 F 类账户；单位为万股。

年末个股股东持股情况
Distribution of Shareholders by 2019

证券代码 Code	证券简称 Security Name	合计持股数 Total Hold	自然人 Individual		一般法人 Corporation		专业机构 Institution	
			持有股数	比例（%）	持有股数	比例（%）	持有股数	比例（%）
603530	神马电力	40004.45	12962.79	32.40	27026.38	67.56	15.27	0.04
603533	掌阅科技	40100.00	35115.15	87.57	3089.92	7.71	1894.92	4.73
603535	嘉诚国际	15040.00	13138.73	87.36	1860.77	12.37	40.50	0.27
603536	惠发食品	16800.00	9970.01	59.35	6697.60	39.87	132.39	0.79
603538	美诺华	14968.20	8862.38	59.21	5754.51	38.44	351.31	2.35
603555	贵人鸟	62860.21	9969.59	15.86	50950.78	81.05	1939.84	3.09
603556	海兴电力	49040.15	12246.17	24.97	33244.87	67.79	3549.11	7.24
603557	起步股份	47423.97	11618.77	24.50	35674.52	75.22	130.67	0.28
603558	健盛集团	41635.63	31334.12	75.26	7345.71	17.64	2955.81	7.10
603559	中通国脉	14331.32	13339.75	93.08	899.37	6.28	92.20	0.64
603566	普莱柯	32149.60	26560.28	82.61	4319.86	13.44	1269.47	3.95
603567	珍宝岛	84916.00	12371.31	14.57	72485.51	85.36	59.17	0.07
603568	伟明环保	95463.69	35390.34	37.07	52160.75	54.64	7912.60	8.29
603569	长久物流	56027.45	9849.91	17.58	45876.08	81.88	301.46	0.54
603577	汇金通	20590.59	16013.33	77.77	4351.11	21.13	226.14	1.10
603578	三星新材	8955.08	8002.92	89.37	167.77	1.87	784.38	8.76
603579	荣泰健康	14000.00	10815.02	77.25	2567.45	18.34	617.53	4.41
603580	艾艾精工	13067.32	12378.11	94.73	620.34	4.75	68.87	0.53
603583	捷昌驱动	17750.18	12631.51	71.16	3219.65	18.14	1899.01	10.70
603585	苏利股份	18000.00	15635.68	86.86	2029.36	11.27	334.96	1.86
603586	金麒麟	20373.87	8526.23	41.85	11832.03	58.07	15.61	0.08
603587	地素时尚	40100.00	32343.99	80.66	4679.63	11.67	3076.38	7.67
603588	高能环境	67407.41	59776.19	88.68	2833.50	4.20	4797.73	7.12
603589	口子窖	60000.00	36062.68	60.10	11228.21	18.71	12709.11	21.18
603590	康辰药业	16000.00	10435.97	65.22	5430.43	33.94	133.60	0.84
603595	东尼电子	21411.07	18445.14	86.15	2680.14	12.52	285.79	1.33
603596	伯特利	40856.10	19147.74	46.87	18839.72	46.11	2868.64	7.02
603598	引力传媒	27062.30	23889.44	88.28	1664.50	6.15	1508.36	5.57
603599	广信股份	46467.91	8696.24	18.71	29250.94	62.95	8520.74	18.34
603600	永艺股份	30254.36	13826.12	45.70	15339.15	50.70	1089.08	3.60
603601	再升科技	70281.59	44479.09	63.29	14069.66	20.02	11732.84	16.69
603602	纵横通信	15680.00	14867.72	94.82	794.27	5.07	18.01	0.11
603603	博天环境	41778.41	10314.85	24.69	31220.36	74.73	243.19	0.58
603605	珀莱雅	20126.96	15986.14	79.43	1561.69	7.76	2579.12	12.81
603606	东方电缆	65410.45	23619.71	36.11	36094.92	55.18	5695.82	8.71
603607	京华激光	12751.20	8657.43	67.90	4084.20	32.03	9.56	0.08
603608	天创时尚	43140.22	17380.28	40.29	25586.54	59.31	173.40	0.40
603609	禾丰牧业	92230.44	68512.41	74.28	21192.81	22.98	2525.22	2.74
603610	麒盛科技	15033.27	9692.57	64.47	5266.32	35.03	74.38	0.49
603611	诺力股份	26753.59	23760.56	88.81	2149.87	8.04	843.16	3.15
603612	索通发展	33698.69	27229.68	80.80	4850.68	14.39	1618.33	4.80
603613	国联股份	14081.50	9147.63	64.96	4316.57	30.65	617.30	4.38
603615	茶花股份	24466.00	24170.13	98.79	223.85	0.91	72.02	0.29
603616	韩建河山	29336.00	18278.18	62.31	10806.47	36.84	251.35	0.86
603617	君禾股份	14250.46	5046.80	35.41	9198.99	64.55	4.68	0.03
603618	杭电股份	69102.59	31705.84	45.88	37011.98	53.56	384.76	0.56
603619	中曼石油	40000.01	15027.44	37.57	24878.88	62.20	93.69	0.23
603626	科森科技	42380.96	37460.66	88.39	4210.81	9.94	709.49	1.67
603628	清源股份	27380.00	24548.13	89.66	2797.05	10.22	34.83	0.13
603629	利通电子	10000.00	9700.66	97.01	297.78	2.98	1.56	0.02

注：合计持股数包含 F 类账户；单位为万股。

年末个股股东持股情况
Distribution of Shareholders by 2019

证券代码 Code	证券简称 Security Name	合计持股数 Total Hold	自然人 Individual		一般法人 Corporation		专业机构 Institution	
			持有股数	比例（%）	持有股数	比例（%）	持有股数	比例（%）
603630	拉芳家化	22672.00	16328.69	72.02	6326.63	27.91	16.67	0.07
603633	徕木股份	20339.15	14895.25	73.23	5208.36	25.61	235.55	1.16
603636	南威软件	52648.79	42906.90	81.50	8549.98	16.24	1191.91	2.26
603637	镇海股份	17412.80	15390.81	88.39	1935.60	11.12	86.39	0.50
603638	艾迪精密	41297.21	28083.58	68.00	12003.59	29.07	1210.04	2.93
603639	海利尔	16963.89	15120.70	89.13	1718.55	10.13	124.64	0.73
603648	畅联股份	36866.67	13216.00	35.85	22974.49	62.32	676.18	1.83
603650	彤程新材	58598.75	9613.43	16.41	48276.41	82.38	708.91	1.21
603655	朗博科技	10600.00	9480.98	89.44	1113.51	10.50	5.51	0.05
603656	泰禾光电	14888.16	13644.39	91.65	1222.47	8.21	21.29	0.14
603657	春光科技	9600.00	4358.04	45.40	5186.77	54.03	55.19	0.57
603658	安图生物	42000.00	690.51	1.64	32455.27	77.27	8854.22	21.08
603659	璞泰来	43521.88	22162.78	50.92	13641.15	31.34	7717.95	17.73
603660	苏州科达	50380.64	46659.40	92.61	2830.41	5.62	890.83	1.77
603661	恒林股份	10000.00	8749.99	87.50	1221.10	12.21	28.91	0.29
603662	柯力传感	11940.05	9553.21	80.01	2350.90	19.69	35.94	0.30
603663	三祥新材	18999.17	5270.70	27.74	13596.24	71.56	132.22	0.70
603665	康隆达	10000.00	2394.08	23.94	7582.27	75.82	23.65	0.24
603666	亿嘉和	9902.77	6531.23	65.95	2637.73	26.64	733.81	7.41
603667	五洲新春	29232.47	23458.89	80.25	5711.55	19.54	62.04	0.21
603668	天马科技	34063.60	28920.06	84.90	5030.59	14.77	112.95	0.33
603669	灵康药业	50960.00	25062.60	49.18	25487.38	50.01	410.01	0.80
603676	卫信康	42300.00	16563.29	39.16	25722.10	60.81	14.61	0.03
603677	奇精机械	19364.95	9064.16	46.81	10291.20	53.14	9.59	0.05
603678	火炬电子	45266.60	32011.62	70.72	5516.12	12.19	7738.86	17.10
603679	华体科技	10207.00	8119.72	79.55	1570.31	15.38	516.96	5.06
603680	今创集团	79097.07	55586.61	70.28	23211.39	29.35	299.07	0.38
603681	永冠新材	16659.16	13749.55	82.53	2902.13	17.42	7.47	0.04
603683	晶华新材	12667.00	11536.67	91.08	1080.39	8.53	49.94	0.39
603685	晨丰科技	16900.00	4048.35	23.95	12813.18	75.82	38.47	0.23
603686	龙马环卫	41565.57	34354.08	82.65	5776.83	13.90	1434.67	3.45
603687	大胜达	41083.07	4932.04	12.01	36139.20	87.97	11.84	0.03
603688	石英股份	33729.66	18072.44	53.58	14129.30	41.89	1527.92	4.53
603689	皖天然气	33600.00	7836.16	23.32	24578.20	73.15	1185.64	3.53
603690	至纯科技	25890.86	18350.65	70.88	5379.29	20.78	2160.91	8.35
603693	江苏新能	61800.00	11498.85	18.61	50070.81	81.02	230.33	0.37
603696	安记食品	23520.00	18288.53	77.76	4765.73	20.26	465.74	1.98
603697	有友食品	30454.50	29789.75	97.82	402.79	1.32	261.95	0.86
603698	航天工程	53599.00	11851.80	22.11	41571.27	77.56	175.93	0.33
603699	纽威股份	75000.00	9868.92	13.16	61689.74	82.25	3441.35	4.59
603700	宁波水表	15634.00	15171.74	97.04	378.77	2.42	83.50	0.53
603701	德宏股份	20395.97	19609.06	96.14	764.24	3.75	22.67	0.11
603703	盛洋科技	22970.00	14719.70	64.08	8171.72	35.58	78.58	0.34
603706	东方环宇	16000.00	11739.21	73.37	4242.34	26.51	18.44	0.12
603707	健友股份	71847.43	42247.99	58.80	20752.45	28.88	8846.99	12.31
603708	家家悦	60840.00	2112.58	3.47	44728.04	73.52	13999.39	23.01
603709	中源家居	8000.00	4294.56	53.68	3691.57	46.14	13.87	0.17
603711	香飘飘	41935.00	37197.42	88.70	3954.74	9.43	782.84	1.87
603712	七一二	77200.00	15705.25	20.34	58052.71	75.20	3442.03	4.46
603713	密尔克卫	15247.40	8671.99	56.88	5713.86	37.47	861.55	5.65

注：合计持股数包含F类账户；单位为万股。

年末个股股东持股情况
Distribution of Shareholders by 2019

证券代码 Code	证券简称 Security Name	合计持股数 Total Hold	自然人 Individual		一般法人 Corporation		专业机构 Institution	
			持有股数	比例（%）	持有股数	比例（%）	持有股数	比例（%）
603716	塞力斯	20514. 37	8319. 81	40. 56	12020. 57	58. 60	173. 99	0. 85
603717	天域生态	24179. 62	22887. 99	94. 66	1288. 28	5. 33	3. 35	0. 01
603718	海利生物	64400. 00	32698. 20	50. 77	26163. 93	40. 63	5537. 87	8. 60
603721	中广天择	13000. 00	3506. 49	26. 97	8392. 76	64. 56	1100. 75	8. 47
603722	阿科力	8670. 00	7665. 77	88. 42	597. 79	6. 89	406. 44	4. 69
603725	天安新材	20535. 20	19572. 35	95. 31	891. 47	4. 34	71. 38	0. 35
603726	朗迪集团	18565. 12	18355. 28	98. 87	163. 60	0. 88	46. 24	0. 25
603727	博迈科	23414. 50	4720. 30	20. 16	18063. 94	77. 15	630. 26	2. 69
603728	鸣志电器	41600. 00	9414. 74	22. 63	31183. 19	74. 96	1002. 07	2. 41
603729	龙韵股份	9333. 80	9143. 16	97. 96	140. 21	1. 50	50. 43	0. 54
603730	岱美股份	40059. 45	14500. 98	36. 20	24172. 59	60. 34	1385. 89	3. 46
603733	仙鹤股份	61200. 00	6991. 02	11. 42	54110. 09	88. 42	98. 90	0. 16
603737	三棵树	18638. 05	13781. 83	73. 94	1367. 90	7. 34	3488. 31	18. 72
603738	泰晶科技	16711. 15	15584. 74	93. 26	805. 26	4. 82	321. 15	1. 92
603739	蔚蓝生物	15466. 70	7062. 19	45. 66	8387. 32	54. 23	17. 18	0. 11
603755	日辰股份	9861. 37	1360. 30	13. 79	7866. 93	79. 78	634. 14	6. 43
603757	大元泵业	16424. 80	15964. 96	97. 20	224. 18	1. 36	235. 67	1. 43
603758	秦安股份	43879. 70	39713. 09	90. 50	4105. 68	9. 36	60. 94	0. 14
603766	隆鑫通用	205354. 19	78898. 00	38. 42	119148. 42	58. 02	7307. 76	3. 56
603767	中马传动	30609. 80	13148. 65	42. 96	17436. 66	56. 96	24. 49	0. 08
603768	常青股份	20400. 00	20373. 95	99. 87	20. 73	0. 10	5. 32	0. 03
603773	沃格光电	9459. 56	7194. 75	76. 06	2230. 25	23. 58	34. 55	0. 37
603776	永安行	18758. 00	15361. 60	81. 89	3304. 10	17. 61	92. 30	0. 49
603777	来伊份	33906. 78	11055. 72	32. 61	22625. 38	66. 73	225. 68	0. 67
603778	乾景园林	50000. 00	47727. 43	95. 45	2232. 07	4. 46	40. 50	0. 08
603779	ST 威龙	33274. 92	28461. 99	85. 54	4812. 78	14. 46	0. 15	0. 00
603786	科博达	40010. 00	6073. 83	15. 18	31351. 15	78. 36	2585. 02	6. 46
603787	新日股份	20400. 00	18285. 56	89. 64	2105. 24	10. 32	9. 21	0. 05
603788	宁波高发	22306. 51	6875. 99	30. 83	11939. 70	53. 53	3490. 82	15. 65
603789	星光农机	26000. 00	16477. 91	63. 38	9503. 06	36. 55	19. 03	0. 07
603790	雅运股份	19136. 00	18750. 20	97. 98	379. 83	1. 98	5. 97	0. 03
603797	联泰环保	31877. 18	9219. 96	28. 92	22608. 32	70. 92	48. 90	0. 15
603798	康普顿	20000. 00	7477. 10	37. 39	12489. 12	62. 45	33. 78	0. 17
603799	华友钴业	107867. 15	32232. 68	29. 88	50933. 29	47. 22	24701. 18	22. 90
603800	道森股份	20800. 00	6353. 60	30. 55	14203. 20	68. 28	243. 20	1. 17
603801	志邦家居	22333. 34	15572. 08	69. 73	4502. 95	20. 16	2258. 30	10. 11
603803	瑞斯康达	42105. 56	35810. 11	85. 05	5331. 85	12. 66	963. 60	2. 29
603806	福斯特	52260. 00	12619. 50	24. 15	32057. 22	61. 34	7583. 28	14. 51
603808	歌力思	33252. 21	9230. 66	27. 76	21254. 91	63. 92	2766. 64	8. 32
603809	豪能股份	20907. 32	20688. 18	98. 95	144. 48	0. 69	74. 67	0. 36
603810	丰山集团	8300. 50	7458. 16	89. 85	836. 05	10. 07	6. 29	0. 08
603811	诚意药业	11928. 00	10373. 62	86. 97	846. 96	7. 10	707. 42	5. 93
603813	原尚股份	8970. 20	4374. 80	48. 77	4572. 98	50. 98	22. 43	0. 25
603815	交建股份	49900. 00	11213. 34	22. 47	38683. 63	77. 52	3. 03	0. 01
603816	顾家家居	60181. 37	4856. 88	8. 07	48139. 15	79. 99	7185. 33	11. 94
603817	海峡环保	45000. 36	13474. 28	29. 94	30413. 31	67. 58	1112. 78	2. 47
603818	曲美家居	48867. 70	44827. 69	91. 73	2042. 96	4. 18	1997. 06	4. 09
603819	神力股份	16831. 49	12878. 69	76. 52	3745. 24	22. 25	207. 56	1. 23
603822	嘉澳环保	7335. 50	2043. 84	27. 86	3202. 26	43. 65	2089. 39	28. 48
603823	百合花	22500. 00	7485. 55	33. 27	14974. 75	66. 55	39. 71	0. 18

注：合计持股数包含 F 类账户；单位为万股。

年末个股股东持股情况
Distribution of Shareholders by 2019

证券代码 Code	证券简称 Security Name	合计持股数 Total Hold	自然人 Individual		一般法人 Corporation		专业机构 Institution	
			持有股数	比例（%）	持有股数	比例（%）	持有股数	比例（%）
603825	华扬联众	23102.18	16593.21	71.83	5229.34	22.64	1279.63	5.54
603826	坤彩科技	46800.00	40731.22	87.03	3153.80	6.74	2914.98	6.23
603828	柯利达	55333.45	29467.94	53.26	25381.73	45.87	483.77	0.87
603829	洛凯股份	16000.00	3751.08	23.44	12167.80	76.05	81.13	0.51
603833	欧派家居	42017.02	34134.79	81.24	2665.40	6.34	5216.82	12.42
603838	四通股份	26668.00	25143.35	94.28	1493.50	5.60	31.14	0.12
603839	安正时尚	40182.79	35453.17	88.23	1967.80	4.90	2761.82	6.87
603843	正平股份	56000.42	49610.09	88.59	6301.80	11.25	88.53	0.16
603848	好太太	40100.00	39181.77	97.71	826.38	2.06	91.85	0.23
603855	华荣股份	33107.00	31593.99	95.43	1471.89	4.45	41.12	0.12
603856	东宏股份	25641.46	10343.58	40.34	15237.74	59.43	60.14	0.23
603858	步长制药	114158.06	34109.40	29.88	75582.88	66.21	4465.78	3.91
603859	能科股份	13915.23	10431.92	74.97	1970.96	14.16	1512.35	10.87
603860	中公高科	6668.00	3314.08	49.70	3151.06	47.26	202.87	3.04
603861	白云电器	45193.06	38012.49	84.11	7076.95	15.66	103.63	0.23
603863	松炀资源	20589.40	18194.17	88.37	2366.82	11.50	28.41	0.14
603866	桃李面包	65887.64	53635.48	81.40	3262.42	4.95	8989.74	13.64
603867	新化股份	14000.00	11349.06	81.06	2649.07	18.92	1.87	0.01
603868	飞科电器	43560.00	5977.01	13.72	35645.74	81.83	1937.26	4.45
603869	新智认知	50450.05	20622.68	40.88	29705.66	58.88	121.70	0.24
603871	嘉友国际	15680.00	9018.84	57.52	6423.09	40.96	238.07	1.52
603876	鼎胜新材	43362.43	14570.51	33.60	28583.51	65.92	208.40	0.48
603877	太平鸟	47887.92	9458.17	19.75	37651.79	78.62	777.96	1.62
603878	武进不锈	28625.63	23203.75	81.06	4919.68	17.19	502.21	1.75
603879	永悦科技	20041.20	18683.55	93.23	1253.82	6.26	103.82	0.52
603880	南卫股份	16900.00	15297.16	90.52	1576.42	9.33	26.42	0.16
603881	数据港	21058.65	6399.92	30.39	13032.45	61.89	1626.28	7.72
603882	金域医学	45788.46	11480.02	25.07	21827.35	47.67	12481.09	27.26
603883	老百姓	28668.75	2777.10	9.69	18348.04	64.00	7543.62	26.31
603885	吉祥航空	196614.42	18480.63	9.40	149369.78	75.97	28764.01	14.63
603886	元祖股份	24000.00	5965.09	24.85	17405.67	72.52	629.24	2.62
603887	城地股份	26831.08	18923.41	70.53	7869.35	29.33	38.33	0.14
603888	新华网	51902.94	14315.06	27.58	35358.49	68.12	2229.39	4.30
603889	新澳股份	51174.64	31578.83	61.71	18441.35	36.04	1154.46	2.26
603890	春秋电子	27398.50	24332.43	88.81	2829.10	10.33	236.97	0.86
603895	天永智能	10808.00	3260.76	30.17	7542.20	69.78	5.03	0.05
603896	寿仙谷	14387.16	8283.22	57.57	6067.83	42.18	36.11	0.25
603897	长城科技	17840.17	9321.48	52.25	8494.89	47.62	23.80	0.13
603898	好莱客	30960.07	26543.83	85.74	3074.17	9.93	1342.07	4.33
603899	晨光文具	92000.00	8415.66	9.15	63106.51	68.59	20477.84	22.26
603900	莱绅通灵	34047.38	28414.84	83.46	5326.47	15.64	306.08	0.90
603901	永创智能	43938.90	39669.27	90.28	3931.63	8.95	338.00	0.77
603903	中持股份	14461.44	8170.60	56.50	6210.69	42.95	80.16	0.55
603906	龙蟠科技	30261.31	25711.56	84.97	4456.43	14.73	93.32	0.31
603908	牧高笛	6669.00	1974.12	29.60	4676.05	70.12	18.83	0.28
603909	合诚股份	14331.80	14077.29	98.22	215.74	1.51	38.77	0.27
603912	佳力图	21695.14	5968.06	27.51	15693.35	72.34	33.72	0.16
603915	国茂股份	46332.74	18631.86	40.21	27692.33	59.77	8.55	0.02
603916	苏博特	31061.00	14621.83	47.07	15049.05	48.45	1390.12	4.48
603917	合力科技	15680.00	15008.59	95.72	640.70	4.09	30.71	0.20

注：合计持股数包含 F 类账户；单位为万股。

年末个股股东持股情况
Distribution of Shareholders by 2019

证券代码 Code	证券简称 Security Name	合计持股数 Total Hold	自然人 Individual		一般法人 Corporation		专业机构 Institution	
			持有股数	比例（%）	持有股数	比例（%）	持有股数	比例（%）
603918	金桥信息	23332.53	19821.19	84.95	3463.22	14.84	48.12	0.21
603919	金徽酒	39020.00	7248.02	18.58	29911.48	76.66	1860.50	4.77
603920	世运电路	40967.12	11642.43	28.42	28777.83	70.25	546.87	1.33
603922	金鸿顺	12800.00	3167.07	24.74	9625.74	75.20	7.19	0.06
603926	铁流股份	16036.41	10510.58	65.54	5369.23	33.48	156.60	0.98
603927	中科软	42400.00	25168.47	59.36	17186.69	40.53	44.84	0.11
603928	兴业股份	20160.00	19663.43	97.54	474.29	2.35	22.27	0.11
603929	亚翔集成	21336.00	6379.98	29.90	14699.06	68.89	256.96	1.20
603933	睿能科技	20123.32	5019.91	24.95	15099.30	75.03	4.11	0.02
603936	博敏电子	31503.83	26352.14	83.65	4992.45	15.85	159.24	0.51
603937	丽岛新材	20888.00	20232.10	96.86	550.62	2.64	105.29	0.50
603938	三孚股份	15016.66	10915.35	72.69	4091.74	27.25	9.57	0.06
603939	益丰药房	37892.25	7958.20	21.00	19733.09	52.08	10200.97	26.92
603955	大千生态	11310.00	3697.33	32.69	7584.13	67.06	28.54	0.25
603956	威派格	42596.01	33386.87	78.38	9197.22	21.59	11.93	0.03
603958	哈森股份	21736.00	5437.46	25.02	16241.35	74.72	57.19	0.26
603959	百利科技	43904.00	13495.81	30.74	29453.98	67.09	954.22	2.17
603960	克来机电	17576.00	13243.30	75.35	985.87	5.61	3346.84	19.04
603963	大理药业	16900.00	11381.87	67.35	5507.17	32.59	10.97	0.06
603966	法兰泰克	21097.96	17251.02	81.77	3477.16	16.48	369.77	1.75
603967	中创物流	26666.67	12544.74	47.04	14102.68	52.89	19.25	0.07
603968	醋化股份	20448.00	15472.55	75.67	4750.56	23.23	224.89	1.10
603969	银龙股份	84100.00	81346.55	96.73	492.83	0.59	2260.62	2.69
603970	中农立华	19200.01	4729.51	24.63	14445.76	75.24	24.74	0.13
603976	正川股份	15120.00	8630.10	57.08	6414.82	42.43	75.09	0.50
603977	国泰集团	39123.40	8880.05	22.70	29333.45	74.98	909.90	2.33
603978	深圳新星	16000.00	10166.32	63.54	5344.51	33.40	489.18	3.06
603979	金诚信	58340.84	23584.74	40.43	34099.19	58.45	656.91	1.13
603980	吉华集团	70000.00	33953.13	48.50	35970.79	51.39	76.07	0.11
603982	泉峰汽车	20000.00	4928.09	24.64	15042.17	75.21	29.74	0.15
603983	丸美股份	40100.00	34712.38	86.56	4067.10	10.14	1320.52	3.29
603985	恒润股份	14560.00	11493.38	78.94	2660.31	18.27	406.31	2.79
603986	兆易创新	32107.58	9682.56	30.16	13696.62	42.66	8728.40	27.18
603987	康德莱	44160.90	17601.49	39.86	24483.46	55.44	2075.96	4.70
603988	中电电机	23520.00	17125.99	72.81	6381.32	27.13	12.69	0.05
603989	艾华集团	39000.22	12089.75	31.00	22152.19	56.80	4758.28	12.20
603990	麦迪科技	11245.48	7710.45	68.56	2970.02	26.41	565.00	5.02
603991	至正股份	7453.50	2788.35	37.41	4653.02	62.43	12.13	0.16
603992	松霖科技	40100.99	17449.37	43.51	22646.76	56.47	4.86	0.01
603993	洛阳钼业	1766577.26	436877.91	24.73	1169519.59	66.20	160179.76	9.07
603995	甬金股份	23067.00	19360.81	83.93	3671.50	15.92	34.69	0.15
603996	ST 中新	30015.00	14430.23	48.08	15572.55	51.88	12.22	0.04
603997	继峰股份	102360.29	12454.36	12.17	86694.56	84.70	3211.38	3.14
603998	方盛制药	43445.67	41723.23	96.04	1690.47	3.89	31.97	0.07
603999	读者传媒	57600.00	20018.87	34.75	37516.76	65.13	64.37	0.11
688001	华兴源创	40100.00	10177.37	25.38	29657.65	73.96	264.97	0.66
688002	睿创微纳	44500.00	31959.04	71.82	11702.50	26.30	838.46	1.88
688003	天准科技	19360.00	4901.46	25.32	13928.39	71.94	530.15	2.74
688005	容百科技	44328.57	5886.26	13.28	37976.36	85.67	465.95	1.05
688006	杭可科技	40100.00	26967.99	67.25	12598.58	31.42	533.43	1.33

注：合计持股数包含 F 类账户；单位为万股。

年末个股股东持股情况
Distribution of Shareholders by 2019

证券代码 Code	证券简称 Security Name	合计持股数 Total Hold	自然人 Individual		一般法人 Corporation		专业机构 Institution	
			持有股数	比例（%）	持有股数	比例（%）	持有股数	比例（%）
688007	光峰科技	45155.44	7881.31	17.45	36112.88	79.97	1161.25	2.57
688008	澜起科技	112981.39	4763.99	4.22	105264.27	93.17	2953.12	2.61
688009	中国通号	862101.80	125745.24	14.59	715388.09	82.98	20968.47	2.43
688010	福光股份	15358.19	3653.07	23.79	11539.46	75.14	165.67	1.08
688011	新光光电	10000.00	8407.05	84.07	1474.64	14.75	118.31	1.18
688012	中微公司	53486.22	5103.33	9.54	46701.68	87.32	1681.22	3.14
688015	交控科技	16000.00	8052.63	50.33	7318.54	45.74	628.83	3.93
688016	心脉医疗	7197.81	1139.84	15.84	5540.41	76.97	517.57	7.19
688018	乐鑫科技	8000.00	1534.84	19.19	5879.93	73.50	585.23	7.32
688019	安集科技	5310.84	1153.45	21.72	4022.36	75.74	135.03	2.54
688020	方邦股份	8000.00	4294.13	53.68	3305.72	41.32	400.15	5.00
688021	奥福环保	7728.36	6291.74	81.41	930.83	12.04	505.79	6.54
688022	瀚川智能	10800.00	3806.41	35.24	6816.23	63.11	177.36	1.64
688023	安恒信息	7407.41	1625.82	21.95	4796.55	64.75	985.03	13.30
688025	杰普特	9236.86	4770.05	51.64	4358.69	47.19	108.12	1.17
688028	沃尔德	8000.00	6100.17	76.25	1793.77	22.42	106.06	1.33
688029	南微医学	13334.00	2088.92	15.67	9757.76	73.18	1487.32	11.15
688030	山石网科	18022.35	6371.67	35.35	10638.71	59.03	1011.97	5.62
688033	天宜上佳	44873.72	23778.37	52.99	20851.13	46.47	244.22	0.54
688036	传音控股	80000.00	5465.08	6.83	72550.38	90.69	1984.54	2.48
688037	芯源微	8400.00	2853.94	33.98	4815.46	57.33	730.60	8.70
688039	当虹科技	8000.00	1731.19	21.64	5523.02	69.04	745.78	9.32
688058	宝兰德	4000.00	3141.97	78.55	597.09	14.93	260.94	6.52
688066	航天宏图	16598.33	8143.75	49.06	8241.83	49.65	212.76	1.28
688068	热景生物	6219.63	3879.20	62.37	2259.27	36.32	81.16	1.30
688078	龙软科技	7075.00	6642.81	93.89	290.97	4.11	141.22	2.00
688088	虹软科技	40600.00	3412.60	8.41	36391.08	89.63	796.32	1.96
688089	嘉必优	12000.00	2554.97	21.29	9177.81	76.48	267.22	2.23
688098	申联生物	40970.00	21336.45	52.08	19397.62	47.35	235.93	0.58
688099	晶晨股份	41112.00	4427.03	10.77	36423.04	88.59	261.93	0.64
688101	三达膜	33388.00	7594.61	22.75	25498.92	76.37	294.47	0.88
688108	赛诺医疗	41000.00	4858.05	11.85	35902.52	87.57	239.43	0.58
688111	金山办公	46100.00	1638.65	3.55	40067.65	86.91	4393.70	9.53
688116	天奈科技	23185.81	7257.11	31.30	14616.60	63.04	1312.09	5.66
688118	普元信息	9540.00	7464.07	78.24	1881.59	19.72	194.34	2.04
688122	西部超导	44127.20	7220.95	16.36	36004.69	81.59	901.56	2.04
688123	聚辰股份	12084.19	2349.47	19.44	9201.87	76.15	532.85	4.41
688128	中国电研	40450.00	4529.94	11.20	35694.11	88.24	225.96	0.56
688138	清溢光电	26680.00	6448.63	24.17	19797.28	74.20	434.09	1.63
688139	海尔生物	31707.18	6142.00	19.37	24955.32	78.71	609.86	1.92
688166	博瑞医药	41000.00	17071.07	41.64	22064.24	53.82	1864.69	4.55
688168	安博通	5118.00	2833.64	55.37	2202.01	43.02	82.35	1.61
688188	柏楚电子	10000.00	8975.21	89.75	138.08	1.38	886.71	8.87
688196	卓越新能	12000.00	2784.90	23.21	9045.18	75.38	169.92	1.42
688198	佰仁医疗	9600.00	7750.34	80.73	1298.02	13.52	551.64	5.75
688199	久日新材	11122.68	7856.20	70.63	2949.46	26.52	317.02	2.85
688202	美迪西	6200.00	4587.44	73.99	1386.34	22.36	226.21	3.65
688218	江苏北人	11734.00	7644.02	65.14	3686.09	31.41	403.89	3.44
688258	卓易信息	8695.66	5744.97	66.07	2215.73	25.48	734.96	8.45
688268	华特气体	12000.00	5722.76	47.69	6001.69	50.01	275.55	2.30

注：合计持股数包含F类账户；单位为万股。

年末个股股东持股情况
Distribution of Shareholders by 2019

证券代码 Code	证券简称 Security Name	合计持股数 Total Hold	自然人 Individual		一般法人 Corporation		专业机构 Institution	
			持有股数	比例（%）	持有股数	比例（%）	持有股数	比例（%）
688288	鸿泉物联	10000.00	5839.28	58.39	3726.10	37.26	434.62	4.35
688299	长阳科技	28256.86	21181.75	74.96	6622.74	23.44	452.38	1.60
688300	联瑞新材	8597.34	3541.43	41.19	4409.75	51.29	646.17	7.52
688310	迈得医疗	8360.00	7625.71	91.22	617.26	7.38	117.03	1.40
688321	微芯生物	41000.00	6331.19	15.44	33903.63	82.69	765.18	1.87
688333	铂力特	8000.00	4659.39	58.24	3231.20	40.39	109.41	1.37
688357	建龙微纳	5782.00	3716.98	64.29	1938.52	33.53	126.50	2.19
688358	祥生医疗	8000.00	3317.37	41.47	4213.11	52.66	469.52	5.87
688363	华熙生物	48000.00	1856.51	3.87	43765.29	91.18	2378.20	4.95
688366	昊海生科	13780.00	12032.76	87.32	1127.41	8.18	619.83	4.50
688368	晶丰明源	6160.00	3794.60	61.60	1681.57	27.30	683.83	11.10
688369	致远互联	7698.96	4568.20	59.34	3005.06	39.03	125.70	1.63
688388	嘉元科技	23087.60	9401.20	40.72	12419.49	53.79	1266.91	5.49
688389	普门科技	42220.00	22077.11	52.29	19540.31	46.28	602.58	1.43
688399	硕世生物	5862.00	2695.20	45.98	3065.48	52.29	101.32	1.73
900901	云赛 B 股	29337.05	—	—	—	—	—	—
900902	市北 B 股	46585.00	—	—	—	—	—	—
900903	大众 B 股	80080.65	—	—	—	—	—	—
900904	神奇 B 股	5475.17	—	—	—	—	—	—
900905	老凤祥 B	20600.81	—	—	—	—	—	—
900906	*ST 毅达 B	36036.00	—	—	—	—	—	—
900907	*ST 鹏起 B	24128.61	—	—	—	—	—	—
900908	氯碱 B 股	40656.00	—	—	—	—	—	—
900909	华谊 B 股	24310.00	—	—	—	—	—	—
900910	海立 B 股	28416.96	—	—	—	—	—	—
900911	金桥 B 股	27217.62	—	—	—	—	—	—
900912	外高 B 股	20055.75	—	—	—	—	—	—
900913	国新 B 股	10974.93	—	—	—	—	—	—
900914	锦投 B 股	16105.00	—	—	—	—	—	—
900915	中路 B 股	8349.00	—	—	—	—	—	—
900916	凤凰 B 股	17160.00	—	—	—	—	—	—
900917	海欣 B 股	46885.06	—	—	—	—	—	—
900918	耀皮 B 股	18750.00	—	—	—	—	—	—
900919	绿庭 B 股	34466.50	—	—	—	—	—	—
900920	上柴 B 股	34479.73	—	—	—	—	—	—
900921	丹科 B 股	19379.36	—	—	—	—	—	—
900922	三毛 B 股	4878.72	—	—	—	—	—	—
900923	百联 B 股	17971.82	—	—	—	—	—	—
900924	上工 B 股	24394.38	—	—	—	—	—	—
900925	机电 B 股	21623.50	—	—	—	—	—	—
900926	宝信 B 股	29744.00	—	—	—	—	—	—
900927	物贸 B 股	9982.50	—	—	—	—	—	—
900928	临港 B 股	10714.56	—	—	—	—	—	—
900929	锦旅 B 股	6600.00	—	—	—	—	—	—
900932	陆家 B 股	110073.60	—	—	—	—	—	—
900933	华新 B 股	73472.00	—	—	—	—	—	—
900934	锦江 B 股	15600.00	—	—	—	—	—	—
900936	鄂资 B 股	42000.00	—	—	—	—	—	—
900937	*ST 华电 B	43200.00	—	—	—	—	—	—
900938	海科 B	32614.87	—	—	—	—	—	—

注：合计持股数包含 F 类账户；单位为万股。

年末个股股东持股情况
Distribution of Shareholders by 2019

证券代码 Code	证券简称 Security Name	合计持股数 Total Hold	自然人 Individual		一般法人 Corporation		专业机构 Institution	
			持有股数	比例（%）	持有股数	比例（%）	持有股数	比例（%）
900939	汇丽 B	8800.00	—	—	—	—	—	—
900940	大名城 B	19872.01	—	—	—	—	—	—
900941	东信 B 股	30000.00	—	—	—	—	—	—
900942	黄山 B 股	21607.94	—	—	—	—	—	—
900943	开开 B 股	8000.00	—	—	—	—	—	—
900945	海控 B 股	36944.64	—	—	—	—	—	—
900946	*ST 天雁 B	23000.00	—	—	—	—	—	—
900947	振华 B 股	194635.58	—	—	—	—	—	—
900948	伊泰 B 股	132800.00	—	—	—	—	—	—
900951	ST 大化 B	10000.00	—	—	—	—	—	—
900952	锦港 B 股	22280.70	—	—	—	—	—	—
900953	凯马 B	24000.00	—	—	—	—	—	—
900955	海创 B 股	33000.00	—	—	—	—	—	—
900956	东贝 B 股	11500.00	—	—	—	—	—	—
900957	凌云 B 股	18400.00	—	—	—	—	—	—

注：合计持股数包含 F 类账户；单位为万股。

七 大事记

EVENTS

2019 年上海证券交易所大事记

1 月 11 日　《上海证券交易所上市公司回购股份实施细则》（上证发〔2019〕4 号）发布。

1 月 18 日　《上海证券交易所 中国证券登记结算有限责任公司信用保护工具业务管理试点办法》（上证发〔2019〕7 号）发布。

1 月 23 日　中央全面深化改革委员会第六次会议审议通过《在上海证券交易所设立科创板并试点注册制总体实施方案》《关于在上海证券交易所设立科创板并试点注册制的实施意见》。

1 月 28 日　中国证监会发布《关于在上海证券交易所设立科创板并试点注册制的实施意见》（中国证券监督管理委员会公告〔2019〕2 号）。

3 月 1 日　本所南方中心在广州正式揭牌。广东省人民政府副省长欧阳卫民、本所总经理蒋锋共同为上交所南方中心揭牌。

3 月 1 日　中国证监会批复同意设立科创板。同日，本所正式发布科创板主要业务规则，并陆续发布配套业务规则和监管问答、指南等规范性文件。

3 月 18 日　本所科创板股票发行上市审核系统正式开始接收发行人申请材料。

3 月 27 日　本所与卢森堡证券交易所举行《绿色债券信息通合作协议》（补充协议）签署仪式。本所总经理蒋锋与卢森堡证券交易所首席执行官罗伯特·沙尔费（Robert Scharfe）代表两所签署了合作协议补充协议。国务院总理李克强、卢森堡大公国首相格扎维埃·贝泰尔见证签约仪式。

4 月 4 日　本所发布公告聘任第一届科创板股票上市委员会、科技创新咨询委员会、科创板股票公开发行自律委员会委员。

4 月 22 日　由本所、深圳证券交易所、中国证券业协会、中国证券投资基金业协会、日本交易所集团、日本证券业协会和日本投资信托协会联合举办的“中日资本市场论坛”在上海召开。中国证监会主席易会满通过视频连线方式为论坛致辞。日本金融厅长官远藤俊英、中国证监会副主席方星海、上海市副市长吴清、日本证券交易等监视委员会委员长长谷川充弘、本所理事长黄红元、日本交易所集团社长清田瞭等出席论坛并发表讲话。

4 月 29 日　本所定点帮扶的安徽省宿松县退出贫困县序列。

4 月 30 日　本所修订并发布《上海证券交易所股票上市规则》（上证发〔2019〕52 号）。

6 月 5 日　科创板股票上市委员会召开第一次审议会议，审议通过 3 家企业的发行上市申请。

6 月 13 日　在第十一届陆家嘴论坛开幕式上，中国证监会和上海市人民政府联合举办科创板开板仪式。中共中央政治局委员、国务院副总理刘鹤，中共中央政治局委员、上海市委书记李强，中国证监会主席易会满，上海市市长应勇，共同为科创板开板。易会满主持科创板开板仪式并致开板辞。

6月14日　由本所、深圳证券交易所和本所公益基金会联合发起设立的上海交易所国际交流合作中心正式揭牌。上海市副市长吴清出席揭牌仪式。

6月14日　本所发布《上海证券交易所科创板股票异常交易实时监控细则（试行）》（上证发〔2019〕68号），在国际主要资本市场中首次全面公开异常交易监控标准。

6月17日　沪伦通启动仪式在伦敦证券交易所举行。国务院副总理胡春华和英国财政大臣哈蒙德出席启动仪式。中国证监会和英国金融行为监管局发布沪伦通联合公告，原则批准本所和伦敦证券交易所开展沪伦通。同日，本所上市公司华泰证券股份有限公司发行的沪伦通首只全球存托凭证（GDR）产品在伦敦证券交易所挂牌交易。

6月25日　本所和日本交易所集团分别举行中日ETF互通开通仪式，4只中日ETF互通产品在本所成功上市。中国证监会副主席方星海通过视频连线为仪式致辞，上海市副市长吴清出席仪式并发表讲话。

7月22日　本所科创板首批公司上市仪式在上海举行。上海市委书记李强和中国证监会主席易会满共同为科创板鸣锣开市。来自北京、上海、黑龙江、江苏、浙江、福建、山东、广东、陕西等省市领导，首批科创板上市公司董事长，以及来自中国证监会机关及系统单位、市场机构等单位共600余名嘉宾共同见证上市仪式。

8月9日　本所修订并发布《上海证券交易所融资融券交易实施细则》（上证发〔2019〕84号）。

9月16—20日　本所召开第九次会员大会。大会采用非现场会议方式进行，116家会员代表出席大会，并通过线上表决系统对相关报告和提案进行表决。会议审议通过了本所第四届理事会2018年工作报告、2018年总经理工作报告、第二届监事会2018年工作报告、2018年度财务决算及2019年度财务预算报告，以及关于本届理事、监事、政策咨询委员会委员延期换届的提案，通报本所2019年以来的工作情况，圆满完成各项任务。

10月18日　根据《上海证券交易所股票上市规则》有关规定及上市委员会审核意见，本所作出大连大福控股股份有限公司股票终止上市的决定。该公司成为沪市首家因股价连续低于面值而被强制终止上市的公司。

10月18日　本所修订并发布《上海证券交易所沪港通业务实施办法》（上证发〔2019〕100号）。12月20日，本所再次对《上海证券交易所沪港通业务实施办法》进行修订（上证发〔2019〕123号）。

10月31日　由本所主办、上海市金融工作局支持的"上海证券交易所国际投资者会议"在上海开幕。上海市副市长吴清、本所理事长黄红元出席开幕式并致辞。会议吸引了近300家来自境内外专业投资机构的投资与交易业务负责人参加。

11月1日　本所修订并发布《上海证券交易所会员管理规则》（上证发〔2019〕106号）。

11月29日　《上海证券交易所科创板上市公司重大资产重组审核规则》（上证发〔2019〕114号）

发布。

12 月 17 日　本所推出信用保护凭证试点业务（共 4 单，合计名义本金 1.33 亿元），有效支持债券融资 44.6 亿元。

12 月 23 日　沪深 300ETF 期权上市交易。这是继 2015 年 2 月 9 日上证 50ETF 期权推出后，本所上市的第二只 ETF 期权产品，也是沪市首只跨市场 ETF 期权产品。

12 月 30 日　新一代市场监察系统上线，本所科技监管工作迈上新台阶。

12 月 31 日　《关于上海证券交易所下调上市公司上市费收费标准的通知》（上证发〔2019〕125 号）发布，自 2020 年 1 月 1 日起，本所下调主板和科创板上市公司股票（含存托凭证）上市费收费标准。

责任编辑：曹亚豪
责任校对：刘　明
责任印制：张也男

图书在版编目（CIP）数据

上海证券交易所统计年鉴．2020卷／上海证券交易所编．—北京：中国金融出版社，2020.12
ISBN 978－7－5220－0956－8

Ⅰ．①上…　Ⅱ．①上…　Ⅲ．①证券交易所—统计资料—上海—2020—年鉴　Ⅳ．①F832.51－54

中国版本图书馆CIP数据核字（2020）第256440号

上海证券交易所统计年鉴．2020卷
SHANGHAI ZHENGQUAN JIAOYISUO TONGJI NIANJIAN. 2020 JUAN
出版发行　中国金融出版社
社址　北京市丰台区益泽路2号
市场开发部　(010)66024766，63805472，63439533（传真）
网上书店　http：//www.chinafph.com
(010)66024766，63372837（传真）
读者服务部　(010)66070833，62568380
邮编　100071
经销　新华书店
印刷　北京九州迅驰传媒文化有限公司
尺寸　210毫米×285毫米
印张　37.75
插页　9
字数　1238千
版次　2020年12月第1版
印次　2020年12月第1次印刷
定价　280.00元
ISBN 978－7－5220－0956－8
如出现印装错误本社负责调换　联系电话(010)63263947